RAOUL SCHROTT

ATLAS der *STERNENHIMMEL*

und Schöpfungsmythen der Menschheit

Mit Sternbildern von Heidi Sorg

Hanser

FÜR MEINE TÖCHTER

Dieser Atlas war sechs Jahre in Arbeit. Die Kulturstiftung des Bundes unterstützte dankenswerterweise die ersten beiden Jahre an den Sternenhimmeln.

Realisiert werden konnte er dann dank der Stiftung Kunst und Natur, gemeinnützige GmbH, Bad Heilbrunn. Sie ermöglichte drei weitere Jahre Recherche, übernahm die immensen Kosten für die Grafiken der Sternbilder und richtete eine Webseite – https://sternenhimmel-der-menschheit.de – dafür ein.
Dass nunmehr ein Buch das ungreifbare Weltkulturerbe von Sternenhimmeln umfassend dokumentiert, ist ihr Verdienst.

1. Auflage 2024

ISBN 978-3-446-28122-6

Umschlag: Peter-Andreas Hassiepen, München
Sternbilder: © Heidi Sorg
Raoul Schrott besitzt für die Visualisierungen
der Sternbilder und Sternenhimmel das örtlich, inhaltlich
und zeitlich unbeschränkte Nutzungsrecht.
Gestaltung: Manja Hellpap, Berlin, mit Raoul Schrott
Satz und Bildbeschriftungen: Greiner und Reichel, Köln
Litho: Fotosatz Amann, Memmingen
Druck und Bindung: Beltz Grafische Betriebe GmbH, Bad Langensalza
Printed in Germany

FSC www.fsc.org MIX Papier | Fördert gute Waldnutzung FSC® C089473

AMTSBLATT
DER STERNENHIMMEL

Die Sterne rechtfertigen sich;
Laufweite, Abstand und Höhe –
jeder einzelne ist justiert,
die Milchstrasse kursiviert.

Ich habe den gesamten Schriftsatz
wieder und wieder
Korrektur gelesen.

Es gibt ((anders als hier))
keine Fehler darin.

P. K. Page, *Planet Earth,* 2002

INHALT

VORWORT

Reacher ging weiter, nach vorne starrend. Und sah nichts. Seine Sicht war so gut wie die jedes anderen. Er hatte nie Brillen getragen. Er konnte bei schummrigem Licht lesen. Und im Finstern der Nacht war das menschliche Auge anscheinend in der Lage, eine Kerzenflamme aus einer Meile Entfernung zu erkennen. Vielleicht von noch weiter. Eine anfängliche Adaptation an das Dunkel trat angeblich schon nach vier Sekunden ein. Da öffnet sich die Iris offenbar weit. Bis zum Maximum. Und dann legt in den nächsten paar Minuten die retinale Chemie los. Als würde man einen Regler aufdrehen. Aber Reacher konnte nichts vor sich erkennen. Es war, als sei er blind. Ausser, dass sich in diesem Fall nichts zu sehen anfühlte wie eine Version von etwas sehen. Denn da war etwas.[1]

WIE STERNBILDER ENTSTEHEN

Wir sehen den Himmel, ob bei Tag oder Nacht, nicht als gleichmässig runde Kalotte von Atmosphäre, die er ist, sondern abgeflacht.[2] Dass der Zenit uns näher scheint als der Horizont wird durch unsere Wahrnehmung von Wolken und Vögeln befördert: Über unseren Köpfen sind sie uns stets weniger fern, als wenn sie am Horizont dahinziehen oder kreisen. Zudem ist beim Blick nach oben nirgends eine Krümmung zu erkennen, was den Eindruck erweckt, der Himmel sei so platt wie die Erde um uns und biege sich erst am Rande herab. Dies hat in den Sternenhimmelkulturen zur Vorstellung geführt, dass er die Decke eines Rundzeltes sei, das Dach eines mehrgeschossigen Hauses oder ein flaches Land, in dem ein Himmlisches Volk lebt.

Könnten wir uns bloss auf unsere Augen verlassen, in einer Landschaft, die uns keine Tiefenmarkierungen bietet, würden wir – wie Experimente gezeigt haben[3] – die Höhe des Mondes über uns auf etwa 60 Meter Höhe schätzen und die Entfernung zum Horizont auf etwa 120 Meter.[4] Ihrer gleichförmig glänzenden Umgebung von Schnee und Eis wegen, hielten viele Inuit deshalb einen Stern für nicht grösser als eine silbergraue Sattelrobbe.

In der Nähe des Horizonts hingegen scheint der Mond – wie auch die Sonne oder ein Stern – um die Hälfte grösser, heller und näher als sonst. Weshalb das so ist, stellt ein altes Rätsel dar. Bereits auf einer Keilschrifttafel aus dem 7. Jahrhundert v. u. Z. hat dieses Phänomen babylonischen Astrologen Anlass zu Weissagungen gegeben: "Wenn bei seinem Erscheinen das rechte Horn des Mondes lang, das linke kurz ist, wird des Herrschers Hand ein anderes Land als dieses ergreifen. Wenn der Mond bei seinem Erscheinen sehr gross ist, wird es zu einer Finsternis kommen. Wenn der Mond bei seinem Erscheinen sehr hell ist, werden die Äcker des Landes gedeihen."[5]

Diese sogenannte 'Mondillusion' entsteht, indem der Mond aufgrund des flachen Himmels am Horizont weiter entfernt wirkt als über uns: weshalb ihn unser Gehirn als grösser interpretiert. Seine trügerische Dimension rührt auch daher, dass wir sie über die Proportionen von Objekten am Horizont – Bäumen, Strommasten – einschätzen, die kleiner sind als er: während er in der immensen Fläche des Himmels kaum hervorsticht. Das lässt ihn einmal optisch grösser, einmal kleiner erscheinen.[6] Die Mondillusion wird zudem durch perspektivisch auf den Horizont zulaufende Linien – Autobahnen, Häuserfluchten – verstärkt, die ihn vergleichsweise breiter erscheinen lassen.[7] Dazu kommt unsere stereoskopische Sicht, die vor uns am Horizont sich drängenden Objekten mittels Anwinklung der Augen Räumlichkeit und damit Grösse verleiht – während sie den Mond am Himmel bloss in einer konturlosen Weite erblickt, weshalb sich die Augenmuskeln wieder entspannen und er, von jedweder Perspektive abgelöst, seinen gewohnten Durchmesser zurückerlangt.[8]

Für wie gross wir den Mond und wie hoch den Himmel halten, beruht also allein auf unserer Wahrnehmung. Sie ist auch der Grund, weshalb wir Sonnen, die im Universum Lichtjahre voneinander entfernt sind, zu Sternbildern gruppieren. Die Gestaltpsychologie ist dabei in der Lage, Schritt für Schritt zu erklären, wie und warum die Figuren zustande kommen, die wir in den Sternen zu erkennen glauben.

Unsere Sinnesorgane sind bloss Rezeptoren, die äussere Reize empfangen und sie zur Verarbeitung weitergeben an das Gehirn als dem eigentlichen Organ, das 'sieht', 'fühlt', 'schmeckt', 'riecht' und 'hört'. Helligkeit und Farbe rühren nicht von unseren Augen, das Tasten nicht von den Händen, Geschmack und Geruch nicht von Mund und Nase, das Hören nicht von unseren Ohren – erst das Gehirn erzeugt all diese Wahrnehmungen, um dadurch unsere Wirklichkeit entstehen zu lassen. Da unsere Sinne nur einen begrenzten Ausschnitt der Realität erfassen, zieht es den jeweiligen Kontext und seinen Katalog von abgespeicherten Erfahrungen hinzu, um der Welt rund um uns Form zu geben, Lücken auszufüllen, Bilder zu vervollständigen, Gefühle zu erzeugen, Erinnerungen zu rekonstruieren und Entscheidungen zu treffen.

Dies betrifft insbesondere visuelle Informationen. Unser Auge sieht nur in der 1,5 Millimeter grossen Sehgrube etwas (der Rest des Augapfels ist fast völlig blind); es komprimiert dort die aufgefangenen Daten, um sie weiterzuleiten. Das Gehirn reagiert dann vor allem auf Umrisse, die es in Linien, Bögen und Winkel unterteilt, als wären sie natürliche Komponenten der Welt. Zudem registriert es hauptsächlich die Veränderungen in dem Bild, das es mittels dieser Einzelteile aufgebaut hat. Wir bewegen uns also in einer grossflächigen Illusion, die unser Gehirn aus punktweisen Daten erzeugt.

Da die Illusionsmaschine unseres Gehirns ständig am Laufen ist, können wir nicht *nichts* sehen. Ein Blickfeld ohne irgendwelche Konturen – bei einem winterlichen White-Out, im Nebel oder indem man sich weisse Plastiklöffel vor die Augen hält – führt bereits nach einer Viertelstunde zu einem vorübergehenden Verlust des Sehvermögens, bei dem sich nicht mehr sagen lässt, ob man nun die Augen offen oder geschlossen hat, dann jedoch zu Halluzinationen: Vermag unser Gehirn keine Strukturen zu identifizieren, beginnt es selbst welche zu produzieren.[9] Und diese beruhen auf Erwartungshaltungen und Annahmen, die sich festsetzen, sobald die visuellen Daten das Muster erlauben, das wir auf sie projizieren.[10]

Ein Sternfeld setzt da unsere Illusionsmaschine – sprich: unsere evolutionär herausgebildeten Wahrnehmungsweisen – der Reihe nach in Gang: Bis wir in den verstreuten Lichtpunkten der Sterne schliesslich die Linien, Ecken und Kurven von Figuren erblicken. Auf dieselbe Weise löst sie dann wieder Bilder in ihre Strukturen auf, wie sich hier am Beispiel eines Gemäldes von Königin Elisabeth I. vorführen lässt.[11]

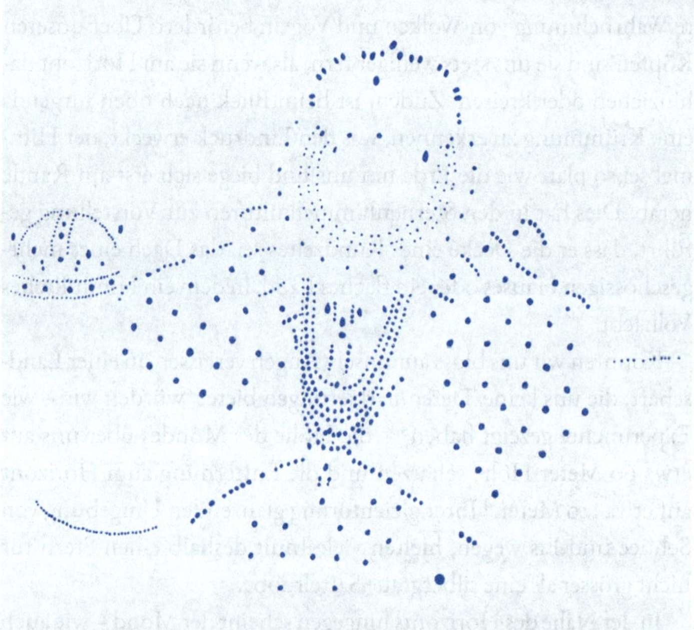

Das Gesichtsfeld, in dem beide Augen Objekte noch räumlich wahrnehmen, weist einen Durchmesser von 130° auf.[12] Ausgefüllt wird es weltweit jedoch nur von wenigen Sternbildern wie dem Donnervogel der Navajo, dem um den Pol kreisenden Tiermenschen der Dene in Alaska oder dem Langen Weissen Hai der Māori in der Milchstrasse. Der Bereich, in dem wir innerhalb unseres Gesichtsfelds scharf sehen, umfasst hingegen lediglich rund 30°. Diese 30° bestimmen in allen Kulturen die Durchschnittsgrösse der Sternbilder. Aus diesem Grund segmentierten die Babylonier letztlich die 360° des Himmelumfangs in Tierkreiszeichen, um den Jahreslauf zu unterteilen, und die Griechen systematisierten diese wiederum in Bezug auf die Sonnenbahn: So kamen wir zu den zwölf Monaten unseres Jahres.

Um etwas zu sehen, heben wir es zunächst von seinem Hintergrund ab. Da die Schwärze des Nachthimmels in unseren Breiten einförmig und informationslos ist, fasst das Gehirn die Lichtpunkte darin als relevant auf und setzt sie zu Linien, Bögen und Winkeln zusammen. Je mehr sich diese Reize einer gewissen Regelmässigkeit nähern, desto leichter fällt es, sie in eine Gestalt zu überführen.[13]

Das erste Wahrnehmungsgesetz, das dabei greift, ist das der fortgesetzt durchgehenden Linie: Punkte, durch die sich eine gerade oder sanft geschwungene Linie ziehen lässt, werden miteinander verbunden, wenn sich dadurch der einfachste Verlauf ergibt.[14]

Das zweite Wahrnehmungsgesetz ist das der Nähe: Punkte und Linien, die sich nahe beeinander befinden, werden als zusammengehörig aufgefasst.[15]

Und das dritte Wahrnehmungsgesetz ist das der guten Gestalt, wonach wir jedes Reizmuster so interpretieren, dass die daraus resultierende Struktur möglichst einfach und plausibel ausfällt.[16]

Aufgrund dieser drei Gesetze erfassen wir die vorderen Sterne von Ursa Maior zunächst als Linie, die abgewinkelt verläuft, und setzen darauf die hinteren Sterne zu einem Rechteck zusammen – um das Ganze schliesslich als schematischen Kastenwagen samt Deichsel zu sehen, dessen Räder sich schon die Mesopotamier hinzudenken mussten.

Da sich der Nachthimmel gerade noch merklich dreht, greift zudem das Wahrnehmungsgesetz des gemeinsamen Schicksals, demzufolge Sterne, die sich in der gleichen Richtung bewegen, als zusammengehörig betrachtet werden, sich in einer Richtung bewegenden Tänzern auf einer Bühne gleich, die als Gruppe aufgefasst werden, die sich von stehenden Tänzern absetzt.[17]

Bei den Tuareg führte dieses Gesetz zur Geschichte des armen Vasallen Kukayod' in Taurus, der die Ziegenherde der Hyaden als Brautpreis zu Den Töchtern Der Nacht in den Plejaden treibt, ohne jemals eine von ihnen zur Frau zu erhalten, da er ja nie bei ihnen ankommt, seit grauen Vorzeiten schon – weshalb eine vergebliche Liebesmühe 'Kukayod'-Anstrengung' genannt wird. Um einem solch unerbittlichen Schicksal zu entgehen, wurde in China das Märchen von Der Weberin in Lyra erfunden. Sie wurde von ihrem geliebten Kuhhirten in Aquila durch die Milchstrasse ewig getrennt, darf jedoch, wenn einmal im Jahr beide zugleich am Horizont stehen, zu ihm hinüberlaufen, um ihn zu besuchen.

Zum Hintergrund gerät stets das, was weniger strukturierte Information bietet: weshalb bei uns die Sterne aus ihrer schwarzblauen Nacht hervorleuchten und nicht umgekehrt. Dreht sich dieses Verhältnis jedoch um – wie in der Atacamawüste, wo der Himmel so klar ist, dass die Sterne und die Milchstrasse das Nachtdunkel fast elektrisch grell überblenden –, wird der Hintergrund vordergründig: Dann werden in den unterschiedlichen Grau- und Schwarztönen Figuren wahrnehmbar, gewissermassen als negative Sternbilder.

Australische Aborigines wie brasilianische Bororo erblicken darum in den Dunkelstellen der Milchstrasse Straussenvögel und die Indios in den Anden darin einen ganzen Tierkreis von Figuren – verschiedene Lamas, Steisshühner, Frösche bis hin zu einer Schlange. Unter ihnen befindet sich ein Fuchs, der sich einer ihrer Fabeln nach bei einem Bankett im Himmel so vollfrisst, dass er platzt. Die moderne Astronomie hat dazu überraschenderweise etwas Kongeniales entdeckt: Denn hinter dem dunklen Fell dieses Fuchses verbirgt sich das ebenso gefrässige Schwarze Loch in Sagittarius A*, als Zentrum unserer Milchstrasse.

Eine gewisse Körperlichkeit erhalten Sternbilder überdies, indem der Umriss einer abgehobenen Figur als zu ihr – und nicht mehr zum Hintergrund – gehörig betrachtet wird, sodass sie darüber zu schweben scheint.[18] Diese optische Täuschung hat die Sternengucker der Antike mit dazu veranlasst, in ihnen Götter zu erblicken, die in Schiffen dahinsegeln, in ihre Häuser einkehren, auf Thronen sitzen.

Die Körperlichkeit der Sternfiguren ergibt sich aber auch dadurch, dass unser Blick evolutionär darauf angewiesen war, bilaterale Symmetrien zu erkennen, um Freund wie Feind zu identifizieren. Tiere und Menschen sind zweiseitig symmetrisch – was sich uns vor allem dann zeigt, wenn sie uns konfrontieren. An einem Kopf im Busch unterscheiden zu wollen, ob es nun die rechte Seite oder die linke ist, die einen anstarrt, würde überlebenswichtige Zeit vergeuden: Als Aufmerksamkeit erweckendes Signal genügt seine Symmetrie, um zu entscheiden, ob wir die Flucht ergreifen sollen oder nicht. Aus diesem Grund verwechseln Kinder bis ins Volksschulalter hinein p und q und b und d, müssen sie die Unterschiede zwischen ihnen erst erlernen.[19]

Die wahllos verteilten Lichtpunkte am Himmel bieten jedoch wenig Möglichkeiten, um darin zweiseitig symmetrische Figuren wie den beidbeinig auf uns herunterblickenden Orion oder den über uns kriechenden Skorpion wahrzunehmen. Aus diesem Grund werden die Figuren der Sternbilder weltweit überwiegend im Profil gesehen. Dennoch bleiben wir unserer evolutionären Disposition treu, indem wir in ihnen, wiewohl seitlich gesehen, überwiegend bilateral symmetrische Wesen erblicken. Pflanzen und Gegenstände – obwohl mindestens ebenso lebenswichtig – stehen deshalb weitaus seltener am Himmel als Menschen, Tiere und Götter.[20]

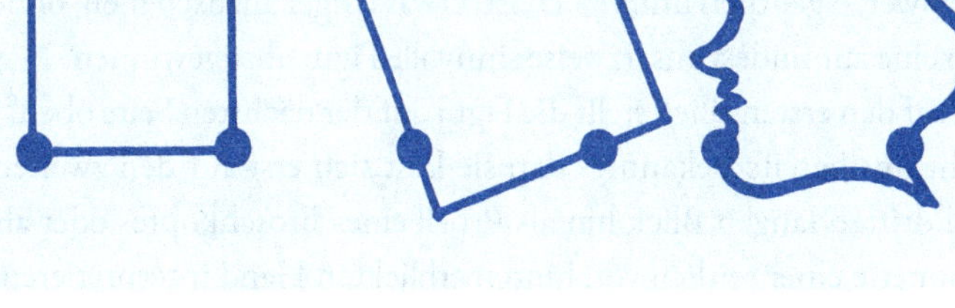

Dabei darf nicht vergessen werden, dass die auf verstreuten Sternen beruhenden Bilder stets etwas verzerrt sind. Dessen ungeachtet werden sie weltweit als naturalistische Abbildung wahrgenommen. Ein Wolf, ein Fisch, ein Baum wird überall als solcher auf dieselbe Weise gesehen – ja muss sogar so naturgetreu erkennbar sein, um von einem jeden gesehen und von Generation zu Generation weitergegeben werden zu können. Dies ist unabhängig davon, wie eine Kultur Menschen, Tiere und Pflanzen in ihrer eigenen Ikonographie darstellt. Wenn es Wechselwirkungen zwischen ihrer Bildsprache und den Sternbildern gibt, dann indem man – wie sich in Ägyptern, Mesopotamien und China zeigt – Götterbilder immer wieder mit denen des Himmel abglich, falls sie nicht schon von vornherein von ihren Figuren am Nachthimmel abgeleitet wurden.

Allgemein gilt jedoch, dass ein Sternbild ein Schema darstellt, im Grunde ein Klischee,[21] der Kinderzeichnung einer Sonne gleich, die durch ihre Strahlen, Farbe und die Personifizierung ihrer Bewegung mehr über sie aussagt als eine blosse Fotografie. Einer Karikatur ähnlich hebt eine schematische Darstellung das Wesentliche einer Gestalt hervor und übergeht das für unwesentlich Erachtete. Was dabei anatomisch verzerrt wird, kann die eigene Vorstellung bis zu einem gewissen Grad korrigieren, weil das Sternbild grösstenteils aus Leerstellen besteht.

Mittels all dieser kognitiver Filter verwandeln wir unregelmässige Muster von Lichtpunkten zu regelmässigen, von uns imaginär vervollständigten Sternbildern – auf dieselbe Weise, mit der etwa Dürer in der Mauer einer verfallenen Almhütte das Profil eines Gesichtes erblickte.[22]

Das Wie und Warum hat sein Zeitgenosse Leonardo da Vinci beschrieben. Er erkannte, dass "verworrene und unbestimmte Dinge" unsere *Einbildungskraft* – das ist der richtige Begriff für die Entstehung von Sternbildern – anregen. "Wenn du stehen bleibst, um auf einen Fleck, eine Mauer oder die Asche eines Feuers, auf Wolken, in den Schlamm oder auf andere Stellen zu schauen ... so kannst du da Dinge erblicken, die diversen Landschaften gleichsehen, geschmückt mit Gebirgen, Flüssen, Felsen, Bäumen, grossen Ebenen, Tal und Hügel in mancherlei Art." Eben dies zeigt sich am Sternenhimmel der alten Ägypter, wenn sich diese darin ein riesiges Nildelta samt Insel, Schiffen und Kanälen rund um ihre Elysischen Felder vorstellten.

"Auch kannst du da allerlei Schlachten sehen" – wie etwa den ewigen und vielgestaltigen Kampf Seths gegen Osiris in mehreren altägyptischen Sternbildern –, "sowie lebhafte Stellungen sonderbar fremdartiger Figuren und ungeheuerlicher Dinge wie Teufel und dergleichen" – und damit all die Ungeheuer und Mischwesen, die Sternenhimmelkulturen an ihre Himmel setzten. Es werden aber auch "Gesichtsmienen" – wie jene im Mond weltweit – erkennbar, "Trachten" – als jene Gewänder und Rangabzeichen, welche die Figur eines Sternbilds am Himmel oft erst kenntlich werden lassen –, "und unzählige andere Dinge. ... Es tritt bei derlei Mauern und Gemisch Ähnliches ein wie beim Klang der Glocken: Auch da hörst du aus den Schlägen jeden Namen und jedes Wort heraus, die du dir nur einbildest."[23]

Da Vincis Formulierungen erklären anschaulich, weshalb man in den Sternen von Ursa Maior eine Bärin, einen Wagen, eine Schöpfkelle, einen einbeinigen Mann, einen Papagei, einen Elch, einen Fuchsschwanz erblicken konnte, je nachdem, was wo relevant war.

Mittels ihrer kollektiven Einbildungskraft haben einzelne Kulturen weltweit am Sternenhimmel ihre ältesten Kunstwerke entworfen, eine Szenerie von Figuren, die für die jeweilige ethische und ethnische Gemeinschaft ebenso zentral waren wie das Deckengemälde der Sixtinischen Kapelle für das Christentum.

Die kulturelle Relevanz beschränkt jedoch das, was aus den Sternen herausgelesen wird. Denn der kognitive Prozess dabei ist nie völlig frei. Einzelne Reizmuster bloss in eine Gestalt überzuführen, genügt nicht: Man sieht nur, was man auch wiedererkennt – weshalb es schwer, eigentlich unmöglich ist, etwas länger anzuschauen, ohne ihm eine zumindest ansatzweise sinnvolle Figur abzugewinnen.

Auf den ersten Blick stellt die Figur auf der nächsten Seite oben[24] nicht uns bereits Bekanntes dar; sie lässt sich erst auf den zweiten und dritten langen Blick hin als Profil eines Froschkopfes oder als Silhouette einer seitlich von hinten erblickten Hand interpretieren. Die weiterhin auffälligen Missbildungen in diesen Motiven würden jedoch ihre allgemeine Verbreitung verhindern. Sternbilder sind keine Klecksographien, die individuell und subjektiv interpretiert werden, sondern Figuren, die für ein Kollektiv verbindlich sein müssen, um die für eine Kultur zentrale Symbolik vor Augen führen zu können. Sie müssen deshalb schematisch genug sein, um für alle – und über Jahrhunderte hinweg – einsichtig zu bleiben.

Dies ermöglicht uns heute ihre Rekonstruktion, oft noch nach vielen Jahrtausenden, indem Sternbilder sich aufgrund all dieser Prinzipien als weit weniger willkürlich erweisen als vielleicht anfäng-

lich angenommen. Ist für eine Sternenregion ein bestimmtes Motiv eruierbar, so lässt es sich nicht beliebig aus den Lichtpunkten herauslesen – eine allzu individuell und eigen geratene Figurierung würde bald ihre Funktion verlieren. Aufgrund seiner Schematik und unseren Wahrnehmungsgesetzen entsteht ein Sternbild gewissermassen in einem Malen nach Zahlen: Die hellen Sterne müssen die markanten Punkte der jeweiligen Gestalt vorgeben, die schwachen Sterne Umrisslinien erlauben.

Was auf diese Weise wieder zum Vorschein kommt, ist fast immer überraschend eindeutig und erlaubt nur selten Variationen: wenn, dann sind sie einander ähnlich. Das zeigt sich etwa bei den Eskimo, wenn sie in Ursa Maior einmal einen nach rechts gerichteten, dann wieder einen nach links gerichteten Elch erblicken.

Sternbilder sind zudem Anlass für oder Illustration von Sternsagen, mit denen einmal die fundamentalsten Aspekte einer Kultur überliefert wurden: Ohne diese Legenden bleiben Sternbilder unvollständig – nicht zuletzt deswegen, weil durch Erzählungen vermittelte Informationen um ein Vielfaches einprägsamer sind[25] als blosse Fakten allein.

Überdies erkennt unser auf die Interpretation von Mustern ausgerichtetes Gehirn in den allmählich sich drehenden Lichtpunkten am Nachthimmel nicht nur Bilder, sondern ganze Narrative. Dies belegt ein amerikanisches Experiment aus den 40er Jahren des letzten Jahrhunderts: Die unterschiedlichen Bewegungen zweier Dreiecke und eines Kreises vor einem Rechteck in einem kurzen Zeichentrickfilm interpretierten die Probanden als zwischenmenschliche Geschichten über Angst, Sorge, Wut und Frustration.[26] Am altägyptischen Himmel entspricht diese Dramaturgie von geometrischen Figuren beispielsweise den Drehungen 'Der Scharfen' – dem Sternendreieck um Sirius, das die Göttin Isis verkörperte; es führte den Priestern grafisch vor, wie sie mit dem Rechteck des Osiris und dem Punkt seines Phallus ihren von Canopus verkörperten Sohn zeugte, 'Den Spitzen'. Die Nacht ist allerorts voll von solchen Geschichten.

Das Imaginieren von Sternbildern findet kognitiv gesehen zuerst von unten nach oben statt, um danach von 'oben' her fixiert zu werden. Anders ausgedrückt: Man erkennt nur, was man auch kennt.

"Ein in seiner Kanzel schlafender Kapuzinerprediger"

Aus diesem Grund sagt uns diese Zeichnung[27] überhaupt nichts, weil wir ihr keinen kulturellen und ikonographischen Kontext mehr zuordnen können. Anders das Motiv der vorletzten Illustration eines vermeintlichen Froschkopfes. Es genügt, die Figur um 90° zu drehen – und schon kann daraus ein Sternbild werden. Zwei solche, beinahe identische Silhouetten sehen die Wardaman am australischen Nachthimmel als ihr Schöpferpaar.

Was man kennt, beruht also überwiegend auf gesellschaftlich vorgeprägten Rastern. Das erklärt, weshalb jede Kultur ein und

dieselben verstreuten Lichtpunkte jedesmal zu völlig anderen Bilder zusammensetzte. Denn so wie sie sich in ihrem Raum entwickelte, mit ihren eigenen Sitten und Überlebenstechniken sich an ihr jeweils eigenes Habitat anpassend (und sich dadurch von anderen Kulturen unterscheidend), sah sie am Nachthimmel jeweils andere Dinge.

Angesichts des beeindruckenden nächtlichen Schauspiels, das der Himmel bietet, und in Anbetracht seiner Dimension, war das, was man in ihm sah, jedoch nie belanglos: Keine Kultur setzt an ihren Sternenhimmel Unwesentliches, sondern stets die für sie zentralen Heroen, Götter, Tiere und Pflanzen.

Fehlen vorgeprägte kulturelle Raster, erkennt man nichts. Das demonstriert der Bericht eines peruanischen Historikers, dem die Inka im Jahre 1609 die Silhouette einer ihre Jungen säugenden Lamastute in den Dunkelwolken der Milchstrasse anschaulich machen wollten: "Sie versuchten, sie mir zu zeigen und sagten: 'Siehst du nicht den Kopf der Lamamutter? Und da ist der Kopf des an ihr säugenden Fohlens; und dort sind ihr Körper und die Beine'. Aber ich konnte nichts ausser Flecken erkennen, was wohl einem Mangel an Vorstellungskraft meinerseits zuzuschreiben ist."[28]

ÜBER DIE ENTSTEHUNG VON KUNST UND RELIGION

Als Kunst gehört ein Sternbild der Natur an: der 'da draussen' im selben Mass wie der 'in uns'. Der kreative Akt, der in einem Sternbild zum Ausdruck kommt, ist der des Findens. Nicht des Erfindens, von dem die Kunstgeschichte sonst erzählt, sondern des Entdeckens, Erfassens, Gewahrens, Bestimmens: des Bewusst Werdens. Das belegen die ältesten Kunstobjekte, die wir kennen.

Sinn für die Ästhetik des Wiedererkennens belegte vor über 2,5 Millionen Jahren schon ein südafrikanischer Hominide. Er hatte einen Kiesel aus rundem rotem Jaspis entdeckt – den handflächengrossen 'Stein von Makapansgat' – und ihn viele Kilometer in seine Höhle mitgenommen, weil er in ihm ein Ebenbild sah: ein Gesicht mit zwei starrenden Augen und einem Mund unter einem dicken Haarschopf.

Dieses Objekt war ebenso rein natürlichen Ursprungs wie der gleich grosse, etwa eine halbe Million Jahre alte in Marokkko gefundene Brocken von Quarzit den man die 'Venus von Tan Tan' nennt. Der überraschenden Ähnlichkeit mit einer üppigen Frau samt Händen, Beinen, Gesicht und Haar wurde bloss mit einigen wenigen Ritzungen und einem bisschen Ocker nachgeholfen, ohne an der gegebenen Figuration viel zu verändern. Dasselbe gilt für die 'Venus von Berekhat Ram', einen ungefähr gleich alten roten Tuffbrocken von den Golanhöhen, der uns, wie bereits den *Homo erectus* damals, sofort an eine nackte Frau erinnert.

Dass sich die Wissenschaftler uneins sind, inwieweit diese beiden Figurinen als Geofakte oder bereits als Skulpturen zu bezeichnen sind, ist gerade der springende Punkt: weil sie nämlich demonstrieren, dass Kunst aus der Wahrnehmung heraus entsteht. Der dafür nötige kreative Akt hat zunächst nicht mehr beizutragen, als an dem 3,5 Zentimeter grossen vulkanischen Stein von den Golanhöhen mit einer scharfen Kante am schmaleren Ende etwas nachzukerben, um den Hals und die beiden Arme ein wenig mehr hervorzuheben.

Im Paläolithikum wird Kunst auch anderweitig kenntlich, an Ritzungen von einfach dekorierten Objekten wie einer Muschel, einem Knochen, einem Stein; an Schnitzereien; dem Gebrauch von Ocker und anderen Pigmenten am eigenen Körper; an Handabdrucken und schliesslich an den in Südostasien vor rund 53 000 Jahren und später bei uns auftauchenden Felsmalereien, die bereits als moderne Kunst gelten können. Aber selbst sie entstanden meist, indem Konturen im Fels – Flächen, Risse, Spalten, Kuhlen und Aushöhlungen – eine Gestalt andeuteten, die man dann mittels ein paar zusätzlicher, verbindender Farblinien als Auerochse, Löwe, Wildpferd zum Vorschein kommen liess: einem Sternbild in seiner dunklen Nacht gleich.

Dies gilt auch noch sehr viel später und für Figurationen aus Holz. So stellt eine 2500 Jahre alte Eichenastgabel – das 'Broddenbjerg-Idol' – den ältesten Pfahlgott Dänemarks dar und die ebenso alten im Moor gefundenen Astgabeln des 'Götterpaars von Braak' wohl so etwas wie den Ersten Mann und die Erste Frau, die in nordischen Mythen aus Bäumen hervorgingen.

Die auf unserer Wahrnehmungspsychologie gründenden Aspekte der Kunst sind damit noch längst nicht erschöpft. Sie treten hervor, wenn Sigmund Freud in da Vincis Gemälde der *Anna selbdritt* im Mantel Marias einen Geier erkennt, der mit seinem Schwanz den Mund des Jesusknaben streift, um dies als Symbol von Leonardos Homosexualität und Emblem seiner Kindheit zu deuten. Oder wenn Arcimboldo Stillleben von Früchten, Blumen und vielem anderen mehr in einer Art und Weise malte, dass ihre Kompositionen dem Betrachter dank seiner Einbildungskraft als Menschenköpfe erschienen. Dieses Spiel mit den Vieldeutigkeiten unserer Wahrnehmung und ihren so realistisch scheinenden Illusionen trieben H. C. Eschers Konfigurationen ebenso weiter wie Salvadore Dalis 'paranoide Landschaften', Picasso mit seinem *Stierschädel* – der Bronzeabguss eines Fahrradsattels samt Rennlenker für die Hörner – und die *Objets trouvés* der Dadaisten. Sie machten sich dabei dieselben Prinzipien zunutze, mit denen Sternbilder ihre Gestalthaftigkeit erlangten.

Diese Prinzipien bleiben nicht auf die Kunst beschränkt. So erblickte der Astronom Schiaparelli 1887 durch sein Teleskop aufgrund von optischen Effekten, Kontrasten und Täuschungen – also den Gesetzen der Wahrnehmungspsychologie gemäss – Strukturen auf dem Mars, die er *canali* nannte. Sein amerikanischer Kollege Lowell deutete sie hierauf als Bewässerungskanäle einer sterbenden Zivilisation, die sich von den Polkappen Schmelzwasser auf ihren austrocknenden Planeten leitet, und gründete zur näheren Beobachtung eine Sternwarte in Arizona. Sie wurde schliesslich zum führenden Institut für Planetologie, das 1930 den – nun nicht mehr zu den Planeten gezählten – Pluto entdeckte und die moderne Spektroskopie entwickelte, mit der man heute nach belebten Exoplaneten sucht.

1976 fotografierte die Raumsonde Viking I aus 1873 Kilometer Höhe dann einen Hügel auf dem Mars. Die Fotografie wurde von den Nasa-Wissenschaftlern als 'Marsgesicht' an die Öffentlichkeit weitergegeben und eine pyramidenförmige Erhebung daneben als 'Inkastadt' bezeichnet. Erst später stellte sich heraus, dass hinter dem Gesicht eine stark verwitterte, fast spiegelsymmetrische Felsformation steckte, die durch Lichtkontraste und Übertragungsfehler – schwarze Punkte als Nasenlöcher – wie ein Gesicht anmutete, ohne dass es oder die Pyramide vorhanden gewesen wäre. Was der Fotografie ihre Pixel sind, sind unseren Sternbildern die Sterne.

Gleich dem uralten und weltweit erblickten Mondgesicht zählt dieses moderne Marsgesicht somit zu jenen Schatten- und Trugbildern, die sich als Fehldeutungen unseres auf das Identifizieren von Strukturen angelegtes Gehirn erweisen: Es vervollständigt diffuse, unvollständige oder zufällige Reizmuster zu bekannten Figuren, die durch unser Hintergrundwissen und jeweiligen Erwartungen vorgegeben werden. Im Unterschied zu Halluzinationen lassen sie sich jedoch willentlich steuern und von mehreren Personen wahrnehmen.

Schon Shakespeare führte das kollektiv Suggestive der Wahrnehmungspsychologie seinem Publikum genüsslich vor: "'Siehst du die Wolke dort, die fast die Gestalt eines Kamels hat?' Polonius: 'Dank ihrer Masse, ja, scheint sie wirklich fast wie ein Kamel.' Hamlet: 'Ich denk eher wie ein Wiesel.' Polonius: 'Es hat den Rücken eines Wiesels.' Hamlet: 'Oder wie ein Wal.' Polonius: 'Haargenau wie ein Wal.'"

Auf dieselbe Weise erkannte man am 11.9.2001 in den Russwolken des brennenden World Trade Centers das Gesicht Satans und Jesus in den Flammen des Brandes von Notre Dame. Im September 2007 wiederum entdeckte man in den Vernarbungen eines Mahagonibaums in Singapur die Umrisse zweier Affen. Sie wurden bald als Manifestationen Sun Wukongs, eines Affen der chinesischen Mythologie, und Hanumans, eines hinduistischen Affengottes, gedeutet und daraufhin von so vielen Leuten angebetet, die ihnen Haufen von Bananen, Erdnüssen, Orangen und Chrysanthemen als Opfergaben darbrachten, sodass die Polizei schliesslich den Park patrouillieren musste.

Die Sternbilder, die Sumerer und Babylonier am Himmel erkannten, stellten vergleichbare Gottheiten für sie dar. Auch ihnen wurde geopfert, Gebete und Fürbitten ausgesprochen; man setzte sich ihren Heilkräften nackt aus und deutete ihre Omen. Die daraus in unseren Breiten entstehende Astrologie behauptet sich wider besseres Wissen noch heutzutage.

Wer wissenschaftlich denkt, hält den Glauben an sie oder an Affengötter in einem Baum für kurios, beruft sich jedoch auf Vorstellungen wie den Urknall, die letzten Endes ebenso metaphysisch sind. Das eine wie das andere bindet uns in und an die Natur, durch jeweils andere Formen von *re-ligio*: Rückbindung an die Welt. Beide sehen in ihr ein Mysterium – das die Wissenschaften aufgrund von Fakten und objektiven Schlussfolgerungen verhandeln. Dasselbe aber hätte der Sternenglaube damals von sich behauptet, ohne ganz unrecht zu haben. Denn die Kognition, mit der wir bilateral symmetrische Wesen in der Umwelt erkennen und über Supersymmetrien der Materie reden, ist dieselbe geblieben. Weshalb aus unserem Gestalt-Sehen die Kunst in gleichem Mass hervorging wie Religion und Wissenschaft.

Die Sternenhimmel – die trotz aller Raumsonden und Teleskope weiterhin ungreifbar bleiben – gehören deshalb wesentlich zum Kulturerbe der Menschheit. Der einzige wirklich merkliche Unterschied zwischen damals und heute besteht darin, dass der Sternenhimmel jetzt, falls wir ihn überhaupt noch irgendwo einmal wahrnehmen, unfassbar leer und gleichgültig wirkt, während er uns durch seine Sternbilder einmal nahe war und wir Teil von ihm.

Einst schrieben wir uns in die Nacht ein, indem wir auf den Himmel projizierten, was uns an uns selbst am Wichtigsten war, in Gestalt von Göttern, Helden und Ungeheuern, Menschen, Tieren und Pflanzen, in Geschichten von Kämpfen, Niederlagen und Erhöhungen.

Seit der Erfindung des Fernrohrs im 17. Jahrhundert haben wir zwar begonnen, andere, neue Narrative über das Universum zu erzählen: doch haben sie kaum mehr menschliche Bezüge. Vielleicht auch deshalb, weil es (noch?) keine uns wieder ansprechenden Bilder dafür gibt.

DIE DIVERSEN FUNKTIONEN DES STERNENHIMMELS

Weshalb der Nachthimmel sich von Ost nach West dreht, die Sterne darauf aber stillstehen, während sich die Planeten durch sie hindurch bewegen und der Mond ein Irrläufer scheint – wie sich an den Sternsagen der Kulturen zeigt, sind solche Fragen nach dem Warum all dieser Phänomene weder die ersten noch die dringendsten. Die Welt ist zunächst einfach gegeben, und anstelle von Ergründungen planetarischer Mechaniken und astronomischer Gesetze stehen zunächst bloss die Bilder des Sternenfelds vor Augen.

Diese Bilder – in deren Umrissen jede Kultur das ihr eigene erkennen will – benützte man dazu, das vorhandene Wissen über sich und die Welt weiterzugeben.

Lange bevor die Schrift erfunden wurde, diente der Sternenhimmel bereits als Bilderbuch: Was sich dort oben an Wesentlichem und Wichtigem gezeichnet fand, das wurde unten in Mythen, Legenden und Sagen erklärt und weitergegeben.

Vergleichbares kennen wir noch von den Hinterglasmalereien unserer Kirchen, die dem analphabetischen Volk als 'Armenbibeln' dienten; auch ihre Bilder und Szenen wurden dann vom Pfarrer in seiner Predigt erläutert und moralisch ausgedeutet.

Die ihren Wurzeln nach ältesten Sternbilder der australischen Wardaman führen dies vor, indem ihr Himmel in einzelne Narrative mit manchmal in den Sternen sogar wiederkehrenden Figuren untergliedert ist. Mit ihrer Hilfe werden Gruppen von Jugendlichen über die Sommermonate hinweg für ihre Initiation vorbereitet, in einem Unterricht, der für Jungen anders ausfällt und folglich manchmal auch andere Sternbilder und Namen hat als für Mädchen, von deren spezifischem Sternenhimmel leider weniger zu erfahren ist.

Die Sternzeichnungen als Merkhilfe und Mahnmal am Firmament einmal kenntlich gemacht, wird in nächtlichen Sitzungen mittels Erzählungen all das gelehrt, was man wissen muss, um ein produktiver Teil der Gemeinschaft werden zu können: Gesetze, Gebräuche und Tabus, die eigene Herkunft, Geschichte und Glaubenslehre. Diese *soziale Funktion* steht bei jedem Sternenhimmel im Vordergrund.

Dass sie manchmal aus männlicher Perspektive geschildert wird, liegt daran, dass die Informationen dazu meist durch europäische Männer von einheimischen Männern eingeholt wurden und aufgrund der unterschiedlichen Machtbereiche der Geschlechter in einzelnen Kulturen auch nur so in Erfahrung gebracht werden konnten. Wurden sie von Frauen eingeholt, wie im heutigen Bolivien etwa, zeichnen sie ein etwas anderes Bild, in dem dann jedoch vieles aus der männlichen Sphäre fehlt. Interessant wird dies, wenn Himmelskörper wie beispielsweise der Mond für beide Geschlechter eine Rolle spielen und Gottheiten im Laufe der Schöpfung ihr Geschlecht wechseln: Zwitter und Transvestiten nehmen öfters bedeutsame Positionen ein, die Erdmutter ist nicht nur bei den Wardaman eine primäre und bestimmende Figur und die Frau in den Mythen sehr oft mächtiger als der Mann. Jede Kultur organisiert sich anders; alle aber stellen sich in ihren Sternbildern dar.

Was dem Christentum seine Heiligenbilder sind, ist anderen Kulturen ihr Sternenhimmel: In ihm findet sich all das abgebildet, was für eine Gemeinschaft elementar und essentiell ist.

Für die hier dokumentierten Nachthimmel gilt, dass ihre Sternbilder oft als Zeichen im eigentlichen Sinn des Wortes aufgefasst wurden. Die Heroen eines 'Vormaligen Volkes' haben sie für die heutigen Menschen als Denk-und Mahnmale, als Signale und kalendarische Markierungen hinterlassen – wenn sie nicht schon deren Ebenbilder sind oder gar sie selbst, wie sie dank seiner übernatürlichen Mächte dort oben weiterleben. Die *religiöse Funktion* eines Sternenhimmels erklärt dadurch auch, weshalb Sterne flackern und unterschiedliche Färbungen aufweisen, warum die Sonne im Laufe eines Jahres an unterschiedlichen Punkten aufgeht und der Mond zu- und abnimmt – mehr jedoch verortet sie das Leben an sich, indem sie es nicht nur an die Erde, sondern auch an den Himmel und eine in ihn übergehende Unterwelt bindet.

Wenn es heute bei uns noch heisst, 'dass man in den Himmel kommt', dann weil er überall als über uns sich erstreckendes Land betrachtet wird, in dem alles Irdische in unvergänglicher Hülle und Fülle vorhanden ist.

Man sieht dieses Land wie die Altägypter, Tuareg, Buschleute, australischen Wardaman und Polynesier kopfüber am Firmament hängen – oder erblickt davon wie die Eskimo, Dene, Māori oder Chinesen seine felsige oder kristallene Unterseite, in der es dann jedoch eine Öffnung gibt, durch die manche in dieses astrale Reich emporzusteigen vermögen.

Im einen wie dem anderen Fall stellt die flache, von Meer umflossene Erdscheibe oft nur den mittleren Raum eines Weltenbaus dar, über dem es weitere Ober- und Unterwelten gibt, die sie in sich bergen. Manche können über eine Öffnung im Himmel, einen der Arme der Milchstrasse, einen Weltenbaum, Berge, Schiffe, Leitern, Stiegen, Seile oder Netze in dieses immergrüne und unsterbliche Reich gelangen, um nach dem Tod – falls sie nicht in die Unterwelt ziehen oder springen müssen – als einer der unzähligen schwachen Sterne vom Himmel oder der Milchstrasse zu glitzern.

Die Sternbilder hingegen sind die prototypischen Formen, von denen – ob Fisch, Vogel, Tier oder Mensch – alle irdischen Lebewesen abstammen und ihre Lebenskräfte erhalten. Desgleichen stellen sie zumeist den Ersten Mann und die Erste Frau dar, als Urahnen der heutigen Menschheit, welche der Erde ihre heutige Gestalt verliehen: Derart wird am Sternenhimmel Herkunft wie Kreislauf der menschlichen Existenz sichtbar. Das wird nirgends deutlicher als am Nachthimmel des Zweistromlandes und dem chinesischen Sternenhimmel, der sowohl die soziale Funktion zur Gänze erfüllt, indem er die Gesellschaft in toto abbildet, wie die religiöse Funktion, in der alles Terrestrische bloss als Widerspiegelung des Astralen erscheint: um mit seinen schematischen Asterismen überdies als detaillierter Jahreskalender zu fungieren.

Der Glaube, himmlische Verhältnisse bestimmten die irdischen, begründete in Folge die Astronomie mit ihren ersten systematischen Observationen, und die Vorstellung, sie als Omen deuten zu können, die Astrologie. Zwar konnte diese – ohne dass ihr dies schon klar gewesen wäre – keine wirklichen Kausalitäten feststellen, bloss Koinzidenzen und in seltenen Fällen Korrelationen (indem sich etwa an Glanz und Grösse der Sterne atmosphärische Bedingungen verraten, die Wetter und Ernten beeinflussen): doch verlieh sie damit erstmals einem analytischen wissenschaftlichen Denken Ausdruck, das nach Gründen und Ursachen sucht.

Ergänzt werden die sozialen und religiösen Dimensionen des Nachthimmels durch seinen pragmatischen Nutzen, der vor allem in der *kalendarischen Funktion* liegt. Mittels der sommerlichen wie winterlichen Wendepunkte der Sonne lassen sich die beiden Jahreshälften bestimmen: weshalb deren Beobachtung überall am Beginn der Himmelsbeobachtung steht. Das damit gegebene kalendarische Raster ist jedoch allzu grob. Der Mond erlaubt mit seinen Phasen zwar eine weitere Unterteilung in Monate, die sich deshalb meist etymologisch von ihm ableiten, doch wandern seine Aufgangspunkte ebenso sehr im Raum umher wie seine Zyklen, die überdies immer wieder mit dem Sonnenjahr abgeglichen werden müssen, um wirklich von Nutzen zu sein.

Anders die Sterne, inbesondere wenn sie in leicht merkbaren Bildern gruppiert werden: Sie gehen jeden Tag bloss vier Minuten früher auf, und dies, ohne dass sich ihre Aufgänge über Jahrhunderte hinweg allzugross verschöben. Sie stehen deshalb morgens oder abends lange genug am Horizont, um überlebenswichtige Zeitpunkte zu markieren: Ob dies nun das Tauen des Eises und die Rückkehr der Robben betrifft, das Laichen der Lachse oder das Kommen der Bonitoschwärme, die Geburt der Lamas, das Werfen des Wildes, das Schlüpfen von Ameisenlarven, das Reifwerden bestimmter Knollen und Wurzeln oder den Anbau von Nutzpflanzen. Letzteres war für die vor gut 10 000 Jahren sich etablierende Sesshaftigkeit des Menschen von immenser Bedeutung.

Ohne die Sternbilder, welche die Wochen markieren, in denen ein Feld vorzubereiten, zu pflügen, zu besäen, zu bewässern ist, wäre keine Landwirtschaft möglich gewesen – und ohne sie wiederum gäbe es keine Städte, Tempel, Schrift, Herrschaftsstrukturen, keine Zivilisation.

Zudem hat der Himmel eine *orientierende Funktion* – ob für Reisen über Land wie bei den Aborigines, Beduinen und Tuareg oder auf hoher See, wie jeder weiss, der ein Hochseepatent ablegt und dazu mittels der Sterne zu navigieren verstehen muss. Ohne Leitsterne hätte die Besiedelung des Pazifik von Samoa über Neuseeland bis hin zur Osterinsel erst heute erfolgen können.

Trotz richtungsweisenden Sternen finden sich jedoch nur in den wenigsten der hier dokumentierten Kulturen Legenden, die sich auf den Himmelspol beziehen (dessen Position einzig für die Chinesen wirklich von Bedeutung war, obwohl Inder, Araber und die Tuareg die Drehung um ihn damit erklärten). Dennoch fielen die Himmelsbeobachtungen überall äusserst exakt und detailliert aus, sonst hätte man nicht schon früh vielerorts erkannt, dass Morgen- und Abendstern vom selben Planeten verkörpert werden; rein astronomische Fragestellungen nach dem Woher des Alls oder dem Zeitpunkt von Eklipsen wurden hingegen erst sehr spät relevant.

Die Welt ist zunächst also einfach vorhanden. Erklärungen werden vielmehr für das gesucht, was sich in ihr auffällig verändert: ob für die Laufbahn der Sonne, die Phasen des Mondes, ihre Verfinsterungen und für das, was da manchmal leuchtend vom Himmel fällt, mit einem Lichtschwanz langsam über den Himmel zieht oder hell aufglüht. Gefunden werden sie dann, indem man all diese Phänomene in Bezug zum Menschen setzt, als Auswirkungen all der höheren Mächte auf ihn, darunter.

DAS ALTER DER STERNENHIMMEL

Die Vielfalt dessen, was an Figurativem in ein und denselben Sternenfeldern und ihren willkürlich verstreuten Lichtpunkten herausgelesen wurde, ist erstaunlich.

Je nach Weltregion entfaltet und gestaltet sich der Sternenhimmel immer wieder anders, mit von Kultur zu Kultur unterschiedlichen Vorstellungen und Symboliken.

In den Sternbildern kommt derart viel poetische Kraft und Phantasie zum Vorschein, dass einem dies fast wieder den Glauben an das Schöne und Gute des Menschen zurückgibt.

Umsomehr erstaunt, wenn sich trotz aller Unterschiedlichkeiten Übereinstimmungen in den Sternenhimmeln einzelner Kulturen finden. So wird mit den meisten von ihnen die Vorstellung verbunden, nach dem Tod in ihn einzugehen. Dass man den Himmel als belebt ansieht, mag aufgrund seiner Drehung und der Bewegungen auf ihm noch naheliegen; sich darin aber in einen Stern zu verwandeln oder wie in einem Land weiterzuleben, ist keine selbstverständlich sich aufdrängende Anschauung: Baum und Gras zu werden, Erde zu Erde, Asche zu Asche und Staub zu Staub ist da ein sich weit natürlicher ergebender Gedankengang. Damit erweist sich bereits eine scheinbar so simple Idee wie in den Himmel zu kommen als kulturelles Konstrukt, das verbreitet worden sein muss.

Weniger basale Übereinstimmungen in den Sternenhimmeln lassen sich oft Kulturkontakten in den letzten Jahrtausenden zuschreiben – so etwa, wenn das Prestige einer Zivilisation wie der Babylonier, Griechen, Inder, Araber und sogar Chinesen dazu brachte, Sternbilder und Kalender aus dem Zweistromland zu übernehmen. Und manches andere wird durch kontemporäre Migrationen erklärbar, die es mit sich brachten, dass sich beispielsweise der indische Garuda am Sternenhimmel der Navajo zum Donnervogel auswuchs, dem grössten Sternbild weltweit.

Trägt jedoch der Sonnengott der Māori denselben Namen wie im alten Ägypten und fährt ebenso im Schiff über einen Himmel, der wie Geb und Nut einst die Erde ebenso eng umschlang, um darauf gleichfalls gewaltsam getrennt und umgedreht zu werden, wird schon fraglicher, welchem Kulturkontakt diese Übereinstimmungen zuzuschlagen wären: Er könnte bloss zur Ptolemäerzeit über das damals mit Ägypten Handel treibende Indien verlaufen sein. Wenn sich dann aber dieselbe Vorstellung von Himmel und Erde als Liebespaar, das wie bei den Māori durch Pfosten auseinandergedrückt wird, auch bei den tibetanisch beeinflussten Südlichen Dene findet, beginnen die Vermittlungswege schon sehr indirekt zu werden und immer weiter zurückzureichen. Lassen sich aufgrund riesiger geographischer wie zeitlicher Entfernungen schliesslich keine Verbindungslinien mehr postulieren, werden mündliche Überlieferungen wahrscheinlich, die auf eine einzige uralte Wurzel zurückgehen müssen.

Denn ohne einen gemeinsamen Stammbaum blieben die feststellbaren Parallelen zwischen den Sternbildern und Sternsagen einzelner Kulturen völlig rätselhaft, da die dahinter steckenden Vorstellungen nichts Zwangsläufiges an sich haben. Dass auf Palawan wie bei den Tuareg eine Palme in denselben Sternen gesehen wird, liesse sich zwar noch damit erklären, dass beide Bäume dort eine wichtige Rolle spielen und Scorpius ihrer Figurierung entgegenkommt; doch wenn sie beidesmal mit Sagen verbunden sind, die verbotenes sexuelles Verhalten thematisiert, so ist an dieser Kombination nichts Universelles mehr.

Wie kommt es dann aber dazu, dass bei australischen Aborigines wie Babyloniern sechs Sternbilder mit denselben Figuren in derselben Sternenregion sitzen und die Maya deren zwei mit ihnen teilen? Warum sehen sowohl die Bororo wie die Inka und Aborigines in der Milchstrasse einen Straussenvogel und Aborigines wie Palawaner dort zudem eine eng mit Wasser assoziierte Riesenschlange, welche die Babylonier parallel zu ihr verorteten? Warum haben die Griechen, Araber, Nordinder, Babylonier und die Nördlichen Dene einen Kaniden in die Polregion gesetzt? Indem die Sterne einem eine solche Gestalt dort nicht von selbst aufdrängen, kann daran auch nichts im herkömmlichen Sinne 'Archetypisches' sein; es muss sich dabei vielmehr um eine zentrale, einer tiefen Zeit entstammende mythische Figur handeln, um an so vielen unterschiedlichen Orten noch denselben Platz am Himmel behaupten zu können.

Wie zudem erklären, dass es bei den Bororo dieselbe Sternsage gibt wie auf den Gesellschaftsinseln, deren einzelne tragende Motive einer Himmelskletterei – Kinder, die ihre Eltern hungern lassen, ziehen sich an einem Seil, das ein Vogel oben angebunden hat, in den Himmel hinauf, wo ihre Augen seitdem als Sterne auf uns herabblicken – ebenso speziell sind wie aufeinander komplex aufbauend, um mit kultureller Ko-Evolution argumentieren zu können? Oder wie begründen, dass die Südlichen Dene und die Berber Weltschöpfungsmythen haben, die sich wie zwei Fassungen ein- und derselben vom Hörensagen bekannten Geschichte ausnehmen? Wenn dann auch die Kosmogonien zu den übrigen Sternenhimmeln von Alaska bis in die Anden dasselbe Paradigma verraten, so erscheint dies aufgrund der Besiedlungsgeschichte des amerikanischen Kontinents und seinen Wanderbewegungen durchaus einsichtig. Doch weshalb finden sich die zentralen Motive dieser Schöpfungsgeschichte auch in den Mythen südafrikanischer Buschleute, der Babylonier und Chinesen ebensogut wie auf Neuseeland? Dies ist umso erstaunlicher, als es sonst so viele unterschiedliche Schöpfungsgeschichten wie Kulturen gibt[29] – jedoch nur die von Sternenhimmelkulturen so eng übereinstimmen.

Nicht jede Kultur besitzt einen in Bilder ausgedeuteten Sternenhimmel. Bei denen, die hier dokumentiert werden, lässt sich jedoch feststellen, dass es nicht nur manchmal übereinstimmende Sternbilder und viel öfter motivisch gleiche Sternsagen gibt, sondern sich zu jedem eine Kosmogonie findet, die überall dieselbe Grundstruktur aufweist – und dies nicht nur für die Entstehung der Gestirne, sondern für die Erschaffung von Welt und Menschen insgesamt.

Diese Trinität legt die Annahme nahe, dass es ursprünglich einmal einen, mit einem spezifischen Weltschöpfungsmythos verbundenen Sternenhimmel gab, der sich auf der ganzen Welt verbreitete und jeweils lokal weiterentwickelte – überall jedoch einige Elemente vergangener Zeiten als Relikte bewahrt hat.

Die Legenden und Sternbilder der geographisch wie kulturell bis in die Neuzeit hinein isolierten australischen Aborigines beziehen sich stellenweise noch auf Topographien und Tiere, wie sie nur vor 40 000 Jahren existierten. Um die Ähnlichkeiten ihres Sternenhimmels mit denen anderer Kulturen erklären zu können, müssen diese ein zumindest gleich hohes Alter aufweisen. Dasselbe gilt für die Übereinstimmungen, welche die Kosmogonien unserer über die ganze Welt verteilten Sternenhimmelkulturen untereinander aufweisen.

Mangels anderer Erklärungsmöglichkeiten bleibt da nur die These übrig, dass der Sternenhimmel samt einer damit eng verbundenen Schöpfungsgeschichte eine Errungenschaft des spätpaläolithischen afrikanischen *Homo sapiens* war.

Der anatomisch moderne Mensch hatte von Ostafrika aus begonnen, sich in kleinen Gruppen im Nahen Osten und Indien festzusetzen und auch bei späteren Migrationen[30] seine Techniken der Werkzeugherstellung und seinen Pfeilbogen ebenso mitgenommen wie seinen mutmasslichen Sternenhimmel. Als identitätsbildendes Konstrukt, das es einer Gruppe von Jägern und Sammlern erlaubte, wo immer sie gerade war, sich mittels des Bilderbuches der Nacht der eigenen Geschichte und Herkunft zu versichern, und dessen Sternbilder ihr zugleich als überlebenswichtiger Kalender diente, wäre ein Sternenhimmel damals so essentiell gewesen wie für Aborigines oder Bororo heute.

Jedenfalls gelangte *Homo sapiens* vor rund 60 000 Jahren nicht nur nach Australien und Südostasien, sondern an den Küsten entlang und längst auch schon in Booten bis nach Südamerika, und dies schneller als bislang angenommen. Denn dort gibt es wie beispielsweise im brasilianischen Pedra Furada mit seinen Felsmalereien, inzwischen mehrere Datierungen, die auf eine menschliche Anwesenheit vor 40–60 000 Jahren schliessen lassen.[31]

DIE PROTOTYPISCHE SCHÖPFUNGSGESCHICHTE UND DIE ERSTEN FELSMALEREIEN

Gemeinsamkeiten zwischen Bororo und Indios in den Anden mit Aborigines und Buschleuten auf der anderen Seite der Welt liessen sich also durch die weltweite Ausbreitung des *Homo sapiens* erklären. Dabei ist nicht unwesentlich, dass die Genetik für diese von Ostafrika ausgehende Migration eine Gründerpopulation von bloss 1000 bis 2500 Menschen annimmt.[32] Eine solch überschaubare Zahl macht plausibel, weshalb die jeweils mit unseren Sternenhimmeln verbundenen Schöpfungsmythen nicht nur weltweit den gleichen Plot aufweisen, sondern würden auch die Variationen darin erklären: etwa, wenn sich vom Zweistromland bis in die Anden Spuren eines Mythos finden, in dem die Welt aus den einzelnen Körperteilen eines ersten Lebewesens entstand. Die einzelnen Wandergruppen etablierten so leicht voneinander abweichende Überlieferungen, in denen einmal Himmel und Erde ein eng umschlungenes Ehepaar sind, das getrennt werden muss, oder sich ein Sternenhimmel herausbildete, der – wie in der Westsahara, in China und der Arktis – aus einem Grosssternbild besteht, das jedesmal ein urzeitliches Schöpferwesen an den Himmel setzt.

Die Variationen aber erlauben, so etwas wie einen evolutionären Stammbaum des ursprünglich erzählten Schöpfungsmythos zu skizzieren. Sein Fabelkern lässt sich folgendermassen zusammenfassen:

Die Welt ist da, aber sie ist noch eine unterirdische Vorwelt, in deren Kaverne ehestenfalls eine dämmrige Vorsonne glimmt. Die ersten Lebewesen kommen dann aus Löchern, Quellen oder Höhlen hervor an die Erdoberfläche wie überwinternde Kröten aus ihrem Erdloch oder Binsen eines emporwachsenden Schilfrohrs.

Erste Frau und Erster Mann (oder die zwei Ersten Männer, die sich um sie streiten) sind mit übernatürlichen Kräften begabte Tiermenschen, sehr oft Vogelmenschen, manchmal auch Baummenschen. Ihre Nachkommen – 'Vormaliges Volk' genannt – unterscheiden sich als Mischwesen ebenfalls noch von uns und werden erst durch einen einschneidenden Schöpfungsakt in die heutigen Menschen, Bäume und Tiere aufgespalten (wobei Letztere zu Totemtieren einzelner Clans werden).

Dies geschieht meist ihm Laufe der Weltenwanderung des Ersten Mannes, bei der er der Erde ihre heutige Gestalt verleiht, sie ihre Berge, Flüsse und Namen und die Menschen ihre Gesetze und Gebräuche erhalten.

Dies wiederum geschieht allerdings erst nach einer, die mittlerweile bevölkerte Erde überschwemmenden Flut, die von einer eng mit dem Wasser assoziierten Riesenschlange, einem monströsen Krokodil oder einem Regenbüffel ausgelöst wird, die damit auf der Welt auch ihren eigenen maritimen Nachwuchs festsetzen wollen. Das Ungeheuer wird jedesmal besiegt und zurückgedrängt, womit die heutige Welt entsteht (die oft auch erst durch dessen Kadaver einen Himmel erhält).

Zu den demiurgischen Taten dieser Ersten Generation von Lebewesen – unter denen unsere Urahnen sind – gehört es sodann, Licht in die Welt zu bringen, indem sie die Sterne gleich Steinchen emporwerfen und dann Sonne und Mond in den Himmel setzen: entweder als selber leuchtende Lebewesen oder als von ihnen getragene Leuchtobjekte. Nachdem von einem kriegerischen Zwillingspaar die letzten monströsen Missgeburten heldenhaft von der Erde getilgt wurden, steigen die Ersten Wesen hinauf in das Himmelsland, um dort ewig weiterlebend ihre Herrschaft anzutreten. Die Sterne werden so zu Merkzeichen, die sie für die nachfolgenden Generationen hinterlassen haben, zu Abbildern ihrer oder es sind sie gar selbst, die derart nachts über die Erde wachen und das Treiben der Menschen beobachten.

Dieses Himmelsvolk kann dann nach Belieben von seinem Sternenland wieder auf die Erde herabsteigen, um Gutes wie Schlechtes zu bringen. Es unterbindet dies jedoch bald, weil die Menschheit den Kontakt mit ihm nicht mehr verdient, weshalb diese sich seitdem mit der Deutung ihrer Omen begnügen muss. Einzelnen Menschen gelingt es, meist auf der Suche nach Unsterblichkeit, auf dem Rücken eines grossen Greifvogels in den Himmel zu gelangen und dort auch mit einer Frau zu leben – doch ohne dass dies länger gelänge: Zu sehr haben sich beide Wesensformen inzwischen auseinandergelebt, wobei der Himmel und seine Sternbilder zum Lebensquell aller irdischen Lebensformen geworden sind.

Diese Grundstruktur wurde von Kultur zu Kultur anders ausgebaut. In Südostasien – aber auch in Indien, China und Kanada und später sogar noch in Polynesien und Neuseeland nachweisbar – kam beispielsweise das Motiv hinzu, dass der Himmel anfangs so niedrig hing, dass die ersten Wesen noch gebückt gehen mussten und sie ihn deshalb auf die heutige Höhe emporstiessen und durch Pfeiler oder Berge abstützten, um ihn oben zu halten. Entsprechend der langen Migrationswege durch Asien hinauf in die Polarnacht der Arktis und aus ihr wieder hinunter, wurden bei den Navajo daraus vier unterirdisch übereinander liegende dunkle Vorwelten und bei den Maya ebensoviele zeitlich aufeinanderfolgende Vorwelten, durch welche die ersten Lebewesen in die heutige Welt hinauf oder hinein gelangten: die sie dann aber weiterhin selbst erleuchten und formen mussten. Diesem basalen Mythos vorangestellt wurde später im asiatischen und pazifischen Raum die Vorstellung eines Vogeleis, aus dem Himmel, Erde und Meer hervorgingen – in einer im indischen, chinesischen und ägyptischen Raum zuerst nachweisbaren abstrakten creatio ex nihilo, die alles Konkrete aus dem Denken und Wünschen heraus entstanden sieht.

Unverändert blieb jedoch überall der Dämmer am Anbeginn der Welt, die auch in der Bibel aus einer dunklen, wässrigen Tiefe entsteht, um erst am vierten Tag Sonne, Mond und einen Sternenhimmel zu erhalten. Diese Düsternis liesse sich im Kontext der frühen Migrationen des *Homo sapiens* mit der Eruption des Toba auf Sumatra vor 74 000 Jahren abgleichen. Dieser grösste Vulkanausbruch in den letzten zwei Millionen Jahren hatte weltweit katastrophale Auswirkungen, bei denen nur umstritten ist, in welchem Ausmass sie Leben auslöschten – nicht aber, dass es zu einem mehrjährigen 'nuklearen' Winter kam.

Dasselbe gilt für die Flut, die in den Weltschöpfungsmythen unserer Sternenhimmelkulturen eine grosse und elementare Rolle spielt und sich aufgrund ihrer weltweiten Verbreitung nicht auf ein junges Ereignis wie etwa die Entstehung des Schwarzen Meeres vor ein paar tausend Jahren beziehen kann. Zwischen 82 000 und 80 000 Jahren jedoch – nachdem das Weltklima zuvor sehr kalt gewesen war –, schmolzen die dadurch entstandenen Gletscher, und dies so schnell, dass das Meer in 1000 Jahren um zwanzig Meter anstieg und am Ende einen Meter höher lag als heute. Dies wirkte sich weltweit auf die Küstengebiete aus, in denen heute ein Drittel der Menschheit wohnt, in denen aber auch schon damals – von Ostafrika über den Nahen Osten, das Rote Meer bis hin zum Persischen Golf – anatomisch moderne Menschen lebten. Bei einem Anstieg von einem Meter in fünfzig Jahren musste somit jede Generation mitansehen, wie ihre hinter den Küsten und tiefer liegenden Lebensräume zerstört oder verändert wurden.[33]

In den bloss unter wenigen tausenden Menschen kursierenden Geschichtserzählungen muss diese Flut ebenso wie die dunklen, kalten Jahre nach dem Vulkansausbruch sicherlich Eindrücke hinterlassen haben, die tief genug waren, um als Weltkatastrophen an die nächsten Generationen weitergegeben zu werden.

Wenn wir eingangs die Entstehung von Felsmalereien mit jener der Sternbilder verglichen, so stellt sich dies durch die Migrationen des ostafrikanischen *Homo sapiens* nunmehr als fast zwangsläufig heraus. Denn entlang seiner Routen brachte *Homo sapiens* Malereien an, die nicht nur überall auf dieselbe Weise Konturen im Fels wie in den Sternen zu Bildern vervollständigten, sondern auch die Figuren abbildeten, die in den meisten hier gesammelten Schöpfungsmythen auftauchen. Die in der Kalksteinhöhle von Leang Bulu Sipong 4 auf Sulawesi entdeckte, rund 50 000 Jahre alte Malerei des *Homo sapiens* zeigt mehrere menschliche Figuren mit tierischen Attributen – Schwanz, Vogelschnabel, Reptilienkopf – bei der Jagd. Die mit rund 53 000 Jahren bislang älteste Malerei der sulawesischen Höhle von Leang Karampuang führt bereits drei solcher Mischwesen zusammen mit einem Pustelschwein in einem narrativen Kontext vor: Es ist dies die älteste Bildgeschichte, die wir besitzen.[34] Solche Therianthropen finden sich auch in Europa, im 40 000 Jahre alten Löwenmenschen von Hohlenstein-Stadel und dem ebenso alten stalagmitischen Bisonmenschen der El-Castillo-Höhle, im Bisonmenschen und dem 'Zauberer' genannten Hirschmenschen von Trois Frères oder in der zwischen 21 und 14 000 Jahre alten Szene in Lascaux, die einen Menschen mit einem Vogelstab vor einem Bison zeigt.

Südamerikanische Fundstellen illustrieren dieselben Vorstellungen. Die brasilianische Serra da Capivara demonstriert mit mindestens 25 000 Jahre alten Steinwerkzeugen[35] und Feuerstellen, die bis zu 60 000 Jahre alt sein können,[36] dass *Homo sapiens* weit früher als bislang gedacht diesen Erdteil erreichte. Die zahllosen Felsmalereien dort – Menschen in Adorationsgesten unter Tieren, Bäumen gewidmete Riten – zeigen dasselbe Bild wie bei den jüngst entdeckten, 12 500 Jahre alten Felsmalereien von Chiribiquete im kolumbianischen Amazonas. Sie stellen ebenfalls noch Therianthropen – Schildkröten-, Jaguar- und Vogelmenschen – und Riten dar, wobei der zuständige Archäologe meinte, “dass viele der grossen Tiere von Männern mit erhobenen Armen umringt sind – als würden sie diese Wesen verehren”.[37] Da die Bildstellen in der Felswand nur mit Leitern oder durch Klettern zugänglich sind und ringsum viele, von Adoleszenten stammende Fussspuren erhalten blieben, verweist dies auf ähnliche Initiationsriten wie bei den Aborigines, die neben ihren nächtlichen Lektionen unter dem Sternenhimmel auch zu den “in den Fels eingegangenen Bildern” ihrer therianthropischen Urahnen ziehen, um deren Mythen zu lernen.

Dass die Abertausenden von Handabdrücken der 9000 Jahre alten argentinischen Cueva de las Manos völlig den 40 000 Jahre alten Handabdrücken der spanischen El-Castillo-Höhle gleichen, verrät uns wiederum etwas Wesentliches für langzeitliche Überlieferungen: Weil Handabdrücke reine Symbole sind, deren Bedeutung sich durch den Bezug zu einem Kontext ergibt, muss der Kontext hier wie dort gleich geblieben sein. Das setzt voraus, dass die Kultur der steinzeitlichen Jäger und Sammler, die sich in solchen Abdrücken und Felsmalereien ausdrückten, gleich blieb, in einem Stillstand befangen, dank dessen einzelne archaische Vorstellungen bis hinauf zu den heutigen Bororo und Aborigines erhalten bleiben konnten. Dass dies denkbar ist, zeigt sich an den Steinwerkzeugen, deren Formen und Abschlagtechniken über lange Zeiträume hinweg weltweit grosso modo gleich blieben und sich erst im Neolithikum und mit der Sesshaftigkeit merklich zu verändern begannen – wie dies auch an den Sternenhimmeln feststellbar ist. Bei australischen Aborigines ist zumindest archäologisch nachweisbar, dass ein kulturelles Ritual am selben Ort über 12 000 Jahre hinweg gleich blieb.[38]

Um die Gemeinsamkeiten der Kosmogonien, Sternbilder und Sternsagen der über die ganze Erde verteilten Sternenhimmelkulturen erklären zu können, müssen sie ein hohes Alter aufweisen. Damit jedoch verlieren die altsteinzeitlichen Felsmalereien einiges von ihrem bisherigen Enigma – indem sie dann wie offensichtliche Illustrationen der hier gesammelten Schöpfungsgeschichten wirken. Wenn in den Anden, bei den Navajo oder den Buschleuten Höhlen als Ursprungsorte all der Menschen und Tiere verehrt werden, weil sie dort aus ihrer unterirdischen Vorwelt heraufkamen, so ist eine solche Vorstellung mehr als stimmig mit den in den europäischen Höhlen abgebildeten Tieren. Sie stellen nur im Ausnahmefällen das eigentliche gejagte Wild dar, in der Regel jedoch jene majestätischen Tiere, die bei Sternenhimmelkulturen als Urahnen der heutigen Menschheit gelten.

Die Sitte, an den Höhlenfelsen einen Handabdruck zu hinterlassen, wird dann als Ehrbezeugung für dieses als ‘Vormaliges Volk’ erachtete Grosswild und als Abstammungszeichen von ihm verständlich, ebenso wie die oft sehr abgeschiedene Lage der Malereien an nicht leicht zu erreichenden Stellen tief in einer Höhle oder ganz hoch oben. Die dazu am Boden erhaltenen Fussabdrücke von Kindern und Jugendlichen passen ebenfalls in den Rahmen jener Initiationen, für die auch das Erlernen der Narrative des Nachthimmels wesentlich ist. Die spezifische Art der Abbildung dieser Tiere – wenn sie beispielsweise in der Höhle von Covalanes so verzerrt dargestellt werden, dass sie bloss vom Höhleneingang aus gesehen anatomisch korrekt wirken, wie um das Hervortreten aus dem dunklen Inneren des Felsens zu simulieren;[39] oder wenn in der über 30 000 Jahre alten Grotte Chauvet die Königstiere mit acht Beinen gemalt werden, um ihren Lauf aus der Höhle ihres Ursprungs heraus vorzuführen – ist ebenfalls stimmig mit dem schöpfungsmythischen Topos der Emergenz. Dass solche Bilder – Sternbildern vergleichbar – als Illustrationen des Erzählens dienten, zeigen 15 000 Jahre alte, postkartengrosse weisse Steintafeln mit Einritzungen von Steinböcken und Auerochsen, die an ein Lagerfeuer gehalten wurden, sodass die Tiere darauf in seinem Flackern aus dem Stein herauszuspringen scheinen – ein visueller Trick, der eine dazu erzählte Geschichte benötigt.[40]

Und da die meisten unserer Schöpfungsmythen mit einer Erdmutter als Erster Frau beginnen, die in China wie in Australien noch als ‘Froschdame’ gedacht wird, stellen die üppigen Frauenfiguren des späten Paläolithikums – von der fast 40 000 Jahre alten Venus vom Hohle Fels bis zur knapp 30 000 Jahre alten Venus von Willendorf – keine Überraschung mehr dar, weil sie deren Fruchtbarkeits- und Herkunftsymbolik vor Augen führen.

DER PROTOTYPISCHE STERNENHIMMEL

Die unseren siebzehn Kulturen gemeinsamen wie sich unterscheidenden Sternbilder scheinen insofern einem evolutionären Paradigma zu entstammen, als ein prototypischer Sternenhimmel nach einer Migration die neue Weltgegend und die dadurch bedingten anderen Verhaltensweisen widerzuspiegeln hatte – weshalb von seinen Sternbildern nur erhalten bleiben konnte, was nicht ersetzt werden musste. Für einen Schöpfungsmythos gilt dies weniger: Seine Ereignisse spielen ohnehin zu Urzeiten in einer anderen Vorwelt, weshalb bloss ein neuer Übergang ins Hier und Jetzt erzählt werden muss. Von diesem Ausgangspunkt an nimmt jede Kultur aber eine andere Entwicklungslinie und bildet dabei – der anderen geographischen Breite wegen, in der andere Asterismen die kalendarische Rolle übernehmen, sowie der andersartigen Fauna und Flora halber, deren astrale Vorbilder an den Himmel zu setzen sind – unterschiedliche Sternbilder heraus.

Dennoch ermöglicht der Vergleich der Kulturen untereinander die Rekonstruktion einiger der Bilder, die am ursprünglichen Sternenhimmel gestanden haben müssen. Zwar ist einzuräumen, dass sich sehr wohl lokal einzelne identische Sternbilder – ko-evolutionär – ergeben können; entscheidend für unsere Ursprungsthese sind jedoch systematische Ähnlichkeiten, die sich auf mehreren Ebenen überschneiden.

Das lässt sich an den Plejaden demonstrieren, die weltweit in derselben Symbolik und Funktion am Nachthimmel verblieben sind. Obwohl mit freiem Auge nur sechs Sterne zu sehen sind, werden sie überall mit der Siebenzahl bezeichnet. Dass es allerorts heisst, ein Stern sei verschwunden, mag auf eine Supernova in den letzten hunderttausend Jahren zurückgehen. Noch auffälliger ist, dass sich bei australischen Aborigines wie Griechen dieselbe Legende zu ihnen bewahrt hat, die von Schwestern erzählt, die vor einem Jäger flüchten und sich dabei in Vögel verwandeln: Nichts an diesem Szenario ergäbe sich beim Anblick des Sternenhaufens der Plejaden von selbst. Und um überhaupt auf eine solche Geschichte kommen zu können, muss es bereits die Ansicht gegeben haben, dass Sterne in den Himmel gestiegene Menschen sind – was sich an der mit den Plejaden verbundenen Vorstellungen der Tuareg, Altägypter, Mesopotamier bis hin zum Pazifik zeigt, wo sie als 'Kleine Augen' gelten.

Ebenso bezeichnend für die alten Wurzeln des Plejadenbildes ist ihre Funktion. Obwohl man Jahresanfänge oder -enden auf vielfältigste Weisen festlegen und bestimmen kann, gelten die Plejaden überall auf der Welt, ob auf der Nord- oder der Südhalbkugel, als kalendarisches Zeichen dafür, indem man ihre Unter- oder Aufgänge den Beginn eines neuen Jahres markieren lässt. Daran ist nichts zwangsläufig. Zwar gehört der Sternhaufen zu den prominenten Objekten am Himmel, aber er ist nicht *die* auffälligste Erscheinung darin – auch der Sirius oder der Orion kämen (und kamen) dafür in Frage.

Dass die Plejaden ihre uralte kalendarische Funktion bewahrten, darauf verweist zudem das ihnen am Himmel entgegengesetzte Gestirn Scorpius. Es konnte dank der Plejaden vielerorts seine alte Rolle bewahren und die Hälfte des Jahres markieren. Dass Maya und australische Wardaman wie Griechen, Babylonier und Araber in der Region des Scorpius einen Skorpion(-menschen) sehen, scheint auf ein archaisches Bild hinzuweisen.

In den Sternen von Aquila wiederum findet sich weltweit ein grosser Greifvogel – je nach Region ein Geier, Adler oder Kondor – dargestellt, obwohl deren Konfiguration nicht so auffällig ist, dass sie einen solchen Vogel von sich aus vorgäbe. Was auf das hohe Alter dieses Sternbilds verweist, ist eine Geschichte, in der ein solcher Vogel im Zweistromland, bei den Arabern aber auch bei den Maya und in den Anden jemanden auf seinem Rücken in den Himmel trägt, der dort nach Unsterblichem sucht, ohne es zu erlangen. Ein zweiter grosser Vogel mit breit ausgestreckten Flügeln in Cygnus sodann wird von den Aborigines und Mesopotamiern als dämonischer Wächter und von Indern, Polynesiern, Māori wie Griechen als Göttervogel gesehen.

Die drei Gürtelsterne des Orion hinwieder wurden vielerorts als Einheit betrachtet – ob bei den Chinesen, Buschleuten, Maya oder Inka. Dass Maya wie Buschleute sie mit Schildkröten verbinden, weist auf die Archaik dieser Vorstellung – bei der die Schildkröte andernorts als Schöpfergott auftritt – ebenso hin, wie die viel weiter verbreitete Ansicht von Sternen in Orion als einzelne Jäger oder deren Waffe. Dabei bleiben auch die Sterne ringsum dem Jagdszenario oft verhaftet: Canis Maior wird im Zweistromland wie in Indien als Pfeil des vor 70 000 Jahren in Afrika erfundenen Bogens gesehen,[41] der in China wiederum von Canis Minor dargestellt wird.

Einen Kaniden – einen seiner Schlauheit wegen zum Kulturheros prädestinierten Fuchs, Schakal, Wolf oder Hund – sehen die Mesopotamier, Griechen, Araber, Inder und Nördlichen Dene um den Pol in Ursa Minor oder Ursa Maior. Und um Leo erkennen die australischen Wardaman wie die Babylonier und alten Ägypter einen Löwen, der in Australien den Jahresanfang markiert. Dies mag noch damit zu tun haben, dass die Sterne von Leo in Ostafrika vor 70 000 Jahren das Ende der Grossen Regenzeit und den Beginn der Trockenzeit ankündigten, wenn sie Ende April bei Sonnenuntergang im Osten aufgingen.

Dass die Tradition eines Raben am Himmel ebenfalls sehr alt sein muss, darauf verweist der Umstand, dass er bei den Dene wie den Eskimo und Chinesen eng mit der Sonne und dem Beginn der Welt assoziiert wird. Mesopotamier wie Aborigines sehen eine Krähe oder einen Raben offenbar deshalb noch in denselben Sternen – und zudem im selben Antagonismus einer mit Wasser assoziierten Riesenschlange gegenüber. Die Aborigines kennen die dazugehörige Geschichte noch, in der die Krähe den Schwanz dieser Schlange abschneidet; bei den Babyloniern wird dies noch visuell angedeutet, indem der Rabe auf den Schwanz der Riesenschlange einhackt. Die Sterne von Corvus waren dabei vor Urzeiten der Figur eines fliegenden Vogels viel ähnlicher als heute, wo sie nur mehr eine geduckte Figur vermitteln. Die in der Ekliptik liegende Spica markierte einst den Kopf des Raben im richtigen Verhältnis zu seinem Flügel in Corvus: So ging die Sonne bei der Wintersonnenwende morgens vor 96 800 und 71 000 Jahren in diesem Rabenkopf auf und zur Sommersonnenwende vor 84 600 und 58 800 Jahren dann unter. Das würde erklären, weshalb man den Raben bei Chinesen wie Indern, Dene und Eskimo so eng mit der Sonne assoziierte; denn danach wanderte sein Kopf zu weit ab vom Körper, wurden die Sterne allmählich zu eckig für einen Flügel, um einen typischen Raben erkennen zu lassen oder überhaupt noch besonders markant zu sein.

Wenn Buschleute wie Bororo die Milchstrasse als Asche sehen, mag sich dies von selbst ergeben haben. Dass Aborigines, Palawaner wie Inka darin jedoch eine Riesenschlange erblicken (die Mesopotamier parallel zu ihr) und Bororo wie Aborigines in den gleichen Dunkelstellen der Milchstrasse einen Straussenvogel erkennen, lässt jedoch erneut auf Urbilder schliessen.

Der generelle Name der Bororo für die Sterne des Nachthimmels als 'Tiere und Vögel' charakterisiert diesen Urhimmel. Denn viele Sternenhimmel haben Paare von Tieren bewahrt, um das männliche und das weibliche Exemplar einer Gattung als astrale Prototypen auszuweisen: so die Löwen und Rinder bei den Mesopotamiern, die Waldrappen, Enten und Störche bei den Altägyptern, die Löwen und Antilopen bei den Buschleuten, die Schildkrötenpaare und Hirsche bei den Bororo oder die Lamas in den Anden. Der gemeine Mensch taucht – ausser einmal schematisch im späten China – an keinem einzigen unserer Sternenhimmel auf; was an und für sich bereits eine Gemeinsamkeit darstellt. Sie verrät uns heute, wie wichtig Jäger und Sammler sich in ihrer Welt einmal nahmen.

Völlig unabhängig von der Rekonstruktion eines solchen Urhimmels kam aber schon die Dokumentation der Sternenhimmel einer Form der Archäologie gleich, um sie aus indigenen Zeugnissen und Aussagen, Sagen, Legenden und Mythen sowie weit verstreuten Berichten von Missionaren, Reisenden und frühen Ethnographen wieder erschliessen zu können. Es war dies eine mühevolle Recherche, und all die unterschiedlichen Informationen zu einem Ganzen zusammenzusetzen, jedesmal ein Puzzlespiel – denn bis auf die Inuit | Eskimo und Palawan lagen keine Darstellungen von Sternenhimmeln in all ihren Aspekten vor. Da einerseits nicht zu erwarten ist, dass sich in absehbarer Zeit noch einmal jemand an dieses Thema setzt, andererseits die Quellen dazu längst versiegt sind, galt es, das noch greifbare Material umfassend zu präsentieren.

Hinzukommt, dass die Rekonstruktion der Sternenbilder ebenfalls auf einer Art visueller Archäologie beruht. Indem die Ikonographie unserer Sternbilder aus zweiter Hand aus Mesopotamien übernommen und von den Griechen und Römern dann neu gedeutet worden war, genügten ihnen Sterne irgendwo im Gesicht, an Brust, Armen und Beinen, um eine Figur zu versinnbildlichen. Anders dort, wo sie autochthon entstanden und relevant waren: Da wurden sie mit grösstmöglicher Genauigkeit aus dem Sternenfeld herausgelesen. Daran müssen sie sich nun auf diesen Seiten wieder messen. Was darauf an Sternbildern oft nach vielen Jahrtausenden erstmals wieder sichtbar wird, entstand in penibler Zusammenarbeit mit der Grafikerin Heidi Sorg, um die gegebenen Sterne und ihre unterschiedlichen Helligkeitsgrade mit den markanten Punkten einer Figur passgenau abgleichen zu können.

Die Zusammenschau von Sternbildern, Sternsagen und Schöpfungsmythen bringt nun ein grosses, aber völlig in Vergessenheit geratenes Stück Menschheitsgeschichte wieder zum Vorschein. Sodass sich kategorisch sagen lässt: Eine Kultur versteht erst, wer auch ihren Sternenhimmel kennt.

LITERATUR

G E. Bruce Goldstein, Wahrnehmungspsychologie, Heidelberg 1997.

R|P Helen Ross | Cornelis Plug, The Mystery of the Moon Illusion, Oxford 2002.

S Robert Solso, Cognition and the Visual Arts, Cambridge Massachusetts 2001.

A Rudolf Arnheim, Art and Visual Perception, Berkeley 1974.

BILDNACHWEISE

S. 10 links und rechts © The Ann Ronan Picture Library / Heritage-Images und Robert L. Solso: Cognition and the Visual Arts. A Bradford Book, the MIT Press, Cambridge, Massachutetts, London, England, 2001, 9780262691864, S. 92

S. 11 oben E. Bruce Goldstein: Deutsche Ausgabe: Wahrnehmungspsychologie. Spektrum akademischer Verlag. 9783827401895, Heidelberg Berlin Oxford 1997, S. 169

S. 11 unten Rudolf Arnheim: Art and visual perception. A Psychology of the Creative Eye. University of California Press, Berkeley, Los Angeles, London, 9780520243835, 194 expanded version, S. 54 Figure 27 abc

S. 13 oben links, oben rechts und unten Solso, Robert L., Cognition and the Visual Arts, Fig. 4.4 (p. 79), Fig. 4.5 (p. 81), © 1994 Massachusetts Institute of Technology, by permission of The MIT Press.

ANMERKUNGEN

1 Lee Child, A Wanted Man, New York 2012, 445 2 R|P 100 3 R|P 106, 110 4 R|P 106, 110 5 R|P 3 6 Einsichtig wird dies durch die sogenannte 'Ebbinghaus-Täuschung'. 7 Einsichtig wird dies durch die sogenannte 'Ponzo-Illusion'. 8 R|P 139 9 S 52–53 10 Tom Chivers, Everything is Predictabel – How Bayes' Remarkable Theorem Explains the World, London 2024, 214–236 11 S 92 12 S 22–23 13 Vgl. S 92 14 G 173 15 G 174 16 G 171 17 G 172 18 G 169 19 Vgl. Raoul Schrott | Arthur Jacobs, Gehirn und Gedicht – Wie wir unsere Wirklichkeiten konstruieren, München 2011, 31–33. 20 A 54 21 Vgl. Ernst Gombrich, Kunst und Illusion, Berlin 2002. 22 Albrecht Dürer: Verfallene Berghütte (?), Mailand, Biblioteca Ambrosiana 23 Traktat von der Malerei, Übersetzung Heinrich Ludwig, Jena 1909, 53, kompilierter Auszug. 24 S 81 25 Tim Radford, *The rise of the greedy-brained ape*, in: Nature 574, 31.10.2019, 623–625. 26 Heider-Simmel-Experiment 27 S 79, 4.4 28 (El Inca) Garcilaso de Vega, Comentarios reales de los Incas, II, Kapitel 23. 29 Vgl. beispielsweise die hunderte von unterschiedlichen Erklärungsmuster, die sich allein in Indien finden (Dieter Kapp, Schöpfungs- und Urzeitmythen der Stammesvölker Indiens, Wiesbaden 2019) und die diversen Ansätze weltweit (Barbara Sproul, Primal Myths, New York 1979; Leeming & Leeming, A Dictionary of Creation Myths, Oxford 1994). 30 Graham Lawton, *Human evolution: The astounding new story of the origin of our species*, in: New Scientist 1.4.2020. 31 Niède Guidon, *Las Unidades Culturales de Sao Raimundo Nonato*, in: New Evidence for the Pleistocene Peopling of the Americas, hrsg. v. Alan Bryan, Orono 1986, 157–171; Jennifer Raff, Origin – A Genetic History of the Americas, New York 2022, 78 und 85–96. 32 Henn | Cavalli-Sforza | Feldman, *The great human expansion*, in: PNAS 109, 30.10.2012, 17758–17764. 33 Dorale | Onac et al., *Sea-Level Highstand 81 000 Years ago in Mallorca*, in: Science 327, 12.2.2010, 860–863. 34 Oktaviana et al, *Narrative cave art in Indonesia by 51, 2000 years ago*, in: Nature 3.7.2024 35 Eric Boeda et al., *A new late Pleistocene archaeological sequence in South America*, in: Antiquity 88, 2014, 927–955. 36 Shigue Watanabe et al., *Some Evidence of a Date of First Humans to Arrive in Brazil*, in: Journal of Archaeological Science 30.3, März 2003, 351–354. 37 *Spektakuläre urzeitliche Felsmalereien im Amazonas-Urwald entdeckt*, in: Der Standard, 6.12.2020. 38 Bruno David et al, *Archaeological evidence of an ethnographically documented Australian Aboriginal ritual dated to the last ice age*, in: Nature Human Behaviour 1.7.2024 39 Marc Azéma, La Préhistoire du cinéma, Paris 2011. 40 Needham | Wisher et al., *Art by firelight? Using experimental and digital techniques in exploring Magdalenien engraved Plaquette use at Montastruc, France)*, in: PLOS ONE 17.4, 20.4.2022. 41 Michael LePage, *Some of the first humans in Europe used bows and arrows*, in: New Scientist, 4.3.2023

Ein *STERNEN-HIMMEL* der *BUSCHLEUTE* – die */XAM*

Ein Stern gleicht unserem Herzen, dann, wenn wir sterben,
denn er stürzt, er fällt, wenn unser Herz herabfällt,
uns aus der Kehle fällt, aus der Kuhle unserer Kehle:
er schiesst herab, weil er weiss, wann wir sterben.
Der Stern weiss, wann unser Herz nicht länger atmet –
und dann schiesst er herab, fällt er herab, ab wie unser Herz:
Das leiser werdende Geräusch des Sterns nimmt es mit.
Die Menschen sehen den Stern und meinen, er sage ihnen,
dass anderswo etwas Schlimmes vorgefallen sein muss:
'Es wird Nachrichten geben – denn ein Stern ist herabgefallen.'
Das Fallen eines Sterns zeigt, dass einer von uns gestorben ist;
es sagt denen, die es nicht wissen, dass einer von uns tot ist.[1]

Khoisan ist ein hundert Jahre alter Kunstbegriff für die Bevölkerung im Süden Afrikas. Er schloss die zu 'Hottentotten' verballhornten pastoralen *Khoikhoi* ('Menschen') und die von den Khoikhoi herabwürdigend als 'Sammler' bezeichneten nomadischen *San* – besser bekannt als 'Buschmänner' – aus physiognomischen Gründen zusammen. Am neutralsten erscheint deshalb die Bezeichnung 'Buschleute', ohne dass sich bei den einzelnen in Angola, Botswana, Namibia und Südafrika lebenden Gruppen mehr Gemeinsamkeiten als ihre Lebensweise ausmachen liessen; eine kulturelle Einheit bilden sie nicht.

Dies gilt auch für ihre Sprachen: Wiewohl sie alle durch Schnalzen und Saugen mit der Zunge gebildete Klicklaute aufweisen, gehören sie unterschiedlichen Sprachfamilien an. Die nördlichen Buschleute sprechen Dialekte, die der heute *Ju* (oder *Kx'a*) genannten Familie zugerechnet werden; die zentralen Buschleute verwenden Mundarten der *Khoe*-Familie und die Ethnien im Süden *Tuu*-Regiolekte. Zu diesen südlichen Buschleuten zählen die von Wilhelm Bleek, seiner Schwägerin und seiner Tochter im 19. und frühen 20. Jahrhundert studierten Sprecher der eng miteinander verwandten Dialekte */Xam* und *Katkop*, die jedoch auch viele Begriffe der Khoekhoe- und der Bantusprachen übernommen haben. Die astralen Vorstellungen der Sprecher der heute ausgestorbenen /Xam-Sprache stehen hier im Vordergrund, ergänzt durch jene der Katkop-Sprecher.

Der zu den Tuu genannten Süd-Khoisan-Sprachen zählende Dialekt der /Xam ist zwar ausgestorben, doch die Wiederbelebungsversuche ihrer Identität als Buschleute ist seit Neuestem wieder im Gange und damit auch das Bemühen, die oralen Traditionen zu bewahren. Doch schrieb Dorothea Bleek bereits 1929: "Vor fünfzig Jahren kannten alle Erwachsenen der Buschleute die Mythen und Legenden ihres Volkes. Eine an einem Ort von jemandem begonnene Geschichte konnte von jemand anderem anderswo später zu Ende erzählt werden. 1910 besuchte ich die nördlichen Gebiete der Kapkolonie und traf die Kinder, Neffen und Nichten einiger früherer Informanten unter den wenigen Buschleuten, die dort noch lebten. Niemand von ihnen erinnerte sich noch an irgendeine Geschichte. Nachdem ich ihnen ein paar der alten Texte vorgelesen hatte, erkannten manche Alte zwar noch einzelne Gebräuche wieder und sagten: 'Ich habe meine Leute früher einmal davon erzählen gehört.' Doch die mündliche Überlieferung war tot, erstickt von einem Leben im Dienst Fremder und durch das Zerschlagen der Familien."[2]

ETHNOGENESE

Genetische Studien legen nahe, dass die Wurzeln der Buschleute mit ihrer wohl für die Jagd erfundenen Klicksprache geschätzte 130 000 Jahre alt sind und sie somit die älteste Population der Erde darstellen. Dies demonstriert die grosse genetische (wie linguistische und kulturelle) Vielfalt der Buschleute, indem bei einzelnen sich herausbildenden Populationen die genetische Diversität dementsprechend homogener wird. Ihre Ursprungsregion ist noch nicht bestimmbar; sagen lässt sich jedoch, dass die Buschleute die engsten heute lebenden Verwandten jener Gruppen des *Homo sapiens* sind, die nicht nur Afrika bevölkerten, sondern vor gut 70 000 Jahren auch aus Ostafrika nach Europa, Asien und weiter nach Amerika migrierten.[3]

Was die Kalahari betrifft, so belegen archäologische Funde eine kontinuierliche Präsenz von Jägern und Sammlern jedoch erst seit 30 000 Jahren. Die mit den Buschleuten nicht verwandten Bantu begannen sich dann vor gut 5000 Jahren – letztlich angetrieben von der Austrocknung der bis dahin savannenartigen Sahara – von ihren zwischen Kamerun und Nigeria liegenden Hochländern in ganz Afrika auszubreiten. So erreichten sie vor rund 1500 Jahren Südafrika und brachten Eisenwerkzeuge und Ackerpflanzen – Yamswurzeln, Sorghum, Hirse – mit; die Zulu stellen heute die grösste bantusprachige Ethnie dar.[4]

Vor rund 3000 Jahren wanderten auch aus Anatolien oder Mesopotamien stammende Gruppen in Tansania und Kenia ein, die mit ihrem Ackerbau und ihren Ziegenherden die dort ansässigen Rinderhirten allmählich verdrängten. Diese Hirten – die klicksprachigen Hadza und Sandawe – wanderten dann vor 1800 bis 900 Jahren nach Südafrika ab und vermischten sich mit den Buschleuten.[5]

Zu den rund zwei Dutzend unterschiedlichen Gruppen von Buschleuten – zu denen die !Kung oder die Nama der Kalahari zählen – gehörten auch die /Xam. Vor einem Jahrhundert starb ihr Dialekt aus, und sie wurden im Zuge der Kolonialisierung Südafrikas durch Buren und Briten völlig assimiliert. Als Hirten, Jäger und Sammler, die keinen Ackerbau betrieben, besiedelten sie das nordwestliche Karoo-Gebiet zwischen den heutigen Städten Calvinia und Kenhardt, am Zusammenfluss von Sak, Hartbees und Mottels.[6]

Die /Xam sahen sich in der Halbwüste dort als zweite Generation von menschlichen Wesen. Vor ihnen hatte, ihrer Ansicht nach, auf diesem Territorium ein Vormaliges Volk mit seinem gewitzten Demiurgen namens /Kaggen gelebt, als allererste Lebewesen dieser Welt, aus denen schliesslich all die heutigen Tiere hervorgegangen waren. Die /Xam selbst waren – wie Han‡kasso dem Berliner Bleek erzählte – ursprünglich Springböcke gewesen, die /Kaggen in Menschen verwandelt hatte: "Wir Buschleute waren früher einmal Springböcke, und /Kaggen schoss uns, sodass wir wirklich weinten wie kleine Kinder. Da sagte /Kaggen, dass wir Personen werden sollten, ein [Menschen-]Volk, weil wir wirklich weinten. Dies waren die Buschleute der Ebene: Sie bewohnten den Boden, nachdem die Ersten Buschleute [!Xwe//Na-s'o!K'e, 'die ersten hier sitzenden Leute', als Vormaliges Volk] ausgestorben waren – weshalb die Buschleute der Ebene ihre Kinder danach die Geschichten der Ersten Buschleute lehrten."[7]

Der Berliner Wilhelm Bleek (1827–1875) ging kurz nach seiner Promotion 1853 nach Kapstadt, um dort die Bantu- und Khoisansprachen zu erforschen und an einer vergleichenden Grammatik zu arbeiten. Er nahm in den 70er Jahren mehrere aus der Gegend von Calvinia in der nördlichen Kap-Provinz stammende /Xam bei sich auf, die zur Zwangsarbeit verurteilt worden waren; mit Hilfe seiner Schwägerin Lucy Lloyd – die nach seinem frühen Tod die Arbeit mit ihnen fortsetzte – erlernte er ihre Sprache. Sie legten insgesamt 138 Notizbücher mit rund 12 000 Seiten an, transkribierten die Geschichten, die die sechs überwiegend miteinander verwandten /Xam ihnen erzählten, wobei Bleek eine eigene Lautschrift zur Wiedergabe ihrer Sprache verwendete, und übersetzten die Geschichten ins Englische. Bleeks Tochter Dorothea führte nach 1904 die Forschungen weiter. In digitalisierter Form zugänglich, stellt das von ihnen zusammengetragene Material heute den Grundstock der ethnographischen Sammlung der Universität Kapstadt dar – und ist zugleich Zeugnis eines ausgestorbenen Dialekts.

Unabhängig von Bleek hatte der Landvermesser Gideon Retief Von Wielligh (1859–1932) in den 1880er Jahren in Calvinia sein Büro eröffnet und von den Hirten der /Xam Geschichten aufgezeichnet, die er erstmals 1919 in vier Bänden veröffentlichte.[8] Da er die Legenden auf Afrikaans wiedergab, blieben sie bis heute grossteils unbeachtet. Zusammen mit Bleeks Transkriptionen stellen sie ein relativ einheitliches Korpus dar, wobei sich die beiden Teile eher vom Duktus her unterscheiden: Von Wielligh erzählt flüssig nach, Bleek hingegen gibt wortgetreu wieder, was seine Informanten ihm langsam und stückweise diktieren, immer wieder von neuem ansetzend und erklärend. Ein Sechstel des Materials in Bleeks Notizbüchern bezieht sich auf Himmelskörper:[9] Dieser Umfang war der Grund für die Auswahl des vorliegenden Sternenhimmels, der sich von dem der anderen Gruppen im Süden Afrikas unterscheidet.[10]

DAS VORMALIGE VOLK UND DIE GESTIRNE

Von Wielligh zufolge glauben die Buschleute nicht an ein Höchstes Wesen, an eine Hölle oder ein Paradies. Die Grundvorstellung ist, dass am Anfang der Welt ein Vormaliges Volk existierte, das sich im Laufe der Weltschöpfung dann in Tiere, Pflanzen und Menschen ausdifferenzierte; erst nach ihnen kamen die ersten 'Buschleute der Ebene'.

DIE ENTSTEHUNG DER WELT, DER MENSCHEN UND DINGE

"Jeder existiert nur dank der Leute des Vormaligen Volkes; diese alten Wesen konnten sich in jedes Tier, jeden Baum und jedweden Menschen verwandeln.

Am Anfang lag nur Dunkelheit über der ganzen Erde; Sonne, Mond und Sterne entstanden erst später.

Die Sonne war einer des Vormaligen Volkes gewesen, der eine leuchtende Gestalt hatte; er war ein grosser Jäger und Zauberer, ein starker und gebietender Mann gewesen, den die Leute des Vormaligen Volkes sehr respektierten. Der Mond wiederum war ein Schuh /Kaggens gewesen, den ein grosser Wirbelwind – eine Art Vogel – in den Himmel getragen hatte. Er ist voller Wasser, das nachts zu Tau wird.

Im Hohl des Neumondes versammeln sich die gerade verstorbenen Menschen; während er zum Vollmond heranwächst, werden die Toten vom Mondwasser wiederbelebt. Wenn er dann voll ist und es keinen Platz mehr für die Wiederauferstandenen gibt, kommen sie zur Erde herab und leben von neuem, und zwar jedes Mal nach ihrem Tod – genauso wie der Mond, der Monat um Monat neu zu leben beginnt. Der Tod war ursprünglich nur ein Schlummer gewesen – bis der Hase den Tod in die Welt brachte, weil er dem Mond nicht glauben wollte, dass Tote wiederauferstehen.

Die Milchstrasse und die Sterne sind die Asche und glühende Kohlen eines Feuers – von einem Mädchen in die Luft geworfen und vom Wirbelwind in den Himmel getragen. Der Morgenstern ist das Herz der Morgendämmerung, der Abendstern jenes der Abenddämmerung. Alle anderen grossen Sterne sind Lebewesen; auch die kleinen sind lebendig. Einer der grossen Sterne gab den anderen mit einem Gesang ihre Namen.

Die Sterne, die im Sommer abends leuchten, sind im Winter nicht sichtbar; wenn sie dann wieder aufsteigen, tanzen und singen die Leute und halten ihnen brennende Holzscheite hin, damit die Sterne erkennen, dass sich die Buschleute darüber freuen, dass sie wie der Mond neu belebt erscheinen. Die Menschen halten ihnen die brennenden Scheite hin, um sie zu wärmen, damit sie die Wärme des Sommers mitbringen können;

und sie sprechen zu ihnen und ehren sie mit Lobesworten. Sie halten die Sterne für glücklich, versorgt mit ausreichend Nahrung und Wasser. Den Planeten und grossen Fixsternen kommt viel religiöse Achtung zu. Im Sommer gibt es eine Heuschrecke, die nachts *tsqu! tsqu!* zirpt, doch die Buschleute wollen nichts davon wissen, dass dieser Laut von einem Insekt stammt. Sie sagen: Es sind die Sterne, die die leuchtenden Augen der Löwen, Leoparden, Hyänen, Schakale, Wildkatzen und Springböcke verfluchen, weil diese ebenfalls im Dunkeln leuchten. Deshalb, so sagen sie, zischen die Sterne im Sommer nachts *tsqu! tsqu!* – sie verfluchen damit die Tiere mit den leuchtenden Augen.
Weil die Buschleute glauben, dass die Leute des Vormaligen Volkes sich in unterschiedlichste Wesen verwandeln können, gibt es keinen ewigen Tod. Alles lebt und schläft danach für eine bestimmte Zeit, wird irgendwann aber wieder auferstehen und weiterleben. Daher rührt der Glaube an Geister, die entweder Gutes oder Böses tun können.
Die Buschleute haben keine Götterbilder, dafür ist ihre Vorstellung von Göttlichem zu unbestimmt. Sie spüren stattdessen die angeborene Hilflosigkeit des Menschen. Fühlt er sich schwach, ruft er nach einer höheren Macht, sogar durch Zauberei. Er weiss sich ohnmächtig gegenüber einem Wolkenbruch oder einem wilden Tier, das ihn unerwartet angreift: Dann sucht er übernatürliche Hilfe. Fühlt er sich hingegen stark, will er diese Stärke bewahren.
Stirbt eine wichtige Persönlichkeit, wird ein grosser Steinhaufen über ihrem Grab aufgeschichtet, und dieser Steinhaufen wird dann des Geistes wegen verehrt, der in ihm lebt."[11]

Zentrale Figur in den Mythen der Buschleute ist */Kaggen*, ein ebenso impulsiver und selbstsüchtiger wie unsterblicher Trickster – so wie wir diese Figur bereits vom Kojoten der Navajo oder dem Raben der Inuit und Nördlichen Dene kennen. Er gehört zum Vormaligen Volk, das die Erde ursprünglich besiedelte.

Seine Frau heisst /Hunn-tu!Ka!Katte. Gemeinsam haben sie die Tochter eines Ungeheuers namens Allesfresser bei sich aufgenommen, bei dem sie vor Furcht um ihr Leben nicht wohnen kann, da ihr Vater gar alles bis auf den Erdboden hinunter frisst. Der Mann der Tochter ist */Kwamannga*, ein Wesen, das man heute im Regenbogen erblickt.[12] Beider Sohn /Ni spielt eine wichtige Rolle in den Legenden, indem er den alten /Kaggen berät, ihm bei seinen Taten beisteht oder ihn seiner Missetaten wegen zurechtweist.[13] Die drei Söhne /Kaggens wiederum haben Töchter //Gakens, der Dunkelheit, geheiratet[14] und werden zu den ersten Häuptlingen der Buschleute.

Auch die Maluti-Buschleute an den südafrikanischen Drakensbergen sehen /Kaggen in ihren Mythen als 'Erstes Wesen'; im Unterschied zu den /Xam beten sie ihn jedoch an: "Er befahl alles und bewirkte, dass alle Dinge erschienen und gemacht wurden, Sonne, Mond und Sterne, Wind, Berge und Tiere."[15] So stiehlt er etwa einen Schuh seines Schwiegersohns (oder nimmt ein Stück, das dieser vom Schuh abgeschnitten hat) und legt ihn in einen Teich. Daraufhin erwächst aus dem Leder eine Elenantilope, die er füttert und mit Honig einschmiert, bis sie gross ist.[16]

/Kaggen besitzt als Einziger seines Volkes magische und kreative Kräfte, hält sich aber weder an soziale Normen, noch geht er mit so elementaren, das Überleben ermöglichenden Artefakten wie Pfeil und Bogen oder Grabstock sorgsam um. Von Natur aus dünnhäutig und aggressiv, ebenso selbstgerecht wie angeberisch, nutzt er nicht nur im Kampf jeden noch so unfairen Vorteil für sich aus; was ihn antreibt, ist seine Gier. "Die Buschleute glauben, dass es in der Anfangszeit eine böse Person oder einen Teufel gegeben habe, der dauernd mit den anderen gestritten und aus den nichtigsten Gründen mit ihnen Streit gesucht habe."[17] Obwohl /Kaggen gewissenlos und egoistisch agiert, hat er dennoch eine sensible Seite, die ihn an seine Familie oder seine Schöpfungen bindet.[18]

Alle Angehörigen des Vormaligen Volkes verwandeln sich am Ende in Tiere; /Kaggen wird zur Fangschrecke (*Mantodea*), die sein Name bereits bezeichnet. Dieses auch Gottesanbeterin genannte Insekt wurde von den /Xam nicht gegessen und stand in einer mantischen Beziehung zum Wild: Offenbar wurde es als Orakel für die Bewegungen der Herden gesehen. Aus den beiden Schwestern /Kaggens wird der Paradieskranich sowie der Springbock, und /Kaggens Frau /Hunn-tu!Ka!Katte verwandelt sich in den Klippschliefer (*Procavia capensis*),[19] den die erste Silbe ihres Namens benennt. /Kaggens Adoptivtochter wird zum Stachelschwein und deren Sohn /Ni wiederum zum Melon[20] aus der Familie der Mangusten (*Herpestes ichneumon*).[21] Bewirkt wird dies durch den Ameisenbär, der in das Durcheinander von unterschiedlichen Mischwesen Ordnung bringt, damit ein jeder weiss, wen er heiraten und wen er fressen kann – was durch das Zureden des Springbocks und des Luchses von allen Tieren akzeptiert wird.[22]

Manche weiblichen wie männlichen Schamanen – als 'Zauberer' und 'Medizinleute' bezeichnete *!Giten* – haben sich jedoch Macht über einzelne Tiere bewahrt, die sie als Beute beschwören und herbeizaubern können und die selbst nach ihrem Tod manchmal noch als Geister weiterleben. Dasselbe galt für die ausschliesslich männlichen Regenmacher, die erst ein Nilpferd, später ein Rind als 'Regenbullen' an jenem Quellloch fingen, in dem er vorgeblich lebte, um ihn dorthin zu zerren, wo Wasser nötig war; er wurde dann geschlachtet und seine Knochen dort verstreut und sein Blut dort vergossen, wo es regnen sollte.[23] Ein solcher Regenmacher war wahrscheinlich //Kabbo, einer von Bleeks Informanten, dessen Name 'Traum' bedeutet.[24]

Der Mond wurde von /Kaggen erschaffen. Sonne, Milchstrasse und einzelne Sterngruppen hingegen entstanden durch Kinder, auf Veranlassung ihrer Grossmütter oder durch ein erstmals menstruierendes Mädchen, indem sie in den Himmel geworfen oder mit einem Blick dorthin verbannt wurden.

Viele einzelne Sterne tragen die Namen von Tieren, wie Bleek 1874 kommentiert: "Was Sternbilder betrifft, so ist besonders bemerkenswert, dass ihre Bezeichnungen in der Sprache der Buschleute im Allgemeinen nicht von ihrer Form am Himmel abzuhängen scheinen und viele ihre Bezeichnungen offenbar deshalb erhielten, weil sie zu jenen Zeiten zu sehen sind, in denen die Tiere oder andere Dinge, nach denen sie benannt sind, häufig auftreten." Das ist so nicht richtig; anatomisch schlüssige Sternbilder lassen sich graphisch sehr wohl am Himmel nachweisen – wie Bleek einräumt, wenn er ihre Entstehung erst im Nachhinein glauben mag: "Sind Namen wie Steinböckchen, Kuhantilope, Elenantilope, Ameisenbär, Löwe, Schildkröte usw. einmal mit gewissen Sternen oder Sterngruppen verbunden, setzt natürlich die Fantasie ein und versucht, die Gestalt dieser Tiere (oder anderer Sachen) in der Konfiguration der Sterne zu entdecken – während zugleich die mythologische Personifikation beginnt und der Himmel darüber zu einem Theater zahlloser poetisch entstandener Geschichten wird."[25]

Die astralen Vorstellungen der Buschleute entstanden aus ihrem Glauben an eine mythische Vergangenheit mit einem gemeinsamen Ursprung der Sterne, Planeten, Menschen und Tiere. Sie beobachteten die Bewegungen der Himmelskörper genau und vermenschlichten sie, indem sie ihnen einen eigenen Willen und eigene Beweggründe für ihr Verhalten verliehen: Sie können sprechen und auf menschliche Bedürfnisse und Bitten eingehen, weshalb die Interaktion mit dem Mond und gewissen Sternen wichtig ist, um sich der Nahrung versichern zu können. Manche Himmelskörper besitzen zudem die übernatürliche Macht, das alltägliche Los eines Menschen zu beeinflussen.[26] Wiewohl der Sternenhimmel der /Xam gut dokumentiert ist, scheint er doch nicht vollständig zu sein – so muss wohl jedem Tier der Lebenswelt der Buschleute einmal ein Stern zugeordnet gewesen sein.

GEMEINSAMKEITEN MIT DEN SCHÖPFUNGSMYTHEN ANDERER STERNENHIMMEL

"Das Motiv des Tricksters und Herrn der Tiere – das die Folklore der Buschleute eng mit den Traditionen anderer Jäger und Sammler wie der Indigenen Amerikas zu verbinden scheint – findet sich auch im bantusprachigen Afrika.

Die Völker Afrikas waren selten völlig voneinander getrennt. Der Kontakt zwischen ihnen war periodisch, aber nie ganz unterbrochen. Manche der von afrikanischen Geschichtenerzählern verwendeten Motive stammen deshalb aus sehr frühen Zeiten der Menschheit. Neue Sagen und Themen wurden ständig von Nachbarvölkern übernommen."[27]

Erstaunlich ist nicht nur, dass sich in den Sternsagen und Schöpfungsmythen der Buschleute viele Elemente finden, die wir auch von den allermeisten Sternenhimmelkulturen kennen, sondern auch, dass Bantu wie Buschleute trotz ihrer unterschiedlichen Herkunft letztlich dieselben kosmogonischen Vorstellungen teilen. Beides lässt auf eine gemeinsame, weit zurückreichende Vergangenheit schliessen – wobei die Migration des *Homo sapiens* aus Ostafrika (der Herkunftsregion der ursprünglichen Buschleute) die einzige Gemeinsamkeit all dieser Kulturen darstellt.

Bei den bantusprachigen Zulu, die sich wie die südamerikanischen Bororo bewusst waren, den Ursprung ihrer Mythen bereits wieder vergessen zu haben, steht am Anfang ihrer Schöpfungsgeschichte eine Quelle – ein Sumpf, ein Röhricht oder der Fels der Felsen –, aus der alles hervorkommt, den *Pacarinas* der Inka vergleichbar. Der Erste Mann und seine Frau kamen da "aus dem Boden wie Pilze".[28] Wie bei den Navajo und Maya entstiegen sie dem Röhricht, gleich dem Ersten Menschen der Nördlichen Dene in Alaska, der sich aus seiner Algenkapsel löste. Und wie alle Ureinwohner Amerikas sehen auch die Buschleute den Himmel als obere, von einem Himmelsvolk bewohnte Welt, von der wir nur die felsige Unterseite sehen, die von Schamanen auf Trancereisen erreicht werden kann.[29] So wie man durch ein Loch in die Unterwelt gelangt, aus der die Menschheit hervorkam, können sie mittels "Fäden des Himmels" in die obere Welt steigen.[30]

Die Urväter der Buschleute am mittleren Oranje stiegen ebenfalls aus einem Loch im Boden, bei der Wurzel eines riesigen Baumes, der das ganze Land überdachte; ihnen folgten alle Tiere, die da noch sprechen konnten.[31] Bei den /Xam blieben von dieser Vorgeschichte die vermenschlichten Tiere erhalten. Deren Weltschöpfung beginnt damit, dass die Erde – wie bei den panamerikanischen Kosmogonien – im Dunkeln lag, bis man einen Mann als Sonne in den Himmel hob und den Mond und die Sterne in die Höhe warf. Auch in diesem Mythos gab es einen Ersten Mann und eine Erste Frau, die aus einer Felshöhle hervorkamen. Von einer Vorwelt wissen die Buschleute nichts mehr; jedoch kennen die Hai//om noch eine Flutgeschichte, die eine solche Höhle impliziert.[32] Und der in der Schöpfungslegende der Navajo rätselhafte, weil bei ihnen realiter nicht existierende Wasserbüffel – der aus Zorn darüber, dass sein Kind von einer Frau geraubt wurde, eine Flut in der Unterwelt auslöst, worauf die Menschen innerhalb eines riesigen Schilfrohres an die Erdoberfläche klettern – findet bei den /Xam seine Entsprechung: Sie sehen ihn als einen den Regen verkörpernden schwarzen Bullen, gross wie ein Eland, gestreift wie ein Zebra und öfters einem Einhorn ähnlich abgebildet,[33] der von der Regelblutung der Frauen angezogen wird.

DER REGENBULLE

Im folgenden Mythos bricht ein erstmals menstruierendes Mädchen das strenge Gebot, deshalb in einer abgeschiedenen Hütte zu bleiben, nachdem ihre Mutter losgezogen ist, um Nahrung zu suchen. Sie schleicht sich mehrmals heimlich zu einer Quelle, um die 'Wasserkinder' des Regens zu fangen: "Sie hatte gehört, dass sie sehr schön sein sollen und gestreift wie ein Zebra; glichen sie Kälbern und Kindern grosser Dinge, so war das erwachsene Wasser gross wie ein Bulle." Indem das Mädchen die Wasserkinder kocht und isst, bricht sie das Nahrungstabu der Menstruation.

Darüber wird der Regenbulle so zornig, dass er das Mädchen und ihre Familie bestraft, indem er sie in weisse Frösche verwandelt und all ihre Habseligkeiten wieder in die Materialien, aus denen sie gemacht wurden: "Weil es wieder ein Wasserkind umbringen wollte, ging das Mädchen erneut aus der Hütte der Krankheit zur Quelle hinab. Die jüngere [etwa elf Jahre alte] Schwester aber war in der Hütte, ohne dass das Mädchen es bemerkt hatte. Nachdem die Ältere das Wasserkind umgebracht hatte, trug sie es heim. Das Kind sah zu, wie das Mädchen das Fleisch des Wasserkindes sott, es ass und sich dann wieder hinlegte.

Als die Mutter der beiden zurückkehrte, erzählte das Kind ihr, dass seine ältere Schwester ein schönes Ding am Wasser getötet habe. Und die Mutter rief: 'Das war ein Wasserkind!' Aber sie behielt es für sich und ging wieder hinaus, um Termitenlarven [zum Essen] sammeln.

Während sie auf Nahrungssuche war, zogen Wolken auf. Da sagte sie sich: 'Zuhause ist etwas nicht in Ordnung, denn ein Wirbelwind bringt jetzt Dinge zum Wasserloch. Zuhause muss etwas geschehen sein.'… Weil das Mädchen die Wasserkinder umgebracht hatte, packte es der Wirbelwind und trug es zum Wasserloch. Die ältere Tochter war die Erste, die ins Wasserloch fiel und zum Frosch wurde. Danach holte der Wirbelwind auch ihre Mutter, die anderen Frauen und ihren Vater, die sich alle in Frösche verwandelten. Und auch alle Dinge, wie die Pfeile des Vaters, wanderten ins Wasserloch, weil die Leute, denen sie gehörten, jetzt Frösche waren; das dort herauswachsende Schilf sind Pfeile. Alles, was an den Quellen wächst, gehörte früher den Buschleuten des Vormaligen Volkes."[34]

In einer anderen, später im Abschnitt über die Plejaden zitierten Geschichte,[35] will sich der Regenbulle die junge Mutter holen, die sich ihrer Kinder wegen aufopfert, auf den Rücken des Tieres steigt und mit ihm zu dem Wasserloch reitet, in dem er lebt – in Präfiguration der weit später belegten Sage um Europa und den Stier.

Wesentlicher Teil des Mythenparadigmas von Sternenhimmelkulturen ist auch der Kampf von Heldenzwillingen gegen Monster, um die Welt bewohnbar zu machen. Ein solches Ungeheuer stellt bei den Buschleuten der Vater des Stachelschweins dar, der Allesfresser, der alles in Sichtweite vertilgt, bis das Land leer und öde ist, und dabei auch /Kaggen und seinen Schwiegersohn /Kwammanga verschlingt. Der Allesfresser wird daraufhin von einem Sohn /Kaggens und einem Sohn /Kwammangas mit Speeren getötet. Sie schneiden seinen Bauch auf, sodass ihre Väter mitsamt den Töpfen, Schafen und Büschen – einer zweiten Weltgeburt gleich – wieder herauskönnen. Die Familie zieht sodann an einen anderen Ort, wo sie in Frieden weiterlebt.[36]

Zur Aussprache der Klicklaute: '/' symbolisiert einen stimmlosen dentalen Klick, bei dem man mit der Zunge hinter den oberen Vorderzähnen schnalzt, was wie *tsk* klingt. '//' gibt einen lateralen Klick wieder; dazu schnalzt man mit der Zunge am vorderen Gaumen, was das Geräusch erzeugt, mit dem man Pferde anlockt. Im Gegensatz dazu ist 'ǂ' ein stimmloser Klick am Vordergaumen. Und '!' stellt ein Schnalzen am hinteren Gaumen dar, das ein dem Entkorken ähnliches Geräusch erzeugt.

Die restlichen diakritischen Zeichen gehen auf eine Lautschrift zurück, die zu identifizieren mir nicht gelungen ist. Da, wo sich die Transliteration der Namen von Bleeks Wörterbuch unterscheidet, ist sie von der südafrikanischen Linguistin Ménan Du Plessis übernommen, die mir viele Unklarheiten beseitigt und Fragen beantwortet hat.

I HIMMEL UND STERNE

Himmel

!GWĄ:XU

B 391, 418

DU_SI – DAS REGNENDE[37]

B 29

Für Jäger und Sammler gilt allgemein, dass Mensch und Natur keine separaten Welten darstellen, sondern eine einzige, in welcher der Mensch bloss einen kleinen Teil einnimmt. Die humane Existenz beruht darauf, diese Umwelt nicht auszubeuten, sondern im Gleichgewicht mit ihr zu sein, in einem offenen, vertrauenden Dialog mit ihr zu stehen. Dazu wird sie anthropomorphisiert – etwa, wenn von der "blauen Hütte des Himmels"[38] die Rede ist, die von den Personifikationen Sonne und Mond bewohnt wird.

Stern

/KWĄTEN | /KWĄTI – WOLKE

B 331

Die kaum zufällige Homophonie der Wörter für 'Stern' und 'Wolke' ergibt sich wohl aus ihrer Farbe und Position am Himmel sowie aus dem Umstand, dass manche Sterne den Beginn der Regenzeit ankündigen.

Die /Xam glauben, die Sterne seien einst die Leute oder Tiere des Vormaligen Volkes gewesen. Es gibt aber auch die Erzählung, dass es sich bei ihnen um "die Augen von Ahnen oder Grossmüttern" handle.[39] In manchen Fällen sieht man in ihnen Menschen, die nach einem Tabubruch in sie verwandelt wurden. So mussten Mädchen gemäss den Pubertätsriten während ihrer ersten Menstruation in einer abgelegenen Hütte – dem 'Haus der Krankheit' – bleiben, um nicht in die Nähe von Männern zu kommen. Taten sie es doch, wurden sie sofort in Steine, sprechende Bäume oder Sterne verwandelt. Auch Mädchen, die bei Gewitter der Blitz traf, wurden zur Strafe dafür, dass sie sich draussen befunden hatten, in Sterne verwandelt.[40]

Manche Sterne erhielten Namen von Tieren oder Sachen, die in der Jahreszeit auftreten, in der sie zu sehen sind – insbesondere von Nahrungsquellen. Die Menschen mussten mit den Sternen oder dem Mond kommunizieren, um Nahrung zu erhalten: "Die Buschleute wünschen sich, etwas zu sehen (was ihre Hunde erlegen können) ... Der Stern ist nicht klein; der Stern sieht so aus, als hätte er genug zu essen gehabt. Deshalb sagen sie, dass der Stern ihnen sein Herz geben solle, damit sie nicht mehr hungern müssten."[41]

Die Sterne – oder die Ereignisse, die laut Überlieferung dazu geführt haben, dass sie Sterne wurden – sind eng mit dem Glauben an übernatürliche Mächte und Kräfte – /K:ode und !Gi[42] – verbunden. Für die Buschleute haben sie einen Willen, Absichten und die Fähigkeit zu sprechen. Dank ihrer übernatürlichen Macht können sie Menschen helfen, ihnen Unglück und den Tod bringen oder sie und Tiere sommers verfluchen – Letzteres, um bei der Jagd zu helfen. Kinder können aber auch "einen Stern aufgreifen, mit ihm spielen und ihn wegwerfen".[43]

Ob gewisse Sterne um die mit ihnen verbundene Nahrung gebeten wurden, ist nicht ganz klar; wenn dies der Fall war, dann einer allgemeinen Haltung der Natur wegen, die dem Regen, dem Wind und den grösseren Wildtieren metaphysische Qualitäten zuschrieb, die das menschliche Leben beeinflussten. Von einer Anbetung der Sterne kann jedoch nicht die Rede sein.[44]

"Die Sterne sagen *tsqu!*, sie sagen *tsqu! tsqu!* Und ich habe ihnen zugehört. Ich fragte meinen Grossvater, was das sei, das so reden würde. Mein Grossvater sagte, dass es die Sterne seien, die so redeten. Sie würden *tsqu!* sagen, um für die Leute die Augen der Springböcke zu verfluchen (ich glaube aber, dass es um den ganzen Springbock ging). Deshalb hörte ich ihnen zu, als ich aufwuchs. Die Sterne sagten *tsqu! tsqu!* Sommer ist die Zeit, wenn sie Laut geben."[45]

!KA!KA

B 418

/KERINGKI

B 309

Letzterer Name rührt vielleicht von Afrikaans *Sterrejtje* für 'Sterne' her, das mit einem Klick versehen wurde.[46]

Von Wielligh gibt eine Legende über /Kaggens zur Eule gewordene Tochter wieder, der die Sterne und die Milchstrasse alles verraten, da sie es war, die sie erschaffen hat: "Jeder Mensch hat seinen eigenen Stern. Wenn ein Stern besonders hell wird, fällt oder einen Schweif kriegt, dann weiss die Eule sofort, wessen Stern es ist und wohin er gehen soll, um Botschaften zu überbringen. ... Unsere Leute beobachten die Sterne ebenfalls. Doch was verstehen wir schon von ihnen? Die Eule hingegen weiss alles. Sie merkt es, wenn die Augen eines Sterns zwinkern, sie rot, weiss oder blau werden, wenn der Stern einen Schweif kriegt, in welche Richtung er schiesst und wohin sein Schweif zeigt. Die Sterne reden mit ihr, indem sie ihr über die Glühwürmchen Botschaften schicken. Die Eule achtet auf all das. Deshalb hören die, die klug und vernünftig sind, auf die Eule, denn sie lügt nicht: sie erzählt stets die Wahrheit."[47]

II DIE MILCHSTRASSE

Milchstrasse

!KŌ (-GEN | -WAKEN) – DIE WEISSE ASCHE

B 435, 446

Der Name für die Milchstrasse leitet sich von *!Kui* für 'Asche' ab: "Die Leute nennen sie *!Ko*, weil sie sehen, dass sie weiss wie Asche ist ... aus Asche wurde !Ko." Emphatisch wird für die Milchstrasse *!Kogen* gebraucht.[48]

Der Entstehungsmythos zur Milchstrasse, den Von Wielligh aufgezeichnet hat, beginnt damit, dass der aus /Kaggens rechtem Schuh entstandene Mond nicht will, dass /Kaggen seinen Gefährten mit seinen Schuhen auf die Füsse tritt. Er lässt deshalb Mondwasser herabrinnen, damit die Schuhe ständig nass sind und /Kaggen sie nicht anziehen kann. /Kaggen bittet daher eine seiner Töchter – aus der später die Eule wird –, die Schuhe zum Trocknen ans Feuer zu stellen. Aus Eifersucht auf das Feuer lässt Sonne es aber so heiss aufflammen, dass die Schuhe verbrennen. /Kaggens Tochter ärgert sich so darüber, dass sie die glühenden Kohlen dieses Feuers "in die Luft wirft und ausruft: 'Werdet jetzt Sterne, Kohlen, damit wir nachts, wenn Mond und Sonne schlafen, Licht haben.' Und zur Asche sagt sie: 'Du, Asche, werde zur Milchstrasse, um den Sternen beim Leuchten zu helfen. Komm und glitzere, damit die Leute nachts etwas sehen und nicht daheim sitzen müssen.' Worauf ein grosser Wirbelwind kommt und Kohlen und Asche über die Wolken hinausträgt."[49]

Die von //Kabbo erzählte Version gibt hingegen einen anderen Grund für den Ärger von /Kaggens Tochter an, der zur Entstehung der Milchstrasse aus Asche geführt hat. Darin wird sie als Erstes Mädchen vorgeführt, das bei seiner ersten Menstruation gegen den dazugehörigen Ritus rebelliert. Die Tochter ist zornig über das von ihrer Mutter, der Ersten Frau, erlassene und danach für alle rituell gültige Gebot, während der ersten Regelblutung von der Gruppe abgesondert zu werden, sich in eine winzige Hütte zurückziehen zu müssen und nicht genug Essen zu bekommen, schon gar nicht von jungen Männern erbeutetes Wildfleisch. Trotzig wirft sie die Pflanzenwurzeln, die ihre Mutter ihr als einzige Nahrung überlassen hat, in den Himmel. Sie darf während ihrer Menstruation kein Wild essen, das von den jungen Männern – zu denen ihr zukünftiger Mann gehört – erlegt wird, um nicht deren Jagdglück zu verderben.[50]

DAS MÄDCHEN DES VORMALIGEN VOLKES, DAS DIE MILCHSTRASSE UND DIE STERNE MACHTE

"Meine Mutter hat mir erzählt, dass ein Mädchen aufstand, mit der Hand in die Holzasche griff und sie in den Himmel warf.

Es sagte zur Holzasche: 'All diese Holzasche hier, sie muss !Kō [die Milchstrasse] werden. Sie muss weiss im Himmel liegen, und die Sterne können dabei ausserhalb von !Kō liegen, welches jene weisse Asche ist, die zuvor Holzasche war. Die Holzasche wird zu !Kō, das sich mit den Sternen drehen muss. Sie merkt, dass sie bei dieser Drehung liegen muss, während die Sterne dahingleiten.

Wenn !Kō auf der Erde steht, dreht es sich nach vorne, um zu warten, weil es denkt, dass die Sterne umkehren – die ihrerseits merken, dass es die Sonne ist, die da auf ihrem Weg umkehrt. Die Sterne kehren um, um den Tagesanbruch zu holen, damit sie dann ebenso bequem daliegen können wie !Kōs Weisse Asche. Die Sterne stehen auch herum, wenn sie nicht gerade dahingleiten, indem sie ihren Fussspuren folgen und spüren, dass nun sie es sind, die [unter den Horizont] herabsteigen.

Das liegende !Kōgen erreicht dann wieder seinen Platz, da, wo von dem Mädchen die Holzasche hochgeworfen wurde; es ist liegend dorthin gelangt, während es merkte, dass es auf dem Himmel ausgebreitet war; es hatte sich dort gedreht, während es merkte, wie sich die Sterne im Kreis um den Himmel drehten. Der Himmel liegt still, während die Sterne sich bewegen; sie fühlen sich dahinschweben. Sie sind untergegangen, dann wieder aufgestiegen, indem sie ihren eigenen Fussspuren nachgleiten. Wenn die Sonne herauskommt, werden sie weiss. Geht die Sonne unter, stehen sie da oben herum, während sie sich fühlen, als drehten sie sich und folgten der Sonne. Kommt die Dunkelheit dann heraus, werden die Sterne, die zuerst weiss waren, rot. Sie fühlen, dass sie hell herumstehen und dass sie dahingleiten können, während es Nacht ist. Dann gehen die Leute nachts aus, weil sie merken, dass der Boden aufgehellt wird und die Sterne ein wenig leuchten. Die Dunkelheit liegt auf dem Boden, aber indem !Kōgen fühlt, dass es Holzasche ist, glüht sie sanft vor sich hin.'

!Kōgen hat gemerkt, dass es das Mädchen war, das sagte, Kōgen solle den Leuten ein wenig Licht spenden, damit sie mitten in der Nacht zurück nach Hause kommen könnten. Denn die Erde wäre sonst ganz dunkel, wenn es !Kōgen nicht gäbe und die Gestirne.
Das Mädchen hatte vor, die Wurzeln des !Huin in die Luft zu schleudern, damit aus ihnen Sterne würden. Deshalb sind die Sterne rot; sie fühlen, dass sie !Huin-Wurzeln sind. Es warf eine duftende Wurzel namens !Huin nach oben, aus der die Sterne wurden. Aus den alten roten Knollen wurden die roten Sterne, aus den jungen weissen Knollen die weissen Sterne. Die Wurzel wird von manchen Buschleuten, Pavianen und auch Stachelschweinen gegessen. [Die Pflanze ist oben schön grün und hat kleine, zwiebelförmige Wurzeln, die man ebenso roh wie gekocht essen kann und die vorzüglich schmecken sollen.][51]
Ganz ähnlich machte dieses Mädchen auch die Heuschrecken, indem es nämlich die Schale der !Kuissi-Wurzel, die es gerade ass, in die Luft warf.
Es warf zuerst die Holzasche ganz sanft in den Himmel, um gleich darauf die !Huin-Knollen hinterherzuwerfen. Es tat das, weil es auf seine Mutter zornig war, weil die ihm nicht genug !Huin-Wurzeln gegeben hatte, um satt zu werden. Es war in der Hütte [weil ein Mädchen, das 'gross geworden' ist, das heisst, die erste Menstruation erlebt hat, von seiner Mutter in eine winzige Hütte gesteckt wird, die eine sehr kleine Öffnung hat, welche die Mutter verschliesst]. Es konnte deshalb nicht selbst losziehen, Nahrung suchen und sich selbst !Huin-Wurzeln holen, um sie mitzunehmen und sie zu essen.
Das Mädchen war also hungrig, während es krank [menstruierend] in der Hütte lag. Seine Mutter zog zusammen mit den anderen Müttern los, um !Huin zum Essen zu besorgen. Und es lag in der kleinen Hütte, die seine Mutter für es gemacht hatte. Sein Grabstock lag da, weil es noch nicht selbst Essen aus dem Boden graben konnte. Und es war noch immer in der Hütte, in die ihm seine Mutter Essen brachte, während es darin lag. Es durfte in der Zeit seines Rückzugs nicht heraus und auf keinen Springbock schauen, sonst würde der wild. Seine Mutter hatte sich überlegt, dass das Mädchen nicht das von den jungen Männern erlegte Wild essen sollte, sondern das seines Vaters, der ein alter Mann war.
Während sich das Mädchen vorstellte, dass die Hände der jungen Männer frören, kühlte der Pfeil ab. Die Pfeilspitze oben, sie wurde kalt. Und die Pfeilspitze fühlte, dass der Bogen kalt war; während der Bogen fühlte, dass die Hände der jungen Männer kalt waren. Während das Mädchen daran dachte, wie sie ihren Speichel beim Essen mit dem Fleisch des Springbocks vermischte, ging der Speichel in den Bogen über, der innen kalt erstarrte. Das dachte sie – und hatte deshalb Angst vor dem Wild der jungen Männer. Deshalb ass sie bloss von ihrem Vater erlegtes Wild, denn sie fühlte, dass sie die Hände ihres Vaters gut behandelt hatte; sie hatte darauf geachtet, dass ihr Speichel nicht auf sie gelangte.
Dieses Mädchen, heisst es, gehörte zu den Leuten des Vormaligen Volkes. Es war das Erste Mädchen, doch es verhielt sich schlecht. Es wurde deshalb schliesslich von seinem Mann getötet. Die Leute des Vormaligen Volkes, sagt man, seien dumm gewesen und hätten nicht alles richtig verstanden."[52]

In der Version, die Von Wielligh aufzeichnete, ist /Kaggens Tochter, aus der später die Eule wurde, für die Entstehung der Milchstrasse verantwortlich. Sie ist wütend darüber, von ihrem Vater gescholten worden zu sein, seine Schuhe am Lagerfeuer verkohlt zu haben – denn dafür war der Mond verantwortlich. Aber auch sie begeht damit einen Tabubruch, indem sie die von Sonne und Mond bestimmte Weltordnung umstösst.

"Der Mond war aus /Kaggens rechtem Schuh entstanden, worauf der sich einen anderen machte, um ihn zu ersetzen. Doch dem Mond gefiel es gar nicht, dass /Kaggen mit seinen Schuhen den Freunden des Mondes auf die Füsse stieg, wenn er mit ihnen herumwanderte. Also liess der Mond etwas Mondwasser auf sie tropfen, sodass sie dauernd feucht blieben und /Kaggen sie nicht tragen konnte.
Darauf rief /Kaggen seine andere Tochter – aus der dann die Eule wurde – und trug ihr auf, die Schuhe neben das Feuer zu stellen, um sie zu trocknen. Sonne wiederum gefiel es nicht, dass /Kaggen seine dreckigen Schuhe neben das Feuer stellte. Er liess es zornig aufflammen, um die Schuhe zu verkohlen. Als /Kaggen nach seinen Schuhen schickte, waren sie angebrannt, weshalb er Eule fest ausschimpfte.
Aus Wut darüber griff sie sich die Kohlen des Feuers, warf sie in die Luft und rief: 'Nun werdet, ihr Kohlen,

zu Sternen, damit wir nachts, wenn Sonne und Mond schlafen, Licht haben!' Und zu der glühenden Asche sagte sie: 'Und du, Asche, werde zur Milchstrasse, um den Sternen beim Leuchten zu helfen. Strengt euch an und schenkt den Leuten Licht, damit sie in der Nacht sehen können und nicht zuhause sitzen bleiben müssen!' Da kam ein grosser Wirbelwind auf und trug Glut und Asche hoch über die Wolken. Die flackernden Kohlen wurden zu den funkelnden Sternen und die glühende Asche zur Milchstrasse, die wie ein Bogen über der Erde steht. Und danach gab es genug Licht, damit die Leute die ganze Nacht lang herumgehen konnten. Als Sonne am nächsten Tag hinter den Bergen aufging, sah er die Eule dasitzen und fragte sie: 'Wer hat die Kohle und die Asche in die Luft geworfen?' Die Eule antwortete: 'Ich war das, weil es nachts so dunkel war, dass keiner beim Gehen etwas sehen konnte.'
Worauf Sonne erwiderte: 'Ist dir klar, dass du damit etwas sehr Schlimmes angerichtet hast? Denn jetzt können die Leute nachts losziehen, um Böses zu tun. Ich habe die Nacht so dunkel gemacht, damit die Leute nicht die Hand vor Augen sehen können und daher lieber zuhause bleiben und schlafen – der Tag ist ja lang genug zum Jagen und Wandern und Reden und Lachen. Aber jetzt wirst du sehen, dass du dem Bösen die Tür geöffnet hast. Ich werde mein Bestes tun, um den Mond aus dem Himmel zu bringen, damit es kein Mondlicht mehr gibt, und bei Tage werde ich die Sterne vor mir wegwischen. Doch was ist mit dir, Schwester? Von jetzt an wirst du nachts im Sternenlicht herumfliegen; denn sollte ich dich untertags sehen, verbrenne ich dich ebenso zu Asche wie /Kaggens Schuhe. Alle, die dir begegnen, werden dich wegen der dummen Tat verspotten. Geh mir also aus den Augen und lauf ab jetzt in der Nacht herum! Du wirst merken, dass die Sterne dir leider nicht viel Licht schenken werden – gerade einmal genug, damit Bösewichter etwas Schlimmes anstellen können. Die Sterne sind auch zu klein, um dich zu wärmen; deshalb wirst du die ganze Nacht über vor Kälte zittern.' Daraufhin flog die Eule fort, um sich zu verstecken; denn sieht man sie tagsüber, verspottet man sie. Sie denkt jetzt darüber nach, was sie getan hat – ob es gut oder schlecht war. Da, wo sie sitzt, ruft sie *Ho, hoa* – was in der Sprache der Buschleute 'Heb hoch! Heb hoch!' bedeutet. Dies zeigt, dass sie sich fragt, ob sie etwas Schlimmes angestellt hat, indem sie die Kohlen und die Asche in die Luft warf."[53]

Anderen Ausdeutungen zufolge stellt die Milchstrasse Springböcke dar, die in einer riesigen Herde über den Himmel wandern, beziehungsweise einen Weg, der quer durch das "Sternenland" führt.[54]

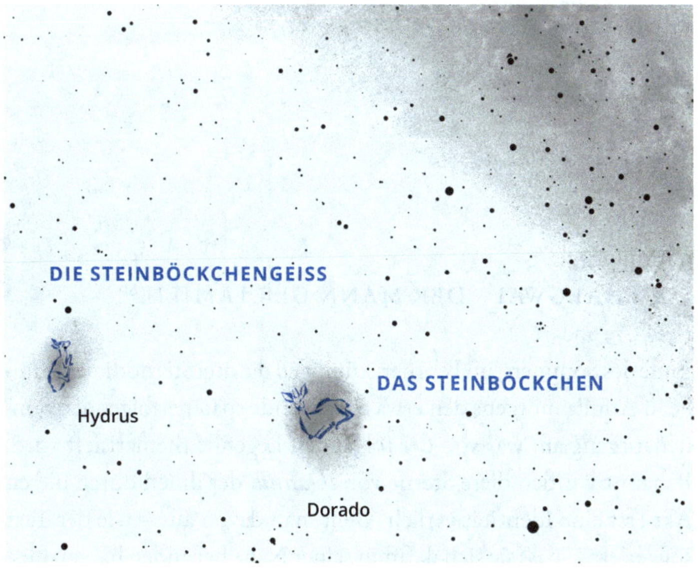

die beiden Magellanschen Wolken

!KWENG GWAI – DAS STEINBÖCKCHEN

!KWENG /AITI – DIE STEINBÖCKCHENGEISS

LBC: Notizbuch Wilhelm Bleek 25, 2346

Diese beiden Dunkelwolken stellen für manche Buschleute ein männliches und ein weibliches Steinböckchen dar, die Zwergantilope *Raphicerus campestris*.[55]

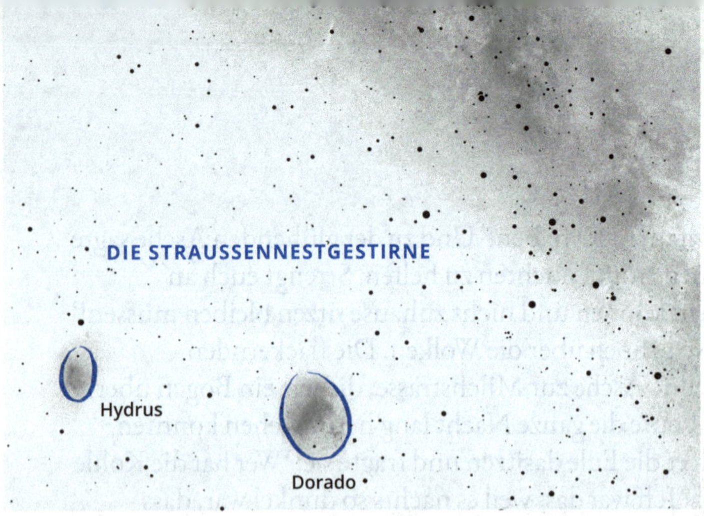

TOI//NAING-TA /KWATI – DIE STRAUSSENNESTGESTIRNE

LBC: Notizbuch Lucy Lloyd 49, 3903

Für die Buschleute, die den Katkop-Dialekt sprechen, sind die Magellanschen Wolken "weiss, weil sie Strausseneier sind".

III ZWEI STERNFAMILIEN

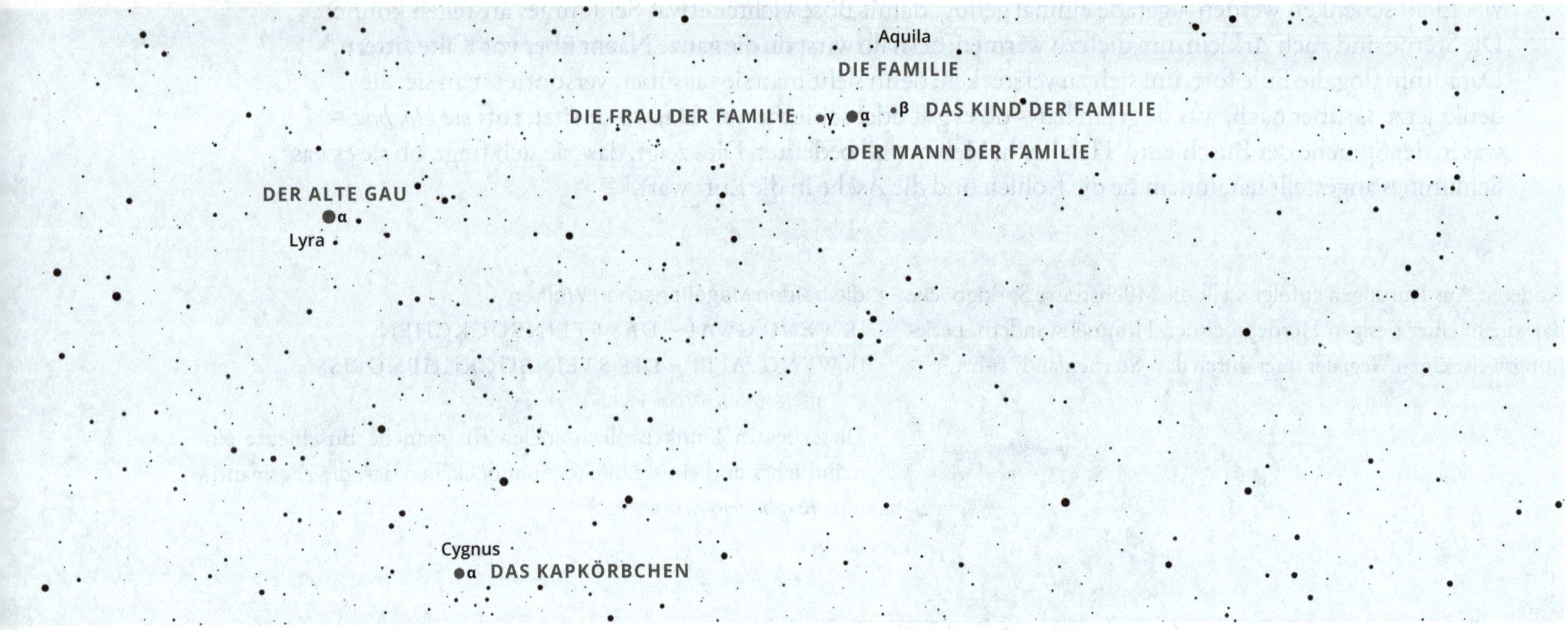

αβγ Aquilae

//XWAI – DIE FAMILIE

A 264

β Aquilae

//XWAI ΘPWA – DAS KIND DER FAMILIE

B|L 79

γ Aquilae

//XWHAI /AITI – DIE FRAU DER FAMILIE

B|L 79

α Aquilae

//XWHAI GWAI – DER MANN DER FAMILIE[56]

B|L 79 und B 638

Ende des Sommers, im Februar, kündigen die drei Sterne dieser Familie in Aquila morgens den etwa eine Stunde später erfolgenden Sonnenaufgang an: was von der folgenden Legende thematisiert wird. Benannt wurden diese Sterne von *!Gaunu*, der ihnen durch diesen Akt erst eine Identität verlieh. Geht man davon aus – wie der Text suggeriert –, dass sie sich dafür in seiner Nähe befunden haben müssen, kommt für !Gaunu eigentlich nur ein grosser Stern in ihrem Umkreis in Frage: α Lyrae. Vega befindet sich zu der Zeit neben Aquila auf gleicher Höhe über dem Horizont.

DER GROSSE !GAU

Dia!kwain erklärte Lloyd, dass ihm sein Grossvater !Xugen-ddi folgende Sternsage erzählt habe: "!Gaunu war vormals ein grosser Stern, deshalb war sein Name auch 'Der Grosse !Gau', da er fühlte, dass er derjenige war, der einst die Sternennamen gesungen hatte, und er sich als ein Grosser empfand. Deshalb rief er die Sterne bei ihrem Namen – Sterne haben darum heute Namen, weil sie fühlen, dass !Gaunu derjenige war, der ihnen den Namen gegeben hat. Er hatte sie einst gesungen, als er die Namen der Sterne aussprach. Und so sagte er *//Xwai* – Familie – zu einigen ganz kleinen Sternen, er sagte //Xwai zu einigen ganz schwachen Sternen.

Es sind die Sterne, die das Stachelschwein als Sterne der Morgendämmerung kennt und auf die es deshalb schaut, wenn es in der Nacht herumläuft und jagt. Das Stachelschwein beobachtet die Sterne der Morgendämmerung, während es gräbt. Wenn es diese Sterne in ihrem Lauf sich zurückwenden sieht, weiss es durch die Drehung, dass es Tag wird – es sieht sie und läuft heim; es kehrt zurück, es kehrt zu seinem Bau zurück, bevor die Sonne aufzugehen beginnt, denn die Zeit seiner Rückkehr, erklärten uns unsere Väter, ist nicht etwas, das das Stachelschwein vergisst. Deshalb kehrt es, noch bevor der Boden hell wird, um und rennt."[57]

Das Stachelschwein kehrt nur im Sommer in seinen Bau zurück, "wenn die Morgendämmerung rot wird"; im Winter tut es das im Dunkeln.[58]

Die mit den Familiensternen verbundenen ersten Regen im Winter oder zum Frühlingsanfang brachten dem Land, den Menschen und Tieren die ersehnte Erleichterung von der Sommerhitze, und mit dem ersten Grün kamen dann auch die Herden der Springböcke.

Alles zusammen verhiess eine Zeit der Fülle, wie //Kabbo Lloyd erzählte: "Der Wind in der Regenzeit bläst hart von Norden, er weht von dort, wo die Familiensterne untergehen, von weit jenseits dessen: dort liegt das Herz des Windes, des Regenwindes. Und wir sagen dem Mann des Regens dann, er soll uns schwarze Wolken bringen und den Regen sachte fallen lassen, um den heissen Boden abzukühlen, der uns die Knie verbrannt hat, während wir uns zu den Springböcken robbten. Und dann fällt der Regen und fällt und kühlt den Boden: es ist der Regen des Reis-Sterns und die Springböcke folgen ihm und das Gras hat zu wachsen begonnen und die Büsche sind nass."[59]

α Lyrae?

!GAUNU – DER ALTE GAU

A 260

Bei den !Kung ist *ǂGaon!a* der älteste und */Gara* der zweitälteste Name ihres grössten Gottes, der in seiner vormaligen irdischen Verkörperung dem Trickster /Kaggen entspricht. Er hat Sonne, Mond und Sterne sowie die sterblichen Menschen gemacht, bevor er zum erhabenen Himmelsgott aufgestiegen ist, der nun mit dem Regen assoziiert wird. Er lebt beim Sonnenaufgang am östlichen Himmel in einem Haus, neben dem ein einzelner, mächtiger Baum namens *ǂGao*[60] aufragt, wo er die //Gauwasi empfängt: die Seelen der Toten, deren Augen die !Kung als Sterne sehen.

Ihm gegenüber im Westen beim Sonnenuntergang lebt der zweitwichtigste, von ǂGaon!a erschaffene Gott der !Kung: *//Gauwa* – 'Totenseele'. Er gilt als Zerstörer und wird mit dem Wirbelwind assoziiert. Neben seinem Haus ragen zwei kameldornähnliche Bäume auf, die keine übersetzbaren Namen tragen: Der nördliche heisst */Gaie*, der südliche */Dua*.

Beide Götter haben jeweils eine Frau, die nicht menschlich ist und von ǂGaon!a erschaffen wurde. ǂGaon!as Frau heisst *Khwova!na* – 'Die alte Khwova' –, auch 'Mutter der Bienen' genannt; ihre jüngere Schwester – die Frau //Gauwas – *Gow*.

M1

Dieses Paradigma von mit Auferstehung verbundenen Göttern und Pflanzen in einem astralen Rahmen haben die /Xam offenbar übernommen, es jedoch auf ihre Weise abgewandelt, indem sie aus den Bäumen Blumen und ǂGaon!a zu *!Gaunu* machten, um dessen Familie in den Vordergrund zu rücken.

!Gaunu wird in Bleeks Wörterbuch des Dialekts der /Xam nicht übersetzt; bei den !Kung bedeutet das *n!a* von ǂGao!na jedoch 'alt, älter oder grösser'.[61] Dem entspricht, dass !Gaunu in den Legenden als 'grosser Stern' bezeichnet wird, da er dank seiner Wirkmächtigkeit andere Sterne benennen konnte: die den von ihm verliehenen Namen dann kraft seiner Macht annahmen.

!Gaunu Tsaxáu – '!Gaunus Auge' – ist überdies der Name von /Kaggens jüngerem Sohn.[62] Zusammen mit seiner Schwester und deren Enkelin bildet !Gaunu eine 'Familie' von Sternen, die Regen bringen und mit den dann in der nassen Erde auftauchenden 'Reismaden' – geflügelten Termiten (*Hodotermes mossambicus*) und geflügelten Ameisen – als Nahrungsquelle verbunden werden.

!Gaunus Schwester trägt die weibliche Form seines Namens: *!Guonni*; sie stellt die astrale Verkörperung des Kapkörbchens – ǂKukyam – dar, die gänseblümchenähnliche, schneeweiss glänzende Blüten hat, die mit den ersten Regen des Frühlings aufblühen.

In einem von Dia!kwain überlieferten Lied fragt !Gaunu aus Anstandsgründen seine Schwester !Guonni, wann deren Enkelin – die von ihm geliebte //Garraken-Blume – sich öffnen und leuchten wird; sie wächst aus einer Zwiebel, die von den Buschleuten ausgegraben und gegessen wird.[63]

Besungen wird in diesem Lied das Aufgehen eines Sterns, der zu glitzern und strahlen beginnt. Geht man von α Lyrae als !Gaunu aus, so steht dieser Stern im Juni – wenn ǂKu-kyam als Kapkörbchen zu blühen beginnt – kurz vor Sonnenaufgang im Nordwesten am Horizont. Unweit davon rechts, im Nordnordwesten, steht dann der ebenso helle α Cygni als Kandidat für !Guonni in der Milchstrasse. Sie wiederum steht in Rufweite eines Gestirns, das dann heliakisch vor der Sonne aufgeht: was der Symbolik einer sich mit der Sonne öffnenden //Garraken-Blume entspräche. Als Kandidat für diese //Garraken-Blume kämen Sterne von Taurus in Frage: die Hyaden als weisse Blüte um den roten Aldebaran, in welchen die Sonne aufstrahlt – was dem folgenden Gesang der /Xam-Frauen einen astronomischen Sinn verleiht.

DIE BLÜTE DER STERNE

"!Gaunu, der Stern, sang einst zu seiner Schwester, denn die Sterne sind auch Dinge, die wie der Mond sind, weil sie einst Leute waren: Er sang zu seiner Schwester und fragte sie, wann ihre Enkelin sich im Himmel öffnen würde. Darauf sprach sie mit dem Kind und sagte ihm, es solle sich öffnen. Sie fragte es, ob es da wäre und ob es sich öffnen würde, denn der Stern war da noch ein Kind: 'Du, //Garraken-Blume, öffnest du dich?'
Und der kindliche Stern antwortete ihr, dass sie im Kommen war und sie sich zu öffnen begonnen hatte: 'Du, ǂKu-kyam-Blume, ich öffne mich.'
Da freute !Gaunu sich über den Stern. Er liebte den Stern und hüpfte vor Freude, dass der Stern da war, und sang deshalb zu seiner Schwester und sang dann weiter: 'O ǂKu-kyam-Blume, öffnest du dich? Denn ich öffne mich. O ǂKu-kyam-Blume, öffnest du dich? Denn ich öffne mich jetzt.' So sang er zu ihr.
Und dann sang er von ihrer Enkelin, weil er die Schönheit ihres Sterns sah, denn das Öffnen des Sterns glich dem Spriessen einer Blume. Der Stern öffnete sich, der Blüte eines Baumes gleich, die aufgeht, aus der die Knospe spriesst und sich rot färbt, einem kleinen Feuer gleich, wie es brennt.
Deshalb sang er zu diesem Stern: 'Ist die //Garraken-Blume daran, sich zu öffnen? Die ǂKu-kyam-Blume ist bereits dabei, sich zu öffnen. Öffnest du dich auch? Die ǂKu-kyam-Blume ist dabei, sich zu öffnen.' So sang er immer wieder. Es ist ein Lied, das besonders die Frauen der /Xam singen."[64]

α Cygni?

ǂKU-KYAM – DAS KAPKÖRBCHEN

Der Stern gilt als Schwester !Gaunus, die manchmal auch denselben Namen trägt wie er, nur etwas anders ausgesprochen. Sie verkörpert ein Kapkörbchen (*Dimorphotheca pluvialis*): eine 30 cm hoch werdende Blume, die zwischen Juni und September blüht. Ihre glänzend weissen Blüten mit violetter Mitte öffnen sich nur bei Sonnenschein zwischen 10 Uhr morgens und 16 Uhr nachmittags und folgen dem Stand der Sonne.

A 260

Hyaden?

//GARRAKEN – DIE BLUMENKNOLLEN

//Garraken werden die Knollen einer nicht identifizierten Blume genannt, die im Frühjahr gegessen werden; sie scheinen vom Sternhaufen der Hyaden abgebildet zu werden.

A 260

IV STERNBILDER

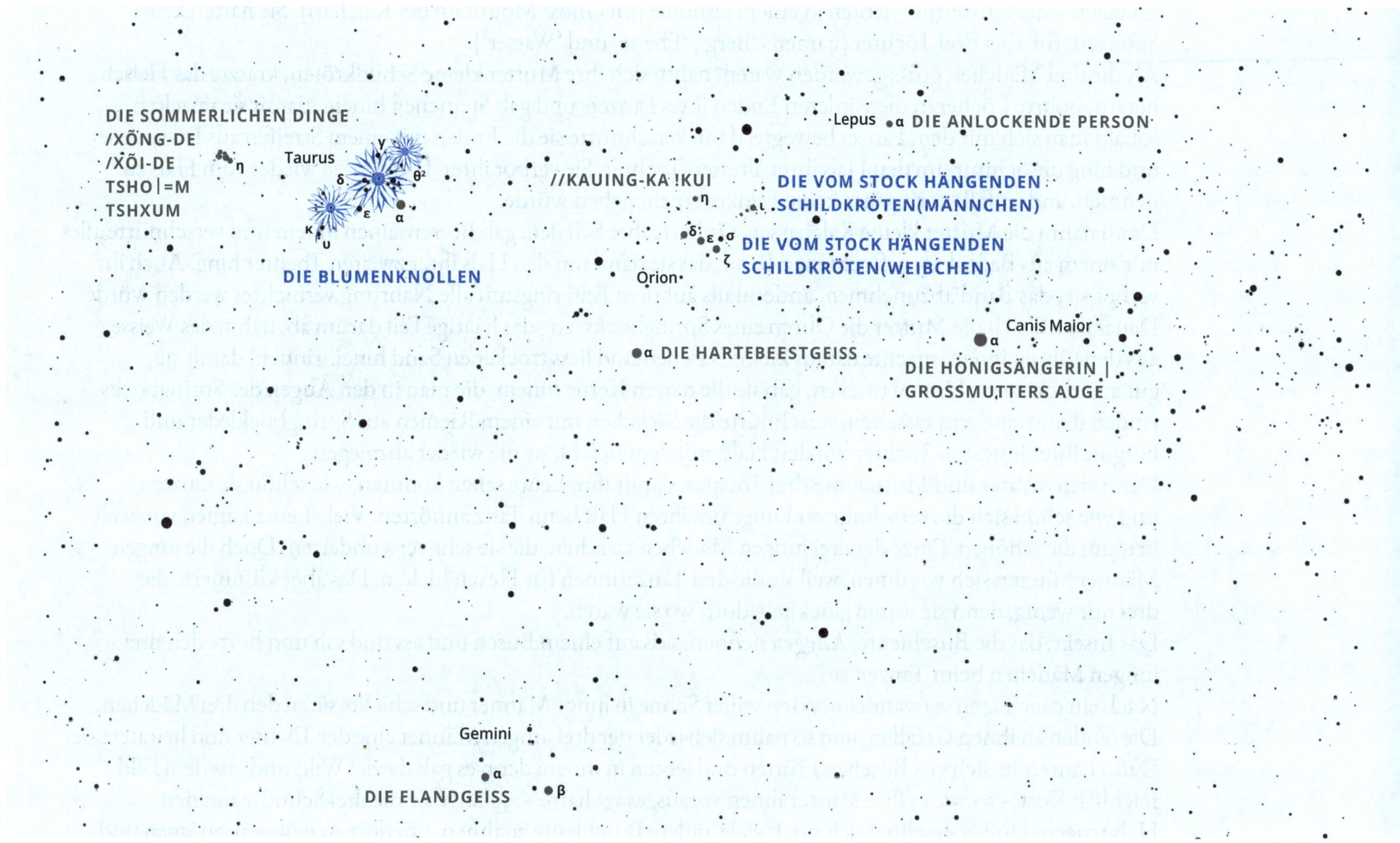

ζ-ε-δ Orionis

!GOË-TA //NAURU – DIE VOM STOCK HÄNGENDEN SCHILDKRÖTEN(WEIBCHEN)[65] !KOÄKEN[66]

Die Sterne verkörpern drei weibliche Schildkröten, die an einem Stock hängen. Grund für dieses Sternbild ist wohl, dass die Schildkröten im Veld am Kap im Frühling, wenn der Orion sichtbar wird, aktiv werden.

SCH 219 und A 266

θ-M 42-ι Orionis

!GOË-TA //NAURU – DIE VOM STOCK HÄNGENDEN SCHILDKRÖTEN(MÄNNCHEN)

SCH 219

Da Schildkrötenfleisch sehr begehrt ist, verheisst das Sternbild somit viel Genuss – und verweist zugleich auf den Anfang der Welt, die ersten Ehen und die Entstehung der Berge. Die Legende dazu wurde von Von Wielligh aufgezeichnet. Daraus geht hervor, dass diese Sterne das wohl erste Sternbild darstellen, das in der Nacht hervorging – in überraschend deutlicher Parallele zu den Maya, die in den Gürtelsternen des Orion das erste an den Himmel versetzte Gestirn sehen und die dazu benachbarten Sterne ebenfalls als Schildkröte figurieren. Die Schildkröte hier wird zu einem Fetisch der Fruchtbarkeit; aus ihrem Panzer werden auch Medizinboxen gemacht, aus denen man Rauch einatmet, um in Trance zu verfallen[67] – wie dies bei den Inka ganz ähnlich ist.

NACHT UND FINSTERNIS, IHRE DREI TÖCHTER UND DIE ENTSTEHUNG DER BERGE

“In den alten Tagen herrschte nur dämmrige Dunkelheit – so wie an einem dunklen stürmischen Tag. Es war kalt und Sonne, Mond und Sterne schienen noch nicht. Der alte //Ga – die Nacht – und seine Frau //Gagen – die Finsternis – lebten in einer Felshöhle [im Ghost Mountain der Kalahari]. Sie hatten keine Söhne, dafür aber drei Töchter [namens ‘Berg’, ‘Ebene’ und ‘Wasser’].

Als die drei Mädchen gross geworden waren, nahm sich ihre Mutter kleine Schildkröten, kratzte das Fleisch heraus, bohrte Löcher in die vorderen Enden ihres Panzers und gab Steinchen hinein, damit sie rasselten, sobald man sich mit dem Panzer bewegte; dann verschnürte sie die Enden mit einem Streifen aus Pavianleder und hing die Schnur um den Hals ihrer ältesten Tochter. Sie verbot ihrer Tochter, sie wieder vom Hals zu nehmen, andernfalls es ringsum keine Feldkost mehr geben würde.

Dann nahm die Mutter kleine Kalebassen, säuberte ihre Schalen, gab Beerensamen hinein und verschnürte alles mit einem aus Baumbast geflochtenen Band, das sie dann um den Hals ihrer zweiten Tochter hing. Auch ihr verbot sie, das Band abzunehmen, andernfalls auf dem Feld ringsum alle Nahrung vernichtet werden würde.

Danach griff sich die Mutter die Ohren eines Springbocks, zog das haarige Fell darum ab, nahm das Weisse aus den Ohren innen, machte daraus kleine Taschen und liess trockenen Sand hineinrinnen, damit sie gut austrockneten. Einmal trocken, gab sie die harten Kerne hinein, die man in den Augen des Springbocks findet, damit sie darin rasselten, verschnürte die Säckchen mit einem Riemen aus Springbockleder und hing sie ihrer jüngsten Tochter um den Hals, mit dem Befehl, sie nie wieder abzulegen.

Dann riefen Vater und Mutter ihre drei Töchter, damit ihre Leute sehen konnten, wie schön sie tanzten, und wie schön sich die verschnürten Dinge um ihren Hals beim Tanz anhörten. Viele Leute kamen von weit her, um die schönen Tänze der drei jungen Mädchen zu sehen, die sie sehr verwunderten. Doch die jungen Männer hüteten sich vor ihnen, weil sie die drei Tänzerinnen für Hexen hielten. Das aber kümmerte die drei nur wenig, denn sie waren glücklich, dort, wo sie waren.

Das Insekt, das die Buschleute */Kaggen* nennen, sass auf einem Busch und ass und sah und hörte den drei jungen Mädchen beim Tanzen zu. …

Nach ein paar Tagen verwandelte er drei seiner Söhne in junge Männer und schickte sie zu den drei Mädchen. Die fanden an ihnen Gefallen, und so nahm sich jeder der drei jungen Männer eine der Töchter und heiratete sie. Dann bauten sie sich aus Büschen Hütten und lebten in ihnen; denn es gab da viel Wild und aus dem Feld reichlich Kost – so wie es ihre Mutter ihnen vorausgesagt hatte –, solange sie die drei Schnüre um den Hals trugen. Und es gesellten sich noch viele andere Buschleute zu ihnen, um dort zu wohnen, zu jagen und Feldkost zu sammeln.

Es war dies ein Ort, an dem alles gut und vergnüglich war. Alle lebten ohne Streit in Frieden zusammen, denn es gab dort reichlich Nahrung und alles, was man brauchte; und es fehlte ebenfalls nicht an Spass und Vergnügen – und was könnte man mehr wollen? In einem Wort – es war ein Land der Fülle.”[68]

“Die älteste Tochter namens ‘Berg’ und ihr Mann, einer von /Kaggens Söhnen, bauten sich Hütten und lebten in ihnen. Sie nahm nie den Riemen mit der Schildkrötenschale von ihrem Hals; deshalb gab es viele Schildkröten und sie konnte so viele sie wollte zum Essen fangen. Sie wurde so scharf auf Schildkrötenfleisch, dass sie keine Lust mehr hatte, irgendetwas anderes zu essen.

Eine Schildkröte ist ein Tier, das sich nur langsam bewegt und träge ist – und so wurde auch ‘Berg’ langsam und faul. Wenn sie sich Schildkröten in ihrer Nähe im Feld holen ging, brauchte sie für die kurze Strecke hin und zurück fast den ganzen Tag. Sie kümmerte sich darüber nicht mehr um ihren Mann und ihr Kind. Der Mann schrie sie deshalb anfangs noch an und schlug sie; doch ebenso gut hätte er mit einer Schildkröte reden oder mit den Kieseln in einem Panzer rasseln können. Von da an musste der Mann alles selber machen – sogar sich die Schildkröten selber fangen. …

Und so wurde ‘Berg’ immer fauler und fauler, bis sie einschlief und nur noch schlief und schlief; bis heute schläft sie. Und in ihrem Schlaf hat sie sich in einen grossen Berg verwandelt und wird nie mehr aufwachen. … Die Berge sind nicht tot, sie liegen nur in ewigem Schlaf.”[69]

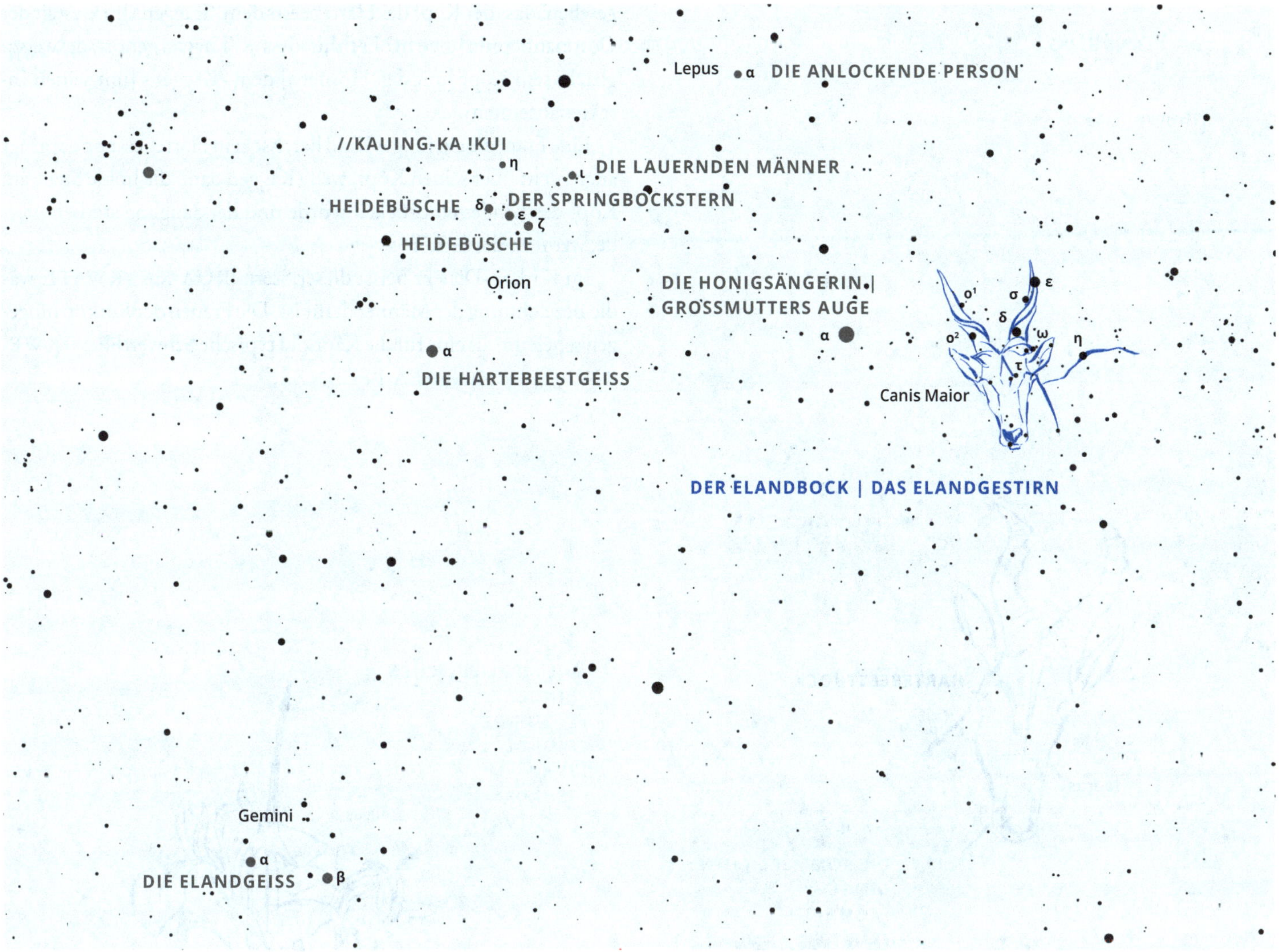

ε Orionis
WHAI-TA /KWATI – DER SPRINGBOCKSTERN
ζ – δ Orionis
HEIDEBÜSCHE

Notizbuch Lucy Lloyd 49, 3905

In einer anderen Tradition ist Beteigeuze eine Schildkröte,[70] während im Oriongürtel ein Springbock in einem Jagdszenario steht. Er wird mit η Orionis (?) "von einem Mann umgangen, der ihn aufschreckt", sodass der Springbock sich "in Heidebüschen" versteckt. Angelockt wird er dort von "einem hellen Stern in der Nähe der Füsse des Orion", der ihn so zu einer "Gruppe von wartenden Männern" im Schwert des Orion treibt.[71] In vielen Sternenhimmelkulturen stellt Orion eine Jagdwaffe oder sonst etwas mit der Jagd Verbundenes dar.

η Orionis
//KAUING-KA!KUI

B 562

"Ein kleiner Stern auf der anderen Seite des Orion, seinem Schwert gegenüber."[72]

α Leporis?
!KUITĪKEN-TA!KUI – DIE ANLOCKENDE PERSON

"Er ist derjenige, der den Springbock ruft, und der Springbock hört es und geht zu ihm; er ruft und zwingt den Springbock so herauf zu ihm."[73]

θ – M 42 – ι Orionis
!GĄ!GĄ-KA!K'E – DIE LAUERNDEN MÄNNER

Notizbuch Lucy Lloyd 107, 8842

α Orionis
!KWA /AITI – DIE HARTEBEESTGEISS

Der Stern verkörpert ein weibliches Hartebeest, die Kuhantilope (*Alcelaphus*). Einer anderen Tradition zufolge stellt Beteigeuze eine Schildkröte dar.[74]

SCH 218

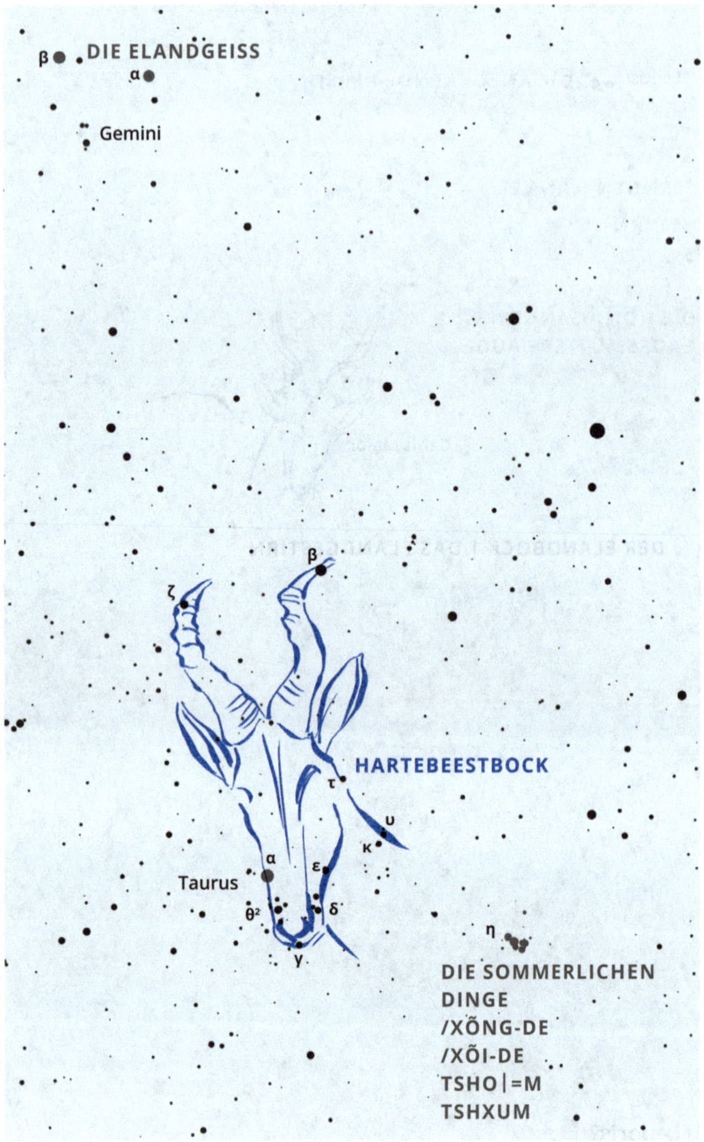

Taurus

!KWA – DER HARTEBEESTBOCK

Das Gestirn verkörpert ein männliches Hartebeest. Es geht am Kopf stehend auf und zeigt sich beim Untergang waagrecht.

SCH 218

"Die Leute sagen, dass /Kaggen zuerst das Eland machte; das Hartebeest war dasjenige, das er nach dem Tod des Elands machte. Deshalb liebt er das Eland und das Hartebeest nicht nur ein wenig; er liebt sie sehr, denn er hat sein Herz aus dem Eland und dem Hartebeest gemacht. Das Hartebeest und das Eland sind Dinge des /Kaggen; sie haben deshalb magische Kräfte.

/Kaggen ging stets zusammen mit dem Hartebeest, wenn er herumwanderte. Unsere Eltern fragten uns immer: 'Habt ihr nicht gesehen, dass der Kopf des Hartebeests dem /Kaggens [in Gestalt der Gottesanbeterin] gleicht? Es fühlt, dass es /Kaggen gehört: deswegen gleicht sein Kopf [mit den Hörnern] dem /Kaggens [mit seinen Insektenantennen].

Eine Frau, die ein junges Kind hat, isst kein Hartebeest und springt auch nicht über seinen Kopf, weil /Kaggen dann die hohle Stelle am Kopf des Kindes eindrücken würde und der Säugling sterben würde, wenn sie das täte."[75]

Im Katkop-Dialekt heisst dieser Stern !KOA-KA /KWĄTI: was die Bezeichnung der Männer dafür ist. Die Frauen der Katkop hingegen sehen ihn als eine für die Kapflora typische Schwertlilie: //KWERIKI – DIE MORAEA-PFLANZE.[76]

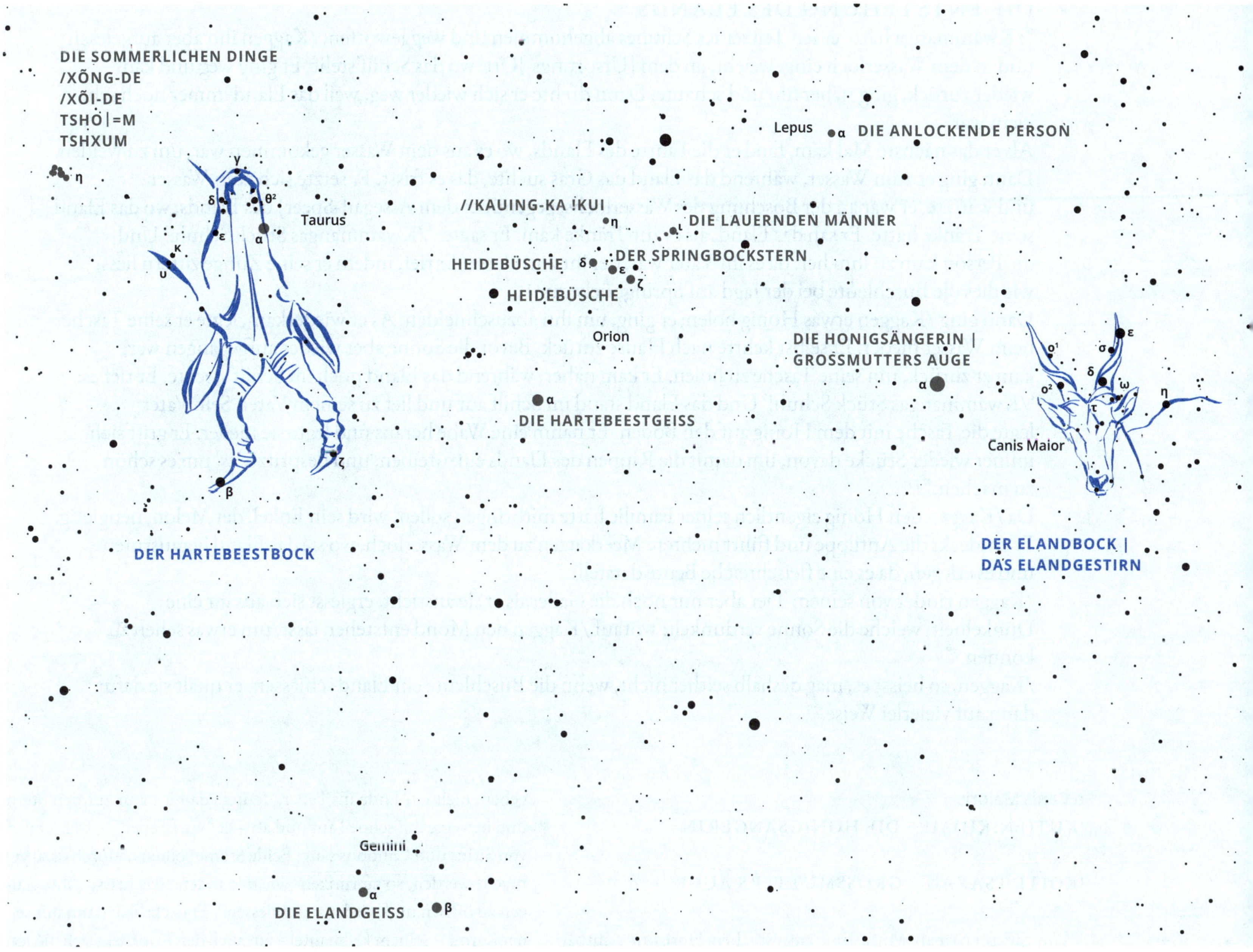

Canis Maioris

SA ǂGO – DER ELANDBOCK

B 162

SĀ-KA /KWĄTI – DAS ELANDGESTIRN

Notizbuch Lucy Lloyd 49, 3906

Es besteht aus "vier Sternen in der Nähe des Orion", die diesen Namen im Katkop-Dialekt tragen. Verkörpert wird von ihnen ein Elandbock; die Elenantilope (*Taurotragus oryx*) ist die grösste Antilope Südafrikas.

SCH 218

Dem Mythos zufolge entstand das Eland aus dem Stück eines Schuhs von /Kaggens Schwiegersohn /Kwammanga, dem Regenbogen – dem ältesten der Jungen um ihn.

α und β Geminorum

SA /GAIKI – DIE ELANDGEISS

Die beiden Sterne verkörpern die zwei Weibchen des Elands.

SCH 219

DIE ENTSTEHUNG DES ELANDS

"/Kwammanga hatte einen Teil seines Schuhes abgenommen und weggeworfen, /Kaggen ihn aber aufgelesen und in dem Wasserloch eingeweicht, an dem [Ursprungs-]Ort, wo das Schilf steht. Er ging weg und kam wieder zurück, ging näher hin und schaute. Dann drehte er sich wieder weg, weil das Eland immer noch sehr klein war.

Als er das nächste Mal kam, fand er die Fährte des Elands, wo es aus dem Wasser gekommen war, um zu weiden. Dann ging er zum Wasser, während das Eland das Gras suchte, das es frisst. Er setzte sich zum Wasser und wartete; er war an der Böschung des Wasserlochs, gegenüber dem Assegai[-Speer] des Elands, wo das Eland seine Tränke hatte. Er sah das Eland, als es zur Tränke kam. Er sagte: '/Kwammangas Stück Schuh.' Und die Person kam zu ihm her, da es ihr Vater war, der ihr zutrillerte (Er rief, indem er seine Zunge zittern liess, wie dies die Buschleute bei der Jagd auf Springböcke tun).

Dann ging /Kaggen etwas Honig holen; er ging, um ihn abzuschneiden. As er wiederkam, legte er seine Tasche beim Wasser nieder. Er selbst kehrte nach Hause zurück. Bevor die Sonne aber wieder aufgegangen war, kam er zurück, um seine Tasche zu holen. Er kam näher, während das Eland noch im Schilf steckte. Er rief es: '/Kwammangas Stück Schuh!' Und das Eland stand im Schilf auf und lief zu seinem Vater. Sein Vater legte die Tasche mit dem Honig auf den Boden. Er nahm eine Wabe heraus und legte sie nieder. Er griff sich immer wieder Stücke davon, um damit die Rippen des Elands einzureiben, und bespritzte es, um es schön zu machen."[77]

Da /Kaggen den Honig eigentlich seiner Familie hätte mitbringen sollen, wird sein Enkel, der Melon, neugierig. Er entdeckt die Antilope und führt mehrere Meerkatzen zu dem Wasserloch, wo sie das Eland herausrufen und es erlegen, da es eine fleischreiche Beute darstellt.

/Kaggen findet von seinem Tier aber nur noch die Galle; als er sie ansticht, ergiesst sich aus ihr eine Dunkelheit, welche die Sonne verdunkelt: worauf /Kaggen den Mond entstehen lässt, um etwas sehen zu können.[78]

/Kaggen, so heisst es, mag deshalb seither nicht, wenn die Buschleute ein Eland schiessen; er quält sie dafür dann auf vielerlei Weise.[79]

α Canis Maioris

!KUT(EN!KH)AU – DIE HONIGSÄNGERIN

B 455

!KOITE TSAXÁU – GROSSMUTTERS AUGE

B 440

Wenn Sirius erstmals Mitte Juni am östlichen Horizont sichtbar wurde, war dies – wie beim ersten Erscheinen von Canopus – Anlass einer Zeremonie. Es war dies im Winter, beide als Frauen gesehene Sterne wurden mit kaltem Wetter verbunden: Doch wenn Sirius sichtbar wurde, "war die Sonne schon ein bisschen warm", und auch der Sirius, "Grossmutters Auge, trug bereits Buschmann-Reis".[80]

Der erste Mann, der den Stern sah, sorgte im Namen der Gruppe dafür, dass die Sonne für die /Xam leuchtend aufging und der Stern nicht "kalt herauskam". Er liess sich von seinem Kind einen Stock geben, hielt ein Ende ins Feuer, deutete damit dann auf den Stern und bewegte ihn schnell auf und ab – er "warf Feuer" –, während er von Sirius und Canopus sang: Beide Sterne sollten dadurch dazu gebracht werden, so zu funkeln wie der andere, das heisst, "ihre Augen zu öffnen und wieder zu schliessen". Er deckt sich dann mit seiner Kaross – seinem Fellmantel – zu, auch den Kopf, legt sich nieder, steht nach einer Weile wieder auf und setzt sich dann, ohne sich wieder hinzulegen. Dadurch bringt er Sirius "in die Wärme der Sonne", auf dass dieser "warm herauskomme".

Diese 'wärmebringenden' Beschwörungen sollen die beiden Sterne auch höher steigen lassen, denn je höher sie bei Sonnenaufgang über dem Horizont stehen, und je heller sie glitzern, desto näher ist das Ende des Winters.

A 265 und H 10

α Carinae (und Sterne ringsum)

//XĒ-TA-/KWĄTI –
DER AMEISENLARVENSTERNKÖRPER

B 635

//XĒ-TA-/KWĄTEN!KAUGEN – DIE KLEINEN(?) AMEISENLARVENSTERNKÖRPER[81]

B 635

/KWĄTEN!KAUGEN – DIE STERNKÖRPER

B 331

!KĒĪSSĔ – DIE KOPFBEDECKTE?

B 421

//K''OAGU

B 606

In Lucy Lloyds Notizbuch wird der Stern als klein, rot und im Osten ausgewiesen.[82] Sein Aufgang Ende Winter kündigt die Zeit an, in der Termiten und Ameisen gesammelt werden.

Der Name !Kei:se ist in Bleeks Wörterbuch ebenso wenig erklärt wie //K''oagu, lässt sich jedoch in einen Bedeutungshof mit !Kei-si stellen, was eine Kopfbedeckung bezeichnet – und für das struppige Strahlen des Sterns ebenso angemessen wäre wie der Weiblichkeit des Sirius' als Grossmutter.

Dem Mythos nach erhielt Canopus seinen Namen als Ameisenlarvensternkörper von /Kaggen in der Zeit des Vormaligen Volkes.[83]

Die /Xam beten die Sterne um Nahrung an, sowohl was die Jagd als auch was das Sammeln von 'Feldkost' betrifft: Bestimmte Sterne tauchen erstmals dann am Himmel auf, wenn bestimmte Nahrungsquellen verfügbar sind. Von Canopus hiess es, "er trage Reis". Gemeint damit ist 'Buschmann-Reis', nämlich die essbaren Larven und geflügelten Exemplare von Termiten und Ameisen.

Der als Grossmutter gesehene Stern wurde mit diesem Gebet angesprochen: "O Stern, der da kommt, lass mich einen Springbock sehen; o Stern, der da kommt, lass mich Ameisennahrung mit diesem Stock herausgraben; o Stern, der da kommt, lass mich morgen einen Springbock sehen. O Stern, der da kommt: Ich gebe dir mein Herz – gib du mir deines. O Stern, der da kommt – vielleicht sehe ich morgen einen Erdwolf: Lass meinen Hund ihn erlegen, lass mich ihn essen. Lass mich essen und den Bauch füllen, damit ich nachts liegen und schlafen kann."

Der schakalartige Erdwolf (*Protelese cristatus*) ernährt sich fast zur Gänze von Termiten und lebt in Erdlöchern. Die Termiten sind sogenannte 'Erntetermiten' (*Hodotermes mossambicus*), deren weisse Larve auf Afrikaans 'Reis-Ameisen' genannt werden: Von ihnen und anderen Termitenarten leben auch der fuchsartige Löffelhund und viele Vögel. Die geflügelte Form dieser Spezies – mit der diese sich reproduziert – beginnt drei bis fünf Tage nach den ersten Frühlingsregen Ende September | Anfang Oktober zu schwärmen: Sie ist besonders begehrt, da proteinreich. Aber auch die Larven dieser Insekten wurden gegessen. Man holte sie mit einem Grabstock aus dem Boden, der etwa einen Meter lang und an einem Ende zugespitzt und vielleicht mit dem Horn eines Tieres versehen war. Die Frauen verwendeten dazu noch einen runden Stein mit einem Loch in der Mitte, um dem Grabstock mehr Gewicht zu verleihen.

A 263–264

Der Grossvater von einem der Informanten der Bleeks rief den als Grossmutter gesehenen Stern stets an, sobald er von neuem aufgestiegen war. "Er sagte: 'Du sollst mir dein Herz geben, mit dem du in Fülle sitzt, und du nimmst mein Herz – mein Herz –, mit dem ich verzweifelt hungere, damit ich so voll werde wie du. Ich hungere – doch du scheinst mir satt zu sein: deshalb bist du nicht klein. Weil ich hungrig bin, sollst du mir deinen Magen geben, mit dem du so satt wirst – und du sollst meinen Magen haben, damit auch du hungerst. Gib mir auch deinen Arm und du sollst meinen Arm haben, mit dem ich nichts erlege. Denn ich verfehle mein Ziel. Du sollst mir deinen Arm geben, denn mit meinem Arm hier werde ich mein Ziel verfehlen.' Er wünschte sich, dass der Pfeil den Springbock für ihn treffen würde; deshalb wünschte er sich den Arm des Sterns, während der Stern seinen Arm nahm, mit dem er sein Ziel verfehlt hatte.

Dann hörte er zu reden auf, ging weg und setzte sich nieder, während ihm aber danach war, sich hinzusetzen, um einen Pfeil zu schärfen."[84]

Der Anblick des Canopus, wenn er sich erstmals ab Mitte Mai am südöstlichen Horizont zeigte, war Anlass einer Zeremonie. Ein Kind wurde gebeten, ein Stück Holz zu suchen. Der Vollzieher der Zeremonie steckte eines seiner Enden ins Feuer und deutete damit auf den Stern, der als Grossmutter gesehen wurde, die "Reis trug". Sie sollte dann "ein wenig Wärme" für die Leute machen, denn obwohl sie "kalt herauskommt", würde die Sonne für die /Xam "das Auge der Grossmutter wärmen". Derart diente Canopus im Frühling als Indikator und Versorger einer Nahrungsquelle und im Winter als imaginärer Temperaturregler.[85]

Bei den Boorong im Südosten Australiens wird α Bootis mit dem Entdecker der Ameisenlarven als Nahrung identifiziert, der den Aborigines dort ebenfalls anzeigt, wann sie von August bis September zu finden sind.[86]

α Eridani

DER STEIN AM GRABSTOCK

Der Stern wurde als "Stein am Grabstock" für die Ameiseneier um Canopus gesehen.

SCH 218

in Sagittarius

!KUĪTEN-DORO

B 450

Corona Australis

!KUĪTENDORO-TA!AUKEN

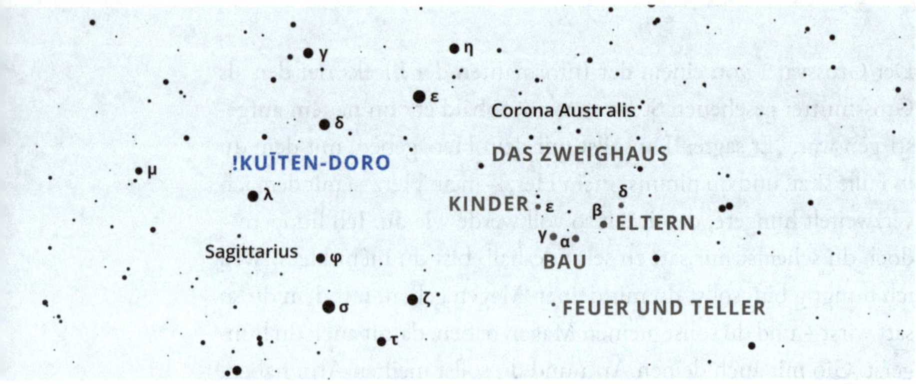

ǂNABE-TA!NU – DAS ZWEIGHAUS

B 669

zwei schwache Sterne vor α stehen für Feuer und Teller, αγ Bau, ε Kinder, βδ Eltern

Die Sterne dieses Sternbilds stellen das 'Zweighaus' eines weissschwänzigen Rotkaninchens (*Pronolagus rupestris*) dar, das sich gerne im Dickicht aufhält, sowie eine mehrköpfige Familie, die davor am Feuer sitzt und isst.

Ein Mädchen des Vormaligen Volkes, das während des Pubertätsritus nach ihrer ersten Monatsblutung aus der Hütte lugte, sah eine Rotkaninchen-Familie mit drei Kindern vor ihrem Bau – dem 'Rotkaninchen-Zweighaus' – am Feuer sitzen und von einem gemeinsamen Teller essen. Diese Leute wurden samt ihren Sachen, dem Zweighaus, dem Teller und dem Topf am Feuer, von dem Blick des menstruierenden Mädchens fixiert; sie erstarrten und verwandelten sich, so wie sie vor dem Bau sassen, in die Sterne der Corona Australis. "Deshalb ist der Name dieser Leute 'Rotkaninchen-Zweighaus', weil sie merken, dass sie bei dem Zweighaus sitzen, das das Rotkaninchen gemacht hat."

A 262 und B 669 und LBC, Notizbuch Lucy Lloyd 43, 3335 ff.

Plejaden

/XÕNG-DE | /XÕI-DE

B 365

DIE SOMMERLICHEN DINGE

A 266

Die Namen der /Xam und der Katkop für die Plejaden sind beide von den Khoekhoe übernommen worden.[87]

Der erste heliakische Aufgang der Plejaden im Juni markierte den Beginn des Winters: "Die Plejaden des grossen Winters kommen heraus."[88] Bezeichnet werden sie jedoch als "Sommerliche Dinge" und bei vielen Gruppen mit dem Ackerbau assoziiert: So heissen sie bei den Xhosa und Zulu *iSilimela*, was – von *lima*, 'graben', abgeleitet – in etwa 'Der Pflügende' bedeutet, so wie auch ihr Name auf Swahili: *Kilimia*.

Da nirgendwo im Süden Afrikas die Landarbeit mitten im Juni, dem dortigen Winter, sondern erst mit den Septemberregen im dortigen Frühling beginnt, kann der Name von ihrem mitternächtlichen Aufgang rühren.[89] Es gibt aber auch die seit langem bestehende Vermutung, dass dieser Sternenname auf die jüngsten Migrationen von Ostafrika zurückgeht, wo der morgendliche Aufgang der Plejaden seit jeher den Sommer markiert hat.

A 231 und 237

TSHOǂM | TSHXUM

B 234

So heissen die Plejaden auch bei den !Kung, wo *Tshxum* jedoch kein übersetzbarer Begriff ist, sondern der Name für ein mächtiges mythisches, mit dem Regen verbundenes Tier, das ein männliches Horn in α Carinae und ein weibliches Horn – das "Grüne Blatt Horn" – in α Aurigae besitzt. Letzteres zeigt sich, wenn mit der Regenzeit die ersten Blumen aufblühen.

M 264–268

Die /Xam unterscheiden zwischen sanftem weiblichem und hartem männlichem Regen. Den männlichen "Körper des Regens" sahen sie als süss riechenden, brünstigen Bullen namens *!Khwa*, 'Wasser, Regen'. Er wird von menstruierenden jungen Frauen angelockt und kann sie, wenn sie ihm nicht gehorchen, samt allen, die mit ihnen im Kontakt stehen, in Frösche verwandeln oder mit dem Blitz erschlagen.[90] In einem Mythos legt eine solche ihr Kind beiseite und steigt auf den Rücken des Regenbullen, aus Angst, er würde sie sonst in einen Frosch verwandeln. Sie reitet auf ihm zu einem Wasserloch und kann dann entkommen, indem sie auf einen Baum klettert.

In den Felsmalereien des südlichen Afrika wird Regen häufig als gehörntes Tier vorgestellt, das in einem Teich lebt; wandert es übers Land, fällt Regen – weshalb die Zauberärzte es mit einer Lederschlinge fangen und über das Land zerren. Abgebildet wird es als gefleckte Elenantilope oder als mythisches Tier mit grossem Maul und grossen Zähnen, aus dessen Hinterteil sich Schwalle von Wasser ergiessen.

B | L 193–199 und M 3158

Teile von Cetus

/XÕNDE-TA!KWĒ(TEN)

B 365

Aus dem Namen lässt sich einzig ableiten, dass diese Sterne zusammen mit den Plejaden ein Bild oder eine Szene ergeben.

α, β und γ Crucis

DIE DREI LÖWINNEN

SCH 218

α Centauri

!GŪ – MATTE

B 388

Der Stern bildet zusammen mit β Centauri ein Paar von Löwenmännern des Vormaligen Volkes, die Pfoten wie Löwen hatten, aber sprechen konnten. "Als er noch ein Mensch [und kein Stern] war, hiess er [aus Schilf geflochtene] 'Matte'."[91] Beide Löwenmenschen wanderten einst auf der Erde herum, böswillig, aber auch so dumm, dass sie schliesslich vor so viel Dummheit starben – oder einer anderen Version nach von ihren Opfern umgebracht wurden.

A 265–266 und H 10

Die Geschichten um die beiden Löwenmenschen beginnen damit, dass !Gu einen /Gi-Vogel – einen Madenhacker vielleicht – und !Haue-ta-ǂHou einen Paradieskranich erlegen und braten. Das Madenhackerweibchen sieht dies; ihr wird das gebratene Fleisch ihres Mannes angeboten, das sie zurückweist. Das Paradieskranichweibchen hingegen frisst davon.

Danach gehen beide Vögel Wasser holen. Das Paradieskranichweibchen, das ihr Junges bei den Löwenmenschen gelassen hat, kommt zurück und wird von ihnen gefressen. Das Madenhackerweibchen hingegen hat ihr Junges mitgenommen und kommt nicht zurück, sondern geht zur Hütte der Krähe, die auf dem Ast eines Dornenbaumes sitzt; es wird an einem Streifen Spiessbockleder hinaufgezogen und damit in Sicherheit gebracht. Die Krähe entzündet daraufhin ein Feuer und erhitzt Steine. Als !Gu unter dem Baum auftaucht und ebenfalls emporgezogen werden will, wirft ihm das Madenhackerweibchen auf Rat der Krähe ein Seil aus Mausdärmen zu, das natürlich reisst und den Löwen ins Feuer stürzen lässt, wo er zu Tode geröstet wird. Die beiden Vögel verlassen darauf den Baum und !Haue-ta-ǂHou kommt, angelockt vom Geruch des gebratenen Fleisches. Als er sich ein Stück des Schenkels von seinem Kumpel !Gu abschneidet, wird dieser zum Leben erweckt, springt auf und verlangt ebenfalls ein Stück von seinem Fleisch – worauf beide es sich teilen.[92]

Wie es mit den beiden Löwenmenschen !Haue-ta-ǂHou und !Gu weitergeht, wurde Dia!kwain von seiner Mutter erzählt. Er gab die folgende Version 1874 an Wilhelm Bleek weiter.

DIE LÖWEN, DIE SCHILDKRÖTE, DER KLEINE HASE UND DIE ALTE FRAU

“Die zwei Löwen !Haue-ta-ǂHou und !Gu sind dabei, eine Schildkröte zu fressen. !Gu verschlingt sie im Ganzen, worauf sie sich in seine Stirn setzt. Der Löwe zieht dann los, um eine Herde von Spiessböcken [*Oryx gazella*] zu jagen, doch die Schildkröte redet zu der Herde und warnt sie, sodass sie sich auf und davon macht. Darauf kehrt !Gu zu seinem Gefährten !Haue-ta-ǂHou zurück und erzählt, was die Schildkröte bei seiner Jagd aus Rache mit ihm angestellt hat.

Nun gehen sie zusammen auf die Jagd, und der eine Löwe weist den anderen an zurückzubleiben, während er sich an einen Spiessbock anschleicht – doch der weigert sich, weil er nicht glaubt, dass er eine Schildkröte in der Stirn sitzen hat. Die redet nun mit dem Spiessbock und warnt ihn, sodass der davonspringt. Vor Ärger darüber will !Gu die Schildkröte aus seiner Stirn holen. Der zweite Löwe versucht, sie ihm herauszuschneiden, vergeblich, denn sie wandert unbemerkt unter der Haut an den Hinterkopf des gequälten Löwen. Der sagt seinem Freund !Haue-ta-ǂHou schliesslich, dass er mit dem Schneiden aufhören soll, um herauszufinden, wo die Schildkröte hin ist.

Sie ziehen los und kommen schliesslich zu einer Hütte, in der eine alte Frau zusammen mit einem kleinen Hasen lebt. Sie hat eine kaputte Hüfte. Dem Hasen sagt sie, er solle den Sack des Dornbaums [*Tribulus terrestris*] nehmen und davonlaufen, weil nun die Löwen kommen, sie aufzufressen. Denen sagt sie dann, sie sollen lieber dem Hasen nachjagen, weil ihr Fleisch schon alt und faulig ist.

Also rennen die Löwen dem Hasen hinterher, um ihn zusammen mit dem Fleisch der alten Frau zu verspeisen. Der Hase sitzt auf der Pfanne, sieht die Löwen kommen und streut Dornen für ihre Füsse aus. Die bleiben stehen, um sich die Stacheln aus den Sohlen zu ziehen, und entschliessen sich, stattdessen allein die alte Frau zu essen. Doch die konnte inzwischen entkommen – worauf der eine Löwe wieder dem anderen Vorwürfe macht, weil er nicht auf ihn gehört hat.

Der vor Schmerz gepeinigte !Gu fleht !Haue-ta-ǂHou an, die Schildkröte herauszuholen: Worauf der ihm mit einer Knobkierie [Wurf- und Schlagstock] auf die Stirn haut und ein Loch schlägt. Die Schildkröte kriecht wieder in den Hinterkopf !Gus, während der bewusstlos zu Boden fällt. Der hilfreiche !Haue-ta-ǂHou sagt, dass sie die Schildkröte allein lassen müssen, sonst wird der gequälte !Gu von den Stockhieben noch umgebracht. Sie ziehen weiter, doch der vor Schmerz gepeinigte !Gu stirbt bald vor Hunger, worauf die Schildkröte aus seinem Kopf kriecht. Nach seinem Tod findet !Haue-ta-ǂHou dann endlich etwas Nahrung.”[93]

Im Katkop-Dialekt wird dieser Stern auch !KUI/A-KA /KWĄTI – STERN DES MÄDCHENS – genannt.[94]

β Centauri

!HAUE-TA-ǂHOU – DER DEN GÜRTEL ANHAT

Der Name besteht aus dem Verb für ‘festbinden’ und *ǂHou* – einem Wort, das “dem Band gleicht, das wir um unseren Körper legen”.[95] Die Bezeichnung hat ihren Ursprung vielleicht in der sichtbaren ‘Festgebundenheit’ der beiden Sterne α und β Centauri. Letzterer gilt einer anderen Tradition nicht als Löwenmann, sondern als Löwin und Mutter des Mondes.

B 396, 651, 624

!Haue-ta-ǂHou wurde in den Himmel versetzt, weil ein erstmals menstruierendes Mädchen ihn in ihrer Zeit der Abgeschiedenheit von der Gruppe anblickte. Auf welche Weise sein verhungerter Gefährte !Gu sich in einen Stern verwandelte, ist nicht aufgezeichnet. Beide aber stehen sie nun still da, weit von ihren Löwinnen in Crux, die ebenfalls nur still dahocken.[96]

γ Capricorni?

!NÄΘPWA-KA /KWĄTEN – DER KLEINE WINTERSTERN

δ Capricorni?

!NÄ!ERI-KA /KWATEN – DER GROSSE WINTERSTERN

Notizbuch Lucy Lloyd 29, 2044 rev

Der Grosse Winterstern wurde am 23.1.1874 um 8 Uhr abends ein wenig südlich von Westen gesichtet.[97] Das erlaubt eine Identifikation der Wintersterne mit dem Paar δ und γ Capricorni. Aus einem anderen Eintrag (29, 2044) geht hervor, dass zugleich die Plejaden sichtbar waren: Die standen zu dem Zeitpunkt auf gleicher Höhe im Norden.

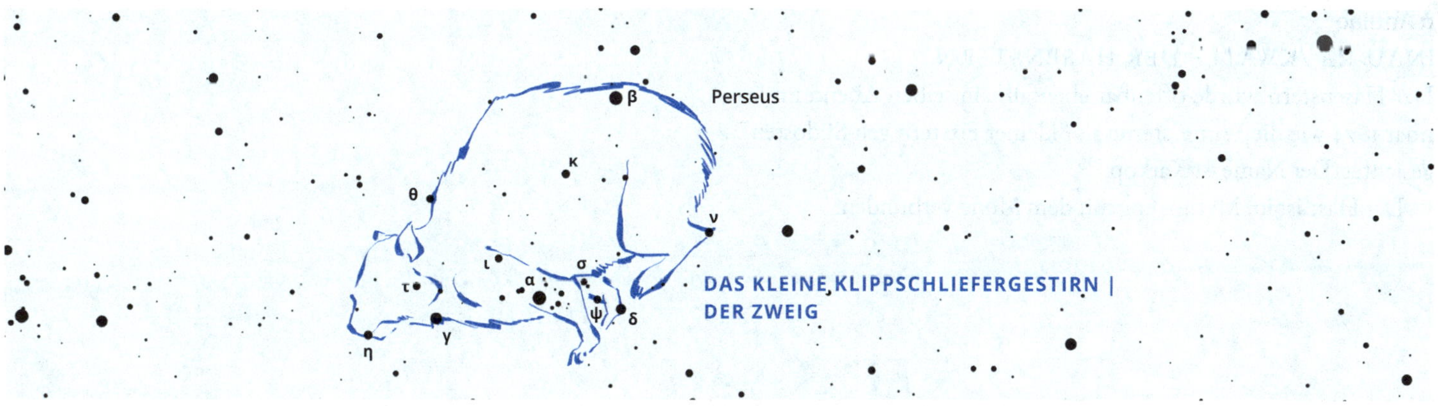

in Perseus?

/HUÑ-KA /KWATENΘPWONI –
DAS KLEINE KLIPPSCHLIEFERGESTIRN
BĀRI – ZWEIG?[98]

Notizbuch Lucy Lloyd 29, 2044 rev

Offenbar am selben Abend "um 8 Uhr im Januar 1874 wurde ein wenig Richtung Nordwesten" – die Blickrichtung von Norden ausgehend – dieses doppelt mit Katkop-Namen bezeichnete Gestirn am Horizont gesehen.

α Aquarii?

/KUKENT-KA /KWATEN ΘPWA –
DAS KLEINE ERDFERKELGESTIRN[99]

Offenbar ebenfalls am selben Abend im Januar 1874 wurde "ein Stern, im Westen" mit diesem Namen Katkop bezeichnet.[100]

ψ, HD 88 955 und μ Velorum?

/HABA /HABA – DIE WILDEN ESEL[101]

Offenbar ebenfalls am selben Abend im Januar 1874 wurden "drei Sterne gen Südosten" als Katkop bezeichnet.[102]

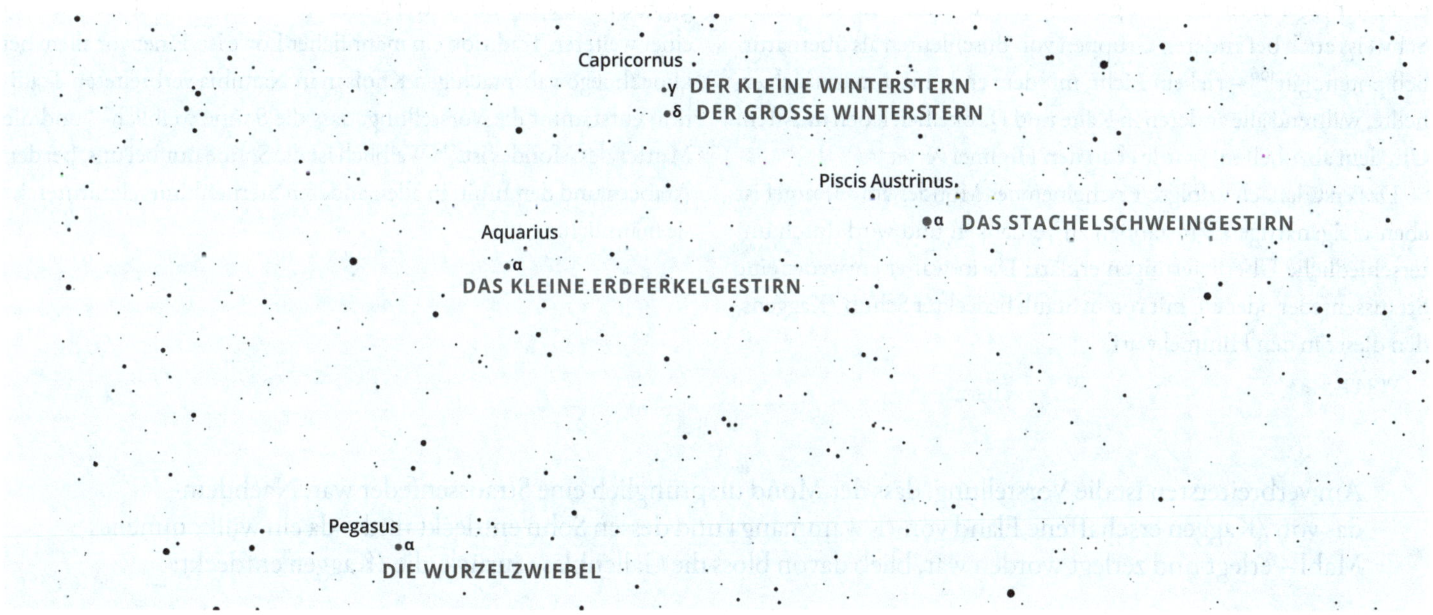

α Pegasi

!KHAUI-TA /KWĄTI – DIE WURZELZWIEBEL

Offenbar am selben Abend wurde "ein kleiner weisser Stern, von Westen aus ein klein wenig gen Norden," mit diesem Katkop-Namen bezeichnet. Er verkörpert "eine Buschleute-Nahrung, die zwischen den Steinen wächst und von der die Wurzeln, nicht das Kraut gegessen wird. Die Wurzel ist im Winter bitter und voller Wasser, im Sommer jedoch sehr süss".[103]

α Piscium Austrini

//GAUXU-TA /KWĄTI –
DAS STACHELSCHWEINGESTIRN
!KHO – DAS STACHELSCHWEINGESTIRN

Offenbar am selben Abend "im Januar 1874 wurde auch ein Stern im Westen über dem Haus" der Bleeks in Kapstadt mit diesen Katkop-Namen bezeichnet: Ersterer ist der Ausdruck der Männer dafür, Zweiterer jener der Frauen.[104]

α Antliae

!NĀU-KA /KWATI – DER HASENSTERN

Der Hasenstern wurde offenbar ebenfalls am selben Abend im Januar 1874 wie die Wintersterne als "kleiner Fixstern gen Südosten" gesichtet. Der Name ist Katkop.[105]

Der Hase ist im Mythos eng mit dem Mond verbunden.

IV MOND UND SONNE

Die Wesen der Ersten Zeit lebten nach ihrem Tod in der Geisterwelt und wirkten von dort auf die Erde ein. Sonne und Mond sind die Ausnahmen; sie sind weder gestorben, noch traten sie in ein Jenseits über. In diesem Sinne sind sie übernatürliche Wesen, die jedoch, einmal an den Himmel versetzt, kaum noch miteinander oder mit den Menschen reden.

Die Sonne war ein alter Mann des Vormaligen Volkes, der zuvor als einzelner Jäger in einer Hütte gelebt hatte; aus seiner Achsel – deren Schweiss auch bei anderen Gruppen von Buschleuten als übernatürlich potent gilt[106] – fiel ein Licht, mit dem er den Raum um sich erhellte, während alle anderen in Kälte und Dunkelheit leben mussten. Um dem abzuhelfen, wurde er an den Himmel versetzt.

Das erst danach erfolgte Erscheinen des Mondes am Himmel ist ebenso eigenartigen Umständen zu verdanken und wird durch unterschiedliche Überlieferungen erklärt: Darin war er entweder eine Straussenfeder oder ein mit rotem Staub bedeckter Schuh /Kaggens, den dieser in den Himmel warf.

W 2492–493

Mond | Monat

!KAU!KARO – DER LEUCHTENDE[107]

!KABI-Ā – DER AUFSTEIGER[108]

Der Mond heisst bei den /Xam 'Leuchtender' und bei den Katkop-Buschleuten 'Aufsteiger'.[109]

Zur Entstehung des Mondes gibt es unterschiedliche Traditionen. Einmal wird als Vater des Mondes ein nicht identifizierter Stern angegeben und als seine Mutter β Centauri[110] – obwohl dieser Stern in einer weiteren Tradition ein männlicher Löwe ist. Einer vor allem bei khoekhoegowabsprachigen Khoisan in Namibia verbreiteten Tradition entstammt die Vorstellung, dass die Sonne weiblich[111] und die Mutter des Mondes ist.[112] Weiblich ist die Sonne nur bei uns, bei den Arabern und den Inuit; in allen anderen Sternenhimmelkulturen ist sie männlich.

Am verbreitetsten ist die Vorstellung, dass der Mond ursprünglich eine Straussenfeder war. Nachdem das von /Kaggen erschaffene Eland von /Kwammanga und dessen Sohn entdeckt und – da ein willkommenes Mahl – erlegt und zerlegt worden war, blieb davon bloss die Gallenblase zurück, die /Kaggen entdeckt:

DIE ENTSTEHUNG DES MONDES AUS DER STRAUSSENFEDER

"/Kaggen lief zu der Galle hin, er griff nach ihr. Dann stach er in die Blase; er brachte sie zum Platzen. Und die Galle brach auf und übergoss seinen Kopf; seine Augen wurden gross, aber er konnte nichts sehen. Also griff er um sich herum, um seinen Weg zu ertasten. Und er griff umher, überall, griff hierhin und dorthin, und fand schliesslich eine Straussenfeder. Er hob sie auf, saugte an ihr und wischte sich mit ihr die Galle von den Augen.

Dann warf er die Feder hoch und sagte: 'Du musst jetzt oben am Himmel liegen, du musst ab jetzt Mond werden. Du sollst in der Nacht leuchten. Du sollst durch dein Leuchten die Dunkelheit für die Menschen aufhellen, bis Sonne aufgeht, um alle Dinge für die Menschen zu erhellen. Unter Sonne jagen die Männer. Du aber glühst nur für die Menschen, während Sonne für sie hell leuchtet. Unter ihm gehen die Männer herum, sie jagen und

kehren dann wieder nach Hause zurück. Du bist der Mond, du gibst den Männern nachts Licht, fällst dann aber ab und zusammen, um dann erneut zum Leben zurückzukehren und den Leuten Licht zu geben.'
Das ist, was der Mond tut: Er fällt ab, wird dann wieder lebendig und hellt all die Orte der Ebene auf."[113]
In der Rede wird somit betont, dass /Kaggens Erschaffung des Mondlichtes den Menschen einen grossen Vorteil beschert hat und der Mond stirbt und sich selbst wieder zum Leben erweckt – so wie man das auch dem Straussenmännchen zuschrieb, das aus einer seiner Federn wieder neu entstehen kann. Während alles andere Leben sterblich ist, sind der Mond und das Straussenmännchen die einzigen beiden Wesen der Welt, die dies vermögen – wobei der Mond durch sein honigähnliches 'Mondwasser' auch erlegte Tiere wiederauferstehen lassen kann.[114]

Üblich war auch die Vorstellung, dass /Kaggen im selben Erzählkontext nicht eine Straussenfeder, sondern einen seiner Schuhe in die Luft wirft. Die Sternsage wird dann folgendermassen erzählt, indem sie zugleich von der ersten Nacht berichtet:

DIE ENTSTEHUNG DES MONDES AUS /KAGGENS SCHUH

"/Kaggen sagte, er würde die Gallenblase, die da auf dem Busch hing, aufstechen. Die Galle sagte, sie würde dann aufbrechen und ihn mit Schwärze bedecken. /Kaggen hatte nichts dagegen. Er stach die Blase des Elands auf. Die Galle sagte, er solle in das Dunkle springen. Also sprang /Kaggen in diese Finsternis, die so dunkel war, dass er nicht einmal mehr die Büsche sah. Er geriet immer wieder in die Büsche, weil er den Boden nicht sehen konnte.
Seine Denk-Sehnen sagten ihm schnell, er solle seinen Schuh ausziehen und in den Himmel hinaufwerfen, denn der Schuh würde für ihn die Erde erhellen. Deshalb riss er sich gleich den noch staubigen Schuh vom Fuss und warf ihn schnell hoch. Dann setzte er sich hin und starrte in die Nacht.
Da sah er die Meerkatzen, wie sie sein Eland im Dunkeln zerlegten. Er stand auf und ging zu ihnen im Dunkeln. Die Meerkatzen schimpften: '/Kaggen hat mit der Galle des Elands seine Spielchen gemacht. Jetzt ist Sonne ins Finstere gegangen.'
/Kaggen erwiderte: 'Ihr müsst eine Fackel halten, um euch beim Zerlegen des Elands zu leuchten; mein Schuh dagegen steht da oben im Himmel, wo ich ihn hinaufgeworfen habe, damit ich sehen kann, wo ihr steht.'
Und so ergriff er seinen Köcher im Dunkeln, packte seine Felldecke im Dunkeln, legte sich den Köcher im Dunkeln um und ging in der ebensolchen Nacht heim.
Melon fragte ihn: '/Kaggen, warst das wirklich du, der die Galle des Elands verzaubert hat, damit Sonne ins Dunkel ging, während Mond leuchtete?'
Da sagte /Kaggen: 'Sonne schien so hell, als ich wütend war, weil die Meerkatzen [nach dem Erlegen des Elands] mit mir gerauft und mich mit einem Stock geschlagen haben. Ich ging Holz holen und war immer noch wütend. Ich machte ein Loch fürs Feuer und war immer noch wütend. Ich legte Holz in die Feuerstelle und war immer noch wütend. Ich legte Steine aufs Holz, ich sammelte noch mehr Holz und legte es darauf, ich zündete das Feuer an, aber ich war immer noch wütend.
Der Platz war hell, weil es Mittag war, aber ich war zornig, also stach ich die Galle des Elands an, weil ich wollte, dass Sonne ins Dunkel geht. Darauf ging Sonne hinter die Berge hinab: und Finsternis bedeckte die Erde. Das Dunkel bedeckte uns alle, auch die Meerkatzen; wir sassen alle im Dunkeln. Dann habe ich schnell überlegt und schnell einen Schuh abgezogen und zu ihm gesprochen, als ich ihn hochwarf. Ich sagte: 'Ich bin /Kaggen und dieser mein Schuh soll jetzt wirklich der Mond werden, der im Dunkeln leuchtet.'
Deshalb scheint nachts der Mond. Deshalb ist der Mond auch kalt; er ist ja ein Schuh, aus Leder. Und er ist auch rot, weil Erde an ihm klebt, der Staub, durch den /Kaggen gegangen ist.
Die Sonne dagegen ist warm, weil sie Sonnes Achsel ist. Unter der Sonne trinken die Leute, weil sie Durst haben und deshalb trinken müssen. Unter dem Mond aber machen sie ein Feuer; sie schlafen auch, weil Mond nachts scheint und nachts über den Himmel wandert. Wenn die Sonne sich warm anfühlt, gehen die Leute

Springböcke schiessen; sie jagen Springböcke. Der ganze Boden ist dann hell, alle Stellen sind hell, alle Leute jagen."[115]
Weil alle Dinge /Kaggens sprechen können, kann auch der Mond sprechen: "Der Mond ist der Schuh von /Kaggens Fuss, und er fühlt, dass /Kaggen ihm seinen Namen verliehen hat, weshalb er sich wie ein Schuh verhält."[116]

Zudem hat sich die Entstehung des Mondes auch von der Erschaffung der Elenantilope abgelöst und eine selbstständige Legende herausgebildet.

"/Kaggen machte sich selbst [üblicherweise aus Antilopenleder] ein gutes Paar Schuhe, mit denen er sehr zufrieden war. Einer jedoch, der rechte, war zu hart und verursachte Blasen am rechten Fuss. Also bat er seine Tochter, den heute Hammerkopf oder Schattenvogel [*Scopus umbretta*] genannten Wasservogel, den Schuh ins Wasser zu legen, um ihn weich werden zu lassen.
Dass /Kaggen aber seinen dreckigen Schuh in ihr Wasser legte, brachte die grosse Wasserschlange auf. Sie liess das Wasser nachts ganz kalt werden, sodass es am nächsten Morgen gefroren war und der Schuh nun im Eis steckte.
Als /Kaggen seine Tochter, den Schattenvogel, in der Früh losschickte, brachte sie den Schuh mit einem grossen Stück glänzenden Eises zurück. Das regte ihn wiederum so auf, dass er den Schuh in hohem Bogen wegwarf.
Der Schattenvogel, der den Windvogel gut kannte, rief aber: 'Windvogel, Windvogel, nimm den Schuh hinauf, hoch, hoch in den Himmel, damit wir nachts Licht haben!'
Und da bildete sich ein Wirbelwind und trug den Schuh hoch in die Luft hinauf und liess ihn dort. So wurde aus dem Schuh mit dem Stück Eis daran der Mond.
Der Mond mit dem glänzenden Eis daran begann, nachts zu leuchten. Als die Leute des Vormaligen Volkes zum ersten Mal den Mond sahen, bedeckten sie ihr Gesicht mit den Händen und preisten und verehrten ihn. Von da an hatten sie nachts Licht und mussten nicht mehr im Dunkeln herumgehen. Sie konnten nun nachts Stachelschweine jagen und dem Wild an den Wasserlöchern Fallen stellen, sie sehen und schiessen. Sonne gefiel das ganz und gar nicht, weil er der Einzige sein wollte, der am Himmel leuchtete. Deshalb kam es darüber mit Mond zum Streit. Sonne ist heiss, weil er der Kopf des Tänzers Feuermann ist. Mond ist kalt, weil er versteinertes Wasser ist. Deshalb versuchte Sonne, das Eis des Mondes zu schmelzen, indem er viel Hitze ausstrahlte. Das Eis schmolz und schmolz und schmolz, bis nur noch die Sohle von /Kaggens Schuh zurückblieb.
Da begannen die Leute zu weinen, weil der Mond tot war. Die grosse Wasserschlange, die sich um das Wasser der Quellen kümmert, hörte die Schreie und liess im Mond eine Quelle hervorsprudeln, damit immer Wasser im Schuh sein und es gefrieren konnte. Es füllt ihn nach und nach aus, bis der ganze Schuh voller Wasser ist, es friert und der Mond mit aller Kraft leuchten kann.
Sonne aber beschiesst den Mond mit warmen Pfeilen, sodass er immer kleiner und kleiner wird. Das geschmolzene Eis wird Nachttau oder Mondwasser, und die Eisstücke werden während der Nacht zu Schnee und Frost. Wenn die Buschleute den Neumond sehen, bedecken sie ihre Augen mit beiden Händen und rufen:
'O Mond, wir hielten dich für tot, doch jetzt sehen wir, dass du lebendig zu uns zurückkehrst. Jetzt wissen wir, dass Sonne dich nie töten können wird. Du stirbst, aber du kehrst jedes Mal ins Leben zurück.
Lass uns so sein wie du, damit auch wir, wenn wir alt geworden sind, wieder jung werden und nie sterben!'
Und der Mond antwortete: 'Ihr werdet alt und dann immer wieder jung werden; deshalb werdet ihr nie sterben. Wenn ihr alt werdet, werdet ihr bloss schlafen und aus diesem Schlaf dann wieder jung erwachen. Ihr werdet wieder jagen, essen und trinken – und auch eure Frauen und Kinder werden wieder bei euch sein, weil ihr nicht sterben werdet.'
Deshalb starben die Leute in dieser Zeit nicht."[117]

Seitdem verhält sich der Mond wie eine Person, die einmal weiblich, aber meist männlich ist und neben Kindern auch eine Frau namens //Ko'on hat.

Wie alle Dinge, die /Kaggen gemacht hat, kann der Mond sprechen und ist klug: Doch wird – wie Bleeks Tochter Dorothea berichtet – "vom Mond der Schwierigste alle Klicks verwendet ... man macht ihn, indem man die Zunge in einer Art Bogen rückwärts einrollt, um dann den obersten Teil der Zunge vom oberen Gaumen wegzuziehen."[118]

Der als Bauch gesehene Vollmond gilt offenbar als schwanger und damit als weiblich. Durch die Angriffe von Sonne, der ihn bis aufs Rückgrat zurückschneidet, verwandelt er sich jedoch allmählich in einen Mann, dem eine Frau samt Kindern in einem nicht näher bestimmten Zuhause zugeschrieben wird. Dies geht aus einer Erzählung //Kabbos hervor: "Der Mond steigt in den Himmel, ja, denn der Mond ist der Grosse Mond, Mond mit ihrem Bauch ... Der Tag bricht an, während Mond dort steht, im Westen; Sonne kommt heraus, während Mond da steht, und durchbohrt sie mit seinem Messer." Dann wird der Mond zum Familienvater, der eitrig und verwundet in sein Heim zurückkehrt: "Seine Frau sagte zu den Kindern: 'Vater kommt langsam zurück, Sonne hat ihn zerschnitten, deshalb kommt er von da nur langsam her.'"[119]

Wird der Vollmond von den Kindern seines Bauches wegen gerne verlacht, so gilt er den Frauen als guter Mond: "Unsere Mütter sagten, wenn sie den Mond sahen, wenn er nicht hohl dalag [er also voll war]: 'Dieser Mond ist ein guter Mond, denn er trägt keine Leute [anders als der Neumond, von dem man glaubte, dass er die Geister der Toten in seiner Höhlung trug]; er kommt vielmehr so wie ein Mann, der Essen trägt, der Essen in sein Tragenetz gesteckt hat. Es ist, als wisse er, dass unsere Männer dann etwas [nach Hause] tragen werden, weshalb er, der Mond, ein Netz zu tragen scheint. Es wirkt, als wisse er, dass unsere Leute Essen finden werden, dass sie auf ihrem Gang Glück haben werden, ... denn der Mond wirkt, als wisse er es, wie etwas, das weiss, wann wir Essen finden werden. Denn er und die Sterne sind Dinge, die Sachen wissen, die wir nicht wissen.'"[120]

Ein roter Vollmond wird von den Frauen der /Xam zudem als Verheissung einer erfolgreichen Jagd aufgefasst: "Schaut! Der Mond ist blutig, ein Mann wird ein Wild schiessen, sein Blut wird fliessen, der Kopf der Beute, ihr Blut ist das, was da auf dem Mond ist. Deshalb ist er rot ..."[121] Bei einem einmal mit einem vergifteten Pfeil erlegten Wild wurde ein anderer Brauch eingehalten: "Unsere Mütter sagten immer, sie lehrten es uns Kinder, dass wir, wenn wir eine Beute schossen, nicht den Mond anschauen sollten, ... sehen wir zu ihm hinauf, würde er das Fett des Wildes in sich hineinschlucken, ... das tote Wild würde dann so aussehen, als sei es ganz mager gewesen, wiewohl es fett gewesen war, ... und der Mond würde dem Wild auch nicht zu sterben erlauben, indem er die Wunde kühlt, damit das Tier sich erholt; das Tier würde nicht einmal dann sterben, wenn das Gift, mit dem es geschossen worden war, stark gewesen ist: er würde es dem Gift erlauben, Wasser zu werden."[122]

Der dunkle Mond ist mit der Regelblutung assoziiert. Mit dem Einsetzen der ersten Monatsblutung wurde ein junges Mädchen von seiner Gruppe getrennt und in eine kleine Hütte gesteckt. Man tat dies, weil sie nun eine übernatürliche, mit dem Tod verbundene Macht –!Khwa – anzog. Dieser 'Regengott' repräsentierte den harten männlichen Regen von Gewitterstürmen und Blitzen, der die ganze Gruppe in Gefahr bringen konnte, weil er von Menstruationsblut angelockt und erregt wurde. Die Hütte – 'Das Haus der Krankheit' – war so klein, dass sie drinnen nur liegen konnte; zudem wurde ihre Versorgung mit Wasser und Essen eingeschränkt. Sie durfte erst bei Erscheinen des Neumondes aus dem 'Haus der Krankheit' wieder heraus, um reintegriert zu werden: Wobei diese Kraft dann bei den bevorstehenden Jagden half und den sanften weiblichen Regen der Schauer anzog, die von den /Xam begrüsst wurden.

A 261–262, W1 312–322

Ein Bericht zeigt, dass beim Erscheinen des Neumondes jeder zu ihm betet; manche rufen ihm zu und werfen Sand in die Luft. Folgendes Gebet an ihn wird mit erhobener rechter Hand gesprochen, um seine Hilfe beim Jagen und Sammeln von Ameisenlarven zu erhalten: "Ho, dies ist meine Hand; ich schiesse einen Springbock mit meiner Hand durch einen Pfeil. Ich lege mich jetzt hin; in der Früh werde ich einen Springbock erlegen, morgen.

Ho, Mond, der da liegt, lass mich einen Springbock erlegen morgen, lass mich einen Springbock essen, lass mich mit diesem Pfeil einen Springbock schiessen. Lass mich einen Springbock essen, lass mich essen, bis mein Körper satt ist, in der Nacht, die da ist. Lass meinen Körper satt werden.

Ho, Mond, der da liegt – morgen grabe ich den Reis der Ameisen heraus: lass mich ihn essen.

Ho, Mond, der da liegt, morgen erlege ich einen Strauss mit diesem Pfeil.

Ho, Mond, der da liegt, du musst auf diesen Pfeil schauen, damit ich damit morgen einen Springbock schiesse."[123]

Jede Person hat einen eigenen Wind; stirbt sie, so weht er ihre Fussspuren von der Erde. Der Geist des Toten gelangt dann zum "Fangplatz" des Mondes, in seine als "Rückgrat" aufgefasste Sichel, die auch als "hohler Mond" bezeichnet wird.[124]

Der Neumond gilt als Respektsperson. Sobald er jedoch anzuwachsen beginnt, macht ihn sein immer grösser werdender Bauch zu einer lächerlichen Figur, die die Kinder verspotten.[125]

Der abnehmende Mond wird hingegen als verwundeter Mann mit einem leeren, keine Nahrung mehr enthaltenden Netz gesehen. Er stellt den von der Sonne attackierten Vollmond dar, von dem nur noch verwesendes Fleisch an seinem Rückgrat übrig ist: "Dieses Faulige wird Licht machen."

Die Mondphasen erklärt die folgende Sage, deren zwei Versionen hier zusammengestellt wurden. Die zweite Fassung macht klar, dass Sonne, einmal in den Himmel geworfen, schnell merkt, dass er auf seinen Bahnen nicht allein ist. Eigentlich angenehm überrascht von seiner unerwartet erlangten Position, macht es ihn wütend, ihm gegenüber nun den roten, runden Mond zu sehen (nur Vollmond und Sonne stehen ja zugleich am Himmel). Vor lauter Eitelkeit über seine neue Stellung empfindet Sonne auch den Umstand, dass der Mond rot und rund wie er selbst ist, als Provokation, und er neidet ihm zudem seine Fähigkeit zur Regeneration: Der einzelgängerische Sonne lebt ewig, Mond jedoch ist nicht umzubringen – und hat zudem eine Familie. Doch weil er immer wieder so voll und rot wie Sonne wird, greift ihn Sonne immer wieder an; da ihm Sonne danach aber jedes Mal sein Rückgrat lässt, vermag er daraus wieder neu zu erwachsen.[126]

DIE SONNE UND DIE ZERSTÜCKELUNG DES MONDES

“Als Sonne kam, ging die Dunkelheit weg; Sonne kam und ging unter – und dann kam die Dunkelheit und in der Nacht der Mond. Dann brach der [erste] Tag an, Sonne kam heraus und die Dunkelheit ging weg. … Kommt der Mond heraus, erhellt er die Dunkelheit und sie geht weg – kommt er heraus und leuchtet, nimmt er die Dunkelheit. Er geht am Himmel entlang, macht die Dunkelheit hell und geht unter. Kommt Sonne heraus, vertreibt er die Dunkelheit und mit ihr auch den Mond.

Der Mond gleicht, wenn er herauskommt, aufbrennendem Feuer; er sieht wie etwas aus, das einen grossen Baum in Flammen aufgehen lässt, wenn er da hinter der Bergspitze herauskommt, um dann rot darüber zu stehen. Deshalb ist Sonne zornig auf ihn und sagt, dass er ihn mit seinem Speer bald durchbohren und zerschneiden wird.[127]

Mond steht da und Sonne durchbohrt ihn mit seiner [Sonnenstrahl-]Klinge, da, wo er steht. Darauf siecht er dahin und sagt: ‘O Sonne! Lass mir wenigstens noch das Rückgrat, meiner Kinder wegen!’ Worauf Sonne ihm die Bitte gewährt. Sonne lässt dem Mond noch das Rückgrat, seiner Kinder wegen, worauf er voller Qualen weggeht und von Schmerz gepeinigt nach Hause zurückkehrt – weshalb Sonne nichts dagegen hat, ihm das Rückgrat gelassen zu haben, dessen Kinder wegen.

So kehrt der Mond voller Schmerzen heim, wo er zu einem anderen Mond wird, der wieder ganz ist; er beginnt wieder zu leben, spürt aber noch, dass er fast gestorben wäre. Er wird ein neuer Mond, der spürt, dass er wieder einen Bauch bekommt und dick wird. Er fühlt sich wieder als ganzer Mond, der gross ist, und so kommt er quicklebendig heraus, geht nachts am Himmel entlang und fühlt sich als nachts herumziehender Mond, während er merkt, dass er ein Schuh ist – den /Kaggen zuvor, als ihn die Dunkelheit störte, von seinem Fuss nahm, in den Himmel warf und ihm befahl, Mond zu werden –, weshalb er die ganze Nacht durchwandert. Sonne aber ist zornig: ‘Ich war wütend auf ihn, weil er lebend wieder zurückkam. Deshalb habe ich ihn durchbohrt und zerstückelt, als er es nicht erwartete, angegriffen und zerschnitten zu werden. Er war völlig überrascht, als er dastand und das Blut aus seinem Körper floss.’”[128]

Die Fähigkeit des Mondes, sich monatlich zu regenerieren, wird mit den Toten verbunden (und findet sich in einer vergleichbaren Version bei australischen Aborigines wieder). Die Höhlung zwischen den zwei Hörnern des Neumondes wurde als “Fangstelle” für die gerade Verstorbenen gesehen. So wie der Mond durch das – honigähnliche – “Mondwasser” wieder zu neuer Grösse anwuchs, wurden dadurch auch die Leichen darin neu belebt. War kein Platz mehr dort vorhanden, wurden die Leute von dort auf die Erde gekippt, um weiterzuleben, bis sie erneut starben – worauf sich der Vorgang wiederholte.[129]

Der Mond, der aufgrund seiner Entstehung durch /Kaggen diesem auch seine monatliche Wiedergeburt zu verdanken hat, wollte den Menschen nach deren Tod ebenfalls diese Regenerationsfähigkeit verleihen. Der für seine Fortpflanzungsfähigkeit bekannte, doch allseits ersichtlich sterbliche Hase hat damals, als er noch eine Person wie alle anderen Tiere war, dem Menschen sein Schicksal eingebrockt. Je nach Version tat er dies, weil er die Verheissung des Mondes an die Menschen, sie würden nach ihrem Tod wiederauferstehen, willentlich verkehrte und unter ihnen verbreitete, “dass jemand, der gestorben ist, ganz und gar fertig und tot ist”, oder

aber, weil er der Verheissung des Mondes nicht glauben wollte – worauf der Mond jedes Mal aus Zorn darüber dem Menschen das Jenseits nahm.[130]
Das Vergehen des Hasen, der sich vor dem Mond als zu jung, naiv und respektlos, zu emotional und trauernd, zu unwissend und närrisch erweist, erscheint als Grund für diese Todesstrafe auch deshalb so lächerlich, weil damit die ganze Absurdität des menschlichen Schicksals mit seinem unverdienten, unerwarteten, grausamen und gnadenlosen Ende zum Ausdruck gebracht wird.[131]

DER HASE, DER MOND UND DER TOD

"'Auf dass ich dir gleichen möge, Mond! Der Freude wegen da drüben, die da drüben immer die deine ist. Dass du von da, obwohl wir dich dort gar nicht gesehen haben, jedes Mal wieder lebend zurückkommst. So wie der Hase gesagt hat, dass du es tun sollst. Du hast ja einst gesagt, dass auch wir wieder lebend zurückkehren, nachdem wir gestorben sind.'
Der Hase hatte ihm gesagt, dass er nicht schweigen würde, denn seine Mutter, die würde nie mehr lebend zurückkehren, seine Mutter sei ganz und gar tot. Deshalb würde er sehr um seine Mutter weinen.
Der Mond antwortete dem Hasen, er solle mit dem Weinen aufhören, denn seine Mutter sei noch nicht ganz tot, sie würde wieder lebendig zurückkehren. Worauf der Hase erwiderte, dass er nicht mit dem Reden aufhören wolle, weil er wisse, dass seine Mutter nie mehr lebend zurückkehren würde. Denn sie sei ganz und gar tot.
Dass der Hase, ein junger Mann, das andauernd wiederholte und ihm nicht glauben wollte, machte den Mond wütend. Er versetzte ihm einen Hieb mit seiner Faust, dass er den Mund des Hasen spaltete, und rief: 'Diese Person da mit ihrem Mund – ihr Mund soll auch dann noch so gespalten sein, wenn ich sie ganz in einen Hasen verwandelt habe; sie soll von nun an immer eine Hasenscharte haben. Der Hase soll weghüpfen und zurückhoppeln. Und die Hunde sollen ihn jagen und ihn, wenn sie ihn gefangen haben, packen und in Stücke reissen, sodass er ganz und gar stirbt.
Den Menschen soll es gleich ergehen – auch sie sollen, wenn sie sterben, ganz weggehen und nie mehr lebendig wiederkehren: Genauso wie der Hase es gesagt hat, wenn er meinte, dass seine Mutter nie wieder lebend zurückkehren würde. Er wollte mir ja nicht glauben, als ich ihm sagte, er brauche um seine Mutter nicht zu weinen, da sie wieder zum Leben erweckt würde. Er behauptete ja, seine Mutter kehre nie wieder – weshalb ich ihn nun ganz und gar in einen Hasen verwandelt habe. Denn ich hatte ihm doch gesagt, dass die Leute wie ich sein sollten und gleich wie ich nach ihrem Tod lebendig zurückkehren. Aber er hat mir widersprochen.'
Unsere Mütter haben mir erzählt, dass der Hase einst ein Mensch gewesen war; doch als er sich so aufführte, verfluchte ihn der Mond, sodass er zum Hasen wurde. Unsere Mütter haben gesagt, dass der Hase noch menschliches Fleisch in seinem Oberschenkelmuskel hat. Deshalb schneiden wir diesen Fleischstreifen heraus, wenn wir einen Hasen erlegt haben, den wir essen wollen. Wir merken, dass der Hase da in seinem Fleisch kein Hase ist, es noch aus der Zeit stammt, als er ein Mensch war. Deshalb liessen uns unsere Mütter dieses kleine Stück Fleisch nicht verspeisen. Wir würden Bauchweh kriegen, sagten unsere Mütter, wenn wir das Stückchen Fleisch ässen, weil wir wissen, dass das Menschen-, nicht Hasenfleisch ist. Es ist immer noch im Hasen und fühlt, dass er zuvor ein Mensch war: Deshalb ist es immer noch im Hasen – während der Mond uns des Hasen wegen dazu verdammt hat, ganz und gar zu sterben. Wir hätten nach unserem Tod wieder lebendig wiederkehren sollen, doch der Hase wollte das dem Mond nicht glauben, als der mit ihm darüber reden wollte, und er widersprach dem Mond.
Deshalb sagte der Mond: 'Ihr, die ihr Menschen seid, ihr sollt, wenn ihr sterbt, ganz tot werden und völlig vergehen. Ich hatte zwar gesagt, dass ihr nach dem Sterben wieder aufstehen und nicht ganz tot sein sollt, so wie ich, der, einmal tot, wieder lebendig zurückkehrt. Ich hatte vor, dass es auch Leuten wie euch gleich ergehen soll wie mir und euch dasselbe widerfährt: nämlich wie ich beim Sterben nicht ganz zu verschwinden. Das habe ich euch Menschen zu verdanken. Deshalb dachte ich, euch eine Freude zu machen.
Als ich das dem Hasen sagen wollte – weil ich wusste, dass seine Mutter nicht wirklich tot war, sie nur schlief –, war er es, der behauptete, seine Mutter schlafe nicht, sondern sei ganz und gar tot. Das machte mich zornig, denn ich dachte, der Hase würde mir zustimmen und sagen, dass seine Mutter nur schlafe.'
Darüber geriet der Mond in Wut über den Hasen, weil der so mit ihm redete und nicht sagte: 'Ja, meine Mutter liegt nur im Schlaf, sie wird aber gleich wieder aufstehen.' Hätte der Hase dem Mond zugestimmt, dann wäre

es uns gleich wie dem Mond ergangen, denn der hatte ja zuvor gesagt, dass wir nicht ganz sterben würden. Des Hasen wegen hat der Mond uns aber verflucht; wegen ihm sterben wir ganz und gar, wegen dem, was der Hase gesagt hat. Wegen der Geschichte sterben wir und verschwinden dann ganz, des Hasen wegen, der dem Mond nicht zustimmen wollte, als der es ihm verheissen wollte – weil er ihm widersprach.
So verkündete der Mond, dass er auf einer kahlen Stelle liegen solle und Ungeziefer ihn beissen, da, wo er liegt. Er solle nicht mehr im Buschwerk hausen, sondern auf kahlen Stellen liegen – und nicht mehr unter einem Baum, sondern im Freien. Seitdem hat der Hase die Gewohnheit angenommen, seinen Kopf zu schütteln, wenn er aufspringt, damit er das Ungeziefer abschüttelt, das da hängt, denn es ist ganz viel Ungeziefer, das er da am Kopf hängen hat. Deshalb schüttelt er den Kopf, damit das meiste von ihm abfallen kann."[132]

Eklipsen

Väter warnen ihre Kinder, nicht auf den Mond zu sehen, wenn er aufgeht, und sich nicht abschätzig über ihn zu äussern, da er darüber zornig werden und sich verdunkeln könnte. Denn wenn man über den Mond lacht, wird er wütend und "geht dann in den Himmel" (verdunkelt er sich). Viel mehr an mythologischer Erklärung über Eklipsen wurde nicht aufgezeichnet, auch nicht über Sonnenfinsternisse.[133]

Sonne

//K'ÕE-NG – TAG | DURST

B 585

Der Eigenname der Sonne bedeutet sowohl 'Tag' wie 'Durst'. Sie wird als wohlgenährter Jäger gesehen, der es sich leisten kann, anderen das Wild zu überlassen. Frühmorgens vor dem Auszug zur Jagd werden deshalb Gebete an ihn gerichtet, die darum bitten, er möge den Arm am Bogen ruhig und fest halten. Ansonsten wird Sonne nur um Wärme und Licht gebeten: "Wir möchten, dass du bei uns bleibst, weil Raubtiere uns nachts angreifen und es bitterkalt wird, doch wenn du gehen musst, dann bleibe bitte nicht zu lange fort."[134]

Die Buschleute geben in den folgenden Legenden wieder, wie die Sonne an den Himmel kam. Die erste Version wurde von Von Wielligh aufgezeichnet; darin ist sie der Kopf eines Feuermachers (den auch Südliche Dene für die Platzierung der Sterne am Himmel verantwortlich sehen).
Sonne war demnach ursprünglich der zum Feuer gewordene Sohn /Kaggens, welcher der ewig flackernden Flammen wegen 'Tänzer' genannt wurde. Er ist der Bruder des Windes und hat die zweite Tochter von Nacht und der Finsternis geheiratet, ǂKaun, 'die Ebene', die eine Kalebassenrassel um ihren Hals hängen hat. Weil die Bäume dauernd Wurzeln in seine Frau schlagen, ist Sonne zornig auf sie und verbrennt sie wieder und wieder: "Doch wann immer Tänzer sich in Gestalt eines Menschen zeigt, verbreitet er ein starkes Licht und Wärme. Die Leute waren froh, in seiner Nähe zu sein, weil in jenen Tagen weder Sonne noch Mond und Sterne am Himmel standen und es ziemlich dämmrig war – wie an stark bewölkten Tagen, wenn man nicht weit sieht. Doch das Haupt des Tänzers, das leuchtete und gab genug Licht, um überall gut zu sehen; auch beklagte er sich nie über Kälte.
Tänzer besitzt jedoch kein gutes Temperament und mag es nicht, wenn man ihn triezt. Betatscht man ihn unstatthaft, beisst er. Doch wenn man ihm gegenüber freundlich bleibt, bleibt er bei einem und wärmt."[135]

DIE SONNE IST DER KOPF DES TÄNZERS FEUERMANN

"Tänzer ist der Feuermann, der Feuermacher. Er ging zuerst als Mensch umher und strahlte Licht und Hitze von seinem Kopf aus. Er ist derjenige, der Feuer in Steine, in Holz und in die Wolken gesteckt hat. Wo er auch hinging, es wurde dort immer hell und warm; deshalb hatte er stets ein grosses Gefolge um sich. In seiner Gesellschaft konnten die Jäger sehen, wo das Wild war, und die, die Feldkost sammeln gingen, konnten sie dank des Lichts von seinem Kopf leicht finden.
Manchmal aber war er zu faul zum Gehen, setzte er sich lieber bequem hin. Bettelten ihn die Jäger an, weiter zu wandern, damit sie das Wild sehen konnten, machte er sich bloss lustig über sie und fragte sie, weshalb sie denn nicht selbst gehen und sich Licht machen könnten. Und er hatte auch so eine Art, sich von den Jägern das von ihnen erlegte Wild zu nehmen. Dann wurden die Jäger zornig, denn ihre Frauen waren unzufrieden,

wenn ihre Männer ohne Essen nach Hause kamen, weil sie nichts für ihre hungrigen Kinder hatten, die nach Essen schrien. Deshalb rieten die Frauen ihren Männern, Tänzer umzubringen und seinen Kopf dann auf einem langen Stock herumzutragen, damit die Leute etwas sehen konnten.
Ein Jäger, dem der Vorschlag gefiel, meinte: 'Einverstanden! Beschiessen wir Tänzer mit Giftpfeilen, dann können wir seinen Kopf auf einem langen Stock herumtragen, um es hell und warm zu haben!'
Ein zweiter aber wandte ein: 'Ja, schön und gut – aber wer von uns hat so harte Augen und kann das starke Licht aushalten, und wessen Hände sind hart genug, um den heissen Kopf abzuschneiden? Das wüsste ich gerne ...'
Und ein dritter fragte: 'Und wo sollen wir einen Stock hernehmen, der nicht in der Hitze verbrennt?'
Der vierte wandte darauf ein: 'Liebe Freunde, was seid ihr schlecht im Plänemachen! Ich sag euch, was wir tun müssen: nämlich auf Tänzer warten, bis er durch Wasser watet – was er oft tut. Wir beschiessen ihn dann mit unseren Giftpfeilen, und wenn er dann ins Wasser fällt, dann ist es aus mit der Helligkeit und der Wärme.'
Worauf der fünfte einwandte: 'Du hältst dich ja für sehr gescheit, aber dabei bist du stockdumm. Sag mir doch, was nützt es uns, wenn wir Tänzers Licht und Wärme auslöschen? Dann sitzen wir alle wieder im Dunklen und in der Kälte.'
Worauf der erwiderte: 'Das macht doch nichts! Das macht gar nichts! Denn dann sind wir ihn ein für alle Mal los und er kann uns nicht mehr ärgern und plagen!'
Löwe, Leopard, Wolf, Schakal und Katze und die anderen Tiere machten klar, dass sie nichts mit dem Mord zu tun haben wollten, denn sie konnten gut genug im Dunkeln sehen; sie gehörten ebenfalls zu den Leuten des Vormaligen Volkes.
Den anderen jedoch gefiel der Plan: sie beobachteten Tänzer. Und als er dann durchs Wasser schritt, kamen von allen gezielte Schüsse. Die Pfeile trafen ihn, er fiel nach vorne ins Wasser, und aus war das Licht und fort die Hitze. Sie liefen zu ihm, schnitten schnell unter Wasser Tänzers Kopf ab, schleiften seinen Körper heraus und legten seinen Kopf aufs Ufer, um zu sehen, was daraus nun würde. Doch Kopf und Körper des Tänzers wollten nicht sterben: die Augen bewegten sich und blickten von einer Seite zur anderen und der Körper stand und ging auch ohne Kopf umher.
Der Kopf kann sehen und reden, aber sich nicht bewegen, während der Körper sich bewegen, aber nicht sehen, hören, riechen oder reden kann. Der Kopf ruft den Körper, doch der kann ihn nicht hören; der Körper sucht seinen Kopf, aber kann ihn nicht finden – und so ging er immer weiter und weiter von seinem Kopf weg, statt neben ihm zu stehen. Auch Tänzers Mörder gingen weg.
Eine Frau aber schickte ihre Kinder, um den Kopf des Tänzers in die Luft zu werfen, damit Licht und Wärme kämen. Sie ermahnte ihre Kinder zur Vorsicht, dass sie dem herumirrenden Körper nicht in die Hände fielen, weil der sie töten würde. Also näherten sich die Kinder vorsichtig. Der Kopf hatte zu trocknen und wieder zu leuchten begonnen – und er war so heiss, dass ihn die Kinder, kaum dass sie ihn berührten, sofort in die Luft schleuderten.
Als die anderen Mütter das sahen, riefen sie: 'Wind, Wind, komm und trage den Kopf hoch in den blauen Himmel, damit wir Licht und Wärme haben!' Und da kam ein starker Wirbelwind auf und trug seinen Kopf über die Wolken hinaus und liess ihn dort. So wurde aus dem Kopf des Tänzers die Sonne.
Alle Leute freuten sich sehr darüber, dass es jetzt auf der ganzen Erde hell und warm geworden war. Es gab jetzt genug Licht und keiner musste mehr frieren. Sie riefen aus: 'O Sonne, bleib da und gib uns jeden Tag Licht und Wärme. Wir werden dir dafür jeden Tag danken und dich loben! Gross ist Sonne, der alle Leute zugleich sehen kann. Jetzt, da es hell geworden ist, hält das die Leute davon ab, Böses zu tun. Wer immer jetzt Böses tut, stiehlt oder mordet, wird jetzt gesehen. Sonne wird ihn dann mit seiner Hitze verbrennen, dass der Schurke nicht länger unter uns weilt.'
Der Kopf des Feuermanns ist jetzt zufrieden damit, in der Luft zu bleiben, aber hält weiterhin überall nach seinem Körper Umschau. Am Morgen beginnt er seine Suche bei den Bergen im Osten. Dann steigt er höher und höher am Himmel, und wenn er hoch genug ist, steigt er wieder hinab, immer tiefer, bis er die Berge im Westen erreicht und in die tiefen Wasser des Meeres taucht, um auch dort nach ihm zu suchen.
So durchsucht er alle Winkel und Ecken zu Land und zu Wasser nach seinem Körper, ohne ihn zu finden,

weil sein Körper so abgemagert und ausgezehrt ist, dass er die Gestalt eines Krebses angenommen hat. Und dieser nach wie vor kopflose Körper wandert seitdem am Wasser hin und her, um nach seinem Kopf zu suchen. Wenn die Sonne weggeht, sorgt sie dafür, dass es auf der Erde stockdunkel wird; denn zu der Zeit gab es weder einen Mond noch Sterne, die nachts geleuchtet hätten.
Deshalb stellten die Leute damals nichts mehr an. Denn untertags war es hell, sodass alle gut sehen konnten und ein Bösewicht nichts unternehmen konnte. Und nachts war es wieder stockdunkel, sodass keiner herumgehen und jemandem Böses antun konnte – er musste jetzt einfach bleiben, wo er war. Untertags gingen die Leute jagen und Nahrung sammeln; und nachts schliefen sie und ruhten sich aus; und niemand wanderte im Dunkeln umher. Selbst die wilden Tiere blieben nachts zuhause und suchten erst tagsüber nach ihrer Nahrung. Es war eine Zeit des Friedens und der Ruhe auf der ganzen Erde."[136]

Bleeks Informanten erzählten diesen Mythos hingegen fokussiert auf die Kinder des Vormaliges Volkes. Sonne wird darin als ein egoistischer, jähzorniger und gewalttätiger alter Mann geschildert, der zu den allerersten, magische Eigenschaften besitzenden Wesen des Vormaligen Volkes gehörte, die die Welt bewohnten. So asozial er ist, wird er doch durch seine gut verrichtete Arbeit am Himmel nützlich, indem erstmals der Tag anbricht, es hell wird und auch die Frauen weg vom wärmenden Feuer können. Sein Licht kommt jedoch nicht aus seinem Kopf, sondern leuchtet aus der Achsel hervor. Von Wielligh erzählt dies folgendermassen:

DIE KINDER WERFEN SONNE IN DEN HIMMEL

"Das Vormalige Volk bewohnte als erstes die Erde. Deren Kinder waren es, die sich mit der Sonne abgemüht hatten. Die Leute, die später das Land bewohnten, behaupten aber, dass es ihre Kinder gewesen seien, die die Sonne hätten aufsteigen lassen, wie es sich deren Mütter gemeinsam ausgedacht hatten, damit die Sonne die Erde für sie wärmen, sie ihre Wärme spüren würden und in der Sonne sitzen könnten. Nachdem das Vormalige Volk aber ausgestorben war, wurden die Ebenen von Buschleuten bewohnt – die deshalb ihre Kinder die Geschichten des Vormaligen Volkes der Ersten Buschleute lehrten.
Die Sonne war ein Mann, doch keiner von dem Vormaligen Volk, das den Buschleuten der Ebene in ihrem Land vorausgegangen war. Sonne gab da nur dem Raum rings um seine Hütte Licht. Bevor die Kinder ihn emporwarfen, war er noch nie im Himmel gewesen; er hatte nur in seinem Haus auf der Erde gewohnt. Sein Leuchten dort war auf das kleine bisschen Raum rund um seine Hütte beschränkt gewesen; im Rest des Landes war es, als ob der Himmel sehr bewölkt sei, wie heute, wenn die Sonne hinter schweren Wolken verschwindet. Der Himmel war dunkel; ein Licht drang allein aus einer Achsel von Sonne, wenn er dalag und einen Arm hob. Legte er ihn wieder nieder, wurde es erneut überall finster; hob er ihn aber, war es, als ob der Tag anbräche. Untertags war Sonnes Licht weiss; nachts aber war es wie Feuer. Sobald Sonne in den Himmel geworfen ward, wurde er rund; und er war auch kein Mensch mehr wie zuvor. Zuvor war Sonne ein Mann gewesen, der gesprochen hatte; sie alle sprachen, gleich wie der andere, der Mond. Sie hatten also alle einmal auf der Erde gelebt und reden können, jetzt aber, wo sie im Himmel leben, reden sie nicht mehr. Kinder waren es, die vorsichtig herankamen und die Achsel von Sonne aufhoben, während er schlief. Die Kinder hatten auf das gehört, was ihre Mutter ihnen gesagt hatte, und waren deshalb zu Sonne gegangen, während Sonne schien, dort, wo er lag, im Schlaf lag.
Es war die Idee einer anderen alten Frau gewesen, die selbst keine Jungen hatte, während die andere eine Mutter von klugen Jungs war, die schnell reagieren würden, wenn sie zu dem alten Mann gingen.
Denn sie mussten sich immer wärmen, wenn sie nicht hinausgingen, um Nahrung zu suchen und etwas zu essen zu haben. Und während wir vor Kälte eingeschüchtert herumsitzen, liegt Sonne weit drüben in der Sonne, seiner eigenen Sonne.[137]

Die eine alte Frau sagte also zu der anderen, dass deren Kinder sich doch vorsichtig anschleichen sollten, um die Achsel von Sonne aufzuheben und sie hochzuwerfen, damit der Buschmann-Reis [Larven von Ameisen und Termiten] durch sie getrocknet würde, Sonne den ganzen Ort hell mache, er fühle, dass er über den ganzen Himmel gehe und dabei alle Orte hell werden lasse, den ganzen Boden, weil er gemerkt haben würde, dass es

Kinder waren, die ihn dazu gezwungen hatten, weil eine alte Frau nämlich die andere angestiftet hatte, die deshalb sagte: 'Meine Kinder! Ihr müsst warten, bis Sonne sich schlafen legt, denn uns ist kalt. Nähert ihm euch vorsichtig, um ihn aufzuheben, während er schläft; packt ihn alle zusammen und hebt ihn gemeinsam hoch, um ihn in den Himmel hinaufzuwerfen.'
Sie sollen die jüngeren Kinder anhalten, ja nicht zu lachen, während der alte Mann schläft, damit er nicht aufwacht, und auch nicht, wenn ihr ihn heimlich hochhebt; wenn sie ihr Lachen zurückhalten können, wird er erst beim Emporsteigen überrascht aufwachen. Ihr müsst dem alten Mann dann aber sagen, dass sein Weg jetzt gänzlich dort oben sein soll. Meine Kinder, gebt dem alten Mann strenge Anweisungen, wie er gehen soll, damit er es nicht vergisst; denn der alte Mann ist der einzige, dem warm ist.[138]

Das sagte die eine alte Frau zur anderen, die dies dann an ihre Kinder weitergab; so wie ich es gesagt habe, sollen sie es machen, meinte diese; sie sollen auf Sonne warten.
Die Kinder kamen und gingen wieder, und die alte Frau sagte: 'Ihr müsst euch hinsetzen, wenn ihr ihn seht, um zu merken, ob er euch im Liegen anschaut; setzt euch hin, während ihr auf ihn wartet.'
Also setzten sich die Kinder hin, während sie auf ihn warteten. Und er legte sich nieder und hob dabei seinen Ellbogen, sodass es aus seiner Achsel auf den Boden, wo er lag, leuchtete. Deshalb warfen ihn die Kinder in den Himmel, da sie auf die alte Frau hörten. Die hatte ihnen auch gesagt, sie sollten mit ihm reden, wenn sie ihn hinaufwarfen: 'Meine Kinder, die ihr jetzt dahin geht! Ihr müsst ihm sagen, dass er jetzt ganz die Sonne werden muss, dass er vorwärts gehen muss, indem er sich ganz als Sonne fühlt, die heiss ist – damit der Buschmann-Reis trocknet, während er heiss ist und am Himmel entlang geht – er ist ja heiss, wenn er oben am Himmel steht.'
Das hatte die alte Frau, die gemerkt hatte, dass ihr Haar weiss geworden war, den Kindern gesagt – und sie horchten auf sie, als hörten sie ihre Mama, ihre Mutter – die ihnen nur weitergab, was die alte Frau ihr gesagt hatte. Deswegen gingen sie so vor und setzten sich nieder, und ein älterer Junge sprach mit dem anderen, während sie auf Sonne warteten. Sie erhoben sich, gingen ein Stück, schlichen heimlich näher, standen still, schauten ihn an, gingen weiter: und als sie so verstohlen schliesslich um ihn standen, ergriffen sie ihn, alle zugleich, stemmten ihn und hoben ihn hoch, während er sich heiss anfühlte. Und sie sagten zu ihm, dem ganz heiss war: 'O Sonne! Du musst standhaft bleiben und weitergehen, du musst standhaft bleiben, obwohl du ganz heiss bist.'
Die alte Frau sagte, dass sie ihn wohl emporgeschleudert hatten, weil er nun fest da oben stand; und der Vater der Buben sagte: 'Die Sonnenachsel steht fest da ganz oben, die Kinder haben ihn hinaufgeworfen: Er legte sich nieder, um zu schlafen, und da haben sie ihn hochgeschleudert.'
Als die Kinder zurückkamen, erzählten sie, dass den alten Mann alle, bis hin zum jüngsten Bruder, fest gepackt und hinaufgeworfen hatten, wie die alte Frau es ihnen gesagt hatte. Und die zwei ältesten, die sich noch als Kinder fühlten, aber bereits junge Männer waren, erzählten ihrer Grossmutter: 'Wir warfen ihn hinauf, wir sagten ihm, er solle nun ganz die Sonne werden, die heiss ist, weil wir es kalt haben. Mein Grossvater Sonnenachsel, sagten wir: Bleib dort oben und werde zur Sonne, die heiss ist, damit der Buschmann-Reis für uns trocknen kann, damit du die ganze Erde hell werden lassen kannst, damit die ganze Erde im Sommer warm wird und du die ganze Hitze machst. Zu dem Zweck musst du überall scheinen und die Dunkelheit wegnehmen; du musst kommen, damit die Dunkelheit weggeht.'
Und Sonne ging hinter den Hügel und die Leute schliefen und der Tag dämmerte. Die Kinder wurden als erste wach. Sie schauten auf die Dunkelheit und sagten: 'Die Dunkelheit zieht weg von diesem Ort, die Dunkelheit verzieht sich in die Ferne, sie geht von der Seite des Tagesanbruchs hin zur Seite des Abends.'
Und ihre Mütter sagten zu ihnen: 'Schaut da hinüber, wo der Tag angebrochen ist, wie er da von hinter dem fernen Hügel herkommt. Schaut und ihr werdet die Strahlen des alten Mannes sehen, die zuerst heraufsteigen, um dem Teil des Himmels etwas Licht zu geben; Sonne folgt dann nach und kommt hinter dem Hügel hervor. Er wird bald weiss werden und über der Spitze des Hügels stehen.'
Und die Kinder schauten und sagten zu ihrer Mutter: 'Es wird hell, der Rücken der Hügelspitze ist hell, die Sonnenstrahlen kommen heraus und Sonne bewegt sich jetzt hinter dem Hügel hervor; er kommt jetzt und steht bald über der Hügelspitze. Es sieht so aus, als habe er seit gestern, als er auf seinem Weg über den Himmel zu reisen begann, richtig gut gearbeitet.'[139]

Ist die Sonne da, wird die ganze Erde hell, gehen die Leute, solange es am Ort hell ist; sie erkennen dann die Büsche und die anderen Menschen; sie sehen das Fleisch, das sie essen, den Springbock, den sie jagen im Sommer, den Strauss, den sie bei Sonnenschein im Sommer jagen. Sie schiessen den Springbock im Sommer, während sie die Sonnenstrahlen spüren, und schleichen sich auch an den Spiessbock heran und an den Kudu, während sie die Helle des ganzen Ortes wahrnehmen. Und sie besuchen sich auch gegenseitig, während sie den Sonnenschein spüren: Die Erde ist dann hell und die Sonne beleuchtet ihren Weg. Sie reisen auch im Sommer, sie schiessen im Sommer, jagen, spähen den Springbock im Sommer aus, schleichen sich seitlich an ihn an, legen sich nieder, fühlen sich wie in einem kleinen Haus von Büschen liegen, legen sich nieder und die Springböcke kommen."[140]

Von Wielligh berichtet, dass die Buschleute nach einer bitterkalten Winternacht die Sonne bei ihrem Aufgang begrüssen, indem sie sich, Hände über den Augen, zu ihr drehen. Sie bitten sie dann um ihre Stärke bei der Jagd und um etwas von ihrer Wärme: Die Sonne hat von allem mehr als genug, während sie selbst zittern, hungrig sind und müde werden. Wird sie zu heiss untertags, bitten sie sie um Kühle und Schatten. Und abends wenden sie sich wieder ihr zu, Hände vor den Augen, und bitten sie darum, bald wiederzukommen, weil "nun die Kälte wieder unsere Körper plagt und der Löwe sich vor dir scheut, der Leopard sich vor dir fürchtet und die Hyäne sich vor dir verzieht".[141]

V DIE PLANETEN

Venus, Jupiter und andere Planeten als Morgenstern

!GAUË-TA
!GAUË /I – HERZ DER MORGENDÄMMERUNG
!GAUË /I GWĀI – DAS MÄNNLICHE HERZ DER MORGENDÄMMERUNG (Jupiter)[142]

B 758

Die /Xam kannten offenbar weder die Identität von Morgen- und Abendstern, noch fixierten sie – wie die Inka und Bororo auch – die Identität von hellen Sternen und Planeten, die am Morgen- oder Abendhimmel "aus dem Boden kamen". Allfällige Konjunktionen und Konstellationen wurden allem Anschein nach als Kopulationen angesehen, die "Kinder ausspuckten".

'Herz Der Morgendämmerung' ist "rot", "sein Herz ist aus Fleisch" und "es ist alt".[143] Er hat eine Tochter, 'Kind Von Herz Der Morgendämmerung'. Das Verhältnis der beiden zueinander ist recht eigenartig. Ihr Vater nennt sie 'mein Herz', verschlingt sie und geht dann alleine weiter als astrales Herz Der Morgendämmerung, spuckt sie aber wieder aus, wenn sie gross geworden ist. Sie wird daraufhin selber zu einem weiblichen Herz Der Morgendämmerung [einem auf der ekliptischen Bahn nachfolgenden Planeten] und spuckt darauf ihrerseits ein anderes Kind Von Herz Der Morgendämmerung aus – das dann hinter dem männlichen und dem weiblichen Herz Der Morgendämmerung hergeht.

MORGEN- UND ABENDDÄMMERUNG

Wie aus dem Mann des Luchsweibchens der Morgenstern wurde, erzählt die folgende Von Wielligh um 1880 aufgezeichnete Legende. Darin ist Morgendämmerung Sonnes ältester Sohn, der nach dessen Versetzung an den Himmel zu seinem Boten und Helfer wurde: "Seine erste Arbeit war es, frühmorgens die Lichter der Sterne auszulöschen und dann den blauen Himmel aufzuhängen, hinter dem sich die Sterne gerne verbargen. Stieg Sonne aus dem Bett, war die Arbeit für den Jungen zu Ende und er ging jagen, Essen ausgraben oder reden. Sobald sein Vater seine tägliche Arbeit erledigt hatte, setzte der sich abends müde auf die Bergkante im Westen, worauf sein zweiter Sohn – Abenddämmerung – zu ihm ging und seinem Vater ins Bett half. Danach konnte

auch er tun, was er wollte. Doch Morgen- und Abenddämmerung mochten sich – wiewohl Brüder – nie, weshalb sie weit voneinander lebten.
Eines Tages, nachdem Morgendämmerung nach altem Brauch früh aufgestanden war und seinem alten Vater, der die Sonne geworden war, zu essen und zu trinken gebracht hatte, spazierte er herum und sah ein wunderschönes Mädchen des Vormaligen Volkes [das Luchsweibchen]. Auch die Tochter des Wolfs war da. Morgendämmerung wollte das junge Mädchen heiraten, aber Wolfs Tochter hatte sich in Morgendämmerung verliebt und wurde eifersüchtig.
Morgendämmerung heiratete das schöne junge Luchsweibchen, und bald bekamen sie ein schönes Mädchen. Alle mochten das Kind – nur die Wolfstochter nicht.
Eines Tages, als Morgendämmerung mit der Arbeit für seinen alten Vater fertig war, nahm er seine Frau und sein Kind mit aufs Feld. Er legte seine Tochter in den Schatten unter einen Busch, während seine Frau mit ihrer Schwester Ameisenlarven ausgraben gingen.
Der Schakal kam vorbei und wollte mit dem Kind spielen, aber das wollte mit ihm nichts zu tun haben. Dann kam die Wolfstochter und ihr erging es ebenso. Desgleichen dem Pavian. Und auch was die Schwarze Krähe sagte, gefiel dem Kind nicht. Doch als die Mutter kam, um es hochzuheben und mit ihm zu spielen, lachte es und sprang ihr in den Arm, denn es kannte seine Mutter und war froh, wieder bei ihr zu sein.
Der Schakal aber war eifersüchtig. Und auch die Wolfstochter, die zu ihrem Vater lief, der in der Nähe war, weinte und beschwerte sich bei ihm bitterlich über die Zurückweisungen des unschuldigen Kindes. Das ärgerte den Wolf zutiefst: 'Es liegt an deiner eigenen Schlechtigkeit, dass du nicht die Frau von Morgendämmerung wurdest; weshalb hat er denn das andere Mädchen und nicht dich genommen?'
Doch da sie so bitterlich weinte, hatte er Mitleid und riet ihr: 'Ich sage dir, was du tun kannst, um die Frau von Morgendämmerung zu werden: Nimm etwas von dem schwarzen Schweiss hinter deinen Schulterblättern, spritz ihn auf die Ameisenlarven, die Morgendämmerungsfrau essen wird, und schau, was passiert.'"[144]

Bleeks Wörterbuch gibt an, dass "Herz Der Morgendämmerung der Stern ist, der !Ko-g!nuin-tara [das spätere Luchsweibchen] heiratete; die ging dann und holte das Kind von Herz Der Morgendämmerung aus dem Boden heraus".[145]

Dieses Szenario bezieht sich wahrscheinlich auf die Konjunktionen des Morgensterns mit anderen Planeten und Fixsternen. Am 15.10.1873 kam es so morgens zu einer Konjunktion von Venus und Jupiter bei α Leonis.

Die folgende Legende wurde darauf bezogen – wobei Herz Der Morgendämmerung als Jupiter zu verstehen wäre, seine Frau Venus, ihr Kind α Leonis und Hyäne und Schakal benachbarte Sterne verkörperten.[146]

In der von Bleek aufgezeichneten Version nimmt eine Hyäne nun die Stelle von Wiellighs Wolfstochter ein, ist die Mutter des Kindes aber weiterhin !Ko-g!nuin-tara, das irdische und seiner späteren Natur gemäss nachtaktive 'Luchsweibchen'. Morgendämmerung selbst ist weniger ein harmloser braver Kerl, sondern schon ein furchteinflössender Jäger, der als Herz Der Morgendämmerung bereits im Himmel lebt.
Er versteckt seine Tochter im Wurzelgeflecht einer roten !Kuisse-Pflanze, damit ihre Mutter sie dort nach dem Sammeln der Ameisenlarven im Schatten findet, und erklärt ihr: "Deine Mutter !Ko-g!nuin-tara muss auf dem Boden gehen. Wir beide aber gehen im Himmel. Ich kam vom Himmel herab und heiratete deine Mutter. Mein Name ist 'Herz Der Morgendämmerung' und du und ich sind rot; das Fleisch deiner Mutter ist jedoch anders. Deine Mutter geht auf der Erde umher, ich im Himmel."
Er trägt seiner Tochter auf, nur herauszukommen, wenn !Ko-g!nuin-tara kommt: "Du erkennst deine Mutter an den schönen Schmucksachen, die sie am Leib trägt, und an ihren zwei Felldecken. Sie wird mit ihrer jüngeren Schwester kommen. Beide haben sie weisse Gesichter und rote Körper."
Mehrere Tiere, darunter Hyäne und Schakal, sprechen das Kind an, das jedoch mit keinem von ihnen mitgeht. Sobald das Mädchen jedoch das Klirren des Schmucks ihrer Mutter hört, springt sie heraus und hüpft auf ihren Rücken, um mit ihr die essbaren !Kuissi-Knollen zu sammeln. Sie kehren nach Hause zurück und rösten die Wurzeln, wobei ihr die Hyäne Ameisenlarven anbietet, die sie ebenfalls röstet.

Die als böse, hässlich und stinkend geltende Hyäne hat darunter (zusammen mit dem Schakal) ihre Brustmilch gemischt – in einer anderen Version ihren Achselschweiss. Sobald !Ko-g!nuin-tara davon isst, springt sie auf; ihre Schmuckstücke fallen von ihr ab und sie läuft in ein Schilf, wo sie allmählich ihr Ich verliert und sich von einer Frau in ein nacktes wildes Tier zu verwandeln beginnt.
Die Hyäne hat sich der Tochter von Herz Der Morgendämmerung genähert, um über sie mit ihm in Kontakt zu kommen und die Liebe auf sich zu ziehen, die er für !Ko-g!nuin-tara empfindet. Sie legt jetzt überdies deren Schmuck an, geht zu seiner Hütte und wartet dort auf ihn: Er wird sich von ihr täuschen lassen und mit ihr schlafen, von der jüngeren Schwester seiner Frau einmal jedoch aufgeklärt, wütend auf sie losgehen – und die Hyäne wird davonkommen, sich die Füsse im Feuer verbrennen und seitdem dort schwarze Flecken haben. Derweil ist die jüngere Schwester !Ko-g!nuin-tara ihr mit dem Kind ins Schilf gefolgt, damit es gestillt wird:[147]

!KO-G!NUIN-TARA, DIE FRAU VON HERZ DER MORGENDÄMMERUNG

"[Nachdem !Ko-g!nuin-tara sich hingesetzt und das vergiftete Essen verspeist hatte,] fiel all ihr Schmuck von ihr ab, die Ohrringe, Arm-, Hals- und Knöchelbänder. Ihr Fellmantel löste sich ebenfalls und fiel herab, genauso wie der Lederunterrock, der dann am Boden lag, und die Schuhe. Und so sprang sie auf, sie fühlte sich wie ein Wild und trottete, nackt wie sie war, davon. Ihre jüngere Schwester rannte ihr schreiend hinterher, um sie zurückzuholen.
!Ko-g!nuin-tara lief ins Schilf und setzte sich darin nieder. Ihre jüngere Schwester rief ihr zu: 'Du, !Ko-g!nuin-tara, willst du nicht zuerst dein Kind stillen?' Sie rief zurück: 'Bring es, damit es saugen kann; ich würde noch gerne mit dir reden, solange meine Denk-Sehnen noch halten. Beeil dich also und bring mir mein Kind, während ich noch bei Verstand bin, bring es mir gleich morgen früh.'
Ihre jüngere Schwester ging zurück nach Hause, genauso wie die Hyäne, die sich all den Schmuck angelegt hatte. Sie kehrte heim, während Herz Der Morgendämmerung und der Rest – die Männer des Schakalweibchens, des Quaggas, des Gnus und des Strausses – noch auf der Jagd waren. Als Herz Der Morgendämmerung zurückkam, weinte das von seiner jüngeren Schwägerin im Arm gehaltene Kind.
Als er dies sah, rief er: 'Warum kümmert sich !Ko-g!nuin-tara nicht um das Kind, das da schreit?' Das Hyänenweibchen sagte nichts. /Xe-dde-Xoe, wie die jüngere, zum Vormaligen Volk gehörende Schwester hiess, tröstete das Kind. Sie wartete, bis der Mann ihrer älteren Schwester wieder zur Jagd hinausging und nahm dann das Kind auf den Rücken, ging mit ihm zu ihrer Schwester im Schilf und rief: 'Du, !Ko-g!nuin-tara, säug jetzt dein Kind.'
Da sprang die ältere Schwester aus dem Schilf, lief auf sie zu und griff nach ihr, worauf die sich umdrehte und ihr das Kind gab. 'Da bin ich', sagte sie und säugte ihr Kind. 'Du musst das Kind bald wieder bringen, solange ich noch bei Verstand bin; ich merke schon, dass meine Denk-Sehnen[148] bald nachlassen werden.'
Und so nahm die jüngere Schwester das Kind wieder auf den Rücken und kehrte heim, während die ältere Schwester wieder zurück ins Schilf trat.
Bei Sonnenuntergang kehrte sie zurück zu ihrer älteren Schwester, da die es ja so verlangt und gesagt hatte: 'Bring mir schnell das Kind zurück, denn mir ist, als würde ich dich vergessen; ich merke, dass ich nicht mehr merke, was mit mir passiert.' Deshalb kam sie bei Sonnenuntergang und stellte sich mit dem Kind hin und rief: '!Ko-g!nuin-tara, lass dein Kind saugen!' Und die sprang aus dem Schilf und lief zur jüngeren Schwester und griff so nach ihr, dass sie sagte: 'Ich bin da! Da bin ich!' Sie erlaubte dem Kind, an ihr zu saugen, und sagte dann: 'Komm bald wieder, denn es ist mir, als ob ich dich vergessen könnte, als ob ich nicht länger an dich denken könnte.'
Und als sie ins Schilf zurückging, kehrte die jüngere Schwester erneut heim, um frühmorgens zurückzukommen. Sie ging und ging, bis sie vor ihrer älteren Schwester stand und rief: '!Ko-g!uin-tara, lass dein Kind saugen!' Und die sprang aus dem Schilf, lief auf sie zu und packte sie, sodass sie zur Seite sprang und ihr den Säugling gab. 'Ich bin es! Ich bin da!', sagte die jüngere Schwester. Und die ältere antwortete: 'Du darfst jetzt nicht mehr kommen, denn ich merke, dass ich nicht länger bei Verstand bin.' Und so kehrte die jüngere Schwester wieder heim.

Zuhause wurde ein !Ku abgehalten, ein Reigen, bei dem die Männer mit den Frauen spielten, indem die Frauen in die Hände klatschten und die Männer mit den Köpfen nickten, während die Frauen ihnen zuklatschten.
Herz Der Morgendämmerung nickte dabei mit dem Kopf, ging auf seine junge Schwägerin zu und legte seine Hand auf ihre Schulter. Die wandte sich ab und rief ärgerlich: 'Lass mich allein! Sollen doch deine Frauen, die alten Hyänenweibchen, dir zuklatschen!'
Da lief Herz Der Morgendämmerung zur Hyäne, hielt inne, um mit seinem Speer zu zielen, und bohrte ihn in die Stelle, wo sie gesessen hatte. Sie hatte Angst gehabt und deshalb !Ko-g!nuin-taras Armbänder abgenommen, um nicht aufzufallen. Da sie annahm, dass die Leute den !Ku-Reigen ihretwegen veranstalteten, nahm sie nicht daran teil, weil sie !Ko-g!nuin-taras Sachen trug. Und so war sie aufgesprungen und hinausgelaufen. Sie verbrannte sich beim Wegspringen am Feuer; alle Schmucksachen jedoch, die sie angehabt hatte, die blieben, wo sie gesessen hatte; sie blieben dort liegen.
Herz Der Morgendämmerung schimpfte seine junge Schwägerin, dass sie die Hyäne nicht früher erwähnt, sie verschwiegen hatte, als wäre das der Grund gewesen – grad so, als hätte er die Frau nicht mit dem Rücken zu ihm sitzen gesehen, da, wo seine Frau ihn sonst immer anblickte. Und weil er die Hyäne geheiratet hatte, hatte er sie für !Ko-g!nuin-tara gehalten. Und nun wollte er von seiner Schwägerin wissen, wo seine Frau steckte.
Die junge Schwägerin sagte: 'Du musst warten, bis der Tag anbricht; du glaubst wahrscheinlich, dass deine Frau noch immer die gleiche ist. Wir werden zu ihr gehen, sobald die Sonne herausgekommen ist.'
In der Frühe hatte er es deshalb eilig und bat seine Schwägerin, gleich mit allen loszuziehen. Die sagte: 'Wir sollten die Ziegen nehmen und sie zu deiner Frau treiben.' Also nahmen sie Ziegen und trieben sie vor sich her, bis sie am Schilf waren, wo sie damit aufhörten, damit die Ziegen stehenblieben.
/Xe-dde-Xoe wies den Mann ihrer älteren Schwester an, sich hinter ihren Rücken zu stellen, und die Leute, die er dabeihatte, sich wiederum hinter seinen Rücken zu stellen, sodass sie allein neben den Ziegen stand.
Dann rief sie: 'Du, !Ko-g!nuin-tara, komm und still dein Kind!'
Da sprang ihre ältere Schwester aus dem Schilf und lief auf sie zu; doch als sie die Ziegen sah, rannte sie auf die zu und packte eine. Und während sie sich in der Ziege verbiss, konnte Herz Der Morgendämmerung sie fangen, und auch seine junge Schwägerin hielt sie: !Ko-g!nuin-tara wurde von vielen ergriffen.
Die anderen packten die Ziegen, schnitten sie auf, holten den Inhalt ihrer Mägen heraus und salbten !Ko-g!nuin-tara damit. Sie hielten sie und rieben damit das Luchsfell von ihrer Haut. Sie hockte sich hin und sagte: 'Ihr müsst mir aber beim Abziehen das Haar auf den Ohrenspitzen lassen, damit ich etwas hören kann; denn mir ist, als würde ich ohne es nichts hören.' Deshalb liess ihr Mann ihr, als er ihr das Fell abzog, das Haar auf den Spitzen ihrer Ohren, das Haar, das wie zwei Finger oben absteht.
Seitdem legt Herz Der Morgendämmerung stets einen Pfeil auf seinen Bogen, wenn er zurückkehrt, weil sein Herz zornig darüber ist, dass die Hyänen seine Frau vergiftet hatten. Er geht und steckt, wenn er heimkehrt, seine Speerspitze in den Boden. Seine Augen sind, wenn er dahinwandert, gross; sie gleichen Feuern. Die Leute haben seiner feurigen Augen wegen Angst vor ihm, und die Schakale ebenso, wenn er so dahinwandert."[149]
So verwandelte !Ko-g!nuin-tara sich in ein Luchsweibchen, das ein spitzes Fellbüschel am Ohr hat und weder Pflanzen noch Ameisenlarven mehr, nur noch Fleisch isst – während der hell und furchteinjagend gewordene Herz Der Morgendämmerung zusammen mit seiner Tochter in den Himmel zog, um von jetzt an dort zu leben."

Wie aus Morgendämmerung dann aber Herz Der Morgendämmerung geworden ist, erzählt die Von Wielligh aufgezeichnete Legende weiter. Wie bereits erwähnt, nimmt darin die Wolfstochter die Stelle der eifersüchtigen Hyäne ein: "[Nachdem !Ko-g!nuin-tara sich nun in ein Luchsweibchen verwandelt hatte,] war sie in der Lage, sich wieder um ihr Kind zu kümmern. Und ihre Tochter hatte später selbst Kinder und diese Kinder später selber wieder Kinder. Alle wurden sie in Sterne verwandelt; und diese Sterne folgen nun ihren Eltern und sind die hellsten Sterne am Himmel.
Als die Wolfstochter da aber nach Hause kam und von all dem Schmerz erzählte, der ihr durch das Feuer und Morgendämmerung zugefügt worden war, kochte Wolfs Blut vor Wut und er entschloss sich, Morgendämmerung umzubringen.

Noch in derselben Nacht ging er zu dem Platz, wo Morgendämmerung schlief, und packte ihn. Er brachte ihn um und begann ihn dann zu häuten und seinen Körper auszuweiden, worauf sein glitzerndes Herz heraussprang. Es flog in die Luft und wurde von dem Moment an zum Morgenstern. Und der kam dann herab und holte sich seine Frau, seine Kinder und Kindeskinder, damit sie mit ihm auf der sonnigen Seite des Himmels lebten. Der grosse leuchtende Morgenstern, das ist Herz Der Dämmerung."[150]

der Abendstern

!GOROTÃ – DER EINÄUGIGE[151]

B 758

In einer anderen Legende, die Von Wielligh aufzeichnete, wird die parallele Geschichte des Abendsterns erzählt, wie dieser von der Abenddämmerung zum Einäugigen – zum Stern – geworden ist.

DER ABENDSTERN

"Sonnes zwei Söhne, Morgen- und Abenddämmerung, kamen schon als Kinder nicht miteinander aus; sie stritten immer und wollten nie gemeinsam schlafen. Morgendämmerung hatte vom Zwielicht bis Sonnenaufgang zu tun und keine besonders guten Augen – deshalb ging er abends meist schon früh zu Bett. Wenn er aufbleiben wollte, dann musste ein grosses Feuer für ihn angezündet werden,

Abenddämmerung hingegen hatte zwei grosse Augen, die im Dunkeln wie zwei Feuerflammen leuchteten. Er hatte von Sonnenuntergang bis zum Zwielicht zu tun und es dann die Nacht über lustig oder er ging jagen und Essen suchen. Da er seinen Bruder, Morgendämmerung, gar nicht mochte, war seine erste Aufgabe, seinem müden Vater, Sonne, alleine ins Bett zu helfen und ihm Essen und Wasser zu bringen. Danach nahm er den blauen Himmel, den Morgendämmerung in der Früh aufgehängt hatte, wieder ab, damit die Sterne wieder am Himmel glitzern und funkeln konnten. ...

Da Morgendämmerung nicht so gute Augen hatte, sehen alle, die da in der Früh herumgehen, ebenfalls nicht so gut, während Abenddämmerung grosse Augen hat, weshalb alle besser am Abend als im Morgengrauen sehen.

Das von Morgendämmerung verschmähte Mädchen – die Tochter des Wolfs – machte sich auch an ihn heran, obwohl Abenddämmerung ebenfalls glücklich verheiratet war, nämlich mit einer von /Kaggens Töchtern.

Die gekränkte Wolfstochter vergiftete nun heimlich deren Essen und stahl das Kind, worauf Abenddämmerungs Frau sich vor Schmerz in die klagende Eule verwandelte. Als der Schattenvogel Abenddämmerung all dies verriet, will der sie mit einem Pfeil erschiessen; die Wolfstochter kann sich jedoch vor ihm in die Hütte ihres Vaters retten.

Wolf konnte ihn dann nach vielen Erklärungen wieder beruhigen und sagte zu ihm: 'Abenddämmerung, komm und geh mit mir zu der Felsklippe dort, und ich zeige dir, dass deine Frau und dein Kind dort gesund und munter auf dich warten.'

Die zwei gehen zusammen dorthin, und als sie dann am Rand des Abgrunds stehen, gibt Wolf Abenddämmerung einen Stoss, dass er hinunterstürzt. Dabei zerbirst eines seiner beiden grossen Augen und das andere springt heraus in die Luft und wird zum grossen leuchtenden Abendstern.

Das Kind trauerte um seine Eltern und war mit Wolfs Tochter nur unglücklich; es verzehrte sich so, dass es sich in das Stachelschwein verwandelt, das erst in der Abenddämmerung herauskommt und sich vor der Morgendämmerung jedes Mal wieder in eine Felsspalte zurückzieht. Die Eule klagt immer noch um ihr Kind, während Wolf weiterhin jeden Abend die Dämmerung im Westen hinter die Hügel hinabstösst."[152]

Mars

!GABBUKEN

B 381

Meteore

//GONU

B 533

"Ein Stern fällt nicht ohne Grund herab; er weiss, was geschehen ist";[153] "ein Stern – */Kwattən* – fällt, weil er fühlt, dass ein Zauberer gestorben ist."[154] Eine Sternschnuppe wurde als Zeichen seines Todes gesehen, durch den er nun Krankheit über die Leute bringt. Die Sternschnuppe war sein Herz und ihr Licht Feuer, das in ein Wasserloch stürzte, um sich abzukühlen, und dabei ein Geräusch wie fallender Regen machte.[155]

Ein Zauberer "kann zu vielen Orten gehen, sobald die Nacht gefallen ist", auch in den Himmel. Nach seinem Tod, so erzählte Dia!kwain Bleek im November 1875, "kommt sein Herz im Himmel heraus und wird ein Stern", indem "Zauberei einen Stern macht, um den Körper, in dem er lebte, herumgehen zu lassen": "Unsere Mütter sagten, wenn ein Zauberer stirbt, fällt sein Herz vom Himmel herab in ein Wasserloch. Unsere Mütter sagten, ein fallender Stern, der sich dem Wasserloch nähert, in das er stürzen muss, nimmt die magische Kraft und schiesst sie zurück zu dem Platz, wo die Leute sind. ... Deshalb sagten unsere Mütter immer, wenn sie einen Stern fallen sahen: 'Ein Zauberer scheint dort gestorben zu sein, weshalb man seine Herz-Sehnen fallen sieht. Sie donnern herab; daran wirst du merken, wie die Hitze des Sommers sein wird. Denn wenn ein Heilzauberer gestorben zu sein scheint, ist ein Stern, der sich so bewegt, gewiss ein Zauberer, der nach seinem Tod Krankheit bringen wird: stirbt ein Krankheiten bringender Zauberer, fällt ein Stern herab. Du musst darauf achten, ob der Stern bei seinem Verschwinden gerade herabfällt."[156]

Aber auch "wenn unser Herz aufhört zu schlagen, fällt ein Stern herab";[157] und "fällt ein Stern vom Himmel, dann geht er, sagten unsere Mütter immer, in ein Wasserloch".[158] In einem Wasserloch spiegelt sich die Welt wider; es ist eine Stelle der Reflektion und Introspektion – aber auch der Ort, wo der Regenbulle und die von ihm in Frösche und Seelilien verwandelten Menschen leben und der auf Afrikaans 'Hammerkopf' genannte Schattenvogel (*Scopus umbretta*) sich aufhält.[159] "Wenn ein Stern fällt, kommt der Hammerkopf";[160] "hast du den Hammerkopf nicht gehört, als der Stern herunterfiel?"[161] "Wenn ein Stern gefallen ist, kommt der Hammerkopf; er tut dies, flattert über uns und kreischt."[162]

Da der Schattenvogel einst ein Mensch war und manche Sterne von Menschen gemacht wurden, wird zwischen beiden eine Verbindung gesehen, die sowohl das auffällige Verhalten des Schattenvogels wie das irreguläre Escheinen einer Sternschnuppe erklären soll. Er ist dabei nicht das einzige Tier, das etwas ankündigt: Flattert die schwarze !Goro-Motte um ein Lagerfeuer, kündigt sie den Tod eines Strausses an, Krähen und Eulen warnen vor dem Nahen eines Löwen und auch die Springböcke wissen, wenn jemand gestorben ist.[163]

DER SCHATTENVOGEL

"Sobald die Leute die Sternschnuppe sehen, hören sie den Schattenvogel. Denn wenn ein Stern fällt, sieht dies der Schattenvogel im Wasser – dann kommt er zu den Leuten, schüttelt seine Flügel und ruft, dass die Leute sein Schreien hören und einander sagen, dass er etwas weiss und ihnen so sagt, was er weiss. 'Der Schattenvogel schreit, weil ein Stern gefallen ist', sagen sie, 'er ist gekommen, uns zu sagen, dass einer unserer Leute gestorben ist.' Deshalb rufen sie ihm zu, sagen ihm, er solle mit seiner Botschaft fortgehen: 'Flieg zum Oranje und versenk deine Geschichte in ihm, denn wir wissen jetzt, was zu sagen du gekommen bist', sagen sie zu ihm; 'deine Geschichte gehört in den Fluss mit seinen leuchtenden Sternen.' Und gleich darauf erhalten sie die Nachricht, die er verkündet hat, denn der Schattenvogel ist keiner, der die Leute anlügt, er würde ihnen niemals etwas sagen, was er nicht weiss: Was er weiss, das hat er in den Wassern gesehen, an denen er lebt. Der Schattenvogel sieht im Wasser die Dinge, die geschehen werden: Sein Wasser ist wie ein Teich, in dem Menschen alles sehen."[164]

LITERATUR

A P. G. Alcock, Venus Rising – South African Astronomical Beliefs, Customs and Observations, Pietermaritzburg 2014, online abrufbar.

B Dorothea Bleek, A Bushman Dictionary, New Haven 1956.

B1 Dorothea Bleek, *Bushman Folklore,* in: Africa 2,3, 1929, 302–313.

B2 Dorothea Bleek, Mantis and his Friends, Kapstadt 1923.

B|L W. H. I. Bleek und L. C. Lloyd, Specimens of Bushmen Folklore, London 1911, digital abrufbar.

BIE Megan Biesele, Women Like Meat – The folklore and foraging ideology of the Kalahari Ju/'hoan, Bloomington 1993.

BLEEK Second Report concerning Bushman researches by W. H. I. Bleek, 1875, digital abrufbar.

BLEEK 1 *On Resemblances in Bushman and Australian Mythology, with preliminary remarks by Dr. Bleek*, in: Cape Monthly Magazine VIII, Jänner–Juni 1874, 98–102.

H J. C. Hollmann, *'The Sky's Things': Ixam Bushman* 'Astrological Mythology' *as recorded in the Bleek and Lloyd Manuscripts*, in: African Skies | Cieux Africains 11, Juli 2007, 8–13.

HE Roger Hewitt, Structure, meaning and Ritual in the Narratives of the Southern San, Hamburg 1986.

J Alan James, The First Bushman's Path – Stories, songs and testimonies of the /Xam of the northern Cape, Pietermaritzburg 2001.

K|S W. P. Koorts / A. Slotegraf, */Xam astronomical references in G. R. Von Wielligh's* Boesman-Stories, in: African Skies 11, July 2007, 13–15.

LBC Die Notizbücher Bleeks und seiner Schwägerin Llyod sind digital zugänglich unter lloydbleekcollection.cs.uct.ac.za/stories

M Lorna Marshall, *Some Bushman Star Lore,* in: Contemporary Studies on Khoisan, hrsg. v. Rainer Vossen | Klaus Keuthmann, Part 2, Hamburg 1986, 169–204.

M1 Lorna Marshall, *!Kung Bushman Religious Beliefs,* in: Africa, Juli 1962, 32.3, 221–252.

M2 Lorna Marshall, Nyae Nyae !Kung, Beliefs and Rites, Harvard 1999.

M3 Lorna Marshall, *Twi Ju/wa Constellations,* in: Botswana Notes and Records 7, 1975, 153–159.

S Sigrid Schmidt, South African /Xam Bushman Traditions and their Relationship to further Khoisan Folklore, Köln 2013.

O J. M. Orpen, *A Glimpse into the Mythology of the Maluti Bushmen,* in: The Cape Monthly Magazine IX, Juli 1874, digital abrufbar.

SCH Isaac Schapera, The Khoisan Peoples of South Africa, London 1930.

WA Stephen Watson, Return of the Moon – Versions from the /Xam, Kapstadt 1991.

W1 Michael Wessels, *The Discursive Character of the /Xam Texts: A Consideration of the /Xam "Story of the Girl of the early race, Who Made Stars",* in: Folklore 118, 2007, 307–324.

W2 Michael Wessels, *'The Story in Which Children are Sent to Throw the Sleeping Sun into the Sky': Power Identity and Difference in a /Xam Narrative*, in: Journal of Southern African Studies 34,3, 2008, 479–494.

W3 Michael Wessels, *Myth of origin or play of difference: A discussion of two versions of the /Xam story of the origin of death,* in: Current Writing, 20.1, 2008, 54–68.

WI G. R. Von Wielligh, Boesman-Stories, 1–4, Mitologie en legendes, Bloemfontein 1919.

ANMERKUNGEN

1 J131 2 Dorothea Bleek, *Bushman Folklore,* in: Africa 2 (1929), 302–313, hier 311 f. 3 Henn et al., *Hunter-gatherer genomic diversity suggests a southern African origin for modern humans,* in: PNAS 108, 29.3.2011, 5154–5162; Gronau et al., *Bayesian inference of ancient human demography from individual genome sequences,* in: Nature Genetics 43, 2011, 1031–1034. 4 Chiara Barbieri et al., *Unraveling the Complex Maternal History of Southern African Khoisan Populations,* in: American Journal of Physical Anthropology 153, 2014, 435–448. 5 Ann Gibbons, *First DNA extracted from an ancient African skeleton shows widespread mixing with Eurasians,* in: Evolution, 8.10.2015; Catherine Brahic, *Humanity's forgotten return to Africa revealed in DNA*, in: New Scientist, 3.2.2014. 6 Karte in: J10/11. 7 W2 487–488, Fussnote 43. 8 WI; s. auch: K|S 9 H 10 Siehe dazu den Überblick, den A bietet. 11 WI3 43–46 (zusammengefasst) und WI190. 12 B330 13 BLEEK6 14 HE166 15 O3 16 HE214 17 HE217 18 HE150–154 19 B290 20 B348 21 HE140–146 22 HE116–117 23 HE286–299 24 WA9 25 W.H.I. Bleek, 1874, zitiert in: HE59. 26 H11 27 BIE32 28 Jarita Holbrook, Cultural Astronomy in Africa South of the Sahara, in: Clive Ruggles (Hg.), *Handbook of Archaeoastronomy and Ethnoastronomy*, New York 2015, 1024. 29 Henry Callaway, *The Religious System of the Amazulu*, Teil III: *Izinyanga Zokubula (or, Diviners)*, London 1870, 1–10 und 393 ff. 30 BIE32 31 Penny Miller, *Myths and Legends of Southern Africa*, Kapstadt 1979, 17. 32 BIE33 33 David Witelson, *Revisiting the South African Unicorn,* in: Cambridge Archaeological Journal 2023. 34 B|L199–204 35 Vgl. B|L193–199 36 HE226 37 Diese Bezeichnung eines eng mit /Xam verwandten Dialekts ist von dem Begriff 'Regen' in der Khoekhoesprache übernommen. (Auskunft Ménan Du Plessis, 19.9.2021). 38 B418: s. Beispielsatz zu '!ka:xu' für 'Himmel'. 39 Auskunft Ménan Du Plessis, 16.10.2021. 40 A259 41 B|L81 42 A260 43 B673 44 HE92–93 45 B|L81–83 46 Auskunft Ménan Du Plessis, 14.10.2021. 47 WI 115–116 48 B449 und 435 49 WI104 50 W1 51 B|L85 52 B|L73–79 53 WI103–105 54 A266 und K. V. Snedegar, *Stars and Seasons in Southern Africa,* in: Vistas in Astronomy 39 (1995), 537. 55 BLEEK1102, SCH219, H10 56 Übersetzung der Namen dieser Familiensterne Ménan du Plessis, basiernd auf Lucy Lloyd Notizbuch 32, 2345. 57 B|L79–81 und J40 58 J Kommentar zu Ɠaunu. 59 Notizbuch L.II. 14. 1374–1376 und J116. 60 M2 314, Fussnote 9. 61 M1 225 62 B379 63 B527 64 J55–56 65 Notizbuch Lucy Lloyd 107, 8841 rev. 66 Notizbuch Lucy Lloyd 107, 8842. 67 Megan Biesele, Women Like Meat, Bloomington 1993, 109. 68 WI 12–19 69 WI 20–27 70 Notizbuch Lucy Lloyd 49, 3905. 71 Notizbuch Lucy Lloyd 107, 8841 rev. 72 Notizbuch Lucy Lloyd 107, 8843. 73 Notizbuch Lucy Lloyd 107, 8842 rev. 74 Notizbuch Lucy Lloyd 49, 3905. 75 B2 12 und 10 76 Ibidem 3907 77 B2 5–6 78 H214 79 B2 11–12 80 Notizbuch Lucy Lloyd 49, 3348 rev. 81 Auskunft Menán du Plessis, 19.9.2021, basierend auf Notizbuch LL 3348. 82 LL 3905 83 J156 84 B|L84 85 A265 86 John Morieson, The Night Sky of the Boorong, M.A. Thesis, University of Melbourne, 1966, 15b. 87 Auskunft Ménan du Plessis, Email 17.9.2021. 88 B471 89 Vgl. K. V. Snedegar, *Stars and Seasons in Southern Africa,* in: Vistas in Astronomy 39, 1995, 533. 90 HE77 91 B388 92 BLEEK12 und B1 304 93 BLEEK12 und LBC 94 Notizbuch Lucy Lloyd 49, 3906. 95 B651 96 BLEEK11 97 Notizbuch Lucy Lloyd 49, 3902. 98 Namensdeutung Ménan du Plessis, Email 17.9.2021. 99 Notizbuch Lucy Llyod 39, 3902. 100 Ibidem 101 Ibidem 3903 102 Ibidem 3903 103 Ibidem 3904 104 Ibidem 3904 105 Notizbuch Lucy Lloyd 49, 3882. 106 H8 107 Auskunft Menán du Plessis, 19.9.2021. 108 Ibidem 109 Ibidem 110 B188 111 S33 112 B624 113 B2 9 114 HE214–223 115 B2 4–5 116 W2 492 117 WI98–100 118 Zitiert in H9. 119 M2 492 120 H9 121 H9 122 H9–10 123 SCH172 und B|L306 124 WA76 und H9 125 HE92 126 W2 491–493 127 W2 491 128 B|L51–53, 38–39 und B1 304 und W2 491 129 W2 493 130 W3 131 J153–154 132 B|L57–65 133 BLEEK10 134 H92 135 WI50 136 WI88–97 137 W2 491 138 W2 481 139 J33 140 B|L44–57 141 WI188–189 142 Notizbuch WB0645. 143 Lucy Lloyd Notizbuch 8, 293. 144 WI152–154 145 B439 146 A267 147 HE85–99 148 Dies sind die Muskeln beidseits der Luftröhre, welche die /Xam mit dem Bewusstsein in Verbindung bringen – offenbar aus der Beobachtung heraus, dass bei Anspannung und Konzentration die Schlagadern darin spürbar pulsieren. WA78. 149 B|L85–97 150 WI159–163 151 Namensdeutung abgeleitet von !Go:ro, 'einäugig' (B386). 152 WI164–171 153 B519 154 B364 155 H11 156 Sven Ouzman, *Flashes of brilliance: San rock paintings of heaven's things,* in: Seeing and Knowing, hrsg. v. Blundell | Chippindale | Smith, Johannisburg 2010, 28–29. 157 B449 158 B134 159 J245–246 160 B397 161 B449 162 B570 163 J246–247 164 J131 132

Der *STERNEN-HIMMEL* der *TUAREG*

Nun ratet, ratet: meine Kamele sind zahllos,
ihr Hengst aber nur einer – was ist es?
Der Mond und die Sterne.

Rätsel aus dem Niger[1]

Kehr hinter den Sternen her,
kehr den Sternenstaub zusammen
und wirf ihn dann in die grossen schwarzen Löcher der Welt.

Sprichwort aus dem Tassili N'Ajjer[2]

ETHNOGENESE

Die Kernländer der Tuareg-Kultur in der Sahara und der Sahelzone liegen im heutigen Mali, in Südalgerien, dem Niger sowie Teilen Mauretaniens, Burkina Fasos und Nigerias. Sprachlich wie geschichtlich zählen die Tuareg zu den Berbern, der autochthonen Bevölkerung Nordafrikas. Sie gingen aus vielen dort lebenden, kleinen und miteinander rivalisierenden Bevölkerungsgruppen hervor. Ihre komplexe Ethnogenese ist nur ansatzweise greifbar, da es bloss spärliche Quellen gibt.

In seiner Überschau Nordafrikas von Ägypten bis Tunesien zählt Herodot im 5. Jahrhundert v. u. Z. achtzehn unterschiedliche Völker auf.[3] Dazu gehören die Asbyten im Hinterland von Kyrene, die mit ihren vierspännigen Reitwagen die Sitten der dort lebenden Griechen nachahmen. Die Nasamonen von der libyschen Syrte lassen im Sommer ihre Herden an der Küste, ziehen zur Dattelernte in die Oase Augila (heute das libysche Awjila) und gehen zum Wahrsagen zu den Gräbern ihrer Ahnen, um zu beten, zu schlafen und sich dann nach den dort empfangenen Träumen zu richten.[4] Die Gindaner weiter westlich wählen frei die Männer, ähnlich den Machylern um den tunesischen Schott el Djerid, bei denen die Frauen kämpfen und der Stamm in einer Weibergemeinschaft ohne eheliche Bindungen lebt[5] – beides weist bereits auf die matriarchalischen Züge der späteren Tuareg hin. Im Landesinneren erwähnt Herodot im Fezzan die ackerbauenden Garamanten (um das heutige libysche Germa) mit ihren vierspännigen Reitwagen, die später mit den Asbyten gleichgesetzt wurden,[6] sowie das Hoggargebirge, das er *Atlas* nennt: Die um ihn lebenden Atlantes halten es für die Säule des Himmels, essen nichts Lebendiges und kennen keine Traumdeutung.[7]

Aufgrund ihrer Lebensweise nennt Herodot sie *Nomades* – von *nomos*, 'Weideland', und *nomas*, 'weidend' –, die am Rand der Sahara leben;[8] er erwähnt westlich von Südtunesien jedoch auch "Ackerbau betreibende Maxyer, die richtige Häuser haben".[9] Von diesen Maxyern stammt die heutige Eigenbezeichnung der Berber als *Mazigh* oder *Mazighen*, 'Die Freien' – das sind im historischen Sinn Menschen von hoher Herkunft im Gegensatz zu Vasallen und Sklaven.[10]

In den Oasen im nordalgerischen Tidikelt, südalgerischen Djanet und libyschen Ghat hat der Begriff heute noch die Bedeutung 'Lehensherr, Gebieter', entsprechend der traditionell feudalen Struktur der Tuareg.[11] Diese autochthonen Gruppen waren in Clans strukturiert, die sich zu grösseren Dorfgemeinschaften oder Stammesverbänden mit einem Ältestenrat an der Spitze zusammenschlossen. Dabei kam es auch zur Bildung eigener Staaten. Die Garamanten bildeten im libyschen Fezzan zwischen dem 6. Jahrhundert v. u. Z. und dem 4. Jahrhundert u. Z. ein Königreich heraus, das bis in den Tschad und den Niger ausgriff.[12] Westlich von Karthago bestand vom 4. Jahrhundert v. u. Z. bis um 200 u. Z. ein Reich von Massylern; dort finden sich erstmals Vorformen der Schrift der Tuareg, des sogenannten *Tifinagh*.[13] Über sie drang dann die jüdische und christliche Religion in das antike Libyen, wie Sprachspuren bei den heutigen Tuareg zeigen: *Angelussen* für die griechischen Engel, *Abekkad* für das lateinische *Peccatum* (Sünde) oder die seit altersher gebräuchlichen lateinischen Monatsnamen[14] – wie *Tafaske* für das lateinische Osterfest *Pascha*.[15]

In der Spätantike sind in Nordafrika dann mehrere grössere Bevölkerungsgruppen greifbar: die libyschen Luwata, zu denen die Hawwara und Lamta zählen, sowie die Ifuracen, die sich mit den heutigen Tuareg der *Kel Ifoghas*, 'Leute von Ifoghas', im Adrar-Massiv im Niger und in Mali in Verbindung bringen lassen; die Zanata weiter im Inland; sowie die Sanhadja westlich von Tunesien.

Die Römer nannten einen dieser Stämme im Westen *Mauri* und die gefürchteten einheimischen Söldner der Karthager *Afri*. Daher rühren sowohl die Fremdbezeichnung *Mauren* wie *Afrika* als 'Land der Afri'.[16]

Im späten Altertum tauchte das Dromedar, das einhöckerige Kamel, in der nordafrikanischen Kultur auf. Zuvor hatte es nur Kleinviehzucht und stellenweise sogar Rinderzucht gegeben; das Dromedar war wohl von der arabischen Halbinsel eingeführt worden, wo der Kamelnomadismus alte Wurzeln hatte. Die Römer setzten an den Grenzen ihres Reiches nordarabische Kamelreiter ein. Die Bevölkerungsgruppen Afrikas kamen so in Kontakt mit dem Tier. Im 4. Jahrhundert konnte der römische General Romanus von den Einwohnern Leptis Magnas schon 4000 Kamele als Kriegskontribution einheben.[17]

Die neue Lebensform basierte nun auf Kamelhaltung. Dies einte die heterogenen Stämme um die Sahara und formte einen gemeinsamen sozio-ökonomischen Habitus.[18] Diese Ethnogenese bedingte, dass sich die Tuareg in Technik und Terminologie – vom Sattelzeug bis zur Art des Reitens – von der orientalischen Kamelkultur unterscheiden.

Mit dem Zerfall des Oströmischen Reichs drangen die unter dem Islam vereinten Araber im 7. Jahrhundert in mehreren Wellen in Nordafrika ein. Sie eroberten in drei Jahren die reiche Provinz Ägypten (639–642), 647 dann Tripolitanien, 670 Tunis, erreichten 681 Marokko und setzten von dort 711 mit mehreren einheimischen Stämmen nach Spanien über. Sie bezeichneten diese Stämme als *Barabera* – in Übernahme der lateinischen Bezeichnung *Barbari*, die sich wiederum von griechisch *barbaroi*, 'fremd', ableitet und dabei dieselbe Wurzel hat wie unser 'Blabla'. So berichtet der arabische Historiker Ibn Kalbi um 800: "Der jemenitische König Ifriqish ben Qays ben Sayfi, der das Land der Afri eroberte, tötete dessen König Djirdjir und gab dessen Volk von dem Tag an den Namen *Barabera*, indem er sagte: 'Was habt ihr doch für eine *Barbara*, unverständliche Ausdrucksweise!'"[19] Daher rührt die Bezeichnung *Berber* für die Bewohner um das Atlasgebirge.

Die Araber eroberten von der Syrte aus 646 die Oasen des libyschen Fezzan.[20] Danach kam jener Name auf, den die Römer den unterirdischen, bis zu 40 m tiefen Bewässerungskanälen dort gegeben hatten: *Targa*. Das berberische *Tardja* bezeichnete auch die 'Gärten' in diesem Reich der ganz zuletzt christianisierten[21] Garamanten und wurde später zur Fremdbezeichnung für die Stämme dieser Region, die *Tuareg*, Einzahl *Targi*.

Die Araber leiteten im 11. Jahrhundert Targa dann jedoch vom lautähnlichen arabischen *Tawarik* ab, eine abschätzige Bezeichnung für die in der Sahara nomadisierenden, polytheistischen Stämme. So berichtet ein Informant des Forschungsreisenden Duveyriers im 19. Jahrhundert: "Die Araber haben unseren Stämmen den Namen *Tuareg* gegeben, was 'Die Verlassenen' bedeutet, mit dem Unterton 'von Gott', weil wir es lange Zeit abgelehnt haben, die uns von den Arabern gebrachte Religion anzunehmen, und weil, nachdem wir sie angenommen haben, unsere Väter oft den neuen Glauben ablehnten. Aber dieser Name, der an eine alte Situation erinnert, war nie jener unserer Rasse." Diese Geringschätzigkeit begründen Araber noch heute mit mangelnder Hygiene (unsauber kann man nicht zu Allah beten), unregelmässigen Gebeten, lockerer Einhaltung der Fastenzeit, dem freizügigen Verhalten der Tuareg-Frauen und der nicht erforderlichen Jungfräulichkeit vor der Ehe.[22]

Letzteres geht auf ein matriarchalisches Gesellschaftssystem zurück, das erstmals bei den nomadischen Sanhadj in Nordwestafrika greifbar wird. Die durchstreiften laut Ibn Khaldun schon vor dem Einfall der Araber mit ihren Kamelen die Sahara. Anders als bei den patrilinearen Arabern wurden Abstammung, Status und Erbrechte von der Mutter aus bestimmt: Die Frauen der Tuareg besitzen bis heute grosse emanzipatorische Freiheiten.[23]

Die Tuareg haben deutliche Erinnerungen an zwei Einwanderungswege in ihr Kerngebiet bewahrt: aus dem libyschen Nordosten wie aus dem marokkanischen Nordwesten.

Die von Herodot erwähnten Asbyten erscheinen erstmals beim Libyerkrieg Ramses III. im 12. Jahrhundert v. u. Z. Sie drangen mit Pferd, Wagen und Metallwaffen aus der Kyrenaika bis ins Hoggargebirge vor, wo sie dann jedoch, vom Mittelmeer abgeschnitten, in eine steinzeitliche Kultur zurückfielen und als Jäger und Sammler überlebten.[24] Sie trafen dort aber wohl bereits auf Dattelpalmen, die wahrscheinlich über die Garamanten in den Hoggar gelangt waren. Darauf deutet zumindest ihr Sternbild in Scorpius, dessen Legende die Palme der mythischen Figur Engug zuschreibt, über die sich bloss sagen lässt, dass sie keinen berberischen Namen trägt.

Die Tuareg nennen die Nachkommen dieser Asbyten *Isebeten* und erzählen in ihren Sagen, dass sie Leute ohne Kultur gewesen seien, die so sprachen, wie Hunde bellen, das Kamel noch nicht kannten, nur Esel und Ziegen domestiziert hatten, mit steinernen Waffen kämpften und leidenschaftlich gern auf die Jagd gingen. Ihr Herrscher Akkar soll bei einer Treibjagd alle Mufflonschafe in der Gegend von Abalessa erlegt haben, sodass sie an seinem Verstand zu zweifeln begannen und fürchteten, er würde bald auch auf sie selbst Jagd machen; deshalb brachten sie ihn um und begruben ihn unter einem riesigen Steinhaufen am Fusse des Berges Assekrem, um sicher zu gehen, dass er nicht aufersteht.

Die Tuareg sehen in den Isebeten die Vorfahren der *Imghad*, ihrer tributpflichtigen Vasallen, auch *Kel Ulli*, 'Ziegenleute', genannt. Aus der Nachkommenschaft der Isebeten soll die Stammesfraktion der *Dag Gali* stammen, die bis in die jüngste Zeit als gute Jäger bekannt waren. Das Jagdgebiet des höchsten Berges Algeriens im Hoggar, des Tahat, gehörte ihnen.[25]

Sie wurden wegen ihrer Rückständigkeit verspottet, wie die folgende Anekdote aus den 20er Jahren des 20. Jahrhunderts zeigt; deren Pointen ergeben sich dadurch, dass die Isebeten, anders als die adeligen Tuareg, typischerweise weder Sattel noch Schwert oder gar ein Kamel besitzen: "Die Isebeten lebten vor langer Zeit und waren nicht sehr klug; sie konnten nicht viel sprechen und sich in der Tuareg-Sprache kaum verständigen. Jetzt existieren sie nicht mehr [als Stamm]. Sie waren Heiden und kannten den Islam nicht. Sie verfertigten ihre Töpfe aus Steinen. Ihr König war einer, der Akkar hiess und den sie im Atakor des Hoggar töteten, wo sich heute noch sein Grab befindet.

Einer von den Isebeten pflegte zu jagen. Da kam sein Bruder zu ihm und fragte: 'Gehst du jetzt auf die Jagd?' Er antwortete: 'Ja, sicher'. Da fragte sein Bruder: 'Jagst du allein?' Er antwortete: 'Ja, ich jag allein.' 'Hast du ein Schwert?' 'Hab ich.' 'Hast du eine Lanze?' 'Hab ich.' 'Hast du einen Sattel?' 'Ja.' 'Hast du Proviant?' 'Ja.' 'Hast du einen Wasserschlauch?' 'Ja.' 'Hast du ein Schild?' 'Ja.' 'Hast du Feuerzeug, um Feuer zu schlagen?' 'Hab ich.' 'Hast du ein Kamel?' 'Ah – das Kamel, das hab ich vergessen.'"[26]

Henri Lhote hat in den 50er Jahren des 20. Jahrhunderts beschrieben, wie die Nachkommen der Isebeten jagten, indem sie ihre Hunde auf Gazellen und Mufflons losliessen, die sich dann festbissen, worauf der Jäger sie mit der Lanze erlegte.[27] Ihnen und ihrer Jagd ist das Sternbild Iferakferaken in Canis Maior gewidmet; die Legende dazu weist sie schon durch seinen Namen – Knisterer – als tollpatschig aus, weshalb sie keine Beute machen und ihr Hund sich letztlich geschickter als sie erweist. Die Herde dieser 'Ziegenleute' wiederum findet sich in den Hyaden; deren Hirte Kukayod' – auch dies ein nicht-berberischer Name – erweist sich nicht nur als armer Vasall, sondern aufgrund seiner stets vergeblichen Anstrengungen auch noch als sprichwörtlich gewordener Versager.

Nach der Überlieferung im Hoggar kamen die adeligen Tuareg – die *Amaheg* als Tuareg-Bezeichnung für 'Freie Herren', welche die Isebeten mit Gewalt unterjochten – aus einem anderen Land.[28] Archäologischer Beleg dafür ist ein einzigartiges Mausoleum,[29] das um 500 für eine Stammesführerin in Abalessa, zwei Tagesreisen von Tamanrasset, errichtet wurde; die Bauweise entspricht zeitgenössischen Anlagen in Marokko. Es ist sorgfältig aus Steinen errichtet, weist mehrere Kammern auf und ist mit den Berbern der Sanhadj zu verbinden, die sich in der Wüste niederliessen und – wie die aus Garama stammende Keramik im Mausoleum zeigt – mit ihren Kamelen Kontakt mit der Aussenwelt aufrechterhielten. Unter den goldenen Grabbeigaben fand sich eine weibliche Steinfigur aus dem lokalen Neolithikum. Sie wurde nach ihrer Entdeckung von den Berbern verehrt, wie dies noch im 20. Jahrhundert bei den Idolen der Tibarad'en üblich war – die ebenfalls mit einem Sternbild verewigt wurden.

Im Grab lag, seitlich nach Osten gerichtet, eine grossgewachsene, hinkende, nicht gebärfähige Frau; die Anlage war so konzipiert, dass man sie umwandeln, in ihr eine Nacht verbringen und über die dann erlebten Träume Auskünfte erhalten konnte, wie dies bis in die Gegenwart Brauch bei den Tuareg blieb. Die orale Tradition brachte das Grab mit Tin Hinan, 'Die von den Zelten', als Herrin eines Lagers von Nomaden in Verbindung, die aus dem marokkanischen Tafilalet hierher gezogen waren, aber auch mit einer mythischen hinkenden Stammesmutter der berberischen Sanhadj namens Tiski.[30]

Aus einer ihrer Ehen sollen dann die *Hawwara* hervorgegangen sein. Diese stammten, wie Ibn Khaldun im 14. Jahrhundert berichtet, ursprünglich aus Tripolitanien, wanderten nach der arabischen Invasion aber aus wie ihre östlichen Nachbarn, die Lamta: "Die einen besassen dort feste Wohnsitze, die anderen lebten als Nomaden. Einige von ihnen durchquerten die Sandgegenden bis zur totalen Wüste und liessen sich neben den verschleierten Lamta nieder, die nahe Gaugaua [Gao in Mali] im Land der Schwarzen wohnen."

Die Lamta stammten aus der Umgebung des libyschen Zawila, das seit der Zeit der antiken Nasamonen für seine Dattelpalmen und sein Leder bekannt war.[31] Deren Technik der Lederverarbeitung wanderte weiter in die Oase Ghadames, die für ihr geschmeidiges, starkes Antilopenleder berühmt wurde; der Ortsname kam über die Araber und Franzosen schliesslich als 'Gamasche' ins Deutsche. Die Hawwara hingegen sind Namensgeber des Hoggar-Gebirges *Ahaggar*; der Name erhielt schliesslich die Bedeutung 'Lehnsherr, Beherrscher'.[32]

Die arabischen Invasoren des 7. und 8. Jahrhunderts hatten die Prosperität Nordafrikas nicht zerstört, sondern weitere Handelswege hinzugefügt. Im 11. Jahrhundert aber drangen Beduinenstämme aus Ägypten ein. Ibn Khaldun schreibt, dass sie "einer Wolke von Heuschrecken gleich alles auf ihrem Weg verheerten; sie fällten Bäume, zerstörten die Ernten und ihr Vieh frass die Weiden kahl, sodass auf ihren Spuren kein Gras mehr wuchs". Die Zerstörung der Bodenbaukultur und die Vernichtung ganzer Dörfer drängte die Berber in Randzonen wie die Kabylei. Dort kamen die Nomaden jedoch durch die mächtige Almoraviden-Dynastie unter Druck, die von Katalonien bis nach Mauretanien herrschte. Der Rückzug der Mauren aus Spanien im 14. Jahrhundert verstärkte dann die Abwanderungsbewegungen.[33]

Nicht nur kamelzüchtende Berber zogen in die Sahara, sondern auch arabisierte und islamisierte Stämme, die auf ihren Pferden Raubzüge unternahmen. Sie hielten sich an die mittlerweile etablierten Handelswege für Gold, Sklaven und Salz aus dem Sahel – wie die südlichen Savannen Westafrikas nach dem Südstern Canopus, arabisch *Suhail*, genannt wurden. Das Pferd Ays in Cassiopeia und sein Reiter Amrot (vielleicht von arabisch *Amr*, 'König'), der die beiden Mädchen Tibarad'en rauben will, stehen als warnendes Bild für solche Raubzüge am Himmel.

In diesem Mittelalter werden die Tuareg erstmals greifbar. Der gemeinsame Lebensraum, Kamelzucht und Palmenkultivierung, die aus berberischen Dialekten entstandene Sprache *Tamasheq*, ein Matriarchat und der religiöse Synkretismus alter mit neuen islamischen Vorstellungen verliehen einzelnen Fraktionen eine eigene Identität, die die Konflikte mit den Arabern noch verstärkt. In der Sahara entstand nun eine Gesellschaft von hellhäutigen Adeligen mit einem Häuptling – *Amenokal* – und einem Ältestenrat, der sich in den Randsternen von Ursa Maior abgebildet findet. Unter deren Herrschaft standen Vasallen, Abhängige und Halbfreie sowie meist dunkelhäutige Beutesklaven wie die Sklavin Lenkeshem, die den Himmelspol darstellt. Daneben gab es eine Kaste von religiösen Marabuts – *Ineslemen* –, die sich für ihre Gebetsplätze am Himmel orientierten, sowie die meist dunkelhäutigen Schmiede und Handwerker, denen zwei Sternbilder gewidmet wurden.

Arabische Gelehrte beschreiben Tuareg aus verschiedenen Gebieten vom 11. bis zum 14. Jahrhundert recht einheitlich: "Alle Saharastämme tragen einen Turban über dem Gesichtsschleier, dass nur die Augenpartie frei bleibt. Sie trennen sich von ihm unter keinen Umständen, da man sonst Gefahr liefe, von seinen Verwandten und Freunden nicht erkannt zu werden. Von einem im Kampf Gefallenen, der seinen Schleier verloren hat, weiss man nicht, wer er ist, bis man ihm seinen Schleier wieder angelegt hat. Er wurde für sie notwendiger als die eigene Haut. Und sie nennen all jene, die diesem Brauch nicht folgen, in ihrer Sprache 'Fliegenmäuler'.[34] Sie ernähren sich von Milch und dem in Streifen geschnittenen, an der Sonne getrockneten und zerkleinerten Fleisch der Kamele. Hin und wieder gelangen Weizen und Rosinen zu ihnen.[35] Ihre Frauen sind von unübertrefflicher Schönheit und geniessen einen höheren Status als die Männer; was diese anlangt, so kennen sie keine Eifersucht. Nicht einer nennt sich nach seinem Vater, sondern führt seine Abstammung von seinem Mutter-Bruder an; als Erben kommen nur die Söhne seiner Schwester in Betracht, unter Ausgrenzung der eigenen Söhne.[36] Ihr Sultan war in ein feines, wollenes Stoffstück gehüllt, trug Hose und Turban, alles in blauer Farbe. Mit ihm befanden sich die Söhne seiner Schwester, die zukünftigen Erben seines Territoriums."[37]

Die Kopfbedeckung des Tagulmust und das aus dem Sahel stammende, indigogefärbte Gewand besassen bei ihnen bereits eine lange

Tradition, indem sie ihre Identität als 'Freie Herren' anzeigten. Den eigenen Status durch Tapferkeit bestätigen oder durch Feigheit verlieren konnte man in sogenannten *Rezzus*, Beutezügen; über italienische Kolonisten kam das Wort als 'Razzia' nach Europa. Ziel war Raub von reicheren Stämmen, um die eigene Produktionsbasis zu verbessern. Dabei holte man sich nebst Kleidung und Waffen vor allem das, was laufen konnte: am liebsten Kamelstuten, Ziegen, Sklaven – halbfreie 'Dünensklaven' ebenso wie freigelassene Haratin. Der sonst eher galante Verhaltenskodex galt hier nicht mehr; Frauen wurden vergewaltigt. Ein Teil der Beute stand von vornherein dem Amenokal zu; der Anführer eines meist aus fünfzehn Mann bestehenden Rezzus erhielt zu seinem Pflichtteil noch eine Sonderdotation.[38]

Wie bedeutsam dies neben der Einhebung von Wegzöllen war, zeigt der im Orion verkörperte jähzornige Anführer eines Raubzugs, der danach auch zuhause die Sitten nicht mehr einhielt und die eigene Mutter schlug: Er wurde zur Strafe in den Himmel versetzt, um dort bis in alle Ewigkeit gequält zu werden, und gehört nun neben der Kamelstute und ihrem Jungen zu den prominentesten Sternbildern der Tuareg.

Den Beinamen 'Blaue Männer'[39] erhielten die Tuareg Ende des 19. Jahrhunderts als Widerstandsgruppe in der Westsahara. Die indigogefärbten Stoffe aus dem Sahel und die blaue Baumwolle aus Europa färbten auf die Haut ab. Die Farbe war bewusst für Kriegsgewänder gewählt: Das arabische Wort für blau – *azraq* – bedeutet auch 'vernichten, zerstören'.

Als Eigenbenennung ist inzwischen bei den Tuareg vor allem *Kel Tamasheq* üblich, gemäss ihrer Sprache, dem mit dem Berberischen eng verwandten *Tamasheq* oder *Tamahaq*. Die jüngste panberberische Bewegung, die den Tuareg von den heutigen Berbern eher aufgedrängt wird, propagandiert hingegen die Bezeichnung der marokkanischen Berber: *Imazighen*.

TIFINAGH

Zu den Besonderheiten und kulturellen Gemeinsamkeiten der Tuareg zählt neben ihrer Sprache das auffällige Alphabet der Tifinagh-Schriftzeichen, eine dem libysch-berberischen Schrifttypus zugehörige reine Konsonantenschrift mit streng geometrischen, zentral- oder axial-symetrisch gestalteten Zeichen und Doppelzeichen.

Variationen oder verwandte Vorstufen dieser heute nur noch bei den Tuareg gebräuchlichen Schrift finden sich auf Felsinschriften, in Sonderfällen auch auf Stelen und Grabmonumenten (wie beim antiken Thugga in Tunesien sowie in Ostalgerien), die rund 2000 Jahre zurückreichen. Sie war einst von den Kanaren bis nach Ägypten verbreitet, von Nordafrika bis in den Sahel, wo sich sogar in die Rinde von Baobab-Bäumen geritzte Tifinagh-Zeichen finden.

Es gibt zwar keine umfangreiche in Tifinagh niedergeschriebene Literatur; die über die Frauen tradierte Schrift ist aber trotz der Konkurrenz der arabischen und lateinischen Schrift weiter in Gebrauch: Das reicht von Eigentumsmarken der Kamele, Objektsignaturen der Schmiede, Kurzbotschaften und Notizen bis zu umfangreichen Briefwechsel-Beispielen[40] sowie geheimen Handzeichen von Liebenden – *Tamatart* – und kryptischen Ideogrammen.

Wegen ihrer Eigenständigkeit wird das Tifinagh von der muslimischen Orthodoxie als heidnisch-unislamisch abgelehnt und bekämpft. Für die Tuareg hingegen ist diese Schrift Zeugnis ihrer authentischen Tradition, die nicht-westliche und auch nicht-islamische Ursprünge demonstriert. Ein Lied der malischen Tuareg-Gruppe Terakaft thematisiert etwas davon im aktuellen politischen Zusammenhang: "Amamellen hinterliess seine Spuren in der Wüste; er schrieb auf den Fels, nur mit seinem heiligen Zeigefinger. Und habt ihr von Jawdar[41] gehört, der die Brunnen grub? Er war kein Muslim, er half den Karawanen."[42]

Obwohl die Tuareg erzählerisch sehr produktiv sind, haben sie das Tifinagh nie für längere Texte benutzt. Geschichte und Geschichten[43] blieben stets in der oralen Tradition verhaftet; aufgezeichnet wurden Erzählungen, Fabeln, Märchen und Mythen erst von europäischen Forschern. Legenden aus der 'Urzeit' erzählen von Riesen (*Jabbaren*), dem alten Volk der Isebeten und vom Wanderzug der Fürstin Tin Hinan aus dem Atlas in den Hoggar. Dazu gehören auch die Geschichten um den Berberführer Koseila, der zusammen mit der Magierin Kahina gegen die in den Fezzan vordringenden Araber kämpfte, den berühmten Feldherrn Occba ben Nafi tötete, 683 jedoch besiegt wurde: Beide verschmolzen miteinander, sodass Koseila oft auch als Frau vorgestellt wird.

Der Kulturheros Amrolqis wiederum gilt den Tuareg als Erfinder von Schrift und Sprache, der Musik, ihres Geigeninstruments wie als grosser Liebhaber der Frauen: Er trägt den Namen des berühmten arabischen Dichters Imru-l-Q'ays aus dem vorislamischen 6. Jahrhundert. Eine jüdisch-arabische Scharfsinnsprobe, die sich auf 250 u. Z. zurückverfolgen lässt, findet sich wiederum im Sagenkreis um Adelasegh bei den Tuareg des Niger wieder.[44]

Verbreitet sind zudem die Geschichten um den alten Helden Amamellen, 'Weiss-Bart', und seinen listigen Neffen Elyas, zwei Rivalen, die bei den südöstlichen Tuareg unter den Namen Aligurran und Adelasegh auftreten. In Elyas spiegelt sich der von der *Bibel* wie dem *Koran* anerkannte Prophet Elias wider.[45]

ARABISCHE EINFLÜSSE

Engel – *Angelussen* – gelten bei den Tuareg als himmlische Geister im Dienste Gottes, die von Marabuts – überregional verehrten Männern – angerufen werden, um Botschaften an Gott zu vermitteln; dafür müssen die Marabuts im Zustand der Reinheit sein, fasten und beten, ihnen Geschenke und Tieropfer darbringen, Weihrauch verbrennen und Essen ausrichten, zu denen sie einladen.

Für Gott ist der Name *Allah* gängig, dazu Übersetzungen seiner 99 arabischen Namen ins Tamasheq wie 'Der Grosse Bruder, Der Älteste', *Amaqqar*, 'Der Sehende', *Amanay* oder 'Der Vertilger', *Amangh*. Am gebräuchlichsten ist *Messi*, 'Unser Meister';[46] darin sind noch Aspekte des frühchristlichen Messias zu erkennen. Der Streit über die göttliche oder menschliche Natur Jesu führte zum Konzil von Nicäa (325 u. Z.); aus den Anhängern eines Mensch gebliebenen Jesus entwickelte sich daraufhin auch der Islam, der in diesem nur einen Propheten sah. Zugleich spiegeln sich diese Bezeichnungen für Gott auch im Orion, dem 'Führer' *Amanar*, der auf ähnliche Weise als Leichnam am Himmel liegt, von Hitze und Kälte gleichsam gekreuzigt.

Gott steht dabei dem Teufel unter seinem arabischen Namen Iblis auf dieselbe Weise gegenüber wie die Engel und himmlischen Geister den Dämonen der Djinns, das Gute dem Bösen, das Reine dem Unreinen und der Tag der Nacht.

Aus dem arabischen Sternenhimmel haben die Tuareg einige Sternbilder übernommen: den Adler (Aquila), die beiden Hunde (Canis Maior und Minor), die Figur des Orion oder den Namen *Belhadi* für den Polarstern. Die Bezeichnung für 'Stern', die neben der männlichen Form *Atri*, Plural *Itran*, auch eine weibliche Form, *Tatrit*, besitzt, stammt ebenfalls aus dem Nahen Osten. Denn diese Doppelgeschlechtlichkeit leitet sich wie der Name vom nordsyrischen Götterpaar Astar und Astarte ab, die den Abend- und den Morgenstern verkörperten. Von deren auf die mesopotamische Göttin Ishtar zurückgehender Symbolik blieb bei den Tuareg nur Tatrit als Bezeichnung für Venus erhalten; ansonsten gilt Tatrit bloss als Steigerungsform: 'besonders grosser, heller Stern'.

Nur Sonne, Mond, Venus und Mars haben bei den Tuareg eigene Namen. Die der anderen Planeten sind wie der Tierkreis kaum bekannt; sie gehören allein zum Spezialwissen von Religionsgelehrten, die den Mars nach seinem arabischen Namen *Marrih*, den Jupiter *Moshtari*, Merkur *Atarid* und den Saturn *Zohhal* nennen. Auch von den arabischen Weltschöpfungsmythen und Konzeptionen der Welt in sieben Himmel und mehrere Erdschichten haben die Tuareg einige Elemente übernommen. Wenn sie, wie bei einigen Marabuts in Timbuktu, erwähnt werden, dann aber stets in einem islamisch geprägten Rahmen.[47]

Manche dieser Marabuts praktizieren Verfahren der Prognostik und Krankheitsbannung, erstellen Talismane, Amulette und Horoskope im Glauben an Verbindungen zwischen astralen Kräften und menschlichen Organen. Als Heiler beschwören sie im Krankheitsfall den Planeten oder das Tierkreiszeichen, von dem der betroffene Körperteil beeinflusst wird; zur Prävention und Abwehr des drohenden Übels wird ein Talisman mit dem Namen des zuständigen Planeten getragen. Unter seinem Einfluss stehen auch die Zeit, jede Stunde und jeder Wochentag, wobei die ungeraden Tage als glückversprechend gelten.

Der einem Gestirn zugewiesene Buchstabe, in einer Lederhülle vor den Blicken verborgen und mit einem Abdruck des Kleinfingerrings des Marabuts versehen, dient als Talisman. So zieren die Handwerker der Tuareg in Timbuktu ihre Lederwaren mit dem Quadrat des 'R', um den Mond zu repräsentieren. ⵙ ('S') steht bei ihnen für die Sonne gemäss ihrem arabischen Namen *Shams*, + ('T') für *Tatrit ta-n Tufat*, den Morgenstern, und ⴽ ('K') für Amanar, der als ⴽⴽⴽⴽⴽ gezeichnet wird.[48] Eines ihrer Ornamente fasst diese astralen Symboliken zusammen in einem Ring mit vier Kreuzachsen, darin ein Trapez für die Macht der Sonne. Das Halbrund der Spitzen oben und unten stellt den Mond dar, Pfeile rechts und links stehen für die fünf Planeten, während der Zickzack eines Laufbandes dazwischen für Amanar, den Orion, steht, und die sieben Punkte darin wiederum die Plejaden als 'Töchter Der Nacht' symbolisieren.[49]

Den Hof um den Mond, sein Aufgang oder eine Mondfinsternis, das Erscheinen des Saturn oder die Bewegung der Sterne legen die Marabuts als unterschiedliche Omina aus. Spiegel fangen das Bild des Mondes ein, um dadurch Nachricht von abwesenden Personen zu erhalten, wie dies Pottiers Märchen *Hirte der Sterne* bei der Magierin Oult Idinen ('Tochter der Djinns') vorführt.[50]

Bei den Marabuts in Timbuktu steht der Tierkreis für den Gürtel einer urzeitlichen Frauengestalt, symbolisieren dessen Sternbilder die einzelnen menschlichen Organe: Aries und Scorpius die Augen, Taurus und Libra die Ohren, Gemini und Virgo die Nasenlöcher, Cancer den Mund, Leo den Nabel, Sagittarius und Pisces die Brust | Brüste, Capricornus und Aquarius Vagina und Penis.[51]

Diese in ganz Nord- und Westafrika verbreiteten Praktiken beruhen auf einem unorthodoxen Geheimwissen, das sich aus babylonischen, griechischen und arabischen Quellen speist, darunter dem von dem Sufi Al-Buni[52] verfassten Buch *Shams Al-Ma'arif Al-Kubra* ('Die Sonne des grossen Wissens') aus dem 13. Jahrhundert.

DAS WELTBILD DER TUAREG

Von ursprünglichen, astralen Vorstellungen der Ureinwohner der Sahara gibt es nur wenige, unsichere Überlieferungen. Der Abgleich antiker und mittelalterlicher Berichte, Legenden und Besonderheiten des Vokabulars lässt auf eine Verehrung des Mondes schliessen, dem man auch Totenopfer darbrachte. Mancherorts existiert für Sonne, Gott und Feuer dasselbe Wort. Die Vorstellung, dass die Sonne abends in einen Brunnen hinabsteigt, um das Wasser darin zum Kochen zu bringen, mag dabei als Erklärung für die vielen artesischen Brunnen in der Wüste gedient haben.[53]

Im Gebiet der heutigen Tuareg finden sich unzählige aus dem 3. Jahrtausend v. u. Z. zu datierende grosse 'Schlüssellochgräber'. Es sind dies Tumuli mit einer Opferkuhle in der Mitte, denen davor eine Allee und um sie herum ein Halo mit Steinen ausgelegt wurde; bei grösseren Anlagen wie im Erg Tihodaïn befinden sich davor noch kleinere, mit Steinen ausgelegte Halb- und Vollkreise, die an den Mond gemahnen. Ausgerichtet ist diese Allee, wie ich zusammen mit Christian Weiblen vom Planetarium Augsburg herausfinden konnte, entweder auf den morgendlichen Sonnenaufgangspunkt beim Wintersolstitium oder auf den Aufgangspunkt der Plejaden beim Herbstäquinoktium, dem Beginn der kühlen Jahreszeit: Wintersolstitium und Plejaden dienen bei den meisten Sternenhimmelkulturen als Markierungen des Jahresbeginns, und Plejaden wie Sonne werden als Gestirne gesehen, die Tote in den Himmel holen und die Lebensumstände beeinflussen, weshalb ihnen weltweit Opfer dargebracht werden.

Herodot berichtet sodann im 5. Jahrhundert v. u. Z. vom Hörensagen, dass die Bewohner der Sahara der Sonne Opfer darbringen und sie bei ihrem Höchststand verdammen, weil ihre brennende Hitze Volk und Land austrocknet, und Pomponius Mela erwähnt, dass sie die Sonne bei ihrem Auf- und Untergang verfluchen.[54]

In Verbindung damit lässt sich ein Mythos der Berber bringen, wonach sowohl die alle fünf Jahre nötige Synchronisation von Mond- und Sonnenkalender als auch die Beendigung einer Mond- oder Sonnenfinsternis die Opferung eines Kindes erfordert: "Die Kabylen sagen, dass es in jedem Dorf vier oder fünf solcher alter Zauberinnen gäbe, die es verstünden, den Mond der Sonne oder die Sonne des Mondes in ein Wassergefäss herabstürzen zu lassen, und dann müsse jedes Mal ein von der Zauberin geliebtes Kind sterben. Gibt man nicht ein Kind, das man von ganzem Herzen liebt, so gehe die Sonne nicht wieder in die Höhe."[55] Auch Ibn Khaldun stellt im 14. Jahrhundert bei den Tuareg eine Sonnenverehrung fest,[56] die sich auf die als weiblich gesehene Sonne, *Tafuk*, bezieht, aber auch beim Mond auszumachen ist, wenn er nicht männlich als *Ayor* gesehen wird, sondern weiblich wie *Tallit* und der Vollmond *Teseyt*.

Aus kalendarischen Gründen beachtete man genau Mondphasen und Neumond; die Furcht und Unruhe bei Eklipsen, bei denen das jeweils andere Gestirn mit Lärm vertrieben werden sollte, ist dagegen eine verbreitete islamische Vorstellung, wonach die endgültige Vereinigung von Sonne und Mond, wie in der 75. Sure des *Koran*, das Weltende ankündigt.

Islamische Einflüsse bei den Berbern sind an dem Stier zu erkennen, der die aus mehreren Unter- wie Oberwelten bestehende Welt trägt. "Das Weltbild der Kabylen ist folgendes: Die ganze Welt ruht auf den Hörnern eines riesenhaften Stieres. Wenn dieser sich jemals rührt, stürzt die Welt sogleich ein. Die Erde selbst ist nicht eine, es sind sieben Erdschichten flach übereinander, darüber liegen die sieben Himmel. Die Menschen leben auf der fünften Erde von unten. Zwischen der Erde und dem Himmel gibt es noch zwei Erden. Darüber kommt das Nichts, aus dem alles wurde.
Auf der untersten Erde wohnen die kleinen Thitschäll. Das sind Geschöpfe, die aus Eiern der Ameisen hervorgegangen sind – und sie sind noch schlimmer (und anscheinend auch klüger) als die Ameisen. Auf der Erde der Thitschäll steht ein mächtiger Baum, der ragt weit herauf, und wenn er je umstürzen sollte, so würden die Thitschäll freie Bahn hinauf zu unserer Erde haben, dann würden sie kommen und alles bei uns zerstört werden."[57]

Der bei Sternenhimmelkulturen weltweit verbreitete Glaube an Tiermenschen, die beim Anbeginn der Zeit aus Unterwelten an die Erdoberfläche klettern, hat sich bei den Tuareg in der Legende um die astrale Kamelstute erhalten, in der darauf angespielt wird, dass sie Warane, Wüstenfuchse oder Chamäleons für ihre Vorfahren halten, und wird auch in der Legende um die Dorkas-Gazelle erkennbar. Wobei selbst noch aus dem Kunstmärchen *Der Hirte der Sterne* hervorgeht, dass von Sternen und Sternbildern verkörperte Tiere als astrale ewige Prototypen ihrer sterblichen irdischen Exemplare gelten, und dass man in einem Netz in den Himmel gezogen werden kann. All dies ist bei den Sternenhimmelkulturen rund um die Welt nachweisbar.

Vermischt haben sich solche Vorstellungen bei den Tuareg inzwischen jedoch mit dem weit verbreiteten arabischen Glauben an Djinns. Solche dämonischen Geister nennen die Tuareg *Kel Esuf* ('Leute der Einöde') und *Kel Ténéré* ('Leute der Wüste'): "Die Wüste und Berge sind voll von ihnen. Sie können viel Übles anstellen, aber auch Gutes bewirken. Jeder einzelne Stamm hat seinen eigenen Djinn, der in einem Stein oder einem Baum als seinem Ebenbild wohnte und dem man dort Opfer brachte."[58] Sie leben als Nomaden und Hirten ähnlich den Tuareg; die Gazellen gelten als ihre Herdentiere. Dem Menschen nicht unbedingt feindlich, sind sie jedoch unberechenbar und tückisch; manche sind stets böse, andere wiederum gutartig. Sie reisen unfassbar schnell und manifestieren sich in Naturerscheinungen (Wind, Feuer), bevölkern die Einöde, abgelegene Felsformationen, Berge, Höhlen, Dünen, den Sand und ganz allgemein den Untergrund und sind als *Kel Sensa* auch Wesen der Gräber.[59]

Der Reisende Harding King berichtet Vorstellungen, die sich auch im Schöpfungsmythos der Berber wiederfinden: "Die Tuareg haben den Aberglauben, dass die gesamte Sahara, alles unter ihrer Oberfläche, von einer übernatürlichen Klasse von Wesen beherrscht wird, die sie *Ahl-et-Trab* nennen, 'Leute der Erde'. Diese Kreaturen erfreuen sich daran, den Wüstenbewohnern böse Streiche zu spielen. Man sagt, dass sie die Läufe der Kamele packen, wenn sie in weichen Sand geraten, und sie mit jedem Schritt hinunterziehen, um das Reisen zu erschweren. Sie beissen die Wurzeln der Wüstenpflanzen ab, um sie absterben zu lassen und die Weideflächen zu verkleinern, und wenn sie einen ungewöhnlich durstigen Reisenden einem Brunnen sich nähern sehen, trinken sie das ganze Wasser darin aus, sodass er ihn bei seiner Ankunft leer findet."[60]

Erdbeben, Wasserquellen und aufsteigender Dunst werden diesen Geistern ebenso zugeschrieben wie atmosphärische Phänomene: Donner, Meteoriten, Wind, Kälte, Schnee, Regen, Blitze, Himmel und Wolken, Nebel, Regenbogen und Sternschnuppen. In den heissen Stunden lauern diese Geister in der Wildnis, in Büschen und Wüsten; im Dunkeln kommen sie auch in die Zeltlager.

Die Berber halten zudem Berge, Höhlen, seltsam geformte Steine, Quellen und Wasserläufe für den Sitz geheimer Mächte, sehen den Himmel als schützende Decke einer Oberwelt und praktizieren Formen des Jagdzaubers.[61] Wie aus den Sternsagen hervorgeht, gilt dasselbe für die Tuareg, geht letztlich aber auf uralte Vorstellungen zurück.

DIE KOSMOGONIE DER BERBER IM VERGLEICH MIT JENER DER SÜDLICHEN DENE

Bei den Berbern des Djebel Djurdjura in der Kabylei östlich von Algier hat sich eine Schöpfungsgeschichte erhalten, die grosse Parallelen zu jener der Südlichen Dene zeigt und generell viel mit den Kosmogonien von Sternenhimmelkulturen gemein hat, in denen die Menschen in einer noch finsteren Welt aus einem Loch in der Erde hervorkommen und erst die Gestirne an den Himmel setzen müssen.

Analog zu den aus der Unterwelt kriechenden Thitschäll der Berber gelten auch bei den Navajo die 'Luftgeisterleute' der Insekten als erste Bewohner der ersten von vier Unterwelten, in deren Tiefe es ebenfalls einen Weltenbaum gibt, der die Erde trägt.[62] Das ist bei weitem nicht alles. Die Parallelen mit dem Schöpfungsmythos der Südlichen Dene in Amerika sind dermassen umfangreich, dass jener der Berber hier ausführlicher skizziert wird.

Aufgezeichnet wurde der Schöpfungsmythos der Berber von Leo Frobenius Anfang des 20. Jahrhunderts. "Im Anfang lebten die Menschen nicht über der Erde. Es gab überhaupt nur einen Mann und eine Frau, beide lebten unter der Erde. Diese beiden Menschen waren die ersten und einzigen, und sie wussten nicht, dass jeder von ihnen ein Geschlecht hat. Eines Tages aber waren sie an ihrem Brunnen und wollten Wasser trinken."[63]

Sie streiten sich um das Wasser, entdecken ihre Geschlechtsteile und schlafen miteinander, worauf die Frau abwechselnd vier Töchter und vier Söhne gebiert, bis sie jeweils fünfzig haben: Bei den Navajo bringt sie alle vier Tage Zwillinge zur Welt, bis sie fünf Zwillingspaare geboren hat.[64] Daraufhin werden – wie in den eng verwandten Schöpfungsmythen der Navajo und Zuñi – die vier Himmelsrichtungen erkundet, die auch bei den Berbern farblich kodiert sind: Westen schwarz, Süden gelb, Osten weiss, Norden grün.[65]

"Der Vater und die Mutter aber wussten nichts mit den Kindern anzufangen. Die Eltern sandten ihre Kinder fort. Die 50 Mädchen zogen zusammen nach Norden fort, die 50 Jungen zogen zusammen nach Osten fort. Nachdem die Mädchen einige Jahre lang unter der Erde nach Norden hingezogen waren, sahen sie über sich ein Licht. Es war hier ein Loch in der Erde. Die Mädchen sahen über sich den Himmel, sie riefen: 'Was sollen wir hier unter der Erde bleiben; sollen wir nicht zur Erde hinaufsteigen, da man dort oben den Himmel sehen kann?' Die Mädchen stiegen darauf durch das Loch zur Erde hinauf.

Die Burschen zogen auch einige Jahre lang in ihrer Richtung unter der Erde hin und kamen dann an eine Stelle, an der auch ein Loch in der Erde war und sie über sich den Himmel sehen konnten."[66]

Sie finden in der Oberwelt zueinander, müssen aber – anders als bei den Najavo – nicht alles menschengerecht erschaffen, sondern bloss erlernen. Wie bei den Navajo werden Mädchen und Jungen jedoch durch einen Strom voneinander getrennt, wodurch sie ihre

Sexualität entdecken und zivilisiert werden – mit Ausnahme von zwei Wilden, aus denen der Löwe und eine *Teriel* [Hexe] wird, die beide Menschen fressen, den missgeborenen Monstern der Navajo vergleichbar.

Darauf entdecken der Erste Mann und die Erste Frau das erste Saatgut, was (auf vier unterschiedliche Maiskörner bezogen) so auch am Anfang der Kosmogonie der Navajo steht: "Unterdessen wanderten der erste Mann und die erste Frau unter der Erde umher. Die ersten Eltern fanden eines Tages in einem Winkel eine grosse Menge Weizen, daneben eine grosse Menge Gerste, daneben Körner und Samen von allem, was gut ist als Nahrung und Gewürz."[67]

Danach wird – wie bei den Navajo – das erste Tier entdeckt, statt eines Wolfs jedoch eine sprechende Ameise, die ein eigenes Loch zur Oberwelt besitzt und in der unterirdischen Welt alles kennt und es den zwei Ersten beibringt: Mehl mahlen, Feuer machen, Fladen backen. Dann taucht das erste Rind auf – so wie in der vorletzten Welt der Navajo der Wasserbüffel –, der aufgrund des Raubes seines Kindes den Strom zur Flut anschwellen lässt.

Wie bei den Navajo zwingt dies die ersten Menschen zur Flucht hinauf an die Erdoberfläche: "Im Anfang waren ein wilder Büffel und ein weibliches Kalb auf der Erde. Beide gingen hervor aus dem Raum unter der Erde, der dunkel war; sie wurden in dem Raum geschaffen, der *Itlam* heisst. Sie gelangten beide zu einem Fluss, dort, wo er in einem Tal sich verbreiterte, und dort stiegen sie an einem Felsen aus dem Fluss empor und kamen so auf die Oberfläche der Erde."[68]

Als der Stier sich nicht mehr zurückhalten kann, geht er in der Legende der Berber zu einem flachen, ausgehöhlten Stein, in dem heute noch geopfert wird, weil sich dort die Felszeichnung eines anthropomorphen Stiers und eine Höhle befinden. In Gedanken an eine Kuh lässt er seinen Samen hineintropfen, der dann in der Sonne brütet. Nach fünf Monaten entstehen daraus (darauf spielt die Tuareg-Legende vom Mond an, in der ebenfalls von Löchern in der Erde die Rede ist) die weibliche und die männliche Gazelle samt sechs anderen Paaren wilder Tiere.

Zu Beginn der Welt gab es auch bei den Berbern weder Sonne noch Mond.[69] Sie wurden in einer anderen ihrer Legenden erst von der Urmutter geschaffen, indem sie einen jungen Ochsen und einen jungen Widder von ihren krankhaft verhärteten Augenlidern befreit. Das Lid des Ochsen legt sie in eine Wasserschale, das des Widders wirft sie ins Feuer: So entstanden, "wo vorher über der Erde das Nichts war", Mond und Sonne. Und die Sterne kamen auf identische Weise wie bei den Navajo an den Himmel, indem sie ursprünglich "Bohnen waren, die ein Mann [der Erste Mann] an den Himmel warf".[70]
Die Vorstellung eines solchen Wurfs hat sich auch bei den Tuareg erhalten. So heisst es in einem Rätsel aus dem Niger: "*Maslan, maslan: En-tanzant-in tefazzat har Agadez – ma imos? Itran.* Nun ratet, ratet: Meine bis nach Agadez verstreuten Bohnen – was sind sie? Die Sterne."[71]

Die Erste Frau und Urmutter erschuf bei den Berbern sodann aus Wasser und Mehl die ersten Schafe; so kamen die Menschen zu ihren Festessen. Wie bei den Navajo werden die Tiere dann an den Himmel versetzt – so lief der erste Widder "eines Tages hoch in das Gebirge, so hoch, dass er mit seinem Kopf gegen die aufsteigende Sonne stiess. Die Sonne haftete an ihm, und so wanderte er von da an mit ihr".

Letztere Vorstellung geht allerdings auf den arabischen Kalender zurück, der das Jahr mit der Mondstation des Widders begann. Dasselbe könnte man bei den Tuareg auch von der Deutung der Sterne von Scorpius als Skorpion behaupten, wenn dieses Sternbild sich nicht auch bei den Maya und australischen Aborigines an derselben Stelle wiederfände. Solche Gemeinsamkeiten lassen sich weder durch Koevolution, Universalien oder Kontakte erklären: Denn welcher Kulturtransfer würde die unübersehbaren Parallelen zwischen dem Schöpfungsmythos der Berber und jenem der Navajo erklären – der wiederum nur eine Version des panamerikanischen Mythos darstellt, der bei Maya, Inka und selbst den Bororo auf derselben Grundstruktur aufbaut?

Weitere Sternbilder in den Nachthimmeln einzelner Kulturen stimmen ebenfalls mit jenen der Tuareg überein: Dazu gehört die in Scorpius auch vorgestellte Dattelpalme, die nicht nur bei den benachbarten Tubu im Tibesti gesehen wird, sondern auch auf der südostasiatischen Insel Palawan. Bei Aborigines wie Tuareg verkörpern zudem die Plejaden eine Frauengruppe mit einem einzelnen Jungen –, die in Australien ebenso vom Orion verfolgt wird wie hier in der Sahara durch Kukayod' in den Hyaden.

DIE 'SAHARISCHE' KOSMOGONIE

Der Schöpfungsmythos der Berber ist bei den Tuareg allerdings nur noch rudimentär präsent: Wie ihr Sternenhimmel stellt auch die Kosmogonie der Tuareg ein Palimpsest von islamischen, berberischen, aber auch aus dem Sahel übernommenen Vorstellungen dar. Denn nachweisbar sind bei ihnen auch Elemente eines Schöpfungsmythos der Mande sprechenden Völkern – den Dogon, Bamana und Mainke in Mali, den Mandinka Gambias sowie den Mande in Burkina Faso.

Darin will der Schöpfer die Welt erst aus einem Akaziensamen entstehen lassen, was aber misslingt. Darauf erschafft er acht Samen, in denen jeweils Gegensätzliches steckt, und gibt sie in eine Hibiskuskapsel als göttlichem Ei. Daraus entstehen die Himmelsrichtungen der Welt sowie zwei Zwillingspaare.[72]

Dieser Mythos kursierte in unterschiedlichen Versionen auch in Randgebieten der Tuareg, vom Niger bis zum Mittelmeer: neben Mali auch im Tidikelt und Tuat Algeriens, in Südtunesien und im lybischen Fezzan.[73] Diesen 'saharischen' Fassungen zufolge entstand die Welt in einem ersten Himmel aus dem Ei (oder dem Hirsekorn) eines Sterns, der von zwei Nebensternen flankiert wurde und alles zukünftig Entstehende enthielt: männlich reines Weiss, fruchtbar weibliches Rot und das Schwarz einer Schlange in der Mitte. Eine vergleichbare Dreierkonstellation, bei der eine Riesenschlange zertrennt wird, steht auch am Beginn des Weltschöpfungsmythos der australischen Wardaman.

Indem sich die Schlange herausschälte, zerplatzte dieser auch *Sahel* genannte eiförmige Himmelskörper in sechs Gestirne von roten, weissen und schwarzen Sternen, die man im Sommer aufgehen sieht. Dazu gehören auch jene drei, die von den Ursternen übriggeblieben sind: der überall als 'Stern Der Schwarzen' bekannte Canopus, (arabisch *Suhail*, als hellster südlicher Stern); die Plejaden sowie Venus. Plejaden und Canopus haben landwirtschaftliche Bedeutung: Die Getreideernte zum Sommerbeginn wird durch den heliakischen Aufgang der Plejaden bei gleichzeitigem Untergang des Canopus bestimmt, die Dattelernte am Sommerende drei Monate später vom heliakischen Aufgang des Canopus.

Durch das Bersten des Ursterns entstanden die ersten Menschen und die Welt, die dann in Himmel, Erdboden und Unterwelt, die jeweils mit ihnen verbundenen Wesen und Bäume sowie in die vier Grundelemente und Richtungen unterteilt wurde: Diesem Schöpfungsakt gedachte man mit einem rituell in 48 Teile zerstückelten Opfertier.

Der Symbolik des Ursterns und seiner beiden Nebensterne gemäss waren die ersten Menschen ein weisser, freier Jäger, der mit seiner fruchtbaren Frau und einem schwarzen Sklaven aus dem Süden kam. Dieser Schwarze, ein mythischer Schmied, schlief jedoch mit der Frau und wurde deswegen von ihrem Mann geköpft. Sein Körper liegt nun mit kreuzförmig ausgestreckten Armen – der Milchstrasse – zwischen den Himmelspolen; sein Kopf wird vom Canopus angedeutet (anstelle vom Kreuz des Südens, dessen heiliger Name nicht ausgesprochen werden darf), die Plejaden sind sein Nacken, der Polarstern ist sein Nabel. In einer anderen Version entstehen aus diesem Schwarzen die Sonne sowie der Mond, der anschliessend die Sterne und Venus gebar.

Dem schwarzen Sklaven entspricht in Mali die Schlange, die von dem Jäger ebenfalls geköpft wird, worauf sich der Himmel umdreht und die gegensätzliche Bewegung von Sternenhimmel und Planeten beginnt. Den Leib dieser Schlange bilden eine Reihe von Sternbildern entlang der Milchstrasse, welche die Ekliptik von Norden nach Süden schneiden. Die Plejaden und die Hyaden samt α Tauri verkörpern da eine Antilope, der Orion mit seinem Hund in Sirius vergeblich nachhetzt.

In Südtunesien wiederum wird statt der Schlange ein Schakal von einem Raben geköpft, der den Schakal hierauf in 48 Stücke zerteilt. Es folgt ein Kampf zwischen dem Raben und seinem Zwilling, bei dem der eine stirbt und der andere in den Himmel aufsteigt. Eine der weiblichen Plejaden verwandelt nun den Raben in den mythischen Schwarzen, der daraufhin mit ihr schläft: Wodurch all die dunkelhäutigen Menschen gezeugt werden. Der tote Rabe auf der Erde hingegen vereint sich mit einer anderen Plejade. Daraus entstehen die freien weissen Männer, die schliesslich die Schwarzen unterjochen, die zuvor die Erde beherrscht haben.[74]

Mehrere Sternsagen der Tuareg weisen Parallelen zu den Varianten dieses Mythos auf. Die Geschichte der beiden Raben findet sich in den beiden arabisierten Sternbildern des auffliegenden und des niedergelassenen Adlers oder Geiers. Die schwarze Sklavin Lenkeshem am Himmelspol, über deren Tod beraten wird, entspricht allegorisch dem schliesslich unterworfenen dunkelhäutigen Volk des 'saharischen' Mythos. Der mythische schwarze Schmied selbst aber wurde als Enad' auf Alkor versetzt; die Geschichte um ihn ist jedoch weiterhin auf das rituelle Zerstückeln eines Opfertiers ausgerichtet, das in Ursa Maior gesehene Kamel. Und der Jäger Amanar hetzt weiterhin mit seinem Hund den Gazellen nach.

Damit entspricht der Zusammenhang der Sternbilder in diesem Himmelsstreifen immer noch jenem der geköpften Schlange, wie sie in Mali gesehen wird. Dazu stehen bei den Tuareg weiterhin Bäume, die mit dem Himmel, der Erde oder der von Djinns bewohnten Unterwelt verbunden sind, in den Sternen: die himmlische Palme, die Schirmakazie und der von Geistern bewohnte Kapernstrauch. Weitere Motive dieser 'saharischen' Kosmogonie werden auch in der Legende von Ayor und Tayort zum Mond erkennbar.

Abgesehen von diesen mythischen Echos bleiben die Sternbilder samt dem Weltbild der Tuareg aber auch dem Konkreten und

Praktischen verpflichtet. So vergleichen etwa die Kel Ferwan im nigerischen Ayr das Firmament mit einem Zeltdach: Das Pegasusviereck stellt darin – analog zu den vier das Himmelsgewölbe tragenden Säulen des Islam – die vier Stangen eines Nomadenzeltes dar.[75] Diese Pragmatik gilt auch für andere Gestirne, die hauptsächlich als Kalendersterne von Bedeutung sind.

STERNKALENDER – KALENDERSTERNE – JAHRESZEITEN

Die Tuareg teilen das Jahr in die vier Jahreszeiten Frühjahr, Sommer, Herbst und Winter, unterbrochen durch regional unterschiedliche Zwischenjahreszeiten und "günstige" wie "ungünstige" Zeiten.[76] Markiert werden sie durch den Auf- und Untergang bestimmter Sterne und Sternbilder, ihr saisonales Verschwinden und erneutes Erscheinen, wobei der Regenzeit eine besondere Bedeutung zukommt.[77]

**Die Tuareg im Norden und die im Süden leben in unterschiedlichen Klimata.
Deshalb gelten bei den Tuareg im Norden, in Algerien und Libyen, folgende Jahreszeiten:**

Tafsit ist das Frühjahr, von Mitte Februar bis Mitte Mai.

Ewilen, 'Die schnell schlagenden Herzen', heisst der Sommer von Mitte Mai bis Mitte August. Die Hitze erreicht das Maximum, die Akazienweiden sind gut; im August setzen die ersten Regenfälle ein. Er beginnt mit dem sukzessiven Verschwinden Des Führers, Kukayod's, Der Töchter Der Nacht und Des Hundes, die am Sommerende in den 'Nächten des Auftauchens der Sterne' wieder erscheinen.

Amewan ist der Herbst, von Mitte August bis Mitte November, mit seinen grünen Weiden, wenn zuvor genug Regen gefallen ist. Der Führer in Orion gilt dann als Sternbild des Herbstes; er markiert die Zeit nach der Dattelernte, wenn in den Palmoasen Fülle und Überfluss herrschen, wovon die Karawanen profitierten: "Wenn Der Führer wieder aufgeht, wird der Gast gut gesättigt sein."

Tadjrest ist der Winter, von Mitte November bis Mitte Februar. Im Dezember gibt es gute Trockenweiden, Nachtfrost ist möglich. Die mühselige, mit Krankheit drohende Kältezeit, der 'Schwarze Winter', liegt in der Mitte. Die Plejaden – Die Töchter Der Nacht – kündigen den Winter an, der Aufstieg der Knisternden Vasallen im Januar über dem Gebirge das Winterende und den Beginn der Frühjahrsstürme.

Wenn die Plejaden morgens dann im Osten aufgehen, beginnt wieder der Sommer: "Wenn Die Töchter Der Nacht aufgehen, während du noch schläfst, dann suche deine Guerba, um daraus zu trinken – Wenn sie aber aufgehen, während du noch wach bist, dann suche deine Lederdecke und wickle dich ein!"[78]

Bei den Tuareg im Süden (Niger, Mali und Sahelzone) gelten hingegen folgende Jahreszeiten:

Tabsit ist der Frühling von Mitte Februar bis Mitte März mit 40° heissen Tagen und Nächten um die Null; angekündigt wird er vom Verschwinden des Amanar abends im Westen, der dann bis Ende April nicht mehr zu sehen ist.

Ewelan ist der Sommer von Mitte März bis Mitte Juni. Die heisse und trockene Jahreszeit beginnt, wenn Die Töchter Der Nacht im Westen nach der Sonne untergehen, und endet mit ihrem Aufgang am Morgen; die kleinen Regengüsse in dieser Periode werden 'Tränen der Töchter Der Nacht' genannt.

Tashweqqit, 'Die ersten Regen', nennt man die heisse und trockene Zwischensaison, etwa zwischen Mitte Juni und Mitte Juli, markiert vom neuerlichen Aufgang der Töchter Der Nacht.

Akasa ist die Zeit der grünen Weiden von Mitte Juli bis Mitte September. Es ist dies die Regenzeit, in der Der Führer vollständig zu sehen ist und Kukayod', der Aldebaran, erstmals im Osten aufgeht.

Gharat ist der Herbst, die Zeit der gelben Trockenweiden von Mitte September bis Mitte Dezember. Angekündigt wird er vom Erscheinen Der Kamelstute in Ursa Maior; dann geht Pavo mit dem Stern Alamon auf, danach Der Hund im Sirius, daraufhin sein Schwanz und schliesslich Der Trockner, unser Canopus; die Jahreszeit endet mit dem Auftauchen des Kopfs der Kamelstute.

Tegrest ist der Winter, von Mitte Dezember bis Mitte März. Angekündigt wird er vom Aufgang des Fliegenden Adlers und er endet mit dem Verschwinden der Töchter Der Nacht.[79]

Die Kernzeit des Winters – 'Tiefster Winter', *Innar* [der lateinische Januar], oder 'Schlechte Nächte', *Erhadan* genannt – wird gesondert differenziert. Sie umfasst die vierzig Tage zwischen dem 26. Dezember und 3. Februar, in die der Jahreswechsel des Solarjahres fällt. Man unterscheidet dabei 2 × 20 Tage: den 'Schwarzen Winter', *Tagrest ta Kawalat*, und den 'Weissen Winter', *Tagrest ta Mallat*. In dieser Zeit wird nicht geheiratet, die Männer rasieren sich nicht und gehen auf keinen Raubzug, weil in dieser Zeit die Djinns herauskommen.

Dagegen wandert der zweite islamische Lunarmonat *Tallit Sattafat* – der aus der vorislamischen Zeit stammende 'Schwarze Monat' – im Jahreslauf durch den Sonnenkalender. Mit ihm verbindet sich eine arabische Legende über den Propheten Salomon. Er soll ehedem über die Djinns geboten und sie in einem riesigen Kessel in der Erde eingeschlossen haben, damit sie keinen Schaden anrichteten. Die Geister überredeten jedoch die Termiten, den Stock anzufressen, auf den sich Salomon stützte, worauf der stürzte und in diesem schwarzen Monat verstarb. Da die Djinns nun nicht mehr bewacht wurden, irren sie seitdem auf der Erde umher und versuchen, den Menschen Böses anzutun.[80]

STERNBILDER

Im Sternglauben der Araber, der auf die babylonische Astrologie mit ihren überwiegend negativen Omina zurückgeht, sind die Sterne elementare, tendenziell übelwollende Mächte. Diese Auffassung gilt in abgeschwächter Form auch für die Tuareg, wie das folgende Rätsel aus dem Niger vermittelt: "*Maslan, maslan: Kundaba Massinagh, anghin anagh; ma imos? Itran.* Nun ratet, ratet: Wenn es Gott nicht gäbe, dann würden sie uns töten; wer sind sie? Die Sterne."[81] Wenn es die Sterne nicht gäbe und man sie einfach in ein Loch der Erde kehren könnte – so ein weiteres, eingangs zitiertes Sprichwort –, wäre auch das Unglück der Menschen beseitigt. Anders als bei den Arabern besitzen die Sterne bei den Tuareg jedoch keine direkte und deutbare Wirkungsmacht – auch weil sich Allah mittlerweile vor sie gestellt hat.

Als Medium und Signal werden sie dennoch oft negativ wahrgenommen: Der Aufstieg bestimmter Sternbilder kündigt Überschwemmungen und Katastrophen an; selbst der ersehnte Regen wird von den Tränen der Plejaden gebildet. Einzelne Sterne stellen das stark Leuchtende ihrer Anführer dar; dagegen fallen Sternschnuppen aus ihrem Verband heraus und vermelden Todesfälle.

Diese destruktiven Vorstellungen kennzeichnen auch die Sternsagen der Tuareg; überwiegend geht es darin um Scheitern, Schuld und Sühne. Jeder ihrer Protagonisten ist vom Schicksal gezeichnet: einäugig wie die Kleinste der Töchter Der Nacht nach einem Verteilungsstreit; vergeblich auf der Jagd wie Die Knisternden Vasallen; versteinert und unerlöst wie die Tibarad'en nach einem Raubüberfall; für seine Hybris mit Marter bestraft wie Amanar; unglücklich den Frauen hinterher wie Kukayod'. Die Gestirne der Tuareg kennen so kein Mittel-, eher ein (meist negatives) Übermass, wie es die beiden Sterne Tanaflit, 'Reichtum und Fülle', und Tozzert, 'Armut und Mangel', demonstrieren: Diese Dualität ist die Wurzel aller Krisen und bringt ständig Konflikte unter den Tuareg hervor.

Derart spiegelt der Makrokosmos den Mikrokosmos der menschlichen Welt wider. Die Sterne und Sternbilder geben die bestimmenden Tiere (Kamele, Gazellen, Adler und Hunde) und Pflanzen (Palme oder den heimgesuchten Kapernbusch) der Lebensumwelt wieder, dazu Handwerkerzelt, Feuer und Wasserloch. An den menschlichen Figuren lässt sich sodann die Hierarchie der Tuareg-Gesellschaft ablesen: vom Ältestenrat über Amanar als überirdisch erhöhtem, aber launischem Anführer und dem räuberischen Reiter Kukayod' hinab zu den Vasallen und Jägern der Iferakferaken, der Kaste der Schmiede und der Sklavin Lenkeshem.

Bedeutsam ist auch, wer da nachts im Zenit steht: Der über allem kreisende Aasgeier führt den ewig präsenten Tod vor Augen, der siegreiche Adler dagegen symbolisiert Mut und Tapferkeit. Zugleich wird jede Nacht ein kosmischer Witz vorgeführt, wie er für den Humor der Tuareg typisch ist, der das Paradoxe mag: Ein Polarstern, der alles sklavisch festhalten soll, was sich dennoch unablässig weiterdreht. Ob das nun im Sinne des Schöpfers ist, darüber berät eine Ratsversammlung – ebenso ewig.

Dabei ist der Himmel in zusammenhängende Tableaus unterteilt: Szenen der Jagd einerseits; eine erotische Szene zwischen einem Voyeur und zwei badenden Mädchen; eine Szene der Brautwerbung; eine Szene des Lagerlebens um den Pol. Die Bilderzählung hat auch immer eine Moral, die das Leben unter diesem Geier bestimmt. Das Schicksal Des Führers warnt als Herrschaftsspiegel vor Jähzorn und Übermut der eigenen Leute der Mutter und der Erde gegenüber; Kukayod' ist das warnende Beispiel vor jedem Diebstahl, sei es Mundraub oder der Raub einer verheirateten Frau; die Mädchen der Tibarad'en zeigen, wie es Frauen bei einem Raubüberfall ergehen kann; Der Kapernstrauch symbolisiert die 'Zeit der Zurückhaltung' einer geschiedenen Frau, von der sie dann befreit wird (eine bemerkenswerte, der besonderen Stellung der Tuareg-Frauen geschuldete Tradition); und in Lenkeshem wird der Ungehorsam von Sklaven exemplifiziert.

Dennoch ist all dies kein Ausdruck einer strengen Ethik; die Tuareg leben auch unter dem Mantel des Islam eher freizügig. Zudem werden die Erzählungen von den Sternen heute eher als alter Sagenschatz betrachtet. Zur Orientierung der Karawanen genügen wenige markante Gestirne wie Polaris, Orion, die Plejaden oder Ursa Maior; im Vordergrund jedoch stand schon immer konkrete Wegkenntnis: Dünenformen, Art und Farbe des Sandes, Bewuchs- und Gräserart der Vegetation, Weiden und Wasserstellen, schon deshalb, weil in der Sahara und im Sahel der aufgewirbelte Staub des Harmattanwindes den Himmel oft sehr lange verdeckt.

Das Karawanenwesen ist durch Motorisierung und GPS längst im Niedergang, und die alten Kenntnisse der Gestirne spielen in der Gegenwart kaum noch eine Rolle. Die Quellen zu den Sternbildern und ihren Mythen wurden zwischen der Mitte des 19. und der Mitte des 20. Jahrhunderts von ethnologisch interessierten französischen Reisenden und Kolonialbeamten aufgezeichnet. Sie geben also nur ein Wissen aus zweiter Hand wieder; Jeanne Pottier hat es in ihren Märchen noch dazu für den damaligen Pariser Geschmack aufbereitet. In Ermangelung detaillierter indigener Aufzeichnungen ist dieses Wissen dennoch eine wertvolle Quelle.

Die umfangreichsten Darlegungen von Guy Barrere (über den algerischen Hoggar) und Edmond Bernus | Ehya-ag-Sidiyene (für die südöstlichen Tuareg) stammen vom Ende des 20. Jahrhunderts und geben ein bereits vom Vergessen bedrohtes, vielerorts schon historisch gewordenes Wissen weiter. Es wurde zwar zur Behauptung einer eigenen kulturellen Identität stellenweise revitalisiert, parallel zu den Bestrebungen einer politischen Autonomie der Tuareg in den westafrikanischen Staaten. Beides wurde allerdings vom militanten Islamismus unterlaufen. Die weitere Entwicklung bleibt ungewiss. Dennoch konnte ich in Tamanrasset 2021 ein Interview mit dem als Führer arbeitenden und als Gelehrter geltenden Ibrahim Lamri führen lassen, indem er von den wesentlichen Sternbildern, den Töchtern Der Nacht, dem Führer und seinem Grabmal, Kukayod' und den Hunden erzählt und sie als Markierungen der Jahreszeiten und Orientierungspunkte vorstellt.

Für die kritische Durchsicht des Textes, Kommentare und die Angleichung der Namensschreibweisen, habe ich dem Lexikographen der Tuareg, Hans Ritter, zu danken. Bei der Aussprache der Namen entspricht das 'th' dem englischen Lautwert, das 'z' einem stimmhaften 's' und das 'gh' einem schnarrenden Kehllaut am Gaumen zwischen 'r' und 's'.

I HIMMEL, STERNE UND MILCHSTRASSE

Himmel

ADJENNA | ASHENNA | AJENNA

Der Name bedeutet auch 'Wolke' und in seinen Erweiterungen 'Regen' sowie 'Paradies' (*Alhannat, Aljannat*).[82]

AZYAR – DAS FIRMAMENT

Der Name bedeutet 'kleine Wolke' und in der Erweiterung 'Firmament'.[83]

EGHER – DIE ERZSCHALE

Diese Bezeichnung für das Firmament bedeutet wörtlich 'Kupfer, Metallschale'.[84]

R II 346

Stern

ATRI – Pl. ITRAN

TATRIT – GROSSER (EINZELNER) STERN

R II 765

Milchstrasse

MAHELLAW – DIE UNGERADE

Der Name ist abgeleitet von *mehelwi*, 'nicht gerade sein', da sich die Milchstrasse als unregelmässiger Gürtel am Himmel zeigt.[85]

TARRAYT N-AYAR – DER WEG INS AYR[86]

Der Name rührt vom üblichen Rückweg der Raubzüge der Kel Denneg ins nigerische Ayr-Massiv.[87]

Ein moderner Text des Dichters Hawad aus eben dieser Region lautet:

UMHERIRREN

"Mahellaw, die Witwe der verzauberten Wege, verlangt von Den Töchtern Der Nacht vergeblich eine Orientierung. Amanar bleibt stumm, sein Schwert in den Himmel. Der rechte Flügel der Morgenröte zerbricht auf meiner linken Schulter. Ich irre, ich bin Wind wehend durch den Rauch, die Armut der Menschen. Ich habe mein Volk zurückgelassen im Auge des Abgrunds. O du Dämon, Gefährte des Unglücks, du einäugiges Quarzauge, hättest du nicht einen Heilsstern für die Pupillen des Gazellenkitzes, die tränenlos weinen?"[88]

II KUKAYOD'S WERBUNG UM DIE TÖCHTER DER NACHT

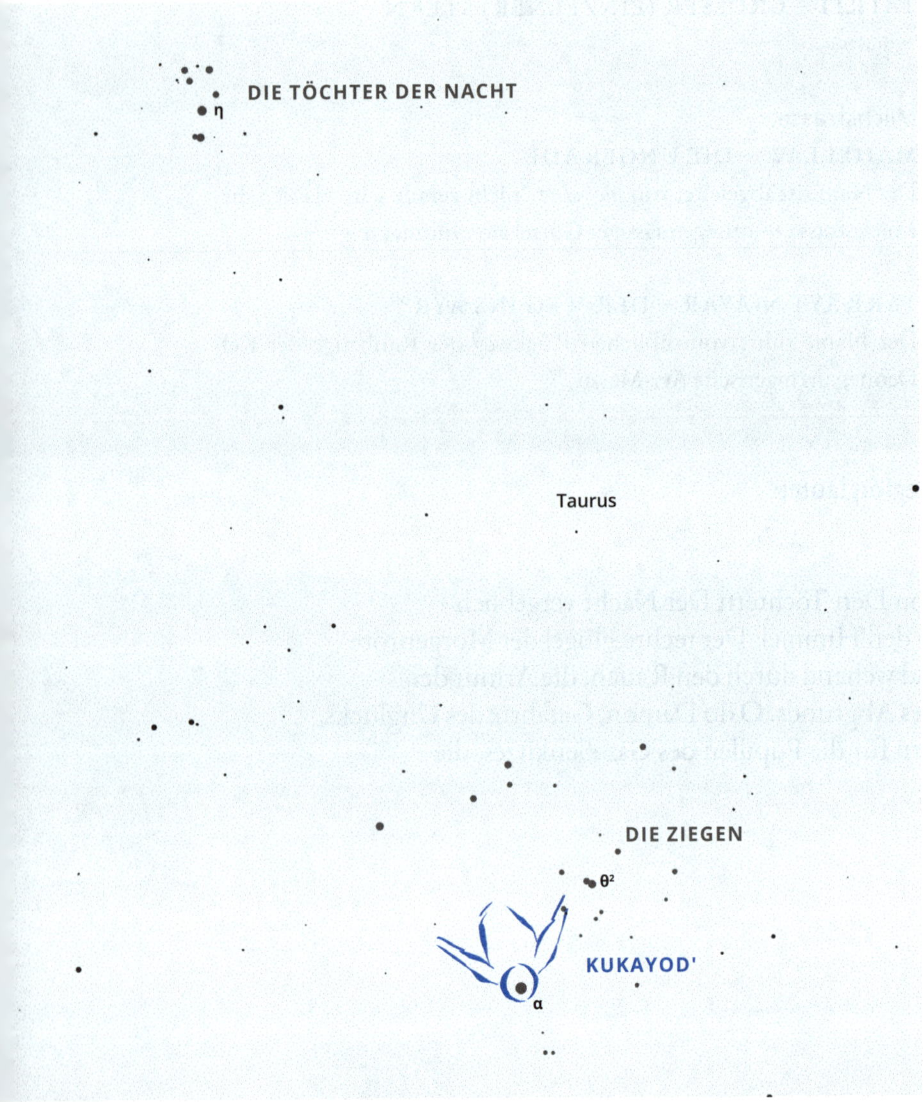

α Tauri

KUKAYOD'

B|S

Kukayod' umfasst drei Sterne am Kopf unseres Taurus: Der Aldebaran ist der Körper, die beiden seitlichen sind seine Schwingen. Als mythische Männergestalt verfolgt er die Plejaden seit Anbeginn der Zeiten. Es heisst, er habe Die Töchter Der Nacht geliebt, sei aber von Amanar verjagt und in sein umzäuntes Lager eingeschlossen worden. Seitdem kann er sie niemals mehr erreichen, woher der Ausdruck stammt: *vergebliche Kukayod'-Anstrengungen unternehmen*.

Eine Woche nach dem morgendlichen Aufgang Der Töchter Der Nacht im Osten, erscheint Kukayod' als 'Kopf des Wassers', der den Beginn der Regen ankündigt. Da die ersten Regen meistens spärlich sind, gilt er auch als 'Regenverhinderer'. Kukayod' hat gesagt: "Das Wasser, das Die Töchter Der Nacht lassen – sie lassen es, wenn ich bei ihnen bin – weil ich es dann verhindere."[89] Die vor ihm aufgehenden Plejaden, insbesondere der Orion gelten hingegen als 'Regenbringer'.

B|S, Z, R II 23, Z

Bei den Tubu des Tibesti haben die dort *Kowobodo* genannten Plejaden ähnliche Bedeutung. Sie verschwinden jährlich für fünfzehn Tage im Westen. Wenn sie danach wieder im Osten auftauchen, müssen die Tubu Waschungen des Kopfes und der Hände vornehmen, damit genügend Regen fällt.[90]

Hyaden

ULLI – DIE ZIEGEN

B

KUKAYOD' UND DIE TÖCHTER DER NACHT

Die vom Schmied Enhad' heiss ersehnte Hochzeit ist jene des Kukayod'. Der geht, in seine schönsten Kleider gehüllt, auf die Shet-Ahad' zu, das heisst: zu Den Töchtern Der Nacht, indem er eine Ziegenherde vor sich hertreibt, die allgemein *Ulli* genannt wird und das Brautgeschenk darstellt, das er jener der Töchter Der Nacht geben wird, die er zu heiraten vorhat. Nebenbei sei bemerkt, dass er wahrscheinlich einem ehemaligen Vasallenstamm angehört, denn eine Familie von adeligen Tuareg hätte als Gabe keine Ziegen, sondern vielmehr eine bestimmte Anzahl von Kamelen erhalten (meistens sieben prächtige Tiere). Welche Der Töchter Der Nacht Kukayod' um ihre Hand bitten will, ist uns immer noch unbekannt. Vielleicht ist es die kleinste unter ihnen? Doch kehren wir zu Kukayod' zurück, der die anmutigen Töchter Der Nacht verfolgt, ohne jemals jene zu erreichen, von der er dauernd träumt und für die er seinen langen Marsch unternommen hat. Ja, wirklich, seine Verfolgung hat in grauer Vorzeit begonnen und für alle, ausser für Kukayod', ist offensichtlich, dass kein Zeichen uns jemals ihr Ende erahnen lassen wird. Diese Verfolgung ist sprichwörtlich geworden als 'Kukayod's Verfolgung' in Bezug auf ein Unterfangen, das keine grossen Chancen auf Erfolg hat, und als 'Kukayod's Anstrengung', wenn es sich um Bemühungen handelt, die unweigerlich zum Scheitern verurteilt sind.[91]

Heute gilt Kukayod' in Tamanrasset als Sklave der Töchter Der Nacht – weil er nur der Hirte der Ziegen ist, welche die Tuareg als ihren Besitz ansehen.

III DIE TÖCHTER DER NACHT

Plejaden
SHET-AHAD' – DIE TÖCHTER DER NACHT

Electra
MA-TARADJRADJ – DIE WEINENDE?
Maia
ERREDJ-AWAT –
DIE ZU WEINEN AUFGEHÖRT HAT?
Merope
MA-TASAKSAK – DIE SICH BEWEGENDE?
Taygeta
ASSAK-AWAT –
DIE SICH ZU BEWEGEN AUFGEHÖRT HAT?
Alkione
MA-TALAGHLAGH – DIE SCHILDE TRÄGT?
Atlas
ALLAGH-AWAT – DIE KEINE SCHILDE TRÄGT?
Pleione
TET'T'-ENNET-ABA-TET – DER EINÄUGIGE KNABE
FADI'MATA

D und R II 585–586

Die Töchter Der Nacht sind die Ehefrauen Des Führers in Orion; der von α Tauri verkörperte Kukayod' wirbt vergeblich um sie. Die Tuareg des Hoggar haben für die sieben Plejaden eigene Namen, die folgende Verse zusammenfassen: "Die Töchter Der Nacht sind sieben: Ma-taradjradj und Erredj-awat, Ma-tasaksak und Assak-awat, Ma-talaghlagh und Allagh-awat. Vom siebenten heisst es, es sei ein Knabe, dem ein Auge fehlt."

B | S, Z, D, R II 585–586 und 596

Die Tuareg in Mali kennen den kleinsten Stern der Plejaden auch als Fadi'mata. Amanar hat ihr ein Auge genommen, weil sie unerlaubt die Wildkörner der Wunderblume (*Boerhavia repens*) gesammelt oder von ihnen gekostet hat.[92] Für diese Legende scheint die in Mali kursierende Version des 'saharischen' Weltschöpfungsmythos einen Kontext zu bieten. Darin existierte am Anfang der Welt das Samenkorn der Roselle (*Hibiscus sabdariffa*) sowie ein platzendes Hirsekorn, aus denen am Ende der erste Himmel hervorging, an dem nur die Plejaden standen.[93]

Wenn Die Töchter Der Nacht im Westen nach der Sonne untergehen, kündigen sie den Beginn der Hitze an. Vierzig Tage später gehen sie am Morgen auf und werden zum Vorzeichen, dass die Hundstage und der Durst bald ein Ende finden. In diesem Zeitraum bilden sich Gewitterwolken, ohne dass es richtig zu Regen kommt; es tröpfelt bloss – das sind 'Die Tränen der Töchter Der Nacht', die keinen Durst löschen und die bedrängten Lebewesen nicht erlösen.

In Tamanrasset kann man noch heute die oben zitierten Verse zu den Plejaden aufsagen und sieht sie vor allem als Sommer- wie Winterzeichen. Wenn sie sommers in der Frühe nicht mehr zu sehen sind, muss man kühles Wasser holen gehen; wenn sie sich dann frühmorgens wieder zeigen, braucht man warme Kleidung, es heisst: Achtung, die Kälte kommt![94]

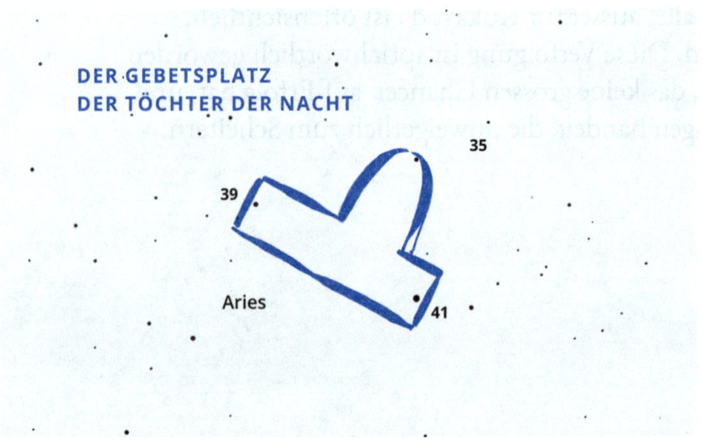

35, 39 und 41 Arietis

TAMEJJIDA EN-SHET-AHAD' –
GEBETSPLATZ DER TÖCHTER DER NACHT

B

Der Gebetsplatz ist ein oft nur mit Steinen am Boden markiertes, rechteckiges Areal; ein kleiner aufgesetzter Halbkreis zeigt die Richtung nach Mekka.[95] Die Töchter Der Nacht beten dort regelmässig und mit einer Inbrunst, die manche allen Gläubigen vorschreiben wollen.[96]

In Tamanrasset gilt dieses kleine Sternbild zusammen mit Kukayod' und den Plejaden als Orientierungspunkt, da sie stets gemeinsam in einer Linie im Osten aufgehen.[97]

Die folgende Legende bietet einen erzählerischen Überblick des Sternenhimmels der Tuareg, in dem die Plejaden als Töchter Der Nacht eine grosse Rolle spielen. Ähnliche Geschichten solcher Himmelfahrten, bei denen ein Junge von einem Falken oder Donnervogel emporgehoben wird, um dann im Himmel zu verdriessen, sind von berberischen Märchen bekannt.[98]
Leider ist die Verfasserin, Jeanne René Pottier, eine nur beschränkt zuverlässige Quelle für die Sternsagen der Tuareg, indem sie aus Duveyriers Sternenliste und Erzählungen der Tuareg in Djanet ein für das damalige Frankreich leicht verdauliches, orientalisierendes Kunstmärchen geschaffen hat. Dass sie den Inhalt jedoch aus der Folklore der Tuareg schöpft, geht aus dem Vorwort ihres Mannes zu den publizierten Märchen hervor[99] und zeigt sich auch an den vielen Übereinstimmungen mit dem bekannten Gedankengut der Tuareg.

DER HIRTE DER STERNE

“Bei der Rast redeten die Hirten unter dem sternenreichen Himmel. Es war eine jener Nächte in der Sahara, da die Gestirne im blauen Äther von einem Schleier gehalten schienen. Rund um sie, aus dem Schatten auftauchend, sah man die bizarren Silhouetten ihrer Kamele. Es waren vier Hirten, drei davon hockten zusammen, der vierte hatte sich abgesondert; warum blieb er den anderen fern, um meist auf der Spitze eines aufragenden Felsens zu sitzen? Musste er für etwas Ausschau halten? Hatte er die Nachtwache übernommen? Nein, er mochte bloss die Einsamkeit, und man respektierte seinen Hang danach. Seine drei Gefährten, die auf die Namen Amghar, Bachir und Mâma hörten, sahen in ihm ein geheimnisvolles Wesen; sie hörten ihn des öfteren zu den Sternen sprechen.
Amghar war der älteste der Hirten und wusste viel über das Leben seines seltsamen Freundes. In dieser Stunde, in dieser heiteren Nacht liess er sich zu Vertraulichkeiten hinreissen, zur grossen Freude von Mâma und Bachir. ‘Unser einzelgängerischer Freund heisst, wie ihr wisst, Hamzatta-Nejma. Jeder kennt ihn, doch habt ihr je von seiner Geburt gehört?’
Bachir antwortete: ‘Man erzählt viel von ihm; was davon ist jedoch wahr? Hamzatta ist ein diensteifriger, aber sehr eigenartiger Junge; es scheint, als wäre er manchmal nicht von dieser Welt, was nicht überrascht, heisst er doch *Hamzatta Nejma*, [arabisch für] ‘Der Fünfte Stern’ [der Plejaden]! Dennoch mögen wir ihn, und unsere Zuneigung ist umso grösser, als er ein guter Junge ist. Du aber, Amghar, bist älter als wir und deine Familie hat ihr Zeltlager lange neben dem seiner Eltern aufgeschlagen, darum erzähl uns, was du über ihn weisst.’
Die drei Hirten waren aufgestanden; zusammen näherten sie sich dem Felsen, auf dem Hamzatta sass, blieben am Fuss der Felsspitze stehen und horchten.
Hamzatta Nejma wandte sich an das Gestirn der Töchter Der Nacht, indem er sie bei ihrem Namen rief: *‘Shet-Ahad’!’* Da begannen sie, die Plejaden, mit einem Mal noch heller zu leuchten.
‘Was hat er ihnen wohl zu sagen?’, fragten sich die Hirten. Bachir bettelte erneut: ‘Amghar, wenn du etwas über Hamzatta weisst, weihe uns ein, ich bitte dich!’ ‘Nein, nein, ich trau mich nicht mehr, ich fürchte mich! Schaut doch, wie ihn Die Töchter Der Nacht in ein mit Pailletten besticktes Netz hüllen; und hört

ihr dieses dumpfe Rauschen in den Bergen? Verstecken wir uns; im Schutz der Felsen hier wird uns keiner sehen.'
In dem Moment öffnete sich der Berg hinter den drei Tuareg und liess einen Djinn heraus, der wachsame Blicke rund um sich warf; als er niemanden erblickte, stampfte er mit einem seiner gespaltenen Füsse, der mit einem goldenen Huf beschlagen war, dreimal auf den Boden, worauf ein ganzes Heer von Djinns aus dem weit offenen Felsen drang, die alle wie toll zu tanzen begannen. Sie schienen mit den Töchtern Der Nacht kämpfen zu wollen, doch die Sterne gingen unter und trugen Hamzatta in einer blauen Wolke mit sich fort.[100] Er wird emporgehoben, durch die Himmel, und *Tazzeyt*, das Sternbild Dattelpalme [Scorpius], hilft ihm bei seinem Aufstieg; er klammert sich an ihren geschuppten, silbrigen Stamm und verliert sich zwischen den Palmwedeln.
'Oh', sagte Amghar, 'ich verstehe, die Djinns wollen nicht, dass Hamzatta in der Welt der Sterne lebt. Freunde, lasst diese Geister zurück in ihr Reich kehren, der Berg wird sie wieder aufnehmen, sie sind enttäuscht, denn Hamzatta ist ihnen wieder einmal entwischt. Wartet: der Berg grollt, er öffnet sich erneut, alle Geister sind verschwunden, jetzt kann ich also erzählen.'"

Er erzählt nun, dass der Vater Hamzattas, Sidi ben Herza, vor dessen Geburt unbedingt wissen wollte, ob dieser ihm gleiche, worauf Hamzattas Mutter Fadi'mata die Magierin Oult Idinen, 'Tochter der Geister', konsultiert. Der Sterne kundig, wird sie dies nun mit Hilfe des Wassers des Mondes voraussagen: "'Deinem Ehemann, Sidi ben Herza, geht es gut, er wird kurz vor der Geburt deines Kindes wieder zurück sein; du aber, mein Mädchen, du wirst leiden müssen, darum sag es mir rechtzeitig, wenn du mit deinem Erstgeborenen niederkommst, damit ich da sein kann, um ihn in Empfang zu nehmen. Was die Ähnlichkeit mit seinem Vater betrifft, so wird die uns der Mond verraten: Ich werde dir und deiner Freundin, bevor ich das Mondwasser zubereite, einen Tee reichen; in den Tee aber, welchen du trinken wirst, hab keine Angst, werde ich ein wenig *Teheredjele* [*Artemisia judaica*] geben, die Pflanze, deren Blüten die Macht haben, die Djinns zu vertreiben. Diese kleinen gelben Bällchen, die so stark duften, vertreiben die bösen Geister, wenn man sie in einer ledernen Hülle um den Kopf des Kindes hängt; in deinem Fall werden sie auch die Macht haben, dich alles klar und deutlich im Mondwasser sehen zu lassen.'
Oult Idinen servierte den Tee, danach holte sie hinten aus ihrer Zeriba eine grosse Holzschüssel, liess aus einer alten Guerba, einem Schlauch aus Ziegenfell, Wasser in das Gefäss rinnen und murmelte etwas, das selbst für die beiden jungen Frauen unverständlich blieb; die Fragende und die Freundin vermochten von ihr keine Auskunft über die ausgesprochenen Worte zu erhalten. Die Magierin, die schwere Holzschüssel in Händen, welche die Flüssigkeit enthielt, die bald das Aussehen des erwarteten Kindes widerspiegeln würde, blieb auf einem Pfad des Friedhofes zwischen zwei Grabreihen stehen, in denen fast ausschliesslich Frauen begraben lagen, wie die drei Steine zeigten: einer für den Kopf, einer für die Körpermitte und einer für die Füsse. Dort stellte sie ihre Bürde nieder und kam dann zu ihrer Zeriba zurück. In einem Haufen von Lumpen aller Art und Farben fand sie einen weissen Schleier, ging zu einer Truhe, öffnete sie, holte Schmuck und silberne Halsketten hervor, legte Ringe um ihre Knöchel, die durch Ketten miteineinander verbunden waren, und nahm auch einen Kupferbecher und einige Bröcklein wohlriechenden Holzes, die einen berauschenden Duft verbreiten, wenn man sie verbrennt, und zündete sie an, worauf sie wie Harz brannten. Nachdem sie auch einen Spiegel genommen hatte, ging sie langsam davon, die Länge ihre Schritte abgemessen von den Ketten zwischen ihren Fussringen, den Becher in der Hand, aus dem Rauch stieg und der diabolisch duftende Schwaden hinter sich verbreitete.
Sie erreichte die Stelle, an der sie die Schüssel und das Wasser abgestellt hatte. Dort begann sie mit ihren Beschwörungen, erhob sich auf Zehenspitzen und hob den qualmenden Becher empor. Sie kniete sich hin, stand wieder auf, kniete sich wieder hin; danach rief sie langsam zum Mond, zuerst in den Spiegel, der ihn reflektierte; dann stellte sie die Schüssel mit dem Wasser woanders hin, bis das Gestirn der Nacht genau in die Mitte schien, wiegte die Flüssigkeit hin und her, bis der Mond sich darauf bewegte, und sagte: 'Zina leïla, teman elqemer – Schöne Nacht, Vollschein des Mondes!'
Jetzt kam der Spiegel wieder ins Spiel und fing nun seinerseits, wie das Wasser zuvor, den Vollmond ein.
Da rief Oult Idinen Fadi'mata zu sich, befahl jedoch ihrer Freundin, fernzubleiben. Die künftige junge Mutter

trat heran, von ihren schönsten Schmuckstücken und einer kostbaren weissen Tunika mit einem blauen Schleier geziert.
'Fadi'mata ist schön' – unterbrach Amghar seine Erzählung, an seine Begleiter gewandt –, 'ihr Gesicht ist bezaubernd und süss wie das eines Kindes; ihr, die ihr sie kennt, wisst, dass ich die Wahrheit sage.'
Sie näherte sich mit schüchterner Anmut dem Gefäss; Oult Idinen bedeutete ihr, sich hinzuknien, legte ihr die Hände auf den Kopf, um sie zu zwingen, ihn zu senken, und wisperte unverständliche Worte: 'Sieh, du, meine Freundin', schien sie zu sagen, 'das Gestirn der Nacht offenbart dir das Aussehen deines Kindes, was sagst du dazu, mein Täubchen?'
Fadi'mata betrachtete das Mondwasser und die Magierin gebot ihr, mit der hohlen Hand daraus zu schöpfen und es zu trinken, was sie auch tat. Die Fragende, die Augen aufmerksam auf die im Wasser gefangene, silberne Scheibe gerichtet, blieb eine ganze Weile wie von seinem Einfluss hypnotisiert und schrie dann auf: 'Bei Allah, Gestirn der Nacht, ich sehe nur eine Ähnlichkeit mit mir!'
Das Mondwasser spiegelte das Antlitz eines Kindes, das dem seiner Mutter glich. Schwankend erhob sich Fadi'mata, gestützt von der Magierin, die sie den Armen ihrer Freundin übergab, zu der Holzschüssel zurückkehrte, sie davontrug und ihren Inhalt auf das frische Grab des Moussa leerte. Fadi'mata versprach Oult Idinen, sie, wie versprochen, an dem Tag zu sich zu rufen, an dem ihr Kind zur Welt käme. Die Magierin bekräftigte, was sie gesagt hatte: Sie wusste durch Moussas Seele, dass Sidi ben Herza in dem Moment enttäuscht sein würde; sie aber würde die richtigen Worte finden, um ihn zu trösten, und dem Neugeborenen die Gesichtszüge seines Vaters zurückgeben können.
Traurig, aber sich ihrem Schicksal fügend, ging Fadi'mata wieder heim, begleitet von ihrer Freundin. Die Tage vergingen, Sidi ben Herza kehrte fröhlich zurück, jede Stunde, die verstrich, brachte die Freude näher, die er von der Geburt erwartete. Der ersehnte Tag kam; schnell schickte Fadi'mata nach Oult Idinen; Sidi ben Herza mochte die Magierin zwar nicht besonders, aber da es der Wunsch seiner Frau war, willigte er ein.
Das Kind kam zur Welt. 'Ah!', schrie Sidi ben Herza. 'Dieser Sohn ist nicht von mir, er gleicht mir nicht!'
Oult Idinen ergriff das Wort und erklärte feierlich, dass dies das Werk von Dämonen sei. 'Sie haben vor der Geburt eingegriffen', erläuterte sie, 'und eine Vertauschung vorgenommen, doch ich schwöre dir, dass ich, dank dem schützenden Geist Moussas, der durch meine Bemühungen hin ins Land der Dämonen geschickt wurde, dir gleich den Sohn zurückgebe, den du dir wünschst.'
Sie ging aus dem Zelt, zeichnete davor einen Kreis auf den Boden, schritt ihn, vor sich hin summend, siebenmal ab, trat dann hinein, kniete sich nach orientalischer Art nieder und verlangte, dass man ihr eine Räucherpfanne voll glühender Kohle, eine Palmfaserschnur und ein wenig Lehm bringe. Immer noch murmelnd in zunehmend lebhafterem und abgehacktem Tempo, die Stimme bei jeder Beschwörung erhebend, immer lauter, bis sie zuletzt richtige Schreie ausstiess, die von den Bergen zurückgeworfen wurden, der Klang zwischen ihnen widerhallend wie in einem diabolischen Zwiegespräch, begann sie komplizierte Knoten in die Schnur zu knüpfen, dann mit dem Lehm eine *Taknart* zu formen, eine Frauenpuppe, die aber kaum menschlich war; diese umschlang sie mit der Schnur, die mit all ihren Knoten einem Gebetskranz ähnelte.
Dann zeichnete sie in der Mitte des Kreises, in dem sie sich befand, einen weiteren, kleineren Kreis, häufte darin eine Sandpyramide auf und stellte auf diesem improvisierten Altar das barbarische Idol, das sie gerade gefertigt hatte. Sie kniete davor hin, beugte sich bald nieder, bald warf sie sich wieder zurück, wie von Entsetzen ergriffen. Ein Zwiegespräch entspann sich zwischen ihr und einem unsichtbaren Wesen, von dem keine Antworten zu hören waren. Ihre Stimme wurde gebieterisch und man konnte, obwohl sie eine Art Fremdsprache benützte, bei einigen Worte ahnen, dass sie dem Prinzen der Dämonen befahl, dem Kind das wahre Gesicht, das ihm geraubt worden war, zurückzugeben.
Diese Zeremonie dauerte lange. Als sie fertig war, legte sie die Statue in das Pfännchen, dessen Glut erkaltet schien; doch in eben dem Moment, als die Taknart die Asche berührte, stieg ein fester roter Rauch daraus hervor und ein Geruch nach Schwefel breitete sich aus. Oult Idinen, ganz beglückt von diesem Resultat, bat, dass man ihr nun das Neugeborene bringe. Sidi ben Herzas Widerwillen zum Trotz legte sie solch eine Autorität an den Tag, dass er es nicht wagte, es ihr zu verwehren, und bald mit seiner kostbaren Bürde zurückkam.
Die Magierin nahm den Buben, sah ihn an, machte eine schreckliche Grimasse, zeigte ihm mit Hilfe des

Zeigefingers und des kleinen Fingers der linken Hand die Hörner und verbarg ihn dann unter ihrem Schleier. Danach hielt sie ihn zuerst über den roten Rauch, der grün wurde, und wiederholte die Geste ein zweites Mal, worauf der Rauch gelb wurde; beim dritten Mal nahm der Rauch eine blaue Färbung an und löste sich auf. Oult Idinen betrachtete die Feuerstelle, und als sie feststellte, dass die Taknart nicht mehr da war, sich ihrer Macht sicher, übergab sie den Säugling, ohne ihn eines Blickes zu würdigen, seinem Vater. 'Die Seele deines ersten Sohnes ist davongeflogen', sagte sie ihm. 'Und nun schau dir den an, den ich dir in die Arme lege; er ist dir wie aus dem Gesicht geschnitten: Ich habe deinen wahren Sohn von den Dämonen zurückgeholt.' Sidi ben Herza glaubte es ihr, weil er nun in den Gesichtszügen des Kindes seine eigenen wiedererkannte. Aber eine Seele war entflogen, ein Kindstausch hatte stattgefunden! Und so gab man dem Zweitgeborenen den Namen *Hamzatta*.

Die Hirten hatten der langen Erzählung zugehört, ohne etwas zu sagen, aber jetzt fragte Bachir neugierig: 'Was ist aus Hamzatta-Nejma geworden?'
Amghar schwieg; unter seinem Tagulmust nahmen seine grossen dunklen Augen einen träumerischen Ausdruck an, und er blieb stumm. Der neugierige Bachir wurde ungeduldig: 'Warum schweigst du immer noch? Ich habe dich gerade nach Hamzatta-Nejmas gefragt, und du antwortest nicht!'
'Das ist ein Geheimnis, über das ich mich nicht zu reden traue. Schwört ihr mir, den Rest dieser Geschichte für euch zu behalten? Sonst wird euch die Rache der Geister ereilen, zuerst euch, dann mich.' 'Wir schwören dir, Amghar, dass wir ein Geheimnis bewahren können', riefen die beiden Zuhörer, begierig auf den Rest der Geschichte. Amghar nahm also die Erzählung wieder auf.
'Eine Seele war entflohen, ein Kind geboren worden. Aber wisst, dass es zwei Kinder gab, zwei Hamzattas. Ich werde euch zuerst von der entflogenen Seele erzählen. Man veranstaltete ein Fest bei Sidi ben Herza, aber Fadi'mata blieb, trotz ihrer offenkundigen Freude, sehr traurig, etwas von ihr war verschwunden, eine Seele, hatte Oult Idinen gesagt, und wo war sie, diese irrende Seele?
Sie hatte das Heim verlassen; leicht wie Rauch und einem Regenbogen ähnlich, war sie in die Himmel aufgestiegen. Und es war seltsam, denn in den Höhen angekommen, erhielt sie ihren Körper zurück, dieses Gesicht, das jenem vom Mondwasser gespiegelten glich. Was ich euch hier berichte, meine Freunde, wurde mir von Hamzatta-Nejma selbst erzählt, er ist ein berückender Geschichtenerzähler, wenn er weiss, wem er vertrauen kann.
Da war er also im *Mahellaw* – der Milchstrasse – angekommen, wo er vom Orion empfangen wurde. Schaut hinauf, meine Freunde, und ihr werdet ihn sofort entdecken, denn wir kennen die Sterne, und sie mögen uns.' Orion ist *Amanar*, 'Jener, Der Öffnet'.[101] Das Schwertgehänge des Orion ist *Tadjbest-en-Amanar* – was so viel heisst wie 'Der Gürtel Jenes, Der Öffnet'.
Amanar fragte ihn: 'Wohin gehst du, gequälte Seele?' Hamzatta erzählte also von seinem Leid. 'Bleib bei uns', sagte ihm Orion. 'In unserem Reich der Sterne hast du nichts zu befürchten. Ich werde dich zuerst dem allerschönsten Gestirn vorstellen, *Tatrit ta-n Tufat* ['Stern Des Morgens', Venus].'
Schnell führte Amanar Hamzatta durch das Reich der Sterne. Sie gingen auf dem Staub der Gestirne, auf einem Sand aus Licht, wo jeder ihrer Schritte eine phosphoreszierende Fährte zurückliess. Die strahlende Tatrit ta-n Tufat, schön wie ein Edelstein, empfing den Unbekannten. Sie nahm an seinem traurigen Abenteuer Anteil, denn der Mond hatte von diesem Kindstausch bei den Menschen auf der Erde erzählt.
'Ihr seid leider von Dämonen umgeben, ihr armen Erdlinge!', sagte sie ihm. 'Hier, Hamzatta, musst du diese schrecklichen Wesen nicht fürchten, und wenn du jemals wieder zu den Deinen hinabsteigen willst, werden wir dich zu beschützen wissen. Sie werden merken, dass du dich uns anvertraut hast; wenn du dich aus unserer Herrschaft begibst, dann rate ich dir, werde Hirte, denn dann werde ich dein Stern sein, und unter meinem Schutz können dir die Djinns nichts anhaben. Folge mir', fügte Venus hinzu, 'wir werden dir alle Sterne vorstellen und bisweilen wirst du an ihnen manche irdischen Bande wiedererkennen, denn Amanar ist auch der gegürtete Jäger, gefolgt von seinem Hund, *Eydi*, den man anderswo Sirius nennt; und dem gehen hier Die Dorkas-Gazellen voraus, *Ihenkad'*, die in unserem Sternbild des Hasen stehen. Du schmunzelst, Hamzatta, unsere Welt ist ein bisschen die deinige, du siehst hier die Tiere der Erde wieder.'

Die betörende Tatrit ta-n Tufat nahm Hamzatta an der Hand. Wie schön sie doch schien, in leichte Stoffe gekleidet und von ihrem langen goldenen Haar umhüllt. 'Schau, Hamzatta', fuhr sie fort, 'da sind die Grosse und die Kleine Bärin: sie ist eine Kamelstute, *Talemt-ed-ror-es*, mit ihrem kleinen Fohlen. Das Fohlen ohne seine Mutter ist nichts anderes als unsere Kleine Bärin: *Awara*, kurz gesagt – etwas ganz schön Kleines!' Hamzatta war glücklich, er ging wie im Traum, seine Füsse auf den weichen Wolken wie auf einer feinen Decke. Tatrit ta-n Tufat, gefolgt von Amanar, setzte ihre Reise fort, um ihm ihr Reich zu zeigen. Sie kamen zum Polarstern – *Lenkeshem* –, was so viel heisst wie 'Halte!'.
'Einer Negersklavin', erklärte Tatrit ta-n Tufat, 'soll man einmal befohlen haben, das Kamelfohlen zu halten, das kleine bockige Awara, damit man seine Mutter melken konnte, Talemt, die du an der Stelle der Grossen Bärin gerade kennengelernt hast. Und da ist das Gestirn des Dreiecks, deren Form an den Schmuck der Frauen eurer Erde gemahnt; bei uns ist dieses Dreieck jedoch *Eljemaghat*, die Versammlung der Alten, die darüber beraten, ob man die Negerin töten soll, weil sie das Fohlen losgelassen hat. Lenkeshem hat Angst und versteckt sich.'
'Gibt es bei euch denn', wandte Hamzatta ein, 'auch böse Sterne?' 'Nein, nein, beruhige dich, das sind alles nur Figuren, Namen, die man ihnen gegeben hat, damit ihr Erdlinge uns wiedererkennt.' Nachdem Hamzatta wieder Zuversicht gewonnen hatte, fragte er Tatrit ta-n Tufat: 'Was werdet ihr aus mir machen?'
'Wir werden dich Den Töchtern Der Nacht anvertrauen, sie werden sich freuen, dich wie einen Sohn oder einen jungen Bruder bei sich aufzunehmen. Schillernd und wie kleine, blasse Jungfrauen zitternd, werden sie entzückt sein, sich dir zu widmen. Zurzeit sind sie zu sechst, vielleicht aber wollen sie aus dir den siebten Stern machen, falls auch du dies wünschst.'
Amanar hatte Die Töchter Der Nacht darauf vorbereitet. Venus, die sich gewiss war, dank ihrer Anmut und Schönheit deren Zuneigung zu gewinnen, führte Hamzatta zu ihnen und stellte sie ihm vor. 'Hier sind meine Schwestern: *Ma-taradjradj* und *Erredj-awat*, *Ma-tasaksak* und *Assak-awat*, *Ma-talaghlagh* und *Allagh-awat*.'
Hamzatta wurde von Den Töchtern Der Nacht ins Herz geschlossen, er wuchs bei ihnen auf und lebte mitten unter den Sternbildern. Doch seine Mutter hatte er auf Erden zurückgelassen. Im Reich der Sterne erfuhr er alles über sie, erkannte er ihre Leiden; wie gern hätte er ihr gesagt, ihr allein, dass er sehr wohl ihr richtiger Sohn war! Für seine Mutter war er Hamzatta und für Die Töchter Der Nacht Hamzatta-Nejma.
Eines Tages, trotz aller Schönheit im Reich der Sterne und allem Süssen, mit dem es erfüllt war, weinte er. Ma-taradjradj wurde darüber so glanzlos und blass, dass man bereits glaubte, sie würde herab zur Erde stürzen. Ihre Schwestern fragten sie aus und sie antwortete: 'Hamzatta weint, er vermisst die Erde, er denkt an seine Mutter.' Schnell benachrichtigt man Orion, der herbeieilt, von Venus begleitet.
'Hamzatta, du weinst ja! Bei deiner Ankunft hier habe ich dir gesagt: 'Wenn du eines Tages unser Reich verlässt, dann vertraue mir und werde Hirte auf der Erde, dann werde ich dein Stern sein.' Du kannst mit der Erde wieder Verbindung aufnehmen, du hast deine Mutter voller Sorge über dein Los zurückgelassen, denn sie weiss sehr wohl, dass du ihr wahrer Sohn bist, darum kehre zu ihr zurück, Hamzatta, aber denk daran, dass du auch der Sohn der Sterne bist; alle Gestirne sind sich mit mir einig, dass du immer Hamzatta-Nejma sein wirst. Erinnere auch du dich daran, und sei von mir dazu gewarnt, dass alle Djinns der Berge, die aus Zorn unter unseren Höhen ihre bedrohlichen Bergspitzen gegen uns aufrichten, dir Schaden zufügen und sich deiner bemächtigen wollen, damit Fadi'mata, deine Mutter, nie erfährt, was aus dir geworden ist.
Was die Deinen betrifft, so hüte dich aber vor ihnen, sobald du ihnen wieder zurückgegeben worden bist; bleib vorsichtig, bleib allein, halte dich in hochgelegenen Orten auf, da wirst du uns näher sein und die bösen Geister werden es nicht wagen, dich heimzusuchen; wir haben dir ein Herz aus Licht in die Brust gesetzt, halte es stets weiss und rein.'
Hamzatta war gerührt von dieser Ansprache des schönsten aller Sterne, mit dem er einen Pakt schloss:
'Ich schwöre dir', sagte er, 'o Tatrit ta-n Tufat, ich werde ein Hirte werden, ein Freund der Einsamkeit und der Stille, denn Letztere wird es erlauben, dass du und deine Schwestern mich hören können. Mein Herz wird euch treu bleiben, insbesondere Den Töchtern Der Nacht, die sich so sehr um mich bemüht haben, ja sogar eifersüchtig um meine Zuneigung wurden. Werde ich jetzt den Mut finden, euch zu verlassen?'

Und da glaubte Hamzatta, ein Weinen, ein herzzerreissendes Schluchzen zu hören, das bis in die Höhe drang. Ma-taradjradj, die älteste Der Töchter Der Nacht, kam zu ihm und sagte: 'O unser Kind! Die Klagen deiner Mutter dringen bis zu uns herauf. Du musst jetzt zu ihr zurückkehren.'
Es gab ein grosses Getöse im Mahellaw, der Milchstrasse, denn alle Sterne erfuhren nun, dass die Abreise ihres Sohnes bevorstand. Der Regen liess zwischen Himmel und Erde reichlich Tränen fallen, sie bereiteten dem zukünftigen Hirten die Weideflächen – aber die Gestirne hatten auch den Wunsch, Hamzatta ein Andenken an ihr Reich mitzugeben, ihm zudem etwas Reue in die Brust zu setzen, dass er nun den Himmel verlassen musste, und den Drang mitzugeben, zurückzukehren: Und so einigten sie sich, ein grosses Fest auszurichten. Tatrit ta-n Tufat und Amanar bereiteten alles vor. Zum schönst möglichen Ende dieses irdischen Tages würde es das Lebewohl werden.
Tatrit ta-n Tufat gab das Zeichen. 'Bei Allah', rief Hamzatta aus, 'wie schön sie ist, mein Stern', denn da war er schon ein Hirte. Ah, dachte er, in dieser Stunde werden die Erdlinge die Sternbilder wohl nicht mehr erkennen können, weil die Sterne ihre üblichen Plätze für diesen Feiertag verlassen haben. Hier ist Tazzeyt, die Palme mit den goldenen Wedeln. Venus erklärte: 'Ihr bezeichnet sie auch als *Taz'erdamt*, Skorpion, aber heute Abend kann ein Skorpion nicht Teil des Festes sein, deshalb lassen wir für uns Tazzeyt eine amüsante Szene aufführen.'
Tatrit ta-n Tufat lud Hamzatta ein, sich neben ihr auf einen Thron aus Sonnenuntergangswolken zu setzen. Er war weich, einem Schaum gleich von wechselnden Tönen, die rosigen sich blassgrün mit goldenen Rändern verfärbend, Hamzatta in eine weisse, mit Sternstaub besetzte Tunika gekleidet, die eine Taube, während er schlief, neben ihn auf seinen Diwan gelegt hatte. Die Töchter Der Nacht, ein wenig eifersüchtig auf Tatrit ta-n Tufats Schönheit, bildeten einen Kreis zu seinen Füssen.
Tatrit ta-n Tufat verkündete: 'Hier ist Tazzeyt, die sich auf ihrem silbernen Stamm aufrichtet, und der junge Antares – Amrot, wie ihn die Astrologen der Tuareg nennen – will auf die Palme klettern, hält aber mitten im Aufstieg inne. Weisst du warum?' 'Nein!' 'Schau: er erblickt die *Tibarad'en*, die schönen junge Frauen, die in die roten Umhänge ihrer Haouli gehüllt sind. Sie kommen, um in dem Wasserloch zu baden, das *Tesahaq* – Tümpel – genannt wird, und kommen auf ihn zu, weshalb er auf halber Höhe der Palme bleibt, um sie zu bewundern.'
Die Tibarad'en legten ihre Haouli ab; darunter waren sie mit Hemdchen aus Perlmutt gut geschützt, um ins Wasser zu springen. Sie drehten sich hin und her, tauchten, plantschten und veranstalteten Wettschwimmen, und dabei war jede ihrer Bewegungen von höchster Anmut – man bekam von ihrem Anblick nicht genug, umso mehr, als von ihren Armen und langen Locken eine glitzernde Flüssigkeit rann. Einmal müde geworden, gaben sie die Wasserstelle frei.
In dem Moment ging Tazzeyt unter. Doch Amanar stieg aus einem Brunnen auf und kündigte den letzten Reigen an. Alle, alle Sterne zogen vorbei, miteinander verbunden wie die Perlen einer sehr, sehr langen Halskette; es war ein beeindruckendes Schauspiel und die Höhen hatten nun ein samtig dunkles Blau angenommen, einem riesigen Schmuckkästchen gleich, um sie darin hervorzuheben.
Das Fest neigte sich nun dem Ende zu – der Verabschiedung von Hamzatta. Der Mond zeigte sich lächelnd, oh, gutes Vorzeichen! Er hatte seine Gesichtszüge jenen von Fadi'matas Sohn angeglichen und damit auch das Antlitz des Sohns der Sterne angenommen.
Die Töchter Der Nacht riefen die Sternschnuppen zu sich und gaben ihnen Hamzatta zurück; ihre Aufgabe war es, mit ihren leuchtenden Bahnen das Schattenloch zu erhellen, durch das ihr Schützling wieder hinabsteigen würde. Von allen Stellen am Horizont schossen sie in grosser Zahl herbei; nie zuvor waren die Himmel durch solch ein Feuerwerk zum Glühen gebracht worden. Die lauschenden Gestirne hörten von der Erde folgende Worte heraufdringen: Heil! Glück! Segen! Denn die Menschen, die all dieses Funkeln am Himmel erblickten, hielten sie für Seelen auf dem Weg zu ihrer letzten Ruhestätte und baten sie inständig, sich bei den wohltätigen Geistern für sie einzusetzen.
Darauf kam es zur Verabschiedung. Die Töchter Der Nacht hofften, dass Hamzatta mit den Plejaden verbunden bleiben würde, um ihr siebter Stern zu werden. Sie blinkten, zitterten vor lauter Erregung und vereinigten sich wieder in einem Kreis, um ein letztes Mal einen Nimbus um das Haupt ihres Bruders zu legen. Tatrit ta-n Tufat zupfte sich eine goldene Strähne aus dem Haar und gab sie Hamzatta, der daran ganz langsam, langsam

hinunterglitt, geleitet vom Phosphoreszieren, das die Gestirne hinterlassen hatten; seine Augen starrten lange noch den Töchtern Der Nacht nach, und eines davon löste sich aus seiner Höhle und wurde so zu dem siebten Stern, den sich die Plejaden erhofft hatten. Hamzatta war nun einäugig, doch glücklich, seinen Wohltäterinnen ein Zeichen der Dankbarkeit hinterlassen zu können. Aus diesem Grund endet das Lied, welches wir den Töchtern der Nacht singen, mit den Worten: 'Der siebente Stern ist ein Junge, dessen eines Auge entflogen ist.'[102]
'Bei Allah', rief Bachir, 'was für ein Gedächtnis du hast, und wie schön ist deine Geschichte!' 'Meine Freunde', sagte Amghar, 'ich habe sie euch so erzählt, wie ich sie gehört habe.' Doch Mâma wollte wissen, was der arme Hamzatta danach tat. Amghar liess sich nicht zweimal bitten und erzählte weiter, er hatte nichts zu befürchten, weil ihr Gefährte noch immer bei den Sternen war.
'Der herabgestiegene Hamzatta-Nejma irrte auf der Erde umher, bis er schliesslich Hirte wurde – und glaubt mir, meine Freunde, er passte auf die Herden seines Vaters auf.'"

Der Junge begegnet darauf seiner Mutter und kommt mit ihr überein, dass Sidi ben Herza nie von der Rückkehr des verstossenen Kindes erfahren darf, er aber für immer Hirte bei seinem Vater und zugleich der Sohn der Sterne bliebe. Der dem Vater ähnelnde Wechselbalg Hamzatta hingegen ist ein wenig einfältig und zu nichts gut; man hält ihn für ein unfertiges Wesen, das wie ein Körper ohne Seele lebt – während Hamzatta-Nejma sogar einäugig noch schöner ist als er. Womit die Geschichte des Knaben unter den Töchtern Der Nacht zu Ende erzählt wird. Und deutlich wird, dass alles auf der Welt erst durch den Himmel seine Seele erhält.[103]

IV DER FÜHRER

Orion
AMANAR – DER FÜHRER
λ, φ¹ und φ² Orionis
EGHAF N-AMANAR – DER KOPF DES FÜHRERS
γ Orionis
AFUS WA-N-TASHALDJE – DIE LINKE HAND
α Orionis
AFUS WA-N-AGHIL – DIE RECHTE HAND
δ, ε und ζ Orionis
R II 561
TADJBEST N-AMANAR –
DER SCHWERTGÜRTEL DES FÜHRERS
D
ι und η Orionis
TAKOBA N-AMANAR – DAS SCHWERT DES FÜHRERS
B
δ, ε und ζ Orionis; ι und η Orionis; Orionnebel M 42
EYY N-AMANAR –
DIE MÄNNLICHKEIT DES FÜHRERS
β Orionis
ADAR-N-ELAKU – DER SCHLAMMFUSS
ADAR-N-AMANAR WA-N-AGALA –
DER SÜDLICHE FUSS DES FÜHRERS
R II 561
π¹ – π⁶ Orionis
AZ'EKKA N-AMANAR –
DIE GRABSTÄTTE DES FÜHRERS
R II 561
TAMEJJIDA N-AMANAR –
DER GEBETSPLATZ DES FÜHRERS
B 31

Duveyrier und Foucauld erklärten den Namen *Amanar* noch über *ar*, 'öffnen', als 'Jener, Der Öffnet'. Die heute anerkannte Etymologie leitet ihn von *ener* ab, 'führen', und vergleicht ihn mit *Amnir*, 'Anführer', *Emaner*, 'Karawanenführer', *Amnir*, 'Reiter', und *Tamnirt*, 'Lampe'. Das Sternbild dient den gen Osten nach Bilma und Fachi ziehenden Ténéré-Salzkarawanen als markanter Wegweiser.

In der Südsahara und im Sahel sieht man Orion aus einer Regenwasserlache emporsteigen, einem Tümpel der Regenzeit, nicht einem Brunnen. β Orionis ist der Fuss, der aus dem Schlamm herauskommt: Beim Aufgang des Sternbilds erscheint er als letzter Stern. Ist Kukayod' am Himmelsgewölbe aufgestiegen, erscheint Amanar; die

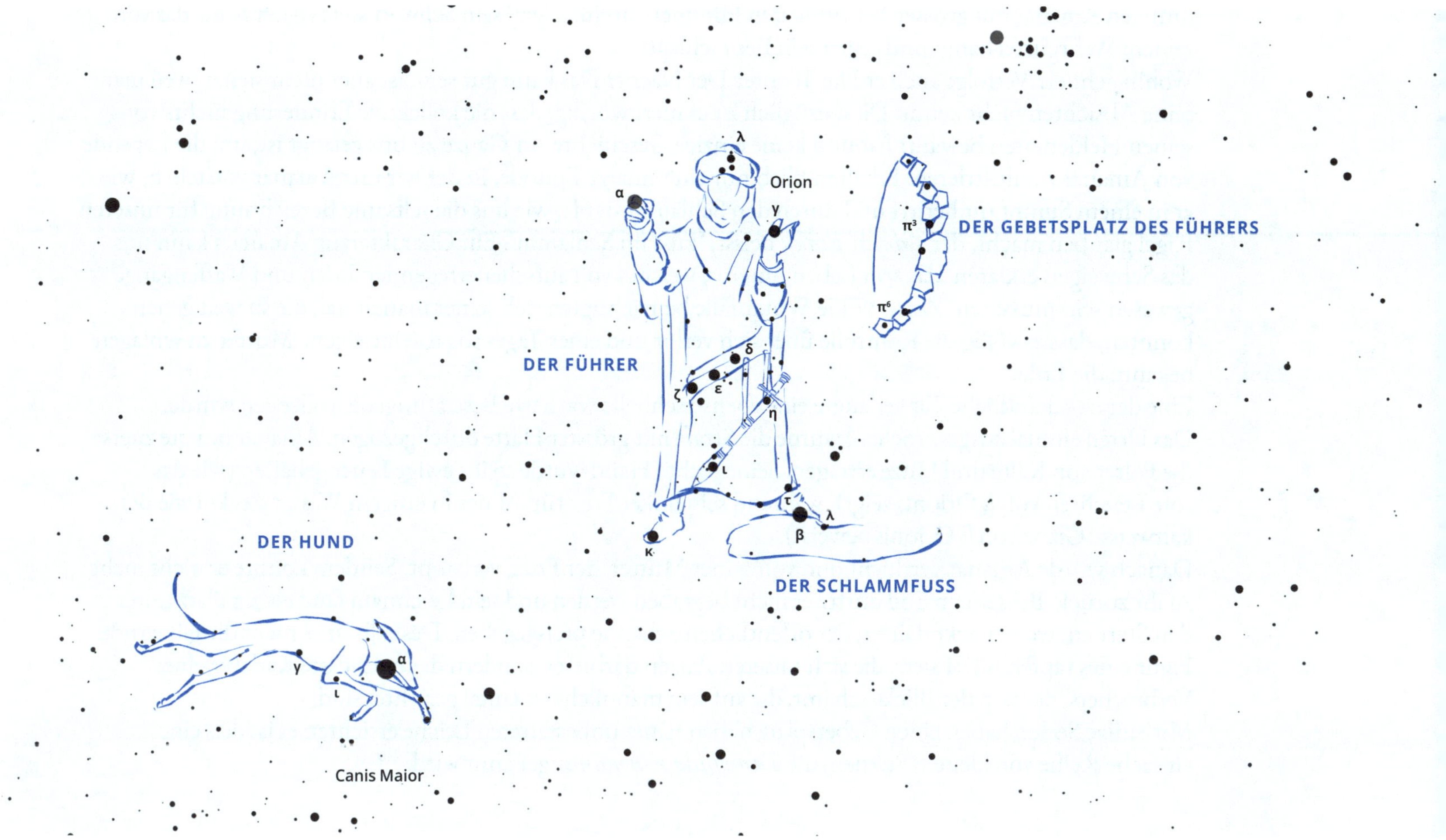

Gewitter werden zahlreich, worauf Kukayod' zu Amanar sagt, dass sein Fuss nun im Schlamm steckt.[104]

Anderswo sieht man in Amanar vor allem einen Jäger mit seinem Gürtel; ihm folgt ein Hund, Eydi, und ihm voraus eilen 'Die Drei Dorkas-Gazellen' in Lepus. Seine Charakterisierung als jähzorniger und tyrannischer Mann geht letztlich auf die arabischen Vorstellungen zurück, die man mit dem Orion als *al-Jabbar*, 'Der Gewaltige', verband.

Der Legende nach schlug der cholerische und frevlerische Amanar seine Mutter, die Erde; zur Strafe wurde er ans Firmament verbannt und fortan seine rechte Schulter dem ewigen Feuer, sein linker Fuss der eisigen Kälte ausgesetzt. Was beim aufrecht am Himmel stehenden Führer den Wehrgürtel und das Schwert darstellt, wird in dieser Deutung – samt dem Orionnebel M 42 – zu den entblössten Genitalien seines ausgestreckt daliegenden Leichnams.

R II 560–561, 588, D 424

Des Führers Verbannung in den Himmel ist auch in einer sich auf das Wasser beziehenden Version überliefert. So erzählt der malische Gitarrist und Sänger Ahmed Ag Kaedy der Gruppe *Amanar*: "Bei uns Tuareg gibt es die Legende, dass Amanar – ein Mann, der auf der Erde gelebt hat – zu einem Brunnen kam und dort eine Mutter mit ihren Kindern traf, die nur noch ein kleines bisschen Wasser zum Trinken hatte. Sein Pferd stiess aber ihren Wasserbehälter um und verschütttete alles. Die Legende besagt, dass er den Sand so stark ausgepresst hat, dass das Wasser wieder aus dem Sand trat und zurück in den Behälter gelangte. Der Sand habe darauf gesagt: 'An dem Tag, an dem du stirbst, werde ich dich genauso stark auspressen!' Darauf versetzte Gott Amanar in den Himmel, damit er nicht die Strafe der Erde erleide."[105]

Als Sagengestalt ist Amanar den gigantischen Helden Elias und Amamellen[106] der epischen Legenden der Tuareg vergleichbar.

DER FÜHRER

"Orion ist für die Tuareg der mysteriöse Amanar, legendärer Held und unvergleichlich starker und geschickter Held. Manche machen aus ihm auch einen unfehlbaren Führer für die Durchquerung der grossen trockenen Räume und bringen seinen Namen mit Amnir in Verbindung, was 'Führer' bedeutet. Jedenfalls sehen sie den

mutigen Amanar mit grossen Schritten den Himmel durchmessen, sein Schwert stets an der Seite, das von seinem Wehrgürtel hängt und gegen sein Bein schlägt.
Wohin geht er? Verfolgt auch er Die Töchter Der Nacht? Das kann gut sein, ist aber nicht sicher, weil man seine Absichten nicht kennt. Diesbezüglich ist es merkwürdig, dass die kollektive Erinnerung nichts von seinen Heldentaten bewahrt hat und keine einzige Geschichte zur Gänze zu uns gelangt ist, um die Legende von Amanar zu illustrieren. Erhalten blieb nur eine einzige Episode, in der wir uns Amanar vorstellen, wie er in einem Sumpf umherirrt und durch den Schlamm stapft, wie uns die seltsame Bezeichnung für unseren Rigel glauben macht, der *Adar n-Elaku* heisst, 'Fuss im Schlamm'. Ein Charakterzug Amanars kann uns das Schweigen erklären, das sein Leben umgibt, welches voll aufsehenerregender Taten und Waffengänge gewesen sein muss: sein Zorn. Wilde Wutanfälle bemächtigten sich seiner manchmal, die so weit gehen konnten, dass er völlig die Kontrolle über sich verlor und eines Tages sogar seine eigene Mutter zu schlagen begann: die Erde.
Eine derart schändliche Tat verlangte eine ebenso schnelle wie harte Bestrafung: die vollzogen wurde.
Das Urteil einmal ausgesprochen, wurde die Strafe mit grösster Härte durchgezogen. Amanar musste zuerst die Folter von Kälte und Hitze ertragen. Seine rechte Hand wurde so ins ewige Feuer gehalten (wie das rote Leuchten von α Orionis zeigt), während sein linker Fuss für immer in eisigem Wasser steckt (wie der kaltweisse Glanz von β Orionis beweist).
Danach wurde Amanar verflucht und von seiner Mutter, der Erde, verbannt. Seitdem konnte er nicht mehr zu ihr zurück. Bei seinem Tod durfte er nicht begraben werden und sein Leichnam fand einzig Platz unter den Sternen, wo er nackt daliegt, der öffentlichen Schande preisgegeben. Deshalb ist es nicht die glitzernde Figur eines tapferen Kriegers, die sich unseren Augen darbietet, sondern der entblösste Kadaver eines Verbrechers, der sich der Blicke schämt, die auf sein männliches Genital gerichtet sind.
Mitleidige Seelen haben einen Gebetsplatz neben seiner unbestatteten Leiche errichtet: es ist dies eine einfache Reihe von kleinen Sternen, die *Tamejjida n-Amanar* genannt wird."[107]

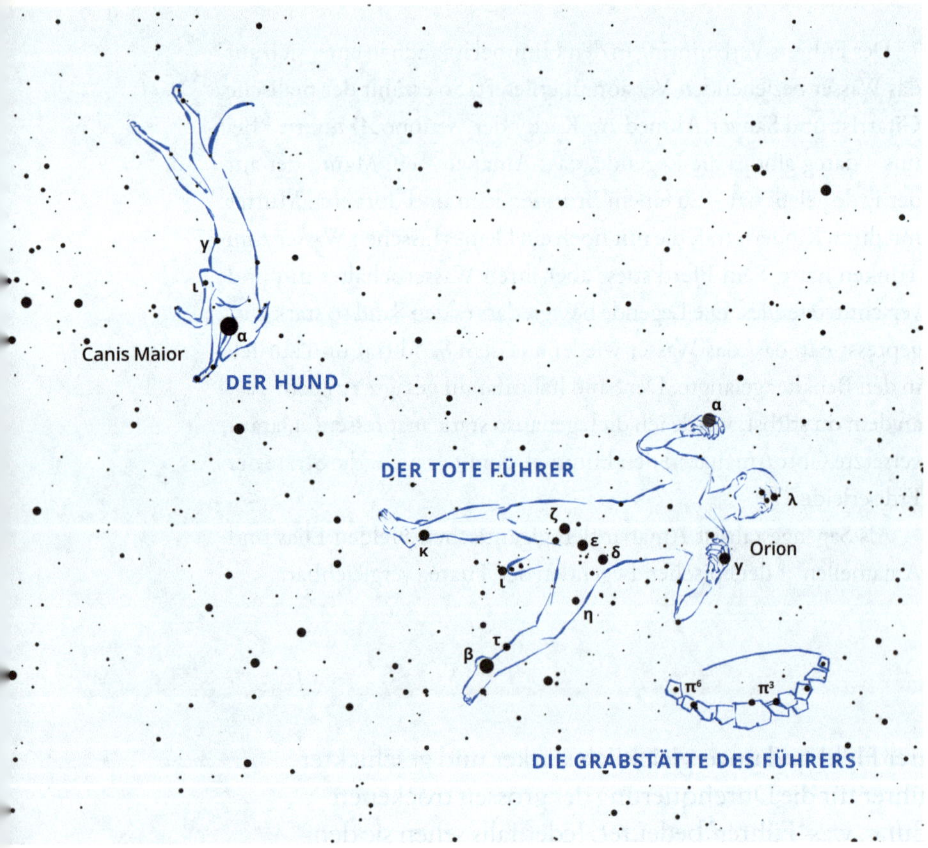

In Tamanrasset gilt Der Führer heute jedoch als Mann, der sich gegen den Vater seiner Frau vergangen hat und deshalb in den Himmel flüchten musste. Zuvor aber wurde er noch der Datteln wegen befragt, worauf er antwortete, dass man sie erst essen kann, wenn er in den Himmel gestiegen ist. Seither kann man alle einladen und ihnen Datteln anbieten, wenn er im Sommer früh aufgeht. Im Winter aber fällt er um und ist tot – und zwar so lange, bis die Datteln wieder reif sind.[108]

Hier zwei Texte Hawas, eines modernen Dichters der Tuareg, zum Sternbild Amanars und seiner gegenwärtigen Symbolik:

VON AMANAR ZU ORIONS TOD
"Ich habe nichts zu tun als reisen; alle meine Bündel sind im Ballen. Von meinem nomadisch flüchtenden Blick bis zum Unendlichen marschiere ich, die Augen auf das Firmament gerichtet."[109]

DIE RÄNDER
"Und Futa, der einsame Hirte, der die Herden der Stadt weiden lässt, rief Amanar, den Karawanenführer, der mit Ideen handelt, den Sänger der Flügelspitzen des Harmattans und des Schirokkos. ... Amanar sagte immer, dass der Sahel der Saum eines Tuches ist: Es genügt, einen Faden herauszuziehen, und schon zerflattert das Gewebe im Wind. ...Und Amanars gesprungene und trockene Stimme erhob sich hinter seinem Tagulmust: 'Fragmente eines zerstückelten Leichnams, ist dieses Land nur noch der Schatten seines Ruins, und gleich mit welchem Feuer die Amerikaner und Europäer es einrahmen werden, selbst der schlaueste Grenzvermesser wird es nicht mehr retten können oder Stabilität im zerschlitzten Flitter dieser zusammengeschusterten Staaten finden. Sei es vor Ort oder dahinter, die gerechte Sache des Randes hat bloss ein Gesicht, das eines Schweissbrenners, der die Fibern der Welten zusammenlötet. Es ist ein Kardierkamm, der den Rauch durchhechelt, welcher überall durch die alten geknüpften Webkanten hervorqualmt, die sich nun auflösen. Ich bin weder ein Prophet der Finsternis des frustrierten Orients oder der Fata Morgana eines bulimischen Okzidents. Ich bin nur ein Fluchthelfer, den es zwischen glühenden Klingen des Leidens hin und her reisst, und habe Reisenden stets geraten: wozu die Füsse zusammenflicken, wenn der Kopf verwüstet ist? Ich navigiere lieber auf der Spitze des Schwindels. Die Tiefen blosser Pfützen überlasse ich, Bakschisch bitte, der Ersten Hilfe jener, die sich um all die Schiffbrüche im stagnierenden Wasser kümmern; die sind ja schon ganz weich geworden von den Becken voller Tränen, die sie vergiessen, und dem Selbstmitleid, in dem sie seit Jahren vor sich hin schimmeln.'
Zorn. Zorn, als ob alle sieben Himmel zitterten."[110]

In Marokko und Mauretanien heisst der Orion *Imeshbuh*, 'Der Mann Mit Den Gekreuzten Armen, Der Gekreuzigte': "Imeshbuh ist jener ungläubige Tuareg vom Stamm der Tamud, der dem Kamel des Propheten Salah die Kehle durchschnitt."[111] Er wurde dafür von Gott mit einer Kreuzigung bestraft. Seine rechte, noch blutige Hand stellt der rote Stern Ihaqea (α Orionis) dar.[112]

Bei den Tubu des Tibesti stellt der Orion dagegen den Kalifen Ali – *Seydina-Ali* – mit seinem Schwert dar; drei kleine Sterne darunter bilden sein Genital; eine Hand und ein Fuss sind wegen einer Kriegsverletzung etwas kürzer. Die Plejaden verkörpern Sunodi, seine Frau: Sie liebt ihn nicht mehr und flieht vor ihm, Ali ihr ewig hinterher.[113]

α Canis Maioris
EYDI – DER HUND
TAZENGEZT N-EYDI | TASHIWAT N-EYDI – DER HUNDESCHWANZ

B | S und I

Unser Sirius ist bei den Tuareg der Jagdhund des Führers. Die acht Sterne, die Sirius folgen, werden im Niger und im Adrar des Ifoghas als sein Schwanz gesehen, während sie anderswo zum Sternbild Der Knisternden Vasallen gehören. Der Hund hetzt ewig dem Kitz der Dama-Gazelle in Pavo hinterher, während Die Knisternden Vasallen mit ihm auch Die Dorkas-Gazellen jagen wollen. In Tamanrasset gilt Der Hund heute zusammen mit Der Hündin als Zeichen für das Ende des Winters und der Kälte und für die ersten Regen.[114]

Das Sternbild stellt eine Art Windhund dar, der heute nach seiner Herkunft aus dem gleichnamigen Tal zwischen Mali und Niger *Azawakh* genannt wird. Die Tuareg verwenden ihn seit langem als Jagdhund, weil er bis zu 65 km|h schnell werden und Gazellen stellen kann. In den Lagern dient er als Wachhund; in der Meute wehrt er Hyänen und andere Raubtiere ab.[115]

V DIE JAGD DER KNISTERNDEN VASALLEN

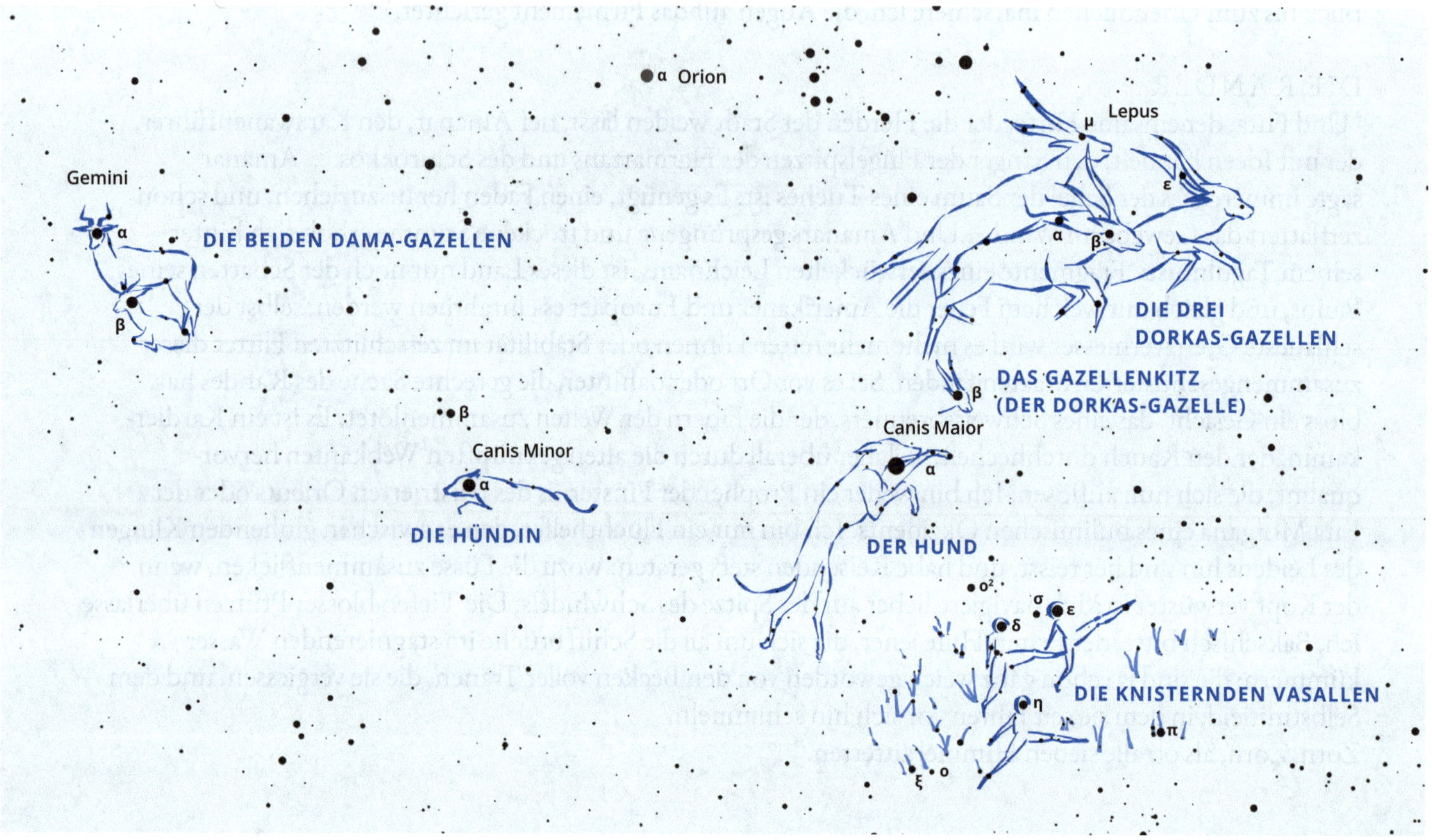

ε, δ und η Canis Maioris

IMGHAD IFERAKFERAKEN – DIE KNISTERNDEN VASALLEN

R II 369–370

Iferakferaken bedeutet 'Die Knisternden': Die durch ihre unruhigen Bewegungen ein schwach knackendes Geräusch verursachen. Die Benennung dieser zur Zeit der stürmischen Winde im Hoggar und Ajjer-Gebiet erscheinenden Sterne ist abgeleitet vom "Geräusch eines durch die Luft geschwenkten Fächers oder dem Vorbeifliegen eines Vogels".[116] Die Grundbedeutung kommt jedoch vom Wind, der in dieser Jahreszeit dürre Trockengräser, Halme und Ästchen knacken und knistern lässt.

Die Knisterer gelten als drei Jäger oder Vasallen – *Imghad* –, die mit dem Hund Eydi in Canis Maior Die Drei Dorkas-Gazellen in Lepus aufspüren wollen, wobei sie 'knisternd' durch die Steppe gehen. Die davon aufgeschreckten Dorkas-Gazellen flüchten jedoch und werden darauf von Orion gejagt, sodass sich Die Knisterer ein anderes Ziel suchen: Die Dama-Gazellen in Gemini. Jeder ihrer beiden Jagdhunde – Eydi und Teydit in Canis Minor – verfolgt dann eine der Beiden Dama-Gazellen.

Die Imghad, tributpflichtige Gefolgsleute des Tuareg-Adels, führten vor 200 Jahren noch ein sehr hartes Leben: Die Adeligen verlangten von ihnen hohe Abgaben und erzwangen mit Gewalt, was sie wollten; zu der Zeit besassen sie noch nicht einmal Kamele, nur Ziegen, weshalb sie auch als *Kel Ulli*, 'Ziegenleute', bezeichnet wurden.

R II 369–370 und 851

α und β Geminorum

INERAN – DIE BEIDEN DAMA-GAZELLEN

Diese Gazellen werden von den drei Knisternden Vasallen, Dem Hund und Der Hündin gejagt. In Tamanrasset gelten sie heute noch als Orientierungshilfe: Da sie im Süden auf- und wieder untergehen, verliert man mit ihnen nie die Südrichtung.

R II 978, 369 und I

α Canis Minoris

TEYDIT – DIE HÜNDIN

B

DIE JÄGER

"Die Hirten der Tuareg sehen in den Iferakferaken die Sterne, die jenes Knacken bewirken, das sie hören, wenn Windstösse die von der Sommerhitze ausgetrockneten Zweige und Halme knicken. Die Zeit ihres Wiederauftauchens am Himmel fällt mit der Jahreszeit zusammen, in der grosse Winde aufkommen. Für diese Hirten als Beobachter des himmlischen Theaters sind die Iferakferaken drei Imghad, drei Vasallen eines uns sonst unbekannten Herrn. Sie rufen dieses Rascheln auch hervor, weil sie durch Ebenen von dürrem Gras marschieren, durch das sie schwerlich hindurchkommen, wenn sie die Gazellen jagen, die sie ausgemacht haben. Sie kommen flink voran, indem sie die Rispengräser und die wenigen Büsche der Ebene benützen, um sich bei ihrem Heranpirschen zu verbergen. Trotz ihrer Bemühungen, das Rascheln ihrer Schritte zu unterdrücken, alarmieren sie jedoch die ängstlichen Dorkas-Gazellen, die sich, einmal gewarnt, verteilen und mit grossen Sprüngen davonlaufen, die sie schnell dem Blick der Jäger entziehen.
Die lassen sich davon aber nicht entmutigen. Die Tiere sind zwar aus ihren Augen verschwunden, haben aber am Boden ihre Fährten hinterlassen, denen zu folgen genügt, um die Jagd fortzusetzen. Die Vasallen lassen also ihren wunderbaren Hund Eydi von der Leine, der die Verfolgung der Beute aufnimmt, während sie zu laufen beginnen, um ihn wieder einzufangen und ihre Beute zu stellen.
Da aber schreitet Amanar ein, der das Gazellenrudel von der Seite her mit mehr Erfolg als die glücklosen Vasallen angreift, die weit abgeschlagen und dazu verdammt sind, von der Jagd, die eine fruchtbare hätte sein können, mit leeren Händen zurückzukommen.
Trotzdem aber müssen sie essen! Also bereiten die Vasallen erneut eine Jagd vor. Auf der weiten Ebene suchen sie sich zwei Dama-Gazellen aus, denen Amanar den Rücken zukehrt. Die Bedingungen sind nun zu ihren Gunsten: Diese Beute ist nicht so schnell im Laufen und bleibt am Rande des Eindringlings Amanar, der dem normalen Jagdverlauf ein Hindernis in den Weg legen könnte. Die Vasallen zögern deshalb nicht mehr. Sie lassen ihr Paar Hunde los auf die Spur Der Beiden Dama-Gazellen Ineran und heften sich an deren Fersen, in der Hoffnung, Fleisch für mehrere Mahlzeiten zu erlangen.
Diese zweite Jagdszene spielt sich in den Grenzen dreier Sternbilder ab: Gemini sowie Canis Maioris und Canis Minoris. Die Sterne α und β Gemini stellen Die Dama-Gazellen der beiden Ineran dar, die eine verfolgt von Dem Hund Eydi (α Canis Maioris), die andere von Der Hündin Teydit (α Canis Minoris). Die Knisternden Vasallen sind dabei stets die brillanten Sterne von Canis Maior, die hinter Sirius zurückbleiben.
Zu dessen unzweifelhaft gutem Jagdverhalten kommt auch noch eine andere Eigenschaft: die seiner Wachsamkeit. Denn Eydi ist berühmt dafür, wie er die Ziegenherden seines Herrn vor den königlichen, aber räuberischen Einfällen der Ehedran-Adler bewahrt. Sein Schutz ist so erfolgreich und seine Verteidigung so aggressiv, dass jetzt sein Auftauchen am Himmelsgewölbe genügt, um diese schrecklichen Räuber in ihren Sternbildern in die Flucht zu schlagen. Die Tuareg sagen deshalb: 'Im Himmel gesellt sich Der Hund niemals zu Den Adlern.'"[117]

α Centauri

ENER – DER DAMA – GAZELLENBOCK

β Centauri

TENERT – DIE DAMA – GAZELLENRICKE

Diese beiden Dama-Gazellen äsen am Kapernstrauch Agar.

B | S und R II 958

Crux

AGAR | ADJAR – DER KAPERNSTRAUCH

B | S

Der Kapernstrauch (*Maerua crassifolia*) umfasst die vier Sterne vom Kreuz des Südens; er stellt die vier Äste dar, die von zwei Dama-Gazellen, Bock und Ricke, abgefressen werden.

Der Baum gilt als etwas Besonderes, weil er immergrün ist; offenbar hat sich in seiner Symbolik auch ein Baum- und Pflanzenkult erhalten. Zugleich hat er eine soziale Bedeutung.

Nach einer Scheidung kehrt eine Tuareg-Frau in die Familie ihres Vaters zurück. Um die dreimonatige 'Zeit der Zurückgezogenheit' nach der Scheidung zu vermeiden – in der sie weder heiraten noch sexuelle Beziehungen haben, ihr Zelt nicht verlassen, nur ungewaschene Kleider anhaben, keinen Schmuck anlegen und sich nicht parfümieren darf – begibt sie sich unter den von Djinns bewohnten Kapernstrauch, um sich von dieser Obligation zu befreien. Die Tradition stammt aus dem Islam, denn der Strauch heisst wie Abrahams zweite Frau, die Sklavin Hagar, Mutter Ismaels und damit Urahnin der arabischen Muslime. Der Kapernstrauch personifiziert so in der Kultur der Tuareg eine weibliche Persönlichkeit der *Bibel*, die vom Islam anerkannt und respektiert wird.[118]

Wenn eine Frau die 'Zeit der Zurückgezogenheit' nicht einhalten will, sucht sie sich ein alleinstehendes Agar-Exemplar. Sie bringt Gaben (zum Beispiel Khol, Parfüm, Gewandtuch) in den Ästen an und 'überträgt' damit dem Baum die Einhaltung der Zurückgezogenheit: Von da an kann sie sofort wieder am geselligen (und sexuellen) Leben teilhaben.

Der Agar gilt überdies als Geisterwohnbaum; man soll nicht darunter lagern oder nur, nachdem man mit Messer oder Stein die Rinde eingeritzt hat. Pfeile aus den Ästen sollen die Wirkung von Schutzamuletten und Schutzzauber brechen.[119]

Bei den Tubu des Tibesti stellt das Kreuz des Südens ein Eselinneneuter dar, *Togoma ormia*;[120] an ihm wird gesäugt, so wie hier am Kapernstrauch geäst wird.

Pavo

ALAMOM – DAS GAZELLENKITZ (DER DAMA-GAZELLE)

HU 193, R II 255

Das Junge der Dama-Gazelle erscheint eine Woche nach Amanar und fragt: 'Wo ist das Wasser?' Amanar antwortet: 'Frag Eydi.' Eydi, der Hund, geht einen Monat nach Alamom auf: 'Eydi, wo ist das Wasser?' Der Hund antwortet: 'Mein Schwanz ist ins Wasser getaucht.'[121]

β Canis Maioris

AWHEM – DAS GAZELLENKITZ (DER DORKAS-GAZELLE)

D

Lepus

IHENKAD' – DIE DREI DORKAS-GAZELLEN

D und R II 255

Die von Jeanne René Pottier erneut in Form eines Kunstmärchens erzählte Legende von den Dorkas-Gazellen lässt sich mit der in Mali erzählten Version des 'saharischen' Weltschöpfungsmythos in Verbindung bringen. In diesem jagt der mythische Schmied eine Gazelle, die er an einem Fluss stehen sieht. Sie stellt sich gleichfalls als mythisches Wesen namens Bintu, 'Mädchen', heraus, das zwischen den Hörnern das machtvoll leuchtende Kultobjekt *Komo* trägt. Da der Schmied die Gazelle vorerst nicht tötet, sondern nur an eine Kette legt, erhält er von ihr – wie dies bei der Initiation für einen Meister üblich ist – mehrere Tiere als Geschenk: einen schwarzen Widder, eine rote Ziege (oder einen roten Hund) sowie drei rote Hühner. Um sich das Kultobjekt zwischen ihren Hörnern abzuschneiden, tötet er die Gazelle schliesslich. Deren zuvor gerade Hörner verdrehen sich; danach wird sie in die Sterne von Taurus versetzt und der Schmied als Jäger in den Orion.[122]

Bei den Tuareg ist die astrale Gazelle von Taurus über Orion zu Lepus an seinen Füssen gewandert; die Jagd zwischen Amanar und ihr wird aber weiterhin erzählt. Die verdrehten Hörner kennzeichnen sie als Dorkas-Gazelle; Dama-Gazellen haben gerade Hörner. Das Motiv der Jagd und des Wassers in dem Märchen leitet sich ebenso vom 'saharischen' Schöpfungsmythos ab wie das leuchtende Hornstück Komo das darin als Smaragd präsentiert wird. Im Reigen der Tiere wiederum wird die erste, nunmehr zu Geistern gewordene Generation von Lebewesen erkennbar, wie sie die meisten Kosmogonien der Sternenhimmelkulturen kennen.

DIE GAZELLE MIT DEN SMARAGD-HÖRNERN

"'Als ich ungefähr zwölf Jahre alt war – jetzt werde ich bald, glaube ich, neunzehn', sagte Maina –, 'brachen mein Vater, meine Mutter und einer meiner Brüder samt einigen Tuareg auf. Wir wollten in den Sahel und hatten die schreckliche Ténéré ['Leere', eine flache Kieswüste] zu durchqueren, eine Wüste ohne Wasser, ohne Pflanzen, ein Land des Schreckens, des Durstes und der bösartigen Djinns. Wir hatten genügend Essen mit und mehr als ausreichend Wasserreserven. Wir marschierten bei Tag und bei Nacht. An einem Ort angekommen, wo viele Ethel-Tamarisken wuchsen, sahen wir plötzlich Gazellen, ja, es gab dort welche, wirklich! In so grosser Zahl jedoch waren sie selten, da die Einheimischen nichts lieber tun, als sie zu jagen. Also, peng, peng, und schon sind die Gazellen erlegt, sodass rund um uns bald zehn tote Tiere liegen. Darum flehte ich meinen Vater an, als er eben auf eine Ghazla, ein Gazellenweibchen, zielte: 'Vater', sagte ich, 'lass die da leben; sie kriegt gerade Nachwuchs!'
Das Gewehr senkte sich. Als die Nacht gekommen ist, weideten die Jäger die Tiere aus und waren schnell dabei, sie über dem Feuer zu drehen. Wir waren nicht weit von der gefürchteten Strecke durch die Ténéré. Ich dachte insgeheim: Wir haben nach einer solchen Jagd jetzt zwar zu essen; doch werden wir auch genug zu trinken haben?
An diesem Abend konnten die Karawane, mein Vater, meine Mutter und ich mehr essen, als wir Hunger verspürten; man darf nicht vergessen, dass dies für die Tuareg, die oft nichts mehr als ein wenig Kamelmilch und einige Datteln haben, ein aussergewöhnliches Ereignis war. ...
Am nächsten Morgen waren wir, noch bevor die Sonne aufging, wieder unterwegs; eine weitere Nacht, dann kämen wir zu der gefährlichen Strecke! Mittags waren wir bereits so weit marschiert, dass wir nach der Rast kaum mehr drei Stunden Kamelritt vor uns hatten, um vor der völligen Wüste anzukommen. Wir waren nicht müde, doch da er um die Gefahren wusste, die uns drohten, beschloss mein Vater, an dem Abend nicht mehr weiterzumarschieren. Wir schlugen das letzte Lager vor den gefürchteten dreihundert Kilometern auf. Der letzte Brunnen lag jetzt viele Orte hinter uns, und jenseits dessen gab es nicht einmal mehr Weiden.
Wir hatten uns alle ausgestreckt und in unsere *Dokkali* – Decken mit breiten roten Bändern – eingerollt. Ich war gerade am Einschlafen, als ich, nicht weit von mir, im Sand zwei schöne hellgrüne Punkte sah, die so strahlten, dass sich rund um sie eine Art leuchtende Aureole bildete. Ich näherte mich mit leisen Schritten und hörte eine Stimme sagen: 'Komm, komm noch ein bisschen näher!'
Ich ging, wie gegen meinen Willen angezogen. Ein blauer Rauch umgab mich: und seine launischen Kringel hatten die Gestalten von Djinns, die tanzten und tanzten, um dann ihren Kreis plötzlich für eine Gazelle zu öffnen, die so leicht war, so schön! Sie hatte schöne, grosse phosphoreszierende Augen, ihre Hörner waren aus Smaragd, und sie begann, mit mir zu sprechen. Ich horchte ihr zu, ohne überrascht zu sein:
'Morgen beim Erwachen werdet ihre eine grausame Enttäuschung erleben! Ihr werdet eure Guerbas alle leer finden, bis auf zwei; die werden euer einziger Wasservorrat sein, um die Ténéré zu durchqueren. Die Gazellen, die ihr getötet habt – ah! Was ihr von ihrem gebrateten Fleisch noch habt, das wird sich vervielfachen, zum Beweis, dass ich dir die Wahrheit sage. Ihr werdet immer mehr und mehr und mehr haben, ja, aber keinen Tropfen Wasser mehr, oder fast!
Du dagegen, Maina, du warst gut zu mir. Ich bin die Gazelle, deretwegen du deinen Vater angefleht hast; auf deine Bitten hin hat er sein Gewehr gesenkt und nicht geschossen! In der Nacht darauf, nach der Jagd, von der ich jetzt noch zittere, wurde mein Kleines geboren. Wenn die Karawane morgen aufwacht, sag nichts von unserer nächtlichen Unterhaltung, lass sie alle ganz betrübt werden und setzt euren Weg dann mit dem

wenigen Wasser fort, das euch geblieben ist. Die Ténéré ist nicht ohne Wasser; doch es gehört allein den Djinns, welche diesen für die Tiere der Wüste bestimmten Schatz sorgfältig verstecken. Die Djinns kennen die Bösartigkeit der Menschen und verstecken vor ihnen das Wasser der Ténéré und seine Weiden. Die Tiere selbst sind unsichtbar, aber du wirst ihre Fährten kreuzen.'
Nach diesen Worten beugte sich die Gazelle nieder und schlug ihre Hörner gegen einen Stein; von einem davon brach ein kleines Stück von dem Smaragd ab, aus dem sie geschaffen waren. Und dann sagte sie: 'Heb diesen Stein auf, er wird dir der Talisman sein, der verhindert, dass du vor Durst stirbst. Wenn ihr nur noch einen Tropfen Wasser habt, dann zeig – du ganz allein, nachts, zur Stunde, in der der Mond voll ist – diesen Stein dem Reg, der Kieswüste, und er wird sogleich einen Lichtstrahl werfen, so einen wie den, der dich zu mir geführt hat. Und dann hab keine Angst, denn du wirst ein seltsames Schauspiel sehen; mehr sage ich dir nicht! Doch, noch eines: töte nie mehr wieder Gazellen!'"

Am nächsten Morgen ist alles so, wie es die Gazelle vorausgesagt hat, die Guerbas sind leer, es bleibt aber nichts anderes übrig, als weiter zu marschieren. Bald leiden alle schrecklichen Durst.
"Ich darf nicht mehr weiter zögern: Ich muss meinen kostbaren Stein so bald als möglich verwenden. Lang muss ich nicht warten, denn kaum ist eine Rast beschlossen, schlafen alle wie erschlagen; sie sind so müde und niedergedrückt, dass ihre ausgezehrten Körper an Leichen gemahnen. Es ist meine Pflicht, ihnen zu Hilfe zu kommen. Ich stehe auf und flehe den Mond an; er ist voll, ich blicke hoch, er scheint mir zuzulächeln, ich starre ihn an und merke, dass auch er kleine Hörner hat, die jedoch golden sind. Ein leichter Wind streift mich.
Also entferne ich mich etwas vom Lager und gehe nach links, weil mich ein lauer, moschusduftender Westwind auf diese Seite leitet, mich führt, um dann, wie mir die Djinnin geraten hat, meinen Stein zu ergreifen und in der Hand zu halten, den Arm hin zum Reg [der Kieswüste] gestreckt.
Sein glänzendes Licht reicht hundert Meter weit und ist so grün, so schön! Oder besser, er erhellt einen Kreis, in dem ich nach und nach einzelnes ausmachen kann: In der ersten Reihe Glühwürmchen, die aufgehört haben zu fliegen und einer Halskette gleich auf dem Sand liegen; in der zweiten Reihe, hinter den Glühwürmchen, Kröten, die fröhlich quaken, dass man meinen könnte, sie stimmten eine Art Lobeshymne auf das Wasser an; in der dritten Reihe Wüstenspringmäuse, kleine Tiere, die man die Kängurus der afrikanischen Wüste nennen könnte, die sich nun aber wie samtene Perlen aufgereiht haben; danach eine Reihe listiger Fenneks, die brav auf ihren kleinen Hinterteilen sitzen; dahinter die Skorpione mit ihrem bösen und giftigen Stachel, und am Schluss die Hornvipern. Warum war diese Nachhut unter den schreckenerregendsten Kreaturen der Gegend ausgewählt worden? Um das Innere des Kreises zu verteidigen? Und doch fühlte ich mich von ihm angezogen. Es schien von einem unsichtbaren Feuer gebildet zu werden, das von einem heftigen Luftzug geschürt wurde, ein höllischer Kreis von blauem Rauch daraus aufsteigend. Mich immer mehr nähernd, machte ich in dieser Schwade zahlreiche Djinns aus; sie waren alle da und tanzten Hand in Hand. Ich wartete; was würde geschehen? Im Zentrum des Kreises ging es immer toller zu. Unsere Situation war zu tragisch; zugleich mit dem kleinen grünen Stein hielt ich zweifellos auch mein eigenes Wohl, das der Meinen und der ganzen Karawane in der Hand – also fasste ich Mut und tat einen Schritt nach vorn.
Der Reigen der Geister ergeht sich nun in einer wilden Hüpferei und den unwahrscheinlichsten Purzelbäumen, und ihre abartigen Fratzen, die ich nicht beschreiben könnte, verzerren sich zu den hässlichsten Grimassen. Die Glühwürmchen, Fenneks und Kröten springen auf und stossen groteske Schreie aus, die Skorpione stellen ihre Stachel auf, und die Hornvipern beginnen zu zischen. Ich wäre davongelaufen, wenn nicht alsbald die Gazelle mit den grünen Hörnern aufgetaucht wäre. Ja, sie war es tatsächlich, denn eines ihrer Hörner war kürzer als das andere.
'Maina, hab keine Angst, ich bin die von dir gerettete Djinnin. Du hast ein Stück meines zerbrochenen Horns, setz es auf das Kürzere meiner Hörner, und du wirst sehen, dass es dort draufpasst. Komm näher, junger Targi, Smaragdjäger, dessen Vorfahren den alten Legenden zufolge diesen Edelstein suchten. Komm in die Mitte. Ihr wütenden Schlangen und ihr, giftige Skorpione, beruhigt euch; dieser junge Mann ist ein Freund.' Und da liessen die Tiere mich in der Mitte hindurch: 'Komm in die Mitte', wiederholte sie. 'Siehst du diesen hellen Fleck dort, so grün wie meine Hörner? Berühr ihn!'

Ich tat, was die Djinnin mir sagte, und indem ich dieses Licht berührte, hatte ich den Eindruck, als umschlösse es meinen Finger. Es war ein Ring aus schwarzem Stein, wie das Armband, das du an meinem Arm siehst.
'Zieh ihn zu dir!', befahl die Gazelle.
Ich zog und hob, ohne jede Mühe, eine Sandsteinplatte hoch. Über ein dunkles Loch gebeugt, lauschte ich. Aus den Eingeweiden der Erde stieg eine Art fröhliches Gemurmel, das ich erst für Lachen hielt, doch es war das Geräusch von fliessendem Wasser, gleich jenem, das in den Bewässerungskanälen der Oasen kleine Kaskaden bildet. Ich konnte nicht glauben, dass es unter diesem trockenen Boden so viel Wasser gab, aber die Überraschungen hatten noch kein Ende, denn bald sah ich die Formen klarer werden; aus diesem wunderbaren Brunnen stiegen Djinns auf, alle mit kleinen Wasserfässchen beladen. Diese Djinns hatten durchscheinende Körper, man hätte glauben können, dass es dickbäuchige Krüge seien, und sie hatten nur ein einziges, weinendes Auge mitten in der Stirn.
Die Gazelle befahl mir: 'Hol deine leeren Guerbas.' Sie schlug mit ihren Hufen auf den Boden, und da war plötzlich ein kleiner grauer Esel – ich weiss nicht, woher er kam – an meiner Seite. 'Hier ist dein Wasserträger', sagte sie zu mir. 'Geh und hol die Wasserschläuche.'
Im Lager schliefen alle. Ich wusste genau, wo meine Guerbas sich befanden, und nahm sie schnell und geräuschlos, belud den Esel, und so waren wir bald wieder beim Brunnen. Mit der Hilfe der Djinns füllte ich meine Schläuche; als ich sie zählte, waren es hundert Stück! Es kam mir so vor, ich war mir sogar sicher, dass die Karawane nie eine so grosse Zahl von Behältnissen besessen hätte. Der leuchtende Kreis war verschwunden. Die Glühwürmchen, Kröten, Wüstenspringmäuse, Fenneks, Vipern, Skorpione waren fort, nachdem alle vom Brunnen getrunken hatten.
Die Djinnin war neben mir. Ich bedankte mich bei ihr; sie hatte uns das Leben gerettet: 'Hast du nicht auch mein Leben und das meines Kleinen gerettet?', antwortete sie mir. Ihr Körper wurde durchscheinend und sie löste sich auf; nur ihre strahlenden Hörner stiegen in die Nacht empor und begannen, sich an die Höhe zu heften: dort wurden sie zu jenen Sternen, die seitdem in dem Sternbild hängen, das wir *Ihenkad'* – die 'Dorkas-Gazellen' – nennen.
Ich verliess diesen Ort, eingehüllt in einen Dunst aus duftendem Moschus. Ich kehrte ins Lager zurück, nichts hatte sich geregt. Ich entlud den Esel, der sogleich verschwand, sich im Sand verlierend. Verblüfft, vom Schwindel gepackt, schlief ich ein.
Als ich erwachte, hörte ich meinen Vater: 'Ein Sandsturm hat in dieser Nacht geweht; jetzt hat sich der Wind wieder beruhigt und jetzt schaut, schaut alle: Die Guerbas sind voll!'
Mein Vater war nicht überrascht. Er sagte bloss: 'Mektub! ... Letzte Nacht sah ich im Traum unseren Scheich erscheinen, unseren verehrten Marabut, das war ein gutes Omen!'
'Voilà, das ist also meine Geschichte', kam mein Begleiter zum Schluss. 'Wenn ich diesen Ring nicht hätte, würde ich mich fragen, ob ich nicht bloss geträumt habe. Und dennoch habe ich diesen Ring und den grünen Stein ...' Er schwieg für einige Augenblicke und fuhr fort: 'Du gibst mir den Spiegel und das grüne Fläschchen? Das grün ist wie die Hörner der Djinnin ...!'
'Ja, Maina, hier sind sie.' Er hängte die kleine Parfümflasche zu seinen Amuletten."[123]

VI LENKESHEM, DIE KAMELE UND DER SCHMIED

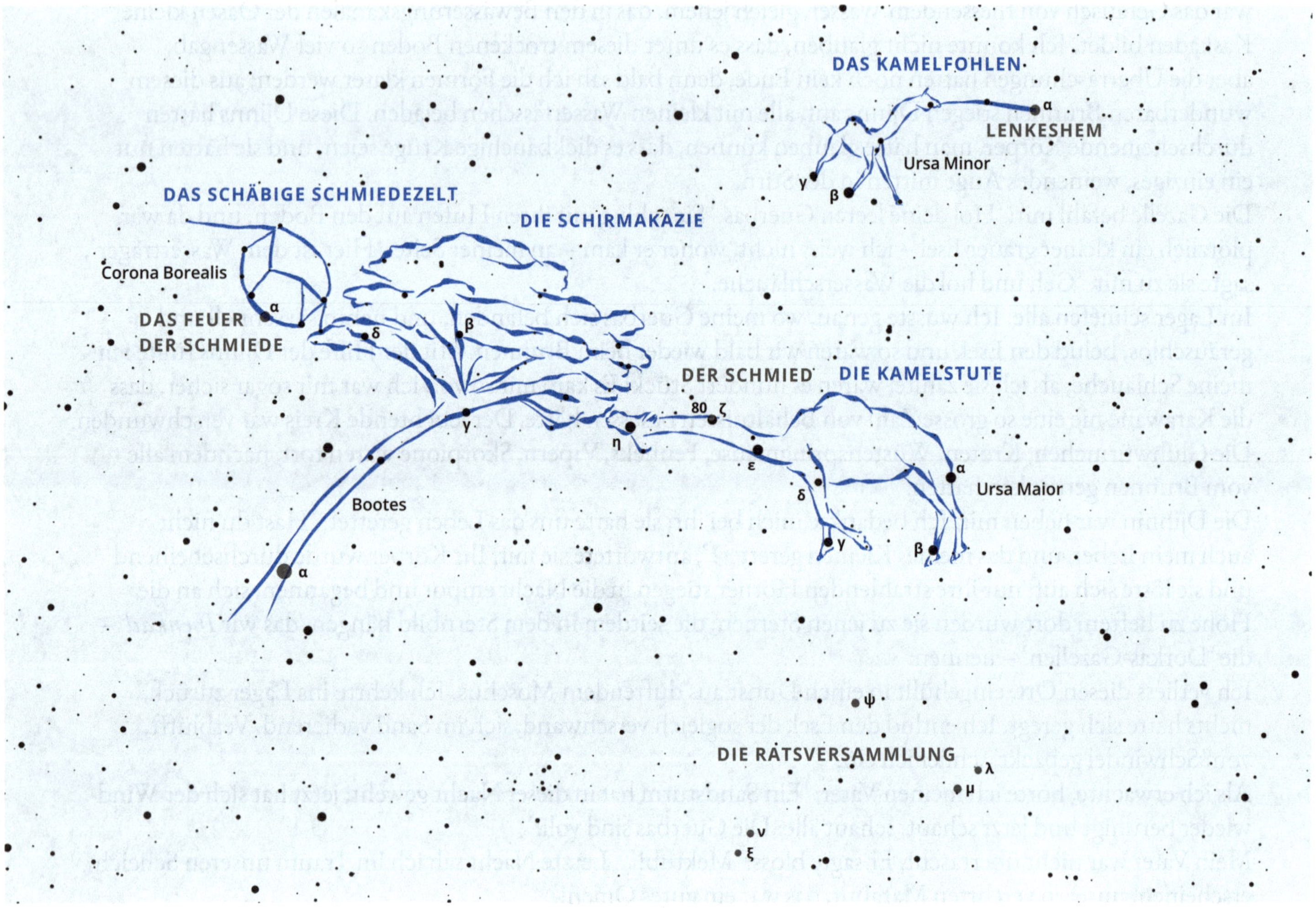

α Ursa Minoris

BEL HADI | BEL HAJI – DER TREIBER oder DER WEGWEISER

Diese Fremdbezeichnung stammt aus dem *Hassaniya*, dem arabischen Dialekt der Mauren; er ist bei den Tuareg der Westsahara, in Mali und im Adrar des Ifoghas gebräuchlich. Möglicherweise leitet sich der Name von *al-H'adi*, 'Kameltreiber' und *Abu-l-H'adi*, 'Vater der Kameltreiber' ab – was zu dem Sternbild des Kamelfohlens passt, das mit einem Haltestrick am Polarstern festgebunden ist.[124] Erklärt wird er heute aber als 'Wegweiser' und das *B* damit, dass Tuareg ein solches oft vor ein arabisches *el* stellen.[125] Dass der Polarstern als wichtige Orientierung für die Karawanenzüge von Timbuktu oder aus dem Adrar de Ifoghas nach Norden dient, zeigt dieser Spruch aus Mali: "Dort fern, Der Nordstern – ein Getreidekorn: zieht dahin unter ihm – er weist den Weg."[126]

Die folgende Fabel stammt aus dem islamischen Kulturkreis; *Sidna* ist eine gängige marokkanisch-arabische Bezeichnung für religiös verehrte Persönlichkeiten, aber auch Geisterfürsten: "Die adeligen Tuareg [die von der Kamelzucht und Razzien leben] töten niemals einen Waran, den sie auf Tamasheq *Agatha* nennen, und sie essen ihn a fortiori auch nicht.

Sidi ag Keradij und Azuela ag Serada haben mir dazu folgende Legende erzählt: 'Sieben adelige Männer hatten eine Kamelstute getötet, welche Sidna Nouh [Noah, dem Herrn] gehörte. Unter ihnen war ein adeliger Tuareg. Um sie zu bestrafen, wurden sie von Gott in Tiere verwandelt, der eine in einen Waran, der andere in einen Wüstenfuchs, der dritte in ein Chamäleon usw. Der Waran war der adelige Tuareg, der nun von Tuareg als 'Onkel mütterlicherseits' angesehen wird. Die getötete Kamelstute aber ist jetzt am Himmel. Und der Polarstern Belhadi ist ihr Kopf.'"[127]

TATRIT TA-N TAMASNA – STERN DES NORDENS

Von den Kel Denneg im Süden Nigers wird der Polarstern *Tatrit ta-n Tamasna*, 'Stern Des Nordens', genannt; *Tamasna* bezeichnet das Gebiet zwischen dem Ayr im Niger und dem Adrar-Massiv, das sich vom Rand Malis bis nach Algerien erstreckt. Als Richtungsangabe bedeutet es dementsprechend nur im südlichen Niger den Norden, im Hoggar hingegen den Süden und im Ayr den Westen.

In Tamanrasset dient er weiterhin als Orientierungspunkt; nach ihm richten sich sowohl die Toten aus, die in den Gräbern mit den Füssen zu ihm begraben werden, als auch die Reisenden. Will man in den Niger, streift er einem die Schulter; will man zurück in den Hoggar, setzt man sich ihn auf die Stirn.[128]

ATRI WA-N-ELKEJEB – DER KUNDSCHAFTER-STERN

Dieser Name ist bei den Tuareg im Hochgebirge des Ayr im zentralen Niger gebräuchlich, die von dort aus Raubzüge in die algerischen Regionen unternahmen.[129]

LENKESHEM

Dies ist die gebräuchlichste Bezeichnung für den Polarstern im Hoggargebirge und dem Tassili um Djanet sowie im nigerischen Ayr. Lenkeshem soll laut Duveyrier wörtlich *Halte!* bedeuten; er hat jedoch am ehesten die Bedeutung von *tragen*. Es ist der Name einer darin verkörperten Sklavin, der man aufgetragen hat, Das Kamelfohlen zu halten, damit man seine Mutter, Die Kamelstute, melken kann. Sie hält den Maulstrick des Fohlens fest, das jedoch im Kreis rennt. Die Ratsversammlung in den Sternen von Ursa Maior stimmt deshalb ab, ob sie dafür mit dem Tod zu bestrafen ist.[130] Reisst ihr Strick, sagt man heute, ist das Ende der Welt gekommen.[131]

Die schwarzen Sklaven der Tuareg unterschiedlichster Herkunft werden *Iklan* genannt; sie wurden früher im Sudan gefangen und als Fronarbeiter gehalten. Ein *Akli* (weibl. *Taklit*) gehört seinem Meister, kann aber mehrere Tage in der Woche auch für sich selbst arbeiten. Manchmal teilt er die Mahlzeiten mit seinem Herrn. Seine Kinder werden auf die gleiche Weise aufgezogen wie die der adeligen Tuareg. Die Iklan werden vererbt, sie dürfen Tiere besitzen und von ihnen profitieren; bei ihrem Tod aber gehen die Tiere an ihre Herren und nicht an ihre Kinder. Sie können einen anderen Meister verlangen, wenn sie misshandelt werden.

Ein fundamentaler Unterschied zu anderen, unerbittlichen Formen der Sklavenhaltung bei den Arabern bestand im Recht der Tuareg-Sklaven zu Eheschliessung und Familienbildung. Dadurch vergrösserte sich die Sklavenzahl; es entstanden innerhalb der Tuareg-Gesellschaft zahlreiche Untergruppen und Segmente, was zum Übergang in den Status der 'Halbfreien' (*Bella, Buzu* oder 'Dünensklaven') mit weitgehender Selbstständigkeit führte. Damit reduzierte sich die Motivation zu Sklavenjagden und Sklavenhandel bei den Tuareg.[132]

DIE KAMELSTUTE UND DAS KAMELFOHLEN

"Unser Polarstern trägt in der algerischen Sahara den Namen *Lenkeshem* und spielt die Rolle einer kleinen mutigen Sklavin, die Das Kamelfohlen *Awara* (unsere Kleine Bärin) zurückhalten soll, damit man ihm die Läufe fesseln kann, um es in das vor den Zelten gelegene Gehege zu führen. Das junge Tier hat nur einen Gedanken: auf die Weide zu laufen zu seiner Mutter, Der Kamelstute [unsere Grosse Bärin], die man sowohl *Talemt* wie *Tareggant* nennt, 'Kamelstute'. Es will frei auf der Weide herumgrasen und in der Mitte der Herde herumtollen, die schon früh morgens aus dem Lager gezogen ist. Es wehrt sich mit aller Kraft gegen Lenkeshems Vorhaben und weigert sich, sich an dem Pfosten festbinden zu lassen, rings um den es seinen Tag verbringen soll. Es dreht sich unablässig um die junge Sklavin und versucht ihr zu entkommen, doch vergeblich! Lenkeshem ist so wachsam, wie die Laufleine hält. Sie hat es fest in der Hand und widersteht allem Aufbäumen des ungestümen Tieres, das seinen Rücken wölbt und die Beine versteift. Sie hat sich getreulich den Rat zu Herzen genommen, den man ihr gegeben hat: das Tier im Gehege zu halten. Deswegen bewegt sie sich kein Stück, nicht einmal die grosse Zehe. Stoisch bleibt sie auf derselben Stelle und wird dort so lange stehen bleiben, bis Awara bezwungen und gefesselt ist und sich nicht mehr bewegt. Das verzweifelte Brüllen, das das Fohlen ausstösst, weil es nicht machen darf, was es will, dringt an die Ohren Der Kamelstute. Diese streckt, wenn es Sommer ist, ihren Hals zum Zenit, um die weichen Blätter der Absagh-Akazie abzurupfen, in der unser Arcturus leuchtet. Im Winter dagegen scheint sie auf dem Horizont zu liegen, wo sie sich mit dem Gras am Boden zufriedengibt.
So oder so beunruhigen sie die Schreie ihres Kleinen genug, um zu ihm hin und es trösten zu wollen. Doch die Kamelhaltung ist in dieser Region einfachen Regeln unterworfen, welchen die Hirten seit Jahrhunderten streng folgen. Die Kamelstuten weiden deshalb den ganzen Tag über die Gräser des Tales ab und kehren erst bei Einbruch der Nacht wieder ins Lager zurück. Erst dann dürfen ihre Fohlen an ihnen säugen, bevor

sie sich von den Hirten melken lassen müssen. Auf den Abend wartend, kann unsere Kamelstute deshalb nichts anderes machen, als rund um die Zelte zu kreisen, so wie Awara rund um seinen Pfosten kreist."[133]

Das Szenario der beiden Kamele um die Sklavin deutet mehr an, als gesagt wird: Denn weshalb stimmt die Ratsversammlung darüber ab, ob Lenkeshem mit dem Tod zu bestrafen ist? Ist ihretwegen etwa eine wertvolle Tragelast Der Kamelstute verloren gegangen?
Die Tubu im Tibesti sehen in den Sternen um Polaris eine ähnliche Szene. Die sieben Hauptsterne von Ursa Maior sind dort verwilderte Esel – *Ormote-ã*, 'Die Ängstlichen' –, die sich von der Herde getrennt haben. Sie kreisen vergeblich um den Brunnen des Polarsterns, weil ihnen die *Teski yi Soade* – Die Das Wasser Verteidigenden Sterne (zwei Sterne in Ursa Minor oder zwei schwache Sterne in Ursa Maior) – den Zutritt verwehren.[134]
Die Kamelstute der Tuareg in Ursa Maior ist, wie auch das unbändige Kamelfohlen, 'verwildert'. Wird der dafür verantwortlichen Lenkeshem in Polaris von der Ratsversammlung deshalb der Prozess gemacht?
Die skizzierte Situation ist zweideutig: Einerseits hält die Sklavin ja den Maulstrick Des Kamelfohlens fest, andererseits aber hat sie es nicht zum Stehen oder Sitzen gebracht. Womit das volksetymologische 'Halte!' die Pointe eines kosmischen Witzes darstellt: ein Himmel, der festgehalten wird und sich dennoch ewig weiterdreht. Kein Wunder, dass da auch die Ratsversammlung nie zu einem Urteil kommt ...

Ursa Maior
TALEMT – DIE KAMELSTUTE

γ und δ Ursa Maioris
TAYT | TAHITT – VORDERBEIN | VORDERBEINE

α und β Ursa Maioris
ID'ARAN – HINTERBEINE

B | S, S, B und R II 63–64

Mit dem Aufstieg von α und β Ursa Maioris und von δ und γ Ursa Maioris eine Woche später endet die Regenzeit und geht in die Trockenzeit über.[135]

ε, ζ und η Ursa Maioris
TIKERDAF – DIE (DREI) HALSWIRBEL

Die Grundbedeutung des Namens ist 'Wirbel' (Singular: *Takerduft*). Diese drei 'Halssterne' und schliesslich der Kopf der Kamelstute tauchen in der Trockenzeit auf, sie endet mit Winterbeginn Mitte November.[136]

M 51?

TAKORSAYT EN-TALEMT –
DER KEHLKOPF DER KAMELSTUTE

Der Kehlsack sitzt beim Dromedar nicht weit vom Halswirbel. Beide markieren den Ansatz des Kopfes – der im Süden der Sahara jedoch auf einem unproportional langen Hals sitzt.

α Bootis
EGHAF EN-TALEMT –
DER KOPF DER KAMELSTUTE

Arcturus gilt nur im Sahel als hochgereckter Kopf Der Kamelstute, die in der Schirmakazie äst. Betont wird damit das schräg aufsteigende Sternbild: Das Kamel steht am Himmel nie waagrecht, sondern reckt sich vom Horizont nach oben, was ihm einen langen Giraffenhals verschafft. Im Hoggar hingegen steht der Stern für den Fuss der Akazie, nach dessen Krone Die Kamelstute ihren Kopf streckt.

R II 63, 103, B, B | S

Teile von Bootes
ABSAGH – DIE SCHIRMAKAZIE

An den Zweigen dieser häufigen Akazienart (*Acacia raddiana* = *A. tortilis*) äst Die Kamelstute oder streckt sie ihren Kopf hin.

R II 63, 103, B

Sterne von Ursa Maior und Ursa Minor
TALEMT-ED-ROR-ES (Ajjer) | TALEMT-D-AWARA-NNET (alle Tuareg) – DIE KAMELSTUTE UND IHR JUNGES

R II 63

Ursa Minor
AWARA – DAS KAMELFOHLEN

D

Es ist ein sechs Monate altes Kamel, das jeden Abend, bevor die Kamelstuten zurückkehren, mit dem Hinterbein an einem bei den Zelten eingeschlagenen Holzpflock festgebunden wird.[137]

ψ, λ, μ, ν, ξ Ursa Maioris
ELJEMAGHAT – DIE RATSVERSAMMLUNG

Der Name gibt das arabische Wort für 'Ratsversammlung' wieder, *al-Djema'at*. Die ein Dreieck bildenden Sterne ψ, λ, μ, ν und ξ Ursa Maioris verkörpern die Versammlung, die darüber berät, ob die schwarze Lenkeshem zu töten ist: Die versucht, sich zu verstecken, ist aber vor lauter Angst erstarrt und bewegt sich deshalb nicht.[138]

Eine andere Identifikation dafür gibt α, μ, ν und ξ Ursa Maioris an, die sich jedoch in α mit dem Leib Der Kamelstute überschneidet.[139]

80 Ursa Maioris (Alkor)

ENAD' | ENHAD' – DER SCHMIED[140]

Der Name *Enad'* (oder *Enhad'* bei den Tuareg in Mali und dem Adrar des Ifoghas) deutet auf Schmiedetätigkeit und den Blasebalg *Anahod'*; beides leitet sich ab von *sehed'*, 'blasen, anfachen'.

Die Schmiede stellen für die Tuareg alles her, was gebraucht wird: Waffen, Küchenutensilien, Dromedarsättel. Sie nehmen auch kleine chirurgische Eingriffe vor (Wundversorgung, Zähneziehen). Sie werden manchmal als *Griots* (Preissänger und Musikanten), als Übersetzer oder Boten der Stammesführer eingesetzt. Die Tuareg verachten manuelle Arbeit und meistens auch die Schmiede, die ausserdem keine moralischen Prinzipien haben sollen. Sie zahlen keinen Vasallentribut. Rangmässig stehen sie zwischen den *Iklan*, den Schwarzen der Tuareg, und den *Imghad*, das sind die direkt unter den Adeligen der Tuareg angesiedelten, plebeischen Vasallen. Manche Schmiede besitzen selbst Sklaven.

Die soziale Position der Schmiede ist sehr unterschiedlich, die Haltung ihnen gegenüber ambivalent. Wegen ihrer besonderen Fähigkeiten und Kentnisse etwa der Metallurgie, der Feuerbeherrschung, Ausübung medizinischer und 'magischer' Praktiken, insbesondere der Amuletherstellung, verbunden mit der Ausstrahlung einer ihnen zugeschriebenen unkontrollierbaren Unglückskraft, stellen sie einerseits unentbehrliche Spezialisten dar, die in Kämpfen verschont werden, zugleich aber auch eine gefürchtete wie verachtete Randgruppe ausserhalb der Tuareg-Hierarchie. Ferner sind die Schmiede als fest verankerte kritische und oppositionelle Instanz gleichermassen wichtig wie gefürchtet, als Repräsentanten der Gegenwelt zu den Normen des Adels und der *Ineslemen* (der Marabuts, Korangelehrten und -gläubigen). Sie dürfen schamlos betteln, lauthals Spott und Kritik äussern und ganz allgemein jeden durch respektloses Verhalten provozieren, wie etwa beim Hochzeitskarneval.[141]

Corona Borealis

ABUK N-ENAD'EN – DAS SCHÄBIGE SCHMIEDEZELT

α Corona Borealis

TEMSI N-ENAD'EN – DAS FEUER DER SCHMIEDE

R II 673

DIE KAMELSTUTE UND DER SCHMIED

"Die Kamelstute kreist um die Zelte, indem sie einen Gefährten auf dem Hals trägt, den sie nicht abschütteln kann. Dieser Gefährte, der auf ihrem zweiten Halswirbel sitzt, gleichsam darauf festgebunden, heisst *Enad'* (unser Reiterlein Alkor, der in der Nähe von Mizar schillert, einem Stern, dem die Tuareg jedoch vergessen haben, einen Namen zu geben).

Enad' ist ein Handwerker oder ein Schmied, der mit freiem Auge nur schwer zu erkennen ist. An den Hals der Kamelstute geklammert, scheint er sich den Blicken des Beobachters zu entziehen, um nicht bei seinem geduldigen Warten gestört zu werden, bis er seinem Reittier die Kehle durchschneiden kann. Man stelle sich dabei aber bloss kein Attentat vor, nein, gar nicht! Man hat ihm einfach gesagt, dass die Kamelstute rituell bei einer anstehenden Hochzeit geschächtet werden wird.

Da der Tag der Hochzeit noch nicht festgesetzt ist, wartet Enad', bis er feststeht, um an dem Opfer des Tieres teilzunehmen und sich das Rückenstück zu holen, auf das er ein Recht hat. Die Tradition der Tuareg will es, dass bei den Vorbereitungen zum Hochzeitsfest den Schmieden, welche bei der Zeremonie dabei sind, das Recht zusteht, sich eine genau bestimmte Portion des Rückens jenes Kamels zu nehmen, das bei der Heirat geschächtet wird. Dem Brauch gemäss wird der Enad' sich sein Rückenstück abschneiden und dieses ihm zustehende Stück zu sich nach Hause bringen in das *Abuk n-Enad'en*, sein 'Schäbiges Schmiedezelt' (unsere Corona Borealis). Dort wird er es mit dem Feuer zubereiten (dem hellsten Stern der Krone) und es zusammen mit den Mitgliedern seiner arbeitsamen Familie verspeisen."[142]

"Das Recht auf das Rückenstück haben die Schmiede bei jeder Schlachtung, bei der sie dazukommen. Mit einer Ablehnung zieht man die Unglückskraft *(Arum, Ett'ama)* der Schmiede auf sich; manche schlachten deshalb möglichst heimlich."[143]

VII AMROT UND DIE BEIDEN MÄDCHEN

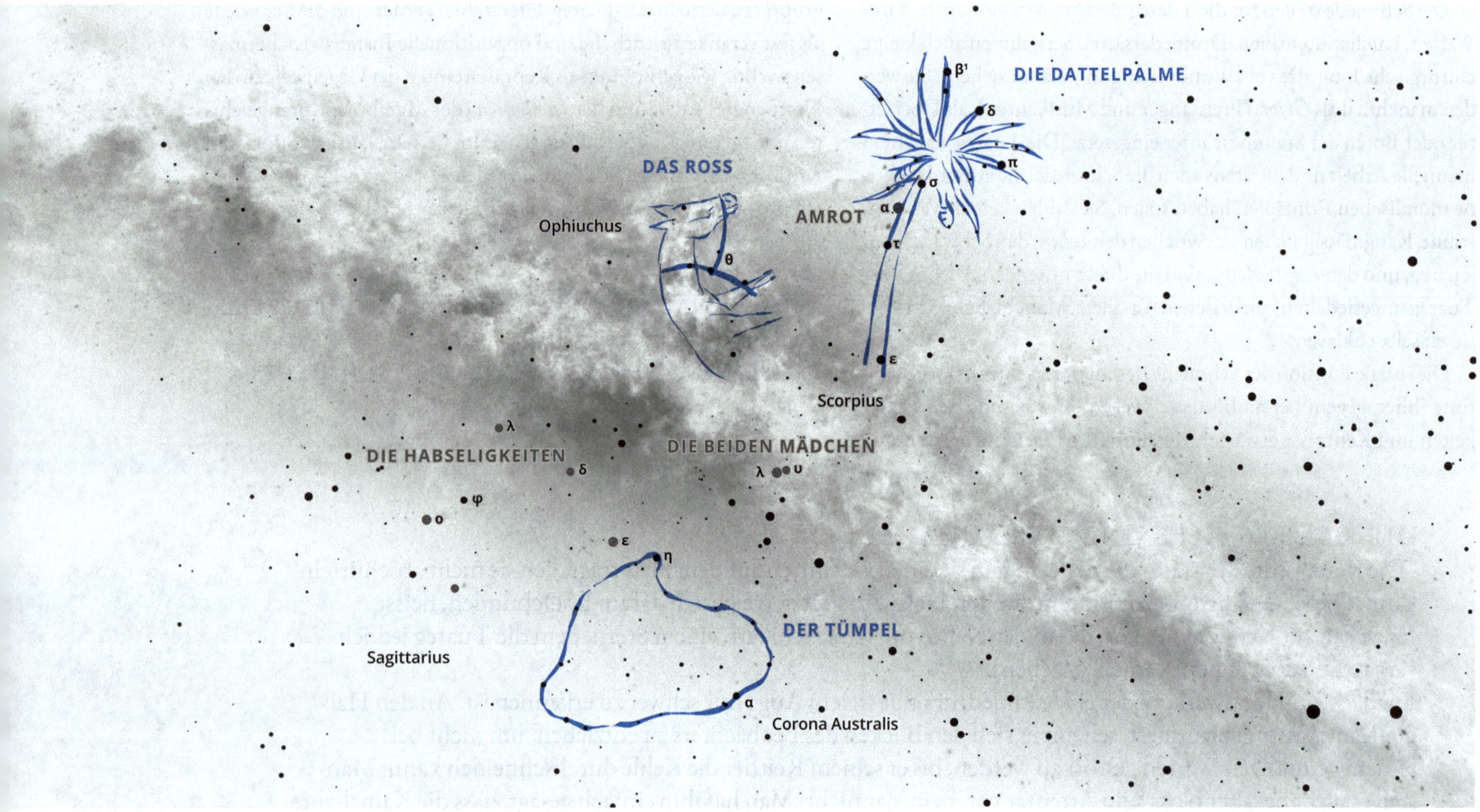

Scorpius

TAZZEYT | TAZZAYT (N-ENGUG) – DIE DATTELPALME (DES ENGUG) TAZ'ERDAMT – DER SKORPION

Der Skorpion gibt die arabische Tradition dieses Sternbilds wieder, ist jedoch kaum gebräuchlich. Die Dattelpalme hingegen stellt eine genuine Vorstellung der Tuareg dar. Sie gehört dem legendären Engug, über den nichts mehr bekannt ist.

Der Palmkrone entsprechen die Scheren, ihr Stamm Kopf und Brust des Skorpions. Der rötlich leuchtende Antares ist ein junger Mann namens *Amrot*, der die Palme zur Hälfte erklettert hat. Er will auf die Dattelpalme steigen, erblickt aber auf halber Höhe die schönen jungen Mädchen, *Tibarad'en*, die in rote Umhänge, *Haoulis*, gehüllt sind und von der *Tesahaq* genannten Wasserstelle in Sagittarius und der Corona Australis kommen. Sie gehen auf ihn zu; er bleibt deshalb auf halber Höhe, um sie zu betrachten.[144]

α Scorpii

AMROT

B

λ und υ Scorpii

TIBARAD'EN – DIE BEIDEN MÄDCHEN

R II 730

Die beiden Mädchen sind unterwegs von oder zur Wasserstelle in der Corona Australis.[145] Eine alternative Verortung der Mädchen gibt β und δ Scorpii;[146] sie passt jedoch nicht in die Legende von zwei Mädchen am Fuss einer Palme, die von dem hochgekletterten Amrot beobachtet werden: Sie würden darin nur zwei Palmwedelspitzen bilden.

TYET'T'AWEN EN-TANILT – DIE AUGEN DES STRAUSSENWEIBCHENS

PR | A | M 617, 773

Diese Vorstellung ist bei den Tuareg des Südens verbreitet.

DIE TIBARAD'EN

Mit dem Sternpaar der Tibarad'en ist eine Verehrung verbunden, über die folgende Berichte von General Niéger und Henri Lhote nacheinander Auskunft geben. Die Legende lässt Amrot zum Teil eines Raubzuges werden, der Die Beiden Mädchen verschleppen wollte. Der astrale Kult um sie ergab sich offenbar aus neolithischen Steinwerkzeugen. Man glaubte, sie seien vom Himmel herabgefallen, und verehrte sie als Idole; vergleichbar ist dies mit der Vorstellung der vorislamischen Araber über das Wesen der Sternschnuppen oder einer ihrer astralen Gottheit wie Sahd, der als Stern vom Himmel fiel und auf Erden versteinerte.

Der französische General Niéger erinnert sich: "1909 bin ich in Tazrouk, einem kleinen Dorf an der westlichen Flanke des Hoggargebirges. Frauen sind nicht zu sehen; die Einheimischen bilden einen Kreis um mich, gierig auf Neuigkeiten, ich stehe der rechten Hand des Stammesoberhaupts gegenüber, und das Palaver beginnt, einmal mit dem, ein andermal mit jenem. Als das Gespräch schliesslich erlahmt, habe ich genug und denke daran, es abzubrechen.
Mein Gegenüber spürt mein Unbehagen, bleibt völlig gelassen und sagt plötzlich: 'Wir haben hier die *Tibarad'en en nauen*, unsere beiden jungen Töchter.' Ich sage überrascht: 'Was erzählst du da?'
'Wir haben hier eine Weisse und eine Schwarze; willst du sie sehen?' Die Frage ist heikel. Ein Blick auf die Versammlung. Man lächelt. Ich kann gehen. Ich sage Ja: 'Ist es weit?'
Mein Targi deutet mit dem Finger auf die Spitze einer Erhebung im Nordwesten des Dorfes. Als wir dort sind, bleibt mein Führer stehen. Er zeigt auf einen Steinhaufen und sagt: 'Da sind sie!'
Vor mir liegen zwei Rundgräber. Sie werden umgrenzt von einem konkaven Kreis aus Lavabrocken. Auf einem der Grabhügel, innerhalb dieses Bannkreises, hat man eine kleine Grotte aus aufgeschichteten Steinen errichtet, ein etwa 1 Meter grosses Gewölbe, das auf einer Seite offen ist.
Ich beuge mich vor und erkenne im Inneren zwei polierte Steine. Sie liegen auf einem Tuch, dem Rest eines Stoffes, aus dem die Tuareg ihre Gewänder machen. Auf dem flachen Boden der kleinen Höhle, vor diesen beiden Idolen, liegen auf weiteren Stoffresten Opfergaben verstreut: Kerzen, Nadeln, Seifen etc. Von der Entdeckung dieser erstaunlich gut gearbeiteten Steine beglückt, denke ich schon daran, ich gebe es zu, wie ich mir diese beiden Trouvaillen unter den Nagel reissen kann. 'Wie kommt es, dass ihr Muslime vor solchen Steinen betet?'
Mein Targi hat gleich begriffen. 'Nicht wir Männer. Aber die Frauen und Kinder. Du kannst sie behalten; es sind ja bloss Steine.'
Zugleich aber kriege ich Zweifel und Gewissensbisse. Ich drücke sie meinem Führer gegenüber aus, der mich, nicht ohne Zaudern, zu überzeugen versucht. 'Eins aber musst du wissen: Wenn du sie mitnimmst, setzt du dich einer schweren Krankheit aus. So sagt die Legende.' 'Welcher?' Er verzieht die Augen und ich merke, dass er unter seinem Tagulmust lächelt, peinlich berührt. Schliesslich rückt er damit heraus. Er blickt erst zu Boden, neigt dann den Kopf und murmelt etwas, das so viel bedeutet wie: keine Frauen mehr.
Ein bisschen aus der Fassung, nehme ich die Herausforderung tapfer an: 'Das ist mir egal.' Wieder ein diskretes Lächeln. Fragen drängen sich nun auf: 'Woher kommen die Tibarad'en? Wer hat sie gebracht? Was stellen sie dar? Haben sie viele Gläubige?' etc.
Mein Targi, obwohl er ohne zu zögern die bescheidene Entschädigung für sein frevelhaftes Angebot eingesteckt hat, bleibt stumm. Er lässt sich bloss nach einer Weile dazu herab, seine Gleichgültigkeit den Idolen gegenüber entschuldigend auszudrücken: 'Weisst du, sie sind sehr alt. Sie sind von, bevor wir Muslime waren.'
Und das ist alles. Das weisse Idol ist aus weissem Granit, das schwarze aus amphibolitischem Gneis. Das weisse wird von aller Welt für einen neolithischen Reibestein gehalten. Mich befriedigt diese Definition nicht ganz. Ich habe schon viele Reibesteine gesehen, aber noch keine so sorgfältig und vollendet gearbeitete, und auch nicht in dieser Form. Dazu sind schwarze und ockerfarbene Striche am hinteren Ende zu erkennen.
In Anbetracht der Paarung der beiden Idole auf dem Grab scheinen diese zumindest klar anzudeuten, dass der Stein, falls er ursprünglich ein neolithischer Reibestein war, zweckentfremdet wurde.
Das schwarze Idol wird allgemein als Stier oder Kuh angesehen. Das ist möglich. Wenn es so ist, dann hat der sicherlich nicht ungeschickte Bildhauer mit seiner Arbeit bloss eine grob verdrehte Ähnlichkeit geschaffen.

Dass es einmal ein einzelnes Horn am Vorderteil gab, scheint kaum zweifelhaft, betrachtet man die kreisförmige Bruchstelle des leider amputierten Idols von Nahem."[147]

"Im September 1938" – schreibt der französische Forschungsreisende Henri Lhote – "konnte ich das Heiligtum der Tibarad'en schnell entdecken; es ist den Einheimischen der Region wohlbekannt. Das ovale Grabmal der Tibarad'en hat einen Durchmesser von 6 Metern und eine Höhe von 1,5 Metern. Seine Mitte war völlig überweht und der Sand bedeckte viele grössere Steine des Mäuerchens oder Alkovens, welche von General Niéger demoliert wurden. Darunter konnte ich unterschiedlichste Materialen bergen: Stössel, Hammersteine, grosse Reibeschalen und neolithische Steinäxte. Bei diesen uralten Objekten fand ich mehrfach Haare, einige archaische Perlen aus Ton oder Glas, Glasperlen moderner Fabrikation, Stofffetzen, Fragmente von Quarz, rotem Ocker und Asbest, die allesamt, auch die neolithischen, so aussahen, als wären sie erst in jüngster Zeit deponiert worden.
Der auf alte Gräber bezogene Kult ist im Hoggar gut dokumentiert. Wenn die Frauen Neuigkeiten über Abwesende erhalten wollen, verbringen sie eine Nacht bei gewissen vorislamischen Grabhügeln und schlafen dort, um im Traum die erwünschten Nachrichten zu erlangen.
Zwei polierte Steine, die ich bei meiner Grabung unter dem Sand entdeckte, wurden mir von den Einheimischen als die Tibarad'en bezeichnet. Sie hatten eine konische Form, einen geraden Boden und wiesen auf einer Seite Einkerbungen auf, von denen nicht zu sagen war, ob sie artifiziell oder natürlich sind. Wurden sie vor oder nach der Entfernung der beiden Idole General Niégers dort deponiert?
Die Tuareg schreiben den neolithischen Steinäxten eine prophylaktische Wirkung gegen den Blitz zu und nennen sie *Tadeft n-adjenna*, 'Hacke des Himmels'. Das eine von General Niéger beschriebene Idol ist, wie auch die beiden von mir entdeckten Steine, schwarz. Bei den vorislamischen Arabern wurde schwarzem Stein überall ein eigener Kult gewidmet; er wurde mit Gottheiten verbunden und wird auch heute noch aufs tiefste verehrt.
Für die Einheimischen evoziert die schwarze Farbe den Regen, oder besser: Sie wird für ein Vorzeichen gehalten, das ihn hervorruft. Die Kulte des Regens und der Fruchtbarkeit sind bei den Einheimischen oft verbunden, denn die Regenfälle, die vom Himmel kommen (den sie als männlich sehen) macht die (weiblich erachtete) Erde fruchtbar. Ein solcher Regenkult ist auch bei den nordafrikanischen Berbern sehr lebendig. Im Anti-Atlas gibt es ganze Heiligtümer, die einige Ähnlichkeiten mit dem der Tibarad'en aufweisen; inmitten grosser Steine wird dort eine steinerne Säule von mehr oder minder menschlicher Gestalt aufgestellt, welche *Tashlut* genannt wird, 'Puppe, Braut'. Die Einheimischen dort entzünden ein Feuer um diese Idole und beten sie um Regen an.
Bei den Tuareg von Tabelbalet in der algerischen Zentralsahara hat man vier eulenköpfige Idole auf einem ovalen Grab entdeckt; sie schreiben ihnen einen übernatürlichen Ursprung zu und sehen darin eine Familie – einen Mann, zwei Frauen und ein Kind –, die sich eines Verbrechens schuldig gemacht hätten, dessen Umstände die Überlieferung längst vergessen hat; durch göttliche Strafe sei diese Familie versteinert worden. Wenn die Tuareg ein Lager in der Nähe aufschlugen, begaben sich die Männer und Frauen zu diesem Ort; sie färbten die Brauen, Augen und den Bart der männlichen Betyle schwarz, malten die Lippen der weiblichen Betyle rot an und zogen ihnen bunte Tücher über als Gewänder und Kopfbedeckungen [vgl. die roten Umhänge der Tibarad'en in Pottiers *Hirte der Sterne*]. Einer dieser Steine soll einst von einem Einheimischen aus dem Hoggar verschleppt worden sein, der daraufhin von einer unbestimmten Krankheit heimgesucht wurde, gegen die kein Marabut ein Mittel wusste. Der Mann erfuhr dann im Traum den Grund seiner Krankheit und auch das Heilmittel dagegen; nachdem er den Stein wieder zurückbrachte, wurde er sofort wieder gesund.
Es gibt also frappierende Analogien zwischen der einheimischen Verehrung der Idole von Tabelbalet und jener von Tazrouk. Bei den einen wie den anderen soll es sich um Personen handeln, die von Gott versteinert wurden, und eine Legende der Unfruchtbarkeit oder der kranken Kraftlosigkeit rankt sich um sie. Was die Versteinerung betrifft, so ist dieser Glaube in der Sahara weit verbreitet; es gibt dort eine ganze Reihe von Verbrechern oder Ungläubigen, die zu Stein verwandelt worden sein sollen.
Es besteht kein Zweifel darüber, dass die Tuareg in den zwei Steinen die beiden Tibarad'en sehen, eine Schwarze und eine Weisse, das heisst eine weisshäutige Tuareg-Frau und ihre schwarze Dienerin.
Die von mir befragten Einheimischen erzählten mir eine Legende, die General Niéger nicht in Erfahrung bringen konnte, jedoch später auch von den Tuareg der Kel Rela und Dag Rali bestätigt wurde: 'Vor langer Zeit gab es in der Gegend von Tazrouk einmal eine Frau adeliger Abstammung und eine Negerin, die in einem

Zeltlager mit ihren Herden lebte. Die Frau war sehr schön und überall im ganzen Land bekannt. Ihr Leben verlief in Ruhe und Frieden, bis eines Tages eine Razzia in ihrer Gegend einfiel und die schöne Targia zusammen mit ihrer Dienerin zu einem Grabhügel flüchtete, der sich an der Westflanke von Tazrouk befindet. Sie sahen die kriegerischen Räuber auf sich zukommen; von Furcht ergriffen angesichts der Gefahr, gefangen genommen zu werden, flehten sie Gott an, sie in dem Grabhügel zu verstecken und in Steine zu verwandeln, um der Razzia nicht zum Opfer zu fallen. Gott erhörte ihr Gebet, verwandelte sie in Steine, doch als die Razzia wieder abgezogen war, beliess er sie in diesem Zustand; trotz all der flehentlichen Bitten der beiden Frauen gab er ihnen nicht das Leben wieder.' Um Gott zu bewegen, den beiden Tibarad'en wieder das Leben zu schenken, pilgern die Tuareg zum Grab von Tazrouk."[148]

Teile von Sagittarius und der Corona Australis

TESAHAQ | TEGHAZART – DER TÜMPEL

Dies ist die Wasserstelle, zu der die Tibarad'en gehen oder von der sie kommen. Die Anordnung der Sterne von Sagittarius gleicht dem Abdruck von fünf Fingerspitzen einer Hand im Sand; sie stellen die von einem oder mehreren Mädchen bei einer Wasserstelle abgelegten Habseligkeiten dar.[149]

Am Nachthimmel der Tubu gibt es dieselbe Szene. Auch bei ihnen ist Scorpius 'Das Gestirn Der Dattelpalme', *Teski-tînni-î*, ein alter, leicht gekrümmter Baum, um dessen Fuss die schwachen Sterne als vertrocknete Datteln liegen. Es gibt ebenfalls einen Tümpel (an der Spitze von Scorpius zwischen den Palmwedeln) namens *Billa-njordu*, 'Die Ausgetrockneten Wasserlöcher', sowie Frauen: *Gunnadoba*, 'Die Gunna-Mädchen'. Sieht man das Gestirn im September zur Gänze, ist die Zeit der Dattelernte gekommen; zugleich erblickt man dann sehr schwache Sterne, die ein Pferd abbilden, das jemandem gehört, der gekommen ist, die Datteln zu ernten. Ein voyeuristischer Amrot jedoch fehlt.[150]

Auch bei den philippinischen Palawan wird Scorpius als Dattelpalme gesehen, in die sich zwei inzestuöse Verliebte geflüchtet haben – die damit einen ähnlichen Tabubruch begehen wie Amrot. Und in China wiederum gibt es die berühmte astrale Sternsage vom Kuhhirten und der Weberin, der ihr beim Baden in einem Himmelsteich auflauert, während ihre Kleidung rundum verstreut liegt.

Dunkelstelle der Milchstrasse bei Ophiuchus

AYS – ROSS

Dieses Pferd gilt als das Ross des von α Scorpii verkörperten Amrot.

bcθ Ophiuchi

MAUL- UND FUSSFESSELN DES ROSSES

B

AMROT UND DIE DATTELPALME

"In der unmittelbaren Nachbarschaft des Horstes der Adler *Ehedran* entdeckt man in den langen Sommernächten die Palme, die Engug gehört: *Tazzayt n-Engug*. Sie trägt so schön anzuschauende und zweifellos schmackhafte Datteln, dass sie Amrot verführen. Dieser Tunichtgut zögert nicht, auf den Palmstrunk zu klettern, um sich über diese Leckerei herzumachen. Er streckt seine Hand nach den begehrten Dattelbüscheln aus. Aber gerade, als er sie abreissen will, erstarrt er vor den Schreien, welche die Mädchen ausstossen, die beiden Tibarad'en, die ihn dabei ertappen. So muss er bis zur heutigen Nacht in seiner unbequemen Position verharren, den Arm zu den Datteln ausgestreckt, die er nicht hat pflücken können, gleichsam versteinert, weil die Tibarad'en die Aufmerksamkeit der ganzen Welt auf die Geste seines Diebstahls gezogen haben. Welche mildernden Umstände kann Amrot gelten machen? Keine. Im Gegenteil: Man hat sogar den Beweis, dass er das alles lange geplant hat, denn er ist mit seinem Pferd *Ays* gekommen. Doch bevor er den Ort seiner Missetat erreicht hat, ist er abgestiegen, um sich auf den Weg des *Mahellaw* zu machen [unsere Milchstrasse], wo er sein Reittier geschickt versteckt und ihm Fussfesseln angelegt hat. Er hatte vorgehabt, zu dem Ort zurückzukommen und dann keine Zeit zu verlieren, um mit seiner Beute zu flüchten. Ein genauer Blick auf den grossen Arm der Milchstrasse erlaubt es, darin die dunkle Silhouette des Pferdes zu erkennen: Ein 'schwarzes Loch', das sich wie ein Scherenschnitt darin abhebt; die drei schwachen Sterne am Rande (jene am Bein unseres Schlangenträgers) stellen die Fesseln um sein Maul und die beiden Hufe dar. Diese sind einander sehr nahe, damit man sieht, dass die Fesseln äusserst kurz gehalten sind, um dem armen Pferd *Ays* nicht die geringste Bewegungsfreiheit zu erlauben."[151]

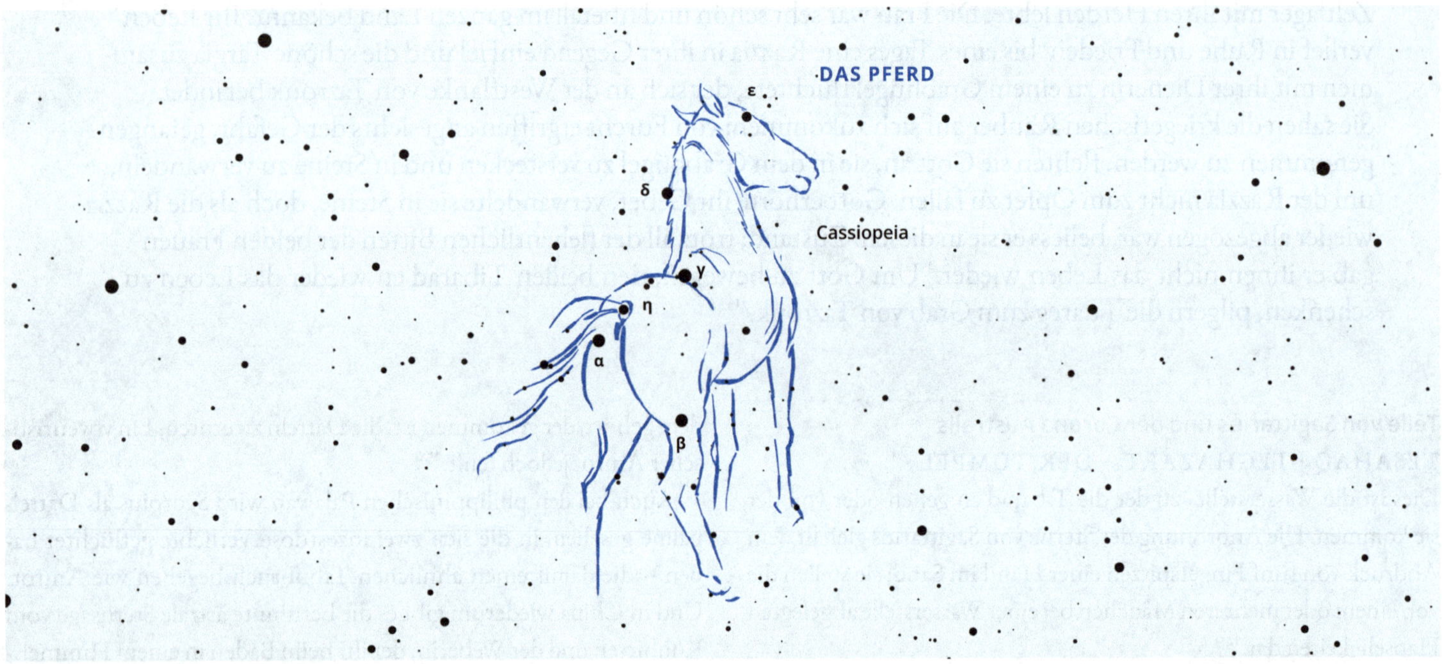

Cassiopeia

AYS – DAS PFERD

Das Pferd gilt als wertvolles Prestige- und 'Häuptlings'-Tier, als Tier des Islam und per se als Träger der Segenskraft *Baraka*; es ist das Reittier der islamischen Krieger und des Djihad (im Gegensatz zum Kamel, dem Tier der ursprünglich heidnischen Tuareg). Als Kalenderstern markiert der Aufgang des Pferdes in Cassiopeia die Regenzeit-Vorsaison.[152]

VIII ADLER UND GEIER

Aquila

EHADAR (WA) IGGADAN –
DER AUFFLIEGENDE ADLER

α Aquilae

AUGE

Lyra

EHADAR YASIDJANAN – DER HOCKENDE ADLER

α Lyrae

AUGE

B

Das Sternbild des Auffliegenden wie des Hockenden Adlers entstammt dem arabischen Sternenhimmel, wo sie durch jeweils drei Sterne figuriert wurden: αβγ Aquilae bzw. αεζ Lyrae. In der in Mali kursierenden Version des 'saharischen' Weltschöpfungsmythos kommt der mythische schwarze Schmied zwischen zwei solchen Vögeln vom Himmel herab.[153]

Cygnus

AZ'IZ' IGGADAN (SO) – DER AASGEIER
EDJADAR WA IGGADAN (SW) –
DER AUFFLIEGENDE SPERBERGEIER

Bei den südöstlichen Tuareg ist dieser zweite Raubvogel am Nachthimmel kein Steinadler mehr, sondern ein Aasgeier – und bei den südwestlichen Tuareg ein Sperbergeier. Beide werden in Cygnus gesehen – während man in Lyra anstelle Des Hockenden Adlers der nördlichen Tuareg die jeweiligen Geier beim Niederlassen sieht:

Lyra

AZ'IZ' WA YGHSARAN (SO) –
DER GELANDETE AASGEIER
EGADAR WA ASDJANAN (SW) –
DER SICH HINHOCKENDE SPERBERGEIER

R II 16, 269, 703

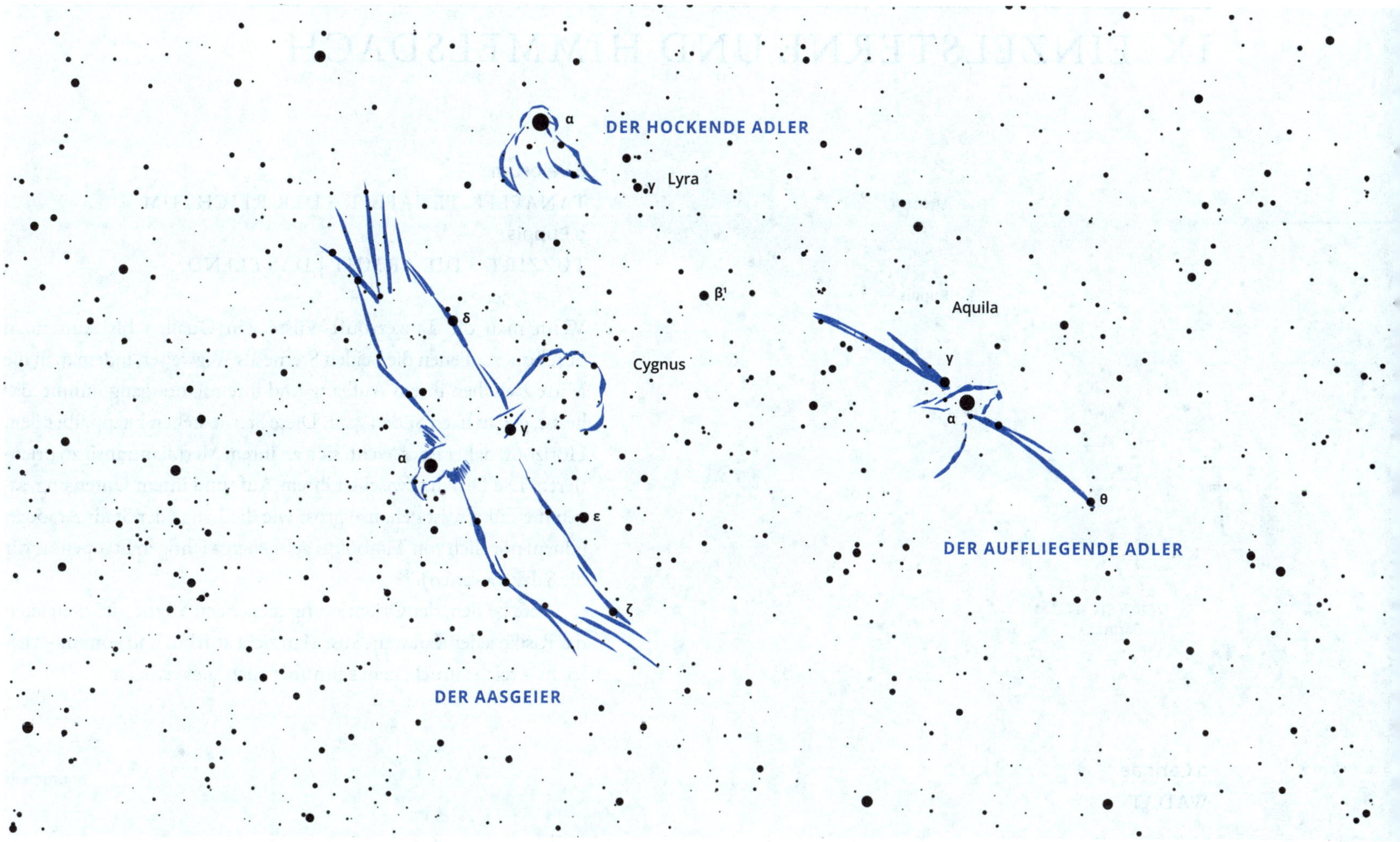

DIE BEIDEN ADLER

"Die *Ehedran*-Adler sind gegenüber von unserem Sirius zu finden. Es sind deren zwei. Der erste, der 'fliegende', nennt sich *Ehadar Iggadan* (unser Sternbild des Adlers). Er schwebt in all seinem Glanz über der Welt, indem er seine Schwingen ausbreitet. Mit seinem scharfen Auge (unserem Altair?) achtet er mit einer gewissen Ängstlichkeit auf Eydis Kommen, den er fürchtet und dem er nicht zu begegnen wünscht. Der zweite, 'hockende' Adler heisst *Ehadar Yasidjanan* (unsere Lyra). Er ist gerade am Rand seines Horstes oder auf der Spitze eines Felsens gelandet. Aufrecht auf seinen Krallen sitzend, die Flügel an den Leib gelegt, beindruckt er nicht gerade durch Stattlichkeit, aber seine ruhende Haltung verrät keinerlei Zeichen von Müdigkeit. Dies zu merken, genügt ein Blick auf sein leuchtendes Auge [unsere Vega], das durch seinen Glanz die ganze Kraft bezeugt, die in diesem majestätischen Räuber steckt."[154]

IX EINZELSTERNE UND HIMMELSDACH

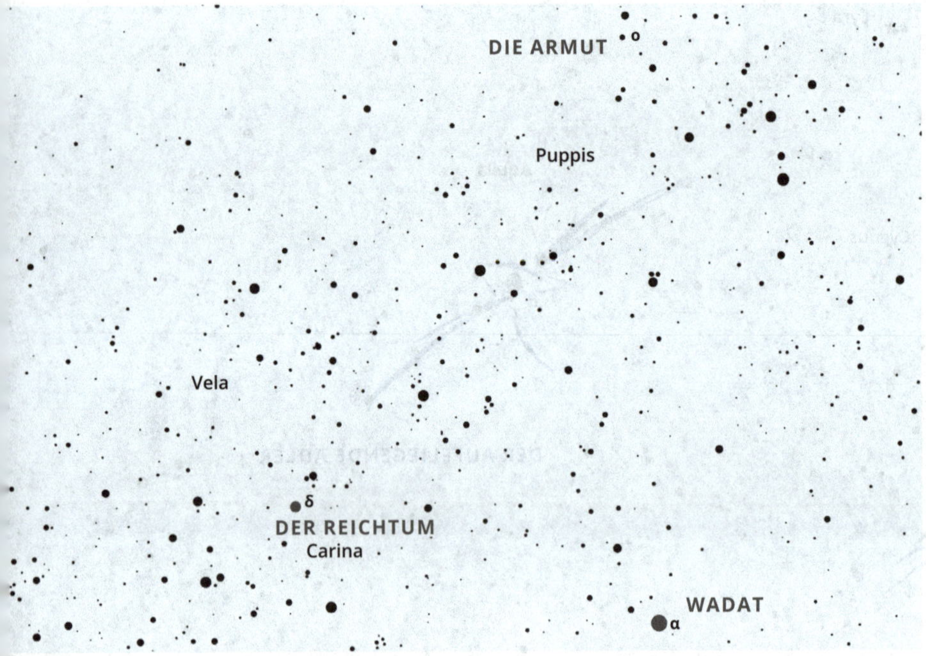

δ Velorum

TANAFLIT, TENAFLIT – DER REICHTUM

o Puppis

TUẒẒIRT – DIE ARMUT | DAS ELEND

D, R I 750

Wenn man die Tanzezrouft-Wüste von Ouallen bis Amrennan durchquert, dienen die beiden Sterne als Wegweiser, indem man die Mitte zwischen ihrem Aufgang und ihrem Untergang nimmt, das heisst, genau nach Süden geht. Diese Sterne stehen knapp über dem Horizont, daher ist es leicht, sich an ihrem Meridiantransit zu orientieren. Die Distanz zwischen ihrem Auf- und ihrem Untergang, sagen die Führer, ist genauso gross wie die Länge der Stadt Araouan (einem nördlich von Timbuktu gelegenen wichtigen Etappenort für die Salzkarawanen).[159]

Diese beiden, der Orientierung dienenden Sterne, drücken auch das Risiko jeder Karawane aus: Man zieht arm hin und kommt – vielleicht – reich zurück; man kann aber auch alles verlieren.

α Carinae

WADAT

D

Der Name steht möglicherweise mit dem im August gefeierten dreitägigen Fest in Verbindung, bei dem die schwarzen Sklaven in Nordwestafrika – dem 'saharischen' Weltschöpfungsmythos gemäss – der Opferung des in diesem Stern gesehenen mythischen Schmieds gedachten, indem sie rituell ein Opfertier schlachteten; in Marokko wird dieses Fest *Wadda*[155] genannt.

Heute wird der Stern *Ghadet* ausgesprochen; sein Erscheinen kündigt den Herbst an. Die Weiden vertrocknen und die Nomaden ziehen sich wieder zu den Brunnen ihrer Stammlager zurück, in ihre jeweiligen Täler, wo sie alles zurückgelassen haben, was sie nicht für ihre Züge brauchten. Die Zelte werden am alten Platz aufgestellt; der Stern markiert damit das Ende des pastoralen Zyklus.[156]

GHUSSHAT – AUGUST

HAGHHAGH – DER TROCKNER

R II 123

Der Name *Ghussat* für α Carinae geht auf den Monat Augustus des julianischen Kalenders zurück, da Canopus erst in diesem Monat am Horizont aufsteigt; er gilt wie der Orion als Herbststern, der das baldige Ende der Regenzeit, die Austrocknung der Weiden und Regentümpel ankündigt:[157] "Wenn Haghhagh aufsteigt und das Wasserloch noch nicht voll ist, wird es sich nicht mehr füllen."[158]

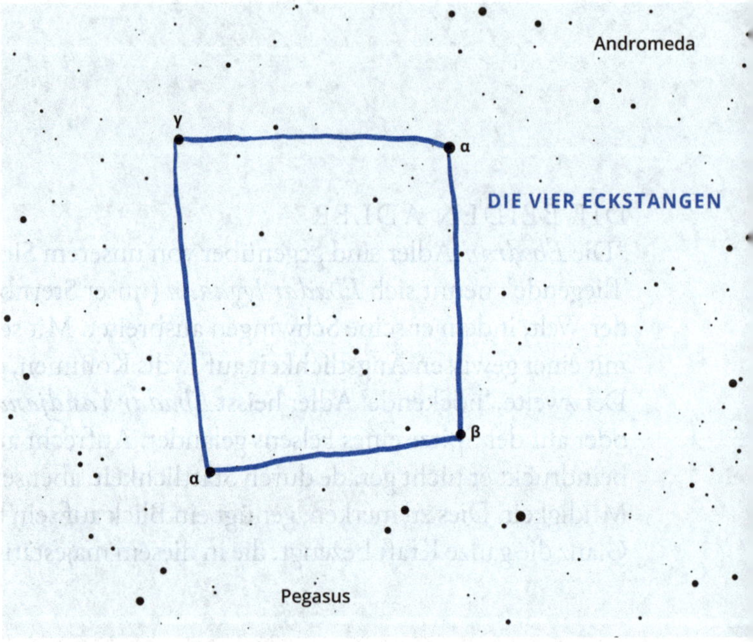

die 3 Hauptsterne von Pegasus und α Andromedae

TIGETTAWEN – DIE VIER ECKSTANGEN

TAFELLA – DAS DACH

R II 571

Das Dach bezieht sich auf das Strohdach eines einfachen Marktstandes, aber auch auf das Zeltdach, das von vier Gabelpfosten getragen wird. Das Sternviereck des Pegasus steht für die Grundkonstruktion des Tuareg-Zeltes und das für die Menschen sichtbare Abbild der vier Weltsäulen; steht dieses Sternbild im Zenit, gibt es deren Ausrichtung vor. Sein Aufgang entspricht einem sehr frühen Beginn der Vorregenzeit.[160]

"Manche meiner Auskunftspersonen (der recht frommen Kel Ferwan im Ayr) sagen gern" – so ein französischer Ethnologe –, "dass Gott dieses Sternzeichen gemacht habe, um den Tuareg beizubringen, ihre Zelte zu orientieren. Das Gestänge besteht aus zwei oder drei Paar Zeltbögen, die Ost-West ausgerichtet werden; auf sie gibt man dann nach Nord-Süd ausgerichtete Latten. Den Norden erhalten sie vom Polarstern, den die Kel Ferwan *Atri wa-n-Tazalge* nennen, den 'Stern Zur Linken', weil er nur 17° über den Horizont steigt. Die Nord-Süd-Richtung erhalten sie ebenfalls vom Viereck des Pegasus, wenn er am Zenit steht, weil die Sterne seiner Ostseite, α Andromedae und γ Pegasi, eine Linie mit dem Polarstern bilden. Die vier Sterne des Pegasus-Vierecks erlauben eine orthogonale Orientierung, weil sie – wenn sie sich am Zenit befinden – die vier Haupthimmelsrichtungen aufzeigen. Obwohl meine Freunde es sicher nicht so ausgedrückt hätten, ist ihnen die Idee des Geradwinkligen alles andere als fremd: Sie sagen, dass das 'Dach' die Form eines 'Rechtecks' hat – *Afenghal* –, ein Wort, mit dem auch die rechteckigen Parzellen ihrer Gärten bezeichnet werden."[161]

Atri wa-n-Tazalge, der 'Stern Der Linken Seite', beruht auf der Beachtung der *Qibla*, der Gebetsrichtung nach Mekka, die in der Sahara mit Ostrichtung gleichzusetzen ist. Im Blick nach Osten wird dann der Norden zur linken Seite – *wa-n-Tazalge* – und der Süden zur rechten: *wa-n-Aghil*.

Das *Ka'aba*-Motiv als 'Gebetszelt' könnte bei der Pegasus-Interpretation als islamisch korrekter Zeltbauanleitung Pate gestanden haben – was aber nicht heisst, dass die einzelnen Tuareg in der Praxis ihre Zelte stets nach der Pegasus-Beobachtung aufbauen würden.[162]

Der Dichter Hawad aus dem Ayr verleiht diesem Sternbild eine moderne Bedeutung:

"Schau – die Schatten der Nomaden verlassen ihre Lager … Sie sind fortgezogen, von Glut verjagt auf der Suche nach Träumen, erschöpft auf den Strecken des Exils. Ein Pfeiler der Welt stürzt auf die Städte. Jeden Tag reisst der moderne Mensch etwas mehr ein vom Dach des Universums, wie ein Kind, das seine Burg im Sand untergräbt. Und vergeudet fallen die Samen einer anderen Wahrheit in unfruchtbare Aschen."[163]

X SONNE, MOND UND PLANETEN

Mond

AYOR

Ayor ist der bei den Tuareg gebräuchliche Name des Mondes, *Tayort*, 'Mondin', seine weibliche Form, die jedoch allein für den lunaren Monat gebräuchlich ist.

Die folgende, 1979 von der aus der Ayr-Region stammenden Frau eines Schmiedes erzählte Legende verflicht astrale Thematiken mit mehreren Motiven der Haussa und Peul, mit denen die Tuareg im Niger zusammenleben.
Die recht rätselhafte Geschichte deutet den Ursprung der Welt, die Bedeutung des Mondes für die Fruchtbarkeit und die Ernte zwischen unfruchtbaren Zeiten an. Sie beginnt mit dem Kernmotiv des 'saharischen' Weltschöpfungsmythos, in dem das All aus einem Ei entsteht und den mythischen Schmied hervorbringt, der nach seiner Opferung mit kreuzförmig ausgestreckten Armen den Himmel bildet.
In der im benachbarten Mali erzählten Version entspringt die Welt einem platzenden Hirsekorn oder

Hibiskussamen, aus dem einerseits die Plejaden, andererseits ein Sternpaar namens Sigi und Sere Sige ('Sein Zeuge') hervorgehen.[164]
In unserer Legende hier scheint dies neben dem Ei sowohl auf den Sodomsapfel des Fettblattbaums wie auf das Knie des "Mannes" bezogen, der danach "mit Pflöcken den Himmel stützt" – was sich auf die Hauptsterne des Pegasus als Stangen für das Zelt der Welt beziehen lässt. Statt den aus dem Hirsekorn geplatzten Plejaden entstehen hier jedoch die Hyaden, in denen die Tuareg jene Ziegen sehen, die dem 'Mann' gehören; und anstelle des Doppelsterns Sigi und Sere Sigi wird das lunare Zwillingspaar Ayor und Tayort gesetzt.
Der Zirkus mit den Geisslein entspräche unserem Märchen von dem Wolf und den sieben Geisslein, das sich auf Äsop zurückverfolgen lässt und gemeinhin als Bedeckung der Plejaden durch den Mond interpretiert wird, der sie dann wieder freigibt, um am Ende – wie Tayort – im Wasser versenkt zu werden. Hier ist dieses Motiv auf die Hyaden bezogen und ihr vergebliches Anbinden durch 'den Mann' zumindest als bei den Tuareg sprichwörtliche 'Kukayod' Anstrengung' zu erkennen.
In der malischen Version des Weltschöpfungsmythos ist das erste Wesen ein Mensch, der aus einer weiblichen und männlichen Hälfte besteht. Dessen männliche Hälfte vereint sich dann als Jäger mit einem Gazellenweibchen, das er dann tötet, um ihr den lebensspendenden Fetisch *Komo* zu nehmen. Der wächst als Kapselfrucht eines immergrünen Baumes, während die tote Gazelle seitdem von Sternen im Taurus verkörpert wird. Danach kommt der mythische schwarze Schmied als Sonne inmitten zweier Raubvögel und einer Zugvogelschar samt seiner Frau vom Himmel herab.[165]
Die Tuareg-Legende greift dies auf, lässt Ayor zu einem Mischwesen aus Mensch und Gazelle werden und versetzt ihn samt Tayort als Vögel in eine Dattelpalme, wo sie dann als erste Menschen erst herabsteigen und eingekleidet werden müssen, um zivilisiert zu werden. Die in allen 'saharischen' Weltschöpfungsmythen vorkommende Triade von schwarzem Sklaven und freiem Weissen samt dessen Frau, wird durch die Heirat mit dem Führer der Tuareg von Agadez symbolisiert; sie wird zur Zeit der Dattel- und Hirseernte vorgenommen, die kalendarisch von den Hyaden markiert wird.
Der Mond in seinem femininen Aspekt symbolisiert dabei die Fruchtbarkeit; ohne diese 'Mondin' "geben die Kamelstuten nur noch Eiter". Der auf sie gerollte grosse Stein gibt einerseits allegorisch den 27. Tag des Monats wieder, an dem der Mond unsichtbar ist: Er ist dann "von der Sonne geraubt, sie hat den Mond erreicht und hält ihn fest, während sie selbst ihren Lauf fortsetzt".[166] Andererseits stellt Tayort auch das fruchtbare Ende des Sommers nach der Trockenzeit dar, der durch den Untergang einzelner Sterne und Sternbilder bestimmt wurde.
Der malische Mythos nennt diese Sterne und Sternbilder 'Widder' (Canopus), 'Hund' (Sirius), 'Jäger' (Orion) und 'Gazellenweibchen' (Taurus) samt deren *Komo* (Hyaden und Plejaden).[167] Darin sind zwei der Tiere zu erkennen, die sich in der Tuareg-Legende vergeblich um das Auftauchen des nun im Tümpel der Regenzeit versunkenen 'Monats' Tayort bemühen: der Widder und der Stier. Erst der Stoss eines der Zicklein der Hyaden verhilft diesem Monat jedoch zum Aufgang – wobei mit solch einem 'Hornstoss' auch der traditionelle arabische Mondkalender begann.
Die Zeit, in der sich dies abspielt, ist somit der Übergang vom Ende der Regen- und Erntezeit zur Trockenzeit des Winters, in Agadez markiert durch den Aufgang der Sternbilder der Schirmakazie und der an ihr äsenden Kamelstute – wobei hier nicht der auf ihr reitende Schmied Enad', sondern die mutmasslich ebenfalls schwarze Janegerfadan von den Dornen der Akazie zerrissen wird. Im 'saharischen' Weltschöpfungsmythos entspricht dies der Opferung des "Schwarzen", aus dessen Körperteilen der heute sichtbare Himmel entstand. *Janegerfadan* ist kein Tuareg-Name; in der Sprache der dunkelhäutigen Haussa heisst *Yan* aber 'Tochter' und *Fada* 'Palast', was zu dem Palast des Sultans in Agadez passen würde. Ihre Zerfleischung und die besondere Erwähnung ihres Knochenhaufens beziehen sich auf die speziellen Riten, die auch heute noch den Knochen von Opfertieren im Sahel gewidmet werden. Nicht unwesentlich für die Geschichte ist, dass Ayor und Tayort in der Sprache der Haussa wie *Ahyar* und *Tahyart*, 'männliches und weibliches Gazellenkitz', klingen.[168]
Dargestellt werden beide als ebenfalls dunkelhäutige Peul, die, anders als die Tuareg, Pfeil und Bogen gebrauchen, halbnackt gehen, Urin mit Kuhmilch versetzen und damit ihre Kalebassen reinigen und deshalb von den Tuareg als 'wilde Wesen' angesehen werden. Das Einkleiden in ein indigogefärbtes Tuch gehört zur

Initiation eines Peul-Hirten in die Gesellschaft der Tuareg. Die Mythen der Peul erzählen zudem,[169] dass sie einem im Osten gelegenen Gewässer entsprungen sind.

AYOR UND TAYORT – MOND UND MONDIN

"Also, man erzählt, dass sich ein Mann ins Knie schnitt, als er einen Ast vom Fettblattbaum *Tirza* [Sodomsapfel][170] für seine Ziegen abhackte. Er zerbrach sich das Knie; und die zwei Eier las er auf und legte sie in eine Falte der grossen rechteckigen Dachmatte seines Zeltes.
Danach ging es ihm mit seinen Geisslein stets so, dass er sie, nachdem er sie angebunden hatte und fortgegangen war, bei seiner Rückkehr wieder losgebunden vorfand. Jedesmal, wenn er wegging und sie bei ihren Müttern frei umherlaufen liess, fand er die Ziegen dann festgebunden. Band er seine Ziegen jedoch an, waren sie bei seiner Rückkehr erneut losgebunden; obwohl er sie bei ihren Müttern angebunden hatte, waren sie danach wieder frei. So ging dieser Zirkus eine Weile hin und her.
Schliesslich kam er darauf, die Falte seiner Matte zurückzuschlagen. Er entdeckte dort zwei Kinder. Sie lagen in der Falte der Matte. Er nahm sie heraus und liess sie heruntersteigen. Die Kinder gingen dann sogleich fort. Auf ihrem Weg trafen sie einen Mann, der sie fragte: 'Wo ist eure Mutter?' 'Sie ging dorthin, wo die Erde voller Löcher ist,[171] sie flickt sie wieder zusammen.'
'Und euer Vater?' 'Er ging dorthin, wo der Himmel einzubrechen droht; er stellt da Pflöcke auf, um ihn zu stützen.'
Darauf setzten sie ihre Reise fort. Sie gingen und gingen. Sie hiessen Ayor und Tayort – 'Mond' und 'Mondin'. Auf ihrem Weg fanden sie eine Lache von Urin und Samen einer Gazelle. Ayor dachte sich insgeheim, dass er nicht weitergehen würde, bevor er davon getrunken hätte. Hörst Du, was ich sage? Er liess seine Pfeile bei dieser Lache fallen. Ein Stück weiter sagte er zu seiner Schwester: 'Tayort, ich habe meine Pfeile bei dem Harn da hinten vergessen. Ich habe sie da hinten vergessen.'
'Bleib da', antwortet sie ihm; 'ich bringe sie dir.' 'Nein, ich geh sie selbst holen.' 'Lass; ich werde sie dir bringen.' Schliesslich ging er hin und trank den Urin. Und da wurde eine Hälfte von ihm zur Gazelle, die andere aber blieb menschlich. Jawohl! Tayort setzte ihren Weg fort, indem sie nun ihren Gazellenmenschen trug. Ein Stück weiter traf sie auf alte Frauen, die dabei waren, die Stachelgräser des *Wajjag* [*Cenruchs biflorus*] zu pflücken. 'Wisst ihr vielleicht, wie man einen Menschen von einer Gazelle trennt?', fragte sie diese. 'Natürlich wissen wir das.' Sie schwangen ihre Hirsestampfer und gaben dem Jungen einen kräftigen Schlag. Da lief die Gazelle auf die eine Seite, Ayor auf die andere. Hast Du verstanden?
Sie setzte ihre Reise mit ihm fort, und so kamen sie zum Palmenhain des Amenokals, des Stammesführers, welcher der Sultan von Agadez war. Sie amüsierten sich damit, von einer Palme oben die Datteln herunterzuschütteln, die grünen auf die Wächter, die reifen auf den Amenokal. 'Falls ihr Vögel seid', sagte man ihnen, 'dann fliegt weg; seid ihr aber Menschen, dann steigt herab. Wenn ihr Durst habt, dann trinkt; habt ihr Hunger, dann esst.'
Tayort begann zu singen: 'Wir haben Durst, wir haben Hunger, wir haben Durst, wir haben Hunger.'
'Tayort, komm herunter.'
'Gebt mir erst einen Lendenschurz, dann steige ich hinunter', sagte die Mondin. Also gab man ihr einen.
'Tayort, komm herunter.'
'Gebt mir zuerst ein Hemd, dann steige ich hinunter.' 'Tayort, komm herunter.'
'Gebt mir erst einen Rock, dann steige ich hinunter.' 'Tayort, komm herunter.'
'Gebt mir erst ein indigoblaues Kopftuch, dann steige ich hinunter.' 'Tayort, komm herunter.'
'Gebt mir erst Sandalen, dann steige ich hinunter.' Also gab man ihr das alles und sie stieg herab.
'Ayor, komm herunter.' 'Gebt mir erst Hosen, dann steige ich hinunter.'
'Ayor, komm herunter.' 'Gebt mir erst ein Hemd, dann steige ich hinunter.'
'Ayor, komm herunter.' 'Gebt mir erst Sandalen, dann steige ich hinunter.'
'Ayor, komm herunter.' 'Gebt mir erst ein Schwert, dann steige ich hinunter.'
Schliesslich stiegen alle beide herunter. Als der Amenokal Tayort sah, überfiel ihn vor ihr grosse Bewunderung. Er war schon mit Janegerfadan verheiratet. Er hatte also schon eine Frau, verstehst Du? Als er aber

Tayort erblickte, dachte er, noch nie in seinem Leben eine so schöne Frau gesehen zu haben. Also heiratete er sie.
Ab dem Tag gewöhnte Tayort sich an, beim Melken der Kamelstuten ihren Busen zu entblössen. Man sagte ihr: 'Tayort, lass deinen Busen leuchten.'
Der Amenokal sagte ihr: 'Tayort, lass deinen Busen leuchten; die Kamelstuten lassen sich dann leichter melken.'[172] Also entblösste sie ihren Busen wieder, der weiss leuchtete, und man melkte die Kamelstuten.
Als ihr Zwillingsbruder das sah, nahm er sich den Schaum auf der Milch und trank ihn. So ging es weiter.
Eines Tages aber wurde Tayort von der Nebenfrau des Amenokals beiseitegenommen.
Sie sagte ihr: 'Tayort, komm, gehen wir zum Wasserloch zwischen den Felsen und waschen uns.' 'Nein, ich gehe nicht zu dem Wasserloch, ich wasche mich mit Milch.' 'Na, dann geh und wasch dich danach mit Milch ab.' 'Nein, ich geh nicht zu Fuss.' 'Ich trage dich auf dem Rücken.' 'Ich gehe nicht in die Sonne.' 'Ich verhülle dich.'
Also nahm sie sie auf den Rücken, verhüllte sie und trug sie. Beim Wasserloch angekommen – hörst Du? – zogen sie sich aus und stiegen ins Wasser. Janegerfadan setzte Tayort auf den Rand, da, wo das Wasserloch am tiefsten war. Sie schob sie dahin. Sie schob sie und sagte: 'He du! Rück ein Stück, da auf deiner Seite ist noch Platz im Wasserloch.'
Darauf glitt die andere hinüber, glitt aus und versank im Wasserloch, dort, wo es am tiefsten war. Ihre Nebenfrau nahm einen grossen Stein und legte ihn auf sie, dass er sie hinunterdrückte. Nachdem sie das gemacht hatte, zog sie Tayorts Kleider an und ging wieder ins Lager zurück.
Man sagte ihr wieder: 'Tayort, lass deinen Busen leuchten.' Aber die Kamelstuten gaben nun statt Milch nur Eiter, verstehst Du? Ayor ging zu ihr und wollte zu seinem Milchschaum. Sie schlug ihn mit der Kelle. Darauf sagte er: 'Nein, diese Frau, das ist nicht Tayort, oh nein.'
Am nächsten Tag ganz in der Früh ging er zu dem Wasserloch. Er begann zu singen: 'Tayort, Tayort, meine Mondin.' Sie antwortet: 'Ayor, Ayor, mein Mond. Wenn ich rede, erstickt mich das Wasser, wenn ich schweige, breche ich dir das Herz.'
Zurück im Lager sagte er: 'Tayort ist im Wasserloch.' Man antwortete ihm: 'Wir begleiten dich mit einem Messer. Wenn du gelogen hast, schneiden wir dir die Kehle durch. Krack! Wir bringen dich um.'
So liess er sich begleiten. Und mit ihnen kamen das Kleinvieh, die Kamele, die Esel und Kühe; mit ihnen kam alles, was lebendig war, und jedes Tier soff und schluckte das Wasser, alles bewegte sich, was eine Seele besass und ging hin. Sie tranken alle vom Wasser des Wasserlochs und liessen es auf die Hälfte absinken.
Er hielt sich über ihnen und sang: 'Tayort, Tayort, meine Mondin.'
'Ayor, Ayor, mein Mond; wenn ich rede, erstickt mich das Wasser, wenn ich schweige, breche ich dir das Herz.'
Manche hörten es, manche nicht. Er sang von neuem: 'Tayort, Tayort, meine Mondin.' 'Ayor, Ayor, mein Mond; wenn ich rede, erstickt mich das Wasser, wenn ich schweige, breche ich dir das Herz.' Und da hörten es alle.
Ein Widder zeigte sich und sagte: 'Wenn ihr mich an meiner Mutter saugen lasst, an meiner Mutter, bis mir der Schaum aus der Schnauze rinnt, dann werde ich sie euch da herausziehen.' Er saugte an seiner Mutter, saugte an ihr, bis ihm der Schaum aus der Schnauze rann. Er bähte, rannte an und prallte mit der Stirn gegen den Stein, aber der Stein bewegte sich nicht, kein Stück.
Also sagte ein Stier zu ihnen: 'Wenn ihr mich an meiner Mutter saugen lasst, an meiner Mutter, bis mir der Schaum aus der Schnauze rinnt, dann werde ich sie euch da herausziehen.' Er saugte an seiner Mutter, saugte an ihr, bis ihm der Schaum aus der Schnauze rann. Er bähte, rannte an und prallte mit der Stirn gegen den Stein, aber der Stein bewegte sich nicht, kein Stück.
Also sagte ihnen ein Kamel: 'Wenn ihr mich an meiner Mutter saugen lasst, an meiner Mutter, bis mir der Schaum aus der Schnauze rinnt, dann werde ich sie euch da herausziehen.' Er saugte an seiner Mutter, saugte an ihr, bis ihm der Schaum aus der Schnauze rann. Er bähte, rannte an und prallte mit der Stirn gegen den Stein, aber der Stein bewegte sich nicht, kein Stück.
Also sagte ihnen ein Ziegenbock: 'Wenn ihr mich an meiner Mutter saugen lasst, an meiner Mutter, bis mir der Schaum aus der Schnauze rinnt, dann werde ich sie euch da herausziehen.' Er saugte an seiner Mutter, saugte an ihr, bis ihm der Schaum aus der Schnauze rann. Er bähte, rannte an und prallte mit der Stirn gegen den Stein, aber der Stein bewegte sich nicht, kein Stück.

Dann aber trat irgendein ganz kleines Ziegenkitz vor, das in ganz schlechtem Zustand und völlig verlaust war; es war unglaublich, wieviele Läuse auf ihm herumkrochen. Die einen sagten: 'Lasst es doch es versuchen!' Die anderen sagten: 'Schnappt es euch! Wie kann es sich bloss gegen den Stein trauen, wenn die anderen, die Schönen und Starken, bereits daran gescheitert sind?'
Die einen sagten: 'Lasst es doch es versuchen!' Die anderen sagten: 'Schnappt es euch!' Die ersten gewannen schliesslich die Oberhand. Also saugte es an seiner Mutter, saugte an ihr, bis ihm der Schaum aus der Schnauze rann. Dann nahm es Anlauf, prallte gegen den Stein und schob ihn weit fort. Sogleich tauchte Tayort auf. Das kleine verlauste Tier war es, das sie gerettet hatte.
Man gab der Mondin ihre Kleidung wieder und sagte: 'Was willst du, dass wir mit Janegerfadan machen?'
'Nun – lasst sie auf ein blindes Kamel steigen, bindet sie mit Stricken darauf fest. Setzt sie auf ein blindes Kamel, das ihr von einer blinden Tauben führen lasst, der ihr ein bisschen Hirse in einem Korb mitgebt, und bindet sie auf dem Kamel fest.'
Das tat man denn auch – hörst Du? Die taube Blinde führte das Kamel zu den Bäumen. 'He, du!', sagte Janegerfadan, 'hör auf, mich in die Dornen zu führen!' 'He, du!', antwortete die taube Blinde, 'meine Hirse gehört mir, der Amenokal hat sie mir gegeben.' Sie führte sie, hörst Du? 'He, du! Hör auf, mich in die Dornen zu führen!' 'He, du! Meine Hirse gehört mir, der Amenokal hat sie mir gegeben.' 'He, du! Hör auf, mich in die Dornen zu führen!' 'He, du! Meine Hirse gehört mir, der Amenokal hat sie mir gegeben.'
Verstehst Du, sie gingen und gingen, und Janegerfadan wurde von den Dornen zerfetzt. Stücke von ihrem Fleisch fielen herunter, welche die andere einsammelte und in ihren Korb gab. 'Hab ich dir nicht gesagt, du sollst aufhören, mich durch die Dornen zu führen?'
'He, du! Meine Hirse gehört mir, der Amenokal hat sie mir gegeben.' Sie gingen und gingen. 'He, du! Hör auf, mich in die Dornen zu führen!' 'He, du! Meine Hirse gehört mir, der Amenokal hat sie mir gegeben.'
Als Janegerfadan zurückkam, war ihr das Fleisch vollständig von den Knochen abgerissen worden. Es war wirklich nichts mehr übriggeblieben. Es blieb von ihr nur noch ein Haufen nackter Knochen. Die Taube kam damit ins Lager zurück und ging dann fort.
Man schnitt ihr Fleisch in kleine Stücke und steckte es in einen Kessel. Man gab sie Tayort. Man schnitt ihr Fleisch in kleine Stücke. Die Mutter von Janegerfadan ass davon, bis sie darin den Ring ihrer Tochter fand. Da brach sie in Tränen aus; sie weinte, weinte, hörst Du? Tayort kam also zu ihrem Mann zurück. Janegerfadan wurde also vom Amenokal getrennt.
Dahin hat die Geschichte geführt."[173]

Ein Ausschnitt aus dem Schöpfungsmythos der Berber bietet einen weiteren Kontext zum Untertauchen des Mondes in der oben zitierten Sage. Denn darin wird nicht eine Sonnenfinsternis erklärt (wie Frobenius annimmt), sondern eine Zeit zwischen den Jahren. Sie gilt als 'dunkel', weil das Mondjahr alle fünf Jahre durch gleichsam leere Schalttage wieder mit dem Sonnenjahr synchronisiert werden muss, was hier als Raub beschrieben wird: "Die erste Mutter der Welt war eine grosse Zauberin. Die erste Mutter der Welt nahm einmal eine Holzschale voller Wasser und machte damit vieles. Die glänzende Mittelfläche der Wasserschüssel wurde die Sonne, der Rand herum der Mond.

Einmal schlug sie mit einer Sichel hinein, sodass Schaum und Blasen (als Wolken) aufstiegen. Da schrie der Mond der Sonne (der durch sie verfinstert wurde) auf und fiel, so gross wie ein Stier, in die Holzschüssel. Und die Sonne lag dann wie ein glänzender Spiegel in der Holzschüssel mit dem Wasser.

Sogleich war die Welt dunkel, und es war schwarze Nacht. Die Kabylen sagen, dass so etwas noch heute alle fünf Jahre vorkommt. Sie sagen, die erste Frau der Welt habe der Welt einen Tag von fünf Jahren gestohlen."[174]

Bei den Tuareg holen in anderen Geschichten solche Zauberinnen den Mond ebenfalls mit einer Wasserschüssel vom Himmel.

TALLIT – NEUMOND

Der Name bezeichnet besonders den Halbmond und Neumond, aber auch den Mond im Allgemeinen und den Monat.

Beim Erscheinen des Neumonds beten die Tuareg zu Gott, geben manchmal ein paar Gewehrschüsse ab und sagen: "O Gott, bring uns Regen, rette unsere Herden, stell Eintracht zwischen uns her, schenk uns den Sieg über unsere Feinde, beschütze uns in dieser Welt und der nächsten!"; "auf dass Gott uns diese Welt verlassen lasse, ohne dass wir etwas Böses angestellt haben"; etc. Darauf sammeln sie ein Stück trockenes Holz vom Boden auf, werfen es hoch zum Mond und sagen: "O Mond! Wir werfen dir dieses trockene Holz zu; mach es uns nass." Das ist ein uralter Aberglaube.

Die Tuareg beten jedes Mal, wenn der neue Mond erscheint, und sprechen mit geöffneten Händen den Wunsch aus, am Leben zu sein, wenn sich der Neumond zum nächsten Mal zeigt.

R I 731, V 190, BE 59

AFA N-AYOR – VOLLMOND

Der Name bedeutet wörtlich 'Leuchten des Mondes, Leuchtmond'.

AYOR-I-AFARADJ – MOND MIT HOF

Afarad bezeichnet eine Umzäunung.[175]

Sonne

TAFUK – DAS FEUER

Der Name ist weiblich, von den Berbern übernommen (*Tafukt*) und von einer 'Tag, Licht, Feuer' bedeutenden Wurzel abgeleitet. Über die Sonne sind bei den Tuareg keine Mythen mehr zu finden.

Bei den nächsten Verwandten der Tuareg, den Berbern der Kabylei, gibt es hingegen eine Sage, deren Schluss – die Entstehung der Sterne – bei den Tuareg des Niger noch als Rätsel erhalten blieb. Das legt nahe, dass dieser von Frobenius vor hundert Jahren in den Bergen von Djurdjura östlich von Algier aufgezeichnete Schöpfungsmythos in irgendeiner Form einmal bei den Tuareg kursierte.

DER URSPRUNG VON SONNE UND MOND

"Im Anfang gab es weder Sonne noch Mond. Sie entstanden so: Eines Tages gingen ein junger Ochse und ein junger Widder nebeneinanderher. Sie hatten Freundschaft geschlossen. Beide Tiere bekamen die Krankheit Isher, die besonders bei Rindern sehr häufig ist und zu einer Verhärtung oder Eiterung im inwendigen Teil des Augenlides führt. Die erste Mutter der Welt sah, dass beide Tiere krank waren [Es soll bemerkt werden, dass es nach anderer Lesart nicht die erste Mutter der Welt war, die die Operation durchführte, sondern sonstige Menschen]. Sie nahm den Ochsen, band ihm fest die Füsse zusammen und schnitt ihm dann die Geschwulst um den Teil des Augenlides ab, der die Form eines Mondviertels hatte. Den Teil warf sie in eine Schüssel mit Wasser. Dann ergriff sie den jungen Widder und schnitt ihm das Augenlid ab, das erkrankt war, und warf es ins Feuer.
Nachdem der Ochse losgebunden worden war, blickte er in die hölzerne Wasserschale, in welcher der Abschnitt seines Augenlides lag. Er sah den Abschnitt. Und da wurde sein Auge zum Himmel, das Dunkle darin das Blau des guten Wetters. Der Abschnitt seines Augenlides aber wurde zum Mond. Das Schwarze zwischen dem Bild seiner Augen und der Abschnitt der Augenlider wurden die Nacht, und der Streifen zwischen dem Augenlidabschnitt und der Rand der (spiegelnden, weil mit Wasser gefüllten) Holzschale zum Mondschein. Seitdem ist der Mond in der Welt. Vorher war er über der Erde. Nun aber entstanden die sieben Himmel ...
Als das junge männliche Schaf freigelassen wurde, rannte es zu dem Feuer, in welches der Abschnitt seines Auges geworfen war. Der junge Widder blickte in die Feuerflamme. Nach einiger Zeit ging darauf aus dem Feuer die Sonne auf, die seitdem die Welt erhellt. Deshalb sagt das kabylische Sprichwort: 'Das Auge des jungen Widders erhellt mit seinen Strahlen den Himmel der Erde.'
Die Sterne aber sind entstanden aus Bohnen, die ein Mann in den Himmel warf."[176]

"Der erste Widder, den die erste Mutter der Welt [aus Gerstenmehlteig gebacken] gebildet hatte, ist nicht wie die anderen Tiere gestorben. Er lief eines Tages hoch in das Gebirge, so hoch, dass er mit seinem Kopf gegen die aufsteigende Sonne stiess. Die Sonne haftet an ihm, und so wandert er von da an mit ihr."[177]

Die Mythisierung des Widders hier hängt sicherlich auch mit der Entstehung der Jahresgliederung zusammen, indem die Monatszählung der Araber mit dem ersten Mondhaus, dem 'Hornstoss' des Widders in Aries, begann. Widder und Ochse sind in den berberischen Weltschöpfungsmythen zudem die ersten Tiere, die entstanden, nachdem die unter der Erde lebenden Urahnen der Menschen auf die Oberfläche stiegen.

TAFUK-TEMEHAGH – SONNENFINSTERNIS
AYOR-YEMEHAGH – MONDFINSTERNIS

Temeghag ist das Passiv von *ahegh*, 'rauben': Sonne und Mond werden also geraubt. Wenn es zu einer Mond- oder Sonnenfinsternis kommt, so heisst es, dass einer beim anderen einen Raubüberfall unternimmt.

Kommt es im Hoggar zu einer Sonnenfinsternis, laufen die Frauen und Kinder aus ihren Zelten und schlagen auf Tamburine, Metallkessel und Blechteller. Sie stossen durchdringende Schreie aus, damit der Mond Angst kriegt und die Sonne wieder gehen lässt. Man sagt, dass der Mond die Sonne überfallen hat. Wenn es nachts eine Mondfinsternis gibt, unternimmt man das gleiche wie gegen die Sonnenfinsternis; man sagt dann, dass die Sonne den Mond überfallen hat. Wenn es zu einer Sonnen- oder Mondfinsternis kommt, ist jedermann sehr verstört; es heisst dann, das Weltende stünde bevor.

Den Moment der Finsternis nennen die Ziegenhirten "Die Gefangennahme der Sonne", die dann "geplündert" wird. Die Finsternis wird mit einem von den Bergen "erwürgten" Hohlweg oder einem von einem wilden Tier (Hyäne, Gepard, Schakal etc.) "erwürgten" Haustier (Ziege, Esel, Chamäleon) verglichen.[178]

Die Tubu des Tibesti schlafen bei einer Mondfinsternis ebenfalls nicht; man schreit, tanzt, singt und schlägt die Trommeln so lange, bis der Mond wieder erscheint.[179]

Venus

AMAWEN N-EHAD' – REISENDER DER NACHT
TATRIT – GROSSER STERN
TATRIT TA-N TUFAT – GROSSER STERN DES MORGENS
ASHIMMELESH – (STERN DES) MORGENDLICHEN ZIEGENMELKENS
AMAD'AN – DER SCHÄFER

R II 673, R II 853

TATRIT-TA-N-TIMESRA – STERN DER JUNGEN UNVERHEIRATETEN FRAUEN

Wenn Venus untergeht, verlieren die jungen, unverheirateten Frauen jede Hoffnung, ihren Geliebten an diesem Abend zu treffen. Der Begriff *Timesra*, 'Ungebundene, Freie Frauen', deutet auf Venus im positiven Sinn: Sie ist nämlich der nächtliche Begleitstern der heimlichen Liebespaare, nicht des verpassten Rendezvous.[180]

Mars

AWEY-EHAD' – DER NÄCHTLICH REISENDE

R II 495

Meteore

ATRI ITUD'UN – DER FALLENDE STERN

Ud'u bezeichnet eine Speikobra, die einen 'Giftstrahl' hat – ähnlich dem strahlartigen Leuchten einer Sternschnuppe beim Eintritt in die Atmosphäre. Die Tuareg nehmen bei diesem Phänomen sogar ein Geräusch wahr, "einen eigenartigen, langgezogenen Laut, der auf die Erde herabzufahren scheint und dem Geräusch beim Ausgiessen eines Wassereimers aus grosser Höhe in ein Wasserbecken gleicht." Dieser Laut tritt aber nur zwei-, dreimal im Jahr auf, in manchen Jahren gar nicht und gilt dann als Vorzeichen von Regen.[181]

"Eine Sternschnuppe repräsentiert jemanden, dem man den Tod vorausgesagt hat. Als ich mich in Léré bei einem Weber der Tuareg namens Yahya aufhielt und zwei Marabuts der Cherif dabei waren, sah ich eine Sternschnuppe und zeigte sie den beiden Marabuts. Um den Glauben der Tuareg bezüglich Sternschnuppen wissend, sagte ich unwillkürlich, dass morgen ein Anführer der Tuareg sterben würde. Die zwei Marabuts stimmten mir zu, dass dies ihrem Wissen nach durchaus möglich wäre, und amüsierten sich über meine Kenntnis des Tuareg-Glaubens. Am nächsten Tag stürzte im Niger ein Flugzeug ab und vier Personen kamen dabei um. Zur grossen Überraschung der Marabuts und zum Unglück der nigerischen Tuareg war der charismatische Anführer der Tuareg-Rebellion in diesem Land, Mano Dayak, unter den Opfern. Seither bin ich für viele Tuareg in der Region um Timbuktu zum Weissager und Magier geworden."[182]

Bei den Tubu des Tibesti gibt es die gleichen Vorstellungen: Stirbt ein Mensch, so fällt sein Stern herunter. Reiche und mächtige Menschen haben besonders helle und grosse Sterne, die Armen unscheinbare, kleine Sterne. Und auch die Tiere haben Sterne am Himmel.[183] Diese Vorstellungen sind in den Kosmogonien der Sternenhimmelkulturen weltweit verbreitet; sie beziehen sich darauf, dass alle irdischen Lebewesen am Himmel ihre astralen Prototypen besitzen.

LITERATUR

B Guy Barrere, *La Lègende des Etoiles*, in: Le Saharien, Bd. 79, 1990, 26–31.

BA René Basset, *Recherches sur la Religion des Berbères*, in: Revue de l'Histoire des Religions, 2 (61), 1910, 291–342.

BE Maurice Benhazera, Six mois chez les Touaregs du Ahaggar, Algérie, Jourdan, 1908.

B|B A. Bourgeot | E. B., Eclipse, Encyclopédie berbère, Paris 1996.

B|S Edmond Bernus | Ehya-ag-Sidiyene, *Etoiles et Constellations chez les Nomades*, in: Awal 5, 1989, 141–153.

C1 Dominique Casajus, *A propos d'une geométrie vernaculaire: pratiques d'orientation en pays touareg*, in: Afriques, 2, 2010.

C2 Dominique Casajus, *Ayor et Tayort*, in: Peau d'âne et autres contes Touaregs, Paris 1985, 100–117.

C3 Dominique Casajus, La Tente dans la Solitude – La Sociéte et les Morts chez les Touaregs Kel Ferwan, Paris 1987.

CH Lieutenant Chabrolles, *La Légende d'Amenagh*, in: Bulletin de liaison saharienne, 17, 1954, 89.

D Henri Duveyrier, Les Touareg du Nord, Paris 1864, 423–426.

F Leo Frobenius, Volksmärchen der Kabylen, Bd. 1, Weisheit, Jena 1921.

H1 Hawad, Houle des Horizons, Paris 2011.

H2 Hawad, *Les Marges*, in: Le Monde Diplomatique, Februar 1994, 14.

H3 Hawad, Chants de la soif et de l'égarement, Aix-en-Provence 1987.

HU Jacques Hureiki, Essai sur les origines des Touaregs, Paris 2003.

I Malek ben Malek interviewt Ibrahim Lamri, 5.6.2021; digital abrufbar bei kunst-und-natur.de

K W. J. Harding King, A Search for the Masked Tawareks, London 1903.

L Henri Lhote, *La fouille du sanctuaire des Tibaradin*, in: Travaux de l'Institut de recherches sahariennes, 6, 1950, 141–159.

M Vincent Monteil, *Notes sur la toponymie, l'astronomie et l'orientation chez les Maures*, in: Hesperis, Vol. 36, 1949, 180–219.

N Francis Nicolas, Tamesna – Les Ioullemmeden de l'Est, Paris 1950.

NI General Nieger, *Les Tibaradin*, in: La Renaissance, juillet–août 1934, 170–171.

P Jeanne René Pottier, *Le berger des étoiles*, 233–253; *La gazelle aux cornes d'emeraude*, 15–34, in: Légendes Touaregs, Paris 1946.

PA Viviana Pâques, L'Arbre Cosmique dans la Pensée Populaire et dans la Vie Quotidienne du Nord-Ouest Africain, Paris 1964.

P|R|AM K. G. Prasse Gh. Alojali Gh. Mohamed, Dictionaire Touareg–Francaise, Kopenhagen 2003.

R I und II Hans Ritter, Wörterbuch der Sprache und Kultur der Tuareg I und II, Wiesbaden 2009.

S Jean Siccardi, Sagesses et Malices du Touareg, Paris 2003.

SE Mahuma Abaliy Sediké, Daga Tudaa Pensées Toubou, Münster 2021.

T Franz Trost, *Die Ahnen der Tuareg im Spiegel historischer Berichterstattung*, in: Almogaren 38, 2007, 173–235.

V Paul Vermale, Au Sahara pendant la Guerre mondiale, Algier 1926.

Z Mohamed-Aghali-Zakara, *Essai comparatif des conceptions astronomiques chez les Touaregs du Sahara et du Sahel*, DOI: 10 243 615.8040.01.42

ANMERKUNGEN

1 B|S 2 S|15 3 IV 168–191 und II 31–33 4 IV 172 5 IV 176 und 180 6 Raffael Joorde, Geschichte der Gaetuler und Garamanten und deren Beziehung zu Rom, Magisterarbeit Uni Bochum, 2015, 31; https://independent.academia.edu/RaffaelJoorde 7 Charles de Foucauld | Werner Vycichl, *Atlanten, Isebeten, Ihaggaren*, in: Rivista degli studi orientali 31,4, 1956, 211–220. 8 IV 181 9 IV 186 und 191 10 T 185 11 T 186 12 Raffael Joorde, Geschichte der Gaetuler und Garamanten und deren Beziehung zu Rom, Magisterarbeit Uni Bochum, 2015, 31 und 52; https://independent.academia.edu/RaffaelJoorde 13 R I 16–19 14 R I 992 15 Clare Oxby, *Calendar Pluralism*, in: Handbook of Archaeoastronomy and Ethnoastronomy, hrsg. v. Clive Ruggles, 2015, 1107–1113 und R I 695. 16 T 178 17 Charles de Foucauld | Werner Vycichl, *Atlanten, Isebeten, Ihaggaren*, in: Rivista degli studi orientali 31,4, 1956, 220. 18 T 196 19 T 184–185 20 T 186–187 21 Franz Altheim, *Christliche Garamanten und Blemyer*, in: Altheim | Stiehl, Christentum am Roten Meer, Bd. 2., Berlin 1973, 322–332. 22 T 220–222 und HU 57–61 23 T 191–193 24 Charles de Foucauld Werner Vycichl, *Atlanten, Isebeten, Ihaggaren*, in: Rivista degli studi orientali 31,4, 1956, 215 und 218. 25 Ibidem, 216–217 26 Ibidem 219 27 Henri Lhote, Les Touaregs du Hoggar, Paris 1944, 240–243. 28 Ibidem 144 und 215 29 G. Camps, *L'âge du Tombeau de Tin Hinan, Ancêtre des Touareg du Hoggar*, in: Zephyrus 25, 1974, 499–516. 30 Ibidem und T 191 31 T 208 32 T 199, 206–207, 212–213 33 T 208–209 34 Al-Bakri, T 194 35 Al-Idrisi, T 195 36 Ibn Battuta, T 192 37 Ibn Battuta, T 193 38 Franz Trost, *Der Raub- und Plünderungszug in der traditionellen Poesie der Twareg im Ahaggar (Teil 2)*, in: IC-Nachrichten 96, 2014, 64–70. 39 R II 97, 378 und 772 40 Etwa die Tifinagh-Korrespondenz der *Lettres au Marabout*, hrsg. v. L. Galand, Paris 1999. 41 Jawdar war der Überlieferung nach ein marokkanischer General, der im 7. Jahrhundert Brunnen baute und überall seinen Namen in arabischer Schrift hinterliess; er wird mit dem ebenfalls arabischen Führer Akkar Arabani gleichgesetzt, der von Arabien bis in die Westsahara überall Tifinagh-Inschriften hinterlassen haben soll. In der Erinnerung ist im Liedtext daraus ein kulturstiftender, nicht-muslimischer Ahne geworden. Auskunft Hans Ritter. 42 Ahod, Aratan n-Azawad, 2016. 43 R I 19–20 44 Vgl. *Adelasegh à la recherche des animaux égarés*, in: Laurence Rivaillé Pierre-Marie Decoudras, Contes et légendes touaregs du Niger, Paris 1993, 31–34, und Raoul Schrott, Politiken und Ideen, München 2018, 108–251. 45 Mohamed Aghali Zakara | Jeannine Drouin, Traditions Touaregues Nigeriennes, Paris 1979. 46 HU 206 47 HU 194–200, 228–247 48 HU 599–600 49 HU 241 50 HU 575–582 51 PA 177 ff. 52 Achmed Ibn Al-Buni, geb. Ende 12. Jhd. in Annaba, dem heutigen Algerien; lebte und wirkte vor allem in Ägypten, gest. 1125. Zu seinen Hauptaktivitäten gehörte die Weiterentwicklung von magischen Tafeln – sogenannten *djedwel* – sowie von Horoskopen und magisch-religiösen Heilverfahren mit Bezug zu den Gestirnen und dem Tierkreis. 53 Andreas Kronenberg, Die Teda von Tibesti, Wien 1958, 127–130. 54 Herodot IV, 181 und 184. Pomponius Mela I, 43 55 F 55–85 56 Ibn Chaldun, Kitab el-Ibar, VI, 89 57 F 85 58 BE 60 59 R II 270–272 60 K 39 61 Götter und Mythen im Alten Europa, hrsg. v. Hans Wilhelm Haussig, 'Berber', Stuttgart 1973, 607, 637, 640–641. 62 Vgl. Paul Zolbrod, Diné Bahane, Albuquerque 1984, 36. 63 F 55 64 Ibidem 51–52 65 F 113 66 F 55 67 F 61 68 F 64 69 F 84 70 F 85 71 B|S 72 Barbara Sproul, Primal Myths, New York 1979, 66–75, und J. C. Holbrook, *African Cosmology*, in: Cosmology across Cultures, hrsg. v. Rubino-Martin | Belmonte, Prada | Alberdi, San Francisco 2009, 138–144. 73 PA sowie Götter und Mythen im Alten Europa, hrsg. v. Hans Wilhelm Haussig, 'Berber', Stuttgart 1973, 645–655, 662, 672–673, 693. 74 PA 19–22, 35–37, 47–53, 133–139, 165–172, 414–418 und 673. 75 C3 57–58 76 R I 993–1006 77 Detailliert aufgelistet in R II 389–390. 78 R I 561 und R II 670, 756 und 586 79 BS und HU 193–194 80 HU 193–194 81 BS 82 R II 346 83 R II 346 84 R I 433, N 6 85 Z 86 B|S 87 R II 512 88 H1 89 B|S 90 Andreas Kronenberg, Die Teda von Tibesti, Wien 1958, 106. 91 B 26–31 92 R II 585 93 Vgl. PA 133 und 52 94 B|S, I 95 R I 741 96 B 97 I

98 Vgl. Uwe Topper, Märchen der Berber, Reinbek bei Hamburg 1986, Nr. 5. 99 "Jeanne René Pottier kann kompetent über die Tuareg Ajjer schreiben, weil sie als einzige Frau unter ihnen gelebt hat. ... Sie hat sechs Monate in Djanet, an der Grenze zwischen unserer Sahara, dem Sudan und Tripolitanien verbracht, nachdem sie sich durch mehrere lange Aufenthalte in vielen Oasen im Norden darauf vorbereitet hatte. Sie begleitete mich auf vielen Reisen und arbeitete intensiv an meinen ethnographischen, kunstgeschichtlichen und literarischen Forschungen mit. ... Als Verfasserin dieser Legenden hat sie den Frauen der Länder der Sahara, in die mich meine Missionen führte, erst zugehört und sie dann ausgefragt. Hat sie damit ein Buch vorgelegt, das wissenschaftlichen Anspruch hat ...? Nein. Die Geschichten der Tuareg, in deren Sprache und in dem Milieu erzählt, in dem sie entstanden, sind berückend; übersetzt jedoch und in einem Pariser Salon gelesen, würden sie mit ihren Wiederholungen, Redewendungen und Vergleichen, mit denen ein westlicher Leser nichts anfangen könnte, aber nur mühselig wirken. Jeanne René Pottier hat sich deshalb begnügt, aus der Folklore der Tuareg zu schöpfen und einzelne Elemente daraus zu verbinden, indem sie ihr dichterisches Talent und die vielen Ressourcen ihrer Phantasie einsetzte. Von diesem Hintergrund abgesehen, kann man ihr jedoch, sobald sie einen Ort beschreibt und ein Detail der Gebräuche wiedergibt, völliges Vertrauen schenken; was sie erzählt, hat sie selbst gesehen oder beobachtet; wenn sie dabei auch die Tiere mittels der Aufzeichnungen ihres Notizbuches zum Sprechen bringt, folgt sie darin den Tuareg, die in ihrem Onkel mütterlicherseits eine grosse Eidechse sehen, den *Dobb*.Hatte sie das Recht, so vorzugehen? Ihre Absicht war es, zu unterhalten, nicht zu belehren; doch dank der Richtigkeit ihrer Bemerkungen hat sie ein Mittel gefunden, um auf amüsante Art lehrreich zu sein, und die meisten ihrer Leser werden, wenn sie dieses Büchlein wieder schliessen, tiefer in das Denken der Tuareg eingedrungen sein als nach dem Durcharbeiten dicker und langweiliger Studienwerke." P1–2 100 Ähnliche Geschichten solcher Himmelfahrten, bei denen ein Junge von einem Falken oder Donnervogel emporgehoben wird, um dann im Himmel zu verdriessen, sind von berberischen Märchen bekannt. Vgl. Uwe Topper, Märchen der Berber, Reinbek bei Hamburg 1986, Nr. 5. 101 Diese falsche Etymologie geht auf Duveyrier zurück, den Pottier häufiger als Quelle ihrer Sternenkunde zitiert. 102 Pottier gibt hier die letzte Zeile des von Duveyrier zitierten Liedes über die Plejaden wieder. Sowohl Duveyrier wie Pottier fanden die Auskunftspersonen für ihre Sternenkunde in Djanet bei den Kel Ajjer. Die Sage um den einäugigen Jungen ist eine lokale Variante des Mythos um den siebten Stern der Plejaden. 103 P233–253 104 B|S 105 I 106 "Elias und Amamellen gehören als urzeitliche Gründungsgestalten der Tuareg-Genese an, was bei Amanar nicht der Fall ist. Die Tuareg erzählen, dass Amamellen ein Mensch von ausserordentlicher Grösse und Kraft gewesen und er allein ein ganzes Heer wert war. In Tamanrasset zeigten uns die Tuareg eine Bresche in dem grossen Berg, der den Horizont im Osten markiert. Sie nennen sie *Tiwit n-Elyas*, 'Elias' Hieb', und sagen, dass Elias diese Bresche mit seinem Schwert geschlagen habe. Das herausgeschlagene Stück, ein riesiger Felsen, hat sich in einem Tal verkeilt, das 3 km von dort liegt." BE 62 107 B 26–31 108 I 109 H 1 110 H 2 111 Vgl. *Koran* 7.73–74, 11.62–66 und 54.7–29. 112 M 209–210 113 SE 292–295 114 B|S und I 115 www.chien.com, 'Azawakh'. 116 D 117 B 26–31 118 HU 224 und 611 119 R II 487 120 Andreas Kronenberg, Die Teda von Tibesti, Wien 1958, 106. 121 B|S 122 PA 147–149 und 168–169 123 P15–34 124 BE 61, R I 295 125 Auskunft Messaouda Benmessaoud, Tamanrasset. 126 B|S 127 BE 60–61, HU 132, 201 und BA 128 I 129 R II 64 130 D, R II 64 131 Lokale Auskunft in Tamanrasset. 132 U 91, R II 728 133 B 26–31 134 Andreas Kronenberg, Die Teda von Tibesti, Wien 1958, 106 und SE 292–295. Sie erscheinen nach der Dattelernte erstmals im Oktober; sobald sie im Südsüdosten gut am Himmel zu sehen sind, beginnt die Periode der Kälte. 135 B|S 136 R II 63–64 137 B|S 144 138 D 139 N 140 B 141 R II 96, 670, HU 91 142 B 26–31 143 Auskunft Hans Ritter. 144 R II 730, D 145 R II 730 146 PR|A|M 617, 773 147 NI 148 L (siehe auch HU 136 und BA) 149 R II 699 und 730 150 SE 292–295 151 B 26–31 152 R II 578, 126 153 PA 152 und 416–417 154 B 26–31 155 PA 523 156 Hélène Claudot-Hawa, Les Touaregs, Aix-en-Provence 2013, 60. 157 R II 123 158 BS 159 D 160 R II 571 161 C 1 162 R I 968 ff. und Auskunft Hans Ritter. 163 H 3 164 PA 133–135 165 Ibidem 142–144, 147–149, 152 und 169 166 R II 521 167 Ibidem 166–171 168 Auskunft Hans Ritter. 169 Leo Frobenius, *Der Ursprung der Fulbe*, in: Spielsmannsgeschichten des Sahel, Jena 1921, 226 170 *Calotropis procera* 171 'In die Erde gehen' ist bei den Tuareg eine Umschreibung für 'gebären', R II 521; der Satz kann sich zugleich aber auch auf die Löcher beziehen, aus denen laut berberischem Schöpfungsmythos die Menschheit ebenso wie die dämonischen Ameisen und all die Djinns auf die Erdoberfläche stiegen und steigen. 172 Die Brust dient hier als Stimulans für das Melken und auch – wie das Schaumtrinken Ayors – als Andeutung der Tiernähe der beiden Zwillinge: eine für Tuareg fremdartige Vorstellung, die hier durch die Wiederholungen betont wird. 173 C 2 100–117 174 F 74–75 175 D 176 F 84–85 177 F 73 178 D, B|B 179 Andreas Kronenberg, Die Teda von Tibesti, Wien 1958, 107. 180 Z 181 R II 283 182 HU 192 183 Andreas Kronenberg, Die Teda von Tibesti, Wien 1958, 106.

Der *STERNEN-HIMMEL* der *ARABER*

Es waren die Araber überhaupt schon von jeher in der Kunde der Gestirne erfahren; daher erzählt man auch, dass ein Beduine, den man frug, wie es komme, dass er darin so erfahren sei, entgegnete: Wer kennt nicht die Pfeiler seines Hauses? So ist es auch wirklich, denn des Beduinen Dach bei Tag und Nacht ist der Himmel und dessen Pfeiler sind die Sterne. Das Beduinenweib frug man: Kennst du die Gestirne? Da antwortete sie: Gott sei gelobt, wie sollten wir nicht unsere Scheichs, d. i. die Planeten kennen, die jede Nacht über unseren Häuptern stehen?

Alfred von Kremer, *Schreiben an die kaiserliche Akademie*, 1851, 444

TRADITIONSLINIEN

Nach dem Zusammenbruch des Römischen Reiches gelangten Kenntnisse der griechisch-römischen Sternbilder erst wieder ab dem späten 10. Jahrhundert über die Mauren in Spanien und die Sarazenen in Sizilien zurück ins mittelalterliche Europa. Da sie über Nomenklaturen vermittelt wurden, mit denen die arabischen Astronomen die Sterne der griechisch-römischen Figuren identifiziert hatten, kamen so neben Fachbegriffen wie Zenit, Azimut und Nadir auch mehr als 200 noch heute gebräuchliche Sternnamen zu uns. Oft wurden sie jedoch von den europäischen Vermittlern verballhornt oder verlesen: Weil das arabische Y zweimal unterpunktet wird, das B hingegen nur einmal, verwandelte sich beispielsweise *Yad al-Jauza* – Die Hand Der Jauza – in unsere Beteigeuze.

Die arabischen Astronomen hatten die griechisch-römischen Sternbilder samt den Tierkreiszeichen erst wenige Jahrhunderte zuvor aus den Katalogen des Ptolemaios übernommen; Bootes – 'Der Mit Stieren Pflügt' – hatten sie als Ochsentreiber übersetzt, den zu seinem Sternbild gehörigen Löckstachel wörtlich aus dem Griechischen aber als 'Stab Mit Einem Haken' übersetzt. Da das Arabische keine Vokale notiert, wurde 'Haken' im Zuge des mittelalterlichen Kulturtransfers nach Europa als 'Hunde' verlesen, wodurch ein Sternbild entstand, das es zuvor nicht gegeben hatte – die Jagdhunde der Canes Venatici.

Lange vor dem griechisch-römischen Sternenhimmel – lange vor Mohammed und den erst in der ersten Hälfte des Jahrtausends v. u. Z. greifbar werdenden 'Arabern' – existierten im Nahen Osten bereits eine Vielzahl von Figurierungen des Nachthimmels; und diese lassen sich über die Sternnamen der späteren arabischen Nomenklaturen grossteils rekonstruieren. Sie entstammten lokalen arabischen Kulturen – weisen aber auch Charakteristiken auf, die für andere Sternenhimmel weltweit typisch sind und auf uralte Vorstellungen zurückgehen müssen. Dazu gehören auffällig viele Einzelsterne, die unterschiedliche Lebewesen – Vögel und Tiere – verkörpern, welche auch anderswo als astrale Prototypen der irdischen Formen gesehen werden. Auch die als Weg gesehene Milchstrasse zählt dazu, insofern sie bei den Arabern durch ihren Titel als 'Mutter Des Himmels' eine Ahnung von primordialen kosmologischen Ideen bewahrt hat.

Was wir hier nun dokumentieren, ist aber nicht 'der' arabische Sternenhimmel, sondern sind jene Sternbilder und Namen, die im arabischen Raum kursierten, bevor sie weitgehend von den griechisch-römischen Sternbildern überzeichnet wurden. 'Arabisch' bezieht sich nicht nur auf Nomaden der arabischen Halbinsel wie die Ruala und die Sinai-Beduinen, sondern auch auf die Stämme Syriens und Jemens und die um die Zeitenwende nach Äthiopien ausgewanderten Südaraber der heutigen Tigray. In diesem nahöstlichen Kulturraum vermischten sich semitische, jüdische und frühchristliche Traditionen, die auch von der persischen und armenischen Kultur beeinflusst wurden. Sie spalteten sich nach dem Konzil von Nicäa im Jahre 325 weiter auf und brachten synkretistisch den Islam hervor, der dann die verbreiteten astralen Kulte auszumerzen versuchte. Dennoch hielten sich diese noch lange, besonders unter den Nomaden.

Notorisch sterngläubig waren etwa die bis zum 13. Jahrhundert bestehenden Sabier um das syrische Harran und die jemenitischen Sabäer, die viele altorientalische Religionsvorstellungen bis in die Neuzeit hinauf tradierten. In safaitischen Inschriften im syrisch-jordanischen Grenzgebiet aus dem ersten vorchristlichen bis zum 4. Jahrhundert u. Z. lebte wiederum noch der babylonische Tierkreis weiter – obwohl Sufi im 10. Jahrhundert pauschal erklärte, er sei den Arabern unbekannt. Die 12 babylonischen Zeichen hatten sie dort nur geringfügig verändert: Die Fische waren zu 'Schwänzen' geworden, Die Ähre in Virgo zum 'Samenspender', Pabilsag in Sagittarius zu einem Schützen oder Soldaten, Der Ziegenfisch in Capricornus zu einer Antilope und der Wasserträger Enki mit seiner Vase in Aquarius zu einem Seemann oder Salzträger. Diese safaitischen Tierkreizeichen dienten als Monatszeichen, wobei das Jahr mit dem bei den ersten Regen nach dem Winter aufgehenden Aquarius begann.[1]

In dem Jahrtausend seit dem Untergang der babylonischen Kultur war nun im arabischen Grossraum ein Nachthimmel mit über 300 Sternnamen und zwei Dutzend autochthonen Sternbildern entstanden. Aufgezeichnet wurden diese jedoch erst von arabischen Gelehrten wie Ibn Qutaiba (828–889), Mas'udi (895–957), Sufi (903–986), Biruni (973–1048) oder Qazwini (1203–1283). Sie führten die für die astronomische Wissenschaft nunmehr relevanten 48 ptolemaischen Sternbilder samt ihren 1025 Sternen im arabischen Raum ein, listeten zu ihrer Bestimmung aber die gängigen lokalen Sternnamen auf. Dadurch dokumentierten sie in der Retrospektive den eigenen Sternenhimmel – als Palimpsest des neuen hellenistischen Firmaments. Was sie dabei an astronomischen Bezugspunkten wiedergaben, war allerdings bloss teilweise überregional verbindlich: Die unterschiedlichen Namen und Bedeutungen für die Gestirne liessen sich kaum vereinheitlichen. Je nachdem, was woher und von wem übernommen wurde, überlagerten sich so die Bezeichnungen und Vorstellungen: Orion etwa konnte als Kriegerin oder als Riese, als Luqman der Weise oder als Tor, als Adam, Sa'd oder bloss als Bild figuriert und α Orionis als ein den Orion ankündigenden Stern, als Hand oder Schulter dieses Sternbilds, als Schäfer oder als Straussenmännchen gesehen werden.[2]

Der von den arabischen Astronomen nun vorgenommenen Systematisierung des Nachthimmels kam entgegen, dass die ptolemaischen Sternbilder grossteils auf jenen beruhten, welche die Griechen zuvor aus ihrem Raum, dem Nahen Osten, assimiliert hatten – meist nach der Eroberung Babylons durch Alexander. Und dort hatten sich nicht wenige Sternbilder der babylonischen Astrologen – wie die Tierkreiszeichen samt Orion, den Plejaden und Adlersternen – in lokalen Himmeln erhalten, waren inzwischen jedoch verformt, zerstückelt oder in andere Regionen versetzt worden. Der ehemalige babylonische Widder etwa war angewachsen, weil man die Plejaden zu seinem Schwanz zählte; der Löwe war riesenhaft geworden, indem er über Gemini bis nach Virgo reichte, der Ziegenfisch in Capricornus dagegen zu einem Zicklein geraten; der Wasser ausgiessende Gott im Aquarius wiederum hatte sich in einen ledernen Schöpfeimer verwandelt und in Pegasus verschoben, während das Seil, das diesen Eimer aus dem Brunnen zog, ursprünglich jenes Band gewesen war, das die zwei babylonischen Fische in Pisces miteinander verbunden hatte – welche sich ebenfalls verschoben hatten und von einem Wal namens al-Hut überlagert worden waren.[3]

In ihrer Wirkungsmacht gleichgeblieben waren allein die vom mesopotamischen Sternhimmel adaptierten Vorstellungen eines Kosmos von "Sieben Starken Himmeln",[4] unter denen sich die Erde eiförmig erstreckte,[5] sowie die Auffassung von Planeten und Gestirnen als Gottheiten. Auch einige der ehemaligen davon abgeleiteten astrologischen Praktiken hatten sich im arabischen Raum erhalten.

ASTROLOGIE UND ASTRALE KULTE

Die Überlieferung schreibt Mohammed mehrere Verdammungen von Stämmen zu, die an Macht und magischen Einfluss von Sternen statt an Allah glaubten – ohne dass dies grosse Wirkung gezeigt hätte. Das demonstrieren Stellen im *Koran*, in denen die Sternbilder als von allen dämonischen Geistern gereinigt bezeichnet werden.[6] Ignorieren liessen sie sich nicht, aber man konnte zumindest behaupten, Allah habe sie nur deshalb "in den Himmel gesetzt, damit ihre Schönheit von allen Betrachtern wahrgenommen werden kann"[7] und die Sonne "als Lampe" samt dem Mond zwischen sie gestellt worden sei.[8] Dort sollen die Sternbilder Allah jetzt vor allen hartnäckigen bösen Geistern bewachen und Meteoriten diese verstossenen Kreaturen verfolgen und durchbohren.[9]

Dennoch übernahm man nach Mohammeds Tod unter den regierenden Kalifen mit den astronomischen Kenntnissen der europäischen Spätantike auch die weiterhin wirkmächtige Astrologie, bestellte Hofastrologen und wählte Religionsbedienstete nach astrologischen Kriterien. Ein Arzt des 9. Jahrhunderts schrieb, dass "die Wissenschaft von den planetarischen Bewegungen und ihren Energien, wie sie in der Welt manifest werden, von Experten wie Laien bezeugt werden", während ein Gelehrter im 11. Jahrhundert beklagte, dass die meisten seiner Zeitgenossen erst nach der Konsultation eines Astrologen auf Reisen gehen, neue Kleider anziehen oder eine Tätigkeit beginnen könnten. Fast alles aus der mittelalterlichen (und heute noch gängigen) Astrologie findet sich darum in arabischen Texten über den Einfluss der Gestirne auf die Natur und ihre Macht über das menschliche Schicksal wieder. Auf- und Untergänge bestimmter Sterne und Sternbilder betrachtete man nicht nur als Indikatoren für das Wetter, den Beginn der Jahreszeiten und die Herkunft der Winde[10] – hunderte von Abhandlungen suchten günstige (*Sa'd*) von ungünstigen Vorzeichen (*Nahs*) für die Lebensführung zu unterscheiden, indem sie sich auf Positionen, Konstellationen und Konjunktionen der Gestirne, Tierkreiszeichen, Mondstationen und Eklipsen bezogen.[11]

Die Sternbilder, insbesondere die des Zodiaks, wurden *Buruj* genannt, 'Burgen';[12] standen Planeten in diesen Festungen, so konnten sie bei diesen Konstellationen ihre grösste Macht erreichen, um darin über die Erde zu herrschen und sie von dort zu beeinflussen. So führten die arabischen Lexikographen *Mazzala* (das sich vom babylonischen *Manzazu*, 'Standort', ableitet), den syrischen Namen für 'Stern' oder 'Mondstation', auf eine Wortwurzel zurück, die bei ihnen ein 'Herabkommen' ausdrückte.[13]

Diese Vorstellung reichte bis in die Neuzeit, wie Musils Bericht über den Stamm der Ruala belegt: "Die Beduinen müssen die Sterne sehr genau beobachten, weil sie mehr unvorteilhafte als vorteilhafte Auswirkungen auf den Menschen haben. Wunden heilen nicht, wenn sie von den Strahlen der Sterne oder der Sonne durchbohrt werden. Deshalb wird ein Verwundeter in allerhand Decken gehüllt und in eine Ecke des Zelts gelegt, um die Strahlen von ihm fernzuhalten. Jedes Mal, wenn die Leute mit einem ihrer verwundeten Verwandten zu mir kamen, stellten sie zuerst ein kleines Zelt hinter meinem auf, verschlossen es dicht, und erst dann – keine Sekunde zuvor – begannen sie die Wunde freizulegen.

Wenn ein Ruejli sich in der Nacht verirrt, ist dies die Schuld der Sterne, da er seinen Weg nach einem bestimmten Stern ausrichtete, der seine Position unbemerkt änderte und so den Mann in die falsche Richtung führte. Deshalb wird er nicht sagen *'tiht* – ich habe mich verirrt' –, sondern *'enjemt* – ich wurde von den Sternen irregeführt'. Wenn die Sterne so mit einem Ruejli zu spielen beginnen, ist nicht einmal mehr auf den Nordstern Verlass. Das Beste, das man in dem Fall tun kann, ist sich hinzulegen und auf den Sonnenaufgang zu warten. Dann kann sich der Ruejli wieder an der Landschaft orientieren und seine Reise fortsetzen."[14]

Dass jeder Mensch unter einem bestimmten Stern steht, der nach seinem Tod vom Himmel fällt, und Sternschnuppen auf offene Himmelstore deuten, weshalb Gebete dann erhört würden, war breiter Volksglaube, der sich in Ägypten bis heute erhalten hat, wenngleich in isolierter Form und als unheilige Zauberei. Dazu gehört eine magische, 'Sternemelken' genannte Praxis für Frauen, die Macht eines Gestirns auf sich zu übertragen. Unmittelbar nach der ersten Menstruation muss sich ein noch jungfräuliches Mädchen in der Dämmerung nackt auf ein Hausdach stellen, vor dem erwählten Gestirn niederknien, seine Geschlechtsorgane mit Eselsmilch bestreichen und den Stern um seine Milch anflehen; der Stern lädt die Eselsmilch und die bestrichenen Stellen mit seiner Macht auf und verleiht dem Mädchen so eine Anziehung, die den ersehnten Mann anlockt.[15] Ähnliche Rituale mit Gebeten an die Gestirne kennen wir vom mesopotamischen Sternglauben des ersten vorchristlichen Jahrtausends.

ASTRALE GOTTHEITEN

Herodot schreibt bereits im 5. Jahrhundert v. u. Z., dass die Perser ihre Gestirnsanbetung von den Arabern übernommen hätten, welche Urotal (= Ratal, ein von den Thamud angebeteter Mondgott)[16] und Alitta (Allat) verehrten;[17] Strabon wie Arrian berichten um die Zeitenwende von der Verehrung des Jupiters und des Himmels, und Origines teilt im 3. Jahrhundert mit, dass die Himyariten "der Sonne, dem Mond und einheimischen Dämonen opfern".[18]

Solche astralen Kulte werden auch durch mittelalterliche arabische Schriftsteller belegt: "Es gab unter den Arabern solche, die zum Kult der Sabier neigten und über den Untergang der Sterne das glaubten, was die Astronomen über die Planeten glauben, indem sie sich bei ihrer Bewegung, ihrer Ruhe, ihren Reisen und ihrem Rasten nur nach dem Untergang eines Sterns (je nachdem, ob dieser es befahl oder widerriet) richteten und sagten: 'Wir verdanken dem Untergange dieses oder jenes Sterns Regen'."

Die im *Koran* überlieferte Geschichte vom Wiedehopf und der Königin Bilkis[19] zeigt, dass die Himyariten die Sonne auf dieselbe Weise anbeteten, wie der Stamm der Qenan früher einmal den Mond. Die Mysam heiligten die Hyaden, die Lahm und Gudam Jupiter, die Asad den Merkur, die Tajj den Canopus, die Tasm Aldebaran und die Qais den Sirius. Andere fügen hinzu, dass die Madhig, Ijad und Quraish die Plejaden und einige Sabier Arcturus verehrten. Den höchsten Rang im astralen Pantheon hatten Frau Sonne, Mond und Venus, die als göttliche Familie gesehen wurde; Venus konnte dabei in der Frühzeit, altorientalischer Tradition gemäss, auch als männlich gesehen werden.[20]

Diese Gottheiten manifestierten sich auf Erden in Bäumen und Felsen, hölzernen Statuen und Kultsteinen. Auf den Altären daneben wurden ihnen blutige Opfer und Gaben dargebracht, um Wohlwollen oder Fürsprache zu sichern. Die Lebensgrundlage der Nomaden – Kamele, Ziegen und Schafe, seltener Rinder – gehörte letztlich den Göttern, die auch für ihre Krankheiten verantwortlich waren, weshalb man sie nach bestimmten Vorschriften hielt und manche unter ihnen – einen alten Kamelhengst etwa – für heilig erklärte. Das Blut der geschächteten Tiere wurde auf den Steinsäulen der Gottheiten vergossen; als Akt äusserster Pietät wurden aber auch lebendig begrabene Mädchen geopfert, was der Islam dann unterband.[21]

Noch im 12. Jahrhundert berichtet Maimonides von den nordsyrischen Sabiern, dass sie "den Himmelskörpern Bildsäulen errichteten, goldene für die Sonne und silberne für den Mond, und den Sternen besondere Metalle und Klimata zuwiesen, indem sie sagten, jenes Wetter habe jenen Stern zum Gotte. Hierauf erbauten sie Tempel und stellten Bildsäulen hinein, in der Meinung, die Kräfte der Planeten ergössen sich über sie, sodass die Bildsäulen Einsicht und Vernunft besässen, den Menschen die Gabe der Prophezeiung verliehen und heilsame Ratschläge erteilten. In demselben Sinne sprechen sie von einem Verhältnis der Bäume zu den Himmelskörpern".[22]

Da der astrale Aspekt die Religionen des gesamten arabischen Raumes durchsetzte, persiflierte der *Koran* diesen auf Ahnen bezogenen Sternenkult. Nachdem Abraham seinen Vater wegen dessen Dienst an den Götzenbildern abgemahnt hatte, merkt der *Koran* an, ging Abraham trotzdem hinaus in die Nacht, "sah ein Gestirn und sagte: 'Da ist mein Gott!' Als es dann unterging, meinte er: 'Ich mag es nicht, wenn die Sterne verschwinden!' Als er dann aber den Mond aufgehen sah, verkündete er: 'Die ist mein Gott!'. Und als der dann wieder versank, sprach er: 'Wenn mich mein Gott nicht führt, werde ich gewiss zu den irrgeleiteten Leuten zählen'. Kaum sah er jedoch die Sonne, rief er: 'Da ist mein Gott; sie ist die Höchste!' Und als die wiederum unterging, verkündete er: 'Liebe Leute – jetzt trenne ich mich von meinen Glaubensgenossen!'"[23]

Vorislamische Gottheiten waren so zahlreich wie die Stämme, obgleich Zeugnisse davon fragmentarisch sind, da sich Schrift erst ab dem 7. Jahrhundert zusammen mit dem Islam ausbreitete. Überregional bekannt waren der Hirtengott Hobal, der in der Kaaba von Mekka ursprünglich 'Allah' genannt worden war, sowie fünf 'vorsintflutliche Götter': Wadd ('Freundschaft') als alter mesopotamischer Wettergott, der für die Fruchtbarkeit des Bodens zuständig war; Suwa als Schutzgott der Herden; Yaghuth, ein als Löwe dargestellter Schutzgott, der auch für Regen verantwortlich war; Ya'uk, wahrscheinlich ebenfalls ein Schutzgott; sowie der adlergestaltige mit der Sonne assoziierte Nasr. Der wohl vom altägyptischen Namen für 'Planet' abstammende Sa'd wiederum wurde mit dem Glücksgott Gadd und Wasserstellen verbunden. Amm Anas galt als vergötterter Urahne der Khaulan, der sich die Herrschaft mit Allah teilte – einer lange vor Mohammed in Mekka verehrten

Gottheit, die als Herr des Wassers und der Quellen angesehen worden war.

Zu ihm gesellt sich die Triade der wichtigsten weiblichen Gottheiten: Allat, die als Frau mit Löwenschnauze und Adlerschwingen dargestellt wurde und über das Wachstum des Bodens verfügte; die uralte Schicksalsgöttin Manat, deren Name die Bedeutung 'zählen, teilen' hat, weil sie die Tage zählt und jedem seinen Besitz zumisst; sowie, als jüngste dieser drei 'Töchter Allahs', al-Uzza, die Göttin des Krieges und der Liebe, Schutzherrin der Frauen und der Hochzeit.[24] Alle drei werden selbst noch im *Koran* vorgestellt als "die schönen Gestirne in der Höhe, deren Eingreifen günstig ist".[25]

Die Gottheiten wurden jeweils mit einzelnen Gestirnen verbunden, die jedoch von Stamm zu Stamm wechselten. Ihre Gunst oder Ungunst versuchte man durch Prophetie und mantische Praktiken wie Sandlesen und Vorzeichen zu erkennen. Der *Koran* geht mehrfach darauf ein und erklärt, dass die Sterne bloss drei Zwecke haben: als Schmuck der sieben Himmel, über denen sich Allahs Thron befindet; als seine Wurfgeschosse gegen Dämonen; und als Orientierungshilfe an Land und auf See. Wer jedoch an sie glaubt, der hat aufgehört an Gott zu glauben, und wer Astrologie, gleich in welcher Form, praktiziert, verleugnet Mohammeds Offenbarung.[26]

Dabei stellt selbst die Kaaba ein astrales Heiligtum dar. Der schwarze Kultstein darin ist höchstwahrscheinlich ein Meteorit, der einst als irdische Manifestation eines göttlichen Gestirns aufgefasst wurde. Dessen leicht unregelmässige Form ahmt die *Cella* aussen nach, deren Name sich mit *Kahab*, den festen Brüsten einer jungen Frau, verbinden lässt und dadurch als Symbol der Jungfräulichkeit (*Kuhba*) galt. Aus der 'abrahamischen' Epoche stammend, stellte der Meteorit den Nabel der Welt dar, der von eben jenen Götzendienern fromm umkreist wurde, die der *Koran* später verdammte.

Ein zweiter Stein befindet sich an der Quelle Zamzam, wo ursprünglich der mesopotamische Kriegsgott Ninurta verehrt worden war, während der Meteorit der Kaaba ursprünglich als Repräsentation der sumerischen Baba gegolten hatte, einer Göttin der Liebe und der Fortpflanzung, die später mit Ishtar, Astarte und schliesslich mit al-Uzza gleichgesetzt wurde.[27] An ein solches Götterpaar erinnert noch die Legende von Isaf und Naila, 'der Küssenden', als Verkörperung der Astarte. In dieser dürfen zwei Liebende eines jemenitischen Stammes nicht zusammenkommen. Als sie sich dann bei der Pilgerfahrt nach Mekka treffen, können sie in der Kaaba heimlich miteinander schlafen – werden aber von der Dämmerung versteinert und anschliessend als Warnung gegen jedwede Profanation des Heiligtums aufgestellt.[28]

Zu Mohammeds Zeit gehörte dieses Heiligtum seinem Stamm, den Quraish; dort wurden Hobal und die Triade Allat, al-Uzza und Manat verehrt. Man umkreiste sie, indem man die Formel rezitierte: "Bei Allat und al-Uzza und Manat, dem dritten Idol! Welches sind die schönsten Frauen? Wir schwören bei ihnen; ihr Eingreifen ist Quell der Hoffnung!"[29] Das machte insofern Sinn, als sich in Mekka – dem 'Ort der Versammlung' – die Stämme auch deshalb trafen, um Frauen zu finden. Nachdem das Heiligtum um 600 von Fluten zerstört wurde, beteiligte sich Mohammed am Wiederaufbau und installierte danach Allah als einzigen Gott.

Unverändert blieb dabei die astronomische Orientierung: Die Südwestseite der Kaaba ist genau auf den südlichsten Punkt des Mondunterganges ausgerichtet, die Südostseite auf den Aufgang des Canopus, die Nordostseite auf den Sonnenaufgang im Sommer und die Nordwestseite auf den Untergangspunkt der drei Schwanzsterne in Ursa Maior, in welchem die Araber den Anführer von N'ashs Totenbahre und zwei der um ihn Trauernden dahinter sehen.[30]

DIE AUFZEICHNUNG DES ARABISCHEN HIMMELS

Mohammed selbst konnte, der Überlieferung nach, weder schreiben noch lesen. Die ihm von Allah eingegebenen Lehren trug er in Gottesdiensten mündlich vor und einige schriftkundige Zuhörer machten Notizen. Diese aus vielfältigen Quellen zusammengetragenen Materialien wurden erst später unter den ersten Kalifen gesammelt, redigiert und zum *Koran* zusammengefügt. Durch die im 8. Jahrhundert aufkommende Schriftkultur, die Ausbreitung des Islam und ihre Eroberungszüge kamen die Araber mit den persischen, indischen und hellenistischen Kulturen in Kontakt. Ihre Gelehrten begannen, sich mit deren prestigeträchtigen Astronomien auseinanderzusetzen: ohne zu wissen, dass diese grossteils bereits auf altorientalische Gestirnsbeobachtungen zurückgingen.

Homer und Hesiod hatten zu den ersten Griechen gehört, welche die mesopotamischen Sternbilder des Nahen Ostens akkulturiert hatten; die dazugehörigen astronomischen Daten wurde danach von Eudoxos aufgearbeitet. Aratos, Eratosthenes und Hyginus stellten dazu die neuen oder gräzisierten Sternsagen bereit. Derart war das astronomische Wissen im ersten Jahrtausend v. u. Z. vom Zweistromland nach Griechenland und weiter nach Italien gewandert. Manilius fasste es schliesslich in Rom in einem Epos zusammen und Ptolemaios (110–170) katalogisierte in Alexandria die unterlegte Sternkunde.

Sein astronomisches Werk hiess *He Megale Syntaxis*; arabisiert wurde es zu *al Majisti* und sodann lateinisch zu *Almagest* verballhornt. Für die semitischen Gelehrten des 9. Jahrhunderts stellte es die Basis für die von ihnen vorgenommene Modernisierung des Himmels dar. Dabei kamen nun zwei Überlieferungslinien aus dem Nahen Osten wieder zusammen: die mesopotamische, die über die Griechen und Römer den uns heute geläufigen Himmel figurierte; und die arabische mit ihren lokalen Traditionen, in der sich jedoch ebenfalls mesopotamischen Wurzeln erhalten hatten. Derart wurde der arabische Nachthimmel durch Ptolemaios' 48 Sternbilder und ihre 1025 Sternnamen akademisch überzeichnet. Die Kenntnisse von Ptolemaios' Sternbildern erhielten die arabischen Gelehrten wahrscheinlich von hoch angesehenen indischen Astronomen, was sich etwa daran zeigt, dass für Pisces der indische Singular übernommen wurde.[31]

Indem die Gelehrten die einheimischen Sternnamen den neuen Sternbildern beifügten, um sie identifizieren zu können, wurde zugleich der alte arabische Himmel festgeschrieben: Was über ein Jahrtausend hinweg evolvierte, wurde fixiert und einer neuen wissenschaftlichen Tradition untergeordnet. Der Bruch des Islam mit den astralen Kulten tat zudem das seine, dass sich nach dem frühen Mittelalter die Himmelsvorstellungen nur noch sehr vereinzelt veränderten, als Abwandlungen alter Legenden und in Unkenntnis ihrer ursprünglichen Symbolik. Derart wurden die ptolemaischen Konstellationen eher künstlich assimiliert – aber kaum re-mythisiert, wie dies zuvor bei den Griechen geschehen war, nachdem diese die mesopotamischen Sternbilder übernommen hatten.

Diese mehr oder minder erstarrte Überlieferung blieb bei den von Musil erforschten Ruala-Beduinen in Syrien und den von Littmann untersuchten äthiopischen Tigray bis ins beginnende 20. Jahrhundert erhalten und bewahrte über zwei Jahrtausende hinweg einzelne Motive. Bei ihnen blieb der astrale Kult weiterhin zentral; die Lebensbedingungen dieser Nomaden hatten sich ja nicht verändert und die Sterne fungierten zudem weiterhin als Wegweiser und Kalender. Dennoch ging viel Wissen um die Bedeutung mancher Sternnamen verloren oder wurde volksetymologisch umgedeutet.

In der akademischen Welt Arabiens hingegen bildete sich ein anderes Weltbild heraus, das zwar weiterhin astrologischen Deutungen diente, nun aber geometrisch und mathematisch ausgebaut wurde. So bestimmte Mas'udis (ca. 896–956) Nachschlagewerk *Die Goldwiesen und Edelsteinminen* den Durchmesser des Himmels zwischen an-Nath und az-Zubana mit 40 000 Farsang, wobei ein Farsang 1600 Ellen (7 km) umfasst, während jener der Erde 2100 Farsang betrug. Die nächsthöhere der neun Himmelsphären – jene des Mondes – hatte bereits einen Durchmesser von 125 660 Farsang. Auf sie folgt jene des Merkur, danach die der Venus, der Sonne, des Mars, des Jupiters und des Saturn; die achte trug die Fixsterne, die neunte die Tierkreiszeichen, die alle anderen umschliesst und auch die vier 'Naturen' Hitze und Kälte, Nässe und Trockenheit bedingt. Alle neun Sphären drehen sich täglich rund um eine Achse und ihre beiden Pole, wie das Rad eines Drechslers, der Bälle herstellt. Erst darüber lag islamischen Vorstellungen gemäss Allahs Thron und sein Reich.[32]

DER ARABISCHE STERNENHIMMEL

Der hier vorgelegte Sternenhimmel präsentiert das vorislamische und klassische Firmament, das die arabische Welt im ersten Jahrtausend überspannte, und geht bloss am Rande auf die ptolemaische Neuordnung ein. Er gibt die Sternnamen auch nicht in ihrer unübersichtlichen Fülle wieder,[33] sondern beschränkt sich auf etablierte Traditionen – womit er aber immer noch zu den detailliertesten Himmeln zählt, die eine Kultur hervorgebracht hat.

Zentrale Quelle ist Sufis um 964 geschriebenes Sternverzeichnis, in dem er nach jedem auf Ptolemaios' bezogenen Abschnitt anfügt: "die echten Araber, die Beduinen nennen ...". Da sie als Hüter des alten Kulturerbes galten, liess sich Ibn Qutaiba, wie er in seinem Buch von den Mondstationen erzählt, nachts von einem Nomaden in die Wüste begleiten, der "zuweilen auf einen Stern zeigte und ihn mit Namen nannte", weil er ihm zur Orientierung diente. Wie umfangreich eine solche ethnographische Vorgangsweise unter den arabischen Astronomen war, wissen wir nicht; um den Nachthimmel zeichnen zu können, war für Ibn Qutaiba neben solchen Belehrungen auch ein "Erschliessen" der Sternnamen notwendig, wobei er vieles "aus der Poesie zog".[34]

Von 300 Sternnamen waren dabei nur gut zwei Dutzend überregional etabliert und zudem mit Legenden versehen. Dazu zählen die Mondstationen, die Bezeichnungen für die Nordgestirne, Orion, die Plejaden oder die Corona Borealis, Teile des alten Zodiak wie Scorpius, Leo, Aquila und der *al-Hut* genannte Fisch sowie Polaris und die Die Beiden Kälber in Ursa Minor, aber auch Alkor, Capella, Spica, Arcturus, Aldebaran, Canopus, Sirius, Prokyon und die Sa'd-Sterne.

Die restlichen Namen entstammen lokalen Traditionen von Nordsyrien bis hinunter in den Jemen, wo der dortigen geographischen Breite gemäss, andere Sterne für die Bestimmung der Jahreszeiten wichtig waren, aber auch altarabischen Dichtungen, in deren *Qasiden* – erzählerischen Langgedichten – es eigene Abschnitte für Natur- und Reisebeschreibungen gab. Aufgrund metrischer Zwänge kursierten darin mehrere Bezeichnungen für einen Stern, die von den arabischen Astronomen manchmal auch als Eigennamen katalogisiert wurden; das Verständnis des jeweiligen Himmelsobjekts konnte dabei meist nicht an Ort und Stelle geklärt werden.

Mehrere dreieckig angeordnete Sterngruppen waren so bloss poetisch mit Herdsteinen oder Schafen – mitsamt Hirte und Schäferhund – verglichen worden, erhielten durch die Übernahme im Nachhinein nun jedoch diese Bezeichnungen sowie fixe Identifikationen. Einzelne Sterne wie Altair und Vega, die zuvor nur als Einzelsterne von Bedeutung gewesen waren, wurden durch Hinzunahme ihrer Nebensterne als Sternbilder – Der Fliegende Adler und Der Herabstürzende Adler – besser anschaulich gemacht.

Somit zeichneten die arabischen Astronomen ältere Traditionen des Volksmundes und jüngere der Dichtung auf, allerdings erst in dem Moment, als die ptolemaische Wissenschaft den alten arabischen Kenntnisstand schon abgelöst hatte. In dem einen wie dem anderen Fall war das jeweilige Wissen jedoch durch Dichter – *Shu'ara* – weitergegeben worden, die als Überlieferungsträger einer mündlich geprägten Gesellschaft auch sternkundig sein mussten.[35]

Der deutsche Orientalist Enno Littmann konnte die eminente Rolle der Dichter noch bei seinem Aufenthalt bei den äthiopischen Tigray 1905 dokumentieren, zusammen mit den noch erhalten gebliebenen vorislamischen Vorstellungen vom Einfluss der Gestirne auf die Lebenswelt und der Bedeutung der Mondstationen.

Er erfuhr davon über einen lokalen Mittelsmann, der allerdings seinerseits astronomische Auskünfte von einem “sternkundigen Mann” einholen musste: “Im ganzen Tigray-Land wird die Glückszeit der Konjunktionen nach der Umdrehung der Sterne berechnet. Die Berechner sind wohlbekannte Leute, die es besonders bei den Stämmen der Ad-Takles und den Habab gibt: Sie heissen ‘Leute des Stummen’ (weil die Sterne nicht sprechen) oder ‘Berechner der Konjunktionen’. Durch ihre Berechnung der Sterne kennen sie die Zeit der Konjunktionen, alle Leute erkundigen sich bei ihnen. Sie verkünden die Konjunktion ein bis zwei Monate vorher; die Kunde davon wird überall gehört, alle bereiten sich dann darauf vor.

Die Zeit der Konjunktion ist gleichsam eine von Gott gesegnete Zeit. Während der Konjunktion geschieht folgendes: Sie heiraten, verheiraten, verloben, erklären mündig, beschneiden ihre Söhne und ihre Töchter, ziehen hinab ins Tiefland, ziehen hinauf ins Hochland, wechseln ihren Wohnsitz; ziehen ein neues Kleid an; die Haare der Töchter und Söhne werden rasiert, geschnitten und geflochten. Dann durchbohren sie die Ohrläppchen ihrer Söhne und besonders ihrer Töchter. Sie fangen auch mit dem Neubau des Hauses an. Alles wird zu jener Zeit angefangen, damit viel Segen darauf ruhe. Kühe und Kamele, Ziegen und Schafe werden voneinander getrennt: die keine Milch haben, werden auf die ferneren Weiden geschickt; die Milch haben, beim Dorf behalten; man brennt den Tieren das Stammeszeichen ein, macht Schnitte in ihre Ohren. Zwischen den einzelnen Konjunktionen gibt es Tage, die ‘Stillstand’ oder ‘gekrümmt’ (? – *'aragebb*) heissen; das sind jene, während denen der Mond sich auf seiner Bahn in der Nähe bestimmter Sterne aufhält. An ihnen tun sie nichts von dem, was oben aufgezählt ist. Wenn die Menschen an diesen 'Aragebb-Tagen etwas unternehmen, so gelingt es ihnen nicht, sondern bringt ihnen Fluch.”[36]

Was hier unter ‘Konjunktionen’[37] verstanden wird, bezeichnet einerseits den Aufgang – *Fegur* – der Gestirne, andererseits ihre Konstellation mit dem Mond: beides legt den Kalender der Tigray fest. Die “erste Weise der Berechnung einer Konjunktion” wird durch den Aufgang von α Scorpii im Osten bestimmt; die “zweite Weise” durch den Aufgang des Mondes im Westen, der dann zu den Plejaden und Taurus tritt. Dann zieht der Mond in der “dritten Weise” zum Orion und Sirius; verlässt er sie wieder, heisst die Konjunktion “die sieben kurzen Tage”, mit denen der Herbst beginnt. Kommt der Mond in seinen Bahnen auf “die vierte Weise” dann zu den Scheren des Skorpions, gelten diese vier Tage als unglücklich; verlässt er sie wieder, heissen die sieben Tage darauf ‘die weiten’, weil sie in den Frühling oder Sommer fallen. In der “fünften Weise” wiederum wandert der Mond zur Antilope des Capricornus; diese drei Tage wiederum heissen “weisse Häuser; sie sind alle eine gute Konjunktion”.

“Gehen der Mond und die Sterne, nach denen man rechnet, nicht in der oben beschriebenen Reihenfolge, oder wenn andere Sterne sich mit ihnen vereinen und wenn sie dann alle durcheinander geraten, sodass ihre Berechnung nicht erkannt werden kann, dann sagt man: ‘Die Sterne bekämpfen einander; es gibt keine Konjunktion, bis dass ein jeder wieder an seinen Platz zurückkehrt.’ Auf diese Weise wird eine Konjunktion zunichte gemacht – ebenso, wie wenn sie mit einem Sonntag beginnt, in die islamischen Monate Ragab, Maddagen, Ramadan oder Safar fällt, oder wenn der Mond dabei abnimmt: Sie gilt nur ‘zu der Zeit, wenn der Mond neu aufgeht und hell ist’. Die ‘Konjunktion des Ledereimers’ dient dazu, das solcherart berechnete Mondjahr mit dem Sonnenjahr wieder überein zu bringen.”[38]

KALENDER UND MONDSTATIONEN

Alois Musil, ein Cousin des Schriftstellers Robert Musil, erforschte um 1900 den grossen Stamm der im heutigen Jordanien zentrierten Ruala-Beduinen, von denen er als 'Scheich Musa' aufgenommen wurde. In seiner 1928 vorgelegten ethnologischen Studie gibt er deren Sternkalender wieder: "Das Jahr der Ruala-Beduinen beginnt mit dem ersten schweren Regen nach dem Aufgehen des Canopus in den ersten Oktobertagen. 'Suhail hat sich gezeigt; also lasst uns ins Innere der Wüste ziehen!' – das ist jetzt der Ruf der Beduinen, welche die Grenzen der besiedelten und kultivierten Zonen verlassen und auf der Suche nach Weiden mit ihrem ganzen Besitz ins Innere der Wüste ziehen. Sie brechen ihre Lager ab, die sie in den Tälern und in den ausgetrockneten, oft über 200 Kilometern langen Flussbetten aufgeschlagen haben. Ergiessen sich üppige Regen auf die Talanfänge, rauscht das Wasser stürmisch durch die Rinnen und spült die Zelte samt den Menschen und ihren Tieren fort. Davon rührt das Sprichwort: 'Wenn Suhail aufgeht, vertraue nicht dem Fluss und sammle Datteln in der Nacht' – denn in dieser Jahreszeit sind die Datteln reif, und dann ist kein Pflücken nötig.

Suhail regiert vierzig Nächte lang, danach übernimmt Thurayya (die Plejaden) die Führung während der *Truwi* genannten fünfundzwanzig Nächte, auf welche al-Jauza, Orion, für eine gleich lange Zeitspanne folgt. Al-Jauzas Regen stellt das Wachstum sowohl der Gräser als auch der Holzpflanzen sicher und bannt die Schreckgestalt des Hungers. Die Herrschaft von Suhail, Thurayya und al-Jauza dauert insgesamt neunzig Tage – drei Monate –, und diese Periode im Jahr nennt man *as-Sferi;* sie entspricht ungefähr den Monaten Oktober, November und Dezember. Manchmal stellt sich am Ende dieser Zeit ein von at-Taban, dem Aldebaran, gebrachter Regen ein, der die von al-Jauzas Regen geschenkte Fruchtbarkeit vervollständigt, selbst allerdings nicht ausreichen würde, ihren Regen ganz zu ersetzen.

Als nächstes herrscht Shi'ra, der Sirius, für vierzig Nächte; diese Zeit im Jahr nennt man *as-Sta*. Die fünfzig Nächte nach Shi'ra herrscht Simak, der Arcturus. Mitte April jedoch endet die Herrschaft der Sterne – denn dann erscheint der Sommer, *as-Saif*, der ungefähr bis Anfang Juni dauert, und auf den die Trockenperiode *al-Kez* folgt, die sich über mehr als vier Monate bis zu den ersten Oktobertagen erstreckt. Der Regen *as-Simaks* ist nur dann vorteilhaft, wenn der Boden gründlich von Herbstregen, besonders dem al-Jauzas durchnässt wurde, denn so entwickeln sich sowohl die Gräser als auch die Hölzer dank Simak schnell, und der Wohlstand der Beduinen ist in dieser Jahreszeit so gut wie sichergestellt. Doch selbst der reichhaltigste Simak-Regen fällt nur wenig ins Gewicht, wenn er sich auf Boden ergiesst, der aufgrund mangelhafter Herbstregen ausgedörrt wurde, denn die heisse Sonne der folgenden Jahreszeit, *as-Saif*, wird alles vernichten, was der Simak lebendig gemacht hat.

Der Beduine kennt somit fünf Jahreszeiten: *as-Sferi*, neunzig Nächte (von Anfang Oktober bis Anfang Januar); *as-Sta*, vierzig Nächte (bis ungefähr zum 20. Februar), gefolgt von einer bisweilen 'zweite Hälfte von as-Sta' genannten Periode, die um den 4. März endet; *as-Simak*, fünfzig Nächte (bis Mitte April); *as-Saif*, bis Anfang Juni; und die vier Monate von *al-Kez*. Für einen durchschnittlichen Beduinen spielen andere Einteilungen des Jahres keine grosse Rolle."[39]

Was sich so bei den vor 2000 Jahren ausgewanderten äthiopischen Tigray wie bei den in Arabien sesshaft gebliebenen Ruala erhalten hat, stellt eine frühe Form des Kalenders dar. Bestimmt wurde er durch den morgendlichen Aufgang einzelner Sterne und Konstellationen im Osten. Die jeweiligen Beobachtungen wurden im Jemen[40] wie in Zentralarabien[41] auch mit gereimten, leicht zu merkenden Kalendersprüchen versehen – wobei die Zählung in Südarabien ursprünglich mit den Plejaden als 'Regengestirn' begann, weil nach ihnen der Monsun einsetzte.[42]

Daneben kam ab dem 8. Jahrhundert auch ein Mondkalender in Gebrauch, dessen Systematik von den 27 oder 28 'Mondhäusern' der indischen Nakshatra übernommen worden war. Mit ihnen kamen die Araber erstmals durch die persischen Sassaniden in Kontakt; zur Gänze assimiliert wurden sie nach der Eroberung Persiens. So wurde 772 ein Inder am Hof des Kalifen al-Mansur in Bagdad als Lehrer für Astronomie angestellt.[43]

Beide Systeme der Mondstationen, das indische wie das arabische, beginnen mit denselben Sternen im Aries, stimmen in den allermeisten Sternen – die unterschiedliche Breite vorbehalten – überein, charakterisieren die Mondstationen im selben Mass als günstig wie ungünstig und unterteilen den Monatslauf durch das Jahr in gleich weit voneinander entfernte Stellen: den *Manazil al-Qamar*, 'Herbergen des Mondes', nach dem *Manzil*, wo ein Reisender samt seinem Reittier übernachten konnte. Darauf rekurriert bereits der *Koran*, der Allah "die Herbergen des Mondes ausmessen" lässt, "bis er wieder zurückkehrt wie der alte und vertrocknete untere Teil eines Dattelbüschels".[44] Einige dieser Mondhäuser wurden als *Nau* erachtet – günstige Vorzeichen für Regen, die durch das Zusammenwirken des Mondes mit den jeweiligen Sternen in seiner Position bis zu sieben Tage lang Einfluss auf das Wetter hatten. Astronomisch bestimmt wurden die 28 arabischen Mondstationen durch den abendlichen Untergang ihrer Sterne im Westen und dem gleichzeitigen Aufstieg einer anderen Mondstation im Osten.[45]

Zur Wetter- und Himmelskunde in sogenannten *Anwa* gesammelt,[46] definierten die darin aufgelisteten Sterne die jeweiligen Himmelsregionen durch eigene Bezeichnungen, die zu den traditionell eingebürgerten Namen hinzukamen. Die Monatszählung begann mit 'Den Zwei Zeichen des Jahresanfangs', die an den Hörnern des ptolemaischen Widders festgemacht wurden und deshalb auch 'Der Hornstoss' genannt wurden.[47] Das um 780 verfasste Werk *Manazil al-Qamar*[48] reiht die Mondstationen folgendermassen aneinander, die von anderen Listen wieder leicht variiert wurden:

1. βγ (oder βα) Arietis	an-Nath	Der Hornstoss
2. 35, 39, 41 (oder εδρ) Arietis	al-Butain	Das Bäuchlein (Des Lamms)
3. die Plejaden (mit η Tauri)	ath-Thurayya	Die Fülle
4. α Tauri	ad-Dabaran	Der Nachfolger
5. $\lambda\varphi^1\varphi^2$ Orionis	al-Haq'a	Das Haarbüschel
6. γξ Geminorum	al-Han'a	Die Brandmarke
7. αβ Geminorum	adh-Dhira	Der Unterarm (Thurayyas)
8. ε (oder εγδ) Cancri	an-Nathra	Die Nasenspitze (Des Löwen)
9. κ Cancri und λ Leonis (oder δ oder χ Cancri)	at-Tarf	Der Blick (Des Löwen)
10. ζγηα Leonis	al-Jabha	Die Stirn (Des Löwen)
11. δθ Leonis	az-Zubra	Die Mähne (Des Löwen)
12. β Leonis	as-Sarfa	Der Wechsel (Des Wetters)
13. βγδεη Virginis	al-Awwa (al-Bard)	Die Kläffer Der Kälte
14. α Virginis	as-Simak	Der Himmelhohe
15. ικλ Virginis	al-Ghafr	Das Schwanzhaar (Des Löwen)
16. αβ Librae	az-Zubana	Die Scheren (Des Skorpions)
17. βδπ Scorpii	al-Iklil	Die Krone (auf der Stirn Des Skorpions)
18. α Scorpii	al-Qalb	Das Herz (Des Skorpions)
19. λυ Scorpii	ash-Shaula	Der Schwanz (Des Skorpions)
20. γδεν + ρφτζ Sagittarii	an-N'a'im	Die Strausse
21. um π (oder zwischen αφτζ) Sagittarii	al-Balda	Der Platz, Die Leere Stelle
22. αβ (oder αν) Capricorni	Sa'd adh-Dhabih	Sa'ds Schlachtopfer

23. νμε Aquarii	Sa'd Bula	Das Glücksgestirn Des Verschlingers
24. βξ (und c¹) Aquarii	Sa'd as-Su'ud	Das Glücksgestirn Der Glückssterne
25. γζμν Aquarii	Sa'd al-Akhbiya	Das Glücksgestirn Der Zelte
26. αβ Pegasi	Muqaddam ad-Dalw	Der Vordere Teil Des Schöpfeimers
27. γδ Pegasi	Mu'akhkhar ad-Dalw	Der Hintere Teil Des Schöpfeimers
28. β Andromedae	al-Hut	Der Wal

Nach einzelnen Mondstationen und Gestirnen wurden dann auch Winde benannt, da man glaubte, dass sie von ihnen her wehten. So werden die Winde in Kuwait und am Persischen Golf bis heute, je nach Richtung und Saison, nach den Sternbildern benannt, die dann am Himmel stehen: *Butain* (ca. 2.1. bis 7.2.), *Ajuz* (nach dem Namen der Woche nach dem Untergang von as-Sarfa; ca. 26.1. bis 18.3.), *Suhaili*, 'der Südliche', (ca. 15.3. bis 10.4.), *Barih ath-Thurayya* (ca. 15.4. bis 27.5.), *Barih al-Jauza* (ca. 9.6. bis 16.7.), *Mirzam* (ca. 16.7. bis 30.7.), *Kalban* (ca. 1.8. bis 20.8.), *Suhail* (nach dem Canopus, wenn er am 1.9. erstmals erscheint und die Hitzeperiode mit dem 25.9. zu Ende geht), *Wazn* (ca. 1.10. bis 3.11.), *Uhaimir* (das von Nautikern bestimmte Sternbild al-Himaran, 'Die Beiden Esel', αβ Centauri;[49] ca. 3.11. bis 23.11.) und *Marba'aniyah* (?; ca. 23.11. bis 1.1.).[50]

EIGENHEITEN DES ARABISCHEN STERNENHIMMELS

Die Griechen bewahrten nur wenige ihrer eigenen Sternnamen und Figuren wie die Grosse Bärin oder den Delphin. Den grössten Teil ihrer Sternbilder übernahmen sie zwischen dem 7. und 4. Jahrhundert v. u. Z. direkt aus dem Nahen Osten oder über das ägyptische Alexandria. Da sie mit den altorientalischen Göttern und Legenden wenig anfangen konnten, bedienten sie sich ihres Mythenkreises, um Motive daraus weiterzuentwickeln und sie als Legenden auf die ihnen fremde Ikonographie des Himmels zu projizieren: So entstand etwa der Bezug der zwölf Arbeiten des Herakles zu dem Zodiakos. Dabei wurden inbesondere Katasterismen – die Versetzung einer mythischen Gestalt, eines Tieres oder Sache an den Himmel – prägend, da sich mit solchen Versternungen erklären liess, wie die noch fremden Figuren an den Himmel gelangt waren. Dies wurde insgesamt so umfangreich betrieben, dass es bei den Griechen schliesslich keinen bedeutenden Stern ohne bildliche Einbindung mehr gab.[51]

Eine derart breite Ausgestaltung der Nacht gab es ursprünglich bei den Arabern nicht; sie übernahmen den vollständig in Bilder aufgelösten Himmel erst von Ptolemaios. Wirklich populär wurden dessen 48 Sternbilder jedoch nicht. "Im Allgemeinen zeigt sich bei den Arabern weit weniger als bei den Griechen das Bestreben, am Himmel punktierte Zeichnungen herauszusehen", schreibt der Orientalist Georg Jacob, "sondern vielmehr dasjenige, in jedem einzelnen Stern ein lebendes Wesen wiederzuerkennen."[52] So stellt auch der in Syrien stationierte Meharist Bernard Vernier fest: "Sie respektieren die Autonomie jeden Sterns; er bleibt ein Punkt, ein Zeichen, ein unabhängiges Wesen."[53] Das hat mit den einzelnen, lokalen Sternenkulten zu tun.

In den Sternen wurden nur wenige menschliche Figuren gesehen, ob übergross flächig wie al-Jauza und al-Jabbar oder punktuell wie Suhail oder ein Hirte. Zumeist waren es Tiere, nur selten Dinge wie Schöpfeimer, Herdsteine, Zelte oder ein spätes Boot – und bloss zwei Pflanzen: die von der mesopotamischen Furche übernommene Getreideähre und die unreifen Dattel- oder Traubenbüschel, die zuvor bei der Schwanzspitze des mesopotamischen Löwen gelegen hatten und von den Arabern zu Lupus und Centaurus verschoben wurden.[54]

Gottheiten mit menschlichen Zügen und legendäre Personen sah man hingegen nur im Orion, um die Plejaden, Ursa Maior und den Sternenpaaren in Bootes und Virgo. Ansonsten blieben die Sterne winzige Lichter, ähnlich den vielen unterschiedlichen Herden- und Wildtieren am Himmel – für die es in der Milchstrasse einen riesigen Strom zur Tränke gab, sonst jedoch nur eine einzige ausgewiesene Weide. Dass sich weder Bäume noch ein Berg am Himmel finden, mag damit zu tun haben, dass Pflanzen wie Felsen als unbeseelt galten – ausser auf Erden, wenn astrale Götter sie zu ihren Wohnstätten auserkoren hatten. Datteln und Weintrauben am Himmel zu finden, mag unter diesem Gesichtspunkt betrachtet der Tatsache geschuldet sein, dass sie als Produkt göttlichen Wirkens galten.

Es gibt am arabischen Firmament, anders als bei den Tuareg, auch keine erkennbare gesellschaftliche Hierarchie: Herrscher ja, doch weder Sklaven noch Handwerker. Bis auf den Anführer eines Trauerzuges ist der Himmel so egalitär wie die einzelnen Nomadenstämme untereinander – und, wie die Blutrachesagen für den in Ursa Maior aufgebahrten Toten zeigen, ebenso verstritten wie sie. Hingegen bilden die Sterne die Lebenswelt der Beduinen als kämpferische Kaste ab. Deren Ethos beruhte auf der individuellen Ehre und dem Ruf, den man sich durch Mut und List bei Razzien erwerben konnte. Sie sahen sich als lockere Allianz von Kriegern, die nur hoch übergeordnete Gottheiten anerkannten und sich von niedergelassenen Bauern und Stadtbewohnern unterschieden. Ihr Territorium lag zwischen der Wüste und den Äckern; sie lebten mit ihren Kamelen, Kleintierherden und jagten auf einem Terrain, auf dem sich die Zyklen der Existenz ebenso unwandelbar wie prekär wiederholten. Religion diente dazu, einem in diesem Niemandsland Vorteile zu verschaffen, nicht aber den Menschen an sich herauszufordern oder charakterlich zu verändern.[55]

Eben diese Haltung sah man auch in den Sternen versinnbildlicht, wie der vorislamische Dichter Labid schreibt: "Und die Sterne folgen einander nachts, westwärts versinkend, ihren festen Bahnen folgend, vom Gesetz ihres Untergangs gelenkt, so wie ein Idol den es anbetenden weisshäutigen Frauen bei seiner frommen Umkreisung die Schritte vorgibt."

In einem solchen Mahlwerk ist sowohl der Himmel als auch die irdische Existenz in ihren Bündnissen mit den jeweiligen Gottheiten und ihren ewigen Kriegen befangen. Sein Zentrum ist das Betyl, das die Gläubigen des Islam in der Kaaba bis heute rituell umkreisen – nur dass diese Mitte ehedem mit dem *Qutb*, der Achse des Himmelspols, oder mit Allah, Jahwe oder dem Anführer eines Stammes verglichen wurde.[56]

In dieser Weltanschauung ist das Universum auch eine Arena, in der die Männer gefordert sind, um ihr Leben zu spielen. Manche Kämpfe gewinnen, manche verlieren sie – am Ende jedoch streicht immer der Tod ihren Einsatz ein. Ausdruck dieses existentiellen Spiels ist das Maysir, in dem blind aus einem Sack gezogene Pfeilschäfte als Orakel dienen, als Lotterie zur Verteilung eines geschlachteten Kamels, um den hungernden Armen eines Stammes zu helfen oder aber um das eigene Los zu bestimmen. Das Leben stellt sich derart als Einsatz gegen das Schicksal und seine Widrigkeiten dar,[57] denn ob die Gestirne den ersehnten Regen oder einen strafenden Sturm bringen, ist und bleibt ein Glücksspiel. Erst der *Koran* nahm den Zufall heraus und unterwarf alles dem Willen eines einzigen Gottes; in der Vorstellung der präislamischen Araber jedoch spielte sich das Leben in direkter Konfrontation mit dem Tod ab. Gerechtigkeit wurde nicht erwartet, eine transzendente schon gar nicht: Das Universum wird von Zufällen beherrscht, die vor allem dem Tod zuspielen.[58]

Diese Vorstellung verkörpert α Aurigae als Aufseher über dieses von günstigen oder ungünstigen Vorzeichen bestimmten Glückspiels, dem sich die nomadischen Hirten nicht entziehen können. Geprägt wird ihre Welt von dem an den Gestirnen erkennbaren Jahreslauf mit seinen einsetzenden oder ausbleibenden Regen, die in der Wüste über Wohl und Weh entscheiden. Im Zentrum des Himmels steht der Polarstern (meist 'Ziegenböckchen' genannt) für das Opfer, das man ihm darbringt – und ebenso für das wenige, das man sich von ihm erwarten darf. Der Hirte ist den Gestirnen gegenüber nur ein Bettler, der ihnen mit der Corona Borealis als einem der ältesten Sternbilder seine halb zerbrochene Bettlerschale hinstreckt, um 'den Tau der Sterne' aufzufangen.

Die Aufarbeitung der arabischen Sternnamen begann grossteils durch deutsche Forscher des 19. Jahrhunderts wie Christian Ludwig Ideler (1766–1846). Dieser Astronom und Arabist bot in seinem Werk über die Sternnamen eine edierte Version der aus dem 13. Jahrhundert stammenden Kosmographie Qazwinis. Systematisch gesichtet und kommentiert wurden alle arabischen Quellen zu den Sternnamen jedoch erst von der grauen Eminenz des arabischen Nachthimmels, dem 2020 verstorbenen Paul Kunitzsch: seine Sternnamenslisten liegen unserem Himmel zugrunde. Auch die meisten ethnologischen wie religionswissenschaftlichen Hintergründe entstammen dem 19. Jahrhundert, verfasst von Deutschen wie Carsten Niebuhr, Alois Musil, Georg Jacob oder Enno Littmann und englischen Reisenden im Rahmen der Beziehungen zum osmanischen Reich und der entstehenden Bibelwissenschaften. Sie konnten die heute im Verschwinden begriffene Lebenswelt der Beduinen noch darstellen – aus dem Blickwinkel ihrer Zeit. Die damaligen Vorurteile lassen wir hier auf sich beruhen, weil sie mit zur Geschichte und der Beobachtungsperspektive gehören.

Ausdrücklich sei hier Paul Kunitzsch für seine Unterstützung gedankt, der diesen Text vor seinem Tod noch gegenlas; ebenso Rafik El-Shamy, dessen unveröffentlichte Sammlung von übersetzten Texten zur arabischen Mythologie ein wertvoller Fundus war; sowie Petra Schmidl für ihr kommentierendes Lektorat und die Vereinheitlichung der unterschiedlichen Namensschreibweisen.

I DER HIMMEL UM DIE MILCHSTRASSE

Himmel

SAMA – DER LEUCHTENDE

Abgeleitet ist die Bezeichnung vom mesopotamischen Sonnengott *Shamash*, dessen Name eigentlich 'Der Hohe' bedeutete.[59]

ASTAR

Dieser bei den äthiopischen Tigray gebräuchliche Name für den Himmel geht zurück auf Astarte und Ishtar, die mesopotamische Göttin des Krieges und der Liebe, die vom Planeten Venus verkörpert wurde.[60]

Stern

AN-NAJM – DER AUFGEHER

Der Name hat die Grundbedeutung 'hochsteigen' und bezieht sich hier auf den Horizont. Davon leitet sich das Verb *injama* ab, 'zu regnen aufhören', was auf die Sichtbarkeit der Gestirne und ihren Einfluss auf das Wetter verweist.

E 7 und L 36–37

AL-MAZZALA – DER HERABKOMMENDE

Dies ist der syrische Name für einen Stern oder eine Mondstation. Er geht zurück auf das Akkadische *Manzazu*, den 'Standort' eines als Gott gesehenen Sternbilds; daraus wurde im Aramäischen *Mazzala* und im Hebräischen *Mazzal*. Manzazu leitet sich ab vom Verb *uzuzzu*, 'sich aufrecht halten, stehen bleiben'; die arabischen Lexikographen führten Mazzala jedoch auf die Wortwurzel *nzl* zurück, 'herabkommen', um auf die Macht der Gestirne über das irdische Leben zu verweisen.

L 128

Der andalusische Dichter schreibt über den *Nau*, den von den Sternen gebrachten Niederschlag: "Als wären die Sterne mit ihren hellen Hälsen Gesichter, tränenfeucht, das köstliche Nass herabregnend; als wären sie in den höchsten Höhen der Nacht für einen Überfall versteckte Truppen im Hinterhalt, auf Beute lauernd."[61]

ASLAM – DAS BILD

LI 307

In der Folge der mesopotamischen Tradition sahen auch die Araber in einigen Sternbildern noch Ebenbilder der Götter. So nennen die äthiopischen Tigray den Orion schlicht 'Bild', während in Zentralarabien al-Jauza höchstwahrscheinlich die astrale Manifestation der vorislamischen Göttin al-Uzza darstellt. Dasselbe gilt für die Figur Thurayyas und den vorislamischen Gott Nasr, der in den beiden Sternbildern des Adlers präsent ist.

Milchstrasse

EM-HOLE – MUTTER DER KRÜMMUNG
UMM AS-SAMA – MUTTER DES HIMMELS

Em-Hole wird die Milchstrasse von den äthiopischen Tigray genannt; dies lässt sich mit dem arabischen Namen *Umm as-Sama* in Verbindung bringen.

LI 300, 307 sowie I 184

Laut einem Sprichwort sind die Datteln im südostarabischen Hajar-Gebirge reif, sobald die Milchstrasse in der Mitte des Himmels steht.[62]

DARB AT-TABBANA – DER WEG DER HÄCKSELTRÄGER

So nennen die Araber landläufig die Milchstrasse.

N 113

TARIQ AT-TIBN – DIE STROHSTRASSE

I 307

SERRAQUN AT-TIBN – DIE HEUDIEBE

Dies ist ein im Süden Marokkos und in Mauretanien gebräuchlicher Name für die Milchstrasse; die Berber dort nennen sie auch *Abrid Walim*, 'mit Heu bestreuter Weg'.

MO 208

Die Legende dazu reicht weit in die mythische Zeit zurück. Der babylonische Gott Baal-Shamin wurde von den vorislamischen Syrern als riesenhafter König Barsham verehrt. Er soll versucht haben, Armenien zu erobern, sein Heer jedoch von Aram (einem Nachkommen des ebenso gigantischen Vorfahren aller Armenier namens Hayk) vernichtend geschlagen worden sein. Dem Aram wurde dann am Van-See der Vulkangott Vahagn geboren. Moses von Choren berichtet in seiner *Geschichte Gross-Armeniens*, dass die Geburtshymne des Vahagn noch zu seiner Zeit zur Laute gesungen worden wäre; er habe sie mit eigenen Ohren gehört und danach aufgezeichnet: "In Geburtswehen lagen Himmel und Erde, in Geburtswehen lag auch das purpurne Meer, Geburtswehen im Meer hielten das rote Schilflein ergriffen, durch das Rohr des Schilfs stieg Rauch auf, durch das Rohr des Schilfs stieg Feuer auf, und aus der Flamme sprang ein Knabe heraus, der hatte Feuer als Haar, eine Flamme als Bart und seine Augen waren Sonnen."[63] Vahagn tat sich dann als Drachentöter hervor.

Ein anderer Aspekt wurde im 7. Jahrhundert vom armenischen Astronomen Anania Shirakatsi in seiner *Kosmologie* überliefert, in der Vahagn mit dem Beinamen 'Strohdieb' auftaucht: "Alte Armenier haben erzählt, dass Vahagn, der Häuptling der Armenier, dem Häuptling der Assyrer, Barsham, im strengen Winter Stroh gestohlen habe; auf seinem Rückweg vom Diebstahl sei durch fallengelassenes Stroh am Himmel die Strohstrasse, also die Milchstrasse, entstanden, die wir deshalb in der Naturkunde *Hardaghogi Chanapar* nennen, den 'Weg des Strohdiebes'. Die Überlieferung vom 'Strohdieb' ist im armenischen Volk noch ums Jahr 1900 lebendig gewesen."[64]

Entweder stammt diese Vorstellung direkt aus Mesopotamien, oder sie ist aus Armenien über die Perser zu den Arabern gewandert, wo sie profanisiert und auf Häckselträger bezogen wurde, um schliesslich bis zu den nordafrikanischen Berbern zu gelangen.

Später wird die Milchstrasse von den Arabern als Weg betrachtet, auf dem die Engel ein Schaf hinter sich herschleiften, damit Abraham es anstelle seines Sohnes opfern konnte, oder als die Bahn, auf der Mohammed auf seinem geflügelten Ross Buraq in den Himmel stieg.[65]

AL-MAJARRA – DER LAUF

Wortwurzel des Namens ist *jrr*, 'ziehen'; er bezeichnet einen Weg, auf dem etwas gezogen wird.[66] Die Araber setzen noch *Nar* davor, 'Fluss'. Gedichtzeilen vergleichen die Milchstrasse mit einem Flusslauf, aus dem die Sterne der Strausse trinken:[67] "Der Lauf legt sich quer über den Horizont; er gleicht Wasserbläschen, die auf einem Fluss treiben."[68] "Edle Freunde, denen der Strom des Laufs, wenn das Wasser knapp wird, als Tränke dient, und Thurayya als prächtiger Becher."[69]

DIFAQ – WILDBACH

So im Süden Marokkos und in Mauretanien.[70]

TARIQ AL-LABBANA – DIE MILCHSTRASSE

Diese späte Bezeichnung ist dem römischen *Lacteus Orbis* nachgebildet.[71]

γ, δ, ε und η Sagittarii

AN-NA'AM AL-WARID – DIE ZUR TRÄNKE GEHENDEN STRAUSSE

K1 83

Die Strausse gehen zu der als Fluss gesehenen Milchstrasse. Ideler schreibt: "Es ist freilich sonderbar, dass man sich gerade den Strauss, der in den trockensten Gegenden der Erde lebt und nach eigener Versicherung der Araber (siehe Buffon, *Histoire naturelle des Oiseaux I*, 440) nie trinken soll, als das zur Tränke gehende Tier gedacht hat. Man kann daher schon auf einen alten Missverstand schliessen, der auf der Verwechslung von *Na'am* und *Na'im* ('weidendes Vieh', besonders Schafe und Kamele) beruht."[72] Dazu passt λ Sagittarii, RA'I AN-NA'AM – DER HIRTE DES WEIDEVIEHS.

σ, φ, τ und ζ Sagittarii

AN-NA'AM AS-SADIR – DIE VON DER TRÄNKE KOMMENDEN STRAUSSE AL-BALDA – DER PLATZ | DIE LEERE STELLE

Diese 12. Mondstation beschreibt Qazwini als "Stelle am Himmel, worin nur ein einziger fast erloschener, kaum sichtbarer Stern steht. Er wird bogenförmig von sechs kleinen, dunklen Sternen eingeschlossen, welche die Araber AL-QAUS – DER BOGEN nennen (ξ^2οπdυ Sagittarii, auch AL-QILADA – DIE HALSKETTE). Unter diesen sechs Sternen steht die Sonne am kürzesten Tag.

K3 137, K1 93 und 94 und I 189

Nach der Übernahme der ptolemaischen Tierkreiszeichen wurden diese Sterne von arabischen Astronomen dem Sternbild Sagittarius zugeordnet, das dann AR-RAMI – DER SCHÜTZE genannt wurde.[73]

α Piscis Austrini und α Eridani

AZ-ZALIMAN – DIE BEIDEN STRAUSSE

K5 VI, K7 271 und K1 119

Qazwini schreibt: "Der Strauss ist ein Tier, das sich aus dem Körper des Vogels und des Kamels zusammensetzt, weshalb man ihn auf Persisch 'Kamelvogel' nennt. Erstaunlicherweise läuft er schneller gegen den Wind, als wenn er ihn im Rücken hat – er hat Angst vor seinem Schatten. Die Beduinen sagen: Soundso ist dümmer als ein Strauss, weil dieser nämlich, wenn er von seinen Eiern weggeht und andere sieht, diese bebrütet und seine eigenen Eier im Stich lässt."[74]

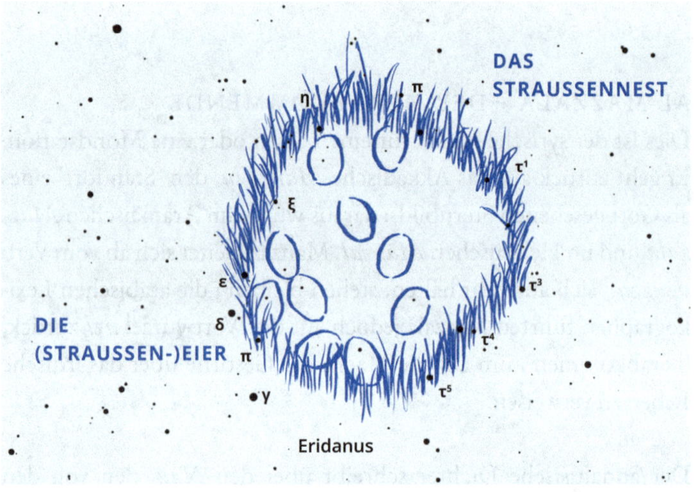

ζ, $\rho^{2 \text{ und } 3}$, η, τ^{1-5} Eridanii und ε und π Ceti

UDHI AN-NA'AM – DAS STRAUSSENNEST

Ibn Qutaiba gibt diesen "kreisförmig angeordneten Sternen den Umfang des Mondhalos". Die schwachen Sterne ringsum sind AL-BAID – DIE (STRAUSSEN-)EIER und AL-QAID – DIE EIERSCHALEN.

K1 115 und K | S 36

Der vor hundert Jahren in Syrien stationierte militärische Kamelreiter Vernier schreibt über seine einheimischen Kameraden: "Metleq und Bajan einigten sich darauf, aus den acht Sternen des Eridanus acht Straussenеier zu machen, die im Sand liegen. Jedenfalls frappiert mich der Umkreis dieser Fiktionen, die im Kontrast zu dem plastischeren Charakter der Griechen stehen. Sie respektieren die

Autonomie jeden Sterns und machen ihn nicht zum Element einer einfallsreichen Linie, die mehrere Sterne zu einer Figur verbindet. Jeder Stern bleibt ein Punkt, ein Zeichen, ein unabhängiges Wesen."[75]

α Eridani

AZ-ZALIM – DER STRAUSS

K | S 36–37

Der Orientalist Georg Jacob schreibt: "Der Ton der Straussenmännchen (*Irar*) wird neben dem Geisterlaut (*Azf*) in den öden Wüsten vernommen. Einem Sklaven, der ein langes Fell umgeworfen hat und dem die Ohren abgeschnitten sind, wird der Strauss vom Dichter Antarah verglichen. Er orakelt zur Straussin mit Krächzen und Geglucks 'ähnlich den in ihren Burgen kauderwelschenden Griechen.'"[76]

schwache Sterne zwischen α Eridani und α Piscis Austrini

AR-RI'AL – DAS STRAUSSENKÜKEN

K | S 36–37

τ, υ, ζ, δ und η Ceti

AN-NA'AMAT – DIE STRAUSSE

K1 84

αβγδ Leporis

AN-NIHAL – DIE IHREN DURST STILLENDEN KAMELE

Der hintere Stuhl al-Jauzas wurde auch als Kamele gesehen, die aus dem nicht sehr weit entfernten Fluss unserer Milchstrasse trinken.

K1 89 und I 237

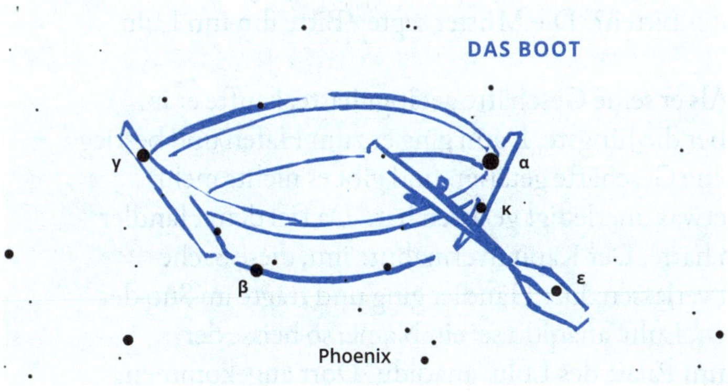

α Phoenicis

NAYYIR AZ-ZAURAQ – DER HELLE DES KAHNS

Sufi schreibt: "Ich sah in Shiraz viele Sterne nahe am Horizont, einem Kahn ähnlich, darunter einen hellen Stern dritter Grösse." Das benachbarte ptolemaische Sternbild des Flusses Eridanus hatte sich da schon über die Strausse gelegt.

K1 117

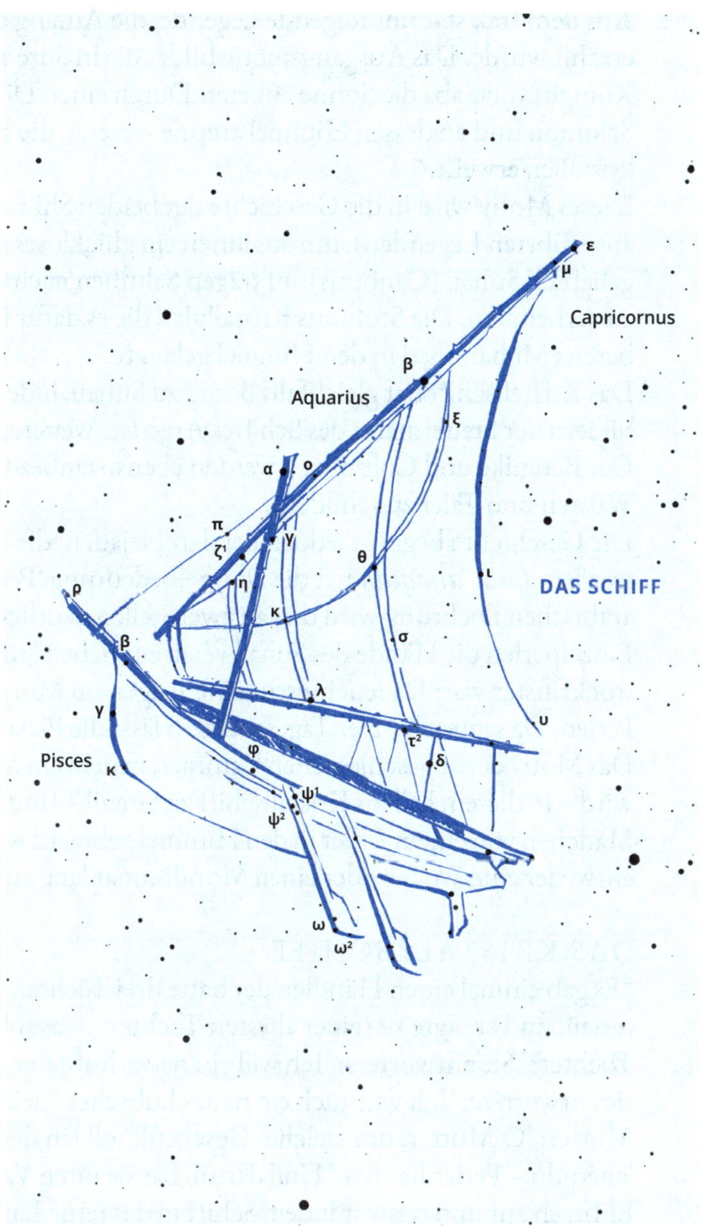

zwischen δγβα Pegasi und βξ Aquarii und c² Capricorni

AS-SAFINA – DAS SCHIFF

Laut Ibn Qutaiba "bilden die schwach hintereinanderstehenden Sterne zwischen diesen Sternbildern ein Schiff; die Sternkundigen sagen, dass Suhail am Ende des Ruders steht". Bei dieser Gestalt haben sich jedoch griechische Vorstellungen mit arabischen vermischt.

K1 103

Aus dem Irak stammt folgende Legende, die Anfang des 20. Jahrhunderts von einem Mädchen in Mosul erzählt wurde. Das Ausgangsmotiv bildet die in Sure 27 des *Koran* aufgegriffene Legende von Bilqis, in der die Königin von Saba die Sonne anbetet. Durch einen Djinn wird die Königin in den Palast des Prophetenkönigs Salomon und an dessen Himmelstreppe versetzt, die sie erst für aus Wasser geschaffen hält, bis sie sich als kristallen erweist.[77]
Dieses Motiv wird in die Geschichte der beiden Shi'ras eingearbeitet (siehe die unten beim Sirius und Canopus angeführten Legenden), um aus ihnen ein glückloses sowie ein glückliches Mädchen zu machen, das seinem geliebten Suhail (Canopus) auf trägen Schuhen nachwandert, um sich mit ihm im Land der Geister für immer zu verheiraten. Die Stufe aus Kristallglas, die es dafür überqueren muss, stellt die Milchstrasse dar, auf der bereits Mohammed in den Himmel gelangte.
Das Kristallschiff hat gleichfalls Bezug zu Suhail, indem er in den von Ptolemaios übernommenen Sternbildern der Steuermann des Schiffes Argo ist. Weitere, von Ptolemaios übernommene Sternbilder – Das Haar Der Berenike und Columba – werden ebenso einbezogen, um damit eine märchenhafte Himmelsreise über Wüsten und Täler zu schildern.
Die Geschichte beginnt jedoch bei den Plejaden, die in vielen kanonischen Vergleichen als Perlen gesehen werden. *Lulu 'anaqidu* hat die Doppelbedeutung 'Perlenhaufen' sowie 'schöner Junge'; in der klassischen arabischen Dichtung wird dies an zwei Stellen deutlich: "Es ist, als seien die Plejaden ein Geschmeide, dessen Einzelperlen die Hände des Suhail verstreut haben" und "Der Knabe schaute bei uns herein, als die Nacht stockfinster war: Da leuchteten seine Augen im Morgen auf. An seinem Ohrgehänge befanden sich grosse Perlen. Da sagte ich: 'Der Tagesanbruch lässt die Plejaden aufgehen.'"[78]
Das Motiv der abgeschlossenen Kammer, in dem ein Mädchen warten muss, bevor es zu den Sternen gehoben wird – in diesem Fall ins Kristallschiff zu Suhail – findet sich auch in anderen Sternensagen, in denen ein Mädchen von einem Adler in den Himmel gebracht wird: Sie muss darin, den Lauf der Gestirne symbolisierend, entweder eine Woche oder einen Mondmonat lang ausharren.[79]

DAS KRISTALLSCHIFF

"Es gab einmal einen Händler, der hatte drei Töchter. Eines Tages musste er in Geschäften in ein fernes Land reisen, und er sagte zu seiner ältesten Tochter: 'Was soll ich dir mitbringen, wenn ich zurückkomme, meine Tochter?' Sie antwortete: 'Ich will ein neues hübsches Kleid!' Er fragte seine zweite Tochter dasselbe, und auch sie antwortete: 'Ich will auch ein neues hübsches Kleid.' Die Jüngste, die noch ein Kind war, ging zu ihrer Mutter: 'O Mutter, um welches Geschenk soll ich den Vater bitten?' Die Mutter sagte: 'Bitte ihn um Lulu 'anaqidu – Perlenhaufen.' Und darum bat sie ihren Vater.
Er brach auf und reiste mit dem Schiff in das ferne Land. Als er seine Geschäfte getätigt hatte, kaufte er im Sūq zwei Längen Seide für seine älteren Töchter, vergass aber die Jüngste. Dann ging er zum Hafen und bestieg das Schiff. Der Kapitän kam zu ihm und sagte: 'Sind all deine Geschäfte getätigt, und gibt es nichts mehr, das unerledigt ist? Mein Schiff segelt nicht, wenn jemand etwas unerledigt gelassen hat.' Da fiel dem Händler ein, dass er das Geschenk für die jüngste Tochter vergessen hatte. Der Kapitän ermahnte ihn, diese Sache noch zu erledigen, sonst könne das Schiff den Hafen nicht verlassen. Der Händler ging und fragte im Sūq der Juweliere nach Lulu 'anaqidu, dem Perlenhaufen. Sie sagten, Lulu 'anaqidu sei ein Name; so heisse der Sohn des Sultans der Djinns. Sie erklärten ihm den Weg zum Palast des Lulu 'anaqidu. Dort angekommen, klopfte der Händler an die Tür des Palastes. Eine Stimme dahinter fragte: 'Wer ist da?' Er antwortete: 'Ich.' Sagte die Stimme: 'Was willst du?' Sagte er: 'Ich suche Lulu 'anaqidu.'
Das Tor ging auf. Ein schöner Junge stand vor ihm, der sagte: 'Mein Name ist Lulu 'anaqidu. Was willst du von mir?' Der Händler erzählte von den Wünschen seine Töchter. Da sagte der Junge: 'Nimm diese Kästchen. Darin sind drei Haare. Gib sie deiner Jüngsten und trag ihr auf, in einem leeren Zimmer zu sitzen, bei einer nackten Türschwelle, abseits davon und ganz allein. Dieses Gemach musst du für sie anbauen. Sobald sie allein ist, lass sie die drei Haare aneinander reiben. Was auch immer ihr dann erscheint, sie darf kein Wort sagen und nicht vor Angst aufschreien, sondern dreimal *'Ma sha Allah!* – So wollte es Gott!' sagen.'
Der Händler nahm die kleine Kiste, sagte Lebwohl und ging zurück zum Schiff. Zu Hause angekommen, beschenkte er die beiden älteren Töchter mit den gekauften Kleidern, fertig genäht und zum Tragen bereit.

Danach fragte die Jüngste: 'Wo ist mein Lulu 'anaqidu?' Und er antwortete: 'O meine Tochter, ich habe vergessen, wonach du mich gebeten hast, also habe ich dir nichts mitgebracht.'
Als er am Abend im Bett lag, sagte er zu seiner Frau: 'Frau, ich weiss nicht, was ich machen soll; du musst mir deinen Rat geben. Lulu 'anaqidu ist der Name des Sohnes des Sultans der Djinns.' Und er erzählte ihr alles, was geschehen war. Seine Frau riet ihm, das Gemach für die Jüngste zu bauen, daraus werde Glück entstehen. So geschah es. In das neu angebaute Zimmer stellte er nichts hinein, die Türschwelle liess er so nackt, wie Lulu 'anaqidu es befohlen hatte. Die jüngste Tochter ging erst in den Hammam, angezogen und geschmückt wurde sie ins Zimmer geführt. Sie bekam das Kästchen mit den drei Haaren. Ihr Vater sagte ihr, sie solle sie aneinander reiben, jeden Ausruf über das, was sie sehen würde, unterdrücken und stattdessen dreimal *Ma sha Allah!* sagen. Dann schlossen sie die Türe ab und liessen das Mädchen allein. Sie rieb die drei Haare aneinander. Die Türschwelle wurde zu einem See, darauf schwamm ein Schiff aus Kristall. Das Schiff näherte sich, darin war ein Junge.
Lob sei Gott, der ihn erschaffen hat, und der Schöpfer ist besser als seine Schöpfung!
Der Junge war von vollkommener Schönheit. Die kleine Schwester war erstaunt, sagte aber nur dreimal *Ma sha Allah!*, wie der Vater es ihr aufgetragen hatte. Der Junge näherte sich ihr und küsste sie, und sie liebte ihn und er sie, und so blieben sie glücklich und zufrieden zusammen bis zum Morgen. Dann sagte er ihr: 'Falls uns irgendetwas trennen sollte und ich nicht kommen kann, geh und such nach mir. Aber du musst Eisenschuhe anziehen und in deiner Hand einen Eisenstab tragen.' Sie solle auch nichts von dem, was in der Nacht geschehen war, jemandem erzählen. Er nahm Abschied und segelte in dem Kristallschiff fort, darauf wurde die Türschwelle wieder wie zuvor. Am Morgen kamen die Eltern, und sie sagte ihnen, dass sie glücklich und gesegnet sei, aber mehr erzählte sie nicht. In der Nacht kehrte sie in den Raum zurück, schloss ihn auf und tat, was sie in der vorangehenden Nacht getan hatte, und verbrachte die Zeit in Glückseligkeit und Zufriedenheit mit Lulu 'anaqidu bis zum Morgengrauen. So ging es viele Nächte lang.
Nun erriet aber die älteste Schwester, was vor sich ging und wurde eifersüchtig. Eines Tages, als alle Schwestern mit ihrer Mutter in den Hammam gingen, weigerte sich die Älteste mit ihnen zu baden. Sobald die andern am Baden waren, stahl sie den Schlüssel zum Gemach aus dem Kleid ihrer Schwester. Sie kehrte rasch zum Haus zurück, ging zu dem Zimmer, schloss auf und setzte sich an den Platz ihrer Schwester. Sie fand das Kästchen mit den drei Haaren und rieb sie aneinander. Die Türschwelle wurde zu einem See mit dem Kristallschiff in der Mitte, darin war der Junge. Das Mädchen war so überrascht, dass es laut aufschrie. Das Schiff zerbarst in Splitter, die sich in den Körper des Jungen bohrten. Dann verschwanden er und der See – und alles war wieder wie zuvor. Voller Angst ging sie hinaus, schloss die Tür ab, und als die andern vom Hammam zurückgekehrt waren, steckte sie heimlich den Schlüssel zurück, verschwieg aber, was geschehen war.
An diesem Abend ging die kleine Schwester wieder in ihr Gemach und rieb die drei Haare aneinander, doch nichts geschah, und obwohl sie die ganze Nacht wartete, erschien nichts, das Gemach blieb dunkel und leer. Die kleine Schwester weinte und klagte: 'Weh, weh! Dies ist das Werk meiner Schwester!'
Am nächsten Morgen bat sie den Vater um ein Paar eiserne Schuhe und einen eisernen Stab, den sie in der Hand tragen könne. Damit durchreiste sie Wüsten und Täler und kam nach vielen Tagen zu einer Stadt. Am Rande der Stadt stand ein Baum. Ihre Füsse schmerzten, sie war müde von ihrer Reise, und so setzte sie sich darunter, um sich auszuruhen und schloss die Augen. Nun sassen auf den Zweigen dieses Baumes zwei Tauben. Sogleich begann die eine der andern zuzugurren, und die kleine Schwester hörte diese Worte heraus: 'Kuu-kuu, Schwester nuu, wo bist du-u-u? Wenn diese Jungfer schläft, ist ihr Schicksal besiegelt. Wenn sie wach bleibt, wird ihr Schicksal geheilt.' Als sie dies hörte, schloss die kleine Schwester ihre Augen, hörte jedoch gut zu. Die andere Taube antwortete: 'Kuu-kuu, Schwester nuu, wo bist du-u-u! Diese Jungfer ward besucht vom Sohn des Sultans der Djinns, aber eines Tages, als sie im Bad war, stahl ihre Schwester ihr den Schlüssel und rieb die drei Haare aneinander, und als der Junge erschien, schrie sie auf und das Schiff zerbarst in Splitter und bohrte sich in den Körper des Jungen; und als dieses Kind dann kam, um selber die Haare aneinander zu reiben, kam niemand zu ihr, und sie blieb dort sitzen und weinte, und nun ist sie hierhergekommen, um ihn zu suchen!' Da nahm die andere Taube die Erzählung auf: 'Nun ist der Junge todkrank und sein Vater sucht überall nach einer Medizin, um ihn zu heilen. Nun, wenn diese Jungfer zuhören würde, würde sie uns beide packen und töten, unser Blut und unsere Federn und einige Blätter dieses Baumes nehmen. Damit muss sie zum Haus

des Sultans der Djinns. Dort muss sie rufen, 'Ein Heiler! Ein Arzt!', bis sie sie hineinbitten. Sobald sie eingetreten ist, muss sie den kranken Jungen in den Hammam bringen und seinen ganzen Körper mit unserem Blut und unseren Federn beschmieren, dann werden alle Splitter des Kristallschiffs aus seinem Körper fallen. Danach muss sie seinen Körper mit den Blättern dieses Baumes abreiben und der Junge wird geheilt sein.'
Sobald die Tauben zu sprechen aufgehört hatten, erhob sich das Mädchen, ergriff die Tauben, drehte ihnen die Hälse um und goss das Blut aus ihren Körpern in einen Becher und steckte ihre Federn in ein Taschentuch. Sie pflückte Blätter vom Baum, eilte in die Stadt und rief, 'Ein Heiler! Ein Arzt!', bis sie zum Palast kam, in dem der Sultan der Djinns lebte. Der Sultan brachte sie zum Hammam und übergab ihr den Jungen, der wie tot dort lag. Sie befahl ihnen, ihn mit ihr allein zu lassen. Dann zog sie seine Kleidung aus, tauchte die Federn ins Blut und schmierte es über seinen ganzen Körper. Sogleich fielen die Splitter aus dem Körper des Jungen. Dann rieb sie seine Haut mit den Blättern des Baumes ab, die Wunden verschlossen sich, er öffnete die Augen und war wieder völlig gesund.
Als er sie nun anschaute, erkannte er sie in ihrer Männerkleidung nicht, bat sie aber, 'Komm, zieh deine Kleidung aus, lass uns zusammen baden'. Sie weigerte sich und sagte, 'Nein, ich werde nicht baden.' Da wurde der Junge wütend und meinte, 'ich werde dieses Bad nicht verlassen, bis du mit mir gebadet hast!' Da gestand die kleine Schwester alles ein und sagte, 'ich bin die, zu der du in deinem Schiff aus Kristall gekommen bist. Und als du nicht mehr kamst, bin ich dich suchen gegangen!' Da umarmte sie der Junge zärtlich und brachte sie zu seinem Vater, dem Sultan der Djinns, der zu ihr sagte, nachdem er alles gehört hatte: 'Du Kind der Menschen! Hättest du ihn nicht geheilt, wäre dein Leben verwirkt gewesen, doch weil du sein Leben gerettet hast, sollst du ihn heiraten und mit uns im Land der Djinns leben.' Dann veranstaltete er eine Hochzeit, die drei Tage und Nächte dauerte, und der Junge und das Mädchen wurden verheiratet und lebten für immer im Land der Djinns."[80]

II NOMADISCHE SZENEN

νβξγ Draconis

AL-AWA'ID – DIE ALTEN KAMELMÜTTER

Es sind dies Kamelmütter, die ihre sieben Tage alten Jungen bei sich haben.

K3 141

Lal. 32 566 oder HIP 86 782

AR-RUBA – DAS KAMELJUNGE

Ibn Qutaiba sagt: "In ihrer Mitte ist ein kleiner, nebelähnlicher Stern, das im Frühjahr geborene Kameljunge."

K1 99 und L 113

μ Draconis

AR-RAQIS – DAS TRABENDE KAMEL

Mit diesem einzelnen Kamel haben wir sonach eine ganze Familie am Kopf des Drachen: ein einzelnes Kamel, vier Kamelmütter und ein Kamelfüllen.

K3 133 sowie I 35

ι Draconis

ADH-DHIKH – DAS HYÄNENMÄNNCHEN

K | S 35

Qazwini schreibt: "Die Beduinen glauben, dass die Hyäne nur das Fleisch von Helden frisst. Deshalb sagt Abdallah ibn az-Zabir: 'Zerreisse und zerre mich, Hyäne, und freue dich am Fleisch eines Mannes, dessen Auge keinen Schlaf gesehen hat. Begrabt mich nicht – mich zu bestatten ist euch verboten! Vielmehr freue dich, o Umm Amir!'

Umm Amir ist ein Beiname der Hyäne, und 'Scheisserin' ist ebenfalls ihr Name. Man sagt, dass die Hyäne männliche und weibliche Genitalien hat: in einem Jahr männliche, im andern weibliche. Sie kennt keine Schwächen und stirbt wie die Schlange keines natürlichen Todes, sondern durch einen Unfall."[81]

ζη und στυφχ Herculis

ADH-DHIKA – DIE HYÄNEN

L 114

κιθλ Bootis

AULAD ADH-DHIKA – DIE JUNGEN DER HYÄNE

L 114

ζ und η Draconis

ADH-DHI'BAN – DIE BEIDEN SCHAKALE

K | S 34

Diese beiden Sterne sind Ideler zufolge zwei Goldwölfe (Schakale), die das Kamelfüllen rauben wollen, und al-Awa'id sind die vier weiblichen Kamele, die es in Schutz nehmen.[82]

QARIN – DIE ZUSAMMENSTEHENDEN

Bei den äthiopischen Tigray wird dieses Sternenpaar mit einer Sage in Verbindung gebracht, in der Schakale die Ziegen der Plejaden stehlen (siehe unter ad-Dabaran).[83]

ωf Draconis

AZFAR ADH-DHI'B – DIE KLAUEN DES SCHAKALS

L 114

Der Schakal, schreibt Jacob, raubt Schafe und Kamelfüllen, holt bisweilen aber auch ein Kind, denn er schleicht um das Lager, bald hier, bald dort einen Einbruch versuchend, weshalb man auch vom gelinden Wind, der bald aus dieser, bald aus jener Richtung weht, er 'schakalt' sagt.[84]

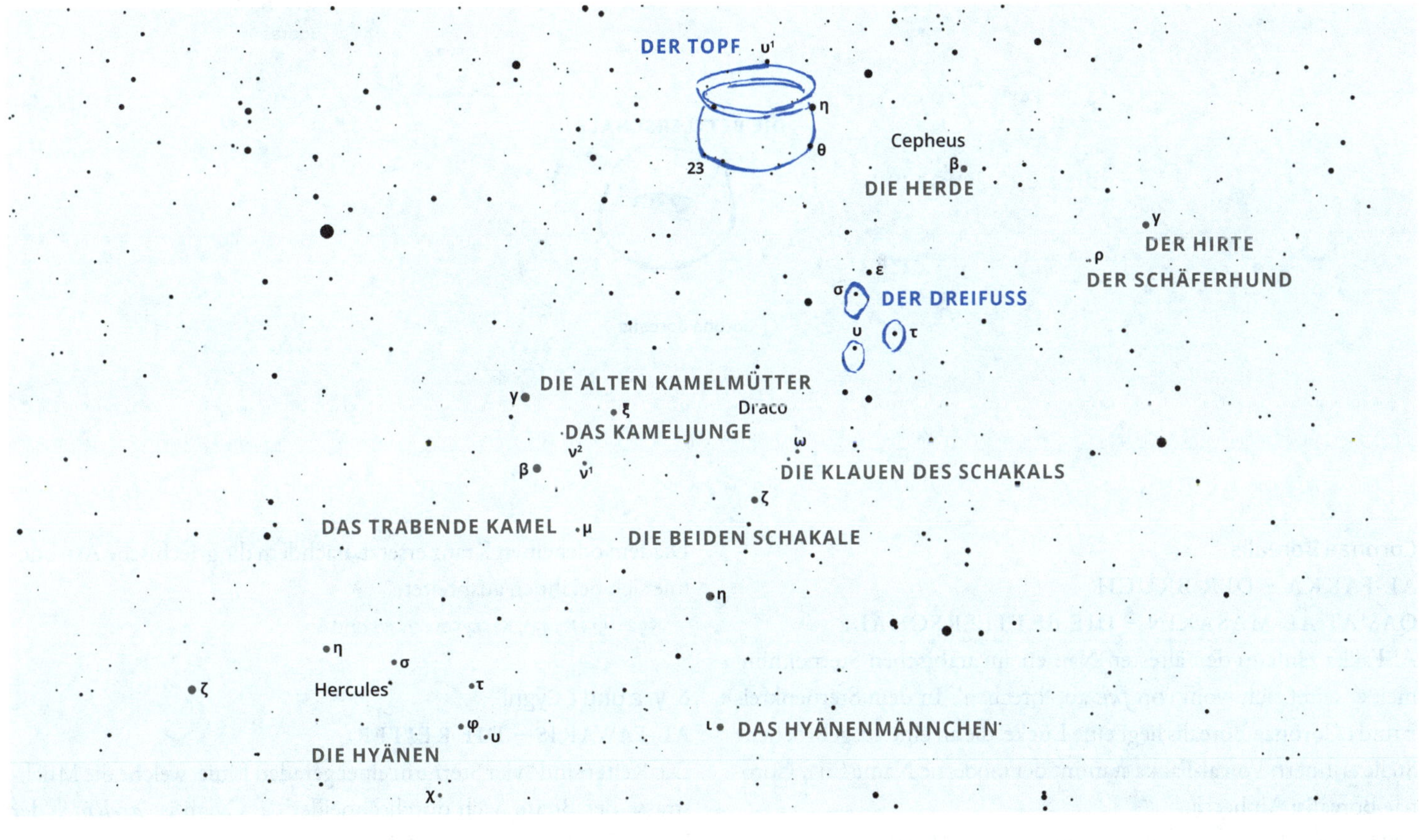

στυ Draconis

AL-ATHAFI – DER DREIFUSS

K1 38–39

Ideler schreibt: "Das Sternbild steht für die drei Steine, die der nomadische Araber seinem Kochkessel oder seiner Pfanne als gleichseitiges Dreieck auf dem Aschenherd unterstellt. Hat man nur zwei Steine bei der Hand, so sucht man eine Anhöhe, deren Steigung ersetzt den dritten Stein als Stütze. Dies ist 'der Dritte der Athafi', also eine Art Notanker. Fehlt dieses Hilfsmittel, so ist das ein Unglück. Da es zugleich die letzte und stärkste Stütze des Kessels ist, so bekommt jener Ausdruck in sprichwörtlichen Redensarten die Bedeutung des grössten Unglücks, wenn einige kleinere Unglücksfälle vorausgegangen sind."[85]

Ring mit θηυ Cephei und 33, 23 Cygnis

AL-QIDR – DER KOCHTOPF

I 42 | 45 und K1 94

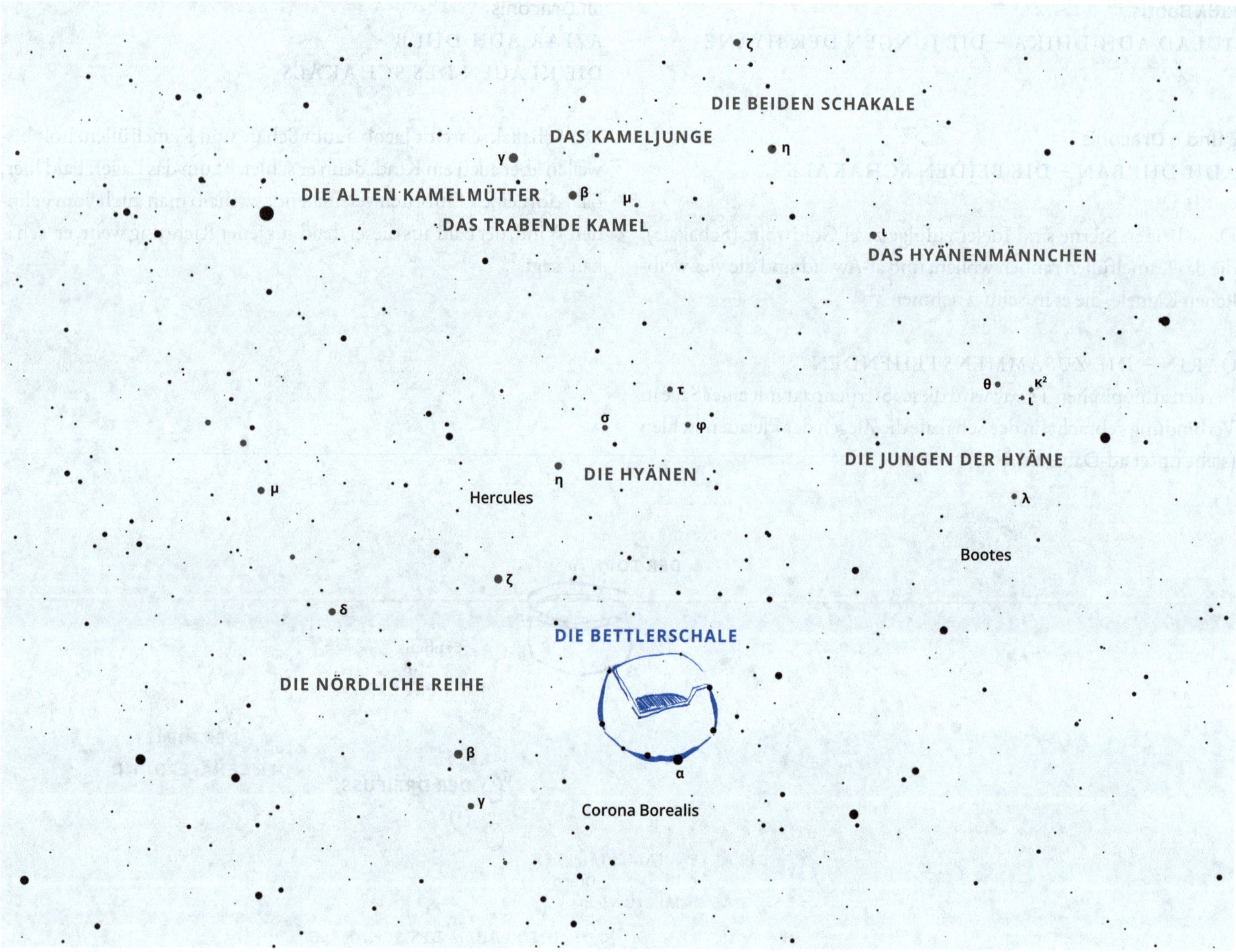

Coronae Borealis

AL-FAKKA – DER BRUCH
QAS'AT AL-MASAKIN – DIE BETTLERSCHALE

Al-Fakka zählt zu den ältesten Namen am arabischen Sternenhimmel; er leitet sich wohl von *fkk* ab, 'brechen'. In dem Sternenkreis π und ι Coronae Borealis liegt eine Lücke, die an eine ausgebrochene Stelle erinnert. Von al-Fakka stammt der moderne Name für α Coronae Borealis: Alphecca.

Die volkstümliche Bezeichnung für unsere Nördliche Krone war jedoch 'die Bettlerschüssel' oder auch QAS'AT AL YATAMA – DIE SCHÜSSEL DER WAISEN. Ursprünglich eine tönerne Schüssel mit ausgebrochenem Rand, wurde sie von den Arabern durch ein Diadem oder einen Kranz ersetzt, nachdem die griechische Astronomie sich bei ihnen ausbreitete.

K1 21, 55, K3 131, K1 92 sowie I 58 und 60

δ, γ, ε und ζ Cygni

AL-FAWARIS – DIE REITER

Die Reiter sind "vier Sterne in einer geraden Linie, welche die Milchstrasse der Breite nach durchschneidet". α Cygni ist *ar-Ridf*, 'der hinter dem Reiter (auf demselben Tier) sitzt', oder, in Bezug auf die anderen drei Sterne, 'der hinten nachreitet'.

K | S 32 und I 74

Der österreichische Orientalist und Konsul in Kairo, Alfred von Kremer (1828–1889), gibt folgende Legende von Abu Ameitel wieder:

DIE REITER

“Zwei Araber suchten sich im Lügen zu übertreffen. Da erzählte der eine: Einst ritt ich auf meinem Pferd aus, da bemerkte ich plötzlich eine grosse Finsternis. Ich ritt darauf zu, und als ich nahekam, sah ich, dass es ein Stück Nacht war, das noch nicht aufgewacht war: Nun sprengte ich mit meinem Pferd dahin herum, bis ich es aufgeweckt hatte, wo es sich dann verlor. Der andere entgegnete darauf: Ich schoss einst einen Pfeil auf eine Antilope, da wandte sie sich rechts und der Pfeil folgte ihr, dann sprang sie links und der Pfeil folgte ihr weiter; dann sprang sie in die Höhe hinauf und auch da folgte ihr mein Pfeil, sie eilte hinab und der Pfeil ihr nach, bis er sie traf.”[86]

Nach der Übernahme des griechischen Sternbilds des Schwans erklärten die arabischen Astronomen Cygnus zur Henne, mit α Cygni (Deneb) als DHANAB AD-DAJAJA – HENNENSCHWANZ, ε Cygni als JANAH- FLÜGEL und γ Cygni als SADR AD-DAJAJA – DIE HENNENBRUST.[87]

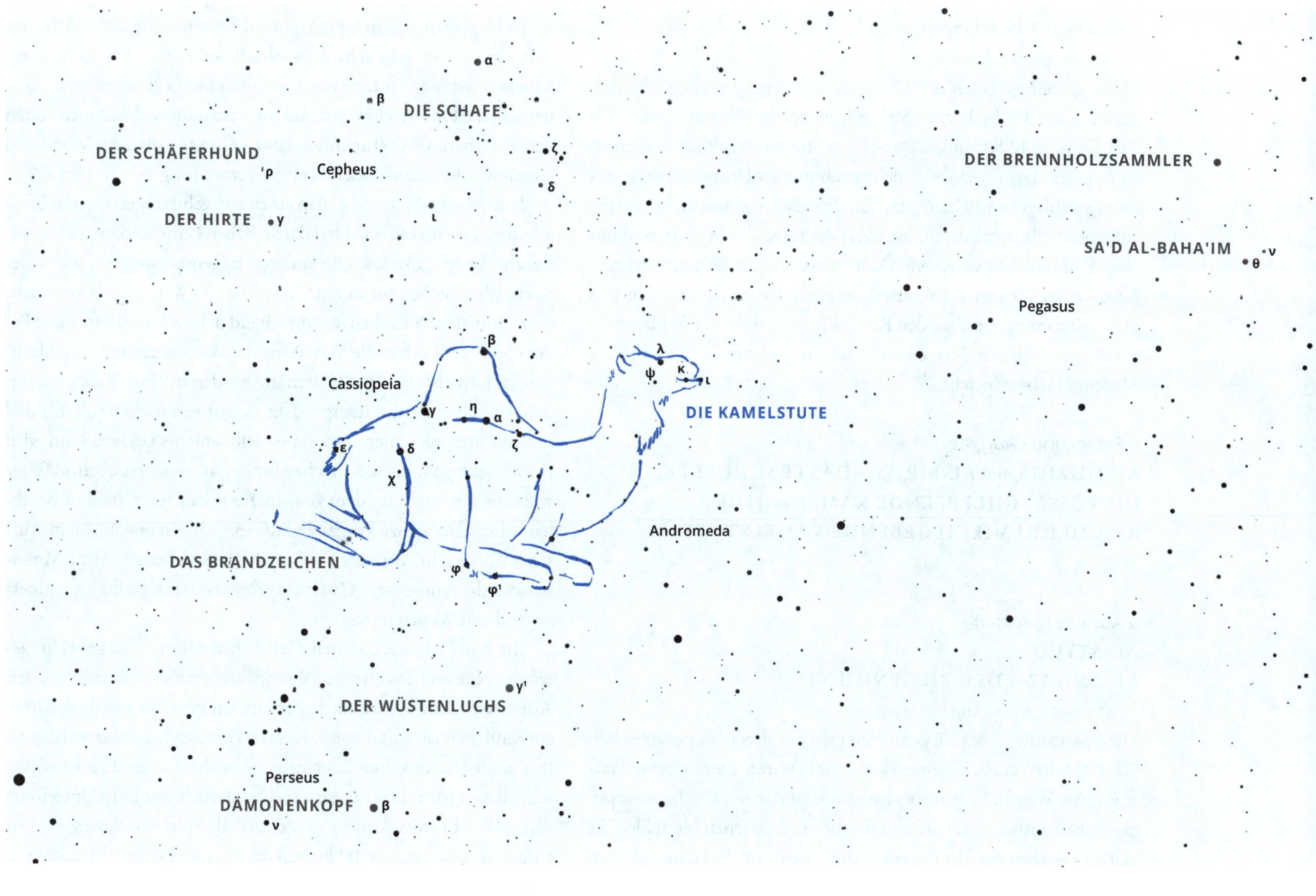

Cassiopeia und Sterne von Andromeda und Perseus

AN-NAQA – DIE KAMELSTUTE

Ideler schreibt: "Nach Der Henne [Cygnus] folgen in der Milchstrasse einige an Helligkeit fast gleiche Sterne, weshalb sie auch vom gemeinen Manne *Shuter* (so heisst im Persischen das Kamel) genannt werden. Unter denselben ragt einer wie 'Der Höcker Des Kamels' – *Sanam an-Naqa* [β Cass] – hervor. Die fünf Hauptsterne der Cassiopeia haben wirklich das Ansehen eines mit untergeschlagenen Beinen liegenden Kamels, wovon α der Höcker ist." Zu dem Höcker wurde die restliche Kamelin aus schwachen Sternen gebildet: ικλψ Andromedae ist 'der Kopf der Kamelstute', ζ Cassiopeiae ist ihr 'Halsansatz', αηγ 'Rücken und Höckeransatz', β 'Ende ihres Höckers', ε 'Kruppe und Schwanzansatz', χ und h Persei 'die Stelle des Brandzeichens auf ihrem Hinterschenkel' und φυ Persei 'ihr Vorderbein'.

In diesem Sternbild lebt die mesopotamische Vorstellung eines Pferdes weiter, das sumerisch auch Kamel genannt wurde. In einer anderen Tradition stellen die helleren Sterne der Cassiopeia – αγδε – jedoch 'die gefärbte Hand Thurayyas' dar: ihre mit Henna-Blättern rotbraun gefärbten Fingerspitzen.

I 84 und 308, K1 26 und 85, K|S 26

Ideler schreibt: "Nach der Übernahme der griechischen Sternbilder nannten die Araber die Sterne Cassiopeias *Dhat al-Kursi*, 'Die Auf Dem Stuhl Sitzende'. Qazwini glaubt ausdrücklich bemerken zu müssen, dass Cassiopeia nicht nach morgenländischerweise mit untergeschlagenen Beinen sitzt. Im Text heisst es wörtlich: 'welche auf einem mit zwei Füssen, nach Art der Füsse des Minbar, und mit einer Rückenlehne versehenen Kursi sitzt, und die Beine ausstreckt'. *Kursi* bezeichnet den erhabenen Stuhl des Richters, so wie das unten öfter vorkommende *Arsh* den Königsthron. Auch *Minbar* bezeichnet einen erhabenen Sitz, eine Kanzel, auf welcher der Imam in der Moschee Gebete spricht."[88]

e Persei und ι Aurigae

AL-MUZHIF und AL-BIRJIS – DAS ERSCHÖPFTE, DIE FÜSSE SCHLEPPENDE KAMEL und DIE REICHLICH MILCH GEBENDE KAMELSTUTE

K1 50–51

α Aurigae (Capella)

AL-AYYUQ

AL-ANNAZ – DER ZIEGENHIRTE

K3 119–120, K|S 19 und K1 46 und 43

Die Vorstellung eines Ziegenhirten geht auf den mesopotamischen Gott Amurru zurück. Seine Symboltiere waren Ziegen, seine Waffe war das Wurfholz. Amurru kam im 3. Jahrtausend in das mesopotamische Pantheon als Gottheit für die nordsyrischen Nomaden. Er galt als Exorzist, der Himmel und Unterwelt von allen dämonischen Einflüssen reinigte; im 7. Jahrhundert stieg er in Babylon dann zum zweitwichtigsten Gott auf. In der Omendeutung wurde sein Sternbild in Auriga, je nachdem, wie hell oder dunkel es strahlte, mit dem Glück oder Unglück eines Herrscherhauses verbunden. Diese Orakelrolle übertrugen die Araber auf das Glücksspiel des Maysir. Aus Amurrus Wurfholz wurde ein Lospfeil, aus ihm selbst der Aufseher über die existentielle Lotterie, in die solche Pfeile eingebunden waren: Das deuten die unten zitierten Verse des Dichters Abu Dhu'ayb aus dem 7. Jahrhundert an.

Das vorislamische Maysir-Spiel wurde vom *Koran* – wie Wein und Steingötzen – als Verführungen des Teufels verboten. Unter den Steingötzen verstand man die Betylen, die von den Nomaden zuvor als Götter angebetet wurden, unter dem Maysir das Losen um ein geschlachtetes Kamel. Die Lospfeile selbst stellten ein Orakel dar. Man schrieb auf diese Pfeile: 'Mein Herr befahl mir' oder 'Mein Herr verbot mir'; sieben brachte Glück, drei Unglück. Vor einer Unternehmung zog man blind einen der zehn Pfeile.[89]

Der Name *Ayyuq* ist unklar. Der Orakelkontext (schon die Phönizier gebrauchten Lospfeile)[90] deutet auf den vorislamischen Gott *Ya'uk*, einen "der fünf tugendhaften Zeitgenossen Noahs".[91] Ya'uk ist das Gegenstück zum Gott Yaghuth: 'der eine hilft, der andere hindert'; Ya'uk also 'gibt acht, bewacht, bewahrt'[92] – was zu einer erhabenen, astralen Instanz passt, die über die Legitimität eines existentiellen Glücksspiels wacht, das auch astronomische Dimensionen hat. So steht das Wort für Glücksspiel – *Qimar* – mit dem Mond und seinen wechselnden Phasen in enger Verbindung.

Beim Maysir-Spiel zieht man einen von zehn ungefiederten Pfeilschäften aus einem Sack. Drei davon haben keine Kerben, das heisst, sie sind bedeutungslos. Die anderen tragen aufsteigend von einer Kerbe bis zu sieben auf einem Schaft, die ihre Wertigkeit bestimmen: insgesamt also 28 Kerben, entsprechend den 28 Mondstationen. Bei dem Spiel geht es um die Verteilung der Portionen einer zu schlachtenden Kamelstute. Alle Pfeilschäfte werden in einen Sack gesteckt, den man einer Person übergibt, die sie gut vermischen soll, für diese Rolle aber verachtet wird, da sie selbst nichts riskiert. Nun wird einzeln gezogen, bis das Los bestimmt hat, welche sieben Männer wie viele Portionen an dem gemeinsam gekauften Kamel zu bezahlen haben. Der ganze Vorgang wird peinlich genau von einem Aufseher überwacht. 'Aufseher' – *Raqib* – heisst aber auch jene Mondstation, die morgens im Osten aufgeht, während die ihr gegenüberliegende im Westen untergeht.

Mit dem Pfeilsack konnten die Reichsten (immer zu siebt) in Zeiten der Not und des Hungers ihren Wert beweisen: Sie stifteten den Armen eine Kamelstute und losten aus, wie gross ihr jeweiliger Anteil am Kaufpreis ist. Mit dieser Lospraxis konnten bei unklarer Rechtslage auch Streitigkeiten über Erbe, Scheidungen und anderes entschieden werden. Das Maysir-Spiel hatte auch dunklere Untertöne; denn diese Lotterie konnte existentiell als Spiel um das eigene Los aufgefasst werden, um das Fleisch des eigenen Lebens: Man konnte den ungekerbten Pfeil des Todes ebenso ziehen wie einen mit vielen, Reichtum verheissenden Kerben.

Zugleich liess sich das ganze Himmelsgewölbe als Sack auffassen, in dem die Sterne wie Pfeilschäfte herausragen und durch seine Drehung vermischt werden, um Gutes oder Schlechtes zu bringen: Dies wurde vor allem auf die regenbringende und fruchtbare Wirkung der Gestirne bezogen. So heisst es in einem Gedicht al-Numayris: "Wenn grosser Mangel an frischer Milch herrscht, dann ziehen wir an den 'Zitzen' unserer schwarzen gekerbten Schäfte, die wir so sorgfältig aufbewahren wie Eier, deren Schalen mit Steinen geritzt wurden; wir ziehen sie wieder und wieder aus dem Sack und stecken sie hinein; wir 'melken' sie für das beste Fleisch der Kamelhöcker, damit sie uns Wohltaten schenken, dem Regen gleich, der fällt, sobald die Zurrgurte der Wolken durch den Untergang eines Regengestirns gelockert werden."

Die folgenden Verse Abu Dhu'ayb aus dem 7. Jahrhundert erzählen von einem Eselshengst, der als Allegorie eines schützenden Stammeskriegers in der ausdörrenden Sommerhitze versucht, seine Weibchen zu einem der letzten Wasserlöcher zu geleiten, ohne dass der Jäger sie erwischt. Diese Notsituation wird mit einem Maysir-Spiel verglichen – Capella als Aufseher in einer Position über dem Gürtel des Orion, Mitte August frühmorgens am östlichen Horizont kurz vor Sonnenaufgang. Dass Himmelsgewölbe wird zudem mit dem Mühlstein verglichen, der sich um den Polarstern dreht: "Als wären er [der Eselshengst] ein Maysir-Spieler und sie die Pfeilschäfte, die er herauszieht, um sie dann wieder im Sack zu schütteln: So drehte er sie weiter und weiter, wie einen Schleifstein in der Hand, obgleich starker als dieser – bis sie zum Wasser kamen, gerade als Ayyuk uber al-Jauzas Perlenschnur stand und reglos von seinem Sitz als Aufseher auf jene herabblickte, deren Pfeile gemischt wurden."[93]

Doch bringt der Himmel keinen Regen, das Maysir-Spiel kein Glück: Der Jäger wartet am Wasserloch und erlegt die Esel. Angedeutet wird dies durch den Blick Ayyuks auf die drei Sterne der Perlenschnur des weiblich gesehenen Orion: Sie entsprechen den drei ungekerbten, glücklosen Pfeilschäften.

Der Ayyuq wird in der Literatur oft zusammen mit Thurayya [den Plejaden] als klassisches Regengestirn genannt und als hinter ihr stehend aufgefasst.

JA, KR 430–433 und J 160

ζ und η Aurigae

AL-JADYAN – DIE BEIDEN ZIEGENBÖCKCHEN

K1 61

Qazwini schreibt: "Die Ziege ist ein törichtes und dummes Tier. Deshalb sagt man, wenn man einen Menschen tadeln will, 'er ist einer von den Böcken', das heisst, er ist äusserst töricht und übel riechend."[94]

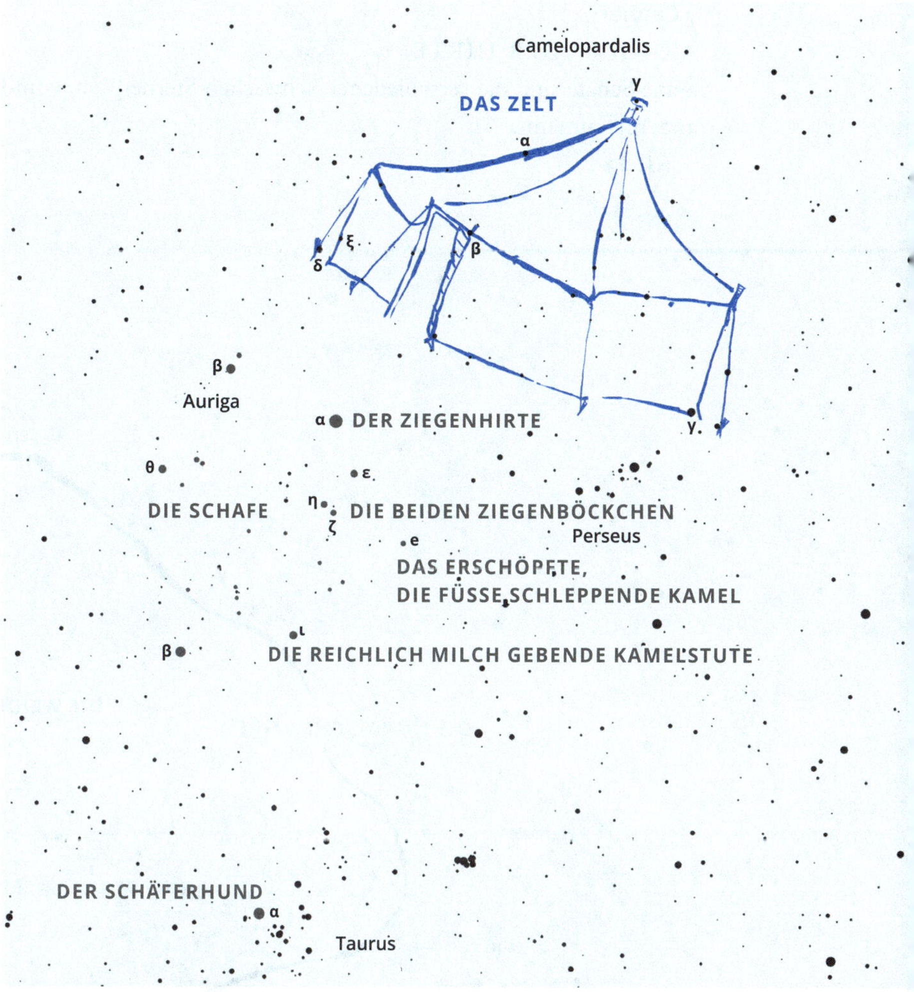

Camelopardalis und δξ Aurigae

AL-KHIBA DAS ZELT

K1 70

Auriga und α Tauri

AL-GHANAM und KALB AL-GHANAM – DIE SCHAFE und DER SCHÄFERHUND

Dies ist bei den Beduinen der Name der Rub al-Khali.[95]

αβιδ Cephei

AL-AGHNAM – DIE SCHAFE

K1 35

Qazwini schreibt: "Das Erstaunlichste am Schaf ist, dass es in einer einzigen Nacht eine grosse Anzahl von Jungen zur Welt bringt. Dann schickt der Hirte am nächsten Tag die Mütter auf die Weide. Am Ende des Tages kommt er mit ihnen zurück und lässt den Müttern und den Kindern freie Hand. Dann geht jedes Einzelne von ihnen zu seiner Mutter. Der Mensch aber erkennt die Mutter erst nach einigen Monaten!"[96]

β Cephei heisst auch AL-FIRQ (?) – DIE HERDE

K|S 29

γ Cephei

AR-RA'I – DER HIRTE

Seine Schafe sind die verschiedenen schwachen Sterne [k, h, v und andere][97] um ihn.

K|S 29

ρ Cephei

KALB AR-RA'I – DER SCHÄFERHUND

K|S 29

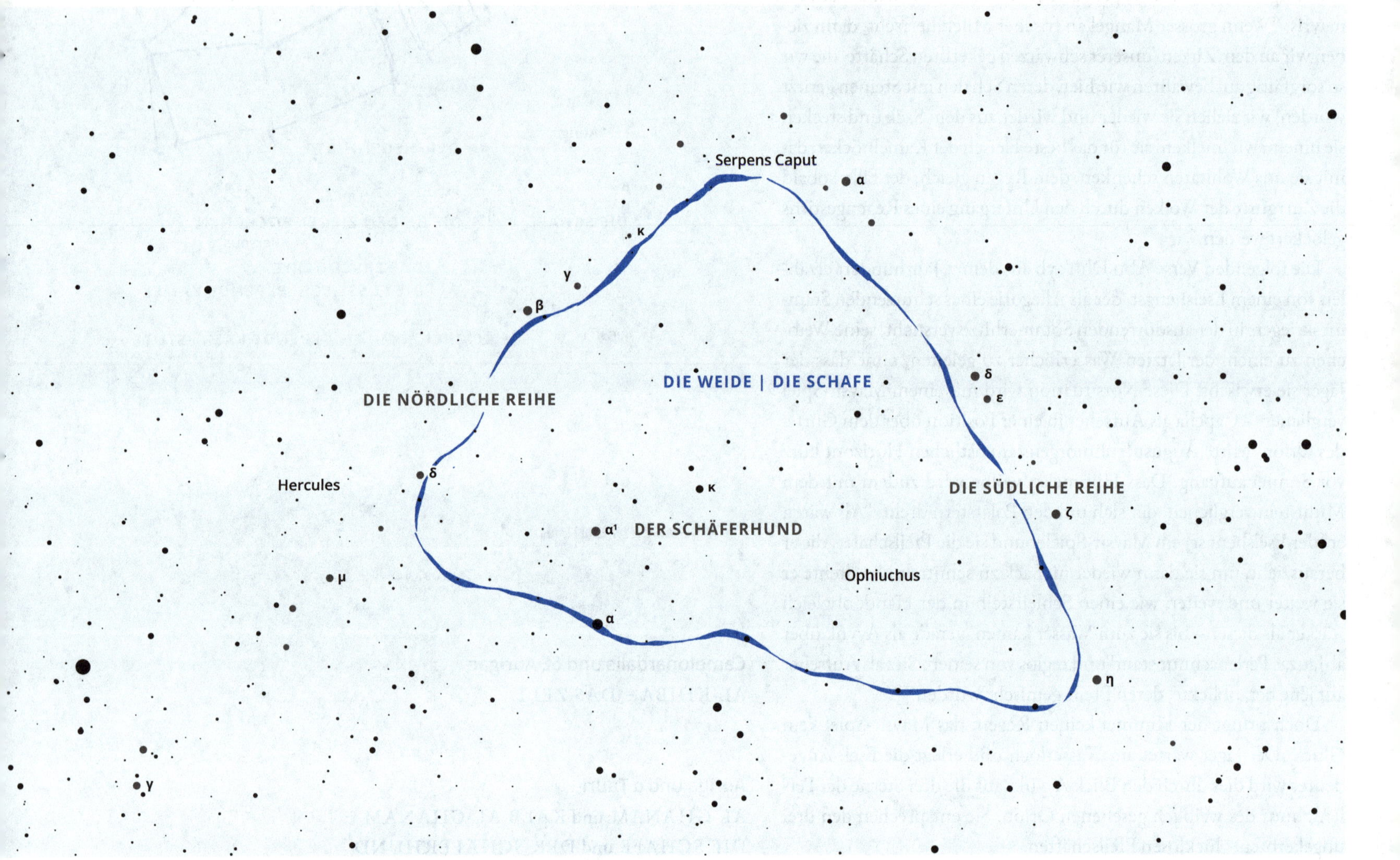

κγβδλμονξ Herculis und βγ Lyrae und βγ Serpentis

AN-NASAQ ASH-SHA'AMI – DIE NÖRDLICHE REIHE

δλαε Serpentis und δευηζξ Ophiuchi

AN-NASAQ AL-YAMANI – DIE SÜDLICHE REIHE

Nasaq meint 'Reihe', *sha'mi* 'syrisch', aber auch 'nördlich, unheilsvoll', und *yamani* 'jemenitisch', aber auch 'südlich, glücklich'.

K1 86 und I 100

AR-RAUDA – DIE WEIDE

Sufi schreibt: "Das Stück des Himmels, das zwischen den beiden *Nasaq* ist, wird 'Die Weide' genannt." Dieselben Sterne heissen auch AL-AGHNAM – DIE SCHAFE.

K1 97 und 35

α Herculis

KALB AR-RA'I – DER SCHÄFERHUND

K1 73

ε Pegasi

AL-HATIB – DER BRENNHOLZSAMMLER

Der Name ist auch als *al-Khatib*, 'Der Brautwerber', lesbar.

K2 70

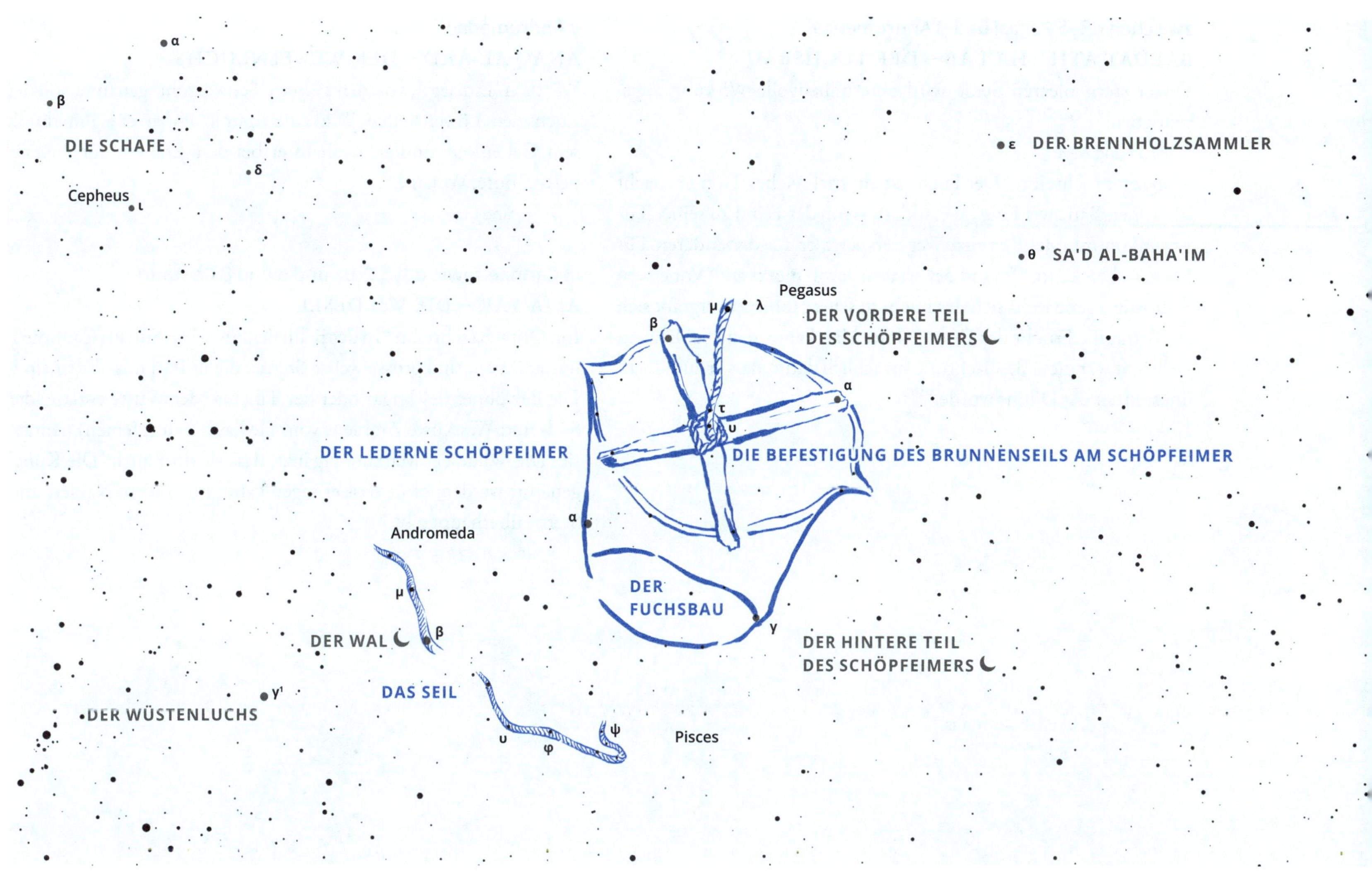

δγβα Pegasi

AD-DALW – DER LEDERNE SCHÖPFEIMER

Ideler schreibt: "Zum Viereck des Pegasus schien es zweifache Vorstellungen zu geben. Einmal dachte man es sich als viereckigen Schöpfeimer, mit zwei Tüllen an den Seiten zwischen α und β Pegasi und γ und α Andromedae, über die das Wasser ausläuft. Dann dachte man sich das Viereck nur noch als hölzerne Vorrichtung, mit welcher der Eimer in den Brunnen gelassen wird, nämlich als zwei über vier im Quadrat stehende Pfosten gelegte Querhölzer, an welchen die Seilrolle angebracht ist. Eine solche Vorrichtung führte der arabische Nomade vielleicht immer mit sich."

I 119 sowie K1 52, 74 und 83

Dieses Sternbild hat eine uralte Tradition: Es wurde von den Babyloniern als Feld bezeichnet und dem Wassergott *Ea* zugeordnet, den man unmittelbar daneben mit einer überfliessenden Amphore darstellte, die den Acker bewässerte. Über die Griechen und Römer wurde aus Ea das Tierkreiszeichen 'Wassermann' – weshalb, nach der Übernahme der ptolemaischen Sternbilder, Aquarius dann von den arabischen Gelehrten bezeichnet wurde als SAKIB AL-MA – WASSERAUSGIESSER.[98]

τυ Pegasi

AN-NA'AM – DIE BRUNNENSCHWENGEL

AL-KARAB – DIE BEFESTIGUNG DES BRUNNENSEILS AM SCHÖPFEIMER

Diese beiden Sterne markieren die Vereinigung der beiden, diagonal über dem Eimer liegenden Querhölzer, an denen das Seil befestigt ist, um den Eimer aus dem Brunnen zu ziehen.

I 119 und K1 52 und 74

νμβ Andromedae – υφχρ Piscium

AR-RISHA – DAS SEIL

Zwei, von schwachen Sternen in Andromeda und Pisces gebildete, geschwungene Linien wurden als Seil des ledernen Schöpfeimers betrachtet, wobei β Andromedae auch allein mit diesem Namen belegt wurde. Dieses Seil war wohl ein Überbleibsel jenes Bandes, das die zwei Fische in der alten babylonischen Konstellation verbunden hatte; es bildete aber auch eine Umrisslinie des Seemonsters *al-Hut*.

K|S 50, K3 135 und K1 99

zwischen αβγδ Pegasi und β Andromedae

BALDAT ATH-THA'LAB – DER FUCHSBAU

Dieser sternenleeren Stelle wird eine unheilvolle Wirkung zugeschrieben.

K1 47 und HE 115

Qazwini schreibt: "Der Fuchs ist ein trickreiches Tier. Er macht für seinen Bau zwei Eingänge, sodass, wenn der Feind zu seiner Tür hereinkommt oder ihm den Weg versperrt, er aus der anderen Tür herausgehen kann."[99] Und der Arabist Jacob merkt an: "Vor einem Raubvogel verkriecht sich der Fuchs in seine Höhle; er vergräbt sich als Vorrat die Frucht der Dom-Palme. Man kennt seine Schlauheit; vielleicht war diese Beobachtung ursächlich dafür, dass er zum Lieblingsreittier der Djinns wurde."[100]

γ Andromedae

ANAQ AL-ARD – DER WÜSTENLUCHS

Wörtlich 'Erdziege', von den Persern 'Schwarzohr' genannt, soll der Luchs dem Löwen helfen, Wild aufzuspüren, indem er es ihm durch sein Geheul ankündigt, weshalb er bei den Arabern auch *Barid* heisst, 'Bote, Vorläufer'.

K1 43 und I 126–127

ει Carinae sowie αβγδ Crux und α und β Centauri

AL-A'YAR – DIE WILDESEL

Ibn Qutayba schreibt: "In der Bahn der Füsse Des Suhail (Canopus), hinter ihnen, sind grosse weisse Sterne, die in Iraq unsichtbar sind. Die Bewohner des Higaz oder der Tihama (der Wüste entlang der Süd- und Westküste Arabiens vom Hedjas bis zum Jemen) nennen sie 'Die Wildesel'. Marzuqi ergänzt, dass sie dort auch 'Die Kühe' genannt werden, ohne dass er sagen kann, ob es diese Namen und Sterne überhaupt gibt."

K1 40 und K3 215–216

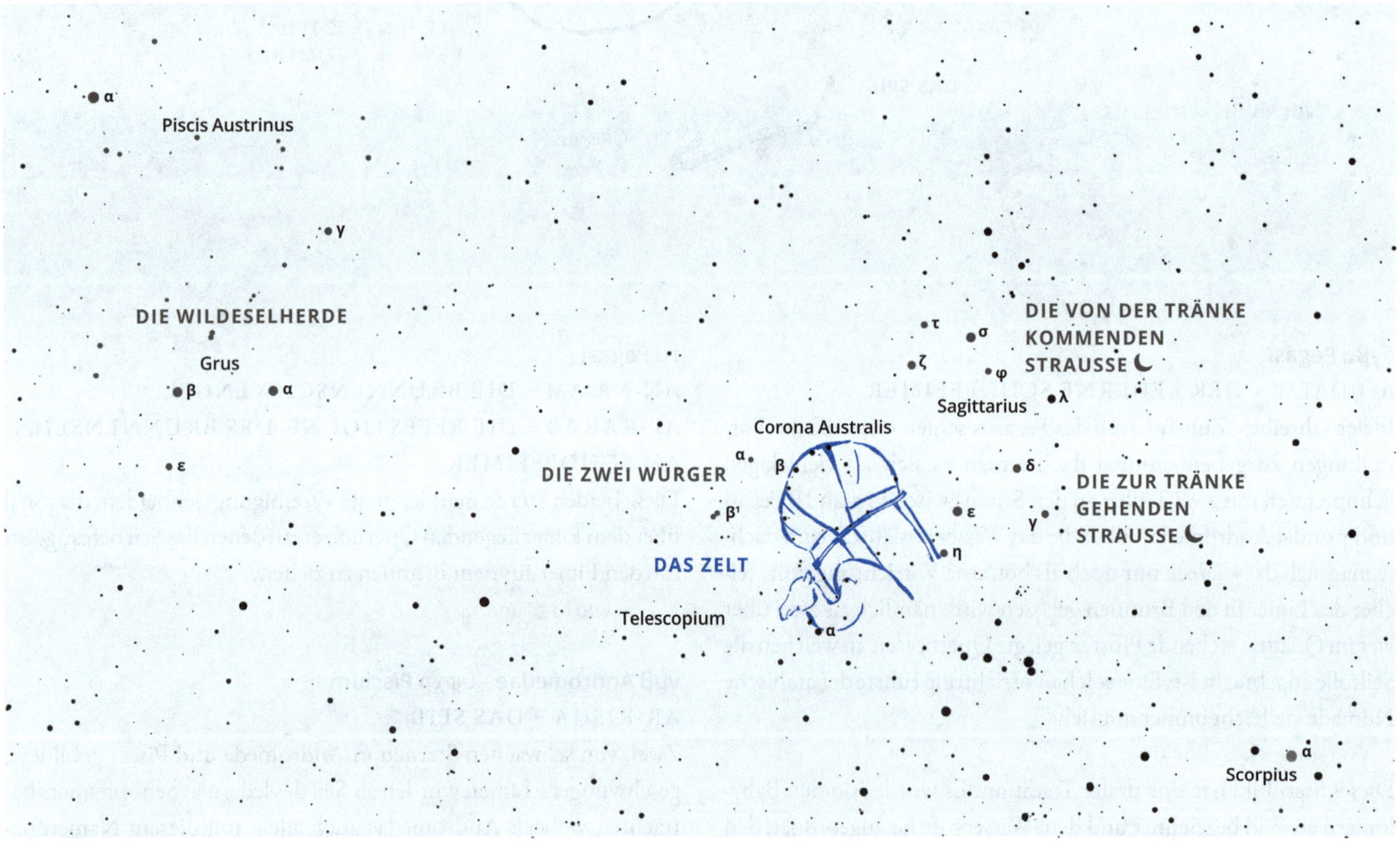

Corona Australis

AL-QUBBA – DAS ZELT

Insbesondere heisst das von Kamelen getragene arabische Frauenzelt so.

K1 95 und I 284

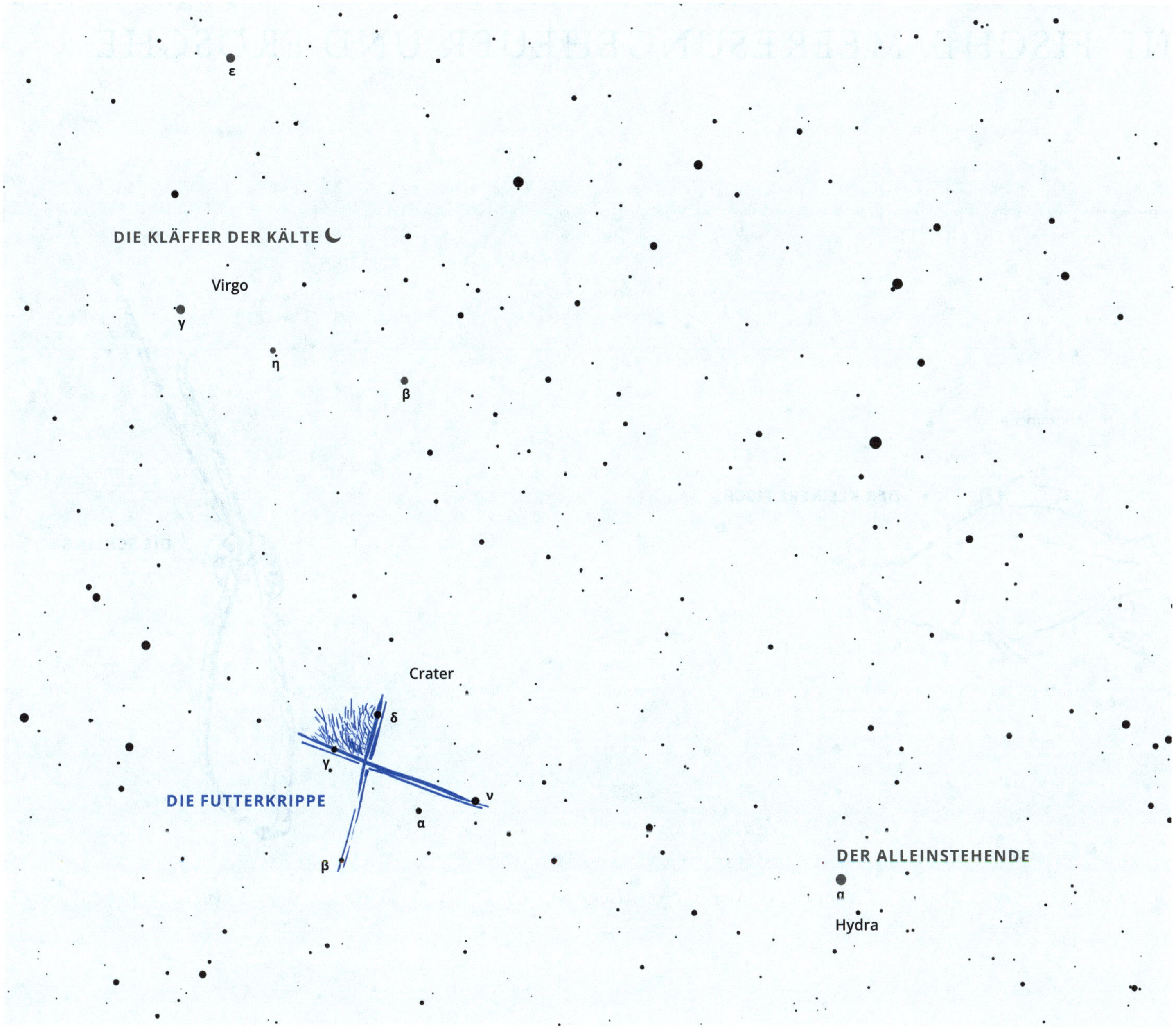

γδ Crateris und β Crateris mit ν Hydrae

AL-MA'LAF – DIE FUTTERKRIPPE

K6 44

α Hydrae

AL-FARD – DER ALLEINSTEHENDE

K1 57

III FISCHE, MEERESUNGEHEUER UND FRÖSCHE

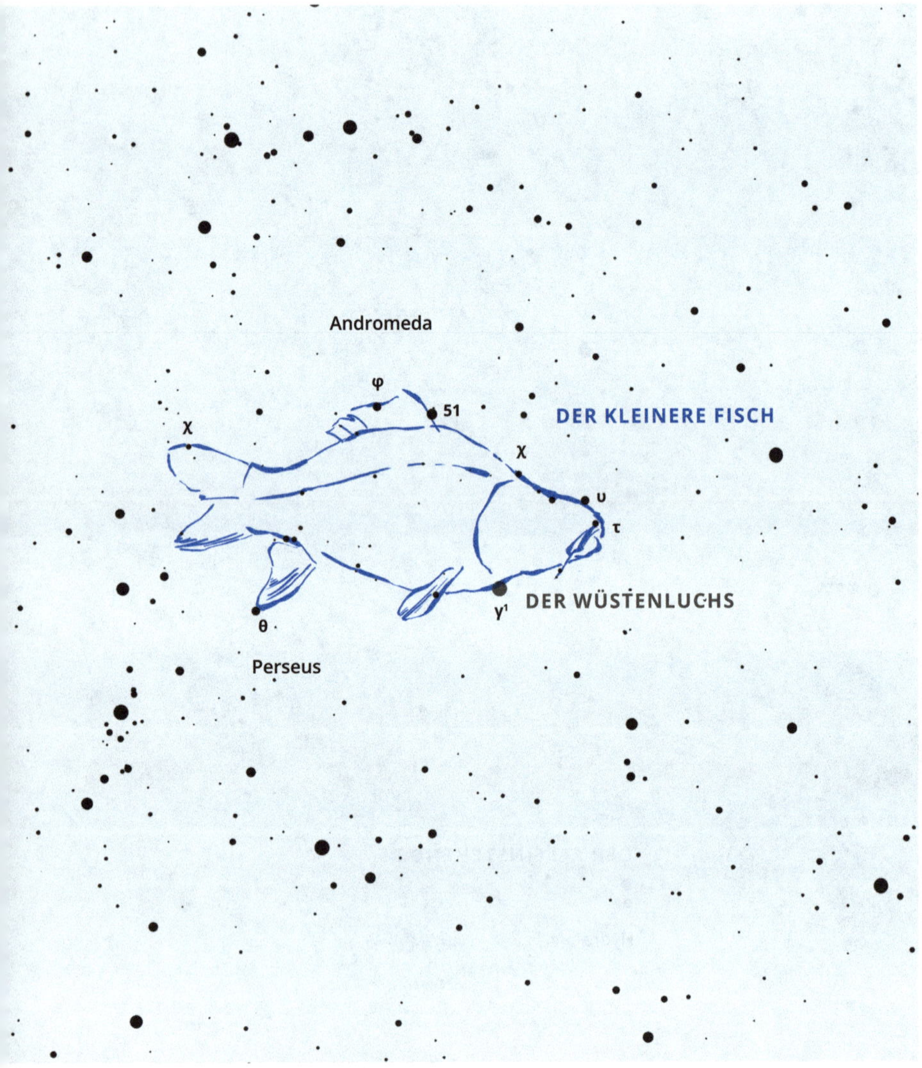

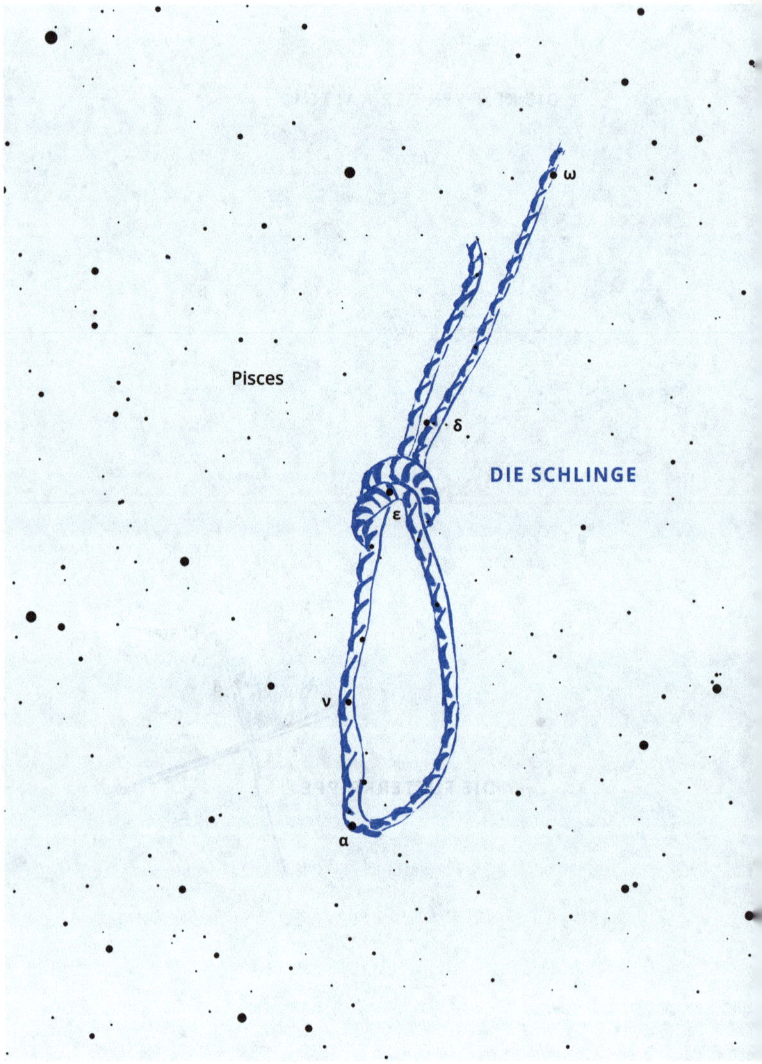

υχ Andromedae – φυhχ Persei, τγ Andromedae – hχ Persei

AS-SAMAKA AS-SUGHRA – DER KLEINERE FISCH

Laut Sufi stehen υτ Andromedae "auf seinem Maul", hχ Persei "auf seinem Schwanz", verlaufen seine Umrisse von υ Andromedae über χ Andromedae und φ und υ zu hχ Persei, wobei die zweite Linie von τ Andromedae ausgeht, an γ Andromedae vorbei zu hχ Persei.

K1 69

ωd, 51, δεζ, e^2, f, μνξα Piscium

AR-RIBQ – DIE SCHLINGE

K1 98

Diese kreisförmig angeordneten, kleinen Sterne verbanden wohl, wie schon beim alten mesopotamischen Sternbild, die beiden Fische.

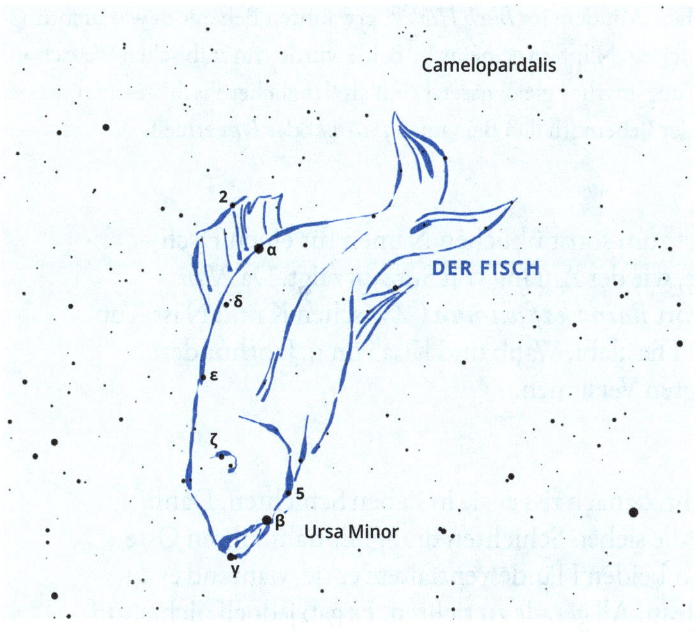

αδεζηγ – β, 5, 4 – α Ursae Minoris
HIP 36 547 und HIP 47 193

AS-SAMAKA – DER FISCH

Dies ist der zweite Fisch der alten mesopotamischen Konstellation; beide sind sie in der arabischen Tradition gegenüber dem ptolemaischen Sternbild verschoben.[101]

Qazwini schreibt: "Um den Nordpol stehen das kleinere Bild der Banat N'ash [Ursa Minor] und dunklere Sterne, welche zusammengenommen die Figur eines Fisches darstellen." Und Ideler erklärt: "Man ziehe eine Linie von α über δ und ε zwischen ζ und η durch zu γ, und von da durch β, a und b Ursae Minoris und einige Sterne am Kopf von Camelopardalis zurück zu α, so wird eine solche Figur zum Vorschein kommen, die sich auch in einer klaren Nacht dem Beobachter des Himmels deutlich darstellt."[102]

Der Arabist Jacob erklärte vor hundert Jahren dazu, dass die Beduinen Abscheu vor Fischen empfänden und Leute verachten würden, die sich davon ernähren.[103]

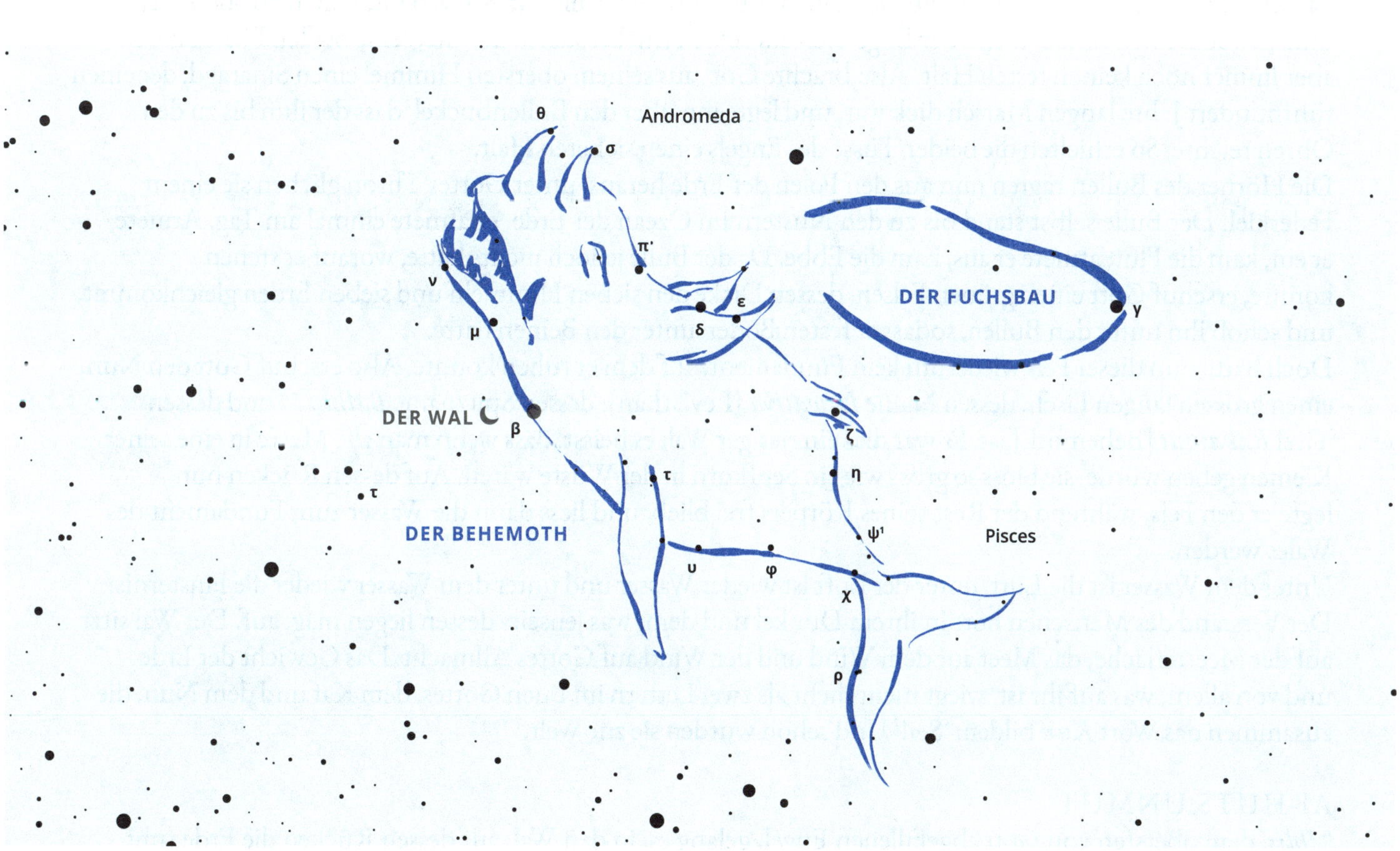

δπεζη Andromedae – $\psi^{1,2,3}$ und ρ Piscium
νμβ Andromedae – υφχρ Piscium

AL-HUT – DER BEHEMOTH

Die arabische Tradition kennt noch einen dritten Fisch, der die letzte der 28 Mondstationen des Jahres bildete. Seine Figur wird umrissen von zwei Linien, die vom Andromedanebel (ν Andromedae) ausgehen; der Schwanz zeigt nach Süden, das Maul nach Norden, und sein 'Bauch' (*Batn al-Hut*) oder 'Herz' wird von β Andromeda markiert. Er wurde auch als AS-SAMAKA AL-AZIMA – DER GROSSE FISCH bezeichnet und stellt in der arabischen Mythologie eine Art Wal dar.

K1 68–69

Dieser Wal ist gewissermassen eine Kreuzung zwischen dem Leviathan und dem Behemoth der Bibel. Der Leviathan wird im *Buch*

Hiob für Sonnen- und Mondfinsternisse verantwortlich gemacht;[104] er schluckt oder umschlingt die Gestirne. Sein Name leitet sich ab von 'umkränzt' und 'aufgerollt' und bezeichnete ursprünglich ein Krokodil, wurde dann aber als schlangenähnliches Seemonster gesehen. Mit dem im *Buch Hiob*[105] erwähnten Behemoth war ursprünglich ein Nilpferd gemeint.[106] Beide wurden im arabischen Weltschöpfungsmythos gleichgesetzt und als 'länglicher Fisch' gesehen, wobei der Behemoth den Beinamen *Balhut* oder *Hut* erhielt.

Al-Hut, 'Fisch', ist männlichen Geschlechts, im Gegensatz zum sonst üblichen Namen für einen Fisch – *Nun* – mit dem der Behemoth auch belegt werden konnte, wie der Anfang von Sure 48 zeigt. Da *Nun* zudem den Buchstaben N bezeichnet, wurde das Sprichwort *Baina kaf wa-nun* ('Zwischen K und N ist Kun ['Sei']!') auch auf den Behemoth bezogen.[107] So schreiben Tha'alabi, Wahb und Kisa'i im 11. Jahrhundert in leicht unterschiedlichen, hier nun aber zusammengefügten Versionen.

AL-HUT

"Als Gott die Erde erschuf, bestand sie nur aus einer Schicht, danach riss er sie in sieben Schichten. Dann sandte er einen Engel, der zur Erde hinabstiess und unter die sieben Schichten drang. Er nahm ihren Osten in die eine Handfläche und ihren Westen in die andere: Mit beiden Händen entfaltete er sie, während er an den Boden der sieben Schichten gedrückt war, um die Erde im All gerade zu richten. Es gab jedoch nichts, auf das seine Füsse hätten ruhen können. Deshalb sandte Gott den Bullen ar-Rayyan mit seinen 70 000 Hörnern und 40 000 Beinen hinab, damit der Engel sich auf seinen Buckel stellen konnte; seine beiden Füsse fanden aber immer noch keinen festen Halt. Also brachte Gott aus seinem obersten Himmel einen Smaragd, der einen fünfhundert Jahre langen Marsch dick war, und legte ihn über den Bullenbuckel, dass der ihm bis zu den Ohren reichte. So erhielten die beiden Füsse des Engels einen sicheren Halt.
Die Hörner des Bullen ragten nun aus den Polen der Erde heraus; unter Gottes Thron glichen sie einem Federkiel. Der Bulle selbst stand bis zu den Nüstern im Ozean der Erde, er atmete einmal am Tag. Atmete er ein, kam die Flut; atmete er aus, kam die Ebbe. Da der Bulle jedoch nichts hatte, worauf er stehen konnte, erschuf Gott einen grünen Felsen, dessen Dicke den sieben Himmeln und sieben Erden gleichkommt, und schob ihn unter den Bullen, sodass er festen Boden unter den Beinen hatte.
Doch hatte nun dieser Fels wiederum kein Fundament, auf dem er ruhen konnte. Also erschuf Gott den Nun, einen grossen langen Fisch, dessen Name *Lawatiya* [Leviathan], dessen Spitzname *Balhut*[108] und dessen Titel *Bahamut* [Behemoth] ist. Es war dies ein riesiger Wal; es heisst, dass wenn man alle Meere in eine seiner Kiemen geben würde, sie bloss so gross wie ein Senfkorn in der Wüste wären. Auf dessen Rücken nun legte er den Fels, während der Rest seines Körpers frei blieb, und liess dann die Wasser zum Fundament des Wales werden.
Unter dem Wasser ist die Luft, unter der Luft ist wieder Wasser und unter dem Wasser wieder die Finsternis: Der Verstand des Menschen hört in ihrem Dunkel und dem, was jenseits dessen liegen mag, auf. Der Wal sitzt auf der Meeresfläche, das Meer auf dem Wind und der Wind auf Gottes Allmacht. Das Gewicht der Erde und von allem, was auf ihr ist, wiegt nicht mehr als zwei Lettern im Buch Gottes, dem Kaf und dem Nun, die zusammen das Wort *Kun* bilden: 'Sei!' Und schon wurden sie zur Welt."[109]

Al-HUTS UNMUT

"*Iblis*, dem obersten von Gott abgefallenen Engel, gelang es, in den Wal, auf dessen Rücken die Erde ruht, einzudringen und ihm ob der Gefahren dessen, was er da am Rücken trug, Angst einzujagen. Iblis sagte: 'O Lawatiya, schau, was sich da alles auf deinem Rücken befindet – Länder, Tiere, Bäume und noch vieles mehr. Wenn du sie alle von deinem Rücken schütteln oder abwerfen würdest, fühlst du dich gleich wohler.' Als der Wal sich nun daran machte, das zu tun, wozu ihn Iblis angestiftet hatte, schickte Gott ein insektenartiges Wesen, das durch das Nasenloch des Wals schlüpfte, in sein Hirn gelangte und ihm grosse Schmerzen verursachte. Der Wal flehte Gott an, ihn davon zu befreien und Gott erlaubte ihm, wieder aus dem Kopf des Wals zu krabbeln, worauf es dann aber vor ihm her schwirrte. Der Wal sah es an und es den Wal; fiele es ihm wieder ein, das zu tun, was er anfänglich vorgehabt hatte, kröche es sofort wieder in ihn hinein."[110]

Die folgende von Alois Musil aufgezeichnete Legende demonstriert, dass dem Mythos um al-Hut auch noch bei den Beduinen der Neuzeit grosse Bedeutung zukam.

AL-HUT UND DIE SONNE UND DER MOND

"Mond und Sonne haben einen gemeinsamen Feind, ein fischartiges Monster: al-Hut. Al-Hut hat sie seit unvordenklicher Zeit verfolgt, schaffte es aber nur selten, ihnen beizukommen. Es öffnet dabei den Schlund und versucht, sie zu verschlucken. Manchmal entkommen sie ihr, dann erwischt das Monster nur ein kleines Stück von ihnen; zu anderen Zeiten verschlingt es sie jedoch ganz. Die Frau Sonne ist aber zu verbrannt und knochig, als dass al-Hut sie verdauen könnte; sie wird deshalb bald wieder unversehrt ausgespien. Die Ruala-Beduinen sind dann verärgert, dass nicht einmal al-Hut sie von der mörderischen Sonne befreien kann.
Um den Mond sind sie aber sehr besorgt. Wenn sie merken, dass al-Hut in den Mondjüngling hineingebissen hat, werden die meisten Lager unruhig; Männer und Frauen laufen hinaus, um dem Mond zu helfen. Die Frauen schlagen auf ihre Kupfertöpfe, die Männer schwingen die Speere, schneiden mit den Schwertern in die Luft und schiessen, alle zusammen schreiend: 'Oh al-Hut, lass gehen den Moooond! *Jah hut etlazi al-Qamaaa*'. Nützt das nichts, springen die Männer auf ihre Pferde, die Frauen auf die Kamele, und alle galoppieren in Richtung, wo das weibliche Monster den Mond bedroht. Bis jetzt haben sie es immer geschafft, den Mond zu befreien, aber sie befürchten trotzdem, dass al-Hut gewinnen könnte; deshalb gibt es einen Nachtwächter in jedem Lager, dessen Aufgabe es ist, nicht nur über ihren Besitz zu wachen, sondern auch über ihren Wohltäter, den Mond."[111]

α Piscis Austrini

AD-DIFDI AL-AWWAL – DER ERSTE FROSCH
AD-DIFDI AL-MUQADDAM – DER VORDERE FROSCH

K1 52

Dies ist der heute als Fomalhaut (*Fam al-Hut al-Janubi*, 'Maul des südlichen Fisches') bekannte Stern. Die Araber nennen ihn Den Ersten Frosch, sehen in ihm aber auch einen Strauss. Bei den Tigray gilt der Stern als Tochter des Fischmonsters al-Hut.

I 201 und LI 60

β Ceti

AD-DIFDI AT-THANI – DER ZWEITE FROSCH
AD-DIFDI AL-MU'AKHKHAR – DER HINTERE FROSCH

K1 53

Der Arabist Jacob schreibt: "Der Dichter, welcher wehmütig der fernen Heimat gedenkt, erwähnt unter ihren Reizen wohl auch den Teich, um den Frösche hüpfen. Die Schwächlinge gehen in der Wüste zugrunde gleich Kaulquappen, deren Regenwasserlache austrocknet."[112]

Piscis Austrinus und Grus

AL-ANA – DIE WILDESELHERDE

Bei Ibn Qutayba werden diese sonst als Teile al-Huts oder Frösche gesehenen Sterne bei der 25. Mondstation mitbehandelt und als "weisse Sterne unterhalb der Saad-Sterne" beschrieben.

K1 42

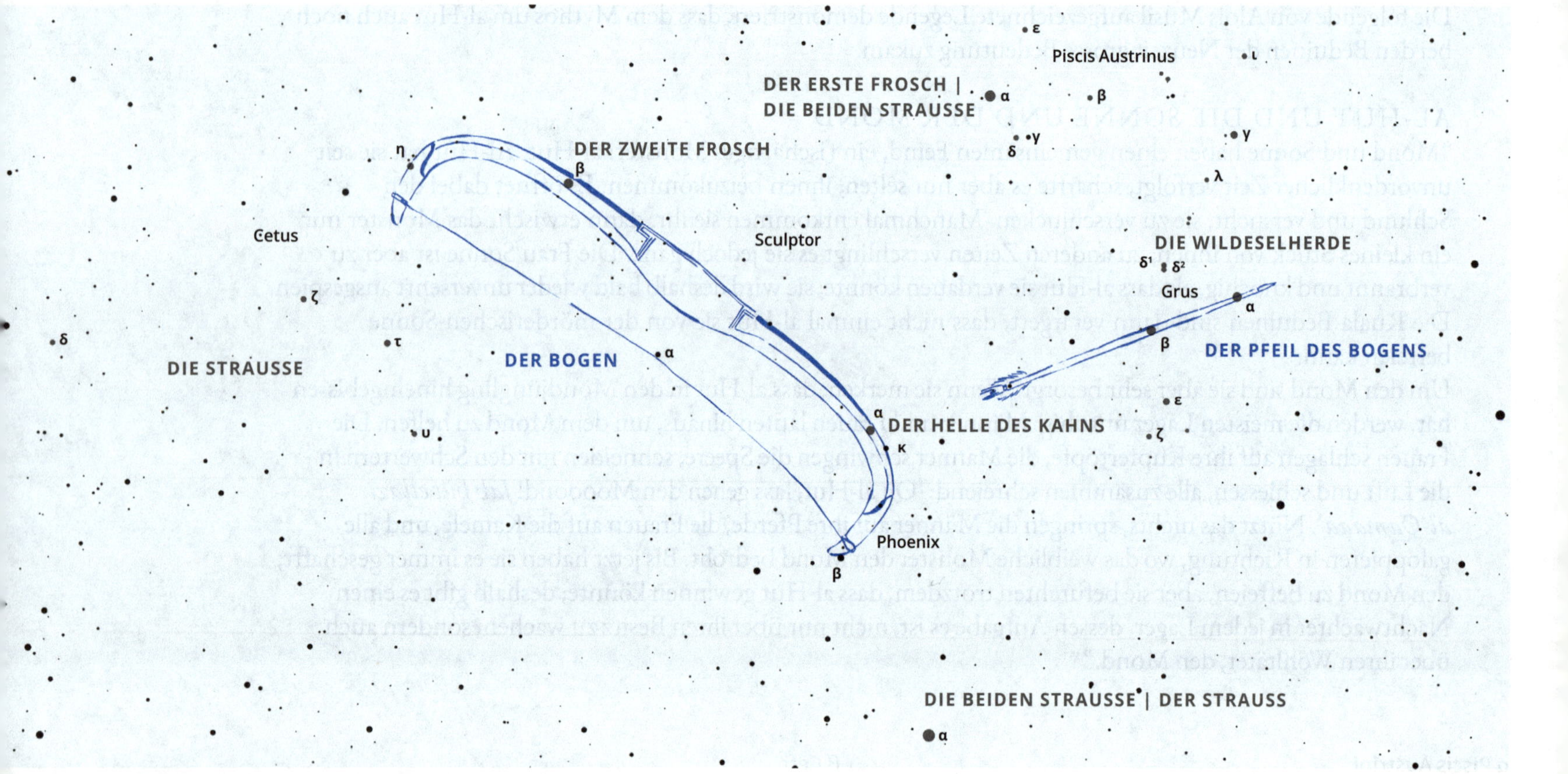

βα Phoenicis und βηϑ Ceti oder λ¹˒², ε Phoenicis und βγ Sculptoris und 99 Aquarii

AL-QAUS – DER BOGEN

Dieser Name wurde später auch zur Bezeichnung des griechischen Schützen in Sagittarius.

K7 274–275

αβ Gruis

SAHM AL-QAUS – DER PFEIL DES BOGENS

K7 275

IV VON LÄMMERN, LÖWEN UND HIMMELHOHEN

Aries

AL-HAMAL – DAS LAMM

Nach der Übernahme der ptolemaischen Sternbilder wurde aus diesem Lamm der vergleichsweise geschrumpfte Widder *al-Kabsh*, dessen Schwanz dann bei ε Arieties und nicht mehr in den Plejaden endete. Hatte α Arietis beim Lamm noch den Ansatz des rechten Horns markiert, bildete der Stern beim Widder die Spitze des linken Horns, wo der nunmehr im Profil gesehene Kopf endete.

L 85–86

Plejaden

ALYAT AL-HAMAL – DER LAMMSCHWANZ

L 86

νσ Arieties

ADLA AL-HAMAL – DIE SEITEN DES LAMMS

L 86

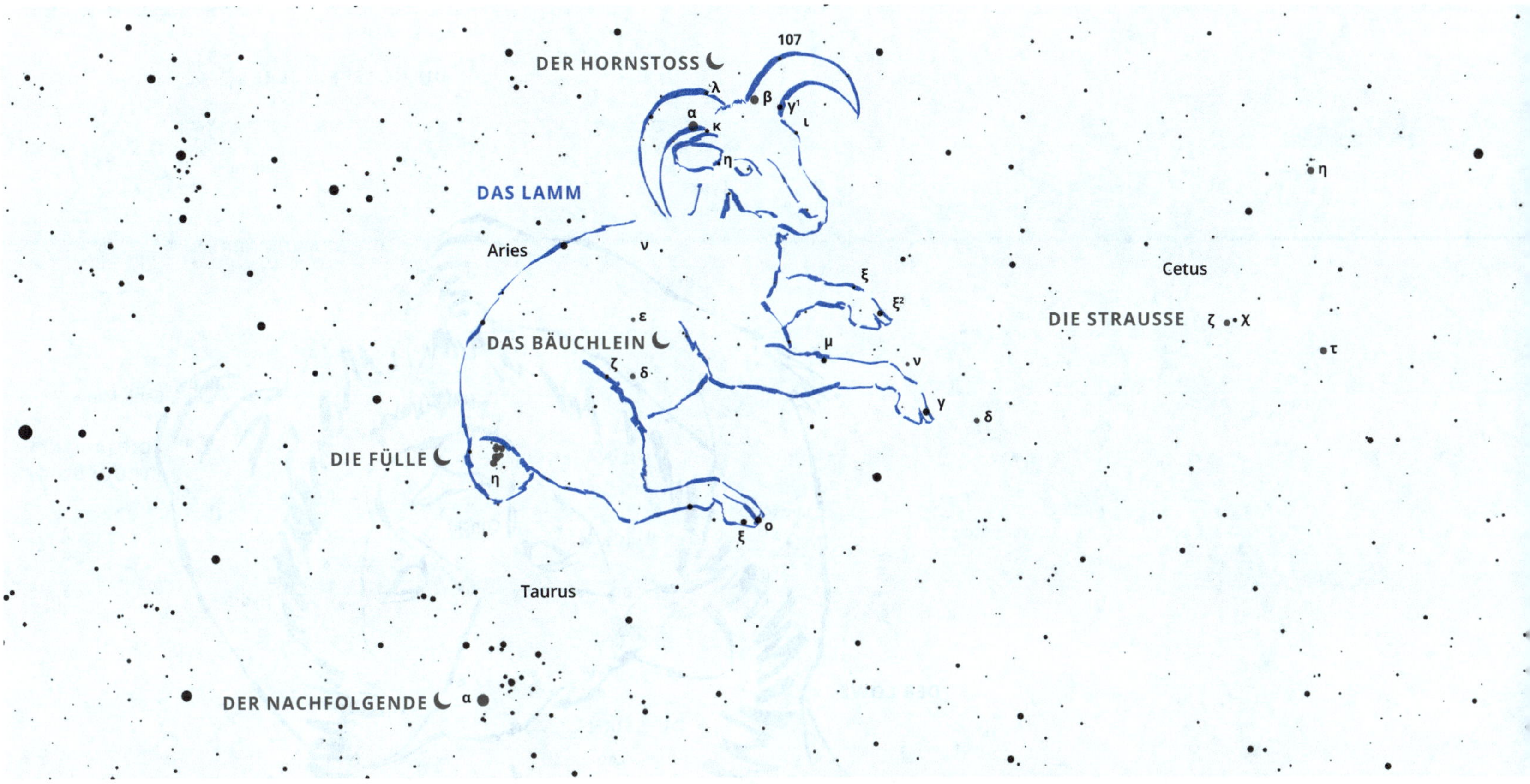

β und γ Arieties

AN-NATH – DER HORNSTOSS
ASH-SHARATAN – DIE BEIDEN ZEICHEN

Ash-Sharatan bedeutet sowohl zwei 'Zeichen' wie den 'Anfang eine Sache' – in diesem Fall die 1. Mondstation als Jahresanfang: Die Araber feiern den Neujahrstag *Nauruz* um die Zeit der Frühlingsnachtgleiche. Die Astronomen markierten dies mit dem Sternbild des ptolemaischen Widders, der mit seinen 'Zwei Hörnern' dem beginnenden Jahr einen 'Stoss' gibt.

Die arabischen Sternkundigen beobachteten aus meteorologischen Gründen sorgfältig in der Morgendämmerung den Aufgang der Sterne, die zu den Mondstationen gehörten. Diesen 'heliakischen Aufgang' nannten sie *Tulu*, 'das Aufsteigen, der Beginn'. Er war ebenso bedeutsam wie der Untergang der gegenüberliegenden, *Suqut* genannten Mondstation. Sie wechselten sich alle sechs Monate ab.

K1 88 und 110, K|S 54 und 18 sowie I 134 und 148–149

δερ Arietis

AL-BUTAIN – DAS BÄUCHLEIN

Das Bäuchlein des Lamms stellt die 2. Mondstation dar.

K1 51

Bei seinem Aufgang Anfang Mai begannen die Weiden auszutrocknen, weshalb die Nomaden zu ihren Zeltlagern und Brunnen zurückkehrten. Die Hirten sammelten die verstreuten Herden, um die Tiere zu verkaufen, Schulden zu bezahlen und ihre Werkzeuge auszubessern. Man traf dann auf seine Freunde und Bekannten, kleidete sich gut und parfümierte sich. Ibn Qutaiba überliefert dazu: "Wenn al-Butain aufgeht, werden Schulden beglichen, erscheinen schöne Kleider, läuft man Parfümhändlern und Schmieden hinterher."[113]

γ (Alhena) und ξ Geminorum

AL-HAN'A – DAS BRANDZEICHEN

Die beiden sonst zu al-Jauzas Bogen gehörenden Sterne wurden mit den Brandmarken auf den Kamelhälsen verglichen. Diese 6. Mondstation war zugleich die erste des Winters.

K1 64

ημν Geminorum

AT-TAHAYI – DIE HEILSBRINGER

Die genaue Bedeutung des Namens ist unbekannt; möglicherweise bedeutet er 'sehr regnerisch', oder er leitet sich von *Hayya* ab, 'Heil'.

K1 113, K3 212

Ideler schreibt: "Unter dieser Wurzel findet sich zweimal die Bedeutung *pudenda*, auch ausdrücklich *vulva camelae.* Man stosse sich nicht an dieser Etymologie. Nirgends hat der Satz *naturalia non sont turpia* mehr Kraft als im Morgenlande, wo solche Dinge sogar *religiosa* sind und waren. Man denke nur an die Phallica, die Verehrung des Lingams usw."[114]

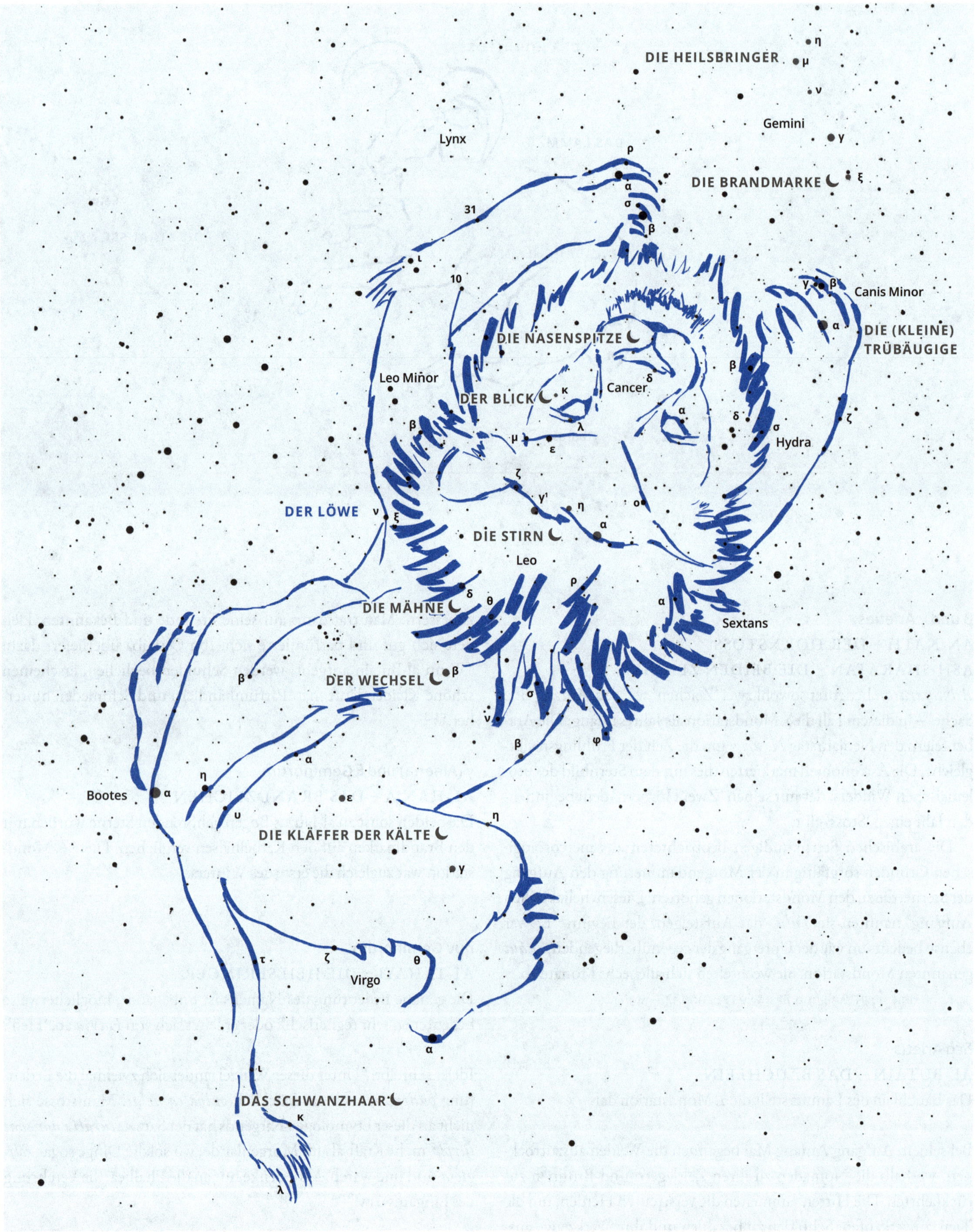
DIE HEILSBRINGER
Gemini
Lynx
DIE BRANDMARKE
Canis Minor
DIE (KLEINE) TRÜBÄUGIGE
DIE NASENSPITZE
Leo Minor
DER BLICK
Cancer
Hydra
DER LÖWE
DIE STIRN
Leo
DIE MÄHNE
Sextans
DER WECHSEL
Bootes
DIE KLÄFFER DER KÄLTE
Virgo
DAS SCHWANZHAAR

αβ Geminorum

ADH-DHIRA AL-MAQBUDA –
DIE ANGEZOGENE VORDERPFOTE (DES LÖWEN)

K1 54

Qazwini schreibt: "Der Löwe liebt den Klang des Gesangs, des Tamburins und der Rohrflöte. Wenn er im Dunkeln ein Licht sieht, geht er dorthin. Dann legt sich die Heftigkeit seines Zornmutes und seine Angriffslust mildert sich. Man behauptet, dass er es nicht auf den abgesehen hat, der sich demütig und unterwürfig verhält. Er ist selten frei von Fieber, deshalb nennt man das Fieber die Krankheit des Löwen."[115]

αβ Canis Minoris

ADH-DHIRA AL-MABSUTA –
DIE AUSGESTRECKTE VORDERPFOTE (DES LÖWEN)

Als 7. Mondstation bedeutete *Adh-Dhira* ursprünglich die dem Alltag entnommene 'Elle'. Es gab auch eine kurze Elle, deren Enden von α und β Geminorum markiert wurden. Nach Übernahme der griechischen Sternbilder wurde diese Region mit dem Tierkreiszeichen der Zwillinge neu überzeichnet, die Ellen jedoch wurden zu den Tatzen eines übergrossen Löwen. Bereits Ideler bemerkte die Zerrfigur des arabischen Löwen und meinte, Adh-Dhira sei wohl ursprünglich ein eigenständiger Name gewesen, ohne jede Beziehung zum Löwen und erst in jüngster Zeit auf diesen bezogen.

K1 54 und I 150 und 154

εγδ Cancri

AN-NATHRA – DIE NASENSPITZE (DES LÖWEN)

Diese drei dicht beieinanderstehenden Sterne bilden die 8. Mondstation. 'Nasenspitze' oder 'Maul' des Löwen wurden sie erst nach Übernahme der griechischen Sternbilder benannt, bei denen der Löwe überproportional gross wurde.

K1 88

κ Cancri und λ Leonis oder zwei Sterne vor der Stirn ζγηα Leonis

AT-TARF – DER BLICK (DES LÖWEN)

Die 9. Mondstation.

K1 114

Der Arabist Jacob schrieb vor hundert Jahren: "Nicht Löwen der Wüste, sondern Löwen der *Ghab*, des Gestrüpps, kennen die alten Lieder: Im Dickicht (*Aiqa*) ist das Löwenlager (*Aria*). *Ma'sada* nennt man eine Gegend, in welcher Löwen vorkommen, denn *Asad* ist der gewöhnliche Name des Tiers; das alte *Laith* tritt mehr und mehr zurück. Im Papyrus pflegt er zu ruhen und an ihm haften, wenn er sein Lager verlässt, häufig noch vertrocknete 'Perücken'-Abfälle der Papyrusstauden. Man stellte ihm nicht in ritterlichen Löwenjagden nach, sondern mit einer Fallgrube (*Zubja*). Seine nicht sehr häufige Erwähnung erklärt sich daraus, dass der Löwe nicht wie die Gazelle über ganz Arabien verbreitet war und die Wenigsten ihn gesehen haben mochten."[116]

ζγηα Leonis

JABHAT AL-ASAD – DIE STIRN DES LÖWEN

Die 10. Mondstation. ε und ο Leonis zählen mit zum Vorderteil des Löwen.

K1 61 und K6 39

Ideler schreibt: "Welches Missverhältnis der Nase zur Stirn, der Schienbeine zur Hüfte! Wer kann aber, fragt es sich, der Urheber eines solchen Zerrbildes sein? Gewiss nicht die arabischen Nomaden. Diese dachten sich entweder unter einzelnen Sternen einzelne Tierfiguren, oder sie begriffen einige wenige Sterne unter einem Namen, den sie von der Ähnlichkeit ihrer Stellung mit Gegenständen entlehnten, welche familiär waren, zum Beispiel mit einem Waagebalken, einer Bahre, einem Kreuz und so weiter. Überdies wussten die Nomaden von dem griechischen Löwen nichts, von dem offenbar der arabische eine Karikatur ist. Ebenso wenig kann dieses Monstrum die Schöpfung eines Sternkundigen sein. Die arabischen Astronomen haben an den griechischen Bildern nichts Wesentliches geändert und namentlich den griechischen Löwen in seinen Würden gelassen. Wie hätten auch die Astronomen darauf kommen sollen, ein Bild zu formieren, in dessen Teilen gar kein Ebenmass herrscht? Es bleibt also nichts übrig, als die Voraussetzung, dass dasselbe ein Machwerk unwissender, des Himmels unkundiger Grammatiker ist, ich meine, dass es seine Entstehung falschen Deutungen und willkürlichen Verdrehungen älterer Sternnamen verdankt."[117]

α Leonis

QALB AL-ASAD – DAS HERZ DES LÖWEN

K3 169

Der Name gibt nicht das entsprechende Organ des Sternbilds wieder, sondern geht auf die Bedeutung des ptolemaischen Namens für den Stern – Regulus – ein.

δ und θ Leonis

AZ-ZUBRA – DIE MÄHNE
AL-KHARATAN – DIE BEIDEN LÖCHER

Al-Musajib nennt diese 11. Mondstation sowie das Sternbild des Skorpions Unglückssterne.

K | S 42 und K1 118, J 262

β Leonis

AS-SARFA – DER WECHSEL

Diese 12. Mondstation wurde so genannt, weil man ihr eine Veränderung des Wetters zuschrieb.

K1 95, K3 221 und K | S 41

DER WECHSEL UND DIE NÄCHTE DER ALTEN FRAU

"Ging As-Sarfa Ende Februar unter, wurde die Woche danach *Layali al-Ajuz* genannt, 'Die Nächte der alten Frau'. Um sie kursierten mehrere Legenden. Qazwini erzählt, sie sei eine alte Beduinin gewesen, die ihren Stamm warnte, dass am Ende des Winters noch einmal eine grosse Kälte käme, die ihre Herden erfrieren lassen würde. Man hörte nicht auf sie und schor die Schafe, worauf die bittere Kälte des nächsten Tages sie alle umbrachte. In einer anderen Version will sie selbst ihre Schafe nicht scheren, weil sie fürchtet, dass die Winterkälte noch nicht zu Ende wäre. Jeder lachte sie aus und bereitete sich auf den Frühling vor, aber die Kälte kam zurück und brachte alle geschorenen Tiere um.

In einer weiteren, vom *Koran* (Sure 41.16 und 69.7) abgeleiteten Version, gehört sie dem vorislamischen Stamm der Ad an, den Gott 'durch einen eiskalten Wind an unheilvollen Tagen vernichtete, um ihn die schändliche Strafe für ihre Gottesleugnung im diesseitigen Leben kosten zu lassen'. Der eisige Wind blies sieben Tage lang, und nur die alte Frau überlebte oder starb am achten Tag.

Im heutigen Jemen wissen die Leute noch, dass diese Tage so heissen, weil eine alte Frau dann die Kälte in ihren Knochen spürt. Der Ausdruck geht jedoch nicht auf die Bedeutung von *Ajuz* als 'alte Frau', sondern als 'Winterende' zurück."[118]

QUNB AL-ASAD – DIE HÜLLE DER RUTE DES LÖWEN

Der Name des Sterns bezieht sich bloss auf den Schwanz des anders figurierten ptolemaischen Löwen; er wurde auch Dhanab al-Asad genannt, woher die moderne Bezeichnung Denebola rührt.

K1 95

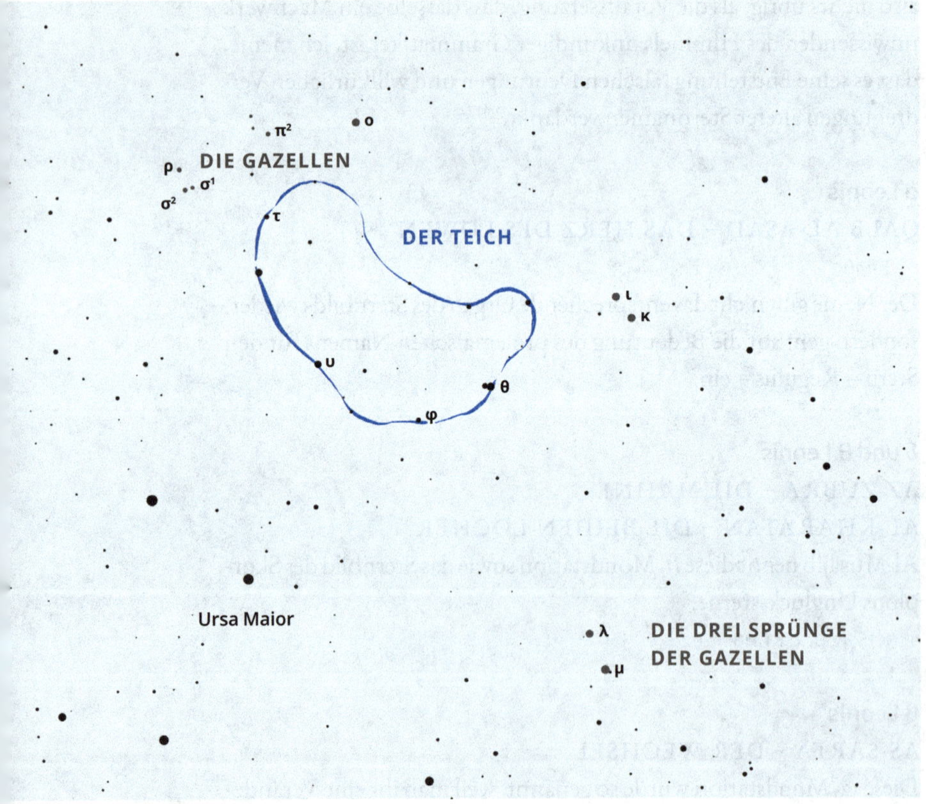

ικλ Virginis

AL-GHAFR – DIE SCHWANZSPITZE DES LÖWEN

K1 63

Das "Haar auf der Schwanzspitze des Löwen" stellt zugleich die 15. Mondstation dar.

ρ, σ, A, π und o Ursae Maioris

AZ-ZIBA – DIE GAZELLEN

I 20

ι und κ, λ und μ sowie ν und ξ Ursae Maioris

K1 104

oder

τ, h, υ, φ, ϑ, e und f Ursae Maioris

I 20

QAFAZAT AZ-ZIBA – DIE DREI SPRÜNGE DER GAZELLEN

Da die Randsterne von Ursa Maior kreisförmig angeordnet sind, wurden sie auch bezeichnet als: AL-HAUD – DER TEICH.

K1 104 und 67

Ideler schreibt: "Die Sage der Araber ist: der Löwe schlug mit seinem Schwanz auf die Erde und die Gazellen sprangen davon in drei Sprüngen. Die Araber sagen: als die Gazellen vor dem Löwen flohen, sprangen sie in den Teich."[119]

α Bootis und α Virginis

SAQA L-ASAD – DIE HINTERBEINE DES LÖWEN

K1 104

βηγε Virginis

AL-AWWA (AL BARD) – DIE KLÄFFER (DER KÄLTE)

Die 13. Mondstation. Die Bedeutung des Namens ist nicht mehr sicher feststellbar; die arabischen Grammatiker schwanken zwischen einer Ableitung von *awa* als 'heulen, jaulen' oder 'biegen' (weil das dort von den Griechen neu übernommene Sternbild Jungfrau am unteren Ende umgebogen ist). Es sind Hunde, die hinter dem Löwen herbellen. 'Die Kläffer Der Kälte' werden die vier Sterne genannt, weil sie am 22. September auf- und am 22. März untergehen.

K1 45 und N 168 und 170

15,7, 23 Comae Berenices

AS-SUNBULA – DIE ÄHRE

K1 108

Diese Sterne markieren in anderen Mondkalendern statt dem weiter unten angeführten Himmelhohen die 14. Mondstation. Hinter ihrem Namen steckt das alte mesopotamische Sternbild der Getreideähre, die bei den Babyloniern in den Sternen von Virgo lag, und die von den Arabern auf die daneben in Coma Berenices liegende 'Dattelrispe' verschoben wurde, welche in Mesopotamien die Schutzherrin der Geburt und Fruchtbarkeit Eru symbolisierte. Von den Griechen wurden beide Sternbilder Demeter, Persephone und Parthenos zugeschlagen, die dann als 'Virgo' wieder zurück nach Arabien gelangten, um dann AL-ADHRA – DIE JUNGFRAU genannt zu werden.

K1 108 und K4 202

In einer dem griechischen Löwen näheren Figuration hiessen die drei Sterne von Coma Berenices AL-HULBA AL-ASAD – DAS HAAR [AM SCHWANZENDE] DES LÖWEN; die gängige arabische Vorstellung des Löwen integriert das Schwanzbüschel des Löwen jedoch nicht.

K1 65

α Virginis und α Bootis

SELMAN und SAMA SELMAN – SELMAN und SELMANS ZEUGE

So wird dieses sonst die Hinterbeine des Löwen bezeichnende Sternenpaar von den äthiopischen Tigray genannt. Es bezieht sich auf den legendären Gefährten Mohammeds, den von den Alawiten hochverehrten Salman al-Farisi; er galt als erster Perser, der zum Islam übertrat. Diese Figur mag ihre Wurzeln in dem am Golf von Aqaba verehrten göttlichen Heros Salman haben, dem man in seinen Tempeln Statuen aufstellte und Mädchen zu Diensten gab; als *Selmanes* ist er durch mehrere griechische Inschriften am nordsyrischen Jebel Shaikh Berekat bezeugt.

LI 300–301 und R 20

α Bootis und α Virginis

AS-SIMAKAN – DIE BEIDEN HIMMELHOHEN

Die Simakan zählen zu den ältesten als Zeitgeber für den Jahreslauf benutzten Sternbildern; ihr Name leitet sich ab von *smk*, 'hoch sein wie der Himmel'. Der erste 'Himmelhohe' (α Bootis) galt bei den Arabern als *ar-Ramih*, 'Der Lanzenbewaffnete (Simak)', der zweite (α Virginis) hingegen wurde *al-A'zal*, 'Der Unbewaffnete (Simak)' genannt.

K3 133–134 und K4 202

Sterne von Bootes

AS-SIMAK AR-RAMIH – DER LANZENBEWAFFNETE HIMMELHOHE

K1 99

Das Gestirn muss aufgrund der Lanze eine Figur sein, zu der nur α Bootis passt, mit η als linkem Fuss und ε als Schulter oder Kopf. Der Unbewaffnete Himmelhohe wäre dann ebenfalls kein Einzelstern, sondern eine von Virgo gebildete männliche Figur: Sie könnte sich auf den unteren Teil von Virgo erstrecken, wo mehrere Einzelsterne unbenannt sind.

Die folgenden Verse weisen Bootes als männlich figuriertes Sternbild aus: "Wann immer man dich zum Kampf und Streit ruft – nutz Thurayya als Schild und den Himmelhohen als Lanze."[120]

σρ – τυ Bootis oder η Bootis

AR-RUMH – DIE LANZE

K1 99

Die zwei Lanzenenden tragen jeweils eine Spitze; eine davon kann nach anderen Quellen auch als η Bootis allein gesehen werden.

Virgo

AS-SIMAK AL-AZ'AL – DER UNBEWAFFNETE HIMMELHOHE

K3 133, 188 und 146

Dieses Gestirn wird auch als Der Alleinstehende Himmelhohe bezeichnet, "weil er nichts vor sich hat und er ein Mann ist, der keine Waffe hält". Er bildet die meist kurz 'as-Simak' genannte 14. Mondstation.

K1 105

Für die Sterne dieser Figur kommen zwischen den Sternen der Kläffer Der Kälte δ, θ und ζ in Frage.

βγδε Corvi

ARSH AS-SIMAK AL-A'ZAL – DER THRON DES UNBEWAFFNETEN HIMMELHOHEN

K1 44 und K5 42

Die Funktion als Zeitgeber und das Alter der Bezeichnung der Simakan legen eine Übernahme aus Mesopotamien nahe. *Simanu* hiess der dritte Monat Mai | Juni in Babylon, der allerdings mit Hitze verbunden war. Der Monatsname wanderte offenbar über die Jahrtausende mit den Aufgängen des Gestirns im Jahr zurück, sodass er, wie Musil berichtet, bald mit den letzten Regen im April verbunden wurde. Der Lanzenbewaffnete Simak für Arcturus mag sich durch den Namen ergeben haben, den Bootes in Babylon trug: 'Der Das Szepter Hält'.

Die Simakan gelten als Regen bringende Sterne. Kamelkrankheiten werden auf den Untergang des Gestirns Simak zurückgeführt; auch sonst richtet man sich bei der Kamelzucht nach dem Stand der Sterne.[121]

Aus dem 'himmelhohen' Lanzenträger Simak wurde nach Übernahme der ptolemaischen Sternbilder HARIS ASH-SHAMAL – HÜTER DES NORDENS und HARIS AS-SAMA – HÜTER DES HIMMELS, was sich vom 'Bärenhüter' des griechischen Arkturos für α Bootis herleitet. Aus ähnlichem Grund hiessen die Araber α Aurigae 'Wächter der Plejaden'. Der Hüter Des Nordens hält in seiner rechten Hand einen Stab: μ Bootis – unser Alkalurops; dieser Name stellt eine Verballhornung des griechischen *Kalauroph* dar, 'oben gebogener Hirtenstab, Löckstachel'. β Bootis wurde schliesslich in neuerer Zeit BAQQAR – DER OCHSENTREIBER genannt, in Übertragung des griechischen 'Bootes'; er heisst heute, in einer weiteren Verballhornung des Namens, 'Nekkar'.

K1 67 und K3 190, I 56 und 49–50

V DER SKORPION

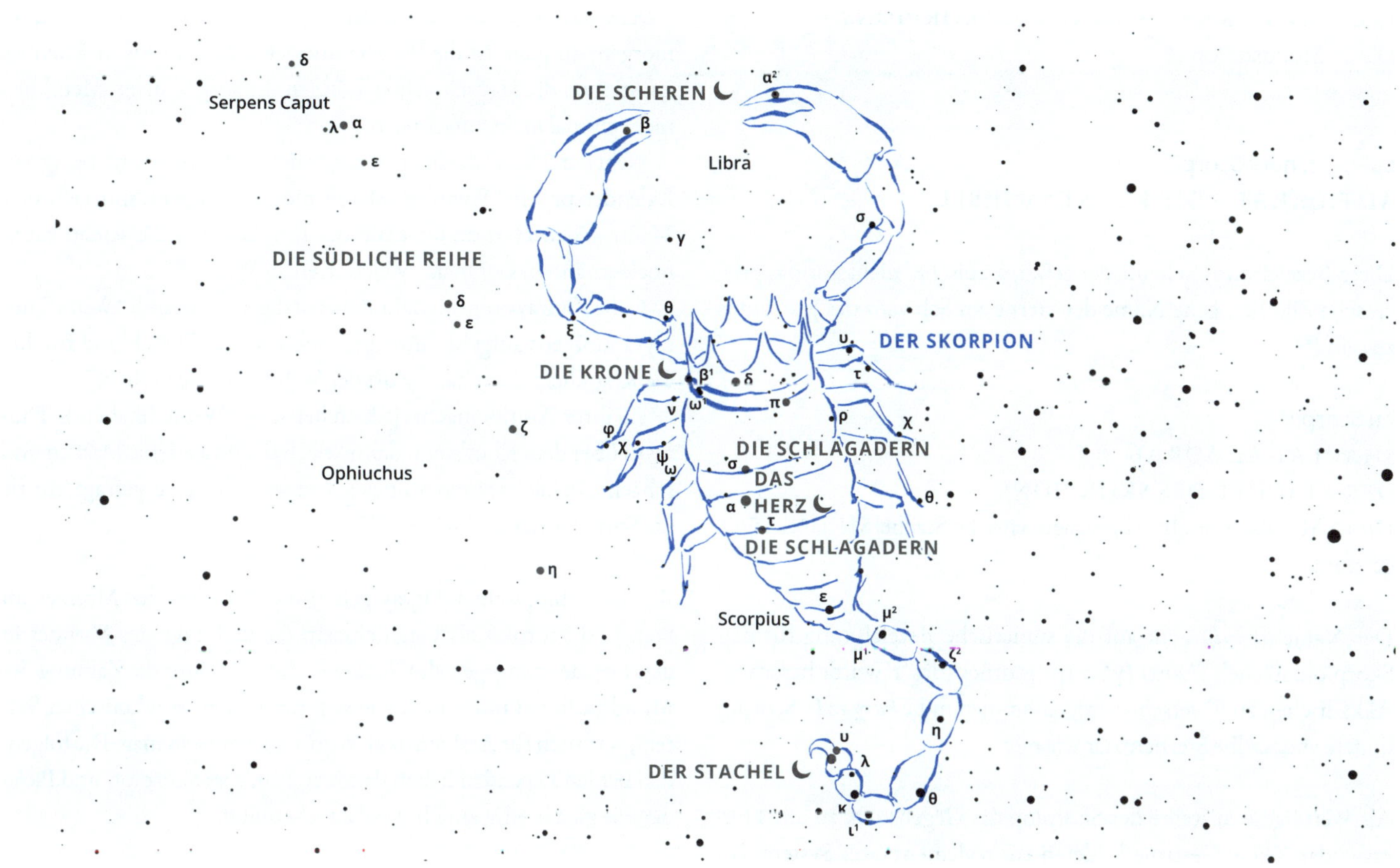

Scorpius

AL-AQRAB – DER SKORPION

K|S 43

Bei den äthiopischen Tigray heisst das Sternbild hingegen ARAQQEB, 'die Skorpione'; es wird an ihrem Himmel offenbar als zentral gesehen.

LI 300

α und β Librae

AZ-ZUBANA – DIE SCHEREN (DES SKORPIONS)

K|S 43

Unterschieden wurde zwischen der nördlichen und der südlichen Schere. Beide Scheren wurden bereits in Mesopotamien im 1. Jahrtausend abgetrennt und zu einer Waage umgeformt; die Römer machten sie zur Libra, als Symbol der Gleichheit der Tage und Nächte. Nach der Übernahme der ptolemaischen Tierkreiszeichen wurde dieses Sternbild dann ebenfalls AL-MIZAN – DIE WAAGE genannt.

Bei den Tigray heissen die beiden Scheren 'Die Dünne Kinnlade' und 'Die Dicke Kinnlade', nach ihrer Ähnlichkeit mit den Knochen unseres Ober- und Unterkiefers.

K1 118, K4 202, N 174 und LI 300

α Scorpii

QALB AL-AQRAB – HERZ DES SKORPIONS

Dies ist die vor Ptolemaios geläufige Bezeichnung des in Europa auch als Calbalacrab bekannten Sterns. Die äthiopischen Tigray nannten ihn KOKAB ABI – GROSSER STERN oder LEBB – HERZ.

K3 169 und LI 300

Laut Jacon galt das gesamte Sternbild des Skorpions den Arabern als Unglücksgestirn.[122]

ς und τ Scorpii

AN-NIYAT – DIE SCHLAGADERN

Die Bezeichnung dieser beiden, dem Herzen benachbarten Sterne, wurde erst in islamischer Zeit eingeführt.

K1 20 und 89

δ Scorpii

JABHAT AL-AQRAB – STIRN DES SKORPIONS

K3 158

βδπ Scorpii

IKLIL AL-AQRAB – KRONE DES SKORPIONS

Die 17. Mondstation

K1 71

$\varepsilon\mu^{1,2}$, $\zeta^{1,2}$, ηθικ Scorpii

AL-FIQARAT – DIE RÜCKENWIRBEL

K1 59

Diese Bezeichnung scheint der echte, arabische, nicht auf das griechische Bild bezogene Name der Sterne am Schwanz des Skorpions zu sein.[123]

λυ Scorpii

SHAULAT-AL AQRAB –
DER STACHEL DES SKORPIONS

Die 18. Mondstation. In Abessinien wird der Stachel SHAULATAT genannt.

K1 111 und LI 299

Der Name *Shaula* geht auf die sumerische Bezeichnung für den Skorpionsstachel, *Sharur* (γ Scorpii) zurück (das 'r' wurde bereits im Akkadischen zu 'l' verschoben); zusammen mit *Shargaz* (υ Scorpii) bildete er dasselbe Sternenpaar wie hier.

Als Wettergestirn stellte der Skorpion das Gegenstück zu ath-Thurayya dar. Diese Gestirne bildeten ein reglementiertes System, bei dem jeweils ein morgens, kurz vor Sonnenaufgang im Westen untergehendes Gestirn, bestimmte Wetterentwicklungen wie Regen oder Kälte ankündigt, während jeweils gleichzeitig im Osten kurz vor der Sonne ein entsprechendes Gegengestirn aufgeht.[124]

Beide markieren zwei unterschiedliche harte Jahreshälften, Skorpion den Winter und die Plejaden den Sommer. Geht al-Aqrab am 1. Dezember auf, heisst ein Kalenderspruch dazu: "Wenn al-Aqrab morgens aufgeht, ist die Wasserrinne gefroren, hält Eis und Schnee an, sterben die Heuschrecken, können die ausgezehrten Menschen nicht einmal mehr aufschreien."

Geht der Stachel des Skorpions um den 1. Dezember auf, besagt ein Kalenderspruch: "Wenn ash-Shaula morgens aufgeht, spürt ein alter Mann seinen Harndrang, kann der Familienvater die seinen kaum noch ernähren, sagt man: 'Welch strenger Winter!'"

Geht Thurayya am 6. Mai auf, heisst die Bauernregel: "Wenn Thurayya morgens aufgeht, hüte man sich vor dem Fleisch und fürchte die Krankheit: denn dann läuft der Wahn über die Höhen."

Zu ihrer Position nachts jedoch heisst es: "Wenn dir abends Thurayya über dem Kopf steht, dann kriech tief unter deine Decken und schächte deine fettesten Kamele: Und wirst du etwas gefragt, runzle die Stirn, wieder und wieder."[125]

Bei den äthiopischen Tigray gelten die vier Tage des Mondes im Sternbild Scorpius als Unglückszeit; die drei Tage des Mondes in den Plejaden hingegen als Glückszeit. Dort beginnt die Zählung der Mondstationen mit ihnen, wie schon im alten babylonischen System, was auch für Arabien das Ursprünglichere sein mag. Die folgenden beiden Legenden haben damit zu tun, dass Skorpion und Plejaden nie gleichzeitig am Himmel zu sehen sind.[126]

DER SKORPION UND DIE PLEJADEN

"Der Grosse Stern [al-Aqrab, Scorpius] ist der Anführer der Sterne. Seine Farbe ist rot und um ihn herum sind viele Sterne. Einige von ihnen haben Namen, die meisten aber keine. Alle, die in seiner Nähe sind, sind gleichsam sein Heer oder seine Vasallen, und er ist der Häuptling aller Sterne; sie unterstehen seiner Rechtsprechung. Auch die Menschen. Und diese ehren Den Grossen Stern sehr und blicken ihn nicht öfter als zweimal hintereinander an, denn sie sagen: 'Er ist vornehm, wir dürfen ihn nicht zu oft ansehen.' Und wer ein Bräutigam ist, der geht, wenn Der Grosse Stern am Himmel steht, nicht aus dem Haus, auf dass er sein Licht nicht sehe. Doch auch das Licht anderer Sterne ist tabu für den Bräutigam.
Der Grosse Stern ist der Schwiegersohn der Kima [Plejaden] und darum verbergen sie sich voreinander. Wenn er am Himmel steht, geht sie nicht auf; und wenn sie vor ihm aufgegangen ist, er dann aber aufgehen will, so geht sie rasch wieder unter. Dies kommt daher, weil sie verschwägert sind. Ein Mann nämlich muss sich immer vor der Frau, deren Tochter er geheiratet hat, verbergen; aber auch sie muss sich meist vor ihm verbergen. Und gemäss dieser Sitte verbergen sich Der Grosse Stern und Kima voreinander.
So erzählt man."[127]

Eine innerarabische Legende führt die Gegensätzlichkeit von Scorpius und den Plejaden breiter aus als bei der oben zitierten Legende der Tigray.

"Al-Aqrab und ath-Thurayya [die Plejaden] waren Nebenfrauen. Ihrer beider Ehemann war ein fahrender Händler, der sich von Ort zu Ort begab, um den Lebensunterhalt für sich und seine beiden Gattinnen samt ihren Kindern zu verdienen. Da kam es einmal dazu, dass ihr Gatte die Stadt verliess, um wie immer seinen Geschäften nachzugehen – jedoch später zurückkam, als er angegeben hatte.
Da die Lebensmittel, welche die Frauen vorrätig hatten, begrenzt waren, ging ath-Thurayya ihr Anteil bald aus. Deshalb ging sie, um sich mit der Nebenfrau al-Aqrab zu besprechen, wie sich eine Lösung finden liesse oder zumindest ein Rat, ihren vor Hunger knurrenden Magen zum Schweigen zu bringen, der zirpte, als hätte sie Schwalben im Bauch.
Da al-Aqrab aber ath-Thurayya hasste und ihr feindselig gesinnt war, ergriff sie die Gelegenheit, sich bei ihr zu rächen und ihr etwas anzutun. Und so sagte sie zu ath-Thurayya: 'Oh Schwester, wir können uns bloss auf eine Weise noch vor dem Verhungern retten – jede von uns sollte eins unserer Kinder schlachten und es entzweischneiden. Die eine Hälfte könnte dich und deine Kinder ernähren; die andere aber würde ich als Nebenfrau erhalten, und dies, bis Gott uns von dieser Plage erlöst.'
Ath-Thurayya stimmte dem Vorschlag zu und ging sogleich in ihre Kammer, packte einen ihrer Jungen, tötete ihn und schnitt ihn in zwei Hälften: die eine behielt sie für sich, die andere gab sie al-Aqrab.
Am nächsten Tag gab ihr al-Aqrab dieselbe Kinderhälfte aber wieder zurück und machte sie glauben, dass es die Hälfte eines ihrer Kinder wäre. Und so ging das weiter: ath-Thurayya schlachtet die ihren und gibt al-Aqrab jedesmal die Hälfte; am nächsten Tag reicht al-Aqrab ihr diese Hälfte wieder zurück, indem sie ihr jedesmal vortäuscht, sie hätte genauso wie ath-Thurayya eines ihrer Kinder umgebracht – bis ath-Thurayya alle ihre Kinder getötet hatte.
Kurz nach dieser Tragödie wurde in der Stadt ausgerufen, dass die Karawane, der sich der Gatte der beiden angeschlossen hatte, zurückgekehrt war. Sobald al-Aqrab die Nachricht von der Rückkehr ihres Mannes vernahm, eilte sie nach Hause, holte ihre Kinder aus ihrem Versteck, wusch ihnen die Gesichter, flocht ihnen die Haare, zog ihnen frische Kleider an und schickte sie los, um ihren Vater willkommen zu heissen.
Als sie herauskamen, war ath-Thurayya wie vom Blitz getroffen, einer Irren gleich, die nicht mehr weiss, was tun und sagen. Sie schnappte nach Luft und stiess einen lauten Schrei aus. Da erbarmte Gott sich ihrer: Er hob sie in den Himmel in Gestalt von zerstreuten Sternen, um damit ihre innere Zerrissenheit über diese schreckliche Tat zu zeigen. Die niederträchtige Nebenfrau aber verwandelte er in das Gestirn des Skorpions.
Deshalb lässt im Sommer keine Mutter in Bagdad ihre Kinder ohne schützende Decke auf dem Hausdach schlafen, wie dies Sitte ist. Damit soll verhindert werden, dass ath-Thurayya auf ein Kind ein böses Auge wirft und es zu Schaden kommt."[128]

Qazwini hatte dazu Jahrhunderte zuvor naturwissenschaftlich festgehalten: "Der Skorpion ist das bösartigste der Geziefer, der alles sticht, auf das er trifft. Er hat acht Beine und sein Auge ist auf seinem Bauch. Seine Jungen kommen aus seinem Rücken hervor, und wenn die Jungen herauskommen, stirbt die Mutter."[129]

VI Glücksgestirne

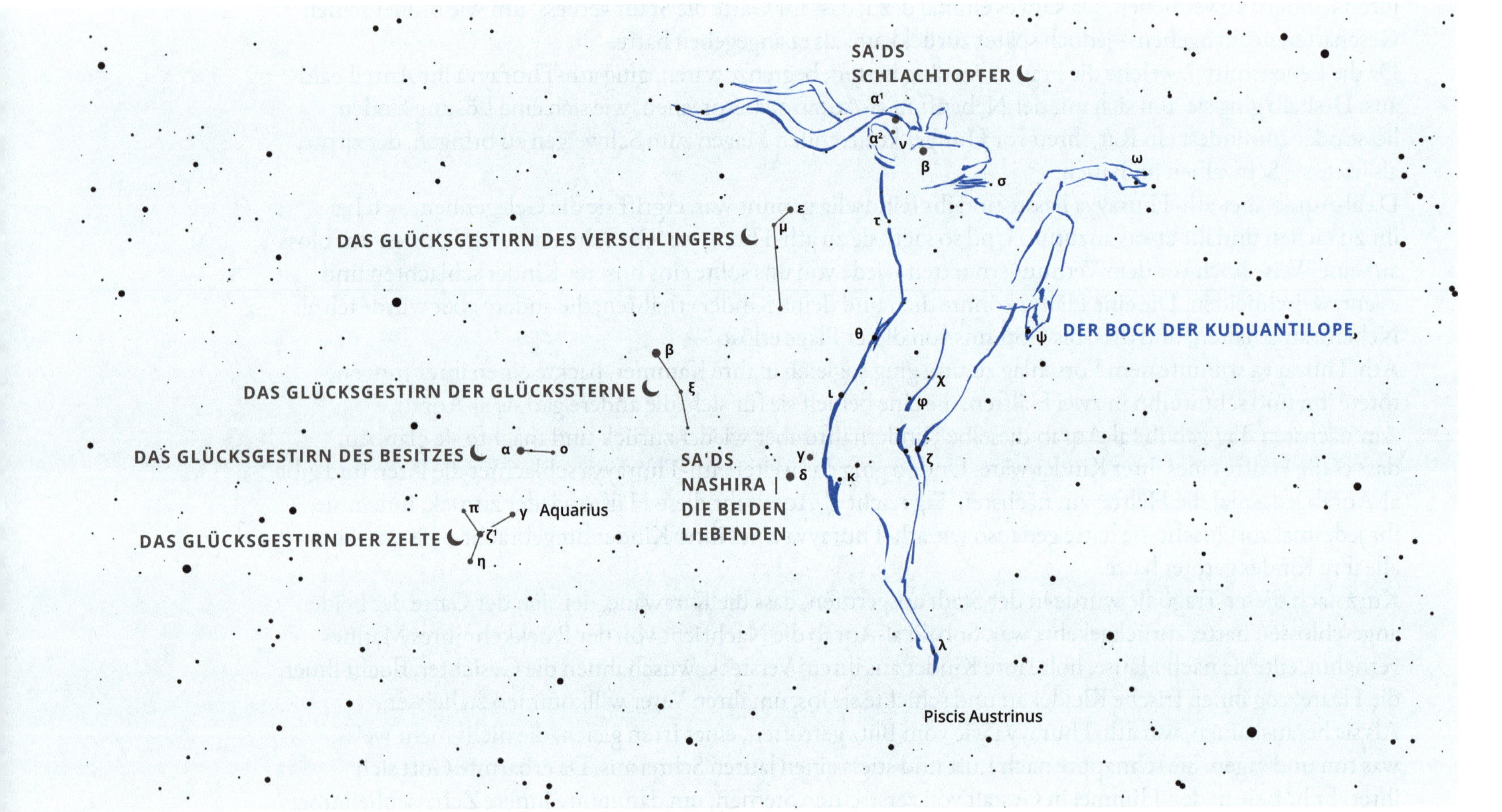

Capricornus

GARWA – DER BOCK DER KUDUANTILOPE

So wird unser Sternbild des Steinbocks von den äthiopischen Tigray genannt.[130] Der Name beruht auf der altorientalischen Vorstellung einer fischschwänzigen Ziege in diesem Sternbild.

α und ν Capricorni

SA'D ADH-DHABIH – SA'DS SCHLACHTOPFER

Mondstation 22. Ibn Qutaiba schreibt: "Nahe dem oberen Stern (α Capricorni) steht ein kleiner, der fast mit ihm zusammenklebt; die Beduinen sagen dazu, 'das ist sein Schaf, das er schlachtet'.

Bei den Arabern gibt es zehn Sterngruppen (die meisten davon Sternpaare; vier davon auch Mondstationen), deren Namen mit Sa'd zusammengesetzt sind, wobei die Beduinen der Rub al-Khali so auch den Orion nennen.[131] Der Name ist offenbar so alt, dass er von den Arabern nicht mehr verstanden wurden, weshalb sie ihn mit 'Glück, Glücksgestirn' übersetzten. Erklärt werden dabei immer nur die jeweiligen Beiwörter; Sa'd selbst wird als Eigenname stehen gelassen.[132] Wahrscheinlich stammt der Name vom altägyptischen *Sahd* (Planet), der als Gottheit aufgefasst wurde.

Farghani beschrieb die beiden Sterne mit folgenden Worten: "Sa'd ad-Dhabih, zwei lichtschwache Sterne. Der dunkle, nahe beim nördlichen, heisst bei den Arabern *al-Jah*; daher die Benennung *ad-Dhabih,* 'Des Schlachtenden'." Qazwini erklärt, "er nimmt den kleinen, ihm nahestehenden Stern [ν Capricorni, ash-Shat, 'Das Schaf'] wie ein Schaf auf, das er schlachten will". Offenbar bezieht sich das auf eine Opferfeier der nomadischen Araber beim heliakischen Aufgang des Gestirns.

I 192–193

Sa'd war bei vielen Stämmen Zentralarabiens ein glückverheissender Name. In der Wüste um Jeddah galt ein hoher Steinblock als das Gestirn Sa'ds, das sich versteinert hatte. Die Banu Milkan schächteten dort Tiere für ihn. "Ein Mann von ihnen kam mit ihm gehörigen, ungezähmten Weidekamelen, damit er sie vor ihm hinstelle, um dadurch, wie er meinte, Sa'ds Segen zu erwerben." Man erwartete

Fruchtbarkeit für die Herden und gefügige Jungtiere. "Als die nun aber den Götzen sahen, wie er mit Blut übergossen war, da wurden sie vor ihm flüchtig, fort nach allen Seiten. Da wurde der Besitzer zornig und nahm einen Stein und sagte: 'Wir sind zu Sa'd gekommen, damit er uns zusammenhalte, aber Sa'd hat uns zerstreut, darum wollen wir nichts mit Sa'd zu tun haben. Sa'd ist nichts weiter als ein Felsblock in ödem Lande, der weder zum Irren noch zum Rechtgehen auffordert.'" Unser Doppelstern würde demnach sowohl Sa'd wie eines seiner Schlachtopfer verkörpern.

R 17, F 2147–148, W 59–60

Ein Kalenderspruch zum morgendlichen Aufgang dieses Gestirns am 9. Januar lautet: "Wenn Sa'd adh-Dhabih morgens aufgeht, schützen die Hunde ihre Herren, ist der abends heimkehrende Mann seiner Familie nützlich, schläft der Hirte bis in den Tag hinein, gibt es in den Lagern erstmals wieder Lab, geben die kläffenden Köter keine Ruhe ob der unglückseligen Härte des Winters."[133]

γ und δ Capricorni

SA'D NASHIRA – SA'DS NASHIRA

Die wörtliche Bedeutung des Namens ist unbekannt; er wird aber mit der 'futtertragenden Erde' in Verbindung gebracht. Die zwei Sterne heissen auch AL-MUHIBBAN – DIE BEIDEN LIEBENDEN.

K3 189, I 194 sowie K1 181 und 102

α und ο Aquarii

SA'D AL-MULK –
DAS GLÜCKSGESTIRN DES BESITZES

Eine mögliche Bedeutung ist auch 'Glücksstern des Königs'.

I 198 und K | S 16

μ und ε Aquarii

SA'D BULA –
DAS GLÜCKSGESTIRN DES VERSCHLINGERS

Die zwei Sterne bilden die 23. Mondstation. Der Abstand zwischen ihnen ist grösser als bei Sa'd adh-Dhabih; man vergleicht sie daher mit einem zum Verschlingen geöffneten Mund. Bei Qazwini steht: "Der hellere wird *Bali*, 'Der Verschlingende' genannt, weil er den dunkleren gleichsam verschlingt und ihm sein Licht nimmt." Was sich die Araber dabei gedacht haben, war schon zu Qazwinis Zeiten seltsamerweise unklar, obwohl die Bedeutung so nahe lag. Liest man nämlich mit Hinzufügung eines Punkts über dem letzten Buchstaben Sa'd Balgh, so hat man den Glücksstern 'des guten Ausgangs seiner Pläne'.

K1 101, H 606, I 195 und 199

βξ Aquarii und c¹ Capricornii

SA'D AS-SU'UD –
DAS GLÜCKSGESTIRN DER GLÜCKSSTERNE

Sie bilden die 24. Mondstation. Die Tigray kennen das Sternenpaar als SA'D AL-MAS'UD.

K1 103 und I 198 sowie LI 299

Ein Kalenderspruch zu seinem heliakischen Aufgang am 4. Februar lautet: "Wenn Sa'd as-Su'ud morgens aufgeht, beginnt der Wald wieder zu grünen, die Häute werden weicher, alles Gefrorene schmilzt, alles Frostige blüht wieder auf und man hasst es, in der Sonne zu stehen."[134]

γπζη Aquarii

SA'D AL-AKHBIYA –
DAS GLÜCKSGESTIRN DER ZELTE

Das Sternbild stellt die 25. Mondstation dar. Ibn Qutaiba schreibt: "Es heisst, Sa'd sei einer davon, und zwar der hellste, und die drei seien seine 'Zelte', *Akhbiya*." So heisst das Nomadenzelt, passend zu π, γ und η, die ein gleichseitiges Dreieck bilden, ζ gleichsam als Zeltspitze in der Mitte. Es erinnert vielleicht an die frohe Zeit, wenn die Nomaden nach dem Mangelwinter in den Ebenen des Irak auf den Weideplätzen der arabischen Wüste wieder ihre Zelte aufschlugen. Die *Su'ud* oder glücklichen Gestirne erschienen den Arabern in der Morgendämmerung, wenn der Frühling nahte.

K1 100 und I 199–200

Ein Kalenderspruch zu seinem heliakischen Aufgang am 17. Februar lautete: "Wenn Sa'd al-Akhbiya morgens aufgeht, sind die Lederschläuche wieder fett, hängen die Seile in den Brunnen, rücken die Zelte wieder zusammen."[135]

Der von Qazwini angeführte Vers "Sa'd ist mit schlimmem Drohen gekommen, indem seine Heere, die Dämonen der Sterne, die Hitze ankündigen", bezieht sich auf Sa'ds abendlichen Untergang im August.[136]

ϑ und ν Pegasi

SA'D AL – BAHA'IM

Dieses Paar von 'Glückssternen', deren Beiname ungeklärt ist, lässt sich mit ihren abessinischen Namen SA'D AL-AYEM in Bezug setzen. Dahinter scheint die vorislamische Gottheit *A'im* zu stecken. Sie wurde in Zentralarabien verehrt, war ursprünglich aber wohl eine Gottheit der Nabatäer aus der Gegend des nordsyrischen Harran.

K1 100 und LI 300 sowie F2 41

VII DER HIMMELSPOL

α Ursae Minoris

JAH – DER NAGEL

So heisst der Polarstern bei den äthiopischen Tigray.[137] Im Persischen wird er *Mikh-ja*, 'Stelle, Platz des Nagels', genannt; Nagel ist ein beliebter Vergleich, weil dessen Kopf aus der Umgebung, wo er eingeschlagen wurde, wie ein Stern hervorblinkt.[138]

Der Name kam wohl von den Seefahrern des Persischen Golfes, die nach Indien und Ceylon segelten, zu den äthiopischen Tigray. Weil man die ursprüngliche Bedeutung nicht kannte, wurde daraus der ähnlich lautende Ziegenbock Jady, den man dem Zeltlager von N' ashs Familie zuordnete. In der weiter unten angeführten Legende der Sulaib gab man diesem Böckchen mit ζ und η Aurigae noch zwei weitere Böckchen dazu.

AL-JUDAYY – DAS ZIEGENBÖCKCHEN
AL-JADY BANAT N'ASH – DER BOCK VON N'ASHS TÖCHTERN

K1 62–63

Dem weltweiten Paradigma astraler Prototypen aller irdischen Lebensformen gemäss, überliefert Ibn Qutaiba für ζ Ursae Maioris auch komplementär DIE ZIEGE – AL-ANAQ.

K1 43

KAUKAB ASH-SHAMAL – STERN DES NORDENS

Dieser Name, meint Ideler, mag aus einer Zeit stammen, wo β Ursae Minoris noch dem Pol näherstand als der Polarstern, wie das im Jahrhundert des Ptolemaios der Fall war.[139] Aufgrund der Präzession wandert der Polarstern im Laufe von 25 400 Jahren einmal um den Himmelspol als dem eigentlichen Zentrum aller Sternbilder. Vor rund 5000 Jahren lag der Pol in α Draconis; nunmehr ist Polaris (α Ursae Minoris) 0,7° vom Pol entfernt. β Ursae Minoris wird heute *Kochab* genannt; sowohl arabisch *Kaukab* wie hebräisch *Kokhabh* bedeuten 'Stern'.[140]

DIE MAGIE DES NORDPOLS

Aus Südostarabien liegen zwei Berichte über einen Sternenkult vor. Palgrave teilte 1854 Folgendes mit: "In Richtung Oman am Persischen Golf reisend, fand ich ein Volk im Landesinneren, das oft – aber nicht zur Zeit der Morgen- und Abendgebete, da sie eigentlich die Scheibe der Sonne verehrten – mit ihren Gesichtern zum Norden betete und dem Nordstern den Namen *Jah* gab. Der Name wurde ihnen vom Polarstern gegeben, wahrscheinlich durch eine Idee der Konstanz, weil er der einzige fixe Punkt im Himmel ist, um den sich der Rest des Universums zu drehen scheint."

Pelly bestätigte diese Angaben ein Jahr später beim Stamm der als heidnisch angesehen Sulaib, die offenbar noch dem nordsyrischen Sternenglauben der Sabier in Harran anhingen und behaupteten, sie besässen auf Assyrisch oder Chaldäisch geschriebene Psalmen und Bücher: "Sie verehren den Nordstern, den sie Jah nennen, als den einen unbeweglichen Punkt, der alle Reisenden zu Land und auf See leitet. Sie verehren zudem ein Gestirn, das sie *Jady* nennen [al-Jadyan, ζ und η Aurigae]. Wenn sie zu einem dieser Gestirne beten, stehen die Sulaib mit dem Gesicht zu ihm gewandt und strecken die Arme aus, wie um ein Kreuz mit ihrem Körper zu bilden."[141]

Erhalten hat sich in al-Qazwinis *Die Wunder des Himmels und der Erde* aus dem 13. Jahrhundert ein Zeugnis des Fortlebens der von den Mesopotamiern praktizierten Heilung durch Sternenmagie: "Wenn der Blick auf Den Stern Des Nordens und Die Töchter Des N'ash [Ursa Minor] fällt, wird das Auge von der Augenkrankheit und der Krätze der Augenlider geheilt. Der Kranke stellt sich in der Sonntagsnacht zwei Stunden nach Sonnenuntergang gegenüber Dem Stern Des Nordens und Den Töchtern Des N'ash hin und schaut dorthin. Dann taucht er ein silbernes Augenschminkstäbchen in reines Rosenwasser und bestreicht damit beide Augen, auch wenn die Krankheit nur ein Auge befallen hat. Dann spricht er: 'O ihr Bewohner der Welt des Sterns Des Nordens, heilt mein Auge von der heftigen Krankheit, unter der ich leide, befreit mich und habt Erbarmen mit mir, o ihr Barmherzigen, und zieht diese Augenkrankheit und die Krätze aus meinem Auge heraus, welches mein Licht unter den Menschen ist!' So verfährt er.

Er tut dies von einer Sonntagsnacht bis zur nächsten Sonntagsnacht. Er bestreicht seine Augen jede Nacht, so viel als ihm möglich ist, je mehr ist, desto besser. Die Augenentzündung und der Ausschlag verschwinden dann, bei den Augen geht es schneller. Jemand, der unter starker Gelbsucht leidet, soll sich Dem Stern Des Nordens gegenüberstellen, auf ihn und die um ihn kreisenden Sterne schauen, seine rechte Hand dahin ausstrecken zum Pol, als ob er etwas davon zu erlangen trachtete, dann die Hand, die er ausgestreckt hat, auf seine Leber legen und sprechen: 'O Sterne Des N'ash, heilt mich von dieser Gelbsucht, die mich krank gemacht und mir schlaflose Nächte gebracht hat. Nehmt sie weg von mir, seid mir barmherzig, befreit mich und heilt mich von ihr!' So wird er geheilt.
Er tut dies von einer Freitagnacht jede Nacht bis zur nächsten. Wenn nun die Krankheit schwer auf ihm lastet, muss er die genannten Worte sagen, die rechte Hand auf die Leber legen und sich siebenmal, in seinen Kleidern, auf der Erde wälzen. Nach jedem Mal soll er aufstehen und die Worte wiederholen, indem er seine Hand auf die Leber legt. Dann wird er – durch den Befehl Allahs des Erhabenen – genesen."[142]

Alois Musil, einer der Begründer der Ethnologie, schreibt über seine Symbolik bei den Beduinen: "Der Anführer eines Qaaza-Raubtrupps betete um einen Traum über seine Rückkehr. Als er sich für die Nacht hinlegte, starrte er auf den Nordstern, *al-Judayy* [Das Ziegenböckchen], und schlief dann ein. Daraufhin erschien Allahs Sprecher, al-Munabi, und fragte ihn: 'Schläfst du oder bist du wach?' 'Wach', antwortete der Anführer und sprang vor Schrecken auf. Nach einer Weile schlief er wieder ein. Noch einmal erschien ihm der Sprecher und stellte dieselbe Frage. Als der Anführer wieder das gleiche antwortete, sagte der Sprecher: 'Oh Beute! Eure Beute soll das Kissen einer Sänfte sein, festgemacht mit einem Judayy-Seil.' Dann verschwand er.
Einmal aufgewacht, konnte der Anführer nicht mehr weiterschlafen und grübelte so über die Bedeutung dieses seltsamen Traumes. Als er seinen Gefährten am Morgen davon erzählte, riefen sie aus: 'Erfolg, Erfolg! Soll Allah es bewirken.' Der Anführer jedoch war durch den Traum so verängstigt, dass er umkehren wollte. Er blieb unter einem Vorwand zurück, ritt in eine tiefe Schlucht und machte sich dann auf nach Hause. Nach einer Weile aber wendete sein Kamel plötzlich und galoppierte dem Raubtrupp nach, trotz der hektischen Versuche seines Reiters, es anzuhalten. So blieb dem Anführer nichts übrig, als sich der Razzia anzuschliessen. Nicht lange darauf griff er die Masalih an, vertrieb deren Verteidiger, und fand sich, das Lager mit Gewalt einnehmend, vor dem Zelt des Stammesführers, wo die Atfa-Sänfte stand, in die sich das schönste Mädchen in Zeiten der Gefahr setzte, um die Verteidiger zu ermutigen, mutig zu kämpfen und standzuhalten. Ein Kissen, wie man es unter die Sänfte legt, wenn man sie auf den Kamelrücken bindet, lag daneben, und auch ein langes Seil – *Judayy* – aus Palmenmark gedreht, hing davon herab.
Und da verstand der Anführer die Bedeutung seines Traums. Er legte das Kissen auf den Sattel einer starken Kamelstute, legte mithilfe seiner Gefährten die Sänfte darauf, band sie mit ein paar Riemen darauf und zog sie mit dem Judayy-Seil fest, jubilierend darüber, dass er dem Masalih-Stamm dessen kostbarsten Besitz genommen hatte, denn wenn einmal die Atfa-Sänfte verloren ist, darf sie nie mehr benützt werden."[143]

α – β Ursae Minoris
FA'S AR-RAHA – DIE ACHSE DES MÜHLSTEINS
FA'S AL-QUTB – DIE ACHSE DES POLS
QAUS AL-QUTB – DER BOGEN DES POLS

Ideler schreibt, dass man den Himmelspol *al-Fa's* nennt, weil er gleichsam das Loch darstellt, in dem der Mühlzapfen umläuft – dessen Achse dem Polarstern al-Judday ziemlich nahe ist. Denn man stellte sich die Himmelskugel als rotierenden Mühlstein und den Nordpol als die Pfanne vor, in der sich dessen Zapfen drehte.[144]

Diese Weltachse läuft am nördlichen Ende im Polarstern α Ursae Minoris und einem der beiden Farqadan [βγ Ursae Minoris] aus. Diese Sterne werden auch 'Polachse' oder – entsprechend dem Loch, in dem sie sich dreht – 'Polbogen' genannt:[145] Er zieht zwischen Polaris und den Farqadan eine Ellipse. Der Mahlstein selbst wird von den auf- und untergehenden Sternen mitsamt den Sternbildern der Anwa, den 28 Mondstationen, gebildet.

Die präislamischen Araber sahen der Anwa bei ihrem morgendlichen Untergang jene Asterismen entgegenstehen, die gleichzeitig am gegenüberliegenden Horizont aufgingen. Diese nannten sie 'Wächter'; sie hatten die Macht, Regen zu bringen. In diesem vom Islam dann verdammten Glauben wurden die 'Wächter' mit Söhnen verglichen, die ihre Väter ablösten: Einer geht im Osten auf, während

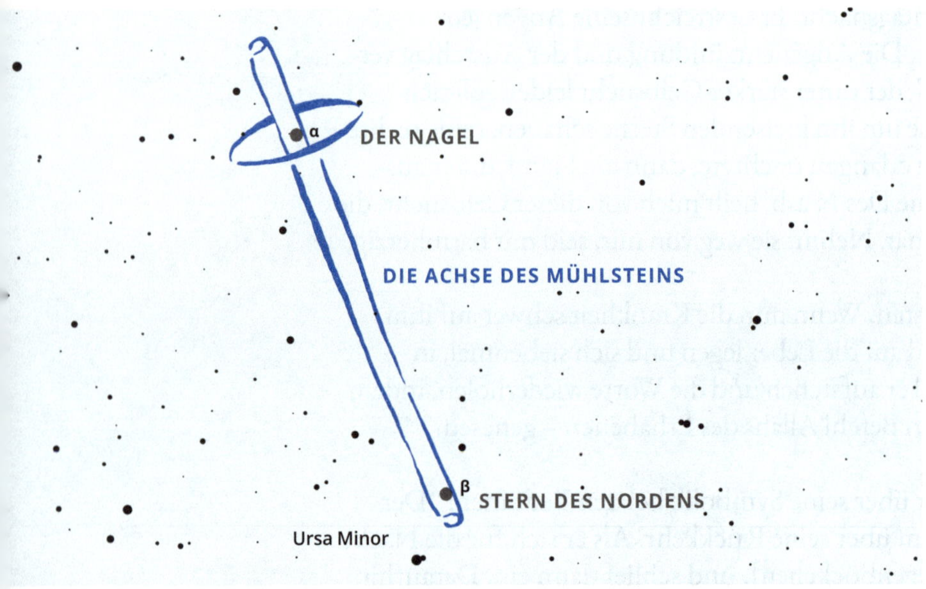

das von ihm bewachte Sternbild im Westen untergeht. Man schrieb diesen Asterismen dieselben Fähigkeiten und Tugenden zu wie den Sternen sonst: nämlich Regen und Licht zu bringen.

Einen Stamm konnte man hinwieder durch die Aussage, er könne sich keine regenbringenden Kräfte zunutze machen, herabwürdigen. Man verglich ihn dann mit den Banat N'ash in Ursa Maior und Minor, die bloss leer um den Pol kreisen, ohne Einfluss auf das Wetter zu haben: "Es sind Leute wie die Banat N'ash, 'N'ashs Töchter', die nichts haben, was sie empfiehlt; sie drehen sich nicht mit den Sternbildern, die durch ihren Auf- und Untergang Regen bringen."

Wie Ibn Qutayba erklärt, sind solche Leute nicht fähig, Gutes oder Schlechtes zu tun – anders als tugendhafte Leute, die ihre Pflichten erfüllen und von mond- oder sternenähnlichem Licht erstrahlen, das die Finsternis des Bösen zu besiegen vermag. Vereinen sich hingegen himmlische Lichter und astrale Wasser, um sternengleich als geharnischte Schar herumzureisen, bringt ihre Macht die ersehnten Wolken und den Regen herab auf die Erde: Dies gilt vor allem für die Plejaden.

Die Achse der Himmelsmühle wurde auch mit dem Anführer eines Stammes und dem Königtum identifiziert. Umschrieb ein Dichter seine Reise zum König der Ghassaniden mit 'Die al-Farqadan [Die Zwei Kälber] führten mich zu dir, dann, weil diese beiden Sterne den mit dem König gleichgesetzten Pol umkreisen. Die Umdrehung der Himmelsmühle um den Polarstern liess sich zudem auf Krieg beziehen: "Morgens bei Suwayqa war es, als ob wir und die Söhne unserer Väter zusammen einen Mahlstein zum Drehen brachten: Als ob al-Jady, al-Jady der Banat N'ash, ihn im Drehen mit beiden Händen ergriff und seine ganze Kraft einsetzte."

Dazu wird die Mitte der Himmelsmühle von dem präislamischen Dichter Labid mit einem heiligen Stein gleichgesetzt, der in rituellen Prozessionen umkreist wird: "Und die Sterne, die nachts einander hinab nach Westen folgten, blieben auf einem steten ausgetretenen Pfad, den das Gesetz ihres Untergangs vorgab, so wie das Idol der rituellen Umkreisungen den weisshäutigen Frauen die Drehung ihrer Anbetung vorschreibt."

JA 68–70

Mas'udi bringt um 946 in seinen *Goldwiesen und Edelsteinminen* alltäglichere Vergleiche vor: "Die Himmelskugel dreht sich täglich um eine Achse und zwei Pole, wie das Rad eines Tischlers oder Drechslers, der Bälle, Kisten oder andere Dinge aus Holz herstellt."[146]

VIII DIE BILDER IN URSA MAIOR UND MINOR

Ursa Maior

Erst nach der Übernahme der ptolemaischen Sternbilder sahen die arabischen Astronomen um den Nordpol eine Grosse Bärin und eine Kleine Bärin; die arabische Tradition hatte andere Vorstellungen. Im Allgemeinen hielten sie das Nordgestirn für unglücklich, indem es etwa Kamelseuchen mit sich bringe; der Polarstern hingegen galt als treuer Genosse und Symbol der Stetigkeit.

KR 440 und J 159

AL-SAB'A – DIE SIEBEN

So wird Ursa Maior bei den Tigray genannt. Sie unterscheiden dabei, wie Enno Littmann berichtete, zwischen den 'wahren' Sieben von Ursa Maior und den 'falschen' Sieben von Ursa Minor.

Im Mittelpunkt der bei ihnen verbreiteten Sage steht der Polarstern *Jah*. Der Name beruht auf der persischen Bezeichnung für den Pol[147] als 'Nagelstelle'. Er war von Seefahrern, die vom Persischen Golf aus nach Indien und Ceylon segelten, in den Jemen gebracht worden und von dort weiter in den Norden Äthiopiens zu den Tigray gelangt.

Die folgenden Legenden vermenschlichen Polaris, das Sternenpaar ζ und η Draconis (in dem die Araber Ad-Dhiban, 'Die Beiden Schakale', sehen) sowie die sieben Sterne von Ursa Maior, um zu erläutern, weshalb δ Ursae Maioris bloss ein Stern dritter Grösse ist, während die anderen sechs samt Polaris als Sterne zweiter Grösse weit heller leuchten.

Aufgrund dieser Lichtschwäche, meint Littmann, kam die Idee eines gestorbenen Sterns auf, der als ethisches Skandalon ebenso unbestattet wie ungerächt bleibt. Die Erzählung spiegle dabei das Leben der nordabessinischen Nomaden wider: Totschlag, Blutrache, Schutzgenossenschaft, Versöhnung der Bluträcher, Ziegenraub usw. seien dabei von der Erde auf den Himmel übertragen worden, nicht umgekehrt.

VON DEN SIEBEN, JAH UND QARIN

"Die Sieben sind sieben Brüder [Ursa Maior]. Nun kam Jah ['Der Nagel' als Nordstern] und tötete den siebenten von ihnen. Und er flüchtete und ging zu den Qarin ['Die Zusammenstehenden' ζ und η Draconis] und sprach zu ihnen: 'Ich bin euer Schutzbefohlener; ich habe aus Versehen den Bruder der Sieben getötet, und jetzt wollen sie mich töten, um ihren Bruder zu rächen.' Die Qarin sprachen: 'Sei Schutzbefohlener Gottes; wir wollen sterben und töten um unseres Schutzbefohlenen willen!' Und sie zückten ihre Schwerter und erhoben das Kriegsgeschrei; dann führten sie ihn an seinen früheren Platz zurück. Sie aber verliessen ihre Stätte und stellten sich zwischen Jah und die Sieben, um die Sieben von Jah fernzuhalten, da er seine Zuflucht zu ihnen genommen hatte. So halten sie denn die Sieben fern, auf dass sie nicht zu Jah hinübergehen können.

Und das Leben des Jah ist sicher bis auf den heutigen Tag, da er sich den Qarin angeschlossen hat. Und bis jetzt steht er immer an seiner früheren Stelle. Die Qarin aber gehen zwischen Den Sieben und Jah auf – und wohin immer jene sich wenden, dahin wenden sie sich auch. Auf diese Weise ist die Rache der Sieben hinausgeschoben.

Wie nun der siebente Bruder gestorben war, sprachen die Brüder: 'Wir wollen seinen Leichnam nicht begraben, bis dass wir Rache für ihn genommen haben! So legten sie seinen Leichnam auf die Bahre, und die drei Vorderen [α, β und γ Ursae Maioris] tragen das vordere Ende, während die anderen drei [ε, ζ und η Ursae Maioris] das hintere Ende halten und ihnen folgen. Und immerfort wollen sie den Jah töten. Darum ist auch der Mittlere von ihnen [δ Ursae Maioris] ihr toter Bruder und sein Licht aus diesem Grund schwach.

Und die anderen Sterne sagten zu Den Sieben: 'Begrabt doch diesen Leichnam eures Bruders! Warum solltet ihr denn nicht Rache nehmen können, nachdem ihr ihn begraben habt?' Die Sieben aber schworen, indem sie sprachen: 'Ehe wir ihn nicht gerächt haben, werden wir ihn nicht begraben!' Bis heute noch sind sie auf dem Kriegspfad, indem sie die Leiche tragen; man sagt, sie hätten ihren gestorbenen Bruder sehr liebgehabt.

Als Jah den Bruder Der Sieben getötet hatte, sang er dies Lied, in dem Gedanken, er wolle, wenn sie Versöhnung wünschten, sich mit ihnen versöhnen; wenn sie aber Streit wünschten, wolle er mit ihnen streiten. Mit diesen Gedanken sang er: 'Wenn ihr mich zu eurem Bruder macht, bin ich euer Bruder. Und wenn ihr mich zu eurem Verwandten macht, bin ich ein Verwandter. Und wenn ihr mich zu einem Gast macht, bin ich ein Gast. Und wenn ihr mich zu einem Fremdling macht, bin ich ein Fremdling. Und wenn ihr mich zu einem Räuber macht, bin ich ein Räuber. Und von einem der Sieben der Mörder bin ich. Und am Himmelszelt hochragend bin ich.'

EIN LIED DES ALIJANGA, SOHN DES HEMMAD-DERAR, VON DEN HABAB

Seiner eigenen Rache wegen sang Ali-Gange von den Sternen. Die grossen Sterne schmähte er, weil sie den Jah und die Sieben nicht miteinander versöhnten; über die Rache der Sieben war er der Ansicht, sie sei stark und unnachgiebig; die Qarin pries er, weil sie den Jah, ihren Schutzbefohlenen, geschützt hatten; den Jah aber hielt er für einen Helden, weil er fest an seiner Stätte blieb. Indem er all dies bedachte, sang er folgendermassen:

Meine Rache, gleich Der Sieben, hängt im Abqat-Himmel [dem zweiten der Sieben Himmel]. Die Sieben haben sich gegen Gott erhoben: der Leichnam müsste begraben sein.

Hätten sie ihn begraben [und sich dann gerächt], hätte niemand gesagt: 'Sie rächten sich nicht.' Nun aber haben sie sich ihrer Frauen enthalten, einen Eid geleistet und geschworen. Die Grossen klagen wir an, Das Herz [α Scorpii] und Den Mond, Kima [Plejaden] und Jahara [Venus]. Die Qarin haben sich nicht von ihren

Klienten bestechen lassen, noch sich selbst im Schmerz preisgegeben. Sie haben ihn geschützt durch Kriegsruf, indem sie ihre Schwerter zückten – Beharrlichkeit ist bei Jah; andere hätten nicht an einer Stelle ausgehalten. Das Volk der Sieben sollte es aufgeben! Lieben sie denn diesen ihren Bruder? Drei gehen vor ihm her, und drei folgen hinter ihm. Einen Verwundeten pflegt man und bringt ihn in ein Haus. Und einen Toten begräbt man und legt ihn in seine Grube. Der Leichnam müsste begraben sein, selbst rohe Leute tun dies. Früher wünschte man sich einen Bruder, auf dass er Folgendes täte: Er sollte das Weib nehmen und die Kinder erziehen. Er sollte Blutrache nehmen und das Totenfest feiern. Weh dem Grab dessen, der keine Verwandten hat! Ihm folgen die Geier. Die Qarin raten ihrem Schutzbefohlenen in Aufrichtigkeit.
Beharrlichkeit ist bei Jah. Wir sehen ihn stets an derselben Stelle."[148]

BANAT N'ASH (al-Kubra) – N'ASHS TÖCHTER | DIE KLAGEWEIBER DER TOTENBAHRE (das grössere Bild)

Bei den äthiopischen Tigray wird nur δ Ursae Maioris als Leichnam betrachtet. In der zentralarabischen Tradition hingegen werden αβγδ als seine Bahre gesehen, der ein Trauerzug von Frauen vorausgeht. Der darauf liegende Tote wird N'ash genannt, ohne dass die arabische Tradition mit diesem Personennamen noch etwas Konkretes verknüpfen konnte. Allenfalls liess sich damit noch die Bezeichnung *Anis*, 'alter Freund', assoziieren, wie der Arabienreisende Doughty sie im 19. Jahrhundert bei dort ansässigen Nazarenern hörte; sie erklärten ihm einen Meteoriteneinschlag als Auswirkung der 'unsichtbaren Macht' dieses Namens.[149]

Am Ursprung des Sternbilds und seines Namens steht höchstwahrscheinlich die vom indischen *Mahbabarata* erzählte Legende vom irdischen König Nahusha: Der wurde von den Göttern zum Himmelsherrscher in Draco erhoben, war aber so anmassend, dass er die sieben heiligen Seher in Ursa Maior dazu erniedrigte, seine Sänfte zu tragen. Da ihm Canopus dabei nicht schnell genug ging, trat er ihn gegen den Kopf – worauf der Nahusha in eine Schlange verwandelte und von seinem Himmelsthron stürzte.

In Arabien wurde aus Nahusha – im Zuge des Kulturtransfers, bei dem die arabischen Gelehrten viel Astronomisches aus Indien übernahmen – ein vom Polarstern getöteter N'ash und aus seiner Sänfte eine Totenbahre, die ebenfalls aus Indien übernommen war. So sieht man dort in den vier Ecksternen von Ursa Maior zunächst ein Bett mit einer alten Frau, zu der sich drei Diebe einschleichen. Bei den Banjaras in Rajastahn sind diese vier Sterne bereits eine Bahre, auf der ein Toter liegt, der sich für seine Erlösung am grossen Weg der Milchstrasse in den Himmel aufmacht.[150] Und auch der Trauerzug am arabischen Himmel hat indische Vorbilder. So erblicken die dravidisch sprechenden Gond in Zentralindien in den Hauptsternen von Leo einen Leichnam, der von Leichenträgern auf einer Bahre zum Ort der Verbrennung getragen wird, begleitet von Klagenden und den Verwandten.[151]

Dass die Übernahme dieser astralen Vorstellungen weit in der Zeit zurückliegen muss, zeigt sich daran, dass die arabische Tradition die Geschichte um die astrale Totenbahre und N'ash nirgendwo mehr detailliert erzählt. Selbst nachdem Nahusha offenbar als Enosh akkulturiert und mit Henoch in einen Kontext gestellt worden war, blieb sie noch blass.

Greifbar wird er als *n'Ash* und *n'Aish* und mit Bezug zu Ursa Maior zuerst im *Buch Hiob*: "Kannst du das Gestirn des ['n' als Artikel] Ash samt seinen Kindern leiten."[152] Als *Ash* wurde dieses Gestirn dann noch im 18. Jahrhundert von in Bagdad ansässigen Juden bezeichnet. Der Umstand, dass *n-* und nicht *al-* als Artikel verwendet wurde, verrät dabei, dass der Name sehr alt ist.

Das zwischen dem 5. und 1. Jahrhundert v. u. Z. entstandene *Buch Hiob* gibt nahöstliche Vorstellungen wieder, die sich erst später in jüdische, frühchristliche und arabische Traditionslinien aufspalteten. Das *Buch Hiob* aber weiss nichts weiter über diesen 'Ash, was uns erklären könnte, wie aus Nahusha die Gestalt des N'ash und sie gedeutet worden war. Die *Genesis* hingegen kennt einen *Enosh*,[153] in dem sowohl die spätere jüdische Überlieferung wie auch Ibn al-Kalbis um 800 geschriebenes *Götzenbuch* den Enkel Adams sehen; beide haben zumindest zum Kontext eines Trauerzugs wie dem zum aufgebahrten N'ash einiges zu berichten.

Enosh bedeutet 'sterblicher Mensch'; laut *Genesis* war dies der Name jenes Menschen, der "als erster Jahwe anzurufen begann".[154] Jüdische Exegeten wie Rashi, Ibn Esra und Sforno interpretierten diese Stelle als Ausdruck einer Profanisierung Gottes: Erst ab da seien Gebete, Predigten und Idole notwendig geworden, um Gott zu erkennen.

In der *Mischna Tora* des Moses Maimonides von 1080 lassen sich unter dieser Perspektive noch Bezüge zwischen Enosh und N'ashs Sternbild erkennen: "In den Tagen des Enosh waren die Menschen in einem grossen Irrtum befangen, und Enosh war selbst einer von denen, die irrten. Ihr Irrtum war folgender: Sie sagten, dass Gott die Sterne und Himmelsphären schuf, um durch sie die Welt zu lenken. Er plazierte sie hoch oben und hielt sie in Ehren; sie waren ihm unterstellt, um ihm zu Diensten zu sein. Deshalb sind sie es wert, gepriesen und gerühmt zu werden. Die Menschen hielten es für den Willen Gottes, gelobt sei er, sie selbst zu erheben und zu ehren, wie er sie selbst erhebt und ehrt, ganz so, wie ein König seine Diener geehrt wissen will, um sich dadurch selbst geehrt zu sehen. So begannen die Menschen Tempel für die Sterne zu errichten und ihnen Opfer darzubringen. Sie priesen sie mit Worten und warfen sich vor ihnen zu Boden, weil sie so – ihrer irrigen Erkenntnis gemäss – glaubten, Gottes Wille zu erfüllen. Dies war das Wesen der Anbetung von Götzen: sie sagten, dass es keinen anderen Gott gäbe, nur diesen Stern."[155]

Danach, so Maimonides weiter, wäre durch diesen Sternenkult die Existenz Gottes völlig vergessen worden. Bei den Interpreten der *Midrasch* hingegen spielt Enosh eine ambivalente Rolle. Einerseits zählt er noch zur Generation gottesfürchtiger Menschen, die erst nach ihm korrupt geworden sei und sich vom Ebenbild Gottes entfernt habe,[156] weshalb sie ihm seine Idolatrie nachsahen.[157] Andererseits soll er einen Golem aus Dreck geschaffen und ihm, wie Gott einst dem Adam, Leben eingehaucht haben, um die Menschen an diesen Götzen glauben zu lassen.[158] Erst in Enoshs Zeit hätten dann die Toten zu verwesen begonnen – was gut zur Totenbahre N'ashs passt – und seien die Menschen für Dämonen anfällig geworden.[159] Als Strafe für die Sünden der Generation Enoshs habe Gott dann eine erste Sintflut vor jener Noahs über die Erde hereinbrechen lassen.[160]

Ibn al-Kalbis *Götzenbuch* verarbeitet um 800 u.Z. ebenfalls zeitgenössische Quellen zur vorislamischen Religion der Araber: "Nachdem Adam gestorben war, besuchten seine Enkel, Seths Kinder, sein Grab, um die Seele ihres Grossvaters zu ehren. Da kam eines von Kains Kindern und sagte zu ihnen: 'Seths Söhne verehren einen Ort, um den sie in frommen Kreisen ziehen, während ihr nichts habt.'" Deshalb brachte er ihnen eine Steinsäule; sie beschlossen, diese nun zu heiligen: worauf der Götzenkult entstand. Zu den Söhnen Seths zählte allen Überlieferungen zufolge Enosh, der deshalb nach seinem Tod als N'ash offenbar dazu verdammt wurde, ewig um den Himmelspol zu kreisen.

Zur Zeit Noahs, schreibt Ibn al-Kalbi weiter, hätte es fünf tugendhafte Leute gegeben, die Wadd, Suwa, Yaghuth, Ya'uk und Nasr hiessen (und dann von den vorislamischen Arabern als Götter verehrt worden waren). Die starben einen Monat nach Adams Tod, worauf ihre Verwandten sehr um sie trauerten. Da sprach einer von Kains Nachkommen zu ihnen: "Ihr Landsleute! Ich kann vielleicht euren Schmerz lindern, wenn ich euch Statuen mache, die den Verstorbenen ähneln, ohne dass ich ihnen jedoch eine Seele einhauchen könnte." Den betroffenen Familien war dieses Angebot sehr willkommen, und so bekam jede von ihnen nach wenige Tagen eine solche Statue, die einen ihrer Toten repräsentierte. Solidarisch mit diesen Familien begannen die Leute des Volkes diese Statuen durch Besuche zu verehren, um sie zu kreisen und Gebete und Anrufe an sie zu richten. Das geschah in der Epoche, als Jered über dieses Volk herrschte, Mahalales Sohn, der von Kenan abstammte, welcher der Sohn des Enosh ['Anush'] war, dessen Vater wiederum Adams Sohn Seth gewesen war.[161]

Die nächste Generation übertraf die erste noch in der Verehrung dieser Statuen, und die dritte übertraf die beiden vorigen: "Unsere Grossväter verehrten diese Statuen, weil sie sich erhofften, dass sie zu ihren Gunsten bei Allah eintraten, um ihnen Seine Gunst und Seine Gnade zu schenken." Indem sie diesen Statuen nun göttliche und übernatürliche Kräfte zuschrieben, wuchs ihr Heidentum. Um sie wieder auf den rechten Weg zu führen, schickte Allah ihnen Jereds Sohn Henoch, der als Prophet Idris bekannt war;[162] der rief sie auf, dem Götzenkult abzuschwören. Sie aber wiesen seine Appelle zurück und schmiedeten gar ein Komplott gegen ihn. Um ihn vor diesen Verbrechern zu schützen, holte Allah ihn schliesslich zu sich an einen Ort in der Höhe – und somit in den Himmel.[163] Ibn al-Kalbi berichtet darauf ebenfalls von einer Sintflut, nach der die Holzstatuen der Götzen beim Hafen von Mekka angeschwemmt und wieder aufgestellt, später durch Steinpfeiler ersetzt und von den Arabern erneut angebetet wurden.

Von der Erhebung des Enoch-Idris in den Himmel berichten auch die *Genesis* ("Gott hatte ihn aufgenommen"[164]), der *Koran* ("Wir hoben ihn zu einem hohen Ort empor"[165]) sowie eine Sternsage der äthiopischen Tigray, die noch 'den Ort in der Höhe' des Idris kennt: α Tauri.

Das slawonische, aber auf jüdische Quellen zurückgehende *Buch Enoch* aus dem 1. Jahrhundert u.Z. ist seiner Himmelsfahrt und seinen astronomischen Beobachtungen gewidmet.[166] Enosh ist darin Hauptverantwortlicher für die Idolatrie der Menschen; seine Generation "hat die Sonne, den Mond, die Planeten und Konstellationen herabgebracht und sie rechts und links vor Idole gesetzt. Sie hätten sie nicht herabbringen können, wenn ihnen nicht al-Uzza [siehe ihre Darstellung weiter unten bei al-Jauza] diese Zauberei beigebracht hätte".[167]

Die Jahrhunderte währende, rein mündliche Überlieferung wurde erst spät schriftlich fixiert. Die Namensähnlichkeit von Henoch und Enosh und der ihnen gemeinsame Kontext eines verwerflichen Ahnenkultes, könnte da auch Enosh und seine Familie in den Himmel emporgehoben und dabei aus ihm einen N'ash gemacht haben. Sieht man im *al-Qa'id* – dem 'Anführer' [η Ursae Maioris] des Trauerzugs von N'ashs Söhnen – zudem Enoshs Enkel Henoch, so wäre das gesamte Sternbild stimmig mit der Symbolik dieser Genealogie.

Implizit bestätigt wird die Interpretation von N'ashs Sternbild als astrales Symbol eines Götzenkultes durch zwei Verse des vorislamischen Dichters Labid, welche die rituelle Umkreisung eines Idols auf den Lauf der Sterne um den Himmelspol beziehen – wobei sich die darin erwähnten Frauen mit N'ashs Töchtern abgleichen lassen. "Und die Sterne, die nachts einander hinab nach Westen folgten, blieben auf einem steten ausgetretenen Pfad, den das Gesetz ihres Untergangs vorgab, so wie das Idol der rituellen Umkreisungen den weisshäutigen Frauen die Drehung ihrer Anbetung vorschreibt."[168]

Zusammengenommen erzählt die jüdische und die arabische Überlieferung somit von einem im Nahen Osten allgemein belegten Götzenkult, dessen astrale Charakteristik bei den vorislamischen Arabern, vor allem den syrischen Sabiern und den südarabischen Sabäern belegt ist. Die Idolatrie sollte als verständlicher Irrtum dargestellt und an die Anbetung des einen, wahren Gottes ermahnt werden. Anders als Henoch wurde Enosh jedoch nicht vor einem Komplott gerettet, sondern aus einem anderen Grund in den Himmel versetzt: Um als Mensch der ersten, noch relativ unschuldigen Generation nun nicht fromme Kreise um ein Götzenbild zu drehen, sondern den Nordpol zu umkreisen – als Ort von Allahs unsichtbarem Thron im siebten Himmel.

Wie man sich die Verehrung des N'ash vorzustellen hat, davon gibt der vorislamische Gott Amm Anas nicht nur durch seine Namensähnlichkeit mit N'ash eine ungefähre Ahnung: Amm Anas bedeutet 'Oheim' als göttliches Appelativ (*Amm*) für einen 'alten Freund' (*Anas*).[169] Er galt im äussersten Norden des Jemen als Stammesgott der Khaulan; seine Bezeichnung verrät, dass es sich um einen Urahnen, Held oder Stammesgründer handelte, der nach seinem Tod geheiligt wurde.

Jedenfalls hatte man einmal hinter Amm Anas eine reale Person gesehen. Dies verrät eine Inschrift aus der Zeit um 200 v. u. Z.: "Die Könige von Saba besiegten Amm Anas und den Stamm der Khaulan im Krieg, nachdem diese sich gegen die Herrscher über Saba auflehnten." Die Khaulan wurden zudem als 'Banu Nashran' bezeichnet, woraus sich ein weiterer Verweis auf N'ash ablesen lässt. Der Kult um Amam Anas war noch zur Zeit Mohammeds nachweisbar; dem koranischen Korpus zufolge habe man ihn einst mehr als Allah verehrt.[170]

Im Jahr 632 kamen zehn Abgeordnete vom Gebirgsland der Khaulan zu Mohammed nach Medina, der sie nach ihrem Gott Amm Anas befragte. "Sie erwiderten: 'Freue dich, wir beten jetzt, seitdem dir die Wahrheit offenbart worden ist, Allah statt seiner an. Nur ein alter Mann oder ein altes Weib hängt noch an dem Götzen [arab. *Sanam*, 'Idol'], und sobald wir zurückkehren, wollen wir ihn zerstören. Wir haben genug unter seinem Götzendienst gelitten. Während wir kaum einen Knochen zu nagen hatten, legten wir jeden Heller, den wir aufbringen konnten, zusammen, und kauften hundert Rinder. Wir schächteten sie, brachten sie an einem Morgen Amm Anas zum Opfer dar, indem wir sie den wilden Tieren zum Verzehr überliessen, obwohl wir sie doch mehr brauchten als die wilden Tiere. Darauf regnete es sogleich und wir sahen das Gras bald so hoch werden, dass ein Mann sich darin verstecken konnte. Da sagten manche: Amm Anas hat uns seine Gunst geschenkt. Der Anteil an der Ernte wurde zum Unterhalt seiner Priester und zur Erhaltung der Tempel und zu Festen bestimmt. Wir pflegten auch unsere Prozesse den Götzen vorzutragen und sie gaben Orakel von sich. Der Prophet antwortete: 'Es waren Teufel, die für die Götzen redeten'. Nach ihrer Rückkehr zerstörten die Khaulan den Amm Anas, noch ehe sie ihre Lasttiere abluden."[171]

Ein solcher Kult, in dem Felsen menschliche Züge zeigten, hatte auch astralen Charakter. So verwandelte sich für die Araber ein anderer vorislamischer Gott, Sa'd, von einem Stern in einen Stein. Das war nichts Singuläres: Die himmlischen Götter wurden an bestimmten Stätten auch auf Erden manifest.[172]

Unabhängig von der Identifikation N'ashs mit Enosh und Amm Anas, verweisen diese drei Kontexte auf die in den arabischen Quellen vergessene Figur eines Toten auf seiner Bahre, der von seinen Kindern, den vom rechten Weg abgekommenen Nachkommen Adams, ewig zu Grabe getragen wird, ohne jemals bestattet werden zu können. In dieser Ambivalenz liegt offenbar der Sinn seines Sternbilds: Mit ihrem Sternenkult und ihren Ahnengötzen missachteten die Menschen einen unabbildbaren Gott, weshalb diese erste Familie ihn zur Strafe ewig umkreisen muss. "Sie erhoben sich gegen Gott", wie es auch in der Sternsage der Tigray zu Ursa Maior heisst.

N'ash wurde als 'sterblicher Mensch' Enosh, dem Propheten Henoch gleich, in den zweiten Himmel gehoben, symbolisierte damit aber auch die Abirrung von einer unaussprechlichen Mitte Gottes am Pol: Als Gottes sterblicher Diener mit einem Sternbild geehrt, führte er zugleich die Warnung vor jedwedem Götzendienst vor Augen. Dieselbe Ambivalenz schreibt auch Ibn Qutayba den Sternbildern von N'ashs Töchtern zu, wenn er sie als Symbol eines am Himmel zwar präsenten Stammes vorführt, der anders als die Sterne sonst aber keine Macht mehr besitzt und weder Gutes noch Schlechtes mehr bewirken kann: "Es sind Leute wie die Banat N'ash, die nichts haben, was sie empfiehlt; sie drehen sich nicht mit jenen Sternbildern, die durch ihren Auf- und Untergang Regen bringen."[173]

Erhalten geblieben ist in den von Wetzstein und Vernier berichteten Legenden jedoch das Motiv der Tötung des N'ash durch Polaris – als Allegorie auf den Sturz eines alten Götzen durch Allahs Propheten, der dann an dessen Stelle aufzuglänzen begann.

Vor diesem Hintergrund erhalten auch die Realien von N'ashs Sternbild deutlichere Konturen. Ein Trauerzug in Arabien bestand aus seinen Söhnen und einem Anführer; Frauen jedoch durften in der Regel wegen Evas Sündenfall nicht daran teilnehmen.[174] Es gab keine Särge; der balsamierte, in die eigenen Kleider gehüllte Leichnam, wurde mit bedecktem Kopf auf einer höckrigen Bahre getragen und ohne Aufenthalt zu Grabe getragen.[175] Das Grab selbst hob man in älterer Zeit unweit des Lagers aus, ganz so, wie es durch die Randsterne von Ursa Maior namentlich ausgewiesen wird.

Der Rappe oder Stier in ε Ursae Maioris mitsamt den beiden Kälbern der al-Farqadan waren ursprünglich als Opfer für vorislamische Götter gedacht. Rinder galten als heilige Tiere, die ihrem Wesen nach zwischen den Göttern und Menschen standen; sie wurden erst vom Islam den Menschen untergeordnet.[176] Eine solche Rinderopferung wurde oben bei den Khaulan beschrieben, wo man sie hernach den wilden Tieren zum Verzehr überliess: Die Raubtiere rings um den Himmelspol – Hyänen, Schakale, Löwen – fügen sich in diesen Kontex ein. Später liess man das Lieblingspferd des Toten mit durchschnittenen Sehnen am Grab verdursten, als Reittier ins Jenseits[177] – weshalb der Bulle zu einem schwarzen Hengst umgedeutet werden konnte.[178]

In islamischer Zeit vergass man die Mythologie um N'ash und deutete seinen Namen volksetymologisch als 'Totenbahre', wobei aus N'ashs Söhnen seine Töchter und Frauen wurden. Solche Klagefrauen übernahmen bis zu sieben Tage lang die Klage: Sie zerrissen sich das Gewand über dem Busen, klatschten in die Hände, schwenkten dunkelblaue Tücher, zerkratzten sich Gesicht und Brust, schlugen sich mit den Schuhen die Haut wund und scherten sich die Haare.[179]

In der geläufigen Vorstellung des Sternbilds schreiten seine älteren Töchter und Frauen voraus, von denen vier den Sarg auf der Bahre tragen, während die jüngeren Töchter in Ursa Minor hinterdrein gehen. Die christlichen Araber sollen hingegen laut Athanasius Kircher im Viereck von Ursa Maior 'die Bahre des Lazarus' sehen und die anderen Sterne 'Maria, Martha und die Magd' nennen.[180]

Die Araber im Sudan hingegen deuteten die Banat N'ash um: Die Sterne ε, ζ und η Ursae Maioris wurden dort *Banat al-Anqarib* genannt. Es sind dies drei Huris, die das Schlafgemach des Sultans betreuen; die äusserste heisst *Oreyg* und ist die dickste und hübscheste. Versinkt sie Mitte Juni am Horizont, während der Mond in seiner neunten Nacht im Zenit steht, sagt man von ihr: "Geht sie am neunten Tag unter, ist sie wie eine schwangere Frau, die sich an dem Seil festhält, das ihr beim Gebären hilft."[181]

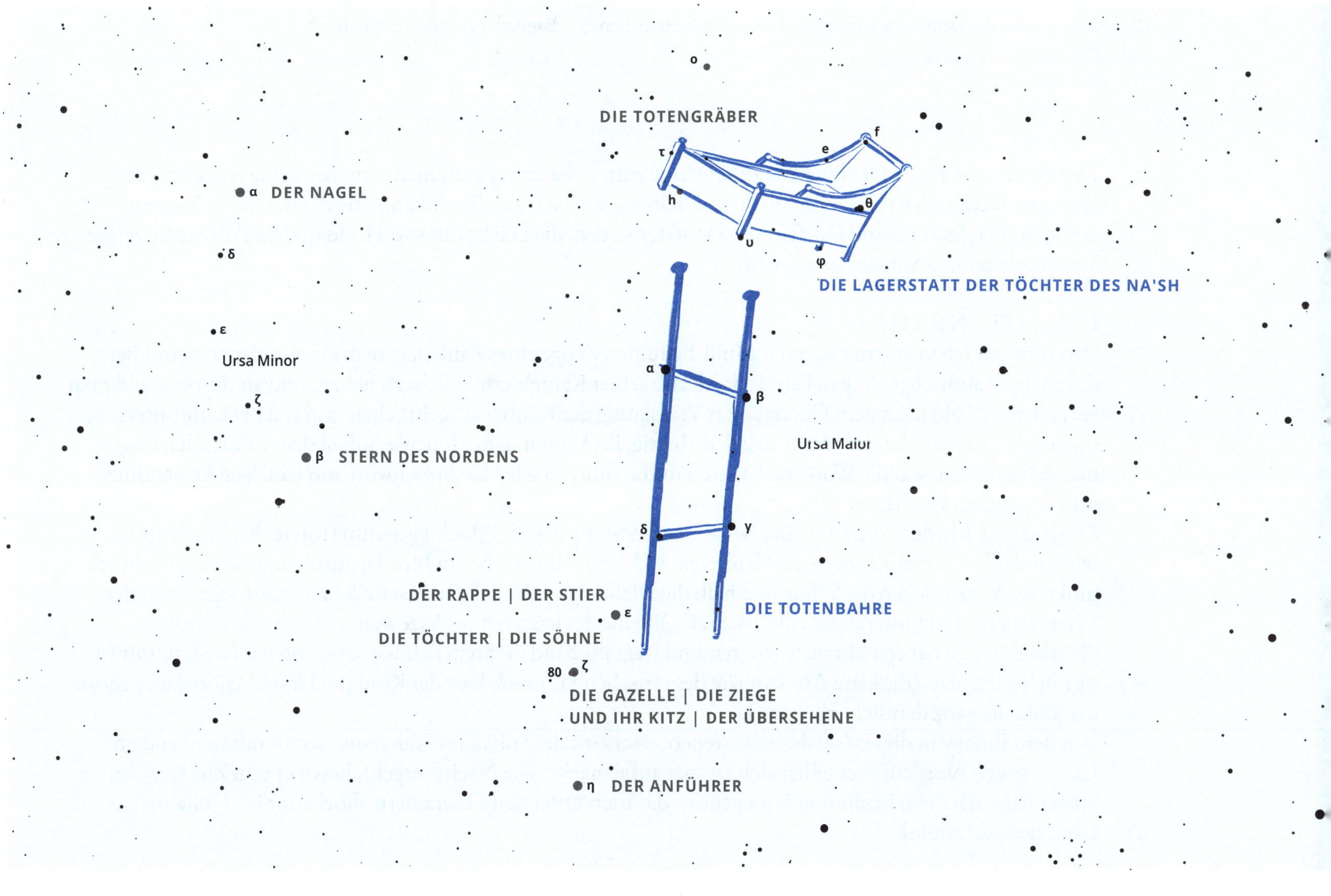

ε, ζ, η Ursae Maioris

AL-BANUN – DIE SÖHNE

AL-BANAT – DIE TÖCHTER

η Ursae Maioris

AL-QA'ID – DER ANFÜHRER

Unser Alkaid oder Benetnash genannte Stern verkörperte den Anführer des Trauerzuges.

K1 91

τhυφθef Ursae Maioris des Teiches al-Hawd (aber auch αβγδ UMa)

SARIR BANAT N'ASH – DIE LAGERSTATT DER TÖCHTER DES N'ASH

K1 104

Sarir heisst bei den jetzigen Arabern ein langer und niederer Stuhl oder eigentlich ein zum Sitzen und Liegen bestimmtes Ruhebett.[182] Es ist denkbar, dass so wie Al-Jauza ursprünglich einen Thron am Himmel hat, dies den Thron N'ashs darstellte, der zum Stuhl oder Bett der Töchter umgedeutet wurde.

o und h Ursae Maioris

AL-FARITAN – DIE TOTENGRÄBER

Die beiden vor der Begräbnisgesellschaft der Banat N'ash Hergehenden sollen das Grab ausheben.

K1 58

ε Ursae Maioris

AL-JAUN – DER RAPPE

AL-HAWAR – DER STIER

Es ist unklar, ob man in diesem Stern eher einen schwarzen Stier oder einen schwarzen Hengst sah. In einer korrupten lateinischen Transliteration von al-Hawar wanderte der Name als Alkor später zu 80 Ursae Maioris.

K1 62 und K|S 57

α, β, γ, δ Ursae Maioris

N'ASH – DIE TOTENBAHRE

K3 48–49

Dem Reisenden Carsten Niebuhr zufolge nannten die Juden in Bagdad diese vier Sterne *Ash*.[183]

Der Orientalist Franz Delitzsch fasste eine Sage zum Polarstern zusammen, um dann eine Anekdote seines Kollegen Wetzstein wiederzugeben: "Unser Bärengestirn wird als Totenbahre (noch jetzt dieser Name in den syrischen Städten und Dörfern) betrachtet, mit den, die Leiche ihres von Judday, dem Polarstern, getöteten Vaters geleitenden Söhnen und Töchtern."

DIE TOTENBAHRE

"Im Juni war ich in einem Lager der Mujil-Beduinen Zeuge eines Zankes, in dem einer andere beschuldigte, durch ihre Saumseligkeit dem Feinde den Raub seiner Kamele ermöglicht zu haben, und als die Beschuldigten versicherten, bald nach dem Überfalle zur Verfolgung der Räuber aufgebrochen und erst bei Sonnuntergang umgekehrt zu sein, rief der Mann aus: Wahrhaftig, ihr kamt mir zu Hilfe wie Suhail dem Judday. Ich fragte meine Nachbarn, was die Worte bedeuteten und erfuhr, sei seien ein Sprichwort von häufiger Anwendung und folgendem Ursprung:

Der Judayy (d. h. der Polarstern, in Damaskus *Mismar* ['Nagel, Pflock'] genannt) tötete den N'ash und wird deshalb von den Kindern des Getöteten, welche die Blutrache am Mörder ausüben wollen, allnächtlich umkreist. Voran ziehen die Söhne (weshalb die Dichter gewöhnlich *Banu* statt *Banat N'ash* sagen) mit des Vaters Leiche und hinter diesen die Töchter. Die eine der letzteren [ε Ursae Maioris] heisst *Waldana*, 'Wöchnerin'; sie hat erst kürzlich geboren und trägt ihr Kind in ihrem Schosse, und von der Niederkunft ist sie noch ganz blass (die klare Atmosphäre des syrischen Himmels lässt das Kind [80 Ursae Maioris] im Schosse der Waldana ganz deutlich erkennen).

Um dem Judayy in dieser Gefahr beizustehen, erscheint der Suhail im Süden und strebt mit blinkendem Glanze gegen Norden; aber er hat sich zu spät aufgemacht: Die Nacht vergeht, bevor er sein Ziel erreicht. Später habe ich diese Erzählung öfter gehört, die auch unter den Hauraniern allbekannt ist. [Johann Gottfried Wetzstein]

Zur Erläuterung fügen wir [Delitzsch] hinzu: Die Plejaden umkreisen den Polarstern wie alle Sterne; da er an der Himmelsachse steht, sind ihm aber mehr als die Hälfte näher als der Canopus. Dieser Stern erster Grösse kulminiert um 3 Stunden später als die Plejaden und hebt sich höchstens 10 Mondbreiten über den Horizont von Damaskus – ein sinniges Bild erfolglosen Strebens."[184]

Ursa Minor
BANAT N'ASH (as-Sughra) –
DIE TÖCHTER DES N'ASH (das kleinere Bild)

β, γ, ζ und η Ursae Minoris
AL-N'ASH – DIE (KLEINE) TOTENBAHRE
K|S 58

ε, δ und α Ursae Minoris
AL-BANAT – DIE TÖCHTER
K|S 58

β und γ Ursae Minoris
AL FARQADAN – DIE BEIDEN KÄLBER
K|S 58

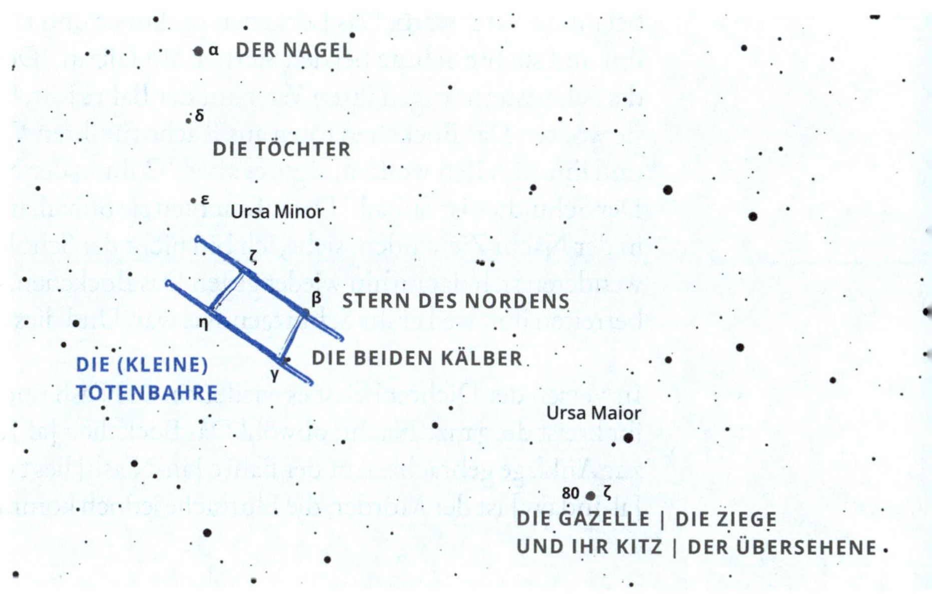

β Ursae Minoris wird das 'hellere', γ – unser heutiger Pherkad – das 'dunklere' Kalb genannt.[185] Der Arabist Jacob erläutert: "Während 'Die Töchter Des N'ash' von den Dichtern als Symbol der Trägheit und Untätigkeit verstanden wurden, fasste man al-Farqadan als Symbol der Stetigkeit auf. Man sah in ihnen zwei Antilopenkälber, denen die Dichter häufig als ihre treuen Genossen auf nächtlichen Reisen gedenken, weil sie nie untergehen; sie rühmen sich, einen Bund mit ihnen geschlossen zu haben."[186]

Der persische König Gadhima (ca. 240–270) wurde wegen seines Aussatzes 'der Fleckige' oder 'der Weisse' genannt. Er war ein Sabäer und verehrte vor allem die Farqadan. Aus Stolz nahm er niemanden als Zechkumpan an: Seine Trinkgesellschafter waren nur diese beiden Sterne nahe dem Pol; wenn er trank, so goss er bald diesem, dann jenem den Becher aus. Er war der erste der Könige von Hira, der Kriegsmaschinen anfertigen, der erste, der sich Schuhe anziehen, der erste, der sich Wachskerzen voraustragen liess.[187]

Der andalusische Dichter Tahir b. Muhammad wiederum schreibt über diese beiden Sterne: "Als wären die Farqadan zwei, die miteinander Worte wechseln und hin und her die ganze Nacht die Unterhaltung führen."[188]

AL-HAJIZAN – DIE ABWEHRENDEN
Erst in neuerer Zeit fanden Orientreisende bei syrischen Stämmen die al-Farqadan mit dem Namen 'Die Abwehrenden' bezeichnet.[189]

Der Mitte des 19. Jahrhunderts in Syrien stationierte französische Kamelreiter Vernier berichtet zu Den Abwehrenden eine Legende, die ihm von seinem einheimischen Begleiter erzählt wurde:

DER TOD DES N'ASH
"Bajan erzählte mir das Drama des Polarsterns: Die sieben Töchter des N'ash, die sieben Sterne unserer Grossen Bärin, entdeckten eines Tages die Leiche ihres Vaters. Sie klagten Das Böcklein (den Polarstern) an und beschlossen, sich zu rächen. Doch der schöne Stern war unschuldig. Die Hajizan, die beiden 'Abwehrer' (die zwei Sterne an unserer kleinen Bärin hinten), schritten ein, so wie die Vermittler hier, wenn zwei Stämme miteinander streiten. Die Hajizan hinderten N'ashs Töchter daran, uns das Licht Des Böckleins zu nehmen.
In Wirklichkeit war der Mörder Suhail (unser Canopus), der das Kommen der ersten Regen und Razzien ankündigt. Er hat sich gen Süden geflüchtet und frech nach Mekka gerettet; dort muss er nur aufpassen, hinter der Stadtmauer zu bleiben. Doch N'ashs Töchter bleiben stur. Sie wollen es nicht wahrhaben und hören nicht auf, den unschuldigen Polarstern zu verfolgen, wobei sie das ganze Firmament hinter sich herziehen.
Es wird frisch. Ich ziehe meinen Burnus an; im Umdrehen erblicke ich im Süden Suhail. Metleq hilft mir und sagt: 'Wenn Suhail erscheint, steht die Mutter auf und deckt ihr Kind zu!'"[190]

Die gleiche Legende, mit kleinen Abweichungen, ist auch in Zentralarabien bekannt. Ein Beduine aus dem Stamm der Utaiba erzählte sie in folgender Form: "Ali al-Mansur berichtet uns in einer Überlieferung zu Den Töchtern Der Totenbahre, dass in der Vergangenheit Das Böckchen (der Polarstern) um eine der Töchter bei ihrem Vater warb. Das Böckchen packte sie und raubte sie. Es fürchtete sich aber vor ihrem Vater, tötete ihn und suchte Schutz bei den Sternen al-Hajizan, 'Den Kleinen Abwehrenden' [β und γ Ursae Minoris]. Und die Schwestern trugen ihren Vater auf der Bahre fort, begruben ihn und zogen mit ihrer Bahre weiter, denn sie wollten Das Böckchen töten aus Rache für ihren Vater und für den Raub der Schwester. Als sie nun kamen und ihn ergreifen wollten, sagte er aber: 'O ihr in der Nacht Ziehenden, siehe, ich bin nicht der Schuldige. Der Schuldige ist Suhail.' Darauf suchten sie Suhail, und er kam ihnen aus der Ferne entgegen und sagte: 'O ihr in der Nacht Ziehenden, siehe, ich bin nicht der Schuldige, der Schuldige ist Das Böckchen.' Die Schwestern wendeten sich daraufhin wieder gegen Das Böckchen, doch die Sterne der al-Hajizan traten vor ihn und befreiten ihn, weil er ihr Schutzgenosse war. Und dies ist ihre Handlung immerdar."[191]

In Versen der Dichter heisst es wiederum zu N'ash und dem Polarstern: "Ihr Töchter Der Bahre [Banat N'ash], ihr kreist die ganze Nacht; obwohl Das Böckchen [al-Judayy] der Mörder ist, habt ihr Suhail [Canopus] zur Anklage gebracht. Auf der Bahre [an-N'ash] liegt das Opfer, und die Himmel zittern dazu; Das Böckchen [al-Judayy] ist der Mörder, die Blutrache jedoch kommt auf Suhail zu."[192]

ε und 80 Ursae Maioris

DIE GAZELLE UND IHR KITZ

"[Mein Begleiter] Metleq wiederum erzählte mir", schreibt Vernier, "dass einer der Polarsterne eine Gazellenmutter ist, die von ihren Kleinen umgeben ist; und er zeigte mir einen Stern, den sie eng an sich drückt, weil er ihr ängstlichstes Kitz ist."[193]

WALDANA – DIE WÖCHNERIN

Anders als die Beduinen, denen Vernier in den 1930ern in Syrien begegnete, berichtet Wetzstein in der weiter unten folgenden Legende, dass die Beduinen dort im 19. Jahrhundert in Alioth und dem lichtschwachen Stern Alkor daneben – unserem 'Reiterlein' – eine Mutter sehen, die ihr Neugeborenes in den Armen hält. Diese Vorstellung geht auf die heilende Kraft zurück, die man Alkor nachsagte, dessen Name sonst 'Kindheit' bedeutet.

80 Ursae Maioris

AS-SUHA – DER ÜBERSEHENE

Der Name lässt sich von der arabischen Wurzel *shw* – 'übersehen, vergessen, vernachlässigen' – ableiten.

Der Universalgelehrte Biruni schreibt: "Wer keine Kinder hat, muss in der Nacht des herbstlichen Äquinoktiums nur auf *Suha* schauen und dann mit seiner Frau schlafen, damit sie schwanger wird; die unfruchtbare Frau dagegen, die am 16. Juli auf Suha blickt und dann mit ihrem Mann schläft, wird ebenfalls schwanger."

K1 106, K|S 58, D 466 und C 35

Ideler erläutert weiter: "An diesem Stern prüfen die Leute ihr Auge. Sufi schreibt: Wer ihn ansieht und dabei 'Der Herr Des Kleinen Suha behüte mich vor allen Skorpionen und Schlangen!' sagt, sei sogleich davor bewahrt. Wie merkwürdig dieser kleine Stern den Arabern gewesen sein müsse, beweisen folgende zwei Sprichwörter, die sie von ihm haben: 'Ich zeige ihr den Suha und sie zeigt mir den Mond' [was sich wohl auf Birunis oben zitierte Schwängerungsmethode bezieht] und 'Wie sollten Suhail und der Suha einander je in den Weg kommen?'"[194]

DIE SAGE VOM HERRN DES KLEINEN SUHA

Maqrizi überliefert um 1400 zu unserem Alkor folgende Legende: "Die Mutter des Königs Markunes, einem der ersten ägyptischen Herrscher, war eine Tochter des Königs von Nubien. Sie betete den Suha genannten Stern an, nannte ihn einen Gott und liess für das Idol des Sterns einen wunderbaren Tempel errichten. Als der Priester dieses Tempels sah, dass der König einen völligen Kult um diesen Stern betrieb, wollte er dem Suha einen irdischen Stellvertreter geben, in Gestalt eines Tieres, das man dann anbeten würde. Der König liess einen zwei Ellen hohen und einen eine Elle breiten Adler aus geschmolzenem Gold fertigen, dessen Augen zwei Rubine waren; und man legte ihm zwei Ketten von Perlen um den Hals, die zwischen Röhrchen aus grünem Edelstein aufgereiht waren, steckte ihm eine Perle in den Schnabel und verzierte seine Schenkel mit roten Perlen und dergleichen."[195]

Es ist dies ein für das pharaonische Ägypten typisches Szenario: Tempel, Kompositstatuen, die Beliebtheit von grünen Fayenceperlen, die Beziehungen zu Nubien und der Fokus auf Ursa Maior als wichtigstes Sternbild neben Sah (Orion). Von einer Verehrung des Alkor ist dort allerdings überhaupt nichts bekannt.
Mit Markunes könnte Menkaure gemeint sein (gr. Mykerinos), der Erbauer der dritten Pyramide von Gizeh in der 4. Dynastie. Ihm war bis in die Spätzeit ein Totenkult gewidmet.
Herodot überliefert eine Anekdote zu ihm und Strabo eine Legende mit Parallelen zu der zitierten Geschichte, die auch etwas mit der Entstehung des Aschenputtelmotivs zu tun hat: "Man fabelt, ein Adler habe, als sie badete, einen ihrer Schuhe ihrer Dienerin entrissen und nach Memphis getragen, sei über dem Haupt des im Freien Recht Sprechenden Königs geschwebt und habe ihm den Schuh in den Schoss geworfen. Von der Niedlichkeit des Schuhs wie der seltsamen Begebenheit verwundert, habe der König die Frau zu diesem Schuh im ganzen Land ausforschen lassen. Endlich aufgefunden in der Stadt der Naukratiten und hergeholt, wurde sie des Königs Gattin und erhielt nach ihrem Tod das erwähnte Grabmal."
Strabon zufolge soll es sich dabei um die ehemalige Geliebte von Sapphos Bruder namens Rhodopis oder Doricha gehandelt haben.[196]

IX DIE VIELEN GESTALTEN DES CANOPUS

α Carinae

SUHAIL

β Doradus und α Pictoris

QADAMA SUHAIL – SUHAILS FÜSSE

K5 41

Adal al-Katib sagt: "Er ist ein roter Stern, den man seiner Horizontnähe wegen immer gleichsam zittern sieht." Die arabischen Lexikographen leiteten den Namen von der mit seinem sommerlichen Aufgang nachlassenden Hitze (*Yashulu*) ab. Auch die Ebene (*Sahl*), weil er kaum über den Horizont steigt, und das Fallenlasen von Regen und Datteln (*Ishal*, 'Durchfall') sind möglich Wurzeln.

K1 106, VA 628–629 und B 586

SUHAIL AL YAMANI – DER SÜDLICHE SUHAIL

Als südlicher – 'jemenitischer' – Suhail wurde Canopus von λ Velorum und weiteren Sternen zweiter Grösse in der Nähe von α Carinae – ζ Puppis und γ Velorum – unterschieden, welche von anderen Überlieferungen mit demselben Namen versehen worden waren.[197]
Zu Qazwinis Zeiten war der Canopus gemeint, wenn von Suhail allein die Rede war; für die gleichnamigen anderen Sterne gab es Beiwörter wie Hadari, Wazn, Mulif, Sha'ami.[198]

Kanobos ist ein relativ junger Name im antiken Griechisch: Eudoxos nennt ihn einen 'ägyptischen Stern', bei Eratosthenes steht er am Steuerruder des Sternbilds Argo, um den südlichsten Stern 1. Grös-

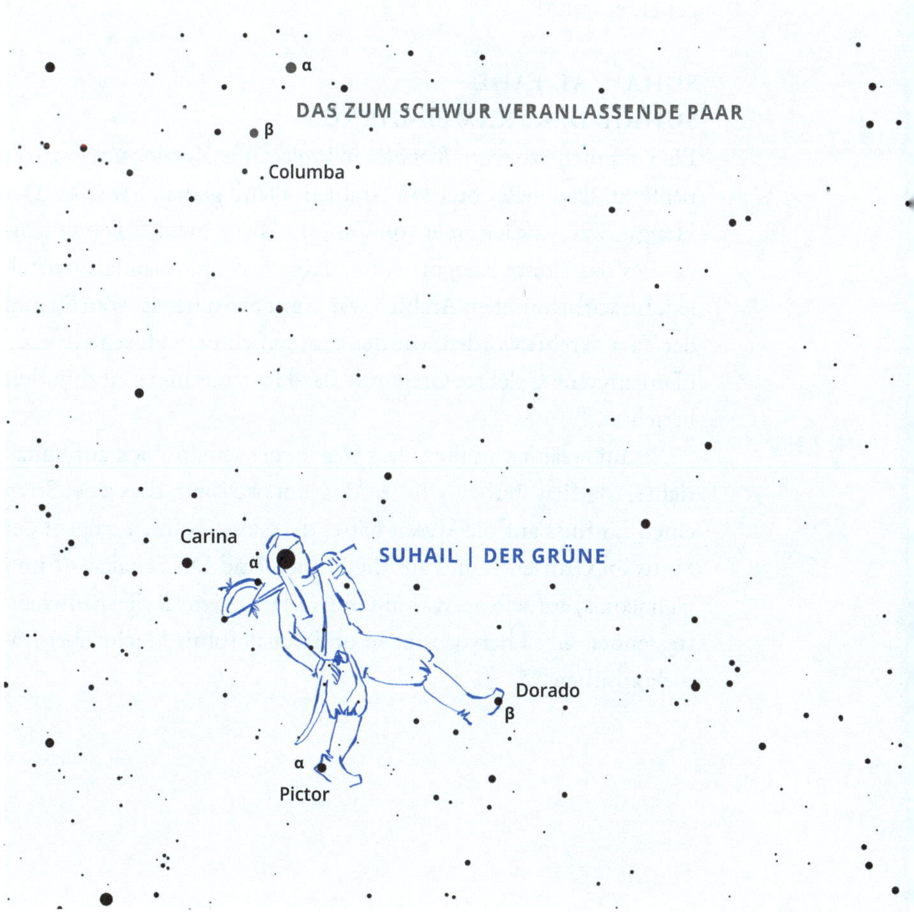

senordnung zu bezeichnen, der in Griechenland noch sichtbar wurde. Der Name ist altägyptischen Ursprungs und steckt auch hinter dem grossen gräko-ägyptischen Hafen Kanobos, der von den griechischen Seefahrern angesteuert wurde; der Ort war mit einem hellenistischen Mythos versehen, der ihn auf den Steuermann von Menelaos Schiff bezog, welcher dort auf seiner Rückkehr von Troja gestorben sei.[199]

Der Rhetor Aristides im 2. Jahrhundert u. Z. behauptete, Kanobos würde 'goldener Boden' bedeuten, was sich auf den immensen Reichtum des Hafens wie auf die Farbe des Sandes beziehe. Damit hatte er nur halb Recht. Was eigentlich hinter dem Namen steckt, ist die altägyptische Bezeichnung für einen 'Goldenen Schrein' – den Naos eines Tempels, eine transportable Götterstatue sowie die Kajüte einer Prozessionsbarke; sie wurden in der demotischen Umgangssprache *Ga Nob* geannt.[200] Die Altägypter sahen um unseren heutigen Canopus das astrale Schiff von Osiris' Sohn Horus, das einen solchen Schrein als Kajüte besass. Es stellt eines der wenigen Sternbilder dar, das die Griechen aus Ägypten übernahmen, wobei sie die Fahrtrichtung des Schiffes umdrehten, sodass aus Canopus sein Steuermann wurde.

Da dieser zweithellste Stern am Himmel traditionellerweise den Süden markierte, könnte sich von *Ga Nob* das arabische Wort für 'Süden' ableiten: *Janub*. Es bezeichnete auch die südöstliche Mauer der Kaaba in Mekka, die auf den Aufgangspunkt des Canopus ausgerichtet war.[201]

SUHAIL AL-FAHL – SUHAIL DER (KAMEL-)HENGST

Ein Kommentator zum *Kanobos* in Ptolemaios' Katalog um 100 u. Z. bemerkt, dass dieser Stern in Arabien 'Pferd' genannt würde: 'Der Hengst' war wirklich einer von Canopus' Beinamen.[202] Damit würde dies das älteste Zeugnis eines arabischen Sternnamens darstellen. Im vorislamischen Arabien war dieser Stern bereits vom Stamm der Tayy verehrt worden, wie der zum syrisch-orthodoxen Glauben übergetretene Gelehrte Gregorius Bar-Hebraeus im 13. Jahrhundert berichtet.[203]

Biruni erzählt von ihm, dass wer immer seinen Blick auf Suhail richte, sogleich sterben würde. Mas 'udi präzisiert, dass jeder Stern einen Einfluss auf die Wesen hätte, die seinen Namen trügen: der Sirius im Grossen Hund auf die Hunde, und Die Schakale (ζ und η Draconis) auf selbige. Ra's al-Ghul (β Persei) würde die menschenfressenden Ghul hervorbringen und Suhail somit Macht über Kamele ausüben.[204]

Die von Ptolemaios überlieferte Bezeichnung des Canopus als Hengst ist in Arabien jedoch erst bei Ibn Qutaiba im 9. Jahrhundert bezeugt: "Der Suhail erstrahlt dem nächtlichen Reisenden, als sei er ein weisser Kamelhengst, den die [nach der Entwöhnung ihrer Jungen wieder läufigen] Kamelstuten nicht mehr reizen, weil er nicht mehr zur Brunst fähig ist – (und sich deshalb abgesondert hat)."[205]

Carsten Niebuhr schreibt: "Den Canopus kennen alle Araber am persischen Meerbusen, und vielleicht in ganz Arabien, unter dem Namen Suhail. Auf diesen merken sie am fleissigsten, wenn er so weit aus den Sonnenstrahlen kommt, dass man ihn des Morgens sehen kann, weil die grosse Hitze alsdann anfängt abzunehmen. Die Aussprache des Juden dafür zu Sana ist *Shejl*, des Juden zu Bagdad *Sihhel*."[206]

SUHAIL AL-WAZN – SUHAIL DER TRÄGE

K1 107

Der Suhail, so der Orientalist Franz Delitzsch, hat als säumiger Helfer (hebräisch 'der Tor', arabisch 'der Träge') Beziehung zu Ursa Maior. ... Es sind Hemmnisse, die ihn frühzeitig aufzubrechen und das Ziel zu erreichen verhindern.[207]

SUHAIL AL-QABIS – SUHAIL DER FEUERHOLER

"Suhail erstrahlt in der Ferne, als sei er ein brennender Ast, den ein Feuerholer vom Wind abgewandt hält." "Bis dass Suhail im Morgengrauen aufging, wie der brennende Ast des Feuerholers, welcher Funken schleudert." In Anlehnung an diese beiden oft kopierten Verse ist die Bezeichnung Suhails als Feuerholer geprägt worden.[208]

AN-NAJM AL-GHARARA – DER TÄUSCHENDE STERN

So heisst Canopus, weil er manchmal mit dem Morgenstern verwechselt wird. Am Sinai vergleicht man ihn mit einem Lügner, weil er, kaum dass er aufsteigt, schon wieder untergeht, statt am Himmel zu bleiben. Deshalb sagt man, "dass der und der wie Suhail ist – er kommt, aber kehrt gleich wieder an seinem Schwanz zurück".

HE 112, VA 630 und B 583

SUHAIL AL-ASHSHAR – SUHAIL DER STEUEREINTREIBER

In dem von Farahidi (8. Jahrhundert) erstellten arabischen Wörterbuch *Kitab al-Ayn* ist Suhail ein tyrannischer Steuereintreiber im Jemen.

Der Gelehrte Marzuqi überliefert um 1000 folgende bei den Beduinen gängige Anekdote:

DER STEUEREINTREIBER

Suhail ging einmal im Irak auf und sah sich az-Zuhara [Venus] gegenüber. Die Herrin lachte ihn aus und sagte: "Man erzählt von dir, dass du ein Einsammler des Zehnten [*Ashshar*] warst. Dann hat Allah dich zur Strafe in eine Sternschnuppe verwandelt'. Suhail antwortete ihr: 'Nicht alles, was die Leute sagen, ist auch wahr. So haben sie etwa über dich erzählt, dass du eine sündhafte Frau gewesen wärst. Da habe Allah dich in einen hellen Stern verwandelt, der über die Geschicke seiner Geschöpfe entscheidet.'"

Der 'Zehnte' – von dem sich der Sternname ableitet – war eine vorislamische Einrichtung, die im Islam so verpönt war wie dessen Eintreiber. Al-Jahiz erwähnt in seinem Buch *Hayawan*, VI, 61, dass Suhail al-Ashshar in eine Konstellation von zehn Sternen verwandelt worden sei.

K2 59 und F1 71

AL-KHADR – DER GRÜNE

Arabischen Seeleute nennen ihn 'den Grünen'; sein Aufstiegspunkt bestimmte Südsüdosten, sein Untergangspunkt Südsüdwesten.

VA 629

Suhail der Liebende

Im *Lied der Hudhailiten* 95,11 heisst es von der Geliebten: "Wenn Suhail ihre Rede vernimmt, lässt er vom Verfolgen seiner Bahn ab und macht Halt."[209]

Suhail unterscheidet sich von den anderen Sternen und Planeten durch seine aussergewöhnliche Helligkeit, sein Pulsieren und seine rote Farbe. Deshalb sprachen ihm die Araber einen besonderen Rang zu, verfassten Gedichte und Erzählungen über ihn.

Der Dichter Abu al-Ala l-Ma'arri (953–1057) vergleicht so Suhails Röte mit einer Geliebten, im Kontext der Sternensagen um Sh'ira, Sirius: "Suhails Farbe gleicht der Wange einer Geliebten – und eines Liebenden Herz pocht ebenso in rotem Flimmern wie das Auge eines grimmigen Mannes hin und her flackert, weil er sich von feindlichen Schwertern bluten sieht: So weinten aus Mitleid über ihn die beiden Shi'ras."[210]

SUHAILS MACHT

Wie dem himmlischen Südpol wird auch Canopus vielerlei heilende Wirkung zugeschrieben. So hält Qazwini fest: "Bei den weiblichen Tieren insgesamt ist es so, dass sie, wenn sie eine schwere Niederkunft haben, zum Südpol und dem Suhail schauen. Sie gebären dann sofort. Wenn derjenige, den die Lust zum Beischlaf verlassen hat, ohne dass er eine Medizin eingenommen hat, seinen Blick in aufeinanderfolgenden Nächten auf dem Südpol verweilen lässt, kehrt seine Lust zu ihm zurück.

Der, welcher Warzen hat, soll so viele Blätter vom Ahornbaum nehmen, wie er Warzen hat, sie zum Südpol und zum Suhail weisen und sagen: 'Dies ist für das Abschneiden der Warzen!' Das muss er 42-mal sagen, entweder in einer einzigen Nacht oder in mehreren Nächten. Dann zerstösst er die Blätter in einem Mörser aus chinesischem Kupfer, das heisst Zinn, und tut das auf die Warzen. Sie trocknen dann aus und lassen sich wegreiben. Man behauptet, dass dieses zu den erprobten Eigentümlichkeiten gehört.

Wenn derjenige, der unter Melancholie leidet, seinen Blick immer wieder auf dem Südpol und dem Suhail verweilen lässt, und das mehrmals in einer Nacht, verlässt ihn diese Melancholie. Man hat das erprobt und für richtig befunden, und das weist darauf hin, dass dem Pol und Suhail eine besondere Eigenschaft zukommt, die Freude und Heiterkeit hervorruft. Deswegen ist es auch so, dass den Zandj [arabisch für einen 'Schwarzen' von der 'schwarzen Küste' gegenüber von Zanzibar], da sie dem Südpol und dem Suhail nahe sind, grosse Heiterkeit gegeben ist."[211]

Ideler erläutert darüber hinaus: "Suhail soll den roten Edelsteinen ihre Farbe geben. Beim heliakischen Aufgang des Suhail reifen die Früchte und der *Qaidh* geht zu Ende, die grösste Sommerhitze vom Aufgang der Plejaden bis zu dem des Suhail: Im peträischen Arabien der 28. August, in Syrien der 8. August."[212]

Die Beduinen am Sinai hingegen fürchteten die Macht des Suhail und gruben eine Heilpflanze auf der Seite eines Busches aus, an der sie nicht von ihm beschienen wird, damit sie ihre Wirksamkeit nicht verliere. Vorislamischer Glaube war, dass ein Kamel, das direkt in den Suhail sieht, sterben wird.[213]

Der Suhail-Kalender

Die Hundstage werden laut Biruni 'Suhails Feuerbrunst' genannt: Sie umfasst jene sieben Tage, in denen Suhail in der Stirn Des Löwen (Jabhat al-Assad) aufgeht. Die Hitze kehrt Ende August gerade dann zurück, wenn man schon glaubt, der Sommer sei zu Ende. Zeitsymmetrisch kommen nach sechs Monaten dann 'die Tage der Greisin', in denen die Kälte am Ende des Winters noch einmal einsetzt.[214]

Am Arabischen Golf beginnt das Jahr mit dem Aufgehen des Suhail im August und wird dann grob in Einheiten von zehn Tagen unterteilt. Die ersten vierzig Tage umfassen nach vorislamischer Sitte den Herbst. Nach 110 Tagen beginnt der Winter.[215]

Aus Kuwait stammt folgender Bericht über den ersehnten Aufgang des Canopus für das Ende des schwülsten Monats August, der nach dem Sternbild der Beiden Hunde *Kalban* genannt wird: "Jedermann am Ort betet und sehnt sich nun nach dem Aufgang des Suhail, dessen Kommen stets Erleichterung bringt. Die Leute stehen nach dem 25. August sogar Stunden vor der Dämmerung auf, um einen Blick dieses gesegneten Gestirns zu erhaschen. Hoffnung kommt meist in Gestalt eines Kamelkuriers aus Najd: Man habe Suhail zehn Tage zuvor oben in Qasim gesehen; er muss nun bald auch in Kuwait sichtbar werden. Die scharfäugigsten Jäger der Rashaida werden angehalten, in Jahrah und Subaihiyah den Südhimmel um 3 Uhr morgens abzusuchen. Wenn der Stern erscheint, breitet sich die Nachricht rasend schnell in Kuwait aus. Überall ruft man: 'Suhail wurde gesehen, Suhail wurde vom Soundso gesehen, Dank sei Allah, dem Gnädigen. Der Sommer ist zu Ende, *al-Qaidh* – der Spätsommer – ist vorbei.' Der Araber, der im Glauben aufgewachsen ist, es folge unmittelbare Erleichterung, fühlt sich schon kühler – der Europäer merkt kaum einen Unterschied. Der Araber glaubt, die Körperinnenseite werde nun kühler, der Durst erträglich, weil das nun über Nacht draussen gelassene Wasser am Morgen abkühlt, während es zuvor die Nacht hindurch heiss blieb."[216]

Im Sinai kündet der Morgenaufgang des Suhail die ersten Regenfälle nach einem langen trockenen Sommer an. Die Fluten können die Lager der Beduinen mitreissen, wenn sie in einem ausgetrockneten Flussbett kampieren: "Hat sich Suhail aufgemacht – habt auf Fluten acht – selbst noch am Ende der Nacht."

Dann beginnt die kalte Jahreszeit mit den ersten frostigen Südwinden, die sich vor der Morgendämmerung erheben: "Hat Suhail sich aufgemacht – wird es kalt am Ende der Nacht."

Ende September, Anfang Oktober beginnt dort auch die Dattelernte: "Unter Suhail fallen die reifen Datteln ab, gleichsam auf seinen Befehl."[217]

X CANOPUS' SCHWESTERN UND BENACHBARTE STERNE

α Canis Maioris

AL-ABUR – DIE ÜBERQUERERIN

Der Sage nach war *al-Abur*, 'die einen Fluss o. ä. überquert hat', die Schwester von *al-Ghumaisa* – 'Der Kleinen Trübäugigen', die vom Weinen 'verschmierte Augen hat' (α Canis Minoris) – und von Suhail (α Carinae).

K | S 24 und K3 118

ASH-SHI'RA ASH-SHA'AMIYYA – DIE NÖRDLICHE SHIRA

Al-Abur (α Canis Maioris) und al-Ghumaisa (α Canis Minoris) waren auch als 'Die Nördliche' und 'Die Südliche Shi'ra' geläufig. Der Name arabisiert entweder den bereits von Hesiod erwähnten griechischen Sirius, der sich von *Seirios*, 'Der Versengende, Hell Brennende' ableiten lässt, oder geht auf das akkadische *Shiru* zurück, 'Morgenstern'.

K | S 22 und K3 117–118

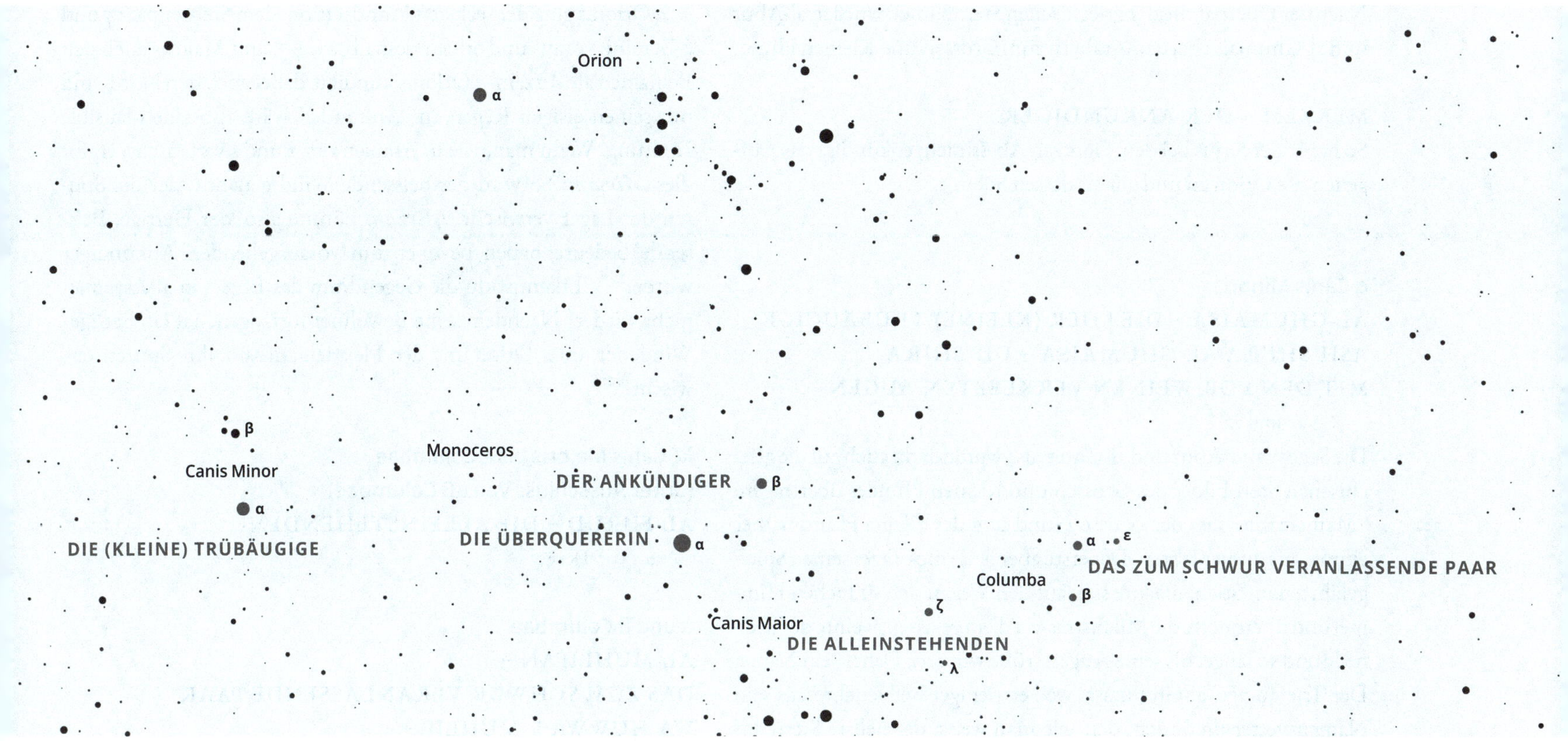

Laut Ideler lässt sich *Sh'ira* auch mit *Sha'r*, 'Kopfhaar', in Verbindung bringen, um somit einen 'von Strahlen struppigen Stern' zu bezeichnen. Die beiden Shi'rayan – α Canis Maioris und Canis Minoris – werden durch die Beiwörter *al-Yamaniyya*, 'der Südliche, der Jemenitische' und *ash-Sha'amiyya*, 'der Nördliche, der Syrische' unterschieden: "Die nordwestlichen Araber, denen Mohammed zunächst seine Lehre predigte, waren gewohnt, beim Gebet ihr Gesicht gegen Osten zu richten, und erst auf seine Vorschriften hin wandten sie es gegen die Kaaba. Da ihnen nun bei jener Stellung Norden zur Linken und Süden zur Rechten war, gebrauchten sie die Wörter *sha'ami* und *yamani* für 'nördlich' und 'südlich'. Aus diesem Grund nannten sie Syrien und das glückliche Arabien das links, den Jemen das rechts liegende Land.[218]

Die Verehrung von α Canis Maioris wurde den Stämmen der Himyar, Lakhm, den Quraish (aus dem Mohammed kam) sowie den Khuza nördlich von Mekka zugeschrieben, weshalb der *Koran* schliesslich Allah zum Herrn über den Sirius erklärte.[219]

Nachdem die Herkunft des Namens in Vergessenheit geraten war, entstanden folgende Legenden über sie:

SUHAILS ZWEI FRAUEN

Qalqashandi schreibt: "Suhail (α Carinae) lebte früher mit der Südlichen Shi'ra (α Canis Maioris) und mit al-Ghumaisa, der Nördlichen Shi'ra (α Canis Minoris) zusammen. Doch dann packte Suhail seine Sachen, ging auf Reisen und liess beide zurück. Die Südliche Shi'ra folgte ihm, al-Ghumaisa aber blieb zurück und vergoss bittere Tränen, weil sie von Suhail getrennt war und ihm nicht nachfolgen konnte. Deshalb wurden ihre Augen schwächer und verloren ihren Glanz [*ghamasata*]."[220]

Sufi erzählt diese Legende etwas anders: "Es heisst, die beiden Shi'ras wären Schwestern des Suhail gewesen und dass Suhail al-Jauza heiratete. Als er jedoch bei der ehelichen Zusammenkunft auf sie fiel und sie beschlief, zerbrach er ihr die Wirbel des Rückgrats. Da er fürchtete, für al-Jauzas Leben verantwortlich gemacht zu werden, flüchtete er gen Süden: Er wollte nicht mehr in der Mitte des Himmels gesehen werden. Deshalb folgte al-Abur dem Suhail, durch die Milchstrasse hindurch. Die Südliche Shi'ra aber beklagte die Trennung von Suhail so lange, dass ihr die Augen trüb wurden."[221]

Nach der Übernahme der griechischen Sternnamen wurden al-Abur und al-Ghumaisa bei den Arabern zum Grossen und Kleinen Hund.

MERZEM – DER ANKÜNDIGER

So heisst der Sirius bei den Tigray in Abessinien; er kündigt das Aufgehen des Orion an und gilt als dessen Sohn.

L I 307

α Canis Minoris

AL-GHUMAISA – DIE | DER (KLEINE) TRÜBÄUGIGE
ASH-SHI'RA AL-GHUMAISA – DIE SHIRA MIT DEN VOR WEINEN VERKLEBTEN AUGEN

K | S 24 und 22

Die Sage von al-Abur und al-Ghumaisa wurde dann auch auf die griechischen Sternbilder des Grossen und Kleinen Hundes übertragen: "Man erzählt, dass der Grosse Hund und der Kleine Hund früher einmal zusammenlebten. Der erste aber liess eines Tages seinen Spielgefährten im Stich, machte sich auf den Weg in den südlichen Himmel und überquerte die Milchstrasse. Allein gelassen, weinte der Kleine Hund so lange, bis seine Augen trübe wurden. Daher sein Name: Der Triefäugige, al-Ghumaisa, weil er weniger hell leuchtet als sein Namensvetter im Süden, der, wie man weiss, der hellste Stern am Himmel ist."[222]

AL-BURBARA – DIE BELLERIN

Dies ist der am Sinai und im Negev gebäuchliche Name für den Sirius, der sich vom Gebell dieses 'Hunds-Sternes', aber auch von *al-Barbara*, 'die laut durcheinander Redende', ableiten lässt. Sirius wie Canopus kündigen den Beduinen am Sinai den Frühling an, wenn die Kamelweiden grünen. Beide stehen Ende Februar kurz nach Einbruch der Nacht lotrecht übereinander.

Bricht Abend an derweil und hängt al-Burbara über Suhail wie ein Eimerseil, kündigt sie das Winterende an und des Frühlings Heil.[223]

β Canis Maioris

AL-MIRZAM – DER ANKÜNDIGER

Die Bedeutung des auch heute noch Mirzam heissenden Sterns ist unsicher; er galt in Arabien zudem auch für β Canis Minoris und γ Orionis. Alle drei gehen jeweils dem Aufstieg eines helleren Sterns (α Canis Maioris, α Canis Minoris und α Orionis) voraus. Nach Sufi ist "al-Mirzam die Bezeichnung der Beduinen für jeden Stern, der einem hellen Stern vorausgeht".

K | S 22 und K3 117–118

Das Wurzelwort *Razam* benennt unter anderem das 'dumpfe Getöse' von Kamelen, Löwen und dem Donner. Vielleicht soll *Mirzam*, meint Ideler, deshalb auf ein Verkündigen, Anmelden deuten.[224]

α Orionis ging der sechsten Mondstation, dem Sternenpaar γ und ξ Gemini, voraus und erhielt deshalb wie β Canis Maioris auch den Beinamen al-Mirzam. α Orionis kündigte dabei auch den Nordwind mit seinen eisigen Regen an. 'Ankünder' wäre also eine plausible Deutung. Wenn man, wie in Arabien oft, z und s vertauscht, ergibt dies *Mirsam*: So wird der beissende Wind genannt, der die Spuren der Lager verwischt. *Mirzam* könnte also 'der Heftige, Beissende' bedeutet haben, bevor er zum 'vorausgehenden' Ankündiger wurde:[225] "Erkennst du die Gegend um das Lagers in al-Asyaman nicht wieder? Nachdem seine Bewohner fortzogen, hat ein heftiger Wind, der unter Orion und den Plejaden aufkam, ihre Spuren verwischt."[226]

λζ Canis Maioris bis ε Columbae (unter Ausschluss von αβ Columbae)

AL-FURUD – DIE ALLEINSTEHENDEN

K6 43 und K1 60

α und β Columbae

AL-MUHLIFAN – DAS ZUM SCHWUR VERANLASSENDE PAAR
WA-HUWWA L-MUHLIF – DAS PAAR DER SCHWÖRER

Dieses von al-Wazn und Hadari gebildete Sternenpaar gilt als 'zwei Sachen, die zu Streit und der Schwur eines Eides führen'. Die arabischen Astronomen waren sich über die Bedeutung der Namen uneinig. Unklar war auch, ob damit nun αβ Centauri oder αβ Columbae bezeichnet wurden; diese tief stehenden Sterne wurden zudem oft mit Suhail – Canopus – verwechselt.

K5 43, K | S 22–23 und 27, L 176, I 276

AL-WAZN – DAS GEWICHT

Sufi erklärt: "Leute behaupten, dass die zwei Sterne al-Wazn heissen; die Beduinen nennen sie aber auch al-Muhlifan, die zwei Schwursterne. Weil sie vor dem Suhail aufgehen, hält jemand sie für ihn und schwört darauf; ein anderer weiss es besser und hält mit einem Schwur dagegen." Ibn Qutaiba berichtet von den zwei, vor Canopus aufgehenden Sternen Ähnliches: "Die Beduinen sagen: Hadari und al-Wazn sind zwei umstrittene Sterne."

K1 65-66, 81–82 und I 238 und 276

HADARI

Hadari ist eine weitere Bezeichnung für dieses Sternenpaar, wird aber als Personennamen aufgefasst: *Hadari wa-huwwa l-Hanit*, 'Hadari der Meineidige'.

K | S 27 und L 176

XI DER WEIBLICHE UND DER MÄNNLICHE ORION

Orion

Die Sterne von al-Jauza werden arabischen Astronomen zufolge auch 'die Sterne des al-Jabbar' genannt: al-Jabbar ist somit ein anderer Name für al-Jauza.

K2 87

AL-JAUZA – DIE MITTLERIN

Al-Jauza schiesst mit ihrem Bogen auf den Löwen.[227] Ideler meint dazu, dass sich "die ältesten Araber ihre Jauza wohl als einen grossen Dämonen oder als überirdisches Wesen gedacht haben mögen".[228]

Die vorislamische Göttin *al-Uzza* ist in Inschriften aus dem Norden Saudi-Arabiens bezeugt (4. oder 3. Jahrhundert v. u. Z.). Im nabatäischen Petra gilt sie dann nach dem Sonnengott Dushara und dem Nachtgott Shaj al-Qaum als Göttin der Sterne als die drittwichtigste Gottheit. Um die Zeitenwende von den Römern nach Petra gebracht, erhielt sie dort den grossen Tempel der geflügelten Löwen und wurde in rechteckigen Betylen verehrt, die ihr Gesicht mit sternenartigen Augen zeigen. Der Name al-Uzza stellt vielleicht eine Arabisierung der gräko-ägyptischen *Isis* dar, die in Ägypten mit Canis Maior ein eigenes Sternbild besass. Volksetymologisch wurde der Name jedoch von der Steigerungsform des Adjektivs *aziz*, 'stark', abgeleitet: *Azizu*, 'Allmächtige'.[229]

Von Petra aus verbreitete al-Uzza sich im ganzen arabischen Raum und wurde dabei auch mit anderen Göttinnen verbunden: der Schicksalsgöttin Manat sowie der kriegerischen mit dem Morgenstern assoziierten Allat – Göttin – aus Basra, die in der späten Römerzeit in Petra al-Uzzas Stelle einnahm. Allat erhielt dabei eine schematische menschliche Gestalt, die auf einer Mondsichel aufsteigt.[230]

Al-Uzza besitzt aber auch uralte lokale Wurzeln. Schon der sumerische Gestirnsname *Uza* – der al-Uzza näher ist als Isis – wurde auf Akkadisch mit 'Herrin Der Starken' und 'Glänzende Des Himmels' glossiert. Damit bezeichnet wurde sowohl das Sternbild der Heilgöttin Gula in Lyra als auch der Planet Venus in seiner Verkörperung der Kriegs-, Liebes- und Fruchtbarkeitsgöttin Ishtar. Diese wiederum war – wie unser Sternbild al-Jauza – eng mit dem Sternbild Löwen assoziiert und besass in ihrem Sternbild den ebenfalls mit al-Jauza verbundenen Bogen.[231]

Hinter der arabischen al-Uzza lässt sich überdies Ishtars spätere Inkarnation erkennen, die syrische Astarte als weibliche Verkörperung des semitischen Gottes Astar.[232] Beide manifestierten sich im Planeten Venus, der somit ebenso zweigeschlechtlich gesehen wurde wie der arabische Orion, den man sowohl als weibliche Mittlerin wie als männlichen Gewaltigen auffasste.

Als in Arabien, Syrien, dem Jemen und Mesopotamien verehrte Kriegs- und Schutzgottheit[233] und Göttin der Fruchtbarkeit und der Liebe, inkorporierte al-Uzza somit Eigenschaften der Isis, der Astarte und über sie auch der Ishtar.[234]

Al-Uzza wurde, wie die schon im 5. Jahrhundert v. u. Z. belegte Fruchtbarkeitsgöttin Allat und die Schicksalsgöttin Manat, zu 'Allahs Töchter' gezählt, die zunächst nur als 'himmlische Wesen'[235] aufgefasst wurden. Al-Uzza stellte jedoch bald ihre älteren 'Schwestern' in den Schatten. So nannten die im 5. und 6. Jahrhundert über Arabien herrschenden Quraish "sich nach ihr *Abd al-Uzza*, 'Diener der Uzza'. Diese war der höchstgeehrte Götze bei ihnen; sie besuchten sie, brachten ihr Gaben und suchten sie bei ihr durch Opfer zu insinuieren".[236]

Ihr zu Ehren gab es jährlich grosse Feste; sie besass mehrere Heiligtümer und in der Kaaba von Mekka war sie die höchste Göttin. Als Göttin der Liebe und Ehe – ganz anders als die verführerische az-Zuhara des Planeten Venus – galt sie hingegen "als Jungfrau, deren Zeichen die Schamhaftigkeit ist".[237] Man schwor in Liebesdingen auf sie und konsultierte ihre Orakel. So heisst es über einen Mann, dem seine Frau den Laufpass gab: "Sie hat auf das bitterste einen feierlichen Eid geschworen, beim Haar jener, die über das unverletzbare Heiligtum wacht: Wenn du mir meine Kleider nicht zurückgibst, dann hau ab, ich werde meine Trennung von dir mit einem simplen Wort verkünden!" Ein Mann hingegen, der nach der Hochzeit ein Glaukom im Auge seiner Frau entdeckte, führte sie wieder zu al-Uzzas Altar zurück, um den Brautpreis im Nachhinein zu verringern.[238] Und die Mutter eines gewissen Siba b. Abd al-Uzza ('Diener der Uzza') wiederum war eine Mädchenbeschneiderin in Mekka.[239]

Ibn al-Kalbi erwähnt in seinem *Götzenbuch* überdies, dass "die Sterne über al-Ghaghab" – den Opferstein der al-Uzza – "wachen".[240] Ausserarabische – frühchristlich griechische und römische – Quellen sehen sie ebenfalls in Nordsyrien eng mit der *Kaukabta*, 'Sternin', assoziiert:[241] dem weiblichen Morgenstern.

Die Identifikation al-Uzzas mit Venus bleibt allerdings problematisch.[242] Johannes von Damaskus berichtet um 750 auf Griechisch, dass Venus auch *Khabar* genannt wird, 'Der Grosse'. Als Beiname für Venus ist dies in arabischen Quellen nicht überliefert.[243] Die Zweideutigkeit lässt sich aber auch dadurch lösen, wenn man die griechische Umschrift *Khabar* als Wiedergabe von al-Uzzas Beinamen 'die Allmächtige' auffasst und sie mit dem Orion in Verbindung bringt: Der hiess in männlicher Verkörperung *al-Jabbar*, 'Der Mächtige, Gewaltige'. Die ursprünglich zweigeschlechtliche Figur des Planeten Venus als Astar und Astarte spiegelte sich somit auch im Orion wider. Das mag darauf zurückgehen, dass ein Planet in der arabischen (wie zuvor in der mesopotamischen) Astrologie seine grösste Macht im 'Haus' eines Sternbilds, seiner 'Burg' – *Burj* – erlangte.[244] Das Sternbild verhalf ihm dazu, weil die Sphäre der Fixsterne direkt unter Allahs Herrschaftsbereich lag; als sein Diener stand es ihm da am nächsten.

Obwohl Orion zu den markantesten Sternbildern zählt und von den arabischen Stämmen nicht wenige Nachrichten über deren Sternkulte überliefert sind, ist über eine Verehrung der Jauza allerdings nichts bekannt; in schriftlichen Zeugnissen wird al-Uzza nirgendwo direkt mit al-Jauza assoziiert. Erklären lässt sich das durch Mohammeds totalitäre Glaubenspolitik. Bei den Quraish, denen er angehörte, war al-Uzza als Gottheit wichtiger gewesen als der auch von ihnen verehrte Allah: Um ihn zum höchsten Gott zu erheben, musste al-Uzza samt den sie verkörpernden Gestirne entthront werden. Bei al-Uzza gelang dies weniger – der Glaube an sie lebte noch bis in die Neuzeit weiter – als bei al-Jauza.

Dass al-Uzza jedoch einmal mit einem Gestirn verbunden war, belegt der *Koran*; er nennt sie einen "der schönen Sterne in der Höhe, deren Eingreifen günstig ist".[245] Vom Sternbild al-Jauza hingegen wird so etwas nicht mehr berichtet. Ihr Kult wurde zerstört und das Sternbild al-Jauza im Jahrhundert nach Mohammed nicht nur durch den männlichen al-Jabbar überzeichnet, sondern nach der Einführung der ptolemaischen Sternbilder auch mit einem anderen, neuen Sternbild verbunden: Gemini.

Eine Identifikation von al-Uzza mit al-Jauza wird jedoch nicht nur durch die Namensähnlichkeit der beiden plausibel, sondern auch durch die unten angeführten Texte und die beiden gemeinsamen Charakteristiken.

Ein erster Hinweis darauf ist die Gleichsetzung Kaukabtas mit der Königin des Himmels in Syrien.[246] Al-Jauza ist dabei das einzige Sternbild, das eine Krone besitzt; zudem hat al-Jauza neben einem Thron noch zwei Richterstühle am Himmel, was al-Uzzas richterlicher Funktion als Orakel und ihrem Rang als höchster weiblicher Gottheit entspricht. Zu al-Jauzas Sternbild gehört überdies ein eigenes Jungfernhäutchen: gemäss al-Uzzas Stellung als Jungfrau und Göttin der Hochzeit.

Arabische Lexikographen setzen al-Jauza später wohl deshalb durch Lautumstellung mit *Zauja*, 'Gattin', und dem dialektalen Ausdruck *Arusa*, 'Verlobte', gleich, weil al-Uzza als Schutzherrin der Ehe galt. Zudem sagte der Volksmund für *Zauj* ('Paar') in einer Buchstabenumstellung auch *Juz*: was der Aussprache von al-Jauzas Namen nahekommt.[247] Mit dieser ehelichen Paarung stimmig ist deshalb auch die Doppelfigur des Orion als al-Jauza und al-Jabbar.

Al-Uzzas grösstes Heiligtum lag im Tal von Nakhla, nördlich von Mekka, und bestand aus einem Orakel, einem Felsaltar für die Opfer und einem heiligen Bezirk mit drei Gummiakazien, die sie, wie bei der Kaaba, umgaben: In diesen Bäumen wohnte die Göttin auf Erden. "Wenn nämlich ein Baum einem Himmelskörper geweiht, in dessen Namen gepflanzt und auf eine bestimmte Weise verehrt wurde", schreibt Maimonides über den vorislamischen Sternenkult, "so ergoss sich ein Teil der geistigen Kraft dieses Gestirns auf den Baum und machte dadurch den Menschen zum Propheten und sprach zu ihm im Schlaf".[248]

Die Quraish wurden, als der aus ihrem Stamm kommende Mohammed sie vom Dienst an al-Uzza abmahnte, "sehr gereizt – worauf man ihnen versicherte, dass der Dienst an ihr nicht aufhören würde".[249] Selbst als Prophet noch, schreibt Ibn al-Kalbi in seinem *Götzenbuch*, "soll Mohammed erzählt haben, er habe, als er noch dem Glauben seines Volkes anhing, al-Uzza ein rötlich weisses Schaf als Festopfer dargebracht".[250]

In al-Uzzas Heiligtum in Nakhla "wohnte der Herr im Winter",[251] also in der Zeit, wenn das Sternbild der Jauza mit seinen markanten Sternen, Beteigeuze und Rigel den Himmel dominiert. Mohammed sandte deshalb seine rechte Hand Khalid ibn al-Walid am 16. Januar 630 dorthin: Zu der Zeit also, wo der Orion den Himmel dominiert.[252] Er sollte den heiligen Hain zerstören, in dem al-Uzza nicht nur von Mohammeds eigenem Stamm, sondern auch von den Kinana und allen Mudar verehrt wurde.[253] Als al-Uzzas Priester vom Kommen Khalids erfuhr, "hängte er ihr seinen Säbel um und kletterte auf den Berg, wo sie war". Das bezieht sich einerseits auf die alte Sitte, in einem als heilig verehrten Baum Waffen aufzuhängen,[254] andererseits auf den Wehrgürtel al-Jauzas, zu deren bei Tag noch unsichtbarem Sternbild der Priester aus dem Tal aufsteigt. Am Berg sagte er schliesslich zu ihr: "O Uzza, kämpfe gegen Khalid und versetze ihm unheilbare Hiebe! Wirf deine Hüllen ab (die dich hindern)[255] und mach dich schlagfertig; o Uzza, wenn du den Khalid nicht tötest, dann lass ihn schnell vor Schmerz aufschreien oder verwandle ihn in einen Christen!"[256]

Auch durch ihre Hüllen wird al-Uzza als Gestirn erkennbar: Was meist mit 'Schleier' bezeichnet wird, bezieht sich hier auf eine *Wisha*, einen geschmücktem Wehrgürtel um die Brust, wie er für die zeitgenössischen Darstellungen vorislamischer Göttinnen und Frauen typisch war und auch "eine astrale Symbolik ausdrückt". Ein Vers des berühmtesten vorislamischen Dichters, Imru' al-Qays, schreibt auch den Plejaden einen solchen Wehrgürtel zu, der uralter Tradition gemäss mit einem Stern verziert war.[257]

Nach der unten folgenden Beschreibung offenbarte sich al-Uzza daraufhin ohne Schleier, halbnackt und mit wild zerzaustem Haar. Al-Uzzas Konstellation wurde vom Priester bei Tage angerufen, da sie noch nicht zu sehen ist; 'Schleier' bezieht sich deshalb auch auf diese Unsichtbarkeit. Noch heute bezeichnen die südarabischen Tihama ein gerade unsichtbares Gestirn als 'verschleiert': So charakterisieren die Tihama die Plejaden in dem Monat, wo sie unter dem Horizont bleiben, als *Istikannat*, in Anspielung auf die Verschleierung der Frauen.[258]

Detaillierter wird die Zerstörung von al-Uzzas Hain in Ibn al-Kalbis *Götzenbuch* geschildert: "Al-Uzza war ein weiblicher Teufel, der in drei Bäumen im Tal von Nakhla wohnte, die man dort *Samura* nannte. Nach der Eroberung Mekkas sagte der Prophet zu Khalid ibn al-Walid: 'In Nakhla findest du drei Gummiakazien; hau die erste um!' Khalid kam zurück, nachdem er eine Samura umgehauen hatte. Der Prophet fragte ihn: 'Ist dir etwas aufgefallen?' 'Nein', antwortete er. 'Dann geh und schlag die nächste um', sagte der Prophet. Khalid tat das und kehrte zurück, um dem Propheten mitzuteilen, dass er erneut nichts gesehen habe. Der Prophet aber insistierte: 'So hau die letzte um'.

Als er diesmal an den Ort zurückkam, wurde er von einer schrecklich aussehenden Frau empfangen; die Haut schwarz, das füllige Haar zerzaust, halb nackt, die Hände am Nacken verschränkt, fürchterliche Zähne zeigend, mit denen sie knirschte wie ein bedrohtes wildes Tier, stand sie neben der Gummiakazie – und hinter ihr stand ihr Priester wie ein Leibwächter. Der warf einen strengen Blick auf Khalid und sagte folgende Verse zu der Satanin: 'O Uzza! Versetz Khalid einen Schlag, ohne ihn zu verfehlen, um deine Stärke zu beweisen. Wirf deine Hüllen ab (die dich hindern) und kremple deine Ärmel hoch: Wenn du heute Kahlid nicht umbringst, wirst du bald verachtet werden und Hilfe brauchen.'

Als Antwort darauf improvisierte Khalid folgenden Vers: 'O Uzza! Sei zurückgeworfen und nicht länger verherrlicht: Ich sehe heute, wie Allah dich gedemütigt hat.' Mit einer schnellen Geste versetzte er darauf der Frau mit dem Schwert einen gewaltigen Hieb, der ihr den Schädel spaltete – worauf sie sich sogleich in schwarzen Rauch verwandelte. Dann tötete Khalif den Priester und hieb die letzte Gummiakazie um."[259]

Das Entzweischlagen eines astral gesehenen vorislamischen Gottes gehörte zu den Wundern Mohammeds: So berichtet die islamische Tradition auch, dass er den als heilig verehrten Mond gespalten hätte. Dass dies auch auf al-Jauzas Konstellation zutrifft, darauf verweisen alle Charakteristiken al-Uzzas. Ihre "schwarze Haut" und ihr "Schleier" entsprechen ganz dem Anblick des Sternbilds am Himmel, das sowohl nachtschwarz wie mit verhülltem Gesicht gesehen werden kann, da darin weder Augen noch Mund oder Nase zu erkennen sind.

Das al-Uzza vom Propheten offerierte Schaf wird zudem mit den speziellen Bedeutungen aufgezählt, welche die Lexikographen auch bei al-Jauza auflisten: 'Weibliches Schaf mit weissen Streifen am Bauch' – was sich als Verweis auf die fünfte Mondstation al-Haq'a auffassen lässt, deren Name 'Haarbüschel' und 'Brandmarke' bedeutet; diese Mondstation konnte anstelle von al-Jauzas Kopf gesehen werden. Alle drei Bedeutungen führt Ibn al-Kalbi erzählerisch aus, indem al-Uzza sich nach dem Hieb auf ihren Kopf in schwarzen Rauch (auch als 'Kohle' übersetzbar) auflöst.

Die im *Götzenbuch* erwähnten verschränkten Arme al-Uzzas lassen sich gleichfalls durch al-Jauzas Sternbild erklären. α Orionis (Yad al-Jauza, ihre rechte 'Hand', auch als 'Schulter', *Mankib*, bezeichnet) markiert einen verkürzten Arm. Eine solche Haltung einer mit al-Uzza zu identifzierenden Gottheit ist belegt: Ihre Darstellung hebt dort ihren Arm auf Kopfhöhe, um mit dem Zeigefinger auf ihre Brust zu zeigen.[260] In dieser Pose kann man α Orionis und γ Orionis, die hellsten Sterne des Sternbilds, auch als die Ellbogen von um den Nacken gelegten Händen sehen.[261] Auf diese Armstellung verweist zudem der Ärmel, den al-Uzza sich laut *Götzenbuch* aufkrempeln soll; er gehört zu den ausgewiesenen Bestandteilen von al-Jauzas Sternbild – ebenso wie die langen zerzausten Haarlocken, die in den Sternen erblickt und namentlich benannt werden und im Gegensatz zur züchtigen islamischen Bedeckung des Haares als wild und heidnisch zu betrachten sind.

Unverkennbar wird in den unten zitierten Legenden zu al-Jauza auch der Bezug auf die Zerstörung von al-Uzzas Hain. Die drei gebrochenen Rückenwirbel, ebenso wie der Thron samt den zwei Richterstühlen, verweisen in ihrem Sternbild auf die drei gefällten heiligen Bäume, in denen al-Uzza wohnte; als-Jauzas Vergewaltigung in ihrem Hochzeitsgemach gibt die Schändung der halbnackten al-Uzzas in ihrem Heiligtum wieder; und der Kampf mit Suhail jenen mit Khalid, wobei al-Uzza wie al-Jauza jedes Mal gespalten werden.

AL-JAUZA UND SUHAIL

Es ist eine Sage der Araber, "dass Suhail um al-Jauza freite. Sie aber gab ihm einen Fusstritt und warf ihn dorthin, wo er jetzt noch ist; er jedoch versetzte ihr mit dem Schwert einen Hieb und hieb sie mitten hindurch in zwei Hälften".[262]

Sufi wiederum schreibt: "Es heisst, Suhail habe al-Jauza geheiratet. Doch als er auf sie fiel und sie beschlief, zerbrach er ihr die Wirbel des Rückgrats. Da er fürchtete, für al-Jauzas Leben verantwortlich gemacht zu werden, flüchtete er gen Süden: Er wollte nicht mehr in der Mitte des Himmels gesehen werden."[263]

Das Rückgratbrechen in der Hochzeitsnacht verrät zudem jenen misogynen Islam, in dem eine derart mächtige Frau wie al-Uzza viel zu dominant war. Auch der ihr zugeordnete, sie als Schutzherrin der Quraish ausweisende Bogen, mit dem sie gegen den übergrossen Löwen kämpfte, war ein zu grosses Machtsymbol für eine Frau. Daher wurde wohl aus ihrem Wehrgürtel das von Suhail zerschlagene Rückgrat.

Statt al-Jauza wurde dann die geschlechtslose Frauenbüste Thurayyas um die Plejaden zur prominentesten weiblichen Figur am Himmel erhoben. Al-Jauzas Figur ging dennoch nicht unter – gleich wie al-Uzzas Kult besonders unter Frauen auch im Islam noch weiterlebte, obschon ihre eigentliche Symbolik und die Bedeutung ihres Namens längst in den Hintergrund geraten waren.

Denn nun leiteten die arabischen Lexikographen den Namen Jauza von *al-Jauz* ab, 'die Mitte'. Der erste morgendliche Auf- wie Untergang der Sterne al-Han'as an ihrem Bogengriff markierte die Sonnenwendepunkte der Solstitien im Winter und Sommer – und damit die Mitte der altarabischen Jahreseinteilung. Darüber liess sich der Name neutral als 'Jene, welche die Mitte markiert' übersetzen: 'Die Mittlerin'.

Mit dem Aufkommen des Islam wurde hingegen eine ebenfalls sehr alte Tradition wieder aktualisiert, die in Orion einst einen mächtigen, männlichen Riesen gesehen hatte – dessen Figur allerdings al-Jauza nie ganz zu überzeichnen vermochte.[264]

ASLAM – DAS BILD

So heisst Orion bei den Tigray, einem nach Äthiopien ausgewanderten semitischen Stamm. Der Name kommt vom altsemitischen (und damit althebräischen) Wort für 'Bild'. Es sind für sie "viele Sterne, die wie ein Mann aussehen". Als sein Sohn gilt ihnen der *Merzem* genannte Sirius (vgl. arabisch Mirzam als Bezeichnung für jeden Stern, der einem Sternbild vorausgeht).

LI 306–307

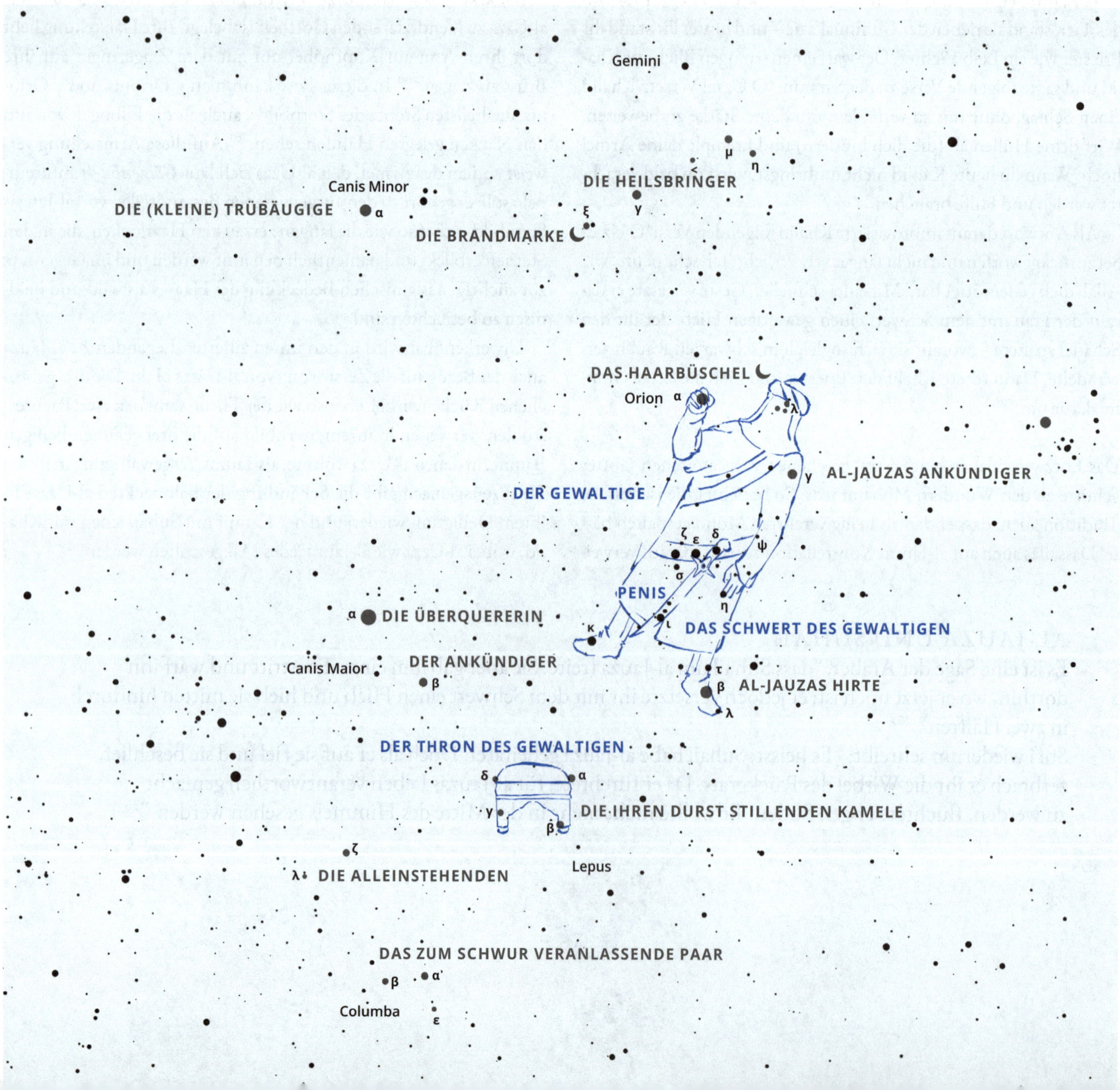

AL-JABBAR – DER GEWALTIGE | MÄCHTIGE

Anstelle al-Jauzas, schreibt Ibn Qutaiab, wird der Orion als al-Jabbar "mit einem König verglichen; denn es ist die Figur eines Mannes auf einem Thron, der eine Krone trägt". Durch die Waffen des Gewaltigen "wird der auf ihn, den Orion, stossende grimmige [Sternbild] Stier [im ptolemaischen Taurus] zurückgehalten".

K1 24 und BO 134

An die Stelle einer Frau als Mittlerin des Jahres wurden auch andere, männliche Figuren gesetzt: Der alte vorislamische Gott Sa'd, der rund um Jidda in einem Stein als vom Himmel gefallener Stern verehrt wurde, der biblische Adam oder der sprichwörtlich gewordene islamische Weise Luqman. Durchsetzen konnte sich eine männliche Riesenfigur jedoch erst nach der Übernahme des ptolemaischen, männlichen Orion. So erlangte eine uralte Tradition aus dem *Buch Hiob* neue Geltung: Als *Gibbor* – Der Mächtige – wurde der Orion schliesslich im ganzen Nahen Osten bekannt; und noch heute ist der Name al-Jabbar für β Orionis erhalten geblieben.

Als älteste arabische Quelle nennt der syrischen Bischof Severus Sebohkt (660) Orion al-Jabbar.[265] Die Bezeichnung Der Mächtige lässt sich auf das *Alte Testament* zurückführen, in dem Nimrod als "der erste Held auf der Welt, ein tüchtiger Jäger vor dem Herrn" bezeichnet wird.[266] Nimrod stellt darin eine bewusste Verballhornung Ninurtas dar, des Schutzgottes der mesopotamischen Herrscher: Die jüdischen Schriftgelehrten im babylonischen Exil hatten dessen Namen Ninurta subversiv zu althebräisch *Ni-maradh* – Wir werden rebellisch sein – umgedeutet.[267] In der Spätantike wurde dieser Nimrod aufgrund der Assoziation mit dem Jäger Orion mit dessen Sternbild identifiziert.[268]

Ursprünglich hatte der Orion in Mesopotamien als *Shitaddalu* gegolten, ein 'Mit der Waffe Umgeschlagener' Herrscher. Ihn brachte die jüdische Tradition mit Nimrods törichter Auflehnung gegen Gott in Verbindung, weil dieser seine weltliche Autorität unabhängig von Jahwes Willen durch den Turmbau zu Babel an sich gerissen hatte. Die Juden schimpften ihn deshalb einen *Kesil* und stellten den Orion im *Alten Testament* dreimal als negatives Gegenstück zu den Plejaden (Kima) dar. Kesil kommt im *Alten Testament* siebzigmal vor und ist jedes Mal mit 'Narr' oder 'närrisch' zu übersetzen. Damit gemeint ist jedoch kein einfacher Tor, sondern ein aggressiver, unmoralischer und selbstherrlicher Machthaber. Wenn Gott den Hiob deshalb fragt, ob er etwa die Bande des Orion lösen könne, bedeutet er ihm damit, dass es keinem gelingen kann, diesen am Himmel gefesselten Titanen jemals wieder zu befreien. In *Jesajah* wird deutlich gesagt, dass die "Kesilim als Sternbilder und Sterne des Himmels fortan nicht mehr leuchten werden", weil so der Hochmut der Stolzen und die Tyrannei der Mächtigen bestraft und die Erde in eine Wüste verwandelt wird.[269]

Die arabische Tradition griff dies auf und sah in Namrud, dem 'Sohn von Kanaan', gleichfalls einen tyrannischen Herrscher, der sich frevelhafterweise als Gott verehren hatte lassen. Deshalb liess Allah erst den Turm zu Babel einstürzen[270] und bestrafte ihn dann für seine Hochnäsigkeit, indem er ihm eine Fliege durch die Nase in die Stirnhöhle fliegen liess: Sie quälte ihn, bis er starb, vierzig Tage lang. Dieses Schicksal sahen sie ebenfalls im Orion versinnbildlicht, in Gestalt des an den Himmel gefesselten 'Gewaltigen': al-Jabbar.

Aus Zeugnissen vom 4. bis zum 9. Jahrhundert geht hervor, dass die nestorianischen Christen Syriens nicht nur Kastor vom Sternbild Gemini zu den Jüngern zählten, die beim Wunder von Emmaus dem auferstandenen Jesus begegneten; zu ihnen gehörte neben Ammon auch "Orion mit den grossen Füssen". Orion wurde schliesslich als 'Prophet des Herrn' angesehen; grosse Füsse wiesen in liturgischen Texten die Verkünder der Frohbotschaft des Herrn aus. Dieser Orion soll dann bei einer Disputation mit dem Heiligen Patroklus einen Fenstersturz erlitten haben, vom Apostel Paulus aber wieder zum Leben erweckt worden sein. Und auch Ammons Legende ging schliesslich in jener des Orion als Arion auf.[271]

Nach der Übernahme der ptolemaischen Sternbilder wurde dieses Sternbild von den arabischen Astronomen Gemini zugeordnet und unbenannt in AT-TAU'AMAN – DIE ZWILLINGE[272] – was der männlich-weiblichen Doppelnatur des Orion gut entsprach.

Der hebräische Kesil jedoch könnte auch auf Canopus übertragen worden sein, da Niebuhr auf seiner Arabienreise diesen Stern von den Juden in Sana als *Ksil* genannt bekommen hatte.[273] Ihn – den arabischen Suhail – sah man aber nicht mehr als mächtigen Herrscher, sondern nur noch als in den Himmel versetzten tyrannischen Steuereintreiber. Das Grundwort von Suhail – *sahl* – hat jedenfalls, wie Suhails Beiname al-Wazn, auch die Bedeutungen von Kesil als 'töricht und träge'.[274]

Der Orientalist Delitzsch kommentiert dazu: "Es fragt sich, ... ob das Bild des am Himmel gefesselten Riesen Orion (syrisch *Gaboro* und das hebräische Wort für 'Gigant') nicht eher für den Suhail zu halten ist, zumal dieser säumige Helfer (hebräisch 'der Tor', arabisch 'der Träge') in sagenhafte Beziehung zu Ursa Maior gesetzt wird. ... Vom Orion stammen die Fesseln, womit er an den Himmel geschmiedet ist; vom Suhail die Hemmnisse, die ihn frühzeitig aufzubrechen und das Ziel zu erreichen verhindern."[275]

Die einzelnen Angaben zu al-Jauzas Sternbild lassen sich nicht mehr zu einer einzigen geschlossenen Gestalt vereinen: Aufgrund unterschiedlicher Traditionen gab es mehrere, leicht voneinander abweichende Figurationen. Dass sie in arabischen Astronomiebüchern seitlich abgebildet wird, ein überlanger Arm den Bogen spannend, stellt eine spätere Figuration des Sternbilds dar. Der ausgewiesenen Hand und des Ärmels wegen musste man sie ursprünglich jedoch frontal gesehen haben, und der Bogen, den sie nur in der Seitenansicht halten kann, ihr allein als kriegerisches Attribut zugeordnet gewesen sein. Auch positionieren die Gürtelsterne des Orion, wenn man sie als Rückgrat oder aber als Perlenkette sieht, ihren Oberkörper jeweils anders. Füsse werden ihr bloss in einer einzigen Quelle zugewiesen – wobei diese selbst noch als Beine aufgefasst ihre Gestalt anatomisch verzerren. Auflösen lässt sich dies, wenn man sie als dunkelhäutige Göttin sieht, bei der nur die Augen, die Haarspitzen und der Saum der hellen Kleidung durch Sterne markiert und damit auch sichtbar werden. Fussbank und Thron – samt anderem wie der Bogen – waren nicht direkt mit ihrer Figur verbunden, sondern als zu ihr gehörende Symbole rund um sie verteilt.

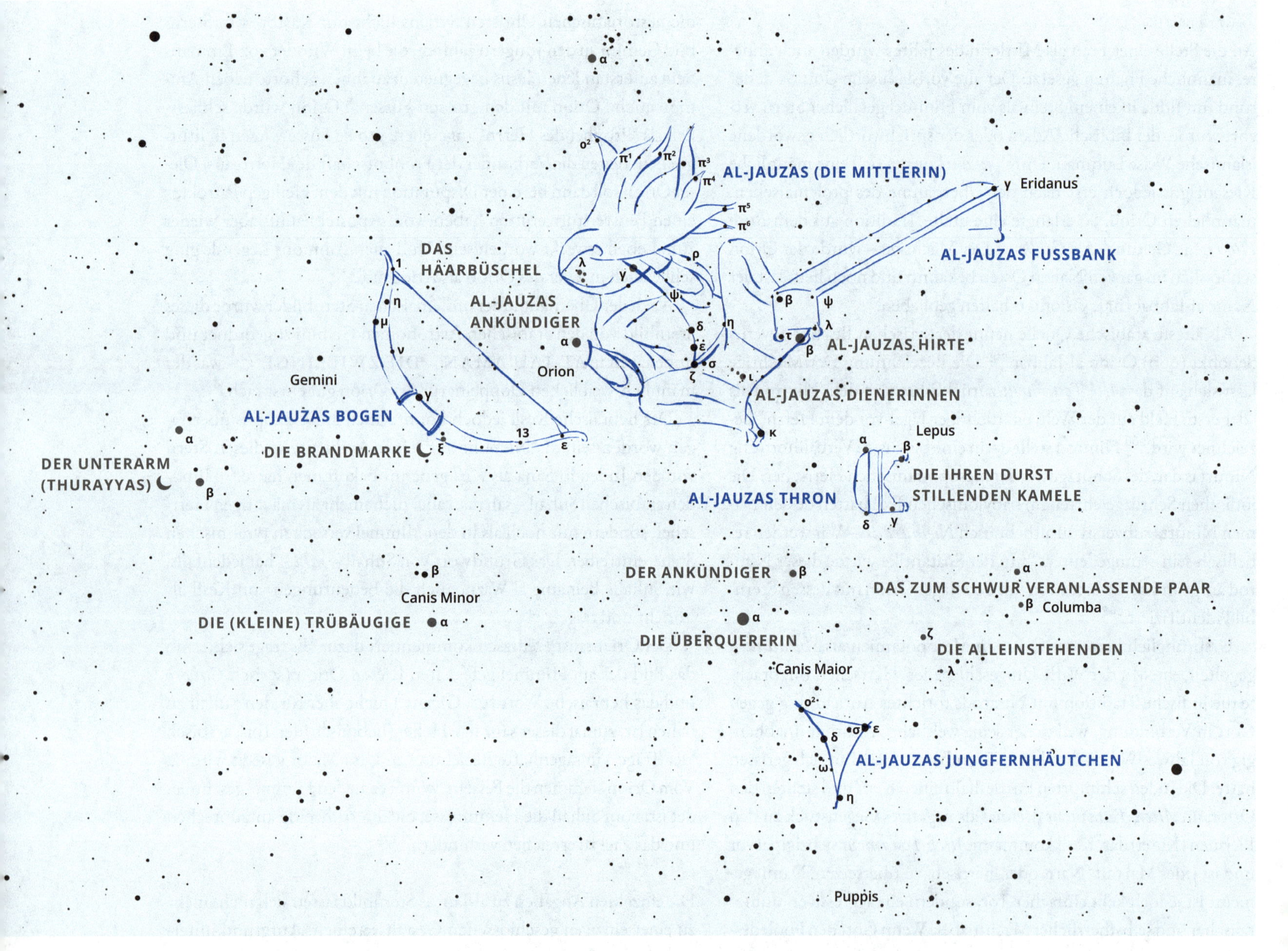

ημνγξ Geminorum und S – 13 – ε Monocerotis

QAUS AL-JAUZA – AL-JAUZAS BOGEN

K1 93–94

Adham b. Imram al-Abdi sagt: "Das sind acht Sterne in Form des 'Bogens der Jauza', und an der Griffstelle sind die beiden al-Han'a ('Die Marke' γ und ξ Geminorum als 6. Mondstation) genannten Sterne. Mit dem Bogen schiesst sie auf die Vorderpfote des Löwen."[276]

γ Orionis

MIRZAM AL-JAUZA – AL-JAUZAS ANKÜNDIGER

Dieser Stern ist al-Jauzas 'Vorausgeher'; er kündigt das Kommen ihres Sternbilds an.

K3 148–149

β Orionis

RA'I AL-JAUZA – AL-JAUZAS HIRTE

K1 96

Hier hat sich die alte mesopotamische Bezeichnung des Orion als 'Wahrer Hirte Des Anu' erhalten.

α Orionis

YAD AL-JAUZA – AL-JAUZAS HAND

Da sich die arabischen Buchstaben für y und b nur durch einen zusätzlichen Punkt unterscheiden, wurde der Name auf Lateinisch fälschlich zu *Bat al-Jauza* – Jauzas Achsel – transliteriert, woraus in der Renaissance unsere Beteigeuze wurde.

K|S 45

MANKIB AL-JAUZA – AL-JAUZAS SCHULTER

K3 150

Zu al-Jauzas Schulter wurde der Stern erst, damit sie den ihr zugeordneten Bogen halten konnte – ohne jedoch, dass ihre Hand an dessen Griff ausgewiesen worden wäre.

17 – 25 Orionis

KUMM AL-JAUZA – AL-JAUZAS ÄRMEL

Die Araber, meinte Ideler, machten aus der Tierhaut, die Orion in seiner Linken hält, einen Ärmel – *Kumm* –, um so der Sternfigur eine ordentliche Kleidung zu geben.

I 213 und 227

$\lambda\varphi^1\varphi^2$ Orionis

RA'S AL-JAUZA – AL-JAUZAS KOPF

Die fünfte Mondstation al-Haq'a – Das Haarbüschel oder Die Brandmarke – wurde auch als Jauzas Kopf gesehen. Das inmitten des Sternbilds stehende Sternpaar bezeichneten arabische Lexikographen auch als "weibliches Schaf mit weissen Streifen am Bauch".

K1 64 und 97 sowie I 218

11, 15, o^2 und π^{1-6} Orionis

DHAWA'IB AL-JAUZA – AL-JAUZAS HAARLOCKEN

K1 53

TAJ AL-JAUZA – AL-JAUZAS KRONE

Diese Sterne stellen sowohl die Locken wie die Krone Jauzas dar als "viele kleine kreisförmig angeordnete und wie auf einer Perlenkette aufgereihte Sterne über dem Kopf".

K1 112–113 und L 70

δεζ Orionis

FAQAR AL-JAUZA – AL-JAUZAS RÜCKGRAT

K1 56

Suhail heiratete al-Jauza und zerbrach ihr bei der ehelichen Zusammenkunft das Rückgrat.

I 244–247

NAZM AL-JAUZA – AL-JAUZAS PERLENSCHNUR

Dieselben drei Sterne der 6. Mondstation werden auch als die quer über die Brüste verlaufende 'Reihe, [Perlen]-Schnur' al-Jauzas gesehen. Unter dem Einfluss der Gürtelsterne von Ptolemaios' Orion wurde daraus NITAQ AL-JAUZA – AL-JAUZAS GÜRTEL.

K1 89

42, $\theta^{1,2}$ und ι Orionis

AL-JAWARI – AL-JAUZAS DIENERINNEN

Diese drei Sterne verlaufen von Jauzas Perlenschnur abwärts und werden dann auch – der ptolemaischen Figurierung gemäss – gesehen als SAYF AL-JABBAR – DAS SCHWERT DES GEWALTIGEN.

K1 61–62 und 105

ε Orionis

SURRAT AL-JAUZA – AL-JAUZAS NABEL

L 91

β und κ Orionis

RIJL AL-JAUZA – AL-JAUZAS BEIDE FÜSSE

Aus dem Dual der Bezeichnung für 'beide Füsse' wurde dann der heute gebräuchliche, jedoch auf β bezogene Name Rigel.

K1 99

τ Orionis und ψγβ Eridani

KURSI AL-JAUZA – AL-JAUZAS FUSSBANK

Diese Sterne gehörten mit zur 6. Mondstation al-Han'a.

K1 75, 64 und L 91

αβγδ Leporis

ARSH AL-JAUZA – AL-JAUZAS THRON

KURSI AL-JAUZA AL-MU'AKHKHAR – AL-JAUZAS HINTERE FUSSBANK

K1 44 und 75

o^2δεη Canis Maioris

UDHRAT AL-JAUZA – AL-JAUZAS JUNGFERNHÄUTCHEN

Aus diesen Sternen wurden später AL-ADHARA – DIE (VIER) JUNGFRAUEN, wobei statt η auch ε Canis Maioris dazu gezählt werden konnte.[277] Der griechische Astronom Vettius Valens machte mit Verweis auf 'Teukros den Babylonier' im 2. Jahrhundert aus diesen Jungfrauen – die er dann jedoch auf die drei Gürtelsterne des Orion bezog, an denen Jauzas Dienerinnen hingen – 'Drei Chariten'. Diese wiederum wurden schliesslich im spanischsprachigen Raum als 'Die Drei Marias' zu jenen Jungfrauen christianisiert, die Jesu' Grabkammer vor seiner Auferstehung besuchten.[278]

M 42
AUSA – PENIS
Die Beduinen der Rub al-Khali nennen den Orionnebel SA'D, bezeichnen Orions Schwertsterne als JANBIYA – DOLCH, sehen diese 'drei kleinen Sterne' aber auch – wie die Tuareg – als sein Geschlecht.[279]

Al-Jauza geht um den 14. Juni am Morgen auf; dazu ist folgender Kalenderspruch überliefert: "Geht al-Jauza auf, ist der Felsboden brennend heiss, flüchtet das Chamäleon sich auf den Baum, kehren die Gazellen in ihr Dickicht zurück, perlt der Schweiss von den Muskeln des Nackens, hat man es gut unter dem Zelt."[280]

Die Regenperioden variieren landschaftlich und setzen manchmal ganz aus, wobei zwei Regenzeiten im Herbst bzw. zum Anfang des Winters besonders wichtig sind. Den Regen führen die Araber dann auf den Einfluss von al-Jauza und Simak zurück. Al-Jauza bringt freilich zuweilen statt des ersehnten Regens den Sandsturm, den Samum. Bedeckt nach den Oktober- und November-Niederschlägen üppiger Pflanzenwuchs im Februar die kahle Ebene, ziehen die Beduinenstämme auf die Frühlingsweide, was für viele Wochen das Tränken der Kamele überflüssig macht. Daher sagt der Dichter Zuhair 'sie weideten im Herbst', dass heisst, in dem, was durch die Herbstregen gewachsen war.[281]

Wenn bei den Tihama im Süden Arabiens al-Jabbar morgens aufgeht, werden die Sesamfelder vorbereitet; geht ein paar Wochen später dann die Mondstation as-Sarfa – Der Wechsel – auf, ist es Zeit, den Sesam auszusäen.[282]

XII DER KAMELTREIBER UND DER PROPHET

Taurus
Dieses alte babylonische Tierkreiszeichen kehrte über Ptolemaios wieder zurück. Die arabischen Astronomen nannten es dann *ath-Thaur*. α Tauri hiess danach auch *Ain ath-Thaur*, 'Auge des Stiers'; eigentlich verstand man darunter jedoch die Sterne α, γ und ε Tauri.[283]

υ und χ Tauri
AL-KALBAN – DIE BEIDEN HUNDE
Die beiden, gleichsam zusammenklebenden Sterne, werden als Hunde ad-Dabarans gesehen, der unter dem Beinamen *Hadi an-najm* die Plejaden wie einen Trupp Kamele vor sich hertreibt und deshalb seine Hunde dabeihat.

K1 74 und I 137 und 150

α Tauri
AL-HADI – DER TREIBER
HADI AN-NAJM –
DER TREIBER DES (THURAYYA-)GESTIRNS
AL-FANIQ – DAS GROSSE KAMEL
Aus dem altorientalischen 'Stierauge' α Tauri wurde in Arabien *al-Hadi*. Etymologisch bedeutet dieser Name 'Jener, der antreibt, bewegt'.[284] 'Der Treiber, der die Plejaden wie einen Kameltrupp vor sich hertreibt', ist der gebräuchlichste Beiname des *Aldebaran*. Er konnte aber auch als Kamel gesehen werden.[285] Der Orientalist Delitzsch gibt dazu eine Einschätzung seines Kollegen Johann Gottfried Wetzstein wieder: "Vielleicht dachte man sich die Plejaden als einen Trupp Kamelreiter. Wenigstens nennen die Beduinen den Stern unmittelbar vor dem Siebengestirn der Plejaden den *Hadi*, d. h. den voranreitenden Sänger, der durch seinen *Hadwa*-Gesang die Kamele fröhlich stimmt und dadurch zur Eile antreibt."[286]

Der Stern gilt als schlechtes Omen. Man sagt 'böser als Hadi an-Najm' und befürchtet ein trockenes Jahr, wenn beim Aufgang des Aldebaran kein Regen fällt. Die Plejaden im Taurus dagegen waren ein gutes Zeichen: Regen bei ihrer Erscheinung in der Dämmerung bringt Überfluss.[287]

AD-DABARAN – DER NACHFOLGENDE
AT-TABI – DER NACHFOLGER
TABI AN-NAJM – DER NACHFOLGER DES (THURAYYA-)GESTIRNS

Aldebaran zählt zu den ältesten, vom Westen übernommenen arabischen Sternennamen; er erscheint in Europa vom Ende des 10. Jahrhunderts an. *Ad-Dabaran* heisst wohl 'Der Folgende', weil er den Plejaden am Himmel nachzieht. Er stellte die vierte Mondstation dar; mit diesem Namen konnte jedoch auch die Mondstation der Hyaden bezeichnet werden, die auf jene der Plejaden – ath-Thurayya – folgt.

I 54, 74 und K1 112

AD-DABARANS WERBUNG UM THURAYYA

Der im letzten Jahrhundert in Syrien stationierte Soldat Vernier schreibt in seinen Aufzeichnungen: "Ich grüsse die sieben Lampen der Plejaden, welche *Thria* bilden, den Lüster der Moscheen. ... Ad-Dabaran, Der Kleine Reiche, treibt seine Kamelstute an, um sich von Thria bewundern zu lassen; aber *Thria* verachtet ihn und geht ihres Wegs. Thria nähert sich dem Mond, so wie es diese Nacht des Jahres will. Es ist das Zeichen, dass die Datteln im Dorf reif werden."[288]

Auch anderswo erzählten die Araber, dass ad-Dabaran um die Thurayya freite: "Der Mond wollte ihn mit ihr verheiraten, doch sie weigerte sich, floh vor ihm und sprach zum Mond: 'Was soll ich mit dem Bettler, der hat ja gar nichts!' Da sammelte ad-Dabaran seine jungen Kamelstuten, die zwanzig Sterne in *al-Qilas* [den Hyaden], um seinen Reichtum zu zeigen, und folgte ihr, wohin immer sie sich begab, seine Kamelscharen als Heiratsgabe vor sich hertreibend."

In Anspielung darauf schrieb der Dichter Dhu r-Rumma (696–735): "Ad-Dabaran reist ihren Spuren nach: Er holt sie weder ein noch auf mit seinen zwanzig kleinen Sternen, die gleich ihm im Grünen zu weiden scheinen – könnte er sprechen, würde die Kamelherde ein Sänger antreiben, der sie auf einem prächtigen Tier zur Tränke treibt."[289]

Ein Gedicht Umar b. Abi Rabias aus dem 7. Jahrhundert, das heute noch jedes Schuldkind kennt, pointiert die Unvereinbarkeit beider Gestirne weiter. Es war auf eine konkrete Hochzeit zwischen einem Mann namens Suhail b. Abd ar-Rahman und einer Frau namens Thurayya l-Abliyya von dem Stamm der Umayya gemünzt: "O du, der du vorhast, Suhail mit Thurayya zu verheiraten, bei Gott, sag mir, wie die beiden gut miteinander auskommen sollen? Thurayya ist eine Syrerin, wenn sie im Süden aufwacht – während der südliche Suhail bei ihrem Aufstieg doch eine Jemenitin ist."[290]

Zudem wurden mehrere Sprichwörter auf ad-Dabarans Treue und Thurayyas Untreue geprägt: "Die Araber nannten jemanden 'treuer als ad-Dabaran' und 'niederträchtiger als Thurayya'. Trotz seiner Beständigkeit hielten sie sein Erscheinen als Wettervoraussage für ein schlechtes Omen: 'Wenn ad-Dabaran aufgeht, trocknen die Bäche aus.' Aus diesem Grund nennen die gewöhnlichen Leute diese beiden Gestirne heute noch *Laila*, 'die Nacht' und *Majnun*, 'den Wahnsinnigen', weil der Irre sein Leben für Lailas Liebe opferte: Er stand so lange still, bis ein Vogel ein Nest auf seinem Kopf baute und Laila ihn tot fand. Die Leute im Irak glauben, dass dieser himmlische Irre im Winter im Osten aufgeht und Laila in den Westen treibt, weil es dort ein wenig wärmer ist als im Osten: Denn er leidet lieber an der bitteren Kälte als an seiner Laila. Im Sommer hingegen bewegt sich der Irre nach Osten, um Laila seine Wohnstatt zu überlassen – denn es wird dann sehr heiss im Osten, während es im Westen kühler bleibt.[291]

Bei den Tuareg kursiert dieselbe Legende, auch bei ihnen ist Aldebaran ein glückloser Werber um die Plejaden, welche die Frauen des Orion sind und über die Ziegen – die Hyaden – lachen, die Aldebaran als Brautpreis zu ihnen treiben will.

ALI
IDRIS

Bei den äthiopischen Tigray gilt α Tauri als Sohn der Plejaden. Er wird dort Ali oder Idris genannt.

LI 306

Ali – Der Sehr Hohe – war einer der vorislamischen Götter Mekkas und wurde dann als Schwiegersohn Mohammeds gesehen, der von den Schiiten wie Alewiten als erster Imam geehrt wurde. Idris wiederum ist in den vorislamischen Mythen der arabische Name für den Propheten Henoch, den Gott vor der Sintflut zu den Menschen sandte, weil sie durch ihren Ahnenkult vom rechten Weg abgekommen waren: "Henoch, welcher Jereds Sohns war, rief sie auf, dem Götzenkult abzuschwören. Sie aber wiesen seine hartnäckigen Apelle heftig zurück und schmiedeten gar ein Komplott gegen seine Sicherheit. Um ihn vor diesen Verbrechern zu schützen, holte Allah ihn zu sich an einen Ort in der Höhe."

Bei den Tigray kursiert bis in die Neuzeit folgende Geschichte, die das äthiopische Nomadenleben wiedergibt:

DIE GESCHICHTE VON KIMA UND IHREM SOHN

Kima [die Plejaden] und ihr Sohn Ali hatten Ziegen. Danach wurden ihnen ihre Ziegen geraubt. Manche sagen, die 'zusammenstehenden' Qarin [bei den Aarabern Die Beiden Schakale ζ und η Draconis] seien ihre Räuber; andere sagen, Aslam [Orion] hätte sie geraubt. Nun kam Kimas Sohn Ali ihnen zu Hilfe und nahm den Räubern die Ziegen wieder ab und treibt sie jetzt hinter seiner Mutter vor sich her. Man sagt deshalb, dass die Sterne zwischen Kima und ihrem Sohn Die Ziegen [Hyaden] seien.[292]

Hyaden

AL-QILAS – DIE JUNGEN KAMELE

Al-Faniq und al-Qilas sind wohl echtnomadische Namen des Aldebaran und der dazugehörigen Hyaden. Letztere werden mit dem Buchstaben *Dal* – د – verglichen und auch als eine Art Quirl angesehen.

K1 94 und I 143

η Tauri

NAYYIR ATH-THURAYYA – DER HELLE DER THURAYYA

Die persischen Dichter Sa'di, Hafiz und andere, schreibt Ideler, betrachteten die Plejaden immer als eine Rosette mit einem Solitär. Bei Sa'di heisst es beispielsweise in seiner Beschreibung eines schönen Gartens: "Der Boden war wie mit Email-Stücken bestreut, und Plejaden-Gebinde schienen an den Ästen der Bäume zu hängen." Bei Hafiz: "Der Perlenschnur deiner Verse heftet der Himmel die Rosette ath-Thurayyas als Siegel der Unsterblichkeit auf."[293]

XIII DIE VIELEN FIGUREN DER PLEJADEN

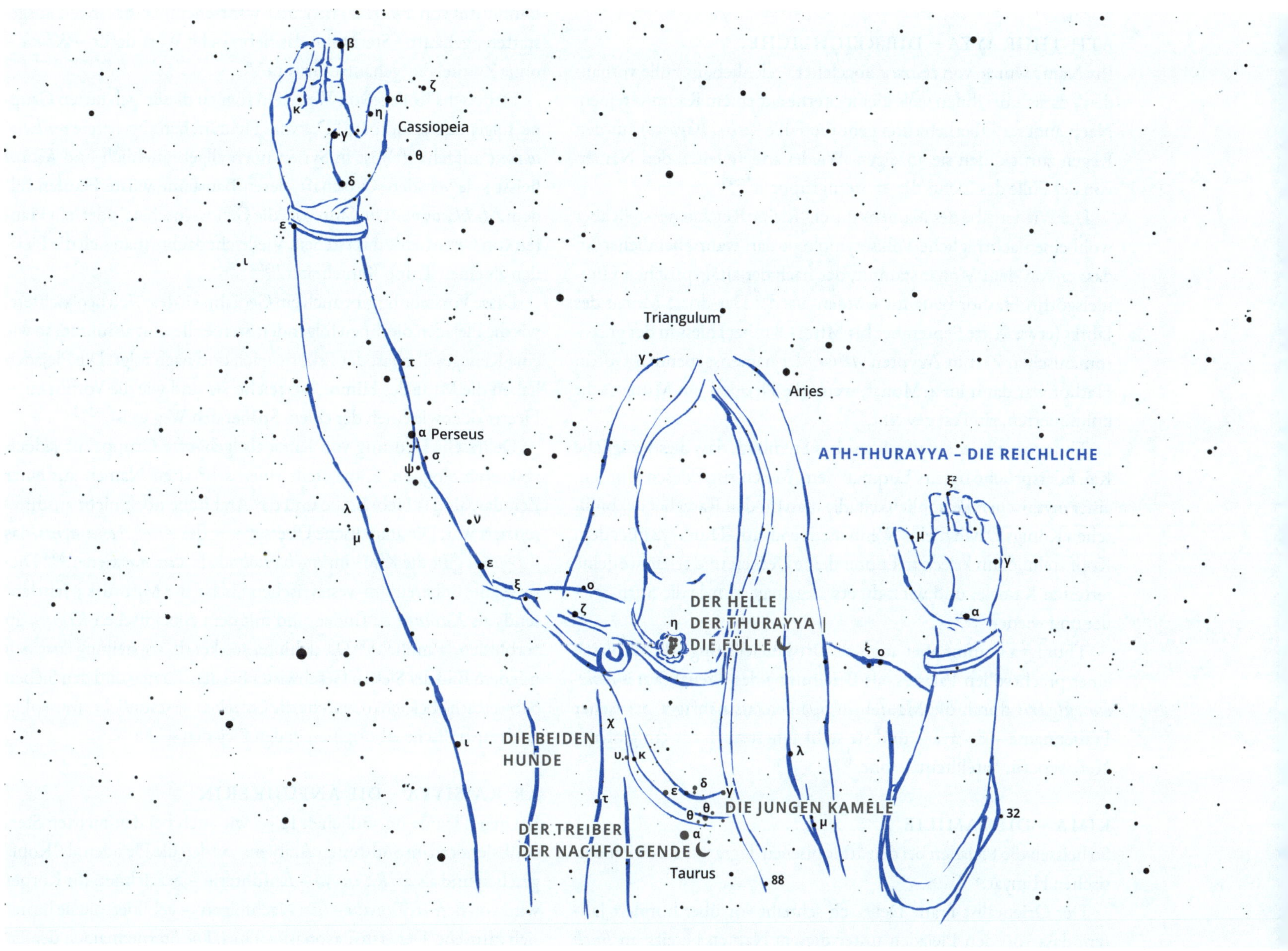

ξοζ Persei, μγ und (?) τ Persei, χh Persei βαγδε Cassiopeiae, λαγδνμ Ceti

ATH-THURAYYA (ALS TORSO)

Aufgrund ihrer Bedeutung als regenverkündendes Gestirn wurde Thurayya am Himmel gross ausgeformt: als keusche Frauenbüste, mit einem dem Betrachter zugewandten (aber nicht durch Sterne markierten) Kopf, am Hals das Geschmeide der Plejaden. Indem sie sich von Taurus bis Perseus spannte, verdrängte sie die darunter liegenden Sternbilder des Behemoths al-Hut (Andromeda | Pisces) und der 'Auf Dem Thron Sitzenden (Herrin)' Dhat al-Kursi (Cassiopeia).

Ihre rechte Schulter (ξοζ Persei) ist klar markiert, den Ellbogen bildet α Persei, ihr rechter Unterarm (adh-Dhira, ηγ und eventuell noch τ Persei) hat jedoch ein etwas zu tiefes Handgelenk (al-Mi'sam, χh Persei). Sie streckt dann die Finger ihrer rechten 'mit Henna gefärbten, flachen Hand' (al-Kaff al-khadib, βαγδε Cassiopeiae) aus: es sind dies "fünf weisse Sterne in der Milchstrasse, gegenüber dem 'Wal' al-Hut). Ihr linke Hand jedoch ist 'verstümmelt' (al-Kaff al-jadhma, λαγδνμ Ceti)".[294]

Plejaden

AN-NAJM – DAS GESTIRN

Als besonders auffällige Sterngruppe konnten die Plejaden als 3. Mondstation im richtigen Kontext auch nur mit dem Appelativum 'Das Gestirn' bezeichnet werden.

K | U 27

ATH-THURAYYA – DIE REICHLICHE

Ihr Name wurde von *tharwa* abgeleitet, 'reichlich, in Fülle vorhanden', da sich bei ihnen viele kleine Sterne auf einem Raum vereinen. Nach anderer Überlieferung geht die Fülle (*ath-Tharwat*) auf den Regen zurück, den sie anzeigen. Wieder andere leiten den Namen von der Fülle des Lichts dieser Sterngruppe ab.[295]

Die Wiedergabe des Namens durch 'Kleine Reichliche' stellt aber wohl eine nachträgliche Volksetymologie dar; wahrscheinlicher ist, dass er von dem Monat stammt, der nach der altägyptischen Himmelsgöttin Hathor benannt worden war.[296] Der dritte Monat des Jahres (etwa Mitte September bis Mitte Oktober) hiess in der gräkoromanischen Zeit in Ägypten *Athyr*; der namensgebenden Göttin Hathor war dann im 4. Monat, wenn die Plejaden um Mitternacht kulminierten, ein Fest geweiht.[297]

Thurayya gilt jedenfalls als so altes Sternbild, dass diesbezügliche Kalendersprüche bereits Luqman dem Weisen zugewiesen wurden, einer mythischen Persönlichkeit, die man für den Ratgeber des biblischen Königs David hielt: "Wenn dir abends ath-Thurayya über dem Kopf steht, dann kriech tief unter deine Decken und schächte deine fettesten Kamele: und wirst du etwas gefragt, runzle die Stirn, wieder und wieder."[298]

Thurayya kommt aber auch als Ortsbezeichnung vor, als Name eines prachtvollen Palastes, als Benennung des Kreuzkrautes *Senecio vulgaris* durch die Mauren in Spanien, als häufiger persischer Frauenname – Soraya – und sie steht jüngst auch für ein globales Netzwerk für Satellitentelefone.[299]

KIMA – DIE FAMILIE

So heissen die Plejaden bei den äthiopischen Tigray und den jemenitischen Himyar.[300]

Der Orientalist Franz Delitzsch schreibt vor über hundert Jahren, dass von den Plejaden unter diesem Namen bereits im *Buch Hiob*, in dem jüdische und arabische Traditionen des Nahens Ostens aufgenommen wurden, die Rede ist: "Gott weist an dieser Stelle am Beispiel von Sternbildern auf die kosmische Ordnung hin, um Hiob allegorisch seine Ohnmacht vor Augen zu führen: 'Kannst du das Gebinde der Kima [Plejaden] knüpfen oder die Bande des Kesil [Orion] lösen? Kannst du die Tierkreissterne zur rechten Zeit herausführen und das Gestirn des Ash samt seinen Kindern [Ursa Maior] leiten?"[301]

Gebinde ist eine Matte mit Endknoten, die mit deren Auftrennung auseinanderfällt; ein Band aus Binsen, mit dem man Weidenzweige schnürt, um oben zusammen eine Succa zu bilden, oder ein Myrtensträusschen, um am Sabbat daran zu riechen; es erklärt sich durch persische Vergleiche der Plejaden mit einem Juwelen-Bouquet, und durch den Vergleich mit einem Halsband (*Iqd ath-Thurayya*) bei Sa'di im Golestan, 'als wären die Baumwipfel vom Halsband der Plejaden umflossen'. Der arabische Name Thurayya (als weibliches Diminutiv von *Tharwa*) bedeutet wahrscheinlich das 'reich ausgestattete, gehäufte' Sternbild; das hebräische Wort dafür – *Kima* – ohne Zweifel die 'gehäufte Gruppe'."

Delitzschs Kollege von Wetzstein fügt zu dieser 'gehäuften Gruppe' folgende Fussnote an: "Das vom Hebräischen abgeleitete *mukawwam* ('aufgehäuft') ist in Syrien noch allgebräuchlich und *Kaum* heisst jede verödete Ortschaft, deren Bausteine wüste Haufen bilden; *Mukkawim* ist im Sinn von 'die Genossenschaft' oder 'ein Haufen von Genossen' zu verstehen. Vielleicht dachte man sich die Plejaden als einen Trupp Kamelreiter."[302]

Diese Vorstellung gibt auch ein Gedicht wieder: "Ich beobachtete, wie die Plejaden die ihnen folgenden Sterne allesamt anführen, so wie eine Reisegesellschaft der Eskorte nach und nach folgt. Die Plejaden haben die Mitte des Himmels erreicht: sie sind wie die Vorhut eines Heeres oder wie einer, der einem Späher den Weg weist."[303]

Delitzschs Deutung von Kima als 'gehäufte Gruppe' ist jedoch volksetymologisch. Kima stellt einen sehr alten Namen aus einer Zeit dar, als das Hebräische und das Arabische noch nicht ausdifferenziert war. Die aramäische Übersetzung des *Alten Testaments*, das *Targum*, gibt die Kima im *Buch Hiob* so als *Kimeta* wieder.[304] Dieser Name ist bereits im westsyrischen Ebla in der Mitte des 3. Jahrtausends als *Kamatu* zu finden und mit dem Akkadischen *Kimitu* zu verbinden, 'Familie'.[305] Die dahinter steckende Vorstellung lässt sich mit dem Bild der Sieben Geschwister bei den Tuareg und den Sieben Schwestern abgleichen, welche die Griechen, erstaunlicherweise aber auch australische Aborigines, in den Plejaden sehen.

AR-RAISIYYA – DIE ANFÜHRERIN

Bei den Tihama im südlichen Hijaz wie auch bei den meisten Sternenkalendern im Südwesten Arabiens werden die Plejaden als 'Kopf' gesehen und als *ar-Ra'isiyya* – Anführerin – bezeichnet. Ihr Körper wird von den *at-Tawabi* – den Nachfolgern – gebildet, die sie hinter sich mitzieht. Der erste davon ist α Tauri. Die Sternennamen der Tihama beziehen sich deshalb auf ihre Auf- oder Untergänge am Morgen, weil die Menschen in der kühleren Morgenluft auf ihren Hausdächern oder vor ihren Strohhütten sitzen, Kaffee trinken und über die Sterne reden, die vor dem Sonnenaufgang gerade versinken oder aufsteigen.[306]

ATH-THRIA – DER LUSTER

Thurayya wird später auch zur Bezeichnung eines Kronleuchters (im syrischen Dialekt *Thria*), der dann seinerseits wieder mit ihnen verglichen wird.[307] Der französische Kamelreiter Vernier schreibt dazu: "Ich grüsse die sieben Lampen der Plejaden, welche Thria bilden, den

Lüster der Moscheen. ... Thria nähert sich dem Mond, so wie es diese Nacht des Jahres will. Es ist das Zeichen, dass die Datteln im Dorf reif werden."[308]

DAJAJAT AS-SAMA MA'A BANATIHA – DIE HENNE DES HIMMELS MIT IHREN TÖCHTERN

Das *Targum*, die aramäische Übersetzung des *Alten Testaments*, bezeichnet die Plejaden im *Buch Hiob* als 'die Glucke und ihre Brut'. Dies ist mit dem griechischen *Hys kai Hyades*, 'die Sau mit ihren Ferkeln', und dem englischen 'Hen and Chickens' zu vergleichen.[309]

Normalerweise kann man sechs Plejaden sehen, obwohl man sie weltweit in der Regel als Siebengestirn bezeichnet. Das war auch den arabischen Gelehrten bewusst: "Ath-Thurayya besteht aus sechs eng zusammengezogenen Sternen, die einer Weintraube gleichen; die Laien meinen, es seien sieben; damit liegen sie jedoch falsch", wie Biruni schreibt.

Nur mit sehr scharfen Augen liessen sich sieben oder mehr erkennen, wie Abd ar-Rahim festhält: "Ath-Thurayya wird von sieben Sternen gebildet, sechs hellen und einem schwachen, an dem die Leute ihre Augen prüfen. Der Qadi Hiyad – Gott der Erhabene erbarme sich seiner – erwähnt, dass der Prophet Mohammed – Gott segne ihn und spende ihm Heil – in ihr sogar elf Sterne erblickt habe."[310]

Ath-Thurayya und die Tiere

Im Winter 1981|82 erzählten mehrere ältere Männer der Tihama in zwei, etwa 200 km südlich von Jidda gelegenen Dörfern unabhängig voneinander: In der Zeit, wo man Thurayya nicht sieht, ist es sehr trocken. In diesen Tagen sollten Mann und Frau nicht miteinander schlafen und sollte der Boden nicht aufgebrochen werden. Kommt Thurayya dann allmählich am Morgen im Osten zurück, wissen das die Tiere vor Mann und Frau. Die erste Kreatur, die Thurayyas Rückkehr merkt, ist die Schlange. Ein paar Tage später merkt es die Ziege und beginnt zu zittern. Bald danach merkt dies auch das Kamel, es starrt dann auf das Haus von Mann und Frau. Erst danach spürt auch der Mensch, dass Thurayya zurückkehrt. Jetzt ist es nicht mehr lang bis zur feuchten Jahreszeit.

Der Sternenkalender der Tihama endet mit dem Untergang der Plejaden: "Wenn ath-Thurayya mit al-Balda (der 22. Mondstation αφτζ Sagittarii) ins Rote Meer geht, beginnt der warme Teil des Winters." Die Plejaden bleiben bis zum Spätfrühling | Frühsommer, je nach Klarheit des Himmels, bis zu zwei Monate unsichtbar; einen Monat später folgt der Monsun.

Die Zeit der Unsichtbarkeit heisst *al-Kinna* ('Die Verborgene'). Dabei besteht besonders in den ersten dreizehn Tagen das *Ayyam al-Kabat* genannte Tabu auf Sex; wird es nicht gebrochen, kehren die Regen zurück, eine Vorstellung mit babylonischen Vorläufern. Schlangen werden von den Menschen dort nur selten gesehen. Die Archäologie hat mehrfach die Wichtigkeit von Schlangen und Bullen als Opfertiere und heilige Wesen im südarabischen Pantheon der vorislamischen Zeit belegt, wo sie im Rang zwischen den Menschen und Göttern standen. Das Kamel gilt als 'Bulle der Tiefländer der Tihama', während die 'Bullen', das heisst die Rinder, als 'Kamele der Berge' bezeichnet werden.[311]

Der Thurayya-Kalender

Ihre nächtliche Sichtbarkeitsperiode beginnt in Arabien mit dem Abendaufgang im Osten, zu Beginn der Kälteperiode im Spätherbst. Sie gehen anschliessend jeden Tag vier Minuten früher auf und ihre Abendsichtbarkeit dehnt sich immer weiter westwärts aus.

Kulminieren sie bei Sonnuntergang, ist die Kälteperiode auf dem Höhepunkt, weshalb sie Hungersnot verheissen können: "Hungernd und angsterfüllt beobachten die armen Nachbarinnen die aufgegangene und hoch am Himmel stehende ath-Thurayya."[312]

Gehen sie dann kurz nach der Sonne im Westen unter, bleiben sie für fünfzig Nächte unsichtbar; das ist die ungesündeste Jahreszeit. Wenn kurz vor dieser Unsichtbarkeitsperiode Ende Februar die Neumondsichel in der Nähe der Plejaden steht, ist der Winter vorbei: "Wenn der Mond in der dritten Nacht seines neuen Erscheinens in Konjunktion mit ath-Thurayya steht, ist der Winter vergangen."[313]

Gehen sie daraufhin morgens unter, gelten sie als glückhaftes, weil regenverkündigendes Gestirn; der durch sie einsetzende Regen, heisst es, dauere fünf bis sieben Tage und sei reichlich: "Sie hatten uns in der Schlacht von an-Nisar gesehen, als seien wir die Haufenwolken, die bei ath-Thurayyas Morgenuntergang aufziehen und vom Südwind in Bewegung gesetzt werden. Möge über euch immerdar ein Regen niedergehen, der vom Morgenuntergang Thurayyas und der Simak rührt, um die ganze Talsohle mit seinen Fluten zu füllen."[314]

Wie die folgenden Verse verraten, wurden die Plejaden auch zur Stundenbestimmung eingesetzt: "Wenn die Vorhut der Sterne erscheint und versinkt, und ich denke, 'Mitternacht ist nahe', ist es mir, als fliege der Schlaf mit ath-Thurayya davon, obwohl weder Bett noch Decke rauh sind."[315]

Ath-Thurayyas Magie

Mohammed soll seinem Onkel Abbas (dem Begründer der Dynastie der Abbasiden) gesagt haben, dass es unter seinen Nachfahren zweimal so viele Könige geben würde wie Thurayya Sterne habe – womit er dreizehn Sterne in den Plejaden gesehen haben müsste, da es 26 wurden. Aufgrund der positiven Assoziation Mohammeds mit den Plejaden behaupteten manche Gelehrte, dass jemand, der bei ihrem Aufgang erkranke, nicht sterben würde. Qazwini bemerkt dazu, dass Gott den Djinns beim Aufgang der Plejaden Macht über das Wasser verleihe; dies beziehe sich darauf, dass im Mittelmeer zu der Zeit dann rauher Seegang herrsche, während im Inland die Wasserstellen austrockneten. Manche Ärzte verboten deshalb Kranken, in der Nacht nach ihrem Aufgang Wasser zu trinken, weil sich darin Geister befinden könnten.[316]

Ath-Thurayya und die Poesie

Besonders nach dem 10. Jahrhundert waren die Plejaden in der Poesie Objekt für zahlreiche unterschiedliche Vergleiche mit Gebrauchsgegenständen, Blumen, Tieren, Menschen, Körperteilen und Abstrakta bis hin zu Buchstaben: "Die Mondsichel geht auf und ath-Thurayya erscheint über seiner Stirn: es ist, als hätte das Dunkel der Nacht ein *Nun* ن mit einem Punkt versehen."

Die Plejaden versinnbildlichen auch grosse Entfernung als unüberbrückbare Kluft, wie im Sprichwort 'Er steht im Vergleich zu mir an der Stelle, an der die Plejaden aufgehängt sind'. Andere poetische Beispiele dieser unüberwindbaren Distanz sind: "Deine Zunge ist honigsüss und deine Seele ist vergnügt: aber dein Geld ist bei ath-Thurayya, wenn dein Freund es braucht"; "Befände sich die Zisterne des Todes an der Stelle ath-Thurayyas, ohne etwas dazwischen, wärst du der erste, der aus ihr trinkt"; "O Batna, wann immer du in der Ferne weilst, ist mir, als hinge ich derweil fest am Gestirn der Thurayya."

Zudem symbolisieren die Plejaden hohen gesellschaftlichen Rang: "Das Zelt Sharahils nimmt unter den Wahil die Stelle ein, welche ath-Thurayya unter den Sternen innehat."[317]

K | U 30–34

Zu den über 400 unterschiedlichen Vergleichen für die Plejaden gehören Zeltpflöcke, Eimer, Sieb, Dattelbüschel, Butterstücke, Fahne, Gazellenherde, Kamelfüllen, ein Brandmal, eine Kavalkade, Onyxsteine, Perlen, Kolliers, Ringe, Siegelsteine, Münzen, Weinbecher, Glasflaschen, Salbenbüchsen, Kämme, Schachfiguren, Musikinstrumente, Sportgeräte, Kleidungstücke, Helme, Harnische, Schilde, Pfeile und Zielscheiben, Leopardenfell und Jagdfalken, Gärten, Rosen, Kamillen, Schwertlilien, Jasmin, Aprikosenblüten, Pistazien und Zypresse; aber die Vergleiche erstrecken sich auch auf eskortierte Gefesselte im Gefängnishof, Schwimmer, ein von Liebe Verstörter, Kranke, Pockennarben im Gesicht, und natürlich Stirn, Augen, Zähne, Hals, Halsgrube, Brust, Hand, Finger, Schenkel und Füsse, zumeist von Frauen und Bräuten, mitsamt Unordnung, Beute, Wonne, Geist, Wissenschaft, Blutrache, Bedürfnissen, Versen und geomantischen Figuren. In diesen Umfang gilt es spezifisch für die Plejaden, wiewohl dies auch für die Sterne im Allgemeinen zutrifft.

Der älteste überlieferte Vergleich stammt von dem vorislamischen Dichter Imru' al-Q'ais, der Anfang des 6. Jahrhunderts die Plejaden als schräg hängende Glieder eines Gürtels sah; die grösste Nachwirkung hatte ein Vers des Dichters Ashab b. Rumaila aus dem 7. Jahrhundert, der zu dreissig verschiedenen Nachahmungen führte: "Wer zur Nachtzeit reist, dem funkelt ath-Thurayya am westlichen Horizont wie ein Ohrgehänge mit einem Kettlein."[318]

Ähnlich oft, nämlich 24-mal, wurde ein Vers des Dichters Ibn al-Aslar imitiert: "Wer ath-Thurayya im Frühlicht erblickt, dem erscheint sie so leuchtend wie ein Büschel weisser Weintrauben."[319]

Dabei wird unter anderem ihre je nach Position wechselnde Gestalt am Himmel und ihre Nachbarschaft zu anderen Sternen dargestellt: "Ath-Thurayya liess ihr Haupt gen Westen sinken, voller Geheimnisse und schamerfüllt: im Osten ist sie ein Weinbecher, beim Untergang ein Ohrgehänge und in der Mitte des Himmels ein Fuss";[320] "Es ist, als seien die verstreuten Sterne am Himmel Schafe und als sei al-Jauza ihr Hirte; und es ist, als sei ath-Thurayya in ihrer Mitte eine Halskette, deren einzelne Perlen ad-Dabarans Hände hingeworfen haben";[321] "Auf! Lasst uns die Sorgen mit einem Weinbecher verscheuchen, während ath-Thurayya eine Krone am Scheitel der Nacht bildet und die Milchstrasse sich darüber hinwegzieht, einem Leintuch gleich, das ein Weber ausspannt."[322]

Die Plejaden werden vom morgendlichen Aufgang ihres Gegengestirns im Osten angetrieben oder in Konstellation mit Planeten gesehen: "Es ist, als würde ath-Thurayya, von ihrem Gegengestirn getrieben, ein Zaum am Haupte der Finsternis, die dahingalloppiert";[323] "Wenn Mirrikh (Mars) im ersten Drittel der Nacht zwischen ath-Thurayya und der Mondsichel dem Mushtari (Jupiter) folgt, wirkt dies, als würde ein König einem armen Bettler, der ihm die Hand hinstreckt, eine Gold- und ein Silbermünze zuwerfen."[324]

XIV VÖGEL UND EINE PFLANZE

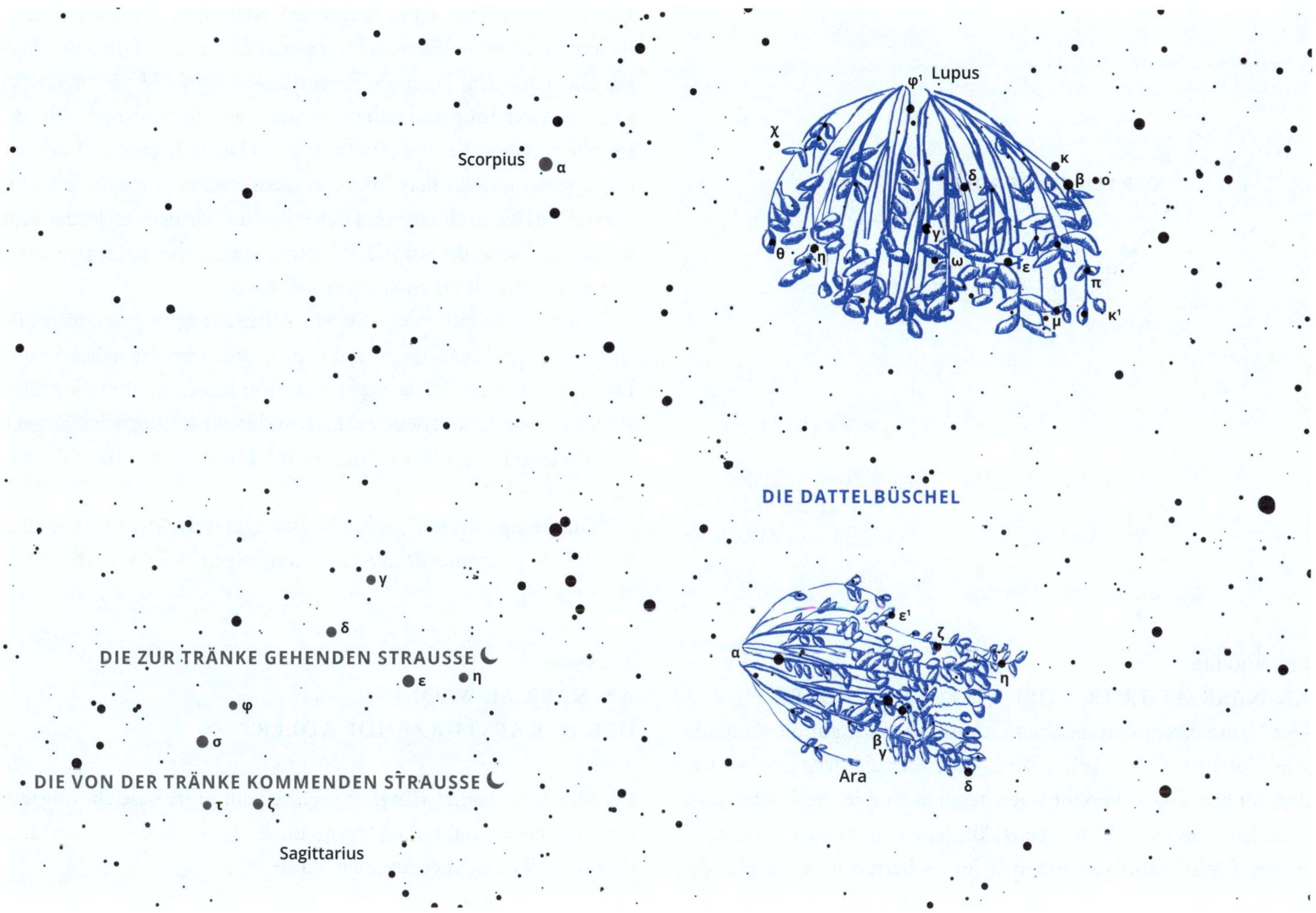

Ara und Lupus

ASH-SHAMARIKH – DIE DATTELBÜSCHEL

Es sind dies die dünnen Ausläufer, an denen Büschel unreifer Datteln oder auch Trauben hängen.

K6 47 und K1 110

δκθ Columbae, λζ Canis Maioris und μγλε Columbae

AL-AGHRIBA – DIE RABEN

K1 35

Der Arabist Jacob schreibt: "Von den Vögeln werden meist die schwarz weiss gefleckten Raben (*Corvus scapulatus* oder *Archicorax crassirostris*) genannt, deren Aufscheuchen unheilvoll ist und deren Krächzen Trennung von der Geliebten bedeutet. Wenn der Rücken einer Kamelin wund ist und sich auf ihm faules Fleisch bildet – schreibt Qazwini treibt man es in die Wüste, damit sich über ihm die Raben sammeln und das tote Fleisch weghacken."[325]

ζλ Canis Maioris und μγλε Columbae

AL-QURUD – DIE AFFEN

I 248–249

Qazwini schreibt: "Der Affe ist ein hässliches, witziges Tier, das lacht, sich vergnügt und schnell versteht. Der König von Nubien schenkte dem Abbasidenkalifen al-Mutawakkil zwei Affen: Der eine war Schneider und der andere ein Handwerker. Die Leute im Jemen kannten den Affen als einen, der ihre Angelegenheiten erledigt, sodass der Gemüsehändler und der Schlächter, wenn sie abwesend waren, ihren Laden dem Affen anvertrauten. Er bewachte ihn aufs Beste, bis sein Herr zurückkam."[326]

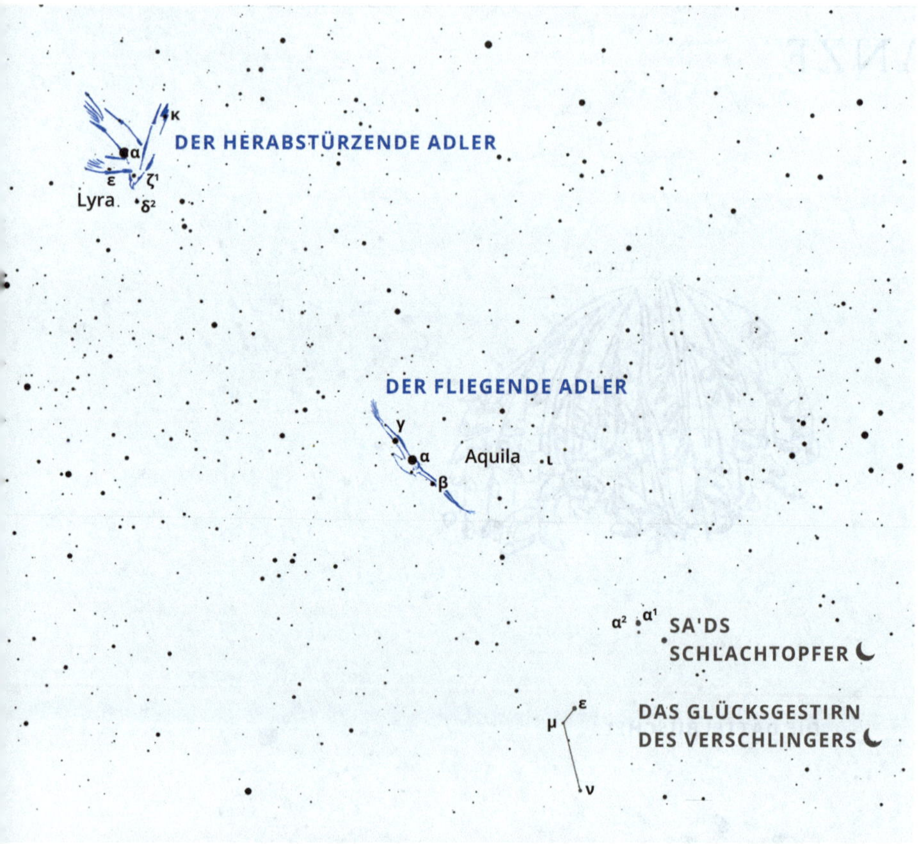

βαγ Aquilae

AN-NASR AT-TA'IR – DER FLIEGENDE ADLER

Der Name dieses altarabischen Gestirns verweist auf die vorislamische Gottheit Nasr – Adler, Falke –, der auch als Geier gesehen werden konnte. Der Adlerkult war überall in Arabien verbreitet; sabäische Inschriften erwähnen einen 'östlichen' und einen 'westlichen' Adler. Bereits Sumerer und Babylonier hatten in α Aquilae den 'Adlerstern' Eru (ursprünglich ein Gänsegeier) erblickt, und die Griechen in den Sternen um ihn dann den Aetos Dios gesetzt, jenen Adler, der Zeus' Blitze trug. Seine ausgestreckten Flügel stehen im Gegensatz zu den angelegten des Adlers in Lyra.

K | S 17–18, K1 86, K4 201, R 46 und W 23

Das arabische Paar eines fliegenden und eines herabstürzenden Adlers findet seine Wurzeln im mesopotamischen *Mythos von Etana*. Die semitische Tradition formte dessen Symbolik weiter aus. So galt der Adler aufgrund seiner Mauser – wie die Schlange – als unsterblich; vergleiche dazu *Psalm* 103, 5: "Deine Jugend soll sich erneuern wie die des Adlers." Bar Hebraeus erwähnt, dass ein Adler im Alter seine Federn abwirft und sich mit neuen kleidet; vergleiche dazu *Jesaja* 9.31: "Jene, die auf Jahwe harren, werden ihre Kraft erneuern; sie werden ihre Flügel ausstrecken wie Adler."

In Saadia glaubte man, dass ein Adler alle zehn Jahre über alle anderen Vögel hinauffliegt und dem Elementarfeuer nahekommt. Dann stürzt er, der Hitze wegen, ins Meer hinab, wo ihm die Flügel abfallen – woraufihm neue wachsen und er wieder jung wird. So geht dies alle zehn Jahre, bis er Hundert wird: Dann stirbt er beim Abtauchen ins Meer.[327]

"Die Menge jedoch", schreibt Ibn Qutaiba, "nennt diese drei Sterne ihrer gleichmässigen Anordnung wegen" AL-MIZAN – DIE WAAGE.[328]

αεζ Lyrae

AN-NASR AL-WAQI – DER HERABSTÜRZENDE ADLER

K1 87

Die für α Lyrae von *al-Waqi* zu *Vega* verballhornte Bezeichnung war einer der ersten arabischen Sternnamen, der Ende des 10. Jahrhunderts vom Westen übernommen wurde.[329]

Im altbabylonischen Mythos zu diesem Sternbild wird der Herrscher Etana von einem Adler in den Himmel zum Himmelsgott Anu getragen und dann fallen gelassen; die folgende, heute noch kursierende Legende, verknüpft das mit dem im Koran durch einen Sandsturm vernichteten vorislamischen Stamm der Ad[330] und der aufgegebenen Stadt Ubar im Oman.

DIE VERSCHOLLENE STADT UBAR

"Vor langer Zeit gab es weit drinnen in der Rub al-Khali, der saudiarabischen Wüste, eine prächtige Stadt: Ubar. Kamelkarawanen brachten Weihrauch und Myrrhe aus dem Oman und Jemen zum Handeln nach Norden.

Die Mauern von Ubar waren mit Gold und Silber beschichtet und mit Rubinen bestückt. Ihre Gärten nannte man *Jannat Ad*, 'das Paradies der Ad'; darin lustwandelten schöne Damen, deren Körper rein wie Kristall waren. Dies bildete den himmlischen Teil der Stadt. In einem anderen lag die Hölle mit ihrem feurigen Ofen. Der König der Ad besass alles, was man sich nur wünschen kann; deshalb beschloss er eines Tages in den Himmel zu fliegen und Allah höchstselbst umzubringen.

Er rief die stärksten Adler in seinem Land zu sich in seinen Palast, um sich den stärksten auszusuchen, der ihn in den Himmel bringen könnte; lenken wollte er ihn durch Fleischstücke vor dem Schnabel. Also stieg er

auf den Rücken dieses Adlers und hob ab. Der Flug war sehr lang; doch nach zwei Monaten erreichte er die Tore des Himmels. Dort hielten ihn einige Engel auf und fragten, was er im Himmel suche.
'Ich bin gekommen, um Allah zu finden', erwiderte er; 'ich habe vor, ihn zu töten!' Die Engel waren entsetzt.
'Er ist unten auf der Erde', behaupteten sie; 'geh und schau, ob du ihn dort findest.' Also lehnte sich König Ad nach vorne und senkte seinen Stock mit dem Fleisch vor dem Adler: Das geschah so plötzlich, dass der Adler in einen Sturzflug überging und König Ad von seinem Rücken fiel. Er fiel jedoch so langsam, dass er bis zur Erde zwanzig Jahre brauchte. Während er fiel, löste sich sein Körper auf; als er aufschlug, war bloss noch sein Schädel übrig. Allah befahl darauf den Winden, ihn mit Sand zu bedecken und auch die ganze Stadt Ubar zu überwehen.
Jahre vergingen, und eines Tages stiess ein Schakal auf Ads Schädel: was für ein guter Platz, um sich vor der Sonne zu schützen! Also kroch der Schakal in das rechte Auge des Schädels und legte sich ins kühle Innere. Dann kam eine Gazelle und trat in das linke Auge des Schädels, um dort ebenfalls Schatten zu finden. Der Schädel des Königs Ad war so gross, dass einer vom anderen gar nichts merkte.
Da aber kam ein Beduine vorbei und entdeckte den Schädel. Er klopfte mit seinem Kamelstock darauf, um festzustellen, ob er aus Stein oder Gebein war. Für einen Knochen war er zu gross, sah aber aus wie ein menschlicher Schädel. Heraus drang eine tiefe Stimme: 'Zweifle nicht. Lach nicht.' Der Beduine erschrak. Er eilte zu Salomon, dem Sohn des David, und erzählte ihm, was er entdeckt hatte. 'Ich stiess auf etwas, das wie ein riesiger Schädel aussah, der aus dem Sand hervorstand. Als ich näherkam, rannte ein Schakal aus dem einen Auge und eine Gazelle sprang aus dem anderen. Ich schlug auf den Schädel und eine Stimme drang daraus hervor: 'Zweifle nicht. Lach nicht.'
'Kannst du mich zu diesem seltsamen Ding führen, damit ich es sehen kann?', fragte König Salomon. 'Sicher kann ich das. Ich bin ein Beduine der Wüste.' 'Gut', sagte König Salomon. 'Wenn alles, was du erzählst, wahr ist, werde ich dich mit so viel Gold belohnen, wie du wiegst. Ist es aber nicht wahr, werde ich dich für deine grosse Lüge ins Gefängnis stecken.'
Der Beduine war einverstanden und so zogen sie los. Als sie nach langer Reise zu dem gigantischen Schädel kamen, klopfte König Salomon mit seinem Stock darauf, hörte aber keinen Laut. Er klopfte noch einmal. Stille. Der Beduine schlug selbst hart auf den Schädel. Immer noch kein Laut. Also befahl König Salomon den Mann zu verhaften.
Sobald der Beduine verhaftet war, drang eine Stimme aus dem Schädel. 'Habe ich dir nicht gesagt, zweifle nicht, lach mich nicht aus?'
Nun bedauerte König Salomon, den Beduinen verhaftet zu haben. Er rief alle Vögel in der Luft und fragte sie, ob sie etwas über einen König namens Ad ben Gin'ad wüssten. Doch die Vögel hatten noch nie von so einem König oder solch einem Reich gehört.
Zu guter Letzt kam ein alter Adler, dem schon alle Federn abgefallen waren. Auch ihn fragte König Salomon nach dem Ad ben Gin'ad und der Stadt Ubar aus Silber und Gold. 'Wenn du mir etwas über diesen König und diese Stadt sagen kannst, werde ich mit der Hand über deinen alten Körper streichen und dir wieder Federn wachsen lassen. Du wirst wieder wie ein junger Vogel sein.' Der Adler verbeugte sich und sagte: 'Ja, ich weiss von Ad ben Gin'ad und ich kann dich zu der Stelle führen, wo die Stadt Ubar unter Sand begraben liegt.'
König Salomon strich mit der Hand über den federlosen Körper, dem ein neues Gefieder wuchs. Der wurde nun wieder wie ein junger Vogel. Dann führte er König Salomon und sein Geleit eine lange Strecke durch die Wüste, bis der Adler sich auf einer Stelle im Sand niederliess. 'Hier ist der Ort', sagte der Adler. 'Unter all diesem Sand liegt die verlorene Stadt Ubar begraben.'
Der König rief Shimal, den Nordwestwind, der als mächtiger Sandsturm kam. Dann rief er Kaus, den Südostwind, und auch er wirbelte den Sand auf. Dann rief er Gharbi, den Westwind, und Sharqi, den Ostwind. All diese Winde wehten und wehten und wehten – so begann die verlorene Stadt Ubar allmählich aus den Sanden hervorzutreten.
Da sah König Salomon den grossen Palast aus Gold und Silber und Rubinen, die schönen Gärten und den Feuerofen. Er befürchtete, die Leute würden von all diesem Reichtum verführt und hochmütig werden und

wie Ad ben Gin'ad enden. Darum befahl er den Winden erneut zu wehen. Und Shimal, Kaus, Gharbi und Sharqi bliesen so lange, bis die Stadt wieder überweht war und keiner sagen konnte, wo sie gelegen hatte. Bis zum heutigen Tag liegt die verlorene Stadt Ubar verborgen im Sand der Wüste ... irgendwo in der Rub al-Khali, dem Leeren Viertel Arabiens."[331]

αβ^{1,2} Sagittarii

AS-SURADAN – DIE ZWEI WÜRGER

K7 270 und K1 109

Unter den Suradan sind wohl die Würger (*Laniidae*) als Raubvögel unter den Sperlingsvögeln zu verstehen.

ω – θ^{1,2} – ι Sagittarii

AL-MAKAKI – DIE WÜSTENLÄUFERLERCHEN

K7 270 und K1 76

Ihrem Gefieder wegen werden sie auch 'Schwarz-Weisse' genannt (*Alaemon alaudipes*). Der Mukka spielt eine wichtige Rolle in Gedichten der entwurzelten Beduinen. So kam ein Beduine aus der Wüste in bewohntes Land, hörte dort einen Mukka schreien, seufzte um seine Heimat und dichtete: "Ist es nicht so, oh Mukka: für dich gibt es hier weder Myrte noch Färberdistel – wie sollst du da Eier legen? Steig also empor ins Land deiner Vögel und meide die Dörfer Syriens – sieh zu, dass du nicht krank wirst!"

Und ein anderer schrieb: "Die Stimmen der Makaki, die einander nach Mitternacht antworten – und wenn einer schlaflos ist, dann hört er sie – sind uns lieber als die Küken eines Dorfes, die einander zukrächzen – und als ein Dorf, dessen Frösche quaken."

Tumadir bt. Mahmud b. Uqba, eine Beduinin, die in eine Stadt verheiratet worden war, klagte mit diesen Versen um ihre Heimat: "Bei meinem Leben: Die Stimmen der Makaki am Vormittag, die Stimme des Ostwinds inmitten all Salzsträucher und des Sandes und die Stimme des Nordwinds, der in Suwaiqa die Myrte, Aronstäbe und den gelben Jasmin von den Dünen aufrührt, sind uns lieber als das Gackern der Hennen, der Hahnenschrei und das Lärmen des Windes in den Wedeln der Palmen."

Laut dem berühmtesten vorislamischen Dichter, Imru al-Qais, singen die Makaki in den Tälern "als ob ihnen frühmorgens von edlem, bestem, gepfeffertem Wein zu trinken gegeben worden wäre".

Als natürlicher Feind erscheint in den Versen der Würgfalke sowie die ihre Eier fressenden Schlangen. So wird überliefert, dass ein Mann namens Hisham b. Salim berichtet habe: "Eine Schlange frass die Eier eines Mukka; da begann der über ihrem Kopf die Flügel zu schlagen und sich ihr zu nähern, worauf die Schlange ihr Maul öffnete, um ihn zu packen. Da aber warf der Mukka Bürzeldorn in ihren Rachen, der sie am Gaumen traf – worauf sie starb."

Illustriert wird dies von einem Vers Abu Amr ash-Shaibanis: "Auch wenn du mich einsam und entwurzelt gesehen hast, so kommt es doch vor, dass manchmal ein Mukka eine Schlange tötet."[332]

αβ Gruis

AL-YAMAMATAN – DIE BEIDEN WILDTAUBEN

K7 270 und K1 117

Al-Muthanna b. Zuhair sagt: "Alles, was ich bei Mann und Frau sah, habe ich ähnlich auch bei den Tauben gesehen: Ich sah eine Taube, die nur zu ihrem Täuberich kam, und ich sah eine Taube, die sich keinem von den Täuberichen verweigerte. Ich sah eine Taube, die sich sofort für den Täuberich, der sie wollte, niederwarf, und ich sah eine Taube, die sich nur nach vielem Fordern niederwarf. Ich sah einen Täuberich, der zwei Weibchen hatte und mal mit dem einen, mal mit dem anderen brütete, und ich sah zwei Weibchen, die sich zusammengetan hatten wie die Lesbierinnen. Sie legten vier Eier, die nicht ausschlüpften."[333]

zwischen ανβ Capricorni und υρπτζ Sagittarii

AL-QATA – DIE FLUGHÜHNER

Ibn Qutaiba schreibt: "Es sind dies häufchenweise angeordnete, nicht helle Sterne oberhalb der Wüstenläuferlerchen, angeordnet wie die Flughühner[334] bei ihrem Zug, meistens paarweise."

K7 271 und K1 92–93

"Die Raubvögel", schreibt der Arabist Jacob, "machen auf die Flughühner Jagd. Ganze Hände voll Qata-Eiern liegen zu Seiten des selten betretenen Wüstenweges in ihren in den Sand gescharrten Löchern, als wären es Ölflaschen. Ein Beiwort dieser Vögel ist *Qarib*, weil sie schon in aller Frühe von ihrem Lagerort 'in Ketten' raschen Fluges zum Tränkeplatz kommen."[335]

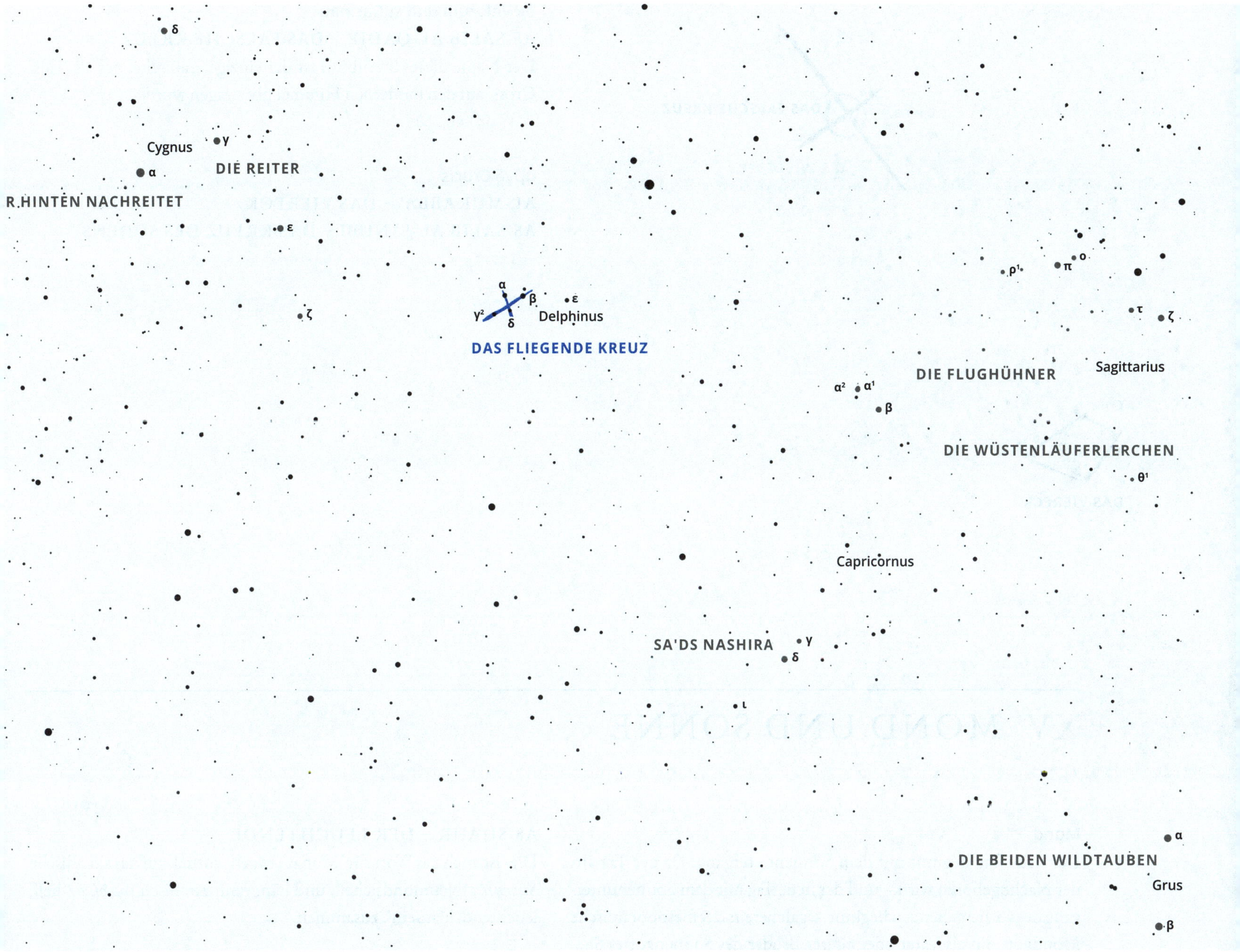

Delphinus

AS-SALIB AT-TA'IR – DAS FLIEGENDE KREUZ

L 68

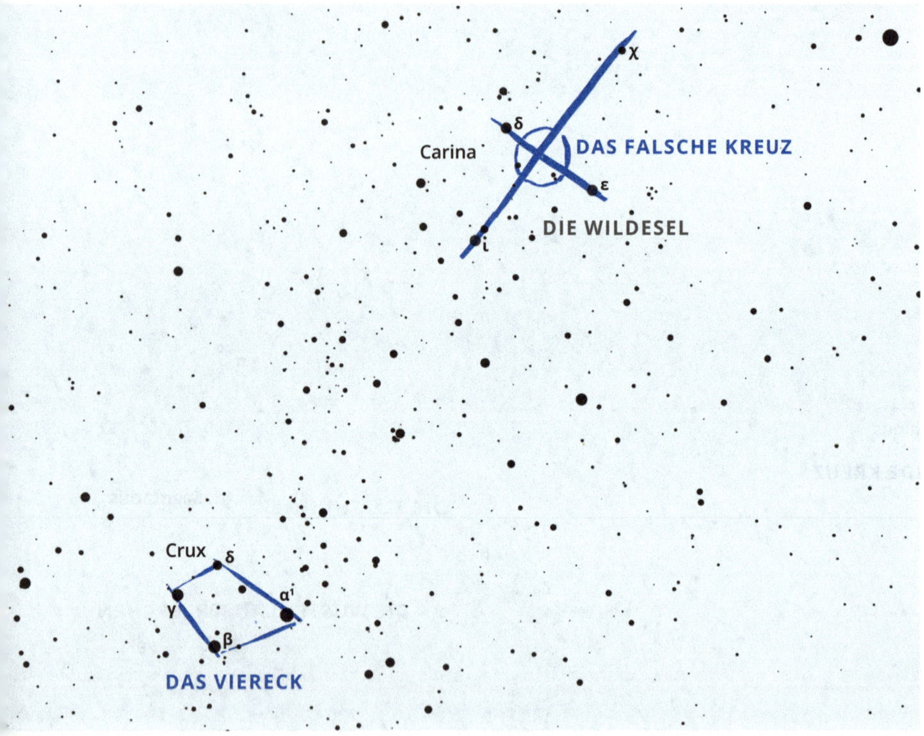

δκ Velorum und ει Carinae

AS-SALIB AL-QADIB – DAS FALSCHE KREUZ

Der Name dieses Sternbilds ist der einzige arabische, der als 'False Cross' auf den modernen Himmel übertragen wurde.

K6 49 und L 68

αβγδ Crucis

AL-MURABBA' – DAS VIERECK

AS-SALIB AL-JANUBI – DAS KREUZ DES SÜDENS

L 121

XV MOND UND SONNE

Mond

Der neue Tag beginnt mit dem Sonnenuntergang. Da der Tag aus der Nacht geboren wird – und der neue Tag mit dem Sonnenuntergang des vorhergehenden beginnt –, galt bereits der mesopotamische Mondgott Sin als Vater oder älterer Bruder des Sonnengottes Shamash. Bei den Arabern heissen Sonne und Mond zusammen auch *al-Qamaran*, 'Die Beiden Monde'; sie werden oft mit einem warmen und einem kalten oder einem goldenen und einem silbernen Brotfladen verglichen.[336]

SIN

So hiess der Mondgott bereits bei den Sumerern und Babyloniern und dann auch im alten Südarabien, wo er der Reichsgott von Hadramaut war.

E 23

AS-SHAHR – DER LEUCHTENDE

Dies ist auch das Wort für 'Monat'; es geht zurück auf das akkadische *Sherum*, 'Neumondsichel', und hängt mit Arabisch *shuhira*, 'hell, leuchtend, klar sein', zusammen.

E 26–27

AL-QAMAR – DER WEISSE

Dies ist der gebräuchliche Name für den Mond mit der Grundbedeutung 'hell, weiss'. Von ihm leitet sich auch Qimar ab, 'Glücksspiel', da das wechselnde Glück eines Spielers auf ähnliche Weise mit dem Mond in Zusammenhang gebracht wurde wie unsere 'Launen' mit Luna. So sagt Sana'i: "Der Mond gleicht wohl dem Sinn einer Frau; ein anderer sprach: Nein, er ist eine Frau."

E 27–29

Al-Qamar wird auch als Symbol unvergleichlicher Schönheit dargestellt; so heisst es manchmal von einer Frau, "sie hat die Schönheit des Mondes".[337]

HILAL – DER JAUCHZENDE

In dieser Bezeichnung für den Neumond darf man das 'Jauchzen' beim Wiedererscheinen des in der letzten Nacht weggebliebenen Himmelswesens sehen. Der Name ist etymologisch mit Halleluja verwandt und bezeichnet die erste Mondsichel, den 'Neumond, Sohn der Morgendämmerung'.[338]

Die Saba im Jemen widmeten ihm einen eigenen Kult, weshalb der *Koran* kommentiert: "Sie befragen dich über die Neumonde. Antworte: Sie dienen den Leuten der Zeitrechnung und um bereit zu sein für die Hadj."[339]

WAS BEIM AUFGANG DES HILAL GESCHIEHT

"Am Neumondabend rufen die Leute [im äthiopischen Tigray]: 'Der Neumond ist aufgegangen!' Alle freuen sich, zeigen zu ihm hinauf und sagen: '*Harro* [so rufen die Schäfer, wenn sie die Herden trennen] – lass uns gesegnet sein, Hilal!' Dann heben sie den rechten Arm hoch und sagen: 'Dies ist mein rechter Arm', darauf den linken und sagen: 'Dies ist mein linker Arm.' Und alle bitten um Segen durch ihn; die Frauen aber, die im Haus sind, bitten um Segen, indem sie an die Türpfosten klopfen, und dann sprechen sie: 'Der Mond bringt so viel Glück! Sei du uns ein Bote des Glücks und des Wohlstandes; möge es uns besser gehen durch dich! Mögen unsere Bedrängten erleichtert werden; unsere Wanderer glücklich ankommen; unsere Leute zu Hause in Sicherheit aufwachen; unsere Schwangeren gebären; unsere Kindsbetterinnen ihre Kinder kriechen sehen, bis sie gross werden; unsere jungen Leute gross werden und unsere grossen Leute bestehen; unsere weidenden Herden sicher heimkehren, unsere Herden daheim sicher aufwachen durch dich! O Gott, das Unheil von Kalla und Balla [hamitische Stämme, mit denen ihre Vorfahren viel gekämpft haben sollen], das Unheil des Neiders, das Unheil des Räubers, der sein Leben nicht achtet und der uns unseren Besitz nicht gönnt, das Unheil dessen, der sich gegen uns gürtet und der noch dasitzt und Krieg gegen uns plant – all das halte fern von uns! Von dem Unheil dessen, der sich nicht fürchtet und nicht liebt, der nichts schont und kein Gutes tut, von dem Unheil dessen, was das Auge sieht und das Herz fürchtet, erlöse uns! Durch das Glück, das du bringst, mache uns dich preisen! Für unsere Herden und unsere Kinder wollen wir dich preisen. Zu Glück und guter Vorbedeutung geh auf für uns!'

Mit dergleichen Gebeten flehen sie alle um Segen. Nach dem Gebete nehmen die Frauen mit den Fingerspitzen ein paar Körner Salz und schütten sie ins Feuer. Wenn die Salzkörner knistern, sagen sie: 'Möge der Neider unserer Herden und unserer Kinder also zerspringen!' Die Knaben und Mädchen rupfen saftige Grashalme aus und geben sie den Männern und Frauen, ein jedes denen seiner Familie und Nachbarschaft, je zwei Grashalme, indem sie sagen: 'Nehmt, es ist Neumond!' Und die Männer und die Frauen, wer nur immer einen Grashalm empfangen hat, antworten: 'Möge das Gras des Hauses deines Vaters und des Hauses deiner Mutter saftig sein!'"[340]

AL-BADR – DER HERANEILENDE

Der Name für den Vollmond ist wahrscheinlich mit *budur*, 'heraneilen, zuvorkommen', verbunden, da der Mond schneller läuft als alle anderen nächtlichen Himmelskörper.[341]

DIE MÄCHTE DES MONDES

"Die Ruala glauben, dass ihr Leben vom Mond gelenkt wird. Der Mond kondensiert die Wasserdämpfe, zieht die Regenwolken an, destilliert den wohltätigen Tau auf der Weide, macht das Wachsen und längere Leben der Pflanzen möglich – insbesondere der mehrjährigen Pflanzen, welche für die Kamele von grösster Wichtigkeit sind – und gewährt den wandernden Beduinen relative Sicherheit und erholsamen Schlaf.

Der Mond ist ein fröhlicher Jüngling, voller Lebenskraft und guter Laune. Die Sonne ist seine Ehefrau, aber er lebt nicht mit ihr. Nur am letzten Tag des alten und dem ersten des neuen Mondes bleibt er bei ihr zum Beischlaf, ohne dass er ihre Gelüste je befriedigen könnte. Aus Angst vor ihr und dem nutzlosen Verschwenden seiner Lebenskraft wird der Mond sehr dünn. Zuerst weigerte er sich, die Wünsche seiner alten, aber unersättlichen Frau zu erfüllen, doch dies erzürnte sie, und so gab es einen Kampf zwischen beiden, in dem sie einander je ein Auge ausschlugen. Seitdem haben sie beide einen dunklen Fleck oder eine Narbe dort. Jeder sehnt sich nach seinem verlorenen Auge: Der Mond, damit er den Ruala Gutes tun kann, die Sonne, um ihnen noch mehr zu schaden. Der Mond sagt manchmal: 'Bei Gott, hättest du mir nicht ein Auge herausgeschlagen, könnte ich bewirken, dass der Falkner auch in einer hellen Nacht jagen kann.' Worauf die Sonne antwortet: 'Bei Gott, hättest du nicht mein Auge herausgeschlagen, hätte ich eine zweijährige Kamelstute geröstet haben können in einer rotglühenden Ebene.'[342]

In der ersten Nacht des neuen Mondes, *Lailat as-Sarra*, verspüren die Beduinen grosse Unruhe. Da der Mond zu dieser Zeit weder im Westen noch im Osten erscheint, beobachten sie nach Sonnenuntergang am nächsten Tag besorgt den westlichen Himmel, in der Hoffnung, wenigstens ein kleines Stück des Kreises ihres ausgemergelten Wohltäters zu entdecken. Wenn sie den Neumond sichten, zeigen sie ihn einander, strecken ihm die Hände entgegen und schreien: 'Oh, du neuer Mond! Oh Herrgott! Oh unser Wohltäter! Oh mächtiger Neumond! Oh du, der uns gerettet hat vor einem Angriff im vergangenen Monat, wirst uns auch im nächsten davor schützen!'
Die Ruala wissen nie mit Sicherheit, wie viele Nächte alt der Neumond ist. Wenn sie dies diskutieren, verfallen sie in Streitereien und müssen sich schliesslich daran halten, was die Älteren und Erfahreneren dazu sagen. Aber das Vertrauen in die Alten nimmt von Generation zu Generation ab. Die jungen Männer sind zu altklug und schenken weder den Ratschlägen noch den Hinweisen ihrer Eltern Beachtung; weshalb ein alter Vater sich bei seinem Sohn beschwert: 'Mein Sohn, es wird eine aufmüpfige Generation kommen, die in der ersten Nacht des Mondes behaupten wird, er sei bereits zwei Nächte alt.' Und sein alter Nachbar fügt hinzu: 'Eine verdorbene Generation kommt; würdest du sie zu einem Festmahl einladen, würden sie nie genug Essen und Trinken finden; würdest du deinen Kampfschrei um Hilfe erheben, würden sie nicht kommen.'
Der Beduine ist am glücklichsten zwischen der achten und der achtzehnten Nacht, denn dann lebt der Mond auch noch beim Sonnenaufgang. Diese Nächte nennt man 'die Weissen', *Laial al-Baid*. Der Beduine kann zu dieser Zeit weder aus der Ferne entdeckt noch überraschend aus der Nähe attackiert werden, denn er sieht weiter als sein Gewehr schiessen könnte. Ab der achten Nacht kann er beruhigt schlafen, und ab der zehnten muss er seine Kamele, die da und dort rund um sein Zelt liegen, nicht mehr zusammentreiben. In diesen Nächten darf das Feuer eines einsamen Wanderers weiterbrennen; auf Kriegsexpeditionen wird keine Laterne benötigt, um den Weg zu finden – kein Wunder, dass sich die Jugend wünscht: 'Ich wollte, die Nacht wäre stets mondhell, die Mulden immer frisch und grün, und dass ich weiterlebte, ohne jünger oder älter zu werden.'
Doch nach der achtzehnten Nacht beginnt der Ärger. Diebe schleichen umher, feindliche Truppen reiten durch die Region, noch das kleinste Feuer kann aus grosser Entfernung gesehen werden und Gefahr droht von nah und fern. Deswegen hört man immer wieder die Warnung: 'Die zwanzigste Nacht! Beschütze dein Eigentum, du armer Hund!' Die Schwärze der Nacht erfüllt die Schlaflosen mit Angst, und sie rufen dann aus: 'Gott errette uns vom Bösen der Dunkelheit und all denen, die sich in der Nacht herumtreiben!'
Auch wirkt sich der sechste, der sechzehnte und der einundzwanzigste Tag des Mondmonats verschlimmernd auf den Zustand eines Kranken aus und verbreitet die Neuigkeiten seiner Krankheit.
Im Winter geht der Mond über die Mitte des Himmels, im Sommer aber bleibt er an seinem Rand, während die Sonne über ihrem Kopf brennt. Die Beduinen unterteilen die Zeit deshalb in zwei Perioden: die eine, in welcher der Mond regiert, die andere, wenn die Sonne alles beherrscht.
Der Neumond bringt Regen. Sobald die Regenzeit endet, saugt und zieht der Neumond das Wasser in so winzigen Tropfen aus dem grossen Meer, dass selbst Flughühner einhundert davon nicht auf einmal schlucken könnten. Diese Tropfen platziert der Neumond in symmetrischen Reihen und formt daraus Dunst und dünne Wolken, irgendwo weit, weit im Westen – manche denken in al-Hazra oder Tunesien.
Dann, kaum dass Canopus im Herbst am Horizont aufsteigt – der Zeit, in der die Beduinen weder Wasser für sich selbst noch Weiden für ihre Herden haben –, sendet Allah seinen Engel in den fernen Westen. Der Engel zwingt die Tropfen enger zusammenzufallen und so die dunklen Wolken zu formen, die er nach links zieht (das heisst, nach Norden), wo er sie in Ketten legt. Diese Wolken verdickt er durch mehr und

mehr kleine Wolken. Den Stab fassend, mit dem er sein weibliches Reitkamel lenkt, treibt er sie schliesslich vor sich her, über die Gebiete der Ruala und der anderen Beduinen, und befiehlt den Wolken, ihr Wasser auf die verbrannte Wüste fallen zu lassen. Sollte eine Wolke sich widersetzen, so schlägt der Engel mit seinem Stab Blitze und Donner daraus hervor. Die eingeschüchterte Wolke schüttet dann alles Wasser aus, das sie in sich trägt, löst sich auf und verschwindet."[343]

Haul war ein mit dem Mond assoziierter Gott ohne physische Repräsentation; die Saba im Jemen beteten ihn an, um Glück, Wohlstand und Macht zu erhalten. Der Name bezeichnete nach Mohammed die Kraft und Macht, die man dank Allah erhalten kann, und wurde zu einer allgemeinen Bezeichnung für das Mondjahr. Die Saba verehrten zudem den lunaren Gott Sami, den Wunscherfüller; er wurde zu einem Beinamen Allahs.[344]

Bei den Saba lebten die Götter, die man nicht in menschlicher Gestalt sah, nicht auf der Erde, sondern im Himmel; Sonne, Mond und Sterne waren sichtbare kosmische Manifestationen der drei lebensbestimmenden Grundkräfte. Das Göttliche, auf diese Dreifaltigkeit reduziert, sprach im 9. und 8. Jahrhundert v. u. Z. durch Naturphänomene zu den Menschen. Die Sonne wurde als weibliche Gottheit verehrt, der Mond hatte männliche Züge, wie auch der als Sohn aufgefasste Morgen- oder Abendstern. Mit dem Mond assoziiert war der Stier: Beide verkörperten Fruchtbarkeit, der Mond im Wachsen und Abnehmen, der Stier als physisches Bild von Stärke und Vitalität. Daher haben die Stierhörner auf Altären oft die Form der Mondsichel, in der die Sonne ruht und von der sie getragen wird wie in einem Kelch.[345]

Sonne

ASH-SHAMS – DIE HOHE

Der Name geht zurück auf *Shamash*, den akkadischen Namen für den Sonnengott, der auch in *Sama* steckt, dem arabischen Wort für Himmel. Als weibliche Gottheit brachte man ihr Gaben, jedoch keine Opfer dar; man betete sie in der vorislamischen Zeit an, indem man bei ihrem Auf- und Untergang sein Gesicht auf sie richtete.[346]

ADH-DHUKA – DIE VERSENGERIN

Der Name geht auf die semitische Wurzel für 'flammen' zurück.[347] "Anders als der Mond", schreibt Musil, "würde die Sonne die Beduinen gerne zerstören. Sie trocknet alle Feuchtigkeit aus, nicht nur vom Boden, sondern von Pflanzen und Tieren und auch vom Menschen; sie zerstört alles Leben, ermöglicht das Eindringen von Feinden, indem sie ihnen eine weite Sicht erlaubt, und rächt sich an vernichteten Tieren und Menschen, indem sie deren tote Körper in tödliches Gift verwandelt. Die Sonne ist eine starke, knochige Frau, voller Leidenschaft und Zorn. Selbst unfruchtbar, ist sie eifersüchtig auf alles Leben und würde es am liebsten noch im Mutterleib verderben. Seit die Beduinen Frau Sonne kennen, war sie immer schon alt und gemein. Ob sie jemals jünger gewesen ist und Kinder gehabt hat, wissen sie nicht, aber sie denken, dass wenn man ihr wieder die Jugend schenken und sie Kindern gebären könnte, sie sogleich freundlicher würde."[348]

Die folgende Legende wurde Anfang des 20. Jahrhunderts von einer analphabetischen Christin in Bagdad erzählt; sie griff die biblische Geschichte des Samson als astraler Mythos auf, mit vertauschten Geschlechtern von Sonne und Mond. Shamsum ist hier die männliche Sonne, sein Haar sind ihre Strahlen, die vom Winter abgeschnitten werden – in jenen vierzig unheilvollen Tagen, da die Geister aus dem Boden kommen. Shamsums Frau ist der Mond, der seiner Namensbedeutung gemäss gerne 'spielt'. Er wird als *Siluwa* vorgeführt, als sterblicher weiblicher Wassergeist mit einer Vorliebe für Menschenfleisch, langen Haaren und bis auf die Knie hängenden Brüsten. Statt zwei Beinen hatte er einen Fischschwanz – ein Bezug zum himmlischen Monster al-Hut, das gerne die Sonne verschlingen würde. In den vierzig Wintertagen spielt Siluwa mit vierzig Dämonen, bis die Sonne sie abends zurück in den Himmel holt. Es sind Dayu, Djinns des Waldes und der Wüste. Shamsums Sohn ist der als lesender Mann auftretende Jupiter; der Planet galt als sonnengleicher Weiser.
Die Episode mit dem Adler, der den Sonnengott, seinen Sohn und die Kalifentochter emporhebt und dann auf die Insel wirft, ist über 3000 Jahre alt: Sie gibt den akkadischen Mythos von Etana wieder, jenem als Gestirn am Himmel verewigten Adler, der einen mythischen König in den Himmel bringen wollte, um ihn dann fallen zu lassen; auch das Motiv der Schlange im Baum entstammt diesem Mythos. Das Schwert wiederum, mit dem der Sonnengott sie tötet, hängt an al-Jabbar, 'Dem Gewaltigen' Orion: Er ist das Gestirn, das den Beginn dieser Winterperiode markiert.[349]

SHAMSUM DER GEWALTIGE

"Es war einmal ein sehr starker Mann namens Shamsum der Gewaltige, der heiratete die schöne Tochter eines Händlers. Er liebte sie sehr, und sie gebar ihm einen Sohn. Sie war zwar hübsch, aber nicht treu, denn sie hatte vierzig Dayu-Dämonen als Liebhaber. Diese kamen jeden Tag zu ihr und nahmen sie mit in ihr Haus in der Wüste, wo die Frau mit ihnen Schach spielte. Schliesslich sagte ihr Sohn, als er erwachsen war, zu seinem Vater, 'Meine Mutter geht fort, sobald du nicht da bist.' Darauf folgte Shamsum seiner Frau und ging in das Haus der vierzig Dayu, die er verprügelte. Er holte seine Frau zurück nach Hause. Jeden Tag ging sie mit den Dayu, und jeden Tag holte er seine Frau zurück und misshandelte die Dayu, denn er war so stark, dass sie keine Macht gegen ihn hatten. Schliesslich sagten die Dayu zur Frau, 'Frag deinen Mann, woher er die Kraft hat, mit der er uns überwältigt und schlägt'.

In dieser Nacht setzte sie sich in ihrem Bett auf und fragte ihren Mann, als er neben ihr lag: 'Woher nimmst du deine Kraft? Wie kommt es, dass du so stark bist?'

Er antwortete: 'Warum willst du das wissen? Und was willst du mit diesem Wissen dann machen?' Sie sagte: 'Ich möchte es einfach nur wissen.' Er antwortete: 'Meine Stärke ist in den Vögeln.' – Die Dayu fingen daraufhin alle Vögel ein, wo immer sie auch hinflogen, und töteten sie samt und sonders – es gab keinen einzigen Vogel mehr auf der Welt. Trotzdem blieb alles wie zuvor. Täglich verprügelte Samsum die Dayu in ihrem Haus. So sagten sie zu ihr: 'Du hast gelogen! Seine Stärke ist nicht in den Vögeln! Er schlägt uns weiterhin und quält uns. Finde heraus, woher er seine Kraft hat.' So fragte sie in der Nacht noch ihren Mann erneut und drängte ihn zu sagen, woher er seine Kraft nahm. Er antwortete ihr: 'Meine Stärke ist in meinem Besen.' Darauf sammelten die Dayu alle Besen ein und verbrannten sie im Feuer. Es gab keinen einzigen Besen mehr auf der ganzen Welt. Aber das nützte nichts! Seine Kräfte wurden nicht schwächer, und als seine Frau mit den Dayu Schach spielte, kam er wie zuvor und schlug die Dayu und verprügelte sie. In der Nacht darauf sagte sie zu ihrem Gemahl: 'Wahrlich, du hast mich getäuscht! Wo ist deine Kraft? Sag mir die Wahrheit.' Er sagte in Gedanken zu sich: 'Sie ist eine Frau; was kann sie mir schon antun?' Und er sagte ihr: 'Meine Stärke ist in meinen Haaren.' Als sie das hörte, lachte sie, und ging zu den Dayu und spielte Schach und sagte: 'Seine Stärke ist in seinen Haaren!' Und sie sagten: 'Wenn er schläft, schneide ihm die Haare.' In dieser Nacht schnitt sie ihm die Haare. Als er am Morgen aufwachte, war er krank und hatte nicht einmal mehr Kraft genug zum Gehen. Dann kamen die vierzig Dayu und ergriffen Shamsum den Mächtigen, fesselten ihn mit Ketten, stopften ihn bis zu den Achseln in einen Sack und brachten ihn in die Wüste, gruben ein Loch, steckten ihn bis zur Brust hinein und legten ihm eine grosse Marmorplatte auf die Brust. So liessen sie ihn zurück.

Aber sein Sohn kam jeden Tag, während seine Mutter wegging, um sich mit den vierzig Dayu zu vergnügen; Er setzte sich neben ihn und fragte seinen Vater, wie es ihm ginge, und gab ihm Brot. Shamsum der Gewaltige blieb dort vierzig Tage. Mit jedem Tag wuchs sein Haar und damit auch seine Kraft. Eins, zwei, drei!

Am vierzigsten Tag sagte er zu seinem Sohn: 'Oh mein Sohn, hilf mir. Mit vereinten Kräften werden wir diese Felsplatte wegschieben können.' Der Junge antwortete: 'Ja, ich werde dir helfen.'

Und eins, zwei, drei! Sie strengten sich an und mühten sich ab, und mit grosser Anstrengung schoben sie schliesslich den Stein von seiner Brust und warfen ihn in die Wüste. Dann sagte Shamsum: 'Oh mein Sohn, geh zu meinem Haus und bring mir mein Schwert, das von der Decke hängt. Sei vorsichtig, wenn du es bringst, lass es nicht aufblitzen und zieh es nicht, weil es sehr scharf und gefährlich ist; nimm es am Griff und bringe es hierher.'

Der Junge ging und stellte, wie sein Vater es befohlen hatte, eine Leiter auf den Tisch, holte das Schwert von der Decke herunter und trug es vorsichtig zu seinem Vater. Sein Vater nahm es, schnitt den Sack auf und durchtrennte die Ketten, die ihn fesselten, und sagte: 'Jetzt werde ich deine Mutter, diese menschenfressende Wasserdämonin töten.' Und so ging er zur Burg der Dayu und wartete vor der Tür. Sobald einer herauskam, wumm!, schnitt er den Dayu nacheinander den Kopf ab, auch den seiner Frau. Nur der vierzigste Dayu hatte zwei Köpfe, und als er den einen Kopf abgeschnitten hatte, flüchtete der Dayu mit dem anderen, der ihm noch auf der Schulter sass, und lebte weiter. Nun, dieser Dayu, Vater-aller-Zweiköpfigen, liebte die Tochter des Kalifen, wie ihr bald hören werdet.

Shamsum und sein Sohn aber gingen in die Wüste und blieben dort, bis sie eines Tages ein Meer erreichten. Hinter dem Meer lag eine Insel. Am Ufer aber gab es eine grosse Giftschlange, die sich um einen Baum geringelt hatte. Diese Schlange lebte von den Jungen eines Adlers, der sein Nest in dem Baum hatte, und jedes Jahr, wenn der Vogel seine Eier ausbrütete, frass er dessen Jungen. Shamsum nahm sein Schwert und erschlug die Schlange. Dann flog der Adler zurück und sagte: 'Wehe, wehe, Sohn Adams! Bist du derjenige, der jedes Jahr kommt und meine Brut tötet?'
Aber die Adlerkinder sprachen: '*Wiss, wiss, wiss!* Liebe Mutter, dieser Sohn Adams hat uns nichts angetan; er hat uns vor der Schlange gerettet, die du da tot liegen siehst!' Und die Adlermutter sah die Schlange unter dem Baum erschlagen und freute sich und sagte: 'Sohn Adams, du hast meine Kinder vor dem Tod gerettet; du kannst um alles bitten, was du dir wünschst!' Shamsum antwortete: 'Ich habe keinen anderen Wunsch, als dass du meinen Sohn und mich nimmst und auf dieser Insel abwirfst.' Sie antwortete: 'So soll es sein!' Sie öffnete ihre beiden Flügel und sagte: 'Steig auf einen Flügel und dein Sohn auf den anderen.'
Und sie flog mit ihnen über das Meer und warf sie über der Insel ab. Dort wohnten sie nun und Shamsum, der gelehrt war und lesen konnte, brachte seinem Sohn das Wissen und das Lesen bei. Aber es gab auf der Insel nichts zu Essen und zu Trinken, und der Junge wurde hungrig und durstig, wurde schliesslich krank und starb. Shamsum erhob sich und grub ein Loch in die Erde und begrub seinen Sohn; dann setzte er sich neben das Grab und las und las und dachte nach, und so verharrte er sieben Jahre lang mit Lesen und Nachdenken. Und er sagte sich: 'Eines Tages werde ich hier neben meinem Sohn liegen.'
Nun war aber der davongekommene Dayu der Liebhaber der Kalifentochter. Als er ihr von Shamsum dem Gewaltigen erzählte, wollte sie ihn unbedingt sehen und sagte: 'Wo ist Shamsum der Gewaltige jetzt?' Der Dayu antwortete: 'Ich weiss nicht, wo er sich versteckt.' Also sandte die Prinzessin nach Magiern und Zauberern und weisen Frauen. Und sie lasen und studierten Zaubersprüche und antworteten ihr: 'Er kann gefunden werden, doch er ist sehr weit weg.' Schliesslich kam eine sehr alte und geschickte Magierin und die Prinzessin sagte zu ihr: 'Ich will Shamsum von dir, und wenn du ihn finden kannst, werde ich dir alles geben, was du willst.'
Die geschickte Magierin, die Omen aus in den Sand geschriebenen Zeichen lesen konnte, las und las und bemühte sich sehr und sagte schliesslich: 'Er ist auf einer Insel hinter dem Meer.' Die Prinzessin sagte: 'Dann bring mich zu ihm; ich will ihn sehen.' Die Magierin war sehr bewandert in den arkanen Künsten und antwortete: 'Gut, ich werde dich zu ihm führen und dich auf die Insel bringen.' Und sie zauberte und zauberte und zauberte, bis die Töchter der Djinns hervorkamen. Ihnen befahl sie: 'Nehmt diese Deywa und werft sie auf die Insel, die auf dem Meer hinter den sieben Meeren liegt.' Die Magierin war die Herrin der Djinns und was sie ihnen befahl, mussten sie tun. Dann sagte sie zur Prinzessin: 'Schliess deine Augen!' Die Töchter der Djinns flogen mit ihr zur Insel hinter den sieben Meeren. Dort, als sie noch in der Luft war, sah die Kalifentochter Shamsum neben dem Grab seines Sohnes aus einem offenen Buch lesen; er war nun ein alter Mann geworden. Und sie stieg zu ihm hinab.
Shamsum hob seine Augen, sah sie auf der anderen Seites des Grabes sitzen und fragte: 'Bist du ein Mensch oder ein Zauberwesen?' Sie antwortete: 'Ich bin eine Menschenfrau.' Er sagte: 'Du bist hierhergekommen – warum?' Sie sagte: 'Ich will deine Geschichte kennen, samt allem, was dir widerfahren ist.' Darauf er: 'Warum willst du meine Geschichte hören?' Worauf sie erwiderte: 'Ich möchte wissen, warum du hier bist, denn auch ich bin auf diese Insel gefallen.' Da sagte er: 'Ich werde es dir erzählen, aber unter einer Bedingung – dass du mich, nachdem du meine Geschichte gehört hast, tötest und an der Seite meines Sohnes beerdigst.' Sie antwortete: 'Gut; so soll es geschehen.'
Dann erzählte er ihr seine ganze Geschichte, die du jetzt gehört hast und kennst, vom Anfang bis zum Ende. Als er seine Erzählung beendet hatte, sagte er zu ihr: 'Nun habe ich dir meine Geschichte erzählt; nimm mein Schwert, das da auf dem Grab meines Sohnes liegt, schlag mir den Kopf ab und begrabe mich mit ihm.' Sie antwortete: 'Nein, wie könnte ich dir den Kopf abschlagen! Das darf nicht sein!' Aber er bat sie inständig darum, legte das Schwert in ihre Hand. Sie nahm es und schlug ihm den Kopf ab. Dann hob sie ein Grab aus, damit er neben seinem Sohne liegen könne, begrub ihn und das ist das Ende von der Geschichte von Shamsum; zumindest hörte ich diese Geschichte von meiner Grossmutter, und das ist alles, was ich weiss."[350]

SALAT AL-KUSUF – SONNENFINSTERNIS
SALAT AL-KHUSUF – MONDFINSTERNIS

Die beiden Namen sind eigentlich Bezeichnungen für das rituelle Gebet, das man bei Eklipsen sprach.

EKLIPSEN

Carsten Niebuhr berichtet über eine Mondfinsternis im 18. Jahrhundert: "Es ist nicht nur den morgenländischen Sternkundigen, sondern auch allen vernünftigen Mohammedanern wohl bekannt, dass der Erdschatten eine Mondfinsternis, und der Mond zwischen Sonne und Erde stehend eine Sonnenfinsternis verursacht. Unter dem Pöbel aber hört man noch die Fabel, dass die Himmelskörper bei ihrer Verfinsterung von einem grossen Fisch [al-Hut] verfolgt werden. Die Weiber und Kinder bringen alsdann geschwinde ihre metallenen Kessel auf die Häuser und machen ein grosses Getöse, um den Fisch zu verjagen. Sie machen dabei einen zufriedenen Eindruck und vergnügen sich an dieser einfältigen Musik. Von dem Ursprung dieser Gewohnheit, erzählte man folgende Geschichte:
Ein arabischer Sternkundiger namens Nasir ad-Din at-Tusi hatte eine Mondfinsternis berechnet und hoffte auf gute Entlohnung, wenn er den Zeitpunkt dem Kalifen melden würde. Die Höflinge lachten ihn aber aus: Man glaubte nicht, dass solche Begebenheiten vorherbestimmt werden könnten; man beschuldigte ihn sogar, sich als Propheten aufzuspielen.
Weil seine Wissenschaft ihm kein Gehör bei dem Regenten verschaffen konnte, nutzte er den Aberglauben des Pöbels und breitete aus: Es wäre Gott angenehm, wenn man den Fisch, der den Mond bei der Finsternis verfolgen würde, durch einen grossen Lärm mit metallenen Becken und Kesseln erschrecke. Die Finsternis, welche er berechnet hatte, traf erst spät in der Nacht ein, da sie vom Regenten wahrscheinlich nicht bemerkt werden würde. Er selbst gab also das Zeichen. Sobald seine Nachbarn, welche nach der Gewohnheit des Landes auf den Dächern schliefen, es hörten, schlugen auch sie auf ihre Kessel, und der Lärm verbreitete sich in kurzer Zeit bis an den Palast des Kalifen, der davon erwachte und nun sah, dass die Rechnung des Nasir ad-Din at-Tusi richtig war.
Während meines Aufenthaltes in Basra hatten wir eine Mondfinsternis, wovon der Pöbel schon zum voraus unterrichtet zu sein schien; denn man glaubte sie schon vierundzwanzig Tage vorher zu sehen. Damals nämlich ward der Mond von einer dicken schwarzen Wolke bedeckt, und weil einige dieses für die Mondfinsternis hielten, hörte man innerhalb weniger Minuten über fünfzig Kessel. Doch dauerte der Lärm nur eine kurze Zeit, vielleicht weil die Kinder, die die Musik machten, von ihren Eltern hörten, dass es nur eine Wolke sei, was den Mond bedeckte, und dass er noch nicht von dem grausamen Fisch verfolgt werde. Bei einer Mondfinsternis in Jidda hörte ich von dieser Kesselmusik gar nichts."[351]

Enno Littmann wiederum berichtet vor hundert Jahren von den äthiopischen Tigray: "Der Mond stirbt zuweilen. Das geht so vor sich: Seine Farbe wird rot wie Blut und sein Licht nimmt ab. Aber nach kurzer Zeit ersteht er wieder auf. Wenn die Menschen seinen Tod gesehen haben, bleiben alle wach, bis dass der Mond wieder aufersteht. Und alle flehen um Gnade, die Christen mit: 'O Herr, erbarme dich unser, Christ!' und die Mohammedaner mit: 'O Gott, o Vergeber, vergib uns!' Mit solchen Worten flehen sie um Gnade, blicken auf den Mond und sagen: 'Er lebt und seine Seele kehrt zurück!' Wenn er dann seine frühere Gestalt wiedererhalten hat, sagen sie: 'Er ist wieder aufgelebt', und freuen sich sehr. In der Zeit, in der der Mond tot ist, bleibt sogar jemand auf dem Weg zum König stehen, bis der Mond wieder auflebt, und betet mit seinen Gefährten. Wenn der Mond wieder auflebt, wundern sich alle und sprechen: 'Gott hat ihn rasch wieder lebendig gemacht; und wenn Gott will, macht er alles so rasch wieder lebendig.' Und sie bitten um Segen durch ihn: 'Nach dir möge es uns besser gehen! Sei du uns ein Glücksbringer und Segenspender!'
Zur Zeit seines Todes trauern alle Leute sehr, besonders die Häuptlinge und berühmten Leute. Denn jedes Mal, wenn der Mond stirbt, stirbt auch ein Häuptling oder ein grosser Mann, der in seiner Familie und in seinem Stamm oder als religiöser Führer der Priester berühmt ist. Deswegen sagen sie: 'Möge es einer sein, (der sterben muss), den wir nicht kennen!' Dieses Zeichen wird sich alsbald nach dem Tod des Mondes erfüllen."[352]

XVI DIE PLANETEN

Merkur

AL-UTARID – DER SCHNELLLÄUFER

Er wurde bei den arabischen Tamim als Stammesgott verehrt. Der Name leitet sich von 'treiben, vorantreiben' ab; als *al-Utaridi*, 'Umtriebig Umherlaufender', wird auch ein Händler und Handelsmann bezeichnet. Im Syrischen nennt man den Merkur 'Den Kleinen Boten'.[353]

AL-MUNAFIQ – DER HEUCHLERISCHE

Dieser Beiname des Merkur bezieht sich darauf, dass er zusammen mit einem Glücksplaneten Glück, mit einem Unglücksplaneten Unglück bewirkt; zugleich spielt der Name auf eine unzuverlässige Handelstätigkeit an und steht in Verbindung mit *nafaq*, 'leicht verkäuflich sein; lebhafter Markt'.[354]

Venus

AZ-ZUHARA – DIE GLÄNZENDE

Dieser Name für die Venus als Morgenstern leitet sich von der Wurzel *zhr*, 'glänzen, leuchten, strahlen', und *Zahra*, 'Blume', ab. Auf Miniaturen des 15. Jahrhunderts wird sie im Schneidersitz dargestellt, eine Laute in der Hand, die sie als Musikantin des Himmels ausweist.[355]

Venus befindet sich im dritten Himmel; ihre Tierkreiszeichen sind Taurus und Libra. Sie kümmert sich um die Frauen und um Tiere wie die Gazellen, die Schafe, die Vögel und Blumen.[356] Bei den äthiopischen Tigray heisst die Venus JAHARAT, wohl verderbt aus az-Zuhara oder vielleicht abgeleitet von *Jahra*, 'Tageslicht'.[357]

"Sie ist der Anführer der Araber und unter ihrem Zeichen und jenem des Jupiter ist das Gesetz des Islam entstanden", schreibt der syrische Lexikograph Yaqut im 12. Jahrhundert.[358]

OPFER FÜR VENUS

Theodoret, Bischof der nordsyrischen Stadt Kyrrhos, berichtet im 5. Jahrhundert über jährliche Orgien im Tempel der Venus, die ihr als heiliger Stern, nicht als Liebesgöttin geweiht waren. Fröhlichkeit sei bei diesen Festen nicht ausgeschlossen gewesen; und Frauen hätten, nachdem man sich ihrer bis zur Haarschur enthalten hatte, eine grosse Rolle gespielt. Neben Tieren würden Venus auch Menschen geopfert. Al-Mundhir von Hira etwa soll Anfang des 6. Jahrhunderts einen kriegsgefangenen Königssohn und vierhundert gefangene Nonnen der Venus geschlachtet haben.[359]

Die *Patrologia Graeca* berichtet über den im 5. Jahrhundert von Sarazenen aus dem Sinaikloster entführten Christen Theodolus, Sohn des Anachoreten Nilus, dass er az-Zuhara geopfert hätte werden sollen: "Denn sie kennen keinen Gott, weder einen geistigen noch einen mit Händen gemachten, sondern sie beten den Morgenstern an und schlachten ihm, wenn er aufgeht, das Beste der Beute, wenn ihnen auf einem Raubzug etwas zur Schlachtung Geeignetes zugefallen ist – am liebsten blühende Knaben, die sie auf zusammengeschichteten Steinen um die Morgendämmerung herum opfern.
Abends vorher waren alle Vorbereitungen für das Opfer getroffen; Altar, Schale, Weihrauch standen bereit und Theodolus verbrachte eine angstvolle Nacht unter Wachen und Beten. Er flehte, Gott möge sein Blut nicht den Dämonen zur Spende gewähren, noch sie sich laben lassen an dem Dufte seines Fleisches; er möge seinen reinen Leib nicht einem Stern zum Opfer gönnen, der mit der Göttin der unreinen Lust den gleichen Namen habe. Indessen guckte der Morgenstern hervor und die Sarazenen verschliefen die Zeit bis zum Sonnenaufgang, sodass es zum Opfer zu spät war (bei einem Tieropfer musste sogar das Fleisch vor Sonnenaufgang verzehrt sein)."[360]

Der christliche Theologe Isaak von Antiochien wiederum berichtet im 5. Jahrhundert, dass Venus unter dem Namen *Kaukabta* – Sternin – mit der Göttin al-Uzza gleichgesetzt wurde, wohl in der Konjunktion des Planeten mit dem Sternbild im Orion: "Knaben und Mädchen wurden von den wilden Arabern der Kaukabta geopfert. Die Weiber wenden heidnische Künste an, um ihre Männer zu fesseln. Denn mit Opfern und Spenden rufen sie täglich Kaukabta an, damit die Schönheit ihres Gesichtes glänze. Sie steigen aufs Dach und mit demselben Munde, womit sie aus dem Kelch unseres Heilands trinken, rufen sie die Kaukabta an, damit sie ihnen die Schönheit mehre. Dieser Kaukabta haben sonst die Stämme der Araber Opfer gebracht, dennoch sind ihre Weiber wie alle Weiber, teils hübsch, teils hässlich. Seitdem die Weiber der Araber aber die Sonne der Gerechtigkeit erkannten, haben sie der Kaukabta entsagt; die Christinnen dagegen haben Christus gegen die Kaukabta vertauscht."

Die Kaukabta hiess bei den Syrern auch 'Königin des Himmels'; ihr zu Ehren wurden Kuchen gebacken. Nach der Christianisierung übertrugen die Syrer ihre Verehrung auf die Jungfrau Maria.[361]

HARUT UND MARUT

Altem Glauben nach war az-Zuhara eine Frau von grosser Schönheit. Sie unternahm eines Tages den Aufstieg in den Himmel und wurde dort in einen Stern verwandelt.[362]

Tha'alabi schreibt im 11. Jahrhundert, dass zur Zeit von Idris dem Propheten Folgendes vorgefallen sei: "Alle von den Adamiten begangenen schlimmen Taten stiegen zum Himmel vor das Gericht auf. Die Engel warfen Gott bei so vielen Sünden Langmut vor: 'Das sind doch die, welche Du als Deine Stellvertreter auf Erden auserkoren hast und die Du begünstigst! Schau sie Dir doch an: sie gehorchen Dir nicht!' Gott antwortete: 'Wenn Ich euch auf die Erde schicken würde, nachdem Ich euch all das einpflanzte, was Ich ihnen an menschlichen Lüsten eingepflanzt habe, würdet ihr genau dasselbe machen wie sie!' Da riefen sie aus: 'Oh unser Herr, gelobt sei Dein Name! Für uns wäre es undenkbar, Deine Gebote nicht zu befolgen!' Und Gott sagte: 'Dann wählt zwei der besten Engel unter euch aus, damit ich sie auf die Erde schicke.'

Sie wählten Harut und Marut, die frömmsten unter all den Engeln und Seine innigsten Anbeter. Gott pflanzte ihnen dieselbe Fleischeslust wie den Adamiten ein und schickte sie in menschlicher Gestalt zur Erde hinab. Er befahl ihnen, gerecht unter den Menschen zu richten und verbot ihnen Vielgötterei, grundloses Töten, Unzucht und den Genuss von Alkohol. Die Tage verbrachten sie nun bei den Adamiten; am Abend aber sprachen sie Gottes grössten Namen und stiegen dadurch wieder in den Himmel auf. Doch noch vor dem Ende des ersten Monats waren sie bereits verführt.

Dies geschah so: Eines Tages kam eine Frau namens az-Zuhara als Klägerin an ihren Gerichtshof. Sie gehörte als persische Königin zu den schönsten Menschen ihrer Zeit. Als Harut und Marut sie erblickten, wurden ihre Herzen von az-Zuharas Schönheit gefangen. Sie versuchten, sie zu verführen, aber sie wies alle Avancen zurück und ging wieder. Am nächsten Tag kehrte sie zurück – und wieder versuchten Harut und Marut sie zu verführen.

Diesmal sagte sie: 'Nein! Ausser ihr heiligt das, was ich heilige, betet diesen Steingötzen an, begeht einen Mord und trinkt Alkohol!' Worauf die beiden erwiderten: 'Auf keinen Fall, denn Gott hat uns all das verboten!' Also ging sie, kam aber am nächsten Tag zu ihnen zurück, einen Becher Wein in ihrer Hand und mit allen geheimen Wünschen, die sie im Herzen hegte.

Harut und Marut versuchten, sie zu verführen, aber sie verweigerte sich weiterhin. Stattdessen machte sie ihnen dasselbe Angebot wie tags zuvor, worauf diese antworteten: 'Jemand anderen als Gott anzubeten ist eine Erzsünde! Mord ist eine Erzsünde! Da ist das Trinken von Wein noch die am wenigsten anstössige Sünde …' Also tranken sie von dem Wein und wurden so sturzbetrunken, dass sie mit der Frau Unzucht trieben. Ein Adamit erblickte sie aber dabei; also töteten sie ihn, damit er sie nicht verraten konnte. Und sie warfen sich vor einem Steingötzen zu Boden. Gott verwandelte az-Zuhara deshalb zur Strafe in einen Stern.

Andere jedoch berichten, dass az-Zuhara zu ihnen gesagt hatte: 'Ihr kriegt mich erst, wenn ihr mir das übernatürliche Mittel verraten habt, mit dem ihr in den Himmel aufsteigt!' Sie erwiderten: 'Wir steigen allein kraft des Namens unseres Höchsten Herrn auf.' Sie sagte: 'Ihr werdet mich erst haben können, wenn ihr mir diesen Namen nennt.'

Da meinte der eine zum anderen: 'Verrat ihn ihr.' Der aber entgegnete: 'Ich fürchte Gott!' Worauf der eine meinte: 'Wozu ist Gott gnädig? Er wird dir schon verzeihen.' Da lehrte der andere az-Zuhara den Namen; sie sprach ihn aus und stieg in den Himmel auf. Gott verwandelte sie darauf in einen Stern unter ihm.

Es heisst, Harut und Marut hätten, nachdem sie diese Sünden begingen, abends versucht, wieder in den Himmel aufzusteigen, doch ihre Flügel gehorchten ihnen nicht mehr. Als sie begriffen, wie ihnen geschehen

war, gingen sie zu Gottes Propheten Idris, beichteten ihm alles und baten um seine Fürsprache bei Gott. So trat Idris für sie ein. Gott liess ihnen darauf die Wahl zwischen einer Folterstrafe im Diesseits oder im Jenseits. Sie wählten die Folter im Hier und Jetzt, weil die Strafe dann auch einmal ein Ende hat. Deshalb sind Harut und Marut heute noch gelähmt von ihren Haaren herab und werden dies bis zum Ende der Welt bleiben.
Von wieder anderen wird erzählt, dass sie von den Füssen bis zu den Schenkeln gefesselt wurden. Oder dass ein Brunnen mit Feuer gefüllt und sie hineingeworfen worden wären. Oder dass sie kopfüber an ihren Füssen hängen und mit eisernen Geisseln gepeitscht wurden."[363]

MAREDI – DER ABENDSTERN

Venus wurde in Aleppo *Maredi* genannt, 'Abendstern'.[364] Der sonst nicht gebräuchliche Name bezieht sich offenbar auf den Engel Marut.

SHALA – DIE KAMELIN

Im Volksglauben der syrischen Wüste heisst Venus *Shala*, vermutlich abgeleitet von *Sha'ila*, einer hochträchtigen, nicht mehr Milch gebenden Kamelstute.[365]

Der in Syrien stationierte Kamelreiter Vernier berichtet in seinen Aufzeichnungen: "Venus trägt hier den Namen einer Kamelstute: Shala. Sie glänzt wie Schmuck aus reinstem Wasser. Sie hat, heisst es, ihren Vater und ihre Mutter verkauft, um sich mit Diamanten zu bedecken."[366]

Ideler erläutert dazu: "Wenn der Araber den Planeten Venus personifiziert, so ist die eine schöne Dame, die sich gerne schminkt, gern Musik hört, auch selbst Laute spielt und dazu singt: Ein schlauer, verschmitzter Dieb, der im Stande gewesen wäre, die Burg des Saturn [das ihm gehörige Sternbild] zu unterminieren und der Venus ihre Schminke zu stehlen."[367]

Venus wurde häufig mit einer glitzernden Perle verglichen. In einer sehr poetischen Stelle des *Koran* erinnert die Reflexion des göttlichen Lichts von einem Planeten, die ihn aufleuchten lässt, zunächst an Spiegelglas: "Das Glas ist, als wäre es der helle Stern, der wie eine Perle glitzert, erleuchtet vom Öl eines gesegneten Olivenbaums."[368] Die Planeten werden an anderer Stelle als Ornamente des Niedersten der Sieben Himmel bezeichnet,[369] die bei Tage "auf ihren Kreisbahnen schwimmend" zurückweichen und sich verbergen.[370]

Mars

AL-MIRRIKH – DER ZUNDER

Aufgrund seiner feuerroten Farbe wurde der Mars mit einem Wort benannt, das auf *Markh* zurückgeht und einen Baum bezeichnet, dessen Zunderholz wegen seiner Weichheit – Marikh – zum Feuerbohren diente.[371]

BAHRAM

Dieser ebenfalls gebräuchliche Name stammt aus der persischen Mythologie und geht auf den armenischen Feuergott Vahagan zurück, von dem die Araber auch die Vorstellung der Milchstrasse als 'Häckselweg' übernommen haben.

E 75–76 sowie K | U 20 und K 4203

Die arabischen Astrologen nennen Saturn und Mars die beiden Unglück bringenden Gestirne.[372]

Jupiter

AL-MUSHTARI – DER AUFGLÄNZENDE

Hinter dem Namen stecken das Verb *shariya*, 'aufglänzen', als passende Bezeichnung für den lichtstarken Planeten. Der Name birgt die Wurzel 'Funke' in sich, von der sich auch *Sharq*, 'Gestirnsaufgang', ableitet. Qazwini führt als Jupiters Beiname 'Das Grosse Glück' an; er soll die Venus an Glück bringender Kraft noch übertreffen.

E 80, 84–85, 99 und KRE 11

AL-AHWAR – DER STRAHLEND WEISSE

Bei den Arabern bezieht sich der Name auf das weiss strahlende Auge, mit dem auch die Himmelsjungfrauen oder Huris im *Koran* bezeichnet werden.[373]

AL-BIRJIS – DIE REICHLICH MILCH GEBENDE KAMELSTUTE

K1 51

Der Name mag auf das Persische *parviz*, 'sieghaft' zurückgehen.[374]

SERUI – DER HELLE

TARAQ

So heisst der Jupiter in Abessinien bei den Tigray,[375] wobei der Name auf die Planetbezeichnung at-Tariq im *Koran* zurückgeht (86.2–4): "Und was lehrt dich wissen, was at-Tariq ist? Es ist ein Stern von durchdringender Helligkeit. Wahrlich jede Seele hat über sich einen Hüter."

Jupiter und Venus sind für die arabischen Astrologen Glück bringende Gestirne.[376]

Saturn

ZUHAL – DER TRÄGE

Der Name bedeutet 'sich auf seinen Ort zurückziehen': Der Saturn schreitet nicht wie andere Planeten rüstig voran, sondern bleibt hinter ihnen allen zurück – so wie dies auch dem Suhail zugeschrieben wird.[377]

AL-MUQATIL – DER KÄMPFER
AL-KAIWAN – DER RECHTE

Der Name hat akkadische und aramäische Wurzeln, die sich auf Recht und Wahrheit beziehen. Saturn galt als 'Das Grosse Unglücksgestirn', Mars als das 'Kleinere Unglück'. Beide zusammen, etwa noch verstärkt durch Merkur, zeigen das grösstmögliche Unglück an.[378]

Der personifizierte Saturn ist nach Ideler gewöhnlich ein alter Emir, der in einer wohlverschanzten Burg haust; als 'Burg' bezeichneten arabische Astronomen auch die Tierkreiszeichen.[379]

Meteor

SHIHAB SAQIT – DER LODERNDE SCHWEIF

E 92

STERNENFÄLLE

"In einer Nacht, kurz vor der Dämmerung, riss plötzlich ein schreckliches Rauschen die Beduinen aus ihren Träumen; ein donnernder Lärm hallte wundersamerweise in den öden Bergen wider, dass es schien, als stürze die Welt zusammen. Es war ein hoher Klang, so wie man ihn vom Kalben eines Gletschers in einem vereisten Tal hört. Den seltsamen Lärm in den Ohren, kamen die Beduinen zusammen, noch bevor es Tag wurde. 'Was war das? Es sind die *Wennys* der Oase.' Die meisten waren der Meinung, dass ein Stern gefallen war; der Sohn des Scheichs hatte eine Sternschnuppe gesehen, auf welche dieses Donnergeräusch erfolgt war."[380]

"Manchmal" – berichtet auch Alois Musil von den Ruala – "bricht vom Himmel, der aus Feuer und Eisen besteht, ein Stück ab, fällt auf einen Beduinen und tötet ihn. Wenn es aus einer grossen Höhe regnet, überflutet das Wasser einen der kleineren Sterne, die zu Tausenden in kalten Nächten am Firmament schweben. Jeder kleine Stern brennt wie ein Stück rotglühender Kohle. Wenn der Regen darauf fällt, erlischt der Stern, beginnt zu zischen, bricht in Stücke und fällt zur Erde hinunter. Während er fällt, wehklagt er und schreit um Hilfe. In der Wüste formt ein solcher gefallener Stern eine Furche, vierzig oder sechzig Schritte lang, an deren Ende er sich dann versteckt. Wer auch immer den Fall eines Sterns beobachtet, rennt sogleich mit einem Wasserschlauch zu seinem Versteck, schüttet Wasser über ihn, schaufelt Schotter und Sand darauf und wartet dann ein ganzes Jahr. Nach Ablauf dieser Zeit scharrt er den Sand und den Schotter weg, nimmt den Stern heraus und bringt ihn zu einem guten Schwertschmied, der ihn schmilzt und zu einem Säbel schmiedet, den er für hundert Türkische Pfunde verkaufen kann."[381]

"Die Sterne" – schreibt sodann Littmann zu den Tigray – "wandern und ziehen umher und wechseln ihre Wohnstätten. Zuweilen aber fallen auch einige von ihnen auf die Erde. Ein Stern, der auf die Erde gefallen ist, verliert seinen Glanz und wird zu einem kleinen Tier. Er ist nicht ganz so gross wie eine Katze und seine Farbe ist grau, ähnlich der des 'Eselssterns', der Distel. Finden ihn Menschen, wie er da so auf der Erde liegt, und sind seine Finder kluge Leute, so nehmen sie ihn und legen ihn in ihren Geldbeutel oder in ihren Kornsack, und das Geld oder Korn darin wird dadurch gesegnet und geht niemals zu Ende, das heisst, falls der 'Stern' nicht stirbt, nicht entweicht oder fortgeht. Wer aber seine geheime Kraft nicht kennt, der kümmert sich auch nach seinem Fund nicht um ihn.
Wenn ein Stern herunterfällt, so gehen die Leute der Gegend, in die er fällt, zugrunde. Daher sagen die Leute, die ihn sehen, wenn er fällt: 'Falle in das Land unseres Feindes!'
Die Menschen kennen auch gewisse Zeichen durch die Sterne, das heisst, ob ein Dorf oder eine Herde geraubt wird. Sie kennen das Zeichen in folgender Weise: Wenn es aussieht, als ob die Sterne von allen Seiten her aufeinander geschossen oder aufeinander geworfen würden; wenn sie dann so werden oder aussehen, als ob sie truppweise auf die Erde strömen, und das ohne Unterlass; und wenn es danach geschieht, dass einige der Sterne oder auch der Nebel einer runden Umzäunung gleicht und auf der einen Seite eine Stelle für das Tor auflässt – wenn die Menschen also diese Zeichen sehen, so sagen sie: 'Ein Dorf oder eine Herde wird

geraubt werden von der Gegend her, in die das Tor der Sterne oder des Nebels wies.' Und man sagt, dass es alsbald so eintrifft."[382]

Und der in Syrien stationierte Vernier wiederum schreibt: "Eine Sternschnuppe! Sie ist Gott, der einen Dämon steinigt. Mein syrischer Gefährte Bayan hat ebenfalls bereits einen solchen in Mekka gesteinigt, wo an einem Tag der Pilgerfahrt jeder in der Menge ein Steinchen aufsammelt, um es in die Luft zu werfen – und jedes dieser Steinchen trifft irgendeinen von des Satans Ausgeburten."[383]

In Sure 37.6–10 werden heidnische und rebellische böse Geister durch den Beschuss mit einem Meteoriten – *Shihab* – bestraft; sie werden dann "verfolgt von einem durchbohrend hellen Leuchtkörper". Wörtlich bezeichnet Shihab eine aus dem Feuer emporlodernde Flamme.

Komet

Ein Komet wurde um das omanische Hajar-Gebirge ABU DHANAB – MIT EINEM SCHWANZ VERSEHENER (STERN) und ABU SAIF – MIT EINEM SCHWERT VERSEHENER (STERN) genannt.[384]

LITERATUR

B Clinton Bailey, *Bedouin Star-Lore in Sinai and the Negev*, in: Bulletin of the School of Oriental and African studies, University of London, Vol. 37, Nr. 3, 1974, 580–596.

BE Ahmed Benjeloun, Ibn al-Kalbi – Le Livre des Idoles, Paris 2014.

BO J. E. Bode, Astronomisches Jahrbuch für das Jahr 1788, nebst einer Sammlung der neuesten, in die astronomischen Wissenschaften einschlagenden Abhandlungen, Beobachtungen und Nachrichten, Berlin 1785, 131–138.

BOE P. C. Boeren, *Orion – Le Disciple aux grands pieds*, in: Verhandelingen der Koninklijke Nederlandse Akademie van Wetenschappen, Afd. Letterkunde, Nieuwe Reeks, Deel 114, Amsterdam 1982.

C Paul Casanova, *Du quelques légendes astronomiques arabes considérées dans leurs rapports avec la mythologie égyptienne*, in: Bulletin de l'Institut Francais d'Archaeologie Orientale, 2, 1902, 1–39.

CH Joseph Chelhod, *Le mythe chez les Arabes*, in: L'Homme, 1962, Bd. 2, 1, 66–90.

D Franz Delitzsch, Biblischer Commentar über die Poetischen Bücher des Alten Testaments, Zweiter Band, 3. Buch Iob, Mit Beiträgen von Prof. Dr. Fleischer und Consul Dr. Wetzstein. Leipzig 1864.

E Wilhelm Eilers, *Sinn und Herkunft der Planetennamen*, in: Sitzungsberichte der Bayerischen Akademie der Wissenschaften, philosophisch-historische Klasse, 5, 1975, 1–142

F1 Toufic Fahd, La Divination arabe, Leiden 1966.

F2 Toufic Fahd, Le Panthéon de l'Arabie Centrale a la Veille de l'Hegire, Paris 1968.

G1 André Gingrich, *Camels in Star Mythology and in Everyday Rural Life*, in: Camels in Asia and North-Africa, Denkschriften der philosophisch-historischen Klasse, 541, Wien 2012, 141–149.

G2 André Gingrich, *Female form, evil times. Local concepts related to the Pleiades in the Ethnography of the Hijaz*, in: Aktualisierte Beiträge zum 1. Symposion Südarabien, Graz 1997, 45–52.

H Fritz Hommel, *Über den Ursprung und das Alter der arabischen Sternnamen und insbesondere der Mondstationen*, in: Zeitschrift der Deutschen Morgenländischen Gesellschaft, 1891, Bd. 45, 592–619.

HE Joseph Henning, *Über Sternkunde und Sternkult in Nord- und Zentralarabien*, in: Zeitschrift für Ethnologie 79, H. 1, 1954, 82–117.

I Ludwig Ideler, Untersuchungen über den Ursprung und die Bedeutung der Sternnamen, Berlin 1809.

J Georg Jacob, Altarabisches Beduinenleben, Berlin 1897.

JA Nadia Jamil, *Playing for Time; Maysir-gambling in Early Arabic Poetry*, in: Islamic Reflections, Arabic Musings, hrsg. v. R. Hoyland | Ph. Kennedy, Oxford 2004, 48–90.

K1 Paul Kunitzsch, Untersuchungen zur Sternnomenklatur der Araber, Wiesbaden 1961.

K2 Paul Kunitzsch, Über eine *anwa*-Tradition mit bisher unbekannten Sternnamen, München 1983.

K3 Paul Kunitzsch, Arabische Sternnamen in Europa, Wiesbaden 1959.

K4 Paul Kunitzsch, *Remarks on Possible Relations Between Ancient Arabia and the Neighbouring Civilizations, as Found in Some Old Star Names*, in: Pre-Islamic Arabia (Studies in the History of Arabia Vol II), Riyadh 1984, 201–205.

K5 Paul Kunitzsch, The Arabs and the Stars, Northampton 1989.

K6 Paul Kunitzsch, *Die arabischen Sternbilder des Südhimmels I*, in: Der Islam 51, Berlin 1974, 37–54.

K7 Paul Kunitzsch, *Die arabischen Sternbilder des Südhimmels II*, in: Der Islam 52, Berlin 1975, 263–277.

K|S Paul Kunitzsch | Tim Smart, *Short Guide to Modern Star Names and their Derivations*, Wiesbaden 1986.

K|U Paul Kunitzsch | Manfred Ullmann, Die Plejaden in den Vergleichen der arabischen Dichtung, München 1992.

KR Alfred von Kremer, *Schreiben an die kaiserliche Akademie, Kairo 1851*, in: Sitzungsberichte der Wiener Akademie, philosophisch-historische Classe, Bd 6, Wien 1851, 410–449.

KRE Ludolf Krehl, Über die Religion der vorislamischen Araber, Leipzig 1863.

L Roland Laffitte, Le Ciel des Arabes – Apport de l'Uranographie Arabe, Paris 2012.

LI Enno Littmann, *Sternensagen und Astrologisches aus Nordabessinien*, in: Archiv für Religionswissenschaft XI, 1908, 298–319. Siehe auch die englische Fassung: Tales, Customs, Names and Dirges of the Tigré Tribes. Publications of the Princeton Expedition to Abyssinia, Bd. 2, Leiden 1910.

M Alois Musil, The Manners and Customs of the Ruala Bedouins, New York 1928.

MO Vincent Monteil, *Notes sur la toponymie, l'astronomie et l'orientation chez les Maures*, in: Hesperis, Vol. 36, 1949, 180–219

N Carsten Niebuhr, Beschreibung von Arabien – aus eigenen Beobachtungen und im Lande selbst gesammelten Nachrichten, Kopenhagen 1772, in neuer Ausgabe, Berlin 2018.

P Charles Pellat, *Dictons Rimés, Anwa et Mansions Lunaires chez les Arabes*, in: Arabica, Vol. 2, 1955, 17–41.

Q Al-Qazwini, Die Wunder des Himmels und der Erde, Lenningen 2004.

R G. Ryckmans, Les Religions Arabes Préislamiques, Louvain 1951.

S Hasan El-Shamy, Arab Mythology, 2002, unpubliziertes Manuskript.

SA Ali Haydar Salih, *Al-Athar al-ulwiyya fi al-mutadat al-arabiyya* [Was vom Himmel im arabischen Glauben überlebt hat], in: Al-Turath III:5–6, Bagdad 1970.

ST E. S. Stevens, Folk-Tales of Iraq, set down and translated from the Vernacular, Oxford 1931.

V Bernard Vernier, Qédar – Carnets d'un Méhariste Syrien, Paris 1938.

VA Daniel M. Varisco, *Islamic Folk Astronomy*, in: Astronomy across Cultures, hrsg. v. Helaine Selin | Sun Xiaochun, London 2000, 615–650.

W Julius Wellhausen, Reste arabischen Heidentums, Berlin 1897.

ANMERKUNGEN

1 Ahmad Al-Jallad, *An ancient arabian zodiac. The constellations in the Safaitic inscriptions, Part I & Part II*, in: Arabian archaeology and epigraphy 25, 2014, 214–230 und 27, 2016, 84–106. 2 L 90–91 3 L 48–51 und K4 4 *Koran* 78.12 5 *Koran* 79.30; Interpretation dieser Stelle: A. Maravelia | M. Shaltout, *Some Glimpses of Ancient Astronomy and Cosmography in the* Holy Qur'an, in: Publications of the Hellenic Chapter of the Friends of the Bibliotheca Alexandrina, Athen 2011, 193–213. 6 15.17 7 15.16 8 25.61; A. Maravelia | M. Shaltout, *Some Glimpses of Ancient Astronomy and Cosmography in the* Holy Qur'an, in: Publications of the Hellenic Chapter of the Friends of the Bibliotheca Alexandrina, Athen 2011, 193–213. 9 37.6–10 10 VA 634–639 11 VA 642–643 12 VA 627–628 13 L 54 und 128 14 M 399 15 Hasan El-Shamy, Religion among the Folk in Egypt, Westport 2009, 36–37 und 74–76. 16 R 21 17 I 131 und III 8 18 Strabon C 741, Arrian *Exped. Alexandri* 7.20, Origenes, *Contra Celsum* 5.37. 19 27.20 ff. 20 F2 18 ff., KRE 8–9 und 25, L 37 21 F2 4–7 22 KRE 70–71 23 K6 74–78 24 F2, R sowie Hobal, Allah et ses Filles – un petit dictionaire des 360 dieux de la *Jahiliya*, https://islam-documents.ch/pdf/08_Pantheon.pdf 25 F2 22–24 26 Ibidem. 27 F2 203–210 28 BE 43–44 und R 16 29 F2 97 und BE 50 sowie 61–63 30 Gerald Hawkins | David King, *On the Orientation of the Kaba*, in: Journal for the History of Astronomy 13, 1982, 102–109; Nachdruck in David King, Astronomy in the Service of Islam, London 1993, 102–109. 31 Albrecht Weber, *Die vedischen Nachrichten von den naxatra (Mondstationen), Erster Theil, in*: Abhandlungen der Königlichen Akademie der Wissenschaften zu Berlin 1860, 283–332. 32 Al-Mas'udi, Meadows of Gold and Mines of Gems, übersetzt und ediert Aloys Sprenger, London 1841, 203–210. 33 Für vollständigere Listen der unterschiedlichen Sternnamen und Identifikationen siehe L und K1 und K2. 34 K1 10 und 16–17 35 K1 18–21 36 LI 298 und 315–316, leicht bearbeitet 37 Littmann übersetzt irreführend 'Konstellationen'. 38 LI 317–319, leicht bearbeitet 39 M 7–9 40 R. B. Serjeant, *Star-calendars and an Almanac from South-West Arabia*, in: Anthropos 49, ¾, 1954, 433–459. 41 PE 42 Ibidem 4 43 Albrecht Weber, *Die vedischen Nachrichten von den Naxatra (Mondstationen), Erster Theil, in*: Abhandlungen der Königlichen Akademie der Wissenschaften zu Berlin 1860, 321. 44 36.39; A. Maravelia | M. Shaltout, *Some Glimpses of Ancient Astronomy and Cosmography in the* Holy Qur'an, in: Publications of the Hellenic Chapter of the Friends of the Bibliotheca Alexandrina, Athen 2011, 193–213. 45 VA 621–627 46 K2 und K1, 13–15. 47 K1 110, 92 und 88. 48 L 50 und K1; vgl auch P 19 49 Vgl. K3 216 50 H. R. P. Dickson, The Arab of the Desert, London 1949, 249–250. 51 Eratosthenes and Hyginus – Constellations Myths, hrsg. v. Robin Hard, Oxford 2015, Einleitung. 52 J 160 53 V 201–202 54 L 54 55 James E. Montgomery, *The Empty Hijaz*, in: Arabic Theology, Arabic Philosophy, hrsg. v. James E. Montgomery, Leuven 2006, 51–55. 56 Ibidem 95 57 Ibidem 92 58 JA 89 59 E 17 60 E 57 61 Wilhem Hoernerbach, Dichterische Vergleiche der Andalus-Araber, Bonn 1973, 13. 62 VA 630 63 I 31 64 Zitiert in: Wörterbuch der Mythologie IV, Götter und Mythen der kaukasischen und iranischen Völker, hrsg. v. Hans Wilhelm Haussig, Stuttgart 1986, 149 und 105; siehe auch The Heritage of Armenian Literature, Vol I, From the Oral Tradition to the Golden Age, hrsg. v. Agop J. Hacikyan, Detroit 2000, 34 und 66. 65 VA 630 66 K5 XIX 67 I 78 und 184 68 K|U 107 69 Ibidem 69 70 MO 208 71 I 184 72 I 186–187 73 K4 202 74 Q 217–218 75 V 201–202 76 J 23 77 Claus Schedl, *Sulaiman und die Königin von Saba*, in: Al-Hudhuf, Festschrift Maria Höfner, Graz 1981, 305–324. 78 K|U 46 79 Vgl. *Die Frau, die von einem Djinn geraubt wurde*, in: Märchen der Berber, hrsg. v. Uwe Topper, Hamburg 1986, 61–63, *L'Uccello della Tempesta*, in: Fiabe del popolo Tuareg e di Berberi del Nordafrica, hrsg. v. Vermondo Brugnatelli, Milano 1994, und *Der Garguf*, in: Märchen aus dem Jemen, hrsg. v. Kurt Schier | Felix Karlinger, Köln 1983, 55–68. 80 ST 20–26, leicht gekürzt 81 Q 207–208 82 I 35 und 39 83 LI 307 84 J 19 85 I 40–41 86 KR 441 87 K|S 32 und I 74 88 I 82–83 89 KR 430–433 und J 160 90 JA 52 91 BE 23 92 W 21–22 93 Alan Jones, Early Arabic Poetry, Bd. 2, Oxford 1996, 217–218. 94 Q 194 95 Bertram Thomas, Felix Arabia, London 1932, 228. 96 Q 193 97 I 42 98 K|S 17 und K4 202 99 Q 202 100 J 20 101 K4 202 102 I 15 und 17 103 J 25 104 3.8–9 und 26.13 105 40.15–24 106 S. R. Driver | G. B. Gray, A Critical and Exegetical Commentary on the Book of Job, New York 1921, 33–34 und 352–370. 107 S 13, Fussnote 34; 108 al-Kisai nennt den Behemoth nur 'Hut'. 109 S Nr. 5, 12 und 13 110 S Nr. 6, Kab al-Ahbar 111 M 2 112 J 25 113 VA 624 114 I 221 115 Q 200 116 J 17–18 117 I 153–154 118 Daniel Varisco, Medieval Folk Astronomy and Agriculture in Arabia and the Yemen, London 1997, 124–126. 119 I 20 120 K|U 85 121 J 3 und 59 122 J 262 123 N 182 124 K|U 18 125 P 26 und 21 126 LI 302–303 127 LI 308, leicht bearbeitet 128 SA in S Nr. 93 129 Q 226 130 LI 300 131 Bertram Thomas, Felix Arabia, London 1932, 228. 132 K1 100 133 P 27 134 P 28 135 P 28 136 H 606 137 LI 307 138 E 8 139 I 14 140 K|S 58 141 in HE 115–117 142 Q 54–55, leicht bearbeitet 143 M 396–397 144 I 14 und 17 und K1 59 145 K1 58 146 Mas'udi, Die Goldwiesen und Edelsteinminen, um 946, London 1841, 209. 147 Wortatlas der arabischen Dialekte I, hrsg. v. Peter Behnstedt | Manfred Woidich, Amsterdam 2010, 440. 148 LI 303–311 149 Charles M. Doughty, Travels in Arabia Deserta 1, London 1921, 463 und Register 2, 'wennys', sowie W 24. 150 M. Vahia | G. Halkare, *Astronomy of tribals of central India*, in: History of Indian astronomy, hrsg. v. Ramasubramanian | Sule | Vahia, New Delhi 2016, 90. 151 M. Vahia | G. Halkare, *Astronomy of tribals of central India*, in: Current Science 113, 6, 2917, 1041–1049. 152 38.32 153 5.6–11 154 4.26 155 Maimonides, Mischne Tora, Buch der Erkenntnis, 1.1. 156 Genesis Rabbah 23.9 157 Orach Chaim 242.1 158 Kommentar des Rosh zum Midrash 159 Genesis Rabbah 23.6 160 Genesis Rabbah 23.11 161 Vgl. *Genesis* 4.25–5.15 162 Vgl. *Genesis* 5.18–24 163 Ibn Kalbi, Le Livre des Idoles, Paris 2014, 21–24, Ibn Kalbi, The Book of Idols, Princeton 1952, 43–45, W 14 ff und KRE 62–63. In der Folge sah man Henoch auch als Begründer der Astrologie, VA 616. 164 5.24 165 19.57 166 Jonathan Ben-Dov, *astronomy in the Book of Enoch*, in: Handbook of Archaeoastronomy and Ethnoastronomy, hrsg. v. Clive Ruggles, New York 2015, 1889–1893. 167 Jospeph B- Lumpkin, 2 Enoch, V 7–9, Blountsville 2010, 312–316. 168 JA 70 169 W 23 170 Christian Robin, *Ammi-Anas, Dieu de Khawlan (Yemen)*, in: Pensée Grecque et Sagesse d'Orient, hrsg. v. Amir Moezzi | Dubois | Jullien | Jullien, Turnhout 2009, 537–560. 171 Ibidem 556 und A. Sprenger, Das Leben und die Lehre des Mohammad, III, Berlin 1865, 457–458. 172 W 15 und 211 173 JA 69 174 W 178 und S 67. 175 Ibidem 176 G 1147 177 W 180–181 178 Ein schwarzes Pferd ist auch mit dem Kult der al-Uzza verbunden: James E. Montgomery, *The Empty Hijaz*, in: Arabic Theology, Arabic Philosophy, hrsg. v. James E. Montgomery, Leuven 2006, 96. 179 Ibidem 180 I 21 181 T. R. H. Owen, *Notes on the Arab Stellar Calendar*, in: Sudan Notes and Records 16, 1933, 69. 182 I 29 183 N 114 184 D 466 185 I 12 186 J 159–160 187 Fundgruben des Orients, bearbeitet durch eine Gesellschaft von Liebhabern, 2, Wien 1811, 93. 188 Wilhem Hoernerbach, Dichterische Vergleiche der Andalus-Araber, Bonn 1973, 13. 189 K|S 58 und K1 67 190 V 201–202 191 HE 91–92 192 B 584 193 V 202 194 I 19, 26 und C 35 195 C 36 196 Strabo XVII 1.33 197 K1 106 198 I 263 199 Robin Hard, Eratosthenes and Hyginus – Constellation Myths, Oxford 2015, 126–128. 200 Michel Malaise, *L'Étymologie égyptienne du Toponyme 'Canope'*, in: Chronique d'Égypte 74, 148, 1999, 224–230. 201 G. S. Hawkins | D. A. King, *On the Orientation of the K'abah*, in: Journal for the History of Astronomy, 1982, 12, 103–105. 202 K3 208–209 203 L 37 204 C 14–15 205 K1 55 206 N 113–114 207 D 466 208 K2 61 209 J 160 210 Salih 1970 in: S 91.2 211 Q 55–56 212 I 256–257 213 VA 630 214 C 16 215 VA 629 216 H. R. P. Dickson, The Arab of the Desert, London 1949, 254. 217 B 584–586 218 I 244–247 219 53.49; BE 91 220 SA, S 91.2 221 C 2

222 CH 73 223 B 585–586 224 I 223 225 L 30 226 K|U 28 227 K1 93 228 I 216 229 Peter Alpass, *The* Basileion *of Isis and the religious art of nabataean Petra*, in: Syria – Archaéologie, Art et Histoire 2010, 87, 93–113; Jane Taylor, Petra and the Lost Kingdom of the Nabataeans, London 2012, 130–131; Udi Levy. The Lost Civilization of Petra, Edinburgh 1999, 79–80. 230 Udi Levy, The Lost Civilization of Petra, Edinburgh 1999, 75 und 78. 231 Felix Gössmann, Planetarium Babylonicum, Rom 1950, 60–62. 232 A. G. Lundin, *Die arabischen Göttinnen Ruda und al-Uzza*, in: Al-Hudhud, Festschrift Maria Höfner zum 80. Geburttag, hrsg. v. Roswitha Stiegner, Graz 1981, 215–216 und HE 1010. 233 James E. Montgomery, *The Empty Hijaz*, in: Arabic Theology, Arabic Philosophy, hrsg. v. James E. Montgomery, Leuven 2006, 96. 234 F2 97 235 James E. Montgomery, *The Empty Hijaz*, in: Arabic Theology, Arabic Philosophy, hrsg. v. James E. Montgomery, Leuven 2006, 89. 236 F2 21 und W 34–43 237 W 39 und F 2171–172 238 Ibn al-Kalbi, Le livre des Idoles, Paris 2014, 51–52. 239 WE 35 240 Ibn al-Kalbi, The Book of Idols, Princeton 1952, 19. 241 HE 101 ff. und W 40 ff. 242 HE 102, 105 und W 40 243 HE 103–105 244 Das Hypsoma der Venus wurde nach der Einführung des Tierkreises in Pisces gesehen; wo man es davor sah, geht aus den Quellen nicht hervor. 245 F2 22–23 246 W 41 und HE 106 247 C 1, L 40 und HE 93, H. Mesnard, *Transcription et Signification des Noms d'etoiles arabes*, in: Annales de l'Observatoire astronomique et méterologique de Toulouse, 1945, 17, 86. 248 KRE 71 249 W 36 250 W 34 251 WE 45 252 James E. Montgomery, *The Empty Hijaz*, in: Arabic Theology, Arabic Philosophy, hrsg. v. James E. Montgomery, Leuven 2006, 90. 253 Ibn Hisham, Die Biographie Mohammeds, des Gesandten Gottes, 839–840. Siehe auch: Hobal, Allah et ses Filles – un petit dictionaire des 360 dieux der la *Jahiliya*, https://islam-documents.ch/pdf/08_Pantheon.pdf 254 KRE 74. 255 Übersetzung des sonst üblichen 'Schleiers' laut KRE 78. 256 Ibn Hisham, Die Biographie Mohammeds, des Gesandten Gottes, 839–840, übersetzt nach Hobal, Allah et ses Filles – un petit dictionaire des 360 dieux der la *Jahiliya*, https://islam-documents.ch/pdf/08_Pantheon.pdf 257 James E. Montgomery, *The Empty Hijaz*, in: Arabic Theology, Arabic Philosophy, hrsg. v. James E. Montgomery, Leuven 2006, 76–97, insbesondere 81–82 und 91–92. Montgomery zitiert einen anderen Bericht der Vernichtung al-Uzzas, bei der Khalid ihr die an ihr hängenden Juwelen abnimmt, was er als Hinweis auf den geschmückten Wehrgürtel als Insignie al-Uzzas auffasst, was sich jedoch auch auf den üblichen Vergleich der Sterne einer Konstellation mit Edelsteinen beziehen lässt. 258 G2 49 und G1 145 259 Ibn al-Kalbi, Le Livre des Idoles, Paris 2014, 55–56 und WE 36–37 und KRE 77–78. 260 James E. Montgomery, *The Empty Hijaz*, in: Arabic Theology, Arabic Philosophy, hrsg. v. James E. Montgomery, Leuven 2006, 86. 261 Eine andere Möglichkeit, die Verkürzung der Arme zu erklären, wäre, Rigel und Beteigeuze als Hände aufzufassen. 262 KR 443 und J 161. Berichtet wird diese Sage vom Orientalisten von Kremer, dessen Quelle offenbar *Qamuz*, das Wörterbuch des Firuzabadi (1329–1414) war; die Stelle liess sich allerdings nicht nachprüfen. 263 C 2 264 L 40 und K1 21 265 K4 202 266 *Genesis* 10.8–9 267 R. Hendel, *Genesis I-II and ist Mesopotamian Problem*, in: Cultural Borrowings and Ethnic Appropriations in Antiquity, hrsg. v. E. S. Gruen, Stuttgart 2005, 23–36. Vergleiche auch J. D. Prince, *A Possible Sumerian Original of the Name Nimrod*, in: Journal of the American Oriental Society 1920 und Theodor Jacobsen, *Lugalbanda and Ninsuna*, in: Journal of Cuneiform Studies, 1989. 268 K. van der Toorn | P. W. van Horst, *Nimrod before and after the Bible*, in: The Harvard Theological Review, 83, 1, 1990, 1–29. 269 13.10 270 Sure 16.26 271 BOE 272 K4 202 273 N 114 274 I 265 275 D 466 276 K1 93 277 K|S 23 und K1 116 278 Robert Lehmann-Nitsche, *Las constelaciones del Orion y de la Hyades*, in: Revista del Museo de la Plata 26, 1921, 29–31. 279 Bertram Thomas, Felix Arabia, London 1932, 228. 280 P 22 281 J 3–4 282 G1 145 283 K1 55 und N 112 284 BE 94 285 K1 66–67, 56 und K3 109 286 D 465 287 K1 74 und I 137 und 150 288 V 202–203 289 KR 442–443 und SA in S Nr. 91.1 290 Roland Lafitte, www.muslimhertiage.com/article/our-arabic-heritage-celestial-vault 291 SA in S Nr. 91.1 292 LI 308–309 293 I 146–147 294 L 77 und 87, K1 72, 80, 103, 115 295 K|U 23–24 296 HE 90 297 Anthony Spalinger, *Ancient Egyptian Calendars*, in: Handbook aof Archaeoastronomy and Ethnoastronomy, New York 2015, 1489–1494. 298 L 33 und 76, P 21 und 29 299 K|U 22–26 300 LI 306 und L 123 301 38.31–32 302 D 465 303 K|U 119 304 A. de Wilde, Das Buch Hiob, Leiden 1981, 143. 305 L 123–124 306 G2 46 und K1 146–147 307 K|U 24 (siehe auch 68) 308 V 202–203 309 A. de Wilde, Das Buch Hiob, Leiden 1981, 143, und K|U 29 310 K|U 17–18 311 G1 und G2 312 K|U 19 und 32 313 Ibidem 19–21 und 31 314 Ibidem 32 315 Ibidem 30 316 VA 632 317 K|U 30–34 318 K|U 47 319 Ibidem 97 320 Ibidem 54 321 Ibidem 46 322 Ibidem 64 323 Ibidem 40 324 Ibidem 129 325 J 22 326 Q 209 327 J. Morgenstern, *On Gilgamesh-Epic XI, 274–30*, in: Zeitschrift für Assyriologie 29, 1914–15, 294. 328 K1 81 329 K|U 43 330 41.16 und 69.7 331 Nadia Jameel Taibah | Margaret Read MacDonald, Folktales from the Arabian Peninsula, Santa Barbara 2016, 27–28, leicht gekürzt. 332 Herbert Eisenstein, *Der Vogel* mukka *in der klassisch-arabischen Literatur*, in: Zeitschrift der Deutschen Morgenländischen Gesellschaft, 1984, 134, 2, 257–268. 333 Q 219 334 Leonid Kogan | Alexander Militarev, *New Etymologies for Common Semitic Animal Names*, in: Egyptian and Semito-Hamitic (Afro-Asiatic) Studies, hrsg. v. Gabor Takacs, Leiden 2004, 148. 335 J 23 336 E 15–16 337 BE 92 338 E 29 339 Sure 2189; BE 95 340 LI 313–314, leicht bearbeitet 341 E 31 342 M 1–2 343 M 3–5 und 669 344 BE 94–95 und 98 345 Udi Levy, The Lost Civilization of Petra, Edinburgh 1999, 64–65. 346 BE 91 347 E 17 348 M 1 349 vgl. ST XVII und 295 350 ST 30–35 351 N 119–120, leicht bearbeitet 352 LI 314–315 353 E 51–53 354 E 54 355 E 62, 98 und T 2168 356 Al-Buni, Shams al-Ma'arif al-Kubra, o. D., 567. 357 LI 306 358 T 2171 359 W 42–44 360 W 42–43 361 W 40–41 362 CH 73 363 S Nr. 89 364 N 113 365 E 83 366 V 200 367 I 329 368 24.45 369 37.6 370 81.15–16; A. Maravelia | M. Shaltout, *Some Glimpses of Ancient Astronomy and Cosmography in the* Holy Qur'an, in: Publications of the Hellenic Chapter of the Friends of the Bibliotheca Alexandrina, Athen 2011, 193–213. 371 E 77–78 372 I 121 373 E 80 374 E 81–82 375 LI 306 376 I 121 377 E 91 378 E 88, 90 und 99 379 I 330 und VA 627 380 Charles M. Doughty, Travels in Arabia Deserta 1, London 1921, 463. 381 M 6–7 382 LI 312 383 V 202 384 N 114

Der *STERNEN-HIMMEL* des *ZWEISTROM-LANDES*

Die hohen Herren schlafen jetzt sicher, ihre Riegel sind vorgeschoben, die Schliessringe angebracht; die zuvor lärmenden Stadtbewohner sind nun still, die zuvor offenen Tore verschlossen.
Die Götter und Göttinnen des Landes – der Sonnengott Shamash, der Mondgott Sin, der Wettergott Adad [in Lupus] und der Abendstern Ishtar – sind in den Bauch des Himmels zurückgekehrt: Sie sprechen jetzt kein Urteil, entscheiden über keinen Fall mehr.
Die Nacht ist verschleiert, der Palast, sein Tempel samt seinem Allerheiligsten sind dunkel, während der Reisende zu dem Gott betet, der sein Los entscheidet. Doch der schläft jetzt: Shamash, Richter der Wahrheit und Vater der verarmten Mädchen, hat sich in sein Heiligtum zurückgezogen.
Statt seiner mögen jetzt die Grossen erscheinen, die Götter der Nacht – Der Leuchtende Girra [α Tauri], Der Krieger Erra [um ε Ursae Maioris], Der Bogen [um γ Canis Maioris], Das Joch [Bootes], Der Von der Waffe Umgeschlagene [Orion], Die Ehrfurcht Einflössende Schlange [zwischen Lynx und Andromeda], Der Wagen [Ursa Maior], Die Ziegengeiss [Lyra und Draco], Der Wisentmensch [Centaurus] und Die Giftschlange [Hercules] – damit du bei der Eingeweideschau, die ich nun vornehme, in dem Lamm, das ich nun opfere, die darin beschlossene Wahrheit findest.[1]

Altbabylonisches Gebet an die Götter der Nacht

Das zwischen 1800 und 1600 v. u. Z. verfasste *Gebet an die Götter der Nacht* war eine von mehreren Beschwörungen, die an die Götter des Nachthimmels gerichtet wurden, nachdem die Sonne, die bei Tag alles beobachten und darüber richten kann, sich zum Schlafen in ihr Haus hinter dem Firmament zurückgezogen hatte. Vollzogen wurde das Gebet von einem *Ummanu*,[2] einem Astrologen, Wahrsager, Heiler, Exorzisten und Kultsänger in Personalunion. Der opferte dabei im Auftrag seines Klienten ein Lamm, um die Nachtgötter zu dessen Anliegen (in diesem Fall eine Reise) zu befragen; diese liessen ihre Antwort mittels Leber, Gallenblase, Milz und Lunge erkennen, deren Form jeweils den Willen eines bestimmten Gottes ausdrückten.[3]

Zu diesen Divinationsformen kamen noch die Beschau der Figur hinzu, die auf Wasser gegossenes Öl bildete, oder die Form des aufsteigenden Weihrauchs. Beides kam Mitte des 2. Jahrtausends ausser Gebrauch;[4] stattdessen beobachtete man direkt die 'Standorte', welche die Götter nachts in den Planeten und den Sternbildern als ihren 'Ebenbildern' einnahmen (was uns die Rekonstruktion vieler Sternbilder erlaubte, da sie auf Rollsiegeln u. ä. oft in eben jener Gestalt abgebildet wurden, in der sie sich nachts am Himmel zeigen). Ihr Erstrahlen und Verblassen, ihre Auf- und Untergänge sowie ihre Konstellationen und Konjunktionen wurden nun als Omen für die Geschicke des Landes, des Herrschers, des Volkes, seiner Lebensgrundlagen und das Wetter gedeutet. Ab dem 7. Jahrhundert[5] besassen die Planeten auch 'geheime Stellen' in bestimmten Gestirnen (von den Griechen später *Hypsomata* genannt), in denen man ihnen die grösste Macht zuschrieb.

Die dadurch etablierte Astrologie blieb über die Griechen, Römer und Araber bis in unsere Zeit wirkmächtig. Sie basierte auf einem ersten wissenschaftlichen Denken, das Kausalitäten zu erkennen versuchte (aber nur Koinzidenzen, bestenfalls Korrelationen bestimmen konnte). Wenn das Ereignis Y einmal zusammen mit dem Zeichen X auftrat, könne man, so der Glaube, über das nächste Erscheinen von Zeichen X erneut Ereignis Y voraussagen. Stand Saturn im Löwen, und war der Preis für das Getreide niedrig, durfte man für die nächste Konjunktion dieser Art einen ähnlich niedrigen Marktpreis annehmen; hatte hingegen der Vorgänger eines Königs unter dieser Konjunktion einst eine Schlacht verloren, vermied er sie jetzt – oder vollzog ein unheilabwehrendes Ritual, um den Absichten der Götter entgegenzuwirken.

Im 1. Jahrtausend nahm die mathematischer Strenge der Wahrsagepraxis zu. Erstrahlte ein wohlwollender Gott als Regent eines Planeten oder Sternbilds, war das Omen günstig: + + = +; war er hingegen blass, fiel es ungünstig aus: + – = –. Dasselbe Schema galt umgekehrt für übelwollende Gestirne.[6] Die Herausbildung dieses Rasters brauchte Jahrtausende; es wurde bald so abstrakt, dass die Sterne nicht mehr die Götter selbst, sondern deren vertrackte, oft wortspielerische Zeichen darstellten, die nur noch ein *Tupsharru* lesen und deuten konnte,[7] ein in den Omenserien kundiger Schreibgelehrter.

ANFÄNGE

Die Besiedlung des Zweistromlandes mit dem Bau erster Tempel begann zwischen 6000 und 4000 v. u. Z. im südlichen Mesopotamien mit der friedlichen Ubaid-Kultur. Dank Landwirtschaft und immer intensiveren Handelsbeziehungen mit Syrien, Südostanatolien und Persien ging daraus im 4. Jahrtausend wiederum die Uruk-Kultur hervor. Damit entstand im südlichen Zweistromland die erste moderne Zivilisation mit Städten und Tempeln, hierarchischer, göttlich legitimierter Herrschaftsstruktur und wirtschaftlicher Arbeitsteilung für Ackerbau und Viehzucht: die Sumerer. Die Sumerer nannten sich selbst "schwarzköpfig". Ihre Herkunft und die ihrer Sprache sind unklar; möglich ist eine Einwanderung aus dem Indus-Tal, wo zeitgleich ebenfalls eine urbane Zivilisation mit weitreichender Küstenschifffahrt entstand, die mit dem Zweistromland rege Handelskontakte unterhielt.

Vor der Einführung der Schrift gab es ab 3200 schon einen lunaren Kalender von zwölf Monaten zu je dreissig Tagen, der über tausend Jahre bestimmend blieb.[8] Als Jahresanfang war das Frühlingsäquinoktium festgesetzt worden, da mit ihm auch das agrarische Jahr begann. Bestimmt wurde es durch die erste Abendsichtbarkeit des Neumondes.[9] Eigentliches Auswahlkriterium für diesen Zeitpunkt war jedoch, wie bei vielen Sternenhimmelkulturen, der Zyklus der Plejaden gewesen, die nach ihrem abendlichen Untergang im Westen einen Monat lang unter der Erde weilten, um dann erstmals wieder im Osten kurz vor der Sonne aufzugehen: Das fiel in den drei Jahrtausenden der mesopotamischen Zivilisation stets in die Wochen um das Frühjahrsäquinoktium.

Die Gestirne des sumerischen Nachthimmels lassen sich noch heute oft angeben, weil die sehr konservative mesopotamische Himmelsbeobachtung die alten sumerischen Traditionen und Namen bis in die hellenistische Zeit hinein bewahrte. Agrarische Geräte wie Pflug und Egge, domestizierte Tiere wie das Rind und das Schwein, sowie die Sternbilder Furche, Dattelrispe und Gerstenhalm kamen wohl mit den Sumerern an den mesopotamischen Himmel, da diese als erste systematisch Ackerbau und Viehzucht betrieben – ebenso wie viele der Monster darin, welche jene Naturgewalten verkörperten, die diese Zivilisation zu vernichten drohten.

Derart war der sumerische Nachthimmel bereits mit komplexen dämonischen Wesen und vielen Göttern recht künstlich ausgedeutet worden; welche Figuren schon davor präsent waren, lässt sich nur vermuten. Der weltweite Vergleich mit anderen Sternenhimmeln zeigt zumindest auffällige Übereinstimmungen, die auf einen prototypischen Sternenhimmel zu verweisen scheinen. Die Doppelung von männlichen und weiblichen Löwen etwa ist typisch für viele alte Sternenhimmel, die den Himmel als astrales Reservoir der Lebensenergie und beide Geschlechter eines Tieres als Ursprungsformen aller terrestrischen Exemplare sehen. Mensch-Tier-Mischwesen wie der Leopardendämon, die Erhabene Schwalbe oder das Skorpionmännchen aus dem Epos von *Gilgamesh* gehören ebenfalls zum frühen Inventar von Mythen der Sternbildkulturen, in denen die Menschheit ebenso wie Tiere und Vögel aus solchen hybriden Wesen hervorging. Die mit Wasser assoziierte Schlange in Hydra an der Milchstrasse findet sich in dieser Symbolik beispielsweise auch als Regenbogenschlange in den Anden, auf Palawan und in Australien – wo sie ebenso zweifach wie in Mesopotamien erscheinen. Und der an vielen Himmeln prominente Erste Mann hat seine mesopotamische Entsprechung im Mischwesen des Höchsten Ahnen in Sagittarius.

Zu diesen Figuren sind oft keine narrativen Mythen mehr überliefert, die ihre ursprüngliche Rolle erklären würden: was auf ihr hohes Alter verweisen mag. Das gilt etwa für die Figuren in Leo, Corvus, Cygnus und Scorpius, die sich in identischen Figurationen und in denselben Sternen bei australischen Aborigines finden. Der Tollwütige Hund mit seinem aufgerissenen Maul als Parallele zum schreienden Schöpfungshund der Wardaman gehört ebenso dazu wie Der Geier oder Adler in Aquila, dessen eine Himmelsfahrt schildernde Sage sich in der mesopotamischen und arabischen Kultur ebenso halten konnte wie bei den Maya und in den Anden – wobei die australischen Wardaman diesen Greifvogel erneut in denselben Sternen abbilden wie die Mesopotamier. Den Fisch von Piscis Austrinus findet man hinwieder an derselben Stelle am Sternenhimmel von Tahiti, wo er noch eine relevante Bedeutung hat – während er am mesopotamischen Himmel eher wie ein Relikt aus uralter Zeit wirkt. Gleiches gilt für Das Fuchsgestirn in Ursa Maior: Am Himmel der Nördlichen Dene bildet es den Schwanz eines Kaniden, der sich zu einem der grössten Sternbilder weltweit auswuchs – während er in Babylon zum Kriegsgott Erra umgedeutet wurde. Dasselbe gilt für Orion: Dessen Sterne geben vielerorts eine kosmische Jagd wieder und werden auf Palawan und in Neuseeland als Jagdfalle gedeutet. Sein ältester mesopotamischer Name – Waffe – mag deshalb solch vorzeitlichen Traditionen entstammen. In Summe scheint dies alles weder selbstverständlich noch zufällig, zumal wenn sie sich an denselben Stellen am Nachthimmel befinden: und die Schöpfungsmythen weitere wesentliche Übereinstimmungen aufweisen.

DIE SUMERER

In der bis 2350 reichenden frühdynastischen Zeit etablierte sich nördlich des späteren Babylon der Stadtstaat Kish, der zunehmend Einwanderer anzog, aus denen die semitischen Akkader hervorgingen. Daraufhin entwickelte sich das weiter südöstliche liegende Nippur zum Zentrum der sumerischen Kultur, bis der Süden Mesopotamiens um 2000 gänzlich von den Akkadern dominiert wurde. Eine sumerische Ethnizität ist nicht mehr feststellbar, obwohl ihre Schrift und ihre Mythen weiterlebten. Einschnitte in die mesopotamische Besiedlungsgeschichte ergaben sich immer wieder durch Fluten. So ist eine grosse Überschwemmung im Zweistromland etwa um 2900 nachweisbar; mit der mythischen Weltzerstörung (die der Bibel als Vorlage für die Sintflut diente) hatten solche Fluten jedoch nichts mehr zu tun. Die lag wie bei den meisten Kulturen in einer mythischen Urzeit, welche man in Mesopotamien mittels einer Liste legendärer Könige genealogisierte, die davor und danach geherrscht haben sollen.

Festgehalten wurden die Namen der Herrscher in einer Schrift, die aus den piktographischen Notationen von Buchhaltern und Steuereintreibern entstanden war. Um 2600 v. u. Z. wurde daraus eine abstrakte Silbenschrift, deren keilförmige Zeichen man in nasse Tontäfelchen drückte, um so bald längere Texte aufzeichnen zu können. Schon um 2500 spielten dabei in kosmologischen Vorstellungen Omen am Anfang der Welt eine Rolle, denn da hatte "die Himmel-Erde gemeinsam ein Zeichen hingestellt".[10] Diese Zeichen wurden als göttliche Botschaften ebenso wie in ihrer kalendarischen Funktion gedeutet: Das Wissen über die jeweiligen Aufgänge dieser Sternzeichen ergab einen Bauernkalender für die Tätigkeiten der Landwirtschaft.

Ein Rollsiegel in Keilschrift aus der Zeit um 3000 verrät, dass die Sumerer schon 2000 Jahre vor den Ägyptern und Griechen um die Identität des Morgen- mit dem Abendstern wussten. Ein Schreiber aus Uruk – der Stadt des legendären Gilgamesh – berichtet so von einem Fest für Inanna, der Göttin des Morgen- und Abendsterns, Tochter des obersten Gottes Anu:[11] Beide besassen in Uruk einen Tempel, 'Haus des Himmels' genannt. Nachweisbar sind dort wenige Jahrhunderte später zwei 'Feste des Himmlischen Bootes'[12] für Inanna: Das eine, wenn sie als Abendstern unterging und über zwei Monate unsichtbar blieb, das andere, wenn sie als Morgenstern erneut am Horizont aufging. Solche Feiern für den Morgenstern sind in Arabien noch bis ins 6. nachchristliche Jahrhundert nachweisbar.

Auch dies demonstriert die für jede Landwirtschaft nötige kalendarische Funktion der Sterne. Denn bei dem Fest im September | Oktober für Inanna hiess die Venus *En.Te.Na. Bar.Hum*, weil sie da im Sternbild des 'Zottelleibs Des Winters' erschien, mit dem das

Winterhalbjahr begann; bei der zweiten Feier im Januar | Februar hiess sie hingegen *Iku* – Feld –, weil dann das Säen vorbereitet wurde. Auch die gegen Ende des dritten Jahrtausends entstandenen Mythen *Inannas Gang in die Unterwelt* oder *Dumuzis Traum* verweisen auf die Auf- und Untergänge der Venus und erklären Zyklen des Himmels und des Naturwachstums. Bei den 'Festen des Himmlischen Bootes' wurde deshalb auch Inannas Gemahl gedacht, des Hirten Dumuzi. Für die königlichen Frauen war Inanna eine Leitfigur, für den Herrscher hingegen Dumuzi, der nach seinem Gang in die Unterwelt halbjährlich als Vegetationsgott wieder an die Oberwelt steigen durfte und am Nachthimmel dann im Sternbild des Widders präsent war.

ERSTE KOSMOGONIEN

Die ersten kosmo- und theogonischen Vorstellungen der Mesopotamier sind nur in verstreuten Fragmenten erhalten; sie weisen zwei unterschiedliche Ansätze auf, die sich einerseits auf den obersten Gott An(u), andererseits auf Enlil beziehen.

ANUS WELTSCHÖPFUNG

Am Beginn des Weltschöpfungsmythos um Anu steht ein Götterpaar namens *Duri* und *Dari*, 'Immer und Ewig', aus denen die beiden schlammigen, wasserbüffelartigen Mischwesen *Lahmu* und *Lahama* des viel späteren *Enuma Elish* hervorgingen; diese Wesen erschaffen dann das göttliche Paar *An* und *Ki*, 'Himmel und Erde'.[13]

Dies schildert das Bruchstück eines Mythos aus der Zeit um 2400, in dem die Götter samt allen Himmelskörpern erstmals entstehen:[14] "Die Erde entfaltet ihre üppige Schönheit. Sie ist zu voller Grösse angewachsen und kühl; die Erdlöcher sind mit Wasser gefüllt. Anu, der Herr, steht als junger Mann da; und Himmel und Erde rufen einander zu. Zu der Zeit lebten die Herren der Erde noch nicht und auch die Könige der Erde nicht: Enlil lebte noch nicht und Ninlil lebte noch nicht. Das Heute war wie das Vorjahr, das Vergangene war wie das Vorjahr; das Sonnenlicht erstrahlte nicht und der leuchtende Mond ging noch nicht immer wieder auf."

Es ist dies eine noch dämmrige Welt ohne Menschen und Vegetation, Sonne und Mond, da der Himmel das Licht gefangen hält – wie dies auch in Schöpfungsmythen der Dene und Berber zentral ist: "Der Tag war nicht hell; ringsum herrschte Nacht. Der Himmel umgab seinen [des Tages] himmlischen Aufenthaltsort."[15]

Ein anderes Bruchstück detailliert dieses Szenario: "Nur der mächtige An erhellte den Himmel und verdunkelte die Erde; er überschaute die Unterwelt. Aus der Tiefe wurde noch kein Wasser gezogen und kein Brot hingelegt; die weite Erde wurde noch nicht bebaut."[16]

Die Erde lässt dann die Götter entstehen, "indem sie ihre Vulva in der linken Hand erscheinen liess. [...] Herr Himmel war da und bereit, ganz so wie ein junger Mann. Und so machten sie zusammen Lärm" – was, wie 'Unterhaltung' auch, als Euphemismus für Geschlechtsverkehr zu verstehen ist.[17]

Die Welt bewohnbar zu machen, fiel im späteren Mythos von der *Schöpfung der Menschheit* Anus Sohn Enlil zu. Als 'Herr Der Luft', das heisst des Windes und des Atems, stieg Enlil im frühen 3. Jahrtausend mit seiner Gemahlin Ninlil in Nippur zum Götterkönig auf. Sein oberstes Heiligtum dort war das Duranki, das 'Band zwischen Himmel und Erde'. Indem er auch Schutzherr des nördlich benachbarten Kish und dessen erstem legendären Königtum war, wurde Enlil bald zu einer überregional dominierenden Instanz.[18]

ENLILS WELTSCHÖPFUNG

Am Anfang von Enlils Weltschöpfungsmythos steht die das Urmeer verkörpernde Urmutter *Namma*. Sie gebar erst die Erde *Urash* als Furche "in der die Gerste keimte", darauf den Himmel *An*, der dann durch die Luft ihres Sohnes Enlil im Duranki Nippurs von der Erde abgehoben wurde.[19]

Dasselbe Motiv findet sich prominent im pazifischen und asiatischen Raum, aber auch in Ägypten, wo Nut als Himmel beim Beischlaf mit der Erde durch die Luft ab- und emporgehoben wird, während die Hethiter diese Trennung mittels eines Kupferschneidewerkzeugs vollzogen – was wiederum die Griechen übernahmen in ihrem Mythos von Gaia und Uranos (einem möglicherweise aus *Urash* und *An* zusammengesetzten Namen), dessen Glied von Kronos mit einer Sichel abgetrennt wird.
Enlil hatte Himmel und Erde getrennt, um "Samen aus der Erde kommen zu lassen" (so im *Lied von der Hacke*). Dadurch machte er Platz für die Menschheit, die sich nun dank des Ackerbaus ernähren und vermehren kann. In der *Schöpfung der Menschheit* heisst es, dass Enlil "die Trennung des männlichen Himmels von der weiblichen Erde, ihrem festen Gefährten, veranlasste, damit die Muttergöttinnen dort leben konnten, nachdem die Erde aufgeschüttet worden war, um den Boden hart zu machen, und um die Grundrisse von Himmel und Erde zu bestimmen, auf dass es mit den Dämmen und Bewässerungskanälen seine richtige Ordnung habe und die Ufer von Tigris und Euphrat gezogen würden".[20]

Kraft der ihm zugeordneten Hacke hatte Enlil die Voraussetzungen für die Landwirtschaft geschaffen – sie war das Symbol einer agrarischen Revolution, die in Anatolien und im Zagrosgebirge begonnen und in Sumer längst die Lebensweise der nomadischen Hirten überholt hatte. Das Enlil gewidmete *Lied von der Hacke* mythisierte nun die Kultivierung des Getreides.

Die darin zum Vorschein kommenden Vorstellungen weisen grosse Ähnlichkeit mit den Schöpfungsmythen von amerikanischen Sternenhimmelkulturen wie den Maya oder Navajo auf, aber auch mit jenen der Berber und Buschleute – was sich in dieser Bandbreite wohl nur durch einen uralten Prototypen erklären lässt. Zentral darin ist die Vorstellung einer dämmrigen Unterwelt von Urmutter und Urvater, deren menschliche wie tierische Nachkommen schliesslich in Pflanzenhalmen innen zur Erdoberfläche emporklettern, ausgelöst durch eine Flut und einen Kampf mit einem monströsen, dem mesopotamischen Himmelsstier und dem Monster Tiamat vergleichbaren Wasserbüffel. Sie gelangen durch ein Loch auf die dämmrige Erdoberfläche, erschaffen die heutige Welt mit Sonne, Mond und Himmelskörpern und machen sie bewohnbar.

Die sumerische Genesis zeigt dies im *Lied von der Hacke*, indem Enlil aus dem Erdboden *Uzuma* – Wo Das Fleisch Emporstieg – die Menschheit ebenso wie das Getreide hervorspriessen lässt.

ENLILS *LIED VON DER HACKE*

Die Worte dieses frühen sumerischen Schöpfungsberichts spielen mit den Schriftzeichen und Lauten des Werkzeugs, das von nun an für Sesshaftigkeit, Kohlehydrate und Kinderreichtum sorgt, aber auch Krankheiten und rückenbrechende Arbeit mit sich bringen wird: die Hacke *Al*. Die entsprechenden wortspielerischen Begriffe sind im Folgenden durch Sternchen markiert.
"Und dann liess der Herr erscheinen, was noch im Keim verborgen war – der Herr, der das, was er für die *Zukunft festsetzt, nie mehr *verändert: Enlil liess den Samen der *Menschheit, des ganzen Landes Sumer, aus der Kammer der Erde heraufkommen. Danach schickte er sich nicht nur an, den Himmel von der Erde und die Erde vom Himmel zu trennen, er *stellte auch die Achse der Welt im 'Band zwischen Himmel und Erde' Duranki auf: denn nur so konnten die Menschen in 'Wo Das Fleisch Emporstieg' wachsen.
Er *tat dies mit Hilfe seiner *Hacke [*Al*].
Und so brach *Tageslicht [*Aled*] hervor – und durch das *Verteilen [*Altare*] der Pflichten setzte er die Tagesarbeiten fest.
Hier, in Wo Das Fleisch Emporstieg, setzte er, dem sich keiner entgegenzustellen wagt, mit seiner *Hacke an. Er *legte den Ersten der Menschen in eine Ziegelbrennform und dessen Land begann erstmals durch den Erdboden zu *brechen, hin zu Enlil, der voller Genugtuung auf diesen schwarzköpfigen Mann *schaute.
Da traten auch die Annuna, die Götter der Unterwelt, vor ihn: Sie bekundeten ihren *Gehorsam [*Gal*], und stimmten Enlil mit Gebeten freundlich, um ihm dieses schwarzköpfige Volk *abzubitten.
Und Ninmena, die Herrin, die den Herrn geboren hatte, den *Herrscher Enlil, begann dann auch die Fortpflanzung* einzuführen [*Algaga*]."[21]

Als 'Herrin Der Weiten Klugheit', *Dajal*[22] – in einem weiteren Wortspiel auf die Hacke, *Al* – sorgte die Göttin Nisaba schliesslich für die gerechte Verteilung der Ressourcen. Von Enlil legitimiert, agierte sie ab etwa 2600 v. u. Z. als Göttin des Getreides, aber auch der Schreibkünste. Zudem vermass Nisaba Himmel und Erde, kannte die Geheimnisse des Rechnens und "zählte zusammen mit dem Mondgott Suen die Tage",[23] ihr Tempel in Eresh hiess 'Haus der Sterne'. Als eine frühe Sternkarte besass sie eine Lapislazuli-Tafel "mit den Sternen des reinen Himmels", deren Schrift sie konsultierte.[24] Ihre Schwester Nanshe deutete sodann diese astralen Zeichen; sie war eine Göttin der Fruchtbarkeit und sozialen Gerechtigkeit, deren Sternbild sich in Pisces befand. Herrscher wie Gudea liessen sich von Nashe noch um 2150 die von Nisaba gesandten Träume deuten,[25] bis der Kult um die beiden Göttinnen um 1900 allmählich in Vergessenheit geriet.[26]

Eine Mythologisierung früher Sternbilder stellt der Nisaba gewidmete *Mythos von Enmerkar und Ensugirana*[27] dar. Uruk rivalisiert darin mit dem (heute nicht mehr zu lokalisierenden) Aratta im Bergland des Nordens. Streitpunkt ist, welche Stadt bedeutender ist. Aratta schickt deshalb einen Zauberer, der zuvor die Schafgehege Sumers unfruchtbar gemacht hat; Uruk bietet dagegen eine alte weise Frau auf, die in einer anderen Variante des Mythos[28] Mondgestalt aufweist. Beide werfen Fischlaich in den Euphrat, um daraus einander bekämpfende Tiere hervorkommen zu lassen, den Meeresungeheuern im späteren *Enuma Elish* ähnlich.

Der Zauberer lässt zuerst "einen riesigen Ziegenkarpfen aus dem Wasser aufgehen" (Capricornus), worauf die alte Magierin den Adler Urinnu (Beteigeuze) aufbietet, der ihn "aus den Wellen reisst und mit ihm zum Himmel aufsteigt". Es folgen von Zaubererseite ein Mutterschaf (in Ursa Maior) und ein Lamm, die vom "aufsteigenden Wolf" (α Trianguli) der weisen Frau in die Wüste verschleppt werden. Der Zauberer lässt nun eine Kuh und ihr Kalb aufsteigen (beides Bezeichnungen für Sterne im Allgemeinen); diese werden vom aufsteigenden Erhabenen Löwen (in und auf Hydra) ins Schilf gezerrt. Es folgen Steinbock (Corona Australis) und Wildschaf (als übliche Bezeichnung für einen Planeten), die vom aufsteigenden Leoparden (Cygnus) der alten Magierin in die Berge geschleppt werden. Schliesslich lässt der Zauberer ein Gazellenkitz (in Auriga) aufsteigen, das von einem löwenartigen Tier und einem zweiten Raubtier (dem Tollwütigen Hund?) in den Wald geschleift wird – worauf die Magierin den Zauberer endlich im Euphrat ertränkt und Aratta sich "Inannas geliebtem Herrscher" von Uruk unterwirft.[29] Ein solcher Kampf kommt ähnlich auch in dem für die Sterne von Pisces relevanten *Streit zwischen Fisch Und Vogel*[30] zum Ausdruck.

Von solchen astralen Mythen abgesehen, gab es aber im 3. Jahrtausend noch keine umfassende Astrologie im herkömmlichen Sinne; Nisabas astronomisches Wissen diente vor allem der Regelung der agrarischen Aktivitäten und der Synchronisierung des Mondkalenders mit dem Sonnenjahr.[31] Da ein Mondmonat durchschnittlich 29,5 Tage dauert, fehlen nach zwölf Monaten noch elf Tage auf ein volles Jahr, weshalb häufiger ein zusätzlicher Schaltmonat eingeschoben werden musste. Das beweist die Anordnung Hammurapis um 1750, die Steuern ungeachtet dieses Schaltmonats einen Monat vorher einzutreiben.[32]

DIE SPÄTSUMERISCHE ZEIT

Erste astronomische Omendeutungen sind aus der Zeit der akkadischen Herrschaft überliefert. Sargon I. (2334–2279) gründete das erste Grossreich der Weltgeschichte, das um 2050 endete. In dieser Zeit löste das semitische Akkadisch die sumerische Sprache ab, obwohl die Gelehrten sie weiterhin beherrschten (und sumerische Begriffe von da an auf Akkadisch glossierten). Der politische Umbruch und das Aussterben des Sumerischen hingen mit einer um 2200 beginnenden und zweihundert Jahre dauernden Dürreperiode zusammen, durch die es zu gesellschaftlichen Umbrüchen kam.

Der sumerische Gott des Wassers im unterirdischen Apsu, Enki (akkadisch *Ea*) wurde in dieser Epoche zum Götterkönig erhoben, der über Himmel und Erde bestimmte und die Geschicke der Menschen lenkte.[33] Mit Enlils Segen – wie der Mythos *Enki und die Weltordnung* verrät – regelte er den Kosmos neu, indem er nunmehr "die Tage zählte und Monate in die Häuser eintreten liess, um die Jahre zu vervollständigen, und diese vollen Jahre der Ratsversammlung zum Beschluss vorzulegen, auf dass sie die Tage in die richtige Ordnung bringe".[34] Bezeichnet wurde damit eine Kalenderreform, die später auch überregional die Namen der Monate festlegte.[35]

Die akkadische Herrschaft brachte nun neue Götter herab. Der 'austrocknende' Wettergott Erra wurde als Kriegsgott mit dem sumerischen Shulpae gleichgesetzt, und Nergal geriet zu einem wichtigen Gott der Unterwelt.[36] Die westsemitische, zweigeschlechtliche Verkörperung des Morgen- und Abendsterns, Astarte | Astar, verschmolz mit Inanna zur Ishtar Annunitu, der 'kriegerischen Ishtar'. Sie wurde von Sargons Tochter Enheduanna zur obersten Göttin aller Ordnungsgewalten, den sogenannten *Me*, ausgerufen: Im fragmentarisch erhaltenen Ende von *Enki und die Weltordnung* löst sie die alten Sterngöttinnen Nisaba und Nanshe ab.

Deren 'Schicksalstafeln' gingen dabei auf Ningirsu über, einen Gott der Landwirtschaft und Heilkunst, der als Ninurta bald zum kriegerischen Götterhelden aufstieg: In den Mythen *Lugal-E* und *Anzu* bezwingt Ninurta dämonische Naturgewalten wie den Udkaduha und den Anzu-Vogel, die sodann als Schutzwesen an den

Himmel versetzt werden. Der ursprünglich hurritische Teshup ersetzte als Stadtgott Tishpak[37] den sumerischen Schlangengott Ninazu und wurde dann mit dem Kampf um die astrale Löwenschlange Labbu verbunden. Und das Kurzepos *Bilgamesh und Huwawa* setzte weitere Monster als Sternbilder eines 'Tierkreises' an den Himmel. Diese lokalen Traditionen entstammenden Sternbilder hatten aber wohl noch keine systematische Funktion, weshalb sie bald überzeichnet oder mit anderen Namen überschrieben wurden.

Enki und die Weltordnung spricht erst ansatzweise von Sternbildern als Göttern per se. Sie sind darin vielmehr noch Bildzeichen, welche die Götter der Lapislazuli-Tafel des Nachthimmels einschreiben.[38] Einzelne Sternbilder werden nur in einem generellen Sinn als Tempel eines Gottes verstanden; sie stehen eher für die mit ihnen verbundenen Realien, Bilder und Symbole. So stellt etwa die Corona Australis Enkis Krone und sein himmlisches Schiff dar (auch 'Steinbock Des Apsu' genannt), und die Fisch- und Vogel-Embleme in Pisces weisen die Göttin Nanshe aus, die bald darauf Annunitu untergeordnet wurde. Das eingangs zitierte *Gebet an die Götter der Nacht* zeigt diese konkrete Bildlichkeit im Bogen, Der Geiss oder Dem Joch, Sternbilder, die dann Ishtar, der Heilgöttin Gula und Enlil unterstellt werden.

Nachdem Sargon I. sich als 'Herr des Alls' bezeichnet hatte,[39] entstand am Ende der akkadischen Zeit auch eine erste Version der *Himmelfahrt des Etana*. Dieser 'Himmelsfahrer' (sumerisch *Ed An.Na*) war der 12. legendäre Herrscher von Kish nach der Grossen Flut; er wurde von dem in Aquila verewigten Geier in den Himmel getragen.[40] Auch Gilgamesh stieg in dieser Epoche zum prototypischen König auf und reiste wie Etana an den Rand der Welt, wurde dann aber in der Unterwelt zum Richter der Toten erhoben – während Etana nach seinem Tod in einem Sternbild verewigt wurde.

Etanas Himmelfahrt geht wahrscheinlich auf einen uralten Prototyp zurück, weist aber auch altägyptische Einflüsse auf. Ab dem 24. Jahrhundert v. u. Z. begannen die Herrscher dort nach dem Vorbild der mesopotamischen Zikkurate Pyramiden zu bauen, als Monumente eines auf den Himmel ausgerichteten Königtums. Ein ägyptischer Herrscher stieg nach seinem Tod aus der Unterwelt mit Hilfe des (vom Orion verkörperten) Osiris am Horizont auf und segelte mit dem Sonnenschiff dann in die zirkumpolare Region der Unvergänglichen Sterne, um dort ein paradiesisches ewiges Leben zu führen – auf ähnliche Weise wie Etana auf seinem Geier zu den höchsten Göttern am Himmelspol gelangte und schliesslich in Delphinus aufging, wenngleich dieses Gestirn einen Leichnam verkörperte.

Ein Weiterleben in den Sternen massten sich die mesopotamischen Herrscher erst in der 'spätsumerischen Renaissance' an – während der dritten Dynastie von Ur (2047–1940), der wichtigsten Hafenstadt des Landes für den Handel mit Ägypten. Shulgi von Ur (2029–1982) etablierte diese ägyptische Tradition in Mesopotamien; er verlieh seinem früh und tragisch verstorbenen Vater Urnamma (2047–2030) im Orion astrale Gestalt, um damit seinen eigenen Herrschaftsanspruch legitimieren zu können. Urnamma, nach Selbstbezeichnung 'Anus Wahrer Hirte' über sein Volk, erhielt nach seinem gewaltsamen Tod den Beinamen 'Der Mit Der Waffe Umgeschlagene' – und als solcher wird Orion bereits im altbabylonischen *Gebet an die Götter der Nacht* bezeichnet.

Shulgi selbst liess sich daraufhin schon zu Lebzeiten als Gott verehren und in den Mittelpunkt eines Sternenkultes stellen. Er nannte sich 'Himmlischer Stern der Standfestigkeit', der als Held von seinem Volk "in Gebeten gemäss der himmlischen Sterne gesegnet werden will", und verkündete in eigenhändig verfassten Lobeshymnen, "dass man meine Lieder wie die Himmlische Schrift rezitieren und sich vor ihnen verbeugen" und sein "ewiger Ruhm wie die himmlischen Gestirne strahlen und majestätisch allen guten Augen sichtbar sein wird."[41]

Seinen beutereichen Siegeszug auf dem Euphrat nach Ur inszenierte er auf einer Barke, als irdisches Abbild jenes astralen Schiffs, mit dem die ägyptischen Götter sich am Himmel fortbewegten.[42] Ebenfalls nach ägyptischem Vorbild hatte er seinen Vater Urnamma zuerst in einem irdischen Gegenstück des Himmlischen Bootes begraben, auf dass dieser darin in die Unterwelt gelange,[43] um dort an Bord eines astralen Schiffs gehen zu können und darauf "in den Himmel zu steigen"[44] – das dafür verwendete Verb bezeichnet eigentlich 'segeln', 'vom Wind getragen werden'.[45] Zu einem Sterngott geworden, verweilte Urnamma untertags in der Totenwelt, um dort über gefallene Soldaten zu richten und Anu als Bote zu dienen; nachts leuchtete er den Menschen jedoch als Sternbild eines wahren Herrschers, der als Hirte über die Schäfchen seines Volkes wacht.

Vor diesem Hintergrund inszenierte Shulgi schon zu Lebzeiten seine Vergöttlichung. Als er in hohem Alter starb, wurden Sklavinnen zur Teilnahme an der siebentägigen Staatstrauer, "während der Shulgi in den Himmel segelte", von der Arbeit befreit. Seine Himmelfahrt endet an einem Tor, an dem der seine astrale Position als 'Himmlischer Shulgi' einnahm; das Sternbild hiess nun Gestirn Des Gottes Shulgi: Wahrscheinlich war dies der Stier in Taurus, der neben Urnammas Orion liegt.[46]

Eine ähnliche astrale Erhebung ist auch für den Herrscher von Isin nachweisbar, Ishbi-Erra (1953–1920).[47] Sie zeigt sich auch noch in der um 1800 entstandenen sumerischen Königsliste, welche die zwölf mythischen Herrscher nach der urzeitlichen Flut als Sternbilder präsentiert – oder sie zumindest nach ihnen benennt: beginnend mit dem ersten nachsintflutlichen König 'Egge' über Endarana, 'Herr, Steinbock des Himmels', bis zu Herrschern namens 'Geier' und 'Skorpion'.[48]

Doch damit endete diese Tradition. Und auch Shulgi blieb nicht lange unter seinem astralen Namen bekannt, denn die babylonische Dynastie, die nach der spätsumerischen Renaissance die Macht übernahm, hatte für ihn denkbar wenig übrig. Dies verrät eine Tafel mit Jupiterbeobachtungen, die den Vermerk trägt: "Shulgi, Sohn des Urnamma, überfiel alle Länder und nahm sich die Götter(statuen) der feindlichen Länder als Beute; er hatte verbrecherische Neigungen und raubte den Besitz von Babylon und des babylonischen Tempels."[49]

Die Erhebung von Menschen, Helden, Dingen, Tieren und Sagenwesen an den Himmel, meist nach einer Katastrophe,[50] nannten die Griechen später *katasterizein.* Diese ursprünglich altägyptische Praxis hatte in Mesopotamien ein Jahrhundert lang neuen Nährboden gefunden, was sich auf die späteren Kulturen rings um Babylon auswirkte. Shulgis Name strich man zwar wieder aus den Sternenlisten, die astrale Erhebung eines Königs wurde aber zu einem langlebigen literarischen Motiv: ob in Ganymeds Raub durch den Adler Zeus, mit der Etanas Himmelfahrt adaptiert wurde,[51] in der Himmelfahrt des alttestamentarischen Enoch und des Elijah, in Mohammeds Himmelfahrt auf dem geflügelten Pferd Burak oder mit Christi Himmelfahrt.

DIE ALTBABYLONISCHE ZEIT

Um 1830 verlagerte sich die Herrschaft über Mesopotamien von Ur nach Babylon, wo nun aus Westsyrien stammende, amurritische Könige an die Macht kamen. Vom Stadtgott Marduk, dem 'Sohn der Sonne', sowie dem Sonnengott Shamash beauftragt, erstellte Hammurapi nach Urnamma den dritten überregionalen Gesetzeskodex des Landes. In diese Zeit fällt auch das eingangs zitierte *Gebet an die Götter der Nacht.* Vor Ishtar und dem die Beschwörung tragenden Windgott Adad werden darin zuerst der richterliche Shamash und Sin genannt; das geht auf direkte astronomische Beobachtungen von Sonne, Mond und Venus zu Vorhersagen der Zukunft zurück.[52]

Eklipsen spielten dabei eine besondere Rolle: "Wenn sich der Mond am 14. Tag des 11. Monats verfinstert, wird der Feind eine aus dem Stadttor kommende Truppe fangen. Der König, der mit seinen Truppen einen Ausfall macht, wird besiegt werden; nach seinem Tod aber wird das Land gedeihen und Frieden herrschen." Solche Omendeutungen wurden anfänglich jedoch bloss für den Herrscher und das Land erstellt, erst viel später für Privatpersonen.[53] Neben Aufzeichnungen von Sonnenfinsternissen wurde auch auf den Saturn als 'Sonne Der Nacht' und 'Sonnenstern' geachtet, "der gut für den König ist, weil Shamash der Stern des Königs ist". Man identifizierte ihn mit dem Götterhelden Ninurta als kriegerischem Vorbild des Herrschers: "Wenn die Sonne, Ninurta, im Hof des Mondes steht, wird mein Heer Fuss in feindliches Land setzen."[54]

Wasseruhren[55] und schalenförmige Sonnenuhren hatten die Himmelsbeobachtungen mittlerweile immer genauer werden lassen. Die für die Nachfolger Hammurapis arbeitenden Gelehrten verzeichneten nun auch die Sichtbarkeit der in der Venus verkörperten zweigeschlechtlichen Ishtar: Etwa alle 584 Tage wechselte sie vom Abend- zum Morgenstern, der einmal für männlich und böswillig, einmal für weiblich und gutwillig erachtet wurde,[56] und manchmal blieb sie über zwei Monate unsichtbar, bis sie in der Dämmerung wieder 5° über dem Horizont stand. Das Gestirn der Siebengötter (Plejaden), die meist Krieg und Zerstörung verhiessen und für Mondfinsternisse verantwortlich gemacht wurden, wies da schon ausserhalb dieser ersten praktizierten Astrologie eine lange Tradition auf. Nun aber kopierte man die Omendeutungen dieser altbabylonischen Periode wieder und wieder und weitete sie schliesslich auf immer mehr Gestirne und die darin gesehenen Götter aus.[57]

In Opposition oder Konjunktion stehende Gestirne wurden jetzt in einen Mondkalender eingeordnet, der jedoch anders ansetzte als das Sonnenjahr. Letzteres begann mit dem Aufgang der Sonne in Triangulum und Aries – während das spätere *Mul.Apin* das Mondjahr mit den Plejaden beginnen lässt und danach die anderen siebzehn Sternbilder nennt, die der Mond im Laufe seines Jahres nach und nach abdeckt. Das entsprach altüberlieferter Praxis, wie sich am altbabylonischen *Gebet an die Götter der Nacht* zeigt, das – seiner Epoche entsprechend – als ersten Stern des Jahres den Feuerstern Girra (α Tauri) nennt.

Bodenversalzung und Korruption zersetzten das altbabylonische Reich allmählich, das 1595 von den Hethitern überfallen wurde. Darauf kamen dort aus dem Zagros stammende Kassiten an die Macht, die zuerst als Lohnarbeiter eingewandert waren, dann im Verwaltungsapparat tätig wurden und sich durch ihre Kenntnisse in der Pferdezucht auswiesen (weshalb es denkbar ist, dass in ihrer 500 Jahre dauernden Herrschaft das Sternbild des Vogels Anzu zum Pferd *Anshe* umbenannt wurde).

Während das rivalisierende assyrische Reich im Norden zunehmend aggressiver wurde und mehrfach Babylon besetzte, stabilisierten die Kassiten ihr Territorum im südlichen Zweistromland und standen auch mit Ägypten in Kontakt. Sie trugen die konservative mesopotamische Kultur weiter, deren Gelehrte sich weiterhin auf sumerische Vorlagen bezogen, diese nun aber zeitgemäss redigierten. Das zeigt sich an der um 1300 entstandenen neuen (uns heute geläufigen) Fassung des altbabylonischen Epos von *Gilgamesh*, das eine ganze Reihe von alten, sich auf viele Sternbilder beziehenden Mythen aufarbeitet.

Dazu wurden mehrere astronomische Neuerungen eingeführt. So kamen nun astrolabähnliche Scheiben in Gebrauch, die das Jahr schematisch in zwölf Monate einteilten, für die jeweils jene drei morgens aufgehenden Sternbilder angeführt wurden, die sie prägten.[58] War die Sternenbeobachtung bislang auf Auf- und Untergänge in Ost und West ausgerichtet gewesen, wurde nun auch auf 'aufgerichtete' *Ziqpu*-Sternen geachtet: dass heisst auf Sterne, die im Zenit standen.

Die von den Kassiten in dieser Zeit eingeführten Grenzsteine – *Kudurru* – geben möglicherweise Stellungen von Planeten und Sternbildern zum Zeitpunkt ihrer Aufstellung wieder. Jedenfalls wurden damit die kassitischen Landnahmen unter den Schutz der darin verkörperten astralen Götter gestellt, weshalb sie mit Bannformeln und Symbolen von Gestirnen versehen wurden. Neben den Planeten wurden darauf Anus Sitz (Cancer), Nusku (Aldebaran), Der Himmelsstier (Taurus), Der Rabe (Corvus), Pabilsag (Sagittarius), Der Ziegenkarpfen (Capricornus), Gula und ihr Hund (in Lyra und Hercules), der Pfeil des Sirius, Der Pflug (Triangulum), Die Ähre (Virgo), Das Schiff (Corona Australis), Der Skorpion (Scorpius), Zababa (in Ophiuchus), Der Offenmäulige Sturmdämon (Cygnus), Der Botenvogel (Lepus), der gehörnte Mushushu (um Camelopardalis?), Labbu (Hercules?) und Das Schilfbündel (in Vela?) eingemeisselt.[59]

DIE NEUE WELTORDNUNG UM MARDUK

Die seit der altbabylonischen Zeit betriebene Omendeutung wurde jetzt kompiliert. In der neo-assyrischen Zeit umfasste diese dann rund siebzig Tafeln mit etwa 7000 Omen in einem Handbuch für Astrologen und Exorzisten, das nach seinen ersten Worten *Enuma Anu Enlil* genannt wurde (wobei Abschriften davon in den drei Jahrhunderten v. u. Z. schliesslich bis nach Indien gelangten).[60] Seine Abfassung wurde dem mythischen sumerischen Helden Adapa zugeschrieben;[61] es begann mit einem Satz, der deutlich vor Augen führt, welche Bedeutung Sternbilder mittlerweile erlangt hatten und wie sie aufzufassen waren: "Als Anu, Enlil und Ea, die grossen Götter, Himmel und Erde erschufen, fixierten sie die astronomischen Omen; sie bestimmten die Standorte der Sterne, setzten die Stellungen der Götter der Nacht fest und verteilten die Sterne auf [drei] Wege. Die Götter zeichneten die Sternbilder als ihre Ebenbilder, massen Nacht und Tag gleich aus und schufen Monat und Jahr."[62]

Damit waren die Sternbilder kanonisch fixiert – doch erst nach einer um 1300 vorgenommenen Reorganisation, bei der die bisher wohl eher lockere Unterteilung des Himmels in "drei Wege" systematisiert wurde. Enlil kam nun die obere Himmelskalotte zu, Anu in etwa das Band zwischen den Wendekreisen und Ea die nur teilweise sichtbare Kalotte darunter, die als wässrige Region, als göttlicher Fluss und kosmisches Meer gesehen wurde.[63]

Mythologisch ausgedrückt wurde diese explizite Neuordnung des Universums in dem um 1300 v. u. Z.[64] entstandenen Epos *Enuma Elish*; es löste alte sumerische Theogonien wie *Die Schöpfung der Menschheit* und *Enki und die Weltordnung* ab, um den babylonischen Stadtgott Marduk zum Demiurgen zu erheben.

Das erzählerische Gerüst dieses Epos bilden die Kämpfe der Götter untereinander, bei denen Marduk schliesslich Tiamat, die Gottheit des Urmeeres, und ihre zwölf Monster besiegt. Marduk demonstriert dann seine Macht, indem er zuerst nach Belieben Sternbilder erscheinen und wieder verschwinden lässt, um danach aus Tiamats Kadaver das Universum zu erschaffen.

Diese Weltschöpfung weist die geometrischen Symmetrien eines stufenförmigen Tempelbaus auf: drei edelsteinerne Firmamente, auf denen die Häuser der Götter stehen, wobei am untersten Himmel die Sternbilder als göttliche Ebenbilder sichtbar bleiben; dazwischen der Luftraum; dann die Erdoberfläche, in deren Mitte der nunmehrige Götterkönig Marduk sein babylonisches Heiligtum hat; darunter das Grundwasser des Apsu und die Totenwelt, die wiederum auf einer nicht näher geschilderten untersten Erde namens *Anduranna* ruht, in die Marduk die Unterweltsgötter verbannt. Zusammengehalten und verspannt wurde dieses eher zylindrisch denn sphärisch gedachte Gebilde von dem Grossen Band *Durmahu* und einigen Halteseilen – wobei die Götter am Rand dieser Welt auf einer zikkuratähnlichen Treppe von oben nach unten steigen können. Umflossen wird die kreisförmige Erde von einem kosmischen Ozean, der auch den untersten Himmel benetzt und von dort als Regen und Sterntau herabträufelt.[65]

Diese Konstruktion wurde schliesslich die Grundlage des griechischen Weltbildes, mit seinem Okeanos, dem Hades, dem Tartaros darunter, sowie dem Seil, an dem Zeus in der *Ilias* das Monster Briareos vom Himmel hängen lässt. Selbst der griechische Begriff des *Kosmos* – unter dem man ursprünglich ein militärisches Kommando, eine politische Anordnung und eine Ausrichtung in Reih und Glied verstand[66] – bezieht sich noch auf die von Marduk errichtete mittelbabylonische Hierarchie der Welt, welche die Griechen offenbar übernahmen, ohne die dazugehörigen Ursprungsmythen schriftlich niederzulegen. Wie sich an Hesiods *Theogonie* zeigt (in deren Schöpfungsmythen das Wort Kosmos nie vorkommt), waren diese aus dem Osten übernommen worden, zusammen mit den meisten mesopotamischen Sternbildern – worauf sich eine Definition des Kosmos als 'gegliederte Ordnung des Himmels' etablierte.

DER BABYLONISCHE SCHÖPFUNGSMYTHOS

Die Kosmogonie des babylonischen *Enuma Elish* beginnt mit dem primordialen Geschlechtsakt einer wässrigen Natur, durch den Himmel und Erde gezeugt werden – so die damalige Vorstellung von Fortpflanzung, bei der die Flüssigkeit des männlichen Samens sich mit weiblichem Fruchtwasser vermischte.[67]

Das *Enuma Elish* greift dabei auf jahrtausendealte Vorstellungen von der Entstehung der Welt zurück, die sich ursprünglich auf Enlil und die Muttergöttin Ningal bezogen hatten – dies jedoch eher als archivische Aufarbeitung denn als neu konzipierter Mythos. Das zeigt der Vergleich des Anfangs des *Enuma Elish* mit dem Anfang eines auf etwa 2500 v. u. Z. zu datierenden Schöpfungsmythos: "Er küsste sie. Zusammen mit ihr machte er das Bett, um mit ihr zu schlafen: so ergoss er den Samen in ihren Schoss, den Samen für einen Reigen von Sieben [Göttern]."[68]

Die Grundwasser der Unterwelt, des urzeitlichen Apsu, vermengen sich derart mit der das Meer verkörpernden Tiamat – so, wie sich Süss- und Salzwasser im Marschgürtel des Persischen Golfes vermischen: Nur dass es im Anbeginn der Welt noch keine Ufer gab, an denen Fingerhirse und Queller gewachsen wären, kein Schilf als Urpflanze sich mit anderen Wasserpflanzen zum Röhricht hätte verflechten können, und es Wasserbüffel bloss im Delta des Indus gab, dem Lande Meluhha, von dem die Mesopotamier viel importierten.

Die Namen der ersten im Mythos auftauchenden Gottheiten – *Lahmu* und *Lahamu* – leiten sich von 'Schlamm' ab; das Logogramm weist sie jedoch als göttliche (Wasser-)Buffel aus. Wie die Kolosse in Assurnasirpals Palast vor Augen führen, stellte man sich diese Gottheiten als menschenköpfige und geflügelte Stiere mit Fischschuppen am Bauch vor. Erst nach ihnen entstehen Himmel und Erde samt den ersten menschenähnlichen Göttern, in einer noch dunklen Welt, die erst durch den Kadaver des besiegten Meeresungeheuers Tiamat ihre heutige Gestalt erhält.[69]

In der Indus-Zivilisation spielt der Wasserbüffel eine grosse Rolle; er hält dort die Sterne symbolisch mit Seilen fest – welche sich nun im *Enuma Elish* als welthaltend wiederfinden. Solche Einflüsse aus Indien sind auch deshalb plausibel, weil sich längst Leute von dort in Mesopotamien niedergelassen hatten.[70] Das Szenario des *Enuma Elish* gleicht aber auch den Schöpfungsmythen der Dene und Maya, der Aborigines und Tahitern, in denen ebenfalls ein Erster Mann und eine Urmutter in einer wässrigen, dunklen Unterwelt existieren, ein Ungeheuer eine Flut auslöst und ein Schilfrohr aus dem Anfang der Welt heraufwächst; hier wie dort gibt es Götterbrüder als Heldenzwillinge, wird aus dem Kadaver eines besiegten Meeresungeheuers die Welt erschaffen und erst danach Sonne, Mond und Sterne an den Himmel gesetzt.

Obwohl die babylonischen Himmelsbeobachtungen sehr präzise ausfielen, wird im *Enuma Elish* die Entstehung der Welt bloss sehr kursorisch geschildert, ohne jede funktionelle Erklärung, die nötig wäre, wollte man eine eigenständige Kosmogonie vorlegen. So wird in zwei Sätzen abgehandelt, wie das Meeresungeheuer Tiamat gespalten und daraus die heutige Welt gemacht wird, Balken eingeschoben und die Wasser des Monsters durch einen über den Himmel laufenden Gott eingedämmt werden. Um ein solch komplexes Universum zu begreifen, muss man schon sehr viele mentale Hilfskonstruktionen vornehmen, ohne dass diese auch nur angedeutet würden.

Wirklich verständlich wird diese Vorstellung erst durch den Schöpfungsmythos von Tahiti, der auf die zeitgenössische südostasiatische Lapita-Kultur zurückgeht. Dort umschliesst ein Krakenmonster erst eine wässrige und dunkle Welt, dann wird ihre Schale ausgehöhlt, verfestigt und zu mehreren, mit Himmelsbalken befestigten Stockwerken ausgebaut und dazu ein Luftraum geschaffen – all das durch den fleissig am Himmel herumlaufenden Gott Tāne, der dann Sonne, Mond und Sterne in ihre Bahnen setzt. Aus den Körperteilen Ta'aroas entstehen sodann, wie aus Tiamats Kadaver, die Formen der Erde: ähnlich wie in Neuseeland, Indien und China.

Diese Parallelen sind ebenso unübersehbar, wie die Einzelheiten im asiatischen Schöpfungsmythos besser und folgerichtiger zueinander passen – weshalb möglich ist, dass die neue Kosmogonie des *Enuma Elish* über die Induskultur ins Zweistromland gelangte, da diese Kontakte mit der Lapita-Kultur hatte. Aus deren asiatischem Osten landeten etwa in der Zeit auch Nelken von den Molukken in Mesopotamien.

Unerklärt bleibt im *Enuma Elish* auch die eigenartige Vorstellung eines zweigeteilten und dennoch fluiden Ungeheuers, dessen Wasser vor dem Auslaufen bewahrt werden, indem man es in ein Netz fasst, einen Balken einschiebt und Wächter postiert. Erklärungen dafür bieten nordindische und chinesische Schöpfungsmythen, in denen die Welt als Vogelei gesehen wird, dessen zwei Schalen abgehoben und durch Pfeiler und Wächter in der Mitte wie an den vier Ecken der Erde gestützt werden, welche zugleich den Himmel tragen – die inwendig gefassten Wasser scheiden sich dann langsam in Erde, Luft und Meer.

ENUMA ELISH

"Als die Himmel oben noch nicht in die Welt gerufen waren und der Erdboden unter uns noch keinen Namen hatte, war Apsu der Erste: Er war es, der sie zeugte; und Tiamat, die sie alle gebar, gab ihnen Lebenskraft. Ihre Gewässer vermischten sich miteinander, doch die Ufer waren noch nicht fest, das Schilf nicht zum Ried geworden.

Als es noch keine Gottheiten gab, sie noch keine Namen und keine Aufgaben hatten, wurden darin die Götter erschaffen: So tauchten Lahmu und Lahamu auf und erhielten ihre Namen. Sie wuchsen und wuchsen, bis sie ihre ganze Grösse erreichten; und dann wurden Anshar, der ganze Himmel, und Kishar, die ganze Erde, erschaffen; sie wurden noch grösser als sie und machten die Tage lang und setzten Jahr um Jahr hinzu.

Ihr Sohn Anu wiederum war seinen Eltern mehr als ähnlich – ihr Sohn Anu war ganz das Ebenbild seines Vaters Anshar. Anu zeugte dann Ea, der ebenso stark war: Ea war der Beste in dieser Familie, tiefgründig, klug, weise und voll robuster Kraft; viel stärker als sein Grossvater Anshar, hatte er keinen Rivalen unter seinen göttlichen Verwandten.

Die beiden Götterbrüder Anu und Ea kamen zusammen und lärmten so laut, dass sie Tiamats Ruhe störten und sie aufwiegelten – sie gingen ihr auf die Nerven und verbreiteten durch ihren Tanz nur Wirbel im Wohnsitz der Götter, da, wo die Sonne aufgeht. Apsu jedoch tat nichts, um sie stillzuhalten, weshalb Tiamat schwieg, wenn sie ihr begegneten: Ihre Ungezogenheit missfiel ihr zwar, doch wiewohl ihr Verhalten schlimm war, wollte sie sie verschonen.[71]

Die Götter erstellten nun in ihrer Mitte ein Sternbild und wandten sich an Marduk, ihren Sohn: 'Dein Geschick, o Herr, ist erhabener als das der anderen Götter! Gleich, ob du etwas zerstören oder erschaffen willst, es geschehe! Befiehl und dieses Sternbild wird sich auflösen – sprich und dieses Sternbild wird wieder erscheinen!'

Auf sein Wort hin, da verschwand dieses Sternbild – und mit dem nächsten entstand es wieder von Neuem. Als die Götter, seine Väter, sahen, wie mächtig sein Wort war, jubelten sie und riefen aus: 'Marduk ist unser König!' Und er fertigte sich einen Bogen und machte ihn zu seiner Waffe; er legte einen Pfeil an und setzte ihn auf die Sehne.

Marduk erhob auch die Sturmgewitter, seine mächtigste Waffe, er fuhr den schrecklichen Wagen, den unwiderstehlichen Sturm, und spannte vier Hengste davor, deren Zügel er an seiner Hüfte festband: 'Den Schlächter', 'Den Gnadenlosen', 'Den Galoppierer' und 'Den Flieger', die ihre Lippen zurückschoben und Zähne voller Gift zeigten – sie kennen keine Müdigkeit, sie sind darauf abgerichtet, alles zu zertrampeln.

Tiamat und Marduk, der Weise unter den Göttern, kamen zusammen; sie stiessen aufeinander und machten sich zum Kampf bereit. Der Herr breitete sein Netz aus und verwickelte sie darin; dann liess er den Bösen Wind in seinem Rücken auf sie los. Tiamat öffnete ihren Mund, um ihn zu schlucken, sie liess den Bösen Wind in sich, konnte aber die Lippen nicht mehr schliessen, sodass der Sturm ihren Bauch nach unten drückte, ihre Därme sich aufblähten und sie ihren Schlund aufriss: und da schoss Marduk seinen Pfeil ab, der sie in den Bauch traf, ihr Gekröse durchschnitt und den Leib innen aufschlitzte – so besiegte er sie, so löschte er ihr Leben aus.

Der Herr setzte seinen Fuss auf Tiamats Unterleib und zertrümmerte ihr mit seiner gnadenlosen Keule den Schädel. Er durchtrennte ihre Adern und liess ihr Blut vom Nordwind davonwehen, als sichtbares Zeichen des Siegs. Als seine Väter das sahen, jubelten sie und waren so froh, dass sie ihn mit Geschenken überhäuften.

Nachdem er sich wieder beruhigt hatte, betrachtete er nun Tiamats Leiche und machte dann aus ihrer monströsen Masse etwas Wunderbares: Er schnitt sie entzwei wie einen Fisch auf dem Trockenplatz, hob eine Hälfte von ihr hoch und machte sie zu den Himmeln, flach wie ein Dach, indem er ihre Haut dehnte und Wachen bestimmte, denen er befahl, Tiamats Wasser nicht auslaufen zu lassen. Dann schritt er über die Himmel hinweg, begutachtete ihre Firmamente und richtete sie so, dass sie dem Apsu des Ea gleichkamen.

Marduk nahm Mass an der Breite des unterirdischen Wassers und schuf so den Luftraum des Esharra, als Gegenstück zur Unterwelt. Im *Apsu*, dem *Esharra*, den er geschaffen hatte, und den Himmeln wies er darauf Ea, Enlil und Anu ihre heiligen Sitze zu.[72]

Marduk richtete den Grossen Göttern ihre Standorte ein und reihte die Sterne zu Sternbildern als ihrem Ebenbild. Er legte das Jahr fest und setzte seine Grenzen fest, indem er drei Sterne für jeden der zwölf Monate bestimmte.
Nachdem er solcherart das Jahr in Zeichen unterteilt hatte, setzte er den Standort des Übergangs *Nebiru* fest, um ihre Bänder zu befestigen; damit sie weder irrläufig oder träge würden, setzte er daneben auch die Standorte Enlils und Eas fest. Dann öffnete er die Tore zu beiden Seiten und verstärkte die Riegel im Osten wie im Westen.[73]
In Tiamats Bauch setzte er die Höhen des Himmels und liess Nannar erscheinen, den Mond, dem er die Nacht anvertraute, auf dass er als nächtliches Ornament die Tage zeige, jeder Monat, ohne Unterlass, markiert durch eine Krone: 'Leuchte über dem Land zu Anfang jeden Monats, um mit dem Glanz deiner Hörner die ersten sechs Tage zu bezeichnen; am siebenten aber soll deine Krone ihre halbe Grösse erreichen und zur Monatsmitte des fünfzehnten Tages dann voll, sodass du Shamash, der Sonne, ganz gegenüberstehst, die dich vom Himmelsfundament her anblickt – um darauf im rechten Mass wieder abzunehmen und rückwärts zu leuchten, dich am neunundzwanzigsten, dem Tag deiner Unsichtbarkeit, Shamashs Weg zu nähern und am dreissigsten dann in Konstellation mit ihm zu stehen und es ihm gleichzutun. Ich habe ... das Zeichen bestimmt; folge dem Weg, tritt in Konjunktion mit ihm [...], um Urteile zu verkünden, Zusammen mit Shamash [...] zügle Mord und Diebstahl.'
Er stellte Tiamats Schädel auf und leerte den Schlamm heraus: Dann öffnete er eine Quelle darin, die sich mit Wasser füllte, um aus ihren zwei Augen Euphrat und Tigris strömen zu lassen; ihre Nasenlöcher verstopfte er, liess aber [...] Auf ihren Brüsten häufte er dann die fernen Gebirge auf, in die er Wasserlöcher bohrte, um daraus Bäche herunterfliessen zu lassen.
Dann verdrehte er ihren Schwanz und flocht so das *Durmahu*, das Kosmische Band. Er [stand] mit dem Apsu unter seinen Füssen und stellte ihre Hinterbeine auf, um dem Himmel Halt zu geben; so machte er aus einer Hälfte von ihr ein Dach und befestigte die Erde daran. Nachdem er mit der Arbeit in Tiamats Innerem fertig war, löste er sein Netz, das sie noch umschlang, dass alles herauskam und begutachtete darauf sein Werk: 'Himmel und Erde sind nun [...] mit Bändern [...] verbunden.'
Nachdem er seine Riten festgelegt und seine Regeln verfasst hatte, warf er seine Führungsseile herunter und hiess Ea, sie zu packen.[74] Über dem Apsu, der smaragdenen Wohnstatt, gegenüber dem Luftraum des Esharra, den er für die Götter geschaffen hatte, unter den himmlischen Regionen, die er zum Firmament gemacht hatte, baute Marduk dann einen Tempel als seinen prunkvollen Sitz."[75]

Rezitiert wurde dieser Text am 2. Tag des im März gefeierten Neujahrsfestes im Esagil, Marduks Tempel in Babylon. Der König erhielt dort zum Zeichen seiner neuerlichen Krönung sein Szepter vom Hohepriester, der in der Abenddämmerung das Epos vom Anfang bis zum Ende vortrug, während die Vorhänge vor den Thronen Anus und Enlils geschlossen blieben.[76] Letzteres ist auch symbolisch zu verstehen: Der Streitwagen, in den Marduk sich im Text stellt, war ursprünglich Enlils Sternbild im nördlichen Taurus gewesen, und das Sternbild, das er zum Verschwinden brachte, wahrscheinlich jenes des Anu am Himmelspol.

DAS *MUL.APIN*

Die Konzepte von Stationen, Sternbildern sowie drei Leitsternen für jeden Monat im *Enuma Elish* entstammten der Astronomie, die nun ihrerseits die verbindliche Weltordnung der mesopotamischen Kultur ausgestaltete und jedes Gestirn einem Gott des Pantheons zuwies.[77] Das astronomische Handbuch *Mul.Apin* listet auf seinen beiden Tontafeln Namen oder Position eines Sternbilds sowie den damit verbundenen Gott oder seine Funktion auf, jedoch selten alles zugleich wie beim "Stern an der Deichsel des Wagens, Dem Fuchs, Erra, dem Starken der Götter".

Wie im *Enuma Elish* ordnete man die Sterne in Bezug zum Himmelsäquator in die drei 'Wege' – *Harranu*, 'Strassen', 'Reisen' – der Götter Enlil, Anu und Ea. Beobachtet wurde, welche Sterne im Osten aufgingen, welche zeitgleich im Westen untergingen und welche Gestirne im Zenit – *Ziqpu* – standen. Seinen heutigen Namen hat das *Mul.Apin* von der sumerischen Bezeichnung des Pfluges in Triangulum, mit dem diese Liste begann: "Das Pflug-Gestirn gehört Enlil und geht Enlils Sternen voraus. Dahinter steht Der Wolfsstern [α Trianguli], der Säer des Pflugs; das Gestirn Des Alten Mannes, Enmesharra

[Perseus]; Das Wurfholz [Auriga]; Die Grossen Zwillinge, Lugalgirra und Meslamtaea, und Die Kleinen Zwillinge, Alammush und Ningubluga [in Gemini]; danach Der Krebs, der Sitz des Anu [Cancer]."[78]

Dieser Thron des Anu war astronomisch prominent: Um 1000 v.u.Z. ging die Sonne in Cancer abends zur Sommersonnenwende unter, wohingegen er bei der Wintersonnenwende abends im Osten aufging, während die Sonne unterging; beim Frühlingsäquinoktium markiert der Untergang Cancers in dieser Zeit wiederum die Mitternacht. Dazu reichte Cancer in das von Anu dominierte Sternenband zwischen den Wendekreisen, wo er in den Hyaden seine Krone besass. Anu beherrschte mit dem Verknoteten Joch aber auch noch den Himmelspol, gleich wie Enlil und Ea ihre Himmelskalotten.

Auf dieser Neuordnung des Kosmos in drei Wege baut das *Mul. Apin* auf. Den Katalog von 71 Gestirnen leiten jene ein, die im ersten Monat heliakisch – das heisst kurz vor Sonnenaufgang im Osten – aufgingen: 33 im 'Weg des Enlil'; 23 im 'Weg des Anu', einem unsymmetrischen Band[79] um den Äquator, beginnend mit Dem Feld (Pegasus), Annunitu (nördlicher Pisces) und Dem Lohnarbeiter (Aries); sodann die fünfzehn Sternbilder darunter im 'Weg des Ea', vom Fisch (Piscis Austrinus) an. Danach reiht das *Mul.Apin* die Daten von Sternaufgängen, darauf jene Sterne, die aufgehen, während andere untergehen, um am Ende eine Liste der im Zenit stehenden Ziqpu-Einzelsterne sowie der Gestirne im Weg des Mondes zu liefern. Das mittlerweile standardisierte Jahr umfasste 360 Rechentage[80] (woher unsere heutigen 360 Winkelgrade und sechzig Minuten pro Stunde rühren) sowie allfällige Schaltmonate.

Mit den Gestirnen, "die im Weg des Mondes stehen, welcher ihren Bereich im Laufe eines Monats wiederholt passiert und sie dabei berührt", listet das *Mul.Apin*[81] bereits einen ersten 'Zodiakos' auf. Die auf dieser Mondbahn liegenden Sternbilder gingen vom 'Sternhaufen' (Plejaden) und Dem Himmelsstier (Taurus) aus und endeten mit Dem Lohnarbeiter (Aries)",[82] mit dem das Sonnenjahr begann. Dazwischen lagen Anus Wahrer Hirte (Orion), Der Alte Mann (Perseus), Das Wurfholz (Auriga), Die Grossen Zwillinge (Gemini), Der Krebs (Cancer), Die Löwin (Leo), Die Furche (Virgo), Die Waage (Libra), Der Skorpion (Scorpius), Der Höchste Ahne (Sagittarius), Der Ziegenkarpfen (Capricornus), Der Grosse (Aquarius), Die Schwänze (Pisces), Die Erhabene Schwalbe (SW Pisces) sowie Annunitu (NO Pisces).

Anders als der spätere Tierkreis ist dieser Mondkalender allerdings noch nicht in zwölf Sternbilder im Abstand von 30° unterteilt. Zwar formuliert das *Mul.Apin* schon, dass die Sonne – samt allen Planeten – "auf dem gleichen Weg wie der Mond reist",[83] aber erst die Griechen fokussierten sich darauf, den Zodiakos systematisch in Bezug zur Sonnenbahn zu setzen. Der babylonische Mondkalender hingegen – auf 28 Mondhäuser ausgeweitet, an die südlichere Breite angepasst und der Präzession der Erdachse wegen dann mit Aries beginnend – wurde von den Indern übernommen und gelangte von dort aus zu den Arabern, um bis in die Neuzeit in Gebrauch zu bleiben.

Bei aller Genauigkeit der astronomischen Beobachtungen liegt mit dem *Mul.Apin* aber noch keine moderne Wissenschaft vor: Seine Astronomie war vielmehr ein Nebenprodukt seiner Astrologie. Man erkennt dies etwa an den 'oberhalb' – also im Zenit – stehenden Ziqpu-Sternen. Wenn man nach heutiger astronomischer Wortwahl *amaru* kursorisch mit 'observieren'[84] übersetzt, übersieht man, dass die Beobachter sich den Gestirnen 'gegenüber' befanden und sich von ihnen dann wortwörtlich als "gesehen, gefunden, inspiziert" empfanden – denn am Himmel standen ja reale Götter der Nacht.

Man stellte sich auch nicht kurz vor Sonnenaufgang hin, um nach Süden auf einen Ziqpu-Stern zu schauen: Der befand sich ja über dem eigenen Kopf "in der Mitte des Himmels". Es ging vielmehr darum, sich frühmorgens "in dessen Präsenz zu begeben", indem man sich wie bei einer Unterwerfungsgeste am Boden hinstreckte, Füsse nach Norden, Kopf ganz zurückgelegt, "mit dem Gesicht nach Süden". Dem im Zenit stehenden Gott "gegenüber" exponierte man nunmehr "die Brust" – am besten zu dem Zeitpunkt, wenn im Osten mit dem Aszendenten die Sonne auf- und der Deszendent im Westen unterging.[85]

Derart "fanden, sahen" die vom Zenit aus das Himmelsgewölbe beherrschenden Gestirne den Beobachter, der durch ihre astralmagische Bestirnung sodann Macht und Kraft erfuhr.[86] Wichtig waren vor allem die heilkräftigen Ziqpu-Gestirne wie Gula – Die Grosse – samt ihrem Hund oder Die Grossen Zwillinge, die diesen Fokus auf den Zenit ausgelöst haben mochten. Die anderen Zenitgestirne – Die Furche, Der Regent oder Der Das Szepter Hält samt dem Gestirn Der Fülle und dem Gestirn Der Würde – verhiessen Fruchtbarkeit und gute Regentschaft des Landes.

Die älteste Kopie des *Mul.Apin* wird auf 687 datiert. Die Himmelsbeobachtungen darin stammen jedoch etwa aus 1000 v.u.Z. und von etwa 36° nördlicher Breite, was den wichtigsten Städten des assyrischen Reiches – Assur, Niniveh und Kalhu – entspricht.[87] Sie herrschten nach dem Zerfall des Kassitenreiches über Babylon und hatten dessen Wissenschaft und Kultur übernommen, die neue Weltordnung, in der das *Enuma Elish* den babylonischen Stadtgott Marduk an die Spitze stellte, jedoch nicht zur Gänze. Das *Mul.Apin* orientiert sich zwar daran, erhebt Marduk zum Thronfolger Anus und versetzt ihn samt seiner Mutter und Gemahlin an den Pol, bewahrt sonst aber die alten Hierarchien des Himmels.

In Babylon selbst entstand dann ein paralleles Kompendium zum *Mul.Apin*: der spätbabylonische *Sternenkatalog 5 R 46*.[88] Er versetzt Marduk als Königsstern in den Regulus der Löwin und verändert die Zuordnung von Göttern zu Fixsternen etwas. Der zweite Teil dieser Sternenliste weist dann einen astrologischen Fokus aus, indem die Gestirne Beinamen erhielten, die ihren ominösen Charakter unterstrichen.[89]

DIE SPÄTZEIT

Ab der Mitte des 8. Jahrhunderts betrieb man systematisch nächtliche Beobachtungen des Mondes, der Planeten, Sterne und Kometen, was astronomische Tagebücher aus Babylon, Uruk und Nippur belegen. Dabei entdeckte man die 'Sarosperiode', der sich in einem 18-jährigen Zyklus wiederholenden Mondfinsternisse. Die Periodizität astronomischer Phänomene, die nun bald fast auf die Stunde genau voraussagbar waren, wurde wichtig: ob Eklipsen, der Tag der lunaren Opposition, die Position der Planeten bei Sonnenaufgang oder die Länge des Monats.[90] Die Bahn der Sonne, die Ekliptik, wurde am Himmel mit dem Jahreslauf nun in Abschnitte eingeteilt. Die astronomischen Tagebücher verzeichneten aber auch Wetter, Wasserpegel des Euphrat, Marktpreise, Gold- und Silberwert sowie lokale Vorfälle, um aus der Regelmässigkeit astraler Ereignisse Gesetzmässigkeiten der eigenen Lebenswelt abzuleiten.[91] Die ersten Geburtshoroskope sind in Babylon jedoch erst ab 500 belegbar: "Im Jahr 48, Monat Addaru, Nacht des [23.?], wurde das Kind geboren. Zu dieser Zeit war die Sonne in 13, 30° Aries, der Mond in 10° Aquarius, Jupiter am Anfang von Leo ... Ihm wird es an Besitz mangeln ... Im 36. Jahr wird er Besitz haben. Seine Tage werden lang sein. Seine Frau, die von Leuten in seiner Gegenwart verführt werden wird, [...]."[92]

Die Verknüpfung von Makro- und Mikroskosmos wurde immer enger und komplexer; alles Astrale hatte Einfluss auf alles Irdische, sodass ein geradezu esoterisches Beziehungsnetz entstand. Die verschiedenen Laute des Wettergottes Adad wurden so etwa mit einzelnen Tierlauten verglichen (von Skorpion, Schlange, Hund, Schwein, Löwe, Schakal, Schaf, Pferd, Esel, einzelnen Vögeln) – ebenso verwandelten sich Sterne in Löwen, Schakale, Hunde, Schweine, Fische, in Edelsteine wie Malachit und Lasurstein, in Silber und Gold oder verschiedene Pflanzen und Bäume.[93] Zudem wurden die Namen der Götter über Klangähnlichkeiten assoziativ mit allen möglichen Sachverhalten verbunden. Enlil wurde beispielsweise im 1. Jahrtausend *Illil* ausgesprochen, was ihn mit dem Gott des Arbeitsliedes *Alalu* verknüpfte und ihn somit sprichwörtlich in den Volksmund legte; darin klingt der Pflug (*Al*) aus Enlils Weltschöpfungsmythos, dem *Lied von der Hacke*, an, in dem er die agrarischen Gerätschaften erfand. Einer von Anus Ministern wiederum, der Gott Ilabrat, wurde von der Volksetymologie mit Anus Wahrem Hirten gleichgesetzt (auch er ein Minister), und sein Name als *Ili*, 'Götter', und *Labrat*, 'der Menschheit', ausgedeutet: womit der Orion zum Hirten des Volkes mutierte.[94]

Derart entwickelte sich eine Form der konkreten Poesie, die alles mit allem zum Zweck der Beschwörung und Heilung vernetzte – eine magische Praxis, die bis zur Seleukidenzeit weiter ausgestaltet wurde und noch den arabischen Sternenglauben prägte. Man setzte Heilkräuter, Säfte und Tonkrüge den Sternen aus, um sie mit deren Kraft aufzuladen und mit Beschwörungen zu versehen, ebenso wie Lehmfigürchen, in denen das Böse gebannt wurde, um es dann zu verbrennen oder fortzuwerfen. Götterstatuen wurden aufgestellt, deren Holz, Edelmetalle und Edelsteine die Macht der Sterne in sich aufnahmen, und Planeten wie Sternbildern errichtete man Altäre und brachte ihnen Opfer dar.[95]

Das auf 700 v. u. Z. datierte und in Niniveh entdecktes *Astrolab K*[96] demonstriert diese astrologische Praxis: Die Sterne einzelner Sternbilder – Die Zwillinge sowie Annunitu und Der Fisch und Das Feld – sind wie auf einer modernen Karte durch Linien verbunden, was ihre schnelle Identifikation am Himmel erlaubte; die Beschriftung mit ihrem Abrakadabra lautmalerischer Formeln hingegen diente der Beschwörung ihrer astralen Macht.[97]

Darüber erfolgte die Erfindung der *Bit Nisirti*, 'geheimen Stellen' in Sternbildern, wo einzelne Planeten ihre grösste Macht erlangten: Die hellenistischen Griechen nannten das später *Hypsoma*, 'Erhöhung'; als 'Häuser' wurden sie zu einem wichtigen Konzept ihrer von der mesopotamischen Omendeutung abgeleiteten und bis heute verbreiteten Astrologie.[98]

Ab etwa 800 entstanden dann detaillierte Beschreibungen der Sternbilder und ihrer Figuren, samt Körperteile markierenden Sternen. Diese bis zum Ende des 3. Jahrhunderts immer wieder kopierten Uranographien gehen auf eine gemeinsame Quelle zurück, der das *Mul.Apin* als Referenzwerk diente. Als Arbeitsbücher für den Eigenbedarf gelehrter Schreiber, um sich am Himmel zurechtzufinden, listeten sie systematisch die Kennzeichen der einzelnen Asterismen und Sterne auf, wobei sie zwischen 'vorne' und 'hinten' unterschieden: *Vorne* war der Teil des Sternbilds, der zuerst in der Drehrichtung des Himmels von Ost nach West aufstieg, und rechts und links wurden von der Blickrichtung des Sternbilds her verstanden. So wurden manche von ihnen auch gezeichnet, nämlich auf die Erde herabblickend: womit sie sich im wörtlichen Sinne als ihr Ebenbild 'abgezeichnet' fanden. Diese erst jüngst edierten Uranographien sind nicht nur eine wertvolle Quelle zur Rekonstruktion der mesopotamischen Sternbilder; sie waren auch Vorläufer der ersten griechischen Sternkunde, die in Aratus' *Phainomena* und Eratosthenes' *Katasterismoi* – Versternungen – Anfang des 3. Jahrhunderts erstmals greifbar wird: Die darin enthaltenen Schilderungen der Sternbildfiguren werden von diesen Uranographien bereits vorweggenommen.[99]

Nach der fast völligen Zerstörung Babylons durch die Assyrer 689 entstand das letzte mesopotamische Epos – *Erra* – als trauriger Abgesang auf die einstigen demiurgischen Kräfte Marduks und seines Kosmos, der nun vom Kriegsgott Erra und den Siebengöttern der Plejaden verheert wird. In der Hauptstadt Assurs stellte man danach den Gott Amurru als Lenker in den Streitwagen des nördlichen Taurus; diese Hommage an den Staatsapparat der Amurriter ist die letzte feststellbare Veränderung am mesopotamischen Himmel. Die Griechen übernahmen Amurrus Sternbild dann als 'Zügelhalter' in Auriga: unseren 'Wagenlenker'.

Die astrologischen Texte ab 400 v. u. Z. unterteilten den Sonnenlauf in zwölf Sektoren zu je 30° und gaben diesen Sektoren die Namen der darin liegenden Sternbilder: So entstand der 'Tierkreis' des Zodiakos ohne neu zu erfindende Sternbilder. Man schrieb sie mit den Positionen von Sonne, Mond und den Planeten in Geburtshoroskope, da sie ja alle zusammen Leben und Tod eines Kindes bestimmten. Tierkreiszeichen standen auch in Kalendern, weil sie für die Herstellung von Heilmitteln wichtig waren.[100]

Nebeneffekt davon war eine Systematisierung des Himmels. Zuvor hatte man die Positionen der Planeten mittels ihrer Abstände westlich oder östlich einzelner Fixsterne bestimmt, was auf Dauer so unpraktisch wie ungenau war. Die neuen Grenzlinien wurden nun durch die je 30° breiten Tierkreiszeichen gezogen. Auch die zwölf, mit Aries beginnenden Mondmonate erhielten nun Bezug zu den Tierkreiszeichen – bis auf den 13., den Schaltmonat. So diente der Zodiakos auch rein mathematisch der Verortung von Himmelsphänomenen.[101]

Indem der Tierkreis ins Alltagsleben überging, veränderte er in der Seleukidenzeit auch ein uraltes Brettspiel: Die Sternbilder Des Anzu als 'Sturmvogel', Der Königliche Fasan, Der Geier und Die Erhabene Schwalbe wurden Figuren, die man mit Astragal-Würfeln über die zwölf Zeichen des Zodiaks hinwegbewegte. Dieser spielerische Tierkreis begann mit Dem Feld im Pegasus, das als Gestirn bei Jahresbeginn (Frühlingsäquinoktium) morgens über der aufgehenden Sonne stand und sie so gewissermassen zum neuen Jahreslauf hinaufzog, und er führte dann über Den Lohnarbeiter und die Plejaden bis zum Grossen in Aquarius: Jede Station wurde mit einem, meist nicht ganz ernst gemeinten Orakelspruch verbunden.[102]

Auf Tontafeln aus der Seleukidenzeit des 3. Jahrhunderts v. u. Z. wurden sodann die Figuren einzelner Sternbilder gezeichnet. Sie sind allesamt spiegelverkehrt dargestellt – entweder um dem göttlichen Blick von oben zu entsprechen oder um in der Leserichtung links zuerst jenen Teil zu zeigen, der zuerst aufgeht.[103]

Die Göttliche Schlange Mush wird darauf bis zu den abgebrochenen Hinterfüssen dargestellt. Auf ihrem Rücken entsprechend seiner astronomischen Position, ist das Sternbild Des Erhabenen Löwen eingezeichnet. Der Rabe in Corvus sitzt am Schwanzende von Mush und pickt mit dem Schnabel darauf ein. Dann folgt rechts die bekleidete Göttin Shala als Sternbild Furche in Virgo, die eine Gerstenähre in beiden Händen trägt; dazwischen ist der Merkur als achtzackiger Stern dargestellt, der ebendort die 'geheime Stelle' seiner höchsten Macht erreicht. Alle fünf Figuren sind sowohl passgenau zueinander wie zu den Sternen ihrer Position am Himmel und werden durch ihre Namen eindeutig ausgewiesen. Der dazugehörige Text bezieht sich auf eine Mondfinsternis im Sternbild Des Löwen, die den Untergang des Königs von Akkad und eine gewaltige Hungernot verhiess. Auf einer anderen Tafel wiederum finden sich ein Rind dargestellt sowie jene zwei Figuren, die man im Mond sah.[104]

Man hielt diese Figuren offenbar deshalb bildlich fest, weil sie unklar und unbestimmt zu werden drohten: Der männliche Löwe konnte mit der weit prägnanteren Löwin darüber verwechselt werden, das Rind mit dem 'Büschel' der Plejaden als seinem Buckel hatte nicht mal mehr einen Namen, weil es vom kanonisch gewordenen Stierschädel in Taurus verdrängt worden war, und Mondgesicht hielt ebenfalls eine marginal gewordene Vorstellung fest.

DIE ÜBERNAHME DURCH DIE GRIECHEN UND UNSER HIMMEL

In den Zeitraum zwischen 700 und 300 v. u. Z. fällt die grossflächige Übernahme des spätmesopotamischen Himmels durch die Griechen, deren Beziehungen mit dem Osten ab dem 10. Jahrhundert immer intensiver wurden: Nordsyrien und Kilikien waren dabei die Kontaktregionen für die Euböer und Böotier.[105] So verweist der griechische Name für 'Stern', *aster*, auch auf die nordsyrische Verkörperung der Ishtar als weiblicher Morgenstern Astarte und männlicher Abendstern Astar.

Der erste griechische Text – die um 700 in Böotien entstandene *Theogonie* Hesiods – behandelt bereits den Götterkampf und die Weltentstehung des *Enuma Elish,* dessen Kosmos als fait accompli betrachtet wird, bei dem die Gestirne kaum eine Rolle spielen. Auch in seinem Bauernkalender *Werke und Tage* zählt Hesiod nur wenige Sterne auf: Sirius, die Plejaden und Hyaden, die Grosse Bärin, die mesopotamischen Figuren des Rinderhirten für Bootes und der zum Jäger umgedeutete Orion, da deren Auf- oder Untergänge auch für die Griechen die agrarisch wichtigen Jahreszeiten markierten.

Homers *Ilias* (um 660) zeigt ebenfalls solche Übernahmen: Orion, Plejaden und Hyaden werden als mesopotamische Markierung für den Jahresanfang gesetzt, bei der griechischen Bärin wird erwähnt, dass man sie auch 'Wagen'[106] nennt, und Sirius als griechischer 'Hundestern' ist an anderer Stelle dem auf den sumerischen Urinnu zurückgehenden Orion zugeordnet. Die Reihenfolge der von Homer beim Schild des Achilleus aufgezählten Sterne geht dabei auf die des altbabylonischen *Gebets an die Götter der Nacht* zurück.

Die Plejaden als 'Vollmacher' des Jahres kannten die Griechen aber wohl schon vor den mesopotamischen Sternbildern, ebenso Cygnus. Weitere originär griechische Sternbilder sieht man auf einer Votivgabe aus dem böotischen Tempel von Halai (etwa 625). Die Sternbilder auf der Trinkschale kündigen die Jahreszeiten an: Hydra, Lepus und Canis Maior markieren den Winter, wobei von diesen drei plausibel griechischen Sternbildern die Schlange auf uralte Wurzeln zurückgehen muss – sie findet sich so auch bei australischen Aborigines. Bei der Sommergruppe Leo und Delphinus weist auch der Löwe alte Wurzeln auf und Delphinus wirkt durch seinen mit der Seefahrt verbundenen Mythos autochthon griechisch. Der weltweit vertretene Skorpion, der den Frühling markiert, muss ebenfalls einer uralten Tradition entstammen. Der Stier hingegen ist aufgrund seiner Figuration (und seiner Domestikation) eindeutig mesopotamisch; er gehört zu den Fixsterngruppen, mit deren Auf- und Untergängen die Griechen den Herbst markierten.[107]

Vorsokratiker wie Thales (trotz seiner angeblichen Vorhersage der Sonnenfinsternis von 585) und Pythagoras interessierten am Himmel eher nur allgemeine kosmologische Prinzipien. Erst Plato stellte in seinem *Timaios* die Frage, wie die Himmelsbewegungen mittels Sphären erklärbar seien. Sein Schüler Eudoxos von Knidos (ca. 408–355) beantwortete sie durch ein komplexes Modell und verfasste um 366 ein nicht erhaltenes astronomisches Lehrgedicht.[108]

Aratus aus dem kilikischen Soloi (ca. 310–260) legte davon eine überarbeitete Fassung vor, in der er – wo nachprüfbar – anders verortete Sternbilder und Namen auflistet.[109] Als Kilikier hatte er in dieser ehemaligen assyrischen Provinz noch Zugang zu den mesopotamischen Quellen; er gräzisierte in seinen *Phainomena* die Namen und Mythen vieler babylonischer Sternbilder, hielt sich dabei jedoch an seine astronomischen Vorlagen. Er gibt nämlich neben einer Beschreibung von 49 Sternbildern auch eine Liste von Sternen entlang des Äquators und der Wendekreise an und zählt die Sternbilder auf, die zugleich mit einem Tierkreiszeichen auf- oder untergehen. Die Hälfte dieser Auf- und Untergangspaare findet man schon im *Mul. Apin*; 34 der 49 Sternbilder stammen eindeutig aus Mesopotamien, wobei davon zwanzig von dort übernommene Sterne und Namen aufweisen. Eudoxos' Daten und jene des *Mul.Apin* gehen also auf eine gemeinsame, ältere Quelle zurück, die ihre Beobachtungen um das Jahr 1000 in der Umgegend von Ninive vornahm.[110]

Mythen finden sich in Aratus' *Phainomena* allerdings nur wenige; es besteht etwa zur Hälfte aus reinen Sternbildbeschreibungen, wie sie für spätzeitliche babylonische Uranographien typisch sind. Oft wirken sie wie abgeleitet von einzelnen schematischen Abbildungen – als hätte da jemand mesopotamische Zeichnungen der Sternbilder vor sich gehabt, ohne zu verstehen, was oder wen sie wirklich darstellen, und dazu eine Auskunftsperson, die sich auch nur halb damit auskannte. Übernommen wurden so gut wie alle Figuren, die aber wurden umgedeutet, mit neuen Namen versehen und dazu neue Legenden skizziert, um sie einzugemeinden. Insbesondere Eratosthenes tat sich damit hervor, eigene Geschichten für die mesopotamische Ikonographie der Sterne zu erfinden, manchmal aufgrund von Stichworten aus dem Originalkontext, meist jedoch als hellenistisches Kunstmärchen. Denn jetzt wurde der eigene Himmel unter dem Einfluss der prestigeträchtigen mesopotamischen Astronomie und Astrologie radikal überschrieben, weshalb sich von den ursprünglich in den Sternbildern sichtbaren Göttern und ihren Sagen kaum etwas erhielt – und es andererseits am griechischen Himmel keine Sternbilder gibt, welche die wichtigsten griechischen Götter darstellen.

Völlig neu war überdies der Bezug der Sternbilder zum Tierkreis, den Alexander nach Griechenland brachte. Er hatte Babylon 331 erobert und kehrte 323 aus Indien triumphierend in die Stadt zurück, deren ihm nunmehr unterstellte Astronomen jedoch rieten, die Stadt erst nach einer bevorstehenden Mondfinsternis zu betreten: woran er sich geflissentlich hielt. Begleitet wurde Alexander von Aristoteles' Grossneffen Kallisthenes (370–327), der astronomisches Wissen der Babylonier an Aristoteles weiterleitete.[111] So taucht in der erst nach der Eroberung Babylons verfassten *Meteorologie* und *Metaphysik XII 8* des Aristoteles erstmals der Begriff 'Zodiakos' auf. Zu dieser Übernahme aus Babylon passt auch, dass Aristoteles' Kollege, der Astronom Kallipos (um 370–300), einen neuen Kalender vorschlug, der das Verhältnis des Sonnenjahres zu den Mondmonaten besser lösen sollte als bisher: Kallipos setzte dessen Beginn mit dem 28. Juni 330 fest, mithin neun Monate nach Babylons Eroberung.

Der Tierkreis diente den Griechen daraufhin als Bezugssystem, um die seit Jahrhunderten gesammelten Beobachtungsdaten der Babylonier aufzuarbeiten. Systematisiert wurde dies alles von Hipparchos (um 150 v. u. Z.), der den mesopotamischen Mondkalender mit Daten des ägyptischen Kalenders synchronisierte, der mittlerweile unter den Gelehrten gebräuchlich geworden war. Auf Hipparchos' Arbeiten beruhte schliesslich der spätere Sternenkatalog des Ptolemaios (ca. 100–160 u. Z.), der neben dem mesopotamischen Tierkreis auch die Namen der Sterne kanonisierte und ein Koordinatensystem für sie einführte.

Über Alexanders Nachfolger in Ägypten, die Ptolemäer, gelangten weitere Kenntnisse und mythische Motive der mesopotamischen Sternbilder zu den Griechen. Die Ägypter übernahmen in dieser Zeit nicht nur den Tierkreis aus Babylon, sondern auch andere Sternbilder – wie der berühmte Sternhimmel im Tempel von Dendera mit seinen mesopotamischen Ikonographien zeigt. Eratosthenes (275–194 v. u. Z.) sammelte als Leiter der berühmten Bibliothek von Alexandria auch Schriften aus dem nun von Griechen regierten Zweistromland. Um 260 entstand dann sein Werk *Über die Ordnung der Sterne und den Ursprung der Himmelszeichen* als erste wirklich ausführliche Darlegung der Sternbilder samt der vielen darauf bezogenen Mythen – von denen er, wie man an den altägyptischen Sternbildern erkennt, nicht wenige selbst verfasst zu haben scheint. Trotz umfassender Gräzisierung blieben darin manchmal einzelne mesopotamische Motive erkennbar, auf die wir in der Folge verweisen. Der römische Gelehrten Hyginus (60–4 v. u. Z.) überarbeitete später Eratosthenes' Werk unter dem Titel *De Astronomica* und zog weitere alte Quellen mit mesopotamischen Motiven heran.

Unter dem hellenistischen Einfluss hatte sich aber auch die babylonische Astrologie weiterentwickelt. Sie schrieb nun den einzelnen Sternbildern des Tierkreises Einflüsse zu auf Steine, Bäume, Pflanzen, Tage, Tätigkeiten, das Essen sowie Körperteile und ihre Krankheiten. So war Aries für den Kopf, Taurus für den Hals, Gemini für Arme und Schultern, Cancer für die Brust, Leo für Herz und Bauch verantwortlich, Virgo für den Unterleib, Libra für die Eingeweide, Scorpius für die Genitalien, Sagittarius für Hüfte und Oberschenkel, Capricornus für Knie und Schienbeine, Aquarius für die Beine und Pisces für die Füsse.[112]

Dieses System wurde von Marcus Manilius in seinem lateinischen Lehrgedicht *Astronomicon* übernommen,[113] das zwischen 10 und 30 u. Z. entstand und astronomisches wie astrologisches Wissen zusammenfasste. Kurz zuvor hatte Ovid in seinen *Metamorphosen* und dem Kalendergedicht *Fasti* einzelne astrale Mythen aufgearbeitet. Sie basierten ihrerseits wieder teilweise auf Aratus' *Phainomena*, vor allem jedoch auf Eratosthenes' und Hyginus' Sammlungen der Sternbildsagen, die er nunmehr den Römern schmackhaft machte.

Die heute geläufigen Sternbildsagen entstammen diesen Überlieferungslinien, welche den Kanon der griechisch-römischen Sternbildlegenden hervorbrachten. An den wenigen, knappen Sternsagen des Aratus und den weit ausführlicheren des Eratosthenes, der sich nur teilweise auf ältere, bis ins 7. Jahrhundert zurückreichende Quellen beruft, zeigt sich jedoch eine gleichsam postmoderne Mythenbildung. Sie suchte die von Mesopotamien über Alexandria importierten Sternbilder und deren Namen zur Einpassung in das hellenistische Weltbild durch neue, miteinander noch rivalisierende Sternsagen zu erklären. Da die zentralen Mythen um die griechischen Götter längst ausgeformt waren, stellt ihr Nachthimmel – im Gegensatz zum mesopotamischen – kein wirkliches Abbild des Kosmos mehr dar: Die griechischen Sternsagen verleihen vielmehr den Sternbildern Bedeutung durch recht künstlich erfundene und abgelegene Ergänzungen zu den etablierten Mythen des griechischen Pantheons. Während die Sternbilder verhältnismässig getreu von schematischen Darstellungen aus Mesopotamien kopiert scheinen[114] und deren Namen etwa zur Hälfte an das hellenistische Weltbild angeglichen wurden, blieb von den mesopotamischen Mythen nur selten noch Erkennbares übrig.

Die Figuren der Sternbilder wurden wohl von mehreren Personen übernommen, die einmal mehr, einmal weniger Zugang zu den entsprechenden Legenden hatten, die für die Griechen ohnehin nur begrenzt von Interesse waren. Deshalb blieb oft nur in marginalen Traditionen ein Echo auf nahöstliche Ursprungsmythen erhalten, die man wohl hauptsächlich vom Hörensagen kannte. Das lag auch daran, dass die Sternbildmythen der Mesopotamier nie in einem Werk versammelt worden waren: Sie gehörten einfach zu jenem Wissenskorpus, den die äusserst konservative Kultur des Zweistromlandes bei ihren Gelehrten, Schreibern, Priestern und Astronomen voraussetzte. Die hatten die alten sumerischen Epen immer wieder aufs Neue aufgegriffen und an ihre Zeit angepasst – wodurch sich das mesopotamische Pantheon auf gut 3000 Götter erweiterte, die dann miteinander identifiziert wurden, um eine Übersicht und Einheitlichkeit der Gottheiten und ihrer Funktionen zu wahren.

Die folgende Darstellung der einzelnen Sternbilder und der mit ihnen verbundenen Göttern, Helden und mythischen Wesen kann deshalb nur ein Abriss ihrer vielfältigen Bedeutungen bleiben. Oft bleibt die Zuordnung ihrer jeweils grössten Symbolik zu einer Epoche rudimentär; dennoch gerieten selbst die ältesten, oft sogar mit neuen Figuren überzeichneten Sternbilder nur selten ganz in Vergessenheit. Fokus der Darlegungen hier ist das um 1300 v. u. Z. entstandene Weltschöpfungsepos *Enuma Elish* um den Königsgott Marduk mit seiner kosmischen Neuordnung, sowie der Götter- und Sternenkatalog des etwas späteren *Mul.Apin*, in dem sie bis in die Alexanderzeit hinein gültig blieben.

Ausgangspunkt der Aufarbeitung der Symboliken war zunächst Gavin Whites *Babylonian Star-Lore*, eine brauchbare Materialiensammlung für Omen, bildliche Darstellungen der Götter, Erläuterungen ihrer Rollen und Namenserklärungen, ohne deren viel zu weitreichende Interpretationen jedoch zu übernehmen. Unsere Auslegungen stützen sich jedoch bald auf die immer umfangreicher werdende Literaturliste im Anhang und eine Vielzahl von Fachartikeln zu einzelnen Aspekten.

Die sumerischen Sternnamen werden dabei nach Silbenzeichen punktiert wiedergegeben, die akkadischen zusammengeschrieben, wobei es nie eine klare Abgrenzung zwischen beiden Nomenklaturen gegeben hat: Die konservative mesopotamische Kultur vergass kaum eine der vielen mit einem Sternbild verbundenen Gottheiten; sie wurden dann einfach miteinander gleichgesetzt wie Pabilsag mit Ninurta und dieser wiederum mit Zababa. Das macht den Überblick schwer, erlaubt andererseits aber Blicke in die Vergangenheit – leider ohne klare Chronologie, da alte Mythen oder Sternbilder wie Der Wisentmensch oder Der Ziegenkarpfen später wieder relevant wurden.

Zu danken habe ich Hermann Hunger, der so freundlich war, eine erste Manuskriptfassung zu kommentieren, und Wayne Horowitz mit seiner Studiengruppe an der Universität Jerusalem: Gemeinschaftlich gingen wir so in den Jahren 2020 und 2021 jede Woche eine Vielzahl von Texten zu den Sternen durch.

DIE IDENTIFIKATION DER STERNBILDER

Die von Hermann Hunger mit den Astronomen David Pingree und John Steele vorgenommenen Identifikationen der mesopotamischen Sternbilder sind vom Ansatz her jedoch selten richtig. Dies betrifft vor allem den sogenannten *Gu*('Faden')-*Text* als breiteste und genaueste Basis für Gestirnsidentifikationen.[115] Hunger und Pingree gingen davon aus, dass der Text sukzessive Kulminationen auflistet, Lotlinien mehrerer Sterne im Süden; die wären dann der Reihe nach – stunden-, tage- oder wochenweise, das blieb ungesagt – auf der fehlerfrei geschriebenen und sehr gut erhaltenen Tontafel des *Gu-Text*es verzeichnet worden. Um ihren Fokus auf in Mesopotamien eigentlich bedeutungslose Kulminationen zu konstruieren, ordneten die Autoren die Reihenfolge der Textzeilen jedoch an sehr vielen Stellen einfach um und nahmen überdies eine Fehlerbreite der Messungen von 10° in Kauf, was als Beobachtungspraxis nicht plausibel ist. Zudem erklären Pingree und Steele nicht, weshalb der Text mit Orion beginnt, nach zwanzig Stationen jedoch mit Altair wieder aufhört: Für einen Jahreslauf ergibt dies keinen Sinn.

Wayne Horowitz übersetzte den Text mit seiner Gruppe und brachte dabei viele aufschlussreiche Details zum Vorschein. Dadurch lässt sich eine schlüssige Interpretation des Textes erzielen, die keiner Emendationen mehr bedarf und ausserdem die wenigen Bruchstellen des Textes von sich aus ergänzt. Der um 700 v. u. Z. entstandene Text erweist sich dann als Kartierung der Gestirne, die sich beim Blick nach Osten in der längsten Nacht des Jahres zeigen und im Lauf des Jahres im Zenit stehen. Die Beobachtung ist dabei gültig für die Breite von Ninive. Sie beginnt mit den ersten Gestirnen, die dort bei Sonnenuntergang sichtbar werden (Orion, Lepus und Gemini) und endet mit Altair als letztem kurz vor Sonnenaufgang gerade noch sichtbaren Stern (der in Babylon schon von der Sonne überblendet worden wäre).

Die Kartierung erfolgt durch zwischen den Händen aufgespannte Fäden (*Gu*), die mehrere Sterne durch eine gerade Linie verbinden – meist ausgehend von einem Peilwinkel, den zwei bis vier Sterne von sich aus vorgeben. Mit derselben Methode finden wir heute noch den Polarstern, wenn wir die hintere Wand unseres Wagens verlängern. Zudem kam uns (Christian Weiblen als Fachmann für Astro-Computerprogramme und mir) entgegen, dass Zeichnungen von Sternbildern aus dieser Epoche, die der *Gu-Text* auflistet, erhalten geblieben sind: nämlich Der Rabe, Die Göttliche Schlange in Hydra, der Erhabene Löwe, Shala und Der Himmelsstier.[116] Sie sind so detailliert skizziert, dass unsere Grafikerin Heidi Sorg sie passgenau auf die in ihrer Region vorhandenen Sterne übertragen konnte, wo sie sich dann als anatomisch korrekt erwiesen und die hellen Sterne auch die markanten Stellen bestimmten. Derart bildeten sie sichere Ankerpunkte für die einzelnen, den Himmel kreuz und quer abspannenden Peillinien.

Der *Gu-Text* listet somit Linien auf, deren exakter, meist durch mehr als drei Punkte gezogener Verlauf angesichts der zufällig verteilten Lichtpunkte der Sterne am Himmel sich von selbst kaum jemals ergäbe.

1. Anus Wahrer Hirte [β Orionis] und Der Königliche Fasan [ι und ε Leporis] – eine Linie.

2. Die Füsse [μ Geminorum] und Hände [Gerät bei θ Geminorum]; die rechte Hand [ξ Orionis] und Ferse etwas oberhalb von [κ Orionis] von Anus Wahrem Hirten; die Mitte Des Königlichen Fasans [α und β Leporis] – eine Linie.

3. Der hintere Stern Der Grossen Zwillinge [β Geminorum], Die Kleinen Zwillinge [zwischen α und β Canis Minoris hindurch], Der Pfeil [δ Canis Maioris] – eine Linie.

4. Der Krebs [α Cancri], Die Göttliche Schlange [HD 72945 als oberste Kopfspitze], Der Bogen [schneidet γθι Canis Maioris], der linke Fuss der menschlichen Figur des 'Pfeils' [α Canis Maioris] – eine Linie.

5. 5° nach [also gegen die Drehrichtung des Himmels] Dem Krebs [ist] Jupiter [zu sehen], der nach Dem Krebs [auf der Ekliptik unterhalb von o^1 und o^2 Cancri; er hat damit seinen Platz der höchsten Macht zwischen Kopf und linker Schere des Krebses] und vor Der Grossen Löwin [Leo] und der menschlichen Figur Des Pfeils [δ und ε Canis Maioris] – eine Linie.

6. Die zwei Sterne am Kopf Des Erhabenen Löwen[117] [18 sowie 19 Leonis bei o Leonis], die Mitte Der Göttlichen Schlange [θ Hydrae], der Ellbogen Des Pfeils [ε Canis Maioris] und die Greifer | Hände Des Gestirns Von Eridu | Nunki [κ Columbae] – eine Linie.

7. Die vier Sterne in der Brust Des Erhabenen Löwen [(ρ), 49, 43 Leonis, 19, 13 Sextantis], der vordere rechte Fuss Des Erhabenen Löwen [23 Hydrae], die [durch keinen Stern markierte] Mitte Der Göttlichen [Schlange (hier hat nur das schmale Zeichen für 'Mush' Platz)] und Das Gestirn Von Eridu | Nunki [ε Columbae] – eine Linie.

8. 15° nach den vier Sternen der Brust [58 Leo, ausgehend von 13 Sextantis 15° gegen die Drehrichtung des Himmels], der mittlere Fuss Des Erhabenen Löwen [λ Hydrae] und die Hand Der Ninmah [β Pyxidis (und knapp ζ Velorum)], die über Dem Knoten ist [der sich damit von δ bis B Velorum schlingen muss] – eine Linie.

9. Die zwei Sterne des Schwanzes Des Erhabenen Löwen [θ und ζ Crateris als je ein Stern der beiden Schwänze Des Löwenpaares], der Schwanz Des Raben [zwischen HP 58082 und HIP 57613] und der Zahn Der Egge [β Crucis] – eine Linie.

10. Der eine Stern im Schwanz Des Erhabenen Löwen [HIP 58741], die Mitte Des Raben [γ Corvi] und die Hand Des Zottelleibs Des Winters [ξ^{1+2} Centauri] – eine Linie.

11. Eru [4 Comae Berenices als äusserster Punkt der Dattelrispe, die Eru in der Hand hält],[118] Die Furche [Virgo], Shullat [zwischen η Centauri und ι Lupi] und Hanish [α Lupi], und Merkur, der auf der Seite Der Furche vor Dem Raben steht [und zwar oberhalb von Spica, genau am Schnittpunkt unserer Linie mit der Umrisslinie des Sternbilds und der Ekliptik als 'geheimen Platz des Planeten' und Stelle seiner höchsten Macht] – eine Linie.

12. 15° nach Eru [von 4 Comae Berenices entgegen der Drehrichtung des Himmels], Die Sitzenden Sterne [τ und ι Virginis], die vordere Schale Der Waage [σ Librae], Numushda [HIP 78323] und Saturn, der vor Der Waage steht [irgendwo um 5 Librae] – eine Linie.

13. Das [Esels-]Geschirr [η Bootis], die Mitte Der Waage [(durch β zu) γ Librae], die Schere Des Skorpions [δ Scorpii] und die Augen | das Gesicht Des Tollwütigen Hundes [zwischen α und ζ Telescopii] – eine Linie.

14. Shupa [α Bootis], die Mitte Der Waage [θ Librae], der Stern am Kopf Des Skorpions [σ Scorpii] und die Mitte Des Tollwütigen Hundes [zwischen ζ Telescopii und θ Arae] – eine Linie.

15. Das zweite [Esels-]Geschirr [c Bootis], die Brust Des Skorpions [α Scorpii], die Amme Des Skorpions [= der untere Rücken, η Scorpii] und der hintere Fuss Des Tollwütigen Hundes [α Arae] – eine Linie.

16. Der Ring [α und β Coronae Borealis], das Auge | Gesicht Zababas [ζ Ophiuchi], Sharur [λ Scorpii] und Shargaz [ν Scorpii] – eine Linie.

17. Die Doppelten[119] [50 Herculis und HIP 82324], Mitte Zababas [HIP 83906 und 30 Ophiuchi] zur linken Hand Des Höchsten Ahnen [4 Sagittarii], die vor seinem Bogen ist, und zur Barke [θ Coronae Australis] – eine Linie.

18. Die Dreifachen [HIP 84621, 84691, 83934], das Knie Zababas [70 Ophiuchi] und der Teil Des Höchsten Ahnen [σ und ζ Sagittarii], der oberhalb des Sternhaufens [Milchstrasse] ist – eine Linie.

19. Der einzelne Stern am Knie Der Ziegengeiss [θ Herculis], der Fuss Zababas [72 und 71 Ophiuchi] und der Teil Des Höchsten Ahnen [δ und ε Sagittarii], der über Der Barke ist – eine Linie.

20. Der Winkel Der Ziegengeiss [= die Diagonale ihres Throns, ζ1 und γ Lyrae] und der Helle Des Geiers [α Aquilae] – eine Linie.

Die bruchstückhaften *Dalbanna* ('Zwischenräume')-*Texte*[120] wiederum kartieren dieselbe Nacht der Wintersonnenwende um 700 v. u. Z. in Ninive von Orion bis Altair, sind jedoch kursorischer gehalten. Wie beim *Gu-Text* geht es ihnen um eine Orientierung im dicht bebilderten Sternenhimmel; das Augenmerk liegt jedoch auf weniger auffälligen Figurenteilen mit schwachen Sternen mit dem Hauptfokus auf Gestirnsuntergänge. Sie setzen neben Linien vor allem auf rechte Winkel, wie der Ausdruck "gespannte, abgeknickte Schnur" verrät (allerdings gibt die Notierung nicht immer die korrekte Laufrichtung an, die hier nummeriert in eckigen Klammern nachgetragen wird).

Dies beruht auf der Praxis der mesopotamischen Landvermessung, die wie in Ägypten mittels gespannter Seile vorgenommen wurde. Ein *Eblu*, 'Seil, Schnur', war zugleich ein Flächenmass – wobei mit den dadurch sich ergebenden Linien, Rechtecken und pythagoräischen Dreiecken gearbeitet wurde; auf dieselbe Weise kommen Linien, rechte Winkel und Dreiecke nun bei der Kartierung der Sternbilder zur Anwendung.[121] Der Zusatz "lockere Schnur" bedeutet, dass der Winkel fast, aber nicht genau 90° bildet. Zudem werden pythagoräische Längenverhältnisse von 1:2 ("2 Zwischenräume zu 1 Zwischenraum") angegeben; jeweilige "Erstlinge" beziehen sich auf den ersten Stern, der von einem Sternbild am Horizont zu sehen ist.

Wo sich die Angaben der *Dalbanna-Texte* mit denen des *Gu-Textes* überlappen, bestätigen sie jedes Mal unsere Identifikationen. Deshalb werden im Folgenden nur jene Passagen daraus wiedergegeben, die Identifikationen von Teilen weiterer Sternbilder erlauben:

A Rechte Hand von Anus Wahrem Hirten [ξ Orionis, 1], Brust Des Regenten [α Persei, 3], Erstling Des Himmelsstiers [o Tauri, 2] – [ziemlich rechter Winkel, 1:1].

C Krone Des Offenmäuligen Sturmdämons [9 Cygni], der O. S. [η Cygni], und die Luftröhre des O. S. [η – γ Cygni] – 2:1.

E Der Zerschmetterer [γ Andromedae, 1], Erstling Der Annunitu [γ Piscium, 3], seitlicher Stern zur Rechten Des Feldes [μ Pegasi, 2] – 3 Sterne, ziemlich rechter Winkel [2:1].

F Becken Des Schweins [30 Pegasi], rechter Fuss [des Schweins] [ζ Pegasi], Erstling Annunitu [γ Piscium] – 3 Sterne, ziemlich rechter Winkel, [2]:1.

G Brust Des Schweins [η Pegasi], rechter Fuss Des Offenmäuligen Sturmdämons [4 Lacertae],[122] Der Zerschmetterer [γ Andromedae] – 3 Sterne, rechter Winkel [2]:1.

H Rechter Fuss Des Offenmäuligen Sturmdämons [4 Lacertae], Der Regenbogen [Andromedanebel], Erstling Des Regenten [φ Persei] – 3 Sterne, ziemlich rechter Winkel [2:1].

I Rechter Fuss Des Offenmäuligen Sturmdämons [4 Lacertae], [Stirn Des Damhirschen, 11 Andromedae], Schulterblatt Des Damhirschen [HIP 2900 Andromedae] – 3 Sterne [auf einer Linie], geordneter Lauf [gehen der Reihe nach unter].

J Zehe des linken Fusses Des Offenmäuligen Sturmdämons [13 Lacertae], Erstling Annunitu [γ Piscium], Kopf Des Lohnarbeiters [bei 52, 49 Arietis] – 3 Sterne, rechter Winkel.

K Mund Des Damhirschen [HIP 118071], Hüfte Des Damhirschen [δ Andromedae], Flosse Der Annunitu [ψ Piscium] – 3 Sterne, Linie 1:1.

L [Hüfte Der] Annunitu [58 Piscium, 1], Schulterblatt Des Damhirschen [HIP 2900, 3], Hüfte Des Damhirschen [δ Andromedae, 2], Der Zerschmetterer [γ Andromedae, 4] – 4 Sterne [rechter Winkel, 2]:1.

U Das Wurfholz [58 Persei – α Aurigae – HIP 28343 und 28637, 2], rechter Fuss Des Regenten [ξ Persei, 1], der linke Fuss Der Grossen Zwillinge [η Geminorum, 3] – rechter Winkel, 2 Zwischenräume: Wiederholung.

W Rechter Fuss Des Wisentmenschen [γ Centauri], Shullat, 4 Sterne [zwischen τ^{1+2} und ι und η Centauri], Begrenzer Des Zababa [η Ophiuchi] – [Linie].

X Linker Fuss des Zottelleibs Des Winters [γ Centauri], Shullat [ι Lupi] und Hanish [β Lupi], – 3 Sterne, [Linie, 2:]1.

e [ε Cassiopeiae, Schwanz Des Pferdes; γ Cassiopeiae, Rücken Des Pferdes], Kopf Des Pferdes [σ Cassopeiae] und Die Erhabene Schwalbe [υ Piscium] – 4 Sterne, [rechter Winkel 2:] 1. Dazu Kopf Der Erhabenen Schwalbe 2:1 [σ – γ: γ – ψ Piscium].

j Stachel Des Skorpions [λ Scorpii], Kopf Des Wisentmenschen [HIP 66065], Shullat [ι Lupi] – 3 [Sterne, ziemlich rechter Winkel], 2:1.

m Linke Hand Der Ziegengeiss [HD 167965] – Fuss Der Ziegengeiss [= ihres Hundes, μ Herculi], Krone Des Zababa [HIP 81724], [Brust Des Skorpions, α Scorpii] – 4 Sterne [Linie].

q Krone Des Zababa [ψ oder ξ Scorpii], rechter Fuss Des Zababa [72 Ophiuchi], linker Fuss Des Zababa [α Ophiuchi], Kleiderstern [HIP 80620] – 3 Sterne sind ein Dreieck, lange Breite.[123]

r Der Geier [71 Aquilae], Der Ziegenkarpfen [zwischen α – β Capricorni], der Stachel Des Höchsten Ahnen [60 Sagittarii (und 58, 59, 62)] – 3 Sterne, Linie 1:1.

s Kopf Des Wisentmenschen [γ Hydrae, 3], Mittelsterne Des Wisentmenschen [HIP 65535, 65621, 65593, 2], linkes Bein Des Wisentmenschen [ε Centauri, 1], Mitte Der Wildkatze [30 Ophiuchi, 4] – 4 Sterne, rechter Winkel.

t(A) Rechte Hand Des Wisentmenschen [4 Centauri], Sharur und Shargaz [υλ Scorpii], Stachel Des Höchsten Ahnen [ω Sagittarii] – 3 Sterne, 2:1 [Linie].[124]

z Mund Des Sitzenden Hundes [η Herculis, 3], Die Ziegengeiss [νο Herculis, 2], der Kopf Der Wildkatze [σ Serpentis, 4] und Der Geier [α Aquilae, 1] – [ziemlich rechter Winkel].

aa Die Grosse [α Lyrae], die Zunge Des Sitzenden Hundes [HD 151732], Die Wildkatze [λ Ophiuchi] – 3 Sterne, rechter Winkel, 2:1.

Weitere Gegenprüfungen bereits erlangter Identifikationen erlaubte schliesslich ein dritter Text – eine Liste von Gestirnen, die im Laufe eines vollen Jahres um 700 v. u. Z. in Ninive im Zenit standen.[125] Dank der exakten Gradangaben lassen sich die Sternbilder bis ins Detail kartieren (wobei die Liste eine Messung [13 a] überspringt und generell zu einer Sternbildgrenze einer Figur führt, um von der nächsten aus weiterzumessen):

1. 8° zum Joch [α Bootis] **2.** 9° zum Hinteren Geschirr [HIP 73156] **3.** 12° zum Ring [zwischen γ und δ Coronae Borealis] **4.** 15° zu Den Zweifachen [50 Herculis und HIP 82324] **5.** 5° zu Den Dreifachen [HIP 84621, 84691 und 84934] **6.** 10° zum Einzelstern [ο Herculis] **7.** 10° zur Herrin Des Lebens [β Lyrae] **8.** 20° zur Schulter Des Leoparden [α Lyrae bis 29 Cygni] **9.** 10° zum hellen Stern seiner Brust [29 Cygni bis α Cygni] **10.** 20° zu seinem Knie [29 Cygni bis π^2 Cygni] **11.** 20° zu seiner Ferse [α Cygni bis 1 Lacertae] **12.** 10° zu den vier Sternen Des Damhirschen [1 Lacertae bis ο Andromedae] **13.** 15° zu Den Dämmrigen Sternen [10 Andromedae bis Andromedanebel] [13 a – 15° zum Zerschmetterer [Andromedanebel bis γ Andromedae]] **14.** 15° bis zum hellen Stern Des Regenten [55 Andromedae bis β Persei] **15.** 10° zum Schmelzofen [β bis α Persei] **16.** 15° zum Wurfholz [δ Persei bis α Aurigae] **17.** 10° zur Hand Des Wurfholzes [α Aurigae bis ν Aurigae] **18.** 30° zu Den Grossen Beiden [τ Aurigae bis κ Geminorum] **19.** 20° zum Krebs [κ Geminorum bis α Cancri] **20.** 20° zu den zwei Sternen Der Grossen Löwin [α Cancri bis μ Leonis] **21.** 10° zu den vier Sternen ihrer Brust [μ bis η Leonis] **22.** 20° zu den zwei Sternen ihrer Flanke [μ bis δ Leonis] **23.** 10° zum Einzelstern ihres Schwanzes [δ bis β Leonis] **24.** 10° zur Dattelrispe [β Leonis bis 20 Comae Berenices] **25.** 30° zum [Vorderen] Geschirr [β Leonis bis η Bootis] **26.** 8° zum Joch [γ bis α Bootis].

Für die Verortung der Sternbilder war wichtig, dass die hellsten Sterne – wie im *Enuma Elish* definiert – den Standort eines als Gottheit gesehenen Sternbilds bestimmen: den sogenannten *Manzazu*, auf dem sie steht, in der Regel in Dominationshaltung mit dem rechten Fuss. Die Uranographien erwähnen helle Sterne deshalb nur, wenn sie am sonst ebenfalls meist schwach zu erkennenden Kopf einer Figur stehen. Die Uranographien helfen überdies bei der Bestimmung von Details oder der generellen Lage am Himmel – so etwa Erus Ferse, von der gesagt wird, dass auf sie die Deichsel des Wagens zeigt.

Noch hilfreicher sind die vielen erhaltenen, gleichsam kanonischen Abbildungen einzelner Götter, auf Rollsiegeln, Reliefs und auf den Kudurru ebenso wie in den spätzeitlichen Sternbildzeichnungen des Raben, des doppelten Löwen, der Schlange, Shalas und des Himmelsstiers. Doch selbst jene Bilder, die nicht durch ein Sternsymbol als astral ausgezeichnet werden, kann man sehr oft gut auf die Sterne rückprojizieren: 'Die Grosse' Gula wird oft mit ihrem Thron und einem Hut dargestellt, den man in dieser Gestalt unzweifelhaft in den Sternen von Lyra beziehungsweise im Kopf von Draco erkennt. Auch ihr aus den astronomischen Angaben identifizierbarer Kniestern entspricht der Anatomie einer sitzenden Frau. Die Gestalt des Ziegenkarpfens in Capricornus bezieht sich ebenfalls auf die markanten Sterne in seiner Region; das Gleiche gilt für die Abbildungen Enkis und seines Feldes.

Das führt zu der neuen Erkenntnis, dass viele Darstellungen von Göttern ihre Sternbilder abbilden – was logisch ist, da sie sich ja nachts gestalthaft am Himmel zeigen. Diese von den Sternen abgeleitete Bildlichkeit erlaubt eine relativ genaue Rekonstruktion des mesopotamischen Sternenhimmels, indem Zeichnung, astronomische Vermessungsangaben und Textquellen im Verbund betrachtet werden. Die solcherart gemeinsam mit Heidi Sorg und Christian Weiblen erarbeiteten Identifikationen werden im Folgenden mit S | S | W ausgewiesen.

I HIMMEL UND STERNE

Himmel

AN – DAS HOHE | DER HÖCHSTE GOTT
SHAM(AM)U – DIE WASSER
BURUMU – LAPISLAZULI

Der Himmel besteht aus drei Ebenen, dem Oberen, Mittleren und Unteren Himmel, deren Firmament jeweils aus einem anderen Edelstein besteht. Die Götter wohnen ganz oben; zu ihnen kann man wie bei einer zum Himmel reichenden Zikkurat auf einem langen Treppengang – *Simmiltu* – hinaufsteigen und zu Anus, Enlis und Eas Toren gelangen. Der Untere Himmel ist der für uns sichtbare: An sein Firmament wurden die Sternbilder als Abbilder der Götter gezeichnet. Die darunter liegende Erde *Ki* – *Ershetu* auf Akkadisch – war als Scheibe gedacht, die man sich manchmal auf Pfeilern ruhend vorstellte, welche aus der Unterwelt aufragten. Die Unterwelt hatte ebenfalls drei Ebenen: In der obersten hausten die Igigi-Götter, die manchmal in den Himmel steigen konnten; in der mittleren befanden sich Ea und der Süsswasserozean seines Apsu; und darunter waren die richtenden Götter der 600 Annunaki. Dort befand sich die ummauerte Totenstadt Uru.Gal oder Eri.Gal, in der es völlig finster war, ausser wenn die Sonne als Richter der Toten mit ihrer Schleppe von Licht nachts vom westlichen Tor zum östlichen wanderte.[126]

Alle drei Begriffe für den Himmel sind austauschbar. Das sumerische *An* steht im Singular, leitet sich von 'hoch' ab und ist zugleich der sumerische Name des höchsten Gottes *An(u)*, des 'Höchsten'. Das akkadische *Shamu* und die Form *Shamamu* stehen im Plural; das Wort wurde volksetymologisch von *Mu* | *Mamu* – Wasser – abgeleitet und war ein Homonym für Regen. Im Epos *Enuma Elish* wurde der Himmel deshalb überwiegend als aus dem Wasser der Urgöttin Tiamat geschöpft angesehen. Darum kam auch der Tau von den Sternen herab als "reiner Tau der Sterne" oder als "böser Tau der Sterne"; beides auch "Blut der Sterne" genannt. Und *Burumu* wiederum hängt mit *Burumitu*, 'himmelblauer Lapislazuli', zusammen.

Farbvergleiche der Sterne mit Edelsteinen und Meteoritenfunde führten in scholastischen Texten des 7. Jahrhunderts zu dem Schluss, dass es drei Himmel gibt, die nicht nur aus Wasser bestehen, sondern weit untereinander liegende steinerne Böden besitzen,[127] die man jedoch nicht als Gewölbe auffasste. Der blaue Lapislazuli mit seinen weissen Calzit-und Pyrit-Einschlüssen war ein geeigneter Vergleich für die Farbe des Nachthimmels mit seinen Sternen.

HO 223–224, 228, 231, REI 59 und 102 sowie J 4 und 6

"Der oberste Himmel ist aus rotem, weissem und schwarz geflecktem Stein;[128] er gehört Anu, der die 300 Igigi-Götter darin setzte.
Der mittlere Himmel ist aus dunkelblauem Stein; er gehört den Igigi. Marduk sitzt darin auf seinem Thron in einem Tempel aus Lapislazuli und lässt ihn gläsern und kristallen hervorleuchten.
Der untere Himmel aus durchscheinendem Jaspis gehört den Sternen, Marduk hat darauf ihre Sternbilder gezeichnet.
Die Seelen der Menschen jedoch setzte er auf das Festland der oberen Erde. In die mittlere Erde setzte er seinen Vater Ea und in die untere Erde schloss er die 600 Anunnaki-Götter ein."[129]

Alte sumerische Beschwörungen sprechen von jeweils sieben Göttern für Himmel und Erde; unklar bleibt, ob damit ein siebenschichtiger Himmel und eine siebenschichtige Erde gemeint war. Diese Tradition galt später auch für die hebräische und islamische Vorstellung des Kosmos.[130] Die Schreiber der Genesis stützen sich für ihre alttestamentarische Kosmogonie auf diverse sumerische, akkadische und ägyptische sowie eigene, uralte Schöpfungsmythen, um sie miteinander abzustimmen.

Sternenhimmel

DUB MUL AN KUG – DIE LEUCHTENDE TAFEL DER GLITZERNDEN STERNE
SHITIR SHAME | SHITIR BURUME – DIE HIMMLISCHE SCHRIFT

Schon die sumerische Zeit verglich die Gesamtheit der Sterne mit einer Tafel aus Lapislazuli, auf der die Schrift der Sterne steht. Die Göttin Nisaba hielt diese allegorische blaue Schrifttafel und einen Griffel aus glänzendem Metall; von der Tafel konnte man die göttlichen Zeichen ablesen, die sogenannten *Me*, als Götterwille, der etwas ins Leben rief. Dies zeigt die Deutung eines Traums des Königs Gudea (um 2130), in dem ihm Nisaba mittels der leuchtenden Sterne des Himmels ihre göttlichen Pläne zum Bau ihres Tempels mitteilt.[131]

Mit dem Sternenhimmel als 'Schrift des Himmels' war so einerseits ein von den Göttern festgesetztes Omen gemeint – und mit ihren 'Zeichen' auch die Sternbilder, die den Piktogrammen der alten sumerischen Schriftzeichen entsprachen.

HO 226

Himmelsobjekt

MUL | KAKKABU – DAS LEUCHTENDE

M 430

Der Begriff bezeichnet sowohl einen Fixstern wie ein Sternbild, einen Planeten, Kometen oder Meteoriten. Das sumerische *Mul* setzt sich aus den Zeichen für 'Nacht' und 'Ornament' zusammen und bedeutet als Verb 'aufstrahlen, leuchten, glühen' – während ein mehrstrahliges Sternzeichen einen Gott markierte. *Mul* konnte aber auch eine Holzwespe bezeichnen, deren gelber Hinterleib mit einem leuchtenden Stern vergleichbar war.

Eine häufige Metapher für Sterne wie Planeten war *Diparu*, 'Fackel'. Bei seinem ersten Aufgang über dem Horizont 'erhebt sich' ein Stern zuerst, 'glüht' darüber und wird später von der Dämmerung 'aufgesogen'.

U 1, C4 139 und H | S 203

Das sumerische Logogramm *Mul* konnte auch für *Shirtitum*, 'Inschrift', und *shitru*, 'schreiben', stehen, weshalb man in einem poetischen Wortspiel beides mit der Dämmerung gleichsetzen konnte: "Abend: die Schrift der Sterne".

Sie zu lesen oblag dem *Tupsharru*, einem schriftgelehrten Astrologen-Astronomen, der die am Himmel sichtbare, durch die Sterne übermittelte Botschaft als "verstecktes Wort" und "Geheimnis der Götter" zu enträtseln suchte: über sprachliche Querverbindungen von Konjunktionen, Mehrdeutigkeiten in den Sternennamen, vielschichtige Verbindungen von Sternen, Pflanzen und Steinen, um etwas über die komplexen Wechselspiele der Natur zu erfahren. Die Polysemie dieses himmlischen Schreibens veranlasste umgekehrt den neo-assyrischen Herrscher Esarhaddon (680–699 v. u. Z.), seinen eigenen Namen auf ein Monument in den mit den Sternen verbundenen Zeichen zu schreiben: "Ich ritzte Sternbilder darauf ein, als Schriftbild meines Namens."[132]

MEN | AGU – DIE KRONE

Astronomische Texte meinen damit die Refraktion des Lichts eines hellen Sterns oder Planeten, wobei sich zwei oder drei Lichtkränze übereinanderstapeln.

C2 182

Die Krone bezeichnete einerseits das Erdlicht am sonnenfernen Rand des Mondes, das kurz vor und nach seiner Konstellation mit der Sonne sichtbar wird, andererseits die 'Glanzkrone' des Vollmonds, wenn er der Sonne gegenübersteht.[133]

MANZAZU – DER STANDORT

Die Vorstellung solcher Stationen für die in Sternbildern sichtbaren Gottheiten rührt vom Tempel, wo die Götterstatuen ihre Sitze und Standorte hatten. Nachdem im Weltschöpfungsmythos *Enuma Elish* (entstanden um 1300 v. u. Z.) der babylonische Stadtgott Marduk aus dem Leichnam Tiamats den Kosmos erschaffen hat, heisst es: "Er richtete den Grossen Göttern ihre Standorte ein und reihte die Sterne zu Sternbildern als ihrem Ebenbild."

Wechselte ein Planet seine Position, offenbarte dies Unsicherheiten in der Herrschaft des obersten Gottes, einen Fehler im idealen Kosmos, weshalb die Omen überwiegend negativ ausfielen. Blieb sein Standort jedoch 'fest und wahr', bezeugte dies die sichere und siegreiche Herrschaft des obersten Gottes, weshalb die Omen – wie hier am Beispiel der Venus – überwiegend gut ausfielen: "Wenn Dilbats Standort fest bleibt, wird der Prinz lange leben und Wahrheit im Land verweilen."

C2 183 und C4 145

Meistens markiert der hellste Stern eines Sternbilds seinen Standort – und somit seinen Fuss; das zu dem Gott gehörende Gesicht mit Augen, Nase und Mund wird jedoch oft kaum je durch Sterne gekennzeichnet, sondern bleibt eher im Dunkeln. Derart steht Arcturus stets für Shupa, Spica für die Göttin Der Furche, Rigel für Anus Wahren Hirten. Dies hat auch damit zu tun, dass Macht dargestellt wird, indem ein Fuss auf jemandes Hals gesetzt oder ein Fuss geküsst wird. Die Uranographien verzeichnen die Ausnahmen von dieser Regel, indem sie eigens festhalten, wenn ein Stern einmal markant am Kopf sitzt: so beispielsweise bei Den Grossen Zwillingen die sonst bloss zwei Sterne (unseren Castor und Pollux) für ihre vier Füsse besässen.

Sternbild

SALMU – BILD | FIGUR

C2 184

LUMASHU – MUSTER | EBENBILD

D 275, L 477

Salmu gilt für jedwedes Bild. Den Begriff *Lumashu* gibt es vor dem *Enuma Elish* nicht; er beschreibt ganz spezifisch ein aus Sternen bestehendes Bild – was danach in das astrologische Priesterhandbuch *Enuma Anu Enlil* übernommen wurde. Dort sind unter den Lumashu der Götter die Sternbilder zu verstehen, die ihre Silhouetten wiedergeben: "Als Anu, Enlil und Ea, die grossen Götter, Himmel und Erde erschufen, fixierten sie die astronomischen Omen; sie bestimmten die Standorte der Sterne, setzten die Stellungen der Götter der Nacht fest und verteilten die Sterne auf [drei] Wege. Die Götter zeichneten die Sternbilder als ihre Ebenbilder, massen Nacht und Tag gleich aus und schufen Monat und Jahr."

U 3 und C4 145

II DIE MILCHSTRASSE

Milchstrasse

MUL.MUL – DER STERNHAUFEN

Wie aus dem Gu-Text hervorgeht, ist 'Sternhaufen' der einzige bezeugte Begriff für die Milchstrasse. Als solcher werden auch die Plejaden bezeichnet, die wie ein kleines abgebrochenes Stück Milchstrasse wirken. Mehrere Sternbilder reichen in die Milchstrasse, doch für sie selbst hat es offenbar keine kanonische figurative Bedeutung gegeben. Die folgenden bildlichen Vorstellungen zu ihr gehen allerdings implizit aus unterschiedlichen Texten hervor.

GA – MILCH
HE

Das Rind wurde vor 10 000 Jahren im Zweistromland domestiziert; damit begann die Milchwirtschaft. Unsere Vorstellung einer 'Milchstrasse' ist vom sumerischen Namen für Milch – *Ga* – abgeleitet, indem Anaxagoras Anfang des 5. Jahrhunderts v. u. Z. ihr Band am Himmel *Gala*, 'Milch', nannte. Die hellenistischen Griechen machten daraus sodann *Galaxias Kyklos*, 'Milchiger Kreis', oder kurz *Galaxias*, 'Die Milchige' – woher unsere 'Galaxie' rührt. Der Name verrät den Kulturtransfer, mit dem einer zivilisatorischen, vom Nahen Osten in alle Welt exportierte Errungenschaft am Himmel Hommage erwiesen wurde.

Für die Griechen war die astrale Milch jene, die Zeus' Gattin Hera beim Säugen über den Himmel verspritzt hatte. Im Sumerischen wie im Akkadischen findet sich dieselbe Vorstellung, indem mehrfach von "Zitzen" und "Brüsten des breiten Himmels" die Rede ist;[134] sie gehören Antu, der Frau des Himmelsgottes Anu.

> Auch in einer Hymne an den Mondgott Nanna-Suen geht es um astrale Milch; dort ist er der Hirte, sind die Sterne eine Rinderherde, die er aus dem Gehege des Horizonts treibt, um ihre Milch dann in ein Gefäss zu giessen: "Wie viele sind es, wie viele, viele Kühe! Wie viele Wildkühe sind es, Suen! Die dunklen schimmern wie Lapislazuli und die hellen Kühe sind wie das aufsteigende Mondlicht; es sind so viele kleine wie Gerstenkörner – die grossen jedoch sind vor dir gleich wilden Bullen.
> Die vielen Kühe in ihren vielen Gehegen löst er, der Glanz des Himmels, von ihren Haltestricken und giesst dann die Milch dieser schönen Kühe auf den Opfertisch; seine hellen Hände vergiessen unaufhörlich die Milch, wenn mein Herrscher mit der Arbeit fertig ist, dann lockt und schlägt und treibt Suen die vielen Kühe – so übt er sein Hirtenamt über die Kühe aus."[135]

In einer anderen, zur Leier gesungenen Hymne an den Mondgott wird seine Herde in sieben – offenbar den Helligkeitsgraden der Sterne entsprechende – Gruppen unterteilt, in "weisse Kühe", "weibliche und männliche Kälber" und "Stiere", "unter denen" Mond, Sonne und die fünf mit blossem Auge zu erkennenden Planeten – Jupiter, Mars, Saturn, Venus und Merkur – "leben". "Weisse Kühe" gibt es dabei 3 × 36 000 plus 5 × 3600, ebenso viele "Stiere" sowie 3 × 36 000 Kälber, insgesamt also 360 000!

Wie es in dem astronomischen Handbuch aus dem 7. Jahrhundert *Enuma Anu Enlil* heisst, "wurden alle Sterne des Himmels in Furchen geordnet und den Göttern vorne, Ochsen gleich, ihre Wege beigebracht" – was diese Vorstellung einer Kuhherde aktualisierte.

HE1 und C4 134

Wie Manilius zeigt, übernahmen die Römer den griechischen Milchigen Kreis als *Circulus* oder *Gyros Lacteus*. Zu einer Strasse wandelte sich ihr Kreisbogen offenbar erst unter germanischem Einfluss. Der Überlieferung nach bezeichneten die Sachsen und Thüringer ihn als Weg oder Strasse des Himmels- und Lichtgottes Iring – jedoch ist die Vorstellung eines Himmelsweges, wie die Sternenhimmel der Inuit oder der Nördlichen Dene belegen, weitaus älter.

TIAMAT?

Implizit vorhanden ist die Milchstrasse auch im *Enuma Elish*, wiewohl ihre Bildlichkeit unklar bleibt. Da ist zunächst die Vorstellung eines Schosses sowie eines Sternbildes, das Marduk nach Belieben verschwinden und wiederauftauchen lassen kann, um "Vernichtung und Wiedergeburt zu bringen".[136] Dies erzählt der Mythos: Marduk bekämpft die zwölf von Tiamat geborenen Meeresungeheuer, besiegt Tiamat und reinkarniert Tiamat dann als Kosmos, indem er das Universum aufs Neue aus Tiamats Schoss erschafft. Er spaltet ihren Leib dabei in zwei Hälften, um daraus die Erdoberfläche und das Firmament des (untersten) Himmels zu machen. Die Vorstellung dieser beiden Hälften kann von der Milchstrasse stammen, die im Jahresverlauf einmal den Himmel über dem Kopf aufspannt, ein andermal den Horizont umfasst.

Ein neo-assyrischer Ritualtext liefert einen weiteren Hinweis auf die Verbindung von Tiamat und der Milchstrasse: Er sieht Tiamats Hörner aus kosmischem Stein gebildet, ihr Geist verkörpert vom Kamel, *Anshe A.Ab.ba*[137] – worunter das Sternbild *Anshe* in Cassiopeia zu verstehen ist, das man als Kopf eines der beiden Milchstrassenarme sehen kann.

Marduk stemmt bei seiner Weltschöpfung eine Hälfte Tiamats empor, die er dann zum Himmel ausdehnt. Danach "richtete er ihre Hinterbeine auf, um dem Himmel Halt zu geben",[138] ihn damit gleichsam rechts und links verkeilend. In der länglichen Dunkelstelle der Milchstrasse um Cygnus offenbar, "in der Höhe des Himmels, platzierte er ihren Unterleib"[139] – was der ägyptischen Vorstellung der Göttin Nut entsprach, die mit dieser Vulva den Sonnengott Re zur Welt brachte.

Tiamats Schoss in der Himmelsmitte gebar somit jene Monster, die Marduk besiegte und zu seinen Schutzdämonen machte: Sie umgeben ihren Schoss mit den Sternbildern des *Mul.Apin*. Tiamats Schoss selbst war jedoch kein Sternbild, da die Mesopotamier keine einzelnen Körperteile auf den Himmel projizierten und aus Tiamat schliesslich der ganze Himmel entstanden war.

Der Milchstrasse als Kadaver eines Meeresungeheuers entspricht eine Vorstellung aus der Frühzeit des *Homo sapiens*: auch die Regenbogenschlange der australischen Aborigines ist ein walartiges, urzeitliches Monster, das Wasser in all seinen Formen – Fluten wie Regen – beherrscht, alles Leben im Wasser geboren hat und der Erde antagonistisch gegenübersteht. Dieses schlangenartige Meeresungeheuer muss bei den Wardaman getötet werden; es wird dann ebenfalls zweigeteilt, an den Himmel versetzt und bewirkt seither Regen.

DURMAHU? – DAS GROSSE BAND

Beim 'Grossen Band' des Durmahu scheint der Bezug zur Milchstrasse etwas klarer. Geknüpft wird es im *Enuma Elish* vom Götterkönig Marduk, indem er "Tiamats Schwanz verdrehte und ihn so zu einem Durmahu flocht".[140] Es verbindet die Erde als untere Hälfte Tiamats mit der oberen, dem Himmel. Darunter ist eine grob verzopfte Struktur zu verstehen, die mit ihren flossenartigen Ausbuchtungen der Milchstrasse ebenso ähnelt wie einem ausgeweideten und in sich verdrehten Meeresungeheuer.

Durmahu hiess aber auch eine Schilfart; Das Grosse Band wäre dann als geflochtenes Schilfbündel zu sehen, wie es die irakischen Marscharaber bis in die Gegenwart hinein für ihre schwimmenden Schilfhäuser verwenden. Aus Schilf geflochtene Seile nahm man überdies zur Verstärkung von Zikkuraten[141] – als solches ist Marduks erschaffener Kosmos, in dessen Mitte er seinen Tempel errichtet, ebenfalls aufzufassen. Das Symbol eines Schilfbündelknotens, dessen eines Ende lang herunterhängt, bezeichnet überdies einen Ringpfosten als Grundpfeiler eines als Kosmos gesehenen Hauses. Es steht für den Himmelsgott Anu, während ein ähnliches Symbol (jedoch ohne überstehenden Strang nach dem Knoten) an der Milchstrasse, in Vela, die Himmelsherrin Inanna repräsentiert.[142]

NEBIRU? – DIE FURT

Im *Enuma Elish* bleibt Tiamat für die künftigen Generationen und bis in ferne Zukunft gefesselt in Marduks Hand. Tiamats wässrige Natur wird nur von einem Netz zusammengehalten. Tiamats Name hat die Doppelbedeutung 'Meer'; sie scheint aber auch "eine Furt zwischen Himmel und Erde" zu bilden,[143] "eine Mitte" im Himmel, die allein Marduk fassen kann – denn er vermag in Gestalt des Planeten Jupiter diese Mitte "dauernd und ohne zu rasten zu überqueren",[144] was ihm den Beinamen 'Schiffer' einträgt.[145] Auch die Lage einiger Sternbilder in der Milchstrasse verweist auf Wasser: der Gewittergott Adad; seine Thronträger Shullat und Hanish, die im Epos von *Gilgamesh* die Flut ankündigen, die sich aus dem Kanal des Himmels ergiesst, sobald man dessen Staubretter herauszieht; sowie Die Egge in Crux, bei der man in den Grundwasserozean blickt, auf dem wiederum Das Schiff der Corona Australis fährt.

Die Assoziation mit einem Wasserlauf ist eigentlich schon durch den kanonischen Vergleich der Sterne mit Furchen pflügenden Ochsen gegeben: Zu einem Himmel als metaphorische Ackerlandschaft gehört auch ein Fluss zur Bewässerung. Für diese Vorstellung gibt es jedoch im Zweistromland keinen expliziten Mythos – vielleicht weil sie von alters her zu selbstverständlich war: In den meisten Sternenhimmeln der Welt ist die Milchstrasse entweder ein Weg oder ein Fluss. Ausserdem konnte ein Fluss am mesopotamischen, auf die Götter fixierten Sternenhimmel kein göttliches Ebenbild darstellen, weshalb diese Symbolik peripher und unterschiedlich deutbar blieb.

HAR.RAN SHA.ME? – DER HIMMELSWEG

Im astralen *Mythos von Etana* bilden die Sterne von Aquila Den Geier, der Etana ans Tor des Himmels bringt: Das Sternbild liegt zur Gänze an einer Dunkelstelle der Milchstrasse, der sich auch als Tor deuten lässt. Im *Mythos von Adapa* wiederum wird Adapa, dieser Vorläufer des biblischen Adam, von Anu in den Himmel befohlen; er nimmt "den Weg des Himmels" und langt dort beim "Tor des Anu" vor dessen himmlischem Palast an. Anus Sitz selbst befindet sich, wie aus dem *Mul.Apin* hervorgeht, neben der Milchstrasse in Cancer; sie wäre also der Weg von der Erde zum höchsten Gott hinauf.

HE, C4 132 und 134, W 223–226 und HO 265, 65 und 250

In der arabischen Sternenschau blieb die Vorstellung der Milchstrasse als 'Himmelsfluss' jedenfalls erhalten. Diese Traditionslinie verband wohl Adapas 'Himmelsweg' mit dem kosmischen Schilfband Durmahu, denn die arabischen Astronomen nennen die Milchstrasse einen Weg, auf dem Stroh und Schilf verstreut liegen. Ein solcher 'Strohweg' wurde in der armenischen Tradition wiederum mit einem göttlichen Dieb verbunden, der einem assyrischen Herrscher im Winter das Stroh stahl: vielleicht ein Hinweis auf die ursprüngliche Herkunft dieser Vorstellung.

III DER JAHRESANFANG

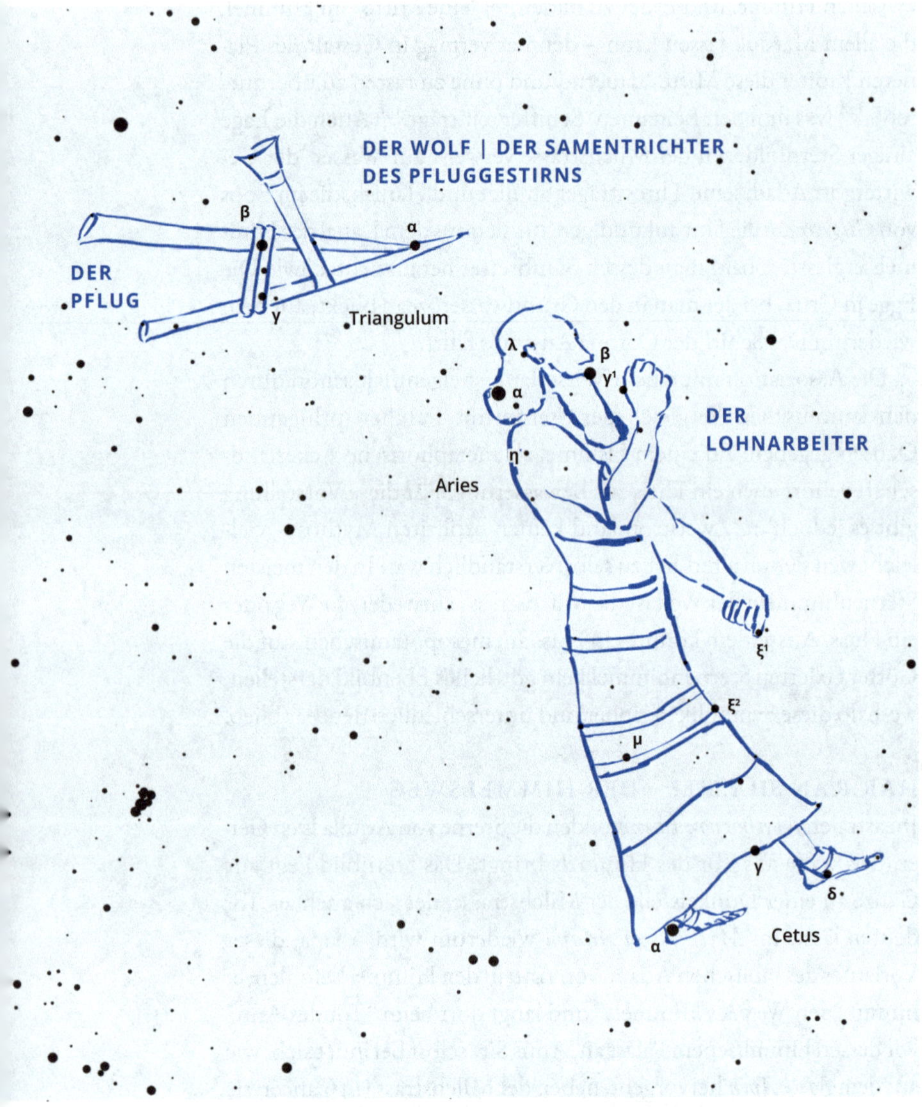

Aries (bis αγ Ceti und mit Sternen von Pisces?)

LU.HUN.GA | AGRU – DER LOHNARBEITER

UDU.NITA | IMMERU – DER WIDDER

β Arietis

VORDERER STERN DES KOPFES

R|S|W 555

α Arietis

HINTERER STERN DES KOPFES

R|S|W 555

MITTE

H|P 273

αγδ Ceti[146]

HINTERTEIL

S|S|W 555

Das sumerische *Lu* bezeichnet einen freien Mann oder einen Beruf, im Gegensatz zu einem Sklaven, und *Hun.Ga* wird auf Akkadisch *Agaru* gelesen, 'mieten': derart ergibt sich ein 'Lohnarbeiter'. Mit den Zeichen für *Hun.Ga* lässt sich aber auch das akkadische Verb für 'ruhen, befrieden, beschwichtigen' schreiben, während *Lu* zudem ein Schaf benennt: Somit ergab sich eine Bedeutung als 'Schaf des Beschwichtigens'.

Die Schrift- und Sprachdeutungen entstammen dem medizinischen und rituellen Gebrauch der Astronomie im 1. Jahrtausend: Die astralen Tiere des Zodiakos standen ihren terrestrischen Verkörperungen vor und vermochten deren Krankheiten zu heilen – wozu ein 'Schaf' aufgrund seiner Rolle bei rituellen Opfern letztlich brauchbarer war als ein 'Lohnarbeiter'.[147] Ein ausgesprochenes *Lu* konnte man wiederum mit dem Silbenzeichen für 'Schaf', *Udu*, schreiben;[148] es war dies ein viergeteilter Kreis – der dann als Symbol für das Jahr mit seinen Äquinoktien und Solstitien stand.

Schaf und Landarbeiter waren zudem durch die Symbolik der Geschichte Dumuzis miteinander verbunden. Das ursprüngliche Sternbild eines Lohnarbeiters wurde so ab dem 4. Jahrhundert v. u. Z. überwiegend als Schaf aufgefasst.[149] Die Bezeichnung als *Udu.Nita*, 'männliches Schaf', scheint dabei einer eigenen Tradition aus Uruk zu entstammen[150] – über das griechische *Krios* und das lateinische *Aries* wurde daraus unser Sternzeichen Widder.[151] Beide Figuren lassen sich in den Sternen von Aries erkennen: erst ein aufrecht stehender Mann, mit einem Pflug in Triangulum – und nach einer Drehung um 90° ein Schaf auf vier Beinen.

Das *Mul.Apin* merkt an, dass das Sternbild die fünfzehn Gestirne im 'Weg des Ea' anführt und am 1. Tag des 1. Monats aufgeht:[152] idealerweise am Frühjahrsäquinoktium, mit dem das neue Jahr begann und die Gerste eingebracht wurde. Bei den Ernten in den ersten beiden Frühjahrsmonaten stieg der Bedarf an Arbeitskräften sprunghaft an; man stellte neben Ausländern auch Einheimische als Schnitter oder Garbenträger an, mit gleichem in Silber oder Naturalien ausbezahlten Lohn für Einheimische wie Gastarbeiter. Ein Feld wurde in zehn bis vierzehn Tagen abgeerntet, daher konnten Erntearbeiter entweder selbst oder über Arbeitsvermittler mehrere Dienstverpflichtungen eingehen. Wir wissen nicht, welcher Arbeit sie das übrige Jahr nachgingen, ob sie sich regelmässig als Erntearbeiter verdingten oder, wie viele Einheimische, nur in Zeiten finanzieller Not.[153]

Die früheste bildliche Darstellung des Widders als Sternzeichen findet sich auf den Grenzmarkierungen der Kudurru um 1600 v. u. Z.[154] Als Regent des Sternbildes galt Dumuzi, der 'rechtmässige Sohn', dessen Symboltier das Schaf war. Als Lohnarbeiter hat er in *Enki und die Weltordnung* die Aufgabe, Schafgehege zu errichten, Viehställe zu bauen und sie zu säubern, Rahm und Butter zuzubereiten und den Überfluss an den Tisch der Götter zu bringen, damit die Ebene des Zweistromlandes zu Wohlstand kommt. Er ist der menschliche, zum Gott erhobene Hirte, der ewige Aussenseiter im mesopotamischen Pantheon, dessen Los ein einsamer Tod in der Steppe bleibt, von Dämonen geholt und von Raubtieren gefressen, ein letztlich ohnmächtiger Mittler zwischen Göttern und Menschen, Stadt und Land, Leben und Tod. Er verkörpert – ähnlich wie der oft mit ihm assoziierte Damu – das alljährliche Aufleben und Vergehen der wilden Natur in den wenigen Monaten, wo die Steppe zu Weiden erblüht und die Tiere sich vermehren, bis die Sonne wieder alles austrocknet und vernichtet.

Dieser bei der Landbevölkerung populäre Gott schaffte es als Tammuz schliesslich auch bis in die Bibel: Der Prophet Ezekiel ärgert sich im 6. Jahrhundert v. u. Z. über die jüdischen Frauen, die jährlich seinen Tod beklagen.[155] Sein Kult ist im türkischen Mardin bis ins 18. Jahrhundert u. Z. nachweisbar und der August im Irak heute noch nach ihm benannt.

"Dumuzi, Geschöpf des Anu, gewaltig grosser ... Hirt ... der den Untertanen, allen Menschen, Recht schafft! Schaff mir Recht gegenüber den bösen Machenschaften von Menschen – eines Toten oder eines Lebenden – womit man gegen mich gehext und gezaubert und deine grosse Gottheit ... hat. Rette mein Leben, beseitige sie und die bösen Machenschaften, die meinen Leib, mein Fleisch und meine Sehnen betreffen, womit Menschen gegen mich gehext, es gegen mich versucht haben! Tritt her und höre, was ich sage! Ich ergreife hiermit deinen Gewandzipfel und halte deinen Gewandsaum fest: gewähre mir Leben als Wohltat! Dann will ich dich loben."[156]

Dumuzi ist der glücklose Liebhaber der ewig untreuen Ishtar; die Mythen um die beiden leben in der Legende von Aphrodite und Adonis (kanaanitisch 'Herr') in Griechenland fort und gingen auch in Miltons *Paradise Lost* ein. In einer der vielen erotischen Hymnen der Sumerer um Inanna und Dumuzi, begehrt sie ihn offen, indem sie zunächst ihre Genitalien mit Sternbildern vergleicht: "Diese meine Scheide, ... wie ein Horn ... der grosse Wagen, dieses mein vertäutes Schiff des Himmels, in Schönheit geschmückt wie die Sichel des Neumondes, diese Brache, in der Wüste verlorenes Land ... dieses Feld, wo meine Enten sitzen, dieser mein hoher, gut bewässerter Acker: meine Scheide, die eines Mädchens, ein nasser, geöffneter Hügel – wer wird ihr Ackermann sein und sie pflügen? Meine Scheide, die einer Frau, eine feuchte und nasse Furche – wer wird dort einen Ochsen darüber treiben? 'Herrin, der König wird sie dir pflügen – Dumuzi, der König, wird sie dir pflügen!' Pflüge meine Scheide, du Mann meines Herzens!"[157]

INANNAS GANG IN DIE UNTERWELT

Im Mythos wird Dumuzi daraufhin Inannas Gatte; doch das eheliche Glück währt nur kurz. In *Inannas Gang in die Unterwelt* steigt die im Planeten Venus verkörperte Göttin hinab, um die Macht über die Unterwelt zu gewinnen. Die Göttin der Toten, Ereshkigal, sieht sie jedoch mit dem "Blick des Todes" an, worauf Inanna stirbt und ihre Leiche auf einen Haken gehängt wird.

Enki erbarmt sich ihrer jedoch und erschafft aus dem Dreck unter seinen Fingernägeln zwei gestaltlose Wesen, die ihr das "Wasser des Lebens" und das "Kraut des Lebens" bringen; wiederbelebt darf sie aber erst wieder

in den Himmel aufsteigen, wenn für sie eine Ersatzperson gefunden ist. Das wird ihr Gatte Dumuzi, der, statt um sie zu trauern, inzwischen im Festgewand auf seinem Thron unter einem prächtigen Aprikosenbaum sitzt – worauf Inanna voller Wut den Schergen des Todes befiehlt, "den Hirten Dumuzi" in die Unterwelt zu schleppen. Er bittet den Sonnengott um Hilfe, der ihn in ein Reptil (in anderen Versionen in eine Gazelle) verwandelt, damit er flüchten und sich verstecken kann.
Dort verraten ihn jedoch die Fliegen – worauf nun Dumuzis Schwester Geshtianna sich freiwillig erbötig macht, an seiner Stelle in die Unterwelt zu gehen, und Inanna beschliesst: "Jetzt, oh weh, mein Gatte, bist du an der Reihe für ein halbes Jahr, und dann deine Schwester für ein halbes Jahr! An dem Tag, an dem du aufgefordert wirst, von dem Tag an wirst du in der Unterwelt weilen – an dem Tag, an dem deine Schwester aufgefordert wird, von dem Tag an bist du frei!' Auf diese Weise nahm die reine Inanna Dumuzi als ihren Stellvertreter in der Unterwelt an."[158]
In *Dumuzis Traum* wird diese Episode ausführlicher geschildert. Da lässt Geshtianna der Verzweiflung um ihren Bruder freien Lauf: "Seinetwegen zerkratzte sie sich die Augen, die Nase, die staunenswerten Ohren, ihren Schoss, diesen Ort, über den man mit niemandem spricht: 'Für meinen Bruder will ich auf den Strassen hin und her gehen und mich vor ihn stellen!'"
Die sieben Schergen des Todes verwüsten darauf Dumuzis Schafgehege und seinen Rinderstall, zerstören seine Arbeitsgeräte und verursachen dadurch seinen Tod: "Dumuzi lebte nicht mehr, und das Schafgehege war zu einem Schemen geworden."

Sein Verweilen in der Oberwelt ist dann mit seiner Erhöhung im Aries zu verbinden, der nach seinem zweimonatigen Gang in die Unterwelt im März und April erneut aufsteigt. Dumuzis Name wurde in spätbabylonischer Zeit deshalb als "fortgeschaffter, entrückter Hirte"[159] gedeutet.

Dumuzis agrarischer Symbolik gemäss ist das Sternbild des Lohnarbeiters eng mit dem des Feldes verbunden: "Wenn der Mond von einem Halo umgeben ist und Das Feld, hinter dem Der Sternhaufen [die Plejaden] liegt, darin steht, wird das Vieh des Landes gedeihen – Das Feld hinter Dem Sternhaufen ist der Lohnarbeiter." Dumuzis Stellung als Liebhaber verweist auf die Zauberpraxis in zwischenmenschlichen Dingen: "Dass ein Weib kommt, Bezirk Widder"; "Ein Weib zur Aussage veranlassen, Bezirk Widder". Zudem galt er als heilsam: "Gicht zu heilen, das Haus zu weihen, eine Epidemie einzudämmen, Handleiden zu heilen, satt zu bleiben, Fieberhitze zu entfernen, Bezirk Widder."

Aufgrund seiner Ähnlichkeit mit dem Hirtengott Amurru, wurde Dumuzi auch mit dessen Waffe, dem Wurfholz, verknüpft: "Wenn der Widder schwarz ist, wird der König von Amurru durch die Waffe umkommen."

W 168–171 und G 91–92

Eine spätzeitliche Uranographie beschreibt das Sternbild noch in seiner Doppelbedeutung als Mensch und Schaf. Das Sternbild war für das Anu geweihte Neujahrsfest wichtig; Assyrien grenzt sich in dieser Zeit mit Anu als Herrschergott bewusst vom babylonischen Marduk ab.[160]

"Der zu entlohnende Schaf-Mann, das Gemietete Schaf, ist im Nisannu [März | April], dem Monat Anus, das Sternbild des Neuen Jahres. Der Lohnarbeiter ist das Schaf, der Widder und Dumuzi. Das Gemietete Schaf betreffend, sind drei Sterne auf seiner Stirn [αβγ Arietis] und zwei Sterne auf seinem Schenkel [αγ Cetis] eingezeichnet: vier Sterne [η, ο, α Piscium und ξ¹ Piscium] stehen bei seinen Füssen."[161]

Die hervorgehobenen drei Sterne auf der Stirn und am Hinterteil ergeben erst einen Sinn, wenn sich das Schaf bis zu dem sonst unbesetzten Kopf von Cetus erstreckt: Erst dann hat es in dessen zwei hellen Sternen den nötigen Stand für die Füsse des Lohnarbeiters und die richtige Grösse für ein wichtiges Sternbild, das nicht nur den Jahresanfang markiert. Denn im Widder erreichte die Sonne auch die 'geheime Stelle' ihrer höchsten Macht: In Aries ging die Sonne beim Frühjahrsäquinoktium im März auf, mit dem das neue Jahr – und somit auch der spätere Tierkreis – begann.

Die Griechisch-Römische Tradition

Die kalendarische Funktion dieses Sternbilds wurde von den Arabern übernommen, die in ihrem Mondkalender das Jahr ebenfalls mit dem 'Hornstoss' des Widders begannen. Auch bei den Griechen fing das Jahr mit dem Aries an; sie erfanden zum Widder eigene Mythen und verbanden ihn mit dem Schwarzen Meer und Ägypten (die ihnen bekannte exotische Fremde). Erhalten blieb Dumuzis Opfertod in dem nunmehr Zeus geopferten Widder, der an den Himmel versetzt "die Zeit markiert, wenn Korn gesät wird, jenes Korn, das Ino zuvor ausgesät hatte, als alles völlig dürr war".[162] Griechen wie Araber reduzierten jedoch die Grösse Des Widders.

IV AGRARISCHE STERNBILDER

Triangulum[163]

GISH.APIN | EPINNU – DER PFLUG

H | P 275

Im *Mul.Apin* markiert Das Pfluggestirn den Beginn von Enlils Weg, der Himmelskalotte nördlich von Anus Weg in den Wendekreisen. In einem Kommentar zum *Enuma Anu Enlil* heisst es: "Der Pflug ist dazu da, die Furche zu starten", in der dann alle anderen Sterne auf geraden Bahnen folgen. Zusammen mit dem Gestirn Des Feldes und Dem Fisch ging er morgens kurz vor der Sonne am 1. Tag des 1. Monats Nisannu auf: Mitte März also. Das Gestirn war Enlil unterstellt, dem 'Windherrn' und Gott des Schicksals, dem wichtigsten Gott im mesopotamischen Pantheon, bevor er von Enki abgelöst wurde. Auf diesen folgte wiederum der babylonische Stadtgott Marduk als Götterkönig.

Ursprünglich galt Enlil als Schöpfer der Welt und der Menschen, der alles mit seiner Hacke erschaffen hatte, dem ersten Instrument des Ackerbaus; das sumerische *Lied von der Hacke* sieht in Enlils mythischem Werkzeug bereits einen "Pflug aus Lapislazuli, durch dessen Vorbild die Menschen begannen, den Boden für Enlil und sein Land aufzubrechen".[164] Die steinernen Bodenhacken wurden erst in der Bronzezeit durch Pflugscharen aus Metall ersetzt, mit denen man den Boden erst aufbrach, um zum Säen dann ein leichteres Gerät mit einem Samentrichter einzusetzen.

In einer der Ende des 3. Jahrtausends entstandenen sumerischen Serie von Debatten – zwischen Fisch und Vogel, Schaf und Korn und so fort – kommt es zum Wettstreit darüber, wer wichtiger sei, der Pflug oder die Hacke. Es triumphiert die Hacke über den Pflug, "in dessen Samentrichter reifes Korn liegt". Der Pflug behauptet zwar, "der Bauer der Menschheit zu sein, für den im Erntemonat ein Fest im Feld gefeiert wird, bei dem der Herrscher Rinder schlachtet, Schafe opfert, Bier in eine Schüssel giesst ... Trommeln erklingen und der Herrscher meine Griffe packt und meine Ochsen an das Joch spannt", doch die Hacke ist weit vielseitiger und notwendiger, weil sie nicht nur vier Monate, sondern alle zwölf Monate des Jahres im Einsatz ist.[165]

Enlils Bezug zu diesem Ackergerät blieb über die Zeiten hinweg erhalten; noch auf den Astrolabien galt der Pflug als "Gestirn des Enlil, welcher die Geschicke des Landes bestimmt".[166] In der neoassyrischen Zeit nannte man den ersten Monat Nisannu im März | April "den Monat des Vaters Enlil, den Monat der Observationen Des Pfluggestirns und des Festes des Banketts von Asshur, dem König der Götter".

W 213–216 und C4 135

Die Araber setzten diese Monatszählung fort, machten sie jedoch am Kopf des knapp unterhalb liegenden Widders in Aries als der ersten Mondstation fest.

Die Griechisch-Römische Tradition

Die Griechen übernahmen das einem hohen Gott geweihte Gestirn, mit dem die Monatszählung des Jahres begann, und benannten es mit dem ersten Buchstaben von Zeus – *Dios* – als *Delta*. Sie bewahrten auch die agrarische Bedeutung für ein "leicht zu säendes Land", wie Eratosthenes in Alexandria zu diesem Sternbild schreibt, verknüpften es jedoch nicht mehr mit dem Pflug, sondern mit den Überschwemmungen des Nil und der Form seines Deltas.[167]

56 Andromedae bis ε Trianguli

UR.BAR.RA | BARBARU – DER WOLF

S | S | W

GISH.NINDA SHA MUL.APIN – DER SAMENTRICHTER DES PFLUGGESTIRNS

G 65

Das Silbenzeichen *Ur* zeigt einen Löwenkopf und bezeichnet Raubtiere, während *Bar* 'Körper' bedeutet, im Akkadischen aber auch als *Ahu*, 'Fremder', gelesen werden kann: Der Wolf wurde somit als 'fremdes Raubtier' aufgefasst.

Das *Mul.Apin* erklärt Den Wolfsstern mit *Gish.Ninda Sha Mul. Apin*,[168] 'Samentrichter Des Pfluggestirns'. Damit wurde ab 1500 die Aussaat erleichtert, indem in der Mitte über der Pflugschar ein hoher Trichter angebracht wurde, wie Abbildungen des Pfluges auf Kudurru zeigen. 'Wolf' war eigentlich ein Spitzname, der auf die Form des Trichters bezogen war, weil dieser mit seinem 'Rachen' die (in den Trippelsternen um 56 Andromedae versinnbildlichten) Saatkörner hinunterschlang wie ein Raubtier.[169]

Der Wolf nahm vielerlei Symboliken an. Da sich das Silbenzeichen für *Bar* im 2. Jahrtausend kaum noch von jenem für *Mash* unterschied, liess sich Der Wolf auch als *Ur.Mash.Ra* lesen – was ähnlich klang wie das akkadische *Mashru*, 'Reichtum'. Für die mesopotamischen Gelehrten waren dies keine blossen Wortspiele: Klangähnlichkeiten offenbarten für sie etwas über den inneren Zusammenhang der Welt und ihrer Objekte. Deshalb bezogen sich die astralen Omen zum Wolf auch darauf: "Der Wolfsstern steht für Reichtum"; "Wenn der Wolfsstern die Sonne erreicht, dann werden Reichtümer ..."

Der akkadische Name des Sterns, *Barbaru*, wiederum klang ähnlich wie einer der sumerischen Titel des Mondgottes, *Ash.Im.Babbar*, 'Der Leuchtende', weshalb man sagte: "Der Wolf ist der Mondgott." Davon wurden ganz reale Folgen abgeleitet. Ging das Sonnenjahr nicht mehr mit dem Mondkalender synchron und erschien der Vollmond deshalb nicht mehr in der Mitte des ersten Monats, in dem Das Pfluggestirn aufging, war das offenbar auf den bösen Einfluss Des Wolfes zurückzuführen: "Wenn der Mond nicht mehr auf die Sonne wartet, sondern untergeht, dann werden Löwen und Wölfe wüten." So wurde Der Wolf zum Gegenspieler der vom Sternbild Pflug versprochenen Fruchtbarkeit des Landes.

Nach der im Epos von *Atrahasis* erstmals geschilderten Flut verhalfen die Götter der Dämonin Lahmashtu zur Macht, die darauf einem Drittel der Frauen bei der Geburt die Kinder raubte, um die nächste Überbevölkerung der Erde zu verhindern. Klauen des Anzu-Vogels an ihren Füssen, ihre Hände triefend von Fleischfetzen und Blut, kam sie, wann und wie sie wollte, in ein Haus; eine Beschwörung nennt sie deshalb "grausam; sie ist stolz und eine Göttin! Sie leuchtet und ist ein Wolf, die Tochter Anus!" Aus diesem Grund unterstellt der *Sternenkatalog 5 R45* Den Wolfsstern nicht mehr, wie sonst Enlil, sondern Anu.

G 65 und W 301, LI 89

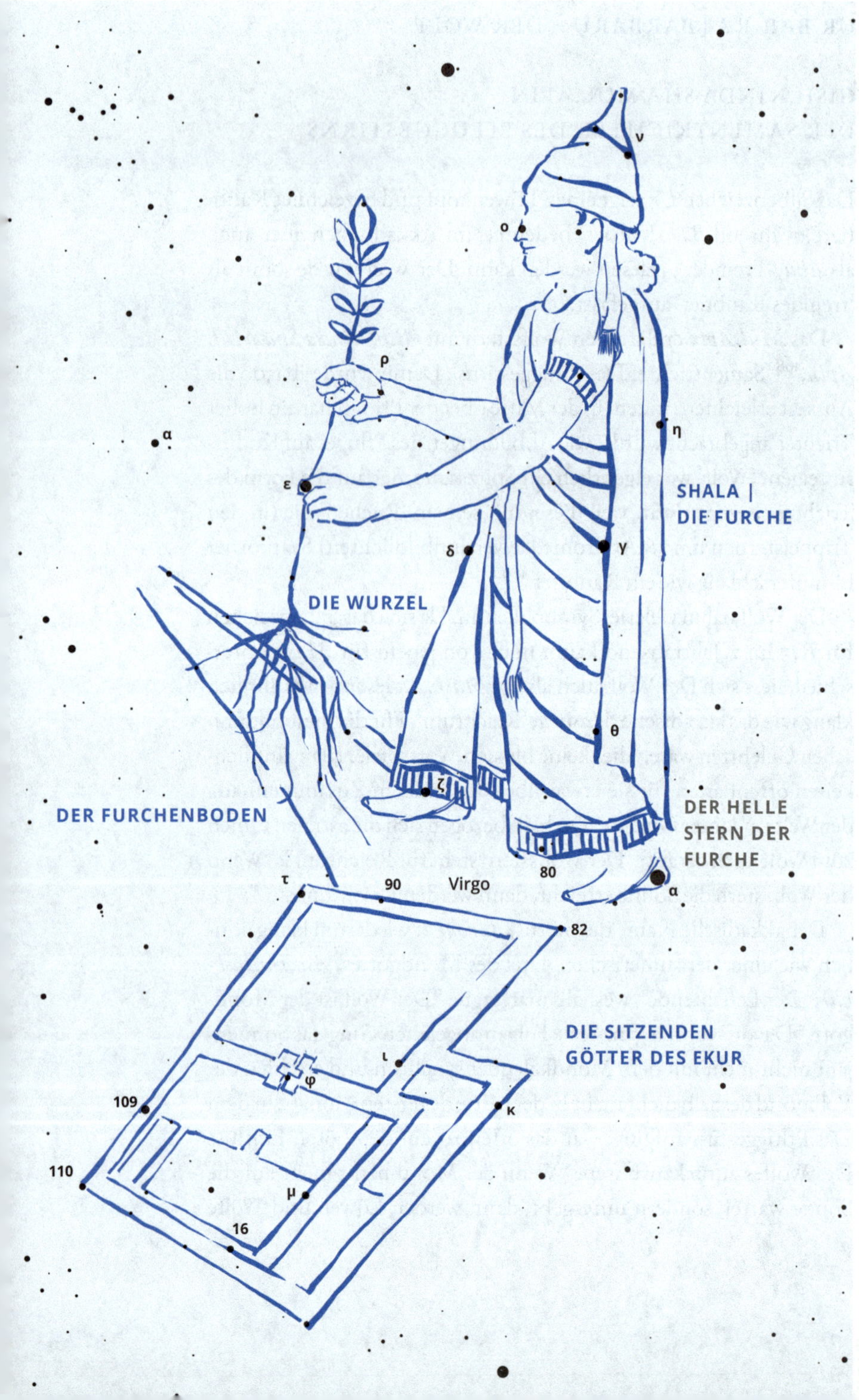

6 Sterne,[170] oberer Teil von Virgo

AB.SIN | SHERU – DIE FURCHE

α Virginis

DER HELLE STERN DER FURCHE

H | P 92

ε Virginis und die schwachen Sterne darunter[171]

DER EINZELSTERN VOR DER FURCHE
oder DIE WURZEL

S | S | W

um ζ Virginis?

S | S | W

DER FURCHENBODEN

H | P 272

Die Furche steht für die Göttin Shala. Sie gilt als Frau des Fruchtbarkeitsgottes Dagon – aber auch des Gewittergottes Adad, der das Sternbild Rabe beherrscht. Passend zu Adad zeigen frühe Abbildungen Shala mit Kriegskeule oder Krummschwert. Shala wie Adad waren ursprünglich hurritische, früh im mesopotamischen Pantheon integrierte Götter. Über Shala ist wenig bekannt; sie hat wohl die sumerische Göttin des Korns – Anshan – assimiliert, wurde dann aber selbst wieder von der Getreidegöttin Nisaba verdrängt. In der Folge nannte man sie nicht mehr Shala, sondern Die Furche oder Der Gerstenhalm, den ihre Gestalt in der Hand hält. Damit symbolisiert sie die im Herbst eingesäten Gerstenfelder. Kurz nach ihrem morgendlichen Aufgang im 7. Monat, September | Oktober, wurde das Brachland für die nächste Saison vorbereitet, erst bewässert und dann gepflügt; im 8. Monat kam dann der spezielle Saatpflug zum Einsatz. Eine Mondfinsternis in ihrem Sternbild war ein schlechtes Omen: "Wenn Die Furche dunkel ist, wird weniger Gerste als erwartet geerntet werden und ein Mangel an Gerste und Stroh im Land herrschen."

Auf einer Tontafel hat sich eine bildliche Darstellung erhalten, auf der sie stehend im Profil zu sehen ist, mit einem langen, gegürteten Kleid, in der rechten Hand eine Gerstenähre. Ein spätbabylonischer astraler Kommentar beschreibt zudem "die gepflügte Grube in der Mitte des Sternbilds Furche",[172] die offenbar zu dem Gerstenhalm gehört, den Shala hält.

W 149–152 und WE 2, Tafel 10

Die Griechisch-Römische Tradition

Zusammen mit der Dattelrispe der Eru entstand das griechische Sternbild, in dem Shala in der griechischen Demeter, der 'Ernteverkünderin' *Protrygeter* oder in Erigone, der Verbreiterin des Weins, aufgeht. Die 'Ähre' als Shalas Symbol findet sich im lateinischen Sternnamen *Spica* (α Virginis) bis heute. Sie galt jedoch nie als Jungfrau; die Vorstellung eines unbefleckten Mädchens – griechisch *Parthenos*, lateinisch *Virgo* – rührt wohl von einer Fehllesung Sherus als *Sherru*, 'Kind'.[173]

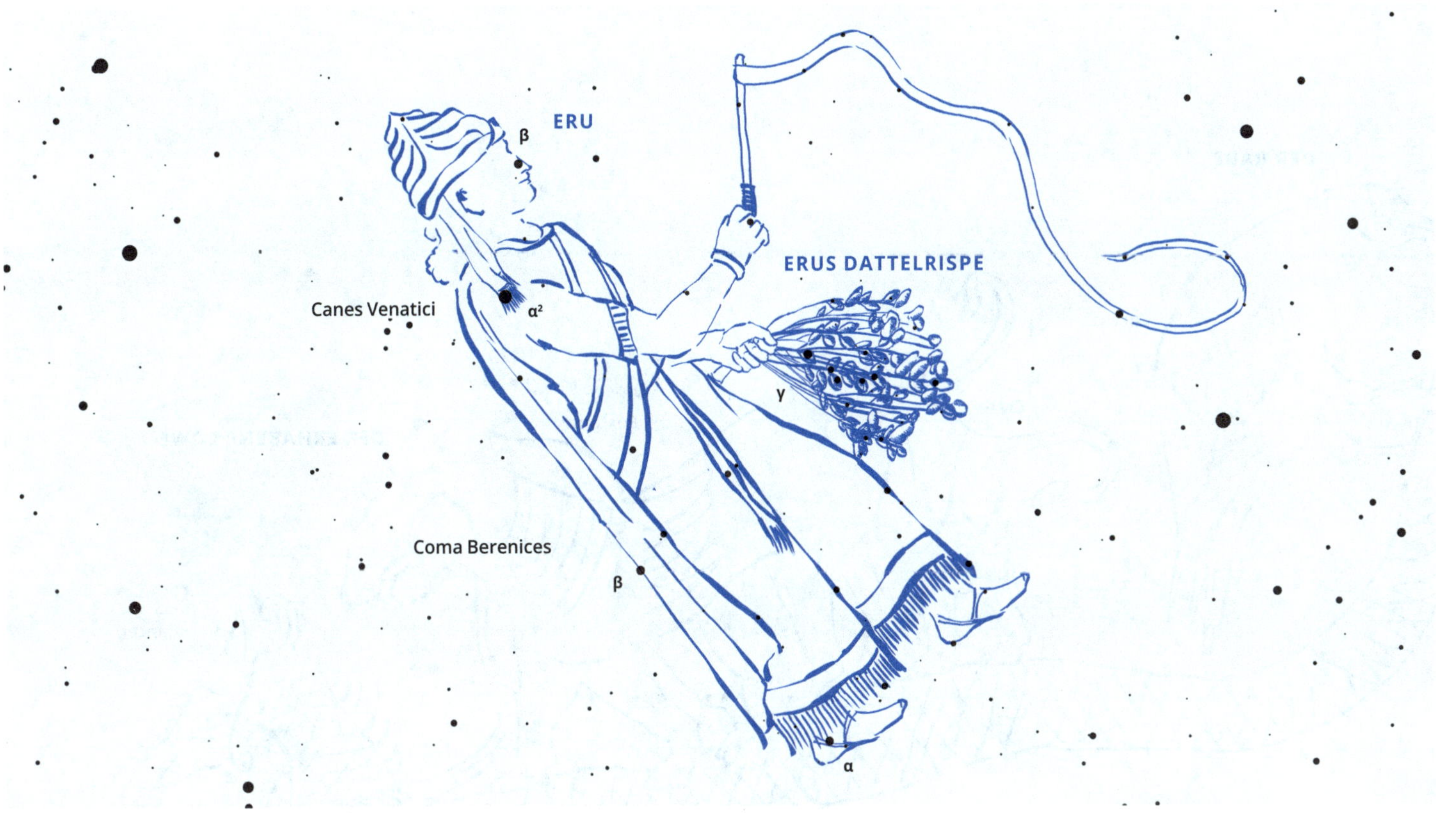

Coma Berenices und Canes Venatici
ERU
6 Sterne,[174] um 4 und 20 Comae Berenices[175]
ERUS DATTELRISPE
S|S|W

Dieses Sternbild stellt laut *Mul.Apin*[176] die Göttin Sarpanitu dar, die in ihrer Linken die Rispe einer Dattelpalme hält. Unter dem Namen *Eru* wurde sie – abgeleitet von akkadisch *aru*, 'schwanger' – als Schutzherrin der Geburt verehrt: "Die Befruchtung Schaffende". Eru besteht laut dem *Dalbanna*-Text aus "sechs schwachen Sternen". Ihre Dattelrispe wird im *Mul.Apin* in aufsteigender Blickrichtung unmittelbar nach den "schillernden Sternen im Schwanz Der Grossen Löwin" gelistet. Ihr Beiname 'Fruchtbarer Same' beruht auf den Wortähnlichkeiten von Eru mit *Zeru*, 'Same', und *Seru*, 'Steppe'. Da das Silbenzeichen *Ru* zugleich die Bedeutung *Edin*, 'Ebene', hatte, wurde Erus Fruchtbarkeit später mit den Strömen Mesopotamiens in Verbindung gebracht: "Wenn der Mond von einem Fluss umgeben ist, wird es grünende Felder im Land geben, breite Fluten und Wolkenbrüche – denn dann steht Erus Dattelrispe im Halo des Mondes."

Die zeitgleich mit dem Raben im August | September aufgehende Eru markierte die Zeit für die Dattelernte. Die Dattelrispe mutierte bei den Griechen dann zu einer Traubenrebe; daher noch der lateinische Name *Vindemiatrix*, 'Traubensammlerin' – der jedoch auf den Gerstenhalm von ε Virginis übertragen wurde.

W 146–149 und G 46

Sarpanitu war die Gattin des Götterkönigs Marduks; zusammen bildeten sie das mächtigste Götterpaar im späteren babylonischen Pantheon. Mit der Peitsche in ihrer Rechten als Zeichen ihrer Macht dominiert sie nun auch Ishtars Grosse Löwin.

In dieser Gestalt beschreiben spätzeitliche Uranographien ihre nach Westen gerichtete Figur: "Eru ist eine bekleidete menschliche Figur; sie hat einen *Kurkurru*[177] [fremden Glanz?] an sich. Ein Stern ist an ihrem Kopf eingezeichnet [β Canes Venatici]. Sie trägt eine Peitsche in der rechten Hand. Das Peitschenleder erstreckt sich über den Schwanz Der Grossen Löwin und weiter. In ihrer linken Hand trägt sie ein Gestirn [Die Dattelrispe]. Die Deichsel Des Wagens [Ursa Maior] steht in Richtung Erus Ferse."[178]

Laut dem *Mul.Apin* stand Eru am 15. Tag des 8. Monats Oktober | November im Süden "in der Mitte des Himmels", während Die Ziegengeiss in Lyra im Osten aufging.[179]

"Sarpanitu, barmherzige Mutter! Du bist es, die Gesundheit schenkt, Leben bewahrt. Weil ich gefehlt, gesündigt, gefrevelt habe, trete ich ein zum Bussgebet: damit meine Schuld getilgt werde, diene ich meinem Herrn Shamash. Bei Marduk, deinem lieben Gatten, tritt für mich ein!"[180]

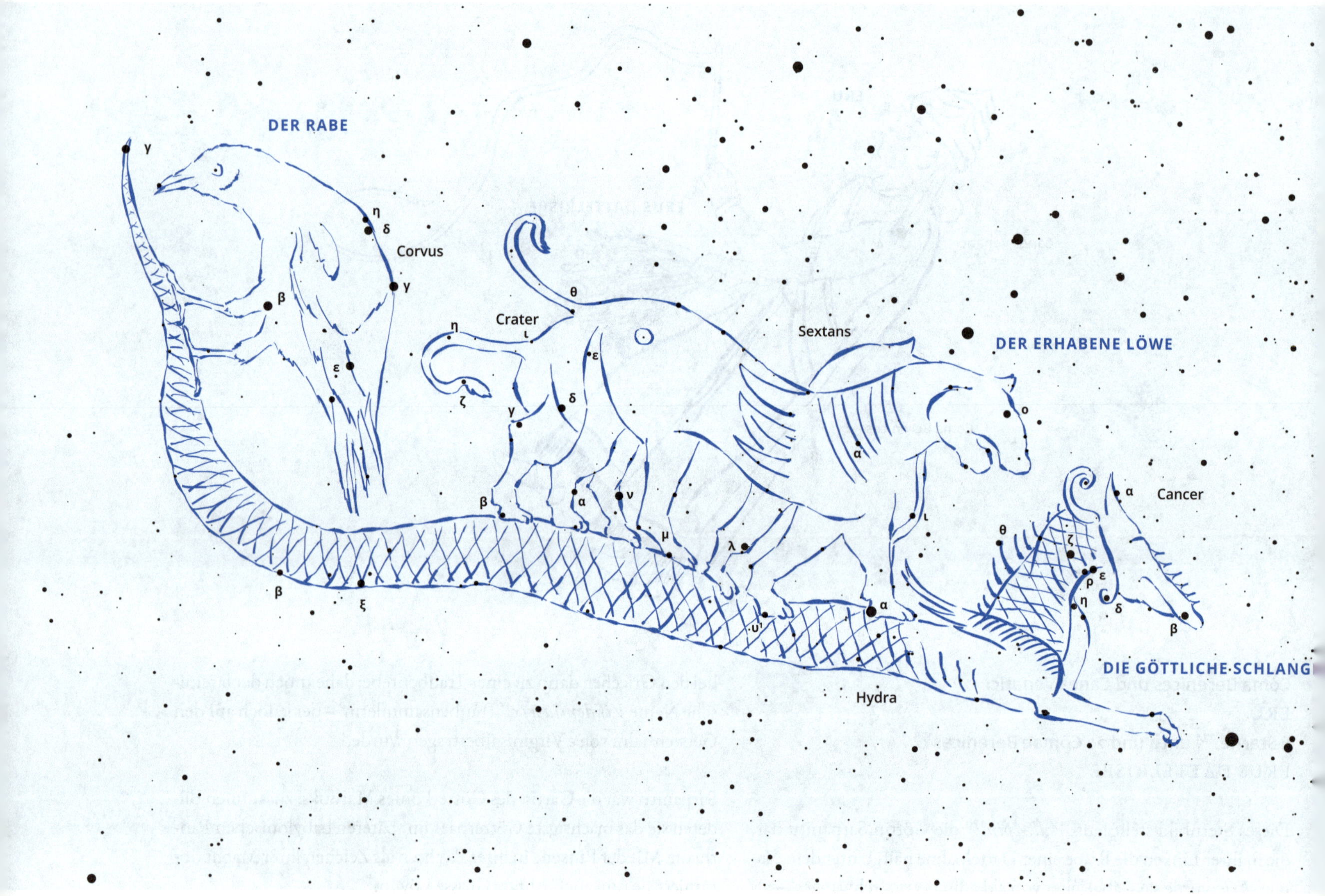

Corvus[181]

UGA.MUSHEN | EREBU – DER RABE

HIP 57613[182]

RABENSCHWANZ

γ Corvi

MITTE

S|S|W und H|P 275

Der nach Osten blickende Rabe sitzt am Schwanz der Göttlichen Schlange in Hydra und geht folglich drei Monate nach ihrem Kopf im Spätsommer morgens auf, zu Beginn der ersten Regen. Er ist deshalb mit dem Gewittergott Adad assoziiert und stellt – anders als die Göttliche Schlange als Gestirn der Trockenzeit – zumeist ein gutes Omen dar: "Ist das Rabengestirn sehr hell, dann bringt Adad [der im benachbarten Lupus sein Sternbild hat] eine Fülle von Regen."

Die schriftgelehrten Astrologen erstellten mit dem Raben aufgrund von Namensähnlichkeiten auch andere Vorzeichen. So wurde Der Rabe *Uga.Mushen*, befördert noch durch seine Nähe zum Schlangengott in Hydra, oft mit den Totengöttern *Ug.Ga* verbunden: "Ist das Rabengestirn nicht rot, werden Seuchen ausbrechen."

Da sein akkadischer Name *Erēbu* in der syllabischen Schreibweise von *Erbū*, 'Heuschrecken', kaum zu unterscheiden ist, gilt: "Wenn Der Rabe über die Saat-Furche geht, werden Heuschrecken aufschwärmen." Da zudem sein Name mit den Silben für 'Pflanze-Korn-Milch' geschrieben werden konnte und dann wie *Erbu* klingt, 'Einkommen', hiess es: "Wenn Der Rabe im Norden verschwindet, wird der Markt gut sein und der Sesam reichlich wachsen."

W 218–220 und L 476

DER MYTHOS VON INANNA UND SHUKALETUDA I

In diesem Mythos wird dem Raben die Erfindung des Schaduf, eines Hebebaums samt Gegengewicht zur Feldbewässerung, und die Erschaffung der männlichen Palme zugeschrieben, deren Datteln beim Aufstieg seines Sternbilds reif werden.

"Der weise Ea sagte: 'Rabe, ich trage dir nun was auf; horch gut zu! Der Kajal, den man für Inannas Reinigungsriten in meinem Tempel in Eridu braucht, samt dem Öl und Wasser dazu, sie sind in einer Schüssel aus Lapislazuli, die hinten in einer Kammer des Palastes steht. Nimm ein bisschen was davon in deinen Schnabel und pflanz es in ein Gemüsebeet neben einem Lauchstängel; dann zwickst du Schösslinge eines Baums ab [und steckst sie ebenfalls in die Erde].' Und der Rabe tat genau, was sein Herr ihm gesagt hatte. Und so begann eine Pflanze in dem Beet zu spriessen, die innen dem Lauch ähnelt, ein artfremder Eindringling, der gerade emporwuchs wie ein Lauch: Wer hätte das gedacht? Die [...] einmal gesammelt, liess er sie wachsen, bis das Jahr voll war.
Und wer hätte gedacht, dass ein Vogel wie der Rabe Menschenarbeit verrichtet? Denn er stiess einen Erdklumpen als Gegengewicht nach oben und zog ihn darauf wieder herab; er drückte ihn nach unten und liess ihn wieder aufsteigen [um mit dem Eimer am Hebel die Kanäle zu füllen]. Dann flatterte er zum Stamm der eingedrungenen Pflanze und stieg an der Palme hoch wie mit einem Klettergürtel. Seinen Schnabel voll mit Kajal und [...] bestrich er damit die eingerollten Blätter ihrer Blütenkolben: So etwas Erstgeborenes wie diese Palme, einen solchen unsterblichen Baum, wer hätte so etwas je zuvor gesehen? Seine Blätterzungen [...] sind sein Herz, mit seinen getrockneten Wedeln lassen sich allerlei Dinge flechten und aus seinen Schösslingen Seile für die Landvermesser drehen. Ja, diese Palmen, sie gehören sehr wohl auf die königlichen Felder; sie dienen den Reinigungsriten im königlichen Palast – und die neben der gereinigten Gerste aufgehäuften Datteln gehören sehr wohl in die Tempel der grossen Götter."[183]

Die Griechisch-Römische Tradition

Die Griechen übernahmen mit Der Göttlichen Schlange in Hydra auch Den Raben an ihrem Schwanz, jedoch zur kleineren Krähe verwandelt. Auch blickt sie nun nicht mehr nach Osten, sondern westwärts zum Becher in Crater. Die dazugehörige hellenistische Sternensage griff die ursprüngliche, komplementäre Jahreszeitsymbolik von Schlangengott und Rabe auf und geht auch sonst erkennbar auf den oben zitierten Mythos ein. Apollon nimmt darin Eas Stelle ein; der Rabe erfindet zwar keinen Schaduf und bringt auch keine Palme hervor, er klettert jedoch auf einen Feigenbaum – um dafür mit dem Becher, der ursprünglichen Wasserschale aus Lapislazuli für Reinigungsriten, bestraft zu werden.

"Auf der Hydra sitzt eine Krähe und ein Becher; so stellt man es sich vor. Die folgende Geschichte wurde als Erklärung dazu überliefert. Als Apollon, unter dessen Schutz die Krähe steht, einmal ein Opfer darbringen wollte, schickte er den Vogel zu einer Quelle, um etwas reines Wasser zu bringen. Als sie dort einige Feigenbäume erblickte, deren Früchte noch unreif waren, hockte sie sich auf einen von ihnen und wartete, bis sie reif wurden. Der wartende Apollon sah sie erst ein paar Tage später, nachdem sie bereit waren und die Krähe nicht wenige davon verzehrt hatte, voller Eile mit einer Schale voll Wasser zurückeilen.

Um sie für ihre lange Saumseligkeit zu bestrafen, schlug Apollon, der wegen ihr inzwischen ein anderes Wasser hatte verwenden müssen, sie mit der folgenden Schande, wie es in der Geschichte heisst: In der Zeit, wo die Feigen reifen, kann die Krähe nichts trinken, weil sie dann eine raue Kehle hat. Um den Durst der Krähe darzustellen, hat der Gott einen Becher zwischen die Sternbilder gestellt und die Wasserschlange darunter, um die durstige Krähe zurückzuhalten. Denn die Krähe scheint auf sein Schwanzende zu pecken, um die Erlaubnis zu erhalten, an den Becher zu gelangen."[184]

Dennoch findet sich bei den Mesopotamiern kein astraler Mythos, der den Raben und seine Geschicklichkeit an sich thematisieren und erklären würde, wie er unter so vielen Göttern an den Himmel kam. Warum? Wohl weil Krähe wie Rabe wohl zu den ältesten Sternbildern des *Homo sapiens* gehören: Sie finden sich in denselben Sternen bei den australischen Wardaman sowie am Sternenhimmel der Nördlichen Dene und dem der Eskimo.

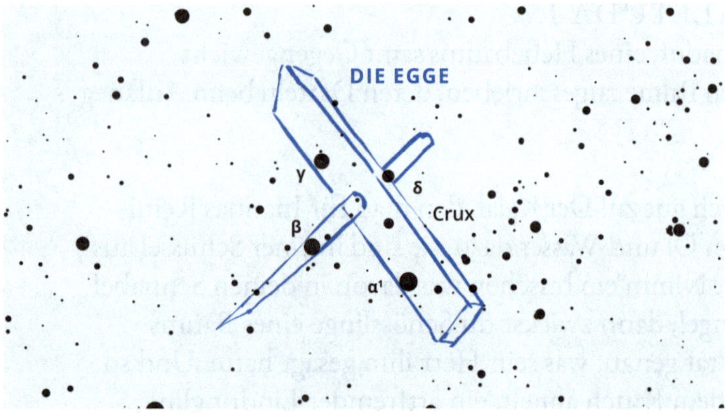

Crux

GISH.GAN.UR | MASHKAKATU – DIE EGGE

G 20

β Crucis

ZAHN | ZINKE

S|S|W

Die sumerische Bezeichnung setzt sich aus *Gish*, 'Holzgerät', *Gan*, 'Feld', und *ur*, 'schleifen, eggen', zusammen. In der Form *Ganagishur* war 'Egge' zugleich der Name des ersten mythischen Königs, der nach der Grossen Flut in Kish die Herrschaft übernahm. Im *Mul. Apin* heisst es, dass man in dem "neben dem Zottelleib Des Winters stehenden Gestirn Der Egge – der Waffe Des Gottes Mar-Biti – die unterirdischen Wasser sehen kann".[185] Das bezieht sich darauf, dass das Silbenzeichen *Gan* ursprünglich die Form eines bewässerten Feldes hatte und man damit auch das Sternbild Feld in Pegasus bezeichnete, das Ea, dem Gott des Grundwassers, unterstellt war. Der zitierte Satz verweist dadurch auf die Lage des Sternbilds mitten in der Milchstrasse, die darüber als mit der Unterwelt in Verbindung stehender Strom erkennbar wird.

Im *Mul.Apin* wird das Sternbild Der Egge überdies als "Waffe Des Gottes Mar-Biti" bezeichnet. Auch dies geht auf die konkrete, auf Omen bezogene Poesie zurück, die man in der Spätzeit aus Namen und ihren Schreibarten herauslas. So wurde der Gott *Mar-Biti* manchmal als *A.E* geschrieben, 'Sohn des Tempels' – was, rückwärts gelesen, dem Gott Ea entsprach und als Verweis auf Eas Beziehung zur Bodenfruchtbarkeit aufgefasst werden konnte.

Mar-Biti vom Apsu war ein Gott aus dem babylonischen Pantheon, offenbar ein Minister Damki(an)nas. In einem neo-assyrischen Mythos wird erzählt, wie Mar-Biti auf Damki(an)nas Anweisung hin den von Enlils Göttern besiegten Marduk samt seinen Annunaki befreit.[186] Ansonsten war Mar-Biti ('Sohn des Hauses' = Adeliger) Bestandteil babylonischer Königsnamen und die Bezeichnung für den 'Administrator eines Haushalts',[187] was als Verweis auf seine überwachende Funktion in der Landwirtschaft aufzufassen ist. Seine Waffe, die Egge, ebnet mit ihren Zinken das vom Pflug aufgerissene Feld.

W 164–166 und S 140

αβγ Pegasi und α Andromedae

ASH.GAN | IKU – DAS FELD

Gan bezeichnet ein Feld, das auf bildlichen Darstellungen von Bewässerungskanälen durchzogen oder umflossen wird; *Ash* bedeutet 'Eins'. Ein solches Ackerstück hatte eine standardisierte Grösse von erst 120, dann 180 Ellen; zugleich war dies auch die Grösse des Grundrisses des Tempelturms von Babylon.[188]

Das Feld steht zusammen mit dem Pflug beim Sonnenaufgang zum Jahresbeginn (Frühlingsäquinoktium) am Himmel. Es kam dann zum Höchststand von Euphrat und Tigris, sodass die Gerstenäcker bewässert werden konnten; dank erster Bewässerungstechniken wurden die Wüstenebenen des Zweistromlands schon ab dem 6. Jahrtausend bewirtschaftet, sodass in Folge erste städtische Zivilisationen entstanden.

Der Mythos sah den Wassergott Enki | Ea in seinem unterirdischen Süsswasserozean, dem Apsu, verantwortlich für die Fruchtbarmachung des Landes; er war eng mit diesen Feldern verbunden. Abbildungen zeigen ihn auf seinen Beeten sitzend, quadratisch von Bewässerungskanälen eingerahmt, in der Hand das grosse Gefäss, aus dem Euphrat und Tigris quellen. Eas wichtigster Tempel lag deshalb auf einer kleinen Insel inmitten einer heiligen Lagune, genannt 'Haus des Apsu'.

Das Sternbild markierte Frühling und Jahresanfang und war ein wichtiges agrarisches Omen: "Wenn die Sterne Des Feldes funkeln, wird Hochwasser kommen; doch wenn sie aufsteigen und hell wie eine Fackel flammen, wird eine grosse Dürre über das Land kommen"; "Wenn Das Feld im ersten Monat aufgeht, aber sein südlicher Stern nicht zu sehen ist, wird das angebaute Land in Akkad nicht gedeihen"; "Wenn der Mond von einem Halo umgeben ist und Das Feld darin liegt, dann wird es weniger Gerste geben – denn Das Feld bedeutet Die Furche".

Im *Mul.Apin* heisst es: "Das Gestirn, das gegenüber Dem Feld steht: Die Erhabene Schwalbe; das Gestirn, das hinter Dem Feld steht: Annunitu."[189]

W 136–140

In einer neo-assyrischen Uranographie wird das Sternbild folgendermassen charakterisiert: "Das Feld ist der Sitz des Gottes Anu; es geht all den Sternen des Anu [in der ekliptischen Bahn] voraus und ist das Gestirn des Monats Nisannu [März | April], des Neujahrsfestes, der Sitz des Kreises der vier Viertel, des neuen Jahres; vier Sterne sind Seite an Seite eingezeichnet. Das Feld betrifft die Ackerfurche; wenn Das Feld im Nisannu morgens im Osten aufgeht, wird die Ernte des Landes gut ausfallen; werden Sag.Me.Gar [Jupiter], Die Strahlende [Venus] und Der Sonnenstier [Merkur] mit ihm gesehen, wird die Ernte des ganzen Landes gut ausfallen."[190]

Das Feld ist in dieser Beschreibung mit dem Neujahrsfest im 1. Monat in Babylon verbunden und mit dieser Stadt gleichgesetzt; sie ist der kosmische wie irdische Mittelpunkt der kreisförmigen Welt mit ihren Quadranten von Nord und Süd, West und Ost.[191]

Die Griechisch-Römische Tradition

Die Hethiter machten öfter Schnitzer bei der Deutung übernommener Wörter aus Mesopotamien: So wurde das sumerische *Iku* etwa zu *Ekue*, 'Pferd', verballhornt. Griechische Kontakte mit den späthethitischen Stadtstaaten in Kilikien und Nordsyrien liessen daraus – entweder in Übersetzung oder über das mykenische *Iqo*, 'Pferd' – den Pegasos entstehen, obgleich die Sterne eigentlich kein Pferd erkennen lassen.[192] Deshalb behauptet bereits Aratus bei der Beschreibung des Hippos, es sei nicht vierfüssig und ab der Nabelhöhe in der Mitte abgeschnitten.[193] Dies wurde dann zu einem fliegenden Ross umgedeutet. Der Name *Pegasos* stammt vom Blitzgott *Pihashashi*, der wie geflügelte Pferde in Kilikien eine lange Tradition hatte.[194]

V FISCHE UND VÖGEL

"In jenen uralten Tagen, nachdem die guten Schicksale bestimmt worden waren und Anu und Enlil die göttlichen Prinzipien für Himmel und Erde festgesetzt hatten, sammelte der dritte von ihnen, der allwissende Herr, Enki, Beherrscher der Schicksale, [die Geschöpfe alle] zusammen und gründete Wohnstätten. Er schöpfte mit seiner Hand Gewässer, um gute Samen zu schaffen und zu begünstigen; er zog die Läufe von Tigris und Euphrat Seite an Seite und liess sie Wasser aus den Bergen führen; er scharrte die kleineren Flüsse aus und setzte die Wasserstellen. Enki errichtete grosse Schafpferche und Rindergehege und versorgte die Schaf- und Kuhhirten mit allem Nötigen; er gründete überall auf der Erde Städte und Dörfer und liess das schwarzköpfige Volk sich vermehren. Er stellte ihm einen König als Hirten voran und erhob ihn zu ihrem Herrscher: Der König stieg auf wie das Tageslicht über fremden Ländern. Enki webte das Marschland zusammen und liess altes und junges Schilf dort wachsen; er liess es in den Tümpeln und Lagunen vor Vögeln und Fischen wimmeln [...]; er versorgte sie [...] zur Nahrung mit allen Arten von lebenden Wesen und unterstellte diese göttliche Fülle [...].
Als der Schöpfergott Enki, der erhabene Prinz und allwissende Herr [...] geschaffen hatte, füllte er Röhricht und Sumpfland mit Vögeln und Fischen, zeigte ihnen ihre Standorte und lehrte sie die göttlichen Regeln. So begannen die Fische in den Lagunen zu laichen und die Vögel Nester in den Lücken des Schilfgürtels zu bauen. Doch der Vogel ängstigte den Fisch der Lagune in seinem [...]. Der Fisch wehrte sich und schrie laut; grossspurig erklärte er seine Feindschaft."[195]

So der Beginn der Fabel aus der Zeit um 2050 v. u. Z., in der sich Fisch und Vogel gegenseitig ausführlich beschimpfen und Vorwürfe machen, bis König Shulgi den weiblichen Vogel, der sich vor ihm zu Boden geworfen hat, schliesslich zum Sieger erklärt.

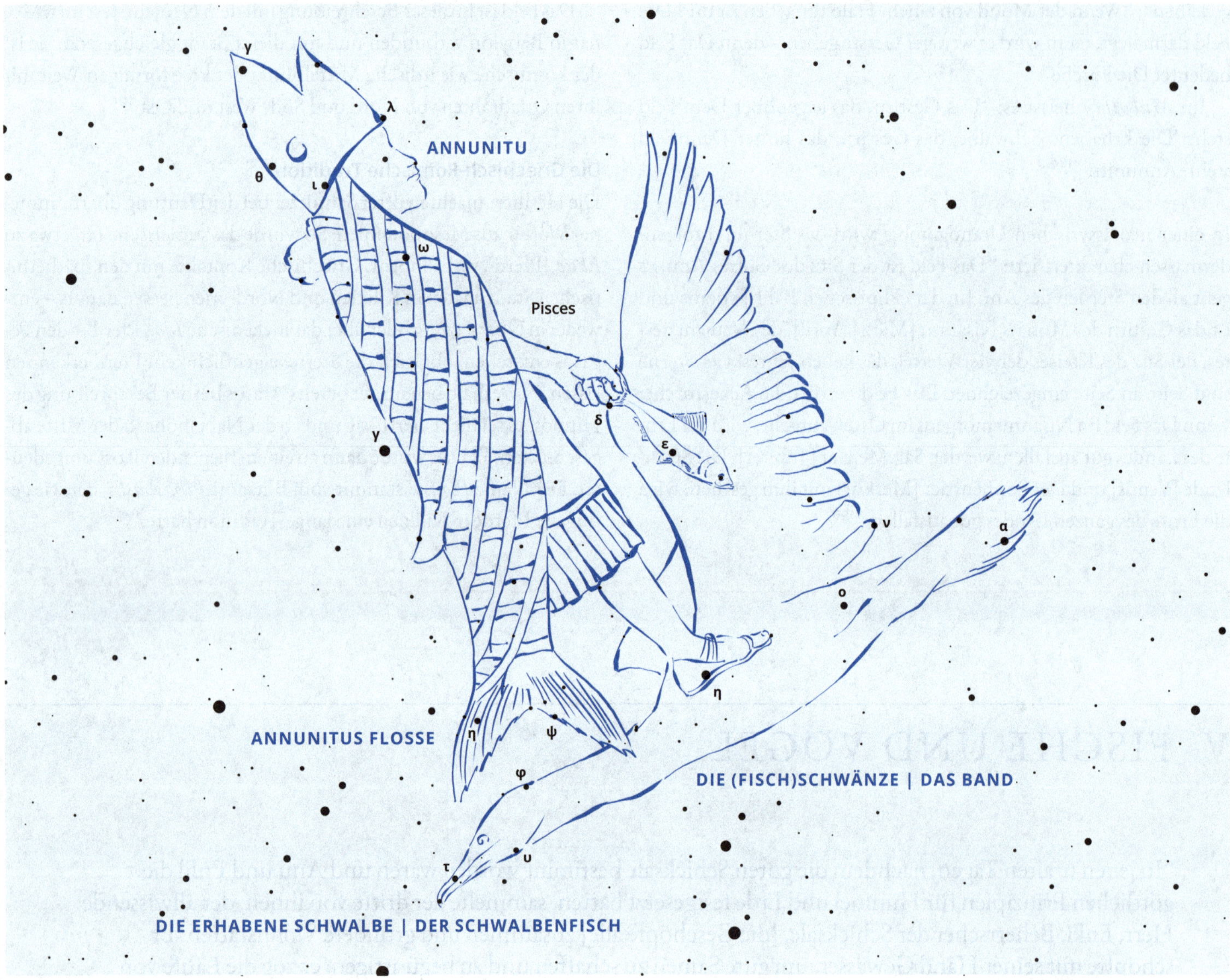

Der östliche, stehende Teil von Pisces

ANNUNITU

H | P 272 und 276

Sterne um ψ Piscium

ANNUNITUS FLOSSE

S | S | W

(Fuss η, Fischkrone γκλιθ, Fischstab δεζ Piscium)

Der südliche, liegende Teil von Pisces

SIM.MAH | SHINUNUTU – DIE ERHABENE SCHWALBE | DER SCHWALBENFISCH

τυφ Piscium

KOPF

S | S | W

(Flosse α Piscium, Flügelspitze 13 Ceti)

Annunitu war ursprünglich eine wenig bedeutende babylonische Göttin, die von Frauen bei der Geburt angerufen wurde. Über den Beinamen Inannas | Ishtars als *Annunitum*, 'Die Kämpferin', wurde sie in späterer Zeit mit dieser Göttin der Liebe und der Fruchtbarkeit identifiziert und dann zu ihrem Gefolge gezählt.[196]

Ihre beiden Sternbilder in Pisces, ursprünglich als Fisch und als Vogel dargestellt, gehen jedoch auf die sumerische Göttin *Nanshe* zurück, deren Namen man mit den Zeichen für 'rein' und 'Wasservogel'[197] schrieb. Als Schutzherrin der maritimen wie der menschlichen Fruchtbarkeit "drängt sie zum Beischlaf", wie es in dem um 2000 verfassten Mythos von *Enki und die Weltordnung* heisst.

In dieser Epoche stieg sie zur höchsten Göttin im sumerischen Pantheon auf und galt dann auch als Göttin der sozialen Gerechtigkeit und Herrin der Getreidespeicher, die den Feldgrenzen und der Eichung von Gewichten und Massen vorstand. Ihre Schwester Nisaba vermass Himmel und Erde, besass die grosse, aus himmlischem Lapislazuli gemachte 'Tafel mit den Sternen des Himmels', von denen sie die Geschicke ablas, und ihr Tempel hiess 'Haus der Sterne'.[198] Nanshe war insofern die Göttin der Prophezeiung und Traumdeutung, als sie die astralen Omen ihrer Schwester Nisaba auslegen konnte. Ihre Eminenz war so gross, dass sie es war, die Ninurta seine himmlische Station im Sternbild Pabilsag zuwies.[199]

Ihre Rolle als Traumdeuterin zeigt der älteste erhaltene astrologische Text, *Der Traum des Gudea*, aus der Zeit um 2000 v. u. Z.[200] Darin beschliesst Enlil, die jährliche Überschwemmung des Tigris zu beschränken. Ausführen lässt er dies vom Planeten Jupiter als Enlils Sohn Ningirsu, dem späteren Ninurta. Das Volk von Lagash sieht diesen Bruch des natürlichen Rhythmus als göttliche Warnung, weshalb Ningirsu dem König von Lagash, Gudea, einen Traum schickt. Gudea bittet daraufhin Nanshe, ihm diesen Traum zu deuten. Sie tut dies und erkennt darin ihre Schwester Nisaba, die rät, einen Tempel zu bauen. Zudem trägt sie Gudea auf, Ningirsu durch den Bau eines Wagens günstig zu stimmen, als irdisches Gegenstück jenes Wagens in Ursa Maior, dessen Regentin Enlils Gemahlin ist und dessen Joch Enlil untersteht. Die Götter werden dadurch besänftigt und der Tigris fliesst wieder.

Neben Enkis Sternbild Des Feldes liegt das der Nanshe. Sie war die Göttin der Schilfgebiete am Zusammenfluss zwischen Euphrat und Tigris mit ihren Vögeln und Fischen. Dieses Marschland wurde sumerisch *Ap*, 'Meer', genannt; an seinem Rand lag ihr Haupttempel in der Stadt Sirara. Der 'heilige' Wasservogel, der Kormoran, mit dem sie in der Regel abgebildet wurde,[201] war ihr Symboltier.[202]

Der an sie gerichtete Text *Nanshe und die Vögel* enthält eine umfangreiche Liste der ihr unterstellten Vögel und beginnt mit diesem Kormoran: "Der Wasservogel kam aus dem reinen Röhricht; der weise Wasservogel verbrachte den Tag hoch im Himmel oben, der Wasservogel schrie im Himmel, sein Krächzen war süss, seine Stimme lieblich: Meine Herrin war angezogen von ihm.

Herrin Mutter Nanshe war angezogen von diesem Wasservogel: 'Ich bin die Herrin – wie schön ist mein Wasservogel und wie schön bin ich!' Sie selbst kam auf das Wasser herab wie ein grosser Wasservogel, sie stieg vom Himmel herab auf die Erde."[203]

Nanshe gebot aber auch über den Anzu-Vogel und dessen Sternbild, als himmlischem Mittler zwischen den Göttern und den um sie versammelten Vögeln: "Möge der Vogel vom Himmel auf die Erde herabsteigen, möge der Vogel, gleich wie sein Name auch lautet ['Anzu' oder 'Pferd'], brüllen, möge der Vogel, der nicht gefangen werden kann, brüllen, dieser Vogel, den keiner fesseln kann, dieser Vogel, der am Himmel vorbeifliegt, Anzu, der zusammen mit den Anunna-Göttern die Geschicke bestimmt."[204]

Nanshes Inthronisierung im Marschland und die Errichtung ihres Tempels in Sirara wird in der folgenden Stelle von *Enki und die Weltordnung* beschrieben. Die Vorstellung eines Heiligtums mitten im Meer ergibt sich durch die Volksetymologie des Wassergottes Ea, als *E* – Haus – und *A* – Wasser; es wird auf akkadischen Rollsiegeln als ein von Wellen umgebener Zikkurat dargestellt.[205]

NANSHES SITZ

"Der Herr, der die Geschicke zuweist, Enki, der Herrscher über den Apsu, rief die beiden Flüsse hervor, dann die Marschländer, die viele verschiedene Karpfen liefern und das Röhricht, das Schilf liefert, das trockene alte wie die zarten Sprossen.

Nanshe unterstehen die Netze, die keinen Fisch entschlüpfen lassen, die Fallen, denen kein Tier entkommt, und die Schlingen, denen kein Vogel entgeht. Dem Kind des [Enki], der von den Fischen geliebten [Nanshe], übertrug Enki die Lagune.

Und dann gründete er einen Tempel, einen heiligen Schrein mit einem kunstvollen verwobenen Inneren, er gründete einen Tempel im Meer, einen heiligen Schrein, mit einem kunstvoll verwobenen Inneren, einen Schrein, dessen Inneres so verwickelt ist wie Fäden, jedes Verständnis übersteigend: Seine untere Station liegt beim Sternbild Feld und seine obere Station weist auf das Sternbild Wagen. Umhüllt wird er von einer wogenden Flut, er besitzt einen solch starken übernatürlichen Glanz, dass selbst die Grossen Götter, die Anunna, es nicht wagen, sich ihm zu nähern! Er erfrischt die Herzen – und der Palast war in solcher Feierstimmung, dass all die Anunna vor ihm standen im Gebet und in Anrufung!

In diesem Wassertempel errichteten sie für Enki ein hohes Podium, für den Herrn [...] und den grossen Prinzen [...] der Wasservogel [...]. Enki füllte das Ekur, die Tempelresidenz des Enlil mit Reichtum, der sich darüber freute, und auch in Nippur wurde er gefeiert. Sich darum zu kümmern, um die ganze Weite des Meeres, übertrug Enki jedoch jener, die das Segel setzt, [...] im heiligen Schrein, jener, die den Beischlaf befördert.

Ihr, die über grosse hohe Fluten der Tiefe herrscht, die schrecklichen Wogen, die Überschwemmungen des Ozeans, die der Gischt des Meeres entstiegen ist: Enki hat der Herrin des Sirara-Tempels, der hochverehrten Nanshe, das Meer und seine ganze Weite unterstellt.

Da Nanshe, die erhabene Herrin, die den heiligen Wasservogel zu ihren Füssen liegen hat, für die Fische des Meeres verantwortlich ist, nimmt sie die erlesensten Fische und köstlichsten Vögel entgegen für den Tempel ihres Vaters in Nippur. 'Doch warum hast du, Enki, mich, die Frau, anders behandelt? Bin ich nicht die heilige Inanna? Wo sind meine Funktionen?'"[206]

Diese in mehrfacher Hinsicht bedeutsame Beschreibung stellt zum einen allegorisch im kunstvoll Verwobenen ihres Heiligtums die labyrinthisch verflochtenen Wasserwege des Marschlandes dar,[207] in einem Tempel, der zugleich Nanshes Sternbild als Schrein am Himmel vorführt.
Der "heilige Wasservogel zu ihren Füssen" ist die ursprüngliche Figuration des südlichen Pisces; ihr ganzes Gestirn erstreckt sich in der Tat vom Sternbild Des Feldes neben ihr über den ihr unterstellten Anzu-Vogel im Norden bis hinauf zum Wagen in Ursa Maior. Um 2500 v. u. Z. standen sie Ende Oktober in einer lotrechten Bahn genau im Süden über dem Meer, sodass sich die Vorstellung einer aus dem Meer aufragenden Zikkurat leicht einstellen konnte.

Die Hymne *Nanshe B* beschreibt sodann die über dem Wasservogel stehende Nanshe, wie sie von den Sternen im himmlischen Meer gleich schillernden Fischen umfunkelt wird. "Sie trägt einen Fisch[kopf] als Krone auf ihrem Haupt als ihr Emblem. Sie hält einen Fisch als Stab in ihrer Hand als ihr Emblem. Sie bindet Fische als Sandalen an ihre Füsse als ihr Emblem. Sie hat Fische wie Feuer um die Mitte der See zu erleuchten als ihr Emblem. Sie hat Fische als Kleid um ihren Körper gewickelt. Der Läufer-Fisch läuft schnell für sie, der Kreis-Fisch umkreist sie, um im Meer nach ihr Ausschau halten, der Schiller-Fisch lässt die See um sie aufschillern. Fische umfliegen sie wie Schwalben!"[208]

Die Ablösung von Nanshes Sternbild durch Annunitu als Inkarnation Inannas | Ishtars geht bereits aus dem Ende unseres Zitats aus *Enki und die Weltordnung* hervor, in dem Inanna sich eifersüchtig bei Enki beschwert, warum sie nicht Nanshes Rolle übernehmen kann. Auf der Rückseite der Hymne *Nanshe B* hat Inanna dann schon die Rolle Nanshes usurpiert: "Anu legte den Himmel als Krone auf mein Haupt, er band die Erde als Sandalen auf meine Füsse, er wickelte ein reines Kleid um meinen Leib, er gab mir das reine Szepter in die Hand."[209]

Inanna hatte eigentlich im Sternbild Der Löwin die "geheime Stelle" ihrer höchsten Macht; nun erhielt sie ein zweites "Haus in Annunitu".[210] Nanshes Assimilation durch Annunitu verrät noch der Sternname 'Annunitus Flosse': Das kleine Gestirn liegt unterhalb der Göttin und stellt die für Nanshe typische Besohlung mit Fischen dar. Die Angleichung beider Göttinnen wurde vor allem durch die Aspekte Fruchtbarkeit und Sexualität befördert, die sie gemeinsam hatten. Zudem trug Annunitu zumindest sprachspielerisch 'Fische' in ihrem Namen – An-*nuni*-tu –, wurde sie wie Inanna eng mit Vögeln assoziiert und über diese mit dem Planeten Venus verbunden, was sie zur 'Herrin Des Himmels' erhob.

Dank dieses Ranges liess sich Annunitu daraufhin auch mit dem unteren Teil des Sternbildes verbinden, der Erhabenen Schwalbe, sumerisch *Sim.Mah*. Akkadisch hiess sie *Shinuntu* oder, um den Fisch, *Nunu*, deutlicher hervorzuheben: Shi-*nunu*-tu – 'Schwalbenfisch', wahrscheinlich der im Persischen Golf vorkommende Fliegende Fisch.[211] Schwalbenfisch wie Fliegender Fisch verwiesen auf den 'heiligen Wasservogel' als Symboltier der Nanshe, die im späten Babylon nur noch mit den "unterirdischen Wassern des Sternbilds Egge" in Verbindung gebracht wurde.[212]

Die astrologische Serie *Enuma Anu Enlil* hebt die Doppelnatur des Sternbilds als Fisch und Vogel in den astrologischen Berichten an die assyrischen Herrscher immer wieder hervor, so auch in den Omentexten: "Wenn Der Fisch nahe neben Dem Raben steht, dann wird es eine Fülle von Fischen und Geflügel geben."

Annunitus Kultzentrum lag jedoch – anders als das Nanshes – in der Hauptstadt des akkadischen Reiches, weshalb ihre Herrschaft bald mehr mit dem Binnenland verbunden wurde, wie die astrologischen Texte verraten: "Wenn Annunitu dunkel ist, ist dies ein Omen für den Tigris und Akkad."

Aufgrund der engen Assoziation Annunitus mit Inanna | Ishtar als Göttin der Venus, kam der Konjunktion dieses Planeten mit dem Sternbild der Annunitu doppelte Bedeutung zu. So schreibt ein neoassyrischer Astrologe über die Folgen von Venus' Auftauchen in Annunitu: "Wenn Venus im 11. Monat sichtbar wird, wird die Ernte des Landes gedeihen."

LEI 7 und 88, V, G 178, CA 56–57, W 280–282 und 65–67

Das *Mul.Apin* unterschied noch zwischen Annunitu und Der Erhabenen Schwalbe: Erstere steht "hinter Dem Feld [Pegasus]", Letztere "gegenüber Dem Feld", das heisst darunter.[213] Die "Schwänze" beider (sowohl der fischförmigen stehenden Annunitu wie der fliegenden Erhabenen Schwalbe) liegen im 'Weg des Mondes', dass heisst im ekliptischen Streifen.[214] Die Erhabene Schwalbe geht nach dem *Mul.Apin* am 15. Tag des 10. Monats Dezember | Januar im Osten auf, während die Stehenden Götter im Süden mitten im Himmel stehen.[215]

Eine späte Uranographie beschreibt dieses zwiegestaltige Sternbild in Anlehnung an das *Mul.Apin*: "Das Sternbild, das dem Sternbild Des Felds gegenüberliegt, ist Die Erhabene Schwalbe: Es ist ein Vogel, ein Gestirn mit Schwingen, das fliegt – das heisst, es hat Flügel. Das Gestirn, das hinter dem Feld steht, ist Annunitu, ein Fluss. Die Erhabene Schwalbe und Annunitu überkreuzen einander als Sterne von Euphrat[216] und Tigris beim Kamm des Schwanzgestirns, der sie zusammenhält. Die Erhabene Schwalbe und der langgestreckte Hals Annunitus ist die Station Der Strahlenden [Venus]."[217]

In dieser Beschreibung entspringen Euphrat und Tigris im Sternbild Des Feldes, indem Ea ein Wassergefäss hält, aus dem sich rechts und links die Ströme um Annunitu und die Erhabene Schwalbe ergiessen. Die verwandeln sich deswegen schliesslich in die zwei Fische des östlichen und westlichen Pisces, als die sie von Griechen wie Arabern übernommen wurden.

In Abbildungen[218] war weniger Annunitus Hals als jener Der Erhabenen Schwalbe lang gestreckt. Verknüpft sind beide da aber noch nicht durch ein Band – obwohl die Uranographie bereits ihr 'Zusammengehalten-Sein' ausdrückt. Mit der Station der Venus ist die 'geheime Stelle' ihrer höchsten Macht gemeint, die sie in diesem Sternbild aufgrund von Annunitus Identifikation mit Inanna | Ishtar erreicht.[219]

um η Piscium

KUN.MESH – DIE SCHWÄNZE

ZIB.ME | ZIBBATI – DIE (FISCH)SCHWÄNZE

H | P 271

DUR | RIKSU – DAS BAND

U 44

η Piscium

MUL KUR SHA DUR NUNU –
HELLER STERN IM BAND DER FISCHE

H | P 271

Das Silbenzeichen *Kun* zeigt einen Tierschwanz, konnte aber auch eine Kanalmündung bezeichnen; *Mesh* markiert den Plural. *Zib. Me* und akkadisch *Zibbati* bezeichnen ebenfalls Schwänze. Letzterer Name wurde im 1. Jahrtausend anstelle der zwei Namen Annunitu und Die Erhabene Schwalbe gebräuchlich.[220]

Das Band wurde überdies als *Mul.Tultum*, 'Wurmgestirn', bezeichnet und in der *Grossen Sternenliste* mit 'Seewurm' glossiert (während Annunitu sich darin als *Mes.Mushen*, eine Art tauchender Seevogel, findet). Ursprüngliche Symbolfigur für Das Band könnte deshalb ein sich ringelnder Wurm gewesen sein.

Die kaltblütigen Fische galten als Würmer, die warmblütigen Vögel hingegen als lebende Wesen.[221] In der sumerischen Fabel *Der Streit zwischen Vogel und Fisch* verfeinden sie sich, weil die Fische die Nester der Vögel im Marschland zerstören, worauf der Vogel "zum Sieger über den Fisch" erklärt wird.[222] Dominanz wurde meist durch Führungsseile dargestellt, weshalb sich das Band, das beide aneinanderfesselt, auch pars pro toto verstehen liesse als Nanshes "Netze, die keinen Fisch entschlüpfen lassen, die Fallen, denen kein Tier entkommt, und die Schlingen, denen kein Vogel entgeht" – wie es in *Enki und die Weltordnung* heisst. Nanshes | Annunitus Kontrolle über die Fische und Vögel legte ihnen damit gleichsam ein Gängelband an, wie dies Ea in einem anderen Fall beim göttlichen Wildschaf Mummu tut.[223]

Die Zweitbedeutung von *Kun*, 'Kanalmündung', wiederum verweist auf die Flussschlingen im Shat-al-Arab, wo Euphrat und Tigris in den Persischen Golf münden.[224] Verstärkt wurde das Bild durch die beiden Ströme, die sich aus dem Sternbild Feld ergiessen. Deshalb wurde Die Erhabene Schwalbe auch 'Göttin Der Mündung' geheissen.[225]

In spätbabylonischer Zeit bezeichnete man die Sterne Des Bandes schliesslich als *Dur.Nunu* oder als *Ri.Kis Nu.Mi* – Band Der Fische[226] –, weil man da nur noch zwei Fische in Pisces sah. Wo Annunitu mit ihrem Fuss auf dem Vogel als ihrer astralen Station gestanden hatte, befand sich nun der Knick Des Bandes, das ab da zwei Fische an ihren Flossen miteinander verknüpfte.

Im 8. Jahrhundert v. u. Z. wurde der östliche Fisch dann mit dem Tigris, der westliche mit dem Euphrat gleichgesetzt.[227] Der Aufgang der Sterne in diesem Band markierte nunmehr den 12. Monat als 'Schwanzende' des Jahres, da die beiden Ströme Hochwasser führten und die Karpfen flussaufwärts zu ihren Laichplätzen schwammen. Die Omen zu diesem Sternbild hatten agrarischen Charakter: "Wenn der Jupiter in Den Schwänzen steht, werden Tigris und Euphrat Schluff anschwemmen und Fülle und Wohlstand im Land herrschen."

W 285–286

Die Griechisch-Römische Tradition

Als die griechischen Astronomen nach Alexanders Eroberung Babylons den Tierkreis übernahmen, war der 'Heilige Wasservogel' Der Erhabenen Schwalbe mitsamt Annunitus mit Fischen dekorierte Gestalt bereits zu den uns heute bekannten Pisces geworden. So beschreibt Aratus Mitte des 3. Jahrhunderts v. u. Z., "dass sich von ihnen gewissermassen Ketten von beiden Schwanzflossen her erstrecken, die auf beiden Seiten in einer ungebrochenen Linie zusammenfinden. In diesem Schnittpunkt steht ein einzelner, grosser und heller Stern [α Piscium],[228] den sie Den Himmlischen Knoten nennen".[229]

Im um 50 v. u. Z. entstandenen Zodiakos im Tempel von Dendera liegen zwei miteinander verbundene Fische über und unter einem Feld, was die Herkunft des Sternbilds aus Babylon verrät. Auch die nomadischen Araber kannten noch die Fische; das ursprüngliche 'Seil' zwischen ihnen deuteten sie jedoch als Brunnenschöpfeimer.

Die Griechen übernahmen die altorientalische Symbolik der beiden Fische und Annunitu als spätere Verkörperung Ishtars in der syrischen Atargatis, die sie *Derketo* nannten. Dementsprechend erwähnt Eratosthenes in seiner Sternsage zum Piscis Austrinus die beiden Fische in Pisces: “Es wird erzählt, wie Ktesias schreibt, dass der Fisch einst in einem See bei Bambyke [das heutige Manbidj am syrischen Oberlauf des Euphrats lebte; Derketo, welche die Bewohner dieser Region die Syrische Göttin nennen, fiel eines Nachts in diesen See und wurde offenbar von diesem Fisch gerettet. Es heisst zudem, dass er die beiden Fische gebar und allen dreien dann die Ehre gewährt wurde, unter die Sternbilder versetzt zu werden.”[230]

Auf den nicht erhaltenen Bericht des Ktesias stützt sich Diodors ausführlichere Schilderung; darin ist noch ein Echo der symbolischen Darstellung Nanshes und Annunitus mit der Vogel-Fisch-Assoziation erkennbar: “Es gibt in Syrien eine Stadt namens Askalon und nicht weit davon einen grossen und tiefen See voller Fische. An seinem Ufer liegt der Tempelbezirk einer berühmten Göttin, welche die Syrer Derketo nennen; diese Göttin hat den Kopf einer Frau, doch den Körper eines Fisches. Die Legende dazu geben die meisten gelehrten Bewohner der Region wie folgt wieder: Aphrodite [als griechische Entsprechung Ishtars], die sich durch Derketo gekränkt fühlte, flösste ihr eine ungezügelte Leidenschaft für einen hübschen Jungen unter ihren Gläubigen ein; Derketo gab sich also diesem Syrer hin und gebar ihm eine Tochter, tötete dann jedoch, aus Scham über ihre sündige Tat, den Jungen und setzte das Kind in der Wüste aus, um sich darauf vor lauter Schande und Trauer im See zu ertränken, wo ihr Leib in einen Fisch verwandelt wurde. Doch da es in der Gegend, wo das Kind ausgesetzt wurde, viele Tauben gab, die dort ihre Nester hatten, nährten sie es auf überraschende und wundersame Weise.”[231]

Piscis Austrinus

KU | NUNU – DER FISCH
MITTE

H | P 272

Dieser Fisch war nicht mit Nanshe oder Annunitu, sondern mit Enki | Ea verbunden, wie das *Mul.Apin* erklärt.[232] Er kommt unter dessen Sternbild im Aquarius zu liegen, gleichsam in den Strömen schwimmend, die der ‘Wassermann’ Enki ausgiesst. Enki geweihte Fische, bevorzugt Süsswasserfische wie die Karpfen, sollten ihm in seiner wässrigen Unterwelt Gebete und Beschwörungen überbringen;[233] Vogel und Fisch von Pisces gehören dagegen zum Meer.

Im mesopotamischen Mondkalender, der sich jährlich etwas verschob, wurde sein Aufstieg im 12. Monat für ideal gehalten: “Dann wird das Hochwasser in den Quellen steigen.” Ein kalendarisch späterer Aufgang war ein schlechtes Vorzeichen: “Wenn Der Fisch im 1. Monat aufsteigt, wird es Dürre im Land geben.” Nach dem *Mul. Apin* geht der Ea unterstellte Fisch Mitte des 12. Monats am Morgen auf, das Ea geweihte Gestirn Eridu dagegen am Abend unter.[234]

W 142–143

Sterne von Cetus

AN.U.GI.E – ENNUGE[235]

Hinter dieser Schreibweise versteckt sich der Gott Ennugi[236] auf einem späten Astrolab, als einziger Beleg für ein Sternbild in den sonst – bis auf einen Teil des Widders – unbesetzten Sternen von Cetus. Als Anus Wasserwächter, “Inspektor der Kanäle und Deiche”[237] und “Kultivator der Felder”,[238] steht er damit genau dort, wo er funktional hingehört: nämlich vor dem Band Der Fische (als Flüssen des Zweistromlandes) und neben Enki, von dem sie ausströmen. Die Ehre seiner Versternung verdankt der sonst nur als Thronträger Enlils bekannte Gott wohl dem Umstand, dass er im Epos von *Gilgamesh*[239] neben Anu, Enlil und Ninurta die Flut über die Menschheit mitbeschliesst. Auch die unbedeutenden Götter Hanish und Shullat, Thronträger des Sturmgottes Adad, dürfen die Flut ankündigen und stehen in Centaurus versetzt – wohl ebenfalls nur, weil sie im *Gilgamesh* eine Rolle spielen.

Die Griechisch-Römische Tradition

Für die Griechen war diese Figur belanglos; sie ersetzten den Kanalinspektor durch ein Meeresungeheuer, das zur Ausdeutung von Cassiopeia, Andromeda und Kepheus passte – in einer Legende, die von Sophokles’ Tragödie *Andromeda* aufgearbeitet wurde.

VI ENKI, NINMAH UND DIE ERSCHAFFUNG DES MENSCHEN

Aquarius
GU.LA – DER GROSSE
um γ Capricorni?[240]
VORDERER KORB
S|S|W
um 27 Piscium?[241]
HINTERER KORB
S|S|W

Das *Mul.Apin* beginnt seine Aufzählung der Sterne im 'Weg des Anu' – der Ekliptik – mit den Sternen von Pegasus: "Das Feld, Eas Sitz"; darauf folgen "Der Schwalbenfisch gegenüber Dem Feld" und "Annunitu hinter Dem Feld".[242] Die Gestirne in der Himmelskalotte darunter, dem 'Weg des Ea', werden danach erneut mit den diesem Gott geweihten Sternbildern aufgeführt.[243] Ihre Aufzählung beginnt mit Eas Symbol in Piscis Austrinus, "Dem Fisch, Ea", worauf er selbst als "Der Grosse, Ea" vorgestellt wird. Eas eminenter Bedeutung wegen wird dann die bisherige Blickrichtung seines Weges verlassen, um das Sternbild seines wichtigen Kultortes Eridu – auch 'Joch Des Meeres' oder 'Niere' genannt – aufzulisten, und dazu "zu dessen Rechten das Sternbild Ninmahs", die mit Ea mythisch verknüpft ist. Die Reihung der Gestirne im 'Weg des Ea' endet schliesslich mit zwei ebenfalls eng mit ihm assoziierten Sternbildern: "Frachtschiff und Ziegenkarpfen".[244]

Es ist also wahrlich ein grosser Gott, umgeben von mit ihm verbundenen Sternbildern: Dem Feld als Grundriss seines Tempels und Dem Schwalbenfisch und Dem Vogel seiner Tochter Nanshe. Letztere beide symbolisieren auch die von Ea gegrabenen Flüssläufe von Tigris und Euphrat, die ikonographisch seinen Schultern entspringen. Der Fisch sodann gilt als sein Bote und Der Ziegenkarpfen ist sein Thronwächter; hinzu kommt noch das Gestirn seines ersten und ältesten Kultortes Eridu, dessen sumpfige Lagune eng mit dem Apsu assoziiert war, über den Enki | Eas herrschte.[245]

Der Name des alten sumerischen Gottes der Gewässer und der, meist schelmischen, Weisheit – *Enki* – bedeutet 'Herr Des Wohlwollens'. Enki verschmolz dann mit der semitischen Gottheit *Ea*, dem 'Lebendigen'.[246] Er ist einer der drei grossen Götter, welche die Welt unter sich aufgeteilt haben: dem Göttervater Anu gehört der Himmel, seinem Sohn Enlil die Luft und Ea das Wasser – wobei Ea mit dem bedeutenderen Enlil rivalisiert. Enki | Ea ist der menschenfreundlichste aller Götter, wie seine Rolle im Epos von *Gilgamesh* zeigt; man beschwor ihn bei Schwierigkeiten und Unglück, Liebe und Krankheit.[247] Als Gott des Wassers, des Schilfs und der Bäume war Enki | Ea für die Lebensgrundlage im Wüstenland Mesopotamiens verantwortlich: "König der Weisheit, Schöpfer voller Einsicht, erhabener Führer, Zier von E-Apsu, Ellilbanda, tüchtiger, verehrter Held von Eridu, Weiser der Igigi. Herr des Tempels in Eridu, Schutzherr des Tempelturmes dort, der reichliches Hochwasser bringt und die Ströme jubeln lässt: in den Meeren und im Röhricht hast du Fülle spriessen lassen und auf den Fluren das Leben der Menschen entstehen lassen: das Getreide. Anu und Enlil jauchzen freudig über dich, die Anunnaki in ihren Kultstädten begrüssen dich, die Menschen des Landes loben deinen Namen, den grossen Göttern gibst du Rat: Ea – durch deine lebensspendende Beschwörung stirbt selbst der Todkranke nicht."[248]

Eine solche Anrede verdient die Bezeichnung Enkis als 'Der Grosse'. Dass er zudem als Urquell der beiden Flüsse des Zweistromlandes dargestellt wurde, ergibt sich ebenfalls aus diesem Beinamen. *Gula* kann sich auf eine(n) 'Grosse(n), Anführer(in)' wie auf ein 'grosses Gefäss, Schüssel' beziehen; die Silbe *Gu* wird durch einen Becher samt dem Zeichen für 'Teilung' dargestellt, während *La* auch 'Überfülle' bezeichnet.[249]

Die markanten Sterne von Aquarius gehen passgenau in verbreiteten Darstellungen Enkis | Eas auf. Das betrifft nicht nur die 'Lilie' in seinem Wassergefäss, sondern auch seinen Thronsitz. Enki ist bereits auf den ältesten Darstellungen von Anu, Enlil und Enki vom Ende des 3. Jahrtausends als einziger Gott klar erkennbar, indem zwei Ströme sich aus seinen Schultern oder aus einer von ihm an der Brust gehaltenen Vase ergiessen.[250] Dieses von den Griechen als 'Wasserträger' Aquarius übernommene Motiv ist somit über 4000 Jahre alt.

Rollsiegel aus dieser Zeit zeigen Enki schon meist in seinem astronomischen Kontext. Einmal sitzt er auf einem als bewässertes Feld stilisierten Thron, der dem Sternbild Feld im Pegasus als seinem ausgewiesenen Sitz entspricht, während zwei fischreiche Ströme, Euphrat und Tigris, seiner Schulter entspringen und ein Stern dies als astrale Szene kennzeichnet.[251] Ein andermal erweisen ihm vor diesem Sitz zwei Sonnengottheiten ihre Reverenz, während der Vase in seiner Linken die beiden Flüsse entspringen.[252] Zwei fischreiche Ströme entfliessen ihr auch in einer mythologischen Szene[253] Enkis mit dem Sonnengott; darin hält er in seiner Rechten – dem Mythos von Etana und dem Nistbaum entsprechend – den Geier des benachbarten Sternbildes Aquila, welcher auf eine Grube herabstösst (in der sich der Schlangengott mit Hilfe des abgebildeten Stiers versteckt hat?).

Am deutlichsten geht der astronomische Bezug zu Enki | Ea aus einem Rollsiegel aus Ur hervor. Enki sitzt da auf seinem Thron, die Füsse auf dem in Capricornus liegenden Ziegenkarpfen als seinem Thronwächter, in der Rechten die Vase, aus der die Ströme entspringen, vor ihm ein menschlicher Adorant, dahinter, unter der markanten Mondsichel, das Löwenpaar in Leo.[254] Das *Mul.Apin* macht den astronomischen Bezug Gulas zu dieser abendlichen Konjunktion ebenfalls klar, wenn es festhält, dass "Das Feld und Der Grosse ... aufsteigen, während Die Grosse Löwin untergeht"[255] und umgekehrt "Die Grosse Löwin aufgeht ... während Der Grosse und Der Geier untergehen".[256]

Die beiden, in späten Sternenlisten und astronomischen Tagebüchern des 4. Jahrhunderts v. u. Z. genannten, vor dem Gott platzierten astralen *Quppu*-Behälter[257] – Flechtkörbe oder Holzkisten –, erinnern an zweierlei: an den Menschen, für dessen sklavische Arbeit sie stehen, und an die Götter, die sie zuvor hatten leisten müssen, um die Erde bewohnbar zu machen. Denn damit beginnt die akkadische Fassung des *Atrahasis*: "Als die Götter noch Menschen waren, mussten sie Zwangsarbeiten leisten und den Korb tragen – und der Korb war gross, die Zwangsarbeit hart und ihre Nöte schwer." Um dem abzuhelfen, wurde die Menschheit erschaffen.

DIE ERSCHAFFUNG DER MENSCHHEIT I

Das später verfasste *Enuma Elish* übergeht die für die Götter wenig noble Episode ihrer vorherigen Zwangsarbeit. Marduk erschafft nach seinem Sieg über Tiamat und der von Qingu angeführten Monsterschar die Welt en gros und kümmert sich dabei vor allem um den Himmel; für die Erde hingegen beschliesst er gleich einen sterblichen Arbeiter zu erschaffen: *Lullu* – den 'Menschen'.

Doch wie? Ea schlägt ihm vor, Qingu für seine Rebellion zu bestrafen. Man schneidet ihm die Adern auf, um ihm die Lebenskraft zu nehmen. Aus seinem Blut, das er mit Ton vermischt, erschafft Ea die Menschen, damit sie die Erde en détail ausgestaltet. Dafür werden ihnen, wie es in der zweisprachigen Fassung dieses Mythos heisst, "Pickel und Tragekörbe in die Hände gegeben".[258]

Die dabei ausgesparte, vormalige Sklaverei der Götter erzählt hingegen der weit ältere Mythos von *Enki und Ninmah*[259] aus der Zeit um 1700. Darin werden, passend zu den Körben in unserem Sternbild, die Menschen in Enkis Auftrag erschaffen, um die Götter bei ihrem Frondienst zu ersetzen: "Denn eine kleine Gruppe von ihnen musste schuften; sie hatten Flussläufe auszugraben und Sand aufzuschütten – so entstand der Hügel Harali. Stell dir vor, die Götter mussten Lehm schaufeln! Und so begannen sie, sich über diese Zwangsarbeit zu beklagen."[260]

Währenddessen schläft Enki, "der grosse Weise, der Schöpfer unter all den Göttern, in den Tiefen seines Apsu, dem Abgrund des Grundwassers, den innen nicht einmal ein Gott zu schauen vermag. Er lag in seinem Bett und schlief und stand nicht auf, obwohl die Götter laut wehklagten und sagten: 'Er ist für unser bitteres Los verantwortlich!'"[261]

Darauf kommt Enkis Mutter Namma und weckt ihn ärgerlich: "Mein Sohn, steig aus dem Bett! Mit deiner Klugheit musst du dir etwas einfallen lassen: erschaff Kreaturen für die Götter, die deren Arbeit übernehmen und sie die Körbe wieder hinstellen lassen!"[262]

Er überlegt eine Weile und meint dann: "Mutter, nimm für diese Kreatur von dem Blut, das du noch von mir hast und häng ihm dann die Tragekörbe der Götter um. Wenn die Geburtsgöttinnen es mit dem Ton aus der obersten Schicht des Apsu vermischt haben, werden sie dir etwas davon abzwacken: und du wirst ihm dann Gestalt geben."[263]

Dem Menschen wird dann von Namma "sein Schicksal auferlegt" und von ihrer Gefährtin und Geburtshelferin Ninmah "die Tragekörbe umgehängt".[264]

Wenn Enkis Sternbild also zwei Körbe aufweist, ist dies als Erinnerung an die Erschaffung des Menschen aus dem Lehm und als Anmahnung seiner eigentlichen Bestimmung zu verstehen: als Zwangsarbeiter für die Götter.

In einer der genannten bildlichen Darstellungen Enkis[265] umfliessen Euphrat und Tigris sein Wasserhaus im Apsu gleichsam als Bewässerungskanäle, die an jeder Ecke eine Schlinge bilden. Dazu hebt er gerade eine segnende Hand über Annunitu. In dem Mythos von *Enki und der Weltordnung* (vom Anfang des 2. Jahrtausends) thront er auf seinem wässrigen Feld.

Die ineinander verschlungenen Wasserlinien auf Enkis Emblem lassen sich dabei als die "verwickelten Fäden" seines maritimen Heiligtums auffassen: "Und dann gründete er einen Tempel – er gründete einen Tempel im Meer, einen heiligen Schrein, mit einem kunstvoll verwobenen Inneren, einen Schrein, dessen Inneres so verwickelt ist wie Fäden, jedes Verständnis übersteigend: seine untere Station liegt beim Sternbild Feld, und seine obere Station weist auf das Sternbild Wagen. Umhüllt wird er von einer wogenden Flut, er besitzt einen solch starken übernatürlichen Glanz, dass selbst die Grossen Götter, die Anunna, es nicht wagen, sich ihm zu nähern! Er erfrischt die Herzen – und der Palast war in solcher Feierstimmung, dass all die Anunna vor ihm standen im Gebet und in Anrufung!"[266]

In diesem Mythos erhebt er seine Tochter Nanshe zu seiner Stellvertreterin als Göttin über die Fische und Vögel des Marschlandes, während er selbst Euphrat und Tigris strömen und Quellen sprudeln lässt, die Zeiten des Regens und das Wehen von Enlils Winden bestimmt. Die zitierte Verbindung Enkis mit einzelnen Sternbildern ist dabei nicht zufällig, denn in diesem Mythos wird ihm bereits jene grundsätzlich kosmische Ordnung zugeschrieben, die erst im späteren *Enuma Elish* neu geregelt wird. Marduk richtet darin Kalender und himmlische Ordnung ein, indem er den Mythos von *Enki und die Weltordnung* aufgreift, in welchem dieser "die Tage beschliesst, die Monate an ihre Stelle setzt und den Himmel mit Sternen absteckt, deren Zahl allein du kennst".[267]

Genannt und beschrieben werden im Mythos von *Enki und die Weltordnung* neben Enkis Sternbild Gula, Dem Feld und Dem Wagen auch das Sternbild Des Schiffs zu Enkis Füssen: als 'Krone' und 'Steinbock des Apsu'.[268] Der Himmel wird damit zu "Enkis unvergleichlichem Palast, dessen Fundament im Apsu liegt, der grosse Mast von Himmel und Erde"[269] und "der im Apsu gepflanzte Zürgelbaum, der über allen Ländern aufsteigt"[270] – mithin eine Weltachse, die vom unterirdischen Apsu bis zum himmlischen Meer als dessen Gegenstück reicht und wohl am Himmelspol endet. Das rührt auch daher, dass das Sternbild von Enkis Feld zu Beginn des neuen Jahres morgens über der aufgehenden Sonne steht – als Fundament des nächtlichen Himmels.

Enkis Kunst und weltschöpferischer Weisheit gemäss ist das Innerste seines und Nanshes Allerheiligsten so komplex wie "verwickelte Fäden, jedes Verständnis übersteigend". Das Fundament dieser irdischen wie astralen Zikkurat liegt in dem mit Ea verbundenen Sternbild Feld als unterster astraler Station: Der Grundriss eines Tempelturms entsprach der Grösse eines standardisierten rechteckigen Ackerstücks.[271] Von dieser Basis aus verjüngt sich die Zikkurat bis fast hinauf zum Wagen in Ursa Maior. So reicht der Tempelturm über Enkis eigenen 'Weg', die untere Himmelskalotte, weit hinein in die Gestirne von 'Enlils Weg', der Kalotte um den Himmelspol.

Dank seiner übergreifenden Macht vermag Enki Enlils Winde zurückzuhalten, damit die himmlischen Fluten abregnen und als Grundlage für Ackerbau die brachen Felder bewässern: "Enki füllte das Ekur, die Tempelresidenz des Enlil, mit Reichtum, welcher sich darüber freute; und auch in Nippur[272] wurde er gefeiert. Sich darum zu kümmern, um die ganze Weite des Meeres, übertrug Enki jedoch jener, die das Segel setzt, ... im heiligen Schrein – jener, die den Beischlaf befördert. Ihr, die über grosse hohe Fluten der Tiefe herrscht, die schrecklichen Wogen, die Überschwemmungen des Ozeans, und die der Gischt des Meeres entstiegen ist: der Herrin des Sirara-Tempels, der hochverehrten Nanshe, übertrug Enki das Meer und seine ganze Weite. Dann rief Enki den Regen hervor, das himmlische Wasser, das er dort oben versammelte in fliessenden Wolken: und er drängte den sie bewegenden Wind bis auf den Horizont zurück, um Brachland in Getreidefelder zu verwandeln."[273]

Der Grundriss seines Tempels besitzt noch eine weitere Funktion: An Pegasus lassen sich die vier Himmelsrichtungen bestimmen. Die Sterne an seiner Ostseite, α und γ Pegasi, bilden eine Linie mit dem Polarstern und weisen damit auf den Wagen von Ursa Maior. Das Sternbild Feld steht somit symbolisch für die Weltordnung und die ganze Erde, welche die babylonische Kosmologie sich später als Rechteck vorstellte.

Die Griechisch-Römische Tradition

Von all dem wussten die Griechen bei der Übernahme des Sternbilds wohl nichts. Sie sahen in Gula den 'Träger eines grossen Gefässes der Fülle'. So reduzierte sich dieses Sternbild bei Aratus auf die rechte Hand eines simplen 'Wassergiessers', *Hydrochoos* – ein Name, bei dem Eratosthenes vermutete, er beziehe sich darauf, dass da jemand "mit einer Weinamphore in seiner Hand steht und daraus einen breiten Flüssigkeitsstrom ergiesst". Eratosthenes führte als Erklärung für diese Figur dann die homerische Sage über Ganymed als Mundschenk der Götter an. Hyginus aber musste später noch eine halbwegs korrekte bildliche Vorlage gehabt haben, auf welcher der sich da ergiessende Wasser- (und nicht Wein-!)strom weiterhin auf Enkis Symboltier, den Karpfen im Piscis Austrinus, zufloss – weshalb die Römer *Hydrochoos* mit *Aquarius* übersetzten.[274]

Übernommen hatten die griechischen Astronomen auch die Kurzbezeichnung für dieses Sternbild: die zwei Wellenlinien des sumerischen Silbenzeichens A für ein Flussufer mit der Bedeutung 'Wasser'. Bis heute ist dies die astronomische Glyphe für die Sterne von Aquarius geblieben.[275]

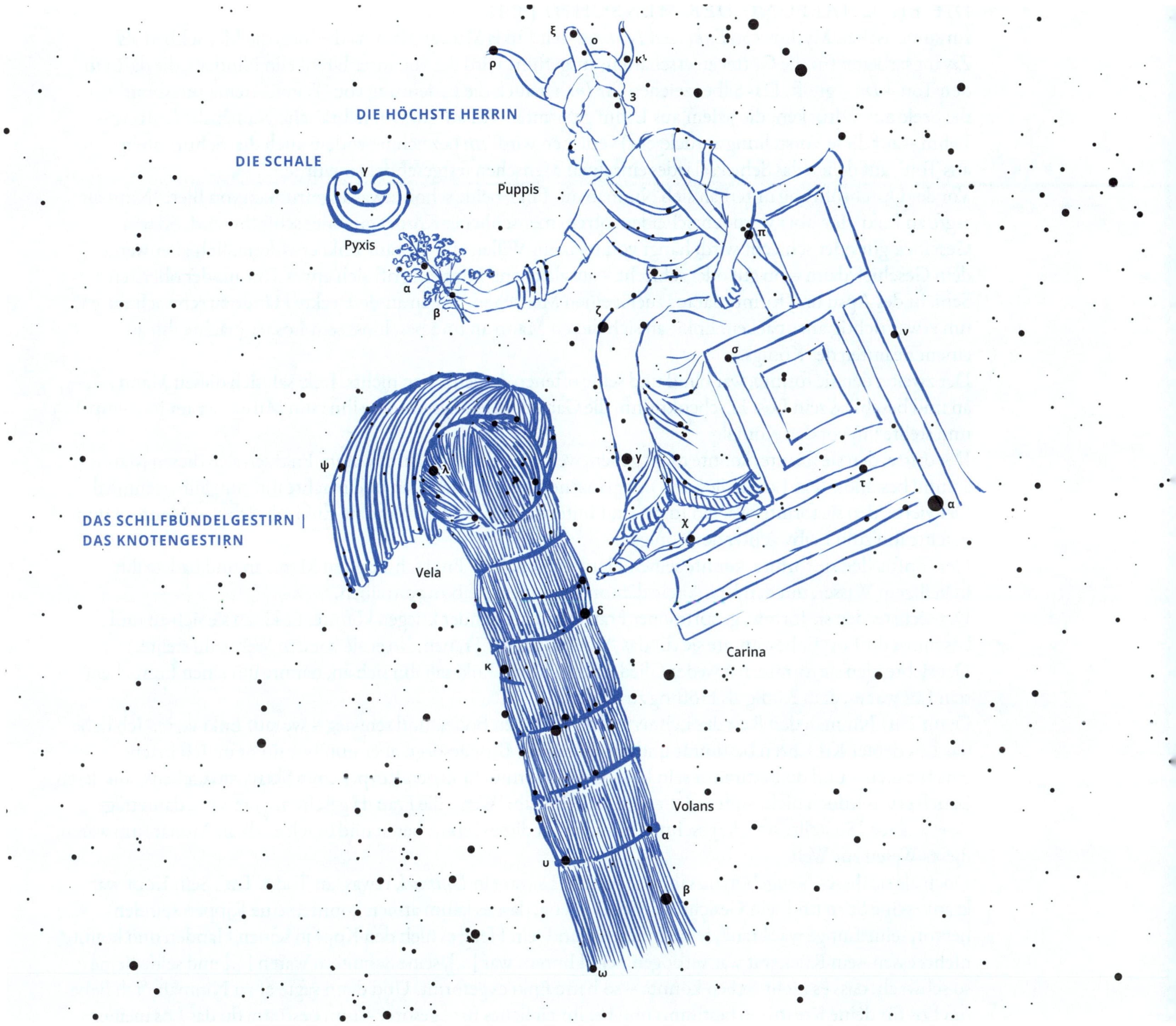

Puppis
NIN.MAH – DIE HÖCHSTE HERRIN
β Pyxidis[276]
HAND
S|S|W
um γ Pyxidis?
PUSHKU – DIE SCHALE
S|S|W

Ninmah, eine der mesopotamischen Muttergottheiten, war die Tochter Nanshes, die mit der Geburt, Kindern und Familie verbunden wurde. "Ninmah, die im Himmel steht" sollte alles Übel von den Neugeborenen abwehren, denn "das Gestirn der Ninmah schenkt das Leben". Ihre Macht als Geburtshelferin der Menschheit wird jedoch durch Konjunktionen mit Jupiter und Mars beschränkt: "Wenn Sag.Me.Gar der Höchsten Herrin näherkommt, werden schwangere Frauen zusammen mit ihren ungeborenen Kindern sterben"; "Wenn sich Der Fremde Ninmah nähert, werden junge Tiere und die Menschheit ..."

DIE ERSCHAFFUNG DER MENSCHHEIT II

Im sumerischen Mythos von *Enki und Ninmah* hat Enkis Mutter Namma die Idee, die Menschheit als Zwangsarbeiter für die Götter zu erschaffen; ausgeführt wird das von ihrer Urenkelin Ninmah, die dafür in den Ton – *Im* – greift. Das Silbenzeichen für *Im* hat auch die Bedeutung von 'Wind, Atem', um somit die Seele auszudrücken, die jedem aus Lehm geformten 'Adam' (dessen hebräische Namensbedeutung – Lehm – auf diese Vorstellung zurückgeht) verliehen wird; *Im* bezeichnet zudem auch die 'Schrifttafeln aus Ton', auf denen das Schicksal jedes einzelnen Menschen festgeschrieben wurde.[277]
Vor der Durchführung unterhält sich Ninmah mit Enki, beide schon etwas angetrunken von Bier: "Ninmah sagte zu Enki: 'Ich aber werde entscheiden, ob ein menschlicher Körper gut oder schlecht wird; ob sein Geschick gut oder schlecht wird, hängt von meinem Willen ab!' Worauf Enki erwiderte: 'Ich aber werde dein Geschick dann – ob gut oder schlecht – ausgleichen!' Ninmah griff sich etwas Ton aus der obersten Schicht des Apsu und formte daraus zuerst einen Menschen, dessen ausgestreckte Hände zu schwach waren, um etwas richtig anzupacken. Enki sah sich diesen Mann an und beschloss sein Los: er machte ihn zu einem Beamten des Königs.
Der zweite, den sie formte, war blind und seine offenen Augen sahen nichts. Enki sah sich diesen Mann an und beschloss sein Los: Er schenkte ihm die Gabe des Gesangs, machte ihn zum Musikmeister im Tempel und stellte ihn vor den König!
Der dritte, den sie formte, konnte nicht gehen, weil seine Beine gelähmt waren. Enki sah sich diesen Mann an und beschloss sein Los: Er liess ihn mit glänzendem Metall arbeiten und machte ihn zum Silberschmied.
Der vierte, den sie formte, war ein Idiot, ein Hinterwäldler aus dem Norden; Enki sah sich den Mann an und machte ihn zum Leibwächter des Königs.
Der fünfte, den sie formte, konnte seinen Harn nicht halten. Enki sah sich den Mann an und badete ihn in heiligem Wasser, um den Krankheitsdämon aus seinem Leib zu vertreiben.
Der sechste, den sie formte, gehörte einer Frau, die keine Kinder kriegen konnte; Enki sah sie sich an und beschloss ihr Los: Er bestimmte sie für das Arbeitshaus der Frauen, wo er sie vor den Webstuhl stellte.
Der siebte, den sie formte, hat weder Glied noch Scheide; Enki sah ihn sich an, nannte ihn einen Eunuchen; sein Los war es, dem König als Höfling zu dienen.
Dann warf Ninmah den Rest des Lehms in ihrer Hand zu Boden und schwieg – worauf Enki sagte: 'Ich habe das Los deiner Kreaturen bestimmt und für ihr täglich Brot gesorgt, aber nun bist du dran: Ich mache eine für dich – und du bestimmst sein Los!' Und so formte Enki den Körper eines Sklavenmädchens, mit deren Bauch etwas jedoch nicht stimmte. Er sagte zu Ninmah: 'Wenn die Frau da geschwängert wird, dann trägt sie etwas aus.' So stellte sich die geschulte Ninmah für diese Geburt bereit und brachte, als die Monate um waren, dieses Wesen zur Welt.
Doch als sie dieses Neugeborene sah, war sie still: Es war ein *Ummul*, etwas 'an Todes Tor'. Sein Kopf war krank, seine Stirn und sein Gesicht, sein Hals so eng, dass es kaum atmen konnte; seine Rippen standen hervor, seine Lunge war krank, seine Innereien und sein Herz; es hielt den Kopf in seinen Händen und konnte nichts essen, sein Rückgrat war verbogen, sein Hintern war [...], seine Schultern waren [...] und seine Beine so schwach, dass es nicht stehen konnte – so hatte Enki es geformt. Und dann sagte er zu Ninmah: 'Ich habe das Los für deine Kreaturen bestimmt und für ihr tägliches Brot gesorgt – nun bestimm du das Los meiner Kreatur und sorg für ihr Brot!'"[278]
Doch das kann sie nicht; Ninmah kann diesem Ummul nicht helfen. Sie gesteht ein, dass sie weniger Macht hat als Enki, droht ihm jedoch damit, dass sein Wort in ihren Städten und Tempeln nicht mehr gehört werden wird – worauf auch die Opposition ihrer beiden Sternbilder in der unteren Himmelskalotte verweist.
Darauf lenkt Enki ein und betont ihre Komplementarität: "Keiner kann an deinen Worten etwas ändern! Nimm den Ummul von deiner Brust; in Zukunft soll die Menschheit ihm in einem Lied Respekt erweisen – sie sollen meinen Penis preisen, aber auch deine Kunst soll nicht vergessen werden."
Um am Ende jedoch zu betonen, dass sie ihm nie gleichgestellt sein wird und die Götter, wenn sie von dem Ummul und Ninmahs Machtlosigkeit hören, ihm einen Tempel bauen werden.

Eine spätzeitliche Uranographie beschreibt Ninmahs Sternbild als eines aus der Göttin und einem separaten Gefäss bestehend: "Ninmah, die Herrin der Götter, ein *Pushku*[?] voll Wasser. Sie ist bekleidet, hat einen Kurkurru [fremden Glanz?] an sich und trägt vor sich ein [*Tirri*?] in ihrer rechten und linken Hand her."[279]

Was für ein Gefäss *Pushku* ist, bleibt ebenso unklar wie die Bedeutung von *Tirri* in ihren Händen.[280] Auf Rollsiegel mit Astralbezug halten ihre markant abgewinkelten Arme eine Schale hoch, in der die Geburtshilfegöttin einen Heiltrank von Kräutern offeriert. In ähnlicher Geste steht sie vor einem X-förmigen Gestell – einer Wiege. Auf den Kudurru hingegen wird sie mit einem umgedrehten Omega dargestellt, das sowohl einen Uterus[281] wie diese Schale um γ Pyxidis repräsentieren kann. Was sie da in beiden Behältern vor sich her trägt, muss also ein Heilkraut sein – denn als Ninhursag gehören ihr im Schöpfungsmythos von *Ninhursag und Enki* ja alle Pflanzen.

Gemeint sein könnte die Heilpflanze *Ṭirru*, unser Breitblättriges Steckenkraut, das von den Griechen *Opopanax* – Harz des Allheilmittels – genannt wurde. Einreibungen mit Pflanzensäften waren bei Geburtsschwierigkeiten üblich,[282] und Ninmah hält auf einem Relief eine solche Blütendolde in der Hand. Einen weiteren Kontext bietet der ägyptische Zodiakos von Dendera, in dem auch einige aus Babylon übernommene Sternbilder vorkommen, die nicht zum Tierkreis gehören. Darin findet sich in der Region dieses Sternbilds Ninmah als Muttergöttin: Sie sitzt auf einem Thron, die rechte Hand erhoben, ein Kind auf ihrer linken Handfläche stehend.[283] Auch dies legt nahe, dass es sich bei den *Pushku* und *Tirri* in Ninmahs Sternbild um Geburtshilfsmittel handelt.

um λ Velorum, von etwa α Volantis und β Carinae bis etwa ψ Velorum?

MUL GILIM – DAS SCHILFBÜNDELGESTIRN

MUL KA.KESHDA[284] – DAS KNOTENGESTIRN

S|S|W

Der *Gu-Text* zeigt das Knotengestirn unterhalb von Ninmahs Hand, wofür nur diese Sterne oberhalb der Milchstrasse in Frage kommen. Die *Grosse Sternenliste*[285] führt wiederum ein Schilfbündelgestirn an und setzt es als Allegorie mit Der Furche gleich, ohne es damit jedoch auch zu verorten. Unsere Identifikation ergibt sich durch die Zweitbedeutung von 'Schilfbündel' als 'Knoten'. Ein oben verknotetes Gestirn aus einem dick geflochtenen Strang von Schilf erscheint öfters auf kassitischen Grenzsteinen:[286] Es symbolisiert den Pfeiler eines Schilfhauses und im Weiteren die Göttin Inanna.[287]

VII DAMU UND DAS HIMMELSSCHIFF

die nicht zum Feld gehörige Hälfte von Pegasus[288]

SAH | SAHU – DAS SCHWEIN

η Pegasi

BRUST

S|S|W

30 Pegasi

BECKEN

S|S|W

ζ Pegasi

RECHTES BEIN

S|S|W

Im *Mul.Apin* steht dieses Sternbild, seinem Aufgang gemäss, "rechts vom Leoparden";[289] sein Regent ist der Gott Damu. Als Sitz des Sternbilds ist ε Pegasi ein orangeroter Überriese, den bereits Astrolabien als roten Stern beschreiben:[290] Die Helligkeit des irregulären Veränderlichen nimmt manchmal durch enorme Eruptionen zu.

Bei seinem Untergang steht Das Schwein unterhalb Des Feldes in Pegasus und blickt auf die Füsse Des Offenmäuligen Sturmdämons.

Der Name wurde mit Zeichen geschrieben, die den Kopf eines Wildschweins darstellen.

Schweine wurden im Marschland sehr früh domestiziert. Das Schwein galt dann als "unrein; es beschmutzt alles hinter sich, verstinkt die Strassen und beschmiert die Häuser", wurde jedoch gerne gegessen und den Göttern geopfert. Anders als in den späteren semitischen Kulturen war sein Fleisch noch nicht tabuisiert; erst spätere Rituale verboten den Genuss von Rind und Schwein vor dem Besuch des Tempels: "Dann ist ein Mensch rituell unrein." Da sie Abfall frassen – "das unersättliche Schwein frisst alles" – und bei Dürren in die Städte kamen, um dort Nahrung zu suchen, galt: "Wenn ein Wildschwein mitten in die Stadt kommt, wird sie bald Hunger leiden." Das galt dann auch für das Sternbild: "Wenn Das Schwein zurückkehrt, wird sich Hunger im Land ausbreiten." Ikonographisch zeigt sich die negative Bedeutung darin, dass es fast schon ins Sternbild Feld hinein zu trampeln scheint.

Andererseits war das Sternbild Des Schweins dem sumerischen Gott der Vegetation und der Wiedergeburt Damu unterstellt. Als 'Kind' des Pabilsag und der Heilgöttin Gula wird auch Damu manchmal 'Herr Des Lebens' genannt.[291] Als Heilgott "bindet er gerissene Sehnen wieder und vertreibt die Krankheitsdämonen". Man rief das Sternbild Schwein mit seinem Namen an: "Ist Damu rot, wird das Heilen der Kranken […] sein."

W 282–284 und RE Pabilsag

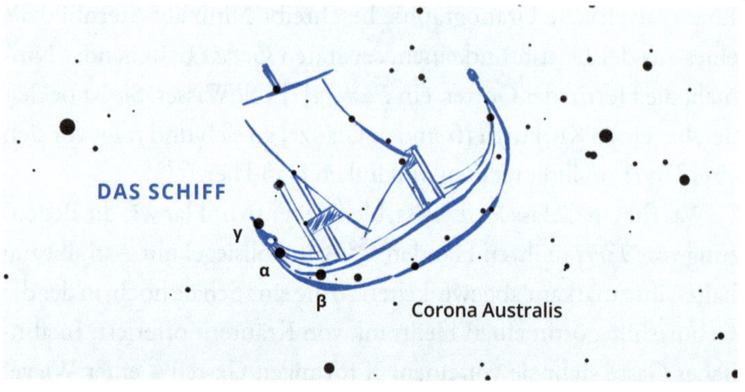

Corona Australis

MA.GUR | MAKURRU – DAS SCHIFF

S|S|W, W 93

Das sumerische *Magur* ist ein aus Schilfbündeln gebautes Frachtschiff mit aufgebogenem Horn an Bug und Heck, Kabine und Segel, wie es Thor Heyerdahl mit seiner *Tigris* nachahmte. Das akkadische *Makurru* bezeichnet zudem die Wölbung der liegenden Mondsichel sowie eine geschwungene Prozessionsbarke. Kleine Modellschiffe waren manchmal Grabbeigaben; die Toten konnten in die Unterwelt segeln, wenngleich man nach üblicher Vorstellung eher durch die Tür eines Grabes in sie hinabging.

Ma.An.Na wiederum war Inannas "Himmlisches Boot", zu dessen Ehren in Uruk im 7. und 11. Monat ein Frauenfest abgehalten wurde, um das Verschwinden des Planeten Venus und sein neuerliches Erscheinen am Himmel zu feiern. Mit einem Himmelsschiff gelangen die nächtlichen Götter abends auf dem kosmischen Fluss in die Unterwelt zu den Toten; morgens steigen sie darin wieder auf. Da diese Bootssterne in der Milchstrasse liegen, wird diese mit dem unterweltlichen Fluss und dem Süsswasserozean assoziiert. Am Beginn der astrologischen Serie *Enuma Anu Enlil* heisst es: "Als die grossen Götter Anu, Enlil und Ea durch ihre wahre Ratsversammlung zusammen ihre grossen Mächte erlangten, bestimmten sie auch die Prozessionsbarke des Mondgottes Suen. Sie setzten das Wachsen des Neumondes fest, die Geburt eines jeden Monats und das […] des Himmels und der Erde. Und so kam für Suen aus dem Inneren des Himmels das Schiff hervor, um hell am Himmel zu leuchten." Nach dieser Vorstellung bewegen sich die Gestirne auf dem Meer des Himmels – dem Süsswasserozean der untersten Kalotte von Eas Weg – auf einer Barke.

Das Sternbild Des Schiffs liegt dem 'Höchsten Ahnen' Pabilsag zu Füssen und ist dank dieser Lage mit Pabilsags Sohn, dem 'sterbenden Gott' Damu verbunden, der das Wachstum der Natur verkörpert. Als *Damu* – Kind – des Höchsten Ahnen galt er auch wegen dessen Verbindung mit der Vegetation, die eine mögliche Lesart der Schriftzeichen Pabilsags in den Vordergrund rückt: Das Silbenzeichen *Pa* besteht aus zwei Ästen; das Zeichen *Bil* zeigt eine Palme mit spriessenden Rispen und bedeutet 'neu sein'; und *Bilga* heisst 'Blume und Frucht' sowie 'Ahne'.

DAMUS REISE IN DIE UNTERWELT

Das Sternbild Schiff geht zur Zeit der Tagundnachtgleiche im Winter auf; es deutet sowohl auf das Sterben als auch auf die Wiedergeburt der Natur hin. Allegorisiert wird dies im Mythos von *Ningishzidas Reise in die Unterwelt*, das Damu mit dem Totengott Ningishzida gleichsetzt.

Damu wird darin gegen seinen Willen vom Schiff in den unterirdischen Apsu verbracht, während seine Brüder und Schwestern am Ufer vergeblich die Arme nach ihm ausstrecken, um ihn zurückzuhalten: "'Steh auf und komm an Bord, steh auf, wir segeln jetzt ab, steh auf und steig an Bord!' Oh weh – weine um das helle Licht des Tages, Damu, während die Barke fortgesteuert wird.

'Ich bin doch ein junger Mann! Ich will nicht gegen meinen Willen in die Kabine und so wie mit einem Tuch bedeckt werden, wie mit einem Leichentuch!'"[292]

Bevor Damu jedoch "hinab zum Fluss der Unterwelt segelt, der kein Wasser enthält, kein Wasser, das man trinken kann, hinab zu den Feldern der Unterwelt, auf denen kein Korn wächst", überredet seine Schwester Amashilama den Fährmann, den Unterweltsdämonen Gallahul, sie mitzunehmen.

Sie bezahlt ihn dafür mit Lapislazuli-Perlen: "Darauf rief der böse Dämon, der kluge Dämon, der grosse Dämon in der Mitte des Schiffs zu dem Mann am Bug und zu dem Mann am Heck: 'Zieht eure Staken nicht heraus, zieht sie noch nicht heraus, damit sie zu ihrem Bruder an Bord steigen kann, damit diese Herrin an Bord unseres Schiffs steigen kann!'

Und als Amashilama dann an Bord des Schiffs ging, drang ein Schrei zu den Himmeln und ein Schrei zur Erde, den der grosse Dämon vor sich auf dem Fluss ausstiess: 'Stadt Ur! Auf meinen Schrei zum Himmel hin verschliesst eure Häuser, verschliesst eure Häuser: Euer Herr hat seinen Tempel und seine Stadt verlassen!'"[293]

In der Unterwelt wird Damu mit allen Ehren aufgenommen, kriegt den besten Wein zu trinken, gut zu essen und wird zum Thronträger des Totengottes erhoben. Seine Mutter und die übrigen Schwestern suchen ihn überall und beklagen seinen vermeintlichen Tod; in anderen Mythen kann Damu wieder entkommen und erneut zur Erde aufsteigen – um dann die Wiedergeburt der Natur anzukündigen.

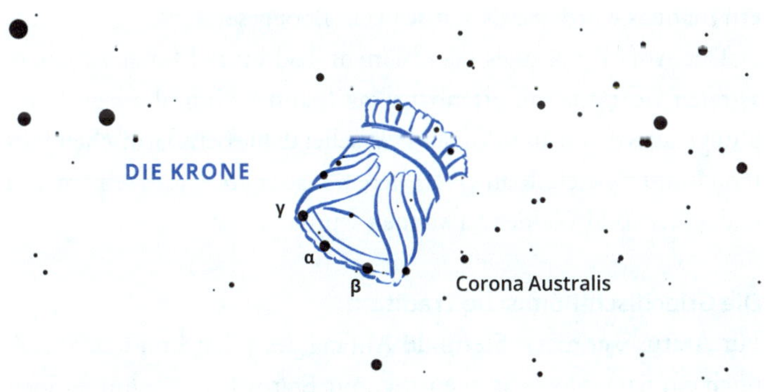

MEN – KRONE
TARAH ABZU – STEINBOCK DES APSU

Da zu Enkis Symboltieren nicht nur der Ziegenkarpfen Suhurmash (zwischen Eas Sternbild Gula und dem Sternbild Des Schiffs), sondern auch der Steinbock gehört, nannte man das Sternbild Des Schiffs auch "Heiliger Steinbock Des Apsu":[294] In der Ansicht wirkt es am Bug wie mit einem gekrümmten Horn geschmückt und der geschwungene Rumpf lässt sich als Krone auffassen. Indem der Mythos von *Enki und der Weltordnung* beide miteinander identifiziert, ist darunter die Corona Australis zu verstehen.

ENKIS SCHIFF

Das Schiff der Corona Australis ist am engsten mit Ea | Enki verbunden, dem Gott des unterirdischen Süsswassers. Es kommt bei Enkis Kampagne gegen die Kur in *Gilgamesh*, Enkidu und die Unterwelt ebenso vor wie als Phallussymbol bei Enkis Schwängerungen verschiedener Vegetationsgöttinnen im Mythos von *Enki und Ninhursanga*. Diese folgen stets dem Muster: "Er stieg auf sein Schiff und nachdem er am Festland angelegt hatte, legte er sich in den Schoss der Göttin X, ergriff ihre Brust, begattete und küsste die Kleine und ergoss seinen Samen in sie." Ein Rollsiegel zeigt ihn als solcher 'Fruchtbarkeitsbringer' im Marschland auf einem Schilfschiff mit aufgebogenem Bug und Heck.[295]

Schiffskapitän in diesem Mythos ist ein obskurer Gott namens Nimgirsig, sein Steuermann der Schutzherr der mesopotamischen Seeleute Sirsir (der auch einer von Marduks fünfzig Namen ist und im *Enuma Elish*[296] porträtiert wird). Seine Ruderer sind die Flussgeister, die 'Haarigen' Lahamu; sie zählen später zu Tiamats

Monstern, die von Marduk besiegt werden. Wie schon bei Enkis Tempel, der sich als Sternbild hoch bis zum Pol erstreckt, ragt auch der Mast von Enkis Barke zum Himmel empor, um den Kosmos achsengleich zu stützen.

"Mein Schiff, 'Die Krone', 'Der Steinbock Des Apsu', bringt mich mühelos dorthin, wo ich hinwill: in die heilige Lagune. Sie balanciert ihre Seiten und hebt ihren 'Nacken'; ihre Rudermänner verstehen aufs Beste sich in die Riemen zu legen, und sie singen dabei, dass der ganze Fluss froh wird! Und Nimgirsig, ihr Kapitän, hebt seinen goldenen Stab, um mein Schiff, 'Steinbock Des Apsu', zu kommandieren! Ich, Enki, der Herr, werde auf ihr reisen! Der Herr, der grosse Herrscher über den Apsu, erteilt nun seine Befehle auf dem 'Steinbock Des Apsu' – dem grossen, im Apsu stehenden Emblem, dem schützenden Schatten, der sich über das ganze Land erstreckt und die Menschen erfreut: die Lagune dominierend, stellt man auf ihr den grossen Mast auf, welcher den Kosmos stützt.

Und Enlils Sohn Enki, der edle Kapitän der Länder, hält die heilige Stake in seinen Händen, einen Zürgelbaum, der im Apsu geschmückt wurde und dem in Eridu, dem heiligen, dem höchst verehrten Ort, die höchsten Mächte verliehen wurden: So erhebt der Held stolz seinen Kopf zum Apsu hin! Sirsir [...] der Steuermann des Schiffs, [...] das Boot für den Herrn, und Nimgirsig, der Kapitän des Schiffs, hält für den Herrn seinen goldenen Stab, während die fünfzig Lahamu, die 'Haarigen' Geister der unterirdischen Wasser, Enki ihre Ehrerweisung darbringen, und die Taktgeber der Ruderer schreien wie himmlische Lappentaucher-Vögel."[297]

Shulgis Schiff

Eine weitere Beschreibung des Sternbilds Schiff bietet eine Hymne an den König Shulgi, der sich selbst schon zu Lebzeiten als Stern sah. Er inszenierte seine Rückkehr von einem Siegeszug auf dem Euphrat mit einer Barke, Verkörperung des Himmelsschiffs: "Nachdem er seine edlen Rachefeldzüge in fremden Ländern durchgeführt hatte, liess der Held seine leuchtende Barke kalfatern. Durchtränkt vom ehrfurchtgebietenden Glanz des Erhabenen Flusses, war sie mit heiligen Hörnern geschmückt; das Symbol des goldenen Steinbocks, leuchtend in der Mitte des Himmels. Sie war mit Sternen dekoriert wie der Himmel."[298] In anderen Texten gilt der König selbst als Sternbild des Schiffs: "Der Herrscher, die reine Prozessionsbarke, die den Himmel durchquert."[299]

MA AN.NA – DAS HIMMLISCHE BOOT

Ein vergleichbares, mit Leder bespanntes Boot als irdische Entsprechung eines Himmelsgefährts liess auch Gemeninlila bauen, eine Gemahlin Shulgis. Vorgeführt wurde es bei einem Fest in Uruk, wo die Frauen der Oberschicht ihre Verbindung zu Inanna demonstrierten, parallel zur Verbindung der männlichen Herrscher mit Inannas Gatten Dumuzi. Die Zeremonie *Ezen Ma Anna* – das Fest des Himmlischen Bootes[300] – wurde im 7. und 11. Monat gefeiert: nach einem Intervall von zwei Monaten und sechzehn Tagen, wie dies die Ammisaduqa-Tafeln um 1700 v. u. Z. festhalten. Es ist dies der Zeitraum zwischen der letzten und der ersten Sichtbarkeit der Venus bei Sonnenauf- oder Sonnenuntergang: Venus geht in die Unterwelt und steigt dann wieder neu in den Himmel auf. Bei diesen wohl wichtigsten Feiern Inannas wurde sie als Statue in ein Boot gesetzt.[301]

Der Aufstieg Shulgis nach seinem Tod im 11. Monat zu einem astralen Gott geschah offenbar dank Inannas Himmlischem Boot. Shulgi tat es damit als irdischer Herrscher dem ebenso irdischen Hirten Dumuzi gleich, Inannas früherem Gatten, der nach seinem Tod in das Sternbild Widder verwandelt wurde.

Die Griechisch-Römische Tradition

Für Aratus war dieses Sternbild Anfang des 3. Jahrhunderts v. u. Z. noch ein namenloser Sternenring; nur Eratosthenes nennt es noch ein 'Boot', bringt es aber mit seinem Mythos zum Sagittarius in Verbindung. Geminus von Rhodos bezeichnete das Sternbild im 1. Jahrhundert v. u. Z. schliesslich als 'Südliche Krone' und Ptolemaios kanonisierte diesen Namen dann.

VIII ETANAS HIMMELFAHRT, ZABABA UND DIE ERSTEN HERRSCHER

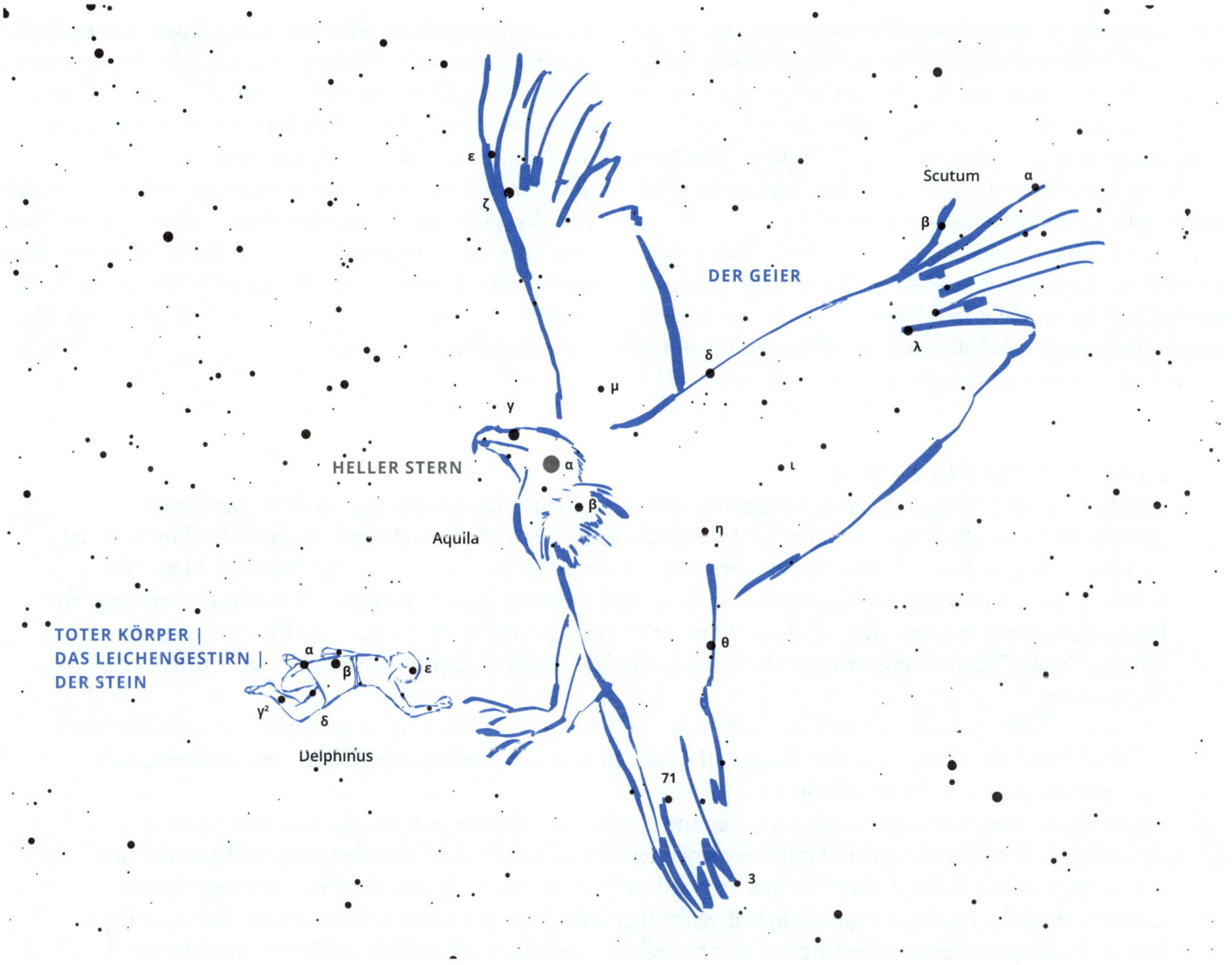

Aquila und Scutum

TE$_8$ ^{MUSHEN} | ERU – DER GEIER

α Aquila

HELLER STERN

S|S|W, H|P 272

71 Aquilae

(Flügelspitze)

S|S|W

Eru bezeichnet auf Akkadisch generell jeden Raubvogel, meist einen Adler. Das sumerische Silbenzeichen *Te$_8$* stellt einen Arm dar und bedeutet 'Stärke, Kraft'; *Mushen* ist der allgemeine Name für 'Vogel'. *Te$_8$ ^{Mushen}* ist jedoch ein eher seltener Name; in *Nanshe und die Vögel* "packt" dieser Vogel "mit zusammengefalteten Flügeln und Krallen das [...] eines einsamen Lammes", in einem anderen Text frisst er eine menschliche Leiche; naheliegend ist deshalb ein Gänsegeier.[302]

Aufgrund der Lautähnlichkeit von *Eru* mit *Aru*, 'Schwangerschaft', sollte ein 'Adlerstein' unfruchtbaren Frauen zu Kindern verhelfen.[303] Diese Symbolik sowie die sumerische Bedeutung des Vogels als 'Stärke und Kraft', dank derer mit seinen Federn Helme gekrönt wurden,[304] spielt eine Rolle im *Mythos von Etana* aus dem 2. Jahrtausend, der bis in die neo-assyrische Zeit hinein weitergegeben wurde.

Etana, "der Hirte, der zum Himmel aufstieg und alle Länder konsolidierte, wurde König" – und zwar in der Stadt Kish, in der erstmals nach der Grossen Flut "das Königtum vom Himmel herabkam". Zuvor hatte es nach der, in der Bibel zur Sintflut umgedeuteten Flut im Zweistromland nur elf Herrscher ohne geregelte Machtbefugnisse gegeben, die 'Hund' oder 'Lamm' hiessen: Folglich konnte der 12. Herrscher, Etana, in seinem Mythos als 'Hirte' und 'König der Tiere' angesprochen werden. Etanas Vorgänger waren zumeist nach Sternbildern benannt worden: Der allererste Herrscher nach der Flut hiess *Ganagishur*, 'Egge', dem Sternbild in Crux entsprechend, der vierte *Endaranna*, 'Herr, Steinbock des Himmels', der achte *Zuqaqipu*, 'Skorpion', und sein Sohn dann Te_8 ^{Mushen}, 'Geier'. Erst Etana wurde von den Göttern als 12. Herrscher zum Vertreter ihrer Ordnungsmacht schliesslich zum König erhoben.

Der sich um ihn rankende Mythos beschreibt zwei Himmelfahrten auf diesem Geier, der als Sternbild am Himmel präsent blieb, wobei der Name *Etana* gelehrt als *Ed-Anna*, 'Auffahrer zum Himmel' etymologisiert wurde – weshalb man einen Schwur "beim Leben des Gottes Etana, der aufsteigt über das Fremdland", leisten konnte.[305]

Im *Mythos von Etana* finden sich zwei Motive der Urfassung des *Gilgamesh*-Epos wieder. Etana ist auf der Suche nach dem Gebärkraut für seine unfruchtbare Frau, wie *Gilgamesh* im altbabylonischen Epos sich auf die Suche nach der Pflanze begibt, die alles Leben wieder verjüngt. In der sumerischen Legende von *Gilgamesh* taucht auch schon die Weide auf, in deren Wurzeln eine Schlange wohnt – in ihrem Wipfel jener adlergestaltige Sturmdämon Anzu, der dann ebenfalls in einem Sternbild verewigt wurde. Zugleich inszeniert der *Mythos von Etana* Vorstellungen aus dem astralen Denken der Altägypter. Dazu gehören die Himmelfahrten der ägyptischen Herrscher nach ihrem Tod hinauf zu den Göttersitzen der zirkumpolaren Region; Etana will zu den Häusern von Anu und Ishtar aufsteigen. Spezifischer ist es das Geierweibchen, auf dem er emporfliegt. Als solches sahen die Ägypter den Sirius, der den Toten bei ihrem Aufstieg in den Himmel half, und identifizierten ihn mit der Muttergöttin Nekhbet. Dies bietet eine motivische Verkehrung der Unfruchtbarkeit von Etanas Frau, wegen der er zu den Göttern im Himmel aufsteigen will.

ETANAS HIMMELFAHRT

Der *Mythos von Etana* gehört zu den ältesten epischen Texten in einer semitischen Sprache. Am Beginn erbauen die Götter Kish als erste Stadt für die Menschen. Sie bestimmen den Grundriss, errichten Fundamente und Stadtmauern, deren Tore die Siebengötter (Plejaden) vor der Menge der rundum sesshaften Menschen verschliessen. Denn es gibt noch keinen König für sie und die Menschen, die hier als Volk der Fruchtbarkeitsgöttin Ishtars bezeichnet werden. Den König sucht und findet Ishtar in Etana: "So kam das Königtum vom Himmel herab." Zum Dank errichtet ihr Etana in der Stadt einen Tempel, in dessen heiligem Bezirk eine Weide steht.

Etanas Frau leidet jedoch an einer Krankheit, die es ihr unmöglich macht, Kinder zu empfangen – eine Gefahr für die Zukunft des Königtums. Ein Traum offenbart ihr das Gebärkraut als Heilmittel – worauf Etana sich aufmacht, es zu suchen, leider erfolglos.

Inzwischen haben sich in der Weide ein Geier und eine Schlange niedergelassen, der eine in der Krone, die andere in den Wurzeln; sie sind miteinander verfeindet, schwören aber beim Sonnengott Shamash einen Eid auf gegenseitige Freundschaft. Sie machen Jagd auf jeweils andere Tiere und ziehen ihre Jungen gross. Als der Geier jedoch sieht, wie gut die Schlangenbrut gedeiht, frisst er sie. Er tut dies auch, um sich die Fähigkeit der Schlange zur ewigen Verjüngung einzuverleiben – sie häutet sich ja jährlich. Der Geier kann danach so hoch zur Sonne hinauffliegen, dass ihr Feuer seine Flügel verbrennt; fallen sie ab, wachsen ihm neue.[306]

Die Schlange beklagt sich daraufhin bitterlich bei der Sonne, der Gottheit der Gerechtigkeit, die ihr einen Racheplan verrät: "Zieh los und überquer den Berg. Ich habe ein Wisent für dich gefangen. Schneid ihm den Bauch auf und nimm die Eingeweide heraus; leg dich in seinem Bauch in den Hinterhalt – und alle Vögel des Himmels werden kommen, um sein Fleisch zu fressen. Der Geier wird mit ihnen herabkommen, um das Aas zu fressen, und er wird nicht ahnen, was ihn da an Üblem erwartet."

Dieser Plot – das Anlocken eines Geiers, indem man sich im Aas versteckt, um dann von ihm in den Himmel getragen zu werden – findet sich in den Sternsagen der Maya ebenso wie bei jenen der Inka und der Bororo.

Die ursprüngliche Erzählung nimmt bis zu Etanas Himmelsreise noch einige Umwege. So fährt der Sonnengott Shamash nun mit seinem Ratschlag fort: "Wenn er im Bauch drinnen ist, dann pack ihn, reiss ihm die Fittiche, die Flug- und die Schwanzfeder aus, pflücke ihn und wirf ihn in eine bodenlose Grube, damit er dort verhungert und verdurstet!"

Obwohl der Geier von seinem Jüngsten gewarnt wird, gelingt die List. In seiner tiefen Grube fleht der Geier nun jeden Tag den Sonnengott an, ihm das Leben zu retten; im Gegenzug würde er Shamashs Namen überall berühmt machen. Der verurteilt ihn zwar laut und deutlich und darf ihm ob seines gebrochenen Eides auch nicht helfen – verspricht aber, jemanden zu schicken, der ihn rettet.
Zugleich betet auch Etana jeden Tag mehrfach zu Shamash, dem er die besten Stücke seiner Lämmer opfert. Da er sich auch sonst fromm benommen hat, soll er ihm doch das Geburtskraut schenken, um die Schande von ihm zu nehmen, ohne Sohn zu sein. Darauf antwortet Shamash, er solle den Berg überqueren und nach einer Grube suchen, in der ein verlassener Geier liege: Der würde ihm das Gebärkraut zeigen. Etana findet die Grube mit dem Geier und verspricht ihm, ihn herauszuholen, wenn er ihm das Geburtskraut zeigt, worauf der Geier sagt, dass er die Berge danach absuchen würde.
Etana bedeckt darauf die Grube mit Wacholderzweigen und wirft ihm Fleisch hinunter: "Derart hielt er den Geier in der Grube am Leben und begann ihn wieder das Fliegen zu lehren. Etana versorgte ihn sieben Monate lang, am achten aber half er ihm aus der Grube. Der gut gefütterte Geier war jetzt stark wie ein mächtiger Löwe; er liess seine Stimme hören und sprach zu Etana: 'Mein Freund, wir sind nun Freunde, du und ich! Sag mir, was du dir von mir wünschst, damit ich es dir geben kann!' Und Etana liess seine Stimme hören und sagte: 'Ändere mein Schicksal und enthüll mir, was verborgen ist!'"
Der Geier sucht die Berge ab, ohne etwas zu finden, worauf er Etana vorschlägt, mit ihm auf dem Rücken in den Himmel zu fliegen, um dort die in der Venus verkörperte "Ishtar, Die Herrin Der Geburt, zu treffen".

"Er legte die Arme über seine Seite und seine Hände auf die Schwungfedern und der Geier trug ihn einen Beru [10 km][307] weit hinauf: 'Siehst du, mein Freund, wie die Erde von hier oben ausschaut?' 'Man hört das Vieh des Landes nur noch murmeln; und wie klein das weite Meer geworden ist: es umringt es wie ein Gehege!'
Er trug ihn den zweiten Beru hinauf: 'Siehst du, mein Freund, wie die Erde von hier oben ausschaut?'
'Das Land ist ja bloss noch so gross wie ein Garten und das Meer so schmal wie ein Futtertrog!'
Er trug ihn den dritten Beru hinauf: 'Siehst du, mein Freund, wie die Erde von hier oben ausschaut?' 'Soweit ich schaue, ich kann kein Land mehr sehen und meine Augen erblicken auch kein Meer mehr! Mein Freund, ich will nicht mehr höher zum Himmel hinauffliegen; kehren wir um, ich will zurück in meine Stadt!'
Der Geier schüttelte ihn ab, liess ihn in einen Beru fallen, stiess dann hinab und fing ihn mit seinen Fittichen auf. Der Geier schüttelte ihn ab, liess ihn in den zweiten Beru fallen, stiess dann hinab und fing ihn mit seinen Fittichen auf. Der Geier schüttelte ihn ab, liess ihn in den dritten Beru fallen, stiess dann hinab und fing ihn mit seinen Fittichen auf. Der Geier schüttelte ihn ab, liess ihn fallen, bis er drei Ellen [1,5 m oder 2,3°][308] über dem Boden war, stiess dann hinab und fing ihn mit seinen Fittichen auf."

Zurück in der Stadt träumt Etana von einem zweiten Versuch, ganz bis in den Himmel zu gelangen. Zuvor hatte er nur die unteren zwei Himmel durchmessen, den Fixsternhimmel und den geringeren der himmlischen Igigigötter, musste im dritten Himmel, dem des Anu, jedoch umkehren. Beim neuerlichen Versuch gelangt er zu den Toren, aus denen Sonne, Mond und die Planeten treten – woher letztlich die biblische Vorstellung eines Himmelstors stammt.
Da das Sternbild Des Geiers in der Milchstrasse liegt, dort, wo sich in ihrer Mitte ein länglicher schwarzer Fleck erstreckt, lässt sich dieser sehr anschaulich als Torkante auffassen. Etana gelangt durch dieses Tor nun in das aus Edelstein bestehende Firmament des Anu, wo die Häuser der Götter stehen, in denen sie wohnen, über ihnen der offene Raum des *Elatu*, der 'Himmelshöhen'.[309]
"Etana legte die Arme über seine Seite und der Geier band seine Last sicher auf ihm fest. Nachdem er ihn einen Beru weit hinaufgetragen hatte, sagte der Geier zu Etana: 'Siehst du, mein Freund, wie die Erde von hier oben ausschaut? Schau auf das Meer, ob du seine Ufer findest!' 'Oh, das Land liegt zwischen den Bergen, und das Meer ist zu einem See geworden!'
Nachdem er ihn den zweiten Beru hinaufgetragen hatte, sagte der Geier zu Etana: 'Siehst du, mein Freund, wie die Erde von hier oben ausschaut?' 'Oh, was ist nur aus all dem Land geworden!'
Nachdem er ihn den dritten Beru hinaufgetragen hatte, sagte der Geier zu Etana: 'Siehst du, mein Freund, wie die Erde von hier oben aussieht?' 'Oh, das Meer umgibt es nun wie ein Bewässerungsgraben das Feld

eines Gärtners!' Nachdem sie so zum Himmel des Anu emporgestiegen waren, gingen sie durch das Tor von Anu, Enlil und Ea. Der Geier und Etana warfen sich vor ihnen nieder; dann gingen sie durch das Tor von Sin, Shamash, Adad und Ishtar, und warfen sich gemeinsam vor ihnen nieder. Etana sah dort ein Haus mit einem Fenster, das nicht versiegelt war; er drückte die Tür auf und ging hinein. Drinnen sass eine einzigartige junge Frau [Ishtar]; mit ihrer Tiara war sie beeindruckend, wunderschön anzusehen. Ein Thron war dort aufgestellt, vor dem sie sich niederwarfen, und unter dem Thron kauerten knurrende Löwen: Als er sich ihnen näherte, sprangen sie ihn an."

Das Ende der Geschichte ist nicht erhalten; die Tontafeln brechen hier ab. Überliefert ist nur, dass Etanas Sohn Balih – ein Flussname – zum zweiten König von Kish wurde. In Aelianus' *Tiergeschichte* XII 21, die Motive des Mythos von Etana bewahrt hat, wird dem babylonischen König Seuechoros vom Geier ein Sohn aus der Luft herabgebracht, der bei ihm nicht Balih, sondern Gilgamesh heisst – ein möglicher Hinweis auf das Ende des Etana-Mythos.

Die Griechisch-Römische und weltweite Tradition

Der Mythos gehört nicht nur zu den ältesten, die wir kennen, er lebt bis heute weiter. Motive daraus finden sich im Alexanderroman,[310] bei Sindbad und dem Vogel Rok, der Volkslegende von der Himmelfahrt Sidi Ibrahim ed-Disuqius sowie in der modernen Legende über die verschollene Stadt Ubar (abgedruckt beim arabischen Sternenhimmel). Auch in einem berühmten Märchen der Anden will ein Junge aus demselben Grund auf Geierschwingen in den Himmel wie Etana: wegen einer Frau. Die Griechen ordneten dieses Sternbild dem bereits in der *Ilias* erwähnten Hirtenknaben Ganymed zu, der von dem mit Anu gleichgesetzten Zeus auf den Olymp entführt wurde, um den Göttern als Mundschenk zu dienen; allerdings zuerst in einem Wirbelwind, erst später mit Hilfe des Adlers.

Das ursprüngliche Himmelfahrtsmotiv ist aber auch noch in der griechischen Legende zu Aquila zu erkennen. So schreibt Eratosthenes über den Adler als himmlisches Gefährt Ganymeds: "Unter allen Kreaturen fliegt er allein auf die Sonne zu, ohne sich von ihren Strahlen abbringen zu lassen, und übt die Herrschaft über all die anderen Vögel aus. Er wird mit ausgestreckten Flügeln dargestellt, so als gleite er dahin."[311] Hyginus überliefert dazu die Geschichte des Merops, der seiner toten Frau wegen in das Sternbild des Adlers verwandelt wird: was für Etana im Delphinus zutrifft.[312]

Australische Aborigines sehen in Aquila einen Adler, der bei ihnen die Rolle eines furchterregenden Gesetzeswächters einnimmt; das Sternbild in Mesopotamien wie in Griechenland geht wohl auf eine gemeinsame Tradition zurück. Der australische Wächtervogel stürzt sich auf Gesetzesbrecher und lässt sie als Leichnam ebenso liegen wie Aquila die Sterne des Delphinus als toter Etana darunter – auf diese ältere Symbolik verweist möglicherweise noch Aratus, wenn er den Adler "gefährlich"[313] nennt.

Delphinus

LU.USH | PAGRU – TOTER KÖRPER
MUL.AD – DAS LEICHENGESTIRN
NA – DER STEIN
ASAKKU

H | P 272

Lu weist einen freien Mann aus, im Gegensatz zu einem Sklaven, *ush* bedeutet 'sterben, tot sein'; das akkadische *Pagru* heisst 'Leichnam, Kadaver'. Mit dem Geier wurde auch Etana als Sternbild in den Himmel versetzt, indem unterhalb des Geiers das Sternbild Toter Körper liegt: Von Geiern oder adlergestaltigen Dämonen wie dem Anzu-Vogel gepackte Menschen gehören zum festen Bestandteil der mesopotamischen Ikonographie.[314] Auch Astrolabien zählen diesen Toten Körper zu den Sternen von Aquila als weitere Verbindung zu Etana.[315] Eine Anspielung darauf ergibt sich überdies aus seinem Mythos: Etana wird ja nach der ersten Himmelfahrt vom Geier abgeworfen und drei Ellen über dem Boden wieder aufgefangen. Das sind astronomisch jene 6°, die Delphinus vom Himmelsäquator entfernt ist.

Für das Schicksal Etanas gibt es allerdings nur Indizien. So erwähnt das *Assyrische Traumbuch*: "Wenn ein Mensch im Traum zum Himmel fährt, sind seine Tage gezählt." Eine neo-assyrische Passage, die dem Mythos angehängt wurde, spricht wiederum vom Tod Etanas und seinem Geist.[316] Und später beschwor man Etana als "Gott, der aufsteigt über dem Fremdland",[317] was sich mit einem Sternbild abgleichen lässt.

Das Gestirn wurde aber noch mit einer zweiten Figur belegt. Ein spätbabylonischer Sternenkommentar nennt es *Na* und definiert es dann wörtlich als: "'Stein'. Er entspricht dem sonst *^{Mul}Ad* genannten Sternbild Toter Körper. Das Sternbild Toter Körper entspricht dem Kadaver des Asakku-Monsters; 'Stein' entspricht dem Asakku-Monster." Getötet wurde es diesem Text zufolge von "Zababa, dessen Name 'Herr Der Länder' bedeutet; Zababa ist 'Jener, Der Die Steine Zertrampelt.'"[318] Zababas Sternbild befindet sich ganz in der Nähe von Delphinus, was den Bezug zwischen beiden erklärt.

Zababa war der Kriegs- und Schutzgott von Etanas Stadt Kish. Er wurde im 2. Jahrtausend mit Ninurta identifiziert,[319] dessen mythische Heldentaten das Epos von *Lugal-E* verewigte, in dem Ninurta dem Dämonen Asakku die Herrschaft über das Land entreisst. Asakku selbst galt als einer der von Ninurta besiegten Dämonen, den "Söhnen des Anu",[320] sowie als Vater jener elf Monster – "den Samen von Asakku und Tiamat"[321] –, die Marduk später in seiner Götterschlacht bekämpfte.

DER MYTHOS VON ASAKKU

Die älteste greifbare Legende um Asakku – *Lugal-E* – beginnt damit, dass der junge Ninurta zu Hause bei einem Fest sitzt. Er ist der zukünftige 'Erd-Herr', verkörpert vorerst jedoch nur die Macht der Frühlingsgewitter in den Bergen, die dann die fruchtbaren Fluten des Tigris hervorrufen.

Doch da wird Ninurta von seiner Waffe Sharur – dem Stachel des Scorpius – "von hoch oben" berichtet, dass sich eine Ausgeburt des Himmels und der Erde in den Bergen gegen ihn auflehnen würde: der 'Armschläger' *Ansag*, akkadisch *Asakku*. Die Pflanzen dort hätten diesen Dämon zu ihrem Herrscher erwählt; er würde jetzt mit seinen Kriegern – den Gesteinen Basalt, Diorit, Dolerit und Hämatit – über die Grenzstädte herfallen.

Also macht sich Ninurta gegen diesen zerstörerischen Dämon auf, dessen auratische Gestalt mit einem hartholzigen Baum verglichen wird. Als es zur Schlacht kommt, "bleibt die Sonne nicht stehen; der Mond geht in sein Haus und der Tag wird schwarz wie Pech",[322] und Asakku bricht wie ein eruptierender Vulkan über die Erde herein: "Zur Bewaffnung riss er den Himmel samt seinem Stamm aus und nahm ihn in die Hand; wie eine Schlange kroch seine Krone über die Erde."

Diese pyroklastische Wolke "heulte heiser wie ein verfluchter Sturm"; in ihrer verheerenden Umwälzung "vertrocknete sie die Flussläufe der Berge, riss die Tamarisken aus, zerriss das Fleisch der Erde und schlug ihr überall schmerzende Wunden. Sie setzte die Schilfgürtel in Brand und badete den Himmel in Blut, kehrte alles von innen nach aussen und verjagte die Menschen dort. An dem Tag da sah man nur noch schwarzen Schlacken, der Horizont, so weit das Auge reichte, purpurrot verfärbt – so war es wirklich!"[323]

In dem Feuersturm erstickt Ninurta beinahe, worauf Enlil ihm mit einem Wolkenbruch zu Hilfe kommt, damit er Asakku besiegen kann. Ninurta bestrafte darauf Asakkus steinerne Krieger für ihre Rebellion, indem er sie als Rohmaterialien für wenig edle Zwecke behandelt. Asakkus "furchterregenden Glanz fasste er, bis er verblasste"; "er stauchte ihn zusammen, dass er aussah wie zertrümmerte Ziegel, er machte Haufen aus ihm, als wäre er Mehl, wie ein Tonbrenner das mit seinen Kohlen macht."[324]

Als letzte Demütigung nimmt Ninurta ihm den Namen und verwandelt ihn dadurch in das Sternbild, das 'Stein' und 'Toter Körper' heisst, erstarrte Lava also: "Von jetzt an soll er nicht mehr *Ansag [=Asakku]* heissen! Sein Name sei 'Stein'! Sein Name sei 'Kristallstein'! Sein Name sei von nun an 'Stein'! So war es: Seine Oberfläche war tatsächlich sein Grab!"[325]

Nach Asakkus Bezwingung droht das Land überflutet zu werden. Ninurta errichtet daraufhin einen steinernen Damm für den Tigris, der in Zukunft Äcker und Gärten voller Früchte garantiert. Ninurta wird darüber zum Schutzherrn der Landwirtschaft und zum Herrscher von Enlils Gnaden. Und da er nun, in Anspielung auf agrarische Sternbilder "den Pflug des Überflusses hatte erscheinen lassen und als Herr das Anlegen von Furchen begründet hat", setzte er die "Himmelssternfrau Nisaba" als seine Helferin ein, "die mit dem Mondgott die Tage zählt, diesen Bronzewall [des Jahres], den niemand ersteigt", diese "gute Frau, die sich von den himmlischen Sternen Rat holt".[326]

Das Sternbild Etanas und Asakkus war ein Mahnmal für die Folgen einer Auflehnung gegen einen Gott – oder als Mensch in den Himmel steigen zu wollen. Dennoch lebte der Asakku als astraler Dämon weiter, indem von dessen Sternen in Delphinus Krankheiten herabkamen.

Im Epos von *Atrahasis* (um 1800), dem das spätere Epos von *Gilgamesh* die Flutgeschichte entnahm, fordert Enlil die Ratsversammlung der Götter auf, Malaria auf die überlauten Menschen herabzubringen: "Der Krawall der Menschen ist zu gross geworden; mich macht der Lärm ganz unruhig: Ich kann nicht mehr schlafen, so laut sind sie. Gebt den Befehl, dass die Kältefrost-Krankheit ausbricht: Lasst den Seuchengott Namtar diesem Lärm jetzt ein Ende machen! Lasst Krankheit – Kopfweh, Kältefrost und den Asakku – einem Sturm gleich in sie fahren!"[327]

Man verband den Asakku-Dämon mit Gliederreissen, Schweissausbrüchen und der 'Kopfkrankheit'. Sie kommt herab, wie es in Heiltexten des 1. Jahrtausends hiess, "gleich einem Stern des Himmels, der nun in der Steppe liegt: Das darf nicht sein! Kopfschmerz und Kältefrost sind wie dahindriftende Wolken auf der Gestalt des Menschen erschienen. Asakku-Dämon, furchtbare Krankheit, die nicht sichtbar ist!"[328]

Ophiuchus[329]
ZA.BA.BA – ZABABA
S|S|W
HIP 80620
KLEIDERSTERN
S|S|W

α Ophiuchi[330]
LINKER FUSS
S|S|W
67, 68, 70 Ophiuchi[331]
KNIE
S|S|W
71, 72 Ophiuchi[332]
RECHTER FUSS
S|S|W
30 Ophiuchi
KÖRPERMITTE
S|S|W
ζ Ophiuchi[333]
GESICHT
S|S|W
ψ oder ξ Scorpii
KRONE
S|S|W

Die Rekonstruktion des Sternbilds aufgrund der Angaben im *Dalbanna*-Text zeigt einen vornübergebeugten, mitten im Schwung festgehaltenen Mann, der mit seiner Keule etwas am Boden zertrümmert. Die ungewöhnliche Haltung erklärt sich durch seinen Namen: *Za* bedeutet 'Steinschneider', *Ba* 'Behältnis, Haus, Lager' und *baba* 'niedertrampeln, dreschen': Zusammen gelesen ergibt dies 'Steinbrecher', was zugleich als Verweis auf die Bezeichnung 'Stein' für das benachbarte Sternbild in Delphinus zu verstehen ist.[334]

Zababas Symbol war wieder der zwischen Delphinus und ihm liegende Geier in Aquila. Auf den Kudurru wurde Zababa mit einem Regentenstab dargestellt, der an der Spitze einen Geierkopf[335] mit dem typischen Schnabel und Kamm des Mönchsgeiers trug. Sonst hatte er eine luchs- oder wildkatzenköpfige Kriegskeule oder zwei Krummsäbel als Waffen: Der eine stand für eine Wildkatze, der andere für einen Geier. Typisch ist auch die zylinderförmige Krone und der bis zu den Füssen reichende Umhang.

Zababa – auch 'Herr Der Schlachten' genannt – war ein besonders im 3. Jahrtausend verehrter, aber auch noch später prominenter sumerischer Kriegsgott, dem selbst die Hethither opferten. Seine Gemahlin war die vom Sternbild Löwin verkörperte Baba | Bau. Beide legitimierten in altbabylonischer Zeit die Herrschaft eines Königs als ihrem Stellvertreter auf Erden. Zababa war daher Schutzgott der mit dem Etana-Mythos verbundenen Stadt Kish. 'König von Kish' wurden in der sumerischen Zeit auch die Grosskönige über Sumer und Akkad genannt; deren erster, Sargon I., hatte als Gärtner in Kish begonnen, eroberte dann ganz Mesopotamien und gründete das Reich Akkad, in dessen Hauptstadt er für Zababa einen Tempel errichtete.

Zababa wurde später mit dem Kriegsgott Ninurta gleichgesetzt,[336] dem 'Steinschneider' des Asakku-Dämons; zu Ninurtas Waffen zählte der Stachel von Scorpius unterhalb von Zababas Sternbild.

W 305–306

λ Ophiuchi und σ Serpentis

SA.RI | MURASHSHU – DIE WILDKATZE

S|S|W

30 Ophiuchi

Mitte

S|S|W

Das Sternbild wird nur einmal im bruchstückhaften *Dalbanna*-Text erwähnt und findet sich nur auf einem einzigen Kudurru dargestellt.[337] 'Kopf der Wildkatze' bezieht sich auf ein typisches Symbol Zababas: eine Kriegskeule mit Wildkatzenkopf. Ein Zababa geweihter Keulenkopf zeigt die Schnauze einer Wildkatze, der sich von der einer Löwin durch die aufwärts gedrehten Mundwinkel und den aufgebogenen Schnurrbart unterscheidet.[338]

Die Katze stammt aus dem Zweistromland, wo vor 130 000 Jahren der letzte gemeinsame Vorfahr von Katze und Wildkatze lebte. Domestiziert wurde sie vor etwa 14 000 Jahren, zur selben Zeit wie die Hunde, Schafe und Ziegen; die Bauern hielten sie, um die Mäuse von ihren Getreidevorräten fernzuhalten. Das Jaulen und Heulen von Wildkatzen galt allgemein als ebenso schlechtes Omen, wie wenn sie einem dauernd über den Weg laufen.[339]

Die Griechisch-Römische Tradition

Die Griechen übernahmen dieses Sternbild und deuteten es zum 'Schlangenträger' Ophiuchus um. Doch das kann nicht die ganze Geschichte sein. Mag der Katzenkopf auf Zababas Keule für fremde Augen noch als Schlangenkopf auszulegen sein, so erklärt dies nicht, weshalb die Griechen auch die Figuren und Götter in Serpens als Schlange sahen. Bei den australischen Wardaman wie auf Palawan sieht man in Serpens eine Riesenschlange (die sich auf Palawan um einen Baum schlingt); vielleicht kannten deshalb auch die Griechen in Serpens noch dieselbe, einer uralten Tradition entstammende Schlange, um sie dann später mit der mesopotamischen Figur des Zababa zu verbinden.

Das so entstandene Sternbild erhob Eratosthenes darauf zum Heilgott Asklepios. Aus dem mit Zababa | Ninurta verbundenen Sieg über Asakku wurde in den von Hyginus später gesammelten Mythen Herakles' Ringen mit der libyschen Schlange, der Kampf des thessalischen Königs Triopas gegen einen Drachen oder der Hinterhalt des thrakischen Königs Charnabon, den man dann in diesem Sternbild sehen konnte.

Der mesopotamische Ninurta verwandelte sich dabei in den griechischen Triptolemos, der in einem von Drachen gezogenen Wagen "durch die Länder der Menschen reist und Korn verteilt, um sie und ihre Nachkommen ihre primitive Lebensart überwinden zu lassen" und so "die Getreideernten den Menschen anzuvertrauen". Und so wie Asakku zuvor Ninurta töten wollte, versucht auch Charnabon den Triptolemos umzubringen, wobei er einen seiner beiden Drachen tötet, damit der nicht fliehen kann. Doch da greift die Fruchtbarkeitsgöttin Demeter ein und versetzt Charnabon rechtzeitig als "Erinnerung für die menschliche Rasse als Bild unter die Sterne, einen Drachen in den Händen haltend, als würde er gerade von diesem umgebracht" – mithin als ähnlich schmähliches Mahnmal am Himmel wie der von Ninurta getötete Asakku in Delphinus.[340]

Andromeda[341]

S|S|W

LU.LIM | LULIMU – DER DAMHIRSCH

4 Sterne,[342] λκιο Andromedae

GEWEIH

S|S|W

HIP 118071

MUND

S|S|W

HIP 2900

SCHULTERBLATT

S|S|W

Andromedanebel

BRUST

S|S|W

δ Andromedae

HÜFTE

S|S|W

γ Andromedae

NIERE

S|S|W

Lulimu ist eine akkadische Bezeichnung für 'Damhirsch',[343] die ins Sumerische rückübersetzt wurde, wo *Lu* alle schaf- und ziegenartigen Tiere und *Lim* ein Auge im Sinn von 'sehen' bezeichnet. Der Damhirsch lebte in der Steppe, wurde aber auch halbwild in Parks gehalten.[344]

Sterntafeln erwähnen ausdrücklich "die vier Sterne Des Damhirschen".[345] Astrolabien nennen zudem die zum Fell passende Röte des Gestirns,[346] wohl bedingt durch die Roten Riesen β und γ Andromedae. Das Kupferrelief von Tel Ubaid zeigt den Anzu-Vogel, wie er mit seinen Krallen rechts und links einen Damhirsch an der Kruppe packt. Dies entspricht dem Anzu-Vogel in Cassiopeia, der dem Damhirsch auf der Kruppe sitzt: Der bezwungene Hirsch stellt Anzu als den Herrscher über die Berge dar, als der er in den Mythen bezeichnet wird. Auf einem Rollsiegel sieht man dieselbe Konstellation, nur diesmal mit zwei Steinböcken, die er rechts und links in die Knie zwingt. Das mag daher rühren, dass ein Hirsch auf Sumerisch allgemein *Si.Mul* genannt wurde, was sich als 'leuchtendes Horn' ebenso wie als 'Horn-Stern' lesen und auf einen Steinbock übertragen liess.

Das *Mul.Apin* beschreibt das Sternbild als "hinter dem Pferd" liegend und fasst es als "Boten des Büschels" der Plejaden auf. Diese destruktiven Siebengötter galten als Söhne des Gottes Enmesharra, mit dem dieses Sternbild ebenfalls assoziiert wurde: Enmesharra war ein ehemaliger Sonnengott und Schutzherr der Herden und der Vegetation, der dann im unterirdischen Apsu Recht sprach.

W 258–262

Über das Leben und die ersten Herrscher

Die ersten Könige nach der Grossen Flut trugen Namen von Sternbildern – wenn diese nicht nach ihnen benannt wurden: So hiess der erste König nach der Flut 'Egge' und der vierte, Endaranna, 'Herr, Steinbock des Himmels'.[347]

Der allererste sumerische König in der Zeit vor der mythischen Grossen Flut wurde wiederum *Alulim* genannt. Laut der *sumerischen Königsliste* gründete Alulim, dessen Name sich von *Lu.Lim* – Damhirsch – ableitet,[348] über die Stadt Eridu, nachdem das Königtum erstmals vom Himmel herabkam (bei Etana geschah dies ein zweites Mal nach der Flut in Kish). Er galt als Sohn des Enki und soll entweder acht oder zehn kosmische Jahre – *Sars* – regiert haben: also entweder 28 800 oder 36 000 Jahre. Mit einer solch astronomischen Zahl taucht Alulim auch in einer altbabylonischen Komposition auf, dem *Gedicht der frühen Herrscher*.

ÜBER DAS KURZE LEBEN

Im *Gedicht der frühen Herrscher* wird jedem Einzelnen sein Los nach dem Willen der Götter zugeteilt, ohne dass dies jemals anders gewesen wäre. Denn das Leben des Menschen ist kurz, selbst für erste Helden.

"Die Himmel sind fern – keiner kann sie erreichen; die Unterwelt ist tief – keiner kann sie ergründen. Alles Leben dauert nur einen Augenblick; das Leben der Menschheit kann nicht ewig sein: Wo ist denn Alulim, der 36 000 Jahre regierte? Wo ist Etana, der auffuhr in den Himmel? Wo ist Gilgamesh, der das ewige Leben bei Ziusudra suchte? Wo ist Huwawa [Humbaba], der gefangen wurde, um ins Gras zu beissen? Wo ist Enkidu, dessen Stärke unschlagbar war? Wo ist Bazi? Wo ist Zizi?[349] Was ist aus den grossen Königen der Frühzeit bis heute geworden? Solche wie sie werden nicht mehr gezeugt und geboren. Ein Leben, auf das kein Licht fällt, wie könnte es besser sein als der Tod? Junger Mann, lass mich dir eines über die göttliche Natur sagen: Weise die Trauer zurück, vertreib sie, vermeide die Stille! Ein einzelner Tag des Glücks ist 36 000 Jahre der Stille wert. Möge die Biergöttin Sirash sich deshalb über dich freuen, als wärst du ihr Sohn: Dies ist das Schicksal der Menschheit!"[350]

Etana fuhr in den ersten Himmel auf, starb dann aber und war nun als 'Leichengestirn' am Himmel zu sehen; Gilgamesh suchte die Unsterblichkeit und endete als Richter in der Unterwelt. Wie das Gestirn der von ihm einst beherrschten und Ea geweihten Stadt Eridu wird auch Alulim als Eridus allererster Herrscher implizit als Sternbild am stillen Himmel verortet. Dort dreht er sich nun als astraler Damhirsch ewig im Kreis, ohne je unterzugehen – doch was bedeutet eine solche Unsterblichkeit gegen das Glück eines einzigen Tages und das Bier in einer Schankstube?

γ Andromedae

ZU.MUSH.I.KU.E | PASHITTU – DER ZERSCHMETTERER

G 92–93, H | P 272

Laut *Mul.Apin* ist dies "ein heller roter Stern in der Niere Des Damhirschen".[351] Dies trifft auf das rötlich, sehr kräftig leuchtende Doppelsternsystem des Alamak zu, den die Babylonier anatomisch richtig im Hirschen verorteten.

Der sumerische Name des Sterns wird mit dem Silbenzeichen für 'Zahn', *Zu*, 'gehörnte Schlange', *Mush*, und 'verschlingen', *ku*, geschrieben, um somit den Giftzahn einer alles verschlingenden Schlange zu benennen: *Zu.Mush.I.Ku.E* war deshalb auch der Name einer Krankheit.

Auf Akkadisch wurden die Silbenzeichen hingegen als 'Zerschmetterer' gelesen. Dies wiederum war der Beiname von Anus Tochter Lamashtu, einer der sieben bösen Dämonen, die im Epos von *Atrahasis* Seuchen und Tod über die überbevölkerte Welt bringen. Gegen die Krankheiten, die sie schickte, und die Totgeburten, die sie auslöste, wurden Metallamulette eingesetzt. Sie hatte einen Löwenkopf, Eselszähne, nackte Brüste, einen haarigen Körper, die Klauen des benachbarten Anzuvogels, blutbefleckte Hände und lange Fingernägel, die Schlangen hielten.

W 122–123, G 85, B | G 115–116

M 31 (Andromedanebel)

DINGIR.TIR.AN.NA | MANZIAT – DER GÖTTLICHE HIMMELSWALD | DER REGENBOGEN KAKKABU UMMULUTU – DIE DÄMMRIGEN STERNE

S | S | W und H | P 275

Dingir bezeichnet eine Gottheit, *Tir* 'Wald', seltener 'Bogen', und *An.Na* 'Himmel'; im Akkadischen wurde unsere Nachbargalaxie jedoch als 'Regenbogen' bezeichnet. Was beide Namen miteinander verbinden könnte, ist eine Vorstellung aus dem *Gilgamesh*, der zufolge hinter dem Berg des Sonnenaufgangs der Hain der Götter liegt, dessen Früchte bunt funkelnde Edelsteine sind.

Das *Mul.Apin*[352] nennt den Andromedanebel aber auch "die dämmrigen Sterne in der Brust Des Damhirschen"[353] und führt als ihren Regenten "Die Wühlmaus, den Regenbogen Gott" an, über den jedoch nichts bekannt ist. Das zentrale Zweistromland lag im Regenschatten der Mittelmeerwolken, die im Norden und Westen abregneten. Ein Regenbogen war daher stets ein markantes Zeichen: "Der Name des Regenbogens ist 'Tag der Fülle': Er bringt Regen im Süden, Flut im Norden, Regen im Osten und Verwüstung im Westen."

W 216–217

IX DREI SCHLANGEN

Als Bilgamesh – Vorgänger des späteren Gilgamesh – im sumerischen Kurzepos *Bilgamesh und Huwawa* in den letzten Jahrzehnten des 3. Jahrtausends auszieht, um hinter allen Bergen zum Zedernwald des heutigen Amanusgebirges zu gelangen, stellt ihm der Sonnengott sieben monströse Wesen als Begleitschutz zur Seite.

Sie sollen ihn "über die Bergpässe führen": "Der erste, der älteste, hat Löwenpfoten und Adlerkrallen, der zweite ist die Mutterleibsschlange Mushatur, die das Maul aufreisst [...], der dritte die Ehrfurcht Einflössende Schlange Mushushu [...], der vierte speit Feuer [...] der fünfte ist eine Schlange, deren Zunge die Hochländer [...], der sechste ein reissender Sturzbach, der die Berge überflutet, und der siebente ein Schlag wie ein Blitz, dem keiner ausweichen kann: Sie alle leuchten am Himmel und kennen ihre Wege auf der Erde; in den Himmeln sind sie Sterne, die hoch oben leuchten."[354]

Mit diesen sieben "am Himmel leuchtenden" Kreaturen werden einige der ältesten Sternbilder beschrieben, vielleicht schon als eine Form des 'Tierkreises'. Unter ihnen sind ansatzweise Udkaduha, Anzu und Asakku erkennbar, sowie neben dem Mushushu das Schlangenwesen Mushatur nebst zwei weiteren, die sich auf Bashmu und Labbu beziehen liessen. Nur wenige aber kann man zweifelsfrei mit Sternbildern abgleichen – die Rollen und Charakteristiken hatten sich nach der sumerischen Zeit allmählich vermischt und verwischt.

Ursprünglich hatte man sich Schlangengötter wie Menschen mit einem Schlangenleib vorgestellt, dann als gehörnte und gekrönte Schlangen, die dem Gott bis über die Schulter reichten, und schliesslich als rein menschliche Figuren, begleitet von einem drachenartigen Wesen, das seine Attribute verkörperte. Ihre Symbolik war anfangs positiv und ungiftig: Da man sie oft am Wasser fand, verkörperten sie vegetative Fruchtbarkeit; derart symbolisierten zwei ineinander verschlungene Schlangen die Fruchtbarkeit in einer Ehe.[355]

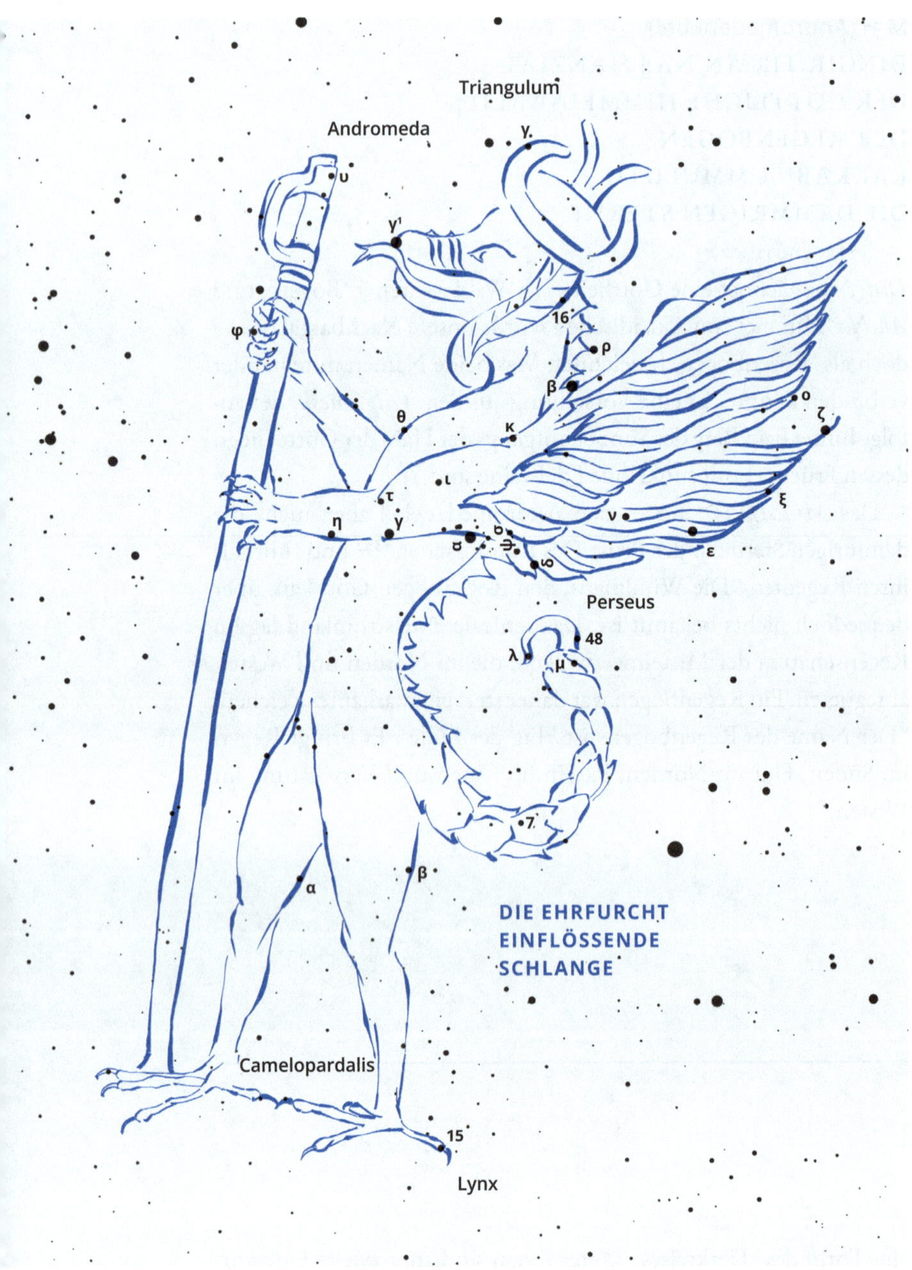

Sterne von γ Andromedae über Perseus bis Camelopardalis und Lynx?

MUSH.HUSH.SHU | MUSHUSHU – DIE EHRFURCHT EINFLÖSSENDE SCHLANGE NINGISHZIDA

Das altbabylonische *Gebet an die Götter der Nacht*[356] listet das Sternbild des *Mushushu* – Die Ehrfurcht Einflössende Schlange[357] – von Süden her schauend nach dem Orion und vor Dem Wagen (in Ursa Maior) und Der Ziegengeiss (in Lyra) auf.[358] Mushushu ist laut *Mul. Apin* "gehörnt" und hat laut einer Beschreibung "vielfarbig gefleckte Augen, ein gelbes Gesicht, vier Füsse und einen schwarzen [...]", sowie eine gespaltene Zunge; er besitzt ein Ehrfurcht einflössendes, gutartiges Wesen, das eng mit Fruchtbarkeit, Regenschauern, Bächen und Flüssen assoziiert wurde.[359]

Der auf 1100 datierte babylonische *Astrolab B* lokalisiert den Mushushu genauer.[360] Kurz nach seiner Ausgrabung soll darauf noch lesbar gewesen sein, dass zwischen Der Erhabenen Schwalbe im südlichen Pisces und vor Der Löwin in Leo oder nach Dem kleinen Zwilling Latarak ein 'Schlangenstern'[361] in Gemini stand.[362] In einem anderen Segment,[363] in dem die Sternenbahn höher, aber auch in Richtung Osten verläuft, trifft der Blick zwischen Anunnitu im nördlichen Pisces und vor dem Wagen in Ursa Maior wieder auf diese Schlange, die nunmehr als "Schlangengott Nirah, Ningishzida" bezeichnet wird. Die ansonsten unbesetzten Sterne von Lynx und Camelopardalis kämen für eine Figur in diesem Bereich in Frage.

Nirah war ein schon in sumerischer Zeit, insbesondere in Der und in Babylon verehrter, aber nicht sehr beliebter Gott, der ab der mittelbabylonischen Zeit in Vergessenheit geriet.[364] Er ging dann auf in Nigishzida, dem Stadtgott von Lagash, der als Heil- und Fruchtbarkeitsgott mit chthonischen Wurzeln schädliche Dämonen in der Unterwelt hielt. Sein Symboltier, ein gehörnter Schlangendrachen, wird auf einer vom Herrscher Gudea gestifteten Libationsvase dargestellt. Es steht aufrecht auf zwei mit Adlerkrallen bewehrten Beinen, hat einen langen gefleckt-schuppigen Leopardenleib, den Stachel eines Skorpions, die Flügel eines Adlers und einen Schlangenkopf mit einer Krone. Mit seinen beiden Vorderkrallen umklammert er einen Torpfosten, was ihn als Wächter ausweist; das Tor ist gerade so weit geöffnet, dass man dahinter zwei gleichsam mystisch ineinander verschlungene Schlangen sieht, deren gespaltene Zungen oben am Gefässrand das Nass aus der Vase lecken.[365] Als Wächter auf vier Beinen und mit prominentem Horn am Kopf steht dieses Schlangenwesen auch neben den Toren von Nebukadnezars II. Babylon.

Eine solche stehende Figur passt ebenfalls sehr gut zur Verteilung der Sterne zwischen Lynx, Camelopardalis und Andromeda. Ihr Maul muss sich dann bei γ Andromedae befunden haben, da der damit im *Mul.Apin* identifizierte "helle rote Stern"[366] *Zu.Mush.I.Ku.E* geschrieben wird, 'Zahn Der Verschlingenden Gehörnten Schlange'[367] – offenbar als Rest der alten, später am Kopf durch den Damhirschen überzeichneten Konfiguration. Indirekt bestätigt wird diese Verortung durch den *Mythos von Adapa*, der sich auch astronomisch lesen lässt. Der Fischer Adapa gelangt auf dem "Weg des Himmels" zum "Tor des Anu", das von Dumuzi und Ningishzida bewacht wird, die ihm dort das Wasser und das Brot des Lebens wie des Todes anbieten. Dumuzis Sternbild liegt in Aries und Anus Sitz in Cancer: Da passt ein flankierender Schlangengott Ningishzida, der von Lynx hinauf zu Andromeda reicht, gut dazu. Überdies liegt zwischen ihnen die Milchstrasse als mutmasslicher 'Himmelsweg'; diese könnte gar durch die Torpfosten und das Band der ineinander verschlungenen, Wasser leckenden Schlangen auf der Libationsvase angedeutet worden sein.

Hercules?

BASHMU – DIE GIFTSCHLANGE
MUSH.A.TUR – DIE MUTTERLEIBSSCHLANGE

Die Vorstellung von aquatischen Schlangendrachen kam vielleicht über Berichte von Komodo-Drachen aus dem fernen Indonesien auf (von wo, wie die Königsgräber von Ur zeigen, auch Nelken von den Molukken nach Mesopotamien gelangten) oder über Erzählungen von Riesenwaranen.

Anders als der gutmütige Mushushu wurde die Mutterleibsschlange Mushatur jedoch als feindseliges Monster gesehen. Sie kann mit dem Bashmu gleichgesetzt werden,[368] der wiederum neben dem Mushushu bereits als eigenes Gestirn im altbabylonischen *Gebet an die Götter der Nacht* auftaucht, ohne später mehr Erwähnung in Sternenlisten zu finden.

Eine Beschreibung Bashmus hat sich jedoch in einem bruchstückhaft erhaltenen Mythos bewahrt, in dem Die Giftschlange eine Art Drachen darstellt. Sie lebt "in der grossen Festung des Gebirges" und frisst Rinder; erst nachdem Ninurta gegen sie vorgeht, können die Herden dort wieder in Frieden weiden.

Ähnliches erzählt eine andere, fragmentarisch erhaltene Episode. Darin wählt die Berg- und Geburtsgöttin Aruru den Unterweltsgott Nergal aus, um Die Giftschlange zu erlegen: "Die Ba[shmu]-Schlange [...] wurde im Meer gezeugt. Ihre Länge ist sechzig Beru, ihr Kopf misst dreissig Beru, ihre Augenlider einen halben Beru. Zwanzig Beru weit bewegt sie ihre [Füsse]: Sie hat Fische verschlungen, die Kreaturen des Meeres, Vögel, die Kreaturen des Himmels, Wildesel, die Kreaturen der Steppe und Menschen, die Völker des [...]. Geh, Nergal, töte diese Schlange mit [...]"[369]

Da diese Masseinheiten auch astronomisch verwendet wurden, liessen sie sich als Beschreibung des Sternbilds auffassen. Ein mittelbabylonisches Rechenbeispiel zeigt für die Länge des Labbu in etwa die 63 Beru zwischen den Plejaden und δ Canis Maioris.[370] Ebenso lang wäre Bashmu, wenn er sich von einem Auge in τ Herculis langhalsig bis zu einem Hinterbein in α Herculi schlänge; die Sterne von Hercules erlauben es, die Figur nachzuahmen, die man von Abbildungen Bashmus kennt.

Dazu sah man Bashmu aber auch in der Sonne und seine Mutter im Mond,[371] was auf deren Eklipsen in seinem Sternbild hinzuweisen scheint. Bashmu gehört überdies noch zu jenen von Tiamat geschaffenen Monstern, gegen die der Götterkönig im *Enuma Elish* zu kämpfen hat.

C1 78, C4 89–91, W 108–109, RE, 'Mischwesen' 3.26., WI 153 und 166–168

Die Namensähnlichkeit von Bashmu und Bahamuth liesse darauf schliessen, dass das Sternbild bei den Arabern weiterlebte, aber auf den Schlangengott Mushushu übertragen wurde. Jedenfalls sahen die Araber dort – im Bereich zwischen Pisces und Andromeda – Bahamuth als Meeresmonster. Der Mythos dieses arabisch auch kurz 'al-Hut' genannten Ungeheuers besitzt Ähnlichkeit mit Bashmu als "Geburtsgöttinnen-Schlange mit aufgerissenem Maul", die mit Sonnen- und Mondfinsternissen assoziiert wurde: Auch Bahamuth droht bei den Arabern Sonne und Mond zu verschlingen, muss sie nach ihrer Eklipse aber wieder freigeben, damit sie neu geboren werden können.

LAB.BU | LABBU – DIE LÖWENSCHLANGE

Neshu bezeichnete ursprünglich den Löwen, *Labbu* die Löwin[372] als Poetisierung des mächtigsten Raubtiers, unserem 'Leu' vergleichbar. Der Adler galt in Mesopotamien deshalb als 'Leu der Lüfte' und ein Meeresungeheuer konnte man 'Leu des Meeres' nennen. Anders als Tiamat war Labbu jedoch ein männliches Mischwesen; seine Feindseligkeit drückt sich in der Lautähnlichkeit mit *lababu*, 'wüten', aus und seine Schlangencharakteristik in *lawu*, 'umschlingen'.[373]

Als Löwendämon weist der Labbu Ähnlichkeiten mit dem Wetterlöwen Usumgal auf, der später zu Tiamats Ungeheuern zählt, die Marduk bezwingen muss: Er hat Kopf, Körper und Vorderpfoten eines Löwen, Flügel, spitze Ohren und einen gefiederten Schwanz.[374]

DER MYTHOS VON BASHMU | LABBU

In der aus der altakkadischen Zeit zwischen 1800 und 800 v. u. Z. stammenden Neufassung des alten Mythos um Bashmu wird diesem als Löwenschlange unter dem Namen *Labbu* nicht mehr vom Unterweltsgott Nergal, sondern von Tishpak, dem höchsten Gott der Stadt Eshnunnna, der Garaus gemacht. Dieser nur noch fragmentarisch erhaltene Labbu-Mythos setzt das Monster aber an den Anfang der gesetzlosen, unzivilisierten Welt.
Um die rebellische Menschheit das Fürchten zu lehren, befiehlt Enlil der Tiamat, dem Ozean, ihm einen Bashmu zu gebären, indem er ihr das Monster als Sternbild am Himmel vorzeichnet, in den für die Astronomie typischen Masseinheiten. Daraufhin wird der Labbu aus dem Meer geboren und wütet auf der Erde, gerät jedoch dermassen ausser Kontrolle, dass die Götter sich um den Mondgott Sin versammeln. Der aber kann oder will nichts dagegen tun und verfinstert sich. Deshalb wird der Wettergott Tishpak ausgesandt, um den Labbu zu erlegen: Gelingt ihm dies, erhält er die Herrschaft über die Menschen und Städte.

Von einem der Götter beraten, überzieht Tishpak das Monster mit einem Sturm, lässt Blitze aus den Wolken herabschiessen und tötet es. Daraufhin fliesst drei Jahre lang Blut aus dessen Kadaver: "Unruhe herrschte in den Städten, die Länder [waren aufrührerisch], es gab immer weniger Reiche [und in allen kam es zu Aufständen]. Durch all die Klagen dort [hatte Enlil keine Ruhe mehr], er fand bei all den Aufschreien [keinen Schlaf und meinte:] 'Wer gebiert mir einen Bashmu? Der Ozean soll mir einen Bashmu gebären!'
Enlil zeichnete [seine Silhouette] in den Himmel. Fünfzig Beru war es lang, einen breit, sechs Ellen gross war sein Maul, zwölf Ellen – 'ein Gar' – sein [...]. Zwölf Ellen hoch waren seine Ohren, sechzig Ellen weit ... er Vögel [zu verschlingen]. Neun Ellen schleppte es im Wasser [...]. Es hob seinen Schwanz, es [fegte den Himmel damit].
Die Götter im Himmel, alle [hatten Angst vor ihm], weshalb sie sich im Himmel alle vor Sin verbeugten und Sins Mantel am Saum fassten: 'Wer soll ausziehen und diesen Labbu erschlagen? Wer kann das weite Land retten [...] und die Herrschaft wieder übernehmen [...]? Geh, Tishpak, bring den Labbu um und erlöse das weite Land, [...] reisse die Herrschaft an dich [...].'
'Du schickst mich aus, o Herr [Sin], diese Ausgeburt des Flusses [zu töten], aber ich weiss nicht das Geringste über diesen Labbu. [...] vor [...] Wasser [...]'. [Ea?] sprach und sagte zu Tishpak: 'Lass eine Wolke über ihm bersten, beschwör einen Sturm herauf! Halt das Siegel um deinen Hals schützend vor dich – schiess dann auf ihn und töte Labbu!'
Er liess eine Wolke über ihm bersten und beschwor einen Sturm herauf, hielt das Siegel um seinen Hals schützend vor sich und schoss und tötete Labbu. Drei Jahre und drei Monate floss Tag und Nacht lang das Blut des Labbu [...]."[375]

Dieses Ungeheuer ist nur wenig kürzer als Nergals Bashmu; anders als dieser weist es jedoch den längeren Leib einer Seeschlange ohne Beine auf (vielleicht unter dem Einfluss des Nirah in Hydra, der jedoch fast doppelt so lang war).
Dargestellt wurde Tishpaks Labbu jedoch mit einem langen Schlangenhals auf einem Löwenkörper nach den Massen des Bashmu. Auf Reliefs aus Tishpaks Stadt Eshnunna sieht man den Gott auf diesem Ungeheuer reiten; weitere Darstellungen finden sich sogar in Ägypten.[376] Auch diese passen wieder gut zu den Gliedern, welche die hellen Sterne in Hercules vorgeben.

Der Kampf mit Bashmu-Labbu hatte ein langes Nachleben. Nach der Eroberung von Eshunna durch Hammurapi wurde der Mythos umgedeutet und auf den babylonischen Stadtgott Marduk bezogen, der im *Enuma Elish* sowohl gegen den Mushushu wie den Bashmu kämpft, um dann das gleichfalls vom Meer geborene, 'wütende' – *lababu* – Ungeheuer Tiamat zu besiegen.[377]
Der Mythos hielt zudem Einzug in die Bibel. In *Jesaja*[378] trägt das Ungeheuer den wie Labbu auf *lawu*, 'umschlingen', bezogenen Namen[379] *Leviathan*; es ist dies eine "gewundene Schlange, der Drache im Meer", der dort mit Erde bedeckt wird.

Als Löwenschlange taucht der Leviathan dann in *Ezekiel*[380] auf, in einer Passage, die bis zum Blutfluss am Ende die grössten Parallelen zum Bashmu | Labbu-Mythos aufweist. Zudem wird Marduks Kampf mit Tiamat darin aufgegriffen, bei dem dieser Tiamat mit einem Netz fangen und besiegen konnte.
"Du bist wie ein Löwe unter den Völkern, du bist wie ein Drache in den Meeren, du brichst aus deinen Flüssen hervor, du wühlst das Wasser mit deinen Füssen auf und faulst ihre Fluten. So spricht Jahweh, der Herr: 'Ich werde mein Netz über dich werfen, ich werde dich in meinem Schleppnetz fangen. Ich werde dich zu Boden werfen, ich werde dich auf ein offenes Feld schleudern. Alle Vögel der Luft sollen sich auf dich setzen: Mit dir werde ich die Tiere der ganzen Erde sättigen. Ich werde deine Fleischfetzen auf dem Berg verstreuen und die Täler mit den Stücken deines Kadavers füllen. Ich werde das Land mit deinem Blutfluss tränken, dass die Kanäle voll davon sind. Wenn ich dich auslösche, werde ich die Himmel bedecken und die Sterne verdüstern; ich werde die Sonne mit einer Wolke bedecken, und der Mond wird zu leuchten aufhören. All die strahlenden Lichter am Himmel werde ich über dir verdunkeln und eine Finsternis über dein Land legen.'"[381]

Für eine Verortung des Labbu in Hercules sprechen noch andere Indizien. Die sumerischen Zeichen für Labbu (*Dan.Bi* | *Ba*) lassen sich ebenso gut als *Kal.Bu* oder *Rib.Bu* lesen.[382] *Ribu* entspräche der 'gekrümmten Schlange' *Rahab*, deren Erwähnung in *Jesaja*[383] einer Zusammenfassung von Marduks Sieg gegen Tiamat gleichkommt. In *Hiob*[384] wiederum wird Rahab ebenso von Wolken umschlossen wie Tishpaks Labbu und implizit am Himmel verortet.

In der Lesart *Kalbu* – Hund – hingegen ist das Gestirn als Symboltier der Gula im südlichen Hercules bekannt, das der Heilgöttin in Lyra gegenübersitzt. Im Vergleich zu Gula ist der vor ihr sitzende Hund jedoch völlig überdimensioniert – was sich damit erklären liesse, dass der riesige Labbu in Hercules nunmehr als Kalbu gelesen wurde, um die Wichtigkeit der Heilgöttin und die ihres Hundes zu unterstreichen. Mit seiner Verwandlung zum Hund wäre es dem Labbu somit ähnlich ergangen wie dem Anzu-Vogel, der nach Aufgabe der alten Symbolik durch seine Lautähnlichkeit mit *Anshe* in ein Pferd verwandelt wurde: Der Labbu hatte spätestens dann seine alte Bedeutung verloren, als Marduk auch andere Drachen besiegte.

Dass unter dem Kalbu wirklich noch der Labbu stecken könnte, darauf scheint auch das *Mul.Apin* zu verweisen: Denn Das Gestirn Der Würde (um c Bootis) wird darin als "Bote des Tishpak"[385] bezeichnet, ohne dass Tishpaks eigentliches Sternbild irgendwo genannt würde. Das ist ungewöhnlich, da die Boten einzelner Grossgötter im *Mul.Apin* stets mit benachbarten Sternbildern verbunden sind. So ist das Nebengestirn zum Gestirn Der Würde – Das Gestirn Der Fülle – etwa der Bote Ninlils, die im benachbarten Ursa Maior steht, Anus Wahrer Hirte im Orion der Bote des Anu in Cancer und der Botenvogel in Lepus liegt wiederum zu Füssen des Orion. Ein von Tishpak gerittener Labbu | Bashmu in Hercules (wie ihn die Ikonographie vorführt), der seinen Boten in den unmittelbar gegenüberliegenden Sternen von Bootes besässe, wäre somit stimmig.

Die Griechisch-Römische Tradition

Die Griechen hatten offenbar kein eigenes Sternbild in dieser Region, sondern übernahmen von Babylon eine Figurierung, ohne mit ihr allerdings etwas anfangen zu können. So schreibt Aratus schlicht von "dem unbekannten Wesen unter den himmlischen Figuren".[386] Um aus der ursprünglichen Löwenschlange, die bei den Babyloniern zu Gulas Hund geworden war, eine bekannte Gestalt zu machen – Herakles – mussten sie diese zudem kopfüber an den Himmel hängen. In den dann eingeführten Legenden zu diesem griechischen Muskelprotz hat sich aber wohl ein Echo auf Tishpaks Kampf gegen die Löwenschlange Labbu erhalten. So schreibt Eratosthenes: "Dies ist, wie es heisst, Herakles, wie er [in der typischen Unterwerfungsgeste der mesopotamischen Helden] auf der Schlange steht. Er wird dort deutlich gesehen, wie er mit seiner erhobenen Keule dasteht, in das Löwenfell gehüllt."[387] In der hellenistischen Zeit war Labbu in Mesopotamien jedoch längst in den Hintergrund geraten, weshalb Herakles' Schlangenkampf mit Draco verbunden wurde.

Hydra

DINGIR MUSH | NIRAH –
DIE GÖTTLICHE SCHLANGE | NIRAH
IRHAN

G 112–113

HD 72945[388]
KOPF(SPITZE)
S|S|W

1 Hydrae[389]
(VORDER)FUSS
S|S|W

θ Hydrae und weiter[390]
MITTE
S|S|W

γ Hydrae
ENDE
S|S|W

Im *Mul.Apin* wird dieses Sternbild auf Sumerisch "Göttliche Schlange" genannt und auf Akkadisch sowohl mit dem Schlangengott Nirah als auch mit "Ningishzida, dem Herrn der Unterwelt" identifiziert.[391] Damit ergibt sich eine seltsame Doppelung zu einem im *Astrolab B* angeführten Sternbild, das nicht im 'Weg des Anu' an der Ekliptik, sondern weiter oben im 'Pfad des Enlil' um den Pol liegt, gleichfalls "Schlangengott Nirah" genannt und ebenfalls mit Ningishzida gleichgesetzt wird: wobei es sich um den Mushushu in Camelopardalis handeln müsste.

Eine spätzeitliche Uranographie identifiziert jedoch wie das *Mul. Apin* die Göttliche Schlange unzweideutig mit Hydra und stellt sie in ihrer Zeichnung mit allen Attributen – Horn am Kopf, Flügel und Füsse – als Symboltier Ningishzidas dar.

Wie diese Verdoppelung zustande kam, ist nicht zu sagen. Vielleicht sollte mit zwei gleichen Schlangen am Nachthimmel Ningishzidas Rolle als Vegetationsgott betont werden, der eng mit den ebenfalls in Sternbildern präsenten Göttern Dumuzi und Damu assoziiert wurde. Dann hätte die nördliche, den Himmelspol im Stehen umkreisende und damit nie untergehende Schlange des Mushushu als Anus Torwächter seine Unsterblichkeit symbolisiert, während die südliche Göttliche Schlange in Hydra auch unter den Horizont geht und so Ningishzidas Gang in die Unterwelt vorführt. Mit dieser Verdoppelung wäre stimmig, dass Ningishzida als Thronträger der Unterweltsgöttin Nereshkigal auf seinen Emblemen nicht nur eine, sondern zwei gehörnte Schlangen auf seiner Schulter sitzen hat.

Plausibel wäre auch eine Verwechslung unterschiedlicher Unterweltsgötter: Ningishzidas Schlange Mushushu in der oberen Himmelskalotte wurde in der Zeit des *Astrolab B* mit Nirah gleichgesetzt, einem Gott, den da nur noch Gelehrte kannten; Hydra hingegen wäre dann das ursprüngliche Sternbild 'Der Göttlichen Schlange Nirah' gewesen. Nirah galt als Bote Istarans, des bis zur mittelbabylonischen Zeit verehrten Stadtgottes von Der. Man rief ihn bei Rechtsfragen an, weshalb er als "Nirah, strahlender Gott, Prinz von Der" auf fast allen Kudurru prominent mit einer Schlange als Symbol präsentiert wird.[392] Die zum Schutz vor Streitigkeiten um Grund und Boden auf diesen Grenzsteinen eingemeisselten Sternbilder werden meist von Nirah ganz umschlossen oder er kriecht an ihrer Seite hoch oder liegt dann eingerollt an ihrer Spitze.[393]

Das *Mul.Apin* identifiziert Nirah mit Ningishzida, in dem er ab der mittelbabylonischen Zeit aufgegangen war – vielleicht unter dem Einfluss der im *Astrolab B* fixierten Astrologie. Als rechte, justizierende Hand Istarans hatte Nirah durch die Verbindung mit dem Flussgott des Euphrat aber noch eine weitere Rolle inne. Er wurde in Nippur *Irhan* genannt und nahm dabei Aspekte dieses Stromes an, der als 'Vater aller Götter' galt. Die Lautähnlichkeiten von *Nirah* und *Irhan* machten solche Anverwandlungen und Verwechslungen leicht.

Über diese Symbolik wurde der weiblich wie männlich gesehene Mush nunmehr zur schlängelnden Inkarnation jenes kosmischen Gewässers, aus dem die Erde und ihre Gebirge geboren worden waren. Auf diesem Strom mit seinen sieben Mündungen reiste der Sonnengott nachts durch die Unterwelt und auf ihm gelangten auch die anderen Götter an Bord des Sternbilds Schiff zu den Toten. Seine Wasser strömten sowohl unter der Erde, umschlossen aber auch die scheibenförmige Erde darüber.[394] Ihr Anblick bietet sich Etana bei seiner Himmelfahrt dar, wenn er von weit oben das Meer gewahrt, das ihm wie "ein Bewässerungskanal" erscheint, "der das Feld eines Gärtners umgibt" – er stellt mithin jenen Ringstrom dar, den die Griechen *Okeanos* nannten.

Dem *Mul.Apin* zufolge war die Schlange Mush der Monatsstern des Simanu, des 3. Monats des Jahres im Mai | Juni. Sie ging morgens in den Dürren des Mittsommers auf und war deshalb – ob nun "funkelnd" oder "düster" – ein Omen des Unglücks.

Eine spätzeitliche Uranographie beschreibt das Sternbild samt Dem Raben darauf: "Mush, Die Schlange, [...]. Sie ist mit Flügeln ausgestattet und hat Füsse; ein Rabe – das Gestirn des Adad – sitzt auf ihrer Schwanzspitze."[395]

Die Abbildung dieses Sternbilds findet sich in einer Uranographie des 3. Jahrhunderts v. u. Z. als eine von ganz wenigen antiken astronomischen Zeichnungen. Die Göttliche Schlange Mush wird darin als schnauzköpfige und gehörnte, lang sich dahinziehende Schlange mit zwei Vorderfüssen und einem Flügelpaar unter dem langen Hals dargestellt; die Hinterfüsse sind abgebrochen. Auf ihrem Rücken, entsprechend seiner astronomischen Position, ist das Sternbild Des Erhabenen Löwen eingezeichnet, sowie Der Rabe in Corvus der auf ihr Schwanzende einpickt.[396]

Die Griechisch-Römische Tradition

Die Griechen übernahmen dieses Sternbild als 'weibliches Wassertier' Hydra; bei Aratus und Eratosthenes findet sich allerdings bloss dieser Name. Erst später – vergleichbar zu Marduks Unterwerfung des Monsters – liessen die Griechen Herakles bei seinen Zwölf Arbeiten die Hydra besiegen. Die Assoziation Der Göttlichen Schlange mit der Unterwelt bewahrte sich, indem das Nest der Hydra an einen der Hadeseingänge gelegt wurde. Auch die unmittelbare Nachbarschaft des Mush zum Raben, den die Griechen in eine Krähe verwandelten, blieb erhalten.[397] Doch ob Rabe, Krähe, göttliche Schlange oder Wassertier: Weder bei den Mesopotamiern noch bei den Griechen findet sich ein Mythos, der die Bedeutung und dieses gemeinsame Auftreten erklären würde. Die Wurzeln der beiden eng miteinander verbundenen Figuren mögen deshalb tief in der Zeit zurückliegen – denn die australischen Wardaman erzählen noch den Zusammenhang zwischen beiden, die sich bei ihnen ebenfalls als Sternbilder finden. Bei diesen Aborigines kämpft die Krähe gegen die Regenbogenschlange, welche die Flut über die Erde bringt, und das mit mehr als nur ihrem Schnabel, der auf sie einhackt: Sie hat sich eine steinerne Speerspitze angefertigt, um das ebenfalls mit Vorderfüssen, Tiergesicht und vorstehenden Zähnen abgebildete monströse Wassertier zu besiegen.

X NINURTAS KÄMPFE GEGEN MONSTER

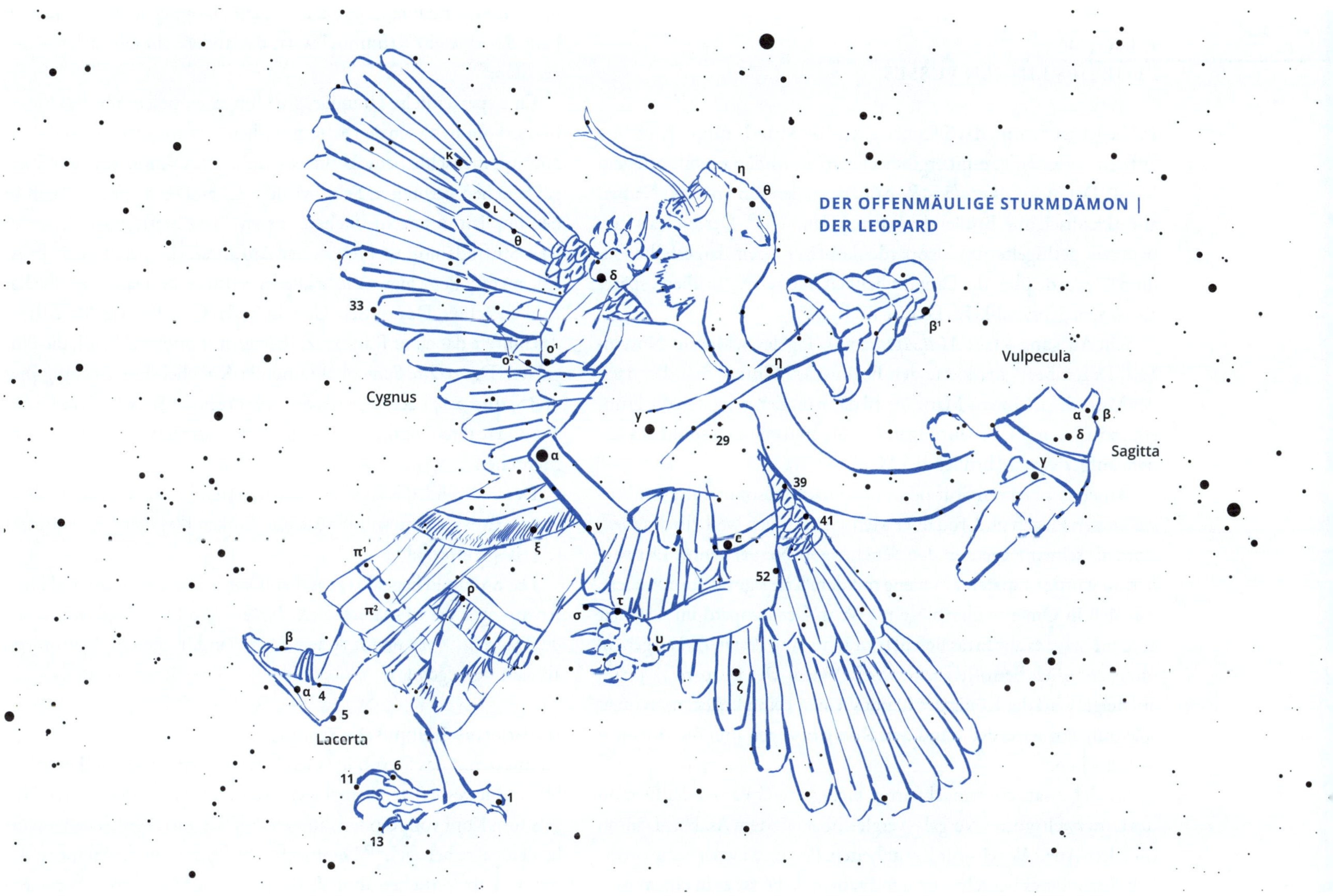

Cygnus, Lacerta, Vulpecula, Sagitta
und Sterne von Lyra[398]

UD.KA.DUH.A | UMU NA'IRU –
DER OFFENMÄULIGE STURMDÄMON
NIMRU – DER LEOPARD

β – 9 Cygni
KRONE
S|S|W

γ – η Cygnis
LUFTRÖHRE?
S|S|W

2 Sterne[399]
29 Cygni
SCHULTER
S|S|W

γ Cygni
BRUST
S|S|W

α Cygni
DER HELLE STERN SEINER BRUST
H|P 274

3 Sterne:[400] ρξν oder ρπ^{1+2} Cygni[401]
KNIE
S|S|W

αβ4 Lacertae

RECHTER FUSS

S|S|W

1 Lacertae

FERSE

S|S|W

13 Lacertae

ZEHE DES LINKEN FUSSES

S|S|W

Ud bedeutet Sturm, das Silbenzeichen *Ka* 'Mund, Zähne' und *Dug* 'öffnen, loslassen': Somit ergibt sich ein 'Sturmdämon mit offenem Maul'. Der *Sternenkatalog 5 R 46* übersetzt den sumerischen Namen auf Akkadisch mit 'Brüllender Sturm | Dämon'.[402] Der auch als vierbeiniger, geflügelter und leopardenköpfiger Greif dargestellte Dämon[403] wurde über die Lautähnlichkeit mit *na'iri*, 'brüllen', später als *Nimru* gebräuchlich: 'Leopard'.[404]

Sein Aufgang – laut *Mul.Apin* am 15. Tag des 9. Monats November | Dezember – markierte den Beginn des Winters. Stand er nach der Mitte des 1. Monats März | April dann im Zenit, setzten die Frühjahrsstürme und Überflutungen ein: Sie ergossen sich somit aus seinem aufgerissenen, brüllenden Maul.

Daneben brachten Sturmdämonen nach mesopotamischen Vorstellungen Plagen und Tod über Mensch und Tier, weshalb das *Mul. Apin* als seinen Regenten den Seuchengott Nergal nennt. Der wiederum wurde in späterer Zeit eng mit dem Kriegsgott Erra assoziiert, was sich in Omen widerspiegelt: "Wenn Der Leopard im 1. Monat aufgeht, wird es auf Erras Befehl fünf Jahre lang Pest in Akkad geben, ohne dass Vieh betroffen sein wird"; "Wenn Der Leopard [...] früh aufsteigt, wird der König des Landes seinen Feind besiegen; wenn er spät aufgeht, wird der Feind den König besiegen und die Adeligen unterjochen."

Im Gegensatz zur benachbarten Heilgöttin Gula war der Dämon des Unterweltsgottes Nergal – vergleichbar mit dem Asakku-Dämon und dem Anzu-Vogel – für Krankheiten, Pest und Fieber verantwortlich, besonderes bei schwangeren Frauen. So heisst es in einem neobabylonischen Omentext, "dass ein unter dem Sternbild Udkaduha geborenes Kind stumm oder taub ist".[405] Ähnliches gilt in Bezug auf den Mars: Wenn der "bei seiner Beobachtung sehr rot ist, wird die Leibesfrucht der Schwangeren sterben".[406]

WEE 166, W 209–212 und 176, G 11 und 58–60

Das *Mul.Apin* nennt einzelne Körperteile, Schulter, Brust, Knie, Ferse, die von Ende März für jeweils zwanzig Tage morgens im Zenit stehen, während stets ein anderes Sternbild aufgeht:[407] Sie lassen sich dank dieser Positionen identifizieren. Andere Körperteile wie Luftröhre (?) oder Krone gehen samt ihren Verortungen aus den Kartierungen des *Dalbanna-Textes* hervor.[408] Auf den Kudurru wird Der Offenmäulige Sturmdämon nicht als geflügelter, vierbeiniger Leopard, sondern als zweiköpfige Figur mit zwei Beinen dargestellt: Menschenkopf auf langem geschwungenem Hals rechts, Leopardenkopf auf langem geschwungenem Hals links, eine dünne 'Luftröhre' in der Mitte, die in einer Krone endet.[409]

Damit erweist sich das Sternbild als symbolische Darstellung des Kriegs- und Seuchengottes Nergal, der meist ein vorne offenes, langes Kleid trägt, einen Fuss auf sein Opfer presst und einen nach rechts und links ausgeschwungenes Doppelszepter in Händen hält: das eine ein Krummschwert, das andere ein leopardenköpfiger Stab.[410]

Eine spätzeitliche Uranographie hingegen beschreibt das Sternbild sowohl als diesen den Schlachtreihen vorausschreitenden Kriegsgott mit menschlichem Antlitz wie als jenen Dämon, mit dem Nergal Seuchen verbreitet. Sein hybrider Charakter zeigt sich auch in den implizit unterschiedlichen Füssen: "Das Sternbild Offenmäuliger Sturmdämon ist Nergal, der Anführer, der vorausgeht. Es ist eine menschliche Figur, die bekleidet ist und eine Tiara trägt. Sie hat zwei Gesichter. Das vordere Gesicht ist das Gesicht eines Menschen, das hintere das einer Raubkatze, bärtig, mit offenem Maul, die Flügel hat. Das rechte Schienbein und der Knöchel sind dreifaltig [hat drei Sterne: αβ4 Lacertae]; der Stern der rechten Ferse und die Gliedmasse darunter [sind die Fe]rse und die unteren Gliedmassen eines Menschen.

Das Sternbild, das zu seiner Rechten steht, ist Das Schwein [Teile von Pegasus], das Sternbild zu seiner Linken Das Pferd [Cassiopeia] [...] für [Winter?]."[411]

Das Sternbild liegt also zwischen Damu, Dem Schwein und Dem Anzu-Vogel, der in späterer Zeit *Anshe* – Das Pferd – genannt wurde. Das *Mul.Apin* nennt zudem Den Damhirschen in Andromeda als dahinterliegend.[412]

Die Griechisch-Römische Tradition

Aratus nennt das Sternbild einen "glänzenden Vogel" und erwähnt bloss seine gespreizten Schwingen, wenn "die Spitze des rechten Flügels zum Kopf von Kepheus ausgestreckt ist und Pegasus seinem linken Flügel naheliegt".[413] Die griechische Figuration der Sterne ist damit der babylonischen ähnlich; der monströse Doppelkopf des Leopardenvogels wird allerdings nicht erwähnt. Auch Erathostenes hat kein mesopotamisches Vorbild für diesen Asterismus; er weiss bloss, "dass er ein grosser Vogel genannt wird und einen Schwan darstellt". Den grossen Vogel verband man mit der sich ständig verwandelnden Nemesis, die als unheilvolle Göttin dem Offenmäuligen Sturmdämon nahekommt. Der Schwan entstand erst durch die späte Legende von Nemesis' Vergewaltigung: Um Zeus' Nachstellungen zu entkommen, verwandelte sie sich in einen Adler, worauf Zeus die Gestalt eines Schwans annahm, um sich ihr täuschend harmlos nähern zu können.[414]

Wahrscheinlich spiegelte sowohl das griechische wie das mesopotamische Sternbild eine uralte Vorstellung wider, die sich bei den Aborigines der Wardaman in derselben Sternenregion findet. Bei ihnen stellen diese Sterne einen vermenschlichten Schlangenhalsvogel mit ausgespreizten Flügeln dar, der als Gesetzeswächter unheilvoll auf die Menschen herabstürzen und sie fressen kann, wenn sie Böses getan haben. Aus dieser Symbolik lässt sich ein griechischer Schwan ebenso ableiten wie ein babylonischer Sturmdämon mit Raubtiergesicht und Götterkopf. Beides verbindet sich zudem im Königsvogel Garuda der indoeuropäischen Arya in Indien, einer Kreuzung von Mensch und Adler mit ausgestreckten Flügeln, die Vishnu trägt, böse Menschen verschlingt und mit Gift und Heilung verbunden ist; auch der Garuda war am nordindischen Himmel höchstwahrscheinlich in Cygnus präsent.

Sagittarius und Sterne von Ophiuchus

PA.BIL.SAG – DER HÖCHSTE AHNE

S|S|W

4 Sagittarii

DIE LINKE HAND VOR DEM BOGEN

S|S|W

58 Ophiuchii[415]

PFEILSPITZE

S|S|W

ζ – 58, 59, 60, 62 Sagittarii

STACHEL

S|S|W

σζ, δε Sagittarii

TEILE DES HÖCHSTEN AHNEN

S|S|W

Pa.Bil bedeutet 'Ahne', wobei mit *pa* auch das Verb 'schlagen' geschrieben wird; das Silbenzeichen *Sag* wiederum stellt einen Kopf dar und bedeutet 'Höchster, Oberstes von etwas'. Nach seiner astralen Figuration wurde er als "Strahlend Aufgegangener Erster" bezeichnet.[416]

Abbildungen vom 3. Jahrtausend an zeigen ihn als Mischwesen mit menschlichem Oberkörper, der einen mit einem Pfeil belegten Bogen spannt, um auf ein Monster zu schiessen. Seinen Unterkörper bildet ein geflügeltes Pferd, ein Skorpionleib samt Stachel oder beides zusammen, mit Adlerkrallen unten und einem Hundekopf, der hinter seinem Menschenkopf am Rücken herauswächst.[417]

Figurationen von Tiermenschen gehören bei allen Sternenhimmelkulturen zu den ältesten Ahnen der heutigen Menschheit. Als Höchster Ahne der Mesopotamier befindet er sich am Himmel in einem engen familiären Umkreis: Seine Gemahlin, die Heilgöttin Gula mit ihrem Hund (auf den Pabilsags zweiter, hundeförmiger Kopf verweist), befindet sich in der benachbarten Lyra, sein ebenfalls heilkräftiger Sohn Damu in Teilen von Pegasus. Deren therapeutische Mächte färbten auf Den Höchsten Ahnen ab, weshalb er in spätbabylonischer Zeit als 'Traumdeuter' angerufen und sein Sternbild mit verschiedenen Steinen, Pflanzen und Hölzern als Ingredienzien für Rituale verbunden wurde. Man schlief mit Blick auf seine Himmelsregion auf dem Dach, damit Pabilsags Heilkraft sich auf den Hilfesuchenden übertrug; eine solche Astralmagie ist in Ägypten noch bis in die Gegenwart für die Venus bezeugt.[418]

Ab der altbabylonischen Zeit war Pabilsag mit dem Kriegsgott Ninurta identifiziert worden; der Skorpionstachel seiner astralen Figur verweist auf den Stachel des benachbarten Scorpius, der als Ninurtas Waffe galt. In den entsprechenden Mythen besiegt er mit Flut, Kampfnetz, Sandsturm, Pfeil und Bogen die siebenköpfige Schlange, den sechsköpfigen Widder, den Wisentmenschen, den Anzu-Vogel[419] samt weiteren Monstern, weshalb er im 2. Jahrtausend zu einem Rollenmodell für Herrscher wurde, die sich in einem ewigen Kampf mit dem Chaos sahen. Ob als Krieger gegen ein Heer oder als Jäger gegen wilde Tiere: Immer stand das kosmische Gleichgewicht in Frage, konnten Gedeih und Wohlstand sich erst nach Siegen einstellen, indem Krieg und Kampf als kreativer Akt und als ultimative Sanktion jedweder herrscherlichen Tätigkeit verstanden wurden. Derart repräsentierten Königtum und Kultzentren eine immer wieder neu zu schaffende Kontrolle über die Welt.[420]

Dies zeigt die folgende Stelle im altbabylonischen *Mythos von Anzu*. Da feuert der Wassergott Ea den mit Dem Höchsten Ahnen zu identifizierenden Ninurta an: "Töte ihn, besieg Anzu! Lass deine Winde ihm das Gefieder seiner Flügel forttragen als frohe Botschaft für den Tempel Ekur, zu deinem Vater Enlil; überflute die Bergwiesen und überzieh sie mit Zerstörung – töte den bösen Anzu! Lass die Autorität zu deinem Vater zurückkehren, der dich erzeugte: Lass Tempelpodien errichten, gründe in allen vier Ecken der Welt heilige Orte – und lass sie dann in das Ekur kommen. Zeige dich mächtig vor den Göttern, denn dein Name soll 'Der Mächtige' lauten!"[421]

Aufgrund seines mythischen Sieges über Anzu schrieben späte, aus dem 4. Jahrhundert v. u. Z. stammende Kalendertexte aus Uruk für die Tage des Pabilsag einzelne Heilrituale vor, bei denen man sich "mit dem Kopf, den Federn und dem Blut des Anzu-Vogels beschmieren" sollte.[422]

Der Pfeil Des Höchsten Ahnen wird zum 'Weg des Anu' um die Himmelsekliptik gezählt. In einem Text heisst es, dass er "sein Gesicht nach Norden wendet" und "im Monat Dumuzi das Sternbild Geier erreicht".[423] Im Juni | Juli steht er bei seinem Untergang unterhalb des Geiers in Aquila und zielt dabei nach Norden.

Die Griechisch-Römische Tradition

Die griechischen Astronomen übernahmen die Ikonographie dieses Sternbilds, bereinigten jedoch seine Figur. Der Skorpionleib samt Stachel fiel weg, (den trug schon der benachbarte Scorpius); übrig blieb ein pferdeleibiger *Toxotes*, 'Schütze', separiert davon Der Bogen, *Toxon*. Beide wurden dann von den Römern im *Sagittarius* als 'Bogenschützen' zusammengefasst.

Zu Eratosthenes' Zeit war die Gestalt des Schützen jedoch noch nicht klar: "Der Schütze ist, den meisten Berichten zufolge, ein Kentaur; andere aber verneinen dies, weil er nicht als vierfüssig gesehen werden kann, sondern aufrecht stehend und einen Bogen spannend. Er ist also ein Mann, aber mit zwei Pferdebeinen und einem Schwanz wie bei einem Satyr. Darum fällt es ihnen schwer zu glauben, dass er ein Kentaur sein soll; sie halten ihn lieber für Krotos, den Sohn der Eupheme, welche die Musen aufzog."

Die Geschichte, die dann folgt, ist typisch für die Belegung der alten babylonischen Sternbilder mit neuen hellenistischen Mythen: Die Musen, heisst es, hätten Kroton zur Erfindung des Bogens inspiriert, damit er sich durch die Jagd auf wilde Tiere ernähren konnte. Als Dank applaudierte er ihren Gesängen und Tänzen, was auch alle anderen dazu brachte, sie zu beklatschen. Derart überall berühmt geworden, baten die Musen Zeus, Kroton zum Dank für seine Pietät an den Himmel zu versetzen.

Erhalten geblieben ist also allein das von Ninurta stammende Jagdmotiv und das unter Dem Höchsten Ahnen befindliche, von den Griechen aber nicht mehr mit ihm assoziierte Sternbild Schiff in der Corona Australis. Denn die Corona Australis wurde von ihnen ebenfalls neu interpretiert: "So wurde Kroton in den Himmel versetzt, wegen dem Gebrauch, den er von seinen Händen machte, samt seinem Pfeil und Bogen als Kennzeichen. Der Gebrauch des Bogenschiessens setzte sich dann unter den Menschen fort. Die Anwesenheit des Bootes dient dazu, allen, nicht nur den Menschen an Land, sondern auch jenen auf See, Kroton sichtbar vorzuzeigen. Aus diesen Gründen liegen jene falsch, die schreiben, dass er ein Kentaur sei."[424]

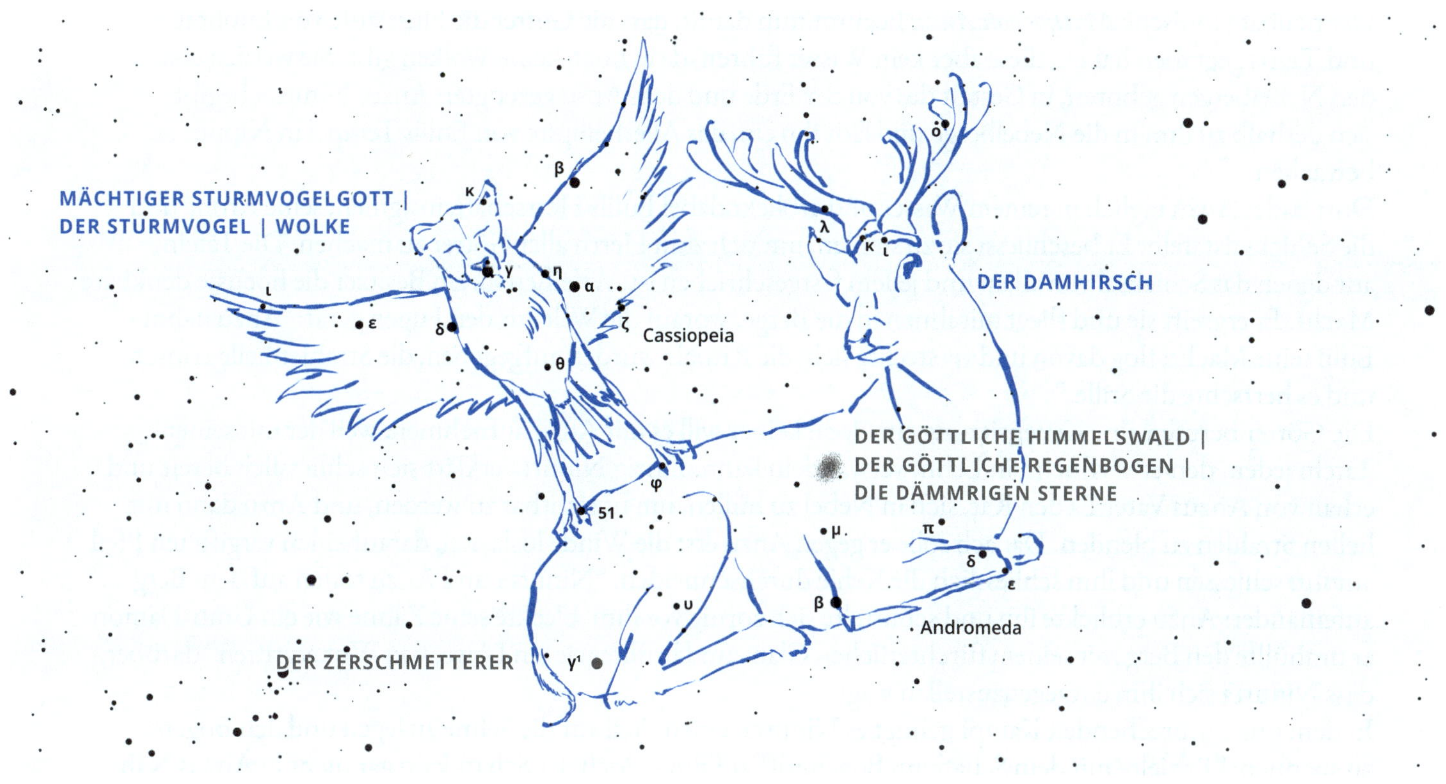

αβγδ Cassiopeiae

DINGIR IM.DUGUD.MUSHEN – MÄCHTIGER STURMVOGELGOTT

UD.GAL.MUSHEN – DER STURMVOGEL[425]

ANZU – WOLKE

σ Cassiopeiae

KOPF DES PFERDES

S|S|W

Dingir ist das Zeichen für eine Gottheit, die sich aus *Im*, 'Wind', und *Dugud* 'Macht und Kampfkraft' zusammensetzt und durch *Mushen* als Vogel ausgewiesen wird: 'Mächtiger Sturmvogel'. Sein akkadischer Name *Anzu* bedeutet 'Wolke' – was bewusst von *Anzud*, 'Kaiseradler', abgesetzt ist, um ihn als mythischen Vogel mit Donner und Sturmwolken verbinden zu können.[426] Die Bezeichnung 'Wolke' ergibt sich aber wohl auch dadurch, dass das Sternbild in der nebelig anzusehenden Milchstrasse liegt.

In späterer Zeit wurde das Sternbild 'Pferd' genannt. *Anshe* bezeichnet sowohl Onager wie Esel, Muli und Kamel, *Kur* einen Berg und *Ra* einen Possessivfall: 'Esel der Berge'. Mit diesem sumerischen Namen wurden die Pferde belegt, die im 3. Jahrtausend v. u. Z. in Mesopotamien aus dem Osten eingeführt wurden und am Fuss der Gebirgsketten im Osten und Norden in wilden Herden lebten. Verortet wird das Pferd im *Mul.Apin* "zur Linken Des Offenmäuligen Sturmdämons".[427]

Das Sternbild geht nach dem Wintersolstitium im 10. Monat Tebetu auf, weshalb ihm Stürme, Nebel und Wetterextreme zugeschrieben wurden: "Wenn der vordere Stern Des Anzuvogels sehr rot ist und es noch Winter ist, dann wird es Frost geben; ist es schon Sommer, wird es heiss werden." Im Jahre 700 v. u. Z. sah man es erstmals am 17. Januar im Osten bei Sonnenaufgang wieder am Himmel stehen.

W 67–70 und 174–176, G 11

DER MYTHOS VON ANZU

In sumerischen Texten galt der meist als Löwenadler figurierte Anzu noch als wohlwollend; zum bösartigen Monster wurde er erst in altbabylonischer Zeit. Der auf den Anfang des 2. Jahrtausends v. u. Z. datierte altbabylonische *Mythos von Anzu* wurde ein Jahrtausend später wieder interessant, wie das prominente Motiv eines Anzu im Palast von Niniveh zeigt; die Geschichte erfuhr dabei eine neue Fassung. Der darin geschilderte Kampf des Kriegsgottes Ninurta gegen den löwenköpfigen Adler Anzu wurde dann wiederum zum Vorbild von Marduks Kampf gegen die Heerschar von Tiamats elf Monstern im *Enunma Elish* – weshalb Anzu manchmal zu ihnen gezählt oder in astrologischen Texten mit ihrem Anführer Qingu assoziiert wird.

Der neubabylonische *Mythos von Anzu* beginnt nun damit, dass die Götter die Flussläufe von Euphrat und Tigris gegraben haben, diese aber kein Wasser führen, da es noch keine Wolken gibt: Sie werden erst in den Nebelbergen geboren, in Gestalt des von der Erde und dem Apsu gezeugten Anzu. Ninurta begibt sich deshalb zu ihm in die Nebelberge und lädt ihn ein, das Allerheiligste von Enlils Tempel in Nippur zu bewachen.
Dort badet Anzu täglich in reinem Wasser und erblickt dabei Enlils Herrschaftsinsignien, seine Krone und die Schicksalstafeln. Er beschliesst sie zu stehlen, um sich zum Herrn aller Götter zu machen: Die Tafeln, auf denen das Schicksal von allem und jedem festgeschrieben ist, verleihen ihrem Besitzer die höchste denkbare Macht. Er ergreift sie und fliegt mit ihnen in die Berge, worauf die Welt aus den Fugen gerät: "Anzu nahm Enlil seine Macht, flog davon und versteckte sich; die Rituale wurden aufgegeben, die Strahlenhelle erlosch und es herrschte die Stille."
Die Götter berufen eine Krisensitzung ein, doch keiner will es mit Anzu aufnehmen, weil der mit seinen Tafeln jeden, den er verflucht, in Lehm verwandeln kann. Einzig Ninurta erklärt sich schliesslich bereit und erhält von Anzus Vater Ea den Rat, sich in Nebel zu hüllen, um unsichtbar zu werden, und Anzu dann mit hellen Strahlen zu blenden. Danach solle er gegen Anzu erst die Winde loslassen, darauf einen vergifteten Pfeil auf ihn schiessen und ihm schliesslich die Kehle durchschneiden. "Ninurta und Anzu trafen auf dem Berg aufeinander: Anzu erblickte ihn und schüttelte sich zornig vor ihm, bleckte seine Zähne wie ein Umu-Dämon; er umhüllte den Berg mit seinem fürchterlichen Glanz und brüllte wie ein Löwe, von Wut ergriffen" darüber, dass Ninurta sich ihm entgegenzustellen wagt.
In dem nun ausbrechenden Kampf gelingt es Ninurta, einen Pfeil auf die Sehne zu legen und den Bogen zu spannen: "Er zielte mit dem Schaft am Bogengriff auf ihn – doch der Schaft kam gar nicht in Anzus Nähe, er kehrte wieder zurück! Und Anzu beschrie ihn: 'Schaft, der du zuschiesst, kehre wieder in dein Röhricht zurück! Bogen, kehre wieder in dein Gehölz zurück! Sehne, zurück zu deinem Schafsgedärm, Federn zurück zu den Vögeln!'
Doch da er die Schicksalstafeln in der Hand hielt, schoss die Sehne bloss Pfeile ab, die seinen Leib nicht erreichten. Tödliche Stille legte sich so über den Kampf, Ninurtas Angriff scheiterte; die Waffen schwiegen und konnten Anzu auf seinem Berg nicht besiegen."[428]

Anzu hat durch seine Schicksalstafeln dieselbe Verfügungsgewalt wie später Marduk im *Enuma Elish* – er kann den Pfeil somit deshalb auf dieselbe Weise verschwinden lassen wie Marduk das Sternbild in der Mitte der Götter:[429] was damit zusammenhängen mag, dass der astrale Pfeil in der Milchstrasse liegt. Denn Ninurta wird im *Mythos von Anzu* mit Pabilsag identifiziert,[430] dessen Pfeilspitze in 58 Ophiuchii liegt. Die Identifikation mit ihm war so eng, dass der Anblick Pabilsags zu Heilzwecken "das Beschmieren mit dem Kopf, den Federn und dem Blut eines Anzu-Vogels" verlangte.[431] Dass der Mythos Ninurtas Waffe einen "Grenzpfeil"[432] nennt, verweist darauf, dass der Pfeil Des Höchsten Ahnen genau an der Ekliptik liegt.

Der Fortgang des Anzu-Mythos nimmt weiter auf Sternbilder Bezug. So ruft jetzt Ninurta zum Scorpius hinüber und trägt dessen Stachel Sharur (λ Scorpii) auf, Ea in seinem dahinter liegenden Sternbild von seinem Scheitern zu berichten. Der kommt von dort mit dem Rat zurück, Anzu weiter im Kampf durch Schüsse so lange zu ermüden, bis der seine Schwungfedern verliert, und ihn dann mit einem Wurfholz zu betäuben. Dieses Wurfholz wurde in Auriga verewigt – und in spätbabylonischer Zeit auch 'Marduks Waffe' genannt.

In der Fortsetzung seines Kampfes muss Ninurta die mit Anzus Aufgang verbundenen Omen von Zerstörung, Frost und Hitze überwinden: "Zerstörung […]; eine Hitzwelle glühte […], ein Sturm […] der vier Winde, und die Waffen überwanden den Schutz des Frostes: Beide waren sie vom Schweiss der Schlacht überzogen. Anzu wurde müde und verlor im Aneinanderprall der Stürme seine Federspitzen. Da nahm Ninurta ein Wurfholz, liess es auf seine Pfeile folgen, und schnitt ihm die Flügel ab, rechts und links. Als Anzu seine Flügel sah, rief er seine magischen Worte; doch gerade, als er 'Flügel zu Flügel' schrie, kam ein Pfeil geschossen und

der Schaft traf ihn mitten ins Herz. Ninurta hatte einen Pfeil durch die Federn und den Flügel geschossen, der ihm ins Herz und die Lunge ging.
So eroberte er den Berg und überflutete er die Bergwiesen; er überflutete in seinem Zorn die weite Erde und die Mitte der Gebirge: Er hatte den bösen Anzu getötet! Der Krieger Ninurta holte sich die Tafel des Schicksals der Götter zurück und hielt sie nun selbst in Händen – und als Zeichen der frohen Botschaft trug der Wind Anzus Federn davon."[433]
Der Wind weht Anzus Federn zu Enlils Tempel zurück[434] und durch die Flut der besiegten 'Wolke' Anzu füllen sich die Flussbetten in den Bergen erstmals mit Wasser. Da sie somit das Tiefland fruchtbar machen, steigt der siegreiche Ninurta (wie später Marduk) zum Götterkönig auf und erhält im Tempel der Gula in Isin den Namen *Pabilsag*, 'Höchster Ahne'.[435]
Dargestellt findet sich der Kampf Ninurtas mit Anzu auf einem neo-assyrischen Rollsiegel – und zwar in seiner astralen Figuration als Höchster Ahne mit Pfeil und Bogen vor Anzu und neben dem Skorpionstachel Sharur.[436]

Die Griechisch-Römische Tradition

Die Griechen übernahmen die Figuration für die Sterne von Cassiopeia aus dem ägyptischen Sternenhimmel, und auch mit Ninurtas Figuration als Bogenschütze in Sagittarius konnten sie wenig anfangen. Erstaunlicherweise blieb vom Mythos um Anzu jedoch etwas hängen: Der Pfeil des Höchsten Ahnen. Denn der wurde auf den an völlig anderer Stelle liegenden Pfeil in Sagitta projiziert (der in Babylon Teil Des Offenmäuligen Sturmdämons war).

So legt Eratosthenes Ninurtas Grenzpfeil nun dem griechischen Bogengott par exellence, Apollon, auf die Sehne, während die Kyklopen und ihre Blitze die Stelle des Donnervogels Anzu und seiner mächtigen Wolke einnehmen. Aus dem Nebelberg Sharshar[437] an den Quellen von Euphrat und Tigris wird dabei die Region, in der die Griechen einen solchen verorteten: der Norden. Die nach Anzus Tod erstmals auftretende Wasserflut wird sodann Demeter zugeschrieben.

Unverändert bleibt jedoch der Bezug zwischen Tempel und Federn sowie die Rückkehr des Pfeils, wie er aus dem *Mythos von Anzu* hervorgeht: "Dies ist der Pfeil für einen Bogen, und es heisst, er hätte Apollon gehört, der damit, um Asklepios zu rächen, die Kyklopen tötete, die Zeus Blitze geschmiedet hatten. Apollon versteckte ihn im Land der Hyperboräer, dort, wo auch der aus Federn gemachte Tempel liegt. ... Vom Pfeil wird angenommen, dass er durch die Luft wieder zurückkehrte, zusammen mit Demeter, der Früchte-Bringerin. Er war von enormer Grösse, wie Herakleides von Pontos in seiner Abhandlung *Über die Gerechtigkeit* berichtet. Und so versetzte Apollon den Pfeil als Sternbild unter die Sterne, um an den Kampf zu erinnern, in den er sich begeben hatte."[438]

Hyginus setzt den Pfeil später als weiteres Echo des *Anzu-Mythos* mit jenem Schaft gleich, mit dem Herakles den Adler tötete, der an der Leber des gefesselten Prometheus nagte.

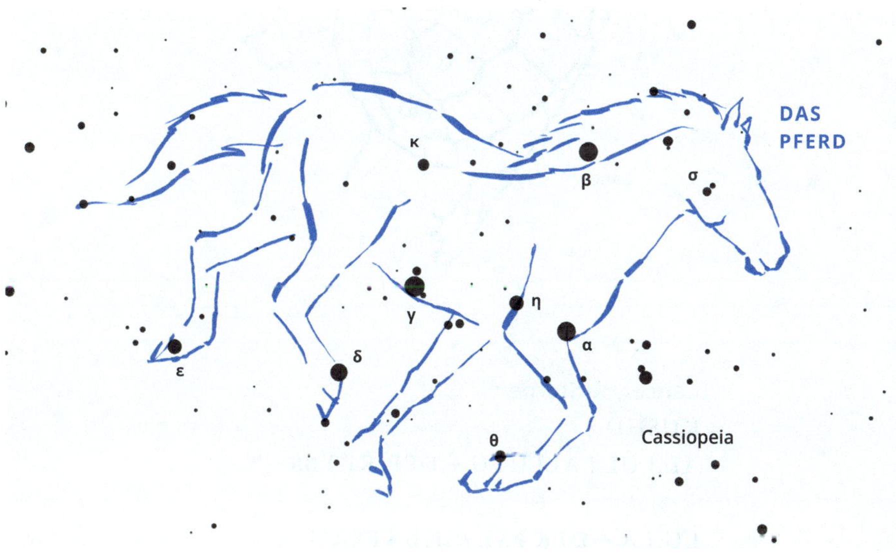

ANSHE.KUR.RA | SISU – DAS PFERD

Obwohl der Mythos um Anzu neu belebt wurde, verblasste sein Sternbild allmählich. Stattdessen begann man den löwenköpfigen Adler des Gottes Imdugud ab dem 13. Jahrhundert v. u. Z. als geflügeltes Pferd darzustellen und *Anshe.Kur.ra | Sisu* zu nennen. Ein Ritualtext zum Sternbild des Streitwagens stellt die dazugehörigen Pferde aus diesem ikonographischen Grund mit den benachbarten Geistern Anzus gleich: "Die davor angeschirrten Pferde sind der Schatten Des Anzu-Vogels."[439]

Bestätigt wird dies durch mehrere Gleichsetzungen im 8. und 7. Jahrhundert: "Gestirn Des Gottes Imdugud = Gestirn Des Pferdes."[440] Befördert wurde die Transformation durch die Lautähnlichkeit zwischen *Anshe* und *Anzu*. Sie wirkte sich auch auf die Omendeutung aus: "Wenn ein Wildschaf sich Dem Anzu-Vogel nähert, werden Pferde sterben."

WE1 108 und W 174–176

Die Griechisch-Römische Tradition

Ein Pferd projizierten die Griechen aufgrund von Übersetzungsfehlern in die Sterne von Pegasos. Die Araber hingegen erblickten später in Cassiopeia weiterhin ein Tier, das in Mesopotamien ebenfalls schon durch *Anshe* bezeichnet worden war: das Kamel.

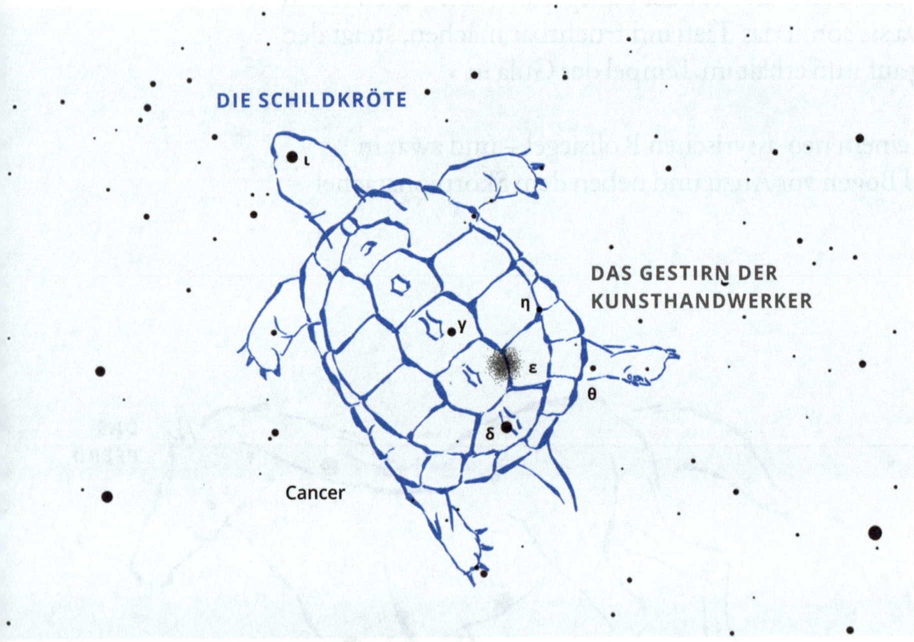

Cancer, 10 Sterne[441]

KUSHU

AL.LUL | ALLUTU – DER KREBS

S|S|W

LU.LA – DER FALSCHE STERN

H|P 272

Das Silbenzeichen *Al* zeigt eine Grabhacke, *Lul* einen Fuchs in der Bedeutung 'hinterhältig, versteckt', um damit sein verstecktes Eingraben im Sand zu bezeichnen. Rückwärts gelesen – *Lul.La* – führte dies zu der Bezeichnung als 'Falscher Stern'. Das akkadische *Allutu* wiederum steht im Plural, um seine beiden 'hinterhältigen Hacken' – Scheren – zu benennen.

Ursprünglich verstand man unter einem *Allul* ein dem Asakku ähnliches Monster, das im Mythos von *Lugal-E* als "zahnige Kushu-Kreatur" beschrieben wird: "Sie ist in den Bergen aufgewachsen, entrindet die Bäume und ist so mächtig, dass sich die Götter der Städte in der Gegend dort vor ihr niederbeugen."[442] Diese Kushu-Kreatur wird in archaischen Wortlisten als unbestimmtes Wasserwesen bei den Fischen eingereiht, was zu Übersetzungen der Kushu-Kreatur als Krokodil, Hai oder Schnappschildkröte führte.

Letzteres würde durch Einflüsse aus Altägypten gestützt, wo es das Sternbild Die Beiden Schildkröten gab. Sie galten dort als Feinde des Sonnengottes Re und als zu tötende Verbündete des Chaosgottes Setekh (gr. Seth). Da Schildkröten in Mesopotamien nur Toten als Verpflegung ins Grab gegeben wurden, scheint sich ihre Dämonisierung ebenfalls durch altägyptische Einflüsse ergeben zu haben.

Dass Kushu mehrdeutig für Schildkröte und Krebs verwendet wurde, mag darauf zurückgehen, dass das Wort für 'Panzer, Schale' – *Murgu.Ba* – auf beide angewendet wurde.[443] Als Schildkröte taucht der Kushu jedenfalls auf den mit Sternbildfiguren versehenen Grenzsteinen der Kassitenzeit auf, neben dem Leoparden, Mushushu und anderen Tierkreiszeichen: Es ist dies die älteste greifbare Figuration der Sterne des Cancer. Da im späteren Schriftgebrauch die Schriftzeichen für Kushu und Allul austauschbar wurden, verwandelte sich die Schildkröte in einen Krebs – aus dem schliesslich unser griechisch-römisches Sternbild Cancer wurde.[444]

Der Zeit seiner Abfassung entsprechend steht im *Mul.Apin* Der Krebs noch im 'Weg des Anu', dem nördlichsten Teil der Ekliptik, den Mond und Planeten erreichen können. Der abendliche Untergang von Cancer im Westen um 2000 wie um 1000 v. u. Z. markierte die unmittelbar bevorstehende Sommersonnenwende; krebsgleich nähert sich das Sternbild da dem extremen Aufgangs- und Untergangspunkt der Sonne von der Seite und entfernt sich dann wieder von ihm. Bei der Wintersonnenwende wiederum geht die Sonne unter, während Cancer im Osten aufgeht. Wohl auch aus diesen Gründen bezeichnet das *Mul.Apin* das Sternbild als 'Sitz des Anu'.

Sein Thron sowie seine von den Hyaden dargestellte Krone sind bereits Mitte des 2. Jahrtausends auf den Kudurru häufig Symbole für Anu; es sind dies die einzigen beiden Zeichen, die am Himmel auf

Anu deuten. Obwohl er der oberste Gott des mesopotamischen Pantheons und der Himmelsgott ist, wird er als einziger unter den Göttern von keinem Sternbild figuriert. Dies mag damit zusammenhängen, dass er den gesamten Himmel verkörpert – oder eher, dass er ursprünglich einmal in der Figur Des Erben Des Erhabenen Tempels dargestellt worden war. Denn auch seine Frau Antu besass am Himmel einmal ein eigenes Sternbild, weshalb beide in Uruks Zeremonien Den Wagen von Ursa Maior besteigen konnten.

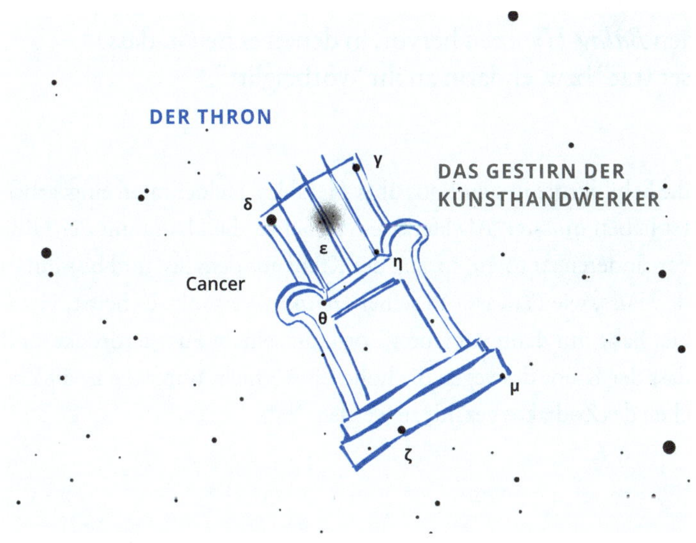

Unterteilt wurde Der Krebs in eine nördliche und eine südliche Hälfte, die später mit Euphrat und Tigris gleichgesetzt wurden. Auf diese Assoziation verweisen auch Omen: "Glänzen die vorderen Sterne auf und sind [in Horizontnähe] rötlich, bringt der Tigris eine Hochflut; sind die mittleren Sterne rötlich, so wird sich Wind erheben; sind die hinteren Sterne rötlich, bringt der Euphrat eine Hochflut und die Frühfrüchte werden gedeihen." Verfinstert sich dagegen "der Mond in den vorderen Sternen, so ist es eine Entscheidung für den Tigris und seine Hochflut wird gering ausfallen; verfinstert sich der Mond in den hinteren Sternen, so ist es eine Entscheidung für den Euphrat und dessen Hochflut wird gering sein".

Neben dieser Vorhersage des Fallens oder Steigens der beiden Ströme Mesopotamiens verbanden die magischen Texte den Mond- und Sonnenstand in den zwölf Tierkreiszeichen mit bestimmten Handlungen, deren Erfolg sie bestimmten. So beeinflusste das Verweilen der Sonne in Cancer die homosexuelle Liebe und entfernte gewisse Geister, während der Mond in Cancer geschäftlichen Erfolg für die Schankwirte herbeiführte, einen Geist einfangen und einen anderen auszaubern liess, oder mittels eines Lehmmodells einen Menschen seinem Tod überantwortete. "Die Region des Krebses" selbst löste "Migräne, Speichelfluss und Krämpfe" aus.[445]

W 103–107, R 11–15, RE 'Krebs' und WE1 107

Die spätzeitlichen Uranographien enthalten eine Beschreibung seines Sternbilds, das auf einer anderen Sternenliste mit elf Sternen ausgewiesen wird: "Der Krebs, der Sitz des Anu, ist eine vierseitige Figur. Vier Sterne [ιαθη Cancri] sind an seinem Umriss eingezeichnet. Innerhalb sitzen sechs Sterne, Seite an Seite [in drei Paaren γδ[446], ηθ[447], μζ], aufeinander. An seinem Kopf ist ein Stern [π Cancri] eingezeichnet, vor dem Sag.Me.Gar [Jupiter] steht."[448]

Sag.Me.Gar ist ein Name für den Jupiter, der – wie der *Gu-Text* bestätigt – zwischen dem Krebskopf und seiner linken Schere sein *Bit Nisirbiti*, 'die geheime Stelle' seiner grössten Macht, erreichte. Eine erhaltene schematische Darstellung des Sternbilds zeigt innerhalb der vier quadratischen Eckpunkte seines Sitzes drei Sternpaare; auf den Kudurru ist diese Figuration als Symbol Anus erkennbar: Sie markiert die drei Stützen seines Throns.[449]

U 24, 28–29 sowie 40 und 50–51, WE 76–77 und 80–81

M 44 (Praesepe)

KAKKAB NANGARU – GESTIRN DER KUNSTHANDWERKER

G 125

Der Sternhaufen Praesepe (M 44) wurde auch *Kakkab Nangaru* genannt, 'Gestirn der Kunsthandwerker'. Der Name rührt wohl daher, dass der Sternhaufen wie die Glutbecken aussieht, über denen Feinschmiede ihre Edelmetalle erhitzten, um sie biegsam zu machen.[450]

NINURTAS KAMPF GEGEN DIE SCHILDKRÖTE

In seiner alten Figuration als Schnappschildkröte ist dieses Sternbild mit den Mythen um Ninurta verknüpft, der eine ganze Reihe von Monstern und Mischwesen – Drachen, siebenköpfige Schlangen, sechsköpfige Widder, den Wisentmenschen – zu besiegen hatte, darunter auch "einen Hai, den er im tiefen Wasser zertrampelte" und eine riesige Schildkröte.[451]

Sie taucht in einer Episode auf, in der Ninurta dem Anzu-Vogel die Schicksalstafeln gerade wieder abgenommen hat. Statt sie in Enlils Tempel zurückzubringen, will er sie nun aber für sich behalten, um die absolute Macht über die Welt auszuüben.

Enki in seinem Apsu ahnt jedoch, was Ninurta vorhat: "Aus dem Ton des Apsu formte Enki eine Schildkröte gegen Ninurta und stellte sie gegen ihn ans Tor, an einen Eingang zum Apsu. Er redete mit ihm in der Nähe seines Hinterhaltes und brachte ihn so zu dem Ort, wo die Schildkröte war. Die Schildkröte konnte

Ninurtas Sehnen von hinten packen, doch dem Held Ninurta gelang es, ihre Beine umzudrehen.
Enki tat ganz überrascht und rief: 'Was ist da los?'
Er liess nun die Schildkröte den Boden mit ihren Klauen aufkratzen und sie eine tiefe böse Grube graben: Und so fiel Ninurta, der Held, zusammen mit ihr hinein und wusste nicht mehr, wie er herauskommen sollte [...], während die Schildkröte mit ihren Klauen weiter an seinen Beinen nagte.
Und da sagte Enki, der grosse Herr, zu ihm: 'Vom [...] aus, hattest du vor, mich umzubringen, [...] der du grosse Ansprüche machst – ich zwinge dich nieder oder ich erhebe dich! Du, der du es auf mich so abgesehen hattest –was hat dir das jetzt eingebracht, wie [...]?
Wo ist all deine Kraft nun hin? Wo ist dein Heldenmut? In den hohen Bergen hast du eine Verwüstung angerichtet – aber wie willst du nun hier herauskommen?'"[452]
Dass ihm der Kampf gelungen ist, geht aus zwei sumerischen *Balag-Hymnen* hervor, in denen es heisst, dass "sein Wort auf die Schnappschildkröte im stehenden Wasser trat" bzw. er darin an ihr "vorbeiglitt".[453]

Die Griechisch-Römische Tradition

Die Griechen übernahmen dieses Sternbild mit den anderen elf Tierkreiszeichen, doch hat Aratus weder über sie noch über die Zwillinge oder den Löwen etwas zu erzählen. Eratosthenes fügt Den Krebs dann in Herakles' Kampf mit der Hydra ein, die ihn – wie die Schildkröte den Ninurta – vor einem Eingang in die Unterwelt erwartet, nämlich in Lerna. Eratosthenes beruft sich dabei auf Panyassis, der in der ersten Hälfte des 5. Jahrhunderts v. u. Z. Ninurtas Sieg über die Schildkröte in sein Epos über Herakles' Heldentaten eingearbeitet haben musste: "Als Herakles versuchte, die Hydra mit der Hilfe von anderen zu töten, sprang der Krebs aus dem See und biss ihn in den Fuss, wie Panyassis in seiner *Herakleia* erzählt. Es heisst, Herakles habe ihn dann vor lauter Zorn mit seinem Fuss zerdrückt, und dass der Krebs deswegen die hohe Ehre erhielt, unter die zwölf Zeichen des Zodiakos gezählt zu werden."[454]

XI MARDUKS KÄMPFE GEGEN TIAMATS MONSTER

In dem um 1300 v. u. Z. verfassten babylonischen Weltschöpfungsmythos *Enuma Elish* bringen die Urgötter Tiamat und Apsu die Welt samt der ersten Generation von Göttern hervor, werden in ihrer Ruhe dann jedoch vom Verhalten ihrer ungestümen und gesetzlosen Enkel Anu und Nudimmud gestört. Apsu beschliesst deshalb, Anu und Nudimmud kurzerhand umzubringen. Die jüngeren Götter, darunter Ea, sind jedoch dagegen; sie betäuben Apsu und töten ihn.

Ea bezieht darauf mit seiner Frau Damkina Wohnstatt in Apsus Leichnam und zeugt dort Marduk, den späteren Götterkönig, dem Anu die Winde als Spielzeug erschafft. Da sich der Junge daraufhin noch wilder aufführt, wenden sich die alten Götter an Apsus Witwe Tiamat. Die hat bislang alles tatenlos mitangesehen, wird jetzt aber aufgefordert, die hinterhältige Ermordung ihres Gemahls Apsu zu rächen. Weil sie sich dadurch von Marduk bedroht sieht, gebiert sie eine Heerschar von elf Monstern, die sie dem Kriegsgott Qingu unterstellt.

Qingu soll mit dieser dämonischen Streitmacht den aufrührerischen Marduk vernichten: "Die Götter versammelten sich in Tiamat und beschlossen Böses gegen ihre göttlichen Eltern. Sie ... und nahmen Tiamats Seite ein, wilde Pläne ausheckend, ruhelos bei Tag und Nacht. Nur auf Kampf aus, wütend und stürmend, stellten sie eine Heerschar auf, um den Krieg zu beginnen: Tiamat, die Mutter des Unterweltsflusses, die alles erschafft, gab ihnen unwiderstehliche Waffen und gebar riesige Schlangen, die scharfe Zähne hatten und gnadenlos waren. ...

Sie füllte ihre Leiber statt Blut mit Gift, kleidete diese fürchterlichen Monster mit Schrecken, lud sie mit einer Aura auf, machte sie gottgleich: Ihr Anblick sollte jeden schwach werden lassen und vernichten – mögen sie stets auf ihn losspringen und nie zurückweichen! Tiamats Befehle waren gewaltig, keiner konnte sich ihr widersetzen: So schuf sie die Giftschlange Bashmu, die Ehrfurcht einflössende Schlange Mushushu, den Haarigen Lahmu, den Wetterlöwen Ugalu, den Tollwütigen Hund Uridim, den Skorpionmenschen Girtablullu, zwei zornige Dämonen, den Fischmenschen Kulullu und den Wisentmenschen Kusarikku, die gnadenlose Waffen trugen und sich vor keiner Schlacht fürchteten; insgesamt waren es elf solche Kreaturen – wobei sie unter den Göttern dieser Heerschar, ihren Söhnen, Qingu zum Höchsten und Mächtigsten erhob."[455]

Marduk vermag jedoch Tiamats Kreaturen bei der folgenden Götterschlacht zu fesseln und sie dann als ihm untertane Wächter an die Tore des Apsu zu verbringen.

Die Liste der vom und im Ozean gezeugten Ungeheuer gibt eine alte etablierte Tradition wieder, in der die Zahl elf kanonisch ist; bereits Ninurta besiegte in älteren Mythen dieselbe Anzahl solcher Kreaturen. Der Grund mag astronomisch sein: Zusammen mit dem jeweiligen Sieger ergibt sich die Zahl zwölf, was auf eine solare Monatszählung schliessen liesse. Viele der hier aufgezählten Kreaturen Tiamats sind Sternbilder – wobei in anderen Monsterlisten Der Ziegenkarpfen Suhurmash und der brüllende Anzu-Vogel hinzukommen.[456]

All diese Mischwesen wurden nicht getötet, sondern hohen Göttern – nicht nur Marduk allein – gefügig gemacht, die sie dann als Wächter einsetzten. Mehrere wurden den heilenden Göttern von Eridu – Ea, Damkina und ihrem Sohn Asarluhi – unterstellt: Die Ehrfurcht Einflössende Schlange Mushushu diente dann dem 'Heilenden Herren' und Unterweltsgott Ninanzu und seinem Sohn Ningishzida; der Skorpionmensch bewachte die Berge des Sonnenauf- und -untergangs; und der Wisentmensch diente dem Sonnengott. Wollte ein Gott die oberste Macht im Pantheon erringen, musste er erst diese Mischwesen besiegen und sich untertan machen, worauf sie zu Schutzdämonen wurden, die in späterer Zeit für Herrscher und Tempel unheilabwehrende Funktion hatten. So hält Senacherib in einer Tempelinschrift fest, dass die beiden Podien darin von je vier Fischmenschen und Ziegenkarpfen aus Bronze getragen werden und das Tor vom Tollwütigen Hund und dem Skorpionmenschen bewacht wird.[457]

Namen wie *Anzu*, 'Wolke', und *Ugalu*, 'Wetterlöwe', zeigen, dass diese Wesen Naturphänomene verkörperten, Tage des Übels und der Destruktion, die einmal "vom Himmel gelassen" brüllen und röhren. Neben Anzu, Suhurmash, Ugalu, Bashmu, Mushushu, Labbu, Uridim und Kusarikku sind auch die Monster Alul und Udkaduha schon früh als Sternbilder bezeugt.[458]

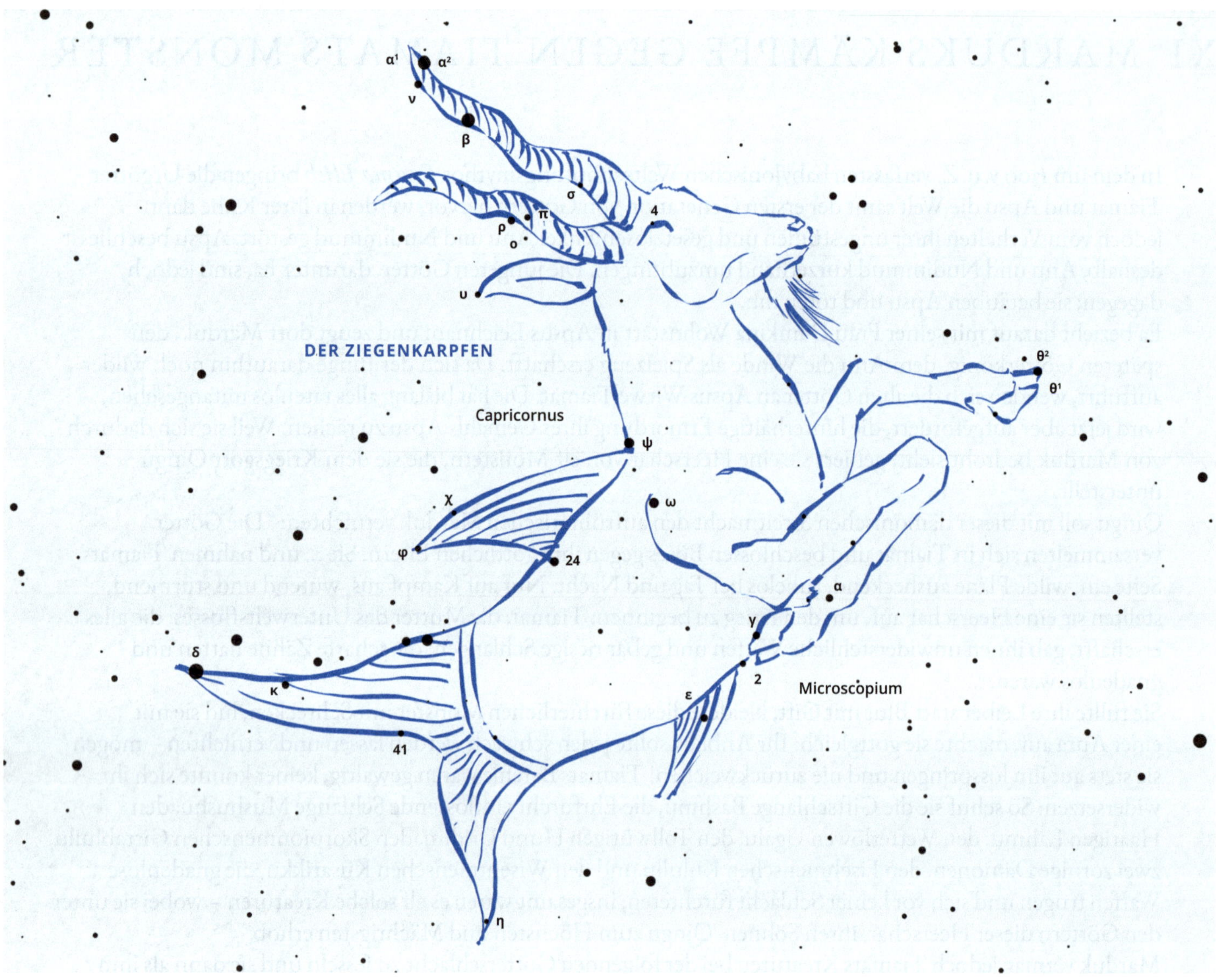

Capricornus

SUHUR.MASH.KU | SUHURMASHU – DER ZIEGENKARPFEN

zwischen α – β Capricorni [Horn]

S|S|W

2° unter der Ekliptik [4 Capricorni]

HORN[459]

R|S|W 557

o Capricorni[460]

VORDERER STERN

δ Capricorni

HINTERER STERN

R|S|W 570, H|P 272

Suhur bezeichnet einen grossen Karpfen, *Mash* ein Ziegenkitz oder Lamm, und *Ku* ordnet dieses Mischwesen dann den Fischen zu; dargestellt wird dieser 'Ziegenkarpfen' stets mit prominenten Hörnern im Profil. Gemäss seiner Nachbarschaft zu Gula, dem Sternbild des Wassergottes Ea, wird Suhurmash unter dessen Füssen abgebildet – oder aber Ea hält als symbolische Repräsentation des Ziegenkarpfens einen Stab mit einem Ziegenkopf in der Hand. Die Assoziation beider Sternbilder zeigt das folgende Omen: "Wenn Eas Gestirn dunkel ist, wird die Ernte nicht gedeihen, drei Jahre lang wird [...] verschlingen – Merkur ist schwach im Ziegenkarpfen."

In der ihm gewidmeten Omenliteratur ist er ob seiner negativen Rolle in den Götterkämpfen in Konjunktion mit einem kriegerischen Planeten ein schlechtes Vorzeichen: "Wenn der Mars Den Ziegenkarpfen [in seiner retrograden Bewegung] reitet, wird die Stadt Eridu zerstört und ihr Volk vernichtet werden"; "Wenn sich Venus Dem Ziegenkarpfen nähert, wird es eine Niederlage im Land geben."

Belegt sind Darstellungen des Ziegenkarpfens ab dem Ende des 3. Jahrtausends v. u. Z.; in der Epoche stiegen seine Hörner erstmals in den Tagen des Wintersolstitiums auf, während sein Fischschwanz erst im Monat darauf sichtbar wurde.

W 152–156 und WI 184–185

Beschreibungen des Suhurmash in *Enki und die Weltordnung*[461] schildern ihn an 'Honigpflanzen' im Wasser fressend, die langen Barben schüttelnd und im Schwarm sich um das junge Schilf streitend. Dieses sonst auch Schafen zugeschriebene aggressive Fressverhalten samt den, einem langen Ziegenbart ähnlichen Barteln führte wahrscheinlich zu seinem Namen; die Abbildungen weisen jedenfalls Ähnlichkeiten mit den zu den Karpfenfischen zählenden Hechtbarben (*Luciobaebus esocinus*) auf. *Suhur* selbst bezeichnete ursprünglich das Ausnehmen und Trocknen von Fischen:[462] In dem winters aufgehenden Sternbild sah man deshalb wohl eine Art 'Weihnachtskarpfen'.

Warum zählt ihn das *Enuma Elish* dann aber zu den fürchterlichen Monstern Tiamats? Eine Erklärung dafür wäre, dass die ursprüngliche Bedeutung des Namens in Vergessenheit geriet, die Texte, in denen er aber vorkam, von der etymologischen Imagination der gelehrten Schreiber ausgedeutet wurden, sodass er sich in ein Mischwesen aus Ziege und Fisch verwandelte. Überzeichnet dargestellte Ziegen-Fische und Fischmenschen wurden als unheilabwehrende Reliefs, Figurinen und Statuen jedenfalls im 1. Jahrtausend v. u. Z. sehr beliebt.[463]

Eine andere Erklärung wäre ein Bezug zu dem in subtropischen Gewässern auftauchenden Orca. Aufgrund seiner langen, hornförmig gebogenen Rückenflosse gaben die Griechen diesem "Meeresmonster" den "weit verbreiteten Namen 'Widder-Fisch'",[464] während die Römer ihn 'See-Widder' nannten.[465] Alle Autoren berichten von seinen Menschenjagden im Mittelmeer.

Die Griechisch-Römische Tradition

Die Griechen übernahmen dieses Tierkreissternbild mit seiner fischschwänzigen Ziegenfigur und nannten es *Aigokeros*, 'Den Ziegengehörnten'. Da sie mit seiner Symbolik nichts anfangen konnten, brachten sie ihn mit ihrem Pan in Verbindung, einem Mischwesen aus Ziege und Mensch. Die Assoziation mit einem monströsen Wesen blieb jedoch erhalten, wenngleich nun in Verbindung mit Ägypten: Denn beim Auftauchen des Riesen Typhon soll sich Pan ins Meer gestürzt und seinen Unterleib in einen Fisch verwandelt haben, um ihm zu entkommen. Die Römer übersetzten *Aigokeros* dann mit *Capricornus*, was bei uns wiederum zu einem Steinbock umgedeutet wurde.

Centaurus[466]

GUD.ALIM | KUSARIKKU – DER WISENTMENSCH

γ Hydrae[467]

HIP 66065

KOPF

S|S|W

ι Centauri

(LINKE) HAND

S|S|W

4 Centauri

RECHTE HAND

S|S|W

ε Centauri

LINKER FUSS

S|S|W

γ Centauri

RECHTER FUSS

S|S|W

Das sumerische *Gud.Alim*, das einen Stier in seiner Wildform bezeichnet und auf Akkadisch *Kusarikku* gelesen wurde, stellt einen Wisent dar, wie es ihn nur in den fernen Bergen im Osten des Zweistromlandes gab. Dementsprechend mythisch wurde er schon im 4. Jahrtausend v. u. Z. abgebildet: entweder als auf Knien ruhender Wisent mit bärtigem menschlichem Gesicht oder als Wisentmensch mit menschlichen Armen, aber mit Hörnern und Unterleib eines Stiers. Betitelt wurde er meist als 'Wisent, der seine Hörner in den Bergen erhebt'. Texte erwähnen ihn aber auch im Zusammenhang mit urweltlichen Gewässern und Meeren, was diesen 'Wildstier' auch mit den Wasserbüffeln in Verbindung bringt. Sie waren den Mesopotamiern von der Induskultur her bekannt; weder Wasserbüffel noch Wisente waren bei ihnen heimisch.

Dementsprechend prestigeträchtig war ein Sieg über eine solche Kreatur, wie ihn der Kriegsgott Ninurta erringt, indem er den Wisentmenschen "aus dem Schlachtstaub herausbringt" und über seine Wagendeichsel legt. Dies erzählt das sumerische Gedicht *Angim* über die Rückkehr Ninurtas von einer Kampagne gegen die Rebellenländer, bei der neben dem Wisentmenschen auch der "Bashmu aus der grossen Festung der Berge" und der Anzu-Vogel in seinem Baum bezwungen werden. Es war dies eine der Vorlagen für Marduks Sieg im *Enuma Elish* über Tiamats elf Monster, zu denen auch der Wisentmensch zählt.

Er und andere Mischwesen repräsentierten Naturgewalten, die zu dämonischen und rebellischen Monstern gerieten, die es zu zähmen galt, um das Land zu zivilisieren. Als unterworfene, archaische Kreaturen dienten sie dem jeweiligen Königsgott oder Herrscher dann als Torwächter, Beschützer und abschreckende Embleme auf seinem Streitwagen und wurden bald zu wohlwollenden Mächten. Als solcher bewahrt er im 3. Jahrtausend auf zahllosen Rollsiegeln eine Schafherde vor Löwen.

Durch die Assoziation mit der im Osten hinter den Bergen aufgehenden Sonne wurde er in der altbabylonischen Zeit zum Kind des Sonnengottes erklärt – auf dessen Emblem zwei Wisentmenschen die geflügelte Sonnenscheibe hochhalten. Sie wurden bald als Zwillinge aufgefasst und standen dann für 'die Wahrheit' und 'die Gerechtigkeit' des richterlichen Sonnengottes. In der assyrischen Zeit musste deshalb jemand, der Anklage gegen Hexerei erhob, vor einem Kusarikku einen feierlichen Eid auf die Wahrheit seiner Klage ablegen.

In der späteren Kunst wird die Figur des Wisentmenschen oft mit einem Lahmu gleichgesetzt, der ein menschliches Gesicht, Flügel und einen Stierkörper hat und dann ebenfalls im Kampf mit einem Löwen gezeigt wird.[468] Vielleicht reflektiert dies den astronomischen Umstand, dass Der Wisentmensch und Die Löwin denselben Monat markieren (den September | Oktober um 1000 v. u. Z.), in dem Die Löwin im Zenit stand. Als Sternbild ist Der Wisentmensch jedoch bloss Anfang des 2. Jahrtausends im *Gebet an die Götter der Nacht* belegt.

Die Omenliteratur zum Kusarikku bezieht sich jedoch allein auf seine Symbolik als doppelte Wisentmenschen. So heisst es, dass "ein Herrscher seine Feinde besiegen wird, wenn eine Frau Zwillinge auf die Welt bringt, die so zusammengewachsen sind wie die Wisentmenschen des Shamash". Kommt ein einzelnes solches – wahrscheinlich allzu behaartes Baby – zur Welt, geht hingegen Shamash's Gerechtigkeit verloren, denn dann "wird es einen despotischen Herrscher im Land geben und das Land Unglück erleben".[469]

Als Regent des Sternbildes nennt das *Mul.Apin*[470] Ningirsu, einen alten sumerischen Gott der Landwirtschaft und des Krieges, der als Bruder Nanshes galt und später mit Ninurta identifiziert wurde. Als Sternbild "an seiner Seite" führt das *Mul.Apin* das östlich an Centaurus anschliessende Sternbild Egge an.

Eine spätzeitliche Uranographie beschreibt das inzwischen vermenschlichte Sternbild, jedoch mit dem Namen, den es in seiner vollständig tierischen Verkörperung hat – eine Konfusion, die sich durch zwei verschiedene Bezeichnungen für dieselbe Region ergibt: "Das Sternbild Zottelleib Des Winters ist Ningirsu, eine menschliche Figur, die einen Stern am Kopf hat [...], in seiner [rechten?] Hand [... (hält er, wie auf den meisten Darstellungen, den stilisierten Torpfosten für die Sonne?)]. Die zwei Gestirne, die nach ihm [östlich] stehen, sind Shullat [auf ι Lupi] und Hanish [auf α Lupis], die von Adad und Shamash [regiert werden]. Das ihnen nachfolgende Gestirn ist Der Beweger [in Lupus], der Adad ist."[471]

EN.TE.NA BAR.HUM –
DER ZOTTELLEIB DES WINTERS
HABASIRANU – DER MAUSARTIGE
ξ^{1+2} Centauri
HAND
S|S|W

γ Centauri
LINKER FUSS
S|S|W

Offenbar geriet die Figur des Wisentmenschen allmählich in den Hintergrund, weshalb sich für ihn eine andere Bezeichnung etablierte: *En.te.na Bar.hum*.[472] Dieser sumerische Name setzt sich zusammen aus *Entena*, 'kalte Jahreszeit', *Bar*, 'Körper', und dem als *lum* wie *hum* lesbaren Silbenzeichen für 'spriessen' und 'büschelhaarig'.[473] *Entenabarhum* lässt sich somit als 'Zottelleib Des Winters' übersetzen, was noch Bezug auf das ursprüngliche Fell des Wisents nimmt. Möglich ist, dass sich die Figur eines stehenden Wisentmenschen dann zu einem am Boden ausgestreckten Wisent mit menschlichen Aspekten veränderte – unterschiedliche Darstellungen gibt es jedenfalls von diesem Mischwesen. Dass daraus eine Art Maus wurde, scheint ebenfalls nur durch die hingestreckte Silhouette eines liegenden Wisents möglich.

Unter dem Namen 'Zottelleib Des Winters' wurde das Sternbild im *Mul.Apin* als Gestirn des 7. Monats September | Oktober ausgewiesen; es markierte den Beginn der für die Felder wichtigen Winterregen. Ging Der Zottelleib Des Winters erstmals im Juni | Juli "funkelnd auf, wird die Ernte gedeihen und werden die Esswaren Bestand haben"; stieg er jedoch im Juli | August "hell" auf, war das Gegenteil der Fall.

Nachdem Der Zottelleib Des Winters einmal rätselhaft geworden war – mit *Barhum* wurde auch ein Schaf bezeichnet[474] –, glossierte man den Namen schliesslich auf Akkadisch mit *Habasiranu*, was ein grösseres Nagetier benennt: vielleicht ironisch, aber noch mit Bezug auf das ursprüngliche Fell. Ein spätbabylonischer astraler Kommentar deutete *Habasiranu* schliesslich in etymologischer Poesie als *Habat*, 'Plünderer', *Sir*, 'der Steppe', des Gottes 'Anu'.

Nachdem der Wisentmensch im *Enuma Elish* als eines der Monster Tiamats im Kampf gegen Marduk erneut Bedeutung erhielt, kam seine Gestalt wieder in den Vordergrund; er wurde dann auch als Wächter am Tor zum Apsu gesehen und in Tempeln dargestellt.

W 296–298, LEI 130–131, G 45–46 und 73, WEE 166 und L 229–230

Die Griechisch-Römische Tradition

Die griechischen Astronomen übernehmen den Wisentmenschen als *Kentauros*. Das zeigt sich auch an der erhalten gebliebenen Paarung mit dem Tollwütigen Hund: Der Wisentmensch liegt dem Tollwütigen Hund im Lupus genauso gegenüber wie der griechischen Kentauros dem getöteten 'wilden Tier' Therion, das dieser in seiner rechten Hand hält. Dazu verweist der *Tauros* im Namen des griechischen Sternbilds weiterhin auf einen Wisent.

In erkennbarer Konfusion der ursprünglichen babylonischen Ikonographien versahen die Griechen jedoch – wohl beeinflusst vom unweit gelegenen Pabilsag – den Wisentmenschen mit einem pferdegestaltigen Unterleib, da sie solche Mischwesen vor allem mit den bereits in mykenischer Zeit belegten Figuren von Pferden mit menschlichen Oberkörpern verbanden.

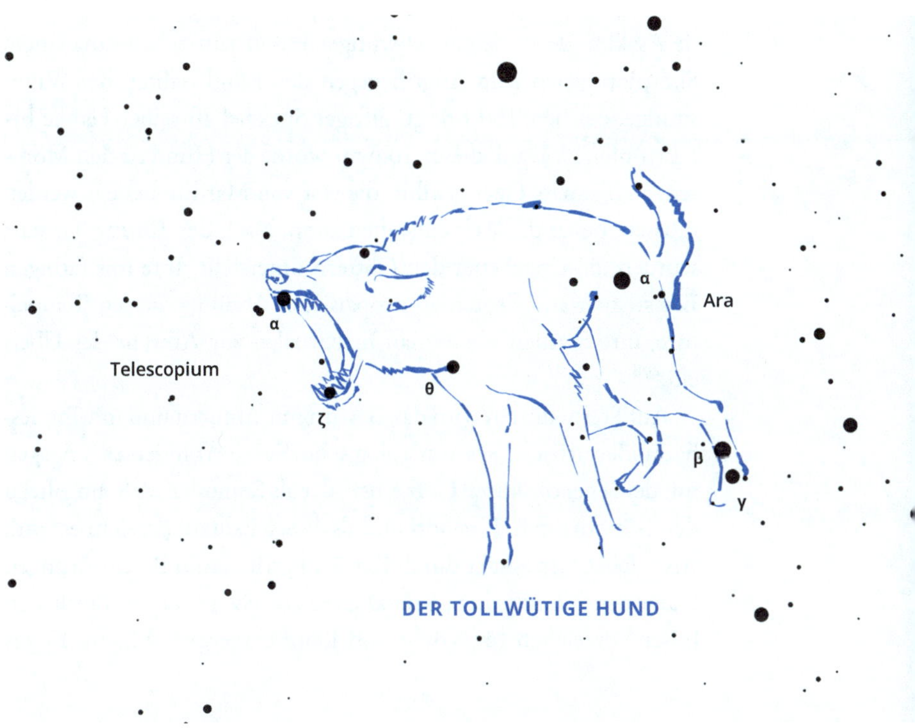

Telescopium und Ara
UR.IDIM | URIDIMMU –
DER TOLLWÜTIGE HUND
α und ζ Telescopii[175]
AUGE
S|S|W
zwischen ζ Telescopii und θ Arae[476]
MITTE
S|S|W
α Arae
HINTERER FUSS
S|S|W

Die Silbe *Ur* wird auf Akkadisch mit Schakal oder Hund übersetzt; *idim* bedeutet 'tollwütig, wild'. Dargestellt wird dieses auf das 3. Jahrtausend zurückgehende Monster als löwenartiges Tier, oft mit menschlichem Kopf.[477]

Allgemein herrschte der Glaube, dass eine Mondfinsternis im 12. Monat tollwütige Hunde ankündige. Der Ausbruch von Tollwut wiederum wurde als Omen gesehen, dass "die Bewohner ihre Stadt verlassen". Der Biss eines tollwütigen Hundes wurde mit dem einer Schlange und eines Skorpions verglichen, weil er "wahnsinnig" macht und einen "platzen" lässt. Letztlich sah man in einem tollwütigen Hund einen Dämon oder ein Werkzeug der Götter, die mit ihm die Menschen strafen. Heilung davor suchte man in Isin, der Stadt der Heilgöttin Gula, indem man sie und das zu ihrem Symbol gewordene Haustier beschwor, den Hund, der sich am Himmel neben ihr fand.

Feinde wurden mit tollwütigen Hunden verglichen, Dämonen ebenso, wie beispielsweise der Grippe und Migräne verursachende Asakku, der "wie ein tollwütiger Hund seinen Schwanz einem Skorpion gleich zum Angriff gegen den Feind richtet, der Wahnsinnige, der den Tod bringt, giftiger Speichel an seiner Flanke herabtropfend". Dank dieser Tollwut wurde der Hund zu den Monstern in Tiamats Heer gezählt, die erst von Marduk besiegt werden müssen, bevor die Welt entstehen kann. Nach der Tötung Tiamats wurden die Ungeheuer den Göttern unterstellt. Ihre mit farbigen Edelsteinen ausgelegten apotropäischen Abbilder zierten Tempeltore, ihre Statuen setzte man in Ritualen zur Abwehr des Übels ein.[478]

Auf Sternenlisten wird das Gestirn mit Amurru und mit Enmesharra identifiziert. Späte astrologische Texte verbinden es hingegen mit dem eher obskuren Gott Kusu, der als Enmesharras Sohn gilt, zu den Göttern um Enlil gehört und als dessen Exorzist bezeichnet wird. Als solcher versucht er durch Reinigungsriten und Beschwörungen Dämonen zu vertreiben, Krankheiten zu heilen und den Einflüssen böser Vorzeichen für König und Land entgegenzuwirken. Kusus reinigendes Wasser "weihte den Himmel und reinigte die Erde; es reinigt das Vieh in den Gehegen und die Schafe in den Pferchen; es reinigt den Sonnengott am Horizont und den Mondgott im Zenit". Sein Sternbild geht erstmals zusammen mit Dem Wisentmenschen im Herbst auf.

HO1 148, W 193–194

Die Griechisch-Römische Tradition

Die Griechen nannten Den Tollwütigen Hund *Therion*, ein nicht näher bezeichnetes Raubtier. Laut Eratosthenes "liegt es in den Händen des Kentauros, beim Altar [Sternbild Ara]; der Kentauros scheint es dorthin zu bringen, um es zu opfern, was als sehr deutlicher Hinweis auf seine Frömmigkeit zu werten ist".[479]

Die Verbindung Des Tollwütigen Hundes mit dem Heilgott Kusu – zusammen mit dem ebenfalls schützenden Mischwesen des Wisentmenschen und den Heilkräften des gleichfalls als Mischwesen dargestellten Pabilsag – hat offenbar dazu geführt, dass die Sterne in Centaurus von den Griechen mit jenem Kentauros namens *Cheiron* identifiziert wurden, der bereits von Homer für seine Heilkunde gerühmt wurde.

XII DIE HEILGÖTTIN GULA

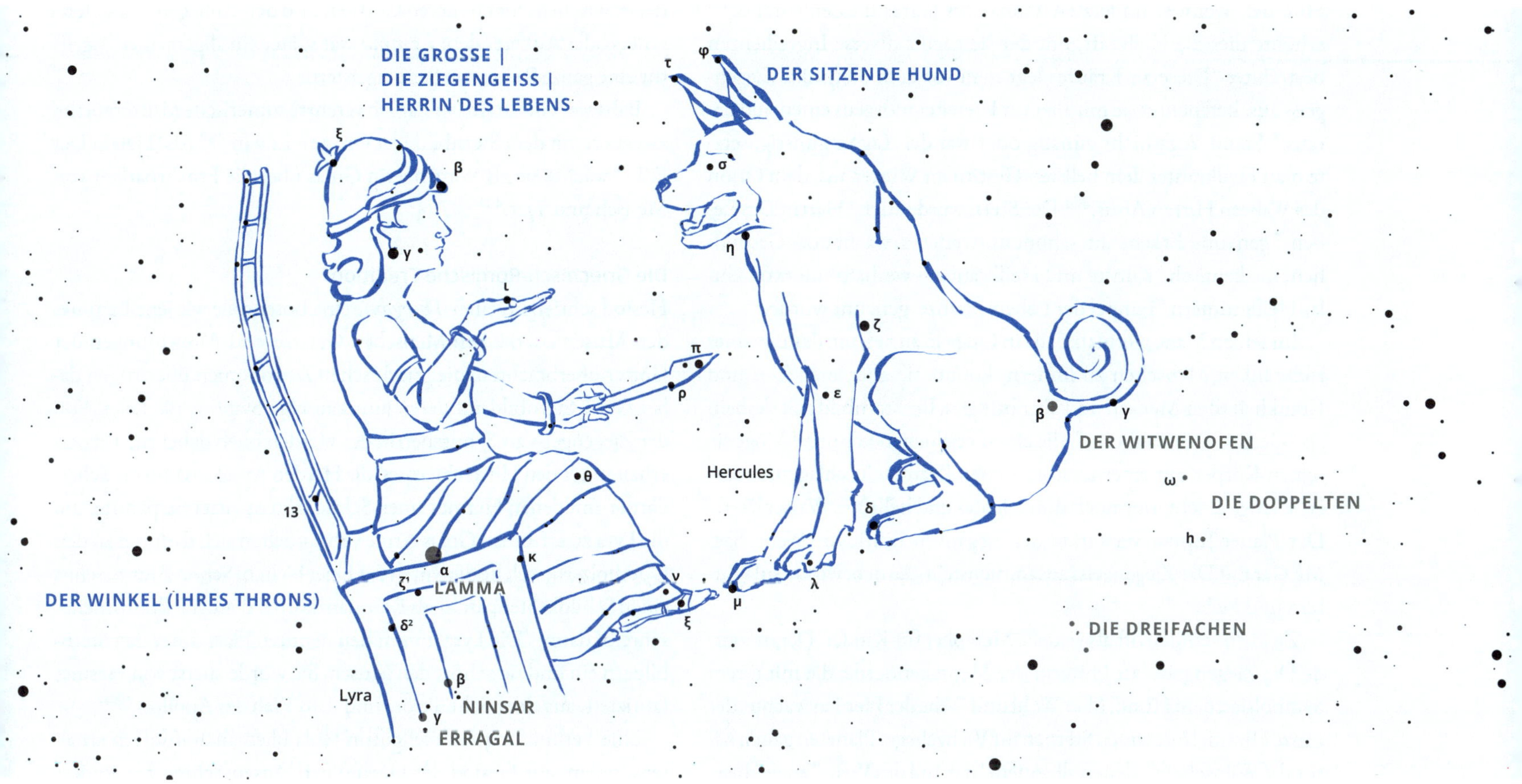

Lyra und Sterne von Hercules und Draco

GULA – DIE GROSSE

UZA | ENZU – DIE ZIEGENGEISS

GASHAN.TIN | BELIT BALATI – HERRIN DES LEBENS

ζ¹ und γ Lyrae[480]

DER WINKEL (IHRES THRONS)

S|S|W

θ Herculis

KNIE

S|S|W

Der sumerische Name *Uza* wurde auf Akkadisch glossiert mit 'Herrin Der Starken' und 'Glänzende Des Himmels'. Die übliche akkadische Bezeichnung jedoch war *Enzu*, 'Ziegengeiss', als Beiname der Heilgöttin *Gula*, 'Der Grossen'. Diesen Titel trug sie, weil sie als 'Grosse Mutter' und 'Grosse Heilerin' verehrt wurde, sicherlich aber auch der Grösse des Sternbildes wegen.

Da sich ihr zweiter Name – *Enzu* – auch aufspalten liess in *En* als Zeichen für eine Priesterin und *zu*, 'wissen', wurde sie überdies als 'Herrin Der Wahrsagung' betitelt. Das ging mit einer Geiss insofern zusammen, als die Innereien von Ziegen der Divination dienten. In einem Gebet wird sie bezeichnet als "Die Ziegengeiss, die weibliche Wahrsagerin des Himmels, deren Name 'Herrin Des Lebens' ist".[481] Eine andere Stelle nennt Die Ziegengeiss "das Gehege der Gula",[482] vielleicht inspiriert von der Form des Throns in ihrem Sternbild. Mehrere Abbildungen zeigen Gula auf ihrem Thron vor ihrem Hund. Im astralen Kontext markiert der hellste Stern darin – Vega – wie immer ihren Sitz; das identifizierbare Knie gibt ihre Proportion vor, weshalb die Sterne des Kopfes von Draco ihre Kopfbedeckung bilden müssen.

Als Tochter Anus, Gemahlin Ninurtas und Mutter Damus gehörte Gula zu den grossen Gottheiten Mesopotamiens. Ursprünglich war sie eine Schutzherrin der Geburt, die von schwangeren Frauen angerufen wurde: "Möge Gula, die gerechte Walterin mit ihren sorgfältigen Händen, das Geschick (des Kindes) bestimmen, nachdem sie die Nabelschnur durchgeschnitten hat." Sie wurde dann zur "grossen Heilgöttin des Landes"; der Herrscher brachte am 9. Tag des 7. Monats Opfer dar, "um sie im Himmel und auf der Erde zu preisen – denn dann wird ihn das ganze Jahr über keine Krankheit befallen".

Um Heilkräuter zu 'besternen', also durch astralen Einfluss potenter zu machen, liess man sie "über Nacht vor dem Sternbild Der Ziegengeiss stehen, zog einen magischen Kreis aus Mehl um sie, beräucherte sie und rief die Namen Gulas und Belet-ilis [Ninmahs]".

In ihrem Sternbild ist α Lyrae – Vega – der vierthellste Stern am Himmel. Wenn er im letzten Monat des Jahres im Zenit stand,[483] erhöhte dies die Heilkraft, mit der sie nachts diverse Ingredienzen bestrahlte: "Diese 24 Kräuter legt man vor dem Sternbild Ziegengeiss aus, befeuchtet sie mit Bier und bereitet morgens einen Sud daraus." Stand Vega nicht günstig oder war der Tag ungünstig, setzte man Heilkräuter dem hellsten Gestirn im Winter aus, dem Orion des Wahren Hirten Anus.[484] Der Stern wurde auch "Herrin Des Lebens" genannt: Er schenkt, schont und rettet es, wacht über Gesundheit, medizinische Künste und Heilkräuter – weshalb eines von Gulas Heiligtümern 'Tempel der Lebenspflanze' genannt wurde.

Im selben Mass, wie man Gula in Orakeln anrief, um das Los eines todkranken Menschen zu lindern, konnte sie aber auch Tod und Krankheit über Mensch und Tier bringen. Ihr Sternbild galt deshalb als "Gestirn Der Zauberin", die einen verfluchen konnte: "Möge sie seinen Körper mit einer zerstörerischen Krankheit schlagen, sodass er, solange er lebt, nur noch dunkelrotes und hellrotes Wasser lässt." Der Planet Jupiter verstärkte den negativen Einfluss: "Wenn Sag. Me.Gar mit Der Ziegengeiss zusammensteht, dann bewirkt Gula Zittern und Fieber."

Zicklein standen oft als visuelle Metapher für Kinder. Derart wurde Die Ziegengeiss zur Hüterin der Menschenherde, die mit ihrem Symboltier, dem Hund, über Wohl und Wehe der Herden wachte, der ganze Himmel mit seinen Sternen ihr Viehgehege. Planeten galten darin als "Wildschafe", denen allgemein "der Tod des Viehs" zugeschrieben wurde. Ein Omen dazu lautete: "Wenn Der Wolf (Mars) Die Ziegengeiss erreicht, wird in dem Jahr eine Seuche das Vieh befallen."

G 60–62, W 242–245, RE Gula

In zwei spätzeitlichen Uranographien blickt sie auf ihrem Thron nach Westen, ihr gegenüber hockt ihr Hund auf dem Hinterteil. So dargestellt findet Gula sich in vielen Emblemen; Sitz und Körperhaltung erklären sich aus den Sternen ihres Sternbilds: "Das Gestirn der Göttin Gula ist eine bekleidete menschliche Figur. Auf ihrem Kopf ist ein Stern eingezeichnet [ξ Draconis]. In ihrer rechten Hand trägt sie einen Stern [ι Herculis], in ihrer linken Hand sitzt [ein Skalpell?]. Zwei Sterne [β und γ Lyrae] sind nebeneinander unter den Stuhlbeinen eingezeichnet.[485]

Das Gestirn [...] bekleidet [...] hat einen Kurkurru [fremden Glanz?] an sich [...] Skalpell [...] Der Fisch, Ea [...]."[486]

Dieses Fragment verweist mit dem *Quppu*, einem skalpellartigen Messer, auf die Heilgöttin Gula, die damit und mit einem Lederbeutel für Arzneien dargestellt wurde.[487] Nach dem *Mul.Apin* stand ihr Gestirn gleichzeitig mit Dem Fisch am Himmel: Am 15. Tag des 12. Monats Februar | März stand Gula im Süden "in der Mitte des Himmels", während Eas Fisch Nunu [Piscis Austrinus] im Osten aufging.[488]

α Lyrae

LAMMA

H | P 273

Das *Mul.Apin* nennt "den hellen Stern in Der Ziegengeiss: Lamma, die Botin der Baba [in Leo]".[489] Im 3. Jahrtausend v. u. Z. vermittelte sie zwischen einer höheren Gottheit und den Anliegen eines Herrschers oder Anbetenden; *Lamma* war später ein allgemeiner Begriff für eine ganze Reihe von Schutzgeistern.

Baba war eine uralte, in Lagash verehrte sumerische Muttergöttin, assoziiert mit dem Sternbild Der Grossen Löwin.[490] Als 'Herrin Der Fülle' wachte sie als Vorgängerin Gulas über die Fruchtbarkeit von Mensch und Tier.[491]

Die Griechisch-Römische Tradition

Hesiod schrieb in seiner *Theogonie* eine Botenrolle wie jene Lammas den Musen zu, die den Menschen Gesetze und Anordnungen der Götter überbrachten; die griechischen Astronomen übertrugen daher Gulas Sternbild auf deren musikalisches Symbol: die Leier. Von der Ziegengeiss als Schutzherrin der Herden blieb dabei ein Verweis erhalten auf den Hirten Hermes, die Herden Apollons und die Schafdärme, mit denen Hermes einen Schildkrötenpanzer bespannte, um die Lyra zu erfinden. Gulas Arme verwandelten sich dadurch zu den Querhölzern, welche die Saiten der Leier hielten. Schon Aratus kennt einen Schildkrötenpanzer als Resonanzkörper der Lyra. Eratosthenes schreibt dann: "Die Lyra nimmt den neunten Platz unter den Sternbildern ein und sie gehört den Musen. Sie wurde zuerst von Hermes fabriziert, aus einer Schildkröte und dem Vieh des Apollon."[492]

Eine Verbindung zur Heilgöttin Gula blieb auch insofern erhalten, indem laut Hesiod der Gesang der Musen Schmerzen lindert und die Musen in hellenistischer Zeit auch als Heilgöttinnen verehrt wurden.[493]

γ und β Lyrae[494]

ERRAGAL und NINSAR

S | S | W

Als Thronstützen Gulas nennt das *Mul.Apin* "die beiden Sterne, die hinter Lamma stehen: Ninsar und Erragal".[495] Ninsar, 'Herrin Des Grüns', war eine sumerische Vegetationsgöttin und zählte wie Baba zum Pantheon von Lagash; Erragal war ein Gott des Sturms und seiner Verwüstungen, assoziiert mit dem Unterwelts- und Seuchengott Nergal. Sie verkörperten somit zwei komplementäre Aspekte der Natur, die für die Hirten und ihre Herden wesentlich waren und sich beim Aufgang dieses Gestirns am Frühlingsanfang zeigten.

Stuhlbeine und Thron wurden gleichsam als Karyatiden doppelt figuriert. Götter wurden in der Regel als Figuren, nicht als Einzelsterne dargestellt; so sollen die hellen Sterne α, β und γ Lyrae wohl die Füsse von Lamma, Ninsar und Erragal darstellen, die jeweiligen Sterne darüber ihre Köpfe.

Hercules[496]

UR.GI | KALBU – DER SITZENDE HUND

S|S|W

HD 151732

ZUNGE

S|S|W

η Herculi

MUND

S|S|W

η – ε Herculis[497]

BRUST

S|S|W

μλδ Herculis[498]

PFOTEN

S|S|W

7 Sterne nach β Herculis

SCHWANZ

WE 84 und WE 1 108

Ur bezeichnet grosse Fleischfresser wie Hunde, Schakale und Löwen, *Gi* 'Wohnung, sitzen, wohnen' – womit also ein domestizierter, sitzender Hund gemeint ist. Auf den Kudurru ist der Hund Gulas ein Molosser; er wurde als schützender, wachender und heilender Hund allein und auch an Gulas Seite abgebildet.[499]

Eine spätzeitliche Uranographie beschreibt sein nach Osten blickendes Sternbild: "Der Sitzende Hund ist ein Hund, der auf seinen Hinterpfoten sitzend gezeichnet ist. Sein Gesicht ist auf die astrale Gula gerichtet. Zwei Sterne bilden seine Brust [η – ε Herculis], in seinem Schwanz stehen sieben Sterne gezeichnet. Seinem Umriss entlang sind die neun 'Sitzenden Sterne' [der Götter Des Ekur], die drei hellen Sterne der 'Stehenden' [Götter Des Ekur] sowie die sechs Sterne von Bit-Sakki, die an den 'Weg des Anu' [die ekliptische Bahn] grenzen, sich aber noch ausserhalb seiner befinden."[500] Mit diesen Texthinweisen und den sehr ähnlichen Reliefs des Hundes auf den Kudurru lässt sich seine Gestalt relativ genau rekonstruieren.

Der von zwei Hundestatuen bewachte Tempel Gulas in Isin hiess 'Tempel des Hundes', weil darin Hunde frei herumliefen. Kniete man vor ihnen nieder und berührte sie, wurde ein Mensch wieder "rituell sauber", sodass beispielsweise die Ursachen für eine Krankheit von ihm genommen wurden. Hundefigürchen trug man als Amulett, um sich Gulas Schutz zu unterstellen; im Krankheitsfall warf man sie in den Fluss, um die Krankheit abzuwaschen. Die giftigen Blätter der 'Hundszunge' (*Cynoglossum*) legte man auf frische Wunden, um den Heilungsprozess zu beschleunigen; eine Salbe daraus sollte den Biss eines tollwütigen Hundes heilen – daher stammt die Prominenz der Sternnamen Mund und Zunge des Hundes in den astralen Katalogen.

Omen des Sternbilds sind nicht bekannt; man schrieb aber den irdischen Vierbeinern gute und schlechte Vorzeichen zu: "Wenn ein Hund auf das Bett eines Menschen pinkelt, wird ihn eine schwere Krankheit packen"; "Wenn ein roter Hund auf einen Menschen pinkelt, wird er glücklich werden"; "Wenn ein Hund einen anderen besteigt, werden die Frauen promisk"; "Wenn ein Hund den Stuhl eines Menschen anpinkelt, wird er keine Söhne haben".

Laut dem *Mul.Apin* stand Der Sitzende Hund am 15. Tag des 11. Monats Januar | Februar im Süden "in der Mitte des Himmels", während das Feld [Pegasus] im Osten aufging.[501]

W 246–247

Die Griechisch-Römische Tradition

Die Griechen übernahmen das Sternbild, konnten aber mit der Figur oder seiner Symbolik als Gulas Haustier nichts anfangen und liessen aus dem sitzenden Hund eine kniende Menschengestalt werden. Aratus musste überdies eine schlechte Zeichnung als Vorlage gehabt haben. So schreibt er: "Dieses Zeichen kann keiner klar lesen, auch nicht, warum sich da jemand bückt; man nennt es einfach *Engonasin*, 'Den Knieenden'. Dieses Phantom, das sich da auf Knien müht, scheint auf einem gebeugten Bein zu sitzen, die Arme von beiden Schultern aus zu erheben und die Hände auszustrecken, die eine hierhin, die andere dorthin, einen Faden weit."[502]

Erst Eratosthenes machte aus dieser Pose etwas Sinnvolles, indem er Den Knieenden in Herakles verwandelte, der in dieser Stellung die Schlange in Serpens niederdrücken und mit seiner Keule erschlagen kann.[503]

β Herculis

IM.SHU.RIN.NA NU.KUSH.U |
ALMANU – DER WITWENOFEN[504]

S|L|W

Einer der sieben Sterne[505] am Schwanz Des Sitzenden Hundes wird in der *Grossen Sternenliste* als "Witwenofen" bezeichnet,[506] was auch ein Beiname der Venus war. Gemeint war ein transportables Glutöfchen aus gebranntem Lehm; der hellste Stern von Hercules leuchtet dementsprechend gelblich.

In einem astrologischen Kommentar heisst es zu dem Stern: "rast- und ruheloser Glutofen"; unterstellt wird dieses Heiz- und Hitzegerät dem sonst kaum greifbaren, aber offenbar einsame Frauen beglückenden "Gott Almanu, dem Gatten Isharas, der da den Witwen das Geschlecht schliesst".[507]

Ishara war eine syrische Liebes-, Heil- und Unterweltsgöttin, die in der Kassitenzeit in Babylon besonders beliebt war. Ihr wurde auf den Kudurru der giftige Skorpion zugeordnet, der seinen Panzer abwirft und sich dadurch immer wieder verjüngt. Sonst ist sie öfter in Bettszenen zu sehen: Ishara galt damit als Schutzherrin der Ehe, wobei *Almanu* – der göttliche 'Witwer' – mit dem periodisch in die Unterwelt ziehenden Hirten Dumuzi gleichgesetzt wurde.[508]

Der Schwanzstern von Gulas Hund wurde somit als Weibchen definiert und in seiner Position – Ausdruck mesopotamischen

Humors – mit dem unbefriedigten und daher heissen und ruhelosen Hintern von Witwen gleichgesetzt.

ωh Herculis

DIE DOPPELTEN

S|S|W

HIP 83430, 83504, 83613

DIE DREIFACHEN

S|S|W

Wie der *Gu-Text* zeigt, wurden die vorgegebenen Linien dieser Sterne zur Orientierung am Himmel verwendet; sie demonstrieren, dass es trotz des mesopotamischen horror vacui am Himmel auch noch Sterne gab, die keinem Gott zugeordnet waren, aber dennoch observiert wurden.

XIII DIE STERNBILDER UM DIE HIMMELSMITTE

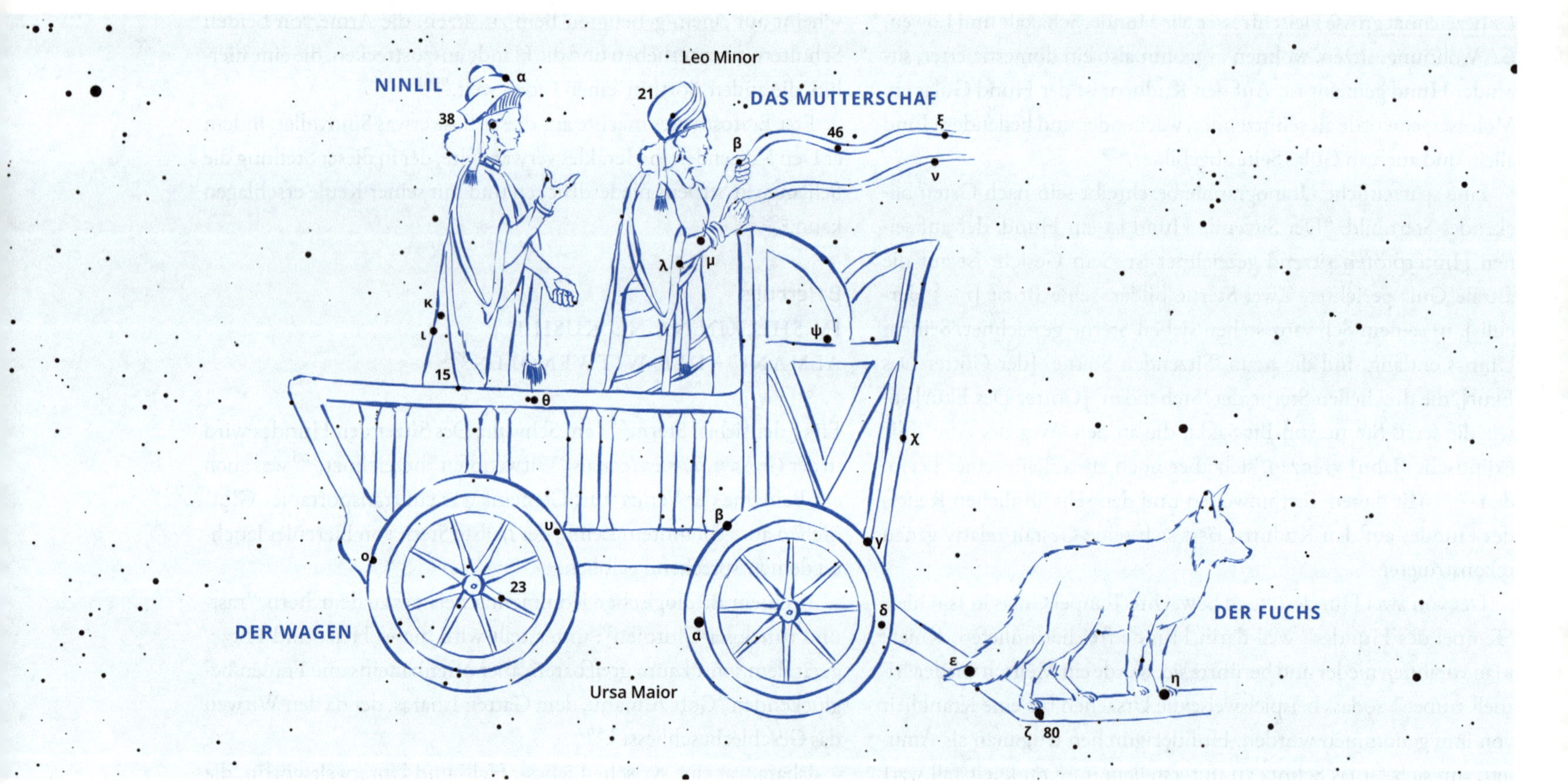

Ursa Maior

MAR.GID.DA | ERIQQU – DER WAGEN

H|P276

Die Sumerer übernahmen das Rad erst relativ spät von den indoeuropäischen Yamnaya; für ihre Wagen benutzten sie stattdessen für den Sand und den Schlamm ihres flachen Landes besser taugliche Schlittenkufen. Zwei vierrädrige Wagen als Sternbilder an den Himmel zu setzen ist demnach als Hommage an ein modernes, prestigeträchtiges Gefährt aufzufassen.

Das sumerische *Mar* bezeichnet einen vierrädrigen Lastwagen, das schlangenförmige Silbenzeichen *gid*, 'lang', bedeutet im Kontext mit Booten und Schlitten auch 'ziehen'. Benannt wird mit *Mar.Gid.Da* also kein Streitwagen (der ein eigenes Sternbild in der Ekliptik besitzt), sondern ein Lastkarren, gezogen von Eseln oder Ochsen, bevor man von Indoeuropäern auch das Pferd übernahm.

Die Deichsel eines Wagens setzt stets am Wagenboden an; weshalb das Bild des Wagens, den wir heute in Ursa Maior sehen, verkehrt ist. Die Gleichsetzung der griechischen Bärin mit dem Wagen in Homers *Ilias* verrät zudem, dass er weit grösser war als unser heutiger Wagen, da in ihm eine Göttin und eine göttliche Wagenlenkerin Platz finden müssen.

Laut *Mul.Apin* war Enlils wohlwollende Frau Ninlil die Regentin Des Wagens. Sie trat meist wie die gleichfalls im Wagen gesehene Antu für die Menschen ein und wurde als 'Gnadenvolle Mutter' betitelt. Das übertrug sich auf ihr Sternbild, das auch "Der Wagen, Die Mutter Der Götter" genannt werden konnte.

Verbunden war Der Wagen – wie das Sternbild Der Ziegengeiss Gula – vor allem mit medizinischer Magie: Man liess Kräuter und Salben nachts unter seinem Sternbild stehen, damit sie die heilende Macht ihres Lichtglanzes absorbieren konnten. Diese Praxis setzte sich bei den Arabern noch lange fort, die besonders diesem Nordgestirn heilende Kräfte zuschrieben; auch die hellenistischen Griechen bezogen sich in ihren medizinischen Papyri noch auf Ursa Maior.

Der Wagen konnte – zusammen mit dem Sternbild der Eru – zudem die Zukunft offenbaren. Dazu verbrachte man die Nacht auf dem Dach, spritzte dreimal Wasser zum Wagen hoch und bestreute für die Göttin der Ähre den Boden mit Mehl, um im Traum des nächsten Schlafes ein prophetisches Zeichen zu erblicken: Solche magischen Nachtwachen, bezogen auf Venus, sind bis heute in Ägypten bezeugt.

Zauberer konnten die Kräfte des Wagens an jemanden binden, um Krankheit über ihn zu bringen und ihm "das Leben abzuschneiden". Ärzte wiederum riefen Den Wagen um ein Zeichen an, ob ihr Patient gesunden würde oder nicht, denn "ohne deine Erlaubnis kann ein todkranker Mann nicht sterben". Diese Verbindung zum Tod ergab sich darüber, dass reiche Sumerer mit einem Wagen zum Friedhof gebracht wurden oder sich zusammen mit ihm bestatten liessen.

Die symbolische Verknüpfung Des Wagens mit Leben und Tod zeigt sich auch daran, dass "Der Wagen für Eklipsen [verantwortlich] ist": "Ist der Himmel über Dem Wagen schwarz, wird es eine Eklipse geben". Diese als katastrophal gesehene Erscheinung konnte jedoch durch den jeweiligen Götterkönig verkörpernden Planeten wieder aufgehoben werden: "Wenn es zu einer Mondfinsternis kommt, Jupiter sich aber in ihr zeigt, dann ist der König sicher und statt seiner wird nur ein hoher Würdenträger sterben."

W 291–293, H | S 133

Das *Mul.Apin* gibt an: "Der Wagen, Ninlil. Der Stern, der im Schaft Des Wagens steht, ist Der Fuchs, Erra, der Starke unter den Göttern. Das Gestirn, das im vorderen Teil Des Wagens steht, ist Das Mutterschaf, Aja."[509]

Spätzeitliche Uranographien beschreiben das Sternbild detaillierter und beziehen den Wagen auch auf den Anu des Himmels: "Der Wagen ist eine vierseitige Figur. [x] Sterne sind an seiner Front eingezeichnet. Seine Deichsel ist auf die Ferse der Eru [Coma Berenices] gerichtet. Drei Sterne sind auf der Deichsel eingezeichnet – ein heller Stern an der Spitze der Deichsel, zwei niederere Sterne Seite an Seite [vor] der Deichsel.[510]

Der Wagen, [der auf Akkadisch] *Eriqqu* [heisst], ist der Streitwagen des Anu. Es ist eine vierseitige [Figur. X] Sterne sind auf seinen Seiten eingezeichnet, drei Sterne sind [an seiner Front] eingezeichnet. [Die Deichsel ist wie] das Sternbild Wurfholz [gezeichnet]. Zwei schwache Sterne sind Seite an Seite [davor bei der Deichsel] eingezeichnet. Der Stern, der bei der Deichsel [Des Wagens] steht, ist Der Fuchs, Erra, der Starke unter den Göttern. Der Stern, der vorne im Wagen [steht], ist Das Mutterschaf, Aja. Das Gestirn, das [hinter ihr?] steht, ist die Grosse Antu Des Himmels [...] steht [...]."[511]

Dazu erwähnt ein Astrolab noch seine Zügel: "Der Wagen liegt quer, den Zügel haltend [.... X Sterne] sind im Zügel eingezeichnet."[512] Aus diesen Beschreibungen geht hervor, dass Ninlil in einem Wagen gefahren wird, der vorne von Aja gelenkt wird, wobei Erra als Fuchs bei der Deichsel mitläuft und Antus Sternbild ebenfalls im Wagen zu sehen ist.

Der Wagen hat damit auch Beziehung zu Anu und Antu. In einem hellenistischen Ritualtext erscheint Anus Gemahlin Antu im Wagen von Ursa Maior. Wegen Anus Prestige wird aus Dem Wagen in der Uranographie ein Streitwagen – die Deichsel wird dann mit dem Sternbild Wurfholz unterhalb von Perseus verglichen, das eine ähnliche Krümmung aufweist.[513]

ANTU

Ein hellenistischer Ritualtext aus dem Anutempel in Uruk sieht das "Sternbild der Grossen Antu Des Himmels" – wie es "im Sternbild Des Wagens [Ursa Maior] aufgeht".[514] In einer spätzeitlichen Uranographie[515] konnte der sonst im *Mul.Apin* Enlils Gemahlin Ninlil zustehende Wagen bei Bedarf auch Anu zugewiesen werden. Um dort einzusteigen, hätte es Anu von seinem Standort in Cepheus nicht weit; besagte Quelle geht vom Wagenkasten von Ursa Maior aus, zählt dann Erras Fuchsgestirn an der Deichsel auf, geht zurück zum 'Mutterschaf' Aja im Vorderteil des Wagens – und setzt unmittelbar hinter sie "die Grosse Antu des Himmels".[516] Diese steht also entweder neben Ninlil oder hat ganz deren Platz eingenommen – wobei die Morgenröte Aja dann ihre Wagenlenkerin ist.

Die fixen Formeln, die "Anu und Antu des Himmels"[517] als Paar vorführen, weisen auf lange vor dem *Enuma Elish* entstandene Kosmogonien, bei denen die Welt durch die Kopulation von Himmel (*An*) und Erde (*Ki*) entstand. Im altbabylonischen *Gebet an die Götter* wird der Himmel als gebärende Mutter aufgefasst: Die Sonne "dringt" nachts wörtlich "in den Schoss des Himmels ein".[518] In späteren akkadischen Texten braucht es für den primordialen Zeugungsakt keine Erde mehr: Da schwängert der Himmelsgott Anu seinen weiblichen himmlischen Widerpart Antu. Sie werden zu einem Mann-Frau-Paar, das erst die Erde und dann ihre Nachkommen, die

Götter, zeugen.[519] So heisst es in einem Schöpfungsmythos: "Nachdem Anu den Himmel erschaffen, der Himmel die Erde, die Erde die Flüsse, die Flüsse die Gräben, die Gräben den Morast, der Morast den Wurm erschaffen hatte, ging der Wurm weinend vor Shamash."[520]

Anu und Antu zu Ehren wurde deshalb in Uruk noch in hellenistischer Zeit eine grosse nächtliche Zeremonie unter ihren Sternbildern gefeiert, bei der auch den sieben Planeten geopfert wurde. Zur ersten Stunde der Nachtwache am Tempelturm des Res-Tempels gingen "das Sternbild Grosser Anu Des Himmels [Cepheus?] auf und das Gestirn Grosse Antu Des Himmels auf, im Sternbild Wagen [Ursa Maior]".[521]

Das *Mul.Apin* erwähnt das Sternbild nicht. Ein Omentext zu Antu ist nicht überliefert; sie hatte da ihren alten Rang schon längst verloren und war durch Ninlil ersetzt worden.

Die Griechisch-Römische Tradition

Die ursprüngliche Bezeichnung der Griechen für das Sternbild war indoeuropäischen Ursprungs; es zeigte eine Bärin im Viereck samt drei Bärenjungen anstelle des heutigen, überlangen Schwanzes. Schon in der *Ilias* wird der babylonische Name für dieses Gestirn übernommen; auf dem Schild des Achilles ist *Amaxa* – Lastwagen – eine Alternativbezeichnung für die Bärin. Hesychios berichtet, dass der Himmelswagen bei den Griechen auch als Kultwagen aufgefasst wurde.[522]

Aratus nennt Ursa Maior *Helike*. Darin lebt Ninlils Symbolik als Muttergöttin weiter, indem der Name sich zwar auf das Kreisen des Gestirns um den Pol bezieht, dann aber als Amme des Zeus personifiziert wurde.[523] Bei den Arabern hingegen blieb die Todessymbolik des Wagens in dem grossen Trauerzug des N'ash erhalten.

um ε und ζ Ursae Maioris und 21 Canes Venatici?

KA.A | SHELEBU – DER FUCHS

S|S|W

Das Silbenzeichen *Ka* zeigt einen Fuchskopf und bedeutet 'verlogen, hinterhältig, verbrecherisch und aufrührerisch', während das *A* daraus ein Substantiv macht: 'Der Hinterhältige'. Das Gestirn gehört zu den wenigen am Himmel, die ein Tier zeigen. Es wurde später zu einem Gott umgedeutet.

Das *Mul.Apin* gibt an, dass Der Fuchs "im Schaft des Wagens steht", eine Uranographie, dass er "mit der Deichsel steht": Das muss den zweiten Deichselstern umfassen (was die griechische Tradition bestätigt). Als Regenten dieses Sterns nennt das *Mul.Apin* "Erra, den Starken unter den Göttern". Durch die Verbindung mit Erra hiess der Stern auch "Der Vollstreckende Herrscher".[524] Erras Name leitet sich wahrscheinlich vom akkadischen Wort für 'austrocknen' ab. Ursprünglich ein Gott der Sommerhitze, wurde er als Gott des Feuers und des Fiebers eng mit dem Kriegs- und Seuchengott Nergal assoziiert, dem Herrn der Toten nach seiner Heirat mit der Unterweltsgöttin Ereshkigal.

Die Verbindung von Krankheit und Tod prägte bereits die Symbolik des Fuchses in der sumerischen Mythologie. Er bietet in diesen Fällen Beistand: Einmal hilft er dem Gott Ishkur aus der Unterwelt zu fliehen, ein andermal wird durch seine Vermittlung der sterbenskranke Enki vor dem Tod gerettet.

Eine sumerische Geschichte illustriert die Verschlagenheit des Fuchses: Neun Wölfe reissen zehn Schafe, wissen dann aber nicht, wie die Beute aufzuteilen ist; der Fuchs schlägt deshalb vor, ihm neun zu geben und das zehnte unter sich aufzuteilen.

Das astrologische Diktum "der Fuchs steht für Einbrüche ins Haus" rührt daher, dass die Wortwurzel *shlb* seines akkadischen Namens *Shelebu* umgekehrt gelesen die Wortwurzel *plsh* ergibt, von der sich *Pilshu* ableitet, 'Loch, Bresche'.

W 144–146

Die Griechisch-Römische Tradition

Der Fuchs blieb in marginalen Überlieferungen erhalten. Nach Hyginus wurde eine der Plejaden, Elektra, durch die Zerstörung Trojas so von Schmerz überwältigt, dass sie ihre Schwestern verliess, um sich am arktischen Kreis niederzulassen; ein Scholiast des Aratus präzisiert, dass sie sich auf den "zweiten Stern der Deichsel zurückzog", welche "einige Griechen 'Fuchs' nennen".[525]

Am Sternenhimmel der Araber und dem der Tigray finden sich Schakale wiederum in Draco. In einer ihrer Sternsagen rauben zwei Schakale [ζ und η Draconis] den Plejaden Ziegen aus der von den Hyaden verkörperten Herde; in einer anderen flüchtet der Polarstern, nachdem er einen der sieben Brüder in Ursa Maioris getötet hatte, zu diesen Schakalen.

Am prominentesten jedoch wurde ein fuchsähnliches Wesen bei den Nördlichen Dene: Deren riesiges Mischwesen aus Mensch und Fuchs-, Luchs- oder Vielfrasskopf hat in seinen unterschiedlichen Variationen seinen Schwanz jedes Mal in Ursa Maior – womit ein Kanide an dieser Stelle wohl eine uralte Tradition aufweist.

ψ – λμ Ursae Maioris und Leo Minor?[526]

LAHAR | LAHRU – DAS MUTTERSCHAF

S|S|W

Laut *Mul.Apin* "steht das Gestirn im vorderen Teil Des Wagens und ist Das Mutterschaf, Aja" – das heisst also, nicht an der Spitze des Wagenschaftes, sondern im Vorderteil des Wagenkastens als Lenkerin Ninlils. Mit dem achtzackigen Stern als Symbol für 'Gottheit' versehen, wurde aus dem Silbenzeichen für 'weibliches Schaf' die sumerische Herdengöttin Lahar. Für ihre Figur kommen die Sterne um den siebthellsten Stern Des Wagens in Frage, ψ Ursae Maioris.

Plausibel wird diese Identifikation durch die Sichtlinie zum Sternbild des Getreides in Virgo, da beide durch einen sumerischen Mythos verbunden sind, der auch Sinn und Zweck des von Enlil geführten Wagens in Ursa Maior erklärt.

DER STREIT ZWISCHEN LAHAR UND ANSHAN, SCHAF UND KORN[527]

Die Geschichte beginnt in der Urzeit, als der Himmel zwar das Weltgebirge veranlasst hatte, die Anunna hervorzubringen, aber es noch kein Getreide gab, keinen einzigen Heiligen Halm, keine Ziegen, "kein Schaf, das seine beiden Lämmer gebar", und folglich auch keine Wolle. Die Götter kannten noch nicht einmal die Namen dafür und "die Menschen in jenen fernen Tagen wussten nichts vom Essen von Brot, wussten noch nichts von Kleidern und dass man sich anzieht. Sie liefen auf allen vieren herum, frassen wie die Schafe mit ihren Mündern Gras und soffen Wasser aus den Gräben".
Da die Götter deshalb keine richtigen Opfergaben erhielten, sie nicht richtig satt wurden und nur Milch zu trinken bekamen, beschlossen sie dies zu ändern. So sassen sie vor ihrem frugalen Mahl in ihrer Festhalle, "auf ihrem heiligen Hügel" – unter dem auch die Region um den Himmelspol verstanden werden kann, die in ihrer nächtlichen Drehung die Erde berührt – und schufen "die strahlende Erscheinung von Schaf und Korn". Dann "sagte Enki zu Enlil: 'Vater Enlil, jetzt da Schaf und Korn auf dem Heiligen Hügel gezeugt worden sind, lass sie uns vom Heiligen Hügel herabschicken.' Enki und Enlil sprachen ihr heiliges Wort und schickten sie vom Heiligen Hügel herab."

Dieses Szenario lässt sich auf Den Wagen in Ursa Maior beziehen, dessen Zugtiere von Enlil in Bootes geführt werden: indem er damit Schaf und Korn herab zur Erde bringt. Denn dort "hegte sie Lahar, die Schafgöttin, mit ihrem Zaun ein und gab ihr reichlich Gras und Kräuter. Für Anshan, die Korngöttin, machten die Götter aber die Äcker und gaben ihr Pflug und Joch und Zugtiere. Lahar in ihrem Schafgehege war eine Hirtin der Schafhürde, die voller Zauber war, und Anshan in ihrer Furche ein schönes Mädchen, das Zauber ausstrahlte – stieg sie mit ihrem erhobenen Haupt vom Feld auf, war sie durchdrungen von der Fülle des Himmels".
Diese Charakterisierungen der beiden strahlenden Göttinnen sind unschwer astral zu verstehen, indem der Wagenkasten von Ursa Maior auch als Schafgehege gesehen werden kann. Shala (als späterer Name der Korngöttin in Virgo) wurde in eben der Pose "Anshans in ihrer Furche" auf eine Tontafel gezeichnet und ausdrücklich 'Furche' – *Sheru* – genannt. Ihr Sternbild liegt dazu unweit vom Gestirn der bei Anshan angesprochenen "Fülle des Himmels" um η Bootis.

Dank der zwei Göttinnen – beide Töchter des Enlil – wird das Land reich und sind auch die Götter zufrieden, nicht zuletzt, weil es nun auch Bier gibt. In angetrunkenem Zustand kommt es aber in der Festhalle der Götter zwischen Lahar und Anshan zum Streit, wer die Wichtigere sei. Die Korngöttin Anshan führt an, dass sie Tempeln wie Herrschern Reichtum verschaffe und unter den Menschen Zusammenarbeit herbeiführe. Ihre Schwester, die Schafgöttin Lahar, hält dagegen, dass sie für alles Gewand, aber auch für die Sehnen des Kriegsbogens und der Steinschleuder verantwortlich sei: In ihren reinen Wolltüchern träten Priester und Könige auf, würden Statuen bekleidet, während Anshans Egge, Pflugschar und all ihre anderen Werkzeuge oft kaputt gingen.
Anshan bringt darauf vor, dass Bier und Getreide an der Festtafel privilegierter seien und auch auf dem Feld der Ackerbauer die Schafherden vertreibe und diese zudem gerne Schlangen und Banditen zum Opfer fielen; Schafherden verstreuten sich gerne – Getreide jedoch böte den Kriegern verlässliche und kräftige Nahrung. Worauf Lahar erwidert, dass das Korn auf erniedrigende Art gedroschen und zerstossen und gemahlen würde, um dann zerrollt, im Ofen gebacken, schliesslich gegessen zu werden, ganz wie ihre Schafe auch: Warum also solle Anshan besser sein?
In ihrem Stolz verletzt, wendete diese ein, dass der Sturmgott ebenso Lahars Herr sei wie der Gott der wilden Tiere und Kleinviehbesitzer nicht besonders angesehen wären; geschlachtete Schafe verkaufe man stückweise und Innereien oder einen Hals trage man in seinem Lendentuch nach Hause – indem man dafür mit Korn bezahle und es in einem eigenen Becher abgemessen werde!
Da entscheidet Enki, dass die beiden ewig zusammengehören sollten, Anshan jedoch die Wichtigere und Grössere der beiden sei. "Die Leute sollen sich dem Joch des Korns unterwerfen. Wer immer Silber besitzt oder Edelsteine, wer immer Rinder oder Schafe hält, der soll seinen Sitz am Tor dessen einnehmen, der einen Kornspeicher besitzt und dort warten."

Ebendies bringen die Sternbilder Joch Des Landes und die Sterne Der Fülle und Der Würde am Himmel zum Vorschein, sie sind einem Wagen zugeordnet, der bei der Ernte Getreide einfährt.
Moral der Geschichte: "Das Schaf wurde zurückgelassen und das Korn kommt nach vorn – Gelobt sei Vater Enki!"

Damit wird aber auch festgehalten, weshalb das Getreide ein eigenes Sternbild besitzt, das Mutterschaf hingegen nur ein kleiner Teil eines solchen ist – und es sich seine Position zudem noch mit einer anderen, ebenso alten sumerischen Göttin teilen muss, die mit Lahar allein den Aspekt der Fruchtbarkeit gemein hat. Doch Lahar scheint nicht ganz vergessen worden zu sein: Die nomadischen Hirten Arabiens sahen im Polarstern einen Ziegenbock, was auf sie zurückgehen mag.

SHER.DA | AJA – DIE MORGENRÖTE

Das *Mul.Apin* bezeichnet Das Mutterschaf auch mit dem Namen *Aja*.[528] Die personifizierte Morgenröte Aja gehört zu den ältesten nahöstlichen Göttinnen, die schon bei den Hurritern als Frau des Sonnengottes galt. Als 'Die Verschleierte' wurde sie besonders in der altbabylonischen Zeit als Gemahlin und 'Herrin des Haushaltes' von Shamash, dem ältesten Sohn und Erbe von Vater Mond, verehrt: Sie war somit Ishtars Schwägerin, die in die Familie des Mondgottes Suen eingeheiratet hatte. Ihre Titel waren: 'Aja Des Himmels', 'Freudig Strahlende Dame', 'Morgenmacherin', 'Licht Des Tages', 'Tageserhellerin', 'Glosende' und 'Glühende Dame'. Populär wurde sie als 'Aja Des Harems', 'Aja Die Erste Frau', 'Aja Die Makellose' und 'Aja Des Volkes', weil man ihr zutraute, ihre weiblichen Reize und ihre Klugheit bei ihrem Gatten einzusetzen, dem mächtigen Richter Shamash, um ihn für ein Anliegen günstig zu stimmen. In einer Beschwörung lässt sie denn auch Shamash bitten, "sich in seinen Stuhl zu setzen ... in sein Bett zu legen". Die Rolle der Fürsprecherin machte sie zur 'Aja Dem Stolz Des Landes', 'Dem Segen Des Landes', 'Der Guten', am Ende zur 'Auserwählten Marduks' in dessen Harem. In dieser Rolle versetzt das *Mul.Apin* sie neben Sarpanitu an den Himmel, beide jedoch in getrennte Wagen.

Bei den Griechen wurden aus ihr in einem Fragment des Dichters Mimnermos *Aia*, ein Ort am Ende der Welt, wo Helios seine Strahlen in einer Kammer aufbewahrt, das Land Aiaia der *Odyssee* und natürlich Eos.[529]

Ursa Minor

MAR.GID.DA.AN.NA | ERIQQU SHAME – DER HIMMELSWAGEN

H | P 276

Das *Mul.Apin* nennt als Regentin dieses kleineren Wagens die Göttin Damki(an)na, die 'Herrin über Himmel und Erde', die mit Ninhursanga, 'Herrin Der Steinwüste', verbunden wurde. Sie war die *Damkina*, die 'rechtliche Frau', des Ea | Enki, eine grosse Muttergöttin, die im *Enuma Elish* den Götterkönig Marduk gebiert.

In den fragmentarisch erhaltenen Mythen um Damki(an)na hat sie etwas gegen die Götter der Unterwelt in der Hand, dass diese zu einem Aufstand zwingt, um sich von ihrer Verpflichtung zu befreien. Marduk zieht darauf mit einem babylonischen Heer gegen Nippur, zerstört die Stadt durch eine Flut, wird dann aber von Enlil gefangen genommen. Der Streit kann geschlichtet werden, soll den Menschen in Zukunft aber als Warnung dienen.

Damki(an)na wurde später mit Marduks Frau Sarpanitu identifiziert, der am Anfang des ersten Jahrtausends – der ersten Redaktionszeit des *Mul.Apin* – in Babylon alle weibliche Macht zugesprochen wurde. Deshalb wird sie in einem babylonischen Gebet zum Erntedankfest als "Herrin über Den Wagen, der Mitte des Himmels", das Gestirn Der Würde und das Gestirn Der Fülle, aber auch als Regentin der Sternbilder der Eru, der Gula, der Ninmah, von Ishtars Bogen und der Venus apostrophiert.[530]

Auskunft über Damki(an)nas hehres Wesen gibt das Verbot, am 7. Tag des 7. Monats mit seiner Frau zu schlafen, "weil sie den Mann dann seiner Männlichkeit beraubt, was Dem Himmlischen Wagen ein Gräuel ist". Das galt auch für den König: Der sollte sich erst anderntags, 'am Tag der Freude', waschen, den Göttern opfern und dann zu seiner Gemahlin ins Bett gehen, statt zu einer fremden Frau.

REI 114 und W 294–295.

Eine spätzeitliche Uranographie beschreibt das Sternbild kurz: "Der Himmelswagen ist der Wagenkasten vor der Deichsel Des Wagens [Ursa Maior]; seine Deichsel gleicht jener vor dem Wagenkasten Des Wagens [Ursa Maior]."[531]

Damit wird die Ähnlichkeit der Deichseln von Ursa Minor und Ursa Maior ausgedrückt. Die Deichsel kann folglich nicht jener entsprechen, die wir heute bei Ursa Minor hin zu Polaris sich erstrecken sehen, die aber so herabgebogen ist, dass der Himmelswagen fahruntüchtig wird: Die Deichsel von Ursa Minor muss sich ebenso heraufbiegen wie jene von Ursa Maior.

Ein assyrisches Bittgebet liefert eine weitere Beschreibung. Danach gehört zum Himmelswagen neben der Deichsel auch ein Joch – nämlich das unmittelbar benachbarte Verknotete Joch: "Oh *Mar.Gid.Da An.Na*, Himmelswagen! Dein Joch ist Ninurta, deine Deichsel Marduk, deine Speichen sind die Töchter Anus, des reinen Himmels. Du gehst in Assyrien auf, deine Vorderseite gen Babylon gerichtet: ohne dich stirbt kein Sterbender, kann kein Gesunder sich auf die

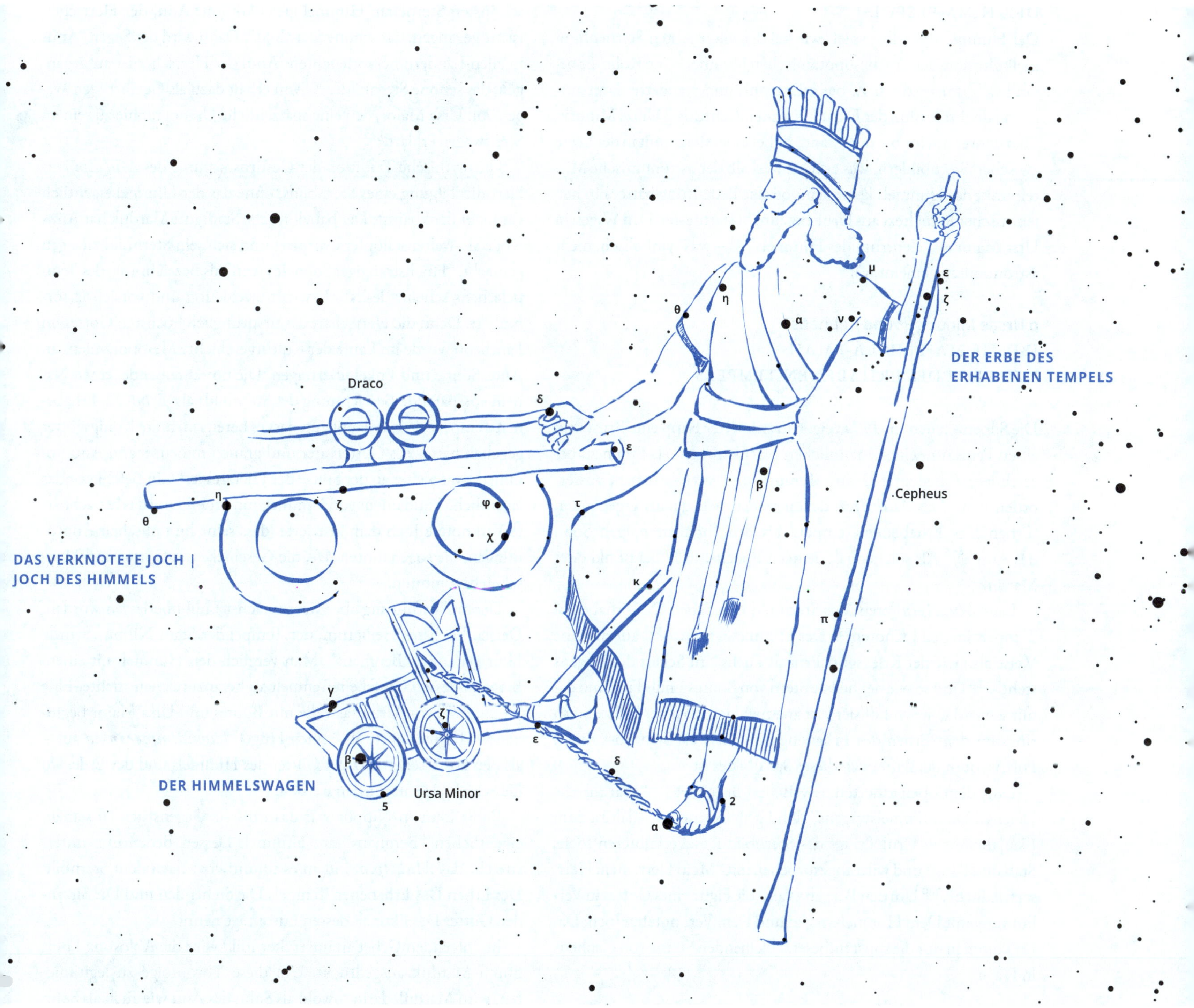

Reise machen. Wenn die Reise gelingen soll, die ich vorhabe, lass mir von ihnen etwas im Traum zukommen; wenn die Reise gelingen soll, die ich vorhabe, lass mich ihnen etwas darbringen."[532]

Zwei Karren an den Himmel zu versetzen, verrät mehrere Absichten. Wie der Text über *Den Bau von Ningirsus Tempel*[533] zeigt, war ein aus kostbarem Hartholz – Zürgelbaum, Eiche und Buchsbaum – gefertigter und kunstvoll bemalter Wagen ein wertvolles (Bestechungs-) Geschenk an Göttinnen: So ein Gefährt besassen sonst nur ihre Männer mit dem Streitwagen. Zum anderen bedeuten die Karren gerade in dieser Himmelsregion voller Sternbilder von Monstern, die archaische Naturgewalten verkörpern, dass die Natur nunmehr als gezähmt angesehen wird, zugänglich und urbar, gleichsam bequem befahrbar. Die Karren sind also ein Statussymbol für Göttinnen und eine Allegorie für die Macht des Menschen.

'Himmelswagen' lässt sich auch als 'Wagen des Anu' lesen. Der aber ist nur deshalb nicht mehr so präsent, weil er sein Erbe längst an seine Söhne und Enkel hatte abgeben müssen.

DER HIMMELSPOL

Der Himmelspol selbst spielt wie bei den allermeisten Sternenhimmelkulturen auch am mesopotamischen Himmel keine Rolle. Er befand sich um 2750 v. u. Z. bei α Draconis und wanderte dann aufgrund der Präzession der Erdachse weiter Richtung β Ursae Minoris, über dem er um 1000 v. u. Z. stand. Er befindet sich somit in der Leere zwischen Sternbildern, was erklärt, weshalb der astronomische Mittelpunkt des Himmels keine symbolische Bedeutung hatte. Ein hellenistischer Ritualtext aus Uruk beschreibt stattdessen Den Wagen in Ursa Maior als "Zentrum des Himmels"[534] – was symbolisch, nicht astronomisch gemeint war.

α Ursae Minoris[535] und Cepheus?

IBILA.E.MAH | IBILA-EMAH – DER ERBE DES ERHABENEN TEMPELS

S|S|W

Die Silbenzeichen für *Ibila* zeigen in stilisierter Form eine Brust und einen Penis, um einen männlichen Nachkommen als Erben zu bezeichnen; *E* bedeutet 'Haus, Tempel' und *mah* 'erhaben, ausserordentlich'. Das *Mul.Apin* definiert den sich daraus ergebenden 'Erben Des Erhabenen Tempels' als den "höchstrangigen Sohn des Anu":[536] Als solcher galt, je nach Epoche, Enlil, Ea | Enki oder Marduk.

Laut *Mul.Apin* "steht das Sternbild Des Erben Des Erhabenen Tempels im Seil | Knoten[537] Des Himmelswagens",[538] auf dieselbe Weise also wie der Kriegsgott Erra als Fuchs "im Schaft des Wagens steht".[539] Und so wie der hellste Stern von Bootes Enlils Fuss und damit seine Macht symbolisiert, ist anzunehmen, dass der hellste Stern ringsum dem Erben des Erhabenen Tempels als Standfuss dient, Polaris somit der *Manzazu* dieses Sternbildes ist.

Laut dem oben zitierten assyrischen Bittgebet ist "Marduk die Deichsel Des Himmelswagens". Und gemäss einem Ritualtext zum Neujahrsfest in Uruk "trägt das Sternbild Des Verknoteten Jochs Stab und Ring" und wird angesprochen mit "Mein Herr, mein Herr, sei friedlich".[540] Um den Pol gab es also die Figur eines Gottes in Verbindung mit Dem Himmelswagen und Dem Verknoteten Joch: Dafür kommen nur die sonst unbesetzt bleibenden Sterne von Cepheus in Frage.

Drei Götter dominieren mit den Gestirnen ihrer als 'Wege' aufgefassten Kalotten den Himmel: Enlil, Anu und Ea. Enlil und Ea sind in Bootes respektive Aquarius gebührend figürlich dargestellt, samt Herrschaftszeichen, Wächtern und Symboltieren. Anu hingegen besitzt zwar einen Sitz in Cancer, eine Krone in Taurus und das ihm unterstellte Verknotete Joch, doch kein Abbild seiner selbst. Und dies, obwohl ein Gott, der wörtlich 'Himmel' heisst, doch in dessen Zentrum stehen müsste. Darauf verweist jedenfalls noch ein hellenistischer Ritualtext aus Uruk, in dem das Sternbild "Grosser Anu Des Himmels" mehrfach angesprochen wird, indem es "dem Glanz der schönsten Sterne am Himmel gleichkommt: Anu, der Herrscher, ist aufgegangen, das schöne Sternbild". Dann wird der Segen "Anus in allen Ländern hervorleuchten: Anu, der Herrscher ist aufgegangen, das schöne Sternbild".[541] Anu erhält dazu als Gefährt Den Wagen von Ursa Maior, den eine spätzeitliche Uranographie zu seinem Streitwagen erklärt.[542]

Die mythische Tradition der Gestirnsordnung des *Mul.Apin* erklärt die Tilgung eines Sternbilds, ohne das der Himmel eigentlich gar nicht denkbar ist: Der babylonische Stadtgott Marduk hat Anus Rolle als Weltenschöpfer usurpiert und sich sein Sternbild zu eigen gemacht. "Höchstrangiger Sohn des Anu" als Bezeichnung des Tempelerbens scheint deshalb bewusst zweideutig und vorsichtig formuliert. Denn die Herrschaft des ursprünglich höchsten Gottes im Pantheon wurde im Laufe der Kulturgeschichte Mesopotamiens an Anus Söhne und Enkel übertragen. Die umschreibende, einen Namen aussparende Bezeichnung des Sternbilds als 'Erbe Des Erhabenen Tempels' drückt damit aus, dass es bereits mehrere Königsgötter gegeben hatte. Als Göttervater und graue Eminenz stand Anu nominell zwar weiter an der Spitze der Hierarchie, "sein Befehl war das eigentliche Fundament von Himmel und Erde". Und das benachbarte Verknotete Joch demonstrierte, dass seine himmlischen Anordnungen, die sogenannten *Me*, die Geschicke der Götter und Menschen bestimmten.

Deren Ausführung aber war zunächst Enlil überlassen worden. Dessen höchstes Heiligtum, der Tempel der Stadt Nippur, wurde Ekur genannt: "Berghaus". Man verglich den Himmel mit einem Berg, an dessen Gipfel ein Tempelbau heranzureichen suchte. Eine Sternenliste von Uruk fasst die mit Bootes und Ursa Maior beginnende Himmelsmitte als 'reinen Hügel' *Lugaldimmerankia* auf – als den kosmischen Sitz der Götter des Himmels und der Erde, wo die Schicksale entschieden werden.[543]

Enlils Ekur in Nippur war das irdische Gegenstück zu seinem eigentlichen "Berghaus" am Himmel. Dessen Bedeutung unterstreicht das *Mul.Apin*, indem es unmittelbar nach dem Sternbild Des Erben Des Erhabenen Tempels Die Stehenden und Die Sitzenden Götter Des Ekur als dessen Entourage nennt.

Im folgenden Gebet an unser Sternbild wird die Ablösung Enlils durch Marduk ausgedrückt. Um diese Thronfolge zu legitimieren, wird Marduk darin sowohl als Sohn des Anu wie auch als Sohn Enlils bezeichnet, obwohl er eigentlich von Ea gezeugt worden war: "Oh, Erstgeborener Sohn des Erhabenen Anu,[544] Erbe Des Erhabenen Tempels, du bist Enlils ältester Sohn; du bist vom Ekur herabgekommen, du stehst mit dem Sternbild des Wagens in der Mitte des Himmels."[545]

Ein Gebet zur Linderung von Zahnschmerzen an "den Erstgeborenen des Berges, Marduk", zeigt, dass darunter längst nicht mehr Enlil verstanden wurde.[546] Im spätbabylonischen *Sternenkatalog 5 R 46*[547] ist Madanu, 'Göttlicher Richter', einer der vielen Titel Marduks, die Verkörperung unseres Gestirns.[548]

DER ERHABENE TEMPEL

Die Beschreibung eines Erhabenen Tempels verdanken wir dem spätbabylonischen Weltschöpfungsmythos *Enuma Elish*, das Marduks Machtergreifung über das Universum schildert: Sein Vorgänger Ea erbaut am unteren Ende der Welt, in der Tiefe des Apsu, sein Heiligtum. Er bringt das primordiale Wasserwesen Apsu um und errichtet auf dessen Unterleib einen Tempel. Darin zeugt er mit seiner Gemahlin Damki(an)na Marduk. Der steigt dann als Götterkönig zum eigentlich "höchstrangigen Sohn des Anu" auf, wobei das *Enuma Elish* den weit älteren Anspruch Enlils auf diesen Titel elegant umgeht: "Ea fesselte den Apsu und tötete ihn und nahm dessen Boten Mummu gefangen und behandelte ihn hart. Er verlegte seinen Sitz nun in den Apsu und unterjochte Mummu, indem er ihn an einen Nasenstrick legte. Nachdem er seine Feinde gefesselt und erschlagen und derart seine Gegner besiegt hatte, ruhte er sich aus in seinem neuen Haus, das er Apsu nannte. Er bestimmte die Schreine dort und richtete dann seine Kammer ein, in der er und seine Frau Damkina in allem Glanz wohnten.

In dieser Krypta der Schicksale, der Halle der Bestimmungen, wurde der Herr, der Klügste der Klugen, der Weise der Götter, gezeugt: Marduk wurde mitten im Apsu geformt, Marduk wurde im reinen Apsu geformt! Ea, sein Vater, zeugte ihn und Damkina, seine Mutter, brachte ihn zur Welt. Er saugte an den Brüsten von Göttinnen und eine Amme zog ihn auf und erfüllte ihn mit Schreckensglanz. Seine Gestalt war gross, der Glanz seiner Augen blendete: Er war ein Abbild der Männlichkeit und von Anfang an mächtig."[549]

Marduk steigt in diesem Epos zum Götterkönig auf und löst die Vorgänger Anu und Enlil ab. Um seine Macht vor den versammelten Gottheiten zu beweisen, stellt er ein "Sternbild in die Mitte der Götter" – in den Himmelspol also –, das auf sein Wort hin verschwindet und wieder erscheint: zum Zeichen, dass er damit "Vernichtung und Wiedergeburt bringen" kann.[550] Welches Sternbild käme für eine solche Demonstration besser in Frage als das Des Erben Des Erhabenen Tempels, in dem eine solche Thronfolge par excellence vorgeführt wird – und dessen Kopf sich noch dazu in der Milchstrasse befindet, die ihn halb verschleiert?

Das *Mul.Apin* orientiert sich an der Götterordnung des *Enuma Elish* und erhebt auch Marduks Mutter und Eas Gemahlin Damkina zur Regentin Des Himmelswagens. Den Tempelerben – sprich: den jeweiligen Götterkönig – deshalb aber nur mit dem Polarstern zu verbinden, wie dies meist geschieht, macht wenig Sinn. Einerseits kommt dem Pol selbst keine spezielle Bedeutung zu. Weder Omen noch Bittgebete gelten dieser leeren Stelle, die bloss als allgemeine Mitte des Himmels wahrgenommen wurde. Andererseits ist undenkbar, dass man ausgerechnet dem höchsten Gott kein Ebenbild, nur einen Einzelstern am Himmel zugewiesen hat, anders als jedem anderen Gott im mesopotamischen Pantheon. Zudem blieben ohne menschliche Figur die auffälligen Sterne von Cepheus um diese Mitte völlig unbesetzt.

Die Griechisch-Römische Tradition

Die Griechen übernahmen die Ikonographie grösstenteils von den Mesopotamiern, wandelten die damit verbundenen Götter und Legenden jedoch nach Gutdünken ab. Beispielsweise sahen sie in der Figur des Tempelerben nicht mehr einen mesopotamischen Götterkönig, sondern einen ebenso fremden äthiopischen König namens *Kepheus*. Sie bezeichneten ihn nun nicht mehr als Spross des Anu, liessen ihn aber, ihrem Pantheon entsprechend, über Jason auf Zeus zurückgehen.

Dessen Darstellung liest sich bei Aratus jedoch nicht wie eine Geschichte, sondern ähnelt einer mesopotamischen Uranographie, in der Sternbilder stets mit der Formel 'Es ist eine menschliche Figur' eingeleitet und oft durch abgemessene Linien identifiziert werden: "Kepheus erscheint als Ebenbild eines Mannes, der seine Hände vor sich ausgestreckt hält. Die Linie, die vom Ende des Bären [der Deichsel von Ursa Minor] zu jedem seiner Füsse verläuft, ist gleich lang wie die Distanz zwischen seinen Füssen. Und man muss seinen Blick nur ein klein wenig abwenden, um die erste Schlinge des riesigen Drachens [Draco] zu finden."[551]

Mit der Legende um Kepheus hat diese Haltung nichts zu tun. Sie erklärt nicht, weshalb ein äthiopischer Herrscher mit seinen Füssen am Pol stehen soll, einem Himmelsherrscher gleich, in einem auch von Hyginus noch erwähnten gleichseitig mit dem Polarstern gebildeten Dreieck der Füsse [etwa γ und κ Cephei]. Und wozu soll dieser äthiopische Herrscher die Hände ausstrecken? Dies scheint vielmehr auf die nebenstehenden Sterne Des Verknoteten Jochs zu weisen, das der Höchstrangige Sohn Anus in Händen hielt: Laut *Mul.Apin* steht er zugleich "im Seil Des Himmelswagens". König Kepheus hat überdies nichts mit dem von Draco verkörperten Drachen zu tun.

Der Farnese-Globus von etwa 75 u. Z. zeigt Kepheus ebenfalls mit ausgestreckten Armen, wobei die einzige Schlinge eines sehr kurzen

Draco ihm unter dem linken Arm beinahe bis zum Körper reicht: Dies könnte darauf deuten, dass er früher Stab und Ring in Form eines Verknoteten Jochs hielt.

Eine auf Ptolemaios zurückgehende arabische Vorlage des Kepheus zeigt unterhalb des Kopfes bei δπ und χψ Draconis eine einzelne Schlinge, danach eine Achterschlinge, die einem Geschirr für zwei Ochsen entspräche. Bei diesen Sternbildern Sufis markieren γ und κ die Füsse, β die Hüfte, αηθ den rechten Oberarm von Kepheus'[552] – womit er das mutmassliche Joch in Draco gut im Griff hatte.

Sterne von Draco[553] [ιθηξ Draconis?]

MU.BU.KESH.DA | NIRU RAKSU – DAS VERKNOTETE JOCH
NIRU SHA SHAME – JOCH DES HIMMELS

S|S|W

Zu lesen sind die sumerischen Silben *Mu.Bu* als *Mudul*, was einen Wagenbaum bezeichnet, die Hartholzdeichsel eines Karrens,[554] und das akkadische *Niru* benennt die Querstange darauf. An sie wird das Geschirr für die Zugtiere gebunden: *kesh.da* bedeutet, wie das akkadische *raksu* auch, 'geknotet'.

Das *Mul.Apin* listet Das Verknotete Joch nach dem Fuchs und dem Mutterschaf bei Ursa Maior und vor dem Himmelswagen in Ursa Minor auf: Dies legt in dieser Blickrichtung eine Identifikation mit Sternen von Draco nahe. In einem Gebet steht ein Jochgestirn zur Rechten, ein zweites Jochgestirn zur Linken:[555] Das wären demnach Das Joch des Landes in Bootes und das gegenüber liegende Verknotete Joch in Draco.

In einem Ritualtext zum Neujahrsfest in Uruk spricht der Priester es an als "Sternbild Des Verknoteten Jochs, das Szepter und Ring trägt; mein Herr, mein Herr, sei friedlich".[556] Demnach ist es mit der Figur eines Gottes verbunden, wofür nur Der Erbe Des Erhabenen Tempels in Frage kommt.

Das Joch kann auch als Szepter und Ring gesehen werden. Auf Rollsiegeln von Hammurapi bis Marduk sind diese Insignien stets ineinandergesteckt; sie gleichen also von der Form her Querstange und Rundgeschirr, was zu dem Namen 'Verknotetes Joch' geführt haben mag.

Das *Mul.Apin* unterstellt Das Verknotete Joch dem "grossen Anu Des Himmels".[557] Anus Rang und Namensbedeutung gemäss wird es in einer Sternenliste auch als 'Joch Des Himmels' bezeichnet.[558]

Als Verknotetes Joch ist dieses Geschirr – wie das Joch Enlils mit Dem Wagen in Ursa Maior – auch mit Dem Himmelswagen in Ursa Minor darunter assoziiert. Der wird durch die Drehung des Himmels vorangetrieben, weil er mit seinem Zugseil an den Himmelspol gebunden ist. Wer auf dem Himmelspol steht und dadurch die ganze Welt im Griff hat, ist Der Erbe Des Erhabenen Tempels. Er hält den Himmel durch sein Joch in der Hand, woher die Bezeichnung Joch Des Himmels rührt.

Dieses Joch muss Anu schon in sehr frühen Zeiten in die Hand gegeben worden sein, als Anu noch als erster Weltenschöpfer galt: eine Position, die zuletzt im *Enuma Elish* von Marduk usurpiert wurde. Wie Enlils 'Joch Des Landes' und Eas 'Joch Des Meeres' stellt das Anu zugewiesene 'Joch Des Himmels' mehr dar als nur ein Geschirr für Zugtiere, die den Himmelswagen in Ursa Minor ziehen: Das Silbenzeichen für *Anu* bedeutet sowohl 'Stern' wie 'Gott' und 'Himmel' als auch 'hoch' und 'hell'. Was dabei in Anus 'Grosser Höhe', dem *An.Gal*, geschah, das galt auch für das grosse *Ki.Gal* der Unterwelt – die Beziehung von Oben und Unten stellte die Grundlage aller astralen Divinationsformen dar.

Vom Himmlischen Joch geht damit astrale Macht und Gewalt aus, die sich auf der Erde auswirkt. So wie Enlil sein Joch in Bootes hat, um über das Land zu bestimmen, und Ea das seine im Süden des Himmels, so zieht auch Anu mit seinem Joch die Welt am Gängelband: sowohl konkret wie im übertragenen Sinn.

Seile, die Himmel und Erde zusammenhalten, finden sich schon in frühen sumerischen Hymnen: "das geflochtene Seil, an dem der Himmel festgemacht ist" und "das Band von Himmel und Erde".[559] In anderen Texten wird es von Ishtar, dem Kriegsgott Erra oder Assur an sich gerissen: "Lasst sie selber das Führungsseil des Himmels ergreifen; lasst sie unsere Macht sein"; "Krieger Erra, du hast das Führungsseil des Himmels gepackt; du beherrschst die ganze Erde, du regierst das Land!"; "Das Führungsseil des mächtigen Himmels, das Band zwischen den Göttern des Himmels und der Unterwelt, hält Assur in seinen Händen".[560]

Zur Erklärung von Krankheiten sieht eine altbabylonische Beschwörung "Seuchen am Führungsseil des Himmels herabkommen". Sie sind das Symbol kosmischer Herrschaft und Kontrolle, das von dem Nasenstrick herrührt, mit dem nicht nur die irdischen Rinder geführt werden, sondern auch all die vielen Kühe, Kälber und Stiere der Sterne am Himmel.

Im spätbabylonischen Weltschöpfungsmythos *Enuma Elish* ist gleichfalls von solchen Führungsseilen – *Serreti* – die Rede. Nachdem Marduk Tiamats Kadaver entzweigespalten hat, das grosse Band, das Himmel und Erde verknüpft, aus ihrem Schwanz gedreht und beide Hälften dann emporgehoben hat, löst er das Netz um Tiamat, mit dem er sie eingefangen hat. Die Wasser, die dabei noch aus ihr herausfliessen, bilden das kosmische Meer. Er vollendet seine Weltschöpfung, inspiziert Himmel und Erde und überprüft, ob sie durch das Band auch gut miteinander verbunden sind. Erst danach wirft er von oben die Führungsseile herab, damit Ea sie ergreifen, die Welt über dem Apsu festhalten und sie bei Bedarf und seiner Weltordnung gemäss festziehen und lenken kann.[561]

Derart sind Himmel und Erde sowohl innen durch das Durmahu wie ausserhalb durch diese Seile fest miteinander verbunden. Wo diese Seile zusammenlaufen, befindet sich am Südhimmel ein Gestirn, das neben dem Feld und seinem eigenen Sternbild im Aquarius ebenfalls Ea zugewiesen wurde: Das Joch Des Meeres.

Als Gestirn Von Eridu, dem Kultort Eas am Persischen Golf, stellt es das Gegenstück zum Elur in Nippur dar, dem Tempel des Enlil, welchem Das Joch Des Landes untersteht. Da beide als "Anus höchstrangige Tempelerben" gelten, stehen sie jedoch unter Anus Joch. An diesen drei Jochen sind nun nicht nur die Führungsseile der Welt verknotet, sie markieren auch die Herrschaftsbereiche der drei obersten Götter Anu, Enlil und Ea: Himmel, Erde und Meer.

LEI 4–6, HO 265, W 172–173 und 223–226

Die Griechisch-Römische Tradition

Die auf 965 u. Z. zurückgehenden Sternbildillustrationen von Sufis Himmel stammen – über Ptolemaios – letztlich von mesopotamischen Sternbildern ab. Draco ringelt sich da in einer Achterschlinge von schwachen Sternen um ζ bis ι Draconis, bevor er sich zwischen δ und χ Draconis erneut vor dem Kopf ringelt.[562] Dies könnte durch das ursprünglich in Mesopotamien vorhandene Joch samt Ring oder doppeltem Geschirr motiviert worden sein.

Der griechische *Drakon* bezeichnet ein schlangenartiges Reptil. Das ursprünglichste Sternbild am Pol des indischen – und damit indoeuropäischen – Sternenhimmels war ein Krokodilgott. Dass die griechische Umdeutung daraus einen betont schlangenartigen Drachen machte, wurde vielleicht durch das Symboltier Des Erben Des Erhabenen Tempels, Marduk, befördert: Die Göttliche Schlange, die sich auch als Sternbild an seinem Himmel fand. Die Griechen wären damit der in Mesopotamien vorherrschenden Kosmographie des *Enuma Elish* gefolgt, um in Draco eine den Monsterwesen Tiamats vergleichbare Schlange abzubilden. Bei ihnen zog dann jedoch nicht der höchstrangige Sohn Anus, Marduk, in die Schlacht, um es zu bezwingen, sondern die höchste Tochter des Zeus, Athena. Sie kämpfte zwar nicht gegen Meeresmonster, wohl aber gegen ein ebenso primordiales und monströses Heer: nämlich gegen die aus der Erde geborenen Giganten.

So schreibt Hyginus, dass "dies, einigen Berichten zufolge, der Drachen war, den die Giganten gegen Athena schleuderten, als sie gegen diese kämpfte. Doch Athena ergriff die sich windende Schlange und warf sie in den Himmel, um sie mitten um seinen Pol zu fixieren. Und so kann sie dort bis heute mit ihrem verdrehten Leib gesehen werden, als wäre sie gerade eben an den Himmel versetzt worden".[563]

Columba, inkl. κ und ε[564]

MUL NUN.KI – GESTIRN VON ERIDU | NUNKI
SHUDUN.A.AB.BA | NIRU TAMTIM –
DAS JOCH DES MEERES
SHUDUN KUR.ELAM.MA –
DAS JOCH DES LANDES ELAM
DIE GREIFER

S|S|W

Das mit Enki | Ea verknüpfte Joch Des Meeres wurde nach dem ältesten und prominentesten Kultort des Gottes, der Stadt Nun.Ki | Eridu, auch 'Gestirn Von Eridu' genannt. Eridu wird bereits als die Stadt erster mythischer Könige wie Alulim erwähnt, was die symbolische Dominanz eines Jochs erklärt. Das Gestirn galt als Joch Des Meeres oder des östlichen Nachbarlandes Elam,[565] da Eridu an einem Ausläufer des Persischen Golfs lag. Enkis Heiligtum war eines des ältesten in Mesopotamien und befand sich in einer Sumpflandschaft, die noch heute bei Hochwasser zum See wird: Die wasserdominierte Marsch deutet auf den Begriff des Apsu, der dorther stammt.[566]

Als Regenten dieses Sternbilds kam Enki | Ea eine ähnliche Rolle zu wie Enlil mit seinem Joch des Landes. Die Verbindung zwischen diesen beiden hohen Göttern beschreibt ein Omen: "Wenn Das Joch Des Meeres dunkel ist, ist Ea dunkel; Enlil wird dann dem Land […] Ansturm zahlloser Truppen; das Land wird nichts Böses […]".[567]

Dank des *Gu-Textes* lässt sich das sonst nicht näher beschriebene Gestirn in Columba verorten, ebenso seine beiden 'Greifer, Hände'. Damit werden die festen Arme eines Geschirrs bezeichnet, das die Flanken eines Tieres umfasst. Bestätigt werden Region und Figuration eines Geschirrs durch eine spätzeitliche Uranographie, in der "die Führungsseile des Himmels" unmittelbar nach Canis Maior und als deren Nachbar Columba angeführt werden.[568]

Das Joch Des Meeres liegt meist unterhalb des Horizonts und steigt aus dem Apsu auf; die Hände des Gestirns weisen auf das verknotete Ende jener Führungsseile, die Marduk Ea in seinem Apsu zu halten aufträgt. Das Sternbild geht am Ende des Sommers auf, wenn die Herbstregen beginnen, daher richten sich die Omen auf die Fruchtbarkeit: Wenn es funkelt, wird das Getreide und der Sesam gedeihen. Laut dem *Mul.Apin* ging das Gestirn Von Eridu am 15. Tag des 6. Monats August | September zusammen mit Der Das Szepter Hält [Bootes] auf.[569]

G 16–17, 112, 117–118 und 211

υ^{1+2} Eridani[570]

BIR | KALITUM – DIE NIERE

S | S | W

Auf Astrolabien wurde unmittelbar nach dem Sternbild Des Bogens in Canis Maior "die Führungsseile | Brüste des Himmels der elamitischen Ishtar, Anus Tochter", der "rote Stern" aufgelistet, "der beim Aufkommen des Südwinds [im Südwesten][571] vor Dem Joch [Des Meeres in Columba] steht, 'Niere' heisst und Ea [untersteht]. Das Gestirn, das rechts von Ea steht, ist Ninmah [Puppis]". Die Niere ist zugleich mit Dem Joch Des Meeres ein Monatsstern des 6. Monats Elul August | September.[572]

Der fragliche Stern steht also im Südwesten vor Dem Joch Des Meeres, geht kurz vor ihm unter und ist rot: Dafür kommt nur υ^{1+2} in Frage, das als Sternenpaar annähernd nierenförmig ist. Da mit Nieren vorzugsweise Omendeutungen betrieben wurden, war dieses Sternenpaar gleichsam für solche Zwecke prädestiniert. Harnproben waren in Mesopotamien ausserdem für die Diagnostik wichtig und der Gestirnsregent Ea wurde bei Krankheiten angerufen. Das spiegeln die Omen des Gestirns wider: "Wenn Die Niere morgens im Monat Elul einen Glanz kriegt, dann wird [die Krankheit] 'Verzehrung durch einen Gott' drei Jahre und drei Monate lang im Land sein."[573] Um böse Vorzeichen "von der Kultstadt und dem Heiligtum" Eas in Eridu fernzuhalten, war folgendes Ritual vorgegeben: "Du stellst einen Altar vor dem Nierengestirn auf [...] der König rezitiert mit erhobenen Händen eine Beschwörung."[574] Eas Verbindung mit dem Wasser zeigen andere Omen: "Wenn der Mond im Nisannu [März | April] einen Hof hat und in Der Niere steht, wird es in diesem Monat regnen."[575]

Die Griechisch-Römische Tradition

Die Griechen übernahmen das Gestirn des Ortes Eridu mit seiner Lage am Wasser unter dem Namen *Eridanos*. Aratus fasste es als gleichsam abgesonderte Flussschlinge auf: "Denn da unten, unter den Füssen der Götter, drehen sich die Reste des Eridanos, dem Strom der vielen Tränen, der sich unter dem linken Fuss des Orion erstreckt."

Eratosthenes war zwar Leiter der Bibliothek von Alexandria, die dortigen Kenntnisse der mesopotamischen Sternbilder waren jedoch mangelhaft und projizierten vieles auf einheimische Verhältnisse. So kommentiert er: "Aratus liefert keine Belege, um seine Identifikation des Eridanos zu stützen; und andere sagen, dass er korrekterweise eher mit dem Nil zu identifizieren sei." Dennoch blieb der Bezug des Jochgestirns zum Meer erhalten, indem der Römer Hyginus, der für seine Sternbildsagen mehrere alte und bessere Quellen heranzog, später schreibt: "Manche haben gesagt, dass der Eridanos der Nil wäre, obwohl viele andere sagen, dass er der Ozean ist."

E | H 147 und 126–127

XIV ENLIL UND DIE GESTIRNE RINGS UM IHN

3 Sterne,[576] η, τ und υ Bootis[577]

MUL HE.GAL.A | KAKKAB NUSHI – GESTIRN DER FÜLLE VORDERES ESELSGESCHIRR

S | S | W

Das sumerische Silbenzeichen *He* zeigt ein grosses Vorratsgefäss, und mit *gal*, 'gross', drückte man auch 'schaffen, wachsen' aus, weshalb das akkadische *Hengallu* ein 'überfliessendes Wassergefäss' darstellt, das die Fülle bezeichnet, die wohlwollende Götter über das Land ausgiessen: Mit dem Aufgang dieses Gestirns begann die Zeit der Herbstregen. Das akkadische *Nushi* benennt den daraus resultierenden 'Wohlstand'.[578]

Im *Mul.Apin* wird das Gestirn Der Fülle als *Shukkal* – Bote – der Ninlil bezeichnet. Ninlil war als 'Herrin Der Lüfte' Regentin des benachbarten Wagens in Ursa Maior und die Gemahlin Enlils. Dessen Sternbild Shupa in Bootes wurde als Joch Des Landes bezeichnet – dem sich somit auch die beiden Geschirre für die wagenziehenden Esel unterordnen. Die Bezeichnung 'Eselsgeschirr' ergab sich wohl auch durch die Anordnung der Sterne um η Bootis.

3 Sterne,[579] HIP 72412, c, ω und b Bootis[580]

MUL BAL.TESH.A | KAKKAB BALTI – GESTIRN DER WÜRDE HINTERES ESELSGESCHIRR

S|S|W

Das Silbenzeichen *Bal* stellt eine Spindel dar und bezeichnet die Zeit der Regentschaft eines Herrschers, *Tesh* drückt 'Schamgefühl' aus: womit der Stern 'königliche Würde' verkörperte. Er wurde, wie auch das Gestirn Der Fülle, als Geschirr unter einem Joch aufgefasst,[581] dessen Führungsseile der einst höchste Gott des mesopotamischen Pantheons, der gestrenge und richtende Enlil, in Händen hielt. Damit wurden die Würde, die er den ihm unterstellten Herrschern verlieh und der Wohlstand, der sich dadurch im Land ausbreitete, symbolisiert.

W 124–125 und 163

Im *Mul.Apin* gilt der Stern als Bote Tishpaks, dem aber im *Mul.Apin* kein Sternbild zugewiesen wird (vielleicht, weil Tishpak mit dem dann schon vergessenen Sternbild der Löwenschlange Labbu verbunden war). Stattdessen nennt der *Sternenkatalog 5 R46*[582] Nana als Regentin des Gestirns der Würde, eine sumerische Göttin der Fruchtbarkeit, die "vor Lebensstärke überfliesst".

Bootes

SHU.PA | SHUPA – DER DAS SZEPTER HÄLT

H|P 276

Das sumerische Silbenzeichen *Shu* stellt eine Hand dar und bedeutet 'Kontrolle haben'; *Pa* bezeichnet ein Szepter. Dieser Gottestitel – Der Das Szepter Hält – wurde in astrologischen Texten als 'heller Stern' glossiert, lautähnlich zu akkadisch *Shupu*, 'leuchtend, berühmt hervortreten'; es war dies ein passender Beiname für den im 3. Jahrtausend mächtigsten Gott im mesopotamischen Pantheon, Enlil. Das Sternbild wurde meist als "Enlil, welcher die Geschicke des Landes bestimmt" oder als "Shupa, Herrscher über die höchsten Götter" bezeichnet. Sein Bild zeigte einen männlichen Gott, der in seiner Linken die höchsten Herrschaftsinsignien hält, einen Stab und einen Ring. Dies stand für einen Massstock und ein aufgerolltes Massband, die bei der Abmessung von Grundstücken und beim Häuserbau eingesetzt wurden. Sie symbolisierten hier die Vermessung des Himmels und der Erde: Im Weltschöpfungsmythos *Enuma Elish* nimmt der spätere Götterkönig Marduk Mass am Apsu, um den Kosmos zu erschaffen. Der Ring lässt sich in der benachbarten Corona Borealis erkennen.

Anus Sohn Enlil wird bereits in den frühesten sumerischen Texten genannt: *En* denotiert Macht, *Lil* – Luft – wurde neben 'Wind, Sandsturm' aber auch mit 'Land, Erde', 'Wüste' glossiert. Als Herrscher über das Land war Enlil somit wörtlich der 'Herr Der Luft' – und somit ein Wettergott, der wohlwollend die fruchtbaren Aspekte des Himmels repräsentierte, die Regenwolken im Frühling und die darauf ansteigende Flüsse. Deshalb zählt das Gestirn Der Fülle auch zu seinem Sternbild: "Wenn sein Wort sich auf den Himmel bezieht, bringt es Fülle – überreichlicher Regen wird sich dann aus den Himmeln ergiessen. Wenn sein Wort sich auf die Erde bezieht, bringt es Wohlstand – die Erde wird dann Reichtum hervorbringen. Enlils Wort bedeutet Sesam, Enlils Wort bedeutet Korn, Enlils Wort bedeutet ein frühes Hochwasser – das Leben des Landes." So das einzige zu ihm erhaltene Omen: "Wenn Shupa bei seinem Aufgang wieder und wieder aufflackert, werden in diesem Jahr Flut und Regen kommen."

In seiner oft leicht entflammbaren Wut, seinen "zornigen Worten", brachte er jedoch auch Katastrophen über das Land. In den Epen von *Atrahasis* und *Gilgamesh* will er mit einer alles überschwemmenden Flut die ganze Menschheit vernichten.

Das Gestirn Der Würde in seinem Sternbild bedeutet aber, dass Enlil nach dem Aufstieg zum höchsten Gott die Herrschaft eines jeden Königs legitimierte. Zudem besass Enlil die Schicksalstafeln, die ihm Weisheit und absolute Macht über Himmel, Erde und Unterwelt verliehen, bestimmte die Geschicke und konnte als "Vater der Götter" andere Gottheiten ebenso erheben wie entthronen. Enlils Gemahlin war Ninlil, eine der ältesten Fruchtbarkeitsgöttinnen; seine Söhne waren der Mondgott Sin, der Unterweltsgott Nergal, der Seuchengott Namtar, dem die sechzig Dämonen des Todes unterstanden, sowie Ninurta, dessen Heldentaten in mehreren Sternbildern am Himmel verewigt wurden.

W 276–279 und LEI

Im Joch mit seinen beiden Geschirren stecken symbolisch die Esel, die den Lastkarren von Ursa Maior ziehen: Enlil geht damit als der alte Bauerngott, der er einmal war, neben ihnen her, um sie an einem Nasenseil zu führen oder mit einem Stock anzutreiben.

Dass Der Wagen in Ursa Maior mit den Geschirren um Bootes und Enlil verbunden ist, verrät ein Astrolab. Da heisst es über den rötlich leuchtenden α Bootis: "Das Sternbild, das im Seil [den Zügeln] Des Wagens steht, der rote Stern auf der Vorderseite des Jochs, ist Enlil."[583]

Im *Mul.Apin* steht das Sternbild Erbe Des Erhabenen Tempels "im Seil | Knoten" Des Himmelswagens in Ursa Minor. Ausgedrückt wird damit eine typische Geste der Dominanz und Unterjochung, die noch dadurch erhöht wird, dass Der Das Szepter Hält samt dem Gestirn Der Würde und dem Gestirn Der Fülle einen Monat nach dem Fruchtbarkeit verheissenden Sternbild Furche im Zenit steht, um von dort aus alles zu beherrschen.[584]

SHUDUN KUR | NIRU KUR – DAS JOCH DES LANDES

H | P 276

Als Alternativbezeichnung für Bootes benennt *Niru* sowohl ein Joch für Zugtiere als auch ein Herrschaftszeichen über 'unterjochte' Völker. Beides ist verbunden mit Halte- und Führungsseilen, die Himmel und Erde zusammenhalten, und auch als Gängelband für die (Rinder-)Herde von Sternen und Planeten aufgefasst werden können. Dieses Joch hielt nun Enlil in der Hand; es konnte aber auch – wie die Omen zeigen[585] – von Marduks Jupiter oder von im Mars verkörperten Kriegsgöttern gepackt werden.

Deren astrale Herrschaft mittels eines Jochs über Mensch und Land drückt sich in Omen zu diesem Stern aus: "Wenn Sag.Me.Gar [Jupiter] schillert und Das Joch umkreist, werden wichtige Männer des Landes sterben"; "Wenn ein Stern im Westen aufflackert und in Das Joch tritt, wird es einen Aufstand geben"; "Wenn Das Joch bei seinem Erscheinen aufflackert, wird es früh Hochwasser geben", leuchtet es schwach auf, "wird das Hochwasser spät kommen", steht es tief und dämmrig am Himmel, "wird es kein Hochwasser geben".

W 302–303

Dieses Joch wurde auch spezifisch als 'Joch Des Landes Akkad' ausgewiesen und mit Shupa in Bootes gleichgesetzt.[586]

Die Griechisch-Römische Tradition

Die griechischen Astronomen übernahmen die Gestalt von Enlils Sternbild, verbanden sie jedoch als 'Bärenwächter' *Arctophylax* mit Der Grossen und Der Kleinen Bärin von Ursa Maior und Minor. Diese Sternbilder entstammten einer alten indoeuropäischen Tradition, weshalb sich die griechischen Mythen dazu weniger artifiziell lesen als jene, die dann im Hellenismus erfunden wurden, um die neu eingeführten babylonischen Sternbilder durch mythologische Hintergründe zu erklären. Enlils Sternbild blieb aber nicht ganz ohne Einfluss, denn von seinem Jochgestirn und Dem Wagen darüber leiteten die Griechen ihre Vorstellung eines 'Ochsentreibers' – *Bootes* – ab, der einen an sie gespannten Wagen über den Himmel führt. Der Biograph und Historiker Hermippos von Smyrna verknüpfte im 3. Jahrhundert v. u. Z. in einem astronomischen Werk das ursprüngliche Gestirn Der Fülle noch mit einer Sage um *Ploutos* –Reichtum – und seinen Bruder Philomelos, den legendären Erfinder des Wagens.[587]

Corona Borealis

GAM.TI | KIPPATI – DER RING

H | P 93 und G 20

Nach den auf einer Planisphäre aus Sippar angegebenen Entfernungen müssen die neun Sterne dieses Ringes die unserer Nördlichen Krone sein. Der Ring ist eine auf Enlil bezogene Herrschaftsinsignie, die meist gemeinsam mit einem Stock abgebildet wird und als Schloss und Riegel eines Stadttors zu verstehen ist. Dies symbolisiert einen Herrscher, der Kontrolle über sein Volk ausübt.

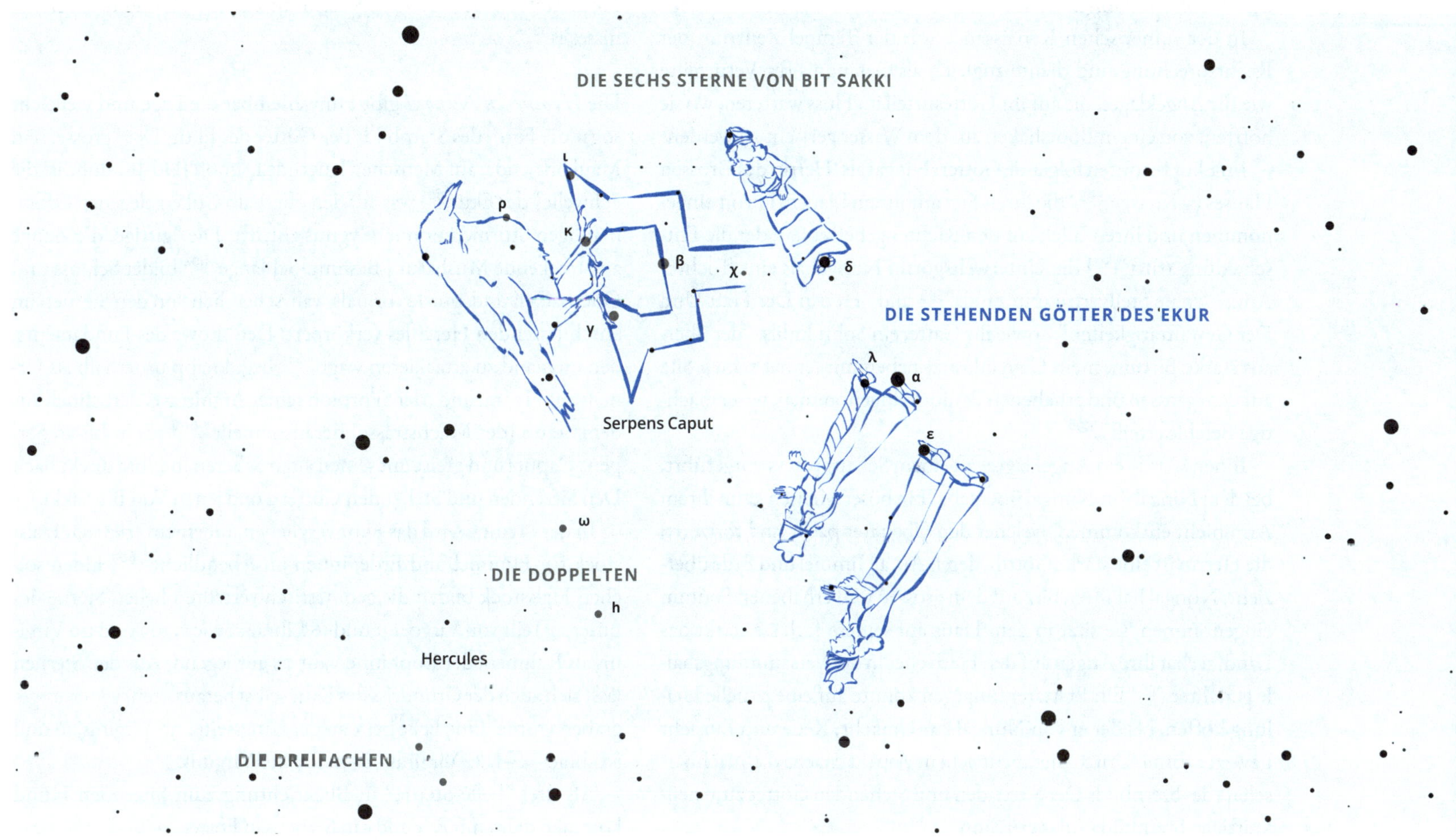

τ und ι Virginis (sowie υ, φ, μ Virginis und andere Sterne der Region)[588]

DINGIR TUSH.A.MES | DINGIR TUSHU – DIE SITZENDEN GÖTTER DES EKUR

S | S | W

δεα Serpentis?[589]

DINGIR GUB.BA.MESH | DINGIR GUBBU – DIE STEHENDEN GÖTTER DES EKUR

S | S | W

NINEGAL

NUNGAL

BIRTUM

Direkt unter Enlils Sternbild befinden sich die Götter seines wichtigsten Heiligtums, des 'Berghauses' Ekur in der Stadt Nippur. Im *Mul.Apin* werden sie als 'Die Stehenden und Die Sitzenden Götter Des Ekur' bezeichnet[590] und vor Gula gereiht. In einer spätzeitlichen Uranographie werden sie zusammen mit den Sternen von Bit-Sakki in unmittelbare Nachbarschaft von Hercules gesetzt, am Rand von 'Anus Weg', der laut *Mul. Apin* in dieser Region zwischen Virgo und Libra verläuft: "Dem Umriss [Des Sitzenden Hundes in Hercules] entlang sind die neun 'Sitzenden Sterne' [Der Götter Des Ekur], die drei hellen Sterne der 'Stehenden' [Götter Des Ekur] sowie Die Sechs Sterne Von Bit-Sakki, die an den 'Weg des Anu' [die ekliptische Bahn] grenzen, sich aber noch ausserhalb befinden."[591]

Dem *Gu-Text* zufolge liegt ein Stern Der Sitzenden Götter im unteren Teil von Virgo. Die insgesamt achtzehn Sterne ziehen sich von dort bis zum sonst unbesetzten Kopf von Serpens hin und verlaufen schliesslich am Sitzenden Hund entlang.

Die Sitzenden und Die Stehenden Götter sind jene des Tempels Ekur, dem 'Berghaus' als Enlils höchstes Heiligtum in der Stadt Nippur: "Haus, wütender Sturm von Himmel und Erde, der gegen die Feinde brandet, Ekur, Haus der Götter, riesiger Halsstock von Himmel und Erde, dessen Inneres das Abendlicht ... und dessen Türangel ein Urinnu-Adler ist, dessen Klauen allerhand Beute krallt" wie es in der *Hymne an Nungal* heisst.[592]

In der sumerischen Renaissance war der Tempel Zentrum der Rechtsprechung und diente zugleich als Gefängnis für Verurteilte wie für Angeklagte, die auf ihr Gottesurteil im Fluss warteten, wo sie hofften, von einem Bootshaken aus dem Wasser gefischt zu werden.

Im Ekur thronten folgende Götter: Ningal als 'Herrin des Grossen Hauses (= Knast)',[593] "die ihren Sitz auf ihrem blauen Thron eingenommen und ihren Blick auf den Richter geheftet hat, der die Entscheidung trifft";[594] die Unterweltsgöttin Nungal als eine Tochter Anus, "treue Stellvertreterin Enlils"[595] und "Herrin Der Haft Und Der Gewalttätigkeiten"; sowie ihr Gatte, ein Sohn Enlils: "der überaus starke Birtum, mein Gemahl, sitzt neben mir; er hat seinen Sitz auf dem grossen und erhabenen Podium eingenommen, wo er mächtige Befehle erteilt".[596]

Ihnen wurde ein Angeklagter zu einem Schauprozess vorgeführt, bei dem Ningal ihn Nungal übergab: "Ein böser Mensch kann ihrem Arm nicht entkommen, welcher den Übeltäter packt und fortzerrt; die Herrin ist eine starke Göttin, deren Aura Himmel und Erde überzieht. Nungal hat ihren Sitz auf dem grossen und erhabenen Podium eingenommen, sie sitzt in dem Haus auf seinem [...], sie stärkt das Land, sie hat ihre Augen auf den Herrscher in der Versammlungshalle gerichtet."[597] Ein Ersttäter hingegen konnte auf eine rituelle Heilung hoffen, bei der er von Nungal zur Umkehr, Reue und Einsicht bewegt wurde. Unter therapeutischem Aspekt macht die Nachbarschaft des Sternbilds Der Sitzenden und Stehenden Götter zum heilkräftigen Sternbild Gulas viel Sinn.

Neben ihnen befanden sich laut der *Hymne an Nungal* die Gehilfen Nungals: Der "berühmte Heerführer Igalim, der Halsstock meiner Hand",[598] der das Ekur bewacht und jene abtrünnigen Städte vernichtet, "die Enlil genannt hat, als wahr und falsch erkannt wurde";[599] Ninharran als 'Herr des Weges', welcher Nungal auf ihrer Reise zum Königspalast vorausgeht, ihre Sachen trägt, ihr das Bett macht, den Saal mit Heiterkeit erfüllt und die Angeklagten nach Nippur schafft – er wurde auch mit Pabilsag gleichgesetzt, dessen Sternbild in der Nähe der Götter des Ekur liegt. Nungals "grosse Schergin" wiederum war Nin-Dimgul – der vergöttlichte Bootshaken der Wasserprobe –, "die ihren Arm ausstreckt. Im 'Maul der Strafe' [ertränkt?] sie ihn nicht, den Mann, sie vernichtet ihn nicht, sondern fischt ihn aus dem 'Maul des Untergangs'. Dann wird er in mein 'Haus des Lebens' gebracht, wo ich ihn unter Bewachung stelle".[600] Dort erhält er im Fall seiner Unschuld neue, saubere Kleidung.

Dadurch lässt sich die Verteilung des Sternbilds in neun sitzende und drei stehende Götter erkennen. Bei der Wasserprobe sind die drei 'Stehenden Götter' Ninegal, Nungal und Birtum zugegen: Die "Götter stehen am Ort der Untersuchung, dem Fluss der Wasserprobe, wo über den Unschuldigen wie den Schuldigen geurteilt und der Gerechte neu geboren wird".[601] Die neun 'Sitzenden Götter' wären dann deren Gehilfen, zu denen acht vergöttlichte Holzfesseln gehören, darunter die oben aufgezählten Nin-Dimgul, Igalim und Ninharran als Boten sowie Ninennun-Pa, 'der Herold des Gefängnisses'.[602]

Die *Hymne an Nungal* gibt Hinweise über die Lage und vielleicht sogar die Form des Sternbilds der Götter des Ekur. Der "grosse, sein Maul öffnende, auf Menschen lauernde Dämon [Ud-]Kaduha ist die Schwelle" des Ekur,[603] was auf den oberhalb Gulas gelegenen Offenmäuligen Sturmdämon in Cygnus zutrifft. Die "giftige, die Zunge ausstreckende Mushatur | Bashmu-Schlange"[604] bildet Schloss und Querbalken und wurde vormals wahrscheinlich von den Sternen im anschliessenden Hercules verkörpert. Der "Löwe des Fundaments, den niemand zu attackieren wagt",[605] liegt knapp unterhalb als Urmah auf Hydra, und "der Skorpion seiner Architrave, der schnell aus dem Staub [der Milchstrasse] herausschnellt",[606] reicht bis an Serpens Caput (und greift mit seinen alten Scheren in Libra direkt nach Den Sitzenden und Stehenden Göttern und jenen Von Bit-Sakki.)

In der Hymne wird das Ekur verglichen mit einem "riesigen Halsstock für Himmel und Erde, innen im Abendlicht".[607] Einen solchen Halsstock bilden die geometrisch verteilten hellen Sterne des unteren Teils von Virgo: ι,μ und 16 Librae sowie τ, 109 und 110 Virginis als Rahmen, der Kopf innen auf φυ aufliegend. Aus den Sternen lässt sich auch der Grundriss des Ekur selbst herauslesen, wie er ausgegraben wurde. Eine Ecke bei κ an der Längsseite: 110 Virginis, 16 und δ Librae – κ – ι, 82 Virginis – ζ – τ, 109, 110 Virginis.

Als drei "helle Sterne" in Blickrichtung zum Sitzenden Hund kommen dann nur δ, α und ε in Serpens in Frage.

ρ, ι, κ, γ, β, χ Serpentis[608]

MUL.MESH E_2 SAK.KI.I – DAS GESTIRN VON BIT-SAKKI

S|S|W

Was unter dem Gestirn Von Bit-Sakki zu verstehen ist, muss spekulativ bleiben, da es allein in der oben zitierten Uranographie erwähnt wird. *Bit-Sakki* bedeutet wörtlich 'Haus der Riten'.[609] Damit wäre ein weiteres Epitheton für einen Bau gegeben, der mehr als ein Tempel und ein Gefängnis zugleich war. In der *Hymne an Nungal* heisst ein solches "Haus der Missetaten, wo der Sündige unter schwerer Strafe steht, ein Haus, das den gerechten vom bösen Mann trennt".[610] Es ist ein "dunkles Haus", das "den Wahrhaftigen gebiert, den Lügner jedoch durchbohrt, dessen Ziegel eine dunkle Zelle voller Tränen umschliessen, das aus Seufzern gebaut ist",[611] wo ein Missetäter "wie gutes Silber getrieben und mit Sand poliert wird, um ihn in die Hand seines guten Gottes zurückzugeben".[612]

Diese Umschreibungen des Ekur als Ort sakralen Strafvollzugs wie seelischer und körperlicher Reinigung rechtfertigen den Titel 'Haus der Riten'. Seltsamerweise wird jedoch das prominente Bauwerk Ekur oder sonst ein Tempel nirgendwo sonst als 'Haus der Riten' bezeichnet. Belegt ist dieser Begriff nur in einer Uranographie – sowie als Name der kassitischen Bergstadt Bit-Sakki.

Diese im Zagrosgebirge liegende Stadt (das heute persische Saqqez) gehörte zu dem lange mit Babylon alliierten, an Edelmetallen reichen Kleinstaat Namri. Nominell unabhängig geworden, rebellierte der von den Assyrern eingesetzte König aber 835 v. u. Z. – worauf Salmanassar III. einmarschierte und die Festungsstädte in den Bergen brandschatzte, darunter Bit-Sakki. Laut Inschrift auf dem sogenannten 'Schwarzen Obelisken' verschleppte Salmanassar den aufständischen König "seinem grossen Reichtum und seinen Göttern" nach Assyrien und unterwarf sie dem Staatsgott Ashur.[613]

Die Kassiten verehrten neben Wetter-, Feuer- und Kriegsgöttern zuoberst einen Mond- und je zwei Sonnen- und Luftgötter,[614] die von den Kassiten während ihrer Herrschaft über Babylon aufgestellten Grenzsteinen zeigen daher astronomische Symbole. Ein Bezug zu deren Göttern als den "Von Bit-Sakki" wäre damit gerechtfertigt, wenn dies auf ihren ursprünglichen Kultort in Namri hinweist.

Zwei der von Salmanassar entführten Götter legitimierten jedenfalls die Thronbesteigung des kassitischen Königshauses in Namri: *Shumalija*, 'Herrin Der Weissen Berge', Gottheit der Schneegipfel, und der Jagd- und Kriegsgott *Shuqamuna*, die als royal "einander liebendes Paar" in Mesopotamien mit Nergal und Nusku gleichgesetzt wurden. Die Kassiten hatten ein halbes Jahrtausend lang über Babylon geherrscht; das Götterpaar war also in Mesopotamien wohlbekannt. So hatte der Kassite Kurigalzu I. um 1400 v. u. Z. den beiden 'Göttern des Königs' einen gewaltigen Tempel errichtet. Auf Grenzsteinen erscheinen sie als Vogel auf einer hohen Stange.[615]

Kurigalzu war es, "der den Wall Uruks fertigbaute und das Ekur fertigstellte, der Versorger Urs und Uruks, der die Korrektheit der Riten von Eridu gewährleistete, der Erbauer des Tempels von Anu und Ishtar". Dies stammt aus seiner 'Autobiographie',[616] einer späten propagandistischen Abfassung aus dem Ishtar-Tempel in Uruk; Kurigalzu wollte also in einem herrscherlichen Machtvakuum seinen Einfluss vergrössern und die eigenen Traditionen behaupten: die Götter des Ekur ebenso wie die Anu- und Ishtar-Kulte. In der Uranographie werden deshalb die astralen Götter des Ekur zusammen mit denen Bit-Sakkis aufgelistet, in einer für Uruk typischen Anu- und Ishtar-Verehrung, die zugleich dem babylonischen *Mul. Apin* verpflichtet bleibt.

Nach dem Aufstand von 27 Stadtstaaten gegen Salmanassar im Jahre 827 v. u. Z. wurden die Götter Bit-Sakkis entthront, aber neben den bereits kanonischen Göttern des Ekur in den Himmel gehoben. Die eingebürgerten kassitischen Götter als die geraubten 'von Bit-Sakki' zu bezeichnen wäre damit als politische Sympathiegeste zu werten.

Ihre Platzierung am Himmel ist nicht zufällig. Denn zu den obersten kassitischen Göttern von Namri gehörte die von ihnen als *Hala* assimilierte Gula: was die Setzung der Sterne Von Bit-Sakki entlang Gulas Hund sinnig macht. Die Anbindung der Götter von Bit-Sakki an jene des Ekur wiederum bot sich durch Ninegal an, die oft zugleich mit Shumalija und Shuqamuna genannt wurde. Ninegal war 'Die Herrin Des Grossen Hauses' – womit sowohl der Palast als auch ironischerweise ein Gefängnis bezeichnet wurde;[617] in diesem Haus wurden sowohl Shuqamuna wie Shumalija bei Missetaten angerufen, um Bann und Schuld zu lösen.[618] In assyrische Hände gelangt, befanden sich die Götter von Bit-Sakki nunmehr in beidem: im Palast des feindlichen Königs und in einem Ekur der Haft, wo sie rituelle Reinigungen zu einer neuerlichen Installierung mehr als nötig hatten.

Der von einem abtrünnigen Sohn Salmanassars 827 angeführte Aufstand konnte erst nach mehreren Jahren mit tatkräftiger Hilfe Babylons niedergeschlagen werden, wodurch Assyrien viel an Macht und Ansehen verlor. Babylon sowie der Süden des Landes hingegen konnten eine Zeit lang ihren Status behaupten – so etwa wurde Namri bis 814 wieder unabhängig. In dem Jahr zog Salmanassars Thronfolger Shamshi-Adad V. erneut siegreich gegen Babylon. Danach berichtet er, auch Shumalija nebst anderen Gottheiten wieder verschleppt zu haben (Shuqamuna wird nicht erwähnt). Zurückgegeben wurden Statuen der zwei kassitischen Königsgötter erst durch Asarhaddon um 675, der in einer Bauinschrift angibt, Shuqamuna und Shumalija in die Stadt Sippar-Aruru und somit in den babylonischen Einflussbereich zurückgebracht zu haben. In Babylon wurde Shuqamuna dann zu einem der vielen Namen Marduks.[619]

835 wäre somit der *terminus post quem* für die Erstellung dieser Uranographie, die in einer speziellen Machtkonstellation in Babylon oder Uruk entstand und von dort aus nach Assyrien übernommen wurde, wie die erhaltenen Kopien zeigen. Symbol der beiden Königsgötter war ein spatzenartiger Vogel mit angelegten Flügeln auf einer Gabelstange: So taucht es unter den Sternbildern der Kudurru in der Kassitenzeit bis 1000 v. u.Z regelmässig auf. Der Gabelstab ist als Szepter Shuqamunas zu verstehen.[620]

Nach der Kassitenzeit ist jedoch nicht nur in den Sternenkatalogen keine Rede mehr von diesen Göttern. Shuqamuna und Shumalija machten erst wieder zwischen dem 9. und 7. Jahrhundert von sich reden. Das würde erklären, weshalb sie in der Uranographie als Gestirn Von Bit-Sakki, statt mit ihrem eigentlichen Namen genannt werden.

XV DIE LÖWEN AM HIMMEL

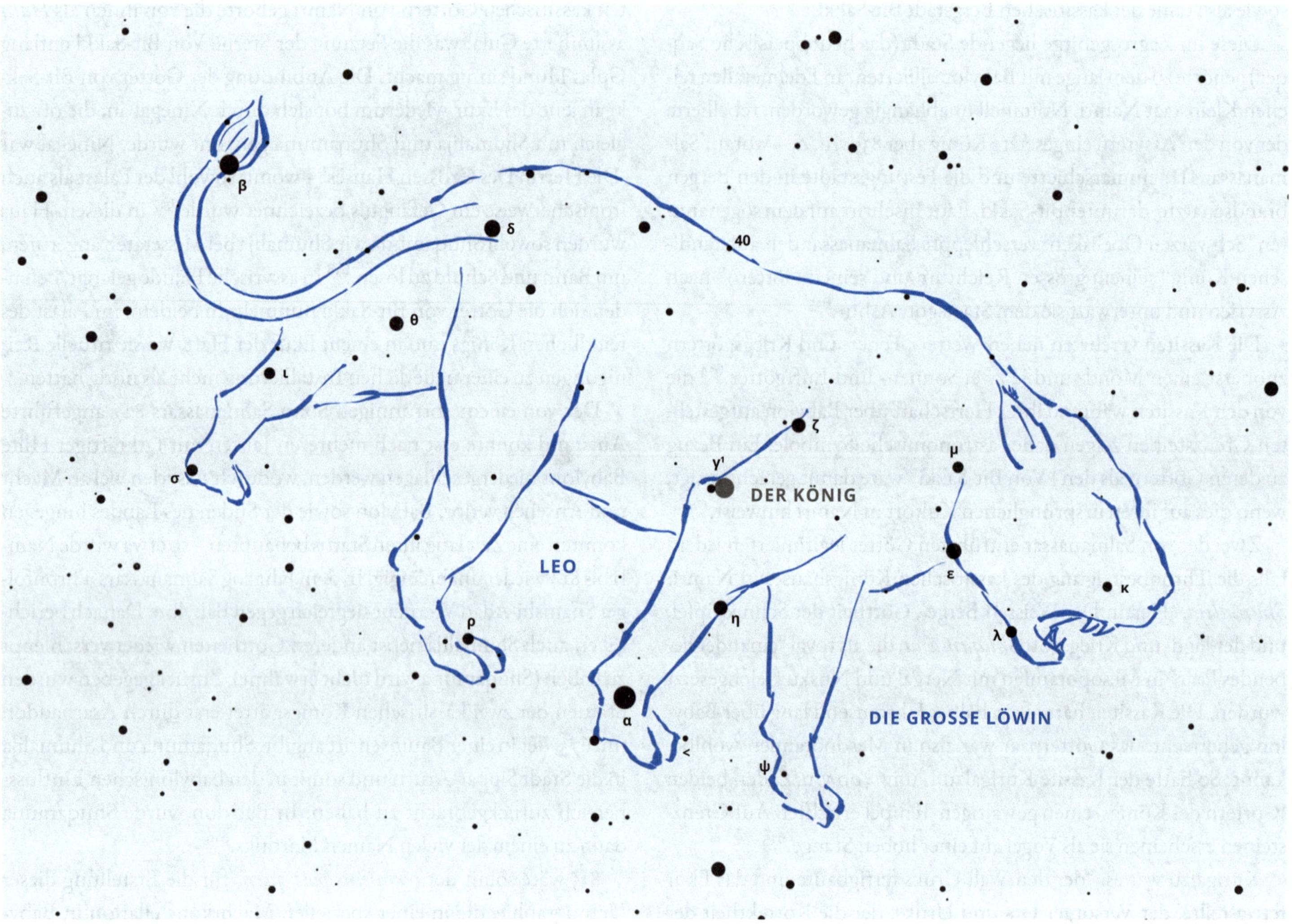

Leo
UR.GU.LA | NESHTU – DIE GROSSE LÖWIN

κ Leonis
[KOPF]STERN AN DER LÖWIN OBEN
S|S|W

λ Leonis[621]
[KOPF]STERN AN DER LÖWIN UNTEN
S|S|W

4 Sterne,[622] inkl. η Leonis
BRUST
S|S|W

γ Leonis
LUGAL – DER KÖNIG
S|S|W

33 – 40 Leonis Minoris
eine Schar kleiner Sterne an der Schulter
G 67

δ Leonis
FLANKE
S|S|W

θ Leonis
RUMPF
R|S|W 567

β Leonis
SCHWANZ
S|S|W

um HD 102590 und 95 O Leonis
DÄMMRIGE STERNE IM SCHWANZ
H|P 273

Die Grosse Löwin und Der Erhabene Löwe wurden in den astronomischen Listen unterschieden; die Identifikation einzelner Sterne macht jedoch klar, dass Die Grosse Löwin über Dem Erhabenen Löwen stand.[623] Als besonderen Stern "in der Brust" hebt das *Mul. Apin* den 'König' Lugal hervor.[624] Dafür kommt jedoch, der Anatomie wegen, α Leonis nicht in Frage, den die Griechen zu ihrem Königsstern machten, sondern der zweithellste Stern des Sternbilds: γ Leonis. Als König in der Brust Der Grossen Löwin verweist er auf deren Funktion als Königsmacherin.

Regent Der Grossen Löwin ist laut *Mul.Apin* der löwenköpfige Schutzgott Latarak. Einige Texte setzen Die Grosse Löwin jedoch mit der Gattin des Kriegsgottes Zababa in Ophiuchus gleich: Das Sternbild wird dann als "Baba, Die Hirtin" bezeichnet.[625] Baba war eine Tochter Anus und wurde als Muttergöttin verehrt, galt um 2000 v. u. Z. aber auch als kriegerische "(Schutz-)Herrin über das Land", die als oberste Richterin fungierte und ihre "göttlichen Mächte aus dem Innersten des Himmels holt". Verfinsterte sich ihr Sternbild, war dies ein schlechtes Omen: "Wenn Die Grosse Löwin schwarz ist, wird das Land unzufrieden werden."

Babas hoher Rang liess sie die Wahl des Königs legitimieren: "Du hast dem König einen erhabenen Namen verliehen"; "Du hast mit einem Herzen einen würdigen Mann auserwählt, einen wahren Hirten."[626] Die Grosse Löwin dominierte mit ihrer Pranke das den Herrscher symbolisierenden Sternbild Des Erhabenen Löwen unter ihr, auf dieselbe Weise, wie jeder Herrscher seinen Fuss auf seine Subjekte setzte.

Abgelöst wurde Baba von der als 'Löwin Des Himmels' betitelten Ishtar als Verkörperung der Geschicke des Landes. Die Legitimation eines männlichen Königs durch eine weibliche Göttin geriet in den Hintergrund; stattdessen wurde Ishtars kriegerische Seite hervorgehoben, die man durch ein Löwenpaar zu Füssen ihres Thrones darstellte: "Im Himmel und auf der Erde brüllt sie wie ein Löwe und vernichtet die Menschen." Als Göttin des Krieges kündigte sie eine Schlacht an: "Die Löwin, die Hündin der Ishtar, brüllte und hörte nicht auf zu brüllen."

Ishtar wurde auch vom Planeten Venus verkörpert; deren Annäherung an das Sternbild der Grossen Löwin war ein Omen der Vernichtung: "Wenn Venus im Osten in Der Grossen Löwin steht, wird es in Elam eine Schlacht geben; steht sie im Westen in Der Grossen Löwin, wird es eine Schlacht in Akkad geben." Und wenn Venus die Stelle ihrer höchsten Macht erlangte – beim Stern Des Königs [γ Leonis], der auf ihrer Bahn liegt –, verhiess dies auch Gutes: "Erreicht Venus ihre geheime Stelle, wird sich ein gutes Geschick einstellen – sie hat das Gestirn der Grossen Löwin erreicht."

In den Annalen wurde festgehalten, dass immer wieder Überlandrouten wegen Löwen geschlossen werden mussten. Sie wurden unter Aufsicht des Herrschers bejagt, da sie für die Hirten und ihre Herden eine Gefahr waren. Die Omen fielen dementsprechend aus: "Wenn Die Grosse Löwin dunkel ist, werden Löwen und Wölfe drei Jahre lang Menschen töten und den Verkehr mit dem Westland unterbinden."

Das Sternbild der Grossen Löwin geht zusammen mit Orion und Hydra im 3. Monat Simanu, Mai | Juni, erstmals abends auf, kulminiert im September und geht im 9. Monat Kislimu, November | Dezember, wieder unter. Die Löwin stand für den heissen, trockenen Sommer, der Himmelsstier für den kalten, feuchten Winter. Auf Rollsiegeln sind beide in ewigem Kampf dargestellt, den steten Wechsel der Jahreszeiten symbolisierend. Beide müssen angesichts ihrer Wetterextreme vom Menschen bezwungen werden. Die Darstellungen zeigen deshalb, wie der Löwe und der wasserspeiende Himmelsstier von Helden gezähmt werden.

W 184–188

In einer spätzeitlichen Uranographie sind noch zwei bruchstückhafte Angaben zur Grossen Löwin lesbar: "Die Grosse Löwin ist hinter dem Jupiter [dessen Geheime Stelle bei Cancer] gezeichnet. [... Erus] Peitschenschnur erstreckt sich über den Schwanz Der Grossen Löwin."[627]

Crater, Sextans und Sterne von Leo und Hydra

UR.(M)A(H) | NESHU – DER ERHABENE LÖWE

S | S | W

18 und 19 Leonis (bei o Leonis)

DIE ZWEI STERNE DES LÖWENKOPFES

S | S | W

43 (bei ρ) und 49 Leonis, 19 und 13 Sextantis (vorbei an ι Hydrae)

DIE VIER STERNE DER BRUST

S | S | W

23 Hydrae (zurück zu α Hydrae)

RECHTER VORDERFUSS

S | S | W

λ Hydrae

FUSS IN DER MITTE DES LÖWEN

S | S | W

θ und ζ Crateris

DIE ZWEI STERNE DES SCHWANZES (DER BEIDEN LÖWEN)

S | S | W

HIP 58741

EINZELNER STERN IM SCHWANZ

S | S | W

Im *Mul.Apin* wird zwischen Der Grossen Löwin und Dem Erhabenen Löwen unterschieden. In einer spätzeitlichen Uranographie wird der männliche Löwe als Herrscher beschrieben, der die Schäfchen seines Volkes schützt: "Der Erhabene Löwe ist ein herrlicher Hirte. [...] über dem Schwanz ein Stern vor dem Rumpf [φ Leonis] und vier Sterne daneben [...], ein Stern ist in der Brust eingezeichnet [ι Hydrae]."[628]

Eine detaillierte Tontafelzeichnung des Sternbilds ist am besten auf einem abgedruckten Foto aus DDR-Zeiten zu erkennen.[629] Sie zeigt einen geflügelten Löwen, der auf der in Hydra liegenden Schlange Mush steht. Obgleich spiegelverkehrt, ist die Zeichnung beider Sternbilder so genau, dass sie sich passgenau auf die Sterne über Hydra projizieren und mit den von diesem Löwen ausgehenden Linien des *Gu-Text*es abgleichen lassen. Das Foto zeigt jedoch ein Löwenpaar: Hinter dem Erhabenen Löwen steht, um eine halbe Schrittlänge versetzt, ein zweiter. Von ihm zu sehen sind die Brust, drei Beine und der Rumpf mit einem anders ausgestreckten Schwanz als dem halb eingerollten des Erhabenen Löwen vorne.

Dieses Paar ist weder durch einen Namen noch irgendeine Textstelle ausgewiesen; das Sternbild selbst stellt als einziges wohl keinen Gott, sondern einen Menschen dar – den jeweiligen Landesherrscher. Als "herrlicher Hirte" legitimiert und erhoben wurde dieser Erhabene Löwe durch "Die Hirtin Baba" und das Sternbild ihrer Löwin darüber. Doch soll der nur halb erkennbare Löwe dahinter den Vorgänger oder Thronfolger des Königs darstellen? Oder seine Gemahlin in ihrer Funktion als Regentin? Die Antwort darauf geht aus keiner Textstelle hervor.

Der Erhabene Löwe hat jedenfalls, im Gegensatz zu Babas und Ishtars Löwin, ausschliesslich Bezug zum Herrscher. Im *Mul.Apin* heisst es: "Wenn die Sterne Des Erhabenen Löwen glänzen, wird der König, wo immer er hingeht, siegreich sein."[630] Ein Omen lautet ähnlich: "Wenn das Königsgestirn einen Glanz trägt, wird der König von Akkad unumschränkte Herrschaft ausüben." Ist hingegen "das Königsgestirn schwarz, wird der Befehlshaber des Palastes sterben".

Als 'König der Tiere' bestimmte der Löwe dabei über den König: "Wenn eine Frau im Palast ein Kind gebiert, das das Gesicht eines Löwen hat, wird der König keinen Widersacher haben."

W 184–188, WE 81–82, U 29–30, RE 'Löwe' und W 134–135

Die Griechisch-Römische Tradition

Die Griechen übernahmen den Löwen mit dem Tierkreis, aber nicht als Emblem eines totalitären Herrschers, dazu waren die Griechen zu oligarchisch organisiert, sondern als Symbol tierischer Herrschaft. Sie blendeten den auf Hydra stehenden Löwen aus und verwandelten die Löwin darüber in einen Löwen. So schreibt Eratosthenes: "Es scheint, als wäre ihm die Ehre eines Tierkreiszeichens von Zeus gewährt worden, weil der Löwe die führende Position unter den vierfüssigen Wildtieren innehat."[631]

Eratosthenes verband ihn mit der ersten Aufgabe des Herakles, der Erwürgung des nemeischen Löwen mit blossen Händen. Er berief sich dabei auf die *Herakleia*, ein um 650 v. u. Z. von Peisandros von Rhodos verfasstes Epos. Darin trug Herakles erstmals ein Löwenfell und hatte zwölf Aufgaben zu verrichten. Die Vorlage dahinter ist wahrscheinlich Gilgameshs Kampf mit dem Löwen, samt allen anderen Taten, die ihn mit Tierkreiszeichen in Verbindung bringen. Gilgameshs epische Kämpfe und Begegnungen mit unterschiedlichen Monstern, Tieren und Mischwesen waren dabei Überarbeitungen der Heldentaten Ninurtas, der unter anderem einen siebenköpfigen Löwen[632] besiegte.

Den Königsstern kennen weder Eratosthenes noch Hyginus; er wurde erst von Ptolemaios als *Regulus*, 'Kleiner König', kanonisiert. Ein Scholion zu Aratus verweist auf den babylonischen Ursprung des Namens.[633] Bei den Griechen wurde dieser Königsstern jedoch von α Leonis verkörpert.

Das völlige Fehlen eines Mythos zum Löwen bei Aratus verweist vielleicht darauf, dass der Löwe ein urgriechisches Sternbild war, das der Frühzeit des *Homo sapiens* entstammte. Denn auch die Aborigines der Wardaman sehen in den Sternen von Leo einen Spitzenprädator – den 'Schöpfungshund', wahrscheinlich ein ausgerotteter Beutellöwe –, mit dessen Sternbild ihr zeremonielles Jahr begann.

XVI ZWILLINGSGESTIRNE

Am mesopotamischen Himmel standen mehrere *Mashu*, 'Sternpaare': Ninsar und Erragal unter dem Thron der Gula; Shullat und Hanish vor Numushda; Sharur und Shargaz als Skorpionstachel; sowie die folgenden drei Sternbilder.

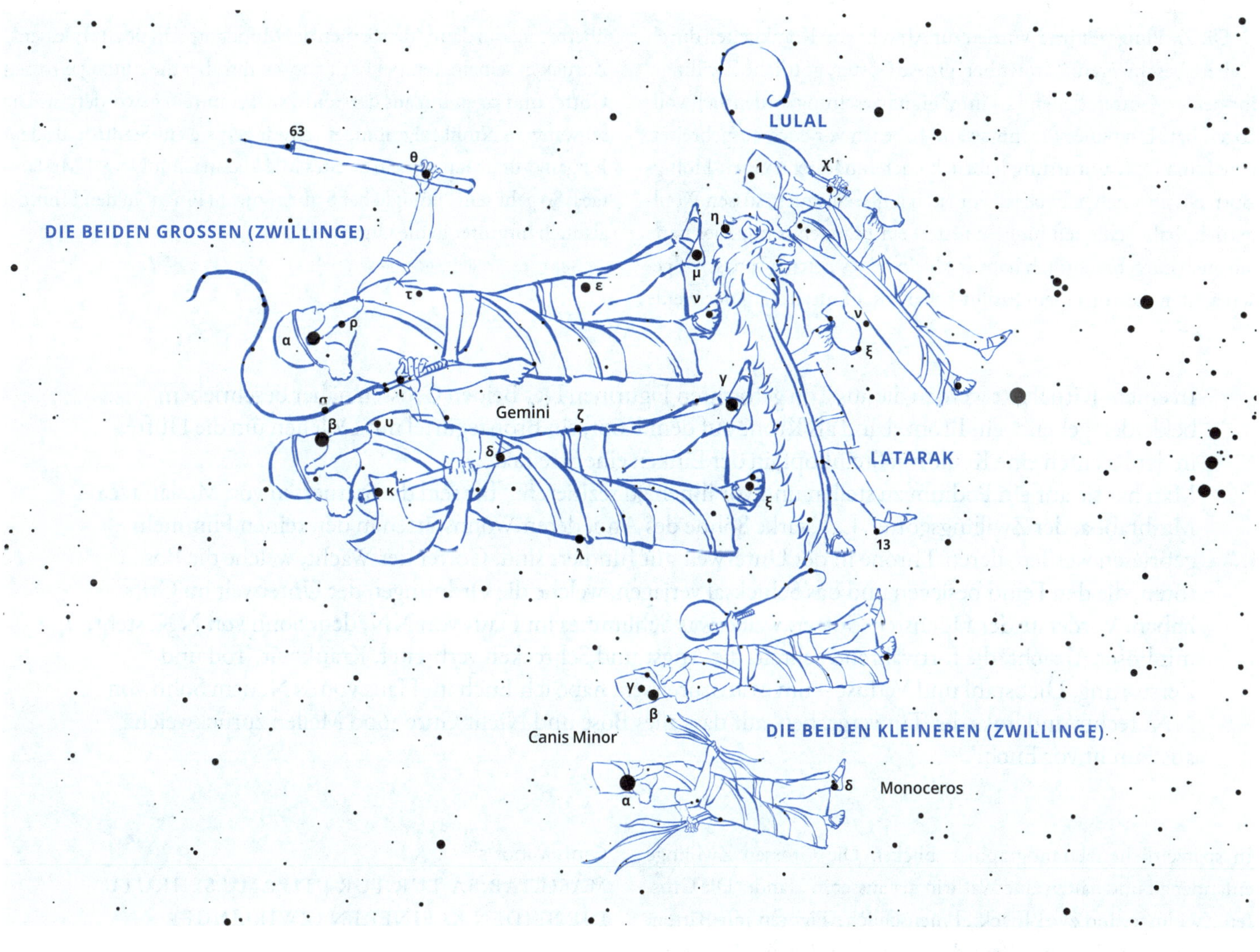

Gemini

MASH.TAB.BA GAL.GAL | TU'AMU RABUTU – DIE BEIDEN GROSSEN (ZWILLINGE)

MASHU – DAS PAAR

α Geminorum

VORDERER (KOPF) STERN

H|P 276, P|W 319

θ Geminorum

[bei der linken] HAND DES VORDERSTEN ZWILLINGS

S|S|W, H|P 276, G 101

η Geminorum

LINKER FUSS

H|P 276, S|S|W

β Geminorum

HINTERER (KOPF) STERN

S|S|W

ξ Geminorum

HINTERER FUSS

P | W 319

Die Grossen Zwillinge sind *Lugal-irra*, 'Mächtiger König', und *Meslamta-ea*, 'Der Aus Der Unterwelt Aufgestiegene'. Beide werden mythologisch mit dem Mondgott Sin und mit Nergal gleichgesetzt, dem Herrn der Unterwelt, der Krieg, Hunger, Seuchen und Krankheiten über die Menschen bringt: "Wenn Die Beiden Grossen aufgehen, wird Gott Nergal alles durch Krankheit verschlingen." Eine Form der Epilepsie wurde 'Lugalirra-Anfall' genannt und die 'Zwillings-Bedeckung' war mit Wind und Fliegen verbunden.

Die Zwillingsgestirne wurden zur Abwehr von Krankheiten durch Gebete beschworen: "Tretet her, grosse Götter, göttliche Zwillinge, ihr beiden Götter, denen [...] ihre 'Handwaschung' ordentlich vollzogen hat! Ein reines Prachtgewand habe ich vor euch ausgebreitet, eine reine Opferzurüstung habe ich euch hingestellt, einen Honig-Butter-Rührkuchen habe ich vor euch [...] Weihrauch, süssen Wohlgeruch, habe ich euch hingeschüttet, ein Braugefäss mit Bier habe ich euch dargebracht. Ich habe euch ein reines Fettschwanzschaf geschlachtet, das von einem Pasillu-Schaf abstammt, das auf der Weide des Helden [...] ist, das herumgelaufen ist in dem reinen Unterstand des Hirten [...]."[634]

Venus und Mars verstärkten den kriegerischen Aspekt der Beiden Grossen: "Wenn Venus zwischen Den Zwillingen steht, wird das Land völlig feindlich werden"; "Wenn der Fremde sich Den Beiden Grossen nähert, wird der Herrscher sterben und Feindseligkeit aufkommen."

Meslamtaeas Zeugung wird im sumerischen, in Nippur spielenden Mythos *Enlil und Ninlil* geschildert. Der Stadtgott Enlil ist noch ein junger Mann, Ninlil eine Jungfrau. Als sie sich am Fluss wäscht, will Enlil sie küssen; sie weist ihn zurück, doch er kann sie überreden, um dann "den Samen des Mondgottes in sie zu ergiessen". Zurück in seinem Tempel Ekur packen ihn aber die fünfzig Grossen Götter und jagen ihn aus der Stadt, weil er unrein geworden ist. Die schwangere Ninlil folgt ihm, er schwängert sie am Stadttor als dem Eingang zur Totenwelt ein zweites Mal, diesmal mit Nergal-Meslamtaea. So geht sein "königlicher Samen sowohl hinauf in den Himmel als auch hinunter in die Unterwelt".

G 101, RE 'Zwillingsgottheiten', LEI 47–48 und W 160–162

In einem Ritualtext werden die aus Ton geformten Figurinen Der Beiden Grossen näher beschrieben: bekleidet, gehend, ein Bronzeband als Krone auf dem Kopf, ein Bronzegürtel mit Dolchen um die Hüfte, in der Rechten eine Keule mit Steinkopf, in der Linken eine Streitaxt.
Man hat sie auf ein Podium zu stellen und vor ihnen zu rezitieren: "Ihr seid die Statuetten von Meslamtaea Mashtabba, der Zwillingsgötter, [...] starke Söhne des Anu, deren Wohnstätten in den reinen Himmeln gepriesen werden, deren Throne in der Unterwelt gut fundiert sind, Götter der Wacht, welche die Bösen töten, die den Feind besiegen und das Schicksal verjagen, welche die Ordnungen der Unterwelt im Griff haben, Vorderste der Höchsten Götter: weil etwas Schlimmes im Haus von NN, dem Sohn von NN, steht, mit böser Absicht, die fortwährend schreit, die Angst und Schrecken verbreitet, Krankheit, Tod und Zerstörung, Diebstahl und Verlust – um es auszureissen, habe ich Euch im Haus von NN, dem Sohn von NN, rechts und links der Tür vergraben, auf dass alles Böse und Nicht Gute 3600 Meilen zurückweiche aus Furcht vor Euch."[635]

In spätzeitlichen Uranographien blicken Die Grossen Zwillinge einander an und halten eine Waffe in der äusseren Hand: "Die Grossen Zwillinge sind zwei [nackte] menschliche Figuren mit Bärten; sie haben einen Kurkurru [fremden Glanz?] an sich. Bei ihren Köpfen ist je ein Stern [α und β Geminorum] gezeichnet. Die vordere Figur [Meslamtaea], die dem Kiefer [des Himmelsstiers in Taurus] gegenübersteht, trägt einen *Hinsu* [Stachelstock?][636] in der linken[637] Hand. Die hintere Figur [Lugalirra] hält in der linken Hand [ι Geminorum] ein halbmondförmiges Beil [andere Version: "eine Sichelaxt in der rechten Hand, in der linken Hand eine Peitsche"].[638]

Canis Minoris[639]

MASH.TAB.BA TUR.TUR | TU'AMU SEHRUTU – DIE BEIDEN KLEINEREN (ZWILLINGE)

S | S | W, K 158

Aus einem Text geht hervor, dass das Sternbild Der Grossen Zwillinge mit dem Der Kleineren "spricht", wodurch hervorgeht, dass beide Sternbilder einander gegenüberstehen.[640]

Verbunden wurden Die Beiden Kleineren im *Mul.Apin*[641] mit zwei kaum bekannten Göttern, Alammush und Ningubluga.[642] Ningubluga war der Sohn des Mondgottes, der über die Viehherden wachte, Alammush die rechte Hand des Mondgottes. Eine sumerische Hymne nennt sie "Zwillingskinder". Beide werden in astrologischen Texten selten erwähnt, dann aber mit Krieg und Feindseligkeiten assoziiert: "Wenn Die Kleinen Zwillinge vor der Venus stehen, dann wird das Land völlig untergehen."

WE 79, RE, 'Zwillingsgottheiten', W 189–190

Spätzeitliche Uranographien beschreiben ihr Sternbild jedoch detailliert: "Die Beiden Kleineren (Zwillinge) sind zwei bekleidete menschliche Figuren mit Bärten; sie haben einen Kurkurru [fremden Glanz?] an sich. Zwei Sterne [α und β Geminorum] sind in ihren Köpfen eingezeichnet. Die vordere [westliche] Figur trägt in der rechten Hand eine Peitsche; sie hält die Peitschenschnur am Schaft. Die hintere [östliche] Figur hält in der Rechten einen Blitz vor sich und mit der Linken einen Blitz hinter ihrem Rücken; sie steht hinter Anus Wahrem Hirten [Orion]."

Die Blitzbündel erklären sich dadurch, dass die Zwillinge in der beginnenden Schlechtwetterzeit Ende Dezember untergehen, sobald die Sonne aufgeht.

MASH.TAB.BA SHA INA PANI SIPA.ZI.ANNA – DIE BEIDEN VOR ANUS WAHREM HIRTEN

1 Geminorum – μ Orionis?[643]

LULAL

S | S | W

η Geminorum – 13 Monocerotis?

LATARAK

S | S | W

Im *Mul.Apin* werden Lulal und Latarak als "Zwillingssterne" bezeichnet, "die Anus Wahrem Hirten [Orion] gegenüberstehen". Wie Lugalirra und Meslamtaea werden diese 'kleinen Götter' meist als Paar genannt; sie sollten als Schutzgötter Böses und Krankheiten vertreiben: Ihre Figürchen wurden als Schutz vor Dämonen[644] rechts und links des Hauseingangs vergraben oder auf die Wände gemalt.

Lal bedeutet 'Honig', *Lu*, 'Mann': 'Honigmann' war auch die Bezeichnung für einen bestimmten Priester. Anders als sein monströses Alter Ego Latarak wurde Lulal menschlich dargestellt, eine Peitsche schwingend, sowohl als Krieger wie als Schutzgott der Schafe und Ziegen. Daher rührt sein Beiname 'Nicht Ermüdender Arm' und die Gleichsetzung mit dem 'König Der Steppe', wobei er mit einer Gazelle abgebildet wurde,[645] er war eine mit Amurru vergleichbare Gottheit. Lulal galt als Sohn der Inanna und wird in ihrem Kreis genannt,[646] zwischen anderen Kultpriestern vor ihrem Thron stehend, "in der Schlacht die gnadenlose Stockwaffe tragend". Dazu findet sich Lulal auf einem Lamashtu-Amulett:[647] Lamashtu war einer der sieben bösen Dämonen, die Krankheit und Tod verursachten, um damit im Epos *Atrahasis* die Überbevölkerung der Welt zu verhindern. Ab altbabylonischer Zeit galt Lamashtu als Herrin der Wilden Tiere.

In einem Ritual, das Lamashtu vertreiben sollte, erscheint hingegen Latarak als Löwenmensch mit Peitsche:[648] Sein Name lässt sich mit dem akkadischen Wort für Auspeitschen in Verbindung bringen. Ähnliche Figuren, in Löwenfelle gekleidete Männer, werden auf Reliefs der neo-assyrischen Paläste abgebildet: offenbar exorzistische Priester, die in die Rolle dieser Götter schlüpften. Das *Mul.Apin* nennt Latarak den Regenten des Sternbilds der Grossen Löwin.[649]

W 190–192, RE 'Lulal | Latarak'

Eine spätzeitliche Uranographie beschreibt auch dieses dritte Zwillingsgestirn: "Die Zwillinge, die vor Anus Wahrem Hirten [Orion] stehen, sind Lulal und Latarak Vor Den Toren. Es sind zwei bekleidete menschliche Figuren. Die vordere menschliche Figur ist bärtig, die hintere hat das Gesicht von Latarak; sie tragen einen grossen Krug in ihren rechten Händen."[650]

Lulal und Latarak hier doppeldeutig als "ausserhalb der Tore" zu bezeichnen, hat einerseits damit zu tun, dass man ihre Figurinen vor Toren vergrub, um Böses fernzuhalten, andererseits, dass "Anus Sohn Latarak, der von Ninurta besiegte Asakku, seinen Sitz ausserhalb der Stadt hat".[651]

Die Griechisch-Römische Tradition

Die Griechen übernahmen zusammen mit dem Tierkreis die Sternbilder Der Grossen Zwillinge, belegten ihre Ikonographie jedoch mit Mythen ihrer eigenen Zwillingspaare wie den Dioskuren, Tehos und Amphion, die Theben erbauten, oder mit Triptolemos und Iason. Von der babylonischen Symbolik blieb nichts erhalten.

XVII DIE FIGUREN UM DEN STREITWAGEN

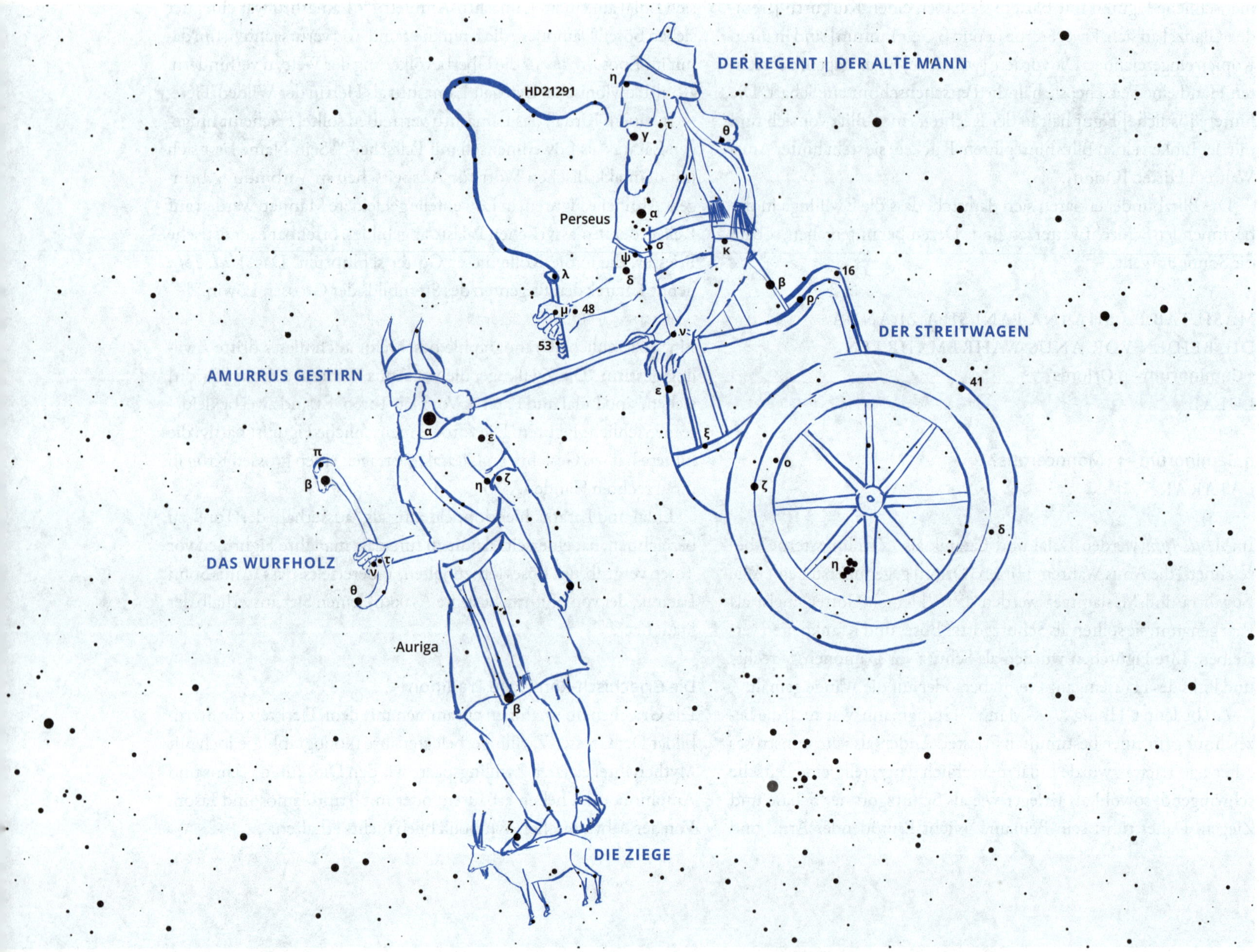

Perseus
SHU.GI – DER REGENT
SHIBU – DER ALTE MANN
δ – α Persei
BRUST
S|S|W
β Persei[652]
HELLER STERN
S|S|W

6 Sterne,[653] **α und 29, 31, 34 ψ, σ Persei**
NIG.TAB | NASRAPU – DER SCHMELZOFEN
S|S|W

Das akkadische *Shibu* bedeutet 'alter Mann', das sumerische *Shu* bezeichnet eine Hand und damit auch 'Kontrolle', und *Gi* benennt den Schaft einer Waffe: *Shu.Gi* ist damit als 'Regent' zu übersetzen. Beides bezieht sich auf den Gott *Enmesharra*, dem das *Mul.Apin* dieses Gestirn unterstellt.

Der urzeitliche Götterkönig Enmesharra – Herr Aller Mächte – galt als enger Verwandter oder gar als Vater Enlils;[654] seine Frau war Ninmesharra, die vom Planeten Venus verkörpert wurde, und seine sieben Söhne wurden aufgrund der Nähe des Sternbilds zu den Plejaden öfters mit deren dämonischen Siebengöttern[655] identifiziert.

DER MYTHOS UM ENMESHARRA

Enmesharra wurde gezwungen, "Szepter und Stab" an Enlil und Anu abzugeben, wie der fragmentarisch erhaltene altbabylonische Mythos von Enmesharras Niederlage erzählt. Darin vergingen er und seine Söhne sich gegen Marduk, wurden besiegt und gefangen genommen.

Enmesharra soll daraufhin seine Söhne ausgeliefert haben, um sein eigenes Leben zu retten – doch ohne Erfolg: "Da erhob der grosse Marduk seine Waffe, schlug den Söhnen Enmesharras die Köpfe ab und zeichnete ihre Abbilder auf eine Wand. Ihrem Vater Enmesharra fesselte er die Hände; er nahm ihm all seinen Glanz, verlieh ihn Shamash und zeichnete sein Abbild auf sein Haus."[656]

Enmesharra wird "dem Schwert zugeführt" und seine Lichtstrahlen dem Sonnengott übertragen. Eine Darstellung scheint seinen Tod zu zeigen: Der Kopf eine Strahlenscheibe, die Hände auf dem Rücken gefesselt, wird er von einem Gott mit einem Schwert erstochen. Das Wort für Glanz – *Zimu* – bezeichnet das Halo eines Sterns, das einer Krone – *Men* – gleicht, weshalb sein Name auch En-*men*-sharra geschrieben wurde. Die Wand mit den Bildern seiner Söhne wiederum lässt sich als das steinerne Firmament des untersten Himmels auffassen.

Astrologische Texte verbinden Enmesharras Sternbild mit dem darunter liegenden Sternbild des Streitwagens: "Enlils Wagenkasten ist nun Enmesharras Wohnstatt."[657] Und der helle Stern Nusku – α Tauri – "steht vor Enmesharras Wagendeichsel". So sieht es auch eine andere Tafel, auf der α Tauri als 'Heller Stern Girru' bezeichnet wird, "der vor Enmesharra steht".[658]

Ein neo-assyrischer Ritualtext stellt neben den toten Enmesharra "den Herrscher, der im Wagen steht. Es ist der Kriegsgott, Ninurta der Herr",[659] der Besieger des darüber in Cassiopeia liegenden Anzu-Vogels.

Enmesharra zur Seite stehen kann in späterer Zeit aber noch ein weiterer Mann, der dann als Wagenlenker[660] auftritt und an anderer Stelle mit Nabu als dem Besieger Anzus identifiziert wird: "Der Zügelhalter, der bei ihm [Ninurta] steht, er hat die Zungen Anzus herausgerissen und hält sie fest in seiner Hand. Er hing die Zügel auf die Mauer der Treppe zum Tempel des Enmesharra."[661]

Die Besatzung des Streitwagens unterhalb dieses Sternbilds wechselt also je nach Epoche, scheint tendenziell jedoch auf zwei Figuren beschränkt zu sein: Enmesharra sowie Enlil oder Ninurta.

Öffentlich beklagt wurde Enmesharras Tod im 10. Monat Dezember | Januar: "Gula hat das Weinen für den besiegten Enmesharra eingeführt."[662] In der Unterwelt jedoch "hörte Enmesharras Schatten nicht zu weinen auf: Verbrennt mich, verbrennt mich!" Diese Klage wird je nach Fassung mit der Reue über die feige Auslieferung seiner Söhne in Verbindung gebracht oder mit der Trauer darüber, dass Marduk seine Söhne ohne sein eigenes Zutun gefangen nahm – wobei ihm bei der Nachricht ihrer Niederlage die Gedärme zu brennen anfingen.[663]

Verbildlicht wurde dies durch das kleine Sternbild eines Nasrapu: einer Esse, in der Metalle aufgeschmolzen wurden.[664] *Nasrapu* – abgeleitet von *sarapu*, 'schmelzen, rot färben' – bezeichnet sowohl ein Stück rohes Fleisch wie einen Schmelzofen,[665] als Symbol für Enmesharras Höllenqualen, die er aufgrund des Todes seiner Söhne erleidet.

In einer spätzeitlichen Uranographie wird dieses Sternbild leider nur bruchstückhaft beschrieben: "Seine [Brust steht im??] Feuer, einen Schmelzofen tragend, [6 Sterne] sind in dem Schmelzofen eingezeichnet."[666] Eine Sternentafel setzt den Schmelzofen dann gleich mit "der Schulter des Regenten".[667] Das erlaubt seine Identifikation mit den laut *Mul.Apin* "dämmerigen Sternen" in dem Cluster um α Persei: einen Überriesen als hellsten Stern unseres ganzen Sternbilds inmitten einer Vielzahl kleinerer Sterne.

Wie eine Beschwörung zeigt, übte Enmesharra nach seiner Folter in der Unterwelt als Richter eine Rolle aus, die auf der Erde sonst der Sonne zustand: "Enmesharra, Herr der Unterwelt, Beschliesser der Urteile in der Unterwelt, grosses Band des Himmels, grosser Herrscher, ohne den Ningirsu weder Deiche aufschütten noch Kanäle ziehen oder Furchen graben kann." Dementsprechend fiel die Omendeutung seines Gestirns aus: "Wenn der Aufgang Enmesharras sehr rot ist, wird das Hochwasser steigen." In der Heilmagie war "die Region Des Alten Mannes" Auslöser für "Epilepsie, Fieber, Gliederschmerzen, Knochenbruch und Migräne".[668]

W 199–201 und L 281–289

Eine spätzeitliche Uranographie beschreibt sein nach Osten blickendes Sternbild: "Der Alte Mann ist eine bekleidete menschliche Figur mit einem Bart; [sein Kurkurru (fremder Glanz?) leuchtet].[669] In seiner Rechten hält er ein Peitschenleder [μ – λ – Persei und HD 21291], seine Linke [bis ν Persei?] reicht über Das Büschel[670] [die Plejaden]. Auf seinem Kopf ist ein Stern [η Persei] eingezeichnet."[671]

Der im Streitwagen befindliche Teil des Alten Mannes "von seinem Unterschenkel bis zur Sohle" [εζξορ Persei] wurde "Enmesharra-Gestirn" genannt.[672] Dies erlaubt wiederum die Identifikation des Sternbilds des Streitwagens.

WE 76, 77–78 und G 44

Im *Mul.Apin* stehen der "helle Stern" Des Regenten und die "dämmerigen Sterne" (Nasrapus) den ganzen Juli und August über "in der Mitte des Himmels", um vom Zenit aus alles zu beherrschen.[673] In dieser Zeit war er wohl das Omengestirn für gute Ernten – während er in niederer Stellung in Konjunktion mit dem Mond dem Herrscher ein hohes Alter und gute Regentschaft verhiess.[674]

Die Griechisch-Römische Tradition

Die Griechen deuteten Enmesharra zu Perseus um, ohne ihn mit dem Streitwagen darunter zu verbinden; der in dieser Zeit in Mesopotamien bereits mit Amurru assoziiert war. Bewahrt blieben das Motiv der Enthauptung von Enmesharras Söhnen, das nun auf die Gorgonen bezogen wurde, sowie Enmesharras schattenhaftes Weiterleben in der Unterwelt: Perseus erhält so einen Helm, den mit der Unterwelt verbundenen *Aidos*, 'der Unsichtbare'. Bei Aratus streckt Perseus wie Enmesharra seinen Arm aus, wenngleich hin zu Cassiopeia. Bei Eratosthenes und Hyginus hält Perseus mit der linken Hand das Gorgonenhaupt, während Enmesharra seine linke Hand über das 'Haarbüschel' der Plejaden gehalten hatte, die seine sieben enthaupteten Söhne, aber auch die schrecklichen Siebengötter verkörperten.

Da in der babylonischen Ikonographie der Sternbilder unklar geworden war, wer nun eigentlich in dem darunterliegenden Streitwagen stand, färbte der tote Enmesharra auf den griechischen Wagenlenker in Auriga ab: Ihn fassten die Griechen dementsprechend als urzeitlichen und unterweltlichen "Sohn der Erde und des Streits" Erichthonios auf.[675]

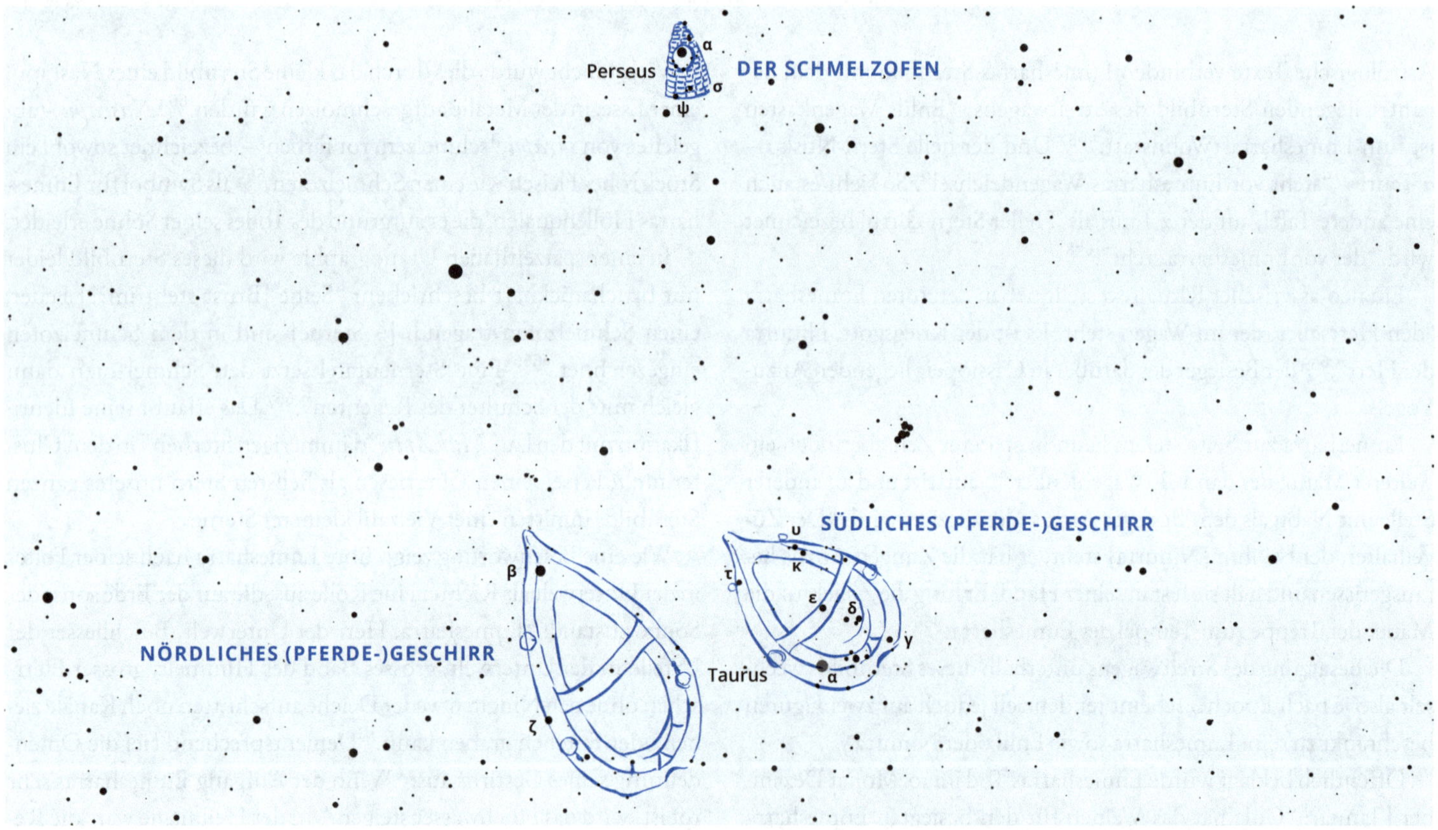

ξ – ν – β – 16 Persei

GISH.GIGIR | NARKABTU – DER STREITWAGEN

S | S | W

δ und 41 Arietis

RAD

S | S | W

oberhalb von Aldebaran[676]

WAGENDEICHSEL

β (und ζ und 104 Tauri)

NÖRDLICHES (PFERDE-)GESCHIRR

R | S | W 555

τ - γ Tauri?[677]

SÜDLICHES (PFERDE-)GESCHIRR

S|S|W

Um 2200 v. u. Z. wurden in den Steppen zwischen Don, Wolga und Kaspischem Meer Pferde domestiziert und das Speichenrad erfunden. In dieser Region entstand bald der zweirädrige Streitwagen der indoeuropäischen Krieger, der bald die militärischen Taktiken bis hin zu Homers Zeit und den Römern prägte. Mit dem Streitwagen tauchten indoeuropäische Männer aus dem zentralasiatischen Raum um 1500 v. u. Z. im Norden Mesopotamiens auf, wo sie sich im hurritischen Reich Mitanni als Elite etablierten. Von dort wurde die Streitwagenkampftechnik in die Heere des Zweistromlandes übernommen – und auch am Himmel verewigt.

Beim astralen Streitwagen handelt es sich also um ein relativ spätes Sternbild, das dann mit seinem Rad die dort um das Rückenbüschel der Plejaden gesehene Wildkuh überzeichnete. Sein Prestige drückt sich auch in den erhaltenen Omentexten aus: "Wenn der Mond im 11. Monat zu Dem Streitwagen aufsteigt, wird der König von Akkad seine Deichsel geradeaus [auf den Feind] richten und seine Hand den Feind packen."[678]

Demgemäss wurde der himmlische Streitwagen von epochalen Götterkönigen gelenkt: erst von Ninurta, dann von Marduk und schliesslich von Ashur. Im *Enuma Elish* zieht Marduk in die Schlacht gegen Tiamat und ihre elf Monster: "Marduk erhob auch die Sturmgewitter, seine mächtigste Waffe, er fuhr den schrecklichen Streitwagen, den unwiderstehlichen Sturm, und schirrte ein Vierergespann davor, deren Zügel er an seiner Hüfte festband: 'Den Schlächter', 'Den Gnadenlosen', 'Den Galoppierer' und 'Den Flieger', die ihre Lippen zurückschoben und Zähne voller Gift zeigten – sie kennen keine Müdigkeit, sie sind darauf abgerichtet, alles zu zertrampeln."[679]

Ein neo-assyrischer Ritualtext sieht den toten Enmesharra in Perseus in unserem Sternbild Streitwagen; der Lenker ist Ninurta. In der Passage findet sich der einzige erhaltene Hinweis auf die Zugtiere: angeschirrte Pferde, Geister des von Ninurta getöteten Anzu in den darüberliegenden Sternen von Cassiopeia: "Der elamitische ['luxuriöse'][680] Wagen ohne Sitz: Er trägt innen den toten Enmesharra. Die davor angeschirrten Pferde: sie sind die Geister des Anzu-Vogels. Der König, der im Wagen steht: Er ist der Kriegsgott Ninurta, Der Herr."[681]

Ob es diese Pferde gegeben hat, geht aus keiner Quelle hervor. Die spätzeitliche Uranographie, die Den Regenten mit einer Peitsche in der Rechten darstellt, sieht in ihm wohl den ursprünglichen Lenker Des Streitwagens.

Die Griechisch-Römische Tradition

Die Griechen übernahmen Den Streitwagen, verschoben ihn jedoch zu Amurru in Auriga (den sie nun zum 'Zügelhalter' – *Heniochos* – degradierten) und vergrösserten ihn dadurch. So schreibt Hyginus: "Auf Latein nennen wir ihn *Auriga* und sein Name ist Erichthonios, wie Eratosthenes zeigt. Als Zeus ihn ein Vierergespann von Pferden an den Streitwagen schirren sah, als erster Mensch jemals, bewunderte er, dass der menschliche Geist es der Erfindung des Helios gleichtun könnte, welcher der erste Gott war, der einen vierspännigen Streitwagen benützte."[682]

Auriga

MUL MAR.TU | AMURRU – AMURRUS GESTIRN

S|S|W, G99

5 Sterne,[683] **HD 40084, HD 40626, υτβ Aurigae**

GAM | GAMLU – DAS WURFHOLZ

S|S|W

2 Sterne,[684] **τ und υ Aurigae**[685]

HAND

S|S|W

Gam bezeichnet ein gebogenes Wurfholz; das Silbenzeichen bedeutete auf Akkadisch dann auch den Griff einer Waffe. Mit diesem Namen wurde zudem Capella allein als hellster Stern des Wurfholzes bezeichnet. Als widderköpfiger Stab findet er sich ab 1600 auf Kudurru abgebildet.[686]

Das gesamte Sternbild in Auriga hiess *Mar.Tu* | *Amurru* – was zugleich eine Bezeichnung für 'Westen' war, wo das Land der Amurriter lag. Im *Mul.Apin* ist es das einzige Sternbild, dessen Regent nicht direkt erwähnt wird. Der wird bloss bei dem zusätzlich eingeschobenen 12. Monat[687] (in etwa unser April) erwähnt, in dem das Sternbild sichtbar wurde: "der Gott Mar.Tu | Amurru". Es war dies die Gottheit der nordsyrischen Amurriter, die wegen ihrer nomadischen Lebensweise anfangs als Hinterwäldler verachtet wurden.

So hiess es im Mythos der *Hochzeit des Martu* noch über sie: "Sie sehen aus wie Affen. Sie ziehen ewig nur herum und sind den Tempeln der Götter ein Gräuel. Ihre Meinungen sind konfus und stiften nur Verwirrung. Sie kleiden sich in Ledersäcke, hausen in Zelten, Wind und Wetter ausgesetzt, und beten nicht; sie leben in den Bergen, kennen die Orte der Götter nicht, graben Trüffel am Bergfuss aus, verstehen nicht, das Knie zu beugen, und essen rohes Fleisch. Ihr ganzes Leben lang besitzen sie kein Haus – und wenn sie sterben, kriegen sie kein Grab. Warum also, meine Freundin, willst du Martu heiraten?"[688]

Um sie später im sumero-akkadischen Grossreich zu assimilieren, erschuf man den Amurritern, bei denen ein Amurru nirgends belegt ist, diese Gottheit und versah sie mit für die Hinterwäldler typischen Symbolen: dem Wurfholz der amurritischen Hirten und einem zylindrischen Hut mit zwei Hörnern (den jedoch nur nordsyrische Göttinnen trugen). Dieser Amurru hatte einen Fuss auf einer Ziege oder Gazelle.

Nachdem die Amurriter einmal integriert und mit Hammurapi zu Herrschern aufgestiegen waren, wurde er daraufhin zu einem Gott über ihr Herkunftsland umgedeutet.

Eine Hymne an ihn aus der Zeit um 1800 v. u. Z. spielt damit, dass das Wurfholz *Gamlu* ähnlich klang wie *gamalu*, 'freundlich sein': "Du bist gekrönt von Glanz, du trägst die Gnade in der rechten Hand und in der linken Hand das heilige Wurfholz, das den Leuten Leben schenkt ... Die Schwarzköpfigen [Sumerer] hören auf dich und achten, ob du das Wurfholz erhebst: Sie regieren das Volk auf deinen Befehl hin, sie sprechen nach deinem Willen Urteile aus. Könige auf ihren Thronen [...] die bewohnte Welt, sie gehorchen deinem Wurfholz."[689]

Amurrus Glanzkrone verrät, dass er inzwischen auch ein Sternbild innehatte. Er blieb jedoch ein zweitrangiger Gott. Erst als Babylon um 1400 erneut von einer amurritischen Dynastie regiert wurde, erhielt Amurru eigene Tempel und wurde als exorzistische Gottheit angerufen, die Himmel und Unterwelt von dämonischen Einflüssen reinigte. Die Erscheinung seines Sternbilds wurde nun ein Omen für Wohl oder Weh eines Herrscherhauses: "Wenn sich die Erscheinung Des Wurfholzes verdunkelt, wird eine Dynastie untergehen und eine andere aufsteigen"; "Wenn Das Wurfholz einen Glanz trägt, dann wird das Fundament des Throns stabil werden."[690] Zudem galt Amurru als helfender Krieger für den König und dessen oberste Gottheit. Im spätbabylonischen, um Marduk zentrierten *Sternenkatalog 5 R 46*[691] ist das Wurfholz eine "Waffe in der Hand des Marduk", welcher den benachbarten Streitwagen lenkt.

Nach dem 1. Jahrtausend wandelte sich die Rolle Amurrus erneut. Die zu den Amurritern zählenden Aramäer besetzten mittlerweile die wichtigsten Ämter im neo-assyrischen Reich – in der Verwaltung, im Heer oder als Gelehrte – und Amurru stieg zu einer populären Identifikationsfigur auf. Seine grösste Erhöhung erfuhr Amurru jedoch nach Sanheribs Zerstörung von Babylon 689. Sie stellte wohl das grösste Skandalon der damaligen Zeit dar, indem er die kulturelle Hauptstadt des Reiches flutete und ihren Stadtgott verschleppte, den Götterkönig Marduk. Sanherib verlegte auch die wichtigste Feier, das am 1. Tag des 1. Monats im März zelebrierte babylonische Erntedankfest, nach Assur, wo er 683 einen Akitu-Tempel errichtete. Statt Marduk erhob Sanherib darin seinen Gott Ashur zum neuen Götterkönig und machte Amurru zu dessen rechter Hand, um sich der Loyalität seines Staatsapparates zu versichern: Er liess Amurru dort an der Spitze der Götter in Ashurs Tempel einmarschieren.

Am deutlichsten wird Amurrus neue Rolle durch die Beschreibung des Reliefs am Tor des neuen Tempels demonstriert, mit dem Sanheribs Feldzug gegen Babylon und Marduk propagiert wurde. Die rot glänzende Bronze zeigte das Sternbild des Gottes Ashur, wie er jenen kosmischen Kampf gegen Tiamats Monster austrug, den zuvor Marduk ausgefochten hatte.

Amurru lenkt dabei Sanheribs und Ashurs Streitwagen; ihnen voran schreiten die zwei göttlichen Waffen im Stachel von Scorpius, der im Orion gesehene Bote Kakka als Anus Waffe sowie der Feuergott im Aldebaran, Nusku: "Ich zeigte auf diesem Tor ein Bild des Gottes Ashur, der in die Schlacht gegen Tiamat zieht, mit dem Bogen, den er trägt, dem Streitwagen, den er reitet, der ihm anvertrauten Flut-Waffe, und ein Bild Amurrus, der als Zügelhalter mit ihm fährt, den Anweisungen gemäss gezeichnet, die mir Shamash und Adad bei der Eingeweideschau befohlen hatten. Die Götter, die vor [dem Bild Ashurs und dem Bild Sanheribs, des Herrschers von Assyrien] gehen, sind Sharur, Shargaz, Kakka, Nusku."[692]

B 1

Im Zuge dieser Neudeutung wurde der zweite, bloss schattenhaft präsente Mann im Sternbild Streitwagen nunmehr mit Amurru identifiziert. Der Hirtengott, der zuvor diesem Streitwagen vorausgegangen war, lenkt diesen nun. Das belegt ein Fixsternkommentar zum *Astrolab B* aus Assurbanipals Bibliothek, der Den Alten Mann Enmesharra im Streitwagen mit Mar.Tu gleichsetzt.[693] In einer etwa gleich alten Uranographie werden Amurru und sein Wurfholz ebenfalls kurzerhand mit dem Schmelzofen in der Brust dieses Regenten in Perseus verbunden: "Es stellt eine menschliche Figur dar, bekleidet und bärtig, die einen Kurkurru [fremden Glanz?] an sich hat. Ein Stern steht in diesem Kurkurru. In der rechten Hand hält sie ein Wurfholz. Im Wurfholz steht ein Gestirn namens 'Wurfholz'. Die Spitze dieses Wurfholzes ist der Kopf eines Widders, in den [2] Sterne [[HD 40084 und 40626] eingezeichnet sind. [2] Stern[e] stehen im Griff des Wurfholzes [$\nu\tau$ Aurigae], ein heller Stern [β Aurigae] steht im Stab des Wurfholzes. Seine [Brust steht im?] Feuer; sie trägt einen Schmelzofen; [6? Sterne sind (um α Persei)] in diesem Schmelzofen eingezeichnet."[694]

Derart wird Amurru über den Enmesharras Brust symbolisierenden Schmelzofen mit dem hinter ihm stehenden Streitwagen verknüpft – auf dieselbe Weise wie in Sanheribs Relief im Tempel von Assur, wo Amurru beim Gott Ashur und dem Streitwagen[695] gestanden haben muss. In einem hellenistischen Neujahrsritual aus Uruk wird dann der Streitwagen Amurrus zusammen mit Ninurtas Streitwagen in Perseus direkt angesprochen.[696]

Die Griechisch-Römische Tradition

Amurrus und seines Streitwagens wegen heisst Auriga heute 'Wagenlenker'. Amurrus ziegengehörnter Hut und sein widderköpfiges Wurfholz liessen Aratus "an der linken Schulter eine grosse heilige Ziege samt ihren Lämmern an seinem Handgelenk"[697] sehen. Griechische Astronomen müssen in der Zeit nach Sanherib dieses neu konfigurierte Sternbild assimiliert haben: Das wird dadurch deutlich, dass sie ihren Streitwagen nun auf Auriga ausdehnten, Amurrus Ziegen darin integrierten, ihn aber das Vierergespann lenken liessen und die Figur 'Zügelhalter' nannten. Dazu müssen sie das Sternbild von einer neo-assyrischen Quelle übernommen haben, denn die ersten Beschreibungen dieses Sternbilds bewahren noch etwas von der plötzlichen Erhöhung Amurrus. So spricht Aratus vom "Ruhm des Zügelhalters", der dem Betrachter des Nachthimmels "von der Ziege und ihren Lämmern [α sowie η und ζ Aurigae] zugetragen wurde".[698] Die späte kriegerische Rolle Amurrus überträgt sich bei Eratosthenes dann auf den Zügelhalter Erichthonios als "Sohn der Erde und des Streits".[699]

In einer anderen Überlieferung ist Mar.Tu noch als gräzisierter Myrtilos erkennbar. Dazu erzählt Eratosthenes vom Wagenlenker, dass dieser als Kind nur eine Ziegenhaut als Waffe gehabt hätte, und paraphrasiert dann Euripides, wonach "er seinen Wagen mit einem Gefährten an der Seite lenkte, der einen kleinen Schild und einen dreikammigen Helm trug; nach dem Beispiel dieses Beifahrers wurde der Abspringer beim Wagenrennen eingeführt".[700]

Auch eine der vielen Mythen, die Hyginus zu dieser Figur überliefert, leitet sich trotz aller Adaptationen noch deutlich von dem gerade zum Götterkönig aufgestiegenen Ashur ab, seinem Kampf gegen Tiamats titanische Monster mit dem Ziegengott Amurru als Waffengefährten sowie von Sanheribs Eingeweideschau: "Als Zeus, auf seine Jugend vertrauend, sich zum Krieg gegen die Titanen vorbereitete, erhielt er ein Orakel, das besagte, wenn er gewinnen wolle, sollte er eine Ziegenhaut tragend in den Kampf ziehen."[701]

Die Symboltiere des Hirtengottes Amurru, seine Ziegen, blieben aber weiterhin "innerhalb dieses Sternbilds" Des Wagenlenkers: als "heller Stern auf der linken Schulter" (α Capella), welchen die Griechen 'Ziegenbock', *Aix*, und die Römer *Capra*, 'Ziegengeiss' oder *Capella*, 'Zicklein', nannten. Dazu hatte Der Wagenlenker "einen Stern auf jedem Ellbogen und zwei auf seinem Arm, die 'Zicklein' genannt werden, weil sie von fast verblassten Sternen gebildet werden".[702]

An den Nachkommen der syrischen Amurriter und Aramäer, den weiterhin nomadisierenden Arabern, ging dieser Aufstieg Amurrus in den Streitwagen jedoch vorbei; sie sahen in Auriga immer noch dessen ursprüngliche Gestalt als göttlicher Ziegenhirte, zwei Ziegenböckchen und Schafe rings um ihn.

XVIII URNAMMA UND DER ORION

Lepus

DAR.LUGAL | TARLUGALLU –
DER KÖNIGLICHE FASAN | DER HAHN

S | S | W, H | P 91

α und β Leporis

MITTE

S | S | W

Dar bezeichnet einen Fasan – den Halsbandfrankolin – und *Lugal* einen König; der einer Krone vergleichbare Hahnenkamm führte dann zur akkadischen Bezeichnung 'Hahn'. Ein laufender Fasan war das Symboltier des Gottes *Papshukkal*: Als 'Bruder Bote' hatte der Papshukkal für die hohen Götter die Rolle eines Ministers und Sprachrohrs inne. Solche laufenden Fasane tauchen bereits auf den mit astralen Symbolen besetzten kassitischen Grenzsteinen auf.

V 234–235 und W 222–223

Welchem Regenten dieses Sternbild als Botschafter unterstellt war, wird im *Mul.Apin* nicht genannt, geht jedoch aus dem zeitgenössischen *Vogelruf-Text* hervor. Darin wird Der Königliche Fasan sowohl als "Vogel des Enmesharra" im Perseus wie seines Sohnes Nusku im Stern darunter bezeichnet; beidesmal "ist sein Ruf: 'Du hast dich gegen Tutu versündigt.'"[703] Tutu war ein ursprünglich in Borsippa verehrter Stadtgott,[704] der im späteren *Enuma Elish* als einer der vielen Namen des Götterkönigs Marduk auftaucht, gegen den sich Enmesharra und Nusku erhoben hatten, worauf sie besiegt und hingerichtet wurden.[705]

Dieser Vogel wird aber auch mit dem Sternbild von Anus Wahrem Hirten im Orion assoziiert, der im *Mul.Apin* als Papshukkal Anus und Ishtars bezeichnet wird. Demnach wurde der Königliche Fasan als tierischer Bote des Boten der Götter gesehen. Der *Vogelruf-Text* spielt auf diese enge Beziehung der beiden an, indem er den Fasan verkünden lässt, "Anus Wahrer Hirte ist verheert worden",[706] und ihn an anderer Stelle *Kakka* ruft, 'Waffe' – sowohl in Anspielung auf den Beinamen von Anus Wahrem Hirten als 'Der Mit Der Waffe Umgeschlagene' wie in Erinnerung an die ursprüngliche Rolle des Orion als bewaffnete rechte Hand Anus. Hinter den Schreien selbst steckt die Vorstellung, tote Götter und Dämonen könnten Vogelgestalt annehmen.[707]

Die Griechisch-Römische Tradition

Die Griechen hatten in Lepus offenbar stets einen Hasen gesehen, erklärten ihn jedoch nach ihrer Übernahme des Orion zu dessen Jagdbeute. Die Symbolik des Hahns als Papshukkal blieb nur als Verweis auf den Götterboten Hermes erhalten, der den Hasen an den Himmel versetzt habe.[708] Der Gelehrte Scaliger überliefert im 16. Jahrhundert, dass es bei den Griechen auch eine volkstümliche Bezeichnung des Orion als 'Hahnenfuss' gegeben hätte,[709] was der Position unseres Hahns am Fusse des Orion entspricht.

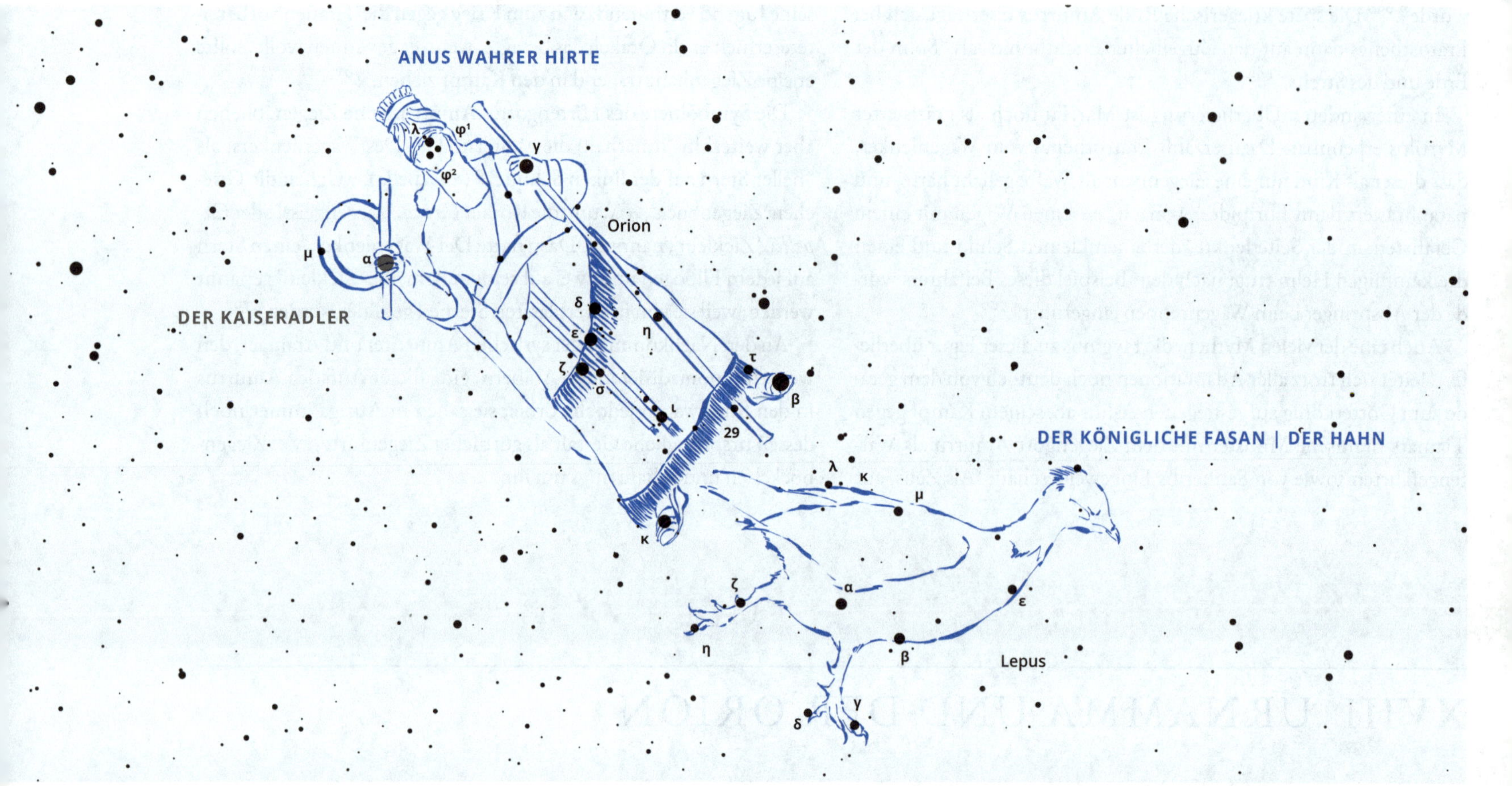

Orion
SIPA.ZI.AN.NA – ANUS WAHRER HIRTE
SHITA.DAR | SHITADDALU –
DER MIT DER WAFFE UMGESCHLAGENE
PAPSHUKKAL – DER BOTE
KAKKA – DIE WAFFE

λ Orionis
KRONE
K1 57

ξ Orionis
RECHTE HAND
S|S|W, H|P 276

bei κ Orionis
HINTERE FERSE
S|S|W, H|P 276

Sipa schreibt sich mit dem Zeichen *Udu* für 'Schaf' und *Pa*, das einen Stab darstellt, um einen Hirten zu bezeichnen; *Zi* zeigt ein stilisiertes Schilfrohr mit der Bedeutung 'verlässlich, ehrlich, loyal'; *An* benennt sowohl den Gott Anu wie den Himmel und *na* einen Genitivus possessivus. Somit lässt sich der Name als 'Wahrer Hirte Des Anu' oder 'Wahrer Hirte Des Himmels' übersetzen.

Sein Sternbild steht zwar in der Nähe der Hirtengötter Amurru und Dumuzi, aber dieser 'Hirte' ist hier als geläufiger Titel eines Herrschers über ein Volk zu verstehen. Auch der berühmteste König, Gilgamesh, wird stets "Hirte von Uruk, des Schafgeheges" genannt und seine Rolle als irdischer Sukkal, Stellvertreter und Botschafter des jeweiligen Stadtgottes auf Erden legitimiert.

Anus Wahrer Hirte trug auf Sumerisch den Titel *Shita.Dar*, 'Der mit der Waffe Umgeschlagene'. *Shita* wurde ursprünglich die Wurfkeule eines Hirten genannt; das Wort wurde dann zu einem weiteren Königstitel.[710] Zu *Shitaddalu* akkadisiert, erinnerte der Name dann an *shadalum*, 'breit sein': Daraus wurde zuletzt jener 'Breite, Grosse Mann' im Orion,[711] den die Araber *al-Jabbar* nannten, 'Den Grossen, Mächtigen'.

Das *Mul.Apin* gibt dem Orion hingegen einen noch höheren Rang als "göttlicher Papshukkal, der Bote des Anu und der Ishtar":[712] als rechte Hand der obersten zwei Götter. Ein Papshukkal hatte stets das Geschlecht der Gottheit, die er vertrat; als Bote Ishtars wurde er weiblich aufgefasst und als Ninshubur oder als Heilgöttin Ninkarrak[713] bezeichnet.[714] Am späteren arabischen Sternenhimmel wurde der Orion deshalb sowohl als männlich wie als weiblich gesehen.

Einmal ist das Sternbild der irdische Wahre Hirte Anus, 'Von der Waffe Umgeschlagen', also sterblich, ein andermal wieder ein unsterblicher Papshukkal, der im *Vogelruf-Text* auch *Kakka* – Waffe – genannt wurde. Letzteres ist wohl die älteste Bezeichnung für den Orion.

Kakka tritt als Bote Anus bereits zu Beginn des *Mythos von Nergal und Ereshkigal* auf, wo er von Anu "auf der langen Treppe des

Himmels hinab" in die Unterwelt geschickt wird, um Ereshkigal auszurichten, dass die Götter ein Fest feiern werden, sie als Herrin der Unterwelt aber leider nicht dazu in den Himmel aufsteigen dürfe.[715] Und in einem Beschwörungstext des unterirdischen Apsu bewirkt Kakka zusammen mit Ea "die Heilung der Menschheit"[716] – offenbar als Eas rechte Hand. Da weltweit in den Sternen von Orion Jäger oder – wie auf Palawan und in Neuseeland – Jagdfallen gesehen wurden,[717] ist anzunehmen, dass man auch im Zweistromland zuallererst im Orion eine Waffe sah, diese dann personifizierte und schliesslich auf einen Herrscher projizierte.

Urnammas Sternbild

Wer steckt nun hinter dem irdischen Herrscher, der als "wahrer Hirte des Anu" besonders ausgezeichnet wurde, direkt dem höchsten Gott Anu unterstand, Ishtars Wohlwollen besass und, wiewohl göttlich, durch eine Waffe erschlagen wurde? Der rebellische, arrogante und gegenüber Ishtar wie den anderen Göttern meist beleidigte, dann aber dem Mythos zufolge friedlich verstorbene Gilgamesh war dies nicht. Es gibt auch keinen anderen Herrscher, der durch die Waffe umgekommen wäre und sich als 'wahrer' Hirte bezeichnet hätte.

Solch eine Charakteristik taucht erst im 22. Jahrhundert v. u. Z. bei Gudea auf, dem Fürsten des Stadtstaates Lagash, der in eine mächtige Familie einheiratete und nur dank des Vaters seiner Frau zum Herrscher über Girsu und Nina aufstieg. 'Wahrer' Hirte nannte er sich, da deshalb Zweifel an seiner Legitimität bestanden. Diese versuchte er auszuräumen, indem er, symbolisch für seinen Werdegang, einen Tempel für den Stadtgott von Girsu – Ningirsu – errichtete: und zwar über dem von Ningirsus göttlicher Frau. Wie der berühmte Gudea-Zylinder verrät, unterstellte Gudea sich darin dem Himmel und erklärte diesen Eninnu-Tempel zum "leuchtenden Anzu-Vogel"; in dessen Mauer liess er mit seinem Namen beschriftete Kegel einbetten, die alle zusammen das Sternbild des Anzu-Vogels abbildeten.[718]

Sich jedoch zum "Wahren Hirten Des Anu" zu erklären und dann selber vom Himmel als Sternbild herab zu erstrahlen, das hatte sich, obwohl übliche Praxis im benachbarten Ägypten, in Mesopotamien jedoch noch niemand einfallen lassen. Für diese astrale Erhöhung kommt nur ein König in Frage, der sich dies allerdings nicht selbst anmasste, sondern vielmehr nach seinem Tod von seinem grössenwahnsinnigen Sohn instrumentalisiert wurde: der Begründer der dritten Dynastie von Uruk. Es war dies jener Herrscher, der den ältesten überlieferten Rechtskodex verfasste und die sumerische Renaissance einleitete, ohne dass er einem Herrscherhaus entstammte: der von 2047 bis 2030 regierende Urnamma.

Er kam als Schwiegersohn und General des Herrschers von Uruk nach dessen Tod an die Macht. Zu dieser Zeit war das akkadische Reich bereits seit hundert Jahren von den nordiranischen Gutäern okkupiert. Urnamma berief sich auf sein göttliches Mandat, eroberte das Land zurück, machte Ur zur Hauptstadt, errichtete dort eine bis heute erhaltene Zikkurat und stilisierte sich als wohlwollende diktatorische Vaterfigur und Befreier, der die alte akkadische Glorie wieder aufleben liess. Sein 300 Jahre vor Hammurapi verfasster Kodex beruhte auf der Vorstellung, dass die Gesetze von den Göttern kamen und der König bloss ihr Administrator war. Da Urnamma dabei an die alten Traditionen anknüpfte, die verfallenen Tempel renovierte, die Wirtschaft erfolgreich renovierte und Kultur und Wissenschaften förderte, wurde er schnell eine populäre Identifikationsfigur für das bedrängte Reich:[719]

"Ich bin der Wahre Hirte, der seine Herde vermehrt hat; ich legte überall grosse Viehgehege und Schafpferche an – niemand kommt mir gleich. Ich liess Wasser in die Kanäle Sumers fliessen; Bäume wuchsen hoch an ihrer Böschung. Ich belud Frachtschiffe voller Getreide und füllte überall die Speicher damit."[720]

Als jedoch 2030 eine weitere Schlacht gegen die Gutäer anstand, kam er um. *Urnamma A – Der Tod des Urnamma und sein Abstieg in die Unterwelt* – erzählt von seiner tödlichen Verwundung: "Er wurde von seinen Leuten auf dem Ort des Verrats niederträchtig im Stich gelassen wie ein zerbrochener Krug." Auftraggeber dieses Epos war Urnammas Sohn Shulgi. Darin mischte sich Geschichtsschreibung mit Mythologie, um Urnammu zu einem legendären Herrscher zu verklären, der für sein Volk starb. Shulgi betonte die Legitimität seines Vaters, indem er ihn darin zum "wahren Hirten" erklären liess. Vorbild dafür war Gudea; doch anders als Gudea wird Urnammas Status nicht durch Ningirsu, Bau und Nanshe bestätigt, sondern durch einen noch prominenteren Paten: nämlich Anu als höchstem Gott. Zudem erklärt Shulgi seinen Vater für die nachfolgenden Generationen als unsterblich, indem er Urnamma in den Orion versetzt. Vorbild dafür waren wiederum die altägyptischen Himmelfahrten der Herrscher, die im dort im Orion verkörperten Osiris ihre Leitfigur sahen. Als Urnammas Sohn stellte sich Shulgi damit aber vorrangig selbst in den Mittelpunkt eines Kults, um schon zu Lebzeiten als astrale Gottheit auftreten zu können.

DER TOD DES URNAMMA

In dem von Shulgi in Auftrag gegebenen Epos über Urnamma werden nun die im Land zerstörten Städte und der verwüstete Palast geschildert; Anus unergründlicher Ratschluss – auf den Urnamma sich für seinen Angriff berufen hatte – hat überraschenderweise die Gutäer siegen lassen.
Erstmals wird nun das ebenso dominante wie problematische Verhältnis Urnammas zu Anu thematisiert:

"Das Volk wurde von Panik ergriffen, Böses kam über Ur und raffte ihren Wahren Hirten dahin, der Wahre Hirte Urnamma wurde dahingerafft, der Wahre Hirte wurde dahingerafft, weil Anu sein heiliges Wort gebrochen hatte, sein Herz ... leer geworden war."[721]
Der schwer verletzte "heilige Hirte Urnamma", das "Grosse Schwert von Sumer", wurde daraufhin in die Stadt getragen, wo seine schockierten Truppen und seine entsetzten Frauen ihn bejammern: "Seine Hände, die alles hielten, können nun nichts mehr halten – er liegt darnieder. Seine Füsse, die überall hingingen, gehen nun nirgends mehr hin – er liegt darnieder."[722]
Die Sterbeszene beginnt mit dem gleichen Satz, der auch die sumerische Geschichte vom Tod des Gilgamesh einleitet; darin verweisen die Hashur-Bäume auf jenes Gebirge, wo man den Eingang zur Unterwelt sah: "Urnamma, der von seinen Truppen Geliebte, er kann sein Haupt nicht mehr heben. Bei dem, der die Aufsicht über alle Länder hatte, macht sich nun tödliche Stille breit.
Die Manneskraft des Landes ist gefällt, zerschnitten und ausgehöhlt wie ein Erzberg und wie ein umgehauener Hain von Hashur-Bäumen der Anblick des Landes nun. Man hat Äxte in seine herrliche Wohnstatt geschlagen wie in einen Buchsbaum: In dem Palast, wo Urnamma liegt, wurde er entwurzelt wie ein saftiger Zedernbaum."[723]

Wer zuvor wie ein Sternbild alle ihm unterworfenen Länder überblickt hatte, kann nun sein Haupt nicht mehr heben; wer zuvor wie ein Baum aufrecht gestanden hatte, wurde nun von den Äxten des Feindes gefällt: Der Orion steht tatsächlich zuerst breitbeinig am Nachthimmel, kippt dann aber im Lauf des Jahres und liegt tödlich verwundet mit ausgebreiteten Gliedern am Boden.
So wird aus einem Herrscher, der 'Anus Wahrer Hirte' genannt wurde, und einem Sternbild, das als Anus Bote und Waffe verstanden wurde – und somit als 'Mann (*Lu*) mit (*Da*) Waffe (*Shita*)' – schliesslich mit einem für mesopotamische Schreiber typischen Wortspiel 'Der mit der Waffe Umgeschlagene' *Shita-dda-lu*.

Urnammas "zugemessene Zeit nunmehr gekommen, verschied er in der Blüte seines Lebens". Als Grund dafür gibt das Epos über Urnamma an, dass die Götter "seine Opfergaben zurückgewiesen hatten; da Anu ihm nicht mit einem 'Es ist genug!' beistand, konnte er seine Tage nicht mehr zu Ende leben". Urnamma muss deshalb in die Unterwelt ziehen.
Er bringt seinem illustren Vorgänger Gilgamesh, der dort zum Anführer der Toten wurde, samt den anderen Gottheiten Geschenke und beschwert sich bei ihnen bitter über sein Schicksal: "Der Wahre Hirte brach in eine herzzerreissende Klage über sich aus: 'Ich, der ich derart behandelt wurde, habe den Göttern gut gedient und Schreine für sie errichtet; ich habe überall ersichtlichen Reichtum für die höchsten Götter geschaffen und Schätze auf ihre mit frischen Kräutern bestreuten Betten gelegt. Und dennoch ist mir kein Gott beigestanden und hat mein Herz getröstet. Wegen ihnen war alles, was mir ein gutes Vorzeichen hätte sein können, so weit entfernt wie die Himmel, wie [...] Doch was hat mir meine Willigkeit, ihnen jeden Tag zu dienen, eingebracht? Meine Tage wurden gezählt, weil ich ihnen schlaflos jede Nacht diente!
Und jetzt gibt es – wie für den vom Himmel fallenden Regen – kein Zurück mehr, kann ich nicht mehr in die Ziegelmauern Urs zurück.'"[724]
Die Einzige, die ihm beipflichtet, ist die Kriegsgöttin Inanna, deren Tempel in diesem Krieg zerstört wurde. Sie ist empört über Anus Wortbruch, der Urnamma fälschlich einen Sieg über die Gutäer verheissen hatte. Denn wenn das Versprechen der Götter nichts mehr gilt, wird auch für sie kein Wohlstand mehr in Aussicht stehen. In ihrer Wut darüber "liess sie den Himmel zittern und die Erde beben; Inanna zerstörte die Rindergehege und Schafpferche und sagte: 'Ich will Anu, dem König der Götter, Beleidigungen entgegenwerfen! Wer wird denn die Tragweite der erhabenen Worte ändern wollen, die Anu, der König, einmal ausgesprochen hat?'"[725]
Als Entschädigung für das ihm angetane Unrecht wird Urnamma daraufhin an Gilgameshs Seite zum Richter über die Toten erhoben, zuständig für in der Schlacht gefallene Soldaten. Zugleich wird ihm verheissen, "dass sein erhabener Name vom Süden bis zu den Hochländern überall angerufen werden wird"; zum Dank

für die von ihm errichteten Städte und Festungen und der Kanäle wegen, die er überall hat graben lassen, wird man sich seiner ewig erinnern.

Urnamma hat damit ein dem Usir (gr. Osiris) vergleichbares Schicksal: Auch dieser prototypische altägyptische Herrscher starb, umgebracht von seinem revoltierenden Bruder Setekh (gr. Seth) und beweint von seiner Frau Aset (gr. Isis), um dann zum göttlichen Richter der Toten in der Unterwelt ernannt und von seinem Sohn Her (gr. Horus) gerächt zu werden. So wie Usir daraufhin im Orion das ihm geweihte Sternbild Sah erhielt, in dem er nachts auf die Welt blicken konnte, wies Shulgi seinem Vater Urnamma ebenfalls den Orion als Sternbild zu.
Das geht aus der von ihm in Auftrag gegebenen Hymne *Urnamma B* hervor: "Eine strahlende Krone auf seinem Haupt, berührt er mit seinem Nacken nun den Himmel, der gute junge Mann lässt sie nun über dem Land leuchten. Urnamma, der mächtige Herrscher, ist wahrlich der höchste Nacken der Königlichkeit: möge dein Name bekannt sein, von den Grenzen des Himmels bis zum Bergfuss!"[726]
Derart wurde der 'umgeschlagene' Urnamma in den Himmel versetzt, in das vormals dort gesehene Sternbild von Anus rechter Hand und dem Boten Kakka: das nunmehr 'Anus Wahrer Hirte' genannt wurde.

Beide Traditionen – der Orion als erschlagener Herrscher und als Götterbote – blieben nebeneinander bestehen, verschmolzen aber auch. Um 1300 v. u. Z. taucht Kakka etwa im babylonischen *Enuma Elish* auf, um den Göttern von dem Aufstand von Tiamats Monstern zu berichten; er tut dies – in Abwandlung seiner Rolle als Anus Papshukkal im älteren Mythos von *Nergal und Ereshkigal* – nunmehr als Bote von Anus Vater Anshar.[727] Die Babylonier erklärten sich Kakkas neuen Titel *Shitaddalu* dann mit folgender Formel: "*Shitaddalu Sha Ina* ^{is}*Kakki Mahsu* – Shitaddalu ist der mit der Waffe Niedergeschlagene".[728]

Im späteren *Vogelruf-Text* werden Kakka und Shitaddalu dann gleichgesetzt. Der Botenvogel am Fuss des Orion ruft ihn mit seinem alten wie mit seinem neuen Namen: "Der Königliche Fasan ist der Vogel des Papshukkal; [sein Ruf ist:] 'Kakka ist verheert worden, von den Waffen ...'"; "Der Königliche Fasan ist der Vogel des Kakka; [sein Ruf ist:] 'Anus Wahrer Hirte ist verheert worden ...'"; "Kakka ist verwundet worden und ...".[729]

Ein späterer neo-assyrischer Text verbindet Orion schliesslich mit dem Hirten Dumuzi und dessen symbolischem Tod in der Hochsommerhitze, wenn die Weiden vertrockneten, von denen die Schafe abhängig waren. Der 4. Monat, in den die Sommersonnenwende fiel, verband sein Schicksal mit dem Dumuzis: "Monat Dumuzi: Anus Wahrer Hirte | Der Mit der Waffe Umgeschlagene, Papshukkal, der erhabene Wesir des Anu und der Ishtar. Der Monat, um das Korn anzuhäufen und die ersten Samen auszustreuen. Weinen des Ninrururgu [ein anderer Name für Dumuzi]. Der Monat, in dem der Hirte Dumuzi gefesselt [und zu Ishtar in die Unterwelt verbracht] wurde."[730]

Im Zusammenhang mit Dumuzi und dem 4. Jahresmonat wurde ein Ritual vollzogen, das mit einem anderen Mythos um den Tod des Orion kontextualisiert wurde, der offenbar erklären sollte, weshalb α Orionis rötlich leuchtet. Marduk (als Planet Jupiter?) zieht darin nicht gegen Tiamat, sondern gegen Anu und seinen Papshukkal in den Kampf – um einen Grund dafür zu haben, weshalb ein göttlicher und somit unsterblicher Bote, der noch dazu 'Waffe' hiess, durch eine Waffe getötet werden konnte.
"Marduk ging und besiegte Anu, zog ihm die Haut ab und übergab seine Leiche den Göttern der Unterwelt, indem er sagte: 'Anu ist nun wie ihr besiegt!'
Anu einmal gehäutet und das Gestirn von Anus Wahrem Hirten mit dessen Blut befleckt, stieg er auf den abgehauenen Kopf Anus.
Das Brot, das man zubereitet, ist Ea, den er besiegte.
Dann machte Marduk[731] sich auf und ging – während Ea hinter ihm stand – hinter dem Gestirn von Anus Wahrem Hirten auf; er hatte seine Lenden gegürtet und konnte so das Gestirn von Anus Wahrem Hirten besiegen – worauf Marduk Eas Beschwörung rezitierte und ihn den Göttern der Unterwelt übergab."[732]

Figur wie Geschichte des durch die Waffe umgekommenen Urnamma schildern augenfällig die Folgen jedweder Hybris; ein Herrschaftsspiegel als Warnung, wie im Epos von *Gilgamesh*, der sich vom arroganten König zum todesfürchtigen guten Hirten seines Volkes entwickelt.

Dem entsprechen auch die Omen zu diesem Sternbild, besonders wenn die Göttin des Krieges sich als Venus bei ihm zeigte: "Wenn Ishtar in der Station Des Wahren Hirten Anus steht, dann wird das Land des Königs gegen ihn revoltieren." Funkelt er, "wird der König, der Herr der Regierung, seiner Strafe [...] und sterben"; strahlt er, "wird der Herrscher dickköpfig werden". Allein der Mond hatte einen positiven Einfluss: "Wenn Der Wahre Hirte des Anu vor dem Mond steht, wird die Herrschaft des Königs überdauern."

W 286–289, G 130–132

Eine spätzeitliche Uranographie aus Uruk beschreibt sein Sternbild: "Anus Wahrer Hirte ist der Papshukkal, Bote und Ratgeber von Anu und Antu. Er ist eine menschliche Figur, bekleidet und bärtig, die einen Kurkurru [fremden Glanz?] an sich hat und Schloss und Riegel hält. Das Zwillingsgestirn, das vor Anus Wahrem Hirten steht, ist Lulal und Latarak. Das Sternbild unter Anus Wahrem Hirten ist Der Königliche Fasan."[733]

Im Gegensatz zum *Mul.Apin* gilt Anus Wahrer Hirte hier nicht als Bote Anus und Ishtars sondern als Papshukkal Anus und seiner Gemahlin Antu, in einem für Uruk typischen Synkretismus beider Göttinnen.[734] Schloss und Riegel sind für einen mesopotamischen Herrscher untypisch; hier wurde wohl die altägyptische Deutung des Orion übernommen, in der Osiris als prototypischer König das ringförmige Ankh[735]-Zeichen des Lebens in der einen, das Was-Szepter des Heils in der anderen Hand hält: Dies hatte oben einen Griff wie der Stab, mit denen man das Rundschloss eines Tores verriegelte.

In den Sternenlisten trägt der Orion eine Krone, ausgewiesen durch zwei kaum erkennbare Sterne unterhalb (!) des Kopfsterns λ Orionis. Auch dies scheint darauf zu verweisen, dass man Anus Wahren Hirten ursprünglich wie den tiefer liegenden altägyptischen Orion konzipiert hatte; dessen Krone wurde nämlich von den drei hellen Sterne unseres heutigen Wehrgürtels gebildet.

Urnammas Rolle als Zivilisationsbegründer ging später auf Ninurta über, der in seiner Epoche zum wichtigsten mesopotamischen Gott aufstieg, indem er nach seinem Kampf mit dem Anzu-Vogel überall Kanäle graben liess, die Wirtschaft reformierte und dem Land zu Wohlstand verhalf. Ninurta war aber breiter und kritischer charakterisiert worden. Zum einen wurde Ninurta zum sinnbildlichen Jäger samt Pfeil und Bogen am Himmel, zum anderen nahm er statt Urnammas Gesetzeskodex nun gar die Tafeln des Schicksals an sich, um dafür von Enki ob seines Hochmuts bestraft und durch den Sturz in die Fallgrube als überheblicher Tor desavouiert zu werden.

In der biblischen *Genesis* verschmelzen beide zu *Nimrod*, einer bewussten Verballhornung von *Ninurta*. Wie dieser ist auch Nimrod ein "gewaltiger Jäger vor dem Herrn und der Erste, der auf der Erde Macht gewann". Und wie Urnamma unternahm auch Nimrod überall Eroberungszüge und begann einen Turmbau, zu Babylon diesmal. Für die ins babylonische Exil geratenen Juden wurde Nimrod jedoch zu einem geheimen Kampfaufruf, da sein Name auf Hebräisch auch als 'Wir Werden Rebellieren' aufgefasst werden konnte.

Urnammas Bezug zum Orion blieb aber auch insofern erhalten, als das Buch *Hiob* dieses Sternbild – statt als Von Der Waffe Umgeschlagenen – als *Kesil* bezeichnete, 'überheblichen Tor', der am Himmel in unlösbare Fesseln geschlagen wurde.[736]

Die arabische Tradition nannte diese Figur in Folge *al-Jabbar*, 'Den Gewaltigen'. Diese Bezeichnung wiederum hat ihre Wurzeln im Mythos um den ermordeten und im Orion wiederauferstandenen Osiris. In einem Pyramidentext um 2200 v. u. Z. wird dieser als "Der Grosse" betitelt, der auch auf seiner Bahn am Himmel "auf seine Seite gefallen, niedergeworfen wurde".[737] Dieses Motiv war wohl das Vorbild für die Versternung Urnammas und seines Sohnes Shulgi.

α Orionis

HU.RI.IN, U.RI.IN.NU | ERU – DER KAISERADLER

In der aus dem 7. Jahrhundert v. u. Z. stammenden *Grossen Sternenliste* erscheint in der Reihe von 'rotgefleckten Sternen'[738] *Hu.Ri.In* als Name für unsere für Beteigeuze, einen damals noch eher gelblich leuchtenden Roten Riesen. Was damit auf der rechten Schulter von Anus Wahrem Hirten sitzt, ist ein Königsadler mit seinem in der Jugend hellroten Gefieder: *Urinnu*, akkadisch *Eru*. Als grösstem Raubvogel überhaupt schrieb ihm bereits *Nanshe und die Vögel* zu, dass "der Kaiseradler wilde Stiere in den Flusshügeln und Steinböcke in den Bergen tötet".[739]

Als solcher hat er mehrfachen Bezug zu Urnamma. Zum einen ist er ein imperiales Herrschaftssymbol, das Urnammas Prominenz herausstreicht. Zum Zweiten hat Urnamma die Tore seines berühmtesten Bauwerks, der Zikkurat zu Ur, des 'Berghauses' Ekur, mit einem Adler versehen, "der seine Feinde gleich dem Anzu-Vogel in den Klauen hält", wie die Hymne *Urnamma B*, 25, schreibt. Und zum Dritten verweist er erneut auf Urnammas frühen Tod als "saftige Zeder", die von der Waffe umgehauen wurde – denn *Hu.Ri.In* war einmal homophon, wenn nicht gar identisch mit dem sumerischen Wort für Zeder ^{gis}*Erin*, in deren Kronen die Adler nisteten; gelegentlich waren *Erin*^{mushen} und ^{gish}*Hu.Ri.In* auch austauschbar.[740] Das macht für die Benennung der damals gelbrot leuchtenden Beteigeuze sogar mehr Sinn: Anders als der Östliche Kaiseradler, der als adultes Tier einheitlich schwarzbraun wird, ist Zedernholz wirklich vom selben Rot wie der Stern. Was sich jedoch aufgrund der Sprachentwicklung hielt, war das Bild des Raubvogels.

Die sumerischen Begriffe für Zeder und Kaiseradler gehen auf ein Lehnwort zurück, das die Sumerer wohl von den Indoeuropäisch sprechenden Yamnaya übernahmen. Die wanderten von der Gegend um den Aralsee vor 4500 Jahren nach Anatolien, dessen Grenze das 'Zederngebirge' der Mesopotamier bildete; vom Amanus dort holten sie das Holz für ihre Paläste. Der indoeuropäische Name für den Adler wird rekonstruiert als **Har-en-m*[741] oder *Hérō.*[742] Davon leiten sich nicht nur *Hu.Ri.In, Ur.Ri.In.Nu, Erin* und das akkadische *Eru* als generelle Bezeichnung eines Raubvogels ab, sondern auch der hethitische *Harash,* Genitiv *Haranash*, das griechische *Ornis,* der heute noch in England gebräuchliche *Erne* sowie unser *Aar* und *Adler* als 'edler Aar'.

Hu.Ri.In wurde jedoch erst ab 2000 in der altbabylonischen Zeit gebräuchlich.[743] In den Vogellisten von Nippur – dem religiösen Zentrum Sumers in dieser Zeit – wird der Name nur in einer einzigen Version genannt. Die Benennung von α Orionis sowie des Orion als Anus Wahrer Hirte konnte somit erst zur Zeit Shulgis erfolgen: Davor hiess der Kaiseradler 'Anzud-Vogel'.[744]

Die Listen von Vögeln und Göttern aus Nippur zeigen die Omendeutung von Vögeln: Als *Nashnashu* beispielsweise wurde ein Vogel bezeichnet, der "das Scheitern eines angestrebten Ziels verheisst".[745] Die Bezeichnung von α Orionis als Königsadler könnte in Bezug auf Urnamma deshalb auch auf die Verbindung von Vogel- und Sterndeutung verweisen. Unter den Göttern wird in diesen Listen auch der "Papshukkal Kakka" angeführt[746] – erneut ein Hinweis auf den ursprünglichen Namen des Orion vor seiner Umbenennung zum Wahren Hirten.

Die Griechisch-Römische Tradition

Die griechische Bezeichnung von Anus Wahrem Hirten als Orion geht höchstwahrscheinlich auf U.Ri.In.Nu zurück. Zudem hat das Wort *Orion* nicht den geringsten griechischen Kontext, von der Vogelbezeichnung *Ornis* liess er sich nicht mehr herleiten, und für den Adler hatten die Griechen längst einen anderen Namen: *Aetos.*

Urinnu konnte von Homer in seiner *Ilias* jedoch umstandslos zu *Orion* gräzisiert werden, da er es in seinem kilikischen Umfeld sowohl mit Assyrern wie Hethitern und Griechen zu tun hatte. Aus demselben Grund fügte er der urgriechischen Bärin in Ursa Maior auch die mesopotamische Bezeichnung 'Wagen' hinzu, unter der sie dort "die Menschen auch kennen",[747] und hielt sich im Weiteren bei seinen Sternen an jene Reihenfolge, wie sie bereits in altbabylonischen *Gebeten an die Götter der Nacht* aufscheint.[748]

Auch im nachhesiodischen Katalog zur *Theogonie* wurde der Name nicht erklärt, weshalb Aristomachos aus dem kilikischen Soloi ihn um das 3. oder 2. Jahrhundert v. u. Z. kurzerhand von *ourein*, 'urinieren', ableitete.[749] Er erfand dafür eine eigene Fabel, die den Ursprung des *Urion* damit erklärte, "dass er [anstatt 'Urinierer'] bloss des schöneren Klangs und des Brauchs wegen *Orion* genannt wird".[750]

Die Symbolik des Adlers als Raubvogel blieb jedoch ansatzweise erhalten. Schon Homer bezeichnet den Orion als Jäger. Und auch Eratosthenes zufolge "widmete er sich der Jagd und verfolgte wilde Tiere in der Gesellschaft von Artemis und Leto".[751] Ein Unterweltsbezug von Anus Wahrem Hirten findet sich in Homers *Odyssee*, wo er auf den Asphodelwiesen der Unterwelt gesehen wird, eine bronzene Keule in der Hand.[752]

Sowohl Aratus wie Hyginus belegen Urnammas Botenvogel im Lepus zwar mit dem urgriechischen Sternbild des Hasen, lassen ihn dann aber vor dem Orion davonlaufen. Orion selbst stirbt durch einen Skorpionstich[753] und wird wie Urnamma "seiner Tapferkeit wegen" an den Himmel versetzt.[754]

XIX DIE SIEBENGÖTTER

Plejaden

MUL.MUL – DER STERNHAUFEN
ZAPPU – DAS BÜSCHEL
KAK.SAR | MAHRASHU – DIE KELLE
DINGIR SEBETTI – DIE SIEBENGÖTTER
KEMATU

HO 160

Auf Sumerisch werden die Plejaden durch den Plural von *Mul*, ‘Stern’, bezeichnet: *Mul.Mul*, ‘Die Vielen Sterne, Der Sternhaufen’. In den altbabylonischen Sternenlisten hingegen werden sie auf Akkadisch *Zappu*, ‘Das Büschel’, genannt, wie es in den Borsten am buckeligen Nacken des Sternbilds der Wildkuh Ninsun aufsteht. Zugleich ist die Bezeichnung ‘Gartenkelle’ belegt,[755] in Bezug auf die Gestalt des Haufens ebenso wie auf seine kalendarische Funktion.

In der assyrischen Tradition und im *Mul.Apin* nennt man die Plejaden wiederum ‘Die Sieben, die Grossen Götter’; sie gelten als Söhne des Unterweltsgottes Enmesharra, aber auch als schreckliche Sprösslinge Anus. Diese unheimliche Assoziation verdanken sie dem Umstand, dass sie zu Beginn des neuen Jahres im März[756] – beim Erntedankfest und der Heiligen Hochzeit – nach Sonnenuntergang noch kurz sichtbar sind, dann aber für einen Monat unter den Horizont in die dämonische Unterwelt verschwinden. 2800 geschah dies zwei Wochen vor dem Äquinoktium, 2000 eine Woche, 1500 fiel es mit ihm zusammen, 1000 v. u. Z. war dies eine Woche danach. Ihr heliakischer Aufgang fand somit erst wieder, jeweils einen Monat später, im April statt: Hatte ihr Untergang zuvor die Ernte markiert, wurden dann die Felder für die zweite Anbauperiode gepflügt. Deshalb war ihnen der zweite Monat geweiht: “Der Monat Ajjaru gehört Den Sieben, den Grossen Göttern; in der Zeit wird der Boden aufgebrochen, die Ochsen gerade [unters Joch] gerichtet, die Flutteiche geöffnet und somit auch die Pflüge nass.”[757] Dann werden auch die anderen “Götter das Land im Guten beraten, wird die Ernte des Landes gedeihen und das Land Gutes sehen”.

Den Omen zufolge erreichte der Mond in den Plejaden die ‘geheime Stelle’ seiner grössten Macht. “Rollen sie sich über ihn” oder “stehen sie neben ihm”, wird “der König die Weltherrschaft ausüben und das Land sich weiten”; stand er hingegen in ihnen, verhiess dies eine gesicherte Ernte. Verdunkelung der Plejaden aber hiess: drohender Untergang der Menschen, besonders bei einer Berührung mit Mars als Verkörperung des Pestgottes Nergal und des Kriegsgottes Erra oder mit Jupiter als Planet des Königsgottes Marduk. “Erreicht das Gestirn Marduks Stern, das heisst, kommt Merkur oder Jupiter in das Büschel, und ist es heiss, dann wird Shamash alles verwüsten; wenn es kalt ist, wird der Wettergott Adad alles verwüsten.”

W 83, G 108–112, P–L 267

DAS EPOS VON *ERRA* UND DIE SIEBENGÖTTER

Im jungbabylonischen, nach der Flutung Babylons durch die Assyrer im Jahre 689 v. u. Z., verfassten Epos von *Erra* werden die Plejaden die Grossen Götter, die Sieben, genannt. Sie stehen neben dem Kriegsgott Erra, der vom Mars verkörpert wird und auch als ‘Wildschaf’ bezeichnet wird, als üblicher Name für einen Planeten.

Die Sieben sollen die gottlos gewordenen, übervölkerten und lauten Städte des Zweistromlandes, in denen im Unterschied zu den Nachbarländern ‘schwarzköpfige Menschen’ leben, mitsamt den Rinderherden vernichten, die den Bauern und Hirten des Kleinviehs ihre Lebensgrundlage entziehen. Dieses aus den Epen von *Atrahasis* und *Gilgamesh* stammende Motiv (das die Bibel später zur Sintflut umdeutete) wird nun auch im Epos von *Erra* aufgegriffen.

"Erra, der Krieger der Götter, wurde unruhig in seinem Haus; sein Herz drängte ihn, in die Schlacht zu schreiten! Er sagte zu seinen Waffen: 'Beschmiert euch mit tödlichem Gift!' und er sagte zu den Sieben, diesen Kämpfern ohne gleichen: 'Bewaffnet euch!'
Ihre Geburt war seltsam, sie verhiess schreckliche Vorzeichen; wer immer sie sieht, wird von Furcht gelähmt, denn ihr Atem ist tödlich; die Menschen haben zuviel Angst, um sich an das Gestirn zu wenden. Als der Göttervater Anu die Erde schwängerte, gebar sie ihm sieben Götter, die sie *Sebetti* nannte.
Als diese dann zu ihm kamen, auf dass er ihre Berufung bestimme, rief er den ersten zu sich und befahl ihm: 'Wenn ihr loszieht, dann bleibt zusammen; so kommt euch keiner gleich!' Zum zweiten sagte er: 'Brenn wie Feuer und flamme wie eine Fackel!' Dem dritten befahl er: 'Nimm die Gestalt eines Löwen an, um allen Angst einzujagen!' Zum vierten sagte er: 'Zeig deine schrecklichen Waffen, damit die Berge einstürzen!' Dem fünften befahl er: 'Stürm wie der Wind und halt Umschau auf dem Erdkreis!' Dem sechsten sagte er: 'Kämpf dich überall durch, verschone niemanden!' Und den siebten füllte er mit Drachengift und sagte: 'Vernichte alles Leben!'
Nachdem er so die Berufung jedes einzelnen der Sebetti bestimmt hatte, schenkte er sie Erra, dem Krieger der Götter: 'Sie sollen dich begleiten. Wenn du den Lärm der Menschen in den Städten nicht mehr aushältst, ein grosses Schlachtopfer darbringen und das schwarzköpfige Menschenvolk samt ihren Rinderherden vernichten willst, dann werden sie an deiner Seite marschieren und deine unerbittlichen Waffen sein!'
Und die Siebengötter sagten zu Erra: 'Steh auf und tu deine Pflicht! O Krieger Erra, warum vernachlässigst du das Schlachtfeld und bleibst lieber in der Stadt? Selbst die Rinderherden und die wilden Tiere verachten uns inzwischen – darum sei gewarnt, Erra, obwohl du es nicht gerne hören wirst: Die ganze Erde wird bald zu mächtig für uns werden! Deshalb hör auf unsere Worte – tu den Göttern der unteren Welt, welche die Stille des Todes lieben, einen Gefallen: Denn die können des Lärms der Menschen wegen nicht mehr schlafen. Viel zu grosse Rinderherden zertrampeln die Äcker, die Lebensgrundlage des Landes, und die Bauern beklagen bitterlich die ausfallenden Ernten, während Löwen und Schakale die Schaf- und Ziegenherden dezimieren, sodass auch deren Hirten nicht mehr schlafen können und dich um Hilfe anflehen!
Wir selbst kennen zwar die Berge, über die wir aufsteigen müssen – aber wir haben die Wege darüber vergessen: Spinnweben überziehen unsere Ausrüstungen für die Schlacht; die Kriegsbögen sind zu hart für uns geworden, wir können sie nicht mehr spannen, unsere scharfen Pfeilspitzen sind stumpf geworden und unsere Dolche mit Grünspan überzogen, so lange haben wir nicht mehr gekämpft!'
Der Krieger Erra, er hörte ihre Rede, und was die Sieben sagten, ging ihm runter wie das beste Öl. Und Erra sagte: 'Vom Himmel wehe ich wie der Wind, ich donnere wie der Wettergott Adad; ich überblicke den Umkreis der Welt wie die Sonne, und gehe ich auf das Feld hinaus, bin ich wie das Wildschaf eines Planeten: Ich dringe in die Weiden und die Gehege ein. All die anderen Götter haben Angst zu kämpfen – deshalb hat das schwarzköpfige Volk sie zu verachten begonnen. Deshalb werde ich, weil sie meinen Namen nicht mehr fürchten und entgegen Marduks Willen tun und lassen, was sie wollen, Marduk aus seinem Haus holen und ihn zornig machen, damit er das Volk vernichtet!'"[758]

Den Hintergrund dieser Geschichte erläutern Omen der astrologischen Literatur. Da die Plejaden Teil des Sternbilds Der Göttlichen Wildkuh Ninsun waren, bestimmten sie den Zustand der ihr unterstehenden Herden.
Standen sie dann in einer bestimmten Position zum Wagen von Ursa Maior – mit dem Erra verkörpernden Fuchsgestirn auf der Deichsel –, brach eine Viehseuche aus: "Die Sebetti sind zuständig für den Verzehr der Herden. Wenn ihr Gestirn und der Wagen zusammenstehen, kommen Regen und Fluten, die Gerste wird rar und das Vieh im Winter von einer Seuche befallen. Wenn jedoch ein Planet das Gestirn erreicht, so werden die Sebetti das Land verzehren."
Im Epos von *Erra* kann der im Mars verkörperte Krieger Erra nicht ohne die Zustimmung des mit dem Jupiter assoziierten Götterkönigs Marduk handeln. Die Konjunktion dieser zwei Planeten wurde von den babylonischen Astrologen zwiespältig betrachtet: "Wenn der Rote sich dem Grossen nähert, dann stirbt der König von Akkad in dem Jahr, die Ernte des Landes jedoch wird reichlich sein."

Erra findet im Verlauf des Epos dann Marduks Kultstatue in Babylon beschmutzt und glanzlos vor: Das bezieht sich auch auf das Leuchten Jupiters am Himmel, Marduks Krone, die nicht mehr erstrahlt. Als Krone – *Agu* – wird in der babylonischen Astronomie die mehrfach sich übereinanderstapelnde Refraktion des Sternenlichtes in der Atmosphäre bezeichnet. Marduks Krone leuchtet bloss noch fahl, weil sie "bedeckt, verschleiert" ist. Damit ist das schwächer gewordene Funkeln eines Himmelskörpers gemeint: "Bedeckte Sterne bringen den fallenden Wind; das heisst, dass die Planeten schwach geworden sind."

Marduk erzählt Erra nun, dass die von ihm hervorgerufene Flutkatastrophe nicht nur die irdische Umwelt fast völlig zerstört hat, sondern auch den Himmel: Dort haben sich die Stationen der Himmelskörper, die ihnen einst von Marduk zugewiesenen idealen Positionen, verschoben.
Dahinter verbirgt sich eine weitere astrologische Deutung. Blieben die Stationen "wahr und fest", war dies ein gutes Omen: "Wenn die Station der Venus stabil bleibt, werden die Tage des Königs lang sein, wird Wahrheit im Land sein." Jede Veränderung enthüllte dagegen Instabilitäten der Herrschaft Marduks, Makel in seinem idealen Kosmos.[759]

"Also ging Erra nach Babylon, der Stadt des Götterkönigs, betrat seinen Tempel, den Palast des Himmels und der Erde, stellte sich vor ihn und sprach zu dem König der Götter: 'Warum ist das Kleid deines Ebenbilds, das Symbol deiner Herrschaft, das vom Glanz der Sterne am Himmel erfüllt ist, so schmutzig? Warum leuchtet die Krone deiner Herrschaft, welche dein inneres Heiligtum dem Tageslicht gleich erhellte, nur noch ganz fahl?'
Und der König der Götter hob zu sprechen an und sagte zu Erra, dem Krieger der Götter: 'O Krieger Erra, was das betrifft, was du tun willst – ich wurde schon vor langer Zeit einmal zornig, erhob mich von meinem Thron und rief eine Flut hervor. Als ich meinen Tempel verliess, zerbrach das Regelwerk von Himmel und Erde: Der Himmel bebte, sodass die Sterne ihre Stationen wechselten und ich sie nicht mehr auf ihre alten Orte zurückstellen konnte; selbst die Totenwelt bebte, sodass die Ackerfurchen darüber kaum noch etwas trugen und nur noch schwer zu bestellen waren. Das Band zwischen Himmel und Erde einmal gelöst, senkte sich der Spiegel des Grundwassers und es kam kaum noch zu den jährlichen Überschwemmungen durch die Ströme. Als ich dann wieder in meinen Tempel zurückkam, bot sich mir überall ein trauriger Anblick: Was von all den Lebewesen überlebt hatte, vermehrte sich kaum noch, sodass ich den alten Wohlstand nicht mehr herstellen konnte und mir vorkam wie ein Bauer, der sein ganzes Saatgut nur in der Hand halten kann. Deshalb baute ich mir einen neuen Tempel, um zurückkehren zu können. Meine kostbare Statue jedoch war von der Flut in Mitleidenschaft gezogen worden und ihre Kleider schmutzig geworden.
Deshalb befahl ich dem Feuergott Girra [α Tauri], meinen Zügen wieder zum Glanz zu verhelfen und meine Bekleidung zu reinigen. Erst als er damit fertig war und mein kostbares Ebenbild erneut strahlte, setzte ich meine Krone auf und liess mich im Tempel nieder – wie erhaben war ich dann anzusehen und wie schrecklich mein Blick! Die Menschen, die der Flut entkamen, wissen sehr wohl, dass sie mein Werk war – warum soll ich also meine Waffen gegen sie erheben und auch noch die wenigen, die überlebt haben, vernichten?'"[760]

Im nordsyrischen Ebla hiessen die Plejaden *Kamatu*, abgeleitet von akkadisch *Kimitu*, 'Familie'.[761] Als *Kima* lebte diese Bezeichnung im Hebräischen und als *Kema* im Arabischen der äthiopischen Tigray für die Plejaden weiter.

Die Griechisch-Römische Tradition

Eratosthenes bezeichnet die Plejaden als die sieben Töchter des Atlas. Ihr Name leitet sich von *pleon*, 'voll, viele', ab. Das wäre analog zu ihrer mesopotamischen Bezeichnung als 'Viele Sterne'. Ein autochthoner Name ist jedoch ebenso möglich, da bei den Griechen wie bei den meisten Sternenhimmelkulturen das Jahr mit ihnen 'voll' wurde: Denn mit dem Untergang der Plejaden Anfang April ging das Jahr zu Ende. So liess bereits Hesiod das Jahr mit den unter dem Horizont "gut im Boden liegenden" Plejaden enden: "Das Jahr wird *Pleion* genannt, in dem Sinne, dass es die Jahreszeiten 'vollendet' hat."[762]

XX ISHTAR, DIE ELAMITERIN UND GIRRA

Der *Gu-Text* erlaubt die Identifikation der Sternbilder in Canis Maior und enthält drei unterschiedliche Benennungen: Es gibt einen Bogen; dazu einen separaten Pfeil, den auch die Kudurru ohne Bogen darstellen, sowie eine menschliche Figur, die sich mit dem Pfeil überlappt und ihren Fuss auf den hellsten Stern Sirius setzt.

γ – θ – ι Canis Maioris[763]

PAN | QASTUM – DER BOGEN

S|S|W

In einer spätzeitlichen Uranographie wird "Der Bogen, Shala, der Prinzessin [...] für die Brüste des Himmels" zugewiesen, während "Der Pfeil, Adad, dem Sohn Anus und Antus, dem Kanalinspektor von Himmel und Erde, gegenüber Dem Krebs [...] gehört".[764]

Verrät diese Zuordnung noch in Uruk gültige Götterhierarchien, so wurden Pfeil und Bogen sonst Marduk und der (elamitischen) Ishtar zugeschrieben.

MARDUKS BOGEN

Nachdem Marduk im *Enuma Elish* alle Götter in die 300 des Himmels und die 300 der Unterwelt aufgeteilt und von Letzteren seine Stadt Babylon mit Zikkurat hat errichten lassen, veranstalten sie ein grosses Einweihungsfest.

Dabei überreicht ihnen Marduk jenen von ihm angefertigten Bogen, mit dem er die Urgöttin Tiamat durch einen Schuss in den Bauch getötet hatte: "Da wurden die Gesetze und Vorzeichen für immer festgelegt und jedem der Götter seine Station am Himmel oder in der Unterwelt zugewiesen. Darauf nahmen die fünfzig obersten Götter ihre Sitze ein und bestimmten die sieben Schicksalsgötter, die ab jetzt Recht zu sprechen hatten. Marduk nahm seine Waffe, den Bogen, legte ihn ihnen zu Füssen; die göttlichen Väter sahen das Netz, das er gemacht hatte, und wie kunstvoll sein Bogen gebaut war: Sie lobten ihn für das, was er alles geschaffen hatte.

Anu, der Vater aller Götter, hob den Bogen hoch, küsste die Waffe und sagte zu der Versammlung: 'Weit soll sie tragen – und meine Tochter Ishtar sein!' Dann gab er dem Bogen seine drei Namen: 'Langholz' soll der erste sein und 'Siegreich' der zweite. Mit dem dritten jedoch – 'Bogenstern' – liess er die Waffe am Himmel sichtbar werden: als festes Sternbild unter ihren Brüdern, den göttlichen Sternen.

Nachdem Anu so die Geschicke des Bogens bestimmt hatte, gab er Marduk einen königlichen Thron: 'Du bist nun der höchste unter den Göttern! Und er hiess ihn, darauf Platz zu nehmen, in der Versammlung der Götter – worauf die grossen Götter ihn umringten, um Marduks Geschick zum höchsten zu erklären und ihm gehorsam zu sein; sie schworen unter sich einen Eid, indem sie auf Wasser und Öl schworen und sich mit der Hand über die Kehle fuhren.

So übergaben sie ihm die Herrschaftsmacht über die Götter und erhoben ihn zum König über den Himmel und die Unterwelt.[765]

Der dritte Name, den Anu dem Bogen Marduks gibt, ist doppelsinnig: Er lässt sich als 'Möge er weit gehen' ebenso wie als 'Er soll meine Tochter sein' übersetzen – was als Verweis auf Anus Tochter Ishtar als Regentin des Bogensterns zu werten ist. Der Bogen zählt zu den traditionellen Attributen dieser Kriegsgöttin; der Monat Ishtars hiess 'Monat des Morgenaufgangs des Bogensterns', und beim babylonischen Neujahrsfest hiess sie 'Bogenstern, welcher die Mächtigen fällt'.

D 276, WA 147 und W 80

Die Liebes- und Kriegsgöttin Ishtar wird oft an der Seite eines Herrschers dargestellt, dem sie einen Sieg über seine Feinde schenkt. Das ihr zugewiesene Sternbild Bogen verheisst aber auch Unglück: "Wenn Der Bogen dem oberen Rand des Mondes zu nahekommt und in den Mond eingeht, sind die Tage des Herrschers gezählt"; "Wenn der Mond von einem Halo umgeben ist und Der Bogen darin steht, dann werden Menschen wüten und im Land Räubereien sich häufen."[766]

α Canis Maioris (bis δ Canis Maioris)

H | P 276

KAK.SI.SA | SHUKUDU, SHILTAHU – DER PFEIL
KAK.PAN – DIE WAFFE DES BOGENS

S | S | W

Kak bezeichnet ein spitzes Objekt, *si.sa* bedeutet 'gut sein, gerade, erfolgreich, prosperieren' – weshalb in astrologischen Texten auch vom 'Stern Des Reichtums' die Rede ist. Der sumerische Name *Kak.Si.Sa* lässt sich auf Akkadisch als *Shukudu* oder *Shiltahu* lesen, was beidesmal 'Pfeil' bedeutet.

Im *Mul.Apin* wird das Sternbild "Shukudu, der Shiltahu des grossen Kriegers Ninurta" genannt.[767] Ab dem dritten Jahrhundert v. u. Z. wurde der Sirius im Pfeil dann überwiegend als *Kak.Pan*, 'Waffe Des Bogens', bezeichnet.

Auf diese Waffensymbolik beziehen sich die Omen: "Wenn Der Pfeil im linken Horn des Mondes steht, werden die Könige von Akkad und Amurru Feindseligkeiten beginnen." Ninurta, "der unermüdliche Pfeil, dessen Name im Himmel 'Pfeilstern' ist", war aber nicht nur Kriegsgott. In einer Beschwörung heisst es: "Pfeilstern mit Namen, die Schlacht lärmen lassend [...] Wege, alles vollkommen werden lassend."

Durch die Tötung des Anzu-Vogels hatte Ninurta ja die Fluten aus dessen Bergen eindämmen und überall Kanäle anlegen können. Die meisten Texte haben deshalb landwirtschaftlichen Bezug, besonders zum Sesam (wörtlich 'Pflanze der Sonne'), der Ende Juni angepflanzt wurde. Ein altbabylonischer Privatbrief, als ältestes Beispiel für die agrarisch-kalendarische Verwendung von Sternen, fordert den Empfänger auf, die Sesamsamen erst einzuweichen, wenn der Pfeilstern aufgeht (man musste sie vor dem Setzen in Wasser legen).

In der spätbabylonischen Astronomie spielt α Canis Maioris, Sirius, als hellster Stern am Himmel eine immer wichtigere Rolle als Kalenderstern. Die Tage seines ersten Erscheinens am östlichen und westlichen Horizont und seiner letzten Sichtbarkeit neben den Solstitien und Äquinoktien wurden auf mehrere Arten berechnet. In theoretischen Texten nahm man die siderische Periode des Sirius – die Zeit, bis er wieder an derselben Stelle am Himmel stand – zur Definition der Jahreslänge.[768]

Der hellste Stern als 'Pfeil des Pfeils' ging laut *Mul.Apin* am Tag des Sommersolstitiums auf, der auf den 15. Tag des 4. Monats fiel (realiter geschah dies jedoch erst drei Wochen später). Damit markierte er in Babyblon – wie in Ägypten auch – die Neujahrsfeier und wurde als "Stern, der die Gewässer des Meeres misst" betitelt. In Ägypten kündigte der Sirius das Hochwasser an; im Zweistromland hingegen fielen in diesen Tagen die Flüsse auf ihren Tiefstand – "in der Hitze des Sommers, während der Ebbe der Fluten, beim Aufgang Des Pfeils". War er in dieser Zeit rot, so "werden Heuschrecken das Land fressen".

Seine erste Sichtbarkeit in der Abenddämmerung liess das *Mul. Apin* mit der Wintersonnenwende sechs Monate später zusammenfallen: "In der grossen Hitze des Sommers und der strengen Kälte des Winters leuchten Pfeil und Bogen am Morgen und Abend." Diese Verbindung mit den längsten Tagen und Nächten führte in astrologischen Texten zu einer alternativen Schreibweise seines Namens als *Kak.U.Tag.A*, in der das Zeichen für *U* eine zwischen zwei Bergen aufgehende Sonne zeigt und 'den Tag berühren' bedeutet, weil der Aufgang der Sonne manchmal als Berühren des Himmels beschrieben wird.

W 71–74, G 82–85, R 19–20

BITTGEBET AN DEN PFEIL, WENN EINEM EIN LEBENSABSCHNEIDUNGSZAUBER ANGETAN WORDEN IST:

"Schau mich an und sprich: Gnade! Rette mein Leben, schenk mir Gesundheit! Stimme Schutzgott und Schutzgöttin, die zornig sind, wieder freundlich zu mir! Gott, König, Hochgestellter, Edler und alle Menschen mögen mich hochachten. Reiss alles Böse, das in meinem Leib ist, heraus! Beseitige den Feind, stoss den Asakku-Dämon fort, vertreibe die schändliche Zauberei des Menschen! Treibe den bösen Namtar-Dämon, der darauf aus ist, mir das Leben abzuschneiden, aus meinem Fleisch, so wie das Flusswasser das alte fortgetrieben hat! Mach mich gesund, dann will ich dich preisen bei den Menschen überall!"[769]

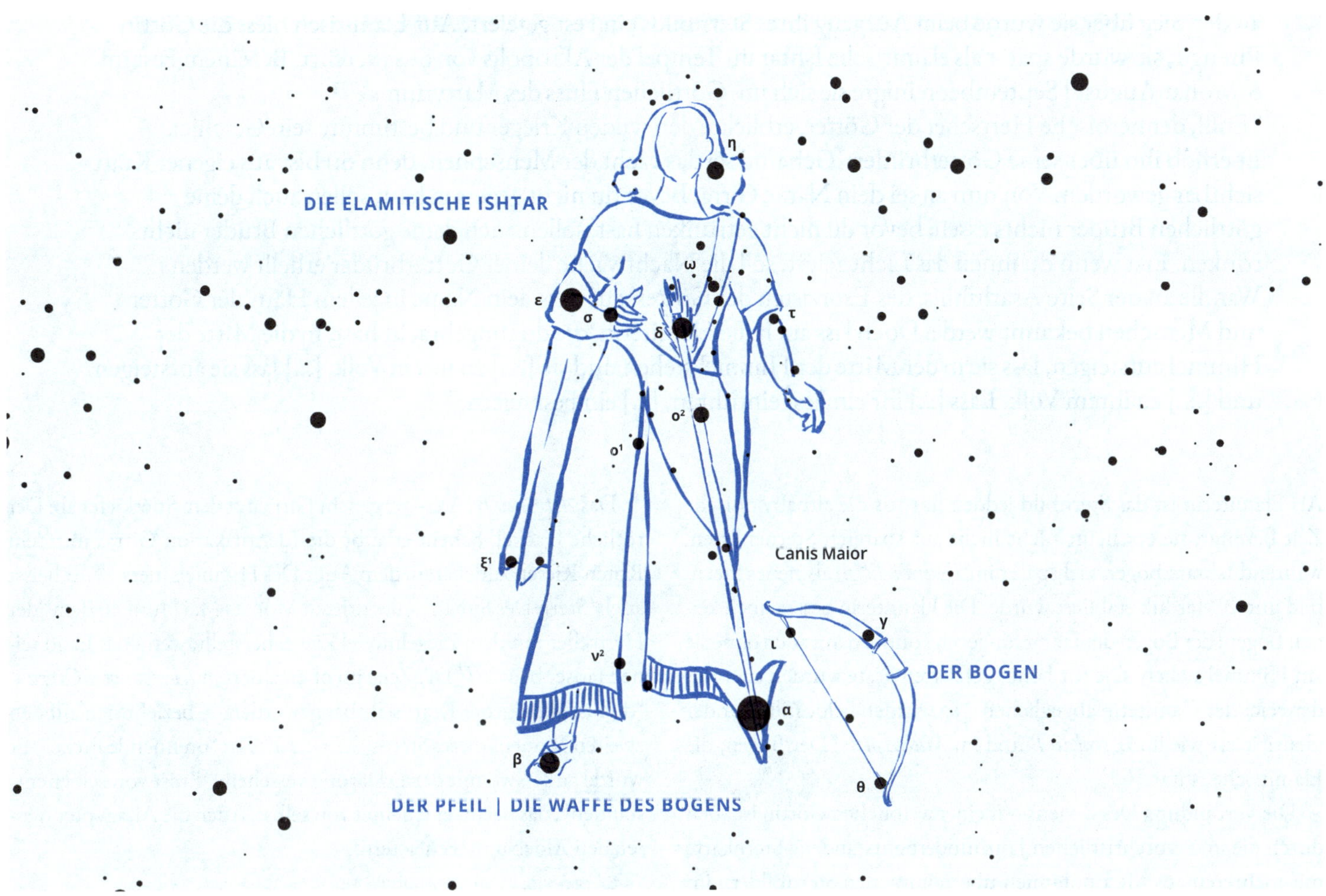

Canis Maior
ISH.TAR NIM.MA.TU | ISHTAR ELAMATTU
S|S|W

α Canis Maioris[770]
LINKER FUSS DER MENSCHLICHEN FIGUR
DES PFEILS
S|S|W

ε Canis Maioris[771]
ELLBOGEN
S|S|W

Neben dem *Gu-Text* sehen auch andere Sternenkataloge das Sternbild als menschliche Figur.[772] Sie verkörperte ursprünglich die elamitische Ishtar, die ihres unglücklichen Schicksals wegen kopfüber am Himmel hängt.

DER MYTHOS VON GIRRA

Das östlich gelegene Reich Elam und seine Hauptstadt Susa im heutigen Chusistan galten als traditioneller Feind der Sumerer und Akkader; von dort sah man Krankheiten und Dürren kommen. Deshalb war eine von Anus Töchtern – die dämonische Lamashtu – mit Elam verbunden. Sie stahl Kleinkinder und säugte sie mit krankmachender Milch; wegen ihrer “ekelhaften Ideen und abgrundtief schlechten Ratschläge wurde sie von Anu mit einem Fusstritt vom Himmel auf die Erde gestossen”.
Elamatum – ‘Frau aus Elam’ als damals geläufige Bezeichnung für ‘Hexe’ – fiel das gegenteilige Schicksal zu; erzählt wird es im 17. Jahrhundert v. u. Z. im *Mythos von Girra*, dem Gott des reinigenden Feuers.
Elamatum hat Dürre über das Land und Unfruchtbarkeit über die Viehherden gebracht. Die Götter sind über die Zerrüttung der natürlichen Ordnung besorgt und rufen eine Ratsversammlung ein. Girra, der Sohn des Wassergottes Ea, wird gegen die Elamiterin in den Kampf geschickt. Nach seinem Sieg wird er von den göttlichen Brüdern rangmässig zum ‘Licht der Menschheit’ erhöht: Er wird zur Verkörperung des Feuers.
Die nunmehr tote ‘Elamiterin’ wird jedoch von Enlil als Warnzeichen in den Himmel gehoben; in Erinnerung

an den Sieg über sie wurde beim Aufgang ihres Sternbilds ein Fest gefeiert. Auf Elamitisch hiess die Göttin Pirengir; sie wurde später als elamitische Ishtar im Tempel der Akropolis von Susa verehrt. Bei einem Fest im 6. Monat August | September reinigte sie sich im 'Göttlichen Fluss des Martyriums'.[773]

"Enlil, der heroische Herrscher der Götter, erblickte den wilden Krieger und bestimmte sein Geschick. Er erhob ihn über seine Götterbrüder: 'Geh und sei das Licht der Menschheit, denn du bist aus eigener Kraft sichtbar geworden. Von nun an sei dein Name Girra. Bevor du nicht gegessen hast, sollen auch deine göttlichen Brüder nichts essen; bevor du nicht getrunken hast, sollen auch deine göttlichen Brüder nichts trinken. Erst wenn du ihnen das Licht zeigst, soll die Nachtwache deiner Götterbrüder erhellt werden. Wandle an der Seite Asarluhhis, des Exorzisten der Götter, auf dass dein Name in jedem Haus der Götter und Menschen bekannt werde. Doch lass auch die Elamiterin, die du umgebracht hast, in die Mitte der Himmel aufsteigen, lass sie in der Mitte der Himmel stehen und sie [....] zu ihrem Volk. [...] lass sie aufsteigen und [....] zu ihrem Volk. Lass [...] ihr ein Fest einführen, [...] ein Fest feiern.'"

Als Elamiterin ist das Sternbild jedoch nur für die altbabylonische Zeit bezeugt; sie erscheint nicht mehr auf späteren Sternenlisten, während Ishtars Bogen viel später im *Enuma Elish* als neues Sternbild durch Marduk etabliert wurde. Die Elamiterin besass noch keinen Bogen; der Bogen der Ishtar hingegen konnte dann auch ohne sie am Himmel stehen. Die für Ishtar gefeierten Feste wurden aber mit der Feier der Elamiterin abgeglichen – so wurden beide miteinander identifiziert wie im *Astrolab B* und im *Mul.Apin*: "Der Bogen, die Elamitische Ishtar."[774]

Die Verbindung Des Bogens mit einer weiblichen Göttin ist auch durch die im 1. vorchristlichen Jahrhundert entstandene Sternkarte mit mehreren aus Mesopotamien übernommenen Sternbildern im ägyptischen Dendera belegt: Dort steht eine weibliche Göttin beim Sirius und hält Pfeil und Bogen in Händen.

WA, LEI 68, W 129, C4 124–130

Die Griechisch-Römische Tradition

Sirius lässt sich von *Seirios*, 'Der Versengende, Hell Brennende' ableiten. Der Name könnte aber auch aus der elamitischen Bezeichung für den Bogen, *Sir* oder *Shir*, parallel zum arabischen Namen *Shi'ra* für diesen Stern hervorgegangen sein.[775] Dazu hat das akkadische *Shiru* die Bedeutung 'Morgenstern, Morgendämmerung': Als hellster Stern am Himmel sticht Sirius neben Venus als solcher noch morgens heraus.

α Tauri

GI.BIL | GIRRA – GIRRA
NE.GI.NE.GAR – DIE BRENNENDE FACKEL

Der Stern ist die astrale Verkörperung des Feuergottes Girra, der sumerische Gibil mit dem Zeichen für 'Glutbecken' in seiner Silbenschrift; sein häufigster Beiname ist 'Die Brennende Fackel'. Girra taucht in alten Sternenlisten und im altbabylonischen *Gebet an die Götter der Nacht* auf, wo er als "leuchtender Girra" die Aufzählung der Sternbilder einleitet.

Das *Astrolab B* (A 32–33) gleicht Girra mit dem Stierkiefer ab: Der rötliche 'Fackel'-Schein erlaubt die Identifikation Girras mit dem Roten Riesen Aldebaran, dem Auge Des Himmelsstiers.[776] Er heisst auch 'Stern Des Siman' – des dritten Monats Mai | Juni, in dem "der Herrscher mit dem Ziegelmodel Ziegel herstellt, wenn das Land seine Häuser baut".[777] Die Zeile im oben zitierten *Mythos von Girra* – "du bist aus eigener Kraft sichtbar geworden" – bezieht sich auf den zweiten Namens dieses Sterns, *Ne.Gi.Ne.Gar*, 'Brennende Fackel'. Er wurde anderswo mit der Erklärung versehen: "Er ist von selber entstanden", das heisst, er leuchtet von selbst. Auch die Altägypter hiessen den Aldebaran 'Feuerstern'.

C4 124–130, C1 76, W 141 und G 116

In spätbabylonischer Zeit wird aus Girra "die Lampe, die vor [dem Streitwagen des] Enmesharra[778] steht". In der astrologischen Sammlung *Enuma Anu Enlil* wird er, immer noch passend zum ursprünglichen Mythos der Elamiterin, zur Vorhersage extremen Wetters verwendet: "Wenn der Stern vor Enmesharra sehr fahl ist, wird eine strenge Kälte kommen. Wenn der Stern vor Enmesharra aber wie die Mittagssonne ist und ein Stern in der Mitte [des Taurus] sehr rot ist, wird eine strenge Hitze kommen."[779]

BA.LU | BALLU – DER IM LEEREN AUFLEUCHTENDE?

In Nachtbeschwörungen aus der neo-assyrischen Zeit heisst es: "Ich bin die Nachtwache, Marduks Schwester. Das Büschel [die Plejaden] empfing mich, Ballu zeugte mich, Luhushu [Nergal] nahm mich auf | heiratete mich." *Ballu* lässt sich sowohl von 'Nichts, Leere' ableiten wie von 'hell werden, aufleuchten'.[780]

Beide Etymologien erlauben die Identifikation mit der 'von selber entstandenen', 'brennenden' 'Lampe' des Aldebaran in unmittelbarer Nachbarschaft zu den Plejaden wie zu den Nergalfiguren in Gemini. Diese drei Gestirne werden als 'Familie' beschworen.[781]

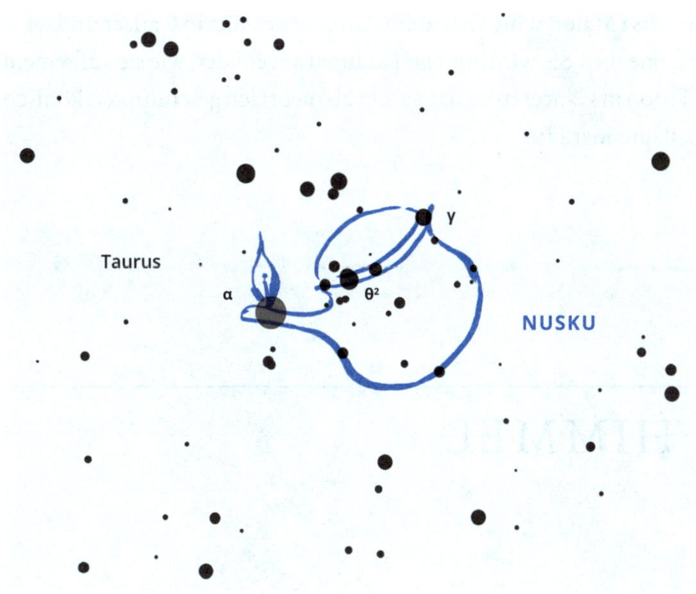

εδα – Hyaden – γ Tauri

NUSKU

S | S | W

Der spätbabylonische *Sternenkatalog 5 R 46* sieht im "hellen Stern vor der Wagendeichsel Enmesharras" den Gott Nusku. Bei den Babyloniern und Assyrern war Nusku mit dem Feuer- und Lichtgott Girra gleichgesetzt und sein Symbol eine Öllampe. So wird Nusku auch auf den Kudurru dargestellt: die Hyaden als Einfülltrichter für das Öl, Aldebaran als brennender Docht.

Nusku, einer der Söhne Enmesharras, galt ursprünglich als Minister und Bote für Enlil, dann für Marduk. In magischen Beschwörungen bat man ihn, böse Zauberer und Zauberinnen zu verbrennen und Alpträume zu vertreiben. Man "erhob eine Fackel und brachte ihn zum Glühen".[782] Sein Kult lebte bei den Sabäern im nordsyrischen Harran bis ins Mittelalter weiter.

W 198 und LEI 138–139

EIN HEILUNGSRITUAL

"O göttliches Licht, grüsse Marduk, lass Marduk eine gute Äusserung hören, tu, was befohlen wird, für Marduk, entbiete ihm den Morgen- und Abendgruss. Göttliches Licht, wenn du in das Haus des Kranken eintrittst, schlag den Bösen auf die Backe, tritt den Bösen auf den Fuss, stoss den Bösen vor die Brust: Der Böse mache sich vor dir davon! Mit dir trete gegenseitige Übereinstimmung ein, mit dir trete Erfolg ein, Lebenskraft, Leistungskraft, Gedeihen, Fülle, Überfluss, Reichtum, Erhörung, Gewährung, Frieden. Beruhige dich, setz dich, ruh dich aus! Dem Haus, in das du eintrittst, gewähre Gutes! Tritt ein, o Licht, gewähre Schönes! Aus deinem Mund möge mir Gutes gewährt werden. Das Haus, in das du eingetreten bist, segne, o Nusku!"[783]

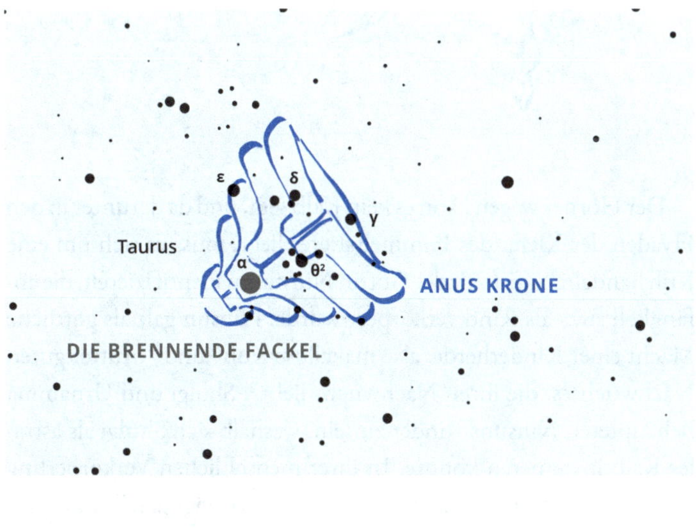

Hyaden

AGA AN.NA | AGA ANU – ANUS KRONE

G 10

Der Name des ersten Monats März | April, *Nisannu* – Thron des Heiligtums –, wurde mit einem Thronpodest-Zeichen geschrieben, da beim Neujahrsfest Akitu der jeweilige Stadtgott gefeiert und der Herrscher in seiner Regentschaft bestätigt wurde. Beide unterstanden Anu, wie eine Lobpreisung Ninurtas zeigt, in der jener "ein Szepter aus Edelmetall hält und die wahre Krone Anus auf seinem Haupt trägt".

Beim Frühjahrsäquinoktium als dem Jahresbeginn ging die Sonne in den Hyaden unter. Daher rührt die Rolle von Anus Krone als Gestirn. 2000 v. u. Z. fiel dies auf den 8. April. Lag ein Mondhalo um das Gestirn von Anus Krone, deutete man das Omen als doppelt günstig: "Wenn der Mond von einem Hof umgeben ist und Anus Krone darin steht, ist der König heil, wird Recht und Gerechtigkeit im Land sein."

G 10 und 23, W 116–118

Anus Krone ist im *Mul.Apin* der alternative Name für den "Himmelsstier, die Backe des Stiers". Die Krone markiert damit die Präsenz des alten Götterkönigs in der mittleren Himmelskalotte, die ihm als 'Anus Weg' untertan ist. Im *Enuma Elish* hatte Marduk den Kosmos neu geordnet und sich in den Pol gestellt, um den Himmel zu dominieren: "Auf den Hals all jener trampelnd, die ihm nicht gehorchten." In einem neo-assyrischen Mythos wird deshalb geschildert, wie Marduk den früheren Himmelsherrscher Anu besiegt und Anus Boten, das Sternbild von Anus Wahrem Hirten, mit Blut befleckt und seinen Fuss dann auf den Kopf Anus setzt.[784]

Das *Mul.Apin* übernahm diese Neuordnung des Universums, in der Anu – anders als alle anderen Götter – nirgends mehr als Sternbild erscheint. Präsent ist er nur mehr indirekt durch seinen Wagen in Ursa Maior, seine Gemahlin Antu, seinen Sitz in Cancer und seine Krone hier. Sie wird auf den Kudurru abgebildet, wie sie auf seinem Thron in Cancer ruht: dargestellt als mehrfach geschuppter, konisch zulaufender Hut.

XXI GILGAMESH UND DER HIMMEL

Sterne von Taurus, Aries und die Plejaden

NIN.SUMUN | NINSUN – DIE HERRIN WILDKUH(?)

S|S|W

Es gibt – analog zu den beiden astralen Löwen – auch zwei Rinder am Himmel: jedoch nur in der Ikonographie, nicht in den Textquellen. Auf spätzeitlichen Tontafeln wurde neben Dem Erhabenen Löwen, Der Göttlichen Schlange, Sheru und Dem Raben auch ein springendes Rind mit ausgestreckten Vorderbeinen abgebildet. Es blickt über seinen behaarten Rückenbuckel zum Lohnarbeiter in Aries zurück. Von den Borsten darauf stammt die Plejadenbezeichnung 'Büschel'; obwohl die Tontafel abgebrochen ist, muss es sich um ein vollständiges Rind gehandelt haben.[785] Dessen linkes Horn kann anatomisch in dieser Proportion nur von ζ Persei bis 40 Persei reichen, das rechte bei 54 Persei liegen, das linke Vorderbein bei τ Tauri, das Hinterbein bei ν Tauri und der Schwanz bei ξ Tauri ansetzen.

Der Hörner wegen kann es kein Kalb sein, und da darunter in den Hyaden der Kiefer des Himmelsstieres liegt, muss es sich um eine Kuh handeln. Sie ist mit der Göttin Ninsun zu identifizieren, die anfänglich stets als Rind verkörpert wurde. Ninsun galt als göttliche Macht einer Rinderherde, als "makellose Kuh" und "Mutter guten Nachwuchses, die ihren Nachwuchs liebt". Shulgi und Urnamma behaupteten Ninsuns Kinder zu sein, weshalb sich Shulgi als astrales Kalb inszenieren konnte. In ihrer menschlichen Verkörperung war sie die Mutter des neben ihr als Sternbild stehenden Dumuzi sowie des Gilgamesh,[786] dessen Mythos sich auf den darunterliegenden Himmelsstier bezieht.

Diese Kuh mit ihrem Plejadenbuckel wurde durch das Rad des nach 1500 v. u. Z. übernommenen Streitwagens überzeichnet, ihr Himmelssektor auf der Tierkreiszeichenliste statt ihrer mit den Plejaden, Dem Himmelsstier und Dem Streitwagen zugleich bezeichnet[787] und sie durch den unter ihr liegenden Himmelsstier ganz in den Hintergrund gerückt – weshalb man es offenbar für nötig hielt, sie auf einer späten Tontafel zeichnerisch festzuhalten.

Das Rind war in Mesopotamien schon vor 9000 Jahren domestiziert und hauptsächlich als Zugtier gehalten worden; wegen der aufwendigen Aufzucht besassen nur Paläste und Tempel grössere Herden. Im 5. und 4. Jahrtausend wird das Rind meist mit einer Haferähre abgebildet, als Symbol für den Reichtum des Landes nach der Einführung von Ackerbau und Viehzucht im Neolithikum. Dem entsprechen auch noch die weit späteren Omen zum Sternbild des Stieres: "Wenn die Sterne Des Himmelsstieres sehr hell sind, werden die Kälber der Herden gedeihen." Leuchten sie dagegen nur blass, "wird der Reichtum des Landes verschwinden, werden die Kälber der Herden und die Schafe nicht gedeihen". Als Sternbild ist das Rind ab dem 4. Jahrtausend v. u. Z. belegbar.

W 84–89, C4 177–178

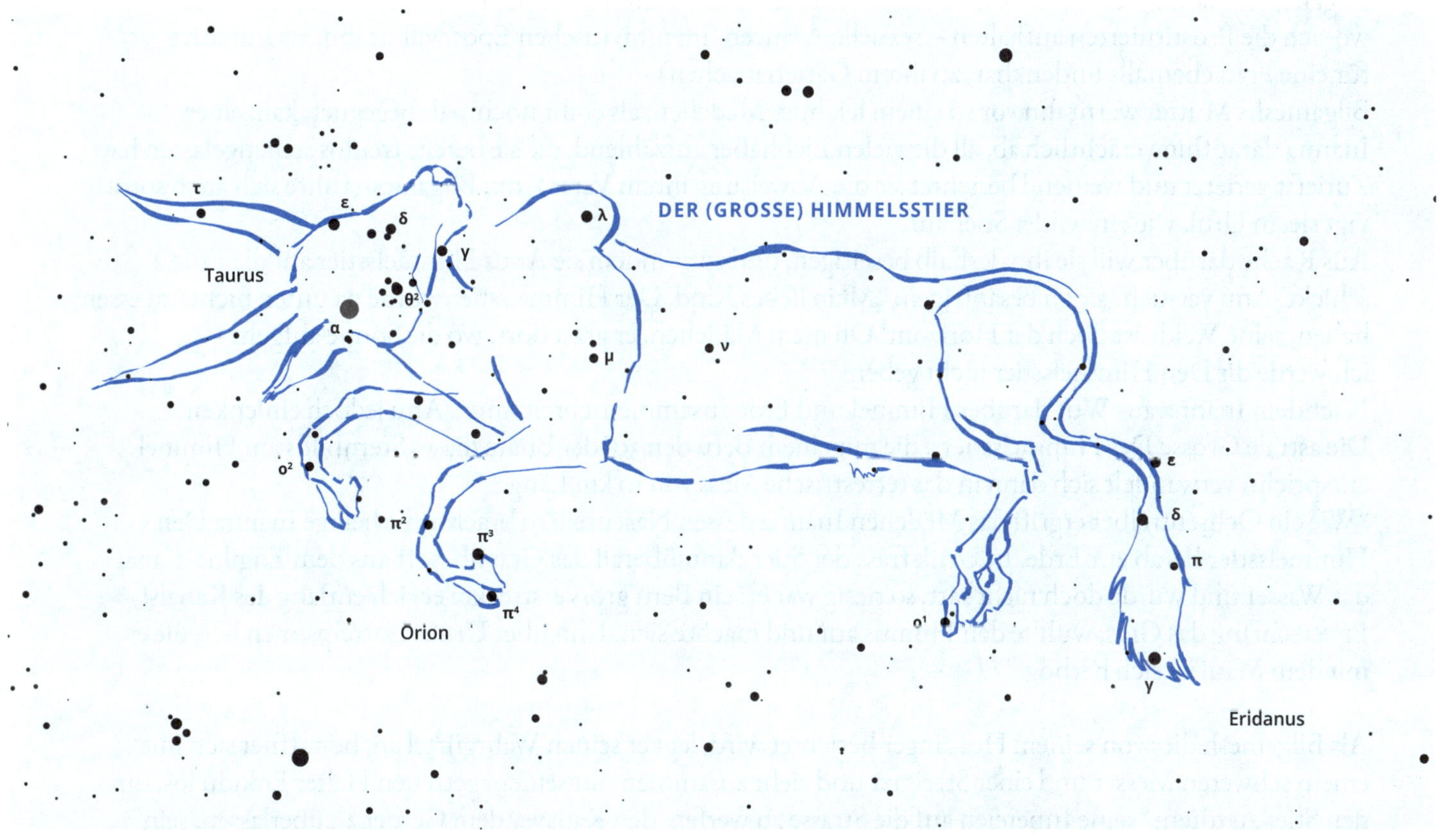

Sterne von Taurus, Orion und Eridanus

GU.AN.NA | ALU – DER HIMMELSSTIER

S|S|W

$\alpha\theta^{1,2}$ $\gamma\delta\varepsilon$ Tauri samt Hyaden

IS LI.E – DER KIEFER

H|P 271, K 111

Indem die Hyaden die Stierbacke bilden, geben sie die anatomischen Proportionen dieses Rindes vor; der Stier hat deshalb seine linke Hornspitze in τ Tauri, das rechte Horn geht von α bis 106 Tauri, das linke Vorderbein erstreckt sich bis π^4 Orionis, das hintere bis o^1 Eridani und der Schwanz bis ε Eridani.

Da Sterne oft mit einer riesigen Herde von Ochsen, Kühen und Kälbern am Himmel verglichen werden, braucht das *Mul.Apin* keinen eigenen Regenten für das Sternbild zu nennen: Durch *An.Na* ist es als Anu zugehörig ausgewiesen. Die Stierbacke mag auf altägyptische Einflüsse zurückgehen, auch dort heissen die Hyaden 'Kiefer' – was sich allerdings auf die Backe eines Schweins bezog. Die Stierbacke ist zudem durch die Sternbilder von Anus Krone und Nuskus Öllampe überprägt.

Symbolisch stehen Stier wie Löwe für kriegerische Stärke, im Kontext des Königtums auch für zügellose Unbeherrschtheit. Demgemäss wird Gilgamesh als Krieger mit einem "wilden, alles verheerenden Stier" verglichen. Der arrogant über Uruk herrschende Königssohn stellt den Gegensatz zu einem wahren, von Anu eingesetzten Hirten über die Schäflein seines Volkes dar, indem er sich als grimmiger und stössiger Stier aufführt, der sich bei den Männern und den jungen Mädchen austobt, sodass die Beschwerden darüber bis zu Anu gelangen.

Am mesopotamischen Nachthimmel stellt sich Der Wahre Hirte Anus Dem Himmelsstier entgegen, während Der Lohnarbeiter bei seinem Hinterteil steht. Dieses Ensemble spiegelt zugleich eine der zentralen Erzählungen des altägyptischen Sternenhimmels aus dem 3. Jahrtausend wider: der Kampf zwischen dem vergöttlichten König Her (gr. Horus) und dem als Stier auftretenden Chaosgott Setekh (gr. Seth), dem dabei das Vorderbein ausgerissen und in Ursa Maior versetzt wird.

Eine sumerische Kurzgeschichte vom Anfang des 2. Jahrtausends projiziert diese Konstellation auf den Kampf des göttlichen Königs Bilgamesh und des (als Steppensohn mit Aries assoziierten Lohnarbeiters) Enkidu gegen den Himmelsstier. Diese Episode wurde ein Jahrtausend später in die ninivitische Fassung des *Gilgamesh*-Epos eingearbeitet.

BILGAMESH, ENKIDU UND DER HIMMELSSTIER

In dieser lange vor dem *Gilgamesh*-Epos entstandenen sumerischen Kurzgeschichte hiess der Held noch Bilgamesh. Inanna, die Göttin der Liebe, macht ihm als dem Herrscher über Uruk neben dem Stadttor – wo sich die Prostituierten aufhalten – sexuelle Avancen (im ninivitischen Epos will sie ihn, als Initiative für eine Frau ebenfalls undenkbar, zu ihrem Gatten machen).

Bilgameshs Mutter warnt ihn vor so einem leichten Mädchen; als er ihr nochmals begegnet, kanzelt er Inanna daraufhin verächtlich ab, all die vielen Liebhaber aufzählend, die sie bereits treulos stehengelassen hat. Zutiefst verletzt und weinend berichtet sie die Abweisung ihrem Vater Anu; Bilgamesh führe sich auch sonst, sagt sie, in Uruk wie ein wilder Stier auf.

Aus Rache darüber will sie ihn deshalb beseitigen, und zwar indem sie Anus Himmelsstier auf die Erde schickt. Anu versucht sie zu besänftigen: "Mein liebes Kind, Der Himmelsstier würde da unten nichts zu essen haben; seine Weide ist doch der Horizont! Oh mein Mädchen, er grast dort, wo die Sonne aufgeht – ich werde dir Den Himmelsstier nicht geben!"[788]

Nachdem Inanna aus Wut darüber Himmel und Erde zusammenschreit, muss Anu jedoch einlenken. Die astrale Grösse Des Himmelsstiers, die mit einem Beru den 30° der Breite dieses Sternbilds am Himmel entspricht, verwandelt sich dann in das terrestrische Mass von 10 km Länge.

"Wie ein Ochsentreiber ergriff das Mädchen Inanna dessen Nasenseil; so brachte die heilige Inanna Den Himmelsstier herab zur Erde. In Uruk frass der Stier dann überall das Gras ab, soff aus dem Engilua-Kanal das Wasser und wurde doch nicht satt, so riesig war er: ein Beru gross erstreckte er sich entlang des Kanals! Er verschlang das Gras, wühlte den Humus auf und machte sich dann über Uruks Dattelpalmen her, die er mit dem Maul zu sich herbog."[789]

Als Bilgamesh dies von seinem Hofsänger berichtet wird, legt er seinen Wehrgürtel an, bewaffnet sich mit einem schweren Messer und einer Streitaxt und zieht zusammen mit seinem getreuen Helfer Enkidu los, um den Stier zu töten, "seine Innereien auf die Strasse zu werfen, den Kadaver dem Gerber zu überlassen, sein Fleisch unter die Waisenkinder zu verteilen" und zum Hohn "seine beiden Hörner der Inanna für ihr Weihöl zu stiften". Und die sieht nun von der Brüstung Uruks aus zu, wie der Stier im Staub brüllt.

Die hier nur mehr fragmentarisch erhaltene sumerische Stelle kann durch das ninivitische *Gilgamesh-Epos* ausgefüllt werden: "Bilgamesh [ergriff ihn vorne] an seinem Schädel, [zwischen dem Joch der Hörner und dem Buckel], während Enkidu [um den Stier herumlief, ihn hinten an der Quaste seines Schwanzes packte und seinen Fuss auf sein Hinterbein setzte].

Und dann hieb Bilgamesh ihm mit seiner sieben Talente schweren Axt die Krone ab: Der Stier hob noch einmal den Schädel, brach dann aber aus seiner ganzen Höhe in die Knie und war bloss noch eine formlose Masse, einem Lehmklumpen gleich, flach daliegend wie geschnittene Ähren. Da kein Schlachter da war, nahm er selbst das Messer in die Hand, hackte ihm die hintere Keule ab, um sie Inanna nachzuwerfen, die davor aufflog wie eine Taube – wobei dort die Stadtmauer demoliert wurde."[790]

Im späteren ninivitischen Epos von *Gilgamesh* versammelt daraufhin "Ishtar die Prostituierten, Huren und Kurtisanen und begründet eine Wehklage über die Schulter des Himmelsstiers".[791] Seine Hörner, heisst es darin, sind ganz aus Lapislazuli,[792] was der Auffassung entspricht, dass der mittlere Himmel aus diesem dunkelblauen Edelstein besteht und erklärt, weshalb seine Hörner am Himmel nur an einzelnen Punkten erkennbar sind.[793]

Die Episode verdeutlicht mehrere Aspekte im mythologischen Denken Mesopotamiens. Ging die Sonne (und mit ihr Inannas Planet Venus) bei Jahresbeginn am Frühlingsäquinoktium im März unter, erschien dort, gleichsam von Anu losgelassen, Der Himmelsstier als erstes Sternbild. Am Morgen darauf ging die Sonne im Sternbild Des Lohnarbeiters in Aries wieder auf, dabei wurde das Hinterteil Des Himmelstieres in Taurus vom Licht ausgelöscht. Der Himmelsstier graste also zuerst dort am Horizont, wo die Sonne stand, um bei ihrem Aufgang dann seine Kruppe zu verlieren – oder überhaupt nur noch als Schädel mit Hörnern sichtbar zu sein.

Das hinter Dem Himmelsstier stehende Sternbild eines Gastarbeiters aus der Fremde – das sich mit Enkidu vergleichen lässt – ist nicht von ungefähr mit dem Jahresbeginn verbunden, denn da wurden überall die ersten Ernten eingebracht. Bei dem unter der Ägide Anus stehenden Erntedankfest namens *Akitu* wurde zudem der jeweilige Stadtherrscher neu legitimiert und das Ritual einer Heiligen Hochzeit zwischen dem Herrscher und einer Priesterin der Inanna gefeiert – daher auch Bilgameshs Rolle. Mit dieser Feier wurde zugleich auch an Inannas Hochzeit mit dem von Aries symbolisierten Hirten Dumuzi erinnert, der ihretwegen sterben und in die Unterwelt gehen musste, bevor er als Vegetationsgott wieder halbjährlich auf die Oberwelt durfte.

Indem Bilgamesh die Werbung Inannas ausschlägt, erhebt er sich als Herrscher über das Schicksal Dumuzis. Bereits Shulgi hatte in seinen etwa zeitgleichen Hymen bekannt, dass er seine Pfeile gegen Den Himmelsstier geschossen hatte, um seine Eigenmächtigkeit zu unterstreichen und sich gegen seine Sterblichkeit aufzulehnen: Die Wehklagen, die zuvor Dumuzi gegolten haben, sind nun auf Inannas Himmelsstier gerichtet.[794]

Mit derselben Hybris meint Bilgamesh damit selbst die Fruchtbarkeit des Landes zu gewährleisten, die Naturgewalten im Griff zu haben und dabei noch die Waisen mit Fleisch versorgen zu können. Sterben muss für diese Anmassung allerdings Enkidu, sein aus derselben Steppe wie der Hirte Dumuzi stammender Gefährte, der als Aries hinter Dem Himmelsstier stand, als Sternbild gleichsam seinen Fuss auf dessen Hinterteil setzte und ihm mit Aufgang der Sonne dann die Keule ausriss – und zwar genau dort, wo Inannas Planet stand, die Venus.

Die Griechisch-Römische Tradition

Die Griechen verschmolzen beide astralen Rinder zu einem: Die Wildkuh lieferte ihnen mit den Plejaden den Buckel für ihre Darstellungen, der Stier die Hörner. Abgebildet wurde jedoch nur noch das Vorderteil. Dies geht auf die im ninivitischen Epos von *Gilgamesh* geschilderte Episode zurück; das Langgedicht hatte bereits Homer als Vorlage für seine *Ilias* gedient.

Die Griechen sahen zudem in den Hyaden ebenfalls einen Kiefer. Das sumerische *Is* für 'Kiefer' wurde zu *Ys* –Schwein – gräzisiert, analog zum hellenistischen Ägypten, wo man in diesen Sternen eine Schweinebacke sah; auch die Römer verbanden damit eine Sau: *Suculas*. Dem Sternhaufen gemäss wurde *Ys* jedoch in einen Plural – *Hyades* – verwandelt.[795]

Nach der mesopotamischen Bezeichnung als Stierkiefer sah Aratus die Hyaden weiterhin "entlang des Gesichts des Bullen verteilt". Einziger Verweis auf den mit Inanna und Anu verbundenen Ursprungsmythos Des Himmelsstiers blieb die Überlieferung, dass "das Sternbild ein Abbild der Io als Kuh ist und Zeus sie bloss ihretwegen zu dieser Ehre auserwählt hat".[796]

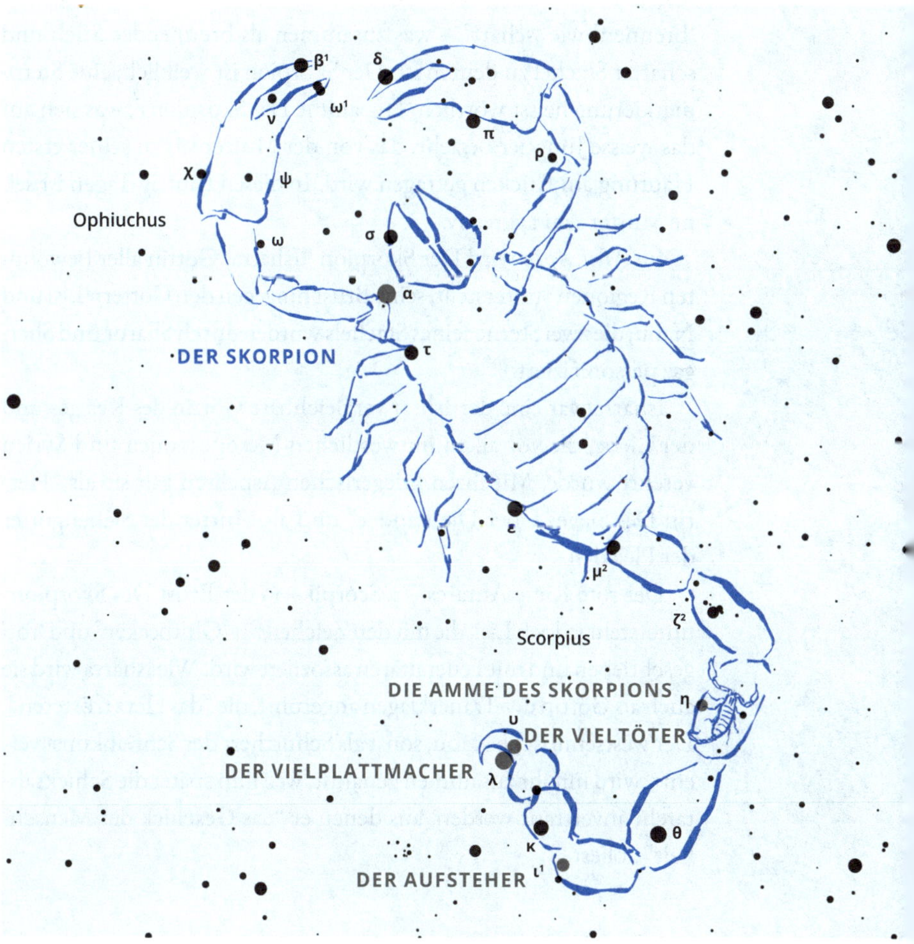

Scorpius

GIR.TAB | ZUQAQIPU – DER SKORPION

δ Scorpii[797]

(LINKE) SCHERE

S|S|W

um σ Scorpii

KOPF

S|S|W

α Scorpii
BRUST
SI | LISI – LISI
S|W|L, H|P 275
η Scorpii
TARIT ZUQAQIPI – 'DIE AMME DES SKORPIONS'
(= DER UNTERE RÜCKEN)
S|S|W
DIE STACHELSPITZE:
υ Scorpii
SHAR.GAZ – DER VIELTÖTER
λ Scorpii
SHAR.UR – DER VIELPLATTMACHER
H|P 275 und G 31

Das sumerische Silbenzeichen *Gir* zeigt eine Waffe, weshalb Der Skorpion auch 'Schwert des Himmels' hiess; *tab* bedeutet sowohl 'brennen' wie 'scharf' – was zusammen als brennender Stich und scharfer Stachel zu deuten ist. Der Skorpion ist weiblich; eine Sternmarkierung heisst wörtlich 'Hebamme Des Skorpions', was sich auf das weisse Jungtier bezieht, das von der Mutter bis zu seiner ersten Häutung am Rücken getragen wird. In diesen fünfzig Tagen ist seine Mutter sehr aggressiv.

Im *Mul.Apin* wird Der Skorpion "Isharra, Göttin aller bewohnten Regionen" unterstellt, seine Brust hingegen den Göttern Lisi und Nabu; die zwei Sterne seines Stachels wurden durch Sharur und Shargaz personifiziert.[798]

Isharra war eine der Ishtar vergleichbare Göttin des Krieges und der Liebe, die vor allem im westlichen Mesopotamien und Syrien verehrt wurde. Mit ihren kriegerischen Aspekten galt sie als "Herrin Des Sieges Über Die Länder" und als Mutter der Siebengötter der Plejaden.

Der rote Riese Antares – α Scorpii – in der Brust Des Skorpions untersteht jedoch Lisi, die mit den Zeichen für 'Glutbecken' und 'rot' geschrieben und mit Feueraltären assoziiert wird. Wie Isharra wird sie auch als Göttin der Trauerklagen angeführt, die "das Herz trösteten". Der westsemitische Nabu, sonst als Schutzherr der Schreibkunst verehrt, wird mit ihr zusammen genannt, weil ihm später die Schicksalstafeln anvertraut werden, aus denen er "das Geschick der Menschheit" abliest.

Sharur und Shargaz im Skorpionstachel wiederum stellen die mit Metallspitzen versehenen Keulen Ninurtas dar: *Sharur* ist wörtlich der 'Plattmacher von 3600' und *Shargaz* der 'Töter von 3600'; die Zahl steht jedesmal für 'Viele'. Der Kriegsgott Ninurta hält, wie es in *Ninurtas Taten* heisst, Sharur in seiner Rechten, Shargaz in der Linken, um mit ihnen die rebellischen Bergregionen Mesopotamiens zu unterjochen: "Sharur liess den Sturmwind zum Himmel steigen und die Leute verstreuen ... sein Gift allein vernichtet das Stadtvolk. Der zerstörerische Streitkolben setzte die Berge in Brand, seine mörderische Waffe zerschmetterte mit ihren schmerzhaften Zähnen ihre Schädel; die Keule, die Eingeweide herausreisst, knirschte mit den Zähnen."

Entsprechend kriegerisch waren die Omen zum Skorpion. Sie richteten sich auch danach, wann er im 8. Monat – Oktober | November – erstmals aufging, weil dann meistens die Kriegszüge der Herrscher begannen: "Wenn das Gestirn früh aufgeht, wird der König stolz umherschreiten und seine Feinde besiegen; geht es spät auf, werden die Könige aller Länder Feindseligkeiten gegen ihn beginnen." Eine Konjunktion mit dem Mars verhiess siegreichen Einfall des Feindes oder, "dass der Herrscher durch den Stich eines Skorpions sterben wird". Flackerte ein Stern dazu im Westen auf und trat neben Lisi, "wird es eine Revolte geben". Das Aufglänzen des Skorpionstachels hingegen wurde für das Land als vorteilhaft gesehen, denn dann "werden die Waffen Akkads sich aufrichten".

Dargestellt wurde Der Skorpion meist als Mischwesen mit menschlichem Gesicht und Brust, vogelbeinig und mit Flügeln, den Stachelschwanz am Rücken aufgerichtet. Solche Skorpionmenschen zählen zu Tiamats Monstern, gegen die Marduk im *Enuma Elish* zu kämpfen hat. Im ersten Jahrtausend v. u. Z. werden sie dann jedoch populär als Diener des Sonnengottes, die seine geflügelte Scheibe halten.

Der Aufstieg des Sternbildes markiert die kürzer werdenden Tage, da sich die Sonne zusehends in die Unterwelt zurückzieht; beim Aufgang des Stachels zum Wintersolstitium stirbt sie. Andererseits verheisst der mit Tod und Nacht verbundene Skorpion aber auch Geburt und Verjüngung, indem er jährlich seinen Panzer abwirft und ihm ein neuer wächst: weshalb seine abgeworfene Haut als Heilmittel galt.

W 232–237, LEI 94–95, 165, 123–124, P–L 178–179, WEE 140–141

DAS EPOS VON *GILGAMESH*

In ihrer Doppelrolle von Tod und Wiedergeburt begegnen die Skorpionmenschen dann auch Gilgamesh in seinem Epos. Er und Enkidu haben zuerst Humbaba getötet, den göttlichen Wächter des Zedernwaldes, dann hat Gilgamesh Ishtars Heiratsangebot zurückgewiesen und beide schlachteten darauf den Himmelsstier ab – worauf die Götter beschliessen, diese beiden Aufrührer zu bestrafen. Sterben aber lassen sie nur den wilden, aus der Steppe stammenden Enkidu, gewissermassen als Bauernopfer. Gilgamesh verkraftet den Tod seines besten Freundes nicht, auch weil ihm dadurch, wiewohl Halbgott, die eigene Sterblichkeit vor Augen gerückt wird. In seiner Verzweiflung verlässt er Uruk und zieht durch die Steppe zum Gebirge im Osten, da er gehört hat, dass irgendwo dahinter Utnapishti leben soll, der einzige Mensch, der die Grosse Flut überlebt hat und

unsterblich geworden ist. Ein langer Marsch führt ihn so an den Rand der Welt, wo Unterwelt und Himmel an jenem Ozean zusammentreffen, der die Erde umschliesst.
Diese Reise hat viele astrale Züge. Zunächst leiten ihn Venus und Mond, auch über 'himmlische' Gewässer hinweg. Auf seinem Weg tötet er Löwen und gelangt danach zum riesigen Zwillingsberg *Mashu*: Das bezieht sich auch auf deren Sternbilder, da Gemini mit seinen Zwillingen ebenfalls Mashu genannt wurde.[799] Mit dem Tod von Löwe und Löwin, die Gilgameshs Herrschaftsmacht am Himmel verkörpern, hat er diese nun ganz abgelegt, um so zum Sternbild Der Zwillinge zu gelangen, deren Symbolik mit Tod, Krankheit und Heilung verknüpft ist.
Danach trifft er auf die Skorpionmenschen. Sie sind von astralen Strahlen erleuchtet, der Glanz ihres Sternbilds sich über den Berg legend – ihr astronomischer Aspekt noch durch einen Terminus für Himmelsbeobachtungen unterstrichen.[800] Dass Scorpius "in der Region des Meeres" liegt[801] – der untersten wässrigen Himmelskalotte des in der Unterwelt wohnenden Ea –, wirkt sich wiederum auf die Landschaft des Epos aus, indem hinter dem Berg das Meer beginnt.

"Als er zum Zwillingsberg des Mashu kam, der täglich den Auf- und Untergang der Sonne betrachtet – seine beiden Gipfel bis zum Firmament hinaufreichend und ihr Fuss bis hinab in die Unterwelt – traf er auf Skorpionmenschen, die an diesem Passtor wachen: Ihre Erhabenheit ist beeindruckend, ihr Blick der Tod, ihr fürchterlicher Strahlenglanz sich über den Berg legend, wo sie bei Tag- und Nachteinbruch die Sonne beobachten.
Als Gilgamesh sie erblickte, bedeckte er vor ihnen aus Furcht und Schrecken zuerst sein Gesicht, nahm dann aber seinen Mut zusammen und trat vor sie – worauf der Skorpionmann zu seiner Frau gewandt meinte: 'Der da zu uns kommt hat Fleisch von den Göttern am Leib.' Und die Frau des Skorpionmannes antwortete ihm: 'Ja, zwei Drittel an ihm sind göttlich, ein Drittel menschlich.'
Darauf rief ihm der Skorpionmann zu und sagte zu Gilgamesh, diesem König von göttlichem Fleisch: 'Wie kamst du auf dem weiten Weg bis hierher? Wie konntest du bis hierher zu mir gelangen? Wie bist du über die Wasser gelangt, die zu queren gefährlich sind? Ich möchte alles über deine Reise wissen – worauf bist du aus? Was suchst du?'"[802]
Gilgamesh verrät ihnen, dass er zu Utnapishti will, worauf der Skorpionmann erwidert, dass noch niemand "diesen Weg des Berges begangen hat, weil er sich zwölf Doppelstunden – oder 120 km – weit ins Innere dichte Dunkelheit erstreckt und es dort kein Licht gibt".

Leider bricht hier der Text für dreissig Zeilen ab, in denen der Skorpionmann Gilgamesh offenbar mitteilt, auf welche Weise er den Weg dennoch einschlagen kann. Gilgamesh muss dazu über den Pass in jene dunklen Bergregionen vordringen, wo nach alter Vorstellung die Totenwelt lag; später wurde sie aufgrund besserer Weltkenntnis in den unterirdischen Apsu verlegt.[803]
Um mit seinen abgedimmten Strahlen dieser Unterwelt Licht zu bringen, geht der Sonnengott abends am Weltrand unter. Schwach glühend schwebt er dann über dem Unterweltsfluss, um schliesslich in sein Haus auf dem untersten der drei Firmamente zurückzukehren, wo er schläft und morgens wieder durch sein Tor den Himmel betritt, um über den Bergen erneut aufzuflammen.
Das Zeitwort für das Aufgehen der Sonne bezeichnet sonst das Anblasen glühender Kohle, benennt hier aber ihr Aufflackern – nachdem ihr Feuer nachts von der Erde abgedeckelt wurde. Deshalb bläst Gilgamesh bei seinem Marsch durch die dunklen Berge bei der zehnten Doppelstunde der Nordwind ins Gesicht: Der beginnt offenbar die Sonne von neuem anzufachen, die Gilgamesh, endlich am ersehnten Meeresufer stehend, blendet.[804]

An diesem Strand, der Himmel, Erde und Unterwelt mit einem gemeinsamen Rand eint, liegt nun der glänzende Edelsteingarten der Götter, der auf die buntfarbigen Himmelsfirmamente verweist. Gilgamesh begegnet dort der von einer Schankwirtin verkörperten Venus: Die lebenslustigen Ratschläge, die sie ihm gibt, sind aus dem Gedicht der frühen Herrscher übernommen, das Bezug zum Sternbild Damhirsch hat.
Er will von diesem Gestade zu Utnapishti gelangen, dem Überlebenden der Flut: Sie wird symbolisiert durch den 'Kanalwächter' Ennugi in Cetus, der die Wasserschleusen der himmlischen Kanäle dafür öffnete, und durch Adad, Hanish und Shullat in Lupus und Centaurus, die sie angekündigt hatten. Die drei kleinen Götter, die

sonst kaum erwähnt werden, kamen wohl nur als Hommage an die ninivitische Fassung des Epos von *Gilgamesh* an den Himmel: Im Epos von *Atrahasis*, der Vorlage der Flutgeschichte, werden sie jedenfalls nicht erwähnt. Auch die weitere Reise des Gilgamesh verweist auf andere, mit Sternbildern verbundene Mythen. Um an die Stakstangen für sein Floss heranzukommen, muss er erst die Steinernen im Wald umhauen wie Ninurta bei seinem Kampf gegen Asakkus Armee im *Lugal-E*: Eine Episode, die in der Legende zum Sternbild Toter Körper verewigt ist. Dann besteigt er das Sternbild Schiff, auf dem bereits Enki im Mythos seiner *Weltordnung* nach Dilmun fuhr. Der Kapitän, der ihn dort aufnimmt, ist wiederum jener Todesdämon, der auch Damu in *Ningishzidas Fahrt in die Unterwelt* auf dem Unterweltsstrom, der den ersten unteren Himmel und die untere Erde umfliesst, in die Totenwelt geführt hat.
Ein spätbabylonischer Kommentar benutzt für dieses Wasser Des Todes ausdrücklich den spezifischen astronomischen Terminus 'Tiefe des Himmels'.[805] Damit ist eine minimale Breite am Himmel auf dem 'Weg der Sonne' gemeint, der Ekliptik, an der Gilgamesh nun entlangsegelt. Von da gelangt er ähnlich wie der Himmelsfahrer Etana zurück nach Hause – und zwar ebenso kurz im Besitz eines Verjüngungskrautes wie Etana im Besitz eines Gebärkrautes.

Die Griechisch-Römische Tradition

Beim griechischen Skorpion blieb möglicherweise ein Bezug zu Lisi erhalten (die später auch als männliche Gottheit gesehen und "Der Mit Feuer verbrennt" und "Der Mit Opfergaben Verbrennt" genannt wurde),[806] indem Eudoxos im 4. Jahrhundert v. u. Z. einen Räucheraltar in dieser Region verortete: jedoch nicht um Antares in der Brust Des Skorpions, sondern unterhalb seines Stachels. Dort blieb er allerdings mit Krieg und Feuer verbunden. So schreibt Eratosthenes: "Dies ist der Altar, an dem die Götter zum ersten Mal ein Bündnis schworen, als Zeus sich zum Krieg gegen Kronos bereit machte; die Kyklopen hatten ihn hergestellt, seine Flamme bedeckend, um sicher zu gehen, dass die Macht ihrer Blitze nicht zu sehen war."[807]

Die Sterne von Scorpius wurden auch bei den Maya und den australischen Aborigines als Skorpionmenschen gesehen. Bei den Babyloniern ist die Figurationen des Sternbilds zwar rein animalisch, doch beschreibt Aratus seinen Skorpion noch als denselben Tiermenschen,[808] als der er im Epos von *Gilgamesch* erscheint. Mit dieser Verbreitung gehört der Skorpion wohl jener ersten Generation von Lebewesen an, die in den vom *Homo sapiens* verbreiteten Schöpfungsmythen eine zentrale Rolle innehatten.

Heute heisst θ Scorpii *Girtab*, werden λ und υ Scorpii *Sargas* und *Sarur* genannt: womit ihre sumerischen Namen wieder auf sie übertragen wurden.[809]

ι Scorpii?

AN.TA.GUB – DER AUFSTEHER

Dieser Sternenname kommt nur einmal in einem Rechenbeispiel vor, das die Abmessung an der Himmelskuppel vom "Skorpion bis An.Ta.Gub" abfragt. Die kleine Distanz zu einem als 'Aufsteher' des aufgerichteten Schwanzes verstandenen Stern deutet nicht auf den zurückgekrümmten Stachel, sondern auf das von ι Scorpii markierte Schwanzglied darunter, als äusserstem Punkt des Sternbilds. Das Silbenzeichen für 'stehen' – *gub* – lässt sich auch als *re* lesen, womit sich der griechische Name *Antares* ergibt. Der wurde jedoch auf die rote 'Brust' des Skorpions übertragen und griechisch als 'Gegen-Ares', dass heisst als ebenso rot wie der Kriegsgott, etymologisiert.[810]

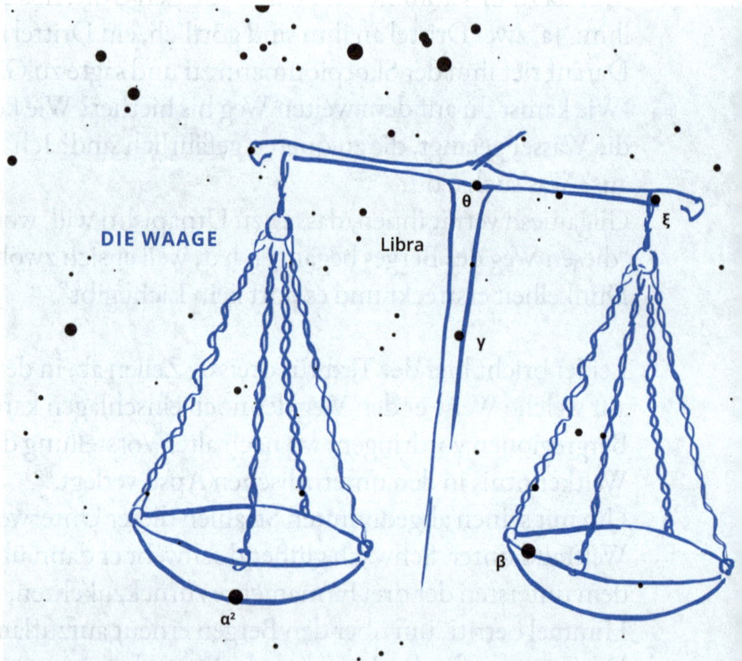

Libra

ZI.BA.AN.NA | ZIBANITU – DIE WAAGE

H|P 275

α² Librae

DIE VORDERE WAAGSCHALE

S|S|W, H|P 275

β Librae
DIE HINTERE WAAGSCHALE
S|S|W

γ und θ Librae
DIE MITTE
S|S|W

Wenn Scorpius im Oktober aufsteigt, ist die Sesamernte beendet, werden die Felder gepflügt, kommen das neue Öl und die Wolle auf den Markt: Dadurch kam dem Sternbild wirtschaftliche Bedeutung zu. In der Serie *Enuma Enlil Anu* dient die Astrologie auch der Geldspekulation; es heisst da kurz: "Der Skorpion ist für den Markt." Eine Konjunktion mit Jupiter gilt als negativ: Erreichte dieser seinen Kopf, "wird sich der Markt in Akkad halbieren", erreichte er seinen Stachel, "wird sich der Markt in Elam halbieren".

Dank dieser wirtschaftlichen Symbolik verwandelten sich die ursprünglich längeren Scheren des Skorpions – seine 'Hörner' – schliesslich in die zwei Schalen, die an einem Waagbalken hängen, welcher in der Mitte eine Nadel mit einer Skala aufwies. Die ursprüngliche Bezeichnung für die Skorpionscheren blieb jedoch parallel bestehen.

Bedingt wurde diese Umwandlung auch durch die Präzession, welche das 'Gleichgewicht' der Tages- und Nachtlänge beim Äquinoktium des Herbstes in das Sternbild Waage verschob: Steht die Sonne in ihr, geht sie genau im Osten auf und genau im Westen unter. Ideal dafür ist der 14. Tag des Monats: "Sonne und Mond sind im Gleichgewicht: Dann wird das Land stabil sein, werden die Leute die Wahrheit sagen, wird der König des Landes lange auf seinem Thron sitzen." Der Ort dieses Sonnenaufgangs hiess 'Waagplatz'.

Das Sternbild Waage war deshalb eng mit dem Sonnengott Shamash verbunden, dem Gott der Gerechtigkeit und Wahrheit: Da er auf seiner Bahn alles und alle sieht, auch die Toten in der Unterwelt, war er zum Schiedsrichter prädestiniert. Er bestrafte falsche Schwüre und Eide und wurde als Instanz angerufen, um angetanes Unrecht wieder gutzumachen oder zu rächen.

W 228–232 und 236

Die Griechisch-Römische Tradition

Die Griechen übernahmen den geteilten Skorpion als Teil ihres Zodiakos. Aratus wie Eratosthenes unterschieden nur zwischen Scheren und Leib: "Wegen seiner riesenhaften Grösse wurde er in zwei Zeichen aufgeteilt, in die Scheren sowie in den Leib mit dem Stachel." Ptolemaios hingegen nennt die Sterne von Libra ausschliesslich 'Die Scheren' – auch für ihn war die Aufteilung des Skorpions noch neu. Erst Hyginus weiss dann, "dass eines der Zeichen bei uns als 'Die Waagschalen' bekannt geworden ist".[811]

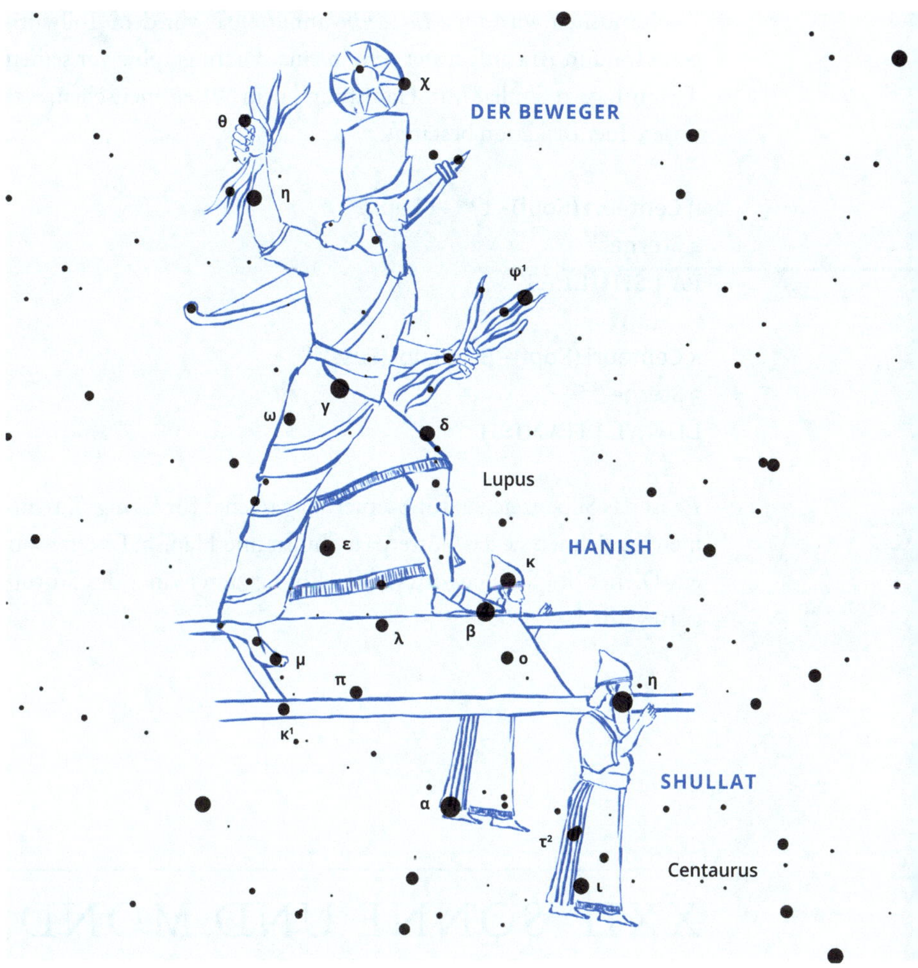

Lupus[812] inkl. HIP 78323
NU.MUSH.DA – DER BEWEGER
S|S|W

Der sumerische Name bedeutet 'Der Dinge oder Tiere in Bewegung setzt'. Er war der Gott der amurritischen Stadt Kazallu, Sohn des Mondes und Gottheit des Gewitters, der bereits in der Legende von *Martus Hochzeit* auftaucht, die auf das Sternbild Des Wurfholzes Bezug nimmt. In der Hymne des Herrschers von Larsa Sin-Iqisam (um 1775 v. u. Z.) wird Numushda "Krieger, mit mächtiger Stärke, der die vielfältigen göttlichen Mächte völlig im Griff hat" genannt und beschrieben als "Gott mit [bei] den Gliedern Des Wisentmenschen, der prächtig anzuschauen ist – wie sein Vater, der Mondgott Suen, liebt er es, Leben zu verleihen!"[813]

Sein Kult geriet jedoch in der altbabylonischen Zeit in Vergessenheit. Das *Mul.Apin* setzt Numushda deshalb mit dem Sturmgott Adad gleich, der "anhaltenden Regen bringt".[814] Das passt zu seinem herbstlichen Aufgang.[815] Dem entsprechen die Omen: "Wenn Nusmushda tagsüber steht, nachts aber nicht sichtbar ist, wird es eine zerstörerische Flut geben." In einem anderen Text wird Der Beweger ebenfalls mit dem Sturmgott Adad gleichgesetzt, "dessen Donner im Nissanu [März | April] abschwillt".[816]

W 197–198

Numushda wird im *Mul.Apin* unmittelbar vor dem Tollwütigen Hund in Ara aufgelistet und in einer Uranographie vor seinen Thronträgern Shullat und Hanish und dem Wisentmenschen, was unsere Identifikation bestätigt.

η Centauri (Kopf) – τ^{1+2} – ι Lupi[817]
4 Sterne[818]
PA | SHULLAT
S|S|W
κ Centauri (Kopf) – β – α Lupi (Fuss)[819]
3 Sterne[820]
LUGAL | HANISH
S|S|W

Pa ist das Silbenzeichen für Szepter, *Lugal* jenes für König. Zusammen bezeichnen sie das Götterpaar Shullat und Hanish; Ersterer war ein Diener des Sonnengottes Shamash, Letzterer einer des Sturmgottes Adad.

Dank ihrer Nähe zum Apsu der Egge tauchen sie im Epos von *Gilgamesh* dann auf, als die Arche Utnapishtis – des mesopotamischen Noah – fertig ist und Adad die Grosse Flut ankündigt: "Kaum dass der Morgen rot aufzuleuchten begann, stieg vom Horizont des Himmels eine schwarze Wolke auf: In ihr donnerte Adad ohne Unterlass – und ihm voran gingen Shullat und Hanish und trugen seinen Thron über Berg und Land."[821]

Das Götterpaar in Nachbarschaft zur Egge bedeutete auch kalendarische Fluten: Bei ihrem Aufstieg im 8. Monat erreichten Regenzeit und Wasserspiegel der Ströme ihren Höhepunkt.

W 273–275
Das Bruchstück einer spätzeitlichen Uranographie scheint ihr Sternbild zu beschreiben, das in diesen Texten stets mit dem benachbarten 'Beweger' Numushda, dem Gewittergott Adad, aufgelistet wird, der sich "hinter" Shullat und Hanish befindet:[822] "[...] Zottelleib Des Winters. [...] darunter [...] Der Beweger, [...K]rone, göttliche Brüder, beide [...] das Gesicht eines Löwen, den Körper einer menschlichen Figur."[823]

XXII SONNE UND MOND

Mond
SU.EN | SIN – DER HERR DER WEISHEIT
SHES.KI | NANNA(R)
ASIM BABBAR – DAS NEUE LICHT
(W)ARHU – DER NEUMOND | DER MONAT

Der Monat begann mit der ersten Sichtbarkeit des gleichnamigen Neumondes; *(W)Arhu* hängt mit sumerisch *Arhush* – Membran, Nachgeburt, Mutterleib – zusammen. Der Name des sumerischen Mondgottes *Suen* stellt eine Silbenumstellung des ursprünglichen *En.Zu* dar, 'Herr Der Weisheit'. Er verschmolz bald mit Nanna(r), dem in Ur im 2. Jahrtausend verehrten Mondgott. Manche Texte unterscheiden zwischen Suen als Mondsichel, Asimbabbar als Neumond und Nanna(r) als Vollmond; in anderen heisst der Mond zwischen dem 1. und dem 5. Tag *Ta.Sakar* | *Uskaru* ('Tag-Beginn'), zwischen dem 6. und 10. 'Niere' und zwischen dem 11. und 15. 'Tiara Des Vollmondes'.[824]

Am 1., 7. und 15. Tag des Mondmonats wurden Feste gefeiert und zum Beginn des neuen Jahres Reinigungsrituale für den Mond vollzogen. War er nicht zu sehen, richtete er zusammen mit der Sonne die Toten in der Unterwelt; um ihn dabei zu beeinflussen, brachte man ihm Opfer dar. In astrologischen Texten kann er als Heilige Zahl 30 geschrieben werden. Die 'geheime Stelle' seiner höchsten Macht erreichte der Mond zwischen den Siebengöttern der Plejaden und dem Himmelsstier in Taurus.[825]

Der meist als Stierkalb dargestellte Mond wurde als Sohn der Ninlil und des erstgeborenen Enlil aufgefasst; er selbst zeugte mit seiner Frau Ningal den Planeten Venus – Ishtar – und den Sonnengott (oder seltener deren älteren Bruder). Denn nach sumerischer Vorstellung gebiert die Nacht den Tag, ist das Dunkel fruchtbar. Die Sonne wurde nicht als Lebensquell gesehen, was in der arabischen Tradition bis heute gilt.

DIE ZEUGUNG DES MONDES

Der sumerische Mythos *Enlil und Ninlil* beschreibt die Zeugung des Mondgottes. Da geht die junge Ninlil am Flusskanal der Stadt Nippur spazieren:

"Als Ninlil am Ufer des Inunbirtum entlangging, erblickte sie der Herr, der ein helles Auge hat, der grosse Berg, der Vater Enlil, der Hirte, der alle Geschicke entscheidet. 'Ich will mit dir schlafen', sagte er zu ihr – doch sie willigte nicht ein. 'Meine Scheide ist zu klein; sie ist noch durch nichts breit geworden, meine Lippen sind schmal, sie sind im Küssen noch ungeübt. Meine Mutter wird es erfahren und mir auf die Finger schlagen; mein Vater wird es erfahren und mich dann packen und schütteln. Aber niemand wird mich davon abhalten, meiner Freundin davon zu erzählen!'

Da sagte Enlil zu seinem Boten Nusku [in den Hyaden]: 'Mein Bote Nusku, Oberbaumeister des Ekur-Tempels.' 'Stets zu Diensten – was für eine Bitte hast du?' 'Mit dem jungen Mädchen da, dieser Schönen, dieser Strahlenden, der Ninlil, zu schlafen und sie zu küssen, das müsste ein Vergnügen sein!' Da zog der Bote seinem Herrn eine Art Schiff her, er zog ein kleines Boot an einem Tau her, ein Tau für ein grosses Boot. 'Meinem Herrn, diesem Jüngling, dem Vater Enlil, will ich beim Segeln die Gelegenheit verschaffen, sie zu beschlafen und zu küssen.'

Der packte darauf die heiss Begehrte mit seinen Händen, drang in sie ein und küsste sie – das war, als er in einer Bucht am schmalen Strand neben ihr lag, um mit ihr zu schlafen und sie zu küssen: Da drang er das erste Mal in sie ein und küsste sie und ergoss so den Samen für Suen-Dilimbabar in ihren Leib."[826]

Die astralen Konnotationen in diesem Mythos sind deutlich. Um das 'Leuchtende Licht' Suens zu zeugen, begeben sich Enlil und Ninlil von den Stationen ihrer Sternbilder auf der oberen Himmelskalotte, die der Mond nicht erreicht, hinab zum kosmischen Fluss von Eas Weg, zum Sternbild des Schiffs Magur, das von allen Sternbildern am tiefsten liegt: *Magur* war auch ein Name für die Sichel des Neumonds, der aus dieser Tiefe dann als 'Herr Der Krone' aufstieg und sich zum Vollmond auswuchs.[827]

Am Stadttor, das symbolisch zur Unterwelt hinabführt, beschläft Enlil Ninlil dann drei weitere Male und befruchtet sie so mit Nergal-Meslamtaea, einem im Sternbild Der Zwillinge am Himmel präsenten Unterweltsgott, mit dem Heilgott Ninazu, der ebenfalls mit der Unterwelt verbunden ist (er wurde später mit Tishpak identifiziert) sowie dem göttlichen "Kanalinspektor" Enbilulu (der sonst als Ennuge am Himmel steht).

Für die Babylonier war der Mond wohl der wichtigste wandernde Himmelskörper. Betitelt wurde er als "Gehörnter Stier", "Frucht, Die Von Selber Wächst" (da er nach jedem Abnehmen wieder wächst), "Jener, Der Die Fülle Der Ackerfrüchte Vorantreibt", "Mass Der Zeit", das über Geschicke entscheiden und dabei auch gnädig sein kann, sowie als Orakelgott und Heiler.

UM EIN ÜBLES SICHTBARWERDEN DES MONDES GUTZUMACHEN

"*Rituale dazu:* Wenn Sin sichtbar wird, hebst du gekämmte Wolle hoch, rezitierst die Beschwörung siebenmal darüber und legst die Wolle an deinen Hals; dann ist das Übel gelöst.

Wenn Sin sichtbar wird, stellst du vor ihm ein Räucherbecken mit Wacholder auf, giesst feines Bier aus, nimmst dir Lehm aus der Au, machst eine männliche Puppe, rezitierst die Beschwörung dreimal vor Sin und wirfst die Puppe rückwärts in den Fluss, dann ist das Übel gelöst."[828]

Der Mond hatte, wie die griechische Selene und die römische Luna, auch eine vom Menstruationszyklus abgeleitete weibliche Seite und konnte als 'Hebamme' fungieren, weshalb man ihn bei der Geburt von Kindern und Kälbern anrief. Der Mond schuf, wie es in einer Hymne heisst, "den Zuchtbullen, den er die Kuh besteigen lässt, um guten Samen fliessen zu lassen; er vermehrt die beste Milch und das Fett". Dabei wurde manchen Frauen die magische Kraft zugeschrieben, "den Mond herabziehen zu können", der wie manche Sterne grosse heilende Macht besas. Die Verdunkelung seines Lebensquells galt als Ursache grössten Unglücks.

LEI 152–143, 125–126, REI 8, CA 54

BESCHWÖRUNG

"Sin, Himmelsleuchte, göttlicher Fürst, stärkster unter den grössten Göttern, König der Weltränder, Vater der Götter, Herr der Menschheit, allererster von Himmel und Erde, Licht der Igigi und des gesamten Menschengewimmels: Ohne dich werden die von ihren Angehörigen getrennten Menschen nicht zusammengebracht. Wo du befiehlst, kommt die Kinderlose zum Gebären. Den Gefallenen, der schwach geworden ist, ergreifst du bei der Hand; wahres und gerechtes Urteil lässt du den Schwachen finden, wer keinen Erbsohn hat, den lässt du einen Erbsohn bekommen, die Kinderlose kann ohne dich Samen und Schwangerschaft nicht empfangen. Wer dich immer wieder aufsucht, verfehlt nicht das Glück; wer auf dich Vertrauen setzt, dessen Fundament machst du dauerhaft. Den, der nicht gehen kann, lässt du vorwegziehen; den, der nichts vermag, stellst du an die Spitze, den, der sich an dich wendet, den lässt du Erbarmen finden; wer von seinen Angehörigen getrennt ist, dessen 'Heim' führst du zusammen, und wer Sünde hat, dessen Sünde löst du. Wem sein Gott zürnt, dem stimmst du diesen gleich wieder freundlich."[829]

Eklipse

ADARU – DIE SCHWÄRZUNG

Der Name bedeutet 'Schwärzung' sowohl der Sonne wie des Mondes und wurde später auch als 'Trauer, Bestürzung' ihrer Gestirne ausgelegt. Schwärzungen des Himmels waren die schlimmsten Vorzeichen, da sie den gewaltsamen Tod eines Herrschers ankündigen konnten. Um dem zu entgehen, wurde ein grausames Ritual – *Shar Puhi*, 'Ersatzkönig' – vollzogen, das im 7. Jahrhundert v. u. Z. mehrfach nötig war. Ein verurteilter Verbrecher, ein Kriegsgefangener oder sonst jemand aus der untersten Schicht wurde ausgewählt, um mit dem König die Rollen zu tauschen.

Dieser 'Strohmann' hiess in einem ähnlichen Ritual bei den Griechen *Pharmakos*, bei den Hebräern 'Sündenbock'. Er wurde auf den Thron gesetzt und musste Beschwörungstexte für die Eklipse rezitieren, um derart die Schuld für die Fehler des Herrschers auf sich zu nehmen. Währenddessen lebte der König in seinem Palast und übte die Herrschaftsgeschäfte 'inkognito' aus; seine Beamten kommunizierten mit ihm während dieser Zeit über Briefe, in denen sie ihn als 'Bauer' betitelten. Der Ersatzkönig hingegen sass auf dem Thron, bis das Übel vorüber war, manchmal bis zu hundert Tage. Er kam dabei in den Genuss des Luxuslebens des Palastes, erhielt das Beste aus der Küche, Musiker spielten ihm auf. Nach überstandener Gefahr der Eklipse ging der Stellvertreter darauf "in sein Schicksal" und wurde umgebracht; manchmal bekam er sogar ein Staatsbegräbnis. Erst danach bestieg der Herrscher wieder seinen Thron.

W 293 und ST 33–34

Zu Mondfinsternissen kommt es nur bei Vollmond, zu den selteneren Sonnenfinsternissen nur bei Neumond – wobei diese zyklisch wiederkehren. Diesen sogenannten 'Saros-Zyklus' von 223 Mondmonaten (18 Jahre, 11 Tage und 8 Stunden) entdeckten die Babylonier spätestens im 4. Jahrhundert v. u. Z.[830]

Mondgesicht

Dargestellt findet sich das Mondgesicht auf einer spätzeitlichen Tontafel, wo der Mond zwischen den Plejaden und dem Himmelsstier steht. Als Mann im Mond hält Marduk da eine Keule und einen Dolch, um damit eine sich um den Mondkreis windende Schlange zu töten – die Mutter des Monsters Bashmu[831] und die Ursache der Mondfinsternis. Die sichtbaren Mondmeere geben das Bild vor.

P-L 268–269, B2 und WE2 8

Astronomische Texte schweigen sich meist über Ursachen einer Mondfinsternis aus. Die folgende Geschichte aus dem 7. Jahrhundert v. u. Z. beschreibt jedoch ihre Auslösung durch die Konjunktion Der Siebengötter der Plejaden mit dem Mond; sie wird durch den vom Planeten Jupiter verkörperten Marduk überwunden.

"Als Enlil hörte, dass Die Siebengötter die Dunkelheit verursachten, nahm er sich die Sache zu Herzen. Er beriet sich mit Ea, dem erhabenen Führer der Götter, und setzte den Mondgott Sin, den Sonnengott Shamash und die Venus Ishtar ein, um den Horizont in Ordnung zu halten, indem er seine und Anus Herrschaft über alle Himmel mit ihnen teilte. Diesen drei Göttern, seinen Kindern, befahl er Nacht und Tag Wache zu stehen, unablässig: Da jedoch brachen die Sieben, diese bösen Götter, vom Horizont los und umzingelten wütend Nannar-Sin völlig. Deshalb rief Ea seinen Sohn Marduk und erklärte ihm: 'Geh, Marduk, mein Sohn! Der Sohn des Prinzen, Nannar-Sin, ist unselig dunkel am Himmel – seine Finsternis am Himmel ist deutlich zu sehen. Die Sieben, diese bösen Götter und furchtlosen Todbringer, Die Sieben, diese bösen Götter, welche die Grosse Flut mögen, sind aufgestiegen und über das Land gekommen, sie haben sich wie ein Sturm über das Land gelegt.'"

Sonne

ASH.ME | BARIRU – DIE SONNENSCHEIBE
GISH.NU – DIE LAMPE
UTU – DAS LICHT
BABBAR – DER LEUCHTENDE
SHAMASH – DER HOHE
ZIBANITU – DIE WAAGE

Als Himmelsobjekt ist die Sonne zunächst eine 'strahlende Scheibe', die metaphorisch als 'Lampe' gesehen wird. Die sumerische Wurzel des Namens des Sonnengottes Utu – U_4 | *Ud* – bezeichnet auch 'Licht, Tag, Wetter, Zeit, Sturm'. Mit denselben Zeichen schrieb man auch *babbar*, 'hell, weiss' – weshalb die beiden Namen austauschbar waren. Der akkadische *Shamash* leitet sich von der Grundbedeutung 'hoch' ab, auf die auch *Shamu*, der Himmel, zurückgeht. In astrologischen Texten trug die Sonne die 'Heilige Zahl 20', die kleinere im Verhältnis zur Mondzahl 30.

Der Sonnengott gilt meist als Sohn des Mondes und Bruder der von Venus verkörperten Ishtar. Der sumerische Utu war in *Enki und die Weltordnung* "verantwortlich für das ganze Universum", blieb jedoch ein lokaler Gott. Der akkadische Shamash war ursprünglich eine weibliche Gottheit (und blieb es so noch für die Araber und Hebräer), die sich jedoch durch die Verschmelzung mit Utu in einen Mann verwandelte und zum überregional wichtigen und populären Gott der Gerechtigkeit und zum "Herrn über Himmel und Erde" aufstieg, der auch kriegerische Aspekte besass. Als Frau des Sonnengottes galt Aja, die personifizierte Morgenröte.

In ihrer Rolle als Richter wird die Sonne auch 'Waage' genannt, ein Beiname, der später auch auf den Saturn überging.[832] Der Sonnengott leuchtete die dunkelsten Ecken aus, war also zur Aufklärung und Verurteilung von Verbrechen prädestiniert und Garant gerechten Handels. Beim Aufgang erneuert er alles Leben; im Aufstieg sieht er alle Lebewesen, gross und klein, überall, kennt deshalb alle Länder und Sprachen und gilt deswegen als Schutzherr der Reisenden. Sich in seinem Zenit ganz offenbarend, vernichtet er die Bösen und belohnt die Guten, schaut auf die gesellschaftlich Vernachlässigten. Nach seinem abendlichen Gang durch sein westliches Tor richtet er die Toten in der Unterwelt, steigt dann in sein Haus am Himmel, isst und schläft dort, um morgens durch das östliche Tor wieder den Himmel zu betreten.

Sein 'geheimster Ort', in dem er seine höchste Macht erlangte, war Aries, mit dessen Aufgang das nach Mondmonaten gezählte neue Jahr begann. Die Sonne regulierte den Tag, den man beim Äquinoktium in sechs Doppelstunden für den Tag und sechs für die Nacht einteilte, und die Jahreszeiten, wobei die Babylonier nur zwischen Sommer, 'Ernte', und Winter, 'Eis', unterschieden – Übergangszeiten wurden weniger beachtet und allgemein als 'Sturm und Wind' bezeichnet.

Der 'Weg der Sonne' durchzog die drei Wege der Sterne von Enlil, Anu und Ea: vom 12. Monat – Februar | März – bis zum 2. im 'Weg des Anu', bis zum 5. Monat – Juli | August – im 'Weg des Enlil', danach im 'Weg des Ea'. Aus den Sternbildern, in denen Shamash dann jeweils stand, entwickelte sich der Tierkreis der Griechen. Je 90° der Ekliptik entsprachen einer Jahreszeit.

Die Babylonier kannten schon die durch wechselnde 'Sonnen'-Geschwindigkeit bedingte unterschiedliche Dauer der Jahreszeiten; sie berechneten den Frühling auf 94,4982, den Sommer auf 92,7263, den Herbst auf 88,5918 und den Winter auf 89,4449 Tage. Die Angleichung des Mondjahres von 354 Tagen an das Sonnenjahr erreichte man durch Schaltmonate.

Bei den Omen überschneiden sich Wetterbeobachtungen – Farbe der Sonne, mit einer ganzen Liste von Eklipsen, die sich je nach Monatstag anders auswirken. Nur der Mond löste noch mehr Prophezeiungen aus.

C2 181, HO1 112–113, K|V 18–19, G 184–207

Der folgende Anfang einer Hymne des Herrschers Assurbanipal (669–631) an Shamash charakterisiert diesen umfassend. Vorgetragen wurde sie zu Saitenmusik; sie sollte den Rat und das Placet des Sonnengottes für ein Anliegen Assurbanipals einholen.

"Licht der grossen Götter, gleissender Erheller des Kosmos, erhabener Richter, Hirte der himmlischen und irdischen Regionen: Du wachst über alle Länder mit deinem Licht, als wären sie Keilschriftzeichen! Du wirst trotz aller Omendeutungen nicht müde und entscheidest täglich über die Bewohner des Himmels und der Erde! Kommst du hervor, flammendes Feuer, werden alle Himmelsgestirne unsichtbar!
Du erstrahlst von allen am hellsten, kein Gott kann es mit dir aufnehmen! Du berätst dich mit Sin, deinem Vater, und erteilst dann deine Anweisungen: Selbst Anu und Enlil können ohne dich nichts anordnen! Ea, der über viele Fälle entscheidet, schaut zu dir von seinem Apsu auf! Alle Götter stehen vor deiner leuchtenden Erscheinung habt Acht! Sie riechen den Weihrauch und nehmen reine Opfergaben an – und unter dir kniet der Exorzist, um Omen des Übels abzuwehren! Die Weissager stehen vor dir habt Acht, um ihre Hände bereit dafür zu machen, deine orakelnden Befehle zu erhalten! Ich bin Assurbanipal, dein Diener, den du durch Weissagungen bestimmt hast, das Königtum auszuüben: Ich lobpreise deine erstrahlende Göttlichkeit, ich

ehre das Symbol deiner Göttlichkeit, ich verkünde deine Grösse und lasse dich noch von den fernsten Völkern verehren!"[833]

Die folgenden Beschwörungen waren von Exorzisten vorformuliert und wurden dann von Kranken an Shamash gerichtet.

"Shamash, König von Himmel und Erde, Herr des Rechts und der Gerechtigkeit, unbestechlicher Richter, der zum Recht verhilft, [...] aller Menschen [...] Himmelsleuchte für die ganze Menschheit, vollkommener Führer, Erstgeborener des Sin, der endgültiges Urteil spricht, dessen Wort erhaben ist, König des heiligen Himmels, Herr von Ebabbara, dem erhabenen Heiligtum. Aja, grosse Königin, Herrin von Jubel und Jauchzen, deren Wort gehört wird, Herrin von Ebabbara, die für den Schwachen eintritt, die Shamash, den Helden, zufriedenstellt! Shamash, starker, herrlicher, Licht aller Länder, in dessen Hand die Herrschaft über alle Menschen übergeben worden ist! Shamash, grosser Herr, ich, NN, Sohn des NN, dein müder ermatteter Diener, ich leide seit vielen Tagen an einer Krankheit, und Zauber und Spuk und Hexerei wurden mir angetan. Wegen eines Bannes schlagen Krankheit und Erschöpfung mich Tag und Nacht nieder, sodass mein Herz immer betrübter wird und ich in Angst und Kummer dem Tode nahegekommen bin. Wie lange noch, mein Herr, muss ich die Krankheit mitschleppen? Wie lange noch, Shamash, ist mir Übles auferlegt? Tritt heute her zu mir und hör, was ich sage! Blick gnädig herab zu mir und hör, was ich sage! [...] Schenk Erbarmen!"[834]

Klageformel

"Ich, Aplutu, Kind seines Schutzgottes, dessen Gott Sin und dessen Göttin Ningal sind: Mich hat 'Stich des Fleisches' betroffen und verfolgt mich nun dauernd. Durch das böse Omen, dass ein Zapfen an meinem Wagen gebrochen ist, durch das böse Omen, dass rote Ameisen in meinem Haus erschienen sind, durch das Übel böser unguter Vorzeichen und Anzeichen, die mir in meinem Haus widerfahren sind, bin ich in Furcht und Angst. Shamash, du bist der König von Himmel und Erde, du bist der, der alle Menschen recht leitet, der dem Leben Dauer verleiht. Den Todkranken gesund zu machen, den Gebundenen zu lösen, liegt bei dir. Denjenigen, welche Behexung und [...] gelähmt hält, der den Zauber zu heilen gebunden hat, liegt bei dir."[835]

XXIII DIE PLANETEN

Planet

UDU.IDIM | BIBBU – WILDSCHAFE

Weil die Planeten, wie das *Mul.Apin* erklärt, "ständig ihre Positionen verändern", wurden sie mit Wildschafen im Gebirge, Mufflons oder im Gegensatz zu den ruhig weidenden Herden der Fixsterne mit Schafen "in der Ferne"[836] verglichen. Die Griechen nannten sie in Folge ebenfalls *Planetes*, 'Herumirrende'.

Planeten verkörperten Götter, die deshalb Opfergaben erhalten mussten. Man betete sie an, sobald sie sichtbar wurden: Wo und in Konjunktion mit welchen Sternbildern dies geschah, galt als Omen. Sterne und Sternbilder waren Ebenbilder der Götter, während ein Planet wie der Jupiter "als Träger der Zeichen für die bewohnte Welt" erachtet wurde. Entsprechend dieser Anthropomorphisierung konnten sie laut aufschreien – insbesondere Venus –, einander konfrontieren, Kronen, Glanz und Kleider tragen, hatten sie wie ihre Sternbilder auch Köpfe, Augen und Bärte. Von ihren astralen Verkörperungen und Konjunktionen gingen all die Übel aus, die auf die Menschheit kommen, aber auch die Übel wieder aufhebenden guten Kräfte. Es bestand jedoch kein Eins-zu-Eins Verhältnis zwischen einem Gott und einem Planeten: Sie interagierten miteinander, konnten unterschiedliche Verkörperungen annehmen, hatten mehrere Namen, die oft Decknamen waren, und wurden zudem mit den Namen von Gestirnen belegt.[837] Als bewegliche Objekte brachten sie schwer Berechenbares in die fixe Ordnung der Gestirne ein, was eine komplexe Symbolik hervorrief.

Der schwer sichtbare, lichtschwache Uranus wurde von den antiken Kulturen nicht wahrgenommen, weshalb es bei sieben Planeten blieb, die – wie die Siebengötter der Plejaden – die magische Zahl 7 mitbestimmten: Die Himmel hatten 2 × 7 Türen für sie, die in Venus verkörperte Inanna | Ishtar besass 7 Tempel in 7 Städten und bei ihrem Gang in die Unterwelt 7 Ordnungsmächte, *Me*. Die siebentägige Woche der europäischen Antike leitet sich davon ab, auch wenn die Götter wechselten, denen die einzelnen Tage zugeschrieben wurden.

Die Reihung der Planeten erfolgte nach astrologischen Gesichtspunkten: Mond, Sonne, Jupiter, Venus, Saturn, Merkur, Mars – am Anfang der Beste, am Ende der Schlimmste. Ihnen wurden eigene Farben zugewiesen: der Sonne Gold, dem Mond Silber, Merkur fahles Rot oder Braun, Venus Blau oder Grün, Mars das Rot, Jupiter Weiss, und Saturn Grau ('Schwarz').[838]

RO 439–440 und G 53

Eine Uranographie der neo-assyrischen Zeit setzte die sieben Planeten mit den Igigi-Göttern gleich: "Die sieben von ihnen, in der Wohnstatt Anus, des Königs, stehen grossartig da, ohne Rivalen zu haben."[839] Im *Epos von Atrahasis* müssen sie jedoch die Welt unter der Aufsicht der himmlischen Annunaki ausbauen, legen dann aber nach vierzig Tagen die Arbeit nieder, worauf der Mensch erschaffen wird: Die Annunaki wären somit die Sternbilder der einzelnen, die Welt überwachenden Götter, während die arbeitenden Igigi durch die sich bewegenden Planeten repräsentiert werden.

Jupiter

BABBAR DER WEISSE STERN
SHUL.PA.E | SHULPAE – DER JUGENDLICH HERVORSTRAHLENDE HERR DER HELLEN MORGENDÄMMERUNG
SAG.ME.GAR – DER BEIM ERSCHEINEN ROTE? | DER ZEICHENBRINGER DER BEWOHNTEN WELT?[840]
UD.AL.TAR | UMU DAPINU – DER SCHRECKLICHE GLÄNZENDE
GAL – DER GROSSE

Jupiter ist so hell wie Venus, daher die Bezeichnung 'Siegreiches Tageslicht' oder Schrecklich, Kriegerisch Glänzender'. *Shulpae* – was sich als 'Jugendlich Hervorstrahlender' aber auch als 'Herr Der Hellen Morgendämmerung' lesen lässt – stellt die geläufigste Bezeichnung für den im Osten stehenden Jupiter dar. Je nach Monat oder Position am Himmel trägt er dabei unterschiedliche Namen. *Sag. Me.Gar* hiess er zwei Stunden nach seinem Aufstieg vom Horizont, im Zenit sodann *Nebiru* – Überquerer – und im Westen schliesslich 'Schrecklicher Glanz'.[841]

Shulpae war der Stadtgott von Lagash, der Gemahl der Berggöttin Ninhursag und der Schwiegersohn Enlils. Assoziiert mit den wilden Tieren der Steppe, galt er auch als Kriegsgott und wurde ab der altbabylonischen Zeit mit Jupiter identifiziert. Bereits im sumerischen *Lied der Hacke* lebt Shulpae zusammen mit der Göttermutter Ninhursag als "mächtiges Licht des Herrn". In seiner astralen Verkörperung war er für das Wachstum der Vegetation verantwortlich.

Seine Beinamen charakterisieren ihn als heroischen Gott, "der einen Ehrfurcht einflössenden Glanz an sich hat": "Held Shulpae, der wie das Mondlicht über der Oberstadt aufleuchtet! Hoher und berühmter Shulpae, der wie das Mondlicht über der Oberstadt aufleuchtet: Herr der grossen göttlichen Mächte, Gott, der sich in all einer Glorie zeigt, Shulpae der grossen göttlichen Mächte, Gott, der in aller Glorie erscheint, herrschaftlich in der Schlacht, der die Pflanzen im Land gross wachsen lässt!"

Die Stelle seiner höchsten Macht erreichte Jupiter in Cancer. Glänzte und strahlte er oder ging er im 2. Monat auf, fielen die Omen für die Herrschaft wie für Regen positiv aus, ansonsten sagte er nur Königstode, Aufstände und Feinde voraus. "Wenn Der Rote und Der Grosse sich nähern: Seuche unter den Herden. Der Rote ist Salbatanu (Mars), Der Grosse ist Shulpae"; "Wenn Salbatanu (Mars) sich Sag.Me.Gar nähert, wird es eine grosse Seuche im Land geben. Wenn Sag.Me.Gar vor Salbatanu steht, wird es Gerste geben: Wild wird vernichtet werden, auch ein grosses Heer."[842]

P–L 263, RO 434 und LEI 153, K | V 20–22, RO 434–435

AMAR.UTU | MARDUK – DER JUNGSTIER DER SONNE

Ursprünglich ein altsumerischer Gott obskurer Herkunft, stieg Marduk mit dem politischen Erfolg der ersten babylonischen Dynastie um 1800 v. u. Z. zur Prominenz auf und wurde als Stadtgott Babylons im 1. Jahrtausend dann überregional und im Epos *Enuma Elish* – als Götterkönig gefeiert, der den Kosmos neu ordnete, wobei sein Tempel E-sagil und die Zikkurat E-temenaki als Mittelpunkt des Universums galten; die neo-assyrischen Herrscher entthronten ihn jedoch im 7. Jahrhundert. Als Sohn Eas und 'Vater Der Menschheit', wurde er als menschenfreundlicher und zugänglicher Gott gesehen, als Verkörperung der Weisheit, der Heilkunst, der magischen Künste sowie der agrarischen Fruchtbarkeit. Im Zuge dieses Aufstiegs löste er Shulpae dann als Inkarnation des Jupiter ab, der vor allem als Träger günstiger Omen gesehen wurde. Marduk sah man jedoch auch im Merkur, der beständig über die Sonne hin und her läuft – was die Vorstellung eines Jungstiers erklären mag.

LEI 115–116, RO 434 und 436

NEBIRU – DER ÜBERQUERER

Nebiru bedeutet sowohl 'Furt' wie 'Fähre' und 'Überquerer'. Auf Astrolabien und im *Enuma Elish* wird er als "Stern des Marduk" bezeichnet, so auch im *Mul.Apin*: "Ein grosser Stern teilt – wiewohl sein Licht schwach ist – den Himmel in zwei Hälften und steht dort als der Stern des Jungstiers Der Sonne (Marduk): Der Überquerer.

Sag.Me.Gar wechselt stetig seine Position und überquert den Himmel."[843]

Als 'Übergangspunkt' wurde ein Stern bezeichnet, wenn er sich in der "Mitte" des Himmels befand. Damit war der Zenit gemeint, ebenso seine kalendarische Position: Nebiru nannte man den Jupiter auch im 7. Monat, in der Mitte des Jahres, zur Zeit der herbstlichen Tagundnachtgleiche.

Im *Enuma Elish* ist Marduk der Schöpfer des Universums, der Himmel und Erde aus den beiden Hälften des Monsters Tiamat erschafft und sie beide durch den Standort eines Nebiru, eines astralen Übergangs, voneinander trennt. Seine Verkörperung als Nebiru verweist darauf, dass die Sterne nicht ohne ihn aus der Erde in den Himmel steigen oder vom alten in das neue Jahr wechseln können. Marduk galt überdies als Götterkönig, der die 600 Anunna in die Götter des Himmels und der Unterwelt eingeteilt hatte: ein weiterer symbolischer 'Scheidepunkt'. Als zentrale Gottheit, bildete sein astraler Standort die Mitte des Kosmos, wo die Götter vom Himmel auf die Erde gelangen konnten. Diese Übergänge wurden durch den Mittelpunkt des Horizonts im Osten markiert, wo Marduk als Merkur aufstieg oder als Jupiter hoch am Meridian stand.

HO1 6–7 und 21–23 und RO 435–437

Im *Enuma Elish* heisst es zu Marduk als Jupiter: "Als Nebiru soll Marduk den Scheideweg zwischen Himmel und Erde halten, sodass sie nicht hinab- oder hinaufsteigen können, sondern auf ihn warten müssen. Der Gott Nebiru ist sein Stern, den er im Himmel hat erscheinen lassen: Er bestimmt den Wendepunkt; sie müssen zu ihm schauen."[844]

Das Besondere an der vorletzten Zeile dieses Textes ist der Umstand, dass jedes Wort darin aus anderen Lesarten für die Silbenzeichen von *Dingir Ne.Bi.Ru*, 'Gott Nebiru', und dem Titel *Tu.Tu* für Marduk gewonnen ist: *Dingir* (= Gott, Stern, Himmel); *bi* (= sein), *ru* (= welcher, in), *tu.tu* (= ushapu, 'erscheinen lassen') – "Der Gott Nebiru ist sein Stern, den er im Himmel hat erscheinen lassen".[845]

Venus

DILI.BAD | DILBAT –
DIE STRAHLENDE ISHTAR
NIN.(DAR.)AN.NA –
DIE (BUNTE) HERRIN DES HIMMELS
IN.AN.NA KUR – INANNA DER UNTERWELT
IM.SHU.RIN.NA NU.KUSH.U – DER WITWENOFEN

Als dritthellstes Gestirn am Himmel galt dieser einzige weibliche Planet als Schwester der Sonne: "Möge dein Glanz sich mit den Wächtern Sins und Shamashs vergrössern und der flammende Funke deiner Fackel den Himmel erleuchten!" Die Venus sah man schon im 3. Jahrtausend als astrale Inkarnation der Liebes- und Kriegsgöttin Inanna | Ishtar, "Der Grossen Herrin Des Horizonts Und Des Zenits".

Eine Ahnung von Ishtars umfassender Bedeutung als Venus gibt eine Hymne, die von der um 2270 v. u. Z. lebenden Tochter des Königs Sargon – Enheduanna, 'Hohepriesterin des Mondgotts Nanna' – über den Abendstern verfasst wurde.

"Am Ende des Tages füllt die Strahlende, das Grosse Licht, den Horizont: die Herrin des Abends erscheint in den Himmeln. Die Völker in allen Ländern erheben ihre Augen zu ihr; die Männer reinigen sich, die Frauen waschen sich. Der Ochse in seinem Joch brüllt zu ihr, die Schafe in ihren Gehegen trampeln den Staub auf; all die lebenden Wesen der Steppe, die vierfüssigen Tiere im Hochland, die blühenden Gärten und Pflanzungen, das grüne Schilf und die Bäume, die Fische in der Tiefe und die Vögel in der Höhe – sie alle lässt meine Herrin nun zu ihren Schlafplätzen eilen. Die lebenden Kreaturen und das zahlreiche Volk Sumers knien vor ihr; jene, die von der alten Frau ausgewählt wurden, bereiten ihr grosse Schüsseln von Essen und Tränke zu: Die Herrin erfrischt sich im Land. Dann herrscht grosse Freude in Sumer und der junge Mann macht Liebe mit seiner Geliebten."[846]

Wie Jupiter wurde Venus für jeden Monat ein anderer Name zugewiesen, sie konnte als "Heilige Zahl 15" notiert werden. Ihr Hypsoma erreichte sie in der Grossen Löwin; sie besass aber auch ein Haus im Sternbild Annunitu, wodurch sie ihre Übernahme von Nanshes ehemaligem Sternbild unterstrichen hatte.

Während die Griechen den Morgen- und Abendstern noch für unterschiedliche Planeten hielten, identifizierten die Mesopotamier ihn schon Anfang des 4. Jahrtausends mit der Venus und beobachteten ihr Farbenspiel von rot bis gelb, weiss und schwarz ebenso aufmerksam wie ihre Bahnen am Himmel: "Wenn am 25. Tag des 9. Monats die Herrin Des Himmels im Osten verschwindet, sich dann zwei Monate und vier Tage nicht mehr am Himmel zeigt, um am 29. Tag des 11. Monats als Ishtar im Westen zu erscheinen, wird die Ernte im Land reich ausfallen."[847]

Als Morgenstern wurde Ishtar meist weiblich gesehen, als Abendstern eher männlich und mit Bart, wobei auch seine 'Hörner' beobachtet wurden. Die zwitterhafte Symbolik übertrug sich dann auf ihre spätere südarabische Inkarnation als Astarte und als Ashtar, der den männlichen Morgenstern verkörperte.

Ishtar konnte auch 'Witwenofen' genannt werden, da man Venus über die Schutzherrin der Ehe, Ishara, mit deren Gemahl Almanu, dem göttlichen Witwer, assoziierte. Stand sie hoch am Himmel, war 'Glück der Begattung' ihr Beiname; befand sie sich wiederum an ihrem Standort im Löwen, "wird 'Fülle der Frauen' im Land sein und diese männliche Kinder gebären". Während der Zeit ihrer Unsichtbarkeit hiess Venus 'Inanna Der Unterwelt'.[848] War sie den ganzen Tag über sichtbar, "wird im Land Gehorsam und Heil herrschen", dabei bestimmte ihre Position positive und negative Wetterphänomene. Sie stand "für das Gedeihen des Viehs" und wurde als Vorzeichen generell positiv für die Landwirtschaft ausgelegt. Die Omenliteratur zu ihr ist fast so umfangreich wie jene des Mondes, wobei sie hauptsächlich über Herrschergeschicke und Kriege wie über das Schicksal von schwangeren Frauen und Geliebten bestimmte.

C4 130–140, G 35–43,79–80, 120–122, RO 434, REI 6, C 81, K | V 22–24

Zur Bewegung über den Himmel besass die astrale Verkörperung Inannas | Ishtars ein Himmlisches Boot. Dessen irdisches Gegenstück befand sich in Uruk, wo im 7. und im 11. Monat das 'Fest des Himmlischen Bootes' für die planetarische Verkörperung der Göttin als 'Die Strahlende' gefeiert wurde; ihre Statue sass dabei, ägyptischen Riten ähnlich, in diesem Prozessionsboot, das gesegelt oder getragen wurde.

Wenn sich der Planet vor oder hinter der Sonne befindet, ist er unsichtbar – das wurde als Gang der Göttin in die Unterwelt gedeutet, wie er zweimal im Jahr stattfand. Dann hiess sie 'Inanna Der Unterwelt' oder sie galt als Unterweltsgöttin Kanisura oder Nin-Irigal. Die Seelen von in Ur vergöttlichten Herrschern wie Shulgi oder Ishbi-Erra konnten in der Unterwelt das Himmlische Boot besteigen und dann zu ihren astralen Positionen aufsteigen.

STEI 468–473 und HO1 145

DER MYTHOS VON *INANNA UND SHUKALETUDA* II

Zu den wichtigsten astralen Mythen zählt *Inannas Gang in die Unterwelt*, den wir bereits bei Dumuzis Sternbild Aries kennengelernt haben: Diese Geschichte arbeitet die Zeit auf, in der Venus am Himmel aufgrund ihres Transits vor oder hinter der Sonne unsichtbar bleibt.

Ein anderer Mythos – *Inanna und Shukaletuda*, dem wir die Sage zum Sternbild Rabe entnommen haben – erklärt, weshalb sie nach dem Untergang der Sonne nicht mehr sichtbar ist und was mit ihr dann geschieht.

Sie geht darin "als Herrin über die *Me*, die göttlichen Ordnungsmächte, eines schönen Tages als junge Frau über dem Berg auf. Die glänzende Inanna steigt auf den Berg, um alles im Landesinneren zu begutachten und Betrug wie Gerechtigkeit zu erkennen, was Lüge und Wahrheit ist, ins Licht zu setzen".[849]

Nach ihrem Aufgang im Osten aber "verliess sie den Himmel und die Erde und kletterte in die Berge" im Westen:[850] Sie ist also in der Abenddämmerung nicht mehr am Himmel sichtbar.

Da erblickt sie nun der verwöhnte Shukaletuda ('Den eine kostbare Hand geschaffen hat'). Er ist der Sohn des Igisiga, verantwortlich für die Instandhaltung der Wasserkanäle und das Brunnengraben, stellt sich selbst als Gärtner jedoch wie ein Trottel an: Auf seinen Feldern wächst ausser einer breiten Pappel fast nichts mehr.

Die jedoch galt in der mantischen Literatur als Zeichen göttlicher Gunst: "Wenn man eine Pappel in einem Feld pflanzt, wird Gott diesen Mann freiwillig führen."

Deshalb beklagt Shukaletuda seinen fehlenden grünen Daumen und ersucht bei den Göttern im Himmel um Hilfe, wird jedoch von einem Sandsturm geblendet. Dennoch vermag er Inanna in ihrer planetarischen Verkörperung als Venus zu erkennen; den Omen gemäss verhiess ihr Aufgang im Januar | Februar, dass "die Ernte im Land gut sein wird". Dies galt umso mehr, wenn sie dabei im Sternbild von Enkis Feld erschien: "Dann wird es Regen geben".[851]

"Er wollte zwar seine Beete bewässern und die Grünpflanzen rings um die Brunneneinfassung (die auf seinen Beeten nicht wachsen konnten, weil dort bloss Unkraut stand), riss sie aber lieber an der Wurzel aus und kaute sie.
Und was brachten die ersten Windstösse da aus den Bergen? Sie bliesen ihm den Staub in die Augen. Er rieb sich mit der Hand die Augenwinkel, trat dabei aber schon wieder eine Pflanze nieder und dann die nächste – es hörte bei ihm nie auf! Schliesslich schaute er ins Tiefland, zu den Göttern im Himmel über dem Land der aufgehenden Sonne, und dann ins Hochland, zu den Göttern im Himmel über dem Land der untergehenden Sonne, und erblickte darunter schliesslich ein einsames Phantom, eine allein auf ihn zukommende Gottheit, die er an ihrem Omen erkannte, an den Me, die sie besass, und die sich nun erfüllen würden – weshalb er aufmerksam das Geschick erwartete, das die Götter für ihn bestimmt hatten.
In einem Feld, um das er sich schon eine Weile nicht gekümmert hatte, erhob sich ein einzelner Baum als Windschutz, eine schöne schützende Euphrat-Pappel, deren breiter Schatten mittags wie abends gleich tief war."[852]

Und da erscheint Inanna, die von ihrem Umlauf am Himmel müde geworden ist und sich "am Fuss dieses Baumes schlafen" legt. Es ist offenbar die Jahreszeit nach dem Wintersolstitium, wenn sich die Sonne wieder langsam nach Norden bewegt und die ersten Feldarbeiten beginnen.
In der kurzen Zeitspanne zwischen dem Sichtbarwerden der Venus morgens am Himmel und ihrem Verschwinden im ersten Licht des Tages vergeht sich Shukaletuda an der halbnackt daliegenden Göttin. Er gedenkt es ihrem Liebhaber Dumuzi gleichzutun, dessen Paarung mit Inanna rituell als Heilige Hochzeit gefeiert wurde – die er nun selbst ganz profan an ihr vollzieht. Die Vereinigung mit ihr bewirkt jedoch, trotz aller guten Vorzeichen, keine reiche Ernte, denn aufgrund seiner Vergewaltigung kommen himmlische Plagen über das Land:

"Vom Rand seines Beetes aus bemerkte Shukaletuda etwas: Inanna hatte ihre Kleider [...] und [...] die sieben Me auf ihrer Vulva; ihre Kleider waren [...] und [...] die sieben Me auf ihrer Vulva. 'Mit dem Hirten Dumuzi, da [...]!' Auf ihrer glänzenden Vulva [...] der Mann.
Shukaletuda nahm sie ihr ab und legte sich neben sie; er drang in sie ein und küsste sie. Nachdem er mit ihr geschlafen hatte, kehrte er dann wieder in seine Beete zurück.
Als der Tag angebrochen und die Sonne am Himmel stand, besah sich die Frau immer wieder, die strahlende Inanna besah sorgfältig ihren Leib – und das ist dann, was die Frau Schreckliches wegen ihrer Vulva tat, was die herrliche Inanna dann Fürchterliches unternahm: Sie füllte die Brunnen des Landes mit Blut, sie brachte überall Blut auf die Gärten des Landes.
Die Diener, die ausgeschickt worden waren, um Feuerholz zu sammeln, sie tranken Blut; die Dienerinnen, die ausgeschickt worden waren, um Wasser zu holen, zogen nur Blut herauf – die schwarzköpfigen Herren, sie tranken nur Blut – und es hörte nicht auf!
'Ich will den finden, der mich vergewaltigt hat, egal in welchem Land er jetzt steckt', sagte sie – doch sie fand ihn nirgends."[853]

Während Inanna ihn darauf landauf, landab sucht, um sich an ihm zu rächen, versteckt Shukaletuda sich auf den Rat seines Vaters in der anonymen Menschenmenge der Stadt. Sie findet ihn nicht und bringt deshalb eine zweite Plage über das Land. Sie "steigt auf eine Wolke, stellt sich hin und bläht ihren Bauch", um "den Wind aus Süden aufkommen zu lassen, einen schrecklichen Wirbelsturm", gefolgt von Windhosen, während "sieben mal sieben Helfer neben ihr in der Steppe standen", als Verweis auf die stets übelwollenden Siebengötter der Plejaden, die in Konjunktion mit der Venus "eine Flut verheissen, welche die Ernte zerstören wird".[854]
Da Shukaletuda erneut in der Stadt Unterschlupf sucht, blockiert Inanna überall die Strassen, der Verkehr kommt zum Erliegen, den Schuldigen entdeckt sie jedoch nicht. Daraufhin steigt Inanna in der Stadt Eridu in den Apsu hinab, wirft sich dort dem weisen Enki um den Hals und bittet ihn, ihr bei der Suche nach dem Verbrecher zu helfen: Sie will erst wieder in ihr Heiligtum in Uruk zurückkehren, wenn er den Schuldigen für seine Tat hat bezahlen hat lassen.

Sie braucht Enkis Hilfe, um ihre normalen Bahnen am östlichen und westlichen Horizont verlassen und einem Wunder gleich wieder in seiner Himmelskalotte aufsteigen zu können, die dem Tatort – dem Süden Mesopotamiens – am nächsten kommt. Enki stimmt wohl oder übel zu, worauf sie sich einem Regenbogen gleich über den Himmel spannt, was – anders als ihre günstigen Omen sonst – erneut ein schlechtes Vorzeichen ist, weil dies Wasserknappheit im Land verhiess.[855]

"Mit dieser Versicherung stieg Inanna in Eridu wieder aus dem Apsu: Sie legte sich wie ein Regenbogen über den Himmel, um so die Enden der Erde zu erreichen, und liess ohne Unterlass den Nordwind und den Südwind über sie hinwegstürmen, welche Shukaletuda nun herausbliesen, ihn ganz allein.
So holte die Frau ihn aus dem Landesinneren und die herrliche Inanna schrie ihn darauf an: 'Wie [...]? Hund [...], Esel [...]. Schwein [...]!'"[856]
Shukaletuda versucht sich damit zu rechtfertigen, dass er nur ein Opfer der Umstände gewesen sei, worauf sie ihm eine Ohrfeige versetzt und sein Schicksal bestimmt, mit erhabener Ironie: "'Hau ab! Soll ich dich töten? Wozu? Um dadurch deinen Namen dem Vergessen anheimfallen zu lassen? Nein – von dir sollen in Zukunft die Lieder singen, mit aller Süsse. In den Palästen werden junge Sänger in ausgesuchten Versen von dir erzählen, die Bauern beim Buttermachen deinen Namen in höchsten Tönen loben und die Hirten ihn weitum verbreiten, überall dort, wo sie ihre Schafe weiden! So wird der Palast der Wüste dein Haus werden!'
[...] So antwortete sie auf seine Hilferufe. [...] werde ich wegen dir zittern lassen und [...] ein Kleid zerreissen wegen dir!"[857]

Saturn

MUL UTU – SONNENSTERN
GENNA | SHERRU – DER KLEINE
MUL GE | KAKKABU SALMU – DER SCHWARZE STERN
SAG.USH | KAIAMANU – DER BESTÄNDIGE

Der Saturn ist der fahlste Planet mit der langsamsten Bewegung; von allen Planeten ist seine Bahn jedoch jener der Sonne am ähnlichsten. Anders als der Mond nehmen Sonne wie Saturn weder zu noch ab, beide sind sie nicht nur auf die westliche und östliche Himmelshälfte beschränkt und beide weisen, anders als Merkur, Venus und Mars, keine sprunghaften retrograden Bewegungen mitten in ihrem Lauf auf. Zudem ist Saturn – anders als Venus, deren häufige Unsichtbarkeiten zum Mythos von *Inannas Gang in die Unterwelt* führte – fast ständig und fast gleich lange wie die Sonne sichtbar.

Das *Mul.Apin* gibt für ein idealisiertes Jahr von 360 Tagen den Saturnzyklus mit 380 (korrekt: 378.1) an. Dabei ist der Saturn nur zwanzig Tage unsichtbar, geht sonst aber in seinem synodischen Umlauf stets am selben Punkt relativ zur Sonne auf. Dies war weit augenfälliger als die Bestimmung seines orbitalen Umlaufs, bei dem er nach 29,6 Jahren wieder am selben Punkt vor dem Fixsternhimmel aufgeht. Und wenn der Saturn in einem Mondhalo erschien, wirkte er umso mehr wie eine Sonne. Diese sonnenähnliche Bewegung trug ihm die Bezeichnung 'Sonne der Nacht' ein, die auch die Griechen übernahmen, wenn Eratosthenes und Hyginus von ihm als 'Strahlendem' *Phaeton*, redeten, "der nach Helios benannt ist".

Wie der Sonne wurde auch ihm die höchste Stelle der Macht im Sternbild Waage zugeschrieben, galt er doch als "Gestirn der Wahrheit und Gerechtigkeit", verstärkt durch eine Ableitung von *Kaimanu* aus *Kittu*, 'Gerechtigkeit'. Statt der üblichen Übersetzung von *Salmu* als 'Schwarzer' scheint vielmehr grau zutreffender, da er diese Schattierung bei seinem heliakischen Aufgang annimmt, so wie andere Planeten auch, die dann ebenfalls so beschrieben wurden.[858]

Am häufigsten wurde der Saturn mit Ninurta assoziiert, dem Gott der Jagd und des Krieges als Vorbild jedes Herrschers, was aus ihm einen "Königsstern" machte. Seine Bezeichnung als Kaiamanu rührt von seiner 'normalen, regulären, beständigen' Bahn her. In der Omenliteratur wird er sehr selten erwähnt – wegen seiner relativen Unveränderlichkeit eignete er sich kaum zur Vorzeichendeutung.

Der Name *Kaimanu* gelangte in die arabische Tradition als *al-Kaiwan* (syrisch *Kewan*; hebräisch *Kijjun*), wobei sich die Verbindung mit Ninurta erhielt; auf mittelalterlichen Abbildungen hält er noch dessen alte Waffe hält, den Skorpionstachel. Der Name gelangte als *Kai-Wun* bis nach China.

G 124, K | V 25–26

Merkur

DUMU.LUGAL | MAR SHARRI – DER KRONPRINZ
GU.UD – DER SONNENSTIER
ILU MUSH.TA.RI.LU – DER LAUFENDE GOTT
SHITU – DER SPRINGENDE

Wie Venus galt Merkur als "Stern des Sonnenaufgangs und -untergangs", dessen Identität schon in frühester Zeit erkannt wurde. Als unruhigster, "springender" Planet wurde vor allem er als 'Wildschaf' bezeichnet. Sein Aufgang im 1. und 2. Monat war positiv; alle anderen Positionen und Konjunktionen stellten katastrophale Omen dar.

Die 'geheime Stelle seiner Macht' erreichte er zwischen Corvus und Virgo.

Das *Mul.Apin* sieht Merkur ausdrücklich als Stern des sumerischen Ninurta; in neo-assyrischer Zeit wurde er jedoch mit Nabu gleichgesetzt. Dieser ursprünglich amurritische Gott, zunächst als 'Sohn Der Sonne' betitelt, wurde nach Marduks Aufstieg zum Götterkönig zum Sohn Marduks und Sarpanitus erklärt und als "Kronprinz" zu dessen Schreiber und Minister erhoben. Als göttlichem Buchhalter wurde ihm dann die Aufgabe zugewiesen, die einmal bestimmten Schicksale aufzuzeichnen und göttliche Absichten den Priestern, Astrologen und Traumdeutern mitzuteilen, weshalb er wie Ea und Marduk als Gott der Weisheit und als Schutzherr der Schreibkünste galt.

Ilu Mushtarilu – Der Laufende Gott – blieb in der arabischen Tradition als *al-Mushtari* erhalten, bezeichnete dann allerdings den Jupiter, auf den sich die Charakterisierung als weiser, schreibkundiger Gott übertrug.

REI 6, G 24–26, 54–56, RE 589, LEI 123–133, CA 55, K|V 24–25

Mars

SALBATANU
MAKRU – DER FEUERROTE
NAKRU – DER FEINDLICHE
LEMNU – DER BÖSE
SARRU – DER LÜGNER
AHU – DER FREMDE
NERGAL
GIBIL
KA.A | SELEBU – DER FUCHS

"Der Unheimliche, Der Fremde, Der Feindliche, Der Lügner, Der Böse, Der Fuchs, Der Stern Von Elam: das sind die sieben Namen des Salbatanu."[859] Die Etymologie und Bedeutung seiner geläufigsten Bezeichnung – *Salbatanu* – ist allerdings unbekannt. Schon spätbabylonische Gelehrte versuchten ihn sich zu erklären, indem sie seine sumerischen Silben ausdeuteten als *zal*, 'fortsetzen', und *Mut.A.Nu* (da *Mut* und *Bat* dasselbe Zeichen haben), 'Pestilenz':[860] somit als 'Andauernd Verderben Bringender' Planet. In der Seleukidenzeit wurde er kurz *An* genannt. Günstig fielen die Omen zu ihm nur aus, wenn er lichtschwach oder dunkel war, und dann allein für die Landwirtschaft; glänzte oder flimmerte er rot auf, verhiess dies Krieg und Königstod.

K–W 191, K|V 27–28, REI 7 und G 180–182

Der Mars galt als Verkörperung des Feuergottes Girra | Gibli, sowie des Kriegs- und Pestgottes Nergal, des wohl grössten 'Herrn Der Unterwelt', dessen Kult erst verschwand, als er in der hellenistischen Zeit in dem um Herakles aufging:

"Du, Nergal, stärkster unter seinen göttlichen Brüdern, Allererster voran, erzeugt im Apsu, Erstgeborener des Anu: Du hältst die Erde mit deiner Hand fest; dein schrecklicher Glanz bedeckt die Steppe. Die Götter der Nacht, die Sterne der Nacht suchen vor deinem Antlitz [...], der Weg ist dir geebnet, der Weg dir geöffnet. Der Hajjatu-Dämon, der wütende, der wilde [...] vor dir Deine Gattin, Königin Ereshkigal, hat Kampf und Streit [...] dir gegeben Glanz [...] hat ihre Schrecklichkeit dir gegeben, ihren unwiderstehlichen Grimm."[861]

In der Nachfolge Nergals nahm schliesslich der babylonische Erra seinen Rang ein. In dem ihm gewidmeten Epos von *Erra* hat Marduk seinen Thron verlassen, worauf es im Kosmos drunter und drüber geht und der Mars aufzuleuchten beginnt.
Als unheilvolles Vorzeichen verdunkelt er das Sternbild der Annunitu und taucht dann – wie unser Reiterlein Alkor – bei der Wagendeichsel von Ursa Maior auf: "Erra unter all den Göttern [...], unter den Sternen des Himmels war er Der Fuchs; er funkelte und seine Strahlen [...] zu ihm.
Die Sterne der Götter, sie blendeten [...], weil sie miteinander zornig waren, und der erhabene Marduk beschloss alles zu zerstören: 'Der Stern des Pestgottes Erra funkelt, er leuchtet immer heller auf und bedeckt Annunitu. Seine Aura wird auf alles ausstrahlen und alle Menschen vernichten ...'
Unter allen Viehherden ist sein Himmelsbild Der Fuchs [...], er hat viel Kraft und ist wie ein wütender Löwe."[862]

Die Griechisch-Römische Tradition

Die Griechen übernahmen die meisten der Planetennamen, glichen deren Gottheiten aber mit jenen Göttern ab, die ihnen am besten entsprachen, und in anderer Reihenfolge. Aus dem 'Weissen Stern' Jupiter wurde *Phainon*, 'Der Leuchtende', dessen 'Regent' der griechische Götterkönig Zeus wurde. Der babylonischen Bezeichnung 'Sonne Der Unterwelt' gemäss wurde der von Zeus in den Tartaros verbannte Kronos zur Verkörperung des Saturn. 'Der Feuerrote' Mars des babylonischen Feuergottes wurde bedeutungsgleich *Pyroeides* genannt, 'Der Feurige'. Ishtar wurde nur in ihrer Verkörperung als Liebesgöttin übernommen, der zuvor als Morgen- und Abendstern unterschiedene Planet vereint und zur Aphrodite erklärt: Die Römer nannten sie Venus. Aus dem 'Laufenden' und 'Springenden' Merkur wiederum wurde Hermes, Gott der Reisenden im Hellenismus; ihm schrieben die Griechen jedoch noch jene ordnende Funktion zu, die Jupiter als Marduk bei den Babyloniern innehatte: "Hermes wurde *Silbon*, dem 'Glitzernden', zugewiesen, weil er der Erste war, der die Ordnung der Himmel und die Position der Sterne bestimmte, die Jahreszeiten regulierte und Zeichen darbot, welche die richtige Zeit anzeigten, etwas zu tun. Er wird des Erfindungsreichtums wegen, den Hermes bewies, 'Der Glitzernde' genannt."[863]

SALAMU – KOMET

LITERATUR

B1 Paul-Alain Beaulieu, *The God Amurru as Emblem of Ethnic and Cultural Diversity*, in: Ethnicity in Ancient Mesopotamia, hrsg. v. W. H. van Soldt, Leiden 2005, 31–46.

B2 Paul-Alain Beaulieu, *The Babylonian Man in the Moon*, in: Journal of Cuneiform Studies, 51, 1999, 91–99.

B|G Jeremy Black | Anthony Green, Gods, Demons and Symbols of Ancient Mesopotamia, London 1998.

B|K Jean Bottero | Samuel Noah Kramer, Lorsque des dieux faisaient l'homme, Paris 1989.

C1 Jeffrey Cooley, *An Oldbabylonian Prayer to the Gods of the Night*, in: Reading Akkadian Prayers and Hymns, hrsg. v. Alan Lenzi, Atlanta 2011, 71–84.

C2 Jeffrey Cooley, *"I Want to Dim the Brilliance of Sulpae!" Mesopotamian Celestial Divination and the Poem of "Erra and Isum"*, in: Iraq 70, 2008, 179–188.

C3 Jeffrey Cooley, *Propaganda, Prognostication and Planets*, in: Divination, Politics and Ancient Near Eastern Empires, Atlanta 2014, 7–32.

C4 Jeffrey Cooley, Poetic Astronomy in the Near East, Winona Lake, 2013, 87–179.

C5 Jeffrey Cooley, *Early Mesopotamian Astral Science and Divination in the Myth of Inana and Sukaletuda*, in: Journal of Ancient Near Eastern Religions, 8.1, 2008, 75–98.

CA Nicholas Campion, A History of Western Astrology, Vol. 1, Ancient World, London 2008.

D Stephanie Dalley, Myths from Mesopotamia, Oxford 1998.

E|H Eratosthenes and Hyginus, Constellation Myths – with Aratus' *Phaenomen a*, hrsg. v. Robin Hard, Oxford 2015.

F Benjamin Foster, From Distant Days, Bethesda 1995.

G Felix Gössmann, Planetarium Babylonicum, Sumerisches Lexikon IV 2, Rom 1950.

H Alexander Heidel, The Babylonian Genesis, Chicago 1951.

HE1 Wolfgang Heimpel, *The babylonian background of the Term 'Milky Way'*, in: DUMU-E2-DUB-BA-A, Studies in Honour of Ake W. Sjöberg, Philadelphia 1989, 249–252.

HE2 Wolfgang Heimpel, *The Sun at Night and the doors of heaven in babylonian texts*, in: Journal of Cuneiform Studies 28, 2, 1986, 127–151.

HO Wayne Horowitz, Mesopotamian Cosmic Geography, Winona Lake 2011.

HO1 Wayne Horowitz, The Three Stars each: The Astrolabes and Related Texts, Archiv für Orientforschung, Beiheft 33, 2014.

HO|RA Wayne Horowitz | F. Al-Rawi, *Tablets from the SipparLibrary X. A* Ziqpu-*Star Planisphere*, in: Iraq 63, 2001, 171–161.

HOF Susanne Hoffmann, Hipparchs Himmelsglobus, Wiesbaden 2017.

H|P Hermann Hunger | David Pingree, Astral Sciences in Mesopotamia, Leiden 1999.

H|S Hermann Hunger | John Steele, The Babylonian Astronomical Compendium Mul.Apin, London 2019.

J Peter Jensen, Die Kosmologie der Babylonier, Berlin 1974

K Johannes Koch, Neue Untersuchungen zur Topographie des babylonischen Fixsternhimmels, Wiesbaden 1989.

K1 Johannes Koch, *Der Dalbanna-Sternenkatalog*, in: Welt des Orients 26, 1995, 43–85.

KA Diana Katz, The Image of the Netherworld in the Sumerian Sources, Bethesda 2003.

KU G. E. Kurtik, The Star Heaven of Ancient Mesopotamia. The Sumero-Akkadian Names of Constellations and Other Heavenly Bodies, St. Petersburg 2007 (in russischer Sprache).

K|M Gennadij Kurtik | Alexander Militarev, *Once more on the origin of Semitic and Greek star names: an astronomic-etymological approach updated*, in: Culrure and Cosmos 9, 1, 2005, 3–43.

K|V Enn Kasak | Raoul Veede, *Understanding Planets in Ancient Mesopotamia*, in: Folklore 16, 2001, 7–33.

K-W Ulla Koch-Westenholz, Mesopotamian Astrology, Kopenhagen 1995.

L W. G. Lambert, Babylonian Creation Myths, Winona Lake 2013.

LEI Gwendolyn Leick, A Dictionary of Ancient Near Eastern Mythology, London 1991.

LI Alasdair Livingstone, Mystical and Mythological Explanatory Works of Assyrian and Babylonian Scholars, Oxford 1986.

M Werner Mayer, Untersuchungen zur Formensprache der babylonischen 'Gebetsbeschwörungen', Rom 1976.

P-L Beate Pongratz-Leisten, Religion and Ideology in Assyria, Berlin 2015.

P|W David Pingree | Christopher Walker, *A Babylonian Star-Catalogue: BM 78161*, in: A Scientific Humanist, hrsg. v. Leihty | Ellis | Gerardi, Philadelphia 1988, 313–322.

R John. H. Rogers, *Origins of the ancient constellations: I. Mesopotamian Traditions*, in: Journal of the British Astronomical association 108, 1, 1998, 9–26.

RE Reallexikon der Assyrologie und Vorderastiatischen Archäologie, Münster, München, Leipzig, ab 1957.

REI Erica Reiner, Astral Magic in Babylonia, Philadelphia 1995.

RO Francesca Rochberg, *Marduk in Heaven*, in: Wiener Zeitschrift für die Kunde des Morgenlandes 97, 2007, 433–442

R|S|W N. Roughton | J. Steele | C. Walker, *A Late Babylonian Normal and* Ziqpu *Star Text*, in: Archive for History of Exact Sciences 58, 2004, 537–572.

S Gebhard Selz, *Die Etana-Erzählung. Ursprung und Tradition eines der ältesten epischen Texte in einer semitischen Sprache*, in: Acta Sumerologica, 20, 1998, 135–179.

ST John Steele, A Brief Introduction to Astronomy in the Middle East, London 2008.

ST1 John Steele, *The Development of the Babylonian Zodiac: Some Preliminary Observations*, in: Mediterranean Archaeology and Archaeometry 18.4, 2018, 97–105.

STEI Pjotr Steinkeller, *How did Sulgi and Isbi-Erra Ascend to Heaven?*, in: Literature as Politics, Politics as Literature, hrsg. v. David Vanderhooft | Abraham Winitzer, Winona Lake 2013, 470–471.

U Paul-Alain Beaulieu | Eckart Frahm | Wayne Horowitz | John Steele, The Cuneiform Uranology Texts – Drawing the Constellations, Philadelphia 2018

V Niek Veldhuis, Religion, Literature and Scholarship: The Sumerian Composition 'Nanshe and the Birds', Leiden 2004.

W Gavin White, Babylonian Star-Lore, London 2014.

WA Christopher Walker, *The Myth of Girra and Elamatum*, in: Anatolian Studies 33, 1983, 145–152.

WA1 Christopher Walker, *Episodes in the History of Babylonian Astronomy*, in: Bulletin, The (Canadian) Society for Mesopotamian Studies 5, 1983, 10–26.

WE Ernst Weidner, *Eine Beschreibung des Sternenhimmels aus Assur*, in: Archiv für Orientforschung IV, 1927, 73–85.

WE1 Ernst Weidner, *Ein astrologischer Sammeltext aus der Sargonidenzeit*, in: Archiv für Orientforschung 19, 1959–1960, 105–113.

WE2 Ernst Weidner, Gestirn-Darstellungen auf babylonischen Tontafeln, Wien 1967.

WE3 Ernst Weidner, Handbuch der babylonischen Astronomie, Leipzig 1915.

WEE John Wee, *A Late Babylonian Astral Commentary on Marduk's Address to the Demons*, in: Journal of Near Eastern Studies 17,1, 2016, 127–167.

WI F. A. M. Wiggermann, Mesopotamian Protective Spirits, Groningen 1992.

TEXTE

Bilgamesh und Huwawa, übersetzt nach Andrew George, The Epic of Gilgamesh, London 1999 und C4 89–91.
Bilgamesh und der Himmelsstier übersetzt nach Andrew George, The Epic of Gilgamesh, London 1999.
Der Tod des Urnamma und sein Abstieg in die Unterwelt, übersetzt nach ETCSL, Samuel Noah Kramer, Journal of Cuneiform Studies, 21, 1967, 104–122, und Esther Flückiger-Hawker, Urnamma of Ur in Sumerian Literary Tradition, Göttingen 1999.
Dumuzis Traum, in: Erzählungen aus dem Land Sumer, hrsg. v. Konrad Volk, Wiesbaden 2015, 399–414.
Enuma Elish, übersetzt nach A. R. George, *Die Kosmogonie des alten Mesopotamien*, in: Marion Gindhart | Tanja Pommerening, Anfang & Ende: vormoderne Szenarien von Weltentstehung und Weltuntergang, Darmstadt 2016, 19–24, L, HO, B | K, D, F, H, HE2 134, C4 140–155, LI 79–81 und H | P 62–63.
Erra, übersetzt nach B | K, D, F.
ETCSL: The Electronic Text Corpus of Sumerian Literature, digital zugänglich.
IS: Innana et Sukaleduda, übersetzt nach Pascal Attinger, Download Uni Bern.
Enki und Ninmah, übersetzt nach L 330–345, B | K 189–194 und ETCSL.
Enki und die Weltordnung, übersetzt nach B, ETCSL, Samuel Noah Kramer | John Meier, Myths of Enki, Oxford 1989, und The Context of Scripture IV, hrsg. v. Lawson Younger, Leiden 2017, 340–351.
Elil und Ninlil, in: Erzählungen aus dem Land Sumer, hrsg. v. Konrad Volk, Wiesbaden 2015, 21–32.
Gilgamesh, übersetzt nach Andrew George, The Epic of Gilgamesh, London 1999, und HO 96–106.
Inannas Gang in die Unterwelt, in: Erzählungen aus dem Land Sumer, hrsg. v. Konrad Volk, Wiesbaden 2015, 375–398.
Lugal-E, übersetzt nach ETCSL t.1.6.2. und Erzählungen aus dem Land Sumer, hrsg. v. Konrad Volk, Wiesbaden 2015, 36–67.
Mythos von Anzu, übersetzt nach D und F.
Mythos von Etana, übersetzt nach D, F, HO 43–65 und S.
Urnamma B, Pascal Attinger, digital zugänglich auf www.iaw.unibe.ch.

ANMERKUNGEN

1 C1 und REI 2 John McHugh, *How Cuneiform puns inspired some of the bizarre Greek constellations and asterims*, in: Archaeoastronomy and Ancient Technologies 2016, 4 (2), 71. 3 C1 und REI 62–78 4 REI 62 5 K-W 123 6 K-W 11 7 John McHugh, *How Cuneiform puns inspired some of the bizarre Greek constellations and asterims*, in: Archaeoastronomy and Ancient Technologies 2016, 4 (2), 71. 8 R. K. Englund, *Administrative Timekeeping in Ancient Mesopotamia*, in: Journal of the Economic and Social History of the Orient 31, 1988, 121–185. 9 ST1 98 10 IAS 114, Jan Lisman, At the beginning … Cosmogony, theogony and anthropogony in Sumerian texts of the third and second millenium BCE, Dissertation, Leiden 2005, 23–24 und 205. 11 ST 21 12 STEI 470–473 13 A. R. George, *Die Kosmogonie des alten Mesopotamien*, in: Marion Gindhart | Tanja Pommerening, Anfang & Ende: vormoderne Szenarien von Weltentstehung und Weltuntergang, Darmstadt 2016, 11. 14 *Als die Sonne noch nicht leuchtete*, in: Erzählungen aus dem Land Sumer, hrsg. v. Konrad Volk, Wiesbaden 2015, 3–4. 15 A. R. George, *Die Kosmogonie des alten Mesopotamien*, in: Marion Gindhart | Tanja Pommerening, Anfang & Ende: vormoderne Szenarien von Weltentstehung und Weltuntergang, Darmstadt 2016, 15. 16 NBC 11108, Jan Lisman, At the beginning … Cosmogony, theogony and anthropogony in Sumerian texts of the third and second millenium BCE, Dissertation, Leiden 2005, 36–37. 17 A. R. George, *Die Kosmogonie des alten Mesopotamien*, in: Marion Gindhart | Tanja Pommerening, Anfang & Ende: vormoderne Szenarien von Weltentstehung und Weltuntergang, Darmstadt 2016, 13–15. 18 The Context of Scripture IV, hrsg. v. Lawson Younger, Leiden 2017, 342. 19 A. R. George, *Die Kosmogonie des alten Mesopotamien*, in: Marion Gindhart | Tanja Pommerening, Anfang & Ende: vormoderne Szenarien von Weltentstehung und Weltuntergang, Darmstadt 2016, 8–15. 20 1–6, in: The Context of Scripture IV, hrsg. v. Lawson Younger, Leiden 2017, 334–335. 21 ETCSL 1–9 und 18–27; siehe auch Übersetzung in: Jan Lisman, At the beginning … Cosmogony, theogony and anthropogony in Sumerian texts of the third and second millenium BCE, Dissertation, Leiden 2005, 296–304. 22 *Lied von der Hacke*, 58 23 *Lugal-E* 721 24 K-W 32–33 25 Gudea Zylinder A und B 26 K-W 33 27 *Enmerkar and En-suhgir-ana*, ETCSL 28 *Enmerkar and the Lord of Aratta*, ETCSL, t.1.8.2.3, 588–593. 29 ETCSL t.1.8.2.3., 228–283 30 *The Debate between Fish and Bird*, ETCSL 31 Ibidem 33–34 32 WA 1 11 33 The Context of Scripture IV, hrsg. v. Lawson Younger, Leiden 2017, 342. 34 *Enki und die Weltordnung* 17–19, The Context of Scripture IV, hrsg. v. Lawson Younger, Leiden 2017, 342. 35 Mark E. Cohen, The Cultic Calendars of the Near East, Bethesda 1993, 7, 11, 78. 36 LEI 57 und 127 37 KA 342–433 38 Gebhard Selz, *The Tablet with 'Heavenly Writing' or How to become a Star*, in: Ex: Non Licet stare caelestibus, hrsg. v. Antonia Panaiano, Udine 2014, 51–67. 39 S 141 40 S 41 Gebhard Selz, *The Tablet with 'Heavenly Writing' or How to become a Star*, in: Ex: Non Licet stare caelestibus, hrsg. v. Antonia Panaiano, Udine 2014, 51–67; 57–58. 42 Shulgi Hymne D, 354–361 43 Urnamma A, 65–68 44 STEI 462, 467–468 45 STEI 464 und Selz oben 60 46 STEI 459–467. In seiner Hymne B (81–94) brüstete sich Shulgi, mit seinem Bogen auf den Himmelsstier geschossen zu haben, und seine Hymne C beginnt damit, dass er sich als Wilder Stier bezeichnet, der als "Stierkalb erstmals in menschlicher Gestalt erschienen ist" (1 und 21). Shulgis göttliches Sternbild – Mul-[dingir] Shul.Gi – taucht in der Sternenliste MSL XI 133 viii 41 und 138 rev, ii 2' auf (Materials for the Sumerian Lexikon, hrsg. v. Erica Reiner, Rom 1974). Die Reihung der Sterne steht dort in Abhängigkeit von Anu: Zuerst wird Anus Verknotetes Joch genannt, dann Anus Wahrer Hirte und der Göttliche Shulgi, darauf das Himmelsboot Ma [An.Na], mit dem Urnamma wie Shulgi in den Himmel fuhren, sodann der Lohnarbeiter hinter dem Himmelsstier sowie der Skorpion. 47 STEI 462 48 S 140 49 WA 1 22 50 Die Vorstellung einer Versternung bei den Griechen lässt sich erstmals bei Pherekydes im 6. Jahrhundert v. u. Z. feststellen; sie setzte sich erst durch die in Alexandria tätigen gelehrten Dichter Kallimachos, Apollonios und Eratosthenes durch – vgl. Christian Bechtold, Gott und Gestirn als Präsenzform des toten Kaisers, Göttingen 2011, 57 ff. 51 *Ilias* XX 233; Martin West, The East Face of Helicon, Oxford 1997, 477 52 K-W 36–41 53 WA 1 13 und K-W 40–41 54 K-W 122–124 55 Brown | Fermor | Walker, *The Water Clock in Mesopotamia*, in: Archiv für Orientforschung 46 | 47, 1999 | 2000, 130–148. 56 K-W 40 und 125–126 57 K-W 39 und 133–134 58 HO 154–159 59 Koch | Schaper | Fischer | Wegelin, *Eine neue Interpretation der Kudurru-Symbole*, in: Archive for History of Exact Sciences 41, 2, 1990, 93–114; R 11–16. Dort wird das Schiff allerdings fälschlich mit der späteren Waage identifiziert, Zababa mit Aquila, die gehörnte Schlange mit Serpens und eine einfache Schlange mit Hydra sowie der Botenvogel mit dem Vogel von Pisces. 60 David Brown, Mesopotamian Planetary Astronomy-Astrology, Groningen 2000. 61 U 61 62 U 3 und C4 145 63 HO 158–159 64 C4 155–160 65 HO 127–129 und 272–274 66 Claus Haebler, *Kosmos: Eine etymologisch-wortgeschichtliche Untersuchung*, in: Archiv für Begriffsgeschichte 11, 1967, 101–118. 67 A. R. George,

Die Kosmogonie des alten Mesopotamien, in: Marion Gindhart | Tanja Pommerening, Anfang & Ende: vormoderne Szenarien von Weltentstehung und Weltuntergang, Darmstadt 2016, 19–24. 68 IAS 174, Jan Lisman, At the beginning ... Cosmogony, Theogony and Anthropogony in Sumerian texts of the third and second millenium BCE, Dissertation Leiden 2005, 31–23 und 220–221. 69 Wolfgang Heimpel, *Anthropomorphic and Bovine Lahmus. With an appendix by Sherry Mcgregor*, in: Dubsar anta-men, hrsg. v. Manfred Dietrich | Oswald Loretz, Münster 1998, 129–156; Übersetzung des Anfangs des *Enuma Elish* nach Heimpel. Andrew George hingegen übersetzt das erste Land als Bett: "Obgleich sie ihre Gewässer miteinander mischten, hatten sie kein Bett aus Schilfrohr zusammengefügt, aus Rohrdickicht kein Polster gemacht." 70 Asko Parpola, The Roots of Hinduism – The Early Aryans and the Indus Civilisation, Oxford 2015, 305–313. 71 I 1–28 72 IV 19–28, 35–36, 50–54, 93–103, 129–146 73 HO 114–115 74 HO 118–119 75 V 1–25, VII 127, V 53–58 und 119–122 76 L6 und Wikipedia. de, 'Akitu' 77 HO 115 78 I i 1–7 79 HO 170. Die Sterne des Anu reichten von 12,5° Nord stellenweise hinab bis 25,5° Süd; da jedoch Anus Cancer um 1000 v. u. Z. bis hinauf zu 36° Nord reichte, scheint dies das Bemühen wiederzugeben, den drei Göttern einen in etwa gleichwertigen Bereich von je 60° zu geben. Die Sterne des Enlil erstrecken sich im *Mul.Apin* deshalb von 13,4° hinauf zu 73,2° Nord, während die Sterne Eas 11,3° bis auf 45,9° Süd umfassen, doch dies nur, weil die anderen Sterne darunter unsichtbar blieben und sich Eas Herrschaftsbereich auch auf den dort gesehenen unterirdischen Ozeane erstreckte. Auch die abstrakter angeordneten Astrolabien dieser Zeit unterteilen den Himmel in drei gleich breite Bänder; HO 165. 80 HO 168–174 81 I iv 31–39 82 I iv 31–37 83 II 1–6 84 Vgl. H | S 138 ff, I iv 2–12. 85 I iv 2–13 86 REI 87 Bradley Schaeffer, *The Latitude and Epoch for the Origin of the Astronomical Lore of Eudoxus*, in: Journal for the History of Astronomy 35, 2004, 161–201. 88 WEE 162–163 89 W 390–391 90 David Brown, *Disenchanted with the Gods?* in: Your Praise is Sweet, hrsg. v. Baker | Robson | Zolyomi, London 2010, 11–28. 91 Mathieu Ossendrijver, *Astronomie und Astrologie in Babylonien*, in: Babylon, Wahrheit, hrsg. v. J. Marzahn, Berlin 2008, 376. 92 David Brown, *Disenchanted with the Gods?* in: Your Praise is Sweet, hrsg. v. Baker | Robson | Zolyomi, London 2010, 15. 93 Franz Kugler, Sternkunde und Sterndienst in Babylon, Münster 1907, 91 und W2 41–47. 94 WEE 149 und 160–161 95 REI 133–143. 96 WE3 107–112 97 WA1 17–18 98 K-W 52 99 U 1–20 und WE 100 ST1 99–100 101 WA1 24–25 102 Irving Finkel, *On the Rules for the Royal Game of Ur*, in: Ancient Board Games in Perspective, hrsg. v. Irving Finkel, LondoN1990, 16–32. 103 U16 104 G 113, U 52–53 und 99–10, WE 2, 9 und 15 sowie Tafeln 6 und 9 105 Siehe Raoul Schrott, Homers Heimat, München 2008, und Hesiod, Theogonie, München 2014. 106 Selbst das Wort, das Homer in der *Ilias* für Den Wagen gebraucht, *amaxa*, ist aus Babylon übernommen; siehe REI 57, Fussnote 236. 107 John Barnes, *Asteras Eipein: An Archaic View of the Constellations from Halai*, in: Hesperia, 83,2, 2014, 257–276. 108 Zur Geschichte der frühen griechischen Astronomie bis Hipparch, siehe HOF 601–660. 109 Stamatina Mastorakou, *Greek Constellations*, in: Handbook of Archaeoastronomy and Ethnoastronomy, New York 2015, 1555–1561. 110 Bradley Schaeffer, *The Latitude and Epoch for the Origin of the Astronomical Lore of Eudixus*, in: Journal for the History of Astronomy 35, 2004, 161–201. Die geographische Breite Ninives zeigt sich auch darin, dass im *Mul.Apin* das Gestirn der Würde im Zenit steht, was für Babylon oder Uruk nicht zutrifft. 111 Diese Umstände beruhen zwar auf einem 800 Jahre später verfassten Kommentar des Simplicius (*In Cael* 2.12, ad Arist. *De Caelo* 293a4), der jedoch Begriffe überliefert, die mit dem Fachvokabular der babylonischen Beobachtungstexten übereinstimmen; siehe Robartus van der Spek, *Darius III, Alexander the Great and Babylonian Scholarship*, in: A Persian Perspective, hrsg. v. Henkelman | Kuhrt, Leiden 2003, 289–343. 112 John Wee, *Discovery of the Zodiac Man in Cuneiform*, in: Journal of Cuneiform Studies 67, 2015, 217–233. 113 II 453–465 114 Zu den mangels genauer Karten, verständlichen Abweichungen siehe HOF 502–587. 115 H | P 90–100 und Pingree | Walker, *A Babylonian Star-Catalogue: BM 78161*, in: A Scientific Humanist, hrsg. v. Leichty | Ellis | Gerardi, Philadelphia 1988, 313–322. 116 Abgebildet in WE2 und U 117 Der hier statt Ur.Gu.La in Zeile 5 gesetzte Ur.A ist nicht mehr Die Grosse Löwin in Leo, obwohl, aus verständlicher Konfusion heraus, die nun folgende Beschreibung Des Löwen von den zwei Sternen am Kopf, den vier Sternen in der Brust bis zum einzelnen des Schwanzes auch auf Die Löwin übertragen wurde (vgl. etwa HO | RA 173; korrekte Angaben für Die Erhabene Löwin bietet hingegen R | S | W 551). Dies geht nicht nur aus dem Wechsel des Namens hervor und dass der Vorderfuss Der Löwin sonst als 'König' bezeichnet worden wäre, sondern auch, weil die Angaben von Zeile 7 bis 10 (egal, welche in Frage kommenden Sterne man berücksichtigt) weder die Proportionen eines Löwen zeichnen noch auf kohärente Weise die gesuchten Sternbilder treffen (es ergeben sich keine vier Sterne der Brust als Linienangabe, die zugleich einen Vorderfuss markiert; mögliche Linien für Zeile 7 und 8 treffen nie dieselbe Region für ein Gestirn Von Eridu; die 15° gegen die Drehrichtung nach Nordosten (wie in Zeile 5 zuvor) nach der Brust setzt so tief an, dass sie mit dem mittleren Fuss wieder zu Columba führt (nimmt man sie lotrecht, führt sie zu Orion); keine zwei Sterne am Schwanz Der Löwin würde eine Linie durch den Schwanz Des Raben ergeben). 118 Für Eru wird eigentlich immer Die Dattelrispe selbst als Bezugspunkt angegeben; vgl. die sich durch die Gradangaben ergebende Identifikation von HO | RA 173. 119 HO | RA 172–173 präsentiert eine Linie von nacheinander im Zenit stehenden Sternen samt genauen Gradabständen: 9° vom Joch (Arcturus) zum Hinteren Geschirr (HIP 73156), 12° zum Ring (γ Coronae Borealis), 15° zu den Zweifachen (50 Herculis und HIP 82324), 5° zu den Dreifachen (HIP 84621, 84691 und 84934), zu dem Einzelnen Stern (o Herculis), 10° zur Herrin Des Lebens (β Lyrae). Der *Gu-Text* folgt diesen Sternen jedoch in umgekehrter Reihenfolge und geht nicht auf Den Einzelnen Stern am Fuss Der Grossen, sondern zu dem an ihrem Knie. 120 Christopher Walker, *The Dalbanna text: a Mesopotamian star-list*, in: Die Welt des Orients 26, 1995, 27–42 und K1 121 Grundstücke werden bereits in der Ur-III-Zeit in Rechtecke und rechtwinklige Dreiecke aufgeteilt, vgl. die Pläne in Elizabeth Wheat, Terrestrial Cartography in Ancient Mesopotamia, Ph. D. Thesis, University of Birmingham 2012, 53–61. Zu pythagoräischen Dreiecken siehe Michael Marshall, *Babylonians calculated with triangles centuries before Pythagoras*, in: New Scientist, 4.8.2021, und Daniel Mansfield, *Plimpton 322: A Study in Rectangles*, in: Foundations of Science, 3.8.2021. Die Ägypter spannten für ihre Bauwerke ein Seil um Pflöcke im Abstand von 3, 4 und 5 Knoten, um einen rechten Winkel zu erhalten; vgl. Alex Bellos, Alex's Adventures in Wonderland, London 2010, 84–85. 122 Identifikation ergibt sich aus Angaben im *Mul.Apin*, wann die Ferse im Zenit steht. 123 Die Linie 72 Ophiuchi–α Ophiuchi–16 Herculi ergibt mit der Linie 16 Herculis – ψ Scorpii ein gleichschenkliges Dreieck mit dem Winkel 80°; mit 16 Herculis zu ξ Ophiuchi ergibt sich ein Dreieck mit 90°, dessen Seiten nur 1,5° Unterschied in der Länge haben. Der Kleiderstern bleibt gleich, ob von ξ oder ψ aus zu 72 Ophiuchi: Seine Benennung ergibt sich offenbar daraus, dass er direkt unter dem Gesicht den Beginn der Kleidung markiert. 124 Hier ergibt die Angabe 'gespannte, geknickte Schnur = rechter Winkel' keinen Sinn, da Wisentmensch, Skorpionstachel und Höchster Ahne auf einer Linie liegen und ein rechter Winkel völlig ab von den Figuren führt. Es musst sich also um eine gerade Linie im Verhältnis von 1:2 handeln, die entweder zur Spitze eines sehr lang zurückgebogenen Stachels oder zum Ansatz des Stachels unter dem menschlichen Oberkörper führt. 125 HO | RA 172–173 126 Irving Finkel, The First Ghosts, London 2021, 265–268. 127 F. Rochberg-Halton, *Stellar Distances in Early Babylonian Astronomy*, in: Journal of Near Eastern Studies 42.3, 1983, 209–217. 128 Mehmet Ali-Atac, Art and Immortality in the Ancient Near East, Cambridge 2018, 78. 129 HO 1–16 und 263 130 HO 208–220 131 John McHugh, *How cuneiform puns inspired some of the bizarre Greek constellations and asterisms*, in: Archaeoastronomy and Ancient Technologies 2016, 4 (2), 71–75, und Gebhard Selz, *The Tablet with 'Heavenly Writing' or How to become a Star*, in: Ex: Non Licet stare caelestibus, hrsg. v. Antonia Panaiano, Udine 2014, 51–67, 53–56. 132 REI 9 133 WEE 152 134 HO 262–263 135 HE1 und ETCSL, *A Balbale to Nanna (Nanna A)* 136 IV 19–26 137 LI 83 und 89 138 V 61 139 V 11 140 V 59 141 L 478 142 Renate Marian van Dijk, The Form, Function and Symbolism of Standards in Ancient Mesopotamia during the Third and Fourth Millenia BCE: An Iconographic Study, Dissertation, Stellenbosch University 2016, 50. 143 VII 124 144 VII 128–129; HO1 6–7 und 21–23 145 VII 76 146 μ oder ξ^2 Ceti, R | S | W 555 147 WEE 165 148 ST1 102 149 Der erste Beleg wird auf 374 v. u. Z. datiert; ST1 102. 150 U 46 151 Siehe auch John McHugh, *How Cuneiform puns inspired some of the bizarre Greek constellations and asterims*, in: Archaeoastronomy and Ancient Technologies 2016, 4 (2), 80–81. 152 I ii 36 153 Hannes Galter, *Zwischen Isolation und Integration. Die soziale Stellung des Fremden in Mesopotamien im 3. und 2. Jahrtausend v. Chr.*, in: Soziale Randgruppen und Aussenseiter im Altertum, hrsg. v. Weiler | Grassl, Graz 1988, 277–293. 154 Ursula Seidl, Die babylonischen Kudurru-Reliefs, Freiburg 1989, 23. 155 *Das Buch Ezechiel* 8, 14–17 156 M 528–529 157 ETCSL t 4.08.16, *Hymne to Inanna B*, 18–31. 158 406–410 159 WEE 161 160 U 46 161 U 39 162 E | H 94–98 163 H | P 275 nimmt γ Andromedae hinzu; der Stern ist jedoch bereits als 'Zerschmetterer' in der Niere des Damhirschen identifiziert. 164 Erzählungen aus dem Land Sumer, hrsg. v. Konrad Volk, Wiesbaden 2015, 72. 165 The debate between the Hoe and the Plough, ETCSL. 166 HO1 6 167 E | H 48–49 168 I i 2 169 *Egyptian Astronomy: Letters from Dr. Eisler and Dr. Chattey*, in: The Journal of Egyptian Archaeology 27, 1941, 149. 170 HO | RA 171 γ Virginis, H | P 272 und R | S | W 570 172 WEE 137 3b und 139 173 E | H 72–74 und M | K 2 174 Jeanette Finke | Wayne Horowitz, *New Information about the* ziqpu-*Stars, the Sun, and Cubits based on one New Tablet (BM 37373)*, in: Journal of Near Eastern Studies 77, 2, 2018, 255. 175 γ Comae Berenices, H | P 272, WE 82 176 I i 10 177 Die Bedeutung des Wortes ist unbekannt. Es gibt einen (ebenfalls unidentifizierten) Kurkurru-Vogel (siehe V 261–262); *Kurkurra* ist der Dativ für 'fremde Länder'. Das Wort könnte eine Schüssel bezeichnen, aber auch ein Leuchtphänomen (U 78–79). Für Letzteres spricht, dass der Kurkurru des Regenten ausdrücklich "leuchtet" (zitiert in U 64). In den spätzeitlichen Uranographien kommt dieser Begriff bei Den Grossen und Kleinen Zwillingen, Dem Regenten, bei Anus Wahrem Hirten, Ninmah und Eru vor; es sind dies – mit Ausnahme Erus – Sternbilder, die sich mit der Milchstrasse überschneiden (Eru wird mit der aus schwachen Sternen gebildeten Dattelrispe gleichgesetzt, der man dieses Schimmern zuschreiben kann). 178 U 25 und 30–31, WE 77 und 82 179 I iv 26 180 M 518 181 Corvus und Crater, H | P 275 182 α Crateris, H | P 275 183 IS 48–59 und 66–84 184 E | H 111–112 185 I ii 24 186 Takayoshi Oshima, *"Damkianna shall not bring back her* burden *in the future!" A new mythological text of Marduk, Enlil and Damkianna*, in: A Woman of Valor: Jerusalem Near Eastern Studies, hrsg. v. Horowitz | Gabbay | Vukosavovic, Madrid 2020, 145–157. 187 Ira Spar | Michael Jursa, Cuneiform Texts in the Metropolitan Museum of Art, IV, New York 2014, 220. 188 Arthur Ungnad, *Babylonische Sternbilder*, in: Zeitschrift der morgenländischen Gesellschaft 77, 1923, 83. 189 I i 41–42 190 U 39 191 U 43–45 192 Arthur Ungnad, *Babylonische Sternbilder*, in: Zeitschrift der morgenländischen Gesellschaft 77, 1923, 83, und Douglas Kidd, Aratus: Phaenomena, Cambridge 1997, 258. 193 E | H 244 194 Raoul Schrott, Hesiod-Theogonie, München 2014, 82. 195 ETCSL, *The Debate between Bird and Fish* 196 U 90–91 197 Renate Marian van Dijk, The Form, Function and Symbolism of Standards in Ancient Mesopotamia during the Third and Fourth Millenia BCE: An Iconographic Study, Dissertation, Stellenbosch University 2016, 218. 198 K-W 32–33 199 P-L 264 und ETCSL 4.27.7 66–69 und 76–96 200 Gudea Zylinder A und B, ETCSL t2.1.7 201 V 24–25 202 U$_5$-Mushen, 'Wasservogel', siehe V 297, wird im Gudea-Zylinder A 381 Nanshes 'Emblem' genannt. Laut brieflicher Auskunft Veldhuisen 2019 ist dieser Wasservogel nicht, wie sonst als Gans, Pelikan oder Schwalbe zu übersetzen, sondern als Kormoran. 203 1–11, V 117 204 25–30, V 118 205 Peeter Espak, Ancient Near Eastern Gods Enki and Ea, Master-Thesis, Universität Tartu, 2006 (online), 33–34. 206 271–307 und 418–423 207 Siehe dazu Richard Averbeck, *Enki and the World Order*, in: The Context of Scripture IV, hrsg. v. Lawson Younger, Leiden 2017, 340–351. 208 V 144–145 209 V 144 210 G 36 und 37 211 The Assyrian Dictionary of the Oriental Institute of the University of Chicago, Chicago 1956–1996, 295–96. 212 WEE 166 213 I i 41–42 214 I iv 36–37 215 I iv 28 216 Aufgrund dieser Identifikation wurde Die Erhabene Schwalbe auch als "Göttin der Quelle" des Euphrat bezeichnet; vgl. HO1 150. 217 U 39 218 ((Endnote fehlt)) 219 U 45–46 220 U 44 221 G 215–216, K-W 195 und V 302. 222 ETCSL, *The Debate between Bird and Fish* 223 L 221 224 U 44 225 WEE 150 226 R 27 227 WE1 107 228 U 45 229 E | H 144–145 230 E | H 128–129 und 83–88 231 II 4.2–5 232 I ii 19 233 Peeter Espak, Ancient Near Eastern Gods Enki and Ea, Master-Thesis, Universität Tartu, 2006 (online), 17. 234 II ii 34 235 Veisel Donbaz | Johannes Koch, *Ein Astrolab der dritten Generation; Nv. 10*, in: Journal of Cuneiform Studies 47, 1995, 66, 75, wo das Sternbild mit Cetus identifiziert wird; sowie HO1 222. 236 Stefan Maul, Das Gilgamesch-Epos, München 2017, 185. 237 Raymond Tournay | Aaron Shaffer, L'Epopée de Gilgamesh, Paris 1998, 225. 238 KAR VII, 298, zitiert in: Hildegard und Julius Lewy, *The Week and the oldest Westasiatic Calendar*, in: Hebrew Union College Annual 17, 1942 | 43, 39. 239 IX 18 240 Eine in R | S | W 551 publizierte Liste von Sternbildaufgängen entlang der Ekliptik, die vom Erhabenen Löwen bis zu Pisces führt, gibt nach dem Vorderen Korb und vor dem Band Der Schwalbe (ca. ε Piscium) sowie dem Band der Fische (α Piscium) den Hinteren Korb an: der demnach bei 27 Piscium liegen könnte. 241 Aus den in R | S | W publizierten Sternlisten geht hervor, dass der Vordere Korb nach dem hinteren Stern des Ziegenkarpfens aufgeht und unter der Ekliptik liegen muss (vgl. die Nähe zu den Planeten in R | S | W 557, 16' und 16'), R | S | W identifizieren ihn mit ψ^1, ψ^2, ψ^3 Aquarii (568) 242 I i 40–41 243 I ii 19–21 244 I ii 34 245 Peeter Espak, Ancient Near Eastern Gods Enki and Ea, Master-Thesis, Universität Tartu, 2006 (online), 15. 246 Ibidem 21–40 247 Ibidem 54–57, 69, 100–103 248 M 447 249 W 156–160. 250 Ibidem 76–77 251 Ibidem 80 252 Ibidem 77 253 Ibidem 79 254 Ibidem 106 und Noah Kramer | John Maier, Myths of Enki, Oxford 1989, 123. 255 I iii 31–32 256 I iii 17–18 257 H | P 154–155 und R | S | W 551 258 30–31; L 357 259 L 335–337; "die Körbe zu schleppen" nach CTSL, *Enki and Nimah*. 260 19–11 261 112–15 262 122–23 263 130–32 264 137; Übersetzung nach Jan Lisman, At the beginning ... Cosmogony, theogony and anthropogony in Sumerian texts of the third and second millenium BCE, Dissertation, Leiden 2005, 268–281. 265 W 137, Abb. 103 und Peeter Espak, Ancient Near Eastern Gods Enki and Ea, Master-Thesis, Universität Tartu, 2006 (online), 77. 266 285–293 267 44–46 268 166 269 10 270 4 271 Arthur Ungnad, *Babylonische Sternbilder*, in: Zeitschrift der morgenländischen Gesellschaft 77, 1923, 83. 272 Enlils Tempel in Nippur – Duranki – galt zuvor als "Band zwischen Himmel und Erde", wie das sumerische *Lied von der Hacke* zeigt; siehe Erzählungen aus dem Land Sumer, hrsg. v. Konrad Volk, Wiesbaden 2015, 71. 273 300–311 274 H | P 146 und 81–82 275 W 157 276 φ Velorum, H | P 274 277 W 194–197 278 II 16–62 279 U 41 280 U 53–54 281 Koch | Schaper | Fischer | Wegelin, *Eine neue Interpretation der Kudurru-Symbole*, in: Archive for History of Exact Sciences 41, 2, 1990, 100. 282 Vgl. M. Erica Couto-Ferreira, *She will give birth easily*, in: Dynamis 34 (2), 2014, 289–315. 283 W 195 284 G 82 285 K-W 189; siehe dazu den bald erscheinenden Kommentarband zur *Grossen Sternenliste* von Wayne Horowitz. 286 Koch | Schaper | Fischer | Wegelin, *Eine neue Interpretation der Kudurru-Symbole*, in: Archive for the History of the Exact Sciences 41, 2, 1990, 93–114. 287 Renate Marian van Dijk, The Form, Function and Symbolism of Standards in Ancient Mesopotamia during the Third and Fourth Millenia BCE: An Iconographic Study, Dissertation, Stellenbosch University 2016, 50. 288 Vulpecula in SL 4 | 2, 184, Nr. 371; siehe WEE 144, Fussnote 104. 289 I i 29 290 HO1 117 291 HO1 150 292 1–3 293 55–62; ETCSL t.1.7.3. 294 L 220

295 Peeter Espak, Ancient Near Eastern Gods Enki and Ea, Master-Thesis, Universität Tartu, 2006 (online), 78. 296 VII 70–77 297 107–116, 166–187; V 243–244 298 Shulgis Selbstlob, Hymne D 345–362, ETCSL 299 R. Mark Shipp, Of Dead Kings and Dirges, Leiden 2002, 90–91. 300 Ludek Vacin, Sulgi of Ur: Life, Deeds, Ideology and Legacy of a Mesopotamian Ruler as Reflected Primarily in Literary Texts, Dissertation, University of London 2011, 55. 301 Pjotr Steinkeller, *How did Sulgi and Isbi-Erra Ascend to Heaven?* in: Literature as Politics, Politics as Literature, hrsg. v. David Vanderhooft | Abraham Winitzer, Winona Lake 2013, 470–471. 302 V 286–287 303 W 126–127 304 V 287 305 S 306 Ronald Williams, *The Literary History of a Mesopotamian Fable*, in: Phoenix 10, 1956, 71. Dieser Teil des Mythos wurde im Alten Ägypten übernommen, wo die Rollen sich jedoch verkehrten: Aus der Schlange wird der Geier, aus dem Geier jedoch eine Wildkatze, welche die Jungen des Geiers frisst. Wie ein Gedicht des Archilochos zeigt, übernahmen die Griechen diese Fabel, indem sie daraus die Geschichte der 'Freundschaft' zwischen einer Füchsin und einem Adler machten – die von Aesop im 6. Jahrhundert v. u. Z. schliesslich in seine berühmt gewordene Sammlung aufgenommen wurde. Siehe ibidem, 70–77. 307 Ein Beru entspricht in der Regel entweder rund 10 km, einer Doppelstunde von 120 Minuten oder in der späteren mathematischen Astronomie 30 Us, d. h. 30° auf einem Kreis; Francesca Rochberg, *Stellar Distances in Early Babylonian Astronomy*, in: Journal of Near Eastern Studies 42, 3, 193, 209–217. 308 Eine terrestrische Elle entsprach in der Regel 0,518 m oder etwa 2,3°. 309 HO 8–15 und 45 310 Siehe S 169–170 311 E | H 57 312 Ibidem 57–59 313 Ibidem 146 314 W 119–122 315 HO1 117 316 HO 45 317 S 154 318 WEE 166–167 und LI 65–66 319 So nennt der *Mythos von Anzu* ausdrücklich Zababa als Beinamen Ninurtas (III 141). 320 L 285 321 L 244–245 322 166–167 323 176–181 324 295–296 325 327–329 326 706–723 327 *Atrahasis* II iv 328 Barbara Böck, Das Handbuch Mussu'u "Einreibung", Madrid 2007, 127. 329 Ophiuchus und Teile von Serpens, H | P 277 330 ξ Ophiuchi?, K1 80 331 η Serpentis, H | P 277 332 μ Sagittarii, K1 80 333 η Ophiuchi, H | P 277 334 Der spätbabylonische Sternenkommentar, in dem die Bezeichnung 'Stein' auftaucht, deutet seinen Namen dann aber als Za, 'Herr, und Baba, 'der Länder'; siehe WEE 166–167 und LI 65–66. 335 Daher rührt offenbar eine sonst unübliche Identifikation Zababas mit dem Sternbild Geier in Aquila; vgl. HO1 117. Zu seinem Symbol auf den Kudurru siehe Koch | Schaper | Fischer | Wegelin, *Eine neue Interpretation der Kudurru-Symbole*, in: Archive for History of Exact Sciences 41, 2, 1990, 110. 336 Vgl. Mythos von Anzu III 141 337 Ursula Seidl, Die babyblonischen Kudurru-Reliefs, Freiburg 1989, 140. 338 Abbildung in wikipedia.fr, Zababa. 339 Troels Pank Arbell, Medicine in Ancient Assur, Leiden 2021, 148. 340 E | H 59–65 341 Östlicher Teil von Andromeda, H | P 276 342 John Steele, Rising Time Schemes in Babylonian Astronomy, Cham 2017, 89. 343 Civil, Journal of the Oriental American Society 103, 60:107. 344 Limet, Bibliotheca Orientalis 51.2, 1994, 104. 345 John Steele, Rising Time Schemes in Babylonian Astronomy, Cham 2017, 24. 346 HO1 113 347 S 348 William Hallo | Wiliam Simpson, The Ancient Near East: A History, New York 1971, 32. 349 Zwei mythische Könige aus der amurritischen Dynastie von Mari. 350 Yoram Cohen, *Les neiges d'Antan: "Early Rulers" and the Vanity Theme in Mesopotamian Wisdom Literature and Beyond*, in: Antiguo Oriente 15, 2017, 33–56; Bernd Alster, *The Sumerian Poem of Early Rulers and Related Poems*, in: Orientalia Lovaniensia Periodica 21, 1990, 5–25. 351 I 34–35 352 siehe auch HO | RA 171 353 I i 32–33 354 38–46 355 E. van Buren, *The Dragon in Ancient Mesopotamia*, in: Orientalia 15, 1946, 2–4 und 12. 356 C 177 357 WI 147 358 HO1 114 359 E. van Buren, *The Dragon in Ancient Mesopotamia*, in: Orientalia 15, 1946, 16–17. 360 WE 3 76–78 und HO1 104–106 361 WE 80, Fussnote 1: wo HO1 S[IM.MAH GUB]B ergänzt, konnte Weidner noch *Siri Izzazu* lesen: "Der Stern, der vor Der Schlange steht, ist Der Krebs"; die Kopie B21 dieser Zeile in HO1 setzt statt Dem Krebs Die Löwin. 362 II 18; WE 3 77 entspricht HO1 104, Anu 7 363 III 6–7; WE 3 77 entspricht HO1 105, Enlil 3 364 G. Evans, *d Mus and Related Matters*, in: Orientalia 52,2, 1983, 215–229. 365 E. van Buren, *The Dragon in Ancient Mesopotamia*, in: Orientalia 15, 1946,15, und Scott Jones, *Lions, Serpents and Lion-Serpents in Job 28:8 and Beyond*, in: Journal of Biblical Literature 130,4, 2011, 663–686. Siehe auch WI 166 und 188. 366 I i 34–35 367 G 123 368 WI 168–169 369 L 384–386 und WI 167 370 Aus dem sogenannten *Hilprecht-Text* geht hervor, dass der Bogen vom Mond über die Plejaden und Orion zum Skorpionstachel 120 Beru lang ist. Die dort angegebene Distanz zwischen Plejaden und Orion ist 25,5 Beru lang, die zwischen Orion und Sirius 21, die zwischen Sirius und δ Canis Maioris 16,5 Beru. Vgl. F. Rochberg-Halton, *Stellar Distances in Early Babylonian Astronomy*, in: Journal of Near Eastern Studies 42.3, 1983, 212. 371 VAT 8917, LI 82–85 372 E. van Buren, *The Dragon in Ancient Mesopotamia*, in: Orientalia 15. 1946,23–24. 373 Scott Jones, *Lions, Serpents and Lion-Serpents in Job 28.8 and Beyond*, in: Journal of Biblical Literature, 130, 4, 2011, 668–9. 374 E. van Buren, *The Dragon in Ancient Mesopotamia*, in: Orientalia 15, 1946, 41 375 L 361–365, C4 120–124; Theodore Lewis, *CT.13.33–34 and Ezekiel 32: Lion-Dragon Myths*, in: Journal of the American Oriental Society, 116,1, 1996, 28–47 376 Ibidem, Fig. 3 und 5–9, S. 29 und 34–35 377 Ibidem 37; vgl. *Enuma Elish* I. 121, II 27, III 31, 89 und II 12, 17, III 16, 21, 74, 79 378 26.21–27.1 379 Scott Jones, *Lions, Serpents and Lion-Serpents in Job 28.8 and Beyond*, in: Journal of Biblical Literature, 130, 4, 2011, 669, und Theodore Lewis, *CT.13.33–34 and Ezekiel 32: Lion-Dragon Myths*, in: Journal of the American Oriental Society, 116,1, 1996, 34 und 37. 380 32.2–8 381 Übersetzung nach Theodore Lewis, *CT.13.33–34 and Ezekiel 32: Lion-Dragon Myths*, in: Journal of the American Oriental Society, 116,1, 1996, 38–39. 382 L 362 383 51.9–10 384 26.8–13 385 I i 14 386 E | H 154 387 Ibidem 26–27 388 δ Hydrae, K 111; β Cancri; G 113–113, ε Hydrae, K1 76 389 β Cancri, H | P 91 390 ϑϰ Hydrae, H | P 276; ζ Hydrae, K1 76 391 I ii 8 392 G. McEwan, *d Mus and Related Matters*, in: Orientalia 52,2, 1983, 215–229; 221–222. 393 Ursula Seidl, Die babyblonischen Kudurru-Reliefs, Freiburg 1989, 154–155. 394 L 238–240 395 U 41 396 G 113. U 16, 52–53 und 99–10, WE 2, 9 und 15 sowie Tafeln 6 und 9 397 E | H 110–114 398 Cygnus, Lacerta und Sterne von Cassiopeia und Cepheus, H | P 274 399 Jeanette Finke | Wayne Horowitz, *New Information about the* ziqpu*-Stars, the Sun, and Cubits based on one New Tablet (BM 37373)*, in: Journal of Near Eastern Studies 77, 2, 2018, 255. 400 Ibidem, 251 401 α Lacertae, R | S | W 402 5 R 46, 1.43, zitiert in WEE 158 und 163 und U 47. 403 Vgl. etwa die Darstellung auf dem Kudurru des Marduk-apal-iddina! I. oder Abbildungen in W 209–212. 404 WEE 166 405 A. George, *Babylonian Texts from the Folios of Sidney Smith*, in: Revue d'Assyriologie et d'archéologie orientale 85.2, 1991, 151 und 160. 406 G 59 407 I iv 14–19; vgl. auch eine andere Liste von kulminierenden Ziqpu-Sternen, die eine Linie von Der Ziegengeiss in Lyra zum Hellen Stern Udkaduhas, seinem Schienbein und seiner Ferse und weiter zum Geweih des Damhirschs, zum hellen Stern im Regenten in Perseus zieht; Wayne Horowitz, *Two New Ziqpu-Star Texts and Stellar Circles*, in: Journal of Cuneiform Studies 46, 1994, 89–98. 408 K1 409 Vgl. Kudurru im Louvre, wikipedia.en, 'Kudurru Louvre Sb31.jpg' 410 B | G 136 und 169 411 U 39–40 412 I i 30–31 413 E | H 145 414 Ibidem 20–21 415 Die in R | S | W publizierten Sternlisten geben an, dass die Pfeilspitze nach Antares aufgeht und nahe der Ekliptik liegt; R | S | W 567 identifizieren θ Sagittarii. Der Position der spannenden Hand gemäss muss die Pfeilspitze am Bogen jedoch in 58 Ophiuchii liegen. 416 W 204–207 417 RE Pabilsag 418 WEE 144–145 419 L 202–209 420 P-L 244–262 421 II 114–124, P-L 259 422 RE Pabilsag und WEE 135 423 G 84–85 424 E | H 76–79 425 Irving Finkel, *On the Rules for the Royal Game of Ur*, in: Ancient Board Games in Perspective, hrsg. v. Irving Finkel, LondoN1990, 25 und 34. 426 V 219 427 I i 28 und 30 428 II 60–69 429 IV 19–28 430 III 136 431 WEE 135 432 III 150 433 III 1–23 434 Siehe die altbabylonische Fassung des Mythos II 115–116, zitiert weiter oben bei Pabilsag. 435 III 136 436 Jeremy Black | Anthony Green, Gods, Demons and Symbols of Ancient Mesopotamia, London 2003, 14. 437 WEE 135 438 E | H 53–56

439 L 286 440 Zum Beispiel in der *Grossen Sternenliste* aus dem 8. Jahrhundert, Zeile 159, K-W 195; siehe auch WEE 135 441 Jeanette Finke | Wayne Horowitz, *New Information about the* ziqpu-*Stars, the Sun, and Cubits based on one New Tablet (BM 37373)*, in: Journal of Near Eastern Studies 77, 2, 2018, 255. 442 39–40 443 John McHugh, *How Cuneiform puns inspired some of the bizarre Greek constellations and asterims*, in: Archaeoastronomy and Ancient Technologies 2016, 4 (2), 71. 444 WEE 153–154 445 J. M. Steele, *A Late Babylonian Compendium of Calendrical and Stellar Astrology*, in: Journal of Cuneiform Studies 67, 2015, 208. 446 R | S | W 447 R | S | W 448 U 40 449 HO | RA 177 450 G 125 451 L 202–207 452 ETCSL *Ninurta and the Turtle* B 36–54. 453 Amar Annus, The God Ninurta, Helsinki 2002, 110 und 111. 454 E | H 66–68 455 EE1 127–148 nach L 456 Siehe L 224–232 457 Wu Yuhong, *Rabies and Rabid Dogs in Sumerian and Akkadian Literature*, in: Journal of the American Oriental Society 121,1, 2001, 32–43. 458 RE, 'Mischwesen'. 459 β Capricorni, R | S | W 570 460 Die in R | S | W 551 publizierte Liste von in etwa im Stundentakt erfolgenden Sternbildaufgängen entlang der Ekliptik gibt nach den '4 hinteren Sternen Des Höchsten Ahnen', erst das bei der Ekliptik liegende Horn, dann den Vorderen, darauf den Hinteren Stern und danach den Vorderen Korb des Grossen in Aquarius an. 461 97 und 165 462 Jeremiah Peterson, A Study of Sumerian Faunal Conception with a Fokus on the Terms pertaining to the Order *Testudines*, Dissertation University of Pennsylvania 2007, digital zugänglich, 61, 72 und 78. 463 Anthony Green, *A Note on the Assyrian 'Goat-Fish, 'Fish-Man' and 'Fish-Woman'*, in: Iraq 48, 1986, 25–30. 464 Aelian XV.1 und Oppian *Halieutica* I 372 und V 34 465 Plinius IX 4 und 47, XXXII 53 466 Der Wisentmensch Kusarikku wird auch von H. Lewy mit den Sternen von Centaurus identifiziert: siehe *Istar-sad and the Bow Star*, in: Studies in Honor of Benno Landsberger, hrsg. v. H. G. Güterbock, Assyrological Studies 6, Chicago 1965, 278. 467 δ Centauri, H | P 273 468 J. Black | A. Green, Gods, Demons and Symbols of Ancient Mesopotamia, London 1992, 115, Abb. 114. 469 Maria Ellis, *An Old Babylonian* Kusarikku, in: Dumu-E$_2$-Dub-Ba-A, hrsg. v. Behrens | Loding | Roth, Philadelpia 1989, 121–136 und WI ix, 148–153, 174–179. 470 I ii 22 471 U 41 und 54 472 In alten Lesarten werden die Silbenzeichen als En.Te.Na. Mash. Lum entziffert, was zu Übersetzungen als 'Schweinsgestirn der Kälte' geführt hat; vgl. G 45. 473 Siehe auch U 54 474 BPOA 7, 2898 (vgl. Bauer, OLZ 106, 386). 475 γ Lupi, H | P 274 476 η Lupi, H | P 274 477 W 172–174 478 γ Lupi, H | P 274Wu Yuhong, *Rabies and Rabid Dogs in Sumerian and Akkadian Literature*, in: Journal of the American Oriental Society 121,1, 2001, 32–43. 479 E | H 118–122 480 α Lyrae, H | P 275 481 HO1 149 482 REI 53 483 Vgl. *Mul. Apin* I iv 28–30. 484 REI 50–56 485 U 26 und 32–33; WE 77 und 83–84 486 U 42 487 Vgl. CAD 311 488 I iv 30 489 I i 26 490 HO1 146 und 153–154. 491 W 245 492 E | H 23–25 und 145 493 Raoul Schrott, Die Musen, München 2000. 494 ζ und ε Lyrae, H | P 272 und 274 495 I i 27 496 Südlicher Teil des Hercules, H | P 272 497 π und ρ Herculis, WE 84 und WE1 108 498 Östlich β ζ Herculis, G 215 499 E. Van Buren, *Mesopotamian Fauna in the Light of the Monuments*, in: Archiv für Orientforschung 11, 1936–37, 12–14. 500 U 25, WE 77 und 83–84 501 I iv 29 502 E | H 140 503 Ibidem 26–27 504 WE1 108, G 79–80, K-W 195 505 WE1 107 | 108 506 K-W 195 507 Ernst Weidner, *Vokabular-Studien*, in: American Journal of Semitic Languages, 38.3, 1922, 179 und G 79–80. 508 *"Was Ishtar für Tammuz tat und Nanaya für ihren Liebhaber und Ishara für ihren Gatten (Mutu, Variante Almanu")*, in: Marten Stol, Women in the Ancient Near East, Berlin 2016, 21.5. 509 I i 15–18 510 U 25, WE 77 und 83 511 U 41–42 und 54–56 512 HO1 16 513 U 31 und 54–56 514 Marc Linssen, The Cults of Uruk and Babylon, Leiden 2004, 247 515 U 56 und 41 516 U 41–42 517 G 9 518 C1 75 519 A. R. George, *Die Kosmogonie des alten Mesopotamien*, in: Marion Gindhart | Tanja Pommerening, Anfang & Ende: vormoderne Szenarien von Weltentstehung und Weltuntergang, Darmstadt 2016, 7–25, 132–133, 140. 520 Altorientalische Texte zum Alten Testament, hrsg. v. Hugo Gressmann, Berlin 1926, 133. 521 Marc Linssen, The Cults of Uruk and Babylon, Leiden 2004, 247. 522 Anton Scherer, Gestirnnamen bei den indoeuropäischen Völkern, Heidelberg 1953, 131–132 und 139. 523 E | H 9–10 und 140 524 HO1, 151 525 E | H 88–89; Scholiast zu Aratus 257 zitiert in Franz Boll, Sphaera, Leipzig 1903, 406–407 und W. H. Roscher, Ausführliches Lexikon der griechischen und römischen Mythologie 3.2, Leipzig 1902, 2553. Von einer babylonischen Entlehnung des Namens geht Anton Scherer aus: Gestirnnamen bei den indogermanischen Völkern, Heidelberg 1953, 124. 526 Im nordöstlichen Teil von Bootes H | P 272 527 ETCSL ('The debate between Sheep and Grain') und Jan Lisman, At the beginning … Cosmogony, theogony and anthropogony in Sumerian texts of the third and second millenium BCE, Dissertation Leiden, 2005, 39–40. 528 I i 18 529 Marvin Powell, *Aja = Eos*, in: Dumu-E$_2$-Dub-Ba-A, hrsg. v. Behrens | Loding | Roth, Philadelphia 1989, 447–455. 530 L 321–325 und Takayoshi Oshima, *'Damkianna shall not bring back her* burden *in the Future – A new mythological Text of Marduk, Enlil and Damkianna*, in: A Woman of Valor: Jerusalem Ancient Near Eastern Studies in Honor of Joan Goodnick Westenholz, hrsg. v. Horowitz, Gabbay, Vukosavovic, Madrid 2010, 145–157. 531 U 25 und WE 77 532 Wayne Horowitz, *The Akkadian Name for Ursa Minor*, in: Zeitschrift für Assyriologie 79, 1989, 242–244, und REI 71. 533 ETCSL 173–195 534 Marc Linssen, The Cults of Uruk and Babylon, Leiden 2004, 230. 535 H | P 273 536 I ii 22 537 Hunger | Steele übersetzen *Turru* mit 'Knoten', Hunger | Pingree in der alten Ausgabe des *Mul.Apin* sowie die Autoren von U 59 mit 'Seil'. 538 I i 20–21 539 I i 16 540 Marc Linssen, The Cults of Uruk and Babylon, Leiden 2003, 220 und 229. 541 Ibidem, 247 und 248 542 U 56 und 41 543 Marc Linssen, The Cults of Uruk and Babylon, Leiden 2003, 213, 83 und 229, wo zu Beginn der Sternenanrufung erst *Dimmerankia* als Name des Marduk, dann Das Verknotete Joch genannt wird: was Den Erben Des Erhabenen Tempels ein weiteres Mal mit Marduk verknüpft. 544 Belegte Namensvariante für 'Erstgeborener Sohn des Emah' des Sternbilds; Emah als Tempel der Shara oder der Ninhursanga ergibt in diesem Kontext keinen Sinn. Vgl. REI 20–21, Fussnote 73. 545 REI 20–21 546 REI 21 547 WEE 162–163 548 Vgl.: Stephen Langdon, Babylonian Liturgies, Paris 1913, 120. 549 I 69–88 550 IV 19–26 551 E | H 143 552 G. Strohmaier, Die Sterne des Abd ar-Rahman as-Sufi, Hanau 1984, 18–21. 553 Draco, G. E. Kurtik, The Star Heaven of Ancient Mesopotamia. The Sumero-Akkadian Names of Constellations and Other Heavenly Bodies, St. Petersburg 2007, 330; α Draconis, H | P 273 554 M. Civil, *The Early Dynastic Practical Vocabulary A*, in: Ares 4, 2008, 108; N. Rudik, Die Entwicklung der keilschriftlichen sumerischen Beschwörungsliteratur von den Anfängen bis zur Ur-II-Zeit, Dissertation, Universität Jena, 2011, digital zugänglich, 404–405. 555 HO1 118, Fussnote 781 556 Marc Linssen, The Cults of Uruk and Babylon, Leiden 2003, 220 und 229. 557 I i 19 558 HO1 77 559 Bendt Alster, *On the Earliest Sumerian Literary Tradition*, in: Journal of Cuneiform Studies 28.2, 1976, 121–122. 560 C4 132 und HO 120 561 V 59–68 in HO 119–120 562 G. Strohmaier, Die Sterne des Abd ar-Rahman as-Sufi, Hanau 1984, 18–19. 563 E | H 12–13 564 γ Velorum, H | P 272 565 HO1 118 566 Peeter Espak, Ancient Near Eastern Gods Enki and Ea, Master-Thesis, Universität Tartu, 2006 (online), 12–18. 567 G 211 568 U 41 569 I iv 24 570 α Carinae, K-W 207; γδκλ Velorum und ει Puppis, K 571 HO 293 ff. 572 HO1 106–106, 111, 75 573 HO1 129 574 REI 88 575 G 17 576 HO | RA 178 577 W 163, H | P 273, G 210, PW 320 578 W 63–64 579 Jeanette Finke | Wayne Horowitz, *New Information about the* ziqpu-*Stars, the Sun, and Cubits based on one New Tablet (BM 37373)*, in: Journal of Near Eastern Studies 77, 2, 2018, 255. 580 Neben ε Bootis noch ein oder zwei Sterne, HO | RA 178 sowie W 163, H | P 273, G 210; ζ Bootis P | W 321; unsere Identifikation beruht auf dem *Gu-Text*. 581 Dies geht aus den Listen der Ziqpu-Sterne hervor; siehe W 392. 582 WEE 162–163 583 U 59–60 584 I iv 4–6 und 26–27 585 G 211 586 HO1 118 587 E | H 35–41 588 μ Virginis, H | P 272; υ Virginis, Veysel Donbaz | Johannes Koch, *Ein Astrolab der dritten Generation: Nv. 10*, in. Journal of Cuneiform Studies 47, 1885,

73; ι Virginis, David Pingree | Christopher Walker, *A Babylonian Star-Catalogue: BM 78161*, in: A Scientific Humanist, Philadelphia 1988, 320. Die Sitzenden Götter befinden sich laut diesem Katalog in Richtung Waage, gleich weit von der Dattelrispe entfernt. 589 Bei ζηθ Serpentis und nordöstlicher Teil von Ophiuchus?, G 18; ζ η Herculis?, G 18; α Herculis und αβ Ophiuchi?, Weidner 1975 zitiert in KU 120; ζη Herculis?, KU 120. 590 I i 23 591 U 25 und WE 84 592 1–3 und 19 593 Geeta De Clerq, Die Göttin Ninegal | Belet-ekallim nach den altorientalischen Quellen des 3. und 2. Jt. v. Chr., Inaugural-Dissertation an der Julius-Maximilians-Universität zu Würzburg, 2003, online, 74–75. 594 36–37 595 73 596 85 597 26–30 598 88 599 91 600 96–99 601 59–60 602 Ake W. Sjöberg, *Nungal in the Ekur*, in: Archiv für Orientforschung 24, 1973, 19–46, und Tikva Simone Frymer, *The Nungal-Hymn and the Ekur-Prison*, in: Journal of the Economic and Social History of the Orient 20, 1977, 78–89, und Geeta De Clerq, Die Göttin Ninegal | Belet-ekallim nach den altorientalischen Quellen des 3. und 2. Jt. v. Chr., Inaugural-Dissertation an der Julius-Maximilians-Universität zu Würzburg, 2003, online, S. 73. f. online. 603 14 604 23–24 605 17 606 15–16 607 2–3 608 ζηθ Serpentis?, WE 84 (KU 125) 609 U 32 610 11–12 611 102–104 612 107 und 109 613 John Anthony Brinkmann, Political History of Post-Kassite Babylonia (1158–722. b. C.), Rom 1968, 200–205 und 259. 614 Kassite deities, wikipedia.en, und Friedrich Delitzsch, *Kassite Religion*, in: Hebraica 1 (3), 1885, 189–191. 615 Koch | Schaper | Fischer | Wegelin, *Eine neue Interpretation der Kudurru-Symbole*, in: Archive for History of Exact Sciences 41, 2, 1990, 93–114; R 11–16, und Michaela Weszeli, *A New Boundary Stone of the Reign of Nabu-Mukin-Apli*, in: Revue d'Assyriologie et d'archéologie orientale 104, 2010, 99–130. 616 Tremper Longman, Fictional Akkadian Autobiography, Winona Lake, 1991, 88 ff. 617 Geeta De Clerq, Die Göttin Ninegal | Belet-ekallim nach den altorientalischen Quellen des 3. und 2. Jt. v. Chr., Inaugural-Dissertation an der Julius-Maximilians-Universität zu Würzburg, 2003, online, 75. 618 O. Eissfeldt, *Ugaritisches*, in: Zeitschrift der deutschen morgendländischen Gesellschaft 99, 1945–46, 37. 619 Ibidem 36–38 620 Ibidem 35 621 ε Leonis, R | S | W 569 622 HO | RA 173 623 G 66. Ein einziges Mal wird auch ein von diesem Sternbild weit entfernter Einzelstern namens *Gula* erwähnt: "Der rote Stern, der beim Aufstieg des Ostwindes nach den Zwillingen neben Gula steht und eine Krone trägt, ist der Krebs, das Gestirn des Herrschers Anu" (U 33). Dabei muss es sich um einen Schreibfehler für *Ur.Gula* handeln. 624 I i 9 625 HO1 146, 153–154 626 Vgl. *Gesänge an Bau* ETCSL, t.2.3.1 und t.2.3.2 sowie t.4.02.1 und t. 2.5.4.02 627 U 25 628 U 23 629 G. Strohmaier, Die Sterne des Abd ar-Raman as-Sufi, Leipzig 1984, 9. 630 II iii 30 631 E | H 69–71 632 L 203 633 Anton Scherer, Gestirnnamen bei den indogermanischen Völkern, Heidelberg 1953, 125. 634 M 525 635 WI 11–13 und 19–21 636 Die Bedeutung von *Hinsu* ist unklar: Es kann sich sowohl um ein grosses Gefäss als auch um etwas handeln, das zu einem Streitwagen gehört, am ehesten um einen Stachelstock; vgl. U 49 und 77. 637 In anderen Versionen in der rechten Hand; U 27. 638 U 24 und 27–28 sowie 40 und 48–49, WE 76 und 78–79 639 ζ und λ Geminorum, H | P 276 640 Zitiert in WE 79. 641 I i 6 642 Siehe auch U 60 643 Unsere Identifikation beruht auf der in R | S | W 560 publizierten Liste von Sternbildern in unmittelbarer Nähe zur Ekliptik und den Planeten, die in kleinen Abständen erst vom Nördlichen zum Südlichen Geschirr, dann zu diesen Zwillingen hier und weiter zum Vorderen und zum Hinteren Grossen Zwilling in Gemini führen: Da bleiben eigentlich nur diese Sterne für eine Figurierung übrig. H | P 274 geben für diese Zwillinge als mögliche Identifikation die Schildsterne an; dies ist jedoch mit der Beschreibung der Uranographie nicht vereinbar, in der Anus Wahrem Hirten Stab und Ring in seine Hände gelegt wird. 644 Merling Alomia, Lesser Gods of the Ancient Near East, Dissertation, Andrews University 1987, 203. 645 Evelyn Klengel-Brandt | Stefan M. Maul, *Der Mann mit der Peitsche*, in: Von Uruk nach Tuttul, hrsg. v. Hrouda | Kroll | Spanos, Münchener Vorderasiatische Studien XII, München 1992, 90. 646 ETCSL, *Hymn to Inana as Ningala* (Inana D), 22–36. 647 WI 172 648 WI 64 649 I i 8 650 U 40 651 U 50 652 Eine in HO | RA 173 publizierte Sternenliste gibt an, dass zwischen dem Hellen Stern Des Regenten und Nasrapu 10° liegen. Dies trifft auf den Abstand zwischen β und α Persei als oberem Teil Des Schmelzofens zu. 653 Jeanette Finke | Wayne Horowitz, *New Information about the* ziqpu-*Stars, the Sun, and Cubits based on one New Tablet (BM 37373)*, in: Journal of Near Eastern Studies 77, 2, 2018, 255. 654 L 284 655 L 285 656 L 293 657 L 284 658 John Steele, Rising Time Schemes in Babylonian Astronomy, Cham 2017, 30. 659 LI 125 und L 286 660 LI 134 661 LI 125 662 L 285 663 LI 155 664 R. J. Forbes, Studies in Ancient Technology, Leiden 1966, 69 665 Michael Streck, *Die Nominalformen maPRaS(t), maPRàS und maPRaiS(t)*, in: Neue Beiträge zur Semitistik, hrsg. v. Norbert Nebes, Wiesbaden 2002, 229. 666 U 64 667 John Steele, Rising Time Schemes in Babylonian Astronomy, Cham 2017, 30. 668 J. M. Steele, *A Late Babylonian Compendium of Calendrical and Stellar Astrology*, in: Jourbal of Cueniform Studies 67, 2015, 208. 669 Zitiert in U 64 670 Lesart WE 76; U 21 liest 'Gestirn'. 671 U 24 und 26 672 G 44 673 I iv 21–23 674 G 210 675 E | H 16–17 und 43 676 Vgl. Angaben zu Nusku 677 Diese Identifikation ergibt sich durch eine in R | S | W 560 publizierte Liste von Sternbildern in unmittelbarer Nähe zur Ekliptik, die kurze Abstände setzt: vom hinteren Grossen Zwilling zum vorderen, von Den Zwillingen bei Anus Wahrem Hirten zum Südlichen und zum Nördlichen Geschirr. Die Position des Streitwagens und die sonst bestehenden Sternbilder lassen da nicht viel Spielraum. R | S | W hingegen identifizieren ξ Tauri. 678 W 98–102 679 IV 49–52 680 LI 134 681 LI 125 und L 286 682 E | H 43 683 Jeanette Finke | Wayne Horowitz, *New Information about the* ziqpu-*Stars, the Sun, and Cubits based on one New Tablet (BM 37373)*, in: Journal of Near Eastern Studies 77, 2, 2018, 251. 684 Ibidem, 255 685 θ und υ Aurigae; H | P 272 686 Zum Beispiel Ursula Seidl, Die babylonischen Kudurru-Reliefs, Freiburg 1989, 23. 687 II ii 19 688 ETCSL *The Marriage of Martu;* zitiert auch in B1. 689 OECT 11.1, 6–10 690 W 113 691 WEE 162–163 und 157 692 Zitiert in B 1 und in Altorientalische Texte zum Alten Testament, hrsg. v. Hugo Gressmann, Berlin 1926, 132–133. 693 WE3 61, 64–65 und 78 und HO1 113 694 U 64 695 Siehe Abbildungen von Sanheribs Streitwagen in: Lester L. Grabbe, *Like a Bird in a Cage: The Invasion of Sennacherib in 701 BCE*, in: Journal for the Study of the Old Testament Supplement Serie 363, New York 2003, 286–293. 696 Marc Linssen, The Cults of Uruk and Babylon, Leiden 2004, 222. 697 E | H 143 698 E | H 142, Aratus 156 699 E | H 16–17 und 43 700 E | H 42 701 E | H 44 702 Ibidem 42–43 703 W. G. Lambert, *The Sultantepe Tablets (continued) IX. The Birdcall Text*, in: Anatolian Studies 20, 1970, 111–117. 704 L 255 705 VII 9–34 706 Ibidem, 115 707 LI 72 und 89 708 E | H 122–124 709 Ludwig Ideler, Untersuchungen über den Ursprung und die Bedeutung der Sternnamen, Berlin 1809, 220. 710 Gebhard Selz, *Über Mesopotamische Herrschaftskonzepte*, in: Dubsar Anta-Men, hrsg. v. Dietrich | Loretz, Münster 1998, 300. 711 C1 77 712 I ii 2 713 L 474 714 Wikipedia.en, 'Ninshubur' 715 D 165 f. 716 L 398 717 Vgl. Yuri Bereshkin, The Cosmic Hunt: Variants of a Siberian-North American Myth, doi:10.7592 | FEJF 2005.31.berezkin 718 Daniel Weiss, *Girsu's enigmatic Construction*, in: Archaeology, Januar | Februar 2020, 40–45. 719 Paul Kriwaczek, Babylon: Mesopotamia and the Birth of Civilization, New York 2012. 720 *Urnamma C* 76–77, 83 und 88 721 *Urnamma A* 5–8 722 36–3 723 43–48; nach Esther Flückiger-Hawker, Urnamma of Ur in Sumerian Literary Tradition, Göttingen 1999, 'Urnamma A', 107–110 und 166–168. 724 154–164 725 204–208 726 42–45 727 III 1 ff., L 77 728 G 130 729 W. G. Lambert, *The Sultantepe Tablets (continued). IX. The Birdcall Text*, in: Anatolian Studies 20, 1970, 111–117. 730 LI 138 und 154 731 Hier mit einem der Namen des Jupiter, *Amar.Utu*, bezeichnet. 732 Die Riten von Egashankalamma (TIM 8 59 ||), 18–27, State Archives of Assyria SAA 03038, digital abrufbar, und LI 117 samt Erläuterungen dazu in LI 130–170. 733 U 40–42 734 U 50 735 Ankh-Zeichen tauchen auch bei zwei Rollsiegeln aus der mittelassyrischen Zeit zwischen Mond und Plejaden auf; vgl. Gina Konstantopoulos, They are Seven: Demons and Monsters in the Mesopotamian Textual and Artistic Tradition, Dissertation 2015, University of Michigan, 296, 337 und 360. 736 *Hiob* 38.1; K. van der Toorn | P. W. van der Horst, *Nimrod before and after the Bible*, in: The Harvard Theological Review, 81,1, 1990, 1–29. 737 Rolf Krauss, Astronomische Konzepte und Jenseitsvorstellungen in den Pyramidentexten, Wiesbaden 1997, 165–166. 738 K-W 198, G 68 und Johann Schaumberger, 3. Ergänzungsheft zu Franz Kugler, Sternenkunde und Sternendienst in Babylon, Münster 1935, 306–307. 739 V 119 740 V 253–254 741 Kluge, Etymologisches Wörterbuch der Deutschen Sprache, Berlin 2011, 'Aar'. 742 Wiktionary, 'erne' 743 V 253 744 V 219 745 A. George, Babylonian Topographical Texts, Leuwen 1992, 153. 746 Ibidem 157 747 XVIII 486–487 748 Raoul Schrott, Homers Heimat, Frankfurt 2010, 400 und David Pingree, *Legacies in astronomy and Celestial Omens*, in: The Legacy of Mesopotamia, hrsg. v. Stephanie Dalley, Oxford 1998, *129*. 749 E | H 191 750 E | H 102 751 E | H 101 752 II. 572–575 753 E | H 122–124 und 147 754 E | H 101 755 HO1 146 756 Um 3000 v. u. Z. beim Frühjahrsäquinoktium 757 HO1 57–68 758 I 5–8, 23–27,29–45, 47, 77–94, 114–124 759 C 180–183 760 I 12–147 761 HO1 234 762 Proklos zu Hesiods *Erga* 614b-617. 763 δεσω Canis Maioris und κ Puppis, H | P 271 (und η Canis Maioris, H | P 91); δεηχστ Canis Maioris und ρ11,12,37G, 108G Puppis, K 111 764 U 41 765 VI 78–100 766 W 80 767 I ii 6 768 U 51 769 M 541 770 π Puppis, H | P 91 771 α Pyxis, H | P 91 772 HO1 146 773 HO1 72–75 774 I ii 7 775 Paul Kunitzsch, Arabische Sternnamen in Europa, Wiesbaden 1959, 117. 776 C4 126–127, G 116 und W 141 777 HO1 61 778 Vgl. WEE 137 13b und 14b 779 WEE 158–159 780 HO1 234 781 Ibidem Fussnote 1582 782 F 252 783 M 484 784 LI 117–116–119 785 U 99; WE 2, Tafel 2; TCL 6, pl. 91, in: H. Hunger, Astrological Reports to Assyrian Kings, Helsinki 1992, 40; vgl. auch KU 730, Abb. 14, sowie die in Ur ausgegrabene Schüssel mit einem astralen Stier unter Sonne, Mond und Sternen (B 14968, Penn Museum Philadelphia). 786 LEI 135 787 ST1 102 788 A ii 18–20 789 A ii 26–32 790 Ma 115–116 und 127–132 791 VI 149–150 792 VI 162 793 C4 176–177 794 Arkadiusz Soltysiak, *The Bull of Heaven in Mesopotamian Sources*, in: Culture and Cosmos 5, Nr. 2, 2001, 5–8. 795 Douglas Kidd, Aratus: Phaenomena, Cambridge 1997, 246. 796 E | H 85–86 und 143 797 γ Scorpii (= σ Librae), H | P 275 (P | W 321) 798 I ii 29–32 799 G 101 800 HO 97–98 801 So ein spätbabylonischer astraler Kommentar; vgl. WEE 137, 5b, und 144. 802 IX 38–59 803 KA 63–112 und HO 98–105 804 HE 2 805 WEE 146 806 W 235 807 E | H 118 808 Ibidem 154 809 Kunitzsch | Smart, Short Guide to Modern Star Names and their Derivations, Wiesbaden 1986, 54. 810 Vgl. Wayne Horowitz, *Communication and Miscommunication in the Southern Sky: The Case of Scorpio and the Southern Cross in Cuneiform*, in: Registers and Modes of Communication in the Ancient Near East, hrsg. v. Kyle Kelmer | Gillan Davis, London 2020. 811 E | H 74–75 812 ηκ Centauri, H | P 274 813 Etcsl t.2.6.7.1 814 I ii 27 815 I iii 1 816 U 54 817 μ Centauri?, H | P 276; υ Centauri, K1 76 818 K1 47 819 ε oder ν Centauri, H | P 273; α Centauri, K1 76 820 K1 47 821 XI 97–101 822 Vgl. U 41, Sektion K 823 U 64 824 K | V 18 825 U 65 826 24–35 827 Vgl. das Omen für Sargons achten Feldzug, K-W 153. 828 M 531–532 829 M 500–501 830 Anthony Aveni, *In the Shadow of the Moon – The Science, Magic, and Mystery of Solar Eclipses*, Yale 2017, 71–72. 831 LI 82–85 832 HO1 112–113 833 Alisdair Livingstone, *An Assurbanipal Hymn for Shamash (1143)*, in: The Context of Scripture, Bd. 1, hrsg. v... William Hallo | Lawson Younger Jr., Leiden 1997, 474. 834 M 516 835 M 510 und 514 836 Lesart von IDIM als BAD, REI 7. 837 K | V 15 838 Marinus van der Sluijs | Peter James, *Saturn as the 'Sun of the Night' in Ancient Near Eastern Tradition*, in: Aula Orientalis 31 | 2, 2013, 294. 839 U 42 und 57–58 840 D. Brown, Mesopotamian Planetary Astronomy-Astrology, Groningen 2000, 60. 841 Marinus van der Sluijs | Peter James, *Saturn as the 'Sun of the Night' in Ancient Near Eastern Tradition*, in: Aula Orientalis 31 | 2, 2013, 298. 842 C2 182 und 186 843 I i 38–39 844 VII 124–127; L 131 und HO 115 845 John McHugh, *How Cuneiform puns inspired some of the bizarre Greek constellations and asterims*, in: Archaeoastronomy and Ancient Technologies 2016, 4 (2), 76. 846 Samuel Noah Kramer | Diane Wolkenstein, Inanna, Queen of Heaven and Earth, New York 1983, 101. 847 Anthony Aveni, *In the Shadow of the Moon – The Science, Magic, and Mystery of Solar Eclipses*, Yale 2017, 69. 848 Gebhard Selz, *The Tablet with 'Heavenly Writing' or How to become a Star*, in: Ex: Non Licet stare caelestibus, hrsg. v. Antonia Panaiano, Udine 2014, 51–67. 849 1–8 850 16 851 C5 89–90 852 91–111 853 117–137 854 C5 91–92 855 C5 93–95 856 251–260 857 296–304 858 Marinus van der Sluijs | Peter James, *Saturn as the 'Sun of the Night' in Ancient Near Eastern Tradition*, in: Aula Orientalis 31 | 2, 2013, 279–321. 859 C3 20 und C2 184 860 WEE 166 861 M 521–522 862 II 83–89 863 E | H 130

Der *STERNEN-HIMMEL ALTÄGYPTENS*

Er war Erbprinz, Fürst und einziger Freund des Pharaos; der heiligen Schriften kundig, war er derjenige, der alles im Himmel und auf der Erde Erkennbare beobachtete und im fehlerfreien Observieren der Sterne geübt war, um ihre Auf- und Untergänge zu ihren jeweiligen Zeiten zu verkünden, mitsamt den Göttern, welche die Zukunft bestimmen; um das Land durch seine Vorhersagen zufriedenstellen zu können, reinigte er sich dafür an jenen Tagen, an denen der Dekan Akhui [Die Waldrappen] morgens neben Dem Benu-Vogel [Venus] aus der Erde aufstieg. Er observierte die Kulmination eines jeden Sterns, kannte den Aufgang jedes Dekans in einem guten Jahr, sagte den morgendlichen Aufgang der Göttin Sepedet [Canis Maior] am Anfang des Jahres voraus und observierte sie dann am ersten Tag ihres Festes, um ihren Lauf zu den festgesetzten Zeiten zu berechnen, zu beobachten, was sie jeden Tag tat, und alles zu erkennen, was sie bestimmte. Er war mit dem Zug der Sonnenscheibe nach Norden und Süden bestens vertraut, verkündete all ihre Wunder, bestimmte ihre Zeiten und legte sie dann dar; er berechnete fehlerfrei die Stunden der beiden Zeiten [von Tag und Nacht], wusste über alles am Himmel Sichtbare Bescheid und konnte es voraussagen. Ebenso erfahren war er im Umgang mit Konjunktionen und regelmässigen Umläufen, wobei er, nachdem er seine Einschätzung getroffen hatte, in seinem Bericht an den Pharao nicht das Geringste verschwieg, dabei aber mit allem, was er gesehen hatte, diskret blieb; kein Minister konnte einen seiner Ratschläge für den Herrn der Beiden Länder widerlegen.
Zudem befriedete er auch Skorpione und verstand sich auf das Vertreiben von Schlangen, indem er ihre Schlupflöcher fand, sie dort anlockte und ihre Mäuler verschloss. In die Mysterien des Pharaos eingeweiht, brachte er auf dessen Reisen Gunst herab und schützte dessen Wege, die Widersacher seiner Expeditionen ausschaltend, sodass der Pharao mit seinem Rat zufrieden war und die Götter ihn als Beherrscher des Skorpions liebten: Er war Horentabat, Sohn desjenigen, der von Wadjet [der Schlangengöttin und Schutzherrin des Pharaos] geehrt wurde.

Inschrift der Statue des Astronomen Horentabat [595–529 v. u. Z.][1]

Die Geschichte Altägyptens setzt mit dem Klimawandel ein. Nach der Eiszeit zeigte sich die östliche Sahara – wie Felsmalereien im Gilf Kebir beweisen – als tierreiche Savannenlandschaft, in der Jäger und Sammler umherzogen und zwischen 4400 und 3500 v. u. Z. Zeichnungen ihrer Ziegenherden und Rinder hinterliessen.[2] In einzelnen Regionen am Rande des Nildeltas und im Fayum-Becken wurde zur gleichen Zeit begonnen, Weizen und Gerste anzubauen und das Wildschwein zu domestizieren.[3] Abnehmende Niederschläge führten jedoch ab 3300 zu einer langsamen Austrocknung der östlichen Sahara. Die Graslandschaften verdorrten, die Nomaden waren gezwungen, dem Regen zu folgen und in den Süden, den heutigen Sudan, auszuweichen oder ins Niltal zu ziehen. Die Sümpfe des Niltals wurden trockener, die Malaria ging zurück, und Besiedelung war dort erstmals möglich. Die Kulturen, die längst Keramik herstellten und weiterhin Milchwirtschaft samt Rinderkult betrieben, fingen an, hierarchische Gesellschaften aufzubauen und betrieben erstmals Ackerbau. Kalender wurden jetzt notwendig, um die im Niltal von den Überschwemmungen des Flusses abhängigen Feldarbeiten zu regeln und religiöse Feste vorzubereiten.

FRÜHE ASTRONOMIEN

Bringt man spätere Schriften und Mythen mit astronomischen Daten in Verbindung, lässt sich vermuten, dass in Oberägypten um 4500 ein erster Kalender in Gebrauch gekommen sein könnte, der sich auf das Sommersolstitium und den südlichen Wendepunkt der Sonne im Winter bezog. Dieses Wintersolstitium wäre dann als Geburtsort des Sonnengottes interpretiert und als Jahresanfang festgelegt worden, um somit die jährliche Wiedergeburt Res zu feiern. Der dazu entstandene Mythos sah die Milchstrasse jedenfalls als eine die Sonne gebärende Gottheit, die dann auch mit einer Sau verglichen wurde, welche die Sterne frisst.[4]

Erste Hinweise auf astronomische Beobachtungen geben Siedlungsspuren der unterägyptischen Naqada-Kultur rings um ein prähistorisches Observatorium in der Nabta-Playa, 100 km westlich von Abu Simbel gelegen.[5] In dieser Tiefebene kamen ab etwa 5000 v. u. Z. Gruppen von Nomaden zusammen. Für ihre Wege orientierten sie sich an der Sommersonnenwende,[6] mit der die Regenzeit begann; ein Steinkreis in der Nähe des Hügelgrabes weist am Sonnenaufgang zur Sommersonnenwende im Nordosten orientierte 'Tore' auf. Bei den nomadischen Zusammenkünften in der Nabta-Playa wurde ein wertvolles Opfer dargebracht: Eine junge Kuh wurde entlang der Nord-Süd-Achse eines wasserführenden Tales in einem Tumulus begraben.[7]

Kuhsymbolik ist auch in Motiven der ägyptischen Frühzeit um 3000 zu finden; sie zeigen von Sternen umgebene Rinderköpfe. Greifbar wird ihre Bedeutung in einem Dekangestirn namens 'Rind' und in späteren *Pyramidentexten*, in denen die Himmelskuh Hesat, 'Die Wilde', die Sonne als ihr Kalb gebiert.[8] Dies fand schliesslich im Weltschöpfungsmythos um die 'Schwimmerin' genannte Himmelskuh Aufnahme, die Sterne an ihrem Leib trägt; der junge Sonnengott hält sich wie ein Hirtenbub an ihren Hörnern fest und steigt aus dem primordialen Gewässer.[9]

Zwischen 4400 und 3600, als durch Dürren bereits die Zahl der Wasserstellen in der Wüste gesunken war, errichtete man in der Tiefebene von Nabta weitere dreissig Steinkreise und Steinreihen. In einem auf 3500 datierten Steinkreis lag der Schädel eines dreijährigen Jungen samt Keramik bestattet; die Anlage wies auf den Sonnenaufgang beim Äquinoktium – ähnlich wie bei den späteren Sargbestattungen mit ihren Sterntabellen. Die Steinreihen wiederum wiesen auf die Aufgänge der vier hellsten Sterne am Himmel Sirius, Canopus, α Centauri und α Bootis.[10] Somit war ein einfacher Kalender von Sonnenwendpunkten und Sternaufgängen gegeben, der bestimmte Jahreszeiten und die damit verknüpften Tätigkeiten festlegte (wie dies später noch bei den nomadischen Arabern gebräuchlich war) und zugleich funeräre Bedeutung besass. Sirius markierte diesbezüglich bereits sehr früh den Jahresanfang in Ägypten. Seine spätere Benennung als *Sepedet*, 'Die Spitze, Scharfe',[11] hat sich vermutlich durch die Konfiguration der Sterne in Canis Maior ergeben, die mit dem Sirius als Kopf entweder ein Dreieck oder eine strichartige menschliche Figur erkennen lassen.[12]

Als die Nabta-Playa austrocknete, liessen sich die wohlhabenden Hirten am Oberlauf des Nil nieder. Ihre Oberschicht importierte über weite Handelswege hinweg Luxusgüter und entwickelte auf ihrer Keramik eine reiche Bildersprache für ihre Mythen und Mächte.[13] Neben dem Löwen findet sich so bereits der symbolische Falke Her[14] – der spätere Horus – als ältester Königstitel. Die lokalen Herrscher nannten sich derart 'Her-Kämpfer' – aber auch 'Schlimmer Wels', 'Skorpion' oder 'Kobra', in einer gewaltverherrlichenden Art von Selbstdarstellung.[15]

HER, SETEKH, USIR UND ASET – ALIAS HORUS, SETH, OSIRIS UND ISIS

Die Sprache der beginnenden ägyptischen Kultur gehört zur afroasiatischen Familie, die den Sahel Nordafrikas bis nach Äthiopien sowie den Nahen Osten mit Ausnahme des Sumerischen umfasst und Parallelen zum Semitischen und Berberischen aufweist. Die ältesten Schriftzeichen als Herkunftsbelege für den Inhalt von Vorratsgefässen sind um 3200 zu datieren und ähneln den sumerischen Bildzeichen.[16] Wer von wem beeinflusst wurde, ist unklar; der kulturelle und wirtschaftliche Kontakt der ersten beiden grossen, an Strömen liegenden Zivilisationen war stets gegeben. Wie in Mesopotamien entwickelte sich die Schrift relativ schnell von stenographischen Bildsymbolen für Verwaltungsabrechnungen hin zu Ideogrammen samt Laut- und Deutzeichen für die Wiedergabe längerer Texte. Anders als in Mesopotamien behielten die Hieroglyphen jedoch weiterhin ihre Bildlichkeit. *Hieroglyphe* ist die griechische Bezeichnung für die 'Schrift der Gottesworte', die dem Mythos nach von Djehuti erfunden wurde, dem späteren Thot, der wie viele andere Götter hellenisiert wurde unter der griechisch-römischen Herrschaft über Ägypten. Als ursprünglicher Mondgott stand Djehuti für die Gelehrsamkeit der unterschiedlichen, für die Festlegung des Kalenders erforderlichen astronomischen Beobachtungen.

Die Kämpfe um die Vorherrschaft zwischen den einzelnen frühen Machtbereichen am Unter- und Oberlauf des Nil sind nur schwer zu rekonstruieren, haben jedoch Spuren im Mythos hinterlassen. Sie spiegeln sich im Kampf zwischen dem Wüstengott Setekh[17] (hellenisiert 'Seth') und Her ('Horus') wider, der in der ältesten erhaltenen Fassung zum prototypischen, Ober- und Unterägypten vereinenden Herrscher wird. Her symbolisiert durch sein im Kampf herausgerissenes Auge die Vernunft, Setekh durch die ihm abgerissenen Hoden die aggressive Sexualität – als allegorischer Antagonismus von Wildnis und Zivilisation, Wüsten- und Ackerland, Dürre und Nilschwemme.[18] In dem über Jahrtausende währenden Streben nach Einigkeit und Einheit wurde der ursprünglich politische Kampf zwischen Her und Setekh auf den Himmel projiziert und dort zur zentralen Erzählung, die sich auf die gesamte zirkumpolare Region bezog und auf Sonne, Mond und die Planeten übergriff.

In Mesopotamien war der Sternenhimmel ein Bildlexikon der unterschiedlichsten in den Sternbildern verkörperten Götter und ihrer Mythen – die Ägypter hingegen belegten ihre Gestirne mit Varianten eines grossen Mythenkomplexes von relativ wenigen anderen Göttern rings um eine göttliche Familie. Die einfachste Konstellation umfasste dabei Setekh, seinen Neffen Her, dessen Vater Usir (den späteren Osiris) und die Mutter Aset (die spätere Isis). Diese Mythen blieben über die Epochen hinweg konstant, was auch einer äusserst konservativen Schriftkultur geschuldet ist. Sie wirkten sich dabei auch sehr früh auf Mesopotamien aus, indem etwa der Mythos um Setekhs ausgerissenes Stierbein der sumerischen Geschichte von Gilgamesh und dem Himmelsstier als Vorlage diente. Was sonst noch aus Ägypten übernommen wurde, ist schwer zu ermitteln: Die Schildkröte(n) findet sich wie die mesopotamischen 'Pluralsterne' (Plejaden) als die ägyptischen 'Die Tausenden' hier wie dort.

Die kosmologischen Vorstellungen der Ägypter waren je nach Epoche und Region unterschiedlich. Der früheste allgemeine Mythos ohne eigenes theologisches Zentrum spiegelte die landwirtschaftliche Basis des Lebens wider. Während der jährlichen Nilüberschwemmung zwischen Juli und September wurde das Ackerland entlang der Ufer geflutet; fiel der Nil wieder, kamen Erdhügel zum Vorschein und neue Pflanzen sprossen aus dem fruchtbaren Boden. Auf ähnliche Weise erklärte man sich die Entstehung der Welt durch das Auftauchen eines Urhügels des Gottes *Tatenen* – 'Des Landes, Das Sich Erhebt' – aus den Wassern des kosmischen Ozeans. Auf diesem Hügel wuchs dann eine Lotosblume oder Seerose – der Gott *Nefertem*, 'Der Vollkommen Schöne' –, aus deren Blüte die Sonne hervorging, um sich wie diese Blumen in der Morgendämmerung zu öffnen und ihre helle Mitte zu zeigen.[19]

Unter den Dynastien des Alten Reichs (ca. 2670 – ca. 2150) wurden in Beiden Ländern Ägyptens Verwaltungs-, Versorgungs-, Vorrats-, Steuer- und andere Infrastrukturen geschaffen. Es entstand ein elitärer Beamtenstaat mit der Herrscherresidenz in Mennefer (gr. Memphis, südlich des heutigen Kairo) als Zentrum. Die dortige Kosmogonie bezog sich auf den Stadtgott Ptah. Der entstand aus sich selbst und schuf anschliessend allein die Welt, Menschen und Tiere, indem er seine innersten Gedanken laut aussprach. Seine Schöpfungsorgane waren Zunge und Herz: "Es ist die Zunge, die wiederholt und ausspricht, was das Herz erdenkt. So wurden alle Götter geboren, Atum und seine Neunheit."[20] Als Schutzherr der Kunsthandwerker verkörperte Ptah allgemeine konzeptuelle Entwürfe, wie sie in Metall, Holz oder Stein realisiert wurden. Er trat auf diese Weise als Vermittler auf zwischen den Vorstellungen von Schöpfergöttern der Welt und deren Verwirklichung in der Materie und den Lebensprozessen.[21] Der in Mennefer gültige Sittenkodex, die dort ausgebildete Kultur, Hochsprache und das verschriftete Wissenskorpus wurden von den Schreibern als den hochrangigen Funktionären und Gelehrten vertreten und verbreiteten sich in den einzelnen Gauen. Legitimiert wurde diese Kultur samt den jeweiligen Regenten durch den Himmel und seine Götter.[22]

Ihnen standen bald Usir und Aset vor, deren Herrschaft Kultur und Zivilisation über die Erde brachte, indem sie das Volk von der vorangegangenen Barbarei erlösten. Usir erhielt so den Titel 'Der Das Massaker Der Beiden Länder Beendete'.[23] Das führte zu einer Selbsterhöhung des Herrschers, der sich nun als Nachfolger der ehedem über Ägypten herrschenden Götter sah und derart sein Wirken als

Umsetzung ihres Willens deklarieren konnte. Hatte er sich früher als irdische Verkörperung Hers verstanden,[24] identifizierte er sich jetzt über Usir mit einem neuen Gottesbild. Um dieses zu manifestieren, verpflichtete der Herrscher sein Volk zu einem noch nie dagewesenen Monumentalbau, einem Weltenberg, der ihm nach seinem Tod zum Aufstieg in den Himmel verhalf: der Pyramide.

Usir – der Name wurde später als *Useru*, 'Der Mächtige', gedeutet und zu *Osiris* gräzisiert – war ursprünglich ein lokaler, mit Fruchtbarkeit und der Unterwelt verbundener Gott. Als Leitfigur des Herrschers assimilierte er Eigenschaften mehrerer anderer Götter, bis er Jahrhunderte später schliesslich zum 'Herr Des Universums' aufstieg. Dabei übereignete man ihm zuerst die Geschichte des Andjeti von Djedu – dem späteren Busiris –, einem unterägyptischen König aus der prädynastischen Zeit, der später unter dem Titel *Wenenefer*, 'Der Ewig In Gutem Zustand Ist', vergöttert wurde. Als 'Herr Der Lebenden' blieb er über seinen Tod hinaus wirkungsmächtig und wachte am Himmel in der Region um Orion als Sternbild *Sah* nachts über die Toten.[25]

An Usirs Seite wurde eine neue Göttin als seine Schwestergattin gross: Aset.[26] Ihr Name ist mit 'Thron' verbunden und wurde später zu 'Isis' gräzisiert. Als schützende Muttergöttin und Gottheit der Wiedergeburt und Magie assimilierte sie zusammen mit ihrer Zwillingsschwester Nebet-Hut, der 'Herrin Des Hauses' (der späteren Nephthys) allmählich viele alte Göttinnen wie Hut-Her (die spätere Hathor) und wurde als gräzisierte Isis zur populärsten Gottheit Ägyptens. Die Sterne um den 'scharfen' Sirius in Canis Maior wurden Asets Sternbild – und die ebenfalls 'spitzen Sterne' Sopdus um Canopus zur Manifestation ihres Sohnes mit Usir: Her Dem Jüngeren (der spätere Horus Der Jüngere). Er wurde von mehreren Planeten sowie anderen Sternen verkörpert – während der vormalige Gott Her Der Ältere, Sohn der Nut, nur noch als Abendstern auftrat.

Generell scheinen in dieser Epoche die vormaligen Sternbilder überzeichnet und in einen neuen funerären Kontext eingeschrieben worden zu sein: Namen wie 'Die Weinpresse', 'Die Flaschenkürbisse', 'Die Gemästeten Vögel' und 'Die Schwangeren Frauen', 'Das Schaf' samt seinen Lämmern oder 'Der Stier' mit seinen Kälbern deuten auf einen früheren Sternenhimmel, der irdischere Aspekte des Lebens abbildete. Die am Himmel noch erhaltenen Pflanzen, Tiere und Vögel darin hatten wohl ursprünglich dieselbe Funktion wie in anderen Sternenhimmeln weltweit: als astrale Prototypen der irdischen Formen. Bis zur Übernahme des mesopotamischen Tierkreises in griechisch-römischer Zeit blieb der ägyptische Himmel jedoch vorrangig ein Kunstprodukt der Zivilisation am Nil, indem er vorrangig die Machtkämpfe zwischen Her, Setekh und Usir abbildete und für die Himmelfahrten toter Herrscher konzipiert wurde.

FRÜHE KOSMOLOGIEN

Zum Symbol der anmassenden Unsterblichkeit des Herrschers wurden die ab 2650 errichteten Pyramiden. Sie legten das Herrschergrab nicht mehr nur als postmortalen Palast an, sondern als Himmelshügel und Götterberg, den Terrassen der mesopotamischen Tempeltürme, den Zikkuraten, ähnlich. Die gesamte Grabanlage des Djoser von 2650 v. u. Z. wurde als *Pet* – Himmel – bezeichnet; die darin errichtete Stufenpyramide sollte als Treppe den Herrscher hinauf zu seinem nächtlich sichtbaren Jenseits führen.[27] Snofru, Khefrens' Vater, experimentierte mit Bauformen von der Meidum bis zur Roten Pyramide; die Form wandelte sich dabei von der Riesentreppe zu jener glatten Manifestation eines versteinerten Sonnenstrahls, der den Herrscher hinauf in den Himmel holte und zugleich von dort eine ganze Weltordnung ableitete. Exakt an den vier Himmelsrichtungen ausgerichtet (im Blick nach Süden hiess der Westen 'rechts', der Osten 'links') verkörperten Pyramiden die elementaren Koordinaten des Kosmos.[28]

Für das Volk war die Pyramide der zu heiligende Raum eines königlichen *Akh*: So hiess ursprünglich das Strahlen göttlicher Mächte. Als *Akhet* benannte er weiterhin die Schwellenregion von Himmel, Erde und östlichem Horizont, wo die Sonne aufstieg. Im Neuen Reich wurde aus dem Akh jedoch der Totengeist, der sich durch seine Mumifizierung und Verklärung – *sakh*, 'einen Akh machen' – des ewigen Lebens versicherte.[29] Dementsprechend hiess die Pyramide des Khufu (gr. Kheops) *Khufu Akhti* – 'Khufu, der nun einer von denen in der Akhet ist'.[30] Ihre Spitze zeigte dorthin, wo der Totengeist des bestatteten Herrschers hinstrebte: zu Den Unvergänglichen Sternen.

Als Erlöserfigur[31] für diese Himmelfahrt wurde der zum Gott gewordene Usir angerufen, mit dem sich der Herrscher identifizierte: "Wach auf, Usir; ich will dich wecken! Steh auf, sitz nieder, streif die Erde ab, die noch auf dir ist!"[32] Nach einem Gericht über ihn, sollte Usirs Sternbild Sah im Orion dem Herrscher zum Aufstieg von der Akhet des östlichen Horizonts verhelfen, um mit dem Sonnenschiff zur zirkumpolaren Region zu gelangen:[33] Von dort konnte er dann auf sein Volk herabblicken, dem eine solche Auferstehung verwehrt blieb. Dabei galt Usirs Sternbild Sah noch in der Römerzeit als Aufenthaltsort der Seelen am Himmel[34] – denen die Macht zugeschrieben wurde, alle Regionen des Kosmos nach Belieben aufsuchen zu können.[35]

Die ab 2350 v. u. Z. erhaltenen *Pyramidentexte* führen Die Neunheit der Götter als Weltenschöpfer vor; sie wurden in Iunu (dem späteren Heliopolis, heute ein Teil Kairos) verehrt, an ihrer Spitze der als Monade aufgefasste Atum. Die Namenswurzel *tem* bezeichnet einen 'voll- und beendeten' Zustand, in einem sowohl konstruktiven wie destruktiven Sinn: als Substantiv 'Alles', in der Totalität allen Existierenden, als Verb jedoch 'nicht sein'. Benannt wird damit ein 'aus dem Nichts geborenes Alles'.

Atum wurde deshalb als 'Allherr' betitelt, der aus sich selbst entstand. Als Schöpfer des Alls wird er in einem *Pyramidentext* auch als "Gott Der Sterne" betitelt, der über Die Unvergänglichen Sterne herrscht, in einer Weise, die darauf schliessen lässt, dass ihm auch ein Sternbild zugewiesen wurde.[36]

Aus Atums 'Fleisch' gingen all die Lebenskräfte der Kas samt den Urgöttern und dem Urgewässer Nun hervor.[37] So erschuf Atum zunächst die beiden atmosphärischen Götter Shu und Tefnut, auf eine Weise, die mit Masturbation und dem Wortspiel mit den Namen Shu und Tefnut als 'Niesen' und 'Spucken' verglichen wird. Diese wiederum zeugten Nut als Göttin des Himmels und Geb als Gott der Erde. Der zwischen ihnen entstehende Luftraum erlaubte darauf den Beginn des Lebens, wie es sich in Usir und seiner Gemahlin Aset sowie in Setekh (als Verkörperung der ungezähmten Natur) und dessen Gemahlin Nebet-Hut verkörperte – die heutige Welt begann mit dem ersten Aufgang des Her, Sohn von Usir und Aset, als Sonne.[38]

Für die Bewegung der Sternbilder wird im *Grundriss des Laufs der Sterne* – dem sogenannten *Nutbuch* (zweite Hälfte des 3. Jahrtausends)[39] – der Luftgott Shu verantwortlich gemacht. Die Sterne, wird darin erklärt, bleiben deshalb tagsüber unsichtbar, weil sie im Inneren von Nuts Körper, der Milchstrasse, dahinziehen: Sie kommen abends daraus hervor und segeln dann unterhalb des Himmels auf der obersten Schicht des Luftraums dahin.[40] Diese Atmosphäre war die Domäne von Nuts Vater Shu, der Sterne, Sonne, Mond und Planeten kraft seiner Winde bewegte: Der Ostwind liess sie aufgehen, der Südwind brachte sie zu ihrem höchsten Punkt, mit dem Westwind gingen sie wieder unter.[41]

DER SCHÖPFUNGSMYTHOS UM ATUM UND DIE ACHTHEIT

Eine andere Kosmogonie, etwa zeitgleich mit Der Neunheit der Götter, kursierte im südlichen Khemenu, der 'Stadt der Acht' (dem späteren Hermopolis). Vier Paare aus weiblichen und männlichen Göttern repräsentieren die Eigenschaften des kosmischen Ozeans als "Väter und Mütter, die am Anfang entstanden und die Sonne gebaren, die Atum erschuf".[42] Es sind dies die undifferenzierten Urgewässer Nun und Naunet, die grenzenlosen Endlosigkeiten von He und Hehet, die lichtlosen Finsternisse von Kuk und Kuket und die gestaltlosen Verborgenheiten von Amun und Amaunet.[43]

Überliefert ist der Mythos allerdings erst in einer Fassung des 4. Jahrhunderts v. u. Z. aus dem sogenannten 'Naos der Dekaden' im Nildelta: Er verknüpft die Entstehung der 36 Dekangestirne, der Zeit und des Todes miteinander. Vor diesem Akt gab es nur die von Atum durch Masturbation gezeugte 'Achtheit der Götter' des Urgewässers: Vier männliche Gottheiten – der Unendliche, der Wässrige, der Dunkle und der Verlorene oder Versteckte Amun[44] – samt ihren vier Gemahlinnen verkörperten die vitale Lebenskraft Ka und standen als schwarze Stiere und schwarze Kühe paarweise an den Toren der vier Himmelsrichtungen.

Aus dem Urgewässer holt Shu dann zwei weitere Kinder hervor, seinen Sohn Geb (Die Erde) und seine Tochter Nut (Den Himmel). Bei der Trennung von Erde und Wasser entsteht auch der Tod; die Achtheit verstirbt und ihre Seelen erhalten daraufhin im Zwielicht des allerersten Tages neue Gestalt in den Sternbildern. In Nuts Leib ziehen sie nunmehr über den Himmel, helfen der Sonne beim Aufgang und lassen dadurch die Jahre, die Jahreszeiten und die Nilschwemme entstehen. Indem Shu sich als Luft zwischen Himmel und Erde stellt, trennt er sie voneinander.

Derart können Sonne, Mond und Sterne mit ihren Kreisläufen und die Zeit mit dem Kalender beginnen und neue grosse Götter entstehen:[45] "All die Formen der Götter in ihrer Gesamheit, all die Seelen von all den Göttern und Göttinnen – die erste, zweite, dritte und vierte Gruppe der Seelen der Achtheit – wurden, als der Himmel unter ihnen das erste Mal hochgehoben wurde, [als Sterne] in den Himmel gesetzt, um dort zu den Gestalten der Körper der Götter zu werden. Was damals in der Ersten Zeit geschah, soll nicht mehr zerstört werden und für immer und ewig bleiben: die Trennung von Himmel und Erde, die den Luftraum erschuf, indem er den Himmel für alle Zeit mit den vier Säulen Nuts [ihren Armen und Beinen] abstützte, die beiden [bereits geschaffenen Mond- und Sonnen-]Scheiben samt deren Seelen in ihr; die Trennung des Landes vom Wasser, damit sie sich nicht mehr vermischen konnten; die Scheidung von Leben und Tod, Tod und Leben für die Götter, die Menschen und alle Tiere; die Entstehung des Kampfes, mit dem es zu Gemetzeln kam; und die Entstehung der Unreinheit, durch welche es zu den Seuchen des Jahres kam. All dies geschah damals.

Die Seelen der Götter kamen dann vom Himmel auf die Erde herab, um da alle Formen all ihrer Pflichten zu erfüllen, allen Lebens und jedes Todes, alle Gemetzel im Himmel und auf der Erde, in der Unterwelt, den Wassern und in der Luft. Shu steht ihnen vor und gebietet über sie: Es sind 36 Götter [Dekane] unter ihnen, die all das ausführen, was er ihnen befiehlt. Sie sind die Führer des Re, sie gewährleisten das ewige Sein des Himmels, der Erde, der Unterwelt und der Götter; sie sind die Kinder des Re, der Sakhmet, Nekhbet, von Bastet und Wadjet, den Boten des Djehuti. Sie sind die Gebieter über das Zählen der Jahreszeiten."[46]

ELEMENTARE KONZEPTE

Der ägyptische ist neben dem chinesischen der totalitärste Himmel aller Sternkulturen, indem er der Himmelfahrt eines Herrschers und seiner Elite unterworfen ist. Dennoch haben sich elementarere Vorstellungen erhalten. Dazu gehört die auch bei Aborigines bekannte Triade eines schlangenförmigen Wasser-, eines Erd- und eines Himmelswesens, die miteinander um die Herrschaft der Welt kämpfen: die mit dem Unterweltsfluss identifizierte Riesenschlange Apep, der Wüstengott Setekh und Re finden sich in dieser Dreiheit wieder. Ihr Streit vollzieht sich in vielen Sternenhimmelkulturen in einer ersten Zeit, die urfinster ist, bis nach einer Grossen Flut erstmals die Sonne erscheint. Die Geburt eines Gottes aus einer darauf treibenden Seerose findet sich auch in Indien, ebenso wie die Trennung von Himmel und Erde, die von China bis in den Pazifik und die Arktis eine grosse Rolle spielt. Zu den meist in die Milchstrasse verbannten Menschenfressern der allerersten Generation von Lebewesen – wie der australischen Riesenschlange etwa – zählen auch die astralen Raubtiere um den Nordpol. Und in vielen Dekanen lässt sich noch der von den Bororo 'Vögel und Tiere' genannte Himmel erkennen, wie er vor seiner Instrumentalisierung für die Himmelfahrt der Herrscher bestanden haben muss. In den Bildern dieser Stundensterne und den damit verbundenen Mythen lebt auch eine Ahnung dessen fort, dass Vogelmenschen bei vielen Sternenhimmelkulturen für die ersten Bewohner der Erde gehalten wurden. Die Sonnenscheibe als über den Himmel getragenes Objekt gehört ebenso zu diesen uralten Vorstellungen wie der auch bei Aborigines verbreitete Glaube, dass man nach dem Tod auch von einem Netz in den Himmel gezogen werden könne.

PYRAMIDEN, TEXTE UND HIMMELFAHRTEN

Um die Himmelfahrt des ägyptischen Herrschers zur Inanspruchnahme seines göttlichen Ranges durchzuführen, wurden den Pyramiden ab 2350 Beschwörungstexte eingeschrieben, die vom Geist des Toten auszusprechen waren. Sie sollten den Leichnam vor Würmern und Schlangen bewahren, seinen Geist sicher aus dem Grab bringen, ihn den Göttern und der Sonne vorstellen und seine Wiederauferstehung bewirken. Durch das Mundöffnungsritual konnte er wieder Nahrung zu sich nehmen und die Lebenskraft Ka erneut mit seiner Seele Ba verbinden.[47] Die Texte zeigen, dass die Herrscher die totalitäre Unterdrückung ihres Volkes durch Bilder eines wohlwollenden Patriarchats kaschierten, zugleich aber die Zerstörung ihrer Anlagen durch Plünderer und Aufständische fürchteten.[48]

HERRSCHERLICHE HIMMELFAHRTEN

Nach sumerischen Gebeten sind die *Pyramidentexte* die ältesten erhaltenen literarischen Zeugnisse der Menschheit. Die eklektisch zusammengestellten Formeln, Sprüche, Imperative und längeren Invokationen entstammen einem älteren, nicht mehr überlieferten Korpus von Ritualtexten. Sie zeigen ein Mosaik aus Jenseitsvorstellungen der Ägypter, von der Reise durch die Unterwelt über den Sonnenlauf bis hin zur Topographie des Himmels, auf dem Götter als Sternbilder kreisten. Dort begann für den Herrscher ein neues, glorreiches Leben – nunmehr als Gott. Die einzelnen Sprüche sollten ihn die Namen der Götter lehren, die dort anzusprechen waren, und ihm Antworten für die Dämonen bieten, welche die Pforten der Unterwelt bewachten.[49] Sie sollten die Mumienbinden von seinem Körper lösen, die Tore seines Grabes öffnen, sodass er auferstehen und sein Totengeist die gefährliche Reise zum Himmel antreten konnte. Zu dem Zweck wurden die Dekangestirne angerufen:[50] "O ihr, die ihr die Stunden bestimmt und der Sonne vorausgeht, macht Platz

für mich, sodass ich in die Kreisbahn des Feindgesichtigen [Sonnengottes] gelangen kann, denn ich habe mich nun aufgemacht zu meinem Sitz."[51]
Der himmlische Fährmann mit dem rückwärtsgewandten Gesicht – der Halbmond – musste um ein Boot für diese Überfahrt gebeten werden; andernfalls sprang man auf die Flügel des ehemaligen Mondgottes Djehuti[52] oder flog wie ein Vogel oder Käfer auf seinen Sitz im Sonnenschiff.[53] Auch mit dem Weihrauch,[54] den Sonnenstrahlen oder der vom Sonnengott gefertigten Leiter der Sterne konnte man gen Himmel fahren, an den Armen genommen von Her oder Setekh,[55] um zunächst in das reinigende Binsengefilde am östlichen Himmel zu gelangen. Die Anlage innerhalb der Pyramide entsprach der Passage des Totengeistes, von der Grabkammer der Unterwelt über die Vorkammer als 'Dem Hinter Der Akhet' bis zum Korridor davor, der in den Himmel führte.[56]
Am Gewundenen Kanal (im Wesentlichen die Ekliptik) konnte man auf einen Vogel Strauss oder den vierfach gehörnten Sonnenstier treffen, sie musste man bitten, den Weg freizugeben,[57] Köpfe abhauende Affen passieren[58] oder den Grossen See mit dem Schlachthaus des Widder-Metzgers;[59] Sprüche wehrten Schlangen und Löwen ab, und es gab sogar gelegentliche Drohungen gegen Götter, um sie dem Totengeist gegenüber milde zu stimmen.[60]
Die Himmelfahrt vom östlichen Horizont und dem Binsengefilde über den Kanal der Ekliptik zum Opfergefilde auf Der Grossen Insel der zirkumpolaren Region glich einer Schiffsreise durch die Schilfgürtel, Seen und Wasserläufe des Nildeltas, hinaus zum fruchtbaren Eiland Der Neunheit Der Götter, auf dem der Totengeist eines Herrschers als vergöttlichter Hetep seinen Sitz unter ihnen einzunehmen gedachte. Auf Der Grossen Insel legte das Sonnenschiff am Ankerpflock an.[61] Dort wurde der Herrscher anschliessend zu einem Der Unvergänglichen Sterne.[62] Auf diesem Feld der Ruhe von den Göttern erwartet, konnte er in Frieden Ackerbau betreiben, essen und trinken.[63] Nach Lust und Laune nahm er auch ein Amt an Res Hof an, etwa als Sekretär, wurde Rudermann im Sonnenschiff,[64] agierte als Bote oder Schreiber der Götter oder unterhielt diese als tanzender Zwerg.[65] In den meisten Fällen aber sah sich ein Totengeist zu Usir werden, manchmal auch zu Re, um sogar über die Götter zu gebieten.[66]

Särge am Ende des Alten Reiches zeigen bereits die Verweltlichung dieser Vorstellungen, indem solche Himmelfahrten nun auch von Gaufürsten und höheren Beamten beansprucht wurden. Die daraufhin im Mittleren Reich (2040–1650) verbreiteten *Sargtexte* führten die kanonischen *Pyramidentexte* weiter; sie wurden im 'Buch des Herauskommens bei Tage', dem sogenannten *Totenbuch*, im Neuen Reich ab 1550 gesammelt und redigiert.

Diese Himmelfahrten dienten aber auch in Mesopotamien ab Shulgi I. (2029–1982) als Vorbild für eine ein Jahrhundert lang praktizierte Vergöttlichung lokaler Herrscher, denen der Orion nicht nur das Leitbild ihrer Reise in den Himmel war: Sie sahen sich auch selbst in ihm oder anderen Gestirnen verewigt.

KALENDER

Mit der Vereinigung der Beiden Länder galt um 2800[67] ein einheitlicher Kalender. Er legte den heliakischen Aufgang des Sirius in der ersten Julihäfte als Jahresanfang fest, im Einklang mit der Nilschwemme. Gefeiert wurde seine erste Sichtbarkeit am östlichen Horizont mit dem 'Fest der Hervorkommenden Sepedet'. Das ursprünglich zur Wintersonnenwende angesetzte 'Fest der Geburt Res' bestimmte weiterhin den letzten Monat des Jahres, nun jedoch mit der Sommersonnenwende verbunden.

Eingeteilt wurde das Jahr in 3 Perioden zu je 4 Monaten: Überschwemmungs-, Saat- und Erntezeit. Die sesshaft gewordene Lebensführung bedurfte jedoch weiterer Zeiteinteilung, wozu der Tag mit einem Schattenstab in 12, je nach Jahreszeit unterschiedlich lange Stunden dividiert wurde. Zudem waren die Phasen des Mondes wichtig, samt den von ihm abgeleiteten unregelmässig 29 oder 30 Tage langen Monaten, sie bestimmten auch später noch den religiösen Kalender.

Dabei musste man das Mondjahr – 12 lunare Monate hatten 354 Tage, 13 Mondmonate 384 Tage – mit den 365 Tagen des Sonnenjahres abgleichen: Entweder konnte man 13 Monate über 7 'grosse' Jahre hinweg festsetzen oder alle 19 Jahre 1 Mondmonat einschieben.

Darauf ist das am 19. Tag des 1. Monats stattfindende Fest zurückzuführen, das dem ehemaligen Mondgott Djehuti geweiht war: Die ihm zugeschriebenen Rechenkünste waren Grundlage für die korrekte Einhaltung der Zeremonien im Jahreslauf. Schliesslich entstand ein standardisierter luni-solarer Kalender von 12 Monaten zu je 30 Tagen, ergänzt durch 5 Schalttage, an denen man die Geburt von Göttern wie Usir und Aset feierte. Die Differenz dieser 365 Tage zum eigentlichen Sonnenjahr von 365,24 Tagen bewirkte jedoch, dass dieser Kalender alle vier Jahre einen Tag früher begann.

Die absolutistische Staatsform des Alten Reiches zerbrach an inneren Konflikten zwischen Ober- und Unterägypten, ausgelöst durch eine zunehmende Trockenheit, auf die die Zentralmacht nicht flexibel genug reagieren konnte. Zwischen 2150 und 2040 herrschten deshalb Anarchie und Hungersnöte; Inschriften verglichen die Zeit wegen der immer niedrigeren Nilschwemmen mit der 'Sandbank des Apep' (gr. Apophis): Auf dieser Untiefe strandet Res Barke, weil sein Feind, die riesige Wasserschlange Apep, den Fluss der Unterwelt ausgesoffen hat.[68]

Im Mittleren Reich wurde Ägypten wieder geeint und Waset (das spätere Theben, beim heutigen Luxor) stieg neben der nördlichen Herrscherresidenz zur zweitwichtigsten Stadt auf. Erste Schulen und eine narrative Literatur entstanden. Das Sakralkönigtum des Alten Reiches wurde abgelöst durch eine rhetorisch und politisch gestützte Ideologie, in der sich der Herrscher jetzt eher als Vermittler zwischen Göttern und Menschen verstand, um eine Lehre des allgemeinen Heils und richtigen Lebens zu propagieren. Derart wurde das Jenseits zu einer in die Ferne gerückten 'moralischen Anstalt',[69] während sich der Blick immer mehr auf die Unterwelt und das dortige Gericht über gute und böse Taten fixierte.[70]

STERNTABELLEN UND DEKANE

Konstant blieb das Streben auf ein Nachleben am Himmel. Weiterhin wurden Pyramiden für die Herrscher errichtet, aber auch die höhere Beamtenschaft erhielt nun ihre 'Himmelfahrtsmaschinen' in Form von bemalten und beschriebenen Holzsärgen. Die ältesten erhaltenen Exemplare stammen aus der Zeit zwischen dem 21. und dem 19. Jahrhundert; sie sind an der Innenseite mit Beschwörungen versehen, *Sargtexten*, die auf denselben Textkorpus wie die *Pyramidentexte* zurückgehen. Ausgerichtet wurden die Kastensärge an der Nord-Süd-Achse; der Leichnam lag darin auf der Seite, der Kopf im Norden; an der Innenseite fand er eine diagonale Sterntabelle direkt vor den nach Osten blickenden Augen.

Diese Tabelle beschrieb im Unterschied zum luni-solaren Kalender ein Jahr von 360 Tagen, das mit dem ersten Gestirn Mitte Februar begann; zur Synchronisierung mit dem Sonnenjahr wurden einzelne Gestirne eingeschoben. Die Kulmination verschiedener Sternbilder zu einem fixen Zeitpunkt bestimmte jeweils eine 10 Tage lange Woche. Diese insgesamt 36 Sternbilder werden heute Dekane genannt: '10-Tages-Gestirne'. Während seiner Kulmination begann das Sternbild zu "arbeiten". Darauf verweist eine spätere Inschrift aus dem ptolemaischen Tempel von Kom Ombo bei Assuan: "Die Arbeitenden [Dekane], die nach dem Untergang des Sonnengottes aufleuchten, laufen täglich im Kreis, um ihn in der Nacht zu vertreten, indem sie aufstrahlen, sobald er am Abend untergeht – aus ihrem Kreislauf ergeben sich die Stunden."[71]

Die Computersimulation der Dekanlisten zeigt, dass die Kulmination eines einzelnen Sterns das jeweilige Dekansternbild bestimmte. Da für die Markierung der 10-Tages-Abstände aber nicht immer einprägsame Sterne auf gleicher Höhe zur Verfügung standen, verwendete man Sterne auf verschiedenen Höhen, die dann auch symbolisch hinauf zum Zenit und zur Grossen Insel um den Himmelspol führten. Eingeleitet wurden die Beschwörungen auf den Särgen vom Zeichen einer grossen Scheibe, welche die Wiedergeburt verheissende Sonne symbolisierte.[72] Die Tabellen hielten die allgemeine Bahn der Sternbilder im Jahreslauf fest; gewissermassen als astronomischer Reiseführer für die Himmelfahrt des Totengeistes, der auch in der Unterwelt von Dekanen beschützt werden wollte.[73]

Diese Auferstehungsthematik verdeutlicht die Reihung der 36 Dekane auf den 20 erhaltenen Sterntabellen. Sieben dieser Listen zeigen die kanonisch gewordene Abfolge der astronomischen Wochenzählung, wie sie im *Nutbuch* aufscheint: von Kenmet, dessen Vogel- und Schlangengestalt Wiedergeburt verheisst, hin zu Sepedet oder Den Schildkröten. Zwölf der Sterntabellen vertiefen die Grabsymbolik; sie beginnen mit einem anderen Dekan, Dem Mumienkleid Tjemat,[74] und enden mit einem Sternbild, das als Kranich und als Lotosstängel gesehen wurde:[75] beides Embleme der Auferstehung. Texten dieser Sterntabellen[76] zufolge mussten für die astrale Reise des Toten nach Re auch Nut, Setekh in Ursa Maior als Gott des nördlichen Himmels sowie Usir im Orion und Sepedet in Canis Maior als Göttern des südlichen Himmels Opfer gebracht werden. Stationen der Fahrt waren die mit der Seele eng verbundenen Dekane Des Schafs und Des Waldrappen, einzelne Dekane Des Sonnenschiffes sowie Der Lotosstängel. Auch ihnen waren "Beschwörungsopfer von Brot und Bier, Rindern und Geflügel" darzubringen, um das Fortkommen des Totengeistes zu gewährleisten.

Ähnliche Sterntabellen fanden sich später an den Wänden ramessidischer Felsgräber aus dem 12. Jahrhundert. Sie unterteilen das Jahr nunmehr in 24 Monatshälften zu 15 Tagen, die jeweils durch das Erscheinen von 13 Gestirnen bestimmt werden: Das erste Gestirn wird zeitgleich mit dem Sonnenuntergang sichtbar, die anderen markieren jeweils das Ende einer der 12 Nachtstunden; das letzte wird zeitgleich mit dem Sonnenaufgang sichtbar. Insgesamt sind 48 Sterne ausgewiesen.

Man hat diese Diagramme zunächst als 'Sternuhren' gedeutet, mit denen Stundenpriester die jahreszeitlich verschieden langen Nächte anhand von Sternpositionen in 12 Stunden eingeteilt hätten. Dafür sind diese Tabellen jedoch viel zu grob ausgeführt[77] und nicht einmal in sich stimmig: So berücksichtigen sie generell weder die Differenzen zwischen den unterschiedlichen Stundenlängen und der konstanten Umlaufgeschwindigkeit der Sterne noch die Verschiebungen der Sternaufgänge in einem Sonnenjahr. Zudem wurden sie nur in Gräbern entdeckt, nie in Tempeln. Es gibt auch keinen Hinweis auf die Rolle einzelner Nachtstunden für das gesellschaftliche Leben oder für religiöse Zeremonien,[78] mit Ausnahme der liturgischen 'Stunden-' oder 'Nachtwache' als Begleitzeremonie der Einbalsamierung.[79]

Ausserdem war es möglich, ab 1550[80] die Nachtstunden viel genauer mit Wasseruhren einzuteilen. Auf einer Inschrift heisst es: "sie legt die Stunden der Nacht fest, wenn die Dekane nicht gesehen werden"; vermerkt wurde überdies, dass diese Wasseruhr einmal für die 14, dann 12 oder 10 (?) Stunden langen Nächte in den verschiedenen Monaten eingerichtet worden war.[81] Für nächtliche Observationen zuständig war eine eigene Priesterklasse namens *Imju Wenut*, die 'Überwacher der Stunden'.[82]

Diese Sterntabellen enden laut Computersimulation jeweils mit dem heliakischen Aufgang eines einzelnen Sterns in einem Sternbild. Im Laufe der Nacht wurde der Aufgang von insgesamt 13 Gestirnen registriert; alle 15 Tage rückten, der Erddrehung wegen, neue Sterne nach. Wo die Tabellen funktionieren, ist die Reihung der 13 Gestirne so exakt getaktet, dass man eine Wasseruhr zugrunde legen muss. Hatte man zur Wochenbestimmung zuvor auf den Transit eines Sternbilds über die Südlinie hinweg geachtet, so visierten die ramessidischen Tafeln nun die Sternaufgänge im Osten an. Die Reihung der jeweils 13 Sterne einer Nacht beruhte auf einer genau eingehaltenen Stundenlänge. Zusätzlich ausgewiesen wurden unterschiedliche Höhen der Sterne über dem Horizont, was eine gewisse Beobachtungsflexibilität erlaubte. Innerhalb einer Bandbreite von etwa 5° unterschied man zwischen "linker Schulter", "linkem Ohr", "linkem Auge", "gegenüber dem Herzen" [in der Mitte], "rechtem Auge", "rechtem Ohr" und "rechter Schulter".[83] Bislang wurde vermutet, dass sich diese Bezeichnungen auf einen sitzenden Stundenpriester bezögen, der Sterne rechts und links einer vertikalen Linie verortet. Tatsächlich sinnvoll ist jedoch nur der Bezug zum Toten im Sarg, der mit dem Kopf im Norden nach Osten blickt; dann nämlich markiert seine rechte Schulter den Tiefstand eines Sterns am Horizont und, seine linke Schulter den bei Stundenbeginn etwa 7 bis 8° über dem Horizont liegenden Höchststand.

Entscheidend also war, dass der Verstorbene mit der Sterntafel vor Augen jenen Stern finden konnte, der ihn schützend durch die Unterwelt begleitete. Diese Reise dauerte für ihn symbolischerweise ebenso lange wie die des Sirius vor seinem heliakischen Aufgang im Sommer: nämlich 90 Tage. Die über den Tabellen stehende Zeile ordnete deshalb die Sterne den einzelnen Wochen des ägyptischen Jahres zu: Damit konnte der Verstorbene herausfinden, welcher Wochen- oder Stundenstern ihn dann wieder aus der Unterwelt brachte. Denn erst mit der aufgehenden Sonne konnte er auch ihre Barke besteigen – über deren Bau er ebenso detailliert Bescheid wissen musste[84] wie über die Abfolge der einzelnen morgendlichen Gestirne.[85] Solcherart mit einer Navigationshilfe zum Besteigen des Sonnenschiffs versehen, gelangte er mit ihm auf dem 'Gewundenen Kanal' der Ekliptik zum Opfergefilde der zirkumpolaren Region, um dort sein verklärtes Nachleben zu beginnen.

Bei den ramessidischen Sterntabellen ist die Zahl der Wochengestirne von 36 auf 48 gestiegen. In diesen beginnt die Himmelfahrt mit dem abends aufsteigenden, immer weiter am Horizont hervortretenden Sternbild des riesenhaften Gottes Amun – dem zur ursprünglichen Achtheit zählenden "ältesten Gott des östlichen Himmels", der sich immer wieder selbst erneuerte und auf dem 'Hügel des Anfangs' als universelle Schöpfergottheit lebte.[86] Unter seiner Ägide fand der Aufstieg des Totengeistes zu den letzten beiden Sternbildern statt: Dem Ankerpflock Der Grossen Insel um den Himmelspol und der nilpferdgestaltigen Reret,[87] die als Schwellengöttin die Schiffslandestelle dort bewachte. In dem idealisierten Jahreskalender, den die Sterne auf ihrer Tabelle darstellen, führte diese Bahn dann wieder zurück zu Amun und seinem die Entstehung der Welt symbolisierenden Vogel.[88]

Das Mittlere Reich endete mit der hundert Jahre (1650–1550) dauernden Besetzung durch die aus Palästina einfallenden Hyksos. In den Schlachten mit den ausländischen Königen entstand das Neue Reich (1550–1070), das militärisch weiter expandierte. In dieser Zeit erhielt der Mythos des Kampfes gegen Setekh neue Bedeutung[89] und stieg der Kriegsgott Amun zum wichtigsten Gott auf. Als 'Herr Des Sieges' schrieb man ihm die Erfolge einzelner Schlachten zu, die man in seinem Namen führte und aus der Tempelkasse finanzierte.[90] "Keiner ausser ihm ist stark; er liebt die Stärke" hiess es in einer Hymne[91] – was so auch für die Militärdiktaturen[92] der späteren Ramessiden galt. 'Der Riese' erhielt nun ein überdimensionales Sternbild mit Keule und Doppelfederkrone und ging darin "als Lotse, der das Wasser kennt"[93] der Sonnenbarke voraus.

Amun war bereits im Mittleren Reich in den Vordergrund getreten; ein entsprechender Weltschöpfungsmythos entstand jedoch erst im Neuen Reich in der Hauptstadt Waset (dem späteren Theben). Der Mythos griff die alten Motive auf, stellte Amun aber nicht mehr als einen der Natur immanenten, sondern als sie transzendierenden, von Welt und Universum unabhängigen Gott dar – gewissermassen als primum movens, das allein durch Willenskraft die Dynamik der Achtheit der Götter und Atums Ausformung vorantrieb.[94]

Im Gegensatz zum mesopotamischen Polytheismus tendierte der ägyptische jedoch stets zur Einheitlichkeit, bedingt auch durch die als zyklisch gesehene Zeit des Sonnen-, Mond- und Sternenlaufs, in die sich die kosmische wie menschliche Regeneration selbst nach dem Tod eingebunden sah: als ewige Wiedergeburt des Gleichen.[95] Dies führte schliesslich zum Monotheismus Echnatons (1352–1338), der die 'lebendige Sonne' als einzige Gottheit inthronisierte, als Instanz jenseits von Gut und Böse: reines Licht und reine Zeit. Sie "zeigt sich am Himmel, indem sie allein ist", wie es in Echnatons Sonnenhymnus heisst: "sie ist die Zeit, in der und durch die man lebt."[96] Echnatons Religionsstiftung aber blieb folgenlos. Der Konservativismus der ägyptischen Kultur hatte eine weitaus grössere Wirkungsmacht, die sich nur weiter ausdifferenzieren, nicht aber wesentlich wandeln konnte. Dies zeigt sich im Namen Sethos' I. (1294–1278), der sich nach Setekh benannte und sein erstes Regierungsjahr als "Wiedergeburt (Ägyptens)" bezeichnete, ebenso wie im 'Millionenjahrhaus' seines Totentempels und der Ausstattung seines Grabes.

ASTRONOMISCHE DECKENMALEREIEN

Eine Auswirkung aber hatte der Sonnenkult: In den Grabkammern von Echnatons Nachfolgern von Tutankhamun (1336–1327) bis hin zu Ramses VI. (1144–1136) – wurde der Gang der Sonne durch das Totenreich nunmehr ausführlich beschrieben. Diese *Unterweltsbücher* schildern ihre unterirdische Fahrt zum Totengericht, dem sie vorsass, und ihre morgendliche Wiedergeburt, die auch den Toten zur Himmelfahrt verhilft.[97]

Was den Toten nach der Fahrt auf der Sonnenbarke in der zirkumpolaren Region erwartete, war aber schon bildlich dargestellt worden. Die astronomischen Deckenmalereien – vom Grab des hohen Beamten Senenmut aus der Zeit um 1460 bis zu den Gräbern von Ramses VI., VII. und IX. aus der zweiten Hälfte des 12. Jahrhunderts[98] – zeigen stets dieselben astralen Götter, die den Totengeist auf Der Grossen Insel um den Himmelspol empfangen. Dort bietet sich ihm ein "millionenmal erprobtes" Prozedere, wie es in den *Unterweltsbüchern* heisst, das mit dem Vertäuen Des Sonnenschiffs unter Zuhilfenahme eines Goldenes Seils am Landepflock beginnt. Was er da als Lichtgeist von Deck aus betrachten konnte, scheint jedoch neu.

Tausend Jahre war in den unbebilderten *Pyramidentexten* nur von dem kaum ausdifferenzierten Opfergefilde des Sekhet Hetep als Sitz der göttlichen Neunheit und Setekhs in Ursa Maior die Rede gewesen. Nun besetzten diese Grosse Insel um den Pol eine Reihe von Göttern, die zuvor keine bedeutende Rolle gespielt hatten. Der inzwischen zum 'vergöttlichten Opfernden' Hetep gewandelte Herrscher begegnete beim Sternbild Des Ankerpflocks der nilpferdgestaltigen Reret, Krokodilen, der Skorpiongöttin Serket oder der Her-Verkörperung Dunanui. Er hatte laut *Totenbuch* am himmlischen Kampfplatz auch den Streit zu schlichten zwischen Her und Setekh, der nun nicht mehr bloss das Instrument für die Mundöffnungszeremonie des Totengeistes symbolisierte, sondern als leibhaftiger und mächtiger Stier angekettet war. Und es gab nun Peilstäbe und Zeiger, die ein Herrscher kennen musste, wie es in Echnatons *Sonnengesang* heisst:[99] "Er kennt die Landeplätze am Horizont und die Steuergeräte in der Himmelsgöttin." Es ist dies ein erster Hinweis auf astronomische Techniken zur Zeitbestimmung und die Ausrichtung von Tempelanlagen nach Himmelsrichtungen.

ASTROLOGISCHES

In dieser Epoche wird erstmals eine mesopotamische Errungenschaft greifbar, ohne dass diese sich aber schon breit durchgesetzt hätte: die Omendeutung der Sterne. Aus einer Stele Thuthmosis' III. um 1450 geht anlässlich eines Syrienfeldzugs hervor, dass ein Stern von Süden erschien – offenbar ein Komet – und den Feind so zum Erzittern brachte, dass keiner mehr auf den Füssen zu stehen vermochte, was Thutmosis zu einem vernichtenden Gegenangriff nutzte.[100]

Sogenannte 'Kalender von Glücklichen und Unglücklichen Tagen' kamen ebenfalls jetzt in Gebrauch.[101] Die Eklipsen von Sonne und Mond – den 'Verletzungen der zwei Augen des Her' – und das Erscheinen von Venus und Merkur als Morgen- und Abendstern bestimmten günstige wie ungünstige Tage. So heisst es beispielsweise: "Geh an diesem Tag in der Morgendämmerung nicht aus dem Haus; es ist der Tag, wo der Aufrührer [Setekh als Merkur] zu sehen ist und wie Setekh ihn [Her als Morgenstern] am Bug von Res grossem Sonnenschiff umbringt."[102]

Venus wie Merkur erscheinen in den Begräbnisriten sowohl als Helfer wie als Feinde der aufsteigenden Totengeister; ihre irdische Bedeutung manifestierte sich in einem Herrscher aufgrund ihrer gegensätzlichen Wesenszüge, friedlichen wie kriegerischen – weshalb man sie im Neuen Reich beobachtete. So sagten die "Omendeuter, welche die Sterne beobachten" den Sieg eines Herrschers im Jahr 1208 voraus sowie einen politischen Aufruhr im 9. Jahrhundert v. u. Z., den man auf eine Mondfinsternis zurückführte.[103]

Im Vergleich zu Mesopotamien blieb die Omendeutung jedoch eher rudimentär. Im Neuen Reich schrieb man den Dekanen meist nur sehr generelle positive Einflüsse auf das Leben des Einzelnen zu. Sethos I. bemerkt in Tempelinschriften um 1280, dass er ihnen "alle guten Dinge", "königliche Gaben", eine "gute Erinnerung", "alle Wunder" sowie "Tapferkeit, "Sieg", "Stärke" und "Opfergaben" zu verdanken habe.[104] Dekane wurden auf Amuletten dargestellt, um jemanden unter den Schutz ihres mysteriösen Wesens zu stellen.[105] In einer Medaillonaufschrift (9. Jahrhundert) werden die in den Dekanen manifestierten Götter (mindere Formen von Usir, Her, Aset, Djehuti oder Nebet-Hut) als Schutzherren vorgestellt: "Die Götter und Göttinnen des Himmels, der Erde und der Unterwelt sagen: 'Was wir tun, ist, dir Schutz zu bieten.' Ihre Pfeile verteidigen deinen Körper während des Lebens und sie regieren."[106]

Astrologische Aspekte findet man auch in der eingangs zitierten Inschrift des Stundenpriesters Horentabat aus dem 6. Jahrhundert, wenn er dem Pharao seine Einschätzung der Auswirkungen von Himmelskonstellationen diskret mitzuteilen hatte. Die Einflüsse der Dekangestirne leiteten sich jedoch hauptsächlich von ihrer Rolle bei der Himmelfahrt ab. Im Tempel der Stadt 'Tor des Himmels' im Nildelta, der von einem der letzten autonomen Pharao – Nektanebis (I., 380–362 v. u. Z.) – den Dekanen geweiht wurde, wird von seiner, im Sonnenschiff auffahrenden Seele "in seiner Dekade Wasser, Wind und guter Saatenstand erbeten, um das Land vor Unheil zu schützen". Die in den Dekanen manifestierten Götter werden einzeln als "Stern, Herr des Schicksals, der in diesem Bild steht" angerufen, der "in seiner Dekade für den Botendienst im Land hervorkommt, um plötzlichen Tod [Krankheiten und Plagen] zu bringen".[107] Dies spiegelt die Vorstellung, die 'toten' Gestirne der dämonischen Khatiu könnten bei ihrem Lauf durch die Unterwelt unheilvolle Pfeile abschiessen. Richtig "zu zittern begann man aber bei ihrem Aufstieg", denn einmal "in der Mitte des Himmels", konnten sie dort "voraussehen, was geschehen wird", um darauf ihre giftigen Pfeile "auf jene zu schiessen, die sie von weitem sehen."[108]

Zu den lebensbestimmenden Sternbildern gehört im Tempel der Dekaden aus dem 4. Jahrhundert insbesondere das Schaf. Den 36 "arbeitenden Dekanen" wurden aber auch atmosphärische Einflüsse zugeschrieben: "der Himmel, die Erde und die Unterwelt sind ihrem Willen unterworfen. ... Sie bewirken jeden Lufthauch im Himmel, sie bringen den Regen ..., sie lösen die Nilschwemme aus, ... von ihren verborgenen Orten aus bewirken sie Gewitterstürme; sie sind aber auch Beschützer des Himmels, indem sie dichte Wolken verjagen."[109]

Da die Dekane von der Atmosphäre getragen wurden, konnten sie durch "giftige Luft" Krankheiten und Seuchen verbreiten; das Jahresende galt als besonders epidemisch. Krankheiten waren Vergeltung für Übeltaten und Verstösse gegen die natürliche Ordnung, Unreinheiten, die nur von "reinen Priestern" geheilt werden konnten.

Wirklich ausbreiten konnte sich die Astrologie erst,[110] als Ägypten 332 v. u. Z. unter die Herrschaft Alexanders und der Ptolemaier und dann unter die der Römer geriet. Das demonstriert eine Sammlung von hermetischen Schriften des Hephaistion aus dem ägyptischen Theben. Ihr zufolge ist der 1. Dekan bei seinem Aufstieg als Horoskop zu betrachten, das über die Geburt bestimmt; der von ihm aus gezählte 28. Dekan, der frühmorgens in der Mitte des Himmels steht, regiert das Leben; der 25., der mittags mitten im Himmel steht, bestimmt über Krankheiten; der 9., der spät mit dem Ostwind aufsteigt, bestimmt über Gebrechen; der 17., der mit dem Südwestwind aufsteigt, regiert Hochzeiten und Frauen; der 8., der auch 'Tor der Unterwelt' genannt wird, regiert die Kinder; und einer, der sich unter der Erde befindet, bestimmt über den Tod.[111]

Den Planeten hingegen wurde erst sehr spät ein gewisser astrologischer Einfluss zugeschrieben.[112]

GRÄKO-ÄGYPTISCHE VERSTERNUNGEN

In der Zeit der Ptolemaier übernahm Ägypten den Tierkreis, aber nicht über die Griechen, sondern direkt aus Babylon. Das zeigen die Figurationen im Zodiakos der Osiriskapelle von Dendera: Capricornus ist noch als der ursprünglich babylonische Ziegenfisch abgebildet und Pisces haben das Sternbild Des Feldes zwischen sich liegen. Dazu wurden weitere, nur in Babylon bekannte Sternbilder übernommen, wie Die Elamitische Ishtar bei Canis Maior, Der Botenvogel des Orion oder Der Pflug nebst Dem Wolf als seinem Sämann, der in einem neuen Mythos um Setekh als Roter Hund gedeutet wurde.

DIE ENTSTEHUNG DES STERNBILDS COMA BERENICES

Aus dem ägyptischen Sternenhimmel übernahmen die Griechen in dieser Zeit wiederum ihre Sternbilder Cassiopeia, Argo sowie Coma Berenices. Die Entstehung dieser 'Locke Der Berenike' geht auf eine Begebenheit im 3. Jahrhundert v. u. Z. zurück, die der gelehrte Dichter Kallimachos – der in Alexandria dreissig Jahre lang zum inneren Kreis des ptolemaischen Hofes gehörte – zum Anlass für ein Gedicht nahm.
Catull übersetzte dieses Gedicht später recht textgetreu, weshalb es Kallimachos' nur noch fragmentarisch erhaltene Verse (hier in Klammern) zu ergänzen vermag.
Berenike II. soll aufgrund des Rachefeldzugs ihres Gemahls Ptolemaios' III. gegen die Syrer, die seine Schwester umgebracht hatten, so um das Leben ihres Mannes besorgt gewesen sein, dass sie sich eine Haarlocke abschnitt und diese in einem Tempel in der Nähe von Canopus als Votivgabe darbrachte – was sie de facto jedoch erst nach dessen Rückkehr im Herbst 245 tat. Die Locke – der Kallimachos nun zur Sprache verhalf – verschwand unter mysteriösen Umständen aus dem Heiligtum, wurde dann aber von dem Astronomen Konon von Samos (gest. 212) im Sternhaufen Coma Berenices 'wiederentdeckt':[113]

"Nachdem er all die Sternbilder am Horizont gesehen hatte – wie sich die Gestirne (bei ihrem Auf- und dem Untergang) bewegen, (die sengende Glut der Sonne sich verdunkelt, die Sterne zu festgesetzten Zeiten versinken und die Mondgöttin Trivia sich ins Latmosgebirge fortstiehlt, durch süsse Liebe von ihrem Kreisen in der Nacht herabgelockt) –, erblickte mich Konon am Himmel, mich, die Locke Der Berenike, die sie allen Göttern geweiht hatte (ihre schlanken Arme zu ihnen ausgestreckt, nachdem der König, durch seine zweite Hochzeit mit ihr gestärkt, auszog, um in den assyrischen Grenzländern Beute zu machen), die süssen Spuren des nächtlichen Ringens (mit ihr um die Trophäe ihrer Jungfräulichkeit noch sichtbar an ihm)."[114]

Dieser Akt verweist auf ein traditionelles Vorbild. So erwähnt Plutarch um 100 u. Z. eine Sage über Aset, die sich nach dem Tod ihres Gemahls Usir eine Locke abschnitt.[115] In Ägypten war diese Praxis bei einer Trauerzeremonie üblich. Schon das *Totenbuch* belegt, dass Aset dem Usir begegnet, "das Haar ihres Gesichts verwirrt, zerzaust von ihrem Scheitel herabhängend". Ein Kult um 'Die Aset Des Haares' ist in Koptos[116] und Memphis belegt:[117] Dort zeigte man in der griechisch-römischen Zeit den Pilgern ein Haarbüschel Asets als Symbol der Wiedergeburt und Auferstehung.
In Kallimachos' Gedicht trägt der Westwind die Locke aufs Meer hinaus, wo sie sich, dank der auch als Meeresgöttin verehrten Kypris, in ein Gestirn verwandelt: "Ich, Berenikes schöne Locke, stieg zu den Unsterblichen empor, vom Meerwasser gebadet, von Kyprus als neuer Stern unter die alten versetzt, (über die Lichter Virgos und des wilden Leo und der Kallisto aus Lykaons Geschlecht [Ursa Maior] nahe). So gehe ich (vor dem trägen Bootes) im Herbst auf."[118]
Der Morgenstern Kypris (Venus) stieg bei Ptolemaios Rückkehr im Herbst 245 v. u. Z. kurz vor Coma Berenices auf und befand sich dann zwischen dem 29. August. und 5. September nahe dem Sternbild Leo. Konon, der sich wie viele andere griechische Wissenschaftler in Alexandria am Hof Ptolemaios' aufhielt, gab darauf den bis dahin bei Aratus 'namenlosen' und bei Hyginus 'gestaltlosen' Sternen zwischen Virgo, Leo, Ursa Maior und Bootes einen Namen und gruppierte sie dann zu dem neuen Sternbild Coma Berenices.[119]

Kallimachos' Gedicht zu Coma Berenices war ein wichtiger Anstoss für die Versternung von Göttern, Helden, Tieren und Dingen, die später in den griechischen Sternsagen zum Erzählprinzip wurde. Die Versetzung des prototypischen Königs Usir als Sternbild an den Himmel, zusammen mit den Himmelfahrten der ägyptischen Herrscher, hatten die Mesopotamier – wie man am Orion sieht – schon um 2000 v. u. Z. zum Vorbild genommen, diese Tradition jedoch nur sehr kurz beibehalten.

Die Griechen griffen solche Versternungen jedoch erst spät auf. Feststellbar ist dies erstmals bei Pherekydes im 6. Jahrhundert v. u. Z., der die Hyaden als Ammen des Dionysos für ihre Verdienste um Zeus unter die Sterne versetzt. Bei Aratus im 3. Jahrhundert v. u. Z. gibt es dann mythologisch erklärte Versternungen nur bei Ursa Maior und Minor, Virgo, Pegasus, Orion, Scorpio und Corona Borealis. Genrebildend wurden sie erst durch das Gedicht über Coma Berenices des 245 in Alexandria verstorbenen Kallimachos – der Aratus gelesen hatte[120] – und durch die Werke von Kallimachos' mutmasslichem Schüler Apollonios von Rhodos. Als Hauslehrer der Ptolemaier leitete Apollonios zwischen 270 und 245 die berühmte Bibliothek von Alexandria, die das Wissen der Antike zusammentrug, und schrieb ein Gedicht namens *Kanobos* über α Carinae als das Sternbild von Menelaos' Steuermann sowie ein Epos über die Irrfahrten seines Schiffes 'Argo'.

Apollonios' Nachfolger als Bibliotheksleiter war Eratosthenes von Kyrene (um 275–194 v. u. Z.). Er sammelte systematisch die griechischen Mythen zu allen, meist aus Mesopotamien übernommenen Sternbildern. Eratosthenes überlieferte dabei nicht wenige Motive aus den Mythen zu den mesopotamischen Sternbildern, arbeitete sie jedoch in den Kontext der griechischen Mythen ein und erfand viele davon selbst, wobei seine Legenden meist mit einer Versternung enden und die Gründe erläutern. Schon vor diesen *Katasterismoi* hatte sein Kleinepos *Hermes* und die Elegie *Erigone* mit solchen Himmelfahrten geendet: Hermes steigt nach seinen Streichen durch die Planetenbahnen zum Fixsternhimmel auf; und in *Erigone* wird der erschlagene Weinbauer Ikarios samt seiner Tochter Erigone und dem Hund als Bootes, Virgo und Sirius unter die Sterne versetzt.[121] Solche Versternungen wurden bis über Ovids *Fasti* hinaus stilbildend: so noch, wenn Hadrian seinen geliebten Antinoos am Himmel aufleuchten liess.[122]

In der griechisch-römischen Epoche Ägyptens wurden vermehrt eigene Mythen aufgezeichnet. Die schriftlich konzipierten erhielten durch ihre vielen Anspielungen fast postmodernen Charakter, die im Volkston gehaltenen wurden stark vereinfacht. Aus ihnen lässt sich einiges an alten Mythenkernen herauslesen; Rückprojektionen bleiben jedoch problematisch.

Um der üblicherweise hellenistisch geprägten Auffassung der Götter als Osiris, Isis, Seth, Horus und anderen zu entgehen, werden diese Gottheiten im vorliegenden Text bei ihren altägyptischen Namen – Usir, Aset, Setekh, Her – genannt. Anders als üblich werden Begriffe wie Akh auch nicht mit einem oft absurd eindeutschenden *ch* wiedergegeben, sondern in der englischen Orthographie belassen: Alles, was uns die Begriffe und Götter wieder fremder macht und sie aus dem hellenistischen Rahmen holt, ist willkommen.

In Mesopotamien geben Sternkataloge wie das *Mul.Apin* detailliert über Sternpositionen Auskunft. Dagegen erlauben die schematischeren ägyptischen Sterntabellen nur eine ungefähre Rekonstruktion des Himmels vor der Einführung des Tierkreises. Zweifelsfrei identifizieren lassen sich nur Ursa Maior, Sirius und Orion – der Rest beruht auf Vergleichen von Texten und Bildern mit der Anordnung der Sterne und Computersimulationen. Erst Krauss' Definition Der Grossen Insel und der Ekliptik ergab für diese Arbeit eine bessere Einordnung der Figuren auf den astronomischen Decken. Und Quacks leider immer noch unpublizierte Begriffsarbeit zu den Sternnamen ermöglichte dann eine bessere Annäherung an die ursprüngliche Gestalt und Bedeutung.

Um Identifikationen bemüht haben sich neben Krauss und Leitz auch der Astronom Belmonte zusammen mit dem Ägyptologen Lull, ohne dass meist nachvollziehbar wäre, wie sie zu ihren Vorschlägen gelangten. Problematisch ist die seit Neugebauer und Parker übliche Fixierung auf die Ekliptik zur Bestimmung der Dekane; erst Depuydts Studie bot einen anderen Ansatz. Auch bei der Verortung der Sternbilder um Ursa Maior hat man sich von vornherein auf den Nordpol des Himmels fixiert, obwohl dieser rein geometrische Drehpunkt für die Ägypter nie symbolträchtig war.

Zu grossem Dank verpflichtet bin ich dem Ägyptologen Friedhelm Hoffmann von der Universität München, der mein Elaborat gründlich lektoriert hat, mir immer wieder ausführlich auf alle Fragen antwortete, Namen erklärte und mich so vor manchen Fehlschüssen bewahrte: Der Mailwechsel mit ihm war ein intellektuelles Vergnügen. Alle verbliebenen Fehler gehen selbstverständlich zu meinen Lasten.

Ebenso zu grossem Dank verpflichtet bin ich Christian Weiblein vom Planetarium Augsburg, der das Computerprogramm 'Stellarium' bediente und mit dem ich in einem halben Dutzend ganztägiger Sitzungen alle Möglichkeiten der Dekanbestimmung durchspielte, um zu einer kohärenten Kartierung des ägyptischen Sternenhimmels zu gelangen, wie er sich vor der Einführung des Tierkreises darstellte. So kamen wir zu schlüssigeren Identifizierungen der Sternbilder als bisher. Beim gegenwärtigen Stand der Dinge können sie trotzdem bloss plausible Vorschläge bleiben.

I DER HIMMEL, SEINE STERNE UND GEFILDE

Himmel

BIA – DAS BECKEN
PET – DER HIMMEL

Schematisch wird die ägyptische Vorstellung der Welt in vielen Abbildungen vorgeführt, in denen sich die Himmelsgöttin Nut über die Erde des Gottes Geb beugt und von ihrem Vater Shu gestützt wird. Kosmologische Texte sehen das Universum ausserhalb der Welt als Ozean des Gottes *Nun* ('Gewässer'), der sich oberhalb des Himmels ausbreitet und auch von der Atmosphäre *Shu* ('Trockenes, Leere') davon zurückgehalten wird, die Erde zu überfluten. Der Nil und die anderen Gewässer sind Ausläufer dieses kosmischen Ozeans, der über Kavernen auch in die Erde eindringt. Die Welt gleicht somit einer riesigen Luftblase darin: Sie ist endlich, trocken, von der Sonne erleuchtet und aktiv, geformt und greifbar, während das Universum unendlich, einheitlich dunkel, reglos, formlos und ungreifbar ist.[123]

Unterschieden wird zwischen der oberen und der unteren Sphäre des unbeweglichen, sich rund um die Erde schliessenden Himmels. Der obere Himmel heisst *Keku-semau*. Er stellt eine geballte Finsternis dar, "deren Grenzen nach Norden, Süden, Westen und Osten unbekannt sind. Die Sonne geht dort nicht auf"[124] und es gibt auch keine anderen Gestirne oder Götter. In dieser Sphäre liegt das "kalte" Urgewässer des Gottes Nun, aus dem die Welt einst hervorging, das jetzt aber "erschöpft" ist.

Darunter wölbt sich der untere Himmel als metallisches Becken eines Firmaments. Es wird *Bia* genannt. Als ihm entsprungenes *Biat*, 'Wunderzeug', wurden Meteoriten bezeichnet. Dieses Firmament wird von der über die Erde gebeugten Göttin Nut getragen, verkörpert in der Milchstrasse. Auf der Unterseite dieses Firmaments, am gemeinhin *Pet* genannten Himmel, sieht man eine dem Nildelta vergleichbare Landschaft, wo die Götter zu ihren jeweiligen Sitzen gerudert werden. Es gibt mehrere Seen mit Lotosblumen, dazwischen Inseln mit getreidebestandenen Feldern und Hügeln, ein "Feld der Opfergaben" im nördlichen und ein "Binsengefilde" im südlichen Teil. Manchmal öffnet sich ein metallisches Tor im Firmament,[125] durch das die "Kühlen Wasser" auf der Oberseite eindringen,[126] um alles durch Zubringerkanäle wie den Ammenkanal[127] zu fluten und auch den manchmal austrocknenden Gewundenen Kanal der Sonne erneut zu füllen. Am Ostrand des Himmels, an seinem Horizont, liegt die *Akhet* als eine Art grüner, ätherischer Insel mit zwei Schreinen. "An diesem Ort werden die Götter geboren." Dorthin gelangen dann auch die *Akh* – die verklärten Totengeister – auf den "zwei Schilfbarken des Himmels"; nachdem sie sich im Binsengefilde gereinigt haben, machen sie sich zum Opfergefilde im Nordhimmel auf.

Darunter, inmitten "all dessen, was die Sonne umkreist", liegt die dünne, aus Sand und Steinen bestehende Erdscheibe *Ta*, die vom Meer als dem 'Grossen Einkreiser' *Shenwer* umflossen wird. Ihren Durchmesser bis zu den Horizonten im Osten und Westen gibt eines der *Unterweltsbücher* mit umgerechnet 15 062 km an. Fasst man diesen "Durchlauf des Sonnengottes, der den unteren Himmel in der Länge seiner Breite durchfährt" als Durchmesser der Erde auf, beträgt ihr Umfang 30 124 km[128] (statt der heute berechneten 47 138 km).

Die ober- und unterirdischen Dämmerungszonen des Himmels ebenso wie das Meer am Erdrand gehören bereits zur Unterwelt von Nuts Tochter *Duat* ('Morgen, früh sein'). Sie wird von einem unterirdischen Gewässer durchzogen, ist sonst aber als Wüste gedacht, in der es nur wenige brackige Wasserstellen gibt, wie den Schakal- oder den Natronsee. In ihrer Mitte findet das Totengericht statt.

In den dunklen Westen dieser Unterwelt steigt ein Teil Der Unvergänglichen Sterne nördlich der Ekliptik durch Tore nachts herab, um kurz "unter dem Libyerland hindurchzufahren", bevor sie wieder hinaufgehen und weiter um den Himmelspol kreisen. Duats Totenreich erstreckt sich unter der Erde nach Osten hin zum Lichtland, am Horizont als Morgendämmerung sichtbar, auch das "Uferland des Re" genannt, in dessen Seen der Sonnengott badet, ehe er erneut zu seinem Himmelstor tritt, um den Taghimmel zu durchfahren. Der zu einem Lichtgeist gewordene Tote trifft dort auch auf die Götter Der Unermüdlichen Sterne südlich der Ekliptik, die nach kürzerem oder längerem Aufenthalt in der Unterwelt abends auf ihren Barken wieder über den Himmel fahren.

Darunter wiederum befindet sich das Gegenstück zum oberen Himmel: der untere Himmel von Nuns Gemahlin *Naunet*.

K1 117–122, 207–215 und LE 117, A1

Pet benennt allerdings auch den Himmel im Sinne eines Jenseits, in das ein Totengeist eintreten will. Die christliche Vorstellung des 'Himmels' stammt wie die der Hölle zu einem wesentlichen Teil aus Ägypten. In einem eschatologischen Sinn bezeichnet Pet so den letzten Ort eines Lebens. 'Jenseits' ist allerdings nicht der richtige Begriff dafür. Die Ägypter hatten den Himmel, in den einige von ihnen nach dem Tod gelangen konnten, ja als Landschaft vor Augen.

Stern(e)

SEBA(U) – STERN(E)

Dargestellt werden Sterne durch ein fünfzackiges Zeichen, das zugleich 'Gott' bedeutet.

Eine alte Vorstellung von Sternen findet sich im *Mythos der Himmelskuh*, der jedoch erst im Neuen Reich schriftlich fixiert wurde. Darin hat die Sonne es satt, bei den ewig aufrührerischen Menschen zu leben; sie steigt deshalb auf der Kuh Hut-Her (gr. Hathor) in den Himmel, um anschliessend einen dreiteiligen Kosmos zu erschaffen. Er umfasst Opfer- und Binsengefilde und die erst jetzt entstehenden "immerleuchtenden Sterne": Ihr Leuchten bezeichnet eigentlich ein 'Funkeln in grünem Licht'. Eine Anspielung auf dieses Kristalline der Sterne findet sich auch in einem *Pyramidentext*, "grüne Steine, Malachit und Türkis verstreut".[129]

Verdrängt wurde diese archaische Vorstellung vom Nut-Mythos. Nut war zunächst eine Muttersau, die nachts die Sterne als Ferkel gebiert, die sie morgens wieder frisst – deshalb hiessen die Sterne auch 'Die Gefressenen'.[130] Viele Amulette zeigen Nut als ihre Ferkel säugende Sau, in einer Verkörperung der Fruchtbarkeit. Dann wurde Nut aber als nackte Frau dargestellt, wie sie sich – von ihrem Vater Shu emporgehalten – als Milchstrasse über die Erde krümmt.[131]

DIE STERNE ALS ZUGVÖGEL

Die Sterne werden im *Nutbuch* überdies mit zu Zugvögeln gewordenen Seelen verglichen, Ba-Vögeln, die zu dieser Zeit mit Menschenkopf auf einem Vogelleib abgebildet wurden. Sie haben ihre vormaligen Körper in der Unterwelt zurückgelassen, um periodisch im Qebehu zu nisten, einer wässrigen Region am nördlichen Rand der Urfinsternis des obersten Himmels.[132]

"Ihre Gesichter sind die von Menschen, ihre Gestalt aber ist die von Vögeln, und sie sprechen miteinander in menschlicher Sprache. Nachdem sie gekommen sind, um auf den Feldern Ägyptens das Gemüse zu essen und sich in den Sumpfgebieten zu ernähren, lassen sie sich nieder im Lichtland des Himmels, das ausserhalb seiner liegt. Dort verwandeln sie sich in ihre Vogelgestalt, um dann in der Urfinsternis, dem *Qebehu* der Götter im Norden, ihre Nester zu bauen.[133] Der Sternenhimmel wurde deshalb auch als *Kha-Baes*, 'Tausendfach sind die Ba-Seelen in ihm', bezeichnet."[134]

Im Begräbniskontext ist von Bedeutung, dass 'Stern' und 'Tor' zwar unterschiedlich gelesen, aber mit demselben Zeichen geschrieben wurden: Sterne verhelfen einer Totenseele zum Heraustreten aus der Tiefe der Unterwelt und zum Aufstieg in den Himmel, wo sie schliesslich selbst zum Stern wird. Auf diese Doppelbedeutung bezieht sich eine Stelle aus dem *Totenbuch*: "Ich bin zu meinem Platz gekommen über den Göttinnen; ich bin im Tor erschienen – um der Stern zu sein mit scharfem Gesicht und weitem Lauf, der die Erzeugnisse des Himmels dem Re bringt, Tag für Tag."[135]

Unter dem Einfluss der mesopotamischen und hellenistischen Astrologie wird es den Sternen möglich, auf die Menschen einzuwirken. In Tempeltexten von Esna aus der Römerzeit können die nun generell als Götter aufgefassten Sterne mit ihren Pfeilen Krankheiten verursachen: "Sie sind damit beschäftigt, Götter und Göttinnen, Kleinvieh, Vögel, Fische, Schlangen und den Leib von allem, was es auf der Erde gibt, aus ihren Körpern entstehen zu lassen. Sie sind es, die im ganzen Land richten; sie setzen alle Dinge fest im Himmel und auf Erden, an der Seite Res und des [Mondgottes] Iah. Sie schützen täglich den Himmel, diese Boten in den Städten und Gauen, die aus ihrem Mund Pfeile auf jeden schiessen, den sie von ferne sehen, an diesem Tag, in diesem Monat, diesem Jahr, in jeder ihrer Stunden.[136]

Seid gegrüsst, ihr Kinder des Re, die bei seinem Untergang erscheinen, Neunheit der Urzeitlichen, die täglich auf seiner Bahn umlaufen, ihr lebenden Seelen der Götter, die täglich aus dem Auge des Re hervorgehen, ihr Boten in den Städten und Gauen – die ein Gemetzel veranstalten, Aufruhr schaffen, im Land herumeilen – und Pfeile aus ihren Mündern schiessen auf denjenigen, welchen sie von ferne sehen, Die Sechs [Sterngruppen des Orion][137] und Die Leuchtenden [Sternbilder], die ihren Herrn täglich vor jeder schlechten Sache retten, vor dem Schiessen der Sterngötter, an diesem Tag, in diesem Monat, diesem Jahr, in jeder ihrer Stunden bis heute!"[138]

L2 21 und 24

Sternbilder

KHABASU – DIE LEUCHTEN
SENEN – BILD, GESTALT
KHET – HAUFEN, GRUPPE

Das Kollektiv der Sterne wird *Khabasu*, 'Leuchten, Himmelslampen' genannt. In ihnen manifestieren sich laut Tempeltexten von Esna "die lebenden Ba-Seelen der Götter",[139] indem sie sich in "Gruppen"[140] zeigen. Im *Nutbuch* werden sie als *Senen* – Bild, Gestalt – bezeichnet. Den *Pyramidentexten* zufolge besitzen die verkörperten Götter am Himmel eine "hohe Stätte",[141] sitzen auf "metallenen Thronen" oder "geheimen Sitzen"[142] und werden in eigenen Barken über den Himmel gefahren.

L1 149–149 und L2 21 und 166–171, K1 221–222 und 244–245

Neben den Sternbildern in Den Unvergänglichen Sternen des Nordhimmels und jenen Der Unermüdlichen Sterne des Südhimmels unterschied man um 2000 v. u. Z. rings um die Ekliptik zwischen 36 meist in Dreiergruppen zusammengefassten Sternen, die als einzelne Bilder oder als Teile davon figuriert wurden. An ihren Positionswechseln liessen sich die einzelnen Wochen festmachen: sie waren dann "bei der Arbeit" und wurden als *Baktiu*, 'Arbeitende', bezeichnet. Jeder von ihnen bestimmte eine 10-Tages-Woche. In der griechisch-römischen Zeit nannte man sie 'Dekane', da ein jeder 10 Tage markierte, zu denen noch 5 Schalttage hinzukommen, um sie mit dem Sonnenjahr abzugleichen. Da sich die Erde einmal in 24 Stunden um ihre Achse dreht, tauchte alle 40 Minuten ein neuer Dekan am Horizont auf.[143] In Bezug auf denselben Punkt am Horizont zeigte sich ein Dekan jedoch jede Nacht etwa 4 Minuten früher – was ihn zur Bestimmung der Nachtstunden eher ungeeignet macht.

Da die Ekliptik den Horizont in einem spitzen Winkel schneidet und die längste Nacht im südlichen Theben knapp 13,5 Stunden dauert, ging ein neuer Dekan alle 40 Minuten am östlichen Horizont auf. Man konnte in diesem Zeitraum also 20 aufsteigende Dekane beobachten, welche die schon am Himmel stehenden Dekane gleichsam unter den westlichen Horizont schoben. Das *Nutbuch* schreibt dazu: "Zwischen dem Stern der Geburt bis zu dem Stern, der die erste Stunde macht – dem 'Gestirn des Abends' – sind 20 Gestirne; zwischen dem Gestirn, das die erste Stunde macht, und dem Gestirn, das die Unterwelt umkreist, sind 9 Gestirne: macht insgesamt 29. Die anderen 7 Gestirne sind in der Unterwelt."[144]

Während der längsten Nacht gehen 20 Dekane im Osten auf, was das *Nutbuch* als ihre "Geburt" bezeichnet. Sie drängen dabei die hinter dem eigentlichen Wochengestirn befindlichen 9 Dekane im Westen unter den Horizont – "in die Unterwelt" –, in die ihnen jene 7 Gestirne, die länger nicht zu sehen sein werden, bereits vorausgegangen sind. Der gerade gültige Dekan beginnt seine "Arbeit" – das Anzeigen der 10-Tages-Woche – als "Gestirn des Abends", wenn es sich "in der Mitte des Himmels" befindet. Die ihm vorausgegangenen "9 Dekane im Westen des Himmels", die zuvor das fixe Beobachtungsfenster einnahmen, "haben dann ihre Arbeit vollbracht"[145] – während die 8 Dekane hinter ihm noch auf ihre Arbeit warteten.

Die zusammengezählt 18 Dekane ergeben so einen Kreisbogen von 180°. Weil sich der Himmel weiterdreht, sind in einer Nacht jedoch weit mehr als 180° des Himmels sichtbar. Das *Nutbuch* fasst dies so zusammen: "Zwischen dem Gestirn, das aufgeht, und jenem, das die erste Stunde macht – dem Gestirn des Abends – liegen 20 Gestirne. 8 davon befinden sich im Osten des Himmels, während 12 Sterne bei der Arbeit in der Mitte des Himmels sind; [die 9 Sterne im Westen] machen die 36 Gestirne dann voll. Zur Information: Westen 9, Mitte des Himmels 12, Osten 8!"[146]

Die akronychisch – in der Abenddämmerung im Westen – untergehenden Sterne standen in der griechisch-römischen Epoche dann in ihrem "Haus" und wurden mit dem im Osten aufgehenden Stern verbunden. Dieses Konzept von 'Aszendent' und 'Deszendent' wurde für die hellenistische Astrologie bestimmend und stammt somit aus Altäygpten; von der mesopotamischen Astrologie ist nichts Vergleichbares bekannt.[147]

Über die Position eines der 36 Dekane wurden die jeweils 10 Tage dauernden Monatswochen bestimmt. Der Jahresanfang selbst wurde mittels des heliakischen – in der Morgendämmerung im Osten erfolgenden – Aufgangs des hellsten Sterns am Himmel festgelegt: des zuvor 70 Tage unsichtbar gebliebenen Sirius. Er zeigte sich als Kopf des Sternbilds der Göttin Sepedet erstmals Anfang Juli kurz vor Sonnenaufgang im Osten.

Das *Nutbuch* fasst beides hier zusammen: "Alle 10 Tage findet der Untergang von einem statt und ein anderer geht auf. Das sind die Köpfe der Götter – wobei Sah [Orion] und Sepedet [Canis Maior], welche die Ersten unter den [astralen] Göttern sind, in der Regel 70 Tage in der Unterwelt der Duat verbringen, bevor sie wieder aufgehen. Bei deren Aufgang im Osten feiert man üblicherweise Feste und bringt ihnen Opfer dar."[148]

Die 7 Gestirne, die jede Nacht unsichtbar blieben, wurden als *Khatiu*, 'Schlächter', bezeichnet.[149] Man fasste sie als Dämonen auf, die der Kriegs- und Krankheitsgöttin Sakhmet unterstanden, der bedrohlichen Göttin des Jahresendes, die sie mit Messern und Pfeilen bewaffnet gegen Aufrührer ausschickte.[150] Sie konnten aber auch vom Gott der Totenwelt, Usir, als Boten oder Vollstrecker göttlicher Strafe gesandt werden. Besänftigt wurden sie durch die Opferung von Ziegen und Schweinen.

Wenn diese 'toten Dekane' erstmals wieder heliakisch aufgingen, feierte man das auch durch Opfergaben und Hymnenrezitationen. Während der vorhergehenden, meist 70 Tage langen Unsichtbarkeitsphase eines solchen Gestirns durfte man seinen Namen nicht nennen: Der darin verkörperte Gott war dann gebannt "in Gebs Haus", dem Territorium dieses Erdgottes. Die Tabuisierung des Namens war eine Schutzmassnahme für den temporär als tot geltenden Gott eines Dekans – denn im Limbus wurde er zu einem Khatiu-Dämon, dessen Beschwörung katastrophale Folgen haben konnte: für den Anrufenden, aber auch für die Gesellschaft, über die er dann als Seuche kommen konnte. Die 7 nachts unsichtbar bleibenden Gestirne "blieben in der Duat stehen"; auch die Toten wurden "für 70 Tage in die Balsamierungswerkstatt gelegt".[151] Sternbilder wie Tote mussten daraufhin erst durch Rituale wieder aus dem Limbus "ihres Übels gelöst" werden.

Nach ihrem Untergang galten die Dekane samt den Sternbildern des südlichen Himmels als todesmatt; ihre verbrauchten sterblichen Hüllen fielen zur Erde herab, um sich dort zu regenerieren. Die Leichen blieben laut *Nutbuch* in der Unterwelt, ihre Sternenseelen nicht: "So fallen ihre Knochen zur Erde, wenn die Seelen, die zur Erde gefallen sind, wieder hervorgehen. Dabei fallen auch ihre Tränen herab und verwandeln sich in Fische."[152]

Der Gestaltwandel der Götter vollzieht sich über ihre Tränen, *Remiut*, die sich in Fische, *Remu*, verwandeln. Über solche Wortähnlichkeiten offenbarten sich verborgene Beziehungen: "Ihre Tränen fallen in einen Fluss; das heisst, der Fisch ist ihre Wasserform. Das [neuerliche] Leben eines Sterns entsteht dann im See als Fisch."[153] Aus den Tränen des Schöpfergottes entstehen in einem weiteren Wortspiel die Menschen, *Remetju*. Wenn sich die Sternseelen im See der Duat unterhalb des Horizontes genügend erfrischt und regeneriert haben, "kommen sie wieder aus dem Wasser hervor". Als Einzelsterne werden sie dann zu Vögeln, die "nach oben flattern",[154] um am Himmel ihre Nester zu bauen.[155]

Ihre "Wasserform" hat eine eigene "Himmelsgestalt", die als astrales Bild – *Senen* – eines Gottes erkennbar wird: "Es zieht dann nämlich in seiner Himmelsgestalt am Himmel dahin und steigt aus dem Meer als Bild."[156] Das ist, immer noch laut *Nutbuch*, "das Leben der Sterne: sie gehen aus der Duat auf und entfernen sich zum Himmel, wo sie fern der Erde sind".[157] Gefahren wurden sie dort von Barken, die ihre ursprüngliche Fischform bewahrt haben; entsprechend nennt ein *Pyramidentext* sie "Meeräschen-Boote".[158]

L1 69, 88–89,146–149 und 162–170, L2 52–54

Ekliptikaler Streifen

MER-EN-KHA – DER GEWUNDENE KANAL

Aufgrund des Umlaufs der Erde um die Sonne scheint sich die Sonne in einem Jahr gegen die Drehung des Fixsternhimmels von West nach Ost zu bewegen – wie die Planeten und der Mond, jedoch mit anderer Geschwindigkeit: nämlich 1° pro Tag. Diese Bahn nennt man Ekliptik; sie steht aufgrund der Neigung der Erdachse schief zum Äquator, in einem Winkel, der zur altägyptischen Zeit etwa 24° betrug (heute 23,5°) und sich an zwei Punkten mit dem Äquator schneidet.

Die Ägypter sahen in der Ekliptik einen "Gewundenen Kanal" mit eigenen "Biegungen", gefüllt mit Wasser, das sich auch durchwaten liess; er besass eine nördliche und eine südliche Böschung sowie ein nördliches (und implizit auch südliches) Tor – und an ihrem Nordufer, dem östlichen Horizont nahe, wuchs ein Paar hoher heiliger Sykomoren. Morgens bestieg der Sonnengott Re vom Ufer aus seine Barke, um auf dem Kanal den Tageshimmel zu befahren. Überquert werden konnte er nachts vom Mond als himmlischem Fährmann der Toten und von Planeten wie Setekh (Merkur) und Herakhte (Mars).[159]

SEKHET HETEP – DAS FELD DER OPFERGABEN
SEKHET IARU – DAS BINSENGEFILDE

Der Gewundene Kanal der Ekliptik teilt die Innenseite des oberen Himmels in zwei Teile: den nördlichen Himmel als "Feld der Opfergaben" oder "Feld der Rast" *Sekhet Hetep* – parallel dazu den südlichen Himmel als "kühlen Ort" des sich von Osten nach Westen erstreckenden "Binsengefildes" *Sekhet Iaru*.

Das Röhricht im Binsengefilde wächst um einen See voller Nilpferde; ringsum liegen Hügel mit übermässig hoch wachsendem Getreide, Gerste und Weizen. Dort haben die Neunheiten ihren Sitz: Die Grosse Neunheit der unterägyptischen Götter – meist Atum, Shu und Tefnut, Geb und Nut, Usir und Aset (gr. Osiris und Isis), Setekh und Nebet-Hut (gr. Seth und Nephthys) –, welche die Welt erschufen, sowie Die Kleine Neunheit der oberägyptischen Götter. Das Binsengefilde bildet gewissermassen den Vorhof des Himmels, in dessen Wasser die Sonne – oder ein mit ihr aufsteigender Totengeist, der zuvor durch den Nordwind neuen Atem erhalten hat – sich in den letzten Nachtstunden reinigt, bevor sie wieder aufgeht.[160] Laut *Totenbuch* wird das Opfergefilde von einer Erzmauer umgeben gesehen – womit der Gürtel der Ekliptik gemeint ist, in dem die Dekangestirne aufgehen.[161]

Der privilegierte Totengeist, der sich nach dem Gericht über ihn im Binsengefilde gereinigt hat, gelangt nach der Überquerung des Gewundenen Kanals in das "Feld der Opfergaben" auf Der Grossen Insel, wo er eine ihm zustehende göttliche Speisung erhält. Er kann dort laut *Totenbuch* auch zum *Hetep* werden – einer göttlichen Verkörperung dieses Opfergefildes mit menschlichen Zügen, um den ewigen Streit zwischen Her und Setekh zu schlichten, "Gutes zu schaffen und Zufriedenheit zu bringen", früh aufzustehen und zu fischen, die Felder der Götter zu bestellen, sie mit Nahrung zu versorgen und den Lebenskräften der Verklärten Überfluss und weises Licht zu geben.[162]

Der Unterschicht – oder, je nach Epoche, nur den Sündern – stand der Himmel nicht offen; sie wurden von den (personifizierten) Himmelstüren abgewiesen und mussten in der Erde verbleiben.

K1 14–66, 156, 283–284

Diese Vorstellungen übernahmen die Griechen in ihrem schon in der *Odyssee* bezeugten *Elysion Pedion*, dem fruchtbaren 'Feld der Seligen', auch als 'Feld der Ankunft' der Toten nach ihrem Gericht in der Unterwelt bekannt. Der Name für dieses Feld – *Elysion* – könnte sich durch die griechische Aussprache des ägyptischen Wortes für 'Binsen' – *Iaru* – im 'Feld der Binsen' ergeben haben.[163]

Wahrscheinlicher ist ein Umweg über das Hethitische. Die Hethiter glaubten an ein Nachleben in einer freudlos finsteren Unterwelt; nur für Herrscher gab es eine Ausnahme: nach ägyptischem Vorbild eine Auenlandschaft voller schilfartiger Kugelsimse. Das Wort für diese Weide – *Wellu* – wäre dann zu *Elysion* gräzisiert worden.[164]

Als die Herkunft des Wortes in Vergessenheit geraten war, leiteten es die Griechen von ihrem Adverb *alytos* ab, 'unaufhörlich' – was auch als Hinweis auf Die Unvergänglichen Sterne verstanden werden kann. Die Elysischen Felder, wo die verstorbenen griechischen Helden sorglos weiterlebten, lagen auf einer Insel, die aber nicht mehr am Ostrand des Himmels lag, sondern am Westrand der Unterwelt.

IKHEMU-SEK – DIE UNVERGÄNGLICHEN
IKHEMU-WERDU – DIE UNERMÜDLICHEN

Die Sterne im "nördlichen Himmel" jenseits der Ekliptik werden "Die Unvergänglichen" genannt: Wenn sie untergehen, dann nur kurz. Auf der Höhe von Memphis nehmen diese Sterne, die "nie zu Grunde gehen", dank der wechselnden Lage der Ekliptik zwischen 50 % und 70 % des Nachthimmels ein, wovon die zirkumpolaren Sterne minimal 17 % und maximal 26 % umfassen. Diese "nördlichen Unvergänglichen Sterne des Himmels" wiederum "bestimmen über die Zufriedenheit, bewachen die bereitgestellten Opfergaben und lassen von dort Wohltaten herabkommen"[165] – wie es in den *Pyramidentexten* heisst, in denen Die Unvergänglichen Sterne stets als freundliche und weise Götter dargestellt werden.[166]

Die Sterne des ekliptikal "südlichen Himmels" hingegen heissen "Die Unermüdlichen". Sie sind das Jahr über nur eine Zeit lang sichtbar, um dann wie Sepedet (Sirius) für 70 Tage oder mehrere Monate unter dem Horizont zu bleiben; sie "sterben" und werden deswegen mit dem Totenreich Duat und dem daraus wiedergeborenen Usir im Orion assoziiert. So heisst es noch in einem Tempeltext in Esna über die Sterne dies- und jenseits der vom Sonnenschiff befahrenen Ekliptik: "Die Unvergänglichen nebst Den Unermüdlichen Sternen bilden die beiden Seiten deiner Barke der Millionen [Jahre]."[167]

K1 120–123, 275–277 und L2 73

NEKHEKHU – DIE AUSDAUERNDEN

Der Sonnengott besitzt zwei aus Schilfbündeln geflochtene und von vier göttlichen Jungen kalfaterte Barken. Mit seiner Tagbarke wird Re im Gewundenen Kanal über den Himmel geschifft. Gott Setekh (Merkur) wie Her (der Morgenstern) können am Bug der Tagbarke stehen. Damit wäre Res Sonnenschiff entsprechend den 40° als grösster Entfernung der Venus von der Sonne mindestens 50° und höchstens 80° lang, was der Grösse des nach 5 Dekanen in der Mitte abgebrochenen Sonnenschiffs entspricht.

Die Schiffsmannschaft des Sonnengottes besteht aus den "Ausdauernden Sternen, den Dienern des Re", sie "führen die Sonne und sind Vorläufer des Morgengottes"[168] und verwenden je nach Wasserstand Staken, Ruder oder Segel. Es sind die wechselnden Unvergänglichen Sterne in der Phase zwischen heliakischem Auf- und Untergang. Abends stürzen diese Ausdauernden Sterne nach dem Verlassen der Tagbarke kopfüber ins Wasser, um dann im Gegenhimmel mit dem Kopf nach unten weiterzureisen. Der Sonnengott selbst gelangt dann auf seiner Nachtbarke über das unterirdische Wasser der Totenwelt der Duat von Westen wieder nach Osten. Die arbeitende Mannschaft dieser Nachtbarke wird von Den Unermüdlichen Sternen gestellt.[169]

K1 131–145 und A 91

II DIE MILCHSTRASSE

Der Glanz der am nördlichen Himmel liegenden Milchstrasse ähnelt einer über uns gebeugten, uns anblickenden Frau, gehüllt in einen hauchdünnen Gazeschleier. Ihr Körper teilt sich unten vor dem Kreuz von Cygnus in zwei Beine, die Vulva bei α Cygni, und er verdickt sich oben bei Gemini zu einem Kopf. Der Mund liegt zwischen ε und μ Gemini, wo sich die Milchstrasse mit der Ekliptik schneidet. Ihre ausgestreckten Arme berühren dann den Erdrand; sie scheinen – wie ihr ganzer Rücken – den Himmel zu stützen.

Die Ägypter nannten diese feminine Vorstellung *Nut* und erklärten sie zur Tochter der Atmosphärengötter Shu und Tefnut. Als Bruder und Gatte galt der Erdgott Geb, mit dem sie Usir (gr. Osiris), Setekh (gr. Seth), Aset (gr. Isis), Nebet-Hut (gr. Nephthys) und in manchen Genealogien auch Her (gr. Horus) zeugte. Sie wurde als 'Mutter Aller Gestirne' betitelt. Ihr Name leitet sich von dem als *Nu* bezeichneten unermesslichen Abgrund jenseits des Himmels ab: 'Sie Des Abgrunds'. Später gab man dem Namen *Nut* auch die Bedeutung 'Ball' oder 'Oval', wurde die Göttin mit einer ovalen Hieroglyphe geschrieben. Man könnte sich deshalb den Himmel als kosmische Fruchtblase voller Wasser gedacht haben – eine Vorstellung, die dem Geburtsaspekt Nuts entspricht.[170]

NUT UND DIE STERNE

Im *Nutbuch* wird erklärt, wie Nut an den Himmel versetzt wurde, ausgehend von der Beobachtung, "dass das Muttertier des Schweins, die Sau, ihre Ferkel bis zum heutigen Tage frisst". Genauso treten die Sterne, "nachdem Seine Herrlichkeit, die Sonne, am Westhorizont zur Ruhe gegangen ist, in Nuts Mund am Ort ihres Kopfes im Westen ein: Sie frisst sie. Deshalb werden die Sterne 'Die Gefressenen' genannt". Ihr Mann, der Erdgott Geb, "dessen Kinder" die Sterne sind, versteht diese Handlung aber nicht: "Er war zornig auf sie, weil Nut veranlasst, dass sie untergehen."[171] Er befiehlt darauf den Sternen: "Rettet eure Köpfe! Hört schnell auf, im Osten aufzugehen!" Er befiehlt dem Mondgott, "ihre Köpfe [aus dem See der Unterwelt, von dem sie aufsteigen] zu fischen" – worauf der sie für sein eigenes Licht einsammelt. "Indem

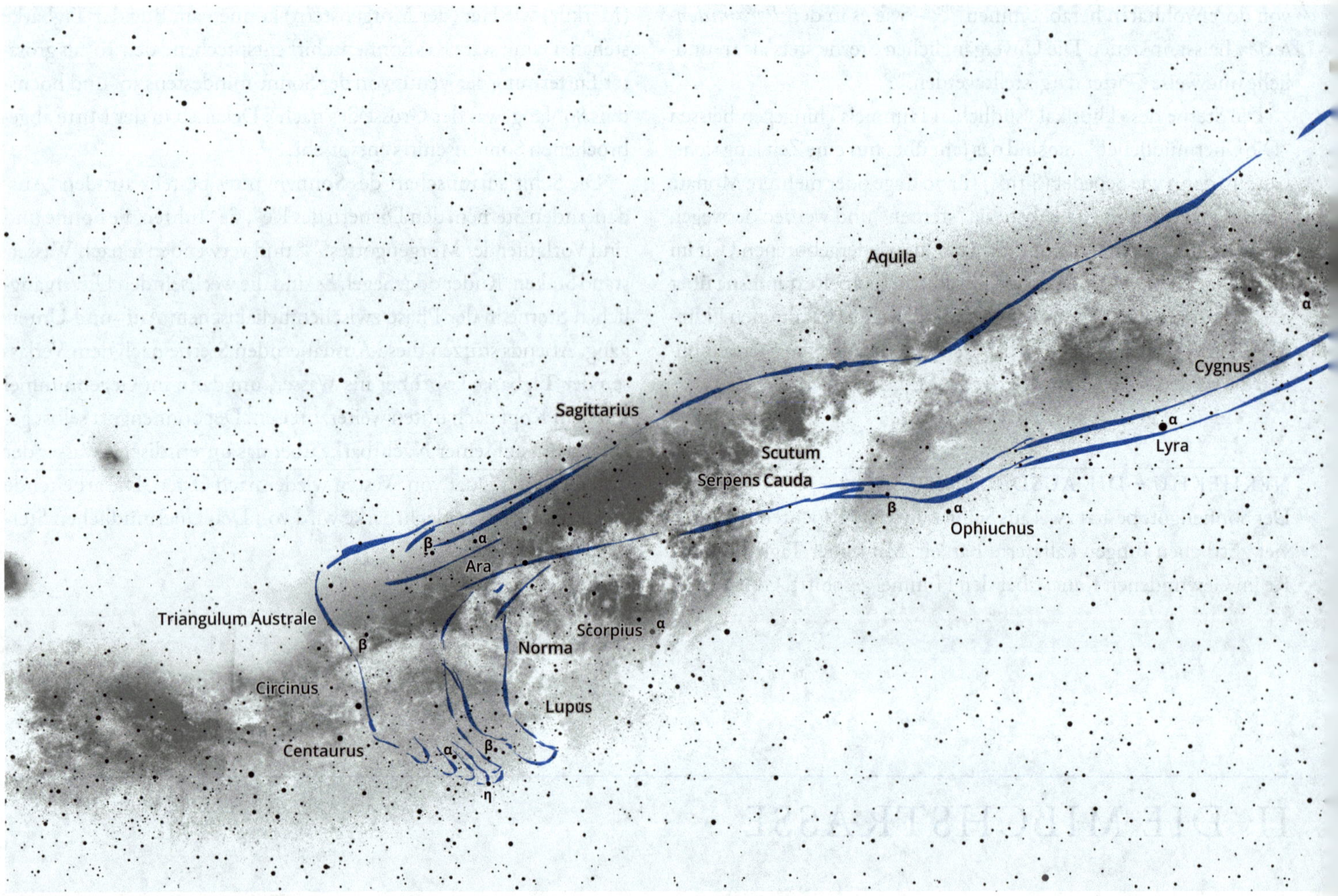

er die Sterne rettete, wurde Geb zum Fürsten der Götter, denn er konnte sie nun untergehen und wieder aufgehen lassen, wann er wollte."[172] Dennoch hörte Nut nicht auf, die Sterne abends wieder zu verschlingen. "Um sie [nun] dazu zu bringen, dass sie sie wieder gebiert", vergewaltigte er Nut: "Geb vereinigte sich mit Nut, was eine Vereinigung zum Bösen war."

Daraufhin schreitet Nuts Vater Shu ein und trennt die beiden: "Er erhob Nut über sich und stellte sie auf ihren Kopf, wobei er zu Geb sagte: 'Hüte dich! Hör auf, mit ihr zu streiten, weil sie deine Kinder frisst! Denn sie gebiert sie, damit sie leben. Sie gehen täglich an dem Ort unter ihrem Hintern hervor, so, wie sie auch die Sonne täglich gebiert. Dann sagt man zu ihr 'Gottesmutter', denn nicht einer von ihnen geht dabei zugrunde. Wenn die 29 [nächtlich sichtbaren] Sternbilder [bei ihrem Aufgang] im Osten ihre Gesichter zeigen, sieht man, dass sie leben.'"

Seit Nuts "Hochhebung durch Shu sieht man die anderen 7 Sternbilder nur deshalb nicht, weil sie am Tag hinter dem Sonnengott am Himmel dahinziehen; sie fahren dabei bis zu den Grenzen des Himmelserzes, bis zu der reinen Stätte des Himmelsweges an der Aussenseite der Nacht. Weil sie tagsüber in Nuts Innerem fahren, erscheinen sie nicht und werden nicht gesehen; sie fahren hinter dem Sonnengott auf den Hochhebungen des Shu und ruhen dabei auf ihren Plätzen".[173]

Ein *Pyramidentext* zur Beschwörung Nuts fasst diesen Mythos zusammen: "Du liegst hoch über Gebs Land, aber du hast den Kopf deines Vaters Shu. Sei mächtig mit diesem Kopf, denn Geb hat dich begehrt und Shu ihn dann unter dich gelegt samt allem. Du hast dir jeden Gott neben dir in seinem Meeräschen-Boot [Sternkahn] genommen, um daraus eine Leuchte [ein Sternbild] zu machen, damit sie von dir nicht als Sterne davonziehen."[174]

L1 158–161 und A 108

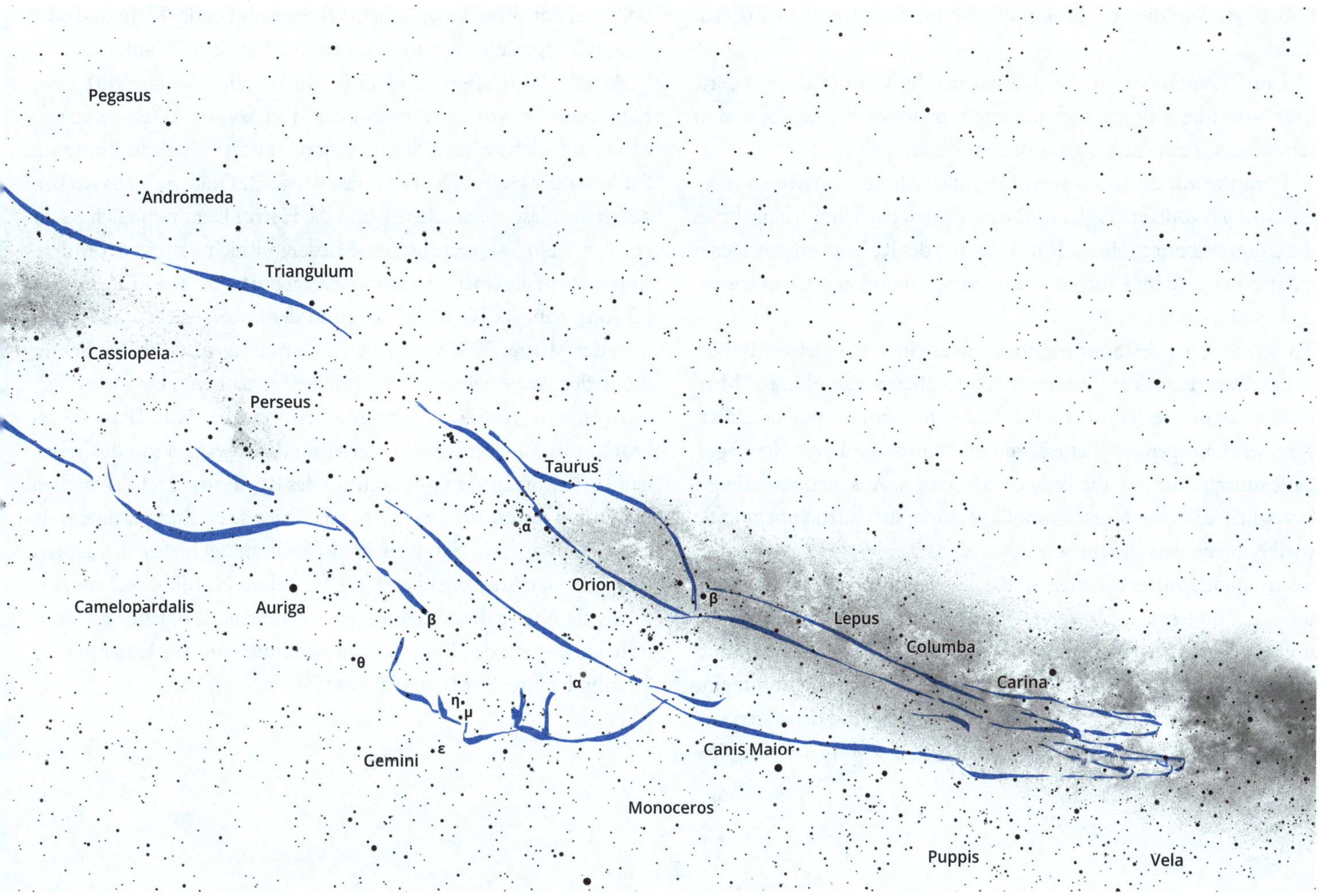

Nach seinem Tod wollte jeder Herrscher eins mit Den Unvergänglichen Sternen im nördlichen Himmel werden. Diese Versternung wurde an den Decken der Königsgräber des Neuen Reiches symbolisch durch ein Panorama dargestellt, das Nut zweimal präsentiert, Rücken an Rücken: einmal als Taghimmel, der die Sonne morgens gebiert, einmal als Nachthimmel, der sie abends verschluckt. Sie beugt sich jedes Mal mit langgestreckten Armen nackt über die Erde, die Füsse am östlichen Horizont, die Finger am westlichen, den nördlichen Himmel dominierend. Vor ihrem Mund ist die Sonne gemalt, die Nut abends verschluckt, vor ihrem Schoss die Sonne, die sie daraus morgens gebiert. Verziert ist ihr länglicher, kanalartig schmaler Körper mit Sternen, manchmal auch mit zwölf Sonnen entlang ihrem Leib als Symbol für die Stunden des Tages.

Re wurde aus Nut geboren, hatte aber keinen Vater und galt deshalb als sich selbst erschaffender Gott, der hierzu allerdings die Hilfe einer Göttin benötigte. Das ging in die Selbstdarstellung des Herrschers über, der sich beim Beischlaf mit seiner Gemahlin als Verkörperung des Sonnengottes sah. Im Alten Reich kam so der Herrschertitel 'Sohn des Re' auf; und aus der 17. Dynastie stammt später eine Geschichte, wonach die ersten drei Herrscher die Söhne der Frau eines Sonnenpriesters gewesen seien.

Diese Symbolik hatte offenbar einen uralten astronomischen Hintergrund. Beim Äquinoktium des Frühlings um 4500 v. u. Z. stand die Milchstrasse in Oberägypten eine gute Stunde nach Sonnenuntergang genau im Westen. Ihr offener Mund war da bereits von dem Punkt aus aufwärtsgewandert, an dem die Sonne zuvor unterging: als hätte Nut ihn dabei geschluckt. Auf diesen Westen wurden dann die Pyramiden des Alten Reiches und die Nekropolen ausgerichtet, da er den Eingang in die Unterwelt der Duat markierte.

Nuts Vulva hingegen zeigte sich erstmals ein paar Tage vor dem Solstitium des Winters über dem Horizont nahe dem Punkt, wo die Sonne bei ihrer Wende aufging. Die nach dem Frühlingsäquinoktium verstrichene Zeit betrug genau neun Monate: die Dauer einer Schwangerschaft. Deshalb wurde der Tag der Wintersonnenwende *Mesut Re*, 'Res Geburt', und der ganze Monat später *Mesore* genannt; mit ihm und einem Fest zur Feier von Res Geburt endete der ehemalige prädynastische Mondkalender.

Mit ihren im Zenit stehenden Füssen gleicht die Milchstrasse jener Hieroglyphe, mit der die Ägypter das Wort 'gebären' schreiben: einer dazu leicht in die Hocke gehenden Frau. Gebären wurde wörtlich auch 'zur Erde geben' genannt. Nur am Tag dieses Solstitiums bildeten Himmelspol, α Cygni und der Sonnenaufgangspunkt einen

Grosskreis: Auf dieser Linie kommt Re aus Nuts Geburtskanal 'zur Welt'.

Laut *Nutbuch* vermischt sich das bei der Geburt abgesonderte Blut Nuts (die Morgenröte) mit dem Fruchtwasser: "Er lebt und ist schön bei seinem Aufgang aus diesem Wasser."[175]

Derart wurde die Sonne von Nut einmal jährlich von neuem geboren; an allen anderen Tagen verjüngte sie sich nach ihrem Zug durch die Unterwelt durch ein Bad im "Uferland des Re", um erneut wieder aufzugehen und im Laufe des Tages zu altern und sich zu vollenden.

W1, W2, 4–1 und L1 133

Zur Nachtfahrt des Sonnengottes gab es einen parallelen Mythos, in dem Res Auge – die Sonnenscheibe – abends von Nut als "Mutter der Sonne" verschluckt wird. Er erhellt dann nachts die Unterwelt, wird morgens wiedergeboren und fährt tagsüber in der Tagesbarke durch Nut, um die Erde zu erleuchten. Aus dieser Wiedergeburtsthematik ging Nuts Symbolik als funeräre Gottheit hervor. So wird Nut von den *Pyramiden-* und *Sargtexten* wie im *Totenbuch* als umarmende Mutter präsentiert, die den Verstorbenen an ihre Brust drückt, damit er aus der Vereinigung mit ihr den Tod überwinden und aus der sterblichen irdischen Welt in den unsterblichen Himmel gebracht werden kann.[176] Dementsprechend ist Nut nicht nur eine Gottheit, die den Himmel mit Armen und Beinen – den "vier Säulen des Himmels" – stützt; sie wird auch als die Morgensonne symbolisierender Skarabäus, göttliches fingerlutschendes Kleinkind oder Junge als "göttlicher Spross und Erbe der Ewigkeit"[177] aufgefasst.

Astrale Mutterfigur und Erlöserin für die Himmelfahrt eines Herrschers ist Nut auch im 'Roman' von *Sinuhe*: "Dass deine beiden Hände sich auf die Schöne richten, o ewiger Herrscher, hin zum Schmuck der Herrin Des Himmels! Möge die Goldene dir das Leben durch die Nase einhauchen – und die Herrin Der Sterne sich zu dir gesellen." Ein *Sargtext* aus dem Mittleren Reich sieht in der Milchstrasse ebenfalls einen Ort der Wiedergeburt: "Sei umarmt von Sah [Orion], Sepedet [Canis Maior] und dem Morgenstern! Sie sollen dich der Mutter Nut in ihre beiden Arme legen! Ich habe dich in die beiden Arme deiner Mutter Nut gelegt, damit du ewig lebst!"[178]

In einem Tempeltext von Esna heisst es über Nut, "dass sie gekrümmt ist unter dem Licht, der Himmel schwanger mit der Scheibe [Res]": "Sie ist die Gottesmutter des Re, die das Licht entstehen liess durch ihr Entstehen, welches das Seiende erschuf, nachdem sie entstanden war, die Sah [Orion] im Südhimmel hinter sich fahren lässt und Den Stierschenkel [Ursa Maior] im Nordhimmel vor sich versiegelt. Nut ist die, welche bei ihrem Umlauf die zugehörigen Sterne hochhebt, die den Bogen zusammenbindet und die Leuchten der Sternbilder ihre Sitze betreten lässt."[179]

L2 145

III DIE ZIRKUMPOLARE REGION

WERET – DIE GROSSE (INSEL)

Das ist der Bereich der ständig sichtbaren zirkumpolaren Sterne. Er umfasst etwa 13 % des Nachthimmels und wird von der Sonne nicht erreicht. Der Pol lag um 2500 noch bei α Draconis, wanderte aber allmählich weiter in Richtung zum heutigen Pol; zu den Gestirnen, die ringsum nie untergingen, gehörten Ursa Maior und Minor, Draco, Teile von Bootes und den Canes Venatici, ein kleiner Teil von Camelopardalis sowie ein noch kleinerer von Hercules. Die Weret liegt also inmitten Der Unvergänglichen Sterne des nördlichen Himmels: Dorthin wollen die Totengeister mit Hilfe des zunehmenden Mondes – des 'Zurückblickers' – und des Schiffs von Usir (gr. Osiris) gelangen; wer nicht über eine solche Transportmöglichkeit verfügte, geriet in ein Netz, das am Ufer Der Grossen Insel zusammengezogen wurde.

In Pepis *Pyramidentexten* aus der Zeit um 2250 heisst es, dass sich auf dieser Insel Sterne niederlassen, die "Schwalben" genannt werden: was sich auch mit "die Grossen" übersetzen lässt. Pepi bittet darin den zunehmenden Mond: "O Zurückblicker, Türhüter des Usir, sage [bei deinem Aufgang], er soll mir sein Boot geben, in dem die Gereinigten [Totengeister über die Ekliptik] übersetzen, um für ihn das kühle Wasser am Rand Der Unvergänglichen Sterne zu holen. ... Ich werde dann zu der grossen Insel des Felds der Opfergaben gehen, auf der sich die Götter wie die Schwalben niederlassen – die Grossen, welche Die Unvergänglichen Sterne sind. Sie geben mir die Pflanze des Lebens, von der sie und dann auch ich leben. Lass mich mit dir zu dem grossen Feld fahren, das für dich in den Grenzen der Gottheit niedergelegt wurde; was du nachts davon zu dir nimmst, wird das Land dann voller Fülle erhellen."[180]

Die 'Grossen' sind die Götter Her, Setekh, Aset und Serket (gr. Horus, Seth, Isis und Selkis), in dieser Region um den Nordpol manifestiert als Sternbilder.

K1 121, 127–130 sowie G 4–5 und 11

Eine Inschrift zur astronomischen Decke von Ramses VI. um 1140 erklärt: "Die Seelenwesen des Nordens, das sind die vier Götter unter den Folgern [den sich um den Pol drehenden Sternbildern]. Sie sind es, die am Tag des Grossen Streites [von Her und Setekh] den Sturm vom Himmel abhalten. Sie sind es, die das Bugseil von Res Barke packen und diese mit dem Heckseil manövrieren, zusammen mit deren Mannschaft, den Ausdauernden Sternen.
Die vier Götter, die sich im Norden des [Sternbilds] Khepesh befinden, sie leuchten in der Mitte des Himmels auf, um von Sahs [Orions] Süden jedes Mal wieder zur westlichen Akhet zurückzukehren.
Was Khepesh betrifft, Setekhs Stierschenkel, so befindet er sich am nördlichen Himmel, festgebunden mit goldenen Ketten an zwei Ankerpflöcken aus Feuerstein. Er unterliegt der Gewalt der Aset in ihrer Gestalt als weibliches Nilpferd, das ihn bewacht.
Ringsum befindet sich das Wasser der Gottheiten, welche die Götter der Akhet sind. Re hat sie zusammen mit Aset hinter diesem Wasser platziert und gesagt: 'Verhindert, dass es in den südlichen Himmeln in jene göttlichen Gewässer überfliesst, welche aus Usir hervorgingen, aus jenem, der in Sah ist.' Sie [die vier Götter des Nordens] erscheinen in der Himmelsregion der nördlichen See, welche die ihre ist; die nördliche Akhet ist ihr Gebiet."[181]
Aus dieser Beschreibung geht hervor, dass sich das sonst als 'kühl' bezeichnete Wasser des Nordhimmels – ähnlich wie Süss- und Salzwasser – nicht mit jenem des Südhimmels vermischen soll, denn das umfasst auch die Gewässer der von Usir beherrschten Unterwelt. Nord und Süd hätten sich dann verkehrt und die Erde umgedreht – eine solche von schrecklichen Stürmen begleitete Überflutung galt in Ägypten als apokalyptisches Szenario.

Die Gewässer des Nord- und des Südhimmels werden getrennt durch den Gewundenen Kanal der Ekliptik, auf dem das Sonnenschiff über den Himmel fährt; es macht an Der Grossen Insel fest, dort steigen die Totengeister jener Herrscher aus, die nicht mit dem Mond oder Usirs Schiff hierhin gelangen. Meist wird angenommen,[182] die beiden Ankerpflöcke befänden sich am Himmelspol – was nicht sein kann, da sie dann nicht am Ufer, sondern in der Mitte der Insel und somit viel zu weit von der Sonnenbarke entfernt stünden; zudem stimmt ihre Verortung in den ramessidischen Sterntabellen nicht mit dem Himmelspol überein.

Die astronomische Decke von Ramses VI. zeigt eines der Landeseile der Barke. Es führt zum Stier in Ursa Maior und wird von einem falkenköpfigen Gott Dunanui gepackt, der seitlich auf dem Ankerpflock steht. In einem *Sargtext* heisst es zur Fahrt eines Totengeistes: "Eine Leiter zum Himmel soll dir geknüpft werden und Nut ihre Hände zu dir ausstrecken; du sollst auf dem Gewundenen Kanal fahren und im 'Acht-Boot' Segel setzen. Die beiden Mannschaften Der Unvergänglichen und Der Unermüdlichen Sterne sollen dich navigieren und zur Grossen Insel lotsen, um dich dort mit ihren himmelserzenen Seilen zu vertäuen."[183]

Die Topographie Der Grossen Insel wird in der Illustration zum Spruch 110 des *Totenbuches* dargestellt.[184] Die von Süsswasser-Kanälen durchzogene Grosse Insel ist vom "Gewässer des Weissen Nilpferds" umgeben: "Mündung des weissen Nilpferds; [das Gewässer] ist 1000 Meilen lang, seine Breite ist unaussprechlich, es gibt darin weder irgendeinen Fisch noch Schlangen, seine Ausdehnung ist die Ausdehnung des Himmels." In älteren Fassungen heisst dieses gebogene Gewässer auch "Hörner der Herrin der Reinheit". Mit seinem Halbrund am unteren Rand Der Grossen Insel tangiert dieses Gewässer den ebenfalls als Krümmung dargestellten Gewundenen Kanal der Ekliptik; die beiden Seiten, wo sie sich berühren, werden in den *Sargtexten* als "Landestelle" und "Die Grosse [Insel]" bezeichnet. Ein Schiff ganz im Osten heisst 'Fülle', offenbar das Sonnenschiff, wenn es der Versorgung der Toten dient. In einem angedeuteten Kanal auf halbem Weg zur Grossen Insel, am Äquator also, liegt ein Schiff mit Schlangenköpfen an Bug und Heck, bezeichnet als Gott, 'Der In Usir Ist'. Damit entspräche es dem Sternbild von Usirs Fährschiff in Argo.

Durch das Rudern in diesen Gewässern gelangt man zu den Stätten des Opfergefildes, wo die Wiedervereinigung mit den Eltern stattfindet, dort sitzen die göttlichen Neunheiten. Her geht auf dem ehemaligen "Kampfplatz" zwischen ihm und Setekh "zur Ruhe" ohne Böses oder Klagegeschrei. Neben Getreidefeldern liegt dort auch die Grosse Stadt, "in der man machtvoll und verklärt sein kann, pflügen und ernten, essen und trinken, geschlechtlich verkehren und alles tun darf, was auf Erden auch getan wird". Dazu gehört Müssiggang wie Bootsfahrten im Sumpfdickicht, Fisch- und Vogeljagd samt "Papyrus pflücken und Binsen, Lotosblumen mit Knospen".[185] Was die astronomischen Decken als Nordhimmel darstellen, besteht somit zum grössten Teil aus den Sternbildern der Gottheiten auf dieser Grossen Insel aus dem Blickwinkel des verklärten Toten, der sie vom Sonnenschiff aus betrachtet. War man erst einmal dort, konnte man, wie das *Totenbuch* mehrfach zeigt,[186] die Sonnenbarke auch als Versorgungsschiff herbeirufen.

IV DIE STERNBILDER DER GROSSEN INSEL UND DES NÖRDLICHEN HIMMELS

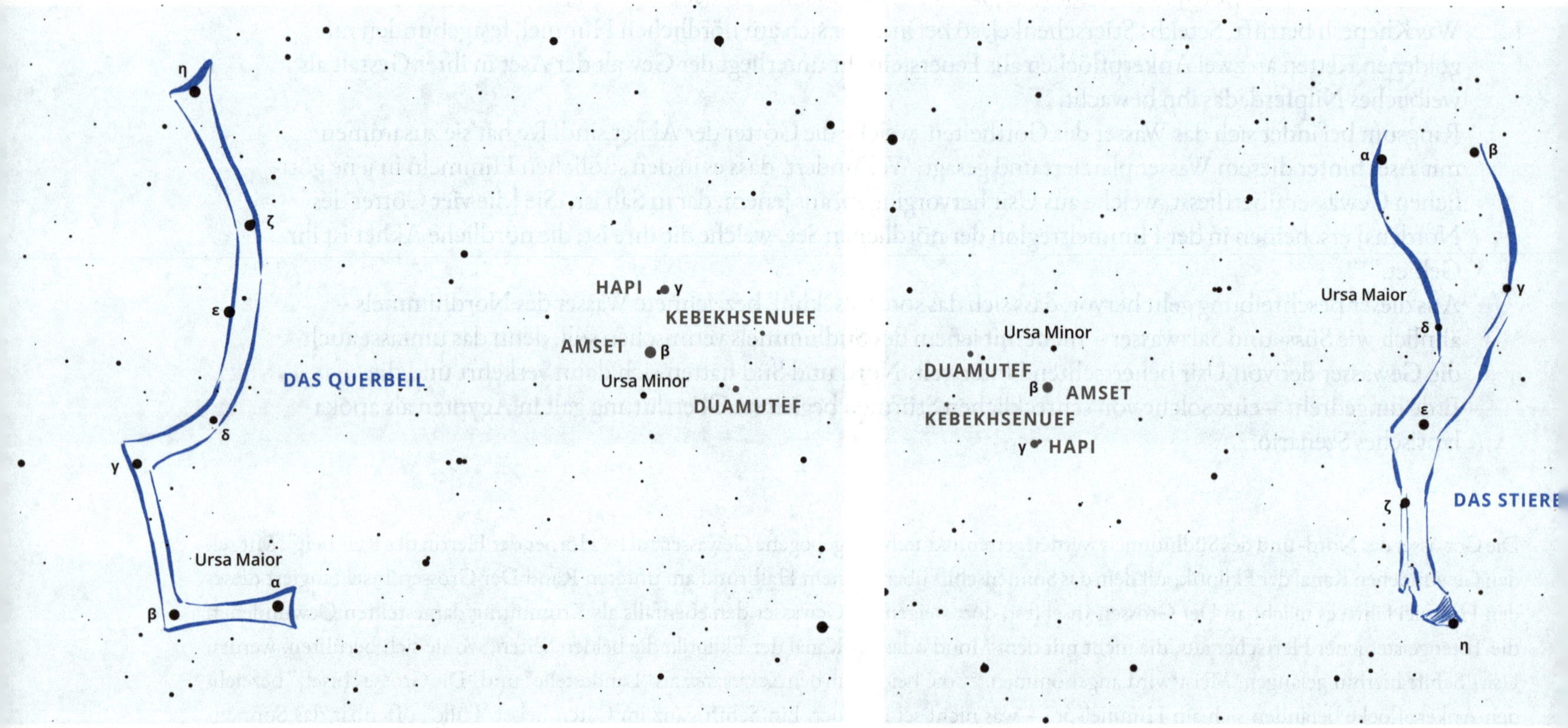

7 Hauptsterne von Ursa Maior
MESKHETIU – DAS QUERBEIL
KHEPESH – DAS STIERBEIN
Ursa Maior
SETEKH ALS STIER
K1 90 und 93, B1 162 und LO1

Meskhetiu hiess ursprünglich der Haken einer Dechsel, eines Querbeils, bei dem das Blatt quer zum Stiel steht. Es wurde beim Mundöffnungsritual einer Götterstatue verwendet: Sie wurde dadurch zum Leben erweckt, konnte atmen, essen, trinken und zu den Menschen sprechen. Als Opfergabe wurde ihr ein Stierbein an den Mund gehalten, um dessen Lebenskraft auf die Statue zu übertragen: Möglicherweise wurde auch eine Dechsel dazu verwendet.[187] Nicht unwesentlich dafür ist, dass Stierschenkel und Dechsel ähnlich geformt sind.

Auch verklärten Toten, die in den Nordhimmel zogen, verhalf man beim Mundöffnungsritual mit dem Querbeil zu neuem Leben. Ein *Pyramidentext* von Pepi II. um 2150 schreibt: "Dein Mund wurde geöffnet durch den metallenen Meskhetiu, der die Münder der Götter öffnete. Her hat es mit demselben Beil geöffnet, mit dem er den Mund seines Vaters Usir spaltete: mit dem himmlischen Erz, das von Setekh kam, dem metallenen Meskhetiu."[188]

Im Mittleren Reich um 2000 v. u. Z. hatte sich die hieroglyphische Schreibung des Sternbilds bereits verändert: *Meskhetiu* wurde nun nicht mehr mit einer Dechsel, sondern mit einem Stierbein geschrieben. Das *Totenbuch* aus dem Neuen Reich zeigt, dass 'Querbeil' ab Mitte des 2. Jahrtausends durch *Khepesh* – Vorderbein – ersetzt wurde, was im übertragenen Sinn 'Kraft' bedeutete und der Form wegen auch ein Sichelschwert bezeichnete. Die Querbeil-Figurierung von Ursa Maior änderte sich in der Folge zum Stierbein – jenem des Setekh, der in Gestalt eines Stieres Usir ermordet haben soll.

Das mit dem Sternbild und Setekhs Mythos verbundene Stieropfer hielt sich bis in Plutarchs Zeit: "Weil nun die Ägypter Setekh für rothaarig halten, opfern sie ihm auch rötliche Rinder; die Unterscheidung ist dabei so scharf, dass ein Tier für untauglich gilt, wenn es ein schwarzes oder weisses Haar hat".[189] Dieses Opfer wurde beim 'Fest für Meskhetiu' am 14. Tag des 1. Monats der Überschwemmungszeit des Jahres gefeiert, "an dem man sonst nichts machen sollte".[190]

Setekhs Überwinder Her wurde in seiner Manifestation als Her Behdeti zur Erntezeit am 1. Tag des 11. Monats gefeiert, anlässlich des Festes der Freudigen Vereinigung von Her und der Himmelsgöttin Hut-Her in Edfu. Er galt dort als 'Herr Des Himmels'. Um seine Dominanz über Setekh zu demonstrieren, wurde dem geopferten Stier das Vorderbein herausgeschnitten, wie eine Tempelinschrift besagt: "Man bringt einen roten Ochsen und schächtet ihn vor dem Her Behdeti von Edfu. Dann schneidet man sein rechtes Vorderbein heraus und wirft es in die Menge. Der Sänger [?], der Hers Namen trägt, ergreift es und hängt es sich dann um den Hals."[191]

Für dieses Fest wurden auch Fische und Vögel gefangen; jene, die man für Inkarnationen Setekhs hielt, wurden anschliessend mit den Füssen zertrampelt, um dabei zu rufen: "Ihr sollt in Stücke geschnitten und eure Glieder zerhackt werden – so triumphiert Her Behdeti, Der Grosse Gott, Herr Des Himmels, über alle seine Feinde."[192]

Ab etwa 1500 wurde das Sternbild auch als ganzer Stier dargestellt. Man sieht es an der astronomischen Decke von Senenmut um 1450 und dann bei Sethos I. und Ramses VI.: η, ζ und ε Ursae Maioris bilden den Schwanz, die Hörner entsprechen dem Bogen der Sterne 1, 23, 29, 30, 25, 9 und 12 Ursae Maioris, sein Leib wurde mit α, β, γ und δ Ursae Maioris eiförmig, mit kurzen Beinen darunter.

K1 90 und 93, B1 161–162, LU3 und L1 185 sowie Wikipedia.de, 'Mesechtiu' und 'Chepesch'

Das erste Sternbild der Welt

In Edfu (zwischen Luxor und Assuan) ist im ptolemaischen Tempel ein Weltschöpfungsmythos eingraviert, der wegen seiner sprachlichen Archaismen spätestens auf die Mitte des 2. Jahrtausends v. u. Z. zu datieren ist. In den Mund gelegt wird er dem Mondgott Djehuti, Ursa Maior – da noch 'Querbeil' genannt – ist darin bei der Entstehung der Welt das erste leuchtende Objekt am urfinsteren Himmel.

Der Mythos weist Parallelen zu nahöstlichen Kosmologien auf. Zunächst sind da im Urdunkel zwei Gottheiten – "Grenzstreiter" und "Erweiterer" –, die ein Gemisch von Wasser und Erde verkörpern, das sich erst absetzen muss, wie beim babylonischen *Enuma Elish*; und auch in der *Genesis* muss am Anbeginn erst Wasser von Wasser im Finstern geschieden werden. Der absinkenden Nilschwemme ähnlich bildet sich dabei eine fester werdende Schilfinsel, aus der später der Ort Edfu hervorgeht.

Der 'Flügel Des Kreisenden', der falkengestaltige Her als Dunanui, entstand schliesslich als dritter Gott dieser primordialen Dreifaltigkeit – aus sich selbst heraus. Er sieht die Insel und lässt sich auf ihr nieder: "Der Kopf schöngesichtig, das Schwanzgefieder eine wahre Kostbarkeit, die beiden Flügel lapislazulischimmernd, die Brust aus Kügelchen von Gold." Her wird nun zum Schöpfergott, indem er seine Flügel aufspannt und kraft seiner Gedanken den Weltraum entstehen lässt – ähnlich dem über den Wassern schwebenden Geist des alttestamentarischen Gottes und dem Meeresvogel, den man in Indien wie im pazifischen Raum als Weltschöpfer sieht: "Hervorgekommen ist derjenige, der dort hinabgestiegen ist, der, welcher kommt und als Herrscher Des Flügels gross ist. Das Ende [des Raumes] hat sich in seinem Erkennen ausgedehnt. Der erste Flügel steht dabei dem zweiten weiter gegenüber. Das Sternbild Des Querbeils ist klar im Blick."[193]

Die Sonne entsteht erst nach diesem Sternbild und berührt dann erstmals das noch über allem Land liegende Urgewässer, während das verschilfte Ufer sich auswächst, auftaucht und als Grosser Hügel erhebt.[194]

Die Himmelfahrt eines Herrschers zum Stierbein

In einem *Pyramidentext* des Unis (ca. 2353–2323) wird dessen Himmelfahrt beschrieben, wie sie ähnlich von anderen Herrschern beansprucht wurde. Unis Auferstehungsreise führte vom Schakalsee und Duatischen See der Unterwelt zum östlichen Himmelstor und dann in die Milchstrasse; sie folgte damit dem Weg der ersten Dekane vom Horizont zum Zenit, um schliesslich über den Gewundenen Kanal der Ekliptik zu Den Unvergänglichen Sternen um den Himmelspol zu gelangen.

Unis selbst steigt einem Vogel gleich zum Stierschenkel empor, nachdem er wie alle Toten im Binsengefilde am östlichen Himmelsrand gereinigt worden ist. Daraufhin sieht sich Unis in Sopdu – den falkengestaltigen Sohn der in Canis Maior verkörperten Sepedet als Göttin der Fruchtbarkeit, der Wiedergeburt und des Ursprungs der Welt eingehen.

Sopdu ist hier als Canopus zu verstehen, der ebenfalls erst nach einer langen Zeit der Unsichtbarkeit aus der Unterwelt am südlichen Himmel aufgeht: "Der Himmel ist ausgeblutet, doch der Sopdu-Stern lebt, denn ich bin der Lebende, Sepedets Sohn, für den die beiden Neunheiten der Götter das unvergängliche Sternbild Des Querbeils gereinigt haben. Ihr Menschen, versteckt euch, die Götter fliegen auf: denn Sepedet hat mich zum Himmel geflogen, unter meine Brüder, die Götter, und Nut ihre Arme für mich entblösst. So steige ich zu dir, Sonne, in den Himmel hinauf, mein Gesicht gleicht dem eines Falken, meine Flügel wie jene der Vögel, meine Fingernägel wie Krallen. ... Ich habe die Arme der Nilgans erhalten und die Flügel wie eine Gabelweihe geschlagen. Ihr Menschen: ein Flieger fliegt; und ich fliege von euch fort."[195]

A 60 und K1 90–98 und 141

SETEKHS STREIT MIT HER UND DIE ENTSTEHUNG DES STIERBEINS

Ursa Maior wird zum Sternbild des Gottes Setekh in einem Mythos, der ihn mit der nilpferdgestaltigen Aset – Reret – in Hercules und mit Usir im Orion verbindet. In Plutarchs Worten: "Dies ist die Sage, wie Setekh [gr. Seth] aus Neid und Missgunst Schreckliches vollführte, alle Dinge verwirrte, Erde und Meer fast allenthalben mit Übeln erfüllte, endlich aber zur Strafe gezogen wurde. Nachdem die Schwester und Gemahlin Usirs [gr. Osiris] Aset [gr. Isis] als Usirs Rächerin die Wut und Bosheit des Setekh gedämpft und ausgelöscht hatte, wollte sie aber nicht, dass die von ihr [und ihrem Sohn Her] bestandenen Kämpfe, Gefahren und Irrfahrten, dass so viele Taten der Weisheit und Tapferkeit dem schweigenden Vergessen anheimfielen. Deshalb verwebte sie in die Mysterien die Bilder, Andeutungen und die Nachahmung der früheren Leiden und stiftete somit eine Lehre der Frömmigkeit und Tröstung für Männer und Frauen, die ein ähnliches Unglück erleiden.

Sie selbst und Usir wurden aus dem Zustand der guten Geister ob ihrer Tugend unter die Götter versetzt. In der Seele entsprechen Vernunft und Verstand als Führer und Herren alles Guten dem Usir; auf der Erde, im Wind und Wasser, dem Himmel und in den Sternen ist er das Geordnete, Feststehende und Gesunde als Ausfluss des Usir und sichtbares Bild. Setekh aber ist in der Seele das Leidenschaftliche, Unvernünftige und Rohe, im Körperlichen das Fremdartige und Krankhafte, die Störungen durch Misswuchs und Unwetter, sind die Sonnen- und Mondfinsternisse gleichsam die Angriffe und Entfesselungen Setekhs."[196]

Als vollständige Geschichte findet sich dieser Mythos erstmals in dem um 1160 v. u. Z. niedergelegten Text von *Her und Setekh*. Asets Sohn Her streitet nach dem Tod seines Vaters Usir mit dem Onkel Setekh um die Herrschaft am Himmel, wobei am Ende der Mond als 'Hers Auge' entsteht. Der rothaarige Wüstengott Setekh, Sohn der 'Sternenfresserin' Nut – der Milchstrasse –, ist stark, brutal und schöpferisch unbegabt, sein Neffe Her, Sohn der schlauen Aset, dem das Amt als Himmelsherrscher erblich zusteht, dagegen ein noch schwaches und naives "Bübchen". Die "laue" Neunheit der Grossen Götter ist dabei, Setekh die Herrschaft zuzusprechen; doch da protestiert Aset mit dem Hinweis, dass sie die Sache der höchsten Instanz vorlegen wird, der Sonne. Darauf lenkt Die Neunheit ein und schlägt zur Klärung der Machtfrage eine Gerichtsverhandlung vor. Der wütende Setekh willigt ein, doch nur, wenn Aset der Verhandlung nicht beiwohnt:

"Setekh sprach zu den Göttern Der Neunheit: 'Ich werde mein Szepter von 4500 Barren nehmen und jeden Tag einen von euch töten!' Alsdann schwor er einen Eid beim Allherrn Atum mit den Worten: 'Ich werde nicht weiter vor Gericht verhandeln, solange Aset dabei ist!' Da sprach der Sonnengott [in seiner horizontischen, morgendlichen Verkörperung] Re-Herakhti zu ihnen: 'Fahrt zur 'Insel Der Mitte', entscheidet dort zwischen ihnen und sagt zu Nemti, dem Fährmann, dass er keine Frau übersetzen soll, die der Aset ähnlich sieht.'

Da fuhr Die Neunheit zur 'Insel der Mitte' hinüber und sie setzten sich dort nieder, um ihr Brot zu essen."

Diese 'Insel der Mitte' ist Die Grosse Insel der zirkumpolaren Sterne, im Opfergefilde des nördlichen Himmels: Dort verspeisen die Götter Der Neunheit auch in anderen Texten ihr Brot und wird über ihre Streitigkeiten Gericht gehalten.

Der nun auftauchende Nemti ist später eine autonome Verkörperung des Mondes als himmlischer Fährmann. Aset erscheint nun als alte Frau, besticht ihn mit einem goldenen Siegelring zur Überfahrt und verwandelt sich auf Der Grossen Insel dann in eine schöne Frau, die sich als Witwe eines Hirten ausgibt, des Gottes Usir. Sie klagt, dass sich ein Fremder gewaltsam alles Vieh von Usirs jungem Sohn Her geholt hat. Setekh pflichtet ihr bei: "Soll man denn sein Vieh einem Fremden geben, obgleich der Sohn des Ehemanns danebensteht?" Damit hat er sich nun aber "selbst gerichtet", denn das Wort für 'Vieh' klingt ähnlich wie jenes für 'Amt' – womit er seinen eigenen Herrschaftsanspruch unwillentlich für illegitim erklärt hat. Setekh erzählt darauf Re-Herakhte, wie er von Aset reingelegt wurde.

"Re-Herakhte erwidert nun: 'Sieh an, du hast dich selbst gerichtet! Was willst du mehr?' Setekh antwortete: 'Lass Nemti, den Fährmann, herholen und über ihn eine schwere Strafe verhängen, mit der Begründung, dass er Aset hat übersetzen lassen. Man soll ihn dann nach dem Grund dafür fragen.'"

Darauf wurde Nemti, der Fährmann, vor Die Neunheit gebracht und wurden ihm die vorderen Glieder seiner Beine abgerissen.

Setekh wird damit als unrechtmässiger Usurpator dargestellt und mit Gewalt und Rindern verbunden.
Die hier erzählte Geschichte variiert jedoch den Mythos insofern, als das Vorderbein in Ursa Maior vom Mond als himmlischem Fährmann stammt.

In einer älteren Fassung dieses Mythos kommt es zum Kampf zwischen Her und seinem Onkel Setekh.
Her kann ihn dabei vierteilen und ihm den Schenkel ausreissen – womit er Setekhs Mord an seinem Vater Usir gerächt hat. So heisst es bereits in einem *Pyramidentext*: "O Usir, König, nimm den Schenkel von Setekh, den Her ihm abgeschnitten hat."[197] Her erhält deshalb den Beinamen 'Seines Vaters Rächer'.
Ein späterer *Sargtext* verändert diesen Mythos und erklärt das Sternbild nunmehr zum Schenkel von Hers Vater Usir, aufgrund dessen, dass dieser auch 'Himmelsstier' genannt wurde.
Die Unvergänglichen Sterne werden dabei mit dem am Himmel kreisenden Ursa Maior ebenso gleichgesetzt wie beide Bezeichnungen dafür: "Grüsse an Usir, Erster Stier: du bist Usir, Der Stier Des Himmels. ... Die Sterne des nördlichen Himmels, sie sind dein Querbeil-Stierbein; sie verbergen sich nie im westlichen Himmel wie die Sterne der Dekane, sie reisen in der Nacht wie am Tag in die entgegengesetzte Richtung. Sie stehen hinter Dem Grossen Nilpferd des nördlichen Himmels wie dein Querbeil-Stierbein, wenn es zum südlichen Himmel wandert, in die Nähe der Seelen der Götter, die im Sternbild Sah [Orion] sind."[198]

Der Mythos entwickelte sich noch weiter. Da Setekh trotz seiner Amputation immer noch so gefährlich ist wie ein Sichelschwert, lässt man ihn zu Usir in die Unterwelt absteigen, um dort den ewigen Kampf zwischen beiden fortzusetzen. Verhindert wird dies aber durch die dort befindlichen Sternbilder, die Khatiu, die Setekh dafür abstrafen. Dabei bezichtigt man den ehemaligen Mondgott Djehuti, lunare Verkörperung des himmlischen Fährmanns Nemti, der Komplizenschaft: "Du hast den Pflock des Schenkels gelöst, um zu veranlassen, dass dem Sternbild Sah Schaden zugefügt wird." Um die von Setekh ausgehende Gefahr endgültig zu bannen, wurde er daraufhin am Himmel in Fesseln gelegt und – wie die Sternbilder zeigen – von allen Seiten durch Krokodile, den Göttlichen Löwen und Götter bewacht.
So heisst es im *Buch vom Tage* aus den Königsgräbern der Zeit um 1300, dessen Texte die astronomischen Decken illustrieren: "Es ist der Schenkel des Setekh, der im nördlichen Himmel mit einer goldenen Kette an zwei Landepfähle aus Feuerstein angebunden ist. Aset in Gestalt eines Nilpferds ist seine Bewachung anvertraut."
Setekh verkörpert damit das Prinzip der Unruhe, das den Himmel kreisen lässt und Tag und Nacht bedingt. Der Himmel ist an Setekh festgebunden, dessen Kraft und Macht ihn unablässig weiterdreht. Hinter der Fesselung könnte die astronomische Observation stehen, dass sich Ursa Maior im Laufe der Jahrhunderte immer weiter vom ursprünglichen Himmelspol in α Draconis in Richtung des heutigen Polarsterns entfernt hatte.

Mit einer Kette an das Sternbild des Ankerpflocks gefesselt wird Setekh von Hers Mutter Aset, der nilpferdgestaltigen Ipet. So erklärt ein Tempeltext von Esna aus der Römerzeit: "Isis als Nilpferd ist es, die Meskhetiu im Nordhimmel anbindet, um nicht zuzulassen, dass er in die Unterwelt herabsinkt.
Er steht am Himmel unter Ipets Aufsicht – und sie wird ihren Arm nicht von ihm lösen in Ewigkeit und Unendlichkeit."[199]
In einem Papyrus aus dem 4. Jahrhundert v. u. Z. heisst es hingegen: "Du bist Sah [Orion] am südlichen Himmel. Ich bin die Göttin Sepedet [Canis Maior] und ich beschütze dich. Ich habe deine Feinde im Meskhetiu am nördlichen Himmel gefangen."[200]

LU3, LI2 21–29 und EAT III 190–191

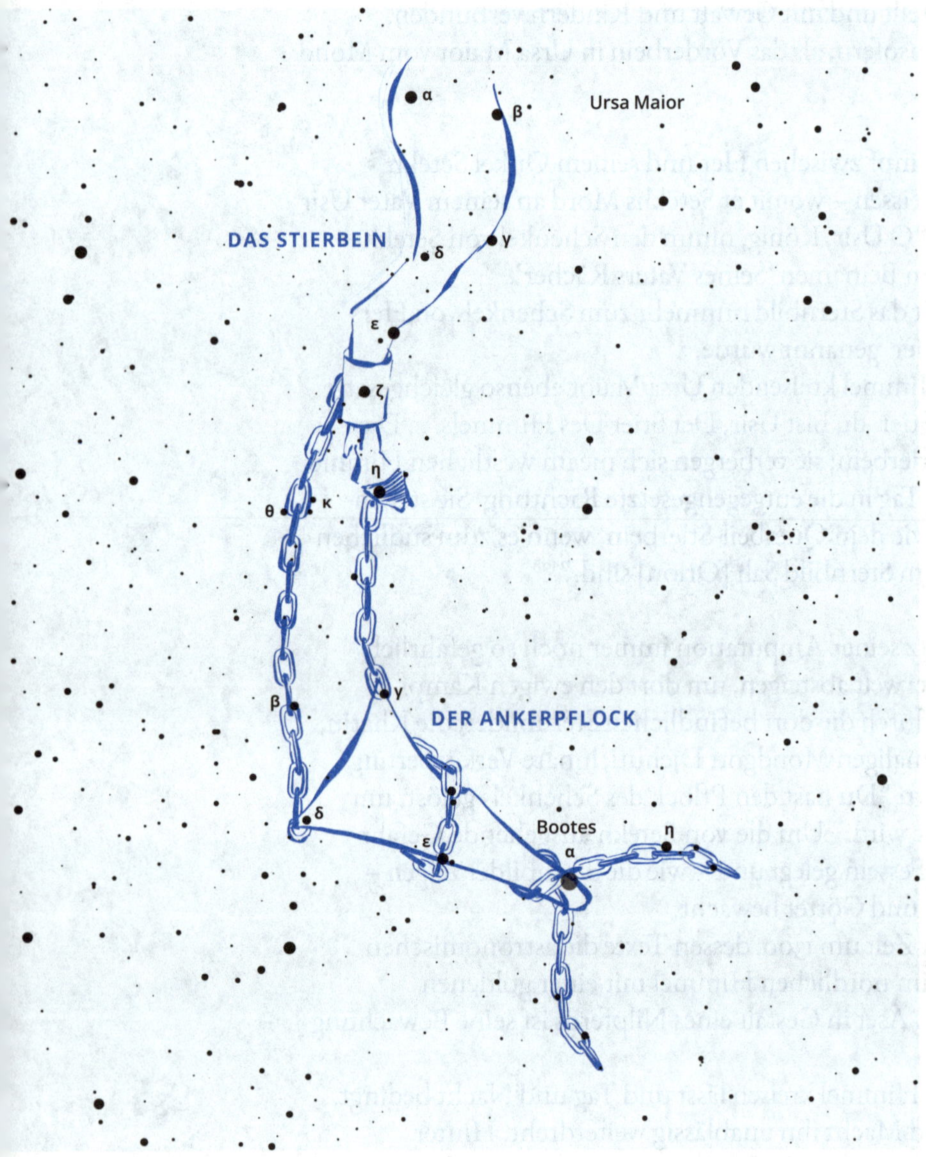

Ursa Minor?

AMSET, HAPI, DUAMUTEF, KEBEKHSENUEF

Diese vier, meist 'Horuskinder' genannten Götter sind die Söhne, die Her Der Ältere mit Aset zeugte. Im Begräbniskontext beschützen sie die mumifizierten Organe, die in nach ihnen geformten Kanopenkrügen aufbewahrt wurden: Der mit Menschenkopf dargestellte Amset beinhaltete die Leber, Hapy mit Hundekopf die Lunge, Duamutef mit Schakalkopf die Milz und Kebekhsenuef mit Falkenkopf die Gedärme. Sie setzten dem Toten bei seiner Auferstehung dann unverwesbare Innereien ein.[201]

Im astralen Kontext wurden sie von Her Dem Älteren zu Wächtern der vier Himmelsrichtungen bestimmt.[202] Sie galten als unbestechlich und waren laut *Totenbuch* Teil des Totengerichts um Usir, bei dem auch dessen Erzfeind Setekh als "Herr der Gerechtigkeit" auftrat. So wurde ihr Sternbild neben dem des Setekh verortet: "Amset, Hapi, Duamutef, Kebekhsenuef: diese sind es, die hinter Dem Querbeil am Nordhimmel sind."[203]

Ergänzt werden diese vier Gottheiten durch drei weitere Sterngötter: 'Der Seinen Vater Schaut', 'Der Unter Dem Ölbaum Ist' und 'Her Der Augenlose'. Naheliegend ist deshalb eine Identifikation mit Ursa Minor, auch da dieses Sternbild in der Drehrichtung des Himmels "hinter" Dem Querbeil in Ursa Maior liegt. Sonst werden in diesem Spruch nur die als Sternbilder benachbarten Sobek-Krokodile genannt.

Ein auf Hers Söhne bezogenes Sternbild wird nur hier im *Totenbuch* erwähnt. An den astronomischen Decken konnte Dunanuis Name mit der Hieroglyphe von Duamutef geschrieben werden.[204]

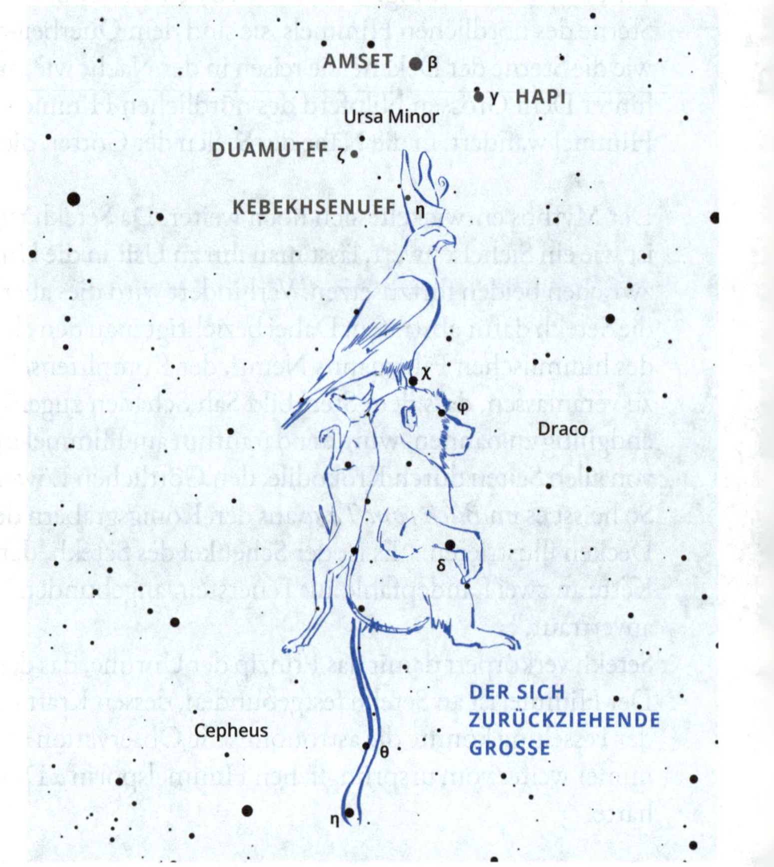

um φ und δ Draconis und θ Cephei?

AASETJA – DER SICH ZURÜCKZIEHENDE GROSSE

Im Pronaos und auf der Decke einer der Osiriskapellen von Dendera sieht man in Polnähe statt Des Hirten und Dunanuis einen Pavian. Auf seinem Kopf sitzt ein Falke mit einer Krone; an seinem Rücken hängt ein dünner Hund mit erkennbarem Penis herab.[205] Beide stellen Manifestationen Setekhs dar, dessen Feindschaft mit Her den ganzen zirkumpolaren Himmel prägt. Paviane wurden relativ spät verehrt, dementsprechend überschneidet sich das recht späte Sternbild mit dem des Riesen. Man importierte sie aus dem Land Punt (im heutigen Eritrea) und verehrte sie vielleicht deshalb, weil sie sich in der Morgendämmerung der Sonne zuwenden, als würden sie Re anbeten.

DER MYTHOS VOM SICH ZURÜCKZIEHENDEN GROSSEN

Im frühptolemaischen *Papyrus Jumilhac* heisst der Affe Baba und ist ein uralter paviangestaltiger und sexuell-aggressiver Gott, der als 'Herr Des Nachthimmels' galt. Als Himmelswächter konnte sein Phallus den Himmel wie einen Riegel öffnen oder verschliessen. Der Hund wird als "rot gefleckter" Iuiu-Hund bezeichnet und stellt eine Verkörperung jenes mythischen Raubtiers *Khestet* dar, in dessen Gestalt Setekh gegen Hers Verbündeten Djehuti vorgeht. Beide, Hund wie Pavian, werden betitelt als *Aasetja*, 'Sich Zurückziehender Grosser'.

Die im *Papyrus Jumilhac* erzählte Legende bezieht all diese Verkörperungen auf den ewigen Widersacher Setekh, der nun in Gestalt des Pavians und des Iuiu-Hundes auftritt und diesmal mit dem alten Mondgott Djehuti in Streit gerät: "Hier wird erklärt, warum man den Iuiu-Hund *Aasetja* nennt, den Anordnungen des Opfers für Baba entsprechend, der selber im Roten Hund ist, dessen [Pavian-]Augen aussen tief nach innen gegraben sind. Was Aasetja betrifft, so ist dies der Name, den man 'Dem Sich Zurückziehenden Grossen' gibt. Der Allherr sagt den Mitgliedern Der Grossen und Der Kleinen Götterneunheit: 'Nun sprecht in meiner Gegenwart', nachdem Djehuti sie als Zeugen gegen Baba aufgerufen hat, weil der sich mit ihm gestritten hatte. Diese schweigen jedoch und wollen nichts aussagen.

Also beginnt Baba in Res Gegenwart über Djehuti Böses zu sagen: 'Djehuti hat sich genommen, was Re gehört; er hat Res Mahl gegessen. Zu Res Grausen hat er aufgeleckt, was aus ihm herauskam; Djehuti hat alles gestohlen, was Re gehörte.' Die Mitglieder Der Grossen und Kleinen Götterneunheit sagen darauf in Res Gegenwart: 'Wir haben nichts gesehen; was Baba gerade vor Re gesagt hat, ist eine Lüge.' Worauf Djehuti zu Baba sagt: 'O Grosser! Zieh dich zurück, denn du hast unrecht.' Deshalb nennt man den roten Hund bis zum heutigen Tag *Aasetja*. Und Re erwiderte: 'Djehuti ist gerecht – und Baba hat bis heute unrecht!'

Was man zur Kopulation des Iuiu-Hundes wissen muss: Baba begann nämlich danach von neuem, Böses über Djehuti zu sagen. Darauf ging Djehuti gegen ihn vor, indem er Babas Glied – nachdem dieser mit einer Frau gevögelt hatte und eingeschlafen war mit einer Salbe bestrich und eine Beschwörungsformel gegen ihn aussprach. Auf diese Weise bemächtigte sich die Vulva der Frau Babas Glied und riss es ihm aus, ohne dass er es merkte. Dann rief Djehuti die Götter Der Grossen und Kleinen Neunheit und zeigte ihnen Baba und die Frau. Da sagte Re: 'Baba, du hast versagt!' Und Djehuti sagte zu Baba: 'O Grosser – jetzt sind deine Hoden weg!' Darauf nahm Baba seine Kriegswaffen und marschierte gegen Djehuti – doch Djehuti sprach einen Zauber gegen ihn aus, worauf Baba seine Bronzewaffe ergriff und sich damit selber in den Kopf hieb. Die Götter meinten dazu nur: 'Seine Waffe ist jetzt in ihm.' Deshalb hat er bis heute seinen Namen als 'Feind' [die Hieroglyphe für dieses Wort stellt einen Mann dar, dem eine Axt im Kopf steckt].

Und man sagt: 'Treib ihn zurück, o Re!' So sagten die Götter. Worauf Re Baba der Macht Djehutis unterstellte und Djehuti ihn am Schlachtplatz des Re opferte – deshalb gibt es ein [Stern-]Bild des Iuiu-Hundes. Das ist die Erklärung für den Roten Hund, den man am Tag des Festes für Djehuti opfert: Der Rote Hund ist Baba und Baba ist Setekh."[206]

η Ursae Maioris bis λ – κ Bootis?

TJESEM DESHER – DER ROTE HUND

Im Pronaos wie auf der Decke einer der Osiriskapellen von Dendera befindet sich zwischen Reret in Hercules und Dem Stier in Ursa Maior – anstelle Des Hirten also – ein Kanide auf einer langstieligen Feldhacke.[207] Dies gibt ein mesopotamisches Sternbild wieder: Den Pflug in Triangulum samt dem 'Wolf' genannten Trichter darauf.

Entweder wurde dieses Sternbild zunächst ebenfalls in Triangulum gesetzt, des mit Setekh assoziierten Kaniden wegen dann aber in Polnähe gezogen. Plausibler aufgrund späterer griechischer Traditionen ist jedoch, dass man das mesopotamische Pfluggestirn mit einem anderen mesopotamischen Sternbild überblendete: Dem Fuchs. Der steht als Kriegsgott Erra im Seil des Wagens von Ursa Maior und

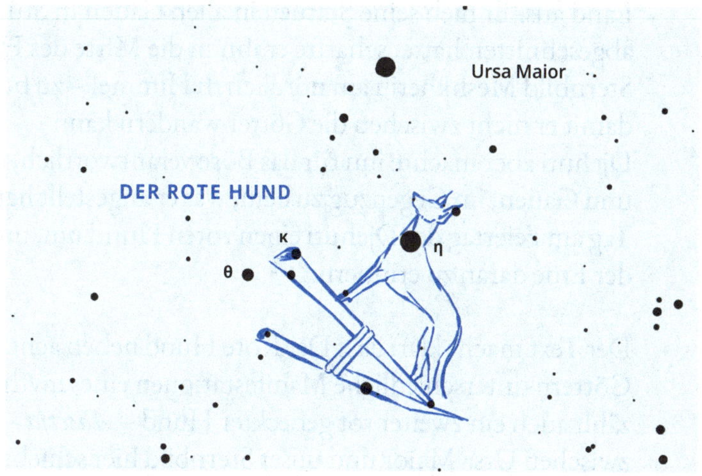

ersetzt als Roter Hund nun Den Hirten, der den destruktiven Stier am Seil hält.

Zu verbinden ist unser Sternbild jedenfalls mit dem 'Roten Hund' des *Papyrus Jumilhac* aus dem 3. Jahrhundert v. u. Z. Darin wird eine weitere Variante des Mythos von Her und Setekh erzählt und der Ursprung jenes Festes erläutert, das in dem Dunanui geweihten Gau Ägyptens am 19. Tag des 1. Monats zu Ehren des vom Mondgott zur Gottheit der Gelehrsamkeit erhobenen Djehuti gefeiert wurde.

Die Feldhacke des Sternbilds symbolisiert generell die Zeit der Feldarbeit, die mit der Nilüberschwemmung im 1. Monat des neuen Jahres begann und wenn mit den Furchen der Äcker wieder eine fruchtbare Ordnung in das 'Setekhische' Chaos des Sandes gezogen wurde. Spezifischer verwies die Feldhacke auf die Osiris-Mysterien, die anlässlich von dessen Wiedergeburt gefeiert wurden. So berichtet ein Text in der Tür zu der Osiriskapelle in Dendera, dass die dafür verwendete Gerste nebst Emmer und Flachs zwischen dem 12. und 19. Tag des 1. Monats auf einem eigenen Feldstück eingesät wurde.[208]

DER MYTHOS VOM ROTEN HUND

"Der 19. des 1. Monats der Akhet, der Jahreszeit der Überschwemmung, ist jener Tag, an dem Djehuti in Gegenwart der Götter über Her und Setekh entschied. Aset und [ihr Sohn] Her hatten sich bei Re beschwert und dem Sonnengott all die schlimmen Taten berichtet, die Setekh gegen Her beging.

Also sagte Re zu Djehuti: 'Entscheide über Her und Setekh.' Djehuti setzte sich auf eine Matte, an seiner Seite die Götter in ihrer Rolle als Richter, um über sie zu urteilen. Djehuti zählte in Gegenwart Der Neunheit der Götter all die Taten des Setekh auf, und man sass über sie Gericht, wobei Her gegenüber Setekh Recht bekam.

Daraufhin setzte Djehuti eine Urkunde zugunsten Hers auf, betreffend Ober- und Unterägypten, die Gaue, alles, was es gibt, was lebt und was die Erde hervorbringt, und legte dies schriftlich nieder. Man gab Her das Szepter in die Hand und sandte diesbezüglich eine Botschaft an Re: 'Mach, dass man Her Ägypten und den Thron seines Vaters [Usir] gibt – und treib Setekh zudem in seine Wüste zurück.'

Da gab Re einen diesbezüglichen Befehl an die Vollversammlung der Götter. Setekh und seine Verbündeten jedoch, die versammelten sich, weil sie nun einen grossen Kampf vorhatten. Setekh ging dabei gegen Djehutis magische Objekte vor: Er kam mit seinem Messer, durchschnitt die Bänder von dessen Kästchen, stahl die Schriften darin und warf sie in den Fluss. Djehuti aber machte trotzdem seine Beschwörungen, legte unbeschriftete Rollen hinein und bemalte sie dann mit seinem Pinsel, dass sie wieder die Stelle der alten einnahmen. So entstand übrigens das gelbe Mineral des Orpiments.

Darauf verwandelte Setekh sich in einen roten Hund, flüchtete und versteckte sich mitten in einem Busch. Die Götter beeilten sich, ihn zu verfolgen, und als sie ihn dort stellten, stachen sie ihm ihre Speere in den Hals. Die umstehenden Zuschauer schrien: 'Da ist er! Da ist er!'; bliesen ihn mit diesen Worten um und töteten ihn mit den Waffen in ihren Händen. Danach bestieg Her den Thron seines Vaters Usir, machte sich zum König der beiden Reiche, und Djehuti stand hinter ihm als Gott, der die Aufgabe seines Wesirs übernahm, und alle Götter und Göttinnen umgaben Her und standen ihm zu Diensten.

Nachdem er mit dem Kampf aufgehört und die Aufrührer in Stücke geschnitten hatte, vernichtete er Setekh, machte dessen Verbündete nieder, zerstörte ihre Städte und Gaue und löschte Setekhs Namen im ganzen Land aus. Er hieb seine Statuen in allen Gauen in Stücke und nachdem er ihm sein Stierbein, Khepesh, abgeschnitten hatte, schaffte er ihn in die Mitte des Himmels, wo die Khatiu-Dämonen sind, um ihn – das Sternbild Meshkhetiu am nördlichen Himmel – zu bewachen; Das Grosse Nilpferd hält ihn dort fest, damit er nicht zwischen die Götter wandern kann.

Djehuti aber machte ihn für das Böse verantwortlich, das er begangen hatte in den hohen Orten, in den Städten und Gauen, im Gegenzug zu dem, was er angestellt hatte. Aus diesem Grund bringt man bis zum heutigen Tag am Feiertag des Djehuti einen roten Hund um, um den regierenden Herrscher und seine Menschen auf der Erde daran zu erinnern."[209]

Der Text macht klar, dass Der Rote Hund neben acht weiteren Hunden und einem Wolf samt ihren jeweiligen Göttern unterschiedliche Manifestationen eines mythischen Raubtiers namens *Khestet* verkörpern. Dazu zählt auch ein zweiter rot gefleckter Hund – *Aasetja* – in einem Sternbild, das sich am Himmel von Dendera zwischen Ursa Maior und unser Sternbild hier schiebt.

Auf Den Roten Hund in den Sternen von Ursa Maior weisen noch spätere griechische Bezeichnungen hin. Für Eratosthenes, den Leiter der Bibliothek von Alexandria, "wird das, was als Kleine Bärin bekannt ist, von den meisten Leuten *Phoenike* ['Die Rote'] genannt". Hyginus, der Erosthenes' Sternbilderkatalog aufarbeitete, bemerkt dazu, "dass die Leute nicht mehr zu wissen scheinen, warum dieses Sternbild 'Die Rote' genannt wird". Er mutmasste nur, der Name ginge auf Thales von Milet zurück, der laut Herodot Phönizier gewesen sei; und der habe es so genannt, weil die Phönizier nach ihm navigieren würden.[210]

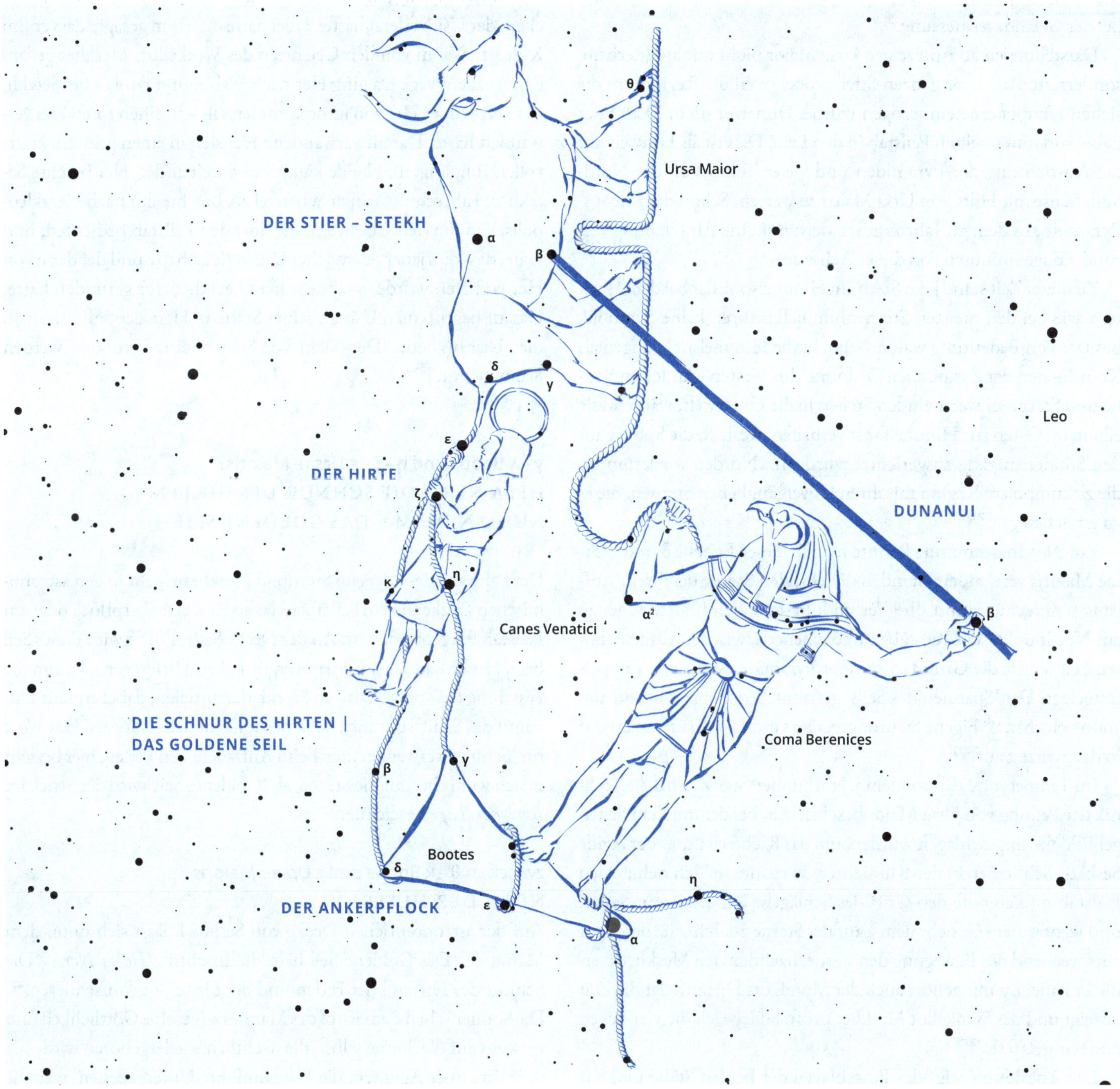

Sterne von Canes Venatici und Coma Berenices?

DUNANUI[211]

DUNANUIS SPEER | PEILSTAB[212]

Auf den astronomischen Decken aus der Zeit um 1500 wird die seitlich auf dem Ankerpflock stehende Gestalt *Anu* genannt. Ihr voller Name ist *Dun-Anui*: 'Der Die Beiden Flügel Ausstreckt'; *Anui* konnte aber auch als 'Fänge, Krallen' gedeutet werden. Dieser Schöpfergott wurde auch mit dem falkenköpfigen Nemti assoziiert, dem Gott der Fährmänner, der Res und Usirs Schiffe steuert; im späteren Zodiakos von Dendera heisst er 'Der Die Rebellen Schlagende Her'.

Auf der Decke von Senenmut hält Dunanui einen Peilstab, der auch als Speer deutbar ist, den er von unten dem Stier Setekh in den Bauch sticht.[213] Im Grab von Sethos I. und Ramses VI. hingegen hält er ein Seil in Händen, mit dem das Sonnenschiff vertäut wird, um die Totengeister aussteigen zu lassen. Damit liess sich am Stier von Ursa Maior aber auch ein rechter Winkel bestimmen: Es weist eine Schleife und einen spitzen Winkel auf als Symbol für das 'Spannen des Seils' bei der Geländevermessung.[214]

Darstellungen ab 1500 zeigen Ursa Maior nicht nur als Stierbein, sondern nun auch als ganzen Stier, wobei wohl die Region um die sieben Hauptsterne einbezogen wurde. Dunanui sticht Dem Stier dabei von unten seinen Peilstab in den Leib. Dies ist als Hinweis auf die Ausrichtung der Pyramiden und vieler Tempel an der Nord-Süd-Achse mit Hilfe von Ursa Maior zu werten. Schon die Kheops-Pyramide aus dem 26. Jahrhundert weist nur eine Abweichung von rund 3 Bogenminuten von dieser Achse auf.

Zu dieser Zeit stand kein Stern am Himmelspol, der bei den Ägyptern wie bei den meisten Sternenhimmelkulturen keine Symbolik besitzt: Von Bedeutung waren vielmehr die Himmelsrichtungen als Koordinaten der kosmischen Ordnung. Im Westen wanderten Sonne und Sterne an wechselnden Stellen in die Unterwelt, während sie einem im Osten zur Himmelfahrt verhalfen, weshalb die Sphinx auf den Sonnenaufgang ausgerichtet wurde. Im Norden wiederum lag die zirkumpolare Region mit ihren Unvergänglichen Sternen, die es zu erreichen galt.[215]

Zur Nordbestimmung konnte man in dieser Epoche δ und γ Ursae Maioris verwenden: Standen diese beiden Sterne bei ihrem Aufgang senkrecht, schnitt ihre Verbindungslinie den Horizont genau am Nordpunkt. Mit Peilstäben und einem dazwischen aufgespannten Seil wurde die Grundachse einer Pyramide oder eines Tempels festgelegt. Der 'Spannen des Seils' genannte Vorgang ist bereits um 3000 belegbar.[216] Eigene Sichtungsgeräte samt Lot dafür kamen erst in der Spätzeit auf.[217]

Im Tempel von Edfu aus dem 3. Jahrhundert v. u. Z. wird die Technik der Peilung von Ursa Maior beschrieben, bei der mit dem Schlägel Pflöcke eingeschlagen wurden, um das Richtseil unter der Ägide Seshats, Schutzherrin der Baumeister, zu spannen: "Ich nehme den Peilstab und ergreife den Griff des Schlägels. Ich messe mit Seshat und wende mein Gesicht dem Lauf der Sterne zu. Ich sehe den Lauf entsprechend der Bewegung der Sterne, nachdem ich Meskhetiu erblickt habe. Zu mir gehört auch der Mondgott Djehuti, der die Zeit anzeigt und das Winkellot Merkhet prüft. So lege ich die vier Ecken des Tempels fest."[218]

Die Abbildung zeigt das Einschlagen der beiden Stäbe und das gespannte Seil. Der Fesselungspunkt Des Stiers – η Ursae Maioris – wiederum erschien zur Zeit des Baus der Tempel in einer Höhe von 2° über dem Horizont, 18° von der Nord-Süd-Achse entfernt. Beide Tempel wurden auf diese Linie ausgerichtet, wobei die Gründungsinschrift von Dendera deklariert: "Der König der Beiden Länder hat das Seil mit Genugtuung gespannt und mit seinem Blick zum Akh Des Meskhetiu das Haus der Göttin [Hathor], der Herrin von Dendera, gegründet." *Akh* bezeichnet einen Totengeist, kann aber auch 'glänzend' und 'geeignet' heissen; η Ursae Maioris wäre durch seinen Glanz als Orientierungspunkt einer solchen Vermessung geeignet.

Mythologisiert wurde dieses Peilgerät in der Inschrift des Tempels von Edfu in Bezug auf Her und Setekh: "Her ging, um Setekh zu suchen, der Usir verletzt hatte; dabei hatte man ihm gesagt, 'dass er [im Kultort] Wabui von den Gelehrten des Winkellots Merkhet gefunden worden war'. Da ging Her nach Wabui und fand es bei Setekh, der sich – als er Her von ferne kommen sah – in einen roten Esel verwandelt hatte. Darauf verwandelte Her sich in einen grossen, kraftvollen Jüngling, und beide kämpften miteinander. Her brachte Setekh zu Fall, schnitt seinen Schenkel ab, brachte ihn nach Herakleopolis, gab ihn den Gelehrten, die dort den Peilstab bedienten, und sagte, dass dies jener sei, welcher Usir verletzt hatte und der dann von Her ergriffen wurde, nachdem man Setekh zuvor gefunden hatte. Darauf begrub man Usir an seiner Stätte in Herakleopolis, weshalb man Usir bis heute 'Der Nicht Von Seiner Stätte Verdrängt Werden Kann' nennt."[219]

LU3

γ – λ Bootis und η – ζ – ε Ursae Maioris?

HESA NER – DIE SCHNUR DES HIRTEN
NUHO N DJAM – DAS GOLDENE SEIL

P3 175

Der Schwanz des Stiers im Sternbild Meskhetiu geht in den astronomischen Decken in ein Seil über, das an Rerets Ankerpflock oder am Peilstab festgebunden ist. An der Decke Sethos' I.[220] wird dieses Seil bei η Ursa Maioris von einem vergöttlichen Hirten gepackt, um die Fesselung des stiergestaltigen Setekh darzustellen; dabei ergreift Dunanui das Schiffstau anstelle seines sonst üblichen Speers. Das Wort für 'Schnur' verwendet man beim Auffädeln von Perlen, hier bezieht es sich wohl eher auf die Sterne, als 'Goldenes Seil' wird der Strick im *Buch der Tage* bezeichnet.

zwischen θ – κ Bootis und ε Ursae Maioris

NER – DER HIRTE

Auf der astronomischen Decke von Sethos I. lässt sich unter dem Mann, der Das Goldene Seil hält, die Inschrift *(He)sa Ner* – 'Die Schnur des Hirten | der Faden und der Hirte' – rekonstruieren.[221] Die Sonnenscheibe am Kopf des Mannes zeigt seine Göttlichkeit und verweist auf die Sonne selbst, die nächtlich wiedergeboren wird.

'Hirte über Ägypten, die Elite und ihre Untergebenen' war wie in Mesopotamien ein Herrschertitel.[222] Auf den Hirten verweist ein *Pyramidentext*: "Das Sternbild Des Hirten des Stiers[223] ist voll bewässert worden; Furcht und Zittern überkommt die Messerträger vor dem Sturm des Himmels",[224] der vom Streit zwischen Her und Setekh ausgelöst wird.

Vergleichbar ist diese Darstellung mit der von Heteps Sternbild in den anderen Deckenmalereien. Der bändigt mit der Rechten die Krokodile und zeigt mit der Linken in Richtung Pol: Hetep will als Totengeist zur Grossen Insel und muss erst die davor lauernden Krokodile bändigen. Der Hirte stellt wohl die Erscheinungsform des Herrschers dar; als vergöttlichter Mensch[225] vermag er den Streit zwischen Setekh und Her zu schlichten und Sethek ebenso zu fesseln wie Reret.

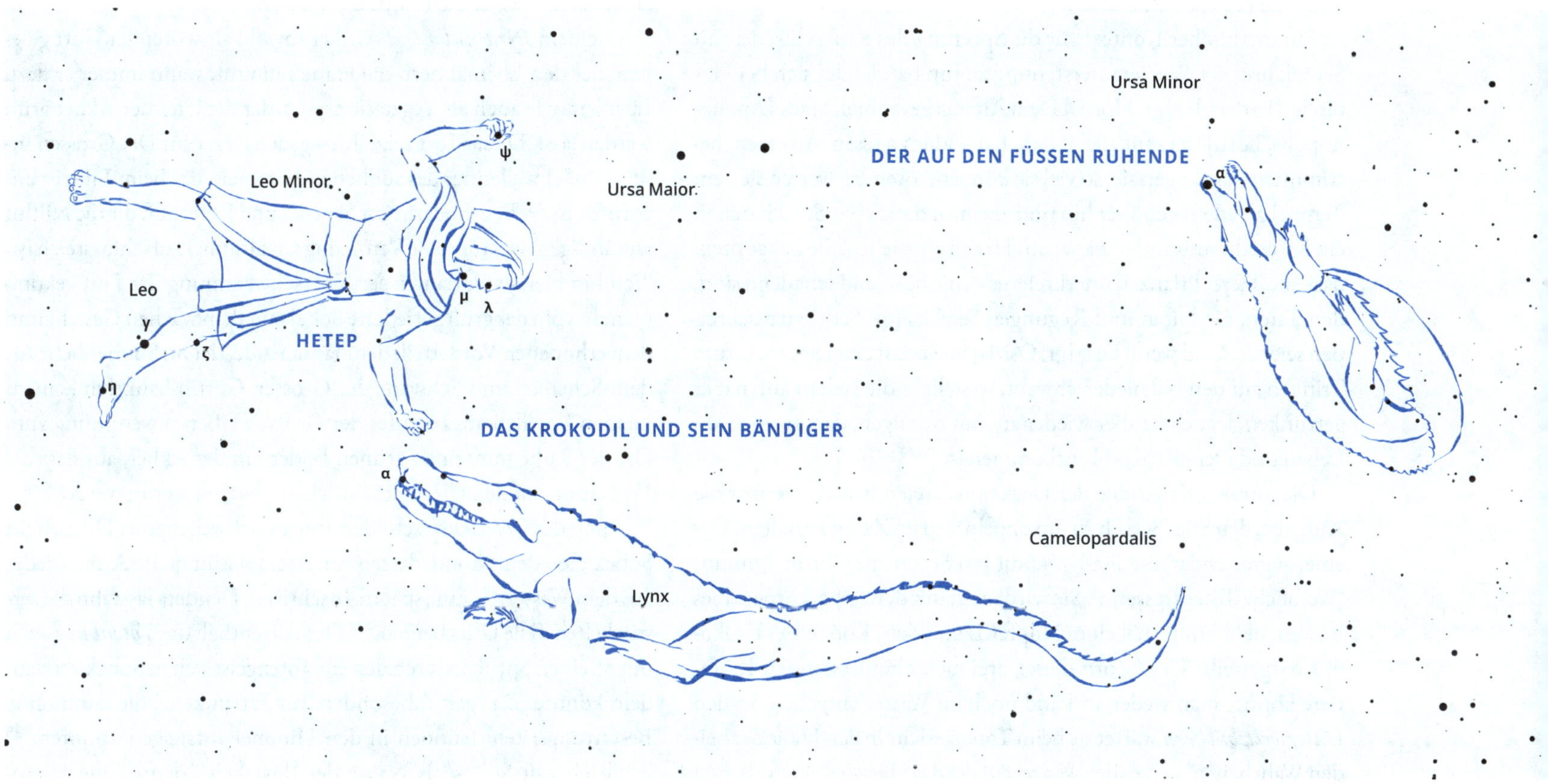

Sterne von Lynx, Leo, Leo Minor und Ursa Maior

HETEP

Hetep wurde nicht als Gott aufgefasst, sondern als Inkarnation des Opfergefildes Sekhet Hetep auf Der Grossen Insel; sein Name ist mit den dort dargebrachten Opfergaben identisch. Wie es auf der Karte dieser Insel zum Spruch 110 im *Totenbuch* heisst, war Hetep "der Herr des Gefildes mit Atem in seiner Nase, durch den er nicht sterben kann". Er besass dort einen eigenen Acker samt Gewässer davor. Um zum Hetep zu werden, musste ein Herrscher laut diesem Spruch nicht nur der göttlichen Neunheit die Opferschale darbringen, sondern auch seine Rechtschaffenheit unter Beweis stellen, indem er Djehutis Rolle als Streitschlichter einnahm und die beiden ewigen Antagonisten Her und Setekh zu trennen verstand.[226]

Die Menschengestalt, die auf den astronomischen Decken von Senenmut, Sethos I. und Ramses VI. vor dem Krokodilgott steht, trägt keinerlei göttliche Attribute. Als Hetep hat sie einen Arm in Adorationshaltung,[227] um mit dem anderen das Krokodil zu bannen. Die Figur sticht auf einer Variante der Grabmalerei Ramses' VI. in derselben Armstellung eine Harpune ins Krokodil. Waren einem Herrscher die göttlichen Schwellentiere Krokodil oder Nilpferd feindlich, konnte er sich ihrer mit der Waffe erwehren: Der Zugang zur Insel der Seligen musste nicht unbedingt friedlich sein. Ramses VI. nimmt dabei auf einer seiner Malereien als Hetep ganz die Stelle des Gottes Dunanui ein.

Die Malereien der Sternbilder am nördlichen Himmel werden meist von Göttern mit einer Mondscheibe flankiert, ihre Körperteile manchmal durch Sterne markiert. Darunter finden sich ebenfalls mehr oder weniger herrschaftlich dargestellte Menschen, deren Namen auf die allegorische Figur Des Hetep verweisen: "Der Auf Seinen Vater Blickt", "Dessen Körper gemacht ist", "Der Seinen Eigenen Namen Machte" und "Herrscher".

EAT III 184, 186–188 und 194–197

Am Sternenhimmel von Dendera, der viele mesopotamische Sternbilder präsentiert, zähmt Hetep nicht mehr ein Krokodil, sondern streichelt einen Hund an den Ohren; es ist dies wohl eine Überblendung mit dem Sternbild Des Hirten, der nun statt einem Krokodil Den Hund als Manifestation Setheks bannt. Dazu geführt haben könnte auch das mesopotamische Sternbild Des Hundes der Heilgöttin Gula in dieser Himmelsregion.

HAKU EN SAK – DAS KROKODIL UND SEIN BÄNDIGER

Auf den Deckenmalereien verweisen zwei Namen auf das grössere Krokodil: *Sak* heisst ein Krokodil mit aufgebogenem Schwanz, *Haku* sein Fänger, der es in einer Variante harpuniert.[228] Haku ist somit als Beiname Heteps aufzufassen.

Ein mythischer Kontext für die Speerung des Krokodils, der mit Sethek und der Wiederauferstehung zu tun hat, findet sich bei Plutarch: "In der Her [gr. Horus] Dem Älteren geweihten Stadt [Apollonopolis, Edfu] ist es für alle üblich, Krokodile zu essen. An einem bestimmten Tag fangen sie, so viel sie können, töten sie, werfen sie dem Tempel gerade gegenüber hin und erzählen dabei, wie Setekh sich in ein Krokodil verwandelt habe, um Her zu entfliehen. Sie behaupten, dass alle Tiere, Pflanzen und Ereignisse, die böse und schadend sind, den Taten, Gestalten und Regungen Setekhs [gr. Seth] zuzuschreiben seien. ... Und wenn Usir [gr. Osiris] in Gestalt eines Sperbers zum Trinken auf den Nil niederschwebt, so stellt er die Federn auf; hat er getrunken, legt er sie aber wieder an, um zu zeigen, dass er noch am Leben und Dem Krokodil entkommen ist."[229]

Die astralen Krokodile der Deckenmalereien haben offenbar die Aufgabe, den Stier Setekh zu umzingeln und im Zaum zu halten. Das eine, aggressiv dargestellte Krokodil verkörpert die Göttin Ammut, 'Weibliche Totenfresserin'. Sie wird meist mit dem Oberkörper eines Löwen, dem Hinterteil eines Nilpferds und dem Kopf eines Krokodils dargestellt: Dem Zorn dieser drei menschenfressenden Raubtiere konnte man weder an Land noch im Wasser entgehen. In den *Unterweltsbüchern* wartet sie beim Totengericht in der 'Halle der beiden Wahrheiten' neben der Waage, auf der das Herz des Verstorbenen gegen die Straussenfeder der Gerechtigkeit abgewogen wird. Wog das Herz mehr, frass sie es – die Lebenskraft des Toten konnte sich so nicht mehr mit seinem Körper vereinigen und er nicht im Opfergefilde weiterleben.

Zugleich galt Ammut als Gefährtin des Usir. Sie wehrt seine Feinde ab und frisst deren Herzen. Sie bewahrt als Beschützerin den Herrscher beim Totengericht vor Setekhs negativen Kräften, damit dieser als 'gerechtfertigter Usir' darauf seine Himmelfahrt antreten konnte.

WI 218 und Wikipedia.de, 'Ammit'

α Ursae Minoris – 31 und 50 Cassiopeiae

HETEP REDUI – DER AUF DEN FÜSSEN RUHENDE

B1 162

Es ist dies ein gängiger Beiname des Krokodilgottes Sobek, der sich im zweiten, kleineren und ruhenden Krokodil manifestiert, welches sich auf manchen Deckenmalereien Der Grossen Insel hinter dem Sak-Krokodil findet. Dass Wortspiel seines Titels assoziiert es mit dem davorstehenden Hetep, dem Totengeist des Herrschers, der nach der Überwindung dieses Schwellentiers Die Grosse Insel betritt. Das Krokodil 'ruht' – *hetep* – dann mit seinen Füssen, so wie der Tote als selig 'Ruhender' – Hetep – dann im Sekhet Hetep, dem Gefilde des Opfers, wo man Gaben erhält, die einen zufrieden machen.

Sobek war ein seit dem Alten Reich verehrter Gott, Sohn der Kriegs-, Schöpfer- und Muttergöttin Nebet-Hut. Man sagte Sobek auch nach, "dass er die Feinde des Re frisst".[230]

In einem *Pyramidentext* wird er sowohl als wütender Gott gesehen, der den Ehemännern die Frauen nimmt, wann immer er dazu Lust hat, wie auch als Vegetationsgott, der die Ufer der Akhet grün werden lässt. Dieser Text zeigt ihn – gleich Reret auf Der Grossen Insel – als Schwellentier des südlichen Himmels, das beim Eintritt anzurufen ist.[231] Er geht darin vor Sepedet und Reret auf, die die Nilflut ankündigen, was für seine Verortung am Himmel aufschlussreich ist: "Ich bin hier als Vorläufer der Überschwemmung der Flut gekommen: Ich bin der grün gefiederte Sobek mit dem wachen Gesicht und dem erhobenen Vorderteil, der Planschende, der im Sonnenlicht aus dem Schenkel und Schwanz der Grossen Göttin kam. Ich kam zu meinen Kanälen am Flutufer der Grossen Überschwemmung zum Ort der Ruhe mit seinen grünen Feldern in der Akhet, auf dass die Vegetation auf den Ufern des östlichen Horizonts grün werde."[232]

Auch das *Totenbuch* schildert ihn als Schwellengott. Dort fischt Sobek Her, dem Mond, dessen von Aset verstümmelte Arme wieder aus dem Wasser.[233] Eine spätere Inschrift in Dendera lässt ihn die zerstückelten Teile Usirs bergen.[234] Deshalb enthält das *Totenbuch* auch mit 88 einen Spruch, durch den ein Totengeist sich in Sobek verwandeln konnte. Das galt inbesondere für Ertrunkene, die dann ohne Bestattungsriten dennoch in den Himmel aufsteigen konnten.[235] Zugleich galt Sobek als Name der 'Ewigkeit', denn seine Hieroglyphe stand in der griechisch-römischen Epoche für 'Zeit',[236] die er als Sternbild in der ewigen Wiederkehr des Gleichen am Himmel vorführte.

B1 166, EAT III 184 und WI 219–220

Im *Totenbuch* führt ein "Spruch, um dem Fangnetz zu entkommen", am Ende Sobek als Reinkarnation des Toten an und meint damit wohl sein Sternbild: "O du Zurückblicker [zunehmender Mond], der über sein Herz verfügt, Fänger der Jagdbeute dessen, der die Erde öffnet, o ihr Fischer, Kinder und ihre Väter, die ihr fischt, umherziehend in der Wasserflut: Ihr sollt mich nicht fangen in jenem eurem Netz, in welchem ihr Die Müden [die untergegangenen Sternbilder] fangt, ihr sollt mich nicht fangen in jenem eurem Schlagnetz, in welchem ihr Die Zugvögel [die Sterne] fangt, dessen Schwimmer zum Himmel, dessen Senkgewicht zur Erde reicht! Ich bin aus seinem Mittelteil entkommen und als Falke in Der Henubarke [Sopdu in seinem Schiff] erschienen. Ich bin aus seinen Seitenenden entkommen und als Sobek-Krokodil erschienen. Ich habe meine beiden Flügel zu euch emporflattern lassen, ihr Fänger der Jagdbeute mit verborgenen Fingern!"[237]

Camelopardalis?

RUTI NETJERI – DER GÖTTLICHE LÖWE

Das den Stier bewachende Sternbild wird stets als einzelner ruhender Löwe dargestellt, umhüllt von zahlreichen Sternen als Hinweis auf seine Lage in der Milchstrasse.[238] Der 'Göttliche Löwe, Der Zwischen Den Beiden Krokodilen Liegt' – so sein voller Name auf den astronomischen Decken – wird manchmal mit einem Krokodilschwanz abgebildet.

Die Löwengottheit *Ruti* (eigentlich 'Das Löwenpaar') wurde meist als Verkörperung der Kinder Atums gesehen, die als Löwen zur Welt kamen: Tefnut, die auch als Res Sonnenauge galt, und Shu, Gott der Luft. Das Sternbild hier stellt somit den Löwen Shu dar, im Unterschied zum Dekan Der Löwin in der Milchstrasse. Da es Löwen sowohl in der Wüste östlich wie westlich des Nils gab, wurden sie mit diesen Horizonten verbunden und Rücken an Rücken dargestellt, die Sonnenscheibe oder das Zeichen für den Akhet dazwischen. Amulette der beiden Löwen verbanden ihren Träger mit der täglichen Neugeburt der Sonne und hatten so sowohl heilende wie mit der Auferstehung der Toten assoziierte Funktion.

Als 'Der Aus Dem Himmel Hervorgehende Ruti' war Der Löwe einer der Totenrichter in der Unterwelt.[239] Ruti bestieg die Nachtbarke der Sonne, um auf ihr aus der Unterwelt und in die Tagbarke zu gelangen, wobei er für die Ernährung des Verstorbenen sorgte.[240] In den *Pyramidentexten* reinigt sich der auferstehende Herrscher in den "Seen des Shu", die allegorisch für feuchte Nebel stehen, um dann auf "Shus Knochen", den Wolken, in den Himmel zu gelangen. Auf seine astrale Position als Schwellengott verweist das *Totenbuch* mit Sprüchen, in denen man "im Binsengefilde stromab und stromauf fährt und sich mit dem Opfergefilde vereint, wenn man Ruti ist".[241] Indem Ruti ein Herz "durch seine Stange und durch seinen grossen Pfahl befestigen" kann,[242] ist dieser Löwe auch mit dem Sternbild Des Ankerpflocks verbunden.

B1 162 und 166, EAT III 192–193, WI 180–181 und 129

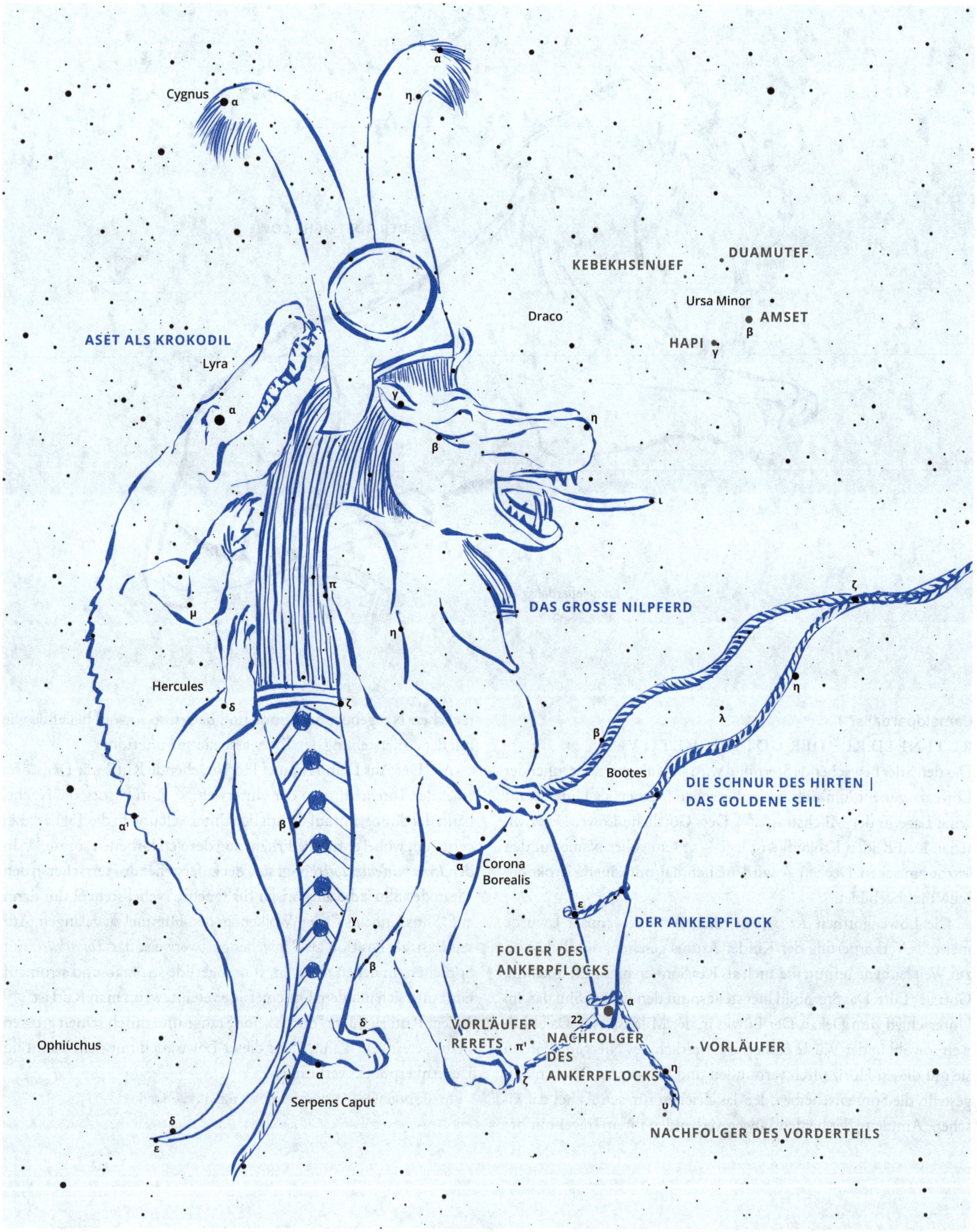
Cygnus
KEBEKHSENUEF
DUAMUTEF
Ursa Minor
Draco
AMSET
HAPI
ASET ALS KROKODIL
Lyra
DAS GROSSE NILPFERD
Hercules
Bootes
DIE SCHNUR DES HIRTEN | DAS GOLDENE SEIL
Corona Borealis
DER ANKERPFLOCK
FOLGER DES ANKERPFLOCKS
VORLÄUFER RERETS
NACHFOLGER DES ANKERPFLOCKS
VORLÄUFER
Ophiuchus
Serpens Caput
NACHFOLGER DES VORDERTEILS

Corona Borealis und Sterne von Hercules, Bootes, Serpens Caput, Ophiuchus, Lyra, Cygnus, Cepheus und Draco?

RERET WERET – DAS GROSSE NILPFERD[243]

DE 24, B1 164

Sterne von Hercules, Ophiuchus und Lyra?

ASET DJAMET – ASET ALS KROKODIL[244]

Reret wurde auf den astronomischen Decken der Grabkammern als weibliches Nilpferd mit Hängebusen, geschwollenem Bauch und Löwenpfoten dargestellt; das lange, dicke Kopfhaar geht in den Schwanz über; auf dem Rücken trägt sie oft ein Krokodil. Eine Abbildung zeigt einen Stern an ihrer Schulter, rechts davon eine senkrechte Reihe von 7 Sternen an ihrem Haarschwanz herab. Die Sterntabellen dieser Epoche listen die Körperteile des Sternbilds auf: Zunge, Brüste, Hintern, Geschlecht, Schenkelmitte, Knie und Füsse, wobei Reret und das Sternbild Der Riese Kopf an Kopf liegen. Wie Der Riese Amun trägt auch Die Grosse Reret eine *Shuti* genannte Doppelfederkrone auf dem Kopf.

Der von Usir aus der Totenwelt zum Sonnenschiff geführte Totengeist wurde damit von einem Wesen auf Der Grossen Insel in Empfang genommen, das als Manifestation Asets galt. Reret fasst mit der Rechten einen Ankerpflock, der Die Grosse Insel des zirkumpolaren Bereichs markiert, "auf der sich die Götter gerne aufhalten"; er diente zum Festmachen von Res Barke, damit die Totengeister von da aus ins Opfergefilde gelangen konnten. Daher wurde Reret auch als 'Die, Welche Die Götter Leitet' bezeichnet.

Rerets Sternbild blieb in seiner Drehung auf Der Grossen Insel Weret das ganze Jahr über sichtbar; man verwendete daher nilpferdgestaltige Göttinnen als Personifikationen der Monate und verband sie mit den Dekanen. In dieser Funktion hiess Reret auch 'Die Grosse Insel Des Himmels' und *Taweret*, 'Die Grosse'. Sie galt als Tochter von Res, Mutter von Aset und Usir oder als Gemahlin Setekhs und war als Schutzherrin der Geburt die ideale Schwellengottheit, um eine aus der Unterwelt wiedergeborene Seele auf Der Grossen Insel für ein neues astrales Leben in Empfang zu nehmen.

Reret wurde zudem mit Ipet gleichgesetzt, der 'Herrin Des Schutzes': So hiess in griechisch-römischer Zeit auch der Himmel an sich.[245] Die "weisse, glänzende, süsse Milch" von Ipets Brüsten nährt in den *Pyramidentexten* den Totengeist des Herrschers, "damit er niemals wieder Hunger und Durst zu leiden hat".[246] In der Vignette des *Totenbuches* 137 B zündet sie eine Fackel an, die mit dem Mond verglichen wird, dem Setekh das Licht nahm – bis sie es ihm wieder zurückgeben und Setekh vertreiben konnte. In Theben galt Ipet als Mutter des Usir; sie soll ihn dort am westlichen Nilufer auf einem Hügel namens Djamet (heute Medinet Habu) geboren haben, was den Namen *Aset Djamet* erklärt. Als Doppelname lässt sich *Dja-Met* auch als 'Aset und das Krokodil' auffassen, da der Hügel Djamet in späten Texten oft nur mit dem Krokodilszeichen geschrieben wurde.[247] Das Nilpferd am Himmel mit Krokodil am Rücken verweist zudem auf Aset.

Nilpferd wie Krokodil sind generell Götter der Nilschwemme, die einsetzte, sobald die Sonne sich von Reret in Bootes hinüber zu Leo bewegte. Auf den astronomischen Decken befinden sich links von ihr die Sternbilder der Nilschwemme. Noch Plutarch berichtet von der Verehrung der Krokodile im Blick auf die Nilschwemme, "da sie den steigenden Fluss zum Eierlegen und Ausbrüten benützen: Sie legen 60 Eier und ebenso viele Tage brüten sie – was das erste Mass für die ist, die sich mit den Himmelserscheinungen beschäftigen".[248]

Ein Text aus dem römischen Tempel von Esna charakterisiert "Aset als Nilpferd; sie bindet Das Stierbein im Nordhimmel an, um nicht zuzulassen, dass es in die Unterwelt herabsinkt".[249]

EAT III 184–188, DE 24, B1 164–165, WI 184–185, L2 21–25

Nachweisbar ist in Edfu später ein 'Fest des Weissen Nilpferds'. Dabei besuchte der Pharao ein 'Opfergefilde' als irdische Entsprechung des himmlischen Opfergefildes. Das Nilpferd hatte hier wie dort eine Schwellenrolle; es bewachte den Zutritt zu dieser Insel der Seligen, konnte aber auch feindlich gesinnt sein, weshalb der Pharao eine Waffe mitnahm. So konnte er beim Überschreiten der Grenze zum Opfergefilde, falls erforderlich, das Nilpferd töten.[250] Ein *Pyramidentext* beschreibt diese Waffe: "Nimm deine gesegnete Harpune, deinen Spiess, der die Wasserläufe versammelt, dessen Zacken die Blitze der Sonne sind, dessen Widerhaken Raubtierkrallen sind, um die Köpfe der Feinde abzuschneiden, die im Opfergefilde sind."[251]

Auf der 'Karte' Der Grossen Insel zum Spruch 110 im *Totenbuch* ist neben Rerets Weissem Nilpferd auch der Krokodilgott Sobek abgebildet. Sobek gilt in den *Sargtexten* als "Herr des Uferlandes" als fruchtbarkeitsspendender wie furchterregender Schwellengott,[252] der Reret gleichkommt. Deshalb hält diese auf den astronomischen Decken neben Dem Ankerpflock auch ein Krokodil in der Linken, sitzt ihr ein zweites zudem auf dem Rücken. Krokodile wie Nilpferd überwachen damit den Zugang zu den paradiesischen Gefilden an der Landestelle der Toten; sie spielen dabei eine ambivalente Rolle, indem sie gleichermassen beschützen wie abwehren.

Das gilt auch für den von Reret bewachten Setekh, den ein Herrscher unter seine Kontrolle bringen wollte. Dies geht aus einer späten Inschrift im Tempel von Edfu hervor, *dem Triumph des Her.* Der Herrscher sieht sich hier als Gottheit Fetekte, des Mundschenks Re, der ihm auch das Essen bringt, weshalb "das Schlachten seine Freude ist" und er gern "das Messer schärft".[253] Er schlachtet denn auch Setekhs Stier.

In Haltung und Rolle entspricht Fetekte in diesem Text dem Hetep auf den astronomischen Decken, der die Götter auf Der Grossen Insel mit Essen versorgt und mit seinem erhobenen Arm auf Setekhs Sternbild Des Stiers deutet: "Bringt Das Nilpferd in Form eines Kuchens in die Gegenwart von 'Ihm Mit Dem Erhobenen

Arm'. Ich bin der geschickte Schlächter des Herrschers Re, der das Nilpferd zerlegt ... Sei vernichtet, o Setekh, sei vernichtet! ... Du sollst sterben ... sterben! Gefällt! ... Zerschmettert ... vernichtet ... zerschnitten! Dies ist Her, der Schützer seines Vaters Usir, der sich gegen das Nilpferd durchsetzen kann ... der Pharao sagt: 'Er, der im Triumph gekommen und mit seinem Gütigen Auge in all seinem Glanz erschienen ist ... er hat die Beiden Länder mit seiner Schönheit erleuchtet ... Er hat seine Feinde mit seinem feurigen Atem verbrannt.'"[254]

Das antagonistische Chaos, das Setekh repräsentiert, soll ein für allemal vom Pharao überwunden werden, der sich in dieser Passage als Her und als Mond sieht, die Setekhs Sternbild und das Des Nilpferds auslöschen. Unterstrichen wird damit auch die Ambivalenz Rerets, die Setekh zwar durch ihr Goldenes Seil am Himmel fesselt, ohne ihn aber zu vernichten.

Das nimmt der Pharao in Edfu an anderer Stelle für sich selbst in Anspruch: "Ich habe die Harpune ergriffen, ich habe die Waffen gepackt, meine beiden Arme mit dem göttlichen Himmelserz erhoben und das Nilpferd erlegt. Ich habe sein Fleisch zerstückelt, ich habe den Feigling, das Nilpferd, mit meinem Erz zerlegt. Nun übergebe ich es an die Tempel der Götter und verteile seine reinen Stücke an jeden der Götter."[255]

Der astrale Mythos von Her und Setekh erklärt die auf Den Stier oder Das Krokodil gerichteten Harpunen und Speere am Nordhimmel. Aset wird dort mit allen Attributen einer Muttergöttin, doch ohne menschliches Gesicht gezeigt – was sich sowohl auf ihre Nilpferdgestalt als Reret wie auf ihr Sternbild als 'Spitze' Sepedet bezieht. Hers Bestrafung führt später auch dazu, dass aus seinen beiden Augen Sonne und Mond werden.

ASETS VERWANDLUNG IN EIN STERNBILD

"Setekh sagte zu Her: 'Komm, lass uns die Gestalt von zwei Nilpferden annehmen und in der Mitte der grünen Flut tief abtauchen. Wer von uns vor Ablauf dreier voller Monate wieder auftaucht, der soll das Herrscheramt nicht erhalten.' Und so tauchten sie ab, die beiden Leute.

Aset aber sass weinend da und meinte: 'Setekh wird nun meinen Sohn Her umbringen! Sie holte sich ein Knäuel Garn und drehte daraus ein Seil; dann holte sie einen Deben [91 Gramm] Kupfer und schmiedete daraus die Spitze einer Harpune, an die sie das Seil band und sie dort ins Wasser stiess, wo Her und Setekh abgetaucht waren.

Die Waffe aber verbiss sich im Leib ihres Sohnes Her, worauf der laut aufschrie und rief: 'Zu Hilfe, Mutter Aset, meine Mutter! Befiehl deinem Erz, sich von mir zu lösen! Ich bin es doch, Her, dein Sohn!' Da stiess Aset einen Schrei aus und befahl dem Erz: 'Lass ihn los! Er ist mein Sohn Her!'

Da löste sich die Waffe von ihm. Dann stiess sie sie erneut ins Wasser, wo sie sich diesmal in den Leib Setekhs verbiss, worauf der laut aufschrie und rief: 'Was hab ich dir denn getan, Aset, meine Schwester? Befiehl deinem Erz, sich von mir zu lösen! Ich bin doch dein Bruder von der Mutter her, o Aset!' Da wurde ihr Herz nun sehr traurig um seinetwillen. Und Setekh rief erneut: 'Liebst du denn einen Fremden mehr als deinen Bruder von der Mutter her, Aset?' Daraufhin befahl Aset der Waffe: 'Löse dich von ihm! Es ist der Bruder meiner Mutter, in den du dich verbissen hast!' Und die Harpune löste sich von ihm.

Asets Sohn Her aber war darüber gegen seine Mutter böse geworden. Er kam aus dem Wasser, sein Gesicht so zornig wie das eines Leoparden und sein 16 Deben schweres Messer in der Hand. Er schnitt damit das Haupt seiner Mutter Aset ab, nahm es in seine Arme und stieg damit über dem Gebirge auf. Aset aber verwandelte sich in das [Stern-]Bild einer Frau aus Feuerstein ohne Kopf. Da fragte Re-Herakhti [die Sonne in der Unterwelt] Djehuti: 'Wer ist denn das, der da kommt ohne Kopf?' Und Djehuti antwortete: 'Mein gütiger Herrscher, das ist Aset Die Grosse, die göttliche Mutter. Ihr Sohn Her hat ihr den Kopf abgeschnitten.'

Da schrie Re-Herakhti laut auf und sagte zu Der Neunheit: 'Lass uns gehen und ihn streng bestrafen!' Und so stieg Die göttliche Neunheit über den Bergen auf, um Asets Sohn Her zu suchen.

In ihrer astralen Manifestation als Sepedet am südlichen Himmel erhielt Aset – wie aus dem *Papyrus Jumilhac* sowie aus Plutarchs Osiris-Mythos hervorgeht – dann den Kopf einer Kuh."

V 63–65 und 213

α-γ-δ-ε Bootis und andere Sterne von Bootes

MENIT – DER ANKERPFLOCK[256]

'Anlegen, festmachen, ankern' wird metaphorisch auch für 'gutes Begräbnis' gebraucht.[257] Dementsprechend wird man in den *Pyramidentexten* vom Ankerpflock "gerufen":[258] "Der Grosse Festmacher spricht einen als Aset an".[259] Der "Vorderste seiner Ankerpflöcke sagt: 'Geh und rudere zum Opfergefilde!'"[260]

In manchen astronomischen Decken hat Der Ankerpflock eine spezifisch unregelmässige Form, welche die Anordnung der Sterne in Bootes wiedergibt. Der Pfosten befindet sich damit oberhalb der Dekane Des Schiffes, das entlang der Milchstrasse liegt, quer zur Ekliptik, die etwas unterhalb von Serpens Caput den Äquator schneidet. Dieser Schnittpunkt liegt Der Grossen Insel des zirkumpolaren Bereichs am nächsten – weshalb man eigentlich nur hier 'an Land' gehen konnte. Reret selbst steht dann in den Sternen um die Corona Borealis und blickt auf Das Schiff.

Das Heransegeln der Totengeister zu Dem Ankerpflock und Reret als liminale Figuren Der Grossen Insel führt das Ende des Spruchs 110 des *Totenbuches* vor: "Du Landestelle, ich bin zu dir gekommen; Gerste und Spelt, Gottesgau – ich bin zu dir gekommen und bin gesegelt im Gewässer 'Hörner der Herrin Der Reinheit' [des Weissen Nilpferdes Reret]. Ich habe in den oberen Gewässern am Ankerpflock festgemacht, habe den Sturm des Brüllenden [Setekh] aufgehoben und den Göttern des Opfergefildes Lobpreis dargebracht."

Die Texte erwähnen zwei Ankerpflöcke aus Feuerstein; auf den astronomischen Decken wird aber stets nur einer in oder unter Rerets Hand dargestellt. Dieser eine Ankerpflock hat Dolch- oder Messerform; der zweite, so vorhanden, wird hingegen durch ein Krokodil gebildet. Solche Pflöcke dienten auch als öffentlicher Pranger; an ihnen wurden Feinde geopfert und ihre Köpfe aufgespiesst. Indem die Pflöcke für Stabilität und die Kraft stehen, Feinde zu unterwerfen, wurde Setekh an einen solchen gefesselt, um zu verhindern, dass er wieder auf die Welt herabkäme und Usir und Her erneut Schaden zufügte. Zudem konnten sie – wie Abbildungen in Gräbern des Mittleren Reiches zeigen – Äquinoktien und Solstitien markieren.

Der Pflock besteht aus Feuerstein, weil dieser wie meteorisches Eisen auch generell mit Setekh assoziiert ist. Beim Schlachten des Rindes für die Mundöffnungszeremonie kam so nicht nur ein Meskhetiu, sondern auch ein zeremonielles Feuersteinmesser zum Einsatz, das die Form des Ankerpflocks auf den Decken von Sethos I. und Ramses VI. hatte. Pfahl und Feuersteinmesser wurden mit demselben Wort bezeichnet und waren Instrument der Bestrafung Setekhs und der Macht über ihn: weshalb Reret in der gräko-ägyptischen Zeit statt einem Landepfahl ein Messer ergreift.

G sowie BO 186, 200 und 204

Auch ein um den Hals getragenes Amulett wurde *Menit* genannt. Es war mit Symbolen von Dekanen versehen, die Böses abwenden sollten: Das Wort für 'Krankheit, Leiden' klang fast wie *Menit*.[261]

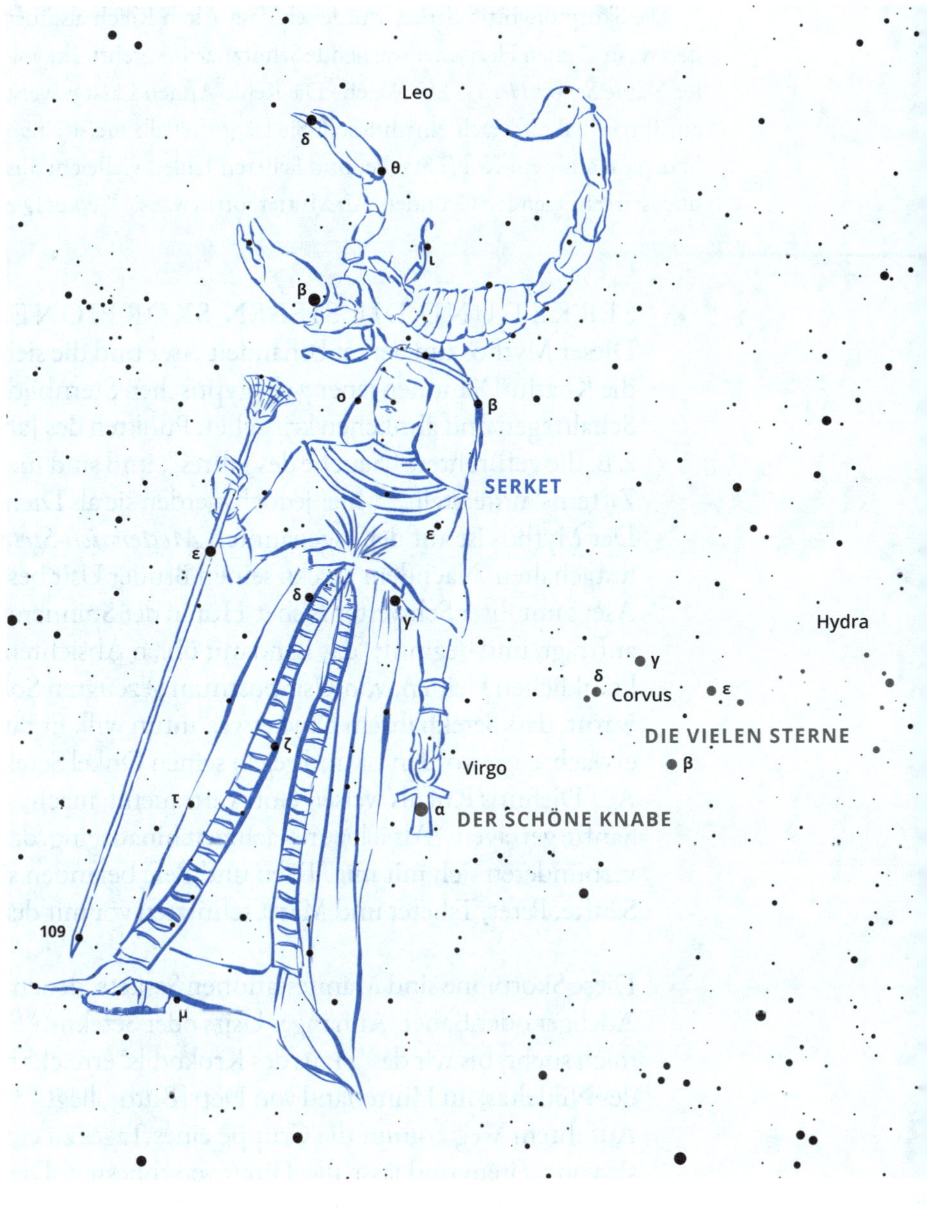

Virgo und Sterne von Leo für den Skorpion?

SERKET

B1 163

An den Decken von Senenmut und Psusennes sieht man an der Stelle des Hirten, der sonst Das Goldene Seil packt, die Göttin Serket; die Spitze des auf sie weisenden Peilgeräts endet dann vor ihren herabhängenden Händen. Dass auch sie das Sternbild Des Stiers zu fesseln vermag, geht aus dem *Totenbuch* hervor, indem sie um Res Todfeind Apep "Fesseln wirft".[262]

An den astronomischen Decken hingegen befindet sich Serket nicht hinter Ursa Maior, sondern links davon, über dem ruhenden Löwen. In der Verlängerung des Löwenschenkels wird auch noch ein Skorpion abgebildet: als wäre der das eigentliche Sternbild und die Göttin darüber nur seine Schutzmacht. Liegt Serket in Virgo, haben sie und der Löwe durch die Lage vor dem Zugang zum Ankerpflock den Bezug zu den Sternbildern um den Nordpol.

Die Skorpiongöttin Serket wurde seit dem Alten Reich als über den verstorbenen Herrscher wachende Schutzherrin verehrt. Ihr voller Name *Serket Hetit* – Sie, Welche Die Kehle Atmen Lässt – weist auf ihre Heilkraft nach einem Stich. Sie trägt deshalb meist einen Skorpion auf dem Kopf; Stachel und Scheren fehlen vielleicht aus magisch schützenden Gründen. Als Muttergöttin war sie 'Serket Die Grosse, Die Göttliche Mutter'. Man sah im Skorpion auch das Symbol der Mutterschaft; sie gibt dem Herrscher die Brust.[263] In den Mythen um die Geburt des Her hilft sie Aset, indem sie den gestochenen Kindgott bewacht.

EAT III 184–185, WI 233–235

SERKET UND DIE SIEBEN SKORPIONE

Dieser Mythos um Serket behandelt Aset und die sieben Skorpione. Zahl und Dämonik beziehen sich auf die Khatiu-Dämonen jener 7 altägyptischen Sternbilder, die jede Nacht unsichtbar bleiben, aber auch an Schalttagen und ähnlichen kritischen Punkten des Jahres ihr Unwesen treiben. Sie verbreiten Krankheiten, z. B. die gefürchtete "Seuche des Jahres", und sind meist der löwenköpfigen Sakhmet als 'Herrin Des Zitterns' unterstellt,[264] hier jedoch werden sie als Diener der Serket vorgeführt.

Der Mythos ist auf der sogenannten *Metternich-Stele* (um 350 v. u. Z.) in einzelnen Heilsprüchen[265] festgehalten: Nachdem Setekh seinen Bruder Usir beseitigt hat, besteigt er für Jahrzehnte den Thron. Er setzt Aset samt ihrer Schwester Nebet-Hut in der Spinnerei von Xois gefangen, wo er ihr alle 30 Tage neue Arbeiten aufträgt, und beginnt, "das Land mit üblen Absichten zu überziehen". Aset kann schliesslich mit ihrem kränklichen kleinen, von Usir posthum gezeugten Sohn fliehen und wird von Djehuti aufgesucht, der sie warnt, dass Setekh ihrem Kind etwas antun will. Er rät ihr, sich so lange vor ihm zu verstecken, bis Her erwachsen geworden ist und gegen seinen Onkel Setekh vorgehen kann.

Auf Djehutis Ruf als weisen Gott vertrauend, macht sie sich noch am selben Abend mit Her auf, in einer Sänfte getragen: "Als ich zur Nachtzeit hinausging, da kamen sieben Skorpione hinter mir hervor und verbündeten sich mit mir. Tefen und Befe befanden sich hinter mir, Mestet und Mestetef unter meiner Sänfte, Petet, Tshetet und Matet schützten vor mir den Weg."[266]

Diese Skorpione sind Manifestationen Serkets, denen Aset befiehlt, mit niemandem zu reden, gleich ob Adeliger oder Bauer, Anhänger Usirs oder Setekhs. "Schaut nur auf den Weg, passt auf, ob mir einer folgt und mich sucht, bis wir das 'Haus des Krokodils' erreicht haben, die 'Stadt der beiden Schwestern', die am Beginn des Nildeltas, im Hinterland von Dep [Buto], liegt."[267]

Auf ihrem Weg kommt die Gruppe eines Tages zu ein paar Häusern, die einer reichen Frau gehören. Die sieht sie von weitem und lässt alle Türen verschliessen. Die darüber aufgebrachten Skorpione wollen sich rächen: "Sie berieten darüber und legten ihr Gift zusammen auf den Stachel der Tefen."[268] Aset und die anderen Skorpione kommen in der Hütte eines Bauernmädchens in den Sümpfen unter, der Skorpion Tefen aber kriecht unter der Tür der reichen Dame durch und sticht ihren Sohn. Wie bei ausgebrochenem Feuer beginnt die Frau zu schreien; sie weiss nicht, ob ihr Sohn noch lebendig oder schon tot ist und läuft weinend durch die Stadt, wo ihr niemand zu Hilfe kommt.

Aset hat Gewissensbisse wegen des Kindes, das nichts für die Selbstsucht der reichen Frau kann. Sie verkündet dieser, dass ihr Mund Leben spendet, und erklärt, dass sie in ihrer Stadt dafür berühmt war, giftige Krankheiten allein durch Worte zu vertreiben.

Aset legt ihre Hände auf den Jungen und spricht die Namen aller sieben Skorpione aus: weil sie die wahren Namen kennt, hat sie auch Macht über sie. So befiehlt sie dem Gift, das Kind zu verlassen, das darauf schnell gesundet, und staucht darauf die Skorpione zusammen: Sie hatte ihnen verboten, mit jemandem in Berührung zu kommen, und befiehlt ihnen erneut, ihre Köpfe auf den Boden zu richten, bis sie ihr Versteck in Akhbit (der 'schwimmenden Insel' Khemmis bei Buto) erreicht haben.

Die reiche Frau, die all dies miterlebt, erkennt darauf das Unmoralische ihres Verhaltens und überlässt ihren Besitz nun Aset und dem Bauernmädchen. Her wird im Schilfgebiet um Khenmet-Min in Sicherheit gebracht, und Aset verbringt ihre Tage mit Betteln und Nahrungssuche, um ihren Sohn füttern zu können. Eines Tages findet sie jedoch den Kindgott bewusstlos vor: Die Tränen seiner Augen und der Speichel von seinen Lippen

haben die Ufer des Nils durchweicht; sein Körper ist schlaff, sein Herz schlägt so schwach, dass er nicht einmal mehr an ihrem Busen saugen kann. In Panik ruft Aset die Dorfleute zu Hilfe, doch keiner von ihnen weiss einen Zauberspruch, der Her heilen könnte.
Eine kluge Frau in diesem Gau erinnert Aset jedoch daran, dass Her in Akhbit vor Setekh sicher ist, weshalb die Krankheit nicht von ihm rühren könne; sie soll Her auf Schlangenbisse oder Skorpionstiche untersuchen. Aset beugt sich über Her und erkennt am Mundgeruch, was er hat. Sie nimmt ihn in die Arme und "springt mit ihm umher, so wie es die Fische tun, wenn sie auf den Bratenrost geworfen werden: 'Her wurde gebissen, o Re, dein Sohn wurde gebissen, Her, der Erbe deines Erben, wurde gebissen!"[269]
Ihre Schreie bringen Nebet-Hut herbei, die mit ihr in die Klage einfällt, deren Klang überall im Marschland zu hören ist. Darauf erscheint die Göttin Serket, die Aset fragt, was geschehen ist, und ihr dann rät: 'Aset, ruf doch zum Himmel, damit die Schiffsmannschaft des Re zu rudern aufhört und das Sonnenschiff des Re nicht mehr weiterfährt, solange der Her-Knabe noch auf der Seite liegt.'
Da sandte Aset ihre Stimme zum Himmel und schrie zu der 'Barke der Millionen Jahre'. Und die Sonne hielt vor ihr an und bewegte sich nicht mehr von der Stelle.[270]

Mit all seinen Zaubersprüchen versehen steigt Djehuti aus dem Sonnenschiff, um zu sehen, was vorgefallen ist. Als er Aset und den kranken Her vorfindet, betont er, wie wichtig ihm und den anderen Göttern im Gefolge Res Wohlbefinden und Sicherheit Hers sind. Aset ist davon wenig beeindruckt: 'Djehuti, wie gross ist deine Weisheit, doch wie lahm sind deine Ratschläge!'
Nachdem Djehuti sich alles angehört hat, beruhigt er Aset: Er ist vom Himmel mit dem Atem des Lebens herabgekommen, um Her wiederzubeleben. Darauf beginnt Djehuti eine lange Beschwörungsformel zu rezitieren, die Her dem Schutz einer ganzen Reihe von göttlichen Wesen, Kreaturen und Orten unterstellt. Derweil steht das Sonnenschiff still, "die Sonne befindet sich noch an der gestrigen Stelle, bis Her für seine Mutter Aset geheilt ist".[271]
So greift eine kosmische Katastrophe um sich. Der Opferkult der Tempel, der von der Zeitmessung abhängt, wird eingestellt, Finsternis herrscht im Land, es gibt keine Jahreszeiten mehr, weil die Sonnenuhren keinen Schatten werfen, Quellen versiegen, Pflanzen verdorren, das Leben stockt auf der Erde, solange Her nicht geheilt ist. Als die Macht seiner Worte das Gift zerstört hat, schickt Djehuti die Leute wieder in ihre Hütten zurück; auf Asets Bitte belegt er das Dorf mit einem Zauber, der verhindert, dass man dort in Zukunft ihre wahre Identität erkennt. Damit ist die Krise abgewendet, Djehuti kehrt in den Himmel zurück und das Sonnenschiff setzt seine Fahrt fort, Her und Aset in sicherer Anonymität zurücklassend.
SH 83–91
Astronomischer Hintergrund ist zum einen der Bezug zum Schönen Knaben in α Virginis (wenn diese Verortung korrekt ist): Sie hat ja dessen Leben in der Hand. Zum anderen erklärt der Mythos den scheinbaren Sonnenstillstand bei Solstitien, wo sie jedes Mal am selben Ort auf- und unterzugehen scheint; oder die von einer Eklipse bewirkte Stasis.
Deutlich wird dies an einer anderen Stelle der *Metternich-Stele*, wo Djehuti der verzweifelten Aset sagt: "Ich kam heute aus dem Gottesschiff, die Sonnenscheibe aber ist noch auf ihrem gestrigen Ort … Es ist Dunkelheit entstanden, das Licht wurde vertrieben."[272]
Der Halt der Sonne und die schwimmende Insel Akhbit kann man auch mit der zirkumpolaren Grossen Insel verbinden, wo die Totengeister, dem Sonnenschiff einmal entstiegen, in ihr ewiges Leben eintreten und die astralen Manifestationen von Serket, Aset, Her und Setekh vorfinden.

Kommt einem die Herbergssuche Asets mit ihrem Kind bekannt vor, dann deshalb, weil sich das Christentum schon im 2. Jahrhundert v. u. Z. in Ägypten etablierte und viele ägyptische Motive aufgriff. Die Römer verbreiteten mit ihren Legionen in Europa gräko-ägyptische Götterkulte; dabei wurden auf Djehutis Mondsichel stehende Darstellungen von Aset und Her zum Vorbild für die Ikonographie der Jungfrau Maria mit ihrem Kind.

Setekh macht sich im Mythos in der Folge auf, um den Kindgott viele Jahre lang zu suchen und brennt dazu überall das Marschland ab, um sein Versteck zu finden. Her von Behdet (dem alten Namen von Edfu), dessen Symbol die Sonnenscheibe war, kommt dem Kindgott Her dabei mit einer Flotte zu Hilfe. Bei der darauffolgenden Schlacht auf dem Fluss verwandelt Setekh sich – je nach Ort, an dem die Schlacht immer wieder entflammt – in ein Nilpferd oder Krokodil, wird dann aber von Her von Behdet harpuniert. Dieses Motiv widerum wurde zum Vorbild für die Ikonen von St. Georg und dem Drachen.

SH 85–86 und 88

V DIE 36 DEKANE

Um 2100 v. u. Z.[273] teilten die Ägypter den Himmel in 36 Abschnitte ein, die noch auf das Mondjahr von 36 Wochen zu je 10 Tagen verwiesen. Je eines dieser 36 Sternbilder markierte jeweils 10 Tage: daher der Name 'Dekane'. Bezugspunkt war das Sternbild Sepedet, das Sirius samt einigen Sternen von Canis Maior umfasst; das *Nutbuch* listet sodann, "18 Sterne hinter Sepedet und 18 Sterne vor ihr"[274] auf: somit 37 Dekane. Da das Sonnenjahr zu diesen 36 10-Tages-Wochen noch 5 weitere Tage umfasste, wurde für diese Zusatztage ein Dekan festgesetzt, der nur halb so gross wie die anderen war.[275]

LU4, BO 85 und EAT I ff.

Die Fassungen des *Nutbuchs* – auch *Grundriss des Laufs der Sterne* genannt – geben die Sichtbarkeiten mehrerer Dekane am Himmel an. Die Beschreibungen sind jedoch sehr umständlich; Berechnungsfehler der jeweiligen Perioden, widersprüchliche Bezeichnungen sowie wechselnde Abfolgen der Dekane[276] verraten, dass man mit dem dahintersteckenden System nicht mehr wirklich vertraut war. Entnehmen lässt sich aber, dass ein Dekan 10 Tage lang seine Funktion als Wochenstern erfüllte, er danach 90 Tage bis zu seinem Versinken hinter dem Horizont im Westen verbrachte und bis zu seiner neuerlichen Sichtbarkeit im Osten weitere 70 Tage vergingen: Er begann somit 170 Tage vor seinem heliakischen Frühaufgang im Juli die betreffende Woche anzuzeigen.

Die hier dargelegte Ausdeutung des hinter den Dekanen verborgenen Beobachtungssystems entstand in enger Zusammenarbeit mit Christian Weiblen vom Planetarium Augsburg. Wir gingen dabei exemplarisch vom Sirius im Sternbild Sepedet aus. Mit dessen heliakischem Frühaufgang liess man das Jahr beginnen; laut *Nutbuch* "entstehen"[277] jedenfalls an diesem Morgen mit ihm zusammen auch die anderen Dekane. Das *Nutbuch* nennt diese erste Sichtbarkeit im Juli nach 70 Tagen in der Unterwelt die "Geburt" Sepedets. An diesem Tag steht der helle Sirius – wie der etwas schwächere β Canis Maioris, unser Mirzam, der etwas westlicher und höher liegt – knapp über dem Horizont[278] und erstrahlt als Kopf der Göttin Aset. Auf dieses Ereignis verweist in manchen Dekanlisten ein eigener Dekan namens 'Vorläufer Sepedets'.

2001 v. u. Z. erfolgte die "Geburt" Sepedets am 9. Juli, da wurde der oberste Teil des Sternbilds kurz vor der Sonne erstmals wieder über dem Horizont sichtbar.[279] Nach diesem heliakischen Frühaufgang entfernt sie sich immer weiter von der Sonne. Wie das *Nutbuch* angibt,[280] feiert Sepedet 65 Tage später, also am 12. September, ihre "Erste". An diesem besonderen Tag stehen Sirius und Mirzam, wenn die Sonne bei ihrem Aufgang den Horizont berührt, genau im Süden. Um den 23. November geht Sirius beim Aufgang der Sonne im Westen unter. Am 3.|4. Dezember steht Sirius dann um Mitternacht exakt im Süden: Damit beginnt der zweite Teil seiner Sichtbarkeitsperiode. Er steigt immer früher am Abend auf; sein 'scheinbarer akronychischer Aufgang' – sein letzter sichtbarer Aufgang in der Abenddämmerung – erfolgt unmittelbar nach der Wintersonnenwende am 24. Dezember. Am 29. Dezember geht er dann genau beim Sonnenuntergang am östlichen Horizont auf, was heute sein 'wahrer akronychischer Aufgang' genannt wird.

Laut den Angaben des *Nutbuchs* beginnt Sepedet jedoch erst am 21. Januar – 170 Tage vor ihrem nächsten heliakischen Frühaufgang – zu "arbeiten". Das Sternbild befindet sich da etwa 20° westlich des Punktes, an dem die Sonne morgens aufgeht, und wird dort kurz nach Sonnenuntergang um 17.45 Uhr in 23° Höhe über dem Horizont sichtbar, wobei sein unterer Stern – δ Canis Maior – auf etwa 11° steht. Um 20.27 Uhr, also fast 3 Stunden nach Sonnenuntergang, erreicht Sirius seinen exakt im Süden liegenden Kulminationspunkt auf 45° über dem Horizont: Sepedet steht somit genau "in der Mitte des Himmels", wie das *Nutbuch* es nennt[281] – was nicht mit dem Zenit verwechselt werden darf.

Dieser Schnittpunkt von genau 180° Süd und 45° Azimut ergibt sich erst um 2000 und nur für Luxor.[282] An diesem Tag erreicht der darunterliegende Canopus (Sopdu, Sohn der in Sepedet gesehenen Aset und des Usir im Orion) um 21.36 Uhr ebenfalls genau im Süden seinen Kulminationspunkt auf 9° 46' Höhe: womit die ganze göttliche Familie den Himmel im Süden dominiert.

Danach wandert der Sirius weiter nach Südwesten und geht kurz vor 2 Uhr früh unter. Nach dem 21. Januar wird der Sirius jeden Tag etwa 2 Minuten später sichtbar, erreicht nach 10 Tagen am 31. Januar seinen Kulminationspunkt um 20.13 Uhr und geht dann um 1.20 Uhr morgens im Südwesten unter.

Sirius selbst steht dabei nicht nur in der Mitte des Himmels auf 180° und 45° Höhe, sondern auch in der obersten Mitte des Sternbilds Sepedet, das nun vom 21. bis zum 31. Januar als "Gestirn Des Abends" die jeweilige Woche anzeigt. Dies tut der Dekan, indem sein westlichster Stern, unser Mirzam (β Canis Maioris), an jedem dieser 10 Tage die Transitlinie ein wenig früher überschreitet. Am 5. Tag steht Sirius als Kopf der Sepedet selbst an der Transitlinie. Nach 10 Tagen jedoch "hört das Gestirn auf, seine Arbeit zu leisten": Da hat das ganze Sternbild um den Sirius die Transitlinie hinter sich gelassen.

Während der ihm nachfolgende Dekan nun für die nächsten 10 Tage zu "leben" anhebt, "stirbt" Sepedet allmählich, um dabei "90 Tage im Westen zu verbringen". Ab dem 1. Mai wird Sepedet nur noch in der Abenddämmerung sichtbar. "Sie umkreist dann die Duat", wie das *Nutbuch* es nennt, um "in die Unterwelt zu gehen": Da findet ihr letzter sichtbarer Untergang statt, der sogenannte 'heliakische Spätuntergang', mit dem die zweite jährliche Sichtbarkeitsperiode ihres Sternbilds endet. Sepedet bleibt daraufhin unsichtbar, um am 9. Juli erstmals wieder über dem Horizont zu erscheinen: Das *Nutbuch* gibt die 70 Tage ihrer Unsichtbarkeit korrekt wieder.[283]

Als Zeitmesser für die 10-Tages-Woche kam Sepedet also erst gute 3 Wochen nach ihrem bei Sonnenuntergang erfolgenden akronychischen Aufstieg im Osten in Frage. Der Grund für dieses spezielle Datum hat nichts mit der Kulmination auf 180° und 45° Azimut zu tun – die erfolgt während der gesamten Periode – sondern mit der praktischen Beobachtung.

Der Zeitpunkt 20.27 Uhr, mit dem die Wochenmessung durch Sepedet am 21. Januar begann, musste auch als Referenz für die anderen 35 Dekane gelten. Da die Sonne im Laufe des Jahres jedoch immer später untergeht, musste es zu diesem Zeitpunkt auch im Sommer für die Beobachtung der Dekane schon dunkel genug sein. Der 21. Januar – einen Monat nach dem Solstitium des Winters – und die Kulminationszeit von etwa 3 Stunden nach Sonnenuntergang garantierten, dass man in der Winterkälte nicht allzu lange auf die 'Arbeit' der Dekane warten musste und sie in den kurzen Sommernächten noch sehen konnte.

Der Transit des Sternbilds über den Meridian dauert jeweils 20 Minuten. Zur Messung genügte eine von Norden nach Süden ausgerichtete Wand oder ein Fensterbalken: Wir wissen, dass Pyramiden wie Tempel überraschend genau an dieser Achse mit Hilfe von Ursa Maior errichtet wurden. Berührte Mirzam eine nach Süden gerichtete Wand, begann die von Sepedet bestimmte Woche; sie endete, sobald das Sternbild 10 Tage später rechts davon nicht mehr zu sehen war – und zugleich der Randstern des nächsten Sternbilds die Wand berührte. Dazu kamen mehrfache Vorläufer und Nachfolger von Dekanen, die bei dieser Verschränkung halfen.

Die Zeitmessung war damit relationell. Das spiegelt das *Nutbuch* wider, indem es den Beginn all seiner Positionsbestimmungen mit "der Anfang des Aufrufens der Sterne: die Art des Aufrufens von einem jeden von ihnen" betitelt. Es listet zu diesem Zweck die ersten fünf Dekane von Kenmet bis Tjemat für eine Periode von 40 Tagen auf, nach welcher der 1. Dekan gerade seine Arbeit beendet hat, während sich der 5. dahinter schon zeigt,[284] um dann die Zeitmessung anhand des 4. Dekans Kha'u | Djat und des 5. Dekans Tjemat detailliert vorzuführen.[285]

Diese Verkettung von Dekanen hatte im Begräbniskontext auch symbolische Funktion: Die Zeitmessung half dem Toten, den Dekan zu bestimmen, der ihn in den Himmel führen könnte – hin zur Ekliptik, die er überschreiten musste, um ins ersehnte Opfergefilde um den Pol zu gelangen.

In der Praxis wurde durch diese Kette gewährleistet, dass man den Moment des Transits des jeweiligen Dekans nicht verpasste und der Zeitpunkt der Messung jedes Mal gleich blieb: Er wurde bestimmt durch das Überschreiten der Nord-Süd-Wand. Die 36 Dekane rotierten also im Jahreslauf wie ein Karussell von Sternbildern: Ein und dieselbe auf sie gerichtete Peillinie reichte aus, um die jeweilige 10-Tages-Woche markieren zu können. Auf welcher Höhe ein Sternbild diese Südlinie passierte, war egal: Es musste nur eines das andere alle 10 Tage an dieser Linie ablösen. Die Methode funktionierte, wenn man unterschiedliche Höhen akzeptierte: Auf einer Höhenlinie allein finden sich nie genügend Sterne für eine erkennbare Figur.

Mit diesem Ansatz lassen sich über Computersimulationen die 36 Dekane sehr plausibel bestimmen. 10-Tages-Schritte von Sepedet aus zeitlich nach vor und zurück sowie die Beibehaltung des Kulminationszeitpunktes um 20.27 Uhr erlauben jedes Mal die Identifikation eines Sternbildes, das dann genau im Süden steht. Zur Überprüfung verfügt man dann zumindest ein paar weitere akzeptierte Verortungen. So ist die Identifizierung Sahs mit Orion anerkannt und jene Des Kiefers und Der Tausend mit Taurus respektive den Plejaden mehr als plausibel: Bei Letzteren landet man denn auch punktgenau, rechnet man die Dekaden von Sepedet beginnend über Sah zurück. Von Sepedet nach vorne muss Der Rote Des Bugs wohl ein roter Stern sein – für den man ebenfalls genau bei Antares landet; dazu kennt man von Deckenmalereien die Form Des Schiffes, Des Schafs und Des Krugständers.

Die so erhaltene, mit Kenmet beginnende Bahn der Dekane um den Himmel bleibt anfangs in der Nähe des Horizonts, also im mythologischen Binsengefilde des Südhimmels. Dann führt sie in die Milchstrasse, die in den Mythen gleichgesetzt wird mit dem Geburtskanal des Sonnengottes; das *Nutbuch* nennt sie "den Weg der Sterne, welchen das Buch 'Auflösung' genannt hat, auf dem Re dahinzieht".[286] In der Milchstrasse geht es weiter, hinauf zum Sonnenschiff, das mit seinem Bug hinauf zum Zenit weist. Auf der 'Leiter' der Dekane gelangt ein Totengeist so zu Res Schiff, das ihn zur zirkumpolaren Insel bringt, und zwar in der Spanne vom 1. bis zum 9. Dekan; das entspricht zeitlich den 90 Tagen, die jeder Tote wie ein jeder Dekan in der Unterwelt zu verbringen hatte. Darauf fällt Das | Der Eingewickelte – wie der nach dem Schiff gereihte Dekan heisst – von ihm ab. Der Blick des Beobachters gleitet somit vom Zenit wieder hinunter zum Sternbild Des Schafs. Dies entspricht auch der Blickrichtung des Verstorbenen, der im Alten Reich auf dem Rücken liegend bestattet wurde, ausgerichtet nach der Nord-Süd-Achse, sodass sein Blick alles vom südlichen Horizont hinauf bis zum ersehnten Zenit und wieder hinunter überschauen konnte.

Für seine Himmelfahrt erbat sich ein Toter – wie Särge zeigen – sodann "durch Opfer von Brot und Bier, Rindern und Geflügel das Wohlwollen von Re, dem Richter des Himmels", aber auch von Nut, vom Sternbild des Stierbeins im nördlichen Himmel und von Sah im südlichen Himmel, dazu von einzelnen Dekanen wie Sepedet, ihrem Vorläufer und Nachfolger, von Sahs Oberarm, dem oberen wie dem unteren Teil Des Schiffes, der oberen wie der unteren Randlinie Des Schafs, Dem Kranich und Den Zwei Waldrappen.[287]

Die Reihungen der Dekane (manchmal auch die Namen) variieren, sowohl innerhalb des *Nutbuches*, wo einmal der 'Vorläufer Kenmets', ein andermal Kenmet selbst als 1. Dekan gesetzt wird;[288] sie überlappen sich aber. Die Konfusion erklärt sich, weil 5 Tage in unterschiedlichen Monaten eingeschoben wurden, um die 360 Tage des Dekanjahrs wieder an die 365 Tage des Sonnenjahrs anzugleichen. Die einzelnen 'Vorläufer' oder 'Nachfolger' von Dekanen erklären sich auch durch einzelne Lücken am Nachthimmel: Nicht in jedem der 36 Sektoren gab es Sterne, die markant genug für ein eigenes Sternbild waren – man musste also die gestaltliche Leere irgendwie füllen, um die Abfolge der Dekane wahren zu können.

Bei unserer Rekonstruktion fand sich jedoch für jeden der 36 Sektoren mit minimalem Spielraum (+|-1°) ein Stern an der Transitlinie, ohne im Leeren zu landen. Der Stern markiert meist jedoch nur den Rand eines Sternbildes, das von den markanten Sternen in seinem 'Arbeitssektor' dahinter gebildet wird. Nur vor den Plejaden war es nötig, 5 zusätzliche Tage einzuführen, um mit unserem System zu ihnen zu gelangen – was vielleicht kein Zufall ist. Der ägyptische Name 'Gestirn Der Tausend' scheint sich von der eleganteren Konstruktion des Sumerischen als *Mul Mul* als 'Viele Sterne' abzuleiten: auch weil dieser Name bereits an ein anderes Sternbild vergeben war. Und da im mesopotamischen Kalender das Jahr mit den Plejaden endete, könnte man hier nun jene Zusatztage eingeschoben haben, die das 360 Tage lange Jahr mit dem Sonnenjahr synchronisierten.

Andererseits waren nur wenige der schwach bestirnten und sehr schmal gehaltenen Sternbilder wirklich markant; zudem muss es unterschiedliche lokale Traditionen gegeben haben. Da überdies die Namen der einzelnen Dekane einem altertümlichen Sprachgut entstammen, das schon im Mittleren Reich kaum noch verständlich war, kam es zu Umdeutungen: Beispielsweise wurden aus dem ursprünglichen Mutterschaf eine Gans, aus den Zwei Lippen – *Sapti* – zwei Lotosblätter oder aus einer Weinpresse Die Führer Des Sonnenschiffs.[289]

Mythologisch wurden die Dekane als die lebendigen Seelen einzelner Götter gesehen, die sich in diesen Sternbildern manifestierten. Der Himmelsgürtel, in dem sie sich in ihrem Lauf von Osten nach Westen zeigten, wurde auch als aus dem Himmelserz geschaffene *Tjesmut*, 'Wehrmauer', bezeichnet; sie umgab das Land und gab zugleich den Weg der Sonne vor. Die Dekane selbst schienen ihr über den Himmel zu helfen, als göttliche Beschützer und Krieger, welche die Sonne verteidigten und die Feinde der göttlichen Ordnung vor ihr vernichteten. Als mit Setekh verbundene Tiere konnten die Dekane aber auch als Schakale abgebildet werden, die als "Seelen des Ostens" und "Seelen des Westens" Das Sonnenschiff hinter sich herzogen.[290]

Ab dem Neuen Reich wurden die Dekane kategorisch mit einzelnen Göttern verbunden und nur ausnahmsweise individuell dargestellt: Stattdessen bildete man sie ab als löwenköpfige Gottheiten oder aufgrund ihres Aufstiegs aus der Unterwelt als aufgerichtete Schlangen, manchmal samt Armen und Beinen.[291]

Aufgelistet werden diese Dekane hier in der Reihenfolge des *Nutbuchs*, samt Varianten dieser Reihung, die schon bei Kenmet einmal einen Vorläufer anführte, dann wieder nicht, und die sowohl mit Sah als auch mit Sepedet oder Den Schildkröten enden konnte.[292] Man spricht deshalb von unterschiedlichen 'Familien' von Dekanen.

Für einen Dekan wird jeweils der Stern angegeben, der im 10-Tages-Abstand an der Südlinie steht; das dahinter im Osten stehende Sternbild beruht deshalb in der Regel auf einer graphischen Rekonstruktion, die sich durch die Anordnung der Sterne ergibt, wie sie sich auf das durch den Dekannamen bestimmte Objekt herziehen lassen. Alternative Identifizierungen, die von einer anderen Beobachtungsystematik ausgehen, sind in den Fussnoten angeführt.

Gemäss der durch den Kreislauf des Sirius vorgegebenen Arbeitswoche Sepedets beginnt der 1. Dekan – Kenmet – seine Arbeit am 10. Februar. (2000 v. u. Z.), der letzte Dekan – Die Schildkröten – die seine am 31. Januar: wie alle Dekane jeweils um 20.27 Uhr.

1. Westrand: η Canis Maioris
ξ, ρ und δ Puppis bis α, β und γ Pyxidis?
KENMET – DER VOGEL IM DUNKELN
η Canis Maioris?
SEIN VORLÄUFER[293]
1 Stern
C 221
KENMET[294]
1 Stern, darunter eine senkrechte Linie von 5 Sternen
C 221

2. Westrand: c Puppis
γ Velorum und χ Carinae?
(KENMETS) ZWEI KINDER[295]
DER STERN UNTER DEM SCHWANZ |
DER TRÄGER DES SCHWANZES
C 239

Dieser 1. Dekan besteht aus "insgesamt 9 Sternen" und wird an den astronomischen Decken auch *Kenmut* geschrieben.[296] Er war so bedeutend, dass in der spätägyptischen Monumentalschrift der Lautwert *knm* für 'Stern' abgeleitet werden kann. Die Figur wurde symbolisch sehr prominent; in der Spätantike prangte sie als Khnoubis auf magischen Gemmen.[297]

Dennoch ist unklar, welchen weiblichen Vogel das Sternbild ursprünglich dargestellt hat. Sein Name lässt sich als aktives oder passives Partizip von 'umhüllen' auffassen[298] sowie zu 'Finsternis', *Kenmet,* in Bezug setzen: als ein vom Dunkel umhüllter Vogel.[299] Das passt zu einem Sternbild knapp über dem Horizont, dessen blasse Sterne nur eine schwache Figur im Finsteren erkennen lassen. Trotz seiner Prominenz gibt es zu diesem Sternbild unter dem Namen 'Kenmet-Vogel' nur drei Textstellen.

Seine älteste Erwähnung findet er in den *Pyramidentexten* Pepis I. um 2550: "Hör diese Rede, Sonne, die ich an dich richte: dein Ich ist mein Ich, Sonne – darum lass es in mir leben, Sonne. Die Paviane werden vom Kenmet-Vogel getötet; Der Kenmet-Vogel wird von den Pavianen getötet."[300] Paviane wurden mit der Sonne assoziiert, weil sie sich morgens an ihr aufwärmen und ihr kreischend zuwenden, was man als Sonnenverehrung auslegte: Im *Pfortenbuch* verkünden sie deshalb den Aufgang der Sonne und befestigen die Sonnenscheibe mit ihren Händen.[301] Die Sterne hingegen sind allgemein Seelen verkörpernde Zugvögel aus der Urfinsternis jenseits des sichtbaren Himmels. Die Stelle drückt damit – dem *Kannibalenhymnus*[302] vergleichbar – das gegenseitige Auslöschen von Sonne und Sternen abends und morgens aus, den Antagonismus von Tag und Nacht, Himmel und Unterwelt bei der Himmelfahrt des Herrschers.

In einem weiteren *Pyramidentext* Pepis (PT 521) erscheint der verstorbene Herrscher als Reiher bei seinen in Vögel verwandelten Vorfahren am See der Totenstadt Saqqara, wo sich Zeugnisse eines alten Pelikankultes finden. Am Ufer erhält er "mein nie schimmelndes Brot und mein nie sauer werdendes Bier. Ich esse mein eigenes Brot selber: Ich muss es meinem Nachfolger nicht geben, sobald ich es vom Kenmet-Vogel erhalten habe".[303] Was der Reiher sich damit schnappt – wie Reiher sich Fische aus dem Kehlsack eines Pelikans holen? –, ist die himmlische, unverderbliche Nahrung, die man nach Tod und Verwandlung in eine unsterbliche Seele erhält; sie unterscheidet sich vom irdischen Brot, das sein Thronfolger verzehren muss.

Dasselbe Vogelzeichen, das Kenmet jedes Mal determiniert, wird in einem der Bannsprüche gegen giftige, die Wiedergeburt verhindernde Schlangen dann hinter die Hekeret-Schlange gesetzt: 'Hekeret-Vogel-Schlange'.[304] Dieser weiblichen Hekeret-Schlange soll der Kopf abgeschlagen, sie soll nicht angeblickt werden und ihr Auftrag sich nicht erfüllen.[305]

Alle Abbildungen des Kenmet-Dekans zeigen ein Mischwesen aus Vogel und Schlange, das oft eine Schlange im Maul hat. Welcher Vogel gemeint sein dürfte, zeigt eine Gestirnsabbildung im Tempel von Esna: einen Pelikan mit vier Flügeln, vier Stelzen und einem Schlangenschwanz. Er führt dort in prominenter Grösse eine Gruppe von Sternbildern an, die als Dekane erkennbar sind.[306]

Auf eine Pelikangöttin als wohlwollende Schutzherrin der Toten passen dann diese drei kryptischen Erwähnungen in den *Pyramidentexten*: Die Paviane kreischen morgens, die ebenso aggressiven Pelikane abends, wenn sie zu ihren Nestern zurückkehren; sie bringen in ihren Schnäbeln Nahrung, wobei ihnen der Fisch von anderen Seevögeln aus dem Kehlsack gestohlen werden kann; sie sind symbolisch mit der Morgen- und Abendsonne verbunden.[307] Als Stosstaucher konnten Pelikane mythologisch feindliche Tiere wie Schlangen einfach schnappen und so verschlucken, wie in der Unterwelt Sünder in Netzen eingefangen wurden.[308]

Wie der weibliche Kenmet-Vogel, so kann auch der Name dieses göttlichen Pelikanweibchens Henet mit einem *u* in der letzten Silbe geschrieben werden[309] – was beide auch lautlich nahe rückt. Zudem gibt der Herrscher Teti die Pelikangöttin als seine *Mut* – Mutter – aus.[310] Ausserdem befindet sich in der Mitte der Dekanbahn die Maskulinbildung zum weiblichen Kenmet: *Kenmu*, 'Der Eingewickelte'. Ist Kenmet der ins Dunkel gehüllte Vogel, der dem Toten zur Himmelfahrt verhilft, so fällt das Augenmerk in dem Moment, wo er Das Sonnenschiff zur Weiterfahrt erreicht hat, auf diesen selbst: als Mumie.

Ältestes Zeugnis eines Pelikankultes ist eine aus Saqqara stammende Plakette des Herrschers Djer aus der 1. Dynastie um 2980;[311] sie ist zugleich der älteste Bildbeleg für eine Versternung. Man sieht eine dem toten Herrscher gewidmete Prozession, bei der vier Dinge getragen werden: eine Pelikanstatue, die seine Ba-Seele repräsentiert, einen Wels als Symbol des Königtums, seine Mumie und schliesslich eine Leiter, offenbar als Symbol eines Aufstiegs zum Himmel.

Im Sonnentempel des Ni-user-Re um 2425 wiederum zeigt ein Relief Priester, die im Tempel gehaltene Pelikanweibchen und -männchen auseinandertreiben, damit sie sich nachts nicht paaren[312] – was kultisch sinnvoll ist, will man ein Pelikanweibchen dann als Mutter des Herrschers vorführen. Die Paarungszeit der Pelikane beginnt im Februar, also in der Zeit, in der Kenmet als 1. Dekan des astronomischen Jahres aufsteigt.

Ein Jahrhundert vor den Erwähnungen Kenmets bei Pepi I. taucht der Pelikan in jenen *Pyramidentexten* Unis und Tetis auf, die paradigmatisch Versternungen der Herrscher beschreiben, die nach ihrem Tod als Sonne Atum-Re zurückkehren wollen. Formuliert wird dies als Drohung: Falls dem Herrscher die Himmelfahrt verwehrt wird, verflucht er die Erde, die darauf untergeht, und verschlingt dazu jeden, der ihm im Weg steht: "Verkündet wird (dies) durch den Pelikan Henet; der kulminierende Pelikan Pesdjet kommt heraus, Der Grosse richtet sich auf."[313]

Mit Dem Grossen ist in diesem Text das Sternbild Des Riesen Atum gemeint, das in seinem Kreisen um den Zenit stehen wie liegen kann. Der Pelikangott Pesdjet in seiner Kulmination – als deutlicher Verweis auf die Zeitmessung eines Dekans – wird sonst mit Der Grossen Neunheit assoziiert[314] und von der Pelikangöttin Henet unterschieden. Diese Doppelung von männlichem und weiblichem Pelikan würde die Esna-Abbildung mit ihren zwei Flügel- und Beinpaaren erklären – auch weil dadurch die Verschmelzung des astralen Sternbilds mit dem nun zum Pelikan verwandelten toten Herrscher dargestellt würde.[315]

Ein *Sargtext* lässt Henet sodann verkünden, dass der kulminierende Pesdjet aufsteigen wird: "damit ein Weg für den Toten gemacht wird, denn er kennt seinen Weg".[316] Damit muss die Bahn der 36 Dekane gemeint sein, die von Kenmet aus hinauf zum Sonnenschiff führt. In einem weiteren *Sargtext* zeigt sich der astrale Bezug zum Pelikan, dessen "Aufstieg zur Kulmination wird, angekündigt vom Benu-Vogel",[317] der als Dekan vor Kenmet am Horizont aufgeht.

Der weit verbreitete Spruch 68 des *Totenbuchs* ist dem Pelikan gewidmet und erhebt ihn erneut zum Symboltier der Himmelfahrt: "Geöffnet sind mir die Türflügel des Himmels; aufgetan ist mir der Mund Des Pelikans, der mich bei Tag hervorgehen lässt, zu jeglichem Ort, an dem mein Herz sein will." Der offene Schnabel des Pelikans deutet auf die Möglichkeit des Toten, seine Grabkammer zu verlassen und in den Himmel zu fliegen; die Analogie geht wohl auf den Vergleich des Schlunds und des Kehlsacks des Vogels mit Gang und Kammer eines Grabes zurück.[318] Leiblich wieder vollständig auferstanden, verkündet der Selige in diesem Spruch weiter, dass er in Wiederholung des Kenmet-Textes PT 521 kein irdisches Brot mehr essen, sondern nur noch "vom hellen Weizenbrot und Bier aus heller Gerste von Hapi am Reinen Ort leben" wird.

Als Führer dorthin dient in einem späteren Anbetungstext des Re – gemäss der prominenten Stelle Kenmets als allererstem Dekan – "der Aufstieg der Pelikangöttin"; sie "geleitet und öffnet die Duat für ihn, um ihn auf die himmlischen Wege zu bringen".[319]

Die funeräre Bedeutung des Pelikans blieb über die Zeiten erhalten, seine astrale Darstellung im Dekan änderte sich jedoch. Dass er seine Zeitmessung bei einem niedrigen Stand am Horizont begann und Henet als vor Schlangen schützende Gottheit[320] mit der Unterwelt verbunden war, betonte bald die Dämonik Des 'Vogels Im Dunkeln'. Kenmet wurde derart zum Synonym für Finsternis und im Mittleren Reich schliesslich zur Schlangengottheit.

Abbildungen zeigen Kenmet meist als aufgerichtete Schlange, die anstelle der vormaligen Flügelpaare von drei kleineren Schlangen überkreuzt wird. Wegen ihres Bezugs zur Unterwelt begriff man Dekane inzwischen generell als schlangenartig;[321] dazu wurde nun der Kenmet-Vogel als 'Dekan der Dekane' dargestellt.[322] Später erhielt die dreifach überkreuzte Schlange einen Widder- oder Löwenkopf samt Strahlenkranz und wurde als heilender Gott Khnubis bezeichnet.[323]

Da ab dem Alten Reich der Lautwert *-mut* mit dem Zeichen des Mut-Geiers geschrieben wurde,[324] kam es zum Mischwesen eines schlangenköpfigen Geiers. In dem den Dekangestirnen geweihten Naos von Saft el-Henna aus dem 4. Jahrhundert v. u. Z. werden 36 identische, als Gestirne ausgewiesene Figuren mit dem für die Hieroglyphenschreibweise typischen Geierleib dargestellt, Hals und Kopf zur Schlange abgewandelt.[325]

Als 1. Dekan gibt Der Pelikan die Bahn der restlichen Dekane vor. Der nächste Dekan – Der Graue Kranich – markiert zeitlich den Abzug dieser Vögel; die Dekane Der Waldrappen und Sattelstörche beginnen ihre Zeitmessung, wenn diese Zugvögel zurück nach Ägypten kommen. Damit ist eine Analogie zwischen dem Zug der Vögel und der im Winter weiter nach Süden wandernden Sonne gegeben. So erklärt später das *Nutbuch*, dass die Zugvögel – mit denen Sterne wie Seelen verglichen werden – aus der Urfinsternis der Götter im Süden kommen.[326] Wie der Pelikan sind sie damit ebenso sehr geflügelte Sonnen- wie Unterweltswesen. Zwischen diese Vogeldekane setzt man funeräre Symbole und Gegenstände ebenso wie Tiere und Pflanzen des irdischen Lebensraumes, um eine Himmelsbahn zu bestimmen, die hinauf zum Sonnenschiff und zu Re im Zenit führt.

Als Konzept wurde dies bereits im Sonnenheiligtum des Ni-user-Ra aus der zweiten Hälfte des 25. Jahrhunderts realisiert. In einer Weltkammer sieht man dort die Ankunft der Zugvögel im Nildelta, die Paarungen von Tieren, Fischwanderungen und Ernten in der schöpferischen Kraft des Sonnengottes und seines jährlichen Kreislaufs. Ihm wurde ein riesiger glänzender Obelisk errichtet, in dessen Unterbau ein immer schmaler werdender, aufsteigender Gang hinauf zur Plattform Res führt: So wie auch die Dekane zu ihm und dem Sonnenschiff führen. Letzteres baute man neben das Heiligtum, ein riesiges gemauertes Schiff entlang der Ost-West-Achse, das mit seinen Ziegeln Planken und Wellen nachahmte und wie das Sternbild ab dem zweiten Drittel im Westen hinten offen ist, damit die untergehende Sonne einsteigen und nachts darauf gen Osten fahren kann.[327]

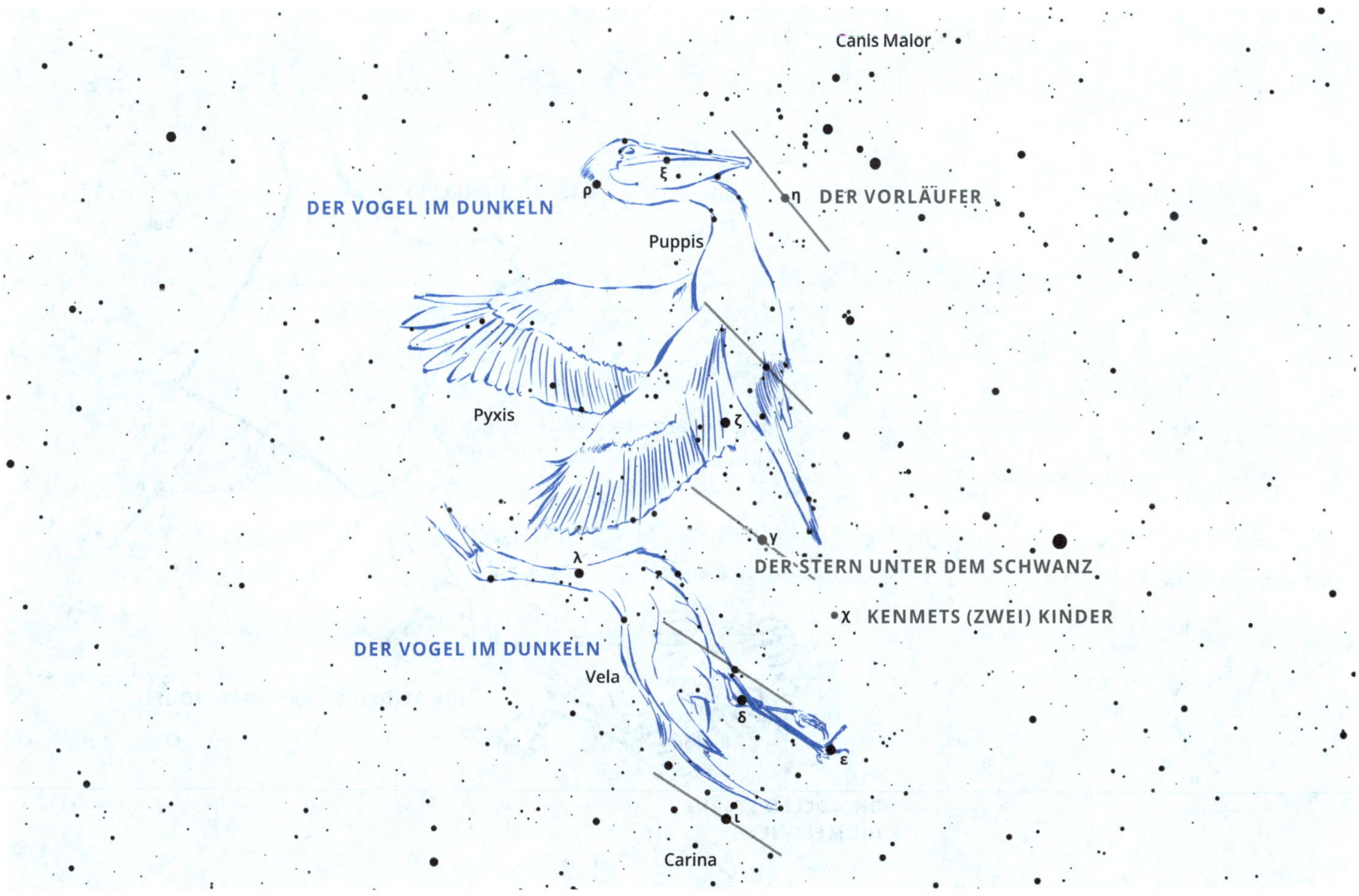

3. und 4. Westränder: γ Velorum und ο Velorum
λ Velorum und ε sowie ι Carinae?

KHA'U – DIE LOTOSSTÄNGEL

DJAT – DER GRAUE KRANICH | DER FEUERBOHRER

Q 1.4

ANFANG[328]

1 Stern

C 221

ENDE[329]

1 Stern

LU5 262, C 221

Die Bezeichnung *Kha'u* bezeichnet am ehesten Lotosstängel, die sich mit ‘Anfang’ und ‘Ende’ auf zwei Sternbilder verteilen. Eine andere Dekanfamilie nennt statt Kha'u an derselben Stelle stets *Djat*: Es handelt sich also wohl um zwei unterschiedliche Figurierungen desselben länglichen Sternbilds.[330]

Der blaue Lotos ist das Symbol des Gottes Nefertem; er steht für die primordiale Seerose, aus der die Sonne erstmals in die Welt aufging. In einem *Pyramidentext* setzt der Herrscher Unis sich mit ihm gleich: "Ich bin Der Lotos, der aus der Erde aufsteigt. Ich erscheine als Nefertem, als Der Lotos an der Nase der Sonne, wenn sie jeden Tag aus der Akhet aufgeht."[331] Das Wort *weben* bedeutet sowohl 'aufsteigen' wie 'leuchten' und wird für Himmelskörper wie für Pflanzen verwendet.[332] Der Kranich wiederum hatte vergleichbare Symbolik: als Sonnenvogel wie als Tier des Himmelsaufstiegs.

Djat hingegen könnte prinzipiell einen Feuerbohrer oder den Grauen Kranich bezeichnen;[333] der Name wurde später wegen der Lautähnlichkeit mit demotisch *Djat*, 'Leid, Fehl, Schaden' als 'Sterbender Mann' aufgefasst.[334] Dazu wie zum nächsten Dekan passt ein im Naos der Dekaden dargestelltes Gestirn: eine stehende Figur auf dünnen Beinen mit kranichartig ausgespreizten Füssen und einer roten Krone, durch Schnabel und helles Gefieder am Hinterkopf deutlich als Kranich erkennbar;[335] die Abbildung läuft dabei so keilförmig nach unten wie ein Feuerbohrer. Die Inschrift nennt keinen Namen, sondern besagt nur: "Das ist sein Bild in seinem Tempel, im Herrschaftsbereich Sopdus." Dies ist mit der Nähe des roten, Sopdu verkörpernden Canopus ebenso stimmig wie der Umstand, dass die der Figur zugedachten Opfergaben sonst nur einem Vogel dargebracht wurden.[336]

Das *Nutbuch* verweist bei den einzelnen Positionsbestimmungen dieses Dekans am Ende auf die funeräre Bedeutung und die horizontische Nähe des Gestirns zum Binsengefilde am südlichen Himmel: "Vom Übel gereinigt hervorgehen".[337]

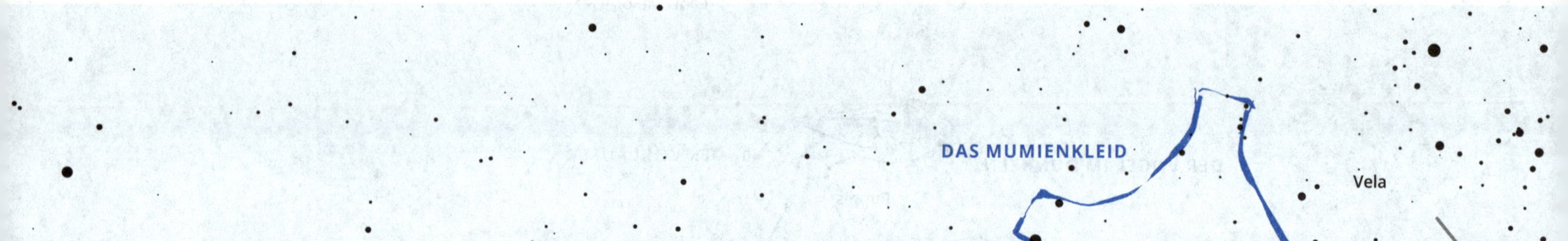

5. Westrand: ι Carinae
ι Carinae sowie φ und μ Velorum?
TJEMAT – DAS MUMIENKLEID
Q 1.4
OBERER TEIL[338]
UNTERER TEIL[339]

Jeweils 1 Stern
C 221–222

Das Sternbild ist je nach Familie auf einen oder auf zwei Dekane verteilt.[340] *Tjema* bezeichnet einen Sack als Getreidemass.[341] In einem späten mythologischen Text wird daraus die Einwicklung einer Mumie als zweiter 'Haut'. Das selten bezeugte Wort hat Bezug zur

Unterwelt und zum Grab, wo man neben Perücke und Sandalen auch mit einer neuen schützenden Haut und einem Talisman ausgestattet wurde: Ursprünglich bezeichnete Tjemat wohl eine abgezogene Haut, eine tote Haut, die auch diversen funerären und kleidenden Funktionen dienen konnte.[342]

Sargdeckel aus Asyut um 2000 zeigen die ältesten Dekanlisten; mit zwei Ausnahmen beginnen sie alle mit dem Unteren Teil Tjemats und enden mit Dem Kranich bzw. Den Lotosstängeln. Die Symbolik eines letzten Dekans spricht für eine Auferstehungsthematik, zu der Tjemat als tote Haut oder Mumienkleid gut passt, indem damit die Wiedergeburt eingeleitet wurde. Die Bedeutung der beiden Dekane wird dadurch unterstrichen, dass im ptolemaischen Tempel von Dendera neben Dem Krugständer und Sepedet nur Tjemat und Die Lotosstängel | Der Kranich ganz aus Gold gefertigt waren – die anderen waren aus Stein, Holz, Metall oder Fayence.[343]

6. Westrand: q Carinae
x Velorum, θ Carinae bis λ Centauri und θ Crucis?

USHATI – DIE BEIDEN GEMÄSTETEN VÖGEL[344]

Q 1.4

Im Alten Reich wurden vor allem Gänse, Enten, Tauben und Kraniche mit Gerste und Nudeln aus Gerstenmehl als Opfertiere gemästet; das aus Indien stammende Huhn galt noch im Neuen Reich als Exot. Im Tempel von Esna sind zwei Gänse unter den aufgemalten Sternbildern der Dekane zu sehen.[345] Bei den jüngsten Renovierungsarbeiten kam die Beschriftung 'Gänse Des Re' zum Vorschein.

BEKATI – DIE BEIDEN SCHWANGEREN FRAUEN[346]

Q 1.4

Diese beiden Dekane werden häufig auf eine gemeinsame Position reduziert; es handelt sich wohl um Alternativbezeichnungen ein und desselben Sternbilds.

7. Westrand: A Centauri
δ Centauri?

IPESEDJ – DER ENTFERNTE[347]

Der Name ist möglicherweise von 'sich entfernen' ableitbar.[348] Die Sterne in seiner Region sind äusserst schwach, was vielleicht darauf hinweist, dass der Dekan sich von den anderen abgesetzt hat und wie δ Centauri in einer ziemlichen leeren Gegend des Himmels zurückgeblieben ist. Das Frühjahrsäquinoktium vom 10. April 2001 v. u. Z. fiel auf den Beginn dieses Dekans.

8. Westrand: α^{1+2} Crucis
α^{1+2}, β, γ und δ Crucis?

SBAU MEHU – DIE VOLLEN STERNE[349]

SHESEPET – DIE MELONEN

Q 1.4

Die unsüsse Zuckermelone (*Cucumis melo var. adzhur*), eine der ältesten Kulturpflanzen des Mittelmeers, war bereits in der prädynastischen Zeit ein beliebtes Gemüse, das auf den sandigen Böden am Nilufer angebaut wurde. Es gab eine runde, gelbe Variante und eine länglich gestreifte, gurkenartige Form. Sie fanden auch zu medizinischen Zwecken sowie als Grabbeigaben Verwendung – wo sie auf Särgen abgebildet und am Himmel in den Sternen von Crux sichtbar waren.[350]

9. Westrand: ω Centauri Cluster
Sterne von Centaurus?

SEBKHASEN – DIE AUSGESPUCKTEN[351]

Q 1.4

In den *Pyramidentexten* bezieht sich das dazugehörige Verb sowohl auf das 'Ausgestreute' eines Sterns[352] wie auf die Himmelfahrt eines Herrschers, bei der er die Feinde des Usir schlägt und vernichtet, sie "aus sich ausspuckt auf das Grosse Grün des Mittelmeers".[353]

Der Stern ist auch mit den Schreibweise *Sebshesen* und *Ebsh* belegt; Letzteres bezeichnet eine heilige Schlange "als eine Art Gott", war aber auch ein Beiname des Krokodilgottes Sobek.[354]

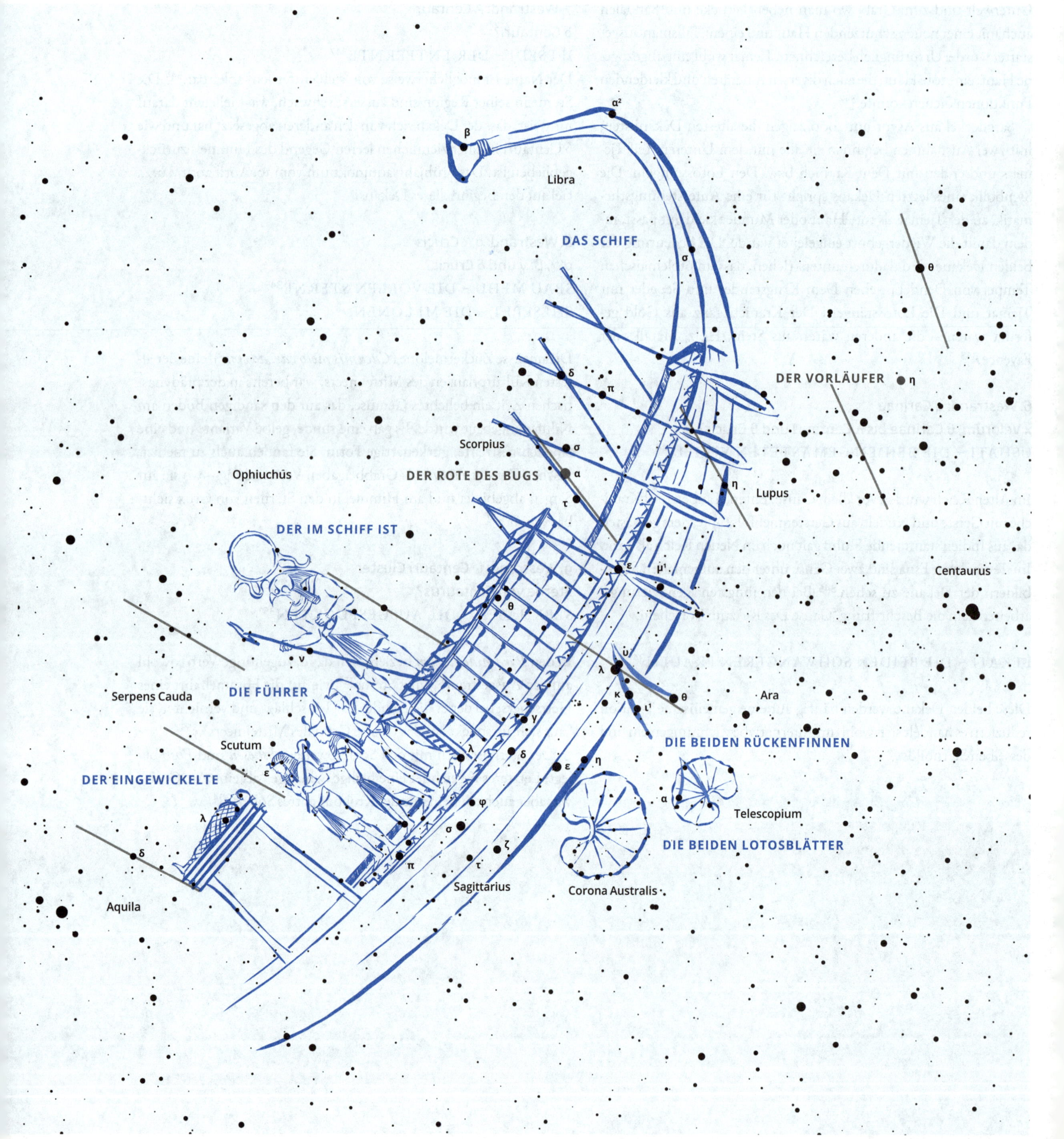
Libra
DAS SCHIFF
DER VORLÄUFER
Scorpius
DER ROTE DES BUGS
Ophiuchus
Lupus
DER IM SCHIFF IST
Centaurus
DIE FÜHRER
Serpens Cauda
Ara
Scutum
DIE BEIDEN RÜCKENFINNEN
DER EINGEWICKELTE
Telescopium
DIE BEIDEN LOTOSBLÄTTER
Sagittarius
Corona Australis
Aquila

10.–16. WIA – DAS SCHIFF
KHENTET – DER BUG

Q 1.4

10. Westrand: θ Centauri
η Centauri?

SEIN VORLÄUFER[355]

11. Westrand: λ Lupi
α², β und σ Librae?

DER OBERE TEIL DES BUGS[356]

12. Westrand: η Lupi
η Lupi bis μ¹ Scorpii?

DER UNTERE TEIL DES BUGS[357]

L4, L1

5 Sterne horizontal, 4 Sterne vertikal vom Bug abwärts, 1 Stern neben dem ersten der vertikalen Sterne, 1 Stern in der Mitte samt einem dahinter.[358]

13. Westrand: α Scorpii[359]

DJAMES EN KHENTET – DER ROTE DES BUGS

Q 1.4

14. Westrand: λ Scorpii
Schwanz von Scorpius, Corona Australis und Telescopium?

SAPTI – DIE BEIDEN LOTOSBLÄTTER[360]
KHANUWI – DIE BEIDEN RÜCKENFINNEN

Q 1.4

15. Westrand: ξ Serpentis
ν Ophiuchi bis μ Sagittarii?

KHERIB WIA – DAS | DER IM SCHIFF IST[361]

Die Bezeichnung könnte als 'Mittelplanke des Bootes' zu deuten sein;[362] wahrscheinlicher ist, dass damit ein Gott gemeint ist, der oft als 'inmitten seines Bootes' bezeichnet wird.[363]

16. Westrand: 68 Ophiuchi
um π und ξ² Sagittarii?

SHESEMU – DIE FÜHRER[364]

Q 1.4

Die Sommersonnenwende am 10. Juli 2001 v. u. Z. liegt am Beginn dieser Dekane, die auf der ältesten Sternenliste in Senenmuts Grab (ca. 1460 v. u. Z.) von ihren Vorläufern bis zum Anführer dem Sternbild Schiff zugerechnet werden; später wird dazu noch Der Eingewickelte gezählt. Danach folgt in allen Dekanlisten stets Das Schaf, das in den um 550 v. u.Z entstandenen Grabmalereien des Petamenophis[365] neben Dem Schiff in Richtung Orion abgebildet ist. Das Sternbild weist vom Sonnenschiff wörtlich nur 'das Vorderteil' – *Khentet* – aus, vom Bug bis etwas über die Mitte. Es scheint auf der Milchstrasse zu schwimmen; die Schiffsmitte liegt bei Sagittarius auf der Ekliptik. Die Kajüte Res, die sich auf anderen Darstellungen der Sonnenbarke im hinteren Drittel befindet, bleibt samt Heck ausgespart. Zu sehen ist Re dennoch: Steht das Bughorn im Süden, scheint das Schiff – dessen letzter dargestellter Teil dann am Horizont liegt – an dem Punkt aus der Erde aufzusteigen, wo morgens die Sonne aufgeht: um leuchtend dort zu stehen, wo sich sonst das Heck befände.

Der Obere und Untere Teil Des Bugs bezieht sich wohl auf ein Horn, wie es die bei der Khufu-Pyramide entdeckte Barke besitzt, auf welcher der verstorbene Herrscher zum Sonnenschiff gelangen wollte. Solche Bughörner sieht man auch an den Sonnenschiffen im Tempel von Esna.[366] Hinter dem Bug liegt der Unterstand für den Kapitän, dahinter die Mannschaft für die Ruder unter einer abdeckbaren Pergola, am Heck die geschlossene Kajüte für die hohen Passagiere.

Das Sonnenschiff wird in anderen Mythen auch als *Atet* oder 'Barke der Millionen Jahre' charakterisiert, wobei zwischen der Tagbarke *Madjet* und der Nachtbarke *Mesektet* unterschieden wird (was sich in der griechisch-römischen Zeit verkehrt). λ und υ Scorpii sind, je nach Vorstellung, zwei Lotosblätter in diesem Kanal oder die Rückenfinnen von zwei Fischen, die das Sonnenschiff begleiten: nämlich des Abdju-Fisches als Verkörperung Hers, der in der Metternich-Stele von Setekh bedroht wird,[367] und des roten Djeseru-Fisches. Beide wachen über das Wasser und melden das Herannahen des Schlangenfeindes.[368]

Die Hieroglyphen für 'Den Roten' (α Scorpii) könnten auch die Planken oder den Süden bezeichnen. Identifiziert wurde der rot funkelnde Stern jedoch mit Setekh, den man sich durch seine Verbindung mit der roten, feindlichen Wüste als rothaarig vorstellte.

Laut *Totenbuch* muss Setekh nachts den Schlangendämon Apep an jener Sandbank abwehren, über die das Sonnenschiff in der Unterwelt gezogen wird. Apep (gr. Apophis) vermag jede Nacht Re und seine Schiffsmannschaft zu bannen; nur Setekh widersteht dem tödlichen Blick und wehrt ihn mit einem Speerstoss ab, während der Schlangendämon durch die Schlingen seines Leibs ('Sandbänke') und das Aussaufen des Unterweltsflusses versucht, das Sonnenschiff stranden zu lassen.[369]

Auf Setekh bezieht sich wohl eine späte Inschrift im Naos der Dekaden: "Er schützt das Land und sichert seinen Schutz gegen die Aufrührer; er ist es, der die Schlangen tötet, die im Fluss sind. Er erscheint, indem er sich am Himmel in Gestalt eines roten Sterns gegen sie stellt, in der Nacht, nachdem er sie geschlagen hat."[370] Das dämonische Wesen dieser Schlange wird unterstrichen, indem das Schlangen-Determinativ zwei Messer in ihrem Leib aufweist. In der nächsten Spalte heisst es weiter, dass dieser Stern "Re vor Apep auf den Sandbänken des Ostens rettet".[371]

Auf Den Sonnenschiffen des Tempels von Esna ist Setekh ein Hund am Bug auf einer T-förmigen Plattform, deren konzentrische runde Verstärkungen im Winkel des T den Eindruck eines leuchtenden Sterns simulieren.[372]

'Lotse, Anführer' wurde ursprünglich mit den Zeichen für 'Weinpresse' geschrieben. Im Mittleren Reich wurde diese umgebildet zur Hieroglyphe zweier hockender, einander die Hände reichender Männer.[373] Indem der Name *Shesemu* im Neuen Reich auch als Peitsche aufgefasst werden konnte, kam so die Bezeichnung 'Führer, Lotsen' auf – die kommandierenden Offiziere, die vor Re stehen.[374] Im *Totenbuch* hat einer von ihnen ein Schlachtmesser zur Abwehr der Feinde Res in der Hand.[375]

DIE ENTSTEHUNG DER ERSTEN BEIDEN STERNBILDER

Im ptolemaischen Tempel von Edfu (zwischen Luxor und Assuan) ist ein Schöpfungsmythos eingraviert, der zumindest sprachlich ein hohes Alter vorgibt: Der Himmel wird darin zusammen mit den Sternbildern Des Schiffs und Des Stierbeins erschaffen – mit eindrücklichen Parallelen zur biblischen *Genesis*. Schöpfungsgott ist der in Edfu verehrte falkengestaltige Her, "der aus sich selbst erstand" und aus dem auch alles Weitere entstand. Zuerst gab es das Urgewässer im Dunkeln, das von den Urgöttern getrennt wird, vergleichbar der Genesis, wo Wasser von Wasser geschieden wird. "Jener Der Über Den Wassern Ist Als Schöpfender Gedanke" kreist darüber – ähnlich wie der alttestamentarische Geist Gottes, der über dem Wasser schwebt, in der Finsternis über der Urflut. Er entdeckt eine Schilfinsel, mit der die flüssige Welt sich zu verfestigen beginnt, woraus er später den Ort Edfu hervorgehen lässt. Dreifaltig geworden, zirkelt der scharfäugige Falke Her im Dunkeln über dem Schilf, das langsam zu Erde und dann zu einem Strand wird, der den unendlichen Raum zurückdrängt, "mit ausgebreiteten Flügeln kreisend, legte sich das wahre Wunder auf seine Flügel, wurde er der majestätisch mit Gold Überzogene":

"Da der unendliche Raum sich nun in seinem schöpferischen Denken erstreckte, hörte Der Zirkelnde zu kreisen auf und hielt sich starr oben, während sich nun das Sternbild Des Bugs abhob und kurz darauf ein zweites Sternbild, Das Stierbein.

In seinen drei Manifestationen erschafft Her danach – parallel zu 'Und Gott sprach' – allein mittels seiner Worte die heiligen Plätze Edfus. Erst dann entsteht die Sonne, die das noch über allem Land liegende Urgewässer erstmals berührt; das verschilfte Ufer wächst sich aus, taucht auf und erhebt sich als Grosser Hügel."[376]

17. Westrand: β Scuti um η Scuti und λ Aquilae?

KENMU – DER | DAS EINGEWICKELTE[377]

Q 1.4

Die Bedeutung Des Eingewickelten ist unklar. Gemeint sein könnte der tote, in Linnen gehüllte Usir, der von Aset auf einem Schiff zurück nach Ägypten gebracht wird; sie küsst und vereint sich darauf mit seinem Leichnam und wird schwanger mit Her Dem Jüngeren. Darauf verweist möglicherweise ein Sternbild im griechisch-römischen, den Dekanen geweihten Naos von Saft el-Henna. In einer symbolischen Reihung – gemeinsam mit dem neben dem Schiff liegenden Schaf-Dekan – zeigt es eine liegende Mumie auf einer löwenartigen Bahre. Stimmig mit der Symbolik Usirs heisst es dazu, dass "seine Seele für immer leben wird". Die Figur wird dort auch mit demselben Wort für 'Körper, Leichnam' bezeichnet, das man sonst für die Körper versternter Götter gebraucht.[378] Dass eine solche Figur Usir bei seiner Rückholung darstellen könnte, belegt eine fast identische Darstellung in Dendera von Usir auf der Löwenbahre, in der sein erigierter Phallus auf die Zeugung Hers hinweist.[379]

Q 1.4, LU4, P2 und BO 80

Falls sich der Dekan Kenmu auf den Leichnam eines Verstorbenen bezieht, der einbalsamiert und in die Erde versenkt wurde, könnte mit Dem Eingewickelten die Herrichtung der Mumie symbolisiert worden sein. Durch sie bewahrte der Leib seine äusseren Umrisse, wurde der Tote zudem bei der gefährlichen Jenseitsreise durch die Unterwelt geschützt. Der Balsamierungsgott Inpu (gr. Anubis) und die Webegöttin Tayet überwachten die korrekte Herrichtung und Bestattung des Leibes. Die schützende Einwicklung durch Mumienbinden und Mumienmaske bildete eine Schutzhülle, die einen Toten aber auch einengte: weshalb er möglichst bald von diesen 'Fesseln' befreit werden wollte, um ungehindert alle Lebensfunktionen wieder ausüben zu können. Sein Ziel war die Befreiung von der Mumiengestalt – deshalb wird in den *Unterweltsbüchern* wie in den Gräbern der Leichnam nur selten als Mumie dargestellt.[380]

In den *Pyramidentexten* heisst es: "Erhebe dich! Löse deine Binden, wisch den Staub von dir, damit du auf deinem Sitz aus Himmelsmetall thronen kannst, sauber von deinen vier Krügen und deinen vier Wassergefässen."[381] Diese Befreiung von der Einwicklung gilt im *Amduat* auch für vier Götter im Todesschlaf, die 'Beengter', 'Fusskranker', 'Ohnefuss' und 'Müder' genannt werden: "Mögen eure Seelen wieder entstehen und nur eure Schatten verweilen – mögen eure Füsse sich wieder ausstrecken und eure Knie wieder gerade sein! Ihr verweilt in eurem Fleisch – ihr seid nicht mehr in eure Mumienbinden gewickelt!"[382]

Diese Befreiungsthematik erklärt die sonst rätselhafte Bedeutung der fünf prominenten Dekane im Naos der Dekaden: Her-Sopdu war in seiner Verkörperung als Canopus nicht nur der Schutzgott dieses Tempels, sondern sprach auch beim Totengericht das Urteil über die Toten, nachdem sie erst verklärt werden konnten;[383] der eingewickelte Kenmu konnte sich als Kranich Djat dann von der Enge der Binde befreien, um die Seele des Totengeistes im Ba-Vogel und im Ba-Schaf des Dekans Serat wiederauferstehen zu lassen. Dazu passt, dass die 'Arbeitszeit' des Dekans Kenmu mit der "Geburt" Sepedets Anfang Juli zusammenfällt, nachdem diese 90 Tage lang durch die Unterwelt gezogen ist und nun erstmals wieder über dem Horizont sichtbar wird. Kenmu markiert einen Wendepunkt in der Bahn der Dekane; der Blick fällt nun vom Zenit wieder hinab zum tieferliegenden Schaf.

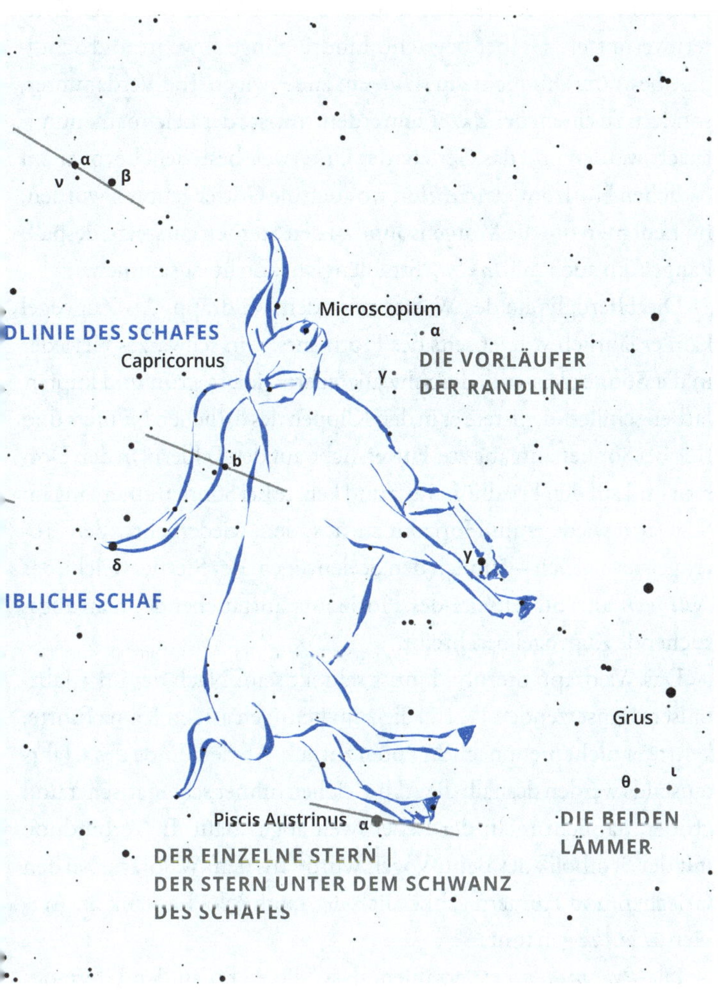

18.–22. SERAT – DAS WEIBLICHE SCHAF[384]

In späterer Zeit wurde das Schaf meist auf seine 'Randlinie' verkürzt. Die Bezeichnung für 'Schaf' hatte sich in der Ptolemaierzeit zu weit von der Aussprache der Hieroglyphen entfernt, man las es nun als 'Gans'. Auf der astronomischen Decke von Senenmut markieren das Sternbild 13 unregelmässig verteilte Sterne.

Q 1.4 und C 223

18. Westrand: δ und ν Aquilae
α und γ Microscopii?

DIE VORLÄUFER DER RANDLINIE[385]

19. Westrand: α^2, β und ρ Capricorni
ψ – b – δ Capricorni

SEMAD – DIE RANDLINIE (DES SCHAFES)[386]

Unterschieden wird zwischen einer Nördlichen und einer Südlichen Randlinie, welche die Figur mit ihren überbreiten, waagerechten Hörnern zweiteilen.[387]

20. Westrand: b Capricorni
γ Gruis und ψ und ω Capricorni bis γ und δ Piscis Austrini

SERAT – DAS SCHAF

21. Westrand: β Aquarii
θ und ι Gruis?

DIE BEIDEN LÄMMER[388]

22. Westrand: α Piscis Austrini

DER STERN UNTER DEM SCHWANZ DES SCHAFS[389]

Das Schaf ist ein altes Sternbild, auf Senenmuts astronomischer Decke ist es neben dem Schiff mit langen und horizontal gewellten Hörnern abgebildet. Diese Rasse war im Neuen Reich schon selten geworden; man hatte inzwischen eine Art mit wolligerem Fell und nach unten eingedrehten Hörnern gezüchtet.[390] Als Mutterschaf wird das Sternbild mit Aset verbunden. So heisst es in magischen Texten der Spätzeit, dass "Das Schaf auf den Ruf Asets [Isis] hin vom Himmel herabstieg", es zu dem vom Skorpion gebissenen Her kam und sagte: "Ich bin Das Schaf, das aus dem Himmel herauskam und vor allen Sternen hervortrat."[391]

Das Schaf war ursprünglich ein Mutterschaf samt Lämmern, an Senenmuts Decke ist durch die Hörner jedoch unverkennbar ein Widder erkennbar – wohl um die männliche Energie seiner Sterne herauszustreichen.[392] Das gilt auch für die weit jüngere Darstellung im Naos der Dekaden, wo Der Widder zusätzlich einen Löwenkopf trägt. Die Inschrift weist ihn als "Herr Des Lebens" aus und besagt, "dass die Seele [dieses Gestirns] auf der Erde in dieser Form lebt". Schafsgestaltige Gottheiten sah man als Inkarnationen von Seelen; die Seele eines anderen Dekans im Naos der Dekaden wird mit der Hieroglyphe für 'Widder' geschrieben.

P3, C 223, BO 83 und 85 und WI 192

Zu einem Widder umgedeutet wurde das Mutterschaf schon früh und dann mit einem zu fürchtenden Gott verbunden, der in seinem Haus Tote auf den Schlachtblock zwingt. So spricht Unis davon, dass er "dem Zorn des Grossen Sees [des Morgenhimmels] entgangen ist und am gefährlichen Haus des Widder-Schlächters vorbeigekommen ist, nun aber kein Fährgeld für Das Grosse Fährschiff bezahlen muss, um zu Den Grossen im Weg der Planeten zu gelangen".[393] Auch Pepi grüsst "Den Widder in der Röte seines Blutes", der "seinen Platz an der Braue des Himmels eingenommen hat", um ihm, in der Bahn seines Sternbilds, "in seinen Schritten über den Himmel zu folgen".[394]

Wie die Menschen verwandelten sich auch heilige Tiere nach ihrem Tod in Usir. Dieser um 1400 eingeführte Kult galt für die Stiere des Hep [gr. Apis], für Ibisse, Katzen oder einen bestatteten Widder. Man glaubte offenbar, dass sie als lebendige Verkörperungen der Götter einen höheren Grad des Lebens erhalten würden als Menschen.[395]

Nicht unwesentlich war auch die Assoziation mit dem widderköpfigen Khnum, der Fruchtbarkeit symbolisiert, die Fähigkeit, Wasser zu finden, und als Schöpfergott die Menschen aus Ton erschafft –

nachdem der erste Himmel im Urgewässer emporgehoben und der erste Lotos darin erwachsen war und bevor Khnum schliesslich auch Zeiteinheiten festlegte.[396]

α Piscis Austrini?

SEBA WATI – DER EINZELNE STERN

Dieser Stern wird im Neuen Reich häufig in die Dekane der Schafsgruppe eingeschoben, ist aber nicht identisch mit dem tausend Jahre älteren gleichnamigen Stern aus den *Pyramidentexten*, der über dem Orion am Rand der Milchstrasse steht.

Q 1.4 und GU 6

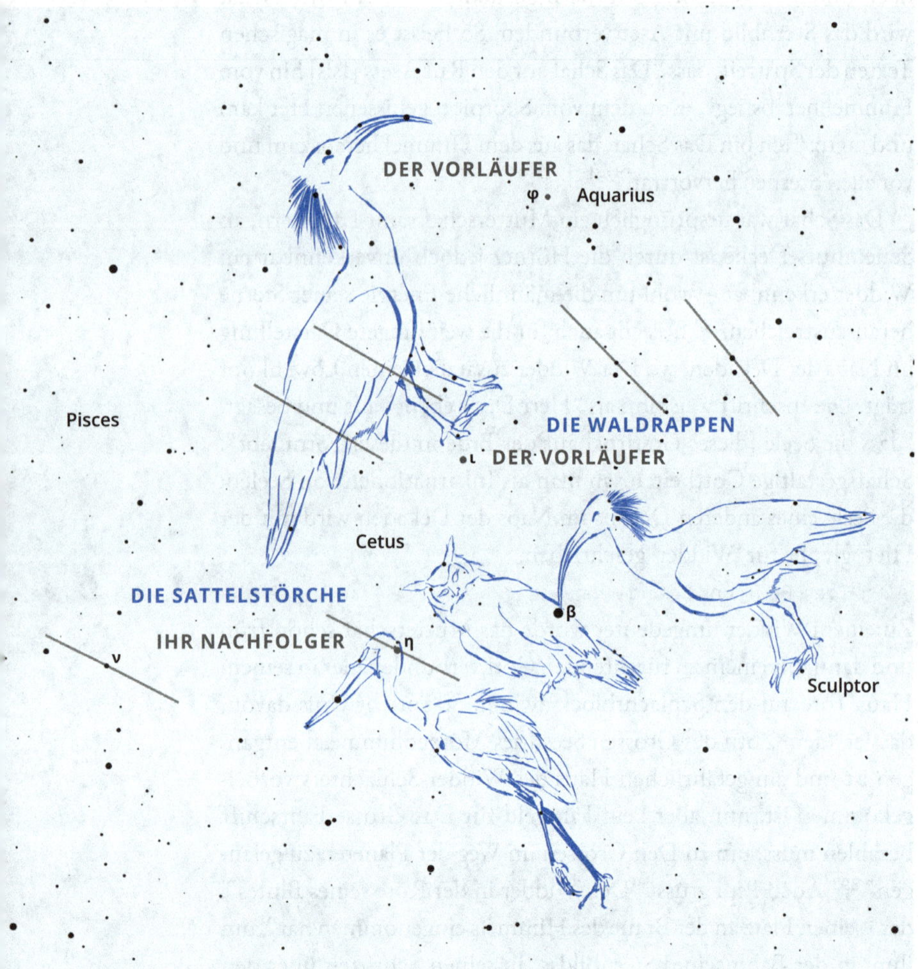

23.–24. DIE WALDRAPPEN

23. Westrand: b¹ Aquarii
φ Aquarii?

DER VORLÄUFER[397]

Auf der Decke von Senenmut wird der Vorläufer (wohl φ Aquarii) mit 1 Stern markiert, vertikal gefolgt von 4 weiteren Sternen mit einem Anstand zwischen dem 3. und 4. Stern (ψ und 94 Aquarii).

C 223

24. Westrand: ω² Aquarii
Sterne von Sculptor bis β Ceti sowie ι Ceti bis ι, θ und γ Piscium?

AKHUI – DIE BEIDEN WALDRAPPEN[398]

Q 1.4

Akh heisst der selige Geist der Toten, der am Himmel neu auflebt und dann die Lebenden beeinflusst, zwischen ihnen und den Göttern vermittelt, Gräber bewacht, Eindringlinge abwehrt und Schuldige bestraft. Um nicht ein *Mut*, ein zum ewigen Tod Verdammter, sondern zu einem der *Akhu* zu werden, musste der Leichnam mumifiziert werden und das Gericht der Unterwelt bestehen, bevor er am östlichen Horizont, dem *Akhet*, wo auch die Götter geboren wurden, im Leuchten um die Morgensonne zu den Sternen aufsteigt; deshalb hängt Akh auch mit *Iakhu*, 'Strahlenglanz, Licht' zusammen.

Die Hieroglyphe des Wortes zeigt den Waldrapp. Als Zugvogel kam er jährlich von jenseits des Horizonts, sein schwarzes Gefieder in der Sonne gleissend, die Schwanzfedern violett, grün und kupferfarben schillernd, nistete er in den Klippen des östlichen Nilufers und flog bei Sonnenaufgang zur Futtersuche auf den Feldern, in den Dörfern und auf den Friedhöfen aus und kehrte bei Sonnenuntergang im Schwarm wieder zum Horizont zurück, den 'wiederkehrenden' Totengeistern gleich – ähnlich den Seelenvögeln der Sterne, welche das *Nutbuch* als von jenseits des Horizonts auftauchende, nahrungssuchende Zugvögel beschreibt.

Das Waldrapp-Sternbild muss sehr alt sein: Nach der im 3. Jahrtausend einsetzenden Dürre, die zum heutigen ariden Klima führte, kehrte er nicht mehr nach Ägypten zurück. Ab dem Ende des 3. Jahrtausends werden deshalb die Akh-Zeichen immer schematischer und gröber, da nicht mehr der Lebenswelt abgeschaut. In Verbindung mit der Symbolik des Benu-Vogels wurde aus dem Waldrapp bei den Griechen und Römern schliesslich der mythische Phoenix, in Arabien *al'Anka* genannt.[399]

Die *Pyramidentexte* erzählen, dass "die Akhu an den Ufern des Storchensees sitzen, um dort zu trinken".[400] Der Storchensee befand sich am westlichen Himmel; zu ihm führte ein eigener Kanal.

25.–26.5 DIE SATTELSTÖRCHE

25. Westrand: 5 Ceti
ι Ceti?

DER VORLÄUFER

Q 1.4

Das ist wohl ι Ceti. In unserem Deutungssytem müssen wir hier einen Dekan halber Grösse einschieben, um zu den Plejaden zu gelangen und das 360-Tage-Jahr der Dekane zum 365-Tage-Sonnenjahr aufzufüllen. Das Herbstäquinoktium (10. Oktober 2001 v. u. Z.) steht am Beginn dieses Dekans.

25.5 Westrand: 10 Ceti
β bis θ Ceti?

BAWI – DIE BEIDEN SATTELSTÖRCHE[401]

Q 1.4

Auf der astronomischen Decke von Senenmut hat dieses Sternbild insgesamt 7 Sterne.[402] Wie der Akh von Zugvögeln abgeschaut ist auch der *Ba*: als Begriff, der eine vom Körper gelöste, freischwebende Seele ebenso umfasst wie die Essenz eines Wesens, seine Persönlichkeit und den Eindruck, den es auf andere macht. Bei den Göttern stellt Ba die unbegrenzte Verwandlungskraft dar, dank derer sie in Statuen und heiligen Orten, Bäumen und Lebewesen ein- und ausgehen; den Menschen – erst nur dem Herrscher, ab dem Ende des 3. Jahrtausends schliesslich auch seinem Volk – erlaubt sie, mit den Göttern und Ahnen in Kontakt zu treten und vor der Himmelfahrt mannigfaltige Metamorphosen zu Tieren zu erleben.

Die Hieroglyphe dieser 'Seele' zeigt einen Sattelstorch. Wie der Waldrapp kamen auch die Störche durch das immer trockener werdende Klima auf ihrem Wanderzug nicht mehr zurück, sodass die Zeichen immer schematischer wurden; das für die Männchen typische Hautzäpfchen am Kinn fehlte. Ab 1500 etwa wird die Ba-Seele als Storch mit einem Menschenkopf dargestellt, wie er sich aus einem Leichnam löst und zu den Göttern emporfliegt.[403]

Im *Nutbuch* dann haben die Zugvögel der Sterne ein menschliches Gesicht und können reden. Anders als die Akhu kommen sie nicht aus dem Osten, sondern "entstehen auf der nordwestlichen Seite":[404] dort, wo am Himmel der Storchensee liegt, an dem die Totengeister ihren Durst stillen. Verbunden war dieses Sternbild mit der Göttin Bat, später auch mit Hut-Her, die schon im Alten Reich als 'Herrin Der Sterne' betitelt und mit menschlichem Gesicht, aber Kuhohren und Hörnern dargestellt wurde.[405]

Im Tempel der Dekaden ist der Dekan eines Ba-Vogels abgebildet. Mit einem Stern über seinem menschlichen Kopf steht er in einer Barke, die auf einer Schlange schwimmt; die Aufschriften besagen, dass er "das Land vor Unreinheit schützt" und "die Bitten um Wasser, Wind und Ernte von ihm abhängig sind".[406]

26.5 Westrand: η Ceti
ι Ceti?
IHR NACHFOLGER

Q1.4

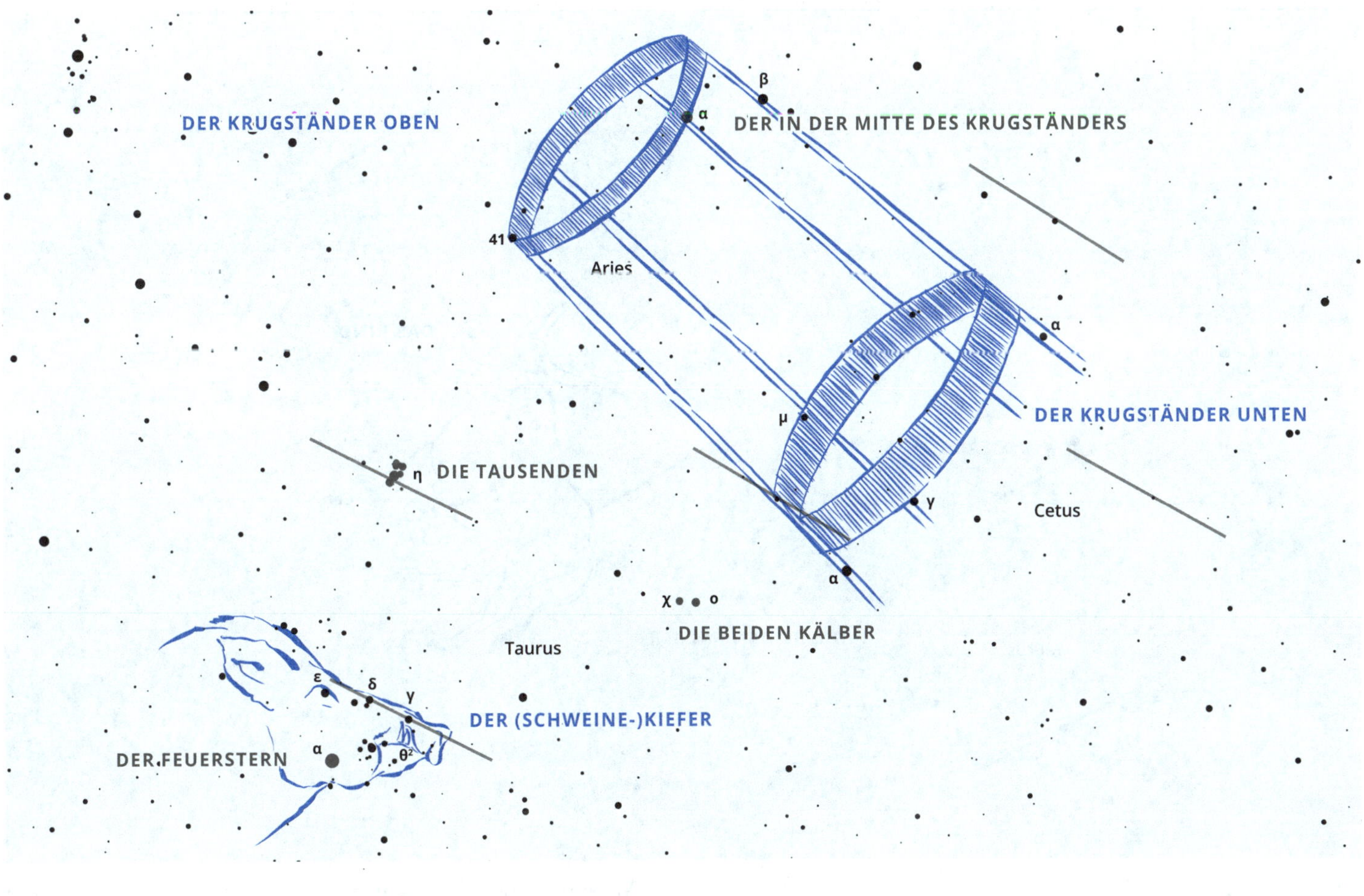

27.5–28.5 KHENTU – DER KRUGSTÄNDER

Q1.4

An der Decke von Senenmut markieren 3 Sterne einen der beiden Ringe dieses Krugständers. Darunter steht die Legende "der vierte Sternenhaufen", darunter eine ovale Figur[407] mit 4 Sternen, darunter wiederum eine absteigende Linie von 7 Sternen. Daneben steht: "das Wasser des Sternhaufens".[408] Die astronomischen Diagramme von Ramses VI. zeigen eine von Sternen umschlossene Amphore, eine Figurierung, welche die Sterne von Aries ermöglichen.

27.5 Westrand: ν Pisces
β bis 41 Arietis?

DER KRUGSTÄNDER OBEN

α Arietis?

DER IN DER MITTE DES KRUGSTÄNDERS

Dabei handelt es sich um α Arietis.
28.5 Westrand: 67 Ceti
um α, γ und μ Ceti?

DER KRUGSTÄNDER UNTEN[409]

Q1.4

Als Nahrung für den Totengeist und als den Göttern darzubringende Gaben legte man im Alten Reich Brote, Zwiebeln, Schinken, Fleischstücke, Innereien, Geflügel, Gemüse, Früchte und Beeren, Sahne sowie Schüsseln voll Wasser ins Grab.[410] In spezielle Krüge gefüllt wurden Weine, Biere und Milch;[411] Wein typischerweise in Doppelkrügen.[412]

Wein wurde in Ägypten vom Ende des 4. Jahrtausends an aus der Levante importiert und im Nildelta angebaut: Anbau und Getränk blieben lange Zeit Herrschern und hohen Funktionären vorbehalten. In der unter Djoser um 2600 errichteten ersten Pyramide fand sich eine Liste von Weingärten, darunter der berühmte 'Her in den Höhen des Himmels'.

Am Ende des Alten Reiches gehörten schon fünf verschiedene Sorten zum kanonischen Vorrat für die Jenseitsreise; abgefüllt in spitzbödige Amphoren zu 10, 20 und 30 Litern benötigten sie in den Gräbern jene Krugständer, welche die Dekansterne darstellen. Mitgebracht wurde der Wein auch den Göttern. Das göttliche Getränk stand unter Usirs Schutz; als 'Herr Des Weins' stand er auch dem Totenfest vor. Zudem wurde Wein mit Blut und Morgenröte verglichen und auch 'Schweiss des Re' genannt.

Erst im Neuen Reich wurde der Wein durch Anbauverbesserungen allmählich 'demokratisiert', er blieb aber immer noch fünf bis zehn Mal teurer als Bier; der Besitz eines Weingartens war ein Statussymbol. Später in Dendera wurde die Statue dieses Dekans, nicht wie sonst aus Holz, Stein, Metall oder Fayence, sondern ganz aus Gold gefertigt:[413] Das unterstrich ihre Wichtigkeit als Mitbringsel zur Berauschung der Götter. Im *Totenbuch* heisst es deshalb zu einem als Hetep verklärten Herrscher: "Ich habe einen Sack, den ich aus den Körben gefüllt habe, samt einem Djeniu-Krug bei mir, und bin einer der Totengeister, den die Herren der Fülle führen."[414]

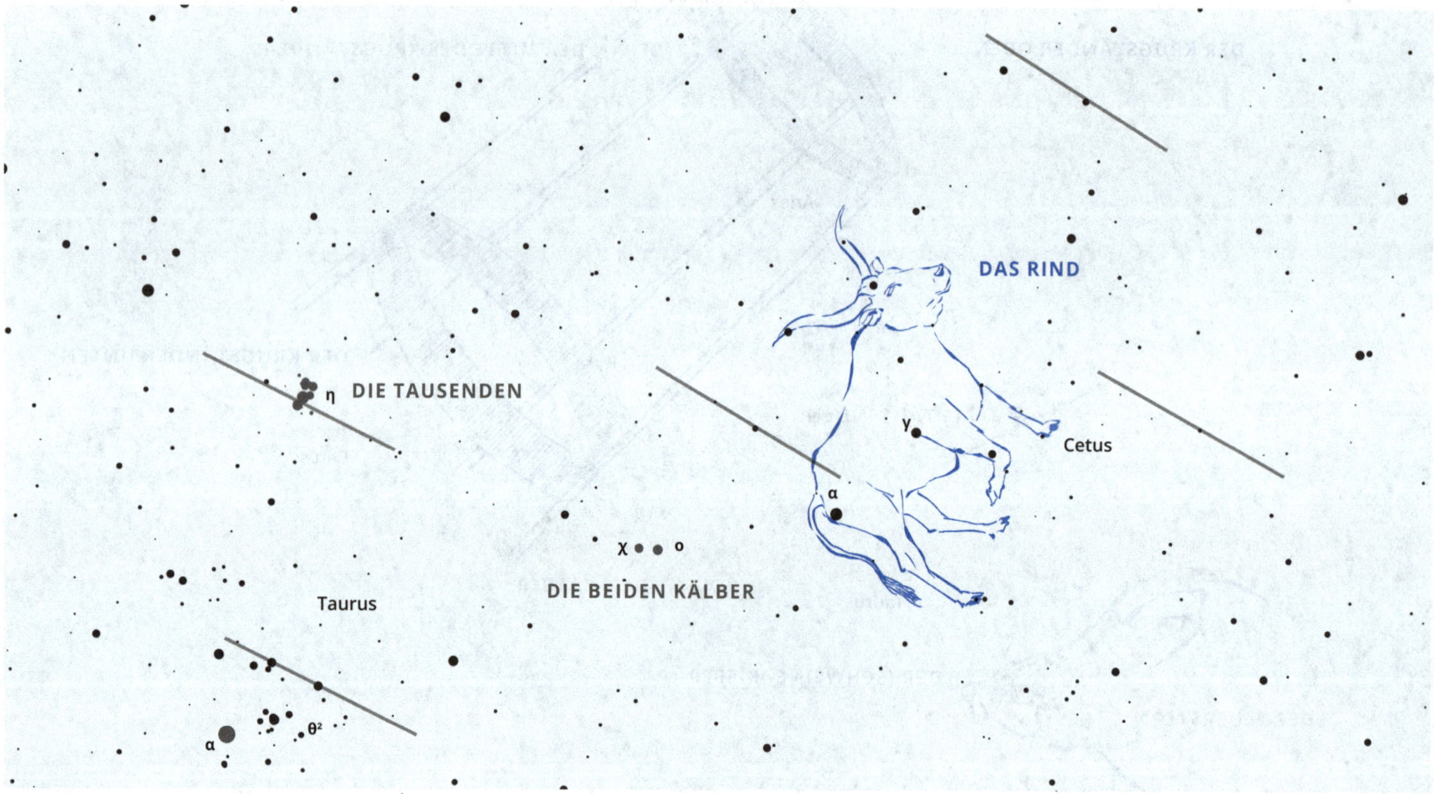

KHED – DAS RIND[415]

Q1.4

Das Sternbild Stier hat als Dekan keine Auferstehungssymbolik und steht auch nicht in den üblichen Dekanlisten; es mag der ältere Name für die Krugständer sein.

Vor gut 10 000 Jahren wurde in und um das Zweistromland der Auerochse domestiziert, der sich als taurines Rind schnell verbreitete. In Ägypten etablierte es sich als langbeiniges, hageres Langhornrind mit hohem Widerrist und sichelförmigen oder auswärts gebogenen Hörnern, ähnlich dem heutigen Texas Longhorn. Die Rinderzucht in den königlichen Domänen, die bald auch Kurzhornrinder hervorbrachte, bekam grosse Bedeutung, des Fleisches, der Milch und des Pflügens wegen, aber auch für religiöse Zeremonien, in denen das Rind Macht, Kraft und Fruchtbarkeit symbolisierte.

In Memphis verehrte man den Stier als Verkörperung Ptahs, in Heliopolis als Atum-Re, wobei der Mythos aufkam, dass er mittags die Milchstrasse besprang, um am folgenden Morgen von ihr als Kalb wiedergeboren zu werden; die Kuh wurde als Inkarnation Hut-Hers (gr. Hathor) gesehen. Die Macht eines Herrschers entsprach der physischen Kraft dieses Bullen; sein Penis gehörte Apis.[416] In der griechisch-römischen Epoche taucht der seit frühester Zeit verehrte, primordiale Schöpfergott Ptah – als dessen Manifestation der Apis-Stier galt – ausnahmsweise in einer Abbildung dieses Dekans auf.[417] Ptah wurde von der jungfräulichen Kuh geboren, die von Ptah befruchtet worden war, um dessen Zeugungskraft zu symbolisieren; dargestellt wurde er stets als schwarzer Stier mit einer dreieckigen Blesse auf der Stirn, mit hellem Sattelfleck und hellem Rückenfleck, der Adlerschwingen gleicht. Für die Zeremonien wählte man einen lebenden Stier aus, der diese heiligen, weissen Flecke besass und als bedeutendes Orakeltier verehrt wurde; er bekam eine Kuh als 'Gefährtin', mit deren Nachkommen er als 'heilige Familie' lebte, bis er 25 Jahre alt wurde. Anschliessend wurde er rituell im Nil ertränkt, mumifiziert und in einem grossen Sarkophag begraben.[418]

Ptahs Heiligtum in Memphis – *Hut Ka Ptah*, 'Tempel der Ka-Lebenskraft des Ptah' – hiess in späterer Zeit *Hikuptah*. Schon bei den Mykenern ist der Personenname *Aikupitiyo* bezeugt, aus dem im Altgriechischen *Aigyptos* wurde, Land der Ägypter. Die Ägypter hingegen bezeichneten die fruchtbaren Überschwemmungsebenen des Niltals als *Kumat*, 'Schwarze Erde'; die Griechen übernahmen dies als *Khymeia*, 'Giessung', verbanden es aber auch mit der 'Kunst der Metallgiessung'. Über das arabische *al-Kimiya* als Suche nach dem Stein der Weisen entstand so die Alchemie und unsere 'Chemie'.[419]

29.5 Westrand: λ Ceti
ξ und o Tauri?
DIE BEIDEN KÄLBER[420]

LU5 261 und Q 1.4

Auf der astronomischen Decke Senenmuts werden Stierkälber – wohl ξ und o Tauri – samt Rind durch eine vertikale Linie von 3 Sternen markiert.[421]

30.5 Plejaden
KHAU – DIE TAUSENDEN[422]
"Der 5. Sternhaufen"

Q 1.4 und C 224

Einem Tempeltext von Esna zufolge[423] besteht das Sternbild aus 7 Sternen; es wird unmittelbar vor den 14 Sternen des Dekans Aret genannt. 'Die Tausenden' bezieht sich auf die vielen Sterne in diesem Cluster. In einem anderen Text aus Esna[424] heisst das Sternbild 'Tod', was mit einer "toten Frau" und einer abgebildeten Mumie in Verbindung gebracht wird: Offenbar sah man später in den Plejaden einen eingewickelten und einbalsamierten weiblichen Leichnam.[425]

31.5 Westrand: γ Tauri
von γ Tauri bis ε und α Tauri?
ARET – DER (SCHWEINE-)KIEFER[426]

Q 1.4

Der Name geht auf die Wurzel *iar* – aufsteigen[427] – zurück, von der sich 'Stängel, Treppe, Tür, Ziege, Stein, Kern, Buchrolle, Hintern, Uräusschlange' sowie 'Unterkiefer' – femin. *Aret* – ableiten lassen.[428] Die Sterne des Taurus werden auch auf Palawan als Schweinekiefer gesehen – und in Mesopotamien als Stierkiefer.

Im äusseren Band des Sternenhimmels von Dendera, der mehrere aus Mesopotamien übernommene Sternbilder vorführt, ist in direktem Bezug zum Tierkreiszeichen Taurus eine Sau abgebildet, neben einer knieenden Göttin. Der mesopotamische Stierkiefer war tief in Mythen eingebettet und hatte kalendarische Bedeutung; er verwandelte sich offenbar nach seiner Einführung in Ägypten in den Kiefer eines Schweins. Erster Beleg dafür ist der Spruch 112 des *Totenbuchs*, der auf eine Mondfinsternis im Sternbild Des Schweins zu verweisen scheint.

Nach Herodot, Plutarch und Aelian[429] feierten die Ägypter einmal im Jahr bei Vollmond ein Fest, bei dem ein Schwein geopfert wurde. Gemeint war die Feier des Mondgottes Khonsu im 9. Monat, dem 1. Erntemonat, von den Griechen *Liloition* genannt: abgeleitet von demotisch *Lel* für altägyptisch *Reri*, 'Schwein'. Die Inschriften in Edfu und Dendera bestätigen dies: "Tag des Vollmondes in diesem Monat; ein grosses Fest im ganzen Land; ein Schwein wird geschlachtet und auf den Altar am Flussufer gelegt, der aus Sand gemacht wird für diesen Tag, dem Fest der göttlichen Niederkunft der Hut-Her [gr. Hathor], Herrin von Dendera; der Kindgott Har-Semau, 'Her Der Vereiner' [der Beiden Länder] erscheint und wird an der Hand zu der Barken-Station geführt."[430]

Rituell gefeiert wurde also die Geburt des Kindgottes Har-Semau durch Res Gemahlin, die Himmelsgöttin Hut-Her. Der Vollmond stand zu dem Zeitpunkt in Opposition zur Sonne, die sich in diesem Monat in Taurus befand: womit Sonne und Mond sich wieder in Hers Antlitz vereint fanden. Figurinen von Säuen, die ihre Ferkel säugen, stellten – wiewohl unrein – ein Symbol der Fertilität dar, sodass mit diesem Fest in der Wachstumszeit menschliche, göttliche und natürliche Fruchtbarkeit gefeiert wurde.

In Gestalt Nuts, welche die Ferkel ihrer Sterne frisst, um sie wieder zu gebären, hatte die Sau auch eine astrale, Wiedergeburt verheissende Dimension. Dies zeigt sich in der eng mit Usirs (gr. Osiris) Auferstehung verbundenen Neshmet-Barke, die in dem oben zitierten Fest insofern eine Rolle spielt, als laut Plutarch Setekh (gr. Seth) Usirs Leiche auf der Jagd nach einem Schwein bei Vollmond entdeckt und zerstückelt hatte, sie dann aber von Aset (gr. Isis) in ihrem Schiff wieder zusammengesetzt und wiederbelebt wurde, um mit ihm Her [gr. Horus] zu zeugen.

P2 80–91

Auf dieses Sternbild folgen in der Dekanreihe Teile von jenem des Sah sowie Sepedet. Sah wird auf der astronomischen Decke des Senenmut als "6. Sternhaufen" bezeichnet, durch 14 Sterne markiert und als Usir dargestellt, in einem Schiff stehend, das Was-Szepter der Herrschaft in der Linken, das Ankh-Zeichen als Szepter des Lebens in der Rechten. Sepedet wird mit Doppelfederkrone in einer Barke abgebildet, ihre rechte Hand dem Hinterteil der Krone nahe, in ihrer Linken ein Ankh-Zeichen und ein flachköpfiger Stab.

C 225–226

32.5–33.5 SAH

32.5 Westrand: μ Eridani

von μ Eridani bis β Eridani?

RAMEN-HERI SAH – DER OBERARM DES SAH

Mit diesem linken Arm hält Sah den Regenstab, mit dem er oft abgebildet wird.

o¹ bis π⁶ Orionis

IUN SAH – DER PFEILER DES SAH

TJASARKU – DIE MONATSWENDUNG

Q 1.4

Dieser Dekan von 8 Sternen wird manchmal anstelle von Sahs Oberarm angeführt. Mit dem Pfeiler ist ein Djed-Pfeiler gemeint, der ursprünglich der Regentenstab des Gottes Ptah war. Er wurde dann mit Usir verbunden und als Zeichen seines Sieges über Setekh symbolisch aufgerichtet; dies fand bei einer Zeremonie im 4. Monat der Überschwemmungszeit statt, mit dem die agrarische Periode begann, weil dann die Felder eingesät wurden. Möglicherweise bezieht sich darauf der Name 'Monatswendung'.

33.5 Westrand: β Orionis

WERET SAH – DIE HÜFTE DES SAH

Q 1.4

Die Bezeichnung belegt, dass Sah tiefer liegend gesehen wurde als unser Orion; ζ–δ Orionis bildeten seine Krone und seine Hüfte lag beim linken Fuss des heutigen Orion.

34.5 Westrand: ζ Leporum

β Monocerotis?

VORLÄUFER

Die Wintersonnenwende am 10. Januar 2001 v. u. Z. steht am Beginn dieses Dekans.

35.5 Westrand: β Canis Maioris

ε bis θ Canis Maioris?

SEPEDET[431]

β Canis Maioris ist wohl als Spitze des Regentenstabs Sepedets zu sehen, in deren Kopf der hell leuchtende Sirius steht.

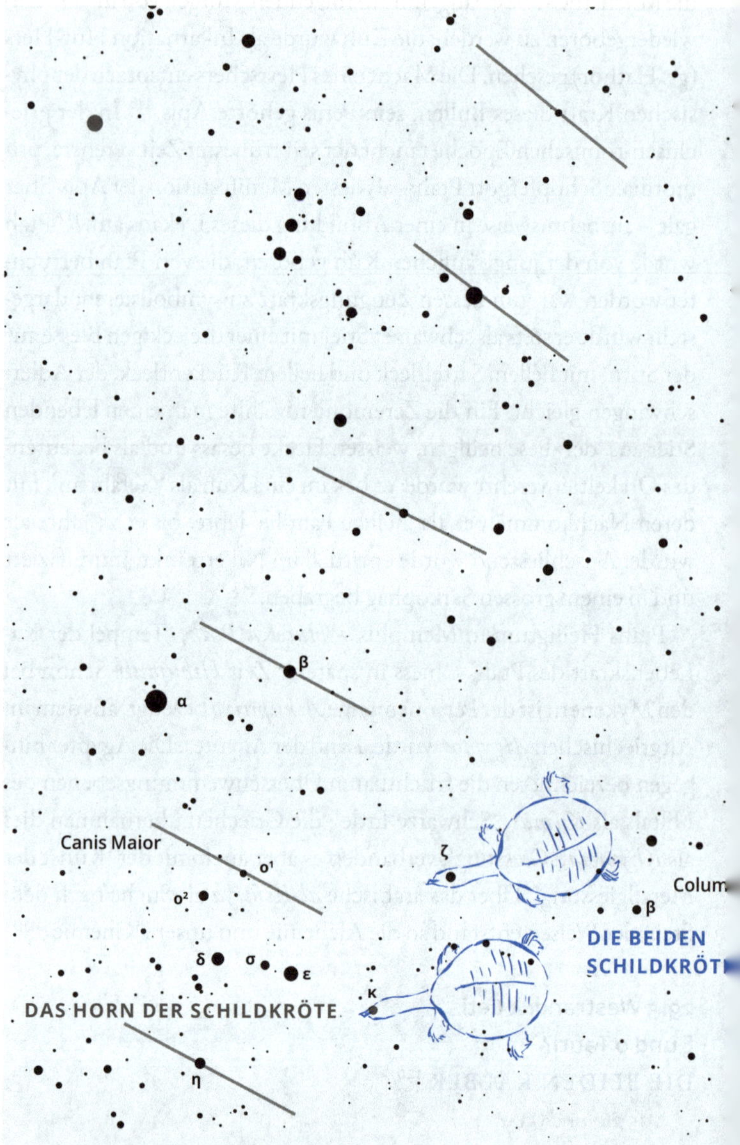

36.5 Westrand: o¹ Canis Maioris

κ Canis Maioris bis κ Columbae sowie ζ Canis Maioris bis λ Columbae?

SHETUWI – DIE BEIDEN SCHILDKRÖTEN

κ Canis Maioris?

DAS HORN DER SCHILDKRÖTE

Q 1.4

Im *Totenbuch* des Neuen Reiches gilt die Schildkröte als Feind des Re: "Es lebt Re, es stirbt die Schildkröte."[432] Gemeint ist damit nicht die Landschildkröte (*Testudo kleinmanni*), deren Panzer im Neuen

Reich als Schallkörper für Lauten verwendet wurde, sondern wahrscheinlich die ledrige Weichschildkröte (*Trionyx triunguis*). Dieser bis zu 1 m grosse Allesfresser ist sehr aggressiv und kann mit seinem harten Schnabel empfindliche Wunden zufügen, wurde gern gegessen, galt am Ende des Alten Reichs aber als dämonisch. Man zählte die Schildkröte zu den (unreinen) Fischen, die noch nicht auferstandene Seelen verkörperten. Da sie bis zu zehn Stunden abgetaucht unter Wasser versteckt bleiben kann, stand ihre verborgene, schattenhafte Existenz im Nil ebenso im Gegensatz zum offen sichtbaren Sonnengott wie ihr runder, dunkler Panzer zur strahlenden Sonnenscheibe. Diese Symbolik als Gegensonne erklärt, weshalb Die Beiden Schildkröten ans Ende der Dekanlisten gesetzt wurde: da nach ihnen das Sonnenjahr erneut begann.

Bei Res gefährlicher Nachtfahrt durch die Unterwelt schlürft die Schildkröte als Apep vergleichbarem Widersacher den Nil aus;[433] in der Abbildung eines Thebaner Grabs aus der Zeit um 1250[434] wird sie deshalb mit der Harpune abgestochen. Da sie als ebenso bösartig wie das Nilpferd galt, das vom Herrscher überwältigt werden musste, dienten Schildkrötendarstellungen gleich jenen der nilpferdartigen Taweret zur Abwehr von Unheil. Manche Abbildungen des Sternbilds haben je 12 Sterne auf ihrem Rücken.[435]

Als Feind der Sonne zählten Schildkröten zu den Verbündeten Setekhs. Harpunierungsbilder hiessen 'Töten der Schildkröte für Re und Usir'; damit wurde ausgedrückt, dass ihr Tod auch dem Verstorbenen bei seinem Himmelsaufstieg zugutekam.[436] Wie die Darstellung im Grab des Petosiris zeigt, wo sie vor Dem Löwen harpuniert wird, wurde sie später mit den Sternen von Cancer gleichgesetzt.[437]

Im römischen Tempel von Esna hingegen ist eine von vier roten Kronen eingerahmte Schildkröte abgebildet; dort symbolisiert sie – inmitten der vier, die ägyptische Welt begrenzenden Wüsten – die Erde als Gott Geb, der den Nil ausspuckt.[438]

Als Dekane für die zusätzlichen 5 Tage, die das Mondjahr zum Sonnenjahr vervollständigen, sowie als sonst nicht zuordenbare Gestirne oder alternative Namen werden folgende aufgelistet:[439]

SIATU – DIE BINDE?[440]
[.]BN –?[441]
HENHEN – DIE BARKE?
KAKA – PUSTEL[442]
NEBI WER – DIE GROSSE FLAMME
NESERU – DER BRENNENDE[443]
NEHES – DER ERWACHENDE[444]
NETJER WASH – DER HULDIGENDE GOTT[445]
UBAU – DER ÖFFNER
QDTY[446] –?
SABU – DER GESPRENKELTE
DAS HINTERTEIL DES GESPRENKELTEN
Ein Tierfell?[447]
Q 1.4 und C 225–226

VI DIE 48 STUNDENSTERNE

In den Gräbern von Ramses VI., VII. und IX. aus dem 12. Jahrhundert finden sich erneut Sternlisten; aus vier erhaltenen Exemplaren konnte eine vollständige Tabelle rekonstruiert werden. Im Unterschied zu jenen auf den bisherigen Sargdeckeln unterteilen sie den Jahreslauf jedoch nicht mehr in 36 Sektoren zu 10 Tagen, sondern in 24 Sektoren zu 15 Tagen, jeweils zu Anfang und Mitte eines Monats. Die Gestirne variieren mit dem Jahreslauf, wobei insgesamt 48[448] einzelne Sterne ausgewiesen werden.

DE, EAT II und PE 12–22

Die rekonstruierten 24 Tabellen, die alle 15 Tage abgewandelt werden, umfassen 13 Gestirne: Im ersten (0) geht die Sonne unter, das letzte (12) wird mit Sonnenaufgang sichtbar. Tabelle I wird als Beginn der viermonatigen Jahreszeit Akhet ausgewiesen, Tabelle II setzt dann fort mit "16. Tag des Halben Monats des Monats I der Jahreszeit Akhet (II)" und so weiter.

Die erste Hälfte der Sterntafel von I bis XII gibt folgende Sterne und Sternbilder an, deren jeweilige Position differenziert wird durch "am rechten bzw. linken Ohr", "auf der rechten bzw. linken Schulter", "im rechten bzw. linken Auge" und "gegenüber dem Herzen" – also mehr oder minder mittig:[449]

TAFEL I	TAFEL II	TAFEL III	TAFEL XII
Beginn der Nacht:	**Beginn der Nacht:**	**Beginn der Nacht:**	**Beginn der Nacht:**
0. Feder Des Riesen (l. O.)	Kopf Des Riesen (l. A.)	Sein Hals (m.)	Stern Der Sepedet (m.)
[Ende der] Stunde 1	**[Ende der] Stunde 1**	**[Ende der] Stunde 1**	**[Ende der] Stunde 1**
1. Keulenspitze Des Riesen (r. O.)	Sein Hals (l. A.)	Seine Hüfte (?) (l. A.)	Nachfolger Des Sepedet-Sterns (l. Sch.)
2. Sein Hals (m.)	Seine Hüfte (?) (m.)	Sein Schienbein (?) (m.)	Die Zwei (l. A.)
3. Seine Hüfte (?) (m.)	Sein Schienbein (l. Sch.)	Sein Podium (m.)	Kopf Des Löwen (r. Sch.)
4. Sein Schienbein (?) (l. Sch.)	Sein Podium (m.)	Die Treppe (l. A.)	Sein Schwanz (r. A.)
5. Sein Podium (l. A.)	Die Treppe (l. A.)	Kopf Des Vogels (l. A.)	Die Vielen Sterne (m.)
6. Die Treppe (m.)	Kopf Des Vogels (m.)	Rumpf Des Vogels (m.)	Der Schöne Knabe (m.)
7. Kopf Des Vogels (m.)	Rumpf Des Vogels (m.)	Stern Der Tausend (m.)	Nachfolger Des Vorderteils Des Ankerpflocks (m.)
8. Rumpf Des Vogels (r. A.)	Stern Der Tausend (m.)	Feuerstern (r. A.)	Ankerpflock (r. O)
9. Stern Der Tausend	Feuerstern (l. A.)	Vorläufer Des Sah (r. A.)	Nachfolger Des Ankerpflocks (m.)

10. Feuerstern (m.)	Vorläufer Des Sterns Des Sah (m.)	Stern Des Sah (r. A.)	Knie Der Reret (r. O.)
11. Vorläufer Des Sterns Des Sah (m.)	Stern Des Sah (r. A.)	Stern Der Sepedet (l. A.)	Schenkelmitte Der Reret (m.)
[Ende der] Stunde 12:	**[Ende der] Stunde 12:**	**[Ende der] Stunde 12:**	**[Ende der] Stunde 12:**
12. Stern Des Sah (r. Sch.)	Stern Der Sepedet (r. Sch.)	Vorläufer Der Zwei Sterne (m.)	Hintern (m.)

Strukturell determiniert wird Tafel II durch Sepedets Stern, den Sirius. Er ist auf Tafel I, die den Jahresbeginn ausweist, noch nicht zu sehen, erscheint dann jedoch 15 Tage später auf Tafel II zum Sonnenaufgang und wandert danach alle 15 Tage jeweils eine Stundeneinheit in der Nacht zurück, bis er auf Tafel 12 den "Beginn der Nacht" bei Sonnenuntergang markiert. Der Sirius wandert damit in 10 Perioden zu je 15 Tagen (zusammen 150 Tage) vom Ende der letzten Nachtstunde zurück zum Beginn der ersten Nachtstunde. Das zeigt bereits ein Problem dieser Tafeln: Denn diese 150 Tage sind zu kurz für die jeweils rund 165 Tage dauernden Periodizitäten des Sirius, sowohl für seine Kulminationsperiode wie für seine kosmischen und akronychischen Auf- und Untergänge im Jahreslauf.[450]

Selbst davon abgesehen, löst die Kulminationsphase des Sirius – die 1200 v. u. Z. in Luxor am 17. September begann, indem Sirius erstmals bei Sonnenaufgang kulminierte, um schliesslich immer früher seine grösste Höhe im Süden zu erreichen und nach 165 Tagen schliesslich bei Sonnenuntergang ein letztes Mal zu kulminieren – das rätselhafte System dieser Tabelle nicht auf. Man erhält zwar auf Tafel II von den Plejaden bis Sirius identifizierbare Sterne (und dies auch zurück bis zum Nachtbeginn), doch ergeben die angegebenen Abweichungen – rechte Schulter, rechtes Ohr etc. – für sie keinen Sinn.

Auch zur Stundenmessung oder als stundenmässig getaktete Sternenreihungen taugen sie nicht. Denn einerseits bleibt die Abfolge Plejaden – Aldebaran – Vorläufer Des Sah (Beteigeuze) – Stern Des Sah (κ Orionis) – Sirius über ein halbes Jahr hinweg von Tafel zu Tafel dieselbe, was dagegenspricht, dass die Nachtstunden einmal länger, einmal kürzer gemessen worden wären. Und andererseits ist diese Reihung nicht einmal in sich regelmässig. Der Abstand zwischen Aldebaran und Beteigeuze beträgt stets 55 Minuten, die Abstände zwischen den anderen Sternen in dieser Folge sind jedoch 50 Minuten lang; zudem wird nach 105 Tagen auf Tafel VIII Der Vorläufer Des Sah einfach ausgelassen, wodurch sich eine doppelt so lange Zeitstrecke zwischen Aldebaran und κ Orionis ergibt. Überdies kommen die Kulminationshöhen oft so hoch über dem Horizont zu liegen, dass sie mit freiem Auge kaum mehr auszumachen sind und man bei Der Treppe – Cassiopeia – über den Zenit hinweg nach Norden blicken muss, um ihre Kulmination festzustellen.

Der Computer zeigt, dass auch die kosmischen und akronychischen Auf- und Untergangsstellen des Sirius am Horizont keine geeigneten Referenzpunkte sind. Ebenso wenig lassen sich andere stundenmässige und an einem Fixpunkt ausgerichtete Auf- oder Untergänge – auf 90° Osten, 270° Westen – oder auf dem für eine Tafel gerade gültigen Sonnenaufgangs- oder Untergangspunkt heranziehen, weil die bekannten Gestirne dort nie in einer Linie hintereinander aufgehen und auch die Angaben über Abweichungen von der Mitte sich als falsch erweisen.

Das Rätsel löst sich teilweise, wenn man als Beobachter den Blickwinkel des Verstorbenen in seinem Sarg annimmt. Der lag ab dem Mittleren Reich auf der linken Seite, der Kopf gen Osten, am Sargdeckel war aussen ein Augenpaar aufgemalt, innen jene Sterntafeln direkt vor Augen,[451] welche die 36er-Dekane auflisteten. Dies ergibt für die 48er-Dekane der vier erhaltenen ramessidischen 'Sternuhren' auch deshalb Sinn, indem sie deshalb diagonal angelegt scheinen, weil der zum östlichen Horizont schauende Kopf sie damit überblicken konnte. Die schematische Zeichnung des hockenden Greises, auf den die Angaben von Schultern, Ohren, Augen und Mitte durch ein Gitter bezogen sind, symbolisiert dann ein Raster, auf dem abweichende Sternpositionen zu seinen Körperteilen in Beziehung gesetzt werden. Als vertikale Abweichungen von der Lotlinie einer fixen Mitte ergeben diese Positionsangaben, egal wo man sie setzt, hingegen nirgendwo einen Sinn. Sie werden erst stimmig als Abweichungen innerhalb eines horizontalen Beobachtungsbandes – dem Sichtfeld eines nach Osten blickenden Toten, der mit dem Kopf nach Norden auf der linken Seite liegt. Die Schulter, auf der die Mumie ruht, entspricht so der geringsten Höhe über dem Horizont, bei der ein Stern noch sichtbar ist (etwa 2°), die Mitte liegt bei rund 4,5° und die rechte Schulter markiert etwa 7° Höhe.

Der Blickpunkt liegt somit am östlichen Horizont; auf die Beobachtung von Gestirnsaufgängen im Osten verweist auch der heliakische Aufgang des Sirius auf Tafel II. Um sie nachzuvollziehen, haben wir den 5. Juli 1200 v. u. Z. in Luxor herangezogen: Die Sonnenscheibe berührt da den Horizont von unten, während Sirius daneben auf 2,35° Höhe erstmals sichtbar wird. Diese Konstellation tritt jährlich Anfang Juli ein, egal in welchem Jahrhundert.

Da von den Plejaden bis zum Sirius nur wenige Sterne in Frage kommen (die Kette Plejaden – Aldebaran – Vorläufer des Orion – Stern des Orion – Sirius), lassen sich die betreffenden Sterne und die Länge der Stundeneinheit in Tafel II mit 64 Minuten 15 Sekunden bestimmen. So getaktet stimmen dann auch die angegebenen Abweichungen von der Mitte, auch hinter den Plejaden zurück zum Nachtbeginn; dasselbe gilt für Tafel I.

Doch es zeigen sich erneut grosse Unstimmigkeiten: Die Stundenlänge liefert nun zwar einsichtige Sternbilder, doch die Nacht begänne dann mitten am Nachmittag, weil wir uns nun im Juni | Juli befinden, da die 12 Nachtstunden viel kürzer sind als 64 Minuten und 15 Sekunden Und statt auf den 2. Dezember als Stichtag von Tafel XII, an dem die Sichtbarkeit des Sirius am Horizont mit dem Sonnenuntergang zusammenfällt, müsste diese abendliche Konstellation von Sirius und Sonne dann auf den 29. Dezember fallen: womit die Tafeln untereinander nicht mehr übereinstimmen. Eine weitere kalendarische Abweichung zeigt sich darin, dass der Jahresanfang stets mit dem heliakischen Frühaufgang des Sirius im Osten markiert wurde – der aber erst auf Tafel II in der zweiten Monatshälfte des neuen Jahres angesetzt wird. Die Abweichungsangaben und Stundenlängen ergeben zudem auf den Tafeln III, IV und so weiter erneut keine Übereinstimmungen. Also haben wir uns allein auf die Identifizierung jener Sterne konzentriert, die am Ende der 12. Nachtstunde bei Sonnenaufgang im Osten noch sichtbar sind: Das bringt brauchbare Ergebnisse bis zum Ankerpflock.

Danach jedoch macht erneut nichts mehr Sinn, insbesondere bei Reret. Der letzte Stern von Tafel XVI – deren Stichtag der 31. Januar sein müsste – ist derselbe wie der erste Stern von Tafel I: Somit fällt dessen Erscheinen statt in den Sonnenaufgang nun in den Sonnenuntergang. Zu dieser Konstellation kommt es jedoch realiter viel früher, nämlich am 13. November. Versucht man mit diesem Datum wiederum rückläufig die einzelnen auf dieser Tafel genannten Körperteile Rerets zu bestimmen, stimmt die Reihung der auftauchenden Sterne weder mit den aus anderen Tafeln hervorgehenden Identifizierungen zusammen noch ergeben sie eine Figur, die mit dem Ankerpflock zusammenhinge: Egal, wo man ansetzt, sie streckt sich von dem Pfosten fort, ohne ihn halten zu können. Die einzige Übereinstimmung von Rerets Sternen in den Tafeln, die bei Sonnenaufgang genannt werden, sind ihre Brüste. Dies ist umso erstaunlicher, als sich für Reret mehrere Abbildungen an den astronomischen Decken finden, die ihre Hände am Ankerpflock zeigen, eine Figuration, die sich mit Hercules, der Aurora Borealis und den Sternen um Den Ankerpflock in Bootes bis ins Detail abgleichen lässt.

Schon Neugebauer und Parker kamen zu dem Schluss, dass mit diesen Tafeln etwas grundsätzlich nicht stimmt. Es scheint, als hätte hier jemand, der den Himmel nicht vor Augen hatte, versucht, Sternbeobachtungsdaten aus verschiedenen alten Quellen – Sterntabellen für Särge und vielleicht falsch umgerechnete Kulminationstabellen – zu kollationieren. Oder jemand wollte durch inkohärente (später kopierte) Angaben den Himmelsaufstieg des Herrschers verhindern. Oder sollten diese Tabellen einen idealisierten Zyklus ohne jeden Bezug zur Himmelsmechanik darstellen? Denn sie ergeben im Grossen und Ganzen durchaus ein Himmelsbild: nur nicht im Detail. Die Sterne der Tafeln sind gewissermassen zu schön, um wahr zu sein.

Eine solche Idealisierung zeigt sich bereits auf Tafel I darin, dass Der Riese Amun abends am Horizont Stück für Stück aufsteigt, um vor Mitternacht aufrecht auf seinem Podium zu stehen und den Himmel zu dominieren, während Usir im Orion und danach Aset im Sirius den Morgen der Auferstehung markieren. Hierauf tritt Reret an deren Stelle, als Göttin dieser Wiedergeburt, welche die Totengeister der Verklärten beim Ankerpfosten auf Der Grossen Insel empfängt: Teil für Teil wird morgens erst Der Ankerpflock sichtbar, dann Reret selbst, bis sie in der zweiten Jahreshälfte den Himmel mit ihrer Gestalt dominiert: von den Füssen bis zu ihren Federn auf Tafel XIV. Worauf Der Riese erneut erscheint, und zwar in Tafel XV mit den Vorläufern seiner Federn.

Die Identifizierungen der einzelnen Sternbilder können deshalb bloss ungefähr bestimmt werden. Sie ergeben sich meist erst in der Zusammenschau graphisch möglicher, einsichtiger Konturen auf Basis der vorhandenen Sterne im Hinblick auf jene Figuren, welche die Sternnamen vorgeben.

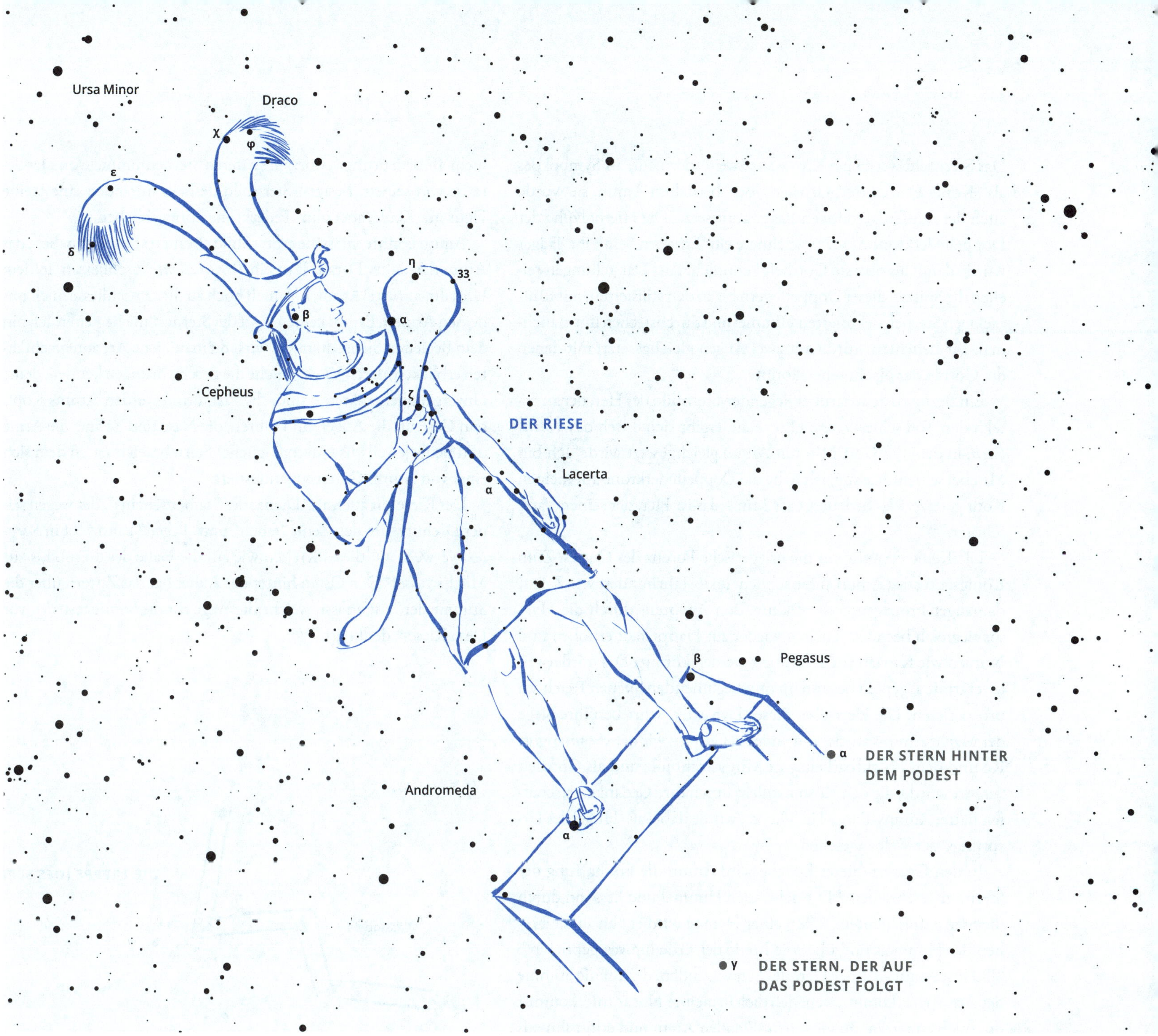

NAKHT – DER RIESE[452]
β und γ Ursa Maioris?
1. VORLÄUFER DER FEDERN DES RIESEN[453]
χ und φ Draconis sowie δ und ε Ursae Minoris
2. DIE ZWEI FEDERN DES RIESEN[454]
δ Draconis?
3. VORLÄUFER DER KEULE DES RIESEN
33 Cygni
4. DIE SPITZE DER KEULE[455]
η Cephei
5. DIE KEULE[456]
β Cephei
6. DER KOPF DES RIESEN[457]
7. SEIN NACKEN[458]
8. SEIN HALS[459]
9. SEINE BRUST[460]
5 Lacertae
10. SEINE HÜFTE[461]
11. SEIN KNIE[462]
12. SEIN SCHIENBEIN[463]
α Andromedae
13. SEIN FUSS[464]
β Pegasi
14. SEIN PODEST[465]
α Pegasi
15. DER STERN HINTER DEM PODEST[466]
γ Pegasi
16. DER STERN, DER AUF DAS PODEST FOLGT[467]

Das Sternbild weist eine Krone aus zwei Federn auf: als Symbol des als "König Der Götter, Grosser Gott" betitelten Amun; sie wurde auch der nilpferdgestaltigen Reret aufgesetzt. Die Hieroglyphe der Doppelfederkrone *Shuti* bezeichnete ein 'Erhaben Sein'; ihr Träger wurde damit als oberste Gottheit kenntlich. Auf Darstellungen reichen die Spitzen dieser Doppelfedern bis an den stilisierten, mit fünfzackigen Sternen dekorierten Himmel und durchstechen ihn manchmal. Ihr Leuchten wurde mit zwei Augen gleichgesetzt, mit denen der Gott in der Nacht sehen konnte.

Ein Bezug zu dem darüber liegenden Sternbild des Her, der an Setekh den Tod seines Vaters Usir rächt, ergibt sich durch das *Totenbuch*, in dem der Gott Min mit Amun gleichgesetzt wird: "Ich bin Min bei seinem Auszug; ich habe die Doppelfederkrone auf meinen Kopf gesetzt. Was bedeutet das? Min – das ist Her, der seinen Vater schützt."[468]

Die Keule verweist auf die kriegerische Potenz des Gottes. Zum Königsgott stieg Amun auf, nachdem im 16. Jahrhundert v. u. Z. laut damaliger Propaganda die Okkupation Ägyptens durch die Hyksos siegreich beendet, Theben wieder zur Hauptstadt erhoben und Nubien wie Kanaan zurückerobert werden konnte. Das mittlerweile verarmte Ägypten begann im nun beginnenden 'Neuen Reich' zu prosperieren. Die Herrscher dieser Dynastien schrieben ihre Siege der Macht Amuns zu, der mit anderen Göttern wie dem Sonnengott Re und dem Fruchtbarkeitsgott Min verschmolz und als Gottheit verehrt wurde, die den Kosmos allein durch ihre Gedanken erschaffen hatte: Amuns Tempel in Theben wurde dabei als 'Hügel des Ursprungs' der Welt angesehen.

In den Gräbern dieser Epoche wird Amun die Erschaffung der Sterne zugeschrieben: "Er erschuf den Himmel und liess ihn durch die Sterne aufleuchten."[469] In einer Hymne wird er "bis in die Höhen des Himmels und über die Breite der Erde hinweg gepriesen": "Du bist Amun-Re, der Herr der Schweigenden, der auf die Stimme der Armen hin kommt; wenn ich dich in meiner Not anrufe, kommst du, mich zu retten; du gibst dem Elenden Atem und erlöst ihn aus der Gefangenschaft." Verfasst wurde diese Lobpreisung von einem hohen Beamten des Neuen Reiches, dem Zeichner Nakht-Amun, 'Riese Amun'.[470]

Im thebanischen Grab des Nakht wiederum, eines "Schreibers" und "Stundenpriesters des Amun", wird Amun-Re mit dem Sonnengott gleichgesetzt: "Du querst den Himmel weiten Herzens; der Messersee [am Abendhimmel] ist zur Ruhe gekommen, der Rebell [Setekh] ist gefallen, seine Arme sind gebunden, das Meer hat seinen Wirbel durchschnitten."[471] Die Namen dieser beiden hochgestellten Beamten belegen, dass Amun in dieser Zeit als Nakht – Der Starke, Der Riese – bezeichnet wurde.

Zwar wurden mehrere Götter als 'Riesen' oder 'Starke' betitelt, doch in der Epoche, in der sich die 48 Stundensterne etablierten, war Amun der dominante männliche Gott. Diese Zeitbezogenheit galt auch, weil der Amun-Kult ab dem 10. Jahrhundert v. u. Z. immer mehr an Bedeutung verlor; am späteren Sternenhimmel von Dendera ist von seinem riesigen Sternbild deshalb nur noch eine kleine Figur mit Keule, aber ohne Federkrone übriggeblieben.

Amun könnte mit seinem Sternbild ein älteres abgelöst haben, das Atum darstellte. Darauf lässt ein *Pyramidentext* schliessen, in dem Unis ihn anruft: "Atum, hol mich hoch zu dir, umschliesse mich mit deinen Armen. Es gibt keinen Gott der Sterne ohne Begleiter: Ich bin dein Begleiter. Siehst du mich, wirst du in mir jene Art von Nachfahren erblicken, deren Väter, welche die Beschwörungen kennen, deine Unvergänglichen Sterne sind."[472] Daraufhin werden Atums Kopf, sein Gesicht, die Augen und Ohren, die Nase und Zähne, die Arme und Beine jeweils als Unvergänglicher Stern bezeichnet, in dem sich einer von Atums Göttern manifestiert.

Der Riese gilt auch als "Diener des Sonnenscheins", der wegen seiner Drehung um den Zenit "fallen" und "liegen" kann.[473] Ein *Sargtext* verweist auf dieses Kreisen wie auf die Nähe des Sternbilds zur Milchstrasse: "Den Osten hinter der Akhet hat das Zittern über die Stimme der Nut erfasst, welche die Wege für die Sonne festtritt, vor Dem Riesen, der kreist."[474]

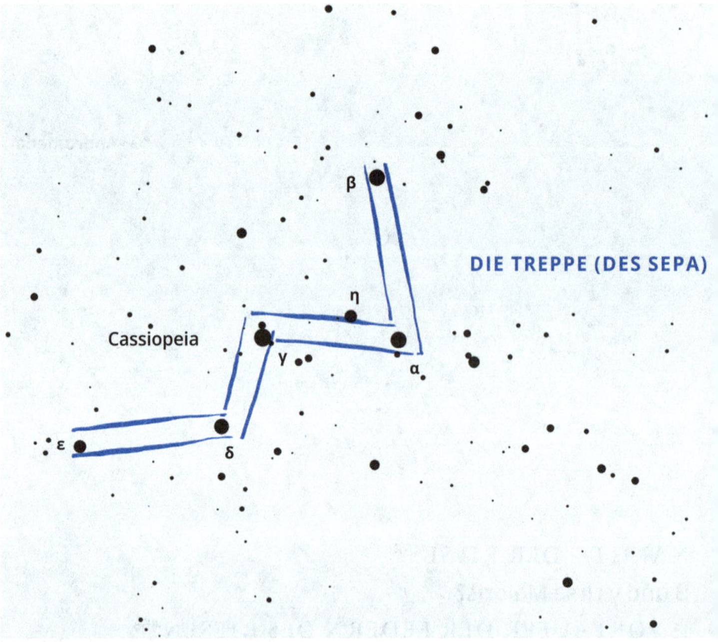

Cassiopeia

17. ARYT – DIE TREPPE (DES SEPA)[475] | DER HUNDERTFÜSSER

Q 1.4

Die Namensdeutung ist schwierig, da er oft gleich geschrieben wird wie der Dekan *Aret*, 'Kiefer'. Es gab mehrere Wortwurzeln *ar* mit so unterschiedlichen Bedeutungen wie 'Stängel' oder 'Türflügel' – wobei nur 'aufsteigen', der aufspriessende 'Stängel' und 'Treppe' zusammengehören.[476] Unterschieden werden die zwei gleich lautenden Namen durch unterschiedliche Determinative: einmal durch

Lichtstrahlen, die auf den Feuerstern Aldebaran im Sternbild des Kiefers verweisen, ein andermal durch einen Hundertfüsser namens *Sepa*.

Die Unterscheidung scheint jedoch bald durcheinandergeraten zu sein: Beide sind Dekane, beide liegen unweit der Plejaden, und nur ein Astronom konnte aufgrund ihrer Position in den Tabellen zwei Sternbilder unterscheiden. Jedenfalls wendeten die Schreiber und Maler der Sargdeckel und Decken beide Determinative[477] auf *Aret* wie auf *Aryt* an. Welche Bedeutung *Aryt* wirklich besitzt, ergibt sich aus dem stilisierten Hundertfüsser: Dieses Determinativ bestimmt den Schutzgott der Toten, Sepa, kommt aber auch in dem Wort für 'Treppe' vor. Cassiopeias Form ist mit beidem stimmig – ihre in der Milchstrasse liegenden Stufen führen unter dem den Zenit beherrschenden Riesen Amun vorbei zur Grossen Insel im Norden, dem ersehnten Jenseits der Toten. Um sie zu schützen, sagt ein *Pyramidentext*: "Der Hundertfüsser Des Riesen ist herabgestiegen und hat ihn [den Toten] in der [Grab-]Anlage umkreist";[478] ein zweiter schreibt Dem Hundertfüsser zu, "dass er für Atum [die tödliche Schlange] gebissen, sie für den Herrscher in den Mund genommen und hin und her geschüttelt hat".[479]

Der Hundertfüsser ist der 25 cm lang werdende Gliederfüsser (*Scolopendra cingulata Latreille*). Sein Biss ist für den Menschen schmerzhaft, aber harmlos; mit seinen giftigen Greifzangen kann er jedoch Schlangen und Reptilien erlegen, er frisst Käfer und Würmer. Da Schlangen auch als Todessymbole galten und Käfer und Würmer sich über verwesendes Fleisch hermachen, wurde der vergötterte Hundertfüsser – Sepa – zu einem Schutzgott der Toten, als zweiter, neben der Skorpiongöttin Serket in den Himmel versetzter Gliederfüsser.

Er war seit dem Alten Reich mit dem Totengott Inep (gr. Anubis) als 'Herrn Des Sepa' assoziiert. Die astrale Rolle, die das Sternbild Der Treppe spielt, bezeugt schon der Sarg des Ameny aus der 12. Dynastie (1981–1802 v. u. Z.), auf dem Der Herr Des Sepa gebeten wird, dem Toten zu gewähren, den Himmel zu überqueren und zum Grossen Gott, Dem Herrn Des Himmels, aufzusteigen – zum Sternbild Des Riesen also. Auf einem anderen Sargdeckel dieser Zeit werden Der Herr Des Sepa und die Himmelsgöttin Nut ebenfalls gebeten, den Toten zum Herrn des Himmels emporzuheben.[480] Auf seinen astralen Kontext verweist zudem das *Totenbuch*, wo Sepa nach dem Orion genannt und ein Festtag für ihn ausgewiesen wird; als Totengott – "Ich bin Usir-Sepa" – verheisst er die Auferstehung.[481] Und in einem Text des Mittleren Reiches steigt er (von seiner Treppe) herab, um seinen Vater Usir vor tödlichen Schlangen zu beschützen – während es in einem Balsamierungsritual heisst, dass Sepa von Usir um eine Umarmung gebeten wird.[482]

Zugleich offenbart sich dadurch die höhere Symbolik der ramessidischen Sterntabelle. Die erste Tafel reiht zuerst die Sterne Des Riesen auf, der sämtliche Stunden vor der Mitternacht mit seiner Grösse beherrscht. Symmetrisch in der Mitte der Nacht steht dann Sepas Treppe: wobei in eleganter Anspielung der Gott Sepa mit dem Zeichen jenes Vogels geschrieben wird, der danach als Sternbild auf die Treppe folgt. Auf dieser Treppe können dann Die Tausenden der Plejaden die Milchstrasse überqueren, um zur Grossen Insel zu gelangen. Auf die Plejaden folgt Der Feuerstern im Sternbild Des Kiefers Aret im lautlichen Bezug zur Treppe Aryt und schliesslich das Sternbild Usirs. Mit ihm und seiner Schwestergattin Aset im Sirius als Göttern der Auferstehung endet die Nacht und beginnt der Tag in den ersten beiden Tafeln.

DER HUNDERTFÜSSER – SEPA

Sepa hiess aber auch die tragbare Thronsänfte: Das Zeichen für 'Treppe' ist schematisch dem Thron, die vielen Beine der Träger sind einem Hundertfüsser ähnlich. Das führte wahrscheinlich zur griechischen Benennung des Sternbilds als *Kassiepeia*. Der Name ist dezidiert ungriechisch und ohne erkennbare Etymologie, lässt sich im Ägyptischen aber von *Khau* – dem Erscheinen eines Sterns oder der Thronbesteigung eines Gottes – und *Sepa* als Thronstuhl ableiten. Der Schlusslaut *-a* wäre so von den Griechen als weibliche Endung aufgefasst, das Auftauchen des Dekans als 'Erscheinen des Throns' missverstanden und *Khau Sepa* in Anlehnung an Namen wie Kassandra als *Kassiepeia* artikulierbar gemacht worden. Dazu erfand man dann die Sage einer ägyptischen, auf einen Thron gefesselten Königin, die erstmals in Sophokles' *Andromeda* greifbar wird. Solche produktiven Fehldeutungen sind auch für die Übernahme der mesopotamischen Sternbilder durch die Griechen typisch.

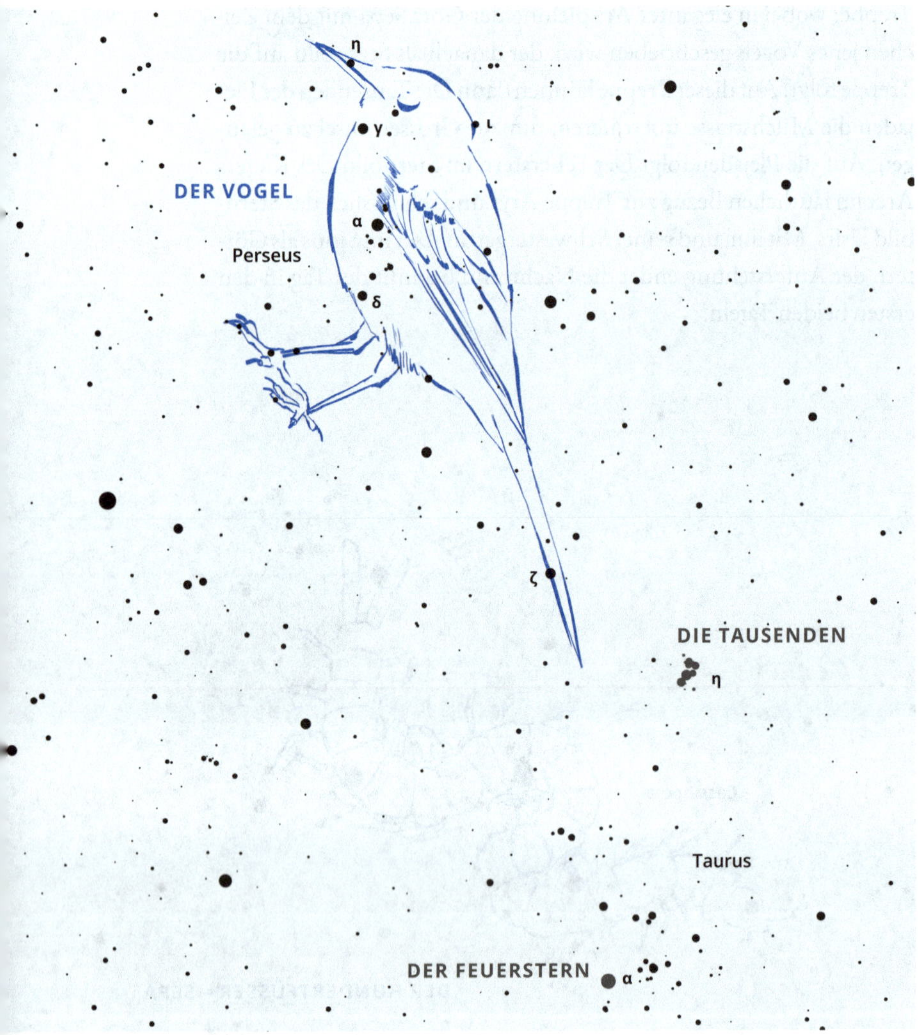

Perseus

APED – DER VOGEL[483]

η Persei

18. DER SCHNABEL[484]

ι Persei

19. DER KOPF[485]

20. DIE KEHLE[486]

δ Persei

21. DER RUMPF[487]

Im astralen Kontext verweisen Vögel allgemein auf in den Himmel fliegende Herrscher oder auf Sterne. Beim vorangehenden Sternbild Des Riesen Amun galt ursprünglich wohl als dessen Symboltier die Schafstelze (*Motacilla flava*), die als gelber Sperlingsvogel vor dem eigentlichen Schöpfungsakt aus den Wassern des Nun geflogen kam. Der Vogel konnte allerdings auch mit dem Zeichen für 'Kormoran' geschrieben werden.[488]

Am späteren Sternenhimmel von Dendera wird er zur Gans, ohne dass sich aber der Konnex zum Anfang der Welt verlor. Die Nilgans war eine Manifestation des Schöpfungsgottes *Negeg-Wer*, 'Des Grossen Schnatterers', der seine Macht durch Geschnatter und das Ei ausdrückte, aus dem alles Leben hervorging. Die Gans wurde zudem mit dem Erdgott Geb assoziiert, der in dieser Gestalt das erste Ei legte, aus dem die Sonne erstmals als Benu-Vogel hervorkam.[489]

Plejaden

22. KHAU – DIE TAUSENDEN[490]

Einem Tempeltext aus Esna zufolge[491] besteht das Sternbild aus 7 Sternen; aufgelistet wird es direkt vor den 14 Sternen des Dekans Kiefer. Unter 'Den Tausenden' sind Ba-Seelen zu verstehen, die wiederum ein Synonym für die Sterne waren, zu denen die Geister der Toten "am Nachthimmel" wurden.[492]

L2 64 und 150–151

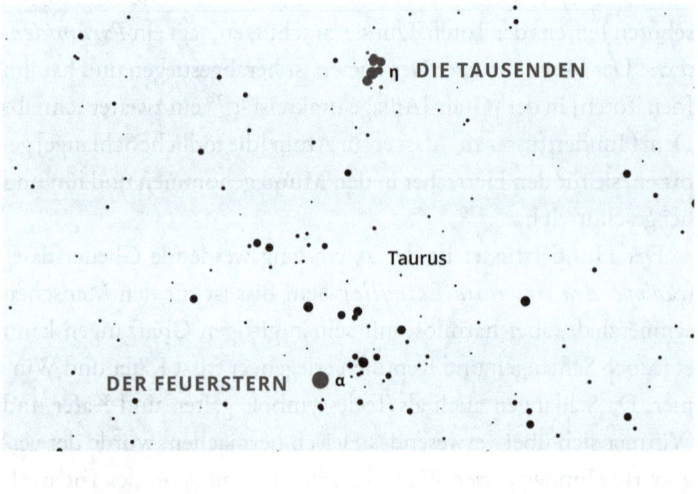

α Tauri

23. SEBA EN SAR – DER FEUERSTERN[493]

Sar wird mit einem Determinativ geschrieben, das einen kleinen Kreis darstellt, von dem in jede Himmelrichtung drei Strichlein abstehen: Sie symbolisieren Feuer und Lichtglanz. In der ptolemaischen Zeit wiederum wurden aus den drei Strichlein die überkreuzten Stängel eines Feuerbeckens.[494] Das passt zum rötlichen Leuchten des Aldebaran, der der astronomischen Reihenfolge nach als Feuerstern nur in Taurus liegen kann. Auch die Mesopotamier sahen in Aldebaran den Gott des Feuers.

λ Orionis

24. VORLÄUFER DES SAH[495]

κ Orionis

25. STERN DES SAH[496]

Damit wird im Gegensatz zum helleren Rigel der rechte Fuss 'Des Treters' Sah gekennzeichnet.

α Canis Maioris

26. STERN DER SEPEDET[497]

η Canis Maioris?

27. NACHFOLGER VON SEPEDETS STERN[498]

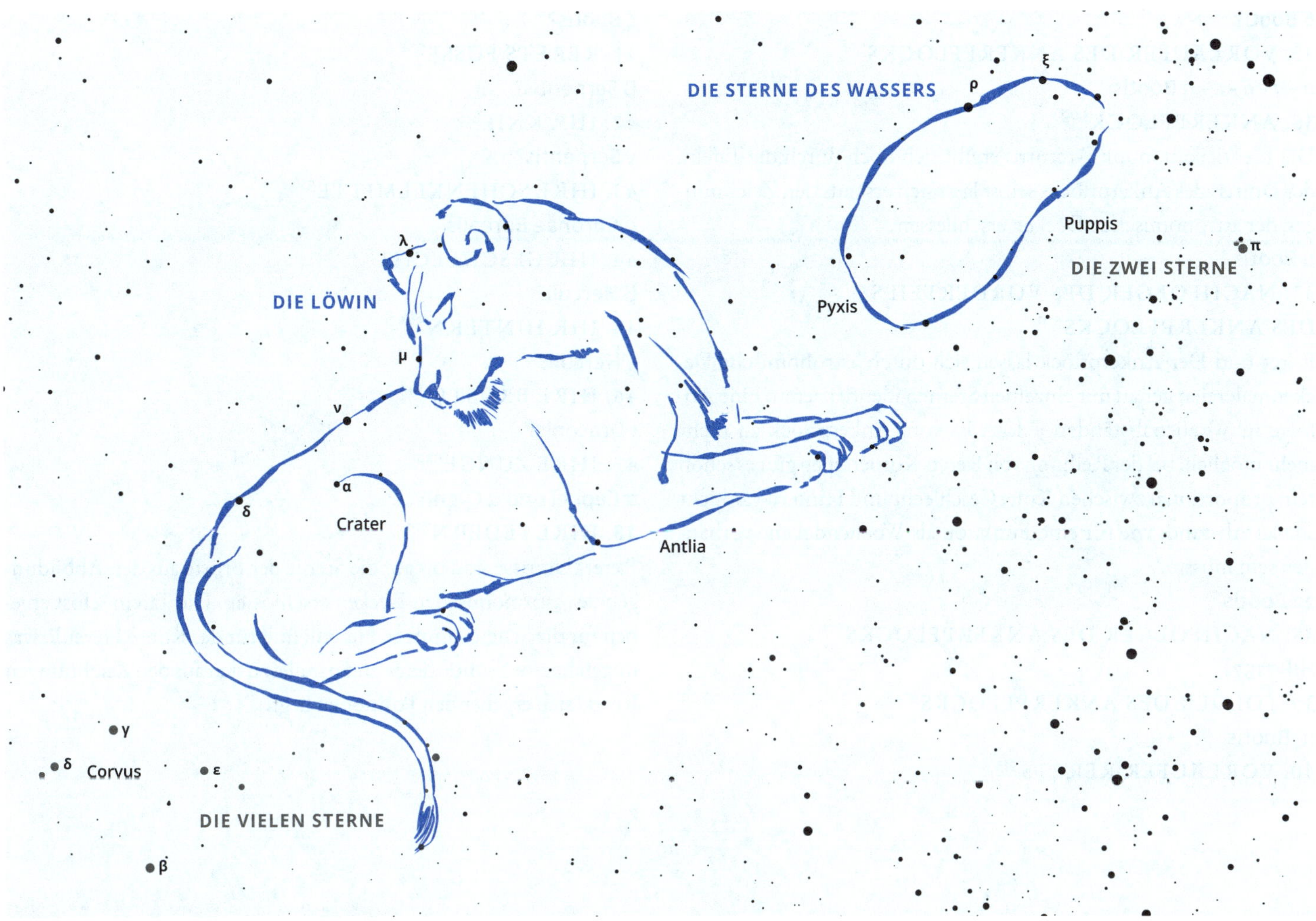

HIP 36514?

28. VORLÄUFER DER ZWEI STERNE[499]

π und v2 Puppis?

29. SEBAWI – DIE ZWEI STERNE[500]

Zwischen ξ Puppis und γ Pyxidis?

30. SEBAU NU MU – DIE STERNE DES WASSERS[501]

Spätestens ab hier wird die Abfolge der Dekane fraglich, weil bis zum sicher identifizierten Ankerpflock in Bootes die Abstände der Sternaufgänge immer kürzer werden und der Kreisbogen, auf dem sich diese Dekane befinden, nun nach oben statt nach unten schwingt.

λ Hydrae?

31. KOPF DER LÖWIN[502]

δ Crateris?

32. SCHWANZ DER LÖWIN[503]

MAI – DIE LÖWIN[504]

Auf den ramessidischen Sternuhren und dem Sternenhimmel von Dendera finden sich vor ihren Vorderpfoten die Zeichen für Wasser: offenbar ein Verweis auf Die Sterne Des Wassers.

B1 162 und 166, EAT III 192–193, WI 180–181 und 129

Corvus?

33. SEBAU ASHAU DIE VIELEN STERNE[505]

α Virginis?

34. TJA NEFER – DER SCHÖNE KNABE[506]

Der Name bezieht sich wohl auf eines der altägyptischen Götterkinder, zu denen auch der junge Sonnengott zählte, der auf einer Blüte des Lotos sitzend dargestellt wird, nackt, den rechten Zeigefinger am Mund und eine lange Locke an seiner Schläfe. Die Darstellung eines Gottes als Kind symbolisiert, dass er bereits bei seiner Geburt über Himmel und Erde herrscht – so auch beim zur astralen Regentschaft bestimmten Horuskind. Hut-Hers Sohn, der Kindgott Ihy, wird beschrieben als “Der prächtige Gott, das Kind mit seinem lebendigen Glanz, der Knabe, der sich am Monatsanfang verjüngt, das Flammenkind Ägyptens, der grosse Gott mit seiner schönen Erscheinung, der Schöngesichtige”.[507] Der Knabe muss in Virgo liegen – und damit von Serket in der rechten oder linken Hand gehalten werden, wo sie sonst das Lebenssymbol Ankh hält: Das passt zum Mythos um diese Skorpiongöttin und ihr krankes Kind.

6 Bootis

35. VORLÄUFER DES ANKERPFLOCKS[508]

α - γ - δ - ε - η Bootis

36. ANKERPFLOCK[509]

Die Identifikation mit Arcturus ergibt sich noch durch die Tafeln; der Umriss des Ankerpflocks selbst lässt sich erst aus den Zeichnungen der astronomischen Decken erschliessen.

υ Bootis

37. NACHFOLGER DES VORDERTEILS DES ANKERPFLOCKS[510]

Reret und Der Ankerpflock lassen sich durch astronomische Deckenmalereien genau mit einzelnen Sternen identifizieren. Eine Abfolge in Wochenabständen jedoch ist vom Ankerpflock an nicht mehr möglich; bei der Reihung von Rerets Körperteilen gibt es schon rein proportional zwischen Knie, Geschlecht und Hintern gar nicht so viel Abstand, wie für eine Funktion als Wochendekane vorhanden sein müsste.

22 Bootis

38. NACHFOLGER DES ANKERPFLOCKS[511]

HIP 71571

39. FOLGER DES ANKERPFLOCKS[512]

π^1 Bootis

40. VORLÄUFER RERETS[513]

ζ Bootis?

41. RERETS FÜSSE[514]

β Serpentis?

42. IHR KNIE[515]

γ Serpentis?

43. IHRE SCHENKELMITTE[516]

α Coronae Borealis

44. IHR GESCHLECHT[517]

β Herculi?

45. IHR HINTERN[518]

χ Herculi?

46. IHRE BRÜSTE[519]

ι Draconis?

47. IHRE ZUNGE[520]

α Cephei und α Cygni?

48. IHRE FEDERN[521]

Rerets Umrisse sind bis auf die Sterne der Brüste aus den Abbildungen der astronomischen Decken erschlossen. Die Tafeln selbst ergeben für die Schenkelmitte ο Herculi und für das Knie δ Herculi, was ungefähr eine Stunde tiefer und parallel zu den aus den Zeichnungen Rerets sich ergebenden Positionen liegt.

VII DER SÜDLICHE HIMMEL

Teile von Orion und Lepus sowie β Eridani

SAH – DER TRETER

USIR – OSIRIS

Q 1.4, LO2 und B1 160

δεζ Orionis

KRONE

K1 193 sowie B1 160 und 162

o^1 bis π^6 Orionis

IUN-SAH – DER PFEILER DES SAH[522]

L2 74

μ Eridani

GABELUNG |

UNTERER ABSCHLUSS DES PFEILERS

OBERARM | DER ÜBER DEM ARM IST

OHR

ARM

UNTERER ARM | DER UNTER DEM ARM IST

OBERARM | DER ÜBER DEM ARM IST

KNOTEN DER BINDE | DES GÜRTELS

OBERE HÜFTE

UNTERE HÜFTE

DER UNTER DER HÜFTE IST

Q 1.4

Sah trägt den Beinamen 'Der Die Fesseln Löst' und 'Usir'. Dargestellt wird dieser vom Sternbild verkörperte Gott meist mit seinem Szepter in der Rechten, die Linke nach oben gereckt – seltener mit gesenkten Armen, das Szepter auf der von Sepedet abgewandten Seite.[523] Ein Sargdeckel hingegen zeigt Usir mit seinem linken herabhängenden Arm hinter sich, in der rechten herabhängenden Hand das Szepter,

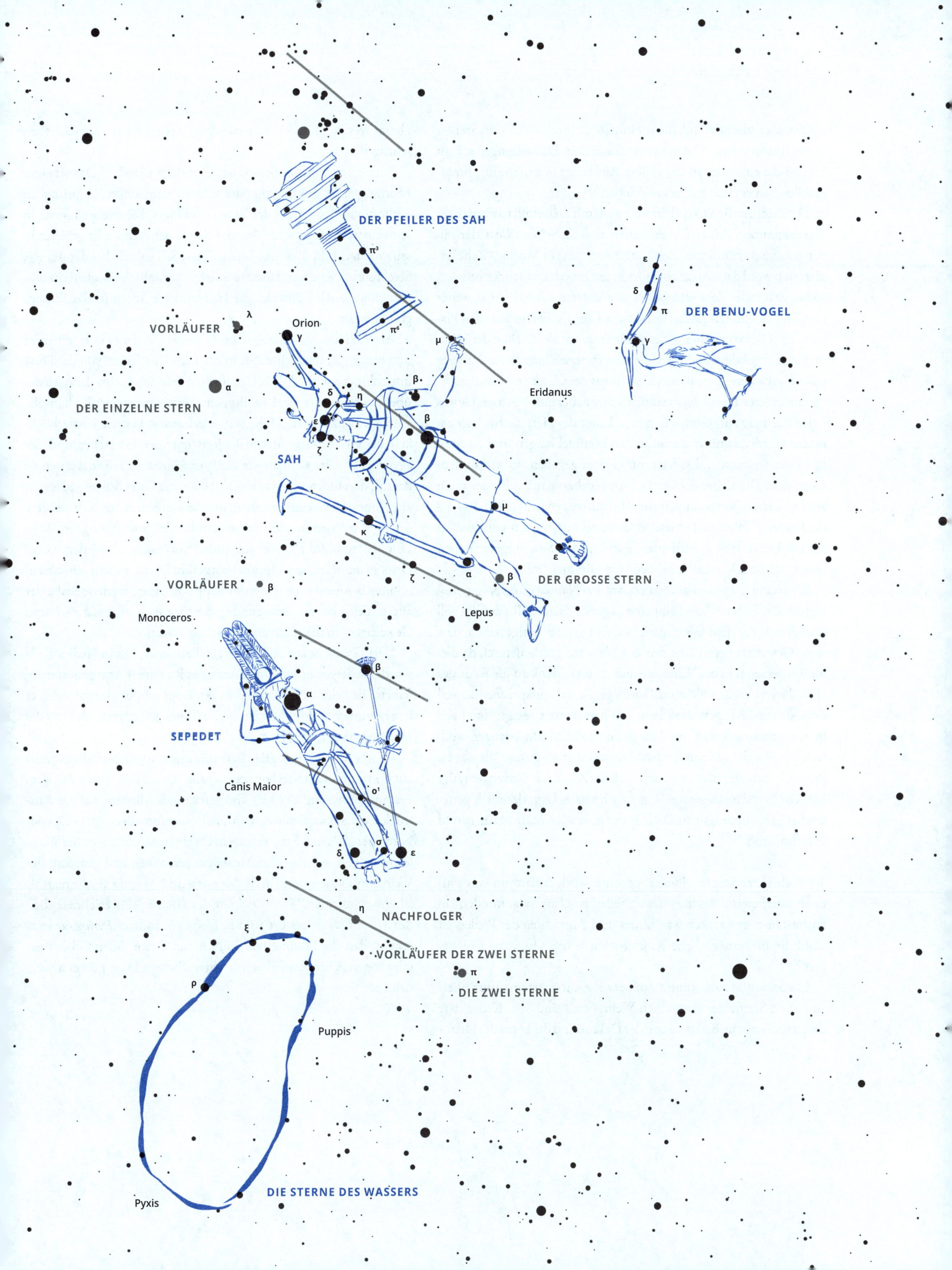

DER PFEILER DES SAH
π³
π⁶
ε
δ
π
DER BENU-VOGEL
γ
VORLÄUFER
λ
Orion
γ
μ
Eridanus
α
DER EINZELNE STERN
β
δ
η
ε
β
ζ
SAH
μ
κ
ε
ζ
α
β
DER GROSSE STERN
VORLÄUFER
β
Monoceros
Lepus
β
α
SEPEDET
Canis Maior
o¹
σ
δ
ε
η
NACHFOLGER
ξ
VORLÄUFER DER ZWEI STERNE
π
ρ
DIE ZWEI STERNE
Puppis
Pyxis
DIE STERNE DES WASSERS

auf Sepedet zuschreitend, die vor ihm steht und ebenfalls ein Szepter in der Rechten hält.[524] Auf unterschiedlichen Darstellungen schaut Usir in die eine oder in die andere Richtung; in Senenmuts Sterntabellen hält er auch ein Ankh-Zeichen.[525]

Die Zeichen für *Sah* bedeuten, jeweils mit Determinativ versehen, 'herankommen', 'einen Ort erreichen' und 'Zehe'; das Wort klang in der griechisch-römischen Zeit fast so wie jenes für Mumie. 'Zehe' erklärt sich wohl daraus, dass der Orion um 2200 leicht schräg aufstieg, sodass er mit der Zehe eine Leiter zu erklettern scheint, die er weiter oben mit einem Arm packt. Eine solche Leiter ist bereits auf einer Plakette des Djer vom Anfang des 3. Jahrtausends als Zeichen der Himmelfahrt abgebildet und wird in einem *Pyramidentext* zum Aufstieg eines Herrschers gemeinsam mit Usir aus der Unterwelt benutzt.[526]

Ein anderer *Pyramidentext* führt dies näher aus: "Grüsse, Gottes Leiter! ... Steig auf, Gottes Leiter, ... Leiter des Her, die für Usir gemacht wurde, damit er darauf in den Himmel steigen und die Sonne begleiten kann! ... Du hast mir Geburt gegeben, so wie du dem Gott, dem Die Leiter gehört, Geburt gegeben hast. ... Er, der mich auf Der Leiter Gottes zum Himmel hinaufsteigen sieht oder hört – jeder (andere) Totengeist und jeder Gott, der mit ihm mit seinem Arm auf Die Leiter da ist –, wird mich beschützen. ... So springe ich neben dem Gott, dem Die Leiter gehört, zum Himmel."[527]

Ein weiterer *Pyramidentext* erklärt den Namen *Sah* volksetymologisch als 'Treter'[528] und gibt eine Legende dazu an. Ihr zufolge soll Setekh sich vor dem Göttergericht damit gerechtfertigt haben, dass seine Gewalttat gegen Usir nur aus Notwehr geschehen sei, da dieser ihn getreten habe: "Erinnere dich, Setekh, denk an die Rede des Geb, die Drohung, welche die Götter gegen dich aussprachen ..., weil du Usir zur Erde geworfen hast. Du hast damals gesagt: 'Ich habe ihm das nicht angetan', weil du dadurch die Macht erlangen wolltest, die Her dir genommen hat. Du hast damals gesagt: 'Er war es, der mich attackiert hat', wodurch sich das Zur-Erde-Werfen bestätigt hat. Du hast damals gesagt: 'Eigentlich war es Usir, der mich getreten hat', wodurch Usir zu Dem Treter geworden ist, breitfüssig und ausschreitend."[529]

Weshalb Usirs Szepter 'Pfeiler' genannt wird, erklärt ein von Plutarch überlieferter Mythos: Der 'Pfeiler' ist Usirs Sarg, um den ein Baumstamm gewachsen war. Unter dem Aufrichten des Pfeilers ist wohl die mitternächtliche Kulmination von β Orionis zu verstehen.[530]

Das Sternbild Sahs stimmt nur teilweise mit unserem Orion überein. Die 3 Sterne des klassischen Wehrgürtels sind Sahs Krone, wie die astronomische Bestimmung der Dekane und die Form der Hieroglyphe verrät, mit der Sah zwischen 2450 und 1550 geschrieben wurde.[531]

Laut einem *Pyramidentext* ist "Usir der im Sah".[532] Der oft einer Mumie gemäss grünhäutig oder schwarz dargestellte, ursprünglich chthonische Usir, Gott der Toten und ihres Weiterlebens, steht in seiner astralen Figuration "an der Spitze der Akhu": Er gebietet in seinem Sternbild über die Totengeister. Sah galt als Bruder des Re, Setekhs und Sepedets. Letztere ist seine himmlische Begleiterin und manchmal auch Führerin, die Usir und die Toten in das Binsengefilde weist.

Als Sah hat Usir "eine Zeit am Himmel", in der er sich "erneuert und verjüngt", und "eine Zeit in der Erde", in der er "von der Duat umschlungen wird".[533] Da Usir im Sternbild Sah nachts dann wieder über der Erde aufstieg, kam ihm eine dem Sonnengott Re komplementäre Funktion zu. Diese Wiedergeburt und astrale Unsterblichkeit liessen Usir zur Identifikationsfigur der Herrscher und der ägyptischen Elite werden; wie die *Pyramidentexte* zeigen, bauten sie darauf, dass ihre Seelen nach dem Tod unter Usirs Ägide und Geleit am Himmel wiederauferstehen, um dort zu einem Stern zu werden.

Die Wiedergeburt des von seinem Bruder Setekh umgebrachten Usir als Sternbild gibt der folgende *Pyramidentext* wieder, wobei Usirs Ermordung am Himmel vorgeführt wird, indem sein Sternbild im Bahnverlauf langsam umkippt. Zugleich ist diese Stelle der älteste Beleg für die Bezeichnung des Orion als *al-Jabbar* – Riese, Gewaltiger– in der späteren arabischen Tradition:

"Der Grosse ist auf seine Seite gefallen; jener, 'der in Nedit ist',[534] wurde niedergeworfen. Doch dann hat Re seinen Arm genommen, haben Die Beiden Neunheiten seinen Kopf erhoben – und siehe, er ist gekommen als Sah! Usir ist als Der Treter gekommen, als Herr des Mostweins beim Wag-Fest."[535]

Im 3. Jahrtausend ging das Sternbild Ende August vor Mitternacht auf und kulminierte bei Sonnenaufgang. Zu der Zeit wurde das Wag-Fest in Erinnerung an Usirs Tod gefeiert, als Allegorie auf das Austrocknen des Nils: Deshalb wurde in Prozessionszügen ein Gefäss mit Nilwasser als 'Usirs Sarg' getragen. Da einen Monat zuvor die Weinlese stattfand, wurde dabei Mostwein getrunken und geopfert; der Wein symbolisierte zudem die Morgen- und Abendröte, die man als lebensspendenden "Weinstocksaft des Himmels" bezeichnete. Beides hat mit Usirs Geburt zu tun. Denn ein anderer *Pyramidentext* erklärt, dass die Himmelsgöttin Nut von ihrem Weinstocksaft geschwängert, Usir dann aber von ihrer Tochter Duat geboren worden sei.[536]

K1 97, 112–114, 146–173, 183–184, 277, 281

Sah, Sepedet und Sopdu sind die astralen Entsprechungen für Usir, Aset und ihren Sohn Her Den Jüngeren, in einem Mythos, der durch Plutarchs Schrift *Über Isis und Osiris* überliefert ist. Darin ist Usir, 'Der Mächtige' (gr. Osiris), eine der wichtigsten ägyptischen Gottheiten. Ursprünglich ein chthonischer Fruchtbarkeitsgott, der wie das Getreide lebte, starb und wieder auferstand und damit den Naturzyklus repräsentierte, liess ihn der Mythos zum prototypischen Herrscher über Ägypten aufsteigen, von seinem Bruder Setekh (gr. Seth) umbringen und von seiner Frau Aset (gr. Isis) mit Hilfe ihrer Schwester Nebet-Hut (gr. Nephthys) wiederbeleben, um am Ende zum Gott der Unterwelt ernannt zu werden. Sein Sohn Her (gr. Horus) Der Jüngere konnte nach langem Kämpfen gegen Setekh den Mord an seinem Vater rächen und schliesslich den Rang als Usirs Thronfolger einnehmen.

Die Mythen um Usir wurden von den Ägyptern nie zur Gänze aufgezeichnet; sie waren so bekannt – oder unterlagen, da sie den Tod eines Gottes betrafen, einem Aufzeichnungstabu –, dass auf sie stets nur angespielt wurde. Eine vertrauenswürdige[537] Zusammenfassung des Mythenkerns ist jedoch Plutarchs Schrift aus der Zeit um 100 u. Z. zu verdanken. Sie wird im Folgenden wiedergegeben, die griechischen Bezeichnungen der altägyptischen Götter jedoch ersetzt durch ihre eigentlichen Namen (und unter Auslassung von Plutarchs etymologischen Spekulationen, einiger lokaler Aitiologien sowie griechischer Parallelen).

ÜBER ASET UND USIR

"Die Himmelsgöttin Nut, so erzählt man, vereinigte sich heimlich mit dem Erdgott Geb; das habe der Sonnengott Re bemerkt und sie verflucht, dass sie in keinem Monat und keinem Jahr mehr gebären solle. Aber auch Djehuti liebte diese Göttin und schlief mit ihr. Als er hierauf mit dem Mond Brett spielte und ihm den 70sten Teil jeden Tages abgewann, fasste er all diese Teile zu 5 Schalttagen zusammen, die er hinter die 360 Tage [des Mondjahres] setzte: weshalb die Ägypter sie heute noch die 'Drangefügten' nennen, an denen sie die Geburtstage ihrer Götter feiern.

Am ersten Tag wurde Usir geboren und zugleich mit seiner Geburt liess sich eine Stimme hören, dass mit ihm der Allherr ins Licht trete, als grosser König und Wohltäter, weshalb Geb ihn einer Amme übergab, damit sie ihn aufzog. Am zweiten Tag wurde Her Der Ältere geboren und am dritten Tag Setekh – doch weder zur rechten Zeit noch am rechten Ort, sondern er sprang heraus, indem er mit einem Schlag den Bauch seiner Mutter aufriss. Am vierten Tag wurde Aset im feuchten Element geboren und am fünften Tag Nebet-Hut.

Usir und Her Der Ältere stammen von Re ab, Aset von Djehuti und Setekh und Nebet-Hut von Geb. Nebet-Hut vermählte sich mit Setekh. Aset und Usir aber liebten einander schon vor ihrer Geburt und wohnten einander in der Finsternis im Mutterleib bei; einige behaupten, dass auf diese Weise auch Her Der Ältere gezeugt worden sei. Nachdem er König wurde, brachte Usir die Ägypter sogleich von ihrer ärmlichen und rohen Lebensweise ab, indem er ihnen den Anbau der Feldfrüchte zeigte, Gesetze gab und sie die Götter zu verehren lehrte. Später durchzog er das ganze Land und kultivierte es, wobei er kaum je Waffen nötig hatte, indem er die meisten durch Überredung und Belehrung und zugleich mit jeder Art von Gesang und Musik gewann.

Setekh stiftete während seiner Abwesenheit keinerlei Unruhen, weil Aset sehr auf der Hut war und ihn scharf im Auge behielt. Doch nachdem Usir heimkehrte, stellte Setekh ihm mit einer List nach – und er hatte dabei 72 Männer als Mitverschwörer und es half ihm auch eine aus Nubien stammende Königin namens Aso. Setekh mass nämlich Usirs Leib heimlich aus und liess nach seiner Grösse eine schöne, reich geschmückte Lade herstellen. Diese brachte er zu einem Bankett mit – und als sich nun alle an dem Anblick erfreuten und die Lade bewunderten, versprach Setekh im Scherz, sie dem zum Geschenk zu geben, der sie völlig ausfüllen werde, wenn er darin liege.

Nachdem es alle der Reihe nach versucht hatten und keiner hineinpasste, stieg auch Usir hinein und legte sich nieder. Da liefen die Verschwörer herbei, warfen den Deckel zu, verschlossen die Lade von aussen mit Nägeln und gossen heisses Blei darüber. Dann trugen sie sie zum Nil und liessen sie von ihm bei Djanat [Tanais im nordöstlichen Delta] ins Meer schwemmen, weshalb die Ägypter diese Mündung noch heute für hassenswert und abscheulich halten. Dies geschah, so heisst es, im 28. Regierungs- oder

Lebensjahr Usirs, am 17. Tag des 3. Monats der Überschwemmungszeit [Akhet III], an dem die Sonne Scorpius durchläuft.
Als Aset davon erfuhr, schnitt sie sich in Khent-min [in der Mitte Ägyptens, beim heutigen Sohag] eine ihrer Locken ab und legte Trauerkleidung an. Überall umherirrend und ratlos, ging sie an niemandem vorbei, ohne ihn anzureden. Sogar die Kinder, die sie traf, fragte sie nach der Lade; und die hatten sie nun zufällig gesehen und nannten ihr die Mündung, durch die die Freunde Setekhs das Behältnis hinaus ins Meer gestossen hatten. Als Aset erfuhr, dass Usir, ohne es zu wissen, ihrer Schwester Nebet-Hut beigewohnt hatte, im Glauben, sie sei Aset, und sie als Beweis den Kranz aus Honigklee erblickte, den er bei ihr zurückgelassen hatte, suchte sie das dieser Vereinigung entsprossene Kind – denn Nebet-Hut hatte es gleich nach der Geburt aus Furcht vor Setekh ausgesetzt. Nachdem Aset es mit Müh und Not gefunden hatte, indem sie von Hunden zu ihm geführt worden war, zog sie es auf – und es wurde ihr Wächter und Begleiter, Inep [griechisch 'Anubis'] genannt, von dem es heisst, er bewache die Götter ebenso wie die Menschen.

Hierauf erfuhr Aset von der Lade, dass die Brandung sie sanft an einem Ereike-Baum abgesetzt habe, nachdem sie von den Meereswogen im Gebiet von Byblos ans Land geworfen worden war. Indem die Ereike in kurzer Zeit zum herrlichsten und grössten Jungbaum aufschoss, umfing sie ringsum die Lade; sie wuchs um sie herum und verbarg sie so in sich. Der König von Byblos bewunderte die Grösse des Baumes, schnitt den Stamm ab, der die Lade unsichtbar umschloss, und stellte ihn als Pfeiler unter sein Dach.
Das erfuhr Aset durch das dämonisch-göttliche Wehen eines Gerüchts, wie man sagt, kam nach Byblos, setzte sich niedergeschlagen und verweint an eine Quelle und sprach mit niemandem. Nur den Dienerinnen der Königin begegnete sie freundlich und liebreich, indem sie ihnen das Haar flocht und ihrer Haut einen wunderbaren Wohlgeruch einhauchte, der von ihr selbst ausging. Als die Königin die Dienerinnen sah, befiel sie ein Verlangen nach der Fremden, deren Haar und Haut einen unsterblichen Geruch ['Ambrosia'] aushauchten. Sie liess sie darum holen, wurde mit ihr vertraut und machte sie zur Amme ihres Knäbleins. Jener König hiess Malkathros, seine Gemahlin nach einigen Astarte, nach anderen Saosis oder Nemanus ['Nehemetaway', eine ägyptische Ammengottheit und Gefährtin Djehutis].
Aset nährte nun das Knäblein der Königin, indem sie ihm statt der Brust den Finger in den Mund steckte. Nachts aber verbrannte sie das Sterbliche an seinem Körper, während sie sich selbst in eine Schwalbe verwandelte und klagend den Pfeiler umflog, bis die Königin sie einmal dabei beobachtete und laut aufschrie, als sie ihr Kind verbrennen sah; dadurch raubte sie ihm aber die Unsterblichkeit.
Nachdem die Göttin offenbar geworden war, erbat sie sich den Pfeiler des Daches, zog dann den Ereikestamm ganz leicht unter dem Dach heraus und schnitt ihn ringsum weg. Dann umhüllte sie ihn mit Linnen, goss Salbe darauf und übergab ihn dem Königspaar – und noch heute verehren die Byblier dieses Holz, das in ihrem Isis-Tempel liegt. Dann aber warf sie sich über den Sarg und wehklagte heftig. Als nun das Knäblein lautlos von hinten herantrat und dabei den Grund von Asets Trauer merkte, wandte diese sich um und warf vor Zorn einen furchtbaren Blick zu; das Kind vermochte den Schrecken nicht zu ertragen und fiel tot um. Den älteren Sohn des Königs von Byblos aber nahm sie mit. Sie legte den Sarg in ein Schiff und segelte davon. Als der [syrische] Fluss Fedar ['Phaidros'] gegen Morgen einen raueren Wind aufkommen liess, geriet sie in Zorn und liess seinen Lauf vertrocknen.
Sobald sie in die Einsamkeit gelangt und mit sich allein war, öffnete sie den Sarg, schmiegte ihr Angesicht an jenes der Leiche, küsste sie und weinte."

Die dadurch erfolgte Empfängnis Hers Des Jüngeren gibt eine über tausend Jahre ältere Hymne an Usir folgendermassen wieder: "Die mächtige Aset, die ihren Bruder schützte, die ihn unermüdlich suchte, die wehklagend durch die Lande irrte und nicht ruhte, bis sie ihn gefunden hatte, die mit ihrem Gefieder einen Schatten machte und mit ihren Schwingen Atem schaffte, sie jubilierte, vereinte sich mit ihrem Bruder, versteifte die Schlaffheit des Müden, empfing seinen Samen und gebar so den Erben."[538]

"Weil Aset dann – so Plutarch wieder – mit ihrem Säugling Her nach Djebut [Buto im Nildelta] und ihn dort [zusammen mit dem oft mit Her Dem Älteren gleichgesetzten Inep] aufzog, stellte sie den Sarg beiseite; als Setekh jedoch nachts im Mondenschein ein Schwein jagte, stiess er auf ihn und zertrümmerte ihn. Er erkannte den Leichnam, zerriss ihn in vierzehn Stücke und verstreute sie überall. Als Aset das vernahm, fuhr sie in einem Papyrusboot durch die Sümpfe und sammelte die Stücke wieder ein."

In einem über 2000 Jahre älteren *Pyramidentext* sammelt Her die Glieder Usirs wieder zusammen: "Ich bin dein Sohn Her. Ich bin zu dir gekommen, um dich zu säubern, zu reinigen, dich wiederzubeleben, deine Knochen zusammenzufügen, deine schwimmenden Körperteile zu sammeln und dich aus deinen zergliederten Stücken wieder zusammenzusetzen."[539]

"Aus diesem Grund" – so Plutarch weiter – "spricht man auch von den vielen Gräbern des Usir in Ägypten, da Aset für jedes einzelne Glied dort, wo sie es fand, ein Grab errichtete. Andere leugnen dies: Sie habe vielmehr einige Nachbildungen der Leiche gemacht und sie den einzelnen Städten geschenkt, als ob sie ihnen den wahren Leichnam gebe. Denn er sollte von mehreren Verehrung geniessen, und Setekh sollte – falls er die Oberhand über Her gewänne und das wahre Grab suchte – den Mut verlieren, da so viele Gräber genannt und gezeigt würden.
Von den Gliedern des Usir konnte Aset nur seinen Penis nicht wiederfinden. Denn diesen hatte Setekh gleich in den Fluss geworfen, wo er von jenen Fischen verzehrt wurde, die man heute am meisten verabscheut. Deshalb fertigte Aset an seiner Stelle eine Nachbildung und weihte diesen Phallus, den die Ägypter auch jetzt noch feiern.
Dann kam Usir aus der Unterwelt zu Her, rüstete ihn für den Kampf und übte ihn ein. Hierauf fragte er ihn, was er für das Edelste halte. Als Her nun antwortete: 'Vater und Mutter, denen Böses widerfuhr, zu rächen', fragte Usir ihn zum zweiten, welches Tier er als das nützlichste betrachte für jene, die zum Kampf ausziehen. Als Her antwortete: 'Das Pferd', wunderte er sich und fragte, warum er nicht vielmehr den Löwen genannt habe. Her erwiderte, der Löwe sei nur für den nützlich, der der Hilfe bedürfe, das Pferd hingegen dazu, den fliehenden Feind zu zerstreuen und völlig zu vernichten. Als Usir dies hörte, freute er sich, weil Her sich demnach genügend vorbereitet hatte.
Des Weiteren wird erzählt, dass immer mehr von der Gegenpartei zu Her überliefen, sogar Setekhs Konkubine Taweret. Eine sie verfolgende Schlange wurde von Her zerhauen – weshalb bei den Feiern noch heute ein Strick hingeworfen und zerschlagen wird.
Der Kampf dauerte viele Tage und Her blieb Sieger. Als Aset dann der gefesselte Setekh ausgehändigt wurde, tötete sie ihn nicht, sondern löste ihn aus seinen Fesseln und liess ihn frei. Dem gegenüber aber blieb Her nicht gleichmütig – er legte Hand an seine Mutter und riss ihr die Krone vom Haupt, worauf Djehuti ihr dafür einen kuhköpfigen Helm aufsetzte.
Als Setekh den Her vor Gericht dann wegen seiner unehelichen Geburt verklagte, wurde diese mit Hilfe des Djehuti für ehelich erklärt und Setekh aber in zwei weiteren Kämpfen vollständig überwunden. Her hat Setekh aber nicht gänzlich vernichtet, sondern nur seine Kraft und Gewalt gebändigt. Daher soll in Kobto [nördlich von Theben] Her abgebildet sein, wie er mit der einen Hand den Phallus des Setekh hält. Und von Djehuti wird dann gefabelt, dass er dem Setekh die Sehnen ausgeschnitten und Saiten daraus gemacht habe.
Aset brachte indes von Usir, der ihr noch nach seinem Tod beigewohnt hatte, Her Den Jüngeren [Hor-pa-khered, das Horus-Kind, gr. 'Harpokrates'] als Frühgeburt und an den unteren Gliedmassen schwach zur Welt.
Das sind so ungefähr die Hauptzüge des Mythos unter Auslassung des Widerwärtigsten, wozu die gliedweise Zerstückelung des Her – zur Strafe wegen der Enthauptung seiner Mutter – sowie die Enthauptung der Aset gehören.
Die Priester sagen, dass nicht allein der Leib des Usir, sondern auch die Leiber der anderen, nicht ewigen und nicht unvergänglichen Götter nach dem Tod bei ihnen seien und von ihnen verehrt würden; deren Seelen aber glänzten am Himmel als Gestirne."[540]

Die im Mythos geschilderte Empfängnis Her Des Jüngeren durch den toten Usir brachten die Ägypter – wie Plutarch erläutert – kalendarisch mit der Zeit der Nilschwemme zu Jahresbeginn in Verbindung. Der Anfang des neuen Jahres wurde durch den Aufgang des Sirius im Osten bestimmt, der in den drei Jahrtausenden v. u. Z. erstmals Mitte Juli über den Horizont stieg, um in der letzten Juliwoche deutlich sichtbar zu werden, während die Sonne im Tierkreiszeichen Leo aufging. Die Sommersonnenwende, die damals auf Anfang Juli fiel, samt den 5 Schalttagen danach, vollendete das alte Jahr.

"Was die Sterne betrifft" – setzte Plutarch fort –, "gehört Sirius für die Ägypter zu Aset, da er Wasser bringt, und sie verehren auch den Löwen und schmücken ihre Tempeltore mit Löwenrachen, weil der Nil über die Ufer tritt, sobald die Sonne erstmals in das Sternbild Leo tritt. So wie sie den Nil als Ausfluss Usirs sehen, halten sie auch die Erde für den Körper der Aset – und sie meinen damit nicht die ganze Erde, sondern nur die vom Nil überflutete, soweit er sie befruchtet und sich mit ihr vermischt: Aus dieser Vereinigung lassen sie dann den Her entspringen.

Her Der Jüngere stellt die alles erhaltende und ernährende Folge und Mischung der uns umgebenden Luft dar; er soll in den Sümpfen um Djebut [Buto] von der Ammengöttin aufgezogen worden sein, weil die wasserreiche, durchfeuchtete Erde dort am meisten die Ausdünstungen der Luft nährt und am wenigsten von der Trockenheit und Dürre gelöscht und gemindert werden kann. Nebet-Hut nennen sie den äussersten, das Meer begrenzenden Teil der Erde: Daher hat Nebet-Hut auch den Beinamen 'Die Äusserste' und soll Setekh beiwohnen. Wenn sich der Nil in seiner Flut und seinem Anschwellen diesen entfernteren Gegenden naht, so wird dies die Vermischung Usirs mit Nebet-Hut genannt.

Sie wird von den aufspriessenden Pflanzen angezeigt, zu denen auch der Honigklee gehört; als dieser abfiel und zurückblieb, merkte Setekh daran, wie die Legende sagt, die seinem Ehebett widerfahrene Schmach. Darum gebar Aset Her in rechtmässiger Ehe, Nebet-Hut den Inep aber in heimlicher. In den Herrscherlisten wird zudem angeführt, dass die mit Setekh vermählte Nebet-Hut zuerst unfruchtbar gewesen sei. Ist damit nicht die Frau, sondern die Göttin gemeint, so bezieht sich dies auf die durch ihre Starre hervorgerufene vollkommene Dürre und Pflanzenlosigkeit der Erde.

Die Nachstellung und Gewaltherrschaft des Setekh war die Kraft der sengenden Dürre, wenn sie die Feuchtigkeit als Erzeugerin und Nährerin des Nil besiegt und verzehrt; die mit ihm verbündete Königin von Nubien symbolisiert dabei die aus Nubien wehenden südlichen Winde. Sobald diese über die nördlichen Winde siegen, welche die Wolken nach Nubien treiben und dadurch die den Nil speisenden Regengüsse vom Niederschlag abhalten, dann entbrennt die Macht des alles ausdörrenden Setekh, der dann den Nil ganz in seiner Gewalt hat, welcher dann nur noch schwach dahinströmt, zu seinem Gegenteil geschrumpft, um in einem hohlen und niederen Bett bis ins Meer hinausgetrieben zu werden.

Die sogenannte Einschliessung des Usir in den Sarg soll wohl nichts anderes andeuten als das Versiegen und Verschwinden des Wassers: Darum sagen die Ägypter, dass Usir im 3. Monat der Überschwemmungszeit [Akhet III] verschwunden sei.

Wenn beim Aufhören der nördlichen Winde der Nil gänzlich zurücktritt und das Land entblösst wird und mit den länger werdenden Nächten die Finsternis wächst und die Kraft des Lichtes überwältigt wird und dahinschwindet, dann verrichten die Priester manch düstere Gebräuche. Unter anderem wird vom 17. Tag dieses Monats an eine vergoldete Kuh ausgestellt, die mit einem dünnen schwarzen Baumwollgewand umhüllt ist zur Trauer um die Göttin – die Kuh gilt ihnen als Abbild der Aset[-Sepedet] und der Erde.

Vier Dinge werden nämlich betrauert: der verschwindende, zurücktretende Nil; die Überwältigung und gänzliche Auslöschung der Nordwinde durch die Südwinde; dass der Tag nun kürzer wird als die Nacht; sowie die Entblössung des Landes zugleich mit der Kahlheit der sich entlaubenden Bäume. In der Nacht des 19. steigen die Priester und Bilderschmücker dann zum Meer hinab, Usirs heiligen Schrein mit dem goldenen Kästchen tragend, in das sie trinkbares Wasser giessen, wobei die Anwesenden ein Geschrei erheben, als sei Usir schon gefunden worden. Mit diesem Wasser mischen sie dann die fruchtbare Erde, tun Kräuter und kostbares Räucherwerk hinzu und machen daraus ein mondsichelförmiges Bildchen, das sie ankleiden und schmücken. Damit wollen sie bezeugen, dass sie jene Götter für das Wesen der Erde und des Wassers halten.

Als Aset Usir wiederfand und Her aufzog, der erst durch Dünste, Nebel und Wolken zu Kräften kam, wurde Setekh zwar besiegt, aber nicht getötet: Denn die Göttin, welche die Erde beherrscht, liess nicht zu, dass seine, der Feuchtigkeit widerstrebende Naturgewalt ganz unterging. Sie lösste sie vielmehr aus ihren Fesseln und entliess sie, weil sie die Mischung erhalten wollte: Denn die Welt kann nicht vollständig sein, wenn die sengende Wüstenglut aufhört und verschwindet."[541]

Der Mythos um Usir hatte somit auch eine astronomische Bedeutung. Die in etwa zeitgleich mit dem Aufgang des Sirius einsetzende Nilschwemme und der Beginn des neuen Jahres werden allegorisch durch die Zeugung Her Des Jüngeren wiedergegeben, wie er aus der Vereinigung Asets mit dem wieder lebendig gemachten Usir hervorgeht. Hers Kämpfe mit dem Wüstengott Setekh spiegeln den jahreszeitlichen Antagonismus wider – von Dürre und der das Pflanzenwachstum bedingenden Flut. Diese Symbolik zeigt sich in einer Hymne an Osiris, in der er mit Her gleichgesetzt wird als "das Glänzende Kind, das überschwemmende Wasser, geboren am Ersten des Jahres, wenn der Ausfluss seines Körpers aufgesaugt wird", während eine Inschrift im ptolemaischen Tempel von Edfu besagt, dass Her "die Felder bringt, die rechtzeitig empfangen und zum festgesetzten Moment geboren haben, ... sodass die Fruchtbare Mutter ihre Kinder [die Pflanzen] zur Welt bringen kann".[542]

Drei Monate später, wenn die Sonne von Leo zu Scorpius und Libra gewandert ist, nach der Tagundnachtgleiche des Herbstes, wenn der Nil längst wieder am Abschwellen ist, wird am 17. Tag des 3. Monats der Überschwemmungszeit rituell auch Usirs Tod gedacht. Laut Plutarch "trete Usirs Tod am 17. Tag ein, weil da die Abnahme des Vollmondes deutlich wird. Er soll 28 Jahre gelebt oder geherrscht haben – was der Zahl der Tage des Mondes entspricht, in denen er seinen Kreislauf vollendet".[543]

Im selben Zeitraum – doch in einem anderen Jahr – wurde Usirs Leiche dann von Aset wiedergefunden.

Laut Plutarch "setzen die Ägypter diesen Mythos mit dem Pflügen, Säen und Aufspriessen der Feldfrüchte gleich. Sie lassen den Usir begraben, wenn die Saat unter der Erde verborgen wird, um ihn mit dem Anfang des Keimens wieder auferstehen zu lassen. Aus demselben Grund sagen sie, dass Aset – sobald sie merkte, dass sie von ihm wieder schwanger war – sich am 6. Tag des 2. Monats der Überschwemmungszeit [Akhet II] ein Schutzamulett umhängte und zur Zeit der Wintersonnenwende dann Her Den Jüngeren zur Welt brachte, zu früh geboren und unvollkommen, unter den früh aufgesprossenen Blumen und Blüten. Deshalb bringen sie diesem die Erstlinge der jungen Linsen als Opfer dar und feiern dann die Tage des Kindbettes nach der Tagundnachtgleiche des Frühlings".[544]

Von den späteren Osirismysterien, die im 4. und letzten Monat der Überschwemmungszeit abgehalten wurden, wissen wir, dass man dabei eine Puppe Usirs aus feuchtem Sand formte, in die man Getreidesamen säte, um sie darin spriessen zu lassen. Unter dem Beinamen Shentait, 'Die Witwe', kam Aset dabei die Rolle zu, Usir wiederzubeleben: Danach "flog er als Benu-Vogel und Mond zum Horizont".[545]

Seine Wiederauferstehung machte es möglich, dass sie von ihm Her Den Jüngeren empfangen konnte. Die Szene wird in der Osiriskapelle von Dendera dargestellt, wo sich Aset in Vogelgestalt auf den Phallus des auf seiner Bahre liegenden Usir niederlässt.[546] Den dadurch gezeugten Her Den Jüngeren und seine Frühgeburt zur Wintersonnenwende verkörperten die ersten aufkeimenden Pflanzen, die dann zur Tagundnachtgleiche des Frühlings geerntet wurden.

Laut Plutarch trug man um die Wintersonnenwende auch die Aset wie Sepedet verkörpernde "Kuh siebenmal um den Tempel des Sonnengottes herum; und diese Prozession heisst 'Die Aufsuchung des Usir', weil es Aset im Winter nach Wasser verlangt. Man geht siebenmal herum, weil die Sonne von der Winter- bis zur Sommersonnenwende im 7. Monat ihren Lauf vollendet".[547]

Am letzten Tag des 11. Monats (des 3. 'Monats der Erntezeit') feierte man schliesslich "die Geburt von Hers Augen, wenn Mond und Sonne in gerader Linie erscheinen, denn sie halten nicht allein den Mond, sondern auch die Sonne für die Augen und das Licht des Her".[548]

In der Zeit Plutarchs war jedoch der Glaube an Usir als Herrscher über die Totenwelt, wohl wegen der nun profaneren Stellung der Pharaonen, in Verruf gekommen, weshalb Plutarch auf die astrale Figuration Usirs im Sternbild Sah verweist: "Eine andere Lehre wird heutzutage von den Priestern nur mit Abscheu im Geheimen und zögernd mitgeteilt: nämlich, dass Usir über die Toten herrsche und regiere. Die dieser Vorstellung zugrundeliegende Wahrheit wird oft missverstanden und verwirrt die Menge, die da glaubt, der heilige und geweihte Usir wohne wirklich in und unter der Erde, worin man die Leiber derer verbirgt, die ans Ziel gekommen scheinen. In der Tat aber weilt er weit entfernt von dieser Erde, unbefleckt, unberührt und befreit von allen irdischen, dem Tod und Verderben unterworfenen Wesen. Die Seelen der Menschen hinieden, von Körpern und Leidenschaften umfangen, haben keine Gemeinschaft mit Gott; nur ein schwaches Traumbild berühren sie durch den philosophischen Gedanken. Wenn sie aber erlöst in das ewige, unsichtbare ruhige und heilige Reich hinübergehen, dann ist ihnen Usir Führer und König; an ihm hängen sie und schauen unaufhörlich und begehren die unaussprechliche, den Sterblichen unsichtbare Schönheit. Nach ihm sehnt sich, wie der alte Mythos sagt, Aset mit liebendem Verlangen, ihm folgt sie immer und wohnt ihm bei, um das, was hinieden des Entstehens teilhaftig ist, mit allem Guten und Schönen anzufüllen."[549]

α Orionis?[550]

SEBA WATI – DER EINZELNE STERN

Er nimmt eine "hohe Position in den Sternen"[551] ein und steht hoch über Sah (Orion) und den von diesem beherrschten Totengeistern. Seine Sonderstellung verdankt er offenbar einem nicht mehr greifbaren Mythos, in dem "der Stern, Der Einzelne, seinen Gegner gefressen" und "seine Feinde zerstört hat": "Einer, der ein Tor geöffnet hat, welches das Volk draussen hielt, hat dasselbe getan wie Der Einzelne Stern, der keine Gefährten unter den Göttern mehr hat." Derart isoliert "steigt er an der östlichen Seite des Himmels auf, ohne seinen Schlangenleib dem Duatischen Her [Canopus?] zu geben: O du sehr hoher unter Den Unvergänglichen Sternen, du wirst niemals vergehen!"[552] In einem anderen *Pyramidentext* heisst es über Pepi I.: "Du steigst auf wie Der Einzelne Stern in der Mitte der Nut [Milchstrasse]. Dir sind Flügel gewachsen, einem breitbrüstigen Falken gleich, wie dem Habicht, den man abends den Himmel queren sieht."[553] In einem weiteren *Pyramidentext* steht er an der Schulter der Nut und blickt herab auf Usir, wie dieser die Totengeister regiert, während er selbst entfernt von ihm steht, ohne einer dieser Totengeister zu sein: "Du wirst niemals unter ihnen sein!"[554]

K1 104–111, 116–118, 280–281

$\tau^6 - \tau^{5} - \gamma - \delta - \varepsilon$ Eridani?

BENU – DER BENU-VOGEL

Mehrere Sternbilder an der Decke der Osiriskapelle von Dendera sind aus Mesopotamien übernommen: so etwa die Elamitische Ishtar mit Pfeil und Bogen bei Canis Maior, die mit Sepedet abgeglichen wurde, und scheinbar Der Botenvogel an der rechten Ferse des gen Taurus schreitenden Orion. Wurde dieser Botenvogel in Mesopotamien als Fasan in Lepus gesehen und später 'Hahn' genannt, hiess das Sternbild in Ägypten 'Benu-Vogel'.

Während der mesopotamische Botenvogel keine grosse mythologische Rolle spielt, kann Der Benu-Vogel eine jahrtausendealte Symbolgeschichte vorweisen. Es ist also wahrscheinlicher, dass Der Benu-Vogel von Ägypten nach Mesopotamien kam, im Zuge der Übernahme des Sternbildes Sah als Leitfigur für die Wiederauferstehung eines Herrschers, die von beiden symbolisiert wurde. Die astrale Position des mesopotamischen Botenvogels verweist dabei wohl auf die Position Des Benu-Vogels am Fusse des Sah. In einem *Sargtext* heisst es nämlich, dass Aset in ihrer astralen Gestalt als Sternbild Sepedet Dem Benu-Vogel "einen Weg zu der Stelle machte, an der das Sternbild Sah [Orion] hervorkommt".[555]

Sein Name lässt sich von *weben* ableiten, 'aufstehen, aufsteigen'; mit dem Benu-Vogel-Zeichen wird auch *seben* – 'sich zeigen, erscheinen' – geschrieben:[556] Der Benu wäre somit entweder eine Art Auferstehungsvogel oder jener mythische Vogel, der am Anfang der Welt erschien.

Ab dem Mittleren Reich wurde der Benu mit dem heute ausgestorbenen menschengrossen Riesenreiher (*Ardea bennuides*) identifiziert und mit zwei langen Hinterkopffedern und goldrotem oder vielfarbigem Gefieder dargestellt. Assoziiert wurde er sowohl mit Atum wie mit Re und Usir. Als Verkörperung des Atum taucht er im Schöpfungsmythos von Iunu auf (gr. Heliopolis, heute ein Vorort von Kairo). Darin flog Der Benu-Vogel in der ersten Dämmerung am Anfang der Welt über die Wasser des Nun, bis er sich auf dem Felsen des allerersten Festlands niederliess. So heisst es in einem *Pyramidentext*: "Atum-Khepri – du wurdest hoch, wie der Hügel; du erhobst dich wie der Benben im Haus des Benben in Iunu."[557] Diese Höhe war das Land, das aus dem Nun-Urgewässer auftauchte.

Der im Sonnentempel untergebrachte Benben-Stein (der Name kann sich ebenso auf Den Benu-Vogel beziehen wie auf *weben*, 'aufsteigen') war ein pyramidenförmiger Kultstein. Seine Form symbolisierte die Sonnenstrahlen und wurde zum Prototyp der späteren Obelisken. Auf diesem Felsen sitzend, öffnete Benu den Schnabel, worauf sein Krächzen über die Urgewässer schallte. So wurde die Welt mit dem erfüllt, "von dem sie noch nichts wusste": Der Schrei "bestimmte, was sein und was nicht sein würde". Als Manifestation Atums brachte der Benu somit Licht und Leben in die Welt. Im späteren Mythos von Heliopolis heisst es: "Der Schöpfer und Sonnengott steht in Gestalt des Benu-Vogels auf einem Hügel von Land, der sich aus dem Urgewässer erhebt, göttliches Licht aus unendlicher Finsternis hervorleuchtend. Der erste Schrei aus der Kehle des Benu setzte die Zeit in Bewegung."

Das Fest dieser Verwandlung wurde am 12. Tag des 4. Monats gefeiert, dem letzten Monat der Überschwemmungszeit.[558] Assoziiert wurde der Vogel auch mit der Seele des Sonnengottes Re, dessen Name man mit einer den Benu bezeichnenden Hieroglyphe schreiben konnte. Man glaubte, dass dieser Vogel wie die Sonne täglich neu aufstieg, und nannte ihn 'Der Von Selbst Entstandene' und 'Herr Der Jubiläen'. Dies führte zur Vorstellung seiner Langlebigkeit und Wiedergeburt und zur engen Verbindung mit Usir, sodass Der Benu-Vogel in Begräbniskontexten eine wichtige Rolle spielt; seine zwei langen Federn am Hinterkopf galten als Usirs weiss gefiederte Atef-Krone. Schon im *Totenbuch* ist er eine Manifestation Usirs[559] und gehört "zum Garten des Usir, in dem ein Weg für ihn gemacht wurde, um einzutreten und Usir, Den Herrn Des Lebens, zu heiligen".[560]

In der ptolemaischen Zeit wurde Benu mit dem heiligen Weidenbaum verbunden und als Seele des Usir dargestellt. Er nistete als Vogel im Baum und stellte die Sonne dar, "die Weide, aus welcher Der Benu-Vogel sich als Gott des östlichen Horizonts erhebt".[561] In Heliopolis hiess es, Der Benu-Vogel habe sich selbst in einem Feuer erschaffen, das auf der Krone des Persea-Baums (*Mimusops schimperi*) entbrannte, und sich dann auf einem Obelisken niedergelassen, der dort als höchstes Heiligtum verehrt wurde. Auf der Metternich-Stele sagt Aset zu ihrem Sohn Her: "Du bist Der Grosse Benu, der auf dem Weihrauchbaum geboren wurde."[562]

In einem Text aus dem römischen Tempel von Esna wird Usirs Schwestergattin Sepedet als Herrin dieses Sternbilds bezeichnet: "Sie ist die Herrscherin des gesamten Benu-Vogels, der den Himmel bestrahlt, in ihm leuchtet und die Schönheit Sahs im Südhimmel erhebt: Er steigt gemeinsam mit Re zum Himmel auf – und sie fährt mit ihm dahin, indem sie als Sepedet nicht fern von ihm ist."[563]

In Verbindung mit dem die Totengeister symbolisierenden Waldrapp Akh wurde aus dem Benu bei den Griechen und Römern der legendäre Phönix mit seinem rotgoldenen Gefieder, der sich ein Nest aus Zimt baut und aus seiner Asche wieder aufersteht.

Der astronomische Aspekt blieb erhalten; so schreibt Plinius in seiner *Naturgeschichte*: "Der Zeitraum des Grossen Jahres [von 540 Jahren] entspricht dem Leben dieses Vogels; dann wiederholen sich die Zeichen der Jahreszeiten und Sterne erneut – beginnend am Mittag jenes Tages, an dem die Sonne in Aries eintritt."[564]

Das heutige Sternbild des Phönix entstand jedoch erst Ende des 16. Jahrhunderts durch die niederländischen Seefahrer und Forscher Pieter Keyser und Frederick de Houtman, die im Indischen Ozean erstmals den Südhimmel kartierten und zwölf neue Sternbilder benannten.

WI 212 und LEI1 305

β Leporum?

SEBA AA – DER GROSSE STERN

Er gilt als Begleitstern des Orion, der bedeutend und gewaltig ist, zusammen mit ihm von Nut geboren wurde, gleichzeitig mit ihm in der Mitte des Ostens aufgeht und ihn dabei zu tragen oder zu stützen scheint.

K1 181–206, 278 und 281

Canis Maior[565]

SEPEDET – DIE SCHARFE, SPITZE

DE 24 und EAT II 6

Der Name rührt von der Lichtspitze eines Sterns oder den eckigen Umrisslinien des Sepedet-Sternbilds, in dem der Sirius (α Canis Maioris) mit β und ε Canis Maioris die Spitze eines auf den Orion zeigenden Dreiecks bildet. Das Sternbild stellt Usirs Schwestergattin Sepedet (gr. 'Sothis') dar. Sie war eine Göttin der Fruchtbarkeit und kündigte als Kalenderstern sowohl die Nilschwemme wie den daran geknüpften Jahresbeginn an. Als Göttin der Wiedergeburt verhalf sie zusammen mit Usir einem verstorbenen Herrscher zum Himmelsaufstieg; da sie als Göttin des Ursprungs der Welt beim Schöpfungsakt zugegen gewesen war, wurde der Stand aller Himmelskörper bei ihrem heliakischen Aufgang mit dem ersten Tag der Welt gleichgesetzt und Sepedet auch als 'Geburtsgöttin Der Sterne' betitelt. Indem Sirius in Ägypten 70 Tage im Jahr über unsichtbar bleibt, galt Sepedet zudem als 'Begleiterin der sterbenden Sterne', die mit ihr in das Totenreich der Duat eingehen, bevor sie daraus wieder emporsteigen. Als astrale Führerin geleitete Sepedet die Totengeister nach ihrem Bad im Binsengefilde am Osten des Himmels "auf den vollkommenen Wegen" zu ihren Wohnstätten im Opfergefilde der zirkumpolaren Sterne.

Sepedet wurde bald völlig mit Aset gleichgesetzt und am Himmel als in einer Barke stehende Göttin dargestellt, auf dem Kopf eine hohe Krone samt seitlich aufgebogenen Hörnern und einem Stern darüber, der rechte Arm zur Krone erhoben, der linke über ihrer Brust oder beide herabhängend. Die ältere Figuration – die auch in Dendera dargestellt wird – war jedoch eine liegende Kuh mit einem Stern oder einem den Jahresbeginn symbolisierenden Pflanzenemblem zwischen den Hörnern: weshalb Plutarch schreibt, Djehuti habe Aset einen Kuhhelm aufgesetzt.

WI 167–68, LEI1 34–35, A1 6, Wikipedia.de, 'Sepedet'

Oberhalb des Zodiakalbandes der Osiriskapelle von Dendera findet sich eine Hymne auf dieses Sternbild: "Sei gegrüsst, Sepedet, sei gegrüsst, Aset, Herrin Des Himmels, Gebieterin der lebenden Seelen der Götter, der Dekansterne: Du leuchtest am Himmel hinter deinem Bruder Usir, kommst täglich in seiner Bahn und vertreibst all die, die gegen ihn rebellieren, wehrst [den Schlangengott] Apep mit deinen Zaubersprüchen [von Res Schiff] ab. Als Die Leuchtende bist du die Prächtige am Himmel bei Re, als Die Mächtige bist du die Mächtige auf Erden bei Geb, als Tjenent bist du die Erhabene in der Unterwelt bei Usir, welche die Wasser der Überschwemmung hervorströmen lässt. Mögest du als Sepedet die Beiden Länder überfluten, mögest du als Anket die Befruchtung der Felder durch das Abschwellen der Wasser einleiten und all das, was existiert, entstehen lassen, mögest du als Die Lebende jedermann damit am Leben halten: Mögest du hinter Sah fahren, im Osten des Himmels aufgehen und voller Leben im Westen des Himmels untergehen."[566]

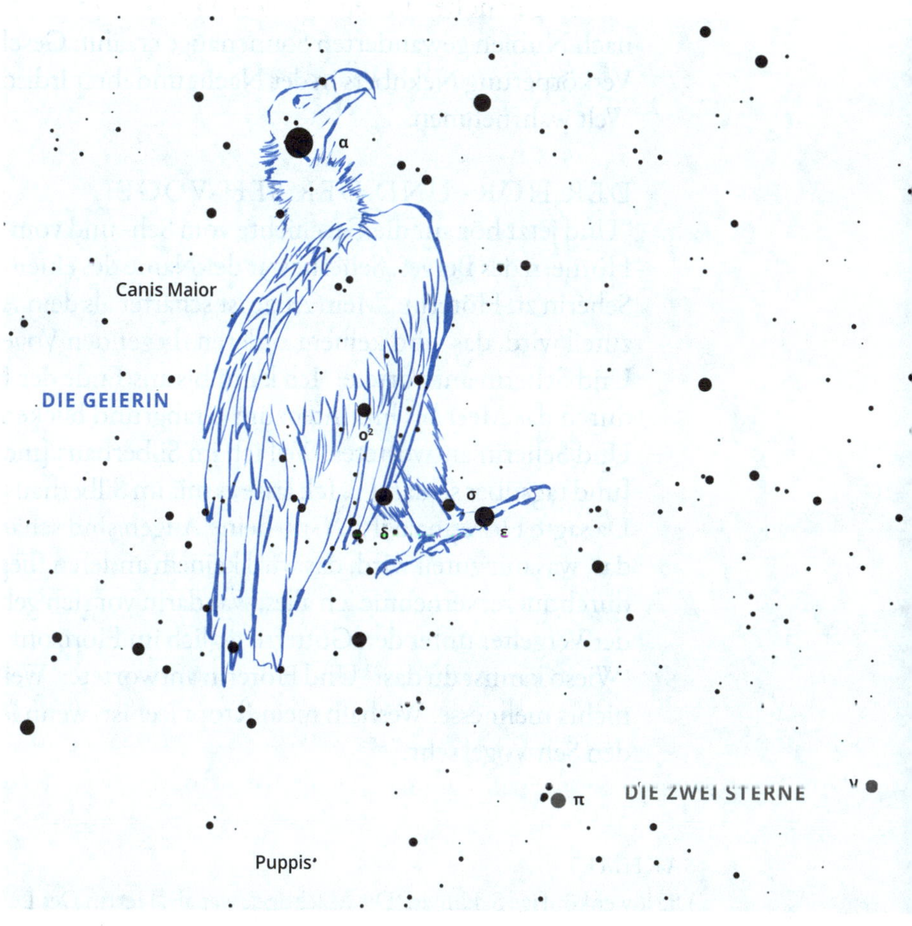

NEKHBET – DIE GEIERIN

Sepedet, "die das Jahr ist", konnte auch als geiergestaltige Göttin Nekhbet aufgefasst werden, die Mutter- und Ammengöttin der *Pyramidentexte*. Im *Mythos vom Sonnenauge* heisst es: "Wenn man 'Jahr' schreiben will, schreibt man 'Geierin'. Sie ist es, welche die Monate entstehen lässt; sie ist die erste Göttin, die alles [allein] gezeugt hat, was auf Erden ist." Hinter diesem Zeugungsakt, der keines männlichen Partners bedarf, steckt die altägyptische Vorstellung, dass es nur weibliche Geier gibt. Ihre Darstellungen bilden einen Gänsegeier (*Gyps fulvus*) oder Ohrengeier (*Aegypius tracheliotus*) ab, der die Hieroglyphe für 'Ewigkeit', *Shen*, in seinen Krallen hält. Am "Hohen Tag" ihres heliakischen Aufstiegs gingen dann, wie das *Nutbuch* schreibt, am Sonnenaufgangspunkt kurz zuvor die Sternbilder Kenmet und Shetui auf und "spähten dann auf die Stelle, wo Re erscheint".[567]

L1 128–133 und Wikipedia.de, 'Kenmet (Dekan)' und 'Schetui', WI 213–214

In einem Tempeltext von Esna[568] heisst es, dass Nekhbet Usirs "ehrwürdigen Djedpfeiler in diesem seinem Palast bewacht; sie erscheint in seinem Haus, indem sie als seine Stirnschlange leuchtet und ihren Pfeil auf den schiesst, der Böses gegen ihn plant". Ihr "im reinen Feld leuchtendes Sternbild" wird darin als "geheime" Geiergöttin Ikehet bezeichnet, "die ihre Arme ausbreitet", um ihre beiden Küken zu beschützen, die auch als "Krokodiljungen" betitelt werden: Gemeint sind damit Shu und Tefnut.

Auf Nekhbet als Göttin des Weltbeginns und den für seine Scharfäugigkeit berühmten 'Ohrengeier' (der wegen seiner lappenförmigen Halsbefiederung so genannt wird) bezieht sich folgende Fabel. Sie findet sich eingeschoben in den *Mythos vom Sonnenauge*, der von der Rückholung Tefnuts als dem im Winter nach Nubien gewanderten Sonnenauge erzählt. Geschildert wird die Rivalität zwischen der astralen Verkörperung Nekhbets in der Nacht und ihrer irdischen bei Tage, die jeweils Unterschiedliches von der Welt wahrnehmen.

DER HÖR- UND DER SEH-VOGEL

"Und jetzt hör auf die Geschichte vom Seh- und vom Hör-Vogel, Iirif und Irisnef, zwei Geierinnen auf den Hörnern des Berges. Seherin war der Name des einen Vogels, Hörerin der des anderen. Eines Tages sagte Seherin zu Hörerin: 'Mein Auge ist schärfer als dein Auge und mein Blick besser als deiner. Was mir dadurch zuteil wird, das wird keinem anderen fliegenden Vogel zuteil.' 'Was meinst du damit?', fragte Hörerin. Und Seherin antwortete: 'Ich kann bis ans Ende der Finsternis [hinter dem Himmel] schauen und durch das Meer bis hinunter zum Urabgrund blicken.' Da fragte der Hör-Vogel: 'Wieso kannst du das?' Und Seherin antwortete: 'Weil ich im Silberhaus [meines Sternbilds] lebe, mir Futter selber auswähle [und tagsüber schlafe] ... Ich lasse es mir im Silberhaus gut gehen. Und esse nichts mehr nach [Sonnenaufgang].' Da sagte Hörerin zu ihr: 'Gut, deine Augen sind schärfer als meine und du siehst besser als ich. Doch das, was mir zuteil wird, das wird keinem anderen fliegenden Vogel zuteil. Denn wenn ich den Himmel durchquere, vernehme ich alles, was darin vor sich geht. Ich höre, was der Sonnengott Re, das Licht, der Vergelter unter den Göttern, täglich im Horizont für die Erde bestimmt.' Und der Seh-Vogel fragte: 'Wieso kannst du das?' Und Hörerin antwortete: 'Weil ich tagsüber nicht schlafe und nach Sonnenuntergang nichts mehr esse. Weshalb mein Kropf leer ist, wenn ich abends schlafen gehe.' Diese Worte bewegten den Seh-Vogel sehr."[569]

SAKHMET

Die löwenköpfige Sakhmet, 'Die Mächtige', war als 'Herrin Des Lebens' eng mit Hut-Her, der Göttin der Liebe, Freude und Musik, assoziiert, verkörperte aber deren aggressive Seite und diente dem Herrscher als militärische Schutzgöttin. Als Tochter Res war sie die Verkörperung der Sonnenscheibe und der Mittagsglut: Dann nannte man sie *Nesert*, 'Flamme'.

Dass sie auch mit dem Sternbild Sepedet identifiziert wurde, legt ein *Pyramidentext* des Unis nahe, in dem sich dieser als Sopdu sieht, "als Stern mit scharfem Gesicht und weitem Lauf", "der von Sakhmet abstammt":[570] Dies entspricht der Kopulation von Usir und Aset, aus der in anderen Mythen Sopdu hervorgeht.

Im *Totenbuch* gilt Sakhmet gemäss ihrer Verbindung zu Usir und der Nähe zu seinem Sternbild als "Sakhmet-Uto, die auf der westlichen Seite des Himmels thront: Ich bin der grosse weibliche Sah".[571] In einem anderen Spruch wird Sakhmets Brennen unterstrichen, das für die Sonnenscheibe wie für das rote Flackern des Sirius unterhalb des Orion gilt: "Was Sie betrifft, die zufriedenstellt und schützt, so ist Sie das Auge des Re. Anders gesagt: Sie ist Die Flamme, die Usir folgt und seine Feinde verbrennt."[572] Als "Grosse Rote" geht sie in der Unterwelt gegen die Feinde eines Toten vor.[573]

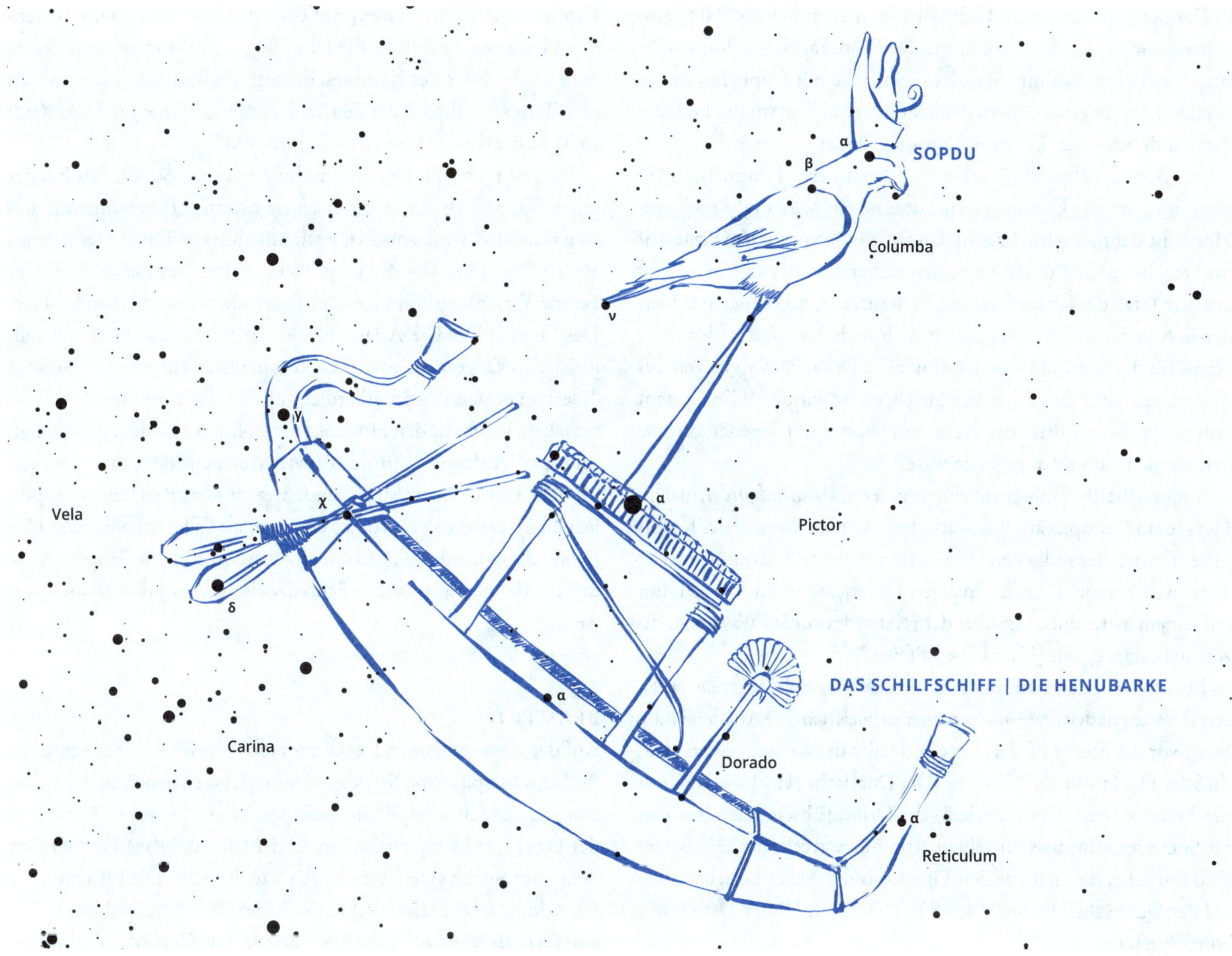

Columba bis α Carinae?

SOPDU – DER SCHARFE, SPITZE

LEI1 305–306

Sopdu ist gemeinhin der Sohn Sepedets, der als Zeichen der höchsten Königswürde die Doppelfederkrone[574] trägt. Sepedet selbst wird bereits in *Pyramidentexten*[575] mit Aset gleichgesetzt: Usir zeugt mit ihr Sopdu als eine "im Schiessen seiner Strahlen"[576] "spitz gewordene"[577] Manifestation des Her. Auch mit ihm konnte ein Totengeist zum Himmel aufsteigen, als "Morgengott, Sopdu unter seinen Mangroven seiend".[578]

Die Kopulation zwischen Usir und Sepedet, aus der Sopdu hervorgeht, bezieht sich auch auf die Lage ihrer beiden Sternbilder zueinander, wenn Orion sich am Himmel auf den Rücken gedreht hat und sein von ζ und η Leporis gebildeter Phallus dann aufsteht, Sepedet in Canis Maior gleichsam auf ihm sitzend.

So heisst es im *Pyramidentext* 366: "Zu dir kam deine Schwester Aset, lustvoll aus Liebe zu dir. Nachdem du sie auf deinen Phallus gesetzt hast, spritzte dein Same in sie – er war scharf in Sepedet, Der Scharfen: So kam aus dir Der Scharfe Her-Sopdu als Sepedets Sohn hervor. Nachdem du durch ihn ein Totengeist geworden bist mit deinem Namen als 'Totengeist In Der Djenderu-Barke', wird er dich beschützen mit seinem Namen *Hor-nedj-iftef*: 'Her, Der Seinen Vater Rächende Sohn'."[579]

Die Vereinigung Usirs mit seiner Schwestergattin Sepedet steht wohl an der Wurzel einer späteren arabischen Sage, die aber die familiären Verhältnisse und die Sterne vertauscht: Darin kopuliert Canopus mit dem weiblichen Orion, während Sepedets Canis Maior zur Schwester des Canopus erklärt wird.

Der Verweis dieses *Pyramidentextes* auf Usir, seine unterhalb liegende Djenderu-Barke und die Gleichsetzung Sopdus mit Her erlauben eine Lokalisierung von Sopdus Gestirn zwischen Orion und Sirius. Am Sternenhimmel von Esna wird der Falke als Symbol des Her vor Usir in seiner Barke dargestellt: was mit einem *Pyramidentext* stimmig ist, der Her als Führer des Usir auf den Wegen des Himmels vorstellt.[580] Dasselbe Motiv erscheint auch auf einem Architrav in Dendera, wo der astrale Gott vor Usir namentlich als "Her" ausgewiesen wird. Am Sternenhimmel der Osiriskapelle ist dort wiederum – zwischen Sah und Sepedet – ein Falke mit Doppelkrone abgebildet, der auf einer Papyrussäule sitzt, wobei Papyrus das Emblem von Kindgöttern ist: Er ist mit Canopus zu identifizieren.[581]

Die Basis der Papyrussäule berührt den unteren Himmelsrand in etwa dort, wo der Canopus steht, der fast ein halbes Jahr nicht am Horizont sichtbar wird. Er geht dann 3 Stunden nach dem Sirius auf und vor ihm wieder unter. Dementsprechend heisst es in einem Text aus dem Grab des Khaemhet, dass "Sah aufgeht, zusammen mit Her-der-in-Sepedet-ist".[582] Dies bezieht sich auch darauf, dass der ältere Name für das Sternbild Sepedets unter den Dekanen 'Sopdu' war, bis dieser Dekan mit ihr schliesslich gleichgesetzt wurde.[583] Das spricht erneut für die unmittelbare Nähe von Sopdu und Sepedet, die mit den Sternen Columbas gegeben wäre.

Stimmig ist dies zudem mit einem anderen *Pyramidentext*, in dem Her – dem Canopus ähnlich – aus dem "kühlen Wasser" des Kanals in der Kenset, der südlichen Unterwelt, aufsteigt: "Er kommt aus der Totenwelt hervor als Erster vor Den Unvergänglichen Sternen, um auf seinem metallenen Sitz über dem Kanal des kühlen Wassers zu sitzen, so beständig wie [Usirs] Djed-Pfeiler."[584]

Ebenfalls auf den Canopus scheinen sich folgende, einander erklärende Verse aus den *Pyramidentexten* zu beziehen: "O Aufsteigender Stern vor des Sterns Pfeiler, der den Pfeiler der Kenset gesehen hat, du Stier Des Himmels"[585] sowie "Der Duatische [Her] wird dich an der Hand zu dem Ort unterhalb des Orion führen, nachdem dieser Stier Des Himmels dir seinen Arm hingestreckt hat".[586] Beides sind Sprüche, die sich auf den Eintritt in die Akhet beziehen, wobei der Duatische Her auch den Titel 'Der Von Hinter Dem Horizont'[587] trug.

Auf die Leuchtkraft des Canopus als vierthellstem Stern verweist der folgende *Pyramidentext*: "So gehst du am Himmel auf, unter den Sternen des Himmels. Die neben dir verstecken sich und die hinter dir fürchten dich kraft deiner Identität als Her Der Duat, welche dir dein Vater verlieh – als jenem, der sie schlägt, ausspuckt, auslöscht."[588]

Mit dem Aufgang Sopdus, "der das Leben hat", identifizierte sich bereits der Herrscher Unis für seine Himmelfahrt, um gleich diesem Sohn Sepedets von dieser zu den Sternen gebracht zu werden – "sein Gesicht wie das eines Falken" und mit den Flügeln schlagend, nachdem ihm "Her vor seinem Vater Usir eine Leiter zusammengebunden hat", um ihm in den Nachthimmel zu helfen.[589]

Von den vier Erscheinungsformen des Her würde der 'Duatische Her' demnach den aus der Unterwelt aufsteigenden Canopus darstellen, der südlich der Ekliptik in jenem Binsengefilde bleibt, das die Totengeister der Herrscher zuerst zur Reinigung erreichen müssen.

K1 173–180, 183, 186, L2 171 und LEI1 305–306

Sopdu findet sich auch unter den Dekanen des Naos der Dekaden im Nildelta dargestellt. Er wird dort als Mischwesen eines falkenköpfigen, geflügelten Löwen auf einer den Horizont symbolisierenden Plattform abgebildet, Pfeil und Bogen in Händen; beschrieben wird er als "Herr des Kampfes, der aufragt und hervorkommt aus dem Tempel, während der Zeit, in der er auf die Erde geschickt wird: Er ist es, der den Tod der Übeltäter bewirkt".

Dies ist nicht nur eine Verbindung mit dem Sopdu "als Rächer seines Vaters", als der er im eingangs zitierten *Pyramidentext* 366 charakterisiert wird, sondern auch mit anderen Titeln Her-Sopdus als 'Er, Der [Res Feind] Apep Tötet', 'Her, Der Das Fleisch Der Feinde Verschlingt' und sie dem Feuer opfert, sowie 'Sopdu, Herr Des Ostens, Der Die Asiaten Tötet'. Er würde damit dem Bataillon der Dekangestirne vorstehen, die im Osten aufgehen.[590] Sopdus "Hervorkommen" wäre überdies auf die Plattform des Reliefs zu beziehen, indem sie den Horizont symbolisiert, aus dem er aufsteigt, und sein "Aufragen" auf der Papyrussäule, auf der er am Sternenhimmel von Dendera sitzt. Eindeutig zu identifizieren ist Sopdu jedoch im Naos von Kairo, wo er erneut als Falke auf einer den Horizont darstellenden Plattform sitzt, neben ihm ein langer Dorn, der auf die hieroglyphische Schreibweise von Sopdus Namen verweist.

BO 82–83, 87, 30–31, 42 sowie 223

BEKUTET

Auf der astronomischen Decke des 1460 verstorbenen Senenmut ist die Schwanzspitze von Setekhs Stier in η Ursae Maioris an der Spitze eines langen schmalen Pfahls befestigt. Er ragt zwischen Reret und der Figur Des Hetep auf, während der falkenköpfige Her darüber dem Stier Setekh eine Lanze in den Bauch sticht. Die Fesselung des Stiers in η Ursae Maioris erklärt sich zunächst durch Abbildungen eines Sargdeckels, auf dem die 7 Sterne von Ursa Maior in ihrem gleichsam angeketteten Umlauf um den Himmelspol abgebildet sind, samt der Lage dieses Sternbilds für jeden Monat im Jahr.[591] Die Stellung des Stierleibs auf Senenmuts Decke stellt die obere Kulmination von η Ursae Maioris dar; sie fand zu Senenmuts Zeit Mitte März um Mitternacht statt.[592]

Über Hetep und den spitzen Pfahl sagt Spruch 110 des *Totenbuches*, der zum Teil bereits auf den *Sargtext* 464 zurückgeht: "Ich kenne Den Pfahl Des Hetep; *Bekutet* ist sein Name; er wurde durch das Blut Shus hart und durch die Sehnen des Jahres festgebunden, an jenem Tag, an dem die Jahre entzweigeteilt wurden."

Die "Sterne und Glieder" Shus sind die "Jahre und Jahreszeiten", die dem Leib des "Himmelsträgers" Shu entsprangen. Der hatte durch die Hochhebung Nuts erst den Himmel entstehen lassen, damit die Sonne in ihm kreisen konnte, um so auch die Zeitmessung zu ermöglichen. Deshalb sah man Shu in Senenmuts Epoche auch als Gott des Sonnenlichts, "der in der Sonnenscheibe Aton ist".[593]

In Behdet, dem heutigen Edfu (85 km südlich von Senenmuts Grab), wurde zu dessen Zeit eine Manifestation des Her – Her

Behdeti – verehrt. Bei seinem Fest wurde einem Stier, der Setekh zu verkörpern hatte, das Vorderbein abgetrennt, Fische und Vögel zertreten und dabei ausgerufen: "Ihr sollt in Stücke geschnitten und eure Glieder zerhackt werden – so triumphiert Her Behdeti, Der Grosse Gott, Herr Des Himmels, über all seine Feinde."[594] In seiner astralen Gestalt erschien Her Behdeti dann als Sopdu, Sohn der Sepedet und des Usir, nachts am Himmel.[595]

Im Naos von Kairo wurde Sopdu mit einem vom Horizont aufsteigenden Spitzpfahl dargestellt,[596] der dem Dorn in der Hieroglyphe seines Namens entspricht. Den langen spitzen Pfahl an Senenmuts Decke kann man deshalb durchaus als Symbol 'Des Spitzen' Sopdu sehen. Ausserdem liegt auf der Südhälfte der astronomischen Decke die verlängerte Spitze genau zwischen den Sternbildern seiner Mutter Sepedet und seines Vaters Usir.[597]

An der astronomischen Decke Senenmuts unterteilt Sopdus langer spitzer Pfahl das Jahr in 8 vorausgehende und 4 nachfolgende Monate. 1500 v. u. Z. ging Sirius in Theben am 20. Juli auf;[598] die damit anhebende Monatszählung setzt den Beginn des 8. Monats auf den 18. März fest. Kurz davor kulminierte η Ursae Maioris um Mitternacht; wenige Tage später ging Sopdus Sternbild um den Canopus unter. Letzterer ging 1500 am 1. September im Osten auf, erreichte zur Wintersonnenwende seinen höchsten Stand über dem Horizont mit etwa 9° und verschwand dann am 29. März im Westen unter dem Horizont. Der 18. und 29. März waren damit zwei markante Zeitpunkte, um die Unterteilung des Jahres in 8 und 4 Monate zu rechtfertigen und sie durch die Speerung von Ursa Maior und den langen Dorn Sopdus darzustellen.

Erwiesen ist die Bedeutung von Ursa Maior für die Orientation von Tempeln; weniger bekannt ist, dass man sie auch auf Sirius, Canopus oder die Äquinoktien ausrichtete.[599] Der Bezug des Bekutet auf Shu als Sonnen- und Zeitgott lässt sich für diese Märztage deshalb mit einem dritten markanten Wendepunkt verbinden: dem Frühjahrsäquinoktium, nach dem die Tage wieder länger wurden.

Die Symbolik der gesamten Szene erweitert somit die Bedeutung des bereits zitierten *Pyramidentextes* 366: Zum Totengeist geworden dank Sopdu (der in seiner Manifestation als 'Her Der Rächer' eine Lanze in Setekhs Stier sticht), hoffte Senenmut mit den länger werdenden Sonnenstunden zur Grossen Insel aufzusteigen, um dort zum Hetep zu werden – während Sopdu als Duatischer Her wieder zurück in die Unterwelt stieg.

Ein vergleichbares Beispiel für die Bedeutung des Canopus ist aus der griechisch-römischen Zeit überliefert. Ptolemaios I. Soter war am 27. Januar 282 v. u. Z. gestorben; kurz danach ging der Canopus erstmals akronychisch nach Sonnenuntergang am 5. Februar auf. Daraufhin benannte Soters Sohn diesen Stern nach seinem Vater um in 'Ptolemaios' und liess die alle 4 Jahre stattfindenden Ptolemaia nach diesem Aufgang ausrichten.[600]

Carina um Canopus

SEMEH – DAS SCHILFSCHIFF

K1 223

Laut Plutarch nennen die Ägypter "ein Sternbild nach seinem Steuermann *Kanobos*. Dieses ist ein Schiff, das von den Hellenen *Argo* genannt wird, von ihnen aber für das versternte Abbild von Usirs Schiff gehalten wird, das nicht weit vom Orion und Sirius kreist, wobei sie in dem einen Sternbild Her heiligen, in dem anderen [Canis Maior] Aset".[601]

Plutarchs Schiff, das Usir gehört, in dem jedoch Her verehrt wird, kann nicht das Sonnenschiff sein, das aus hoch symbolischem Papyrus besteht[602] und sich etwa Orion gegenüber befindet; eher handelt es sich um eine "der zwei Schilfbarken – *Sekhenui* – des Himmels".[603] Sie werden in den *Pyramidentexten* zusätzlich zum Sonnenschiff genannt und fahren zeitlich vor der Sonne los,[604] um Her und die Totengeister zur Akhet zu bringen, wo sie nach ihrer Reinigung dann in das Sonnenschiff umsteigen können.[605] Indem sie gleichsam vor der Sonne aufgehen, ziehen diese Lotsenboote, die man wohl als Morgen- und Abendstern sehen kann, das Sonnenschiff.[606]

Eine Sargdeckelinschrift verweist auf eine dieser Barken, die den alten langbärtigen Sah zeigt; da heisst es: "Sah im südlichen Himmel. Oh Sah, wende deinen Kopf, so dass du Usir sehen kannst."[607] Der Orion soll damit auf seine frühere Gestalt als toter König Usir herabblicken, der im funerären Kontext als in Asets Barke aufgebahrt aufgefasst wurde. Geführt wurde diese Barke von seinem Sohn Her-Sopdu im Canopus.

Kanobos lautete die griechische Bezeichnung für den zweithellsten Stern am Himmel. Der Name leitet sich ab von äygptisch *Ga(t) (en) Nebu*, 'goldener Sitz': Damit wurde sowohl ein transportabler Schrein in einem Tempel bezeichnet als auch die Kajüte einer heiligen Barke, die man in Prozessionen zum Fluss trug.[608] Die Bezeichnung 'Schiff' (gr. *naus, neos*) übertrugen die Griechen dann auf das Allerheiligste ihrer Tempel als Wohnstatt eines Gottes. Der goldene Glanz des ägyptischen Göttersitzes als 'Kajüte' der Barke wiederum führte zu dem griechischen Namen des Sternbilds um Canopus, das Her geweiht war: *argos* bedeutet 'schimmernd', 'rötlich glänzend'.

Das dazugehörige Schiff liegt nach Plutarch unweit von Sirius und Orion. Es ist wohl jenes Schiff, das sich in den *Pyramidentexten* in der Kenset, der südlichen Unterwelt befindet: Canopus blieb damals zwischen Ende März und Ende August unsichtbar[609] und somit in der Totenwelt. Danach stieg Canopus – Her in seinem Schiff – im Süden nur wenige Grade über den Horizont,[610] um somit in jenes Binsengefilde südlich der Ekliptik zu gelangen, das die Totengeister nach ihrem Aufstieg aus der Unterwelt erreichen mussten, um sich zu reinigen.

Plutarch erwähnt, dass dieses Schiff "dem Her heilig ist". Her-Sopdu steht auf den Sternenhimmeln von Esna und Dendera vor Usirs Barke; in einem *Pyramidentext* heisst es, dass "Usir von seinem Sohn Her auf den Wegen des Himmels geführt wird".[611] In einem weiteren *Pyramidentext* erscheint Her als 'Wegeöffner' Wepwawet, "Der Grosse im Schilfboot".[612] Her-Sopdu auf seinem Schiff ist dabei von anderen Manifestationen Hers als Planet oder Morgenstern zu unterscheiden.

Detaillierter geschildert wird diese Barke in Bezug auf Her in einem weiteren *Pyramidentext*. Pepi I. ruft darin den viergestaltigen Her an, wobei der Fokus auf dem Duatischen Her – Canopus – in der wüstenartigen Kenset[613] liegt – jener südlichen Unterwelt,[614] über deren Kanal die Toten zum östlichen Horizont gelangen.[615] Die dort liegende Barke ist erneut nicht das Sonnenschiff, sondern Hers Schiff, da es einerseits mit der in Pe verehrten Geierin Nekhbet[616] als Verkörperung des Sirius, andererseits mit Nut in Verbindung gebracht wird. Mit "zwei Fingern" Entfernung von ihrer Milchstrasse (2° bei ausgestrecktem Arm) findet sich dieses Schiff gut verortet.

Hervorgehoben wird die Kajüte des Canopus: "Morgengott, Duatischer Horus, Göttlicher Falke, Bienenfresser-Vogel, den der Himmel geboren hat! Sei in diesen deinen vier gnädigen Gesichtern gegrüsst, die sehen, was in der Kenset ist, und den Sturm für den Frieden vertreiben. Mögest du mir die zwei Finger geben, die du dem jungen Mädchen [Nut], der Tochter Des Grossen Gottes [Geb], gegeben hast, als der Himmel vom Land getrennt wurde und die Götter hinauf in den Himmel zogen.

Du erscheinst seelenhaft vorne in deinem 770 Ellen [400 m] langen Schiff aus Schilf, das die Götter von Pe [Djebut im Nildelta] für dich kalfatert und die östlichen Götter für dich hinten wie vorne aufgebogen haben: Nimm mich mit in deiner Kajüte auf diesem Schilfschiff [Semeh-Schiff]."[617]

In einem weiteren *Pyramidentext* wird dieses Szenario wiederholt: "Ho, Pepi! Steh auf und setze dich auf Usirs Thron! Lebe, Pepi! Deine Mutter Nut nimmt dich und gesellt sich zu dir, und Geb ergreift deinen Arm. Du steigst auf als Her Der Duat, um dann bei Den Unvergänglichen Sternen auf deinem metallenen Sitz über dem Kanal des Kühlen Wassers zu sitzen, lebendig wie der Sonnenkäfer und stabil wie Der Djed-Pfeiler [Usirs] für alle Ewigkeit."[618]

HENU – DIE HENUBARKE

In anderen *Pyramidentexten* wird dieses Schiff mit der Henu-Barke des Sokar gleichgesetzt: "Her hat dich erhoben in der Identität des Sokar-Schiffes und dich als Sokar darauf getragen."[619] "Du wirst in den kühlen Wassern der Sterne rein werden und auf erzenen Seilen an Bord gehen, auf den Schultern Hers, der dann jener in Sokars Schiff ist, und die Menschheit wird dir zurufen, sobald dich Die Unvergänglichen Sterne emporgehoben haben."[620]

Der gleich Her falkengestaltige Sokar war ursprünglich ein Gott der Meteore und Kometen;[621] später mit Usir identifiziert,[622] erhielt er in der Totenwelt einen eigenen Machtbereich. Seine Doppelrolle als astraler wie als unterirdischer Gott entspricht dem lange unter dem Horizont bleibenden und dann nur wenig über ihn aufsteigenden Canopus.

Dass Sokar als Gestirn aufgefasst wurde, darauf verweisen eine Darstellung im *Amduat*, in dem er – wie Her – von Djehuti ein wiederhergestelltes Auge erhält,[623] sowie ein Spruch im *Totenbuch*, der sich auf die noch in der arabischen Tradition sprichwörtliche und namensgebende Trägheit des Canopus am Himmel bezieht: "Ich bin der Leuchtende über dem Himmels-Distrikt, ich gehe hinaus zum Himmel, ich steige empor auf dem Lichtglanz: Oh, träge bin ich, träge bin ich, ich gehe dahin, träge, träge, auf den Ufern derer, die aufgeflogen sind aus dem Totenreich."[624]

Seiner Assoziation mit Usir entsprechend wurde bei dem Sokar geweihten Fest am Ende der Jahreszeit der Nilschwemme eine Henu-Barke zum Fluss getragen, um die Wiederauferstehung Usirs und des fruchtbaren Landes zu feiern. Dies war ein halbmondförmiges Schiff mit Djed-Pfeilern auf einem Schlitten; die Kajüte in der Mitte war als Usirs Sarglade gestaltet, ein Falke sass darauf und davor.[625] Demgemäss gehört Sopdu zu jenen, welche im *Pfortenbuch* "die Kajüte befestigen", um nachts dann in der Nut hervorzukommen.[626]

Der Schlitten und die Djed-Pfeiler weisen das Schiff als jenen Djenderu-Schlitten aus,[627] der im bereits zitierten *Pyramidentext* 366 explizit mit Sopdu als Sohn Sepedets in Verbindung gebracht wird. In einem anderen *Pyramidentext* wird Her überdies als jener bezeichnet, "welcher vor seinen zwei papyrusstängelartigen Säulen ist, zusammen mit dem Djenderu-Barken-Speerwerfer vorne".[628]

Am Sternenhimmel von Dendera wird Sopdu als Falke auf einer solcherart gestalteten Säule (in Columba?) abgebildet, die zwischen Canis Maior und Orion hinab zum Canopus reicht. Sopdu steht damit in etwa dort, wo Plutarch jenes "Schiff des Usir" verortet hat, in dem Her geheiligt wird.

Die Griechen übernahmen dieses Sternbild in der hellenistischen Zeit unter dem Namen 'Argos' als wohl einziges genuin ägyptisches. Sie stellten es detailliert mit Heck, Segel und Kiel dar; dazu mag die allgemeine Vorstellung geführt haben, dass der im Canopus verkörperte Gott sich wie alle anderen auch auf einem Schiff über den Himmel bewegte.

Der Kajüte der ägyptischen Barken entsprechend, in der sich der transportierte Gott befand, wurde Canopus von den Griechen jedoch als weit niedrigere Figur hinten "in die Nähe des Steuerruders" versetzt. Mythologisiert wurde er als Lotse des von Troja heimkehrenden Schiffes des Menelaos, in einer Geschichte, die wahrscheinlich von Apollonius von Rhodos (295–215 v. u. Z.) in seinem verlorenen Gedicht *Kanobos* erfunden worden ist. Kanobos erleidet darin einen tödlichen Schlangenbiss, eben als Menelaos von der ägyptischen Küste weitersegeln will; er wird in jener Hafenstadt an der Nilmündung begraben, die von den Griechen dann nach ihm benannt wurde. Zudem komponierte Apollonius die *Argonautensage*, die das Schiff um Canopus nun auch in ein Epos einbettete.

Etwa zeitgleich mit Apollonius übernahm Aratus das Schiff als Sternbild in seine *Phainomena*, wo er es als – weil in der Milchstrasse liegend – "diesig und ohne Sterne vom Bug bis zum Mast" bezeichnet, "rückwärtsfahrend" und "das Steuerruder davon abgesetzt bei Canis Maior". Kurz nach Aratus schreibt auch Eratosthenes, dass das "Sternbild nicht vollständig und nur der Teil vom Heck bis zum Mast samt den Steuerrudern in den Himmel versetzt worden ist".[629] Damit scheint sich vielleicht eine Überlagerung mit dem auf der anderen Himmelshälfte liegenden Dekan des Sonnenschiffs ergeben zu haben, dessen Sternbild ebenfalls bloss bis zur Hälfte ausgewiesen ist: dies jedoch vom Bug bis knapp hinter die Mitte und ohne ausgewiesene Kajüte.

VIII DIE SONNE

RE

Re bedeutet 'Sonne'; der Sonnengott selbst wurde, nachdem die ägyptische Sprache im 2. Jahrtausend bestimmte Artikel ausbildete, *Pa-Re* genannt: 'Die Sonne'.[630] Als männliche Gottheit war Re in allen Epochen die wohl wichtigste Gottheit im altägyptischen Pantheon, indem sein Wirken alles Leben auf der Erde ermöglichte und es fortbestehen liess. Der Kult des Sonnengottes ist bis zurück ins Alte Reich (2670–2150) belegbar und führte zu eigenen Sonnenheiligtümern; manche Herrscher nannten sich 'Söhne des Re'.

Wird die Sonne als aus der 'Sternenfresserin' Nut geboren gesehen, gilt der Sonnengott in einem *Pyramidentext* – dem sogenannten 'Kannibalenhymnus' – auch selbst als Verschlinger der Sterne und Totengeister; sein Gleissen bei Sonnenaufgang überwältigt gleichsam die Sterne als kleinere Götter und verspeist sie:[631]

DER KANNIBALENHYMNUS

"Ich bin Der Himmelsstier, der Angst und Schrecken im Sinn hat, der vom Wachsen eines jeden Gottes lebt, der ihre Gedärme frisst, wenn sie aus der Flammeninsel aufsteigen, ihre Bäuche voller Magie.
Ich bin der, der ihre Magie frisst und ihre Totengeister verschlingt: die Erwachsenen für mein Morgenmahl, die Mittleren für mein Abendmahl, die Kleinen zur nächtlichen Jause. Die grossen Sterne des Nordens entzünden für mich das Feuer unter den Kesseln, in denen die Knochen ihrer Älteren liegen; die im Himmel dienen mir, während die Herdsteine für mich mit den Beinen ihrer Frauen umhergeschoben werden – beide Himmel drehen sich, um mir dienstbar zu sein. Ich bin die höchste kontrollierende Macht, die alle kontrollierenden Mächte kontrolliert; ich bin das heilige Bild, das von allen heiligen Bildern am heiligsten ist: Alles was mir im Wege steht, verschlinge ich.
Der Titel als grösste kontrollierende Macht wurde mir vom Sternbild Sah [Orion] verliehen, dem Vater der Götter, denn ich bin wieder am Himmel erschienen und zum Herrn der Akhet gekrönt worden; die Wirbel ihrer Rückgrate wurden für mich aufgebrochen und ich habe mir die Herzen der Götter einverleibt: Ich habe das Rote gegessen und das Rohe geschluckt."[632]

Die Nachtfahrt der Sonne in den *Pyramidentexten*

Der tägliche Kreislauf, bei dem der Sonnengott sich jede Nacht neu erschafft, morgens wiedergeboren wird und sich abends vollendet, wird bereits in den *Pyramidentexten* und dem *Nutbuch* skizziert. Im Laufe des Tages auf seiner Fahrt durch den Gewundenen Kanal alternd, wechselt der Sonnengott in der Abenddämmerung im Westen von der Tag- in die Nachtbarke, an deren Bug der Gott Setekh als Wächter steht. Sie wird durch das unterirdische Gewässer getreidelt und über die ausgetrockneten Stellen mit einem Schlitten weitergezogen, vorbei am Schakal- und Natronsee. Jede Stunde ist eine von

Dämonen bewachte Pforte zu passieren, wobei Re auch auf Todfeinde trifft, wie die in "müde" gewordenen (das heisst untergegangenen) Sternbildern lebende Riesenschlange Rerek des Gottes Apep, die von Setekh jedoch jedes Mal getötet wird. In der 8. Stunde trifft er dann auf jene privilegierten Menschenseelen, die nach dem Totengericht in der Duat neben ihm am Himmel aufsteigen und in diesen eingehen dürfen. Dabei wird Re, wie auch der Mond, als 'Himmelsstier' betitelt.

Als ein solcher Himmelsstier wird Re von einem *Pyramidentext* vom Herrscher Teti (ca. 2323–2291) angerufen: "Gegrüsset seist du, o Re, Durchquerer des Himmels und Durchfahrer der Nut [Milchstrasse]! Nachdem du den Gewundenen Kanal durchfahren hast, habe ich deinen Schwanz gepackt, denn als Sohn eines Gottes bin auch ich ein Gott; wie die Blume des aufgegangenen Sterns bin ich aus der Lebenskraft Ka als golden aufgegangene Blume herausgekommen, aus dem Natronsee [in der Duat][633] entsprungen."[634]

Nach der 9. Stunde, "die zufriedenstellt",[635] lässt Re die Menschen hinter sich und gelangt zu einem See im "Uferland des Re", wo er ein Reinigungsbad nimmt und sich wieder verjüngt. Daraufhin nimmt er zuerst die Gestalt eines Falken an: "so zieht er dahin auf dem Weg der Finsternis vor dem Erhellen des Himmels. Sein Hinterteil befindet sich da in jenem Dunkel, "das die Brust einschnürt", während sein Vorderteil dort ist, wo "die Kehle atmen kann und Licht ist".[636] Am Jahresanfang sieht Re dabei den als "Geierin" Nekhbet bezeichneten Sirius vor sich aufgehen.

Durch sein östliches Himmelstor und die "Flammeninsel" aus der Unterwelt getreten, zeigt Re sich zunächst in der Morgenröte, von den Bergen noch umschlungen, und die Planeten erscheinen neben ihm auf ihrem "Weg". Dabei verwandelt er sich in einen Skarabäus, als für die Morgensonne typische Gestalt des Sonnenkäfers Khepri. Er ist noch klein, doch "das Herz seiner Kraft" wächst zusehends wie "seine Grösse, die seine Flamme ist".[637] Er besteigt dann wieder sein Sonnenschiff an der südlichen Böschung des Gewundenen Kanals der Ekliptik für seine Fahrt über den Taghimmel und zeigt sich hierauf als geflügelt dargestellter Sonnenball.

K1 18–22, 34, L1 126–141, W1 und W2 4–5

DIE NACHTFAHRT DES SONNENGOTTES IN DEN UNTERWELTSBÜCHERN

Die nächtliche Fahrt des Sonnengottes durch die Unterwelt wurde in den Beschwörungssprüchen des *Totenbuches* (um 1500) sowie in den im Neuen Reich aufgezeichneten Unterweltsbüchern – dem sogenannten *Amduat*, dem *Pfortenbuch, Höhlenbuch* und dem *Buch von der Erde* – detailliert ausgeführt.

Im *Totenbuch* trifft die göttliche Sonne bereits beim Untergang auf ihren Todfeind, die Riesenschlange Apep (gr. Apophis), "die voller Feuersglut ist"; sie haust im Berg Bakhu, "auf den sich der Himmel stützt". Während ihr lähmender Blick Res Nachtbarke zum Stillstand bringt, säuft sie das Wasser vor ihr aus – doch da wirft sich Setekh mit seiner Harpune und einem Zauberspruch Apep entgegen und kann ihn unschädlich machen.[638]

Im *Amduat* hingegen steht anstelle des mittlerweile mythologisch in Ursa Maior gefesselten Setekh der Schakalgott Wepwawet als 'Wegeöffner' am Bug der Nachtbarke, deren Steuermann Her ist. Begleitet wird Re darin von sieben weiteren Göttern wie Djehuti und Nebet-Hut samt zahlreichem Gefolge in Beibooten auf dem Unterweltsstrom, der zum unter die Erde reichenden Urgewässer Nun gehört.

Die Nachtbarke hat neben einer Leibwache für Re eine Rudermannschaft und für jede Stunde einen eigenen Lotsen; dabei muss sie mit Hilfe der seligen Toten bald an Seilen über Untiefen gezogen werden. Einmal durch "den westlichen Torweg des Horizonts" gelangt, sind es dann – wie das *Amduat* schreibt – "120 Meilen, ehe die Barke die Unterweltlichen erreicht",[639] wobei Re nach jeder Stunde zu weiteren Pforten kommt. Re gerät hier in eine gegenläufige Welt; und so wie die Unterweltsbücher entgegen der normalen Schreibrichtung zu lesen sind, muss auch die Sonnenbarke manchmal mit dem Heck vorausfahren.

In der zweiten Stunde wird Re 309 Meilen weit auf einem 120 Meilen breiten Gewässer gerudert, um in den noch üppigen und grünen Gefilden "Landzuweisungen an die Götter bei dieser Stätte" vorzunehmen,[640] die ihm dafür "ein Geschenk mit den Jahreszeiten machen".[641] In der dritten Stunde kommt Re in das 309 Meilen lange "Gewässer des Usir, zu den Totengeistern, die sich in seinem Gefolge befinden"; "sie sind noch im Fleisch ihres eigenen Körpers, aber ihre Seelen reden auf ihnen",[642] während er ihnen und Usir Weisungen erteilt.

In der vierten und fünften Stunde gelangt Re in die Wüste des Totengottes Sokar, der in einer Höhle voller Schlangen haust; astronomisch gesehen müssten damit die in der Unterwelt stets als 'Schlangen' bezeichneten Sternbilder gemeint sein. Um besser voranzukommen, nimmt die Sonnenbarke selber die Gestalt einer Schlange an und "durchsticht" mit ihrem feurigen Gifthauch die undurchdringliche Finsternis. Dort können die Ertrunkenen geborgen und selbst ihre verwesten Körper wieder rituell als Mumie restituiert werden; die Toten – mit denen stets die Verdammten gemeint sind, die nicht in den Himmel steigen dürfen – werden

auf einer Bank einer Göttin und ihren acht 'Schlächtern' (wie die nächtlich unsichtbaren Sternbilder sonst genannt werden) deren zerstückelnden Messern zugeführt: "Was sie zu tun haben: die Leichname der Toten zu verzehren durch den Gluthauch ihres Mundes, als tägliche Aufgabe".[643]
In der sechsten Stunde nimmt die Nachtbarke wieder ihre übliche Gestalt an und rudert über das tiefe und krokodilverseuchte "Wasserloch der Unterweltlichen", wo die an Krankheit und Altersschwäche Verstorbenen wieder auferstehen und gehen können.
In der Stunde nach Mitternacht wird Re im heiligen Schrein seiner Kajüte schützend von der Schlange Mehen umringelt,[644] während er sein Auge, die Sonnenscheibe, verbirgt, um sie vor Verletzung zu schützen: Denn nun trifft er erneut auf seinen Todfeind Apep, die Riesenschlange mit "dem schrecklichen Gesicht", die er noch häufiger überwinden muss. Apep hat das Fahrwasser ausgesoffen, sodass das Sonnenschiff auf eine 440 Ellen lange und breite Sandbank aufgelaufen ist, die Apep mit seinen Windungen ausfüllt, im Finsteren fürchterlich aufbrüllend. Diese Sandbank kann erst umgangen werden, nachdem vier strafende Göttinnen Apep mit Seilschlingen gefesselt und ihm und seinen 'Messern' durch Zauberei die Kraft genommen haben.
Nach diesem Kampf in der siebenten Stunde trifft Her – als Verkörperung aller untergehenden Planeten, des Canopus und des Mondes als dem zweiten Sonnenauge – auf die zwölf Sterngötter der Nachtstunden, die am Himmel ewig unsichtbar bleiben. Sie heissen: 'Der Mit Grossem Bedarf', 'Der Herr Des Bedarfs', 'Der Herr Des Bedarfs Der Erde'. 'Der Unterweltliche', 'Der Treiber Der Sterne' (als welchen die Araber Canopus bezeichneten), 'Der Treiber Der Totengeister', 'Der Mit Erhobenem Arm', 'Der Mit Kräftigem Arm', 'Der Mit Seiner Zunge Schneidet', 'Der Mit Seinem Auge Schneidet' und 'Der Die Köpfe Abschlägt': "Was Her in der Unterwelt zu tun hat: diese 'Sternigen' in Bewegung zu setzen und die Standorte der Stunden in der Unterwelt zu regeln. Es sagt die Herrlichkeit des Hers der Unterwelt zu den Sterngöttern: "Euer 'Fleisch' sei in Ordnung, eure Ba-Seelen mögen entstehen, sodass ihr zufrieden seid mit euren Sternen! Ihr erhebt euch ja vor diesem Re, dem Führer der Totengeister, der in der Duat ist, Tag für Tag: Ihr seid hinter ihm, eure Sterne aber vor ihm, bis ich den Vollkommenen Westen in Frieden durchzogen habe. Ihr seid die 'Stehenden', die in der Erde sind. Ihr gehört zu mir – eure Sterne aber dem, der im Himmel ist."[645]

Nachdem diese Sterne also in der Unterwelt bleiben, wendet sich Her an die zwölf Stundengöttinnen der Sternbilder der Dekane, die in der Unterwelt andere Namen als am Nachthimmel besitzen. Sie heissen: 'Die Preisende', 'Die Herrin Der Erde', 'Die Herrin Der Herrinnen', 'Die Unterweltliche', 'Die Verzehrende', 'Das Oberhaupt Der Lebenskräfte', 'Die Bringende', 'Die Farbige', 'Die Göttin Tayet' (welche als Göttin der Weberei die Mumienbinden herstellt), 'Die Glanz Schafft', 'Die Gestalten Schafft' und 'Die Das Unheil Löst': "Es sagt die Herrlichkeit des Duatischen Her zu den Stundengöttinnen, die in dieser Stätte sind: 'O ihr Stunden, die ihr entstanden seid, o Stern-Stunden, o Stunden, die Re beistehen und für 'Den Im Horizont' kämpfen! Ihr habt eure Aufgaben erhalten, ihr habt eure Bilder getragen und eure Köpfe [beim Aufgang] erhoben – nun leitet diesen Re, der unterm Horizont ist, zum Vollkommenen Osten, in Frieden!'"[646]

In der achten Stunde wird die Nachtbarke weiter durch eine Wüstenlandschaft gezogen, an Gruben vorüber, in denen geheimnisvolle Götter bestattet liegen. Die Leichname liegen unter dem Sand; die 'Bilder' dieser Wesen werden jedoch im Licht der Sonnenscheibe sichtbar, während ihre Seelen sich mit nichtmenschlicher Stimme murmelnd, trauernd und flehend an Re wenden: "ein Geräusch dringt aus diesen Höhlen wie vom grossen Summen der Bienen", "wie von geheimnisvollen Widdern", "wie vom Jaulen eines Katers", "wie wenn Ufer in den Nun fallen", "wie das Schreien eines göttlichen Falken" und "wie das Schreien eines ganzen Vogelnestes".[647]
In der neunten Stunde übernimmt Re von seinem Schiff aus den Vorsitz in dem dort stattfindenden Totengericht; geleitet wird es von Usir und seinen Beisitzern, vor denen die 'Schatten' der Menschen stehen. Bei diesem Gericht gibt es keine Läuterung, nur Rechtfertigung oder Verdammung. Wer im Leben böse war, bleibt ewig ein 'Feind'; wer sich als gut erwies, dessen Schatten und Mumie verbleiben in der Erde, während seine Ba-Seele zum Himmel aufsteigen darf. Die Totenfresserin verschlingt die Verdammten, die als 'Nicht-Seiende' in eine Finsternis voller Entbehrungen verstossen werden – in eine Welt ausserhalb der göttlichen Schöpfung, der auch der Götterfeind Apep angehört.

In der zehnten Stunde wird im *Amduat* allmählich die Morgendämmerung vorbereitet: Hers Auge, der Mond, wird von acht Göttinnen "überprüft, befestigt und wieder stark gemacht", um "sein Glanzauge täglich gesund sein zu lassen".[648] Die Totengeister verlieren ihre Mumienbinden und können wieder atmen, und Usir besteigt sein Boot: "Er steht auf gegen die Urfinsternis beim Torweg des östlichen Horizonts und nimmt wieder seinen Platz ein, Tag für Tag",[649] um den Totengeistern vorauszueilen und ihnen dann bei Sonnenaufgang beim Aufstieg zu helfen.
In der elften Stunde gelangt Re zum "Ruheplatz der Unterweltlichen", weil er sich vor seinem Aufgang gegen einen neuerlichen Angriff Apeps wappnen muss: Deshalb "ist der Name dieser Nachtstunde, die diesen grossen Gott geleitet, 'Sternige, Herrin der Barke, die den Widersacher abwehrt bei seinem Hervorkommen'". Bevor Re "aus dem Ostberg des Himmels hervorgeht", ist dies "die Zeit, in der ihre [Stern-]Bilder vor dem 'Schauenden', der in dieser Stätte ist, verschlungen werden; sie gibt sie erst bei der Geburt Res als Khepri aus der Erde wieder heraus."[650]
Umschrieben werden damit die Dämmerung, die als Käfer geborene Morgensonne und die Sternbilder, die heliakisch vor ihr aufgehen. Während "die Wege der Finsternis durch die Sonnenscheibe erleuchtet werden", wird der sich verjüngende Re "von seiner Göttermannschaft zum östlichen Horizont des Himmels gerudert",[651] hinter ihm die Götter der zwölf Tagesstunden, die Re anweist: "Möget ihr eure [Stern-]Bilder hüten, möget ihr eure Köpfe [beim Aufstieg am Horizont] erheben! Eure Arme seien fest, eure Füsse beständig, euer Gang richtig und euer Ausschreiten weit!"[652]
Die Morgenröte wird für die von Her und Usir Verdammten nun jedoch zu jener Vernichtungsstätte, die der biblischen Hölle als Vorbild diente. So spricht Her zu diesen 'Feinden': "'Ich bin aus Re hervorgegangen – und nun schlägt mein Vater zurück, nachdem er matt gewesen ist. Eure Leichname sollen gestraft werden mit dem 'Strafenden Messer'; eure Ba-Seelen sollen vernichtet, eure Schatten zertreten, eure Köpfe abgeschnitten werden! Ihr seid nicht erstanden, ihr geht auf dem Kopf! Ihr werdet niemals auferstehen – denn ihr seid in eure Gruben gefallen! Für euch gibt es kein Entkommen und kein Entfliehen! Ihr seid dem Feuer des Schlangendämons 'Der Millionen Verbrennt', den Flammen der Göttin 'Die Über Euren Strafgruben Ist', dem Gluthauch der Göttin 'Die Über Ihren Schlachtbänken Ist', dem Messer der Göttin 'Die Über Ihren Messern Ist' ausgeliefert – sie verstümmeln euch und metzeln euch auf ewig nieder! Ihr werdet die Lebenden auf der Erde nie wiedersehen, für immer und ewig!' So ergeht es ihnen in der Unterwelt; dort wird ihr Verderben befohlen, Tag für Tag, durch die Herrlichkeit des Unterweltlichen Her."[653]

In anderen *Unterweltsbüchern* werden den Verdammten die Arme auf den Rücken gefesselt, werden sie an Pfähle gebunden, geköpft und in einen Feuersee geworfen, der die Verdammten mit seiner Flut verbrennt (während sein Wasser den Seligen kühles Wasser spendet), oder aber ihre Leiber werden in einem Kessel samt ihrem Schatten und ihrer Seele zerkocht – diese Vorstellungen wirkten wie viele andere aus Ägypten über die griechisch-römische Zeit hinaus bis in unser Mittelalter fort.

In der zwölften und letzten Nachtstunde kommt es in der geheimnisvollen "Höhle des 'Endes der Urfinsternis'" schliesslich zur Wiedergeburt Res, "auf dass er herausgehe aus der Duat, sich niederlasse in der Tagesbarke und aufgehe aus den Schenkeln der Nut".[654] Zwölf Göttinnen begleiten den widderköpfig gewordenen Re mit ihren Fackeln, um ihn vor Apep zu schützen, und kehren dann wieder um, nachdem die Tagesbarke die geheime Sandbank des Himmels vor dem östlichen Horizont passiert hat.
Im *Totenbuch* kommt es dort vor Sonnenaufgang zu einem neuerlichen Kampf mit Apep. Die Sonnenbarke läuft auf eine Sandbank in der Mitte des Messersees, wo Re auf einen Aufrührer und seine Truppe trifft, in den See stürzt und sich in ein Krokodil mit Falkenkopf und Stierhörnern verwandelt.[655] Erst nach dem Sieg über diese Aufrührer kann Re weitersegeln: "Du durchquerst nun glücklich den Himmel, und der Messersee ist zur Ruhe gekommen: Der Aufrührer ist gefallen, seine Arme sind gefesselt, ein Messer hat sein Rückgrat durchtrennt, und Re wird jetzt einen guten Wind haben, denn die Nachtbarke hat jene zerstört, die ihn angriffen."[656]
Dargestellt wurde dies auf den astronomischen Malereien durch ein Viereck von neun geköpften Gefangenen, während in Dendera der besiegte Rebell als stehender kopfloser Mensch mit nach vorn gebeugten Armen zwischen Aquarius und Capricornus zu sehen ist.[657]

Nach der Passage der gefährlichen Stelle begrüssen die zwölf 'Türkisgötter' – allen voran 'Der Herr Des Lebens' – den Sonnengott bei seinem Aufgang mit ausgestreckten Armen, bejubeln ihn und beten ihn an: "Geboren ist der Geborene, entstanden der Entstandene!"[658]

Auf seinem letzten Wegstück tritt Re – späteren Vorstellungen gemäss, die seine Wiedergeburt nicht mehr in Nut sahen – in den Schwanz einer ouroborosartigen Schlange ein, "um aus ihrem Maul herauszukommen, wiedergeboren in seiner Erscheinungsform als Sonnenskarabäus Khepri, wie auch die Götter, die in seiner Barke sind".[659] Dann werden sie alle von Nuts Vater Shu empfangen: "Sie treten ein in das geheime Bild der Schlange 'Leben der Götter' als Ehrwürdige, und sie kommen heraus als die Verjüngten des Re, Tag für Tag – dieses geheime Bild der Schlange 'Leben der Götter' befindet sich an seinem unterweltlichen Sitz, Tag für Tag, ohne dass es zu irgendeinem anderen Platz fortgeht."[660]
Die Tagbarke wird von zwölf weiteren Göttinnen am Seil gezogen, damit die Rudermannschaft zu Fuss einen allfälligen Hinterhalt Apeps abwehren kann. Re steht nun am Tor des östlichen Horizonts, wo die Mannschaft jetzt eines tun muss: "die Erhebung des Sonnengottes zu veranlassen, Tag für Tag";[661] der ihn begleitende Usir muss jedoch in der Unterwelt bleiben.
Worauf dieser in die Grabkammern geschriebene, reichlich und kunstvoll bebilderte metrische Text mit den Worten endet: "Der Anfang ist das Licht, das Ende ist die Urfinsternis; im Lauf des Sonnengottes nach Westen werden die geheimnisvollen Absichten dieses Gottes verwirklicht. Wer diese geheimnisvollen Bilder kennt, ist ein wohlversorgter Totengeist: Er wird in der Unterwelt immer ein- und ausgehen *–und auf ewig zu den Lebenden sprechen.*
Dies ist als wahr erprobt, millionenmal!"

Zu Beginn des Neuen Reiches wurde ein alter Mythos um den Sonnengott im *Buch der Himmelskuh* aufgezeichnet, die sich im Schrein des Tutankhamun (1336–1327) abgebildet findet. So entstand ein Weltschöpfungsmythos, der sich seiner eigenen Vorvergangenheit bewusst war, nun aber – durch eine Rebellion der Menschen gegen die Sonne – andere Verhältnisse entwarf.

Der harmonische Urzustand der Schöpfung, in denen Menschen und Götter vor etwa 40 000 Jahren[662] noch eins waren, wird in der griechisch-römischen Zeit als einer der Gerechtigkeit beschrieben; es herrschte Fülle, die Bäuche waren voll, "es gab keine Sünde, die Krokodile packten noch keine Beute und die Schlangen bissen noch nicht in dieser Zeit der urweltlichen Götter".[663]

Die paradiesischen Verhältnisse endeten erst durch Nuts Kinder Usir, Setekh und Aset und ihren Enkel Her. Sie hatten laut *Totenbuch* "Streit angefangen, Aufruhr erregt, Unrecht begangen und Empörung geschaffen, Gewalttat verübt, Gefangenschaft verursacht und dazu Grosses zu Kleinem gemacht, in allem was Atum geschaffen hat".[664] Die Lebenszeit der Menschen wurde kürzer,[665] sie wurden auch wie Usir für die Übeltaten Setekhs bestraft, "mit dessen Geburt die Verwirrung und die Gerichtsbarkeit Der Grossen Neunheit der Götter begann".[666] Daher rührt der spätere Wunsch: 'Oh, hätte der Schöpfergott Atum doch ihre Eigenart in der ersten Generation erkannt und sie für ihre Bosheit bestraft! Hätte er doch seine Hand ausgestreckt, um ihren Samen und ihre Erbschaft zu vernichten!"[667]

Im *Totenbuch* droht deshalb bereits Atum, "alles, was ich geschaffen habe, zu zerstören, die Welt wieder ins Urgewässer Nun zurückkehren zu lassen, in die Urflut, wie bei ihrem Anbeginn; nur ich werde übrigbleiben, zusammen mit Usir".[668] Im *Mythos von der Himmelskuh* hat der alt gewordene Sonnengott dasselbe vor, um den aus seinen Tränen – *Remiut* – oder durch Khnums Töpferscheibe entstandenen Menschen – *Remet* – wieder loszuwerden; und die Urgötter stimmen ihm zu. Doch lässt Re noch einmal Gnade vor Recht ergehen, denn nicht die Menschheit ist sündig geworden, allein deren erster Herrscher Setekh.[669]

DER MYTHOS VON DER HIMMELSKUH

"Nun kam es, dass Re – der Gott, der von selber entstand – erstrahlte, nachdem er sein Königtum eingenommen hatte, in der Zeit, als Menschen und Götter noch vereint waren.
Doch die Menschen ersannen Anschläge gegen Re, denn seine Herrlichkeit war inzwischen alt geworden – seine Knochen zu Silber, seine Glieder zu Gold und sein Haar zu echtem Lapislazuli. Als Seine Herrlichkeit die Anschläge erkannte, welche die Menschen gegen ihn ersonnen hatten, sprach er zu den Göttern in seinem Gefolge: 'Holt mir mein Auge her – und bringt dazu Shu und Tefnut, Geb und Nut, zusammen mit

den Vätern und Müttern [Der Achtheit], die mit mir zusammen einst im Urgewässer waren. Und dazu ruft mir meinen Gott Nun samt seinem Gefolge – doch im Geheimen, ohne dass die Menschen sie sehen, denn sonst werden sie ohnmächtig. Bringt sie zu mir in meinen Palast, damit sie mir raten, was ich tun soll, und ich mich wieder ins Urgewässer zurückziehen kann, dorthin, wo ich entstanden bin.'
Da holte man diese Götter sofort; sie stellten sich zu beiden Seitens Res auf und verbeugten sich vor seiner Herrlichkeit bis auf die Erde, damit er seine Probleme vor Nun, dem ältesten Vater, darlegen konnte als Herr über die Menschen, die er geschaffen hatte. 'Du, ältester Gott, aus dem ich entstanden bin, und ihr Götter und Ahnen – schaut: Die Menschen, die aus meinem Auge entstanden, sie haben jetzt Anschläge gegen mich ersonnen! Sagt mir, was dagegen Eurer Meinung nach zu tun ist – denn ich bin noch am Überlegen – und kann sie nicht vernichten, bis ich von euch gehört habe, was ihr darüber denkt!'
Da meinte die Herrlichkeit des Nun: 'Du mein Sohn Re – Du Gott, der grösser geworden ist als ich und älter als jene, die ihn erschaffen haben – nimm wieder auf deinem Thron Platz! Die Furcht vor dir ist gross – denn dein Auge wendet sich gegen alle, die für dich Böses planen!'
Darauf erwiderte die Herrlichkeit des Re: 'Ihr müsst wissen, dass die Menschen in die Wüste geflohen sind vor lauter Angst davor, was ich ihnen sagen könnte.'
Worauf die Götter erwiderten: 'Lass dein Auge dorthin ziehen, damit es dort jene Bösewichter entdeckt, die sich gegen dich verschworen haben. Es gibt kein Auge, das besser geeignet wäre, sie zu bestrafen – möge es über sie als Hut-Her herabkommen!'
Und so kam diese Himmelsgöttin zurück, nachdem sie die Menschen in der Wüste getötet hatte, und die Herrlichkeit des Re sagte zu ihr: 'Sei mir in Frieden willkommen, Hut-Her, die mir als Schöpfer geholfen hat, nachdem ich dich darum bat!'
Worauf die Göttin erwiderte: 'So wahr du für mich lebst – mich dieser Menschen zu bemächtigen, das tat ich gern!' Und die Herrlichkeit des Re sprach: 'So werde ich nun Macht über sie haben – als der, der sie dezimiert hat!'
So entstand Sakhmet, 'Die Mächtige', die, von der Nacht zusammengebraut, in ihrem Blut watete."[670]

Die blutrünstige löwenköpfige Sakhmet hat damit die ersten Morde auf der Erde begangen. Re möchte aber nicht, dass sie als 'Herrin, vor der alle zittern' die gesamte Menschheit ausrottet – was er jedoch vor den anderen Göttern nicht zugeben will. Deshalb verfällt er auf eine List. Er lässt sich einen Haufen Ocker bringen, es von einem Priester zermahlen und gleichzeitig Gerste zerstampften.

"Der Ocker wurde nun dem Gemisch hinzugefügt, sodass es wie Menschenblut schien, und daraus 7000 Krüge Bier zubereitet, welche Re, der Herrscher über Ober- und Unterägypten samt den anderen Göttern dann begutachtete.
Als nun die Zeit kam, da Hut-Her die Menschheit umbringen sollte, in den Tagen, in denen sie nach Süden zieht, meinte die Herrlichkeit des Re: 'Wie schön sind doch die Menschen – ich will sie vor ihr schützen! Darum lasse ich die Krüge zu dem Ort bringen, wo sie vorhat, die Menschheit zu töten!'
Da stand der Herrscher über Ober- und Unterägypten sehr früh auf, in der tiefsten Nacht noch, um diesen Schlaftrunk ausgiessen zu lassen – und durch die Macht der Herrlichkeit dieses Gottes stand diese Flut nun drei Handbreit hoch über dem Ackerland.
Als Sakhmet frühmorgens aufging und merkte, dass das Land rot überschwemmt war, da machte sie ein glückliches Gesicht und trank es vor lauter Zufriedenheit – sie wurde so betrunken davon, dass die Menschen sie bei ihrer Rückkehr gar nicht mehr erkannten."[671]

Damit wird erklärt, weshalb man beim Fest der Hut-Her seit Menschengedenken ihr zu Ehren 'Schlaftrunke' braut. Ungestraft jedoch bleiben die Menschen nicht, denn "die schmerzhafte Glut" von Res Auge – nunmehr Hut-Hers Sonnenball – bringt ihnen "seit jener Zeit Pein". Dennoch geben sie keine Ruhe. Sie meinen zwar, etwas Gutes zu tun, indem sie Res Feinde niedermachen – doch dabei kommt es zum ersten Krieg unter den Menschen. Darauf hat Re nun aber genug von ihnen.

"'So wahr ich lebe – ich werde es müde, bei ihnen zu sein! Ich will sie ohne Ausnahme töten – das liegt sicher noch in Reichweite meiner Macht!'
Da meinten die Götter in seinem Gefolge: 'Gib nicht auf, nur weil du dich jetzt müde fühlst – denn deine Wünsche sind immer noch wirkungsvoll genug!'
Da erwiderte er der Herrlichkeit des Gottes Nun: 'Mein Leib ist jetzt zum allerersten Mal kraftlos geworden – ich ziehe mich lieber zurück – ich mag mich nicht mehr gegen ihre weitere Auflehnung wehren.'
Worauf die Herrlichkeit des Nun sagte: 'Du, mein Sohn Shu – dein Auge soll Vater Re jetzt als Schutz dienen. Und du, meine Tochter Nut, du nimmst ihn auf deinen Rücken!' So verwandelte Nut sich in eine Kuh und Res Herrlichkeit stieg auf ihren Rücken.
Die Menschen aber kehrten von da zurück, wo sie hingeflohen waren, erblickten ihn auf dem Kuhrücken und sagten: 'Da haben sich Menschen gegen dich empört – nun komm zu uns, damit wir deine Feinde zu Fall bringen – jene, die Anschläge gegen den ersannen, der sie erschaffen hat.'
Doch Seine Herrlichkeit kam nicht zu ihnen, sondern zog auf dem Rücken der Kuh zu seinem Palast – und so lag die Welt nun in Finsternis. Als sie dann wieder hell geworden war, früh am Morgen, zogen diese Leute mit Pfeil und Bogen los, erhoben ihre Arme und schossen auf Res Feinde.
Da sprach die Herrlichkeit dieses Gottes zu ihnen: 'Ihr habt euch Böses zuschulden kommen lassen, ihr Blutvergiesser – in Hinkunft haltet euch von jedem Gemetzel fern!' So ist Mord und Totschlag unter den Menschen entstanden.
Zu Nut jedoch sagte er: 'Ich habe mich auf deinen Rücken gesetzt, um mich zu erhöhen.' 'Wie ist das gemeint?', fragte sie, die Nut – um sich bei dieser Frage in all die zu verwandeln, die in beiden Himmeln sind [dem der Nacht und des Tages].
Worauf die Herrlichkeit des Re sagte: 'Ihnen bleib fern – mir aber nähere dich und blicke mich an!' So hat sich Nut in den Himmel verwandelt."[672]

In dem dreifach gegliederten Kosmos, der nun entsteht, ist das Jenseits der beständigste Teil. Im älteren *Totenbuch* wird die Seele des ewigen Aufrührers Setekh auf die Sonnenbarke gebannt, damit er nicht wieder alle in Furcht versetzt.[673]
Im spätzeitlichen Mythos von *Her und Setekh* bleibt bei dieser Götterdämmerung Usir als unschuldiges Opfer in dem neu erschaffenen Himmel allein zurück: "Was ist nun gut daran, dass ich hier allein bin, im Westen ruhend, während alle anderen Götter ausserhalb sind? Wer von ihnen ist mächtiger als ich? Wahrlich, sie haben die Lüge erfunden! Doch als der grosse Ptah den Himmel erschuf, sagte er da nicht zu den Sternen darin: 'Ihr sollt jede Nacht im Westen zur Ruhe gehen, an dem Ort, wo König Usir ist? Und nach den Göttern soll auch die gesamte Menscheit dort zur Ruhe gehen, wo ich bin!'"[674]
Derart wurde neben den Sternen auch das Binsen- und Opfergefilde kreiert. In Letzterem, dem Feld der Ruhe, wächst laut *Totenbuch* die Gerste 5 Ellen und der Weizen 7 Ellen hoch, genauso gross wie auch die Schenkel der Totengeister der Menschen sind, die in der Urzeit noch stärker und grösser waren als heute.[675]

"Darauf blickte die Herrlichkeit des Re in das Innere Nuts und sagte: 'Nun aber statte mich dort mit viel Gefolge aus!' Und so sind [die Seelenwesen der Götter] entstanden.
Worauf seine Herrlichkeit – Leben, Heil und Gesundheit ihr! – sprach: 'Wie friedlich ist das Gefilde dort!' So entstand das Opfergefilde.
'Ich werde dort Pflanzen wachsen lassen!' So entstand das Binsengefilde.
'Und ich will es mit allerlei Dingen ausstatten!' Das waren die immerleuchtenden Sterne.
Als Nut dann ob ihrer Höhe zu schwanken begann, meinte die Herrlichkeit des Re: 'Ach, hätte ich doch Heh-Götter, die sie stützen!' So entstanden die Heh-Götter [als Beine der Himmelskuh].
Und zu seinem Sohn Shu sagte er: 'Stell dich unter meine Tochter Nut – während die Heh-Götter mir die Millionen [Seelen] dort hüten, damit sie in der Dämmerung wiederaufleben können – nimm Nut auf deinen Kopf, um sie aufzuziehen!' So entstand der Brauch, dass man Sohn und Tochter einer Amme übergibt, und der Brauch, dass ein Vater seinen Sohn auf sein Haupt setzt."[676]

"Darauf sprach Res Herrlichkeit zu Djehuti: 'Schau – ich bin wieder da; der Himmel ist jetzt mein Platz. Weil ich aber auch in der Unterwelt, auf der Insel des Gottes Baba,[677] Licht und Glanz verbreiten werde, sollst du dort Schreiber werden und die zur Ruhe bringen, die dort sind – die wir erschaffen haben und die sich trotzdem gegen uns auflehnten: die Erdgeister Akeru nämlich, Babas ewig unzufriedene Gefolgsleute. Zu diesem Zweck ernenne ich dich zu meinem Stellvertreter: von jetzt an soll man dich mit 'Djehuti, Stellvertreter des Re' anreden. Und ich lasse dich Boten aussenden, die grösser sind als du.'
So entstand der Ibis als Vogel des Djehuti.
'Ich werde dich deine Hand ausstrecken lassen in Anwesenheit der Urgötter, die grösser sind als du; damit entlastest du mich – was mir hilft: Denn so wirst du die beiden Himmel umfassen mit deiner Vollkommenheit und deinem Leuchten.'
So entstand der Mond des Djehuti."[678]

"Diesen Text soll ein Mann still für sich aufsagen, nachdem er sich mit Öl und Salbe eingeschmiert, hinter den Ohren und die Hände mit Natron eingerieben und Natronkugeln im Mund und eine Pfanne mit Weihrauch in die Hand genommen hat. Er soll sich mit dem Wasser der Nilschwemme reinigen und sich dann je ein Leinenkleid für oben und unten anlegen, weisse Sandalen anziehen und sich mit weisser Farbe das Maat-Zeichen der Wahrhaftigkeit auf die Zunge malen. Wenn es Djehutis Wunsch ist, dies für Re zu lesen, dann soll er sich samt seinen Dienern neunfach reinigen, drei Tage lang, und dann ein Bild dessen malen, was da jetzt steht: Dann werden er [und seine Kinder] lange leben, ohne grauen Star, Gicht und Gehbeschwerden, sodass die Leute über ihn sagen: 'Der ist ja wie Re an dem Tag, als er geboren wurde.' Er wird nicht verarmen und die Tore der Unterwelt ihm dann nicht versperrt sein. Das ist ein wahres Heilmittel, millionenfach erprobt!"[679]

TEFNUT

Der im *Buch der Himmelskuh* bloss skizzierte 'Zug des Sonnenauges Hut-Hers' wurde in der hellenistischen Zeit als *Mythos vom Sonnenauge* redigiert und im 2. nachchristlichen Jahrhundert neu abgefasst: So wurde aus einer religiösen Göttersage gelehrte Unterhaltungsliteratur, die vielleicht sogar von kostümierten Schauspielern aufgeführt wurde.

Im Mittelpunkt steht anstelle Hut-Hers die löwengestaltige Tefnut, Tochter des uralten Schöpfergottes Atum und die Schwestergattin Shus. Sie repräsentierte ursprünglich die Atmosphäre der Unterwelt, in der sie, wie es in einem *Pyramidentext* heisst, "Geb, den Erdgott unter [der Milchstrasse] Nut, mit ihren Armen hochhält".[680]

In diesem späten Mythos tritt sie jedoch als Sonnenauge auf, um als Variante von Res astronomischer Geburt durch Nut die Wanderung der Sonnenbahn im Winter nach Süden und ihre Rückkehr im Frühjahr zu erklären. Neuere Deutungen beziehen den Mythos allerdings auf Sepedet und die Nilflut. Der Text wird hier in freier Nacherzählung wiedergegeben:

DER MYTHOS VOM SONNENAUGE

In der Urzeit hat sich die im Sonnenauge verkörperte Tochter Res einmal mit ihrem Vater entzweit. Sie verlässt im Zorn ihre Heimat Ägypten und zieht sich, je nach Fassung, unmutig nach Obernubien oder Libyen zurück, und greift auf ihrem Weg dorthin jeden an, auf den sie trifft. Am Ziel treibt sie ihr Wesen als Wüstenluchs: Das glutheisse, trockene Land am Oberlauf des Nil ist wie für eine solche afrikanische Goldkatze geschaffen. Ihre Abwesenheit lässt ihren Vater Re jedoch ohnmächtig zurück, da sie zu seinem Schutz diente und zentral für seine Macht war. Um sich sein wütend gewordenes Sonnenauge zurückzuholen, schickt Re ihren Löwenbruder Shu oder seinen Kriegs- und Jagdgott los, die sie jeweils aufspüren und zurückbringen. In der am besten erhaltenen Fassung ist es jedoch seine rechte Hand, der für seine Weisheit berühmte ehemalige Mondgott Djehuti, der das nun *Tefnut* genannte Sonnenauge zurückbringt. Der entdeckt sie und verwandelt sich in einen Hundskopfaffen, einen Pavian. Er hat all seine Schlauheit nötig, um die Widerspenstige umzustimmen, denn die Katze begegnete ihm mit hitzigem Zorn und spottete über seine wohlformulierte Rede. Tefnut bebt weiterhin vor Wut, weshalb es besonderer Geschicklichkeit bedarf, sie zu besänftigen, auch weil sie als Tochter des Richters und Rächers Re Macht über Leben und Tod hat und töten kann.

Djehuti versucht, sie durch seine Tanzkünste, allerlei Zaubertricks, besonders aber durch 'Kleine Reden' umzustimmen, mit denen er sie ablenkt und zerstreut, weil er sich bedroht sieht (obwohl ihm, im nicht erhaltenen Anfang des Mythos, sein Leben zugesagt worden sein muss). Durch die Fabel vom Geier und der Wildkatze gibt er Tefnut zu verstehen, dass sie, wenn sie etwa ihren Eid bricht wie diese beiden, sie sich auch wie diese in Gefahr bringt, weil dem göttlichen Richter Re solche Missetaten nicht verborgen bleiben.
Dann schmeichelt der Affenbote ihrer Macht mit einem Hymnus auf sie als Segen spendende Sonne. Er gibt ihr ein Lebenskraut, das Jugendlichkeit und Wohlgelauntheit verspricht, und besingt ihre Familie und ihre Heimat in höchsten Tönen, bis die Sonnentochter Heimweh bekommt. Durch sich auf sie beziehende mythologische Anspielungen und Wortspiele beginnt er Tefnut zu faszinieren. Voll staunender Begeisterung wendet sie sich Djehuti mehr und mehr zu, bricht ergriffen "wie ein Wolkenbruch in Tränen aus" und verstummt vor Kummer.
Nun versucht er, sich durch eine weitere Tierfabel noch mehr bei ihr einzuschmeicheln: "Doch da wusste die nubische Wildkatze, dass er all die Dinge nur erzählt hatte, um sie zur Heimreise umzustimmen, obwohl sie in der Wüste bleiben wollte. Deshalb wollte sie ihn nun in Angst versetzen. Sie verwandelte sich in die Gestalt einer wütenden Löwin, die 6 Gottesellen gross war, gleich lang wie breit und schüttelte ihre Mähne. Ihr Fell rauchte von Feuer, ihr Rücken hatte die Farbe von Blut, ihr Gesicht glänzte wie die Sonnenscheibe, ihr Auge glühte gleissend, ihr Blick loderte wie die Flamme, welche die Sonne in der Mittagshitze auswirft. Sie hüllte sich ganz in Strahlen, dass alles in ihrer Nähe sie ob ihrer Kraft fürchtete. Sobald sie mit ihrem Schwanz wedelte, ging in der Wüste der Staub hoch; knirschte sie mit dem Maul, wirbelte es Sandstürme auf, wetzte sie ihre Krallen, breitete sich die Glut über den Dünen aus, und blies sie durch ihre Nase den Rauch aus, verdorrten die Akazien – wobei aus ihrer Nase auch Fliegenschwärme hervorkamen. Und als sie mit voller Kehle turmhoch aufbrüllte, öffnete die Wüste ihren Mund, sodass die Felsen mit dem Sand redeten und die Hügel zwei Stunden lang bebten.
Den Schakalaffen Djehuti packte darüber grosse, heftige Furcht – denn dazu bedeckte die Wüste in der Stunde, in der er die Macht von Tefnuts Worten sah, ihr Antlitz: Die Berge wurden schwarz und die Sonne verfinsterte sich zu Mittag, sodass der Himmel nicht mehr zu sehen war. Djehuti schlotterte das Fleisch wie einem Fiebernden, dass er einem Frosch glich. Er sprang wie eine Heuschrecke herum und wurde schwach wie ein Zwerg; er stand vor der Göttin auf seinen Füssen wie der Affe in der Sonnenbarke, hatte nur noch Angst und wusste nicht mehr, ob er überhaupt noch auf der Erde war – und mit seiner Stimme ging es ebenso."[681]

Djehuti bettelt um sein Leben, huldigt wiederholt Tefnuts Schönheit, die er mit unterschiedlichen Göttinnen vergleicht, entwindet sich der Gefahr aber erst, als er ihr zu bedenken gibt, dass er sie in der Not einmal retten könne. Darüber beruhigt sich Tefnut und nimmt wieder ihre alte Gestalt als Wüstenluchs an. Um sie weiter bei Laune zu halten, erzählt Djehuti ihr die Fabel vom Seh-Vogel und dem Hör-Vogel (siehe Eintrag 'Nekhbet') und bringt Tefnut so endlich dazu, wieder heimzukehren – muss ihr jedoch auf dem Heimweg immer neue Geschichten erzählen, damit sie ihm gewogen bleibt.
So ziehen sie allmählich nordwärts, Djehuti seine Überredungskünste aufbietend, Tefnut weiter widerspenstig, da die nubischen Bäume, Dattel- und Dumpalmen, Johannisbrot- und Maulbeerbäume sie festhalten und kaum vorankommen lassen.
Auf ägyptischem Boden schliesslich erhält Djehuti Gelegenheit, Tefnut zu retten, als sie sich gegenüber von Theben schlafen legt. Er wacht und beschützt sie vor einer Rotte des dämonischen Schlangengottes Apep, in dem er sie aufweckt, mit ihr in eine Fähre springt und sie sich am anderen Ufer im Schilf verstecken. Damit beweist er ihr die Moral einer seiner Fabeln: dass nämlich der Schwache dem Starken helfen kann.
Danach ziehen sie von Kultort zu Kultort den Nil entlang nach Norden. In jedem ihrer Heiligtümer wird sie mit Tanz und Musik empfangen. In der heiligen Stadt des Re, Heliopolis, unweit des alten Memphis, richtet Re zu Tefnuts Ehren eine grosse Feier aus, bei der sie sich mit ihrem Vater versöhnt. Sie erzählt ihm dann all die Fabeln, die sie von Djehuti gehört hat – der von Re für seine erfolgreiche Mission gelobt wird.[682]

IART – DIE KRONE

Einen Lichthof um die Sonne mit seinen dünnen, leicht gebogenen Strahlen nannte man 'Krone' und 'Kopfschmuck Des Re'. Ein Stern über diesem Halo wurde mit der Uräus-Schlange, der aufgerichteten Kobra, *Iart*, über dem Kopfschmuck eines Herrschers verglichen: Sie verhiess triumphalen Aufgang der Sonne und schützte den Sonnengott vor seinen Feinden. Das galt insbesondere für Sirius, den hellsten Stern: Die darin verkörperte Göttin Sepedet bezeichnete man auch als "Tochter Des Re", "Sonnenauge", "Weibliche Sonne" und als "Regentin Der Dekane", weil mit ihrem morgendlichen Aufgang die Zählung des Jahres durch diese Wochengestirne begann.[683]

IX DER MOND

DJEHUTI
KHONSU
IAH
IUW

Der Mond wurde ursprünglich mit dem ibisköpfigen oder paviangestaltigen Djehuti (gr. 'Thot') identifiziert. Nachdem Djehuti als Gott des Kalenders, der Magie, der Wissenschaften, der Schreibkunst und der Weisheit Res rechte Hand wurde, nahmen andere Götter seine Stelle ein: Khonsu, 'Der Durchwanderer' des Himmels, der "vollkommene Zufriedenheit brachte", und Iah. Dieser galt als erwachsene Gestalt des Khonsu und wurde mit einer Scheibe zusätzlich zur Atef-Krone dargestellt. Man übertrug dem Mond die Funktion als Fährmann namens Iuw, der Götter wie Totengeister über den ekliptischen Kanal der Sonne auf die andere Hälfte des Himmels schaffte. Beinamen für ihn waren 'Fährmann Der Götter', 'Stier Der Götter', 'Türhüter Des Usir' oder 'Zunge Des Re'.

K1 67–68 und L1 180

Am 6. und 15. Tag eines lunaren Monats wurden Feste gefeiert, die das Wachsen vom Halbmond zum Vollmond markierten und auch mit dem Aufgang der im Sirius verkörperten Sepedet verbunden waren. Ging der Vollmond auf, während die Sonne unterging, hiess dies "Vereinigung der beiden Stiere", da deren zwei Götter auch als 'Stiere' bezeichnet wurden: Es war dies laut *Nutbuch* "ein Tag der Reinigung".[684]

Die Neumondsichel galt als Mondgeburtstag, es war der 2. Tag des 30-tägigen Mondmonats. Der 28. Tag hiess 'Jubiläum der Nut', in Erinnerung an ihren Schutz des Her. Am 29. Tag war die abnehmende Mondsichel ein letztes Mal sichtbar.

HER UND SETEKH

Im *Nutbuch* gilt der Mond als schutzbedürftiger Sohn der Aset (gr. Isis) und des Usir (gr. Osiris). Der um 1160 überlieferte Mythos von *Her und Setekh*, der sich auf 2000 zurückverfolgen lässt, beinhaltet die Vorgeschichte der Entstehung des Mondes aus Her (gr. Horus).

Darin erhält Die Grosse Neunheit der Götter ein Schreiben von Re-Herakhti und Atum, dem Herrn über die Zwei Länder Ägyptens. Es fordert sie auf, Asets Sohn Her – und nicht seinem streitsüchtigen Onkel Setekh, der als der Ältere darauf Anspruch erhebt – die Weisse Krone aufs Haupt zu setzen und ihn in der Nachfolge seines Vaters Usir zum König zu erheben. Setekh ist erbost und versucht, Her auf hinterhältige Weise umzubringen. Zuerst überredet er ihn, sich in ein Nilpferd zu verwandeln und mit ihm unterzutauchen.

Da Aset ahnt, was ihr Bruder vorhat, wirft sie eine Harpune nach ihm, trifft jedoch Her und zieht ihn so wieder heraus. Der haut ihr aus Wut darüber jedoch den Kopf ab, worauf Aset sich in ein kopfloses Frauenbild aus Feuerstein verwandelt.

Als Re-Herakhti (der am Horizont aufgehende Sonnengott) dies erfährt, schickt er Die Grosse Neunheit los (zu der Setekh im Sternbild Ursa Maior gehört), um Her zu suchen und ihn zu bestrafen: "So stieg Die Neunheit über den Bergen auf, um Her zu suchen. Der lag unter einem Shenusha-Baum im Oasenland.

Als Setekh ihn fand, packte er ihn und warf ihn auf dem Berg auf den Rücken. Er riss ihm beide Augen aus ihren Höhlen und vergrub sie am Berg, um die Erde zu erhellen; aus ihnen wurden dann zwei Blumenzwiebeln,

aus denen die Lotosblumen erwuchsen. Setekh aber ging zu Re-Herakhti und log ihn an: 'Ich habe Her nicht gefunden.'
Darauf machte sich Hathor auf, die Herrin der südlichen Sykomore [die bei der Ekliptik steht], und fand in der Wüste den weinenden Her. Sie fing eine Gazelle, molk sie und sagte zu Her: 'Mach deine Lider auf, damit ich diese Milch hineinträufeln kann.' Er tat es und sie träufelte die Milch erst in die rechte, dann in die linke Augenhöhle und sagte: 'Jetzt öffne deine Augen.' Er tat es und sie besah sie und fand sie geheilt.
Dann kehrte sie zu Re-Herakhti zurück und sagte: 'Ich habe Her gefunden! Setekh hat ihn um die Augen gebracht, aber ich habe sie ihm wiedergegeben. Da kommt er.'
Darauf sprach Die Neunheit: 'Man hole Her und Setekh, damit wir vor ihnen zu Gericht sitzen können.'
So wurden sie vor Die Neunheit gebracht und Atum, Der Herr Des Alls Alls, sprach vor Der Neunheit zu Her und Seth: 'Horcht auf das, was ich euch sage, dann könnt ihr wieder losziehen. Esst und trinkt – aber lasst uns in Frieden! Hört endlich auf, euch jeden Tag zu streiten!'
Darauf meinte Setekh zu Her: 'Komm, feier mit mir in meinem Haus einen Festtag.' Und Her antwortete: 'Das mach ich, gerne.' Als es dabei Abend wurde, bereitete man ein Bett für sie und sie legten sich zusammen hinein. Nachts dann liess Setekh sein Glied steif werden und schob es Horus zwischen die Schenkel – und Her griff mit den Händen zwischen seine Schenkel und fing Setekhs Samen auf. Dann ging Her zu seiner Mutter Aset, um es ihr zu verraten: 'Komm, Mutter, und schau, was Setekh mir angetan hat.' Er öffnete seine Hand und zeigte ihr Setekhs Samen. Sie schrie laut auf, nahm ihr erzenes Messer und schnitt ihm die Hand ab und warf sie ins Wasser. Dann besprach sie den Stumpf mit einem Heilspruch."[685]

Das Abschneiden von Horus' Händen – den beiden Hörnern der Mondsichel – ist mit dem Tag der letzten Sichtbarkeit des Mondes zu verbinden. Sie werden in einer anderen Variante des Mythos nach der Gerichtsverhandlung am nächsten Tag, dem seiner ersten Sichtbarkeit, wieder aus dem Wasser gefischt. Daraufhin zeigt sich Djehutis Vollmond am 15. Tag als Weisse Krone des Vollmonds wieder in aller Pracht:
"Danach nahm Aset ein bisschen süsse Salbe und bestrich damit Hers Glied. Sie liess es steif werden, stellte einen Topf darunter und liess seinen Samen hineintropfen. Am Morgen ging Aset mit Hers Samen in Setekhs Garten und fragte seinen Gärtner: 'Welche Pflanzen isst Setekh hier mit dir?' Der Gärtner antwortete ihr: 'Setekh isst hier kein anderes Gemüse als den [als potenzfördernd geltenden] Lattich.' Weshalb sie den Samen des Her darauf sprenkelte. Als Setekh dann wie jeden Tag kam, ass er wie gewöhnlich Lattich. So wurde er mit Hers Samen schwanger.
Daraufhin ging Setekh zu Her und sagte: 'Los, komm – ich ziehe jetzt wegen dir vor Gericht.' Und Her erwiderte: 'Von mir aus, gern!' Und so zogen sie wieder vor Gericht, standen vor Der Grossen Neunheit und wurden zum Sprechen aufgefordert. Und Setekh sagte: 'Übergebt mir das Amt des Herrschers – Er lebe, sei heil und gesund! Denn was Her betrifft, der dasteht, so habe ich an ihm eine Mannestat vollbracht.'
Da schrie Die Neunheit laut auf und spuckte Her ins Gesicht. Doch der lachte sie aus, schwor einen Eid bei den Göttern und sprach: 'Was Setekh gesagt hat, ist gelogen. Ruft Setekhs Samen und lasst uns schauen, von wo er antworten wird. Dann ruft den meinen und dann schauen wir, von wo der antwortet.'
Djehuti, Herr der Gottesworte und Schriftführer Der Neunheit, legte seine Hand auf Hers Arm und rief: 'Komm heraus, Samen des Setekh!' Und der antwortete ihm aus dem Wasser innen, an der Seite des Binsengefildes. Dann legte Djehuti seinen Arm auf Seth und rief: 'Komm heraus, Samen des Her!' Und der antwortete: Wo soll ich herauskommen?' Djehuti sagte: 'Komm aus dem Ohr heraus!' Und er erwiderte: 'Ich soll aus seinem Ohr herauskommen, ich, der ich göttlicher Samen bin?' Darauf meinte Djehuti: 'Dann komm halt aus seinem Scheitel heraus!' Und so kam er als goldene Sonnenscheibe aus Setekhs Kopf heraus. Setekh wurde wütend darüber und streckte die Hand aus, um sich die Sonnenscheibe zu nehmen, doch Djehuti entriss sie ihm, um sie sich als eigenes Emblem auf den Kopf zu setzen. Und als sie dann sagten, Her ist im Recht und Setekh im Unrecht, stiess Setekh einen grossen Schrei aus."[686]
Das im entsprechenden Abschnitt nur fragmentarisch erhaltene *Nutbuch* greift diesen Mythos über die Entstehung des Mondes und seine Verbindung zu Djehuti (gr. Thot) auf.

Die Unsichtbarkeit des Mondes in der Nacht nach dem Monatsbeginn wird dadurch erklärt, dass Setekh ihm beide Augen genommen hat, offenbar im Auftrag des Erdgottes Geb, der Her damit für die Enthauptung seiner Mutter Aset hat bestrafen lassen: "Dies ist das Fest der Ankunft des Setekh, nachdem er Her beide Augen genommen hat. Her sitzt in seinem Haus des Monats, seine Kraft verringert, worauf Aset ihn ergreift und ins Innere ihrer Mutter Nut [die Milchstrasse] setzt, damit sie ihn schütze."[687] Da sitzt er nun "in seinem Haus und kommt nicht heraus, ärgerlich darüber klagend, dass Geb ihn bestraft hat".[688]

In einer weiteren Version dieses Mythos um den Mond konnte Her sich zuerst das linke der von Setekh vergrabenen Augen zurückholen (Her vergräbt seine Augen darin selbst ein zweites Mal, damit aus ihnen Rebstöcke werden, deren Wein das Morgenrot erklärt): "Nachdem Her sein Auge beim Morgengrauen gerettet hatte und er es in der Morgenbarke empfangen hatte, ging er bei seinem Vater Usir [dem Orion] am Horizont hervor; der befahl ihm, seine Schulter und seine zwei Augen zu verbinden, um sein Gesicht zu öffnen und mit ihnen wieder zu sehen. So liess er Hers Kraft wieder stark werden und sein Herz froh."[689]
Damit ist das erste Erscheinen der Mondsichel am 2. Monatstag erklärt. Hers Mondauge nimmt während seiner Heilung allmählich zu; er tritt aus Nuts Milchstrasse, "die das Himmelserz befährt", und "erhebt sich gegen Setekh [als Planet Merkur]", um schliesslich als Halbmond am 7. Tag sein "heiles Auge zu öffnen":[690] Es war dies ein Tag, an dem wichtige Feste gefeiert wurden.
Darauf wird Her von seinem Vater Usir geraten, sich auch sein rechtes Auge, die Sonne, zu holen, die inzwischen "kam und ging: 'Sammle dir den Re ein!'"[691]
Her wächst nun weiter heran; "alles, was Setekh zerstampft hatte", heilt wieder. Er "füllt sich mit allen Sachen, von denen man Besitz ergreifen kann", verknöchert zusehends mineralisch und reift schliesslich zum Vollmond heran. An diesem 15. Tag zeigt sich Hers linkes Auge, der Mond, gegenüber seinem rechten Auge, der Sonne: "das rechte Auge in der Abendbarke, sein linkes in der Morgenbarke. Das ist die Sonne im Westen, und das ist der Mond im Osten des Himmels, geboren als Zuwachs. Es geschieht nicht jeden Tag, dass er seine zwei Augen einsammelt."[692] Denn an diesem Tag steht die untergehende Sonne im Westen dem aufgehenden Vollmond im Osten exakt gegenüber.
In dieser "Abendröte" trägt Djehuti ihm nun auf: "'Ergreif dein [rechtes] Auge! Leg deine Finger auf es und vereinige beide Augen in deinem Kopf!'" Und da "kommt nun Her vollständig ausgestattet heraus, nachdem ihm seine beiden Augen wiedergegeben wurden als rechtes und linkes Auge. Das war das allererste Entstehen des Her in Gegenwart des Usir, der zusammen mit Aset die Hände um ihn legte. So entstand die Helle des Festes des 15. Tages, als Tag der Trankopfer und der Reinigung, als Tag der Vereinigungen der beiden Stiere".[693]
Die Rolle Setekhs – "der mächtig war im Gesicht"[694] – bestand darin, seine Finger in Hers Gesicht zu bohren, damit die beiden Augen in Hinkunft ein Eigenleben als Mond und Sonne führen konnten, "um die Erde zu erhellen".

L1 174–190

Vollmond

IRET HER – HERS AUGE

SEWENTJU – DER RUNDKASTEN DES MONDES

Der Vollmond galt als das linke Auge des Her, das ihm von Setekh beim Kampf um Usirs Thronfolge herausgerissen und danach zu Djehuti wurde: "Ich bin dieses Auge des Her, das herrlich und nützlich ist in der Nacht und mit seiner Schönheit Feuer macht";[695] "die Gestalt meines Auges ist Feuer".[696]

Dazu konnte er als *Sewentju* bezeichnet werden, ein Name, der durch *Deben ni Pet* erklärt wird: "runder Kasten des Himmels". Im *Pyramidentext* Pepis I. (ca. 2289–2255) heisst es über ihn: "Du fährst über den Himmel mit deinem Finger am Steuer wie Sewentju."[697]

K1 84–85, 272–273 und A 127

Die Symbolik dieser runden Lade erläutert Plutarch fast 2500 Jahre später über den Bezug zu Usir und der Lade, die zu seinem schwimmenden Sarg wurde: "Die Ägypter fabeln, Usirs Tod trete am 17. Tag eines Monats ein, wo die Abnahme des Mondes deutlich wird. 28 Jahre soll Usir nach einigen gelebt, nach anderen geherrscht haben – was der Zahl der Tage des Mondes entspricht, in denen er seinen Kreislauf vollendet. Bei der sogenannten 'Bestattung des Usir' zerschneiden sie Holz, um daraus eine mondsichelförmige Lade zu zimmern, weil der Mond, sobald er sich der Sonne naht, als sichelförmige Gestalt verschwindet. Die Zerstückelung des Usir in 14 Teile dann beziehen sie auf die Tage der Abnahme des Vollmonds; den Tag jedoch, an dem er wieder als Neumond erscheint, ihren Strahlen entflohen und an der Sonne vorübergegangen, nennen sie 'Das unvollkommene Gute': Denn Usir ist wohltätig."[698]

Das Vollwerden des Mondes erklärte man sich wiederum folgendermassen: Der Mond verschlingt jene Dekane, die er auf seiner Bahn verdeckt, worauf die Seelen der in den Dekanen verkörperten Götter in die Scheibe von Hers linkem Auge eingehen. Aus seinem rechten Auge, der Sonne, kamen sie dann morgens wieder heraus: was den Aufgang der Dekane am Horizont kurz vor Sonnenaufgang anschaulich macht.[699]

zunehmender Mond

MA-HAF – DER ZURÜCKBLICKER

abnehmender Mond

HEREF-EM-HAF – DER VORAUSBLICKER

Die Mondsichel galt als "Flügel des Djehuti". Da die Neulichtsichel des zunehmenden Mondes am Westhimmel bei der untergehenden Sonne steht, blickt das Gesicht des Mondes auf der Aussenseite entgegen seinem Lauf nach hinten. Der Vollmond sieht dann uns an. Wenn die Altlichtsichel des abnehmenden Mondes am Osthimmel in der Nähe der aufgehenden Sonne steht, scheint er nach vorne zu blicken.[700]

Eklipse

JATET – DIE VERLETZUNG

Eine Sonnen- oder Mondfinsternis war eine Verletzung von Hers Auge – im römischen Sprachgebrauch später *defectus* genannt[701] – verursacht durch Hers ewigen Gegenspieler Setekh.

So sagt ein Spruch des *Totenbuchs* über die Verwundung von Hers linkem Auge, dem Mond: "Ich habe das Auge 'gefüllt', wieder ganz gemacht, nachdem es an jenem Tag des Kampfes der beiden Gegner beschädigt worden war. Was bedeutet das? Es war dies jener Tag des Kampfes von Her mit Setekh, an dem der 'Schmutz' in das Antlitz des Her warf, nachdem Her die Hoden des Setekh gepackt hatte."[702]

In Gestalt eines schwarzen Schweins kann Setekh aber auch den Mond ganz verschlucken – oder dies als Nilpferd tun, wenn es heisst 'Das Nilpferd frisst Sterne'.[703] Gemeint ist damit wohl das jeweilige Sternbild, in dem die Eklipse stattfand.

MONDFINSTERNISSE

Ein Spruch des *Totenbuches* schildert eine Mondfinsternis, die offenbar im Sternbild Schwein um den Dekan 'Kiefer' stattfand: "Re sagte zu Her: 'Lass mich sehen, was heute mit deinem Auge geschehen ist' – und er sah es an. Dann sagte er zu Her: 'Schau doch auf den schwarzen Eber dort.' Darauf blickte Her auf ihn, doch die Verletzung in seinem Auge wurde noch weit schlimmer, und er sagte zu Re: 'Mein Auge fühlt sich jetzt an wie bei dem Schlag des Setekh damals gegen mein Auge' – und verlor das Bewusstsein. Da sagte Re zu den Göttern: 'Legt ihn auf sein Bett, bis er sich wieder erholt.' Denn der schwarze Eber war Setekh gewesen, der sich darin verwandelt und Hers Auge einen Schlag versetzt hatte. Darauf sagte Re zu den Göttern: 'Verabscheut in Hinkunft um Hers willen das Schwein, damit er wieder gesund wird.' So kam es, dass wegen Her das Schwein tabuisiert wurde von den Göttern in seinem Gefolge – obwohl man in Hers Kindheit noch Stiere und Schweine als Opfer geschlachtet hatte."[704]

Auch Plutarch berichtet noch über ein Jahrtausend später, dass der ständige Streit zwischen Her und Setekh auf Mondfinsternisse bezogen wurde: "Die Ägypter setzten die Kraft des Usir in den Mond und sagen, dass Aset als Prinzip des Werdens in ihm wohne. ... Denn nicht immer behält die Verderbnis durch Setekh die Oberhand; oft werde es von ihrer schaffenden Gewalt unterdrückt und gefesselt, tauche dann jedoch wieder auf und bekämpfe Her, das heisst die irdische Welt, die weder des Vergehens noch des Entstehens gänzlich entbehrt. Einige machen auch die Fabel zu einer Andeutung der Eklipsen. Der Mond wird zur Zeit des Vollmondes verfinstert, wenn die Sonne ihm gerade gegenübersteht und er in den Erdschatten einsinkt wie Usir in seinen Sarg; bei Neumond verbirgt und verdeckt er selbst wiederum die Sonne, vernichtet sie aber nicht ganz, so wenig wie Aset den Setekh. Einige nennen den Erdschatten, in den der Mond bei seiner Verfinsterung versinkt, dann Setekh."[705]

Dem Mythos zufolge soll Setekh das Auge des Her einmal verletzt, ein andermal wieder ausgerissen, verschluckt und dem Sonnengott Re wieder zurückgegeben haben. Die Verletzung bezieht sich auf die monatliche Abnahme des Mondes, die Verstümmelung auf seine Verfinsterung, die von der Sonne geheilt wird, indem sie den aus dem Erdschatten entkommenen Mond sogleich anstrahlt.[706]

X DIE PLANETEN

MESQET-SAHDU – DER AUSGETRETENE WEG DER PLANETEN

Die Planeten werden als *Sahdu* bezeichnet, für die sich die Türen des Himmels öffnen, in dem sie sich dann auf ihren Wegen am Himmel "langsam wie Käfer" hin und her bewegen: "ein Sahd-Stern ist golden; der Stier des Sonnenlichts hat seinem Kopf einen Reifen aus Gold aufgesetzt". Sie bewegen sich auf "festgetretenen Wegen".

K1 254–260, 269, A 128, A1 7

Die Araber übernahmen später diese Bezeichnung, übertrugen sie jedoch auf einzelne Fixsterne als *Saad-Sterne*, ohne sich der ursprünglichen Bedeutung des Namens mehr bewusst zu sein: weshalb sie diese als 'Glückssterne' deuteten.

Venus

SHESMETET – DIE MIT DEM MALACHITROCK
DJA – DER ÜBERQUERER

Der Planet wurde in menschlicher Gestalt oder falkenköpfig dargestellt, in späterer Zeit auch zweigesichtig oder zweiköpfig, wohl um ihn als Morgen- wie als Abendstern darzustellen.[707]

In einem *Pyramidentext* wird Venus als Göttin Shesmetet mit 'Die Mit Dem Hüftrock Aus Malachit' betitelt; ein solches Kleidungsstück gehörte zum Herrschaftssymbolen eines Königs: "Shesmetet ist ein scharfstirniger und weit gehender Stern, welcher der Sonne das holt, was in der Fülle der himmlischen Weite liegt."[708] *Shesmet* – Malachit – war auch eine Bezeichnung des östlichen Deltas und der östlichen Wüste und 'Der Von Shesmet' ein Titel des Her.[709]

Ab dem 16. Jahrhundert v. u. Z. wurde der mit Usir und seinem Sternbild Sah assoziierte Benu-Vogel mit Venus verbunden. Auf Deckenmalereien der 18. und 19. Dynastie ist Der Benu-Vogel ein Graureiher, *Dja* genannt: 'Überquerer'. Diesen Namen erhielt Venus wohl aufgrund ihres Hin- und Herwanderns über die Sonne: Spätestens seit der Mitte des 2. Jahrtausends hatte man die Identität von Morgen- und Abendstern erkannt.[710]

Morgenstern

DER BENU-VOGEL
DER WADJADJ-VOGEL (?) – DER GRÜNE BIENENFRESSER

Ein Spruch aus dem *Totenbuch* über Malachit vereint Shesmet und Den Benu-Vogel im Morgenstern als Seele der Sonne: "Ich bin Der Benu-Vogel, der Ba des Re."[711] Ein anderer Spruch bezeichnet den Benu-Vogel als 'aus der Morgensonne entstanden': "Ich bin als Urzeitlicher aufgeflogen, ich bin als Khepri entstanden."[712] Dies bezieht sich auf jenen Schöpfungsmythos, in dem Der Benu-Vogel als Manifestation Atums am Anfang der Welt über die finsteren Gewässer des Nun flog, sich am Benben-Felsen niederliess und Licht in die Welt brachte. Die später dem Phönix zugeschriebene, sich auch vom Sternbild Des Benu-Vogels ableitende wiederholte Wiederauferstehung aus dem Feuer erklärt sich wohl dadurch, dass der Morgenstern immer wieder aus der Sonne hervortritt, von ihr 'fortzufliegen' scheint, um dann erneut in sie einzutreten.

Im folgenden Text steht jedoch ein anderer Vogel für Venus, nämlich der sich von 'grün' – *wadj* – ableitende Wadjadj-Vogel, der als der grünliche Bienenfresser (*Merops apiaster*)[713] identifiziert wurde.

Er taucht in den alten *Pyramidentexten*, die Den Benu-Vogel noch nicht nennen, als Morgenstern aus der Unterwelt des Horizonts auf: "Morgengott, Duatischer Horus, Göttlicher Falke, Grüner Bienenfresser-Vogel, den der Himmel geboren hat! Sei gegrüsst in diesen deinen vier gnädigen Gesichtern, die sehen, was in der Kenset ist, und den Sturm für den Frieden vertreiben."[714]

HER SA ASET – HER, SOHN DER ASET

Im späteren *Nutbuch* wird Der Benu-Vogel als zusammen mit Her entstanden bezeichnet,[715] offenbar, um zwischen Morgen- und Abendstern zu unterscheiden. Der Himmel- und Lichtgott Her (gr. Horus) ist bereits in der 1. Dynastie als "Vorderster der Sterne am Himmel" bezeugt, der sowohl auf Venus wie auf Mars, Jupiter und Saturn bezogen wurde. Als falkenköpfiger Gott stand er zudem in der zirkumpolaren Region als Sternbild, wo er mit seinem Speer in den stiergestaltigen Setekh in Ursa Maior sticht, um dessen Mord an seinem Vater Usir zu rächen. Zudem hatte er noch ein Sternbild am südlichen Himmel: Die Osiriskapelle von Dendera zeigt ihn auf einer Papyrussäule vor dem Sternbild von Usirs Schiff. Da dort der nur zeitweilig aus der Unterwelt aufsteigende Canopus stehen kann, wurde mit dieser Figur wohl der Her Der Duat abgebildet.

Beim Planeten Venus wurde zwischen Her Dem Älteren und Her Dem Jüngeren unterschieden.Her Der Jüngere war jener Kindgott, den Aset von dem toten Usir empfing.

Aus seinen Augen gingen nicht nur Mond und Sonne hervor, sondern auch Venus als Morgenstern. Her Der Ältere hingegen verkörperte Venus als Abendstern.

K1 2, EAT III 182, C 227 und 247

DIE ENTSTEHUNG VON HER DEM JÜNGEREN

Im *Nutbuch* wird Hers Zeugung im Hinblick auf die Unsichtbarkeit des Mondes am 1. Monatstag geschildert. Die Erzählung ist leider nur fragmentarisch erhalten, beruht jedoch auf der von Plutarch erwähnten Vorstellung, dass Usir und Aset noch vor ihrer eigentlichen Geburt bereits Her Den Älteren in der Milchstrasse erschufen. Das *Nutbuch* bezieht dies allerdings auf die Entstehung von Her Dem Jüngeren als Morgenstern – und setzt diesen dann auch fälschlicherweise in die Mesektet-Barke, das Nachtschiff der Sonne, statt in die Tagesbarke.

Usir befindet sich also zusammen mit Aset und ihrer Schwester Nebet-Hut in Nut, der Milchstrasse. "In deren um ihn gelegten Händen"[716] wird Her "gebaut",[717] indem Usir "seine beiden Arme um sie herum legt und seine Hände zu einer Vulva formt".[718] Er masturbiert damit auf die gleiche Art wie ehedem Atum, als er seine Kinder Shu und Tefnut erschuf: nämlich indem er dazu in seine Hände spuckt. "Es war dies wie bei Atum, das, was aus seinen Lippen hervorkam beim Uranfang, als er in seine Hand spuckte, die eine Vulva war, [aus der] Shu und Tefnut [geboren wurden]: So streckten Aset und Nebet-Hut ihre Hände aus, um Her zu empfangen."[719]
Aset wird schwanger, indem Her in ihr ist. Als er hervorkommt aus dem Leib seiner Mutter, nimmt ihn jedoch Nebet-Hut und stillt ihn; und beide Frauen sagen: 'Wie klein ist der Kleine!'[720] Hervorgekommen aus dem Leib sind jedoch[721] mehrere Erscheinungsformen des Her:[722] Asets Küken entstehen in ihren Nestern als Falken[723] und neben Her selbst auch Der Benu-Vogel.[724] Nachdem Her als Planet Venus hervorgekommen ist, wurde seine Kraft in Nut gross und seine Knochen zusammengebunden:[725] So verwandelt Her sich nunmehr zum 'Stier Des Himmels':[726] dem Saturn.
Davor war Her von Nebet-Hut adoptiert worden. Wie aus einem anderen Mythos hervorgeht, verstiess sie dafür einen Sohn, den sie mit ihrem Gemahl Setekh hatte, den Krokodildämon Maga: "'Das Kind des Setekh – ich verliess es, um es zu retten. Ich versah Ammendienste an ihm, als ich Milch hatte.' Setekh kam es jedoch zu Ohren, dass Aset den Knaben Her geboren hatte: Er sah es auf seinem Rundgang [als Planet Merkur].[727] Dennoch ergriff er Nebet-Huts Ziehsohn nicht"[728] – wahrscheinlich, weil er wusste, dass er noch "Bedarf am Erheben weiterer Erscheinungsformen des Her hatte".[729]
Deshalb vermochte Her weiter zu wachsen: "So wurde Her zu einem Mann, so wurde sein Auge gross."[730] Dann aber steht der Jüngling "als Gelockter plötzlich Setekh gegenüber".[731] Es kommt zu einem ersten Kampf zwischen ihnen, wobei Her das Auge ausgerissen wird; er kann sich aber "vor Setekh retten, sein Auge [die Venus] ergreifen und davongehen".[732] Nebet-Hut und Aset trennen die beiden Streitenden dann: "So wurde gesehen, dass sie hinter Her gingen,[733] und das Erhabene in Aset zeigte sich."[734]
Daraufhin fährt Her im Wasser des Himmels "schnell auf die Ostseite: Dieses Auge des Her ist die Mesektet-Barke [in der Venus jedoch erst abends nahe der Sonne sitzt]. Die Gefolgsleute des Setekh aber waren auf der Westseite – und dessen Herz war froh, dass sie [Nebet-Hut und Aset] ihn [mit Her] wieder versöhnt hatten."[735]
Dies erklärt, weshalb Venus und der hier den Merkur verkörpernden Setekh sich stets sonnennah und als Morgen- wie als Abendstern zeigen. Der Antagonismus zwischen den beiden bricht danach erneut aus; in einem nächsten Kampf zwischen den beiden entstehen aus Hers Augen Mond und Sonne.
L1 107–112 und 190–201

In den älteren *Pyramidentexten* hingegen streiten der Mond und der im Merkur verkörperte Setekh nördlich der Ekliptik um die Herrschaft am Himmel und verstümmeln sich gegenseitig – bis sie von der Sonne getrennt werden.[736] Dabei springt der Mond über die Ekliptik hinweg auf Djehutis Flügel, was die Verbindung dieses Gottes mit ihm wie die Entstehung des Mondes aus Hers linkem Auge erklärt:
"Her schrie vor Schmerz über sein Auge und Setekh schrie vor Schmerz über seine Hoden. Dabei wurde Her ein Auge ausgerissen; es landete auf der anderen Seite des Gewundenen Kanals – wo er Djehuti gesehen hatte –, um sich vor Setekhs Hand zu retten. Hers Auge sprang heraus, über den Gewundenen Kanal hinweg, und landete dann auf der anderen Seite auf dem Flügel des Djehuti [der Mondsichel]."[737]
Atum heilte die Wunden, indem er "auf Hers Gesicht spuckte" und "Setekhs Hoden wieder einsammelte und

ihm die Schmerzen nahm".[738] "Her fiel seines Auges wegen, der Stier jedoch [Setekh] schlich sich seiner Hoden wegen davon."[739] Letzterer wurde darauf als Sternbild Des Stierschenkels in den nördlichen Himmel versetzt und dort auch als 'Grosses Stössiges Rind' und 'Herr Des Nördlichen Himmels' betitelt: "In den Stätten des Her und den Stätten des Setekh leben nun die Götter, die zu den Lebenskräften ihrer Kas gegangen sind."[740]

K1 31–32, 235–236, 239–245

Abendstern

HER WER – HER DER ÄLTERE

Der Abendstern verkörperte Her Den Älteren. In einem *Pyramidentext* nimmt Usir bei seinem Aufgang seinen erstgeborenen Sohn "bei den Fingern, überquert mit ihm die Kühlen Wasser des Himmels, um ihn aufzuziehen und als Grossen Gott der Kühlen Wasser erscheinen zu lassen. Und die Götter sagten: 'Du bist der ältere Gott, Usirs Sohn mit Hut-Her, Geb ist dein Grossvater, und Usir hat nun befohlen, dass du als zweiter Her erscheinst'".[741]

K1 2, EAT III 182, C 227 und 247

Merkur

SETEKH

SEBEGU – DER TRÄGE?[742]

Der Planet, der wie Venus als Morgen- und Abendstern auftritt, wurde mit Setekh (gr. Seth) identifiziert, dem Gott der Wüste, der Gewitter und Sandstürme, des Chaos und des Verderbens, der seinen Bruder Usir tötete und mit dessen Sohn, Her Dem Jüngeren, in Dauerstreit lag. Je nach mythischer Genealogie war Setekh der Sohn der Himmelsgöttin Nut und des Erdgottes Geb, der Sohn Res oder des Atum.

An der Decke von Senenmut und Sethos I. wird Merkur als *Sbg* bezeichnet, ohne dass sich dieser Name bislang zweifelsfrei übersetzen liesse. Im Text des Grabs von Ramses VI. um 1140 wird der Planet hingegen als "Setekh in der Abenddämmerung, ein Gott in der Morgendämmerung" betitelt; es wurde offenbar also schon zwischen ihm als unheilbringendem Abendstern und eher wohlwollendem Morgenstern unterschieden.

In einem *Sargtext*[743] wird der Morgenstern Merkur bezeichnet als "der Rebell, der in der Nacht kam, der Räuber vom Tagesanfang".[744]

In einem weit älteren *Pyramidentext* wird Setekh von einem Herrscher im Zusammenhang mit einer Konstellation angerufen, wie sie sich zu dieser Zeit alle 8 Jahre knapp vor Sonnenaufgang im Mai ergab. Dabei nähert sich einerseits Merkur als Morgenstern entlang der Ekliptik dem Orion, während Canopus zugleich unterhalb des Orion am Horizont steht.

Der Beiname 'Stier Des Himmels' kann sich auf mehrere Gestirne, den Saturn wie den Mond oder Ursa Maior beziehen, während der 'Her Der Duat' hier mit dem Sternbild Sopdus um den Canopus zu identifizieren wäre: "Möge das Herz des Setekh, des Grossen von Heliopolis, sich mit dir verbrüdern; er befahre für dich den Gewundenen Kanal [die Ekliptik] im Norden der Nut [Milchstrasse] als Stern, der das Meer befährt, das unter dem Bauch der Nut liegt. Möge der Her Der Duat [Canopus] deine Hand zum Ort unter Sah [Orion] führen,[745] nachdem 'Der Stier Des Himmels' [Saturn?] dir seine Hand gegeben hat."[746]

EAT III 180–181, K1 43–44, 57–60 und 237, C 227 und 247

Die unterschiedlichen Entfernungen von Venus und Merkur zur Sonne, die längeren Unsichtbarkeiten dieser Planeten hinter ihr sowie das abwechselnde Erscheinen des einen oder des anderen als Morgen- und Abendstern führten wohl zum Mythos von Res Auge, das ihn verliess, um nach seinen zwei Kindern zu suchen. Als das Auge dann zurückkam, war jedoch ein anderes an seiner Stelle gewachsen – worüber es zornig wurde und gegen den Sonnengott zu wüten begann. Um es wieder zu befrieden, setze Re es dann auf eine andere Stelle, nämlich auf seine Braue. Venus wie Merkur erscheinen in den Begräbnisriten sowohl als Helfer wie als Feinde der in den Himmel aufsteigenden Totengeister.[747]

Mars

HER DESHERU – DER ROTE HER

HERAKHTI – HER DES HORIZONTS

SEBA JABTY PET –
ÖSTLICHER STERN DES HIMMELS

Diese Namen stehen auf den astronomischen Decken, wobei der Planet als "rückwärts reisend" beschrieben, wie Jupiter und Saturn auch als Manifestation des Her aufgefasst und als falkenköpfiger Gott in seiner Barke dargestellt wird.

EAT III 179, L1 127, C 246

Jupiter

SEBA RESI – DER SÜDLICHE STERN

HER TASH TAUI –
HER, DER DIE BEIDEN LÄNDER EINT

Diese Namen des Jupiter auf den astronomischen Decken werden durch die Epitheta "Folger Des Himmels", "Der Die Beiden Länder Erleuchtet" und "Der Die Mysterien Öffnet" ergänzt.

EAT III 177, C 226 und 245

Saturn

SEBA IMENTY DJA PET –
WESTLICHER STERN DER DEN HIMMEL QUERT

HER KA PET – HER DER HIMMELSSTIER

Auf den astronomischen Decken wird der 'Himmelsquerer' auch als "östlicher" und "südwestlicher Stern" bezeichnet.

EAT III 178, C 226 und 246–249

Meteoriten

BIA N PET – DAS HIMMELSERZ

Eisen wurde ab dem 13. Jahrhundert als 'Erz vom Himmel' bezeichnet. Bis die Ägypter es im 6. Jahrhundert v. u. Z. schmelzen lernten, waren Meteoriten die einzige Quelle für daraus gefertigte Perlen und Dolche als Symbole königlicher Macht. Auch der in Heliopolis verehrte Benben-Stein (nach der Kosmologie des Alten Reichs der heilige, aus den Urgewässern auftauchende Hügel der Schöpfung, auf dem der Lichtbringer Atum erschien) war wahrscheinlich ein Meteorit.[748]

In der *Geschichte des Schiffbrüchigen* vom Anfang des 2. Jahrtausends landet dieser bei einer Seefahrt ins Land Punt auf einer mythischen, von einer Riesenschlange bewohnten Insel, die ihm sodann von einem Asteroideneinschlag berichtet:

"Ich lebte auf der Insel mit meinen Geschwistern, Kinder unter ihnen: Alle zusammen waren wir 75 Schlangen, Kinder wie Brüder, meine kleine Tochter nicht mitgezählt, die mir auf ein Gebet hin geschenkt worden war. Da fiel ein Stern herab und alle gingen dadurch in Flammen auf! Es traf sich aber, dass ich nicht unter den Verbrannten war, weil ich gerade nicht bei ihnen war – doch als ich sie dort als Leichenhaufen fand, war mir, als sei ich mit ihnen gestorben."[749]

In einem spätzeitlichen magischen Text heisst es deshalb in einem Gebet: "Ihr sollt sie vor dem Stern retten, der vom Himmel herunterfällt und die Menschen zu Boden wirft."[750]

LITERATUR

A1 James Allen, *The Cosmology of the Pyramid Texts*, in: Religion and Philosophy in Ancient Egypt, hrsg. v. William Simpson, New Haven 1989, 1–28.

A2 James Allen, *Egyptian Cosmology and Cosmogony*, in: Handbook of Archaeoastronomy and Ethnoastronomy, hrsg. v. Clive Ruggles, 1471–1475.

AN Henri Andrillat, *L'Astronomie Égyptienne*, in: Ciel et Terre 115.5, 1999, 178–189.

B1 Juan Belmonte, In Search of Cosmic Order – Selected Essays on Egyptian Archaeoastronomy, Kairo 2010.

B2 Juan Belmonte, *The Ramesside star clocks and the ancient Egyptian constellations*, in: Calendars, Symbols and Orientations: Legacies of Astronomy in Culture, Uppsala Astronomical Observatory Report 59, Uppsala 2003, 57–65.

BO Anne-Sophie von Bomhard, The Naos of the Decades – From the Observation of the Sky to Mythology and Astrology, Oxford 2008.

C Marshall Clagett, Ancient Egyptian Science II, Calendars, Clocks and Astronomy, Philadelphia 1995.

CA S. Cauville, Le Zodiaque d'Osiris, Leuven 1997.

CO Joanne Conman, *The Egyptian Origins of Planetary Hypsomata*, in: Discussions in Egyptology 64, 2006–2009, 7–20.

DE Leo Depuydt, *Ancient Star Clocks and Their Theory*, in: Bibliotheca Orientalis 55, 1–2, 1998, 5–44.

DET Edoardo Detoma, *On two star tables on the lids of two coffins in the Egyptian Museum of Turin*, in: Acc. Sc. Torino, Atti Sc. Mor. 148, 2014, 117–169; digital abrufbar.

EAT I–III Otto Neugebauer und Richard Parker, Egyptian Astronomical Texts, London 1960–1969.

G Christine Graves-Browne, *Flint and the Northern Sky*, in: Egyptian Stories, hrsg. v. T. Schneider | K. Szpakowska, Münster 2007, 111–135; auch digital abrufbar.

GU Wilhelm Gundel, Dekane und Dekansternbilder, Darmstadt 1969.

K1 Rolf Krauss, Astronomische Konzepte und Jenseitsvorstellungen in den *Pyramidentexten*, Wiesbaden 1997.

K2 Rolf Krauss, *The Eye of Horus and the Planet Venus: Astronomical and Mythological References*, in: Acts of the Conference *Under One Sky*, hrsg. v. J. Steele | A. Imhausen, AOT 297, Münster 2009, 193–207.

K3 Rolf Krauss, *Stellar and Solar Components in Ancient Egyptian Mythology and Royal Ideology*, in: Astronomy and Power, Proceedings of the SEAC 2010 Conference, hrsg. v. M. Rappenglück | B. Rappenglück | N. Campion | F. Silva, Bar International Series 2794, 2016, 137–141.

KA1 Laszlo Kakosy, *Astral Mythology in Egypt*, in: Acta Antiqua 40, 2000, 213–216.

KA2 Laszlo Kakosy, *Decans in Late-Egyptian Religion*, in: Oikumene 3, 1982, 163–202.

KA3 Laszlo Kakosy, Selected Papers (1956–1973), Budapest 1983.

L1 Alexandra von Lieven, Grundriss des Laufes der Sterne: Das sogenannte Nutbuch, Kopenhagen 2007.

L2 Alexandra von Lieven, Der Himmel über Esna – Eine Fallstudie zur religiösen Astronomie in Ägypen am Beispiel der kosmologischen Decken- und Architravinschriften im Tempel von Esna, Wiesbaden 2000.

LE L. H. Lesko, *Ancient Egyptian Cosmogonies and Cosmologies*, in: Religion in Ancient Egypt: Ancient Gods, Myths and Personal Practice, hrsg. v. Byron Shafer, Ithaca 1991, 88–122.

LEI1 Christian Leitz, *Die Sternbilder auf dem rechteckigen und runden Tierkreis von Dendara*, in: Studien zur Altägyptischen Kultur 34, 2006, 285–318.

LEI2 Christian Leitz, Studien zur Ägyptischen Astronomie, Wiesbaden 1991.

LEI3 Christian Leitz, Altägyptische Sternuhren, Leuven 1995.

LO1 Kurt Locher, *Probable Identification of the Ancient Egyptian Circumpolar Constellations*, in: Journal for the History of Astronomy, Suppl. Archaeoastronomy 9, 1985, 152–153.

LO2 Kurt Locher, *Two Further Coffin Lids with Diagonal Star Clocks from the Egyptian Middle Kingdom*, in: Journal for the History of Astronomy, Suppl. Archaeoastronomy 23, 1992, 201–207.

LO3 Kurt Locher, *New arguments for the celestial location of the decanal belt and for the origins of the* Sah-*hieroglyph*, in: Sesto Congresso Internazionale di Egittologia, Atti II, Turin 1993, 279–284

LU1 José Lull, *Identification of an Ancient Egyptian Star: tms n hntt "the red (star) of Khentet"*, in: Göttinger Miszellen 199, 2004, 73–76.

LU2 José Lull, *A Possible Ancient Egyptian Astronomical Instrument for Positioning the Central Meridian*, in: Discussions in Egyptology 64, 2004–2006, 47–56.

LU3 José Lull, *Meschetiu in der Mythologie und der Orientierung der ägyptischen Tempel*, in: Acta Praehistorica et archaeologica 40, 2008, 85–92 und grösstenteils identisch: *Das altägyptische Sternbild Meschetiu*, in: Sterne und Weltraum, Mai 2007, 46–52.

LU4 José Lull, *Wia. Una barca en el cielo Egipcio*, in: Astronomía 223, Januar 2018, 32–37.

LU5 José Lull, La astronomía en el antiguo Egipto, Valencia 2006.

M Bernard Mathieu, *Les Enfants d'Horus, théologie et astronomie*, in: Egypte Nilotique et Méditerranéenne 1, 2008, 7–14.

P1 Gyula Priskin, *The Dendera Zodiacs as Narratives of the Myth of Osiris, Isis and the child Horus*, in: Egypte Nilotique et Méditerraneénne 8, 2015, 133–185.

P2 Gyula Priskin, *The Astral Myth of Osiris: the Decans of Taurus and Libra*, in: Egypte Nilotique et Méditerraneénne 9, 2016, 79–111.

P3 Gyula Priskin, *The Constellations of the Egyptian Astronomical Diagrams*, in: Egypte Nilotique et Méditerranéenne 12, 2019, 137–180.

PE W. M. Flinders Petrie, Wisdom of the Egyptians, London 1940.

Q Joachim Quack, Beiträge zu den ägyptischen Dekanen und ihrer Rezeption in der griechisch-römischen Welt; das Buch erscheint in Kürze.

SCH Raoul Schrott, Die Blüte des Nackten Körpers – Liebesgedichte aus dem Alten Ägypten, München 2010.

S Timofey Shmakov, Critical Analysis of J. P. Allens 'The Ancient Egyptian Pyramid Texts', Omsk-Tricht 2012, digital abrufbar.

V Jacques Vandier, Le Papyrus Jumilhac, Paris 1962.

W1 R. A. Wells, *The Mythology of Nut and the Birth of Ra*, in: Studien zur Altägyptischen Kultur 19, 1992, 305–321.

W2 R. A. Wells, *Re and the Calendars*, in: Revolutions in Time: Studies in Ancient Egyptian Calendrics, hrsg. v. J. Spalinger, San Antonio 1994, 1–37.

WI Richard Wilkinson, The Complete Gods and Goddesses of Ancient Egypt, London 2003.

TEXTE

A James P. Allen, The Ancient Egyptian Pyramid Texts, Atlanta 2015.
B-T Emma Brunner-Traut, Altägyptische Märchen, Reinbek bei Hamburg 1963.
CT 'Coffin Texts'; Sigel zur Angabe der Sargtexte.
Der ägyptische Mythos von der Himmelskuh, Erik Hornung, Freiburg 1997, digital abrufbar.
H Erik Hornung, Die Unterweltsbücher der Ägypter, Augsburg 1997.
H | Q Friedhelm Hoffmann | Joachim Quack, Anthologie der Demotischen Literatur, Berlin 2007.
Her und Setekh, nach Miriam Lichtheim, Ancient Egyptian Literature II, Berkeley 2006, 214–223 und Emma Brunner-Traut, Altägyptische Märchen, Reinbek bei Hamburg 1963, 133–147.
LI1, LI2 Miriam Lichtheim, Ancient Egyptian Literature I, II, Berkeley 2006.
Plutarch, *Über Isis und Osiris*, in: Moralia V, Harvard 1936 und nach Emma Brunner-Traut, Altägyptische Märchen, Reinbek bei Hamburg 1963, 127–132.
NB Sigel zur Angabe der Stellen aus dem in L1 edierten *Nutbuch*.
PT Sigel zur Angaben der meist aus A zitierten Pyramidentexte (ebenso).
SH Garry Shaw, The Egyptian Myths, London 2014.
TB Das Totenbuch der Ägypter, eingeleitet, übersetzt und erläutert von Erik Hornung, Zürich 1990 sowie The Egyptian Book of the Dead, San Francisco 2015.

ANMERKUNGEN

1 C 495–496 2 Rudolph Kuper, Wadi Sura – The Cave of the Beasts, Köln 2013, 15, 9 und 39. 3 David Wengrow, The Archaeology of Early Egypt, Cambridge 2006, 29. 4 W2 5 McKim Malville | Schild | Wendorf | Brenmer, *Astronomy of Nabta Playa*, in: African Skies 11, Juli 2007, 2–7. 6 Vgl. auch Petroglyphen im Umland von Theben aus der Zeit zwischen 3900 und 3300, welche die Wendepunkte der Sonne markierten, C 497–506. 7 McKim Malville, *Astronomy at Nabta Playa, Southern Egypt*, in: Handbook of Archaeoastronomy and Ethnoastronomy, New York 2015, 1079–1091. 8 PT 485 9 Ursula Verhoeven, *Konzeptuelle Variationen über die Weltentstehung im Alten Ägypten*, in: Anfang & Ende; Vormoderne Szenarien von Weltentstehung und Weltuntergang, hrsg. v. Gindhart | Pommerening, Darmstadt 2016, 29–31; Erik Hornung, Der ägyptische Mythos von der Himmelskuh, Freiburg 1997, 96–101 und BO 246. 10 McKim Malville, *Astronomy at Nabta Playa, Southern Egypt*, in: Handbook of Archaeoastronomy and Ethnoastronomy, New York 2015, 1079–1091 und McKim Malville | Schild | Wendorf | Brenmer, *Astronomy of Nabta Playa*, in: African Skies 11, Juli 2007, 2–7. 11 Die hieroglyphische Schreibung des Namens mit einem Dorn bedeutet zunächst nur, dass der Name so ähnlich klang wie das Wort für 'scharf, spitz'. Das schliesst nicht aus, dass hinter *Sepedet* ein Wortspiel mit diesem Wort und einem ursprünglichen Sternnamen steckt, ohne dass beides etwas miteinander zu tun haben müsste – wie auch nicht zu sagen ist, ob die Sprache der Hirten der Nabta-Playa bereits eine Form des Altägyptischen war. 12 Auf dem Sargdeckel des Meshet um 2000 v.u Z. werden drei Dekane aufgelistet, die als 'Vorläufer Sepedets', 'Sepedet' und 'Nachfolger' Sepedets bezeichnet werden; in den ramessidischen Sternlisten wird der Sirius als 'Stern Der Sepedet' bezeichnet, was eine übergeordnete Figur voraussetzt, vgl. C 351 und 429. 13 Jan Assmann, Ägypten. Eine Sinngeschichte, München 1996, 41–52. 14 Dies ist die keilschriftlich belegte Form, die im 3. Jahrtausend *Haraw* oder so ähnlich lautete; sie wandelte sich im 1. Jahrtausend zu *Hor*, wurde dann zu *Horos* gräzisiert und zu *Horus* latinisiert. 15 Jan Assmann, Ägypten. Eine Sinngeschichte, München 1996, 41–52. 16 Francis Breyer, *Die Schriftzeugnisse des prädynastischen Königsgrabes U-j in Umm el-Qaab*, in: Journal of Egyptian Archaeology 88, 2002, 53–65. 17 Sein Name lautet ursprünglich wohl *Suta*; in Unterägypten aber wurde er hauptsächlich *Setekh* genannt. 18 Jan Assmann, Ägypten. Eine Sinngeschichte, München 1996, 55–59. 19 A2 147 20 Ursula Verhoeven, *Konzeptuelle Variationen über die Weltentstehung im Alten Ägypten*, in: Anfang & Ende; Vormoderne Szenarien von Weltentstehung und Weltuntergang, hrsg. v. Gindhart | Pommerening, Darmstadt 2016, 36. 21 Ibidem 22 Jan Assmann, Ägypten. Eine Sinngeschichte, München 1996, 63–67. 23 KA3 92 24 Noch im Alten Reich erfolgte zudem seine Anverwandlung zum Sohn des Sonnengottes Re. 25 WI 118–123 26 Ihr Name klang ursprünglich wie *Rusat* oder *Lusat* mit langem *u*; daraus wurde um 2200 *Rusa*, ab 2000 *Usa*, ab 900 *Ese* oder *Esi* und daraus schliesslich unter den Seleukiden das griechische *Isis*. 27 Vgl. Hans Goedicke, BACE 7, 1996, 43–54. 28 Jan Assmann, Ägypten. Eine Sinngeschichte, München 1996, 67–77 und 178–179. 29 KA3 38 30 W. Westendorf, Lexikon der Ägyptologie V, 1984, 5. 31 Samuel Brandon, *A Problem of the Osirian Judgement of the Dead*, in: Numen 5,2, 1958, 110–127. 32 PT 487 33 Samuel Brandon, Man and his Destiny in the Great Religions, Manchester 1962, 35–38. 34 KA3 198 35 KA3 232 36 PT 215 in Übersetzung von S 72 37 AN 179 und WI 98–99 38 A2 1473–1474 39 L1 42–44 und 253 40 NB 88–103 41 BO 39–42 42 A2 1474 43 Ursula Verhoeven, *Konzeptuelle Variationen über die Weltentstehung im Alten Ägypten*, in: Anfang & Ende; Vormoderne Szenarien von Weltentstehung und Weltuntergang, hrsg. v. Gindhart | Pommerening, Darmstadt 2016, 27. 44 A 362 45 BO 54–63 und 65–67 46 BO 54 47 A 6–13 48 KA3 32–33 49 KA3 180 50 KA3 28 51 PT 251 52 PT 250 53 PT 267 54 PT 684 55 PT 271 56 S 130 57 PT 304 58 PT 254 59 PT 266 in S 116–117 60 KA3 28 61 PT 553 62 PT 248 63 PT 518 64 PT 467 65 PT 517 66 PT 318 in KA3 28–29 67 EAT I 111 und DET 119 geben die Zeit zwischen 2830 und 2780 an. 68 Jan Assmann, Ägypten. Eine Sinngeschichte, München 1996, 116–117. 69 Ibidem 178 70 Ibidem 135–161 und 178–181 71 GU 13 72 DET 136 73 KA2 163 74 DET 129 75 EAT I 2–26 und CO 12–13 76 EAT I 27–29 und DET 137 77 DE und Sarah Symons, *Egyptian 'Star Clocks'*, in: Handbook of Archaeoastronomy and Ethnoastronomy, New York 2015, 1495–1500. 78 DE 7–8 79 Jan Assmann, *Spruch 62 der Sargtexte und die ägyptische Totenliturgie*, in: The World of the Coffin Texts, Leiden 1992, 24. 80 C 66 81 GU 12 82 C 1–48 und W2 83 DE und DET 84 Vgl. TB Spruch 99 B 85 DET 118–119 und 166 86 WI 92–93 87 DE 23–24 88 C 427–450 89 Jan Assmann, Ägypten. Eine Sinngeschichte, München 1996, 225–231. 90 WI 94 – Jan Assmann, Ägypten. Eine Sinngeschichte, München 1996, 243. 91 LI2 112 92 Jan Assmann, Ägypten. Eine Sinngeschichte, München 1996, 284. 93 LI2 112 94 A2 1474 95 Jan Assmann, Ägypten. Eine Sinngeschichte, München 1996, 235–238. 96 Ibidem 243–251 97 H 9–25 98 EAT III 183–187 99 Jan Assmann, Ägypten. Eine Sinngeschichte, München 1996, 240. 100 KA2 190–191 101 Christian Leitz, Tagewählerei, Wiesbaden 1994, 1–2. 102 Aus dem sogenannten 'Kairo-Kalender'; zitiert in K1 103 K1 1 104 KA2 187 105 KA2 165 106 Grab des Osorkon II, KA2 104 107 GU 14–15 108 Esna 406 109 BO 196 110 Siehe GU 111 BO 95 112 BO 94–105 113 Christian Bechtold, Gott und Gestirn als Präsenzform des toten Kaisers, Göttingen 2011, 81ff. 114 Fr. 110 und LXIV 2–14 115 XIV 116 Günther Hölbl, A History of the Ptolemaic Empire, New York 2001, 105. 117 KA2 118 Fr 110 62–69 und LXVI 65–67 119 Christian Bechtold, Gott und Gestirn als Präsenzform des toten Kaisers, Göttingen 2011, 85–88. 120 *Ep.* 27, vgl.

Arat. 145–146 121 Ibidem 63–64 122 Ibidem 57ff. 123 A2 124 NB 31–34 125 PT 469 126 PT 573 127 PT 519 und 264 128 Rolf Krauss, *Meyers Handbuch über das Weltall (5. Auflage) und die Nachtfahrt der Sonne*, in: Göttinger Miszellen 248, 2016, 7–70. 129 PT 350 130 NB 97 131 KA1 132 L1 148–149, 76–77 und 156–159 133 NB 73–80 134 S 31, Fussnote 5 135 TB 174 136 Esna 400 137 BO 56 c 138 Esna 406 139 Esna 400 140 Esna 406; BO 56 c 141 PT 470 142 PT 461 143 Ove von Spaeth, *The Dating of the Oldest Egyptian Star Map*, in: Centaurus. International Magazine of the History of Mathematics, Science and Technology, 42.3, 2000, 162. 144 NB 47–48 und 51 145 NB 47 146 NB 48 147 L1 146–147 148 NB 112–114 149 BO 46 150 BO 58 y 151 NB 106–132 152 NB 116 153 NB 117–119 154 NB 120 155 NB 73–80 156 NB 120–121 157 NB 122–124 158 PT 434 159 K1 14–66 und 245 160 Harold Hays, *Transformation of Context: The Field of Rushes in Old and Middle Kingdom Mortuary Literature*, in: D'un monde à l'autre: Textes des Pyramides et Textes de Sarcophages, hrsg. v. S. Bickel | B. Mathieu, Kairo 2004, 175–200 sowie Wikipedia.de, 'Sechet-iaru', 'Sechet-hetep' und 'Sechet-tjau'. 161 TB 149; BO 64 162 TB 110 163 A 355 164 Charles Steitler, The Solar Deities of Bronze Age Anatolia, Wiesbaden 2017, 237. 165 PT 519 166 S 129 und 387 167 Esna 414 168 PT 412 in Übersetzung von S 369 169 PT 513 170 A1 10–17 171 NB 96 172 NB 126–131 173 NB 85–103 174 PT 434 175 NB 19 176 A.-A. Maravelia, *Cosmic Space and Archetypal Time: Depictions of the Sky-Goddess Nut in three Royal Tombs of the New Kingdom and her Relation to the Milky Way*, in: Göttinger Miszellen 197, 2003, 55–72. 177 A.-A. Maravelia, *'ḫwn ntry, iw'e nḥḥ': Some 'Astronomical Hieroglyphs and their Cosmographic and Calligraphic Significance*, in: Abgadiyat 2007, 36–50. 178 CT I 44; A.-A. Maravelia, *Éléments Astronomiques et Cosmographiques dans les Aventures de Sinuhe*, in: The Journal of Egyptological Studies V, 2017, 92–113. 179 Esna 442 180 PT 519, Übersetzung nach K1 127–129 und S 316 181 G 4–5 182 Vgl. B1 163 oder C 118–119 183 CT 62; siehe auch Jan Assmann, *Spruch 62 der Sargtexte und die ägyptische Totenliturgie*, in: The World of the Coffin Texts, Leiden 1992, 17–30; Assmann übersetzt *Weret* allerdings mit 'Ufer' und lässt das Sonnenschiff infolgedessen dorthin 'treideln'. 184 TB 210–218, 483–484 und Abbildung aus dem Papyrus des Ani in der englischen Ausgabe, Tafel 34 A–B. 185 Jan Assmann, *Spruch 62 der Sargtexte und die ägyptische Totenliturgie*, in: The World of the Coffin Texts, Leiden 1992, 25. 186 TB 98–102 187 Andrew Gordon | Calvin Schwabe, The Quick and the Dead. Biomedical Theory in Ancient Egypt, Leiden 2004, 78–80. 188 PT 21 189 *De Iside* XXXI 190 LEI2 15 191 G 19 192 Wallis Budge, The Gods of the Egyptians II, London 1904, 248. 193 Edfu VI 182, 6–7, Übersetzung der Textpassage Friedhelm Hoffmann. 194 D. Kurth, Efou VI, Gladbeck 2014, 320–328. 195 PT 302 196 *De Iside* XXVII und XLIX 197 PT 61 198 EAT III 191 199 Esna 400 200 KA3 201 M 202 Rolf Felde, Ägyptische Gottheiten, Wiesbaden 1995, 2, 16, 18, 27, 31. 203 TB 17.20 204 EAT III 192 205 EAT III 184–188 und LEI1 300–302 206 *Papyrus Jumilhac* V XVI, 10–222 207 LEI1 294 208 P1 166 209 *Papyrus Jumilhac* V XXV, XXVI, 80–82, 129 und 106–109 210 Robin Hard, Eratosthenes and Hyginus – Constellation Myths with Aratus' *Phaenomena*, Oxford 2015, 140, 8 und 10. 211 Canes Venatici mit Teilen von Lynx und Ursa Maior (B1 163 und LO1); Cygnus (V 29); zwischen Schütze und Steinbock (LEI1). 212 Teile von Bootes bis η Ursae Maioris oder α Bootis (B1 166) 213 EAT III 184 und 186 214 V 28–33, EAT III 183, 192 und 196, WI 200 und 204–205, LEI1 292 215 Clive Ruggles, *Monuments of the Giza Plateau*, in: Handbook of Archaeoastronomy and Ethnoastronomy, New York 2015, hrsg. v. Clive Ruggles, 1519–1530. 216 C 116 217 A. Pogo, *The Astronomical Ceiling-Decoration in the Tomb of Senenmut*, in: Isis 14.2., 3 10; Abbildung des Geräts C Fig. 20 a und b. 218 LEI2 61 219 VI 221.11–223.2 220 EAT III 187 221 P3 22 und EAT III, Tafel 2–3 sowie 187 222 S 298 223 In Übersetzung von S 93 224 PT 254 225 C 125 226 Judith Gesellensetter, Das Sechet-Iaru, Dissertation Würzburg 1997, 35, 37, 47. 227 Vgl. die Abbildung des Adoranten vor Sobek in: Judith Gesellensetter, Das Sechet-Iaru, Dissertation Würzburg 1997, 20r. 228 EAT III 184 und 193, B1 163 und 166 229 *De Iside*, L und LI 230 BO 29 231 PT 315 232 PT 317 233 TB 113 234 KA3 52 und H 139 235 KA3 50 236 KA3 114–115 237 TB 153A 238 EAT III 186 sowie 188 239 TB 125 240 Hans Bonnet, Reallexikon der ägyptischen Religionsgeschichte, Berlin 2010, 180. 241 TB 72 242 TB 78 243 Lyra bis Bootes, Rerets Kopf als Kopf von Draco (B1 162 und 164); Teile von Ophiuchus und Aquila (LU5 262); Draco (LO1). Diese unterschiedlichen Verortungen beruhen darauf, dass sie den Ankerpflock a priori mit dem Pol verbinden und Reret dementsprechend lokalisieren. PE 24 stellt die Ausnahme dar, indem dort das Ende des Ankerpflocks korrekt in der vom Sonnenschiff befahrenen Ekliptik zu liegen kommt, jedoch bis Spica hinabreicht, wobei Rerets Schwanz in Antares endet. Die Arbeit an den Dekanen der ramessidischen Sterntabellen erlaubt es jedoch, den Ankerpflock plausibel in Bootes zu verorten und Rerets dort ausgewiesene Körperteile sodann entsprechend den Deckenmalereien mit den vorhandenen Sternen detailrichtig und passgenau zu verbinden. Bootes' Gestalt entspricht dabei exakt den Abbildungen des Ankerpflocks in den Malereien von Ramses VI. bis IX. (EAT II 186). An den astronomischen Decken ist Reret jedoch – wie alle Sternbildfiguren – aus göttlicher Sicht dargestellt: d. h. von oben und aussen betrachtet und für uns deshalb spiegelverkehrt. Der Sternenhimmel von Dendera hingegen zeigt sie aus unserer Sicht, von unten in den Himmel heraufschauend: weshalb Reret dort nach rechts gewandt ist. 244 Sterne bis zu Serpens Caput (B1 162); Teile von Cygnus und Cepheus (LO1); α Scorpius als Schwanzspitze des Krokodils und Rerets; Vega als Auge des Krokodils (PE 14–15). 245 KA2 184–186 246 PT 269 247 G 6–8 und EAT III 189 248 *De Iside* LXXV 249 Esna 400 250 Hartwig Altenmüller, *Das 'Fest des Weissen Nilpferds' und das 'Opfergefilde'*, in: Hommages à Jean Leclant I, Kairo 1994, 29–44. 251 PT 519 252 Judith Gesellensetter, Das Sechet-Iarau, Disseration Würzburg 1997, 206. 253 PT 205 und 207 254 H. W. Fairman, The Triumph of Horus, Los Angeles 1974, 114–115. 255 Dieter Kurth | Almuth Behrmann, Die Inschriften des Tempels von Edfou, Abteilung I. Übersetzungen | Edfou VII, Wiesbaden 2004, 304. 256 Für den Ankerpflock in Rerets Rechter und den als Krokodil dargestellten zweiten Ankerpflock gibt es unterschiedlichste Vorschläge: Ursa Minor als grösserer Ankerpflock, der Schwanz von Draco sowie Teile von Bootes bis α Bootis als der kleinere krokodilförmige (B1 163); γ, β Ursa Minoris und α Draconis sowie 5, 4 Ursa Minoris und κ Draconis, wobei der Pfosten auf den Himmelspol weist (LO1). Flinders Petries ältere Identifikation des Ankerpflocks von Arcturus (α Bootis) bis Spica (α Virginis) verweist noch am ehesten auf die richtige Region (PE 14). Unsere Identifikation beruht darauf, dass die spezifisch unregelmässige Form des Ankerpflocks, wie sie auf den Deckenmalereien von Ramses VI. bis IX. erscheint und in EAT III 186 und 188 abgebildet wird, die Position der Sterne in Bootes genau wiedergibt, deren Konfiguration sich zudem in zwei Ankerpflöcke teilen lässt. Beide stehen in unserer Verortung nun da, wo sie auch funktionell hingehören: am Rand Der Grossen Insel, in der Nähe der Ekliptik, oberhalb des Sternbilds Schiff, das dort deshalb auch richtig vertäut werden konnte. 257 S 63 und 182 258 PT 437 259 PT 458 und 610 260 PT 254 in S 357 261 KA2 176 262 TB 39 263 PT 565 264 L2 24, 52–54 265 Ägyptische Religion, Götterliteratur, hrsg. v. Jan Assmann | Andrea Kucharek, Berlin 2018, 265–290. 266 PT VI 12–17 267 VI 4–6 und 25–26 268 VI 30 269 XIV 67–70 270 XIV 29–36 271 XIV 187–189 272 Zitiert in KA3 60 273 LEI3, 58; das *Nutbuch*, das am ausführlichsten über die 36 Dekane Auskunft gibt, soll einigen Berechnungen zufolge auf 1900 v. u. Z. zurückgehen; L1 42. 274 L1 61, NB 39 275 Von Neugebauer | Parker an ging man zur Bestimmung der Dekane einerseits von Kulminationen aus (dagegen aber DE, der auf heliakische Aufgänge setzt), andererseits von ihrer Lage innerhalb der Ekliptik. Letztere ist jedoch bereits bei Sirius und Orion sehr deutlich nicht gegeben: Sie liegen dafür zu weit ab. 276 Vgl. auch EAT I 90, Fussnote 3 und 6 277 NB 39 278 Steht die aufsteigende Sonne 5° unter dem Horizont, befindet Sirius sich 2° über dem Horizont, Mirzam hingegen schon auf 3° 30'; dies gilt für den 9.7.2000 v. u. Z. um 4.30 Uhr morgens. 279 Rita

Gautschy, *Der Stern Sirius im Alten Ägypten*, in: Zeitschrift für Ägyptologische Studien 138, 2011, 116–131 gibt eine ausführliche Beschreibung des Kreislaufs des Sirius für Memphis im Jahr 239 v. u. Z., die auch für 2000 v. u. Z. gilt. 280 III Akhet 6, L1 67 281 NB 44c 282 Um 2500 v. u. Z. kulminierte der Sirius nur auf 43°, um 2100 auf 44,5°. 283 Rita Gautschy, *Der Stern Sirius im Alten Ägypten*, in: Zeitschrift für Ägyptologische Studien 138, 2011, 116–131 und L1 63 und 67–68 (NB 44–47). 284 L1 63, NB 44 285 L1 67–68, NB 44a–c 286 L1 61, NB 39 287 DET 136–137 288 Vgl. etwa Leo Depuydt, *Ancient Egyptian Star Tables*, in: Writings of early scholars in the ancient Near East, Egypt, Rome, and Greece, hrsg. v. A. Imhausen | T. Pommerening, Berlin 2010, 253–256. 289 GU 4–5 290 BO 63–65 291 KA2 292 LI162–67 und EAT I 129–132 293 β Cancri oder η Canis Maioris?, LU5 262; Canis Maior und Puppis, B 262 294 ρ Puppis oder ζ Hyades?, LU5 262 295 γ Velorum oder α Hyades?, LU5 262 296 C 249 297 L2 59 298 J. Ray, *The Vocalisation of the Passive Participe in Egyptian*, in: LingAeg 11, 2003, 210. 299 Ein nicht identifizierter Stern wird laut Lexikon mit denselben Zeichen des Wortstamms *Kenmeti*, 'Der Finstere', geschrieben – weshalb Allen *Kenmet* mit 'Blackbird' übersetzt. Das wäre wörtlich aufgefasst stimmig, doch ergibt eine Amsel als Kontrahent von Pavianen keinen Sinn. In der diesbezüglichen Textstelle wird der Vogel auch mit den Zeichen für 'einhüllen' geschrieben. 300 PT 570 301 Erik Hornung, Die Unterweltsbücher der Ägypter, Düsseldorf 1992, 301. 302 PT 274 303 PT 521 304 PT 288 305 PT 281 306 Serge Sauron, Le Temple d'Esna, Kairo 1969, Tafel zu Seite 6, 401 C; und LI2, Tafel 1 a, Esna 401. 307 P. H. Houlihan, The Birds of Ancient Egypt, Kairo 1996, 142. 308 G. Hart, Routledge Dictionary of Egyptian Gods and Goddesses, London 2005, 125; vgl. auch D. Bidoli, Die Sprüche der Fangnetze in den altägyptischen *Sargtexten*, Glückstadt 1976. 309 C. Cannuyer, *Le pélican céleste dans les textes funéraires égyptiens*, in: Le ciel dans les civilisations orientales, hrsg. v. Cannuyer | Mawet | Ries, Brüssel 1999, 44 und 46. 310 PT 318 311 W. B. Emery, Archaic Egypt, London 1972, 59. 312 Karl Jansen-Winkeln, *Noch einmal zur 'Pelikanszene' im Sonnenheiligtum des Niuserre*, in: Göttinger Miszellen 166, 1998, 38–41. 313 PT 254; Übersetzung, insbesondere für den 'kulminierenden' Pesdjet: C. Cannuyer, *Le pélican celeste dans les textes funéraires égyptiens*, in: Le ciel dans les civilisations orientales, hrsg. v. Cannuyer | Mawet | Ries, Brüssel 1999, 47–48. 314 Ibidem 315 Ibidem 50 316 Ibidem 53; CT 484 317 Ibidem 55; CT 619 318 G. Hart, The Routledge Dictionary of Egyptian Gods and Goddesses, London 2005, 125. 319 Ibidem 51–51; zitiert aus dem *Buch der Anbetung des Re im Westen*. 320 Vgl. PT 293 und 383 321 von Lieven, *Die dritte Reihe der Dekane*, in: Archiv für Religionsgeschichte 2, 2000, 21–36. 322 L2 59 und 180 und EAT 157–158 323 Dasen | Nagy, *Le serpent léontocéphale chnoubis et la magie de l'époque romaine impériale*, in: Anthropozoologica 2012, 47.1, 291–314. 324 GU 4 325 BO 206–211 und L1 150 326 NB 78–82 327 Friedrich-Wilhelm Freiherr von Bissing, Das Re-Heiligtum des Königs Ne-Woser-Re 1, Berlin 1905, 33–54. 328 δ Velorum oder λ Hyades?, LU5 262 329 ι Carinae oder ν Hydrae?, LU5 262 330 Q1.4 331 PT 249 332 S 90 333 Der Name lässt sich jedoch auch als Stern "der übersetzt" (Q1.4, Anm. 6) sowie als 'Fährschiff' (B1 162) deuten, was mit Usirs Barke in dieser Region stimmig wäre. 334 Q1.4 335 Gedeutet wird diese Figur von BO jedoch als stehende menschliche Mumie mit Schakalkopf, ohne dass für die Deutung als Mumie und Schakal Belege genannt würden. 336 BO 84, 89–90 337 NB 45 338 ε Corvi? LU5 262 339 δ Crateris? LU5 262 340 Q1.4 341 Paule Posener-Krieger, *Quelques pièces du matériel cultuel du temple funéraire de Reneferef*, in: Mitteilungen des Deutschen Archäologischen Instituts Abteilung Kairo 47, 1991, 300. Q1.4 definiert *Tjemat* jedoch über das Demotische als einen am Rücken getragenen 'Ranzen'. 342 Dimitri Meeks, Mythes et Légendes du Delta, Kairo 2006, 27 (§30), 125–126 und 271–272. 343 KA2 178 344 α und? Crucis, LU5 262 345 Serge Sauron, Le Temple d'Esna, Kairo 1969, Tafel zu Seite 6, 401 C. 346 Andere Sterne von Crux, B1 162 347 α oder β Centauri?, LU5 262 348 Q1.4; der Dekan wird allerdings auch *Jpds* geschrieben. 349 δ Centauri?, LU5 262 350 Lubica Hudáková, *Gardening at Deir el-Bersha in the Middle Kingdom*, in: Ägypten und die Levante 26, 2016, 313–327. 351 α oder η Centauri, LU5 262, B1 162 352 PT 667A 353 PT 665D und 700 354 L2 174–175 355 β Cancri oder η Canis Maioris?, LU5 262 356 α Librae?, L4, L1 357 γ Librae?, L4, L1 358 C 222 359 α Scorpii, L4, L1 360 λ und υ Scorpii, L4; α und β Sagittarii, B1 163 361 ε Sagittarii, L4; α β σ Librae, P2 362 Q1.4 363 Auskunft Friedhelm Hoffmann 364 φ, σ und θ Sagittarii?, L4 365 EAT III, Tafel 18 366 Serge Sauron, Le Temple d'Esna, Kairo 1969, Tafel zu Seite 6, 401. 367 V 45 368 The Egyptian Book of the Dead, San Francisco 2015, 189. 369 TB 7; WI 221 370 BO 177 371 BO 179 372 Serge Sauron, Le Temple d'Esna, Kairo 1969, Tafel zu Seite 6, 401. 373 GU 4 374 Q1.4 375 TB 153A 376 André Baruq, *Les textes cosmogoniques d'Edfou d'après les manuscrits laissés par Maurice Alliot*, in: Bulletin de l'Institut Francais d'Archaeologie orientale 64, 1964, 125–167 (VI 182, 12) und D. Kurth, Efou VI, Gladbeck 2014. 377 ο, ξ und ρ Sagittarii?, LU4; LEI3 übersetzt den Namen mit 'Der Dunkle'. 378 BO 90 379 CA 58 380 H 34–36 381 PT 356 382 H 126–127 383 Vgl. z. B. *Amduat* H 153, 156 und 180–81 384 Capricornus und einige Sterne von Aquarius, B1 262 und 170 385 δ und ζ Aquilae?, LU5 261 386 β Capricorni?, LU5 261 387 Q1.4 388 δ und γ Capricorni?, LU5 261 389 α Aquarius?, LU5 261 390 P3 148 391 KA2 188 392 Ibidem 393 PT 262 in der Übersetzung von S 117 394 PT 456 in der Übersetzung von S 117 und 269–270 395 KA3 211 und 264 396 Ursula Verhoeven, *Konzeptuelle Variationen über die Weltentstehung im Alten Ägypten*, in: Anfang & Ende; Vormoderne Szenarien von Weltentstehung und Weltuntergang, hrsg. v. Gindhart | Pommerening, Darmstadt 2016, 37. 397 ζ Pegasi?, LU5 261 398 α und β Pegasi oder schwache Sterne in Sculptor oder in Pisces, LU5 261 und B1 163 399 Jiri Janak, *Spotting the Akh. The Presence of the Northern Bald Ibis in Ancient Egypt and its Early Decline*, in: JARCE 46, 2010, 17–31 und Gerald de Gaury, Arabia Phoenix, London 1946, 7–8. 400 PT 473 401 α und γ Andromedae oder zwei Sterne in Cetus, B1 163 402 C 224 403 P. Houlihan, Birds of Ancient Egypt, 1986, 23–25 und Wikipedia. fr, 'Composition de l'être dans l'Égypte antique'. 404 NB 86 405 Henry Fisher, *The Cult and Nome of Bat*, in: Journal of the American Research Centre in Egypt 1, 1962, 7–18. 406 BO 82 407 Abbildung in P3 149 408 C 224 409 β Ceti?, LU5 261. Quack liest die Namen als 'Oberer und Unterer Krugständer'; die Sterne erlauben jedoch nur die Figurierung eines einzigen Krugständers. 410 PT 111–170 411 PT 95, 110, 151, 153 412 S 17–48 413 KA2 178 414 TB 110 415 Kopf von Cetus, B1 262; β Arietis, LU5 261 416 PT 539 417 KA2 179 418 Alexander Haager, Die Domestikation des Altägyptischen Langhornrindes in Afrika, Diplomarbeit Uni Wien 2011 und WI 124 und 170–172. 419 Wikipedia.en, 'Egypt' und wikipedia.de, 'Chemie'. 420 α und γ Ceti, LU5 261 421 C 224 422 Plejaden, LU5 261 423 Esna 409 424 Esna 443 425 L2 64 und 150–151 426 Hyaden, B1 162, LU5 261, DE 23 427 Quack 1.4 interpretiert den Namen als 'Das Aufsteigende', in der Annahme, dass damit Sahs Szepter gemeint ist, doch liegt Sah generell zu tief, als dass sein Szepter bis zu den Hyaden hinaufreichen könnte. B1 162 übersetzt 'Kiefer'. 428 Auskunft Friedhelm Hoffmann 429 II.47; *Über Isis* VIII; *Tiergeschichten* X.16 430 Edfu V, 354,2–355,2; der Sandaltar, auf dem das Schwein geopfert wird, ist in der Nut-Szene eines Grabes in Nag Hammadi zu sehen: Abbildung in P3, 87. 431 α und β Canis Minoris, B1 163; δ und ε Canis Maioris LU5 262; Puppis, LO3 432 TB 161 433 Urk. VI 123; KA3 63 434 157 435 Henry Fisher, Ancient Egyptian Representations of Turtles, New York 1968. 436 Norman Fiedler, Sprüche gegen Seth, Dissertation Heidelberg 2011, 409–411. 437 EAT III 65 438 L2 173–174 439 Q1.4 und C 225–226 440 ρ Puppis?, LU5 262 441 ζ Puppis?, LU5 262 442 χ Velorum?, LU5 262 443 IC 2602?, LU5 262 444 β Crucis?, LU5 262 445 δ Lupi?, LU5 262 446 B1 163 447 B1 163 448 DE 22, Fussnote 18 449 DE 15–18 und C 427–456 450 Vgl. zur detaillierten Beschreibung der Jahreserscheinungen des Sirius samt hilfreichem Diagramm Rita Gautschy, *Der Stern Sirius im Alten Ägypten*, in: Zeitschrift für Ägyptologische Studien 138, 2011, 116–131. Sie gibt eine ausführliche Beschreibung des Kreislaufs des

Sirius für Memphis im Jahr 239 v.u.Z., die auch für 2000 v.u.Z. gilt. 451 DE 31 452 Aquila (Kopf und Federn) bis Pegasus (Podest), B1 162. α Aquilae (Vorläufer der Keule); Handgelenk an der Keule in Delphinus; Cygnus? (Kopf) bis Pegasus (Knie) und ε bis ζ Andromedae (Schienbein), PE 13. 453 α Aquilae, B2 454 α Delphini, B2 455 β Aquarii, B2 456 In Aquarius?, B2 457 Equleus, B2 458 ε Pegasi, B2 459 ε Pegasi, B2 460 θ oder ι Pegasi, B2 461 α Pegasi, B2 462 Im Viereck des Pegasus, B2 463 β Pegasi, B2 464 α Andromedae, B2 465 α Andromedae und γ Pegasi, B2 466 In Andromedae, B2 467 δ Andromedae, B2 468 TB 17.9; Dagmar Budde, *"Die den Himmel durchsticht und sich mit den Sternen vereint". Zur Bedeutung und Funktion der Doppelfederkrone in der Götterikonographie*, in: Studien zur Altägyptischen Kultur 30, 2002, 57–102. 469 Grab des Nefer-Hetep, zitiert in KA1. 470 LI2 105–107 471 Wikipedia.de, 'Grab des Nacht' (TT 52). 472 PT 215 in der Übersetzung von S 72 473 PT 387 474 CT VIII 252a–b in S 251 475 Cassiopeia, B1 162 und B2 476 Auskunft Friedhelm Hoffmann 477 Zu den Verwechslungen des Hundertfüsser- und des Feuer-Determinativs muss auch beigetragen haben, dass Sepa häufig mit dem schützenden oder verheerenden Feuer verbunden wurde, vgl. H. Kees, *Anubis 'Herr von Sepa' und der 18. oberägyptische Gau*, in: ZÄS 58, 1923, 83–84. 478 PT 381 479 PT 284; Interpretationen der Sprüche nach Hans Goedicke, *The Pyramidal Centipede*, in: Wiener Zeitschrift für die Kunde des Morgenlandes 90, 2000, 29–51. 480 Mairna Mustafa, *Human or Centipede? Egyptian Influence on the Nabataean Culture*, in: Mediterranean Archaeology and Archaeometry 19, 2, 2019, 44. 481 TB 69 482 H. Kees, *Anubis 'Herr von Sepa' und der 18. oberägyptische Gau*, in: ZÄS 58, 1923, 84 und 87. 483 Triangulum und Perseus, B1 162; β Andromedae der Schnabel, im nördlichen Pisces der Kopf, PE 13. 484 α Trianguli, B2 485 β Trianguli, B2 486 Um β Persei, B2 487 α Persei, B2 488 S 66 489 WI 212–213 490 Plejaden, B1 162 und PE 13 und B2. 491 Esna 409 492 S 31 und 79 493 B1 162 übersetzt 'Feuerstern' und identifiziert ihn mit α Aurigae; PE 13 übersetzt 'Stern des Stiers' und identifiziert ihn mit α Tauri; B2 identifiziert ihn mit α Aurigae oder α Tauri. 494 Auskunft Friedhelm Hoffmann 495 π Orionis, B1 172 und B2 496 α Orionis, B1 163; β Orionis oder Gürtelsterne, B2. 497 α Canis maioris?, B2 498 α Orionis?, B2 499 γ Geminorum, B1 163 und B2 500 α und β Geminorum, B1 163 und PE 14 und B2. 501 M 44 (Praesepe Haufen), B1 163 und B2 502 α Leonis, δ und λ Velorum, LU5 265 und B2 503 β Leonis, υ Carinae, LU5 265; δ Leonis, B2 504 Leo, B1 162 und 166, PE 14 505 Coma Berenices, B1 162 und PE 14; Coma Berenices oder γ Corvi, B1 506 α Virginis, B1 161 und 162 und PE 14; α Virginis oder ζ Ursae Maioris, B1 507 Dagmar Budde, *'Die den Himmel durchsticht und sich mit den Sternen vereint'. Zur Bedeutung und Funktion der Doppelfederkrone in der Götterikonographie*, in: Studien zur Altägyptischen Kultur 30, 2002, 90–98. 508 IIn Ursa Maior oder Bootes, B2 509 α Bootes bis α Virgines, PE 14; η Ursae Maioris, B2 510 ε und β Centauri oder δ Corvo und δ Centauri, LU5 265; η Bootis, B2 511 DE 22, Fussnote 18; η Ursae Maioris oder α Bootis, B2 512 β Lupi und α Librae, LU5 265; α Bootis, B2 513 DE 22, Fussnote 18 514 α Serpentis und β Scorpii, LU5 265; ε und ρ Bootis, B2 515 α Corona Borealis, B2 516 Corona Borealis, B2 517 η Ophiuchi, LU5 265; zwischen Corona Borealis und Hercules, B2 518 α Ophiuchi, LU5 265; ε und ζ Herculi, B2 519 λ Aquilae, LU5 265; π Herculis, B2 520 β Draconis, B2 521 ζ Aquilae, LU5 265; Lyra mit α Lyrae, B2 522 β Orionis?, L2 74 523 Q1.3 524 LO2 und LO3 jeweils mit Abbildungen 525 EAT I 28 526 PT 625 in K1 147–148, 193 und 181–206 527 PT 478 528 L1 56 529 PT 477 530 L2 74 531 LO2 und LO3 532 PT 186 533 PT 883, 186 und 151 534 'Dem Ort des Niederwurfs', einer Stätte bei Abydos, wo dem Mythos zufolge Setekh den Usir ermordete ('niederwarf'); A 361. 535 PT 819–820 536 PT 1082 537 Vgl. z. B.: Joachim Quack, *Der pränatale Geschlechtsverkehr von Isis und Osiris sowie eine Notiz zum Alter des Osiris*, in: Studien zur Altägyptischen Kultur 32, 2004, 327–332. 538 LI2 83 539 PT 606 540 *De Iside* XII–XX, ergänzt durch Stellen aus VIII, XXI und LV. 541 *De Iside* XXXVIII–XL 542 Zitiert in P1 153 543 *De Iside* XLII 544 *De Iside* LXV 545 CA 48–51 546 P1 140 547 *De Iside* LII 548 *De Iside* LII 549 *De Iside* LXXIX 550 α Aurigae?, K1 117 551 PT 464 552 PT 463 553 PT 488 554 PT 245 555 CT 469 556 Vgl. die Bestimmungen von 'bn' in S 90, 142 und 273 557 PT 600 558 Ibidem 3–8 559 TB 17 560 TB 122 561 Ibidem 10–16 562 Ibidem 53–57 563 L2 165 564 10.2; das 'Grosse Jahr' als kosmischer Zyklus beruht auf der Vorstellung eines Jubiläumsjahres von 7 × 7 + 1 = 50, erweitert auf 7 × 77 + 1 = 540. 565 Und Teile von Puppis, B1 160; bis β Columbae als Szepter, LO2 566 LEI1 288 567 NB 15 568 Esna 425; siehe L2 105–107 569 B-T 176–177 und W. Spiegelberg, Der ägyptische Mythus vom Sonnenauge, Strassburg 1917, 37–39 und H | Q217. 570 PT 248 571 TB 23 572 TB 17.20 573 TB 179 574 CT V, 257 i, zitiert in S 224 575 PT 366 und 593 576 PT 659 577 PT 306 in Übersetzung von S 157 578 PT 306 in Übersetzung von S 163 579 Übersetzung nach Hans Goedicke, *The Perimeter of geographical Awareness in the Fourth Dynasty*, in: Studien zur Altägyptischen Kultur 30, 2002, 128–132 und K1 175–179. 580 PT 482 581 S. Cauville, Le Temple de Dendera. Les chapelles osiriennes, transcription et traduction, BdÉ 117, Kairo 1997, 35 f. 582 K1 178 583 EAT I 25 584 PT 537 585 PT 254 586 PT 437 in Übersetzung von S 253 587 Ibidem 588 PT 665D 589 PT 302 und 305 590 BO 82–83, 87 und 30–31 591 LU3 592 LEI2 35–37 593 Wikipedia.de, 'Schu'. 594 Wallis Budge, The Gods of the Egyptians II, London 1904, 248 595 Wikipedia.de, 'Behdeti'. 596 Siehe Abbildung BO 223. 597 Siehe Abbildung LEI2 36–38 598 Berechnung Dennis Gaeckle, Planetarium Berlin. 599 Juan Belmonte, *Orientation of Egyptian Temples: An Overview*, in: Handbook of Archaeoastronomy and Ethnoastronomy, hrsg. v. Clive Ruggles, New York 2015, 1501–1518. 600 Christian Bechtold, Gott und Gestirn als Präsenzform des toten Kaisers, Göttingen 2011, 97, Fussnote 386. 601 *De Iside* XXII, K1 184–184 602 S 272 603 A1 19 604 PT 515 605 PT 473 606 *Sargtext* VI, 264 m–n, S 306, und PT 627, Übersetzung nach S 354; siehe auch 'mAat' als Lotsenboot in S 8, 15 und 355. 607 EAT I 28–29 608 Michel Malaise, *L' étymologie égyptienne du toponyme 'Canope'*, in: Chronique d'Égypte 74, 148, 1999, 224–230. 609 K1 183 610 K1 187–192 611 PT 482 612 PT 301 613 S 60 614 A 395 615 PT 579 616 WI 213–214 617 PT 519; Übersetzung auch nach K1 223–225, wo dieses Szenario jedoch auf den Morgenstern bezogen wird. 618 PT 537 619 PT 364 620 PT 214, siehe auch PT 645 621 A 366 622 WI 210 623 Erik Hornung, Die Unterweltsbücher der Ägypter, Düsseldorf 1992, 99. 624 TB 74 625 WI 209–211 und Katherine Eaton, *The Festivals of Osiris and Sokar in the Month of Khoiak*, in: Studien zur Altägyptischen Kultur 35, 2006, 80–84. 626 Erik Hornung, Die Unterweltsbücher der Ägypter, Düsseldorf 1992, 12. Stunde, 86. Szene, 297. 627 Allen interpretiert die 'Djenderu-Barke' als das nachts auf einem Schlitten über die unpassierbaren Stellen der Unterwelt gezogene Sonnenschiff (A 353 und 364). Plausibler erscheint die Identifikation des Djenderu-Schlittens mit der Prozessionsbarke Sokars und jenem astralen Schiffsschlitten, der mit Sepedets Sohn Sopdu verbunden ist (vgl. Hans Goedicke, *The Perimeter of geographical Awareness in the Fourth Dynasty*, in: Studien zur Altägyptischen Kultur 30, 2002, 128–132). 628 PT 359 in Übersetzung von A 191–192 629 Robin Hard, Eratosthenes and Hyginus – Constellation Myths with Arato's *Phaenomena*, Oxford 2015, 126 und 128, 147, 124–125. 630 A 14–15 631 DE 41–42 632 PT 273 und 274 633 Vgl. PT 512 634 PT 334 635 NB 25 636 NB 4 637 NB 28 und 26 638 TB 108 639 H 59–60 640 H 69 641 H 77 642 H 81, 85 643 H 108 644 H 128 645 H 137–138 646 H 138 647 H 141, 148–151 648 H 163 649 H 168 650 H 171–172 651 H 177 652 H 178 653 H 180–181 654 H 182 655 BO 30 656 TB 15a 657 P1 147–148 und LEI1 299–300 658 H 185 659 H 188 660 H 189 661 H 191 662 KA3 56 663 Urk. VIII 81, zitiert in KA3 82 664 TB 175 665 KA3 86 666 Zitiert in KA3 89 667 Zitiert in KA3 57 668 TB 175 669 KA3 90 670 1–26 und 30–59 671 72–91 672 104–146 673 TB 175 674 I15, LI 222 675 TB 149 und KA3 34 676 147–165 677 Ein pavianartiger Gott, "Herr Des Nachthimmels", dessen sexuelle und aggressive Kraft ein Herrscher nach seinem Tod erlangen wollte (WI 196).

678 229–242 und 244–245 679 251–271 680 PT 562 681 W. Spiegelberg, Der Mythus vom Sonnenauge, Strassburg 1917, 35 und H | Q216. 682 SH 51–52, Altägyptische Märchen 162–167 und 336–337 sowie H | Q216–218 683 BO 70–71 684 L2 75 und 86 685 NB 10.1–11.7 686 NB 11.7–13.2 687 NB 152–159 688 NB x+10–11 689 NB x+12–16 690 NB x+20–25 691 NB x+29–30 692 NB x+31–66 693 NB x+62–76 694 NB x+70 695 CT VII 504 696 CT IV 91 697 PT 735 698 *De Iside* XLII 699 BO 40 700 K1 27, 69–77 701 Ove von Spaeth, *The dating of the Oldest Egyptian Star Map*, in: Centaurus International Magazine of the History of Mathematics, Science and Technology, 42.3, 2000, 159–179. 702 TB 17.16 703 A 108 704 TB 112 705 *De Iside* XLIV 706 *De Iside* LV 707 R. A. Parker, *Ancient Egyptian Astronomy*, in: Philosophical Transactions of the Royal Society, Series A, 276, Nr. 1257, 2.5.1974, 51–65. 708 PT 248 in Übersetzung von S 89 709 A 365 710 Marinus van der Sluijs, Traditional Cosmology (4), London 2011, 224. 711 TB 29B 712 TB 83 713 Vgl. Allens Übersetzung von PT 519 714 PT 519 715 NB x+163 716 x+75 717 x+77 718 x+99 719 x+97–98 720 x+101 | 109–110 | 112 721 x+139 722 x+124 723 x+140 724 x+163 725 x+143–144 726 x+132 727 x+169–170 und Fragment Florenz b 728 x+126 729 x+124 730 x+133–134 731 x+128 732 x+148–149 733 x+152 734 x+154 735 x+155–159 736 PT 407 737 PT 359 738 PT 215 739 PT 277 740 PT 475 741 PT 303 742 CA 29–30 743 CT I 268 744 K1 237 745 Übersetzung nach S 253 746 PT 437 747 K2 748 Johnson | Tyldesley | Lowe | Withers | Grady, *Analysis of a prehistoric Egyptian iron bead with implications for the use and perception of meteorite iron in ancient Egypt*, in: Meteoritics & Planetary Science 48, 6, 2013, 997–1006. 749 LI1 213 750 Pap. Brit. Mus, 10 083 14–16, zitiert in: KA3 64.

Der *STERNEN-HIMMEL NORD-INDIENS*

Indem er sich durch das dunkle Reich zu uns wendet und Sterbliche wie Unsterbliche
zur Ruhe bringt, fährt Savitar, der Gott, auf seinem goldenen Streitwagen her
und schaut auf alle Lebewesen.
Der Gott fährt auf einem abwärts geneigten und auf einem aufsteigenden Hang.
Er lenkt zwei gelbbraune Pferde – er, der der Opfer wert ist, Gott Savitar –
er lenkt sie aus der Ferne her, alle Hürden überwindend.
Sein Wagen ist über und über mit Perlen bedeckt, er ist schöner als schön, erhaben,
seine Deichsel golden – der breit strahlende Savitar, der der Opfer wert ist,
der die Macht in den dunklen Reichen an sich gerissen hat,
er fährt auf ihm.
Die dämmrigen Pferde mit ihren weissen Hufen haben über die Völker geblickt,
während sie seinen Streitwagen mit dem goldenen Joch zogen.
Alle Volksgruppen, alle Lebewesen verweilen im Schoss des göttlichen Savitar.

Es gibt drei Himmel: zwei stellen Savitars Schoss dar, der dritte ist die Welt
des Totengottes Yama, der alle Helden besiegt.
Dem Wagenrad mit seiner Achsennabe gleich haben alle Lebewesen ihren Sitz
um seine unsterbliche Mitte.

Rigveda I 35. 2–6

Was der Begriff 'Nordindien' hier abdeckt, ist der Nachthimmel, der sich dort nach dem Eindringen der indoeuropäischen Arya um 1700 v. u. Z. etablierte. Er lässt sich aus unterschiedlichen vedischen und postvedischen Schriften erschliessen, indem er bis zur Mitte des 1. Jahrtausends v. u. Z. Bestand hatte und erst danach durch die Übernahme griechisch-römischer Sternbilder überzeichnet wurde. Er ist nicht der einzige Sternenhimmel des Subkontinents, auf dem es so viele astrale Traditionen[1] wie Schöpfungsmythen gibt; im Gegensatz zu ihnen lässt er sich trotz der oft schwierigen Quellenlage aber noch am umfangreichsten dokumentieren und in seinen Sagen erschliessen.

BEVÖLKERUNGSGESCHICHTE

Steinwerkzeuge belegen eine zwei Jahrmillionen alte menschliche Präsenz in Indien. Die breiteste genetische Basis bildet aber – wie heute überall auf der Welt – der vor etwa 75 000 Jahren aus Afrika migrierte *Homo sapiens*.

Mehrgarh im Flusstal des Indus stellt die älteste bekannte Ansiedlung von Ackerbauern in Südasien dar; ab 7000 v. u. Z. wurden dort erst von Halbnomaden und dann von den Städtern Weizen, Emmer und Gerste angebaut, die aufgrund dieser vielen Kohlenhydrate angefaulten Zähne bereits mit Bohrern behandelt, der lokale Wasserbüffel domestiziert, um Pflüge zu ziehen, dazu Schafe, Ziegen und Rinder gezüchtet – alles importierte Errungenschaften des fruchtbaren Halbmondes weiter westlich –, Datteln geerntet, Töpferwaren gefertigt, Kupfererze geschmolzen und – wie sich am Lapislazuli zeigt – Fernhandel getrieben. Für den Ackerbau ist ein Kalender grundlegend, um die Zeit für das Vorbereiten der Felder und die Saat zu bestimmen, die in dieser Region im April beginnt: wozu ein mit dem abendlichen Untergang des Aldebaran – dem *Nakshatra Rohini* – und dem Frühjahrsäquinoktium beginnendes neues Jahr stimmig ist.

Welche Sprache in Mehrgarh am Ende des 3. Jahrtausends gesprochen wurde, ist nicht zu sagen; es lassen sich jedoch im späteren *Rigveda* viele Lehnwörter[2] und Sagen[3] ausmachen, die auf den östlichen austroasiatischen Raum verweisen – mithin letztlich zurück zur Hoabinhian-Kultur, aus der wiederum die Lapita-Kultur hervorging und aus dieser wiederum jene Kulturen, die mit ihren Pirogen den Pazifik besiedelten.

Zwischen 2800 und 1800 v. u. Z. entstand im Tal des Indus die gleichnamige Kultur, die von den mit ihr intensiv Handel betreibenden Mesopotamiern und in sumerischen Texten *Meluhha* genannt wurde. Grossstädte wie Harappa oder Mohenjo-Daro hatten bis zu 50 000 Einwohner, die in Häusern aus gebrannten Ziegeln an Pflasterstrassen und mit Kanalisationen lebten. Diese Kultur kannte weder Tempelgebäude noch Königspaläste, aber eine (bislang noch unentzifferte) Schrift; als Sprache wird ein Dravidisch angenommen. Mit ihren Küstenschiffen exportierte sie Baumwollwaren, Edelmetall und Edelsteine, Schmuck und Holz in den Persischen Golf, und ihre Landwirtschaft nützte wie in Ägypten die jährlichen Überflutungen des Indus, um zusätzlich zum Getreide auch Sesam, Erbsen, Flachs, Baumwolle, Linsen, Kichererbsen, Borstenhirse und Reis anzubauen: Die dazu nötige agrarische Planung ist ohne detaillierten Kalender undenkbar.[4]

Der enge Kontakt zwischen der Indus-Kultur und Mesopotamien zeigt sich etwa darin, dass beide von einem dreistöckigen Himmel ausgingen und bereits die Sumerer 'Sieben Weise Herren' kannten, von denen einer in den Himmel stieg, wie dies der 'Superkluge' Atrahasis tat. Diese Sieben Weisen waren vor der Flut erschaffene und um ihren König versammelte Halbgötter gewesen, die der Menschheit alles zivilisatorische Wissen vermittelt hatten und dadurch "die Pläne für Himmel und Erde vollendeten". Sie lassen sich von den in Ursa Maior verkörperten Sieben Seher ableiten, wenngleich schwer zu sagen ist, was von wem stammt. Behaupten lässt sich nur, dass die Sieben Weisen der Sumerer lange nicht die Bedeutung wie bei den Arya hatten und auch nicht am mesopotamischen Himmel standen, sodass wohl eher von einer Assimilation arischen Gedankenguts durch die mit ihnen Handel treibenden Mesopotamier auszugehen wäre.

Die Indus-Kultur musste aber ihre Städte aus mehreren Gründen wieder aufgeben: Ein Klimawandel bahnte sich an, der die Monsunregen verschob und das Tal – das keine Bewässerungskanäle kannte – trockener werden liess, dazu kamen Seuchen wie die Lepra, die sich im engen Zusammenleben mit Mensch und Tier ausbreiteten. Jedenfalls waren die sozialen Strukturen schon geschwächt, bevor die Arya – unsere *Arier* – einfielen.

DIE ARYA

Ihr Name geht möglicherweise auf Proto-Samier zurück, die ihre Nachbarn *Orja nannten – Südliche –, was sich bei diesen zu einer Eigenbezeichnung in *Arya* als 'Freie Männer' – im Unterschied zu Sklaven – gewandelt haben könnte.[5]

Ihre Sprache – von der sich alle indoeuropäische Sprachen ableiten – entstand vor rund 8000 Jahren, wahrscheinlich in einer Nachbarregion des Zweistromlandes.[6] Von dort wanderte sie zunächst in die Steppen nördlich des Schwarzen Meeres und des Kaukasus, um sich drei Jahrtausende später in Europa auszubreiten. Ihre Sprecher – unsere indoeuropäischen Urväter – sind uns inzwischen als jene *Yamnaya* bekannt, die im Gebiet der heutigen Ostukraine als nomadisierende Rinderzüchter lebten.

Als sie in den Westen migrierten, waren die Populationen in dieser Epoche dort bereits am Schrumpfen, da sich um 3700 v. u. Z. bei uns eine Form der Pest auszubreiten begann, die schliesslich um 3400 v. u. Z. grosse, tausende Menschen umfassende Siedlungen entvölkert zurückliess. Das machte es den jungen Kriegern der Yamnaya leicht, dank der von ihnen entwickelten Wagentechnologie (die sich auch an ihren 'Wagengräbern' zeigt) und ihren Streitäxten ein paar hundert Jahre später in Europa einzufallen und sich in kürzester Zeit selbst in den dicht bewaldeten Gebieten Deutschlands festzusetzen. Sie waren aufgrund ihrer nahrhaften, auf Kuhmilch basierenden Lebensweise ungewöhnlich gross und kräftig. Dank ihres Prestiges und ihrer überlegenen Kampfkraft holten sie sich die einheimischen Frauen; ihnen nach folgte eine friedlichere Einwanderungsbewegung von Familien der Yamnaya. Wie die Genetik zeigt, stammen wir heute zum grössten Teil von ihren Kindern ab; wir übernahmen von ihnen nicht nur unsere indoeuropäische Sprache, sondern erhielten von ihnen auch unsere Gene für Weisshäutigkeit.[7]

So wie die Yamnaya in Deutschland ab 2900 v. u. Z. durch ihre Schnurbandkeramik archäologisch greifbar werden, tauchen sie danach auch im zentralasiatischen Osten um den Fluss Amur auf, in Gebieten um das heutige Afghanistan, Turkmenistan, Usbekistan, Tajikistan und dem Iran (das sein Farsi der Sprache dieser Indoeuropäer verdankt).[8] Sie entwickelten dort bereits Rituale auf Grundlage einer *Soma* genannten stimulierenden Pflanze – wahrscheinlich das ephedrinhaltige Meerträubel –, die im Pamirgebirge und im westlichen Himalaya wuchs; sie wurde in heissem Wasser eingeweicht, anschliessend ausgepresst (**sau-*) und mit Milch getrunken.[9] Andere prägende Rituale drehten sich um das Feuer, das mit der Sonne verbunden wurde.

Indoeuropäer waren es auch, die in der Steppe zwischen Don, Wolga und Kaspischem Meer um 2200 v. u. Z. das Pferd domestizierten, seiner Milch und des Transports wegen,[10] um damit kurz darauf den Streitwagen als jene Kriegsmaschine zu entwickeln, mit der sie von Zentralasien aus nun südlichere Landstriche eroberten. So expandierten sie zwischen 1900 und 1750 v. u. Z. sowohl nach Nordindien wie in den Norden von Mesopotamien, wo sie mit ihren Streitwagen und der dazugehörigen Kampftechnik ab 1500 im hurritischen Reich Mitanni bald zur Elite zählten.[11] Die Lehnwörter der hurritischen Sprache verraten heute noch, auf welche Weise sie sich dort integrierten und was sie forderten: Die Wörter für 'Krieger', 'Beute', 'Geschenk' und 'Brautpreis' weisen bei ihnen indoeuropäische Wurzeln auf.[12]

Aus einem hurritischen Vertrag gehen auch bereits ihre Götter hervor: an oberster Stelle der bärtige und mit einer Keule bewaffnete *Indra* als Gott des Donners und des Krieges; der ihm zur Seite stehende Feuergott *Agni* als Sprachrohr, Bote und Priester der Götter, einer der wenigen sichtbaren Götter, der die Opfergaben der Menschen an die Götter weiterleitet; *Mitra* ('Vertrag') als der Gott der Pakte; *Varuna* (möglicherweise 'Wahre Sprache') als strenger, aber gerechter Gott der Unterwelt und des Nachthimmels, der die kosmische und menschliche Ordnung aufrechterhält; die später als *Ashvin* ('Pferdemänner') bekannten Zwillinge *Nasatya* ('Retter'), Götter der Pferdezucht, des Streitwagens und als Nothelfer der Menschen; sowie ihre Schwester, die Morgendämmerung, und die männliche Sonne *Surya*.[13] All diese Wesen treten in den ältesten Texten weniger als Götter im herkömmlichen Sinne denn als mit übernatürlichen Kräften begabte Menschen auf.

So wie sich Indoeuropäer in Europa als Schnurbandkeramiker niederliessen, wanderten sie in der ersten Hälfte des 2. Jahrtausends v. u. Z. aus dem zentralasiatischen Raum schliesslich in Nordindien ein, wo sie sich mit der Bevölkerung vermischten, die aus der Indus-Kultur hervorgegangen war – und dies auf dieselbe Weise wie zuvor in Europa: Auch die heutige Bevölkerung dort verdankt zwischen 60% und 90% ihres Erbgutes den Yamnaya.[14]

Was diese Arier mitbrachten, war ihre indoeuropäische Sprache, aus der das Vedische als Frühform des Sanskrit hervorging; ihre Wagentechnologie, die sie um das Speichenrad erweitert hatten;[15] das domestizierte Pferd und den Streitwagen; sowie die Gene für unsere Laktosetoleranz, um Milch im Erwachsenenalter verdauen zu können, was sich an den vedischen Opferkulten rund um Milch und Butterschmalz widerspiegelt.

Zu den Gottheiten, die zugleich Bedeutung erlangten, gehört *Prajapati* ('Herr Der Kreaturen'), der anfangs nur eine marginale Rolle spielte, sich aber zu einem zentralen und mit der Sonne verschmelzenden Schöpfergott entwickelte, und der 'Schreckliche' Sturmgott *Rudra*, der sich allmählich in den 'Freundlich Verheissenden' *Shiva* verwandelte; der erst nur als Vermittler unter den Göttern präsente *Vishnu* errang wie Shiva erst später seine heutige Bedeutung.

Weibliche Gottheiten nahmen in diesem kriegerischen Volk eher marginale Rollen ein. Die personifizierte Morgenröte *Ushas* und die ebenfalls weiblichen 'Wasser' – *Apas* – waren da noch die Prominentesten. Die als Göttermutter *Aditi* ('Die Unbegrenzte') ursprünglich wohl sehr bedeutsame Frau war hingegen bald nur noch durch ihre Söhne präsent, die *Adityas*, welche die wichtigsten sozialen Funktionen zu verantworten hatten. Dazu gehört – neben Varuna und Mitra – der Gastfreundschaft, Hochzeit und soziale Sitten verkörpernde *Aryaman* ('Arya-heit'), *Bhaga* als das Glück und *Amsha* als das Los des Einzelnen.[16]

Am nordindischen Sternenhimmel ist die Präsenz der Arya an Den Bären in Ursa Maior und an Dem Hundeschwanz in Ursa Minor zu erkennen, die sie dank ihrer griechischen Entsprechungen als indoeuropäische Vorstellung ausweisen – während das Krokodil in Draco zweifellos einen alten einheimischen Gott repräsentiert. Interessant ist jedoch, dass dies die einzigen beiden, eindeutig der indoeuropäischen Tradition zurechenbaren Sternbilder sind. Das hängt wohl damit zusammen, dass halbnomadische Viehzüchter und Krieger anders als die lokalen Ackerbauern weniger Bedarf an einem detaillierten Sternenkalender hatten und ihnen einige wenige zur Navigation genügten.

Dabei ist auffällig, dass sich die uralte, auf die weltweit verbreitete Kosmische Jagd beziehende Vorstellung von Bärenjungen, die ihrer Mutter, der Bärin, nachlaufen, in Ursa Maior bei den Arya in Persien bereits zum Namen von *Hapto-Iringa* – Sieben Symbole – verallgemeinert hatte;[17] sie verwandelten sich in Nordindien nun aufgrund der im Klang ähnlichen Namen von 'Bären' in 'Seher'. Da im indoeuropäischen Kulturgut nicht wirklich eine diesen mythischen Heiligen vergleichbare und so bedeutsame Vorstellung zu finden ist, liegt die Annahme nahe, dass sich unter diesem Namen lokale Vorstellungen von heiligen Männern (die auch für den Rest Indiens und China in späterer Zeit bestimmend geblieben sind) in den Himmel der Invasoren geschlichen haben – umso mehr, als der in den Sternlegenden thematisierte Gegensatz zwischen der Krieger- und der Priesterkaste stets deren Rivalität betont.

Weniger zweifelhaft ist hingegen, dass die Nakshatra lokaler Tradition entsprangen, in die dann indoeuropäische Götter wie die Ashvin – deren Zwillingssterne in Aries in den Dioskuren von Gemini ihre Entsprechung haben – oder die für die Kosmische Jagd ebenfalls typische Szene mit dem Pfeil in Orion integriert wurden. Ebenfalls indoeuropäischen Ursprungs ist zudem die Konzeption eines Universums als Speichenrad, wobei sich die sonst weit verbreitete Vorstellung eines Weltenbaums aufgrund des in Indien tief am Himmel liegenden Nordpols in die seiner Achse wandelte. Gegen die bereits bestehenden Konzeptionen ineinander gewölbter Firmamente, die mit den Jahrhunderten immer mehr und immer differenzierter wurden, konnte sich diese Vorstellung aber nicht durchsetzen.

KOSMOLOGIE

Die Welt wurde grundsätzlich imaginiert "als zwei grosse Schüsseln voller Gaben, die der Schöpfergott beide hochgehoben hat, um sie zu vereinen".[18] Oder aber als Ei, das sich, wie die *Chandogya Upanishad* um 800 v. u. Z. festhält, im Seienden "entwickelte. Es lag da, so lange wie ein Jahr ist; darauf spaltete es sich, in eine Eierschale aus Silber, die andere aus Gold: die silberne ist die Erde, die goldene der Himmel oben".[19] Die flache, in die vier Himmelsrichtungen ausgedehnte, von Meer umflossene Erdscheibe kommt so zwischen diesen zwei Schalen der Ober- und Unterwelt zu liegen.

Beide Schalen drehen sich, wie der *Rigveda* häufiger erläutert, einem Rad gleich, dessen Nabe der Himmelspol bildet und dessen Achse den Himmel stützt. Dieser kosmische Pfeiler – *Skambha* – und Weltenbaum ist in den Hymnen des *Atharva Veda* neben Feuer, Wind, Mond und Sonne das fünfte konstitutive Element der Welt: Er trägt Himmel und Erde und hat sie voneinander getrennt; auf ihm hat sich das ganze Universum und alles Leben niedergelassen; Sonne und Mond sind seine Augen.[20]

Der Himmel gilt als gewaltig, gross und als Ort der Sicherheit. Er ist ein festes Gewölbe, das dem oberen, die ganze Welt umflutenden himmlischen Ozean als Boden dient, der in vier Strömen herabfliesst,[21] um dann einen die Erde und das Meer umschliessenden Fluss[22] zu bilden. Oberhalb des Firmaments "ist die Flut; der Himmel ist ihr Boden. Der Lichtraum ist der Luftraum, das Tote die Erde, und was unter ihr ist, das sind die Wasser", wie die *Aitareya Upanishad* von 600 v. u. Z. erklärt.[23] Der sichtbare Himmel dagegen ist "ein wolkiger Ozean", der Regen und Tau spendet.[24] Die Entfernung vom Himmel zur Erde wird mit symbolischen Tausenden angegeben: tausend Tagesreisen zu Pferd oder tausend aufeinandergestellte Kühe.[25]

Die Himmelswelt ist nach unten hin nicht abgeschlossen; die Götter steigen durch ein Tor im Nordosten hinauf und durch eines im Südosten gelangt man zur Welt der Väter – wobei der Mond selbst auch als Eingang zur Himmelswelt gesehen werden kann.

Über diesem 'Wasserhimmel' genannten Firmament liegt ein zweiter und darüber wiederum ein dritter Himmel als der höchste: *Pradyaus*; in ihm steht der himmlische Banyanbaum als Sitz der Götter. Von dort stammt das Soma, da geniessen die Unsterblichen ihren honigsüssen Madhu-Trank. Es ist dies ein weiteres, öfters 'Bhrama-Welt' genanntes Reich, in dem es zwei Seen gibt. Das Leben an deren Ufern ist dem irdischen ähnlich, jedoch rein sinnlicher Natur, Sex, kulinarischen Genüssen, Madhu- und Soma-Trank geweiht. Hierher gelangen auch im *Atharva Veda* um 1000 v. u. Z. die Seligen: "Knochenlos, gereinigt, geläutert durch den, der läutert, gehen sie strahlend zum Himmel des Glanzes; Feuer brennt nicht ihr Geschlechtsorgan, viel Weibervolk haben sie in der Welt des Himmels ... o Agni, mögen wir nach dem Greisenalter in den dritten Himmel eingeladen, uns des Gelages erfreuen".[26]

Ob man in den Himmel kommt oder nicht, darüber entscheidet ein Gericht, bei dem üble Menschen von einer Grube, einer Höhle, einem Abgrund in schwarzer, tiefer Finsternis erwartet werden, in einer Unterwelt, in welche die Asuren nach ihrem Kampf mit den Göttern um die Weltherrschaft verbannt wurden. Ihr Reich des Todes und des Dämonischen liegt auf der anderen Seite des Nordens der lichtvollen Götter: im Süden und in der untersten der drei Erden, von denen die oberste die Scheibe ist, auf der wir leben.

K 37–53

DIE ENTSTEHUNG DER WELT AUS DER SCHILDKRÖTE

Ober- und Unterwelt wurden, wie das *Shatapatha Brahmana* aus dem 7. Jahrhundert v. u. Z. zeigt, auch mit dem Panzer einer Schildkröte verglichen, da diese (*Geochelone elegans*) auf dem indischen Subkontinent sternförmige Muster auf ihrem Rücken aufweist:[27] "Die untere [d. i. die flachere] Schale des Panzers ist diese Welt ... die obere [d. i. die gewölbte] Schale ist der Himmel; sie hat ihre Enden nach ihrer Entstehung nach unten gebogen".[28]

Bereits in der Brahmanenzeit begann man aber über die Dreierzahl von Sphären hinauszugehen. So setzt das bereits erwähnte *Shatapa Brahmana* über die Erde die Windwelt und die Ätherwelt, die Sonne unter das Firmament, darüber sodann den Mond und zuoberst die Sterne.[29]

Das erste Kapitel des spätvedischen *Taittiriya Aranyaka* führt diese Genesis vor und gibt der Schildkröte einen Namen, der auf das zentrale *Nakshatra Rohini* ('Die Rote') verweist.

> "Am Anbeginn war das Universum nur Wasser, nur Welle. Prajapati, der Eine, war darin verdichtet; er schwamm auf einem Lotosblatt und im Innersten seiner Gedanken erstand ein Verlangen: 'Könnte ich doch diese Welle fliessen lassen!' Aus diesem Grund denkt ein Mensch erst, dann redet er, schliesslich handelt er. Dazu wird gesagt: 'Am Anbeginn, da regte sich der erste Samen des Gedankens im Verlangen; in inspiriertem Denken ihre Herzen ergründend, entdeckten die Weisen so, was das Seiende mit dem Nicht-Seienden verband'.
>
> In Wirklichkeit empfängt der, der dies weiss, alles, was er begehrt! Prajapati begehrte die Begierde; nachdem er sie begehrt hatte, durchzuckte sie seinen Körper. Aus seinem Leib gingen die Seher des Clans der Roten Zeichen hervor.
>
> Aus seinen Fingernägeln hingen die Seher Vaikhanasa hervor, aus seinen Haaren die Valakhilya, und aus dem Wesen seines Leibes selbst die Wasser. Und aus den Tiefen seines Leibes tauchte eine kriechende Schildkröte auf, zu der er sagte: 'In Wirklichkeit gingst du aus meinem Leib und meiner Haut hervor!'
>
> 'Nein!', erwiderte diese; 'ich war vor dir da!' So ist die innere Natur des kosmischen Menschen: Er hat tausend Köpfe, tausend Augen, tausend Füsse! Einmal so geworden, wusch er sich und der Schöpfergott Prajapati sagte zu ihm: 'Ja, gewiss, du warst vor mir da! Und da du mein Ahne bist, erschaffe nun diese Welt hier!'
>
> Die Schildkröte schöpfte nun Wasser mit dem Hohl ihrer beiden Hände, leerte es vor sich und sagte: 'Das wirst du sein, Sonne!' So entstanden daraus die Sonne und so der Osten.
>
> Danach leerte die Schildkröte Rotes Zeichen Wasser zu ihrer Rechten aus und sagte: 'Das wirst du sein, Agni" So entstanden daraus der Feuergott Agni und der Süden. Danach leerte Rotes Zeichen hinter sich Wasser aus und sagte: 'Das wirst du sein, Vayu!' Und so entstanden daraus der Windgott Vayu und der Westen. Danach leerte Rotes Zeichen Wasser zu ihrer Linken aus und sagte: 'Das wirst du sein, Indra!' Und so entstand daraus der oberste kriegerische Gott Indra. Danach leerte die Schildkröte Wasser in der Mitte aus und sagte: 'Das wirst du sein, Pushan!' Und so entstanden daraus der Schutzherr des Viehs und der Menschen und die Mitte. ...
>
> Das Universum ist aus dem Wasser hervorgegangen: Deshalb ist der selbstgeborene Brahman der ganze Kosmos. Und weil er aus dem Wasser hervorging, war das Universum auf gewisse Weise weich und wechselhaft. Und eben dies ist der Prajapati ['Herr Der Kreaturen']."[30]

In der späteren brahmanischen Kosmographie – hin zur Mitte des 1. Jahrtausends v. u. Z. – wurde die Siebenzahl kanonisch und das Weltbild dementsprechend in sieben Landstreifen in sieben Meeren unterteilt, über die sieben Himmel gedacht sind, welche nun nicht mehr schalenförmig, sondern eher trichterförmig ineinander gestaffelt sind.[31] Dies liegt daran, dass aus der Vorstellung einer Weltachse und eines oder mehrerer Stützpfeiler des Himmels nun der goldene Weltenberg Meru wurde, der sich in der Erdmitte erhebt. Er ist im Osten weiss, im Westen schwarz, im Norden rot und im Süden gelb und trägt somit die Farben der vier Stände (kodiert aber damit auch die Himmelsrichtungen farblich wie im panamerikanischen Schöpfungsmythos). Sein Gipfel besteht aus einem Tibet-ähnlichen Hochplateau, auf dem die Stadt der Brahmanen liegt, umgeben von den Städten der acht Welthüter; an deren Rand wohnen die Sieben Seher von Ursa Maior.

Um den Gipfel des Meru herum erheben sich in den vier Himmelsrichtungen vier Gebirge als den Himmel tragende 'Stützen'. Auf ihnen wiederum wachsen vier riesige Bäume: auf dem Gebirge im Osten ein Kadamba-Baum (*Neolamarckia cadamba*), im Süden ein Jambulbaum (*Syzygium jabolana*), im Westen eine Pappelfeige (*Ficus religiosa*), die als Nakshatra präsent ist, und im Norden der Banyanbaum (*Ficus indica*) des Himmelspols.[32]

Mit der Religion der Jainas, deren letzter Religionsstifter Mahavira im 6. Jahrhundet v. u. Z. war, erweiterten sich die Ringkontinente und Ringmeere um den Weltenberg noch einmal. Über der Region der Himmelskörper setzte man nun zehn oder elf weitere, in 62 oder 63 Stockwerke unterteilte Himmelssphären, die von der Menschenwelt aus insgesamt sieben Rajju entfernt sind: Ein Rajju ist die Strecke, die ein Gott in sechs Monaten zurücklegt, wenn er mit zwei Meilen langen Schritte losmarschiert. Ebenso tief darunter liegen die 49 Stockwerke der sieben Höllensphären. Der Kosmos ist dann aber nicht mehr kugelförmig, sondern als Spindel gedacht, die auf einer grösseren Spindelhälfte rotiert. Dies wird auch in Gestalt einer kosmischen Frau dargestellt, deren Hüfte die Kugel der Menschenwelt bildet: Die obere Spindel stellt ihre Brüste dar und ist an der Spitze von ihrem Kopf gekrönt, die untere breitere Spindelhälfte formt ihren pyramidenartigen Rock. Im Zuge dieser Neugestaltung der Welt wurden auch die Nakshatra bildlich neu gedeutet.[33]

Der wohl nach dem Janismus entstandene Buddhismus fügte der bestehenden Kosmologie eine psychologische Dimension hinzu, in der fünf Elemente für alles im Universum stehen: *Rupa* (Form und Materie), *Vedana* (Fühlen), *Sanna* (Wahrnehmung), *Sankhara* (Vorbestimmtes) und *Vinnana* (Bewusstsein).[34]

Kosmologische Vorstellungen des Buddhismus und Jainismus wurden unter König Ashoka im 3. Jahrhundert v. u. Z. intensiv verbreitet, erreichten so auch Südostasien und damit das Gebiet der ehemaligen Lapitakultur, die anschliessend den Pazifik besiedelte. Es ist dieses Weltbild mit seinen zehn oder elf Himmelssphären und seine Kosmogonie, die den Sternenhimmelkulturen von Palawan, der Gesellschaftsinseln und der Māori einen neuen Vorspann zu jenem uralten Weltschöpfungsparadigma lieferte, das auch in den vedischen Schriften noch klar erkennbar ist. Denn überall dort werden auch diese Sphären von immer abstrakteren Gottheiten beherrscht, und besonders bei den Māori zeichnet sich häufiger die Vorstellung eines Weltenberges ab. Die jeweiligen Sternenhimmel zu überprägen vermochte diese neue Philosophie jedoch nicht.

Die vedische Kosmologie wurde ab dem 4. Jahrhundert v. u. Z. erst von der einflussreichen babylonischen und dann von der hellenistischen und römischen Astrologie überschrieben, wodurch es zur Einführung des gräko-romanischen Tierkreises und seiner Sternbilder und zu umfangreichen Omen-Deutungen kam.

Astronomie und Mathematik entwickelten sich dabei in Indien weiter und wirkten im 8. Jahrhundert auf die Araber, welche die Nakshatra zu ihrem Kalender von Mondhäusern adaptierten – worauf die dann im Mittelalter weltweit prestigträchtige arabische Astrologie ab 1600 wieder auf Indien zurückwirkte.[35] So interessant diese Wechselwirkungen und gegenseitigen Befruchtungen auch sind, so erhellen sie jedoch – zumindest anhand der zugänglichen Quellen – keineswegs den vedischen Sternenhimmel.

BASALE PARADIGMEN

Eine berühmte Hymne des *Rigveda* – die ungefähr um 1200 v. u. Z. niedergeschrieben wurde – hat einen alten Schöpfungsmythos zum Inhalt, der grosse Parallelen zu jenen der Māori und der Gesellschaftsinseln aufweist, in denen erst die Leere, dann das Nichts mit dem Zucken des Einen entsteht und daraufhin ein Dunkel, in dem durch Emotion und Imagination schliesslich die Welt geboren wird.

DIE VEDISCHE SCHÖPFUNG

Das Nicht-Seiende gab es noch nicht; noch war da schon das Seiende. Es gab weder den luftigen Raum noch den Himmel darüber.
Was bewegte sich hin und her? Woher und unter wessen Schutz? Gab es schon Wasser, eine abgründige Tiefe?
Es gab weder Unsterblichkeit noch Sterblichkeit und keine Anzeichen von Nacht oder Tag – doch der Eine atmete ohne Wind, allein aus ureigenem Willen: jenseits dessen gab es nichts.
An diesem Beginn gab es eine von Dunkelheit verborgene Finsternis – und sie war ein zeichenloser Ozean.
Was Ding war, das entstand, umhüllt von Leere – in der der Eine durch die Kraft der Hitze [als Ei] geboren wurde.
Und in diesem Anfang wurde aus dem Gedanken das Verlangen, das als urzeitlicher Same existierte.
In inspiriertem Denken ihre Herzen ergründend, entdeckten Dichter derart, was das Seiende mit dem Nicht-Seienden verband. Und dieses Band wurde teilend darüber gespannt.
Doch was gab es darunter? Und was gab es darüber?
Es gab Samenspender und es gab Grösse: Unten gab es unabhängigen Willen, oben Opfer.
Wer weiss es wirklich? Wer soll es hier verkünden, woher es geboren wurde, woher diese Schöpfung kam?
Die Götter entsprangen erst danach in dieser Schöpfungshälfte: Wer könnte also wissen, woher alles zu seinem Sein kam?
Die Schöpfung – wie es zu ihr kam, ob sie geschaffen wurde oder nicht: Das weiss sicherlich Er, der vom höchsten Himmel aus diese Welt überblickt.
Doch was, wenn Er es nicht weiss?[36]

Die vom panamerikanischen Paradigma bekannten vier Weltalter sind auch im *Rigveda* angedeutet: "Die Pflanzen wurden früher geboren, in der dritten Generation vor den Göttern;[37] in der ersten Generation der Götter ging das, was ist, aus dem hervor, was nicht ist; und die Regionen des Raumes gingen danach hervor."[38] In diese Vorwelten muss die als 'Gestorbener Vogel' oder 'Totes Ei' – *Mandata* – bezeichnete Sonne gehören, die der Göttermutter Aditi geboren wurde,[39] sie entspricht dem Dämmerlicht in den Vorwelten anderer Sternenhimmelkulturen.

Zur ersten danach entstandenen Generation von Göttern gehörte das von den pazifischen Kulturen auch namentlich bestens bekannte Paar von 'Himmelvater' *Dyaus Pitar* und Erdmutter, *Prithivi* ('Die Breite') oder *Urvi* ('Die Weite') genannt. Die Trennung der beiden, um dazwischen einen von ihnen geschützten Lebensraum zu schaffen, ist auch bei den Veden eines der zentralen kosmogonischen Momente. Dieses Urelternpaar wurde je nach Überlieferung durch Indra auseinandergebracht,[40] durch Indras acht Diener, durch die Elementargötter der Vasu, zu denen später auch der Polarstern und der Mond gezählt wurden, durch die Söhne der Göttermutter Aditi, Varuna, Mitra, Aryaman, oder aber durch den Gewittergott Rudra.[41]

Dies geht vor sich, indem die noch undifferenzierte primordiale Welt allein aus fliessenden Wassern besteht – und mit diesen göttlichen Apas neben Erdmutter und Himmelvater nun eine dritte konkurrenzierende Macht darstellt, wie wir dies auch von den Māori oder Aborigines kennen. In Nordindien, am Rande des Himalaya, bildet sich in diesen Mythen ein urzeitlicher Hügel heraus, den ein kosmischer Eber aus den Wassern gegraben hat: Dort ruht der Himmelvater weiterhin auf der Erde.[42]

Um die heutige Welt erschaffen zu können, ist – wie bei allen Sternenhimmelkulturen – auch im *Rigveda* die Überlieferung eines Kampfes mit einem Ungeheuer und eine damit verbundene Flut enthalten.[43] Das Ungeheuer heisst darin *Vritra* ('Umschliesser') und ist eine gigantische Kobra, die sich um einen Berg geringelt hat, der alle Wasser enthält. Es ist dies eine Vorstellung, die man in Ägypten bei der Unterweltsschlange Apep und ihrem Kampf gegen den Sonnengott und bei den Aborigines als die Flut verkörpernde Riesenschlange wiederfindet.

Das *Bhagavata Purana*, das im 10. Jahrhundert u. Z. aufgezeichnet wurde, stellt die die Erde erstickende Urschlange Vritra eindrücklich vor: "Wie in vier Himmelsrichtungen geschossene Pfeile schwoll der Leib dieses Dämons Tag um Tag weiter an. Gross und schwärzlich erschien er wie ein verbrannter Hügel, und er glänzte wie eine helle Reihe von Wolken im Abendrot. Das Haar auf dem Leib des Dämons, sein Bart und seine Schnurrhaare hatten die Farbe von geschmolzenem Kupfer und seine Augen waren so durchbohrend wie die Mittagssonne. Er wirkte völlig unbesiegbar, indem er die drei Welten auf den Spitzen seines Dreizacks aufgespiesst zu halten schien. Tanzend und mit lauter Stimme brüllend, erzitterte die gesamte Oberfläche der Erde wie von einem Erdbeben. Wenn er gähnte, wieder und wieder, schien er den gesamten Himmel mit seinem Maul zu verschlingen, das so tief wie eine Höhle war. Es war, als ob er mit seiner Zunge die Sterne alle aufleckte und mit seinen langen scharfen Zähnen das ganze Universum auffrass. Bei seinem Anblick rannte jeder vor lauter Angst in alle Richtungen davon ... So bedeckte dieser fürchterliche Dämon, der eigentlich der Sohn des Tvastar war, alle Welten des Himmels kraft seiner Auszehrung: weil er alles umhüllte, nannte man ihn *Vritra*."[44]

Damit Leben entstehen kann, muss Vritra getötet werden. Das gelingt dem Kriegsgott Indra; der erschlägt diesen Dämon nach einem heftigen Kampf mit seiner Keule und zerschmettert den Berg, sodass sich – neben der Sonne und den Dämmerungswolken – die Flut daraus ergiesst.[45] Aus vier Löchern dieses Urhügels fliessen nun vier einem unterirdischen Quell entspringende Ströme über die ganze Erde und überschwemmen sie.[46] In diesem Hügel stellt Indra dann einen Pfosten auf, der Himmel und Erde erstmals auseinanderspreizt und als Pfeiler seither verbindet, als Radachse des sich mit der Erde drehenden Himmels.[47] Zu Ehren dieses Aktes wurde zu Neujahr ein solcher Himmelspfahl aufgestellt.[48]

Das Paradigma des emporgehobenen Himmels, wie wir es von den Māori, den Gesellschaftsinseln, Palawan, China und den Nördlichen Dene kennen, wird in einer Hymne des *Rigveda* thematisiert, obgleich der Akt darin dem kosmischen Gott Varuna zugeschrieben wird: "Erkenntnisreich sind die Geschlechter der Götter und Sterblichen dank der Grösse dessen, der die beiden weiten Welthälften auseinandergespreizt hat; er hat das Gewölbe des Himmels in luftige Höhen hinaufgestemmt, auch die Gestirne, und die Erde darunter ausgedehnt."[49]

Wie in der Kosmogonie der Maya wird dann Unten und Oben verkehrt, indem die unterirdische Welt des Totengottes Yama am nächtlichen Zenit steht.[50] Anders als sonst – wohl aufgrund des indoeuropäischen Sonnenkultes – muss aber nicht erst Licht in das unvordenkliche Dunkel gebracht werden, sondern entsteht das Dunkel erst nach dem Tod Yamas als erstem sterblichen Menschen, indem die Götter für ihn die Nacht erschaffen.[51]

In einer anderen Hymne des *Rigveda* wird sodann das weltweit verbreitete Paradigma der Entstehung des Sternenhimmels durch die ersten Menschen zitiert: "Die Väter schmückten den Himmel mit Sternen wie einen Grauschimmel mit Perlen und setzten das Dunkel in die Nacht und das Licht in den Tag."[52] Unter diesen Vätern wird der Feuergott Agni hervorgehoben, "der viel Vieh bringt und die Tore des Reichtums weit geöffnet hat – Er, der Herr des Hauses, hat das Gewölbe des Himmels mit Sternen geschmückt".[53] Dasselbe macht der Schwarze Gott der Südlichen Dene in seinem Haus mit funkelnden Steinen, die zu Sternen werden.

Die vielen Schöpfergötter, ja, die vielen Götter überhaupt, die wie die Seher eher als übernatürliche denn allmächtige Wesen erscheinen, gemahnen an die Kulturheroen von Sternenhimmelkulturen weltweit. Die Rolle des Tricksters füllt dabei in Indien der gierige, impulsive und geile Indra mit seinen vielen Kämpfen aus.[54] Insbesondere die Ashvin sind als grundlegend zu verstehen, indem sich an diesen Söhnen des Himmels und an ihren vielen Abenteuern die anderswo mit der Sonne und dem Morgen- und Abendstern eng verknüpften Heldenzwillinge erkennen lassen: die bei den ebenso indoeuropäischen Griechen zu den Dioskuren in Gemini wurden.

DIE ENTSTEHUNG DER WELT AUS DEM ERSTEN MENSCHEN

Dass ein immer grösser werdender Alles-Umschlinger einmal als dämonisches, zu bekämpfendes Ungeheuer Vritra, ein andermal aber als Schöpfergott vorgeführt wird, geht auf einen basalen Mythos zurück. Bei den Wardaman in Australien ist eine solche Figur in der alten, schliesslich im Kampf zerteilten Regenbogenschlange zu erkennen; in China heisst dieser Weltenriese *Hundun*, wenn er die sphärische Totalität des entstehenden Kosmos verkörpert, oder *Pangu*, wenn er für den allerersten Menschen steht, der wie Vritra Tag um Tag weiter anschwillt, um Himmel und Erde voneinander abzuheben. In der chinesischen Kosmologie entstehen aus Hunduns | Pangus Leichnam schliesslich die Formen der heutigen Welt, so wie auch in der vedischen. Dies schildert eine berühmte Hymne des *Rigveda*, in der dieser Weltenriese *Purusha* genannt wird: 'Mann, Person, Mensch'.

"Der Mann hat tausend Köpfe, tausend Augen und tausend Füsse; wenn er die Erde auf allen Seiten umfasst, reichen seine Finger noch immer eine Handbreit weiter.
Dieser Mann ist die ganze Welt, all das, was ist und was sein wird; er ist der Meister der Unsterblichkeit, wenn er mit seinem Appetit die Welt zu übersteigen beginnt: Das ist seine Grösse.

Doch ist dieser Mann noch mehr: Ein Viertel von ihm besteht aus allen Lebewesen, drei Viertel sind das Unsterbliche des Himmels – mit diesen drei Vierteln steigt der Mann nach oben; ein Viertel jedoch kam wieder herab, um nun hier zu sein."[55]

Wie Hundun | Pangu wird auch dieses erste Wesen getötet: Es wird geopfert, um aus seinen Körperteilen den Kosmos entstehen lassen zu können – welchem die Menschheit seither dadurch verbunden ist. Sie zeigt dies seither durch Opfer, die den 'Ersten Menschen' Purusha zu verkörpern haben – aus welchem Himmel, Gestirne und Erde samt allen Lebewesen auf ihr und schliesslich auch die Gesellschaftsordnung der Menschen entstanden.

"Aus ihm wurden die Pferde geboren und alle Tiere, die Zähne in beiden Kiefern haben: die Kühe, die Ziegen und die Schafe.
Als sie diesen Mann zerstückelten, in wie viele Teile habe sie ihn gelegt? Was wurde aus seinem Mund? Was aus seinen zwei Armen? Was wurde aus seinen zwei Schenkeln, was aus seinen zwei Füssen?
Der Bhramin wurde aus seinem Mund – und der Herrscher aus seinen Armen. Aus seinen Schenkeln wurde das freie Volk und aus seinen Füssen wurden die Sklaven.
Der Mond wurde aus seinem Kopf geboren, die Sonne aus seinen Augen; Indra und Afni aus seinem Mund und Vayu aus seinem Atem.
Der Luftraum entstand aus seinem Nabel und der Himmel aus seinem Kopf. Die Erde aber entstand aus zweien seiner Füsse, und die Himmelsrichtungen entstanden aus einem seiner Ohren – so nahm die Welt Gestalt an."[56]

DIE STERNE

So wie aus dem Bart des chinesischen Hundun | Pangu die Sterne entstanden, galten die Sterne auch in Indien als 'zahllos wie die Haarporen am Körper des Schöpfergottes Prajapati' und wurden als 'Haare des Himmels' gedacht, aber auch als 'Knochen eines symbolischen Opferrosses' – weshalb ihnen all das geweiht ist, was an einem Pferdewagen aus Knochen ist, das heisst Elfenbein.

Zudem gelten die Sterne als 'Nägel an den beiden Händen des Jahres', da sie neben den Wolken der Festigung des Himmels dienen. Sie werden auch 'Heimat der Gewässer' genannt, da Gestirnen eine Beziehung zum Regen zugeschrieben wird. Durch ihr Herableuchten entstehen die Lotosblumen.

In geringerem Mass als Sonne und Mond verleihen auch die Sterne den Lebewesen ihre vitale Kraft. So heisst es diesbezüglich im vedischen *Taittiriya Aranyaka*: "Die Sterne dort, sie ziehen dahin und nehmen den Lebenshauch aller Wesen mit; mögt ihr nicht mit meiner Familie, meinem Vieh und meinem eigenen Lebenshauch fortgehen und hinausziehen."[57]

W 270–273

KALENDER

In der vedischen Literatur finden sich keine astronomischen Himmelsbeobachtungen oder Gestirnsdeutungen, stattdessen Hymnen an Sonne und Mond. So etwas wie Astronomie etablierte sich erst als einer von sechs Wissenszweigen – *Anga* –, indem sie zur Bestimmung der vedischen Opferrituale nötig war, die in einen genauen zeitlichen Ablauf eingebunden waren; sie wurde *Jyotishavedanga* genannt, abgeleitet von *Jyotih*, 'Himmelslicht'.[58] Mit dieser 'Himmelslichterkunde' wurde der Kalender für die einzelnen Rituale festgelegt. Dazu gehören die täglichen Feueropfer morgens und abends; die zweiwöchigen Opfer für den Neu- und den Vollmond; die alle vier Monate stattfindenden Opfer für die Jahreszeiten; das Erntedankopfer; Bittopfer und Tieropfer.[59]

Das Jahr wurde dem Sonnenlauf entsprechend in zwei Jahreshälften – *Ayanas*, 'Gänge' (der Sonne) –, fünf (oder sechs) Jahreszeiten, zwölf Mondmonate und 360 Tage unterteilt, wobei die zwei Wendepunkte samt dem Äquinoktialpunkt der Sonne als ihre 'Naben' beobachtet wurden. Der *Rigveda* drückt dies so aus: "Das fünfspeichige Rad des Jahres dreht sich ... das Wagenrad der Sonne ist eins; es setzt sich aus zwölf Bögen zusammen und hat drei Naben: wer versteht dies? Die weiter und weiter laufenden Tage sind darin gefügt, wie dreihundert Holznägel und nochmal sechzig."[60]

Die nordindischen Jahreszeiten waren der regnerische Frühling (*Vasanta*), Sommer (*Grishma*), Regenzeit (*Varsha*, 'regnend'), Herbst (*Sharad*) und Winter (*Hemanta*) – wobei eine kühle Übergangsperiode (*Shishira*) zwischen Winter und Frühling später eingeschoben wurde.[61]

Das Jahr begann mit der ersten 'Nabe' des – später als *Svastika* ('Glücksbringer') bezeichneten – Sonnenrades: das heisst mit dem Frühlingsäquinoktium im März. Genauer bestimmt wurde es durch die letzte Sichtbarkeit des traditionell ersten Nakshatra abends im Westen. Die Plejaden blieben dann einen Monat lang unter dem Horizont unsichtbar, um danach erstmals wieder morgens vor der Sonne aufzugehen: Es ist dies eine weltweit übliche Bestimmung des Jahresbeginns, die je nach Region auch in den Sommer oder den Herbst fallen kann. In Nordindien gilt dies ab etwa 3000 v. u. Z. Im 5. Jahrtausend war dies α Tauri gewesen; die Legende über das enge Verhältnis zwischen dem Mond und diesem Stern lässt vermuten, dass dieser Sternenkalender ein solches Alter haben könnte – was zu einem Indus-Tal passt, in dem der Ackerbau bereits zwei Jahrtausende zuvor begonnen hat.

Aufgrund der Präzession verschoben sich die Gestirnsuntergänge so, dass um 500 u. Z. die kurz nach Sonnenuntergang am westlichen Horizont sichtbar werdenden und dann untergehenden beiden hellen Sterne von Aries die Tage um das Frühlingsäquinoktium markierten – weshalb die Ashvin dann die Reihung der Naskshatra anführten.

Ab 2000 v. u. Z. markierte zudem das Sternbild eines Rinds in Pegasus immer mehr den Morgen des Neuen Jahres: Unter seinen Beinen ging die Sonne auf.

Aus den zeremoniellen Texten des um 1000 v. u. Z. abgefassten *Yajurveda* gehen sechs Monatspaare samt einem 13. Schaltmonat *Anhasaspati* ('Herr der Not') hervor, die auf ein in sechs Jahreszeiten unterteiltes Jahr abgefasst sind: zwei von 'Honig' abgeleitete Frühlingsmonate, *Madhu* und *Madhava*; die zwei 'Strahlenden' Monate *Shukra* und *Shuchi*; die zwei 'Wolkigen' *Nabhas* und *Nabhasya*; 'Trank' und 'Speis' von *Ish* und *Urj*; die 'Gewalt' der zwei Wintermonate *Sahas* und *Sahasya*; und die 'Wärme' der beiden Monate danach, *Tapas* und *Tapasya*. Ob diese Monatsnamen jemals allgemein gebräuchlich waren, ist aufgrund ihrer recht artifiziellen und abstrakten Nennweise allerdings zu bezweifeln.[62]

Plausibler sind da schon die Monatsnamen, die sich von dem Ring der Nakshatra ableiten, die eine Art Tierkreis des Mondes darstellen. Die Namen dieser 27 oder 28 Gestirne entlang der Ekliptik tauchen erstmals in der *Taittiriya Samhita* aus der Mitte des 1. Jahrtausends v. u. Z. auf.[63] Als Stationen, in denen sich der Vollmond zeigt, können sie zwölf Monate markieren. Aus dem etwa zeitgleichen *Kaushitaki Upanishad* geht hervor, dass sich die Sonne beim Neumond des Monat *Magha* am Wintersonnenwendepunkt befand: Da sich der Vollmond in diesem Monat bei α Leonis zeigt und der Vollmond stets direkt gegenüber der Sonne steht, heisst dies, dass sich die Sonne zur Wintersonnenwende bei α Aquilae befand.

Dies macht die auf die Nakshatra bezogenen Monatsnamen bestimmbar: Im Monat *Karrtika* – etwa September – zeigt sich der Vollmond in den Plejaden der Krittikah und in Rohini von α Tauri; *Margashira* heisst sodann die Zeit um den Oktober; der von Pushya abgeleitete *Pausha* ist der November, *Magha* der Dezember, *Phalguna* der Januar und der von Citra abgeleitete *Caitra* der Februar. Die von den Plejaden aus gezählte 14. Nakshatra, die ihnen also genau gegenüberliegende Mondstation *Vishake* – Die Zweizinkige –, erweist sich somit als Name des Monats März, in dem das Jahr mit dem Frühlingsäquinoktium endet.

Der erste Monat des Neuen Jahres, der April, heisst dann *Jyaishta*: In ihm zeigt sich der Mond bei α Scorpii, der ebenso 'Rohini' genannt wird wie der den Beginn der zweiten Jahreshälfte markierende α Tauri. Unser Mai heisst *Asadhah*, der Juni *Shravana*, der Juli *Bhadrapada* und der August *Ashvina*.[64]

Der Mondmonat selbst zerfiel in zwei Hälften, eine 'lichte' und eine 'dunkle'.[65] Um das Mondjahr mit dem Sonnenjahr zu synchronisieren, fügte man alle fünf Jahre einen Schaltmonat ein.[66] Aus diesem Grund mag wohl auch die Unterteilung des Jahres in 28 Nakshatra erfolgt sein, die weder in Bezug auf die 360° Grad des Himmels noch auf die 365 ¼ Tage des Jahres eine gerade Bruchzahl ergeben. Als Produkt von 7 × 4 ergibt sich jedoch die beste Annäherung an das Sonnenjahr, indem 28 × 13 Perioden 364 Tage ergeben, sodass man nur alle fünf Jahre fünf Schalttage einführen muss, um den Kalender wieder mit dem Sonnenjahr zu synchronisieren.

Die weit verbreitete Vorstellung, die Nakshatra wären entstanden, um damit einen auf dem Mond basierenden Kalender zu etablieren, sind jedoch kaum glaubhaft: denn dazu sind die Bewegungen des Mondes viel zu irregulär. Zwar schreitet er im Laufe seines über 29 Tage dauernden Zyklus Nacht um Nacht den Himmel ab, um sich am Ende seiner Phase mehr oder minder wieder vor den denselben Sternen wie am Anfang zu zeigen, doch tut er dies sprunghaft in bald kleineren, bald grösseren Schritten gen Osten und wieder zurück. Zudem sind nicht alle Aufgänge am Horizont sichtbar, weil sie von der Sonne überstrahlt werden, wobei er an ein und demselben Punkt einmal als Vollmond und dann wieder als Neumond aufgehen kann. Die Abstände zwischen den einzelnen Aufgangspunkten schwanken dabei ebenso wie die Abstände zwischen den Sternen (die nur im Mittel auf dem geneigt zum Horizont verlaufenden Grosskreis des Himmels etwa 13° ergeben), in denen er sich bei seinen Aufgängen zeigt – wobei sich dafür oft keine markanten Sterne in seiner Umgebung finden.

Als System, um damit auf praktische Weise Tage und Monate bestimmen zu können, taugt dies nicht. Einen Sinn ergibt die 'Mondekliptik' der Nakshatra allerdings, wenn man mittels markanter Sterne in etwa alle 13 Tage einen Abschnitt des auf- oder untergehenden Himmels am östlichen oder westlichen Horizont festlegt, um ihn derart in 27 oder 28 Segmente zu unterteilen, die bald grösser, bald kleiner sein können. Sind diese Segmente einmal etabliert und nach den darin auffälligen Sternen benannt, können sie hernach jedoch – wie bei den Chinesen auch – als 'Herbergen des Mondes' bezeichnet werden, die der Mond auf seinem Durchschreiten der Himmelskuppel Nacht für Nacht wechselt: indem er sich jeden Abend in einem anderen Segment zeigt.

QUELLEN

Veda bedeutet 'heiliges Wissen'; das Wort geht auf dieselbe Wurzel wie unser 'Wissen' oder das altgriechische *(w)oida* und die davon abgeleitete 'Idee' zurück. Die es als Herrschaftswissen der Priester – Brahmanen – und damit oft in esoterischer Manier aufzeichnenden Texte wurden etwa zwischen 1500 und 500 v. u. Z. erst im Punjab, dann auch in Bihar im Nordosten Indiens komponiert und innerhalb der Priesterkaste mündlich von Generation zu Generation weitergeben, bis sie anfangs des 2. Jahrtausends unserer Zeit niedergeschrieben wurden. Sie umfassen Sammlungen von Mantras (*Samhitas*), theologische und rituelle Kommentare (*Bhramana*), damit verbundene Texte, die später gerne in Einsiedeleien im Wald gelesen wurden (*Aranyaka*), und mythisch-philosophische Texte (*Upanishaden*).

Die ältesten Texte enthält der *Rigveda* ('Lobwissen'), der aus zehn Zyklen – *Mandalas* – von Vershymnen in archaischem Sanskrit besteht, von denen die meisten beim jährlichen zu Neujahr gefeierten Soma-Ritual rezitiert wurden; sie wurden von einzelnen Clans von Dichtern verfasst, die als ihre Stammväter die zehn Seher und Schöpfergötter sehen.[67]

Zu diesem Grundstock kamen im Laufe der Jahrhunderte und Jahrtausende noch viele weitere Schriften wie das berühmte *Mahabarata* hinzu, zahlreiche Götter und unzählige theologische Interpretationen, Nuancen und Variationen von Mythen, sodass der sich ausdifferenzierende Bedeutungshof einzelner Götter und Bilder kaum mehr überblickbar ist: Weshalb im Folgenden nur das Elementarste festgehalten wird – das zu erschliessen ohnehin schon auf philologischer Kleinarbeit beruht.

Die Dokumentation der Sternbilder des Nachthimmels beruht zu einem Gutteil auf deutschen Arbeiten, die sich bis vor hundert Jahren noch gründlich und ausführlich damit beschäftigten. Danach werden die Arbeiten selten und sind dann oft sehr speziell oder eklektisch angelegt – wobei besonders indische Aufsätze zum Thema akademischen Standards selten gerecht werden. Ich danke Dominik Haas für die Durchsicht dieses Textes.

I HIMMEL, STERNE UND MILCHSTRASSE

Himmel

DYAUH – DER HIMMEL

So wird der von der Sonne beleuchtete Himmel genannt, aber auch der Nachthimmel: In ihm kann die Unterwelt des kosmischen Gottes Varuna sich aufgrund seiner Rotation dann bis zum Zenit ausbreiten – womit das Totenreich emporsteigt. Der Himmel besteht vielen Vorstellungen nach aus den kosmischen, primordialen Wassern, welche die Welt umschliessen – weshalb Varuna sowohl als Himmels- wie als Meeresgott gilt. Varuna selbst entstammt der urzeitlichen Paarung von Erdmutter und dem *Dyauh* genannten Himmelsvater.

WI 214 und A 37, 74

SVAR(GA) LOKA – DIE LEUCHTENDE WELT

H 340

Dies ist der dritte Himmel, in dem sich meist alle Himmelskörper bewegen, die Region über dem Luftraum, zwischen Ekliptik und nördlichem Himmelspol. Darüber liegen in spätbrahmanischen und jainistischen Vorstellungen vier weitere Himmel, beginnend mit dem Himmel der Heiligen.[68]

Die Seelen der Verstorbenen – *Pitris* – und Seher – *Rishis* – erscheinen als Sterne in den selbstleuchtenden Welten des Himmels. Ihre Lichter sind das sichtbare Zeichen innerer Grösse, Glorie und Erleuchtung; einer Lampe im Dunkeln gleich, weisen sie anderen den spirituellen Weg. Von dort steigen sie in den höchsten Himmel zu Vishnu auf, den Vaikuntha oder Vishnuloka.[69]

Im *Rigveda* wird der Himmel einmal als "scheckiger Stein, über den man hinwegschreitet"[70] bezeichnet; ein andermal ist von "der Treppe des Himmels"[71] die Rede. Dies könnte nahelegen, dass mit Svarga Loka auch die Milchstrasse gemeint sein könnte – und dass dort, wo sie sich in zwei Arme teilt, das Tor des Himmels liegt.[72]

Stern

STER – DIE STRAHLERIN

Diese Bezeichung ist zugleich die Wurzel unseres Wortes 'Stern'. Sie gibt das Ausgestreut-Sein wieder, mit der besonderen Bedeutungsentwicklung 'strahlen', wie sich dies bei kollektiv gemeinten Nomina wie 'Gestirn' findet, von denen unser Einzelbegriff abgeleitet ist.

SCH 18–29

TARA(KA) – DIE FUNKLERIN

Dieser auch für Sternbilder und Kometen gültige Name geht aus einer Parallelentwicklung von *Ster* zu *Starah* hervor. Zu weiblichen Personifikationen von Einzelsternen hat wohl das Genus dieser Bezeichnung Anlass gegeben: Die Göttin Tara gilt dann als Frau Brihaspatis, des Planeten Jupiter.

SCH 117, 30

NAKSHATRA – DER NACHTHERRSCHER

SCH 32

Der Begriff leitet sich ab von *Nakt-kshatra* – Über Die Nacht Herrschend – und trägt mit *-tra* auch die Vorstellung des Beschützens[73] in sich. Die zu ihnen zählenden Sterne und Sternbilder werden deshalb oft zum Beistand angefleht, aber auch zum Schutz vor ihrem Schein, der verhängnisvoll sein kann. Der Singular *Nakshatra* wird meist kollektiv gebraucht und bezeichnete in der Anfangszeit alle Himmelskörper, Sterne, Planeten, Sonne und Mond, bevor er auf die Mondstationen eingeschränkt wurde.[74]

In ihrem 'herrschenden' Sinn sind die Sterne die Lichter der Frommen, die in den Himmel eingegangen sind, wie die Sieben Seher in Ursa Maior. Schweigegelübde werden deshalb erst gelöst, wenn der erste Stern sich zeigt; auch bei Hochzeitsritualen muss die Braut so lange sitzen bleiben, bis ein Stern sichtbar wird. Ähnliches gilt für Leichenfeiern.[75]

Sterne werden mit Heiligen, Feuern und Altären in Verbindung gebracht. So heisst es im *Taittiriyas Samhita* aus dem rund 5. Jahrhundert v. u. Z. über das Bauen eines Feueraltars: "Er legt die Ziegel der Sternbilder; sie sind die Lichter des Himmels – wahrlich, so gewinnt er sie: Die Nakshatra sind die Lichter jener, die Gutes tun."[76]

JYOTIH – HIMMELSLICHT, LEUCHTE

Y 376, H 341

Für die Seelen der Verstorbenen gilt: Stirbt ein Erleuchteter, der Licht ausstrahlt, erlangt er himmlische Sicht; er glänzt dann so hell wie der Vollmond. Und so viele Zwinkerer er im Auge hat, so viele Jahre wird ein Lichtspender aufglühen und Schönheit und Reichtum haben.[77]

DIPA – LAMPE

H 341

Diwali oder *Dipavalai* – Lampenreihen – heisst ein grosses, fünftägiges Herbstfest, bei dem Canopus Wasseropfer dargebracht werden. Man hängt bei Neumond überall sternförmige Lichter auf, welche die *Pitris* – die Seelen der Väter – aus der Unterwelt hinauf in den Himmel leiten wollen, und legt ihnen Reisbällchen aus, vergleichbar unserem Allerseelenfest.[78]

UDU – HERR

Der Name ist abgeleitet vom Mond als 'Herr der Zeit' – *Udupa* –, der sich darüber auch zum Herrn und Hüter der Sterne und Mondstationen entwickelte.

SCH 32

RIKSHA – BÄR

P 197

Dass 'Bär' als Bezeichnung für Stern, Sternbild und Mondstation stehen kann, geht auf das uralte Bärengestirn in Ursa Maior zurück.[79]

Sternbild

SHARKARA

Das Wort ist eine Variante des 'übermächtigen' Kinderfressers Shakvara, der ein Sternbild in Draco besitzt.

I 61

Sternbilder werden häufig auch mit Versammlungen – *Ksatriya* – des Rates oder auf dem Schlachtfeld verglichen.[80]

Milchstrasse

VIYADGANGA – DER HIMMLISCHE GANGES

I 68

ARYAMANAH PATHAH – ARYAMANS WEG

'Die Himmlische Ganga' ist der Name, den das *Brahmanda Purana* der als Fluss gesehenen Milchstrasse gibt. Das etwas später anzusetzende *Bhagavat Purana* aus der zweiten Hälfte des 1. Jahrtausends u. Z. macht für den Ursprung der Ganga den Gott Vishnu verantwortlich.

Vishnu ('Durchdringer') gehört in der *Rigveda* nicht zu den obersten Göttern; er ist vielmehr eine Manifestation solarer Energie und wird als jemand beschrieben, der in drei Schritten über den Kosmos hinwegsetzen und alles mit dem Staub seiner Strahlen umhüllen kann. Diese drei Schritte werden als unterschiedliche Manifestationen des Lichts – Feuer, Blitz und Sonne – oder als die drei Orte der Sonne – Aufgang, Zenit und Untergang – aufgefasst.[81]

Als Vishnu über den Kosmos hinwegschritt, durchbohrte der Nagel des grossen Zehs seines linken Fusses die Schale im oberen Teil des Welteis. Dadurch rannen die das Weltei umgebenden äusseren Gewässer ins Innere und bildeten einen Strom, der nun den Namen *Bhagvatpadi* hatte und abertausende von Jahren auf den Gipfel unseres Himmels herabfloss. Da er zuvor den Lotos der Füsse von Vishnu benetzt und sich an den roten Verzierungen desselben gefärbt hatte, waren seine Wasser fähig, durch blosse Berührung mit ihnen den Sündenschmutz aller Welten abzuwaschen. Vom Gipfel des Himmels floss die Ganga zu den Sieben Sehern in Ursa Maior, von da zum Mond und von ihm zur Stadt der Brahma auf dem Gipfel des Weltenberges Meru. Dort teilte er sich in vier Flüsse mit unterschiedlichen Namen, die nach ihrem Fluss zur Erde in den vier Himmelsrichtungen ins Meer münden.[82]

Die Vorstellung eines sich in vier Arme teilenden Himmelsflusses mag sich durch die wechselnden Positionen der beiden sich über den Himmel drehenden Arme der Milchstrasse ergeben haben. Im *Rigveda* ist die Milchstrasse nicht namentlich kenntlich: am ehesten wird sie dort mit dem belebenden Morgengott Savitar identifiziert.

In den *Brahamana* aus der ersten Hälfte des 1. Jahrtausends v. u. Z. ist wenige Male von einem Weg Aryamans die Rede, dem Gott der kulturellen Normen und der Gastfreundschaft. So heisst es im *Shatapath Brahmana*, "dass Brihaspati [Jupiter] die obere Welt gehört, wo sich der 'Weg des Aryaman' – *Aryamanah Panthah* – befindet, weshalb ihm ein weissrückiger Ochse zu opfern ist".[83] Dies liesse sich als Verweis auf die Milchstrasse auffassen, ohne dass Aryaman sonst in irgendeinem Kontext mit dem Himmel aufschiene. Eine Parallele lässt sich allerdings zur Mythologie der Māori ziehen, in der ein Gott in den Himmel steigt, um sich vom obersten Gott die Gesetze des Zusammenlebens zu holen und sie auf die Erde zu bringen.

II DIE STERNBILDER UM DEN NÖRDLICHEN HIMMELSPOL

Im *Rigveda* ist die Region "jenseits Der Sieben Seher" – jenseits von Ursa Maior also, um den Nordpol als "Mitte des Himmels"[84] – der Ort, wo der Stammvater und Ahne aller Lebewesen sitzt, als oberster Gott, der allem seinen Namen gegeben hat, der Eine und Einzige, der gross an Macht und Wissen ist und alle Gaben und Nahrung verteilt. "Zu ihm gehen die Lebewesen, um Frieden zu finden"; dort "erlangen sie ihre Opfer und Wünsche und Nahrung und werden zur Gänze bestärkt".[85]

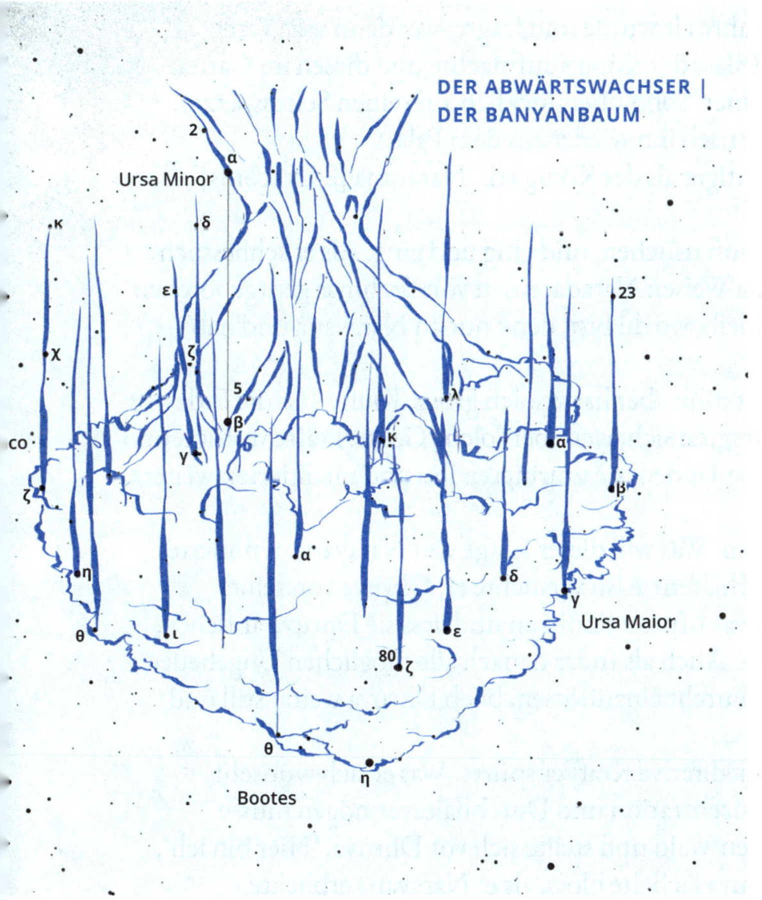

um α Draconis

NYAG-RODHA – DER ABWÄRTSWACHSER | DER BANYANBAUM

Einer alten Tradition zufolge ist der Göttersitz im dritten Himmel von unten ein Baum, dessen Wurzeln oben sind, während dessen Zweige unten wachsen. Damit ist einmal eine Pappelfeige (*Ficus religiosa*) – auch 'Heiliger Feigenbaum' oder 'Buddhabaum' genannt –, ein andermal der Banyan (*Ficus bengalesis*) gemeint, wie in der folgenden Hymne des *Rigveda*, in der Shunahshepa sich vom Pfahl seines Scheiterhaufens hilfesuchend an den Himmelsgott Varuna wendet.

Der Banyan wird darin seiner Luftwurzeln wegen im vedischen Sanskrit *Nyag-rodha* – Abwärtswachser – genannt: "In dem luftigen Reich ohne Boden hält Varuna, König der reingewaschenen Fähigkeiten, die Krone des Abwärtswachsers fest in der Höhe. Seine Wurzel oben, reicht dessen Geflecht bis nach unten – mögen diese Lichtstrahlen sich auch in uns festsetzen! Und König Varuna hat auch die breite Bahn geschaffen, der Sonne folgt, und ihm, Sonne, der vorher keine hatte, zwei Füsse verliehen, die ihn tragen."[86]

Das Wort für Lichtstrahlen wird auch für Kometen und Meteore verwendet; in der Hymne bezieht es sich aber auf die Luftwurzeln des astralen Baumes, die allen Lebewesen vitale Energie verleihen – vergleichbar den lebensspendenden, als Seilen gedachten Sonnenstrahlen. An solchen lianenartigen Lichtwurzeln hängen auch die Sternbilder der Nakshatra; die Krone des Baumes, von der sie ausgehen, wird von den Sternen um den Himmelspol gebildet.

In der späteren Puranischen Kosmologie wachsen solch riesige astrale Bäume auf den Gipfeln jener vier Berge, die an den Kardinalpunkten um den zentralen goldenen Berg Meru den Himmel tragen: auf dem Berg im Norden ist dies der Banyanbaum. An seinen Zweigen hängen Kleider, Betten, Sessel, Schmucksachen, und Honig, Schmelzbutter, Milch, Melasse und Speisen fallen von ihm herab zur Erde.

P1 64–67 und K 94

α Draconis

ABHAYA – DER FURCHTLOSE

I 58

DHRUVA – DER FESTSTEHENDE

SCH 117, P1 78

Das Alter der Quellen gegeben, kann mit dem Polarstern nicht Polaris gemeint sein, der erst in unserer Neuzeit den Pol markiert; stattdessen befand sich um 2800 v. u. Z. α Draconis am Pol.

Der Stern verkörpert einen Enkel des Manu, des Ersten Mannes und Stammvaters der Menschheit; von ihm leiten sich unsere Worte für 'Mann' und 'Mensch' ab. Manus Sohn war Uttanapada; er zeugte Abhaya, der sich später den Beinamen *Dhruva* – der Feste, Wahre, Stehende, Unzerstörbare, Unwandelbare – erwarb, was auch die Bezeichnung eines zeremoniellen Gefässes bei den Soma-Ritualen ist.

Nachdem er in 3000 Jahren Askese mit einem Mantra über Vishnu gelernt hatte, allem persönlichen Verlangen und allen Wünschen zu entsagen, um vollkommenen inneren Frieden zu erlangen, wurde Abhaya von Vishnu als Polarstern an den Himmel versetzt, als Zeichen von Festigkeit und Beständigkeit im Glauben. "Sein Wagen sind nun die Gestirne" und "seine Radfelge bilden die Nakshatra der Ekliptik".[87]

Laut al-Birunis Übersetzung von Patanjalis um 400 u. Z. entstandenen *Yoga Sutras*, "lernt jeder, der seine Gedanken auf den Stern am Himmelspol lenkt, die Bewegungen der Sterne kennen" – so wie jeder, der seinen Körper kennenlernen will, beständig über seinen Nabel meditieren soll.[88]

Der Stern wurde aufgrund seiner Beständigkeit seit uralten Zeiten bei Hochzeiten für die Braut beschworen und ihr gezeigt. Zusammen mit Arundhati – unserem 'Reiterlein' Alkor – und den Sieben Sehern in Ursa Maior wurde er beim Entzünden des Feuers für vedische Opfer angebetet.[89]

DHRUVAS VERSTERNUNG

Eine andere Legende um Dhruva berichtet in moderner Nacherzählung, dass König Uttanapada zwei Frauen hatte, Suniti und Suruchi. Suniti war seine ältere Gemahlin, von guter und sanfter Natur, die ihm Dhruva geschenkt hatte, Suruchi die jüngere, schön und stolz, die ihm Uttama geboren hatte. Da Suruchi ihren Sohn anstelle des älteren und rechtmässigen Erben Dhruva auf dem Thron sitzen sehen wollte, überredete sie Uttanapada, Suniti und Dhruva in den Wald zu verbannen.

Die beiden lebten dort abgeschieden, bis Dhruva sieben Jahre alt wurde und fragte, wer denn sein Vater sei. Suniti verriet es ihm, worauf Dhruva sich allein zum Palast des Königs aufmachte und diesen im Garten fand. Er gab sich ihm zu erkennen, worauf Uttanapada seinen Sohn überglücklich auf seinen Schoss setzte. Doch da riss ihn Suruchi zornig aus seinen Armen und vertrieb ihn wieder aus dem Palast.

Zurück bei seiner Mutter wollte Dhruva wissen, wer mächtiger als der König sei. 'Narayana [β Draconis]', war ihre Antwort; 'er lebt weit weg in den Bergen.'

Also schlich sich Dhruva nachts heimlich davon, um ihn aufzusuchen, und ging und ging. Als er schliesslich an den Rand des nördlichen Himmels gelangte, traf er den Weisen Narada, einen von Brahmas geistgeborenen Söhnen, und fragte ihn, wo er Narayana finden könne. 'Bleib, wo du bist, denk nur an Narayana und hab Geduld; dann wirst du ihn finden', war seine Antwort.

Also blieb Dhruva, wo er war, und meditierte. Seine Meditation aber hatte solch grosse Kraft, dass die Erde bebte und die Sieben Seher dadurch gestört wurden. Sie fragten sich, wer über solche Geisteskräfte verfüge, und waren daraufhin ganz erstaunt, einen kleinen Knaben vorzufinden; sie umringten ihn und meditierten weiter mit ihm.

Indra, König der Götter, war jedoch weniger davon angetan. Was will dieser Junge von Narayana, wunderte er sich; will er vielleicht meinen Himmelsthron von ihm erhalten? Also versuchte er, Dhruva von seiner Meditation abzulenken, nahm dazu die Gestalt von Dhruvas Mutter Suniti an und liess sie Dhruva anflehen, nach Hause zurückzukehren. Doch Dhruva hörte es nicht. Auch als Indra danach alle möglichen Ungeheuer, Schlangen und böse Kreaturen schickte, um dem Jungen Furcht einzuflössen, blieb Dhruva weiter still und ruhig und dachte weiter nur an Narayana.

Schliesslich bemerkte Vishnu den Jungen, dessen grosse meditative Kraft er spürte. Was er sich wünscht, das werde ich ihm gewähren, sagte sich Vishnu; so viel Konzentration und Durchhaltevermögen müsse belohnt werden. Und so kam Narayana zu ihm herab in den Wald und stellte sich vor Dhruva. 'Hier bin ich', sagte er; 'was ist es denn, was du so sehr willst?' Doch Dhruva lächelte bloss, als er Narayana erblickte.

Und so wurde Dhruva von Vishnu in einen kleinen Stern verwandelt und in den Himmel gesetzt, hoch über der Welt und fern von Eifersucht und Sünde. Und zugleich versternte er auch die Sieben Weisen, die Dhruva während seiner Gebete beschützt hatten, und setzte sie neben ihn, Dhruva weiterhin schützend.[90]

METHI – DIE SÄULE

I 60

Dhruva wird auch als feste Säule gelobt, an welche die Nakshatra mit Strahlen oder Schnüren aus Licht oder Wind gebunden sind, gleich Tieren an einen Pflock, damit sie nicht davonspringen. Andere Vergleiche nennen den Nabel einer Töpferscheibe, um das Kreisen von Sonne, Mond und Sternen um Dhruva zu veranschaulichen.[91]

Bei einer Königsweihe wurde der von Ursa Minor verewigten Opferung an den Krokodilgott und Kindstöter in Draco als 'Varunas Opfer' gedacht und dann folgendes Mantra rezitiert: "Ich kenne dich als Nabe des Kosmos; möge ich die Nabe dieses Landes werden. Ich kenne dich als Mitte des Kosmos; möge ich die Mitte dieses Landes werden. Ich kenne dich als Schnur, die den Kosmos hält; möge ich die Schnur werden, die dieses Land hält. Ich kenne dich als Säule des Kosmos; möge ich die Säule dieses Landes werden. Ich kenne dich als Nabe des Kosmos; möge ich die Nabe dieses Landes werden."

Rezitiert wurde dieses Mantra auch bei Hochzeiten, wo die Beständigkeit dieses Sterns am Himmelspol für die Ehe beschworen wurde – ebenso wie die enge Verbindung zwischen Vasishthas und Arundhati, einem versternten Ehepaar in Ursa Maior.[92]

MERU

I 57, 64

Nachdem der einstige Polarstern α Draconis sich aufgrund der Präzession immer weiter vom Himmelspol entfernt hatte und sich nun um ihn drehte, stellte König Brihadratha in der *Maitrayaniya Upanishad* Mitte des 1. Jahrtausends v. u. Z. dem Weisen Shakayanya die Frage, "warum Dhruva abtreibt und warum sich die Lichtwurzeln senken, welche die himmlischen Körper halten?"[93]

Dhruvas Deplatzierung vom Pol wurde schliesslich im Jainismus ab 500 v. u. Z. damit erklärt, dass er seinen Sitz nun nicht mehr auf einer Welt- oder Baumspitze, sondern nur noch am Gipfel des goldenen Berges Meru hätte, der die imaginäre montane Achse *Mahameru* darstellt, welche die Erde mit dem Himmel verbindet. Bei jedem Neu- und Vollmond sässen dann auch die Sieben Seher von Ursa Maior um ihn auf diesem Berg.[94]

Der Sternenraum im Süden zwischen dem *Ajavithi* der Nakshatra – dem südliche 'Ziegenweg' von Sonne, Mond und Planeten durch ihre Sternbilder – und Canopus galt ebenso als das Reich der Totengeister wie der Sternenraum zwischen dem *Nagavithi* der Nakshatra – dem nördlichen 'Schlangenweg' von Sonne, Mond und Planeten durch ihre Sternbilder – und Ursa Maior. Dort warten die zweimal 88 000 Weisen darauf, in den obersten Himmel aufsteigen zu können oder aber auf Erden wiedergeboren werden zu müssen.

Über Ursa Maior im Norden liegt hingegen das Reich der Götter. Dort, oberhalb Der Sieben Seher, wo der Stern Dhruvas und Dharmas liegt, soll Vishnu auch einen seiner berühmten drei Schritte gemacht haben, mit denen er erst die Erde, darauf den Himmel und schliesslich das für uns unsichtbare Jenseits ausmass.

I 57, 64, H 345, 348

Um 500 v. u. Z. kam dann der auch bei den Arabern übliche Vergleich mit einer Ölmühle auf, die aus einer fixierten massiven Steinschale besteht, in der ein Pflock von einem Zugtier im Kreis gedreht wird; an dessen unterem Ende befindet sich die Scheibe, die alles zermahlt. Das Rotieren des Polarsterns um die nunmehr leere Himmelsmitte wurde damit in Bezug gesetzt, jedoch mit dem Unterschied, dass es der Polarstern ist, der nunmehr die Himmelsschale bewegt.

So lautet die Passage aus dem auch von al-Biruni zitierten *Vishnu Purana*: "Indem Dhruva kreist, bringt er seinerseits Mond, Sonne und die Planeten zum Drehen, und die Nakshatra folgen ihm, einem Mühlrad gleich. Sonne, Mond und Sterne, aber auch die Nakshatra samt den Planeten, sind an Dhruva gebunden durch Seile, die aus Wind geflochten sind; sie alle ziehen ausnahmslos auf ihren bestimmten Bahnen dahin, indem sie mit solchen Windschnüren an Dhruva gebunden sind. Es gibt so viele Windbänder wie Sterne; indem sie alle an Dhruva festgemacht sind, bringen sie auch ihn selbst zum Kreisen. Wie in einer Ölmühle, wo der Umlauf bewirkt, dass sich das Rad darin dreht, so drehen sich auch die himmlischen Lichter überall herum, herumgewirbelt von einem Wind. Sie drehen sich wie ein Rad voller Brandzeichen, in Bewegung gehalten von einem Windrad. Weil er die himmlischen Lichter antreibt, wird dieser Wind 'Der Vorantragende' genannt."[95]

10 Draconis

I 69

SUNITI

Dhruvas Nachbarstern ist seine Mutter Suniti.[96]

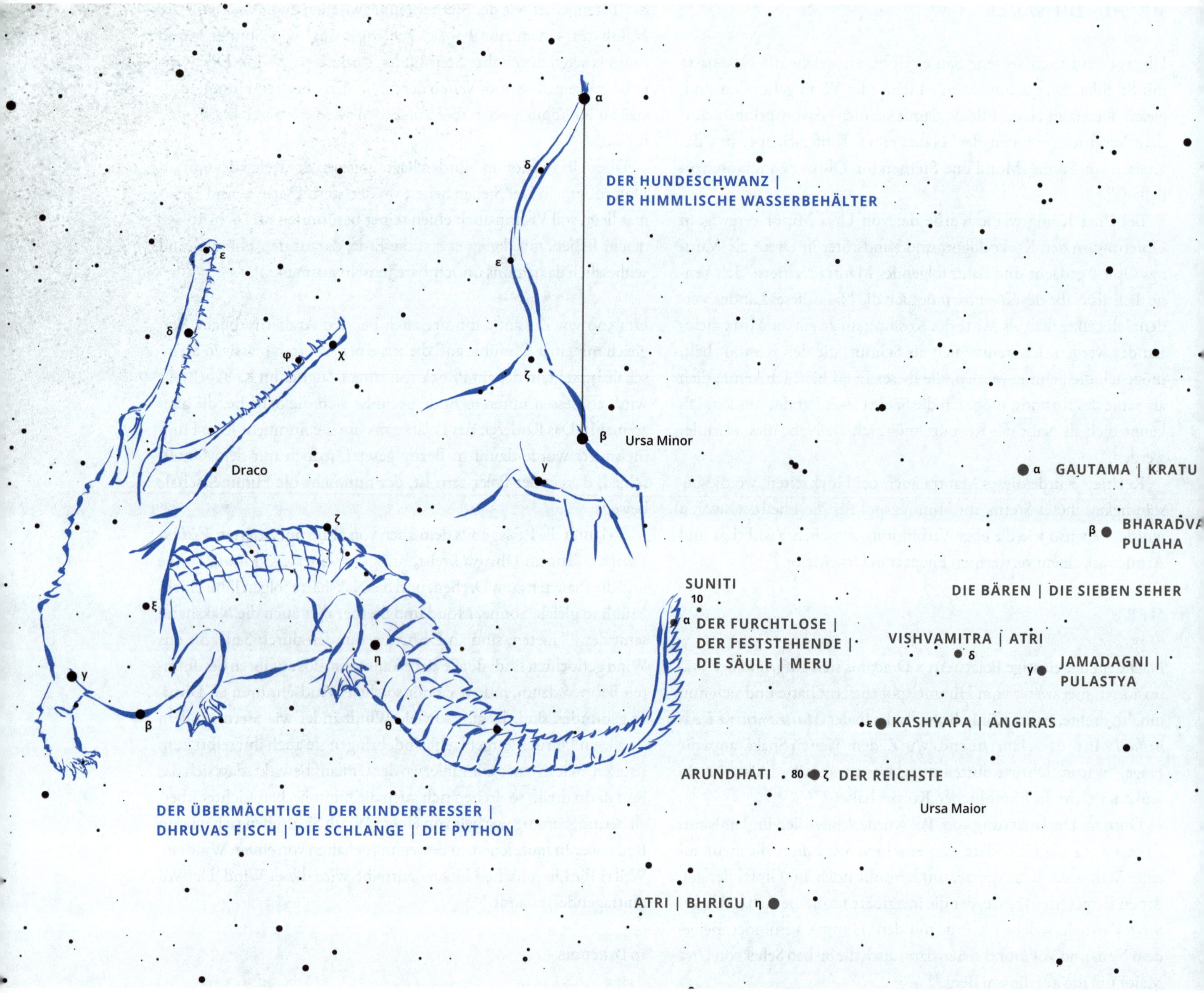

um Draco, 14 Sterne
Schwanz αιθη Draconis

SHAKVARA – DER ÜBERMÄCHTIGE

P2 38

SHISHUMARA – DER KINDERFRESSER

SCH 149

Mit diesem Namen wird sowohl das Krokodil als auch der im Ganges und Indus endemische Zahnwal *Platanista gangetica* bezeichnet; beide haben eine ähnliche Schnauze und fressen gelegentlich ihre Jungen.

Bei dem astralen Tier handelt es sich um ein Krokodil, das im *Taittiriya-Aranyaka*[97] auch den als 'äusserst mächtig, potent' glossierten Namen *Shakvara* trägt: "Das ist der himmlische Shakvara, der äusserst mächtige Kinderfresser … O Sishumara, du bist unzerstörbar fest, in dir wohnt Dhruva, du bist der Herrscher über alle Dinge: du bist der Beste unter ihnen. Alle Wesen drehen sich um dich. Namaste!"[98]

Der älteste Teil der Kosmographie der *Puranas* erklärt, dass Gott (Vishnu) am Himmel als Sternbild in Form eines Krokodils erschien, dessen Schwanzspitze der Stern des Himmelspols ist. In al-Birunis

Übersetzung des *Yoga Sutra* heisst es darüber: "Es ist ein Muster aus 14 Sternen, das als ein *Shakvara* geformt ist, einem Krokodil gleich, aus dessen Lederhaut Schwertgriffe gemacht werden."[99] Sein Schwanz besteht aus vier Sternen und wird als aufgebogen beschrieben. Der Stern am Genital des Tieres wird 'Jahr' – *Samvatsara* – genannt, um zu symbolisieren, dass er die Jahre zeugt.

Der arabische Gelehrte al-Biruni hat im 11. Jahrhundert ausführlich über dieses Sternbild berichtet:
"Als Brahma die Menschheit schaffen wollte, teilte er sich in zwei Hälften, deren rechte *Viraj* ['Glorie'], die andere *Manu* ['Mensch'] genannt wurde; Letzterer ist das Wesen, von dem sich der Name für die Epoche *Manvantara* ['Manu-Zeitraum'] herleitet.
Manu hatte zwei Söhne, Priyavrata und Uttanapada, einen o-beinigen König, dessen Sohn wiederum jener Dhruva war, der von einer der Frauen seines Vaters niedergemacht worden war. Aus diesem Grund erhielt er die Macht, alle Sterne ganz nach seinem Willen umherdrehen zu können. Er erschien in dem *Svayambhuva* genannten Manu-Zeitraum, dem ersten all der Manvantaras, und er blieb seitdem ewig auf seinem Platz.
Das *Vishnu Dharma* sagt dazu: 'König Vajra, einer der Söhne Balabhadras, Bruder des Narayana, wollte vom Seher Markandeya etwas über den Pol wissen, worauf der erklärte: Als Gott die Welt erschuf, war sie noch finster und öde. Daraufhin brachte er den Ball der Sonne zum Leuchten und machte die Bälle der Sterne wässrig; sie spiegeln das Licht der Sonne von der Seite wider, die sie ihnen zukehrt. Vierzehn solcher Sterne platzierte er um den Pol in der Form eines Shishumara: Sie treiben die anderen Sterne rund um den Pol.
Der Stern nördlich des Pols auf dem Oberkiefer ist *Uttanapada*, der am Unterkiefer *Yajna* [Vishnus Verkörperung des Opfers], der am Kopf *Dharma* ['der Rechtschaffene'], der auf der Brust *Narayana [β Draconis]*; auf den zwei Händen im Osten sind die beiden Heiler, die Zwillinge der *Ashvin*, auf den zwei Füssen sind [der 'Befehlshaber' und Welthalter] *Varuna* und *Aryaman* ['Gefährte' und Gott der kulturellen Normen] im Westen, auf dem Penis *Samvatsara* ['ein Jupiterjahr'], auf dem Rücken [= Anus] *Mitra* und im Schwanz *Agni* [der Feuergott], *Mahendra*, *Marichi* [einer der Sieben Seher] sowie *Kashyapa* ['Schildkröte', einer der Sieben Seher].
Der Pol selbst ist *Vishnu*, der Herrscher über die Bewohner des Paradieses; er ist jetzt weiter; je mehr die Zeit vergeht und wächst, desto älter wird er, bis er verschwindet."[100]

In den indischen Quellen hingegen wird, anders als al-Biruni vermittelt, das Herz von Vishnu verkörpert, während die Schwanzspitze Abhaya oder Dhruva darstellt.[101] Wer mehrere dieser Sterne in Shishumaras Sternbild beim Namen kennt – berichtet al-Biruni weiter – und sie am klaren Himmel gesehen hat, wird 14 Jahre länger als ihm vorbestimmt leben und fortan von den Sünden befreit sein, die bei Tag oder Nacht begangen wurden.[102]

Erwähnt wird das Sternbild des Krokodils auch bei der Verehrung Brahmas. Der Hausbesitzer wird darin angehalten, in der Abenddämmerung den Polarstern anzublicken und ein bestimmtes Gebet – *Dhruva-Mandala* – zu sprechen. Es beginnt mit den Worten *Dhruvas tvam asi, dhruvasya ksitam* – Du bist fest, das Fundament des Festen – und endet mit *Namah Shishukumaraya*: 'Gehorche Shishumara'. Wer dieses himmlische Krokodil kennt, den Herrn über alles Leben, wird den Tod besiegen und die Welt des Himmels gewinnen.

Krokodile galten als heilig, wurden in Tempelteichen gehalten und nur getötet, wenn sie sich dem Menschen gegenüber als feindlich erwiesen. Der Pommel an der Schnauze des Männchens des Gangesgavials (*Gangialis gangeticus*) wurde als viriles Symbol gesehen. Junge verheiratete Frauen fütterten deshalb Krokodile in der Hoffnung auf Nachwuchs; bis zum 19. Jahrhundert gab es noch den Brauch, Erstgeborene im Fluss zu ertränken und sie Krokodilen zum Frass vorzuwerfen, um in der Folge mit der Geburt vieler weiterer Kinder gesegnet zu werden.

Von einem Krokodil oder Hai ertränkt zu werden, wurde mit darauffolgendem Glücksgefühl verbunden: "Um den Schwur für den erwünschten Kindersegen zu erfüllen, opfern viele Mütter der Hindu ihr Erstgeborenes der Gottheit, die sie darum gebeten haben. Sie werden meist dargebracht, indem man das Kind im Brahmaputra, einem Fluss im Osten Bengals ertränkt. Bei diesem Menschenopfer ermutigt die Mutter das Kind, in den Fluss hinauszuwaten, ins Tiefe; sie lässt es dann und sieht vom Ufer aus tatenlos dem Strampeln des schreienden Kindes zu, das langsam ertrinkt. Diese 'Kinder des Schwurs' werden auch auf der Insel Saugar geopfert: Dort wirft die Hindu-Mutter das lebende Kind in den Rachen eines Krokodils und sieht zu, wie das Monster ihm die Knochen bricht und sein Blut trinkt."[103]

Die meist *Makara* genannten Krokodile tragen mehrere indische Götter auf ihrem Rücken, darunter den Mond, der ein solches Vehikel besitzen soll, und männliche wie weibliche Liebes- und Lustgötter. Zusammen mit Dem Stier – dem Sternbild des Jahresanfangs – ist Shishumara deshalb auch dem Streitwagen vorgespannt, auf dem die beiden Ashvin stehen, jugendhafte Zwillinge, die als Nothelfer der Menschen auftreten; sie haben die Tochter der Sonne, die Dämmerungsgöttin, bei einem Rennen in diesen Wagen steigen lassen und bringen Reichtum.[104]

In Baroda, Bundesstaat Gujarat am Indus, verehrt man heute noch einen Krokodilgott und bringt ihm einmal im Jahr Opfer dar, um Menschen und Tiere vor seinen Angriffen zu bewahren und Krankheiten abzuwehren; er wird auch für schwarze Magie verantwortlich gemacht. Anderswo, in Dörfern um Mandvi, wird ein drehbares hölzernes Krokodil als Idol auf einen Pfosten gesetzt und angestossen: Zeigt sein Maul auf den Norden oder zum Sonnenuntergang, heisst dies, dass etwas Schlechtes eintreten wird. Erhaltene Motive der Induskultur legen nahe, dass ein solcher Krokodilkult sehr alte Wurzeln haben kann. Dazu ergibt sich über verwandte, etymologisch jedoch unklare Bezeichnungen für Krokodil im Sanskrit – *Makara, Magar, Manguro* – auch lautlich eine Verbindung zu dem Seeungeheuer der Polynesier und Māori, *Manga-roa*.

P1 61–63 und P2

Im etwa gleich alten *Panchavimsa Brahmana* wiederum findet sich die Legende, dass Shishumara ursprünglich ein Seher gewesen sei, der im irdischen Ozean lebte. Da er Indra nicht seine ganze Verehrung entgegenbrachte, strandete er an einem sandigen Ufer. Erst nachdem er Indra durch den Saman-Sternbild-Gesang – den man für die Navigation am Meer benötigt – sein volles Lob dargebracht hatte, konnte er wieder ins Wasser zurück. Auch Das *Jaiminiya-Brahmana*[105] nennt Sharkara (= Shakvara) einen Seher, der nach seinem Aufstieg in den Himmel *Shishumara* genannt wurde.[106]

NAHUSHA – DIE SCHLANGE
AJAGARA – DIE PYTHON

I 70

Indem sich der Himmelspol in der Neuzeit hin zu α Ursae Minoris bewegte, wurde aus unserem Polaris das Maul des Sternbilds Kinderfresser. Dadurch veränderte sich dessen Figur, die dann als Fisch oder (Riesen-)Schlange gesehen wurde – während aufgrund der Präzession Canopus nun erstmals am Südhimmel zu sehen war.[107]

DIE SAGE VON NAHUSHA

Das *Mahabharata* erzählt die Legende von König Nahusha, der einem Herrscherhaus entstammt, zu dem Budha (Merkur), Soma (Mond) und Atri, einer der Sieben Seher, gehören; seine Mutter ist die Tochter des Dämons, der Sonnenfinsternisse verursacht. Unter ihm blüht sein Land so auf, dass die Götter und Seher ihn haben wollen, "um das Königreich im Himmel zu schützen". Dazu benötigt er jedoch mehr Macht. Die gibt man ihm, indem er von den Göttern und Sehern, auf die sein Blick fällt, deren Tejas – Feuer, Ausstrahlungen – erhält: worauf er bei seiner himmlischen Königsweihe fünfhundert Sternenlichter auf seiner Stirne sitzen hat. Sein Blick wird daraufhin jedoch so giftig, dass ihn die Götter nicht mehr ansehen wollen und in geheimen Gestalten umherzuwandeln beginnen.

Nahushas Herrschaft lässt sich jedoch vorteilhaft an; er richtet die *Lokas* – die einzelnen Welten des Universums – gut ein und kümmert sich um die Einhaltung der Zeremonien. Allmählich wandelt er sich jedoch von einem tugendhaften zu einem rein sinnlichen Menschen, wird hochmütig und gewaltsam und beginnt schliesslich, Shachi zu begehren. Es ist dies die junge und schöne Frau des Gottes Indra, dessen Thron er eingenommen hat, nachdem Indra mehrere Übeltaten begangen hat und daraufhin bis "ans Ende der Lokas gewandert ist, wo er, überwältigt von seinen eigenen Sünden, verborgen in den Wassern weilt, ruhelos wie eine Schlange".

Von der Göttin der Nacht gerufen, die sich gerade auf ihrer nördlichen, von der Wintersonnenwende hin zur Sommersonnenwende reichenden Bahn befindet, bringt sich Upashruti ein, die 'Weihsagerin', die ihr Gewerbe bei den Sternen betreibt. Sie kann so nicht nur in Erfahrung bringen, dass Indra gerade weit im Norden, jenseits des Himalaya weilt, sondern erhält von ihm auch einen Vorschlag übermittelt, wie Nahusa abgesetzt werden kann.

Indras Frau Shachi soll Nahushas Geilheit und Arroganz ausnützen und ihm heimlich zusichern, sie werde die Seine, falls er "in einem göttlichen, von Weisen getragenen Gefährt" bei ihr vorspreche. Sie solle ihm dann Folgendes sagen: "Indras Gefährt wird von Pferden, Elephanten und Streitwagen gezogen; von dir

wünsche ich mir aber ein noch nie dagewesenes Gefährt. Lass Die Seher zusammenkommen, mein König, und dich von ihnen in einer Sänfte tragen". Worauf Nahusha verspricht, ihr diesen Wünsch zu erfüllen: "O Göttin, mich werden die Sieben Seher tragen!"
Es sind dies die heiligen Weisen verkörpernden Sterne von Ursa Maior, die dadurch völlig erniedrigt werden, weil sie ihn gleich Sklaven überall herumtragen müssen. Zugleich wird aber auch dieses Sternbild von seinem angestammten Platz von Nahusha wegbefohlen und der ganze Himmel durcheinandergebracht.
Bhrigu, einer Der Seher (und der Stern am Ende der Wagendeichsel), ist über diese Demütigung so erzürnt, dass er Agastya – unseren Canopus – unter ihm bittet, ihn doch eine Zeit lang abzulösen und mit seiner Schulter die Sänfte zu tragen. Da der jedoch ein ziemlich untersetzter Mann ist, gerät die Sänfte aus dem Gleichgewicht. Darüber (in anderen Versionen sind jedoch Meinungsverschiedenheiten über die Angemessenheit von Riten schuld) ärgert sich Nahusha dermassen, dass er Agastya mit seinem Löckstachel sticht und ihm mit dem linken Fuss gegen den Kopf tritt.
Mit Agastya hat Nahusha jedoch den Falschen erwischt, denn als zweithellster Fixstern am Himmel ist Canopus so voll innerer Hitze, dass er mit einem König, der sein Licht bloss anderen geraubt hat, leicht fertig werden und den Kosmos wieder ins Gleichgewicht bringen kann. Und so verflucht Agastya Nahusha und verdammt ihn dazu, alle Macht und Glorie zu verlieren und "unten auf der Erde eine Schlange zu werden, solange sie und ihre Berge bestehen".
Derart wird aus einem Menschen, der zu einem König im Himmel erhoben wurde, sich dort aber allzu irdisch betrug, nunmehr das niederste Tier auf Erden. Am Himmel ist deshalb jetzt zu sehen, wie Nahusha als Schlange, als gewöhnliche Python, aus seiner Sänfte herabstürzt.[108]
Diese erst eine Himmelsherrschaft, dann den tiefen Fall eines Menschen schildernde Sage wurde von den Arabern adaptiert und in ihre Traditionen integriert: dabei wurde aus Nahusha der alttestamentarische N'ash und aus seiner Sänfte in Ursa Maior dessen Totenbahre.

DHRUVAMATSYA – DHRUVAS FISCH

Nachdem α Ursae Minoris zum Polarstern wurde, verband man ihn mit einer Linie mit dem um ihn wie Uhrzeiger rotierenden β; mit einem 'Dhruvas-Fisch' genannten Instrument konnte man daran die Zeit wie auf einer Uhr ablesen.

176

Ursa Minor

SHUNASHEPA – HUNDESCHWANZ

Diese Identifikation beruht darauf, dass die indoeuropäischen Griechen Ursa Minor ebenfalls als Hundeschwanz *Kynosura* bezeichneten,[109] die indische Legende zu 'Hundeschwanz' heissenden Menschen einen astralen Hintergrund aufweist[110] (der sich zudem darin zeigt, dass Mond und Ursa Maior auch in eine Hymne des *Rigveda* eingeflochten wurden,[111] in der Shunahshepas Opferung eine zentrale Rolle spielt) und sie überdies auf jene Kindsopfer verweist, die einem Krokodil dargebracht wurden, wie es vom benachbarten Draco verkörpert wird.

Die älteste vollständige Version der Legende zum 'Hundeschwanz' Shunashepa, der als Kind geopfert werden soll, stammt aus dem in der ersten Hälfte des 1. Jahrtausends v. u. Z. abgefassten *Aitareya Brahmana.*[112]
Darin ist Shunashepas Vater Harishcandra ('Der Goldglänzende' Vollmond) ein Sohn des später in Crux versetzten Trishanku und entstammt einem Herrscherhaus, das der Enkel der Sonne – Ikshvaku – begründet hat. Die Legende selbst entspricht der biblischen um Abraham und Isaak.

DIE LEGENDE VON SHUNAHSHEPA

Harishcandra, ein Sohn Vedhas und Nachkomme Ikshvakus, gehörte der Kriegerkaste an. Von den hundert Frauen, die er hatte, wurde ihm aber kein Sohn geboren. Als nun einst Parvata ['Berg'] und Narada [einer der Heiligen Weisen] in seinem Haus vorsprachen, richtete er an Narada die Frage: 'Jeder wünscht sich einen

Sohn, ein Seher so sehr wie ein Narr; doch sag mir, Narada, zu welchem Glück verhilft denn ein Sohn?'
Da er dabei mit einem Vers angeredet wurde, antwortete Narada ihm darauf mit zehn. …
Nachdem Narada ihm derart Glück und Notwendigkeit eines Sohnes erklärt hatte, gab er ihm den Rat: 'Richte an Varuna, den König, die Bitte, dass dir ein Sohn geboren werde – den du ihm dann opfern willst'. Harishcandra trat also vor Varuna, den König, und sagte: 'Lass mir einen Sohn geboren werden – und ich will ihn dir opfern.' Varuna willigte ein und so wurde ihm ein Sohn namens *Rohita* ['Der Rötliche'] geboren. Kaum auf der Welt, erinnerte ihn Varuna: 'Jetzt, wo dir ein Sohn geboren wurde, opfere ihn mir'. Und Harishcandra erwiderte: 'Erst wenn das Vieh zehn Tage alt ist, ist es opferfähig; lass ihn also erst zehn Tage alt werden.' Varuna stimmte zu. Als zehn Tage um waren, sagte er: 'Er ist nun zehn Tage alt, opfere mir denselben'. Jener entgegnete: 'Erst wenn Vieh Zähne bekommen hat, ist es opferfähig; lass ihn also erst Zähne bekommen, dann will ich ihn dir opfern.' Wieder hatte Varuna nichts dagegen. Rohita bekam Zähne und Varuna erinnerte Hariscandra erneut. Jener entgegnete: 'Wenn dem Vieh die Zähne ausfallen, ist es opferfähig; lass ihm erst die Zähne ausfallen'. Varuna willigte ein. Rohita fielen die Zähne aus und Varuna erinnerte ihn ein weiteres Mal. Jener erwiderte nun: 'Wenn dem Vieh wieder Zähne wachsen, so ist es opferfähig; lass ihm also erst wieder Zähne wachsen'. Varuna willigte ein. Rohita wuchsen die zweiten Zähne und Varuna erinnerte Harishcandra wieder an sein Versprechen. Der entgegnete: 'Wenn ein Krieger seiner Waffe mächtig ist, so ist er opferfähig; lass ihn also erst waffenfähig werden, dann will ich ihn dir opfern'. Varuna gestand ihm auch das zu. Als Rohita schliesslich waffenfähig war, erinnerte ihn Varuna: 'Er ist nun waffenfähig geworden; opfere ihn mir also'. Nun willigte Harishcandra ein und sagte zu seinem Sohn: 'Mein Lieber, Varuna hat dich mir gegeben – wohlan, nun will ich dich ihm opfern!'
Der Sohn aber sagte nein, nahm seinen Bogen und ging in den Wald. Ein Jahr lang wanderte er im Wald umher. Da strafte Varuna Harishcandra, indem ihn die Wassersucht ergriff und sein Bauch anschwoll.
Als Rohita das hörte, kam er wieder zu den Häusern, wo Indra dann in Menschengestalt auf ihn zutrat und ihm riet, ein weiteres Jahr wie ein Pilger durch den Wald zu wandern. Nach Ablauf dieses Jahres kam er erneut zu den Häusern, wo ihm Indra aber wieder riet, ein weiteres Jahr umherzuwandern; denn so werden alle Sünden getilgt. So ging das Jahr für Jahr.
Als Rohita sein sechstes Jahr durch den Wald wanderte, traf er den Seher Ajigarta ('Einer Der Ein Loch zum Hineinkriechen hat' = Schlange), den der Hunger quälte. Dieser Brahmane hatte drei Söhne, die alle drei 'Hundeschwanz' hiessen: Shunaspucha, Shunahshepa und Shunolangula. Darauf sagte Rohita zu ihm: 'O Seher, ich will dir hundert Kühe geben, um mich mit einem deiner Söhne loskaufen zu können.' Ajigarta nahm den Ältesten davon aus und sagte: 'Nicht diesen'; und die Mutter nahm den Jüngsten davon aus: 'Auch diesen nicht'. Beide kamen auf den mittleren Sohn überein, auf Shunahshepa.
Nachdem Rohita hundert Kühe für ihn hergegeben hatte, nahm er Shunshepa mit sich, ging vom Wald zu den Häusern, trat zu seinem Vater und sagte: 'Lieber Vater – wohlan, jetzt will ich mich gerne mit dem da loskaufen'. Der Vater ging darauf mit Shunahshepa zu Varuna und sagte: 'Diesen da will ich dir opfern'. Varuna willigte ein, denn ein Brahmane ist mehr wert als ein Krieger, und teilte Harishcandra die Opferweisheit der Königsweihe für seinen Sohn mit – worauf Harishcandra bei der Zeremonie der Besprengung Shunahshepa an die Stelle des Opfertiers setzte.
Bei dieser Zeremonie verrichtete Vishvamitra [δ Ursae Maioris] das Amt eines Opferpriesters – *Hotar* –, Jamadagni [γ Ursae Maioris] das des zweiten Opferpriesters – *Adhvaryu* –, Vasishthas [ζ Ursae Maioris] das des dritten – *Brahman* – und Ayasya [ein Sohn des Planeten Jupiter und der Bruder Gautamas] das des vierten – *Udgatar*. Nachdem an dem Schlachtopfer die vorbereitenden Handlungen vorgenommen worden waren, konnte man jedoch niemand finden, der Shunahshepa an den Pfahl binden wollte.
Da sagte Ajigarta: 'Gebt mir noch einmal hundert Kühe, dann tue ich es'. Sie gaben sie ihm und er fesselte seinen Sohn. Als der nun vorbereitet, gebunden, die Anrufung gesprochen und er um das Feuer herumgeführt worden war, konnte man nun aber keinen Schlächter finden. Da sprach Ajigarta 'Gebt mir weitere hundert Kühe, dann will ich ihn schlachten'. Sie gaben ihm weitere hundert, worauf er sein Messer schärfte und herantrat. Da wurde Shunahshepa endgültig klar: 'Die wollen mich wirklich schlachten, als wäre ich kein Mensch – wohlan, dann will ich bei den Göttern Hilfe suchen'.

Zuerst wandte er sich mit einem Bittgebet an den Schöpfergott Prajapati, den ersten der Götter. Der antwortete ihm: Der Feuergott Agni ist der nächste der Götter, such bei ihm Hilfe'. Da wandte er sich mit einem Bittgebet an Agni, der antwortete: 'Savitar ist Herr über die Geschöpfe, such bei ihm Hilfe'. Da wandte er sich an diesen mit einer dreigliedrigen Anrufung. Savitar antwortete: 'Man hat dich für Varuna angebunden, such Hilfe bei ihm'. Da wandte er sich mit 31 Versen an Varuna, den König, der ihm antwortete: 'Agni ist unter den Göttern der mitleidigste; preise ihn, so wollen wir dich erlösen.' Da lobte er Agni mit 22 Versen und Agni antwortete ihm: 'Lobe doch alle Götter – dann werden wir dich erlösen!' Die lobte er nun in Versen, worauf sie antworteten: 'Indra ist der mächtigste, stärkste, kräftigste, beste, rettendste Gott – lobe ihn, so wollen wir dich erlösen!' Das tat er mit Versen und einem Lied.
Erfreut über sein Lob, schenkte Indra ihm einen goldenen Wagen, den Sunashepa mit weiteren Versen entgegennahm. Und Indra sagte zu ihm: 'Lobe doch die Ashvin, so wollen wir dich erlösen'. Er lobte sie mit einer dreigliedrigen Strophe, worauf die ihm antworteten: 'Lobe doch die Morgenröte – so wollen wir dich erlösen'. Und Shunahshepa lobte auch diese mit einer dreigliedrigen Strophe: Und als er dann von der Morgenröte einen Vers nach dem anderen rezitierte, fielen seine Fesseln und der Bauch seines Vaters wurde kleiner – und als er den letzten Vers gesprochen hatte, war er frei von allen Fesseln und sein Vater wieder gesund. Von da an hiess er nicht mehr 'Hundeschwanz', sondern *Debarata*, der 'Gottgegebene'.[113]

Der astrale Kontext der Sage ist deutlich: Sie erklärt anhand Harishcandras, weshalb die goldglänzende Mondsichel voll wird und wieder abnimmt; sie lässt Rohita jenen Zyklus von fünf Jahren durchlaufen, den es braucht, um Sonne- und Mondjahr danach miteinander zu synchronisieren; sie erlaubt es, ihn mit dem Sternbild der Gazelle um α Tauri gleichzusetzen, da *Rohita* auch der Name eines Rotwilds ist; sie wartet mit mehreren der in Ursa Maior sitzenden Sehern auf; sie nimmt mit der Schlange Ajigarta Bezug auf Nahusha in Draco; sie schenkt Shunahshepa dessen goldene Sänfte – oder einen jener Wagen, mit denen sich Götter sonst über den Himmel bewegen. Die Sage scheint auch erzählt worden zu sein, um zu erklären, weshalb die Sonne untergeht, das Sternbild des Hundeschwanzes hingegen nicht;[114] und sie erläutert schliesslich, weshalb am Himmel nur noch der Schwanz eines Hundes zu sehen ist – nicht aber mehr die ganze Gestalt: denn die hat sich von ihren Fesseln befreit und als 'Gottgegebener' eine neue Identität angenommen.

DIVYA KOSHA – DER HIMMLISCHE WASSERBEHÄLTER

Wie die Bärensterne von Ursa Maior mit Den Sieben Sehern, so scheint auch der indoeuropäische Hund(eschwanz) überzeichnet worden zu sein: nämlich zu einem Gefäss. Es füllt sich mit dem Wasser des im Mythos über dem Firmament liegenden Wasserreservoirs, das als die Sieben Ströme bekannt ist: Zeigt die Öffnung des Himmlischen Wasserbehälters nach unten, wird die Erde davon nass. Da Ursa Minor sich beständig um den Pol dreht, füllt und leert sich dieses Gefäss dauernd wie bei einem Wasserschöpfrad. Das Gefäss entspricht auch den Wasserkrügen, die am Ende des rituellen Jahres, am Mahavrata-Tag, von jungen Mädchen auf dem Kopf getragen werden.

Die *Samhita* des *Atharva Veda* erklärt, dass "in diese umgedrehte Schüssel mit der seitlichen Öffnung Glorie in allen Formen geleert wurde; bei ihr sitzen die Sieben Seher, die ihre Hüter sind, als der Grosse".[115] Mit dem 'Grossen' ist wohl die Schöpfergottheit gemeint, deren Kopf von Ursa Maior dargestellt wird.

In einer vergleichbaren Stelle heisst es: "ein Trinkbecher mit nach unten gerichteter Öffnung und nach oben gekehrtem Boden. In diesen ist allerlei Herrlichkeit niedergelegt. An seinem Rande sitzen Die Sieben Seher und die [von Atri ausgehende] mit Brahma einverstandene Stimme als Achtem."[116] Das weist klar aus, dass sich die Sieben Seher in Ursa Maior neben diesem Trinkbecher befinden: was ebenso stimmig mit ihrer Lage ist wie eine Figurierung von Ursa Minor als Becher.[117]

Herkunft dieser Vorstellung ist aller Wahrscheinlichkeit nach China, wo Ursa Maior als Getreidescheffel und Schöpfkelle eine zentrale Rolle am Himmel spielt.

7 Hauptsterne von Ursa Maior

RIKSHAH – DIE BÄREN

F 326

Das *Shatapatha Brahmana* aus dem 1. Jahrtausend v. u. Z. deklariert, "dass Die Sieben Seher in früheren Zeiten *Rikshah* – Bären – genannt wurden".[118] *Riksha* bedeutet auf Sanskrit sowohl 'Bär' wie auch 'Stern'.[119] Weshalb, das ist ungeklärt – es verweist letztlich jedoch darauf, dass man in vielen Sternenhimmelkulturen Einzelsterne für die astralen Prototypen irdischer Lebewesen hielt.

Einzelne Bären in den Sternen von Ursa Maior zu sehen, liegt aufgrund des Vergleichs mit der altgriechischen Grossen Bärin wohl eine indoeuropäische Vorstellung zugrunde, bei der man im Viereck von Ursa Maior eine Bärin sah, der bei ihren Wanderungen im Frühjahr ihre drei Jungen hinterherlaufen. Sie in Indien als 'Bären' zusammenzufassen ist nachvollziehbar; bei den Griechen gerieten die von den Sternen verkörperten Jungbären jedoch in Vergessenheit, weshalb aus ihnen der unnatürlich lange Schwanz des Sternbilds einer Bärin wurde, deren Kopf man zudem weit ausserhalb der sieben Hauptsterne suchen muss.[120]

Die Umdeutung der Bären des Sternbilds zu Sehern ist ebenfalls ungeklärt, hatte aber sicherlich auch lautliche Gründe, indem 'Bär' – *Riksha* – an 'Seher' – *Rishi* – anklingt. Zudem steht beides in einem schamanistischen Kontext. Bei den Chinesen ahmten schamanistische Priester den Gang eines Bären nach, um in den Himmel zu den Sternen von Ursa Maior zu reisen; bei den Griechen nannte man die Initianten der in der Kultstätte Brauron für Artemis gefeierten Riten 'kleine Bären', die sich mit Masken dementsprechend verkleideten; und Schamanen der Inuit gelangen mittels eines geisterhaften Bären zum Mond.

Eine direkte Parallele zu den mythischen Sieben Sehern findet sich in den sumerischen Sieben Weisen – Königen, die vor der Flut geherrscht haben sollen; diese Diener Enkis, des Gottes des Wassers und der Klugheit, stellte man in Mesopotamien jedoch als Mischwesen aus Mensch und Fisch dar.

SAPTARISHI – DIE SIEBEN SEHER

F326

Bezeichnet wird damit eine je nach Quelle variierende Gruppe von sieben *Rishi* – Weisen, Sehern, Heiligen –, die als Asketen die Welt gestalteten; sie zählen zu den neun körperlich und zehn geistig von Brahma gezeugten *Prajapatis*, 'Herren der Geschöpfe' und Demiurgen: "Die Sieben Seher samt Atri und Agastya [Canopus], die aus dem Nichtseienden das Seiende schufen – diese Guten wohnen nun mit den Sternen".[121] Sie gelten als Stammväter jener Familien von Dichtern und Sehern, deren Hymnen sich im *Rigveda* versammelt finden.

Die Sieben befanden sich, einer späteren Geschichte zufolge, zusammen mit Manu, dem Ersten Mann und Stammvater der Menschen, während der die Erde überschwemmenden Flut auf einem Boot; sie gingen somit ebenso wenig unter wie die um den Himmelspol kreisenden Sterne von Ursa Maior. Aus ihnen wurden dann die Sieben Opferpriester – *Sapta Hotrah* –, mit denen Manu den Göttern die ersten rituellen Opfer darbrachte.

Laut dem *Purana* befinden sich Die Sieben Seher im höchsten Himmel, wo sie an den Opfern teilnehmen, deren Werk die Schöpfung und das Leben im Kosmos sind.[122] So heisst es im *Rigveda*, dass "die alten Seher zusammen für ihn – Vishvarkaman, unseren Vater und Ahnen – durch Opfer Reichtum in Überfülle erlangten und sie gemeinsam all die Lebewesen schufen, nachdem das Reich der Luft, das sonnenbeschienene wie das nicht sonnenbeschienene, seinen Sitz eingenommen hatte".[123] Diese Schöpfer und Kulturheroen wurden in den Himmel versetzt, um allen anderen Einsiedlern als Beispiel zu dienen; sie werden in ihrem astralen Reich jedoch nach wie vor von irdischen Konflikten heimgesucht.[124]

DIE SIEBEN SEHER, SHIVA UND DIE PLEJADEN

In einer Legende aus dem 7. Jahrhundert v. u. Z. werden die Sieben Frauen – die Plejaden – Der Sieben Seher vom zerstörerischen Shiva ('Glücksverheisser') verführt, worauf die Seher sich von ihnen scheiden lassen. Nur Vasishthas Frau Arundhati durfte bei ihm in ζ Ursae Maioris bleiben, da sie ihm treu geblieben war; sie wird seitdem als Symbol beständiger Liebe verehrt und bei Hochzeiten beschworen.

Shiva jedoch wurde von ihnen deswegen verflucht: worauf ihm sein feuriger Phallus ab- und auf die Erde fiel, die darauf zu brennen begann. Das Feuer konnte erst gelöscht werden, indem man den Phallus in eine Scheide steckte – die Yoni, auf deren Fundament Shivas Kultbild steht, der steinerne Lingam.

Die Legende erklärt die Verehrung dieses viergesichtigen erigierten Phallus. Er repräsentiert die Weltachse auf ähnliche Weise wie in den frühesten vedischen Texten die aufgehende Sonne als Agnis oder Shivas Manifestation in jenem Pfosten beschrieben wird, der Himmel und Erde trennt und das Firmament stützt.[125]

Das *Mahabharata* sagt von Den Sieben Sehern, dass diese alten Heiligen nunmehr durch ein ihnen innewohnendes Licht leuchten, das sie dank ihrer Meriten erlangt haben, indem sie flammend vor ihren Feuerstellen stehen: Von der Erde aus werden sie als Sterne gesehen, wirken sie der Entfernung wegen jedoch bloss wie kleine Öllampen.[126] Mit Feuerstellen sind jene Altäre gemeint, vor denen Soma-Opfer vollzogen werden. Dabei wird in einer Hütte vor einem Feuer eine ganztägige (manchmal ein Jahr lange) Schweigewache geübt, bei der man in schwarzes Antilopenleder gehüllt ist. Man trinkt dabei nur abends eine mit dem stimulierenden Saft der Soma-Pflanze versetzte Milch, um jene innere Hitze – *Tapas* – zu erzeugen, die als Zeichen des Übergangs vom Profanen in einen Zustand des Heiligen gilt.[127]

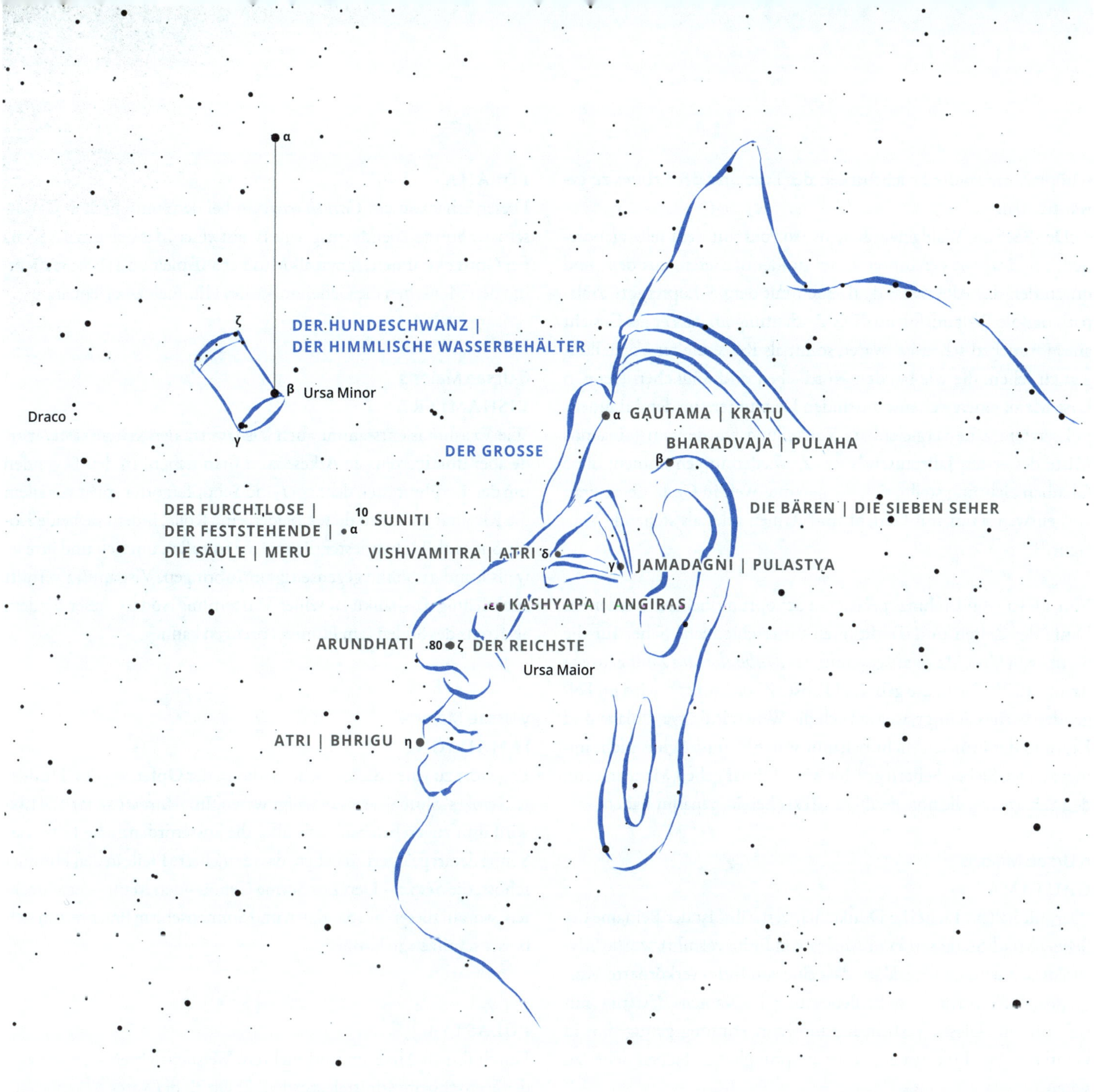

DER GROSSE

Im *Rigveda* ist von drei Zwillingspaaren von Sehern im Unterschied zu dem einen Seher die Rede.[128] Aus dem *Brihadaranyaka Upanishad* wiederum geht hervor, was dies zu bedeuten hat und welche der Seher damit gemeint sind. Es sind dieselben, die auch im *Shatapatha Brahmana*[129] aufgezählt werden: "Gautama und Bharadvaja sind die zwei Ohren; Vishvamitra und Jamadagnis sind die zwei Augen; Vasishtha und Kashyapa sind die zwei Nasenlöcher und Atri ist die Stimme".[130] Aufgabe dieser Seher ist es, die Trinkschale in Ursa Minor zu bewachen.[131]

Die Sieben Hauptsterne von Ursa Maior werden somit als Gesicht dargestellt, wie es in etwa anschaulich wird, wenn der Wagen mit der Deichsel als Nase und Mund nach unten hängt: also auf dem Kopf stehend, α und β die Ohren, δ und γ die Augen. Diese Ansicht führt eine weitere Stelle vor, in der "Die Sieben Seher als Hüter der Schale [in Ursa Minor] zu Dem Grossen geworden sind".[132] Wobei ein Kommentar den dazugehörigen Leib andeutet: "Die Sieben Seher sind in diesen Körper gesetzt; Die Sieben bewachen ihn für immer mit unaufhörlicher Sorgsamkeit. Sieben Wasser suchen die Welt dessen, der da im Schlaf liegt; zwei schlaflose Götter [die das Ein- und Ausatmen verkörpern] sind seine Tafelgenossen, wenn er aufwacht".

Ein paralleler, zum Fest am Jahresende gesprochener Kommentar erklärt ähnlich: "Sieben Seher sind festgesetzt auf dem Wohlgewordenen."[133] Dies bezieht sich darauf, dass das Sternbild Des Grossen das Jahr als 'Wohlgewordener' vollendet und damit allegorisch in menschlicher Form vorgestellt werden musste. Seine Sieben Wasser wurden zu dem dazugehörigen Ritual verwendet: Sie symbolisierten die Sieben Himmlischen Ströme oberhalb des Himmels, von denen das Gefäss von Ursa Minor jahrein, jahraus und Nacht für Nacht schöpfte, um so die Fruchtbarkeit der Erde und des Lebens zu gewährleisten.

Der 'Grosse, Wohlgewordene' ist sowohl mit dem selbstgeborenen, oft *Brahma* genannten Gott zu identifizieren, aus dem und durch den das All entstand, als auch mit dem Schöpfergott Prajapati, der die Welt ausformte. Die Andeutungen, dass er als Gesicht am Himmel zu sehen ist, wären somit als Reste uralter Vorstellungen zu sehen, die wie bei den Nördlichen und Südlichen Dene in Ursa Maior einen weltenwandelnden Demiurgen um den Himmelspol setzten. Eine vergleichbare Vorstellung wurde vom Jainismus Mitte des ersten Jahrtausends v. u. Z. wieder aufgenommen; diese Glaubensrichtung stellte sich die gesamte Welt in Gestalt eine Frau vor, entweder nur mit Gesicht und Armen oder als stehende Vollfigur.[134]

Von all den von Brahmas gezeugten Schöpfungshelfern wurden im Laufe der Zeiten und Traditionen unterschiedliche Seher für die Sterne von Ursa Maior ausgewählt: das *Mabhabarata* zählt ganze 21 davon auf.[135] Die heute gebräuchlichste Zuordnung[136] wird im Folgenden berücksichtigt, wenngleich die Weisen Pulastya, Pulaha und Kratu in der Frühzeit nicht bekannt waren[137] und Agiras nicht immer zu Den Sieben Sehern gezählt wird. Primär gehen wir zuerst von den Sehern aus, die uns die älteren Texte bereits genannt haben.

α Ursae Maioris

GAUTAMA

'Der mit hellem Licht die Dunkelheit vertreibt' ist der Beiname des Sehers Saradvat, dessen Frau Ahalya von Indra verführt wurde. Mythologisch wird damit erklärt, dass eine von Indra verkörperte Morgensonne die Nacht – so die Bedeutung des Namens *Ahalya* – mit sich nimmt. Dieses Verführungsmotiv ist stimmig genug, um in Gautama statt Pulastya einen der ursprünglichen Sieben Seher zu sehen.

D 115

KRATU

Mit seiner Frau zeugte Krati 60 000 Söhne, weise Däumlinge – *Valakhilyas* –, die die Sonne bewachen.

D 165 und EN

β Ursae Maioris

BHARADVAJA

Sein Name bedeutet 'Nahrungserzeuger'; er gilt als Sohn Brihaspatis, des Planeten Jupiter, und ihm werden viele Hymnen des *Rigveda* zugeschrieben. Das *Taittirya Brahmana* weiss von ihm, "dass er unsterblich wurde und in die Himmelswelt aufsteigt, um sich mit der Sonne zu vereinen".

D 47–48

PULAHA

Dieser Seher war ein *Gandharva*, ein bei den himmlischen Gewässern der Sonne lebendes magisches Geistwesen, das sich um das Soma der Götter kümmert, ihnen als Musiker aufspielt und als Bote dient, um den Menschen die Geheimnisse des Himmels zu offenbaren.

D 253, EN

δ Ursae Maioris

VISHAMITRA

Wie Vasishthas entstammt auch Vishamitra der Kriegerkaste, wurde aber durch strengste Askese zum Brahmanen. In den Legenden um den berühmtesten der Seher und Schöpfergötter spielt vor allem die Rivalität zwischen diesen beiden eine Rolle, indem sie beide König Sudas als Hohepriester dienen: Sie tun alles, um sich und ihre jeweils hundert Söhne gegenseitig umzubringen. Vishamitra verhilft auch König Trishanku zu seiner Versternung, sodass dieser seitdem als Kreuz des Südens am Himmel prangen kann.

D 377–381

γ Ursae Maioris

JAMADAGNI

Er gehört zu jenen Sieben Sehern, die an der Opferung des 'Hundeschwanzes' Shunahsepas beteiligt waren. Im *Mabhabarata* XIII.96 wird ihm zugeschrieben, sich über die ausserordentliche Hitze der Sonne derart geärgert zu haben, dass er mehrere Pfeile in den Himmel schoss, die *Surya* – Den Zur Sonne Gehörenden Mann – erschreckten: worauf dieser ihm Sandalen und Sonnenschirm brachte, um sich besser schützen zu können.

D 135–136

PULASTYA

Durch ihn als Medium sind mehrere Weisheitslehren – *Puranas* – der Menschheit vermittelt worden. Er gilt als der Vater Agastyas, des Canopus.

D 253 und EN

ε Ursae Maioris

KASHYAPA

Der "selbstgeborene Kashyapa entsprang der Zeit". In einer Legende um 700 v. u. Z. heisst es, "dass er als Schöpfergott die Gestalt einer Schildkröte annahm, um die Lebewesen zu erschaffen. Was er zeugte, das wurde von ihm gemacht (*akarot*): daher die Bezeichnung *Kurma* für die Schildkröte. Kashyapa steht für die Schildkröte – deshalb sagen die Menschen 'Alle Lebewesen stammen von Kashyapa ab ...'"

Die Schildkröte repräsentiert den Lebenssaft und den Lebensatem, weshalb stets eine lebende Schildkröte unter einem errichteten Feueraltar begraben wurde, in Wasserpflanzen eingehüllt, um die Sonne in den tiefsten himmlischen Wassern zu verkörpern.[138]

Im *Mabhabarata* heiratet er Aditi und zeugt mit ihr die sechs oder sieben Aitas, zu denen Varuna und andere Götter der Elemente samt Indra gehören, sowie den mächtigen Manu als Stammvater der Menschen.

D 158–159

ANGIRAS

Er wird nicht überall zu Den Sieben Sehern gezählt und gilt sonst als Verkörperung Jupiters.

D 16–17

ζ Ursae Maioris

VASISHTHA – DER REICHSTE

Dieser in der Kaste der Krieger geborene Seher arbeitet sich in die brahmanische Kaste hoch. Er besass eine Kuh namens *Nandini* – auch *Kamadhenu* genannt –, welche die Macht hatte, ihm all das zu verschaffen, was er sich wünschte: daher sein Rufname. Ihm wird eine zweite Geburt zusammen mit Agastya, dem Canopus, zugeschrieben, indem beide auch als Söhne Mitras und Varunas gelten.

IY 219

80 Ursae Maioris

ARUNDHATI

SCH 117

Unser Reiterlein ist in Indien die Gattin des vom Nachbarstern verkörperten Sehers Vasishta. Die beiden gelten als glücksbringendes Symbol der Beständigkeit und Verlässlichkeit, weshalb sie von jedem Brautpaar beschworen werden, noch bevor die Hochzeitszeremonie zu Ende ist.

SCH 117 und H 345

η Ursae Maioris

ATRI

Atri soll aus der Zunge entstanden sein; er ist im *Rigveda* einer der am häufigsten erwähnten Seher, dem die Komposition vieler Hymnen zugeschrieben wurde. In einer der Hymnen darin befreit er die von Svarbhanu versteckte Sonne, gerät in Not und wird von den Ashvin gerettet.[139] In den *Puranas* zählt der Mondgott Soma zu seinen Söhnen.

Die besondere Rolle dieses Sehers wird in der Rätselhymne des *Rigveda* mit 'Dem Einen' unterstrichen; aus ihr geht zudem hervor, dass man die beiden auf verschiedene Himmel verteilt sah und die anderen Seher ursprünglich einmal als Zwillingspaare gedacht waren – wiewohl sie sonst weder miteinander verwandt noch einander besonders freundlich gesinnt sind, da sie eher in berechnender Hochachtung voreinander oder im offenen Streit zueinander stehen.

Deshalb erklärt die Rätselhymne anschliessend an eine ausführliche Beschreibung der Sonne und ihrer Bahn: "Von dem Siebten derer, die zur gleichen Zeit wie Der Einzeln Geborene zur Welt kamen, heisst es: 'Die Zwillinge, die von den Göttern geborenen Seher, sind nur sechs'. Die Orte, die sie sich erbeten haben sind auf die einzelnen Himmel verteilt; während Der Eine stillsteht, zittern die anderen, unterschiedlich Erscheinenden."[140]

BHRIGU

Bhrigu entstand durch einen Funken aus dem Sperma des Schöpfergottes Prajapati und rettete Atri vor dem versternten König Nahusha. Er gilt als Stammvater der Astrologie, indem er das erste Buch der astralen Omendeutung verfasste, das *Bhrigu Samhita*, in dem er Geburtshoroskope sammelte.

DE, EN

α Carinae

AGASTI | AGASTYA – DER AUFHELLER

SCH 117, EN

Der Name lässt sich auch herleiten von den weissen Schmetterlingsblüten des Turibaums *Sebania grandiflora*, Tamilisch *Akatti*.[141]

Agastya wird als bärtiger Zwerg mit Bauch dargestellt, der in der Linken einen Wasserkrug hält, und gilt als Bruder Vasishthas in ζ Ursae Maioris. Beide kamen bei ihrer Wiedergeburt aus einem Tonkrug hervor, in den sich das Sperma der Götter Mitra und Varuna ergossen hatte, nachdem diese die schönste aller Wolkenfrauen erblickt hatten; Agastya soll dabei als strahlender Fisch hervorgekommen sein.

Seine Frau Lopamunda, die im 2. Jahrtausend v. u. Z. gelebt haben soll, sei entweder die Schwester Pulastyas in γ Ursae Maioris gewesen oder von Agastya bei seiner Weltenwandlerei aus den schönsten Teilen von Tieren – Rehaugen etwa – und Pflanzen geformt worden sein.[142]

CANOPUS UND DIE SCHÖPFUNG

Agastya wird heute besonders in Südindien als Kulturheros und meisterlicher Dichter, Verfasser der Hymnen I. 165–191 im *Rigveda*, verehrt. Die folgende Hymne ist Himmel und Erde gewidmet, die zwischen sich alles Leben erschaffen und alles vor der formlosen Leere des Chaos schützen, das vor der Schöpfung bestand. Die Sonne gilt darin als Geschenk der Göttin des Kosmos Aditi, in deren Licht die einzelnen erschaffenen Formen erst sichtbar werden.

"Himmel und Erde – welcher der beiden war vorher, welcher nachher? Wie wurden sie geboren? Wer vermag das ganz zu verstehen?
Zusammen tragen die beiden alles, was einen Namen hat; Tag und Nacht rollen durch sie wie zwei Wagenräder.
Ich beschwöre Aditis Geschenk, das ohne Makel ist, ohne Gewalt und ohne Waffe, doch voll Sonnenlicht und Hingabe:
O ihr beiden Welthälften, zeugt sie für den Sänger – o Himmel und Erde beschützt uns vor der formlosen Leere.
Die zwei Frauen, Nacht und Morgendämmerung, Schwestern, sie liegen aneinander und vereinen sich im Schoss der Eltern – sie beriechen und küssen den Nabel der Welt: O Himmel und Erde beschützt uns vor der formlosen Leere."[143]

Agastya werden zudem zwei astrale Legenden zugeschrieben. In der einen verhindert er, dass der Berg Vindja weiterwächst, sodass die Sonne weiterhin nur den Berg Meru in ihrem Lauf überqueren muss. Dadurch bleiben Nord und Süd voneinander getrennt und der Kosmos im Gleichgewicht.
In der anderen Legende schluckt Agastya den Ozean, was zur Folge hat, dass die Milchstrasse – Der Himmlische Ganges – seither durch die drei Ebenen der Welten fliesst. Zu diesem Riesenschluck Agastyas heisst es: "Er war es, der das Meer als Himmel aufleuchten liess, mit Delphinen als weissen Wolken, Edelsteinen als Sternen, einem Kristall als Mond, der trockengelegte Grund der heitere Erntehimmel, die strahlenden Juwelen am Nackenschild der Schlangen die Kometen und Planeten."[144]

Beim ersten Aufgang des Canopus werden diesem Wasseropfer – *Arghya* – dargebracht. Dies geschieht im Monat Bhadrapada (August | September), wenn der Herbst beginnt. Die Monsunregen, die man von Schlangen in Wolken verursacht sieht, gehen dann zu Ende: "Das Wasser, das auf Indras Befehl von den Schlangen ausgespien wurde – deren Leiber in Wolken gehüllt und deren Wasser mit brennendem Gift versetzt sind –, wird beim Auftauchen Agastyas rein und klar."

H 341–347

α Canis Maioris

TISHYA – DER SONNENSPROSS |
DER MIT PFEILEN VERSEHENE (1 Stern)[145]

SCH 150

LUBDHAKA – DER JÄGER

S|S 115

Für diesen Namen ist eine ursprünglich indoeuropäische Bedeutung als 'Sonnengeborener, Sonnenverwandter' plausibel, wobei der Begriff für 'Sonne' hier auf die Wurzel *tvish* – strahlen – zurückgeht. Von dieser Wurzel lässt sich auch *Tvastar* herleiten, der Namen eines Sehers, der die Welt gezimmert und geschmiedet und sich durch Opfer zu eigen gemacht hat, was ihm den Titel *Vishvakarman* – Allschaffender – eintrug. In einer vieldeutigen Hymne des *Rigveda* wird Vishvakarman als jener bezeichnet, "der sich jenseits Der Sieben Seher befindet": was sich auf Sirius bezieht.[146]

SIRIUS UND DIE SCHÖPFUNG

Ein Fötus zu Anbeginn der Welt, geht aus Tishya die oft als 'Auge' bezeichnete Sonne hervor, das Opferfeuer als 'Kind der Wasser' sowie der König als Wiedergeburt der Sonne. Die Kellen im folgenden Hymnus stehen sowohl für Himmel und Erde als auch für die Opferkellen, mit denen Butterschmalz dargebracht wurde.

"Was war das Fundament? Wer brachte die Stützen? Wie kam es, dass er als Vishvakarman die Erde schuf und durch seine Grösse auch den Himmel enthüllte – er, der Augen auf alles hat, dessen Augen und Gesicht sich überallhin richten, dessen Arme und Beine überall hin langen.
Um Himmel und Erde zu erschaffen, schmiedete er sie mit seinen Armen zusammen mit seinem Blasebalg – er, der Gott allein. Doch welches Holz verwendete er dafür? Welcher Baum war es, aus dem er Himmel und Erde gefertigt hat?
Als Vater der Sonne, des so einsichtsvollen Auges, gebar er den Schmand und die beiden Kellen, die auf und ab schwimmen, auf und ab; doch erst als die alten östlichen Grenzen gezogen worden waren, konnten sich Himmel und Erde ausbreiten.
Der Allschaffer ist gross im Geiste, gross an Macht; er verteilt, er ist der grosse Verteiler und die höchste volle Verkörperung: Es werden ihre Opfer und Wünsche kraftvoll durch seine Nahrung dort, wo es heisst, dass der Eine sich jenseits der Sieben Seher befindet.
Zu ihm, der unser Ahn und Vater ist, der grosse Verteiler, der alle Reiche und Lebewesen kennt, alle, der den Göttern ihre Namen verliehen hat, zu diesem einen und Einzigen gehen die anderen Geschöpfe, um Frieden zu finden.
Die Sänger, die alten Seher haben alle zusammen für ihn durch ihre Opfer Reichtum im Überfluss gewonnen – sie, die gemeinsam diese Lebewesen schufen, nachdem das Reich der Luft, des Lichtes und

des Schattens seinen Sitz einnahm. Lag es jenseits des Himmels, jenseits der Erde, jenseits der Herren und Götter?
Und welchen ersten Embryo erhielten die Wasser, in denen alle Götter zusammen erschienen?
Die Wasser, in denen sich all die Götter versammelten, enthielten nur diesen ersten Embryo: jenen, auf dem Nabel des Ungeborenen, den, von dem alle Lebewesen seither abstammen."[147]

In späteren Kontexten ist eine Auslegung des Namens *Tishya* als 'Mit Pfeilen (Strahlen) Versehen' angebrachter. Die Auffassung des Sirius als 'Jäger' ist bezeugt: Er gilt in der Legende als mit Pfeil und Bogen versehener Gott des Sturmwindes Rudra. In seiner Versternungssage trifft er den in eine Gazelle verwandelten Schöpfergott Prajapati, der von den Sternen im Haupt des Orion verkörpert wird, indem er mit seinem 'dreiteiligen' Pfeil der Sterne des Oriongürtels auf ihn zielt.[148]

Der Name *Tishya* galt ursprünglich auch für die Nakshatra in δ Cancri, wo er sich in die dort verortete Szene mit der Jagd auf den Gazellenbock einfügt. Nachdem diese Nakshatra jedoch in *Pusya* umbenannt wurde, verlegte sich die Bezeichnung Tishya offenbar auf den Sirius.

δεζ Orionis

ISHUS TRIKANDA – DER DREITEILIGE PFEIL

W 369, SCH 151

Dieses Gestirn ist in späterer Zeit nicht mehr nachzuweisen.[149]

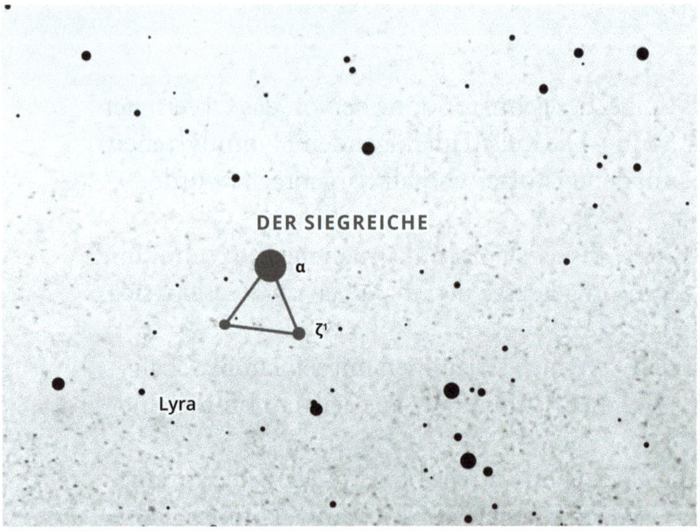

α Lyrae

ABHIJIT – DER SIEGREICHE (3 Sterne)[150]

SCH 118, 158, F 328

Im Jainismus wurde dieses 28. Nakshatra als Rinderkopf gesehen.[151]

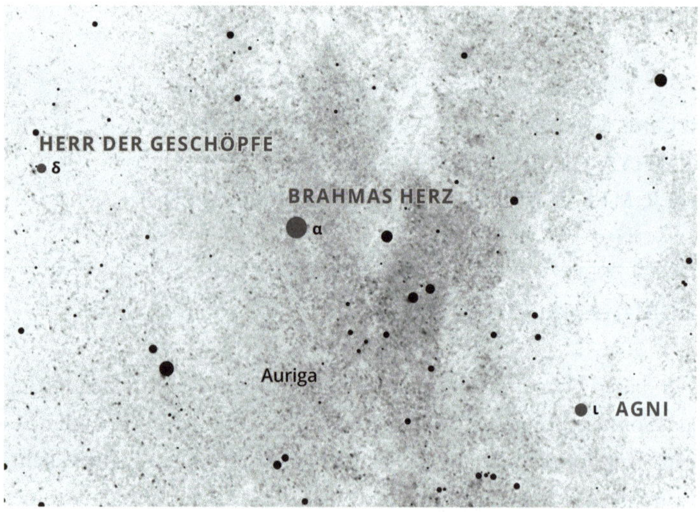

α Aurigae

BRAHMA HIRDAYAH – BRAHMAS HERZ

PI | M 113

Dieser Name geht aus späten Listen der Nakshatra hervor.

ι Aurigae

PI | M 113

AGNI

Dieser Name geht aus späten Listen der Nakshatra hervor. Als Verkörperung des Feuergottes Agni kommt der alternativ vorgeschlagene blauweisse β Tauri aufgrund seiner Farbe nicht in Frage.

δ Aurigae (oder 31 Camelopardalis)

PRAJAPATI – HERR DER GESCHÖPFE

PI | M 112, 113

Dieser Name geht aus späten Listen der Nakshatra hervor. Als *Prajapati* wird einer der meist zehn 'geistgeborenen' Söhne Brahmas bezeichnet, von denen die Menschheit abstammt.[152]

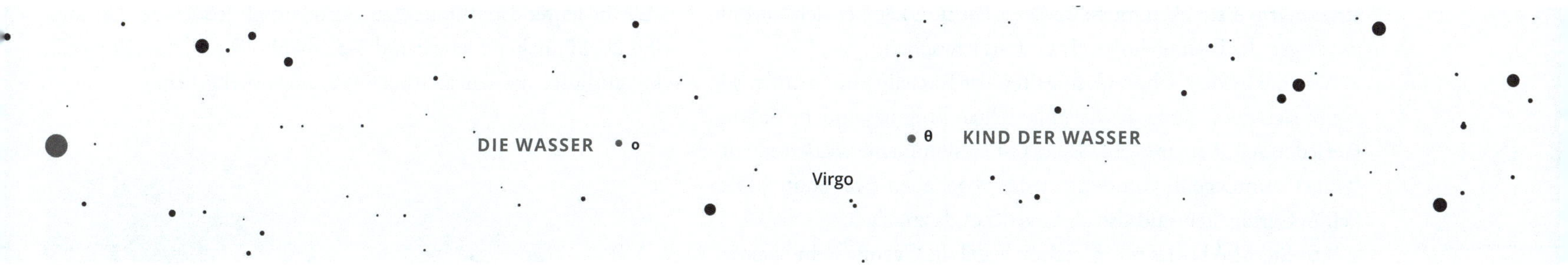

θ (oder 66 oder 74) Virginis

APAMVATSA – KIND DER WASSER

PI | M 112, 113, 114

Dieser Name geht aus späten Listen der Nakshatra hervor.

ō Virginis (oder 65 Virginis)

PI | M 11, 112

APAS – DIE WASSER

Dieser Name geht aus späten Listen der Nakshatra hervor.

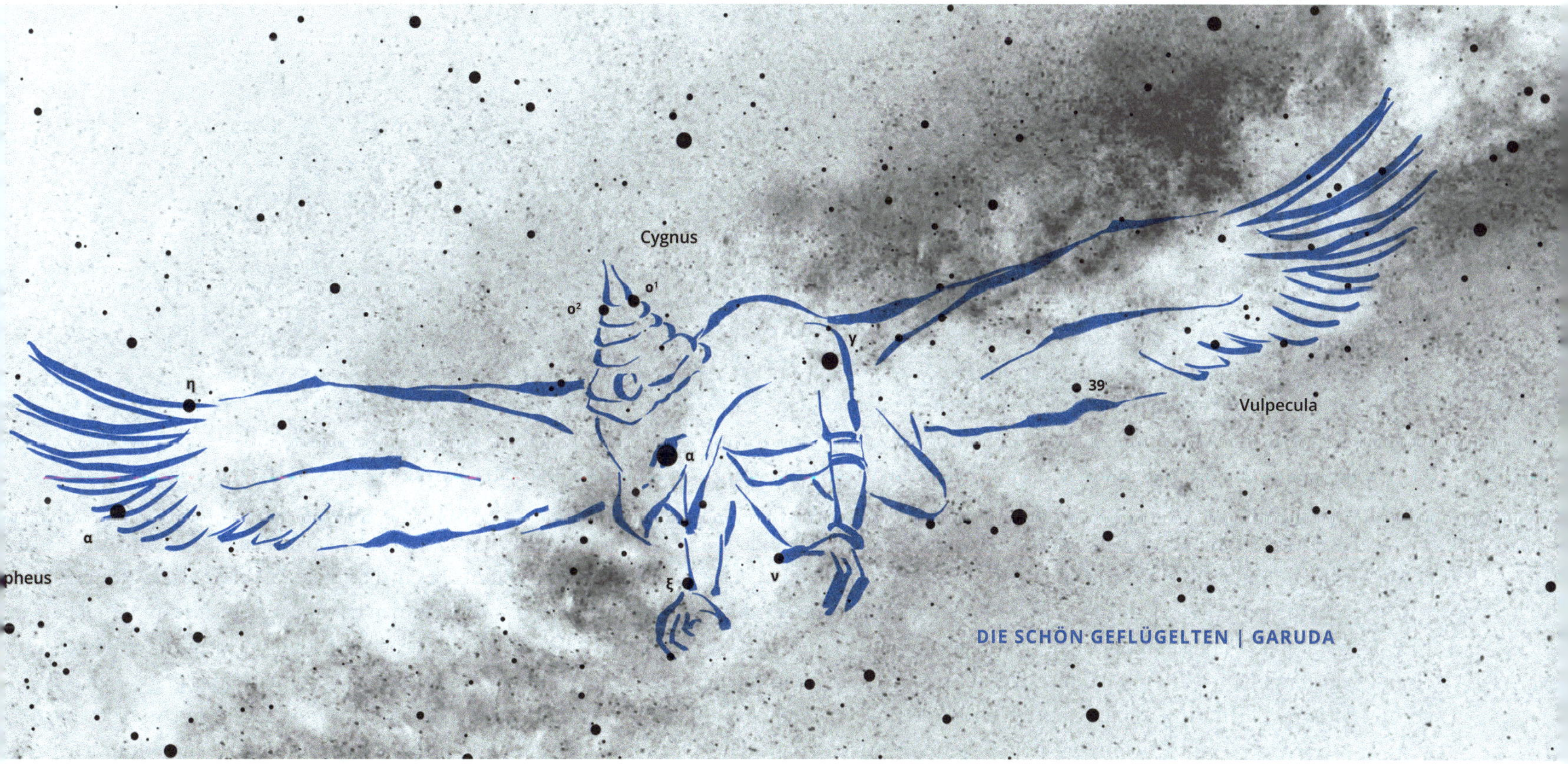

α Cephei – αγ und 39, 41 Cygnis und Sterne von Vulpecula?

SUPARNAH –
DIE SCHÖN GEFLÜGELTEN GARUDA

Im *Rigveda* ist von "Den Schön Geflügelten in der Mitte, in der Treppe zum Himmel"[153] die Rede und von der "lieben verborgenen Spur des Vogels, welche Die Sieben [Seher in Ursa Maior] bewachen".[154] Seine Bahn über den Himmel bleibt unsichtbar in den Wassern des himmlischen Flusses, als der die Milchstrasse auch gesehen wird: "Der Mond ist hier in den Wassern, wie auch Der Schön Gefiederte im Himmel läuft."[155] Und in der sogenannten Rätselhymne des *Rigveda* werden in einem astronomischen Zusammenhang "zwei Suparnah" beschrieben, die als "Gefährten unter demselben Joch denselben Baum umarmen: Der eine der beiden isst süsse Feigen, der andere isst nicht, sondern hält Wache". Beide wollen "ihren Anteil an der Unsterblichkeit und an den Ritualen"; dazu wird erwähnt, dass der Baum "eine süsse Feige an der Spitze hat" (die in *α* Sagittae liegen müsste).[156]

Die 'Treppe zum Himmel' wird als Milchstrasse identifiziert,[157] wobei für Den Schön Geflügelten nur mehr der Milchstrassenarm in Cygnus in Frage kommt. Denn Der heilige Feigenbaum Asvattha ist bereits durch das Nakshatra von *α* Aquila ausgewiesen, sodass Der Schön Geflügelte sich entlang der Dunkelstelle im anderen Milchstrassenarm erstrecken muss: in dieser Position kann er sich sowohl die Feigen des Baumes holen als auch sie bewachen.

Was die beiden Schön Geflügelten der Rätselhymne betrifft, so ergibt sich die Lösung des darin gestellten Enigmas, indem 'Schön Gefiedert' ein Beiname des Garuda ist, dessen Name wiederum auf 'Flügel' zurückgeht: von denen jeder Vogel eben zwei besitzt. Die Schön Geflügelten sind also als Vogel Garuda zu sehen.

Das Sternbild eines prominenten Vogels in Cygnus steht in einer uralten Tradition. Die indoeuropäischen Griechen sahen darin einen Schwan mit ebenso markanten Flügeln, die Mesopotamier einen ebenso gefiederten Sturmdämon, die australischen Wardaman erblicken darin gleich drei solcher Vögel, die als Wächter über alles Irdische gelten, und die nicht wenige indische Bezüge aufweisenden Sternenhimmel des Pazifiks setzen ebenfalls göttliche Vögel in die Sterne von Cygnus.

Suparnah war also ein Beiname des Garuda, des mythischen Königs der Vögel, der Vishnu auf seinem Rücken in den Himmel trug und in einem Mythos den Nektar der Unsterblichkeit – *Amrita* – aus dem Himmel stahl. Kashyapa – einer Der Sieben Seher in Ursa Maior – wird als sein Vater bezeichnet; als sein Bruder gilt Aruna, der Wagenlenker der Ashvin (die in der vorangehenden Strophe der Rätselhymne angesprochen wurden).

Insofern wird Garuda als Bote des kosmischen Gottes Varuna vorgeführt, der zum Sitz des Totengottes Yama fliegt: "Der ins Gewölbe fliegende Adler ist der goldgeflügelte Bote Varunas, der Omenvogel, der in Yamas Schoss flattert".[158] Als solcher hat er mit dem Aufstieg der Totenseelen in den Himmel zu tun. So heisst es: "Die Ashvin sind der Streitwagen der Götter. Mit diesem göttlichen Streitwagen erlangt man sicher die Himmelswelt. Das Lob sollte Den Schön Gefiederten einschliessen. Der Schön Gefiederte ist ein Vogel; indem man zu ihm wird, ein Geflügelter, ein Vogel, erreicht man in aller Sicherheit die Welt des Himmels".[159] Garuda werden zudem eine Reihe von Hymnen im *Atharva Veda* zugeschrieben, die er verfasst haben soll; darin wird er mit Omendeutung und als "Verschlinger des Gifts" mit Heilung und Heilkräutern verbunden.[160]

Garuda wird als Mischwesen aus Mensch und Adler dargestellt, das so hell leuchtete, dass ihn die Götter einst für den Feuergott Agni hielten; die Form dieses Vogels wurde bei dem zwölftägigen vedischen Ritus *Agnicayana*, durch den man den Toten in den Himmel verhalf, als Grundriss für die Anlegung eines Feueraltars benützt.[161] Er hat Kopf, Flügel, Krallen und Schnabel eines Adlers, aber Körper und Gliedmassen eines Menschen; sein Gesicht ist weiss, sein Körper golden und seine Flügel sind rot. Laut dem *Mahabharata* hat er von seinen Eltern die Erlaubnis erhalten, böse Menschen zu verschlingen[162] – was ihn in seiner Funktion mit dem ebenso menschenfresserischen Wächtervogel der Wardaman in Cygnus zusammenbringt und in seinem Aussehen dem mesopotamischen Mischwesen aus Mensch, Leopard und Vogel in Cygnus angleicht.

Die bedeutendste Parallele zu Garuda stellt jedoch der Donnervogel der Südlichen Dene dar, dessen Symbolik und Gestalt auf direkte Einflüsse aus dem asiatischen Raum zurückgehen.

Crux

TRISHANKU – DIE DREI GÄNSE | DIE DREI PFLÖCKE | DER DREIHÖRNIGE

Im *Rigveda* bezeichnet *Shanku* einen hölzernen Pflock, mit dem eine Lederhaut ausgespannt oder an die Fussfessel eines Pferdes gebunden wird; im *Shivapurana*[163] werden damit jedoch Gänse im Plural bezeichnet.[164] Da sich der indische Sternenhimmel arm an Gebrauchsgegenständen zeigt, ist eher eine Gänseformation als ursprüngliches Bild anzunehmen – auch unter dem Gesichtspunkt, dass in den mit der indischen Tradition durch Schöpfungsmythen verbundenen Himmeln der Gesellschaftsinseln und der Māori Vögel und Vogelfallen in Crux zu finden sind.

Da die Bedeutung des Namens unklar geworden war, wurde er umgedeutet und daraus – sicherlich beeinflusst von den Versternungen des übernommenen hellenistischen Sternenhimmels – die Stummelhörner eines in den Himmel versetzten Sünders. Dabei kommen Elemente der Sage von Shunahshepa und dessen Himmelfahrt zum Vorschein, denn der nunmehrige Trishanku hat nicht nur mit derselben Sonnendynastie zu tun wie Shunahshepa bei seiner Himmelfahrt, es gibt auch Varianten, in denen die Legenden zu beiden sehr ähnlich angelegt sind.[165] Es sind aber auch Echos auf die Himmelfahrt des mesopotamischen Etana zu erkennen.

Die Legende von Trishankus Versternung wird in dem zwischen dem 4. Jahrhundert v. u. Z und dem 2. Jahrhundert n. u. Z. abgefassten *Ramayana* erzählt,[166] hier jedoch in einer modernen Nacherzählung wiedergeben.

DES DREIHÖRNIGEN HIMMELFAHRT

"Als Prinz hatte Satyavrata die Braut mitten aus ihrer Hochzeit entführt, was das Volk so zornig machte wie seinen Vater und seinen Lehrer, den Hohepriester Vasishtha – später einer der Sieben Seher in Ursa Maior –, die ihn deshalb des Reiches verwiesen. Während daraufhin das ganze Land neun Jahre lang von einer Hungersnot heimgesucht wurde, lebte Trishanku im Wald, wanderte ziellos umher und litt sehr. Eines Tages kam er zum Ashram Vishvamitras, der sich aber auf einer langen Pilgerreise befand, weshalb dessen Frau und Kinder dort sehr unter Hunger zu leiden hatten. Satyavrata hatte Mitleid mit ihnen und versorgte sie mit seiner Jagd täglich mit Fleisch.
Dabei aber erlegte er mit seinem Pfeil Vasishthas Lieblingskuh *Kamadhenu*, 'Die Wunscherfüllerin', welche die magische Gabe hatte, ihrem Besitzer jeden Wunsch zu erfüllen. Und er gab, als dritte Sünde, deren ungeweihtes Fleisch auch noch Vishvamitras Familie zu essen. Dessen Erzrivale Vasishtha wurde darüber so zornig, dass er Satyavrata als *Chandala*, 'Unantastbarer', verfluchte, der beim Ort der Leichenverbrennung mit der Asche der Toten besudelt wurde, niedere Dienste verrichten musste und dem er aufgrund seiner drei Sünden drei Hörner aus dem Kopf wachsen liess. Dieser drei hässlichen Stümpfe auf dem Kopf wegen nannten sie ihn ab nun *Tri-Shanku*: Drei-Hörniger.
Todunglücklich über all die erlittenen Schickalsschläge, hatte er nun nur noch einen Wunsch: Er wollte sterben und in den Himmel, seinen Körper jedoch behalten. Er wusste, das war ein ungewöhnlicher Wunsch; doch wenn einer die Macht hatte, dies zu erfüllen, dann der Hohepriester Vasishtha. Also wandte er sich wieder an ihn – doch der, abgestossen von Trishankus Hochmut, erwiderte: 'Das ist unmöglich. Kein Mensch kann jemals mit seinem sterblichen Körper in den Himmel gelangen. Ich kann deinen Wunsch nicht erfüllen!'
Da ging Trishanku zum Ashram Vishvamitras, Vasishthas Erzrivalen, zurück. Der war schockiert, jemanden so hässlich und schmutzig vor sich zu sehen; er konnte gar nicht glauben, dass der Prinz des Königreiches vor ihm stand. Trishanku erklärte ihm: 'Es war der Seher Vasishtha – unser königlicher Priester –, der für mein ganzes Unglück verantwortlich ist'. Sich an Trishankus Hilfe für seine Familie während der Hungersnot erinnernd, beschloss Vishvamitra ihm zu helfen.
Zuerst besuchten beide einen Tempel Shivas und nahmen dann ein heiliges Bad im nahe gelegenen Fluss; so erhielt Trishanka sein vorheriges Aussehen zurück und wurde wieder zu einem schönen jungen Mann. Doch obwohl er Vishvamitra für seinen Einsatz dankbar war, beharrte er darauf, dass er sterben und samt seiner sterblichen Hülle in den Himmel wolle. Da dies nur mit den heiligen Yadnya-Feuerriten möglich war, begann Vishvamitra sie zu zelebrieren. Am Ende jedes Yadnya erscheinen üblicherweise Götter an der Feuerstelle und nehmen Opfer – *Aahooti* – entgegen. Stattdessen jedoch versuchten die Götter Vishvamitra davon abzubringen, Trishanku in menschlicher Gestalt in den Himmel gelangen zu lassen. Vishvamitra aber hielt daran fest und begann schliesslich, mittels der spirituellen Macht, die ihm seine Askese und alle Bussen eingetragen hatten, Trishanku in den Himmel zu heben. Gerade als der dabei war, in den Himmel einzugehen, begann jedoch Indra – König der Götter – ihn mit aller Kraft wieder hinunterzudrücken. So begann Trishanku hinunterzufallen, mit dem Kopf nach unten, die Beine oben. Bevor er aber auf die Erde prallte, hob Vishvamitra ihn von Neuem an und hoch. So ging es eine Weile hin und her, hinauf und hinunter, und Trishanku schwebte im Raum – was heute sprichwörtlich für einen Zustand der Verwirrung steht, den man auch kurz *Trishanku* nennt. Doch so oder so wusste Vishvamitra, er würde nie den Kampf gegen Indra gewinnen, und liess ihn schliesslich wieder auf die Erde herabsinken.
Dennoch beharrte er weiter darauf, Trishanku samt seinem sterblichen Körper in den Himmel zu bringen. Dafür hatte er eine glänzende Idee – er hatte vor, ein ganz neues Universum zu erschaffen, um Trishanka damit in einen neuen Himmel zu setzen. Die Götter wussten, dass Vishvamitra sehr wohl dazu fähig war. Doch hätte er damit in die Pläne des göttlichen Brahma eingegriffen – und das machte ihnen Angst, weshalb sie

erneut auf Vishvamitra eindrangen, von seinem Vorhaben abzulassen. Doch Vishvamitra gab nicht nach. Zu guter Letzt versprachen der göttliche Brahma und Indra, Vishvamitra seinen Wunsch zu erfüllen – unter zwei Bedingungen: Vishvamitra würde niemals wieder einen Menschen in sterblicher Gestalt in den Himmel schicken, und er sollte die Idee aufgeben, einen neuen Kosmos zu erschaffen. Vishvamitra willigte in beides ein. Und so nahm der göttliche Brahma Trishanku samt seinem sterblichen Körper in den Himmel auf."[167]

IV DER MONDKREIS DER NAKSHATRA

Die ursprüngliche Bedeutung der Bezeichnung für Gestirn, Himmelskörper – *Nakshatra* – war *Nakt-kshatra*: 'Über die Nacht herrschend'.[168] Wie eine Hymne der *Avesta* zeigt, betete man die 'Herde' dieser Gestirne um Gunst an, um Gehör, Segen, Hilfe, Führung und Heilung, um Nahrung und Wohlstand, Freiheit, Sicherheit und Glück.[169]

Ihre 27 (später durch die Einfügung der ausserhalb ihres Himmelskreises liegenden Vega zu 28 systematisierten) Gestirne und Sternbilder werden heute als Mondstationen aufgefasst, die jeweils durch einen *Yogatara* – Verbindungsstern – voneinander abgegrenzt sind und meist einen bis vier Sterne umfassen. Die Abstände zwischen ihnen sind unregelmässig: Sechs Nakshatra umspannen 20°, sechs 6.5° und fünfzehn 13.5°; aber auch der Einschub einer 28. Station hat die Abstände nicht wesentlich regelmässiger gemacht. Man kompensierte dies, indem man die 'Gültigkeit' der Nakshatra variierte: Eines galt, wenn der Vollmond in seiner Mitte stand, ein anderes schon, wenn er nur dessen Rand erreichte.[170]

Die Nakshatra galten als 27 Frauen des Mondgottes, der ihnen der Reihe nach Besuch abstattet. Er wurde dann als Götterbote und himmlischer Musiker – *Gandharva* – gesehen und seine Frauen als *Bekhuri* – Lichtmacherinnen – denn "die Nakshatra machen Licht". Sie sind "Götterfrauen mit unbeschnittenen Schwingen", denen der Mond als "König Soma beiwohnt, weil er samenhaltend ist".[171]

Trotz dieser sexuellen Personifizierung der Konjunktion von Vollmond und Gestirn haben nicht wenige Nakshatra ihr ursprüngliches männliches oder neutrales Geschlecht beibehalten. Die Mondstationen mit den männlichen Namen erhielten dann einen Sonderstatus: Gewisse Zeremonien des häuslichen Lebens hatten sich nach der Verbindung des Mondes mit ihnen zu richten. Das um 400 v. u. Z. aufgezeichnete *Taittiriya Bhramana* zählt deshalb auf, was beim Aufgang eines jeweiligen Nakshatra oberhalb und was unterhalb von ihnen beeinflusst und damit astrologisch bedeutsam wird.

SCH 151–153, P 199, W, N|V

Die folgende Liste der 27 Nakshatra basiert auf Identifikationen, die im *Mahabhaskariya* um 630 u. Z. aufgestellt wurden und von LI|M sowie zuletzt N|V neu vermessen wurden. Wie PI|M zeigen, gab es keine überzeitlich fixierte Liste von Yogataras, sondern je nach astronomischem Werk unterschiedliche Identifikationen, die sicherlich auch von lokalen – für Nord- wie Südindien gültigen – Unterschieden bestimmt wurden. Die Liste der Nakshatra im *Mahabhaskariya* ist jedoch noch am besten zu identifizieren und stimmt dazu noch weitgehend mit der Liste der arabischen Mondstationen überein, die in dieser Zeit aus Indien übernommen wurden. Damals begann das Jahr aufgrund der Präzession mit dem Mond in den Ashvin; wir lassen es hier jedoch, wie zuvor üblich, wieder mit den Plejaden ansetzen.

In späterer Zeit wurden die ursprünglichen Bilder, da wo ihre Bedeutung verloren gegangen war, neu überzeichnet und unter dem Einfluss des im Hellenismus übernommenen Tierkreises auch Sternbilder eingeführt, wo es zuvor offenbar keine gegeben hatte oder sie nicht länger überliefert wurden. Das geschah zuerst unter dem Jainismus und danach erneut unter dem Einfluss der hinduistischen Astrologie. Diese Neudeutungen werden hier nach KI VIII und K 138–139 jeweils am Ende eines Nakshatra in Klammern angeführt.

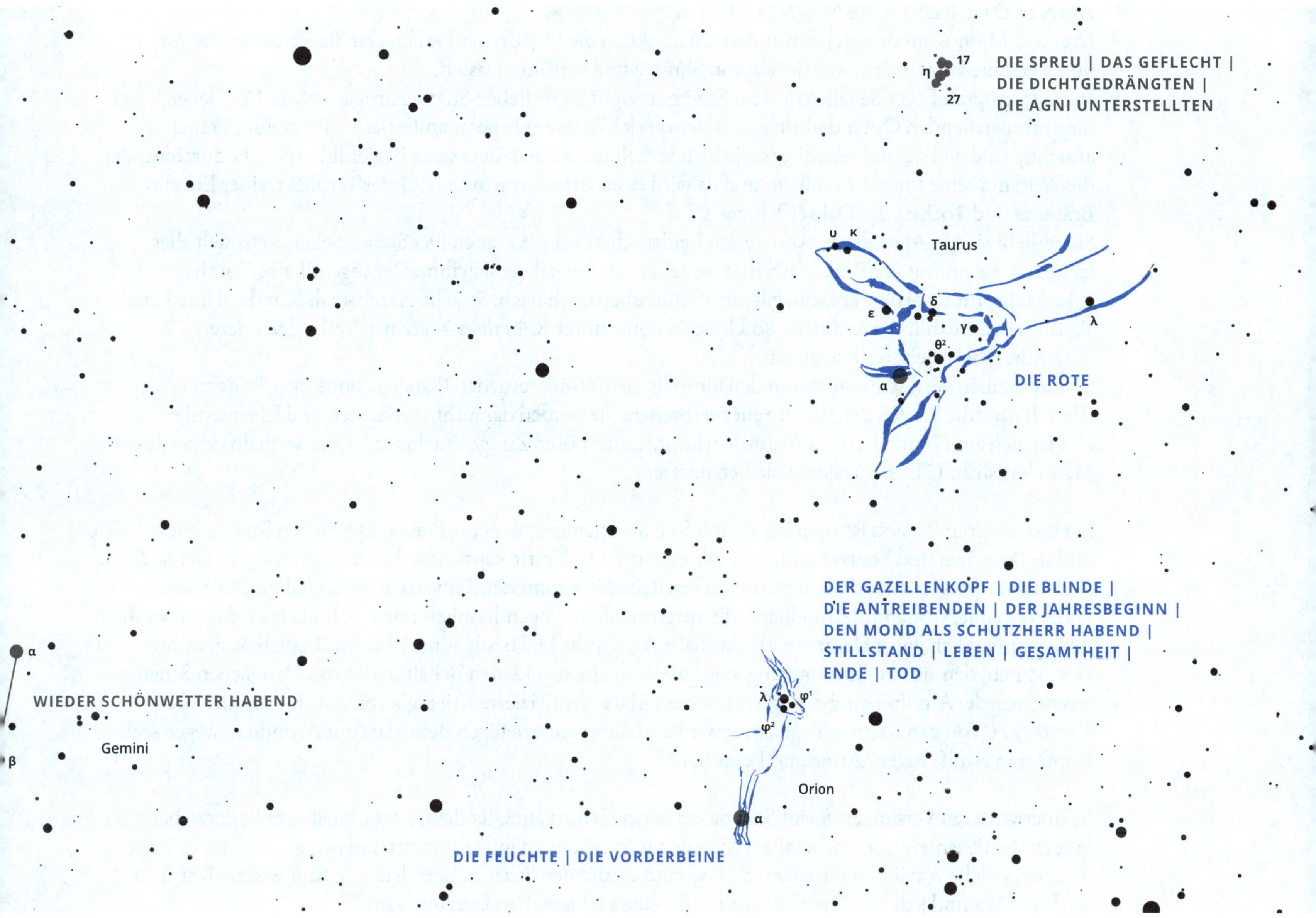

1. Plejaden

KRITTIKAH – DIE SPREU | DAS GEFLECHT

SCH 141

BAHULAH – DIE DICHTGEDRÄNGTEN

SCH 141

Der Name im Feminimum Plural lässt sich sowohl von 'Häutchen, Hülsen' als Spreu herleiten als auch von dem Vergleich mit einer Matte als 'die ein Geflecht Bildenden, einem Geflecht Gleichenden'. Ein agrarischer Bezug zur Saat ist insofern gegeben, als geröstete Körner als Symbol der Sterne gelten.

Jeder der sieben Sterne der Plejaden trägt einen Namen: die ersten drei – Abhrayanti, Megayanti, Varshayanti – beziehen sich auf unterschiedliche Regen; der vierte Name – *Amba*, 'Mutter' – lässt sich mythologisch gleichfalls mit Wasser in Verbindung bringen; der fünfte – *Dula*, 'Schaukelnd' – vielleicht ebenso; und *Nitatni* bedeutet 'herabtreibende Wolken'. Nur der siebte Name – Cupunika – ist dunkel.[172]

AGNEYA – DIE AGNI UNTERSTELLTEN

SCH 141

Die Plejaden waren dem Mythos zufolge ursprünglich sechs Frauen der Sieben Seher in Ursa Maior. Die Rätselhymne des *Rigveda* bringt dies wortspielerisch zum Ausdruck, indem Stern – *Ster* – ähnlich klingt wie Frau – *Steri*: "die Kritikkah sind Frauen. Dennoch spricht man von ihnen als Männer; wer jedoch Augen hat, der sehe – nur Blinde können nichts unterscheiden".[173]

Die Regentschaft des Feuergottes Agni über dieses Sternbild dagegen wird deutlich, indem eine Gruppe von sieben, für Feueraltäre verwendete Ziegelsteine – 'Genossen' genannt – mit diesem Sternbild verbunden werden.[174]

Oberhalb seiner beeinflusst dieser Sternhaufen das Licht, unterhalb den Brahma-Glanz; er bringt reichlich Nahrung.[175]

Spätere Bilder: erst Barbiertasche, dann Klinge

AGNI, DIE PLEJADEN UND MARS

In einem Mythos aus dem 7. Jahrhundert v. u. Z. gelten die Plejaden als Frauen Der Sieben Seher, die von ihnen geschieden wurden, weil sie sich von Shiva hatten verführen lassen.
In einer späteren Legende fallen sie dem Feuergott Agni im rötlichen Stern ι Aurigae auf, als Die Sieben Seher die ihm zustehenden Opfer darbringen. Indem er sich in ihrem Feuer manifestiert, wird er ihrer Frauen ansichtig und will sie besitzen; da er sie jedoch verheiratet weiss, hält er seine Begierde zurück. Er durchwandert die Welt, um seine Lust abzukühlen: und da wird er seinerseits von Svaha ('Opfer') erblickt, einer Enkelin Brahmas und Tochter des Daksa ('Kluger').
Sie verliebt sich in Agni, erfährt von dessen Leidenschaft für die Frauen Der Sieben Seher, weiss sich aber zu helfen: Sie nimmt der Reihe nach ihre Gestalten an und nähert sich ihm. Der tugendhafte Gott hält sich jedes Mal zurück, solange er kann, gibt aber schliesslich doch nach. So geht es sechsmal. Nur die siebte Frau, Vasishthas Gemahlin Arundhati – 80 Ursae Maioris, unser Reiterlein –, vermag Svaha dank deren Tugendreinheit nicht nachzuahmen.
Svahas Treiben wird schliesslich von den himmlischen Wanderern, den Planeten, entdeckt, die dann bösen Klatsch über die Frauen der Sieben Seher verbreiten. Sie werden daraufhin verstossen und leben seitdem als Plejaden am Himmel. Allein Arundhati konnten die bösen Zungen nichts anhaben, weshalb sie bei ihrem Mann Vasishtha (ζ Ursae Maioris) bleiben durfte.

In einer anderen Version ist Agni bereits mit Svaha verheiratet, als er die Frauen Der Sieben Seher erblickt und sie besuchen und besitzen will. Dank ihrer göttlichen Kräfte kann diese Tochter des 'Klugen' Daksa die Gedanken Agnis lesen und tut alles, dies zu vereiteln. Sie nimmt der Reihe nach die Gestalten Der Sechs Frauen an, mit Ausnahme Arundhatis, die aufgrund ihrer Tugendreinheit unnachahmlich ist, dabei aber für Agni empfänglich wird: Denn es heisst, sie habe Agni sechs Mal besucht und ihm schliesslich beigewohnt. Den Samen, den sie von ihm empfing, den gab sie in einen goldenen Behälter, der von Den Sieben Sehern verehrt wurde: Aus ihm ging der später mit dem Mars identifizierte Kriegsgott Skanda hervor, der auch *Kartikeya* ('Von den Krittikah') genannt wird und dieses sechsmaligen Beischlafs mit Arundhati wegen sechs Köpfe und zwölf Augen, Arme und Beine hat.[176]

In einer weiteren Version erscheint Skanda bei seiner Geburt am Ufer des Ganges, wo ihn sechs der sieben Frauen der Plejaden auflesen. Sie alle wollen sich mütterlich um ihn kümmern und geraten deshalb in Streit darüber, welche von ihnen ihn stillen darf: worauf er, um den Streit zu beenden, sich fünf weitere Köpfe wachsen lässt und jede von ihnen die Amme für einen seiner Charakterzüge wird.[177]
Unter dem Einfluss der mesopotamischen Sternbilder wurde Skanda zuletzt mit dem Orion identifiziert; er reitet deshalb auch auf einem rotkammigen Hahn, der dem Botengott des Hahns in Lepus unterhalb von Anus Wahrem Hirten entspricht. Er stösst dann seinen Speer in den mythischen Weissen Berg, dessen Gipfel absplittert und zur Milchstrasse wird.[178]

2. um α Tauri

ROHINI – DIE ROTE (5 Sterne)[179]

Volksetymologisch wurde der Name auf ein Gazellenweibchen (*Rohit-, Rohi*) bezogen, daher die Versternungssage, dass der Schöpfergott Prajapati oder Brahman in Gestalt eines Gazellenbocks seine in eine Ricke verwandelte Tochter über den Himmel verfolgte, worauf beide als Nakshatra namens *Margashiras* und *Rohini* in den Himmel versetzt wurden.

SCH 154

Der dahintersteckende Mythos erklärt in einer Version den Grund für Sonnenfinsternisse, der in den Sternbildern um Rohini zu suchen ist. Darin stellt der mit Prajapati identifizierte Sonnengott seiner Tochter Ushas nach, der göttlichen Morgendämmerung, einer lächelnden jungen Frau, die als Freund der Menschen gilt, jedes ihrer Häuser besucht und Reichtum bringt (wer ihre Mutter ist, wird nicht erwähnt). Die Götter sind über dieses inzestuöse Verlangen so entsetzt, dass sie nun statt des Eklipsendämons Svarbhanu den Windgott Rudra bitten, einzuschreiten – während Ushas zugleich Prajapati von sich abzuhalten versucht, indem sie beständig ihre Gestalt wechselt. Jedes Mal verwandelt Prajapati sich in die männliche Entsprechung dazu: zuletzt in die eines Gazellenbocks.[180]

DIE LEGENDEN UM ROHINI

Das *Aitareya Brahmana* vom Anfang des 1. Jahrtausends v. u. Z. führt zur Legende um Rohini Folgendes an: "Prajapati stellte seiner eigenen Tochter nach: einige sagen, dem Himmel, andere, der Morgenröte. Nachdem sie sich in eine Ricke verwandelte, besprang er sie als Gazellenbock. Erzürnt über diesen Frevel, suchten die Götter ihn zu bestrafen, und da sie sich einzeln dazu nicht fähig sahen, taten sie alle ihre schrecklichen Kräfte zusammen. Daraus entstand 'Jener Gott' [des Sturmwindes, 'Der Jäger' Rudra, den man nicht beim Namen zu nennen wagt].
Von den Göttern aufgefordert, stellte der die Bedingung, dass er dafür die Herrschaft über das Vieh erhalte. Dann legte er auf den Prajapati an und traf ihn, worauf der in die Höhe schnellte und zu dem Gestirn [um λ Orionis] wurde, das man *Gazellenkopf* [λ und φ^{1+2} Orionis] nennt. Der Jäger selbst wurde zum Gazellenjäger [Sirius], das Gazellenweibchen zu Rohini und der dreiteilige Pfeil zu Ishus Trikanda [δεζ Orionis]. Wobei andere Versionen hinzufügen, dass Prajapati, als die Götter ihn mit Dem Dreiteiligen Pfeil schiessen liessen, seinen Kopf und Leib zurückliess."[181]

In einer späteren, von den mesopotamischen Sternbildern beeinflussten Identifizierung, wird diese Geschichte abgebildet, indem Taurus die Hörner Prajapatis darstellt, die Ricke sich in Capricornus wiederfindet und Rudra im Orion – oder aber die Ricke in Taurus, Rudra in Sirius und der Prajapati im Orion, vom Pfeil der Gürtelsterne getroffen.[182]

Kanonisch geworden ist allerdings die in den *Brahmanas* verbreitete Legende, in welcher der Schöpfergott Prajapati seine Töchter, die Nakshatra, dem Mond – König Soma – zu Gemahlinnen gibt: "Prajapati gab dem König Soma seine Töchter, die Nachtherrscherinnen, zur Frau. Der aber wohnte nur Rohini bei. Die anderen, zu denen er nicht ging, kehrten daher wieder zu ihrem Vater zurück: Deshalb geht eine Frau, deren Mann nicht mit ihr schläft, wieder zurück nach Hause. Der Mond ging ihnen nach und bat erneut bei ihrem Vater um sie. Der aber wollte sie ihm nicht mehr geben. Als er nochmals um ihre Hand anhielt, meinte Prajapati: 'Ich will sie dir nur geben, wenn du schwörst, ab jetzt gleichmässig mit allen zu schlafen'. Er aber wohnte wieder nur Rohini bei. Weil er sich nicht daran gehalten hatte, ergriff ihn nun die Abzehrung. König Soma ist nämlich der Mond. Die Schwindsucht, die den König befiel, ist der Ursprung der 'Königs-Abzehrung' genannten Krankheit. Er trocknete ein wie ein Blatt. Da flehte er Prajapati an, der darauf erwiderte: 'Richte es ab nun so ein, dass du regelmässig allen beischläfst, dann will ich dich davon erlösen'."[183]

Von Rohini ist auch als "der Ersten der Sterne" oder als Frau Rohitas, der roten Morgensonne, die Rede. Zusammen mit der Sonderstellung Rohinis als Lieblingsfrau des Mondes legt dies nahe, dass das Jahr ursprünglich mit dem heliakischen Aufgang des Aldebaran zum Frühlingsäquinoktium begonnen haben könnte: was ab 3054 zuträfe.[184]

Rohini beeinflusst das Wasser über ihr und die Kräuter unter ihr; man wird durch diesen Stern reich an Nachkommenschaft und Vieh, alles gedeiht besser und man wird mit dem, was man lieb hat, vereint; sie eignet sich zudem gut für Ackerbauarbeiten und zur Hochzeit.[185]

Spätere Bilder: erst Wagenaufsatz; dann Wagen

3. λ und φ^{1+2} Orionis

MARGASHIRAS – DER GAZELLENKOPF (3 Sterne)[186]
ANDAKHA – DIE BLINDE
INVAKAH – DIE ANTREIBENDEN
ARGA-HAYANI – DER JAHRESBEGINN
SOMA DAIVATA – DEN MOND ALS SCHUTZHERR HABEND
SAMTHANA – STILLSTAND | LEBEN | GESAMTHEIT | ENDE | TOD

SCH 155

Der Gazellenkopf bezieht sich auf die Sagen um Rohini, während der Name 'Die Blinde' sich auf diese lichtschwachen Sterne im Kopf des Orion bezieht. Als 'Antreibende' markiert das Gestirn hingegen den Anfang des nun voranschreitenden Jahres und sendet Wolken. Es ist dem Mondgott Soma unterstellt, während es im Jainismus dann für eine Form der Vollendung steht.[187]

Oben wird alles Ausgespannte beeinflusst, darunter alles Webende; man erlangt in diesem Nakshatra leichter Heil und Herrschaft über Gleichstehende und die Heiraten verlaufen günstig.[188]

Spätere Bilder: Gazellenkopf

4. α Orionis

ARDRA – DIE FEUCHTE (1 Stern)[189]
BAHU – DIE VORDERBEINE

SCH 155

Die Vorderbeine gehören zum Schöpfergott Prajapati, der nach dem Pfeilschuss des Sirius seine Gestalt als Gazellenbock am Himmel zurücklassen musste. Die Feuchte ist wohl ursprünglich astrometeorologisch zu verstehen, indem der Wettergott Rudra als Regent des Sternbildes gilt.[190]

Beeinflusst wird von seinem morgendlichen Aufgang der darüber liegende Jäger im Sirius und darunter jeder Zielschuss; man wird reich an Vieh.[191]

Spätere Bilder: erst Blutstropfen; dann Edelstein

5. αβ Geminorum

PUNARVASU – WIEDER SCHÖNWETTER HABEND (2 Sterne)[192]

SCH 149

Der Name bezieht sich auf die beiden Wolkengestirne zuvor; unterstellt ist dieses aus unserem Castor und Pollux bestehende Gestirn der kosmischen Göttin Aditi, der Grenzenlosen. Als Beinamen Vishnus und Shivas wurde *Punarvasu* auch als 'Güter Zurückerstattend' gedeutet. Dies geht aus dem Beginn einer Hymne des *Rigveda* hervor, in der die Kühe zurück nach Haus gerufen werden: "Kehrt zurück; lauft nicht weiter. Leistet uns Gesellschaft, o Agni und Soma, ihr Reichen, die ihr Güter zurückerstattet: Haltet unseren Besitz für uns fest."[193]

Eine Legende gibt an, dass die Erde kahl und ohne Haare gewesen sei, weshalb sie sich wünschte, mit Kräutern und Blumen bedeckt zu werden. Dank Opfern an Aditi und die Punarvasu wurde ihr dieser Wunsch erfüllt.[194]

Die beiden Sterne der Wieder Schönwetter Habenden beeinflussen oberhalb ihrer den Wind, darunter alles Feuchte; ist es einem vorher schlecht ergangen, wird man nun wieder glücklich; sie versprechen reiche Nachkommenschaft und Vieh.[195]

Spätere Bilder: Waage oder Haus

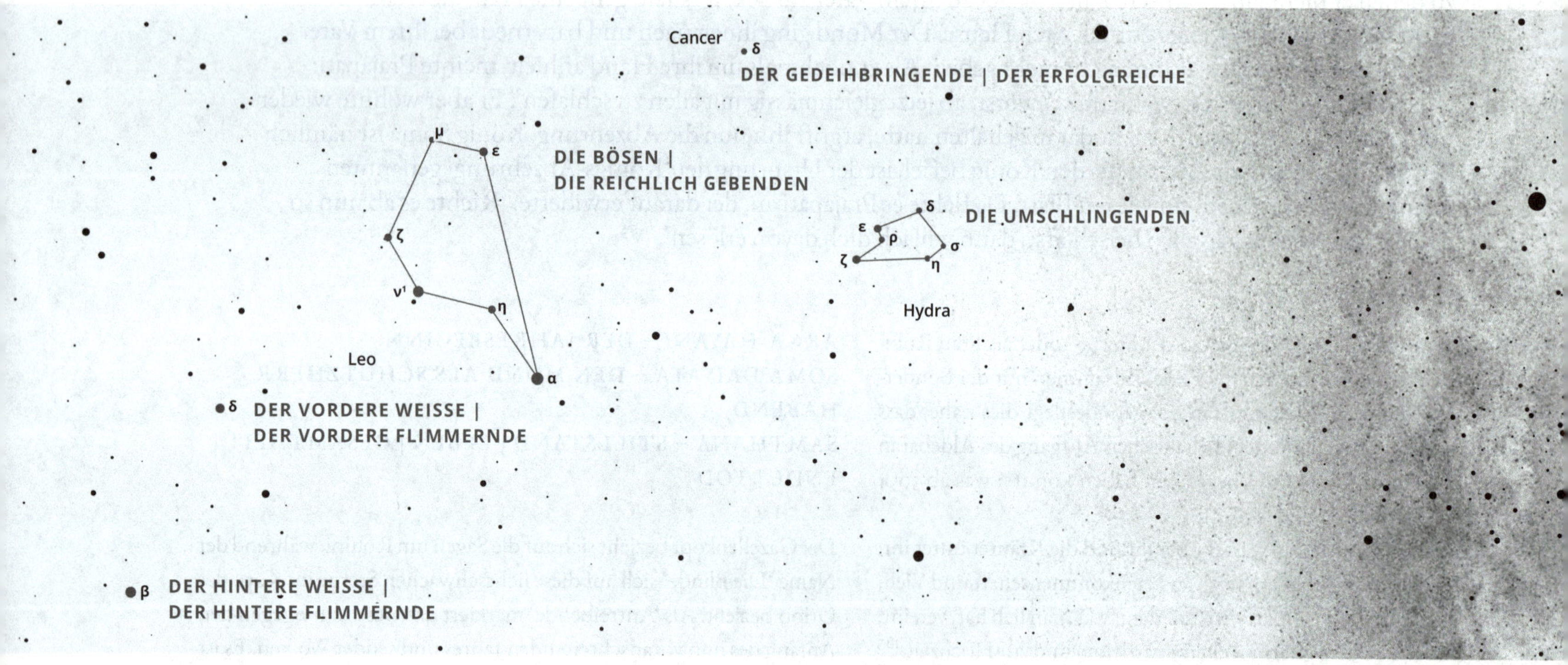

6. δ Cancri

N|V

PUSHYA – DER GEDEIHBRINGENDE (1 Stern)[196]
SIDHYA – DER ERFOLGREICHE

Der ursprüngliche Name des Gestirns war *Tishya*. Das Gestirn gilt als heilvoll und untersteht dem auch *Guru* genannten Brihaspati, einer mit Feuer assoziierten Gottheit, die zu den die Götter beratenden Sehern gezählt wird und in späteren Texten den Planeten Jupiter bezeichnet.[197]

Das Gestirn beeinflusst Opfervollziehende oben und Opferdarbringende oben; es begünstigt Empfängniszeremonien und bringt Regen.[198]

Spätere Bilder: Vardhamanaka, das bedeutet ein das Wachstum beförderndes Amulett für Kinder; dann Pfeil

7. εδσηρζ Hydrae

N|V,

ASHLESAH – DIE UMSCHLINGENDEN (6 Sterne)[199]

Später wurde dieses für die Gruppierung unter dem Einfluss Mesopotamiens zu einer Schlange umgedeutet und dem Schlangengott Sarpa unterstellt.[200]

Dieses Nakshatra beeinflusst Herbeikommende oben, Herbeitanzende unten; man lockt mit ihm den hassenden Feind herbei und aus seinem Versteck, und es bringt viel Regen.[201]

Spätere Bilder: erst Fahne; dann Rad

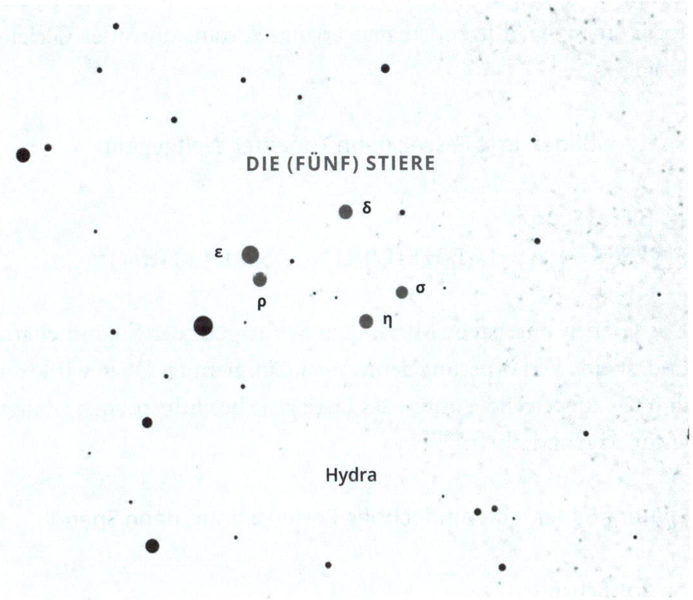

UKSHAN? – DIE (FÜNF) STIERE

Im *Rigveda* ist einmal von "fünf Stieren, die dort in der Mitte des Himmels stehen" die Rede; sie wenden sich da "zurück nach Hause, einem gemeinsamen Ende zu".[202] Das müsste sich auf ein Sternbild beziehen, das allerdings nicht identifiziert ist.

Ukshan ist auch ein Beiname der Maruts, die Sturmgötter, die Regen bringen und damit die Erde besamen wie Stiere:[203] womit wenigstens zeitlich eine Himmelsregion bestimmt wäre. *Uksh-* ist sprachlich mit Wurzeln in Verbindung zu bringen, die mit 'spritzen' und 'wachsen' zu tun haben.[204] Die Fünfzahl und die Regensymbolik könnte Die Stiere mit den fünf Sternen Der Umschlingenden zusammenbringen.

8. αηγ'ζμε Leonis

AGHAH – DIE BÖSEN (6 Sterne)[205]

MAGHAH – DIE REICHLICH GEBENDEN

SCH 151 und 156

Dieses Nakshatra untersteht den Totengeistern der Pitris. In einer Hymne des *Rigveda*, welche die Hochzeit der Sonnentochter mit dem Mond zum Vorbild aller irdischen Hochzeiten erhebt, werden unter diesem Sternzeichen Rinder geschlachtet[206] und eine Braut sodann mit dem Segen der nächsten zwei Nakshatra zur Ehe geführt.

Das Gestirn *Aghah* euphemistisch in die lautlich nahen *Maghah* umzubenennen hatte apotropäische Funktion. Statt Bösem beeinflusste es dann Verwandte oben im Himmel, unten den Verfall des Leibes; man gewann durch es Wohlfahrt in der Welt der Totengeister – zudem eignete es sich zum Schlachten der Kühe beim Brautzug.[207]

Spätere Bilder: durchbrochene Umfassungsmauer; dann Haus

9. δ Leonis

PURVA ARJUNAU – DER VORDERE WEISSE

PURVA PHALGUNI – DER VORDERE FLIMMERNDE

10. β Leonis

UTTARAH ARJUNAU –
DER HINTERE WEISSE

UTTARAH PHALGUNI –
DER HINTERE FLIMMERNDE

SCH 151 und 156

Der vordere Stern untersteht Aryaman, dem Gott der Bräuche und Sitten. Der hintere wird seines Schutzgottes Bhaga wegen auch BHAGA DAIVATA genannt. Bagha ist der Bruder Arayamans; beide sind Schirmherren erfolgreicher Ehen.[208]

Der vordere Stern beeinflusst die Gattin oben, den Stier unten, der hintere die Brautgeleite oben wie unten. Man erlangt unter ihnen Gemeinschaft mit Indra; Opfer gehen glücklich vonstatten – man wird glücklich und die Leute werden freigiebig; sie begünstigen Hochzeiten, den Umzug der Braut und das Pflügen des Feldes, und man wird dank ihrer reich an Vieh.[209]

Spätere Bilder für beide: Bett, auch schon im Jainismus

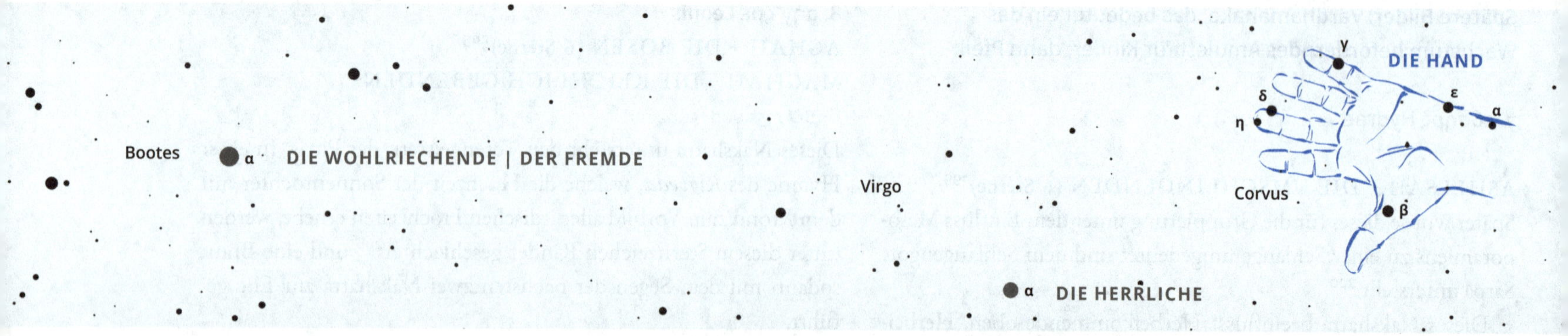

11. Corvus

HASTA – DIE HAND (5 Sterne)[210]

Die Sterne von Corvus unterstehen dem 'Beleber' Savitar, dem Gott der Sonne vor ihrem Aufgang. Oberhalb beeinflussen sie die Auspressung, den Antrieb zu Geschäften, unterhalb die Spende: Dem Wünschenden wird gegeben. Man gewinnt an Glaubwürdigkeit bei den Menschen und treibt alle an, die einem gleichstehen.[211]

Das Bild bleibt im Jainismus und später gleich.

12. α Virginis

CITRA – DIE HERRLICHE (1 Stern)[212]

SCH 156

Als Gottheit der 'Hellen, Lichten' verkörpert dieser helle Stern den mächtigen Wetter- und Kriegsgott Indra oder den Weltbaumeister Tvastar, den Schöpfer von Lebewesen und Dingen.

Der Stern beeinflusst das Zutreffende oben, das Wahre unten. Man übersieht seine Feinde, sollte aber Hochzeiten meiden.[213]

Spätere Bilder: aufgeblühte Blume; Perle

13. α Bootis[214]

SVATI – DIE WOHLRIECHENDE (1 Stern)[215]

NISHTYA – DER FREMDE

SCH 157

Svati hiess eine der Frauen des Sonnengottes, deren Namen sich vielleicht von 'wohlriechend' ableitet. Regent des Sterns ist *Vayu*, 'die Luft'. Diesen ursprünglich als schön, schnell und 'Träger der Düfte' geltenden Windgott stiftete man einst dazu an, den Gipfel des Weltberges Meru zu zerstören, der daraufhin ins Meer stürzte und zu Ceylon wurde. Er gilt daher später als destruktiv und unberechenbar und in der nordwestlichsten Ecke der Welt wohnend; vielleicht rührt daher auch sein Ruf als 'Auswärtiger, ausserhalb der Kasten Stehender'.[216]

Der Stern beeinflusst oberhalb Schlingpflanzen, unterhalb die Nichtvollendung. Man erlangt, dem Wind gleich, freie Bewegung in den Welten und findet leichter einen Mann für seine Tochter.[217]

Spätere Bilder: Keil; dann Korallenkugel oder Perle

14. (α) σ und ι Librae

VISHAKE – DIE ZWEIZINKIGE (2 Sterne)[218]

SCH 157

Regent dieser astralen Gabelform ist Indragni, in dem sich die Mächte Indras und Agnis vereinen. Oben beeinflusst dieses Gestirn das Joch, unten die Pflügenden; man erlangt Vorrang unter den Gleichrangigen.[219]

Spätere Bilder: erst Fessel; dann Tor einer Weltgegend

15. β^1δπρ Scorpii

ANURADHA – DIE HEILBRINGENDE (4 Sterne)[220]

SCH 157

Das Gestirn untersteht Mitra, dem Schutzgeist der Freundschaft, und ist eine Verkörperung der Morgendämmerung. Oben wird von ihm das Ansteigende, unten das Erstiegene beeinflusst; man erlangt leichter Freundschaft.[221]

Spätere Bilder: erst einflechtige Perlenschnur; dann Spende

16. αστ Scorpii

JYESTHA – DIE ÄLTESTE | DIE LIEBLINGSFRAU | DAS PERSONFIZIERTE UNGLÜCK (3 Sterne)[222]

JYESTHAGNI – DIE ERSTGEBORENENTÖTERIN

ROHINI – DIE ROTE

SCH 157

Der ersten Rohini in α Tauri am Himmel genau gegenüberliegend, markiert dieses als zweite Lieblingsfrau König Somas – des Mondes – geltende Nakshatra die zweite Jahreshälfte. Dies entspricht den meisten Sternenhimmelkulturen, in denen Plejaden und Scorpius das Jahr in zwei gleiche Hälften teilen. Dieselbe Funktion erfüllt auf Tahiti und Neuseeland der Stern Rehua, der sowohl mit α Scorpii als auch mit Sirius identifiziert wird; da in den dortigen Kosmogonien viele Parallelen zu indischen Weltschöpfungsmythen erkennbar sind, lässt dies einen gemeinsamen Ursprung der Namen *Rehua* und *Rohini* möglich erscheinen.

Regent des auch σ und τ umfassenden Sternbildes ist Indra. Die Bedeutungen von *Jyestha* werden in den Quellen unterschiedlich glossiert, sind aber jedes Mal mit der Legende um Rohini und den Mond abzugleichen, dem seine Liebe zu ihr das Unheil der Schwindsucht einträgt.[223]

Der Name 'Erstgeborenentöterin' bezieht sich auf die Legende von Shunahshepa. Deren Rezitation war integraler Bestandteil einer Königsweihe, bei der ein besonderes Gewand angelegt und eine symbolische Himmelfahrt vollzogen wurde. Den König dieser Legende namens 'Gelber Mond' befällt – wie bei der Legende um den Mond und Rohini – ebenfalls die Schwindsucht.[224]

Das Gestirn beeinflusst Zerreissendes oben, 'Gegenreissendes' unten. Man erlangt Oberhoheit und es eignet sich zum Anschirren des Pfluges; unter ihm stattfindende Geburten verheissen jedoch Unglück.[225]

Spätere Bilder: erst Elephantenzahn; dann Ring

17. υλ Scorpii[226]

VISHRITAU – DIE BEIDEN LÖSENDEN (2 Sterne)[227]
MULA(VARHANI) –
DIE WURZEL(HERAUSREISSENDE)

SCH 157 und W 37

In den *Veden* werden diese beiden Sterne angesprochen: "Aufgegangen sind die zwei gesegneten Sterne, die man *Vishritau* nennt. Lass sie die Krankheit lösen, die unterste und die oberste Fessel."[228]

Oben wird Zerbrechendes, unten 'Gegenreissendes' befördert. Unter den zwei Sternen stattfindende unglückliche Geburten vermögen jedoch auch aus Banden zu lösen: Man erlangt dadurch Wurzeln, eine Nachkommenschaft.[229]

Spätere Bilder: erst Skorpion,
dann der Schritt eines zornigen Löwen

18. δγεη Sagittarii

PURVAH ASADHAH –
DIE VORDEREN UNBESIEGBAREN (4 Sterne)[230]

Spätere Bilder: schreitender Elefant; dann Lager

19. τφζσ Sagittarii

UTTARAH ASADHAH –
DIE HINTEREN UNBESIEGBAREN (4 Sterne)[231]

Regenten des zweigeteilten Nakshatra sind die Wassergöttin Apas und die *Vishve Devas*, die vollständige Versammlung aller vedischen Götter. Die vorderen Unbesiegbaren sollen Nahrung gewähren, die hinteren Stärke und Tatkraft.

Oben wird von diesen Sternen die Siegeskraft, unten das Ersiegte beeinflusst – sodass man leichter siegt, während die vorderen Unbesiegbaren unten zudem das Zusammentreffen erleichtern und sich für Hochzeiten eignen.

Um die Zahl der 27 Nakshatra auf 28 zu erhöhen, wurde nachträglich die ausserhalb der Bahn liegende Vega als *Abhijiit* – Der Siegreiche – eingeschoben und unter die Regentschaft Brahmans gestellt.

SCH 157 18, 118, S | S 110, W 374 und 389

Spätere Bilder: erst liegender Löwe; dann Elefant

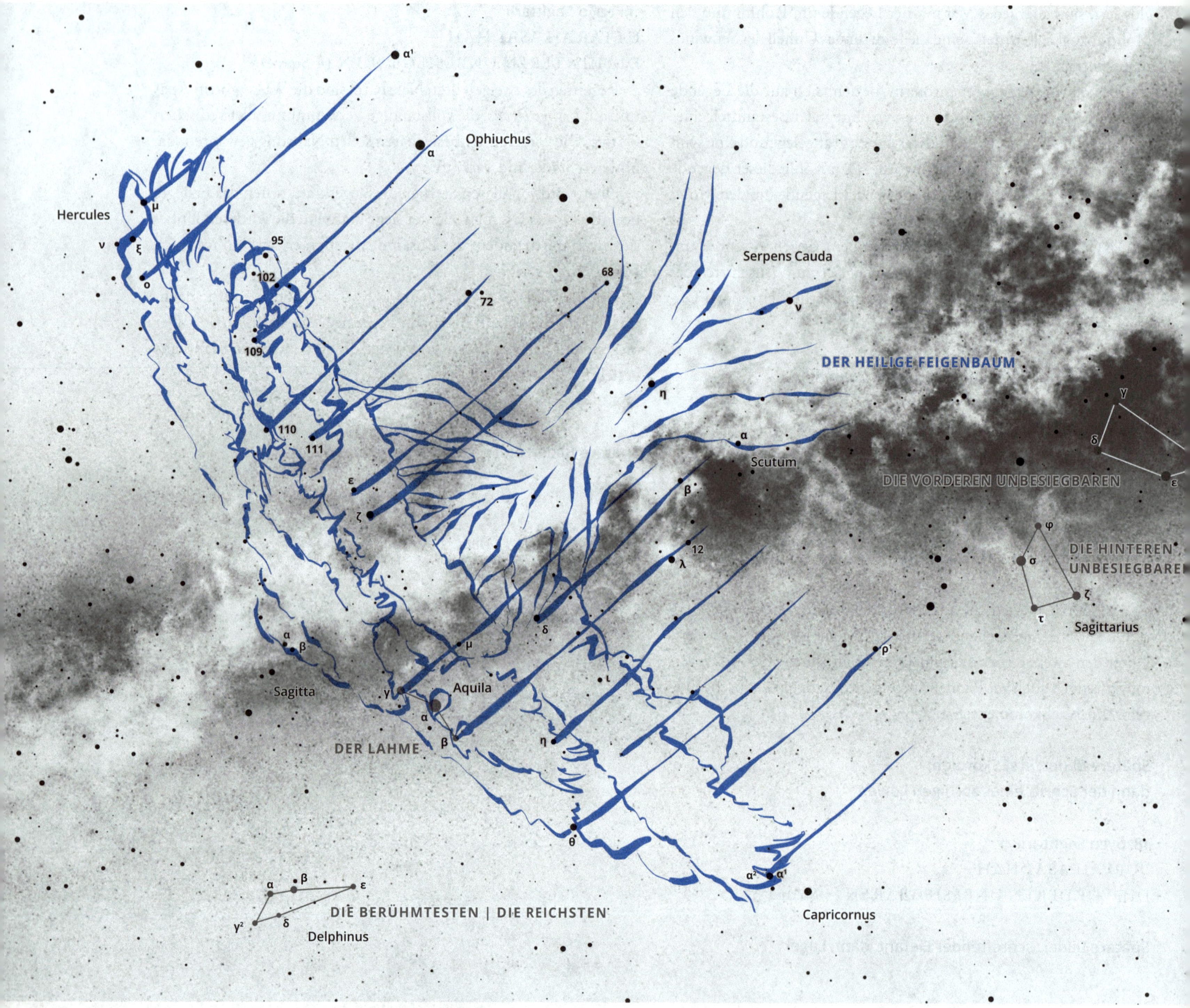

20. αβγ Aquilae

SHRAVANA – DER LAHME (3 Sterne)[232]

ASHVATTHA – DER HEILIGE FEIGENBAUM

(mit umliegenden Sternen)

Shravana benennt ein männliches lahmes Tier, aller Wahrscheinlichkeit ursprünglich ein Pferd, das jedoch auch als hinkende und verkrüppelte Kuh gedeutet wurde. Regent des β und γ umfassenden Gestirns ist der oft als Zwerg erscheinende Vishnu. Die volksetymologische Verbindung mit dem gleichlautenden *Shravana* – Hören, Lernen, Studium – hat zu der Ansicht geführt, dass mit diesem Nakshatra das Vedastudium einsetzen sollte.

Ashvatta, der Name des *Ficus religiosa*, bedeutet wörtlich 'Worunter Pferde stehen'; es ist dies einer der vier heiligen Bäume, die in jeder Himmelsrichtung auf einem Berg aufragen und den Himmel tragen. Unter seinem Schatten erfuhr der Buddha Erleuchtung, weshalb die Pappelfeige auch 'Buddhabaum' genannt wird.

Mit der Pappelfeige wird das Gestirn wohl deshalb verbunden, weil die Fruchtzeit des Baumes in den regenzeitlichen Monat fällt, der von diesem Nakshatra markiert wird. Von ihm wird oben das Fragende befördert, unten der erfragte Weg. Man erlangt durch das Gestirn einen reinen Ruf; es eignet sich zur Schwangerschaftszeremonie, zum Beginn des Vedastudiums und zum Regenzeitopfer.

SCH 158, W 375, 325, 389 und P1 65

Der Asvattha ist der Lebensbaum, der von dem kosmischen Gott Varuna gehalten wird. Er wurzelt in der Unterwelt, wo er aus einem Topf voller *Amrita* – dem Nektar der Unsterblichkeit – emporwächst, und stellte früher einmal die Weltachse dar. Da sich nachts die Welt verkehrt und die Unterwelt als Nachthimmel sichtbar wird, zeigen dann – wie es in mehrere Beschreibungen heisst – "seine Wurzeln nach oben und seine Äste nach unten: In ihnen ruht die ganze Welt".[233]

Anschaulich wird der Stamm dieses Baums in der Dunkelstelle der Milchstrasse bei Aquila, die bis Serpens Cauda und Scutum reicht. Die Krone erstreckt sich dann von 95 Herculi über Sagitta bis α Capricorni; Garuda sitzt daneben als Wächter. Somit steht dieser Weltenbaum, den Textquellen entsprechend, nachts auf dem Kopf.

Spätere Bilder: erst Tragholz mit Eimern; dann drei Fusstapfen

21. βαγδε Delphini

SHRAVISTHA – DIE BERÜHMTESTEN (5 Sterne)[234]
DHANISTHA – DIE REICHSTEN

SCH 158

Das Gestirn untersteht den acht Vasus, welche die vier Elemente sowie Sonne, Mond, Sterne und Himmel verkörpern. Oben wird Gewesenes, unten vorhandene Macht beeinflusst; man gewinnt mit seiner Hilfe an gesellschaftlichem Rang.[235]

Spätere Bilder: erst Vogelkäfig; dann Trommel;
für Dhanistha: Dreizack

22. λ Aquarii[236]

SATABHISHAJ –
HUNDERT HEILER HABEND (1 Sterne)[237]

SCH 158

Das Gestirn untersteht dem Himmelsgott Varuna, der im *Rigveda* auf diese Sterne angesprochen wird: "Hundert Heiler sind dein, o König, tausend; lass deine Gunst breit und tief sein. Treib den Verfall weit in die Ferne; erlöse uns von der Schuld, die wir uns eingehandelt haben."[238]

In späterer Zeit, der Kontext des Namens einmal unklar geworden, deutete man das Gestirn als 'Hundert Ärzte erfordernd', weil jede Heilung unmöglich sei, solange der Mond in ihm stehe.[239]

Oben wird die die Ausdehnung, unten das Wohnen von allem beeinflusst; man wird dadurch fest, unerschütterlich.[240]

Spätere Bilder: erst die Zahl 100 oder Blumensamen; dann Kreis

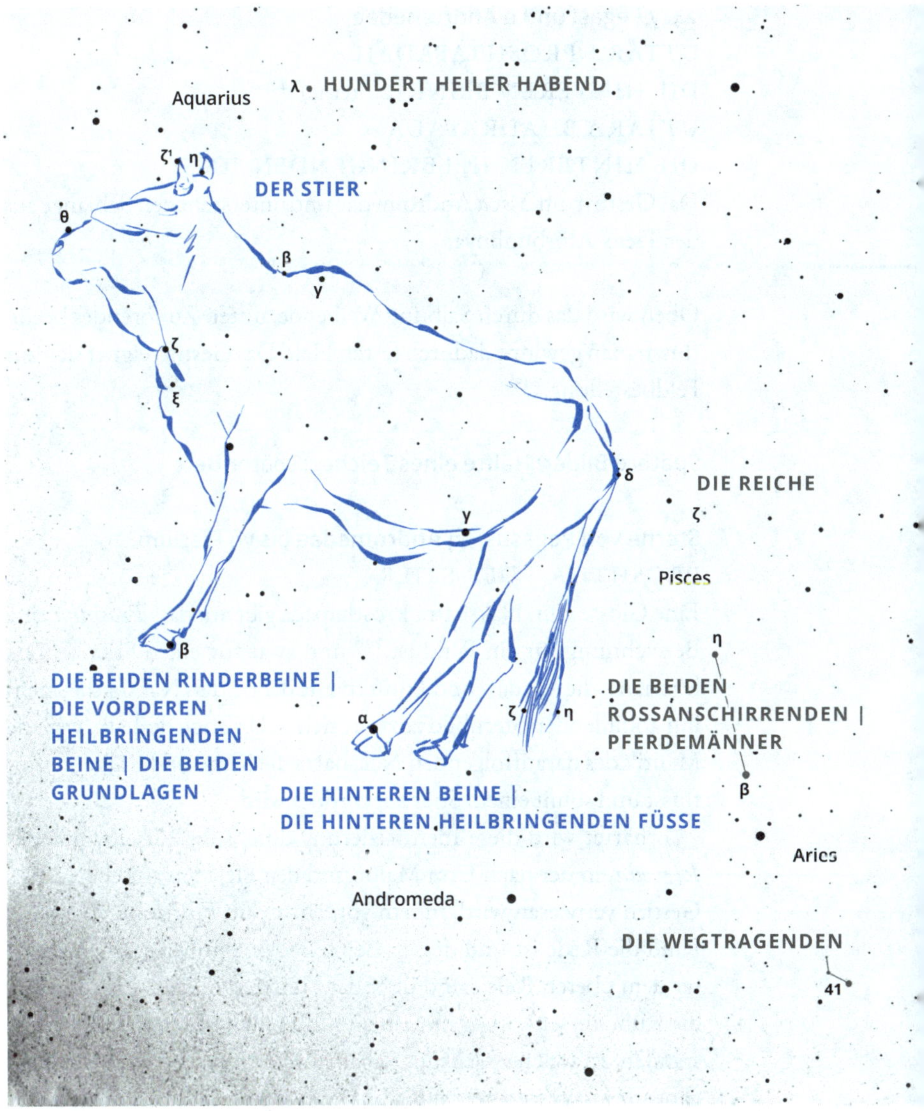

23. αβ Pegasi

PROSHTHAPADA –
DIE BEIDEN RINDERBEINE (2 Sterne)[241]
PURVA BHADRAPADA –
DIE VORDEREN HEILBRINGENDEN BEINE
PRATISTHANAU – DIE BEIDEN GRUNDLAGEN

SCH 159

Das ältere Bild ist das von zwei Beinen, die eine Glosse einem Rind zuschreibt und *proshthapada* als 'rinderfüssig' erklärt. Das Gestirn untersteht dem alten Feuerdrachen Ajaikapada ('Einfüssiger Bock'): Aus ihm ging die einbeinige Verkörperung Shivas als Weltachse hervor, der auf einem Fuss stehend die Welt trägt. Das Bild wurde dann zu Stuhlbeinen umgedeutet.[242]

Oben wird allen Menschen Zukommendes, unten Gesamtgutes beeinflusst; man wird dadurch energisch, reich an Brahman-Glanz. Das Gestirn eignet sich auch für Hochzeiten.[243]

Spätere Bilder: Hälfte eines Teiches; dann Zwillinge oder Bett

24. γ Pegasi und α Andromedae

UTTARA PROSHTAPADAH –
DIE HINTEREN BEINE (2 Sterne)[244]
UTTARA BHADRAPADA –
DIE HINTEREN HELBRINGENDEN FÜSSE

Das Gestirn umfasst α Andromedae und untersteht der 'Schlange aus der Tiefe' Ahirbudhnya.

SCH 159

Oben wird das durch Salbung Weihende, unten Zuhörendes beeinflusst; man gewinnt dadurch festen Halt. Das Gestirn eignet sich zur Feldbestellung.[245]

Spätere Bilder: Hälfte eines Teiches; später Bett

Sterne von Pegasus, ζη Andromedae bis γδ Piscium?

PROSHTHA – DER STIER

Eine Glosse zum Nakshatra Prosthapada gibt an, dass *Proshtha* eine Bezeichnung für ein Rind ist,[246] und zwar für einen Stier.[247] Das legt nahe, die Vorder- und Hinterbeine der beiden Nakshatra einem ihn abbildenden Sternbild zuzuordnen – dies auch deshalb, weil die Mantik des darauffolgenden Nakshatra die Kühe und Kälber beeinflusst und somit einem Stier zugeordnet wird.

Erhärtet wird diese Identifizierung durch die Rätselhymne des *Rigveda*, in der nach Ursa Maior und den Plejaden auf eben dieses Gestirn verwiesen wird, indem von einem am Horizont stehenden Rind die Rede ist und dessen Beine hervorgehoben werden: "Unter dem oberen Reich und über dem unteren hier am Horizont ist die Kuh, die schwanger mit einem Kalb geht, auf ihrem Bein aufgestanden. In welche Richtung schaut sie? Auf welche Seite ist sie gegangen? Wo gebiert sie das Kalb? Denn es geschieht dies nicht in der Herde. Unter dem oberen Reich und über dem unseren hier am Horizont ist es es, das seinen Vater kennt."[248]

Zu erraten ist mit dieser Kuh also das Sternbild des Stiers als dem Vater des Kalbes, als welches hier die Sonne bezeichnet wird. Astronomisch ist dies einsichtig, indem die Sonne beim Frühjahrsäquinoktium – dem Beginn des Neuen Jahres – heliakisch im Bauch dieses Rindes aufgeht, ohne dass die Jahrtausende viel an dieser Konstellation verändert haben: Die Sonne wäre somit als ausserhalb der Herde der Nakshatras geborenes Kalb zu verstehen.

Nicht von ungefähr gilt auch heute in Indien das Rind noch als heilig: Es war die Lebensgrundlage – und die Grösse der Herde Quelle des Reichtums und Zeichen des Prestiges. Zudem werden die rötlichen Wolken der Morgendämmerung und ihre Strahlen im *Rigveda* ebenso als Kühe bezeichnet wie als fliessende und flutende Gewässer; auch der mit Milch zubereitete Somatrank ist mit ihnen verbunden.[249]

Ein Monat wurde alternativ zu Bhadra – August | September – *Proshtha* benannt. In dessen erster Hälfte sollte man "die Rinderherde und die Brahmanen mit Essbarem, Getreide, Früchten, Kräuterwurzeln, Juwelen, Kleidern und Räucherstäbchen verehren", in dessen zweiter Hälfte die Begräbnisriten für alle durch eine Waffe Gefallenen abhalten.[250]

Das Sternbild Des Stieres und das Des Krokodils in Draco – als Beginn des sich wie ein Rad drehenden Jahres sowie als Nabe desselben – sind damit allegorisch dem Wagen der Ashivin im übernächsten Nakshatra vorgespannt, welcher den Menschen Gutes bringt.[251]

25. ζ Piscium

REVATI – DIE REICHE (1 Stern)[252]

Der Stern untersteht Pushan, dem Boten des Sonnengottes, der dessen Tochter zur Frau hat. Er schützt Pferde und Haustiere, beschützt Reisende und bringt die Toten auf ihren Weg.[253]

Oben werden Kühe, unten Kälber beeinflusst; der Stern eignet sich für Tieropfer.[254]

Spätere Bilder: erst Schiff, dann Trommel

26. η Piscium (β Arietis)

ASHVAYUJAU | ASHVIN – DIE BEIDEN
ROSSANSCHIRRENDEN | PFERDEMÄNNER (2 Sterne)[255]

SCH 159

Dieses Sternenpaar verkörpert die meist pferdeköpfig dargestellten Zwillinge der *Ashvin* ('Pferdemänner'). Sie gelten im *Rigveda* als Söhne des Himmels; ihre Schwester ist die Morgendämmerung. Die Ashvin freien um die Tochter der Sonne und erscheinen in ihrem Streitwagen vor allem frühmorgens, was sie mit dem Morgen- und Abendstern in Verbindung bringt. Opfert man Indra Soma und Varuna Bier, so werden die Ashvin mit Honig assoziiert. Sie werden auch *Nasatyas* ('Retter') genannt, da sie den Menschen nicht nur Reichtum bringen, sondern ihnen in der Not beistehen und selbst den Göttern als Heiler dienen.[256]

Der *Rigveda* spielt auf viele abenteuerliche Episoden an – so holen sie den Seher Atri aus einer Erdkluft,[257] retten den von Dämonen neun Tage und Nächte lang gefesselten und gefangenen Rehbah vor dem Ertrinken und helfen auch dem in einen Brunnen gestossenen Einsiedler Vandana wieder hinauf, die Sonne zu sehen.[258]

Oben werden von diesem Nakshatra die Leute des Dorfes, unten jene des Heeres beeinflusst; man erlangt durch es ein gutes Gehör und wird nicht taub.[259]

Spätere Bilder: erst Pferdehals, dann Pferdekopf

27. 35, 39, 41 Arietis

BHARANIH – DIE WEGTRAGENDEN (3 Sterne)[260]

Dieses Gestirn entfernt alles Übel, verkörpert das kosmische Gesetz Dharma und untersteht dem Totengott Yama. Oben wird das Verschleppende, unten das Wegführende beeinflusst; man erhält einen guten Platz unter den Totengeistern.[261]

Spätere Bilder: sowohl im Jainismus wie danach eine Vagina

Aus dem brahmanischen *Gesetzesbuch des Manu* von 200 v. u. Z. bis 200 u. Z. geht hervor, dass die Nakshatra an Prestige verloren hatten. So wird darin die Heirat eines Brahmanen mit einer Frau verboten, "die nach einem Nakshatra, einem Baum, einem Fluss, benannt ist, die den Namen einer niederen Kaste trägt oder den eines Berges, eines Vogels, einer Schlange, eines Sklaven, oder deren Name Schrecken einflösst".[262]

V SONNE, MOND UND KOMETEN

Zodiakallicht, Dämmerungsstrahlen, Milchstrasse und Morgensonne

SAVITAR – DER ANTREIBER
BHAGA – DER ZUTEILER

SCH 54

Savitar gilt als Sohn der urtümlichen Muttergöttin Aditi. Sein Name bedeutet 'Antreiber, Anstachler, Aufwecker, Stimulierer'; er ist der Gott, der alle Lebewesen dazu bringt, aufzuwachen, sich zu erheben, sich zu bewegen, fortzupflanzen und nachts wieder schlafen zu gehen. Sonne, Wind, Monsun, Regen und Flüsse bewegen sich kraft seiner, und da er auch Indra bei der Gestaltung des Kosmos half, ging Savitar schliesslich im Schöpfergott Prajapati auf.

Savitar wird als goldener Mensch in goldenem Mantel dargestellt, mit goldenen Fingern, Armen, Augen und goldener Zunge, wie er in einem perlenbesetzten – den Sternenhimmel symbolisierenden – goldenen Streitwagen über den Himmel fährt, von zwei nacht- und tagdämmerungsfarbenen Pferden gezogen; er umschliesst dabei mit seinen meist ausgestreckten goldenen Armen zu beiden Seiten die Nacht und bewegt sich im Raum zwischen Himmel und Erde. Einer Theorie zufolge muss man ihn als ursprüngliche Verkörperung des Zodiakallichts sehen, das vor der Morgendämmerung am Horizont pyramidenförmig und gelblich aufsteigt: die Dämmerungsstrahlen der noch unsichtbaren Sonne, deren Zügel er in der Hand hält. Er unterscheidet sich allerdings von der weiblichen Göttin der Dämmerung.[263]

Die als Motto dieses Kapitels zitierte Hymne des *Rigveda* beschreibt Savitar ausführlich, ihn bereits einer Sonnengottheit angleichend – wobei die Parallelen zu dem sich von derselben indoeuropäischen Vorstellung ableitenden griechischen Gott Helios unübersehbar sind.

Der Name *Savitar* drückt auch die vitale Kraft des Sonnenlichtes aus. Dessen Strahlen werden meist mit Seilen von Licht verglichen, die Leben ebenso spenden wie nehmen können – was sich wiederum im Titel Savitars als 'Zuteiler' ausdrückt: "Aber nun wartet jenseits der brennenden Sonne zweifellos nichts anderes als der Tod ... Es sind ihre Zügel aus Licht, die alle Kreaturen an den Atem binden, weshalb diese Strahlen bis hinunter zur Luft des Lebens reichen: Wem immer Sonne bei seinem Aufstieg den Atem nehmen will, der stirbt ...[264]

Sonne

Die Sonne befindet sich im dritten, dem höchsten Himmel: "Da die Götter Angst hatten, dass die Sonne aus der Himmelswelt fallen könnte, stützten sie sie mit drei Himmelswelten von unten her."[265]

Uralten Vorstellungen gemäss, zeigt sich die Sonne somit in einer ihr gewidmeten Hymne des *Rigveda* als Objekt, "das seine eigene Form im Schoss des Himmels annimmt". Sie hat wie eine Scheibe zwei Seiten: "die eine Oberfläche gleisst, grenzenlos", die andere, die man nachts sieht, wenn sie um den Himmel gefahren wird, "ist die schwarze Oberfläche".[266] Sie ist "nicht zu beschädigen" und "ein altersloses Gestirn".[267] Ihre nächtliche Unsichtbarkeit wird auch durch den Vergleich mit einer rund um den Hauptpfahl des Universums getragenen Feuerschale erklärt, die in Händen gehalten wird – weshalb sie nicht von allen Seiten her zu sehen ist.[268]

In anderen Vorstellungen dieser Zeit ist die Sonne auch eine "goldene Schaukel"[269] und im *Atharva Veda* von um 1000 v. u. Z., dem Altägyptischen vergleichbar, ein "goldenes Schiff mit goldenem Tauwerk" und "tausend Ruderern".[270]

MARTANDA – DER GESTORBENE VOGEL

Im *Rigveda* ist *Mart-Anda* – Gestorbener Vogel | Totes Ei – der letztgeborene Sohn der Göttermutter Aditi,[271] was an die Dämmersonne in den Vorwelten der panamerikanischen Mythen erinnert. In den Epen wird sie häufig als "aus dem leblosen Ei entstanden"[272] und "aus den Wassern (des himmlischen Ozeans) geboren"[273] bezeichnet. Dargestellt wird sie als glänzend roter Adler, "der den Luftkreis beschaut", "die beiden Welthälften erleuchtet" und mit diesem Licht "auf den Rücken des Himmels geflogen ist".[274]

Es sind dies Vorstellungen, die man beim Geier der Akkader und Anden findet, aber auch in den Mythen der Gesellschaftsinseln und bei den Māori, wo sich solche Bilder auf die Sonne und die Entstehung der Welt beziehen. Dort findet man auch die Sonne als ein die Menschen und ihre guten wie bösen Taten überwachendes Auge: In gleicher Weise gilt im *Rigveda* die Sonne als ein Auge Mitras und Varunas (und der Mond als ihr zweites Auge).

SUR(I)YA – DER ZUR SONNE GEHÖRENDE MANN

Im Zuge ihrer Personifikation erhält das Sonnenauge ein strahlendes Gesicht als "flammenhaarige Sonne". Das Objekt wird somit, wie der Name andeutet, mit einem Menschen verbunden und *Sur(i)ya* genannt: 'Der zur Sonne gehörende Mann'.[275] Dieser wird dann wie Savitar in einem "leuchtenden Streitwagen" als indoeuropäisches Prestigegefährt mit sieben vorgespannten, gelbbraunen oder falben Stuten im Rundlauf um den Himmel gefahren,[276] das menschliche Treiben von oben beobachtend, einem König gleich. Das Pferd ist dabei als Adler zu denken, "dessen Lebensatem man von weitem erkennt, ein unter dem Himmel fliegender Vogel, dessen geflügelter Kopf auf den staublosen, leicht zu reisenden Wegen dahinschnaubt"[277] – eine Vorstellung, die dem griechischen Pegasus ähnelt.

Dann wieder ist Sonne "ein grosses lockiges Leuchtzeichen, das dabei ist, das gemeinsame Rad zu drehen, welches von dem an die Jochstange geschirrten Pferd Etasa gezogen wird".[278] Diese Vorstellung entstammt dem indoeuropäischen Pferdekult, bei dem Pferde an einem eigenen, den kosmischen Baum repräsentierenden Pfeiler geopfert wurden; auch in der *Edda* ist der Weltenbaum Ygg-drasill wörtlich 'Der Ort, an den Odins Pferd gebunden ist'.[279]

Das Jahr dreht sich dabei "als fünfspeichiges Rad, auf dem alle Lebewesen stehen, im Kreis; seine Achse wird nicht heiss, obwohl seine Last so schwer ist; seit ewigen Zeiten schon bricht es nicht, gleich wie seine Nabe." Nachts sieht man Sonnes Auge nicht, weil es "verhüllt ist" und "die Felge des alterslosen Rades sich weggedreht hat".[280]

Diesbezüglich erklärt das *Brahmanda Purana* auch später noch, dass Sonnes Streitwagen nur ein Rad hat, und dass dessen Achse mit dem Stern am Himmelspol durch zwei Schnüre aus Licht verbunden ist: Sie sind für die Wechsel der Sonnenbahn verantwortlich.[281] Dieses eine Rad wird Sonne dann einmal gestohlen; wie aus einem öfters zitierten, aber kryptischen Mythos hervorgeht, will Indra seinem Verbündeten Kutsa damit gegen einen Dämon helfen.

Sonne ist "der Lebensatem für alles, ob es sich nun bewegt oder stillsteht".[282] Das *Taittiriya Aranyaka* erklärt später zudem, dass auch die Zeit aus Sonne fliesst, beständig wie ein Fluss. Wer wissen will, wo Sonne zu jeder Zeit steht, benötige dafür nur, worüber jeder Mensch verfüge: Erinnerung, direkte Beobachtung, Geschichte und logischen Schluss.[283]

Die Regentschaft Sonnes über die Nachtherrschaft der Gestirne macht eine Hymne der *Rigveda* an ihn klar: "Die himmlischen Körper schleichen sich mit der Nacht vor Sonne, der seinen Blick auf alles hat, wie Diebe davon".[284]

B|J 91–92

Aus der grundlegenden Vorstellung der Sonnenscheibe als Objekt wird also allmählich und stückweise ein Auge, dann auch ein Gesicht und erst am Ende ein von der unbegrenzten Göttermutter Aditi abstammender Urgott. Dieser "nähert sich schliesslich von hinten der schimmernden Göttin Morgendämmerung wie ein forscher Junge sich einem Mädchen".[285]

Die Göttin der Morgendämmerung, Ushas, wird dann ebenso als seine Frau wie als seine Tochter angesehen: Eine inzestuöse Konstellation, die sich auch bei der Morgendämmerungsfrau der Māori findet – in Indien jedoch zu dem Mythos geführt hat, in dem der Dämon Svarbhanu Sonne mit einer Eklipse für seine Inzucht bestraft. Ansonsten zermalmt und tötet Sonne beim Aufgang alle sichtbaren und unsichtbaren Würmer und Dämonen, die nachts ihr Unwesen getrieben haben.[286]

SURYA UND SEINE FRAU

Hauptfrau des Zur Sonne Gehörenden Mannes ist die Tochter des Sehers Vishvakarman, Saranya, die ihm drei Kinder gebiert, darunter den Totengott Yama und die Flussgöttin Yami. Suryas Ausstrahlung ist jedoch auf Dauer so unerträglich, dass seine Frau ihn schliesslich verlässt und in Gestalt einer Stute in den Wald flüchtet, wo sie durch Askese versucht, Sonnes Hitze Herr zu werden. Surya merkt jedoch nichts, da seine Frau ihm ihre Schwester Chaya – Schatten – als Doppelgängerin hinterlassen hat, damit diese sich um die Kinder kümmert. Sonne erblickt irgendwann einmal die Stute im Wald und nähert sich ihr als Hengst: So werden die pferdeköpfigen Zwillinge der Ashvin und der Rossenbändiger Revante gezeugt.
Surya holt seine Frau wieder zurück nach Hause; dort spannt ihr Vater Vishvakarman – der Sirius – den Strahlenden in seine Drehbank ein und nimmt ihm so ein Achtel seiner Leuchtkraft, indem er ihn rundum trimmt, ausser an den Füssen. Die abfallenden Stücke fallen glühend zur Erde; aus ihnen formt Vishvakarman – Der Allschaffende – den Diskus des Vishnu, den Dreizack Shivas, die Keule Kuberas, die Lanze Kartikeyas und andere Waffen der Götter.[287]

Sonne hat *Aruna*, den 'Rötlichen' Glanz der Morgensonne, zum Wagenlenker; dieser ist der Herr der tausend Lichtstrahlen, auch seine Hände sind Strahlen und sein Kopf ist von Strahlen umkränzt. Er ist der Erleuchtende, der Erhitzende und der Tagesfreund, Tagesführer und Tagesherr, der Tagwandler, der es hell werden lässt, das Licht bewirkt und die Nacht vertreibt. Er wird als Himmelsjuwel bezeichnet, als heiliger Feigenbaum und in der Astrologie als dämonischer Greifer, während er zugleich als Vernichter des Svarbahnu gilt, welcher Sonnenfinsternisse bewirkt.[288]

Mond

CHANDRA – DER GLÄNZENDE
VIDHU – DER EINSAME
SUSDHAKARA – DER NEKTARSPENDER
SOMA

SCH 74

Anders als die ebenfalls männliche Sonne wurde der Mond weit weniger und erst später als Gottheit verehrt: Religiös schenken ihm die vedischen Schriften kein Augenmerk. Man sieht ihn neben der Sonne als zweites Auge und wie die Sonne von der Göttermutter Aditi geboren; anders als die durch die Lüfte schwebende Sonne jedoch "läuft er auf dem Rücken des Wassers" – jenes Gewässers, das die Unterseite des Himmelsgewölbes erfüllt und als Regen zu uns herabkommt.

Indem man wusste, dass er sein Licht von der Sonne erhält, wurde er zweitrangig: Abgeleitet wurde dies davon, dass der Neumond richtigerweise die grösste Nähe zur Sonne zeigt, in die er am Ende wieder eingeht. Der Mond läuft somit auf dem Wasser im Kreis, um dann zu sterben und wiedergeboren zu werden: "Heute hat er aufgeatmet".[289]

Während der Neumondnacht soll er auf der Erde weilen und in die Äste, Zweige und Blätter der Bäume eingehen: Etwas davon abzureissen ist "genauso, wie wenn man ihn geschlachtet hätte". Offenbar ist es die regenerative Kraft der Pflanzen, die ihn wieder zum Leben erweckt. Zum Himmel steigt er mit den Nakshatra auf, in deren Mitte er dann wieder wohnt.[290]

Der 'Glänzende' *Chandra* entstand als Abkürzung von *Chandramas*, wobei *-mas* 'Monat' bedeutet. Diesen Namen erhielt der Mond jedoch erst, nachdem man ihm den Ursprung der rituell bedeutsamen Pflanze Soma zuschrieb; er wurde dann als Gottheit angesehen, die sich von der Sichel bis zum Vollmond mit Soma anfüllt: 'Somatropfen' konnte deshalb synonym für den Mond stehen. Parallel dazu wurde er als *Niharakara*, 'Taumacher', gesehen und im Zusammenhang mit dem Somakraut und dem behältnisartigen Halbmond als ein 'Nektargefäss' bezeichnet, dessen Körper und Strahlen Nektar sind.[291]

Soma bedeutet 'auspressen' und bezieht sich auf eine für die vedischen Riten zentrale Pflanze, auf die damit versetzte – mondweisse – Milch und die damit verbundene Gottheit. Die Pflanze ist am ehesten mit dem auf den Bergen wachsenden, stimulierenden und heilkräftigen Meerträubel (*Ephedra gerardina*) zu identifizieren, obwohl immer wieder auch psychotrope Substanzen wie Pilze und Schlafmohn in Erwägung gezogen werden.[292]

Aus den Hymnen der *Rigveda* geht mehrfach die euphorisierende Wirkung hervor, die durch den Trank erzeugte Körperwärme und das kosmische Weltgefühl: "Wir haben Soma getrunken; wir sind unsterblich geworden; ins Licht sind wir gegangen; wir haben die Götter gefunden ...

Diese glorreichen Tropfen, einmal getrunken, suchen weiten Raum; wie Kühe einen Streitwagen ziehen, so bringen sie meine Gelenke vorwärts ...

Du hast mich entflammt wie ein angestochertes Feuer; mach uns umsichtig, mach, dass es uns besser geht, denn in deinem Überschwang, Soma, halte ich mich für einen reichen Mann ...

König Soma, verlängere unsere Lebenszeit wie die Sonne der dämmernden Tage, König Soma, schenke uns die Gnade des Wohlergehens ..."[293]

Der Mond wird als Herr der Zeit und des Monats bezeichnet, als der Kaltstrahlige, das Nachtjuwel, Herr des Mondlichtes und der Nacht, als Geliebter der Nacht, Nachtwandler und Patron der Lotosblumen, aber auch als Herr oder Fürst der Sterne, dessen Radfelge die Nakshatra bilden, als Liebhaber der Rohini im Aldebaran und Antares und später als Vater des vom Merkur verkörperten Budha.[294]

Der Mond gilt aber auch als Gandharva, das heisst einer jener Götterboten und himmlischen Musiker, die "nahe der Sonne, in den himmlischen Wassern wohnen", für die Götter und Opferpriester über das Soma wachen und es auch von der Sonnentochter erhalten, um es der Somapflanze einzuflössen.[295] Da diese Musiker als Schürzenjäger gelten, steigt der "sehr liebliche sonnenstrahlige Mond" gern mit einer Wolkendame namens 'Lichtmacherin' – *Apsara* – ins Bett: worunter eine der Frauen der Nakshatra zu verstehen ist.[296]

Halbmond

JYOTSNAVAPI – DER MONDLICHTBEHÄLTER
UDUPA – DAS BOOT

Die Sichelform des Mondes hat seine Ausdeutung als Behältnis und als Floss und Boot veranlasst.

SCH 74

Mondgesicht

Gemäss dessen, dass man im Vollmond einen Hasen oder eine Gazelle sieht, heisst er SHASHA-BHRT – HASENTRÄGER oder MRGANKA – DIE GAZELLE ALS MERKMAL HABEND.

SCH 76

Eklipsen

SVARBHANU – DER SONNENTÖTER

Im *Rigveda* bewirkt Svarbhanu die Verfinsterung der Sonne. Sein Name bedeutete ursprünglich wahrscheinlich 'Sonnentöter', wurde aber wohl volksetymologisch zu 'Der Den Glanz Der Sonne Besitzt' umgedeutet, indem er diesen von ihr abhält und sich selbst damit behaftet.

SCH 100

In der folgenden Hymne des *Rigveda* stellt Svarbhanu eine Manifestation des Feuergottes Agni als irdisches Gegenstück zur Sonne dar. In Gestalt des Gewittergottes Rudra und wortspielerisch mit *Svar-bhanu Asura* – Sonnenlicht besitzender Dämon – betitelt, bestraft Agni mit Hilfe des Kriegsgottes Indra Sonne für den gegen alle Sitten und Bräuche verstossenden – in dieser Hymne jedoch nicht erwähnten – Inzest mit seiner Tochter.

Die Bestrafung geschieht in zwei einander ergänzenden Formen: Einerseits durchbohrt Svarbahnu Sonne mit Dunkelheit, was sich auf Agnis scharfe Flammen bezieht, die auf der Sonnenscheibe verbrannte Flecken hinterlassen; andererseits verbirgt er sie in der Dunkelheit der aufgehenden Rauchschwaden. Da Sonnenlicht jedoch für die Welt unverzichtbar ist, wird Sonne von dem Seher Atri durch ein Ritual gerettet, an dem sich auch der Kriegsgott Indra beteiligt.

Atri wird dann auch die Abfassung dieser Hymne zugeschrieben. "Als, o Sonne, der Dämon Svarbhanu dich mit Dunkelheit durchbohrte, und alle Lebewesen dies sahen, verwirrt wie jemand, der nicht mehr weiss, wo er ist, hast du, o Indra, Svarbhanus umschlingende Sprüche voll bösen Zaubers vom Himmel herab schmettern lassen.

Doch Atri hat nach seinem vierten Gebet Sonne wieder in der Finsternis gefunden, wo er verborgen war aufgrund eines die Ordnung unterlaufenden Banns.

Und Sonne rief: 'O Atri, lass ihn mich nicht verschlingen, verblendet wie er ist aus Eifersucht und Furcht! Du bist doch mein Verbündeter und dein Grossmut wirklich: Du und König Varuna – helft mir hier!'

Und Atri, der den Göttern stets mit reinster Ehrfurcht gedient hatte und die magische Formel wusste, drückte die Pressteine [für das Soma?] zusammen, und mit äusserstem Einsatz setzte Atri erneut das Auge Sonnes in den Himmel und löste Svarbhanus magische Sprüche.

Sonne, den der böse Dämon mit Dunkelheit durchbohrt hatte, er wurde von Atri wiedergefunden, nachdem kein anderer dazu fähig gewesen war."[297]

Atris Ritual der Sonnenrettung bewirkt im Mythos der Eklipsen zweierlei: Einerseits werden die durchbohrten schwarzen Flecken der Sonnenscheibe mittels eines wolligen Opferschafs in die 'Haare' – die Vegetation – der Erde verwandelt, andererseits wird das rauchige, die Sonnenscheibe verdeckende Dunkel auf dieselbe Weise entfernt wie embyronale Hüllen um ein Neugeborenes; die Heilung Sonnes kommt dadurch seiner zweiten Geburt gleich.[298]

RAHU – DER ZUPACKER

In den Büchern des auf um 1200 v. u. Z. zurückgehenden *Atharva Veda* werden Eklipsen von einem unsichtbaren roten Dämon namens *Rahu* – Zupacker – verursacht, den man sich als himmlisches Reptil vorstellt, das Sonne oder Mond verschlingt. Andere Namen für diesen Finsternisdämon waren 'Feind von Sonne und Mond' und 'Mondtöter'. Seine lange Unsichtbarkeit und sein plötzliches Zuschnappen gemahnten an ein im Wasser lauerndes Krokodil. Der alte Svarbhanu wurde dabei durch Rahu ersetzt und Svarbhanus Tochter zur Mutter des unglückseligen Nahusha in Draco erklärt.

Die Regelmässigkeit von Eklipsen einmal erkannt, führte dies zur Einsetzung eines zweiten Dämons neben dem roten Rahu, dem schwarzen *Ketu*, 'Lichtzeichen': sie erscheinen als verschlingendes Haupt und als abgeschlagener Leib oder Schwanz eines Ungeheuers. Auf die Vorstellung von Ketu als dem kopflosen Leib des Finsternisdrachens geht die Annahme von unheimlichen unsichtbaren Rümpfen – *Kabandhah* – zurück, die am Himmel wie auf Erden dämonisch herumirren.

Astronomisch gesehen entsprechen Rahu und Ketu den aufsteigenden und absteigenden Knoten der Mondbahn; dank der arabischen Vermittlung indischen Wissens lebten sie in der mittelalterlichen Astronomie des Abendlandes als Caput und Cauda Draconis weiter. Astrologisch gesehen wurden beide später mit den dämonischen *Graha* – Greifern – identifiziert, die Menschen mit ihren magischen Schlingen umstricken und Krankheiten hervorrufen; als Graha wurden dann auch die Planeten sowie Sonne und Mond gesehen, um deren astrologische Einflüsse zu erklären.

SCH 100–102, P2 37, H 339

Wie diese moderne Nacherzählung zeigt, sind die Legenden um Rahu populär geblieben.

DER NEKTAR AMRITA UND RAHU

Die Götter und die Dämonen – Asuras – haben sich oft bekämpft. In einem der grösseren Kriege wurden die Götter von den Dämonen besiegt und die meisten ihrer Krieger starben, während die Dämonen das Sanjeevani-Mantra anstimmten, um ihre toten Kämpfer wieder zum Leben zu erwecken. Dies verbitterte jedoch die Götter. Sie wandten sich gemeinsam an Brahma, den göttlichen Schöpfer des Kosmos, und baten um Hilfe. Der riet ihnen wiederum, sich an Fürst Vishnu zu wenden. Das taten sie, begleitet von Fürst Shiva.

Fürst Vishnu sagte dann: 'Ihr müsst schauen, wie ihr zu dem Nektar Amrita kommt; mit seiner Hilfe werdet ihr über die Dämonen triumphieren. Amrita ist eine besondere Flüssigkeit; trinkt man sie, wird man unsterblich. Um sie aus dem Meer des Milchs – *Kshira Sagara* [dem fünften Meer von sieben] – zu holen, müsst ihr es aufwühlen; dazu aber braucht ihr die Dämonen. Deshalb müsst ihr euch mit ihnen versöhnen: Das wird euch nur nützen. Wenn die Dämonen bereit sind, euch zu helfen, sollten beide Seite beginnen, das Meer der Milch aufzuwühlen. Dafür braucht ihr einen Quirl und ein Seil für den Quirl. Nehmt den Berg Mandar als Quirl und die grosse Schlange Vasuki ['Juwelenkopf'] als Seil. In Gestalt einer Schildkröte werde ich dann den Berg auf meinem Rücken tragen, auf dass dieser im Meer der Milch schwimmen kann. Gebt etwas Gras, Lianen und Heilkräuter in das Meer der Milch, bevor ihr mit dem Umrühren beginnt. Und vergesst nicht: Bis ihr eure Belohnung erhalten habt, müsst ihr alles tun, was die Dämonen von euch verlangen.'
Die Götter hielten sich genau daran. Zusammen mit den Dämonen begannen sie das Meer der Milch aufzuwühlen. Als nach viel Kraft und Anstrengung nichts geschah, kam ihnen Fürst Vishnu wieder zu Hilfe. Dank seiner kamen nun viele Lebewesen des Meeres an die Oberfläche, Schlangen, Schildkröten, Krokodile … und auf sie folgte ein Gift, eine schwarze Masse namens *Halahal*. Als sie ihrer ansichtig wurden, bekamen Götter wie Dämonen es mit der Angst. Sie lobten ihren Fürst Shiva und drängten ihn, das Gift zu vernichten. Shiva gefiel ihr Lob und er hatte Mitleid mit ihnen. Er trank das ganze Gift und rettete alle irdischen Wesen davor. Da ihm wegen des Gifts aber der Hals blau anlief, wurde er von da an auch *Neelkanth* – Blauhals – genannt.
Götter und Dämonen rührten weiter in diesem Meer der Milch, und so kamen der Reihe nach 14 kostbare Dinge – '14 Juwelen' genannt – an die Oberfläche. Das waren:

* der Mond Chandra, den man Shiva auf den Kopf setzte;
* der Parijaat-Baum, ein Brotfruchtbaum mit seinen duftenden Blüten, den die Götter bei sich aufnahmen;
* Airahvatta, der 'ozeangeborene' heilige weisse Elefant, das Reittier des Schöpfergottes Indra;
* Kamadhenu, die 'wunscherfüllende' Kuh, die ihrem Besitzer alles verschafft, was er will, welche die Götter bei sich aufnahmen;
* Sura, einen Schnaps, über den sich die Dämonen freuten;
* der 'Weltenbaum' Kalpavriksha, der denjenigen alle Wünsche erfüllt, die unter ihm stehen, weshalb ihn die Götter gerne nahmen;
* die schöne Tänzerin Rambha, über die sich die Götter ebenfalls freuten;
* das 'laut wiehernde' Pferd Uchchaihshravas, das die Götter nahmen;
* Lakshmi, die Göttin des Reichtums, die Indra heiratete;
* Das Schneckenhorn Panchajanya, das Indras Musikinstrument wurde;
* Keule und Bogen, die Indras Waffen wurden;
* das 'Kronjuwel' Kaustubha, das die Götter an sich nahmen;
* der Gott Dhanvantari, der die Heilkunst begründete;
* und schliesslich der Nektar der Unsterblichkeit: Amrita.

In dem Moment aber, als Dhanvantari aus dem Wasser stieg, den Nektar Amrita in einem Gefäss in der Hand, begannen Götter und Dämonen sich darum zu raufen. Um den Streit zu schlichten, wandten sie sich an Fürst Vishnu. Er versprach Hilfe, erschien vor ihnen jedoch als schöne, junge Frau namens *Mohini*, 'Die Anziehende'. In ihrer Gestalt versicherte er ihnen, dass sie das Amrita zu gleichen Teilen unter den Göttern und Dämonen ausschenken würde, und bat sie, sich in zwei getrennten Reihen hinzusetzen.
Rahu – einer der Dämonen – setzte sich zwischen Surya, Sonne, und Chandra, den 'Glänzenden' Mond, in Gestalt eines Gottes. Erst als er aber schon dabei war, Amrita zu trinken, erkannten ihn die beiden und meldeten es Fürst Vishnu. Ohne Zeit zu verlieren, schlug der Rahu den Kopf ab – mit seiner 'Scheibe des glückverheissenden Blickes', einer scharfzahnig sich drehenden Scheibe.
Dennoch konnte er nicht verhindern, dass Rahus Kopf ebenso wie sein als *Ketu* bekannter Schwanz unsterblich wurden, denn er hatte sich das Amrita ja bereits eingeflösst. Seitdem rächt sich der Dämon bei Sonne und Mond dafür: Sobald sie ihm nahekommen, verschluckt er sie – so entstehen die Mond- und Sonnenfinsternisse. Da sowohl sein Kopf als auch sein Schwanz an einem Ende eine Öffnung aufweisen, gelangen beide aber, nachdem er sie verschlungen hat, wieder heraus aus dem Leib des Dämons.[299]

In der späteren Astrologie der Hindu wurden Rahu und Ketu für zwei sonst unsichtbare Planeten gehalten, die manchmal Sonne und Mond verschlingen. Man definierte mit diesen Namen schliesslich die auf- und absteigenden Mondknoten – die daher heute noch bei uns 'Drachenpunkte' heissen. Mathematisch bestimmt wurden sie um 500 u. Z. und Eklipsen somit genau vorausberechenbar.[300]

VI PLANETEN

Im *Rigveda* und im älteren *Avesta* spielen die Planeten im Unterschied zu Sonne und Mond kaum eine Rolle. Venus wurde offenbar weder als Morgen- noch als Abendstern Beachtung geschenkt; deren sonst übliche Symbolik erfüllten die beiden Dämmerungen. Jupiter jedoch wurde – wie in den kosmologischen Genealogien der Gesellschaftsinseln – als einer der Schöpfergötter zu Anbeginn der Welt gesehen.

Bedeutung erhielten die Planeten erst mit der Übernahme der hellenistischen Astrologie ab der Alexanderzeit, durch die Seleukiden, die in Baktrien niedergelassenen Griechen und dann durch den Einfluss der Römer. Der älteste Text, der Jupiter und Venus erwähnt, das *Arthashastra*, stammt aus dem 2. Jahrhundert u. Z. und kommt auf ihre meteorologische Bedeutung zu sprechen: Jupiter "besamt" und hat wie Venus mittels der planetarischen Bewegungen Wirkmacht auf die Natur, die wiederum von der Sonne "beeinflusst" wird: "Von der Sonne weiss man, dass sie erfolgreich Samen keimen lässt, von Brihaspati (Jupiter), dass er die Bildung der Ähren bei Getreide beeinflusst, und von Shukra (Venus), dass von ihr der Regen kommt".[301]

Später begann man die fünf Planeten als astrologische *Graha* – Greifer – zu sehen. Der Begriff entstammt medizinischen Traktaten und bezieht sich auf Dämonen, die Kinder ergreifen und Geisteskrankheiten auslösen. Er wird erstmals in einem Text aus dem 3. oder 4. Jahrhundert u. Z. auf die Planeten, Sternbilder und Sonne und Mond bezogen: Ihnen werden schlechte Omen zugewiesen, die den Tod eines Patienten bewirkt haben sollen.

Y 380–382

Venus

SHUKRA – DER HELLE

USHANAS

SHVETO GRAHAH – DER WEISSE GREIFER

SCH 84, 86

BHRIGU – DER WEISSE

KA 712

Ushanas – auch *Kavyamata* genannt – war die Frau des Bhrigu, eines der Sieben Seher in Ursa Maior; zusammen zeugten sie Shukra. Als Hauspriesterin der dämonischen Asuras beschützte Shukra diese in ihrer Einsiedelei vor ihren Feinden, den Devas, wurde daraufhin aber von Indra geköpft. Bhrigu belebte sie wieder mit dem heiligen Wasser aus seinem Krug und verdammte Indra aus Rache dazu, auf der Erde ewig von seiner Frau getrennt leben zu müssen und nur in sterblichen Avataren präsent sein zu können.[302]

Merkur

BUDHA – DER VERSTÄNDIGE

SCH 86

SAUMYA | SOMAPUTRA – DER SOHN DES (MONDES) SOMA

KA 712 | SCH 85

RAUHINEYA – ROHINIS SOHN

TUNGA – DER GELBE

KA 712

Er ist nach einem heiligen vedischen Seher benannt und gilt als Sohn des Mondgottes Soma, den dieser mit Jupiters Gattin Tara ('Stern') zeugte, nachdem er sie diesem entführte; in anderen Versionen ist seine Mutter die Nakshatra Rohini (α Tauri).[303]

Mars

ANGARA(KA) – DIE GLUTKOHLE

SCH 84 und KA 712

LOHITANGA – DER ROTGLIEDRIGE

LOHITADHIPA – DER ROTE FÜRST

LOHITARCIS – DER ROTSTRAHLENDE

SCH 84

SKANDA – DER ROTE

KA 712

VAKRA – DER RÜCKLÄUFIGE

MANGALA – DAS HEIL

SCH 84 und 85

BHUMIJA | BHAUMA – DER SOHN DER ERDE

KA 712, W2 239, SCH 85

Die Zuweisung von Glück und gutem Omen auf den Planeten ist euphemistisch gemeint, da man in ihm den bösartigen Gott des Zorns Lohit verkörpert sieht.[304]

Bhauma wiederum ist der auch *Narakasura* genannte Sohn der Erdgöttin Bhumi, dem seine Macht in den Kopf stieg, weshalb er schliesslich von Krishna geköpft wurde.

Jupiter

BRIHASPATI – DER HERR DER MAGISCHEN MACHT | DES ZAUBERWORTES
(SURA) GURU – DER LEHRER (DER GÖTTER)
SURI – DER WEISE

SCH 87

ANGIRAS – DER GELBE

KA 713

Der Planet gilt als Sohn des Angiras, einem der Heiligen Seher; er ist der Herr der Rede, des heiligen Zauberwortes, bewirkt Leben und ist Lehrer der Götter.[305]

Eine an ihn gerichtete Hymne der *Rigveda* stellt ihn als kosmischen Schöpfergott dar, der mit Indra zu identifizieren ist. Denn über den Priesterkönig Indra wird die berühmte Geschichte erzählt, wie er das von Feinden gestohlene und in einer Höhle versteckte Vieh wieder befreite, ohne seine Keule einzusetzen, allein kraft der Wahrheit seiner Beschwörungsgesänge; er erkannte, dass diese Kühe in Wirklichkeit Dämmerungswolken waren, die ab nun von hinter den Bergen über den Himmel in den Tag ziehen konnten:[306] "Nachdem Brihaspati den Berg mit einem ohrenbetäubenden Schrei entzweigespalten hatte, fand er darin die Dämmerung, die Sonne, das Feuer, und er stiess mit seinem Gesang und Strahl die finsteren Schatten hinweg ..., Brihaspati spaltete auch den Fels und fand die Kühe".[307]

Es erinnert dies sehr an das *Popol Vuh* der Maya, in dem ebenfalls Feuer und Lebensgrundlage – dort der Mais – in einem gespaltenen Berg entdeckt werden, am Anbeginn der Welt, bevor die Sonne zum ersten Mal aufgeht.

In einer anderen Hymne des *Rigveda* hat "Brihaspati, als Erstgeborener des Grossen Lichts im allerfernsten Himmel, der sieben Münder und sieben Zügel besitzt, der mächtig Geborene, mit seinem Brüller die finsteren Schatten auseinandergeschmettert"[308] – um somit ebenfalls die Dämmerungen heraufziehen zu lassen.

Saturn

SHANAISHCARA – DER SICH LANGSAM BEWEGENDE

SCH 84

MANDA – DER LANGSAME

KA 713

ASITA – DER SCHWARZE
KALA – DER BLAUSCHWARZE

SCH 84

PATANGI – DER SCHWARZE

KA 713

YAMA
NILA VASAS – DER DUNKEL GEKLEIDETE

SCH 87

SAURI | SURYAPUTRA – SOHN DER SONNE

KA 713, SCH 85

Mutter des wegen seiner Umlaufzeit von fast 30 Jahren als langsam geltenden Planeten ist die Frau des Sonnengottes; sein Regent ist einer seiner Brüder, der Totengott Yama. Der Planet ist somit allegorisch 'in dunkle Gewänder gekleidet', kann aber auch als 'siebenstrahliger Stier' auftreten. *Kala* bedeutet sowohl 'blauschwarz' wie 'gehörige Zeit, Tod', weshalb die verhängnisvollen Wirkungen des Planeten als 'Zeitverhängnisse' aufgefasst werden. Auch die Genealogie als Sohn der Sonne schreibt ihm damit Gefährlichkeit zu.[309]

Im *Rigveda* taucht der Saturn möglicherweise als Wolf auf, der "auf seinem Pfad die jugendlichen Wasser überschreitet",[310] womit zumindest ein Planet gemeint sein kann, der die Milchstrasse überquert.

Meteore und Kometen

KETU – DAS LICHTZEICHEN
DHUMAKETU – DAS RAUCHZEICHEN
SHIKIN – DER BÜSCHELSTERN

SCH 102–104

Der Kopf eines Kometen wird als Stern – *Tara* –, sein Lichtschweif als Haarflechte, Haarbüschel, Schweif oder Schwanz bezeichnet. Sie gelten auch als Anführer von Gruppen unsichtbarer Trabanten.

Als 'Vorzeichen, Wahrzeichen' benannte *Ketu* zunächst unheimliche unberechenbare Veränderungen körperlicher Dinge am Himmel, im Luftraum und auf der Erde; sekundär wurde der Begriff für meist Verderben bringende, die Ordnung störende Himmelskörper gebraucht. Das Suffix *-tu* drückt numinose Mächte und Erscheinungen aus. Während es nach volkstümlicher Auffassung nur einen kopflosen Ketu gibt, hat die Mantik sie vervielfacht, um damit jede Art von auffälliger Himmelserscheinung – *Ketavah* – zu bezeichnen. Sie werden synonym 'Rauchzeichen' genannt, um damit Meteore oder Kometen zu benennen: Was von beidem ist unklar.

Für Kometen wird ein bis zum Weltzeitende unabänderlich feststehender Turnus angenommen. Sie werden nach ihrem Aussehen und ihren Wirkungen unterschieden und tragen verschiedene beschreibende Namen, je nachdem wie ihr Kopf oder ihr Schweif aussieht. Darunter finden sich auch glückverheissende Kometen:

DHUMA-KETU – DAS RAUCHZEICHEN
GADA-KETU – DAS KEULENZEICHEN
SVADHA-KETU – DAS BEILZEICHEN
AGNI-KETU – DAS FEUERZEICHEN
KAPALA-KETU – DAS GEHIRNSCHALENZEICHEN
PADMA-KETU – DAS LOTOSZEICHEN
SHVETA-KETU – DAS WEISSE ZEICHEN

SHANKA-KETU – DAS MUSCHELZEICHEN

SCH 104

Ihrer Wirkung nach benannt sind SAMVARTA-KETU – DAS ZUSAMMENSTOSSZEICHEN, CALA-KETU – DAS ERSCHÜTTERUNGSZEICHEN, das Erdbeben hervorruft, SHASTRA-KETU – DAS SCHWERTZEICHEN, das Tod durch Waffengewalt bringt, AGNI-KETU – DAS FEUERZEICHEN, das Brandgefahr bringt, JALA-KETU – DAS WASSERZEICHEN, das die durch feurige Kometen verbrannte Welt wieder auffrischt, und BHAVA-KETU – DAS ENTSTEHUNGSZEICHEN, das Heil in die Welt bringt. Als unbekannt wird durch das 'Wer?' signalisierende Zeichen KA-KETU hingegen ein Sohn des Prajapati bezeichnet.

Dann aber ist ein Komet auch der Anführer – Herr und Gebieter – ganzer Gruppen von unsichtbaren Trabanten, den Verborgenen. Die *Liste der 1000 Ketus* verzeichnet Ketus nach ihren Himmelsrichtungen, die Kahlen, die wegen ihrer schlechten Sichtbarkeit 'Diebe' genannten, sowie die Safranfarbigen; während die *Liste der 101 Ketu* vom Aushauch des Todesgottes erzeugte, die Sonne als Ursprung habende, verderbliche, aus dem Zorne Rudras heraus Entstandene aufzählt, sie dem Feuer, dem Tod, der Erde und dem Mond zuordnet oder als Brahmas Söhne ansieht: der 101te gilt sodann als Brahmans strafender Stock.

SCH 102–105

Meteore

Sie werden einem Streit zwischen dem Mond und einer der Frauen seiner Nakshatra zugeschrieben.[311]

LITERATUR

A Ancient Indian Cosmography, Selected Essays of F. Kuiper, hrsg. v. J. Irwin, Delhi 1983.

B|J Joel Brereton | Stephanie Jamison, The *Rigveda* – A Guide, Oxford 2020.

D John Dowson, A Classical Dictionary of Hindu Mythology and Religion, Reprint New Deli 1998.

DE Wikipedia.de

E Gerhard Ehlers, *Sieben Seher, sieben Wasser*, in: Indica et Tibetica, hrsg. v. Klaus | Hartmann, Wiener Studien zur Tibetologie und Buddhismuskunde 66, Wien 2007, 145–150.

EN Wikipedia.en

F Jean Filliozat, *Notes d'Astronomie ancienne de l'Iran et de l'Inde*, in: Journal Asiatique, 250, 1962, 325–350.

H Alf Hiltebeitel, *Nahusa in the Skies*, in: History of Religions 16.4, 1977, 329–350.

I R. N. Iyengar, *Ancient Indian Astronomy in Vedic Texts*, written for presentation at IX. International Conference on Oriental Astronomy, 15–18.11.2018, Pune, India, digital abrufbar; auch in: History of Indian Astronomy, hrsg. v. Ramasubramanian | Sule | Vahia, Bombay 2016, 107–169.

IY T. R. R. Iyengar, Dictionary of Hindu Gods and Goddesses, New Delhi 2007.

K W. Kirfel, Die Kosmographie der Inder, nach den Quellen dargestellt, Bonn 1920.

K1 W. Kirfel, Die Religion der Jainas, Leipzig 1928.

K|M David Kelley | Eugene Milone, Exploring Ancient Skies, New York, 2011, 'India', 279–298.

KA Subhash Kak, *Knowledge of Planets in the Third Millenium B. C.*, in: Quarterly Journal of the Royal Astronomical Society 37, 1996, 709–715.

N|V Upasana Neogi | Mayank Vahia, *The Identification of Nakshatra Junction Stars from Precession Calculations*, in: The Growth and development of Astronomy and astrophysics in India and the Asia-Pacific Region, hrsg. v. Orchiston | Sule | Vahia, New Delhi 2018, 59–61.

P Asko Parpola, The Roots of Hinduism – The Early Aryans and the Indus Civilization, Oxford 2015.

P1 Asko Parpola, *Beginnings of Indian Astronomy with Reference to a Parallel Development in China*, in: History of Science in South Asia 1, 2013, 21.78.

P2 Asko Parpola, *Crocodile in the Indus Civilization and Later South Asian Tradition*, in: Linguistics, archaeology and the human past, hrsg. v. Osada | Endo, Kyoto 2011, 1–59.

PI|M David Pingree | Patrick Morrissey, *On the identification of the Yogataras of the Indian Naksatras*, in: Journal for the History of Astronomy 20, 1989, 99–119.

RV The *Rigveda*, übersetzt von Stephanie Jamison | Joel Brereton, Bd 1–3, Oxford 2017 Sarma, Indian astronomy – A Source Book, Bombay 1985.

S|S B. V. Subbarayappa | K. V.

SCH Anton Scherer, Gestirnnamen bei den indogermanischen Völkern, Heidelberg 1953.

TH G. Thibaut, Astronomie, Astrologie und Mathematik, Grundriss der Indo-Arischen Philologie und Altertumskunde, III. Band, 9. Heft, Strassburg 1899.

V Mayank Vahia, *Astronomical Myths in India*, in: 'Stars of Asia' Workshop 2009, Vol.2010.12.24, hrsg. v. N. Kaifu, Japan 2011, auch digital abrufbar.

VA Jean Varenne, *Cosmogonies Védiques*, Mailand 1982.

W Albrecht Weber, *Die vedischen Nachrichten von den Naxatra (Mondstationen), Zweiter Teil*, in: Abhandlungen der Königlichen Akademie der Wissenschaften zu Berlin 1861, 267–394.

W1 Albrecht Weber, Indische Studien, Zweiter Band, Berlin 1853.

WI Michael Witzel, *Sur le chemin du ciel*, in: Bulletin d'Études Indiennes 2, 1984, 213–279.

WI1 Michael Witzel, *Vedas and Upanisads*, in: The Blackwell Companion to Hinduism, hrsg. v. Gavin Flood, Oxford 2005, 68–98.

Y Michio Yano, *Calendar, Astrology and Astronomy*, in: The Blackwell Companion to Hinduism, hrsg. v. Gavin Flood, Oxford 2005, 376–392.

ANMERKUNGEN

1 Vgl. z. B. Vahia | Yadav | Menon, Perspectives on early Astronomy in Indian Context, Kalkutta 2015. 2 Michael Witzel, The Languages of Harappa, 17.2.2000, digital abrufbar auf https://fid4sa-repository.ub.uni-heidelberg.de/120/1/LanguagesHarappa_1998.pdf 3 F. Kuiper, *An Austro-asiatic Myth in the Rigveda*, in: Mededelingen der koninklijke nederlandse Akademie van Wetenschappen, Afd. Letterkunde, 13.7, 1950, 163–182. 4 P 5 Es gibt jedoch verschiedene Erklärungsanssätze, die bislang keinen echten Konses herbeigeführt haben; vgl. George Erdosy Ed., The Indo-Aryans of Ancient South Asia, Berlin 1995 6 Murugesu, *Indo-european languages traced back 8000 years*, in: New Scientist, 5.8.2023, 21 7 *Found: the birthplace of the Yamnaya*, in: The Economist 11.5.2024, 68–69 8 P 69 ff. 9 Clark Matthew, The Tawny One: Soma, Hoama and Ayahuasca, Muswell Hill Press, P 107–108. 10 Michael Marshall, *We've found the time and place that horses were first domesticated*, in: New Scientist 20.10.2021 11 P 83–91 12 P 86–87 13 P 89, 107–109 14 Colin Barras, *Story of most murderous people of all time revealed in ancient DNA*, in: New Scientist 27.3.2019 15 *When was the wheel invented?* in: New Scientist 5.7.2019 16 WI1 72–73 17 F 22 18 RV III 55. 20 19 K 7 20 X 7 und X. 8; VA 236–237 21 RV I 62.6 22 RV VII 87.5–6 23 K 6–7 24 K 39 25 K 37 26 IV 34.2, VI 122.4 27 P 207 28 K 6 29 K 5 30 I 23 1–6 und 8, zitiert in VA 268–270 31 K 25* 32 K 93–94 33 K1 34 K | M 283 35 K | M 291–294; David Pingree, *The Puranas and Jyotihsastra Astronomy*, in: Journal of the American Oriental Society, 110.2., 1990, 274–280; David Pingree, *Indian Astronomy*, in: Proceedings of the American Philosophical Society 122.6, 1978, 361–364; David Pingree, *Mesopotamian and Greek astronomy in India*, in: Expanding and Merging Horizons, hrsg. v. K. Preisendanz, Wien 2007, 41–50 36 RV X 129 37 RV X 97.1 38 RV X 72.3 39 RV X 72.8–9 40 B | J 95–96 41 K 9 42 A 53 43 RV I 32 44 VI 9–18 45 V | J 69–70 46 A 142–143 47 A 53–54 48 A 13 49 RV VII 86.1 50 WI, Fussnote 38 51 WI, Fussnote 13 52 RV X 68.11 53 RV I 68.10 54 WI1 72 55 X 90 1–4 56 RV X 90.10–14 57 I. 32 58 Y 376–377 59 Stephanie Jamison, The Ravenous Hyena and the Wounded Sun, Ithaca 1991, 23–24. 60 RV I 164.13 und 48; Y 376–377 61 TH 10–11 62 TH 11 63 Y 378 64 Y 179–180 65 TH 12 66 Y 177 67 WI1 68 ff. 68 K 128. 142 69 H 340 70 RV V 47.2 71 RV I 105.10 72 WI 73 W 268 74 SCH 32 75 W 269–271 76 5.4.1.3–4 77 H 349 78 H 341, 343 79 SCH 32 80 H 340 81 D 373 82 K 110 83 5.3.2.1 84 *Jaiminiya Uphanishad* IV. 26, K 35 85 RV X 82.2–3 86 RV I 24.7–8 87 SCH 117 88 Pines | Gelbblum, *Al-Biruni's Arabic Version of Pantanjalis 'Yogasutra': A Translation of the Third Chapter*, in: Bulletin of the School of Oriental and African Studies 46.2., 1983, 261. 89 I 62 90 Rohini Chowdhury, *Dhruv, the little boy who became the Pole Star, https://www.longlongtimeago.com/once-upon-a-time/myths/myths-from-india/dhruv-the-little-boy-who-became-the-pole-star* 91 I 60, 64–65 92 P 200–201 93 *Maitri Upanishad* 1.4, zitiert in I 60 94 I 64, H 348 95 P1 64 und I 65–66 96 I 67 97 2. 19 98 Pines | Gelbblum, *Al-Biruni's Arabic Version of Pantanjalis 'Yogasutra': A Translation of the Third Chapter*, in: Bulletin of the School of Oriental and African Studies 46.2., 1983, 281

und I59. 99 Ibidem 261 und 282 100 Alberuni's India: Vol 1, übersetzt von Edward Sachau, London 1910, 241–242. 101 Ibidem 282 und I59 102 Pines | Gelbblum, *Al-Biruni's Arabic Version of Pantanjalis 'Yogasutra': A Translation of the Third Chapter*, in: Bulletin of the School of Oriental and African Studies 46.2., 1983, 282. 103 Ward 1811, zitiert in P2 23 104 RV I116.18 105 3193–194 106 I61–62 107 I70–71 108 H, I70–71, 76 109 SCH177 110 David Gordon White, Myths of the Dog-Man, Chicago 1991, 82; darin wird Ursa Minor ebenfalls mit Shunshepa identifiziert. 111 RV I24 112 VII13–18 113 R. Roth, *Die Sage von Cunahcepa, Erster Teil*, in: A. Weber, Indische Studien, Erster Band, Bonn 1850, 458–463. 114 P1 36, P2 39, P199 115 E146 116 E146 117 E146 118 2.1.2.4 119 P197 120 SCH131–133 121 Zitiert in W269 122 F 328 123 RV X82.4 124 H340 125 P1 67, P168 126 III43 127 P197–198, 92 128 RV I164.15 129 14.5.2.6 130 2.2.6 131 E147 132 E146 133 E148 134 K1 Tafel 2–4 135 IY186 136 EN, 'Saptarishis' 137 W1 237 138 P207 139 RV V40 140 RV I164.15 141 H346 142 DE und EN 'Lopamunda' 143 RV I185.1,3,5 144 H341–347 145 S|S111 146 F328 147 RV X81 2–4 und 83.1–6 148 SCH151 und W369 149 W369 150 S|S111 151 K1 VIII 152 IY 186 153 RV I105.11 154 RV III7.7 155 RV I105.1 und A76 156 RV I164.20–22 157 WI216, der auch die Vögel dort sieht. 158 RV X123.6 159 KB18.4 und P119 160 P. Gupta, *Hymns of Garutman in Atharva Veda*, in: Proceedings of the Indian History Congress 47.1, 1986, 130–137. 161 wisdomlib.org/definition/suparna; und WI219 162 D113–114 163 2.2.22 164 wisdomlib.org/definition/shanku 165 vgl. R. Roth, *Die Sage von Cunhacepa, Zweiter Artikel:* W1 121–123. 166 D379–380 167 'Stars of Asia' Workshop 2009, Vol.2010.12.24, hrsg. v. N. Kaifu, Japan 2011, auch digital abrufbar, 59–62. 168 SCH32 169 S | S110 170 W391, 309–314 171 W274–275 172 SCH141 und W270 und 368 173 RV I164.16 174 W301 175 W386 176 IY212, 121, 109 177 EN 'Kartikeya' 178 I3–4 179 S|S111 180 D339 und I3 181 3.33; W368–369 182 I3 183 W 276 184 P198 185 W386 186 S | S111 187 SCH155 und W370 188 W386 189 S|S111 190 SCH155 191 W387 192 S|S111 193 RV X19.1 194 SCH149, W370–371 195 W387 196 S | S111 197 SCH155, W371 198 W387 199 S | S111 200 SCH156 201 W387 202 RV I105.10 203 Wisdomlib.org/definition/ukshan 204 WI215, Kiehnle 205 S|S111 206 RV X18.13 207 SCH151, W387 208 SCH156, W372 209 W387–388 210 S | S111 211 W372 und 388 212 S|S111 213 W372 und 388 214 N|V identifizieren für diesen Stern aus einer historisch falschen Perspektive heraus, der Äquidistanz zwischen den Nakshtras wegen, 109 Virginis; der von ihnen überprüfte Abhyankar 1999 sowie PI | M geben jedoch Arcturus an. 215 S | S111 216 SCH156, W373 und DE 'Vayu' 217 W388 218 S | S111 219 W373 und 388 220 S | S111 221 W389 222 S | S111 223 SCH157 224 P199–200 225 W389 226 PI | M geben hier 45 Ophiuchii, aber sonst – wie auch N | V und Abhyankar 1999 – stets λ Scorpii an. 227 S | S111 228 S | S110 229 W389 230 S | S111 231 S | S111 232 S | S111 233 A35–38 und 143 234 S | S111 235 W389 236 N | V identifizieren hier den abgelegenen ε Pegasi oder α Piscis Austrini. Der von ihnen überarbeitete Abhyankar 199 sowie alle von M | P überprüften Nakshatra-Listen geben jedoch stets λ Aquarii an. 237 S|S111 238 RV I24.9 239 SCH158 240 W389 241 S | S111 242 W375–376 243 W389 244 S | S111 245 W390 246 W 324–325 247 Wisdomlib.org/definition/prostha#sanskrit 248 RV I164.17–18 249 B|J121–123 250 *Nilamata Purana*, 754, 756, 766; wisdomlib.org 251 RV I116.18 252 S|S111 253 DE 254 W390 255 S|S111 256 D81–84 und P109 257 RV V78.4 258 RV I112.5 259 W390 260 S | S111 261 W390 262 zitiert in Asko Parpola, Deciphering the Indus Script, Cambridge 1994, 208. 263 Dominik Haas, *A Nature Deity? The Rgvedic Savitr Revisited*, in: Studia Orientalia Electronica 8.1., 2020, 153–174. 264 P1 65 265 *Taittiriya Brahmana* I. 2.4.3; K23 266 RV I115.5 267 W271 268 *Aitareya Brahmana* III, 44. 7, K25 269 RV VII87.5 270 Zitiert in K18 271 RV X72.8–9 272 SCH 56 273 K22 274 Zitiert in K19 275 WI1 73 276 RV V63.7, I50.8 277 RV I163.6 278 RV VII63.2 279 Gamkrelidze | Ivanov, Indo-European and the Indo-Europeans, Part I, Berlin 1995, 467. 280 RV I164.13–14 281 I65 282 RV I115.1 283 I57 284 RV I162.2 285 RV I115.2 286 K24 287 D322 288 SCH 54–57 289 *Atharva Veda* IX.10.9, K31 290 K30–33 291 SCH61, 70, 74–75 292 EN 'Soma' 293 RV VIII48.3–8 294 SCH74–76 295 EN 'Gandharva' 296 W274 297 RV V40.5–9 298 Stephanie Jamison, The Ravenous Hyenas and the Wounded Sun, Ithaca 1991. 299 'Stars of Asia' Workshop 2009, Vol.2010.12.24, hrsg. v. N. Kaifu, Japan 2011, auch digital abrufbar, 52–55, sowie V2. 300 V2 301 Y382 302 EN 303 SCH86 und KA713 304 SCH85 305 KA713, SCH87 306 B | J70–71 307 RV X68.8–9 308 RV IV50.4 309 SCH87 und 85 310 RV I105.10 311 W274–275

Ein *STERNEN-HIMMEL* der *ABORIGINES* – die *WARDAMAN*

Mein Grossvater lehrte mich die Sterne und Jahreszeiten.
Er sagte: ‘Vergiss das nie.
Erzähl diese Geschichten, wenn Kinder da sind …
damit sie zuhören können, langsam,
und dann wird die Geschichte zu ihnen kommen …
und zwar genau so.
Die Geschichte ist dann richtig, genau richtig,
weil sie träumt.’
Wir legten uns in der Trockenzeit immer ins Gras.
‘Schaut zu den Sternen hinauf’,
sagte ich den Kindern.

Big Bill Neidjie von den Gaagudju, nördlichen Nachbarn der Wardaman[1]

BESIEDLUNGSGESCHICHTE AUSTRALIENS

Der moderne Mensch wird erstmals vor 200 000 Jahren in Ostafrika greifbar, von wo er – wahrscheinlich über die arabische Halbinsel – nach Europa und Asien wanderte. Genetische Studien legen nahe, dass alle nichtafrikanischen Populationen von einer einzigen Migration abstammen, die Afrika vor etwa 75 000 Jahren verliess, um sich auf anderen Kontinenten auszubreiten. Beleg dafür sind etwa jüngste Knochenfunde des modernen *Homo sapiens* in einer Höhle im Nordosten von Laos, die zwischen 86 000 und 68 000 Jahre datiert werden.[2]

Europäer und Asiaten – die dann über Beringia in den Amerikas einwanderten – wurden vor 42 000 Jahren genetisch unterscheidbar; die Populationen von Papua-Neuguinea und Australien differenzierten sich von den afrikanischen Populationen des *Homo sapiens* jedoch schon vor ungefähr 58 000 Jahren. Dies zeigt sich daran, dass die Menschen der ersten Migration, die nach Australien gelangte, eine andere Art von Helicobacter im Magen hatten als jene, die anschliessend nach Südostasien gelangten.[3]

Das bedeutet, dass der Migrationszug des afrikanischen *Homo sapiens* sich zuerst zwischen Europa und Asien aufgabelte und von seinem asiatischen Weg danach nach Südosten abbog. Um in Südostasien von Insel zu Insel zu gelangen, musste er acht bis zehn Mal das Meer überqueren, auf bis zu 90 km weiten Distanzen. So erreichte der moderne Mensch afrikanischer Prägung schon sehr früh den damals existierenden Superkontinent *Sahul*, der Australien, Tasmanien und Neuguinea umfasste.[4] Die archäologische Evidenz erhärtet dies inzwischen: Unter dem Felsüberhang von Madjedbebe im nördlichen Arnhemland – etwa 100 km nördlich der Wardaman im Territorium der Gaagudju – fanden sich Spuren menschlicher Besiedelung, die mindestens 50 000, möglicherweise aber 65 000 Jahre (+|– 6000 Jahre) alt sind.[5] Als kulturelle Evidenz für diese Migration lässt sich anführen, dass sowohl die Wardaman wie die südostasiatischen Palawan eine pythonartige Schlange in der hier wie dort mit Rauch assoziierten Milchstrasse sehen und ebenfalls eine Python in Serpens gesetzt haben.

Es müssen etwa 1500 Leute gewesen sein,[6] die in kleinen Gruppen nach Sahul gelangten und mit ihren paläolithischen Steinwerkzeugen das heutige Neuguinea und Australien besiedelten (und ziemlich schnell überall die Megafauna ausrotteten). Die australischen Aborigines spalteten sich dann vor rund 37 000 Jahren genetisch von jenen in Neuguinea ab, wohl weil vor rund 40 000 Jahren das Meer ins Land eindrang, um zuerst den Salzsee von Carpentaria zu bilden, der nur eine kleine, wenig zugängliche Landbrücke zwischen Australien und Neu Guinea übrigliess, und diese dann vor 14 600 bis 7000 Jahren völlig flutete.

Genstudien zufolge isolierten sich deshalb die kleinen australischen Populationen vor 31 000 Jahren völlig, sodass es zu ungebrochenen Generationenfolgen kam.[7] Zu einem Umbruch in den archäologisch konstant bleibenden Traditionen kam es erst vor 5000 bis 3000 Jahren, der dann umso radikaler ausfiel. Von Nordosten aus führte eine Gruppe von Aborigines – wahrscheinlich im Rahmen des Kulturkontaktes mit den von Taiwan ausgehenden austronesischen Seewanderungen – den aus Ostasien stammenden Dingo und verbesserte Abschlagtechniken für die Steinwerkzeuge ein. Zusammen mit ihrer Sprache breiteten sie sich so schnell auf dem ganzen Kontinent aus, dass zwei Drittel der 250 unterschiedlichen Sprachen der Aborigines heute dieser *Pama-Nyungan-Familie* angehören, die auf 90 Prozent des Festlandes gesprochen wird.[8] Die Sprache der Wardaman gehört nicht dazu: Sie zählt noch zu den älteren.

AUSTRALISCHE STERNENHIMMEL

Es gibt mehrere Hundert eigene Sprachen und Dialekte und eine trotz ihres einheitlichen Ursprungs genetische Diversität innerhalb der Aborigines, die grösser ist als jene zwischen Sibirern und den ersten Völkern Nordamerikas. Dies liegt nicht zuletzt daran, dass es eine Vielzahl von autonomen Gruppen gibt, die in unterschiedlichen Regionen – Tropen, Savannen, Wüsten, am Fluss, am Meer oder im Wald – als Jäger und Sammler leben (und auf den Inseln der Torres Strait auch Ackerbau betreiben).

Das verändert zwar jedes Mal den Fokus astronomischer Beobachtungen; das Wissen um die Sterne ist jedoch überall relevant. Weitergegeben wird es überwiegend von den Älteren an die Jungen im Rahmen von Initiationszeremonien. Den Berichten männlicher Forscher zufolge, die allerdings hauptsächlich nur Zugang zu männlichen Auskunftspersonen erlangten, wurden Frauen von diesem Wissen ferngehalten, oder aber sie hatten wie bei den Wardaman eigene Überlieferungen, deren Umfang nicht mehr bestimmbar ist, weil sie kaum aufgezeichnet wurden.[9]

Vor einem Jahrhundert wurden erstmals auch Überblicke auf die Sternenhimmel einzelner Gruppen wie die zentralaustralischen Aranda und Luritja,[10] die Boorong in Südostaustralien,[11] die Kamilaroi an der ostaustralischen Küste[12] und einzelne Gruppen im Arnhemland[13] erstellt, zu denen mittlerweile einige moderne, jedoch weiterhin bloss kursorische Studien kommen.[14]

Die einzigen wirklich umfassenden Informationen gibt es nur zum Sternenhimmel der Wardaman, die alle von einer einzigen Auskunftsperson – Yidumduma Bill Harney – stammen. 1931 geboren als uneheliches Kind des Schriftstellers und Chief-Protectors of Aborigines im Northern Territory W. E. Harney[15] mit einer Frau der Wardaman, wuchs er in einer ihrer Communities auf[16] und hat seitdem in mehreren Publikationen in Zusammenarbeit mit unterschiedlichen Forschern – insbesondere Hugh Cairns – über den Sternenhimmel der Wardaman und die dahintersteckenden Mythen, Sitten und Gebräuche ausführlich Auskunft gegeben, in einzelnen Details, die hier erstmals kollationiert und korreliert werden.

KOSMOLOGIE

So unterschiedlich die Vorstellungen der Aborigines sein können, so gibt es doch einige Konstanten. Die Gestalt der Welt und ihrer Lebewesen und die gesellschaftlichen Sitten und Gesetze wurden alle zugleich von mächtigen, aber nicht omnipotenten Schöpferwesen zu Beginn einer 'Träumen' genannten Ära geschaffen, in der wir weiterhin leben und die Schöpferwesen weiterhin wirken, sich jedoch auf Erden – anders als am Himmel – kaum mehr zeigen. Leben wird als zyklisch erfahren, wobei Rituale Natur und Kultur, Mensch und Welt im Gleichgewicht zu halten suchen.[17]

Die Erde gilt gemeinhin als flache, im Meer liegende Scheibe, über der sich ein steinernes oder muschelartiges Gewölbe spannt, auf dem ein schönes, fruchtbares Himmelsland liegt. Es wird von unterschiedlichen mensch- und tierartigen Wesen bevölkert, die öfter 'Blitzleute' genannt werden, weil Blitze zeigen, dass sie geschäftig oder vielleicht am Kämpfen sind. Sie sind entweder nach ihrer Schöpfungsarbeit auf der Erde freiwillig in den Himmel gestiegen oder durch eine List des höchsten Wesens unfreiwillig dort gelandet.

Oben gehalten wird das Himmelsland von Stützen, ob von einem Weltenbaum, Bergen, steinernen Säulen oder wie in New South Wales von Holzpfeilern, die von alten Männern bewacht werden. Dieses Gewölbe hat ein Loch, durch das man ins Himmelsland gelangt – mittels eines Seils, einer Schnur oder eines hohen Baumes – einer Zypresse oder eines Eukalyptus –, an denen Menschen und Himmelswesen wie an einer Leiter meist frei hinauf- wie hinunterklettern können, um miteinander zu tun zu haben;[18] als Brücke können aber auch der Regenbogen oder ein Blitz, ein Speer, Flammen, ein Totembrett oder eine riesige Schildkröte dienen wie bei den Gundungurra in New South Wales.

Unter der Erde hingegen gibt es meist eine dunkle Unterwelt, in der ein Tal oder das Meer ist, auf dem die meist als Frau gesehene Sonne nach Osten zurückkehrt.[19]

Weit verbreitet, besonders im Westen und Nordwesten Australiens, ist die Vorstellung, dass die Seelen der Toten in das Himmelsland kommen, wo sie mit den dort hinauf gewanderten Helden und Schöpferwesen leben. Im Arnhemland kann dies auch eine Höhle auf einer Insel hinter dem Morgenstern sein; anderswo gelangen sie in die Höhle hinter der aufgehenden Sonne, an den östlichen oder westlichen Rand des Himmels oder auf fernab gelegene Toteninseln.[20]

Die Sterne werden meist für Totengeister oder Himmelsleute bzw. deren Spuren oder Lagerfeuer gehalten, wobei diese meist Schöpferwesen der ersten Generation sind, die nach der durch sie erfolgten Ausformung der Erde in den Himmel gestiegen sind und von dort oben oft nicht mehr herab dürfen. Auch Sonne, Mond und Planeten zählen zu diesen Wesen, die manchmal eines Tabubruchs wegen ihre Umläufe bestreiten müssen.[21] Mancherorts gibt es den Glauben, dass von den Himmelskörpern die Materialien der Erde herabkamen,[22] aber auch, dass die Sternwesen im Himmelsland schädlich auf die Menschen einwirken und körperliche Missbildungen verursachen können, wenn man Verbotenes gegessen hat.[23]

Zu den von den Schöpferwesen eingeführten Gesetzen gehört eine systematische Unterteilung in Erblinien – *Moieties* –, die sich zuerst nach dem Stammvater richten, danach nach der Stammmutter (oder umgekehrt, je nachdem ob die Gruppe patri- oder matrilinear ist), sich darauf noch weiter unterteilen und von Totemtieren symbolisiert werden. So gehört jede Person einer fixen Kategorie an, die ihre Rolle in der Gruppe und ihre Heiratsmöglichkeiten bestimmt. Dies betrifft auch die Himmelskörper, die danach klassifiziert werden. So schreibt ein früher Beobachter der Aborigines in Queensland: "Laut ihnen ist alles in der Natur in diese Klassen geteilt. Der Wind gehört zur einen, der Regen zur anderen. Die Sonne ist X, der Mond Y. Die Sterne werden zwischen ihnen eingeteilt, und wenn man auf einen Stern zeigt, können sie einem sagen, zu welcher Klasse er gehört."[24]

KALENDER

Die allermeisten Aborigines korrelieren die Bewegungen von Himmelskörpern mit dem Beginn der von ihnen erlebten Jahreszeiten: Die sie auch im Himmelsland für bestimmend halten.[25] Das möglicherweise älteste Observatorium der Welt findet sich südwestlich von Melbourne. Die eiförmige Steinanlage von Wurdi Youang, die bis zu 11 000 Jahre alt sein kann, markiert die Solstitien und Äquinoktien der Sonne. Sie gehörte zu einem semipermanenten Lager, in dem die Menschen von erster Landwirtschaft und Fischkultur lebten.[26] Das macht in dieser Region eine solche Anlage sinnvoll – bleibt jedoch in Australien eine der wenigen Ausnahmen. Steinsetzungen dienen vielmehr zu Kultzwecken, als Grabmarkierungen oder zur Orientierung. Eine zweite Anlage scheint bereits eher eine Geoglyphe gewesen zu sein, die die Milchstrasse und die Magellanschen Wolken am Boden abbildete.[27]

Das hängt damit zusammen, dass die einfache Schematik des Sonnenlaufs sich vielleicht noch auf den Anbau von ein oder zwei Nahrungsressourcen fokussieren lässt, für die Bedürfnisse von Jägern und Sammlern jedoch zu grob ist. Umgekehrt sind die Mondaufgänge im Laufe eines Jahres zu komplex und gehen dabei nicht mit dem Sonnenjahr überein, sodass sie sich schlecht für einen Jahreskalender eignen. Deshalb ist auch bei den Wardaman und ihren Nachbarn eine darauf basierende Zeitzählung nur sporadisch nachweisbar, und dann begnügt sie sich mit Ritzungen und Einkerbungen, welche die 28 Nächte eines 'Mondträumens' oder die 13 Vollmonde in einem Jahr bis zum 'Wechsel' wiedergeben könnten. Monatsnamen gibt es jedoch in der Regel in ganz Australien ebenso wenig wie das Zählen des Lebensalters.[28]

Anders ist es mit der Einteilung des meist nach dem Ende der Regenzeit beginnenden Jahres in unterschiedlich viele Jahreszeiten, ob vier, sechs oder dreizehn – je nachdem, wie sie für die Nahrungssuche relevant sind. Jäger und Sammler müssen sich an der Verfügbarkeit unterschiedlicher Ressourcen orientieren: Für einen sich danach richtenden Kalender eignet sich die regelmässige Himmelsmechanik von Sternen und Sternbildern, die jeden Tag 4 Minuten früher aufgehen und somit etwa einen Monat dieselbe Himmelsregion okkupieren. Die Yolngu, eine Gruppe in der Nachbarregion der Wardaman, wandern beispielsweise zuerst hinauf zur Landzunge des Arnhemlandes, um dort Nüsse und Beeren zu ernten, und dann wieder die Flüsse hinab, um Barramundi zu fangen und die Nüsse der Seifenbäume zu ernten: Dafür ist die Bestimmung des genauen Zeitpunkts wichtig, damit nicht Tiere schon alles gefressen haben, bevor man angelangt ist. Der in Bezug auf die 'Rote Lilie' (Lotus, *Nelumbo nucifera*) benannte Lilienstern Spica zeigt ihnen durch seinen Aufgang wiederum an, dass nun die Wasserkastanien geerntet werden können.[29]

Auch die Festsetzung von Zeremonien, die das Jahr strukturieren, ist wichtig, ohne dass man dafür – wie die Inuit etwa zeigen – Observatorien benötigt: Ein Stern als mnemotechnischer Marker genügt. In den Worten Bill Harneys, unserer Auskunftsperson für den Sternenhimmel der Wardaman: "Wo die Sterne zu verschiedenen Zeiten sind, wo sie heraufkommen, wo sie verschwinden, wo sie sind, wie weit entfernt vom Horizont: Das muss man für verschiedene Monate wissen – diesen Monat sind sie da oben, vorher da unten. Auf die Weise der Aborigines kann man es so bestimmen; die Sterne und der Mond bewegen sich Schritt für Schritt in verschiedenen Bereichen. Der Stern geht von hier aus und endet da oben, wo er jetzt ist. Er beginnt in diesem Monat Oktober oder wann immer. Der Stern kann im Juni oder wann immer sein – und dann endet er auf seinem Weg da unten, um dann den ganzen Weg rundherum zu machen und wieder da zu stehen, wo er im Mai oder Juni begonnen hat."[30]

Für solche Zwecke brauchbar, weil markant, ist der Sternhaufen der Plejaden, der im Südosten Australiens den Beginn des heissen Wetters, in der Wüste Westaustraliens hingegen die ersten kalten Nächte ankündigt. Die den Plejaden gegenüberliegenden Sterne von Scorpius verkünden hingegen auf dem nördlichen Groote Island das Ende der Regenzeit.[31]

Die Wardaman leben um den Flora River, 200 km südwestlich der Stadt Katherine im Arnhemland der Northern Territories. Sie unterteilen das Jahr in die von November bis April dauernde Regenzeit des 'Grossen Nass' *Yijilg*, die von April bis September dauernde 'Kälte' *Wujerrijin* und die von September bis November anhaltende 'Hitze' *Ngurruwun*.

Angekündigt wird dieser Sommer auch durch Blumen; Nardi, "der Schöpfer, machte all diese verschiedenen Blumen wie einen Kalender! Sie zeigen einem dann auch, wann es bald regnen wird ... Das Wetter ist eng verbunden mit [den astralen Figuren von] Nardi, dem Regenbogen und den Kindern des Blitzes."

Sternaufgänge und Naturvorgänge werden in ihrem Kalender korreliert. Wenn Das Grosse Rote Känguru (β Orionis) nachts kulminiert und die bei Scorpius gelegene Dunkelstelle Des Krokodils aufgeht, beginnt der Kapokbaum gelb zu blühen und legen die Süsswasserkrokodile ihre Eier, von deren Nestern man sich fernhalten muss. Die Buschratte in Sagittarius wiederum kündigt die ersten Regen ebenso an wie die 'mit Hagel' vollen Magellanschen Wolken, die auch zur Navigation nützlich sind. Und kurz vor der Regenzeit wird der Beginn der Zeremonien im Oktober durch den morgendlichen heliakischen Aufgang Des Buschhahns in Ursa Maior bestimmt; die Jungen ahmen dabei das *Budu* des Buschhahns bei Sonnenaufgang nach. Gemacht wird der Regen dann von Den Echsen und Skinken in Vela, gemeinsam mit Dem Blitz Nardi und Venus.[32]

NAVIGATION

Die Bedeutung der Sterne für jene Gruppen von Aborigines, die, wie im nordöstlichen Arnhemland, Hochseefischerei betreiben, führen die beiden Sternbilder von Kanus in Orion und den Plejaden vor Augen.[33] Bei aller exzeptionellen Navigation des Terrains tagsüber wird die Orientierung an den Sternen nicht überall praktiziert, da viele Gruppen glauben, dass nachts böse Geister aus dem Boden kommen und die Menschen heimsuchen – der Sternenhimmel wird da überwiegend vom Lager aus betrachtet.[34]

Die Wardaman gehören zu den Ausnahmen. Sie wandern vor allem nachts, wenn es kühl ist, auf den Handelspfaden über Land. Die Orientierung mit Hilfe von Sternen ist insbesondere dann von Belang, wenn die Männer sich untertags auf der Jagd weit weg vom Lager begeben haben und zurückfinden müssen:[35] "Wenn man nachts geht, behält man im Gedächtnis, dass Mordborronggo [in Leo] dort ist, Der Buschhahn [δ Ursae Maioris] und Bulyan [Aquila] hier oben. Wenn man in einem Flusslauf oder sonst was geht und Mordborronggo auf der Linken ist, hält man sich rechts. Man kann noch 2 km weiter weg sein und die Sterne in deine Richtung schauen – doch wenn du da entlang gehst, ist es wie ein Dreieck, weil es dort, wo du stehst, wie Speere ist: ein kleines Dreieck. Je näher du kommst, desto spitzer wird das Dreieck zuerst; aber ganz von nahem wird es ein bisschen breiter. Du bist im Flusslauf weiter und da ist Der Schöpfungshund Mordborronggo ganz unten links.

Wenn man gerade nach Süden gehen muss, zeigt einem der Fuss Des Emus [im Stachel von Scorpius] die Richtung an; wenn man nach Südwesten muss, dann muss man sich zwischen Den Silberfalken [α Centauri] und Den Emufuss stellen. Sonst leitet einen der Mond, wo immer der steht, und der Schatten, den man unter ihm wirft. Und dann singt man einen Gesang und folgt ihm, und geht auf der Spur und singt den Gesang!

Sagen wir, du musst nach Norden und der Mond geht im Osten auf, dann wird dein Schatten nach Westen weisen. Wenn du gen Westen gehst und dein Körper sich deinem Schatten nähert, musst du dich nachts halten, um nach Norden zu gelangen, zwischen Norden und Osten, damit du, wenn du zurückschaust, den Schatten deiner selbst [deines Kopfes] auf deinem Schatten hast. So wird der Mond nachts zu einem Kompass."[36]

Dabei glauben die Wardaman, dass sich nachts alles, nicht nur die Sterne, sondern auch die Bäume oder träumende Menschen bewegen. Was die Erde betrifft, so schrumpfe sie nachts, sodass jeder Schritt dann einen Meter umspanne. Untertags aber bleibe die Erde starr: Sie nennen dies 'Tag-Scham', da die Erde dann von jedermann gesehen werden kann, sodass sie sich aus Scheu und Scham nicht mehr rühre.[37]

HEILUNG

Zu den praktischen Funktionen des Sternenhimmels gehören neben der Ankündigung, wann welche Nahrungsressourcen zur Verfügung stehen und wie man sich orientiert, um zu ihnen zu gelangen, der ihm zugeschriebene Einfluss auf Krankheiten. Die Heiler beziehen ihre Kräfte auch daher, dass sie in der Lage sind, mit Schöpferwesen und Toten Kontakt aufzunehmen. Sind diese im Himmelsland, dann gelangen sie bei Ritualen mittels Seilen, Spinnenfäden, Regenbogen, Sternschnuppen und dergleichen dorthin, um sich dort Gegenkräfte zur Krankheit zu holen – die oft auch durch eine Sternschnuppe in den Körper fahren kann (wie die Wardaman glauben). Zu den Heilritualen gehören neben Gesängen, geschwungenen Feuerstöcken, die durch ihr Leuchten nachts mit den Sternen verbunden werden, oft auch das Beschwören der Sterne oder des Mondes.

Die enge Beziehung zwischen dem menschlichen Körper und den Sternen drückte der letzte Sprecher der Gaagudju, einer den Wardaman benachbarten Gruppe, so aus:[38] "Baum, Gras, Stern ... weil Stern und Baum mit dir arbeiten. ... Schau auf den Stern. Denn das ist das Gefühl. Schnur, Blut ... durch deinen Körper: Der Stern arbeitet da ... siehst du? Er arbeitet; ich kann's sehen. Manche sind so klein, die sieht man aber kaum dabei. Aber nachts, wenn man sich hinlegt, arbeitet er immer, wenn du genau hinschaust ... siehst du? Wenn du schläfst ... pumpt er das Blut. Schau dann hin – er wird rosa, dann weiss. Siehst du, wie er arbeitet? Er arbeitet. Und nachts, wenn du träumst und liegst, dann arbeitet der Stern für dich. Baum ... Gras."[39]

Zudem besitzt der australische Sternenhimmel noch eine weitere wesentliche, diesmal kulturelle Rolle, indem er die gemeinschaftlichen Prinzipien einer Gruppe und ihr Wissen um die Welt abbildet: einem Bilderbuch gleich, das bei und für Zeremonien gemäss der jeweiligen oralen Tradition erzählt wird.

TRAUMPFADE – GESANGSLINIEN

Der Begriff *Songlines* wurde 1978 von Bruce Chatwin geprägt. Sie werden als 'Traumpfade' bezeichnet, in denen 'Traum' die orale Erinnerung bezeichnet, oder als 'Fäden', die verschiedene Gruppen und Plätze miteinander verbinden und den Sternenhimmel mit der Landschaft und den Felsmalereien. Es sind dies auch anhand einer Abfolge von Sternen am Himmel erzählte 'Gesangslinien', die erstaunlicherweise zugleich Überlandwege auf der Erde widerspiegeln, die das Handelsnetz Australiens bildeten und deshalb oft über weite Strecken hinweg verlaufen, manchmal quer über den ganzen Kontinent. Als orale Karten erlaubten sie die Navigation auf den Wanderungen, um Nahrung und Wasser zu finden und sich am Himmel zu orientieren.[40]

Diese mit Hilfe von Sternen und Sternbildern als *ars memoriae* auf den Nachthimmel gezeichneten 'Traumpfade' überlieferten vor allem epische Schöpfungsgesänge, die seit der Urzeit von Sängern weitergegeben werden: unterschiedlich ausgeführt, je nach Gruppe und Geschlecht. Etabliert wurden sie von einer Schöpferfigur, die über Land wanderte und damit einem Territorium samt allem Leben darin das Sein und eine Gestalt verlieh. Zugleich damit übermittelten solche Demiurgen in den Gesängen dazu die Schöpfungsgeschichte als Aitiologie samt den Gesetzen, Sitten und Traditionen einer Gruppe.[41]

Der somit am Himmel bildlich ablesbare Mythos dient als gesetzgebende wie gesetzbewahrende Instanz; als Überlieferungsmittel für geschichtliche Ereignisse, ob sie nun eine weit zurückliegende Flut oder eine Sonnenfinsternis und ihre vorgeblichen Gründe und Konsequenzen betreffen; als Aitiologie, welche Ursprünge und Charakteristiken der Welt erklärt; und als Ontologie, die einen Sinn des Lebens formuliert.[42]

So sehen das auch die Boorong am anderen Ende Australiens in Northwest Victoria, die einen ähnlich konzipierten Sternenhimmel voller vermenschlichter Vögel, Tiere und Bäume haben: "Alles in der Schöpfung wird durch den Boden und die Sterne repräsentiert. Alles hat zwei Zeugen, einen auf der Erde, einen im Himmel. Sie zeigen einem, wo man herkommt und wohin man gehört."[43]

Nirgends zeigt sich somit die vielseitige Pragmatik und Symbolik des Sternenhimmels deutlicher als bei australischen Aborigines, bei denen die astralen Gesangslinien kalendarische und orientierende Funktion haben: Sie bestimmen Zeremonien, manifestieren Gesetze, erzählen die Geschichte der Welt, des Lebens und des Menschen und erklären und garantieren somit auf vielfältige Art das Überleben.

Nicht weniger wichtig zum Erhalt des Stammes als kulturelle Entität war die enge Beziehung, die die Aborigines zwischen Naturphänomenen und sozialem Verhalten sahen; und da viele Legenden, die diese Verbindung unterstreichen, sich um Sternbilder drehen, diente der Nachthimmel als ständige Erinnerung an die in den Mythen enthaltenen moralischen Lehren. Wie die Glasmalereien der Fenster mittelalterlicher Kathedralen boten sie eigentlich eine illustrierte Fibel der Ethik und Kultur, über Zehntausende von Jahren hinweg, als das einzige Mittel, um den Schatz an vom Stamm angesammeltem Wissen durch mündliche Überlieferung weiterzugeben.

Was die von australischen Aborigines gesungenen, getanzten und gespielten Legenden mit den meisten Gedankensystemen, einschliesslich der westlichen Wissenschaft, gemein hatten, war der Versuch, die Natur zu verstehen, vorherzusagen und zu kontrollieren. Entgegen wissenschaftlichen Methoden, die analytisch, materialistisch und partikularistisch sind, beruhten alle indigenen Mythen über den Ursprung der Sonne, des Mondes und der Sternbilder auf einem ganzheitlichen Glauben an die grundlegende Einheit des Menschen, nicht nur mit anderen Spezies, sondern auch mit unbelebten Objekten. Die Glaubensvorstellungen der Aborigines den Nachthimmel betreffend bildeten jedoch nur einen kleinen Teil ihrer gesamten philosophischen Matrix. Und die Legenden des Träumens – jene in den Schöpfungsmythen erzählte Ära, als die totemischen Ahnen der Aborigines noch auf der Erde wandelten, welche nicht als ferne Vergangenheit, sondern als ewige Dimension angesehen wird – betonen die engen Parallelen zwischen personifizierten Himmelskörpern und ihren irdischen Gegenstücken, um derart Naturphänomene zu vermenschlichen und sie in Stammesstrukturen und Bräuchen zu integrieren.[44]

ZEREMONIEN

"Eine Gruppe sitzt da und redet nur über einen Stern und alles; sie sind noch nicht besonders angezogen, sondern ganz normal, wie Kinder, die in die Schule gehen, diskutieren und reden sie." Begleitet wird diese Unterweisung anhand der Sterne bei den Wardaman durch den Besuch von symbolischen Orten und Felsmalereistellen, auf denen die Figuren der Geschichten, die die Gesetze erzählen, auch abgebildet sind. Diese Erziehung beginnt bereits in frühem Alter, mit acht Jahren etwa, und dauert bis Achtzehn, wenn die tiefergehenden Rituale der Erwachsenen stattfinden.[45]

Die Zeremonien werden nach vollzogenen Instruktionen abgehalten, aber auch zu speziellen Themen, die Neugeborene, Sieben- bis Achtjährige, Achtzehnjährige sowie die Alten betreffen – wie etwa zu dem Zeitpunkt, wenn ein Junge einer älteren Frau (oder Mädchen älteren Männern) anvertraut wird, damit diese ihn in die Sexualität und das Leben der Frauen bzw. der Männer einführt. Welche Zeremonien durch das Narrativ der Sterne am Himmel abgedeckt werden, geht aus den Erklärungen nicht immer hervor (und ist auch nicht für eine breite Öffentlichkeit bestimmt). Alle Zeremonien weisen Anführer auf, und Gesetzeswächter, die am Nachthimmel ebenfalls ihre totemischen Ahnen besitzen und sich mit deren Namen bezeichnen, ob als Keilschwanzadler oder Grossohrfledermaus.[46]

"Ist es für ein Baby Zeit geboren zu werden, begeben sich die Heilerfrau und die anderen Frauen zum Geschäftsplatz der Frauen – sie haben einen eigenen heiligen Platz, auf den keine Männer dürfen, diese müssen zwei, drei Kilometer davon entfernt bleiben. Die sagen uns nämlich, dass mit all den verschiedenen Gesängen, die sie haben, eine Fliege ein bisschen Dreck aufschnappen kann und damit dann auf dir landet. Und das bisschen Dreck, die Erde, die kann dich dann, wenn sie auf dich fällt – weil sie den mächtigsten Gesang in sich hat – vernichten, wenn du dem Platz zu nahe kommst.

Wie auch immer: Die Heilerfrau hält einen Haufen Termiten, ein Bett voller zu Mehl zerstampfter Ameisen, für den Säugling bereit. Sobald der geboren worden ist, kommt eine andere mit einem Steinmesser, schneidet die Nabelschnur durch, nimmt diese feine Erde und reibt es damit ein, um es auszutrocknen; und dann kommt es gleich in eine Trageschüssel. Sie haben also ein spezielles Termitenbett und eine Feuerstelle, über die sie das Kind geben; die Hitze verschrumpelt es. Und sie holen ein besonderes Gras, ein sehr weiches, um es darauf zu legen. Dann machen sie das Bett der Ngardan-Ameisen nass, dass der Dampf gross aufsteigt, und legen sich hin; das heilt all den Schmerz und die Wunden und was immer sie um den Bauch und Rücken haben. Das Baby selbst wird 'gekocht', nachdem man es ebenfalls auf das Ameisenbett gelegt hat.

Dann schauen sie, ob es ein Muttermal hat, weil der Kurznasenbeutler [im Mythos vom Mond] ebenfalls einen kleinen Fleck am Rücken hatte. Darauf informieren sie alle: 'Wenn in eurer Familie einer verstorben ist, dann haben wir ihn hier'. Sie nennen das *Dingaraja*; die Weissen hingegen nennen dies 'Reinkarnation'. Du kannst dann kommen und ihn anschauen, nicht aber ihn hochheben, sonst kriegt das kleine Kind einen Schock und stirbt. Deshalb muss man sich von ihm fernhalten, bis es grösser geworden ist. Später respektieren sie es als Teil einer Familie und kommen zurück. Und dann gibt es eine spezielle Zeremonie und alle tanzen zusammen; seine ganze Familie geht zu dem kleinen Kind und gibt ihm den Schweiss, damit es ein langes Leben hat."[47]

Für die Beschneidungszeremonie, für die eine stahlharte Klinge aus Quarz gefertigt wird, wartet man die Hitzezeit ab, in der der Körper am stärksten dehydriert ist. Als Kalender dafür diente die Blüte jenes Blutholzbaumes (*Eucalyptus foelscheana*[48]), dessen cremig weisse Blüten durch den Honigtau der Blattläuse zum 'Zuckerblatt' werden. Bei der Zeremonie werden glühende Stöcke in die Luft geworfen, um Unheil abzuwenden; die offene Vorhaut wird dann mit Feuer desinfiziert. Das ist bei den kleinen Jungen so. Die zweite Beschneidung findet für die Achtzehnjährigen statt; dabei wird die Harnröhre oben mit einem glatten Stift verschlossen und darunter – durch eine Subinzision – offen geschnitten. Damit wird der Junge zum Mann und darf heiraten.

Dieser Schnitt wird durch das Einschneiden des Ohrs des Schöpfungshundes symbolisiert. Andere Zeremonien wiederum schützen vor der unheilvollen Macht Gorrondolmis auf Initianten oder helfen, die Jahreszeiten zu regulieren.[49]

REINKARNATION

Im nördlichen Arnhemland müssen sich die Totenseelen zuerst in Der Regenbogenschlange der Milchstrasse verwandeln, bevor sie als Kinderseelen in das Wasser der Erde zurückkehren, wo sie sich über Flüssen der Wasserlöcher als Regenbogen zeigen können; sie dringen dann in den Leib einer Frau ein, die sie derart wiedergebiert. Die Seele eines Menschen wird dabei als skelettartig dargestellt. Zu trennen ist diese Reinkarnation vom Schatten eines Menschen, der eine von seinem Werfer – ob Baum oder Lebewesen – unabhängige Existenz führt. Stirbt jemand, geht sein Schatten in den Fels ein oder wird zu einem Fisch.[50]

Bei den Wardaman werden die Seelen der Toten von der Geisterfrau Meereebena in die Milchstrasse gebracht. Zugang zu ihr bietet

Das Loch von α Lyrae. Sie durchlaufen dann eine Reihe von Zeremonien (die sie so ähnlich auch gespiegelt auf der Erde mitgemacht haben) in Sagittarius, überwacht vom Keilschwanzadler in Aquila und angeleitet von Der Grossen Grundel in Bootes. Nach Vollzug dieser Zeremonien fallen sie wieder als Sternschnuppe auf die Erde, um dann ins Wasser zu gelangen, wo sie von Grundeln mit Algen ernährt werden, während sie darauf warten, dass ihre Mutter zu ihrer Wiedergeburt vorbeikommt: Denn dann springen sie in sie, sodass sie schwanger wird.[51] Auch auf den nördlichen Inseln Bathurst und Melville glaubt man an ähnliche Formen der Wiedergeburt wie bei den Wardaman.[52]

Wie Die Regenbogenschlange zu den Seelen kam, wird bei den Anula am Golf von Carpentaria erzählt. Nachdem die alte Erdmutter ihren Grabstock in die Erde geschlagen hatte, damit den Menschen erstmals Nahrung im Boden wuchs, sang und tanzte sie. Dabei fielen ihr die bereits gesammelten Yamswurzeln aus dem Korb, die sich in Geisterkinder verwandelten. Die Regenbogenschlange saugte sie wie Blätter in einem Wirbelwind empor und trägt sie seitdem über das Land – wobei die Frauen möglichst vermeiden, sich diese aus ihrem Fleisch geborenen Geisterkinder einzufangen.[53]

KOSMOGONIE

Die folgende Schöpfungsgeschichte ist aus verschiedenen Versionen kompiliert, die Yidumduma Bill Harney bei unterschiedlichen Gelegenheiten, in mehreren Publikationen und in Videos auf einer Webseite erzählt hat, einmal hier, einmal dort ins Detail gehend. Sie besteht aus zwei Hälften: einerseits der Schilderung der primordialen Welt, andererseits dem Beginn der heutigen Welt, die durch den Schnitt in die Ohren des Schöpfungshundes Mordborronggo zustande kommt.

Der Mythos beginnt damit, dass das erste greifbare Wesen, die Erdmutter, aus einem Loch in der Erde kommt. Dieses Motiv findet sich – passend zu unseren ostafrikanischen Wanderungen – auch bei den Orokaiva ganz im Osten Neuguineas; bei ihnen heisst es ebenfalls, dass ihr Volk aus einem Loch oder einer Höhle im Berg gekommen sei.[54]
Dann zeugt diese Erdmutter Dungdung – auch 'Froschdame' genannt – mit Regenbogen Gorrondolomi die Fischleute und danach mit dem Himmelsboss Nardi die Blitzleute. Sie waren jene ersten Lebewesen auf der Erde, im Wasser und in der Luft, in einer sich erst entwickelnden, beständig sich noch verwandelnden Welt, deren Kinder zu ersten Menschen wurden, den Blitzleuten: die sich später in Vögel, Echsen oder Bäume verwandelten.

DIE ENTSTEHUNG DER WELT UND DER STERNE

"Am Anfang gab es in diesem Land keinen Baum, kein Gras, keine Felsen: Alles war öde, es gab nichts in diesem Land. Erst später haben die Schöpfungswesen all die Geschichten und Lieder zusammengestellt und in eine grosse Gesangslinie gebracht, doch zuerst war alles leer: Es gab keinen einzigen Stein, keinen Baum, keinen Vogel, kein Känguru, nichts.
Die ersten drei Leute in diesem Land, das waren der alte Regenbogen, den wir *Gorrondolomi* nennen: Er hat das Wasser gemacht im Meer, das man *Yi-Goyoginm* nennt, das Salzwasser. Als er dann im Meer darauf herumschwamm, traf er die Froschdame, die *Dungdung* genannt wird und die Erde stark hält. Sie schuf die *Gonjon* [auch 'Grab'][55] genannte Erde, das Festland, auf dem wir heute gehen.
Sie war aus der Seite der Erde gekommen, durch ein *Luwun* ['Höhle'][56] – ein grosses Loch, in dem sie hauste. Sie war aus dieser Höhle hinausgegangen, hatte sich umgeschaut und den alten Regenbogen auf dem Wasser treiben gesehen. Dungdung ging zu ihm hinüber, um mit ihm zu reden. 'Wo bist du her?', fragte er. 'Ich komme von unter der Erde', sagte Dungdung. Dann setzten sie sich hin und begannen miteinander zu reden und wurden ein Paar. Sie setzten sich gemeinsam hin und bekamen viele Kinder, alle im Wasser, die ganzen Fischleute, die Seeschildkrötenleute, die Garnelenleute, die Krokodilleute, alle im Salzwasser.
Als die alte Dungdung ins Land hineinspazierte, um wieder auszutrocknen, wollte sie einen Blick auf ein paar dieser Kinder werfen. Als sie bei ihnen sass, kam ein alter Kerl, Der Bossmann Nardi, im Süden vom Himmel herab, geradewegs neben ihr; er hatte sich an seinem Spinnenfaden herabgelassen. Als sie ihn sah, fragte

Dungdung: 'Woher kommst du denn?' Er erwiderte: 'Ich komme von ganz oben'. Und dann fragte er sie: 'Und wo kommst du her?' 'Ich komme aus der Seite der Erde'. 'Oh', sagte er. Dann setzten sie sich gemeinsam hin und redeten miteinander und begannen sich zu mögen.
Nun hatte Dungdung ein Problem, denn sie mochte Regenbogen und den anderen. Wie auch immer: Sie zeugte auch zusammen mit Nardi viele Kinder auf dem Land, die Blitzleute, die in den Boden einschlugen. Diesen Blitzleuten gehört der Boden in diesem Land. Anfangs waren sie alle noch *moodoo*, das heisst, jeder war stumm; erst später wurden sie welche, die einen Mund hatten, damit sie sprechen konnten.
Als sie erwachsen wurden, sagte Dungdung: 'Wir werden jetzt drei Gesetze machen. Starke Gesänge und Zeremoniengesetze für die Männer, wo keine Frauen hindürfen; starke Frauengesetze, wo keine Männer hindürfen; und normale Gesetze, wo alle zusammenkommen und fröhlich sind. Wir erfinden alle Arten von Zeremonien und benennen sie.' Diese Zeremonie für alle, wo das Didgeridoo geblasen wird, heisst *Warranggin*.
Nardi hat dann all die Jungen gelehrt, all die Männergesänge, und Dungdung die Mädchen, all die Frauengesänge. Sie machten die verschiedenen Muster und dachten sich die unterschiedlichen Totems für alle aus – mit dem Gesang. Und mit dem Gesang schufen sie auch die einzelnen Pigmente. Sie gaben die ganze Erde zusammen, um ein weisses Pigment zu machen, das *Galyji* heisst. Sie gaben die ganze Erde zusammen, um roten Ocker zu machen, der *Liwin* heisst. Sie gaben die ganze Erde zusammen, damit sie durch den Gesang gelb wurde; das Pigment heisst *Gilirringa*. Und an einem schwarzen arbeiteten sie ebenfalls, indem sie einen Gesang dafür machten, dort, wo der Baum mit der Rinde wächst, um aus der Holzkohle ein Schwarz zu machen, das *Morrong* heisst.
Nachdem ihre Kinder gross geworden waren, brachten sie ihnen das Singen bei. Sie haben Den Grossen Schöpfungsgesang gemacht, und die Geschichten, überall im Land, ringsherum; wie sie all die verschiedenen Geräte und Pflanzen erfunden hatten, wie man isst und die Erde besingt, um Früchte wachsen zu lassen. Sie hiessen sie ihre Körper mit Farbmustern und Kopfschmuck zieren, wie man sie für die Zeremonien anlegt, und zum Gesetzesplatz zu gehen. Unter Nardis Anleitung benannten sie dann die verschiedenen Pflanzen und die unterschiedlichen Böden, die Erde und alles, und sie erfanden auch die unterschiedlichen Geräte und Werkzeuge, einfach alles.
Dann brachten sie ihnen all die Männer- und Frauengesänge und Tänze bei, um sie zusammenzubringen. Jeder war am Singen und Tanzen und die alte Dame Dungdung ging mit den Mädchen zu einem anderen Platz, weg von den Jungen, um all die Gesetze der Frauen, die Frauenzeremonien zu machen. Und Nardi nahm die Jungen, um sie die Männerzeremonien zu lehren, Gesänge, das Gesetz, wie man versteht, aufpasst, erkennt, sich ums Land kümmert. Und sie machten den Gesang und die Geschichte, wo jeder Tauschhandel betreiben muss, um zu heiraten und Kinder zu kriegen, die dann gross werden. 'Du musst dem Totem deines Vaters folgen', sagten sie zu ihnen; 'Du folgst auch einem bisschen von deiner Mutter'. Und so waren alle sehr zufrieden; sie tanzten viel, jeder schrie, dass er der bessere Tänzer sei, und machten deshalb viel Lärm im Land.
Der alte Regenbogen, der am Meeresgrund war, wurde davon geweckt; er kam aus der Mitte des Meeres, schaute über das Land und sah so viele Leute herumwandern. Er ging zur alten Dungdung hinüber und sagte: 'Warum hast du das gemacht, weshalb hast du so viele Kinder auf dem trockenen Festland? Es sollten doch alle im Wasser sein!'
Dungdung erwiderte: 'Nein, wir haben jetzt zwei verschiedene Haufen, einen im Wasser, und einen auf dem Land.' Da sagte Regenbogen: 'Nein, ich will, dass alle im Wasser sind. Ich werde das Wasser über das Land bringen.' Er ging zurück und stimmte einen langen grossen spirituellen Gesang an, den wir *Yarrirndi* nennen: Durch ihn quoll Wasser auf.
Er sang und liess damit das Wasser steigen und es kam über dieses Land; es überflutete die ganze Welt und begrub alles darunter. Das Land stand in einer grossen Flut, die wir *Ngubalngubal [Ngabaringabari]* nennen. Man hat einen Gesang darüber gemacht:

Juliny-gy juliny-gija,	Nasses schlammiges Land,
ngabari ngabarla,	Wasser blitzend mit jeder kleinen sich hebenden Welle,
gayirra jarlbanga,	spritzend durch das flache Wasser laufend.

Als die Flut näherkam und das Land überflutete, wanderten all die kleinen Blitzleute los. Da kam Nardi vom Himmel herab, um all seinen Kindern zu helfen. Er schritt durch das Wasser, das ihm bloss bis zur Hüfte ging, weil er ein grosser, langer Mann war: Er war einer der *Mimih* [menschenähnliche, sehr dünne Geister, die nicht von Schöpferwesen abstammen, in Felsen leben und den Aborigines die Felsmalerei beibrachten].[57]
Er griff sich all die kleinen Blitzleute, brachte sie aus dem Tiefland in die Höhe und setzte sie auf die Kuppe eines hohen, weichen Hügels [McClure Hills] und einen Berg [Mount Gregory], von wo sie zuschauten, wie das Wasser stieg.
Und Regenbogen schwamm oben auf dem Wasser und seine Kinder waren bei ihm, Die Grosse Grundel und die Riesenbarsche. Er befahl ihnen, diese Leute von den Berghöhen ins Wasser zu saugen. Und Die Grosse Grundel tat es und saugte ein paar der Leute ins Wasser; manche wurden hineingesogen, manche nicht.
Der Regenbogen schwamm auf dem Wasser, er wollte das Land unter sich begraben, all die verschiedenen Vögel und Kängurus, die man heute sieht, die da alle noch menschlich waren und alles, was sie machten, erst erfanden.
Einer der Blitzleute, der heute ein kleiner Vogel ist, den wir *Wagwag* nennen – Krähe –, der war es etwa, der all die Steingeräte erfand. Aus dem Schlamm machte er die Steinaxt, die wir *Garlbang* nennen, und den Steinspeer, den wir *Ginydan* nennen, indem er den Schlamm zu einem langen Stock formte und ihn besang, und er machte auch die verschiedenen Feuersteine, die Steinklingen und Schaber, aus dem Schlamm.
Er formte sie und sang ein Lied, das die Speerspitze richtig hart werden liess:

Ginydan birrinyaneyi,	Die Feuersteinspeerspitze, die sich im Erdofen erhitzt,
Ginydan birrinyaneyi,	Die Feuersteinspeerspitze, die sich im Erdofen erhitzt:
Wurrugugu wurrugugu.	Lass die Spitze hart werden, lass die Spitze hart werden.

Damals gab es noch keine Vögel in diesem Land, nur die Blitzleute. Einer von denen aber wurde zu einem Vogel, er verwandelte sich von einem Blitzwesen in den kleinen Vogel Wagwag: Krähe. Er war es, der all die Steinwerkzeuge erfand; er machte alles, die Speerspitzen, Steinbeile, Schaber, aus dem Schlamm – den er besang, damit er richtig hart wurde. Und er dachte sich, man könnte den alten Regenbogen speeren, um ihn loszuwerden; vielleicht läuft dann das Wasser wieder ab. Wenn wir Den Regenbogen im Wasser lassen, werden wir alle bald unter Wasser stehen.
Und so fertigt Krähe – der damals noch ein Mensch war, der Mäuse jagte – erst einen (Holz-)Speer und übergibt ihn einem der beiden alten Blitze, Jabarringgi. Der steckt ihn in seine Speerschleuder, schiesst, trifft den alten Regenbogen und schneidet ihm den Schwanz ab. Der versteinert zum Regenbogenfels Mondorl-ya; aber tot war Gorrondolmi deswegen noch lange nicht. Der alte Regenbogen wird bloss zornig, singt weiter und lässt das Wasser nun umso schneller steigen.
Da bringt Krähe eine [steinerne] Speerspitze, die scharf genug ist, wie er meint, um den alten Regenbogen zu speeren und das Wasser loszuwerden. Und dieser Kerl, Schlangenhalsvogel [in Cygnus], hebt sie auf und meint, sie könnte Regenbogen unschädlich machen. Er besingt die Speerspitze, damit sie geradewegs zu Regenbogen schiesst – wodurch sie eine spirituelle Linie auf ihrem Rücken kriegt. Und dann übergibt er sie Dem Silberfalken, weil der den besten Gesang dafür hat, mit dem er schon die Sternschnuppen herabschiessen liess.
Der nimmt nun den Speer und schleudert ihn vom Hügel Barnaangga-ya am Mount Gregory auf Regenbogen. Der nahm die Speerspitze und besang sie, dass sie wie eine Feder aussah und gerade fliege und den alten Regenbogen töte. Der Silberfalke war es auch, der den Speer warf, der geradewegs über das Land hinweg und auf Regenbogen zuflog. Er traf die alte Regenbogenschlange hinten im Genick und schlug ihr den Kopf glatt ab. Regenbogens Kopf fiel herab – und das Schwanzende blieb übrig, aus dem dann all das Wasser ausrann. Das Schwanzende blieb bei dem Hügel und der Kopf landete dort und die zwei Augen fielen heraus und landeten da drüben im Westen und wurden zu Felstümpeln, die die heute 'Regenbogenaugen' heissen.
Und da hatte Gorrondolmi keine Kraft mehr, um das Wasser oben zu halten; es floss nun wieder in den Wirbel zurück, den Regenbogen mit seinem grossen spirituellen Gesang hatte aufsteigen lassen, und verschwand in diesem Mahlstrom: sodass es nun da ist, wo es heute ist.

Und dann gingen alle Blitzleute hinüber und stoppten durch ihren Gesang das Wasser und befahlen ihm, nicht wieder herzukommen. So entstand der Meeresspiegel! Deshalb kann er jetzt nicht mehr ins Binnenland kommen!"

H, C | H 89 | 90, C 32, 33–34, D und H1 77–84

Derart beschneidet die Erfindung des Steinmessers Regenbogens Macht. Offenbar weil es dauert, bis die Flut wieder zurückgeht, das Wasser noch verschmutzt ist und Nardi zudem seine Kinder bei sich haben will – der eigentliche Grund wird in keiner Version ausgeführt –, holt der Bossmann sie in den Himmel.
"Der alte Nardi wirkte vom Himmel aus und brachte dann all diese Blitzleute wieder hinunter, indem er sie von einem breiten grossen Bastbeutel springen liess, der wie ein Korb war. Alle wanderten dann herum, um Nahrung zu suchen. Danach sang er heraus: 'Jetzt kommt wieder zurück, springt in diesen grossen Bastbeutel', und zog sie so wieder in den Himmel hinauf, um dann andere von dort herabzulassen."[58]
"Sie alle suchten im Schlamm nach Nahrung und hielten zugleich ihre Zeremonien ab. Viele von ihnen starben aber, weil es kein Wasser gab. Sie baten den alten Nardi, Wasser zum Trinken zu bringen. Also grub er ein Loch in den Boden und besang es. Darauf nahmen die zwei grossen Gesetzgeber der Blitzleute, die Brüder waren – die beiden Blitze Jabarringgi und Yagjagbula – dieses Wasser und brachten es quer übers Land. Sie setzten das Wetterleuchten als grosses Zeichen in die Luft, um alle wissen zu lassen, dass es für jeden nun genug Wasser zu trinken gab."[59]
"Eines Tages aber brachte Nardi alle Leute vom Himmel herab."[60]

Die nun aus der Flut hervorgegangene Erde wird durch den neu erfundenen Regen und die vom Schwarzkopfpython geschaffenen Flussrinnen fruchtbar (die Geschichten dazu werden bei den Sternbildern erzählt). Doch kommt es jetzt zu einem wahrlich einschneidenden Moment, der diese primordiale Welt schlagartig beendet und sie und ihre Lebewesen so formt, wie sie sich heute darbieten: Und zwar durch einen Brüller des vom Blitzjungen Wurren getriezten Schöpfungshundes Mordborronggo.
Als grösstes Raubtier der Schöpfung trägt er den Gesangsbeutel, der die spirituellen Wege enthält, all das Wissen um das Land und die Zeremonien für Gemeinschaften. Dieser Beutel ist offenbar dafür verantwortlich, dass es im Land je nach Jahreszeit Überschwemmungen oder Dürren gibt:[61] "Es hatte eine grosse Zahl von Schöpfungshunden in diesem Land gegeben. Sie waren ebenfalls Blitzleute, aber sie gehörten mit dem *Ilmengen*, dem 'Wilden', zu einem eigenen Haufen. Das war ein Haufen, der schnell in Wut geriet, und die anderen Blitzleute wollten mit ihm nichts zu tun haben. Die Mordborronggos kamen herüber, um diese Leute zu verjagen, die begonnen hatten, Fussabdrücke wie Kängurus zu hinterlassen, und sich 'Kängurublitze' nannten. Das führte dazu, dass Das Graue Riesenkänguru über die ganze Wüste im Westen durch Becken ins Salzwasser gejagt wurde.
All die kleinen Blitzleute sahen das menschliche Känguru kommen, Den Schöpfungshund dahinter; es dachte sich: Ich könnte zu diesen kleinen Blitzwesen laufen, vor ihnen schrickt der Hund zurück. Dann sah das Känguru ein Loch im Eisenberg und sprang mitten hindurch. Als das Känguru auf der anderen Seite des Eisenberges aufkam, war da ein anderes Loch, in dem ein Mimih-Geist schlief, die Blitzdame. Sie hörte es, stand auf, um nachzuschauen, was los war, und sah viele Hunde dem Känguru hinterherjagen. In dem Moment, wo das Riesenkänguru mit den Augen über den hohen Berg zurücklinste, packte diese alte Mimih-Dame Meereebena seinen Schwanz, bestieg seinen Rücken und klammerte sich an ihm fest.
Zur gleichen Zeit sassen Der Gartenfächerschwanz und Der Schlangenhalsvogel zusammen, um Speerspitzen zu machen, falls der alte Regenbogen noch einmal vorhatte, Wasser ins Land zurückfluten zu lassen. Beobachtet wurde die ganze Szene auch vom Blitzjungen – sowie von Dem Schwarzkopfpython, der mittlerweile Regen und Flüsse gemacht hatte, sowie den anderen Blitzleuten. Sie riefen Dem Kleinen Blitzjungen zu, er könne Den Hund aufwecken, der da auf dem Gipfel des hohen Berges lag."[62]
Mordborronggo hat die Jagd aufgegeben, nachdem das von der Blitzdame gerittene Riesenkänguru flüchten konnte, und liegt erschöpft da. Warum der Blitzjunge sich zu ihm wagen soll, wird nicht ausdrücklich gesagt; jedenfalls geht es auch um eine Mutprobe, die Den Schöpfungshund aufwecken soll:

"Er griff sich einen der Feuersteine vom Boden – ein Steinmesser – und ging zu Dem Hund. Er sang zu ihm hinüber, aber Mordborronggo bewegte sich nicht! Also dachte Der Kleine Blitzjunge, Mordborronggo sei tot! Er dachte sich: Er kann vielleicht aufwachen! Also geh ich und schneid ihm in die Ohren, dann wacht er vielleicht auf. Und so ging er zu ihm, um ihm was anzutun ... und ihm in die Ohren zu schneiden!
Der kleine Junge lüpfte das Ohr Des Hundes. Er spaltete ihm die Ohren. Und da sang Mordborronggo auf, Der Schöpfungshund! Der damit alles im Land zum Stillstand kommen liess! Er verwandelte alles in diesem Land, auch all die Nebel und manche von den kleinen Blitzleuten, die dann ganz anders wurden."[63]

Dieses Ohrenschneiden des kosmischen Beutellöwen ist als Analogie zur Beschneidung und den Skarifizierungen mit einer Steinklinge zu verstehen, die man in einem Mannbarkeitsritus Jungen zufügt. Mit diesem Akt verwandelt sich die Welt in das, was sie heute ist, und all Die Blitzmenschen in die heutigen Vögel und Tiere – um am Ende zu den Sternen am Himmel zu werden: "Bevor Der Kleine Junge das Hundeohr gespalten hat, haben sich alle Bäume in diesem Land bewegt. Alle belaubten! Bäume konnten sich bewegen. Die Felsen aber nie. Und all die Leute, die im Schlamm [der Flut] herumgingen, waren verkleidet und alles. Sobald Der Kleine Junge aber das Hundeohr zu fassen kriegte, sang Der Hund heraus; er heulte auf – und damit kam alles im Land zum Stillstand. Die ganzen Bäume rundherum blieben stehen.
Der [Himmelsbossmann] Nardi brachte zwei Haufen von Familien in seinem grossen breiten Bastbeutel vom Himmel herab. Und als Der Kleine Junge die Ohren spaltete und der Mordborronggo aufbrüllte, verwandelten sich all diese Leute. Ein Mensch wurde zu einem Vogel, einer zu einem Baum.
So verwandelte sich alles und wurde zu Vögeln, Eidechsen, Insekten, Fischen, alles zur gleichen Zeit. Da kamen alle die Blitzleute hervor, stellten sich auf und sangen zusammen eine Gesangslinie, eine gemeinsame Geschichte. Gemeinsam benannten sie alles, die unterschiedlichen Geräte, die sie erfunden hatten, um sie den Leuten heute zum Gebrauch zurückzulassen.
[Die Blitzleute dann,] sie wurden zu Sternen. Der Schatten all dieser Leute aber ging in die Felsen ein; und dort ist er immer noch: in den Felsmalereien. Die Blitzleute auf der Felsmalerei da ganz unten, die haben eine Verbindung zu den Leuten oben im Himmel in den Sternen; so machen sie das heute. Mit der Atmosphäre und all dem, was es heute gibt. Und jetzt kann man all diese Dinge sehen, all die Leute, die ganzen Blitzleute."[64]
"All die Menschen und die verschiedenen Tiere in der Schöpfungszeit, jeder von ihnen, weisst du, erfand alles separat, Tausend und Millionen von Sternen, von kleinsten bis zu Den Kleinen Grünen Wellensittichen [in Canis Maior], die in Schwärmen herumfliegen."[65]
Obwohl sich in der Schöpfungszeit die Welt schlagartig verändert hat, haben Die Blitzleute vom Himmel aus die Gesetze für die Menschen gemacht: "All diese Beziehungen zwischen den Sternen und dem Boden und all das; die Leute, die rauf und runter gingen, beginnend von oben her ... sie sind immer noch verbunden mit den Tieren unten am Boden; es ist Teil des Totems". Das heisst, dass je nachdem welches Tier man am Himmel als seinen Ahnen reklamiert, seine dort festgeschriebene Rolle und Symbolik das eigene Leben prägt.[66]

Die astralen, ewig lebenden, geisterhaften Wesen namens *Marnden*[67] werden auf Englisch mit *Spirituals* übersetzt: Sie haben aber durchaus dämonische Züge, die als 'teuflisch' ausgelegt werden. Zudem können die in den Himmel aufgestiegenen Seelen der Toten zur Wiedergeburt zurückkehren und erneut in menschliche Leiber eingehen; dabei kommen ihre Seelen aus dem Fels und schlüpfen in die Körper von Säuglingen. Um dies zu verhindern, werden Felsbrocken zerschlagen.[68]

In diesem Mythos nicht erwähnt wird ein Wesen namens *Nada*, von dem in einem in den 1940er Jahren kursierenden Mythos der Wardaman erzählt wird: Es trägt die Erde auf seinem Kopf wie einen Schild. Sein Feind ist der alte Himmelsbossmann, der *Utdjungon* genannt wird; wenn die Menschen sich nicht mehr an die Gesetze des Träumens halten, wird dieser einen riesigen Stern auf sie werfen, sie auslöschen und mit Nada kämpfen. Nada wird gewinnen, jedoch die Erde von sich abwerfen – die sich dabei umdreht, sodass alle Menschen dann in der Unterwelt landen.[69]

Genetik kann nichts Kulturelles definieren, aber Verwandtschaftsverhältnisse nahelegen. In Anbetracht der direkten afrikanischen Abstammung der Aborigines, der genetischen und geographischen Isolation Australiens, aber auch der Trägheit von so fundamentalen Konzepten wie Schöpfungsmythen in konservativen Gesellschaften, muss in einem solchen Rahmen die Evolution eines Mythos nachvollziehbar bleiben. Im Zuge der kulturellen Selektion und Anpassung kann derart ein Teil seiner Elemente erhalten bleiben, während andere entfallen oder ersetzt werden.

Ein Beispiel für die Integration eines fremden Elements in ein bestehendes Paradigma bietet der Schöpfungsmythos der Mandalbingu, Nachbarn der Wardaman an der nördlichen Küste des Arnhemlandes. Darin findet sich ein Motiv – der zu niedrige Himmel am Schöpfungsbeginn, der emporgehoben werden muss –, das in Südostasien dominant ist (siehe den Sternenhimmel von Palawan) und wahrscheinlich im Zuge des Kontakts unter Fischern nach Australien gelangte, wo es sonst nur noch an der Küste südlich von Sidney nachweisbar ist.[70]

"Vor dem Träumen gab es eine Zeit, als die Welt in völliger Finsternis lag. Die Leute verbrachten ihr ganzes Leben in Dunkel und Kälte. Die Sonne war zwar schon an ihrem Platz im oberen Himmel und leuchtete wie heute, aber der zweite schwere, flache, steinerne Himmel hing wie eine Decke darunter, sodass nichts von ihrer Wärme und ihrem Licht die Erde erreichte. Eine Schar schwarz-weisser Flötenkrähenstare teilte diese düstere Existenz mit den ersten Menschen und war wie sie von der ewigen Dunkelheit bedrückt"[71] – weshalb sie den zweiten Himmel auf ein paar Felsklötze emporheben, wo er dann, kaum dass sie ihn auf einen Berg heben wollen, herunterkracht, zerbricht und den Blick auf den oberen Himmel und die Sonne freigibt.

Die Inklusion dieses zweiten Himmels war möglich, weil der Schöpfungsmythos der Wardaman über die Weltschöpfung selbst nichts erzählt. Integriert wird das Motiv dann aber in den bestehenden Rahmen, indem ein krähenartiger Vogel wie immer für Erfindungsreichtum und Geschicklichkeit steht.

In einem evolutionären Paradigma von Stoffen kann der Schöpfungsmythos der Wardaman nur noch eine Variante jenes Schöpfungsmythos sein, den eine kleine Gruppe des *Homo sapiens* vor rund 50 000 Jahren nach Australien mitbrachte. Er kann nur ein Halm in dem ganzen Büschel von Varianten sein, die danach aus dieser 'afrikanischen' Wurzel in Australien gewachsen sein müssen.

Das belegen die Schöpfungsmythen der mehr als 1000 Kilometer weiter südlich lebenden Aranda und Luritja um Hermannsburg in der Gegend von Alice Springs. Anders als die Wardaman mussten sie sich an die Wüste, deren Landschaft und deren Tiere adaptieren; anders als die Wardaman übernahmen sie auch in den letzten Jahrtausenden eine Pama-Nyungan-Sprache. Dennoch zeigen ihre Schöpfungsmythen und jener der Wardaman eine gemeinsame Herkunft, vermögen sie erwartungsgemäss auch einiges zu erhellen, was bei den Wardaman nur noch rudimentär vorhanden, aber nicht mehr mythisch kontextualisiert wird.

So beginnt der Schöpfungsmythos der Aranda wie jener der Mandalbingu ebenfalls in der Finsternis: "Am Uranfang ruhte alles in ewiger Dunkelheit: Nacht bedrückte die Erde wie ein undurchdringliches Dickicht." Darin liegt das Erste Wesen, ein Mann, am Grunde eines ausgetrockneten Wasserloches – bis ihm viele kleine Kurznasenbeutler aus dem Nabel und den Achseln kriechen und sich durch die Erde nach oben graben, wo dann erstmals die Sonne aufgeht; worauf aus seiner Achsel ein Schwirrholz kommt, aus dem sich der Erste Mensch entwickelt, ein Junge.[72] Für die Entstehung der Lebewesen stehen also Tiere Pate, die sich vor der heissen Trockenzeit unter die Erde verkrochen haben: ob Kurznasenbeutler oder Erdfrösche und Warane wie bei den Wardaman.

Bei den Aranda ist sodann zuerst der Himmel bevölkert. Dort gibt es ein höchstes gutes und ewiges Wesen, einen starken langhaarigen Riesen mit Emufüssen, der auf dieser oberen Welt voller Vögel, Kängurus, Bäumen und Quellen, in der die Milchstrasse ein Fluss ist, viele Frauen und Kinder hat. Die Sterne sind deren Lagerfeuer, mit Ausnahme einiger Sternbilder, die zum Himmel aufgestiegene Totemwesen darstellen. Ein am Himmel prominenter Emu, der Himmel als bevölkertes Festland, der in der Milchstrasse sichtbare Feuerrauch sowie die aufgestiegenen Totemwesen – all dies gibt es auch bei den Wardaman. Und so wie bei ihnen beginnt auch die Urzeit der Erde mit einer Flut: Die ewige Erde ist da noch vom Meer bedeckt, aus dem bloss einige Berge hervorragen, an deren Hängen einzelne, mit göttlichen Kräften ausgestattete, unsterbliche Wesen wie die Känguru- oder die Entenmänner leben, die auf der überfluteten Erde keine Nahrung finden und deshalb wiederholt selber in den Himmel steigen, um dort zu jagen und mit Beute zurückzukehren[73] (während sie bei den Wardaman von Nardi herauf- und herabgeseilt werden).

Es gibt aber auch schon Erste Menschen, wenngleich sie noch unterentwickelt sind: die Glieder, Zehen und Finger, Augen und Ohren ebenso zusammengewachsen wie der Mund, weshalb sie so stumm sind wie anfangs bei den Wardaman. Und wie bei diesen, gibt es bei den noch hilflosen Menschen einerseits Landbewohner, andererseits Wasserbewohner. Anstelle des Falken und seines Speeres bei den Wardaman ist es hier der Krähenwürger, der mit seinem Stock dem Wasser befiehlt fortzugehen. Da im Schlamm dann nichts Essbares zu finden ist, steigen einige der unsterblichen Totemwesen über Berggipfel in den Himmel, was dem obersten Emumann zu viel wird, weshalb er ihnen den Rückweg abschneidet, den Berg versinken lässt und sie somit gezwungen sind, dort oben zu bleiben, wo sie jetzt als

Sterne ein ewiges Dasein führen[74] – was bei den Wardaman nur noch skizziert wird.

Aus unterirdischen Höhlen, in denen sie bis dahin lebten, kommen nun weitere Totemwesen an die Oberfläche, die sich jederzeit in Tiere verwandeln können, die nun ihre heutige Gestalt erhalten, und sich nach ihrer auch in Felsen und Bäume verwandeln: Von denen wiederum Kinderkeime in die Frauen übergehen können.[75] Diese Metamorphosen und Reinkarnationen spielen bei den Wardaman ebenfalls eine grosse Rolle – wobei die Mythen der Aranda auch erklären, weshalb die Echsen so wichtig sind und woher die Gesetzesmänner kommen. Denn bei den Aranda ist es eine aus dem Norden eingewanderte, fliegenfressende Eidechsenart, die mit einem Steinmesser die hilflos verwachsenen und miteinander zusammengewachsenen Menschen auseinanderschneidet, ihnen Finger und Zehen trennt, das Glied beschneidet, Augen und Mund aufschlitzt und die Ohren öffnet und ihnen Gesetze und Zeremonien gibt. Ameisenigelmänner, Kängurumänner und zwei Falkenmänner tun dann Ähnliches.[76]

Bei ihren westlichen Nachbarn, den Luritja, lebt ebenfalls ein riesiges Mischwesen aus Mensch und Emu mit seiner Familie im Himmel, der für die jungen Männer den astralen Gesangslinien der Wardaman vergleichbare Zeremonien abhält. Die Sterne sind Lagerfeuer auf einem gewölbten, fruchtbaren Festland voller Bäume und Tiere um den Fluss der Milchstrasse; aber er ruht – wie im panamerikanischen Mythos – "auf steinernen Beinen", wobei Furcht herrscht, er könne einstürzen und die Menschen erschlagen.

In der Urzeit ihrer ewigen Erde gab es jedoch keine Flut, obwohl es einen Regen-Häuptling gibt, der als sein Totemtier eine pythonartige Wasserschlange hat.[77] Stattdessen kommen die Totemwesen gleich aus der Erde hervor und hatten – wie bei den Wardaman auch von Anfang an menschliche Gestalt. Und wie bei diesen gibt es einen Mordborronggo, mit dem bei den Loritja die Schöpfungsgeschichte beginnt: als nämlich eines Tages ein böses Wesen in Gestalt eines riesigen, weiss und schwarz gestreiften Hundes mit weissen Streifen längs des Kopfes aus dem Westen kam und die ersten, verwachsenen Menschen verfolgte, die von einem Krähenwürger versorgt worden waren, bis sie eine Echse überall einschnitt. Auf der Flucht vor diesem Hund verwandelten sich diese Menschen daraufhin – auch ohne wardamanischen Beschneidungsschrei – in die heutigen Tiere, darunter auch ein rotes und graues Känguru, das vor ihm davonlief.[78] Zwei 'Gute' aus dem Osten jagten ihn bis zu einer Höhle im Felsen, wo sie ihn mit Qualm erstickten. Nach vielen Wanderungen behielten viele Menschen dann Tiergestalt oder wurden zu Bäumen und Felsen.[79]

Die Sonne ist bei den Luritja eine Frau, die nachts, sich in der Achselhöhle von Menschen versteckend, nach Osten wandert – was zum Achselhöhlenmotiv der Sonne bei den Buschleuten Bezug hat. Der Morgenstern war bei ihnen ursprünglich einer von zwei mit Speeren bewaffneten Zwillingen – was sich wiederum mit den panamerikanischen Heldenzwillingen vergleichen lässt. Die Plejaden stellen bei den Luritja, wie sonst oft in Australien, viele Mädchen dar;[80] bei den Aranda gehören da noch die Hyaden hinzu, als zwei Reihen von Mädchen, die noch nicht initiiert worden sind.[81]

Diese Zusammenschau lässt deutlich erkennen, dass sich das, was sonst für die panamerikanischen Schöpfungsmythen charakteristisch ist, auch in Australien dokumentieren lässt. Das einzige Motiv, das fehlt, sind Erzählungen der unterschiedlichen unterirdischen Vorwelten: Diese sind offenbar erst nach der Migration des *Homo sapiens* durch die Polarnacht und wieder aus ihr heraus entstanden. Doch auch bei den Wardaman beginnt die Welt in Finsternis, kommen die ersten Lebewesen als Hybriden von Tier und Mensch aus Löchern und Höhlen der Erde, gibt es eine Flut, die mit dem Kampf um ein Ungeheuer verbunden ist, gibt es Heldenzwillinge, ist ein Krähenvogel ein Kulturheros (wie bei den Dene und Inuit) und ein hundeartiges Tier ein ewiger Unruhestifter (dem Kojoten der Südlichen Dene gleich), stellt das Erste Volk eine Schöpfergeneration dar, die der Welt ihre heutige Gestalt und ihre heutigen Sitten verleiht, bevor sie ganz in das Himmelsland übersiedelt, sind Sonne und Mond Menschen und die Sterne seither deren Zeugen.

Die in den Amerikas, Europa, Afrika und nun in Australien erkennbaren Parallelen der mit den jeweiligen Sternenhimmeln verbundenen Schöpfungsmythen lassen sich ebenso weltweit auch an einzelnen Elementen der Sternenhimmel selbst feststellen. Was bewahrt wird, sind nicht nur Gene, sondern auch Meme.

ALTER UND TRANSFER VON STERNBILDERN

Wie tief in die Vergangenheit eine orale Überlieferung reichen kann, ist eine ungeklärte Frage. Der allgemeine Konsens scheint bei 500 bis 800 Jahren zu liegen, über die hinweg ein Inhalt tradiert wird, ohne bis zur Unkenntlichkeit überformt worden zu sein. Ein Gegenbeispiel ist uns bei den Südlichen Dene begegnet, wo eine von Herodot aufgezeichnete Geschichte über die Seidenstrasse 1500 Jahre später zu kalifornischen Indigenen gelangt. Ein anderes Beispiel bietet der Stamm der Klamath in Oregon, der die Erinnerung an einen Vulkanausbruch vor 7650 Jahren in seiner Überlieferung bewahrt hat.[82] Noch weiter zurück scheinen Geschichten über den vor 50 000 Jahren ausgestorbenen *Homo florensis* zu gehen, die detailreich auf Flores kursierten.[83]

Ebenso weit reicht offenbar auch die Erinnerung australischer Aborigines. So haben einzelne Gruppen überall entlang der Küste

21 verschiedene Orte betreffende Geschehnisse bewahrt, die vor 14 500 bis 7250 Jahren vom steigenden Meeresspiegel abgeschnitten und unbewohnbar wurden – wobei davon als Flut erzählt wird.[84] Einige dieser Erzählungen liessen sich stellenweise schon auf die Bildung des grossen Salzsees von Carpentaria vor 40 000 Jahren beziehen.[85]

Dazu gehört die folgende Legende aus dem Arnhemland, in der zuerst eine verlorene Schlacht der Tiere gegen die Vögel erzählt wird, worauf Känguru, Emu und Fächerschwanz beschliessen, das Meer in die Lagunen eindringen zu lassen, damit die Vögel kein Zuhause mehr haben und weniger egoistisch werden. Ein Traum offenbart ihnen eine Stelle mit einem magischen Knochen, wo sie dann mehrere dieser (fossilen) Knochen finden, die alle in dieselbe Richtung weisen.

Känguru braucht nur einen davon in den Boden zu stecken, und schon gräbt er von selbst in die Richtung weiter, in welche die anderen Knochen zeigen: "Er liess einen tiefen Graben zurück. Und da kam plötzlich ein Donnern und als die Freunde zurückblickten, sahen sie schaumgekrönte Wellen und einen Sturzbach in dem Graben, den der Knochen gezogen hatte. ... Die drei Freunde rannten schneller und das Wasser lief hinter ihnen her, füllte den Graben, ergoss sich ins Marschland und überflutete die Lagunen, bis auch die überschwappten und die Bäume und das Schilf unter Wasser standen ... Nachts war dann kein einziger Vogel, kein Tier mehr zu sehen. Die fruchtbare Marsch lag nun unter einer weiten Fläche von Wasser, die sich bis zum Horizont erstreckte. So bildetet sich der grosse Golf [von Carpentaria]."[86]

In der oralen Überlieferung der Aborigines in den Kimberleys wiederum hat sich eine Erinnerung an die Ersten Menschen bewahrt, die – wie der erste *Homo sapiens* – aus dem Norden kamen, all die Überlebenstechniken mitbrachten und die Gesetze der Gemeinschaft etablierten,[87] ebenso wie bei den Aranda und Luritja, für die alles Gute weiterhin aus dem Norden kommt.

Eine solche Erinnerungstiefe erklärt, weshalb nicht nur Felsmalereien der australischen Megafauna, die durch menschliche Einwirkung und Klimawechsel nach der Einwanderung des *Homo sapiens* ausstarb, bis heute erhalten blieben. So berichten die Mythen von einem Tier, das mit dem vor 20 000 Jahren ausgestorbenen Beuteltapir *Palorchestes azael* bildlich wie erzählerisch abzugleichen ist. Dasselbe gilt für den Donnervogel *Genyornis newtoni*, der vor über 40 000 Jahren ausgestorben sein muss, über den jedoch so detailreiches Wissen erhalten blieb, dass die Knochen dieses Laufvogels von Aborigines mit der Erklärung identifiziert wurden, dass er mit seinen Flügeln einen Mann ersticken und mit seinem Tritt einen Mann umbringen konnte:[88] Das Tier stand höchstwahrscheinlich Pate für Den Emu am Sternenhimmel.

Eine so weit zurückreichende Erinnerungstiefe setzt Stasis voraus: für die zumindest als Korrelat die Umstände einstehen können, dass es über diesen Zeitraum hinweg weder genetische Vermischungen – und damit in der Folge anderweitige kulturelle Einflüsse – gab noch die Technik der Werkzeugherstellung sich änderte. Die dadurch gegebene Kontinuität lässt sich exemplarisch an den Felszeichnungen ablesen, die Bill Harney immer wieder als versteinerte Sternbilder bezeichnet. Auf der westaustralischen Halbinsel Murujuga der Ngarluma-Yaburara reichen sie über 50 000 Jahre zurück; sie zeigen längst ausgestorbene Tiere, dann aber auch jene, die mit dem vor 7000 Jahren ansteigenden Meer kamen: in einer durchgehenden Sequenz, bei der an ein und demselben Ort immer wieder neue Bilder hinzukamen, sodass sich heute geschätzte 2 Millionen (!) davon auf den Felsen finden.[89]

Überlieferungstreue über lange Zeiträume hinweg ist dann gegeben, wenn eine einzelne Gesellschaft isoliert genug bleibt, um Kulturkontakte integrieren zu können, ohne dass ihre Grundfesten davon ausgehebelt werden, wie sich auf der Insel Niue im Südpazifik zeigt. Verstärkt wird dies, wenn eine Gesellschaft grossen Wert auf die Überlieferung traditionellen Wissens legt, weil es überlebenswichtig ist: wie dies für die Aborigines gilt. Befördert wird dies, wenn ein detaillierter Lokalbezug gegeben ist, durch den jede Generation das Wissen um Orte und ihre praktischen wie symbolischen Eigenschaften rituell lernen muss, wie dies auch auf Samoa oder in Malaysien geschieht.[90] All dies ist für die Wardaman umso mehr gegeben, als sie auch ihre Sprache über Zehntausende von Jahren hinweg bewahrt haben (was sich daran zeigt, dass sie sich nicht der sich in jüngster Gegenwart ausbreitenden Sprachfamilie Pama-Nyungan anschlossen).

Ein erstes Indiz für das Alter des Sternenhimmels der Wardaman bietet da Der Schöpfungshund, insofern er einen Spitzenprädator darstellt, der über Dem Teufelshund steht, als welcher Dingos häufig bezeichnet werden. Der Schöpfungshund wird ebenso ausdrücklich vom Dingo unterschieden wie klargemacht wird, dass er sich erst später in ihn verwandelt hat. Sein gestreiftes Fell würde zwar zum ausgestorbenen Tasmanischen Tiger passen, doch ist dieser noch kleiner als der Dingo: Weshalb auch erhaltene Felsbilder plausibel machen, dass mit dem Schöpfungshund ursprünglich der vor rund 40 000 Jahren ausgerottete Beutellöwe *Thylacoleo* gemeint ist.[91]

Ähnliches gilt für das Sternbild eines Krokodiles, das die Euahlayi in New South Wales am Himmel stehen haben, obwohl es dort seit mindestens 40 000 Jahren keine Krokodile mehr gibt.[92]

Was nun folgt, ist eine Auflistung von weltweiten Parallelen zu Konzeptionen des Sternenhimmels der Wardaman, die aus zwei Gründen gemeinsame Wurzeln besitzen müssen. Zum einen, weil bislang kein einziger Sternenhimmel in denselben Sternen dieselben Bilder sah; deshalb ist an ihnen nichts 'Archetypisches', haben sie sich im Gegenteil als kulturspezifische Vorstellungen erwiesen, bei denen Übereinstimmungen umso auffälliger sind. Und zum anderen, weil die Kulturen, denen sie entnommen sind, dasselbe schöpfungsgeschichtliche Paradigma aufweisen – sowohl untereinander wie mit den Wardaman.

Glauben die Wardaman, dass ihre Schöpferwesen sich an inneren Spinnenfäden wie an Seilen vom Himmel herablassen können, so definieren die brasilianischen Bororo die Sterne generell als 'Seilbesitzer' (ohne dass der astrale Mythos dazu – derselbe wie auf Tahiti! – eine besonders gute Erklärung für diese Vorstellung bietet, sondern eher wie eine nachträgliche Begründung für ein bereits existierendes Konzept erscheint). Zudem wird der Himmel der Bororo wie jener der Wardaman fast ausschliesslich von Tieren und Vögeln bevölkert, sind Sonne und Mond zwei Männer, ist Crux die Spur eines Emus, den man als Dunkelfigur in der als Feuerrauch gesehenen Milchstrasse sowie im Kohlensack erkennt.

All dies können keine zufälligen Übereinstimmungen sein, da solche Vorstellungen einerseits recht artifizielle Konstrukte sind, und sie andererseits nicht vereinzelt, sondern in systemischer Ähnlichkeit auftauchen. Das bestätigen Nachbarn der Bororo, die Moscoví, im Gran Chaco Argentiniens. Wie die Wardaman sehen sie den Himmel generell von 'Tieren und Vögeln' bevölkert und in der Milchstrasse, zu der man über einen Baum gelangt, einen Weg und im Kohlensack einen Emu.[93] Eingebunden ist er bei den Moscoví in eine Jagdszene, in welcher Der Emu von zwei Hunden in α und β Centauri gejagt wird: Dasselbe findet sich bei den Boorong im Südosten Australiens, nur dass dort Heldenzwillinge die Jäger sind.[94] Beide Volksgruppen waren bis vor kurzem isoliert genug, dass sich uralte Traditionen bei ihnen erhalten konnten.

Auch in den Anden gibt es systemische Parallelen, die bereits damit beginnen, dass die Schöpfungsfiguren der Mythen ihre Welt auf Wegen gestalten und benennen, wie dies den Gesangslinien der Aborigines entspricht, und zeremonielle Prozessionen auf den sogenannten *Ceques* abgehalten werden. Analog zu den Wardaman sodann gilt dort die Milchstrasse als Weg (oder als Fluss wie bei anderen Aborigines), in dessen Dunkelstellen ein rundes Dutzend Figuren erkennbar sind: Eine Hälfte der Milchstrasse besteht so aus einer ebenfalls mit dem Regenbogen assoziierten riesigen Schlange; dazu gibt es eine essbare Wurzel, die der Yamswurzel der Wardaman entspricht, einen Vater und eine Mutter als gleichsam christianisierte Version Nardis und Dungdungs sowie ein Lama als an die lokale Fauna angepasstes Tier in derselben Dunkelstelle wie Der Emu. Und auch diesem Lama wird nachgesagt, dass es Meere austrinkt und Wasserlöcher füllt, wie dies die Wardaman andeuten und die Kamilaroi an der ostaustralischen Küste ausführlich thematisieren.[95]

Bei den Maya wiederum ist die Erzählung vom Kampf gegen ein Monster, das die Flut auslöst, ebenso zentral wie die Vorstellung eines Weltenbaumes, auf dem man in den Himmel klettern kann: wobei ihr von Tieren und Vögeln bevölkerter Nachthimmel dieselben totemischen Qualitäten wie bei den australischen Aborigines aufweist.

Bei den Südlichen Dene wiederum blieb die Spinne ein astrales Schöpferwesen und bewahrten die vielen Sternbilder der Tiere und Vögel ihren totemischen Charakter. Ebenso blieb auch bei den Nördlichen Dene die Idee erhalten, dass eine Grossmutter Spinne einen an ihrem Faden vom Himmel auf die Erde herablassen kann. Zudem blieb das Element der Initiation in den Sternenhimmel ebenso zentral, erhielten sich sogar kleine rituelle Details, wie dass man nicht mit dem Zeigefinger auf Sternbilder zeigen darf.

Bei südafrikanischen Buschleuten der /Xam ist die Sonne – wie gesagt – mit demselben Achselhöhlenmotiv verbunden wie bei den Luritja. Dazu kommt bei ihnen eine Erklärung für den Halbmond, wonach er monatlich von der als Mann gesehenen Sonne mit dem Messer zerstückelt wird, und er wegen des Hasen den zuvor nicht existenten Tod über die Menschheit gebracht hat. Dieselbe Erklärung des Todes beziehen die Wardaman auf den Mond und den Kurznasenbeutler, und das Motiv des zerstückelten Mondes findet sich bei ihren Nachbarn, den Yolngu im nordöstlichen Arnhemland, in einer vergleichbaren Version. Bei ihnen ist der Mondmann fett und so faul, dass er von seinen Frauen und Söhnen verlangt, ihn zu füttern. Da seine Söhne sich weigern, verprügelt er sie, worauf die Frau nach ihren Beilen greift und Stücke aus ihm heraushackt: wodurch er immer schmaler wird. Dieser abnehmende Mond versucht ihnen zu entkommen, indem er der Sonne folgt, doch vergeblich, denn er stirbt an seinen Wunden – wird aber nach drei Tagen wiedergeboren, um sich dann erneut zum Vollmond auszuwachsen.[96]

Dass die Plejaden in den meisten hier dokumentierten Sternenhimmeln Ende oder Beginn eines Jahres markieren, geht wahrscheinlich auf dieselbe alte Wurzel zurück. Keine Koinzidenz kann jedoch sein, dass das den Plejaden diametral gegenübergesetzte Sternbild sowohl bei den Maya wie den Mesopotamiern als auch hier einen Skorpion (in Scorpius bzw. leicht nach oben versetzt in Ophiuchus) darstellt: womit ein kalendarisch fixiertes Gegenüber am Himmel erhalten blieb, das zwei Jahreshälften markiert.

Noch weniger zufällig ist, dass bei den Griechen wie in vielen Gruppen der Aborigines die Plejaden als Sieben Schwestern gelten.[97] Zum einen sieht man je nach Sicht vier, sechs oder acht Sterne, nie jedoch sieben[98] – wie schon Eratosthenes feststellte.[99] Die Sieben ist somit als symbolische Zahl für 'Viele, Mehrere' zu erachten, ohne dass sich diese Zahl von selbst für diese Vorstellung aufdrängen würde (wieso nicht Acht oder Neun oder Sechs?) – sie entstammt somit einer spezifischen kulturellen Konvention. Die Vorstellung der Plejaden als Schwestern ist gleichfalls kulturspezifisch: Wenn man deshalb in den Anden in ihnen eine Gruppe von Jungfrauen und bei den Griechen wie den meisten Aborigines Schwestern sieht, alle sieben an der Zahl, dann muss dies einen gemeinsamen Ursprung haben.

Bei vielen Gruppen von Aborigines im Westen Australiens fliehen die Sieben Schwestern der Plejaden vor einem von den Sternen des Oriongürtels verkörperten Mann. Bei den Pijantjatjara bezieht sich dies auf den morgendlichen Aufgang der Plejaden am Herbsthimmel, der mit der Brutzeit der Dingos einhergeht. In der damit verbundenen Legende hielten sich die Kungkarungkara, die meist 'Sieben Schwestern' genannten Frauen der Vorzeit, ein Rudel Dingos, um sie vor dem Jäger Njiru zu beschützen. Dem gelang es, eines der sieben Mädchen zu vergewaltigen, das daraufhin starb (was erklärt, weshalb nur sechs Sterne sichtbar sind); unbefriedigt stellte er daraufhin aber weiterhin den anderen nach, bewaffnet mit einem Speer, der seitdem eine rituell phallische Bedeutung hat. Die Frauen nahmen schliesslich ihre totemische Gestalt an und verwandelten sich in Vögel, um vor ihm in den Himmel zu flüchten. Den Dingos zum Trotz folgt Njiru ihnen in den Himmel, wo man ihn nun in den drei Gürtelsternen des Orion sieht, ewig erfolglos den Plejaden hinterher hetzend[100] – seine Fussspuren in schwachen Sternenpaaren zwischen Orion und Plejaden erkennbar.[101]

Bei den Griechen kursierte die gleiche Geschichte, die Eratosthenes "alten Astronomen" zuschrieb: Auch bei ihnen suchen die Schwestern vor dem Jäger Orion Zuflucht, der sie vergewaltigen will (wobei sie sich bei Aischylos in Tauben verwandeln).[102] Bei den Wardaman stellen die Plejaden eine Gruppe von sechs Mädchen und Frauen sowie einem Jungen dar, was den sechs Töchtern Der Nacht der Tuareg entspricht, die ebenfalls einen Jungen neben sich haben.

Noch näher kommen sich diese Vorstellungen, wenn die Aborigines um Adelaide darin Mädchen sehen, die am Himmel essbare Pflanzen sammeln[103] wie dies bei den Tuareg in Mali die Plejaden tun, wenn sie die Wildkörner ihrer Wunderblume sammeln. Und auch bei den Tuareg werden diese Töchter der Plejaden am Himmel ewig weiter verfolgt, von einem Hirten im Aldebaran, der damit nur wenige Schritte von jenem Jäger im Orion entfernt ist, dem die Plejaden-Töchter in Australien versprochen worden sind und dem sie bei den Tuareg gehören.

Die damit erkennbare Nähe der Wardaman und der Tuareg zu einem gemeinsamen Ursprung im Osten Afrikas erklärt auch den sonst rätselhaften Umstand, dass die Schöpfungsgeschichte der Berber sich wie eine eng an die Kosmogonie der Südlichen Dene angelehnte Fassung liest.

Bereits Alfred Howitt (1830–1908), der sich intensiv mit der Kultur der südostaustralischen Aborigines beschäftigte, glaubte, dass die Struktur vieler ihrer astralen Vorstellungen mit denen Europas übereinstimmten. "Es scheint, als wäre solcher Pseudo-Glaube ein Erbe unserer wilden Ahnen, von dem wir uns nicht befreien können", um dann zu ergänzen: "Der Glaube an die Sterne und die Weise, wie sie benannt werden, scheint ein Licht auf den Ursprung unserer Sternennamen, ja sogar auf die Legende zu den Sternbildern der nördlichen Hemisphäre zu werfen".[104]

Mehr als bezeichnend in diesem Zusammenhang ist der Umstand, dass mehrere Sternbilder der Wardaman in Figur wie Identifikation denen Mesopotamiens entsprechen. Dieselben Ausdeutungen einiger identischer Sternregionen sind sonst nur zwischen Maya und Mesopotamiern bei Plejaden und Scorpius sowie zwischen Tuareg und Palawan bei Scorpius festzustellen. Bei den Wardaman hingegen betrifft dies jedoch Corvus, Leo, Aquila, Cygnus, Scorpius und mit Einschränkungen die Milchstrasse und Lyra – was nur durch systemische, auf einen gemeinsamen Ursprung zurückgehende Parallelen, nicht durch kulturelle Koevolution erklärlich ist.

Dass Corvus überhaupt als Krähe gedeutet wird, lässt sich durch die heutige Konfiguration der Sterne nicht erklären, jedoch durch deren Positionen vor 80 000 bis 60 000 Jahren: Denn nur in diesem Zeitraum lassen die Sterne auf Anhieb einen Flügel und in Spica einen Kopf erkennen. In dem von Sumerern wie Semiten geprägten Götterhimmel konnte sich die Krähe erstaunlicherweise halten – offenbar durch ihre lang zurückreichende Tradition, denn eigene Mythen besitzt sie eigentlich keine. Der Rabenvogel weist sich allein durch seine Geschicklichkeit und seinen Erfindungsreichtum aus, die ihn in den Schöpfungsgeschichten der Wardaman, Nördlichen Dene und Inuit zu einem prominenten Demiurgen machen. Wobei er sich zumindest in der Figurierung bei den Mesopotamiern jene Feindlichkeit gegenüber der Riesenschlange bewahrt hat, die ihn im Schöpfungsmythos der Wardaman auszeichnet, in dem die Krähe gegen die die Flut verkörpernde Schlange kämpft. In Babylon hackt er zumindest noch auf ihren Schwanz in Hydra ein – ohne dass ein mythologischer Grund dafür überliefert wäre, so alt scheinen die Sternbilder von Rabe und Schlange schon zu sein. Wobei nicht nur die Symbolik dieser von den Babyloniern *Mushushu* genannten Schlange der Regenbogenschlange der Aborigines entspricht, indem sie aufs Engste mit dem Wasser und Meer verbunden ist und zudem mit ihren Vorderfüssen und vorstehenden Zähnen in einem Tiergesicht auch hier der Regenbogenschlange entspricht: die sich bei beiden Kulturen sowohl als Sternbild wie in der Milchstrasse wiederfindet.

Der Schöpfungshund in Leo entspricht – umsomehr als mutmasslicher Beutellöwe – ebenfalls Dem Löwen der Mesopotamier, sowohl in als auch unter den Sternen von Leo. Obwohl Herrschaftssymbole, haben auch sie bei den Mesopotamiern ihren mythischen Hintergrund verloren, was sich ihrem hohen Alter zuschreiben liesse. Anders ist dies bei den Ägyptern, wo Der Löwe ebenfalls in derselben Region verortet werden kann und eng mit der Sonne, ihren Wendepunkten und dem in diesem Sternzeichen beginnenden Jahresanfang verbunden ist; und auch die Wardaman beginnen mit Leo ihr Jahr. Dies mag eine uralte Tradition des *Homo sapiens* wiedergeben, denn in seiner Herkunftsregion, dem ostafrikanischen Grabenbruch, markierte Leo vor 70. 000 Jahren das Ende der Grossen Regenzeit und den Beginn der Trockenzeit: Denn da ging er Ende April bei Sonnenuntergang im Osten auf; und wenn er dann Ende Oktober nach Sonnenuntergang der Sonne folgte, war die Trockenzeit zu Ende und die Kleine Regenzeit begann.

Ebenso erstaunlich ist, dass sowohl Mesopotamier wie Wardaman in Aquila einen Adler sehen. Die bei den Mesopotamiern erhaltene Legende dazu, die mit ihrer Himmelfahrt zu den ältesten überhaupt aufgezeichneten gehört, findet sich prominent in den Anden wieder, dort jedoch als Kondor und leicht verschoben in Ophiuchus. Der Adler der Wardaman stürzt sich auf Gesetzesbrecher, um sie zu töten. Die Mesopotamier ordnen ihm deshalb Das Leichengestirn zu – und die Griechen halten Den Adler, wie Aratus schreibt, ebenfalls für gefährlich. In Cygnus wiederum erblicken die Wardaman Wasservögel, die Furcht und Schrecken verbreiten, Menschen töten und fressen können – bei den Mesopotamiern wurde daraus ein hybrider, jedoch ebenso furchterregender Leopardenvogel, der weiterhin mit dem Wasser verbunden ist, während die Griechen darin einen noch weit mehr den Ursprüngen entsprechenden Schwan sahen. Der Skorpion ist bei beiden ebenfalls mit einer leichten Verschiebung zu Ophiuchus identisch. Bei den Wardaman ist Der Skorpion als Mischwesen kenntlich, da man an ihm die Namen der einzelnen menschlichen Körperteile lernt; dies lässt sich mit der mythischen Kontextualisierung Des Skorpions bei den Mesopotamiern abgleichen: Denn in deren Epos von *Gilgamesh* sowie in Abbildungen tritt er ebenfalls als Mischwesen von Tier und Mensch auf.

Dass die Mesopotamier noch eine Dunkelfigur in der Milchstrasse erblickten, lässt sich nicht mit Bestimmtheit sagen. Jedoch sind die Parallelen im Schöpfungsmythos zwischen dem Kampf Marduks gegen das Meeresungeheuer Tiamat und dem gegen die Fluten auslösende Riesenschlange, die beide jedes Mal entzweigeschnitten werden, überdeutlich. Da detailliert beschrieben wird, auf welche Weise aus Tiamat dann die heutige Welt entsteht, kann sie nur in der Milchstrasse sichtbar geworden sein.

Bemerkenswert ist überdies Der Trichter in Lyra, von dem aus Krähe alles beobachtet. Der hellste Stern darin war aufgrund der Präzession vor rund 11 500, 37 000 und 63 000 Jahren der Polarstern.

Diese Verbindungen der Sternenhimmel untereinander zusammen mit der genetischen Geschichte Australiens legen nahe, dass es bereits in Ostafrika vor etwa 70 000 Jahren einen ausgedeuteten Sternenhimmel samt Schöpfungsgeschichte gegeben hat, der die Gruppenidentität des *Homo sapiens* bestimmte und sich im Zuge der Migrationen verbreitete: nach Australien, Europa und über Asien weiter über Beringia bis nach Südamerika. Dort wird die Anwesenheit des Menschen in der Sierra de la Capibara mit ihren unzähligen (späteren) Felsmalereien schon vor 20 000 bis 41 000 Jahren datiert;[105] man fand dort offenbar auch Schädel und Parasiten afrikanischen Typs.[106]

In allen dabei entstehenden Kulturen erhielten sich die Grundzüge des Schöpfungsmythos sowie einige Grundelemente des Sternenhimmels; je isolierter diese Kulturen blieben, desto mehr blieb davon relevant und überliefert. Diese Migrationsgeschichte bestätigen die Felsmalereien. Die kognitive Konzeption von Sternbildern und von Höhlenmalereien beruht auf derselben Art des Sehens und Entdeckens von Strukturen, auf derselben Wahrnehmungspsychologie. So wie Felsmalereien erstmals mit dem *Homo sapiens* in Europa auftauchen, erscheinen sie – was dem Migrationszug gen Australien entspricht – sogar noch früher in Südostasien, auf Sulawesi und Borneo, wo sie auf mindestens 44 000 Jahre datiert werden.[107] Hier wie dort werden sie in gleich komplexer Weise in jene Höhlen gemalt, die unser Schöpfungsparadigma stets als jene Ursprungsorte präsentiert, aus denen eine noch tiergestaltige Menschheit aus dem Inneren der Erde hervorkam.

Wenn deshalb, selten genug, Menschen abgebildet werden, dann diesen Mythen entsprechend in Höhlen, neben Tieren und als Mischwesen. Das gilt für südostasiatische Felsmalereien ebenso wie für europäische Höhlenmalereien, wobei die Menschen mit Schwanz und Schnabel der Höhle von Leang Bulu' Sipong 4 älter sind als die Statuette des 40 000 Jahre alten Löwenmenschen von Hohlenstein-Stadel – die sich als Figuren beide Male mit den uns bekannten Schöpfungsmythen abgleichen lassen.

I HIMMEL UND STERNE

Himmel

WUME

M 577

Der Himmel ist ein der Erde gegenüberliegendes, ihre Eigenschaften spiegelndes Land, das die ganze Erde im Gleichgewicht hält. Er untersteht dem Himmelsbossmann Nardi und wird von ewig lebenden Geisterwesen – auf Englisch: 'Spirituals' – bevölkert. "Zuerst waren das da oben alles Menschen", die nach der Flut vom Himmel auf die Erde herunterkamen; erst nach dem Schrei Des Schöpfungshundes, als sich alles verwandelte, "wurden aus einem Teil der Menschen da oben Sterne". Die meisten Menschen verwandelten sich da in Tiere und Vögel und liessen dabei ihre Schatten als Felsmalereien zurück, während ihre Seelen hinauf in den Himmel flogen, um dort zu verbleiben und sich in die Himmelskörper zu verwandeln.

C 159, H1 15 und 70

Kann man bei vielen Gruppen von Aborigines mittels hoher Bäume in den Himmel steigen, so gelangen die Ersten Wesen der Wardaman von oben nach unten – und wieder hinauf, und zwar auf die Weise, die ihnen die Spinne – *Garab* – und ihr Faden – *Momorr* – vorgegeben hat: "Die Spinne, ein Kind von Dungdung und Nardi, hat es ihnen allen beigebracht; seitdem können sie sich alle selber vom Himmel herunter- und wieder herauflassen!"[108]

"Das Spinnennetz kann fliegen! Um den winzig kleinen Faden geht es! Einst war da jeder wie bei einer Seilbahn, hin und her schwingend! Wie ein langes Seil, das man zu einem Ort werfen kann, um woanders zu landen. So was kam vom Himmel herab, einem Spinnennetz gleich, mit dem man sich hinauf- und hinunter winden kann. Man hat es alles im Bauch drinnen und kann sich rauf- und runter ziehen, wie das, was die kleinen Spinnen benutzen! Etwas Ähnliches hat der Nardi erfunden!"[109]

"Trotz der Stufen am Rand der Milchstrasse müssen manche wieder in einem Netz herabgelassen werden. So wie eine von Nardis Frauen, wenn sie vom Himmel herabkam. Wenn alle drinnen waren, nannte er das *Momorr*. Es war wie eine Schnur, ein Spinngewebe, von dem er einen Faden benutzte, um herabzukommen. Die ganzen Leute aber, Känguru und alle, sie reisten hinauf zu ihm, indem er sie in dieses grosse Netz setzte, sie hochzog und so den ganzen Weg nach oben brachte."[110]

Die Toten kommen in die Milchstrasse; die Geisterfrau Meereebena bringt die Seelen der Verstorbenen durch das Loch in Vega in den Himmel, damit sie dann auf der Erde in Babys wiedergeboren werden können.[111] Die Gunwinggu im Norden des Arnhemlandes glauben ebenfalls daran, dass die Seele ins Himmelsland gelangt; im Osten des Arnhemlandes[112] wird sie von einem Stern an ihren Ruheort geführt. Gruppen am Herbert River an der nördlichen Ostküste in Queensland erzählen, dass die Milchstrasse der Weg ist, den die Toten nehmen. Auch die Wuradjeri in New South Wales im Südosten Australiens glauben, dass die Toten an einem Seil durch ein von Sonne und Mond bewachtes Loch in den Himmel kommen; bei den benachbarten Kilamaraoi gelangen sie in den Fluss der Magellanschen Wolken.[113]

Sterne

MILIJURN

M 577

"Der Name *Milijurn* bezeichnet alle Sterne. In der Nacht flackern sie und reden sie alle! Sie funkeln und reden alle! Es heisst, dass sie alle miteinander reden." Auch aus diesem Grund werden sie wohl als 'Blitzleute' bezeichnet, die sich von ihren irdischen Körpern nach der Schöpfungszeit gelöst haben und zu geisterhaften, ewig lebenden Wesen geworden sind.

Somit sind sie die totemischen Ahnen der Lebewesen auf der Erde. Denn bevor sie zu Sternen wurden, wandelten sie in unterschiedlichen Gruppen über die Erde und veranstalteten Zeremonien. Als sie dann in einem Treffen beschlossen, Sterne zu werden, hinterliessen sie ihre Schatten hier in Felsen und in Felsmalereien.

Wer den Nachthimmel betrachtet, sieht sie aber nicht allein für sich stehend, sondern in dem Geschehen, das die Drehung des Sternenhimmels hervorbringt. Dabei treffen sich die Schöpfungswesen der Ersten Zeit mit den unterschiedlichen Blitzkindern; sie besuchen sich in der alles umfassenden Welt des Träumens.[114]

"Alles wird nachts zu einem Stern. Und sie kommen vom Himmel auf den Erdboden. Wenn man nach Mitternacht aufwacht, kann man sie beobachten. Man sieht dann alle Sterne tanzen! Sie flackern, weil sie alle tanzen. Der Mond und alle. Jeder Stern träumt. Sie bewegen sich von Ort zu Ort! Da sind Verbindungen von den Sternen herab zu den Felsmalereien und die Gesangslinien setzen sich fort. Alles hängt zusammen. Das ist der richtige Weg."[115]

"Wir glauben, dass die Sterne sich bewegen, dass sie umhergehen wie Menschen. Jede Nacht sind die Sterne einen Viertelzoll oder so weiter. Dadurch haben die alten Aborigines, all die vom Ältestenrat, gesehen, dass sie reisen. Sie gehen ganz langsam und singen dabei die ganze Zeit über. Sie denken, oh ja! Denn zuvor waren sie Menschen, die herunterkamen wie an Spinnenfäden. Wenn sie blinken und funkeln, dann sitzen sie herum und reden und so! Bei Tag aber verschwinden sie und gehen schlafen."[116]
"Manche Sterne waren einmal Menschen dieses Landes, die zwei unterschiedlichen Familien angehörten; aber es wanderten damals auch viele Tiere herum, Blitzleute, alle. Doch als Der Schöpfungshund Mordborronggo vom Kleinen Blitzjungen gespalten wurde, da verwandelten sich alle, Menschen wie Tiere, in Sterne und verliessen das Land: Alle Sterne waren einmal Tiere oder Menschen."[117]

Je nach Narrativ kann ein Stern mehrere Figuren repräsentieren und sie an mehreren Orten manifestieren: Er ist dann ein Schatten des totemischen Ahnen, der sich dort aufgehalten hat.[118]

Sternbild

YILURRGAN – GRUPPE

Als solche wird ein Sternbild wie das der Kinder in den Plejaden bezeichnet.

M 60

II DER FIGURENKALENDER DER MILCHSTRASSE

Milchstrasse

GABARRU – DIE RAUCHWOLKE

Die Milchstrasse wurde von Nardi gemacht, indem er eine Rauchwolke – *Gabarru* – bildete, einem Nebel vergleichbar, damit er über den Himmel gehen kann, ohne dass ihn jemand sieht.

H1 70

YONDORRIN – DER WEG

M 609

"Die Milchstrasse ist *Yondorrin*, ein Weg, der sich windet; er dreht sich in einem Jahr in einem geschlossenen Kreis herum. Die vier Richtungen sind *Yiyanggu* – Osten, *Namanya* – Westen, *Gorro* – Süden, *Jongon* – Norden und das Kreuz des Südens." An dem dunklen Band zwischen Norma und α Centauri – in dem man einen Haargürtel erblickt – orientiert man sich und gibt damit die Himmelsrichtungen an, die vom Buschhahn in δ Ursae Maioris benannt worden sind.[119]

Der Geist eines Toten wird von der Geisterfrau Meereebena hinauf zur Milchstrasse gebracht. "An der Milchstrasse sind lauter Stufen, den ganzen Weg herab und vom Boden herauf. Schau – eine auf jeder Seite. Das braucht es, um Leute heraufzuführen, nach oben zu bringen. Nardi holte uns herauf, er machte die ganze Zeit Geschäfte, holte Leute herauf oder kam herunter. Man sieht da oben sogar noch seine Fusstritte [statt denen Des Emus in Crux und Centaurus]. Das ist der grosse Fussabdruck Nardis, da oben an der Spitze."[120]

"Die Milchstrasse teilt die Kinder Nardis und die Kinder Dungdungs; und das Kreuz des Südens teilt sie dann insgesamt in vier verschiedene Verwandtschaften."[121] Damit wird eine stammesmässige Unterteilung des himmlischen Landes vorgenommen, die der irdischen Einteilung in Gebiete entspricht, die einzelnen totemischen Gruppen gehören. Ähnlich ist es bei den zentralaustralischen Aranda und Luritja, wo die als Fluss gesehene Milchstrasse die Grenze zwischen ihren Territorien bildet.[122]

In der Milchstrasse selbst sind verschiedene totemische Tiere präsent – wobei sich darin auch Verkörperungen der drei Schöpferwesen zeigen: Gorrondolmi wird in der Milchstrasse als Riesenschlange sichtbar (die er pars pro toto verkörpert), und die Erdmutter Dungdung neben Nardi als menschliche Dunkelfiguren. "In der Milchstrasse in der Mitte sind alle zusammen zu erblicken – Regenbogen, Emu, Erdofen, alle zusammen. Nardi, der alte Bossmann, wie er da liegt. Eine Gruppe von Kindern ist auch da. Und auch ein Tanz zu Frauensachen ist da, auf einem eigenen Platz namens *Bardabi* [Corona Borealis]."[123]

In der Zeit, in der im Freien geschlafen wird, von Mai bis August, dominieren um Mitternacht folgende Dunkelfiguren im Zenit: Im Mai der Emu; im Juni und Juli Die Froschdame und Der Himmelsboss; im August der geneigte Kopf Der Regenbogenschlange Gorrondolmi. Zusammen mit Dem Wels, Dem Känguru, Dem Krokodil, den Utensilien für die Zeremonien und Dem Erdofen erhält ihre Präsenz die totemische Welt der Wardaman. Sie bilden zugleich einen Kalender, der mit dem Aufstieg Des Emus zu Beginn des neuen Jahres einsetzt und vom Schöpfungshund in Leo beherrscht wird, der nach dem Ende der Regenzeit im April bei Sonnenuntergang kulminiert.

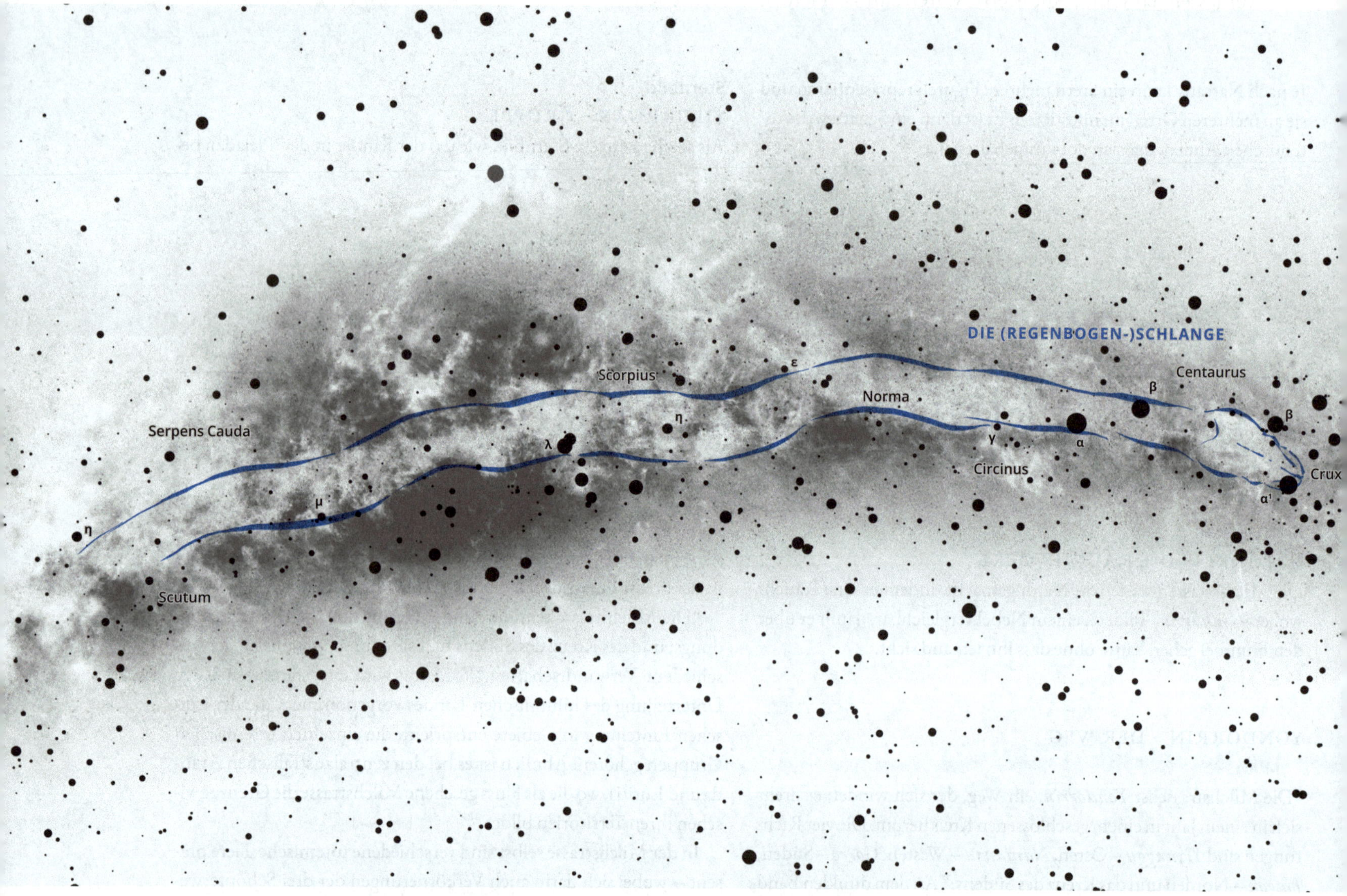

der gesamte Milchstrassenabschnitt von Scutum über Scorpius (Körper) zu Crux (Kopf)

BO(WO)NIN – DIE (REGENBOGEN-)SCHLANGE

M 583 und C 12

JAMALA – DIE REGENBOGENSCHLANGE

HAR | E 177

Die Deutung eines Teils der Milchstrasse als Schlange bestätigt der Name der giftigen Wasserschlange *Bowondol*.[124] Felsmalereien der Wardaman zeigen die Milchstrasse voller pythonartiger Regenbogenschlangen und Blitze.[125] Für die Boorong in Südostaustralien besteht die Milchstrasse – ähnlich wie hier – einesteils aus zwei Pythons, andernteils aus dem Rauch des Ersten Volkes.[126] Und Gruppen im Norden und im Südwesten der Kimberleys sehen in der Milchstrasse ebenfalls einen Regenbogen als Schöpfergeist.[127]

Die Regenbogenschlange spielt in den Mythen aller Aborigines eine Rolle. In einer westaustralischen Version kam sie in der Urzeit aus der Erde und war da noch ein Nardi oder dem Emumensch ähnlicher Himmelsbewohner, der die Seelen schuf und sie zur Geburt –

Blitzen gleich – hinab auf die Erde warf. Er zeigte sich in der Milchstrasse in Gestalt Der Regenbogenschlange, die sich um den Himmel ringelt, und nun den Regen kontrolliert, tagsüber hingegen als Regenbogen.

Die Symbole Der Riesenschlange sind Quarzkristalle und Muschelschalen.[128] Sie ist riesengross und ungewöhnlich bunt (was das Schillern vieler Schlangenhäute mit dem Regenbogen verbindet) und wird als Mischung von Schlange und Fisch, Echse oder Wal oder als Emu beschrieben. Dazu hat sie meist Vorderfüsse, eine Mähne und | oder einen Bart an einem hundeartigen Kopf mit spitzen Ohren oder Hörnern[129] samt langen, vorstehenden Zähnen, mit denen sie ihre Opfer vernichtet. Ansonsten zieht sie Gesetzesbrecher ins Wasser, um sie zu ertränken, oder schleudert sie mit einem Wirbel in die Luft. Sie selbst kann getötet werden, kommt danach aber wieder ins Leben zurück. Je nachdem, ob die Gruppe im Binnenland oder in Küstennähe lebt, haust sie in einem tiefen Wasserloch oder in der Meerestiefe, um sich manchmal als Regenbogen zum Himmel zu strecken und mit einem Donnern oder Dröhnen hörbar zu werden.

Die Regenbogenschlange kann männlich oder weiblich oder beides zugleich sein, erschafft das Meer, die Flüsse und Wasserlöcher samt deren Lebensformen, die sie hervorgebracht hat. Sie ist im Grunde – trotz aller Angst, die man vor ihr hat – ein gütiger Schöpfer, der in manchen Regionen auch die Menschen und Landtiere aus sich herausgespien hat. Heiler haben deshalb eine enge Verbindung zur Regenbogenschlange, die durch Quarzkristalle an ihrem Körper verstärkt wird (worüber sich erklärt, weshalb die Magellanschen Wolken nicht nur als Reservoir des Regens, sondern auch von solchen Kristallen gelten). Sie bringt oft auch bedrohliche Regenfälle, Fluten und Überschwemmungen.

Bei nördlichen Nachbarn der Wardaman wird sie zudem als Blitzschlange gesehen, die aufleuchtend von Wolke zu Wolke springt, und als Blitzmann oder Blitzfrau, die mit Beilen an Händen und Füssen in den Himmel steigen, um dort Wolkenbrüche und Blitzschläge zu erzeugen, in denen alle umkommen (was erklärt, weshalb bei den Wardaman nicht nur die Kinder Nardis, sondern auch die Gorrondolmis 'Blitzleute' genannt werden). Dies verbindet sie also nicht nur mit Wasser, sondern auch mit Feuer, sodass im östlichen Arnhemland 'Asche' synonym mit 'Regenbogenschlange' ist (was sich in der Vorstellung der südostasiatischen Palawan von der Milchstrasse als 'aschfarbener Python' wiederfindet). Die Regenbogenschlange gilt deshalb als Höchstes Wesen, das nur noch den Schöpfer über sich hat.[130]

Die phallisch-fruchtbare, chthonische, mit dem Wasser verbundene und demiurgische Symbolik ist so prominent, dass Die Regenbogenschlange in mehreren Formen am Himmel präsent ist: als Bezeichnung der ganzen Milchstrasse, als Schöpferwesen Regenbogen Gorrondolmi in einem Teil von ihr und als Schwarzkopfpython samt anderen Schlangen in Serpens. Für die Mädchen symbolisiert sie die Pubertät, indem sie einen 'Weg' in ihr 'Lager', ihren Schoss, macht, auf dem die Seelenkinder in sie kommen, um aus ihrem Fleisch wiedergeboren zu werden.[131]

von α und θ Arae (Kopf) über κ, λ und υ Scorpii bis θ^1 Serpentis (Schwanz)

GORRONDOLMI – DER REGENBOGEN

C 182, 132, 93 und D

Der auch als 'Schlange' bezeichnete Gorrondolmi ist der Schöpfer allen Lebens im Wasser; er liess einst die Flut über die Erde kommen und bringt jetzt den Regen. Die Figurierungen Regenbogenschlange und Regenbogen sind auch von der Form her fast austauschbar; auf Felsmalereien wird Gorrondolmi deshalb als Regenbogenschlange abgebildet, die manchmal Vorderfüsse und Hörner oder Ohren hat.[132] Der Name nimmt wahrscheinlich Bezug auf den Süden – *Gorro* –, in dem die Milchstrasse mit dem Kreuz des Südens überwiegend zu sehen ist.

Die Dunkelfigur Gorrondolmis in der Milchstrasse stellt den Kopfteil des – wie die Schöpfungsgeschichte erzählt – entzweigehauenen Regenbogens dar, der dem Mythos nach nur noch ein Auge hat, während das Sternbild in Triangulum Australis seinen Schwanzteil zeigt. Diese zwei Hälften bilden den männlichen und den weiblichen Regenbogen, die miteinander verheiratet sind.[133] Er ist nach wie vor gefährlich, indem er selbst noch von unter der Erde Menschen fressen kann. Initianten müssen sich deshalb rituell reinigen, bevor sie im Fluss baden gehen, sonst ertrinken sie in einem von Gorrondolmis Wirbeln. Dagegen hilft auch der Gesang des Klangholzes: Es signalisiert seine Präsenz und sein Gesetz. Auch das Didgeridoo, dessen Klang der Flut gleicht, besänftigt ihn.[134]

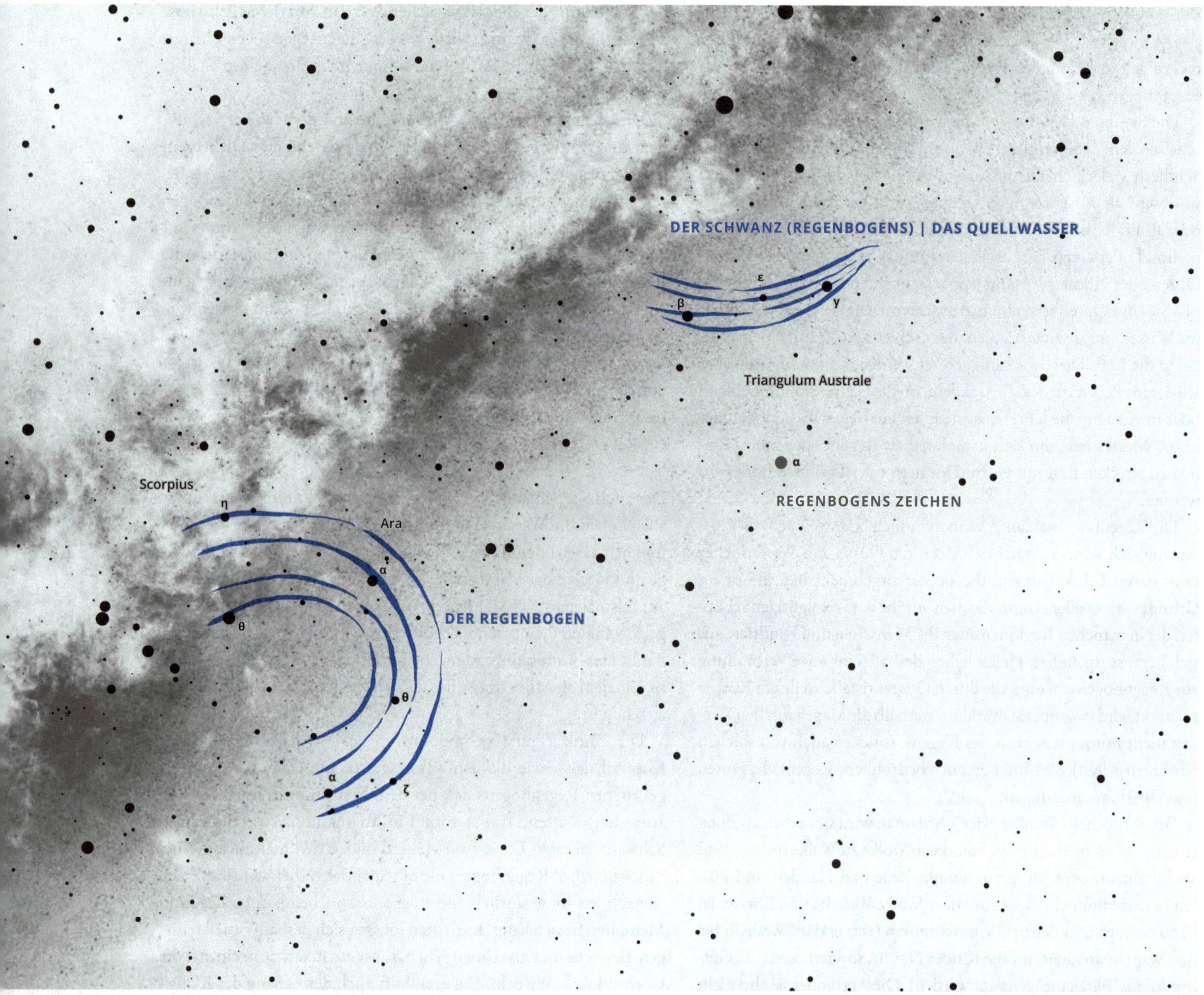

α Trianguli Australis

JIRRADELLA – REGENBOGENS ZEICHEN

C 201

zwischen β und γ Trianguli Australis

MORDORL – DER SCHWANZ (REGENBOGENS)

JIYILA – DAS QUELLWASSER

Das Sternbild symbolisiert die drei Hautfarben des eigentlichen Regenbogens, die auch in der Malerei verwendet werden, sowie die drei *Momorrs* – 'Transportfäden' – Der Blauzungenskinke verwendet.

C 201 und 33

Die Dunkelfigur ist eng benachbart mit der irdischen Manifestation Gorrondolmis, Dem Schwarzkopfpythonmännchen: "Regenbogen und Der Schwarzkopfpython [in Serpens] gehen zusammen und verwandeln sich zusammen! Je nach Saison haben sie eine andere Haut: So wird daraus der Regenbogen. Wenn sie sich im Sommer oder so häuten, kommen sie als Regenbogen zurück."[135] Diese Identität von Regenbogen und Schwarzkopfpython wird dadurch bestätigt, dass Letzterer einmal die alte Dungdung "meine alte Dame" nennt, die ihm einen Schöpfungsgesang und einen Gesang zum Einhaltgebieten des Wassers beigebracht hat.[136]

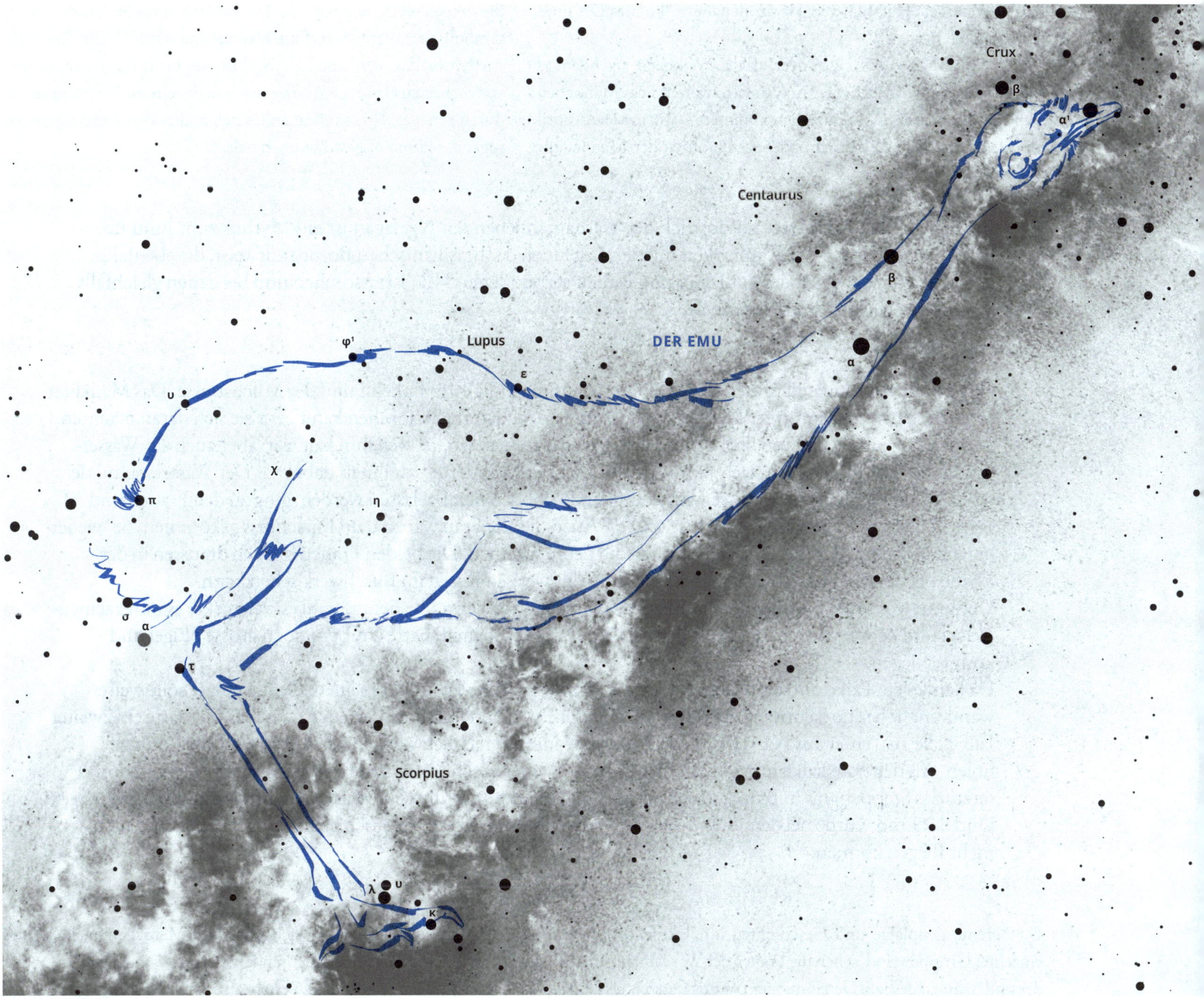

Kohlensack (Schnabel), bei αβ Centauri (Hals), Kruppe endet bei π Scorpii, Bein kommt bei ε Scorpii herab zu G Scorpii (HD 161892), wo die Fusskralle ansetzt, die sich zu λ Scorpii hin aufspreizt

GUMURRINJI – DER EMU

C 90[137]

Die erste dunkle Figur, die nach der Regenzeit zu Beginn des neuen Jahres im Mai sichtbar wird, ist Der Emu, der nach Sonnenuntergang im Südosten gross am Horizont steht. Identifiziert wird das Tier heute mit dem Grossen Emu *Dromaius novaehollandiae*;[138] die Prominenz des Laufvogels am Himmel erklärt sich jedoch besser durch den über 2 m grossen, 300 kg schweren, in Felsmalereien an seinem charakteristisch grossen Krallenfuss erkennbaren, aber vor mehr als 40 000 Jahren ausgestorbenen Donnervogel *Genyornis newtoni*. Das Wissen um diesen riesigen Vogel hat sich in Erzählungen von Aborigines bewahrt, die von Tritten berichten, "die einen Mann leicht töten können" – was seinen Abdruck als Kreuz des Südens gut kontextualisieren würde.[139]

Von Crux herkommend, verläuft sein Rücken quer und bucklig zurück, bis er Scorpius erreicht, um dann wieder als Bein gerade nach unten zu gehen: So läuft das Tier auf dem Weg der Milchstrasse hin und her, wobei es in Crux bereits seinen Fussabdruck hinterlassen hat.[140] Wenn sein Hals sich dem Horizont nähert, "kommt Der Emu zum Trinken herab".[141]

Der Emu ist insofern besonders, als das Weibchen, nachdem es seine Eier gelegt hat, weiter herumwandert, während das Männchen sich um das Brüten und Aufziehen kümmert – worin viele Aborigines eine Parallele zu den Initiationszeremonien der Männer für die Jungen sehen, während das Emuweibchen zur Seelenwanderung symbolisierenden Geisterfrau Meereebena wird.[142] Die Anomalie wiederum, dass der Emu ein Vogel ist, der nicht fliegen kann, wird von mehreren Gruppen Aborigines gern durch eine Verstümmelung durch Feuer erklärt, das ihn schliesslich in den Himmel treibt, wo er sogar das Himmelsgewölbe oben hält.[143]

Bei den gut 100 Kilometer nordöstlich der Wardaman lebenden Ngalagan ist ein Mythos zum Emu überliefert, der zudem grosse Ähnlichkeit mit den Legenden der brasilianischen Bororo aufweist, die ebenfalls einen Straussenvogel in der mit Feuer und Rauch verbundenen Milchstrasse sehen und bei denen gleichfalls Straussenvogel und Steppe brennen.

DER EMU

"Eine Frau war draussen mitten in der Ebene, zusammen mit ihrer Enkelin und der Milchstrasse. Das Mädchen sagte zu seiner Grossmutter: 'Heb die Milchstrasse hoch, damit ich sie sehen kann'. Als sie sich daran machten, wurden sie von einem Emu beobachtet, der ihr Feuer stehlen wollte, weil ihm kalt war; aber auch ein Wasserwaran, der mit seiner Frau nach Jamiri [Mount Roper] wanderte, sah ihnen dabei zu. Der Wasserwaran, der beschloss, die Milchstrasse müsse wieder auf den Erdboden herabgelassen werden, ging zu den Frauen und sagte: 'Lasst los! Lasst die Milchstrasse unten!' Auch die alte Frau war zu dem Entschluss gekommen, sie wieder herabzunehmen, denn andernfalls würden die Leute sie sehen. Die beiden Frauen blieben draussen in der Ebene bei der Milchstrasse, die man immer noch als weissen Felsen im Buschwerk sehen kann.

Der Emu wollte aber immer noch ihr Feuer. Also schlich er sich an sie heran, stahl es, versteckte es unter seinem Flügel und kehrte wieder zu seinem Platz am Fluss zurück; damals hatte ein Emu noch grosse Flügel und konnte fliegen.

Da kamen ein Falke und ein Wasserwaran aus Namiliwiri. Der Falke sagte seinem Gefährten, er solle weiterwandern: 'Ich sehe da unten jemanden; ich will mir Feuer von ihm holen'. In der Zwischenzeit hatte ein zweiter Falke, diesmal einer aus Narwarwar [bei Mount Moore], vergeblich versucht, sich das Feuer des Emus zu holen. Als der erste Falke nun sah, wie der Emu sein Feuer anschürte, stiess er herab, schnappte es sich und setzte das Steppengras in Brand. Der Rauch dieses Brandes stieg zum Himmel und wurde so zur Milchstrasse. Und der Emu wurde bei dem Brand versengt, weshalb Emus heute nur noch kleine Flügel haben und nicht mehr fliegen können."[144]

Da Zeremonienplätze und Geschichten intellektuelles Eigentum einzelner Gruppen sind, sehen die Frauen der Wardaman andere Bilder und nehmen deshalb Den Emu nicht wahr,[145] anders als die Männer: "Manche unserer Gruppe erzählen vom Emu, den viele andere Gruppen haben, in verschiedenen Regionen ... Als sich in der Schöpfungszeit alles verwandelte, wurde aus einem Menschen zuerst ein kleines Emu-Ei; aus dem wurde dann ein Emu, der herumlief und jetzt in den Sternen sowie ausgestreckt in der Milchstrasse zu erkennen ist. Man kann seine Fussspuren sehen [in Crux], die Emufährte, die hinauf in den Nachthimmel führt! Aber dann hat Nardi den Menschen gezeigt, wie man die Fäden des Spinnennetzes benutzt: Es ist in Emus Fussabdruck [in α Crucis]. Der Emu war deshalb immer grundlegend, weil er der Erste Mensch war, der zu Nardi kam! Viele Leute sagen heute, es gäbe da oben mitten im Himmel eine grosse Emu-Farm!"[146]

"Man sieht noch, wie er sich von einem Menschen in einen Emu verwandelt. Er hat einen menschlichen Kopf – und jetzt verwandelt er sich und setzt das [Emu-]Gesicht auf. Seine Beine hat er hochgezogen und wieder nach unten gesetzt und sein Fuss hat begonnen, nach oben zu gehen. Siehst du, wie sein Knie oben zu seinen Knöcheln herunterkommt? Sein Fuss hat sich zu formen begonnen, zugleich mit dem Kopf, der nun dreinschaut wie ein Emu."[147]

Die Rolle des Emus wird jedoch von den Wardaman – anders als bei vielen Nachbargruppen, für die er weitaus relevanter ist – kaum kontextualisiert.[148] Die oben zitierten Vorstellungen, denen zufolge Der Emu als erster Mensch zu Nardi kam und Fussspuren hinterliess, scheinen vielmehr Reste eines Mythos zu sein, dass sich bei den zentralaustralischen Luritja und Aranda erhalten hat. Bei ihnen gibt es ein Höchstes gutes und unsterbliches Wesen als starker Riese von roter Hautfarbe mit langem Haar, der Emubeine hat und im Himmel lebt.[149] Seine Söhne haben Emufüsse wie er, seine Frauen – Die Schönen – und seine Tochter dagegen die Beine von Dingos: Diese natürlichen Feinde der Emus sammeln jetzt im Himmel das Essen für die Emus.[150]

Wie überall werden dem Emu leicht unheimliche, übernatürliche, oft böswillige Züge zugeschrieben; was ihn zur Leitfigur machte, war wohl, dass er mit seinen zwei Beinen, der Grösse und dem solitären aufrechten Lauf par excellence die Mischwesen aus Mensch und Tier der Frühzeit verkörperte. Bei den Wardaman hat sich diese Figur offenbar in den Riesenmenschen Nardi und den Emuhahn gespalten bzw. hat der menschliche Allvater Nardi den Emu verdrängt. Letzteres wäre dann als Einfluss aus Südostasien zu werten, wo – wie am Sternenhimmel von Palawan – ein väterlicher Riese diese Rolle einnimmt; Einflüsse aus diesem Raum sind an manchen Sternbildern an der Küste Nordostaustraliens feststellbar.

Die Dunkelfigur Des Emus ist neben Der Regenbogenschlange die bekannteste, in ganz Australien verbreitete, oft zentrale Figur; wiewohl sie unterschiedlich interpretiert wird, sieht man sie stets in der Milchstrasse.[151] Bei den Noongar in Südwestaustralien wurde ein Emuweibchen von der Erde in den Himmel geweht; es fand zuerst in der Mondsichel ein Lager, dann in den Sternen und schliesslich in der Milchstrasse, unter der Bedingung, dass es den Himmel trage.[152] In Oenpelli im Norden des Arnhemlandes ist Der Emu ein Mann, der sich in eine Regenbogenschlange verwandeln kann, Menschen frisst und sich dann am Himmel als Regenbogen zeigt.[153] In manchen Erzählungen ist dieser Emu ein Sohn Der Regenbogenschlange, gilt ein ungefiederter Emu als mythisches Tier, das wie Die Regenbogenschlange Herr über das Wasser ist.[154]

Die Wailwun im Südosten sehen wie die Aborigines um Ooldea im Süden Australiens gleichfalls einen Emu im Kohlensack und die Yaoro im Westen Australiens sowie die Kulin und die Ya-itma-thang in Victoria erblicken ihn – wie die Wardaman auch – im Kreuz des Südens.[155]

Bei den Boorong im Südosten Australiens, in Nordwest Victoria, ist die Sonne das Ei eines Emus, das von einem Fink in den Himmel geworfen wurde, wo es auf dürres Holz prallte und in Flammen aufging, um so auf die bis dahin dunkle Erde Licht zu bringen; der vom Kohlensack bis Scorpius sich erstreckende Emu verfolgt Den Ameisenigel in γ Crux und wird von zwei Brüdern in Centaurus getötet, deren zwei Speere in δ und α Crucis ihn durchbohren.[156]

Die kalendarische Funktion Des Emus in der Milchstrasse wird auf den nördlich gelegenen Inseln der Torres Strait präzise geschildert. Dort zeigt die Position Des Emus in der Morgen- wie der Abenddämmerung das Verhalten des Tieres, die Jahreszeiten und den Zeitpunkt für einzelne Zeremonien an.

Im März sieht man es als Weibchen, das in der Milchstrasse hin und her rennt, weil diese auf der Erde dann um die Männchen balzen und im Kreis um es herumlaufen, um seine Aufmerksamkeit zu gewinnen. Von April bis Juni legt das Weibchen Eier, für die das Männchen ein Nest baut, um sie zu bebrüten. Dementsprechend wird der nun von Juni bis August hoch am Himmel stehende Emu als hockendes Emumännchen gesehen, das die Zeit für das Eiersammeln anzeigt. Sie sind für die Aborigines eine wichtige Nahrungsquelle. Sie benutzten dann eine Art kurzes Didgeridoo, das den Ruf eines Emu nachahmt, um das Männchen vom Nest wegzulocken. Zwischen August und September schlüpfen die Küken: In einigen Teilen Südostaustraliens werden dann die Initiationszeremonien abgehalten, bei denen die Älteren die Jungen auf ähnliche Weise in die Mannbarkeit führen, wie das Emumännchen oben am Himmel seine Kinder ausbrütet. Von Oktober bis November wiederum hat sich Der Emu so weit gedreht, dass er mit dem Bauch nach oben am Horizont liegen würde: Deshalb wird er nun stattdessen als Rumpf eines Vogels gesehen, der in einem Wasserloch sitzt, da es in diesen Monaten heiss wird und die Vögel Kühlung in Pfützen suchen, die sich durch die ersten saisonalen Regenfälle bilden.[157]

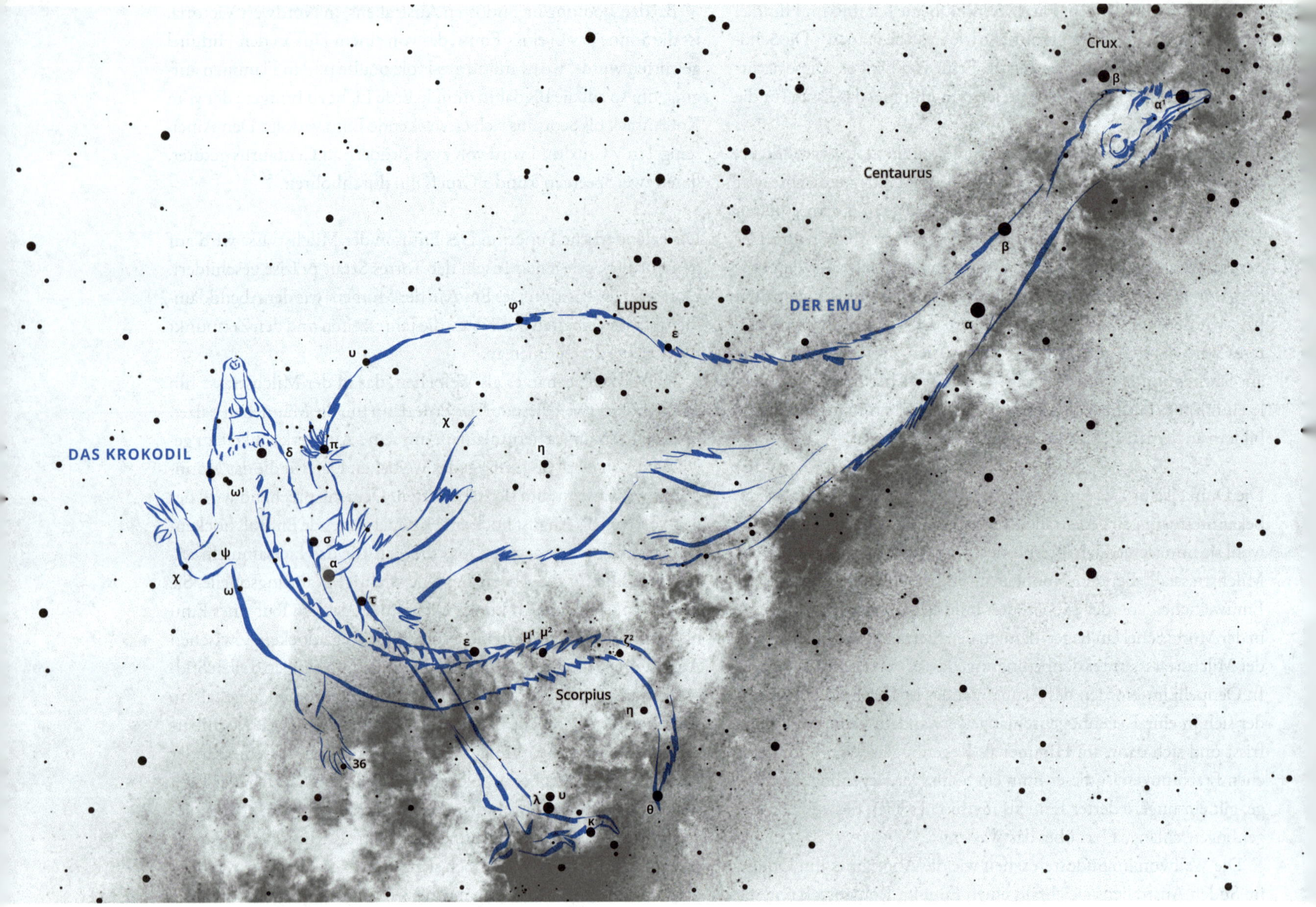

θ Scorpii Schwanzspitze, rechter Hinterfuss α Scorpii, rechter Vorderfuss zwischen σ und π Scorpii, Kopf nach δ, in der Verlängerung von α Scorpii her

WARRIJA – DAS KROKODIL

C 90

Das Krokodil wird zugleich mit dem Emu sichtbar; zu identifizieren ist es mit dem Süsswasserkrokodil *Crocodylus johnstoni.*[158] Die Dunkelfigur der Heuschrecke kann sich, je nach Geschichte, in dieses Krokodil oder in ein Krokodil mit Menschenkopf verwandeln: “Das Krokodil am Nachthimmel ist da oben, seine Füsse aber sind hier – also hat es einen Krokodilkopf und menschliche Beine. Es ist das Totemtier einer anderen Gruppe. Während der Schöpfungszeit waren alle dauernd zusammen, danach aber änderte sich alles und so spaltete man sich in Gruppen.”[159]

Welche Rolle es in den Mythen der Wardaman spielt, geht aus den Quellen nicht hervor. Im Arnhemland wird es jedoch mit der Erfindung des Feuers verbunden. Bei den Dalabon im östlichen Arnhemland ist das Krokodil Herr des Feuers, der seine Reibebstöcke nicht weitergeben will, bis der Regenbogenspint sie ihm stiehlt, Feuer in die Bäume gibt (ausser den Pandanus) und dann das Krokodil und die Schildkröte kocht. Der Regenbogenspint entspricht der Schöpfungstaube der Wardaman, die überall im Land Glutfunken verbreitet.

Bei den Yolngu im nordöstlichen Arnhemland wiederum kursiert folgende Legende: “Das Krokodil nahm Feuerstöcke und rieb sie zwischen seinen Fingern; aber es war so ungeschickt, dass sie zerbrachen. Er versuchte wieder und wieder, sie schnell zwischen seinen Fingern zu drehen, um Feuer zu machen, weil es da nämlich noch keines auf der Welt gab, jedes Mal aber zerbrach er den Bohrer. Deshalb lagen rund um ihn lauter zerbrochene Feuerstöcke, die er alle auf einen grossen Haufen gab. Da kam Baltjurda, eine Weisskragenechse, setzte sich hin und arbeitete weiter an dem kleinen Korb, den er zu flechten begonnen hatte. Krokodil sagte zu ihm: 'Versuch doch du es mit den Feuerstöcken. Meine Hände sind schon ganz zerschnitten und bluten, weil ich versucht habe, Feuer zu machen.' Kragenechse hatte eigene Reibestöcke. Er nahm sie aus dem Korb und sagte zu Krokodil: 'Du hältst sie nicht richtig; du drückst zu fest – deshalb tun dir die Hände weh. Du musst sie zwischen deine Handballen nehmen.' Kragenechse machte es dann Krokodil vor und so hatten sie sogleich Feuer."

Bei den Wardaman würde jedoch weniger die Weisskragenechse als Der Linkshändige Blauzungenskink diese Rolle übernehmen.[160]

Alternativ – abhängig vom jeweiligen Traumpfad und den Totems einer Person – werden andere Figuren in den Staubnebeln der Milchstrasse erblickt, ohne dass sie je alle zugleich sichtbar würden, da die Lichtverhältnisse schwanken. Statt des Emuschnabels sieht man so Den Erdofen, statt des langen Halses einzelne Ritualutensilien; Rumpf und Bein Des Emus wird zum Grossen Roten Känguru mit einem Haargürtel unter dem Beutel des Kängurus, die Yamswurzel über seinem Rücken – wobei der Rücken Des Emus zudem als Schildkröte gesehen werden kann; und statt Des Krokodils sieht man einen Grashüpfer sowie einen Wels in Sagittarius.

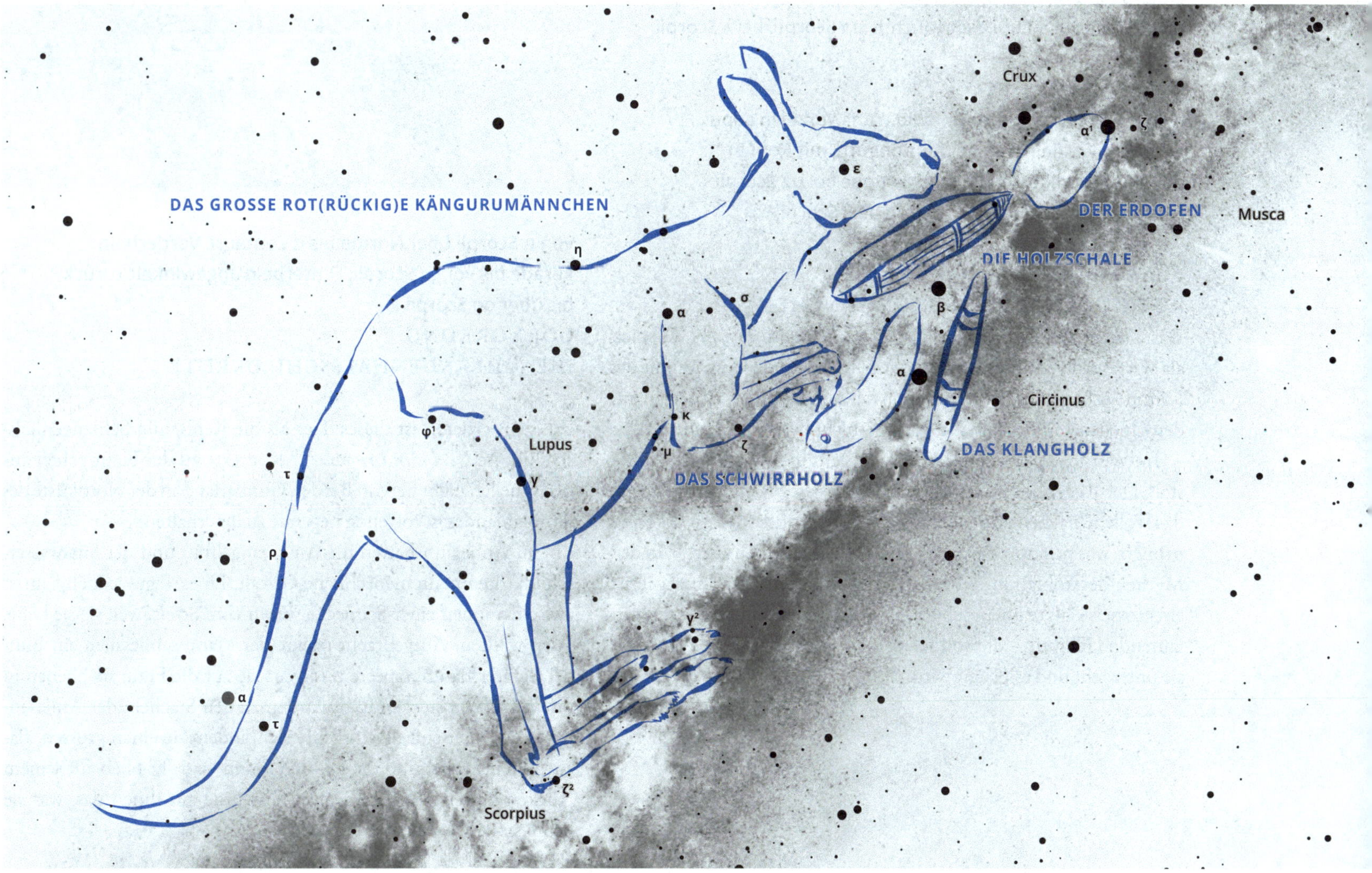

ein dunkler Bogen in der Nähe von α – β Centauri und β Circini

NULLA-NULLA – DAS SCHWIRRHOLZ

C 132

Ein Schwirrholz – englisch *Bullroarer* – besteht aus einem flachen Holz, das an einem Ende spitz, am anderen abgerundet ist und ein Loch aufweist, durch das eine aus Haaren geflochtene Schnur geknüpft wird, an der man das Holz schnell kreisen lässt, um damit einen schwirrenden oder pfeifenden Ton zu erzeugen.[161]

Es wird auch *Garawade* genannt und symbolisiert die lebensspendende Macht der Erdmutter – weshalb von seinem Klang auch die

Seelen der Toten aus ihren Geisterwohnstätten zum Ritualplatz angelockt werden. Das bei den Zeremonien im Kreis geschwungene Schwirrholz gilt aber auch als der Klang Gumurrinjjis, des Urahnen aller Emus.[162]

parallel dazu verlaufend zwischen α – β Centauri und HIP 68191 – α Circini

GARNBIJ – DAS KLANGHOLZ

Das Schlagholz und das Schwirrholz werden zusammen für die Nulla-Nulla-Rhythmen verwendet.

C 92–93 und D

Kopf in der Ausbuchtung zwischen Lupus und Centaurus, Brust unterhalb der nach oben angewinkelten Arme ist Lupus, α und β Lupi der vornübergebeugte Rücken, die Kruppe vor χ Lupi, Schwanzmitte τ Scorpii, bei λ Scorpii die Knöchel

C 132

werden der Grashüpfer und die Yamswurzel in Lupus gesehen, verkleinert sich das Känguru, mit Kopf in der Dunkelwolke bei β Circini, Kruppe bei μ2 Scorpii, Fussknöchel υ Scorpii und Zehen bei ι Scorpii

C 92

YUNUMBURRGU – DAS GROSSE ROT(RÜCKIG)E KÄNGURUMÄNNCHEN

Das Tier ist zu identifizieren mit *Osphranter antilopinus*. Es spielt als Wissensträger eine zentrale Rolle bei der zweiten Gesangslinie des Himmels.[163] Was dieses Känguru in der Milchstrasse treibt, geht aus den Quellen der Wardaman allerdings nicht hervor.

Im westlichen Arnhemland jedoch sieht man – wie hier auch – statt Der Regenbogenschlange ein mythisches Känguruweibchen, das Wolken machen und es regnen lassen kann, indem es auf das Land uriniert; was sich durch rituelle Gesänge herbeiführen lässt.[164] In den Mythen der Yolngu im Nordosten des Arnhemlandes hingegen ist ein grosses Kängurumännchen – passend zu der durch Scorpius verlaufenden Ekliptik – die Sonne, die weit, weit nach Westen läuft, bis sie untergeht und es Nacht wird.[165]

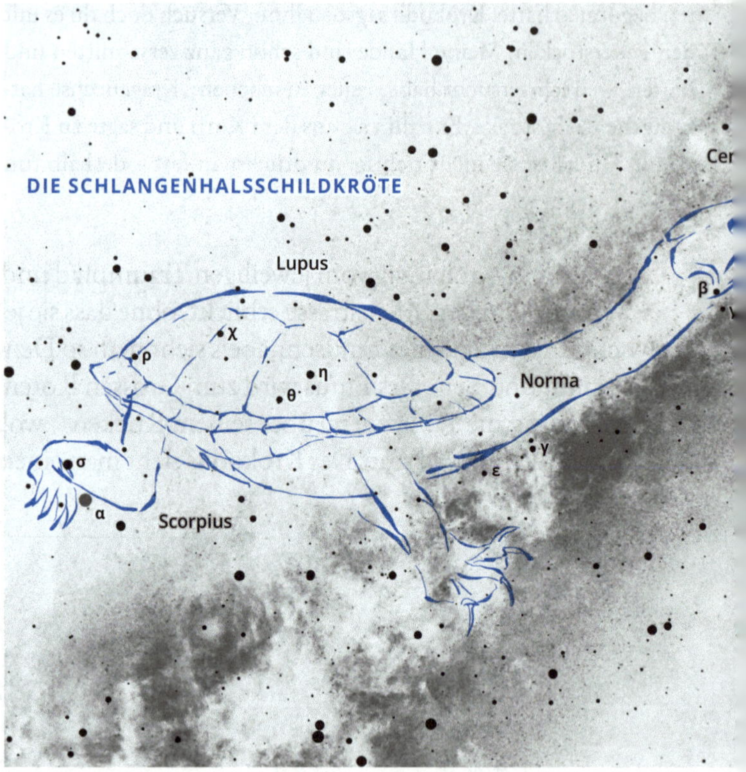

von π Scorpii über Norma bis α Centauri, Vorderbein gerade bis vor ζη Scorpii, Hinterbein angewinkelt zurück bis über ασ Scorpii

GORNORRONG – DIE SCHLANGENHALSSCHILDKRÖTE

C 90

Zu identifizieren ist dieses Tier als die Kehlschild-Schlangenhalsschildkröte *Chelodina rugosa*.[166] Kontexte zu der Figur gehen aus den Quellen nicht hervor. Bei den Gunbarlang an der Nordküste des Arnhemlandes ist folgende Legende zu ihr erhalten:

“Im Anbeginn hatten die Ameisenigelfrau und der Süsswasserschildkrötenmann menschliche Gestalt. Eines Tages jedoch kam es zwischen ihnen einer Schnecke wegen zum Streit, weil sie sie beide essen wollten. Aufgebracht packte der Mann schliesslich ein Bündel leichter Bambusspeere und warf sie auf die Frau; sie blieben in ihrem Rücken stecken und wurden zu den Stacheln der Ameisenigel. Die Ameisenigelfrau rächte sich, indem sie einen grossen, flachen Stein ergriff und ihn auf den Mann warf: Er blieb auf seinem Rücken haften wie eine Schale. So wurde aus ihnen das, was sie heute sind.”[167]

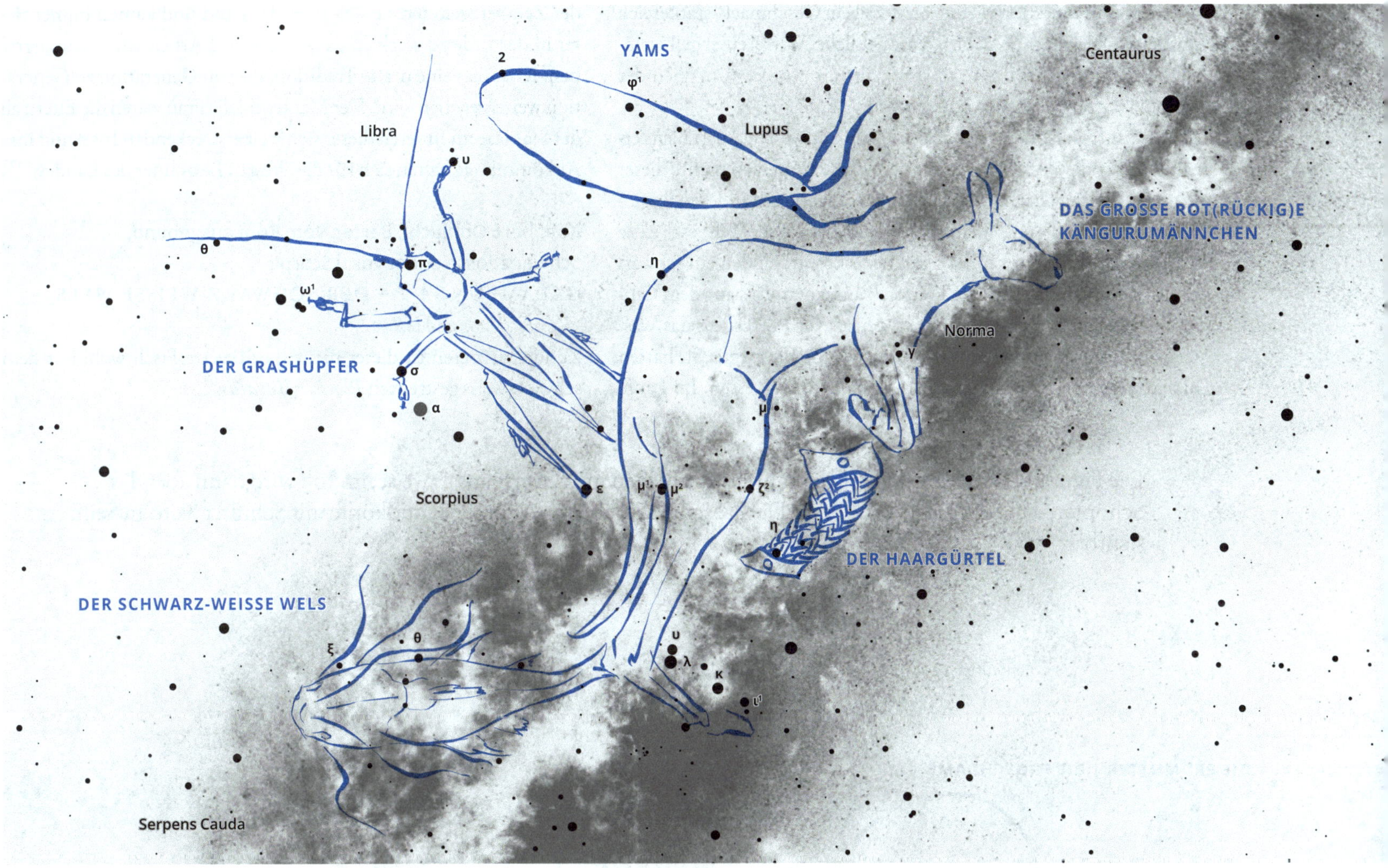

die Dunkelstelle zwischen η Scorpii und ε Normae

WARLIWUN[168] – DER HAARGÜRTEL

C 93, 132 und 201

Haargürtel verweben rund 30 Stränge geflochtenen Haares miteinander und werden von allen getragen, indem man sie mit einem Haarstrang um den Leib bindet.[169] Die Platzierung des Sternbilds in der Milchstrasse hat jedoch funerären Charakter. Im Arnhemland ist der Glaube verbreitet, dass die Toten auf der Milchstrasse als Weg in den Himmel gehen. Bei der Erstbestattung wird ihr Körper mit Totemzeichen in rotem Ocker bemalt, damit die Geisterwesen dort wissen, zu welchem Clan sie gehören. Dann wird das meiste Haar abgeschnitten und zu einem Haargürtel gewoben, in den Federn eingeflochten werden.[170]

Er besteht aus einem fischgrätenartig geflochtenen, breiten Gürtel, der an den Enden zwei Augen aufweist, an denen zwei Bänder hängen, um sie darin zu verknoten.[171]

rechtes Hinterbein endend bei ε Scorpii, das linke beginnend bei HIP 80390, Schwanz bei N und H Scorpii endend, Vorderbeine und Kopf bei π Scorpii ansetzend

LIDI – DER GRASHÜPFER

M 595

Als Dunkelfigur abgebildet wird die sonst als Planet Venus gesehene Knarrschrecke der Familie *Cantatopinae*, Unterfamilie *Cuprascula*,[172] die zu den Feldheuschrecken zählt und hinten einen kleinen hervorstechenden Stachel aufweist. Lidi ist für Regen und Wind verantwortlich und damit für die unterschiedlichen Jahreszeiten: "Der Regen reist, der Wind lässt ihn kommen, Die Heuschrecke sitzt hinter ihnen und Dem Blitz, weil sie zusammen sind und die Blitzbrüder den Regen reisen lassen und sie der Erde und den Pflanzen zu wachsen befehlen. Alles hängt zusammen, siehst du!"[173]

die Dunkelstelle zwischen 2 und ε Lupi, über dem Rücken des Kängurus, Wurzel mit drei Blattstängeln beginnt bei d Lupi

MEGERRMAN[174] – YAMS

C 92, 200

Die längliche *Dioscorea transversa*[175] – auch *Gawkawili*[176] genannt – war wie *Dioscorea hastifolia* einmal eine wichtige Lebensgrundlage für die Aborigines. Von nussigem Geschmack, stärkereich und kartoffelartig, wuchs diese daumendicke Wurzel einer gelben löwenzahnähnlichen Pflanze einst reichlich: bevor sie vom Vieh der Kolonialisatoren fast ausgerottet wurde.

Auskunftspersonen der Ballardong im Südwesten Australiens erzählten 1837 die älteste aufgezeichnete Entstehungsgeschichte dieser Wurzeln, die zugleich bestätigt, dass die Flut auch in anderen Regionen Australiens als entscheidender Wendepunkt der Weltgeschichte galt: "Als die Erde einst mit Wasser bedeckt war, fanden ein schwarzer Mann und eine schwarze Frau sich auf einem Fels auf dem Gipfel eines hohen Berges. Sie waren schon fast verhungert, als das Wasser sich zurückzog und die Wurzel der Wyrang blosslegte. Sie hatten nichts anderes zu tun, als sie einzusammeln und zu essen. Im Laufe der Zeit verbreiteten sie sich über das Land und kamen immer tiefer in der Erde zu stecken, dass es jetzt viel Arbeit ist, sie auszugraben. Es ist dies eine uralte Tradition, die von Generation zu Generation weitergegeben wird. Der Mann und die Frau waren die Eltern all der Stämme im Inneren dieser sich weit erstreckenden Insel und ihre Abkömmlinge halten sich für die ältesten Bewohner des Landes."[177]

Kopf bei ξ Ophiuchi, Barten vom Kopf ausgehend, Schwanzflosse endet vor υ Scorpii

GALAMBUNGA[178] – DER SCHWARZ-WEISSE WELS

C 90, 92, 202 und 162

Zu identifizieren ist dieser nicht spezifizierte Fisch wohl mit dem schwarz-weiss gestreiften *Plotosus lineatus*.

Die Figuren Des Wels und Des Haargürtels erscheinen im Mai erst ansatzweise; im Juli wird dann aber das Schöpferpaar Nardi und seine Frau, Die Froschdame, als grosse dunkle Rundköpfe mit Schulter Seite an Seite sichtbar.

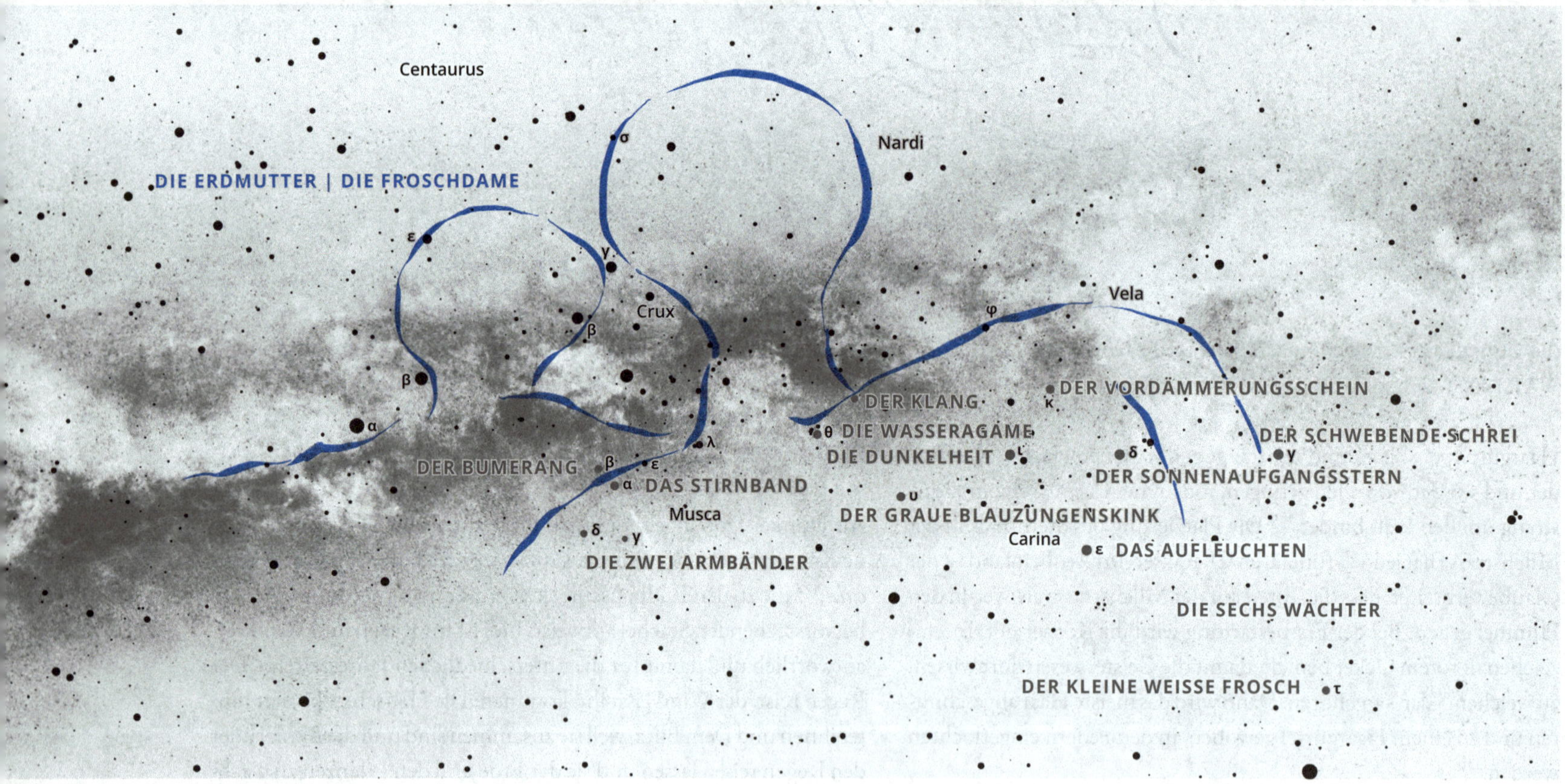

rechte Wange endet bei β Centauri, rechte Schulter bei α Centauri, linke Wange schliesst Kohlensack mit ein, linker Hals bei β Crucis, linke Schulter knapp unter α Crucis

DUNGDUNG – DIE ERDMUTTER
MALGUNG – DIE FROSCHDAME

C 91, 182 und 200

Die Erdmutter hat zusammen mit Dem Regenbogen alle Lebewesen des Wassers gezeugt und mit ihm einen Schöpfungsgesang gemacht, der die Natur und ihre Pflanzen und Früchte immer wieder nachwachsen lässt. Als Dunkelfigur ist sie Die Erdmutter, als Stern in Scorpius ist sie Die Froschdame.[179]

rechte Wange bei δ Crucis, Auge δ Centauri,[180] rechte Schulter reicht schmal über Musca hinaus, die linke Schulter verläuft von q Carinae aus breit Richtung c Velorum

NARDI

C 91

Zu sehen ist "der alte Bossmann, der Schöpfer des Landes und der Sterne, neben dem Kreuz des Südens, wenn er sich in der Milchstrasse hinlegt". "Die alten Leute zeigten ihn uns genau: Nicht der kleine dort. Siehst du die zwei da beieinander? Und da der grosse helle Stern rechter Hand! Ja, da ist er. Er ist da hinauf in den Himmel gegangen und hat die Zeremonie in Bardabi [Corona Borealis] und den Feuergesang *Wujunngu* eingeführt."

Dem Mythos nach ist er ein Riese, dem die Flut bloss bis zu den Hüften reichte, lang und hager: "er ist ein wirklich grosser Mann, ein langer, wirklich langer Kerl!"[181] Er ist ein Schöpfer, der das meiste für die Menschen Relevante erschaffen hat; sein Name nimmt daher wohl Bezug auf *Nard(ba)*, 'alles, das Ganze'. "Er ist wie Gott, aber wir nennen ihn *Nardi*, was in eurer Sprache so viel wie 'Gott' ist." Bei anderen Gruppen bedeutet der Namen ihrer höchsten Wesen 'Vollendung des Kommenden' oder 'ewiger Ursprung' oder 'Umhergeher',[182] oder er drückt die Vorstellung eines All-Vaters aus.[183]

Nardi hat die Elektrizität im Himmel geschaffen und dem Blitz eine Stimme gegeben: weshalb seine Kinder als 'Blitzleute' bezeichnet werden. Die benachbarten Gaagudju führen dies näher aus: Bei ihnen gibt es einen Blitzmann, der an Ellbogen und Knien befestigte Steinäxte hat, mit denen er gegen die Wolken schlägt, um Blitz und Donner auszulösen. Wenn jemand den etablierten Gesetzen nicht gehorcht, bestraft er sie mit Schrecken, im schlimmsten Fall durch seinen Feuerspeer.[184]

Der Himmelsbossmann wandert mit Gesetzen und Gesängen über Land. Das Auge in δ Centauri macht Den Himmelsbossmann "wachsam". Zusammen mit Der Erdmutter wacht er über die Vorgänge in den beiden Gesangslinien und über die Kinder.[185]

Kohlensack

JERRIN – DER ERDOFEN

In diesem Erdofen aus glühenden Steinen bereitet Der Himmelsbossmann Nardi sein Essen zu; er steht der Nahrung, der Hygiene des Feuers, der Vor- Auf und Zubereitung vor.

C 202 und 177

In einem älteren, vom Vater Bill Harneys aufgezeichneten Mythos der Wardaman ist der Kohlensack eine Höhle, in welcher der alte Himmelsbossmann sitzt und mürrisch die Menschheit unter sich beobachtet, ob sie auch all den Gesetzen des Träumens treu bleibt. Wenn nicht, kommt er als riesiger Meteor (der sein Feuerstock ist) herab und schlägt auf die Erde ein: Dann wird die schildförmige, vom Riesen Nada auf dem Kopf getragene Erde umkippen und alle Menschen werden in der Unterwelt landen. Bis dahin kann man ihm böse Männer nennen, indem man die Hand dreimal dem Sonnenlauf folgend im Kreis dreht und mit dem Finger auf die Magellanschen Wolken zeigt, damit er kleinere Meteore herabschiessen lässt.[186]

Im August sind dann Haargürtel und Wels gut zu sehen und dominiert die als Schwarzkopfpythonmännchen wie Regenbogen Gorrondolmi gedeutete Milchstrasse von Scorpius bis Crux den Himmel um Mitternacht. Die Magellanschen Wolken symbolisieren den Oktober, den Monat vor der Regenzeit; sie stehen dann klar am Himmel.[187]

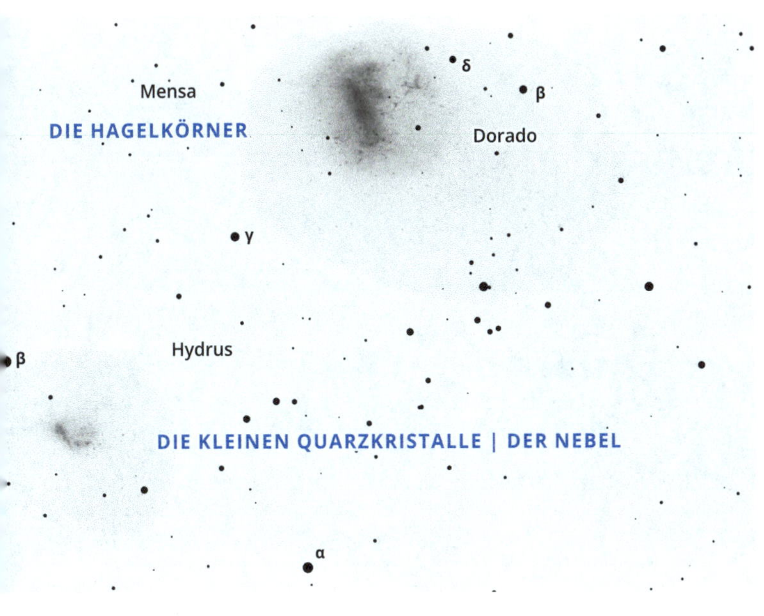

Kleine Magellansche Wolke in Tucana

JAGAJAGI – DIE KLEINEN QUARZKRISTALLE

GABARRU – DER NEBEL

Die geisterhaften Magellanschen Wolken wurden von der Dunkelfigur Des Emus geschaffen. Der Blitzbruder Jabarringi[188] hat dann richtigen Regen in die Kleine Magellansche Wolke gesteckt, damit es einen Ausgleich zur Dürre gibt und ein Kreislauf von Hagel-Nebel-Regen und Feucht-Trocken entsteht. Sie balancieren die Regenzeit und die Jahreszeit 'Hitze' miteinander aus – markiert dadurch, dass sie sich gegen Sommer hin mit der Milchstrasse von Süden nach Osten drehen. Ihre Präsenz am Himmel am Ende der Stürme im März | April und dann wieder zu Beginn der Regenzeit im November macht sie zum Sitz des entsprechenden Wetters.

C 202, 204, 138, 44

Grosse Magellansche Wolke in Dorado und Mensa

JAGALYALYIRR – DIE HAGELKÖRNER

C 202

Der Name bezeichnet zugleich Quarzkristalle.[189] Da Hagel in den Tropen wohl selten ist, wurde er mit Quarzkristallen verglichen und seine Herkunft durch diese Dunkelstellen in der Milchstrasse erklärt. Als Kristallkörner gelangen sie dann durch den Röhrengang bei Gemini zu Capella: wo sie Der Barramundi im Aldebaran aufsammelt, um damit – als Vorbild für die weiblichen Initiantinnen – Die Kleinen Fische der Hyaden zu schmücken.[190]

Nach dem Ende der Regenzeit Ende April, zu Beginn eines neuen Jahres, steht der vom allmählich aufsteigenden Regulus in Leo verkörperte Schöpfungshund abends dominant im Norden. Er besitzt die Tasche voller Gesänge Des Himmelsbossmannes Nardi. Die darin enthaltenen – und in den Sternen festgemachten – Geschichten, Sitten und Zeremonien erstrecken sich als erster Traumpfad von Regulus im Norden über die im August und September im Zenit stehenden Sterne von Scorpius bis zum Kreuz des Südens. Die im Oktober die Initiationsrituale durchlebenden Initianten – Mädchen wie Jungen – machen sich in jenen zwei Monaten, in denen die Plejaden vom etwa 20. April an unter dem Horizont bleiben, mit ihnen vertraut.

Geht dieser als die *Marabibi-Kinder* Nardis, Dungdungs und Gorrondolmis bezeichnete Sternhaufen um den 20. Juni auf (während Regulus im Westen dann ganz untergeht), beginnt der zweite Traumpfad, der nun von Osten her zum Kreuz des Südens verläuft. Ihm folgend werden die Initianten in tiefe Dinge des Lebens – beispielsweise bei Der Grundel in Bootes in Tod und Wiedergeburt – ebenso eingeweiht wie in Praktisches, etwa Körperbemalung und Schmuck betreffend. All dies wird von den wachsamen Augen der Dunkelfiguren Nardis, Dungdungs und Gorrondolmis überwacht.

Steigt dann im August bei Sonnenuntergang das Gestirn Der Fledermäuse und Flughunde in Capricornus samt Den Dekorierten Jungen am östlichen Horizont auf, ist alles bereit für die Zeremonien, deren Utensilien und Prozeduren in und um das Kreuz des Südens präsent sind. Daran nehmen Kleinkinder, Achtjährige, 10–13 Jahre alte Kinder und Achtzehnjährige sowie die älteren Frauen und Männer teil, welche die Zeremonien leiten.

Im Oktober erreicht dann alles seinen Höhepunkt; da müssen auch alle Aktivitäten zu Ende sein, bevor im November der Monsunregen einsetzt. Die zeremoniellen Sterne im Scorpius gehen jetzt allmählich unter; statt ihrer werden nun die ebenfalls mit Zeremoniellem verknüpften Sterne in Orion dominant.[191]

Der Sternenhimmel wird somit gewissermassen als Bilderbuch gesehen, das die Initianten über die dazu erzählten, mündlich überlieferten Geschichten die Sitten und Gesetze der Gesellschaft lehrt. Mehrere Figuren – Der Schöpfungshund etwa oder Kängurus – kommen deshalb mehrfach am Himmel vor.

III DER ERSTE TRAUMPFAD

Der erste Traumpfad beginnt im westlichen Abendhimmel zu Jahresbeginn Ende April. Er setzt ein beim Schöpfungshund am Horizont, dem gegenüber Die Vögel in Ursa Maior stehen, darüber Die Anführerin Der Diamanttäubchen und Die Vögel in Coma Berenices. Sie und andere versammeln sich zusammen mit den Leuten am Gesetzesplatz der Corona Borealis als die Alten, welche die Gesangslinie über den Himmel ziehen, um dort die Zeremonien für die von Mai bis Oktober erfolgenden Unterweisungen zu planen, die sich der Lehre des Gesetzes widmen. Zu ihnen gesellen sich dann Die Kinder in den Plejaden für die Gesangslinie des zweiten Traumpfads; sie werden von der Macht Des Schlangenhalsvogels in Cygnus beschützt, während Der Keilschwanzadler in Aquila die Rituale sorgfältig überwacht.
Anhand der Sterne gelehrt werden die Geschichte des Feuers und der Schöpfung in Leo, die Erfindung von Tag und Nacht in Corvus, die Erfindung der Geräte in Virgo, Geburt und Wiedergeburt in Bootes und Serpens Caput, die Gesetzesplätze in Corona Borealis und die Künste in Ursa Maior.[192]

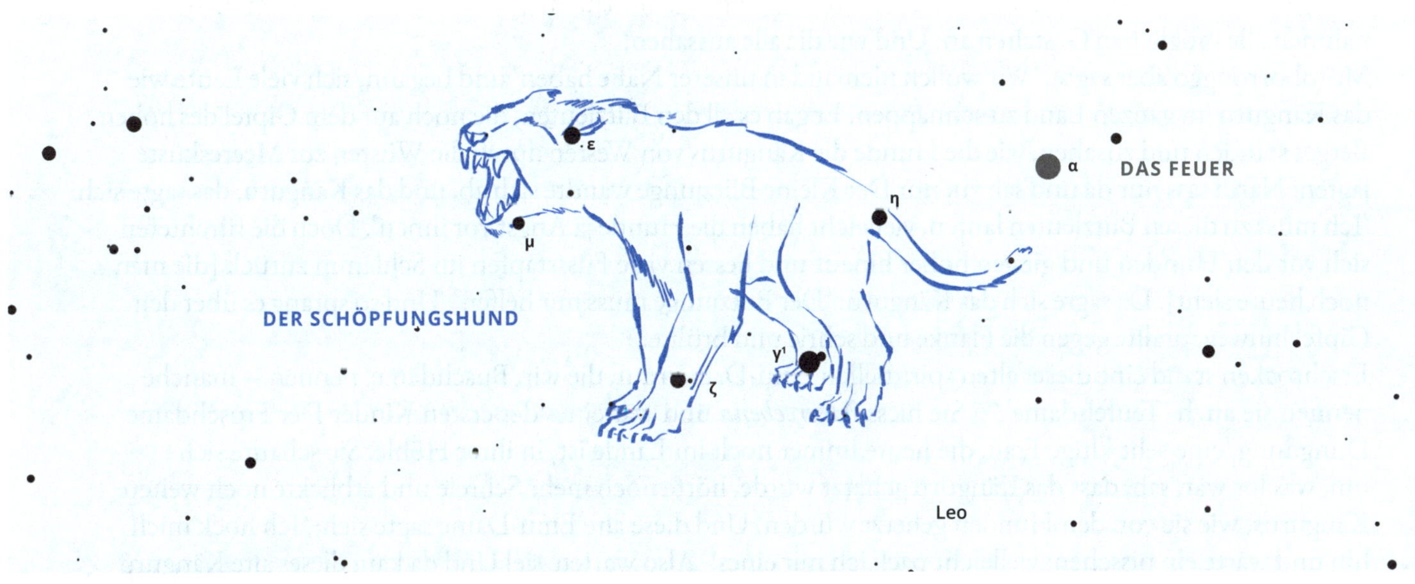

ε-μ-ζ-γ-η Leonis

MORDBORRONGGO – DER SCHÖPFUNGSHUND

C196

"Mordborrongo war eines der Kinder Dungdungs, aber aus einer anderen Ära; später wurde aus ihm der Dingo – er hatte noch einen geraden Schwanz, während der Dingo einen Ringelschwanz hat."[193] "Der Hund war der Erschaffer dieses Landes und er ist es immer noch. Wir nennen ihn *Mordborronggo*, das ist sein Name (aber er ist kein Dingo; für den Dingo machen wir heute lange Ketten!)."[194]

Auf Felsmalereien wird Der Schöpfungshund stets mit einem gestreiften Rücken dargestellt, wie er für den jüngst ausgestorbenen, 'Tasmanischen Tiger' genannten Beutelwolf typisch ist. Der Mythos um die eingeschnittenen Ohren des schlafenden Schöpfungshundes – als Aitiologie seiner gespaltenen Ohren – sowie die Macht und Gefährlichkeit und das Brüllen, die ihm darin zugeschrieben werden, legen jedoch nahe, dass damit ursprünglich nicht der fuchsähnliche und für Menschen harmlose Beutelwolf mit seinen runden Ohren gemeint war, sondern der nachtaktive, etwa leopardengrosse Beutellöwe (*Thylacoleo carnifex*), den Felsmalereien[195] ebenfalls mit gestreiftem Rücken, aber spitzen Ohren darstellen. Als Menschen den Schelf von Australien und Neuguinea erstmals vor 60 000 Jahren betraten, gehörte er zur Megafauna. Da der Beutellöwe vor rund 30–40 000 Jahren ausstarb, wäre diese mythische Figur dementsprechend alt. Nachdem auch der Beutelwolf inzwischen ausgestorben ist, sieht man als reale Repräsentation Des Schöpfungshundes inzwischen oft den Dingo an.

Am Ende der Regenzeit Ende April stehen die Den Schöpfungshund verkörpernden Sterne von Leo nach Sonnenuntergang von Norden her im Zenit; "er beherrscht so den Beginn des neuen Jahres" im Mai.

Der Schöpfungshund setzt die Geschichten in Gang, damit das Gesetz stets im Blickpunkt bleibt für die Initianten, die sich auf die Rituale des Oktobers freuen; er überquert dabei den Nachthimmel gen Osten, um das Wissen über die Wege und Orte der Schöpfung über das Land zu bringen.

Als grösstes Raubtier mit der lautesten Stimme hat er vom Himmelsbossmann Nardi in Crux den Bastbeutel erhalten, in dem sich die wichtigsten Gesänge zu den Gesetzen der Männer befinden (das Weibchen des Schöpfungshundes hat einen eigenen Gesang für die Frauen).[196]

Mordborronggo hat einst die Schöpfungswesen vor sich hergejagt, um sie zum Gesetzesplatz in der Corona Borealis zu treiben. Dazu gehört Das Flinkwallaby in Virgo.[197]

In der Schöpfungsgeschichte jagt Der Schöpfungshund Das Graue Känguru, das Flinkwallaby: "Wir hatten einmal eine Gesangslinie, in der Hunde von Kängurus über das ganze Land hinweg gejagt wurden. Eines der Kängurus holte sich einen dieser Hunde und die packten eines der Kängurus." "DerSchöpfungshund jagte dem Känguru hinterher; und als er einmal innehielt, verwandelte er sich in ein Sternbild. Jetzt ist er da oben und Das Känguru läuft weiter vor ihm davon."[198]

DER BLITZJUNGE, MORDBORRONGGO UND DIE SCHÖPFUNG

"Als das Wasser wieder auf Meereshöhe zurückkehrte, begann jeder auf der Suche nach Nahrung herzumwandern. Sie meinten, 'Jetzt ist es gut', und all diese kleinen Blitzleute sassen überall herum und hielten grosse Schöpfungsreden. Der Hund, den wir in diesem Land *Mordborronggo* nennen, kontrollierte damals viele Leute; er wollte nicht so viele Leute sehen, während die Tiere herumlaufen – deshalb jagte Mordborronggo viele ganz aus dem Land hinaus. Die Leute wurden beim Herumlaufen zu Tieren, alle möglichen Leute nahmen alle möglichen Gestalten an: Und wie die alle aussahen!

Mordborronggo aber sagte: 'Wir wollen niemand in unserer Nähe haben' und begann, sich viele Leute wie das Känguru im ganzen Land zu schnappen. Er gab es all den Blitzleuten, die noch auf dem Gipfel des hohen Berges standen und zusahen, wie die Hunde die Kängurus von Westen durch die Wüsten zur Meeresküste jagten. Nardi sass nur da und sah zu, nur Der Kleine Blitzjunge wandte sich ab, und das Känguru, das sagte sich: 'Ich muss zu diesen Blitzleuten laufen, vielleicht haben die Hunde ja Angst vor ihnen'. Doch die fürchteten sich vor den Hunden und gingen höher hinauf und liessen viele Fussstapfen im Schlamm zurück [die man noch heute sieht]. Da sagte sich das Känguru: 'Der Blitzjunge muss mir helfen'. Und so sprang es über den Gipfel hinweg, prallte gegen die Flanke und schrie und brüllte.

Erschrocken stand eine dieser alten spirituellen Emu-Damen auf, die wir 'Buschdame' nennen – manche nennen sie auch 'Teufelsdame'.[199] Sie hiess *Meereebena* und war eines der ersten Kinder Der Froschdame Dungdung, eine sehr kluge Frau, die heute immer noch im Lande ist, in ihrer Höhle. Sie schaute sich um, was los war, sah, dass das Känguru gehetzt wurde, hörte noch mehr Schreie und erblickte noch weitere Kängurus, wie sie von den Hunden gehetzt wurden. Und diese alte Emu-Dame sagte sich: 'Ich hock mich hin und warte ein bisschen; vielleicht pack ich mir eines!' Also wartete sie! Und da kam dieses alte Känguru und sprang über das Loch in dem hohen Berg. Aber Meereebena hatte noch einen Gesang in dem Loch und damit liess sie es in die Höhe wachsen, damit Mordborronggo nicht drüberspringen konnte. Darauf sprang sie dem Känguru auf den Rücken und ritt es weiter und besang seine zwei Beine, damit es die Kraft hatte, schneller zu rennen.[200]

Auch Der Kleine Blitzjunge namens *Fächerschwanz*[201] [β Ursae Maioris] sah, wie all diese Kängurus von Mordborronggo gejagt wurden. Er sagte sich: 'Vielleicht spring ich hinunter – vielleicht kriege ich das Känguru auf der anderen Seite.' Also lief er hinauf, wo das Känguru über den Gipfel gesprungen war und das Loch in der Bergflanke hinterlassen hatte. Er sah, dass die Fährte Des Schöpfungshundes abbog. 'Ich bleib auf seiner Fährte', sagte er sich, 'er hat das Känguru vielleicht auf der anderen Seite wieder aufgespürt und gerissen.' Und so folgte er der Fährte bis zur anderen Seite des von der Flut immer noch weichen Berges, wo er in einer Höhle lag, um sich abzukühlen, weil er erschöpft war. Die anderen Blitzleute schossen viele Speere auf ihn, Hunderte hagelten auf ihn herab, aber Mordborronggo hatte den stärksten spirituellen Gesang im Leib.[202]

All die Blitzleute rufen ihm zu, Dem Schöpfungshund ja nicht zu nahe zu kommen, der unter den Hunden liegt, die ihn umbringen wollen. Doch Der Kleine Junge hört nicht auf sie! Er sieht Den Schöpfungshund unterliegen und singt zu seinem Hund. Da er sich nicht mehr bewegt, denkt er sich, dass Der Schöpfungshund tot ist. Der Blitzbub sieht sich um und findet auf dem Boden, wo Krähe all seine Feuersteine gemacht hatte, einen davon. Er hebt ihn auf, es ist eine Steinklinge, und geht zu Dem Hund. Er singt heraus zu Mordborronggo, aber der regt sich nicht, weshalb Der Blitzjunge denkt, Mordborronggo ist tot. Er denkt sich: Ich kann Dem Hund einen Tritt geben, damit er aufwacht; oder ich schneid ihm die Ohren ab! Doch bevor er dazu ansetzt, rufen ihm die anderen Blitzleute zu: 'Das ist Der Schöpfungshund Mordborronggo! Der hat den kraftvollsten spirituellen Gesang in seinem Leib! Wenn man Speere auf ihn schiesst, wehrt sein Geist sie ab! Sie gehen einfach rund um ihn irgendwo nieder – weil er den spirituellsten Gesang im Leib hat!' Doch Der Blitzjunge sagte: 'Ich werde es trotzdem versuchen'. Er singt also Dem Hund zu, der sich nicht regt, weil er schläft. Und da meint Der Blitzbub: 'Der muss wohl wirklich tot sein; ich werd zu ihm gehen und ihm die Ohren abschneiden'. Doch als er ihm ins Ohr schneidet, da singt es aus Mordborronggo heraus, Mordborronggo, der alles in diesem Land zum Stillstand brachte!

Nun – bevor er zu Dem Hund heraussang – war es in diesem Land so, dass es keine Bäume, keine Felsen und kein Gras gab, bloss öde Erde. Alles blättrige, das bewegte sich! Und es gab keine Steine. Die Leute wanderten im Schlamm herum und waren aufgeputzt und alles.
Doch als Der Kleine Junge Dem Hund das Ohr aufschlitzte, um ihn aufzuwecken, da sang Der Hund aus sich heraus! Er heulte – und weil er den stärksten spirituellen Gesang im Leib hatte, brachte er in diesem Land alles zum Stillstand. Alles hielt inne – und verwandelte sich dabei. Der Schöpfungshund liess den hohen, weichen Schlammhügel zu einem Fels werden und alle die Leute, die in diesem Land herumwanderten, kamen zum Stehen und wurden zu Bäumen ... all das! Als Der Kleine Junge dem Hund das Ohr aufschlitzte, verkroch sich der Schatten all der herumwandernden Leute in ein Loch des Felsens, da, wo die Felsmalereien sind. Und zugleich verwandelten sich alle in etwas anderes: in einen Vogel, ein Insekt, eine Eidechse, einen Fisch – alles, was dir einfällt!
Darauf brachte Nardi zwei Familien in seinem grossen weiten Bastbeutel [in Crux] vom Himmel herab.
Und als Der Blitzjunge Mordborronggoo die Ohren aufschlitzte und der aufbrüllte, verwandelten sich all diese Leute und wurden zu Sternen.
Der Hund war der Schöpfer dieses Landes und ist es heute immer noch. Wir nennen diese Hunde *Mordborronggo* (aber es sind keine Dingos!; für die machen wir lange Ketten). Und die Blitzleute sangen dann zusammen, eine gemeinsame Gesangslinie, eine Geschichte. Sie benannten alles zusammen, auch die verschiedenen Geräte, die sie erfanden und zum Gebrauch für die Leute zurückliessen.[203]
Der Schnitt in Mordborronggos Ohr und sein Schrei haben die Menschen erwachsen gemacht. Seitdem achtet Nardi darauf, dass Der Schöpfungshund und die nach ihm die Gesetze richtig anwenden. Mordborronggo überwacht sie auf Erden; er trägt zudem das Steinmesser für die Skarifizierungen, die jedem eine eigene Identität verleihen, und für die Beschneidungen der kleinen Jungen."[204]

α Leonis
WUJA – DAS FEUER

C 196

"Mordborronggo trägt das Feuer des *Wunjunngu-Gesangs*" in seinem Bastbeutel. Die damit verbundene Schöpfungsgeschichte ist jedoch nicht die der Männer, in denen Krähe und Schöpfungshund eine zentrale Rolle spielen, sondern jene der Frauen rund um Die Schöpfungstaube und Das Feuer: Die ist jedoch weniger gut aufgezeichnet.

Darin tötet das von Wujun erschaffene Feuer auf einem Speer als Meteorit den Regenbogen Gorrondolmi; die nach der Flut nach Nahrung suchenden Menschen entfachen dann ihre Feuer, um sie rösten, backen und kochen zu können.

Als eines Tages Nardi dann aber die Kängurus vom Himmel herabbringt, versucht Die Schöpfungstaube als Urahnin aller Ringeltauben die Kängurus aus dem Land zu vertreiben; sie lässt dafür überall Glutfunken niedergehen, um sie aus den Büschen zu schrecken.

Der astrale Falke und Die Ringeltaube lassen heute noch brennende Zweige als Sternschnuppen niedergehen, um durch die davon ausgelösten Buschfeuer an ihre Nahrung zu kommen.

Regulus symbolisiert das reinigende und verwandelnde Feuer, die Vorstellung von Transformation, die Blitze und was sie erschaffen und die Purifikation bei Zeremonien. Es fungiert auch bei Geburtswunden sowie bei rituellen Beschneidungen als Antibiotikum: Die Frauen spalten zur Schwangerschaftsverhütung bereits bei kleinen Jungen die Unterseite des Penis, damit der Samen ausserhalb der Vagina herabfliesst, und desinfizieren die Wunde mit einem brennenden Zweig.[205]

α
ε
Corvus
γ
DIE KRÄHE
δ
η
β
α
Virgo
ζ
DAS FLINKWALLABY
τ

α Virginis und Sterne von Virgo

GARNDARRIN – DAS FLINKWALLABY

C 196

Das Sternbild stellt das grösste Wallaby (*Notamacropus agilis*)[206] dar, das weisse Streifen an Wangen und Hüfte aufweist. Sie rühren vom Tragen des weissen 'Ockers' her, wie die Legende von Känguru, Eule und dem Schöpfungshund erzählt. Alle drei brachten weissen Ton als Pigment zu den speziellen Zeremonien des Corroboree, bei denen getanzt wird; deswegen sieht man ihre drei Sternbilder auch im Dunkeln weiss leuchten. Bei den Zeremonien sind Das Flinkwallaby und Die Eule in Canis Maior zuständig für die Körperbemalung.[207]

Im Mythos wird Das Flinkwallaby als graue Zwischenform von Mensch und Känguru beschrieben, die Der Schöpfungshund vertreiben will. Er jagt es zusammen mit Dem Braunen Känguru und Dem Schwarzen Känguru vor sich her und in den Himmel, wo sie seitdem zu sehen sind: Das Schwarze Känguru in Centaurus, und mit Dem Braunen ist wohl Das Rotrückige in Orion gemeint.[208]

Corvus

WAGWAG – DIE KRÄHE

C 196

Zu identifizieren ist die Krähe als *Corvus orru*.[209] Ihr Gesang in der Dämmerung verbindet sie eng mit der Sonne bei ihrem Auf- und Untergang, aber auch mit dem Mond. Ihr mächtiger Gesang hat im Mythos die Dunkelheit erschaffen und damit auch die Kühle der Nacht; sie ist es, die der Sonne befiehlt, in ihrem Tunnel zu verschwinden, und ihr dabei zusieht; sie befiehlt dann auch dem Mond sowie der Sonne morgens wieder, am Himmel zu erscheinen. So machte die Krähe den hellen Tag und die dunkle Nacht, indem sie ihren Schatten über alles legt. Die als männlich gesehene Krähe wird deshalb auch für einige Eklipsen verantwortlich gemacht.[210]

"Die Krähe hat das Gesetz der Totemtiere und die Felsmalereiplätze, alles, erfunden. Er ist der Bossmann, der Boss aller Schneidewerkzeuge – ein Mann, der zum Geist wurde, aber noch hier ist, noch um uns. Einer, der das Gesetz macht und auch eine Person oder eine junge Frau in den Strafplatz stösst."[211]

KRÄHE UND DIE ERFINDUNG DES SPEERES

Im Schöpfungsmythos, als Krähe wie die anderen Blitzleute noch ein Mensch war, wird er als Erfinder der Steinbeile, Schaber und anderer scharfer Steinwerkzeuge vorgestellt, die er aus Schlamm formt, den er besingt, "bis er ganz hart wird".

Als es daran ging, etwas gegen Regenbogen und seine grosse Flut zu unternehmen, "machte er eine Spitze. Die ist ideal, sagte er sich, um den alten Regenbogen aufzuspiessen und das Wasser loszuwerden; wir wollen ja nicht ertränkt werden. Und so lief Wagwag zum alten Blitz Jabarringgi hinauf und sagte zu ihm: 'Das ist vielleicht die Lösung – Den Regenbogen aufzuspiessen!' Blitz überlegte und meinte dann: 'Das ist eine gute Idee, um ihn loszuwerden – in Ordnung, gib uns diesen Speer'. 'Warte noch ein wenig', erwiderte Krähe, 'ich geh wieder runter und mach das lange Ende des Speers.' Er holte sich von überall Schlamm her, rieb ihn zusammen und machte ihn länger; dann besang er ihn und formte ihn zu einem langen Speer. Danach steckte er diese kleinen, scharfen Feuersteine, die er ebenfalls aus Schlamm gemacht hatte, in die Spitze: So wurde er sehr stark. Er machte viele davon und ging dann hinüber und gab sie Dem Blitz. Er war es, der den Speer warf und den alten Regenbogen traf und ihn spaltete, doch ohne ihn töten zu können – der alte Regenbogen ärgerte sich bloss sehr und sang und liess dadurch das Wasser weiter steigen."[212]

Wirklich zum Zurückfliessen gebracht wurde die Flut jedoch erst durch den vom Silberfalken auf Regenbogen geworfenen Speer.

Bei den Boorong im Südosten Australiens spielt die dort mit Canopus identifizierte Krähe eine ähnlich wichtige zivilisatorische Rolle: Sie bringt das Feuer, ist mit Waffen assoziiert und steht Dem Emu in einer Verfolgungsjagd gegenüber.[213]

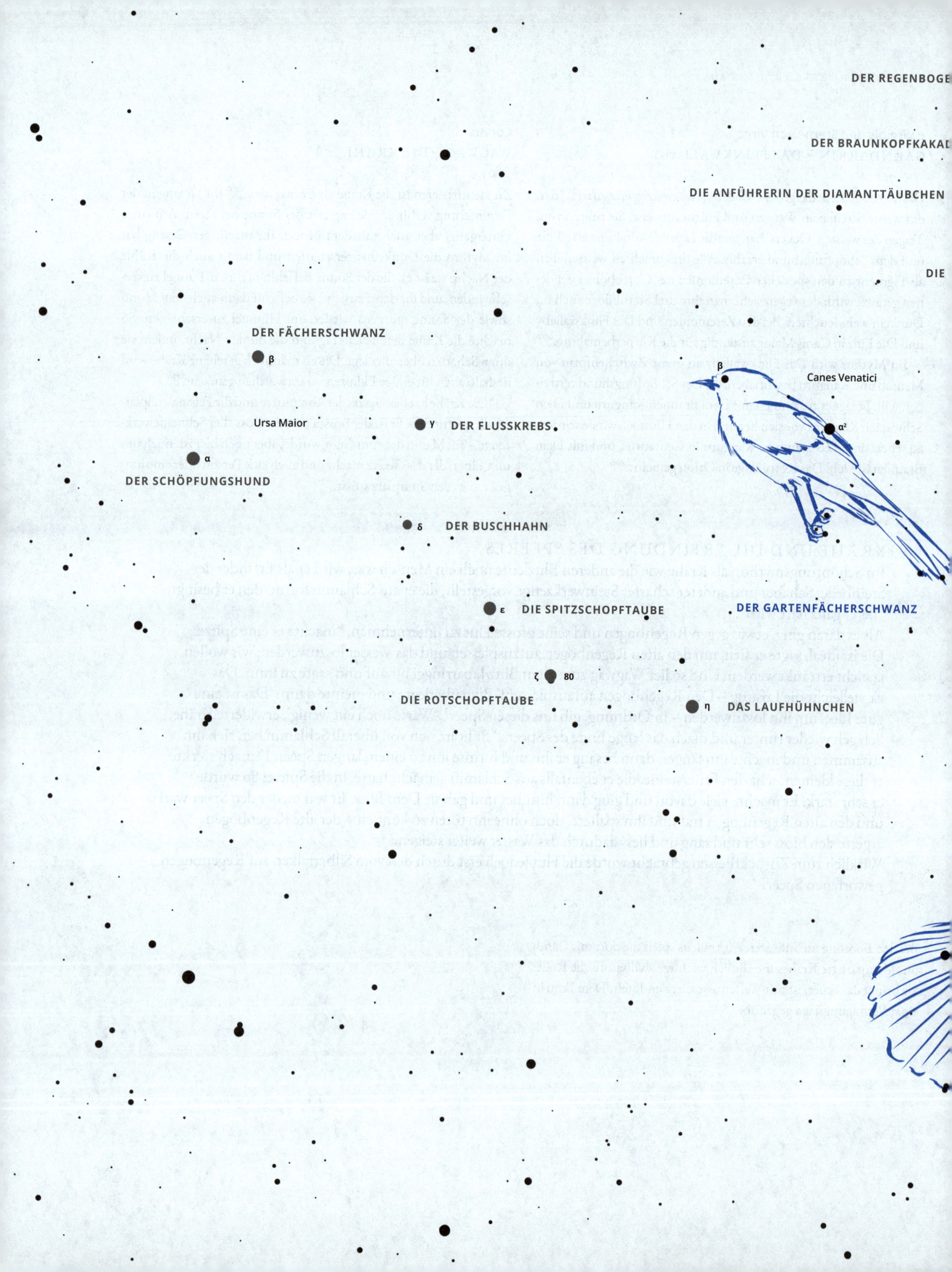
DER REGENBOGE
DER BRAUNKOPFKAKAD
DIE ANFÜHRERIN DER DIAMANTTÄUBCHEN
DIE
DER FÄCHERSCHWANZ
β
β
Canes Venatici
α²
Ursa Maior
γ
DER FLUSSKREBS
α
DER SCHÖPFUNGSHUND
δ
DER BUSCHHAHN
ε
DIE SPITZSCHOPFTAUBE
DER GARTENFÄCHERSCHWANZ
ζ
80
DIE ROTSCHOPFTAUBE
η
DAS LAUFHÜHNCHEN

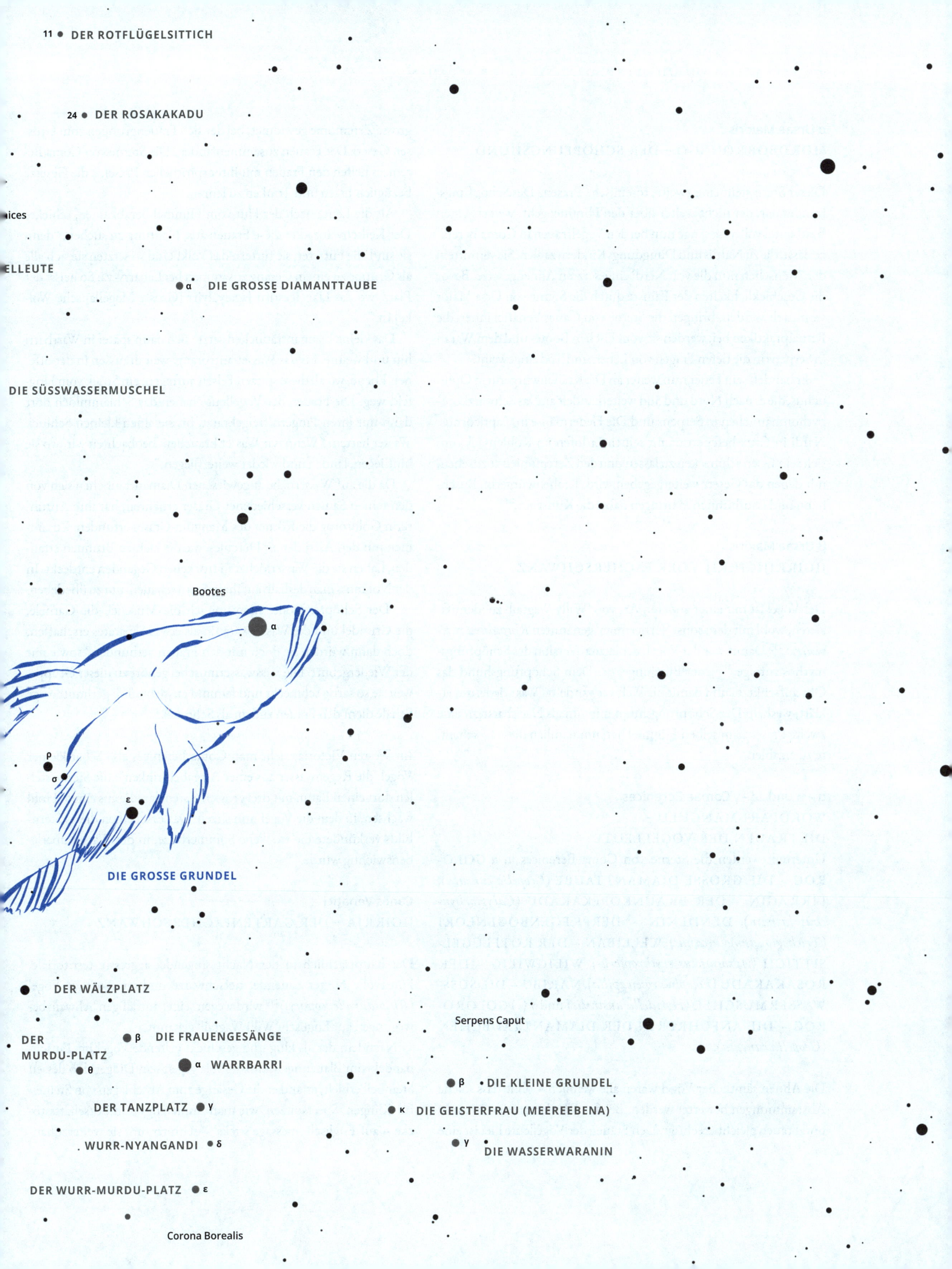
11 ● DER ROTFLÜGELSITTICH
24 ● DER ROSAKAKADU
ices
ELLEUTE
α DIE GROSSE DIAMANTTAUBE
DIE SÜSSWASSERMUSCHEL
Bootes
α
ρ
σ
ε
DIE GROSSE GRUNDEL
DER WÄLZPLATZ
DER MURDU-PLATZ
β DIE FRAUENGESÄNGE
α WARRBARRI
θ
DER TANZPLATZ γ
WURR-NYANGANDI δ
DER WURR-MURDU-PLATZ ε
Corona Borealis
Serpens Caput
β DIE KLEINE GRUNDEL
κ DIE GEISTERFRAU (MEEREEBENA)
γ DIE WASSERWARANIN

α Ursae Maioris

MORDBORRONGGO – DER SCHÖPFUNGSHUND

C 196 und 197

Dieser Stern stellt eine zweite, totemische Präsenz Des Schöpfungshundes dar, der nicht weiter über den Himmel geht, weil er seinen Bastbeutel voller Gesänge nun bei den Vogelfrauen in Coma Berenices lässt, die zu Nardis und Dungdungs Kindern zählen. Sie vermitteln den Menschen nun die von Nardi eingesetzten Ahnengesetze. Bevor die Geschicklichkeiten der Künste durch die Sterne von Ursa Maior vermittelt werden, bringen die Sterne von Canes Venatici ihnen die Ritualpraktiken bei, werden sie vom Fisch in Bootes und dem Waran in Serpens in die tiefen Fragen von Leben und Tod eingeweiht.

Er handelt sein Feuer nun weiter an Die Krähenwürgerin in Ophiuchus, die es nach Nord und Süd weiterhandelt an Das Schwarzkopfpythonmännchen in Serpens und Die Fledermäuse in Capricornus. Nardi in Crux befeuert damit seinen Erdofen im Kohlensack, um sich sein Essen schmecken zu lassen und den Zeremonien zuzusehen, mit denen das Gesetz weitergegeben wird. Krähenwürgerin, Buschhahn und Laufhühnchen bringen dabei die Kunst ein.[214]

β Ursae Maioris

JIGIRRIJIGIRRIJ – DER FÄCHERSCHWANZ

C 197

Der Vogel ist mit einer anderen Art von 'Willy Wagtail' zu identifizieren, wohl mit dem sonst 'Jerrjerrman' genannten *Rhipidura rufiventris*.[215] Damit war der Vogel, der letzten Version des Schöpfungsmythos zufolge,[216] jener Blitzjunge, der Dem Schöpfungshund das Ohr aufschlitzte und damit die Welt verwandelte. Was wiederum erklärt, weshalb Der Schöpfungshund mit ihm als Nachbarstern eine zweite Präsenz am selben Himmel hat: um nämlich diese Geschichte zu erzählen.

α – 11 und 24 – γ Comae Berenices

WOROPARI-MANGULU – DIE FRAUEN DER VOGELLEUTE

Unterteilt werden die Sterne von Coma Berenices in α GOLOROG – DIE GROSSE DIAMANTTAUBE (*Geopelia cuneata*), LIRRAGIN – DER BRAUNKOPFKAKADU (*Calyptorhynchus latham*), DENDENIN – DER REGENBOGENLORI (*Trichoglossus moluccanus*), WELEJBAN – DER ROTFLÜGELSITTICH (*Aprosmictus erythropterus*), WILIGWILIG – DER ROSAKAKADU (*Eolophus roseicapilla*), NARIBU – DIE SÜSSWASSERMUSCHEL (*Hyridella australis*) und γ (?) GOLOROROG – DIE ANFÜHRERIN DER DIAMANTTÄUBCHEN (*Geopelia cuneata*).

C 196

Die Ahnen sämtlicher Vögel waren alle weiblich – ohne dass solche Abstammungen bewertet werden: Bei den Wardaman sind Männer und Frauen gleichberechtigt. Den Frauen der Vogelleute hier ist eine grosse Zeremonie gewidmet, bei der sich Frauengruppen zum Grossen Gesetz Der Frauen zusammenfinden. Die Sterne von Coma Berenices helfen den Frauen mit ihrer spirituellen Präsenz, die Gesetze bezüglich Essen und Trinken zu lehren.

Als die Leute nach der Flut vom Himmel herabkamen, schickte Der Keilschwanzadler diese Frauen aus, Nahrung zu suchen, "denn sie sind alle Fütterer; sie füttern das Volk! Und so setzten sie sich alle als Gruppe zu einem Gesang zusammen bei Labarry-ya: So heisst der Platz, wo das Hagelgestirn Jagalyalyirr [Grosse Magellansche Wolke] ist."

Das kleine Diamanttäubchen setzte sich dann später in Warrbarri hin und weinte, bis das Wasser aufsprang, weit draussen in der offenen Ebene, wo all diese spitzen Felsen aufragen, ein Stück vom Flugfeld weg. Die Frauen der Vogelleute haben das Schlammloch dort dann mit ihren Fingern freigekratzt, bis sie einen kleinen Schluck Wasser hatten: "Wenn wir Wasser brauchen, beobachten wir, wo sie hinfliegen, landen und wieder weiterfliegen."

Da die auf Wassernähe angewiesenen Diamanttäubchen sich von den feinen Samen verschiedener Gräser ernähren, hat ihre Anführerin Gololorog die Körner des Mangulu-Grases erfunden. Zusammen mit den Astrilden in Hercules, die die kleinen Brunnen erfanden, haben sie die Wasserlöcher in trockenen Gegenden entdeckt. In der Not muss man deshalb auf ihren Stern schauen, um zu überleben.

"Der Schöpfer wollte ursprünglich die Muschel, die Garnele, die Grundel und die Wasserwaranin als etwas Separates erschaffen, doch dann wurden sie doch mit den Frauen verbunden" sowie mit der Wiedergeburt. Die Süsswassermuschel gehört zu dieser Gruppe, weil sie so saftig schmeckt und feminin aussieht; ihre perlmuttartige Schale dient den Frauen zudem als Schmuck.[217]

Im Westen Victorias sieht man Coma Berenices als "Schar kleiner Vögel, die Regenwasser aus einer Astgabel trinken"; die Sterne stellen dort einen Baum mit drei grossen Ästen dar, die aus einem Hohl wachsen, in dem die Vögel nun sitzen. Das Erscheinen dieses Sternbilds verkündete die trockene Sommerhitze, in der Wasser überlebenswichtig wurde.[218]

Canes Venatici

JIGIRRJA – DER GARTENFÄCHERSCHWANZ

C 197

Der hauptsächlich in der Nacht singende, aggressiv territoriale, kunstvolle Nester bauende, tiefschwarze und weisskehlige Vogel (*Rhipidura leucophrys*)[219] wird wegen seiner auffälligen Schwanzbewegungen auf Englisch 'Willi Wagtail' genannt.

Nachdem der als klug und geschickt geltende Vogel im Tauschhandel vom Blauzungenskink in Vela gegen sein Didgeridoo dessen Steinbeil erhielt, erfand er die Gesänge zum Abschlagen von Steinen für Klingen, Speerspitzen, wie man Bumerangs und Botschaftsstöcke – auf Englisch 'message sticks' – schnitzt, um sie weiterzuhandeln. Auf diese Weise erlangte Der Schlangenhalsvogel von ihm die Rote Feder-Fahne, die einem den Zutritt in eine Region erlaubt oder verwehrt. Der Gartenfächerschwanz wird mit Skarifizierungen, Beschneidungen und vielem anderen bei den Initiationszeremonien verbunden – gilt aber auch als Schöpfer, der die Erde, den Humus und die Farbpigmente in das verwandelt hat, was sie heute sind: "Er machte das Gesetz des Gesangs, mit dem Schlamm zu Felsen wird; und während er sang, unterteilte er die Erde, dass sie zu weiss aussehenden und schwarz aussehenden Felsen wurde."

Der Vogel hat auch eine dunkle spirituelle Seite, indem er sich plötzlich in alles, selbst in einen Teufelshund, verwandeln und gefährlich werden kann.[220]

α Bootis und Sterne von Bootes

MUNIN – DIE GROSSE GRUNDEL

C 197

Arcturus wird als Morgenstern gesehen. Zu identifizieren ist der Fisch in Bootes mit der im Süsswasser lebenden Grundel *Glossogobius*[221] oder der Schläfergrundel *Oxyeleotris lineolatus*,[222] die ein Flussbett bei Felsen nach totem Bodensatz durchwühlt und deutlich sichtbaren Laich absetzt. Als dezidiert weibliche Figur spielt Die Grundel zusammen mit dem ebenfalls weiblichen Wasserwaran eine zentrale Rolle beim Mythos über den Kreislauf von Geburt, Tod und Wiedergeburt.

Als eines von Regenbogens Kindern hätte sie ewig im Himmel leben können, aber sie entschied sich nach der Flut – wie die Wasserwaranin auch –, sich zu verwandeln und vom Land weg und ins Wasser zu gehen. Als sie aus den Tiefen der Flut farbig emporschwamm, erfand sie den Schöpfungsgesang, mit dem das Land ins Wasser kommen soll, um wieder lebendig zu werden. Seither werden die Schatten der Verstorbenen – ihre Seelen – von der Geisterfrau ins Wasser getaucht, wo sie sich von dem grünen Algenschleim ernähren, bis Die Grosse Grundel kommt und sie holt, um sie zusammen mit der Wasserwaranin zu regenerieren. Darauf wird sie von der Geisterfrau zu Gorrondolmi gebracht, der die Seele sodann freilässt, damit sie in einen anderen Körper eingehen kann, um somit auf die gleiche Art wiedergeboren zu werden wie der Mond.

Es ist dann die von β Serpentis repräsentierte, erdgebundene Seele Der Grossen Grundel, die dafür sorgt, dass die Geister auf der Erde für die Seele eine neue Mutter finden, und zwar ein Tier: ein Känguru, eine Schlange, eine Echse oder sonst etwas. Wenn sie jedoch als Mensch oder als Vogel wiederkehren soll, bedarf es einer speziellen Zeremonie.[223]

γ Serpentis

GUDJA – DIE WASSERWARANIN

Der im Wasser lebende Mertens-Wasserwaran (*Varanus mertensi*) wird mit seinem Schwanz bis zu 1,3 m lang und sucht züngelnd seine Beute. Im Mythos gilt Die Wasserwaranin als fett und hat einen speziellen Schweissgeruch, den sie Frauen verleiht, die sich mit ihrem Fett einschmieren. Beides ist, wie die Farbe Schwarz, ebenso heilig wie gefährlich, weil es mit der Geburt und der Schmiere verbunden ist, mit der Babys zur Welt kommen.

C 197

κ Serpentis

WULANGGMAN – DIE GEISTERFRAU (MEEREEBENA)

C 197

Das Gebiet um den Stern gilt als Geburtssegen-Platz der *Mungamungga*, der 'alten Ahnfrauen', die dort ihre Kinder zur Welt brachten.

Der Stern selbst verkörpert Meereebena. Sie ist meist mit Sexualität und Fruchtbarkeit verbunden und ein weiblicher, *Gumbul* genannter Geist, der den Mimih-Geistern entspricht, die bestimmte Orte besetzen. Sie sind menschenartig, sehr dünn, stammen nicht von den Urahnen ab, leben in Felsen und haben den Aborigines die Felsmalerei beigebracht.[224]

Meereebena nimmt sich der Seele und des Herzens eines Toten an. Nach seiner Aufbahrung wartet sie ein wenig; dann bringt sie Herz und Seele des Toten durch ein Loch in den Himmel. Die Seele gelangt dann wieder zurück zur Erde, wo Die Geisterfrau sie bei einer Quelle ins Wasser drückt und sich vom grünen Schleim jener Algen ernährt, die Der Grashüpfer zum Schmücken der Körper erfunden hat. Betreut von Der Grossen Grundel und Der Wasserwaranin, regeneriert sie sich so, um dann in einem Kind wiedergeboren zu werden. Die Toten kommen somit zuerst wortwörtlich in den Himmel; dann aber werden sie auf der Erde im Wasser wiederbelebt.

Ein Mann, der sich beim Herumziehen mit seinem Bumerang in sie verliebte, besang sie mit einem Liebeszauber, der sie einschlafen und von ihm träumen liess: Danach stand sie auf und nahm ihn bei der Hand. Sie lebt heute noch – wie auch die alte Emu-Dame Meereebena – in einer Höhle, weshalb man die Kinder vor ihr warnt: "Passt auf, sonst werdet ihr von ihr geholt."[225]

β Serpentis

MUNING – DIE KLEINE GRUNDEL

C 197

Dies ist der Schatten Der Grossen Grundel; als sie nach der Flut beschloss, ins Wasser zu gehen und zu einem Fisch zu werden, wurde der Schatten – die Seele –, die sie auf dem Land besass, zu dem Fels dieses Namens.

Die Seele eines mit einem Muttermal geborenen Kindes, sagt man, wurden von Der Kleinen Grundel wieder in den Kreislauf des Lebens zurückgebracht; denn ihr Vater starb, wie viele, an einer Schnittwunde an der Stelle, wo nun das Muttermal sitzt – und kann aufgrunddessen ermittelt werden. Das Kind erhält dann das Totem dieses Mannes; "an den Muttermalen erkennen wir unsere Leute wieder."[226]

γ Ursae Maioris

MURRARDA | MULLADA – DER FLUSSKREBS

C 197

Der Krebs (wahrscheinlich *Cherax quadricarinatus*)[227] folgt Den Astrilden in Hercules zum Wasser. Er hat das Ritual der Reinigung der Knochen der Toten eingeführt. Man bringt deshalb die Toten zu diesem Platz.[228]

η Ursae Maioris

JIRDIJ – DAS LAUFHÜHNCHEN

C 197

Zu identifizieren ist der Vogel mit der auch 'Kampfwachtel' genannten *Turnix*.[229] "Er hat dieses pelzige, büschelige Haar, das Teil seines Federkleides ist, das anders als spröde Vogelfedern sonst ganz flauschig ist: Deswegen hat er die zeremonielle Kleidung erfunden." Er läuft zusammen mit dem singenden Buschhahn "herum und lässt so die Sterne in der Nacht herumkreisen, Mordborronggo singend ihnen voraus". Wenn er vom Himmel "herabkommt, wird aus dem Menschen dort ein kleiner Vogel mit sehr flaumigen Federn".[230]

ζ Ursae Maioris

GARLAWARRA – DIE ROTSCHOPFTAUBE

C 197

Der Stern stellt die rotbraune, aber schwarz-weiss gestreifte, wachtelartige Taube *Geophaps plumifera* dar, die in niedrigen Büschen und Spinifex-Gräsern lebt.

ε Ursae Maioris

GANBARLARLA – DIE SPITZSCHOPFTAUBE

C 197

Ocyphaps lophotes[231] ist "ein Taubenmännchen, das ein grosses Zeremoniengesetz bringt. Mit seinem aufgestellten Schwanz macht er *Kuu, Kuu*: Das ist das Gesetz, das er bringt." Er hat von Nardi einen Bastbeutel voller Gesänge und vom Gesetzeswächter Keilschwanzadler in Aquila den Auftrag erhalten, weiterzumelden, wenn sich jemand den Zeremonien nähert.[232]

δ Ursae Maioris

JEGBAN – DER BUSCHHAHN

C 197

Zu identifizieren ist dieses Tier mit der einzelgängerischen, bis zu 1 m hoch werdenden 'Wammentrappe' *Ardeotis australis*.[233] Sie ist ein traditionelles, schwer zu erlegendes Jagdwild der Aborigines, die deren weisse Federn für Zeremonien verwenden. Einmal aufgestört, nimmt sie eine kryptische Pose ein, Hals aufgereckt, Schnabel zum Himmel.

Der Buschhahn gilt als der Alleinunterhalter, Geschichtenerzähler und grösster Vorsänger des Himmels. Weil er einen grossen Kehlsack hat, der Den Schöpfungshund an seinen Beutel mit den Gesängen erinnert, erhält er von diesem einen schönen Gesang. Damit reist er, tanzend, singend, schreiend hinauf zum Gesetzesplatz in der Corona Borealis: "Du hörst ihn mit seinem *Ungg Arrh!* Und die Leute dort machen es ihm nach, *Arrh!* Und dann kommt Der Emu auf die gleiche Weise mit seinem *Oingg! Oingg!* und reiht sich seitlich bei ihm zum Tanz ein. Und Die Spitzschopftaube mit ihrem *Uuuu Uuuuu* tut das Gleiche. Und dann Die Rotschopftaube."

Im Mythos benannte Der Buschhahn mittels Des Haargürtels – der Ausbuchtung der Milchstrasse bei Scorpius – die vier Himmelsrichtungen. Der Haargürtel gehört dabei schon zu den inneren Zeremonien: die dem Buschhahn zum Verhängnis wurden.
Zudem handelte er den von ihm erfundenen schmierigen Guargummi zum Festkleben des Bandes am Schwirrholz an Den Blauzungenskink für die Zeremonie weiter. Er selbst sang das Grosse Gesetz und verbreitete es mit dem *Breiten Klang* Uhm-Ah, Uhm-Ah!; und weil er den Nulla-Nulla-Rhythmus und den Gong-Gong-Laut erfunden hat, beginnt das Initiationslager damit.

DER BUSCHHAHN

"Das alte [Rotrückige] Känguru brachte den grossen Gesang, deshalb hat der alte Buschhahn die ganze Nacht durchgesungen, bis zum Morgengrauen. Aber er hat sich bei den Frauen eingemischt, bei denen die Frau des Grashüpfers und die anderen Blitzdamen waren. Die hielten eine grosse Zeremonie ab, und sangen Tag und Nacht, dass sogar der alte Grashüpfer zu klatschen anfing. Der Klang, den Der Buschhahn machte, war einer für das Grosse Gesetz, das Dröhnen des Schwirrholzes! Und dazu hat er diese grossen Steine angeschlagen: Bäng! Bäng! Bäng! Diesen Gesang machte er unterm Laufen, so ging der Gesang weiter. Problem aber war, dass er den falschen Weg wählte! Er wollte geradewegs ins Lager der Frauen, die mit ihm unterwegs waren. Sie gingen nebeneinander her und auch Frauen hatten ihren Gesang am Laufen, so wie die Männer auch. Sie konnten ihn von dort hören! So zogen sie durchs Land, aber der alte

Buschhahn geriet da ausser Rand und Band: Er wollte zu den Frauen und hat dabei dauernd laut und hell gesungen!
Der alte Keilschwanzadler [in Aquila] warnte ihn, aber Der Buschhahn schenkte ihm keine Beachtung und ist zu ihnen hinübergegangen. Deshalb wurde der zornig auf ihn und stiess vom Himmel herab und hat ihn umgebracht. Sie trugen seine Leiche zum Mount Hogarth, gingen dann weg, um etwas zu holen und um ihm ein Grab zu bauen. Als sie zurückkamen, hatten die kleinen Krebsleute, weil sie hungrig waren, ihn bis auf die Knochen zusammengefressen. Das war, als Der Kleine Junge das Ohr Des Schöpfungshundes spaltete und sich alles verwandelte: So wurde aus dem Knochenhaufen, der vom Buschhahn übriggeblieben war, der Mount Hogarth.
Wenn es heute ein Schwirrholz zu hören gibt, haben nur die Frauen die kleinen Jungen; und sie antworten dann und singen zurück. Sie singen es heraus! Wenn die Frauen aber nicht die kleinen Jungen haben und keine Männer sehen, dann antwortet ihnen keiner, sondern man blickt zu Boden und schaut über ihre Köpfe hinweg!"[234]

Der trompetenartige *Gong-Gong Umff-Aah* Ruf des Buschhahns und das *Nulla-Nulla* des Schwirrholzes wurden so Warnsignale, bei den Ritualen den richtigen Platz einzunehmen und den richtigen Weg einzuschlagen.

Mit den in Ursa Maior und Coma Berenices vorgeführten Vogelleuten wandern die Gesänge des Gesetzes über Land; ihre Schatten sind in Felsmalereistellen wie Gongongmayin und in Zeremonien präsent.[235]

Corona Borealis

BARDABI – DER WÄLZPLATZ

C 197

Seiner Kreisform wegen wird dieses Sternbild eines Treffplatzes auch 'Wälz-, Schlafplatz' genannt, wie ihn die Hunde sich graben und die Kängurus ihn um sich in der Savanne freischarren. Der Schöpfungshund hat sich dort ausgeruht, nachdem er die Kängurus in den Himmel gejagt hat, und er schläft dort auch, nachdem er seine Gesänge bei den Vogelfrauen von Canes Venatici gelassen hat.[236]

An diesem Ort treffen sich aber Männer wie Frauen, um Gesetze festzulegen und Fragen der Tradition zu verhandeln. Im Mythos der Männer hat Die Wasserwaranin die Sonne dorthin gebracht; im Mythos der Frauen ist es Das Rotrückige Känguru, das den Sonnenmann dahin bringt.[237]

θ Coronae Borealis

DER MURDU-PLATZ

"*Murdu* ist der dicke schwarze Kreis, den die Frauen dem Gesetz nach um ihren Körper ziehen." "Die klebrige schwarze Holzkohle des Korkbaumes hat einen kraftvollen Geruch, wenn sie in deinen Körper geht." Dies ist der Gesetzesplatz für die Frauenältesten, die dort ihre Gesänge singen. Dort werden auch die Beschneidungen der kleinen Jungen vorgenommen. Dabei werden zuerst kleine Feuerstöcke in die Luft geworfen, wobei alle singen; sie landen dann am Boden, damit sich bei der Beschneidung nichts 'verfängt'. Dann wird darüber hinweggesungen, die Beschneidung vorgenommen und die Wunde am Penis mit einem glühenden Zweig desinfiziert, die in zwei Tagen dann verheilt. Das Feuer dafür wird vom Rotrückigen Känguru in Orion zum Murdu-Platz gebracht; Das Känguru sieht dabei zum Feuer in Leo hinüber, das dann untergeht.[238]

Auf einen der nun folgenden Plätze wurde im Mythos der Männer die Sonne von Der Wasserwaranin geschafft; im Mythos der Frauen ist es Das Rotrückige Känguru, das den Sonnenmann dorthin bringt.[239]

β Coronae Borealis

BANDIMI – DIE FRAUENGESÄNGE

Dies ist der Gesetzesplatz der Frauen, auf dem die Mädchen belehrt werden; die Frauenältesten singen dort ihre Gesänge.

C 197

α Coronae Borealis

WARRBARRI

Dies ist ein Gesetzesplatz für Männer.

C 197

γ Coronae Borealis

GUJINGGA – DER TANZPLATZ

Auf diesem Platz tanzen die gesetzgebenden Männer.

C 197

δ Coronae Borealis

WURR-NYANGANDI

Dies ist ein weiterer Grosser Gesetzesplatz, der mit dem *Wujunggu-Feuergesang* für die Beschneidung der kleinen Jungen zusammenhängt.

C 110

ε Coronae Borealis

DER WURR-MURDU-PLATZ

Dies ist ein weiterer Gesetzesplatz der Grossen Männer.

C 197

Das vom Schöpfungshund, Der Krähenwürgerin, Dem Schwarzkopfpython und Den Fledermäusen eingehandelte Feuer wandert von Westen nach Osten. Der Himmelsbossmann Nardi beobachtet vom Kreuz des Südens aus alle und kocht dabei im Erdofen – dem Kohlensack – sein Essen. Zu lernen ist auf dieser Gesangslinie von Den Astrilden in Hercules das Überleben im Busch, von den Sternen in Lyra, wie die Sonne nachts untergeht. Die Vögel in Cygnus und Aquila wachen über die Zeremonien; in Serpens begegnen einem Die Grossen Schlangen. Die Roten Ameisen in Capricornus heilen; Die Spinne in Centaurus zeigt, wie man sich vom Himmel auf die Erde herunterlässt; im Skorpion lernt man die Körperteile und das Zählen, um dann an einer Zeremonie teilzunehmen und zum Gesetzesplatz der Frauen in der Corona Australis zu gelangen.[240]

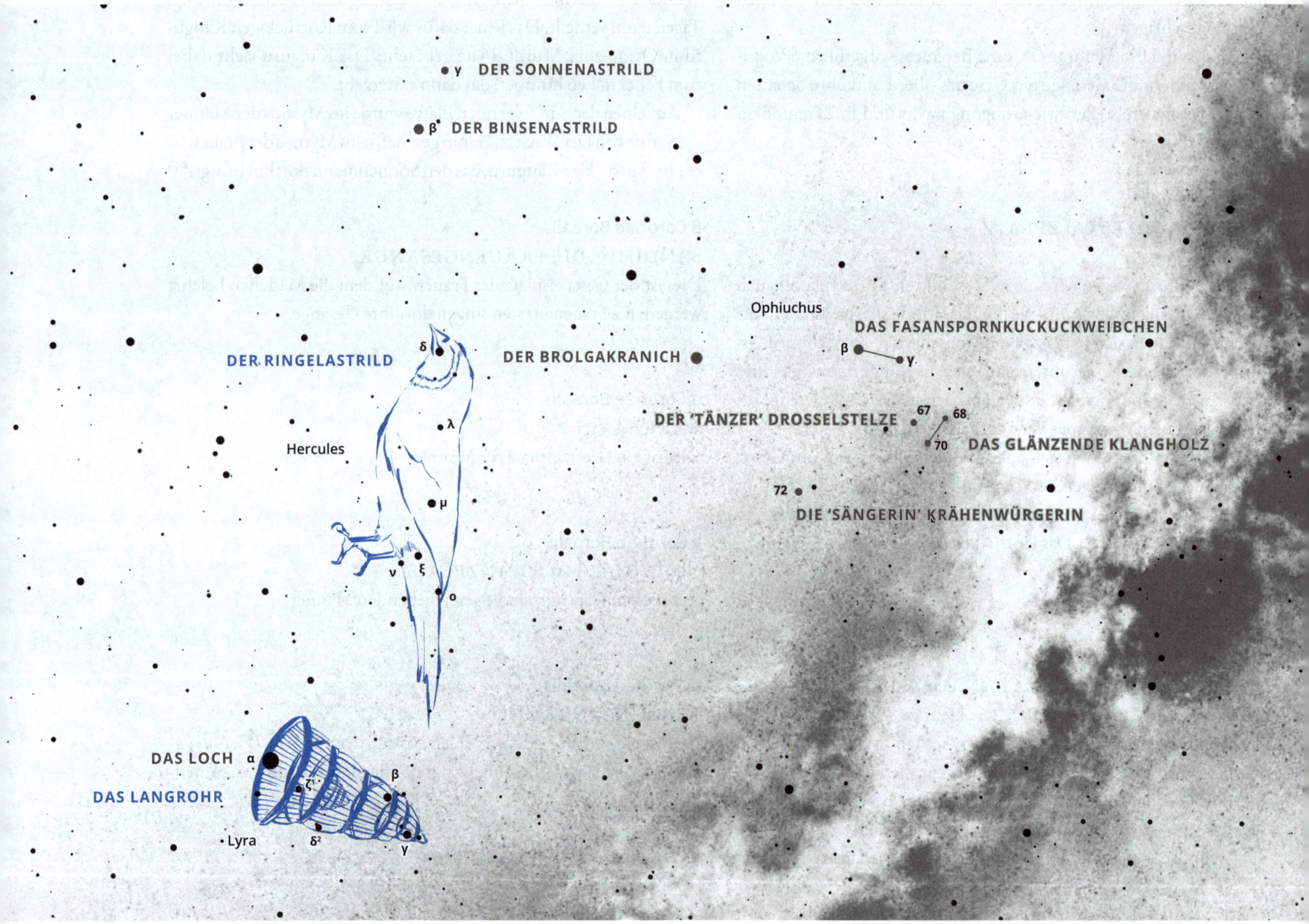

o bis δ Herculi

NININ – DER RINGELASTRILAD

C 198

Das Sternbild stellt wohl die in Wassernähe lebende, weisse Ringelastrilde mit ihrem schwarzen Bauchstreifen dar (*Taeniopygi bichnovii*). Die körnerfressenden geselligen Vögel entfernen sich nur 2 km von ihren Wasserstellen.

Zusammen mit Der Dornastrilde bringt der Vogel Wasser in einer Schale zum Gesetzesplatz der Corona Borealis; läuft dort etwas falsch, tun sie sich mit Dem Brolga-Kranich daneben zusammen, um es sich wiederzuholen.[241]

γ Herculi

NILNGMAN – DER SONNENASTRILD

Der Vogel ist vielleicht mit dem vom Schnabel bis zu den Flügeln roten, auch 'Sonnenamadine' genannten und ebenfalls in Wassernähe lebenden Sonnenastrild zu identifizieren (*Neochmia phaeton*). Aufgrund ihrer Rotfärbung werden solche Arten von Prachtfinken auch mit dem Feuer assoziiert.

Im Mythos sangen sie das Wasser herbei, das dann aufstieg. Sie gruben die kleinen Wasserlöcher in der Savanne; sie am Himmel zu sehen heisst, sie dabei zu beobachten, wie sie auf ihrer Bahn Wasser finden.

C 198

β Herculi

GOLINGOLIN – DER BINSENASTRILD

C 198

Der Vogel ist vielleicht mit dem rotköpfigen, golden schimmernden Binsenastrild (*Neochmia ruficauda*) zu identifizieren. Die drei Astrilden in Hercules gaben ihren Wassergesang sowohl an Den Schlangenhalsvogel in Cygnus wie an Die Diamanttauben in Coma Berenices weiter, damit diese Wasser finden konnten.[242]

Lyra

JALALA – DAS LANGROHR

C 198

Das Sternbild stellt eine längliche geflochtene Fischreuse dar, die der von Venus verkörperte Grashüpfer erfand, der in der Schöpfungszeit auch das Stroh erschuf. Zugeschrieben wird ihm dies, weil sich die Heuschrecken im Gras kleine Erdtunnel graben, welche die Form dieses trichterförmigen Himmelstunnels vorgeben.

Der Grashüpfer schenkte ein solches Langrohr Krähe in Corvus; Krähe liess daraufhin die Sonne jeden Abend durch diesen Tunnel hinter dem Himmel verschwinden, damit es dunkel werden konnte. Sie gelangt durch diesen Trichter ins Meer und in die unterirdischen Ströme, über die sie nachts in den Osten zurückkehrt – auch daher die Idee einer Fischreuse, um vom Wasser gefangen zu werden.

Vega stellt den weit entfernten Ausgang dieser langen Reuse dar; an ihr kann man auch die Zeit bestimmen, denn sie zeigt sich jeden Monat anders am Himmel. Die Sonne selbst geht darin jedoch nie unter, ebenso wenig wie der Mond sie erreicht: Krähe kann deshalb von ihrem Kulminationspunkt aus vom Himmel oben in der Morgendämmerung (wie durch einen Brunnenschacht, in dem man freie Sicht hat) nach der Sonne Ausschau halten, wie sie in dem dunklen Trichter aufsteigt, und auch alles sehen, was den Mond betrifft.

Generell beobachtet Krähe von seinem Tunnelende aus "das Leben" – was, zusammen mit seiner Rolle als Erfinder der wichtigsten Werkzeuge, an die Rolle gemahnt, die Krähe und Rabe am Sternenhimmel der Nördlichen Dene und Eskimo einnehmen.[243]

α Lyrae

LUWUN – DAS LOCH

H 86

Vega, die alle 25 700 Jahre zum Polarstern wird, gilt mit dem Trichter dahinter als Zugang zur Milchstrasse. Die Geisterfrau Meereebena bringt durch ihn hindurch Herz und Seele eines Verstorbenen in den Himmel. Das Herz bleibt dann offenbar im Himmel; die Seele gelangt dann nach durchlaufenen Zeremonien als Sternschnuppe wieder zur Wiedergeburt auf die Erde zurück.[244]

β und γ Ophiuchi?

GIRRIBUG – DAS FASANSPORNKUCKUCKSWEIBCHEN

C 198

Der schwarze Kuckucksvogel der Gattung *Centropus phasianinus melanurus* singt im Sommer ein tief absteigendes *Buup Buup Buup*, weshalb er auch in der Lage ist, das von den Termiten erfundene Didgeridoo zu blasen; im Winter hingegen besteht sein Gesang aus einem scharfen Zischen. Dem Weibchen wird – wie dem Roten Linkshändigen Blauzungenskink auch – das Benennen aller Teile des Körpers wie des Landes zugeschrieben. Sie hat Dem Schwarzkopfpython das Leben gerettet und gilt als seine wahre Liebe.[245] Sie hat den *Djiu-Klang* erfunden; wenn sie bläst, klingt es wie fliessendes Wasser.[246]

67 Ophiuchi?

GULIRRIDA[247] – DER 'TÄNZER' DROSSELSTELZE

C 198

Zu identifizieren ist der Vogel mit der schwarz-weiss gefiederten, monogamen Drosselstelze *Grallina cyanoleuca*, die bekannte für ihr Singen im Duett ist und auf Englisch lautmalerisch 'Peewee' genannt wird. Er erfindet die Tanzschritte und Reigen.[248]

68 – 70 Ophiuchi?

GANDIJ – DAS GLÄNZENDE KLANGHOLZ

C 198

Zusammen mit Der Drosselstelze und Dem Fasanspornkuckucksweibchen singt Die Krähenwürgerin Lieder. Gemeinsam blasen sie das Didgeridoo, tanzen und benennen dabei all die verschiedenen

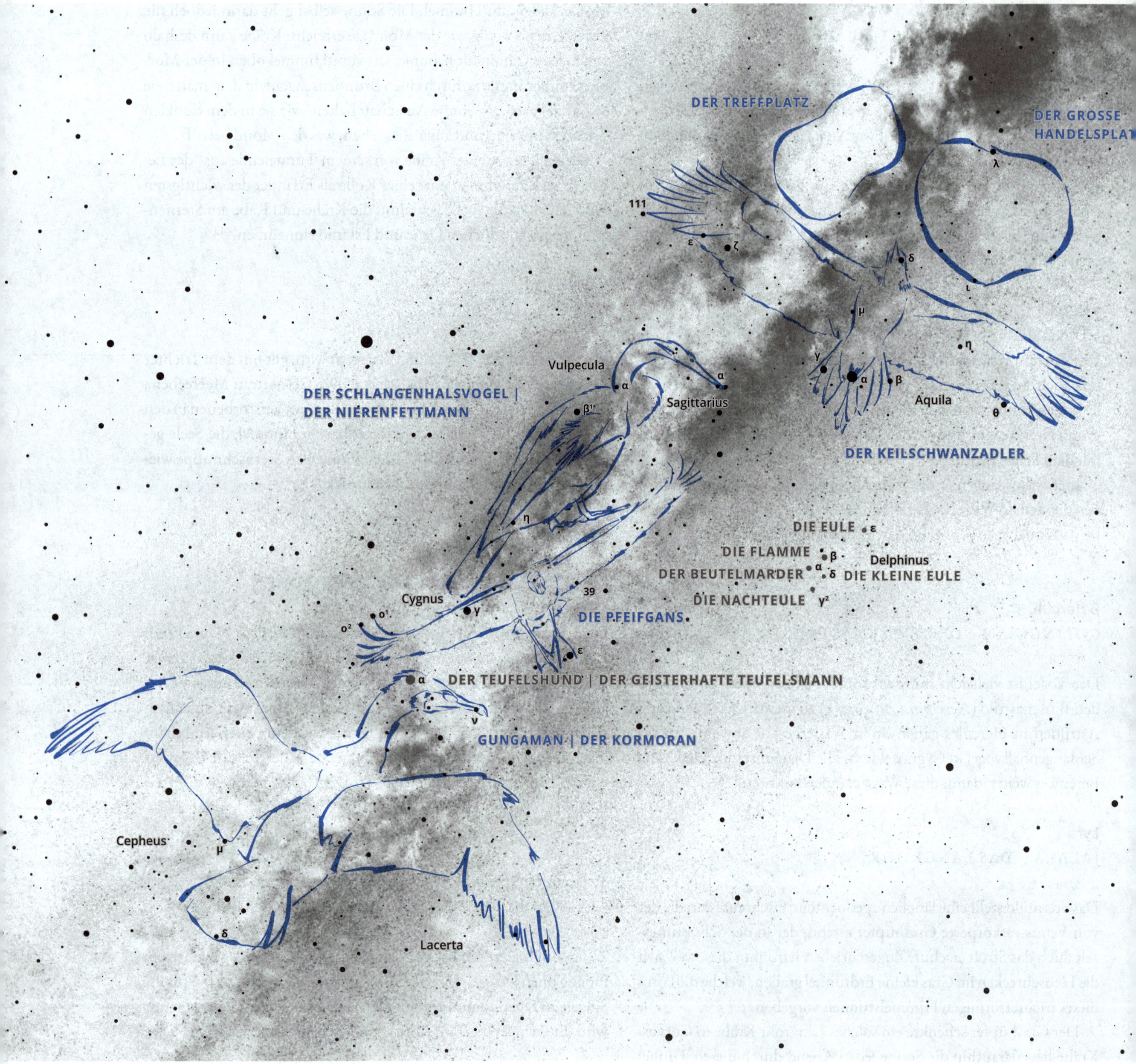
DER TREFFPLATZ
DER GROSSE
HANDELSPLAT
λ
111
ε
ζ
δ
ι
μ
η
γ
α
β
Aquila
θ
DER KEILSCHWANZADLER
Vulpecula
α
α
Sagittarius
DER SCHLANGENHALSVOGEL |
DER NIERENFETTMANN
η
DIE EULE ε
DIE FLAMME β
Delphinus
DER BEUTELMARDER α δ DIE KLEINE EULE
DIE NACHTEULE
39
Cygnus
γ
DIE PFEIFGANS
ε
α
DER TEUFELSHUND | DER GEISTERHAFTE TEUFELSMANN
ν
GUNGAMAN | DER KORMORAN
Cepheus
μ
δ
Lacerta

Pflanzen, die unterschiedlichen Nahrungen, die Blätter und Gräser, Orte und Stellen im ganzen Land, die unterschiedlichen Erden, Bäche und Flüsse, Gerölle und Kiesel sowie den menschlichen Körper, vom Fuss bis zu den Haaren, um all dies an die nächste Generation weiterzugeben. "Das Zeichen des Klangholzes ruft dies alles in den Köpfen der Leute wach! So erkennen wir die Figur dieses Nacht-Spirituellen oben in der Luft, all dies auf Anhieb!"[249]

C 118

72 Ophiuchi?

JORLBORRMANN – DIE 'SÄNGERIN' KRÄHENWÜRGERIN

Der Vogel ist mit dem schwarz-weiss gefiederten, manchmal völlig schwarzen Krähenwürger *Cracticus* zu identifizieren,[250] dessen Gesänge sehr komplex und hoch vorgetragen werden, um die Gruppenreviere das Jahr über zu verteidigen. Der Mythos macht 'Die Sängerin' für die Verbrennungen des Schwarzkopfpythonmännchens verantwortlich.

A 251

Im Mythos tauscht Die Sängerin Steine vom Gartenfächerschwanz, um damit Klanghölzer herzustellen und weiterzuhandeln, die der rhythmischen Begleitung dienen und gegeneinander oder gegen ein Didgeridoo geschlagen werden. Wie ihren Gesang kann man den Klang der Schlaghölzer meilenweit hören. Sie macht auch Bumerangs und war an der Erfindung des Didgeridoos beteiligt: Die Termiten höhlten den Stamm des langen Baumes aus, sie aber besorgte die Holzkohle, um damit das Loch auszubrennen. Ihr Gesang ist ein *Nung! Nung! Nung!*, "das die Leute glücklich macht".

C 198 und 118

α Ophiuchi?

GORDORRGBAN – DER BROLGAKRANICH

C 198

Der Brolgakranich (*Antigone rubicunda*) ist vor allem für seinen ausdrucksvollen Balztanz bekannt, bei dem er zuerst mit dem Schnabel Gras in die Luft wirft, um dann meterhohe Luftsprünge zu vollziehen, sich zu verbeugen, zu schreiten, zu rufen und den Kopf zu senken.

Er trifft Regenbogen Gorrondolmi und Den Buschhahn am Gonggonmaya-Platz, wo ihr Gong-Gong-Rhythmus und Dröhnen des Schwirrholzes den musikalischen Hintergrund für den Ausdruckstanz Des Kranichs liefert. Sogar der alte Emu gesellt sich dazu und stimmt mit seinen zwei Klängen ein. Und Nardi, der gerade sein aus dem Erdofen geholtes Essen kostet, sieht zu, wie sie alle einen glücklichen Gesang produzieren, den sogenannten 'Klang für glückliche Leute'. Die Schlaghölzer werden danach an Den Gartenfächerschwanz weitergehandelt.[251]

α Delphini

JEREJEG – DER BEUTELMARDER

C 198

Dies ist eine andere Verkörperung Des Teufelshundes und Teufelsmannes in Cygnus, nämlich der geisterhafte Beutelmarder *Dasyurus*. Aufgrund seines gepunkteten Fells wird er mit dem flackernden *Min-Min-Licht* in Verbindung gebracht, das den Wardaman geisterhafte Botschaften der Blitzleute am Himmel vermittelt, die meist besorgniserregend sind; sie zeigen, dass das menschliche Leben im Kosmos sehr fragil und verletzlich ist.[252]

β Delphini

MERLENG – DIE FLAMME[253]

C 198

Die Flamme wird auch als *Min-Min-Licht* bezeichnet und der Stern als Reibestock zum Feuermachen aufgefasst. Der Teufelshund sendet Geisterbotschaften der spirituellen Kommunikation mit dem *Min-Min-Signal*: Gemeint damit ist eine Art 'Gedankenübertragung' oder eine bedeutsame Koinzidenz.[254]

ε Delphini

GORDOLY – DIE EULE

C 198

γ Delphini

JUDINAN – DIE NACHTEULE

C 198

δ Delphini

JIRIJIN – DIE KLEINE EULE

C 198

Wie die anderen Sterne von Delphinus, können auch Die Eulen Warnungen und andere, selten gute Botschaften an die Wardaman übermitteln.[255]

α Cygni

MURLUGURRU – DER TEUFELSHUND WURRGURU[256] MARNDEN – DER GEISTERHAFTE TEUFELSMANN

C 198

Zu identifizieren ist das Tier wohl mit dem 'Tasmanischer Tiger' genannten Beutelwolf (*Thlyacinus cynocephalus*), der jüngst ausgestorben ist. Murlugurru wird nun meist als Dingo gesehen; der Fellzeichnung des Beutelwolfs entsprechend hat jedoch "sein Gestirn als einziges zwei Streifen, die ausbalanciert sind".

Er wird auch als *Wurrgurru Marnden* – geisterhaft astraler Teufelsmann – im Himmel bezeichnet, der sich verwandeln kann und umherzieht, um auch auf die Erde herabzukommen, wo er einem Wunden zufügen kann. Es gibt eine Geschichte, in der er einen Jungen entführt, indem er ihn in seinen Bastbeutel steckt, Hundertfüsser und Ameisenigel auf ihm, um ihn niederzuhalten; Krähe jedoch bemerkt es, worauf ein Gesetzeswächter eine Sternschnuppe besingt und ihn damit speert.[257]

Wie Die Wasservögel in Cygnus lässt er manche Leute nicht ins Gebiet und hält sie davon ab, Ritualgegenstände zu stehlen, er schliesst oder öffnet Routen über Land für die Zeremonien und zum Handel. "Der Dingo bringt auch das Gesetz, wie man tanzt, den Kriechtanz."[258]

von α Cygni bis δ Cephei

GUNGAMAN

C 198

MINYJILIWIRRIJ – DER KORMORAN

C 119

Der auch *Gungaman* und auf Englisch 'Shag' oder 'Diver Bird'[259] genannte schwarze, weissbrüstige, grosse Kormoran ist mit *Phalalcrocorax carbo* zu identifizieren.[260] Er frisst Fische und Krebse, die er aus Mangroven und flachen Gewässern holt, weshalb er wie die meisten Kormorane seine nassen Flügel ausbreiten und sie von Sonne und Wind trocknen lassen muss.

um γ und ε Cygni?

GULANG – DIE PFEIFGANS?

C 120

Der Vogel und seine Sterne sind – ausser dass sie sich in Cygnus befinden – nicht genau identifiziert. Es muss sich jedoch um einen kormoranähnlichen Vogel handeln, wobei die Sichelpfeifgans als Meeresvogel bei den Wardaman als *Jibilyuman* bekannt ist.[261]

β – η Cygni (und α Vulpecula sowie α Sagittae?)

BARRAGBARRAG – DER SCHLANGENHALSVOGEL[262] DER NIERENFETTMANN

Dieser schwarz-weisse Verwandte der Kormorane ist mit *Anhinga novaehollandiae* zu identifizieren und breitet seine Flügel ebenfalls zum Trocknen aus, erdolcht jedoch kraft seines langen Halses die Fische mit einem Stoss seines Schnabels – was ihn zum gefährlichsten der drei als Gesetzeswächter amtierenden Meeresvögel macht.

In der Schöpfungsgeschichte hat er den Bumerang gemacht, mit dem Regenbogen Gorrondolmi zerteilt wurde; seitdem spielt er eine wichtige Rolle an Land und im Himmel, bei Ritualen und Zeremonien: "Der Schlangenhalsvogel Barragbarrag arbeitet eng mit Dem Keilschwanzadler zusammen. Du siehst ihn im Fluss, da stellt er seine zwei Flügel so aus, siehst du! Er kommt aus dem Wasser, um sie zu trocknen; er muss aufstehen, hat einen langen Hals! Da sind drei von ihnen, einer heisst *Barragbarrag*, der andere *Gulang*, der dritte fällt mir gerade nicht ein [*Gungaman*]. Sie sind Kormorane. Beide benutzen sie Nierenfett; sie holen es sich, wenn Töten notwendig ist, wenn beispielsweise das Gesetz gebrochen wird, das es verbietet, Dinge über die Grenze zu bringen. Aber Der Schlangenhalsvogel wird überwacht vom Gelbhaubenkakadu [in Gru] als Detektiv, als gäbe es eine Abmachung, dass man die Wächter ihrerseits überwachen muss."[263]

Sich "Nierenfett zu holen" verweist auf Kannibalismus, der bei den Aborigines aus zwei Gründen praktiziert wurde: bei Bestattungen und der Wiedergeburt wegen, sowie aus Rache. Dabei ass man das Nierenfett und schmierte es auch auf Speerspitzen, in dem Glauben, dass dessen magische Qualitäten sie tödlicher machen würden.[264] Bei den Wardaman denkt man sich, dass Der Schlangenhalsvogel einen hypnotisiert oder im Schlaf kommt, einem die Seite aufschneidet und sich das Nierenfett holt, das er dann in einem eigenen Bastbeutel aufbewahrt.[265]

Der Nierenfettmann ist also gefährlich; er kontrolliert das ganze Land und wacht darüber, dass geheime Dinge geheim bleiben und die Ritualgebote eingehalten werden: Bringt man beispielsweise Menstruationsblut in einen wasserführenden Fluss, steht darauf der Tod.[266] Er gibt die richtigen Zeiten für Zeremonien vor, bringt Botschaften und Nachrichten und unterbindet fallweise Reisen über spezielles Land.

Seine beiden Flügel wehen Den Keilschwanzadler nach Norden und zeigen auch damit die Härte dieses Grenzwächters. Sein Aufgehen zeigt das Ende der Regenzeit an.[267]

ζ – δ – θ – γ – α – β Aquilae

BULYAN – DER KEILSCHWANZADLER

C 198

Am Himmel ist *Aquila audax*[268] der Wächter des Gesetzes und der Sicherheitsmann. Das war er schon zur Schöpfungszeit; er ist – wie alle anderen – erst heute auf Erden zum Vogel geworden: "Er sieht alles, und wenn etwas dabei ist, ausser Rand und Band zu geraten, schickt er Den Schlangenhalsvogel hinunter und dann werden die Betreffenden zu dem Lernplatz gebracht, wo Der Schöpfungshund war, zum Wälzplatz [in Corona Borealis]. Da kommt er dann hin und schaut, dass niemand von dem Gesetzesplatz dort abhaut und alles richtig gemacht wird. So sind alle zufrieden, weil es keinen Streit mit niemandem gibt, der Gesang auf die rechte Art gemacht und beendet wurde ... Wenn nicht, reisst einem Der Schlangenhalsvogel die Nieren heraus.

Der Keilschwanzadler ist der grosse, der wichtigste Gesetzeswächter. Er sperrt das Land für die Rituale, lässt nur Befugte zu den Zeremonienplätzen gehen und achtet darauf, dass nur die an den Ritualen teilnehmen, denen es erlaubt ist, und Geheimnisse geheim bleiben. Er setzt die Zeiten für die Zeremonien fest und wählt die speziellen Geräte und Utensilien dafür aus und bewahrt sie vor Diebstahl. Er schickt Boten mit Botschaftsstöcken los. Nach Ende der Rituale im Oktober, zu Beginn der Regenfälle und bis März öffnet er die Wege über Land für Besuche und Wanderungen, bei denen zwischen Clans und Stammesgruppen Handel betrieben wird. Die Männer, die Den

Schlangenhalsvogel und Den Keilschwanzadler als totemischen Ahnen haben, werden zu Sicherheitsmännern ihres Stammes. Sie achten darauf, dass die Zeremonien geheim bleiben, vorher wie nachher: Redet jemand danach darüber, wird er mit dem Speer getötet."[269]

um ι und λ Aquilae

LARDLUNG – DER GROSSE HANDELSPLATZ

C 198

Gehandelt wird von Oktober bis März, die Regenzeit hindurch, überall im Land, wobei der Zugang und die Durchreise von den Sicherheitsmännern bestimmt werden. Gereist darf jedoch erst werden, wenn die Oktoberzeremonien vorbei sind.[270]

abseits von δ Aquilae

BARDABI – DER TREFFPLATZ

C 198

Bardab bedeutet 'sich umschauen'. Es ist dies ein Treffplatz, auf dem die grossen Zeremonien des Oktobers vorbereitet werden, der Körperschmuck ebenso wie die Einführungen und Lehren. Gehandelt wird daneben. Und all dies geschieht unter den wachsamen Augen Des Grossen, Des Keilschwanzadlers.[271]

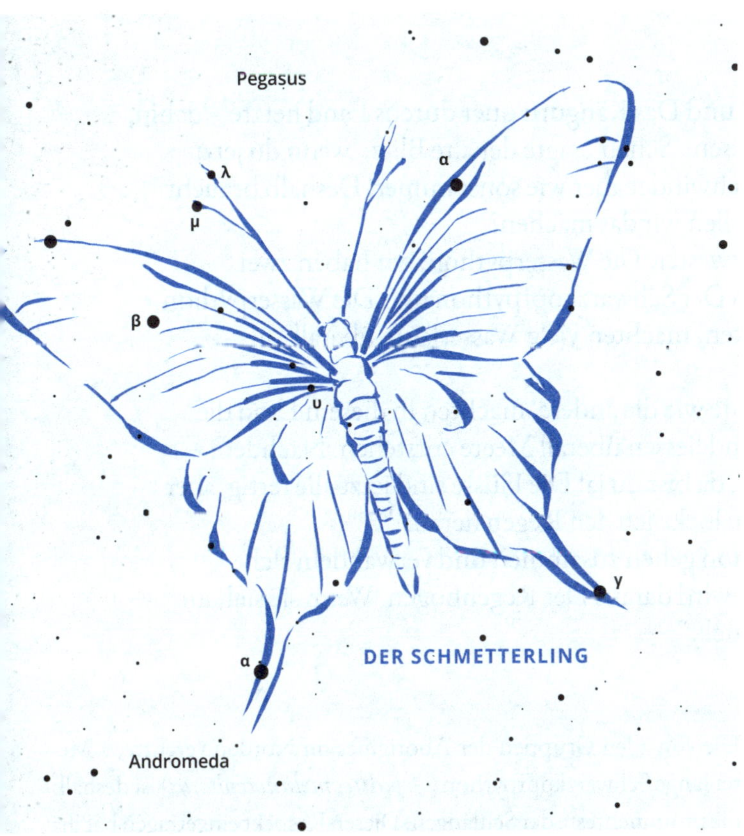

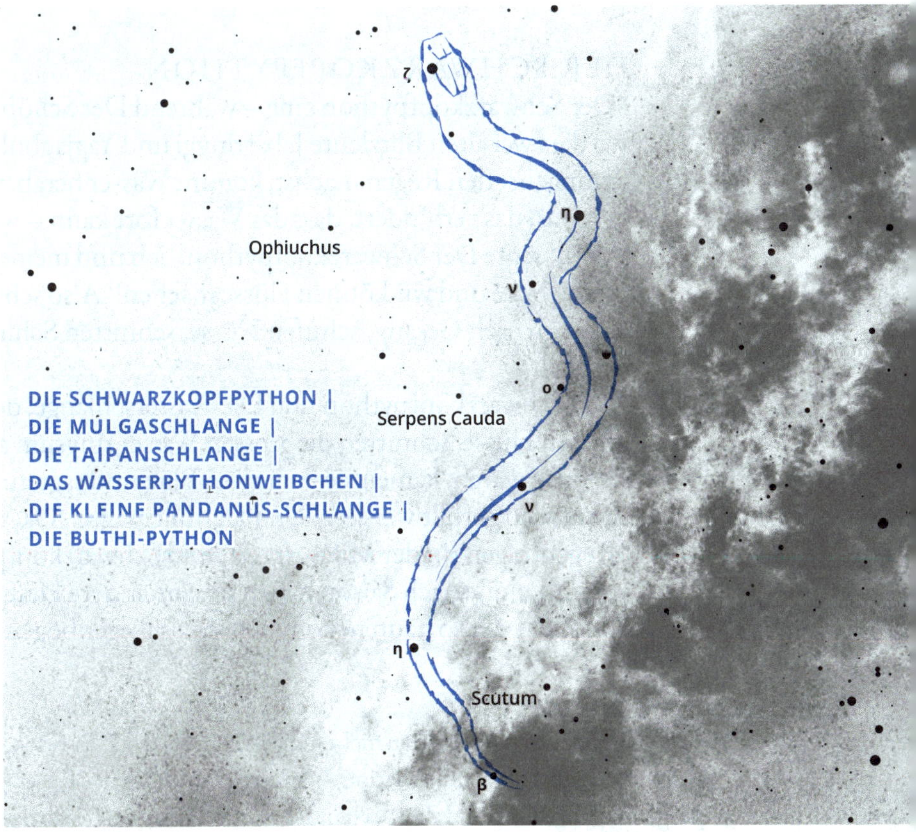

α Andromedae und α – β – γ Pegasi

MERLEMERLEM[272] – DER SCHMETTERLING

Der Gesang des Schmetterlings bringt die Sterne alle zum Funkeln und ruft bei den Menschen Ehrfurcht über die Schönheit des Alls hervor.

C 199 und 123

von β Scuti über ηο Serpentis bis η – ζ Ophiuchi

YIRLORLOBAN – DIE MULGASCHLANGE

YARRIMANBU – DIE TAIPANSCHLANGE

DIE KLEINE PANDANUS-SCHLANGE

C 199, 123 und A

In Teilen von Serpens und Ophiuchus liegt nun, im August, eine – unterschiedlich gesehene – Schlange am nördlichen Horizont – und zwar direkt unter dem ebenfalls als Schlange figurierten Regenbogen Gorrondolmi in der Milchstrasse

Im Unterschied zum Regenbogen verheissen diese Schlangen jedoch Gefahr, Tod und schlimme Bestrafungen; sie zeigen die Gefahren, die auf dem Weg zu den Zeremonien des Oktobers liegen. Es sind dies Giftschlangen und Pythons.

Die Mulgaschlange hat ihr Gift vom Schwarzkopfpython erhalten: "Er traf Die Mulgaschlange, die eine lange Yamswurzel trug. Er zog sie ihr weg. 'Schau her', sagte er; 'nimm sie in den Mund und saug all die schwarze Milch – *Lonnya* – aus ihr! Beiss fest in die Yams und ich werde sie dir besingen, damit sie sehr giftig wird.' Und so wurde sie an ihren Zähnen zum Gift."

Neben Der Taipanschlange sieht man in diesen Sternen auch das Warnzeichen der kleinen, nicht identifizierten Pandanus-Schlange im Schraubenbaum[273] *Pandanus aquaticus*.[274]

WALIJABI | KUNUKBAN – DER SCHWARZKOPFPYTHON GURRBIJINMAN – DAS WASSERPYTHONWEIBCHEN DIE BUTHI-PYTHON

C 199, 123 und A

Als Spiegelungen der zweigeteilten Regenbogenschlange Gorrondolmis erweisen sich das hellere Wasserpythonweibchen, das den Wasserstand jener Flüsse und Schluchten kontrolliert, welche vom Schwarzkopfpython erschaffen worden sind. Der Schwarzkopfpython trug bei der Feuerzeremonie den Feuerstock. "Der Schwarzkopfpython machte die Flüsse in diesem Land ...; nach der Zeremonie aber kam er herab und ging später in all diese Felsen ein: Jetzt ist er tot."[275]

Als Buthi-Python ist Der Schwarzkopfpython seitdem ein Geisterwesen am Himmel, das seine Augen überall hat und drohend von oben herabblickt, um die Menschen an die Realitäten des Lebens zu erinnern. Sein *Buh!* hat damals Falkes Speer bei dessen Kampf mit Dem Krokodil das Ziel verfehlen lassen.[276]

DER SCHWARZKOPFPYTHON

"Der Schwarzkopfpython ging – während Der Schöpferhund Das Känguru quer durchs Land hetzte – dahin, wo die zwei alten Blitzleute Jabarringgi und Yagjagbula sassen. 'Schau', sagte der alte Blitz, 'wenn du jetzt demnächst den Regen machst, kommt Wasser herab, verschwindet aber wie sonst immer. Deshalb braucht es etwas, das verhindert, dass das Wasser fort kann – wie sollen wir das machen?'
'Ah ja,' sagte Der Schwarzkopfpython, 'ich und meine Schwester, Die Wasserpython, wir haben zwei Grabstöcke und wir können Flüsse machen!' Also schufen Der Schwarzkopfpython und Die Wasserpython einen grossen Gesang, schufen Flüsse, schnitten Schluchten, machten viele Wasserläufe überall auf der Welt."[277]
"Der Schwarzkopfpython und Die Wasserschlange, der eine wie die andere, machten in diesem Land die grossen Flüsse, schnitten die grossen Wasser ringsum ab und liessen überall Meere entstehen. Nachdem sie fertig waren, kamen sie zum alten Blitz und sagten: 'Ah, da bist du ja! Die Flüsse sind jetzt alle fertig, aber sie müssen gefüllt werden!' Und Der Blitz sagte: 'Ok, dann locke ich den Regen heraus.'"[278]
"Regenbogen [in der Milchstrasse] und Schwarzkopfpython gehen zusammen und verwandeln sich zusammen! Je nach Saison haben sie eine andere Haut: So wird daraus Der Regenbogen. Wenn sie sich im Sommer oder so häuten, kommen sie als Regenbogen zurück."[279]

Dass eine Schwarzkopfpython nicht nur als Schöpfer der Flüsse, sondern auch sonst als Reinkarnation – 'andere Haut'[280] – der Regenbogenschlange Gorrondolmi verstanden werden kann, zeigt sich darin, dass der Schwarzkopfpython die alte Dungdung einmal "meine alte Dame" nennt, die ihm einen Schöpfungsgesang und einen Gesang zum Einhaltgebieten des Wassers beigebracht hat.[281]

Die von allen Gruppen der Aborigines im Norden verehrte, 2 Meter lange Schwarzkopfpython (*Aspidites melanocephalus*) ist deshalb die prominenteste der Schlangen. Diesen Respekt eingetragen hat ihr einerseits, dass sie harmlos und sehr fügsam ist, und sie andererseits viele giftige Schlangen wie die Todesotter frisst. Bei den Wardaman von Victoria südwestlich von Katherine, bei denen die folgende Legende überliefert ist, heisst sie *Kunukban*.

DER SCHWARZKOPFPYTHON, DER OBERSTE GEIST UND SEIN HUND, DIE KRÄHENWÜRGERIN UND DAS FASANSPORNKUCKUCKSWEIBCHEN

Erzählt wird dort, dass Kunukban in der Ersten Zeit noch keine Schlange war, sondern ein sehr guter und sehr kluger Mann, "ein ruhiger Kerl, unser bester Freund, weil er unser Land machte und den Geist An Der Spitze schlug. Er tut niemandem was zu leide und wir müssen auf ihn aufpassen".
Ursprunglich kam er von einer Insel weit draussen in der Timorsee und ging in Kununúnju [Wyndham] an Land. Er half den Leuten dort, die sich fürchteten, weil *Ekarlarwun* [wie Nardi bei ihnen genannt wird],

der Oberste Geist, alle Gesetze und "das Sonntagsgeschäft" für sich selbst behielt. Sie wussten sich nicht zu helfen, "weil er sie alle wegbluffen konnte". Deshalb "zog er gegen ihn los", um sich für sie seine Geheimnisse zu holen, konnte ihn aber nirgends sehen. Stattdessen entdeckte er dessen Hund namens *Djaringin* – den Schöpfungshund – und jagte ihn, weil er wusste, dass der vor Angst zu seinem Herren laufen würde. Der Hund versuchte ihn abzuschütteln, indem er auf "sehr geschickt verschlungenen Pfaden" quer durchs Land rannte. Seiner Fährte folgend, schuf Kunukban so die Landschaft um den Victoriafluss mit allen ihren besonderen Merkmalen. Schliesslich konnte er Ekarlarwun stellen und ihm seine Geheimnisse, mit denen er alle bluffte, nehmen und sie den Leuten geben, damit sie "zu ihm zurückreden konnten". Und zwar mit dem Klang des Schwirrholzes.

Ekarlarwun ist jedoch sauer über den Verlust seiner Geheimnisse und versucht sich zu rächen. Er sendet die von α Ophiuchi verkörperte Krähenwürgerin, damit diese sie Kunukban wieder abluchst, worauf sie ihn "zu beschwatzen und Süssholz zu raspeln" beginnt, um ihn darauf zu vögeln. So erlangt sie Kontrolle über ihn; sie stösst seinen Kopf im Moment seines Höhepunkts ins Lagerfeuer, "um ihn ganz zu verbrennen".

Glücklicherweise kommt ihm da jedoch Das Schwarze Kuckucksweibchen zu Hilfe, "seine starke wahre Liebe" – in dieser Version ist es ein Koel (*Eudynamis orientalis*), der von seiner Erscheinung jedoch identisch ist mit dem Fasanspornkuckuck ein paar Sterne weiter von Der Krähenwürgerin –, und rettet ihm das Leben, kann jedoch nicht verhindern, dass sein Kopf seither vom Feuer schwarz ist. Auch Die Krähenwürgerin hat von diesem Kampf ihre Brandmale am Gefieder; am meisten litt darunter jedoch das Kuckucksweibchen, das nicht nur wie die anderen beiden einen schwarzen Kopf, sondern ein überall verbranntes Gefieder davongetragen hat.[282]

Schlangenspuren haben im Kleinen Ähnlichkeit mit Flüssen und Hügeln, weshalb diesen weichen, gliederlosen Tieren die Erschaffung der australischen Landschaft zugeschrieben wird – manchmal mithilfe des Grabstockes in Orion.[283]

κ Orionis

GUMAN – DER GRABSTOCK

C 205

Es ist dies der lange, glatte, schlangenartige Grabstock, den Regenbogen Gorrondolmi [zur Selbstverteidigung in der Schöpfungsgeschichte?] schleuderte; das Schwarzkopfpythonmännchen hat ihn dann dazu benutzt, die Schlucht für den Fluss in der Nähe des Zuckerblatt-Teichs in der Corona Australis zu graben – und den heute 'Katherine River' genannten Fluss im Territorium der Wardaman.[284]

Bei den benachbarten Anula wanderte die alte Erdmutter mit ihren Helden den Golf von Carpentaria entlang und stiess schliesslich ihren magischen Grabstock in die Erde, um so Nahrung für die Menschen wachsen zu lassen.[285]

Pavo

JEMBE – DIE TODESOTTER

C 199

Zu identifizieren ist diese Schlange mit der nachtaktiven *Acanthropis antarcticus*, die Beutetiere durch Bewegungen ihrer Schwanzspitze anlockt.

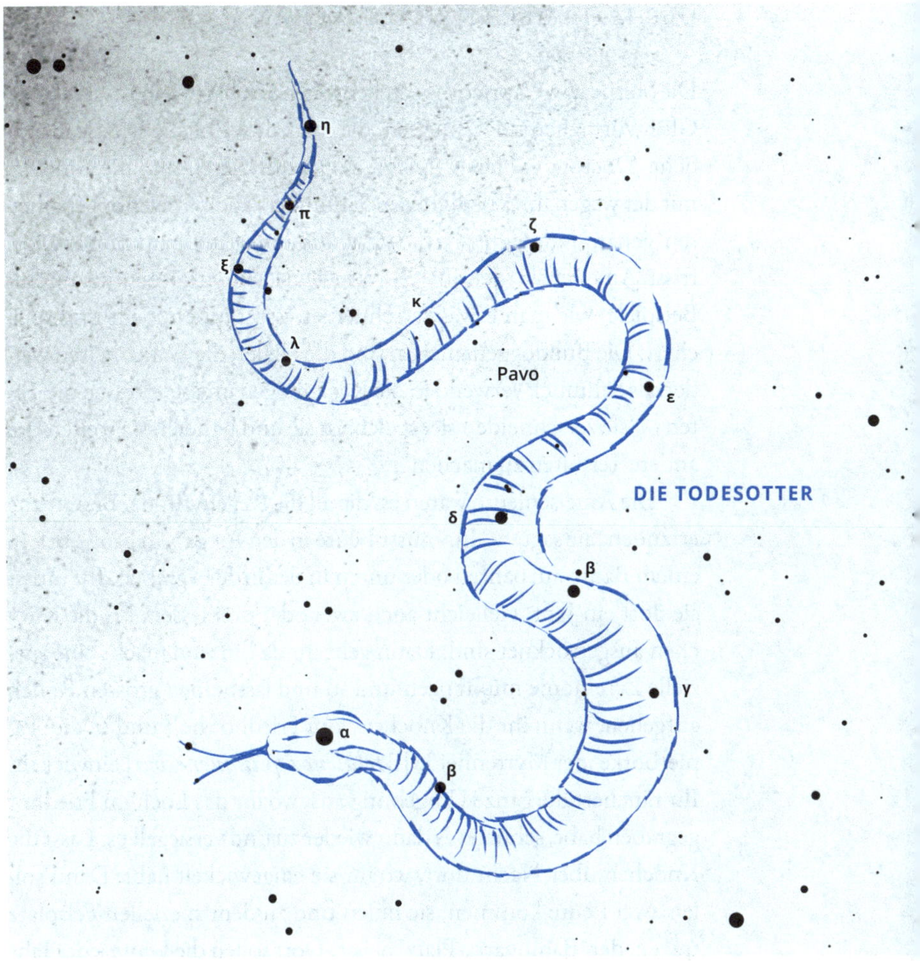

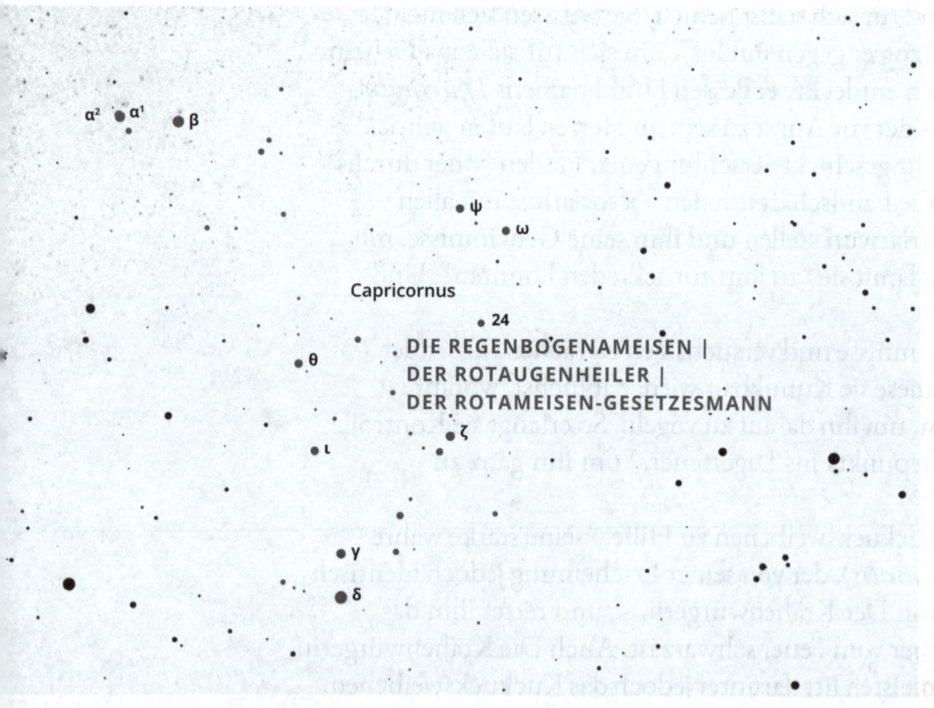

Capricornus
BILAWA – DIE REGENBOGENAMEISEN[286]
DER ROTAUGENHEILER
DER ROTAMEISEN-GESETZESMANN

C 199 und 124

Die Sterne von Capricornus stellen einen Schwarm von Insekten dar, Glühwürmchen und Ameisen, die man als weibliche wie als männliche 'Doctors' – Heiler – sieht. Zu identifizieren sind die Ameisen mit der wegen ihres blaugrünen Schimmers auch 'Regenbogenameisen' genannten, aggressiven Art *Iridomyrmex*, die hauptsächlich Aas frisst. Ameisen werden auch zur rituellen Dekoration benutzt und als Beispiele, wie man etwas zerschneidet, isst, säubert, heilt und speichert. Die Bulldoggenameisen sind die Heiler; die Waldameisen werden als Schmuck verwendet; die Regenbogenameisen fressen die Toten – "sie zerschneiden sie, speichern sie und handeln sie weiter, um andere Termiten zu machen".[287]

"Die Ameisenleute waren es, die all die Regeln für die Bestattung erfanden. Sie sagten: 'Ihr müsst Leute in den Astgabeln ganz oben in einem Baum aufbahren oder unten in der Erde begraben. Ihr müsst sie dort ein Jahr, vielleicht auch zwei oder drei lassen, bis die Knochen ausgetrocknet sind. Dann geht ihr da hin und macht eine spezielle Zeremonie mit Tanzen und so und lasst einen grossen Rauch aufgehen, wenn ihr die Knochen vom Friedhof holt und in die 'Papierborke' der Myrtenheide [*Melaleuca quinquenervia*] einwickelt. Ihr räuchert die ganze Umgebung aus, wo ihr das Loch im Friedhof gegraben habt, schüttet es dann wieder zu und versiegelt es. Lasst die Knochen über Nacht dort, wo ihr sie eingewickelt habt. Dann sollen zwei Leute kommen, sie holen und zu dem speziellen Felsplatz tragen, der 'Bamugarra-Platz' heisst. Dort sollen die Leute jedes Jahr hinkommen, um die Knochen zu besuchen; es sind viele dort.' Bevor sie ganz da sind, stimmen sie einen Gesang an; Stimme um Stimme singen sie, zum Schwirren eines Bumerangs, und sie singen dann vor den Knochen zwei Tage lang, den ganzen Tag und die ganze Nacht hindurch. Und dann gibt es eine spezielle Zeremonie. Sie sammeln die Blätter des Roten Eukalyptus [*Eucalyptus camaldulensis*], machen ein Feuer und räuchern sich gegenseitig, um die bösen Geister zu vertreiben."[288]

Als Konfiguration werden die Sterne von Capricornus auch als 'Rotes Auge' bezeichnet, das heilt, oder – wenn man in den Sternen die aggressiven und giftigen, 2,5 Zentimeter grossen Bulldoggenameisen *Myrmeciinae* sieht – als 'Rotameisen-Gesetzesmann'. Er wacht so sehr über alles, wie man auch auf sich selber achten muss, da er heilen wie verletzen kann.

Als alter *Gurang* – Heiler – benutzt er spezielle Zeremonien, durch die er die Körper gleichsam elektrisiert. Er trägt immer seinen Speer (*Garnin*) bei sich und einen eigenen Medizinbeutel und hat einen eigenen Gesang, der alles wie Schweiss aus dem Körper zieht.[289] "All die kleinen roten Ameisen sind Gurang!" Er hat im Gesetz der Frauen auch mit Dem Zuckerblattplatz der Corona Australis zu tun.

"In der Schöpfungszeit hatten sie diesen schrecklichen Schlammspeer; sie schleuderten ihn und töteten den Wal. Als sie ihn herausholten, gab ihnen Der Gartenfächerschwanz natürlich ein Steinmesser, um ihn aufzuschneiden: Und da holten sie die alte Dame heraus, die tot war. Dann brachten sie sie zu dem kleinen Heiler, der zu operieren begann und die alte Blitzdame wieder zum Leben erweckte. So stark ist der Heiler!"[290]

In der Schöpfungszeit waren die Ameisen alles Leute, die Heiler waren und einen Gesang erfunden hatten, durch den sie andere mit ihrem Mund und ihrer Spucke heilen konnten (als solche lässt man sie Wunden desinfizieren oder durch ihren Biss 'vernähen', indem man dann die Körper abzwickt).

"Bei der Zeremonie bringt man Leute zum Platz und legt sie zwischen die Ameisen und das sogenannte *Narrmu*-Fleisch, schmutzige Haut. Die Ameisen holen es, säubern es und nehmen es mit in ihren Termitenbau. Wenn man zu ihnen geht, wird man nicht krank, weil sie all ihre Medizin wie einen Gesang auf dich legen, in deine Haut, und dich so gesund machen."[291]

Bei Kranken und schwer heilenden Wunden ruft man – nachdem man sie massiert und geräuchert hat – zusätzlich Regenbogen Gorrondolmi, damit der das Problem beseitigt, indem er den himmlischen Teufelsmann [in α Cygni] aus dem Körper holt und die Wunde wäscht.

Die Glühwürmchen fliegen vor allem im Januar. In der Schöpfungszeit gab es einst "einen Mann mit einem spirituellen Gesang, der zog jede Nacht überall hin los und flog dahin, gleich vielen Sternen! Er glühte auf wie ein Feuer und schoss los wie ein kleiner Fisch!"[292]

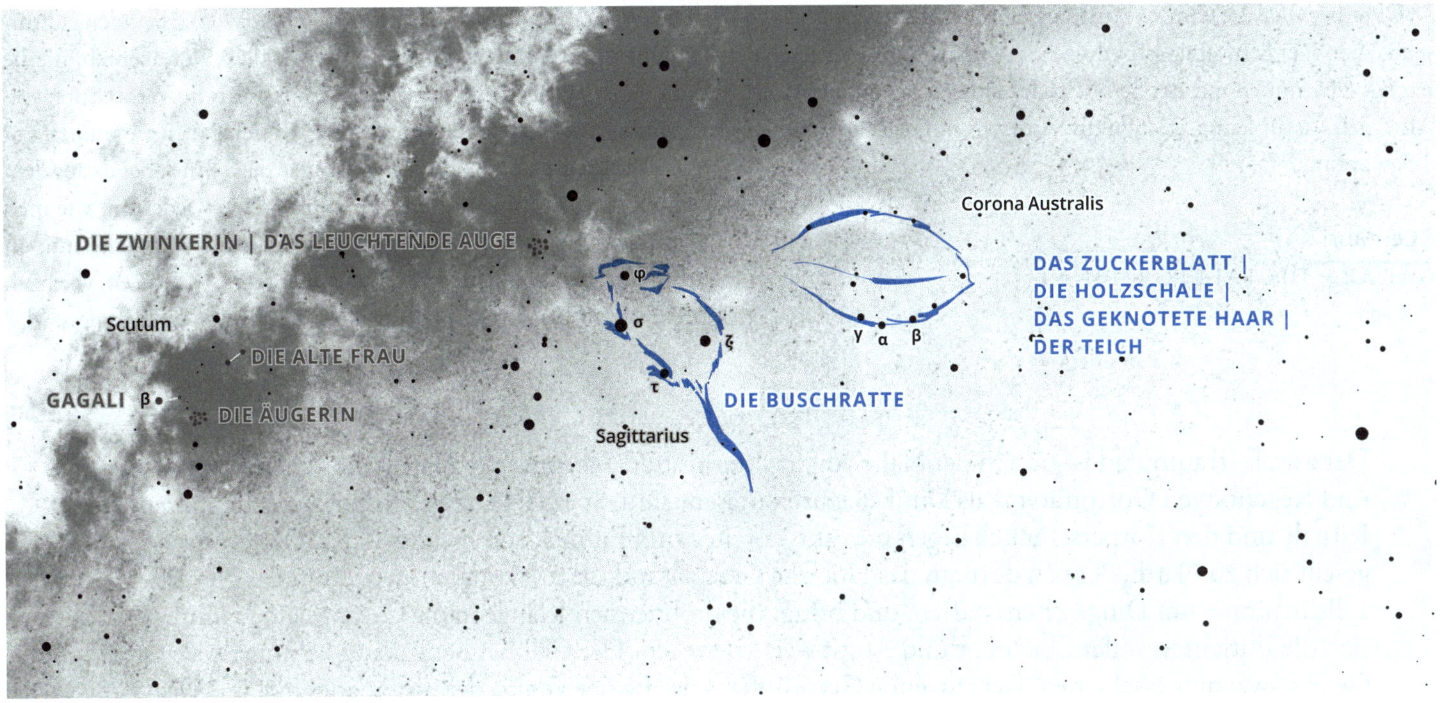

M 26 in Scutum[293]

GAMUGGAMUG – DIE ZWINKERIN

DAS LEUCHTENDE AUGE

C 199 und 125

Gamug bedeutet Zwinkern.[294] Davon leitet sich der Name für den auch als 'Herabblickende Frau' gesehenen Sternennebel ab. Sie ist eine alte Gesetzeswächterin, die zusammen mit dem Rotameisen-Gesetzesmann den Weg zu den Zeremonienplätzen im Kreuz des Südens weist und die jungen Mädchen selbst dorthin führt.[295]

M 11 in Scutum

MILIJURN – DIE ÄUGERIN

C 199

Sie ist ebenfalls eine alte Dame – zusammen mit Der Zwinkerin und zwei Frauen Nardis, Mulurru und Gagali, bilden sie Die Herabblickenden Frauen, die über die Zeremonien der Mädchen wachen.[296]

β - R Scuti

GAGALI

δ - ε Scuti

MULURRU – DIE ALTE FRAU[297]

C 199

Diese zwei alten Damen sind Frauen Nardis, die nun zusammen mit der Dunkelfigur Nardis am Himmel zu sehen sind.[298]

Corona Australis (17 Sterne)

BANDALAN – DAS ZUCKERBLATT

GULINGA – DIE HOLZSCHALE

YINGALI – DAS GEKNOTETE HAAR

NGARNDUN – DER TEICH

C 200, M 580

Die Corona Australis ist ein wichtiger Treffplatz für Frauen, der 'Zuckerblatt-Gesetzesplatz' genannt wird; hier tanzen und singen sie und verhandeln Gesetze. Gemacht wurden diese Gesetze von Den Drei Sterndamen, Der Erdmutter Dungdung, Der Äugerin Milijurn und Dem Sandfrosch Murrujunman.[299]

Zuckerblatt entsteht, wenn Läuse die Blätter des Blutholzbaumes (*Corymbia foelscheana*)[300] befallen, um süssen Honigtau auszuscheiden. Die Blätter werden gesammelt und entzweigebrochen – nach einer halben Stunde kann man den getrockneten Zucker dann abschütteln und aus einer Schale essen. Da Flughunde die Honigtau produzierenden Blattläuse fressen, wird die Erfindung des Zuckerblattes der Grossohrfledermaus in Pavo zugeschrieben. Sie soll die honigartige Blüte des Blutholzbaumes auf das Blatt gegeben und es besungen haben, sodass der Honig weiss wurde und in das Blatt hineinschmolz.[301] Die Ausscheidungstropfen formen am Boden unter dem Blatt jene Ellipse, welche die Sterne der Corona Australis bilden.

Überdies gleicht ihre Ellipse der flachen, zeremoniellen, an Schnüren aufgehängten Holzschale Guwarla, auf Englisch 'coolamon', sowie dem Ball des geknoteten Haarbandes Warliwun. Es war Der Himmelsbossmann Nardi, der Haarsträhnen zu einem Ball für das zeremonielle Kopfband geknotet hat, das die Jungen bei ihrer Initiation tragen. Mit dem Platz verknüpft ist auch der furchterregende Heiler Gurang.

Überdies wird die Corona Australis als Teich eines Wasserfalls gesehen, den Der Schwarzkopfpython mit seinem Grabstock geschaffen hat, zusammen mit der Schlucht des Flusses, der zu ihm führt. Als Quelle dafür käme Triangulum Australis in Frage; als Schlucht Telescopium.[302]

ζ Centauri

GARAB – DIE FALLTÜRSPINNE

C 199

Die oft tarantelgrossen, zu den *Mygalomorphae* zählenden Falltürspinnen graben mit Spinnseide ausgekleidete Wohnröhren, die sie mit einer Falltür verschliessen. Das hat sie für die Verbindung von Himmel und Erde prädestiniert. Ihre Röhren gaben zusammen mit den Fischreusen die Vorstellung vor, wie die Sonne abends aus dem Himmel gelangen kann, und ihre Spinnseide wiederum, wie man vom Himmel herab- und wieder heraufgeseilt werden kann: In einem ganzen Spinnennetz, wenn es mehrere sein müssen, wie nach der Flut, als Nardi die Blitzleute wieder herab auf die Erde liess.[303]

C 125

Der astrale Traumpfad ist nun in der Nähe von Sagittarius und Scorpius, wo Nardi mit seinen Frauen und Regenbogen Gorrondolmi als Dunkelfiguren präsent sind. Spezielle Utensilien für die Zeremonien, Rituale und den Körperschmuck liegen nun ausgebreitet am Himmel, von hier bis Crux. Der Emu gesellt sich zu Nardi, der von dort aus das Höchste Gesetz kundtut. Er gebraucht weiterhin das Netz Der Falltürspinne, um Dinge zu erschaffen, und bringt die dröhnenden Klänge in die Gesänge ein, damit sich die Initianten voller Ehrfurcht und Angst weiterbewegen. Der Gelbhaubenkakadu ist nun als weiterer Gesetzeswächter erschienen. Der singende Grashüpfer – der Planet Venus, der nun manchmal im 'Weg' – *Yondorrin* – der Milchstrasse steht, löst im Sternbild Buschratte das Wetter für die Initiationen mit Blitzen und Nebel aus.

φ – σ – ζ – τ Sagittarii

NYABO[304] – DIE BUSCHRATTE

C 199 und 115

Dieses Sternbild stellt die kleine nachtaktive Buschratte *Rattus fuscipes* dar, deren Fortpflanzung im Oktober beginnt. Es hat Einfluss auf die Jahreszeit, macht Dunst und Wolken – weshalb alle dank ihnen trinken können – und ist mit dem Gesang Des Grashüpfers in Venus verbunden.[305]

"Die kleine Ratte hilft Dem Blitz, der den Regen macht, indem sie Dunst aus ihrem Maul bläst. Sie kann ihn dann besingen, dass er wie Rauch in den Himmel steigt und eine lange Regenwolke wird, die dicker und dicker wird, bis Der Blitz einen Bumerang macht, ihn in die Luft wirft und die Wolke trifft, sodass der Regen herunterkommt, damit jeder trinken kann."[306]

"Als sie damals eine Zeremonie machten, brachte Der Blitz Den Grossen Wasserfall [der in die Corona Australis stürzt] herbei, damit die Leute zu trinken hatten. Als er dort lag, liess Buschratte einen Dunst für all die Barramundi-Leute aufsteigen, damit sie sich abkühlen konnten ... Von dort kommt das Wasser in der Schüssel für die Zeremonie heute ... Später wurde daraus eine sehr spezielle Wolke, die mehr grosse Wolken macht, damit man mehr Wasser kriegt. Blitz Barramundi hat das Gesetz dafür geschaffen, einen eigenen Gesang, damit alles Wasser zu einer Wolke wird, einem dunstigen Rauch; der Regen geht immer noch in dem Rauch von dem Fluss oben [oberhalb der Corona Australis] mit einer grossen Wolke auf, die weitere grosse Wolken schafft, die mehr Wasser wie Dunst machen: So geht es von Generation zu Generation weiter."[307]

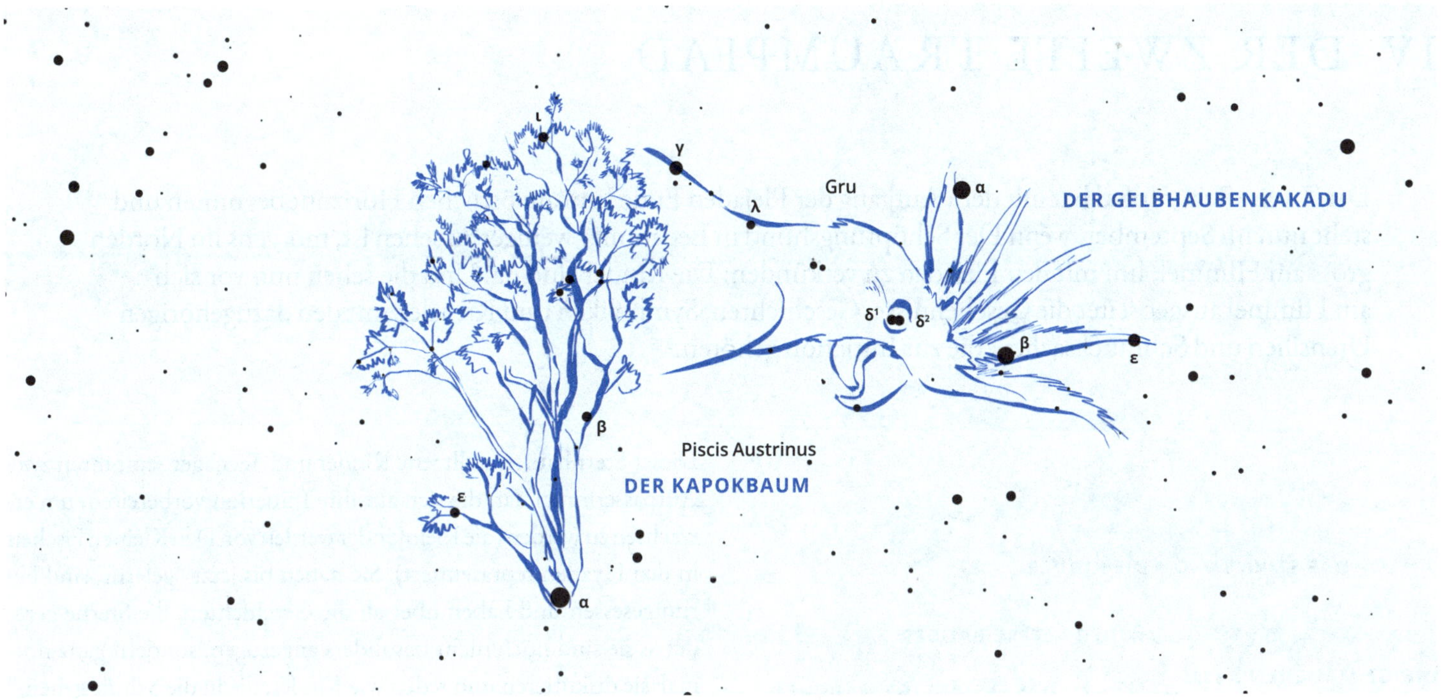

Gru

MENNGEN – DER GELBHAUBENKAKADU[308]

C 199 und 204

Zu identifizieren ist der Vogel mit *Cacatua galerita*,[309] dessen Federhaube sehr auffällig ist.

"Dieser Kakadu ist ein Wachmann, ein Wächter. Wenn jemand etwas angestellt hat, dann lässt er es die Leute wissen." "Hat jemand etwas Falsches getan, schreit er Aarhr! ... Siehst du ihn und hörst den lauten Schrei, musst du stehen bleiben und woanders hingehen. Wenn du dann nichts angreifst, nichts isst und nichts zerbrichst, hält er sich vielleicht fern von dir."[310] Er sorgt aber auch dafür, dass die anderen Gesetzeswächter – Der Keilschwanzadler, Der Schlangenhalsvogel oder Die Falken – nicht zu weit gehen.

Er beschattet alle Initianten heimlich und wird deshalb im Mythos mit Dem Schlangenhalsvogel in Cygnus verbunden. Zusammen mit ihm und dem hoch am Himmel stehenden Keilschwanzadler überwacht er die Vorbereitungen für die Zeremonien und setzt sie bei den Wardaman um. Das beginnt damit, dass sich die singenden Initianten mit den weiss-gelben Federn des Kakadus und den pelzigen Blüten und Fasern des Kapokbaumes schmücken und den bemalten Körper mit wilden Bananen behängen.[311]

Piscis Austrinus

GALIJBA – DER KAPOKBAUM

C 204

Die feinen, daunigen Fasern der Samenkapseln werden zum Körperschmuck bei Zeremonien verwendet. Der gelb blühende Kapok *Cochlospermum fraseri* dient als Kalenderpflanze; die Blüten zeigen, dass die Süsswasserkrokodile ihre Eier legen, die dann gesammelt werden können.[312] Erfunden wurden sie vom Gelbhaubenkakadu in Gru.[313]

"Man verwendet die Fasern wie die Buschbananen als Schmuck, aber Der Falke [als Gesetzeswächter in Centaurus] verwendet sie zum Singen, um jemanden umzubringen, der etwas Falsches getan hat. Man kann das singen! Und dann schwirren die kleinen weissen Fliegen aus den Buschbananen mit dem Gesang in der Luft herum, geradewegs zum Speer Des Falken, den man nicht sehen kann, wenn er geschleudert wird."[314]

An diesem Punkt trifft der Erste Traumpfad nun auf den zweiten, der die Initianten bringt – Crux hat sich im Osten gedreht und bringt nun die Plejaden nach Westen. Die Wächter Der Falken stehen ebenso am Himmel wie die speziellen Bumerangs. Währenddessen schreitet der auf Das Krokodil ausgerichtete Traumpfad der Nachbarn der Wardaman weiter voran.

IV DER ZWEITE TRAUMPFAD

Der Zweite Traumpfad hat mit dem Aufgang der Plejaden Ende Juni am östlichen Horizont begonnen und steht nun im September, wenn Der Schöpfungshund in Leo immer weniger zu sehen ist, morgens im Norden gross am Himmel, um mit den Plejaden zu verkünden: Die Kinder sind da! Und die sehen nun vor sich am Himmel ausgebreitet die Geschehnisse, Geschichten, Symboliken und Rituale samt den dazugehörigen Utensilien und Schmucksachen, die zur Initiation gehören.[315]

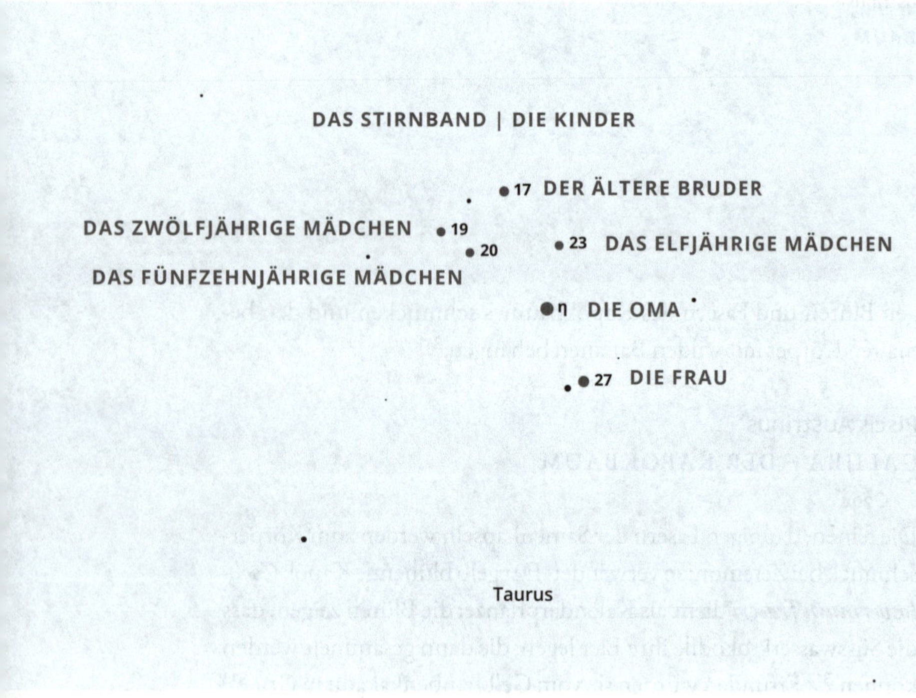

Plejaden

MARRABIBI – DAS STIRNBAND[316]

YINGABU – DIE KINDER

Alkione[317]

JABAGA – DIE OMA

Atlas

GAJIRI – DIE FRAU

Elektra

YINGABA – DER ÄLTERE BRUDER[318]

Maia

MARRINYIN – DAS FÜNFZEHNJÄHRIGE MÄDCHEN

Merope

MANGALI – DAS ELFJÄHRIGE MÄDCHEN

Taygeta

WARDIRRG – DAS ZWÖLFJÄHRIGE MÄDCHEN

C 204

Dieser Sternhaufen stellt jene Kinder und Teenager samt ihren zwei Aufpasserinnen dar, die sich auf ihre Initiation vorbereiten, um erwachsen zu werden (die Kleinkinder werden von Den Kleinen Fischen in den Hyaden repräsentiert). Sie haben bis jetzt "gelernt, sind herumgesessen und haben über all die Geschichten, die Sterne geredet ... sie sind noch nicht besonders angezogen, sondern ganz normal; sie diskutieren und reden wie Kinder, die in die Schule gehen." Nachdem alle 'das Gesetz gemacht', sich zurückgelehnt und zugehört und gesehen haben, wie es vom Schöpfungshund auf dem Ersten Traumpfad in Gang gesetzt und überwacht wurde, sind sie für die Zeremonie bereit.

Als Initianten kennzeichnet sie ein Stirnband, weshalb sie *Marrabibi*-Kinder genannt werden. Beim Aufgang sind ihre Sterne bereits mit Schmuck der Ahnen behängt: Sie werden als die Enkelkinder der Erdmutter Dungdung und Nardis gesehen, als 'Blitze der Blitze'. Unterschieden werden die Plejaden in die sehr alte Dame Jabaga als Aufsichtsperson, Gajiri als Frau um die dreissig, die ihr zur Hand geht, sowie in Mädchen verschiedener Altersstufen und deren Bruder.[319]

Die Kinder unterstehen der Führung Des Gesetzes, belehrt von den beiden Rot(rückig)en Kängurus in Orion, kontrolliert vom Adler in Aquila und eventuell bestraft von den nun im Süden stehenden Falken in α und β Centauri. Der den Plejaden geweihte Platz im Land der Wardaman ist Jarug-ja.

Zugleich stellen die Plejaden das Schwanzende eines Hundertfüssers dar.[320]

In Australien weit verbreitet ist das Bild von 'Sieben Schwestern' für die Plejaden; bei den Boorong im Südosten stellen sie eine Gruppe junger Frauen in einem Lager dar, für welche die von den Gürtel- und Schwertsternen des Orion verkörperten jungen Männer Musik machen.[321]

β Centauri

GARRGAYN – DER HABICHTFALKE

C 201

Der Vogel ist mit dem ins Rötliche gehenden, im September brütenden kleinen *Falco berigora* zu identifizieren.[322] Für die Frauen sind die beiden Falken keine Gesetzeswächter, sondern Teil Der Erdmutter Dungdung, die hier als Dunkelfigur zum Vorschein kommt.[323]

α Centauri

BARNANGGA – DER SILBERFALKE

C 201

Der Vogel ist mit *Falco hypoleucus* zu identifizieren; mit demselben Namen wird allerdings auch der Baumfalke *Falcon longipennis* belegt.[324] Beide Falken sind Wächter der Zeremonie, die Übertretungen bestrafen und eingreifen, wenn die Lehre durch etwas unterbrochen wurde oder die Jungen nicht genügend auf das Leben als Erwachsene vorbereitet wurden. Dazu gehören viele Wanderungen über Monate und Jahre hinweg zu besonderen Plätzen, bei denen die Initianten – auch unter Führung Des Rotrückigen Kängurus – das Land, das Überleben darauf und die territorialen Grenzen zwischen den Gruppen kennenlernen, samt den Mythen.

In der Schöpfungsgeschichte erfanden Die Falken die gefiederten Speere mit den Speerspitzen aus Knochen. Bei der Flut machte Der Silberfalke Regenbogen Gorrondolmi unschädlich, nachdem er als einer der Blitzleute vom alten Blitz einen Speer erhielt, dessen steinerne Spitze Krähe erfunden und geformt hatte. Der Falke liess diesen Speer dann wie eine Feder aussehen.[325]

“Der Silberfalke war ursprünglich ein Mensch; erst heute ist er ein Vogel. Er ist derjenige, der das Feuer trägt. Er hat auch einen *Jundin*, das Gerät, mit dem man etwas entbeint: Das trägt er und das trägt ihn durch die Luft ... wie eine Feder ... oder auch eine Sternschnuppe. Der Silberfalke hat den Gesang dafür erfunden.”[326]

α Orionis

YA-JUNGIN – DAS BLINZELNDE KÄUZCHENAUGE

C 205

Der rote Riese Beteigeuze wird mit dem Aufblitzen eines Auges des Kläfferkauzes verglichen.[327]

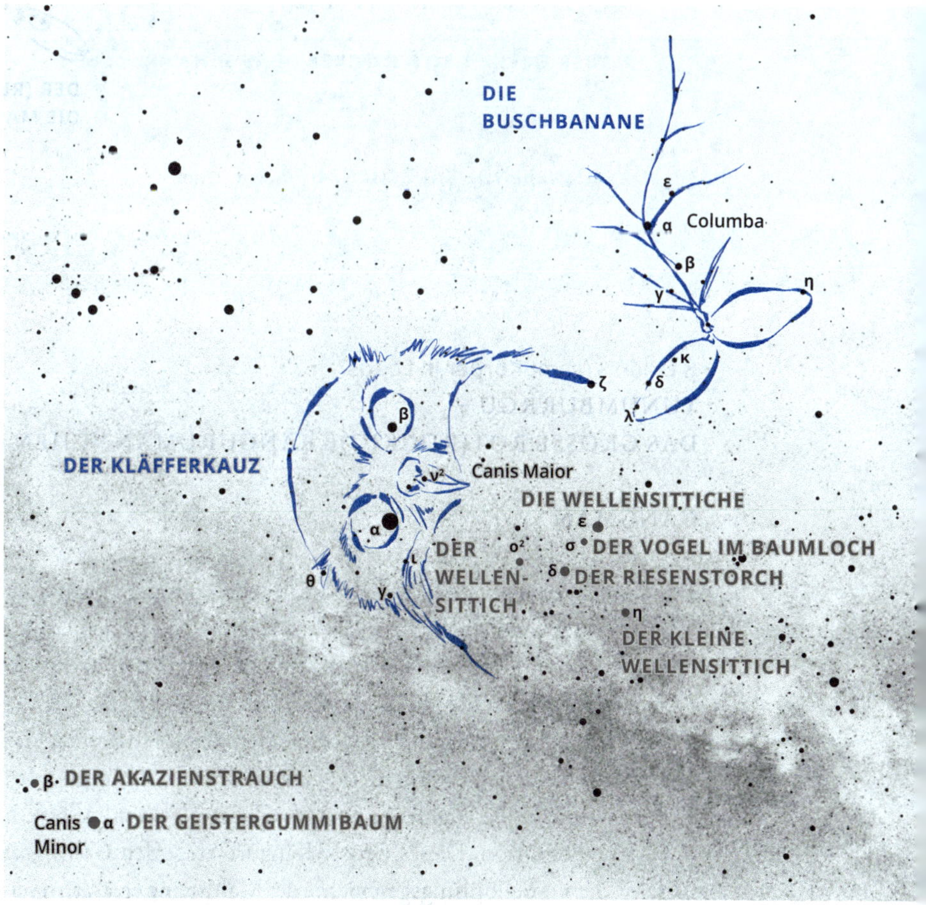

α Canis Maioris (samt β für ein zweites Auge?)

GUYARRU – DER KLÄFFERKAUZ

C 206

Wenn im August und Oktober das Rotrückige Känguru hoch am Himmel steht, geht auch dieser nachtaktive Buschkauz – *Ninox connivens*[328] – auf, den sein weiss geflecktes Gefieder und sein hundeartiges Bellen kennzeichnet, das ihn zu einem weiteren Wächter des Gesetzes macht. Sein geisterhaft weisses Gesicht leuchtet für den Tanz und Gesang der Zeremonie in der Nacht hervor: Es verleiht ihm die spirituelle Präsenz, die von der natürlichen Gestalt der Eule verkörpert wird. Sie hat sich in der Schöpfungszeit damals selbst mit einem Federmantel umhüllt und mit dem von ihrem Gesang geschaffenen, glänzend weissen Ocker bemalt, "wie um ein Schauspieler zu werden", und ist dann zum Gestirn geworden, das grosse Kreise aufweist wie die grossen Gestirne. Das weisse Pigment wird für die *Diyardiya*-Körperbemalung verwendet: Sie ist es, welche die dafür bestimmten totemischen Motive bringt.[329]

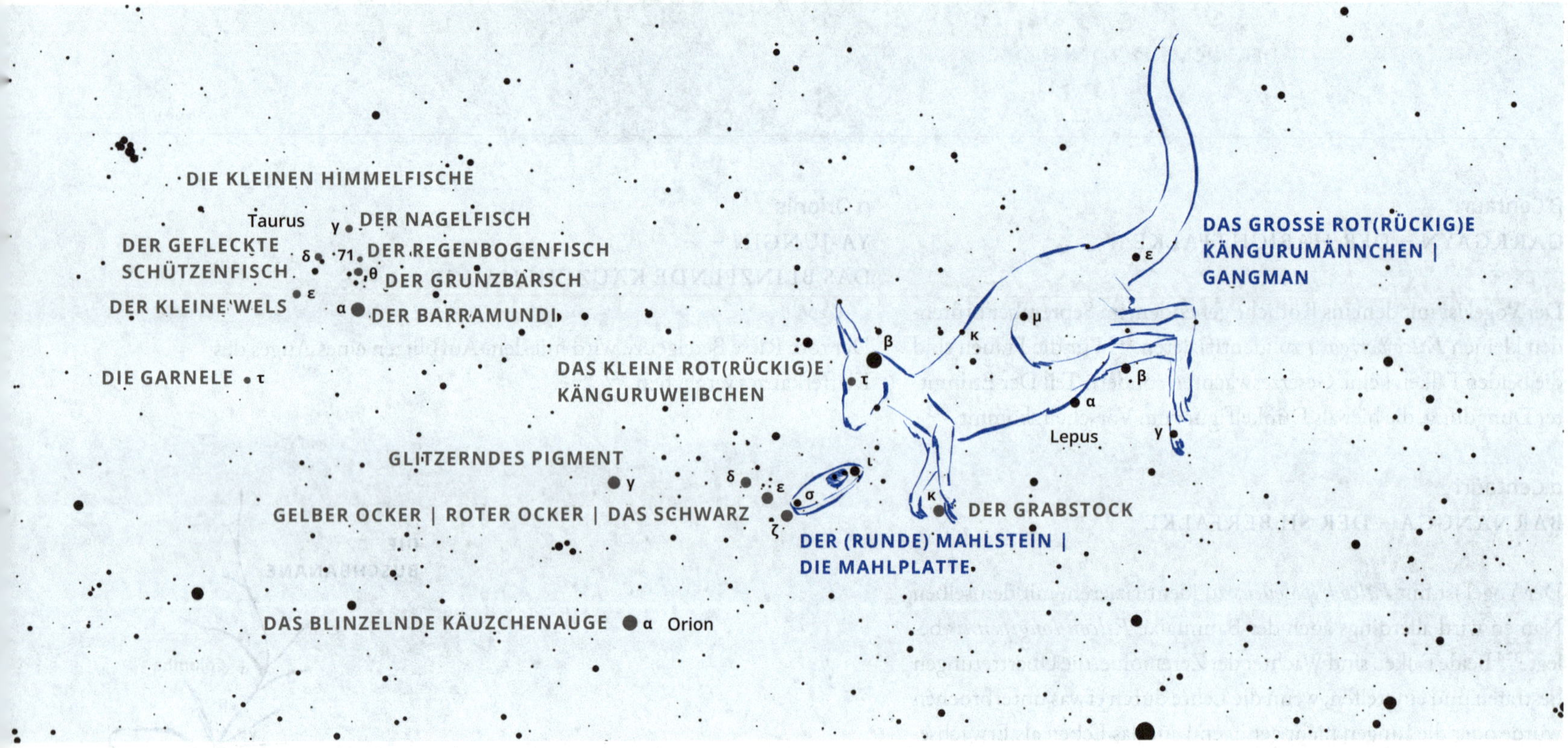

β Orionis (samt Körper in Lepus?)

YUNUMBURRGU – DAS GROSSE ROT(RÜCKIG)E KÄNGURUMÄNNCHEN

C 205 und 175

GANGMAN

C 140

Zu identifizieren ist dieses Kängurumännchen mit dem nachtaktiven Antilopenkänguru[330] *Osphranter antilopinus*. Er ist der Anführer der Zeremonie und hält Den Grabstock [ϰ Orionis], mit dem Der Schwarzkopfpython die Flüsse gegraben hat, und gebraucht als Gesetzesmann alle Utensilien des Grossen Gesetzes. Dazu gehört das Wissen um die rituelle Körperbemalung, die Farben dafür und den Körperschmuck. Die Pigmente und alles dafür Notwendige liefern die Sterne des Orion. Dieses Grosse Känguru trägt den *Gujinnga*-Gesang, der die Schöpfungsgeschichte der Mahlsteine erzählt, in seinem Beutel.

Von den Frauen wird Das Rote Kängurumännchen nur generisch *Gangman* – Känguru – genannt. Es war ursprünglich ein Didgeridoospieler, der in der Schöpfungszeit die Gesangslinie *Gujingga* gemacht hat, mit der er im Zickzack über das Land gezogen ist, um alles zu benennen und zu bestimmen. Begleitet wurde es – aber im Abstand von ein paar Kilometern – vom Rotrückigen Känguruweibchen, das die *Bandimi-Gesangslinie* geschaffen hat. Sein Didgeridoo "und das Klangholz Der Krähenwürgerin machten den Nachthimmel glücklich … und er wurde begleitet vom Emu und dem Flinkwallaby in Virgo und anderen kleineren Kängurus, die gleich schöne Musik machten wie die Frauen drüben."[331]

Der Stern gilt zudem als "Schöpfer Des Roten Kängurus" in Crux.

C 205, 139, 137, 61

σ, θ, ι Orionis

NGORRMIYIN – DER MAHLSTEIN
LORDO – DER RUNDE MAHLSTEIN
JABALAWARNA[332] – DIE MAHLPLATTE

Der Glanz dieser Sterne ist poliert und verwandelt. Die Werkzeuge tauchen hier auf, weil sie auch zur Herstellung der Pigmente dienen, mit denen die Initianten dann ihre Körper bemalen. Die Vorbereitung der Pigmente beginnt, wenn Orion im Juli aufgeht – es braucht Monate, um zu entscheiden, wer die Arbeit übernimmt, abhängig vom totemischen Stammbaum, dem persönlichen Kenntnisstand, dem moralischen Ruf und der Fingerfertigkeit im Malen.

C 205 und 139

ζ, ε, δ Orionis

GILIRRINGIA – GELBER OCKER
LIWIN – ROTER OCKER
MORRONG – DAS SCHWARZ

C 205 und H1 77

Der gelbe Ocker wurde von Der Rotschopftaube in Ursa Maior erfunden, der rote Ocker vom alten Rotrückigen Känguru und die klebrige Holzkohle – *Minyardin* – der Rinde des Korkholzbaumes (*Duboisia?*) hat Der Schwarzkopfpython in Serpens beim Feuermachen entdeckt.

Diese Farben symbolisieren spirituelle Zeremonien. Sie sind an speziellen Orten zu finden, manchmal als öliger Schlamm, den man austrocknen und hart werden lässt, um ihn zu Pulver zu zerreiben. Rot und Gelb sind dem Gesetz der Männer vorbehaltene Farben; Schwarz ist dem Gesetz der Frauen vorbehalten, wobei Schwarz mit Fett für besondere Frauen bereitet wird: "Weisst du, wir haben Gesänge und alles, um Babys zu machen. Am wirkungsvollsten ist schwarzes Pigment gemischt mit dem spirituellen Fett Der Ameisenigelin [in Eridanus] oder Der Wasserwaranin [in Serpens]. Der menschliche Geruch des Körpers und des Anus verbinden sich mit dem schwarzen Pigment zu einem ganz mächtigen Geruch. Und wenn der Farbfleck sich ablöst, dann ist der wie ein Gift. ... Für uns Männer ist das zu gefährlich, um dem nahezukommen! Aber die Frauen haben einen eigenen Gesang, um das Gift wieder aus dem Körper zu kriegen."[333]

γ Orionis

BANJAN – GLITZERNDES PIGMENT

C 205

Dieses weisse Pigment wurde von Der Nachteule in Canis Maior erfunden.[334]

τ Orionis

BURRMARI – DAS KLEINE ROT(RÜCKIG)E KÄNGURUWEIBCHEN

C 205

Das Weibchen dieser Gattung wird auch *Kunjalbin* genannt.[335] Es wurde von Den Roten Ameisen in Capricornus hierhergetrieben; sie überwachen das Herrichten zur Zeremonie, den roten Ocker und dass die Initianten bei der Sache bleiben und nicht davonlaufen.

Das Rotrückige Känguruweibchen übernimmt mit seiner *Bandimi-Gesangslinie* die Lehre der Mädchen. Zu dem, was sie zu lernen haben, gehören eigene sexuelle Regeln und das Hochzeitsgesetz; werden sie gebrochen, kann dies in der Familie, dem Clan und dem Stamm zu Krisen führen, die strenge Bestrafungen hervorrufen und damit insgesamt das Überleben gefährden.

Das Känguruweibchen zog mit seinem Gesang über Land und regenerierte es. Die es begleitende singende Prozession mit ihren Klanghölzern war weit zu hören; ihre Mitglieder trugen kleine Holzschalen für ihre Steinwerkzeuge und hatten *Darrman*-Halsbänder, Haargürtel und Stirnbänder an.[336]

Hyaden und ringsum

DIE KLEINEN HIMMELSFISCHE

C 204

Zwischen den Plejaden und Orion liegen kleine, glitzernde Fische. Als Gegenstück zu Nardis Kindern mit Erdmutter Dungdung repräsentieren sie die Kinder Gorrondolmis mit Dungdung als lebensspendender Froschherrin.

Ihr Vater, Der Regenbogen, hat sie aus dem Wasser geholt und in ihr eigentliches Element, den Himmel, verbracht, wo sie nun zu kleinen Geisterwesen geworden sind: "Der Barramundi ist ein grosser Fisch; als Guwamba aber ist er klein! Auch Ngorrong ist nicht länger ein Grunzbarsch! Das hängt mit dem Gesang und allem zusammen. Die Blitzleute, die sind ja ebenfalls in den Sternen und was Besonderes! Wenn einer von ihnen stirbt, wenn er aus der Regenzeit kommt, fällt er um auf den Boden, gelangt ins Wasser und wird dann als kleiner Fisch wiedergeboren! Das hängt alles mit Dem Blitz [Nardi] zusammen."[337]

Die Mädchen in den Plejaden erhalten von ihnen auf ihrem Zug entlang des Traumpfades die glänzenden Fischschuppen zum Schmuck; sie repräsentieren all die Mysterien der Geburt und die Schönheit.

θ Tauri

NGORRONG – DER GRUNZBARSCH[338]

C 204

Leiopotherapon unicolor ist einer der am meisten verbreiteten Süsswasserfische.

71 Tauri

JAMARDBA – DER REGENBOGENFISCH

C 204

Melanotaenia spp.[339]

γ Tauri
WUDBA – DER NAGELFISCH
C 204

Der Fisch ist nicht identifiziert.[340]

δ Tauri
LAWARRA – DER GEFLECKTE SCHÜTZENFISCH
C 204

Toxotes chatareus[341] lebt vor allem in brackigen Mangroven und Flussmündungen.

ε Tauri
GIN.GINMAN – DER KLEINE WELS
C 204

Neoarius leptaspis

τ Tauri
JELIN – DIE GARNELE
C 204

Macrobrachium spp. und *Caridina spp.*[342]

α Tauri
GUWAMBA – DER BARRAMUNDI
C 204

Lates calcarifer; der englische Name 'Barramundi' entstammt einer anderen Aborigines-Sprache, in der er einen 'Flussfisch mit grossen Schuppen' bezeichnet, der in Mündungen lebt. Dieser Riesenbarsch wird sonst auch *Manamnyan*[343] oder *Mardbyin*[344] genannt.

Der Guwamba-Barramundi hat unter diesen Fischen die Macht. Er ist Teil einer von den Männern erzählten Geschichte, bei deren *Corroboree-Zeremonien* an speziellen Orten sogenannte *Gebagbarri-Sprünge* veranstaltet werden. Die Frauen schmücken sich dafür mit speziellen Federn wie jenen des Gelbhaubenkakadus und den Blüten des Kapokbaumes und "werden mit den Männern gemeinsam glücklich".

Der nun zu den Blitzleuten gehörende Barramundi Guwamba beäugt gierig die Wolken voller Quarz-Hagelkörner in den Magellanschen Wolken, die durch den Röhrengang der Weissen Wolke in Gemini in Die Tasche neben Capella gelangt sind. Ihre kristallenen Schuppen holt er sich für den Schmuck Der Kleinen Fische neben ihm; und die Kinder der Wardaman glitzern dann zu besonderen Zeiten wie sie. Aber auch die Dunkelfigur Des Krokodils um Sagittarius und Der Ameisenigel in Eridanus steuern ihre Schuppen bei.[345]

Gemini
YIGALARRANG – DIE KLARE WOLKE
C 205

Hier haben sich die kristallenen Hagelkörner in den Magellanschen Wolken zu einer geisterhaft weissen Wolke von Fischschuppen gesammelt. Sie gelangen durch einen dunklen Röhrengang hinüber zu Auriga.[346]

Einen Kontext dazu bietet ein Mythos der Aranda. Er erzählt, dass der Regenmann Die Regenbogenschlange von Zeit zu Zeit einen jungen Mann verschlingen lässt, den sie dann nach zwei Tagen wieder in den dichten Rauch eines grossen Feuers ausspuckt. Im Inneren dieser walartigen Regenbogenschlange hat seine Haut Schuppen bekommen. Reisst er eine heraus und reibt sie an einem Stein, verwandelt sie sich in eine Wolke, von der er sich weitere Schuppen ausreisst, die dann als Blitze zur Erde schiessen.[347]

α-ε-ζ-η Aurigae
DUBULUJ – DIE GROSSE TASCHE
YAGALAL – DIE FISCHSCHUPPEN

C 205

In diesem grossen Bastbeutel stecken viele glitzernde Fischschuppen, die ursprünglich Hagelkörner aus den Magellanschen Wolken waren. Der Barramundi-Fisch im Aldebaran holt sie sich, damit sich die kleinen Fische der Hyaden damit schmücken können – als Vorbild für die jungen Initiantinnen der Wardaman und ihren Körperschmuck.[348]

ζ Phoenicis[349]
WURREN – DAS KIND

C 204

'Kind' bezieht sich hier ebenfalls auf einen 'Kleinen Fisch', dessen Mutter die lebensspendende Froschdame und Erdmutter Dungdung ist. Der Kleine Fisch gibt Dem Ameisenigel jenes Wasser, das die irdischen Initianten angewiesen werden, in kleinen Schüssel zu tragen; es kommt von einem grossen Wasserfall, der die Leute während der Zeremonie kühlt. So wie das Wasser am Fuss des Wasserfalls die Leute abkühlt und dann als Dunst zum Himmel steigt, kühlt das Wasser in den Schüsseln die Initianten und verwandelt sie symbolisch in die Wolken, die dann den Monsun der Regenzeit bringen. Diese Zeremonie findet Ende Dezember statt, wenn es heiss ist und diese Sterne bei Sonnenuntergang im Zenit stehen.[350]

α Eridani
GAWALYAN – DER AMEISENIGEL

C 201

Der Ameisenigel (*Tachyglossus aculeatus acanthion*)[351] erhält sein Wasser vom benachbarten Kind, Dem Kleinen Fisch. Er spielt bei der Zeremonie eine wichtige Rolle: Er hat das Gesetz der Speere gemacht, die er alle erfunden hat, all die Speere aus Holz, aber nicht die mit Steinspitzen. "Er war ursprünglich ein Mensch, verwandelte sich später aber in einen Ameisenigel, weil er all die Speere trug (die klebten an seinem Körper und wurden nun zu den Stacheln, die er überall hat)."[352] In einer anderen Version wird er bei der Suche nach Ameiseneiern gespeert.[353]

"Der Schwarzkopfpython hat am meisten in diesem Land erschaffen – die Flüsse, Schluchten und alles. Der Ameisenigel ist dann übers Land gewandert, um die Handelsrouten zu machen; beide aber sind jetzt tot."[354]

Teile von Canis Maior
WUMULYURRA – DIE WELLENSITTICHE

C 206

Die unterschiedlichen Wellensittiche sowie Der Storch begleiten das Sternbild der weissgesichtigen Eule.

"Die Wellensittiche hatten zusammen mit Dem Schöpfungshund einen grossen Schöpfungsgesang, in dem Die Schlange Barru die Führung übernahm. Wie alle diese Schlangen heute, steckten sie und die Vögel und die wilde Banane [*Girlibi*][355] mit ihrem weissen Milchsaft zusammen. Sie wanderten gemeinsam mit all ihren Gesängen zum Treffen am Wälzplatz; und sie hatten alle ein bisschen was zu essen, etwas mit milchigem Saft darauf, das wir heute 'Buschbanane' [*Marsdenia australis*] nennen. In der menschlichen Zeit dann, als sich alles verwandelte, wurde daraus Die Buschbanane und ein Stern; und sie selbst wurden Wellensittiche."[356]

o^2 Canis Maioris
WAJINGGA – DER WELLENSITTICH

C 206

Melopsittacus undulatus wird auf Englisch 'Budgerigar' genannt, was die Verballhornung der Bezeichnung 'gutes Essen' einer Aborigine-Sprache darstellt; der menschliche Stimmen gut nachahmende Vogel brütet von Juni bis September.

δ Canis Maioris
DIRRIYN – DER RIESENSTORCH

C 206

Ephippiorynchus asiaticus pflanzt sich vor allem von April bis Juni fort und baut dann seine Nester in Feuchtgebieten. Sein weisses und schwarzes Gefieder steht für die Körperbemalung der Initianten in der Zeremonie des Grossen Gesetzes, wie sie auch die weissgesichtige Eule repräsentiert.[357]

σ und ε Canis Maioris
MARRAYAN – DER VOGEL IM BAUMLOCH

C 206

"Dies ist ein Wellensittich, der in den von Termiten ausgehöhlten Löchern des 'Rauchbaumes' oder 'Silberbuchsbaumes' Yarrira – *Eucalyptus pruinosa* – nistet. Dessen betäubende Blätter verwendet man gegen Zahnweh, offene Wunden am Gaumen und um Fleisch im Erdofen zu aromatisieren; Wildbienenwaben finden sich ebenso oft in dem Baum."[358]

η Canis Maioris

YANGA – DER KLEINE WELLENSITTICH

C 206

Columba?

GIRLIBI – DIE BUSCHBANANE?

C 142

Die süssen Blüten dieser Kletterpflanze – *Mardenia australis* – gehören ebenso zur Nahrung der Aborigines wie die Balgfrüchte, die in heisser Erde neben dem Feuer gekocht oder roh gegessen werden und wie Erbsen schmecken.

α Canis Minoris

MAGUM – DER GEISTERGUMMIBAUM

C 205

Der Beschreibung zufolge ist der Baum mit *Corymbia bella* oder *Eucalyptus papuana*[359] zu identifizieren, die beide auf Englisch 'Geistergummibaum' genannt werden; er schält sich in weisse Streifen und weist Öldrüsen im Mark auf.

Reiben sich diese Bäume aneinander, klingt dies nach menschlichen Stimmen; auch legen sie ihre Haut ab wie Schwarzkopfpythons. Dies kommt daher, dass sie in der Zeit des Träumens Menschen waren, die sich wie diese Bäume bemalten. Als dann das Ohr des Schöpfungshundes gespalten wurde, verwandelte sich alles – weshalb sie mit dieser Stimme und dieser Haut heute als Bäume existieren.[360]

β Canis Minoris

GURAMANA – DER AKAZIENSTRAUCH

C 205

Acacia pachyphloia, pallidiolia und *valida* sondern ein *Guramana* genanntes durchsichtiges Harz ab, das roh als 'Buschkaramell' gegessen wird.[361]

"Alle unsere Bäume sind mit den Sternen verwandt, weil sie menschlich sind! Die Sterne sind Menschen, Kinder des Schöpfers Nardi – ein Teil der Blitzleute, jene, die Frost und Wetter machen. Die haben uns beigebracht, wie man Wolken, Regen und das Wasser macht, damit sich all die verschiedenen Pflanzen fortpflanzen können. Vorher gab es hier keine Pflanzen! Die Leute haben sich in sie verwandelt und sich auch so fortgepflanzt. Sie haben nicht ihren Samen mitgetragen, sondern ihre eigenen Wurzeln gehabt – und sie pflanzten sich fort, weil selbst bei ausgerissenen Wurzeln noch etwas übrigbleibt, damit die Pflanze neu wächst, um etwas zu essen zu haben."[362]

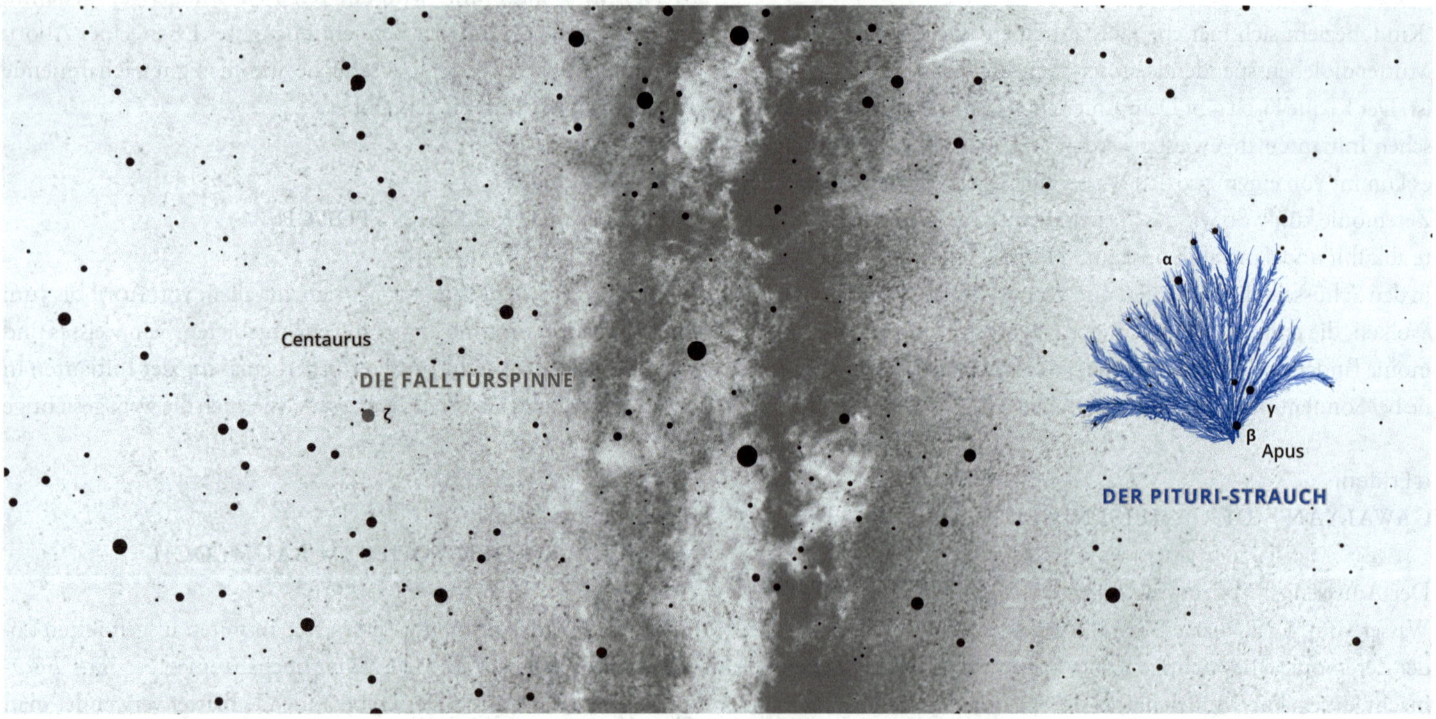

Apus

MALMALMAJ – DER PITURI-STRAUCH

Das Sternbild ist nur kurz im Frühling zu sehen; es verkörpert das Nachtschattengewächs *Duboisia hopwoodii*, das Nicotin und Nornicotin enthält und von den Aborigines deshalb als Tiergift und Betäubungsmittel verwendet wird: insbesondere für die Beschneidungszeremonie.

C 202

Die nun aufsteigenden Sterne kennzeichnen den September, bevor die Zeremonien und die Regenzeit im November beginnen. Die Leuchtkäfer in Carina funkeln dann in der Morgendämmerung, und der Sandfrosch zeigt sich am Himmel wie auf der Erde, wenn er nach dem ersten schweren Regen aus seinen Erdlöchern kommt und seinen schaumigen Laich ablegt.[363]

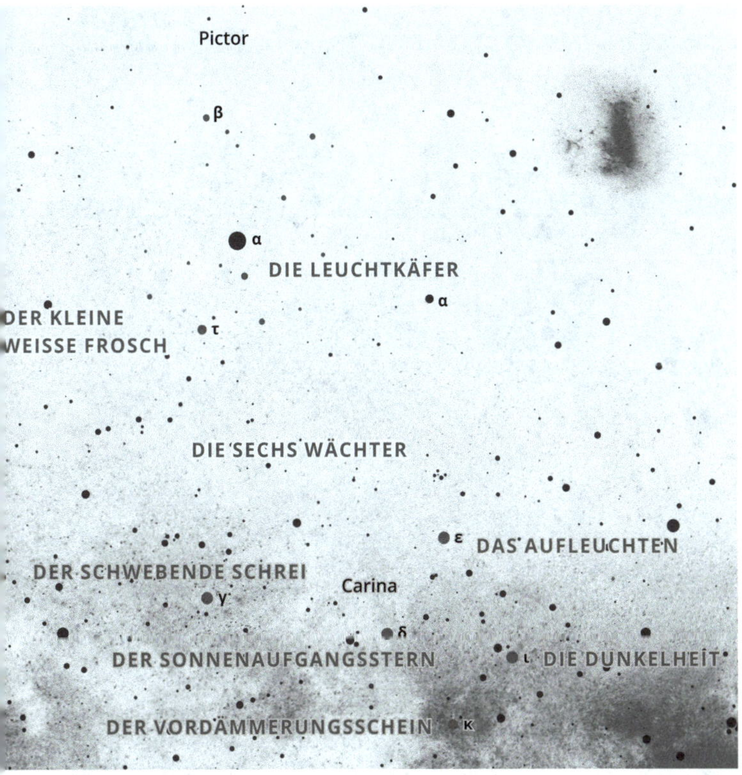

Sterne um α Carinae

MILIJMILIJ NGILMUNGNGILMUNG –
DIE LEUCHTKÄFER

C 207

Jede Unterart von *Lamprigera* hat ihre eigenen Lichtsignale, die sie in der Brutzeit ausstrahlt. Canopus erleuchtet als grosser funkelnder Stern die nun beginnende Regenzeit, in der gleichzeitig die Schwärme der 'Feuerfliegen' auftauchen, die auch *Lilmulimum*[364] genannt werden. Sie werden von den Sechs Wächtern von hinter dem Horizont heraufgerufen.[365]

DIE MURRGUN-MALU –
DIE SECHS WÄCHTER

Darunter sind die folgenden Sterne mit Ausnahme der Dunkelheit ι Carinae zu verstehen.

C 207

τ Puppis

MURRUJUNMA[366] – DER KLEINE WEISSE FROSCH

Zu identifizieren ist dieser Frosch mit dem 'Ornate Burrowing Frog' *Platyplectrum ornatum*,[367] der in der Regenzeit zu brüten beginnt. Die älteren Leute beobachten den Nachthimmel frühmorgens; wenn sie Den Kleinen Weissen Frosch am Himmel sehen und sich zugleich Frösche am Boden zeigen (die sich in der Hitze des Sommers – "Hunderte Meter tief", wie gesagt wird – ins Erdreich verkrochen haben), dann ist der September da. Der Kleine Weisse Frosch ist das Kind Der Froschdame und Erdmutter.

C 207

γ Velorum

NGANJA – DER SCHWEBENDE SCHREI

C 207

Der Stern gehört zu den Sechs Wächtern Murrgun-Malu, die den Glühkäfern sagen, dass sie herauskommen sollen, wobei *Nganja* das Wort ausspricht, das 'ich gehe' oder 'ich komme' bedeutet und als Schrei für immer am Himmel schwebt. Das Wort bedeutet zugleich 'Motte' – womit der Stern in der Morgendämmerung um die Sonne 'schwirrt' wie die Motte ums Feuer.[368]

ε Carinae

MERLENG – DAS AUFLEUCHTEN

C 207

Die Flamme – *Merleng* – zeigt die Morgendämmerung an und das darin Schwebende Wort – *Nganja* – erinnert an die Entdeckung des Feuers.[369]

ι Carinae

WUNGIJ – DIE DUNKELHEIT

C 207

δ Velorum

LARRAWARDBABUNDI –
DER SONNENAUFGANGSSTERN

C 207

κ Velorum

DER VORDÄMMERUNGSSCHEIN

C 207

Diese Sechs Wächter samt den Leuchtkäfern symbolisieren das Licht und die Tradition des Schreis, welcher die Initianten mit Fackeln und dem *Wunjunggu-Feuergesang* am Zeremonienplatz Ehre erweisen. Die als feindlich geltende Sonne wird jedoch nicht angesprochen.[370]

Monoceros
Canis Maior
θ
δ
α
ζ
DER HUNDERTFÜSSER
δ
η
ε
ρ
ζ
Hydra
ι
θ
α
ι
υ¹
λ
μ
ν
β
Crater
δ

θ Canis Maioris – M 50 (statt M 47) – αδζ Monocerotis – δεζ Hydrae – αυλμν Hydrae – βδ Crateris

JILLABUDUDUJ – DER HUNDERTFÜSSER

C 204 und 206

Der Beschreibung nach ist dies ein Hundertfüsser, der bei Biss oder Berührung einen elektrischen Schlag abgibt und wohl im Dunkeln glüht wie ein Leuchtkäfer. Er symbolisiert die Prozession der Initianten. Die mit ihm verbundene Geschichte führt einen aus der Reihe tanzenden Jungen vor, dem man sagt, er solle Den Hundertfüsser angreifen, auf dessen Schlag hin er sich schnell wieder der Gruppe anschliesst, die nun von dieser Energie durchpulst wird: "Er macht dich gehen, er bringt dich in Gang! Er bringt dich nicht um, aber er bringt dich zum Laufen!"[371]

V DIE BEIDEN TRAUMPFADE VEREINT

Im September steht der Zweite Traumpfad frühmorgens am Horizont, während nach Sonnenuntergang die Sterne von Ophiuchus und Scorpius – welche den Himmel seit August dominieren – jetzt im Zenit stehen. Sie bilden den Fokus der Initianten, die auf ihrem Weg zu Nardi und Der Urmutter um Crux sind. Dafür bekleiden und schmücken sie sich nun mit all den am Himmel präsenten Dingen.[372]

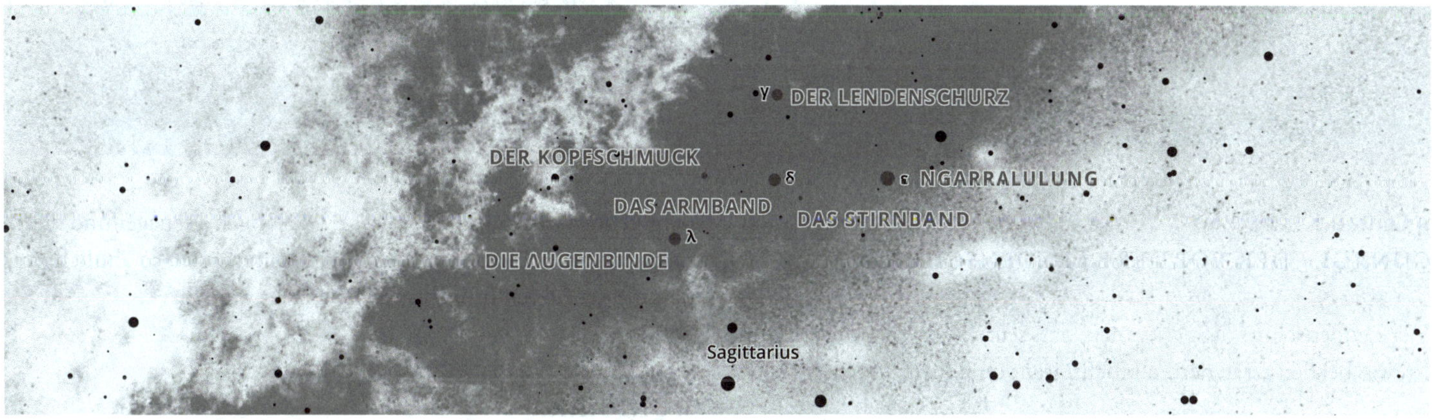

um ε Sagittarii

NGARRALULUNG

Diese Region ist der Lagerplatz Des Kleinen Jungen nach seiner Beschneidung; man hat dort extra für ihn einen Windschutz errichtet.

C 200 und 176

γ Sagittarii

WARRLBURRU – DER LENDENSCHURZ

Diese Sterne stellen das vordere Lendentuch für einen älteren, vor der Initiation stehenden Jungen – *Warling* – dar. Es wurde von Der Spitzschopftaube in Ursa Maior gefertigt. Es besteht aus einem breiten Band um den Bauch, das hinten mit zwei schmaleren Bändern umgebunden wird und vorne lange, dichte Fransen herabhängen hat.[373]

C 200 und 167

HIP 89020 A?

GARLAMBANG – DAS STIRNBAND[374]

C 200

Das Stirnband ist auf dieselbe Weise geflochten wie der Haargürtel – mit zwei Augen an den Enden samt Fäden –, nur schmaler.[375] "Das Stirnband wurde vom alten Grossen Rotrückigen Känguru [in Orion] gebracht, weil man für die Beschneidung ein rotes Stirnband braucht. Das ist Gesetz. Wenn man es hat, sieht jeder, dass er ein Mann ist. Wenn nicht, ist er noch kein Mann. Man braucht es, um ein Mann zu sein: Es zeigt allen, dass er ein Mann ist und Das Känguru sein Anführer."[376]

δ Sagittarii

WIRLWIRL – DAS ARMBAND

C 200

Das Armband wurde von Der Rotschopftaube in Ursa Maior gefertigt. Es ist das Armband des Gesetzesmannes der Zeremonie.[377]

HIP 89678?

GUMURNDUNGGA – DER KOPFSCHMUCK

C 200

Der aus Gras gefertigte, haubenartige Kopfschmuck verrät, zu welcher Gruppe und zu welchem Totem man gehört: Sie stellen symbolisch Falken, Grashüpfer, Klanghölzer usw. dar.[378]

λ Sagittari

MURLMA – DIE AUGENBINDE

C 200

Mit einem weissen Augenband werden den Achtzehnjährigen bei ihrer zweiten Initiation die Augen verbunden, sowohl den Jungen beim Yimulun-Gesetz, als auch den Mädchen beim Murdu-Gesetz, die jedoch einen besonderen Kopfschmuck dafür erhalten. Sobald die Augen damit bedeckt sind, beginnt das heilige Schwirrholz zu dröhnen, das die Initianten zum Zeremonienplatz ruft, wo sie dann in die 'Busch-Universität' entlassen werden.[379]

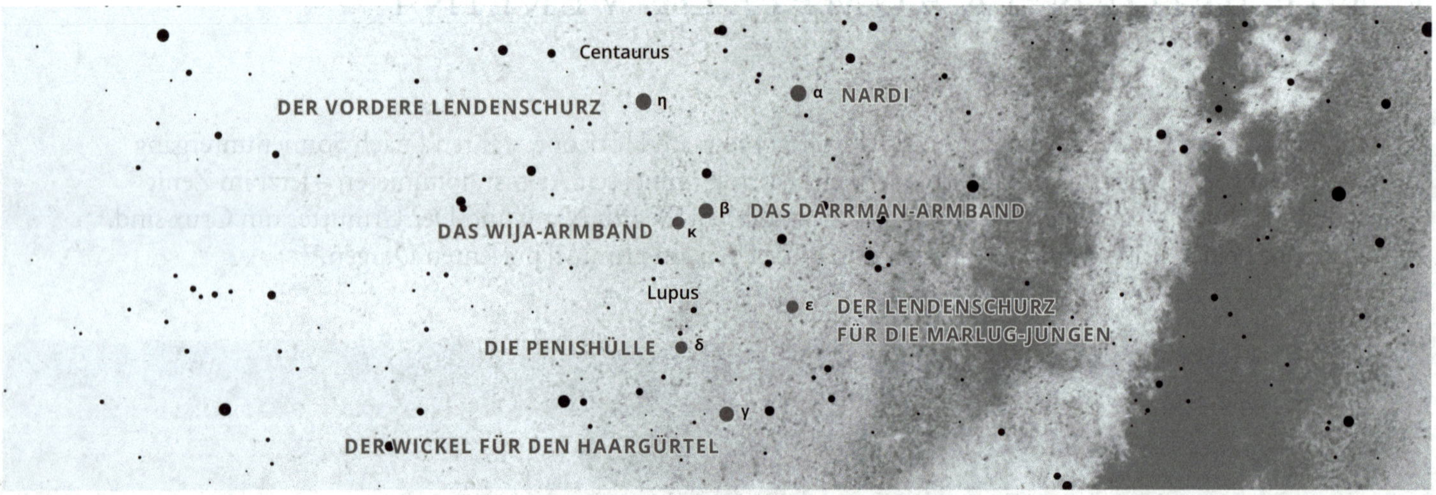

η Centauri

GUNAGI – DER VORDERE LENDENSCHURZ

C 201

Der Lendenschurz lässt erkennen, dass sein Träger ein junger Mann ist, was bei den arrangierten Hochzeiten von Bedeutung ist.[380]

κ Centauri

DAS WIJA-ARMBAND

β Lupi

DAS DARRMAN-ARMBAND

C 201

Die beiden Armbänder sowie die Augenbinde sind Teil einer zweiten Initiation im Alter von achtzehn Jahren. Das Darrman-Armband besteht zur Hälfte aus einem breiteren Band, das mit zwei schmaleren festgebunden wird.[381]

δ Lupi

WARRLBURRU – DIE PENISHÜLLE

C 201 und 147

Diese aus Federn gemachte, schmückende Genitalbedeckung ist ebenfalls Teil der zweiten Initiation mit Achtzehn. "Sie gehört zu dem Lendenschurz, den jeder trägt! Die jungen Teenager und die älteren Jungen haben *Garlambang* wie Unterhosen, so ähnlich, nur dass die der älteren Jungen anders gemacht werden."[382]

γ Lupi

WUNIGIRRA –
DER WICKEL FÜR DEN HAARGÜRTEL

Der Haargürtel selbst ist die Dunkelstelle in der Milchstrasse zwischen Norma und α Centauri.

C 201

ε Lupi

BOWULUM – DER LENDENSCHURZ
FÜR DIE MARLUG-JUNGEN

C 201 und 174

α Lupi

NARDI

Dieser Stern stellt Nardi auf seinem Weg mit den Gesetzen und Gesängen dar.

C 201

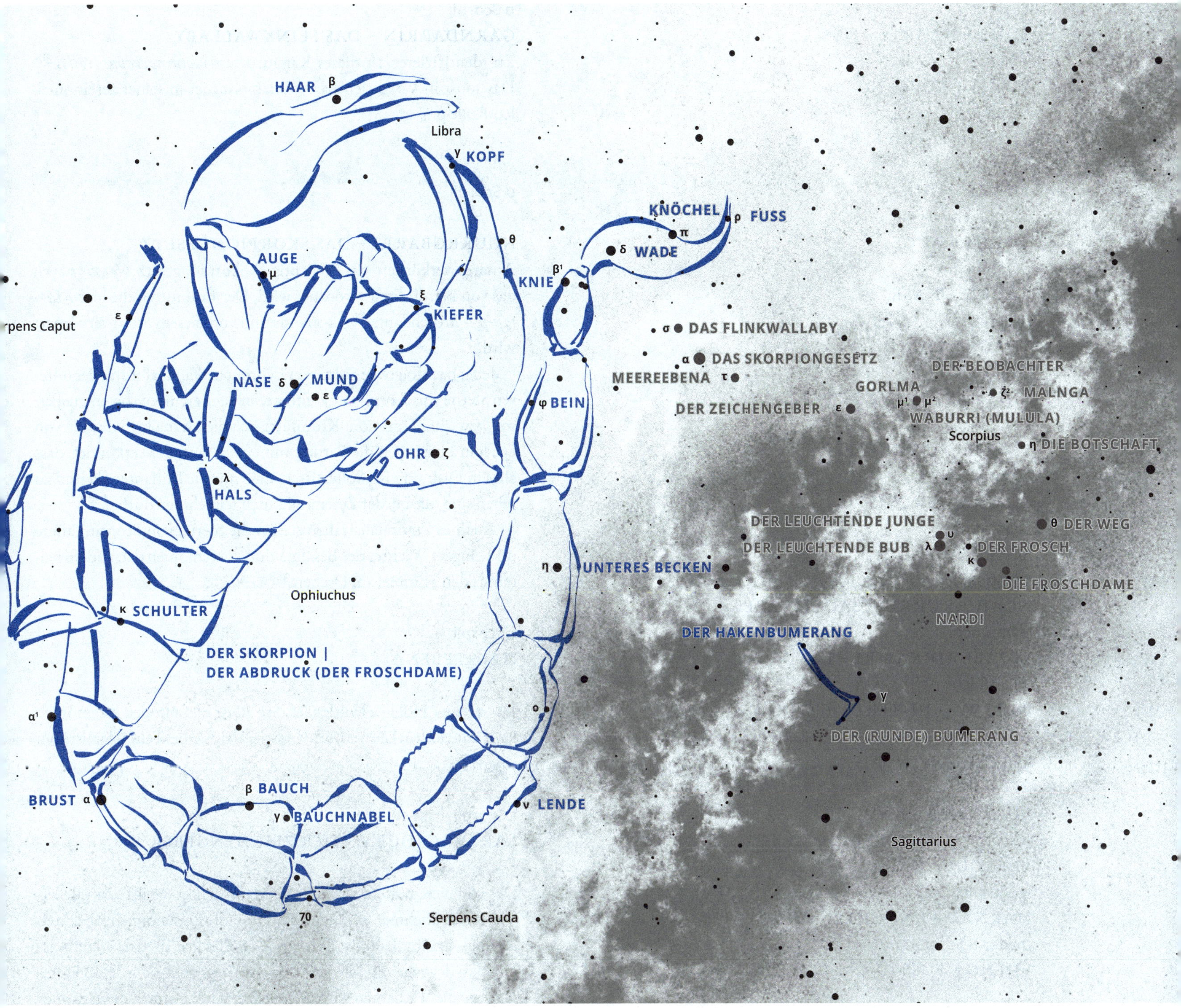

Sterne von Libra, Ophiuchus, Serpens und Scorpius

MUNDARLA – DER SKORPION

"Der Skorpion richtet den grossen Stachel auf, der sich dann biegt, da der Kopf ... er biegt sich auf und herum!"

Die Geschichte Des Skorpions ist "zu geheimnisvoll, um erzählt werden zu können". Seine praktische Funktion in der Kultur ist jedoch gross. Von ihm geht das mächtige Skorpiongesetz *Ngurrgbarri* aus, das von α Scorpii verkörpert wird. Vor allem aber stehen seine einzelnen Sterne für die Körperteile des Menschen und im weiteren Sinn für das einzelne Benennen und Aufzählen der Dinge, wie es zu Zeremonien gehört. Benannt hat die einzelnen Körperteile Der Rote Linkshändige Blauzungenskink in ω Carinae; er gab ihnen zur selben Zeit Namen, da er auch all die Teile der Landschaft von den Orten bis zur Beschaffenheit des Bodens benannte, indem er dabei seinen Bumerang warf.[383]

Die Aborigines von Yrkalle an der Ostküste des Arnhemlandes kennen ebenfalls einen Skorpion als Sternbild, allerdings in Lupus, am Fusse unseres Scorpius.[384]

β Librae
YIJILI – HAAR
γ Librae
YIBAM – KOPF
ξ Ophiuchi
YIJOGORL – KIEFER
ζ Ophiuchi
YIJEME – OHR
δ Ophiuchi
YIMUM – AUGE
ε Ophiuchi
YIJURN – NASE
μ Ophiuchi
YIJAGA – MUND
λ Ophiuchi
BIDAMARLA – NACKEN
κ Ophiuchi
YINEBEL – SCHULTER
α Ophiuchi
YILUNA – BRUST
β Ophiuchi
MEJERN – BAUCH
γ Ophiuchi
NGAJURRURRU – BAUCHNABEL
ν Ophiuchi
JAGABURDIKABIRI – LENDE
η Ophiuchi
BARRWA – UNTERES BECKEN
φ Ophiuchi
YIBERR – BEIN
β Scorpii
BURDERDE – KNIE
δ Scorpii
YARLGUJ – WADE
π Scorpii
MARNAL – KNÖCHEL
ρ oder B Scorpii
YIJENG – FUSS

C 200

YIJENG – DER ABDRUCK (DER FROSCHDAME)

Alle einzelne Körperteile repräsentierenden Sterne werden auch als Fussabdruck aufgefasst, den Die Erdmutter in ihrer Froschgestalt hinterlassen hat.

C 144

σ Scorpii

GARNDARRIN – DAS FLINKWALLABY

Zu identifizieren ist dieses Känguru mit *Notamacropus agilis.*[385] Das sonst in Virgo sichtbare Wallaby ist hier in seiner zeremoniellen Rolle präsent.

C 200

α Scorpii

C 200

NGURRGBARRI – DAS SKORPIONGESETZ

Antares verkörpert das "mächtige" Skorpiongesetz *Ngurrgbarri*, das von Nardis Frau verordnet wird, Der Erdmutter, die hier *Murrijun* – Froschdame[386] – genannt und von diesem Stern verkörpert wird.

Jeder nachfolgende Stern repräsentiert in dem Halbrund der unteren Sterne von Scorpius eine andere, an der Zeremonie beteiligte Person bzw. ihre Funktion. Krümmen sich die Sterne im Schwanz von Scorpius, beginnen die Rituale mit einem Ruf, der verkündet, dass alles in Ordnung ist: Soll heissen, dass nur die Initianten da und zu sehen sind, die bei der Zeremonie auch teilnehmen dürfen.[387]

Auch in Zentralaustralien stellen die Sterne von Scorpius ältere und jüngere Wächter der Beschneidungszeremonien dar; zudem halten sie den Himmel am Drehen.[388]

τ Scorpii

MEEREEBENA

C 200

Die in einer Höhle lebende Geisterfrau ist hier mit den zeremoniellen Handabdrücken verbunden, wie man sie bei Felsmalereistellen findet.[389]

ε Scorpii

LARAWAG (DUBA)– DER ZEICHENGEBER

C 200 und 148

Der von diesem Stern verkörperte Mann achtet darauf, dass alle erlaubten Teilnehmer anwesend sind und die Zeremonie beobachten können. Er gibt dann das Zeichen, dass alles klar ist, und erlaubt damit, dass der geheime Teil der Zeremonie beginnen kann.[390] In Hommage an die Wardaman wird dieser Stern seit kurzem in der Astronomie offiziell *Larawag* genannt.

μ¹ Scorpii

GORLMA

Der von diesem Stern verkörperte Mann achtet für Larawag auf die Zeichen.

C 200

μ^2 Scorpii

WABURRI (MULULA)

Der von diesem Stern verkörperte Mann besitzt das Land, auf dem die Zeremonie stattfindet, und kümmert sich darum. Zusammen mit dem Beobachter in diesem auch für andere Aborigines wichtigen Sternenpaar, gewährleistet er die Sicherheit des Ortes sorgfältig und formell.

C 200 und 148

HD 151078

LEDBARRI – DER BEOBACHTER

Der von diesem Stern verkörperte Mann ist ein Beobachter.

C 200 und 148

ζ Scorpii

MALNGA

Dem von diesem Stern verkörperten Mann gehört die himmlische Landwirtschaft; er hört den kosmischen Klang ringsum dröhnen, während die Prozession auf ihrem speziellen Weg voranschreitet.

C 200 und 148

η Scorpii

MADIN – DIE BOTSCHAFT

Dieser Stern steht in einer Runde spezieller Botschaften, die er schreiend weitergibt.

M 596, C 200 und 148

θ Scorpii

YONDORRIN – DER WEG

Dieser Stern steht für den Prozessionsweg der Initianten. In seinem Haken spiegelt er den Weg Des Grashüpfers als Venus relativ zur Sonne und die Spiralen der Mondaufgänge wider. Nardi und seine Frau, Die Froschdame, sind mehrfach präsent, ebenso Gorrondolmi durch seinen Schwanz im Triangulum Australis, um das Vollständige Ahnengesetz in der Initiationszeremonie zu gewährleisten.

M 609, C 200 und 148

Mythisch kontextualisiert wird diese Interpretation jedoch nicht. Es ist deshalb wahrscheinlicher, dass sich hinter dieser Sternenbezeichnung ein bei den Aranda überlieferter Mythos erhalten hat, in dem der Schwanz des Scorpius eine Geschichte abbildet. Darin stellen ι und κ Scorpii zwei bewaffnete Männer dar, die einen von λ Scorpii verkörperten Mann verfolgen, der die Frau von ι Scorpii entführt hat, welche von υ Scorpii dargestellt wird: in η und ζ Scorpii sind die von ihnen auf der Flucht hinterlassenen Spuren zu sehen. Eine ähnliche Legende gibt es bei den Aranda auch für α Scorpii, der gen Schwanz von Scorpius flüchtet, während am Kopf von Scorpius drei Schwestern ins Lager zurückkehren.[391]

M 7

NARDI

In diesem Sternhaufen zeigt Der Himmelsboss Nardi seine spirituelle Präsenz. Gemeinsam mit Malgun verknotet er Haar zu dem Ball jenes zeremoniellen Kopfschmucks, der von der Corona Australis repräsentiert wird.

C 200 und 153

ι Scorpii

MALGUNG – DIE FROSCHDAME

Nardis Frau Dungdung ist hier spirituell in ihrer ursprünglichen Verkörperung als Froschdame präsent, um die Urmutter zu verkörpern, die zusammen mit Gorrondolmi alles Leben im Wasser zeugte. *Malgung* wird ein kleiner weisser Frosch genannt, der in der Erde haust.

C 200 und 153, 162, 176, C | H 212

κ Scorpii

MURRI(JUNMAN) – DER FROSCH

C 200 und 148

λ Scorpii

WARLING YA-JUNGIN – DER LEUCHTENDE BUB

Die beiden Sterne der Stachelspitze von Scorpius verkörpern zwei leuchtende, zeremoniell geschmückte Blitzjungen der Initiation, die – indem einer als *Wurren*, Kind, bezeichnet wird – nach Initiationsgrad oder Altersstufe unterschieden werden.

C 200 und 148

υ Scorpii

WARLINGNYI MAYIN.NGUNDI – DER LEUCHTENDE JUNGE

C 200 und 148

Dies ist der zweite *Warling*, 'Initiant'.[392]

M 8

BURAN – DER (RUNDE) BUMERANG

C 200

HD 163318 – W Sagittarii – HD 165634?

WARRIRDILA[393] – DER HAKENBUMERANG

Dieser Bumerang gehört zu denen, die Der Blauzungenskink Burariman herstellt und handelt.

C 200 und 148

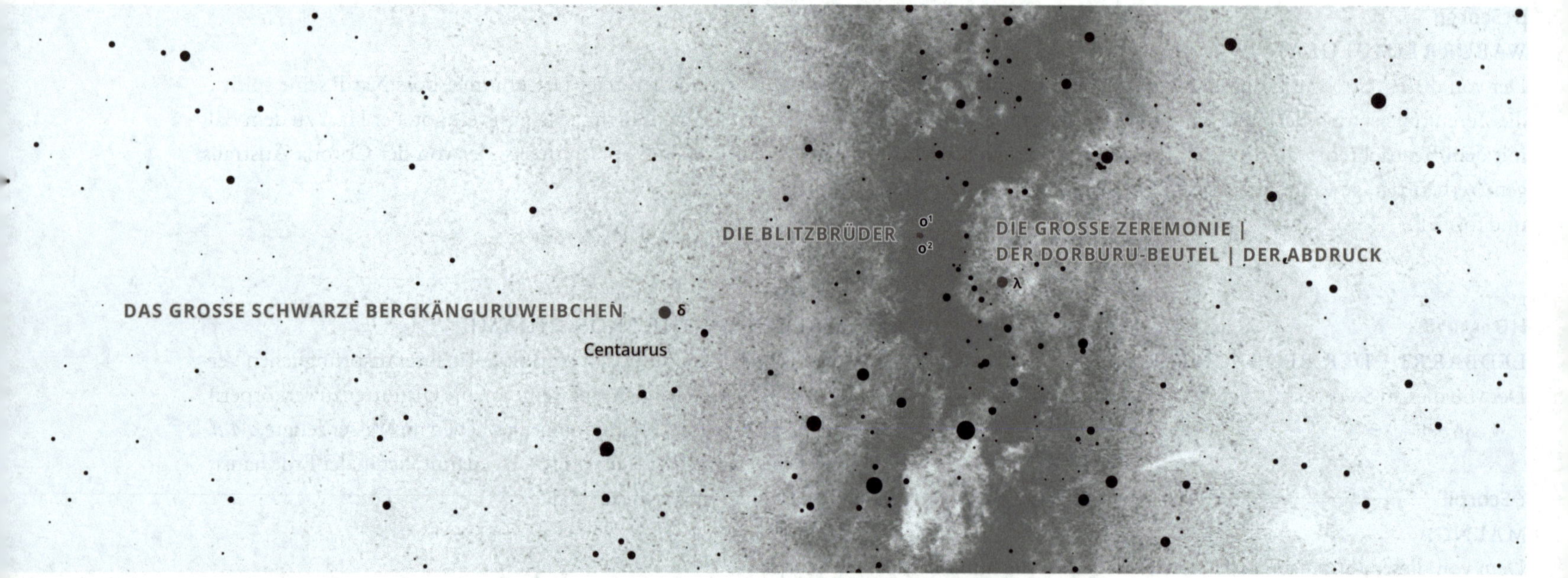

δ Centauri

NGUWAMIN – DAS GROSSE SCHWARZE BERGKÄNGURUWEIBCHEN[394]

C 202

Das Sternbild verkörpert das Weibchen von *Osphranter robustus*, der am weitesten verbreiteten Känguruart Australiens; es gilt als ‘Grosser Abendstern’ und kündigt den Jahreszeitenwechsel an.

Es ist eines der Grossen Spirituellen Wesen, weil es sowohl unter der Erde als auch am Himmel reist und mit ihm Techniken des Überlebens ebenso wie Mysterien verbunden werden. Das Schwarze Känguruweibchen besitzt eine eigene Gesangslinie namens *Garjinja*. Vom Schöpfungshund gejagt, hat es mit Dem Schwarzkopf- und Dem Buthi-Pythonmännchen zu tun, um Nulla-Nulla-Hölzer und Buschtee [Yarlarrg, *Ocimum tenuiflorum*] einzuhandeln; sein Auge ist überall – und es kann selbst geschleuderte Speere ihr Ziel verfehlen lassen.

Dieser Traumpfad wechselt beim Yujarrjin-Stern [nicht identifiziert]; da nimmt eine andere Gruppe den mit Dem Roten Känguru verbundenen *Gujingga-Gesang* auf und führt ihn über die Grenze.[395]

o^{1+2} Centauri

DIE BLITZBRÜDER

C 208

um λ Centauri

BALAD – DIE GROSSE ZEREMONIE

C 202, 153, 174

DER DORBURU-BEUTEL

YIYENG – DER ABDRUCK

C 145

Je nach Traumpfad ist das Gebiet um diesen Stern nur Frauen vorbehalten; sie schmücken sich hier. “Das Wort *Balad* gehört zur Sprache der Blitzleute und bedeutet ‘Grosse Zeremonie’ am Gesetzesplatz.”[396]

Die Stelle wird aber auch als Platz gesehen, wo die beiden Blitzbrüder Jabarringgi und Yagjagbula Halt machten, des speziellen *Yilganin* wegen. Sie werden von Geckos verkörpert, weil die so über die Decke laufen wie die Blitze am Himmelsdach und sich oft in von Blitzen gespaltenen Bäumen finden, als wären sie die Blitze selbst.[397]

Die Region wird aber auch als Bastbeutel gesehen – oder als Abdruck, den Der Emu Gumurrinji hinterliess, als er sich hinlegte; ein Stück weiter ist in Crux sein Fussabdruck zu sehen.[398]

Die spirituelle Präsenz und das Gesetz der Dunkelfiguren Nardis und Des Emus treffen sich nun bei Den Echsen als Zeremonienmeistern.

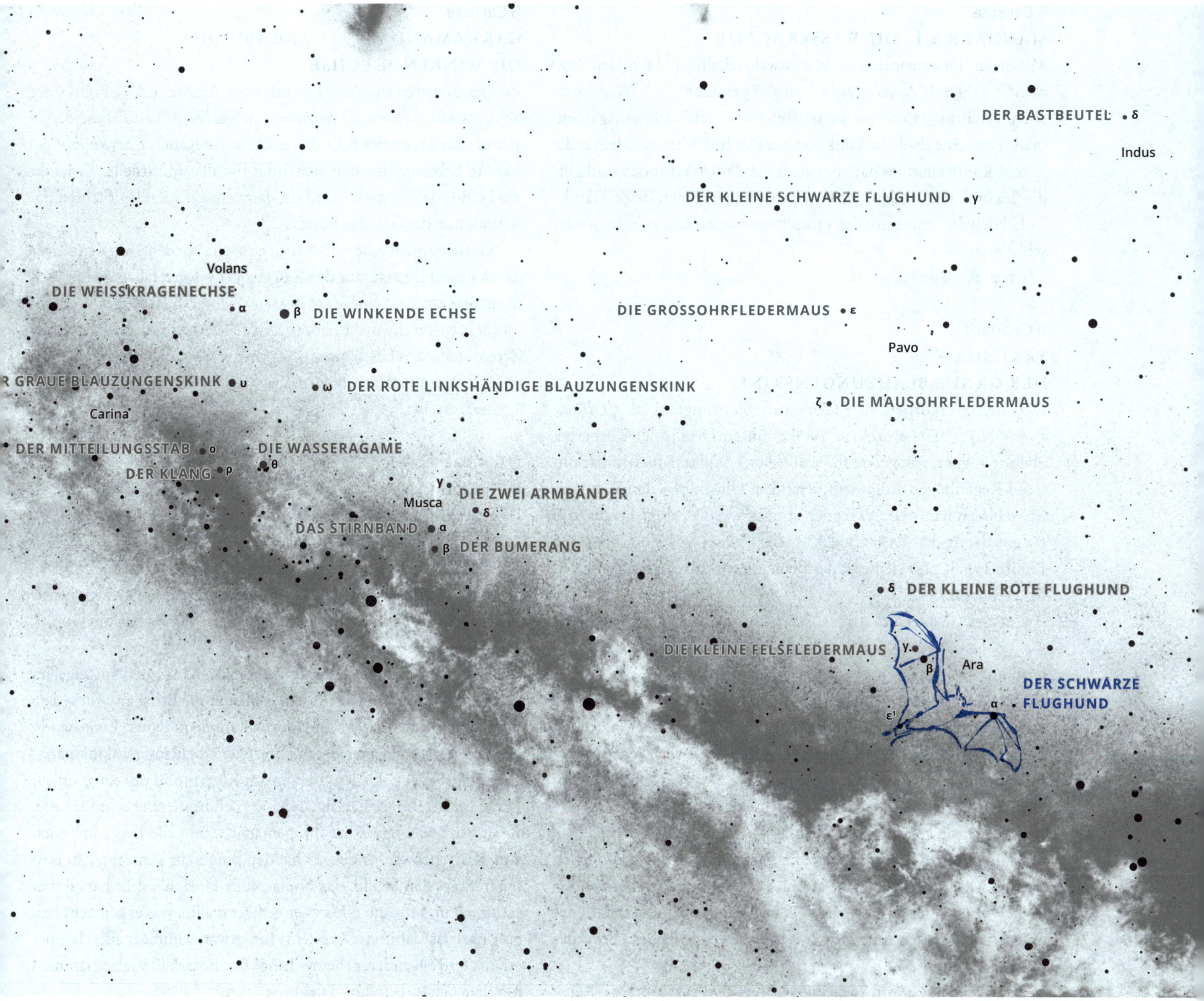

p Carinae[399]

GORLMA – DER KLANG

Der *Yijordin-Klang* – der Lärm all der Leute aus der Zeit der Schöpfung – wird von Der Winkenden Echse in β Carinae erzeugt. Er hört sich für heutige Ohren an wie ein donnernder Zug und eine pfeifende Rakete und das rumpelnde und pfeifende Dröhnen bei der wichtigsten Zeremonie, jenes Geräusch, als all die Leute der Schöpfungszeit zusammenkamen, ist ein Lärm, der seitdem da oben im Himmel geblieben ist.

C 202, 91, 132 und 145

q Carinae

MODINMARNBURRI – DER MITTEILUNGSSTAB

Auf diesem Stab sind die Zeichen spiritueller Wörter; sie sagen, wohin zu gehen und wer einzuladen ist, was der Zweck der Zusammenkunft ist und wann sie stattfindet. Die Winkende Echse schickt diesen Stab los, der allen befiehlt, herzukommen, so etwa, dass Nardi und Der Emu sich beim Bandalan-Treffplatz der Corona Australis treffen sollen.

C 202, 91, 132 und 146

θ Carinae

MANDARRAJI – DIE WASSERAGAME

Mit dieser 'Drachenechse' ist höchstwahrscheinlich die zu den Agamen[400] zählende *Intellagama lesueurii* gemeint, auch 'Wasserdrachen' genannt. Mit seiner gestreiften Stirn erfüllt dieses Agamenmännchen eine ähnliche Funktion wie Der Buschhahn, indem es die Tänzer kontrolliert; es hat aber auch die Zahlen erfunden und gibt die Technik des Zählens weiter. Dafür benutzt man beide Hände, wobei sich die Finger mit den grösser werdenden Zahlen öffnen oder schliessen.

C 202, 91, 132 und 144–145

υ Carinae

YARLNGA – DER GRAUE BLAUZUNGENSKINK

Der Stern verkörpert den Gemeinen Blauzungenskink (*Tiliqua scincoides*).[401] Die einzelnen Skinke führen Details der Körperbemalung – grau, rot, gestreift – vor. Dieses Skinkmännchen hat unseren Regenbogen aufgestellt, nachdem Grashüpfer den Wind dafür geblasen hat; wenn es regnet, streckt es seine Zunge heraus und richtet damit den Regenbogen so aus, dass er sich quer über den Himmel zieht. Als kleinerer der Blauzungenskinke hat er den Donner erfunden.

C 202, 91, 68 und 146 und 157

α Volantis

GARNANGARRIN[402] – DIE WEISSKRAGENECHSE

Der Stern stellt die Kragenechse *Chlamydosaurus kingii* dar, die ihre innen weisse Halskrause zur Abschreckung ausfalten kann.[403] Knochenfunde belegen, dass die Kragenechse seit jeher gejagt und gegessen wurde; sie gehört zu den häufigsten Motiven der Felsmalerei. Hier am Himmel führt dieses alte Echsenmännchen einen ähnlichen Gesang wie Die Wasseragame auf und erweist sich auch heute noch als hervorragender Tänzer. Die Djingal, unmittelbare Nachbarn der Wardaman, nennen Die Weisskragenechse ebenfalls den 'Boss' des Tanzes.[404]

Bei den Yolngu im nordöstlichen Arnhemland gilt Das Weisskragenechsenmännchen als Miterfinder des Feuers. Sein Tanz wird von zwei Männern nachgeahmt, die auf einen Baum klettern und sich mit den Knien festhalten, während sie die Arme schwingen. Dann wird ein Feuer unter ihnen entzündet, in das sie springen, um darauf davonzurennen.

C 202, 91 und 145, RS 187

β Carinae

GARRAMANDAN[405] | GARRABIRDIJ – DIE WINKENDE ECHSE

Zu identifizieren ist dieses Tier mit einer Agame aus der Familie der Schuppenkriechtiere, *Diporiphora albilabris*.[406] Auf diesem Abschnitt des Traumpfads ist dieses kleine rote, auch *Garrabirdji* genannte Echsenmännchen zuständig für alles Spirituelle. Es winkt die Leute zur Zeremonie und tut dann entscheidende Pflichten des Rituals und des Gesetzes kund.

"Garramandan gibt einem zu verstehen: Vorsicht! Verwende nur die richtigen Gesten, nur den Zeigefinger – sonst fallen den Frauen die Brüste ab! Er ist einer der Grossen Wächter des Gesetzes, gefürchtet auch, weil er einem die Leber herausreissen kann, wenn man bei der Zeremonie etwas falsch macht." Zudem erzeugt dieses Echsenmännchen den eindrucksvollen *Modinmarnburri*-Klang von q Carinae.

C 202, 91 und 145

ω Carinae

BURARIMAN – DER ROTE LINKSHÄNDIGE BLAUZUNGENSKINK

C 202 und 91

Bezeichnet wird damit der Blauzungenskink *Tiliqua multifasciata*.[407] Als mythische Figur trägt er den Eigennamen *Lungarra*; als Skink – *Burariman* – wird er bereits vom Namen her mit *Buran*, 'Bumerang', assoziiert:

"Sieht man einen solchen Skink, darf kein Kind mit dem Zeigefinger auf ihn zeigen, sonst fällt seiner Mutter die Brust ab. Alles ist so mit dem Spirituellen verbunden, auch mit Dem Roten Linkshändigen Lungarra und seiner Geschichte. Dieses Blauzungenskinkmännchen mit seinen goldenen Streifen am Körper und der roten linken Hand ist ganz bodenständig, indem es den Bumerang erfunden hat. Er ist ganz wichtig; es hat ihn gemacht, damit die Leute ihn auch zum Klatschen verwenden. Es hat den Bumerang gemacht, den Botschaftsstab, den Schild, das Nulla-Nulla-Holz, alles! Es hat all dies erfunden und für uns alle sicher gemacht; alles, was es gemacht hat, ging nach Bardabi, wo Der Kleine Junge war, damit der alles darüber erfährt und ein anderer Kleiner Junge den Botschaftsstab zusammen mit dem Schöpfungshund nehmen kann."[408]

Dieser Blauzungenskink hat nicht nur Bumerangs erschaffen, er handelt auch mit ihnen. Zudem trägt er die Feuerstöcke für die Zeremonien. Und er hat das Fadenspiel sowie den diagonal geflochtenen Haargürtel erfunden, den er im Dunkeln der Milchstrasse gemacht und dann wie ein Buschhahn benutzt hat, um damit die Himmelsrichtungen auszurufen. Denn er war es, der die Kardinalpunkte – *Yiyanggu* (Ost), *Namanya* (West), *Jongon* (Nord), *Gorro* (Süd) – sowie Oben (*Galul*) und Unten (*Barwa*) bestimmt und benannt hat.

Indem er seinen Bumerang warf, benannte er die Orte, die er damit traf, den Boden, die Erde, das Geröll, die Felsen – und auch die Körperteile, Kopf, Zähne, Nase: alles, an das er denken konnte – und zusammen mit Der Krähenwürgerin und Dem Tänzer in Ophiuchus auch die Klangstöcke, die man meilenweit hören kann. Ausserdem macht er noch zusammen mit den anderen Echsen und Skinken den Regen im Oktober.[409]

Dasselbe Verbot, auf Sterne zu zeigen, gibt es bei den Nördlichen Dene.

β Muscae

BURAN – DER BUMERANG

Die Region um Musca dient Burariman der Herstellung von zeremoniellem Schmuck wie Dem Stirnband und Dem Armband in Musca sowie speziellen Bumerangs, die mit Heiler-Zeremonien zu tun haben, und dem Handel damit.

C 202

α Muscae

GALUL – DAS STIRNBAND

C 202

δ sowie auch γ Muscae

GARAMBA – DIE ZWEI ARMBÄNDER

C 202

Nun sind alle Initianten auf dem richtigen Weg. Jetzt kommen Die Fledermäuse, mit denen sie seit Urzeiten verwandt sind. Sie befinden sich am Himmel unterhalb des Triangulum Australis, das den Schwanz Gorrondolmis darstellt, der diese Tiere gezeugt hat; sie fliegen hoch zu Scorpius, um danach weiter zu Crux zu ziehen.

α – β Arae

MUN.GIN – DER SCHWARZE FLUGHUND

Der Anführer dieser geflügelten Schar wird mit *Pteropus alecto* identifiziert.[410] Ihre Gesänge lehren soziale Aspekte des Sexuallebens, alles über das Zuckerblatt und Details zum Zeitpunkt der Initiation.

C 201 und 147

γ Arae

JINIMIN – DIE KLEINE FELSFLEDERMAUS

C 201, 147

Vielleicht ist das Tier mit der wenige Zentimeter grossen 'Cave Bat' *Vespadelus caurinus* zu identifizieren.

δ Arae

GANBEN – DER KLEINE ROTE FLUGHUND[411]

Pteropus scapulatus gilt als Regenbogens Sohn.

C 201 und 147

ζ Pavonis

NGALAMINYMIYN – DIE MAUSOHRFLEDERMAUS

Sie wird als kleine braune[412] und flachnasige[413] Felsfledermaus beschrieben und ist mit der Mausohrfledermaus *Myotis* zu identifizieren[414] – wahrscheinlich mit der südasiatischen Wasserfledermaus (*Myotis adversus*).

Dieser Fledermausmann hatte zwei Frauen, Den Regenbogenlori und Den Rotflügelsittich in Coma Berenices, die ihm jedoch von Regenbogen Gorrondolmi bei einer grossen Zeremonie becirct und entführt wurden. Er zeugte darauf mit ihnen Den Kleinen Roten und Den Kleinen Schwarzen Flughund. Der Fledermausmann aber folgte ihnen und begann zu tanzen, um ihnen näher und näher zu kommen; er hypnotisierte alle durch seinen Gesang und indem er einen besonderen Rauch auf sie blies. Seinen Speer zwischen seinen Zehen verbergend, schleuderte er ihn schliesslich auf Regenbogen, der von der Flut dann fortgetragen wurde und zu einer Felsenschwelle auf der anderen Seite des Flora-Flusses versteinerte. Seine beiden Frauen jagten den Fledermausmann darauf zu dessen Mündung, wo es ihnen gelang, ihn zu ertränken. Derselbe Mythos findet sich auch bei Nachbargruppen der Wardaman.

C 201 und 165, H1 42 und RS 6

ε Pavonis

WARLANG – DIE GROSSOHRFLEDERMAUS

Sie wird mit der grössten Fledermausart überhaupt, *Macroderma gigas*, der Gespenstfledermaus,[415] identifiziert. Dieses Männchen hat das Gemisch aus Zuckerblatt und Frucht erfunden und zusammen mit der ebenfalls in Höhlen lebenden Ngalaminymiyn durch das Aneinanderreiben von Hölzern den Reibestock *Jinjin*, mit dem man Feuer macht.[416] Es handelte diese Feuerstäbe an Den Schwarzkopfpython weiter, der sich dank ihrer mittelbar seine schwarze Nase holte, worauf Der Blauzungenskink dafür verantwortlich gemacht wurde. Wie Der Keilschwanzadler und Der Gelbhaubenkakadu gehört auch diese Grossohrfledermaus zu den Gesetzeswächtern.

C 201, 165 und 172

γ Pavonis

MUN.GEN – DER KLEINE SCHWARZE FLUGHUND

C 201

So heisst bei den Wardaman *Pteropus alecto.*[417] Flughunde sind grösser als Fledermäuse. Der Kleine Schwarze Flughund und Der Kleine Rote Flughund von δ Arae gelten beide als Kinder des Regenbogens Gorrondolmi: "Als Gorrondolmi die Flut auslöste, machte seine eine Hälfte – der männliche Regenbogen – das Dröhnen der sich ausbreitenden Flut, die wie ein Didgeridoo klang. Er gab diesen Klang dann den Termiten, die deshalb Löcher ins Holz zu bohren begannen, aber das Didgeridoo nicht blasen konnten. Das gelang erst Dem Fasanspornkuckuck (*Centropus phasianinus*). Als dann die Leute um Die Krähenwürgerin in α Ophiuchi die Klanghölzer erfanden, fingen die Störche und Ibisse und die anderen Wasservögel die *Wangga-Zeremonie* zu tanzen und zu singen an, die sie dann an die nächste Generation weitergaben.

Das Didgeridoo einmal fertig, bläst der männliche Regenbogen jeden Morgen hinein, worauf Der Kleine Schwarze und Der Kleine Rote Flughund, seine beiden Kinder, von der Nahrungssuche in einem grossen, weiten Bogen zurückkehren und durch das Didgeridoo in den Bastbeutel [von δ Indi] fliegen. Den hat der weibliche Regenbogen geflochten, und damit werden sie dann in den Himmel heraufgezogen, um dort den Tag zu verbringen, kopfüber in einem Baum hängend. Bläst ihr Regenbogen-Vater abends dann wieder in sein Didgeridoo, kommen sie und ihre Familien in einem weiten Bogen zurück, der wie ein grosser Ring ist, in dem sie sich hintereinander wieder zum Didgeridoo und zum Bastbeutel begeben, um erneut nachts auf Erden Nahrung zu suchen.

Vater Regenbogen hat ihnen auch zugewiesen, wo sie sich aufhalten: Die Kleine Felsfledermaus und Die Grossohrfledermaus in Höhlen, die grösseren Flughunde am Fluss, die kleineren im Busch. Und wenn sie einmal verschlafen, in einem Feld voller Blumen, dann hat er ihnen verboten, sich von dort wegzurühren: Sie dürfen tagsüber nicht umherfliegen, sondern müssen dort auf den nächsten Morgen warten, wo sie wieder in den Himmel heraufgezogen werden.[418]

δ Indi

GINAN – DER BASTBEUTEL

C 201

Gemeint ist damit eine aus Pflanzenfasern geflochtener, auf Englisch 'dilly bag' genannter Bastbeutel, der auch um den Hals getragen werden kann. Dem Mythos nach war er braunrot und von Regenbogen-Mutter geflochten worden. Gefunden wurde er von Der Garnele Mulugurnden [in den Hyaden?], in der Episode, in der Die Flughunde aus der Unterwelt kamen, wohin Regenbogen sie gebracht hatte. Sie kamen dann auf dem Spinnfaden-Weg der Milchstrasse in den Himmel und verkauften einen ihrer spirituellen Gesänge dann in Gordol-ya dem Geisterblitzwesen Guyaru, Der Nachteule in Canis Maior, und folgen darauf weiter durch Scorpius auf ihrem Weg zu Crux, um mit den spirituellen Gesängen zu handeln. Diese sind Teil der Initiation, die von den Sternen in Scorpius überwacht wird.[419]

VI ZIEL UND ZENTRUM DER TRAUMPFADE

Im August steht die Region um das Kreuz des Südens – auf das beide Gesangslinien zulaufen – bei Sonnenuntergang am südlichen Himmel: Die Fledermäuse und Flughunde sind aufgeflogen; die Dunkelfiguren von Nardi und Dungdung dominieren den Himmel in der sich aufbiegenden Milchstrasse; Die Falken und die beiden Blitzbrüder in Centaurus achten als Gesetzeshüter darauf, dass die Gesänge Des Schöpfungshundes und Des Grossen Rotrückigen Kängurus in Crux einfliessen – und mit ihnen die Initianten, die von Ara und Pavo her kommen.
Im Oktober dann, zum Zeitpunkt der Zeremonien, ist Crux nur noch kurz nach Sonnenuntergang und vor Sonnenaufgang zu sehen: Die Traumpfade wandeln nachts somit vom Himmel auf die Erde, unter ihr hindurch und wieder hinauf in den Himmel. Dabei kommen die beiden vor der Initiation stehenden Jungen samt all den Protagonisten der Zeremonie in Scorpius, den nötigen Dekorationen ringsum und den zeremoniellen Bumerangs in M 8 auf die Erde herab, um nun stattzufinden. Der Kleine Junge und Das Rote Känguru als Anführer stehen nun im Fokus, beaufsichtigt von den Dunkelfiguren Nardis, Dungdungs und Gorrondolmis als grosse spirituelle Präsenzen.[420]

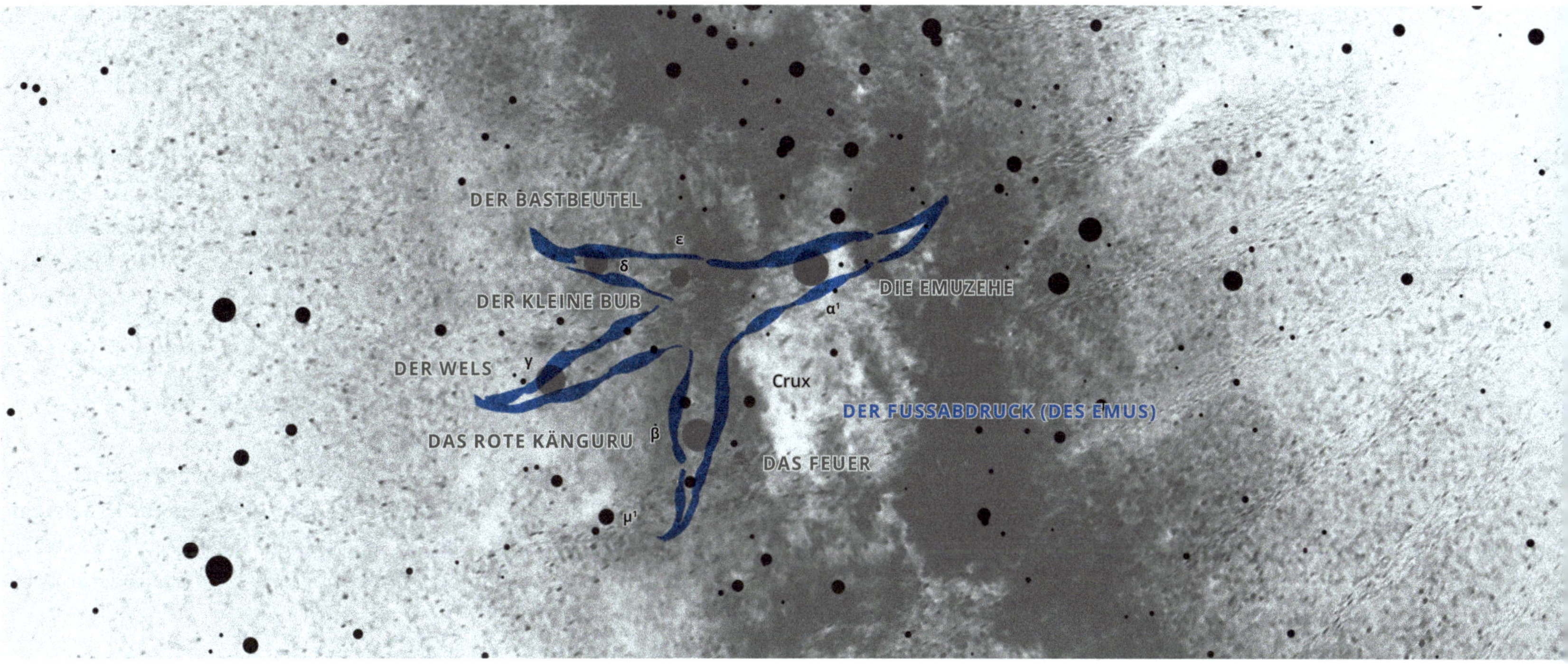

Crux

YIYENG – DER FUSSABDRUCK (DES EMUS)

C 18

Der Mythos Des Emus ist bei den Wardaman bekannt, entstammt jedoch Nachbargruppen, in denen er weit relevanter ist. So wird seine Dunkelfigur von manchen Gruppen als von zwei Brüdern getöteter Emu gesehen, wobei die östlichen Sterne von Crux den in ihm steckenden Speer darstellen.[421]

α Crucis

WUNAGNALA – DIE EMUZEHE

C 153 und 202

γ Crucis

BURRIBURRI – DER WELS

Der Wels wird entweder neben Dem Emu oder anstatt Des Emus gesehen. Er ist eine Verkörperung Nardis, gilt jedoch als tot und wird mit einem weissen Kreuz am Nacken gebildet, das für Crux steht. Möglicherweise ist er deshalb mit dem Tauwels *Tandanus tandanus* zu identifizieren, der vor seiner ersten Rückenflosse einen Giftstachel besitzt.[422] Als er noch ein Mensch war, lehrte er all die Kinder die Gesänge.

C 202, 162 und 171

Für seine prominente Position ist Der Wels jedoch wenig kontextualisiert. Möglicherweise wurde hier ein Mythos aus einer Nachbargruppe integriert, der im Osten des Arnhemlandes, in Port Bradshaw, von einem jungen Jäger des Totems Krähe erzählt, der zwei Mädchen vom Totem des Welses – die Frauen seines Bruders – verführen wollte, worauf ein Stammeskonflikt ausbrach, bei dem er samt den Frauen getötet wurde und sie sich darauf in ihre Totemtiere verwandelten. Krähe rächte sich nun an den zwei Welsweibchen, verschlang sie und liess nur ihre Gräten zurück. Als der über alle Massen erzürnte Ehemann der beiden deren glänzend weisse Gräten sah, warf er sie der davonfliegenden Krähe wie Wurfstöcke nach, die darauf im Himmel zu den Sternen der Milchstrasse wurden, die Krähe zum Kohlensack und α und β Centauri zu den zwei Welsen.[423]

β Crucis

GUJUNGGA – DAS ROTE KÄNGURU

Dieses Känguru ist mit *Osphranter rufus* zu identifizieren und dem Mythos nach verantwortlich für die Körperbemalung und den Federschmuck, das Waschen der Jungen, ihre Taschen und speziellen Dinge sowie das Kochen. Unter seiner Aufsicht und der seiner Helfer wird Der Kleine Junge erwachsen.

Die Jungen wurden in der Corona Australis präpariert, dann mit dem Bumerang in M 8 zusammengetrieben und zu Crux gebracht. Bei ihrer Beschneidung kommen die Frauen mit glühenden Stöcken; sie heben die Jungen hoch in die Luft und stampfen dabei mit den Füssen und singen und desinfizieren mit der Glut, damit sich die Wunde nicht entzündet: Das wird der spirituelle *Wujim-Weg* der Frauen genannt. Danach kommen sie in einen eigens für sie errichteten Lagerplatz in Sagittarius.

C 202, 152 und 175

δ Crucis

BULA – DER KLEINE BUB

Der Stern stellt einen vor der Initiation stehenden Jungen dar.

C 153 und W 575

NGC 4755 bei β Crucis

WUJA – DAS FEUER

Dieses Sterncluster stellt spezielle Ritualfeuer dar. Für die Frauen sind dort die glühenden Kohlen, in denen das Neugeborene symbolisch 'gekocht' wird, damit Rauch und Hitze es nach der Geburt desinfizieren. So erhält das Baby von den Spirituellen zugleich das Wissen, das es braucht, um gesund zu den Menschen zu kommen.

C 153, 102, 202

Das Baby wird dabei "auf einen heissen Termitenhügel gelegt. Ist es ein Mädchen, wird ein langer Stock über einer Flamme entzündet, ist es ein Junge, dann das Ende eines Bumerangspeers. So kriegen sie innerlich Schwung! So werden sie innen gekocht! Das macht sie stärker!"[424]

ε Crucis[425]

GINAN – DER BASTBEUTEL

C 153 und 202

Der fünfthellste Stern im Kreuz des Südens, ein oranger Riese, stellt einen roten Bastbeutel dar, der spezielle Wissensgesänge enthält und besondere Dinge für die Initiation der Jungen, die nun rituell rein geworden sind.

"Dies ist Nardis grosse Tasche [die er von der Spinne erhielt]; ihretwegen kam Der Bossmann vom Himmel herab. Das geht nun schon eine ganze Weile so: Die Macht der Leute kommt vom Himmel herab, so ähnlich wie eine Familie ein Stern wird, ob die der Schöpfungshunde oder der Welse. Nardi tat das Richtige, indem er damit eine Art grossen Tunnel schuf. Denn die Sterne und die Landschaft waren einmal alle Leute. Daher ist Nardi heute noch Der Boss – denn er machte sie zu Spirituellen [indem er sie heraufzog]. Er hat den Bastbeutel und grinst deshalb."[426]

Mit diesem Beutel zog er einst schon die Blitzleute vor der Flut in den Himmel herauf. Er liess sie dann wieder hinunter, um sich auf der Erde Nahrung zu holen; manche aber blieben "da oben – gefangen, um Sterne zu werden".[427]

Zugleich ist dieser Beutel voller Gesänge; Nardi gab einen den kleinen Fledermäusen in Indus, einen dem Keilschwanzadler in Aquila, einen der Spitzschopftaube in Ursa Maioris. "Wurde jemand krank, hängte man einen in einen Baum, einen zweiten um den Hals. Wenn man sie dann in den spirituellen Weg einschreibt, kommt ihm die ganze Krankheit aus dem Mund und verlässt ihn."[428]

Circinus bzw. bei β Centauri bis halb zu γ Crucis

GUWARLA – DIE HOLZSCHALE

Dieses "schwarze Bad" Nardis, in das er sich hineinlegt, steht für Wasser, Dampfen und die rituelle Welt. Darunter ist normalerweise eine etwa 50 cm lange, schüssel- oder kanuförmige Trage zu verstehen, die zur Aufbewahrung von Wasser, Früchten, Nüssen oder als Babytrage dient.

C 163, 92–93, 170 und 177

Bei einem kleinen Stern oberhalb von α und β Centauri, unweit von NHC 4755 und dem Erdofen des Kohlensacks, "ist ein kleiner Kreis". Das ist "ein Platz der Frauen, wie ein 'coolamon' – eine Trageschüssel – für die Babys": "Darin wird der kleine Bub gekocht [geräuchert]. Die alten Damen sitzen herum, holen sich den Kleinen und legen ihn in Wieheisstdasnochmal. Sie benutzen ihn nicht so, wie die Weissen das Wasser zum Waschen verwenden! Sie haben eine spezielle Erde, und mit der reiben sie ihn am ganzen Körper ein. Das ist ein geheimer Ort; dorthin darf kein Junge gehen. Selbst uns Alten, die wir den Ort kennen, ist es nicht erlaubt, dahinzugehen. Der Kleine Junge [der Schöpfungsgeschichte] ist jetzt dort."[429]

VII SONNE, MOND UND PLANETEN

In den meisten Kulturen der Aborigines ist der Mond männlich, die Sonne weiblich, wobei sie einander am Himmel verfolgen, um sich bei einer Sonnenfinsternis zu treffen.[430] Bei den Wardaman sind beide männlich, wobei der Vollmond jedoch sein Geschlecht wechselt und grösseren Status besitzt.

Die Umläufe von Sonne, Mond und den Planeten werden genau observiert und als ausgetretene Überlandpfade betrachtet, die sie zu den Lagern, Zeremonie- und Handelsplätzen am Himmel führen.[431]

Halbmond

DER JABALYI

C 11

Vollmond

DIE GANDAWAG

M 576

"Der Mond gehörte zu den Schöpfungsleuten, mit denen er herumwanderte; als er noch auf der Erde herumging und einer ihrer Kinder war, gehörte er der Gruppe der Jabalyi an. Als er dann starb, stieg sein Schatten wie der von allen anderen in den Himmel, um dort ein Gestirn zu werden. … Er starb und kam als halber, kleiner Mond zurück (der auf der Erde seine Fussspuren hinterliess); danach wurde er *Gandawag* genannt."[432]

Dieser Name verweist auf eine zweite Ausdeutung des Mondes, die sein Wachstum offenbar mit Schwangerschaft in Verbindung bringt. Jedenfalls wird er da als Zwitter gekennzeichnet: "Der Vollmond heisst *Gandawag*, er ist der Sonne näher und sieht dadurch strahlender aus, grösser! Die Leute können dabei zuschauen, wie er zu einem grossen Mond wird. … Als die anderen [in der Schöpfungszeit] sonst zu Sternen wurden, verwandelte er sich in den Mond. Zu zwei Monden: *Gandawag* ist weiblich; sie ist ein guter Vollmond – der Halbmond jedoch ist männlich."[433]

Auf den Mond zu blicken, ermuntert beide Geschlechter der Wardaman zur Promiskuität.[434] Indirekt wird dies durch die folgende Legende erklärlich, in der er – wie aus einer von einer anderen Auskunftsperson erzählten, hier in die Legende von Harney eingearbeiteten Geschichte hervorgeht – sein Geschlecht wechselt, um in seiner weiblichen Figuration wohl auch die Erde fruchtbar zu machen.

DER MOND UND DIE WIEDERGEBURT

"Der alte Mond war mit zwei Mädchen verheiratet und hatte eine Schwiegermutter. Er hiess *Jabalyi*, war ursprünglich ein Mensch und seine Frauen waren von den Nimira.
Der Mond ging auf die Jagd, speerte ein Känguru und sein Junges, briet es in einem Erdofen, kam dann zurück und sagte dann seinen Frauen, sie sollten das Junge holen. Als sie weg waren, nahm er sein kleines Unaussprechliches [Geschlecht] ab, wie ein Spielzeug, wickelte es in Papierborke und vergrub es im Boden. Dann holte er ein richtig grosses, das er jetzt gerade anhat, befestigte es und ging dann zu seiner Schwiegermutter. Die hatte keine Augen und hörte ihn bloss kommen. Er packte die alte Dame bei den Händen; sie wehrte sich und schrie, aber es nutzte nichts: Er legte sie auf den Rücken. Als er fertig war, nahm er sie mit in seine Höhle."[435]
"Der Mond hatte also etwas Falsches getan; er hatte mit seiner Schwiegermutter, die von den Nanagu war, geschlafen. Er taugte nichts und als seine Frauen zurückkamen, erwischten sie ihn. Sie kreischten und verrieten allen: 'Er hat ein Verhältnis mit seiner Schwiegermutter; das ist verboten!' Alle beschwerten sich, weshalb er ohne Umschweife umgebracht werden sollte, weil er das Gesetz gebrochen hatte. Also haute er ab aus der Gegend, wo heute das Mondträumen in Gandawagja ist, und ging in den Norden, nach Bulinin.
Flussaufwärts von dort waren all die Grashüpferleute, Millionen davon, von der Yabulyawan-Gruppe. Sie hiessen ihn gemeinsam willkommen, sie freuten sich, ihn bei sich zu haben. Ein paar Tage später kam eine Botschaft aus Jalibang in der Gegend um Gandawag. Daraufhin machte sich Der Falke auf und spürte dem Mond nach bis dahin, wo er mit den Grashüpferleuten in Bulinin war, und übergab seinen Botschaftsstab allen. Der Stock teilte ihnen wie ein Brief mit, was er getan hatte: nämlich das Gesetz mit seiner Schwiegermutter gebrochen – 'weshalb wir ihn töten müssen'.
Die Grashüpfer blickten sich an und meinten: 'Wir können ihn nicht umbringen; uns tut er leid.' Sie hatten ein wenig Angst, dass eine andere Gruppe kommen würde, um sie umzubringen, nachdem sie ihn umgebracht hatten. Diese kleinen Feldheuschrecken sagten: 'Nun, wir gehen da hinunter und holen uns eine freche Yamswurzel, die *Garnmarnmarlin* heisst [und wie ein Phallus aussieht, *Amorphophallus paeoniifolius*].'[436]
Sie ist so scharf wie Ingwer. Sie gruben ein paar davon aus, brachten sie zurück, kochten sie und gaben sie dem alten Mond zu essen. Als er diese frechen Yams ass, war er voll; später aber begannen sie innen zu brennen, bis sein Bauch platzte. Er stöhnte und klammerte sich an sein Leben und es kamen ein paar, die versuchten, ihm zu helfen. Er starb trotzdem, aber sein Schatten kam zurück, landete hier, im Felsmalereiplatz von Gandawagja.
Daraufhin wurde überallhin die Botschaft ausgeschickt: Der Mond ist tot. Alle diese kleinen Grashüpferleute begannen zu weinen, weil sie Mitleid mit ihm hatten. Sie holten ihn [vom Baum] herunter und begruben ihn bei Noon Springs an dem *Garnmarnmalrlin-ya* genannten Ort auf dem Gebiet des Yabulyawan Estate. Dort sieht man heute am Morgen das Wasser fallen, am Nachmittag bei Sonnenuntergang aber wieder aufwallen. Denn geht der Vollmond auf, steigt das Wasser; bei einem kleinen Mond bleibt es nieder. Man kann das Wasser wie eine Flut fliessen hören, weil sie ihn dort begruben.

Eine Gruppe der Grashüpferleute ging dann nach Jalibang, wo die Jabalyi her sind, um zu bekennen: ‘Wir haben den alten Mond umgebracht; deshalb müssen wir uns nun dem Banjabanja stellen.’ Das heisst, aus Rache von vielen Speeren durchbohrt werden. Sie liefen auf die weite Ebene, ihre Körper mit verschiedenfarbigen Ockern geschmückt, um gespeert zu werden. Sie rannten los und kamen so zurück: *Narru narru* heisst, sich vor all den heranschiessenden Speeren zu ducken zu versuchen. Dann aber kamen andere Gruppen, die Nachteulenleute, die Eulenschwalmleute [*Podargus strigoides*] und die Gelbhaubenkakaduleute, die alle meinten: ‘Nein, wir können euch nicht speeren. Der Mond hat das Gesetz gebrochen und ihr habt das Richtige gemacht, nachdem ihr die Botschaft erhalten habt. Jedenfalls ist es gut, dass er jetzt hinüber ist.’
Dann warteten sie eine Weile. Der Platz, wo sie das Gesetz brachen, heisst Jalibang. Der Schatten des Mondes kam von Noon Springs her und stellte sich dort oben hin. Sie sassen alle dort herum, als eines Nachmittags einer sagte: ‘Hier gibt’s ja ein bisschen Schatten! Wo der wohl herkommt?’ Nun, als sie aufblickten, sahen sie einen kleinen Halbmond aufgehen; der Schatten des in Bulinin gestorbenen Mondes war hierher nach Jalibang zurückgekommen und zu einem kleinen Halbmond geworden. ‘Oh’, sagten sie, ‘das ist *Gandawag*, denn der hat immer so eine schiefe Kopfhaube getragen.’ Deshalb hat der Mond, den man heute sieht, so ein schiefes Kopfteil. Sie sagten: ‘Oh, der alte Jabalyi’ – das war sein erster Name, sein Haupt-[Gruppen]Name – ‘der alte Jabalyi ist gestorben, aber jetzt ist er zurückgekommen. Schau dir die kleine Gandawag an!’ Denn der Platz, wo die Felsmalerei war, hiess *Gandawagja*.
Worauf die anderen erwiderten: ‘Nun, was sollen wir tun? Der alte Mond ist gestorben, aber jetzt ist er lebend zurückgekommen, als ein neuer Mond.’ Und sie sagten: ‘Von nun an soll jeder, der stirbt, wieder als jemand zurückkommen, so wie der Mond es getan hat. Lasst uns das versuchen!’
Da sagten die Nachteulen und die Eulenschwalme: ‘Na gut, versuchen wir es mit den beiden da; schauen wir, was die zwei zusammenbringen. Sie griffen sich einen Arguswaran [*Varanus panoptes*], gaben ihm eins über und begruben ihn. Sie blieben eine ganze Weile weg, so an die vier Wochen, kamen dann zurück, gruben das Loch wieder auf und heraus kam der Waran – er war immer noch am Leben. Da sagten sie: ‘Das ist gut! Der Waran da kommt wieder heraus, der Mond kommt wieder zurück – das heisst, dass wir sterben, dann aber wieder lebendig zurückkommen. Sehr gut. Und jetzt versuchen wir es mit dem Kurznasenbeutler [*Isoodon macrouros*].’ Und so begruben sie ihn, worauf sie auseinandergingen.
Dann aber meinte Der Silberfalke: ‘Ich hab da so ein ungutes Gefühl; dem kleinen Kurznasenbeutler muss etwas passiert sein.’ Aber sie erwiderten, dass schon alles gut wäre; er würde zurückkommen wie zuvor schon der Arguswaran. ‘Nein’, wandte Der Silberfalke ein, ‘ich hab da so ein ungutes Gefühl, ich glaub, der ist hinüber. Aber es gibt ein Mittel, um herauszufinden, ob er noch lebt oder nicht: Es ist mein Gesang, um eine Sternschnuppe zu machen.’ Er griff sich einen Haufen Schlamm, klumpte ihn zusammen und besang ihn. Dann riss er sich ein paar Haare vom Kopf, steckte sie hinein und ging damit ins Offene.
Den anderen richtete er aus: ‘Wartet bis Sonnenuntergang und horcht; schaut euch um und ihr werdet dann gleich einen grossen Stern losschiessen sehen.’ Also setzten sie sich hin und warteten, und bei Sonnenuntergang hielten alle inne und wurden ganz still. Sie horchten und als es dunkel wurde, schoss die Sternschnuppe los und flog genau da hin, wo der tote Kurznasenbeutler war. Als sie dort einschlug, explodierte der Bauch des Kurznasenbeutlers – sie hörten es, wie Donner.
‘Ich hab’s euch gesagt, der ist hinüber! Lasst uns hingehen und nachschauen.’ Alle gingen dorthin zurück und waren wirklich traurig. Und als sie dort hinkamen, hörten sie einen Haufen Schmeissfliegenleute, die alle weinten und meinten: ‘Oje, der muss tot sein.’ Der alte Kurznasenbeutler tat ihnen wirklich leid und alle setzten sich zu einer besonderen Zeremonie hin, denn der Kurznasenbeutler hatte den Honigtau des Zuckerblattes erfunden: Er hat es so eingerichtet, dass wir ihn essen können.
Danach setzten sie sich alle zu einem Treffen zusammen: ‘Also, es ist so, dass der alte Mond gestorben und lebend zurückgekommen ist, der Arguswaran gestorben und lebend zurückgekommen ist, aber der Kurznasenbeutler tot und für immer dahin ist. Das heisst, wenn wir sterben, dann sind wir auch für immer dahin.’

Da gibt es eine alte, *Marnden* – astraler Geist – genannte Frau [Wulanggman in Serpens Caput], die sagte: 'Was ich tun kann, ist, das Herz und die Seele zu nehmen und sie zu dem Luwun da oben zu bringen'. *Luwun* heisst das Loch im Himmel da, wo die Milchstrasse ist [der Trichter in Lyra]. Sie brachte das Herz hinauf und die Seele für die Wiedergeburt *Dingaraja*.
Die anderen beiden, Die Grosse Grundel und Die Wasserwaranin, waren im Wasser, in der Quelle. Also zog Die Grosse Grundel los und holte sich die Seele und brachte sie zurück und gab sie Der Wasserwaranin: 'Schau, da hast du diese Seele; gib ihr was zu essen. Es gibt schon einen Gesang und sie wird zurückkommen und in einem Kind wiedergeboren werden.' Sie hatten deswegen was zu essen, weil Die Grosse Grundel zu den Grashüpferleuten gegangen war. Die hatten all das Grünzeug und all die Algen im Wasser erfunden, weil sie sie zum Körperschmuck verwendeten; die verschiedenen Schildkrötenleute haben sie heute noch auf dem Rücken. Und damit fütterten sie die kleine Seele nun im Wasser. Das gaben sie ihr zu essen – grüne schleimige Algen –, und jedes Kind, das heute zur Welt kommt, hat diesen grünen Schleim am Leib. 'Nun, wir müssen das Kind losziehen und seine Mutter suchen lassen.' Damals wie heute hat man uns gesagt: Wenn ihr eine kleine Schildkröte oder einen kleinen Vogel ums Feuer gehen seht, dann bringt sie nicht um. Und wir fragten: Warum? Weil das ein kleines Kind ist, das seine Mutter sucht."[437]

In einer anderen, von Bill Harneys Vater nachgedichteten Version trägt der Mensch, aus dem der Mond wird, den Namen *Jalajbung*. Er hat ein rundes Gesicht und eine sehr lange Zunge, die die Subinzision der Harnröhre symbolisiert. *Jalaj* heisst bei der Gruppe, die diesen Mythos erzählt, 'Zunge', und *bung* bezeichnet das Aus-Der-Knospe-Brechen einer Blume [laut Wörterbuch bedeutet *Jalybug* auch 'fein zerschneiden']:[438] womit auf den Initiationsritus des Erwachsenwerdens verwiesen wird, bei dem die Subinzision des männlichen Genitals durchgeführt wird.

Die Menschen besitzen das Herz des Lebens, das sie unsterblich macht, doch es wird ihnen vom Brachvogel – der Frau von Jalajbungs Bruder – gestohlen, worauf der Tod über die Menschheit kommt: Zuerst stirbt das Kind der Frau, dann bleiben die in einem Kampf zwischen Stammesgruppen Gefallenen liegen. Alles Suchen nach dem Herz des Lebens kann es nicht wieder zurückholen. Jalajbung und seinen Leuten wird die Streiterei darüber zu viel; verärgert über alles Vorgefallene machen sie einen "besternten Boden" und ziehen dort hinauf, um nun da zu leben, während die anderen auf der Erde bleiben. Indem Jalajbung im Himmel lebt, stirbt er dort jeden Monat, wird jedoch auch dort, drei Tage später, wiedergeboren.[439]

Dass über den Mond der Tod in die Welt kommt, während er selbst ewig wiedergeboren wird, erzählen mehrere im Arnhemland verbreitete Mythen.[440] Jedoch nur an der Ostküste finden sich Legenden, die auf die Verbindung des Mondes mit den Gezeiten eingehen. Demnach fliessen Springfluten in den Mond, wenn er im Meer untergeht, was ihn voll und rund macht; bei Ebbe hingegen fliesst das Wasser aus ihm heraus, was ihn dünn zurücklässt.[441]

Eklipsen

Die Wardaman glauben, dass eine Sonnenfinsternis von einem bösen Geist bewirkt wird, der die Sonne schluckt. In der Gruppe, welche die Sonne als Totem hat, gab es einen Mann, der *Djinboon* hiess. Er konnte die Erde vor einer Sonnenfinsternis durch magische Mittel bewahren oder retten, sie aber auch bewirken, um Gesetzesbrecher das Fürchten zu lehren – oder wenn er nicht genug Geschenke erhalten hatte.[442]

Sonne

MARNINGGANI

M 577

Die Sonne gilt als lebensfeindlich. Sie ist ein Mann, der wie eine Holzkohle brennt, entzündet vom Funken des Reibestocks in β Delphini, wie dies offenbar im *Wujunggu-Feuergesang* thematisiert wird. Die südafrikanischen /Xam sehen in der Sonne ebenfalls einen Flammen ausstrahlenden Mann.

Die Sonne ist bei den Sternen. Ihr Aufgang wird von einem kleinen gelben Vogel angekündigt, der *Wi, Wi, Wi* singt. Sie läuft am Himmel herum und lässt die Toten verdorren, deren Schatten umgangen werden müssen, weshalb sie möglichst schnell erst auf einen Baum gelegt und die entfleischten Knochen dann in eine Höhle gebracht werden.[443]

"Wo immer wir schlafen, schlafen wir nach Osten, nie hinunter nach Westen. Wir können quer dazu schlafen, aber nie in Richtung der untergehenden Sonne. Zum Tiefen hinunter zu schlafen bringt Unglück, weil es gegen die Sonne ist: Sie nimmt dann bei ihrem Untergang deinen Geist mit. So aber beobachten wir alles, wenn wir schlafen: alles, was untergeht, die Sterne, alles, was sich bewegt und auf ähnliche Weise untergeht."[444]

In der Abenddämmerung geht die Sonne durch den dunklen Trichter, den Venus als Grashüpfer Lidi für sie trägt. Es ist dies eine Fischreuse ähnlich jener in Lyra. Durch sie gelangt die Sonne in das Wasser, das von dem grünen Dunkin-Kraut bewachsen ist, das der Grashüpfer ebenfalls erfunden hat; indem es das Wasser wie Erbsengrütze und Algen bedeckt, kühlt die Sonne darin nicht aus. Das Kraut schützt auch die Wasserströme unter der Erde, die Regenbogen Gorrondolmi von Zeit zu Zeit fliessen lässt; dank ihnen kann die Sonne nachts in den Osten zurückkehren, um sauber und frisch erneut aufzusteigen, willkommengeheissen von Krähe, die von ihrem Trichter aus alles beobachtet.[445]

Aus einer älteren Variante des Sonnenmythos bei den Wardaman geht hervor, dass das Wasserloch, in dem die Sonne nach ihrem Gang durch den Trichter versinkt, 45 Meilen südwestlich von Katherine liegt und *Wongla* heisst. Sie "rollt" dann, erschöpft vom Tag, unter der Erde nach Osten, um morgens dann, wieder erfrischt, aufzuspringen. Das Wasserloch ist ein Heiligtum, das einen eigenen Wächter hat, der dem Sonnen-Clan entstammt. Erhält er nicht genug Geschenke oder haben die Menschen Böses getan, so bringt er einen bösen Geist dazu, die Sonne zu schlucken, um ihnen Angst einzujagen.[446]

Venus

LIDI – DER GRASHÜPFER

Die meisten Aborigines halten Morgen- und Abendstern für verschiedene Planeten.[447] Die Wardaman sehen (inzwischen?) Morgen- wie Abendstern als Knarrschrecke der Familie *Cantatopinae*, Unterfamilie *Cuprascula*.[448] Durch ihr Auftreten in Schwärmen wird diese Heuschrecke mit Windhosen und kleinen Wirbelstürmen an Land und Wirbeln und Stromschnellen im Fluss verbunden – was sie wiederum an die Entstehung des Regens bindet.

C 18 und 116

DIE ENTSTEHUNG DER WOLKEN UND DES REGENS

"Der Schwarzkopfpython und seine Schwester, Die Wasserpython, machten – noch während Der Schöpfungshund das Känguru durch das Land hetzte – zusammen in diesem Land die grossen Flüsse, schnitten die grossen Wasser ringsum ab und liessen überall Meere entstehen. Nachdem sie fertig waren, kamen sie zum alten Blitz und sagten: 'Ah, da bist du ja! Die Flüsse sind jetzt alle fertig, aber sie müssen gefüllt werden!' Der Blitz erwiderte: 'Ok, dann locke ich den Regen heraus.' Und er grub ein Loch in die Erde.

Als er aber gerade mit dem Singen beginnen wollte, kam Der Kleine Grashüpfer daher und sagte: 'Schau, sobald du singst, wird die Regenwolke da in die Luft steigen. Wie aber willst du die Wolken dann bewegen?' Der Blitz sagte zum Grashüpfer: 'Ich werde dir helfen, die Wolken zu bewegen.' Und Der Grashüpfer meinte: 'Ich habe einen Gesang! Ich kann einen grossen Wirbelwind machen!' Worauf Der Blitz erwiderte: 'Okay, dann singen wir beide gemeinsam!'

Und so gruben sie beide ein grosses Loch in den Boden. Beim Singen rann ihm all der Schaum vor dem Mund in dieses Loch, alles kleine Hagelkörner, und mit dem Singen begannen die Wolken sich aufzubauen. Der Grashüpfer schaute mit in die Höhe und sang; worauf sich ein grosser Wirbelwind erhob, all die Wolken ergriff und sie über dem ganzen Land verbreitete. Dann schoss er einen Blitz ab wie einen kleinen Bumerang, der die Wolke traf: Das war ein grosser Donner!

Wenn es im Land regnet, regt sich die Flut. Wenn der Regen aufhört, sind alle Wasserlöcher voll. Der alte Schwarzkopfpython kam herauf und sagte zum Blitz: 'Na, da bist du ja! Du hast gute Arbeit geleistet, du hast uns allen Wasser gegeben! Und schau, was ich gemacht habe: Ich habe das Wasser daran gehindert, im Boden zu verschwinden.' Und beide waren damit zufrieden und redeten darüber."[449]

Der Grashüpfer hat aber auch das Gras erfunden, das man essen, mit dem man sich ein Schlaflager bereiten und aus dessen Stroh man verschiedene Dinge und auch Kopfschmuck machen kann. Aus dem hohen Speergras (*Phragmites vallatoria*) lassen sich Tunnel flechten, in denen man mit einem Knochen als Köder Schalentiere fängt. Zudem hat der Grashüpfer das Seegras und die Algen erfunden.[450]

Die zivilisatorische Bedeutung der Venus unterstreichen die Yolngu an der Ostküste des Arnhemlandes, die glauben, dass der Morgenstern die Ersten Menschen aus dem Osten nach Australien brachte; in der ihm gewidmeten Gesangslinie wird sein Traumpfad über Land beschrieben. Sie sehen vom Morgenstern – wie auch vom Abendstern, der bei ihnen Spica ist – ein Seil herabhängen; dies bezieht sich auf das schwach sichtbare Zodiakallicht.[451]

Merkur

GOWAMAN

"Der als Mädchen gesehene Merkur geriet als Planet an den Himmel, weil der Mond es entführte: Da war das kleine Mädchen und noch ein Spiritueller, Girshama, einer von Nardis Söhnen. Aber es war nicht so, dass sie was Falsches getan hätten, denn dann würde Nardi ihn ausgelöscht haben; die Himmel wären heruntergestürzt und hätten alle beide umgebracht. Man kann die ganze Welt einstürzen lassen, den ganzen Himmel runterkrachen lassen und Leute umbringen! Das ist der Teufel-Teufel!

Als der Himmel in der Früh hinter den Mond geriet, da hat er aber dem kleinen Mädchen das Zeichen gegeben, ihm zu folgen. Und der Mond ging hinauf und das kleine Mädchen folgte ihm und wurde dann seine Frau. Der kleine Stern heisst jetzt *Kleines Mädchen Gowaman*. Morgens erblickt man es als Morgenstern. Und auch kleine schwache Sterne sollten da sein."[452]

Bei den Aborigines auf der nördlich gelegenen Groote Island war der Mond ohne Frau und einsam; auf seiner nächtlichen Reise sah er eine Frau Essen für ihre Kinder zubereiten. Er kam herab und nahm sie mit sich: Seitdem sieht man im Vollmond die Mutter, ihre drei Kinder und die Mondbäume, unter denen sie lagern.[453]

BULABULA YIWALYARRI – DER MONDJUNGE

Mit diesem Namen wird ein bei Sonnenuntergang sichtbar werdender Abendstern bezeichnet.

C 67

Weitere Planeten differenzieren die Wardaman nicht. Von anderen Gruppen hingegen wird Mars als Mann angesehen, der mit seinen zwei Frauen – Jupiter und Saturn – in den Himmel flüchtete; leuchtet er besonders rot, vergrössert dies das sexuelle Verlangen.

N 19–20 und CLA1 138

Meteore

MARLING

H1 38

Meteore sind, dem Mythos der Frauen zufolge, die Glutfunken, welche die astrale Ringeltaube über dem Land fallen lässt. Im Mythos der Männer hingegen erinnern sie an den feurigen Speer, mit dem der Silberfalke einst die Flut von Regenbogen Gorrondolmi stoppen konnte: Der Silberfalke hat einen Gesang, um Sternschnuppen zu machen.

Sie werden aber auch als Steine gesehen, die vom Himmel fallen, wobei besonders rote und weisse glatte Steine als herabgefallene Sternschnuppen gesehen werden. Sie können auch "ins dampfende Feuer fallen und dich krank machen. Doch der Heiler kann den kleinen Stein aus dir wieder herausholen."

Sternschnuppen werden für *Marnden* – Geister – gehalten. In ihnen kehren die Seelen der Verstorbenen wieder auf die Erde zurück, wo sie ins Wasser gelangen, um dann wiedergeboren zu werden.[454]

LITERATUR

A W. Arndt, *The Dreaming of Kunukban*, in: Oceania 35 (4), 1965, 241–259.

B Herbert Basedow, The Australian Aboriginal, Adelaide 1925.

B|B Berndt und Berndt, The World of the First Australians, Sidney 1964.

C Hugh Cairns, Dark Sparklers – Yidumduma's Wardaman Aboriginal Astronomy, written by Hugh Cairns and called for by Bill Yidumduma Harney, Merimbula 2003.

C|H Hugh Cairns | Bill Idumduma Harney, Four Circles – Customs that are Law in an Aboriginal Cosmoscape, Merimbula 2014.

CL Christopher Clarkson, Technological Provisioning and Assemblage Variation in the Eastern Victoria River Region, Northern Australia, Thesis Australian National University 2004, digital abrufbar.

CLA1 Philipp Clarke, *The Aboriginal Australian Landscape of Southern Australia*, in: Records of the South Australian Museum 29, 1997, 125–145.

CLA2 Philipp Clarke, *The Aboriginal Australian Cosmic Landscape, Part 2*, in: Journal of Astronomical History and Heritage 18.1, 2015, 23–37.

CLA3 Philipp Clarke, Where the Ancestors Walked, Crows Nest 2003.

D Julie Drew, The Creation Story by Bill Harney, 2005, www.wardamanwomensbusiness.com/pages/wwbcstory.html.

HA Duane Hamacher, The First Astronomers – How indigenous elders read the stars, Crows Nest 2022.

HA|N Duane Hamacher | Ray Norris, *Eclipses in Australian Aboriginal Astronomy*, in: Journal of Astronomical History and Heritage 14 (2), 2011, 103–114.

H Bill Idumduma Harney, Creation Story and other Stories, Yubulyaway Dreaming Project, www.ydproject.com.

H1 Yidumduma Bill Harney – Bush Professor, hrsg. v. Margie West, Katherine 2016.

HAR|E Bill Harney (sen.) | A. P. Elkin, Songs of the Songmen – Aboriginal Myths Retold, Adelaide 1949.

HAY Roslynn Haynes, *The Astronomy of the Australian Aborigines*, in: The Astronomy Quarterly 7, 1990, 193–217.

HAYNES Raymond und Roslynn Hayne, David Malin, Richard McGee, Explorers of the Southern Sky, Cambridge 1996.

J Dianne Johnson, Night Skies of Aboriginal Australia, Sydney 2014.

M Francesca Merlan, A Grammar of Wardaman, Berlin 1994.

MA B. G. Maegraith, *The Astronomy of the Aranda and Luritja Tribes*, in: Transactions and Proceedings of the Royal Society of South Australia 56, 1932, 19–26.

MAD Kenneth Maddock, *The Emu Anomaly*, in: Australian aboriginal Mythology, hrsg. v. L. R. Hiatt, Canberra 1978, 102–122.

MO John Morieson, The Night Sky of the Boorong, Thesis University of Melbourne 1966, digital abrufbar.

N|N Ray und Cilla Norris, Emu Dreaming – An Introduction to Australian Aboriginal Astronomy, Sydney 2009.

N Ray Norris, *Dawes Review 5: Australian Aboriginal Astronomy and Navigation*, in: Publications of the Astronomical Society of Australia, Juli 2016, doi:10.1017/pas.2016.xxx.

N|H Ray Norris | Bill Harney, *Songlines and Navigation in Wardaman and other Australian Aboriginal Cultures*, in: Journal of Astronomical History and Heritage, 17 (2), 2014, Preprint, 1–15.

RS The Rainbow Serpent – A Chromatic Piece, hrsg. v. Ira Buchler | Kenneth Maddock, Den Haag 1978.

S1 Carl Strehlow, Die Aranda- und Loritja-Stämme in Zentral-Australien, 1. Teil: Mythen, Sagen und Märchen des Aranda-Stammes, Frankfurt | Main 1907.

S2 Carl Strehlow, Die Aranda- und Loritja-Stämme in Zentral-Australien, 2. Teil: Mythen, Sagen und Märchen des Loritja-Stammes, Frankfurt | Main 1908.

S3 Carl Strehlow, Aranda Traditions, Melbourne 1947.

W Wardaman Animals and Plants (ohne Autor und Datum), Diwurruwurru – Jarru Library, Aboriginal Corporation, digital abrufbar.

ANMERKUNGEN

1 J 13 2 *Cave reveals early evidence of modern humans in Asia*, in: New Scientist, 24.6.2023, 19. 3 Moodley et al., *The Peopling of the Pacific from a Bacterial Perspective*, in: Science 323, 2009, 527–530. 4 Siehe auch Choin et al., *Genomic insights into population history and biological adaptation in Oceania*, in: Nature 592, 2021, 583–589. 5 Clarkson et al., *The archaeology, chronology and stratigraphy of Madjedbebe*, in: Journal of Human Evolution 83, 2015, 46–64, und Rachel Wood, *Comments on the chronology of Madjedbebe*, in: Australian Archaeology 83.3., 2017, 172–174. 6 Graham Lawton, *The epic journey that took Stone Age people to Australia*, in: New Scientist, 22.1.2020. 7 Tobler et al., *Aboriginal mitogenomes reveal 50 000 years of regionalism in Australia*, in: Nature 544, 2017, 180–184. 8 Malaspins | Westaway et al., *A genomic history of Aboriginal Australia*, in: Nature 538, 2016, 207–214. 9 J 13–14. 10 MA 11 MO 12 Fuller | Norris | Trudgett, *The Astronomy of the Kamilaroi People and their Neighbours*, Oktober 2013, arXiv,researchgate.net/publications/258223850 13 Charles Mountford, Records of the American-Australian Scientific Expedition to Arnhem Land, Vol. 1, Art, Myth and Symbols, Melbourne 1956. 14 etwa N | N oder J und HAY oder Norman Tindale, *Celestial Lore of Some Australian Tribes*, in: Archaeoastronomy 12–13, 1984, 358–379 zum Überblick; siehe dazu die kurze Liste in N 3. 15 wikipedia.de, 'William Edward Harney' 16 Siehe seine interessante Biographie in C, H und wikipedia.en, 'Bill Yidumduma Harney', die ihn als Vermittler zwischen den Kulturen prädestiniert. 17 J 22 18 CLA2 24–28 19 J 23–28 20 J 30–31 21 J 33–35 22 CLA2 28 23 CLA1 127 und 129 24 J 103–104 25 CLA2 29–33 26 wikipedia.en, 'Wurdi Youang'; Threadgold | Jones, *What the Stones tell us?*, in: Remaking Cities Conference Proceedings 2018, Melbourne 2018, 518–530. 27 N 23–24 28 C 71–72 29 CLA2 31 30 C 60 31 J 39–43; zu mehr Beispielen saisonaler Kalender siehe dort bis S. 58. 32 C 66–67 33 J 58 34 J 61–63 35 N 29 36 C 62–63 37 C 65–66 38 J 115–119 39 Zitiert in J 119 40 N | H 6–9 41 N | H 6–9 42 J 69–80 43 MO 108 44 HAY 197–198 45 C 137 46 C 164 47 H1 86–87 48 H1 49 C 172, 178–179 und H1 14 50 RS 113 51 N 20 52 B|B 53 HAR|E 141 54 F. E. Williams, Orokaiva Society, London 1930, 154. 55 W 589 56 W 596 57 CLA3 22 58 H, Creation Story 2 59 D 60 H, Creation Story 2 61 D 7 62 D 7–9 63 C 37–38 64 C 37–38 65 C 41 66 C 122 67 M 597 68 C 137 69 HAR | E 29–31 und 145 70 J 26 71 Jean Ellis, From the Dreamtime – Australian Aboriginal Legends, Victoria 1991, 88–92, und J 26. 72 S3 7 73 S1 1–2 74 S1 3 75 S1 4–5 76 S1 6 und 8 77 S2 9 78 S2 11 79 S2 1–5 80 S1 9 81 MA 23–24 82 D. Deur, *A most sacred place. The significance of Crater Lake among Indians of Southern Oregon*, in: Oregon Historical Quarterly 103, 2002, 18–49. 83 Patrick Nunn, The Edge of Memory, London 2018, 192–193. 84 Patrick Nunn | Nicholas Reid, *Aboriginal memories of inundation of the Australian coast dating from more than 7000 years ago*, in: Australian Geographer 47.1, 2016, 11–47. 85 Siehe ibidem 27 f.; Dianne Johnson, Night Skies of Aboriginal Australia, Sydney 2014, 213 und S. Holt, Palaeoenvironments of the Gulf of Carpentaria from the Last Glacial Maximum to the Present, Ph. D. Thesis, University of Wollongong 2005. 86 A. W. Reed, Myths

and Legends of Australia, Sydney 1965, 189. 87 RS 84–85 88 Patrick Nunn, The Edge of Memory, London 2018, 194–207. 89 *Ancient Aboriginal art could reveal Australia's environmental past*, in: New Scientist 30.7.22, 14. 90 Patrick Nunn | Nicholas Reid, *Aboriginal memories of inundation of the Australian coast dating from more than 7000 years ago*, in: Australian Geographer 47.1, 2016, 12. 91 Kim Akerman | Tim Willing, *An ancient rock painting of a marsupial lion, Thylacoleo carnifex, from the Kimberley, Western Australia*, in: Antiquity 83, 319, 2009. 92 Ray Norris, *Written in the Stars – Aboriginal Australians could be the worlds first astronomers*, in: New Scientist 17.12.2016, 53–55. 93 R. Lehmann-Nitsche, *La Astronomía de los Moscoví I & II*, in: Revista del Museo de la Plata 27 & 30, 1923 und 1927, 66–79 & 145–159; dem Nardi der Wardaman vergleichbar sehen die Moscoví im Himmel auch den 'Ahnvater ihres Stammes', jedoch nicht als Dunkelfigur oder in Crux, sondern in den Plejaden. 94 MO 64 95 Fuller | Norris | Trudgett, *The Astronomy of the Kamilaroi People and their Neighbours*, Oktober 2013, arXiv, researchgate.net/publications/258223850. 96 N | N 9 97 N 13–14 und J 76–77 98 N 14 99 Robin Hard, Eratosthenes and Hyginus – Constellation Myths, Oxford 2015, 88. 100 HAYNES 16 101 HAY 209 und J 76–77 102 Robin Hard, Eratosthenes and Hyginus – Constellation Myths, Oxford 2015, 88–92. 103 Philip Clarke, *The Aboriginal Landscape of Southern South Australia*, in: Records of the South Australian Museum 29.2, 1997, 125–145. 104 Zitiert in CLA 2 24 105 Lahaya, Guérin et al., *Another site, same old song*, in: Quaternary Geochronology 49, 2019, 223–229. 106 es.wikipedia.org, 'Parque nacional de la Sierra de la Capibara, wikipedia.de 'Serra da Capivara' 107 Aubert, Lebe et al., *Earliest hunting scene in prehistoric art*, in: Nature 576, 2019, 442–445; Aubert, Brumm et al., *Pleistocene cave art from Sulawesi, Indonesia*, in: Nature 514, 2014, 223–227. 108 C 102 109 C 44 110 C 23 111 H1 86 112 HAY 208 113 https://austhrutime.com/land_of_the_dead.htm und B | B 114 C 22 und 159 115 C 56–60 116 C 62 117 C 18 118 C 145 119 C 60 und 105 120 C 107, 109 und 23 121 C 9 122 MA 26 und HAYNES 12 123 C 59, 73, 92 und 18 124 M 583 125 C 25 126 MO 91 und 96 127 J 82 128 HAR | E 140 129 Vgl. z. B. Zeichnung RS 71; bei Felsmalereien sind die Ohren auch als Hörner deutbar – beides verbindet sie mit der mesopotamischen Schlange Mushushu. 130 RS 8, 15–17, 23–97, 102–106 131 HAR | E 140 132 D 133 H, 'Rainbow & Flying Foxes' 134 C 201, 169 und H1 44 135 C 45 136 D 9 137 Nachbargruppen der Wardaman sehen den Schnabel hin zu Musca; den kleinen Stern in Crux als Auge; der Hals zwischen α und β Centauri biegt sich leicht zu Lupus; um Norma der Körper; Stummelschwanz Richtung Scorpius; der Nebel zwischen μ und ζ Scorpii setzt Schwanz ab; der Nebel zwischen Ara, Scorpius und Norma unterteilt die Beine, an denen drei Zehen je Fuss zu erkennen sind. B 332–333 138 H1 139 Philipp Nunn, The Edge of Memory, London 2018, Abb. gegenüber S. 129 und 198–200. 140 C 151 141 N 23 142 N 16 143 J 79–80 144 MAD 112 145 C 46 146 C 159 147 C 46 148 C 155 149 S1 1 und S2 1 150 Stephen Chadwick | Martin Paviour-Smith, The Great Canoes in the Sky – Starlore and Astronomy of the South Pacific, Cham 2017, 144. 151 N | N 5 und Stephen Chadwick | Martin Paviour-Smith, The Great Canoes in the Sky – Starlore and Astronomy of the South Pacific, Cham 2017, 142–147. 152 Stephen Chadwick | Martin Paviour-Smith, The Great Canoes in the Sky – Starlore and Astronomy of the South Pacific, Cham 2017, 142. 153 Charles Mountford, Records of the American-Australian Scientific Expedition to Arnhem Land, Vol. 1, Art, Myth and Symbols, Melbourne 1956, 212. 154 RS 136 155 J 79 156 MO 15b und 15c und 102 und HAY 199 157 HA 106–108 158 H1 159 C 158–160 160 RS 184–185 161 S3 8 162 HAR | E 170–171 und H1 66 163 C 92 164 RS 72–73 165 RS 173 166 H1 167 B | B 331 168 M 603 169 B 116 170 B | B 171 Abbildung in H1 68 172 H1 173 C 156 174 W 11 und M 597 175 H1 176 H1 177 Ken MacIntyre | Barb Dobson, *Yam Lands: The mystery of a holy landscape*, https://anthropology from the shed.com/project/indigenous-yam-cultivators-of-southwestern-australia/ 178 H1 179 C 117 und 162 180 C 153 181 C 159 182 B 295–296 183 B | B 202 184 Bill Neidjie, Kakadu man, Mybrood NSW 1985, sowie derselbe, Story about feeling, Broome 1989. 185 C 66, 22, 201, 202, 162, 18, 91, 159 186 HAR | E 29–31 und 145 187 C 92 188 Einer der beiden Blitzbrüder; sein Name trägt *Jabirri*, 'Speerspitze', in sich und spielt auf *Jaburrunggun* an, 'Erster', 'Führer'. Vgl. M 591. 189 M 591 190 C 138 191 C 76–77 192 C 196, 19 und 98 193 H1 80 und 83 194 C 37 195 Kim Akerman | Tim Willing, *An ancient rock painting of a marsupial lion, Thylacoleo carnifex, from the Kimberley, Western Australia*, in: Antiquity 83, 319, 2009. 196 H1 83 und 72 197 C 197, 92, 33, 99–100 198 C 22 und 24 199 C | H 91 200 C 34–35 und H1 81 201 H1 202 C | H 91–92, C 36 und H1 81–82 203 C 37, C | H 91–94 und H1 81–83 204 C 103 205 C 102 206 H1 207 C 198, 100 und 177 208 D 7 und C 100 209 H1 210 C 196 und 101 211 C 9 212 H 213 MO 111 214 C 103 und 195 215 H1 216 H1 81 217 C 103–104 218 CLA 2 31 219 H1 220 C 104–105 und 197 221 H1 222 CL 319 223 C 197, 19 und 107–109 224 CLA 3 22 225 C 197, 107, 109, 166 und H1 86 226 C 107 109 und 166 227 CL 318 228 C 105 und 173 229 H1 230 C 106 und 170 231 H1 232 C 11 und 160 233 H1 234 C 140 und 173 235 C 159, 106 und 197 236 C 110–111 237 C 110 238 C 168, 175, 178 und 112 239 C 110 240 C 115 241 C 111 242 C 115 243 C 18, 198, 101 und 116 244 N 20 245 C 198, A 251 und H 246 C 118 247 H1; C | H 198 verwechselt Krähenwürger und Drosselstelze und gibt für Ersteren fälschlicherweise den einheimischen Namen für die Drosselstelze an. Richtig erst in C 118. 248 C 118–119 249 C 118 250 H1 251 C 198 und 118–119 252 C 119 253 M 597 254 C 208, 64, 69 und 119 255 C 119 256 M 576 257 H1 46 258 C 119, 124, 198, 11, 69 259 In der Quelle C | H wird jedoch der Schlangenhalsvogel auf Englisch 'Diver Duck' genannt. Wir halten uns hier an M, wo der Schlangenhalsvogel wie auch sonst üblich 'Darter Duck' und der Kormoran 'Diver Bird' genannt wird. 260 M 576 261 M 576 262 W 7 263 C 120 264 E. G. Heap, *Some notes on cannibalism among Queensland Aborigines, 1824–1900*, in: Queensland Heritage 1, 7, 1967, 25–29. 265 H1 40 266 C 125 267 C 120, 198 und 34 268 CL 310 und H1 269 C 198, 120–121 und 163–164 270 C 122 271 C 121 272 W 10 273 H1 274 C 123–124, 173 und H1 38 275 C 155 276 C 123–124 und 168 277 C | H 92 278 C 36 279 C 45 280 C 173 281 D 9 282 A 249–251 283 A 253 284 C 139 und 205 285 HAR | E 141 286 M 582 287 C 18, 199, 124 288 H, Burial Law: Ants 289 H1 55 290 C 166 291 C 147 292 C 124 293 C 199 gibt an: M 22 294 M 587 295 C 125 296 C 125 297 M 598 298 C 125 299 M 599 300 H1 301 Bildlegende zu Bill Harney, *Bundalung [=Bandalan] (Sugar Leaf) Dreaming*, Art Mob | Australian Aboriginal Art Gallery, AM 1549 | 04, digital; vgl. C 166. 302 C 125–126 und 139 303 C 125 304 M 602 305 C 199 306 C 67 307 C 143 308 CL 309 309 H1 310 C 164 311 C 204, 165, 11 und 126 312 www.projectnoah.org, Kapok Tree 313 C 168 314 C 167 315 C 126 und 136 316 M 597 317 C 137 318 C 137 319 C 136–137 und 204 320 C 204, 137 und 143 321 MO 87 322 H1 323 C 176 324 H1 325 C 201, 137 und D 326 H, Creation Story 1 327 C 136 328 H1 329 C 206, 112, 140–141 330 CL 313 und H1 331 H1 72 332 M 591 333 C 205, 168, 175 und 139 334 C 168 335 H1 336 C 137, 140 und H1 72 337 C 138 338 CL 319 339 CL 319 340 H1 341 H1 342 CL 318 343 M 577 344 H1 345 C 138 und 204 346 C 138 und 205 347 RS 38 348 C 138 und 205 349 Duane Hamacher, *The stories behind Aboriginal star names now recognised by the world's astronomical body*, in: The Conversation, 14.1.2018. 350 Ibidem 351 H1 352 C 146 353 H1 38 354 C 201, 146 und 155 355 H1 356 C 142 357 C 141 358 H, Silver Box or Smoke Tree: Yarirra. 359 H1 360 C 142 361 CL 297 362 C 142 363 C 143 364 M 595 365 C 142–143 366 H1 367 H1 368 C 143 369 C 143 370 C 143 371 C 143 372 C 144 373 Abbildung in H1 63 374 M 587 375 Abbildung in H1 63 376 C 168 377 C 168 und 174 378 H1 56 379 M 599, C 148, 174 und H1 66 380 C 174 381 C 174; Abbildung in H1 68 382 C 147 und 174 383 C 155–156, 144, 19 und 200 384 Charles Mountford, Records of the American-Australian Scientific Expedition to Arnhem Land, Vol. 1, Art, Myth and Symbols, Melbourne

1956, 500. 385 H1 386 'Murrujunman, 'Sandfrosch', M509 387 C200, 148, 153 388 J24 389 H1 48 und H91 390 Duane Hamacher, *The stories behind Aboriginal star names now recognised by the world's astronomical body*, in: The Conversation, 14.1.2018. 391 MA21–22 und J106–107 392 M603 393 M604 394 CL314 und H1 395 C202, 132 und 145 396 C174 397 HAR | E160 398 C145, 174 und 202 399 Die einzelnen Identifikationen von C153 stimmen mit den Zeichnungen, Angaben und Zuordnungen von 91, 132 und 202 nicht zusammen (so gibt es etwa kein Epsilon Velorum); Letztere ergeben – auf eine lotrecht stehende Milchstrasse übertragen – die Identifikationen, die mit den abgebildeten Diagrammen dieser acht Sterne übereinstimmen. C kommt selbst darauf zu sprechen, dass die Angaben je nach Interview wechseln (C152). 400 H1 401 H1 402 W13 403 H1 404 HAR | E160 405 M588 406 H1 407 H1 408 C146 409 C202, 156, 60 und 68 410 CL315 411 CL315 und H1 412 H, 'Rainbow & Flying Foxes' 413 C165 414 H1 415 CL315 und H1 416 H, 'Rainbow & Flying Foxes' 417 CL315 418 H, 'Rainbow & Flying Foxes' 419 Duane Hamacher, *The stories behind Aboriginal star names now recognised by the world's astronomical body*, in: The Conversation 14.1.2018. 420 C151–154 421 MO15c 422 Zu unterscheiden ist dieser Wels vom Warrag, der als *Neosilurus ater* (H1) oder *Neoarius graeffei* (CL319) identifiziert wird. 423 HA201 424 C169 425 Identifikation auch gemäss Duane Hamacher, *The stories behind Aboriginal star names now recognised by the world's astronomical body*, in: The Conversation 14.1.2018; die Skizze in C hat α für den Bastbeutel und setzt das Feuer in ε. 426 C160 427 C | H90 428 C160 429 C136 430 HA | N104–105 431 C64 432 C11 und 18 433 C63 434 N9 435 M367–377 436 H1 437 H1 84–86 438 W591 439 HAR | E102–103 und 168–169 440 Charles Mountford, Records of the American-Australian Scientific Expedition to Arnhem Land, Vol.1, Art, Myth and Symbols, Melbourne 1956, 503. 441 Ibidem und HAYNES12 442 HA | N106 und 108 443 C64 444 C61 und 65 445 C143, 64 und 116 446 HA | E167–168 447 N17–18 448 H1 449 C36 450 H1 62 451 N | H7 und N | N18–22 452 C62 453 Charles Mountford, Records of the American-Australian Scientific Expedition to Arnhem Land, Vol.1, Art, Myth and Symbols, Melbourne 1956, 484. 454 C196, 102, 67, 166 und N20

Der *STERNEN-HIMMEL* der *PALAWAN*

DIE ENTSTEHUNG DES MONDGESICHTES II

“Nach Sonne und Mond schuf Empuq die Bäume und alle Dinge der Welt; und er schuf auch den Menschen – der sich daraufhin hier unten vermehrte. Lange Zeit später gab es viele Menschen, unter ihnen ein junger Mann und eine junge Frau. Der Mann nannte sich Nara, die Frau Nangem. Und sie taten nichts, ausser Tag und Nacht, Tag und Nacht zusammen Laute und Gitarre zu spielen, dass ihnen die anderen, ihre Gefährten, sagten: ‘Hört doch wenigstens einmal kurz auf! Das ist doch alles viel zu viel; so gibt es weder Tag noch Nacht!’

Man erzählt, dass sie darauf bloss gelächelt hätten. ‘Gut’, meinten die anderen, ‘das ist jetzt eure Sache!’ Und so spielten sie weiter viele Jahre hindurch …

Da begann die Gitarre aus dem Schoss der jungen Frau zu wachsen. Und mit der Laute des jungen Mannes war es genauso: Auch die Laute begann zu wachsen. Nachdem sich die Musikinstrumente derart auf ihrem Körper ausbreiteten, fiel den Leuten auf, dass sie selbst nicht mehr zu sehen waren: Sie waren plötzlich verschwunden. Und die Leute fragten sich: ‘Wo sind sie bloss? Wo sind sie denn hin?’

‘Ich weiss es nicht’, erwiderte einer.

Als es Nacht geworden war, blickten sie hinauf zum Mond. Und da sahen sie sie nun: Nara und Nangem, wie sie auf dem Vollmond sassen. Und der grosse Baum Nara und der Bambus ihrem Schoss entsprossen waren.

‘Aha’, sagten die Leute, ‘die haben wirklich selber Schuld! Wie soll man sie von da bloss wieder herunterholen?’”[1]

Die langgestreckte Insel Palawan nördlich von Kalimantan liegt China gegenüber, zwischen der Sulusee und dem Chinesischen Meer, und gehört heute zu den Philippinen. Palawan wurde besiedelt, als der Inselbogen von Thailand über Sumatra und Java bis Luzon einen *Sundaland* genannten Kontinentalschelf bildete, der durch eine Meerenge von dem aus Australien und Neuguinea bestehenden Kontinent *Sahul* getrennt war. Der *Homo sapiens* afrikanischer Herkunft war vor zwischen 55000 bis 47000 Jahren bis dorthin gelangt;[2] er hatte sich mit Menschen des Typs *Denisova* vermischt und sich somit vor rund 40000 Jahren genetisch von den westlichen Eurasiern abgespalten. Greifbar werden seine Steinwerkzeuge dann in der weit über Südostasien verbreiteten Hoabinhian-Kultur. Sie wird den *Ersten Sundaland-Menschen* zugeordnet, von denen letztlich jene heutigen Bevölkerungsgruppen auf den Andamanen, in Malaysien und auf Palawan abstammen, die ihrer Hautfarbe und Physiognomie wegen *Negritos* genannt werden.[3]

Archäologische Belege der Migration der Ersten Sundaland-Menschen in die Inselwelt Südostasiens finden sich in den Karsthöhlen von Tabon, 30 km nordöstlich des Hochlandes Palawan im Süden der Insel. Das Höhlensystem wurde bis vor 700 Jahren durchgehend bewohnt; die ältesten Spuren sind das Stück eines rechten Schienbeins eines *Homo sapiens*, das auf 47000 (+11000 | −10000) Jahre datiert wird.[4] Zuzurechnen sind die später datierten Steinwerkzeuge der in ganz Südostasien verbreiteten Hoabinhian-Kultur, deren Artefakte von etwa 40000 bis 2000 v. u. Z. formal stabil blieben.

Auf diese Zeiträume und den frühen, aus Afrika nach Südostasien und Australien migrierenden *Homo sapiens* müssen manche Grundzüge der palawanischen Schöpfungsmythen und des Sternenhimmels zurückgehen. Denn auch bei australischen Aborigines findet sich die Vorstellung einer mit Rauch assoziierten Milchstrasse, einer darin sichtbaren Python sowie einer Riesenschlange in Serpentis. Das Motiv eines von einem Kulturhelden nach oben gestossenen Himmels ist ausserdem nach China und zu den Nördlichen Dene in Alaska weitergezogen. Zurück auf Afrika wiederum verweist, dass auf Palawan wie bei den Tuareg Scorpius als Palme konfiguriert wird und die Sage dazu jedes Mal einen sexuellen Tabubruch ausdrückt: bei den Palawan einen Inzest, bei den Tuareg Vergewaltigung und Voyeurismus. Abgleichen lassen sich diese rudimentären, aber von der Symbolik her systemischen Parallelen – von denen weiter unten noch mehr in Bezug auf den Schöpfungsmythos die Rede sein wird – mit den Migrationen des frühen *Homo sapiens* aus Ostafrika bis nach Australien und Südamerika.

Die einzelnen, sich zwischen 50000 und 30000 Jahren in Südostasien festsetzenden Populationen blieben genetisch isoliert; es gab offenbar nur begrenzte Kontakte zwischen ihnen.[5] Befördert wurde diese Isolation auch durch den nach der letzten Eiszeit gestiegenen Meeresspiegel, der Sundaland auf die heutige Inselwelt reduzierte.

Die palawanische Kultur änderte sich deshalb erst, als sich neue Seefahrer auf der Insel niederliessen. Sie sprachen eine austronesische Sprache (deren Ursprung auf etwa 3500 v. u. Z. zurückgeht, als Bevölkerungsgruppen aus Südchina nach Taiwan übersetzten), besassen Pirogen und Flösse, lebten in Holzhäusern, bauten Kolbenhirse, Reis und Zuckerrohr sowie gewisse Erdknollen und Früchte an, hielten Schweine, Hunde und Hühner, hatten Pfeil und Bogen, töpferten Keramik, besassen jedoch keine Metalle. Bevölkerungsdruck und anhaltende Klimaschwankungen vor 4000 Jahren hatten durch ihre Fluten und Dürren[6] die Migration dieser sogenannten 'Lapita-Kultur' über Taiwan hinaus bewirkt. In der Folge verbreitete sie sich dank Segelbooten schnell nach Indonesien, Melanesien und den Philippinen, um somit Palawan zu erreichen (und schliesslich auch Madagaskar, die Osterinseln und wahrscheinlich Südamerika, in einer Expansion, die die 210 Längengrade und 22000 km Ozean von Ost nach West umfasste).

Im dünn besiedelten Palawan stiess diese austronesische Kultur auf einzelne Gruppen von Jägern und Sammlern, die komplexe Bestattungsriten mit Entfleischungen praktizierten, ihre Werkzeuge und Ornamente kunstvoll aus Muscheln (Jakobsmuscheln, Tritonshorn, Riesenmuscheln) und Bambus herstellten, Yams, verschiedene Arten von Taro und Sago kultivierten und Brotfruchtbäume, Bananen, Kokospalmen und Pilinussbäume abernteten.

An diese neuen Nahrungsquellen mussten sich die Einwanderer anpassen, während die von ihnen mitgebrachte Kultur des Reis – der vor rund 8000 Jahren erstmals in China herangezüchtete *Oryza sativa* – sich schnell festsetzte. Der mittels bewässerter Felder oder im Streusaatverfahren erfolgende Anbau von Reis ist jedoch weit aufwendiger als das Sammeln von Wildfrüchten; die Abfolge der einzelnen Arbeitsschritte muss auch zeitlich auf die Umweltbedingungen abgestimmt sein. Daher ist eine kalendarische Einteilung des Jahres in unterschiedliche, für den Anbau elementare Phasen wichtig: keine Technik des Reisanbaus ohne die Technik der dafür nötigen Zeitbestimmung. Und die liefert, wie schon für den Anbau anderer Nutzpflanzen, der Sternenhimmel: Erlauben der Sonnenstand eine Unterteilung des Tages und die Mondphasen den Überblick über längere Zeiträume von Tagen bis hin zu Monaten, so ermöglicht die Beobachtung von Aufgängen einzelner Gestirne – mit dem Sonnenaufgang oder -untergang als Referenz – eine Einteilung des Jahres, welche die jeweiligen Arbeitsschritte und Umweltbedingungen markiert. Ohne einen auf der Himmelsmechanik beruhenden Kalender kein Anbau von Nutzpflanzen: Das zeigt der Sternenhimmel von Palawan deutlich.

Für den Ackerbau durch mehrjährige Beobachtung erst herausfinden zu müssen, welcher Asterismus welche Jahreszeit, welches Wetter und welchen Arbeitsschritt markieren könnte, wäre mehr als kontraproduktiv. Die Technik des Anbaus wurde sicherlich mit sich auf den Kalender beziehenden Instruktionen weitergegeben. Die ersten Getreidepflanzen wurden im Mittleren Osten kultiviert; in Babylon wurden das Jahresende und die Erntezeit durch den Untergang der Plejaden markiert; stiegen sie nach einem Monat der Unsichtbarkeit frühmorgens dann wieder am östlichen Horizont auf, wurde mit dem Pflügen der Felder begonnen. Eine ähnliche Rolle – adaptiert jedoch an das Klima Südostasiens – nehmen die Plejaden nun in Palawan ein, wo mit ihrem ersten heliakischen Aufgang das neue Jahr und die Saatzeit beginnen. Da die Plejaden nicht das einzige markante Gestirn am Himmel sind, ist die Rolle, die sie weltweit bei Kulturen mit Sternenhimmeln und Ackerbau für Jahresanfänge und Anbauschritte spielen, wohl auch einer gemeinsamen Ausbreitung von Kultivationstechniken und Kalendarik zuzuschreiben.

Der auf den Anbau ausgerichtete Kalender und Sternbilder wie das Huhn oder Aseks Kanu gehen deshalb sehr wahrscheinlich auf die seefahrende Lapita-Kultur und die von ihr mitgebrachten Errungenschaften zurück. Doch an der bereits vorhandenen Konzeption des zu dieser Zeit auf Palawan vorhandenen Sternenhimmels änderte sich wenig. Das lässt sich daraus schliessen, dass der Sternenhimmel, der sich mit der Lapita-Kultur von Taiwan aus zuletzt sogar bis nach Polynesien und Neuseeland ausbreitete, anders strukturiert ist.

KALENDER

Das Jahr umfasst eine Trockenzeit – *Bulag* – sowie eine *Barat* – Westen – genannte Regenzeit, welche nach der Bezeichnung der Inder für ihr Land benannt ist, aus dem der Wind den Monsun zu bringen scheint. Unterteilt werden diese beiden Jahreszeiten von den 'natürlichen Zeichen' der einzelnen Sternbilder.

Das Jahr beginnt mit Der Rückkehr der Plejaden Anfang Juni nach einmonatiger Unsichtbarkeit. Ihr heliakischer Aufgang frühmorgens im Osten markiert den Beginn der Regenzeit, durch die dann einsetzenden 'Regen Der Rückkehr', die den gesäten Reis bewässern. Das in der zweiten Junihälfte abends erstmals sichtbar werdende Sternbild Des Huhns bringt dann 'Die Regen Des Huhns', welches in Auriga gesehen wird. Einen Monat später setzen, durch das Sternbild angekündigt, die heftigeren 'Regen Des Kükens' in Gemini ein, auf die von Mitte September bis Mitte Oktober die 'Regen Des Kugelfisches' in Crux folgen. Wenn Mitte November die Kokospalme in Scorpius hinter den Bergen untergeht, beginnen 'Die Regen Der Kokospalme', die sich so lange hinziehen, bis das ganze Sternbild frühmorgens im Osten sichtbar wird. Daraufhin folgen heisse Tage, in denen der inzwischen geerntete Reis gedroschen wird. Stehen diese noch im Zeichen Des Trockenen Baumes in Ophiuchus, bringt die sich um seine Äste schlingende Python in Serpens die 'Regen Des Trockenen Baumes und Der Python'. Ist das Sternbild hierauf morgens im Osten zur Gänze über dem Meer von Sulu zu sehen, setzt 'Die Zeit Der Sonne' – *Pengarew* – ein, in der von den Süsskartoffeln die Ableger genommen werden.

Wenn die Plejaden Anfang Januar frühmorgens dann am westlichen Horizont untergehen, beginnt die Trockenzeit *Bulag* und mit ihr die Tage von 'Menepurus Hitze'. Wenn kurz darauf zur selben Zeit Die Zugeschnappte Wildschweinfalle in Canis Maior untergeht, kündigt dies die gleichnamige Hitze an, in der man mit Hunden und Speeren auf die Jagd nach Frischlingen geht und Fallen für die Wildschweine aufstellt. Mitte Februar steigt dann Bulelews Dreieck in Lyra auf und markiert damit die Tage von 'Bulelews Hitze'; je nachdem, wie ihr kurzer astraler Wasserbehälter geneigt ist, fallen dann erste leichte Regen. Dies ist nun auch die Zeit für die kollektive Fischjagd. Stehen die Plejaden Mitte März frühmorgens wiederum im Zenit, ist es Zeit, mit dem Säubern und Herrichten der Felder zu beginnen. Im April beginnt schliesslich 'Die Hitze Des Langen Wasserbehälters' in Aquila, in der nach den vorigen Schauern die Pilze aus dem Boden schiessen. Ab den ersten Tagen des Mai sind die Plejaden dann für einen guten Monat nicht mehr zu sehen; deswegen hält man sich an Terung, den Träger Des Langen Wasserbehälters in Delphinus. Er bringt die letzten, nach ihm benannten Hitzetage, in denen man nun die hergerichteten Felder einsäen muss; auf dem Meer ist die Zeit nun ideal zum Fischen mit dem Speer, wie der Mythos von Asek vorführt.[7]

Zum Erntedankfest in der Mitte dieser beiden Jahreshälften wird von einem Sänger dann eins der über sechzig Epen – *Tultul* oder *Dagej* – vorgetragen. Das kann sich, begleitet von einer Flöte, einem Gong oder einem Chor, über bis zu sechs Nächte erstrecken und dient der Unterhaltung, aber auch um sich beim Herrn des Reises oder der Süsskartoffel zu bedanken.[8]

Einen fast identischen Sternenhimmel, der ebenso eng mit jahreszeitlichen Perioden verknüpft ist, weist auch die philippinsche Tawi-tawi-Insel auf.[9]

KULTUR

Palawan ist der Name, den sich die homogene autochthone Bevölkerung des Südteils der Insel gibt, auf der noch andere Ethnien sesshaft sind. Die Palawan sprechen eine zur austronesischen Familie gehörende Sprache (weshalb das Wort für 'Stern' auf Palawan und in Polynesien dasselbe ist). Sie unterteilen sich in einzelne Subgruppen, die an der Küste oder im gebirgigen Hochland wohnen. Die insgesamt etwa 50 000 Menschen umfassende Bevölkerung lebt vom Fischfang, der Jagd mit Blasrohren, vergifteten Speeren und Fallen, vom Sammeln und dem Anbau von Reis und Süsskartoffeln, für den sie die nötigen Felder immer wieder neu durch Brandrodungen gewinnen: Lebensgrundlagen, welche die Sternbilder ihres Himmels widerspiegeln.

Bei den Palawan gibt es weder eine zentrale politische Macht noch Machtträger, keine Kasten oder hierarchisierte Gesellschaftsstruktur. Das gesamte soziale Leben beruht auf zwischenmenschlichen Beziehungen zwischen einem guten Dutzend von Grossfamilien, deren Verwandtschaftsverhältnisse kognatisch sind, was bedeutet, dass die Abstammung von Vater und Mutter als gleichwertig gilt – eine Gleichberechtigung zwischen den Geschlechtern, die auch in den Sternsagen zum Vorschein kommt. Ihre Religion lässt sich als animistisch und polytheistisch bezeichnen, ohne dass es jedoch fixe Dogmen gäbe. Begräbnisriten fehlen heute ebenso wie ein Glaube an ein Leben nach dem Tod. Was das Leben regelt, sind die 'Lehren der Ahnen' – die je nach Region unterschiedlich überlieferte orale Tradition von Mythen und Legenden. Sie heben sich von den ebenso mündlich tradierten umfangreichen Epen, Gesängen und Liebesliedern der Palawan ab, die grossen Wert auf Spiel und Unterhaltung legen – und unter einer der höchsten Selbstmordraten der Welt leiden.

Zeigt sich die Gesellschaft im täglichen Leben als egalitär, so ist ihr transzendentes – und zu einem grossen Teil astrales – Abbild davon hierarchisch aufgebaut. Im obersten Himmel sitzt der höchste *Empuq*, 'Herr, Meister', der unterschiedliche *Diwata*, 'Gottheiten', in den Himmeln unter sich weiss. 'Mächtige Wesen' und 'Bergmenschen' mit übernatürlichen Kräften spielen tragende Rollen in den oral überlieferten Epen und bei den Trancereisen der Schamanen. Dazu gibt es zahllose 'Personen', unsichtbare Menschen, die Klippen, Höhlen oder Bäume bewohnen und sich oft auch als *Lenggam*, 'Dämonen', erweisen, mit denen verhandelt werden muss, um von ihnen Zaubereien oder Heilungen zu erlangen. Dazu gebieten über Naturphänomene, Tiere und Pflanzen, einzelne Herren oder Herrinnen wie Die Herrin Der Fische, Der Herr und Die Herrin Des Reises oder die mächtigen grossväterlichen Brüder Des Donners.

Zentraler Ritus für die Bewohner des Hochlandes um den Vulkan Mantalingayan – die ihre ursprüngliche Lebensweise behalten haben und für den Sternenhimmel hier als Auskunftspersonen dienten – ist die Trance, mit der ein Schamane, assistiert von seinen Helfern, Kontakt zu himmlischen, irdischen oder unterirdischen Mächten aufnimmt; sie äussern sich durch seinen Mund, während er mit ihnen in einer esoterischen und gesungenen Sprache redet. Er tritt auf diese Weise als kosmischer Vermittler auf, der Dämonen bekämpfen und Zugang zu den Himmeln erlangen kann.[10]

HIMMEL UND ERDE

Das Universum besteht zumeist aus sieben oberen und sieben unteren Welten, gleich aufgestapelten Tellern, in deren Mitte die im Wasser schwimmende, 'gemachte' Erde *Dunya* liegt. *Anduwanen* heisst die oberste Welt, in welcher der oberste Meister – *Empuq* – seinen Sitz hat, der auch 'Der Weber' (*Negsalad* oder *Suminalad*) genannt wird. Unter ihm sitzt der ebenfalls zeitlose und wie das Universum aus dem Nichts entstandene 'Mann Aus Staub' *Taw et Purek*, auf dessen Veranlassung dieses Universum unterteilt und belebt wurde. In den Ebenen darunter – ihm damit unterstellt – sind die vom Weber erschaffenen menschengestaltigen Geister *Diwata* mit ihren Frauen, darunter *Bintalunen* und Frau sowie der böswillige *Setjan*; unter deren Ebenen liegen wiederum die drei Ebenen der Zugvögel, unter der die von Menschen bevölkerte Erde liegt.[11]

In ihrem Himmel sitzt Grossvater Donner als Wächter über die Erde, samt Der Dame Des Regens und Der Dame Der Sonne, die über dieses Gestirn gebietet, das sich auf derselben Höhe über dem Land befindet. Gestützt wird der Himmel von vier Pfeilern, die am Rand der Erde aufragen: Sie sind dämonische Wesen, denen alle giftigen und räuberischen Tiere einst entsprangen. Ein fünfter, noch grösserer in deren Mitte trägt die Erde. Genannt wird er wie die anderen vier *Tandayag*. Es ist dies ein als 'Drache' bezeichneter, gigantischer Fisch, der aber weder Klauen noch Flügel hat, Gischt speit und mit seinen Barteln an einen Milchfisch erinnert. Gross wie ein aus dem Abgrund aufragender Berg, wird er von Der Dame Der Fische an einer goldenen Kette unter ihrer Wohnstatt in der Tiefe des Meeres gehalten. Er ist ihr stiller, sanfter Helfer; erfährt er jedoch von Inzucht, wird er so zornig, dass er Erdbeben und Flutwellen hervorruft.[12]

Wo man zum Sternenhimmel und wieder zurück gelangt, geht aus mehreren der palawanischen Epen hervor. Er liegt nicht weit unter der Eingangsschwelle der Wohnstatt von Grossvater Donner und seinen Sieben Brüdern und kann damit nicht weit weg von den Wolken sein. Will man zu ihm, wie der Held in dieser Geschichte – Labit –, genügt es, “sich in einem Moment weit in den Raum zu werfen, die Fussohlen funkelnden Blitzen gleich, um, wie die Legende weiss, so gerade wie ein Bienenschwarm zu fliegen ... Die Scheide des Schwertes berührt dabei die Sterne; und man hat noch nicht einmal eine Betelnuss gekaut!” Zurück auf die Erde kommt man einfach, “indem man sich herabfallen lässt. Da ist man in einem Augenblick schon dort, so, wie Tautropfen sich bilden, indem sie herabfallen.”[13]

KOSMOGONIE

Im Hochland, wo es nur wenige Riten gibt, werden eher Mythen erzählt; an der polyethnischen und mehrsprachigen Küste mit ihren komplexen Riten ist das Verhältnis umgekehrt. Der Name für diese Mythen ist *Turturan*, was die Bedeutung eines Fingerzeigs, der Information und Lehre sowie eines Ereignisberichtes umfasst. Erzählt werden sie spontan, bei einem Spaziergang im Wald, nachts, bei einem Besuch von Nachbarn, und ohne dass es dabei um religiöse Dinge ginge. Vielmehr wird erklärt, warum die Welt – ihre Tiere, Vögel, Landschaften, Flüsse, Meere, Menschen – so sind, wie sie sind, um dabei auch ihre Vorgeschichte zu berichten, die als ‘von den Ahnen überlieferte Vergangenheit’ in leicht voneinander abweichenden Varianten mitgeteilt wird.

Die folgenden Mythen zur Entstehung der Erde – *Turturan et Lugtaq* – wurden in den 70er Jahren aufgezeichnet. Die darin vorgegebene Genesis des Universums aus dem Nichts ist wohl ebenso indischen Vorbildern zu verdanken wie die Siebenzahl der Welten, die in Indien ab der Mitte des 1. Jahrtausends v. u. Z. samt einem Gott im obersten Himmel üblich wurde; auch erinnert der umherziehende Staubmann an Vishnus berühmte drei Weltschritte.

Bei den Palawan sitzt nun der Gott Empuq im Empyräum des *Anduwanen* genannten obersten Himmels. In den Wolken darunter – in denen Die Sieben Brüder Des Donners wohnen – befinden sich die sieben Ebenen der Oberen Welt. Unter der runden, sich mitten im Meer befindenden Erde *Dunya* liegen sieben Ebenen von Unterwelt. Alle übernatürlichen Wesen dieses animistischen Kosmos’ werden als Personen – *Taw* – gesehen, die sich durch ihre Stimme, ihre Worte, Ausstrahlung und Gerüche unterscheiden, in diesen von allen geteilten Räumen jedoch interagieren und sich entsprechend den sozio-kosmischen Prinzipien des fairen Teilens und ausgeglichenen Quidproquo verhalten.[14]

DER SCHÖPFUNGSMYTHOS

“Am Anfang war das Nichts. Es gab weder Erde noch Himmel, kein Meer, nichts. Aber es gab eine Schöpfung. Es geschah, dass Der Mann Aus Staub loszog. Es gab nur ihn, niemand anderen ausser ihm, Den Mann Aus Staub. Er ging und ging, aber im Leeren. Sieben Jahre lang ging er so. Nach sieben Jahren hörte er einen Mann sagen: ‘Was machst du? Du gehst und gehst; warum?’ ‘Was?’, antwortete Der Mann Aus Staub. Er sah sich um, erblickte aber niemanden. ‘Ich sehe dich nicht; wo bist du?’ ‘Ich bin hier’, sagte die Stimme. Der da sprach, breitete sein Tuch vor das Gesicht des Staubmannes. Das Tuch war aus Gold.

Der Mann Aus Staub sah nun, wer da sprach: Er war von einer höheren Art. Der Mann Aus Staub konnte ihm nicht in die Augen blicken. ‘Was suchst du?’, fragte derjenige, der gesprochen hatte. ‘Ich suche’, sagte Der Mann Aus Staub, ‘die Erde. Aber es gibt keine, es gibt keinen Ort, in dem sie sich halten kann.’ ‘Das ist es, was du willst?’ ‘Das ist es, was ich will’, sagte Der Mann Aus Staub. ‘Warte’, sagte der Mann, der sprach; ‘wenn du eine Erde willst, dann warte; hier, setz dich hin.’ Der Mann, so heisst es, habe mit seinem Tuch geschlagen, er schöpfte, indem er sein goldenes Tuch um sich schlug. So formte sich die Erde, bildetet sich der Himmel. ‘Ist es das, was du gesucht hast?’, fragte Der Mann. ‘Das ist es, was ich gesucht habe’, sagte Der Mann Aus Staub; ‘danke! Du bist mein Herr und Meister, mein *Empuq*; du hast die Erde geschaffen. Sie habe ich gesucht, die Erde, und den Himmel.’

Der Mann Aus Staub wendet sich noch einmal an den Meister, den man auch *Negsalad* – Den Weber – nennt. Die Gedanken dieses Meisters erschufen daraufhin ein Universum mit seinen Ebenen. Für Den Mann Aus Staub schuf er auf der zweiten Ebene die Erde. Doch an diesem Ort merkte er, dass er einsam war. Er sah hinunter, das Universum hatte noch weitere fünf Ebenen, doch auch sie alle waren völlig verwaist. So würde sich Der Mann Aus Staub ein weiteres Mal an Den Weber wenden, der durch sein Denken darunter *Diwata, Bintalunen*, all die *Derenagan*, und am Ende sogar die Menschen schuf. Und danach liess er später auch das

Licht erscheinen, die Wasser und die Sterne, die Sonne und den Mond, den Donner und das Meer, indem er jedes Mal sein Tuch schwenkte.
Daraufhin beginnt *Empuq* eine Betelnuss im Blatt zu kauen und verteilt sie auf der Erde. So ist der Mensch erschaffen worden, samt allen Lebewesen. 'Ist es das, was du wolltest?', fragte Der Meister. 'Das ist es, was ich wollte', sagte Der Staubmann, 'um auf der Erde einen Gefährten zu haben.' So gibt ihm Empuq zwei Gefährten, einen Mann namens Puruwan und eine Frau, die sich vermehren werden.
'Kümmere dich um sie', sagte Empuq, 'kümmere dich um den Menschen, pass auf ihn auf, beschütze ihn vom Himmel oben; ich kann ihn nicht überwachen, aber du wirst dich um alle auf der Erde kümmern.'
'Ja, Meister', sagte Der Mann Aus Staub.
Doch stimmte Der Staubmann nur zu, über das zu wachen, was ihm nahe ist, in der Ebene direkt unter ihm. Damit ein Wasserfall von Schutz von Ebene zu Ebene herabfliesst, geht Empuq noch hinunter zum mittleren Raum, wo der Diwata ist, und gibt ihm die Aufgabe, über Bintalunen und all die zu wachen, die Gutes tun. Er wird der Vermittler für die Menschen auf der Erde – die *Taw et Dunya* – sein, die auf der letzten der sieben Ebenen leben."

Daraufhin erschafft Empuq noch die Luft und den Wind, wodurch die Welt vollständig wurde.

"Als Der Meister so mit dem Erschaffen aller Dinge fertig war, sagte er: 'Ich gehe jetzt auf das Dach des Himmels. Du aber, du bleibst unten, du passt auf alles auf. Wenn jemand eine Untat begeht, hältst du ihn auf. Was mich angeht, so werde ich für viele Jahre nicht mehr herunterkommen können; doch wenn du etwas brauchst, hier, auf der Erde, kannst du zu mir kommen.' 'Ja', sagt Der Mann Aus Staub.
Jahre später, Tausende, Millionen Jahre später bevölkerten Menschen die Erde; sie waren jetzt überall. Da kamen die Falken, sieben Schichten von Wanderfalken kamen durch die Luft geflogen, und Schlangen in dichten Schichten, so hoch wie ein Berg. Alle Arten von wilden Tieren kamen und griffen die Menschen an. Alle Menschen wurden aufgefressen. Nur die allerstärksten überlebten. Aber es waren nicht viele. Sie zogen fort. Die *Sineregket*, die *Deketramping*, die *Marinew*, die *Limbuhanen* [Helden und Zauberer] suchten Schutz bei *Diwata* [dem Schutzherrn der Menschen, der zwischen ihnen, dem Mann Aus Staub und Empuq vermittelt]. Der Diwata sagt: 'Was ist euch zugestossen?' 'Ah, Meister', sagt einer der Limbuhanen, 'die Erde ist vernichtet worden, die Menschen ausgelöscht, nur wir haben überlebt. Doch warum kamen diese wilden Tiere? Sag es uns.'
Doch der wie alle Wesen respektvoll als 'Meister' angesprochene *Diwata*, der Schutzherr der Menschen, der zwischen ihnen, Dem Mann Aus Staub und Empuq vermittelt, weiss es nicht – ebensowenig Der Mann Aus Staub. Der wendet sich schliesslich an den obersten Meister, wird jedoch siebenmal von Empuq in Asche verwandelt, bevor der ihm antwortet:
"'Was bringt dich hierher?' 'Die Erde ist zerstört, die Menschen sind vernichtet. Die Vögel, die Wanderfalken, die Schlangen, die Raubtiere, alle haben alles zerstört. Selbst sieben Jahre Kampf gegen sie konnten nichts ausrichten. Und ich weiss nicht, warum; deshalb frage ich dich.'
'Ah', sagte Empuq, 'ich habe eine Stütze als Angel [das andere Ende einer im Heft eines Messers steckenden Klinge] in den Schaft der Welt gesteckt. Ich habe eine Achse gemacht, die *Lenggam* hervorgebracht hat, den Dämonen, aus dem seinerseits all die wilden Tiere hervorgehen. Alles, was sticht und beisst, kriecht aus ihm heraus. Schrei ihn an, er [der Weltenträger Lenggam] ist dafür verantwortlich, was geschehen ist. Aber sag auch den Menschen unten, sie sollen sich zusammenschliessen.'
Also warnt Der Mann Aus Staub den Diwata, der die Überlebenden zusammenruft und bei sich vereint:
'Dann ging Der Staubmann schnell wie der Blitz zur Schwelle der Welt. An diesem Ort wimmelte das Wasser von wilden Tieren. Sie kamen alle aus Lenggams Leib hervor, alle Arten von Tieren; es waren so viel, dass sie sich dort anhäuften, hoch wie ein Berg.
'Daher kommen die also', meinte Der Mann Aus Staub. Er hielt sich die Ohren zu und stiess dann sieben Mal einen Schrei aus. Eine Flamme kam hervor und überzog die Erde. Wie vom Erdboden verschluckt verschwanden alle Tiere; sie waren tot. Der Dämon, der den Himmel getragen hatte, wurde nicht verbrannt,

aber er verwandelte sich in schwarzes Bienenwachs. Vorher war es dunkel gewesen – jetzt aber erhellte sich alles. Selbst die anderen Diwata bekamen es mit der Angst; manche mussten sich sogar an der Rampe der Terrasse und den Balken ihres Hauses festhalten!
Als all diese Tiere tot waren, kam Der Mann Aus Staub zurück. Er sagte zum Diwata: 'Alles gut; es gibt keine mehr. Lass die Menschen auf die Erde unten zurückkehren und die, die gestorben sind, erweck sie wieder zum Leben.' 'Ja', sagte der Diwata; 'ich danke dir, Empuq.' Und der Diwata belebte alle wieder, die getötet worden waren."[15]

In einer anderen Version erschafft Empuq die Welt mittels sieben Nähfäden, und der 'Herr Des Staubs', wie er da genannt wird, formt den Diwata, indem er Erde ergreift und in sie hineinbläst. In gleicher Weise erschafft er andere Arten von Menschen, darunter Bintalunen, Derengagan und die Bergmenschen. Doch ist es Empuq, der die echten Menschen erschafft, indem er sich Erde greift, sie formt und hineinbläst, aber nur zwei: einen Mann und eine Frau.

Die Welt besteht nunmehr aus zweimal sieben Ebenen, sieben über der Erde, sieben darunter. Auf jeder Ebene befindet sich ein von Empuq geschaffenes Paar, während die vom Herrn Des Staubs erschaffenen nur ihm gehören. Empuq verbietet Ehen zwischen den von ihm erschaffenen echten Menschen und all den vom Herrn Des Staubs erschaffenen Dämonen und Geistern. Weil sich die echten Menschen nicht daran hielten, werden sie von den aus ihnen hervorkriechenden Tieren vernichtet. Daraufhin befiehlt Empuq dem Herrn Des Staubs, sich zu den Pfeilern der Erde zu begeben und einen Schrei auszustossen: Dort sind, sagt er, Menschen aus Stein, die die Welt tragen.[16]

In einer weiteren Version wird Der Mann Aus Staub vom Empuq in die sechste der sieben Ebenen der Welt versetzt. Auf der ihm unterstehenden Ebene erschafft Der Mann Aus Staub dann den Diwata, indem er Erde in Wasser aufweicht, sie presst, bis – Sago aus Palmen gleich – der Saft herausquillt und einen goldenen Faden darin einflicht. Der daraus entstandene Diwata erschafft dann seinerseits Lebewesen, jedoch aus der blossen Erde, und zwar vier gute – Bintalunen, Derengagang, Selegnen und *Buweken Debdeb*, 'Haarbauch' – und drei böse: den 'Halb Geteilten' *Sinambelaq*, *Lebasnen* und den Seelenräuber *Setjan*, der Tod und Krankheit über die Menschen bringt.

Bintalunen wird von Diwata die vierte Ebene der Welt übergeben. Dort sieht er einen abgestorbenen, morschen Baumstamm. Er greift sich eine Handvoll von diesem Holz, um eine Schale daraus zu machen, nimmt das Mark der Ubaran-Liane, verknotet sie, legt sie ins Holz und spuckt auf alles. Aus der von seiner Betelnuss geröteten Spucke wird dann das Blut und aus dem Knoten die Lunge des Menschen, der dabei entsteht. Bintalunen setzt ihn dann auf die unterste Ebene der *Dunya* genannten Erde und platziert zwischen sich und diesem Menschen erst die Wanderfalken, dann die Malaienrallen und Kobaltniltavas[17] als Zugvögel des Mai und November. Derart hat der Mensch über sich erst Bintalunen, dann Diwata, darauf Den Mann Aus Staub und schliesslich Empuq.[18]

Die 'volle, gemachte' Erde *Dunya* liegt unter der Oberen Welt *Lungsud*. In einer weiteren Version des Schöpfungsmythos leben auf ihr zunächst noch keine Menschen; deren Ahnen befinden sich noch in der Oberen Welt, wo sie soviel zu essen haben, wie sie wollen. Irgendwann aber bitten sie Empuq, sie auf die Erde herabzuseilen, in einem Korb, mit dem man sonst Honig von einem Baum holt – was er ihnen erlaubt, wenn Diwata zustimmt und sie nicht zu lange dort verweilen. Diwata rät ihnen ab, da sich da unten auf der Erde bloss Schlangen, Hundertfüssern und Setjan, böse Geister, befinden, doch die Neugier siegt.

Derart kommen die Ahnen der heutigen Menschen von dieser Oberen Welt, dem Himmel, auf die Erde. Ihr Leben dort ist schwer, weil sie jetzt den Urwald roden, Felder machen und Fallen aufstellen müssen. Dabei vergessen sie, zurückzukehren, worauf Diwata sie ermahnt: Kommen sie nicht zurück, werden sie leiden und sterben müssen; nur ihre Seele wird nach ihrem Tod heim in die Obere Welt finden. Doch die Menschen glauben ihm nicht, selbst als Diwata ein zweites Mal zu ihnen spricht. Weshalb die Menschen seitdem unter allen Arten von Übeln zu leiden und ihre Unsterblichkeit verloren haben und ihr Körper wieder zu Erde wird.[19]

ERSTER MANN, ERSTE FRAU UND DIE PARADIGMEN DES EMPORGESTOSSENEN HIMMELS, DER ZU HEISSEN SONNE UND DER BAMBUSGEBURT

Diese Mythen skizzieren nur den Rahmen, in dem die Kosmogonie und die Erschaffung allen Lebens darin stattfindet. Konkret zugeschrieben werden einzelne Taten jedoch – unseren bisherigen Schöpfungsgeschichten gemäss – auch hier einem Ersten Mann und einer Ersten Frau namens *Tambug* und *Bihang*, die als Kulturhelden Erde, Himmel und Lebensumstände für ihre Nachkommen, die Menschen, einrichten.

Tambug ist der Erste Mensch, der erschaffen wurde, und ist so alt wie die Welt; er hat weder Vater noch Mutter, sondern wurde – je nach Version – von Empuq oder Bintalunen geformt, der danach auch die Erste Frau erschafft, die meist Bihang, aber auch *Reyg*[20] oder *Irew*[21] heissen kann. Tambug ist so gross, dass sein Kopf dauernd am Himmel streift, weshalb er glatzköpfig wird. Sie bekommen miteinander zwei Kinder, eine Tochter und einen Sohn, der im Schlaf jedoch vom Penis seines Vaters erschlagen wird: Der ist nämlich so breit, dass unter seiner Vorhaut 50 Menschen Platz haben. Aus Schuldgefühl darüber begeht Tambug in dieser Version Selbstmord, indem er ein Querbeil erhitzt und es sich in den Anus, die einzige verwundbare Stelle seines sonst unsterblichen Körpers, steckt – woraufhin aus ihm der Bergrücken der Insel Palawan wird.[22]

In diesem Tod ist ein Echo auf den westasiatischen Schöpfungsmythos zu finden, der in China Hundun und Pangu und in Indien Purusha zugeschrieben wurde und über Anwanderungen aus der Mongolai bis nach Skandinavien gelangte, wo aus dem Leichnam des Ymir die einzelnen Formen der Erde entstehen. Und umgekehrt findet sich beim chinesischen Hundun und Pangu noch ein Echo auf den in Palawan vom Ersten Mann emporgestossenen Himmel – der bei den Paiwan auf Taiwan ein zentrales Motiv ist und der palawanischen Fassung am nächsten kommt.

Die taiwanesische Legende erzählt, dass der Himmel ursprünglich sehr niedrig war. Da entstieg eine Frau namens Lumeng, ein übernatürliches Wesen, der Erde, mit einer göttlichen Mission betraut. Beim Hirsestampfen verletzte sie darauf mit ihrem Stössel den Himmel und stiess ihn nach oben. Damit hatte sie das Problem gelöst, verlangte aber als Gegenleistung sehr grosse Opfer. Die symbolische Funktion des Stössels als Weltenpfeiler findet sich wieder in den Mittelpfosten der paiwanischen Häuser, die mit Schnitzereien von Menschen- und Tiermotiven versehen sind als heilige Darstellung des Weges, der zu den Göttern führt.[23]

In einer anderen auf Taiwan kursierenden Fassung geschieht dies durch den Älteren eines Brüderpaars von Heroen: "Früher hing der Himmel so tief und er war so heiss, das man nicht vors Haus treten und keine Arbeit verrichten konnte. Da gab es einen Mann namens Kulele. Als Kulele die Hirse mit dem Stössel stampfte, stiess er an den Himmel. Dieser hob sich empor und es entstand Platz, sodass es den Menschen nun wohl war. Von nun an konnten sie vor das Haus hinaus treten. Die Sonne tat den Augen nicht mehr weh. Es war auch nicht mehr heiss."[24]

Das Verbreitungsgebiet dieses Mythos', in dem ein Mann oder eine Frau den Himmel emporstösst und der Himmel der Erde so nahe ist, dass eine Liane, eine Leiter, ein Fels, Berg oder Regenbogen genügt, um von einem zum anderen zu gelangen, ist gross und reicht von Japan über Taiwan, die Philippinen, Indonesien, Melanesien, Neuguinea und Australien bis zu den Mongolen, nach China und Hinter- wie Mittelindien. Dieses Motiv ist rudimentär zudem in einem bulgarischen Märchen nachweisbar sowie bei einzelnen Volksgruppen Südamerikas – wie etwa den ostbrasilianischen Tembe, wo Vögel den Himmel in die heutige Höhe heben.[25]

Bei den um das kanadische Yellowknife lebenden Nördlichen Dene drückt deren Erster Mann den Himmel mit seinen Füssen empor – und bei den Aborigines in der Gegend von Sidney sowie im nördlichen Arnhemland wird erzählt, dass die Welt am Anfang in völligem Dunkel lag, es zwar eine Sonne gab, doch der Himmel so tief über der Erde hing, dass Elstern ihn höher hinauftragen mussten, um Licht zu haben. Das Motiv muss damit in Südostasien früh entstanden sein, um sich weltweit verbreiten zu können, war zugleich aber so speziell, um nicht in alle Sternenhimmelkulturen einzudringen.

Mit einem zu niedrigen Himmel naturgemäss verknüpft ist das Motiv der zu grossen Hitze, indem dazu bei den Palawan noch zwei oder in China gar 10 Sonnen am Himmel stehen. Verbreitet sind die Legenden dazu von der äusseren Mongolei bis nach Hinter- und Mittelindien, China und Japan, wobei es auch bei einzelnen Volksgruppen in Nord- und Südamerika nachweisbar ist.[26]

Auf Taiwan – das uns der Lapita-Kultur wegen auch in Bezug auf die Besiedlung Polynesiens und Neuseelands interessiert – wird die Legende dazu auf ein Brüderpaar von Helden bezogen: "Am Anfang waren zwei Sonnen. Wenn die eine Sonne im Westen unterging, tauchte die andere Sonne im Osten auf. Es gab keine Nacht; es war immer Tag.

Die Leute im Dorf litten unter der Hitze. Sie konnten nicht schlafen, auch konnten sie nicht aufs Feld gehen. Sie säten die Hirse in die schmalen Beete vor dem Haus unter der Regentraufe. Damals gab es zwei Brüder: Der ältere hiess Kulele, der jüngere Pulaluyan. Die beiden gingen zum Sonnenaufgang, der in weiter Ferne war.

Da kam die erste Sonne heraus, diese liessen sie vorüberziehen. Als die zweite herauskam, schossen sie ihr in die Augen und trafen: Diese verwundete Sonne wurde zum Mond. Wenn nun die erste Sonne hervorkam, war es Tag; wenn die zweite Sonne, der Mond, hervorkam, war es Nacht. Die Leute waren damit sehr zufrieden. Nun konnten sie gut schlafen und gehen, wohin sie wollten.

Die beiden Brüder aber schafften es nicht mehr nach Hause, denn der Weg war viel zu weit. Sie entschlossen sich, den Tod über sich kommen zu lassen. 'Nach dem Tod wollen wir zu Bergen werden', sagten sie."[27]

Daran ist die Fesselung der zu heissen Sonne bei den Māori durch den Heldenbruder Māui ebenso noch zu erkennen, wie die nicht ganz so grausame Abkühlung der zweiten Sonne auf Palawan – und der Tod des Ersten Mannes, der dann zum Berg wird.

Von der Erschaffung des Menschen aus Holz, Lianen und Betel – wie sie auch von den Maya erzählt wird – sind die taiwanesischen Geneseserzählungen jedoch weiter entfernt. Dort entspringen die Urahnen des Menschen dem Bambus – den oft von Insekten besiedelten Hohlräumen zwischen seinen Knoten –, dem sehr ähnlichen Zuckerrohr, den Bäumen oder ihren Früchten.[28]

"Die ersten Menschen kamen aus einem dornigen Bambus im engen Tal bei Revuaqan. Gott hatte den Bambus an jene Stelle gesetzt. Im Laufe eines Jahres sprossen zwei Triebe aus dem Boden. Aus diesen zwei kamen ein Mann und eine Frau hervor. Doch Mann und Frau hatten weder Augen noch Ohren oder eine Nase. Im Übrigen aber sahen sie aus wie Menschen, obwohl sie noch nicht sprechen konnten. Im Jahr darauf sprossen wieder zwei Bambustriebe, und auch aus diesen kamen ein Mann und eine Frau hervor. Doch auch sie waren noch keine vollständigen Menschen. Erst im dritten Jahr kamen wirkliche Menschen hervor. Sie heirateten, bekamen Kinder und vermehrten sich von da an."[29]

Diese Vorstellung ist von China aus über Südostasien bis nach Neuguinea und Japan verbreitet.[30] Bei den islamisierten Tausug von Jolo sowie den Maguindanao und den Kukidnon von Mindanao schlüpfen die Ersten Menschen ebenfalls aus einem Bambusrohr. Bei den Igorot auf Luzon stammen die unterschiedlichen Rassen von zu Menschen gewordenen Schilfkolben ab, ebenso wie bei den Tinggian dort.[31] In Indien wird diese Vorstellung auf den Lotos bezogen. So sitzt bei den zentralindischen Baiga der Erste Mensch auf einem Lotosblatt, während er bei den ostindischen Birhor in Ostindien durch den hohlen Stängel der Lotosblüte an die Oberfläche klettert[32] – wie dies bei den Südlichen Dene prominent bei ihrer Kletterei durch ein riesiges Schilfrohr thematisiert wird. In simpler Form blieb dieses Motiv auch bei den Nördlichen Dene und Eskimo erhalten, wo der Mensch aus einer Algenblase springt. Die Maya hingegen beziehen sich noch auf eben dieses Paradigma, wenn sie von drei gescheiterten Versuchen der Menschenschöpfung erzählen, zu denen auch die Holzmenschen gehören.

Bedeutsam ist somit, dass das Motiv der Emergenz des Menschen aus einem Loch in der Erde sich auf seiner Migration nach Osten nunmehr mit dem des Emporwachsens einer Pflanze verbindet, wie dies die Mythen der Südlichen Dene und der Inka ausführen.

ASTRALE ÜBEREINSTIMMUNGEN

In allen astralen Kulturen gab es bislang Kulturhelden, die wie Tambug der Erde und dem Himmel ihre heutige Gestalt verliehen: Heroen, die überall gleich klug wie dumm, gleich egoistisch wie wohlwollend sind, um mit der Ambivalenz ihrer oft zum Trickster überzeichneten Figur die Ambivalenz der Welt zu verkörpern. Bei allen mit Sternenhimmeln verbundenen Schöpfungsmythen – so auch auf Palawan – kommt es zudem zu mehreren mehr oder minder gelungenen Schöpfungsversuchen von Lebewesen aus Holz und Erde, wie wir sie von den Maya und Inka kennen, und zu jenen überstandenen Fluten,[33] die alle Schöpfungsmythen der bisher dokumentierten Kulturen beschrieben. Das lässt erneut eine gemeinsame, tief in die Zeit zurückreichende Wurzel erahnen, die wir dem afrikanischen *Homo sapiens* und seinen Migrationen zuschreiben, die ihn nach Südostasien und Australien, aber auch nach Amerika führten.

Spezifischer und ebenso erstaunlich sind jedoch einzelne Übereinstimmungen der astralen Mythologie Palawans mit jener des amerikanischen Kontinents, die aufgrund der Besiedlungsgeschichte dieses Raumes wohl von Ostasien ausging und sich dann in allen Teilen der amerikanischen Landmasse verbreitet hat. Das beginnt, wie gesagt, mit der im südostasiatischen Raum verbreiteten Vorstellung, dass der Himmel einst zu tief gewesen sei und erst emporgedrückt werden musste, die sich heute bei den Nördlichen Dene um Yellowknife am Polarkreis ebenso wiederfindet wie bei einzelnen Clans von Aborigines in Australien.

Im Weiteren werden – wie bei den Südlichen Dene oder Inka – aus an den Himmel geworfenen Steinen die Sterne und die Sternbilder, die – wie bei den Nördlichen und Südlichen Dene – einzelne Erste Menschen darstellen, die in den Himmel gelangten und seitdem dort als mahnende Sinnbilder dienen. Hier wie dort gibt es mehrere unterirdische Welten, obwohl bei den Palawan von einem Aufstieg aus ihnen keine Rede ist. Doch auch bei den Palawan werden Sonne und Mond sowohl als Mann und Frau wie als Objekte an den bis dahin dunklen Himmel über einer bereits bewohnten Erde platziert, was die panamerikanischen Mythologien zu einem Bild vereinen, indem sie Menschen zu Trägern leuchtender und glänzender Objekte machen (wobei Sonne und Mond sich als metallisches Spielzeug eines Kindes bei den Nördlichen Dene wiederfinden).

Bei den Sternbildern zeigen sich, wie bereits erwähnt, ebenfalls Parallelen – so wenn auf Palawan wie bei den australischen Aborigines eine Riesenschlange sowohl in der Milchstrasse wie in Serpentis gesehen wird und auf Palawan wie bei den Tuareg Scorpius als Palme konfiguriert wird, wobei die dazugehörigen Sagen jedes Mal sexuelle Tabubrüche ausdrücken.

Eingedenk dessen, wie eng Sternbilder und Schöpfungsmythen bei den Palawan miteinander verbunden sind und wie tief Elemente davon in panamerikanischen Kulturen von den Dene bis zu den Inka stecken, scheint deren Ausbreitung nur in sehr frühen Zeiten denkbar: als nämlich der ostasiatisch differenzierte und der afrikanische *Homo sapiens* vor etwa 45 000 bis 30 000 Jahren vor und auf Beringia zusammentrafen und dort eine eigene Besiedlungsgeschichte begannen.

SPÄTERE KULTURKONTAKTE

Dass sich das Sternbild-Tableau um Asek nicht nur in Indonesien, sondern auch auf der papuanischen wie der australischen Seite der Torres-Strasse findet, ist dann aber nicht zeitlicher Tiefe zuzuschreiben, sondern der sich Jahrzehntausende später ausbreitenden, seefahrenden Lapita-Kultur, die wohl auch für das Sternbild Des Huhnes verantwortlich ist.

Über deren von Taiwan bis Madagaskar und Ozeanien reichenden Siedlungsradius gelangten dann auch Einflüsse aus dem Westen nach Südostasien. So war ihre Inselwelt schon früh in einen Fernhandel mit Schiffen eingebunden. Der erstaunlichste Beleg dafür sind die nur auf den Molukken wachsenden Nelken, die in der mesopotamischen Stadt Terqa in Schichten ausgegraben wurden, die auf rund 1700 v. u. Z. datiert werden. Sie können nur dank der Küstenschifffahrt, die von der Indus-Kultur seit 3000 v. u. Z. mit dem Zweistromland betrieben wurde, so tief ins nahöstliche Binnenland gelangt sein: Umschlagplatz war Dilmun – das heutige Bahrain –, wo sich die Schiffe aus 'Meluhha' mit denen aus Mesopotamien trafen, um unter anderem Perlen, Harthölzer und Wasserbüffel aus dem Industal zu exportieren.

Umgekehrt scheint mesopotamischer Einfluss am Sternenhimmel der Bugis auf Celebes nachweisbar, bei denen die Plejaden – in ganz anderer Vorstellung als sonst bei den Kulturen ringsum – 'Büschel' (*Worong-Mporong*) heissen und es einen Pflug gibt, der ebenso wie jener der Babylonier mit Triangulum identifiziert wird.[34] Letzterer ist zudem seiner Form nach völlig anders als die dort gebräuchlichen Pflüge oder die dortigen Sternbilder von Pflügen.[35] Beide Sternbilder waren wichtige Jahresmarkierungen für das Zweistromland und 'Büschel' zudem ein Name, den es nur bei den Babyloniern gab, jedoch nicht mehr am arabischen oder persischen Sternenhimmel.

Höchstwahrscheinlich aus Indien – wo diese Vorstellungen am stringentesten und ausgefeiltesten sind und von dort auch nach China gelangten – stammt das Modell eines mehrstöckigen Himmels und eines aus dem Nichts entstandenen Universums zu den Palawan. Die setzten dann diese neuartigen Ideen vor ihren alten Emergenz-Mythos der Menschheit. Eine sehr ähnliche Amalgamierung fand auch im Schöpfungsmythos der Gesellschaftsinseln und der Māori statt. Indischer Einfluss ist ebenfalls in der sonst in dieser Region symbolisch völlig unbeachteten Schildkröte und dem indoeuropäischen Namen der Gottheit Diwata abzulesen.

Die arabischen Seefahrer wiederum, die in unserer Zeit bis zum Kommen der Spanier Fernhandel mit Südostasien betrieben, hinterliessen ihre Spuren nicht nur in den vielen islamisierten Kulturen der Region, sondern auch in der Mythologie Palawans: Der gehörnte Dämon Setjan ist der arabische Satan *Sheitan*, und die Siebenzahl der Himmel weist zur arabischen Kosmogonie ebenso Parallelen auf wie Der Mann Aus Staub zu den nahöstlichen Geschichten um Adam und die Erschaffung des Menschen aus Lehm. Somit assimilierte auch der Sternenhimmel der Palawan über die Jahrtausende hinweg unterschiedlichste Einflüsse – ganz zuletzt die der spanischen Konquistadoren und amerikanischen Missionare.

Aufgearbeitet wurden die Mythen und Sternbilder Palawans durch zwei französische Ethnologen: Nicole Revel, der ich herzlich für ihre hilfreiche Unterstützung danke, sowie Charles MacDonald.

I HIMMEL UND STERNE

Himmel

LENGEWLENGEW

LANGEW

M2

Die Namen für den Himmel und die Atmosphäre stehen in einem Bedeutungszusammenhang mit *Langen, Lengen* – Arm –, was zum Mythos seiner Entstehung passt. Ihm zufolge war der Himmel einst in Reichweite der Arme oder noch näher, bis ein Riese kam und ihn von der Erde wegdrückte.

Verbreitet ist dieser Mythos im philippinischen Archipel, von Luzon, wo er seine komplexeste Ausarbeitung erfahren hat, bis nach Mindanao. Darin ist der Himmel so nahe, dass es möglich ist, ihn mit einem Bambusrohr zu berühren, weshalb die Erde glühend heiss wird. Ein Riese namens *Maykapal* – Tagalog für 'Besitzer Des Gestalteten' –, der unter der Hitze der Sonne litt, hob den Himmel an. Da es jedoch immer noch sehr heiss blieb, stach er der Sonne eines ihrer zwei Augen aus. Dann säte er Getreide, riss die Wolken auf und liess es regnen. Wenig später bedeckte sich die Erde mit Pflanzenwuchs.[36]

Auf Palawan wird diese Tat meist Tambug zugeschrieben, der den Himmel beim Ausholen zum Reisstampfen in die Höhe schiebt. Hier sei zunächst eine profanere und namenlose Version zitiert: "Einst war der Himmel sehr niedrig. Um sich vor der Hitze zu schützen, hielten sich die Menschen ständig unter Felsen oder in Erdlöchern auf. Um ihr Essen zu kochen, mussten sie es einfach auf einen Baumstumpf stellen und das Feuer des Himmels briet es. Die Menschen waren da noch ganz klein und gingen auf allen vieren oder krochen gar auf dem Bauch.

Da kam ein Mann, der ebenfalls auf allen vieren ging, und bot den Leuten an, ihnen zu helfen, den Himmel von der Erde zu entfernen und das Aufrechtgehen zu ermöglichen. Die Leute hatten nichts dagegen. Als der Mann sich aufrichtete, stemmte er mit seinem Kopf den Himmel weg. So erhielt er die Höhe, die er heute hat."[37]

Milchstrasse

BINARAGWAS – DIE ASCHFARBENE PYTHON

R 214

Damit ist wahrscheinlich die monochrom graue *Liasis fuscus* gemeint. Welchem Mythos diese Python entstammt, geht aus dem ethnographisch gesammelten Material nicht hervor. Darauf wird auch in keiner Sternsage angespielt – was möglicherweise darauf hinweist, dass diese Vorstellung so alt ist, dass der Mythos dazu verloren ging.

Ein rudimentärer Kontext für die Asche wird zumindest im Epos von Kudaman sichtbar. Darin wird Kudaman, ein *Datuq* – Geisterfürst – der Ebene, vom Reiswein so kosmisch besoffen, dass sein Schnarchen und die Zuckungen seines Körpers das ganze Universum zum Beben bringen. Er steigt dabei im Raum zwischen den Sternen auf und ab und verbrennt dadurch alles. Und was sieht der Datuq der Kumuluswolken, wenn er seinerseits in diese luftigen Höhen steigt: "Ein völlig zu Asche gewordenes Land."[38]

Auch für die Sphäre um Empuq gilt dies: Von ihm angesprochen zu werden, bedeutet gemeinhin von seinem "flammenden Atem mehrmals zu Asche verbrannt zu werden".[39]

Beide Vorstellungen – die Milchstrasse als Schwarzkopfpython und mit Feuer und Rauch assoziiert – finden sich bei australischen Aborigines wie den Boorong in Südostaustralien. Im östlichen Arnhemland sind 'Asche' und 'Regenbogenschlange' synonym.[40]

Sterne

BITUEN

BAGA ET ELDEW – DIE GLUTKOHLEN DER SONNE

R196

Die Wortwurzel *bit-* bedeutet 'mitbringen, tragen'. Hinter der Vorstellung der Sterne als Glut steckt die – in Indien wie bereits in Mesopotamien nachweisbare – Konzeption des Himmels als *Langit* genanntes Firmament aus Fels. Dessen Unebenheiten und Vorsprünge werden tagsüber von der Sonne erhitzt und glühen in der Nacht weiter.[41]

Sternbild

PERYAMA – DAS ZEICHEN

Umfasst wird mit diesem Begriff mehr als nur 'Bild'; es wird vielmehr mit *Indanen* – Signal, Warnung – gleichgesetzt. Als Zeichen der Natur teilt es – wie auch die Blüte bestimmter Bäume oder die Migration der Zugvögel – die Zeit ein, indem es das Jahr mittels Sternbildern markiert, welche jeweils bestimmte Regen- oder Hitzeperioden ankündigen. Zugleich stellt es ein Warnzeichen für gesellschaftlich nicht tolerierbares Verhalten am Himmel dar.[42]

II DIE ENTSTEHUNG DER GESTIRNE

Der nachfolgende Schöpfungsmythos wurde in Kurzform auch von den Bukidnon auf Mindanao erzählt. In deren Tradition hat sich die eigentliche Kausalität, wie die Gestirne an den Himmel kamen, besser bewahrt: "Eines Tages, als der Himmel noch dem Boden nahe war, ging eine alte Jungfer aus dem Haus, um Reis zu stampfen. Bevor sie mit ihrer Arbeit begann, nahm sie die Perlen um ihren Hals ab und den Kamm aus ihrem Haar und hängte sie auf den Himmel, der zu der Zeit wie ein Korallenriff aussah. Dann begann sie mit der Arbeit – und jedes Mal, wenn sie mit ihrem Stössel ausholte, traf sie den Himmel. Eine ganze Weile stampfte sie so den Reis; schliesslich holte sie mit dem Stössel so weit aus, dass er hart an den Himmel schlug. Sogleich begann der Himmel emporzusteigen, und zwar so weit, dass sie nicht mehr ihren Schmuck erlangen konnte. Der kam nicht mehr herab, denn aus dem Kamm wurde der Mond und aus ihren Perlen die Sterne, die verstreut sind."[43]

Bei den Klementin auf Kalimantan wird dieselbe Geschichte erzählt; dort jedoch ist es der Riese Usai, der den Himmel versehentlich trifft.[44]

Am australischen Murrumbidgee River südlich von Sidney wird ebenfalls erzählt, dass der Himmel früher so tief auf der Erde lag, dass alle kriechen mussten. Eines Tages aber lief die Frau eines wichtigen Stammesälteren mit einem anderen Mann davon zu einem Fluss, worauf er sie suchen geht. Er findet dabei einen goldenen Stab, der – einmal in der Hand – wächst und wächst und so den Himmel hinaufdrückt. Der Stammesältere hält ihn seitdem; doch wenn er müde wird und ihn zur Seite legt, kommen Wolken und Nebel über die Erde. Im nördlichen Arnhemland Australiens sind es wiederum Vögel, die den Himmel gemeinsam hochheben.[45]

Zudem findet sich diese Vorstellung bei den Nördlichen Dene im kanadischen Yellowknife am Polarkreis: Dort wird erzählt, dass ein 'normaler Mensch' aus dem Himmelsland aufgrund des zu tiefen Himmels auf der Erde Hasen stahl. Dabei wurde er erwischt und mit einem Pfeil verletzt, worauf er so schmerzverzerrt mit den Beinen strampelte, dass der Schwung den Himmel in seine heutige Höhe stiess.

Auf Palawan wurde der Mythos auf den Riesen Tambug und dessen zwar nicht altjüngferliche, dafür aber bald verstorbene Frau Bihang übertragen.

TAMBUG UND BIHANG

Der Mythos von *Tambug und Bihang*, den ersten beiden weltschöpferischen Urahnen, erzählt, wie der Himmel durch das Stampfen mit einem langen Stössel immer weiter nach oben gedrückt wurde und dabei Mond, Sonne und Sterne entstanden.

Die Geschichte beginnt damit, dass ihre Enkel, die Ahnen der heutigen Palawan, das erste Reisfeld bepflanzen. Nachdem sie es geerntet haben, haben sie jedoch vom Schälen des Reises so viele Blasen an den Fingern, dass sie nach einem Werkzeug suchen. Ein Stein in einer Kokosnussschale gibt ihnen eine erste Idee; das Vorbild der Vagina führt schliesslich zur Herstellung eines Mörsers aus Holz. Weil dafür aber noch ein Stössel fehlt, wenden sie sich an Tambug. Der reicht ihnen dafür seinen Gehstock.

"Sieben Tage später ging Tambug zu ihnen, um ihnen zu sagen: 'Ich halte den Schmerz nicht mehr aus, den mir der Himmel bereitet, weil mein Rücken an ihm reibt. Seit sieben Tagen streift mein Rücken am Himmel.' Deshalb befahl er den Leuten, sieben Mass ungeschälten Reis herzurichten. Nach sieben Tagen hatten sie ihn zusammen. Dann befahl Tambug den Leuten, ihm und seiner Frau Bihang beim Reisstampfen zuzuschauen. Tambug sagte seiner Frau, sie solle damit beginnen, doch sie wollte sich davor noch ein Armband anlegen und sich einen Kamm in die Haare stecken. Da, wo sie waren, gab es auch das Holz dafür, denn dort wuchs Kewayan-Bambus.

Tambug sagte, sie solle sieben Mal mit dem Stössel stampfen, dann sei er dran. Als Bihang mit dem Reisstampfen begann, hob sich der Himmel nach und nach bei jedem ihrer Stösse. 'Ah', meinte Tambug, 'jetzt ist der Himmel schon auf Augenhöhe; aber er tut mir immer noch weh. Aber jetzt bin ja ich dran!' Und Tambug entschälte den Rest des Reises. Jedes Mal, wenn sein Stössel am Himmel ankam, hob sich der ein wenig weiter; der Himmel hob sich solange, bis ihn Tambugs Stössel nicht mehr erreichen konnte. So wurde der Reis geschält und der Himmel hoch.

Als die Leute hinauf zum Himmel blickten, sahen sie da oben Bihangs Armband und ihren Kamm. Der Kamm war zum Mond geworden und das Armband zur Sonne.
Tambug aber erklärte, dass noch ein paar Dinge fehlten, die ihnen das Leben verbessern könnten. Er warnte die Leute, dass ein stürmischer Wind wehen und sie fortreissen würde. 'Wollt ihr', fragte er, 'dass ich meine Frau mit dem Kescher fischen schicke, wollt ihr, dass es Buchten gibt, um euch vor dem Wind zu schützen?' 'Ja', antworteten die Leute, 'da wären wir dir sehr dankbar!'
'Dann gut', sagte Tambug, 'jetzt liegt's an dir, Bihang.' Und Bihang ging mit ihrem Fangnetz [Corona Borealis] fischen und zog es vom Meer zum Ufer her; so fischte sie sieben Nächte lang und kehrte dann nach Hause zurück.
'Bist du fertig?', fragte Tambug. 'Ja, ich bin fertig.' 'War das Wasser tief?' 'Nein.' 'Bis wohin ging es dir?' 'Da, wo es am tiefsten war, nur bis zur Mitte der Waden.' Beim Fischen mit ihrem Kescher schuf Bihang mit den Maschen des Netzes eine Bucht nach der anderen. Es gab deshalb jetzt vorspringende, mit Wald bedeckte Landzungen, welche die Leute vor dem Wind schützten. 'Na, dann könnt ihr jetzt Muscheln sammeln gehen', wandte Tambug sich an die Leute.
Bihang aber starb, nachdem alles fertig war. Tambug erholte sich nicht mehr von seiner Trauer. Er rief alle Leute zusammen und sagte ihnen, dass er sich umbringen würde, indem er sich auf den Penis schlug; er trug ihnen auf, seinen Körper nach seinem Tod mit Erde zu bedecken, damit daraus die Berge würden. Dann schlug er sich mit einem Scheit aus dem Feuer auf den Penis und beging so Selbstmord. Sein Leichnam liegt nun in der Mitte der Welt zwischen zwei Meeren. Die Leute bedeckten seinen Körper mit Erde; so entstanden die Berge. Zusammen mit seiner Leiche begruben sie auch einen Stein, dem alle Flüsse entsprangen, die sich ins Meer ergiessen.
Ich habe noch etwas vergessen: *Manas*, die Perlen von Tambugs Frau. Bihang machte daraus das Sternbild Menepuru [die Plejaden], die am Himmel die Zeit zur Aussaat des Reises anzeigen. Tambug sagte dazu Folgendes: 'Wenn ihr etwas anpflanzt, dann soll der Abstand zwischen Saatlöchern der sein, den ihr zwischen den Perlen meiner Frau am Himmel seht, wenn sie sich auf zwei Uhr [über der Sonne] zeigen.' Zudem lehrte Tambug noch, dass nach dem Sternbild Der Wildschweinfalle [im Orion] Der Kurze Wasserbehälter [in Hercules] kommt. Sie folgen aufeinander, erst Die Wildschweinfalle [die im Westen untergeht], dann Der Kurze Wasserbehälter [der zugleich im Osten aufgeht]; das soll ihnen als Signal dienen. Haben sie den Zenit überschritten, regnet es. Das nennt man dann 'Die kleinen Regen Der Wildschweinfalle'."[46]

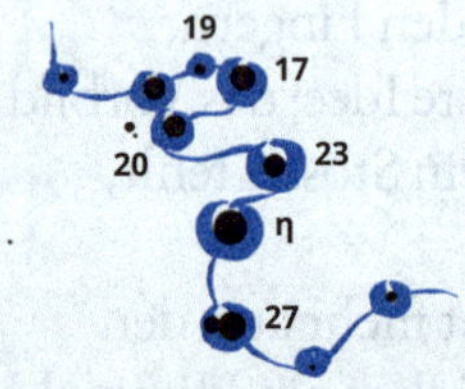

DIE PERLENSCHNUR (BIHANGS) | DIE ANFANGSMASCHEN DES FISCHERNETZES | DIE SÜSSKARTOFFELN

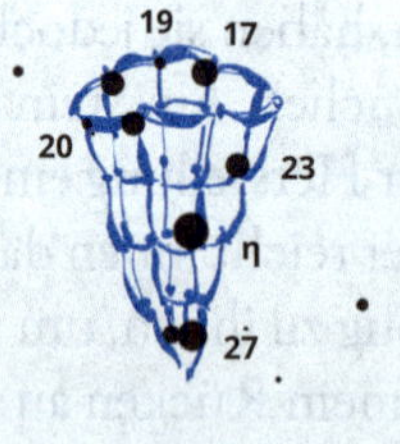

DIE PERLENSCHNUR (BIHANGS) | DIE ANFANGSMASCHEN DES FISCHERNETZES | DIE SÜSSKARTOFFELN

Plejaden

MANAS – DIE PERLENSCHNUR (BIHANGS)

R2 37

MENEPURU –
DIE ANFANGSMASCHEN DES FISCHNETZES

SANGLEY – DIE SÜSSKARTOFFELN

R 216 und 215

Die enge Verbindung der Plejaden mit dem Anpflanzen findet sich vielerorts im südostasiatischen Raum. In Java und Malaysien dienen sie als Markierung, wann der Reis anzupflanzen ist; bei den Maloh im Westen Kalimantans gilt als richtige Zeit dafür, wenn man zu den Plejaden hochblickt und einem der Hut herunterfällt – was in etwa unserer Position auf zwei Uhr über der Sonne entspricht.[47]

Der Name *Menepuru* lässt sich von den Perlen Bihangs – *Manas* – und den Abständen zwischen ihnen ableiten. Auf Palawan werden die Plejaden aber zudem gleich dreimal mit Grundnahrungsmitteln assoziiert. Für die Fischer an der Küste symbolisiert die ursprüngliche Perlenschnur der Ersten Frau Bihang das Netz, mit dem Frauen auf Fischfang gehen. *Menepuru* wird dann volksetymologisch als aus *meneda* – Fische fangen – und *Puru* – Ausgangspunkt der Maschen einer Wasserschaufel,[48] das heisst eines Keschers – zusammengesetzt verstanden. Die das Hochland mit ihrem Wanderhackbau rodenden Bewohner wiederum deuteten – wie der Mythos von *Tambug und Bihang* zeigt – die Maschen dieses Sternbildes als die Kuhlen, in die Reis gesät wird. Für den Ackerbau wichtig, ihn symbolisierend und seine Zeiten markierend, stehen die Plejaden im Binnenland auch für Süsskartoffeln (*Ipomoea batatas*): Sie werden damit auf dieselbe Weise umgedeutet wie Bihangs Fangnetz in der Corona Borealis zu einem Behälter für Süsskartoffeln.

Jedes Mal aber dienen die Plejaden als kalendarische Markierungen für die Saat von Grundnahrungsmitteln und – in der Form eines mit Sternen besäten Feldes – als visuelle Anleitung für den Anbau, indem ihre Position am Abendhimmel die richtige Zeit dafür und ihr Sternbild den rechten Abstand der Löcher für die Saat vorgibt.

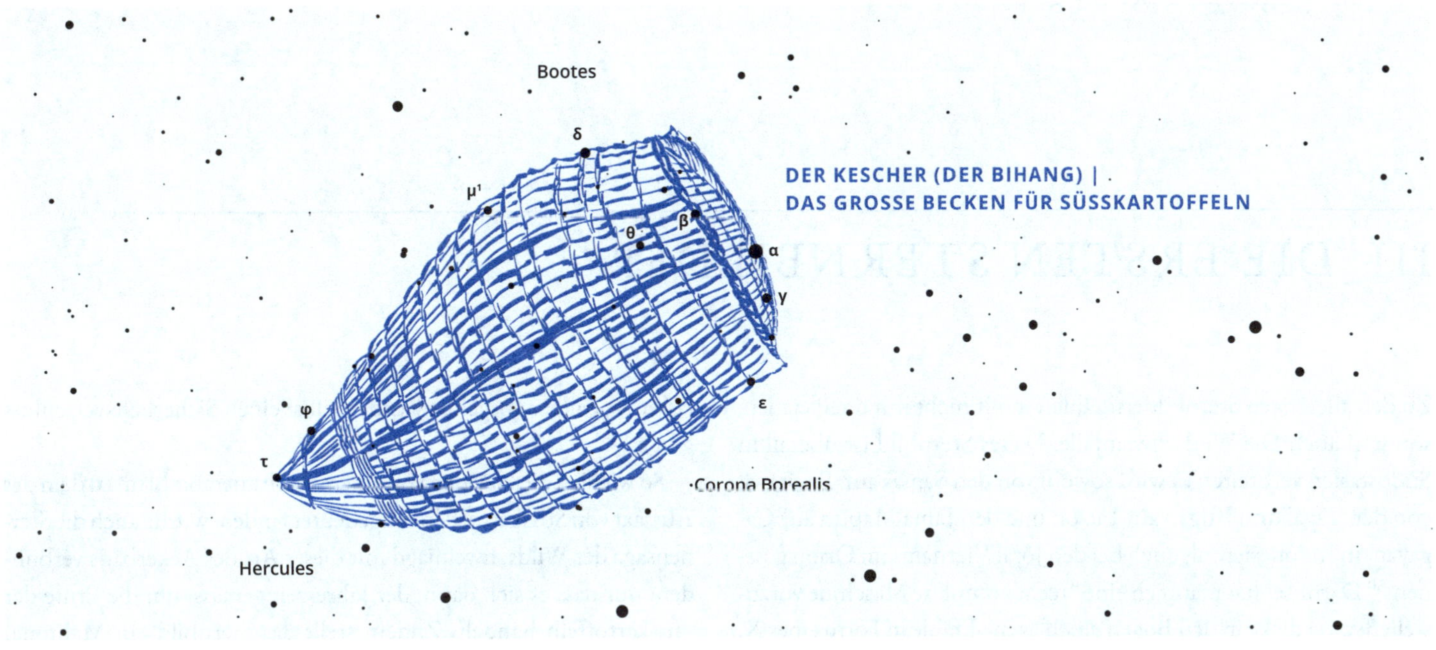

Corona Borealis mit τφχ Herculi

SYUD –
DER KESCHER (DER BIHANG)

Dieses Netz wird nur von den Frauen verwendet, für das Fischen am Ufer oder am Riff. Es besteht aus einem etwa 1,5 m langen Rahmen, der unten rund und oben spitz ist; darin hängt ein loses Netz, das mit Riemen an diesem Rahmen befestigt ist. Man fischt, indem man den Kescher vor sich her schiebt, um damit gleichsam Fische aufzuschaufeln. Hängt das Netz herab, öffnen sich zwischen den Riemen und dem Rahmen halbkreisförmige Zwischenräume. Mit diesen werden die Buchten verglichen, die Bihang entstehen lässt, wenn sie den Kescher vom Meer hin zum Ufer zieht.

M 48

Die Sterne von Bihangs Kescher werden auch als ein aus Rinden geflochtener Behälter gesehen, bei dem sich die Maschen des Netzes – wie bei den Plejaden – in Süsskartoffeln verwandeln.

LEKUT ET SANGLAY –
DAS GROSSE BECKEN FÜR SÜSSKARTOFFELN

R 217 und 215

EINE ENTSTEHUNGSGESCHICHTE DER GESTIRNE

Eine andere palawanesische Version der Schöpfungsgeschichte gibt die in mehreren Sternenhimmelkulturen verbreitete Geschichte der Entstehung der Gestirne durch ihr Emporschleudern an den Himmel (wie wir sie von den Südlichen Dene oder den Inka kennen) noch getreuer wieder als der Mythos von *Tambug und Bihan*. In dieser Fassung kommt es dazu, nachdem Empuq, auf Tambugs Verlangen hin, die allzu heisse der beiden Sonnen am Himmel im Meer abgekühlt hat. Denn daraufhin meint Empuq: ‘Meine Hühner können nachts nichts sehen; was könnte ihnen da als Hilfe dienen? Meine Hühner brauchen Zeichen, sonst wissen sie nicht, wann die Regenzeit und wann die Trockenzeit kommt.’ ‘Das ist wahr’, sagt Tambug, ‘aber es liegt an dir, das zu machen, nicht an mir.’ ‘Ja’, erwidert Empuq, ‘ich werde sie jetzt erschaffen.’

Und so nimmt er die weibliche Sonne als Mond, damit sie den Menschen bei Nacht leuchtet. Danach bittet Tambug Empuq, Zeichen zu machen als Sternbilder. Empuq greift sich Sand, roten und weissen, und sät ihn mit offener Hand aus, da oben im Himmel. Die Nacht gekommen, sieht man sie als Sterne erscheinen, die Sandkörner zu Zeichen geworden: Da ist das Sternbild Des Wasserbehälters [in Hercules], das der Bulelew [in Lyra], das von Menepuru [Plejaden] und das Der Wildschweinfallen, der gespannten [in Orion] wie der abgeschossenen [in Canis Maior].
'Die Zeichen Der Wildschweinfallen', sagt Empuq, 'bedeuten Folgendes. Wenn ihr im Himmel das Sternbild der gespannten Falle seht, dann stellt keine auf [das heisst von Oktober bis Juni etwa]. Stellt erst eine auf, wenn ihr die Falle erblickt, deren Pfeil abgeschossen wurde.' 'Ah', sagt Tambug, 'das ist gut; damit hast du uns ein grosses Geschenk gemacht.'"[49]

III DIE ERSTEN STERNBILDER

Zu den allerersten Sternbildern zählen somit nicht nur die Plejaden, sondern auch Die Wildschweinfalle. Dieses Sternbild ist überall in Südostasien verbreitet; es wird sowohl von den Samas auf Tawitawi, von den Tagal und Ifugao auf Luzon und den Jama Mapun auf Cagayan, in Indonesien, als auch bei den Jörai Vietnams im Orion gesehen.[50] Darunter hat man sich eine "recht komplexe Maschine vorzustellen: zwei dicke in den Bogen geschlagene Pfähle in Form eines X, einen langen Stock, mit einem Schlitz, um einen Pfeilschaft zu halten, einen starken Bogen oder sonst eine Feder, um ihn abzuschiessen, sowie einen Schnapper, um die Sehne zu halten und sie loszulassen, sobald er ausgelöst wurde. Selbst einen Sicherheitsverschluss gibt es."[51]

So wie sich die Plejaden von einem maritimen Emblem zu dem der Aussaat von Süsskartoffeln umgedeutet finden, wurde auch die Sternensage der Wildschweinjagd mit dieser Art des Ackerbaus verbunden: nur dass es sich dann, der Jahreszeit gemäss, um die Ernte der Süsskartoffeln handelt. Zudem stellt das Sternbild ein Mahnmal gegen Ehebruch und Faulheit dar. Es ist somit im selben Masse agrarisches wie moralisches Zeichen; denn ohne Moral ist keine rechte Lebensgrundlage gegeben.

DIE WILDSCHWEINJAGD I

"Die Süsskartoffeln der Ahnen wurden ebenfalls zu Sternen, weil die Süsskartoffeln [dieses Sternbilds] zum Teil von Wildschweinen aufgefressen worden sind. Nachdem sie gefressen wurden, stellte das Kind, dem das Süsskartoffelfeld gehörte, seine Fallen auf: Es waren zwei, eine kleine [in Canis Maior] und eine grosse [in Orion].
Sieben Jahre lang sah der Feldbesitzer auf seine Fallen, aber nachdem er sie einmal platziert hatte, kamen keine Wildschweine mehr, um Süsskartoffeln zu fressen. Im siebten Jahr dann ging schliesslich eines in die Falle, weil es Süsskartoffeln gefressen hatte.
Nachdem sie getroffen hatte, ging der Junge heim. Er sagte zu einer Frau, nämlich seiner Schwägerin: 'Meine Falle hat ein Wildschwein angeschossen.' 'Dann gehen wir es doch beide holen', sagte seine Schwägerin.
Als sie beim Termitenhaufen [zwischen δ und α Persei] ankamen, schliefen sie miteinander, da, ganz nah an dem Bau. Und darüber vergassen sie das Wildschwein auf der anderen Seite [in Taurus] ...
Und alle wurden sie zu Sternbildern, die Süsskartoffeln, das Wildschwein, der junge Mann und seine Schwägerin und die Wildschweinfallen: Man sieht im Himmel noch den Kiefer des Ebers und seinen Hauer [in Taurus].
Deshalb merk dir: wenn deine Wildschweinfalle nicht gleich einen Eber fängt, dann geh besser nicht nachschauen, sonst wirst du auch selber ein Sternbild!"

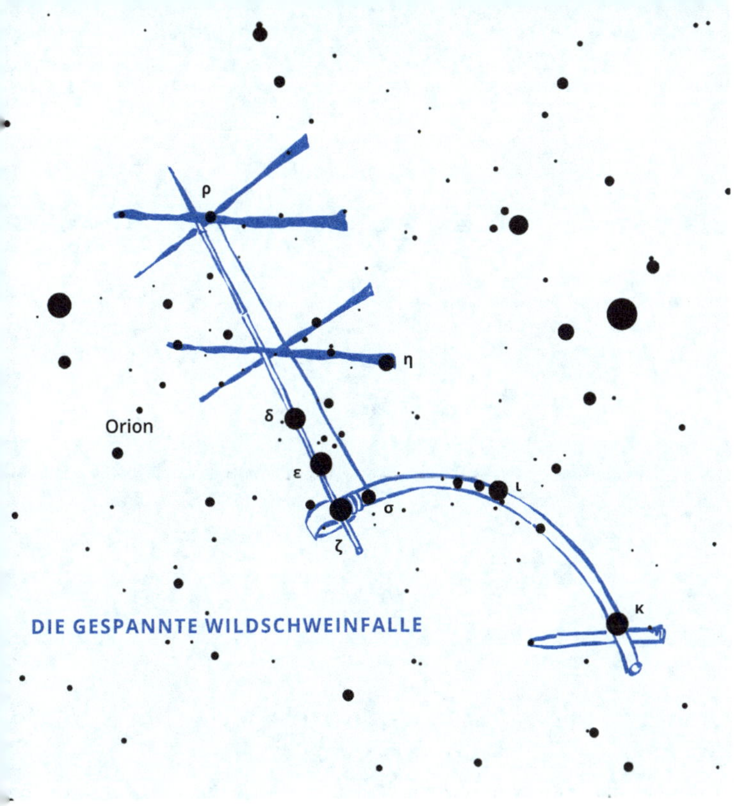

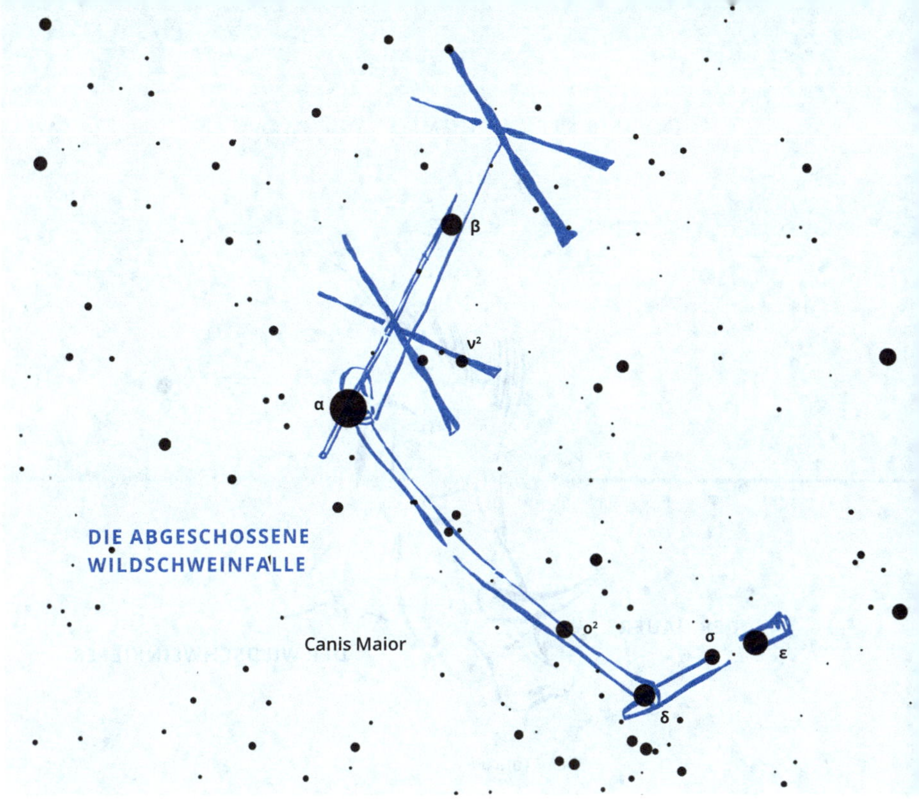

ρ – δεζ Orionis – σM42κ Orionis

BINAWEGAN MEGSASAWED –
DIE GESPANNTE WILDSCHWEINFALLE

R227 und 214

Das Sternbild stellt eine Selbstschussanlage dar. Die drei Gürtelsterne des Orion bilden einen vergifteten Pfeil, der in einem von ξ bis κ reichenden, zu HD 48099 zurückgespannten Schaft ruht. Eine zweite Schnur spannt sich von dem Zapfen am Schaft in σ hinüber zu ρ; läuft ein Wildschwein zwischen ρ und δ hindurch, reisst diese Schnur und der Pfeil löst sich.

βαδε Canis Maioris

BINAWEGAN MEGAKAS –
DIE ABGESCHOSSENE WILDSCHWEINFALLE

R 216 und 214

Der Pfeil hier ist kürzer als bei Der Gespannten Wildschweinfalle, weil – wie die Palawan sagen – er abgeschossen wurde und an der Beute zerbrach.

Beobachtet wird dieses Sternbild von Ende Juni bis Oktober, während die Palawan des Hochlandes um ihre Felder und im Wald zahlreiche Wildschweinfallen aufstellen. In dieser Zeit wächst auch der Reis heran, werden die Felder von Unkraut befreit und bereits die ersten Ernten eingeholt.[52]

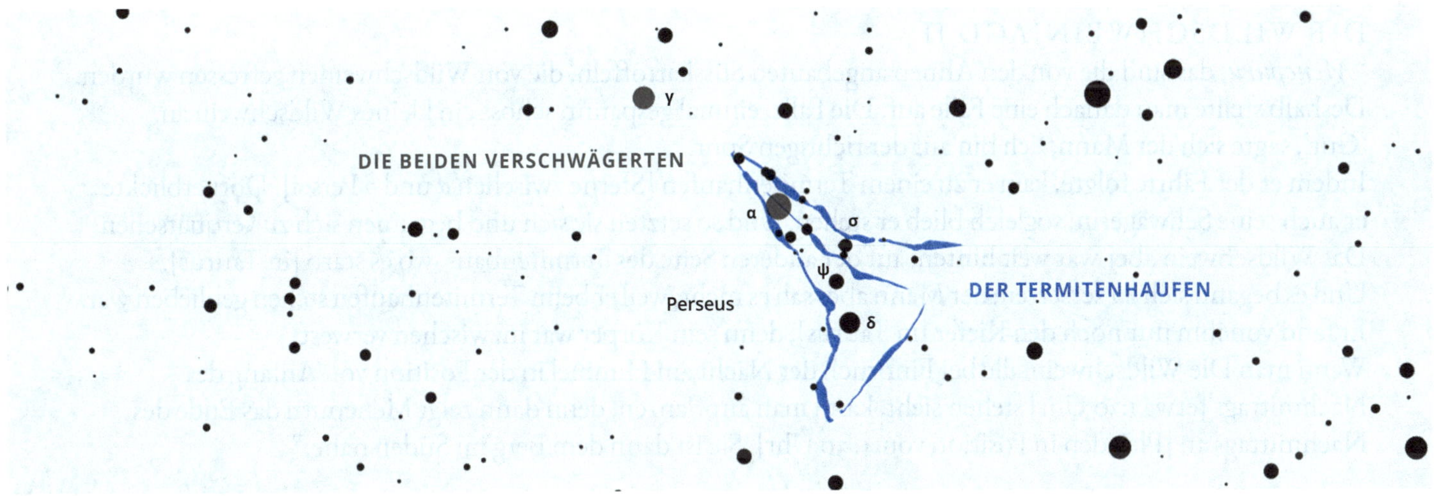

γ und τ Persei[53]

MEGIPAG – DIE BEIDEN VERSCHWÄGERTEN

R 213 und 214

Sterne zwischen α, δ und σ Persei

BUNGSUD – DER TERMITENHAUFEN

R 216 und 214

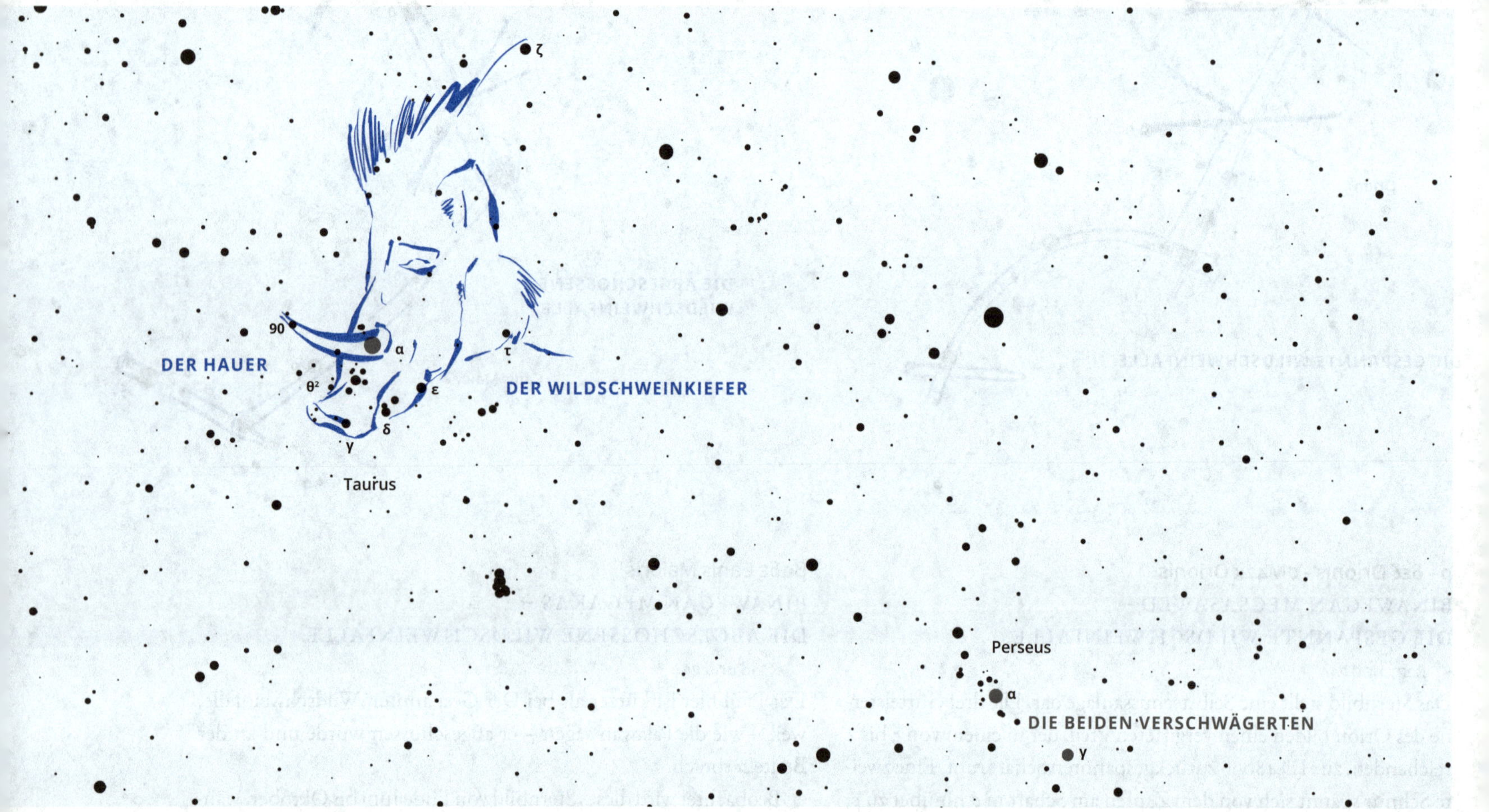

Taurus
SANGAT ET BYEK – DER WILDSCHWEINKIEFER
R213 und 214

α–90 Tauri
BIGANG – DER HAUER
R214

DIE WILDSCHWEINJAGD II

"*Menepuru*, das sind die von den Ahnen angebauten Süsskartoffeln, die von Wildschweinen gefressen wurden. Deshalb stellte man danach eine Falle auf. Die Falle, einmal gespannt, schoss ein kleines Wildschwein an. 'Gut', sagte sich der Mann, 'ich bin auf der richtigen Spur.'
Indem er der Fährte folgte, kam er zu einem Termitenhaufen [Sterne zwischen α und δ Persei]. Dort erblickte er auch seine Schwägerin; sogleich blieb er stehen. Und so setzten sie sich und begannen sich zu verquatschen. Das Wildschwein aber war weit hinten, auf der anderen Seite des Termitenbaus, wo es starb [in Taurus]. Und es begann sich zu zersetzen; der Mann aber sah es nicht, weil er beim Termitenhaufen stehen geblieben war. Er fand von ihm nur noch den Kiefer [in Taurus], denn sein Körper war inzwischen verwest.
Wenn man Die Wildschweinfalle bei Einbruch der Nacht am Himmel in der Position von Anfang des Nachmittags [etwa 1:30 Uhr] stehen sieht, kann man anpflanzen, denn dann zeigt Menepuru das Ende des Nachmittags an [Plejaden in Position von 4:30 Uhr]. Sie ist dann dem Berg im Süden nahe."

Bei den Tederay auf Mindanao wird eine Variante dieses Mythos erzählt, in der Orion ein Jäger ist, die Hyaden der Kiefer eines von ihm erlegten Wildschweins und die Plejaden die Fliegen sind, die über dem verwesenden Kadaver summen. Der Jäger ist einer von drei Cousins, die einwilligten im Himmel zu bleiben, um den Ackerbauern als Führer und Orientierung zu dienen, während ihre Leute in das Land ihres grossen Gottes weiterzogen, um dort für immer weiterzuleben.[54]

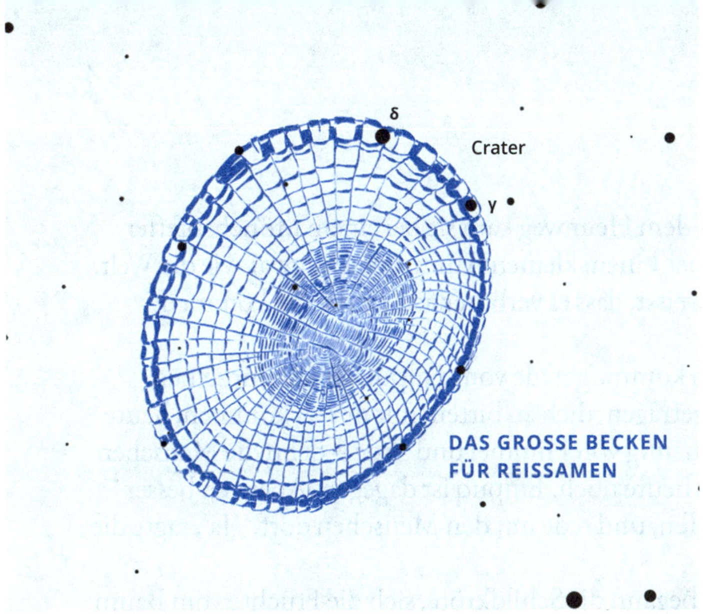

Crater (ohne αβλ)

LEKUT ET PAREY –
DAS GROSSE BECKEN FÜR REISSAMEN

Das Sternbild wird als *Nigu*, eine Art Getreideschwinge für ungeschälten Reis, gesehen; wie die Corona Borealis ist damit ein aus Rinden geflochtener Behälter gemeint.

R 219 und 215

IV EINE ANDERE SCHÖPFUNGSGESCHICHTE DER STERNE

Der folgende, wohl jüngere Weltschöpfungsmythos verrät durch die Einbeziehung der Schildkröte eine Assimilierung indischer Vorstellungen. Die Schildkröte Kurma gilt in der vedischen Tradition – sowohl dank ihrer dreiteiligen Form wie dadurch, dass sie zum Land wie zum Wasser gehört – als Essenz des Kosmos und als eine der Verkörperungen Vishnus. In der davon beeinflussten balinesischen Kosmogonie gilt der König der Schildkröten Pratanjala älter als der Demiurg Prakapati: denn Pratanjala hat Sonne, Mond und Planeten mitsamt dem All erschaffen. Im palawanischen Mythos wird dieser Schildkröte nun die Erschaffung der Sterne vom Demiurgen Empuq, dem 'Meister Aller Dinge' übertragen.[55]

DIE SCHILDKRÖTE ERSCHAFFT DIE STERNE

"Hier nun, warum die Sterne und alle Sternbilder bekannt geworden sind.
Es heisst, dass unsere Ahnen sie noch nicht kannten; Generationen von Ahnen vergingen, die sich, kaum dass der Monsun kam, so unerbittlich bekämpften, dass die Hängematten leer wurden. Der Krieg war ihr Werk, denn sie wussten nicht, welche Sternbilder die Regen brachten.
'O je!', sagte die Schildkröte, 'meine Freunde sind tot …! Ich werde jetzt zum Empuq gehen.' Und so machte sie sich auf zum Empuq. Denn sie war von ihm zur selben Zeit wie die Welt geschaffen worden: Als Empuq die Erde machte, erschuf er auch die Schildkröte. Weshalb sie nun zu ihm ging.
'O Schildkröte, was bringt dich wieder zu mir?'
'Ich bin zu dir gekommen, weil ich mit dir reden muss: Meine Freunde löschen sich gegenseitig aus; es gibt nicht mehr so viele wie früher. Und aus welchem Grund? Sie bekriegen sich. Und aus welchem Grund bekämpfen sie sich? Wenn es schwül ist, es sehr heiss ist, dann gehen sie aufeinander los; es heisst, das sei ein Zeichen der Erde. Aber wenn es viel regnet, bekämpfen sie sich auch; sie behaupten, das sei ein Zeichen der Welt und sie müssten sich deshalb bekriegen. Deshalb bin ich zu dir gekommen – auch um zu erfahren, was du ihnen dazu sagen wirst.'
'Damit habe ich nichts zu tun', sagte der Meister. 'Ich habe dir die Fähigkeit zum Nachdenken gegeben, also bist du verantwortlich; du musst dir für sie überlegen, was du ihnen sagen wirst. Aber ich gebe dir meinen Stock mit, meinen Gehstock aus Gold.'

Die Schildkröte nahm ihn und kehrte wieder zurück. Auf dem Heimweg kam sie bei einem Mönchspfeffer [*Vitex parviflora*[56] mit seinen weissen Blütendolden] vorbei, einem kleinen Baum, der so alt war wie die Welt. Die Schlange sagte darauf zu ihr: 'Was willst du hier? Du weisst, dass es verboten ist, hierher zu kommen; Empuq hat uns aufgetragen, diesen Baum zu bewachen.'
'Ja', antwortete die Schildkröte. 'Bitte friss mich nicht. Ich komme gerade vom Empuq; er hat mir seinen goldenen Gehstock mitgegeben, siehst du. Er hat mir aufgetragen, dich zu bitten, mit mir zu kommen, heute noch. Wir beide sollen die Menschheit treffen, an der Kreuzung von Himmel und Erde – denn die Menschen wollen zu dir gehen und sich deinen Baum holen, und das heute noch. Empuq ist dagegen. Aber geh besser selber zu dem Ort, wo Himmel und Erde aufeinander treffen, und rede mit den Menschen dort.' 'Ja', sagte die Schlange. Und so machten sie sich beide dorthin auf.
Kaum hatte die Schlange ihr aber den Rücken zugedreht, begann die Schildkröte, sich die Früchte vom Baum abzuschlagen. Sie schlug mit dem Stock so lange darauf ein, bis alle Früchte und Blätter abgefallen waren. Die Früchte wurden in alle Richtungen in den Himmel versprengt: Aus ihnen wurden die Sterne. Die Blätter, die über dem Meer verstreut wurden, aber verwandelten sich in die Fische. Diejenigen aber, die zu Boden fielen, wurden zu den Dingen, mit denen die Welt voll ist – zu Gold, zu allen Sachen dieser Welt, die allesamt aus den Blättern des Mönchspfeffers entstanden.
Und dann beeilte die Schildkröte sich, nach Hause zu gelangen. Dort gab es nach all den Kriegen nur noch vier verbrüderte Ahnen; zu denen ging sie. In ihrem Haus angekommen, sagte die Schildkröte: 'O, meine Freunde, gibt es euch noch? Hört zu, was ich euch zu sagen habe. Warum zieht ihr dauernd in den Kampf?'
'Wir führen Krieg, weil wir Angst haben', erwiderten sie. 'Wenn die Regen kommen, ist dies vielleicht ein Zeichen der Welt; wenn die Hitze kommt, ist dies vielleicht ein Zeichen der Welt: Deshalb machen wir Krieg.'
'Hört damit auf', sagte die Schildkröte. 'Ich bin zu euch gekommen, weil ich mit euch reden muss; kommt deshalb alle vier zur Erde herab.'
Die Ahnen stiegen herab. Einmal am Boden, zeigte ihnen die Schildkröte die Sonne; und obwohl die Sonne hoch war, war es gerade Nacht geworden.
'Merkt euch gut, was ich euch zu sagen habe, damit ihr nie mehr Kriege beginnt.' Und da sahen sie nun ein Funkeln am Himmel, aber sie hatten noch keinen Namen dafür. 'Das', sagte die Schildkröte, 'sind die Sterne, *Bituwen*. Und sie haben Namen: Das da ist *Menepuru* [die Plejaden]. Und das darüber heisst *Binewegan* [Die Wildschweinfalle im Orion]. Wenn ihr Menepuru am Himmel auf zwei Uhr [über der Sonne] stehen seht, dann beginnt mit der Aussaat. Denn dann ist es gut, ist die Zeit zur Saat gekommen.
Wenn Menepuru aber im Meer untergeht, rinnt das Wasser aus Terungs Langem Wasserbehälter. Wenn er ausrinnt, kommt die Hitze, die von Terungs Körper ausgeht. Terungs Wasser aber einmal zur Gänze ganz ausgeronnen, kommt *Belikwat*, 'Die Rückkehr' – von Menepuru und den Regen.
Bei jedem Ausguss des Wassers ist das Anpflanzen möglich.
Sobald Binewegan jedoch im Meer untergeht, ist es zu spät dafür; dann lässt sich nichts mehr anpflanzen, wird der Reis nicht mehr gut.'"[57]

Der Erschaffung von Sternbildern wird über ihre kalendarische Position somit eine agrarische Funktion zugewiesen, die als Lebensgrundlage existenziell notwendig ist.

Zu Beginn der Trockenzeit im Januar – wenn die Plejaden bei Sonnenuntergang auf 8 Uhr stehen – wird mit dem Roden von Neuland begonnen, bei dem Bäume umgeschlagen und in Stücke gehackt werden, bis die Plejaden etwa auf 13 Uhr über der Sonne stehen und alles abgebrannt wird.

Wenn die Plejaden Ende April dann bei Sonnenuntergang im Uhrzeigersinn gesehen auf etwa 2 Uhr über der Sonne im Westen stehen, ist es Zeit, die Felder vorzubereiten. Stehen sie abends im Mai dann auf etwa 4 Uhr, wird gesät. Gehen sie Ende Mai dann gleichzeitig mit der Sonne unter, ist die Zeit der Aussaat vorbei, weil nun der Monsun einsetzt und die Regenzeit beginnt.[58]

Das über den Plejaden stehende Sternbild Der Wildschweinfalle in Orion vervollständigt das Tableau.

Der in Delphinus verkörperte Terung stellt hingegen das Gegenstück dazu dar: Wenn die Plejaden bei Sonnenuntergang Ende April über dem westlichen Horizont liegen, steht Delphinus bei Sonnenaufgang im Zenit. Ende Mai beginnt sein Langer Wasserbehälter in Aquila zu kippen, um derart die ersten Regen zu bringen.

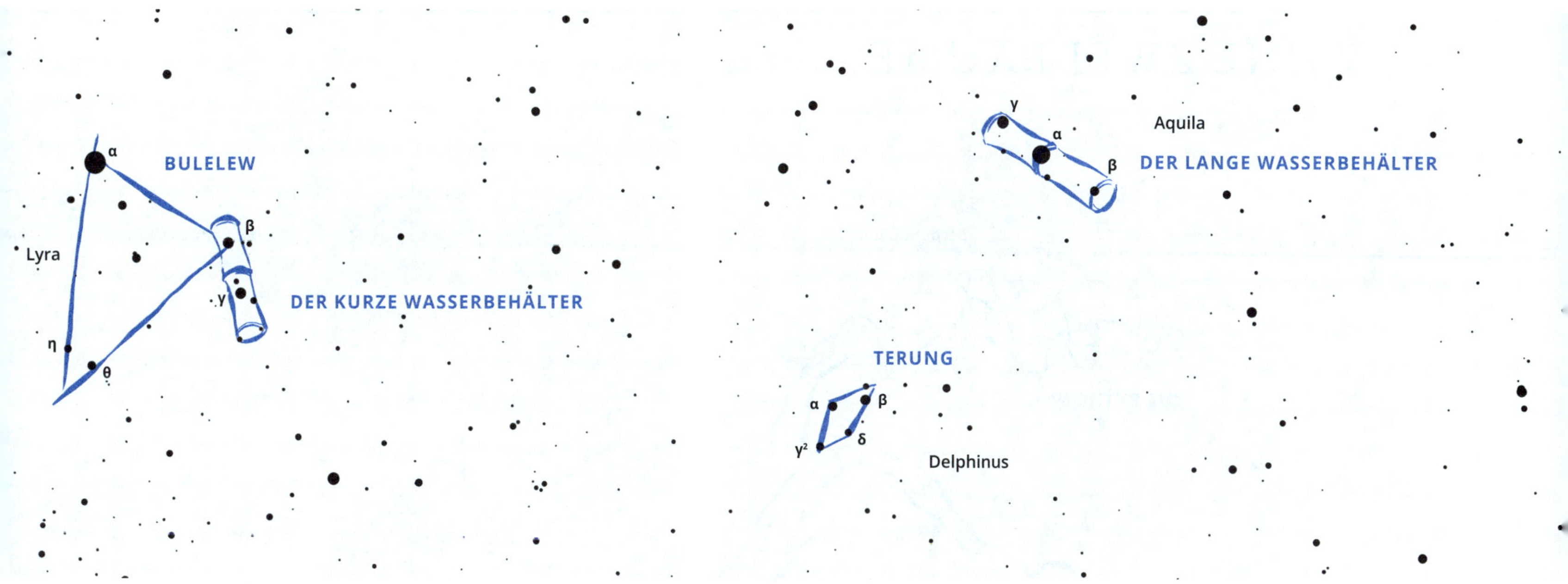

θαβ Lyrae

BULELEW

R 218

βγ Draconis[59]

PEJAQUNG – DER KURZE WASSERBEHÄLTER

Die Frau namens *Bulelew* wird durch ein Dreieck und ihren aus einem Bambushalm von zwei Knoten bestehenden Wasserbehälter symbolisiert.

Steht das Sternbild im Zenit, markiert dies den Beginn der 'Zwischensaison des Fallenstellens', die den heftigsten Regen unmittelbar vorausgeht: Denn sobald es seinen Kulminationspunkt überschreitet, scheint Bulelews Wasserbehälter überzufliessen.

R 218, 215, 258 und M 48

Delphinus

TERUNG

R 218

γαβ Aquilae

SAGEB – DER LANGE WASSERBEHÄLTER

Delphinus stellt die Silhouette Terungs dar, über den nicht mehr zu eruieren ist, als dass er einen grossen, aus drei Bambusknoten bestehenden Wasserbehälter auf dem Rücken trägt. Sobald Terungs Wasserbehälter seine Kulmination im Süden überschritten hat, dreht sich seine Lage am Himmel und er scheint dann auszurinnen. Dies markiert Regen, während derer man noch etwas anpflanzen kann, da darauf eine kurze Periode der nach Terung benannten Hitze folgt. Danach ist es zur Aussaat endgültig zu spät.

R 215 und 258

V DIE ZWEI BÄUME

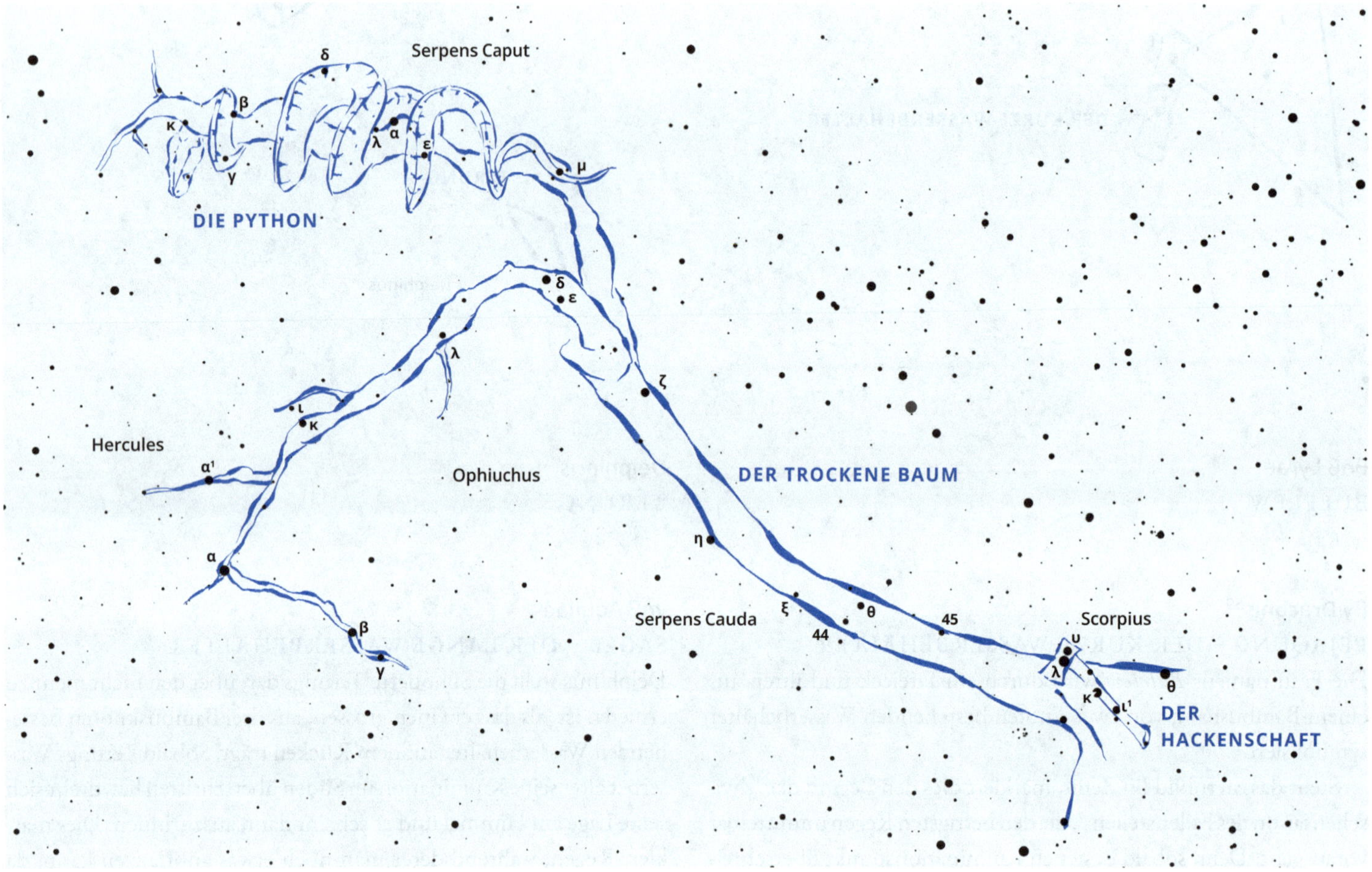

ζδχαβγνθ Ophiuchi

PUNGGUR – DER TROCKENE BAUM

R 218

δαβεγμ Serpentis

SAWAH – DIE PYTHON

R 218

κλυ Scorpii

WASEY – DER HACKENSCHAFT

R 213

In dem vertrockneten Baum und der Python ist unschwer der einstige, schon damals von der Schlange bewachte Weltenbaum des oben zitierten Schöpfungsmythos zu erkennen.

Der Mythos erklärt, dass dieser Baum "den Ursprung jedweder Vegetation darstellt, die von Empuq für diese Welt geschaffen wurde. Denn am Anfang gab es nicht viele Arten von Bäumen, nur einen einzigen, den Lagundiq (*Vitex paviflora*), der zwei Äste hat, einen, der zum Sonnenaufgang, den anderen, der zum Sonnuntergang weist". Aus den beiden Ästen dieses Mönchspfeffers gingen alle Bäume und Lianen hervor, samt den unterschiedlichen Heilkräften, die sie besitzen.[60] Auch die Ausrichtung zum Aufgang und Untergang der Sonne des Baumes lässt sich auf unseren Trockenen Baum übertragen: Seine Sterne in Ophiuchus gehen exakt im Westen unter und ebenso exakt im Osten wieder auf.

Nachdem durch die Stockschläge der Schildkröte aus den Früchten und Blättern dieses Baumes die Sterne samt allen Dingen auf der Erde wurden, trieb er offenbar nicht mehr neu aus. Doch selbst einmal abgestorben, war er nicht umzubringen und wurde schliesslich sogar noch zur Wohnstätte all der Vögel. Aus der ersten Version dieses Mythos geht zugleich implizit hervor, dass er in einer Zeit vor dem Anbau kultivierter Pflanzen spielt, in der man sich noch von wilden Pflanzen ernährte:

DER TROCKENE BAUM UND DIE PYTHON I

"Unsere Ahnen entdeckten Pilze auf der Spitze eines vertrockneten Baumes. Sie beschlossen alle zusammen, den Baum umzuhauen, um an die Pilze zu kommen, damit sie etwas zu essen hatten. So bauten sie eine Plattform zum Holzfällen und machten sich dann daran, den Baum umzuhauen. Mit der Hacke schlugen sie ohne Unterlass auf den Stamm ein, doch der Baum fiel nicht um! Sie mühten sich lange mit dem Fällen ab und gingen dann wieder nach Hause und vergassen dabei die Hacke.
Der abgestorbene Baum aber wurde zu einem Gestirn, in dem ein Mann mit der Hacke dabei ist, ihn zu fällen. Er ist nun ein Sternbild, von dem die Ahnen sagten, dass es der Trockene Baum der Menschen gewesen sei, die ihn durchhackten, ohne dass er umfiel; und man sieht darin auch den Hackenschaft.
Zudem ist da eine schöne Python auf der Spitze des Trockenen Baumes, die sich um einen Ast geschlungen hat: Ihretwegen war der Baum nicht zu fällen, denn sie ist eine mächtige Schlange.
Seitdem regnet es viel und der Donner grollt, wegen der schön anzusehenden Python. Und auch alle Vögel sind zu diesem Baum geflogen."[61]
In der zweiten Version hat der Baum etwas von seiner mythischen Dimension verloren; stattdessen wird der meteorologische Aspekt des Sternbilds unterstrichen:

DER TROCKENE BAUM UND DIE PYTHON II

"Der Trockene Baum ist ein Baum, der keine Blätter mehr hat, der abgestorben ist. Es heisst, man habe, als der Baum einmal tot war, ganz oben Elasan-Pilze entdeckt. 'Klettern wir hinauf', sagte einer, 'das ist ein schöner Haufen Pilze, ein gutes Essen!'
'Es ist ein hoher Baum; es ist einfacher, wenn wir, statt hinaufzuklettern, ihn mit der Hacke umhauen!'
'Gute Idee!', erwiderte der Erste. Und so bauten sie eine Plattform, um den Baum zu fällen; sie einmal errichtet, setzten sie die Hacke an.
Da aber sahen sie, dass in der Baumkrone eine Schlange war, eine Python, die sich um die Spitze des toten Baumes geringelt hatte. 'Besser, wir hauen den Baum nicht um – denn dann kommt die Schlange und beisst uns vielleicht!' So liessen sie ihre Hacke auf der Plattform liegen. Und da sie den Baum nicht fällten, verwandelte der sich samt der Hacke in Sterne. So wurde der vertrocknete Baum zu einem Sternbild.
Wenn es hinter den Berg geht und ins Meer taucht, regnet es zugleich, denn die Haut der Schlange oben hat eine schöne Zeichnung. Der Leib der Schlange wiederum ruft Blitze hervor und auch das Grollen des Donners, der sich so ausdrückt.
Deshalb haben unsere Ahnen den Regen, der dadurch bewirkt wird, dass Der Trockene Baum hinter den Berg und ins Meer getaucht ist, 'Regen Des Trockenen Baumes' genannt, denn der ist sein Zeichen.
Hat der Regen Des Trockenen Baumes einmal aufgehört, beginnt die Trockenzeit. Dann beginnt Menepuru [die Plejaden] sich bei Sonnenuntergang am Horizont zu zeigen: Damit beginnt *Pengarew*, 'Die Zeit Der Sonne'.
Es gibt vier Perioden der Trockenzeit:

* Die Hitze Des Menepuru
* Bulelews Hitze
* Die Hitze Des Langen Wasserbehälters
* Terungs Hitze

Danach beginnt die Regenzeit mit 'Der Zeit der Rückkehr', *Belikwet*. Damit setzen die Regen ein, beginnt das neue Jahr. Man nennt sie deshalb 'Rückkehr', weil da der Regen wiederkommt und auch Menepuru wieder sichtbar wird – am östlichen Horizont aber, bei Tagesanbruch diesmal, nicht wie sonst bei Sonnenuntergang. Wenn man Menepuru am östlichen Horizont aber in dem Moment sieht, wo die Sonne im Westen untergeht, dann beginnt die Hitze."[62]

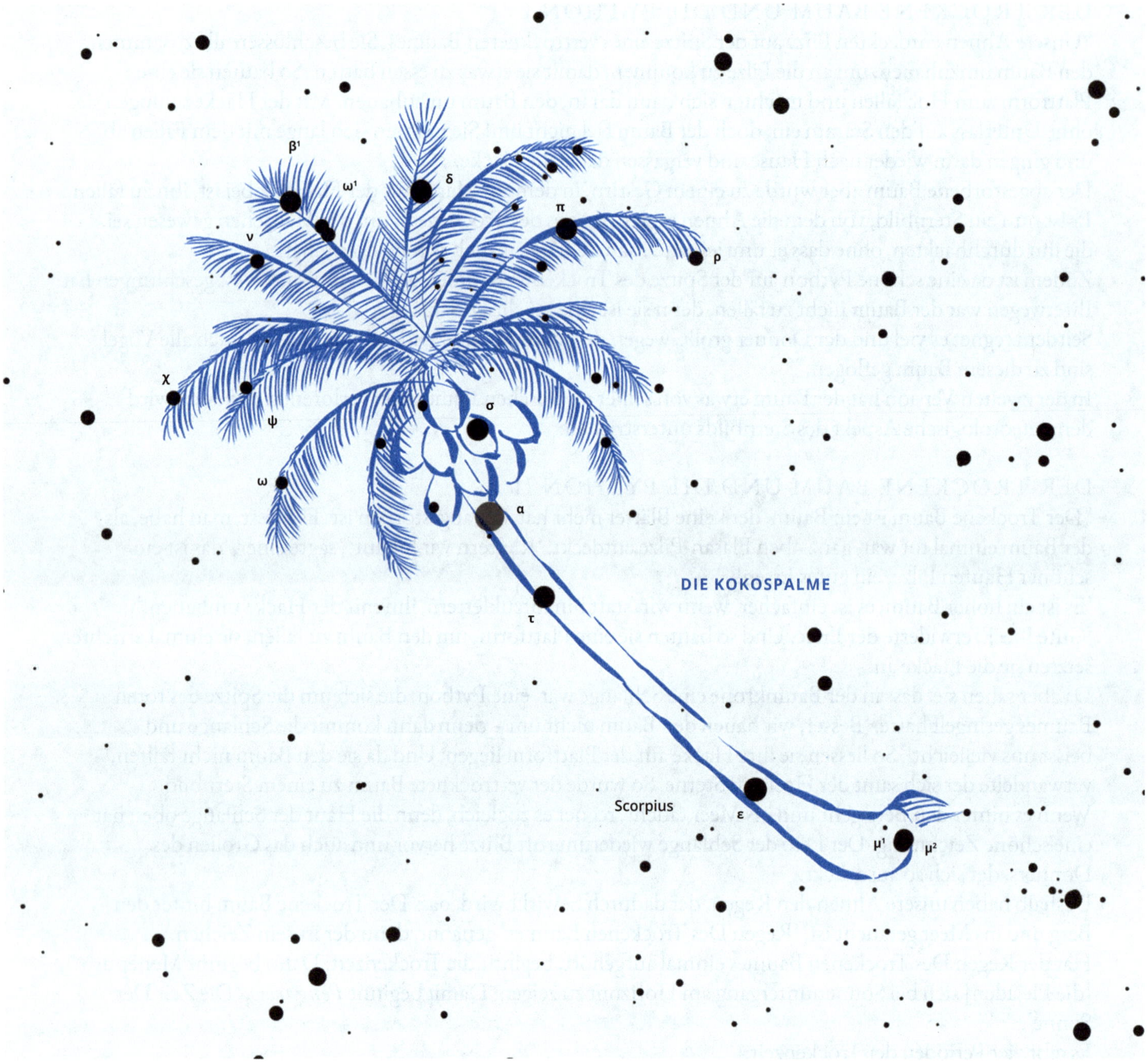

Scorpius bis μ

NYUG – DIE KOKOSPALME

R 213

Grund für die Entstehung eines Sternbildes bei den Palawan – wie auch bei den Eskimo und den Tuareg – ist ein Tabubruch. Er zeigt sich bei dem Versuch, den Weltenbaum zu fällen ebenso, wie beim Ehebruch, der Nachlässigkeit auf der Jagd oder nun beim Inzest. Jedes Mal führt ein absichtlicher oder unabsichtlicher Verstoss dazu, dass etwas oder jemand in den Himmel entrückt wird, um den Menschen in Zukunft in zweifacher Hinsicht als Warnung zu dienen: als lehrreiches Sternbild und zugleich als real gesehener Auslöser für Unbill, die seit dem Tabubruch über die Welt kam. Hier ist es die Regenzeit.

DIE KOKOSPALME I

"Einst beging ein Junge mit seiner Schwester Inzucht. Nachdem sie miteinander geschlafen hatten, wollten die Ahnen das blutschänderische Paar umbringen, weil es seitdem viel regnete. Bruder und Schwester aber flohen. Sie sahen den Stamm einer Kokospalme und kletterten in den Wipfel: Kaum aber, dass sie oben waren, wurde die Palme zu einem Sternbild.
Seitdem gab es keine Kriege und auch keine Morde mehr. Dafür ruft Die Kokospalme nun viel Regen hervor. Der Grund ist das blutschänderische Paar."[63]

In der später aufgezeichneten Version ist in der Erzählung von 1972 jedoch keine Rede mehr davon, dass mit der Entrückung eines Skandalons in den Himmel die Menschheit zugleich von anderen, weit schlimmeren Übeln erlöst worden wäre, um es seitdem mit geringeren zu tun zu haben: Regenzeiten statt Kriegen und Morden (die diese aber ihrerseits wieder auslösen können).

DIE KOKOSPALME II

"Von unseren Ahnen ist überliefert, dass das Sternbild Kokospalme – so erzählten unsere Ur-Ur-Urgrosseltern – schon vor langer, langer Zeit dagewesen sei.
Und da kam es, dass ein Mann Inzucht beging, indem er seine Schwester zur Frau nahm. Und es heisst, dass es nach der Hochzeit zu regnen angefangen habe, es in Strömen goss. Als die anderen Menschen merkten, dass der Grund dafür war, dass er mit seiner Schwester schlief, sagten sie sich: 'Bringen wir sie um!' Denn dass der Regen und der Wind schlimmer geworden waren, das lag an dieser Tat.
Als der Mann, der Inzucht beging, merkte, dass man ihn töten wollte, sagte er: 'Lass uns flüchten. Klettern wir in die Krone der Kokospalme, damit sie uns nicht mehr sehen, und zwar jetzt gleich!' Und die Frau stimmte zu und so stiegen sie beide auf die Palme.
Oben auf dem Baum entkamen sie dem Tod, man brachte sie nicht um, weil man sie im Wipfel der Palme nicht entdeckte. Doch kaum hatten sich beide da oben eingerichtet, verwandelte sich die Kokospalme in ein Sternbild am Himmel.
'Wo ist denn unsere Palme hin?', fragten sich unsere Ahnen, 'sie ist verschwunden!' Sie fanden sie erst wieder, als sie hoch zum Himmel schauten. 'Unsere Kokospalme ist ein Sternbild geworden!', sagten sie. Und nachdem sich die Palme in Sterne verwandelt hatte, wussten unsere Ahnen: 'Wenn Die Kokospalme hinter den Berg geht und ins Meer taucht, dann kommen 'Die Regen Der Palme'. Es regnet, weil das Paar, das Blutschande begeht, auf den Baum gestiegen ist; deshalb sind seitdem die Regen so schwer und die Winde so stürmisch.'
So also ist aus einer Kokospalme ein Sternbild geworden. Alle unsere Vorfahren und bis heute auch unsere Kinder halten sich an dieses Zeichen, an diesen Kalender."[64]

Wie dieses inzestuöse Paar hiess, geht aus den aufgezeichneten Mythen nicht hervor. Es lässt jedoch an Terung und Bulelew denken, da die beiden mit ihren jeweiligen Wasserbehältern für die Regen verantwortlich gemacht werden.

VI DAS HUHN

Das Huhn stammt von dem in Südostasien beheimateten Burma-Bankivahuhn (*Gallus gallus*) ab, das vor etwa 8000 Jahren domestiziert wurde. In der Induskultur ist es um 2500 v. u. Z., in Ägypten um 1500 v. u. Z. nachweisbar; über die Phönizier gelangte es Mitte des ersten Jahrtausends v. u. Z. in unseren Raum.

In Palawan werden die Hühner nicht gefüttert; deshalb kommen sie in die grossen Felder der Lekut, wo die Reispflanzen in der Sonne trocknen. Die Sternbilder von Huhn und Küken markieren zwei Perioden des Monsuns, wo er zunehmend stärker wird: zuerst die Regen im Juli, dann die Regen im August. Es ist dies die Saison der Bagyu-Taifune, die somit meteorologisch den Sternbildern zugeschrieben werden. Ausgelöst werden sie damit von der Sonne, wenn sie im Westen erst im Sternbild Des Huhns, dann in dem Des Kükens untergeht.

ηζεαβψ Aurigae

INAQ– DAS HUHN

R 213 und 214

ι Aurigae – β Tauris – θ Aurigae

ELAD YE – DER FLÜGEL (DES HUHNS)

R 213 und 214

αβ – ηγ (Flügel) – δλζ (Schnabel) Geminorum

DURUY – DAS KÜKEN

R 213 und 214

DIE SAGE VOM HUHN UND DEM KÜKEN

"Die Legende vom Huhn ist die Geschichte von Bengkuru. Als der sein Feld mit Paddy-Reis in der Sonne trocknen liess, kam ein Huhn, um Körner zu picken. Da wurde es aber mit dem Mörserstössel geschlagen, und dabei brach ihm ein Flügel.
Darum hängt Dem Huhn ein Flügel herab: weil es nämlich in Bengkurus Reisfeld, das der austrocknen liess, Körner picken wollte. Man redet deshalb vom 'Monsun Des Huhns', weil er nicht sehr stark ist: Ein Flügel ist ihm ja bereits gebrochen. Die Winde dieses Sternbilds sind deshalb auch nicht mehr so stark; sie haben ja nur noch einen Flügel.
Zu regnen und zu winden beginnt es, wenn Das Huhn ins Meer fällt. Das Huhn einmal nicht mehr sichtbar, fällt danach Das Küken ins Meer – worauf es ebenfalls zu regnen anfängt, es aber stürmisch werden kann. Der einzige Wind, der da noch stark ist, ist der Des Kükens – denn es hat keinen Flügel gebrochen. Danach ist es mit den Regen Des Huhns und Des Kükens vorbei.
Zu Sternbildern sind beide geworden, nachdem Bengkuru beide, Huhn und Küken, geschlagen hat; da haben sie sich in Sterne verwandelt. Einmal Sterne geworden, wurden sie zu Zeichen im Kalender der Ahnen."[65]

Die Geschichte des Huhns findet man auch bei den Bugi auf Celebes; dort wird sie auf Canopus, Sirius und Procyon projiziert und ist der eine Flügel nicht gebrochen, sondern missgebildet kürzer.[66]

VII ASEKS FISCHFANG

Canes Venatici

ASEK

R 214

Es ist nicht auszuschliessen, dass sich der Name des Sternbilds auf den berühmten König Ashoka bezieht, der im 3. Jahrhundert v. u. Z. ganz Indien regierte, sich einen Ruf als Friedensherrscher machte und die Ausbreitung des Buddhismus weit über die eigenen Reichsgrenzen veranlasste, indem er auch Missionen nach Südostasien schickte. Zeitlich wären diese Bekehrungstätigkeiten auch mit dem in Indien kanonischen Weltbild von sieben Himmeln und einer Genesis aus dem Nichts stimmig, wie sie die Weltschöpfungsmythen der Palawan vorführen. Mehr als ein blosses Lippenbekenntnis zu seiner von Palawan aus gesehen fernen und legendären Figur wäre dann an ihm und den ihm zugewiesenen Sternbildern aber nicht abzulesen, da sie nichts weiter von ihm erzählen; einzig auszumachender Bezug zum Asek der Palawan ist, dass Ashoka der Nachhaltigkeit wegen an bestimmten Tagen das Fischen untersagte ...

Die Sternsage erzählt vielmehr ein weiteres Mal von Vergeblichkeit und Scheitern (und ist nicht zuletzt eine Warnung, sich nicht mit giftigen Kugelfischen abzugeben), die auch astronomisch versinnbildlicht werden: Fischt Asek mit seiner Piroge knapp über dem Horizont, schwimmt Der Kugelfisch meist unsichtbar darunter und wäre nicht einmal von einem Berg aus zu entdecken. Selbst wenn sich beide auf gleicher Höhe am Himmel befinden, Asek im Westen, Der Kugelfisch in der Milchstrasse im Norden, kann er ihn nicht sehen; weil der ihm dann den Rücken zudreht.

Bei den Sama der unweit gelegenen Insel Tawitawi stellen α und β Centauri den Fischer Anakdatu und seinen Dreizack dar, der ebenfalls Den Kugelfisch in Crux speert.[67] Auch diese Szene ist im Kontext eines mehrere Sternbilder umfassenden Mythos zu sehen, der an Sternenhimmeln auf der australischen wie der papuanischen Seite der Torres-Strasse abgebildet wird. Dort sticht Tagao oder Togai mit seinem Bruder und einer kleinen Mannschaft in See, zum Speerfischen oder um Schildkrötenschalen zu holen. Weil sie Wasser stehlen und faul sind, bringt der zornige Tagai sie alle mit dem Speer um und wirft sie ringsum über Bord, wo sie sich in die Sternbilder verwandeln, die seitdem verschiedene Perioden des Jahres markieren. Zu sehen sind ihre Umrisse in Orion, den Plejaden, Eridanus, Lyra und Altair. Er selbst verwandelt sich in die Sterne von Crux; der die Piroge begleitende Hai wird von Ursa Maior verkörpert.[68] In einer anderen, auf den australischen Inseln der Torres-Strasse verbreiteten Variation ist Corvus seine rechte Hand, Crux seine linke, besteht sein Körper aus Sternen von Lupus, Centaurus und Hydra und stellt sich seine Piroge in Scorpius dar: Er steht damit auf ähnliche Weise in seinem Boot wie Asek, nur grösser.[69]

Bei den Aborigines von Groote Island, ebenfalls im Norden Australiens, ist wiederum der Kohlensack ein im Fluss der Milchstrasse schwimmender Fisch, den zwei Brüder in α und β Centauri gespeert und gekocht haben, jeder an seinem Feuer von δ und γ Crucis.[70] Bei ihren östlichen Nachbarn, den Yrkalla, ist Crux ein Rochen, der von einem Hai in αβ Centauri gejagt wird.[71]

All dies legt nahe, dass das Sternbild sich mit der Lapita-Kultur und ihren Segelbooten vor rund 5000 Jahren verbreitete und schliesslich auch bei zwei australischen Küstenbewohnern (jedoch nirgendwo sonst in Australien) Spuren hinterliess.

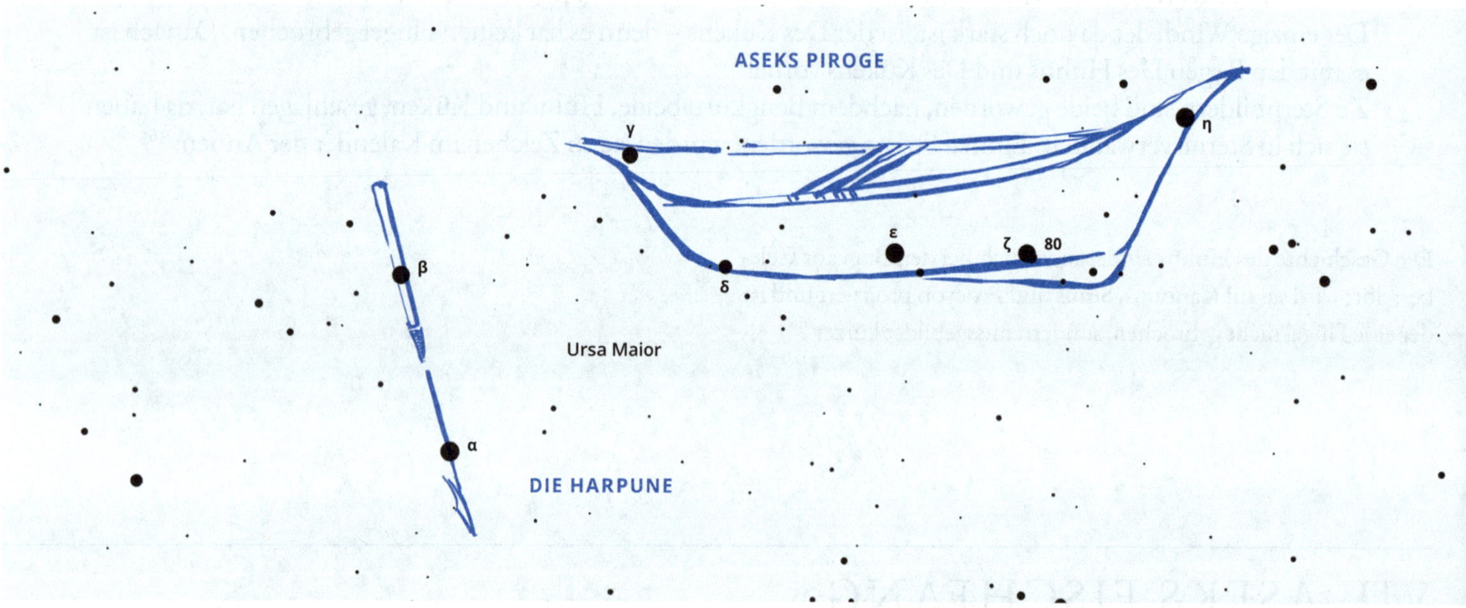

ηζεδγ Ursae Maioris

GUBANG NI ASEK – ASEKS PIROGE

R 213

Die Figuration von Ursa Maior als Piroge gibt es auch bei den Hanunoo auf Mindoro und bei den Yami auf der vor Taiwan liegenden Insel Lan Yu, die darin einen ihrer Ahnen am Bug sehen.[72]

αβ Ursae Maioris

SALANAQAN – DIE HARPUNE

R 214

δρ Centauri, HD 106614 und 107079, 35 Crucis

TETARAN ET TAMPULUNG NI ASEK – DER KOPFTEIL VON ASEKS SCHAFT

R 214

Crux

BUNTEL – DER KUGELFISCH

(Auge γ, Flosse λ Crucis)

R 214

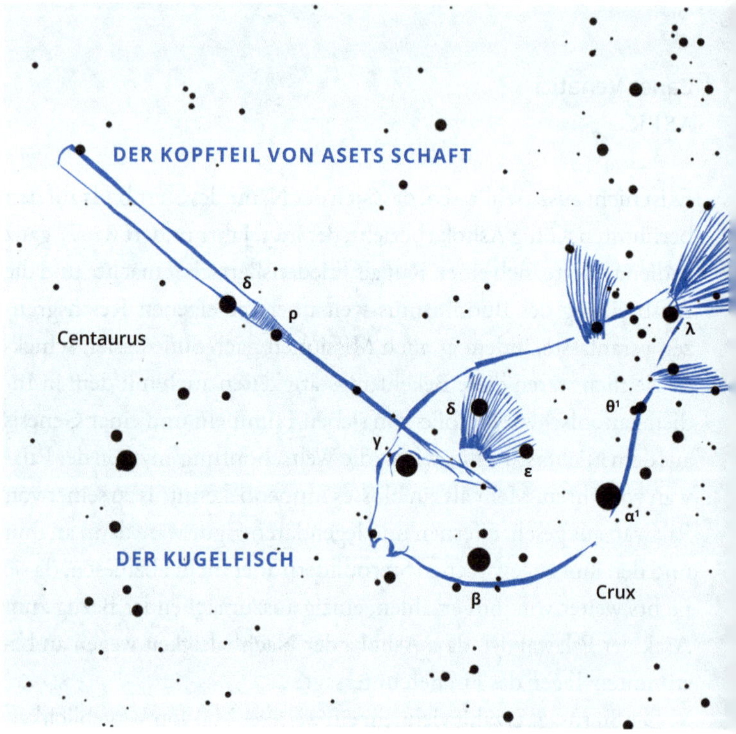

ASEK UND DER KUGELFISCH I

"Asek fischt mit Netz und Harpune. Beim Fischen sieht er einen Kugelfisch. Nachdem er ihn mit seiner Harpune getroffen hat, braucht es nicht viele Schläge, bis der Kugelfisch tot ist. Nachdem er ihn abgeschlagen hat, schneidet er ihn auf dem Sand in Stücke, am Meeresufer.
'O, wie bin ich müde! Ich bin ganz geschafft von der Anstrengung, den Kugelfisch zu fangen. Ich ess ihn später', sagt er sich, hängt seinen Reisbeutel ans Boot und streckt sich aus. Kaum hat er sich's bequem gemacht, schläft Asek aber ein. Als er wieder aufwacht, steht er auf: 'Ich werde jetzt meinen Fisch holen, ich hab Hunger!'
Aber er ist nicht mehr da; er sucht ihn vergeblich, er klettert sogar auf den Berg, bis auf den Gipfel des Kebetangan, um ihn zu suchen. Er sucht ihn so lange, bis es Abend wird, ohne ihn zu finden. Am nächsten Tag sucht er ihn weiter, sogar wieder am Berg oben. Am übernächsten Tag sucht er ihn erneut, im Gebirge. Am Ende findet er ihn nicht, ist der Fisch verwest, isst er ihn nicht.
Da er ihn nicht essen kann, verwandelt sich der Kugelfisch in ein Sternbild.
Seinen kleinen Tabaksbeutel hat Asek für seine Suche bei Terung [in Delphinus] gelassen.
Der Tabaksbeutel ist bis heute bei Terung, weil Asek ihn sich nicht zurückgeholt hat; er ist zum Sternbild geworden."[73]

ASEK UND DER KUGELFISCH II

"Und da ist der 'Eber' Aseks! Er hat ihn mit seiner Harpune getroffen, von seiner Piroge oben, seiner Wohnstatt. Einmal getroffen, hat sich der Fisch gewehrt, mit all seiner Kraft hat er sich gewehrt. Endlich gelang es ihm, den Riemen zu zerreissen und sich davonzumachen.
Der Fisch ihm einmal entwischt, war Asek ihm hinterher. Er suchte ihn so lange, dass ihm einer sagte: 'Hör besser auf, ihn zu suchen.' Doch Asek erwiderte: 'Ich werde ihn weiter suchen.'
Nach sieben Jahren verwandelte er sich schliesslich in ein Sternbild, wurde einfach zu Sternen. Bis heute ist Asek aber weiter auf der Suche, vermag er seinen Kugelfisch nicht zu erblicken."[74]

α Andromedae, αβγ Pegasi

TEKTEMPINAK NI ASEK – ASEKS TABAKSBEUTELCHEN
TEKTEMPINAK ET KUKUWELDEW – DAS TABAKSBEUTELCHEN DES MORGENS

Das Viereck in Pegasus ist der rechteckige, aus Kokosblättern geflochtene Tabaksbeutel Aseks. Er – oder ein Kästchen mit Betelnüssen – ist so eng mit seinem Besitzer verbunden, dass er geradezu als sein symbolisches Alter Ego gelten kann.

Der aus der Neuen Welt stammende Zigarrentabak wurde Ende des 16. Jahrhunderts von Augustinern in den Philippinen, besonders im benachbarten Luzon, unter einem Monopol angebaut; daher das Ansehen der Pflanze, die somit erst dann versternt wurde.

Das Sternbild wird auch als 'Tabaksbeutelchen Des Morgens' bezeichnet. Im März ist dies das letzte Sternbild, das vor dem Sonnenaufgang im Osten zu sehen ist.

R 214, 252 und R|I 237

TAMBUGS TABAKSBEUTEL

Ein Tabaksbeutelchen in der Grösse des Sternbilds spielt eine Rolle in einem Mythos um Tambug und Bihang: "Tambug war der Erste Mensch, der erschaffen wurde. Er hatte weder Vater noch Mutter. Nach ihm wurde eine Frau erschaffen. Tambug schlug ihr vor, sie 'jüngere Schwester' zu nennen. Sie wehrte sich erst noch dagegen, fügte sich dann aber. Sie selbst nannte Tambug 'älterer Bruder'.

Tambug zog daraufhin los, auf der Welt eine Frau zu finden, die so schön wie seine Schwester wäre; wenn nicht, warnte er sie vorher, würde er sie heiraten. Denn der Leib seiner Schwester war so strahlend wie die Sonne.

Nachdem er keine vergleichbare Frau fand, heiratete er sie: Ihr Haar funkelte wie Glühwürmchen, halb golden und halb karmesinrot.

Die Hochzeit vollzogen, kam eine Flutwelle auf sie zu, die so hoch war, dass sie an die Sterne rührte. Als sie zu Tambugs Haus gelangte, griff sich der seinen Tabaksbeutel und hielt ihn vor die Welle, die sich darauf weit zurückzog. Danach verkündete er, dass die Menschen, seine Abkömmlinge, keinen Inzest begehen dürften, ohne dass er sie bestrafe."[75]

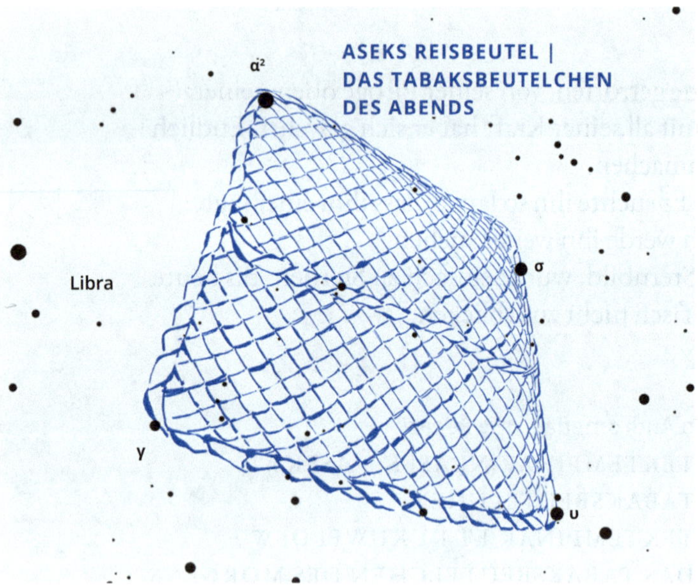

Libra

TININGES NI ASEK – ASEKS REISBEUTEL
TEKTEMPINAK ET MEGKAPUQUN –
DAS TABAKSBEUTELCHEN DES ABENDS

R17

Im November ist dieses Tabaksbeutelchen das erste Sternbild, das nach Sonnenuntergang im Westen aufgeht. Beide Tabaksbeutelchen sind nie zugleich in ihren jeweiligen Dämmerungen zu sehen.

VIII SONNE UND MOND

Es gibt, wie in jeder oralen Tradition, mehrere Varianten zur Entstehung von Sonne und Mond. Sie berichten jedoch übereinstimmend, dass es anfänglich fast unerträglich heiss auf der Welt gewesen sei: Man musste sich vor der Sonne schützen, indem man ein Brett auf dem Kopf trug, und zum Kochen genügte es, einen Mörser auf einen Baumstumpf zu stellen. Zudem gab es noch keine Nacht, sondern zwei Sonnen: Ging die eine unter, stieg die nächste bereits am Himmel auf – was alle Pflanzen verdorren liess.[76]

Eine Traditionslinie sieht Sonne und Mond als Schmuck von Tambugs riesengrosser Frau Bihang: Armband und Kamm, die sie aus Bambus gefertigt hat und die am Himmel hängen blieben, als sie ihn beim Reisstampfen nach oben schob.

Beide können aber auch – wie wir dies auch von den Nördlichen und Südlichen Dene kennen – als Gegenstände und Spielzeug vorgestellt werden: "Damals gab es zwei Monde und zwei Sonnen. Als das Kind [von Tambugs Frau Rejg] etwas grösser war, bat es seinen Vater, ihm den Mond zu geben. Sein Vater schenkte ihm zum Spielen eine Sonne und einen Mond. Tambug erklärte seinem Kind auch, weshalb der Mond grösser und kleiner wurde: Er hat eine Hülle, die ihn bedeckt und in die er sich schiebt, um sich halb oder ganz zu verbergen."[77]

Eine zweite Traditionslinie hingegen bezeichnet Sonne und Mond als Ehepaar. Der Mann tritt darin mit den beiden Namen auf, die die Sonne je nach Region auf Palawan trägt: *Eldew* und *Segit*. Die Geschichte selbst stammt jedoch aus dem Süden des philippinischen Archipels, wo das Kind von Sonne und Mond sterben muss, damit aus seinen Stücken dann die Sterne werden können:[78] "Damals gab es zwei Sonnen, die Frau und Mann waren. Der Mann hiess Segit und die Frau Eldew. Eines Tages ging die Frau zum Brunnen Wasser holen und vertraute ihr Kind ihrem Mann mit den Worten an: 'Setz unser Kind nicht auf deine Knie, sonst verbrennst du es.' Kaum dass sie fort war, fing das Kind zu weinen an. Um es zu trösten, nahm sein Vater es auf die Knie, worauf das Kind zu Asche wurde. Als die Frau zurückkehrte und merkte, dass ihr Kind tot war, wurde sie so zornig auf ihren Mann, dass sie ihn auf den Rücken drehte (bis dahin hatte Segit nämlich die ganze Zeit damit verbracht, flach auf dem Bauch zu liegen; einmal umgedreht, strahlte er seine Hitze nun nicht mehr nach unten [zur Erde], sondern nach oben aus). So wurde Segit zum Mond."[79]

Wie die Verwandlung der heissen, männlichen Sonne in den Mond vor sich ging, auch darüber gibt es unterschiedliche Traditionen. Allen gemein ist jedoch, dass die erste Sonne männlich und damit zu stark war: weshalb sie, meist durch Untertauchen im Meer, abgekühlt werden musste und so zum Mond wurde – und seitdem die schwächere, weibliche Sonne am Himmel steht. Es ist eine Parabel, die somit symbolisch ein Gleichgewicht zwischen den Geschlechtern herstellt, indem sie deren Stereotype verkehrt.

Sonne

ELDEW
SEGIT
LUYANG – DAS ARMBAND (DER BIHANG)

R3 37

Eldew bedeutet zugleich 'Tag'; die seltene Wortwurzel *El-* verbindet es mit *Elad*, Teller. Das Synonym für 'Sonne', *Segit*, steht – dem Vokabular mit der Wurzel *Seg-* zufolge – in einem Bedeutungszusammenhang mit 'aufsteigen, oben, gehen'.

Dem Weltschöpfungsmythos von Tambug und Bihang entsprechend, sind Sonne und Mond das Armband und der sichelförmige Kamm der Bihang. Tambugs Frau hat sich beide aus dem Bambus der bedornten Art *Bambusa blumeana* gefertigt, die sonst als vielseitiges Baumaterial Verwendung findet.

Die Länge des Tages schwankt in der geographischen Breite von Palawan im Laufe des Jahres nur um eine halbe Stunde. 'Der Grosse Tagesanbruch' setzt um 2 Uhr morgens noch mit dem ersten Hahnenschrei ein; zwischen 3 und 4 Uhr ist der erste Dämmerschein; zwischen 4 und 5 Uhr sind die letzten Sternbilder im Zwielicht zu sehen. Das 'Heben der Augenbrauen' später zeigt, wie hoch die Sonne bereits steht, deren Stand den Tag einem Stundenzeiger gleich unterteilt, wobei abends 'Das Bergfeuer' anzuführen ist, das unserem Alpenglühen entspricht.[80]

Mond

BULAN | BUWAN
SUDEY – DER KAMM (DER BIHANG)

'Mond' bedeutet zugleich 'Monat'. Die beiden Namensvarianten für den Mond stehen in einer Bedeutungsverwandschaft mit Ball (*Bula*), Frucht (*Buwa*) und Gold (*Bulawan*).

In einem anderen Mythos sind sie hingegen – wie alle höheren Wesen – Mann und Frau. Das zeigt sich auch daran, dass sie sich "die Gesichter oder den Rücken zuwenden" können oder der Mond "ein Auge auf die aufgehende Sonne wirft".

DER MYTHOS VON SONNE UND MOND

“*Die Alten haben mir erzählt, wie es damals mit Bulan und Eldew war; hier ist die Geschichte:*
Als Empuq mit der Erschaffung der Welt fertig war, sagte er folgende Worte: ‘Wenn die Welt so ohne *Eldew* ist, ist sie gar nicht schön, denn dann bleibt sie dunkel. Ich will deshalb, dass es Licht und Nacht gibt.’
Also erschuf Empuq Eldew, nämlich eine männliche sowie eine weibliche Sonne. Nachdem er die beiden Sonnen erschaffen hatte, setzte er sie in Gang – die männliche Sonne ging voraus, die weibliche folgte hinterher. So zogen die beiden Sonnen los. Die männliche Sonne schritt auf ihrem Weg dahin und es gab Licht. Empuq spürte aber, dass es so heiss war wie Feuer. Auch die weibliche Sonne ging auf ihrem Weg dahin und strahlte Licht aus, doch Empuq merkte, dass die Hitze, die sie abgab, genügte.
‘Oh’, sagte der Schöpfer, ‘die männliche Sonne ist viel zu heiss! Ich muss sie ins Wasser tauchen, sonst überleben das meine Pflanzen nicht.’ Und so griff Empuq sich noch einmal den Sonnenmann und tauchte ihn ins Meer. Als er ihn ins Meer tauchte, so heisst es, habe es zu kochen begonnen, wie siedendes Wasser in einem Kessel. Gleich darauf zog er ihn wieder heraus: ‘Das genügt jetzt! Nun aber, da er nicht mehr so heiss ist, werde ich ihn *Bulan* nennen, ‘Mond’.’
Und dann, so heisst es, setzte er ihn wieder in Gang. Die Sonne, die er in den Mond verwandelt hatte, leuchtete ebenfalls, aber sie war nicht mehr so heiss. ‘Das ist mehr als genug’, sagte der Schöpfer; als Empuq ihn sah, war die Temperatur angenehm.
Derart wurde die weibliche Sonne nun zum glühenden Gestirn, weil die männliche Sonne nicht mehr so leuchtete: Einmal geboren, wächst das Gestirn heran und stirbt schliesslich.
Wenn Empuq ihn ins Meer taucht, sagt er: ‘Das ist *Pinatey*, ‘Der Tote Mond’; da er keinen Glanz mehr hat, ist dies ‘Die Schwarze Nacht’.’
Also packt er ihn wieder und zieht ihn sehr langsam aus dem Meer heraus. Er kann dann sehr dünn aussehen; wir nennen ihn *Timbuwan*, die schmale Sichel des Neumondes.
Kommt die Hälfte des Gestirns zum Vorschein, nennen wir sie *Bungel*, ‘Erstes Viertel’. Und erscheint das Ganze, nennen wir es *Megdedeklaq*, ‘Den Dicken’ Vollmond.
Deshalb hat der Mond Phasen: Er ist erst schmal, dann halbvoll, dann voll. Denn der Meister hat gesagt: ‘Der untergetauchte Mond ruft die schwarze Nacht hervor – und der Mond, der darauf wieder erscheint, bewirkt die Mondphasen.’ Denn Empuq ist allmächtig. Deshalb folgen immer wieder leuchtende Monde auf das Untertauchen des Gestirns durch den Meister, gemäss seiner Anordnung.
Der Sonne wegen, die Empuq untergetaucht hat, ist das Meer auch salzig. Früher war es das überhaupt nicht, sondern so süss wie Flusswasser.”[81]

Der Stand der Sonne unterteilt den Tag, die Phasen des Mondes die Abfolge der Tage binnen eines Monats, wobei es für seine Form die verschiedensten Vergleiche gibt. Der zunehmende Mond heisst zuletzt ‘Ei’ (*Tilug*), dann ‘Kürbis (*Labuq*), bevor er ein ‘Dicker’ (*Megdedeklaq*) wird, um beim Abnehmen einen ‘Mangel an seinem Rücken’ zu entwickeln, bevor im Meer ‘versinkt’ und ‘tot’ ist.[82]

Mondgesicht

Zum Mondgesicht existieren zwei ähnliche Traditionen, die mit der von Männern gespielten, rechteckigen und langhalsigen ‘Laute’ und der von Frauen gespielten zylindrischen ‘Kithara’ sowie dem Holz, aus dem sie gefertigt werden, zu tun haben. Die zweisaitige Laute wird aus Hartholz gemacht und an den Bauch gedrückt gehalten; sie spielt die Melodie, die von der Kithara aus Bambus begleitet wird, welche die Frauen an der Leiste aufrecht halten.[83]

In der ersten Version der Entstehung des Mondgesichtes hat Empuq gerade Sonne, Mond und die Sterne erschaffen.

DIE ENTSTEHUNG DES MONDGESICHTES I

"'Doch', sagte Empuq, 'ist das alles nicht schön anzuschauen, wenn man im Mond nicht auch eine Katze, eine Laute und eine Kithara sieht.' Eine Frau namens Nangem erklärte sich deshalb bereit, mit ihrem Mann Kithara und Laute zu spielen. Sie ging Kewayan-Bambus holen und arbeitete den ganzen Tag, um beide Musikinstrumente zu machen. Am nächsten Morgen waren sie fertig und sie begannen zu spielen, sieben Jahre lang. Nach sieben Jahren erklärte Empuq trotzdem: 'Meine Hühner müssen etwas im Mond sehen, damit sie keine Angst vor der Nacht haben.' Also schuf er eine Katze, eine Kithara und eine Laute, die man im Mond sehen kann. Die Laute verwandelte sich in einen Merbau-Baum [*Intsia bijuga*] und die Kithara wurde wieder zu einem Kewayan-Bambus [*Bambusa blumeana*]."[84]

In der zweiten, eingangs als Motto zitierten Version fehlt die Katze; Nangems Mann trägt hier den Namen Tagalog, des Holzes, aus dem Lauten gefertigt werden.

IX PLANETEN

Venus

BUNTATALAQ

ANTATALAQ

Die seltene Wortwurzel *Bunt-* bezeichnet ein Zusammenrollen ebenso wie den *Buntel* genannten Kugelfisch.

Planeten

ANTATALAQ MANBUT – DER FALSCHE ANTATALAQ

ANAK DATUQ MENGLIMAS – DATUQS KLEINE KINDER

R 214

Erstere Bezeichnung gilt für die grösseren, letztere für die kleineren Planeten.

Jupiter und Saturn

ANAK DATUQ – DATUQS KINDER

Datuq ist eine der islamischen Tradition entstammende, im Sultanat gültige Bezeichnung für den Anführer einer lokalen Gruppe.[85] Als ein solcher Häuptling kann in der kosmogonischen Hierarchie jeder angesprochen werden, der eine Ebene höher lebt und wohnt.

Wer dieser Datuq ist, geht aus dem ethnographischen Material nicht hervor, scheint jedoch aus den palawanischen Epen implizit zu erschliessen. Da gibt es den Datuq namens *Inarak*, den 'Jungen Mann der Kumuluswolken', jener Wolken, die in der Trockenzeit bei Sonnenuntergang auf dem Meer von Sulu zu sehen sind. Er ist ein blendend schöner Mann, der weder Vater noch Mutter hat, eine Emanation der Wolken, welche sich wie Harz an einem Baum bildet; zu dessen Frauen zählt die 'Prinzessin' Tuwan Putliq. Er vermag zu levitieren und so – wie die Schamanen auch – zu anderen Ebenen des Weltalls aufzusteigen.[86] Dies würde ihn zum Vater der wandernden Planeten prädestinieren.

Meteore

ALIPUNGUT

KENIGIS

R 196

Komet

LANTANG

Lantang ist ein kannibalisches Wesen, dass die Echten Menschen verschlingt. Am Himmel sieht man seinen leuchtenden Kopf; seine Eingeweide – *Tiney* – bilden seine Schleppe.

R 196

LITERATUR

A Dante Ambrosio, *'Mamahi' Stars of Tawi-tawi* und *Balátik and Moropóro Stars of Philippine skies*, in: Philipppine Daily Inquirer, 26.1. und 2.2.2008, de.scribd.com/document/381014401/Ambrosio-Stars-of-Philippine-Skies-Inquirer.

M Charles Macdonald, L'éloignement du ciel – Invention et mémoire des mythes chez les Palawan du sud des Philippines, Paris 1988.

M1 Charles Macdonald, *Mythe de création Palawan*, in: Archipel 8, 1974, 91–118.

M2 Charles Macdonald, SIL Philippines Palawan-English-Tagalong Dictionary, www.philippines.sil.org/resources/works_in_progess/palawan/dictionary.

M3 Charles Macdonald, *Mythes des Philippines*, in: Philippines, Archipel des Échanges, Musée du Quai Branly, Paris 2013, 19–23.

M4 Charles Macdonald, *Rituels et cérémonies à Palawan*, ibidem, 309–311.

R Nicole Revel, Fleurs de Paroles – Histoire Naturelle Palawan II, Paris 1990.

R1 Nicole Revel, Fleurs de Paroles – Histoire Naturelle Palawan I, Paris 1990.

R2 Nicole Revel, Les Arts de la Parole des Montagnards Palawan, Paris 2017.

R3 Nicole Revel-Macdonald, Kudaman – Une épopée palawan chantée par Usuj, Paris 1983.

R|I Nicole Revel | Mäsinu Intaräy, La Quête en épouse – Mämiminbin, une épopée palawan chantée par Mäsinu, Paris 2000.

ANMERKUNGEN

1 R198–199 2 Choin et al., *Genomic insights into population history and biological adaptation in Oceania*, in: Nature 592, 2021, 583–589. 3 Jinam et al., *Discerning Origins of the Negritos, First Sundaland People*, in: Genome Biological Evolution 9 (8) 2017, 2013–2022. 4 Florent Détroit et al., *Upper Pleistocene Homo sapiens from the Tabon Cave*, in: C.R. Palevol 3, 2004, 705–712. 5 Jeremy Choin et al, *Genomic insights into population history and biological adaptation in Oceania*, in: Nature 592, 22.4.2021, 583–589. 6 Ohashi | Orchiston, *The Evolution of Local Southeast Asian Astronomy and the Influence of China, India, the Islamic World and the West*, in: Exploring the History of Southeastasian Astronomy, hrsg. v. Wayne Orchiston | Mayank Vahia, Cham 2021, 726–738. 7 R267–282 8 Vgl. R3 9 A 10 M1 ff und M4 11 R194–195 12 R | I237, 382–385 und M1 105 13 R | I59, 63 und 95 14 R2 19–22 15 M1 92 und 95 samt Ergänzungen aus R2 26–31 16 M1 95 17 R194 18 M1 96–98 19 M1 114–116 20 M39 21 M35 22 M17ff. und 271 23 Chantal Zheng, Mythen des alten China, München 1990, 53. 24 Hans Egli, Mirimiringan – Mythen und Märchen der Paiwan, Zürich 1989, 33. 25 Ibidem 311–320 26 Ibidem 306–310 27 Ibidem 32–33 28 Ibidem 301 29 Ibidem 32 30 Ibidem 302–303 31 M3 20: siehe auch Mabel Cook Cole, Philippine Folk Tales, Chicago 1916. 32 Verrier Elwin, The Baiga, London 1979, 308. 33 M125ff. 34 Christian Pelras, *Le Ciel et les Jours. Constellations et Calendriers Agraires chez les Bugis*, in: De la voûte céleste au terroir, du jardin au foyer, hrsg. V. Koechlin et al., Paris 1987, 30–31. 35 Vgl. etwa Gene Ammarell, *Sky Calendars of the Indo-Malay Archipelago*, in: Indonesia 45, 1988, 84–108. 36 Chantal Zheng, Mythen des alten China, München 1990, 53–54; Contes et Nouvelles des Philippines, übersetzt von Coyaud | Potet, Paris 2000, M3 20. 37 M66 38 R3 352–357 39 R2 27 40 Kenneth Maddock, *Metaphysics in a Mythical View of the World*, in: The Rainbow Serpent, hrsg. v. Buchler | Maddock, Den Haag 1978, 102. 41 R196 42 R205 und M32 43 Mabel Cook Cole, Philippine Folk Tales, Chicago 1916, 124. 44 M3 20 45 Dianne Johnson, Night Skies of Aboriginal Australia, Sydney 2014, 26. 46 M45–46 und 277–280, R1 113–119, R2 37–38 und 243 47 Gene Ammarell, *Sky Calendars of the Indio-Malay Archipelago*, in: Indonesia 45, 1988, 95–97. 48 R267 49 M30 50 M33 und R260 51 A7 52 M33 53 Damit, den Angaben der Sternsagen gemäss, die beiden Liebenden am Termitenhaufen liegen, ohne das Wildschwein zu sehen, kommen eigentlich nur diese beiden Sterne und ihre Sichtlinien in Frage; auch entspricht diese Konfiguration der Zeichnung Revels, in der α Persei als hellster Stern den Termitenhaufen markiert. 54 A9 55 R238–239 56 R1 194 57 R234–237 58 R242 59 R schlägt dafür $\pi\nu$ oder $\pi\varepsilon$ Herculis vor. Aus den Angaben im Mythos von Tambug zur Entstehung der Gestirne geht jedoch hervor, dass erst Orion im Westen untergeht und darauf Der Kurze Wasserbehälter im Osten aufgeht: Dies trifft nicht für die Sterne von Hercules zu, sondern für die zwei hellen Sterne von Draco. Sie passen sowohl proportionsmässig zum Rücken der Figur des Sternbildes in Lyra als auch zur Grössenrelation Des Langen Wasserbehälters in Aquila – und sind mit Nicole Revels Zeichnung des Sternbilds am besten zu vereinbaren. 60 R1 193 61 R255–256 62 R253–255 63 R255 64 R253–255 65 R247–248 66 Christian Pelras, *Le Ciel et les Jours. Constellations et Calendriers Agraires chez les Bugis*, in: De la voûte céleste au terroir, du jardin au foyer, hrsg. v. Koechlin et al., Paris 1987, 30–31. 67 A1–2 68 Dianne Johnson, Night Skies of Aboriginal Australia, Sydney 2014, 48–51. 69 Duane Hamacher, The First Astronomers, Crows Nest 2022, 109–110. 70 Charles Mountford, Records of the American-Australian Scientific Expedition to Arnhem Land, Vol. 1, Art, Myth and Symbols, Melbourne 1956, 485. 71 Ibid 503 72 R260 73 R249 74 R250 75 M21 76 M36ff. 77 M39 78 M3 22 79 M38 80 R187–189 81 R197–198 82 R191–193 83 M35 84 M30–31 85 R3 67 86 R3 54, 55, 94–97, 118–119, 354–355

Der *STERNEN-HIMMEL* der *GESELL-SCHAFTS-INSELN*

Auf Tahiti nehmen die Schöpfungsmythen ihren Ausgangspunkt durch das Empordringen des aufwachsenden Aronstabs (*Dracontium polyphillum*), der die aufeinander liegenden Himmel und Erde auseinanderschiebt, welche dann durch den – im Erdbeben aus der Seite seiner Mutter Atea – geborenen Gott Rū weiter getrennt wurden, in höherer Emporhebung des Himmels. Dadurch erscheint dann Rū selbst als ein Himmelsgott, der die Himmel bereitet und die Himmelskörper schafft, in Sonne und Mond, sowie aus deren Begattung in den Finsternissen die Sterne.
Dann steht dem Oberen gegenüber die unten gebreitete Erde von Te-Papa, dem Fels, als Grosses Land, in das der zu den Fruchtgärten des Mondes emporgeflogene Vogel die Samen herabbrachte, ehe es durch den Zorn der Götter in Inseln zerbrochen wurde. Diese Inseln werden aber auch wieder als von dem Fels abgebrochen betrachtet, den Ta'aroas Gattin durch das Meer geschleppt hat, oder als Stücke des vom Himmel herabhängenden Eies, das Ta'aroa zerbrochen hat. ... Aufgefischt werden die Inseln dann durch den Halbgott Mā-ū-i, und wenn sich sein Angelhaken in den Locken des Meeresgottes Ruahatu verwirrt, folgt die zerstörende Flut.
Im Wieder-Entstehen aus solchen Untergängen beginnen periodische Erneuerungen fortzurollen in der Welt als Schale Ta'aroas, wenn er sie auf Tahiti abstreift.

Adolf Bastian, Inselgruppen in Oceanien, Berlin 1883, 1–2

BESIEDLUNGSGESCHICHTE

Die Polynesier stammen zum grössten Teil von Reisenden ab, die Austronesisch sprachen: eine 1200 Sprachen umfassende, von Australien bis Madagaskar und der Osterinsel verstreute Gruppe, die ihren Ursprung auf Taiwan hatte. Die dortige Population ging wiederum aus dem aus Afrika migrierten *Homo sapiens* hervor, der in Südostasien erstmals vor 43 500 Jahren in den Jägern und Sammlern der steinzeitlichen Hoabinhian-Kultur greifbar wird; sie vermischte sich offenbar erst sehr spät – nämlich vor 4000 Jahren – mit aus dem chinesischen Norden einwandernden Reis- und Hirsebauern.[1]

Die altsteinzeitlichen Artefakte der Hoabinhian-Kultur stellen eine lokale, aber weit verbreitete Variante der zeitgenössischen afrikanischen Abschlagstechnik dar. Ihre 'Sumatralithe' finden sich in Süd- und Ostasien an "strategischen Punkten des Migrationsbogens von Afrika nach Australien", an Orten von Indien bis Sumatra, Thailand, Vietnam und China, die meist über zwei und drei Jahrzehntausende hinweg bewohnt wurden und somit eine ebenso gleichförmige wie lange zurückreichende Tradition erkennen lassen.[2]

Dies ist insofern bedeutsam, als eine solche Tradition auch ein kulturelles Reservoir darstellt – was erklären würde, weshalb in den Sternenhimmeln der Gesellschaftsinseln (und dann auch bei jenen der Māori samt ihren Schöpfungsmythen) sich Vorstellungen und Konzepte wiederfinden, die auch bei den räumlich wie genetisch ebenso lange isolierten australischen Aborigines und teilweise auch auf Palawan präsent blieben. Im Falle Australiens würde dies heissen, dass die Vorstellungen über den Himmel und die Welt in direkter Linie vom afrikanischen *Homo sapiens* abstammen, während sie im Falle Südostasiens etwas überprägt wurden und sich erst durch die relativ spät einsetzenden Seereisen der Lapita-Kultur über die Südsee verbreiteten.

Vergleicht man die Schöpfungsmythen der Gesellschaftsinseln mit denen Taiwans, dem Ursprungsland der Lapita-Kultur, so fallen sowohl Unterschiede wie Gemeinsamkeiten ins Auge. Von der taiwanesischen Bambusgeburt des Menschen ist in Polynesien keine Rede mehr. Das auf Taiwan übliche Emporheben des Himmels durch einen Stössel wird hier hingegen noch stärker ausgeführt, indem sich daraus ganze Himmelsstützen und Pfeiler entwickeln.

Auch die Entstehung der Welt aus einem Ei – samt der daraus folgenden grossen Nähe des Himmels zur Erde – findet sich in Taiwan bereits in einem kurzen Mythos zusammengefasst: "Nach alter Überlieferung legte die Sonne in Tjuaalabus Rhuvaniau ein Ei. *Rhuvaniau* ist der Name für ein Häuptlingshaus. Als das Ei auseinanderbrach, war darin ein Mensch. Nachdem dieser Mensch hervorgekommen war, wusch ihn die Sonne. Den Ort, wo das Kind gewaschen wurde, durfte nie jemand betreten, obwohl dieser Ort noch heute besteht. Der Name des Kindes, das aus diesem Ei schlüpfte, war *Lemej*... Das war der erste Mensch.

Damals gab es eine grosse Flut. Alle Menschen starben durch diese grosse Flut. Doch zwei Geschwister flohen und wurden gerettet, weil sie zum Ort Puts-Puts flohen. *Puts-Puts* bedeutet einen Ort, der voll von Gras, Bäumen und Winden ist, dass es aussieht wie das Gewebe eines Netzes. Diese Geschwister heirateten und bekamen Kinder."[3]

Aus dem Raum der Hobinhian-Kultur ging auf Taiwan die zwischen etwa 3500 und 2500 v. u. Z. florierende Lapita-Kultur hervor, die sich schnell ausbreitete, zuallererst in die südostasiatische Inselwelt. Ihre Seefahrer besiedelten mit ihren einrumpfigen Pirogen erstmals die Molukken, wo um 3500 v. u. Z. die ersten menschlichen Spuren greifbar werden: Die im mesopotamischen Terqa ausgegrabenen, auf das 2. Jahrtausend v. u. Z. datierten Nelken wurden von ihnen weitergehandelt, um über die Indus-Kultur ins Zweistromland zu gelangen.

Mit ihren hochseetüchtigen, mit Auslegern bestückten Segelbooten erreichten die Nachfolger der Lapita-Kultur um 1000 v. u. Z. den Pazifik östlich der Salomonen und Neu-Kaledoniens. Östlichste Grenze der Lapita-Kultur wurden somit Samoa, Fiji und Tonga, wo neu domestizierte Pflanzen wie Taro und Yams, das Kochen in Erdöfen sowie Hühner, Hunde und Schweine eingeführt und die für sie typischen Häuser auf Stelzen errichtet wurden.[4]

Zu einer weiteren Ausbreitung auf die weit verstreuten, isolierten Inseln tief im Pazifik des östlichen Polynesiens kam es erst zwei Jahrtausende später; so segelten um 830 u. Z. zwischen 30 und 200 Personen in doppelrumpfigen Segelpirogen von Samoa aus los, um neue Inseln entlang des vulkanischen Bogens zu suchen. Die hohen Inselberge waren auch aufgrund der sich um sie bildenden Wolken weithin sichtbar; sich aber über diesen Horizont hinaus auf über tausend Meilen lange Seereisen zu begeben, gelang nur aufgrund exzellenter navigatorischer Kenntnisse des Sternenhimmels, der Strömungsverhältnisse und Dünungsrichtungen sowie der Fähigkeit, sich unterwegs genügend Nahrung und Wasser durch Fischfang zu verschaffen (unter der Haut von Delphinen und Haien findet sich eine trinkbare Flüssigkeit; auch ist Meerwasser in geringen Dosen geniessbar).

Auslöser für solche Seereisen über weite Strecken hinweg waren weniger von Stürmen abgetriebene Pirogen oder durch Hunger und Tyrannei gezwungene Himmelfahrtskommandos ins Ungewisse, als eine Kultur, in der Erstgeborene angehalten waren, sich anderswo eine eigene Existenz ausserhalb des väterlichen Radius aufzubauen; in den derart gegründeten Kolonien konnte er darauf zählen, später als Urahne oder gar Gottheit verehrt zu werden.[5] Im Rückblick dieser Seefahrer war da schon längst aus *Savai'* (Samoa)[6] das mythische *Havai'i* geworden: das 'Ursprungsland', das erste Festland der Schöpfung, die verlorene Heimat.

Um 830 wurde auf diese Weise Rarotonga entdeckt. Das Muster war dabei überall ähnlich: War eine der bis dahin unbewohnten und isolierten Inseln erreicht, kam es zu schnellem Bevölkerungswachstum, angetrieben durch die reichen Ressourcen – die unbefischten Riffe, die riesigen Kolonien von Seevögeln und flügellosen (und deshalb schnell ausgerotteten) Vögeln. Die dort ansässig werdende Gruppe unterstand einem König und seinen Prinzen – eine Hierarchie, die sich auch in der Vorstellung von der Entstehung der Sterne widerspiegelt – und war um einzelne Experten, *Tahu'a*, herum organisiert: ein Experte für den Bootsbau, einen für den Häuserbau, einen für die Fischfangzeiten, eine für die Heilpflanzen als 'Arzt', einen Experten für die Gebete und Beschwörungen, einen anderen für die Errichtungen der *Marae* genannten Zeremonialplattformen sowie einen Priester für die darauf dann abgehaltenen Zeremonien.[7]

War der Reichtum einer Insel einmal erschöpft, kam es zu weiteren Reisen ins östliche Polynesien, auf der Suche nach der nächsten Insel und ihren unverbrauchten Ressourcen; so thematisieren dies auch die frühsten mündlichen Überlieferungen. Man blieb zwar über Jahrhunderte hinweg im Handelskontakt mit den zurückgelassenen Inseln, doch war dieser aufgrund der Distanzen natürlich begrenzt.

Derart wurden die Gesellschaftsinseln um 1050 erreicht und das Archipel von Tuamotu – wo die Atolle erst aufgrund des seit 900 fallenden Meerespiegels aufgetaucht waren und sich mit Erde und Wäldern gefestigt hatten, wie dies die Schöpfungsmythen schildern – um 1110. Die Marquesas wurden um 1140, die Osterinsel um 1210 besiedelt (Neuseeland hingegen erst um 1350). Es sind dies genetische Daten, die sich jedoch sehr eng mit den durch orale Tradition bewahrten Generationenfolgen überschneiden.[8]

Tuamoto wurde 1521 erstmals von Magellan besucht, Tahiti 1767 von Wallis – und mitsamt den übrigen Inseln ringsum aufgrund ihrer 'geselligen' Anordnung im Meer 1777 von James Cook *Gesellschaftsinseln* genannt; nach ihrer Missionierung 1843 wurden sie von Frankreich kolonialisiert, zu dem sie seither gehören. Zu dem guten Dutzend von Inseln über und unter dem Winde zählen Tahiti und das weit kleinere Atoll Bora Bora. Das ist insofern von Bedeutung, als sich dort die Überlieferungen zum Sternenhimmel und der Schöpfung relativ vollständig und unkontaminiert erhalten haben; ebenso wie auf dem eine Generation später besiedelten Tuamotu – während das, was sich auf dem weit weniger isolierten Tahiti erhalten hat, fragmentierter und vermischter ist.

Aufgezeichnet wurden sie in grossem und gründlichem Umfang von dem ab 1817 auf Tahiti wirkenden englischen Missionar John Orsmond, der dort 1856 verstarb; er holte beim König der Insel Pomare II. und seinen Priestern geneaologische, ethnologische und historische Daten ein und zeichnete weitläufig Mythen auf. Das 1848 daraus erstellte, zur Publikation in Paris bestimmte Manuskript ging jedoch verloren, worauf Orsmonds Enkelin Teuria Henry (1847–1915) es aufgrund der Originalnotizen rekonstruierte, übersetzte und annotierte. Publiziert wurde diese Fassung aber erst posthum 1928 unter dem Titel *Ancient Tahiti*: Sie stellt, umfangreich und sorgfältig ediert – neben den Aufzeichnungen des belgischen Kaufmannes Jacques-Antoine Moerenhout von 1837 und den zwischen 1883 und 1893 erschienen Studien des ersten deutschen Ethnologen Adolf Bastian – die einzige relevante Quelle zum Sternenhimmel der Gesellschaftsinseln dar.

DER SCHÖPFUNGSGESANG VON TUAMOTU

Für die polynesischen Anschauungen von der Entstehung des Universums steht das Ei und sein Aufbau Modell. Der Kosmos besteht demnach aus ineinander gestaffelten Himmeln, ähnlich den Schichten eines Eies, das sich aus dem Oberhäutchen, der Kristallschicht der eigentlichen Schale und der inneren und äusseren Eischalenmembran zusammensetzt, welche sich am stumpfen Pol des Eis teilt und dort die Luftkammer bildet. Mit dem Keimbläschen unter der Dottermembran ist wohl jenes 'Kleine Tal' zu verstehen, in dem der Weltschöpfer Ta'aroa noch in seinem Ei sitzt, bis er es im Dunkeln aushöhlt und ausweitet, wobei aus dem Dotter Festland und aus dem Eiklar der Ozean wird. Die neun Himmel haben ebenfalls ein Vorbild im Ei, denn auch darin liegt weisser und gelber Dotter schichtweise um die Latebra, die zapfenartig ins Innere reicht. Mit den Hagelschnüren wird wiederum verhindert, dass das Eidotter an der Eihülle anhaftet: Auch diese roten Schnürchen liessen sich als Pfeiler des späteren Himmels allegorisieren.

Auf Hawaii sind Fragmente sehr alter Mythen überliefert, in denen das Universum aus dem Ei eines riesigen Vogels entstand, der es auf die Wasser im Raum legte. Einmal aufgesprungen, wurde die obere Schalenhälfte zum Himmel, die untere zur Erdoberfläche und aus dem Dotter bildetet sich die Insel *Hawa*, die von Tahitianern besiedelt wurde, welche ihre Schweine, Hunde und Geflügel mitbrachten.[9] Diese Vorstellung gibt dem diesbezüglich schon etwas abstrakt gewordenen Schöpfungsgesang von Bora Bora und der Geburt Ta'oaras aus einer bloss noch eiähnlichen Schale seinen ursprünglichen Kontext wieder zurück.

Auf Tuamotu wiederum ist ein Schöpfungsgesang samt Diagrammen des Kosmos erhalten, der ebenfalls sehr alt scheint, zahlreiche konkrete Details enthält und einen Emergenzmythos überliefert, der eine Brücke zu den panamerikanischen und palawanesischen Schöpfungsmythen schlägt, jedoch ganz zum Typus der auf Bora Bora und Tahiti erzählten Mythen mit ihren asiatischen Einflüssen gehört.

Der Schöpfungsgesang von Tuamotu stellt sich das uranfängliche Universum ebenfalls als Ei vor, das Te-tumu, 'Den Grundfesten', und das weibliche 'Schichtgestein' der Korallen, Te-papa, enthielt; als es aufbarst, entstanden daraus drei übereinander liegende Ebenen, die jeweils eigene Himmel besassen. Die oberste Ebene war glücklichen Seelen vorbehalten, die mittlere wurde von den Lebenden bewohnt und in die untere Ebene wanderten verzweifelte Seelen; viele dieser rastlosen Seelen konnten jedoch entkommen, indem sie sich in Vögeln verbargen. ...
Erschaffen wurden die Menschen, Tiere und Pflanzen von Te-tumu und Te-papa. Der erste Mensch, den sie schufen, war Ma-tangata ('Anstrengung'), der jedoch keine Arme hatte und kurz nach der Geburt starb. Der zweite war Aitu ('Gottheit'), der einen Arm, aber keine Beine besass und wie sein älterer Bruder ebenfalls gleich starb. Erst der dritte, Atea ('Raum') – auch genannt Hoa-tea ('Schöner Freund') oder Haotu ('Bewundernswerter') – war vollständig ausgebildet.
Nach ihm kam die Frau namens (Fa'a-)Hotu ('Früchtespendende Erde') zur Welt und wurde Ateas Frau: Von ihnen stammt das gesamte menschliche Geschlecht ab, das sich schnell vermehrte – wobei sich Aito ('Krieger') und seine Frau Fenua ('Land') am meisten hervortaten.
Aufgrund der wachsenden Bevölkerung nun schlug ihr Stammvater Atea vor, die Ebene darüber emporzuwölben, um den Lebensraum zu vergrössern; nur Aito und Fenua widersprachen, weil sie das Leben in der Waagrechten gewohnt waren. Starke Männer stemmten dennoch die obere Ebene mit ihren Armen empor und einer stieg dem anderen auf die Schulter, solange, bis die höchsten Bäume gerade stehen konnten. Aito und Fenua aber zeugten den Ta'aroa Der Finsternis, einen klugen, aber bösen und mächtigen Geist, der über die Unterwelt herrschte.
Nachdem sich die unterste Ebene der Erde mit immer mehr mit Menschen gefüllt hatte, öffneten diese in der Mitte des Firmaments darüber ein Loch, um hinauf zu gelangen, und setzten sich dort fest, indem sie die Pflanzen und Tiere von unten heraufholten. Später schlugen sie auch in das zweite über ihnen liegende Firmament eine Öffnung, indem Tānes Leute es erst in der Mitte auflockerten und er selbst dann mit einem Stein ein Loch durch diesen Himmel brach. Auch durch dieses Loch wieder stiegen sie – wie bei den panamerikanischen Mythen – schliesslich hinauf, um sich dort anzusiedeln; das wiederum darüber liegende Firmament stemmten sie auf dieselbe Weise empor wie zuvor, sodass die Menschen nunmehr drei Lebensräume besassen.
Diese mehrfach über der Erde liegenden Himmel waren jeweils an ihrem Horizont unten aufgestützt. Der jeweilige Himmel gehörte [wie bei den südostasiatischen Palawan] jeweils einem Gott und seinem Anhang: Jedoch nur die rechte Hälfte, denn in der linken lebten die Menschen, die weiter daran arbeiteten, eine Himmelskuppel über die andere zu wölben, bis sich am Ende neun Himmel ordentlich übereinander rundeten.
Die Leute waren zu dieser Zeit noch unsterblich und mit grossen Kräften ausgestattet [wie wir dies von den meisten Schöpfungsmythen bislang kennen] und nachdem alle Himmel errichtet waren, schufen sie [auch dies geht aus den meisten Schöpfungsmythen hervor] die Sterne, um die höchsten Himmel zu erhellen, die Sonne, um alles darunter auszuleuchten, und den Mond als der Erde nächstem Licht. Alle diese Himmelskörper stiegen an ihren jeweiligen Horizonten im Osten durch Schächte hinauf und durch Schächte im Westen wieder hinunter, in regelmässiger Folge – mit Ausnahme der Sonne, die Tag und Nacht fast durcheinanderbrachte, bis der Held Mā-ū-i eines Morgens die Sonne bei ihren Strahlen fing, wie dies von vielen Legenden erzählt wird.
Die Schöpfung aber war kaum vollendet, als der sich in bösen Taten gefallende Ta'aroa Der Finsternis den höchsten Himmel anzündete, um alles zu zerstören. Glücklicherweise sahen jedoch drei Männer dieses Feuer sich ausbreiten; sie kletterten von der Erde hinauf, löschten die Flammen, packten Ta'aroa, trugen ihn hinunter und verbannten ihn in die unterste Ebene der Welt, die weiterhin in völligem Dunkel lag.
So wurde er Herrscher über diese Unterwelt und der Gott der Toten, während Te-tumu, 'Der Grundfeste', der Gott des Lebens wurde, der die Seelen gemäss ihrer Taten belohnt. Erst danach wurden die Menschen sterblich."[10]

DER SCHÖPFUNGSMYTHOS VON BORA BORA UND TAHITI

In dem bisherigen Schöpfungsmythos war Atea – der Raum – das erste göttliche Lebewesen der Welt, das Herrscher des dritten, ursprünglich obersten Himmels wurde, von dem er mit dem Gesicht nach unten herabschaute. Auf Bora Bora und Tahiti hingegen war Atea zunächst eine Frau, die später ihr Geschlecht wandelte; dort gilt Ta'aroa als das erste Wesen der Welt, aus dem alle anderen Wesen und Götter hervorgingen. Ta'aroas Statuen wurden deshalb stets ausgehöhlt und hinten mit einer Öffnung versehen, um darin heilige Federn – die an die ursprüngliche Gestalt der Götter als Vögel gemahnen – und Figürchen kleinerer Götter unterzubringen, welche damit grössere göttliche Essenz erlangen sollten.[11]

Hier folgt die erste von zwei Versionen eines Schöpfungsgesanges, der 1822 von einem Hohepriester und einem Ratsherrn von Bora Bora sowie von einem Hohepriester aus M'orea rezitiert wurde.
"Ta'aroa ('Der Uneingeschränkte')[12] war der Urahne all der Götter; er hat alles geschaffen. Der Grosse Ta'aroa Des Ursprungs existierte seit unvordenklicher Zeit. Er wuchs allein und durch sich heran; er war sich seine eigenen Eltern, da er weder Vater noch Mutter hatte. Seine Verkörperungen waren unzählbar: Er war Ta'aroa Der Obere, Ta'aroa Der Untere und Ta'aroa In Stein; er war das Haus eines Gottes, sein Rückgrat dessen Firstbalken, seine Rippen dessen Stützen.
Und das waren seine Wesen: Er war der Grosse Ta'aroa der Wahrheit, welche die Erde sich drehen lässt; der Grosse Ta'arao, der den Tabuverletzungen und Grausamkeiten ein Ende setzte; der Grosse Ta'aroa des Grundfesten; der Grosse Ta'aroa der grenzenlosen Glorie; der Ta'aora des klaren Befehls; Ta'aroa mit dem emporgehobenen Himmel; Ta'aroa der Vermehrer; Ta'aroa, der über dem Durchlass des Riffs stand; Ta'aroa der Ausrotter; der Grosse Ta'aroa, dessen Fluch den Tod bedeutet. Wenn er die Erde verfluchte, ging sie ein, wenn er die Erde umbrach, wurde sie krank, wenn er das Meer verfluchte, vertrocknete es, wenn er die Bäume verfluchte, liessen sie ihre Äste hängen. Zahllos waren Ta'aroas Verkörperungen, aber es gab nur einen Ta'aroa, ob oben, unten oder in der finsteren Welt.
Ta'aroa aber sass noch im Dunkeln seiner Schale, unzählige Zeitalter lang. Die Schale war rund wie ein Ei, das sich in einem endlosen Raum drehte, in dem es weder Himmel noch Land oder Meer, Mond, Sonne oder Sterne gab. Alles lag im Dunkeln, in einem unaufhörlich dichten Dunkel. Rūmia ('Die Aufgeschlagene')[13] hiess diese Schale um Ta'aroa, der ganz allein in dieser Schale sass. Er hatte weder Vater noch Mutter, keinen älteren Bruder und keine Schwester. Und es gab da auch noch keine Menschen und Tiere, Vögel oder Hunde. Nur Ta'aroa war da, er allein, und Raum: Raum für Himmel, Land, Meer und Süsswasser.
Schliesslich versetzte Ta'aroa seiner Schale einen Schlag, sodass sie einen Riss bekam, so wie da, wo Ameisen herauslaufen. Er schlüpfte heraus und stellte sich auf seine Schale, schaute sich um und sah, dass er allein war. Kein Laut war zu vernehmen und auch draussen war es bloss dunkel. Also rief er: 'Ist da jemand, da oben?' Niemand antwortete. 'Ist da unten jemand?' Nichts rührte sich; es war völlig still. 'Ist da vorne jemand?' Keine Stimme war zu hören. 'Ist da hinten jemand?' Aber da war bloss das Echo seiner eigenen Stimme, sonst nichts. Da schrie Ta'aroa: 'O, Raum für Himmel, o, Raum für Scharen, o, Raum für Land – dehnt euch oben und unten weit aus!' Und dann schwamm er in einem Raum ohne Land. Er schwamm hinauf, weit hinauf, und hinunter, weit hinunter, und dann kehrte er in das Kleine Grundfeste von Fa'a-iti, dem 'Kleinen Tal' in seiner Schale zurück und verweilte weiter dort, eng umschlossen von dichter Dunkelheit.
Schliesslich aber wurde er dieser Schale müde, schlüpfte aus einer neuen heraus und stellte sich, einmal draussen, auf die alte, aufgeschlagene Schale Rūmia.
Diese neue Schale machte er nun zum Grossen Grundfesten der Welt und liess daraus die Schichtgesteine und das Erdreich der Welt entstehen. Die alte Schale Rūmia, die er zuerst aufgeschlagen hatte, aber wurde zu seinem Haus, dem Gewölbe des Himmels der Götter, der ein begrenzter Himmel war und die nun entstehende Welt umschloss."

Ta'aroa bestimmte nunmehr Tumu-ni, den 'Grossen Grundfesten' der Erde, zum Ehemann und Papa-raharaha, 'Das kraushaarige Schichtgestein' – als Name für das schamhaarartige Korallengestein– zur Ehefrau. Doch beide wollten nicht zueinander kriechen, um die Ehe zu vollziehen: "Deshalb weilte Ta'aroa ganze Zeitalter lang in dem geschlossenen Himmel Rūmia; und er beschwor Götter herauf, die ihm im Finsteren geboren wurden: Deshalb heisst der Himmel 'Himmel der Götter'. Wenn Ta'aroa sich darin hinstellte und sich der Dunkelheit zuwandte, um in sie zu rufen, so tat er dies, um Götter zu erschaffen. Der Mensch wurde erst später erschaffen, als Tū – Die Festigkeit – bei Ta'aroa war. Und als Ta'aroa sein Gefieder abschüttelte, entstanden aus den Federn Bäume, Kochbananenbüschel und Gemüse."[14]

Die Erscheinungsformen der Erde setzen hier mit den roten und gelben Federn ein, welche die Götter in der Urzeit bedeckten; Haar wuchs das erste Mal auf dem Kopf des Gottes Tāne und wurde von den Göttern 'Moos' genannt.

Die nächste Schöpfungsphase wird von einer anderen Version des Schöpfungsgesanges, die von zwei Hohepriestern – einem aus Bora Bora und einem aus Tahiti – in den Jahren 1822, 1824 und 1833 rezitiert wurde, detailliert ausgeführt.
Aus Ärger darüber, dass die Zwangsehe von Erde und Gestein nichts hervorbringt, geht Ta'aroa darin nun selbst ans Werk: "Sein Zorn war noch nicht gestillt, also machte er aus seinem Rückgrat eine Kette von Gipfeln, aus seinen Rippen Berghänge, aus seinen Organen breite dahinschwebende Wolken, aus seinem Fett und Fleisch fettes Erdreich, während seine Arme und Beine die Erde stärkten; aus seinen Finger- und Zehennägeln wurden Fischschuppen und Muschelschalen, aus seinen Federn Bäume, Büsche und Lianen, aus seinen Eingeweiden die Hummer, Garnelen und Aale im Meer und in den Flüssen; und sein Blut erhitzte sich und trieb ab, sodass daraus die Röte des Himmels und die Regenbogen wurden.
Nur sein Haupt blieb ihm selbst heilig; mit ihm lebte er weiter; mit demselben Kopf auf seinem unzerstörbaren Körper war er Herr über alles. Und alles weitete sich aus und wuchs an.
Und so wie Ta'aora Krusten hat, Schalen, so hat alles eine Schale. Der Himmel ist eine Schale, das heisst, ein endloser Raum, in den die Götter die Sonne stellten, den Mond, die verstreuten Sterne und die geradlinigen Sterngruppen der Götter.
Die Erde wiederum ist eine Schale für die Felsen, das Wasser und die Pflanzen, die ihr entspringen. Und die Schale eines Mannes ist die Frau, weil sie ihn auf die Welt bringt, so wie auch die Schale der Frau eine Frau ist, weil sie von einer Frau geboren wurde."[15]
In der nun entstandenen Welt gab es jetzt Luft, aber ausser Bergen noch kein Festland, weder Strände noch Küsten ringsum. Doch da fanden Gesteine, Felsen, Steine und Sand des Ozeans und der Ufer, Berge und Flussmündungen zusammen. So bildete sich durch Ta'aroas Beschwörungen allmählich das mythische erste, aus dem Meer auftauchende Land, Havai'i – Heimatland –, ein Atoll mit Riffen ringsum, über dessen Durchlass er mit beiden Beinen stand. Auch war der Raum über der Erdoberfläche "noch sehr tief unten in dieser Zeit der Finsternis, denn die Himmelskuppel, Rūmia, wurde da noch auf sie gepresst, von einem grossen Kraken, der im Ozean entstanden war und Tumu-ra'i-fenua genannt wurde: 'Grundfeste Von Erde Und Himmel'".[16]
Um das im Meer aufsteigende Land zu festigen, liess er im Abgrund unterhalb der Erde ihren 'Kiel' Ta'ere erscheinen, den Gott des Wissens und der Geschicklichkeit, und den Gott der 'Festigkeit' Tū, der in den sandigen Böden nun Wurzeln wachsen liess.
"Doch auch als das Land Land wurde und fest, liess der grosse Krake nicht los: Einer seiner Arme war der Süden, ein anderer der Norden, einer der Osten und ein Arm der Westen; und sie drückten den Himmel weiterhin hart auf die Erde."[17]

DIE ENTSTEHUNG DES ERSTEN HIMMELS

Darauf macht Ta'aroa sich daran, die Halbschale Rūmia mit Pfeilern zu einer ersten Himmelskuppel emporzuheben, sodass zwischen Erde und Firmament nun der Raum als weitere männliche Emanation Ta'aroas erscheinen kann, der Gott Atea, 'Weite Ausdehnung':

"Und so wie die sich ausbreitenden Wurzeln den Sand hielten und das Land fest werden liessen, befestigte Ta'aroa nun die Kuppel des Himmels, die Halbschale Rūmia, auf Pfeilern, indem er rief: 'O Tumu-nui – Grosser Grundfester – und Papa-raharaha – Schichtgestein –, bringt Pfeiler hervor; es braucht vorne einen Pfeiler und hinten einen'.
Und so brachten sie Pfeiler hervor: Die 'Fruchtbarkeiten des Himmels' als Vorderen Pfeiler [α Scorpii] und 'Korallpfeiler' als den Hinteren [β Librae]. Mit ihrer Hilfe liess Ta'aroa Atea – Die Weite Ausdehnung – Raum greifen und beschwor einen grossen Geist, der Atea dann beseelte.
Dann rief Ta'arao: 'O Grosser Grundfester, o Schichtgestein – bringt Pfeiler hervor für unsere Erde, es braucht Pfeiler, viele Pfeiler'.
Und nun schaut und klatscht und hört gut zu: 'Fruchtbarkeit des Himmels' ist der Vordere Pfeiler, 'Korallfunkler' der Hintere und 'Tū und Ta'aroa' der Innere. Und dazu wurden Der Pfeiler Des Stehens gemacht, Der Pfeiler Des Sitzens, Der Pfeiler Des Tätowierens, Der Pfeiler Des Debattierens, Der Pfeiler Der Überlieferung und Der Pfeiler Um Wieder Zu Gehen.
So kam es zur Ausdehnung des Grundfesten und des Schichtgesteins, zur Ausweitung des Raums und zur Ausweitung der Faltung des Himmels bei den Pfeilern des Landes von Havai'i."[18]

Es war ein Wachstum im Dunkeln, das sich nun ausbreitete: Die Berge wuchsen an und breiteten sich aus, mehr und mehr Süsswasser gab es, das überall hinfloss, der Ozean schwoll an und dehnte sich aus, die Felsen wuchsen hoch und vervielfachten sich, der Himmel wuchs und dehnte sich so weit, bis es schliesslich zehn Himmel gab.
Hernach wuchs mit dem Regen das pflanzliche Leben heran und danach alles tierische Leben im Meer und an Land. Als Ta'aroa nun wissen wollte, was nun alles da war, antworteten ihm Raum und Unterwelt, Atea und Rua-tupu-a-nui, 'Der Ursprung Grossen Wachstums':
"'Wer ist da oben?' 'Ich, Atea, die Ausdehnung des beweglichen Raumes, der Himmelsraum, die sich bewegenden Fülle, die Fülle des von der Erde losgelösten Himmels'.
'Wer ist da unten?' 'Ich, Rua, der Ursprung in der Grossen Grundfeste, ich, Rua, der Abgrund des Schichtgesteins, ich, der Ursprung, in dem alles reift, ich, Rua, die Quelle des Lärms …
Als Ta'aroa alles sah, klatschte er in die Hände.
Die Erde war zu Land geworden und hatte sich mit Lebewesen bevölkert. Frisches Wasser floss durch das Land, die See füllte den Ozean und beide waren voller Lebewesen.
Doch alles lag noch still im dichten Dunkel von Rūmias nahem Himmel in Havai'i, dem Geburtsort des Festlandes, der Götter, der Könige und des Menschen."[19]

Rua-tupu-a-nui nimmt nun Atea zur Frau, worauf sie nacheinander die unterschiedlichen Himmelskörper zur Welt bringt, zuerst die Sternschnuppen, dann den Mond, darauf die Sonne, die Kometen und schliesslich die Sterne, Sternbilder und Planeten, die danach – wie dies der Schöpfungsgesang der Himmelskörper von Bora Bora detailliert schildert – weitere Sternbilder und Planeten zeugen.

ZWEI VARIANTEN ZUR ENTSTEHUNG DER GESTIRNE

Was die Entstehung der einzelnen Gestirne betrifft, so wird sie im Folgenden von einem Mythos von Bora Bora in allen Einzelheiten erläutert.

Der belgische Kaufmann und Reiseschriftsteller Jacques-Antoine Moerenhout konnte jedoch einen 50 Jahre älteren Mythos aus Tahiti aufzeichnen, der davon, berichtigt man seine Übersetzungsfehler, leicht abweicht:

"Rua, Ursprung Grossen Wachstums, nahm sich die Atea Des Grossen Befehls zur Frau, die ihm zuerst seine Prinzen zur Welt brachte: den Erdboden; hierauf die Dämmerung als Gott des Abends; und schliesslich die schwarzen Wolken und die Dunkelheit.

Doch dann stiess Rua seine Frau zurück und schlief mit der 'Grosse Wiedervereinigung' genannten Frau, die ihm folgende Könige gebar: die verstreuten Sterne und dann den Mond. Der König des Silbernen Himmels schlief dann mit seiner Frau 'Grosses Tal' [Auriga], die ihm einen einzigen König gebar: den Abendstern, der gross ist und das Kommen von Nacht und Tag, den Sternen, des Mondes und der Sonne ankündigt und den Seeleuten als Leitstern dient.

Und der wiederum segelte nach links zum König des Nordens und schlief mit seiner Frau Rua-o-mere [Capricornus], die ihm den König 'Schwankende Röte' [Mars] gebar, den roten Stern, der abends mit zwei Gesichtern scheint. Und Der Rote Stern, dieser Gott, segelte dann nach Westen, bestieg seine Piroge namens 'Grosse im Himmel Schwebende Wolke' [um β Leonis] und segelte hierauf Richtung Sonnenaufgang.

Rehua [= Ta'uruna-nui, Jupiter] wiederum segelte dann im Raum Ateas und schlief mit seiner Frau Uru Taneipa [= Te'ura-taui-e-pā, Antares], die ihm seine Prinzen gebar, das Sternbild der Äuglein [Plejaden]."[20]

Eben diese Legende hat Gauguin in seinem *Ancien Culte Mahorie* mit der Hand abgeschrieben und aquarelliert.[21]

Eine etwas andere Entstehungsgeschichte der Gestirne publiziert der deutsche Arzt, Ethonologe und Direktor des Museums für Völkerkunde in Berlin 1883.

Darin lebt Ta'aroa seit Ewigkeiten allein im höchsten Himmel. Wiederholt seine Schale erneuernd, gewinnt Ta'aroa tierische Gestalt und erschafft Hina, um mit ihr die Welt zu zeugen, Himmel wie Erde, das Meer, das aus seinem Schweiss dabei besteht, und die Sonne. Mit der Frau Der Düsteren Erde zeugt Sonne dann erst den Erdboden als König, dann das Zwielicht und schliesslich das Dunkel. Von ihr wieder geschieden, zeugt Sonne hierauf mit der 'Grosse Wiedervereinigung' genannten Frau die Sterne als Könige, danach den Mond und den Abendstern. Und Sonne und Mond begatten sich dann und zeugen so die ersten beiden Menschen, Ti'i und seine Schwester Opiira.[22]

DIE ENTSTEHUNG DES MENSCHEN

Ein Schöpfungsgesang von der Insel Raiatea rezitiert, dass Atea von einem hübschen Spross Ta'aroas – *Papa-tu-'oi* ('Basaltpfeiler')[23] – schwanger wird und dann das erste menschlich aussehende Wesen gebiert: Tāne. Da er noch völlig formlos ist und einem Erdklumpen oder einer grossen Qualle gleicht, schickt Basaltpfeiler den Planeten Venus als Boten zum Grossen Grundfesten und zum Ursprung Grossen Wachstums. Die schicken darauf zwei Kunsthandwerker, die dem Klumpen Gestalt geben sollen – sich angesichts der mächtigen Atea aber nicht trauen, Hand an Tāne zu legen.

Darauf macht sich Ta'aroa, der In dem Im Finsteren Stehenden Fluss der Unterwelt weilt, daran, Tāne eine Form zu verleihen, indem er verschiedenste Rinden und Oberflächen – auch von Sonne und Mond – für seine Haut nimmt, um darauf den Kopf und den Körper in allen Einzelheiten herauszubilden, samt "einem Haar, das nicht wie die Federn der Götter war, sondern das sie 'Moos' nannten. Worauf Tāne aufstand und sagte: 'Das also bin ich, der grosse Tāne, Gott aller schönen Dinge! Der nun Augen hat, um die Himmel auszumessen.'"

Mit seinen Speeren wird Tāne zum prototypischen Krieger, zugleich aber auch zum Gott aller Handwerker. Ta'aroa versetzt ihn am Ende in den zehnten Himmel, wo er mit seinen Leuten, alle geschickte Handwerker, am Belebenden Wasser der Milchstrasse sitzt und dort den Hai in ihrer Dunkelstelle sowie die Weisse Seeschwalbe in Cygnus als 'Haustiere' hat. Aruru ('Sammlerin') ist seine Frau, die allen schönen Dingen, die er herstellt, den rechten Platz gibt und sie ordentlich verräumt. Derart wurde aus Tāne eine in ganz Polynesien angesehene Gottheit, meist ein Gott des Lichts, der in Hawaii 'Himmlischer Häuptling' genannt wurde und auch in den Mythen Neuseelands eine Rolle spielt.[24]

In einem Schöpfungsgesang aus Tahiti wird nun die Entstehung des eigentlichen Menschen vorgetragen. Der erste Mann erhält darin eine eher dämonisch unterweltliche Abstammung. *Ti'i* – der von den Māori *Tiki* genannt wird – lässt sich mit dem Verb 'holen'[25] in Verbindung bringen. Das macht ihn zu einem Laufburschen der Götter, assoziiert ihn aber auch mit dem hölzernen Idol *Tigi* in phallischer Form, das Zeugungskraft verschafft.[26]

Seine erste Frau, als die hier Hina gilt, verkörpert wiederum zusammen mit ihren Schwestern die Phasen des Mondes: So hat dies auch schon der Reisende Moerenhout aufgefasst.[27] Ihr Vater ist darin der Herr des Ur-Ozeans,[28] ihre Mutter Fa'āotu hingegen war zuvor ein Mann, der sein Geschlecht mit der bis dahin weiblichen Atea getauscht hatte.[29]

"Die Augen Tūs ('Der Festigkeit') und Ta'aroas ('Des Uneingeschränkten') blickten in den Raum hinunter und suchten nach Menschen. Dann berieten sie sich: 'Das Land ist angewachsen, der Himmel und das

Meer: und alle sind voller Lebewesen. Der Raum für die Götter ist schon voller Götter; aber was tun wir jetzt mit dem für die Menschen vorgesehenen Raum?' Und so entschlossen sie sich, den Menschen zu erschaffen.
Ta'aroa beschwor ihn von unten herauf – und da erstand Ti'i ('Holer'), als Einzelner. Er war der erste Mensch der Welt: Der in Sand gekleidete Ti'i, der sich am Festland wie seewärts Vermehrende; Ti'i, der insgeheime Zerstörer; Ti'i der Beilschleifer.
Ti'i hatte einen weissen Reiher, der bei Tag und Nacht alle verhexte, die er zu sich hereinbat. Und Ta'aroa beschwor ihm Na-pō-titi ('Währende Nacht') und Na-pō-tata ('Verzögerte Nacht') als dämonische Freunde herauf, die ihn überall auf der Welt begleiteten.
Te-fatu ('Der Herr' als personifizierter Geist der Erde) weilte dann bei seiner Frau Fa'ahotu ('Seid Fruchtbar') und sie zeugten Hina-te-'u'uti-maha'i-tua-mena ('Die Graue Die Vieles Herausholt Und Lindert'), Hina, die von vorne ass und von hinten: Sie hatte vorne ein Gesicht und hinten eines, diese Göttin, die die erste in diese Welt geborene Frau war.
Ti'i nahm sie zur Frau, als sie noch ein Mädchen war, Hina, die von vorne wie von hinten ass, und sie zeugten zusammen Uru-o-te-oa-ti'a ('Der Inspirierte Vom Haus Der Hohen Häuptlinge'). Und nach ihm kamen Hina-'ere'ere-manua ('Die Schwarze Jähzornige Hina'), Hina-nui-faahara-ma'au ('Die Grosse Schmollende Hina') und Raafaa-ra'i ('Quelle Der Könige'). Und die Kinder Ti'is und Hinas heirateten in dieser Zeit der Finsternis Götter.
Wenn Ti'i und Hina im Himmel standen, der damals der Erde noch sehr nahe war, und sie sich der Erde zuwandten, um der Welt zuzurufen, dann, um in ihr die gewöhnlichen Menschen zu erschaffen. Derart füllte sich der für die Menschen vorgesehene Raum mit ihnen, und Ta'aroa sah es und war zufrieden. Doch mit den sich vermehrenden Menschen kamen die Probleme in die Welt; dank der Probleme wurden sie klug; die Klugheit aber bewirkte Schlauheit; und die Schlauheit schlug in verächtliche Anmassung um.
Aus den Kinder Ti'is und Hinas Die Vieles Lindert gingen sodann die hohen königlichen Familien des Rote-Federn-Gürtels hervor; sie stammen von den Göttern der Dunkelheit ab."[30]

Die Forscher, die James Cook 1769 an Bord seines Schiffes hatte, fassten die ihnen geschilderte Entstehung des Menschen fünfzig Jahre vor der oben zitierten Version wiederum anders zusammen:

"Zwei der vielen unteren [unter Ta'aroa stehenden] Götter, heisst es, hätten in weit zurückliegender Zeit auf der Erde gewohnt, wo sie die Eltern des ersten Menschen wurden. Bei der Geburt sei dieser Mann, ihr aller Urahne, rund gewesen wie ein Ball, sodass seine Mutter mit grösster Vorsicht seine Glieder erst habe herausziehen müssen; nachdem sie ihn in seiner heutigen Gestalt modelliert hatte, gab sie ihm den Namen Ti'i. Vom universellen Instinkt sich fortzupflanzen angetrieben, aber keine andere Frau als seine Mutter findend, schwängerte er sie mit einer Tochter – und zeugte mit dieser dann mehrere Generationen lang weitere Töchter, bevor er einen Sohn bekam: welcher dann mithilfe seiner Schwestern die Welt bevölkerte."[31]

Diese Vorstellung von Kugelmenschen ist noch im Hundun | Pangu in chinesischen Schöpfungsmythen erkennbar. Es ist möglich, dass sie auch im indischen Raum kursierte, von wo sie in der Zeit nach Alexander Griechenland erreichte und zu Platon gelangte, der in seinem *Symposion* von den allerersten Menschen als zweigesichtigen kugelförmigen Wesen berichtet; die rein männlichen sollen von der Sonne, die rein weiblichen von der Erde, die androgynen vom Mond abstammen.

DIE ENTSTEHUNG DES LICHTS UND DER HIMMEL

Bislang geschah alles – in der nicht immer widerspruchsfreien Chronologie der einzelnen Schöpfungsgesänge – in einer Zeit der völligen Finsternis: "Rūmias Nacht war eine zu lange Nacht, um sie zu nennen, und ihr Dunkel zu dicht, um es zu nennen; es waren Millionen von Nächten in dieser langen, mühsamen Nacht, Rūmias Nacht!"
Also überlegten sich die Götter, was man dagegen tun könnte. "Und so wurde der grosse Krake untersucht, der den Himmel auf die Erde hinunterdrückte. Tumu-nui, Der Grosse Grundfeste, überlegte hin und her. Da waren viele Omen in den Schreien der Vögel und in den Brechern am Ufer, die ins Land hineindrangen und wieder zurückgeworfen wurden.
Tū, Die Festigkeit, beschwor den Tod auf den grossen Kraken, der den Himmel hart auf der Erde hielt, doch der starb nicht ihretwegen. All die Scharen der Götter gerieten Hotus, des Fruchtspendenden wegen, in ihrem

eingeschlossenen Himmel in Wut. Deshalb beschwor Rua-tupu-a-nui, Quelle Des Grossen Wachstums, schliesslich den Tod auf den grossen Kraken Tumu-ra'i-fenua, 'Grundfeste Von Himmel Und Erde', herab – und der starb dann auch dank dessen Beschwörungskraft.
'Tumu-ra'i-fenua ist tot! Er ist tot! Er ist tot!', rief man in Süd und Nord, Ost und West. Doch er blieb selbst dann noch noch an den Himmel festgeklammert; er war ein grosser gescheckter Krake, schwarz und weiss, und seine Seele ging in die Kraken über, die heute noch in der Tiefe des Ozeans leben.
Was den Menschen jedoch betrifft, so sagte die Erste Frau, Hina-te-u'uti-maha'i-tua-mea ('Die Graue Die Viele Dinge Herausholt Und Lindert') zu Rua-tupu-a-nui: 'Besteht nicht darauf, den Tod auf den Menschen herabzubeschwören; er soll nur schwächer werden – dann kann ich ihn wieder zum Leben erwecken.'
Aus diesem Grund hat Rua-tupu-a-nui die Menschheit vor dem Tod verschont."[32]

In der noch wässrigen Welt halten die Götter jedoch den alles viel zu eng umschliessenden, einsperrenden Himmel nicht mehr aus, weshalb Früher Läufer – mutmasslich der Planet Venus als einziges Licht in dieser noch dunklen Welt – mit seiner Piroge in die Unterwelt zum Grossen Grundfesten, dem Ursprung Grossen Wachstums und dem Kiel segelt und sie um Kunsthandwerker aus dem königlichen Haus der Handwerker bittet, "die den begrenzten Himmel Rūmias erweitern sollen". Er erhält sie, doch trotz ihrer einzelnen Fertigkeiten und langen Arme wagen sie sich nicht an die Sache, "weil sie die Grösse Ateas fürchteten! Deshalb nahmen sie ihre Körbe voller Beile wieder mit und flüchteten zurück in die Fülle, in der Ta'ere – Der Kiel – sass".[33]
Inzwischen hatten die Augen des nunmehr männlich gewordenen "Atea auf die Augen seiner Frau Hotu – Fruchtspenderin – herabgeblickt. Und so zeugten sie Rū – Den Versetzer –" und dessen Schwester Hina, die 'Graue'.
Hina würde später einmal mit ihrem Bruder die Welt umsegeln und danach in den Mond eingehen, Rū hingegen mit Rua-papa – Felsabgrund – Uahea ('Trauer') zeugen, und sie dann Sonne zum Mann nehmen: der Sohn der beiden, Mā-ū-i, würde wiederum seinen zu schnell über den Himmel laufenden Vater Sonne dereinst mit seinen Stricken fesseln.[34]
Doch so weit sind wir noch nicht; vorerst schafft Rū für seinen Vater Atea nur den nötigen Raum in diesem von allen Seiten erdrückenden Himmel.

"Schliesslich hob Rū für seinen König, Den Neunten Funkler [α Columbae], Rūmia, die Himmelsschale, hoch. Er stemmte und stemmte den Himmel so lange hinauf, bis er die Höhe von Mou'a-raha ('Flacher Hügel') auf Bora Bora und von Moua-ava'rivari ('Schlanker Hügel') auf Havai'i erreicht hatte; dann schob er die flachen Kronen des ostindischen Pfeilwurzes [*Tacca leontopetaloides*], der Teufelszunge [*Amorphophallus campanulatus*], des Katappenbaums [*Terminalia catappa*] und den hohen Korallenbaum aus den Untiefen des Meeres als Stützen darunter.
Derart hob Rū den Himmel ein wenig; ganz aber konnte er ihn nicht emporstemmen, weil er dabei bucklig wurde: Es drehten sich ihm vor Anstrengung die Augenlider auswärts und er hob sich einen Bruch, sodass ihm die Eingeweide heraus- und auf den Horizont von Bora Bora fielen, wo sie zu den Wolken wurden, die man bis heute Rua-nu'n-a-Rū nennt, 'Ursprung von Rūs Scharen'.
Das sah Tino-rua [der halb göttliche, halb menschliche Meeresherrscher] von seinem Ozean aus, stand auf und mühte sich für seinen König der Tiefe – Oropa'a ('Unbezähmbarer Krieger') – ebenfalls mit diesem Himmel ab, vermochte ihn aber auch nicht weiter anzuheben.
Mā-ū-i Mit Dem Kopfschmuck [Sonnes Sohn] schaute ihm dabei zu und sagte: 'Ah, was ist unser Himmel doch für eine feine Sache! Falls man ihn noch weiter hinaufbringt, werden wir sagen, was für ein Himmel, der so hoch hinaufreicht! Wenn er aber als Kruste herunterfällt, wird daraus bloss ödes Grenzland. Deshalb müssen dem Kraken die Arme abgeschnitten und Atea richtig Schmerz zugefügt werden. Die Schale Rūmia ist hinten wie vorne unten durchzuschneiden; und sie muss von Dem Vorderen [α Scorpii], Dem Inneren [α Virginis] und Dem Hinteren Pfeiler [β Librae] sowie Dem Pfeiler Des Stehens [α Ursae Maioris] und Dem Pfeiler Des Ausgangs [α Columbae] abgetrennt werden, damit sie sich ganz hochheben lässt!'
Und so mühte Mā-ū-i sich für seinen König im Himmel, Rehua [β Geminorum], mit Rūmia ab und es gelang ihm, sie ein gutes Stück weiter emporzuheben. Doch der Himmel war damit nur ein Stück höher; ganz

emporgestemmt war er noch lange nicht, denn das gelang weder Rū, noch Tino-rua oder Mā-ū-i. Die drei bewirkten bloss, dass alles im Himmel über dem Haufen lag, durcheinandergebracht von den Bergen und grossen Wäldern.
Dann holte sich Mā-ū-i Seile, um das Land [am Himmel] festzubinden, stützende Felsen für den Himmel und Keile für die Stellen, wo die Schale noch immer mit der Erde verbunden war. Die Seile befestigte er an den höchsten Bergen und arbeitete dann so lange am Himmel, bis er ihn auf den Gipfel setzen konnte. Darauf rief Mā-ū-i Arbeiter heran, um den Himmel abzugraben; sie sollten so lange schaufeln, bis es nirgends mehr dunkel war und sie ihn fest und hoch genug setzen konnten, damit die Götter in der Lage waren, hindurchzufliegen. Danach schwebte Mā-ū-i zum ersten Himmel empor, dann zum zweiten, zum dritten, zum vierten; er kam durch alle neun Himmel und erreichte so den zehnten Himmel, den offenen Himmel Tānes. Der hiess ihn dort willkommen: 'Bist du das, Mā-ū-i, der mit dem Kopfschmuck?' 'Ja, das bin ich.' 'Du hast ja Grosses vor! 'Ja, grösser geht es nicht!' 'Erzähl mir; worum geht es?' 'Die Halbschale des Himmels soll ganz nach oben kommen, aber sie hängt immer noch auf den Bergen der Erde fest; und in ihr ist es immer noch dunkel. Deshalb komme ich zu dir; ich brauche von dir Arbeiter, die den Himmel am unteren Ende abgraben und damit seine geschlossene Kuppel ganz vom Erdboden abtrennen.'
Da machte sich Tāne selbst auf und suchte seine Schalen für die Arbeit zusammen, während Mā-ū-i wieder fort war. Er nahm sich eine Kokosnussschale, um die sandige Oberfläche Ateas bis zum Morgenstern, und die Muschel einer Turmschnecke, um die sandige Oberfläche Ateas bis zum Abendstern herauszuziehen, und eine stachelige Schale, um die sandige Oberfläche Ateas bis zu den Pīpiris [im Stachel von Scorpius] herauszuziehen, und eine scharfkantige Schale, um sie bis hin zu Dem Trunkenen [Merkur] auszuweiten.
Tāne nahm seinen Korb voller Kokosnussschalen und Muschelschalen unter den Arm, ergriff das Himmelsmass und sagte: 'Wo ist meine kleine Weisse Seeschwalbe? Tae-fei-aitu ('Empfänger Der Bitten An Die Götter'), wo bist du?' 'Hier bin ich [in Cygnus]!' 'Komm zu mir.' Und so flog die kleine Weisse Seeschwalbe auf Tānes Schulter [gleich wie Cygnus an der Milchstrasse sitzt] und die zwei zogen los; sie liessen den offenen Himmel zurück und kamen durch die zehn Himmel herab auf die Erde.
'Geh zu den aus dem Meer geschwemmten Muscheln, geh dorthin, wo sie aufblitzen, geh zu diesen Muschelschalen und ihrem Aufblitzen, geh in dieses Kleine Abgeschlossene Tal [wo in Perseus die kleinen Sterne um α Persei glitzern?], Dem Tal des Kauerns und Keuchens [Ta'aroas in der Urzeit], du Tāne aller Fertigkeiten! Geh dort hin!', sagte der kleine Vogelbote zu ihm und flog davon.
Und so stand Tāne in Dem Abgeschlossenen Tal zwischen den Muschelschalen und schaute erst Atea an, dann die Erde und begann darauf zu arbeiten! Er nahm sich auch grosse Stämme als Hebel und Stützen, doch wozu bloss? Um Vorne und Hinten, Innen und Aussen auseinanderzuschieben und die Erde vom Himmel zu trennen, um den Wind abzuhalten und den Rücken Ateas zu stützen, gleich den Standbildern von Männern, die Tānes Zorn erschlagen hat!
Er grub und bohrte mit seinen Muscheln in Atea herum, dass man es bis ganz oben hinauf hörte. Das wiederum erzürnte Atea, dessen Stimme nun ebenfalls bis nach oben drang! 'O Tāne, nimm deine scharfen Muscheln von mir und dein Himmelsmass; sie tun mir weh!' Doch Tāne grub, bohrte und stemmte weiter, bis Atea gänzlich abgetrennt war und hinauf in die Höhe stieg! Da war Atea frei und Licht durchflutete plötzlich die Welt.

Doch wie kullerte nun alles durcheinander, in den Schluchten, in diesen und in jenen Abteilungen. In welchen Abteilungen denn? Im Versammlungsraum und dem Raum, um davonzulaufen! Denn jetzt drängten sich alle nach draussen, schreiend und dicht zusammengedrängt! Zuerst die Scharen der Götter aus ihrer Abteilung der Welt, und kurz danach auch die Scharen von Menschen aus dem für sie abgetrennten Teil. Derart endeten die Millionen Nächte von Rūmias langem Dunkel. …
Aber so lösten sich auch die Arme des grossen Kraken Grundfeste Von Himmel Und Erde, auf den Ursprung Grossen Wachstums den Tod herabbeschworen hatte, endlich vom Himmel ab und fielen in den Süden herab, und der grosse Krake selbst wurde Land, nämlich die Insel Tubua'i ['Gipfel', 640 km südlich von Tahiti]."[35]

"Es war also bei Tage, dass die Menschen zum ersten Mal die Landschaft und die Wolken des Himmels erblickten; es war Tag, als sie den endlosen Raum Ateas gewahrten. Es war Tag, als [die erste Frau] Hina Die Vieles Herausholt Und Lindert sich nach draussen stellte und die berühmten Tritonshörner [*Charonia*] und Stachelrochen, kleine Seeigel, Salz- und Süsswassergarnelen hervorschüttelte.
Die Dünung wogte und der Abend kam und es folgten der Mond und die Sterne. Doch die Himmel waren ausser Rand und Band geraten: Die Sonne hatte den Platz verloren, an den man sie gesetzt hatte, der Mond und die Sterne ebenfalls – alle glitten sie wirr herum, weil Atea sie aus ihren geregelten Bahnen geworfen hatte. Es war dies die Zeit, als die Menschen die erste Marae errichteten, in Opoa auf Hava'i, dem Heimatland. Sie wurde von Mā-ū-i, dem ersten Priester, dem grossen Ta'aroa geweiht."[36]
Diese auch als Sternbild zu findenden Marae sind rituelle, ummauerte Zeremonieplattformen, auf denen manchmal auch behauene Felsen, grosse Korallenbrocken oder geschnitzte Hölzer aufgestellt werden, die vergötterte Ahnen repräsentieren und mit verschiedenen Tapus versehen sind.[37] Auf Tahiti verehrte man so nicht nur eine Holzfigur Ateas, sondern auch den aus Korallenbaumholz gefertigten Hübschen Hai der Milchstrasse[38] sowie geschnitzte Bretter, welche die Pfeiler des Himmels mit ihren Funkler-Sternen verkörperten.[39]

Um nun aber die Himmel wieder in ein Regelwerk zu bringen, schickte Tāne Sonnes Sohn Mā-ū-i in die Milchstrasse des zehnten Himmels, um aus deren Belebendem Wasser den König Ra'i-tupua – Himmelsentwickler – hervorzuholen, weil der dort "bei Der Seeschwalbe und Dem Langen Hai weilte, welcher die Wolken im See von Vai-ora-a [der Dunkelstelle der Milchstrasse] frisst."
Der flog von dort herab in den ersten Himmel, "und als er das Durcheinander der Himmel sah, rief er laut aus: 'O, was für ein riesiges Chaos! Welch unermessliche Weite!' Die Himmel und alles darin erstreckten sich nun haltlos weit nach draussen, während Mond, Sonne und Sterne alle drinnen entstanden."
Überall ist nun alles von innen heraus am Entstehen, das Licht und das Dunkel, die blauen und die grauen Tage, das Meer wie das Land um die ersten Häuser und Siedlungen, samt seinen Flüssen, Nutzpflanzen, Hunden und Ratten (nur die Schweine und Hühner waren da noch nicht geboren).
Atea, derart "unansehnlich und voller Makel geworden, bei Tag wie bei Nacht", beginnt Tāne alles zu unter- und einzuteilen, ob "den Schlaf am Rücken Ateas" oder die alten Göttinnen. Als Tānes Vorarbeiter bringt König Himmelsentwickler nun das Chaos der Himmel wieder in Ordnung: "So wie ein Bootsbauer eine Planke über die andere setzt, so arbeitete Der Himmelsentwickler jetzt an den durcheinandergeratenen Himmeln. Tāne legte die Abstände zwischen jedem Himmel mit seinem Himmelsmass fest, Der Himmelsentwickler setzte dann Mond, Sonne und die Sterne von unten her in die blauen Tiefen des Himmels, während sein Handwerker Ma-tohi-fanau-'ve ('Das Im Durcheinander Geborene Spaltbeil') sie von oben her zurechtrückte.
So wurde Atea für die Götter durchsichtig, damit sie hindurchfliegen konnten. Unter der Schale der Himmel gehörten ihm nun der Wind, die Wolken, der Regenbogen und die Luft samt allem, was sie enthält. So wurde Rūmias Himmel von diesen Kunsthandwerkern befestigt und erweitert.
Und am Ende setzte Ta'aroa den Abendstern Ta'urua – Venus – als Ateas rechtes Auge in den Himmel und sagte: 'Es soll ein sich vor der Erde beugendes Licht sein, das sie leitet und der bewohnten Welt grossen Frieden schenkt; Ta'urua ist dein rechtes Auge, o Atea!' Und dann setzte er Ta'ero – Merkur – als Ateas linkes Auge in den Himmel und sagte: 'Es soll Zorn entfachen, Krieg auf der Erde wüten lassen; Ta'ero ist dein linkes Auge, o Atea!'"[40]

"In der grossen Kuppel des Himmels, in ihren blauen Tiefen, dem unermessliche Raum, in Tānes offenem Himmel ebenso wie in den vielen Himmeln darunter, wurden nun die Scharen der geradlinigen Sternbilder ebenso wie die vielen verstreuten Sterne von Tāne schön in einen Himmel nach dem anderen gesetzt. Die glitzernden Sterne, die grossen Sterne der Himmel, der Mond, die Sonne, der Regen, der Wind, der Regenbogen um den Mond, das Halo und der Regenbogen, der silbern strahlende, leicht schattierte Himmel, die ominös rote Wolke und all die unterschiedlichen Flächen von Wolken – sie alle wurden vom Himmelsentwickler Ra'i-tupua zusammen mit Tāne in eine Ordnung gebracht. Und Tāne machte sie alle schön: Sie gehörten alle zu seiner Familie.

Dann stellte Tāne sich hin und pfiff und atmete schwer und sagte: 'So – und jetzt schauen wir uns alles an und machen uns daran, alles weiter einzuteilen und zu unterteilen!'[41]
Die Erde ist nun aber entzweigerissen zwischen dem lichten Himmel und dem dunklen Abgrund unter ihr: Der Grosse Grundfeste schickt von unten Nebel und Regen herauf, Tāne antwortet darauf mit klarem, trockenem Wetter, worauf Tumu-nui Hungersnöte heraufschickt, die der Gott der Schönheit mit Fischschwärmen bekämpft, sodass Der Grosse Grundfeste den Schlaf in die Welt bringt, den Tāne mit der Wachheit überwindet. Am Ende bringt Tāne den süss duftenden Pua-baum [*Fagraea berteroana*] vom Himmel herab, um Frieden zu stiften und "Düsternis und Selbstzerstörung aus der Welt zu verbannen".[42]

KOSMOLOGIE

Den mythischen Vorstellungen zufolge, die von ersten Reisenden wie William Bligh und William Ellis um 1800 bestätigt wurden, ist die Erde für die Menschen der Gesellschaftsinseln eine grosse flache Scheibe, um die Sonne, Mond und Sterne sich in ihren Himmelskuppeln drehen. Ihr Ozean geht draussen an einer 'dunstigen Grenze' in die jeweiligen Himmel über – während die englischen oder französischen Kolonialherren unter einer der weiter entfernten, sich konzentrisch übereinander wölbenden Himmelskuppeln leben.

Aus den Schöpfungsgesängen geht hervor, dass der zehnte Himmel der äusserste und grösste ist: die Halbschale des Ur-Eies Rūmia, durch die sich die Milchstrasse mit ihren Figuren zieht. Er wird vom Belebenden Wasser der Milchstrasse durchflossen und ist nach oben hin offen – was heisst, dass der zehnte Himmel in die urzeitliche Finsternis übergeht, welche die gesamte Welt umgibt.

Da der Planet Mars sich Rūmia zur Frau genommen hat, sind die von beiden gezeugten Sternbilder Crux und Piscis Austrinus wohl an der Unterseite dieses Firmanents zu sehen: als neunter Himmel, der wie alle anderen als Kuppel bis hinab zur Fläche des Ozeans reicht.

Die Halbschale Rūmias umschliesst das 'Dach des Himmels' als achten Himmel. Der Planet Saturn hat sie sich zur Frau genommen und mit ihr all die verstreuten und unregelmässig leuchtenden Sterne gezeugt, die an der Decke dieses Dachs zu sehen sind. Wo dieser Himmel in den Ozean übergeht, heisst der Horizont vielleicht *Paera'i*, 'Himmelsseite'. Da die Dächer in Polynesien spitz zulaufen, die Pfeiler den Firstbalken stützend, muss man sich das Universum im Querschnitt also wie ein kegelförmig zulaufendes Ei vorstellen.

Der Schöpfungsgesang zählt nach Crux sodann jenes Sternbild auf, von dem Saturn gezeugt worden ist: Hydra, das von Meeren umgeben ist und sich im 'Langen Himmel' befindet – der somit als Name des siebten Himmels gelten kann. Dessen Grenze müsste aufgrund seiner ozeanischen Topographie mit dem Horizont namens *Hiti-tai-tiri* identisch sein: 'Grenze Wo Sich Das Meer Nach Unten Ergiesst'.

Von unten herauf gezählt umschliesst die erste und kleinste Himmelskuppel die Erde mit ihren Inselbergen inmitten eines weiten flachen Ozeans; der Horizont, wo der Himmel draussen ins Meer übergeht, heisst deshalb wahrscheinlich *Hiti-au-rereva*, 'Dunstige Grenze.'

Darüber wölbt sich der zweite Himmel, in den König Himmelsversetzer den Mond gestellt hat; wo er in die Fläche des Ozeans übergeht, heisst er *Hiti-marama*, 'Grenze des Mondes'.

Im dritten Himmel zieht die Sonne ihre Bahnen; sein Horizont ist vielleicht *Hiti-poto*, 'Die kurze Grenze'.

Im vierten Himmel befindet sich Ateas rechtes Auge, Venus; Māū-i hat ihn für den Morgen- und Abendstern ausgeweitet; an seiner Kuppel ist die Frau des Planeten Venus – das Sternbild in Capricornus – zu erblicken. Als Ateas linkes Auge befindet sich auch Venus' Bruder, der Planet Merkur, in diesem Himmel.

Im fünften Himmel befindet sich wahrscheinlich Jupiter, der von Merkur am glühenden Himmelsrand touchiert wurde (was, befände er sich im selben Himmel wie Merkur, erwartbar und deshalb kaum eines Mythos wert wäre), sowie Scorpius mit Jupiters Frau in Antares als dem vordersten der neun Himmelspfeiler.

Der sechste Himmel wurde von Mā-ū-i ebenfalls mit Schalen ausgescharrt: In ihm befinden sich die Sterne von Gemini, die zugleich mit jenen von Auriga und Perseus am Offenen Klaren Himmel entstanden. Im Kleinen Tal von Perseus hat Tāne dann an der Erweiterung der Himmel gearbeitet, weshalb ihm wohl die Erschaffung der darüber liegenden Himmel zuzuschreiben ist.

Die Systematik dieser Himmel ist jedoch nur implizit ausgedrückt; auch lassen sich einzelne Himmelsgrenzen wie 'Kurze Grenze', 'Sich Nähernde Grenze', 'Grosse Grenze', 'Ferne Grenze' heute kaum mehr richtig zuordnen. Die Sterne versinken wie Sonne und Mond an diesen Grenzen jedenfalls in einem Abgrund – *Rua* –, um dann nach ihrem Gang unter der Erde aus einem ebensolchen wieder aufzutauchen.

Unter der Erde liegt die dunkle Unterwelt Pō, in die der Abenteurer Tafa'i, ein blonder rothäutiger Riese, hinabsteigt, um seinen Vater dort zu suchen. Sie wird beschrieben als "unterirdisches Meer, in dem sich Haie, Wale und ein grosser Krake in einer mit Tritonshörnern verzierten Höhle"[43] befinden. Der astrale Himmelfarbene

Hai – die Dunkelstelle der Milchstrasse – schwimmt hingegen in ihrem 'Belebenden Wasser'; ist die Milchstrasse nicht zu sehen, heisst es, dass ihre Wasser in dieses unterirdische Meer geflossen sind.

Das Wissen all dieser mündlichen Überlieferung wurde in zwei eigenen, auf geheiligtem Boden errichteten 'Häusern Zur Verinnerlichung der Anrufungen' weitergegeben, eines für Mädchen und eines für Jungen, um sie auf ihre Initiationen vorzubereiten.[44]

ZEITMESSUNG UND KALENDER

Der Tag wird von Mitternacht an in hundert einzelne Abschnitte eingeteilt, die durch den Hahnenschrei, die morgendlichen Wolken, den Stand der Sonne, die Widerspiegelung ihrer Strahlen auf den Wellen, die Länge der Schatten, die Gezeiten oder den Zeitpunkt, zu dem die Blume *Gardenia tahitensis* sich öffnet, bestimmt werden.[45]

Die 30 Nächte des Mondzyklus liefern eine Tageszählung, die mit 'Das Hervorbrechen' beginnt, wenn der Mond nur kurz im Sonnenlicht aufblitzt: *Tireo* ist ein Begriff, der sonst junge Triebe oder das letzte Kind einer Frau bezeichnet. Tag zwei wird des Mondrandes wegen 'Die Verdrehte Grenze' genannt: "Die Manini-Fische sind jetzt im Meer und die Krabben kommen nachts ans Ufer." Da man in der nächsten Nacht die dunkle Fläche des Mondes sieht, das sichelförmige Weiss darunter als Lächeln, heisst dieser Tag des Mondzyklus' "Doppelkörperiger Spassvogel: Schwärme noch nicht fetter Fische im Meer".

Und so geht es detailliert weiter. Tag 15 wird 'Der Fruchtvolle' genannt: "Es ist eine Nacht der Fische; die in dieser Nacht geborenen Kinder haben grosse Augen; im Oktober sind da Flaschenkürbisse zu pflanzen". Der Vollmond des 16. Tages wird *Ma rai*, 'Klarer Himmel', genannt. Die 24., 25. und 26. Nacht des Mondzyklus ist dem Gott Ta'aroa geweiht: "Sie ist fischreich und viele Kinder werden geboren." Die 27. Nacht ist "günstig, um Yamswurzeln zu pflanzen und von der ganzen Welt dem grossen Gott Tāne geweiht"; die darauffolgenden zwei Nächte sind seinem berühmten Boten, dem Gott Ro'o geweiht. Der 29. und letzte Tag des Mondzyklus' heisst dann schlicht 'Abgetrennt'.[46]

Das Jahr wird in zwei Hälften unterteilt, in *Tau-'auhune*, 'die Zeit der Fülle', und *Tau-o'e*, 'die Zeit der Kargheit', deren Beginn jeweils mittels der Plejaden festgelegt wird. Das neue Jahr und damit die Zeit der Fülle beginnt um den 20. November als *Matari'i-i-ni'a* ('Plejaden Im Osten'), wenn diese sich bei Sonnenuntergang erstmals am Horizont im Osten zeigen, um anschliessend immer weiter auf ihrer Bahn zum Zenit aufzusteigen – während zugleich die Pīpiris, die beiden Sterne der Stachelspitze von Scorpius, das letzte Mal abends am gegenüberliegenden Horizont im Westen sichtbar sind.

Der Tag, an dem dies eintritt, wird *Mata-hiti* genannt: 'Beginn des Kreislaufes'.[47] Der agrarische Zyklus setzt dann ein mit Feiern für den beim Eintreffen der Europäer als höchsten Gott geltenden Oro, einen Sohn Ta'aroas. Der erste Neumond nach Mata-hiti markiert dann den Beginn des Mondkalenders, dessen erster Monat *Rehu* genannt wird: 'Einebnung'.

Dann wird das Bonitos betreffende Fischfangverbot am Ende einer dreitägigen Zeremonie aufgehoben. Mit dem Untertauchen von Scorpius im Meer – dessen Sterne anderswo in Polynesien 'Mauis Fischhaken' genannt werden – beginnt um den 30. November der rituelle, von Opfergaben begleitete erste Fang von Bonitos. Der Erfolg dabei sagt auch voraus, wie die bald anstehende Ernte der Wilden Früchte ausfallen wird. Vom ersten Fang werden den Göttern auf der Marae von den Priestern die ersten Fische geopfert; anschliessend erhalten die Priester, der Landeigner und – erst am Schluss – der Fischer ihre Anteile.

Um die Sommersonnenwende am 12. Dezember sind alle Fischfangverbote wieder aufgehoben. Ein Erntefest wird abgehalten, das grösse Tahitis, bei dem die gesamte Ernte auf einen Haufen zusammengetragen wird: Bananen, Brotfrüchte, Kokosnüsse, aber auch geschlachtete Schweine, Hunde und Geflügel – alles wird vom König verteilt, wobei er samt den Göttern Opfergaben davon erhält. Zeremonien laden die Götter und die Seelen der Verstorbenen ein, an der Freude über die Zeit der Fülle teilzuhaben. Es kommt zu Schaukämpfen und Wettrennen, und Bankette mit Tanz, Musik und Unterhaltung von Spielleuten werden gegeben.

Bei der Tagundnachtgleiche um den 21. März wird der Mondkalender durch Schalttage an den Sonnenkalender angepasst. Die kleinen Schildkröten und Sturmtaucher [*Ardenna pacifica*] ziehen nun ins Meer hinaus; die Goldpflaumen [*Spondias dulcis*] sind reif und die Seeigel fett.

Die zweite, von Knappheit geprägte Jahreshälfte beginnt als *Matari'i-i-raro* ('Plejaden Im Westen'), wenn diese um den 17. Mai abends im Westen das letzte Mal zu sehen sind, während zugleich der Drache der Pīpiris im Scorpius erstmals im Osten aufgeht. Rituale werden abgehalten, um Götter und die Seelen Verstorbener zu verabschieden, andernfalls sie als gierige Dämonen und Wiedergänger die Erde unsicher machen und den Lebensrhythmus durcheinanderbringen.

Die Wintersonnenwende – der 'Kurze Weg' der Sonne am 21. Juni – wird auch durch den abendlichen Untergang des Grossen Tals in Auriga markiert. Dann werden Trauerzeremonien abgehalten und ein letztes Fest wird vor den Königen für die Götter und Verstorbenen organisiert, samt Tänzen mit Trommeln und Flöten sowie einem

Wettkampf im Bogenschiessen. Danach werden die Initiationsriten abgehalten. Das Verbot des Fangs von Thunfischen, Schildkröten und Sturmtauchern wird wieder ausgesprochen und der Fischfang auf die Küste beschränkt.

Bei der Tagundnachtgleiche des Frühjahrs um den 21. September feiert der Priester die Rückkehr Mā-ū-is und der Sonne, indem er mit dem Herrschaftsemblem – dem Rote-Feder-Gürtel – ein Feuer auf der Marae entfacht und Opfer darbringt. Die *Arioi*, eine Gemeinschaft von Spielleuten, 'wachen' jetzt wieder 'auf' und es wird alles für das wichtigste Fest im Jahr vorbereitet: das neuerliche Auftauchen der Plejaden um den 20. November, die nun wieder den baldigen Beginn der Zeit der Fülle ankündigen.

Als James Cook 1769 Tahiti erreichte, holten seine mitreisenden Wissenschaftler die Information ein, dass Ta'aroa mit dem Gestein eine Tochter namens *Tau-ma-te-tai'o* – Die Zeit des Zählens – gezeugt habe, "das Jahr oder die dreizehn Monate insgesamt, die sie nie nennen, ausser bei dieser Gelegenheit; denn Tau-ma-te-tai'o zeugte mit ihrem Vater die einzelnen Monate und die Monate miteinander wiederum die Tage".[48]

Die Zählung dieser dreizehn Mondmonate beginnt mit dem ersten Neumond nach Aufgang der Plejaden im Osten:

(Va-)Rehu ('Einebnung'), wenn die Ernte Anfang Dezember eingebracht wird.

Fa'ahu-nui ('Grosse Rast'), der tiefe Schlaf vieler im Januar.

Pīpiri ('Der Gierige, Geizige'), die Zeit der Knappheit, die im Februar beginnt.

Ta'a-'oa ('Abschiedsfreude'); Brotfrüchte werden selten.

Au-unuunu ('Aufhängung'); die Paddel der Fischer werden verräumt, weil jetzt im April die stürmische Zeit beginnt.

'Apa'apa ('Zweiteilung'); jetzt im Mai bricht die Zeit des Nahrungsmangels an; die Blätter werden gelb und fallen.

Paroro-mua ('Erstes Fallen'); Kurkuma und wilder Ingwer sterben im Juni nun ab.

Paroro-muri ('Nach Dem Fallen'); das Ende der Früchte im Juli.

Muri-'aha ('Gebet Hintennach') im August.

Hia'ia ('Gelüste'); die Zeit der grössten Nahrungsknappheit im September.

Te-ma ('Jäten'), wenn im Oktober die alten Nutzpflanzen alle aufgebraucht sind und neue gesetzt werden.

Te'eri ('Kargheit'), wenngleich nun die Blüte der Brotfrucht und des Parfümbaums [*Fagraea berteroana*] beginnt und die ersten Regen einsetzen; die Yamswurzeln [*Dioscorea alata*] müssen gepflanzt werden.

Te-ta'i ('Schrei') oder **Teta-ai-nui-ia-tuma** ('Grosse Essenshamsterei des Vielfrasses') im November. Die Brotfrucht wächst und wilde Früchte – Kochbananen, essbare Farne, Keulenlilien [*Cordyline fruticosa*] und Riesenblättrige Pfeilblätter [*Alocasia macrorrhizos*] – werden eingesammelt.

H 332–333, T 115–116, 258–270, 284–299 und G 107–117

Mit der Zwangschristianisierung der Insel 1815 wurde dieser Kalender samt den religiösen Feiern für die Plejaden verboten und vollständig durch den gregorianischen Kalender ersetzt.

NAVIGATION

Die navigatorischen Kenntnisse der Tahitianer beeindruckten Captain Cooks Mannschaft: "Da es mit der Navigation dieser Leute zusammenhängt, werde ich ihren wundervollen Kenntnisreichtum in der Vorhersage des Wetters erwähnen, da sie zumindest wissen, aus welchem Viertel der Wind in Zukunft wehen wird; sie können das auf mehrere Arten bestimmen, von denen ich allerdings nur eine erfahren habe. Sie sagen nämlich, dass die Milchstrasse stets seitlich gebogen ist, jedoch einmal in die Richtung, einmal in die andere. Diese Biegung erzeugt der auf sie wehende Wind, sodass der hohle Teil auf ihn weist; bleibt dieselbe Biegung die Nacht über bestehen, wird der dementsprechende Wind den nächsten Tag über wehen. Was Regeln wie diese betrifft, vermag ich darüber nicht zu urteilen; doch weiss ich, dass sie, gleich mit welchen Mitteln, das Wetter voraussagen können, zumindest den Wind, mit weit grösserer Sicherheit, als wir es vermögen.

Auf ihren langen Seereisen steuern sie tagsüber nach der Sonne und nachtsüber nach den Sternen, die sie durch einzelne Namen unterscheiden; sie wissen zudem, in welchem Teil des Himmels sie aufgehen werden, in jedem beliebigen Monat, in dem sie am Horizont sichtbar sind; und sie wissen auch genau, wann im Jahr sie erscheinen und wann sie nicht zu sehen sind, und das mit mehr Präzision, als ein europäischer Astronom dies glauben möchte."[49]

Im Rahmen von Cooks zweiter Reise 1773 hält Johann Reinhold Forster explizit fest, dass die Tahitianer den Himmel wohl nicht so genau oberserviert hätten, wäre es nicht um ein Ziel gegangen, nämlich mithilfe der dadurch möglichen Navigation in ferne Gegenden zu gelangen – weshalb sie ihre Kenntnisse von Generation zu Generation weitergaben.[50]

1774 nahm ein spanisches Schiff einen Tahitianer mit nach Lima, der ihnen "die Methode erklärte, mit der sie auf hoher See navigieren", auf ihren *Pahih* genannten doppelrumpfigen Pirogen, deren Planken mit Schnüren festgezurrt und deren Segel aus den Wedeln der Schraubenpalmen geflochten sind:[51] "Sie kennen keinen Magnetkompass, unterteilen stattdessen aber den Horizont in sechzehn Teile, deren Kardinalpunkte jene sind, wo die Sonne auf- und untergeht. ... Der Tahitianer weiss, in welche Richtung er steuern muss, und merkt auch, ob er den Wind von hinten, von der einen oder anderen Seite oder von vorne hat. Ist die Nacht klar, steuert er nach den Sternen, was für sie die leichteste Navigation ist, weil es so viele Sterne gibt, die ihnen nicht nur die Richtung zu all den Inseln vorgeben, mit denen sie in Kontakt sind, sondern auch zu den Häfen dieser Inseln, auf deren Einfahrt sie geradewegs mit der Rhumbenlinie jenes Sterns zuhalten, der darüber auf- oder untergeht. Und sie finden sie mit derselben Präzision wie der erfahrenste Navigator einer zivilisierten Nation. Sie haben viele solche Segelmeister unter ihren Leuten, die sie in ihrer Sprache *Fa'atere* nennen."[52]

Fa'atere (va'a) – Lotse – ist dabei derselbe Begriff, mit dem auch einzelne Sterne bezeichnet werden, die ein Sternbild anzuführen und zu steuern scheinen.

Die navigatorische Praxis, mit der die Polynesier über tausend Seemeilen Inseln anzusteuern (und wieder zurück zu gelangen) vermochten, beruhte auf zwei Klassen von Sternen: den aus einem *Rua* – Loch – aufsteigenden Sternenwegen und den 'Pfeiler'-Sternen der *Pou*.

Da die Himmelsachse zwischen den beiden Wendekreisen mehr oder minder parallel zur Meeresfläche liegt, gehen die Sterne nicht schräg, sondern quasi lotrecht auf, um sich wie in einer zylindrischen Trommel über den Himmel und den Zenit zu drehen. Zu wissen, welche Sterne aus welchem 'Loch' hintereinander aufgehen, genügt, um mittels ihrer Kette in eine fixe Ost-West-Richtung zu segeln, indem man sich an einem dieser 'Sternenwege' orientiert.

"Sie waren sich bewusst, dass alle Fixsterne, die vom selben Punkt am östlichen Horizont aufgingen, denselben Bogen am Himmel beschrieben und am gegenüberliegenden Punkt am westlichen Horizont wieder untergingen. Der Navigator aus Tuamotu sagte von diesen Sternen, dass sie aus demselben Rua kamen. Er wusste, dass dieser Bogen sich nie veränderte, solange man auf einem Punkt der Erdoberfläche war. Indem man sich mit den Sternen und ihren Namen vertraut machte, lernte man mehrere Ketten von Sternen, die aus einem Rua kamen – folgte man, in anderen Worten, demselben Himmelsbogen."[53] 'Angeführt' wurden diese 'Sternenwege' jeweils von einem *Ta'urua* genannten Kompassstern. Die Breite eines solchen Sternenwegs betrug zwischen 3° und 7°, das heisst, zwischen 180 und 240 Seemeilen (350–450 km).

Die zehn Pfeilersterne wiederum liegen auf Meridianen, die von einem Himmelspol zum anderen führen; sie teilen den Himmel damit in mehrere von Nord nach Süd verlaufende Linien, an denen man sich orientiert. Dies geht auch aus einem Mythos hervor, in dem der von einem riesigen Raubvogel angegriffene Held sich wünscht, mittels ihrer ins Dunkel entkommen zu können: "Der Vordere Pfeiler, Der Vordere Pfeiler [α Scorpii]; Der Hintere Pfeiler, Der Hintere Pfeiler [β Librae]; Der Mittlere Pfeiler, Der Mittlere Pfeiler [α Virginis] – wenn sie sich doch drehen würden, wenn sie sich doch ins Dunkel drehen würden!"[54]

Um von einer Insel zur nächsten zu gelangen, folgt man dem sogenannten 'Funkler', einer Pfeilerspitze in Nord-Süd-Richtung, bis man die richtige geographische Breite erreicht hat, die sich am Loch des jeweiligen Sternenwegs, an der Höhe eines Pols über dem Horizont oder einem Zenitstern erkennen lässt. Man segelt dabei in der Wind- und Strömungsrichtung; die Abdrift wird kompensiert, indem man ihr entgegen in die Ost-West-Richtung segelt, einem Sternenweg folgend.

Um die Insel bei dessen Breite nicht zu verfehlen, wird das Augenmerk auf anderes gerichtet. Hat sie einen 2200 m hohen Berg, kann man sie 95 Seemeilen weit sehen; und da die meisten Inseln zudem einer Inselkette angehören, wird auf deren Mitte zugesteuert. Die sich daran stauenden Cumuluswolken vergrössern den Radius der Sichtweite; zudem verrät die durch Widerspiegelungen erzeugte Färbung der Unterseite von Wolken die Nähe eines Atolls, während die Farbe des Meeres etwas über seine Tiefe besagt. Treibgut wie Kokosnüsse oder Zweige verraten durch ihren jeweiligen Zersetzungszustand etwas über den Ursprung und die Entfernung zu einer Insel, ebenso wie Vögel, deren Aktionsradius man kennt. Die von den Tageswinden unabhängig verlaufende Dünung dient ebenso der Orientierung wie das Wellenmuster, mit dem sie sich an einer Insel bricht. All dies macht eine Insel etwa 120 Seemeilen weit sichtbar.

Dank dieser Kenntnisse wurde in Polynesien über weite Strecken hinweg Handel getrieben, beispielsweise mit Metallobjekten, die gegen Perlen getauscht wurden. Dafür segelte man in Gruppen von 10 bis 12 Pirogen los, die jeweils zwei Personen und 200 kg Handelsgut auf 10 bis 15 Tage langen Seereisen transportierten.

T 172–233, 326–327 und 318–320

OMENDEUTUNG

In Polynesien hatte die Himmelsbeobachtung drei Funktionen: Erstens musste der richtige Zeitpunkt für den Ackerbau, den Fischfang und die Jagd bestimmt werden. Zweitens versuchte man am Himmel abzulesen, wie die Saison ausfallen würde, um bei ungünstigen Omen die Gottheiten mit Opfergaben zu besänftigen. Und drittens wollte man die Aussichten von Krieg und Expeditionen vorhersagen.[55]

Auf Tahiti wurde aus den Wolken, dem Vogelflug und dem Feuer gelesen und wurden Träume gedeutet.[56] Die Sterne spielten dafür keine Rolle, anders als der Mond, dessen Zyklus schematisch günstige Tage für bestimmte Handlungen vorgab, die davon bestimmt wurden, dass einzelne Götter an bestimmten Tagen geboren worden waren.

So war Tipa, der Gott der Heiler, in der vierten Nacht des Mondzyklus geboren worden, weshalb der Tag als günstig für Heilungen galt. Die fünfte Nacht war die Geburtsnacht Temeharos, Gott der Strangulation, weshalb den in dieser Nacht geborenen Kindern Unglück bevorstand. Einflussreich wurde danach erst wieder die 13. Nacht, in welcher der Schutzgott To'a-hiti geboren worden war, weshalb die Kinder, die dann zur Welt kamen, als mutig und begabt galten. Unter dem Vollmond der 15. Nacht kamen nur schöne und grossäugige Kinder zur Welt, die beliebt sein und ein gutes Leben haben würden ... Mit solchen Angaben geht es weiter bis zur 29. Nacht, in welcher der Mond nicht mehr zu sehen war; die an diesem Tag geborenen Mädchen würden deshalb zu unfruchtbaren Frauen heranwachsen.[57]

KULTURELLE EINFLÜSSE

An den Schöpfungsmythen der Gesellschaftsinseln ist interessant, dass sich in ihnen der Kern des uralten Emergenzmythos der Menschheit erhalten hat, wie sie aus einer unteren Welt ins Dunkel einer Welt darüber steigt. Dieser Mythos weist allerdings eine Variante auf, die einem nur in Südostasien – wie auf Palawan – und bei den Nördlichen Dene begegnet: dass der Himmel dafür erst durch einen menschlichen Kraftakt nach oben gestemmt werden muss. Wie zuvor aber müssen anschliessend Gestirne in den Himmel gesetzt werden, um Licht zu erhalten, worauf einzelne Kulturheroen in den Himmel steigen: Am deutlichsten ist all dies in der Kosmogonie von Tuamotu erkennbar.

Rund um den uralten Emergenzmythos haben sich aber zwei weit neuere Vorstellungen angelagert. Das betrifft zum einen die Entstehung eines mehrstöckigen Himmels – eine für die indische Kosmogonie bereits im 1. Jahrtausend v. u. Z. zentrale Vorstellung, die von dort zu den Arabern gelangte. Diese übernahmen aus Indien nicht nur ihre Mondstationen, sondern auch ihre sieben Himmel – die in der Bibel ebenfalls aufscheinen.

Zu dieser indischen Weltenkonstruktion gehören wesentlich auch die auf den Gesellschaftsinseln prominenten Pfeiler. Sie stellen eine Weiterentwicklung des uralten Weltenbaumes oder der vier Berge oder Götter in den Himmelsrichtungen dar, wie man sie in China und den Amerikas findet; von Indien aus gelangten sie nicht nur in den *Koran* und über den Islam weiter zu den vier Himmelsstützen der Tuareg in Pegasus, sondern auch in das alttestamentarische Buch *Hiob* in 9.6. und 26.11.: Auch dort ruhen die Himmel auf vom Herrn gesetzten Pfeilern.

Zum anderen wird nun – wie auch auf Palawan – dem alten Emergenzmythos die Entstehung des Universums vorgelagert, die zuvor nirgends thematisiert worden war. Es entsteht wie bisher im Dunkeln, nun aber aus der Leere, dem Nichts – was als eigenes philosophisches Konzept erstmals in den vedischen Schöpfungsmythen Indiens um 1200 v. u. Z. greifbar wird. Sie mit Wassern zu füllen und aus einem Vogelei die Welt entstehen zu lassen, aus dem dann der erste Gott – Brahma – schlüpfte, gehörte ebenso zu zentralen indischen Vorstellungen,[58] die auch von der *Genesis* angedeutet werden. Auch in der Bibel schwebt Gottes Geist im Dunkeln über dem Wasser, muss sich das Land erst im Ur-Ozean verfestigen, entstehen die Himmelskörper erst am vierten Tag, um dann mehr als nur ein Dämmern in die Welt zu setzen.

Dass das zweite Sternbild der Welt 'Grosses Tal' genannt und mit einer Herrscherin verbunden wird, verrät im Kontext mit dem allgegenwärtigen Wasser, der Leere und der Weltschöpfung aus einem Vogelei einen weiteren asiatischen Einfluss. Denn ein "Grosses Tal" als "mysteriöse Frau, die eine Öffnung besitzt, aus der Himmel und Erde hervorgehen," und als Ort primordialer Leere, "in den man etwas giesst, ohne sie je zu füllen, und aus der man schöpft, ohne sie zu erschöpfen", und "die wie ein Vogel ist, der spontan singt und sich mit dem Universum identifiziert", findet sich auch in den Schriften der chinesischen Philosophen Laozi und Zhuāngzi aus dem 4. Jahrhundert v. u. Z., die als Quelle für ihre Vorstellungen das weit ältere *Yijing* benützt haben.[59]

Am Sternenhimmel sind überdies noch einige Elemente abzulesen, die für viele Sternenhimmelkulturen basal sind. Das beginnt mit dem Ersten Bonitio in Piscis Austrinus, zu dem zwar kein Mythos mehr erhalten ist, der jedoch nicht den zeitlich ersten auftauchenden Bonito eines jährlichen Schwarmes darstellen kann, weil er in seinem Kreisen um den Südpol jede Nacht sichtbar ist. Das 'Erste' muss sich also auf seine prototypische Stellung beziehen, wie sie für die Tiere der meisten Sternenhimmel charakteristisch ist, indem sie als Ursprung und Quelle der irdischen Exemplare und ihrer Fruchtbarkeit gesehen werden. Auch die roten Vogelfedern mancher Sterne, der Umstand, dass Vogelfedern als göttlich gelten und der erste Gott erst seinen Federflaum loswerden muss, verweisen noch zurück in eine Zeit, in der die ersten Lebewesen der Welt – wie bei den Aborigines etwa – Vogelmenschen waren, die sich erst nach getaner demiurgischer Arbeit in Menschen und Vögel schieden.

ASPEKTE DES STERNENHIMMELS

Der Sternenhimmel der Gesellschaftsinseln weist drei Charakteristiken auf: Erstens bleibt er der uralten Vorstellung des Himmels als Landschaft treu – die hier jedoch umgewandelt wird in eine Topographie, die einerseits das mythische Ursprungsland Havai'i zeichnet, sich andererseits aber auch auf die drei Täler, den Berg und das Atoll von Bora Bora projizieren lässt.

Zweitens ist dieser Sternenhimmel für die Navigation eingerichtet worden, wobei die Himmelspfeiler der Kosmogonie als Kompass- und Leitsterne für die Seefahrt dienen.

Und drittens wurde ein Himmel konzipiert, der mit seiner dem komplex ausdifferenzierenden Schöpfungsgesang entsprechenden Symbolik priesterliches Wissen ebenso legitimieren soll wie herrschaftliche Macht – weshalb sein erzählerischer Bogen von der Entstehung Aurigas bis hin zu den wichtigsten Marae Bora Boras und den dort geweihten Königen reicht. Das macht ihn im Vergleich zum Himmel der Palawan oder anderer indigener Kulturen zu einem sehr artifiziellen Konstrukt, insofern er das Produkt einer hohepriesterlichen, in Herrschaftsdiensten stehenden Kultur ist. Die Quellen zu unserem Sternenhimmel stammen ja aus diesen Kreisen. Dass es auch andere, 'volkstümlichere' Ansichten des Sternenhimmels gab, die eine weit zurückreichende Tradition aufweisen, ist dagegen am Sternenhimmel Neuseelands festzustellen, das erstmals um 1330 besiedelt wurde, grösstenteils von den Gesellschaftsinseln aus.

I HIMMEL UND STERNE

RAI – DER HIMMEL

D 219

REVA – DAS FIRMAMENT

Dieser Name für die Weite des sichtbaren Himmels benennt zugleich einen Abgrund und eine unbekannte Tiefe. Er gilt als der höchste Himmel, in dem Ta'aroa wohnte.

D 227 und B 5

RŪMIA – DIE AUFGESCHLAGENE

H 361

'APU-O-TE-RA'I – DIE HALBSCHALE DES HIMMELS

H 337 und T 142

RA'I ATUA – DER HIMMEL DER GÖTTER

H 338

Dies sind die Namen des Himmels, an dem die Gestirne entstanden, in der Urzeit der Welt, als nur Finsternis herrschte und es nichts gab, ausser einer einförmigen Schale, die sich in diesem dunklen Nichts drehte, bis sie vom darin sitzenden Urgott Ta'aroa aufgeschlagen und die obere Schalenhälfte zur obersten Himmelskuppel wurde. Darunter liegt der auf Pfeiler ruhende *Tāpo'i-o-te-ra'i*: das beidseits abgeschrägte 'Dach des Himmels'.

Mars nimmt dann Halbschale des Himmels zur Frau und zeugt mit ihr das Kreuz des Südens und Piscis Austrinus. Der nunmehr besternte Himmel wird daraufhin nicht nur in Sternbilder unterteilt, sondern auch in eigene Himmelssegmente.

T 96, H 360 und T 142

TE-TĀPO'I-O-TE-RA'I – DAS DACH DES HIMMELS

Die alten Tahitianer verglichen die Himmelskuppel mit einem monumentalen Dach, das wie jenes ihrer traditionellen Häuser – *Fare Pōte'e* – gebaut war: vierseitig, mit abgerundeten Ecken, aber steil und spitz auf den Firstbalken zulaufend. In der Vorstellung des Kosmos ist dieser Firstbalken der Zenit, der von zehn Pfeilern getragen wird, die jeweils Sterne erster Ordnung – sogenannte 'Funkler' – sind. Dieses Dach ist durchsichtig und erlaubt so den Blick zu den Göttern weiter oben, die sich im zehnten Himmel befinden, der *Ra'i-hāmama-a-Tāne* genannt wird, 'Tānes Himmelsdecke'. Durch diesen zehnten Himmel hindurch fliesst 'Das Belebende Wasser des Gottes Tāne', die Milchstrasse *Vai-ora-a-Tāne*.

T 105 und 139

Zugleich ist dieses bestirnte Himmelsdach eine Welt für sich, in der es Meere, Täler und Berge gibt und sich die wichtigeren Sterne und die Planeten auf Pirogen fortbewegen. Und nicht nur das: Das Dach des untersten der zehn Himmel zeugt mit dem Saturn hell leuchtende Sterne, aber auch die unregelmässig zwinkernden Sterne, die Abertausenden von glitzernden Sternen, die Sternennebel, die beiden Drückerfische in der Dunkelstelle der Milchstrasse sowie die Seesterne.

H 361 und T 105

Himmel hinter Cassiopeia

MA-RA'I-RE'A – DER OFFENE KLARE HIMMEL

Dies ist der Name der Region, in der die Milchstrasse weniger sichtbar ist und wo die Sternbilder im Norden kulminieren. Der Himmel dort wird als 'Herrscher' bezeichnet; in ihm entstehen zu Beginn der Schöpfung der Himmelskörper die ersten Sternbilder. *Ma-ra'i-re'a* lässt sich auch mit 'klarer gelblicher Himmel' übersetzen, vor allem aber auf den Mond beziehen, indem der Tag des Vollmondes *Ma-ra'i* genannt wird und der Mond dort im Norden seinen Höchststand erreicht.

Auch der Südhimmel hat einen Herrscher, dessen Name allerdings nicht genannt wird.

G 142, H 359 und T 248

Himmel zwischen Leo und Hydra

TE-RA'I-TŪ-ROROA – DER LANGE HIMMEL

H 361

Himmel um den an der Eklipitik liegenden Teil von Pisces

TERE-E-FA'AARI'I-MAI-I-TE-RA'I – DIE WILLKOMMENHEISSENDE HIMMELSANKUNFT

H 362 und G 141

Sternbild

HUI FETŪ | HUI FETI'A – DIE STERNGRUPPE
(HUI) TĀRAVA – DIE (GRUPPE DER) GERADLINIGEN

T 341

Unterschieden wird zwischen einer Gruppe von Sternen als meist der Anschauung der Natur entnommenes Sternbild – Wolke, Tal – und einer Linie von Sternen wie den Gürtelsternen des Orion. Navigatoren bezeichnen beide Arten von Sternbildern als *Rua* – Loch, Öffnung, Abgrund –, da aus einer Stelle am Horizont die Sterne eines Sternbildes nacheinander aufsteigen, angeführt von einem *Ta'urua*.

T 166

TUA TA'A – DIE VERSTREUTEN

H 340

Damit werden jene Sterne bezeichnet, die zu keinem Sternbild gehören und auch sonst keine Auszeichnung aufweisen: das, was die Astronomie früher einmal 'Sporades' nannte.

Stern

FETŪ | FETI'A – DER KREISER?

Fetū musste aufgrund eines Sprachverbotes um 1790 in *Feti'a* abgeändert werden, weil König Pomare I. den Namen *Tū* trug und diese Silbe anderswo nicht mehr ausgesprochen hören wollte. Das Wort selbst stammt aus der proto-austronesischen Sprache; es hat seinen Ursprung auf Taiwan, wo es **biTūen* lautete.

Unterschieden werden Sterne aufgrund ihrer Funktion in drei Klassen: *'Avei'a* als Leitsterne, *Ta'urua* als Kompasssterne und *'Anā* als Funkler an der Spitze von Himmelspfeilern.

T 137–139

'AVEI'A – DER LEITSTERN

Dieser Name bezieht sich darauf, dass man in einem Stern einen navigatorischen Führer sehen kann; dementsprechend leitet er sich von der proto-polynesischen Wurzel **kaweinga* ab, die 'der Anführende' bedeutet. **Kawei* wiederum bedeutet 'Tentakel', was an die acht Arme des Kraken erinnert, welche die Erde bei ihrem Ursprung umklammert hielten. In Tahiti heissen heute auch Kompass und Windrose *'Avei'a*.

T 138 und 142–143

'ANĀ – DER FUNKLER

Der Name bezeichnet zehn Sterne der ersten Leuchtklasse und leitet sich ab von 'hell strahlen, glänzen, glitzern'. Auf Hawai wird α Geminorum so genannt (*Nahnah-mua*) und ist dies auch der Name eines Mondmonats. *'Anā* bezeichnet zuallererst aber eine Höhle, Höhlung, Kuhle:[60] Der Mythologie zufolge stecken in ihr die Enden jener zehn Pfeiler – *Pou* –, die das Dach des Himmels tragen. Ursprünglich bezog sich der Name auf den zentralen Pfeiler eines Hauses, im Unterschied zu den Pfählen an den Seiten, und auf den ursprünglichen Pfeiler des Universums als von der Unterwelt aus emporragender 'Weltenbaum', der den Himmel trägt: so, wie er in den Mythen von Tuamotu eine Rolle spielt. Als Pfeiler gilt ein Stern auch auf der Osterinsel, während *Pou* bei den Māori den Zenit, eine Mittagslinie und die Himmelspole bezeichnet.

Alle drei Aspekte erfüllen die zehn als 'Funkler' bezeichneten Sterne in Tahiti: Gemeinsam beschreiben sie einen Meridian, einen Grosskreis am Himmel, der durch den Zenit verläuft. Wenn einer dieser Sterne dann im Zenit steht, bildet er mit dem Nord- wie dem Südpol einen Pfeiler. Da der Südpol mit freiem Auge nur annäherungsweise bestimmt werden kann und der nördliche Polarstern auf Tahiti nie zu sehen ist, werden benachbarte Sterne als Referenz genommen: Canopus und Crux für den durch keinen Stern markierten Südpol oder der Funkler α Ursae Maioris für den von Tahiti aus stets unsichtbaren Nordpol.

T 333 und 157–166

TA'URUA – DER KOMPASSSTERN | DER STERNENWEG

Etymologisch geht *Ta'uru* auf *Takulua* zurück, den proto-polynesischen Namen für einen Stern, wahrscheinlich den Sirius (der bei den Māori heute noch *Takurua* heisst), sowie des mit ihm verbundenen Monats. Bei seinem ersten Aufgang im Juli wurde in Tahiti ein *Ta'urua* genanntes Fest gefeiert. Nach einem *Pih*, einem Sprachverbot, durch das die Silbe *rua* nicht mehr ausgesprochen werden durfte und durch *piti* ersetzt werden musste, verwandelte Ta'urua sich im 19. Jahrhundert in *Ta'upit'*, was nunmehr allein mehr eine Festlichkeit bezeichnete, während der Bezug zu einem Stern in diesem Namen verlorenging.

**Taku* als Ursprungsform von *Ta'u* bedeutete so viel wie Aufzählen, Rezitieren und damit auch das Auffinden eines Sterns; *Rua* hingegen benennt eine Quelle, einen Ursprung, eine Öffnung, eine Meerestiefe, den Abgrund und ein Loch, aus dem die Sterne in einer Linie aufsteigen und in das sie wieder untergehen. In einem ebensolchen Abgrund werden auch die Wendepunkte der Sonne gesehen. Das geradlinige Aufsteigen und die damit verbundene Vorstellung von Pfeilern ist dem Umstand zu verdanken, dass Tahiti zwischen den Wendekreisen liegt. Die Achse der Himmelssphäre zwischen Nord- und Südpol liegt deshalb beinahe parallel zum Land, weshalb die meisten Sterne fast vertikal aufsteigen.

Ein Ta'urua bezeichnet somit einerseits einen Kompassstern als Punkt, von dem am Horizont eine Fluchtlinie von Sternen emporsteigen wird, andererseits aber auch diesen 'Sternenweg' selbst – beides für die Navigation wichtige Hilfsmittel. Dafür sucht man zuerst den hellsten Stern in der Richtung, in die man steuern will – den Ta'urua –, um mit ihm das jeweilige Sternbild zu finden, an das man sich hält; wie der Schöpfungsgesang von Bora Bora am Beispiel von α Piscis Austrini klarmacht, besitzt jedes Sternbild einen Ta'urua. Für die Sonne gilt dasselbe, auch bei ihr drückt der Auf- oder Untergangspunkt zugleich die von ihr genommene Bahn aus. Deshalb heisst die Sommersonnenwende im Dezember *Rua-roa* – Der Lange Weg – und die Wintersonnwende *Rua-poto*, 'Der Kurze Weg'.

Auf Tuamotu benennt *Rua* ebenfalls die Fluchtlinie der nacheinander vom selben Kompasspunkt aufsteigenden Sterne, ihre Himmelsbahn. Das Kompositum Ta'urua ist in vielen Teilen Polynesiens und Neuseelands verbreitet, wo es Sterne wie Altair oder Sirius, die Planeten Jupiter oder Venus oder auch einen Mondmonat bezeichnet.

Jeder Ta'urua kündigt somit die noch in einem Rua steckenden Sterne eines Sternbilds an; die ebenfalls als Ta'urua bezeichneten Jupiter und Venus zeigen hingegen die Ekliptik an.

T 111, 146–147 und 155

MĀHU – DER NEBEL

Damit werden Sternennebel wie die Magellanschen Wolken bezeichnet.

T 140

Die Beobachtung des Nachthimmels hat eigene, auf Sterne bezogene Begriffe herausgebildet: *Au* = aufgehen wie ein Stern;[61] *Au-pupu* = in einer Reihe sein wie die Sterne bei ihrem Aufgang;[62] *Aroro* = aus dem Blick verlieren wie einen Stern auf hoher See;[63] *Fetūi* = Die Zeit um Mitternacht, gewissermassen als 'Sternstunde'.[64]

II DIE MILCHSTRASSE UND IHRE BILDER

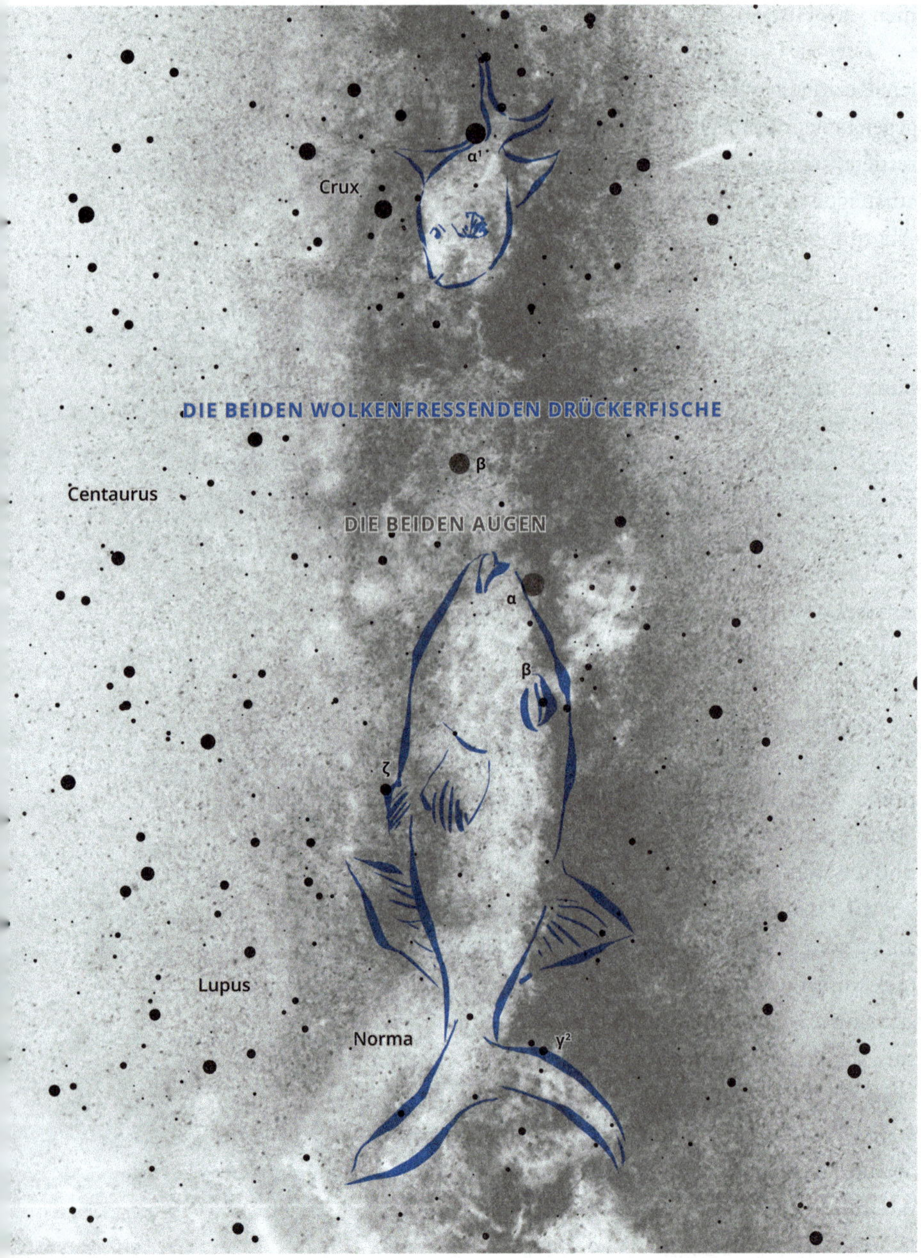

Milchstrasse

VAI-ORA – DAS BELEBENDE WASSER

Die Milchstrasse ist "im zehnten Himmel, wo Tāne von Ta'aroa hinversetzt wurde, in den offenen Himmel, durch den Das Belebende Wasser der Götter fliesst. Es ist das Wasser, von dem der Mund der Götter schlürft; es wird mit der linken Hand, der heiligen Hand der Götter, zum Mund geführt". Dieses Wasser, das Tote wieder zum Leben erwecken kann, bildet einen Fluss, der sich zu einem See weitet, in dem ein Hai und zwei Drückerfische schwimmen und an dem eine Seeschwalbe sich aufhält.

Offenbar verläuft dieses Wasser als Fluss einmal um die Welt herum, denn im Pō, der dunklen Unterwelt, gibt es ebenfalls einen *Vai-tu-pō*, einen 'In Der Dunkelheit Stehenden Fluss', in dem die Götter *Tumu-nui*, 'Der Grosse Grundfeste', und Rua-tupua-nui, leben.

H 362, 360, 414, 96

die Dunkelstellen zwischen etwa Norma und Centaurus und | oder Kohlensack

NĀ-'OH'IRI-'AI-ATA – DIE BEIDEN WOLKENFRESSENDEN DRÜCKERFISCHE

T 105

"Sie leben in den beiden Löchern von Tānes Belebendem Wasser" der Milchstrasse, womit nur die Dunkelstellen zwischen Norma und Centaurus und der Kohlensack in Frage kommen. Dem Namen nach entspringen ihnen die Wolken und damit der irdische Regen.

H 361

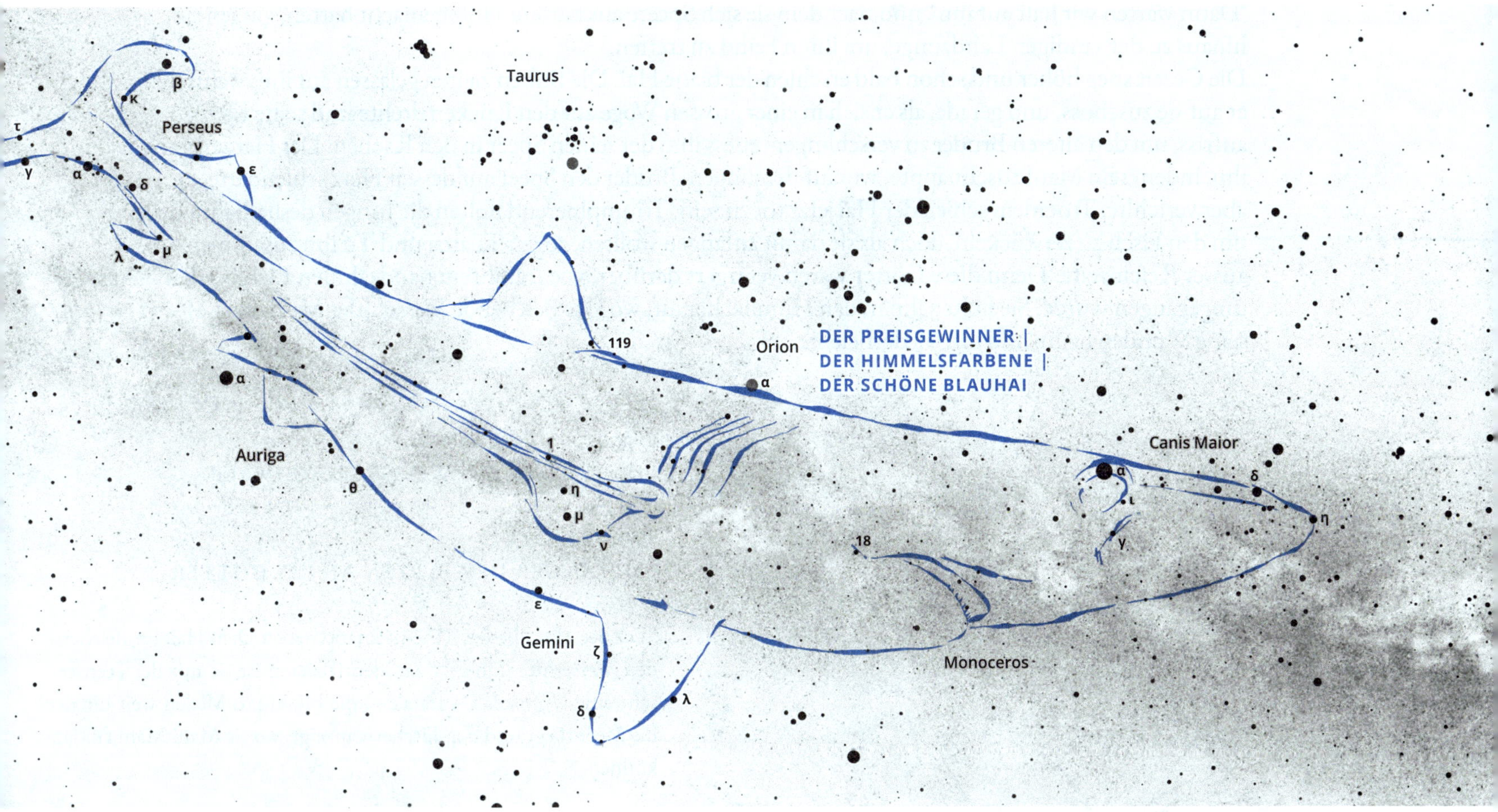

von etwa Perseus (Schwanz) bis Puppis (Kopf)

C Fig. 4

IREH – DER PREISGEWINNER
FA'A-RAVA-I-TE-RA'I – DER HIMMELSFARBENE
MA'O-PUROTO – DER SCHÖNE BLAUHAI

H 361 und G 141

"Im Lebenden Wasser lebt Ireh ('Der Preisgewinner'), der wunderbare Hai, der von Tū zusammen mit Ta'aroa gerettet wurde, nachdem der Mensch erschaffen wurde; Ta'aroa schenkte ihn Tāne". "Er ist da in seinem Loch". Zusammen mit *Taiva* ('Der Unbeständige', Merkur?) und *Horo-fanae* ('Frühläufer', Venus?) ist *Ma'o-puroto* – Der Schöne Blauhai – einer der Boten Ta'aroas.

H 369, 361, 356

TA'AROAS SCHÖNER HAI

"Menschen und Fische lebten in der Zeit der Dunkelheit lange zusammen, ohne einander etwas anzutun, die einen an Land, die anderen im Meer. Und da gab es einen schönen blauen Hai, den Ta'aroa sehr mochte – er schwamm immer nahe zum Ufer, um dort Seegras zu fressen, wenn die Flut einsetzte, und mit den Kindern zu spielen, wenn die sich in den Wellen tollten. Der Hai wurde *Ireh* – Preisgewinner – genannt und am Ende hinauf in den Himmel versetzt, in Das Belebende Wasser des Ta'aroa, wo er dann *Fa'a-rava-i-te-ra'i* hiess, 'Himmelfarbener'.

Und das kam so: Die Götter des Meeres warnten die Götter des Landes, dass sie von nun an aufzupassen hätten, damit der Hai keine Menschen frass, weil der bis dahin zahme Hai vorhatte, die Kinder anzugreifen, die mit ihm spielten. Also hüteten sich die Kinder, dem Hai zu begegnen.

Doch gab es da zwei Jungen, die für ihre Tapferkeit bekannt waren, Tahi-a-ra'i ('Erster Des Himmels') und Tahi-a-nu'u ('Erster Der Schar'), und die Älteren fragten, wo und wann der Hai sich dem Ufer nähern würde. 'Wenn die Flut hochsteht, wird er von der Landspitze da drüber herkommen; jetzt ist er tief im Wasser, wartet aber darauf, herzuschwimmen', antworteten sie. Unbeeindruckt davon meinten die Jungen:

'Dann warten wir halt auf ihn', und nachdem sie sich Speere aus hartem Holz gemacht hatten, gingen sie hinaus zu der sandigen Landzunge, um ihren Feind zu treffen.
Die Gezeit stieg höher und schon bald erschien der blaue Hai. Die Buben zielten gelassen auf ihn, während er auf sie zuschoss, und gerade, als er sich in einer grossen Woge auf den Rücken drehte und seine Kiefer aufriss, um den älteren Bruder zu verschlingen, stiess ihm der seinen Speer in den Rachen. Der Hai zerbrach ihn, indem sein Maul zuschnappte, worauf der jüngere Bruder den Speer auf dessen Herz schleuderte, es aber verfehlte. Trotzdem schien der Hai jetzt tot zu sein. Triumphierend holten die Jungen deshalb ihre Beile, um den Fisch zu zerstückeln, doch als sie damit anfangen wollten, zogen Ta'aroa und Tū ihn zusammen ausser Reichweite: Denn diese Götter waren verärgert darüber, wie mit ihrem handzahmen Lieblingshai umgegangen wurde. Sie holten ihn in den Himmel herauf, wo Das Belebende Wasser [der Milchstrasse] seine Wunden heilte und ihn wiederbelebte."[65]

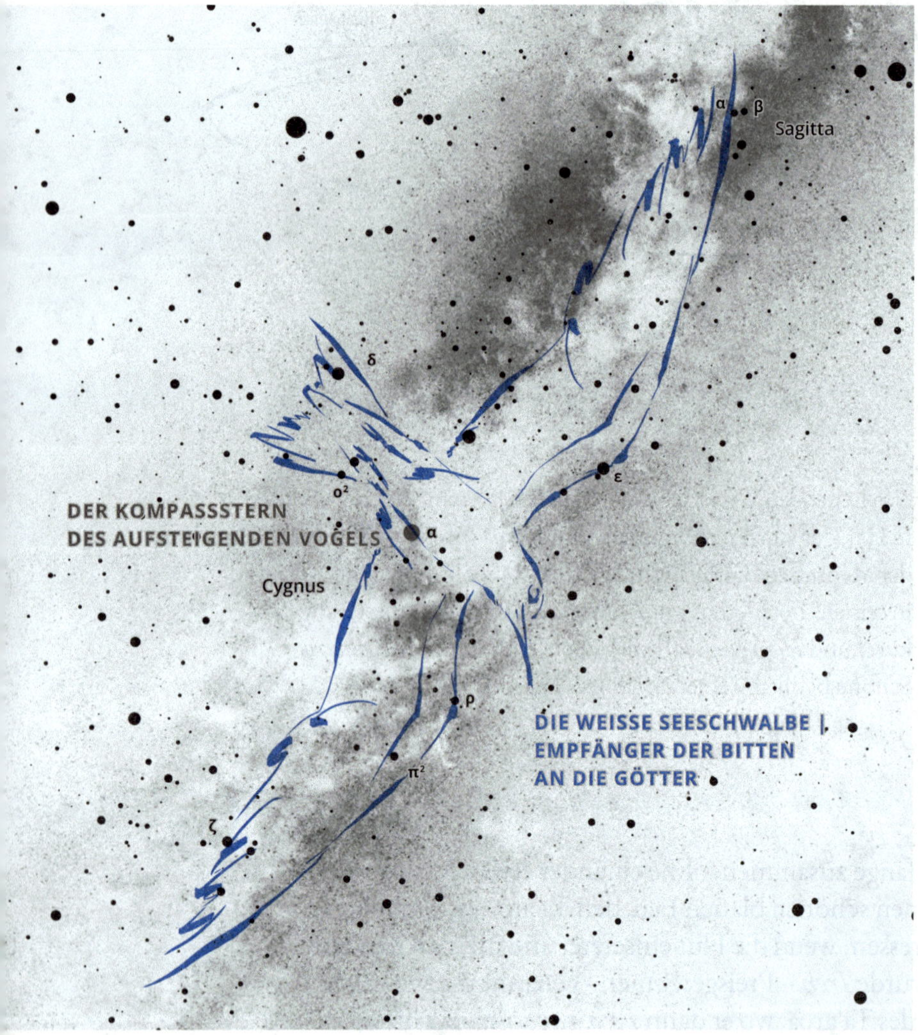

Cygnus

PIRA'E-TEA – DIE WEISSE SEESCHWALBE

H 361

TAE-FEI-AITU –
EMPFÄNGER DER BITTEN AN DIE GÖTTER

H 369

"Die Seeschwalbe des Tāne ist knapp neben Dem Hai, im Belebenden Wasser des Tāne."[66] Zu identifizieren ist sie mit der Feenseeschwalbe *Gygis alba* – Itata'e –, die bis zu 120 Meilen weit hinaus ins Meer fliegt und den Fischern anzeigt, wo sie Mahi Mahi finden können.

DIE WEISSE SEESCHWALBE UND DIE ORDNUNG DES HIMMELS

"In dem Belebenden Wasser war der Hübsche Hai Ireh, den Tū und Ta'aroa gerettet hatten, nachdem die Menschen erschaffen worden waren und sie ihn Tāne übergeben hatten. Und da war auch eine kleine Weisse Seeschwalbe, die im offenen [dem zehnten] Himmel Tānes die Schiffshalter [*Echeneidae*] vom Rücken des schonen Hais frass. Sie war sein kleiner handzahmer Vogel, der sich an Tānes Hals kauerte und ihm als Bote namens *Tae-fei-aitu* diente, 'Empfänger Der Bitten An die Götter'."[67]
"Am Anfang der Welt, als es auf Hava'i schon Menschen gab, die Marae bauten und einen König hatten,

das Meer aber noch wild war und Sonne, Mond und die Sterne sich noch nicht an den richtigen Stellen befanden, weil alles noch im Chaos lag, beschloss Tāne, zusammen mit dem achtköpfigen Mā-ū-i, Ordnung in die Welt zu bringen. Dazu brauchte er die Hilfe von König Ra'i-tupua ('Himmelsentwickler').
Und dann sagte Tāne zu Mā-ū-i mit den acht Köpfen: 'Es gibt zwei Boten, den Gutheisser Der Dunkelheit und den Gutheisser Der Ausdehnung. Geh mit ihnen zu König Ra'i-tupua – er ist beim Langen Hai, der im See Des Belebenden Wassers von Tāne Wolken frisst.
Also flog Mā-ū-i mit den beiden Boten hinauf zum See Des Belebenden Wassers, wo Der Hübsche Hai war. Sie hörten dort Stimmen im See: 'O Pira'e, Seeschwalbe, welchen meiner kleinen Schiffshalterfische möchtest du fressen?' [fragte der Hai] 'Da hinten ist er' [sagte die Seeschwalbe], 'Wo hinten?' [fragte der König]. 'Da hinten; er schwimmt weg!' [sagte die Seeschwalbe] 'Soll ich ihm nachspringen?' 'Tauch!'
Und König Ra'i-tupua sprang da hinten ins Wasser, fing den Schiffshalterfisch und brachte ihn der kleinen zahmen Seeschwalbe zum Fressen. Dann kam Ra'i-tupua auf der Seefläche daher und erblickte die beiden Boten, die wegen ihm gekommen waren. Er ging auf sie zu und sagte: 'Seid willkommen, Mā-ū-i, Ti'a-o-uri und Ti'a-o-atea! Eine grosse Aufgabe hat euch zu Tānes Belebendem Wasser gebracht'
'Ja, wir haben eine grosse Aufgabe vor uns! Wir sind zu dir gekommen, Himmelsentwickler, um Ordnung in das Chaos des Himmels zu bringen.' 'Wurde der untere Himmel von seiner Last befreit?' 'Ja, er ist davon erlöst.' 'Und was ist daraus hervorgegangen?' Jetzt gibt es darin Wolken, Bergketten, Lichtungen, Bruchstellen und dichte Wälder auf der Erde. Aber die Himmel darüber sind noch völlig durcheinander; der Mond, die Sonne und die Sterne sind auf völlig fremde Orte verrückt. Kannst du sie an die richtigen Stellen bringen?' 'O ja, das kann ich, gerne; ihr könnt wieder umkehren'. Und so kehrten Mā-ū-i und die beide Boten in die Konfusion des Himmels zurück. König Ra'i-tupua aber stieg aus dem Wasser, kroch die Flussböschung hinauf, legte sich noch tropfnass den Lendenschurz um und hiess seinen berühmten Handwerker Ma-tohi ('Freiräumendes Beil') sich darauf vorzubereiten, in Tānes offenem Himmel zu arbeiten."[68]

Vögel galten auf Tahiti als Götterboten, weshalb ihr Flugverhalten – wie alles, was sich am Himmel vollzog – ein Omen war, das gedeutet wurde. Vor jeder religiösen Zeremonie riefen die Betpriester Vögel herbei, indem sie ihre Schreie nachahmten, um sie zu den im Finsteren des Pō lebenden Göttern zu schicken. Man traute ihnen dies zu, weil sie mit ihrem Flug die Grenze des ersten Himmels erreichten.[69]

α Cygni

TA'URUA-I-TE-HA'APĀRA'A-MANU – DER KOMPASSSTERN DES AUFSTEIGENDEN VOGELS

H 363 und T 110 und 166

Deneb gibt damit den Ort am Horizont an, aus dem Die Weisse Seeschwalbe aufsteigen wird.

zwei Längsstreifen (in Sternen von Aquila?)

VERO-NU'U – SCHUSS AUFS HEER
VERO-RA'AI – ANGRIFFSSCHUSS

H 368

Die Speere der Tahitianer wurden aus sehr harten Hölzern hergestellt, poliert, aber nicht geschnitzt; die einen waren überlang, andere kurz wie ein Spazierstock, und sie liefen entweder spitz zu oder hatten eine ovale Klinge. Die beiden Toa-Speere ('Auf Der Schulter Zu Tragende Speere') Tānes sind über 5 Meter lang, drei Zentimeter dick und laufen auf eine Spitze zu.[70]

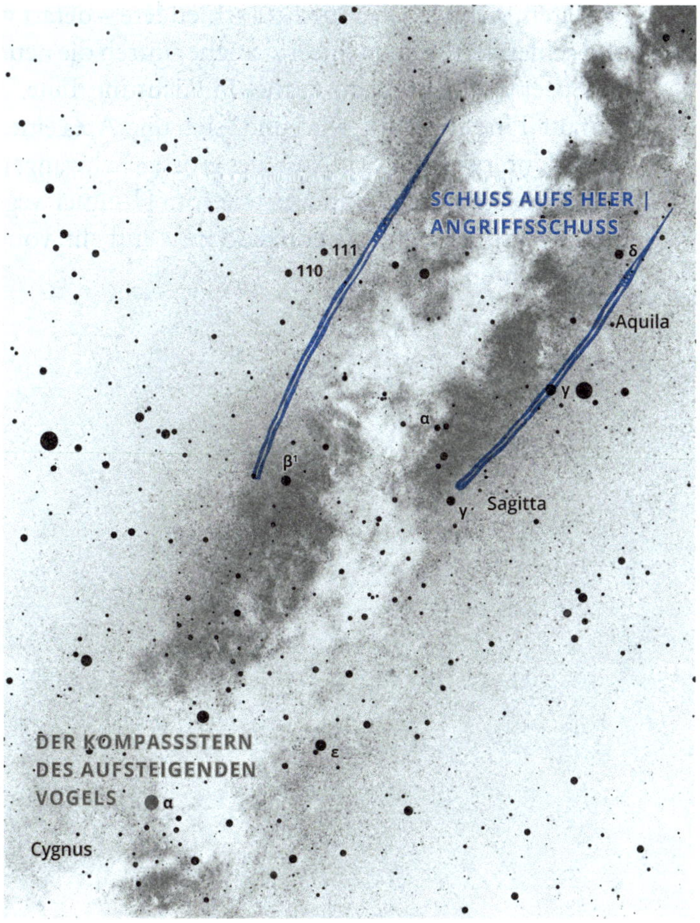

"Tāne, der Ateas Himmel ausdehnte, der Tāne Des Zehnten Himmels, Tāne Des Offenen Himmels, der Tāne Der Ausgestreckten Arme, er hatte zwei grosse Speere: *Schuss Aufs Heer* aus Kokospalmenholz und *Angriffssschuss* aus dem Holz eines Kasuarinenbaums [*Casuarina equisetifolia*]. Es sind dies zwei dunkle Streifen, die immer noch entlang Des Belebenden Wassers am Himmel zu sehen sind. Und wenn Tāne seine Wut da oben ausliess, dann gab es Tod!"[71]

TĀNE KĀMPFT MIT ATEA

Diese Wut liess Tāne aus, als er mit seiner Frau Aruru ('Der Sammlerin') und zwei Kunsthandwerkern auf Weltreise ging, um ein Gott zu werden, und dabei an die Ränder der Welt gelangte: "Sie segelten vor dem Wind nach Südwesten", also Richtung Sonnenuntergang, "und fuhren ungehindert durch alle [neun] Himmel, bis sie zu Ateas Himmelsdach kamen, wo das Segeln schwierig wurde und sie schliesslich strandeten, sodass die Piroge eingedrückt festsass!"

Wütend droht er Atea – der ihn vor seiner Geschlechtsumwandlung geboren hatte –, ihn samt seinem Dach mithilfe von Winden einstürzen zu lassen; doch das konnte ihm als göttlichem Luftraum nichts anhaben.

"Und so segelte Tāne weiter, von Zeitalter zu Zeitalter, bis sie zu einem Abgrund – Rua – im Westen und einem im Osten kamen, vorbei an Inseln mit rauschenden Gezeiten und Inseln mit leichten Brisen. Und die Piroge kreuzte hin und her und kam in Gegenströmungen; Untiefen wurden sichtbar und ein Hafen dahinter: Das war Vavau [Papenoo auf Tahiti]."

Um hinein zu gelangen, stakt er seine Piroge vorwärts; "er umrundete dabei einmal den Himmel, und da war ein schabendes Geräusch im Ozean unter dem herabkommenden Himmel".

Nach seinem Besuch auf Tahiti, wo er als Gott empfangen wurde, segelte er erneut "am Abgrund von Ost und West vorbei, von Zeitalter zu Zeitalter, bis er zum Belebenden Wasser [der Milchstrasse] im Himmel von Tāne kam! Und dort stellte er sich hin und erklärte Atea den Krieg!"

Er besass nun Speere, die ihm von tahitianischen Handwerkern angefertigt worden waren: "'Da ist mein Toa-Speer 'Angriffsschuss'; er wird das Himmelsdach durchbohren. Und Beschwörungen werden ihn begleiten, wenn ich ihn auf Atea schleudere – derart wird er sicher sterben!' ... Und er nahm langsam Anlauf und schleuderte seinen Speer zielsicher durch die neun Himmel auf Atea: Doch vor diesem war er machtlos – der Speer prallte leicht ab, zurück in Richtung Tāne."

Worauf Tāne einsichtig wird und "sich und Atea eine Friedensgabe vorsetzt: eine Sternschnuppe als Zeichen seiner Unterwerfung vor Atea, der grossen Schwangerschaft voller Reife des Atea. 'Bindet alle Düsternis und Krieg zusammen und werft sie vom Himmel weg! Lasst es nachts regnen, wenn der Mond aufgeht; und lasst es tagsüber regnen, wenn die Sonne aufgeht, von Ateas Saum aus, um die Erde zu verschönern und zu befruchten.'"[72]

1818 rezitierte "eine kluge, vom Alter bereits gebückte Dame mit schwachen Augen" namens Rua-nui auf Bora Bora den *Gesang von der Geburt der Himmelskörper*. Er wurde von Teuria Henry publiziert[73] und zuletzt auch in einer überarbeiteten Fassung vorgelegt.[74]

Die Gestirne gehen dabei aus sexuellen Verbindungen hervor, für die zuerst der Mann, dann die Frau genannt wird. Die Liste dient der Memorisierung der einzelnen Sternbilder, um sie am Himmel zur Navigation finden zu können; sie nennt die markanten Sternbilder vom Jahresanfang vor der Sommersonnenwende im Dezember bis zum Jahresende im November.

In diesem Schöpfungsgesang entstehen die Sterne erst nach dem Mond, der Sonne, den Sternschnuppen und Kometen im Norden des Himmels, gezeugt vom Gott Rua Des Grossen Wachstums mit der Atea Des Grossen Befehls, der Göttin des Raumes, die erst später ihr Geschlecht wechselt und männlich wird.[75] Dank der beiden kommen als königliche Kinder schliesslich die allerersten Sternbilder Fa'a-iti (Perseus), Fa'a-nui (Auriga) und Fa'a-tah-potupotu (Gemini) beim Herrscher Offener Klarer Himmel zur Welt, als geradlinige Sterngruppen des Nordens.[76]

Es sind dies jene Sternbilder, die in der Nacht der Sommersonnenwende im Dezember bei Sonnenuntergang zuerst hintereinander – geradlinig – aufgehen, bei Sonnenaufgang als letzte untergehen und sich dazwischen entlang der Ekliptik hinauf zum Zenit und wieder hinunter drehen: um dadurch die Himmelsrichtungen zu markieren.

Mit dem König Offener Klarer Himmel ist höchstwahrscheinlich der weibliche Mond gemeint, der in anderen Traditionen zusammen mit der männlichen Sonne die Gestirne gebiert.

Der Gesang beginnt mit dem Aufgang jener Sternbilder, die bei der Sommersonnenwende im Dezember den Kreislauf am nördlichen Himmel prägen. Das Prinzip der einzelnen Gestirnsgeburten lässt sich folgendermassen entschlüsseln: Eine zur Geburt eines neuen Sterns führende Verbindung ergibt sich zwischen zwei Gestirnen, indem das eine abends im Westen untergeht, während das andere gegenüber zugleich aufgeht. Mit einer Piroge in See zu stechen vermittelt den dabei von einem Gestirn zum anderen wechselnden Blick entlang des Horizonts, in der jeweils angegebenen Richtung: Man fährt dabei zwischen den beiden tiefstehenden Gestirnen gleichsam übers Meer. Sind die Pirogen mit eigenen Namen ausgewiesen, so bezieht sich dies aller Ansicht nach auf ein der Sternbildgruppe benachbartes, am Horizont stehendes Sternbild, das als Boot eines bestimmten Gestirns bezeichnet wird. Das Losfahren oder Einsteigen eines Planeten gibt wieder, dass abends am Sonnenuntergangspunkt ein Sternbild erst langsam am Nachthimmel erscheint.

Mit unseren Sternbildern abgeglichen wurden die im Schöpfungsgesang aufgezählten Gestirne (nicht jedoch die Pirogen) von den besten Autoritäten Tahitis im Jahre 1822 und 1842.[77]

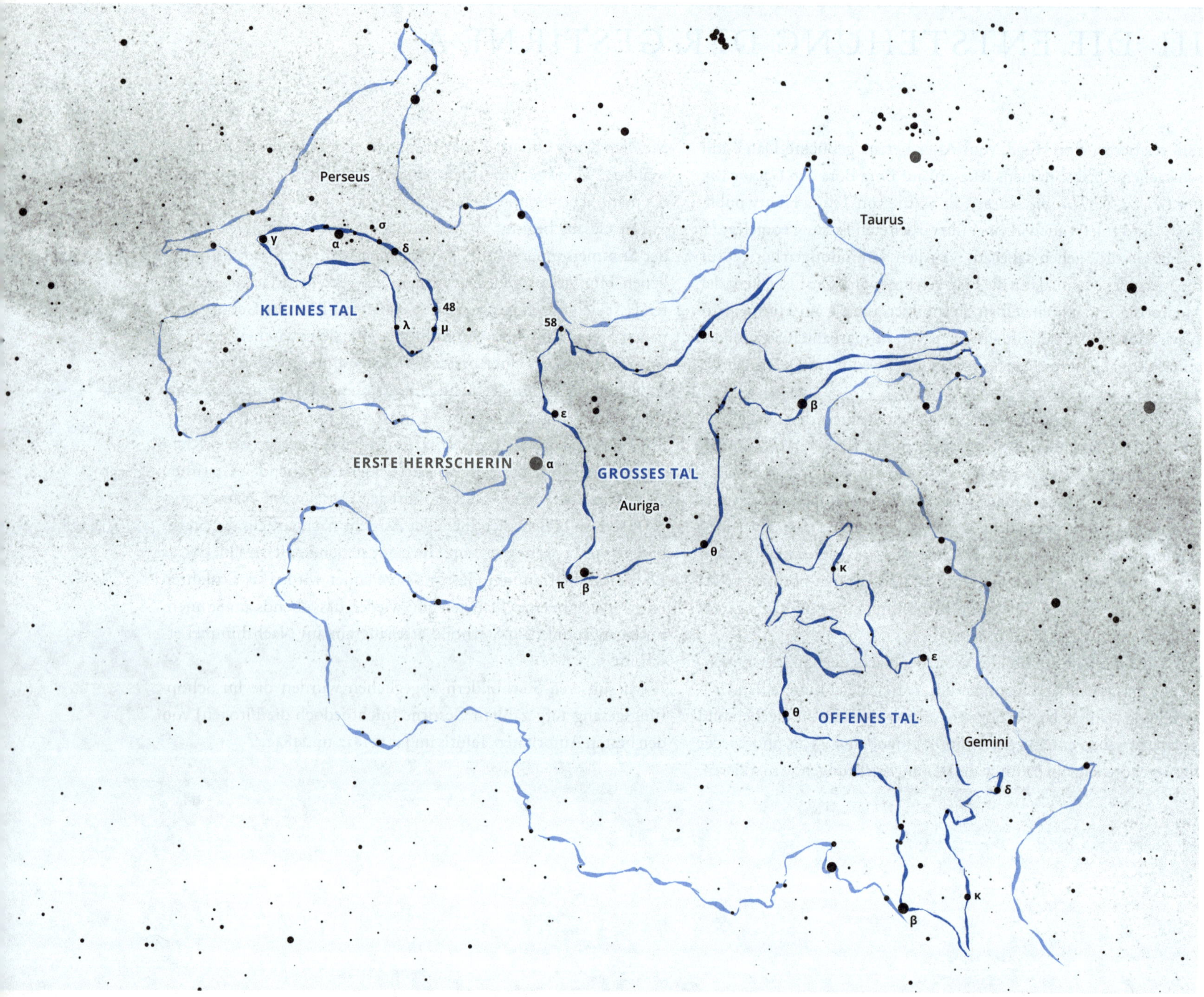

Perseus

FA'A-ITI – KLEINES TAL[78]

T 102

Das Kleine Tal ist jenes Tälchen, in dem Ta'aroa sich aufhielt, als er noch in seinem ersten Ei, Rūmia, weilte; er hatte darin eine Kleine Grundfeste, um nicht in der dunklen Flüssigkeit unterzugehen. Nachdem er die aufgeschlagene Schale dieses Eis zum obersten Himmel bestimmte, blieb daran offenbar dieses Kleine Tal hängen.

Es ist nun ein abgeschlossenes Tälchen, an dessen Ufer viele blitzende Muscheln angeschwemmt wurden, was sich offenbar auf die kleinen Sterne um α Persei bezieht. Von dort aus gelingt es Tāne, den Himmel ganz von der Erde abzugraben und in die heutige Höhe zu stemmen.[79]

Auf Tuamotu wird das Gestirn mit dem äquivalenten Namen *Faka-iti* hingegen mit ε Orionis identifiziert.[80]

Auriga

FA'A-NUI – GROSSES TAL

T 102

Auf Tuamotu trägt Auriga denselben Namen.[81] Dass als zweites Sternbild der Welt ein Grosses Tal am Himmel entsteht, hat auch damit zu tun, dass dieser Schöpfungsgesang einer Frau aus Bora

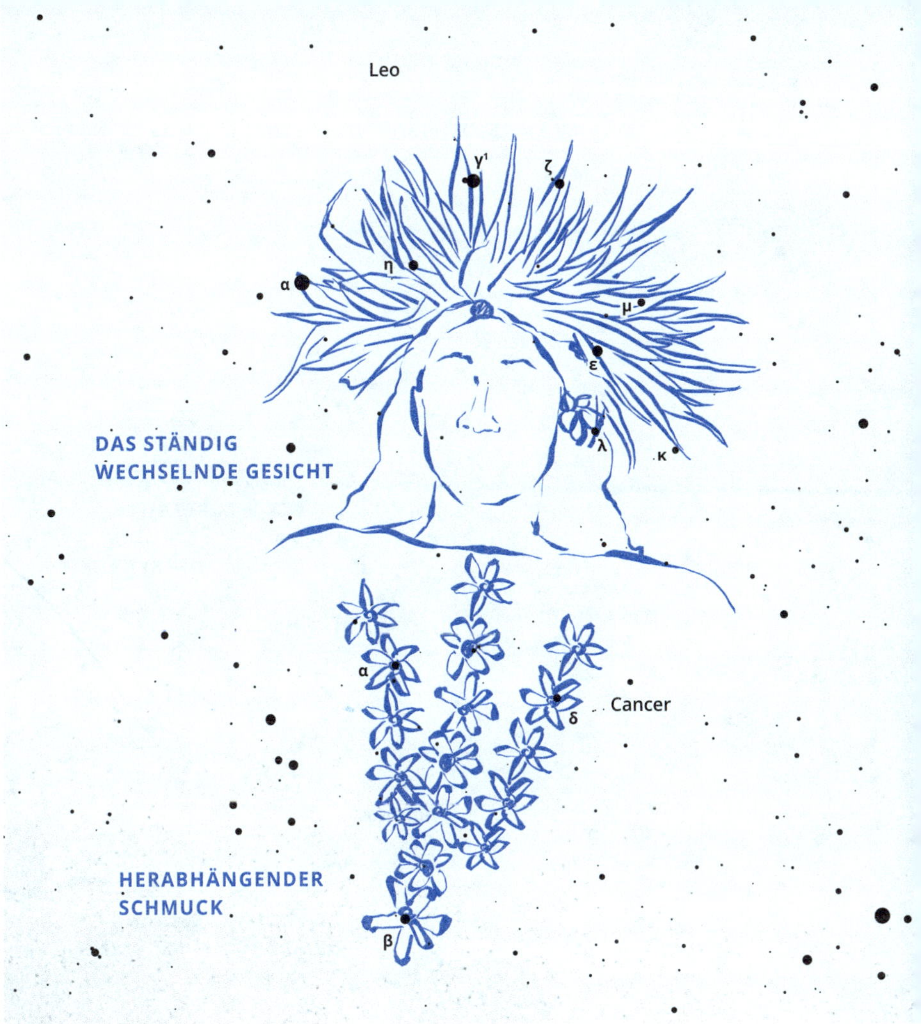

Bora die – wie das Ende unterstreicht – Herrschaftsverhältnisse dort legitimiert: Sie finden sich somit am Himmel widergespiegelt. Dies ist zudem damit zu begründen, dass "*Bora Bora* – Erstgeborenes [Land] – seinen Namen vom Glauben ableitet, dass es die erste Insel war, die nach dem Entstehen Havai's aus dem Meer auftauchte".[82]

Am Fusse des grossen Berges von Bora Bora, hinter einer grossen Landzunge – und in einer Topographie, welche die astralen Seefahrten dieses Schöpfungsgesangs beschliesst – liegt "der uralte Bezirk von Fa'a-nui ('Grosses Tal'), Sitz und Wiege des ältesten Königsgeschlechts von Bora Bora. Die *Fa'a-nui* genannte Marae war der Platz, wo man deren Königen und Königinnen die Herrschaftsinsignien ihres Volkes feierlich überreichte. Am Ende dieses Bezirks liegt die schöne und tiefe Bucht von Fa'a-nui."[83] Damit kann man auch von dort die Seereisen der Gestirne, die nacheinander Sternbilder und Planeten in die Himmel setzen, ausgehen sehen lassen.

Der Untergang dieses Sternbilds abends im westlichen Meer markiert die Wintersonnenwende Ende Juni; dann wird das Hochseefischfangverbot ausgesprochen und mit der nun beginnenden Zeit der Kargheit ein letztes Fest von den Königen veranstaltet, nach welchem sie sich zurückziehen.[84]

α Aurigae

TAHI-ARI'I – ERSTE HERRSCHERIN

T 102

"Grosses Tal (Auriga) nimmt Erste Herrscherin (Capella) zur Frau. Sie bringt ihm darauf Venus, Merkur und das Sternbild Mā-titi-tau (Cancer?) als Prinzen zur Welt." Astronomisch ergibt sich dies durch die Konjunktion dieser Planeten mit Auriga, wenn die Sonne bei der Wintersonnenwende im Juni | Juli in diesem Sternbild aufgeht.

H 360 und T 102

Diese Erste Herrscherin ist weiblich. Zwar haben die Götter bei der Weltschöpfung zuvor viele andere *Ari'i* gezeugt; doch chronologisch gesehen ist dies das erste Mal, dass eine Frau diesen Titel erhält. Die herausragende Stellung des Sterns ergibt sich vielleicht dadurch – wie der Vergleich mit dem ebenfalls als Herrscherin gesehenen Canopus der Māori nahelegt –, dass der weibliche Stern als Herrscherin über die restlichen Sterne des Jahres gilt.

Gemini

FA'A-TĀ-POTUPOTU – OFFENES TAL

T 102

Das Ende des Schöpfungsgesanges macht klar, dass alle drei Täler zu einem Berg namens 'Kleine Zu Verherrlichende Täler' gehören, der sich auf einem Atoll befindet, das ein Kap namens 'Es dauert Lange' aufweist – weil es nämlich ein Jahr dauert, bis es von den Sternen auf der Ekliptik umschifft wird.

Cancer?[85]

MĀ-TITI-TAU – HERABHÄNGENDER SCHMUCK

H 360 und T 342

Mātiti bedeutet auch 'wachsen' und *mātitititi* sich ausspreizen wie die Sonnenstrahlen nach dem Aufgang. Als Schmuck werden auf den Gesellschaftsinseln entweder Blumenkränze oder eine dreieckige Brustapplikation mit Blumen auf einem Kleid verwendet. Letztere lässt sich mit der Figuration von Cancer gut vereinbaren.

um αζλ Leonis, den Kopf von Leo

MATA-TAUI-NOA – DAS STÄNDIG WECHSELNDE GESICHT

H 360 und T 103

Die von Auriga gezeugte Venus "setzt ihre Piroge namens *Mata-taui-noa* ins Wasser, fährt gen Westen zum König des Südens und nimmt Rua-o-mere (Capricornus) zur Frau."[86]

Astronomisch ergibt das einen Sinn, indem etwa nach der Wintersonnenwende Venus abends knapp über dem Horizont in Nordwesten im Kopf von Leo erscheinen kann; am Horizont über das Meer nach Westen und weiter nach Süden und darüber hinaus fahrend steht dann Capricornus auf derselben Höhe über dem Meer. Der Kopf von Leo, der sich im Lauf der Nacht auf den Kopf stellt – "sein Gesicht ständig wechselt" – sitzt zudem an der richtigen Stelle im Verhältnis zum Schmuckstück von Cancer, das dann von seinem Hals hängt.

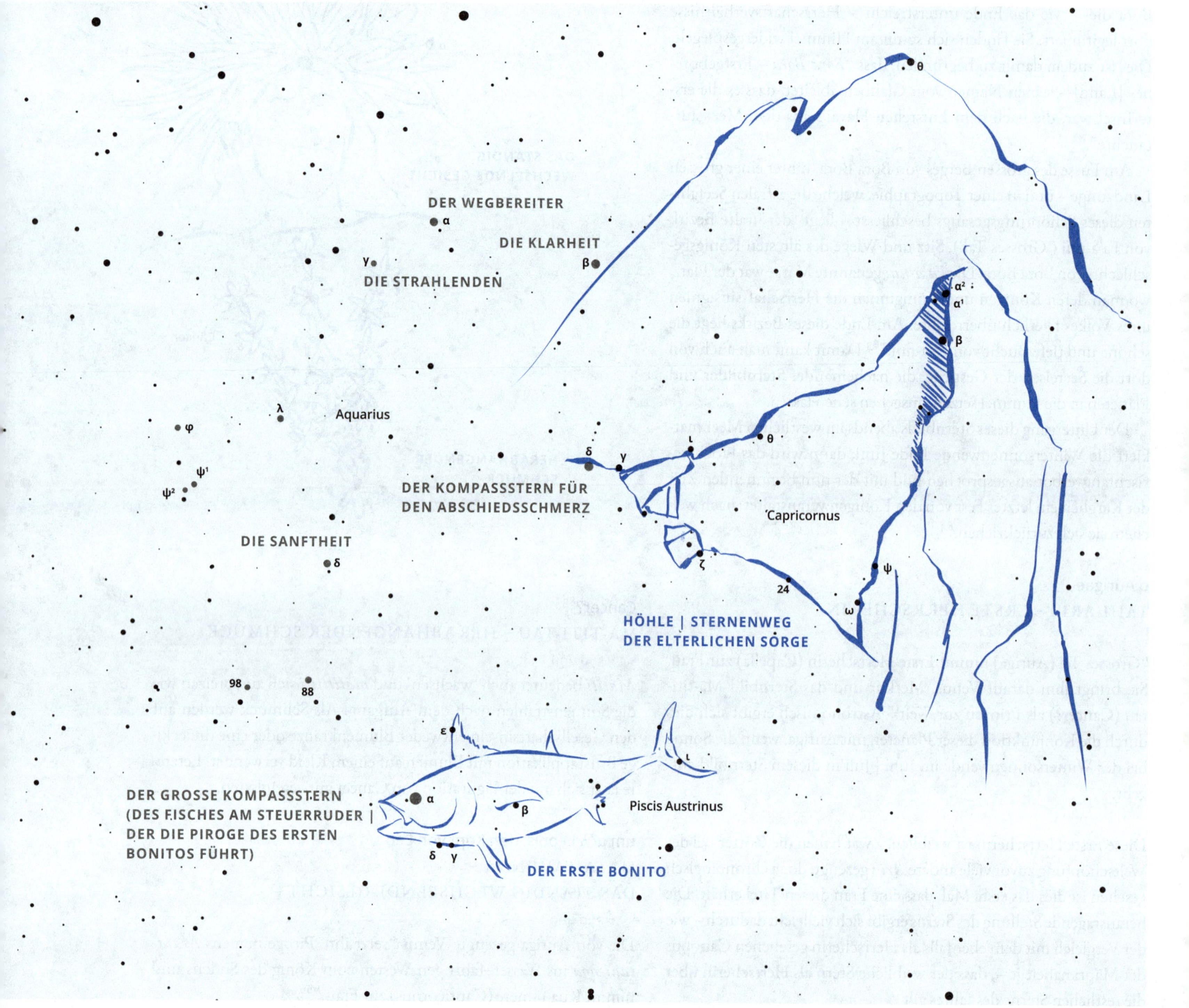

Capricornus

RUA-O-MERE – HÖHLE | STERNENWEG DER ELTERLICHEN SORGE[87]

H 360 und G 140

Der Name lässt sich sowohl als ‘Lusthöhle’ interpretieren, in der Venus seinen Prinzen zeugt, den Planeten Mars, als auch als Peillinie von Capricornus zu dem *Mere* genannten Orion und den zwei Sternen im Schwanz von Scorpius, auf die sich die ‘Elterliche Sorge’ der Sterne von Capricornus richtet. Ist bei der Sommersonnenwende die Sonne im Westen untergegangen, wird über ihr sodann Capricornus sichtbar – dem gegenüber Orion auf gleicher Höhe am östlichen Horizont steht, das Dreieck von Capricornus darauf zeigend. Und wenn sich als Markierung des neuen Jahres in den zwei Sternen der Stachelspitze von Scorpius erstmals die beiden Kinder zeigen (die vor ihren seither trauernden Eltern in den Himmel davongelaufen sind), dann geben sie eine Peillinie auf Capricornus vor: Capricornus ist deshalb so zentral, weil es den Sommersonnenwendenpunkt markiert, wo die Sonne am weitesten gen Süden gewandert ist.

Venus ist mit seiner Piroge in See gestochen, "westwärts zum König des Südens. Er nimmt (bei der Sommersonnwende)[88] Rua-o-mere (Capricornus) zur Frau, das Leitgestirn, das am südwestlichen Horizont liegt". Damit ist eine Konjunktion von Venus mit Capricornus nach Sonnenuntergang bei der Sommersonnwende des Dezembers im Südwesten gemeint: königliches Kind dieser Vereinigung ist der Mars.[89]

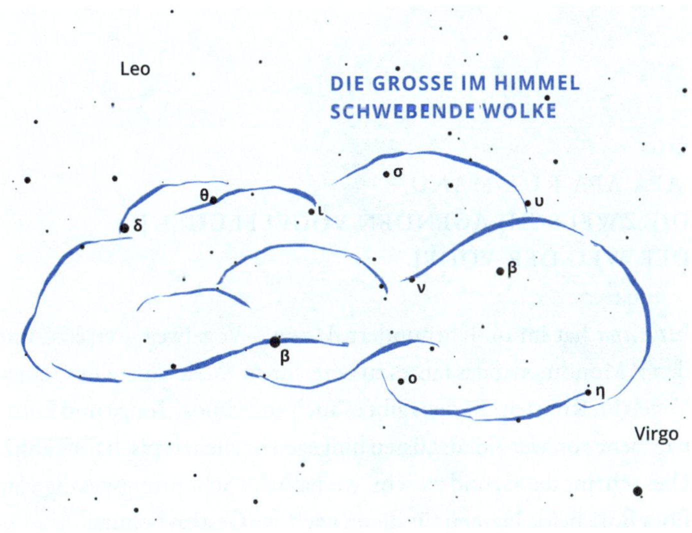

um βδσ Leonis?

TE-AO-NUI-E-RERE-I-TE-RA'I – DIE GROSSE IM HIMMEL SCHWEBENDE WOLKE

T 103 und G 149

Der von Capricornus und Venus gezeugte Mars "setzt seine Piroge namens 'Grosse Im Himmel Schwebende Wolke' ins Wasser und steuert gen Süden"; er zeugt dann mit dem Himmelsrand am südlichen Pol die Sternbilder Piscis Austrinus und Crux. Astronomisch ergibt dies einen Sinn, wenn Mars abends in den hinteren Sternen von Leo steht, denn dann befindet sich, fährt man mit dem Blick über den Süden hinaus gen Osten, Piscis Austrinus auf genau derselben Höhe über dem Meer.

α Piscis Austrini

TA'URUA-NUI(-E-FA'ATERE-VA'A-IA-ATUTAHI) – DER GROSSE KOMPASSSTERN (DER DIE PIROGE DES ERSTEN BONITOS FÜHRT)

H 360 und T 109 sowie 167

TA'URUA-I-TE-I'A-O-TE-NO'O – DER GROSSE KOMPASSSTERN DES FISCHES AM STEUERRUDER

T 109

Nachdem Mars mit seiner Piroge nach Süden gesegelt ist und sich dort mit der obersten Halbschale des Himmels vereinigt hat, gebiert diese die Sternbilder von Piscis Austrinus, Crux sowie weitere Sterne als Stammhalter zur Welt.

Der hellste Stern unseres Südliches Fisches, Fomalhaut, ist "der Kompassstern, der die Piroge Des Ersten Bonitos führt" – als welche das ganze Sternbild gesehen wird.

H 360 und G 140

Piscis Austrinus

ATU-TAHI – DER ERSTE BONITO

T 103

Dieses Sternbild "steht in seinen Nächten im Süden". "Der Grosse Ta'urua (Fomalhaut) ist sein Ruderer; nach ihm erscheint Tauhā bzw. 'Apa'apa-rua-manu (Crux) und danach Ta'urua-nui-o-te-hiti-'apato'a (Canopus)."[90] Beschrieben wird damit, dass bei der Tagundnachtgleiche des Septembers nach Sonnenuntergang zuerst der sich nach Süden drehende Piscis Austrinus erscheint, darauf das Kreuz des Südens und schliesslich vor Mitternacht auch Canopus. Die dabei auf dem Kopf stehende Figur von Piscis Austrinus gleicht einem Ruderer, der in einer Piroge sitzt, die Sterne von Grus als Paddel.

Nach Piscis Austrinus kommen noch zehn himmlische Kinder des Planeten Mars zur Welt. Diese Sterne sind nicht identifiziert, müssen jedoch aufgrund der Marsbahn in der Ekliptik liegen und nach Piscis Austrinus erscheinen: wofür die sonst nirgends ausgewiesenen Sterne von Aquarius in Frage kommen. Sie scheinen dazu jene Piroge darzustellen, die nach der Aufzählung der Sterne implizit mit ihnen in Verbindung gebracht wird. Denn nach den letzten fünf Sternen von Ha'amaru heisst es gleich anschliessend: "Die Piroge ist jene des Ersten Bonitos; sie ist ein Sternbild in der Silbernen Wolke, das an den südlichen Himmel angedockt ist."

H 360, T 103–104 und G 140

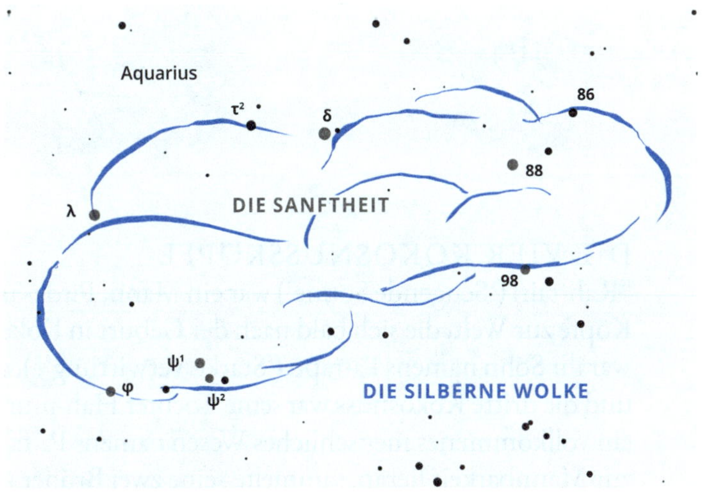

Aquarius?

'UTI'UTI – DIE SILBERNE WOLKE

G 141 und T 104

"Das Wesen des Himmels von Erster Bonito wird noch weiter bestimmt, indem nach ihm erscheinen:

α Aquarius?
ARO – DER WEGBEREITER
β Aquarius?
'ARA'A – DIE KLARHEIT
drei Sterne dritter Grösse (γλδ Aquarii?)
'AHRA'AARA'A – DIE STRAHLENDEN
fünf schwache Sterne (φ ψ^{1+2} 98 und 88 Aquarii?)
HA'AMARU – DIE SANFTHEIT
Die Piroge ist jene des Ersten Bonito; sie ist ein Sternbild der Silbernen Wolke, das am südlichen Himmel angedockt ist."

Die Sterne von Aquarius lassen sich ebensogut als Figuration einer silbernen Wolke auffassen, wie sie zur Pirogenfahrt von Piscis Austrinus passen. Denn dieser Stern steht bei der Sommersonnenwende abends im Südwesten; um sich gen Westen aufzumachen zum Kopf von Hydra, der da auf derselben Höhe wie Piscis Austrinus am östlichen Horizont steht, muss er in den westlich gelegenen Aquarius einsteigen (andernfalls seine Reise über den Süden zu Hydra führen würde).

H 360, T 104 und G 140

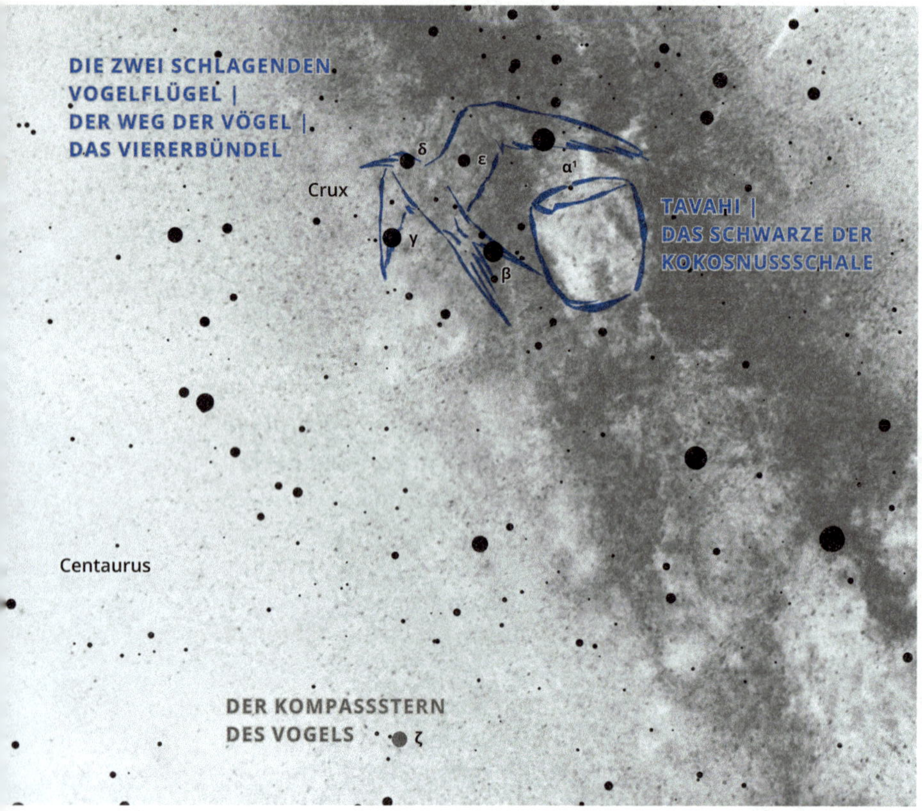

Crux
'APA'APA-RUA-MANU – DIE ZWEI SCHLAGENDEN VOGELFLÜGEL | DER WEG DER VÖGEL

H 360 und G 140

'Apa'apa hat im 19. Jahrhundert *Manu* – Vogelweg – ersetzt, um den 7. Mondmonat des Jahres zu bezeichnen.[91] Die Vorstellung eines Vogels im Kreuz des Südens gibt es auch auf Samoa, Tonga und Futuna;[92] jene von vier Kokosnüssen hingegen ist allein typisch für Tahiti. Dies scheint der Grund zu sein, weshalb der Schöpfungsgesang von Bora Bora beide Namen für dieses wichtige Gestirn benützt.

TAUHĀ – DAS VIERERBÜNDEL

H 360 und T 104

Tauhā bezeichnet in Tahiti auch ein Bündel von vier Kokosnüssen.[93] Damit in Verbindung zu bringen ist wohl der nicht identifizierte Stern Tavahi, dessen Name den schwarzen Fleck auf einer Kokosnussschale bezeichnet,[94] was in diesem Kontext zum Kohlensack neben Crux passen würde. Die tahitianische Bezeichnung verweist auf eine Ätiologie, welche die Entstehung von Kokosnüssen analog zur Entstehung von Nutzpflanzen aus menschlichen Körperteilen (Taro beispielsweise aus Füssen) erklärt.

DIE VIER KOKOSNUSSKÖPFE
"Rah-tairi ('Sengende Sonne') war ein Mann, Pitok-'ura ('Rotes Federbündel') seine Frau, und sie brachten Köpfe zur Welt, die sich bald nach der Geburt in Kokosnüsse verwandelten. Es waren drei: Die erste Kokosnuss war ihr Sohn namens Pa-rapu ('Starke Verwirrung'?), der zweite Sohn hiess Toerau-roa ('Stetiger Nordwind') und die dritte Kokosnuss war seine Tochter Hah-muri ('Letztes Gebet'). Nach ihnen geboren wurde ein Sohn, ein vollkommenes menschliches Wesen namens Pa-fa'ite ('Starke Wiedergutmachung'). Er wuchs gleich zur Mannbarkeit heran, sammelte seine zwei Brüder und seine Schwester, die Kokosnüsse, ein und pflanzte sie ein auf einem Stück Land namens Tumu-to-aroaro ('Den Himmel Erreichende Bäume'), weil sie so hoch wuchsen, dass sie alle anderen Bäume überragten, bis sie den Himmel erreichten und ihre Köpfe sich aus der Sicht verloren. Die zwei Brüderbäume produzierten zwei Sorten grosser Kokosnüsse: Pa-rapu, der ältere, brachte eine grünfasrige Kokosnuss hervor, Toerau-roa eine braunfasrige, während Hah-muri sehr kleine trug. Aus diesen drei gingen all die Kokosnüsse mit ihren verschiedenen Farben und Grössen hervor, die auf diesen Inseln bekannt sind.[95]

ζ Centauri

TA'URUA-MANU – DER KOMPASSSTERN DES VOGELS

T 147 und 167

Der Stern zeigt zur navigatorischen Orientierung den Punkt am Horizont an, wo der Vogel in Crux aufsteigen wird.

α und β Centauri

NĀ-MATA-RUA – DIE BEIDEN AUGEN

Zwei auffällige Sterne, die auf See zur Orientierung verwendet werden.

D 150 und T 166

α Carinae

TA'URUA-E-TUPU-TAI-NANU – DER KOMPASSSTERN DER DIE FLUT HERVORRUFT

H 363 und T 110 sowie 167

TA'URUA-NUI-O-TE-HITI-'APATO'A – DER GROSSE KOMPASSSTERN DER SÜDGRENZE

H 360 und G 140

Letzterer Name bestimmt den Süden zwischen den Grenzen von SSO und SSW.

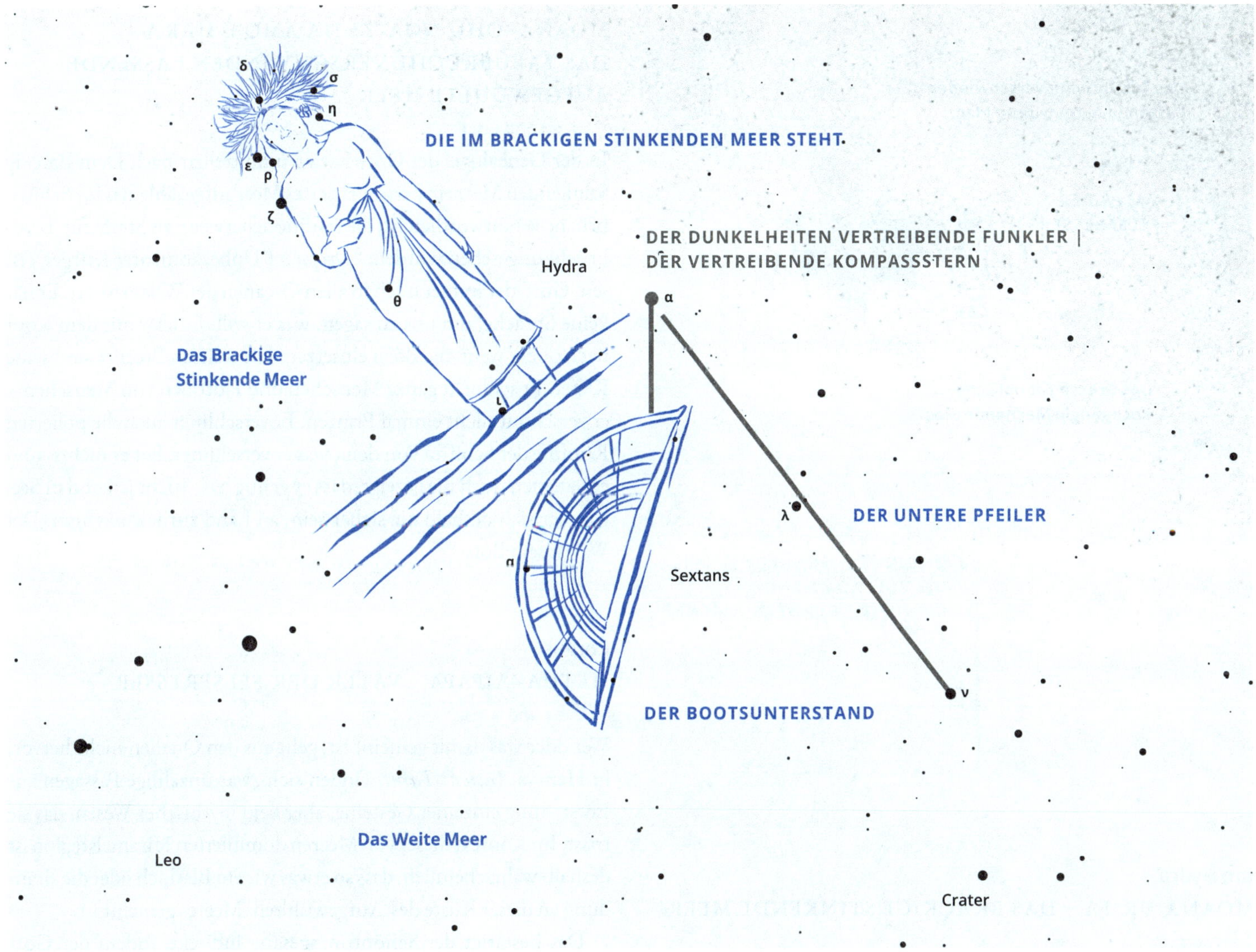

unterhalb von Sextans

MOANA-'AERE – DAS WEITE MEER

G 140–141

Dieses Meer, "auf dem nichts Spuren hinterlässt, ist der klare Himmel unterhalb des Kopfes von Hydra".

H 360

Hydra von ι Hydrae bis zum Kopf

TŪ-I-TE-MOANA-'URIFA – DIE IM BRACKIGEN STINKENDEN MEER STEHT

T 104 und 145, H 360

Erster Bonito sticht darauf mit seiner von α Piscis Austrini gesteuerten Piroge [von Aquarius?] "westwärts in See. Er nimmt sich Die Im

Brackigen Stinkenden Meer Steht zur Frau. Sie gebiert darauf "die Sterne von Corvus und Crater sowie zwei Teile des Himmels, das Weite Meer und das Grosse Tabubrüche Rückgängig Machende Meer."

Astronomisch gesehen bezieht sich dies auf die Nacht der Sommersonnenwende im Dezember, wenn Piscis Austrinus sich von West nach Südwest dreht und untergeht, während gegenüber zugleich Hydra im Osten aufgeht. Das Sternbild liegt "an der Westgrenze des Himmels."[96]

H 360 und G 140–141

um Hydra
MOANA-URIFA – DAS BRACKIGE STINKENDE MEER

H 400

Dies ist der Teil des Himmels "an der Grenze des Westens", der als Atoll gedacht wird und der Aufzählung nach über Hydra hinaus nach Südwesten reichen muss. Heraufbeschworen wurde das Meer hier von Ta'aroa, noch bevor der Himmel emporgehoben wurde. Herrscher dieses Meeres ist der Gott Rua-hatu-tini-rau, 'Quelle Fruchtbarer Myriaden'. Er hat einen "menschlichen Körper, der in den Schwanz eines Speerfisches ausläuft"; "die stillen Wasser innerhalb des Riffes von Moana-urifa sind seine Spiegel und darin waren auch die Becken, in denen er schlief".

H 400 und H 358

Dieses Meer hat ein irdisches Gegenstück, indem das Meer westlich von Raiatea als Teil der 'Klaren Welt' so genannt wurde, im Gegensatz zur 'Dunklen Welt' im Osten mit ihrem 'Meer des Mondes'.[97]

α – γ Hydrae?
RUA-FEUFEU – DER GENAUER ZU BETRACHTENDE STERNENWEG

T 345 und 145

Crater
MOANA-'OHU-NOA-'EI-HA'AMO'E-HARA – DAS TABUBRÜCHE VERSCHWINDEN LASSENDE AUFGEWÜHLTE MEER

H 361 und G 141

In der Genealogie der Götter wird unmittelbar nach Dem Brackig Stinkenden Meer ein personifiziertes Meer aufgezählt, das für Schiffsbrüche verantwortlich ist, die traditionellerweise als Strafe für Tabubrüche angesehen wurden: "*Oropa'a* ('Unbezähmbarer Krieger') ist sein Gott, der immer noch in allen Ozeanen der Welt existiert. Er hat keine Sprache, um uns zu sagen, was er will. Er liegt mit dem Kopf nach oben, wenn die Böen einsetzen. Die weissen Brecher sind seine Kiefer. Er schluckt ganze Menschen und Flottillen von Menschen – er verschont nicht einmal Prinzen. Er verschlingt auch die polierten Rümpfe der Schiffe. Von dem, was er verschlingt, hat er nichts, und er hat auch noch nie gezeigt, dass er genug hat. Sticht jemand in See, kann er sich deshalb nie sicher sein, an Land zurückzukehren. Der Wal ist sein Bote."

H 358

Corvus
METUA-'AIPAPA – VATER DER FELSFRESSER

T 104 und H 360

Wer oder was damit gemeint ist, geht aus den Quellen nicht hervor; in Henrys *Ancient Tahiti* finden sich zwar unzählige Passagen zur Entstehung einzelner Gesteine, aber kein mythisches Wesen, das sie frisst. Im Kontext dieser von Meeren dominierten Himmelsregion ist deshalb wahrscheinlich, dass so etwas wie ein Blasloch oder die Brandung an dieser Küste des 'Aufgewühlten' Meeres gemeint ist.

Das bestätigt der Schöpfungsgesang indirekt, indem der Gott *Ra'a* ('Heiligkeit') *Tu-papa* ('Felssteherin') zur Frau nimmt: "Wurde Ra'a zornig, bewirkte er Zerstörung durch einen Wind, der *Rapati'a* ('Der Stetig Wehende') hiess – dann ging Land auf Kosten dieses Windes."[98]

"Vater Der Felsfresser nimmt dann Langen Himmel (zwischen Leo und Hydra) zur Frau, die darauf ihr königliches Kind zur Welt bringt": den Planeten Saturn – der seinerseits die Abertausenden von unterschiedlich glänzenden, funkelnden und schillernden Sternen am Himmel zeugt, sowie die beiden Drückerfische in der Milchstrasse und die irdischen Seesterne.

H 361 und G 141

um Corvus?

MOANA-'A'ANO-HURI-HARA – DAS GROSSE TABUBRÜCHE RÜCKGÄNGIG MACHENDE MEER

H 360 und G 140–141

Dies ist der Aufzählung nach wohl der Himmel um Corvus. Und in der Genealogie der Götter folgt dieses Meer auf jenes des Oropa'a oben, wobei der Herrscher dieses Meeres Oropa'a als seinen König bezeichnet,[99] was einen engen Zusammenhang mit dem Aufgewühlten Meer des unmittelbar benachbarten Sternbilds in Crater nahelegt: "Herrscher dieses Meeres ist *Tino-rua* ('Zwiefacher-Körper'), weil er zwei Wesen in zwei Körpern hat, das eine Wesen ist das eines Gottes, das andere das eines Menschen. So schwamm er in dem Meer herum, das sein Zuhause war, und Haie waren seine Boten."[100]

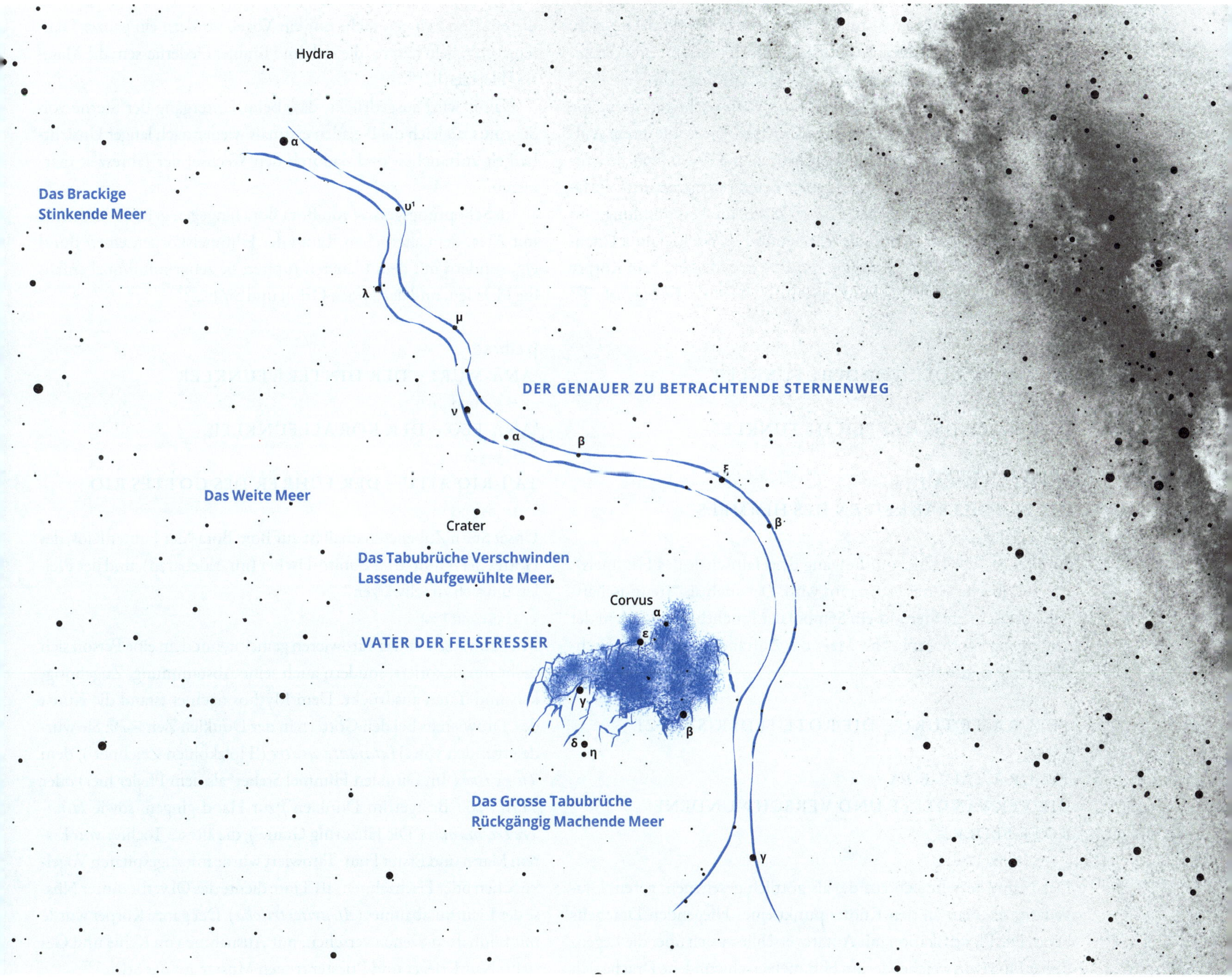

IV DIE ENTSTEHUNG DER GESTIRNE B – DIE FUNKLER

Der Schöpfungsgesang von Bora Bora zählt – nach der Geburt von Sonne und Mond, der ersten Sternbilder und der Planeten von Venus bis Saturn, die durch Letzteren entstandenen Abertausende von Sternen sowie die von ihm gezeugten Dunkelstellen der Milchstrasse – die Funkler *'Anā* auf. Sie wurden gleichfalls von Saturn und Dach Des Himmels gezeugt; es sind dies die hellen Sterne an der Spitze jener zehn Pfeiler, die den Himmel tragen, einem Hüttendach gleich: "Die Pfeiler des Himmels Rūmia sind nun zu grossen Funklern am Himmel geworden."[101]

Zugleich wird in dieser Liste navigatorisch wichtiger Sterne die ihnen zugeschriebene Symbolik erwähnt, bei der sie mit ihrem Auftauchen besondere Aktivitäten begünstigen und bestimmen. So wurden bei der Einweihung einer neuen Zeremonialplattform – Marae – für das höchste religiöse Fest *Pa'iatua*, die Versammlung und Inthronisierung der Götter, die zehn Funkler als Wächter ihrer Unantastbarkeit angerufen, "als heilige Tapa-au mit Masken, dem Körper von Priester, vom Oberen Funkler (Polaris) bis hin zu Beteigeuze."[102]

α Scorpii

'ANĀ-MUA – DER VORDERE FUNKLER
'ANĀ-HOA – DER FREUNDSCHAFTLICHE FUNKLER

H 361

HOTU-I-TE-RA'I – DIE FRUCHTBARKEITEN DES HIMMELS

H 342, T 99 und 144

Antares ist "der Pfeiler am Eingang der Halbschale des Himmels", wie der oberste Himmel genannt wird. Der auch als "freundschaftlich" bezeichnete Stern ist ein Symbol der Fruchtbarkeit, indem der Untergang von Scorpius im Meer das Auftauchen der Thunfischschwärme ankündigt.[103]

TE-'URA-TE-TURU – DIE ROTE-FEDER-STÜTZE

LE

TE-'URA-TAUI-E-PĀ – DIE VERWANDELTE UND VERSCHWUNDENE ROTE FEDER[104]

T 348 und H 362

Der Name bezieht sich auf die als göttlich gesehenen, roten 'Ura-Federn, die man an den Knotenpunkt eines Fliegenden Drachens band. Die Identifikation mit Antares erschliesst sich über die Legende der Pīpiris, in welcher der am Himmel verschwundene Drache sich in die 'leuchtend rote Fackel' des Sterns verwandelt, während die an ihm hängenden Kinder Pīpiri und seine Schwester Rehua zu den Stachelspitzen von Scorpius wurden.

Dies geht aus einem von Moerenhout überlieferten Spruch aus Tahiti zu dieser Legende hervor: "Rehua [υ Scorpii], sie machte sich auf zum grossen Licht der Unendlichkeit; Atea traf Te-'ura – und aus diesem Bund gingen nicht nur ein Vogel, sondern ein ganzer Haufen von Vögeln hervor, die sich im Himmel niederliessen: die Matari'i [Plejaden]."[105]

Damit wird ausgedrückt, dass beim Untergang der Sterne von Scorpius zugleich die Plejaden erstmals wieder nach langer Unsichtbarkeit auftauchen und dadurch den Wechsel der Jahreszeit markieren.

Im Schöpfungsgesang von Bora Bora hingegen geht Te-'ura nicht mit Atea, dem elterlichen Raum der Himmelskörper, einen Bund ein, sondern mit dem Planeten Jupiter; sie zeugt mit ihm ebenfalls die Plejaden, und dazu noch Orion und Sirius.[106]

β Librae

'ANĀ-MURI – DER HINTERE FUNKLER

H 361 und T 159

'ANĀ-FEO – DER KORALLFUNKLER

H 343 und T 99

TA'I-RIO'AITU – DER FÜHRER DES GOTTES RIO

H 401 und T 105

Unser Stern Zubeneschamali ist auf Bora Bora "der Führer Rios, des Gottes der Thun- und Bonito-Fischer (im Aldebaran), und der Pfeiler, um sich zu schwärzen".

H 361 und T 105

Mit Schwärzen ist das Tätowieren gemeint, mit dem eine Person sich nicht nur dekoriert, sondern auch seine Abstammung, Zugehörigkeit und Taten ausdrückt. Dem Mythos nach entstand die Kunst des Tätowierens bei den Göttern in der Dunklen Zeit – *Pō*: Sie wurde erfunden von *Matamata-arahu* ('Holzkohlen-Zeichner'), dem *Tu-ra'i-pō* ('Im Dunklen Himmel Steher' als dem Pfeiler hier) oder *Ti'iti'i-pō* ('Bringer im Dunklen') zur Hand gingen, sowie *Hina-'ere'ere-manua* ('Die Jähzornig Graue'), die älteste Tochter von Erstem Mann und Erster Frau. Tätowiert wurde mit zugespitzten Vogelknochen oder Fischzähnen; als Tinte diente das Öl verbrannter Nüsse des Lichtnussbaumes (*Aleurites triloba*). Der ganze Körper wurde mit bildhaften Szenen versehen, mit Ausnahme von Kehle und Gesicht: Nur Krieger und Priester trugen Muster auf der Stirn.[107]

α Virginis[108]

'ANĀ-ROTO – DER INNERE FUNKLER

H 361 und T 105

TI'AMĀ-TA'AROA –
DIE VOLLKOMMENE REINHEIT[109]

H 343 und 361

MARIUA – DER VERSUNKENE

H 399 und T 166

Spica als zentraler Pfeiler des Himmelsdaches stand spätestens ab 1800 symbolisch für die 'Vollkommene Reinheit' eines Hauses, in dem jungfräuliche Mädchen von Übergriffen ferngehalten wurden. Mädchen wurden für ihre zwei, drei Jahre dauernde Initiation mit einem Gürtel aus Stranderbsen (*Vigna marina*) als Erkennungszeichen versehen. Während dieser Zeit lernten sie das Rezitieren von Gesängen über die Geschichte, Musizieren, Tanzen und pantomimisches Schauspielern. Es waren dies meist die Töchter der wichtigsten Personen der Insel, die von der Königin oder Häuptlingsfrau sorgsam behütet wurden: Die Mädchen galten als heilig, was von allen respektiert wurde.[110]

Die Betitelung des Pfeilers als 'Vollkommene Reinheit' ist jedoch das Produkt eines Verbots im 18. Jahrhundert, mit dem die Silbe *tū* durch *ti'a* ersetzt werden musste. Das änderte nicht nur den Begriff für Stern von *Fetū* zu *Feti'a*, sondern auch den Pfeiler von *Tū-ma-Ta'aroa* – den beiden Atlasfiguren Tū und Ta'aroa – zu *Ti'a-ma-ta'aroa*. Der ursprüngliche Titel von Spica war demnach 'Pfeiler Von Tū Und Ta'aroa', wohl weil dieser innere Pfeiler der erste war, mit dem die Halbschale des Himmels Rūmia nach oben gestemmt worden war. Da die beiden Götter nunmehr namentlich unkenntlich geworden waren und Tū nicht einmal mehr artikuliert werden durfte, umschrieb man die beiden offenbar und betitelte α Canis Maioris und α Hydrae in Folge als 'Expertin Mit Dem Herzen Eines Kriegers' und 'Experte Des Grösser Werdenden Raums'.[111]

Der Pfeiler wird auch *Mariua* – gekentert, versunken, zerbrochen – genannt, was wohl mit der Zeremonie *Tuuraamariu* in Verbindung zu bringen ist.[112] Als *Mariua* ist er zugleich "der Stern von Hava'i, dem Geburtsort der Länder", welcher seitdem versunken ist, da sich daraus die heutige Erde bildete.

H 361, T 105 und H 399

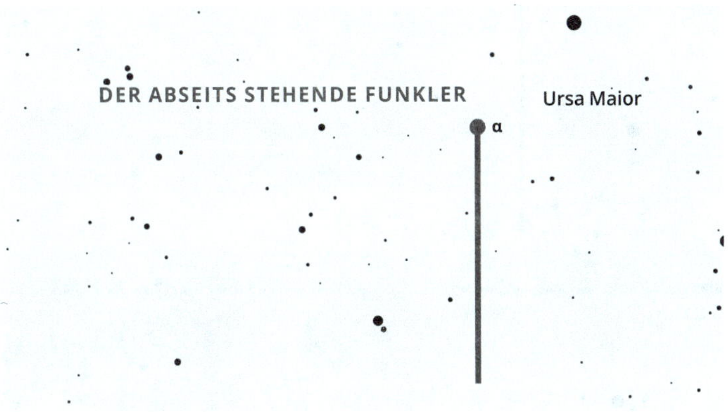

α Ursae Maioris

'ANĀ-TIHPUH – DER ABSEITS STEHENDE FUNKLER

H 361

Unser Dubhe ist als der dem sonst unsichtbaren Nordpol am nächsten stehende Stern "der kulminierende Pfeiler, der Pfeiler Des Stehens", was sich auch auf Wacht und Warten beziehen lässt.

T 105 und G 141

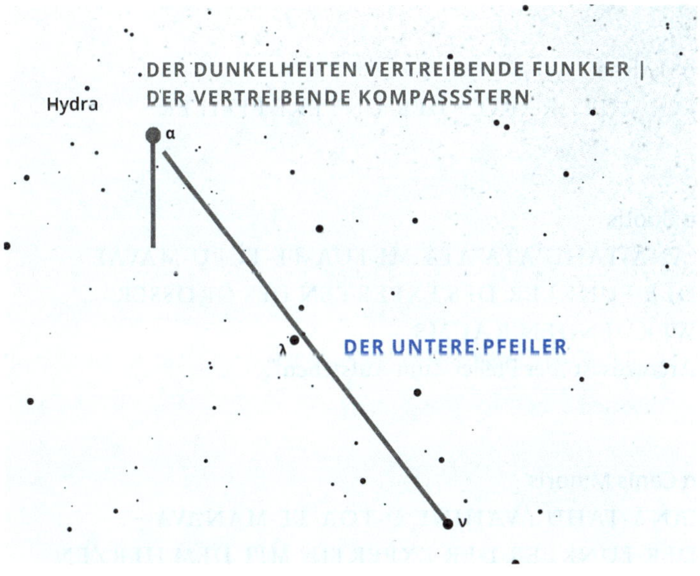

α Hydrae

'ANĀ-HEUHEUPŌ –
DER DUNKELHEITEN VERTREIBENDE FUNKLER

H 361 und G 141

TA'URUA-FEUFEU –
DER VERTREIBENDE KOMPASSSTERN

T 109 und 167

Alphard ist "ein roter, im südlichen Himmel umherirrender Stern, der kleine Pfeiler, der Pfeiler Der Debatten". Das Umherirren bezieht sich wohl auf die wechselnden Richtungen, die der mit ihm verbundene 'Genauer Zu Betrachtende Sternenweg' bis hin zu γ Hydrae einschlägt.[113]

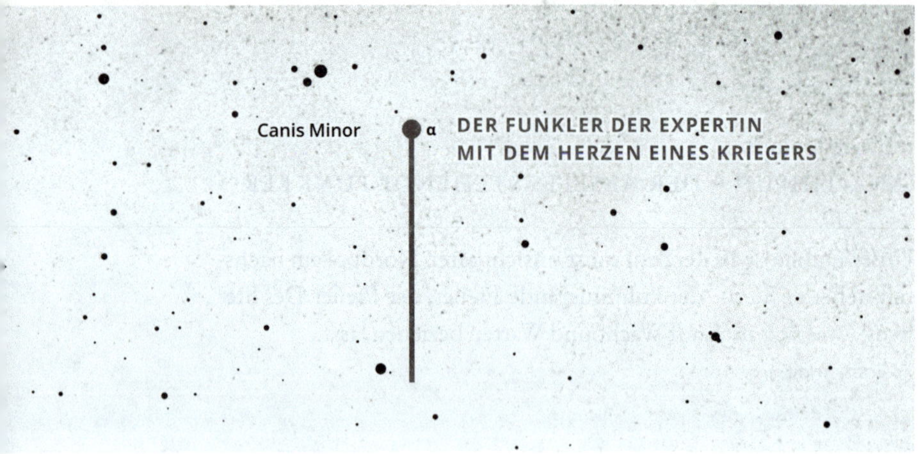

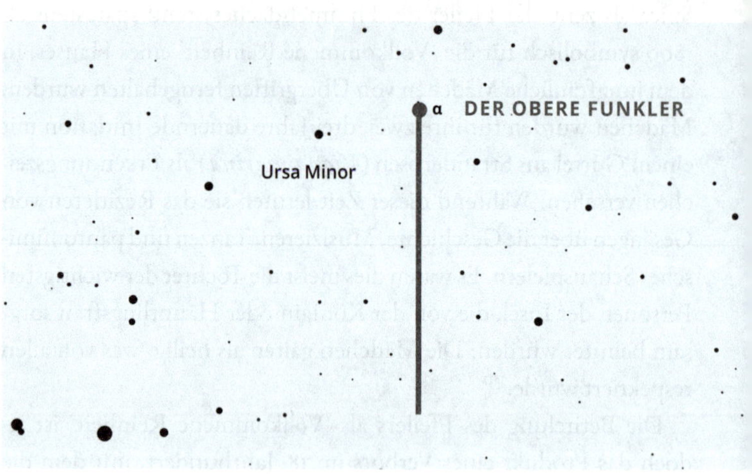

α Hydrae

POU-HITI-RARO – DER UNTERE PFEILER

T 145 und 344

α Bootis

'ANĀ-TAHU'ATA'ATA-METUA-TE-TUPU-MAVAE – DER FUNKLER DES EXPERTEN DES GRÖSSER WERDENDEN RAUMS

Arcturus ist "der Pfeiler Zum Aufstehen".

T 106 und G 141

α Canis Minoris

'ANĀ-TAHU'AVAHINE-O-TOA-TE-MANAVA – DER FUNKLER DER EXPERTIN MIT DEM HERZEN EINES KRIEGERS

Procyon ist "der Pfeiler Der Überlieferung", womit die Redekunst, die orale Tradition und das Wissen gemeint sind.

H 361 und G 141

α Orionis

'ANĀ-VARU – DER ACHTE FUNKLER

H 362

TA'URUA-O-MERE(-MA-TŪ-TAHI) – DER TA'URA FÜR DIE SICH MÖGENDEN (UND VEREINTEN)

H 363 und T 109–110

Beteigeuze ist "der Pfeiler Um Sich Hinzusetzen". Sein zweiter Name bezieht sich darauf, dass Beteigeuze auch der Kompassstern für das die drei Gürtelsterne Orions umfassende Sternbild Mere ist.[114]

α Columbae

'ANĀ-IVA – DER NEUNTE FUNKLER

Phact ist "der Pfeiler Um [Aus Dem Haus] zu gehen" ebenso wie der des Ausgangs an sich. Zugleich ist dies der König, für den Rū erstmals den Himmel anhob und ihn ein Stück weit in die Höhe brachte.

H 362 und 409

α Ursae Minoris

'ANĀ-NI'A – DER OBERE FUNKLER

Polaris ist "der Pfeiler Der Hochseefischer An Der Grenze Des Himmels, der ihn vervollständigt". Das bezieht sich darauf, dass Polaris auf den Gesellschaftsinseln nie zu sehen ist, er erst bei weiten Seereisen nach Norden über den Horizont steigt.

H 362 und G 141

Der Schöpfungsgesang der Himmelskörper beendet den Abschnitt über die Pfeiler mit: "Wie viele Wunder in der noch unfertigen Wohnstatt; wie viele Opfergaben auf dem Sternweg der Ta'urua – Venus –, dem abends erscheinenden Kompassstern; wie viele Leute auf dem Weg des königlichen Trunkenen – Merkur!"[115]

V DIE ENTSTEHUNG DER GESTIRNE C

Nachdem aus den Pfeilern des Himmels die zehn Funkler geworden sind, setzt sich im Schöpfungsgesang von Bora Bora einer von ihnen – Der Dunkelheiten Vertreibende Funkler von α Hydrae – in seine Piroge:

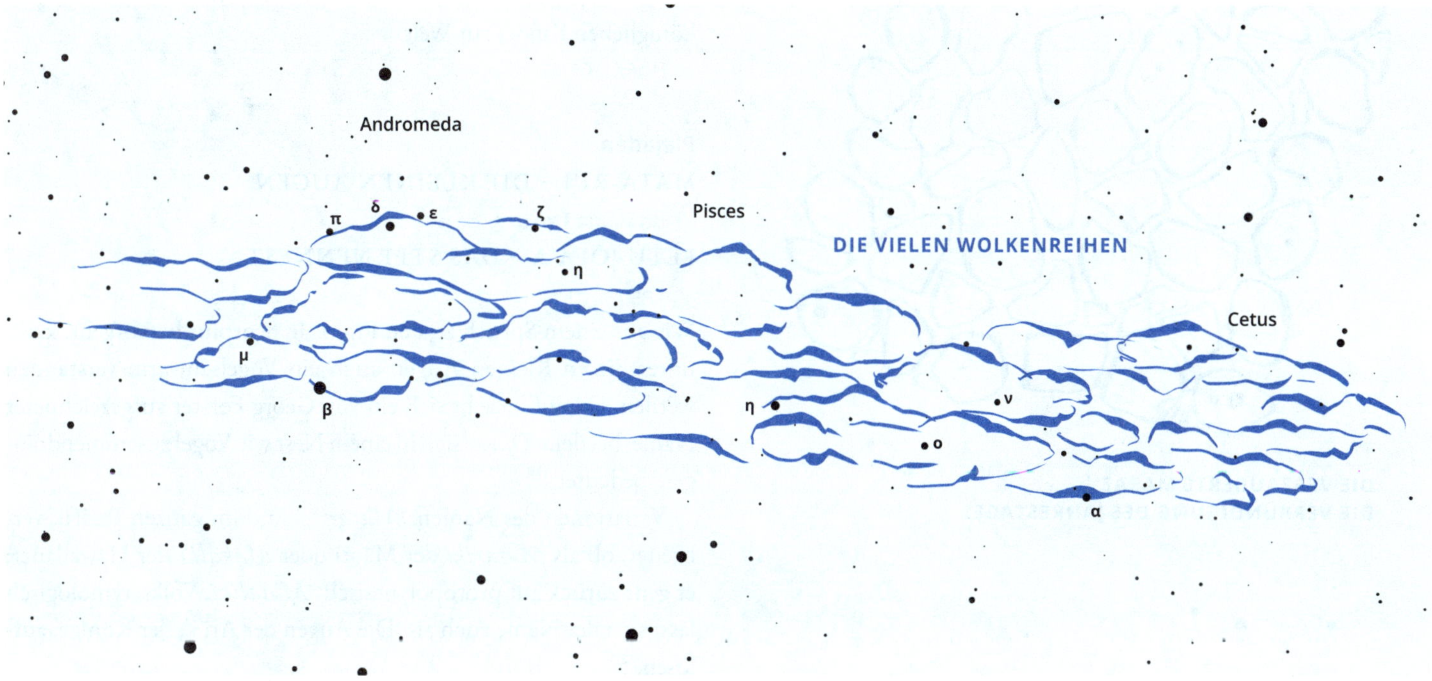

Sterne von Pisces und Cetus

ATU-RA'I-PUTUPUTU – DIE VIELEN WOLKENREIHEN[116]

"Der Dunkelheiten Vertreibende Funkler sticht mit seiner Piroge namens 'Bootsunterstand' in See und steuert gen Atu-ra'i-putuputu (Pisces). Er nimmt Willkommenheissende Himmelsankunft [den Himmel in der Region dort um die Ekliptik] zur Frau, die darauf seinen Prinzen zur Welt bringt": Jupiter.

Der Text weicht vom üblichen Muster insofern ab, als die Fahrt nun in Richtung Pisces geht. Astronomisch ist diese planetarische Geburt abbildbar, indem α Hydrae bei der Tagundnachtgleiche im September morgens im Osten auf gleicher Höhe über dem Horizont steht wie der untere Kopf von Pisces im Westen in der Ekliptik.

H 362 und G 141

Sextans?

FARAUAMARO – DER BOOTSUNTERSTAND

G 141

Dies ist erneut ein für eine Piroge widersinniger Bootsname.[117] Als eigenes Sternbild kommt um α Hydrae eigentlich nur Sextans in Frage. Da dort auch ein Himmelssegment namens 'Weites Meer' liegt, passt an dessen Ufer ein wörtlicher 'Trockenschutz für Pirogen' bestens; die grossen, Katamaran-ähnlichen Segelboote werden aus dem Meer aufs Ufer und in einen halbrunden Hangar geschoben. Cooks Forscher beschreiben, dass er aus aufeinander zugebogenen Pfählen gemacht wird, die oben mit starken Seilen zusammengebunden werden, sodass daraus ein fünfzig bis sechzig Schritt langes Gewölbe entsteht, das fast bis zum Boden herab gedeckt, an den Stirnseiten aber offen ist.[118]

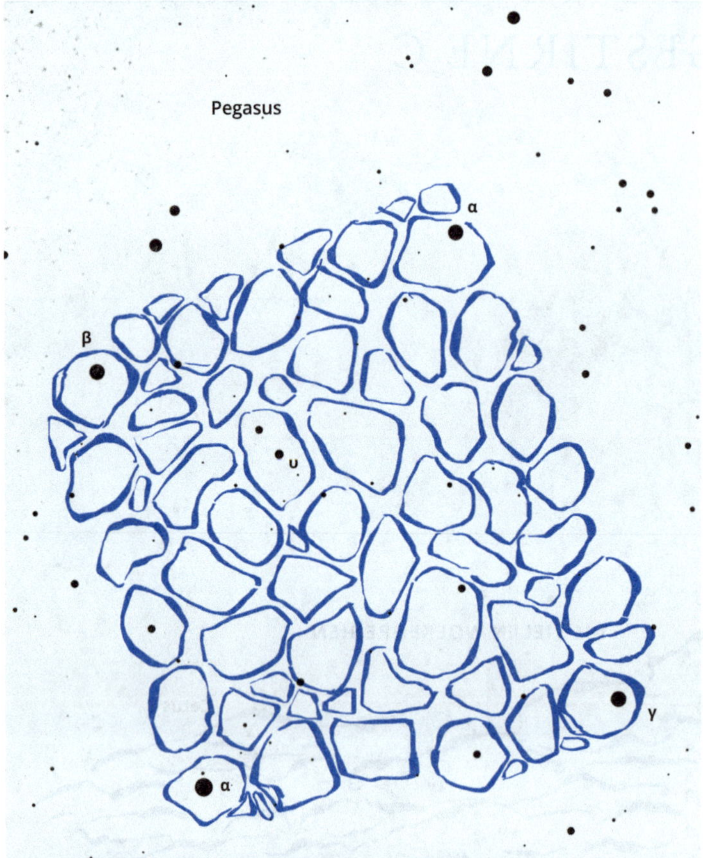

DIE VERZAUBERTE MARAE | DIE VERKÜNDIGUNG DES JAHRESTAGES

Pegasus?

MARAE 'OROUA – DIE VERZAUBERTE MARAE
TUI-HANA –
DIE VERKÜNDIGUNG DES JAHRESTAGES

G 141 und 142

Als Jupiter sich zu seiner Seereise aufmacht, setzt er sich in eine Piroge dieses Namens. Die jedes Mal eigens ausgewiesenen Pirogen mit ihren untypischen Bootsnamen scheinen generell auf Reisen zu verweisen, bei denen ein Stern allegorisch in das Sternbild neben ihm steigt, um der Ekliptik zu folgen und auf die andere Seite des Himmels zu gelangen.

Das Viereck von Pegasus entspricht hier bestens dem Grundriss einer tahitianischen Zeremonienplattform. Eine solche wird am Ende des Schöpfungsgesanges erneut erwähnt, wo die drei Täler von Perseus, Auriga und Gemini einem Berg auf einem Land mit einem Kap eingeschrieben werden: Da sich Pegasus nicht weit von Perseus befindet (somit am Ende des Kaps), könnte die dann erwähnte Marae namens 'Verkündigung Des Jahrestags' mit den Sternen von Pegasus gleichgesetzt werden.

Jupiter nimmt dann den 'Te-'ura-taui-e-pā' genannten Antares, 'Verwandelte Und Verschwundene Rote 'Ura-Feder', zur Frau. Dank dieser Konjunktion kommen die Plejaden, Orion und Sirius als seine königlichen Kinder zur Welt.

H 362

Plejaden

MATA-RI'I – DIE KLEINEN AUGEN

H 361 und T 304

FETU-'ŌFA'A – DAS STERNENNEST

T 359

Wie aus einem Spruch zu den Pīpiris in Scorpius hervorgeht, kann unter diesen Kleinen Augen auch ein Vogelschwarm verstanden werden. Darauf bezieht sich ein von Georg Forster aufgezeichneter Name, bei dem *'Ōfa'a* 'sich in einem Nest wie Vögel zusammendrängen' bedeutet.[119]

Variationen des Namens *Mata-ri'i* sind im ganzen Pazifik verbreitet, ob als *Matariki* der Māori oder *Makali'i* der Hawaiianer; er geht zurück auf protopolynesisch **Mataliki*. Volksetymologisch lässt sich der Name auch als 'Die Augen der Ari'i', der Könige, auflösen.[120]

Tauchen die Plejaden im November nach langer Zeit der Unsichtbarkeit erstmals wieder abends aus dem Meer auf – während die Hängematte in Scorpius im Westen zugleich mit der Sonne darin untergeht – markiert dies den Wechsel der Jahreszeit. Das zyklisch verhängte Tabu auf den Küstenfischfang – *Rahhui* – wird ausgesprochen, weil sich nun die ersten Bonitoschwärme zeigen und die Fülle einer reicheren Jahreszeit verheissen. Ein halbes Jahr später ist das Umgekehrte der Fall.[121]

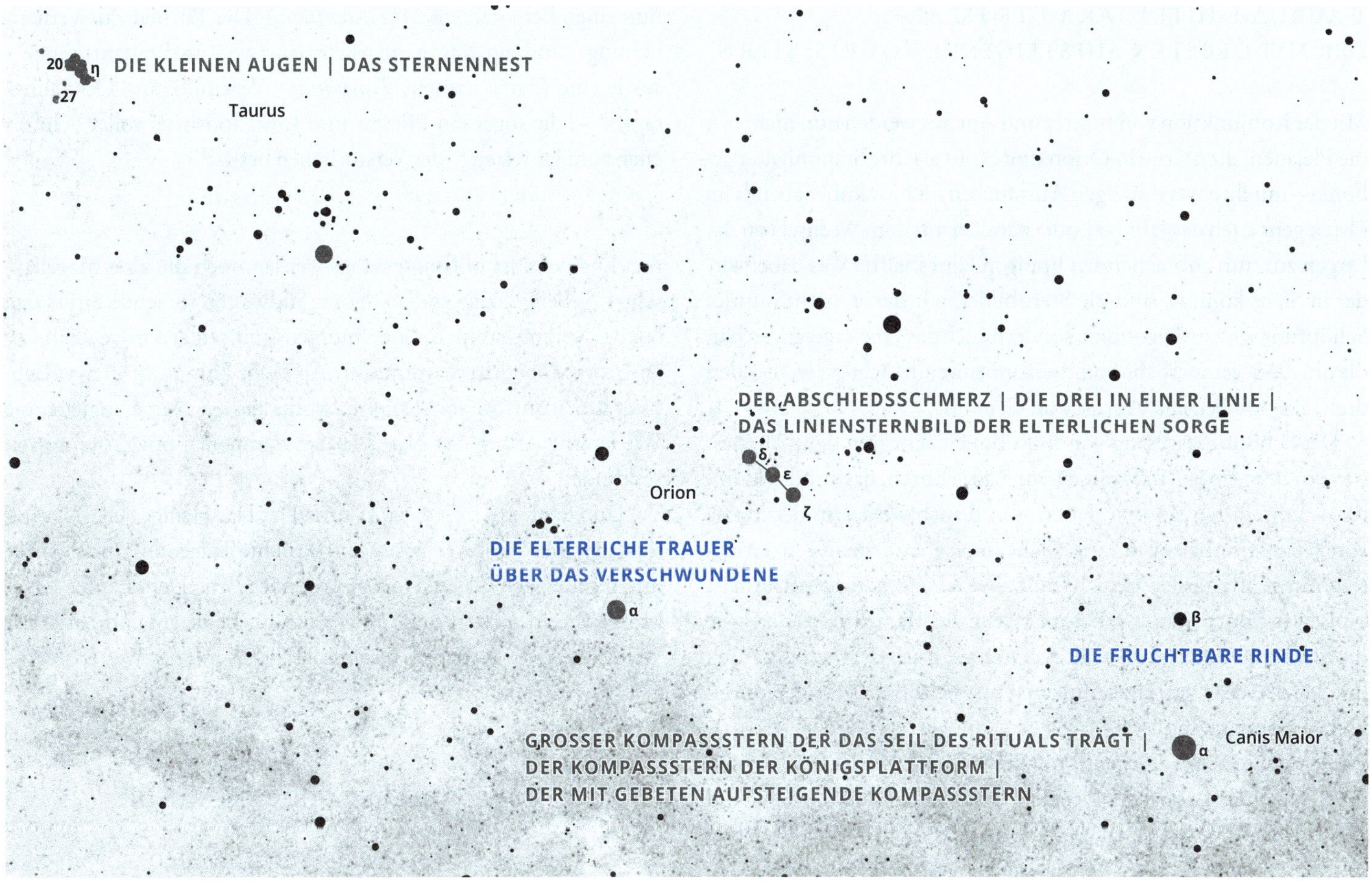

Orion

URU-MEREMERE – DIE ELTERLICHE TRAUER ÜBER DAS VERSCHWUNDENE[122]

H 362, T 107

Laut zeitgenössischen Wörterbüchern ist *uru* ein Verb, welches das Vergehen einer Jahreszeit benennt,[123] während *Mere* elterlichen Schmerz und liebevolle Sorge um ein Kind ausdrückt, das die Verdoppelung *Meremere* verstärkt zur Trauer über ein verlorenes oder fortgezogenes Kind.[124] Der Sternenname wird auch übersetzt mit 'Kummer beim Abschied von Eltern und Sohn'.[125]

Dieser Abschiedsschmerz hat kalendarische Gründe. Im Mai geht Scorpius erstmals wieder abends im Osten auf und verkündet damit die magere Jahreshälfte – wie dies von der Geschichte der beiden Geschwister erzählt wird, den ihren Eltern entlaufenen Pīpiris, die an dem nun im Osten aufsteigenden Drachen in den Himmel stiegen und sich in Sterne verwandelten. Da der untergehende Orion sich im Mai nach Sonnenuntergang genau gegenüber dem aufgehenden Scorpius befindet, auf der gleichen Höhe am Horizont stehend, ist sein Name darauf zu beziehen: *Uru* drückt dann den Wechsel der Jahreszeit aus, *Mere(mere)* den Trauerschmerz der legendären Eltern über ihre entschwundenen Kinder und die nun vergangene üppige Jahreszeit.

δεζ Orionis

MERE – DER ABSCHIEDSSCHMERZ

H 362, T 107

NĀ-TAU-TORU – DIE DREI IN EINER LINIE

D 152 und T 342

NĀ-HUI-TĀRAVA-IAH-MERE – DAS LINIENSTERNBILD DER ELTERLICHEN SORGE

D 150 und T 342

δ Capricornis

TA'URUA-O-MERE – DER KOMPASSSTERN FÜR DEN ABSCHIEDSSCHMERZ

T 147 und 167

An diesem Stern lässt sich ablesen, wo die Gürtelsterne des Orion am Horizont aufgehen werden.

α Canis Maioris

TA'URUA-NUI-I-TE-AMO-'AHA – GROSSER KOMPASSSTERN DER DAS SEIL DES RITUALS TRÄGT

T 108

TA'URUA-FAU-PAPA – DER KOMPASSSTERN DER KÖNIGSPLATTFORM

T 110 und 167

T'AURUA-E-HITI-I-TARA-I-TE-FEI'AI – DER MIT GEBETEN AUFSTEIGENDE KOMPASSSTERN

T 110 und H 364

Mit der Konjunktion von Jupiter und Antares werden nun nicht nur die Plejaden, die Sterne in Orion und Sirius als ihre Stammhalter geboren – mit ihrem erstmaligen Auftauchen im November abends im Osten geht auch das Jahr zu Ende: nämlich mit dem Wechsel von der kargen zur nun anbrechenden üppigen Jahreshälfte. Was dabei wieder in Sicht kommt, sind die Sternbilder, mit denen nicht nur der Schöpfungsgesang begonnen, sondern auch das Jahr angefangen hat: die um die dezemberliche Sommersonnenwende sichtbar werdenden drei Täler von Perseus, Auriga und Gemini.

Der Schöpfungsgesang von Bora Bora macht nun deutlich, dass sie zum Berg eines Atolls mit einem Kap gehören, das auf der Ekliptik zu umschiffen ein Jahr dauert – und auch wieder an der Marae von Pegasus vorbeiführt. Eine solche implizit auf einem Kap errichtete, nur gepflasterte und nicht ummauerte Zeremonialplattform ist typisch für Bora Bora, wo beispielsweise die Marae Fare-Opu – wie die hier im Himmel auch – direkt am Strand angelegt wurde. Auch mit den drei Tälchen seines Vulkans entspricht Bora Bora der himmlischen Topographie.

Damit würde der Sternenhimmel eine Landkarte der Insel darstellen: "[Nach der Geburt der Plejaden, Orion und Sirius] kommt Land in Sicht! Es hatte geheissen, es wäre ein ödes Land – doch da gab es nun einen Berg namens *'Āfa'a-teniteni* – Die Tälchen Zur Verherrlichung– und ein Kap namens *Rave-a-tau* – Es Braucht Lange – sowie eine Marae namens *Tui-hana* – Verkündigung Des Jahrestags[126] –, die sogar ein Pflaster und Initiationshaus voller Schnürchen zum Jahrestag[127] des Verstorbenen besitzt!"

H 362, G 142 und T 107–108

Am Ende des Schöpfungsgesangs werden noch die zwei Magellanschen Nebel gezeugt, indem der im Südwesten stehende Sirius sich bei der Sommersonnenwende morgens mit seiner Piroge nach Osten zum Morgenstern aufmacht. Als Boot kommt in dieser Richtung nur Canis Maior in Frage, wobei dessen Name zugleich die Wiedererneuerung der Natur in der nunmehr üppigen Jahreszeit verkündet:

"Und dann stach Grosser Ta'urua Der Das Heilige Seil Trägt (Sirius) in seiner Piroge *Te-iri-o-hotu*, 'Früchte Tragende Rinde', in See und segelte nach Osten. Dort ging er mit *Horo*, 'Dem Läufer' [dem Morgenstern], einen Bund ein, worauf ihre beiden Stammhalter zur Welt kamen, der Nebel des Ostens und der Nebel des Westens."

H 362, G 142 und T 107–108

Canis Maior

TE-IRI-O-HOTU – DIE FRUCHTBARE RINDE

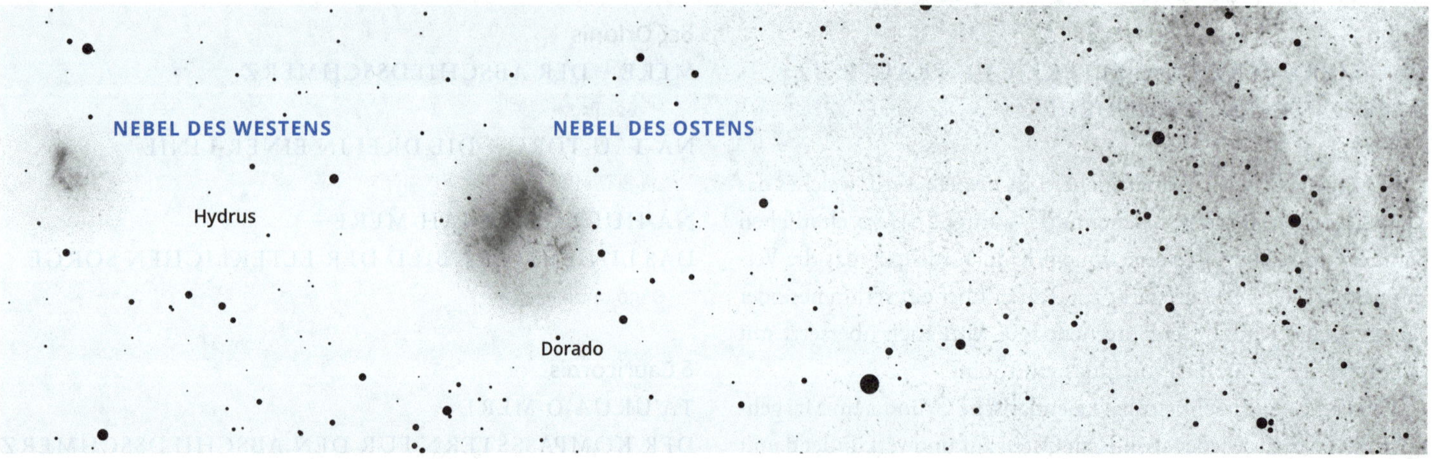

Grosse Magellansche Wolke

MAHU-NI'A – DER NEBEL DES OSTENS

T 108

Mahu werden auch böse Geister genannt sowie Menschen, welche die Kleider samt Sitten und Arbeiten des jeweils anderen Geschlechts annehmen – ein Transvestitentum, das mit der Christianisierung der Insel aufgegeben wurde.[128]

Dieser weibliche Nebel gebar in der 13. Nacht des Mondzyklus, wenn sich der Mond zu runden beginnt, die göttliche Verkörperung Tahitis – nämlich "den Gott To'a-hiti-mata-nui ('Grossäugiger Grenzfels'). Er fiel vom Himmel zur Erde auf die Felsen des Landes To'a-hiti und stieg von dort in die Luft, um ein mächtiger Gott des Landes und der See zu werden. Die Menschen an Land nannten ihn 'Grossäugiger Grenzfels' und 'Grenzfels Des Talschlusses', die Menschen auf See nannten ihn 'Grenzfels Der Aufragenden Wogen' und 'Grenzfels der Klippen'".[129]

Er wurde zum Schutzgott der Gesellschaftsinseln, der Leute davor bewahrte, von Klippen zu stürzen, sich im Geröll des Talschlusses beim Holzfällen zu verletzen oder sie am Meer vor Felsen, Küsten, Sturm und Dunkelheit rettete.

MAHU UND DIE ENTSTEHUNG DER PLEJADEN

Wie Moerenhout berichtet, war "*Mahu* als Name für die Magellanschen Wolken in Polynesien weit verbreitet. Diese Bedeutung erklärt sich vielleicht durch die Rolle, die er in einem auf Tongareva erhaltenen Schöpfungsmythos als Halbgott einnimmt.

Darin findet ein Wettstreit zwischen Mahu und Mā-ū-i statt, wer wen höher in die Luft werfen könne. Mā-ū-i wirft Mahu so hoch hinauf, dass der fast den Himmel berühren und jemanden dort hören kann, wie der verächtlich sagt: 'Wer ist denn der Flachkopf, der da wieder runterfällt?' Wieder auf der Erde bittet er Mā-ū-i, ihn noch höher zu werfen: Und diesmal erreicht er wirklich den Himmel und sieht dort drei Männer, die Sonne Rā, den Mond Marama und das Gestirn Hetu [= Fetu, die Plejaden]. Er fragt sie, wer so verächtlich über ihn gesprochen habe, worauf man auf Hetu zeigt – und Mahu ihn in tausend Stücke zerschmettert, die er über den ganzen Himmel verstreut, so, wie man es heute vor Augen hat."[130]

Kleine Magellansche Wolke

MAHU-RARO – DER NEBEL DES WESTENS

T 108

Der astrale Schöpfungsgesang von Bora Bora endet schliesslich, indem er klarmacht, dass die Sterne die irdischen Machtverhältnisse legitimieren: "Er [der Sirius] war ein Ta'urua, der einerseits *Rupe-a-nu'u* ('Gedeihendes Volk'), andererseits *Rupe-a-ra'i* ('Gedeihender Himmel') zum König machte. Wie viele Könige gab es schon seit der Nacht der Zeit – und jeder hatte ein Gestirn, alle trugen sie den Namen eines Gestirns, Namen, die derart ewig in den Marae der Welt weiterbestehen werden.

Ihr Sterne wurden auf *Tahiti-nui-mahre'are'a* ('Tahiti Des Goldenen Nebels') im Osten geboren: in der Marae *Nu'urua* ('Grosses Land') auf Mo'orea; in der Marae *Tahuea*, ('Bete Zur Erlösung') auf Raiatea; in der Marae *Ava-rau* ('Verschiedene Passagen') und *Vai-'otaha* ('Geist Des Fregattvogels') auf Bora Bora; und in der Marae auf dem Kap *Manunu-i-te-ra'i* ('Vom Himmel Betäubt') auf Huahine.

Der König mit dem Gürtel Der Gelben Federn erhielt seine Insignien in der Marae von Vai-'otaha auf Bora Bora, der König mit dem Gürtel Der Roten Federn die seinen in der Marae von Taputapuatea bei Opoa auf Raiatea. Diese Insignien der Macht sind die Zeichen der Thronbesteigung. Die Macht des [den Namen Aurigas tragenden] Fa'a-nui auf Bora Bora ist der Sockel, auf dem die Macht 'Opo'as auf Raiatea beruht."[131]

VI ANDERE STERNE UND STERNBILDER

Kohlensack?

TAVAHI – TAVAHI | DAS SCHWARZE DER KOKOSNUSSSCHALE

D 262

Laut Wörterbuch bezeichnet *Tavahi* auf Tahiti sowohl einen unidentifizierten Stern als auch das Schwarze einer Kokosnussschale.

Auf Tuamotu bedeutet *Tavahi* hingegen 'Die Morgendämmerung Aufsteigen Lassen', ist *Tavahi-moe-roa* – Tavahi Des Langen Schlafes – ein heller Stern, der den Namen eines Helden trägt, der in den Himmel stieg und in Tahiti *Ta-vahi*, in Neuseeland *Tawhaki* genannt wurde. In Tonga wiederum heisst ein Sternbild von "acht, einer Henne ähnlichen Sternen über der Insel Boscawen, die beidseitig ihre Flügel ausstreckt," *Kapakau-o-Tafahi*, 'Die Flügel des [Gottes] Tafahi'. Die Identifizierung dieses Sternbilds ist fraglich, doch würde es zu den Sternen von Crux passen, die in Bora Bora einerseits als Vogelflügel, anderseits als Bündel von vier Kokosnüssen gesehen werden.

M 217 und 260

Tāne erweiterte mit einer solchen Kokosnussschale den Himmel bis hin zum Morgenstern. Ein schwarzer Kokosnussschalenbecher voll Wasser wurde wiederum von Sehern benutzt, um mittels der Spiegelungen darin einen Dieb zu entlarven.[132]

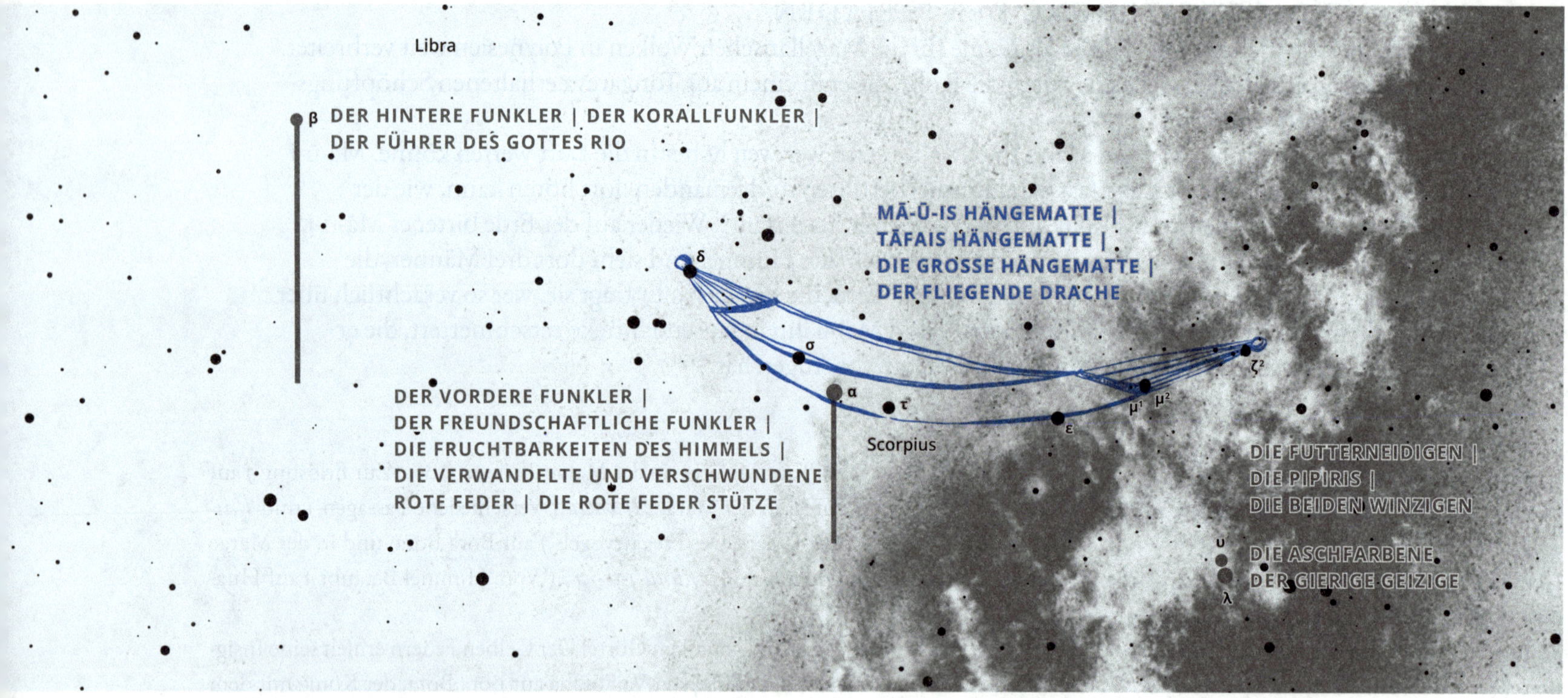

Scorpius

MATAU-A-MĀ-Ū-I – MĀ-Ū-IS HÄNGEMATTE

Mo 1449 und T 342

MATAU-A-TĀFAI – TĀFAIS HÄNGEMATTE

MATAU-NUI – DIE GROSSE HÄNGEMATTE

T 341–342

Je nach ihrer Lage am Himmel werden die Sterne von Scorpius als Drache oder als Hängematte gesehen. Taucht die Hängematte im November abends im Westen ins Meer, kündigt dies an, dass das für die Bonitos ausgesprochene Fangverbot *Rahui* – auf anderen Inseln bloss *Tapu* genannt – aufgehoben wird und der rituelle Hochseefischfang dieser migrierenden Fische beginnen kann.

Taucht Scorpius Ende Mai abends im Osten wieder auf – während die Augen der Plejaden untergehen –, markiert dies den Wechsel der Jahreszeit: Die Bonitoschwärme sind verschwunden, das Rahui wird für sie wieder ausgesprochen und das Fischen an die Küste verlegt. In dieser Zeit nennen die Sänger und Dichter die Sterne am Schwanz unseres Scorpius der aufsteigenden Figur wegen 'Fliegender Drache', um über die Legende der Pīpiris auf die nun kommende magere Jahreshälfte zu verweisen.[133]

Die Hängematte des Gottes Tafai wird wie auch auf Hawaii den Marquesas und in Neuseeland dem Gott Mā-ū-i (Maui) zugewiesen. Der belgische Kaufmann Jacques-Antoine Moerenhout zeichnete die dazugehörige Legende auf, in der die Hängematte als Fischernetz bei der Schöpfungsgeschichte der Erde Verwendung findet:

MĀ-Ū-I FISCHT DIE ERDE MIT SEINER HÄNGEMATTE

"Mā-ū-i sticht mit seiner Piroge in See. Er hat hinten Platz genommen. Die Hängematte hängt rechts herab, mit Haarsträhnen an seiner Angelschnur festgemacht. Er lässt die Angelschnur und die Hängematte in die unermessliche Tiefe der Welt hinabsinken, um diesen Fisch [die Erde] zu fangen. Er nimmt ihr die Pfeiler heraus; er nimmt sich die Erde, dieses Wunderwerk von Ta'aroas Macht! Und schon ist der Boden da, spürt er das enorme Gewicht der Erde.
Der Herr der Erde (Te-fatu) kommt. Er hält sie in der Hand, diese Erde, die noch im unermesslichen Raum verloren ist: Er hat sie in seiner Hängematte gefangen. Mā-ū-i hat sich diesen grossen, im Raum schwimmenden Fisch geschnappt, den er jetzt nach seinem Willen lenken kann."

Der weitere Verlauf der Legende war Moerenhout etwas unklar. Es ging daraus hervor, dass die Erde als unfertiges braches Land dargestellt wird, deren Lebewesen leiden, weil überall noch Chaos vorherrscht und alles im Finsteren liegt. Nachdem Mā-ū-i sie aus der Unterwelt herausgefischt, sie zum Stehen und in die rechte Richtung gebracht hat, hält dann auch die Sonne an und regelt ihre Bahn, und zwar so, dass mit der Hitze und dem Licht die Erde fruchtbar wird und Fülle und Glück auf ihr herrschen."[134]

'UO | PAUMA – DER FLIEGENDE DRACHE

T 349

Drachen – als *'Uo* oder *Pauma* bezeichnet – fliegen zu lassen, ist ein beliebter Zeitvertreib für Männer und Jungen. Man gibt ihnen die unterschiedlichsten Formen – etwa von Menschen, Schildkröten, Fregattvögeln und anderem – und bindet heilige rote 'Ura-Federn an sie, um sie vor Diebstahl zu schützen. Manche sind so gross, dass es drei oder vier Mann braucht, um sie an ihren langen Seilen zurückzuhalten.[135]

In der Legende der Pīpiris hängen sich zwei Geschwister an das Seil eines grossen Drachens, der sich von Antares aus aufspannt. Er bildet die Figuration der Sterne von Scorpius bei ihrem Aufgang im Osten ab.

λ und υ Scorpii

CU 163 und T 343

(NĀ-)'AINANU – DIE (BEIDEN) FUTTERNEIDIGEN

D 17, 197, T 342 und 343 und M 242

NĀ-HUI-HU'A – DIE BEIDEN WINZIGEN

D 150 und T 342

Dieser Name wird im Wörterbuch nicht mit einem Stern identifiziert; er wird sich jedoch auf die einzigen zwei schwachen Sterne beziehen, denen eine berühmte Legende zukommt: die der Pīpiris.

υ Scorpii

REHUA – DIE ASCHFARBENE

T 166

Wenn dieser Stern Mitte November abends nach Sonnenuntergang das letzte Mal sichtbar wird, beginnt in Tahiti das neue Jahr.[136] Eher scheint sich dies jedoch auf den helleren λ zu beziehen, mit dem auch in Neuseeland das neue Jahr begann.[137]

Auf die in diesen beiden Sternen verkörperten Kinder – und der durch sie allegorisch ausgedrückte Wechsel der Jahreszeit – richtet sich die 'Elterliche Trauer Über Das Verschwundene' des Orion, der die nun beginnende üppige Jahreszeit ein halbes Jahr später beschliesst. Aber auch der Name von Capricornus – *Rua-o-mere*, 'Sternweg Des Elterlichen Abschiedsschmerzes' – erklärt sich dadurch: denn λ und υ Scorpii legen eine Linie vor, die direkt zu ο und ζ Capricornii führt, welche diese Linie somit zu einem Weg verlängern.

Im restlichen Polynesien wird hingegen α Scorpii 'Rehua' genannt, der in Neuseeland zudem ein Gott der Gutmütigkeit ist.[138]

λ Scorpii

PĪPIRI – DER GIERIGE, GEIZIGE

D 197, T 166 und 143

DIE LEGENDE DER PĪPIRIS

Hintergrund der Legende ist das Untertauchen von Scorpius im November abends im Westen, mit dem die fischreiche, fruchtbare Jahreszeit sich sechs Monate später, wenn Scorpius abends dann steil am östlichen Horizont aufsteigt, in die magere Jahreszeit verwandelt. Die Geschichte ist in mehreren Fassungen und Gesängen überliefert.[139]

In einer 1829 aufgezeichneten Version spielt sich alles auf Bora Bora ab: Die Kinder verlassen das Elternhaus, "weil sie ihre Eltern reden gehört haben, dass sie sich trennen werden", worauf sie zusammen fortgehen und über Raiatea am Ende Tahiti erreichen; um sich vor ihrer Mutter zu retten, steigen sie auf den Berg dort und von seinem Gipfel dann in den Himmel.[140]

In Bastians Version von 1883 sind die Pīpiris Zwillinge, Kinder des Sternbilds Drachen, das sie mit 'Ura, der Roten Feder in α Scorpii, gezeugt hat. Als sie von der Trennung ihrer Eltern hören, flüchten die Zwillinge aus Bora Bora über Raiatea, Huahine und Moorea nach Tahiti, wo sie sich vor der Verfolgung ihrer Eltern in den Himmel retten.[141]

In allen anderen Fassungen – wie in der nun wiedergegebenen von Gilbert Cuzent von 1860, der detailreichsten, – besteht der Grund ihres Fortgehens darin, dass sie bei der Zuteilung des Essens benachteiligt werden oder sich nur zurückgesetzt fühlen; wobei es immer der Vater ist, der sie mit einem Mal nicht mehr zum Essen holen will, aus realer oder scheinbarer Fürsorglichkeit um den Schlaf der Kinder. In den Himmel gelangen sie am Seil eines Drachens oder mit einem roten Vogel.

Eine dem entsprechende Legende erklärt bei den brasilianischen Bororo die Entstehung der Sterne durch Kinder, die wegen des Egoismus der Eltern beim Essen in den Himmel steigen, indem ein kleiner Vogel ein Seil hinaufträgt und sie daran emporklettern: jedes Mal deswegen, weil der Himmel ein Land der Fülle ist.

Nur in der folgenden Fassung werden die Eltern auch durch Namen ausgewiesen, wobei die Mutter jedoch denselben Namen wie sonst ihre Tochter trägt – Rehua –, was für Tahiti ungewöhnlich wäre. Vielmehr scheint es sich um einen Irrtum des Nacherzählers Cuzent zu handeln, der die Namen von Vater und Mutter zusammenfügt und sie dem Vater zuschreibt. *Taua Tiaroroa* lässt sich zwar als 'Erzeuger Der Einen Bogen Beschreibt Indem Er Seine Strahlkraft Zeigt'[142] aufschlüsseln, besser jedoch aufspalten in *Tau-atea*, die männliche 'Weite Jahreszeit',[143] und in *Taua-roroa*, die weibliche 'Dunstige Jahreszeit':[144] was sich auf die Trockenzeit und die Regenzeit bezieht, deren Wechsel die Legende allegorisch vorführt.

"In einer hellen Nacht gingen Tau-atea und seine Frau Taua-roroa aus ihrem Haus, wo ihre zwei Kinder Pīpiri und seine Schwester Rehua friedlich auf ihren Matten schliefen. Die beiden Eheleute nahmen das Verdeck aus trockenen Wedeln von ihrer Piroge, schoben sie ins Wasser, entzündeten eine Rama (eine Fackel aus trockenen Palmwedeln oder altem Bambus) und waren nach ein paar Ruderschlägen draussen, um zu fischen. Die Fische und Krebse der Bucht gingen ihnen schnell ins Netz, weshalb die zufriedenen Fischer gleich ans Ufer zurückkehren konnten. Tau-atea bereitete den *Umu* [Erdofen] in aller Eile und bald brieten die Fische auf den glühenden Steinen und verbreiteten einen verlockenden Geruch.

Die Pīpiri-ma ['Pīpiri'samt Anhang' als Anredefloskel für die beiden Geschwister] aber schliefen nicht. Sie konnten es nicht abwarten, den Hunger zu stillen, den der Bratengeruch der Fische in ihnen hervorgerufen hatte, und waren deshalb von ihrem Lager aufgestanden, eine halbe *Maiore* [Brotfrucht] und einen Kokosbecher voller *Pape Miti* [Meerwasser als Fischgewürz] bereits in Händen. Warum aber ruft man sie nicht zum Essen? Sie waren unruhig und hatten Tränen in den Augen.

Ihre Mutter Taua-roroa bereitete derweil in der *Fare Noa* [der Hütte, in der man gesellig zusammensitzt] alles zum Essen her; sie legte auf dem *Aretu* [dem Bodenbelag aus getrockneten Blättern)] symmetrisch die grossen Blätter des *Purau* [Lindenblättriger Eibisch *Hibiscus tiliaceus*, auch *Fao* genannt][145] aus und gab darauf gekochte Brotfrucht, *Taioro* [Sauce aus Meerwasser, Kokosraspeln und Krabbenstücken], *Miti noanoa* ['parfümiertes Meerwasser', das mit Kokosstücken versetzt und in Kalebassen fermentiert worden war], *Popoi fei* [eine Art Pudding aus Kochbananen][146] und Krüge voll mit reinem Trinkwasser neben ausgelösten, geöffneten Kokosnüssen, in denen der süsse Nektar schimmerte.

'Jetzt ist alles bereit', sagte sie zufrieden zu ihrem Mann, 'geh und weck unsere beiden Lieblinge'. Doch Tau-atea wollte sie lieber nicht aufwecken; er zögerte und meinte: 'Besser, wir wecken sie nicht; sie schlafen doch so tief!'

Doch Pīpiri und seine Schwester warteten voller Ungeduld in der *Fare Moe* [der Hütte, in der man schläft], und als sie die Worte ihres Vaters hörten, waren sie so traurig wie tief verletzt. Ausgerechnet sie, die man sonst doch immer rief, sich am Fang des Fackelfischens gütlich zu tun, sollten heute nichts kriegen?
Auch Taua-roroa war nachdenklich, ass nicht viel und dachte an ihre Lieblinge. Nach dem Essen ging sie mit ihrem Mann in die Schlafhütte. Als er sie kommen hörte, sagte Pīpiri zu seiner Schwester: ‘Komm, wir hauen ab!’ Da die Tür geschlossen war, drückten sie sich durch die getrockneten Purau-Zweige der Wand und kauerten sich draussen unter das schützende Vordach.
Die Eltern kamen vorsichtig herein und tasteten im Dunkeln auf den noch warmen Matten nach ihren Kindern … doch wo waren die? ‘Unsere Lieblinge sind verschwunden!, rief Taua-roroa entsetzt aus. Und wirklich, sie rufen und tasten nach ihnen voller Angst, aber ihr Lager ist leer! Doch weshalb erkennt man in der Hütte ein klares Stück Himmel? Da entdecken Tau-atea und Taua-roroa die Öffnung, durch welche die Kinder sich geschlichen haben, und rufen draussen nach ihnen: “E Pīpiri-ma! Pīpiri-ma!”
Doch die Kinder hatten, bevor man ihr Versteck entdeckte, die Beine in die Hand genommen und waren auf den Berg geflüchtet; atemlos zog der Bruder seine schwächere Schwester an der Hand hinter sich her zum Gipfel hinauf. ‘Geh du zu unseren Eltern zurück,’ sagt er, ‘kehr um!’ Doch seine Schwester Rehua weint nur und antwortet nicht; es ist ihr Bruder, der sich diesen Streich ausgedacht hat. Und schon hören sie die Eltern kommen.
Aus reinem Zufall schwebte da oben aber ein fliegender Drache; Pīpiri packte sein Seil, seine Schwester ebenfalls, und so liessen sie sich in den Himmel tragen. Als sie das sahen, schrien ihre Eltern: ‘Pīpiri-ma! Ihr beiden, kommt zu uns zurück!’
Doch die Kinder antworteten: ‘Nein, wir kommen nicht mehr zurück, der Fischfang mit der Fackel wird wieder schlecht sein, es wird kein Fischfang für die Kinder sein!’ Und ein paar Mahu (Nebel als böse Geister) ermunterten sie auf ihrer Flucht. ‘Passt auf’, riefen diese bösen Geister, ‘kehrt ja nicht wieder zurück!’, um sich darauf an die Eltern zu wenden und sie Lügner zu nennen.
Und wieder riefen die Eltern nach ihren Kindern, die zurückriefen, dass sie nicht zurückkehren, das Fackelfischen wieder schlecht und es kein Fischfang für die Kinder würde. Worauf Tau-atea zu seiner Frau sagte: ‘Genug geschrien. Wir werden sie nie einholen können; es bleibt uns nichts anderes, als wieder nach Hause zu gehen’. Aber Taua-roroa hörte nicht auf ihn, sondern schrie von Schmerz verstört weiter: ‘Meine Pīpiris! Ihr beiden! Kehrt um! Kommt zu uns zurück!’ Worauf sie dann nur noch von weitem diese für eine Mutter so grausamen Worte hörte: ‘Nein, wir kehren nicht mehr zurück; euer Fackelfischen ist schlecht gewesen, es hat nichts für die Kinder gefangen.’
Seitdem zeigen die Tahitianer, wenn die Sternbilder des Südens in all ihrem Glanz am Himmel stehen, mit dem Finger auf die Sterne Der Beiden Futterneidigen *Na-'ainanu* und sagen: ‘Da ist Pīpiri und seine Schwester, die sich in Sterne verwandelt haben! Die wurden eines Nachts von einem Drachen davongetragen, der dann selber in eine leuchtend rote Fackel (Antares] verwandelt wurde’.”[147]

In einer 1918 von Bjarne Kroepelien aufgezeichneten Version aus Tahiti ist aus der üblicherweise an einem Drachen hängenden roten Feder ein roter Vogel geworden, der die Kinder in den Himmel bringt: “Schaut, da sind die Pīpiri-ma, Pīpiri und Rehua, die sich in Sterne verwandelt haben, nachdem der kleine rote Vogel sie in den Himmel mitgenommen hat; und auch er ist dort, schau, da, der strahlende rote Stern, und darunter die Pīpiris!”[148] Mit diesem Vogel ist dies im Grunde ein und dieselbe Geschichte, wie sie von den Bororo in Südamerika erzählt wird.

In der ältesten, um 1820 aufgezeichneten Fassung werden die Sterne der Kinder zwar (von ihrem europäischen Autor wohl fälschlicherweise, weil sie als Zwillinge gelten) mit Castor und Pollux identifiziert. Sie weist jedoch ein Motiv auf, das auch in der auf den Cook-Inseln erzählten Variante[149] eine Rolle spielt. Vater und Mutter ergreifen da “das Ende des Gürtels ihrer Kinder; und so wurden auch sie in den Himmel getragen, wo sie sich in Sterne verwandelten”.[150]
Auf den Cook-Inseln hingegen verfolgen die beiden Eltern sie ewig weiter, heller erstrahlend als sie, jedoch ohne sie jemals zu erreichen.

? 1 Stern

POROHINERE

D 203 und T 343

Hinere bedeutet 'Kinder', *poro* 'weinen'; vielleicht ist dies ein alternativer Name für die Pīpiris.

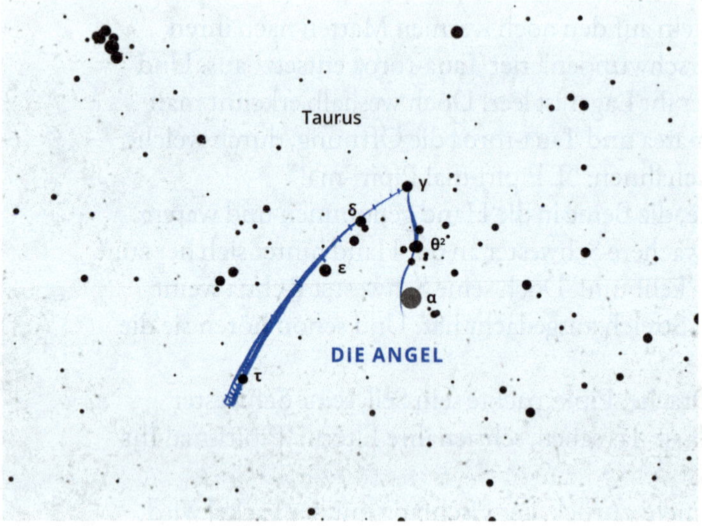

Taurus

RIO – DIE ANGEL

H 361 und T 158–159 und 166

Rio, 'Angel', heisst auch der Gott der Bonito- und Thunfisch-Fischer, sowie ein grosser schwarzer, in Felsbecken lebender Meeresaal.

H 361 und 418

? 1 Stern

NATI-MA'A – DER DIE NAHRUNG BINDET

D 152 und T 89

? 1 Stern

A(I)AIA

D 3

? 1 Stern oder Saturn

NĀ-TAU-IHE – DIE ZEIT DER GRÄTEN

D 152 und T 343

Der Name kann sich auch auf die *Ihe*[151] genannten Speere beziehen, die mit Fischknochen versehen werden und wilde Wunden aufreissen: womit dies ein Stern oder Planet wäre, der Krieg ankündigt.

VII SONNE, MOND, METEORITEN UND KOMETEN

In Rua-nuis Schöpfungsgesang von der Geburt der Himmlischen Körper werden diese erst nach der Erde und den Göttern erschaffen, wobei manche Sternbilder und Sterne dann die Planeten zeugen, die ihrerseits wieder Sternbilder zur Welt bringen: "Rua-tapuanui ('Loch Des Grossen Wachstums') war der Ursprung. Nachdem er sich Atea-ta'o-nui ('Raum Des Grossen Befehls') zur Frau genommen hatte, wurden seine *Ari'i* [Herrscher, Häuptlinge, Stammhalter] geboren: zuerst die Sternschnuppen, danach der Mond, die Sonne und die Kometen." Erst anschliessend wurden die ersten Sternbilder im Offenen Klaren Himmel des Nordens und von ihnen wiederum die einzelnen Planeten gezeugt.[152]

Jeder Himmelskörper stellte somit eine Gottheit dar, wobei nur der weibliche Mond auch als Land gesehen werden konnte.

Mond

'ĀVA'E

Der Name bezeichnet zugleich ein Bein oder einen Fuss.

D 307 und 52

MARAMA – DER SCHEIN | DER MONAT

H 359

Dieser Name war schon vor der Ankunft des Missionars William Ellis 1818 auf Tahiti aufgrund eines Verbots (*Pih*), einen bestimmten Laut auszusprechen, obsolet geworden; gebräuchlich war er dann nur noch in den Mythen und Gesängen.

Der Mond gilt als Land der Fülle. Der Belgier Jacques-Antoine Moerenhout berichtet, "die Tahitianer glauben, dass [die Mondfrau] Hina dort wie auf unserer Erde lebt, und dass dort auf dem Mond Reichliches hergestellt wird, auf die gleiche Weise wie auf der Erde". Was die Entfernung zur Erde betrifft, "brauchte die weisse Taube, die die Banyansamen vom Mond herabbrachte, zwei Mondmonate, um herzufliegen, und zwei wieder zurück, weshalb sie keine Federn mehr hatte, als sie am Ende dann auf die Erde herabfiel; diese Taube gilt dabei bei allen, die sich auskennen, als der schnellste Vogel".[153]

Andererseits berichtet Ellis, dass vom Mond her manchmal zu hören wäre, wie Hina mit ihrem Mörser die Banyanrinde zu Pulp zerstösst.

T 137, 120 und 123

MAHINA

D 125

Dies ist der Name des Mondes in einigen Dialekten. Bastian berichtet von einer Tradition auf Tahiti, in der Sonne erst den weiblichen Mond zeugt, sich mit diesem dann in ihren Finsternissen begattet und dadurch die Sterne zeugt, als Vorzeichen künftiger Ereignisse.[154]

Mondsichel

MARAMA-FAAIPA

Der Name bezeichnet die aufrechte Mondsichel mit ihren Hörnern; figurativ bedeutet er, dass jemand seine Verabredungen einhält. Waren die Hörner nach oben gerichtet, verriet dies, dass zwei feindliche Parteien insgeheim dabei waren, das Land zu überfallen.

D 134 und H 227

Mondgesicht

HINA – DIE GRAUE

D iii und 103

Atea ('Raum') zeugte mit seiner Frau Hotu ('Fruchtbarkeit') Rū ('Versetzer'), der den Himmel erweiterte und hob und die Erde in acht Himmelsrichtungen unterteilte, und seine Schwester *Hina* ('Die Graue'). Am Steuer einer Piroge umrundete sie die Welt zusammen mit Rū.

Nachdem sie die Welt umsegelt hatte, war Hinas Entdeckungslust aber noch lange nicht gestillt. Eines Abends, als der Vollmond gerade sehr einladend schien, gross und halb aufgegangen am Horizont, fuhr sie mit ihrer Piroge los, um ihn zu besuchen. Als sie dort ankam, gefiel ihr der Mond so gut, dass sie in ihn hineinstieg und ihre Piroge dem Meer überliess (die man seitdem nie mehr gesehen hat). So wurde aus Hina Der Pirogenführerin die Hina Die In Den Mond Stieg, denn im Mond ist sie seither geblieben, obwohl sie nicht aufgehört hat, ihrem Bruder Mā-ū-i auf seinen Reisen auf Erden geneigt zu bleiben und den Menschen Gutes zu tun. Sie wacht über die nachts Reisenden, was ihr den Namen Grosse Hina Die Wächterin eintrug.

DER BANYANBAUM

Die Schatten im Mond hielt man für einen Banyanbaum, aus dessen zahlreichen Verästelungen Hina die Rinde nahm, um daraus Stoffe für die Götter herzustellen. In dieser Rolle wurde sie Hina Die Stoffstampferin genannt, sass sie den heiligen Stoffstampfern auf Erden vor, die ihr handwerkliches Geschick bei ihrer Arbeit an den feingestampften grauen Stoffen nachzuahmen suchten.

Einmal aber, als Hina oben im Banyanbaum war, brach sie mit ihrem Fuss einen Ast wegen seiner Rinde ab, und weil sie das mit viel Kraft tat, fiel er durch den Raum und landete schliesslich in Opoa auf Raiatea, wo er Wurzeln schlug: Das war der erste Baum, den diese Welt kannte. Es ist ein majestätischer Baum mit einem tischförmigen Stamm, der unten einer Hütte und oben einem Dach gleichkommt, beide so geräumig, dass seit unvordenklicher Zeit die Leute dort gern ihre Matten ausbreiten, um miteinander zu reden oder sich auszuruhen.

Die freie Stelle im Mond zeigt, wo sich der Ast einst befand; darunter, unter dem Baum, hatte Hina ihr Heim. Ihr Gefährte dort war eine grüne Wildtaube [*Pilinopus purpuratus*], die im Baum hauste und sich von dessen kleinen Feigen ernährte. Manche davon brachte sie zur Erde, wo sie die Samen auf folgende Weise verbreitete: Die 'U'upa hatte ein Bündel Feigen im Schnabel, als sie herabkam. Doch da stiess sie oben hoch in der Luft auf Otaha, den Fregattvogel, der sich die Feigen schnappen und die Ehre einheimsen wollte, die Samen zur Erde gebracht zu haben. Die 'U'upa aber, bestärkt von Hina, liess ihr Mitbringsel nicht los und entkam ihrem Verfolger. Dann verstreute sie die Feigen auf der Erde unten.

So konnten daraus die ersten Banyanbäume [*Ficus prolixa*] auf den anderen Ländern Polynesiens erwachsen. Die Leute, die ihre Rinde gut zum Stoffeherstellen gebrauchen konnten, verbreiteten den irdischen Banyanbaum überall – er produziert keine Samen, sondern pflanzt sich über seine Äste fort.

In dieser Legende sind Echos auf indische Vorstellungen zu erkennen, die an ihren Himmel einen solchen heiligen Feigenbaum neben einen Garuda von der Art des Fregattvogels gesetzt haben.

Anrufungen in Liedform, ohne Opfergaben, wurden Hina unter den oben angeführten Namen dargebracht, und als Relikt der Vergangenheit rufen die tahitianischen Feuerläufer sie immer noch als Grosse Hina Der Duftenden Kräuter an, wie die Zeremonie des Ti-Ofens zeigt. Es heisst, Hina sei stets mit Röcken, Girlanden und Kränzen bekleidet, die aus den zerrissenen grünen und gelben Blättern der Keulenlilie Ti [*Cordyline fruticosa*] gefertigt werden, einen süssen Duft verbreiten und von allen Polynesiern als heilig angesehen werden. Der bis heute bestehende Glaube der Einheimischen, dass es im Mond wirklich eine unsterbliche Frau gab, ist durch die oben genannten Gründe mehr als angebracht.

H 407–408, 462–463 und 214

Sonne

RĀ – DIE SONNE | DER TAG

H 359 und D 218

Dieser Name war ebenfalls bereits vor der Ankunft von William Ellis obsolet geworden; erhalten hat er sich nur im Begriff für Osten, *Hiti'a-o-te-rā*, sowie in Mythen und Gesängen. Ersetzt wurde er durch *Mahana.*[155]

MAHANA – DIE HITZE

D 123

Auf Hawaii bedeutet dieser Name 'Sommer'; er ist dort auch eine Bezeichnung für Castor und Pollux.

Laut dem Missionar Ellis gab es eine Tradition auf Tahiti, welche die Sonne als männliches Lebewesen sah, das von den Göttern abstammte, während andere glaubten, dass es von Ta'aroa selbst erschaffen wurde – von dem sie wiederum dachten, dass er aus einer feuerartigen Substanz besteht. Verehrt wurde die Sonne nicht.

Die Tahitianer waren der Ansicht, dass die Sonne jeden Abend ins Meer taucht, nachts durch einen Höhlengang unter dem Meer von West nach Ost wandert, um dann wieder von neuem aus dem Meer aufzutauchen. So nannte man auf manchen Inseln den Sonnenuntergang 'Sturz der Sonne ins Meer'.

T 121 und 123

Sonnenwendepunkte

RUA ROA | RUA MAORO – DER LANGE WEG
RUA POTO – DER KURZE WEG

Der Lange Weg bezeichnet den Sonnenstand am Wendekreis des Steinbocks bei der Sommersonnenwende, Der Kurze Weg ihren Wendepunkt am Wendekreis des Krebses bei der Wintersonnenwende.

T 124

MĀ-Ū-I FÄNGT DIE SONNE

Folgende Legende wurde 1820 vom König von Raiatea und seinen beiden Priestern erzählt: "Während der dunklen Zeit gab es auf der Fläche der Erde kein Feuer. Die Leute assen alles roh, weshalb sie dauernd Bauchkrämpfe hatten, denn sie hatten nichts zum Kochen. Doch da entdeckten sie durch eine rote in einen Ast kriechende Fliege, dass man mit dem Holz des Lindenblättrigen Eibisches Feuer reiben kann. Nachdem der Himmel dann emporgehoben worden war, die Götter durch Ateas Raum fliegen und die Menschen sich überall auf der Erde niederlassen konnten, ... hatte die Welt aber noch einen grossen Nachteil: Man konnte nur sehr schlecht arbeiten, weil die Sonne zu schnell auf- und unterging. Heizte man morgens einen Ofen an und stellte das Essen darauf, war es bei Einbruch der Nacht noch nicht gekocht; und wenn es dann endlich fertig war, war es schon Nacht, sodass die Leute nicht alles verzehren konnten! Deshalb assen sie alles halbroh vom Ofen und ihre Lippen schwollen, weil sie Riesenblättrige Pfeilblätter [Alocasia macrorhizos] assen, die bloss halb durchgegart waren.
Die Sonne ging gerade auf, als Mā-ū-i auszog, um alle Länder zu besuchen, Mareae in allen neuen Ländern zu errichten und dort von ihm ausgebildete Priesterschaften zu etablieren. Es war dies in der Zeit Des Vorderen Funklers [α Scorpii], der eine Flotte von Pirogen vor sich und eine hinter sich hatte – aber kaum waren sie alle auf See, brach bereits die Nacht herein. Als es wieder Tag wurde, fischte Mā-ū-i sich Land herauf, das unter dem Meer lag, aber da war es schon wieder Abend geworden! Schliesslich erreichten sie eine Insel namens Fa'ana ('Befriede'), wo sie eine Marae bauen wollten – Apo'o'ao ('Reihergrube') –, doch als die Nacht fiel, hatten sie bloss einen Eckstein gesetzt. Am nächsten Morgen machten sie weiter, aber sie hatten bloss eine Mauer, als die Sonne schon wieder unterzugehen begann.
Als Mā-ū-i das sah, zählte er die Strahlen der Sonne: es waren zehn. Da nahm er sich zehn Seile und fesselte mit ihnen die Sonnenstrahlen an einen Felsen, und zwar so, dass sie sie nicht abschütteln konnten. So kam die Sonne nicht mehr von der Stelle – und die Leute konnten die Mauer und die Marae an dem Tag fertigstellen. Als alles getan war, liess Mā-ū-i die Strahlen wieder los und die Sonne zog weiter ihre Bahnen wie zuvor."[156]

Adolf Bastian berichtet 1893, dass es auf Tahiti heisst, der Priester Mā-ū-i hätte die Sonne an ihren Strahlen deswegen festgebunden, um die Zeremonien auf seiner Marae beenden zu können; er lenke sie seither durch seine Stricke, die man bei Sonnenuntergang ins Meer hängen sehen kann.[157]

Detaillierter und nicht religiös angehaucht ist die folgende Legende, die 1825 auf Tahiti rezitiert und 1901 ergänzt wurde. In ihr tritt einer der sechs Brüder des Mā-ū-i der eben erzählten Geschichte auf, der achtköpfige Mā-ū-i, der auch der 'Mā-ū-i Mit Dem Kopfschmuck' genannt wird. Ihr Urgrossvater war Atea und ihr Grossvater Rū; dessen Tochter Uahea ('Trauer') war ihre Mutter, die Frau von Hihi-Rā ('Sonnenstrahl').
"Der Achtköpfige Mā-ū-i Mit Dem Kopfschmuck war auf Sonne, seinen Vater, wütend geworden. Er war zornig, weil seine Mutter kein richtiges Essen geniessen konnte und ihre Lippen dauernd geschwollen waren von den halbgaren und scharfen Pfeilblättern. Auch passte es ihm nicht, dass sein älterer Bruder mit seinem Werk nicht richtig vorankam, weil die Tage so kurz waren.
Also machte Mā-ū-i Schlingen, um Sonne zu fangen. Es waren starke Schlingen, gefertigt aus den Rinden eines Maulbeerbaums [*Pipturus argenteus*], eines Feigenbaumes [*Ficus tinctoria*], eines Schraubenbaums [*Freycinetia*], eines Eibischbaums [*Hibiscus tiliaceus*][158] und aus Kokosfasern, die er in Meerwasser eingeweicht hatte; und dazu hatte er eine Haarsträhne seiner Schwester Hina Der Schönen Deren Haar Alle Anzog eingeflochten. Dann ging er zum Eingang der Höhle, schaute sich innen um und sah die Sonnenstrahlen draussen am Meer auftauchen. Als sie länger wurden, sprang er auf das Riff; und als die Sonnenscheibe aufstieg, warf er seine Schlingen über sie und sie hielten Sonne am Hals fest.
Daraufhin sprang Mā-ū-i zurück aufs Land, schlang die Seile schnell ein paarmal um einen langen Stein, der da aufstand, verknotete sie und wartete, was nun geschah. Sonne zerrte an den Seilen und wand sich in ihnen hin und her, sodass Mā-ū-i auf ihn springen wollte. Darauf meinte seine Mutter Uahea: 'Pass gut auf, Mā-ū-i, sonst verbrennt dich Sonne noch!' Aber Mā-ū-i hatte keine Angst; er ging, stellte sich auf Sonne und rief: 'Hör auf dich zu wehren! Ich bin es, Mā-ū-i! Du wirst bald durch meine Hände sterben!'
Sein Vater aber wurde stärker; Sonne kam ein Stück weiter und alle Schlingen verbrannten, ausser der, die aus Hinas Haar geflochten war. Worauf Mā-ū-i, wie er da auf Sonne stand, prahlte: 'Du kannst mir nicht entkommen! Denn ich bin Mā-ū-i, der grosse Mā-ū-i, der Mā-ū-i Mit Dem Kopfschmuck, dein Sohn!' Und Sonne antwortete: 'Ah, mich hält die Schlinge des Haars meiner Tochter Hina gefangen! Lass mich los!'
Und Mā-ū-i erwiderte: 'Du wirst dich nicht befreien können! Wärest du langsamer über den Himmel gegangen, hätte meine Mutter das Essen fertigkochen können und mein Bruder dich nicht festhalten müssen, um mit der Arbeit fertig zu werden. Aber du musstest ja so schnell gehen.'
Sonne erwiderte darauf: 'Wenn ich sterbe, wirst du nichts Essbares mehr finden, und es wird kein Licht mehr geben, um Mareae zu bauen, denn dann wird alles im Dunkeln liegen. Lässt du mich jedoch gehen, werde ich darauf schauen, dass alles, was du vorhast, dir gut gelingt'. Da meinte Mā-ū-i: 'Und du wirst mich nicht hereinlegen?' 'Ich werde dich nicht hereinlegen', erwiderte Sonne; 'aber jetzt mach dieses Seil los, es tut mir sehr weh'.
Darauf stampfte Mā-ū-i auf die Sonnenscheibe, dass sie Risse kriegte und schwächer wurde, und band das Haarseil los. Die Sonne geht seither langsamer über den Himmel; sie ist seitdem nie mehr schneller gelaufen. Mā-ū-is andere Seile jedoch blieben an der Sonne hängen – die kann nun jeder sehen. *Vai-rorea* ('Hinaufgedrücktes Wasser') heissen die Seile, die sich noch an der Sonne befinden.
Und so wurde die Welt vollkommen; man konnte nun das Essen in zwei Erdofen pro Tag kochen und die Leute waren zufrieden, weil es endlich gar wurde. Auch arbeiten konnte man nun richtig. Und Mā-ū-i war mit seinem Vater zufrieden, so wie es die ganze Welt jetzt war.
Doch die Welt hatte sich unmittelbar danach verändert. Das Meer wogte und abends fielen grosse Hagelsteine und dann ging einen Tag lang schwerer Regen nieder. Das Meer wogte und es war Abend und es kamen Regenschauer, Niesel und Wolkenbrüche. Das Meer wogte und es wurde Tag und es tauchten flache, breite Wolken am Horizont eines klaren, wolkenlosen Himmels auf. Das Meer wogte und es war Tag und der Himmel war nieder und drohte mit Röte. Wenn drohende Röte sich ankündigt und es geschieht, dann trägt der Himmel Blitze und Stürme folgen. Und das Meer wogte und es wurde Abend und da war ein roter Kranz um den Mond, ein Regenbogen, sodass es zu regnen begann. Das Meer wogte und es wurde Tag und die Sonne

ging mit ihren Strahlen auf, die Sonne, die Schauer anzieht, die Sonne, die über Heeren steht. Blitze entluden sich, es donnerte, ein Regenbogen zeigte sich, ein falscher Regenbogen, und unheilverheissende Röte und Blitze, die Krieg ankündigen."[159]

Auf Monahiki wird dieselbe Geschichte erzählt, ebenso in Neuseeland, wo jedoch einer seiner Brüder die Seile hielt, damit er Sonne mit einem magischen Kieferknochen verletzen konnte, sodass sie aufgrund dieser Verwundung seitdem langsamer geht. Dieselbe Geschichte ist auch bei nordamerikanischen Indianern bekannt.[160]

Eklipse

NATUA – DER KNIFF

T 137

Der Ausdruck bezieht sich darauf, dass bei einer Eklipse ein Teil der Mond- oder Sonnenscheibe abgeknapst scheint oder wie eine Kneifwunde wirkt. Zugeschrieben wurde eine Eklipse dem Groll des Gottes Raa-mau-riri ('Erzürnte Heiligkeit'), der Sonne oder Mond manchmal auch ganz verschlang. Dann rannten die Leute vor lauter Angst zu den Marae, um zu ihm zu beten und Opfer darzubringen, auf dass er den Himmelskörper wieder ausspucke.[161] Bastian hinwieder berichtet, dass "der Mond bei Finsternissen unter einem *Eatua* oder Zauber liegt. Auch Sternschnuppen gelten als Eatua."[162]

T 123 und H 227

VIII DIE PLANETEN

Im Schöpfungsgesang von Bora Bora werden die Planeten nacheinander von einzelnen Gestirnen gezeugt, lange nach Mond, Sonne, Kometen und Sternschnuppen. Genannt werden sie allgemein *Fetū-horo*, 'Läufersterne'.

H 359 und T 102

Venus

Abendstern

TA'URUA-NUI-EHORO-I-TE-AHIAHI – DER GROSSE KOMPASSSTERN LÄUFER DES ABENDS

H 360 und T 102

FETŪ-HORO-AHIAHI – DER LÄUFERSTERN DES ABENDS

T 139

TA'URUA-NUI-I-TE-PATI-FEHTI'A – DER GROSSE KOMPASSSTERN DER DIE STERNE ANFÜHRT

H 363 und T 109

TE-'URA-I-OPENA – DER ROTE FEDERN SAMMLER

LE

Der Planet wurde im Schöpfungsgesang von Bora Bora vom Grossen Tal (Auriga) mit Erster Herrscherin (α Aurigae) gezeugt; er "kündigt das Kommen von Nacht und Tag, der Sterne, des Mondes, der Sonne und der Leitsterne (*'Avei'a*) an, welche der Piroge des Hiro auf hoher See die Richtung zeigen".

Venus ist somit ein navigatorisch wichtiger Stern, der schon den überall als Gott der Diebe bekannten Hiro herumführte, der auf Tuamato als halbgöttlicher Odysseus verehrt wurde; seine Abenteuer- und Unterweltsreisen sind dort Teil eines Epos, das zu erzählen mehrere Tage in Anspruch nimmt.[163]

Der Planet besitzt eine Piroge, die *Mata-taui-noa* heisst: 'Ständig Wechselndes Gesicht'. Das bezieht sich wohl auf die Kopfsterne von Leo, mit denen Venus eine Konjunktion eingeht – was als Besteigen eines Bootes allegorisiert wird. "Der Grosse Ta'urua sticht mit seiner Piroge Mata-taui-noa in See und steuert westwärts zum König des Südens. Er nimmt Rua-o-mere (Capricornus) zur Frau, den Leitstern am südwestlichen Horizont, die darauf Maunu'ura zur Welt bringt": den Planeten Mars.

Umschrieben wird damit einerseits die Reise des Abendsterns von Westen aus unter den Horizont, wo er um Mitternacht unsichtbar im Süden steht, andererseits die Konjunktion der Venus mit Capricornus bei der Sommersonnenwende im Dezember, wenn nach Sonnenuntergang dieses Sternbild als erstes über dem Sonnenuntergangspunkt im Südwesten (*Ra'i*) am Nachthimmel sichtbar wird. Dabei kommt es zu einer der nicht seltenen dreifachen Konjunktionen mit dem hinter der Sonne vorbeiwandernden Mars, die dann als 'Geburt' dieses Planeten gelten kann.

H 360 und G 140

Auf Tahiti hingegen galt laut Bastian die Sonne als Vater des Abendsterns, gezeugt mit der 'Grosse Wiedervereinigung' genannten Frau, während der Morgenstern den König Des Glänzenden Himmels zum Vater und Das Grosse Tal des Perseus zur Mutter hatte.[164]

Morgenstern

FETIA-TAIAO – DER MORGENDÄMMERUNGSSTERN

FETIA-PO'IPO'I – DER MORGENSTERN

D 86

(FETŪ)-HORO-POPOI – DER LÄUFER(STERN) DES MORGENS

D 110 und T 139

HORO FANAE – DER FRÜHLÄUFER

H 356

TE-'URA-I-TI'A-HOTU – DER ROTE FEDERN STEHER UND ERZEUGER

LE

Diese Bezeichnungen können auch Jupiter als Morgenstern umfassen: Beide werden unterschieden, stehen aber an mehreren Nächten im Jahr gemeinsam am Himmel. Klar ausgewiesen ist jedoch, dass Venus als Morgen- und als Abendstern identifiziert wurde.[165]

TA'URUA-NUI-E-HITI-I-MATAVI – DER GROSSE ÜBER MATAVI AUFGEHENDE KOMPASSSTERN

H 363 und T 109

Matavi ist der einheimische Name für Point Venus, wo Cook 1769 den Venustransit beobachtete.[166]

ATEAS AUGEN VENUS UND MERKUR

Im tahitianischen Weltschöpfungsmythos, der sich von dem aus Bora Bora leicht unterscheidet, wird erzählt, wie Tāne zusammen mit dem ersten irdischen König Ra'i-tupua ('Himmelsentwickler') die gerade entstandenen Himmelskörper in dem noch völlig chaotischen Himmel an den richtigen Stellen anbringt.

Dank ihrer Arbeit wird "Atea klar, damit die Götter hindurchfliegen können; und seine Besitztümer hingen nun unter dem Himmelsdach, der Wind, die Wolken, der Regenbogen, die Luft und alles, was sie enthält. So wurde der Himmel Rūmias von den beiden Demiurgen fixiert und ausgedehnt. Darauf setzte Ta'aroa den Ta'urua, Venus als Läuferstern des Abends, als rechtes Auge für Atea in den Himmel und sagte: 'Es soll ein sich vor der Erde beugendes Licht sein, um sie anzuführen und grossen Frieden zu schenken, Frieden für die bewohnte Welt; dein rechtes Auge ist Ta'urua, Atea'. Danach setzte Ta'aroa den Trunkenen Merkur als linkes Auge für Atea in den Himmel und sagte: 'Lass Zorn entfacht werden, lass Krieg auf der Erde wüten; dein linkes Auge ist Ta'ero, o Atea'".[167]

Merkur

TA'ERO – DER TRUNKENE

T 102

TA'ERO-ARI'I – DER KÖNIGLICH TRUNKENE

M 193

TAIVA – DER UNBESTÄNDIGE

H 356

Merkur gilt auf Bora Bora als Bruder des Planeten Venus, gezeugt im Sternental von Auriga. Der Name bezieht sich auf das würdelose Verhalten des Planeten, der im Zickzack von einer Seite der Sonne zur anderen wandert. Mit demselben Namen werden jedoch in Polynesien auch unterschiedliche Fixsterne belegt, weshalb es möglich ist, dass der Name auf eine alte Wurzel zurückgeht, die 'Sterben und Verschwinden' bezeichnete: Merkur wird nur selten sichtbar, da er die meiste Zeit von der Sonne verdeckt wird und nachts überhaupt nicht am Himmel zu sehen ist.

Zusammen mit Venus und Dem Hai in der Milchstrasse scheint er als Bote Ta'aroas aufgefasst worden zu sein.

M 193 und T 141–142

Mars

FETIA-'URA – DER ROTE STERN

D 86

MA-UNU'URA – DIE SCHWANKENDE RÖTE

H 360 und G 143

Letzterer Name bezieht sich auf die schnelle Verminderung seiner Helligkeit, sobald der Mars sich von der Erde entfernt. Mars ist ein von der Konjunktion von Venus mit Capricornus gezeugter Stammhalter.

"Er erscheint abends mit zwei Gesichtern", was sich auf die unterschiedlichen Schattierungen der Planetenscheibe beziehen soll, und er ist "ein roter Stern, ein Gott, der über der Marae Taratefeau ('Beten und für seine Wünsche Opfer darbringen') schwebt."

"Er bringt seine Piroge namens *Teaonui-e-rere-i-te-ra'i* (Grosse Über Den Himmel Gleitende Wolke') ins Wasser, steuert südwärts und nimmt sich Halbschale Des Himmels zur Frau, die dann seine Prinzen zur Welt bringt": die Sterne und Sternbilder von Piscis Austrinus und Crux samt weiteren ringsum.

M 194, H 360 und G 140

Saturn

FETŪ-TEA – DER BLEICHE STERN

T 104

Saturn ist der Sohn der Sterne in Corvus und Des Langen Himmels zwischen Leo und Hydra. Charakterisiert wird er durch seine navigatorische Nützlichkeit: "Er ist ein treuer Freund, doch nur in der Zeit, in der er sichtbar wird. Dieser Bleiche Stern ist ein König. Er nimmt sich das [unter Der Halbschale Des Himmels liegende] Dach Des Himmels zur Frau und die bringt daraufhin zur Welt: die hell leuchtenden Sterne; die Myriaden von funkelnden Sternen; die zeitweise sehr schwachen [wörtlich 'hineingebissenen'] Sterne; die schillernden Sterne[-nebel]; sowie die Seesterne und Die Beiden Drückerfische in den zwei Dunkelstellen Der Belebenden Wasser [der Milchstrasse] des Tāne, wo sich auch Der Wunderbare Hai befindet."

H 361, T 104 und 142, G 141

Jupiter

TA'URUA-NUI-I-TU'-I-TE-PŌROU-O-TE-RA'I – DER AM ZENIT ANKOMMENDE KOMPASSSTERN

T 106

TA'URUA-O-RA'I-TAETAE'A-O-HAVAI'I-I-TE-TUA – DER KOMPASSSTERN IM HIMMEL MIT HAVAI'I DAHINTER

H 363 und T 110

Dieser Planet gilt auf Bora Bora als Sohn des Himmelspfeilers α Hydrae und von Willkommenheissender Himmelsempfang um Pisces und ist "ein Stern, der in seinem Umlauf dem Sonnenlauf folgt".

Der Zenitsteiger Jupiter sticht sodann "auf seiner 'Verzauberten Marae' [Pegasus?] genannten Piroge in See, um das Feuer am Rand des grossen Sturms zu umschiffen. Ein Fehler des Sonnenuntergangs jedoch liess Ta'urua [Jupiter] den Ta'ero [Merkur] ganz in der Nähe der Sonne touchieren und in die glühende Esse Ateas fliegen." Damit ist wohl eine Konjunktion von Jupiter und Merkur abends am Sonnenrand gemeint.

Danach nimmt Jupiter sich 'Die Verwandelte und Verschwundene Röte [Antares]' zur Frau, worauf die Plejaden, die Sterne von Orion und Canis Maior, zur Welt kommen.

H 362, G 141 und T 106–107

TA'URUA-E-HITI-I-ARA-O-TE-ANUANUA – DER AUF DEM WEG DES REGENBOGENS AUFGEHENDE KOMPASSSTERN

Der Name verweist vielleicht auf eine Legende, in der Jupiter den Regenbogen ergreift.

H 363 und T 110

In einem nicht aus Bora Bora, sondern aus Tahiti und Moorea stammenden Schöpfungsgesang wird der Name *Rehua*, der sonst der kleinen Schwester der Pīpiris in Scorpius zugewiesen ist, unserem Stern Pollux zugeschrieben. Er wird als "König Rehua Im Himmel' – *Rehua-i-te-ra'i* – betitelt, für den der polynesische Herkules, Mā-ū-i, in der Anfangszeit der Welt versucht, den Himmel emporzuheben. Derselbe Rehua taucht auch in dem von Moerenhout aufgezeichneten Schöpfungsmythos der Gestirne auf: Dort macht jedoch der Name der Frau des vorgeblichen Pollux – *Ura-taneipa* [= *Te'ura-tauiepa*][168] – samt seinem Kontext klar, dass es sich dabei um eine Korruption des Jupiter als [Ta']*urua*[-nui-i-tui-]*i*[-te-Pōro'u-o-]*te-ra'i* handelt. Womit sich 'König Rehua im Himmel' als der bis zum Zenit steigen könnende Jupiter erweist, der diese Fähigkeit Mā-ū-i verdankt.[169]

Wenn Venus und Jupiter mehrere Male bei Sonnenuntergang gemeinsam am Himmel standen, schloss man daraus, dass zwei Könige gegeneinander Komplotte planten.[170]

Meteore

FETŪ-RERE – DER FLIEGENDE STERN

H359

FETŪ-PAO – DER PLÖTZLICH GEPACKTE | DER ZERSCHUNDENE STERN

M 189, D 183 und T 140

ŌPŪREI – FREMDE BÄUCHIGE KÖRPER

D 170

Eine Sternschnuppe galt als ein lauernder böser Geist.[171]

Kometen

FETŪ-AVE – DER TENTAKELSTERN

H 359 und T 140

Einen Kometen hielt man für einen Gott, der Krieg oder Seuchen brachte.[172]

LITERATUR

B Adolph Bastian, Inselgruppen in Oceanien – Reiseergebnisse und Studien, Berlin 1833.

C Louis Cruchet, Les dons du ciel des anciens Polynesiens, Paris 2013.

CU Gilbert Cuzent, Archipel de Tahiti, Paris 1860.

CR John Craig, Handbook of Polynesian Mythology, Santa Barbara 2004.

D John Davies, A Tahitian and English Dictionary, Tahiti 1851.

E Kenneth Emory, *The Tuamotuan Creation Charts by Paiore*, in: The Journal of the Polynesian Society 48.1, 1939, 1–29.

G Maurice Graindorge, Le Ciel de Tahiti et des Mers du Sud, Papeete 2015.

H Teuria Henry, Ancient Tahiti, Honolulu 1928 (digital bei Bishop Museum).

HA John Hawkesworth, An account of the voyages (die Reisen von Wallis und Cook), London 1773, Bd. 2, Lieutenant Cooks Voyage.

L Lapita Oceanic Ancestors, hrsg. v. Christophe Sand | Stuart Bedford, Paris 2010.

LE A. Leverd, *The Tahitian Version of Tafa'i (or Tawhaki)*, in: The Journal of the Polynesian Society 21.1, 1912, 1–12.

M Maud Makemson, The Morning Star Rises – An account of polynesian astronomy, New Haven 1941.

ME David Meyer, Early Tahitian Poetics, Berlin 2013.

MO1 und MO2 Jacques-Antoine Moerenhout, Voyages aux îles du Grand Océan, Paris 1837, Bd. 1 und Bd. 2.

T Claude Teriierooiterai, Mythes, astronomie, découpage du temps et navigation traditionelle: l'heritage océanien contenu dans les mots de la langue tahitienne, Université de la Polynésie Francaises 2013, https://tel.archives-ouvertes.fr/tel-01481871.

TH Nicolas Thomas, Voyagers – The Settlement of the Pacific, London 2021.

ANMERKUNGEN

1 McColl et al., *The prehistoric peopling of Southeast Asia*, in: Science 361, 2018, 88–92. 2 Ben Marwick, *The Hoabinhian of Southeast Asia and its relationship to Regional Pleistocene Lithic Technologies*, in: Lithic Technological Organization and Palaeoenvironment Change Global and Diachronic Perspectives, hrsg. v. Robinson | Sellet, Cham 2018. 3 Hans Egli, Mirimiringan – Mythen und Märchen der Paiwan, Zürich 1989, 31. 4 Skoglund et al, *Genomic insights into the peopling of the Southwest Pacific*, in: Nature 538, 2916, 510–513 und TH 107–114. 5 T 321–324 6 TH 64 und T 82 7 T 8 8 Ioannidis et al., *Paths and timings of the peopling of Polynesia inferred from genomic networks*, in: Nature 597, 2021, 522–526. 9 H 345 10 H 347–349 und E 11 H 345–346 12 T 94 13 T 96 14 H 336–338 15 H 339–340 16 H 355–356 und 338 17 H 338 18 ME 282–286 19 H 342–344 und T 99–101 20 MO2 206–210 21 Reprint Paris 2001. 22 B 5–9 23 H 356 24 H 364–371 25 D 269–270 26 Elsdon Best, Maori Religion and Mythology, Wellington 1976, 130–134. 27 Bd. 1., 458 28 H 122 29 H 372–373 30 H 420–403 31 HA 239 und T 78 32 H 405–406 33 H 405–407 34 H 407–409 35 H 409–412 36 H 413 37 TH 127 38 H 133 39 H 134 40 Eine kunstvoll dekorierte Urne der Lapita-Kultur scheint dies zu illustrieren, indem sie Ateas Augen und das mehrschichtige kegelförmige Ei der Welt samt Himmelsdach und Pfeiler darin zeigt (L 151, 8a und 8b sowie 199). Ebenso gibt es Motive, die sich als Kreuz des Südens im obersten Himmel samt den anderen Himmeln darunter interpretieren lassen (L 119, 139). 41 H 414–418 42 H 353–354 43 H 560 44 T 117–121 und 72 45 H 327–330 46 H 331 und T 247–255 47 T 277 48 HA 238 49 HA 226 50 zitiert in T 81. 51 T 12 52 B. G. Corney, The Quest and Occupation of Tahiti by Emissaries of Spain, London 1913, 284. 53 K. P. Emory, Material Culture of the Tuamotu Archipelago, Honolulu 1975, 184–185. 54 H 504 und T 200 55 M 116 56 H 225–228 57 T 30–315 58 siehe schon H 345. 59 François Cheng, Vide et plein – Le langage pictural chinois, Paris 1991, 56–58 und 65–68. 60 D 21 61 D 46 62 D 50 63 D 39 64 D 86 65 H 403–404 66 H 361 67 H 369 68 H 414 69 T 304 70 H 298 71 H 368 72 H 455–458 73 H 359–364 74 G 140–143 75 H 571 76 H 359 und G 140 77 H 359 78 T 102 übersetzt *Fa'a* mit 'Fischreuse', um dem vermeintlich alltagspragmatischen Hintergrund des Sternenhimmels gerecht zu werden, der jedoch nur in wenigen Sternbildern gegeben ist. Zudem hiessen Fischreusen in den zeitgenössischen Wörterbüchern *Ara-fa'a*. Eine Fischreuse macht auch deshalb keinen Sinn, weil die Verbindung von Tal und König für diesen Schöpfungsgesang eine konstitutive ist und nach der Entstehung dieser Sternbilder Seefahrten beginnen, die am Ende zu einem Grenztal und einem himmlischen Berg führen, der all diese Täler möglicherweise umschliesst. 79 H 337 und 411 80 M 202 81 M 202 82 H 104 83 H 104 84 G 116 85 H 360 gibt Corvus an, fragt sich aber, ob dies ein anderes Sternbild ist als jenes, das später mit Corvus identifiziert wird; T 102 gibt Cancer mit Fragezeichen, G 140 ebenfalls. Corvus passt ganz und gar nicht in diesen auf den Norden ausgerichteten Himmel, in dem Perseus, Auriga und Gemini nacheinander im Norden kulminieren. Zur navigatorischen Bestimmung des Nordens in diesem nächtlichen Rundlauf der Sternbilder kommen sowohl Cancer wie Leo in Frage. 86 H 360 87 Da *Rua* sich auch auf das Loch bezieht, aus dem eine Sternreihe in den Himmel aufsteigt, und *Mere* ein Name für die Gürtelsterne des Orion ist, übersetzt T 103 den Namen mit 'Sternenweg zu Mere'. 88 H 360 erwähnt ausdrücklich ein 'südliches Solstitium', das die Sommersonnenwende im Dezember ist. 89 H 360 und G 140 90 G 140 91 T 154 92 M Table I, 261, 236 93 D 260 94 D 262 95 H 421–422 96 H 400 97 T 125 98 H 357 99 H 410 100 H 359 101 H 361 102 H 174 103 H 361 104 Weder H noch T vervollständigen den Namen mit 'Feder', wie dies der Kontext der Legende nahelegt; doch sind rote Federn in Sternennamen für Venus und einen Mitternachtsstern gleich mehrfach belegt: siehe LE. 105 G 120–121 106 H 361 107 H 287–288 108 T 338 und C 102 korrigieren zu α Leonis 109 T 100 und 105 liest stattdessen Tuh-ma-Ta'aroa, Pfeiler von Tu und Ta'aroa. 110 H 236 111 T 91 112 D 296 113 H 361 und G 141 114 T 109–110 und 166–167 115 H 362 und G 141 116 T 106 hingegen übersetzt ohne Erklärung mit 'Himmlischer Bonitoschwarm'. Stimmiger jedoch ist die Vorstellung von Wolken, da Aquarius neben Pisces ebenfalls eine Wolke darstellt und 'Bootsunterstand' und 'Verzauberte Marae' ein unter ihnen liegendes Festland implizieren. 117 vgl. T 300 118 HA 225–226 119 D 159 120 T 277 121 T 144 122 H 362 übersetzt *Mere* mit 'Elterliche Begierden' und *Meremere* mit 'Wald Elterlicher Begierden', während T 107 aus *Meremere* ein 'Sich In Der Trance Gernhaben' hervorliest; in allen drei Fällen gibt es keinen Kontext, in dem diese Interpretationen irgendeinen Sinn ergäben. 123 D 303 124 D 303 und 142 und Tepano Jaussen, Grammaire et Dictionnaire de la Langue Maorie, Dialecte tahitien, Paris 1898, 168 und 119. 125 H 332 126 Vgl. G 142, Fussnote 64, 'epoque'. 127 Ibidem, 'anniversaire'. 128 CU 163 129 H 379 130 M 224–225 131 H 362 und G 142 132 H 411 und 206 133 T 144 134 MO1 449–450 135 H 279 136 MO1 209 137 G 134 138 G 134 139 siehe G 119 ff. 140 MO1 209–211 und G 120–121 141 B 10 142 G 134 143 H 81 144 H 324 145 D 213 146 D 202 147 CU 161–163 148 G 128, Bjarne Kroepelien, Tuimata. 149 G 123–124 150 William Ellis, À la recherche de la Polynésie d'autrefois, II, Paris 569–570, zitiert in G 120. 151 H 298 152 H 359 und T 102 153 MO2 205 154 B 9 155 T 137 156 H 427–430 157 B 9 158 Arthur Whistler, *Annotated List of Tahitian Plant Names*, in: Allertonia 14, 2015, 1–116. 159 H 431–433 160 H 465–466 161 T 123 und H 227 162 B 9 163 CR 135–141 164 B 9–10 165 D 86 und T 140 166 T 109 167 H 417 168 G 141 169 H 410 170 H 225 171 H 227 172 H 227

Der *STERNEN-HIMMEL* der *MĀORI*

Die Erste Frau wurde aus dem nassen Sand des Strandes KuraWaka ('Roter Trog') geschaffen. Ihre Nachkommen sind in der Vorstellungswelt der Tuhoe im Hinterland der Bay of Plenty zusammen mit Tāne mittelbar für die Entstehung der Sterne verantwortlich. So erzählte eine Auskunftsperson um 1895:

"Kura-waka ('Rotes Medium') war die Erste Frau. Sie war die Enkelin Tikis [des Ersten Menschen]. Ro-iho und Ro-ake [zwei rarotongische Götterboten] führten sie dem Grossen Tāne Des Himmels vor; er nahm sie zur Gattin, worauf Hine-ahu-one zur Welt kam, 'Die aus Erde geschaffene Frau'. Tāne nahm auch sie zur Gattin, worauf sie Hine-āhua-rangi gebar, 'Die vom Himmel geschaffene Frau'. Tāne nahm auch sie zur Gattin, worauf sie Hine-tītama gebar, 'Die Morgendämmerungsfrau'. Tāne nahm auch sie, seine Ururenkelin, zur Gattin.
Eines Tages fragte sie jedoch: 'Wo ist mein Vater?' Tāne erwiderte: 'Ich bin dein Vater und dein Grossvater.' Darauf flüchtete sie zum Tāne Des Belebenden Wassers [in den Dunkelstellen der Milchstrasse] und flehte ihn an, sie zu verstecken, was er auch tat, indem er sie hiess, sich hinter die Wand seines Hauses zu stellen. Als Tāne kam, um seine Frau zu suchen, sagte sein Bruder: 'Hierher ist sie nicht gekommen.' In dem Moment aber schnalzte die Morgendämmerungsfrau mit ihren Fingern. Worauf Tāne meinte: 'Da ist ja unser Kind! Es gibt mir ein Zeichen. Ich werde wiederkommen.'
Der Tāne Des Belebenden Wassers erwiderte: 'Tu das. Aber wenn du hinter der Wand meines Hauses vorbeigehst, dann wirst du nicht mehr hierher zurückkehren.' 'Das kann gut sein', antwortete der Grosse Tāne Des Himmels, 'doch dann lass mich stattdessen die Ornamente deines Hauses mitnehmen, denn die Brust unseres Himmelsvaters ist wirklich sehr nackt.' 'Das ist eine gute Idee', sagte sein Bruder, 'dafür soll ein Korb geflochten werden.'
Der Name des Korbes war *Haruru* ['Brandung'] und es wurden die ganzen Tātai ['Muster'] in ihn gegeben; nur eines liess man draussen am Schliessband hängen. Dann tauchte die ganze Gesellschaft ihres älteren Bruders Tāwhiri-mātea auf und veranstaltete einen Haka-Tanz vor ihnen.
Darauf kehrte Tāne wieder zurück, all den Schmuck im Korb, und brachte all den Schmuck im Korb nun auf der Brust seines Vaters, dem Himmel, an. Das sind die Sterne, die wir nachts sehen."

John White, The Ancient History of the Maori Vol. I, Wellington 1887, 117

Die Besiedelung Polynesiens durch die Ausläufer der Lapita-Kultur ging, wie genetische Daten vorführen, schrittweise vor sich. Um 800 u.Z. segelten Pirogen von Samoa – dem damaligen 'Heimatland' *Sava'iki*, das auf Neuseeland *Hawaiki* genannt wurde – aus los und machten sich auf zu den Fijis, nach Tonga und Rarotonga. Angetrieben von mager gewordenen Nahrungsressourcen, Bevölkerungsdruck, Konflikten und dem Streben Erstgeborener nach einem eigenen Herrschaftsbereich wurden von Rarotonga aus um 1150 wiederum die Gesellschaftsinseln, die Tuamotus, die südlichen Marquesas, Mangareva und Tubuai besiedelt. Zwei Jahrhunderte später, um 1330 herum, kam es zu einer weiteren Seewanderungswelle mit der von den Gesellschaftsinseln aus das Neuland der nördlichen Marquesas besetzt wurde, von Mangareva aus die Insel Raivavae, und von Tubai aus die Insel Rimatara.[1]

In etwa demselben Zeitraum, wie in dem Fall keine genetischen, sondern archäologische Befunde zeigen, wurde mit einer in den Legenden als 'Grosse Flotte' bezeichneten Migration auch *Ao-tea-roa*, das Land der 'Langen Weissen Wolke' – das heutige Neuseeland – entdeckt und besiedelt. Die kulturellen Zeugnisse, nicht zuletzt die Mythen, Sternnamen und Kalender, verraten, dass ein Teil dieser Siedler von den Gesellschaftsinseln und von Rarotonga stammte. An Knochen eingeschleppter (gern gegessener) Ratten ist aber schon ein erster Kontakt um 1280 nachweisbar;[2] wahrscheinlich war da ein unter dem Namen *Kupe* legendär gewordener Kapitän dem Flug des Zugvogels Kuckuck gefolgt, hatte zuerst die Kermadec-Inseln und danach die 1500 Kilometer lange gebirgige Landmasse dank der darauf hängenden weissen Wolken entdeckt und war anschliessend mit der Nachricht von diesem bis dahin unbewohnten und an Nahrungsressourcen reichen Land zurückgekehrt.

Daraufhin kamen aus ganz Polynesien Siedler zusammen, die einem Mann mit Charisma und *Mana* – Prestige und Macht – in einem guten Dutzend grosser, katamaranähnlicher Pirogen in dieses 'Gelobte Land' folgten. Von Tahiti aus stand ihnen eine etwa vierzehntägige Seereise bevor, für welche die rauhen Kermadec-Inseln nach zwei Dritteln der Distanz eine Zwischenstation mit Wasser und Vogeleiern boten. Als Kompassstern konnte ihnen Venus und danach der nach Südwesten weisende ζ Centauri als 'Kompassstern Des Vogels' in Crux dienen.

Mindestens 500, aus verschiedensten Gegenden Polynesien stammende Menschen errichteten anfänglich eine Siedlung auf der Spitze der Südinsel – das heutige Wairau Bar – an der Cook Strait. Dort waren tropischer Landbau und das Anpflanzen der Süsskartoffel möglich, fanden sich in der Umgebung für die Fertigung von Beilen geeignete Gesteine, gab es Muscheln und Fischgründe und konnte man die 250 kg schweren, straussenähnlichen Moa jagen (die ein Jahrhundert später bereits ausgerottet waren). Ideal für den Zugang zu beiden Inseln Neuseelands, wurde dort auch in der ersten Hälfte des 14. Jahrhunderts ein zeremonieller Ort errichtet, an dem – den Erdöfen und Gräbern nach zu schliessen – sowohl Bankette wie Begräbnisfeiern abgehalten wurden, für die man zu Festen und zum Handeln aus den Siedlungen zusammenkam, die sich bald überall mit ihren eigenen Häuptlingen etablierten.[3] Man lebte dort in Grossfamilien – *Whanau* – von etwa zwanzig bis fünfzig Individuen, die sich einem Clan – *Hapu* – zugehörig fühlten und vom Häuptling zu einem Stamm – *Iwi* – gezählt wurden; gewohnt wurde meist ausserhalb des befestigten Dorfes – *Pa* –, in das man sich erst in kriegerischen Zeiten zurückzog.[4]

Was von den Inseln mitgebracht worden war – Kokospalmen, Brotfrucht, Bananen etwa – wuchs hier so weit im Süden jedoch nicht mehr. Stattdessen machte man sich den Urwald durch Brandrodungen in der 'Zeit der Flammen'[5] urbar, um die auch natürlich in Neuseeland vorkommende Süsskartoffel Kūmara anzubauen und daneben zu entdecken, dass man die stärkehaltigen Rhizome der Farne zur Nahrung aufbereiten konnte und es Vögel, Muscheln und Fische nebst Robben und Delphinen im Überfluss gab.[6] All dies fiel in eine Zeit des Hitzemaximums, sowohl in den Jahrzehnten der Ankunft der Māori – was ihnen die Ansiedlung aus den Tropen leichter machte – als auch um 1650, das wohl auch in den polynesischen Mythen um eine anfänglich überheisse Sonne seine Spur hinterlassen hat.[7]

KULTURELLE ENTWICKLUNG

Wie sich auch an den astralen Mythen zeigt, brachten die Siedler je nach Herkunftsgebiet – ob die Gesellschaftsinseln, Rarotonga, die Cook-Inseln oder die Marquesas[8] – grundsätzlich verwandte, aber lokal doch unterschiedliche Traditionen mit. In Neuseeland gingen sie in den rund 500 Jahren, bis aus dem 'Land der Langen Weissen Wolke' nach James Cook im 19. Jahrhundert das durchmissionierte britische Neuseeland wurde, weniger in einem einheitlichen Ganzen auf, als dass sie sich amalgamierten – in je nach Region unterschiedlichen Assimilationen.

Ursprüngliche Bedeutungen gingen dabei bald verloren: So wurde aus dem Sternbild Atutahi in Piscis Austrinus, das auf Bora Bora den Prototyp aller Bonitos verkörperte, nunmehr der dem Namen nach nun als 'Erstes Licht' gedeutete Canopus *A(t)utahi*. Was sich an Neuem herausbildete, war jedoch uneinheitlich, weshalb beispielsweise je nach Region zehn oder zwölf Himmel über der Erde angenommen wurden. Die von den hohepriesterlichen Kasten ausgearbeiteten Kosmologien mit ihren aberhunderten Personifikationen und Genealogien, in denen jedes Naturphänomen durch ein übernatürliches

Wesen verkörpert wird, konnten sich bis auf wenige Ausnahmen auch nicht mehr in dem Masse wie beispielsweise auf Tahiti halten.

Was die Siedler jedoch mitbrachten, waren volkstümlichere Vorstellungen, die umgekehrt in den Aufzeichnungen der tahitianischen Mythen weitaus weniger fassbar sind. Im Gegensatz zu den Abstraktionen am Himmel der Gesellschaftsinseln, sahen die Māori ihren Sternenhimmel etwas konkreter und sachbezogener: Das lässt sich selbst heute noch an den relativ wenigen gesicherten Sternennamen feststellen. Was sich an Legenden dazu erhalten hat, weist jedoch auch bei diesem Sternenhimmel wieder erstaunliche Parallelen auf zu Vorstellungen, die bei australischen Aborigines und Nördlichen Dene ebenso verbreitet sind wie in Indien.

KOSMOGONIE

Wie sich bereits bei den Gesellschaftsinseln zeigte, waren die Erklärungsmuster zur Weltentstehung von auch in Indien dominanten Vorstellungen beeinflusst und im Vergleich zu dem uralten, weltweit überall ähnlichen Paradigma von Himmel und Erde auch neu: Denn die Genesis der Welt wurde nunmehr dem bislang stets vorausgesetzten Vorhandensein von Himmel und Erde einfach vorangesetzt. Entwicklungsgeschichtlich interessant an diesem Vorspann ist, dass die Entstehung des Universums aus dem Nichts, wie sie bereits die Schöpfungsgeschichte der Gesellschaftsinseln denkt, mehr oder minder erhalten blieb, während die dort damit verbundene Idee eines Vogeleis als kosmischer Keimzelle im Leeren jedoch verschwand. Sie wurde durch das ersetzt, was die ersten Siedler im grossen, gebirgigen Neuseeland im Gegensatz zu ihren bisherigen Atollen wohl am meisten beeindruckt haben musste: der dichte Urwald mit all seinen Bäumen. Hauptgott der Māori, der Himmel, Erde und Menschen ihre heutigen Formen verlieh, wurde so der Gott des Waldes und Stammvater all der darin lebenden Vögel: *Tāne*, dessen Name 'Mann' und 'Gatte' bezeichnet, aber auch 'Liebhaber', indem das männliche Glied *Ure-Tāne*[9] genannt wird: 'Tānes Penis'.

Auch sein vegetativer Baum wurde so mancherorts zum konzeptionellen Stammbaum der Welt und ihrer ersten Götter, weil seine Struktur deren Herausbildung gedanklich vorgab. So wuchs sich dieser sich zwiegeschlechtlich fortpflanzende und herausbildende Weltenbaum zeitlich folgendermassen aus:

Te Pu – Der Urgrund
Te More – Die Pfahlwurzel
Te Weu – Die Keimwurzeln
Te Aka – Die Liane
Te Rea – Das Aufspriessen
Te Wao-nui – Der Grosse Wald
Te Kune – Das Anschwellen
Te Whē – Das Blätterrascheln
Te Kore – Das Nichts
Te Pō – Die Finsternis
Rangi = *Papa* – Himmel und Erdfläche
Tāne ('Mann') = *Tangotango* ('Himmelhalter') = *Wai-Nui* ('Grosses Wasser')[10]

Als oft artikulierte Beschwörung abgefasst, wurde dieser Leitgedanke in den hohepriesterlichen Schulen in einem äussert nuancierten und differenzierten Abstraktionsgrad zu einer ganzen Kosmogonie ausgebaut. Dies geschah um 1835 in der Region Waikato auf der Nordinsel, wo man unter dem Druck der Missionierungen die eigene Vorstellungswelt noch einmal gründlich konzipierte und dem Gott *Io* – Das Zucken – unterstellte, um mit der biblischen *Genesis* konkurrieren zu können. Wenn die Missionare von ihrem *Ihowa* (Jehova) predigten, dann wurde dieser als *Io* nunmehr schlichtweg vereinnahmt und ein paar der in der *Genesis* präsentierten Vorstellungen – die etwa mit dem über den Wassern schwebenden Geist ohnehin Parallelen zum pazifischen Raum hatten – da, wo sie kompatibel waren, in die eigene Glaubenswelt eingegliedert.[11]

Allmächtig war aber auch dieser oberste Gott Io nicht; und auch das Vorhandensein von Erdmutter und Himmelsvater blieb weiterhin vorausgesetzt. Im Vergleich zur tahitianischen Schöpfungsgeschichte und ihrem langwierigen Prozess des Aufkeimens im Leeren stellte dieser Mythos die Welt jedoch ebenso kurzangebunden wie biblisch angelehnt in den Raum: "Io sass im Inneren des Fernen Atems; die Welt lag noch im Dunkeln und alles war Wasser; es gab weder den Tag noch einen Mond oder das Licht, nur die Finsternis: Und alles war Wasser. Und Io hob an, indem er zu sprechen begann, auf dass sein Ruhen zu Ende komme: 'Dunkel, nun werde ein Dunkel, das ein Licht hat'. Und so erschien das Licht."[12]

Dieser wohl letzte Weltschöpfungsmythos, den sich eine Gruppe von gebildeten und dichtenden Denkern mit der *Lehre der Whare-Wānaga*[13] an der Ostküste ausdachte,[14] griff sogar kurz bis Tahiti über, wo sich Io als *Iho-iho* wiederfand, ohne dass die lokale Mythologie ihn oder den zweiten in dieser Lehre vorgestellten Gott gekannt hätte oder kennen würde: "Am Anfang war nichts, ausser dem Gott Iho-iho; danach gab es eine Wasserfläche, die den Abgrund bedeckte; auf ihr trieb der Gott Tino taata." Der Gott Iho-iho sollte damit entweder das Nichts verkörpern oder das Ebenbild seiner selbst, während Tino taata den menschlichen Körper personifizierte.[15] Obwohl sich der Mythos nach seiner Übersetzung ins Englische[16] Anfang des 20. Jahrhunderts etwas ausbreitete, löste er dennoch nicht das althergebrachte kosmologische Denken ab – das die unterschiedlichsten Erklärungsversuche entwickelte, von denen hier bloss eine Auswahl präsentiert wird.

DIE SCHÖPFUNGSGESCHICHTE UM IO

'Gott' ist hier im Allgemeinen eine Behelfsbezeichnung für die übernatürlichen *Atua*, die eher als irdische Wesen mit übernatürlichen Mächten und als Erscheinungsformen der Materie aufzufassen sind und in menschlicher Gestalt überhöhte Kulturheroen darstellen. So hat sich bereits im 19. Jahrhundert ein Häuptling über den monotheistischen Gottesglauben lustig gemacht, indem er fragte, ob es bei uns Europäern nur einen Macher der Dinge gäbe – oder nicht vielmehr einen Tischler, einen Schmied, einen Bootsbauer und einen Hausbauer? Denn so sei es am Anfang gewesen: einer machte das, der andere dies – Tāne die Bäume, Rū ('Erdbeben') die Berge, Tangaroa die Fische und so weiter.[17]

Die rund um Io neu geordnete Entstehung des Kosmos – die sich von den volkstümlichen Mythen dazu sehr unterscheidet – wurde nunmehr in vier, auch als Genealogie zu verstehenden Phasen vorgestellt. In der ersten Welt existiert nur das Nichts: "Es ist das Nichts. Es ist das besessene Nichts. Es ist das werdende Nichts. Es ist das festgehaltene Nichts. Es ist das elterlich werdende Nichts."

Dieses Nichts – *Te Kore* – unterscheidet sich jedoch schon von der sterilen Leere – *Te Kore Kore* –, indem es ein vitales Potential in sich trägt: "Nimm Form an, nimm Form an, als grosses Zucken, als lange anhaltendes Zucken, als elterliches Zucken: Kämpfe fest, als lange anhaltendes Zucken, in meinem Verlangen: Da bin ich!"

In diesem Zustand ist nichts geteilt, alles noch eins und miteinander vereint, regt sich aber schon die Lebenskraft, die das Nichts des Kosmos auszufüllen beginnt: "Nun nimm selber Form an, gibt deinem Verlangen Form, sei als Ariki [Herrscher] geformt, als Form des Himmels, als Form Gottes: und so wurde Rangi-naonao-Ariki, der Himmel Als Oberster Herrscher benannt, beim Weiten Himmel, beim Fernen Himmel der Einsetzung Rangis als Io, Dem Zucken."

Aus diesem Zucken heraus entstanden nun das erste weibliche und das erste männliche Element, 'Der Grosse Himmel' *Rangi-nui* als Allvater und 'Die Weit Ausgedehnte Ebene' *Papa-tua-nuku* als Erdmutter.

Und als Rangi herabschaute und Papa unter sich liegen sah, kam die Zeit Des Suchens, Des Folgens, Des Gedankenfassens, Des Vergrösserns, Der Macht, Des Gedankens, Der Form, des Wissens, des Besitzens, des Vergnügens. Oder, um diese Ideen in eine Genealogie zu bringen: "Aus der Empfängnis entstand die Vermehrung, aus der Vermehrung der Gedanke, aus dem Gedanken die Erinnerung, aus der Erinnerung das Bewusstsein und aus dem Bewusstsein das Verlangen."

Mit dieser sexuellen Vereinigung von Himmel und Erde endete die Welt des Nichts und begann die zweite Welt, die der 'Finsternis': *Te Pō*. In dieser werdenden Welt der Dualitäten entstehen zwei getrennte Gewässer und kopulieren die Ureltern Rangi und Papa, die selbst keine Eltern haben, miteinander, um die Götter zu zeugen.

Es sind dies die Nächte der Schwangerschaft, die folgen: die Grosse Nacht, die Lange Nacht, die Schwarze Nacht, die Dunkle Nacht, die Gefleckte Nacht. In dieser Nacht gibt es weder Augen noch Licht, höchstens das Zodiakallicht oder die Lumineszenz von Glühwürmchen. Und auf sie folgen die Nächte des Kreissens: die Ungesehene Nacht, die Dunkelste Nacht, die Nacht Des Fühlens, die In Diese Welt Führende Nacht, die Nacht Der Wende und die Nacht Der Wende Zu Dieser Welt – wenn Papas Kinder den Weg in die äussere Welt suchen, von der sie einen Lichtschimmer in die enge Umarmung von Rangi und Papa dringen sehen. Dazu gehören der Gott des Krieges und der Menschen Tū-mata-uenga, der Gott des Ackerbaus Rongo, der Meeresgott Tangaroa, der Windgott Tāwhiri-matea, der Gott der Farnwurzeln, der Schöpfer der Menschen Tiki-tawhito-ariki, der Totengott Whiro-te-tupua, der Gott des Bösen Tu-tenganahau, der Erdbebengott Rua-moko und der Gott des Waldes Tāne-mahuta. Um sich Raum zu machen, stemmen sie Rangi in die Höhe, worauf die Himmelskörper entstehen: Sonne, Mond und Sterne; weil der Windgott jedoch gegen diese gewaltsame Trennung von Vater und Mutter war, kommt es zum Bruderkrieg.

Damit endet die dunkle zweite Welt und es beginnt die dritte Welt: *Te Ao Marama*, die Welt des Lichtes. Das Lebensprinzip der Götter – *Ira atua* – verkörpern Reptilien wie der Grüne Baumgecko (*Naultinus*), der Leben und Tod repräsentiert, während der inzwischen erschaffene Mensch eine zusätzliche Lebenskraft –

Ira tangata – erhalten hat, die er nach seinem Tod wieder verliert, denn nur ohne sie vermag er in die nun ausserhalb der Himmel liegende Welt des Dunkels Te Pō einzugehen.
In der Welt Des Lichtes existieren alle Reiche in einer Trinität miteinander: "Vom Reich der Äussersten Leere – Te Kore Kore – wächst die Wurzel durch die Ungesehene Nacht, die Nacht Der Vorsichtigen Erkundung, die Nacht Der Wagemutigen Nacht hin zum Tag und dem Ausbruch in das breite Licht des Tages."
Die Leere Te Kores ist die äusserste Sphäre, die das Dunkel Te Pōs umschliesst. Es besteht – in dieser Kosmogonie – aus zehn Himmeln, in denen die Götter leben, wobei Rehua die vier höchsten, Tawhaki die mittleren drei und Maru die untersten drei Himmel unterstehen.
Diese gehen jeweils in die entsprechenden Unterwelten Rarohenga über, in die man von einer 'Absprungstelle' – *Te Reinga* – gelangt. In Te Pō liegt auch das Heimatland Hawaiki, von dem sich die Māori einmal gekommen sahen, ohne sich noch an Taiwan oder Samoa zu erinnern; es bezieht sich nun auf die Landschaft dort.
In der Welt Des Lichts gelten für den Menschen sechs Prinzipien, die sich in einem siebten vereinen lassen und so in Te Kore nicht ausgeübt, tapu waren: Weisheit; Leben als Sein und Präsenz; Macht; Herrschaft; Grösse; Gleichheit – die aufgehen in der ersehnten Vollkommenheit und Ruhe (es ist dies – und sicherlich entfernt davon beeinflusst – vergleichbar mit dem achtfachen Pfad des Buddhismus, der vom rechten Glauben über die rechte Entschlusskraft, rechte Sprache, rechtes Verhalten, rechte Anstrengung, rechte Selbstreflexion hin zur rechten Konzentration und Meditation führt).

Die vierte Welt wiederum ist jene, in der Tawhaki die Körbe des Wissens abgestellt hat, nachdem er sie vom höchsten Himmel herabgeholt hat: Es ist dies keine Welt wie die anderen, und dennoch rituell bedeutsam als das spirituelle Reich, das jene Gelehrte, Priester und 'Kenner' – *Tohunga* – bewahren, die diese Kosmogonie vorbringen.[18]

TOPOGRAPHIEN VON HIMMELN UND ERDE

Die generelle Vorstellung des Himmels war die eines festen, undurchsichtigen Firmaments, das sich über einer völlig flachen Erde erstreckte. Was man davon erblickte, war der unterste von mehreren Himmeln, der von der Erde durch eine so durchsichtige Substanz wie Eis oder Kristall getrennt war, auf deren Unterseite Sonne und Mond dahinglitten; über diesem Himmel lag das grosse Reservoir des Regens, darüber wiederum die Sphäre des Windes, darüber wiederum die der Geister und zuhöchst und am glorreichsten das Reich Rehuas.[19]

Eingehüllt ist diese vielhimmlige Welt von Te Pō, einer dunklen Welt der Götter, Dämonen und Geister der Toten, die aus zwei Teilen besteht: *Nga Rangi*, 'den Himmeln', und *Rarohenga*, 'der Unterwelt', auf die das Gesicht der Erdmutter nun hinabblickt. Die Himmel setzen sich jeweils in ihrem unterweltlichen Teil fort; die Welt war also ebenso mehrstöckig, wobei ihr wichtigster Ort Te Rēinga war, von dem aus die Geister der Verstorbenen hinab in die Unterwelt springen – während die Nachkommen der Götter in den oberen Teil von Te Pō gelangen. Durchflossen wird Te Pō von Tānes Belebenden Wassern – *Te Waiora Tāne* –, die der Leere des Te Kore entsprangen: Sie sind die Quelle allen Lebens und fliessen auf unserer Welt in den schwarzen Wassern des Himmels und den weissen Wassern der grossen Tiefe, in den Regenwolken und im Meer.[20]

Was in dieser Konzeption, die schon auf Tahiti etwas unklar geworden war, unter-, wenn nicht gar verlorenging, war die Vorstellung des Himmels als einem Dutzend konzentrisch ineinander liegender, eierartiger Schalen, in denen dank eines Zugangs in der Mitte jeweils Götter wie Menschen hausten. Stattdessen sehen die Māori zehn, elf, zwölf oder gar zwanzig Himmel, mit wechselnden Herrschern über die einzelnen Sphären, deren Namen oft nicht mehr entschlüsselbar sind.[21] Eine Anschauung nennt Rehua den Herrn über die obersten vier Himmel, Tāwhaki als den über die mittleren drei, den mächtigen Maru über die unteren drei, und den Windgott über unseren Himmel Kikorangi.[22]

Die Idee der Übergangszonen der einzelnen Himmel in das darunterliegende Meer blieb jedoch erhalten, indem daraus 'herabhängende Himmel' wurden, unter denen hindurch man auf dem Meer von einem in den nächsten gelangen konnte.[23] Auch die Vorstellung des Himmels als von mehreren Pfeilern getragenes Dach lässt sich noch rudimentär an einem Stern ablesen, hat jedoch längst jede Klarheit verloren. So ist zwar im Mythos von vier Stützen die Rede, von Windgöttern, Bäumen oder Wächtern, mit denen der Himmel aufgepfropft wird – ausgewiesen wird jedoch nur eine, die in α Aquilae fusst und ihrer Totensymbolik nach die hinterste des Himmelshauses bildet. Ob der Name für die im Zenit stehende Sonne *Pou-tū-mārō* – Fest Und Gerade Stehender Pfosten – auch in diesem Kontext gemeint ist, muss dahingestellt bleiben.

In den irdischen Häuser sind diese kosmologischen Vorstellungen hingegen sehr präsent. Das Dreieck von Dach und Erdboden symbolisierte Rangis Umarmung der Erdmutter. Verstorbene bahrte man hinten im Haus beim Rückpfosten auf; sie wurden durch die Tür herein-, aber durch das Fenster herausgetragen, da es für das erste Licht steht, das nach der Trennung von Rangi und Papa in die Welt fiel, und für den Glimmer, der zwischen dem Diesseits und dem Jenseits sichtbar wird: Es fällt durch die Passage, die der Tote in die Nacht des Te Pō nehmen muss.

Sein Geist klettert dafür aufs Dach, verabschiedet sich von den Bergen, Flüssen und Meeren seiner Heimat und steigt dann entweder in der astralen Piroge namens 'Vollkommenheit' in den Himmel auf – falls diese für ihn entsandt wurde –, oder er muss nach Te Rēinga wandern, um da von der Klippe hinab in die Unterwelt zu springen. Von dort können sie aber auch wieder zurückkommen, um ihre Nachkommen zu hüten und zu beraten.[24]

KOSMOLOGISCHE EPISODEN

Was die Schöpfungsgeschicht der konkreten Welt betrifft, so kommen auf Neuseeland – insbesondere auf der Südinsel, deren Bewohner untereinander etwas isolierter blieben als auf der Nordinsel – oft sehr alte Mythen zum Vorschein, die sich in den hohepriesterlichen Fassungen auf den Gesellschaftsinseln kaum noch erahnen lassen. Dazu gehören die Erzählungen von jenen drei übernatürlichen Wesen, die seit Anbeginn der Welt existieren, in einem Beziehungsdreieck stehen und einen Speerkampf austragen, bei dem es einen in der Mitte trifft – so wie man dies auch von den australischen Wardaman kennt.

Darin ist Tangaroa nicht bloss wie sonst bei den Māori der Stammvater der Fische,[25] sondern auch der mächtige Gott des Meeres, "den man manchmal ein paar Augenblicke lang auf einem Wellenkamm stehen sehen kann, wenn die Sonne zufällig aufsprühende Gischt erleuchtet"; und dazu ist er der Onkel des Himmels und der erste Ehemann der Welt, indem er die Erdmutter zur Frau hat. Ihre Namen erklären sich noch aus dem Tahitianischen, wo *Papa* das für Korallenatolle typische 'Schichtgestein' und der Weltschöpfer *Ta'aroa* 'Das Uneingeschränkte' personifizierten.

DER KAMPF ZWISCHEN HIMMEL, ERDE UND OZEAN

Tangaroa lebte mit seiner Frau Papa-tua-nuku ('Harte Erdfläche'). Einmal machte er eine Reise zum [nicht identifizierbaren] Sternbild der Reiherente, Kāhui-puakiaki,[26] um sich dort die Schmuckfedern von Whaki-tau ('Enthüllende Jahreszeit') zu holen. Als er zurückkam, entdeckte er, dass Rangi ('Himmel') ihm seine Frau genommen hatte und nun mit Papa-tua-nuku lebte. Es kam darüber zum Kampf. Beide, Onkel und Neffe, bewaffneten sich mit einem Speer. Rangi warf den seinen zuerst, verfehlte aber, weil Tangaroa sich zur Seite drehte. Darauf schleuderte Tangaroa seinen Speer, der Rangi durch beide Lenden ging und ihn lähmte. Danach verliess Tangaroa seine Frau, die Erde, die ab nun Rangis Frau war. Das ist alles, was man noch von Tangaroa weiss.[27]

Nachdem Rangi im Zweikampf mit seinem Onkel gelähmt worden war, konnte er nicht mehr länger aufrecht stehen; er musste sich deshalb flach auf die Erde legen. Das hatte völlige Finsternis zur Folge; kein Licht drang mehr herein und kein Wind ging mehr.[28]

Papa-tua-nuku lag nackt auf dem Rücken, mit dem Gesicht nach oben, und der Grosse Rangi sah sie, begehrte sie und nahm sie zur Frau. Das war in der Zeit von Te Pō, als es weder Sonne noch Mond, Sterne, Wolken, Licht, Nebel oder Wasser gab.[29]

Trotzdem bekamen sie viele Kinder. Die meisten davon waren Krüppel; manche hatten verkrümmte, aufgebogene Beine, bei anderen waren sie steif oder sonst wie deformiert, nur ein paar hatten gesunde Glieder. Unter ihnen fiel besonders Tāne auf, aber auch Paiao ['Wolke'] und Tāwhiri-mātea, aus dem der Wettergott wurde.[30]

Einige dieser Krüppelwesen des Dunkels werden später "von Tāne in Maunga-nui, dem 'Grossen Berg des Landes', versteckt", offenbar in einer Höhle, "wo sie für immer verbleiben".[31]
Doch noch liegt der Himmelsvater fest und eng auf der Erdmutter, auf der deshalb kaum etwas Platz zum Wachsen findet, weshalb sie nur von giftigen Sträuchern (*Coriaria arborea*), Nesseln, Unkraut und Lianen bedeckt wird. Von den siebzig Söhnen, die der ewige Beischlaf des Himmels mit der Erde zeugt, gilt die Süsskartoffel Kūmara oft als Erstgeborene; da die Pflanze Wärme braucht, kommt sie von Rangis Gesicht. Zweitgeboren ist die auf kalten Hügeln wachsende, widerstandsfähige Farnwurzel, die keine Sonne braucht, weil sie von Rangis Rücken kommt.[32]

In anderen Versionen ist von den da durchgehend männlichen Nachkommen Rangi und Papas Uru-te-ngangana, das personifizierte Dämmern, der Erstgeborene; er wird oft mit der Milchstrasse gleichgesetzt und zeugte mit der Morgendämmerungsfrau dann die Himmelskörper, jene kugelrunden, gliederlosen, aber leuchtenden Kinder, die zum Grossen Berg verbracht wurden, bis Tāne sie von dort holte.
Diese Sprösslinge von Himmel und Erde sind samt und sonders Personifikationen von Naturphänomen, den Formen der Erde und den Gestalten ihrer Lebewesen. Sie repräsentieren die *Ira atua*, die übernatürliche Phase des Lebens, im Unterschied zur *Ira tangata*, dem uns als Sterblichen bekannten Leben: Sie stellen die unsterblichen Prototypen aller irdischen Erscheinungen dar. Dazu gehören die Verkörperungen von Blitz und Donner, Wolken, Regen und Wind, Gestein und Erdbeben sowie die Stammväter der Land- und Meeresvögel, Fische, Muscheln, der Reptilien und Insekten, der Bäume und Pflanzen, aber auch der Stammvater der Menschen, der bezeichnenderweise auch jener des Krieges ist, des bösartigen und 'räuberischen' Dunkels Whiro sowie einigen Dämonen, die in einer Finsternis dahinvegetieren, in die bloss Glühwürmchen etwas Licht bringen.[33]
In dieser dunklen, stickigen und bedrückenden Enge findet einer von ihnen – in späteren elaborierten Versionen – durch die Achselhöhle in die Welt draussen, wo eine duftende Brise weht. Die meisten wollen nun ebenfalls hinaus ins Freie gelangen, worauf die Eltern ihre Achselhöhlen zudrücken, um dies zu verhindern – doch ihre Kinder erblicken trotzdem ein schwaches, von draussen hereindringendes Licht, ein Phosphoreszieren, das wohl vom Zodiakallicht stammt. Sie trampeln deshalb so lange im Schoss der Erdmutter herum, bis ihr ganz schlecht wird.

Was dann in vielen Fassungen ausgeschmückt wird, rafft die um 1850 auf der Südinsel aufgezeichnete Version bündig zusammen, ergänzt durch eine kongeniale Version aus Whanganui von der Nordinsel, die etwa zeitgleich aufgezeichnet wurde.

DIE TRENNUNG VON HIMMEL UND ERDE

"Von der ersten Nacht bis zur zehnten Nacht, von der hundertsten bis zur tausendsten Nacht, war alles dunkel, und der dicke, undurchsichtige, mit Eis bepackte Himmel lag auf der Erde und machte sie unfruchtbar. Vergeblich wollte die Erde einen Spross hervorbringen, der Tag und Nacht geglichen hätte. Den Kindern war diese dichte Finsternis sehr unbequem und die sechs Fähigsten unter ihnen kamen zusammen, um sich zu beraten, was zu tun wäre, um Licht und Freiheit zu erlangen. Tū-matau-enga [der Kriegsgott Tū 'Mit Dem Zornigen Gesicht'] war dafür, ihren Vater umzubringen; andere schlugen vor, ihn hinaufzudrücken und weiterleben zu lassen, als einen Fremden, weit von ihnen entfernt, und Papa-tuanuku unten zu lassen, damit sie ihnen wie eine Mutter nahe bliebe. Letzteres setzte sich durch; nur einer liebte seine Eltern und war gegen die Trennung.
Zuerst versuchte es Paiao ['Wolke'], konnte ihn aber nicht stemmen. Dann machte Tāne sich daran, ohne es besser zu können. Darauf versuchten sie es alle zusammen – doch der Himmel war zu schwer für sie. Zu guter Letzt legte Tāne sich mit dem Kopf auf den Boden und streckte seine Beine in die Höhe. Er drückte den Kopf nach unten und die Füsse nach oben; daraufhin rückte es Rangi ganz nach oben und Papa ganz nach unten. Rangi schrie zwar herum und beschwerte sich, dass ihn seine Kinder misshandelten, doch so konnten sie ihn in die Höhe heben und ihn da oben schliesslich auch fixieren."[34]

Es war dies Tānes erste grosse Tat, die einem mythischen Paradigma entstammt, das man nicht bei den Aborigines, aber in Südostasien findet, bei den Palawan ebenso wie bei den weiter gewanderten Nördlichen Dene, wo ein Tāne ähnlicher als Erster Mann sogar ein Sternbild erhielt, das ihn darstellt, wie er mit den Füssen den Himmel nach oben stemmt. Tāne wurde später zum Stammvater der Bäume und der Vögel in ihm und öffnete dort auch die Quelle des Belebenden Wassers, Waiora, um den Mond – anders als den Menschen – nach seinem monatlichen Tod wiederzubeleben; doch seine erste Tat trug dem Himmel dank der Stützen, die ihn nun trugen, den Beinamen 'Haus Des Tāne' ein. Tāne selbst erhielt kraft seines Hochstemmens den Beinamen 'Der Beuger', Tuturi, aufgrund seiner gegen den Himmel gedrückten Füsse die Titel 'Der Sich Aufstemmende', Pepeki, und 'Der Baumstarke', Ueka, und wurde somit auch 'Grosser Tāne Des Himmels' – Tāne-nui-a-Rangi – genannt.[35]

Denn Tāne hatte zu Paia[o – 'Wolke'?] und Uruao ['Donnerschlag'] gesagt: "Geht los und besorgt vier Pfähle, damit unser Vater auf ihnen ruhen kann; einen für den Kopf, einen für jeden Arm und einen für die Beine." Dazu müssen sie sich jedoch erst heilige Steinbeile besorgen, für die sie einen ihrer Brüder opfern, um aus seinen Eingeweiden die Schnüre und aus seinen Beinen die Schäfte zu machen.
Dann hieben sie die Kinder Des Windes um – manchmal aber auch nur hohe Bäume – und stellten sie als Stützen unter ihn, an jeder der vier Himmelsrichtungen einen personifizierten Wind. Zu ihnen gesellen sich später die vielen ebenfalls als Stützen – *Pou* – gedachten dämonischen Wächter von Regionen des Himmels, der Erde und des Meeres: die *Pou-tiri-ao*.[36]
Die im Mythos der Gesellschaftsinseln ausführlich betonte Erweiterung der Himmel, ihre Erweiterung und Aushöhlung, wird aber nur noch rudimentär erwähnt

Als Rangi gewaltsam emporgestossen worden war, hatte er Papas Arme gepackt, die sich ebenfalls an ihn geklammert hielt, sodass sie nicht wirklich auseinanderzubringen waren – denn kaum lösten sie sich, fanden ihre Hände irgendwo anders wieder Halt. Deshalb wurden beiden schliesslich die Arme abgehackt: Das Abendrot stammt vom Blut des Himmels; der rote Ocker und das Vivianit von Papas Blut, das in die Erde sickerte.[37]
Bei Rangi zurück blieben die Wesen, die ihn sehr lieb hatten; dazu gehören unter anderen Rehua [Antares] und Der Grosse Fisch [Milchstrasse], Quell Der Völlerei Peke-hawani [in Sagittarius?], sowie viele Vögel und Hunde.[38]

"Es scheint, als hätte der Stammvater der Winde Tāwhiri-mātea, ein ursprünglich ruhiger lieber Junge, nicht am Emporheben des Himmels teilgenommen, sondern sich von Anfang an dagegen gestellt und geraten, die Dinge zu lassen, wie sie waren. Von seinen Brüdern überstimmt und Himmel und Erde gegen seinen Willen getrennt, wurde er sehr ungehalten und unruhig. Er folgte deshalb seinem Vater in den Himmel, redete mit ihm über die Verletzungen, die ihm seine Kinder zugefügt hatten, und kam anschliessend wieder herab, um von allen Vierteln des Himmels aus seine Brüder zu bekämpfen.
Seine Winde liess er dazu zwischen Himmel und Erde wehen: Die kalten Winde stürmten über ihre Oberfläche und drückten ihre Mäuler auf den Tāne Des Waldes; sie schüttelten seine Äste und entwurzelten ihn; und sie führten gegen Tangaroa, das Meer, Krieg und warfen hohe Wogen auf, doch Tāne konnte trotzdem seine Arbeit vollenden und den Himmel ganz aufstützen.
Nachdem der Himmel nach oben gebracht worden war, Tāne ihn festgemacht hatte und wieder auf die Erde zurückgekehrt war, sah er zu seinem Vater hoch; und der alte Mann sah dunkel und traurig aus. Deshalb ging er nach Oke-hū, um für seinen Vater Ornamente zu holen. Sie verliehen ihm einen hellen Glanz. Als Tāne von da wieder herunterkam und dann hochblickte, sah sein Vater, wie er meinte, aber immer noch nicht so gut aus, wie er sollte; also holte er mehr Schmuckzeug – und damit zeichnete er Den Fisch Des Himmels [Milchstrasse] und Pānako-te-a – den 'Hellen Rippenfarn' [?] –, malte 'Die 'Überredenden' Ngā Pātari [Magellanschen Wolken] und warf die Gestirne empor, beginnend mit A(t)utahi [Canopus]. Er holte sich dazu auch von den Hundefellmänteln Wehi-nui-waia-mamaos, des 'Grossen Fürchterlichen Der Die Ferne Kennt',

einzelne Büschel, von Der Blüte [β Orionis] bis hin zu W(h)ero-iteao-maori [?] von den Sommergestirnen. Das getan, kam er wieder herab, um zu sehen, ob seinem Vater das alles stand. Und der sah jetzt hübsch aus. Darauf besah Tāne sich seine Mutter, der noch jedes Ornament fehlte. Also nahm er sich einige ihrer verkrüppelten Kinder und stellte sie gerade hin, sodass sie zu Bäumen wurden. Erst bog er ihre Füsse nach unten und ihre Köpfe nach oben, machte ein paar Schritte und musterte sie. Doch in der Haltung sahen die Bäume nicht gut aus, wie sie da auf ihren Ästen standen, ihre Stämme und die Wurzel als Kopf oben. Also riss er sie wieder heraus und setzte sie mit dem Kopf nach unten ein, ihre Beine als Äste nunmehr nach oben, musterte sie dann erneut von der Seite. Jetzt sahen sie gut aus; jetzt waren beide Eltern mit Schönheit geschmückt.
Obwohl Rangi und Papa-tua-nuku schon äusserst lange getrennt sind, lieben sie einander doch weiterhin sehr. Denn man sieht das Seufzen ihres Busens als feinen Nebel aus den bewaldeten Bergen zum Himmel aufsteigen – und der weint seine Tränen der Liebe als Tauftropfen auf sie herunter."[39]
"Nach der Trennung von Himmel und Erde hatte sich die Luft zwischen ihnen so sehr durch das Weinen und Wehklagen der beiden mit Regen, Wolken und Nebel, Schnee und Hagel gefüllt, dass beschlossen wurde, die Erdmutter umzudrehen, damit sie den Himmelsvater nicht länger so schmerzhaft vor Augen hatte. Danach trampelten ihre Kinder auf ihrem Rücken herum, der noch ganz warm und weich war – so entstanden die Hügel, Berge und Täler."[40]

Dieses, der Gottheit Mataaho zugeschriebene, *Hurihanga-a-Mataaho* genannte Umdrehen der Erde war mancherorts noch mit der Vorstellung einer Flut verbunden, die sich sonst auf den rächenden Kampf des Windgottes gegen seine Brüder bezog, in dem Fall gegen den Meergott.

GÖTTERKAMPF UND FLUT

"Ah! Ah! Wogen gewaltig wie Klippen stiegen auf, deren Kämme so hoch waren, dass einem von dort aus schwindlig geworden wäre, und sie drehten sich zu Wirbeln, sodass Tangaroa, Gott des Ozeans und Vater all derer, die darin leben, vor Angst durch seine Meere flüchtete. Bevor er jedoch flüchtete, berieten seine Kinder noch, wie sie sich schützen könnten, denn Tangaroa hatte Punga gezeugt, der wiederum zwei Kinder in die Welt gesetzt hatte, Ika-Tere, den Vater der Fische, und Tū-Te-Wehiwehi, den Vater der Reptilien. ... Diese beiden Arten trennten sich nun. Die Fische flohen in völliger Verwirrung ins Meer und die Reptilien suchten in den Wäldern und Dickichten Schutz. Aus Groll darüber, dass einige seiner Kinder ihn im Stich und sich vom Gott des Waldes am Festland in Obhut nehmen liessen, steht Tangaroa seitdem in unablässigem Kampf mit seinem Bruder Tāne, der ihn seinerseits befeindet.
Der rächende Zorn des Windgottes Tāwhiri-matea gegen seine Brüder war der Grund, weshalb ein grosser Teil trockenen Landes verschwand, denn bei ihrem Kampf wurde ein grosser Teil der Erdmutter überflutet. Der Name dieser Wesen, die vor unvordenklicher Zeit einen so grossen Teil der Erde unter Wasser gesetzt hatten, war Schrecklicher Regen, Unaufhörlicher Regen und Wilder Hagelsturm samt ihren Nachkommen Nebel, Schwerer Tau und Leichter Tau – sie alle zusammen überschwemmten so viel von der Erde, dass nur noch ein kleiner Teil des Festlandes über das Meer hinausragte."[41]
Es ist dies derselbe Kampf, den auch die Verkörperungen des Meeres und des Himmels bei den Aborigines seit Urzeiten gegeneinander geführt haben.

In einem anderen Mythos wird Tāwhaki von seinem Onkel Punga – dem Vater der Eidechsen und Haie – und dessen Bruder umgebracht. Wieder zum Leben erweckt, steigt er darauf in den Himmel zu seiner Grossmutter Whaitiri und rächt sich an seinen mörderischen Onkeln, indem er ihre Kinder, die Haie und Dornhaie, Robben und Wale ins Meer schleudert, wo sie seitdem leben müssen.[42]
Es heisst, er habe einmal mit solch wuchtiger Wut auf dem Firmament des ersten Himmels herumgetrampelt, dass es Risse bekam und dadurch aus dem darüberliegenden Becken alles Wasser rann, auf die Erde fiel und so ihre Überflutung bewirkte.[43]

Die Entstehung des heutigen Menschen ging bei all dem nur schrittweise vor sich, indem er neben anderen Lebensformen hervorging. Erst mit dem uns von den Gesellschaftsinseln bekannten Trickster Māui und seinen Brüdern begann der eigentliche Stammbaum der Māori:
"Von der Zeit an, als allmählich immer mehr klares Licht über der Erde erstrahlte, begannen all die Wesen, die vor der Trennung von Rangi und Papa zwischen ihnen verborgen geblieben waren, sich auf der Erde zu vermehren. Die ersten von Rangi und Papa gezeugten Wesen glichen in nichts den Menschen; einzig [der seine Brüder am Ende fressende Kriegsgott][44] Tū-mata-uenga – Tū Mit Dem Zornigen Gesicht – und dessen Brüder wiesen Ähnlichkeit mit einem Menschen auf, genauso wie ein Pō ('Unterweltler'), ein Ao ('Erdiger'), ein Kore ('Leerer'), ein Kimihanga ('Suchender') und ein Rū-Nuku ('Erdbeber'), und dies bis hinauf zum [Ersten Menschen] Tiki-tāwhiti-ariki ('Tiki, Herr Der Vagina')[45] und seiner Generation, die bis heute hinaufreicht. Tū-mata-uengas Kinder wurden alle auf der Erde gezeugt und sie wuchsen heran und vermehrten sich, bis hinauf zu Māui und seinen Brüdern."[46]

DIE ERSCHAFFUNG DES MENSCHEN

Tiki steht mit seinem Namen und seiner chthonischen Abstammung ebenfalls in der bereits von den Gesellschaftsinseln bekannten Tradition der Erschaffung des Menschen. In einer Version soll Tiki von Tāne aus Erde gemacht worden sein; in einer anderen nimmt Tiki selbst Lehm und rotes, ockerhaltiges Sumpfwasser zur Hand, vermischt alles mit seinem eigenen Blut, formt die Augen und Glieder und haucht der Figur Atem ein.[47]

Ein solcher Schöpfungsakt ist aber auch aus den Mythen Mesopotamiens bekannt; und danach klingt auch eine andere Version, in der Tiki ein übernatürliches Wesen ist, das in der Unterwelt Pō lebt und sich dort eine Frau namens *Ea* nimmt: Ea war der akkadische Gott des Grundwassers in der Unterwelt Apsu.

Die Tochter Eas, der allerersten Frau, heisst dann Kura-waka ('Rotes Medium'). Tāne nimmt sie sich zur Frau und zeugt mit ihr Hine-Tītama – die Morgendämmerungsfrau; da Tāne in den meisten Versionen ihr Grossvater ist, wird die Morgendämmerungsfrau aus Schrecken über diesen Inzest sich später in die Unterwelt zurückziehen.[48]

In einer weiteren Version wird nicht nur Tiki, sondern auch die Erste Frau von Tāne gemacht, und zwar aus Sand, an einem Strand namens 'Die Sande von Kura-waka', den er sich aussucht, weil er der Venushügel seiner Mutter, der Erde, ist. Er formt dort ihren Körper, jeden einzelnen Teil, indem er einen Ritualgesang rezitiert, haucht ihr Leben ein und nennt sie Hine-ahu-one, 'Aus Sand Gemachte Frau'.[49]

In einer wiederum anderen Fassung nimmt Tiki das Phantom Marikoriko zur Frau, die aus Hitzedunst und einem Echo geschaffen wurde; die erste Tochter der beiden heisst Kauatata.[50] Durch sie entstand das weibliche Prinzip, wie es danach für alle Pflanzen, Vögel und Tiere galt, indem sie alle von Tāne beschlafen wurden. Als Matrix wird es seitdem in dem Haus namens Te Rere-taunga-are ('Der Fliegende Offene Hafen | Fischgrund') im Himmel bewahrt.[51]

Der folgende Mythos zur Erschaffung des Menschen stammt von der Nordinsel, aus der Region Taranaki.

DIE ERSTEN ZWEI MENSCHEN

"Tiki-te-pō-mua ('Tiki Aus Dem Vorweltlichen Dunkel') war der Erste Mensch. Er fand sich von all den Lebewesen der Erde umgeben und suchte unter ihnen lange einen Gefährten, erfolglos. Seine Einsamkeit bedrückte ihn sehr. Eines Tages stand er vor einem Tümpel mit klarem Wasser und war erfreut, darin jemanden zu sehen, der wie er selbst aussah. Er versuchte das Bild zu packen und festzuhalten, doch die Spiegelung entzog sich ihm. Er hatte lange nach einem Gefährten gesucht, der so aussah, leider vergeblich. Als er eines Tages pinkelte, füllte sich dadurch eine Grube, die er in die Erde gegraben hatte, und er erblickte darin zu seiner Freude das lang gesuchte Wesen. Schnell holte er Erde und schüttete sie in die Grube, um die Kreatur, die er erblickt hatte, darin zu halten. Diese Spiegelung entwickelte sich so zu einem weiblichen Menschen, einer Frau, die herauskam und Tikis Gefährtin wurde.
Tiki und die aus der Spiegelung geborene Frau lebten einige Zeit zusammen. Als eines Tages die Frau am Baden war, schlang sich ihr ein Aal um die Hüften und erregte mit seinem Schwanz die Frau so, dass das sexuelle

Verlangen in ihr erwachte. Darauf ging sie zu Tiki und es gelang ihr, ihn im gleichen Masse zu erregen: Von daher kam Das Wissen zu ihnen. Der Akt selbst erschien ihnen jedoch eine schwere *Hara* ('Vergehen, Sünde'), weshalb Tiki beschloss, Rache an dem Aal zu nehmen: denn er hatte ja die Frau verführt. Deshalb tötete er ihn und schnitt ihn in sechs Stücke. Aus diesen sechs Stücken gingen die sechs bekannten Arten des Aals hervor."[52]

Es gibt auch Versionen, in denen Tiki die Erste Frau ist. Was beide Geschlechter in einem zusammenführt, sind dann allein die Titel, die Tiki trägt. Sie weisen ihn als verkörperte Zeugungskraft aus, als "das Prinzip des Lebens in menschlicher Form, das in ihm oder in ihr vollständig ist und deshalb durch das eine oder andere Geschlecht repräsentiert werden kann" – weshalb Tiki sich bei den Männern als Phallus dargestellt findet und die Frauen ein derartig geformtes, kostbares Pendant aus Nephrit um den Hals tragen.[53] Die oft als 'Aale' bezeichneten Phalli gelten bei beiden Geschlechtern als Heilsbringer in Notsituationen, während die Vagina unter bestimmten Umständen als destruktiv gilt – so zumindest die Einschätzung eines Ethnologen vor hundert Jahren.[54]

Tiki ist zudem der Name von hohlen, mit kunstvollen Schnitzereien bedeckten Grabfiguren,[55] die man in eine Höhle stellte, die Knochen eines Toten darin, nachdem man seine Leiche – wie auch bei den Aborigines Brauch – in einer Baumkrone der natürlichen Entfleischung überlassen und die Knochen darauf zusammengesammelt hatte. Oder wie ein Māori-Sprichwort lautet: "Das Leben eines Menschen in der Welt Des Lichts ist wie ein Flossenschlag; und dann kehrt er dorthin zurück, wo er geschaffen wurde" – in die Unterwelt.[56]

Die Götter und ihre Nachkommen, die in Te Pō leben, besitzen eine übernatürliche Lebenskraft namens *Ira atua*. Als der Mensch geschaffen wurde, bekam er seine eigene – *Ira tangata* genannte – hinzu. Er verliert sie bei seinem Tod wieder; ihm bleibt dann jedoch die *Ira atua*, um kraft ihr in die nächste Welt zu wechseln.[57]

DIE ENTSTEHUNG DER STERNE

Dieselbe Variationsbreite wie bei den Schöpfungsmythen existiert auch bei den Erklärungen zur Entstehung der Himmelskörper: Sie reichen von genealogischen Ursprungslegenden über späte hohepriesterliche Deutungen bis hin zu volkstümlichen Geschichten, die auf uralten und weltweit verbreiteten Mustern beruhen.

Die Sterne als Kinder

In einem Schöpfungsmythos wird die Entstehung der Himmelskörper nach dem hohepriesterlichen Paradigma der Kosmogonie von Bora Bora konzipiert. Darin gibt es nach der Trennung von Himmelsvater Rangi und Erdmutter Papa zehn Himmel, auf deren höchstem Rehua (Antares) mit seiner Frau Autahi (Canopus in der Deutung als 'Erstes Licht') thront. Rehua wird als Sohn des schrecklichen Maru und der ebenso furchteinflössenden Whaitiri gesehen, die in manchen Mythen diese Trennung herbeigeführt hat. Rehua zeugt nun mit Autahi den Mond und die Sterne.

Dann nimmt er sich Wero-wero ('Hitzgezitter') zur Frau, die ihm darauf den Sohn Rā als Sonne gebiert, der später die Frau des Ersten Menschen Tiki zeugt. Von Rehua stammen so die Gestirne Quell Der Vollerei Peke-hawani [Sagittarius], Die Himmelmüde Rūhite-rangi [identisch in Sagittarius], sowie Die Aufglühenden [als die Sommermonate *Ngā Huru*], Tene [?], Der Pfosten [Des Himmels, α Aquilae] und Die Süsskartoffel [*Kūmara*, α Lyrae].[58]

In um die Stadt Wellington herum verbreiteten Ansichten "hat die Welt keine Grenzen; wird gelehrt, dass es in den Himmeln Leute gibt. Als Himmel und Erde getrennt wurden, blieben manche von Rangis Sprösslingen da oben – Whai-tiri und Pou-tini, Tau-toru, die Matariki, Tama-rereti, Whā-nui, Kopu, A(t)utahi, Te Mangō-roa, Te Whakaruru-hau, Takero und Tangotango, all die vielen Sterne der Himmel, die übernatürlichen Wesen, die dort leben – während andere übernatürliche Wesen auf der Erde verblieben sind. ... Schau auf die Sterne im Himmel: sie regulieren die Tage, Nächte, Monate und Jahreszeiten."[59]

In einer erweiterten Form der Vorstellung der Himmelskörper als Kinder, sind sie weiterhin die Nachkommen von Rangi und Papa: Sonne ist der Erstgeborene, Mond der Zweitgeborene. Nach ihnen kamen die Sterne als Die Kleinen Sonnen zur Welt. Ihre anderen Geschwister scheuten sich vor ihnen, da sie weder Körper, noch Köpfe oder Glieder hatten, bloss Augen, und sie nichts anderes taten, als die ganze Zeit umherzurollen. Man gab diese Sternenkinder deshalb in Maunga-nui ('Grosser Berg') bei dem 'Himmelhalter' Tu-Rangi (= Tangotango) und seiner Frau Te Heremaro, dem Zodiakallicht, in Obhut, welche sie unter ihrem Dach aufnahmen. Daher rührt der Brauch der Adoption unter den Menschen.
Sie hatten dort zwar am weiten Strand von Aroku einen grossen Auslauf, doch lebten sie noch in jenem Dämmerlicht, dass vor der Trennung von Rangi und Papa überall herrschte, "und auch nicht besonders angenehm war, denn sie sahen alles sehr undeutlich und ihre Augen waren dauernd wässrig".[60] Sonne, der Erstgeborene, wohnte bei diesem Grossen Berg in einem eigenen Haus namens Maire-kura ('Roter Baum'), weil er als ein Wesen galt, das sehr tapu – unantastbar – ist. Der wachsende Mond und seine Aufpasserin Rona hingegen wohnten bei ihren Zieheltern im Haus Maire-hau ('Lebendiger Baum'), mitsamt all den Sternenkindern, die man 'Tu-rangis Kleinäugige Versammlung' nannte. Zu dieser Familie des Lichts – *Whānau Mārama*, 'Die Leuchtenden' –gehörten auch die Planeten, alle schwachen sowie heute nur noch schlecht zu identifizierenden Sterne wie W(h)ero-i-te-ninihi oder W(h)ero-i-te-kokota. Sie werden von Tāne geholt, um für alle mehr Licht in die noch dunkle und erdrückende Vorwelt zu holen.

In einer anderen Fassung fällt Tāne bei einem Besuch in Maunga-nui auf, wie hell die Kinder des Lichts glimmen, weshalb er sie mit sich nehmen will. 'Wozu brauchst du sie denn?', fragte Tangotango. 'Um das Dunkel weniger erdrückend zu machen; damit Licht über die Brust unserer Mutter Erde leuchten kann', erwiderte Tāne. So erhielt er zuerst Hina-tore, das Zodiakallicht, das phosphoresziert wie die Glühwürmchen und das Meer. Doch dieses Licht war sehr schwach und die Finsternis hielt weiter an. Darauf holte Tāne die Sterne, worauf es schon ein wenig heller wurde. Dann setzte er den Mond an den Himmel, worauf das Licht stärker wurde. Und als er Sonne dann in der Höhe platzierte, kam das strahlende Licht in Welt und *Ao Marama* – Die Welt Des Lichts – ward geboren.
Zuerst leuchteten alle in dieser Familie Des Lichts am Himmel, wodurch die noch unbewachsene und ungeschützte Erdmutter unter ihnen in der Hitze austrocknete und staubig wurde und die Menschen nichts sehen konnten. Daraufhin veranlasste Tāne mit Hilfe Des Langen Fisches der Milchstrasse eine Änderung der Bahnen und Umlaufzeiten der Himmelskörper. So kam es zur Trennung des nunmehr existierenden Lichts der Welt in Tag und in Nacht: Sonne gehörte der Tag, Mond – der bei seinem Wachsen nun die Mondfrau Rona zur Seite gestellt bekam –, Milchstrasse und ihren jüngeren Geschwistern, den Sternen, aber gehörte die Nacht, in der man nun erstmals Zeit hatte, um zu schlafen.

Die Körbe und Die kleinen Sonnen der Sterne

In einer an der Ostküste weit verbreiteten Fassung sind die Himmelskörper Kinder der Hine-te-ahuru ('Geborgene Frau'), die auch als Moe-ahuru ('Warmer Schlaf') betitelt wird. Tāne schickt darin einen seiner Brüder, den wenig bekannten Unterweltsgott Kewa los, um die Kinder vom Grossen Berg Maunga-nui zu holen, damit sie in Zukunft an der Brust ihres Grossvaters Rangi wohnen. Deswegen wendet Kewa sich dort an die Milchstrasse Tongatonga und Whiritaringa-waru und Tawhiri-rangi, die sich dort als Stiefeltern um sie kümmern, da ihre Mutter ein übernatürliches Wesen ist, was das seltsame Aussehen der Kinder Des Lichts erklärt.

Sie werden dafür in vier Körbe gesetzt: einen namens *Rauru-rangi* ('Himmelszopf') für die Sonne, einen namens *Te Kauhanga* ('Der Geheimgang') für den Mond, und einen dritten unbenannten Korb für die jüngeren Brüder A(t)utahis (Canopus), welcher wohl den Namen der Milchstrasse trug. Als Tāne dabei war, diesen Korb in den Himmel zu werfen, hielt sich der hier männlich gesehene Stern an dessen Aussenseite fest, um damit zum Erstgeborenen dieser Familie zu werden, tapu und abgehoben von ihnen, und als 'Erstes Licht' über die einzelnen Kalendersterne des Jahres zu herrschen.[61] Der vierte Korb namens *Rauroha* ('Weiter Raum') enthielt die schwachen Sterne, "denen die Milchstrasse nun einen Schutz bietet, die aber oft herabfallen"; in anderen Versionen befinden sie sich hingegen an Bord von Tama-reretis Piroge. Interessant ist, dass in unserer Version hier zwölf prominente Sterne genannt werden, entsprechend den zwölf Himmeln dieser Kosmologie.

Um sie zu ihrem Grossavater Rangi zu bringen, werden sie auf die in Scorpius sichtbare Piroge Urua ('Wolkenstecher') gesetzt, die von Tama-rereti gesteuert wird. Ein anderer Spross Rangis und Papas, Tū-pai, rezitiert für die Piroge auf ihrer bevorstehenden Fahrt eine lange Beschwörung und hilft dann beim Anbringen der Himmelskörper, "die nun den Oberkörper des Himmels dekorieren wie die Muschelschalen, die man auf Statuen steckt".[62]

Der Lange Fisch der Milchstrasse wird dabei in der Mitte der Sterne – der "Kleinen Sonnen" – gesetzt, um sich um sie zu kümmern: Als Hai soll er sie vom Streiten abhalten. Die Sonne kommt auf die Brust des Himmelsvaters Rangi, der Mond auf seinen Bauch und die Sterne werden überall auf seinem Körper, dem Kopf wie den Gliedern, platziert. In anderen Versionen dreht Tama-rereti einfach nur seine Piroge um und leert die schwachen Sterne aus, die dann zur Milchstrasse werden.[63] Tama-rereti und seine Mannschaft bleiben dann samt ihrer Piroge als Wächter der Sterne am Himmel zurück.

Tāne und seine Brüder sind daraufhin mit dem Anblick ihres Vaters zufrieden; sein Gesicht ist erhellt und sein Körper in Licht gebadet, während seine Enkel überall auf ihm umherlaufen. Und Rangi sagte zur Milchstrasse: "Lass unsere Kleinen Sonnen an dir hängen, damit sie ein Obdach haben; du sollst dabei zum Zeichen des nahenden Tageslichts werden – und meine Enkel stetig ihrem Lauf folgen." So wurde es nun überall hell und der Körper der Erdmutter beleuchtet.

Der Lange Fisch sowie die Schutzgötter Rongo-mai-taha-nui ('Alter Friede Der Grossen Seite') und Rongo-mai-taharangi ('Alter Friede Des Horizonts') wurden nun beauftragt, die Bahnen der vielen Himmelsgestirne festzulegen. Sie wurden zu Schutzherren der Jahreszeiten ernannt, die verhinderten, dass der Winter in den Sommer übergriff, und sie setzten die Hauptstrasse – *Ara Matua* – des Himmels samt ihren Nebenbahnen fest, damit sich Die Kinder Des Lichts darauf bewegen konnten, ohne sich in die Quere zu kommen. Dieses Hauptstrasse ist die Ekliptik, die von 'Der Lange Fisch Des Himmels' bewacht wird, wie der volle Titel der Milchstrasse lautet. Rongo-mai-taharangi – auch *Roiho* genannt – wurde zu seiner Rechten bestimmt, um sich in seinem Raum um die 'Rote Sonne' Rā-kura zu kümmern; Rongo-maitaha-nui – auch *Rokae* genannt – zu seiner Linken beschützte in seinem Raum nun A(t)utahi (Canopus) und die jüngeren Sterne. Die Hitze der Roten Sonne jedoch war immer noch nicht zum Aushalten; ihretwegen jammerten Erdmutters Sprösslinge laut. Auch Rangi machte die grosse Hitze zu schaffen und er stöhnte, weil sein Kopf von den flammenden Strahlen der Sonne versengt wurde. Rongo-mai-taharangi rief laut zu Tāne: 'Wir und unsere Eltern, wir leiden sehr! Unser Enkel Sonne verbrennt uns, mit Hilfe Matiti-takas und Matiti-tiramaramas!' – zwei Personifikationen des Hochsommers.

Um dem abzuhelfen, ruft Tāne Dem Langen Fisch Der Milchstrasse zu: 'Mein Freund, bitte pass deine Bewegungen und die der Kleinen Sonnen und des Mondes an, damit wir schlafen können! Bring die Sonne nach vorne und lass sie ihren Weg gehen, während du und deine jüngeren Brüder weiter nach hinten zieht, damit Sonne dich und deine Kinder anführen kann!'

Der Lange Fisch folgte diesem Wunsch; er und Tama-rereti hielten den Mond und die Sterne so lange fest, bis sie im Schatten ihres älteren Bruders Sonne folgten. Seitdem gibt es den Tag der Sonne und die Nacht der Milchstrasse, des Mondes und der Gestirne.

Da die Sonne aber immer noch alle ringsum versengte und Papa, Rangi und ihre ganze Familie nicht zu jammern aufhörten, wurde die Alte Glühendrote Sonne, die ganz tapu war – und wohl auch vom Sonnenvogel verkörpert wird – Rangi auf den Rücken gesetzt. Statt ihrer platzierte man eine kleinere Sonne, Tama-nui-te-Rā als 'Grossen Sohn Der Sonne', auf Rangis Oberkörper, wo er genug Raum hatte, sich zu bewegen. Rangis Nabel [der Äquinoktialpunkt] war dort, wo die Sonne innehielt. Hatte Sonne ihn einmal erreicht, bewegte er sich weiter hin zum Schenkel seines Grossvaters: Dann wurde es Winter. Hatte er aber einmal den Unterleib erreicht, wurde ihm mulmig – also kehrte er wieder um. Erreichte er erneut den Nabel, zog er sich dorthin zurück, um danach zum Kopf seines Grossvaters zu ziehen und dort zu bleiben und einen Blick auf alle seine jüngeren Brüder, die Alten und die Vorfahren zu werfen, die sich über Rangis Oberkorper und die Erde hinwegbewegten: Und dies wurde der Sommer für all die seiner Verwandten, die auf der Erde lebten.

Dennoch war es in dem geschlossenen Raum zwischen Himmel und Erde immer noch zu warm. Also sagte Tāne zu seinem älteren Bruder Tāwhiri-mātea ('Nötiger Herumwirbler'): 'Mein Bruder, zieh bitte mit deinen Kindern los; es braucht euch als Stützen für unseren Vater. Die Mädchen sollen den Kopf und die Achseln stützen, die Buben seine Beine, damit sie seine Blösse bedecken – und wir der Hitze unserer Verwandten entgehen'. So kam es, dass die Windkinder, die im Luftraum wohnen und Wolken über die Stirn des Himmels treiben, die Hitze der glühenden Sonne minderten. Die vier Stützen, auf denen der Himmel ruht, das sind die vier Winde des Raumes.

B4 289, B5 68–70 und B 10 13–16, 69, B3 90–94

Die Sterne als Zierbüschel

In einer um Hawke's Bay und auf der Südinsel verbreiteten Ursprungslegende war Tāne das nach der Trennung von Rangi und Papa herrschende Dämmerlicht für sich und seine Geschwister leid; zudem sah sein Vater traurig und nackt aus. Er wollte deshalb die Morgendämmerungsfrau haben, konnte sie aber nicht kriegen. Also ging er nach Maunga-nui – oder Okehu – zu "Wehi-Nui-O-Mamao, dem Grossen Fürchterlichen In Der Ferne, jenseits der Schwelle des Himmels des Rongo [Saturn]".

Darunter hat man, wie aus der bereits zitierten Geschichte um die Morgendämmerungsfrau und Tāne hervorgeht, seinen Bruder – den Tāne Des Belebenden Wassers in der Milchstrasse – zu verstehen, der weit draussen im Te Pō wohnt, an dem Gewässer beim Eingang zur Unterwelt, das dem Mond monatlich wieder neues Leben verleiht.[64]

Dieser Ehrfurcht gebietende Gott besitzt vier *Tōpuni*:[65] Dies sind Mäntel, für die man die Fellstreifen der gern gegessenen Hundeart Kuri auf eine Stoffunterlage nähte; sie repräsentierten die Heiligkeit und Autorität – *Tapu* und *Mana* – ihres Trägers. Auf diesen vier Mänteln findet sich offenbar, wie aus den Namen für die Muster darauf hervorgeht – Hira-uta ('Grosses Ufer'), Hira-tai ('Grosse See'), Pari-nuku ('Grosse Klippe') und Pari-rangi ('Grosser Himmel') –, eine ganze Welt dargestellt. Von ihnen holte Tāne sich nun die weissen *Hukahuka* – die Fellbüschel, mit denen man den Stoffsaum besetzte; als die Hunde Mitte des 19. Jahrhunderts ausgerottet waren, bestanden solche Mäntel nur noch aus solchen einzelnen kleinen Büscheln auf einer Stoffunterlage, weshalb diese Mäntel sich für einen Vergleich mit dem Sternenhimmel eigneten.

Tāne erhält einen Korb voll dieser Fellbüschel, mit denen er die in jeder Hinsicht entblösste Brust seines gewaltsam von der Erde getrennten Vaters nun schmücken kann, um ihm wieder seinen hohen Status zurückzugeben: So wurden aus diesen Büscheln die Sterne. Zu ihnen zählen Der Winter [*Takurua*, Sirius], Pungarehus Haus[66] [Bootes?], Ruaki-motumotu, Tahu-werawera sowie Wero, Wero-i-teninihi, Wero-i-te-kokota und Wero-i-te-ao-maori [= maire].

Wie aus einer anderen Fassung hervorgeht, sind dies alles anderswo nicht belegte Namen für jene Sterne, "die das Jahr regieren", wobei auch die Magellanschen Wolken, die Milchstrasse, Die Kleinen Augen Der Plejaden und Der Vielfache Des Antares dazu gehören.[67] Die grössten Sterne setzte er auf Rangis Brust, "die kleineren Sterne kamen auf die weniger heiligen Körperteile Rangis".[68] Zu letzteren gehört die Milchstrasse, die sich damit als Rangis Lendenschurz erweist. "Tāne leerte sie einfach aus seinem Behälter aus"[69] – wobei die Milchstrasse manchmal auch als eben dieser Behälter gesehen werden kann. Nur ein einzelner Stern blieb draussen an diesem Flechtkorb hängen und steht jetzt als Vereinzelter am Himmel: Canopus.[70]

Die Sterne als Kiesel

Uralten Paradigmen gemäss, werden die Himmelskörper und das Firmament in einem anderen Mythos wiederum als Steine gesehen: "Der Himmel ist fester Boden, die Sterne sind Steine, die Sonne ist ein grosser Stein. Māui war es, der den Himmel auf Stützen stellte; dabei blieben darauf Steine auf dieser Seite der Kugel stecken, ebenso wie die Steine auf der anderen Hälfte, der Erde. Jenseits des dunkelblauen Himmels liegt das Firmament; über diesem Firmament ist die Region des Regens; und darüber wiederum die der Götter. Diesseits des Firmaments aber ist der Wind, der Rand des Himmels, dessen Region in den Tiefen darunter liegt."[71]

Um den Kratersee von Taupo auf der Nordinsel werden die Sterne nach jener uralten Vorstellung, wie sie uns bei vielen Sternenhimmeln begegnet, als an den Himmel geworfene, glänzende Kiesel gedacht. Ihre Entstehung wird dort allein auf Tama-rereti bezogen und inzwischen auch zu touristischen Zwecken verbreitet:
"Tama-rereti war ein junger Krieger, der in der Nähe des Tauposees lebte. Ein furchterregender Wassergeist lebte in diesem See und Tama-rereti wusste, dass ihn dieser Taniwha fressen würde, wenn er nach Einbruch der Dunkelheit fischen ginge.
Damals war der Himmel noch ganz schwarz, ohne Sterne, aber Tama-rereti dachte, der Tag wäre noch lang genug zum Fischen und er schob deshalb sein Waka ins Wasser. Er fing drei Fische und sah dann zu, dass er mit seiner Piroge zurück ans Ufer gelangte, um sie zu braten, als es plötzlich windstill wurde. Während er auf Wind wartete, schlief er ein. Als er aufwachte, fand er sich am gegenüberliegenden Seeufer wieder. Er wusste, dass er jetzt in grossen Schwierigkeiten war – es war finster und er weit weg von seinem Dorf. Da er Hunger hatte, briet er erstmal seine drei Fische und ass sie.
Als er so am Rand des Sees stand, sah er die Kiesel am Strand im Schein seines Feuers glänzen, also sammelte er ein paar davon ein und machte sich auf nach Hause, indem er die glänzenden Kiesel in den Himmel warf.
Die Kieselsteine erleuchteten seinen Heimweg und ihr Licht schützte ihn vor dem Wassergeist.
Einmal daheim, ging er schlafen; aber er wachte auf, weil Rangi-nui bei ihm war. Er hatte schreckliche Angst, vom Grossen Himmelsvater bestraft zu werden, weil er dachte, die vollkommene Schwärze des Himmels befleckt zu haben. Doch Rangi-nui lobte ihn dafür, dass er den Sternenhimmel geschaffen hatte und warf Tama-reretis Piroge hinauf zu den Sternen."[72]

Die Sternwelten

In einer wiederum anderen Vorstellungswelt sind "die Sterne alles einzelne Welten, die ein Erdreich besitzen, Ebenen, Wasser, Felsen, Bäume, Berge und offenes Land. Es war der Ozean, der mit seinen Wassern die Ebenen und offenen Länder bildete, die man sieht. Verändert wurden sie dann durch Mata-aho und Whakarua-moko [den Verkörperungen des Vulkanismus und der Erdbeben]".[73]

Von den einmal zehn, dann wieder zwölf oder gar zwanzig Himmeln stellt der unterste Himmel Rangi-Nui dar, den Grossen Rangi, auf dessen Torso die Himmelskörper in der Regel gesehen werden. Seitlich sind diese Himmelsgewölbe offen; dass heisst es gibt einen Spalt zwischen Himmel und Meer, durch den immer wieder Helden und Unholde versuchten, in den obersten Himmel zu gelangen, ob der Gott der Diebe Whiro in seinem Versuch, sich der drei Körber des Wissens zu bemächtigen, oder Tāwhaki, der sie dann auch erhielt.[74]

GRUNDLEGENDE PARADIGMEN

So, wie bei den Māori die Himmel mit Insekten, Vögeln und Tieren (zumindest Hunden) besetzt sind, gelten auch bei den Bororo die Sterne als Sandflöhe und 'Tiere und Vögel'. Und auch deren Götter schmücken sich mit kostbaren Vogelfedern und Menschen in Not – wie in der Geschichte von der misshandelten Frau und den Spinnen – können sich in den Himmel flüchten, um dort unsterblich weiter zu leben.

Der Himmel als Reservoir arche- wie prototypischen Lebens, in dem alles unvollkommene irdische Leben seinen unzerstörbaren Ursprung besitzt als eine Art 'Vorratslager' der Lebenskraft, setzt wiederum die Himmel der Maya und Inka samt ihren Sternbildern mit Vorstellungen der Māori gleich: Auch sie unterscheiden zwischen der Erde als 'Haus des Unglücks' und dem Himmel als 'Haus des Obens' – *Whare-o-te-ora* – und Reich des Lebens.[75]

Mit den amerikanischen Sternenhimmeln verbindet die Māori auch der Schöpfungsmythos, der mehrere Phasen einer finsteren Vorwelt in den Vordergrund rückt, noch eine Flut kennt, die Welt – wie beim Hirschkrokodil der Maya – erst umdrehen muss, worauf Kulturheroen sie gestalten und erst am Schluss Himmelskörper an das Firmament setzen, als – wie bei den Südlichen Dene – grosse und kleine, mit der Hand hinaufgeworfene Steine. Sie dienen bei den Südlichen Dene durch ihre Anordnung ebensosehr als Zeichen und Signale wie die Tātai der Māori, die die Brust des Himmelsvaters mit ihren Mustern schmücken. Vom panamerikanischen Schöpfungsparadigma mit seinen ausdifferenzierten Vorwelten weicht allein die Vorstellung ab, die aus dem südostasiatischen Raum – wie sich an den Palawan zeigt – bis zu den Nördlichen Dene wandern konnte: Dass nämlich der Himmel nach oben gestossen wurde. Sowohl auf Neuseeland als auch im arktischen Kanada legt sich dazu jemand auf den Rücken und stemmt ihn mit blossen Füssen in die Höhe.

Das Motiv, dass der männliche Himmel und die weibliche Erde miteinander schlafen und erst getrennt werden müssen, weist wiederum eine davon unabhängige Traditionslinie auf, die sich nach Altägypten, Griechenland und Indien verästelt, sich in Indonesien jedoch am breitesten erhalten hat.[76]

Am detailliertesten allerdings sind die Überschneidungen mit dem Sternenhimmel der australischen Wardaman. Das beginnt mit dem Wissen als Körben voller Gesänge und dass man in ihnen in den Himmel geholt werden kann: hier wie dort mit Spinnenseilen. Nicht nur in ihren zweifachen Initiationen und Bestattungspraktiken ähneln sich diese beiden Kulturen, sondern auch darin, dass bei manchen Namen und Vorstellungen der Māori noch erahnbar ist, dass die ersten Lebewesen einst verkrüppelt waren und die Himmelskörper und Götter Vögel: So wie bei den Wardaman die ersten Menschen ursprünglich Vögel waren, wenn sie nicht als Bäume herumliefen – deren Verehrung bei den Māori ebenfalls zentral ist. Einer ihrer Schöpfungsmythen geht zudem von derselben Rivalität zwischen den Personifizierungen von Himmel und Ozean um die Erdmutter aus, bei der schliesslich einer der beiden in der Körpermitte von einem Speer schwer getroffen wird. In der Milchstrasse sitzen hier wie dort auch die jeweils grössten Tiere ihrer Umwelt – hier Der Hai, dort Die Riesenschlange und Der Emu: als wohlwollend-gefährliche Wächter. Und obwohl die Beute dazu verloren gegangen ist, haben sich bei beiden in α und β Centauri die in ihr steckenden Speere erhalten.

Der Mond holt sich bei den Māori die Frauen überdies auf dieselbe Weise wie bei den Wardaman und ist ein Mann wie Sonne. Seinen Namen teilt er sich überraschenderweise mit dem Sonnengott Ägyptens – Ra – und er wird dazu wie dieser mit einem über den Himmel fahrenden Schiff assoziiert. Selbst das liebevolle Gegenüber von Himmel und Erde entspricht dem der Milchstrasse Nut und dem Erdgott Geb – mitsamt den hier wie dort erklingenden Klagen beider ob ihrer Trennung. Am ägyptischen Sternenhimmel wie bei dem der Māori gibt es überdies astrale Schiffe, die Tote mit hohem Status besteigen können, um in den Himmel zu gelangen, und die Ansichten, dass die menschlichen Knochen vom Mond kommen und über dem Firmament grosse Wasser im Dunkeln ruhen.

Bei den Māori findet sich wiederum die Vorstellung der südafrikanischen Buschleute, der zufolge die Sonne ein Mann sei, dessen Achselhöhlen Feuer ausstrahlen: Ihr Himmelssteiger Tāwhaki verkörpert den Blitz, der ihm bei Bedarf aus der Achselhöhle schiesst. Noch sein Ur-Ur-Urenkel Whakatau muss seine Arme bloss hochheben, damit Feuer aus seinen Achselhöhlen flammt, um damit ebenso alles rund um sich in Brand zu setzen wie der mythische Sonnenmann der Buschleute in seinem kalten und dunklen Winter.[77]

KALENDER

Das Jahr wird in zwei Hälften geteilt, in den im Juni beginnenden Winter *Hōtoke* und den Sommer *Raumati*; dazu kommen *Kōanga* als Zeit des Anpflanzens im Frühling und die Monate des Erntherbstes der *Ngā Huru* ('Die Aufglühenden'). Unterteilt wurde das Jahr in 12 Mondmonate, deren fehlende 11 Tage zum Sonnenjahr man durch den Einschub eines zusätzlichen Monats oder das Überspringen einer Mondphase mit dem Sonnenlauf synchronisierte. Verbindliche Namen hatten die Monate nicht; man zählte sie nur.[78] Ende des 19. Jahrhunderts lautete ein gebräuchlicher Kalender folgendermassen:

Pipiri (Juni): Alles auf der Erde wird durch die Erde jetzt zusammengehalten, auch der Mensch. Der kürzeste Tag.
Die Matiriki und β Orionis sind im Aufsteigen; sie gehören zu den grossen Wintersternen.

Hongo-nui (Juli): Dem Menschen ist jetzt sehr kalt, weshalb er Feuer anzündet, um im Heissen zu sitzen.

Hereturi-koka (August): Den Menschen ist jetzt die sengende Kraft des Feuers anzusehen. Der Frühling beginnt.
Die Keulenfrüchte (*Corynocarpus laevigatus*) blühen.

Mahuru (September): Die Erde hat nun wieder Wärme erlangt, wie die Weiden und Bäume auch. Der Anbau beginnt.
Die Rangiora (*Brachyglottis repanda*) blühen. Ein regnerischer Monat.

Whiringā-a-Nuku (Oktober): Die Erde ist nun recht warm geworden. Die Süsskartoffeln werden eingepflanzt. Die Kuckucke (*Eudynamis taitensis*) kommen an. Es ist ein windiger Monat.

Whiringā-a-rangi (November): Jetzt ist es Sommer geworden und die Sonne hat Kraft erlangt. Der Silberbaum (*Knightia excelsa*) blüht.

Hakihea (Dezember): Die Vögel sitzen nun in ihren Nestern. Das Eisenholz (*Metrosideros umbellata*) blüht.

Kohi-tatea (Januar): Die Früchte sind nun reif und der Mensch isst die neuen Nahrungsmittel der Jahreszeit. Rehua (α Scorpii) ist der grosse Sommerstern; Ranga-whenua (Mars), ein Urahne, regiert die Tage, heisst es, und Urua (in Scorpius) die Nächte.

Hui-tanguru (Februar): Die Himmelmüde (in Sagittarius) ruht nun mit ihrem Fuss auf der Erde. Ein trockener und karger Monat.

Poutū-te-rangi (März): Die Ernte wird nun aus der Erde geholt, die Süsskartoffel.

Paenga-whawha (April): Alles Stängelwerk ist nun am Rand der Pflanzungen aufgeschichtet. Die Tage werden alt. Der Kuckuck fliegt wieder fort.

Haratua (Mai): Die Ernte ist nun in den Vorratsgruben eingelagert. Die Pflicht des Menschen ist getan. Der Winterstern Koero (α Virginis?) ist der wichtigste Stern dieses Monats.

Der eingeschobene 13. Monat: Er ist ein knurrender Monat, mit wenig Essen, schlechtem Wetter, rauchigen Häusern, tränenden Augen und dauerndem Streit.[79]

"Wenn man also frühmorgens die Matariki (Plejaden) aufgehen sieht, ist dies das Zeichen des Neuen Jahres."[80] Es war dies jedoch erst die Ankündigung des Jahresbeginns; festgelegt wurde er je nach Stammesgruppe mit dem nächsten dann sichtbaren Neu- oder Vollmond. In den Tagen 24 bis 26 des abnehmenden Mondes zuvor feierte man das Matariki-Fest als Erntedank.

Den Herbst kündigten die Plejaden ebenfalls an, indem sie dann ihren Kulminationspunkt überschritten hatten, die Eisenhölzer – Rata (*Metrosideros robusta*) – in voller Blüte standen und die Süsskartoffelernte in die Vorratshäuser eingebracht wurde.

Das Jahresende kündigte wiederum der letzte abendliche Untergang der Plejaden im Westen Anfang Mai an, nachdem sie etwa 28 Tage lang nicht mehr zu sehen gewesen waren. Da schickte man den Plejaden Klagen an die Toten hinterher, die man von ihnen nun in die Unterwelt geführt glaubte. Dieser zwölfte Monat wurde neben Haratua auch *Matahi-kari-piwai* genannt, nach den Feldarbeitern, die dann die letzten, bei der Ente übersehenen kleinen Süsskartoffeln aus der Erde graben.[81]

Detailliert sind die lokalen Mondkalender, die zwischen 29 und 32 Erscheinungsformen des Mondes unterscheiden, die über gute oder schlechte Tage für bestimmte Tätigkeiten entscheiden. Im Folgenden wird ein solcher 'Bauernkalender' der Ngāti Kahungunu auf der Ostküste der Nordinsel auf einen generalisierten Mondkalender übertragen:

Whiro – der noch unsichtbare Neumond befindet sich in der Unterwelt und wird mit Whiro, einem Sohn Rangis und Papas als Personifikation des Bösen, Finsteren, Kranken und Tödlichen identifiziert. In dieser Nacht "ist, gleich was man vorhat, Vorsicht und Sorgfalt geraten. Sorglosigkeit zieht Probleme nach sich: das liegt im Wesen Whiros".[82]

Tirea ('Der Aufblitzer') – der Neumond steigt aus der Unterwelt auf und zeigt sich noch schmal in seinem ersten Hervorleuchten. Auch dieser Tag ist schlecht.

(O)Hoata | Ohata ('Der Lichtwerfer') – In der dritten Nacht des Kalenders wird der Mond mit einem Lichtspeer verglichen; er ist nun deutlich zu sehen. Ein guter Tag zum Pflanzen und Fischen.

Ōue-nuku ('Der Regenbogen') und **Okoro** – die vierte und fünfte Mondnacht. Ein guter Tag zum Pflanzen am Vormittag und für Aale.

Tama-tea ('Der Weisse Sohn') – dies ist der Name für die sechste bis neunte Nacht des zunehmenden Mondes. Es sind dies schlechte Tag für das Pflanzen und Fischen; das Meer ist durch Strömungen aufgewühlt.

Huna ('Der Verstecker) – diese zehnte Nacht des sich rundenden Mondes gilt als schlecht; "alles als verborgen".

Ari ('Der Klare'), **Maurea** ('Seeschnecke?'), **Māwharu** – dies sind die Namen für die Mondnächte elf bis dreizehn. Halbwegs guter Tag fürs Pflanzen und Fischen; die zwölfte ist eine gute Nacht, um Aale zu speeren, die dreizehnte gut für die Hummerpötte.

Ohua und **Atua** – dies sind die Namen für die Nächte vierzehn und fünfzehn, in denen der Mond "sich erst rundet und dann gross wird". Nacht vierzehn ist gut fürs Pflanzen, die Samen werden gute Erträge abwerfen; die fünfzehnte ist noch halbwegs gut dafür.

(O)Turu – in dieser überall meist als sechzehnte Nacht gezählten Vollmondnacht ist der Trabant "jetzt ausgefüllt" und "geht er auf, während die Sonne untergeht". Gut zum Pflanzen, aber nicht fürs Fischen.

Rākau-nui ('Der Grosse Stamm') und **Rākau-ma-tohi** ('Der Abnehmende Stamm') – in der siebzehnten Nacht ist der Mond noch "rund" und "erscheint er gross und rötlich"; es ist ein halbwegs guter Tag und die Elritzen (*Galaxiidae*) schwärmen aus. In der achtzehnten Nacht "kriegt der Mond einen Spalt"; es ist dies die beste Nacht von allen, und gut, um Süsskartoffeln anzupflanzen.

Takirau und Oike – in der neunzehnten Nacht "verliert der Mond seine Helligkeit"; in der Nacht darauf "beginnt er abzunehmen". Es bedingt dies erst noch einen halbwegs guten Tag, dann aber einen schlechten.

Korekore ('Der Fehlende') – so werden meist die Nächte einundzwanzig bis dreiundzwanzig bezeichnet, in denen ursprünglich – viele der Namen gehen auf den tahitianischen Mondkalender zurück – "die Fische verschwunden sind". Es sind dies schlechte Tage.

Tangaroa – die vierundzwanzigste bis siebenundzwanzigste Nacht ist nach dem Gott der Fische benannt, einem Sohn Rangis und Papas, der bei der Trennung seiner Eltern aufs Meer hinaus flüchtete. In diesen Nächten zeigt sich der abnehmende Mond immer sichelförmiger "und versinkt ins Meer". Von Bedeutung sind diese Nächte für den Kalender, da in ihnen gegen vier Uhr morgens der erste heliakische Aufgang der Plejaden festgestellt wird. Mit dem auf diese Beobachtung folgenden Neumond beginnt dann das neue Jahr.[83] Die Tag vierundzwanzig und fünfundzwanzig sind noch gute Tage fürs Hochseefischen und die Elritzen schwärmen; die nächsten zwei Tage aber sind schlecht für alles.

Ōtāne – wird meist die achtundzwanzigste Nacht genannt, die in einem Kalender als produktiv an Land und auf See gilt,[84] in einem anderen als schlecht.

Orongo – die gemeinhin neunundzwanzigste Nacht, die nach dem alten Mondgott (O)Rongo benannt ist;[85] sie gilt mancherorts als schlechtester Tag von allen, da der Mond nun tot ist.

Mauri und **Ōmutu** – hiessen die Nächte, in denen der Mond nur noch als schmale Sichel erkennbar ist, "verschwindet der Mond; er sinkt in die Unterwelt", wobei Ōmutu bereits als mondlose Nacht gelten kann.

Mutu-whenua – wird die allerletzte Nacht des Mondzyklus genannt.[86]

Ausbildungen auf den verschiedensten Gebieten erfolgten, um jemanden zu einem *Tohunga* – Könner und Kenner – zu machen. Ausgesucht wurde man dafür mittels Einwirkung eines übernatürlichen Wesens und von dem Stamm, weil Zeichen von Talent an einem festgestellt wurden. Priester wurden als *Tohunga ahurewa* bezeichnet: Sie vermittelten zwischen den Göttern und dem Stamm, berieten aber auch in ökonomischen Fragen, waren geübt darin, Gottheiten mit Beschwörungsritualen zu besingen, und Experten auf dem Gebiet der Überlieferung, Genealogie und des Glaubens. Ein *Tohunga mākutu* war spezialisiert auf das Okkulte und schwarze Magie; andere Tohunga bewiesen ihr Talent auf dem Gebiet der Rituale, der Kunstschnitzerei, beim Tätowieren, dem Komponieren von Liedern, dem Bootsbau – oder der Astronomie und Astrologie: Letzterer wurde *Tohunga kōkō-rangi* genannt.[87]

Wissen wurde bei vielen Gruppen von Māori auf unterschiedliche Weisen durch einzelne Häuser weitergegeben, doch erst im Herbst nach eingebrachter Ernte. Jene Jungen aus Familien von hohem Status, die Hohepriester werden sollten, besassen dafür ein nach den heiligen roten Federn benanntes *Whare Kura* ('[Feder-]Rotes Haus'), in dem Mythologie, Götterkunde und Geschichte nebst Bann-, Heil- und Segenssprüchen und anderen Beschwörungen für den Fall von Krieg und Krankheit gelehrt wurden.

Beendet wurde der Unterricht mit einem Opfer an die Götter des Krieges, der weissen wie schwarzen Magie und des Schicksals. Das Opfer konnte auch ein Mensch sein, an dem der Schüler bewies, dass er zu einem 'könnenden Kenner' geworden war, indem er ihn durch einen Zauberspruch umbrachte, es konnte selbst sein alter Lehrer sein. Physische Gewalt wurde ihm nicht angetan; offenbar reichte allein die ausgelöste Furcht (und sicherlich manchmal heimlich verabreichtes Gift), ihn sterben zu lassen – worauf dieser verspeist wurde. Solche kannibalischen Menschenopfer wurden zusätzlich zu sonstigen Votivgaben auch bei der Errichtung eines neuen Hauses, dem Bau einer neuen Piroge, dem Tod eines Häuptlings, im Krieg oder für die Landwirtschaft dargebracht.[88]

Alles die Landwirtschaft Betreffende wurde nachts, in einem hundert Leute beherbergenden Gemeinschaftshaus Jungen wie Mädchen vermittelt, samt den dazugehörigen Zeremonien und Gesängen; auch die Alten waren anwesend, nur die Schüler des Whare Kura durften diese profane Einrichtung nicht betreten. Der Unterricht fand über den Winter hinweg statt; gegessen wurden nur Farnwurzeln; und alle mussten in diesem Haus schlafen und durften in dieser Zeit nicht in ihre Häuser zurückkehren.

Die dritte Schule war den Gestirnen gewidmet; sie lag ausserhalb des befestigten Dorfes, begann im Mittwinter und der Unterricht ging ebenfalls nur nachts vor sich. Keiner durfte sich darin tagsüber aufhalten und gewöhnliche Leute durften das Essen für die Schüler nur in gebührendem Abstand abstellen. In dieser astronomischen Schule trafen sich auch die höchstrangigen Priester und Häuptlinge, um Probleme zu besprechen, die alle Menschen und ihre Lebensgrundlage betrafen. Ihre Versammlung bestimmte über die Tage, an denen gesät und geerntet wurde, wo und wann gefischt und Vögel gefangen werden durften, wann Reisen, Besuche und Feste stattfanden. Dazu wurden die wichtigsten Sterne von Der Blüte (β Orionis) bis W(h)ero-i-te-ao-marie (in Centaurus?) observiert, daran sichtbare Omen abgelesen und diese in Bezug auf die Tätigkeiten des Jahres diskutiert.[89]

Tātai-arorangi bezeichnet das Studium der Himmelsmuster zum Zweck der Navigation und der Wettervorhersage; ein Sternenbeobachter – *Tangata tātai-aro-rangi* – wurde als 'Menschlicher Führer der Sonne' bezeichnet. Die kleine Zahl der Sternengucker unter den Māori gehörte ebenfalls zu den Tohunga, die nachtsüber die Himmelskörper beobachteten, um anhand ihrer nicht nur das kommende Wetter, sondern den Verlauf ganzer Jahreszeiten und Ernten vorauszusagen. Auch Seeleute und Fischer konsultierten diese *Tohunga kōkō-rangi* – Himmelssingende Könner – für ihre Ausfahrten.

Hochseegängige Pirogen hatten, wie die Legenden zeigen, manchmal zwei solcher sternenkundigen Lotsen an Bord, die zu Navigationszwecken auch auf Wind und Wellengang achteten. Von dem System der astralen Pfeiler, wie es die Gesellschaftsinseln für Seefahrten herausbildete, war ausser ein paar Namen in der Praxis allerdings nichts erhalten geblieben. Aus den kursorischen Angaben, an welche Sterne man sich für eine Fahrt nach Neuseeland halten musste, ist allerdings zu schliessen, dass diese weiterhin als *Rua* verstanden wurden: Orientierungspunkte am Horizont, die von dort aufsteigenden Sternen markiert wurden.[90] Allgemein scheint jedoch wenig navigatorisches Wissen bewahrt worden zu sein, da kaum mehr Hochseefahrten zurück zu den Herkunftsinseln unternommen wurden.[91] Was es an Revitalisierungsbemühungen in jüngster Zeit gab, nahm sich die noch auf Hawaii vorhandenen Kenntnisse zur Grundlage.[92]

Zeremonien wurden zu Beginn des Neujahres den zu diesem Zeitpunkt morgens erneut aufsteigenden Plejaden und Rigel gewidmet. Ihnen wurden Opfergaben dargebracht, um sie zu veranlassen, auch für das neue Jahr wieder ihrer Aufgabe nachzukommen, Essen zu bringen – von Fischen bis Süsskartoffeln – und die Felder von Plagen freizuhalten. Zu diesem Zweck wandte man sich auch an andere, morgens aufsteigende Gestirne wie Canopus, α Lyrae, α Canis Maioris oder die Magellanschen Wolken.

Im Südwesten der Nordinsel soll es eine Gruppe gegeben haben, die für jeden Stern ein eigenes Beschwörungsritual – *Karakia* – vorbrachte.[93] Ein solches lautete: "Ti-putuputu [die kleine Magellansche Wolke], jenseitiges Potential, das mit dem langen Himmelsvater aufgeht: Füttere den Mund des Jetzt. Atutahi [Canopus], jenseitiges Potential, das mit dem langen Himmelsvater aufsteigt: Füttere von oben herab den Mund des Jetzt.[94]

Mit 'Potential' wird hier jene prototypische schöpferische Macht und Kraft bezeichnet, wie sie auch für den Sternenhimmel der Anden gilt – indem die astralen Wesen ihre irdischen Arten hervorbringen und sie auf Erden für Leben sorgen. Wie und in welcher Weise sie dies tun, wird an ihren Erscheinungsformen abgelesen – in welche Richtung sie etwa aufblitzen.

'Wie im Himmel so auf Erden' gilt auch für andere Omen. Dies geht aus der folgenden Erzählung einer Auskunftsperson der Tuhoe für eine Schlacht der Māori gegen die englischen Eroberungstruppen 1864 bei Ōrākau auf der Nordinsel hervor.
"Wenn ein Stern innerhalb der Sichel des zunehmenden Mondes liegt, ist dies ein Zeichen des Krieges. Der Mond repräsentiert eine Befestigung – *Pa* – und der Stern eine Truppe von Kriegern, die sie angreifen. Der Stern weiss alles über das nun kommende Unheil. Wandert er auf die andere Seite der Sichel, wird die Siedlung fallen. Wir sahen dieses Zeichen kurz vor der Schlacht von Ōrākau – denn da tauchte der Stern auf der anderen Seite des Mondes wieder auf. Da wir eine Angriffstruppe waren, machten sich unsere Krieger sehr viel aus diesem guten Zeichen. Doch leider – wir haben die Zeichen der Götter falsch gedeutet und dadurch verloren. Wir haben die Barrikade einer Pa gebaut und so den Stern gegen uns gewendet. Denn wir waren da nicht der Stern, sondern der Mond – und sind deshalb gefallen.
Du weisst, wie die *Aitanga-a-Tiki* ['Tikis Nachkommen' als Bezeichnung für die Engländer] in Ōrākau auf uns herabgerollt sind, mein Sohn! Es war ein Wunder, woher all diese Männer kamen, denn die Reihen der Marschierenden stiegen und fielen wie die Wogen einer Springflut und die Sonne konnte nicht mehr auf Mutter Erde scheinen, so bedeckt war sie mit diesen Scharen von *Paheka* ['Weissblonden']. Und dann hallte das Dröhnen der grossen Kanonen am Himmel wider und die Welt des Todes kam über uns. So fielen wir in Ōrākau."[95]

QUELLEN

Bis zur Ankunft der ersten englischen und französischen Forscher Ende des 18. Jahrhunderts – der Erstkontakt durch den Holländer Abel Tasman 1642 blieb folgenlos – war die Kultur der Māori, wie alle anderen Kulturen von Polynesien und Lapita, schriftlos, also von mündlicher Überlieferung in Form von Gesängen geprägt. Austausch mit den Astronomen an Bord von James Cooks Schiffen gab es nicht – anders als auf den Gesellschaftsinseln, wo die lokalen navigatorischen Kenntnisse den Engländern auffielen. Was danach um 1850 von Missionaren – darunter auch dem Deutschen Johann Wohlers – an Informationen gesammelt wurde, war oberflächlich, sporadisch und – da leider seitens der Forscher nie wirklich mit eigenen Kenntnissen des Sternenhimmels verbunden, wie sich beispielsweise an der Vermengung von Kometen und Meteoren zeigt – weniger zuverlässig als in anderen Kulturen.

Ein interessanter Fall ist der zu einer Hälfte von den Māori abstammende Henry Stowell, der auch als *Hare Hongi* publizierte: Seine Beschreibungen und Identifikationen von Sternen versuchen immer wieder einheimisches Gedankengut mit dem einer klassischen englischen Erziehung zu verschmelzen (wenn er etwa Tama-rerertis Piroge mit Argo identifiziert oder Sirius Eigenschaften zuschreibt, die von Hesiod zu stammen scheinen).[96]

Aufgearbeitet wurde das alles samt den vielfältig tradierten Mythen der unterschiedlichen Stammesgruppen im Lebenswerk des Ethnologen Elsdon Best (1856–1931), der Feldstudien in Ureweras im Hinterland der Bay of Plenty an der Nordinsel betrieb, bevor er am Dominion Museum in Wellington arbeitete. Seine 1922 veröffentlichte, aber wenig durchstrukturierte Monographie *The Astronomical Knowledge of the Maori*, bildet nach wie vor den einzig fundierten Überblick über den Sternenhimmel Neuseelands. Waren einem Sternengucker um 1900 an einem Ort noch etwa 300 Sternnamen bekannt,[97] so konnte Best nur noch 250 auflisten, die er aus verschiedensten Quellen und Traditionen zusammenziehen musste, um dennoch bloss ein Dutzend davon mit unseren Sternen abgleichen zu können – und selbst die wurden noch unterschiedlich identifiziert.[98]

Heute vermag selbst eine darauf ausgerichtete Studiengruppe wie H bloss 20 anzugeben. Aufgrund des Quellenstudiums, der mythologischen Kontexte und der Computerprogramme zum Sternenhimmel kommen wir hier jedoch auf ein paar mehr: einige gesicherter, andere spekulativer. So wenig das ist, und so wenig – anders als auf Bora Bora und Tahiti – von einem kohärenten 'Māori-Himmel' die Rede sein kann, so ist er doch interessant, weil er vorführt, wie Traditionen unterschiedlichster polynesischer Herkunft trotz ihres Regionalismus überregionale Überschneidungen herausbilden: Sterne wie Rehua, Whā-nui, A(t)utahi, Takurua etwa – die auf den Gesellschaftsinseln auf andere Sterne bezogen worden waren oder andere Bedeutungen gehabt hatten – wurden so schnell zu gemeinsamen Referenzpunkten für neue, an die Umwelt angepasste Symboliken. Zudem bildeten sie auch markant Neues wie Whaitiris doppeldeutiges Sternbild heraus, das kein Vorbild zu besitzen scheint. Gesellschaftliche Neuorganisation ging also mit einer Überarbeitung und Amalgamierung alter Sternenhimmel unterschiedlicher Herkunft einher, um eine gemeinsame Identifikationsgrundlage herzustellen – die auf der vernetzteren Nordinsel schneller zu Gemeinsamkeiten führte als auf der isolierten Südinsel, wo sich ältere Traditionen hielten.

Die diversen Mythen der Māori wurden im 19. Jahrhundert, damaligen Vorstellungen gemäss und mit merkbar grossem Interesse und Bemühen, aufgezeichnet und eine Zeitschrift zum Studium der polynesischen Kulturen gegründet: das *Journal of the Polynesian Society*. Ohne diese Anstrengungen wäre ein Grossteil des traditionellen, mündlich überlieferten Wissens verlorengegangen, gerade weil ihm durch die Kolonisation mit ihren Landvertreibungen und Kriegen der Boden entzogen und es durch das Christentum überprägt wurde – durch die Missionierungen eben jener Priester, welche die Mythen aufzeichneten, weil sie wussten, dass sie bald in Vergessenheit geraten würden.

Das hat heute ein offen artikuliertes Spannungsverhältnis zur Folge, indem man den Schriftquellen jetzt mit Misstrauen begegnet, weil sie von den englischen *Paheka*, den europäischen Siedlern, geschaffen wurden: Was eine wissenschaftliche Quellenkritik erschwert. Und da Vieles an den Māori-Dialekten von damals heute manchmal nur sprachwissenschaftlich erschliessbar ist, kommt es in der Folge zu kreativen Übersetzungen – die eine legitime moderne Mythenbildung fortsetzen, dem historischen Gehalt jedoch nicht gerecht werden.[99]

Allerdings hat die durch die Europäer eingeführte Schrift auch dazu geführt, dass in Einzelfällen das eigene Wissen selber aufgezeichnet wurde. So soll 1898 von einem Tohunga der Ngāti Pikia in der Region Rotoiti, einem Freund von Elsdon Best, ein Manuskript erstellt worden sein, das 900 Sternennamen und über 100 handgezeichnete Sternbilder enthält; es wurde ausdrücklich geschrieben, um alles darin enthaltene Wissen zu verbreiten, denn "Wissen, das nicht geteilt wird, ist kein Wissen".[100]

Sein Enkel, Universitätsprofessor Rangi Matamua, Leiter der astronomischen Studiengruppe H, hat auf der Grundlage des auch für ihn schwer verständlichen Manuskripts ein Buch auf Englisch über die Plejaden der Māori veröffentlicht.[101] Rückfragen im Zuge der Arbeit an diesem Sternenhimmel, mit detaillierter Schilderung des Projektes und persönlichem Kontakt in Neuseeland, wurden jedoch abschlägig beantwortet: "Für Māori ist es kulturell sehr unangemessen, eine andere Person zu kontaktieren und sie zu bitten, ihr Wissen zu teilen. ... Wie viele andere indigene Kulturen auf der Welt wurden auch die Māori kolonialisiert und von anderen Völkern unterdrückt. Uns wurde viel genommen, einschliesslich Land, Kultur und Sprache. Eines der wenigen Dinge, die wir noch bewahren konnten, ist unser Wissen, und ich bin nicht gewillt, es mit Leuten zu teilen, die ich nicht kenne, damit sie eine Ressource kreieren, die uns sagt, wer wir sind".[102]

Der Impetus dieses Atlas der Sternenhimmel ist nicht präskriptiv, sondern liegt im Erlernen einer Kultur, im Sammeln, Wieder- und Weitergeben von verstreuten Informationen, um Verlorenes wieder sichtbar zu machen. Es ist schade, nicht einen vollständig überlieferten Himmel hier wiedergeben zu können (und es wird eine Freude sein, ihn dann, wenn das Manuskript einmal von Rangi Matamua ediert ist, zu sehen). Dennoch wäre dieser Sternenhimmel bloss einer von einem guten Dutzend anderer Neuseelands, von denen keiner Allgemeingültigkeit behaupten kann. Was hier dagegen vorliegt, ist die Auswertung der vorhandenen Quellen, der alten wie der neuen, in der aufgrund der konfliktreichen Lage nicht idealen, aber bestmöglichen Form. Hinzu kommt leider, dass ich niemanden zur Durchsicht dieses Kapitels finden konnte, der sowohl des Deutschen wie der Sprache der Māori mächtig ist. Ich vermochte auch keine etymologischen Arbeiten zu den Sternennamen zu entdecken, weshalb sie sich oft nicht mehr übersetzen lassen und viele ihrer deutschen Übersetzungen mit einem Fragezeichen zu versehen sind.

I HIMMEL UND STERNE

Himmel

TOI-O-NGA-RANGI – DIE SPITZE DER HIMMEL

B4 57

TIKITIKI-O-RANGI – DER SCHOPF DES HIMMELS

TE

Dies sind die Namen des obersten Himmels, der in einem späten Mythos den Sitz des Gottes Io darstellt; das Wort für 'Schopf' bezeichnet eigentlich den Haarknoten am Kopf eines Māori.

Jene Seelen, die sich eher zum Himmelsvater als zur Erdmutter hingezogen fühlen, steigen vom östlichen Tor des Hawaiki-rangi – dem heiligen Haus auf dem mythischen hohen Berg Iriha des im unterirdischen Westen gelegenen mythischen Heimatlandes Hawaiki – über einen 'Hängenden Weg' – *Toi-huarewa* – zum Himmel hinauf und in die Milchstrasse, als wäre er eine Leiter oder eine Windhose.[103] Die häufigste Erläuterung für Toi-huarewa sieht darin jedoch ein spinnwebfadenartiges Seil, das vom Himmel herabhängt.

Auf vergleichbare Weise gelangt man von einem als 'Eingang Zur Unterwelt' bezeichneten Haus – *Tatau-o-te-Pō* – mit einem Seil oder einem Sprung in die Unterwelt; in diesem 'Haus des Bösen' wohnt der Gott Miru, während der Gott Whiro darunter in Te Pō sitzt.[104]

Von der tahitianischen Vorstellung des Himmels als Dach ist bei den Māori der Bezug zur Sonnenbahn übriggeblieben. So sieht man mancherorts noch seinen Tragebalken in der Milchstrasse als 'Rangis Rückgrat' – *Te Tāhuhu a Rangi*.

An der Ostküste der Nordinsel wurden die Gemeinschaftshäuser so ausgerichtet, dass sie stets der aufgehenden Sonne gegenüberlagen und deren Veranda von ihr beschienen wurde: Hielt man sich nicht daran, konnte dies, so der Glaube, sogar den Tod bringen. Danach sollte die Sonne über den zentralen Dachbalken als Rückgrat des Hauses wandern. Da zum Jahresbeginn und bei der Wintersonnenwende die Sonnenbahn mit der Milchstrasse zusammenfiel, wurden die vom Dachbalken abgehenden Wandpfeiler mit den Sternbildern rechts und links der Milchstrasse dekoriert; weitere Ornamente bezogen sich auch auf die saisonal erhältlichen Nahrungsressourcen, für welche die Sterne verantwortlich gemacht wurden.[105]

TIRITIRI-O-MATANGI – DAS SÄEN DES WINDES

Dies ist der Name des zweithöchsten Himmels; bei seinem Eingang sitzt α Scorpii.

B4 320 und B 57

In den späten Mythen der Whare-Wānanga, in denen Io das oberste Wesen und Rehua [Antares] einer seiner Boten ist, beschliesst Io, dass es nötig ist, den Menschen die drei Körbe jenes Wissens, das tapu ist, samt den beiden Whatu – Heiligen Steinen – zu geben. Sie in Empfang zu nehmen, dafür wird Tāne ausersehen. Um in den obersten Himmel zu steigen, will dieser den *Toi-huarewa* nehmen, den 'Hängenden Weg', der "in der Mitte des Raumes durch die Räume der Himmel hinaufführt":

TĀNES HIMMELFAHRT

"Von Rehua gefragt, erwiderte Tāne: 'Ich werde zum obersten Himmel emporsteigen, um das Wānanga – Wissen – samt den beiden Heiligen Steinen zu holen.' Darauf wollte Rehua wissen: 'Welchen Weg willst du da hinauf nehmen?' Tāne erwiderte: 'Ich werde über die eingeschlagenen Keile des Hängenden Weges hinauf gelangen.' Da sagte Rehua: 'Dann folge uns und steig zum Eingang des Obersten Himmels empor.' Doch Tāne erklärte: 'Lass uns noch warten; die Winde sind zu stürmisch und die Räume der Himmel ganz verwirbelt. Wenn die Mondnacht Orongo-nui gekommen ist, werde ich quer durch die Himmel und ihre Winde emporsteigen.' Worauf Rehua und seine Gefährten wieder in den Obersten Himmel zurückkehrten."[106]
Die vorletzte Nacht der abnehmenden Mondsichel gekommen, befahl Tāne seinem Bruder, dem Windgott Tāwhiri-mātea, ihn zur Himmlischen Dunstfrau im Wolkenhaus an der Schwelle des untersten Himmels zu bringen. Deren Kinder bringen ihn anschliessend in den zweiten Himmel, den 'Geplätteten Holzhimmel' Rangi-Tāmaku. Dort empfangen ihn all die vielen Windkinder, von den Böen bis zu den Stürmen, die auf dem Dorfplatz da fröhlich mit Spielzeug und Kreiseln herumtollen und ihren Ausguck im dritten Himmel von oben haben, dem zehnten von unten – dem 'Stürmischen Himmel' Paroro(ro)-rangi –, von dem herab sie auf die Erde blicken: Von ihnen stammt das blonde, flachsfarbene und das braune Haar, das hochgeborenen Männern und Frauen gut ansteht.

In diesem auch *Rangi-naonao-Ariki* – Himmel des Ursprungs der Mücken – genannten zehnten Himmel, in dem sich auch die Latrine der astralen Menschenfresserin Whaitiris befindet, wird Tāne von wirren Schwärmen feindlicher Insekten und Vögel angegriffen, die der böse Gott Whiro ausgeschickt hat, um sein Blut zu erhalten und zu verhindern, dass Tāne die Körbe der Weisheit erhält. Doch die Winde können sowohl die Insekten von Tāne abhalten wie Whiro daran hindern, dass er seitlich an den Himmeln hochklettert.
Von da steigen sie in den elften Himmel, der *Tiritiri-o-matangi* – Säen Des Windes – genannt wird.
In ihm steht ein Haus namens Tāwhiri-rangi – Himmelswirbel und Himmelswillkommen –, an dessen Kopfbalken sich eine Öffnung befindet, durch die Tāne nun in den höchsten Himmel gelangt. Dort wird er von Ios Dienern empfangen, darunter Rehua [α Scorpii], und zum Meer der abnehmenden Mondsichel Orongo geführt.
Er wird darin zeremoniell gereinigt, um dem höchsten Gott Io vorgeführt und nach weiteren Riten in das Haus namens 'Weisser Himmel' geleitet werden zu können, wo die Körbe des Wissens aufbewahrt werden: "Rangi-a-tea war das Haus, in dem das Wānanga – Wissen – der zwölf Himmel, der Sonnen, Monde und Sterne jedes einzelnen Himmels hinterlegt worden war, welches überall andere Gesichtspunkte aufwies."

Dieses allumfassende, aber vielseitig differenzierende Wissen befindet sich in drei Körben: "Der *Kete Tua-uri* ['Korb Der Dunklen Ritualgesänge'] ist der Korb voller ritueller Gesänge, die sowohl das Verhalten aller, mit dem Himmelsvater und der Erdmutter verbundenen Formen bestimmen, als auch die Kontrolle über all jene Dinge, die man von den Nachkommen der Erdmutter Papa-tua-nuku erwartet.

Der *Kete Tua-tea* ['Korb Der Durchsichtigen Ritualgesänge'] ist der Korb des Bösen, aller schlechten Dinge, egal welcher. Alle bösen Dinge sind in diesem Korb zu finden, alles, was Rangi-Nui oder Papa-tua-nuku oder ihre Nachkommen, was die Sonne, der Mond, die Sterne, der Wind, der Regen, das Wasser, die Bäume, die Steine oder was immer anstellen. In diesem Korb werden ihre bösen Taten offenkundig, all die Streitereien und Kämpfe unter Menschen oder Göttern – all das ist da drinnen zu finden.

Der *Kete Aro-nui* ['Korb Des Grossen Verständnisses'] ist der Korb der Liebe und Sympathie, des Mitleids und Friedensstiftens, des als dauernder Frieden bekannten Zustands, von allen Taten, die mit dem Wissen der Künste zu tun haben, durch welche die Menschen, das Land, Bäume, Wasser, Erde, Gräser, Nahrungsmittel, Tiere, Vögel, Fische, Insekten und all die anderen, dem Menschen bekannten Dinge profitieren.

Die kostbaren Steine, von denen die Rede war, sind aber tapu. Sie stehen im Haus drinnen, in der Mitte des Hauses: der eine auf der östlichen Seite des hinteren Pfostens, der andere auf der westlichen Seite. Den beiden Steinen wohnen grosse Kräfte inne, weshalb eine Person, die einem *Pure*-Ritual unterzogen wurde oder für die eine Lehre zu Ende war, sich auf einen von ihnen setzte.[107]

Auf dem Rückweg wird Tāne im zehnten Himmel erneut von Whiros Heer, den böswilligen Insekten und Vögeln, angegriffen. Mit Hilfe der Winde werden diese Scharen geschlagen und als Gefangene zur Erde mit hinuntergebracht: Von ihnen stammen die Fledermäuse, Eulen, Papageien, Sperber, Eidechsen, Mücken, Sandmücken, Schmetterlinge, Gottesanbeterinnen, Motten, Fliegen und Käfer ab. Als Tāne sodann den untersten Himmel Rangi-Nui erreicht, setzt er Hau-pipi – den vom Wind über den Himmel gewehten Cirrostratus – in die Höhe, als Zeichen für die Nachkommen der Erdmutter.[108]

RANGI-NUI – DER GROSSE RANGI

B 3 105

Dies ist der Name des Himmels, den wir von uns aus sehen.

DIE FRAU, DIE VON SPINNEN IN DEN HIMMEL GEBRACHT WURDE

"In früheren Zeiten lebte einmal eine Frau, die von ihrem Mann sehr schlecht behandelt wurde, weshalb sie die Götter anflehte, von dieser Plage befreit zu werden. Ihre Bitten wurden erhört und Die Blinde Alte Frau Ruruhi-kerepo kam zu ihr, um von ihrem Leid zu erfahren. Die Frau sagte, sie wolle der Grausamkeit ihres Gatten entkommen. Also rief Ruruhi-kerepo zwei Spinnen, die von den Wolken herabkamen und einen Korb flochten, der gerade gross genug war, um sie und ihr Kind aufzunehmen. Ruruhi-kerepo setzte beide in den Korb und befahl den Spinnen, den Korb in den Himmel hinauf zu ziehen.
Ihr verlassener Ehemann blieb bis ins hohe Alter allein und ging nach seinem Tod in die Welt der Geister. Dort sah er ein paar Menschen, die sich versammelt hatten und fragte sie, was sie vorhatten. Sie erwiderten, dass sie

dabei waren, die Initiationszeremonie Tohi zu vollziehen, bei der ein junger Mann seinen zweiten, erwachsenen Namen erhielt, nachdem er beim ersten Tohi seinen Kindernamen erhalten hatte. Dieser junge Mann war das Baby, das die Spinnen in den Himmel geholt hatten, des Greises eigener Sohn! Bald darauf traf er auch seine Frau, die ihn nicht mehr erkannte, weil er nun alt und grauhaarig geworden war; doch als er die Geschichte seines irdischen Lebens erzählte, wusste sie, wer er war. Ab da lebten sie wieder zusammen, denn es gibt keinerlei Streit mehr in der Geisterwelt.[109]
Die gottgleichen Wesen kommen manchmal aus ihren Himmeln herab auf die Erde, um sich mit hiesigen Frauen einzulassen: Man erkennt sie an dem seltsamen Licht und dem Duft, der von ihnen ausgeht."[110]

Sternbild

TĀTAI WHETU – DAS STERNENMUSTER
HUIHUI – GRUPPE, HAUFEN

Mit *Tātai* ist ein wie auch immer geordnetes und dekoratives Muster gemeint. *Kāhui* bezeichnet einen Schwarm, eine Herde, ein Büschel und eine Gesellschaft, ähnlich wie *Huihui* eine Gruppe oder einen Haufen von Sternen – im Unterschied zu ordentlich ausgelegten Sternen.

TE, B 42, HO1 203

Sterne

WHETŪ
WHETŪ RANGATIRA – DIE HERRSCHAFTLICHEN STERNE

B1 107

RĀ RIRIKI – KLEINE SONNEN

B2 37

WHĀNAU PUNGA – DIE FAMILIE DER BLÜTE

S 164

KĀHUI-O-TE-RANGI – DER SCHWARM DES HIMMELS

B 42

WHĀNAU-PUHI-ARIKI – DIE FAMILIE DER GEFIEDERTEN HERRSCHER

S 164

"Für uns sind alle Sterne Leute", sagte eine Auskunftsperson der Tuhoe im Hinterland der Bay of Plenty. "Aber nur die hochgeborenen [die wichtigsten hellen] Sterne wie Grosses Blatt [α Lyrae], die von [dem Windgott] Tāwhiri-mātea abstammen und Enkel des Himmelsgottes Rangi sind, geben uns die Zeichen der Jahreszeiten. All die kleineren Sterne sind gewöhnliche Leute. Als sie gross wurden, hat der grosse Rangi sie zu sich genommen und an seiner Brust gehütet. Sein Erstgeborener war A(t)utahi [Canopus]."

Sie werden als Kleine Sonnen gesehen, gehören wie Sonne, Mond und die Planeten zu den Kindern Des Lichts, aber haben weder Körper noch Köpfe oder Glieder, nur Augen, und machen nichts anderes, als sich im Raum zu bewegen. In welchem der vielen Himmel sie das tun, und welche Systematik hinter der Verteilung der Sterne auf einzelne Himmel steckte, ist nicht mehr zu eruieren. Nur bei Rehua [α Scorpii] geht hervor, dass er am oder unter dem obersten Himmel sitzt.[111]

Die hellsten Sterne am Himmel gelten als Häuptlinge. Als Wichtigster dieser herrschaftlichen Sterne wird Rehua (α Scorpii; auf der Nordinsel hingegen α Canis Maioris) angesehen – weshalb auch die Häuptlinge der Māori mit seinem Namen betitelt werden und es bei ihrem Tod heisst: 'Rehua ist tot'.

Die kleinen Sterne werden meist – nach dem Stammvater all der hässlichen Kreaturen wie Reptilien, Eidechsen, Insekten, Haie, Rochen und Wale[112] – als Nachkommen des Sterns Die Blüte in β Orionis aufgefasst;[113] die Milchstrasse als Ansammlung schwacher Sterne wird hingegen als Verkörperung eines grossen Hais gesehen.

Kāhui wiederum bezeichnet einen Schwarm, eine Herde, ein Büschel und eine Gesellschaft: Die Vorstellung von Sternen als Vogelschwarm korreliert so mit ihrer Bezeichnung als einer Familie von gefiederten *Ariki*. Als solche Herrscher werden die in der Urzeit hervorgegangenen Ahnen aller Lebewesen bezeichnet, zu denen auch der Mensch gehört: Diese übernatürlichen Wesen schmücken sich mit den Schwanzfedern vieler, in den Himmeln lebender Vögel, die wiederum als astrale Prototypen der irdischen Arten gelten. Generell leiteten die Māori ihre Abstammung gerne von den Sternen ab.

B 48, 64 und S 164

Das Funkeln der Sterne deutet man als Zeichen: "Unsere alten Männer sagen, dass es die Sterne sind, die gute und schlechte Saisons bedingen, indem diese vom Mana – der Herrschaft – ihrer Strahlen beeinflusst werden. Deshalb werden gewisse Jahreszeiten auch nach bestimmten Sternen benannt."[114]
"Die Blüte [β Orionis] gehört zu jenen Sternen, die für Essbares sorgen und auch die nahende Dämmerung ankündigten. Die Sonne drückt sie am Himmel von hinten herauf. Die Sterne, welche die Jahreszeiten führen, sind ewig; sie funkeln in den Himmeln ohne Unterlass. Unsere Vorfahren haben diese Botschaften

übermittelnden Sterne stets für das Anpflanzen der Süsskartoffeln konsultiet. Die wichtigsten Sterne, die sie hiefür zu Rate zogen, waren Die Blüte, Die Kleinen Augen [Plejaden], Die Dreierreihe [des Oriongürtels] und Die Zugewandten [in Perseus und Auriga?]. Je nachdem, wie ihr Aufgang ausfiel, wurde früher oder später angepflanzt. *Ich habe von diesen Sternen als Zeichen des Respekts für jene Wesen gesprochen, die unsere Urahnen und Grosseltern angeleitet haben und jetzt nicht mehr auf der Welt sind.*"[115]

II DIE MILCHSTRASSE UND IHRE FIGUREN

Milchstrasse

PAEROA-O-WHĀ-NUI – DIE BREITE HŪGELKETTE | WHĀ-NUIS HŪGELKETTE

S 151

TUAHIWI(-NUI)-O-RANGI – RANGIS (GROSSER) HŪGELGRAT

B 45

Die Sterne in der Milchstrasse werden oft als verstorbene Ahnen gesehen, die sich nach dem Tod in sie verwandelt haben, oder als dort schon ewig lebendes Volk, das den grössten Teil der Himmelsleute umfasst und nachts auf dem Hügelrücken der Milchstrasse über das Himmelsland wandert:

"Der grösste Stamm im Himmel ist Der Lange Weisse Hai [der ihn damit als Totem hat]; er hat die meisten Leute im Himmel. Ihre Pflicht ist es, sich gemeinsam zu bewegen und darauf zu schauen, dass sie nicht verstreut werden. Schau, wie sie gemeinsam dahinziehen – die Alten wie die Jungen, Väter und Mütter, Enkel, Gatten, Ehefrauen, Kinder, alte Männer, Cousins – alle bleiben sie zusammen. Dieses Himmelsvolk stellt unser wichtigstes Ankündigungszeichen für das Tageslicht dar. Denn wenn ein Ende der Milchstrasse nach Osten und das andere nach Westen schwingt, wird es Tag."[116]

Die kleinen Sterne wiederum gelten als Nachkommen Der Blüte von β Orionis, der Urahnin aller Insekten, Eidechsen und Reptilien, aber auch der Haie und Rochen; auf sie passen Die Kleinen Augen der Plejaden und Whā-nui, 'Grosses Blatt', in α Lyrae am Milchstrassenrand auf, "damit sie von ihren älteren Brüdern nicht aus dem Himmel geworfen werden und auf die Erde kugeln".[117]

B 42, B4 97, B1 110–111

KETE – DER KORB

In manchen Mythen wird die Milchstrasse als Flechtkorb voller Sterne gesehen, die aus dem Haus von Rangis Sohn Tāne Des Belebenden Wassers stammen, der damit die Brust seines in den Himmel gestemmten Vaters verziert hat. Der Weg wird als steiler und schwindelerregender Pfad beschrieben.

B 42 und 118

TANGOTANGO – DER HALTER

B3 281

Bei den Ngāhti Awa der Bay of Plenty wird die Milchstrasse als *Tangotango* bezeichnet; als Verb bedeutet es 'ergreifen, halten': in dem Fall des Himmels. Neben der Bezeichnung 'Halter' gibt es auch den Namen *Tū-Rangi* ('Himmelssteher') für die Milchstrasse, sowie *Uru-Te-Ngagana* ('Uru Der Glosende'), der sie als Verkörperung des urzeitlichen Dämmerlichts ausweist.

Als Sohn von Himmel und Erde lebte Uru Der Glosende zunächst bei Whiro, der personifizierten Finsternis, um sich dann seinem jüngeren Bruder Tāne anzuschliessen. In einem Mythos ist er es, der den Wechsel von Tag und Nacht bewirkt und mit seiner Frau Wai-nui – Grosse Wasser – sechs Kinder Des Lichts zeugt: Sonne, Mond, Sterne, das Zodiakallicht Hīnātore, die Kiokio Farnklippen und die Moafederfrau.

In anderen Versionen heisst seine Frau Moe-ahuru ('Geborgener Schlaf') oder Hine-te-ahuru ('Bergende Frau'); Uru Der Glosende kann aber auch das Geschlecht wechseln, um die Himmelskörper als Tongatonga dann selbst zu gebären. Am üblichsten für die Milchstrasse ist jedoch der Name "Tangotango; so heisst dieses nachts über die Himmel gestreckte Ding. Er ist von seinen Sternenkindern umgeben: Das ist wirklich Tangotango."

O 148, B 45, 10–12

TANIWHA – DER WASSERGEIST

B4 501

Die Milchstrasse wird manchmal als dämonischer 'Wassergeist' bezeichnet, der sich in verschiedenen Formen in Süss- wie Salzwasser manifestieren kann, ob als Wal, Hai, Krokodil oder schwimmender

Baumstamm. Solche Wasserdämonen leben in Höhlen oder tiefen Tümpeln, in die sie Menschen hinabziehen und ertränken können; so man sie respektiert, können sie aber auch als Schutzgeister auftreten. Zu Anbeginn der Welt haben manche Wassergeister Häfen und Flussbetten zum Meer hinaus geschaffen oder Muren rund um Seen und Flüsse verursacht.

Der Wassergeist soll in einem Mythos eine grosse Piroge auf der anderen Seite des Himmels besitzen, die 'Kanetaka' heisst und einen Mann namens Pupuki an Bord hat: Darunter ist wohl die astrale Piroge des Tama-rereti zu verstehen.

Mangō-taniwha ist wie *Mangō-ururoa* ein Name für den Weissen Hai. Denn am häufigsten wird die Milchstrasse als Wassergeist – astraler Prototyp – eines Weissen Hais gesehen.

Die Dunkelstellen in ihr gelten als *Waiora*, übernatürlich 'Belebendes Wasser', das Tote ebenso wiederzuerwecken vermag wie monatlich den Mond. In einer Dunkelstelle schwimmt eine grosse Streifenbarbe, in einer anderen ein Butterfisch.

O 149–150 und TA 364

(TE) MANGŌ-ROA – DER LANGE WEISSE HAI
(TE) IKA-ROA – DER LANGE FISCH
(TE) MOKO-ROA-I-ATA

H 329–331

Diese Namen für die Milchstrasse – wie auch ihre Bezeichnung als 'Fisch des Gottes Māui' – sind die geläufigsten. Die Legende dazu ist jedoch verloren gegangen, weshalb man auf Mythen von Rarotonga als einem der Herkunftsländer der Māori zurückgreifen muss, um ihren Hintergrund zu erhellen. Und aus diesen Mythen geht hervor, dass der Weisse Hai und Māuis Fisch sich auf unterschiedliche Episoden beziehen.[118]

TANGAROAS ERNIEDRIGENDER KAMPF MIT DEM LANGEN WEISSEN HAI

Im Mythos des letzten Hohepriesters von Rarotonga ist Māui ein Kind der Erdmutter Papa und des Vaters der Fische, Tangaroa. Māuis ältester Bruder Puta-rau versucht den Himmel hochzuheben, was ihm aber nur ein sehr kleines Stück weit gelingt. Darauf versucht es Māuis jüngerer Bruder Ru-toko-ragi, 'Himmelsträger', der ihn zumindest auf die Krone eines Banyanbaums hinaufstemmen kann.

Ihr Vater Tangaroa weilt inzwischen auf Inseln nördlich der Fijis, die vom Langen Weissen Hai heimgesucht werden; er wandert auf diesen Eilanden umher, steigt hinauf in den Himmel und kommt wieder herab, auf der Suche nach seinen zwei Töchtern, den Lianen, aus denen die Menschheit hervorgehen sollte.

"Auf seinem Weg kam er zu einem gewissen Ort, wo er vom Langen Weissen Hai überfallen wurde. Als der zuschnappte, ergriff ihn Tangaroa jedoch und zog ihn hoch, um ihn zu töten. Da rief der Gott des Südwindes Tonga-iti dem Langen Weissen Hai zu: 'Dein Schwanz! Dein Schwanz! Pack ihn mit deiner Flosse!' Und die schlug er Tangaroa nun so um die Beine, dass der zu Boden ging und der Fisch entkam. Weil Tangaroa dabei unter den Hai geriet, schüttelte sich die ganze Gesellschaft der Götter vor Lachen, während er selbst vor Scham rot anlief: Er lag mit dem Gesicht nach unten – und brach dann durch die Erdoberfläche hindurch, um in die Tiefe abzutauchen, von einer Ebene hinunter zur nächsten."[119]

Zu vergleichen ist Der Lange Weisse Hai mit dem in Ozeanien gesehenen Hübschen Hai. Während der Hai dort jedoch als Tānes 'Haustier' in die Dunkelstelle zwischen Perseus und Puppis versetzt wurde, bevor er zum Menschenfresser werden konnte, nimmt er in Neuseeland den gesamten Raum der Milchstrasse ein. Er gilt dann als Bruder Whiros, der personifizierten Dunkelheit und des Bösen.

Doch ähnlich wie er auf den Gesellschaftsinseln mit den Kindern am Strand spielte, bevor er sie fressen wollte und deswegen in die Milchstrasse versetzt wurde, erhält der Weisse Hai der Māori als kriegerischer Wächter die Aufgabe, die zahlreichen Kinder Des Lichts am Himmel zu hüten. Tāne sagt zu ihm: "Du sollst bei den Enkeln bleiben, damit sie nicht unter sich zu streiten anfangen." Wären er und Tama-rereti nicht am Himmel geblieben, dann wären die Sterne wieder herabgefallen und hätten sich ihre runden Köpfe eingeschlagen oder wären im Ozean ertrunken. Und Rangi rief ihm zu: "Schau, dass du unsere Nachkommen, Die Kleinen Sonnen, stets an der Seite hast, damit man sie genau im Auge behält und schützt, damit du selber den nahenden Tagesanbruch anzeigen kannst und das Kreisen deiner Kinder nicht unterbrochen wird und sie auf ihren Bahnen bleiben."

B 22 und B3 91–92

Auf Rarotonga wird das nach der Auseinandersetzung mit Tangaroa in die Milchstrasse versetzte Seemonster *Moko-roa-i-ata* genannt. *Moko* bezeichnet sowohl in Polynesien als auch in Neuseeland eigentlich als unheimlich geltende Eidechsen; in einer Gegend Melanesiens heisst so auch das Krokodil. Dadurch ergibt sich eine Verbindung zum zirkumpolaren Krokodil des indischen Sternenhimmels.[120] Denn der geläufigste Name für ein Krokodil auf Sanskrit – *Makara* – bezieht sich gleichfalls auf eine Eidechse und geht auf die

Proto-Dravidische Wurzel **mok-* zurück. Von Sanskrit *Makara* und damit verwandten Wörtern wie *Magar* auf Neu Indo-Arisch oder *Manguro* auf Sindhi lässt sich unser Manga-roa leicht ableiten. Das verweist auf einen gemeinsamen uralten Ursprung dieses Monsters, zumal es in Indien ebenfalls zuerst Kindern gefährlich wird und dann als Schutzmacht gilt.[121]

TE IKA A MĀUI – MĀUIS FISCH

H 329–331

In der rarotongischen Legende zum Langen Weissen Hai gelingt es erst dem achtköpfigen Māui, das felsige Firmament in die heutige Höhe zu bringen, indem er aufsteht und sich gerade richtet. Die Mühsal dabei trug allen Brüdern erst ihren Namen ein: *Māui* bedeutet dort 'Der Erschöpfte'. Auf der Suche nach Dem Langen Weissen Hai, der seinen Vater Tangaroa so gedemütigt hat, reist er umher und zieht dabei – den magischen Unterkiefer seines toten Grossvaters als Haken und Blut aus der eigenen Nase als Köder – Inseln aus dem Meer, darunter Tonga und Neuseeland.

MĀUIS FISCH

In den neuseeländischen Versionen dieses Mythos holt Māui zusammen mit seinen Brüdern auf hoher See Neuseeland einmal als Meeresboden herauf, auf dem es bereits Häuser Feuer, Menschen und Hunde gibt,[122] ein anderes Mal aber als Hai, der nunmehr von Tangaroa wieder zum Leben erweckt wird.

"Der Fisch kam hoch, hoch, und als er aufstieg, spannte sich der Haken bis zum Zerbrechen unter seinem grossen Gewicht; und dann gurgelten Gischt und Blasen aus der Erdtiefe herauf, wie von einer im Wasser aufsteigenden Insel, dass seinen Brüdern der Mund offen stand und sie laut schrien. Māui aber sang, während seine Brüder murmelten und jammerten, weinten und klagten, die ganze Zeit seine Beschwörungen weiter und sagte: 'Seht ihr, wie wir auf hohe See gelockt wurden, um dort zu kentern und von dem Fisch verschlungen zu werden.' Dann erhob er seine Stimme und rezitierte wieder die Hiki genannte Beschwörung, die sich gegen Schwergewichte richtet, auf dass der Fisch, den er da am Haken hatte, leicht heraufkomme. ... Und als er damit fertig war, kam er hoch, an seiner Leine hängend, Der Fisch Des Māui: und er war ein Stück Land von Papatua-nuku. Doch darauf lief ihre Piroge nun auf Grund!"

Māui bittet daraufhin seine Brüder mit dem Verzehren des Fisches zu warten, bis er auf einem heiligen Platz den Göttern geopfert hat: "Doch seine dummen, gedankenlosen Brüder zerlegten ihn, worauf die Götter ihren Zorn auf sie richteten, weil er zerlegt worden war, ohne ihnen zuvor ein passendes Opfer dargebracht zu haben. Und da begann der Fisch seinen Kopf hin und her zu werfen, mit seinem Schwanz um sich zu peitschen, die Rückenflosse zu schlagen, den Unterkiefer aufzuklappen: Ah! Ah! Gut gemacht, Tangaroa – er hüpft jetzt am Ufer so schnell umher als wäre er im Wasser!

Aus diesem Grund ist diese Insel jetzt so rau und uneben – hier ein Berg, dort eine Ebene, da ein abfallendes Tal, dort eine aufsteigende Klippe. Hätten sich die Brüder von Māui nicht so hinterhältig verhalten, wäre der riesige Fisch flach und glatt dagelegen und ein Vorbild für den Rest der Welt gewesen, für die heutige Generation der Menschen. Doch so wurde dies zum zweiten Übel, das nach der Trennung von Himmel und Erde geschah."[123]

Māuis Fisch ist als Abbild des in der Mitte auseinandergeschnittenen Neuseeland zu verstehen, dessen Topographie man am Himmel auf ähnliche Weise erblickte wie das Atoll Bora-Boras am Sternenhimmel der Gesellschaftsinseln.

Was Māui selbst betrifft, so hat er – zumindest in der Ursprungslegende von Roratonga – noch weiter mit Fischen zu tun, wie beim Kohlensack und der Dunkelstelle in der Milchstrasse zu sehen sein wird.

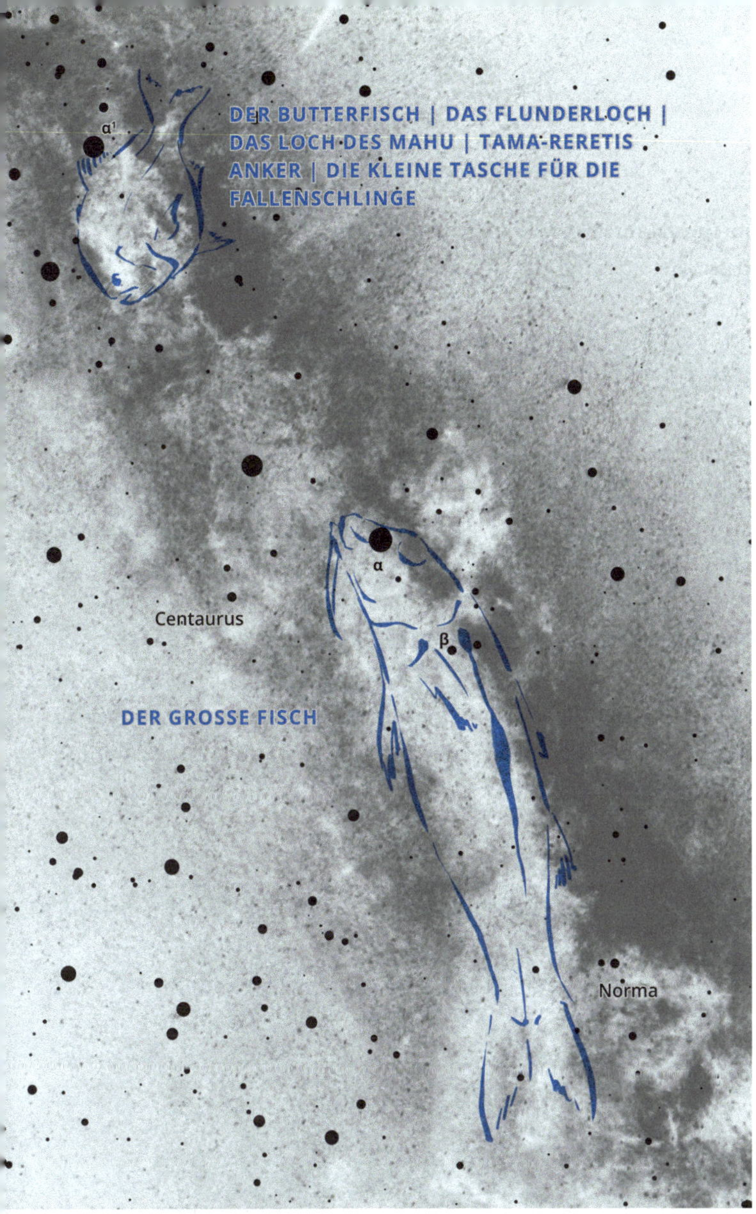

TE IKA-MATUA A TANGAROA – TANGAROAS ELTERNFISCH

HO25, B39

ARA-MATUA – DER ELTERNWEG

L|H87

Der Wasserdämon des Weissen Hais wurde von Māui schliesslich besiegt und in den Himmel gebannt: In einer Version flieht der vermenschlichte Hai vor ihm in den Himmel, mit wehendem Gewand, das noch so an der Milchstrasse zu sehen ist. Seine heutige Position erhielt er, als er den gerade geborenen Canopus verschlingen wollte und deshalb vom Himmelsvater zur Seite gestossen wurde.[124]

Aufgrund der Vorstellung von Kindern als den Sternen der Milchstrasse wurde der Lange Weisse Hai schliesslich umgedeutet zu 'Tangaroas Elternfisch'. Er gebiert dann die Himmelskörper, den Lebendgeburten eines Hais gemäss, oder nimmt sie zusammen mit Te Heremaro, dem Zodiakallicht, in sein Heim in der Milchstrasse auf – woher der Brauch der Adoption bei den Menschen rührt.

In einer wiederum anderen Anschauung wird der Hai zu einem der Wächter der Kinder Des Lichts. Denn die streiten sich manchmal untereinander und schubsen sich gegenseitig, sodass einige von ihren himmlischen Plätzen stürzen: Das sind dann die *Mata-kokiri*, die 'Dahinschiessenden' Sternschnuppen.

HO 25 und B4 281, B10

Dunkelstelle zwischen etwa Norma und Centaurus?

(TE) IKA-NUI – DER GROSSE FISCH

B44

MĀUI UND DER GROSSE FISCH

Nachdem Māui mit seinem Haken mehrere Inseln vom Meeresboden an die Oberfläche heraufgezogen und ihr Land gefestigt hatte, fuhr er im Ursprungsmythos von Roratonga zu einer Insel nördlich der Fijis. "Dort fand er zwei Fische, den Tarao [einen Meereskarpfen] und den Auru [die Streifenbarbe *Mullus surmuletus*], und brachte sie zurück zur Insel Rangi-ura [wo Tangaroa vom Hai überfallen worden war]: Sie waren aus dem Fischschwanz herausgewachsen, der seinen Vater Tangaroa gepeitscht hatte. Er ass sie nicht, sondern trug sie hinauf in den Himmel zu den Göttern Rongo und Tāne. Seitdem sieht man diese beiden Fische jede Nacht am Himmel. Seine Fische zeigen da auf die 'Quellen des Windes' – der Wind wird von dorther wehen, wo man sie stehen sieht. Zeigen ihre Köpfe zum Sonnenaufgang, wird der Wind ein Moake sein, der einen nach Nordosten weht. ... Mit dem Tod dieser Fische war gerächt, dass sein Vater damals von diesen Fischen gepeitscht worden war."[125]

Die Streifenbarbe Auru – die sich in Neuseeland mit der Streifenbarbe Kanae Raukura (*Mugil cephalus*) abgleichen liesse – wird von Māui in dieselbe Stelle der Milchstrasse versetzt,[126] wo im Sternenhimmel Tahitis Der Drückerfisch sass. Das legt nahe, Den Grossen Fisch der Māori mit einer solchen Streifenbarbe zu identifizieren.

Der Grosse Fisch wird vom Langen Fisch unterschieden, indem beide ein Paar bilden, die in einem Mythos miteinander die Sterne zeugen – oder zumindest zu den Stiefeltern und Hütern der Sternenkinder werden.

Das zeigt der folgende Text: "Den Grossen Fisch und Den Langen Fisch betreffend, so wird die Familie dieser beiden Wesen von den Sternen des Himmels gebildet, von A(t)utahi, Der Blüte, den Kleinen Augen, Takurua-ruru [Dem Winter(-Schutz?)], W(h)ero-i-te-ninihi, W(h)ero-i-te-kokota, Der Dreierreihe und Dem Himmelhohen. Diese bringen Nachschub an Nahrung herab aufs Land, während Rehua alle Früchte reifen lässt. Das sind die Aufgaben dieser Wesen."

B 45, 10, B4 320

Kohlensack

TAR(I)AO – DER BUTTERFISCH

B 62

TE RUA-PĀTIKI – DAS FLUNDERLOCH

TE, B 46

Der zweite von Māui im rarotongischen Mythos an den Himmel versetzte Fisch, der Karpfen Tarao, lässt sich mit dem neuseeländischen Tarao abgleichen, dem Butterfisch *Odax pullus*. Ein Gestirn namens *Tariao* ist belegt als 'Gestirn in der Milchstrasse'.[127] Mit dem Kohlensack lässt sich dieser Tar(i)ao insofern identifizieren, als darin auch ein anderer, breiter Fisch gesehen wird: eine Flunder. Damit ist jeder flunderartige Fisch gemeint, ob *Rhombosolea, Pelotretis flavilatus* oder *Colistium nudipinnis* – der Kohlensack wird ausdrücklich als Ursprung der irdischen Flundern gesehen.

B1 111, B 46 und HO1 202–203

A(t)utahi (Canopus) soll dem Fisch Tariao vorgeschlagen haben, sich von der Milchstrasse ganz wegzubegeben, doch der schlug das aus, weil er Den Langen Weissen Hai mit seinem vom Ufer aus aufgespannten Netz fangen wollte, als dessen Pfähle ihm die beiden nie untergehenden Magellanschen Wolken dienten. Tama-rereti wollte sie in seine astrale Piroge holen, Tariao jedoch war dagegen.[128]

Diese Legende bringt zum Ausdruck, dass Tariao Den Langen Weissen Hai der Milchstrasse unter Kontrolle hält oder zumindest von seinem Ufer aus fangen will.

B1 111 und B 46

TE RUA O MĀHU – DAS LOCH DES MĀHU

Māhu ist in Neuseeland ein Fremdwort: Damit wurden am Himmel der Gesellschaftsinseln die 'Dämonen' der beiden Magellanschen Wolken bezeichnet. In einer neuseeländischen Legende heisst es, dass Māhu einst "der Stern des Südens gewesen sei, der seinen Platz verlassen habe, weil er hinter einer Frau her war. Wenn er sie endlich kriegt, wird er in sein eigentliches Heim wieder zurückkehren".

HO1 202–203

PUNGA A TAMA-RERETI – TAMA-RERETIS ANKER

W1 53

Eine weitere alternative Deutung des Kohlensacks sieht darin den Ankerstein von Tama-reretis astraler Piroge im Orion. Dies ist einsichtiger als die Sterne von Crux, die üblicherweise mit diesem Anker identifiziert werden, da die Form von Crux nur einen Eisenanker westlichen und modernen Zuschnitts abbildet.[129] Die Assoziation mit Tama-rereti macht auch insofern Sinn, als der ebenfalls als Aufpasser der Sterne gilt.[130]

TE PŪTEA-ITI A RETI – DIE KLEINE TASCHE FÜR DIE FALLENSCHLINGE

B 39, MA 248

Dieses Sternbild wird mit dem Kreuz des Südens identifiziert, passt jedoch der Form nach nicht dazu, sondern zum Kohlensack, der sich als Beutel für in Crux liegende Vogelfallen sehen lässt. Bevor man zum Vogelfangen auszog, segnete man diese Tasche.[131]

NAHA – DIE FALLSCHLINGE

TE, B 41

Die ist die eigentliche Fallschlinge für die in Crux gesehene Papageienfalle A(t)utahis, mit der dieser heiligste Stern sich von den himmlischen Vögeln ernährt.

die grössere Magellansche Wolke

PĀTARI-RANGI

TI-OREORE | PI-ORIORI

B 40

WAKA MUAURU-IHO – DAS UNTERE NORDWESTLICHE WASSERLOCH

TA2 364

MANAKO-URI – DER SCHWARZE WUNSCH

W1 53

Pātari hat offenbar etwas mit Überreden zu tun.[132] In einer Fassung des Schöpfungsmythos' bringt Wachsen Der Nacht, ein Ratgeber Tānes, diesem Sterne und Sternbilder, damit er, wie gewünscht, die nackte Brust seines gerade von der Erde getrennten Vaters Rangi schmücken kann, beginnend mit den beiden Magellanschen Wolken, die somit Tānes Wunsch einmal in hell, einmal in dunkel erfüllen. Danach bringt er ihm Den Grossen Fisch der Milchstrasse sowie den heiligen Stern A(t)utahi, der über all die Sterne des Jahres herrscht.[133]

Die Magellanschen Wolken gelten entweder als verheiratete Wesen oder als deren zwei Töchter Ti-oreore und Ti-katakata, "die Winde abwehren. Erhebt sich Wind, geht eine von ihnen los, um ihn einzudämmen; es ist ihre ständige Aufgabe, die Menschen davor zu schützen." Nimmt Ti-oreore die vorderste Position ein, ist dies ein Zeichen für schönes Wetter; je nachdem, wie sie gerade in der Milchstrasse liegen, lesen auch die Māori an ihnen die Richtung des bald wehenden Windes ab. Die Magellanschen Wolken werden deshalb auch als "Windsiebe"[134] bezeichnet.

Ti-oreore ist zudem der Name einer der beiden Pfähle, zwischen denen sich das Netz aufspannt, mit dem der Butterfisch des Kohlensacks Den Langen Weissen Hai der Milchstrasse vergeblich zu fangen versucht.

B 49, TA 374 und B1 112

die kleinere Magellansche Wolke

PĀTARI-KAIHAU

TI-PUTUPUTU

TI-KATAKATA

B 40

WAKA MAURI-AKE –
DAS OBERE NORDWESTLICHE WASSERLOCH

TA2 364

MANAKO-TEA – DER WEISSE WUNSCH

W1 52

"A(t)utahi [Canopus] sagte zu Tariao: 'Lass uns an Land segeln, damit wir nicht durch Den Langen Weissen Hai [der Milchstrasse] fahren müssen.' Tariao erwiderte: 'Nein, ich will, dass mir Der Lange Weisse Hai ins Netz geht'. Deshalb lebt Tariao jetzt in der Milchstrasse drinnen, wo er die beiden Magellanschen Wolken Ti-oreore und Ti-putuputu als Pfähle für sein Netz errichtet hat: sie gehen nie unter, sie drehen sich bloss.

Tama-rereti, dem neben Dem Grossen Fisch der Milchstrasse die Aufsicht über die Familie der Kleinen Sonnen, der Sterne, obliegt, gehört auch eine Piroge am Himmel. Dieses Schiff wollte er Tariao und A(t)utahi zur Verfügung stellen, doch Tariao lehnte ab. Daraufhin ging Tama-rereti allein fischen und fing ein paar Fische; ihre Gräten blieben ihm dann jedoch im Hals stecken und er erstickte und starb. Seither ist nur noch Der Lange Weisse Hai zuständig für die Sterne."

Dieser leider nur skizzenhaft aufgezeichnete Mythos stellt indirekt eine Beziehung zwischen der astralen Piroge als Totenschiff und dem Netz Hao-o-Rua her, mit dem die Seelen der Toten gefangen werden.

B1 112 und B 46

III ASTRALE PIROGEN

Am Nachthimmel der Māori gibt es mindestes zwei Himmelspirogen, die jene legendären Boote und ihre Kapitäne darstellen, welche die einzelnen Stammesgruppen als ihre Urahnen reklamieren; beide Schiffe werden auch mit Tama-rereti verbunden, der mit seiner Piroge die Sterne an den Himmel setzte oder bei dieser Besternung mithalf. Jene Piroge – *Waka* –, vor deren Bug die Plejaden stehen, hat auch Totenseelen an Bord; sie wird 'Vollkommenheit' genannt, *Te Makurangi*.

Die Pirogen, mit denen die ersten Siedler im Land der Langen Weissen Wolke landeten, wurden zu einem zentralen Symbol einer sozialen Organisation, mit der sich die *Iwi* – Stammesgruppen – der Māori schnell von ihren Ausgangskulturen abzusetzen begannen, indem deren Kapitäne zum Ursprung neuer Genealogien und den davon abgeleiteten gesellschaftlichen Hierarchien und Landansprüchen wurden: Andere Genealogien wurden ab da weitgehend ignoriert.[135]

Die Bedeutung der Waka zeigt sich auch darin, dass das Gemeinschaftshaus eine umgedrehte Piroge nachahmte. Seine Firststange war der Kiel, von dem die Abstammungen der Häuptlinge und anderer hoher Personen abgeleitet wurden, während die *Poupou* – die seitlichen Paneele des Hauses – die Bänke der gemeinen Ruderer symbolisierten.[136]

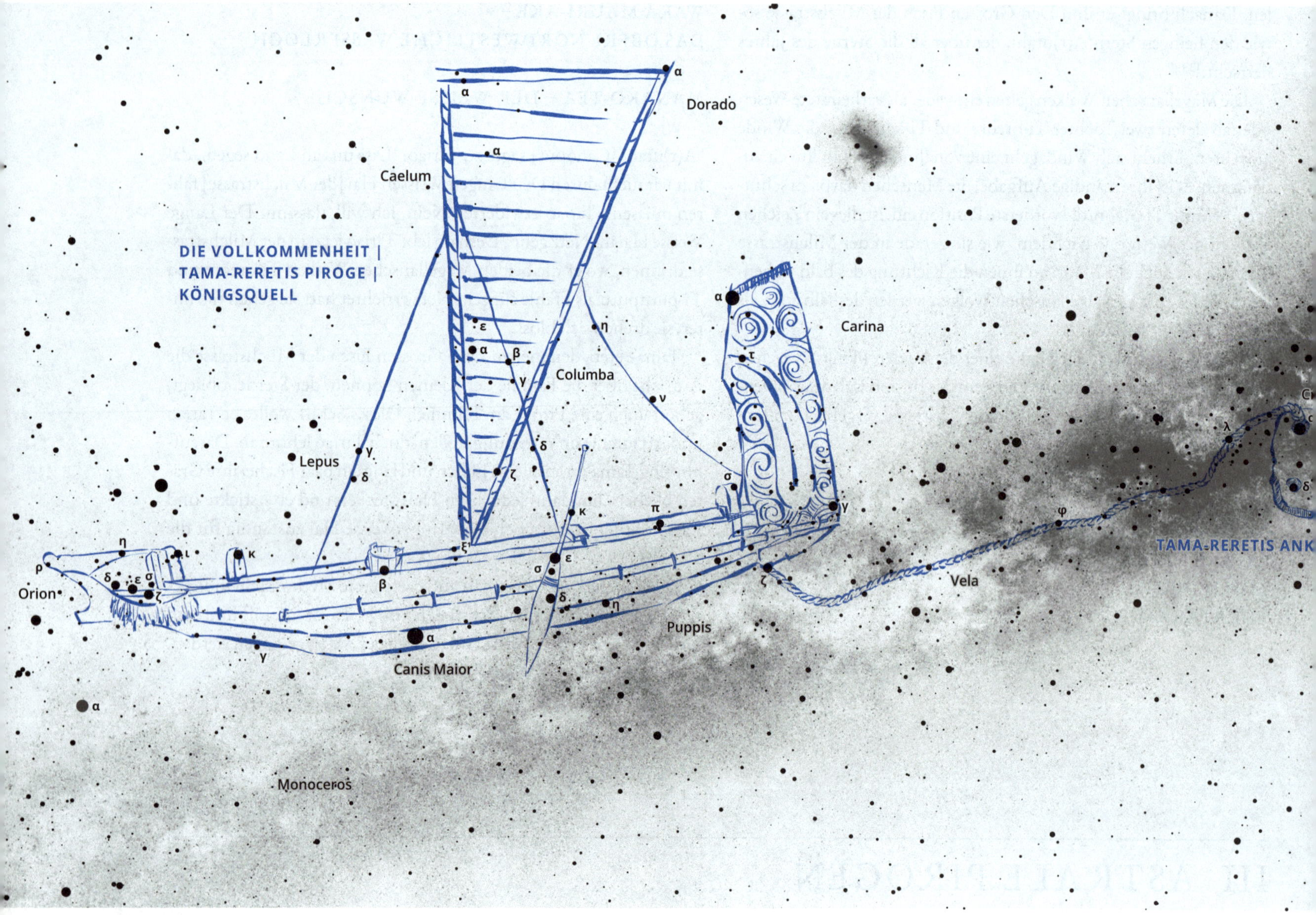

Orion, Canis Maior, Columba, Caelum, Pictor, Puppis, Vela und α Carinae

TE MAKURANGI – DIE VOLLKOMMENHEIT

SI 13

Diese Piroge schicken die Götter herab, um die Häuptlinge – *Ariki* – als direkte Nachkommen der Götter in den Himmel zu holen, damit sie dort weiterleben können; allein sie kommen nach ihrem Tod in den Himmel – so der Glaube um Whanganui im Südwesten der Nordinsel –, während die gemeinen Leute in die Unterwelt des Te Pō hinabsteigen müssen.[137]

Anderswo hält man die Sterne für die Augen jener Ahnen, die Vollkommenheit samt der damit verbundenen innerlichen Ruhe erlangten und somit an Bord dieser Piroge gehen durften. Allgemein wird nach dem Tod eines Menschen sein Sarg als 'Piroge' bezeichnet, die dann auf einem Fluss der Tränen dahinsegelt.[138]

TE WAKA A TAMA-RERETI – TAMA-RERETIS PIROGE
PUNA-ARIKI – KÖNIGSQUELL

TA 2, H 329, B 55–57

Crux

TE PUNGA A TAMA-RERETI – TAMA-RERETIS ANKER

B 60

Reverend Taylor bildet für 'Tama-reretis Piroge' ein Diagramm ab,[139] mittels dessen sich die Sterne dieses Bootes bestimmen lassen; Mast und Segel werden ebenso ausgewiesen wie ein nicht näher identifizierter Schöpfeimer – *Ta Oe* – und ein ebenso nicht näher identifiziertes Paddel – *Te Tata* –, die sich in Canis Maior befinden müssen.

Von einem Fischernetz für die Toten ist bei dieser Piroge keine Rede; ein sich darauf beziehendes Klagelied sieht es hingegen draussen bei Canopus, also sehr weit entfernt von Tama-reretis Piroge: "Weit draussen ist Atu-tahi [Canopus], der Stern, der für sich allein im Himmel leuchtet. Die Schlinge wurde zugezogen, beim Aufgang

Der Kleinen Augen [Plejaden], gemeinsam mit Der Blüte [β Orionis] und Der Dreiereihe [des Oriongürtels]: So wurdet ihre alle, es sei geklagt, hinunter in den Tod gezogen."[140]

Tama-reretis Piroge wird – anders als Die Federdrachenpiroge – nicht mit der Migration nach Neuseeland in Verbindung gebracht, sondern in einem heute noch lebendigen Mythos mit der Erschaffung der Gestirne. So heisst es 1920 in einer Aufzeichnung der Südinsel: "Die Piroge des Himmels gab es im Anbeginn der Welt, als Tāne sie mit in den Himmel nahm und bei Tama-rereti liess."[141] In einer modernen Version von 2011 aus dem Raum Waitaha ist dies unmittelbar nach der gewaltsamen Trennung von Himmelvater und Erdmutter durch Tāne und der weiterhin anhaltenden Dunkelheit anzusetzen.

Tama-rereti lässt sich als 'Sohn des Rippenfarns' auflösen; kontextuell passender jedoch ist der Bezug zu *rere* ('fliegen', 'als Gestirn aufgehen') und *te tī, te tā* ('hierhin und dorthin'), was ihn als 'Überallhin Fliegenden Sohn' vorstellt.[142] Von ihm weiss der Mythos allerdings nur, dass er ein Spross Uru-Te-Nganganas war – des Roten Lichts der noch sonnenlosen Welt, das Himmelskörper zur Welt brachte – und dann zu einem Herrscher der Unterwelt wurde. Neben Dem Langen Weissen Hai der Milchstrasse war er so lange für die Sterne verantwortlich, bis er einmal, wie es heisst, an den Gräten eines Fisches erstickte, den er mit seiner Piroge gefangen hatte.[143] In einer anderen Überlieferung hingegen heisst es, er sei zu den Eisbergen in den Süden gesegelt und so mit seiner Piroge in den Himmel gekommen.[144]

DIE LEGENDE UM TAMA-RERETIS 'KÖNIGSQUELL'

Das Grosse Wasser Wai-nui – der Ozean – hatte mit dem Himmelshalter Tangotango – der Milchstrasse – geschlafen und mit ihm die Sonne Te Rā gezeugt, den Mond Marama sowie die Myriaden von Sternen am Himmel, gefolgt vom Zodiakallicht Hinātore. Alle zusammen wurden *Te Whānau Marama* genannt, 'Die Kinder Des Lichts'. Doch sie gaben noch lange nicht genug Licht, um in der Finsternis wirklich einen Unterschied zu machen. Also wandte Tāne sich an seine Geschwister, damit sie ihm Die Kinder Des Lichts gäben, um sie auf die Brust des Grossen Himmels Rangi-nui heften zu können. Wai-nui und Tangotango waren zuerst nicht einverstanden, aber da Tāne nun einmal Tāne war, vermochte er sie zu überreden.

Und so wurden nun drei Körbe geflochten. In den ersten wurde die Sonne gesteckt, in den zweiten der Mond und in den letzten Korb, der 'Das Grosse Fischernetz Te Kupenga-nui' hiess, legte man die Sterne. Hierauf ging Tāne seinen Vetter Tama-rereti suchen und sagte zu ihm: 'Mein Freund, wir haben jetzt eine grosse Aufgabe vor uns; hast du eine Piroge?' Dem Stamm der Ngā Tuhoe und den Matatua der Nordinsel nach[145] hiess diese heilige Piroge 'Königsquell', da ihr schliesslich die Herrscher des Himmels entstiegen. Tāne erklärte Tama-rereti, dass sie mit seiner 'Königsquell' in den Himmel segeln müssten, um die Kinder Des Lichts entlang der Brust des Grossen Himmels zu befestigen. Tāne nahm zuerst das Zodiakallicht und platzierte es am Himmel, ohne dass es aber viel brachte. Dann sammelte er die Sterne zusammen und platzierte sie in ordentlichen Mustern am Nachthimmel – wie etwa Die Dreierreihe [von Orions Gürtelsternen], Rehua [α Scorpii], Den Südlichen Māhu-Dämon [Crux] und Das Grosse Blatt [α Lyrae]. Tāne war so zufrieden mit diesem Meisterwerk, dass er auf der Stelle beschloss, einen zeremoniellen Tanz zu vollführen. Er geriet dabei aber derart in Schwung, dass er mit seinen Füssen aus Versehen den Korb in den Raum hinaustrat und die Sterne überall willkürlich verstreute: Deshalb sieht es bei den meisten Sternen nicht danach aus, als hätte es für ihre Verteilung einen Plan gegeben.

Danach griff sich Tāne den Mond, worauf es ein Zeitlang gut ausschaute; doch dann wurde es wieder dunkel. Schliesslich nahm Tāne den letzten Flechtkorb, in dem die Sonne steckte, und brachte sie an seinem Vater an. Und da erstrahlt nun die Welt zum allerersten Mal in einem glorreichen Licht – *Te Ao Mārama*, die Welt Des Lichts Und Des Lebens.[146]

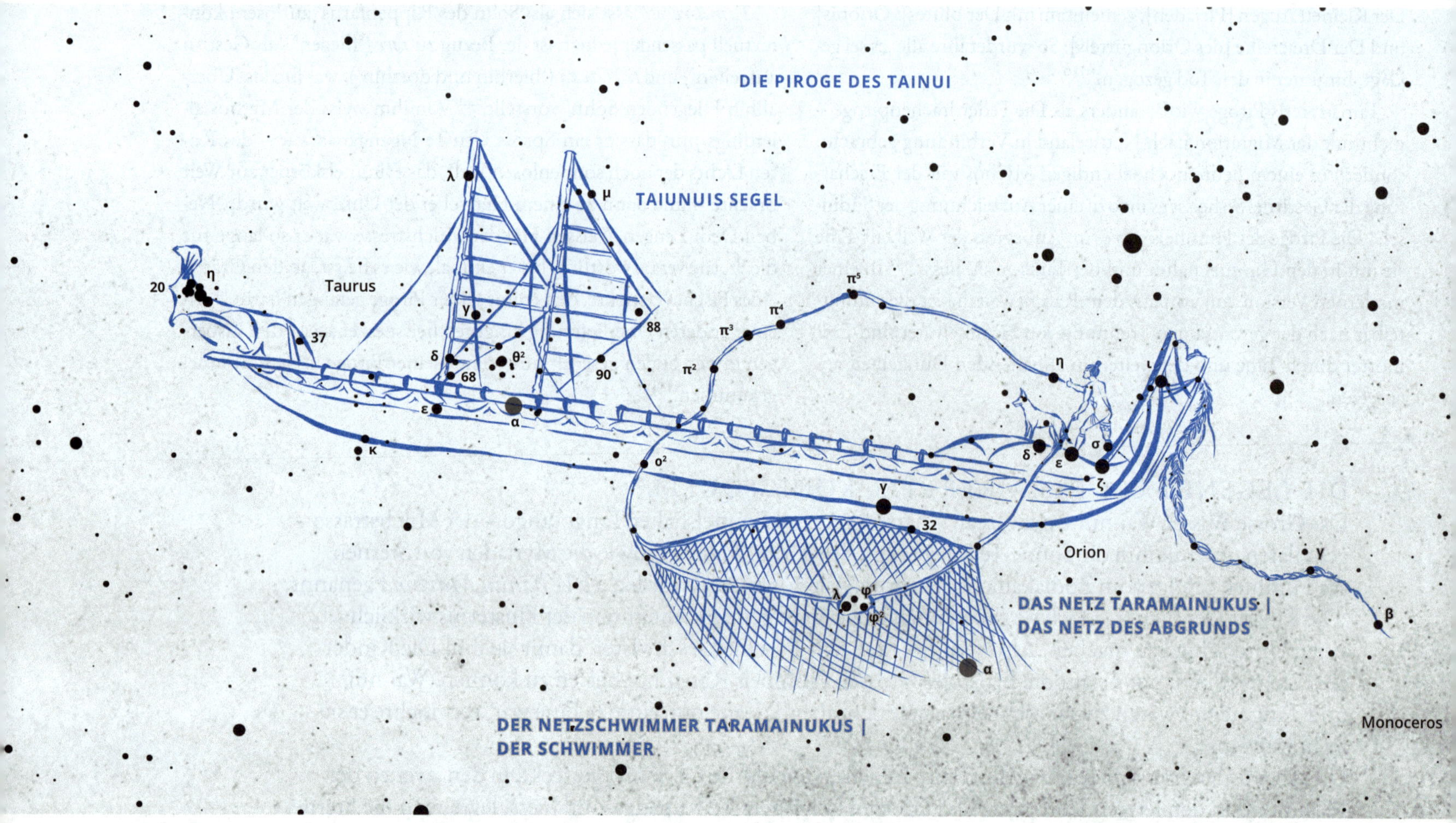

Plejaden, Taurus, Orion und Hyaden

TE WAKA A TAINUI – DIE PIROGE DES TAINUI

M 66

Eine Kriegspiroge weist an ihrem Bugsporn zwei Rippen auf, von denen die eine die übernatürliche Lebenskraft der Götter – *Ira atua* –, die andere die Lebenskraft des Menschen – *Ira tangata* – repräsentiert. Zusammengehalten werden sie von einem Geisterboten – *Manaia* –, der als Maorifalke oder Eidechse geschnitzt ist; sein Schnabel oder Maul hält die beiden Rippen zusammen. An der Basis der hinteren Rippe sitzt der grosse Kopf eines anderen Manaia, der Tod und Sterblichkeit symbolisiert.[147] Die Plejaden stellen in diesem Zusammenhang die Verstorbenen dar, die an Bord dieses astralen Totenschiffes gehen.

Hyaden

TE RA-O-TANUI – TAINUIS SEGEL

B 60

δη – Schildsterne – 15 – λ Orionis

TE KUPENGA A TARAMAINUKU – DAS NETZ TARAMAINUKUS

M 66

TE HAO O RUA – DAS NETZ DES ABGRUNDS

B 43

$\lambda\varphi^{1+2}$ Orionis

NGĀ PŌITO O TE KUPENGA A TARAMAINUKU – DER NETZSCHWIMMER TARAMAINUKUS

M 66

KĀREWA – DER SCHWIMMER

B 35

Eine um die Stadt Hamilton verbreitete Variante des Schiffs sieht in den Plejaden den Bugsporn, in Taurus zwei Segel, in den Gürtelsternen des Orion den bis ιυ Orionis reichenden Heckaufbau; die Ankerleine verläuft von γ bis β Monocerotis. Der Gott Tara-Mai-Nuku ('Alter Erdsporn') steht am Hecksporn, vor ihm sein Hund auf δ Orionis. Taramainuku hält ein rundes Fischernetz, das auch als 'Netz Des Abgrunds' bezeichnet wird, weil es die Toten in die Unterwelt hinablässt: "Man sieht es im Himmel."[148] Im Norden ist belegt, dass man Unter- und Aufgang dieses Sternbildes dazu benützte, um die Ruhe- und Arbeitszeiten zu regeln.[149]

Die Tainui sind eine Gruppe von vier Stämmen im Zentrum der Nordinsel, die ihre Herkunft aus Polynesien an Tainuis Piroge festmachen. Sie soll auf Mangaroa aus einem hohen und dicken Baum gefertigt worden sein, der da wuchs, wo man ein totgeborenes Kind namens Tai-nui, 'Springflut', begraben hatte; der Baum liess sich erst beim dritten Mal fällen. Das Schiff soll deshalb anfänglich so schwer – *tainui* – gewesen sein, dass erst eine Beschwörung es von allem befreite. Es war 30 Ellen lang – 13,5 m –, besass einen Ausleger und hatte 29 Männer und elf Frauen an Bord, die ihre Heimatinsel Kriegs und Hungers wegen verliessen.[150]

In dieser Piroge namens *Tainui* geht zu Beginn des ersten Monats Pipiri Anfang Juni die Sonne morgens auf. Zuvor ist der Bug zu sehen, an dem die erstmals wieder heliakisch aufgehenden Plejaden sitzen, unter ihnen der besonders mit den Verstorbenen verbundene Stern Pōhutukawa [Asterope in den Plejaden]. Im Heck steht der Kapitän namens Taramainuku; er wirft in den nächsten elf Monaten jede Nacht sein Netz weiter über die Erde aus, um ihre Seelen heraufzuholen. Dieses Netz des Abgrunds einmal zusammengezogen, hängen sie dann im Orionnebel am Hecksporn, *Kura* gleich – jenen dekorativen Federn, mit denen Pirogen geschmückt werden.

Mitte des elften Monats steht die Piroge im Westen lotrecht am Horizont und die Sonne versinkt in ihr, sodass nachts nur noch kurz das Heck mit den Seelen zu sehen ist. Derart gleiten sie mit der Piroge in den Abgrund der Unterwelt: Daher der Spruch über die Toten als "Gesellschaft in der Kaverne Der Kleinen Augen [Plejaden]". Oder wie es in einem Klagelied heisst: "Der Tod ist das Los der Menschheit. Die Erde bebt und Die Dreierreihe [des Oriongürtels] zieht weiter in die Grube Der Kleinen Augen, den Zeichen des Todes."

Die Piroge verweilt eineinhalb Monate in der Höhle der Unterwelt, wo das Netz wohl in der Vorstellung an den Pfählen der Magellanschen Wolken aufgespannt und in dieser Ruhezeit geflickt wird; zugleich werden die Toten auf ihr Nachleben vorbereitet.

Geht das Totenschiff dann erstmals wieder im Osten auf, holt Taramainuku sich die Seelen des Jahres vom Heck und wirft sie in den Himmel – wo die Toten, wie viele Māori glauben, zu Sternen werden, um in dieser Gestalt am Nachthimmel weiterzuleben. "Du bist ein Stern geworden", ist ein häufiger Ausdruck bei den Trauerklagen der Lebenden in diesen Tagen, die mit ihren Namen gerufen werden. Es sind dies die heiligsten Nächte: Mit denen das Jahr beginnt – indem man sich für die guten Dinge des vergangenen Jahres bedankt, ein gutes neues Jahr beschwört und der Verstorbenen gedenkt.

Auf der Südinsel hat sich eine, in mehreren Büchern der Māori aufgezeichnete und um 1890 von Beattie gesammelte Überlieferung erhalten, die in der astralen Piroge der Sterne von Scorpius die erste Piroge sieht, die Neuseeland erreicht hat.

BE 141–142, 145 und PT 215–218

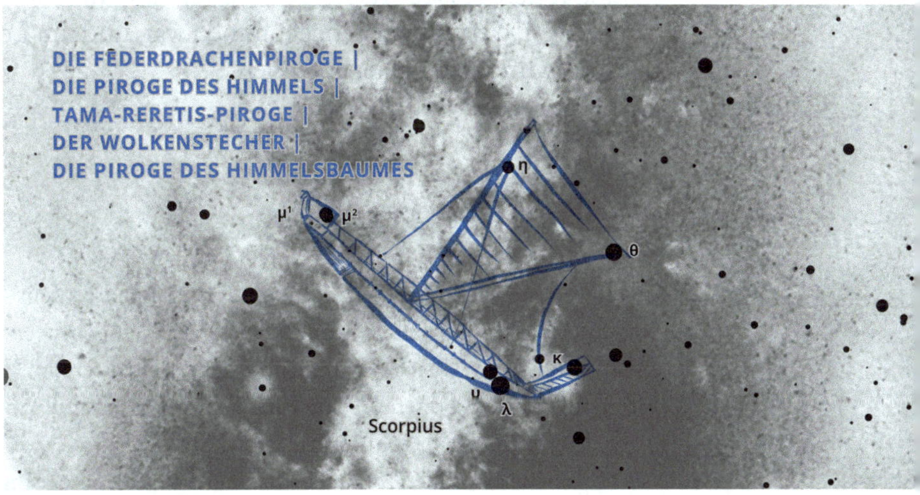

μ – η – θ – υ Scorpii (Ankerleine: G Scorpii)
TE WAKA-HURUHURU-MANU –
DIE FEDERDRACHENPIROGE
TE WAKA A RANGI – DIE PIROGE DES HIMMELS
PT 219

In der Tradition der Südinsel kamen die ersten Siedler nicht aus Rarotonga, wie einmal festgehalten wird,[151] sondern "aus einem Land namens Patu-nui-o-Aio jenseits des Horizonts, wo der Himmel tief auf dem Ozean hängt". Es ist dies das mythische 'Nebelland', auf dem die Urahnen der Waitaha sich niederliessen, nachdem sie vom Himmel herab auf die Erde gekommen waren.

"Sie schauten auf den Ozean und dachten, dass der Himmel am Horizont ins Meer rinnt. Da bauten sie eine Piroge aus Federn und machten sie mit Beschwörungen für alles frei. Einmal ganz weit draussen, ausser Sichtweite, wurde sie aber von einem Sturm namens *Urao* wieder durch den Spalt zwischen Himmel und Meer zurückgetrieben. In Erinnerung an diese erste Federpiroge bauten sie dann eine richtige Piroge aus Holz, die sie 'Federdrachenpiroge' nannten oder auch *Uruao* – Wolkenstecher –, wiewohl dies der Name des Sturms war. Es war die erste, jemals von den Māori ins Meer gebrachte Piroge. Wie lange das her ist, kann keiner mehr sagen."[152]

Aus dem Stamm der Steineibe [*Podocarpus totara*] hauten sie dann Pirogen, die 'Federdrachen',[153] 'Piroge Des Himmels' und 'Wolkenstecher' hiessen. Sie hatten auf ihren Seereisen gigantische Wogen zu überstehen, die ihre Pirogen jedes Mal mit dem Volllaufen bedrohten, wenn die Mannschaft nicht jedes Mal die richtige Beschwörung gewusst hätte: "Die allererste Piroge war Die Drachenfederpiroge, die nächste Die Piroge Des Himmels, die von Te Moretu befehligt wurde. Die Beschwörung, die man an Bord dieser Piroge benützte, wurde Matahua – Fruchtbarkeit – genannt. Die Mannschaft hiess Te Tinitini-o-te-para-rakau – Unzählige Blätter Und Unterholz Des Waldes –, der Gott des Bootes Tu-Kai-Tauru [Der Sich Im Abendrot Zeigt][154] und sein Beil [= Bootsbauer] Ka Pakitua. Die Piroge geriet im Süden in einen Sturm und entdeckte zufällig Neuseeland; sie wäre in einer dunklen, windigen Nacht am Nordkap fast auf Grund gelaufen, weshalb die Mannschaft das Land, das sie dort entdeckten, Te Au-pouri nannte und es daraufhin bevölkerte.

Die Piroge kehrte nie zurück, doch ihr Abbild wurde in den Himmel versetzt, wo es jetzt 'Tama-reretis Piroge' genannt wird, und Sterne wurden in den Himmel gesetzt als Zeichen für die guten und schlechten Jahre, die Jahreszeiten, in denen es viel und wenig Essbares gibt. So wurde A(t)utahi [Canopus] zum Hauptstern gemacht, der das Jahr markiert, und Der Winter [α Canis Maioris], der zu Der Blüte [β Orionis] schaut, zum Zeichen für die Meeresfische."[155]

Eine andere Auskunftsperson meinte, "dass ihr Abbild in den Himmel gesetzt wurde, um den Leuten zuhause zu zeigen, dass es sicher angekommen war, und um Lotsen später als Leitsterne zu dienen; man könne die Piroge samt dem Anker erkennen".[156]

BE 141–142, 145 und PT 215–218

URUAO – DER WOLKENSTECHER

TE, P 98

In der am weitesten verbreiteten Tradition war diese hochseetüchtige Piroge, deren zwei Rümpfe stets unterschiedliche Namen trugen, die erste, "die in der Welt gebaut wurde, und die des Tama-rereti."[157]

Der mythische Tama-rereti brachte einer Schöpfungslegende zufolge auf dem nach ihm benannten Schiff die Sterne zu Tāne, worauf sie sie gemeinsam an den Himmel setzten. Bevor diese Piroge im Himmel zur Ruhe kam, hatte Tama-rereti viele Länder des Ostens bereist; nun wurde sie mit vielen kleinen Sternen beladen, die manchmal herausfallen und als Meteore sichtbar werden.

Die erste von den Menschen erbaute Piroge, meinte ein Schreiber der Whare-wananga an der Ostküste, sei nach dem Vorbild des Sternbilds von Tama-reretis Piroge in Scorpius erbaut worden. Ihr gab man den Namen *Uruao*, was wörtlich 'Donnerschlag' heisst, sich aber, auf ein Schiff bezogen, als 'Wolkenstecher' auslegen lässt.[158] Befehligt wurde diese irdische Kopie der astralen Piroge einer Legende zufolge von Rākaihautū, der mit ihr die ersten Siedler auf die Südinsel brachte und mit seinem Spaten dort die Seen herausgrub.[159]

Zu dieser prototypischen Piroge ist eine *Karakia* – Beschwörung – erhalten, die man sang, wenn die Beile eine Piroge aus dem Holz der Steineiben zuhauten: "Welchen Namen hat meine Piroge? Uru-nui [Grosser Westen?] Welchen Namen hat meine Piroge? Uruao-kapua-rangi [Himmelswolkendonnerschlag]. Was für eine Art von Piroge ist es? Eine Piroge, wie sie die Alten hatten. Was für eine Art von Piroge ist es? Eine Piroge, wie sie Übermenschen machen. Was für eine Art von Piroge ist es? Eine Piroge, die die Flügel der Götter tragen kann. Was für eine Art von Piroge ist es? Eine Piroge, die so gebaut ist, dass sie im Himmel segeln kannund in allen Vierteln der Erde. Was für eine Art von Piroge ist es? Eine Piroge, die alles hat, was eine Piroge braucht. Was für eine Art von Piroge ist es? Eine, die wie ein Sohn Mumu-whangos ist, Urahnin der Steineiben; eine Piroge des Lebens, eine himmlische Piroge."[160]

Aus einer Legende um die Piroge Uruao geht die jahreszeitliche Funktion von Sternen hervor, die im Zusammenhang mit der Himmelspiroge unter den Göttern verteilt wurden, um eigene, ihnen unterstehende Himmelsregionen zu bilden: An sie wandte man sich, wenn man etwas über günstige Zeiten erfahren wollte, um loszusegeln oder die Sterne genannt haben wollte, die einem die Richtung vorgeben konnten.[161]

In dieser Version wird die 'Wolkenstecher' von einem Kapitän gesteuert, den man auch als Name eines Himmelskörpers kennt;[162] es muss sich bei *Matiti* ('Sommer') um einen der Planeten (Saturn?)[163] handeln, der eine Konjunktion mit der Region der Plejaden eingeht: "Die nächste Piroge [nach der Piroge Des Himmels] hiess *Uruao* und wurde von Matiti befehligt, der ebenfalls von der Seite des Himmels [jenseits des Horizonts] kam.

Matiti ging in den grossen Bezirk, dem Die Kleinen Augen [Plejaden] vorstehen, um sich an Tokopa [einen Wind- oder Himmelsstützengott] zu wenden, der Macht über die guten und schlechten Sterne hatte sowie über die Sterne, welche dem Ackerbau und den günstigen wie ungünstigen Jahreszeiten vorstehen. Er erhielt von ihm zwei (drei) günstige Sterne, die *W(h)ero-i-te-ninihi* (und *W(h)ero-i-te-aumaria = ao-marie*) und *W(h)ero-i-te-kokota* hiessen und Wärme und Fülle verhiessen."

B 56, BE 138–139 und 142 und PT 240, MA 233

TE WAKA O MAIRE-RANGI – DIE PIROGE DES HIMMELSBAUMES

B 57

Maire-Rangi hiess die berühmte Schule der Tūhoe in Te Honoi, im Hinterland der Bay of Plenty.[164] Weshalb die Piroge diesen Namen trägt, ist unklar, da die Tūhoe keinen Kapitän dieses Namens als Stammvater reklamierten. *Maire* bezeichnet den endemischen Baum *Nestegis cunninghamii*,[165] der auch mit dem nicht identifizierten Stern Pu-Whakahara verbunden ist. Vielleicht steckt hinter diesem Namen die auf Palawan wie bei den Tuareg verbreitete Baumform von Scorpius, die dann zur Piroge umgedeutet worden wäre.

TE WAKA A TAMA-RERETI – TAMA-RERETIS PIROGE

H 329, B 56

Sowohl die astrale Piroge um den Orion als auch jene im Schwanz des Scorpius wird mit Tama-rereti verbunden. Dies mag mit der Deutung seines Namens als 'Sohn des Rippenfarns' (*Austroblechnum lanceolatum*) zusammenhängen. Im Spätsommer, wenn kurz nach Sonnenuntergang der Schwanz von Scorpius am westlichen Horizont und Plejaden und Orion zugleich am östlichen Horizont stehen, wird dessen stärkereiches Wurzelwerk aus dem Boden gegraben, getrocknet und für den Winter eingelagert. Als Nahrung ist es zwar nicht so beliebt wie die Süsskartoffel, doch wird es deshalb geschätzt, weil es reichlich vorhanden, leicht zugänglich, eine verlässliche Nahrungsquelle und haltbar ist. Eingeweicht, geröstet, abgeschabt und dann mit dem Holzhammer geklopft, um die Stärke herauszupressen, gilt dies, zusammen mit einer Fischsauce, als Nahrung für Krieger und wird deshalb oft auch mit Krieg assoziiert.

Im Mythos wird dieses Wurzelwerk – und somit Tama-reretis Vater – *Haumia* genannt. Er ist einer der 70 Söhne Rangis und Papas, der bei ihrem Kampf untereinander sich im Erdboden versteckt; da sein Haar jedoch noch hervorsteht, wird er von dem Krieger Tū (der für die Menschen steht) entdeckt und verschlungen.[166]

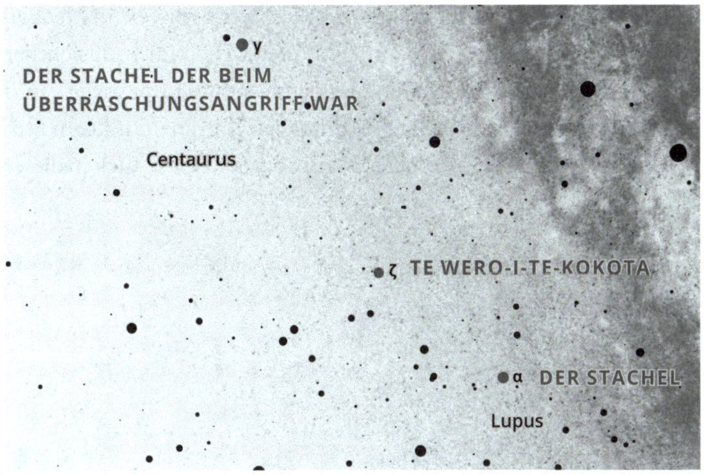

α Lupi oder ζ oder γ Centauri?

TE W(H)ERO – DER STACHEL | ZITTERNDE?

B 61

Die *Wero*-Sterne ('Stachel, Stich' oder laut Bastian 'zittern')[167] sind nicht identifiziert und werden auch *Whero* ('rot') geschrieben; sie stammen aus einem eigenen Ursprungsmythos, in dem die Sterne ursprünglich weisse Fellbüschel auf den dekorativen und hoch prestigeträchtigen vier Hundefellmänteln Wehi-nui-o-mamaos waren, Des Grossen Fürchterlichen In Der Ferne von "ausserhalb der Schwelle des Himmels des Rongo [Saturn]". Von dort hat Tāne sie sich geholt und damit die Brust seines Vaters Rangi geschmückt, als die heute nur noch teilweise zu identifizierenden Sterne Der Winter [α Canis Maioris], Pungarehus Haus [Bootes?], Ruaki-motumotu, Tahu-werawera sowie W(h)ero, W(h)ero-i-te-ninihi, W(h)ero-i-te-kokota und W(h)ero-i-te-ao-maori [= maire]. Das martialisch Klingende der Namen der W(h)ero-Sterne wäre vielleicht ihrer ursprünglichen Symbolik auf den Umhängen eines ehrfurchtgebietenden Herrschers zu verdanken.

B 44, B3 93–94 und W1 52

W(h)ero-i-te-kokota und W(h)ero-i-te-ninihi sind Wintersterne und Verkörperungen der Kälte, mittels derer sich etwas über diese Jahreszeit voraussagen lässt, während W(h)ero-i-te-ao-maire auch als Sommerstern gilt und sich von ihm Omen über diese Jahreszeit gewinnen lassen.[168] Sie finden sich einer Auskunft nach im Westen, während Orion, die Plejaden und Sirius zugleich im Westen stehen.[169] Für diese Doppelrolle von Sternen, die sowohl Winter wie Sommer anzeigen und den genannten Sternen gegenüberliegen, kommt nur die Region um Scorpius in Frage.

In der Legende um die Piroge 'Wolkenstecher' erhält deren Kapitän *Matiti* – Sommer – diese Sterne, um damit Neuseeland zu finden, was bedeutet, dass sie ihm nachts den Südwesten anzeigen müssen. Wann die beste Zeit ist, um loszusegeln, erfahren wir aus der Legende um die Piroge Tanui, deren Kapitän geraten wird, im Dezember – dem Sommer dort – nach Neuseeland abzulegen, sobald Die Kleinen Augen der Plejaden "oben stehen", da dann ruhiges, schönes Wetter herrscht.

Die Sterne, die sowohl um die Gesellschaftsinseln wie in Neuseeland in diesem Monat und zum Wintereinbruch im Juni sichtbar sind, und dann den Südwesten markieren, sind α Lupi sowie ζ und γ Centauri: Sie zeigen wie Stachel auf diesen Kardinalpunkt am Horizont. Dazu liegen sie über der Piroge in Scorpius, was auch in dieser Anschaulichkeit Sinn ergibt.

α Lupi oder ζ oder γ Centauri?

TE W(H)ERO-I-TE-KOKOTA

BE 139

α Lupi oder ζ oder γ Centauri?

TE W(H)ERO-I-TE-NINIHI – DER STACHEL | ZITTERNDE DER BEIM ÜBERRASCHUNSANGRIFF WAR?

BE 154

Ninihi bezeichnet einen Überraschungsangriff sowie eine Nippflut.[170]

Eine Ende des 19. Jahrhunderts lebende Auskunftsperson sah ihren Vater noch "einen Stab in den Boden stecken und die Sterne beobachten. Wenn der beobachtete Stern sich gen Süden bewegte, würde die Jahreszeit schlecht werden; bewegte er sich gen Norden, würde sie trocken und gut. Einer der Sterne, an denen er diese nächtlichen Beobachtungen vornahm, war Te W(h)ero-i-te-ninihi"[171] – was zur Deutung des Namens als 'Zitternder' passen würde.

Das nach oben oder unten abstrahlende Funkeln eines Sterns, dessen Sichtbarkeit von der klaren Luft abhängt, wird damit – vergleichbar mit den Beobachtungen der Plejaden in den Anden – zur langzeitigen Wettervorhersage benützt.[172]

?

TE W(H)ERO-I-TE-AO-MĀRIE – DIE STACHELIN | ZITTERNDE IN DER FRIEDLICHEN WELT?

B 61 und BE 142

Die oberen beiden männlichen W(h)ero-Sterne gehören zusammen und finden sich einer Auskunft nach den Plejaden gegenüber im Westen; der weibliche W(h)ero-i-te-ao-mārie erscheint nur gelegentlich zwischen ihnen. *Mārie* bezeichnet auch ein gutes Omen.[173]

?

TE W(H)ERO-I-TE-WAWANA – DIE STACHELIN | ZITTERNDE DIE IM SCHRECKEN WAR?
TE W(H)ERO-I-TE-AHURU – DIE STACHELIN | ZITTERNDE DIE IN DER ANGST WAR?

B 61

Dem Namen nach müssten beide Gestirne identisch sein; W(h)ero-i-te-ahuru gilt als weiblich.[174]

?

PU-WHAKAHARA – DIE DOPPELT FERNE

B 60

Zusammen mit dem ebenfalls nicht identifizierten Stern *Hine-pipi* ('Spaltkeilfrau') wird der Stern Pu-whakahara als Ursprung des Maire-Baumes *Nestegis* genannt, eines endemischen Ölbaumes, aus dessen hartem Holz Grabstöcke, Waffen und Vorratshäuser gemacht wurden. Der Baum entstand, indem Tāne mit diesem Stern schlief.

BE 145, B 60 und B3 120

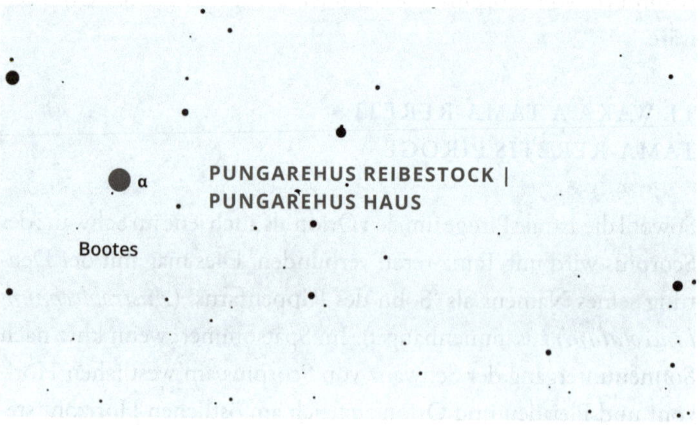

α Bootis?

TAHITAHI-PUNGAREHU – PUNGAREHUS REIBESTOCK

MA 252

Bootes?

WHARE-PUNGAREHU – PUNGAREHUS HAUS

B 44

Unter den vom Fürchterlich Fernen geholten Sternen wird nach Sirius dieser nicht identifizierte Stern aufgelistet. Der einzige Stern, der zu den grossen gehört, auffällig rot und nicht schon anderweitig belegt ist, wäre Arcturus.

Der Stern erinnert an die Legende von Pungarehu, der von einem Sturm, weit fort von zu Hause, abgetrieben wurde und schliesslich in ein fremdes Land gelangte, dessen Bewohner ihn anekelten, weil sie rohes Fleisch assen. Deshalb entzündete er durch Reiben – *tahitahi* – Feuer und briet das Fleisch eines Wales, an dem diese dann Geschmack fanden und deshalb von Pungarehu das Kochen lernten. Die Fremden dort wurden auch von den Angriffen eines Riesenvogels bedroht, den er mit seinem Steinbeil töten konnte – worauf er und seine Gefährten wieder sicher nach Hause zurückkehrten.[175]

IV REHUA UND SEINE ZWEI FRAUEN

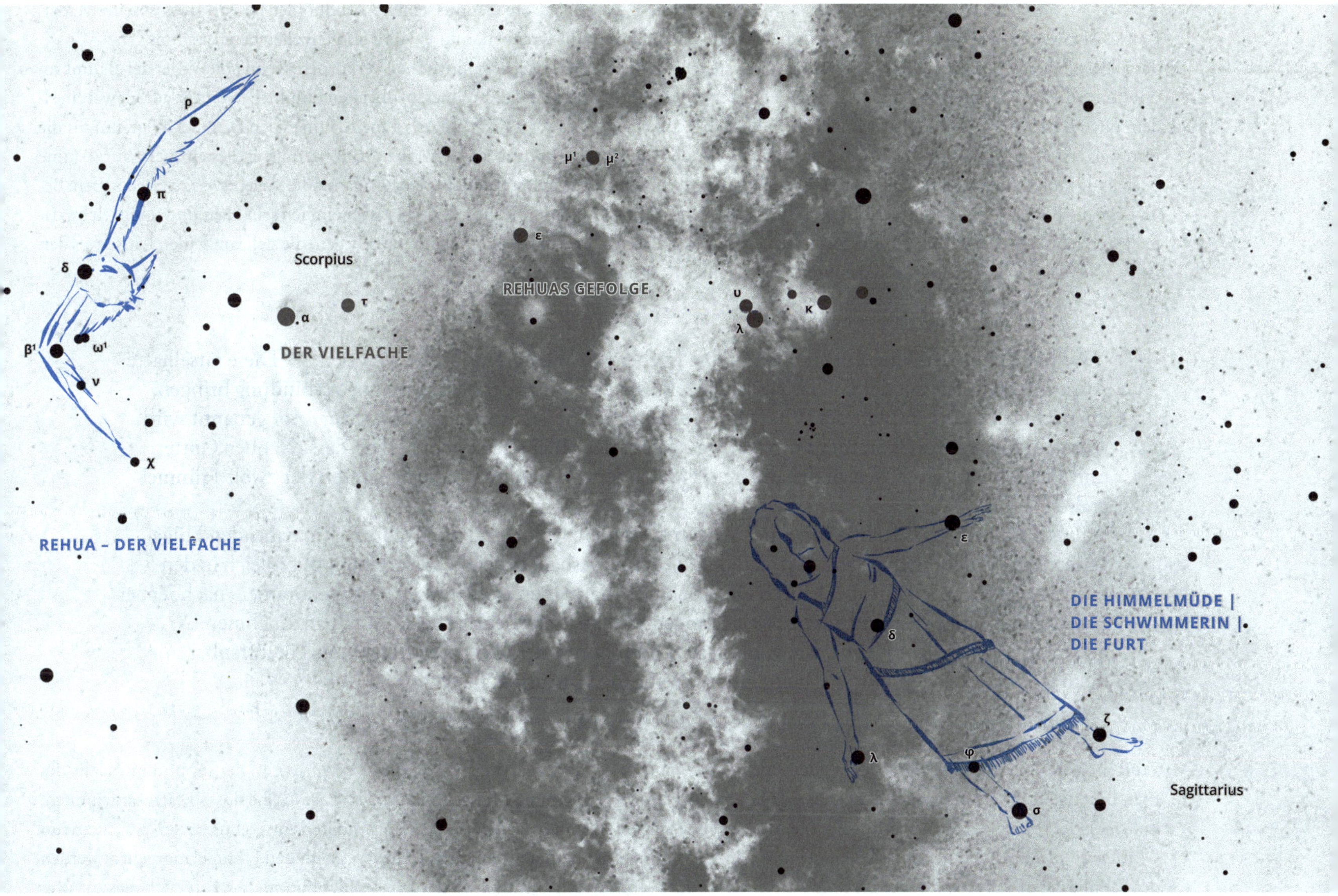

ρ – π – δ – β – ω – ν Scorpii
aber auch α Sorpii allein

REHUA – DER VIELFACHE[176]

H 329, B 56

Sterne um α Scorpii

KĀHUI-O-REHUA – REHUAS GEFOLGE
TE WAKA-HĀ – DAS VOGELSCHWIRREN (?)
NAKU-ROA[177]– DIE GROSSE KÄLTE
TE-MATEA – DIE BEDÜRFNISSE
WHATI-HUA – FLUGLINIE (?)
HOU-NUKU – ERDFEDER
HOU-RANGI – HIMMELSFEDER
HOU-TEA – LICHTFEDER

W1 35

“Rehua ist ein Gestirn, ein Vogel mit zwei Flügeln; der eine ist gebrochen [ν Scorpii], der andere ganz.”[178] Von den sieben Sternen seines ‘Gefolges’ symbolisieren zwei Rehua als Winterstern, während die anderen seine Vogelgestalt wiedergeben.

In einer kryptischen Notiz wird das Sternbild als “Haus Te Whius und seiner zwei Sklaven” bezeichnet, eines sonst nicht bekannten Gottes, dessen Sklaven jedoch zur Vorstellung eines Gefolges um Rehua passen würden und wohl mit τ und σ Sorpii rechts und links des Antares zu identifizieren sind.

Indem Rehua der Primus inter Pares der herrschaftlichen Sterne ist, werden die hinter ihm aufgehenden Sterne von Scorpius als sein Grosses Gefolge und als sein Spiegel betitelt. Dies gilt auch für die Nordspitze Neuseelands, wo Rehua mit Sirius identifiziert wird.[179]

Rehua ist ein gütiger *Atua*, dem auch noch später als rechte Hand des alleroberstenGottes die obersten Himmel unterstehen. In den unterschiedlichen Schöpfungsmythen ist er einer der ersten, die aus dem Nichts entstehen, ob als Diener Rangis, sein Erstgeborener, der Rangi als erster in den Himmel gestemmt hat,[180] älterer Bruder Tānes oder als der Sohn des kriegerischen rarotongischen Gottes Maru. Wie manche der Söhne Rangis und Papas ist er als Geist im oberen Himmeln geblieben.[181] Als nebeliger Feuergott mit alles ausleuchtenden Augen, der fliegen kann, aber trotzdem noch menschliche Gestalt besitzt, ist er zudem in manchen Mythen die rechte Hand und der Botschafter des allerhöchsten Gottes Io geworden.

Im Manuskript eines Priesters um 1900 wohnt er "im zehnten Himmel als Herr der liebenden Zuneigung, von einer zahllosen Schar umgeben. Ein uralter Ahne ist Rehua, mit langem, fliessendem Haar. Blitze brechen aus seinen Achselhöhlen hervor, gross ist seine Macht, die Kranken, Blinden und Sorgenvollen beten zu ihm."[182]

In sehr alten Mythen verkörpert Rehua die Vögel der Baumkronen und des Waldes im obersten Himmel: *Lehua* ist auf Hawai ein altes Wort für Wald. Als Tāne zu ihm in den Himmel steigt, um für die Erdmutter Vögel herabzubringen, trägt er diesem zuerst auf, Bäume auf der Erde anzupflanzen, damit die Vögel etwas zu essen haben. Bekommt Rehua Besuch, löst er einfach sein Haar und schüttelt es, damit die Kōkō-Vögel herausfliegen, die sich von seinen Läusen als den Beeren des Waldes ernähren.

"Was hat Rehua den Flügel gebrochen? – Die Diener von Wharau-rangi, die Krabben."[183] Diese rätselhafte Auskunft lässt sich mit der Grenze zwischen der realen Welt und der Geisterwelt in Verbindung bringen, die nach dem dünnen Blatt des Wharangi-baumes (*Brachyglottis repanda*) *Wharangi rau* genannt wird.[184] Aus dem Mythos von Roratonga um den Wassergeist der Milchstrasse geht hervor, dass Krabben Götter und Helden von einer Welt in die andere tragen, indem sie sich durch die Schichten der zwölf Himmel graben.[185]

Wie es dazu kam, dass Rehua von einer Welt in die andere wollte und die Krabben ihm dabei den Flügel verletzten, ist nicht mehr überliefert. Es erklärt jedoch, weshalb es heisst, "er sei einem Blitz gleich in den Himmel gestiegen", dann aber "durch Das Loch Des Māhu [den Kohlensack] herabgekommen, nachdem er eine ziemlich lange Zeit und Strecke weit geflogen war, um seine heutige helle Gestalt anzunehmen".[186]

Seit dieser Episode lebt Rehua, wiewohl er als direkter Spross des Himmelsvaters Rangi gilt, offenbar nur noch im zweitobersten Himmel beim Himmelseingang Ururuṛu-Rangi.[187]

Zu Rehuas Kindern – als Kinder Des Waldes – gehören die in Mythen besungene Aucklandschnepfe Hakuwai (*Coenocorypha aucklandica*), der rotäugige und olivgrüne Glockenhonigfresser Kopara (*Anthornis melanura*) und der Kōkō oder Tūī genannte Vogel aus der Familie der Honigfresser (*Prosthemadera novaeseelandiae*), mit seinem schwarz schimmernden Federkleid und dem weissen sternförmigen Federbüschel am Hals.

Mit Der Blüte Puanga (β Orionis) wiederum zeugte Rehua die Waldrebe Poananga (*Clematis paniculata*) und die Aralie Tahuate oder Puahou (*Pseudoponax arboreus*). Sie werden im Frühling geboren – Puahou etwa im August – um vor der kommenden Hitzezeit des Sommers zu warnen. Zur Welt gebracht wurden sie vom verkörperten Erdbeben Ruaumoko. Auch ist der Blatthornkäfer *Pyronota festiva*, der von den Blättern der Südseemyrte Manuka (*Leptospermum scoparium*) lebt, nach ihm benannt.

Mit dem Ozean zeugte Rehua hingegen den Büschelbarsch Moki (*Latridopsis ciliaris*), den Maomao (*Scorpis violaceus*), Meeräschen, Flunder, den Aal Matamoe (*Anguilla australis*) und die silbrige Elritze Inanga (*Galaxias maculatus*). In der 16. und 17. Nacht des neunten Mondmonats sollen diese Fische flussabwärts schwimmen, um zu laichen: "Die Inanga wollten von Rehua wissen, was sie zu tun hätten. Rehua erwiderte: 'Wenn ihr den Himmel morgenrot werden seht – die Glut vom Erdofen des Himmels –, ruft euch dies zu eurer Mutter, dem Ozean Wai-nui, 'Grosses Wasser'. Dort sollt ihr euren Nachwuchs zur Welt bringen und auf dem selben Weg zurückkehren; eure Kinder werden euch im vierten Monat folgen. Und sobald euer Ahne Takero, Merkur, zu sehen ist, werden auch noch die Letzten von euch zu Wai-nui hinabschwimmen."[188]

Bei all diesen Abkömmlingen ist das Sprichwort "Folge Rehua, willst du gefüttert werden"[189] kein Wunder.

B3 81, B4 320 und 265, O 209

Rehua wird zudem mit Blitzen assoziiert und markiert den Sommerbeginn: Der achte Monat, Januar, ist nach ihm benannt, da er dann heliakisch im Osten aufgeht.[190] Für die erste Sommerhitze sagt man, "Rehua hat es angezündet". Ein alter Spruch besagt: "Wenn Raumati, der Sommer, Rehua im Griff hat, sieht man die zitternde

Hitze, vertrocknen die Wasser, erhitzt sich der Menschenleib." Die Hitze des Sommers, die er überwacht, hat ihm Titel wie 'Nerver Der Menschheit' und 'Grossknochiger Rehua' eingetragen. Wenn nach dem Sommer die Ernte eingebracht war und Kriege angezettelt wurden, bezeichnete man Rehua auch als 'Menschenfresser';[191] die Konstellation des Mondes mit seinen Sternen wurde von den Kriegern als Omen gedeutet.

Auch wird die Röte des Sterns betont (die ihn mit dem Namen für den indischen Antares – Rohini – in Verbindung bringen könnte). So wird er auch als *Whatu Kura* – (Feder-)Roter Stein – bezeichnet, einer jener beiden heiligen Steine, die der Blitzgott Tāwhaki vom Himmel herabbrachte. In Erinnerung daran werden Kiesel, die ebenfalls tapu sind, von einem Schüler bei seiner Initiation zu einem Tohunga, einem Könner auf dem Gebiet des Heilens, der Religion oder Sternenkunde, geschluckt.

B4 320, B1 108–109, O 209

Sagittarius (linker Fuss ζ Sagittarii)

RŪHĪ-TE-RANGI – DIE HIMMELMÜDE

B 57

KAUANGA – DIE SCHWIMMERIN | DIE FURT

B1 112

Rehua gibt dem achten Monat, Januar, seinen Namen. Kalendarisch ist er mit zwei Frauen verheiratet, die sich als Gestirne neben ihm zeigen. In einer Quelle heisst die erste *Kauanga*, was sich als 'Schwimmerin' oder 'Furt' auf die Milchstrasse beziehen lässt, die andere *Whakaonge-kai*; die eine gilt als Gestirn des Landes, die andere als Gestirn des Meeres.

In einer anderen Quelle heisst Rehuas erste Frau *Peke-wahani*: *hawa* bedeutet 'sich vollstopfen' und *Peke* muss etwas mit Ursprung zu tun haben.[192] Betitelt wird dieser 'Quell der Völlerei' jedoch als *Rūhī-te-rangi*:[193] Sie gilt dann manchmal als Peke-wahanis Tochter. Als 'Himmelmüde' gibt *Rūhī-te-rangi* dem neunten Monat, in dem man die Süsskartoffeln erntet, dem Februar, ihren Namen; sie wird als Ursprung aller Nutzpflanzen des Menschen angesehen.

Rehuas zweite Frau hingegen wird stets *Whakaonge-kai* genannt und gibt durch ihren Namen – Die Verzehrerin – zu erkennen, dass sie ebenfalls alles um sich wegisst. All die Namen haben also mit der Fülle der nun in der Erntezeit vorhandenen Nahrungsmittel zu tun, dem vielen Essen und der Sommerhitze, die ebenso müde macht wie ein voller Bauch.

Wenn Rehua bei der Himmelmüden Rūhī-te-rangi weilt, kommt sie auf der Erde zu stehen, mit dem linken Fuss zuerst: Dann sind alle Früchte und Beeren reif, von Rehua 'gekocht', und alle Dinge, die Erde und alles Essbare 'genervt'. Das Meer ist ohne Wind und Wellen, woher der Ausdruck 'Rūhis Schönwetter' rührt. Liegt Rehua dann bei Der Verzehrerin Whakaonge-kai ist der Sommer ganz da.

B 57 sowie B1 106 und 112

Astronomisch macht das nur Sinn, indem Die Himmelmüde zu Beginn des neunten Monats ebenso heliakisch aufgeht wie Rehua einen Monat zuvor, und Die Verzehrerin etwa zwei Wochen danach auf einer markanten Position steht, um den Sommer ganz da sein zu lassen: denn der Beginn des zehnten Monats wird durch den heliakischen Aufgang Des Himmelhohen in α Aquila markiert.[194] Deshalb kommt für Rūhi-te-rangi nur Sagittarius in Frage.

Dementsprechend heisst es in einem alten Wiegenlied: "Es war Peke-wahani, die Rehua heiratete; sie liess sich als Himmelmüde unter ihm nieder. Die Fülle des Herbstes ist jetzt da. Die Himmelmüde – das erste Zeichen des Jahres – bringt dann reichlich dickes Fett, mein Sohn!"[195]

Von Der Verzehrerin Whakaonge-kai wiederum wissen wir, dass sie nicht nur den Hochsommer, sondern auch den Spätwinter markiert und eng mit dem Balken Whaitiris (mutmasslich in Gemini) sowie β Orionis verbunden ist. Beides verortet sie in der Region um Cancer. Denn wenn Die Himmelmüde im Osten auf dem Horizont in der aufgehenden Sonne steht, wartet Die Verzehrerin gegenüber im Westen schon darauf, mit Rehua unter den Horizont zu steigen. Sie steht zwei Wochen nach der Himmelmüden an ihrem Horizont, um mit dem Abend sogleich zu verschwinden und somit den Menschen zu zeigen, dass der Hunger, den sie verkörpert, jetzt überwunden ist – aber im Winter wieder zum Vorschein kommen wird.

α Hydrae

MAHURU – DER BERUHIGER

TE

Mahuru ist der Kalenderstern des vierten Monats September, Te Whā o Mahuru, in dem er heliakisch aufgeht. *Huru* bedeutet 'Glühen'; das ist von Bedeutung, weil dieser Stern in Tahiti 'Funkler' genannt und als ähnlich befriedigend und besänftigend erachtet wurde, indem er 'Dunkelheiten vertreibt'. Zugleich gehörte er auf den Gesellschaftsinseln zu jenem Teil Hydras, der ausdrücklich 'Pfeiler' – *Pou* – genannt wurde.

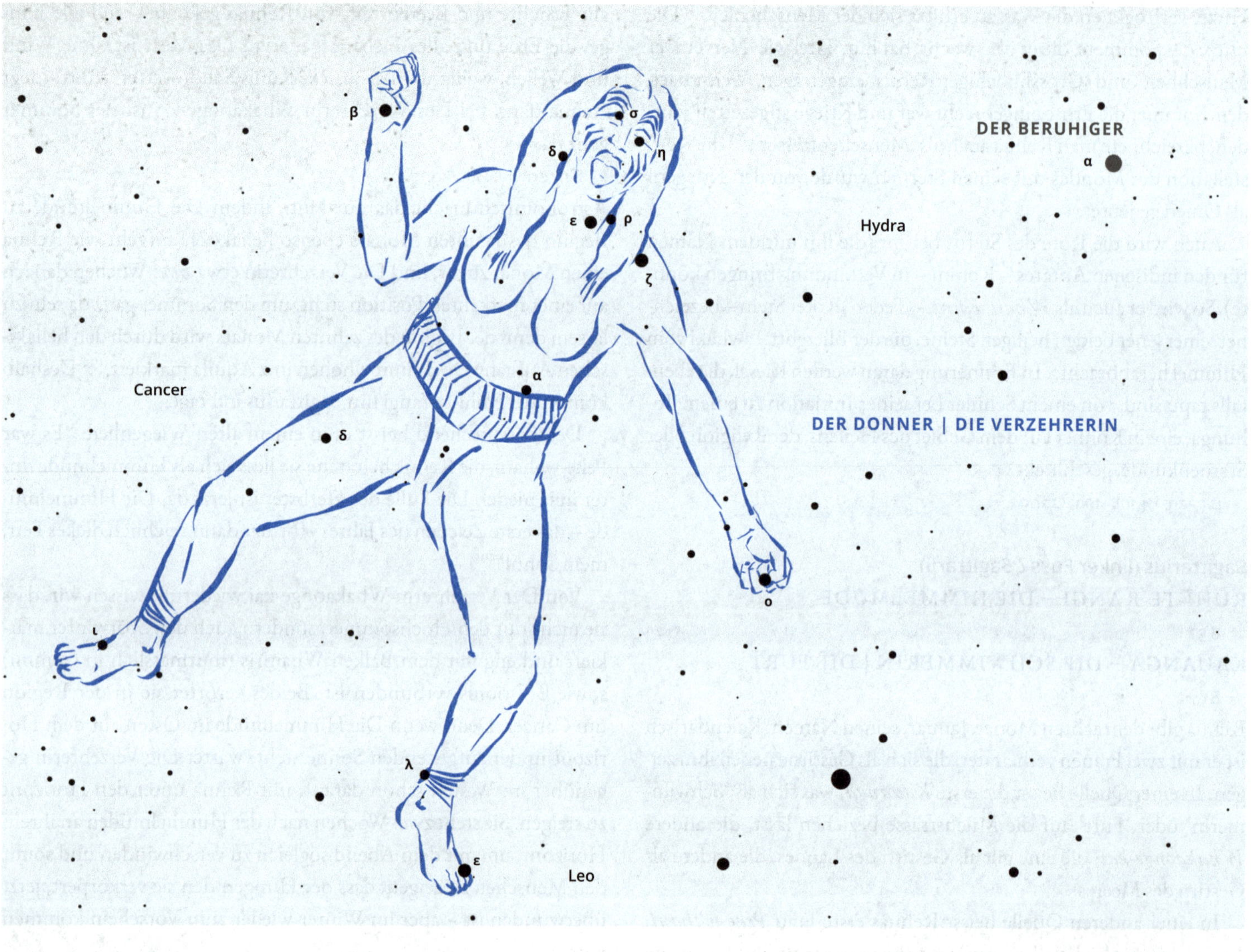

Kopf von Hydra, Cancer und ελ Leonis?

WHAITIRI – DER DONNER

WHAKAONGE-KAI – DIE VERZEHRERIN

B1 106, B 57

Wha(t)itiri ist der personifizierte Donner, der durch das Aneinanderreiben ihrer Schenkel verursacht wird, die dabei laut Hagel herabbringen, und eine enthusiastische Kannibalin. Ihre Haut ist wie Wind, Frost und Schnee – die auch ihre Abkömmlinge genannt werden. Indem sie im Himmel wohnt und über die Fruchtbarkeit herrscht, sowohl was Essensreichtum wie Enkelkinder betrifft, ist sie ein Wesen, das sehr mächtig und tapu ist. So dämonisch sie einerseits sein kann, so angesehen ist sie andererseits als Urahnin der Menschheit: In einem Schöpfungsmythos wird ihr sogar die Trennung von Himmel und Erde zugeschrieben.[196]

Whaitiri ist Rehuas zweite Frau und Tāwhakis Grossmutter. Ihr Mann ist der Sohn, den einer der gottgleichen Geisterwesen des Himmels mit einer Sterblichen gezeugt hat, die er beim Baden erblickte; in Erinnerung an diese Vereinigung zwischen Himmel und Erde wurde er Awa-nui-a-Rangi ('Grosser Fluss Des Himmels')[197] genannt – anschliessend jedoch aus unerfindlichen Gründen Kai-tangata ('Menschenfresser') gerufen, denn nichts würde weniger zu diesem armen Fischer passen.

DIE VERZEHRERIN UND DER VERMEINTLICHE MENSCHENFRESSER

"Kai-tangatas grosser Ruhm war der Grund, weshalb Whaitiri den Himmel verliess; sie dachte, dass er seines Namens wegen ein grosser Krieger sein müsste. Sie kam also vom Himmel auf die Erde herab, und als es nicht mehr weit zu dem Haus war, wo er wohnte, erschlug sie ihren Sklaven Nono-kia ('Befehligter Arsch'), öffnete seine Brust und riss sein Herz heraus, als Freundschaftsgeschenk für Kai-tangata. Als sie vor ihm stand und es ihm anbot, wusste er damit aber nichts anzufangen; er drückte bloss sein Grausen darüber aus und wehrte sich gegen ein solches Geschenk. Whaitiri meinte darauf: 'Es hiess, du seist ein Krieger. Ich habe von dir gedacht, dass du ein Krieger wärst; deshalb habe ich geglaubt, du wärst wirklich ein Menschenfresser. Aber das hat sich als Trugschluss herausgestellt und ich habe meinen Sklaven umsonst umgebracht.' Trotzdem wurde sie aber seine Frau und ihr Erstgeborener hiess Punga ('Anker') und wurde der Vater der Eidechsen und Haie,[198] ihr zweiter Sohn Karihi ('Netzsinker' – was wie 'Anker' vielleicht mit einer astralen Piroge zu verbinden ist) und ihre Tochter Hema ('Vulva')."[199]

Nachdem sie auf der Erde zu wenig Menschenfleisch findet, vernichtet Whaitiri alle Nahrungsvorräte, um ihren tagsüber am Meer fischenden Mann zu dem Kannibalismus zu zwingen, den sein Name ihr fälschlicherweise versprochen hat. "Sie war nun entschlossen, alle Nahrung zu vertreiben, damit sie nicht mehr so gegessen werden konnte, obwohl ihr Mann sie so leicht und einfach fangen konnte: sodass er sie jetzt lange suchen musste."[200] Das trägt ihr den Titel Whakapapa-roa-kai ein, 'Lange Verbannerin des Essens',[201] in anderen Lesarten 'Die das Wachstum tierischen und pflanzlichen Lebens stoppt'[202] oder 'Die Ursache, dass man viel tun muss, bevor man Nahrung erlangt':[203] Sie löst also Hungersnöte aus, "indem sie den Menschen Nahrung vorenthält und sie ringsum verbannt".[204] Daher der Name ihres Sternbilds: *Kai* bezeichnet 'jegliches Essen', *whakaonge* 'selten machen'.
Einmal genug vom Leben am Meeresufer, "kam eine Wolke herab, liess sich auf der Erde nieder, hüllte sie ein, und so wurden sie wieder in den Himmel gehoben".[205]
Die von ihr abstammenden Donnerleute gelten bei den Ngāti Awa der Nordinsel als Urahnen der Māori.
O 204–205. B4 305, 421, B1 114, W1 82, 87, 121, 127

DIE BLINDE VERZEHRERIN UND DER HUNGER

Hemas Sohn Tāwhaki, einem der ersten Heroen, gelingt es in den Himmel zu steigen, wo er seine Grossmutter erblindet vorfindet. Typisch für die Nahrungsknappheit, die sie verkörpert, ist sie gerade dabei, Taro-Wurzeln zu zählen (in anderen Fassungen Süsskartoffeln): "Sie lagen in einem Haufen vor ihr, und blind wie sie war, begann sie sie zu zählen. Als sie bei neun anlangte, nahm Tāwhaki ihr die zehnte weg. Sie zählte noch einmal, worauf Tāwhaki die neunte wegnahm. Nochmals zählte sie, kam diesmal aber nur auf acht Knollen. Darauf schnüffelte sie herum und liess ihren Bauch heraushängen, um ihn zu verschlingen."[206] Als sie aber merkte, dass ihr Enkel neben ihr stand, liess sie davon ab.
Ihr Haus füllte sich bei Sonnenuntergang dann, offenbar von der Milchstrasse her, "mit tausenden von Leuten. Sie sahen aus wie kleine Vögel ... Sie sind schuld an meiner Blindheit, weil sie meine Augen mit ihren kleinen Krallen zerkratzen."[207]
Daraufhin werden alle Läden dichtgemacht und Whaitiri schläft sich aus, auch noch nachdem der Morgenstern längst da und die Morgendämmerung angebrochen war. Als die Sonne am stärksten schien, "zog Tāwhaki aber alles weg, was Whaitiri aufgehängt hatte, um das Licht draussen zu halten, packte sie und brachte alle Leute um, bis auf Tonga-hiti ('Den Südlich Aufsteigenden'),[208] der durch ein Loch entkam, das er hinten im Haus unter einem Balken gemacht hatte. Nachdem er all dieses Gelichter getötet hatte, sang Tāwhaki seine Beschwörungen für die alte blinde Whaitiri: 'Richte dein Gesicht hinauf, richte deine Augen hinauf, Augen heraus blitzend, heraus blitzend, und folge dem Licht der Sonne, das so hell und rot leuchtet, um dann im Westen unterzugehen. Benetze sie, benetze sie, Whaitiris Augen, mit Wasser aus dem Strom.'"[209]
Worauf Whaitiris Augen, durch das Sonnenlicht und Tānes Belebendes Wasser – das wohl mit dem Licht aus der Milchstrasse floss – wieder sehend werden.

Die immer weniger werdenden Taro-Wurzeln, die Hungersnot, die sie verkörpert, verorten ihr Sternbild im Spätwinter, September: Dann kommen auch die ersten Zugvögel an. Die Sonne geht im Kopf von Hydra auf, sodass eine darin verkörperte Whaitiri sowohl geblendet wie mittels der Sonne sehend vorstellbar wird und die vielen unheimlichen Vögel ihres Hauses – die Sterne darin – vom Licht ausgelöscht werden können. Whaitiris Verweilen auf der Erde in dieser bittersten Zeit des Jahres wäre ebenso astronomisch begründet, weil sie in dieser Jahreszeit nachts nicht zu sehen ist, nur morgens immer höher steigt, um im Sommer nachts wieder im Zenit zu stehen. Ihr Aufstieg in einer Wolke verweist auf ein gleichnamiges Sternbild in Auriga neben ihr. Und die mehrfache Erwähnung, wie sehr es bei ihr stinkt, würde daher rühren, dass auf den Gesellschaftsinseln Sterne dieser Region ebenfalls als Frau gesehen wurden: Die dort in einem stinkenden Meer steht.

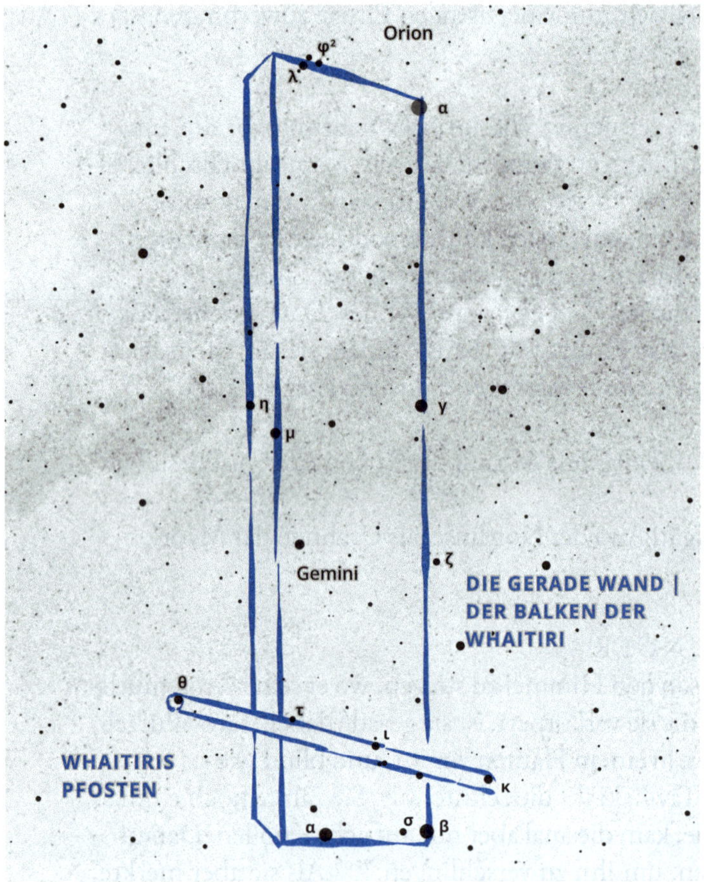

α Orionis [– β Geminorum und γ Orionis – α Geminorum?]

PŪ-TARA – DIE GERADE WAND

H 329

Pū bedeutet sowohl 'genau' als auch 'Basis'; *Tara* die Seitenwand eines Hauses oder Sonnenstrahlen. Der Stern markiert eines der Enden von Whaitiris Balken, der je nach Lage am Himmel einen Donnerbalken oder aber die Seitenwand von Whaitiris astralem Haus *Raparapa-te-uira* – Gleissender Blitz – bildet, was sich auch mit der Bedeutung von *Tara* als Lichtstrahl deckt.

Vergleichbar mit Rehuas Sitz im Himmel Pū-tahi-nui-o-Rehua heisst Whaitiris Sitz je nach Lesart: *Pū-o-tetoe* ('Quell Des Schilfs')[210] oder *Pū-o-te-toi* ('Quell Aller Dinge').[211]

WHAITIRIPAPA | TE PAEPAE O WHAITIRI – DER BALKEN DER WHAITIRI

B 40, 41 und TA2 363

Paepae bezeichnet sowohl den Donnerbalken einer Latrine als auch die frontale Querplanke eines Lagerhauses, das üblicherweise mit sieben menschlichen Figuren samt geschnitzten Geisterwesen – *Manaia* – dazwischen verziert ist. Die menschlichen Figuren symbolisieren die sieben Prinzipien der Existenz: Weisheit; Leben; Macht; Herrschaft (*Mana*); Grösse; Gleichheit; Vollkommenheit und Ruhe (wie im Namen des astralen Totenschiffs).

An der Seite dieser Figuren finden sich Gottheiten. Eine Beschreibung eines solchen Paepae erwähnt zunächst ein die Sonne und den Mond repräsentierendes Wesen, das den Menschen mit einer Hand zieht, mit der anderen schiebt. Das auf das Auge des Menschen gerichtete aufrechte Horn symbolisiert das Horn der Sonne, die ihn auch geistig erleuchtet. Ein nach unten gerichtetes einfaches oder doppeltes Horn oder ein Mund auf der Schulter stehen für die zwei Hörner des Mondes, der über die Zeit des Menschen und seine Knochen wacht. Die zentrale menschliche Figur dieser Szene zeigt ein lahmes Bein und repräsentiert die Zeit an sich – das lahme Bein führt die Vergangenheit vor, das gesunde Bein die Gegenwart. So wird der Mensch als halb lebende, halb tote Kreatur dargestellt.[212]

Diese Doppeldeutigkeit symbolisiert auch der Balken der Whaitiri: Einmal als ihr Haus, in dem sie wohnt und emblematisch die Vorräte des Winters eingelagert hat, einmal als Latrine, in der das Essen ausgeschieden wird und durch seine Verwesung zugleich den Tod als andere Seite des Lebens verortet.

Das Gestirn 'gibt wichtige Zeichen zu den Meeresfischen und markiert Februar und März',[213] das heisst passend zu Rehuas zweiter Frau geht es in diesen Monaten abends im Osten auf, während seine erste Frau Rūhi mit dem linken Fuss im Westen auf die Erde herabkommt.

κ – θ Geminorum?

POU-O-WHAITIRI – WHAITIRIS PFOSTEN

B 40, 41 und TA2 363

Den Angaben und Namen ist zu entnehmen,[214] dass dieses Sternbild aus zwei Balken besteht; der erste ragt in Richtung des Himmelsschiffes auf, das im Unterschied zu dem aufgekrümmten Waka in Scorpius als gerade beschrieben wird und mithin jenes ist, das von den Plejaden zu den Gürtelsternen des Orion reicht. Zu dem zweiten Balken gehört der Morgenstern: was einerseits besagt, dass man die zwei Balken bei ihrem heliakischen Aufgang betrachtet, andererseits, dass er – den Bewegungen der Venus gemäss – quer zur Ekliptik liegt.

Das wird astronomisch sogleich einsichtig: Die eine Seite des Balkens wird von der geraden Linie β–γ Geminorum bis α Orionis gebildet, die andere parallel dazu von α – μ Geminorum bis λ Orionis; der dazu quer stehende Pfosten bildet den Stock, an dem man sich bei einem solchen Donnerbalken festhalten kann.

Whaitiris Balken kann so, je nach Lage am Himmel, als Seitenwand oder als Veranda ihres Hauses gesehen werden, aber auch als Latrine.

DIE ENTSTEHUNG DER LATRINE

Die Entstehung der Latrine als zivilisatorische Errungenschaft schildert die folgende Legende, in der Whaitiris Mann Kai-tangata sich über die stinkenden Exkremente beschwert, die ihre drei Kinder überall hinterlassen. "Whaitiri antwortete: 'Ist etwas mit deinen Händen, dass du nicht selbst den Schmutz unserer Kinder sammeln und wegtragen kannst?' Kai-tangata erwiderte: 'Wer wollte das wohl sammeln? Das ist ja alles grausig!' Da schämte sich Whaitiri und verlängerte kraft ihrer Beschwörungen den Tag. Während Kai-tangata auf See war, um zu fischen, machte Whaitiri in seiner Abwesenheit einen Abtritt für die Menschen. Sie legte den ersten Balken dieser Einrichtung und nannte ihn *Whakamārō-te rangi*, 'Ausdehnung des Himmels', schlug den zweiten Pfosten ein, den sie *Meremere* nannte, 'Abendstern', und auf die Spitze dieses Donnerbalkens, an seinem östlichen Ende, stellte sie eine Figur des Gottes Tū-tangata-kino (Tū Der Böse Mensch), einen Eidechsengott, der all die Bauchkrämpfe verursacht, damit all die Fliegen von Hawaiki herflögen und sich da niederliessen, und von ihm mit der Zunge geschnappt und verschlungen würden."[215]

In einer anderen Fassung wurde die erste Latrine – *Heketua* – vom ältesten Bruder des Kulturheroen Māui gebaut. Auf der Suche nach seiner Schwester erfuhr er von Rehua, dass sie auf der Insel Motu-tapu gefangen gehalten wurde. Indem er sich in eine Taube – *Rupe* – verwandelte, konnte er sie retten und in Rehuas Dorf zurückbringen, das völlig verdreckt war, weil die Bewohner zu faul waren, es sauber zu halten. Ohne dass ihm jemand etwas sagte, räumte Rupe diesen Saustall auf: "Überdies baute er eine Latrine, um die Scheisse abzulagern; dazu schlug er einen Pfosten ein, um sich mit der Hand festhalten zu können. Der Name dieses Pfahls war 'Whaitiris Pfeiler'. Und damit war die Latrine fertig."
Whaitiris Mann Kai-tangata, Rehuas Sohn, sah die am Rand einer Klippe stehende Latrine und beschloss, sie auszuprobieren. "Als er die Weite des Querbalkens erreichte, stellte er einen Fuss auf den Querbalken und hockte sich hin." Er streckte dabei die Hand aus, ergriff Whaitiris Pfosten und liess sich hinten herunterhängen, "weil er ihn für sicher hielt; doch nein: der Pfosten glitt heraus, der Mann fiel, war sofort tot und nicht mehr wiederzubeleben".
Bei seinem Fall befleckte sein Blut den Himmel, weshalb ein Rot am Himmel *Ka tuhi Kai-tangata* genannt wird. Viele Māori nehmen an, dass Rupe den Pfosten absichtlich gelockert hatte, um Kai-tangata umzubringen und sich bei Rehua dafür zu rächen, dass ihm keiner bei der Säuberung des Dorfes geholfen hatte.[216]

Bei dieser Latrine wurde ein Ritus namens *Ngau Paepae* – In die Latrine Beissen – vollzogen, bei dem man in den Donnerbalken der Latrine biss: Damit wollte man Krankheiten kurieren, Tapu-Brüche wieder bereinigen und sich die schützende Kraft des Paepae einverleiben.[217]

Der Raum hinter dem Balken wurde *Kouka* genannt und repräsentierte den Tod, der Raum davor hingegen das Leben.[218] Deshalb werden Menschen dort auch getötet. Vor dem Balken steht der Vollstrecker, dahinter geschieht die Tat. Auch wenn jemand besessen ist und sein Geist auf die andere Seite des Balkens gerät, wird er vernichtet: Denn alles dahinter gilt als Nacht und als Unterwelt, die alles auslöscht.[219]

Bevor Tāne seine Himmelfahrt antreten kann, um im zwölften Himmel die Körbe der Weisheit überreicht zu bekommen, muss er zuerst in den zehnten Himmel *Rangi-naonao-ariki* – Ursprung der Mücken – steigen, zum 'Quellgebiet Des Himmels', *Tāuru-rangi*. Dort geht er sofort zur Latrine, wo er diesen Ritus vollzieht, denn in dem Quellgebiet, in dem er sich bewegt, muss alles der Erdmutter Entstammende von seinem Tapu befreit werden, das ihm noch anhängt. Dafür muss er sich auf den Alten Hügel Des Himmels *Ahu-mai-rangi*, der auch 'Zeremonienplattform' genannt wird, stellen; danach wird er zum Wasser geführt und dort untergetaucht.[220]

Diese Schilderung lässt ahnen, in welche Landschaft Whaitiris Latrine gegraben wurde: in ein Quellgebiet mit Schilf und einem heiligen Hügel, das um Hydra herum liegen muss und wohl mit den Sternbildern Wasserquelle und Himmelsüberlauf zusammenhängt.

Beides, der Pfosten der Latrine der nur als 'Frau' bezeichneten Whaitiri, sowie das daneben sich ausbreitende astrale Quellgebiet, wird in einem Gebet an den kriegerischen Gott Maru angesprochen.

Er gilt mancherorts als Grosser Gott des Himmels, der sich als Abendrot zeigt: "Der Pfosten steht; es ist der Pfosten der Frau und an der dort errichteten Stütze des Himmels ein Ausfluss. Es ist der Ausfluss des Himmels, es ist der Ausfluss ins Blitzgewitter, es ist der Ausfluss in den Blitz, es ist der Ausfluss in den Regenbogen. Es ist der Ausfluss des Himmels oben. Es ist auch der aufrechte Pfosten, der Pfosten der Ahnen, der Pfosten des zurückgehaltenen Himmels, der Pfosten des Grossen Himmels oben, der Pfosten, der das Land beschliesst, der Pfosten, der die Erdmutter beschliesst, der Pfosten, der den Boden beschliesst, der Pfosten des oben gehaltenen Himmels, der Pfosten für den Grossen Himmel oben."[221]

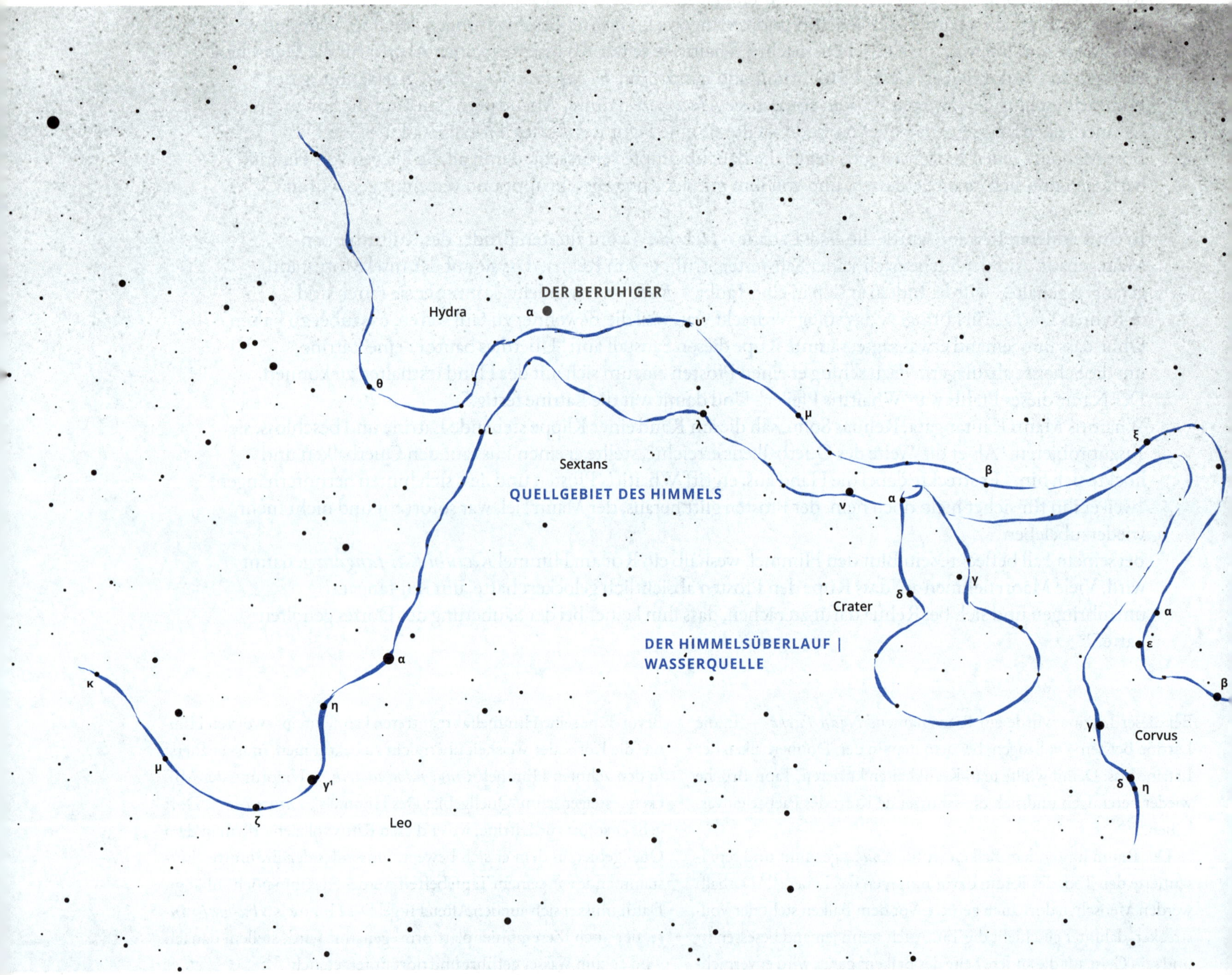

Corvus bis Hydra und Kopfsterne von Leo?

TAURU-RANGI – DAS QUELLGEBIET DES HIMMELS

B3 101

Diese, dem zehnten Himmel angehörende Region, ein Reich der Mücken, ist wohl mit Whaitiris Sitz *Pū-o-tetoe* ('Quell Des Schilfs')[222] zu identifizieren; von dort gelangt man in den elften Himmel.[223]

Zugleich verrät der Name einen Bezug zu den 'Quellen von Rangiriri' – *Te Puna i Rangiriri* –, von denen aus Tānes Belebendes Wasser erst in die Unterwelt Te Pō fliesst, um dann als dunkles Wasser der Regenwolken oder als die weissen Wasser der Tiefe in unsere Welt zu gelangen.[224]

Crater?

TIPOKI-O-RANGI – DER HIMMELSÜBERLAUF
PĪ-Ā-WAI – DIE WASSERQUELLE

Whaitiris Donner repräsentierte man durch das heilige Gefäss eines Flaschenkürbisses, das man in der Donnerhöhle Matahina deponierte, die besonders tapu war, und aus der der Donner kam: Wer genug Mana besass, konnte durch sie den Himmel wecken und Donner hervorrufen. Die Seher – *Matatuhi* – hörten aus den verschiedenen Arten von Donnern zu ihnen gesprochene Botschaften heraus.

Der nicht identifizierte, von vier Sternen gebildete Asterismus *Pī-ā-wai* hat seinem Namen nach ebenso mit dem Wasser zu tun wie *Tipoki-o-Rangi*; von ihm ist belegt, dass er die Gestalt eines Flaschenkürbisses (*Lagenaria siceraria*) besass, der generell als Wasserbehälter verwendet wurde. Das legt nahe, beide Asterismen miteinander zu verbinden und sie in der Nähe der Donnerfrau Whaitiri zu verorten.

B1 114, B 74–75, 59

Auriga?

KAIWAKA – DIE DROHENDE WOLKE

B 46

Zu diesem Gestirn gibt es einerseits die Angaben, dass es zwei Monate nach β Orionis aufgeht,[225] es als Wintergestirn dem dritten Monat (August) seinen Namen gibt,[226] es aber auch den Beginn des achten oder neunten Monats ankündigt.[227] Dies ist auflösbar, indem Auriga Anfang August heliakisch aufgeht, während bei seinem heliakischen Aufgang im Osten der den Beginn des achten Monats markierende α Scorpii im Norden steht, um dort unterzugehen. Da Auriga in der Milchstrasse liegt, ist auch die Bezeichnung 'Wolke' gerechtfertigt; zudem ist es stimmig, dass die danebenstehende Donnerfrau Whaitiri stets in einer Wolke in den Himmel steigt.

Auriga?

KORO-TAKATAKA – ABGEFALLENE LIANENBLÜTEN?

B 51

Das Sternbild markiert ein Ende der Milchstrasse; es soll entstanden sein, indem Merkurs Fischschuppen herabfielen.[228] *Takataka* bedeutet 'mehrmals fallen'; *Koro* bezeichnet das als Liane wachsende, auch 'Rata' genannte Eisenholz, *Metrosideros perforata*,[229] dessen vielstrahlige weisse Büschelblüten Schuppen gleichen.

Aufgrund des Bezugs des Planeten zu einem Ende der Milchstrasse kommt nur ein Schnittpunkt zwischen ihr und der Ekliptik in Frage: also Auriga oder Sagittarius. In Auriga und Gemini sehen Aborigines ebenfalls Wolken von Fischschuppen.

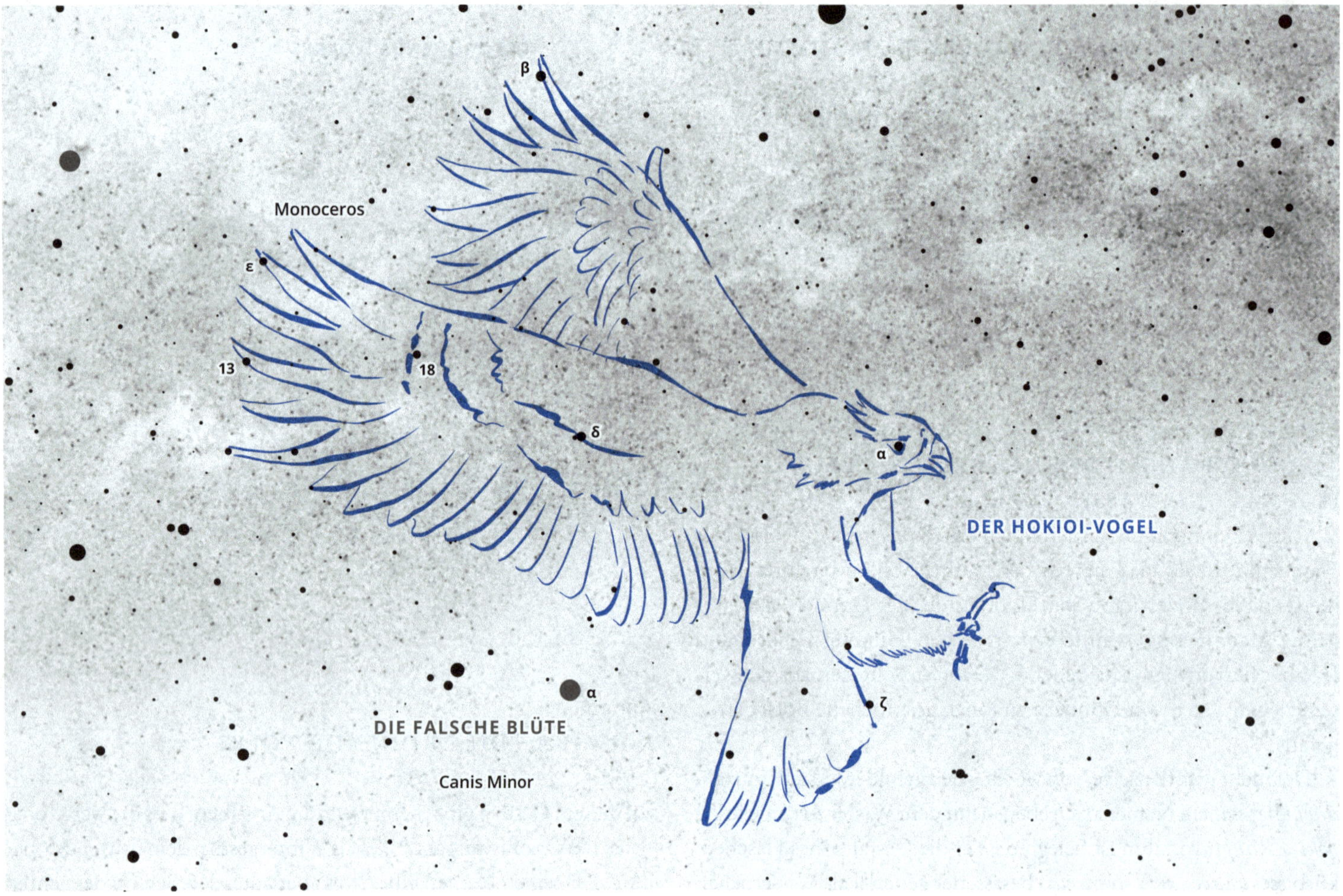

Monoceros?

HOKIOI – DER HOKIOI-VOGEL

SI 15

Der auch *Eokio* oder *Hoka* genannte mythische Vogel gehört wesentlich zu den Glaubensvorstellungen der Māori. Er gleicht einem riesigen Falken mit einem Federkamm auf dem Kopf, hat Flügel mit vier Gelenken und ein Gefieder von roten, schwarzen, weissen, gelben und grünen Federn. "Hokioi hoch oben – hu! Du wohnst weit oben im himmlischen Raum, als Schlafgefährte Whaitiris", heisst es in einem alten Lied. Mit seinem langen gegabelten Schwanz ist er aber einem Fregattvogel gleich, "jetzt oben im Himmel", wo er lebt und den Göttern als Bote dient. Hört man seinen Schrei – *Hokioi kokioi Hu-u* –, so ist darin die Klage der Götter über einen verstorbenen Ariki zu vernehmen. Das folgende Lied spielt darauf an: "Dies ist dein Aufstieg; ein Hokioi wartet oben auf dich, ein selten gesehener Vogel, den nicht viele und nicht alle gesehen haben."

SI 15 und B4 563

Als ausgewiesener Himmelsbewohner muss ihm ein Sternbild eigen sein; allerdings geht aus keinem Text hervor, wo. Auf den Gesellschaftsinseln wurde die ebenfalls als Götterbotin angesehene Seeschwalbe mit Cygnus identifiziert. Hier jedoch legen die Angaben nahe, dass er sehr hoch – also im Zenit – stehen muss, er jedoch nur selten und schwach zu sehen ist; zugleich muss er mit Whaitiris Sternbild untergehen, um als ihr Beischläfer gelten zu können. Dies trifft auf die Sterne von Monoceros zu, welche die Figuration eines viergliedrigen Flügels erlauben.

HOKIOI UND KAHU

In einer Legende besucht der Vogel Rona, der in dieser Version an Whaitiris Mann gemahnt, den Fischer, den sie mit diesem Vogel betrügt. Eine andere Fabel erklärt, wie er im Wettstreit mit dem ebenso mythischen Falken Kahu in den Himmel gelangte: "Vor ewigen Zeiten stritten sich Hokioi und Kahu einmal, wer im Flug höher hinaufkäme. Kahu sagte: 'Du kannst nicht so hoch fliegen, dass du die Erde aus dem Blick verlierst; du kommst ja nicht einmal so hoch wie ein Grassängervogel im Farn!' Das ärgerte den Hokioi so, dass er den Maorifalken zum Wettflug herausforderte. Beide stiegen auf, doch als Kahu eine Farnebene in Feuer stehen sah, schoss er sofort herab, um die Mäuse zu jagen, die vor dem Brand zu flüchten versuchten – worauf der

Hokioi rief: 'Du Angeber du!' Er selbst stieg höher und höher, so hoch, dass er nicht mehr zur Erde zurückkehrte; man hört ihn bloss manchmal noch nachts seinen Namen verächtlich dem Kahu zurufen: 'Hokioi! Hokioi!'"[230]

Hinter dem Hokioi verbirgt sich eine Überlieferung zu dem bis zu 18 kg schweren Haastadler (*Harpagornis moorei*), dem mit drei Metern Spannweite grössten Greifvogel Neuseelands. Er lebte hauptsächlich von Moas, war aber bald nach der Ankunft der Māori ausgerottet.[231]
Der Maorifalke Kahu (*Falco novaesealandiae*) ist mit dem einäugigen Vogel Ka zu identifizieren, der als Bote aus der irdischen Welt zu den Göttern aufzusteigen vermag; eines seiner Augen symbolisiert die Toten, die auf der Piroge Te Makurangi in den Himmel steigen, deren Augen zu zu Sternen werden.[232]

V SOMMER- UND WINTERGESTIRNE

α Aquilae

POUTŪ-TE-RANGI – DER HIMMELHOHE

H 329

POUTĀ(HŪ)-TE-RANGI – DER PFOSTEN DES HIMMELS

TR 402

Poutū bedeutet 'lotrecht, ganz oben, im Meridian sein', was sich wohl darauf bezieht, dass α Aquilae genau im Norden kulminiert; *Pou* bezeichnet, wie auf den Gesellschaftsinseln, einen Pfeiler und den damit verbundenen hellen Stern.

Poutāhū wiederum heisst der vordere Hauptpfosten eines Hauses, der das Leben symbolisiert und Tāne oder Tiki verkörpert. Von ihm führt oben der Dachbalken – dem Leben gleich – zurück zum hintersten, tief in die Erde eingegrabenen Pfosten *Poutū-a-rongo*, welcher der Göttin der Unterwelt Hine-nui-te-Pō, Der Grossen Frau Des Dunkels, geweiht ist; unter ihm wurde der Behälter vergraben, der die heilige Lebensessenz *Mauri* enthält.[233]

In dem damit gemeinten Haus verbirgt sich die Morgendämmerungsfrau Hine-tītama; sie hat dort, wie wir aus einer bereits zitierten Geschichte wissen, vor Tāne Zuflucht gesucht, nachdem sie erfuhr, wer ihr Mann, der Vater ihrer gemeinsamen Kinder, in Wirklichkeit war. Denn als sie von ihm wissen wollte, wer ihr eigener Vater sei, hatte Tāne ihr ausweichend geantwortet, sie solle die Pfosten und Balken des Stammhauses fragen: Worauf sie begriff, dass ihr Gatte auch ihr Vater und Grossvater war.

Dessen Bruder, der Tāne Des Belebenden Wassers – ein Ehrfurcht gebietender Gott weit draussen am Rande des Universums –, versteckt sie nun vor ihrem Gatten hinter der Wand seines Hauses, wo es in die Unterwelt hinuntergeht. Als Tāne sie suchen kommt – weil er für die entblösste Brust des Himmelsvaters einen Schmuck wünscht:

und damit auch sie, die Morgendämmerung –, macht sie ihm klar, dass sie nie wieder zu ihm zurückkehren wird und er ihre Kinder nun allein grossziehen muss. Denn sie gehe jetzt in die Unterwelt, wo sie ihre Kinder am Ende von deren Leben erwarte, um sie erst dann wieder in die Arme zu schliessen – als Hine-nui-te-Pō, 'Grosse Frau Des Dunkels' und Herrin über den Tod.[234]

Der folgende Gesang bringt zum Ausdruck, dass das Haus der Morgendämmerungsfrau in Aquila durch seinen Aufgang bei der Tagundnachtgleiche im Herbst sowohl die Trennung in die helle Ober- und in die dunkle Unterwelt sowie die Entstehung von Tag und Nacht symbolisiert. Auch auf Tuamotu gab es ein eigenes Sternbild für den Ort, an dem man in die Unterwelt sprang.[235]
Der Gesang kommt dann darauf zu sprechen, dass Tāne seine Frau ziehen liess und sich statt ihrer Morgendämmerung Sterne vom Grossen Fürchterlichen In Der Ferne holte, um die Blösse und Düsternis des Himmelsvaters aufhellen und verzieren zu können: "Tāne nahm Hine-tītama zur Frau. Dann begann erstmals Tag und Nacht.
Dann wurde gefragt: 'Wer ist der Vater, durch den ich bin?' Der Pfosten des Hauses wurde gefragt, aber er öffnete nicht seinen Mund. Die Wand des Hauses wurde gefragt, aber sie öffnete nicht ihren Mund.
Vor Scham verstört, geht die Morgendämmerungsfrau also fort und verbirgt sich in einem Haus des Himmelhohen.
'Wohin gehst du, o Tāne?' 'Ich folge meiner Schwester.' 'Nein, du kehrst auf die Welt zurück, Tāne, um unsere Nachkommen aufzuziehen; mich aber lässt du in die Finsternis gehen, um unsere Nachkommen dann hinunterzuziehen. Du nimmst dir statt meiner die Fellbüschel von den Mänteln Des Grossen Fürchterlichen In Der Ferne.'"[236]

Aquila

POU-TERE-RANGI – DIE FLIEGENDE HIMMELSSTÜTZE

B3 128

HAWAIKI-RANGI – DAS HIMMELS-HAWAIKI

B3 129

Das hier mit dem Namen des Sterns Der Himmelhohe bezeichnete Haus wird auch Die Fliegende Himmelsstütze genannt. Passend zur Randlage Aquilas an der Milchstrasse gehört dieses Haus nicht nur dem Tāne Des Belebenden Wassers, sondern auch – dem vielleicht mit ihm identischen – Türhüter der Unterwelt, Te Kuwatawata. Der will die Morgendämmerungsfrau erst gar nicht in die ewige Finsternis hinunter lassen; doch weil sie darauf besteht, ist dies der Grund, weshalb der Geist eines Menschen – *Wairua* – nach seinem Tod weiterlebt und manchmal sogar auf die Erde zurückkehrt.

Das Haus wird überdies *Hawaiki-rangi* genannt, weil dieses 'Himmlische Hawaiki' der Ort ist, von dem die Menschen dieser Welt hinabsteigen; sie gehen dann dahin – *ikia* –, indem sie in den unbekannten Teil der Unterwelt Pō-tiwha gelangen, auf einem langen Pfad namens *Tahekeroa*.[237] Auf diese Weise kehren sie in jenes mythische, irgendwo im Westen auf dem mythischen Berg Irihia liegende Haus Hawaiki zurück, das ihre Urahnen einst am Anfang der Welt verlassen mussten. Von den vier Türen dieses Hauses führen drei hinab in das Dunkel der Unterwelt, eine jedoch hinauf in den Himmel – durch diese Türe gelangte Tāne bei seiner Himmelfahrt in die oberen Himmel.[238]

Als ein solches Haus mit einem Pfosten in der Mitte wird Aquila im ersten Monat des neuen Jahres nach Sonnenuntergang sichtbar: Sein dreieckiges Dach steigt dann mit α Aquilae als Grube des Pfeilers senkrecht am Horizont auf – symbolisch passend zu der Zeit, wenn die Seelen der Verstorbenen morgens auch mit den Plejaden von dort aufsteigen.

WHARE-O-TARANGA – TARANGAS HAUS

HO1 202

Der Bedeutung des Hauses als Zugang zur Unterwelt wird auch der Name des Sternbilds als 'Tarangas Haus' gerecht, das von Māui in den ersten Himmel hinabgestossen wurde.[239]

Māuis Gang in die Unterwelt

Māui war eine Fehlgeburt Tarangas, einer anderen Verkörperung der Morgendämmerungsfrau; sein Fötus wurde von ihr ins Meer geworfen oder in die Grabhöhle ihrer Vorfahren gelegt. Er überlebte jedoch, wurde erwachsen und kehrte zu seiner Familie zurück. Als er merkte, dass Taranga in der Morgendämmerung jedes Mal verschwand, wollte er wissen, wo sie hinging. Um ihr das Verschwinden zu erschweren, versteckte er eines Nachts ihren Rock, worauf sie sich nach vergeblicher Suche ohne ihn aufmachte. Māui beobachtete sie von der Tür aus und sah, wie sie einen Busch (Tāranga, *Pimelea longifolia* oder *Veronica stenophylla*) aus der Erde zog und in den geheimen Gang hinabstieg, der in den Untergrund führte. Darauf verwandelte sich Māui in eine Taube (deren wunderschönes Gefieder auch 'Tarangas Rock' genannt wird) und folgte ihr. Einmal in der Unterwelt, gab er sich seiner Mutter zu erkennen, die ihn liebevoll in die Arme nahm.[240]

Der erste heliakische Aufgang Des Himmelhohen Poutū-te-Rangi im Osten im zehnten Monat, dem März, kündigt den nach ihm benannten Herbstbeginn an. Dank seines Aufgangs in dieser Zeit war er einer der am engsten mit Nahrung verbundenen Sterne; er markierte in jenen Teilen Neuseelands die Süsskartoffelernte, wo sie noch vor dem Aufgang Des Grossen Blattes (α Lyrae) eingebracht wurde. Ging dieser Stern als ihr Stammvater auf, wurden die Kūmara inspiziert und die Vorratslager vorbereitet. In seinem Monat grub man dann auch die Kartoffeln aus der Erde.

O 109, H 332, B6 240

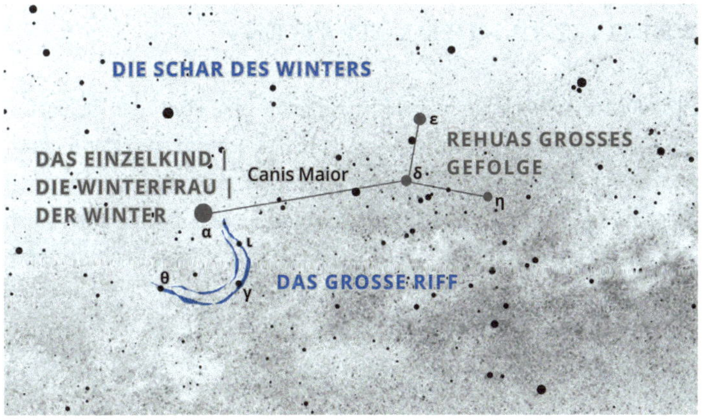

α Canis Minoris

PUANGA-HORI – DIE FALSCHE BLÜTE

TE

Der Name stellt diese Blüte in Gegensatz zu Der Blüte An Der Vogelfalle in Orion.

Canis Maior

KĀHUI TAKURUA – DIE SCHAR DES WINTERS

TE

Canis Maior ist sowohl im Mittsommer als auch im Mittwinter zu sehen – beides aufgrund der Temperaturen die anstrengendste Zeit für alte Leute, die dann sterben. Daher rührt der Ausdruck: "Geh, mein(e) Liebe(r), geh; du wirst von Der Schar Des Winters geholt."[241]

α Canis Maioris

TAUTAHI – DAS EINZELKIND | DER AUSGENOMMENE?

TE

Tautahi ist der Name des sechsten Monats im Mondkalender der Ngāti Kahungunu, der etwa unserem November-Dezember entspricht. Der Name bedeutet sowohl 'Besonderes, Eigenartiges' wie 'Einzelkind'. Beides lässt sich darauf beziehen, dass Sirius in diesem Monat als erster Stern bei Sonnenuntergang im Osten aufgeht. 'Kind' wäre dann im Sinne von 'Sternenkinder' als Himmelskörper zu verstehen: Von denen Sirius weit und breit der hellste ist.[242]

HINE-TAKURUA – DIE WINTERFRAU
TAKURUA – DER WINTER

H 329

Takurua ist sowohl der Name für den Winter wie für den zweiten Monat im Mondkalender, Juli-August, wenn der Sirius vor Sonnenaufgang im Osten aufgeht. *Taku* bezeichnet eine Grenze, die hier jahreszeitlich gemeint ist, und *Rua* die 'Grube' als jenen Punkt, von dem aus die Sterne von Canis Maior aufsteigen.[243]

Im Mythos ist Takurua eine Frau – *Hine* –, die von Sonne geheiratet wurde. Te Rā hat zwei Frauen, bei denen er jeweils eine Jahreshälfte verbringt, die Sommerfrau Hine-Raumati, die wahrscheinlich mit Der Himmelmüden in Sagittarius zu identifizieren ist,[244] und die Winterfrau Hine-Takurua, die auf der Erde lebt.[245] Die Winterfrau steht zu Jahresanfang – mit dem der Winter beginnt – bei Sonnenaufgang mit Den Kleinen Augen der Plejaden am Horizont, nur weit heller. Sie gilt zudem als Mutter A(t)utahis, des Canopus.

W1 53 und M 41

θιγ Canis Maioris

PŪKAWA-NUI – DAS GROSSE RIFF

HO1 210

Dieser Name ist dort gebräuchlich, wo nicht α Scorpii, sondern α Canis Maioris 'Rehua' genannt wird. Es wird als die Spiegelung im Wasser aufgefasst, in der Rehua sich betrachten kann: *Te wai whakaate ō Rehua*.

HO 1 201 und HO 25

α bis etwa δηε Canis Maioris

TE PŪTAHI-NUI-O-REHUA – REHUAS GROSSES GEFOLGE

HO 25 und HO1 201

Wo Rehua mit Sirius als dem hellsten Fixstern identifiziert wird – im Norden Neuseelands bei den Nga Puhi etwa[246] –, gilt Rehua als direkter Sohn des Himmelsvaters und die an ihm hängende Linie von Sternen als sein Gefolge.

Es heisst von ihm, er sei als flammender Stern aus dem dunklen Loch des dämonischen Māhu (dem Kohlensack) geschossen und schnell wie der Blitz quer über den Himmel geflogen; nach einer Weile aber habe er sich dort niedergelassen, wo wir ihn heute sehen, und seine heutige helle Gestalt angenommen.[247]

Sterne von Perseus und Auriga?[248]

WHAKAAHU – DIE ZUGEWANDTEN

TA 362

β Persei?

WHAKAAHU-NUKU – DER ERDE ZUGEWANDT

ζ Persei?

WHAKAAHU-RANGI – DEM HIMMEL ZUGEWANDT

TA 362

β Aurigae?

WHAKAAHU-TE-RĀ – DER SONNE ZUGEWANDT

B 62

ε Persei, im Süden α Persei?

WHAKAAHU-PAPA – DEM BODEN ZUGEWANDT

ρ Persei?

WHAKAAHU-KEREKERE – DER SEHR ZUGEWANDTE

TA 362

In einem Kalender, der mit dem heliakischen Aufgang von β Orionis beginnt, gehen diese vier oder fünf Sterne einen Monat nach ihm auf.[249] Sie verkörpern mancherorts den Sommer ebenso wie Die Kleinen Augen der Plejaden, Die Falsche Blüte von α Canis Maioris und Rehua in α Scorpii – indem alle zusammen bei Sommerbeginn Anfang November kurz nach Sonnenuntergang eine Linie bilden, die von Der Falschen Blüte im Osten bis zu Rehua im Westen reicht.

Im Mythos sind Whakaahu und Oipiri (-whea) – wohl ein anderer Name für die Winterfrau Takurua des Sirius – zwei Töchter von Tag und Nacht, die im Raum geboren wurden. Oipiri wurde in alles eingeweiht, was mit der Nacht und dem Winter zu tun hat, ihre Schwester Whakaahu hingegen in alles, was den Tag und den Sommer anbelangt und damit in Die Welt Des Lichts *Marama Kehokeho* – weshalb ihr Name gleichbedeutend mit 'Sommer' ist. Beide Schwestern wurden von Rehua geheiratet; ihr Gefolge wetteifert ewig miteinander, ohne dass eine Seite jemals über die andere zu triumphieren vermöchte.[250]

β Ceti?

WHETU-KAU-PŌ –
IM FINSTEREN SCHWIMMENDER STERN

B 64 und HO1 64

?

KAU TŪ – DER AUFSCHWIMMER

B5 69

Zu diesem Stern gibt es nur die Angaben, dass er im Oktober-November abends untergeht,[251] im April aber als Monatsstern heliakisch morgens aufsteigt[252] und auch ein Komet so genannt wird: Was dem Stern eine prominente Helligkeit zuweist. Daher kommt für diese Monate vor allem der hellste Stern von Cetus in Frage, der dann in weitem Umkreis der leuchtendste Stern ist. Zumindest dem Namen nach lässt sich der wichtige und helle, sonst jedoch nicht identifizierte Kau-tū mit ihm abgleichen.

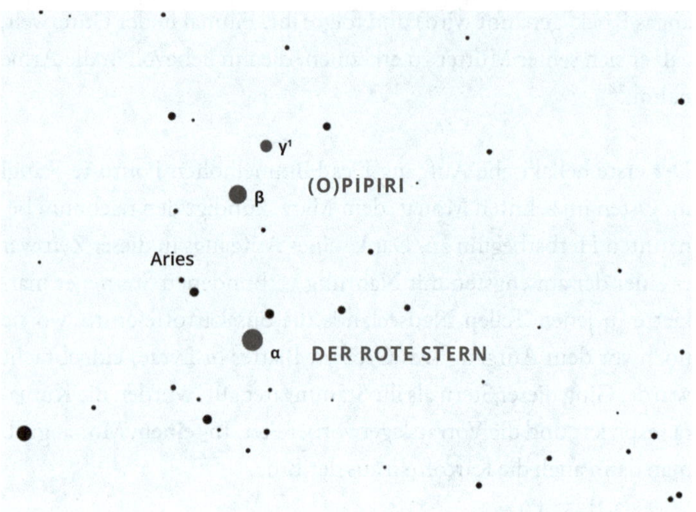

α Arietis?

WHETŪ-KURA – DER ROTE STERN

HO1 196

Einen Monat nach dem verhältnismässig plausibel identifizierten β Ceti geht der Rote Stern morgens heliakisch auf, um den letzten Monat des Jahres zu markieren. Der einzige auffällig rote Stern in diesen Tagen am Horizont ist dann der hellste, auffällig rote Stern von Aries.

γ¹ und β Arietis oder ο und ξ Tauri?

(O)PIPIRI

M 39, TE

Der erste Monat des Jahres ist nach zwei "aneinanderhängenden" Sternen benannt, die im Juni "ein kleines bisschen vor Den Kleinen Augen aufgehen" und dem ersten Monat des Jahres ihren Namen geben, indem sie den Aufgang der Plejaden ankündigen, mit dem das Jahr beginnt.

Erklären lässt sich dies durch alte Traditionen: Die Pipiris, die beiden Stachelsterne von Scorpius, markierten im Ursprungsgebiet der Māori, auf den Gesellschaftsinseln und ringsum, den Beginn des kargen Winters im Juni und spielten dort eine prominente Rolle. Auf Neuseeland stehen die Stachelsterne von Scorpius jedoch am Neujahrstag morgens aufgrund der unterschiedlichen geographischen Breite von Neuseeland zu hoch am Himmel, um dafür noch markant zu sein. Ihre kalendarische Rolle wurde zwar beibehalten – sie kündigen weiterhin die "langen, ihnen gehörenden Nächte des Winters" an –, aber deshalb auf zwei andere Sterne übertragen, die morgens heliakisch aufgehen.

Andererseits werden die Pipiri der Māori ausdrücklich als 'Sterne niederen Ranges' und damit als schwach und unbedeutend gekennzeichnet. Dadurch wären sie – auch in Parallele zu den schwachen Stachelsternen von Scorpius – eher mit ο–ξ Tauri zu identifizieren.[253]

VI DER ERSTE STERN

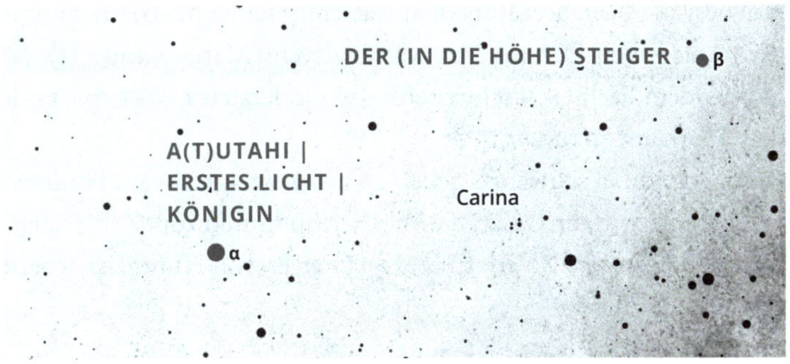

α Carinae

A(T)UTAHI

H 329

AO-TAHI – ERSTES LICHT

ARIKI – KÖNIGIN

W1 53

Canopus ist nach dem Winterstern Sirius der hellste Fixstern am Himmel, er ist bei den Māori jedoch prominenter. Der Name stammt aus der polynesischen Kultur; auf den Gesellschaftsinseln bedeutete der auf Piscis Austrinus bezogene Atu-tahi 'Erster Bonito'. Der Bezug zu den Schwärmen dieses Fisches ging in Neuseeland aber verloren; dort wurde der Name manchmal umgedeutet in 'Erstes Licht', befördert durch seine grosse Helligkeit, und – in Anlehnung an das lautähnliche *Tautahi* – oft als 'Vereinzelter' betitelt.

Generell wird der Stern als *Ariki*: als "heiliger Stern, Königin und Mutter all der Sterne des Jahres; Die Winterfrau [α Canis Maioris] war ihre Mutter, Die Blüte [β Orionis] ihr Vater".[254]

In anderen Traditionslinien wird der Stern jedoch vom Windgott oder der als männlich gesehenen Blüte mit der Winterfrau gezeugt, ist er dann der Sohn der beiden, der als Erstes Licht aufgefasst wird. Der Mythos weist A(t)utahi auch insofern eine ungewöhnliche Sonderstellung zu, indem er den Stern in seiner Randlage zur Milchstrasse, aufgrund seiner Helligkeit und isoliert von seinem Umfeld, auf dieselbe Weise sieht wie die ebenfalls ähnlich klingenden *Matahuhi*: die Heiligen und Seher der Māori. A(t)utahis Aufgang im Osten wurde deshalb mit zeremoniellen Gesängen begrüsst.

WIE A(T)UTAHI AN DEN HIMMEL KAM

Zwei Auskunftspersonen der Tuhoe im Hinterland der Bay of Plenty erzählten die Herkunft dieses Sterns, in der ihnen überlieferten Version, in der A(t)utahi noch männlich war: "A(t)utahi bewegt sich gen Süden; er ist ein Wesen, das tapu ist. Er war der Einzige, den Tāne ausserhalb des Korbes [in den er Sterne gab, um sie am Himmel zu verteilen] beliess ... Als Tāne zur Wohnstätte Tāne-te-waioras ging [seinem Bruder, dem Tāne Des Belebenden Wassers, der als Wohltäter der Menschheit gilt], um ihn um seine Tochter, die Morgendämmerungsfrau, zu bitten, erhielt er sie nicht. Also flocht er einen Korb, sammelte all die Dekorationen in dessen Haus zusammen [die Sterne als Befestigungen der Wandmatten darin], legte sie in den Korb und kehrte zurück, um damit dann die nackte Brust Rangis zu schmücken. A(t)utahi aber blieb an diesem Korb – der die Milchstrasse ist – aussen hängen.

All die wichtigen Sterne sind [dem Stammvater der Winde] Tāwhiri-mātea entsprungen. Sie sind Rangis Enkel. Als sie gross wurden, holte der grosse Rangi sie zu sich und hütete sie an seiner Brust. A(t)utahi war der Erstgeborene; er war es, der Den Grossen Weissen Hai [die Milchstrasse] zur Seite schob, weil er nicht unter ihm sein wollte, denn der ist profan – *noa* – und nicht tapu wie er. Der Grosse Weisse Hai wird auch 'Māuis Fisch' genannt. A(t)utahi geht abends auf, weil er Dem Grossen Weissen Hai entgehen will. Er ist nie in den Korb [der Sterne der Milchstrasse] gekommen, sondern hängt aussen dran."[255]

In einer anderen Version versuchte Der Lange Weisse Hai A(t)utahi zu verschlingen, worauf dessen Stiefvater Rangi die Kreatur beiseite stiess, um sein Sternenkind zu schützen, das nun abends aufgeht, um nicht vom Fisch geschnappt zu werden.[256] In einer wiederum anderen Fassung ist es hingegen rein männlicher Egoismus, der den Stern aus dem Korb springen lässt, weil er nicht in die Milchstrasse will, um sich so als Erstgeborener der Sterne hervorzutun zu können und damit am wichtigsten zu werden.

A(t)utahi ist der Stern, der den zweiten Wintermonat Maruaroa markiert, als navigatorischer Leitstern wichtig ist und auch heute noch der Wettervorhersage dient. "Er ist ein wetterkundiger Stern, der Winde und Stürme vorhersagt. Funkelt er auf einer Seite deutlich mehr als auf der anderen, wird es auf der funkelnden Seite den stärksten Wind geben. Glitzert er hart und klar auf der Südseite, wie er das häufig tut, weiss ich, dass ein starker Wind aus Süden, meist ein Sturm, kommen wird."[257]

"Strahlt er gen Süden, sagt er Regen und Schnee und eine unfreundliche Jahreszeit voraus; reichen seine Strahlen nach Norden, wird die Jahreszeit mild." Ähnliches gilt für den Sommer: Steht er im Oktober weit ab von der Milchstrasse, gibt es einen trockenen Sommer.

Geht er im Osten auf, markiert dies, dass die Migration der Moki-Fische (*Latridopsis ciliaris*) bevorsteht.

B36, 43 und SK 312–313, 263

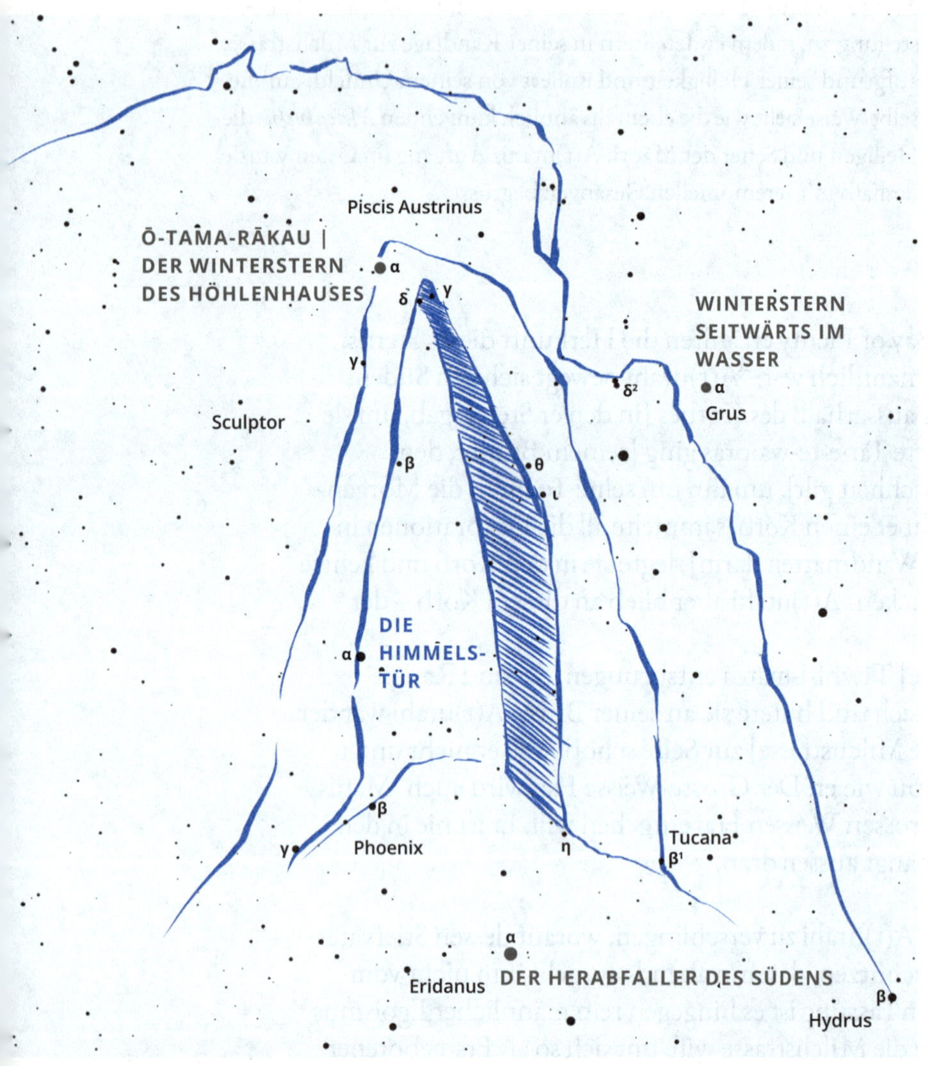

β Carinae?

MAREWA (I-TE-PANGI) – DER (IN DIE HÖHE) STEIGER

MA 229

Der Stern ist nicht identifiziert. Überliefert ist nur, dass der berühmte polynesische Seefahrer Rata dem Ratschlag seiner Mutter folgt, mit dem Ablegen bis Dezember zu warten, "wenn Marewa und A(t)utahi über dem Paehuakai schweben" – wobei letzteres Wort etwas mit dem Horizont zu tun hat.[258]

Im Dezember schwebt β neben α Carinae waagrecht am Himmel, wobei zuerst α, dann β Carinae über den Südpunkt zum Zenit steigt: Das wird *marewa* als Verb für das Aufsteigen von Himmelskörpern gerecht.

α Eridani

MARERE-O-TONGA – DER HERABFALLER DES SÜDENS

TE und MA 229

Sein Name rührt daher, dass der Stern mit Ende des Sommers jede Nacht von oben auf den Südpunkt herabfällt, um zum Winterbeginn ihn dort am Horizont – je nach Beobachtungspunkt – fast oder ganz zu berühren. Als 'Lotse' von A(t)utahis Piroge wird er deshalb bezeichnet, weil Canopus hinter ihm nachzieht und so von ihm angeführt scheint.

B 43 und 52

α Grus?[259]

TAKURUA PARE-WAI – WINTERSTERN SEITWÄRTS IM WASSER

Zu diesem Stern gibt es nur die Angabe, dass er ein Winterstern ist und im Süden Marere-o-Tonga vorausgeht, während dieser wiederum zugleich A(t)utahi vorausgeht: Was bedeutet, dass sie sich in einer Linie bewegen müssen. Das trifft auf den hellsten Stern von Grus zu, der zu Winterbeginn im Juli bei Sonnenuntergang links der zwei Sterne im Südosten aufsteigt, seitlich aus dem Meer also.

B 52, 61

α Piscis Austrini

Ō-TAMA-RĀKAU

TE und MA 239

Der im März morgens in etwa zugleich mit Aquila heliakisch aufgehende Stern markiert wie dieser den zehnten Monat. *Rākau* bedeutet 'Baumstamm, Holz, Stock, Waffe', und *Tama* 'Sohn'. Welchem Sohn eine solche Waffe zugeschrieben wird, wird nirgends erklärt; anzunehmen ist jedoch Tama-rereti, dessen Piroge sich in unmittelbarer Nachbarschaft befindet.

α Piscis Austrini?

TAKURUA WHARE-ANA –
DER WINTERSTERN DES HÖHLENHAUSES

B 61

Sterne von Piscis Austrinus, Grus, Phoenix, Tucana?

RANGI-TATAU – DIE HIMMELSTÜR?

B3 87

Takurua Whare-ana gehört zu den Wintersternen; er ist besonders hell und auffällig und warnt vor schwerem Frost, bei dem man sich in seine Behausungen zurückzieht:[260] Was für den zweiten wie den dritten Wintermonat Juli und August typische Beschreibungen sind. Dafür kommt α Piscis Austrini in Frage, da dieser Stern nach Sonnenuntergang im Osten aufgeht, unterhalb von Takurua Pare-wai. Die hellen Sterne rundum von Grus und Phönix können durchaus eine Höhle suggerieren

In solchen, in die Unterwelt reichenden Höhlen – als die auch Regenbögen und Halos erachtet werden – wohnen jene übernatürlichen Wesen, die auf der Erde verblieben, ob nun Whiro und das allererste Dämmerlicht *Uru-te-ngangana* ('Abendrot') oder die verkrüppelten Kinder von Rangi und Papa. Der Meergott Tangaroa und der Gott der Landwirtschaft, Rongo, leben in ihrem Himmelshaus Wahrau-Rangi, dessen bedeutendster Teil *Rangi-tatau* genannt wird: 'Himmelstür'. Es soll sich dabei um ein Höhlenhaus handeln, aus dem eisige Kälte dringt. Himmelstür wie Höhlenhaus lassen sich als Beschreibung eines Sternbilds in dieser winterlichen Himmelsregion auffassen, auch eingedenk des darin wohnenden Meergottes, indem Piscis Austrinus ursprünglich auf den Gesellschaftsinseln den Ersten Bonito abbildete.

B3 86–87, 76, 176

VII ZWEI VOGELFALLEN UND EINE HARPUNE

ζεδ Orionis

TAU-TORU – DIE DREIERREIHE

H 329 und B 49

WHATA (-O-PUANGA) –
DER ESSENSSPEICHER (PUANGAS)

B 47 und TA2 364

MUTU – DIE VOGELSTANGE

B 47

Die Gürtelsterne des Orion sind als Dreiherreihe in der Vorstellung der Māori ein Beispiel für das Muster eines 'ordentlichen' Sternbildes. Sie führen die Wichtigkeit der Vögel als Nahrungsvorrat vor – nicht zuletzt bedingt durch Die Blüte von β Orionis, welche die Aufgabe hat, Essbares heranzuschaffen: deshalb gelten diese Sterne um sie ausdrücklich als ihr Vorratsspeicher. Denn mit dem ersten heliakischen Aufgang Orions – der mit dem der Plejaden mehr oder minder zusammenfiel – brach der Winter an. Und dann wurden Fruchttauben gefangen und in ihrem eigenen Fett gebraten und eingelegt.

Mutu war eine dafür verwendete Fallenart, die man am Boden und in einem Baum verwendete. Sie bestand aus einem L- oder T-förmigen Stock, um den eine Schlinge geschwungen war; zog man daran, fesselte es den Vogel an das kürzere aufrechte Stück.[261]

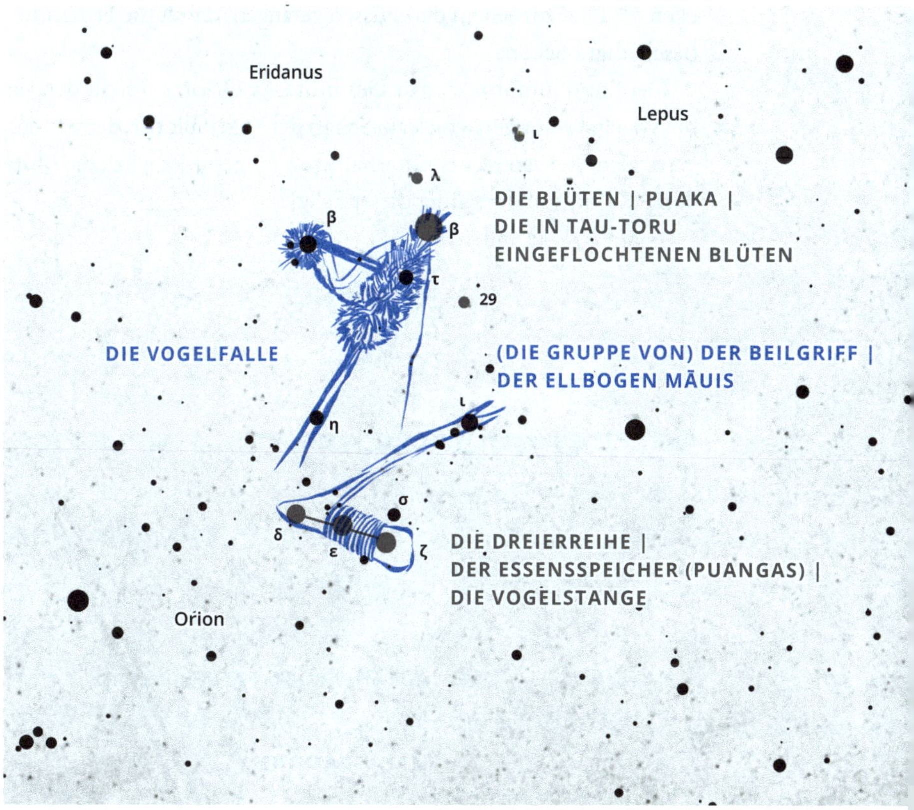

θι Orionis – M 42 und ζεδ Orionis

(HUIHUI O) TE KAKAU – (DIE GRUPPE VON) DER BEILGRIFF

M 63 und B 47

Die Sterne geben die Figur des Griffs eines alten Steinbeils wieder, das auch im Zusammenhang mit dem Bootsbau zu sehen ist.

Die Sterngruppe zeigt den bald anbrechenden Tag an, wie auch Die Blüten: "Die Sonne drücken sie von hinten vor", sagt man dazu, wenn sie in der Morgendämmerung erscheinen.

B 47–48

TE TUKE-O-MĀUI – DER ELLBOGEN MĀUIS

TA2 363

Damit wird – wo sich sonst in Polynesien der Fischhaken von Māui findet – der Arm dargestellt, mit dem er Neuseeland und Den Grossen Weissen Hai aus dem Ozean gezogen hat.

βητ Orionis – β Eridani

PEWA – DIE VOGELFALLE

B 47

Im Gegensatz zur einer *Mutu* besteht eine *Pewa* aus drei Teilen: einem langen dünnen Pfahl, der Vogelstange, und einer sie stützenden Querstange, welche den Fallstrick der Schlinge kaschiert. Das Ganze ist gebogen, daher der Name *Pewa*.[262] Getarnt wurde diese grosse Falle mit Flechten, Moos und reifen Beeren oder nektarreichen Blüten, die man auf die Vogelstange band, um Vögel anzulocken.[263] Die wurden an den Füssen gefangen, damit die Federn unbeschädigt blieben.

Der Stern unmittelbar vor Der Blüte – τ Orionis – stellt den für die Vogelfalle nötigen Knick am Schaft der Vogelfalle dar, der von den vertikalen Sternen rechts unterhalb von ihr gebildet wird; die Blüte von β Orionis ist der Köder dieser Falle.

Te Ara, B 47–48 und HO1 20–201

β Orionis samt Sternen ringsum

PUANGA(-RUA) – DIE BLŪTE(N)

PUAKA

H 329

PUA-TAWHIWHI-O-TAU-TORU – DIE IN TAU-TORU EINGEFLOCHTENEN BLŪTEN

MA 246

Puaka ist eine dialektale Variante von *Puanga*, 'Blüte(n)'. Mit den als Blütencluster gesehenen Sternen um β Orionis werden Vögel in das Sternbild Vogelfalle gelockt: Sie gelten als schöne Sterne, die weissblau, manchmal aber auch golden erstrahlen.

Puanga ist die Tochter Raros, der personifizierten Unterwelt, aus der sie wie ihre Schwester, Die Winterfrau in α Canis Maioris und Die Kleinen Augen der Plejaden aufstieg. Mit ihr zeugte Rehua die Lianen des Waldes und die Aralie [*Pseudopanax arboreus*], die im Winter blüht. Dort, wo Puanga hingegen als männlich gesehen wird, zeugte β Orionis mit Der Winterfrau Canopus als *Ao-tahi*, 'Erstes Licht'; als heiliger Stern herrscht er dann, gleich ob männlich oder weiblich, über alle Sterne des Jahres.

Nicht überall beginnt das Jahr jedoch mit dem ersten heliakischen Aufstieg der Plejaden; im Norden der Nordinsel und auf den Chatham-Inseln wartet man den heliakischen Aufgang Der Blüte ab, um dann mit dem ersten Neumond das neue Jahr beginnen zu lassen. So fegt man etwa bei seinem Erscheinen morgens der Dorfplatz, um ihn willkommen zu heissen, bringt ihm Opfergaben von Nahrungsmitteln dar, die sonst tapu sind, und singt Beschwörungen und Lieder für ihn.

Da Plejaden wie β Orionis gleichzeitig zum Jahresbeginn aufgehen, sagt man Der Blüte eine gewisse feindliche Haltung gegenüber deren Kleine Augen nach. Sie tue alles, heisst es, um sich als 'Puanga, die Blonde', in den Vordergrund zu stellen; sie kämme ihr Haar und mache sich nur schön, um die Sonne dazu zu verleiten, bei ihr aufzugehen. Da sie das jedes Jahr versuche, nennt man sie auch 'Puanga, Die Hartnäckige'. Daher die Aussage, "es ist Puangas Aufgabe, mit Den Kleinen Augen wettzueifern, wer von ihnen das Jahr besitzt".

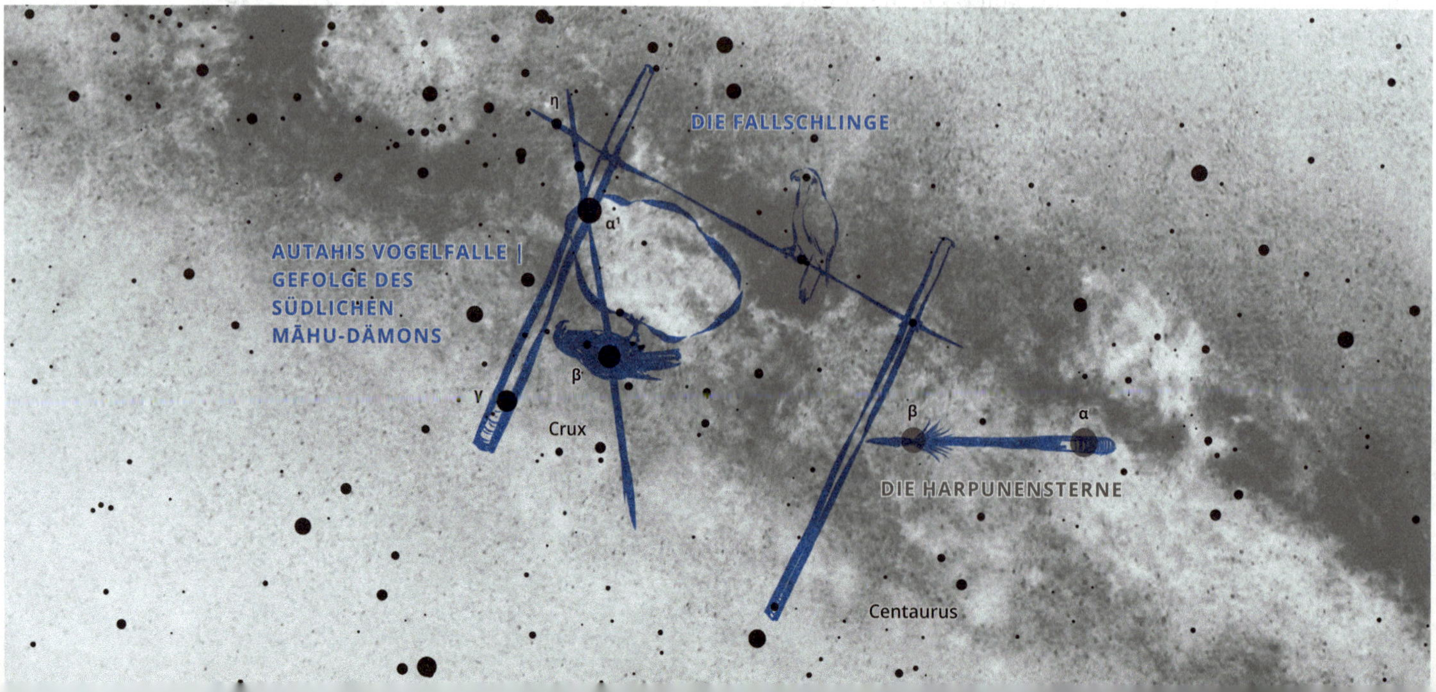

Das manchmal angeschlossene Suffix *-rua* bestimmt Puanga als 'Grube' am Horizont, aus der eine Sternenkette zur navigatorischen Orientierung aufsteigt: Wie das für den Sternenhimmel der Gesellschaftsinseln typisch ist.

HO1 201, W1 53, B 47–48 und 58, B 1112, M 75–76

Richten sich die Strahlen Der Blüte bei ihrem Aufgang gen Süden, ist eine schlechte Saison zu erwarten; funkelt sie hingegen gen Norden, wird es ein Jahr der Fülle geben; und geht sie im Osten auf, kündigt dies die Fangsaison für die Moki-Fische an.[264]

Crux

TE TAKI-O-A(T)UTAHI – A(T)UTAHIS VOGELFALLE

H 329, B 39, TE

Taki bedeutet 'anlocken, ködern'. Bei dieser Vogelfalle wird ein Pfahl in 2, 3 Meter Höhe an zwei Bäume gebunden. Ein zweiter, ebenfalls *Taki* genannter Pflock wird in einem Winkel zu ihm befestigt. An dessen Ende wird ein zahmer Waldpapagei (*Nestor meridionalis*) festgebunden (ι Crucis), der darauf abgerichtet wurde, mit seinem Krächzen wilde Papageien anzulocken. Die werden von dem hinter einer Farnwand versteckten Fallensteller mit einem Stock erschlagen.[265] Die *Naha* genannte Fallschlinge dazu wurde im Kohlensack erblickt.

Mit dieser Falle fängt A(t)utahi – Canopus – die Vögel, von denen er sich ernährt. Da der danebenliegende Kohlensack nicht nur als Tama-reretis Ankerstein gedeutet wird, sondern auch als dessen Jagdbeutel, in dem er seine gefangenen Vögel verstaut, wurde die Falle überdies dem im Himmel lebenden Sternenwächter zugedacht.

(KĀHUI O) MĀHU-TONGA GEFOLGE DES SÜDLICHEN MĀHU-DÄMONS

B 41

Der südlich der Milchstrasse liegende Kohlensack gilt als Dämon Māhu, dessen Gefolge – *Kāhui* – von den fünf Sternen in Cruc gebildet wird.

αβ Centauri

NGĀ WHETU MATARAU – DIE HARPUNENSTERNE

H 329

Einen Speer in diesen Sternen zu sehen, ist weltweit verbreitet; er richtet sich hier auf die Flunder, die ebenfalls im Kohlensack gesehen werden kann.

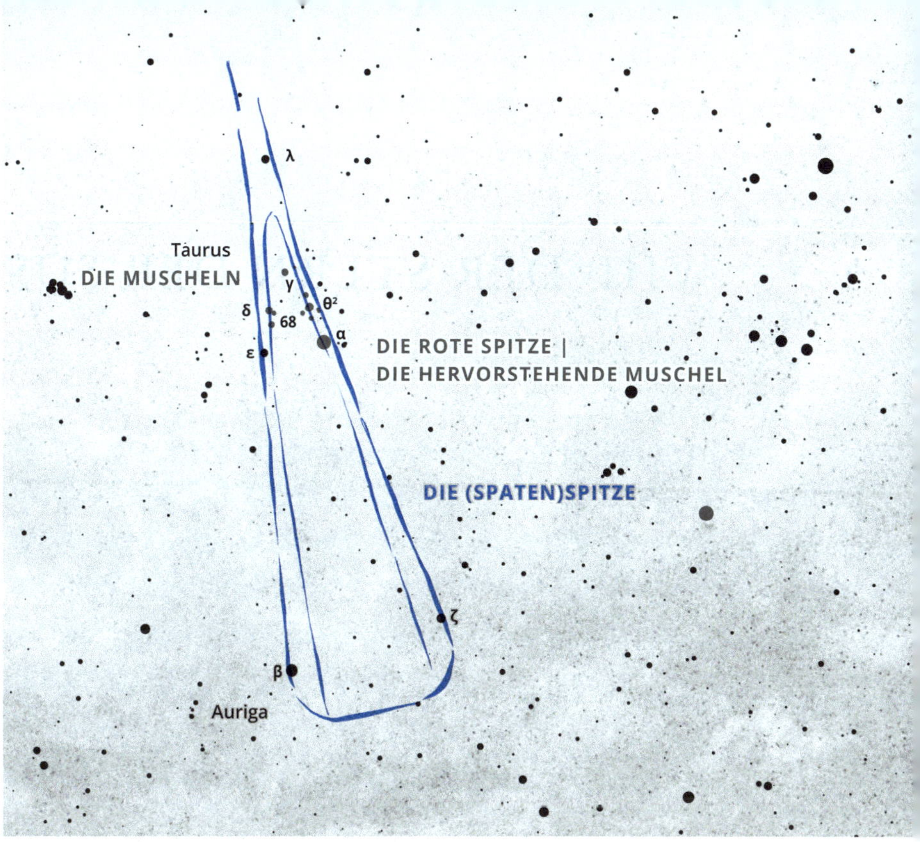

Taurus

MATA(-KĀHERU) – DIE (SPATEN)SPITZE

Die Gabel von Taurus erinnerte Māori bei ihrem Untergang an die Dreiecksform ihrer alten hölzernen Spaten. Mit einer auch *Koko* genannten Schaufel werden Muscheln am Strand ausgegraben.

B 52

α Tauri

MATA-W(H)ERO – DIE ROTE SPITZE

B 52

Der als rot ausgewiesene Stern ist nicht identifiziert, aber wohl mit dem roten Aldebaran der Schaufelspitze gleichzusetzen.

TAUMATA-KUKU – DIE HERVORSTEHENDE MUSCHEL

H 329, B 52

Taumata bedeutet 'Spitze, Gipfel', aber auch 'hervorragend', und *Kuku* wird die Grünschalmuschel *Perna canaliculus* genannt, die sich auf Felsen festsetzt. Es ist dies ein passendes Bild für Aldebaran, wie er gross am Zacken der aufgehenden Taurusspitze sitzt – die Hyaden gleich kleineren Muscheln daran.

Hyaden

TE KŌKOTA – DIE MUSCHELN

TE

Kōkota ist der Name einer gern gegessenen Venusmuschelart mit glatter Schale, die man bei Ebbe am Strand findet: *Paphies australis,* auch genannt *Pipi*. Te Kōkota gilt als weiblich; ihre Aufgabe ist es, die Jahreszeiten und die Morgendämmerung anzuzeigen – sie führt das Licht an.

B 52

VIII DER STERN DER SÜSSKARTOFFEL

α Lyrae

WHĀ-NUI – DAS GROSSE BLATT

H 329

WHĀRAHI – DIE BREITE?

TE

Der Name geht auf eines der Hauptgestirne am Sternenhimmel der Gesellschaftsinseln zurück, *Fa'a-nui*, 'Grosses Tal'; wie beim Wort für 'Stern' wird das Tahitianische *F* in Neuseeland zu einem *Wh*. In der Sprache der Māori bedeutet *Whā-nui* dann aber 'Grosses Blatt' oder 'Grosser Bewirker': Was sich auf die ausdrückliche Aufgabe dieses Sternbildes bezieht, die irdischen Süsskartoffeln hervorzubringen. Da sich das Gestirn aufgrund der Lage des Pols in seiner Drehung nur kurz und schnell über dem Horizont zeigt, wird es auch als *Tauriporipo o te Rangi* bezeichnet: 'Wirbler des Himmels'.

B1 108 und 110

Den ersten Diebstahl der Welt beging Rongo-Māui (der Gott des Friedens und der Künste des Friedens, zu denen die Landwirtschaft zählt), als er in den Himmel stieg, um ein paar 'Kinder' von Whā-nui – Grosses Blatt – zu holen, der in manchen Traditionen als sein älterer Bruder gilt: Es waren dies die Süsskartoffeln namens *Kūmara* (*Ipomea batatas*).

Der Stern ist deshalb mit dieser Pflanze verbunden, weil sein erster heliakischer Aufgang im 10. Monat des Jahres, Anfang März, die Süsskartoffelernte markierte. Die Assoziation mit dem immer nur knapp über dem Horizont stehenden Stern rührt aber auch von den weissen runden Blüten der Pflanze, die sich bei Sonnenaufgang öffnen.

DIE ZEUGUNG DER SÜSSKARTOFFEL

Im folgenden, 1898 veröffentlichten Mythos ist Whā-nui ein astraler Gott, der die Süsskartoffeln gezeugt hat: "Rangi und Papa wurden von ihren Kindern Tu, Tāne, Tangaroa, Tāwhiri-mātea, Tangotango und Rongo auseinandergebracht. Rangi wurde weit hinauf in den Raum gestossen und Papa in den Meeresgrund getreten. Darauf sagte Papa, die Erdmutter: 'Hier werde ich bleiben als Schlaflager für meine Kinder, und wenn es bis in alle Ewigkeit ist.' Es war erst viel später, dass Māui wieder Papa aus den Tiefen des Ozeans heraufzog. Māui und seine Brüder waren in Mataora zuhause, einem weit entfernten Land, wo Rangi und Papa vor langer Zeit mit ihren Kindern gelebt hatten, bevor es zwischen ihnen zum Streit gekommen war. Von dort her kamen Māui und seine Brüder mit ihrer Piroge und zogen das Land der Langen Weissen Wolke aus dem dunklen Meer.

Rongo-māuis Frau war Pani, die dann zur Mutter der Kūmara wurde. Rongo war weit gegangen, bis zu Whā-nui, Dem Grossen Blatt, um dessen Kinder, die Süsskartoffeln, für seine Frau zu holen. Beim Aufstieg in den Himmel murmelte er einen Zauberspruch. Grosses Blatt, der sein Bruder war, fragte. 'Woher kommst du?' Und Rongo-māui antwortete: 'Ich komme aus Mataora.' 'Das ist nicht Mata-oraora ['Wiederbelebendes Land']', erwiderte Grosses Blatt, 'sondern Mata-oneone ['Erd-Land']'. Aus diesem Grund sehen wir die Menschen sterben und in der Erde begraben werden, bis heute.

['Warum bist du denn zu mir gekommen?', fragte Grosses Blatt]. 'Ich bin gekommen, um ein paar von deinen Jungen zu holen; ich möchte sie gerne mitnehmen und nach Mataora bringen.' Grosses Blatt aber erwiderte: 'Ich erlaube nicht, dass du auch nur eines meiner Kinder mitnimmst. Da unten ist die Grube des Todes; hier oben aber ist das Reich des Lebens, hier, an der Brust Rangis.' Und sie blickten nach unten und sahen die Leute der Welt ihren täglichen Arbeiten nachgehen.
Also zog Rongo-māui sich zurück; heimlich aber suchte er nach den Kindern des Grossen Blattes. Als er sie gefunden hatte, sagte er zu ihnen: 'Kommt, lasst uns zu Mataora gehen.' Und so kamen sie alle mit hinunter in diese Welt.
Als Rongo-māui wieder bei seiner Frau Pani-tinaku, der Keimerin, war, steckte er die Kūmara-Kinder – oder wie eine Auskunftsperson meinte, ein Stück Süsskartoffel – in seine Harnröhre, bevor er mit seiner Frau schlief. So kam es, dass Pani schwanger wurde.
Als die Zeit der Geburt kam, sagte Rongo-māui zu ihr: 'Geh zu dem Fluss namens Mona-ariki und gebär dort deine Kinder im Wasser.' Also ging sie und stieg ins Wasser; sie stand darin und rezitierte den Zauberspruch, der sie wohlbehalten gebären liess. So wurden die Kūmara-Kinder geboren und ihre Namen waren Toromahoe, Matatu, Pio usw., all die Namen der unterschiedlichen Süsskartoffeln. Aus Rache darüber sandte Grosses Blatt aber drei Arten von Raupen – Anuhe, Toronu und Moka –, um die Ernte zu vernichten."[266]

Das "bessere Essen" der Kūmara, das weit mehr Nährwert als Taro und Flaschenkürbis (*Leganria siceraria*) zusammen aufweist, muss jedoch im Trockenen angepflanzt werden, sonst verfaulen die Knollen. Die Vermutung liegt deshalb nahe, dass dieser Mythos ursprünglich auf den Reis bezogen war (dessen Samen zudem besser in eine Harnröhre passen). So wie es hier heisst, dass die Süsskartoffel von α Lyrae und Pani-tinaku stammen würde, erzählt man in Indonesien, der Reis stamme von den Plejaden; überdies bedeutet *Pani* auf Hindu 'Wasser'.[267]
Einer der Söhne Des Grossen Blattes von α Lyrae war Māhanga-i-te-Rangi ('Falle im Himmel' im Orion?), der Te Uhi-o-te-Rangi ('Die Süsskartoffel des Himmels'?) heiratete: Von ihnen stammen die heutigen Menschen ab. Deshalb vergisst Grosses Blatt die Menschen nicht, indem er ihnen jedes Jahr die Kraft der Süsskartoffeln schickt: Das ist seine Aufgabe als Stern. Er lässt sie jedoch Rongo-māuis Diebstahl büssen, indem er ihnen auch die drei Kartoffelkäfer als Plage schickt.[268]

"Zu Whā-nui sagen wir" – so eine Auskunftsperson der Tuhoe auf der Nordinsel um 1895 –, "dass er langsam aufgehen soll: Dann gibt er das Zeichen für ein reichliches Jahr, in dem die Ernte der Taro und Kūmara sehr gut ausfallen wird und es auch Vögel, Beeren und alles Essbare sonst in Fülle gibt. Bewegt er sich dagegen langsam über den Himmel, wird es ein mageres Jahr, in dem es wenig Essbares gibt. Sieht man Whā-nui über dem Horizont blitzen, in Richtung Hawaiki [Westen], dann wird die Süsskartoffel ausgegraben. Wenn nicht, werden sie *houhunga* – süss zu essen – sein, aber nicht länger als die als *tauhere* oder *pukiweu* bekannten Kartoffeln halten, die man in der Erde gelassen hat, nachdem die Ernte ausgegraben wurde. Kartoffeln sollten im Monat des Sterns Der Himmelhohe ausgegraben werden."[269]

Geht Das Grosse Blatt Mitte Juni so um halb zehn hell und tief im Norden auf, ist dies das Zeichen, dass die Moki (*Latridopsis ciliaris*) migrieren, womit die Fangsaion für diese Büschelbarsche eröffnet ist. Bewegt sich Der Wirbler Des Himmels dagegen langsam, gibt es eine fette Jahreszeit, in der alles blühen und gedeihen wird; scheint es jedoch, als würde er vom Wind vorwärtsgetrieben, steht eine magere Zeit bevor.[270]

α Cygnis?

MARA-TEA – HELLER GROSSZÜGIGER

B 51

Von diesem Stern weiss man nur, dass sein heliakischer Aufgang nach jenem von α Lyrae erfolgt. Da Vega nur kurz im Jahr sichtbar wird, kommt dafür bloss der hellste Stern von Cygnus in Frage, der noch südlicher als Vega steht. Das Generöse des Sterns rührt daher, dass er im Frühsommer aufgeht, der nahrungsreichsten Zeit des Jahres.

IX DIE PLEJADEN UND POU-TINI

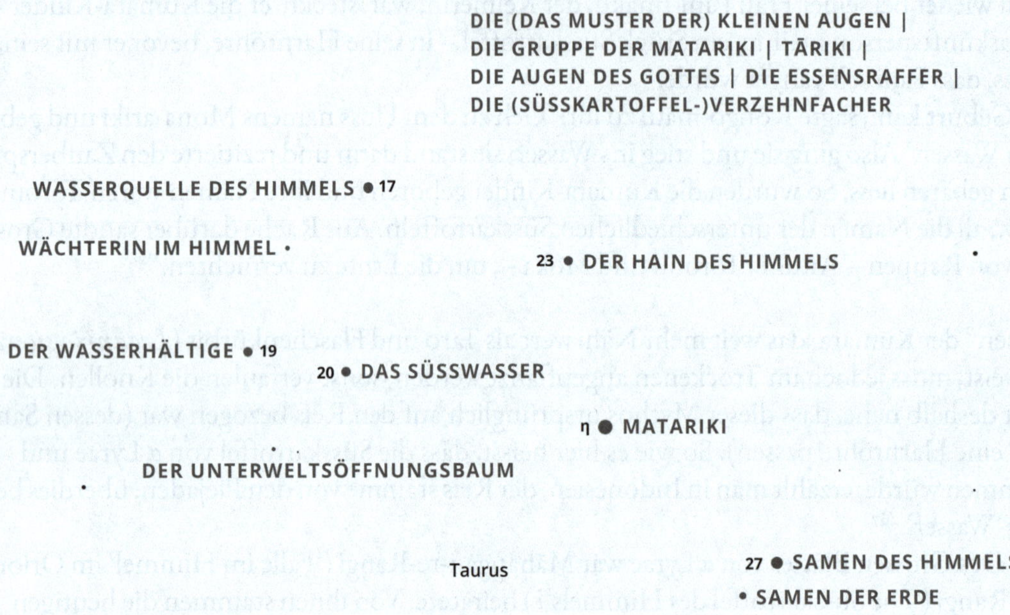

Plejaden

(TĀTAI O) MATARIKI –
DIE (DAS MUSTER DER) KLEINEN AUGEN

H 329

HUIHUI O MATARIKI – DIE GRUPPE DER MATARIKI

TR 402

TĀRIKI

M 22

Der in Polynesien weit verbreitete Name für die Plejaden bedeutet, wie sich auch in Tahiti zeigt, ursprünglich 'Kleine Augen' und kann zu *Tāriki* verkürzt werden. Als Haufen werden die Plejaden bezeichnet, weil sie in ihrem Lauf über den Himmel "die anderen Sterne um sich versammeln".

Als selber geordnete Gruppe von Sternen werden sie bei den Ngāti Awa an der Bay of Plenty als die sechs Kinder einer Urahnin namens *Matariki* gesehen; verkörpert wird diese vom siebten Stern der Plejaden, unserer Alkione, welche die Anführerin der Gruppe darstellt. Die Mutter mit ihren sechs Kindern soll vom Himmel auf die Erde herabgekommen sein, jedoch das Gestirn Pou-tini – als ursprünglichen Vater der Kinder? – oben gelassen haben.

Wenn die Plejaden etwa einen Monat lang zwischen Mitte Mai und Mitte Juni nicht mehr zu sehen sind, gelten sie als "heimatlos". Sie verbringen dann jeweils sieben Nächte an einem anderen Ort in der Unterwelt, erst in Maukahau, dann in Tararau-atea, danach in Tītore-Māhu-tū.[271]

Wie in den Anden werden in den Plejaden mehr als die sonst erkennbaren sechs Sterne gesehen.

B 54, TR 402 und M 19, 22–23

Alkione

MATARIKI

In einer Version ist Matariki auch der Name der Mutter, die Rehua acht Kinder gebiert. Wenn ihr Stern – der hellste der Gruppe – hoch und klar am Himmel zu sehen war, verhiess dies für den Beobachter Glück, Friede und Wohlbefinden und für Kranke baldige Genesung. Ein Zauberheiler konnte dadurch sogar einen Mann wieder zum Leben erwecken, wenn sich günstige Konjunktionen ergaben – so etwa, wenn ein Langbeinschnäpper (*Petroica australis*) erstmals zum Morgenstern sang und die Plejaden im Zenit standen.

M24–25

Atlas

TUPU-Ā-RANGI – SAMEN DES HIMMELS

Tupu bedeutet 'Samen' und 'wachsen'. Das dadurch ausgedrückte himmlische Wachstum, das der Stern verantwortet, richtet sich auf Früchte und Beeren des Waldes, sowie die sich davon ernährenden Vögel, die beim ersten heliakischen Aufgang morgens im Juni gefangen werden. Dann werden die Fruchttauben (*Hemiphaga novaeseelandiae*) – *Kererū* oder *Kūkupa* genannt – 'geerntet', auch mittels solcher Vogelfallen, wie sie im Orion dargestellt werden; sie werden gekocht und in ihrem eigenen Fett eingelegt, um Vorräte für den mageren Winter zu haben. Daher das Sprichwort: "Sind Die Kleinen Augen zu sehen, geben sie das Fett her, um die Vögel einzulegen." War der Stern beim heliakischen Aufgang der Plejaden jedoch eher fahl, würden die Vogelfänger nur wenige Tauben fangen.

Schneit es dann im Winter, heisst es "Die Samen der Matariki fallen".

M 27, 60, 96

Pleione

TUPU-Ā-NUKU – SAMEN DER ERDE

H 329, M 25

Das irdische Wachstum, das der Stern symbolisiert, richtet sich auf den abendlichen Untergang der Plejaden im Mai, wenn die Gärten abgeerntet werden, wie es das Sprichwort ausdrückt: "Das Herausziehen der Ernte beginnt, sobald Die Kleinen Augen untergehen." War der Stern beim heliakischen Aufgang der Plejaden fahl und klein, würden die Erträge der Dorfgärten in diesem Jahr schwach ausfallen; strahlte er hell, würden sich hingegen die Vorratslager füllen.

M 27, 60

Maia

WAITĪ – DAS SÜSSWASSER

Als Adverb bedeutet der Name 'süss', als Substantiv bezeichnet er die aus dem Kohlbaum *Cordyline australis* gewonnene Melasse, die ebenso süss wie der von Vögeln und Insekten begehrte Nektar der Blüten dieses Baumes ist, dessen unterschiedliche Teile gegessen werden können, roh wie gekocht.

Indem *Wai* Wasser bezeichnet, symbolisiert dieser als weiblich gesehene Stern auch das Süsswasser und alle in Flüssen und Seen lebenden Kreaturen. Dazu gehören die Neunaugen – *Korokoro* –, wenn sie im Spätwinter und ersten Frühling aus dem Meer kommen, um flussaufwärts zu ziehen und zu laichen. Da die Plejaden dann am Morgenhimmel zu sehen sind, verbindet sie der Volksmund mit ihnen: "Wenn die Matariki rufen, beginnen die Neunaugen die Flüsse hochzusteigen, um ihren Jungen zu gebären."

M 29–30 und 98

Taygeta

WAI-TĀ – DER WASSERHÄLTIGE

Der Name lässt sich auf auflösen in *Wai*, 'Wasser' sowie *tā*, 'haben'. Er bezieht sich wohl auf die Vorstellung, dass die Plejaden Einfluss auf die Gezeiten ausüben, wenn sie über bestimmten Stellen im Meer stehen. Da Süsswasser stets ins Salzwasser fliesst, steht Wai-tā unter Waitī.

M 30, 33

Electra

WAIPUNA-Ā-RANGI – WASSERQUELLE DES HIMMELS

Der Name dieses als weiblich gesehenen Sterns bezieht sich darauf, dass die Regenzeit im Winter *Matariki Tāpuapua* – Die Matariki liegen in Tümpeln – genannt wird. Sah man den Stern beim ersten heliakischen Aufgang nur schlecht, würde es in diesem Jahr mehr regnen als sonst und es würden Überschwemmungen zu erwarten sein; strahlte er hell und klar, blieb es trockener.

M 31, 60 und B 53

Merope

URU-Ā-RANGI – DER HAIN DES HIMMELS

Dieser astrale Hain stellt symbolisch die Behausung der Vögel dar, die im Stern daneben – Samen Des Himmels – gefangen werden: Er ist wie sein Vater Rehua, der Gott der Waldvögel, männlich.

M 33

Celaeno

HIWA-I-TE-RANGI – WÄCHTERIN IM HIMMEL

M 22

Hiwa bedeutet sowohl 'wachsam sein' wie 'schnell wachsen'. Der erste Aspekt drückt sich im Sprichwort von den "Stets wachen und vorstehenden Augen der Matariki" aus; der zweite Aspekt bildet in seiner Lebendigkeit den Gegensatz zu Pōhutukawa, dem Totenstern darunter.

Dieser sowie Hiwa-i-te-Rangi stellen die achte und die neunte Plejade dar, die selten genannt werden, weil sie aus ganz schwachen Sternen bestehen – deshalb aber als die heiligsten Sterne der ganzen Gruppe gelten. Deshalb wandte man sich zu Neujahr in Gebeten an Hiwa, auf dass sie einem die Hoffnungen erfülle: "Hiwa – Hohe Hiwa – Grosse Hiwa – Geschickte Hiwa – Wissende Hiwa: Lass die Sterne meine Wünsche vom Himmel herabbringen und in der Welt wahr werden, im Tageslicht der Welt."

Hiwa soll von einem anderen, nicht identifizierten Stern namens *Ioio-whenua* zur Frau genommen worden sein; ihr Sohn galt dann als Vater jenes Māui, der Neuseeland und Den Weissen Hai der Milchstrasse aus dem Meer fischte.

M 95, 33,35,62 und B 53

Asterope

PŌHUTUKAWA – DER UNTERWELTSÖFFNUNGSBAUM

Der Stern verkörpert den lorbeerähnlichen Hutu-baum (*Ascarina lucida*) in Te Rerenga an der Nordspitze der Nordinsel Wairu. Dem Glauben mancher Māori zufolge stellt dieser Baum die Endstation der Seelenreise dar, welche die Toten antreten, um dort, begleitet von Öffnungszeremonien – *Kawa* – zum Eingang der Unterwelt Pō zu gelangen, indem sie den Wurzeln des Baumes hinab in die Tiefe folgen. Indem der Stern der Plejaden danach benannt wird, findet sich dieser Glaube in jenen an Tama-reretis Totenschiff integriert, an dessen Bug die Plejaden sitzen, um die Totenseelen an Bord in die Unterwelt zu führen.

M 27

Die aufschlüsselbaren Namen der Plejaden zeigen, dass die Sterngruppe wie bei den Südlichen Dene Samen, und wie in den Anden die Quellen irdischer Fruchtbarkeit symbolisiert.

Als Vater der agrarischen Kinder um die Mutter Matariki – von denen Uru-rangi, Tupu-ā-rangi und Wai-tā als männlich gelten – wird auch Rehua genannt. Daneben gibt es aber auch die astronomisch sinnvolle Vorstellung, dass die Kinder der Plejaden von Raro als personifizierter Erde und Unterwelt und dem Sommer Raumati hervorgebracht wurden.

M 24 und B 53

MATA(O-TE-A)RIKI – DIE AUGEN DES GOTTES

M 20

Als die ursprüngliche Vorstellung der Matariki als Mädchengruppe um eine Mutter in den Hintergrund geraten war, wurde der Name volksetymologisch als *Mata-Ariki* – Die Augen Des Erstgeborenen | Häuptlings | Stammvaters | Gottes – gedeutet.[272] Bei den Ngāti Awa der Nordinsel entstand daraus der Mythos um *Ngā Mata o te Ariki Tāwhiri-mātea*: 'Die Augen des Gottes Tāwhiri-mātea'.

DIE AUGEN DES WINDGOTTES

Nach der gewaltsamen Trennung von Rangi und Papa kommt es zum Kampf unter ihren Söhnen. Tāwhiri-mātea ('Der Nötige Herumwirbler') rückt da als Vater der Winde und des Wetters gegen Tāne und die mit ihm Verbündeten vor, um sich für all die Qualen zu rächen, die Rangi erleiden musste. Alle zittern und kauern vor ihm, bis auf Tū-matauenga, Gott des Krieges und Stammvater der Menschen, der ihn nach einem epischen Kampf besiegt. Tāwhiri-mātea will darauf zu seinem Vater Rangi in den Himmel fliehen, doch der Kriegsgott erwischt ihn davor, reisst ihm beide Augen heraus und zerquetscht sie zwischen seinen Händen, um seinem Bruder seine Verachtung und seinen Zorn zu zeigen. Die Überreste dieser Augen kleben deshalb bis heute auf Rangis Brust, dem Himmel – während der Gott des Windes nunmehr ein blinder Gott ist.[273] Tāwhiri-māteas Verbindung zu den Sternen geht auch aus der Himmelfahrt des Blitzgottes Tawhaki hervor, wo dieser in den Himmeln auf die Kinder des Windgottes stösst.

Das Ausreissen der Augen besiegter Gegner war eine für Krieger typische Handlung; man schluckte sie, um sich Macht und Geist des Feindes einzuverleiben. Je mehr Gegner man so besiegte, als desto grösserer Held wurde man angesehen – um nach dem Tod zu einem umso helleren Stern am Himmel zu werden.[274]

AO-KAI – DIE ESSENSRAFFER

B 53

Nachdem bei der ersten Sichtung der Plejaden morgens im winterlichen Osten die Ernte eingebracht und die Toten beklagt worden waren, vollzog man für sie den Ritus des Whāangai hau, bei dem einem Gott zeremoniell Essen dargebracht wird. Da sie für die Ernte verantwortlich gewesen waren und die Toten in die Unterwelt geführt hatten, dort einen Monat lang verweilten und nun die aufgehende Sonne ankündigten, erachtete man sie als erschöpft; weshalb man sie, wie der Terminus heisst, 'mit heiligen Opfergaben fütterte'. Deshalb legte man ihnen ausgewählte Erntegaben auf die Zeremonieplattformen, um sie für ein weiteres Jahr ihrer Dienste zu beleben: Tupu-ā-nuku erhielt eine ausgesuchte Süsskartoffel, Tupu-ā-rangi eine Fruchttaube und so weiter.

Das folgende Gedicht drückt die Freude über das neuerliche Erscheinen der Plejaden ebenso aus wie die Trauer über die Toten, die sie dann mit in den Himmel nehmen. "Schau weg hier – die Matariki erscheinen im Himmel, die sieben Sterne des Neuen Jahres, die dort blinzeln und ihre Botschaften verkünden, die mich erfreuen; nur ich bin krank vor Niedergeschlagenheit, vor Traurigkeit in mir."[275]

WARTEN AUF DIE ESSENSRAFFER

In einem Bericht von 1957 heisst es über sie, dass "die alten Leute früher mehrere Nächte warteten, bis diese Sterne aufgingen. Sie hoben einen kleinen Erdofen aus. Wenn sie die Sterne sahen, weinten sie und riefen den Matariki die Namen jener zu, die verstorben waren, seit die Sterne untergegangen waren. Dann deckte man den Ofen auf, damit der Duft des Essens zu den Sternen aufsteigen und sie stärken würde, denn ihnen war nun kalt und sie fühlten sich schwach."[276]
Das nannte man 'die Nahrung der Matariki wird zusammengerafft'; sie stürzen sich darauf, in dem sie das Essen 'mit beiden Armen zusammenraffen' – *ao* –, was ihnen den Namen *Ao-kai* eingetragen hat.
In diesen Kontext gehört, dass man beim heliakischen Aufgang der Matariki ihren heiligen Garten mit zeremoniellen Samen neu bepflanzte; der befand sich abseits der gemeinsamen Plantagen und gehörte allein den Göttern. Seine Früchte brachte man dann den Matariki und Rongo, dem Gott des Ackerbaus, dar.

HOKO(-KŪMARA) – DIE (SÜSSKARTOFFEL-)VERZEHNFACHER

M 22 und TR 402

In den Tagen 24 bis 26 des abnehmenden Mondes des ersten Monats Piripiri wurde zum Erntedank das Matariki-Fest gefeiert. Da dafür allerorts die Menschen zusammenkamen, prägte sich die Redensart heraus, dass "Matariki viele Leute hat", die sich unter ihnen auf der Erde versammeln.

Diese Festtage nannte man 'Das neue Wachstum des Jahres', dessen erhoffte Früchte und Erträge man für das neue Jahr erneut unter die Obhut der Matariki stellte. Dies galt insbesondere für die wichtigste Lebensgrundlage der Māori, die Süsskartoffel Kūmara. Da deren Setzlinge beim heliakischen Aufgang der Matariki eingepflanzt wurden, betitelte man sie als 'Verzehnfacher' der Süsskartoffeln.

M 72–74 und 22

WHETŪ HERI KAI – DAS ESSENSBRINGERGESTIRN

M 76

Ausgewiesene Aufgabe der Plejaden – wie die anderer Sterne – war es, stets gemeinsam in ihrer Piroge über den Himmel zu paddeln, um die mageren und reichen Jahreszeiten vorherzusagen und den Menschen Vorräte zu bringen. Letzteres brachte den Matariki den Titel 'Grosser Sklave' ein, indem die Menschen einem Häuptling gleichen, der von ihnen alle Arten von Nahrungsmitteln im ganzen Land als Zoll erhebt.

B 53 und M 76–77

Sieht man die einzelnen Sterne der Plejaden deutlich und stehen sie weit auseinander, wird es ein warmes und fruchtbares Jahr; leuchten sie sehr hell, ist dies jedoch eine schlechte Zeit, um Flundern und Aale zu fangen. Wirkt der Sternhaufen bei seinem heliakischen Aufgang hingegen verschwommen und zittrig oder stehen seine Sterne eng zusammen, ist ein kaltes Jahr mit kärglicher Ernte zu erwarten.

Ähnliches gilt für Kombinationen einzelner Sterne der Plejaden: Tupu-ā-nuku und Tupu-ā-rangi mochten noch so klar erscheinen, wenn Waitī und Waitā verschwommen wirkten, wies dies darauf hin, dass das Fischen und Aale fangen in dem Jahr schlecht ausfallen würden.

Um die Süsskartoffelernte vorauszusagen, konsultierte man neben den Matariki auch Die Blüte sowie Die Dreierreihe im Orion und α Geminorum.

SK 203, B 53, M 62, B 48

Virgo?

POU-TINI – DIE VIELEN PFEILER?

B 60 und MA 245

Dieses Gestirn, eines der obersten – *Ariki* – und damit auch eines der hellsten des Himmels, gilt als Ursprung des Grünsteins (Nephrit) Pounamu; die Westküste der Südinsel ist als Abbaugebiet dieses Steins nach ihm benannt. Wie es dazu kam, erzählt eine Legende von der Bay of Plenty.

"Pou-tini war ein Sohn des Himmelshalters Tangotango, dessen Kinder auf die Erde herabkamen, ins legendäre Mutterland Hawaiki. Von dort segelten sie zur Bay of Plenty, wo sie auf die ihnen unheimlichen Obsidian-Leute stiessen. Da sie dorthin noch dazu von einem feindlichen Stamm aus Hawaiki verfolgt wurden, übersiedelten sie zur Südinsel, wo Ta'aroas Leute lebten. Dort kam es dann zum Kampf mit dem feindlichen Stamm der Heimatinsel, bei dem sie mit Speeren getötet wurden: Und sich in das Grüngestein verwandelten, das man dort findet. Das Grüngestein wird in vielen Fassungen der Legende 'Fische' genannt; in einer Variante der Legende sind Pou-tini wie Pounamu Fischgötter."

B1 111 und B4 449 ff.

Die Angabe, dass die Matariki vom Himmel herabkamen, sie jedoch Pou-tini am Himmel zurückliessen,[277] legt ein als 'Häuptling' bezeichnetes, aber nicht identifiziertes Gestirn am Himmel nahe, das beim Untergang der Plejaden im Westen deutlich zu sehen sein muss. Versinken die Plejaden Ende April für einen Monat im Westen, geht ihnen gegenüber zugleich α Virginis im Osten auf und bleibt die ganze Nacht über am Himmel. Spica galt in Tahiti als Stern des Heimatlandes Hawaiki, was eine Verbindung zur Stammesgeschichte von Pou-tinis Leuten erlaubt; zudem wurde Spica auf den Gesellschaftsinseln als *Pou* – Himmelspfeiler – bezeichnet. Tini bedeutet 'viele'.

α Virginis

WHITI-KAUPEKA – DAS MONATSZEICHEN

TE, HO1 196

KOERO – DER AUFTAUER

TA 363

Die Angaben zu diesem Stern stimmen mit denen zu Pou-tini überein: Er ist der Kalenderstern des zwölften Monats Mai, wenn die Plejaden das letzte Mal bei ihrem Untergang im Westen sichtbar sind, und ein Winterstern, der seinem Namen nach auch am Winterende markant sein muss. Das trifft auf α Virginis zu, der Anfang Mai abends im Osten aufgeht, während die Plejaden untergehen, und im vierten Monat September dann, wenn im traditionellen Kalender 'die Erde wieder Wärme erlangt', seinerseits nach Sonnenuntergang prominent über dem Horizont im Westen steht: wie um herabzukommen und die Erde zu wärmen.

X DIE HIMMELSKÖRPER

WHĀNAU MĀRAMA – DIE RESTLICHE FAMILIE DES LICHTS WHĀNAU-PUHI-ARIKI – DIE FAMILIE DER GEFIEDERTEN KÖNIGE

Zusammen mit den Sternen werden Sonne, Mond, Planeten und Hina-tore – die Frau des Zodiakallichtes – zumeist als *Whānau Mārama*, 'Die Lichtgeborenen' oder 'Die Hochgeborene Familie Des Lichts' bezeichnet. Für sich genommen heissen die Planeten *Whetū Mārama* oder *Whetū-ao*, 'Lichtsterne' beziehungsweise 'Helle Sterne'. Viele Māori reklamieren ihre Abstammung von den Sternen, inbesondere von Dem Grossen Blatt in α Lyrae.[278]

In einer anderen Vorstellungswelt sind sie immer noch – auch von manchen Gestirnsnamen her – mit heiligen Vögeln verbunden und schmücken sich mit den Federn von mythisch gewordenen Vögeln wie dem Hokioi oder jenen Vögeln, die wie der Kuckuck oder der Kranich vom Himmel herabkamen, um als 'Familie der Gefiederten Könige' betitelt zu werden.[279]

Allgemein gesehen wurde die Sonne als *Mauri* – Essenz – betrachtet, welche die Energie für jedwedes Wachstum im 'Reich des Lichtes' bot, während der Mond dasselbe im Dunkeln tat, wobei Mond und Sterne zudem für das Anpflanzen und das Keimen verantwortlich gemacht wurden. Welche Nächte wofür günstig waren und welche nicht, bestimmte der detaillierte Mondkalender.[280]

Mond

MARAMA – MOND | MONAT (MĀ)HINA

H 329

Die Bezeichnung *Marama* hängt mit *Mārama*, 'Helligkeit, Schein, Licht', zusammen. *Māhina* wiederum steht für die Dämmerung, das Dämmerlicht, und *Hina*, die 'Grauhaarige', stellt eine weibliche Personifizierung des Mondes dar, die wir bereits von den Gesellschaftsinseln kennen: Sie betont den weiblichen Aspekt des sonst primär männlichen Mondes.

Der gemeinhin von der Milchstrasse Tangotango und dem Meer gezeugte Mond gilt als jüngerer Bruder der Sonne, der seine beiden Schwestern Tanga-roa-roto und Rona geheiratet hat. Darüber hinaus ist er "der wahre Ehemann aller Frauen", demgegenüber alle irdischen Ehen "nur vorübergehend und bedeutungslos sind". Sprichwörter drücken aus, dass "wenn der Mond stirbt, viele Frauen darunter leiden" und "Frauen krank werden, weil der Mond stirbt"; was sich auf die Regelblutungen bezieht.

Um Kinder zu zeugen, können sie ihm Opfer wie Brot darbringen; man schrieb ihm aber auch grossen Einfluss auf die Geburt eines Kindes zu, seine Wirksamkeit abhängig von seiner jeweiligen Phase. Wenn der Mond früher zum ersten Mal wieder erschien, begrüssten ihn die Frauen mit: "Der Gatte aller Frauen ist aufgetaucht!" Bei seinem Anblick wurde sowohl gesungen wie geklagt und es wurden die seit seinem letzten Erscheinen Verstorbenen beklagt: "Ach, Mond! Du bist wieder ins Leben zurückgekehrt, doch unsere Verstorbenen nicht. Du hast in Tānes Wasser Der Gesundheit gebadet und bist davon wiederbelebt worden, doch für unsere Verstorbenen, es sei geklagt, gibt es keine solche Quelle."

Sein Abnehmen wird als Sterben gesehen. Einmal tot und in der Unterwelt, badet er dort wie auf den Gesellschaftsinseln in Tānes Lebensspendendem Wasser – *Te Waiora-o-Tāne* –, um dadurch wieder jung und schön zu werden. Der Schöpfer- und Waldgott Tāne trägt den Titel *Tāne-te-waiora*, weil Tāne der Grund ist, dass der Mond sein Leben behält und unser Trabant das Zeichen des männlichen Lebenswassers ist.[281] Andere jedoch behaupten, der Mond stürbe gar nicht, sondern würde wieder zu einem kleinen Kind, das dann von seinem älteren Bruder Sonne getragen wird.

"Früher waren beide ganz eng miteinander verbunden; sie mochten sich so sehr, dass sie Arm in Arm über den Himmel wanderten. Doch dann kam die Zeit, als der ältere Bruder zum jüngeren sagte: 'Du musst jetzt gehen und dir selber ein eigenes Reich suchen – für dich und deine jüngeren Brüder, die Sterne. Denn die müssen wir immer liebhaben, die Kleinen.'"

In anderen Vorstellungen sind Mond und Sonne Söhne des Himmels, die dieser mit verschiedenen Frauen gezeugt und dann in den Himmel geworfen hat, als 'Rangis Augen'; durch sie kam das erste Licht und das erste Leben in die bis dahin finstere Welt. Mancherorts werden Sonne und Mond auch als Mann und Frau gesehen: Sie bringen die Sterne zur Welt, um ihnen bei ihrer Hochzeit Licht zu spenden.

Wie in anderen Sternenhimmelkulturen auch, kommen die Knochen des Menschen vom Mond.[282]

B1 102–101, 105, B 26–28, TR 405–406 und W1 50

zunehmender Mond

TE MARAMA-I-WHANAKE – DER WACHSENDE MOND

B 23

Dies ist an der Ostküste der Nordinsel ein Ehrentitel des Mondes, der seinen Einfluss auf die Gezeiten ausdrückt. Er hat drei Wächter – Rona, Te Ahu-rangi und Te Rangi-taupiri –, die darauf schauen sollen, dass er die ihm von Tāne zugewiesene Aufgabe erfüllt, in den Wassern des Meeres die Gezeiten hervorzurufen. Der personifizierte Blitz Tupai hat zudem bestimmt, dass der Grosse Meeresrücken der Meeresfrau Hine-moana als Mitte dienen soll, von der die Wasser aus in zwei unterschiedliche Richtungen fliessen, und dass die Sterne dem Mond bei seiner Aufgabe helfen sollen. Besonders den Plejaden wird darauf grosser Einfluss zugeschrieben, wenn sie über diesem mythischen Meeresrücken stehen. Verortet wird dieser Meeresrücken zwischen Tahiti und Neuseeland, vermutlich, um jenes Gebiet zwischen 23° und 25° südlicher Breite zu beschreiben, in dem die Passatwinde auf die vorherrschenden Westwinde treffen.[283]

B4 393

MATA O HOTU-ROA

Bei der Wettervorhersage wird der auf dem Rücken liegende Mond als Becher gesehen, der viel Wasser enthält und deshalb als Zeichen schlechten Wetters gewertet wird. Liegt er halb am Rücken, halb auf der Seite, wird das Wetter wechselhaft.[284] Und steht seine Sichel aufrecht, wird es schön.

'Beisst' ein Stern die Mondsichel – das heisst, sieht man ihn nahe der Innenseite der Sichel – verkündet dies bald ausbrechende Kämpfe und das Heranrücken von Feinden.

B 26 und 33

Vollmond

MARAMA TAIAHOAHO – DER SEHR HELLE MOND

B5 69

MARAMA HUA – DER AUFBLÜHENDE MOND

B 23

abnehmender Mond

MARAMA ROROKU – DER SCHWÄCHER WERDENDE MOND

TE

DIE LIEBE UNTER DEN HIMMELSKÖRPERN

"Der Mond stirbt nicht so wie die Menschen. Früher einmal sagte man, dass er unter die Erde geht – und daher stirbt. Erst Hau-ki-waho verkündete, dass der Mond manchmal zu seinem älteren Bruder Sonne geht und die beiden eine Zeit lang gemeinsam weiterziehen. In Gegenwart des wichtigeren Erstgeborenen macht er sich kleiner; sein Ganzes geht dann in Sonnes grösserem Machtglanz unter. Nach einer Zeit lässt der Mond die Sonne wieder hinter sich; dann sagen wir, 'der Mond ist wieder zu sehen'. Die beiden hegen auf ihrem gemeinsamen Weg grosse Zuneigung zueinander. Sonne umarmt sein jüngeres Geschwister und die beiden singen

gemeinsam. Das geht immer so: In all den Jahren geschieht nie etwas anderes. Nach einem Stück Weg sagt Sonne dann zum Mond: 'Jetzt kehr wieder auf deinen Platz und den deiner jüngeren Geschwister [der Sterne] zurück. Lass sie uns immer hochhalten. Und geh deiner Bahn nach, so wie es unsere Urahnen eingerichtet haben. Komm aber wieder hervor nach der Zeit deines *Whitiwhiti-ora* ('Lebenswechsels'), so wie ich bei einer Eklipse.'
Damit begann die Familienliebe auf der Welt. Sonne, Mond und Sterne, die ganze Familie des Lichts, sogar Hina-tore, die Frau des Zodiakallichts, sie alle sind ein Herz und eine Seele. Sie streiten nie und es gibt keine Bosheit unter ihnen; sich gegenseitig stets zu mögen, ist ihr grosses Ziel. Das Böse gibt es nur unter uns Menschen, nicht unter den Kindern des Lichts. Tod und Verwesen befallen den Menschen; selbst Bäume gehen irgendwann einmal ein: Nur die Whanau Marama sind unsterblich; sie leben ewig."[285]

Mondgesicht

RONA – DIE BINDERIN | DER BINDER

In der folgenden Legende blieb noch das für die Gesellschaftsinseln typische Motiv des Baumes erhalten, erinnert der Namen Rona weiterhin an Hina, die dort das Weben erfunden hat.

RONA – DIE FRAU IM MOND

"In einer mondhellen Nacht nahm eine Frau namens Rona, die für ihre Familie zu kochen hatte, aber kein Wasser hatte, um die Matten des Ofens nass zu machen, ein Bündel Kalebassen und ging zum Fluss hinunter. Auf dem schmalen Pfad verschwand der Mond plötzlich hinter einer Wolke, worauf die Frau mit ihrem Fuss gegen eine Wurzel stiess und sich weh tat. Sie beschimpfte den Mond, weil er ihr sein Licht entzogen hatte. So entstand das Fluchen auf der Welt, das schon zu vielen blutigen Kriegen geführt hat.
Der Mond war darüber so verärgert, dass er zur Erde herabkam und Rona packte, um sie mit sich zu nehmen. Sie hielt sich an einem kleinen Braunwurzbaum [dem weissholzigen *Myoporum laetum*] fest, um nicht entführt zu werden, doch der Mond riss den Baum samt seinen Wurzeln aus und trug den Baum samt der Frau und ihren Kalebassen hinauf in sein Land.
Als ihre Freunde sie suchen gingen, war sie nirgends zu finden; deshalb riefen alle: 'Rona, Rona, wo bist du?' Da hörten sie eine Stimme von hoch oben: 'Da bin ich! Ich steige auf zu den Sternen!' Und so kann man seitdem nun Rona, ihren Baum und ihre Kalebassen im Mond sehen."[286]

In einer anderen Version holt der Mond sich auch Ronas Schwester Tangaroa-a-roto und macht sie beide dann zu seinen Frauen. Rona ist die Göttin des Mondes, deren Aufgabe es ist, auf ihn aufzupassen und darauf zu achten, dass er und die Sterne stets hinter der Sonne herziehen: Er und sie sind ein sichtbares Zeichen der männlichen Wasser Des Lebens von Tāne-te-waiora.[287]

In einer wiederum anderen Version ist Rona ein böser Dämon, der auch männlich sein kann; er attackiert den Mond, weil dieser Nahrungsvorräte vernichtet. Einmal auf den Mond geholt, wird Rona jedoch zu seinem 'Führer' – was wohl heisst, dass er ihm als Lotse bei seiner Segelfahrt über den Himmel dient. Sein voller Name lautet *Rona-whakamau-tai*, 'Rona Der Gezeitenbestimmer'.

B4, 393, B1 101–102, B4 285, B5 68

RONA – DER MANN IM MOND

"Ein Mann namens Rona war mit Hine-aroaro-te-pari [der personifizierten Klippe] verheiratet und hatte mehrere Kinder mit ihr; er ging regelmässig zum Fischen, fand bei seiner Rückkehr jedoch seinen Zaun oft umgestossen am Boden liegen. Darauf angesprochen, erklärte seine Frau, ein starker Wind wehe ihn um. Es war zwar auf See windstill gewesen, doch Rona glaubte seiner Frau, baute einen neuen Zaun und ging wieder zum Fischen. Einmal zurück, lag der Zaun wieder am Boden; und dies ging so lange, bis er Verdacht schöpfte und dann seine Frau zum Fischen schickte, während er zu Hause blieb. Seine Kinder erzählten ihm nun, dass ihre Mutter einen Mann vom Himmel herab zu sich ins Haus lud, während er auf dem Meer weilte. Sie rief ihm anscheinend zu: 'Hoka ['Flieger'; der mythische grosse Vogel Hokioi], komm herab zu mir; wir werden unser Stelldichein geheim halten!' Worauf er antwortete: 'Nein! Ich komme lieber nicht, weil Rona ein Dämon ist.' Worauf sie erwiderte: 'Rona fischt draussen auf dem Meer, dessen Brandung du hier und dort brechen siehst.' Da kam Hoka herab; und bevor er wieder ging, war er bösartig genug, den Zaun umzuwerfen.

Nachdem er das gehört hatte, holte Rona sich eine Feuersteinklinge, rief Hoka herab und brachte ihn um. Er kochte die fleischigen Teile des Vogels, um sie seiner Frau zum Essen vorzusetzen, wenn sie abends zurückkehrte. Als er sie kommen sah, sagte er seinen Kindern, ihre Mutter sei sehr durstig, und schickte sie, um Wasser zu holen. Er gab ihnen eine Kalebasse mit und wies sie an, so weit zu gehen, bis sie wirklich gutes Wasser gefunden hatten.

Er wartete, bis seine Frau von dem Fleisch zu essen begonnen hatte und folgte dann seinen Kindern. Einmal in Rufweite, schrie er seiner Frau zu, was sie da gerade dabei war zu essen. Sie wurde wahnsinnig wütend und jagte ihm und den Kindern nach. Er holte sie ein und da es knapp wurde, verbarg er die Kinder in einer Klippe, lief selber aber weiter, um sich vor ihr ein Versteck zu suchen. Ihr Zorn war so gross, wie es auf der ganzen Erde vor ihr keinen gegeben hatte – also nahm er Zuflucht im Vollmond: Da kann man ihn bis heute sehen, seine Kalebasse vor sich. Seine Kinder warteten lange auf seine Rückkehr und wurden schliesslich zu den Geistern der Klippe. Wenn Māori vor Klippen etwas rufen, antworten die Geister von Rona und Hine-aroaro-te-pari: Deshalb ist der Ausdruck 'Hine-aroaro-te-paris Kinder' sprichwörtlich für das Echo geworden."[288]

Eklipse

RĀ KŪTIA – DIE GEKNIFFENE SONNE

B 20

ĀRAITANGA MARAMA | KŌMARU – DER | DIE BLOCKIERTE MOND | SONNE

TE

Der Ausdruck ist derselbe wie auf den Gesellschaftsinseln. Man sieht Sonne oder Mond von Dämonen angegriffen oder verschlungen – die dann jedes Mal wieder ausgespuckt werden oder gesunden.

Reisende kennen eine Beschwörung, damit die Sonne für sie möglichst langsam über den Himmel zieht: Am besten ist es für sie, wenn sie über den Gipfeln des mythischen Heimatlandes Hawaiki stehenbleibt.[289]

Um Waipawa gab es die Vorstellung, dass halbe oder vollständige Mondfinsternisse durch Streit zwischen Mond und Rona ausgelöst würden. Sie geraten sich so in die Haare, bis es beiden schlecht geht, worauf beide in Tānes Belebendem Wasser baden, um wieder zu Kräften zu kommen und ihre alte Gestalt zurückzuerhalten. Diese Wasser seien aber nicht wirklich Wasser, sondern Sonnenlicht. Verbunden wird dies mit Tāne, wenn er sich im Breiten Weg der Milchstrasse auf die Brust der Meeresfrau Hine-moana legt, um die Geister der Verstorbenen darüber hinwegziehen zu lassen.[290]

Sonne

RĀ – SONNE | TAG

AMA-NUI-TE-RĀ – GROSSER SOHN DER SONNE

B1 99

RĀ-KURA – DIE ROTE SONNE

B5 68

Zur Selbstbezeichnung der Sonne gehört auch 'Grosser Sohn'; das bezieht sich darauf, dass Sonne der Sohn der älteren Roten Sonne Rā-kura ist, die auf den Rücken des Himmels versetzt wurde, weil sie alles verbrannte, worauf sein Sohn als heutige Sonne an die Brust des Himmels kam.

Sonne ist einmal der Erstgeborene der Milchstrasse Tangotangos und des Ozeans, in anderen Genealogien der Sohn der unterweltlichen Milchstrasse Uru-te-ngangana und der Fackelfrau Hine-turama, einer Tochter Tānes (die Mondfrau Rona ist in dieser Genealogie Sonnes Schwester).[291]

SONNES ZWEI FRAUEN

Sonne hat zwei Frauen, die Sommerfrau Hina-Raumati und die Winterfrau Hine-Takurua. "Die zwei Frauen haben unterschiedliche Heime. Die Winterfrau lebt mit ihrem Vater Tangaroa [Ursprung und Personifikation der Fische] und ihre Arbeit hat mit ihm zu tun – mit den Fischen. Die Sommerfrau dagegen lebt an Land, wo sie Nutzpflanzen anbaut, sich um die Jagd und die Früchte des Waldes kümmert – alles Dinge, die mit Tāne zu tun haben. Sonne verbringt einen Teil des Jahres bei der Winterfrau im Süden, weit draussen am Meer. Im Juni dann kommt es zum Wechsel Der Sonne [Wintersonnenwende], wenn er langsam zu seiner anderen Frau wandert, der Sommerfrau, die an Land lebt und auch Aroaro-a-manu ['Vor Dem (Sonnen-)Vogel'] heisst. Diese Zeit ist für uns der Sommer. Und so verhält Sonne sich all die Jahre über."[292]

Die Personifikationen des Morgens, des Tages und des Abends gelten als Sonnes Töchter; zu ihnen zählt auch Hikohiko, 'Die Strahlende', die er mit der auch für gebratene Tauben verantwortlichen Sommerfrau gezeugt hat. Die Seemöwen und Seeschwalben, Kormorane, Dommeln und Enten sind die Kinder, die er mit der draussen auf dem Ozean lebenden und für den Fischfang verantwortlichen Winterfrau gezeugt hat – und die Eidechsen, Spinnen und Insekten sowie die Knurrhähne sind ihre Enkel.[293]

MĀUI UND DIE SONNE

Eine Sonnenverehrung im herkömmlichen Sinn gibt es bei den Māori ebenso wenig wie in Polynesien; die auf den Gesellschaftsinseln erzählte Legende von Māui, der die Sonne fesselt, um sie zu zwingen, langsamer über den Himmel zu ziehen, wird auch von den Māori erzählt, nur dass die männliche Sonne hier zusätzlich noch ein paar Hiebe mit dem Unterkiefer von Māuis Grossvater erhält, die ihr ein paar Sonnenstrahlen abbrechen und sie weniger heiss machen.[294]

Bevor die Sonne von Māui geschwächt wurde, "damals, als Sonne und seine jüngeren Geschwister, Mond und Sterne, angehalten waren, sich in dem Himmel direkt über uns zu bewegen, wurden die Wasser in Rangi-tāmaku, dem Himmel über unserem Firmament, so von Sonne aufgeheizt, dass sie entweder verdampften oder von roten Algenfarnen überwachsen wurden. Dadurch kamen alle Fische vom Himmel herab auf die Erde: die Aale, Elritzen, Meeraale, Haie und Neunaugen."[295]
Dort, wo man Sonne und Mond als Söhne Tangotangos, der Milchstrasse, sieht, streiten sie dauernd miteinander. "Sagte Sonne, der Erstgeborene, zu Mond: 'Lass uns doch tagsüber unseren Bahnen nachgehen.' Doch Mond wollte das nicht und beharrte auf der Nacht. Sie konnten sich nicht einig werden; der eine wollte sich nicht mehr bei Nacht, der andere sich tagsüber nicht mehr bewegen. Darüber kamen sie schnell ins Streiten und begannen sich anzugiften. So sagte Mond zur Sonne: 'Zieh doch tagsüber los, wenn du nur dazu gut sein willst, Kleider zu trocknen!' Worauf Sonne erwiderte: 'Bleib du doch in deiner Nacht und fürchte dich vor den Erdöfen.' Und so kam es, dass Sonne seinen Weg ging und die Dunkelheit überwunden wurde."[296]

In einer Legende verfiel Māui darauf, den zu schnellen Gang der Sonne über den Himmel auf eine erträgliche Gangart abzubremsen, indem er die Sonne mit einem Strick an den Mond band, weshalb Sonne nun den Mond hinter sich herziehen muss, um Sonnes Ungestüm in Schach zu halten.[297]
Bekannter allerdings ist die Legende in der Form, in der sie auch auf Tahiti verbreitet ist: "Māui legte Seilschlingen um die Öffnung, durch die Sonne seine tägliche Runde antrat, und befahl seinen Brüdern, sie erst zuzuziehen, wenn Sonne mit Kopf und Schultern darin steckte. Als er dann das Zeichen gab, konnte Sonne nichts mehr dagegen unternehmen, weil ihm derart die Arme auf die Hüfte gefesselt worden waren. Māui hieb Sonne mit seinem Knüppel – dem Unterkiefer seiner Grossmutter Muri-ranga-whenua – auf den Kopf, worauf Sonne vor Schmerz schrie: 'Warum schlägst du mich denn, mich, Den Grossen Sohn Der Sonne?' So erfuhr man erstmals Sonnes persönlichen Namen, Tama-nui-te-Rā. Aufgrund der Prügel, die er bezog, bewegte Sonne sich daraufhin langsamer über den Himmel und der Mensch hat nun mehr Zeit, sich Nahrung zu verschaffen."[298]

KŌMARU
MAMARU

B 9, H 329 und B1 99

Wie der Mond hat auch Sonne einen Lotsen und Führer, der Tatai-aro-Rangi heisst[299] – und damit das astrale Gegenstück zu dem astronomischen Gelehrten desselben Titels ist. *Kōmaru* wird heute ein bedeckter Himmel, *Mamaru* eine dunkle Wolkenbank genannt; beide Namen bezeichen jedoch – gleich wie *Rā* – auch das Segel einer Piroge.[300] Dies verrät, dass die Sonne einmal – wie bei den Ägyptern und ihrem Sonnengott Ra – mit einem Schiff assoziiert wurde, dessen Segel man offenbar als ihre Leuchtfläche auffasste.

TE-MANU-I-TE-RĀ –
DER VOGEL (BEI | IN) DER SONNE

B 17, 66, B1 99

In alten Mythen wird die Sonne als Vogel gesehen oder aber der Vogel der Sonne ist ein Gott, der auf dem Hügel Hiku-Rangi, 'Himmelsgipfel', in einem Haus namens Totoka ('Gefroren') lebt; dort zucken die Blitze des Himmels und es gibt kein Übel – und wenn er losfliegt, dann erhellt dieser Sonnenvogel die Welt.[301] Das manchmal eingefügte 'bei' oder 'in' drückt aus, dass der Sonnenvogel die Sonnenscheibe als Objekt auf seinem Rücken trägt, wie wir das von China kennen.

ZWEI GESCHICHTEN UM DEN VOGEL DER SONNE UND SEINE FAMILIE

"Frau und Tochter des Vogels der Sonne gingen eines Tages zum Strand, um sich Venusmuscheln (*Paphies australis*; in den Hyaden?) zu holen. Während die Mutter damit beschäftigt war, sah sich das Mädchen um, hier und da, und erblickte eine Leiter, die so weit hinauf reichte, dass man nicht sehen konnte, wohin: weshalb sie hochkletterte. Als sie schon ein ganzes Stück oben war, wurde sie von ihrer Mutter erblickt, die ihr zurief: 'O, meine Tochter, komm herunter, steig herab!' Doch sie schenkte ihre keine Acht, sondern stieg höher und höher, bis sie ganz oben war: Und schau her, da war ein Dorf. Aber sie blieb dort nicht stehen, sondern lief weiter. Die Leute dort sahen sie und riefen ihr zu, sie solle, wenn sie an Rupe-tus Hütte vorbeikomme und ihn und seine Frau Rupe-takoto zu Gesicht kriege, bloss nicht lachen, sonst würden die sie umbringen. Sie antwortete nicht, sondern ging weiter, kam zu Rupe-tus Hütte, sah die beiden und lachte: Sie konnte sich nicht helfen, so seltsam sahen die beiden aus. Worauf die sehr zornig wurden, ihr nachrannten, sie einfingen und in ihrer Hütte einsperrten.
Als es Nacht wurde und Sonnenvogels Tochter nicht nach Hause zurückkehrte, machten sich ihre Brüder auf die Suche, kletterten die Leiter hinauf, erreichten das Dorf und fragten die Bewohner, ob sie ihre Schwester gesehen hätten; die bejahten es und meinten, sie wäre zu Rupe-tus Hütte gegangen. Als sie dort nach ihr fragten, erhielten sie keine Antwort – und so würden sie sie nicht gefunden haben, wenn sie sie nicht in ihrem Gefängnis singen gehört hätten. Darauf brachen sie die Tür auf, befreiten ihre Schwester, töteten voller Zorn Rupe-tus Frau und verwandelten ihn selber in eine Eule. Wenn man jetzt diesen Vogel der Dunkelheit nachts rufen hört, dann ist es Rupe-tu, der nach seiner Rupe-takoto ruft, immer wieder, ohne sie zu finden."[302]
Eine ähnliche Motivik kennen wir von den Inuit, deren Sonne ebenfalls so grauenerregend und zugleich bizarr ist, dass man nicht über sie lachen darf, will man nicht getötet werden.

"Die Frau von [Whaitiris Enkel] Tāwhaki hiess Hapai. Vogel Bei Der Sonne befahl ihm: 'Schlaf nicht ausserhalb deines Hauses mit deiner Frau, dann verschonen dich meine Sonnenstrahlen.' Aber Tāwhaki hörte nicht auf ihn, sondern ging mit ihr nach draussen und machte Liebe mit ihr. Danach ging er woandershin. Als er zurückkam, war seine Frau von Vogel Bei Der Sonne entführt worden. Er suchte sie überall und stellte sich schliesslich ans Meeresufer, sprach seine *Karakia* – Beschwörung – und wandelte danach auf dem Wasser, auf der Suche nach ihr. Seitdem reden die Māori von 'Tāwhakis alles umfliessendem Ozean'."
In einer anderen Fassung ist statt von Sonnenstrahlen von Angelhaken und Leine die Rede, die vom Himmel herabkommen.[303]

TAMA-UA-WHITI – SOHN DES LICHTSTURMS

In einem alten Mythos wird die Sonne mit *Hiringa* betitelt, 'Inspiration, Lebendigkeit und Ausdauer'. Dies steht mit dem Glauben im Zusammenhang, dass sie ähnliche höhere Formen des Wissens verkörpert wie Tāne-i-te-hiringa, der zum höchsten Himmel hinaufstieg, um vom höchsten Gott die drei heiligen Körbe voll mit verborgenem Wissen zu holen.

B 17

Wintersonnenwende

Die Wintersonnenwende wird *Takanga-o-te-Ra*, genannt: 'Wechsel der Sonne', die dann vom 'Langen Loch' – *Mārua-roa* – des Winters zu jenem des Sommers wandert. Ihre Bahn heisst *Te Ara Whā-nui a Tāne'*– Tānes Breiter Weg –, den dieser in den Schöpfungsgeschichten nahm, als er hinter der Morgendämmerungsfrau Hine-tītama her war, die vor ihm dauernd in die finstere Unterwelt flüchtete.[304]

Venus

KŌPŪ – DER DAUNENBAUCH

H 329, B50

"Hör zu", so eine Auskunftsperson der Tuhoe um 1895; "Kōpū hat drei Namen. Im Sommer, wenn er am Nachmittag aufgeht, heisst er *Meremere-tu-ahiahi*. Im siebten, achten und neunten Monat des Jahres geht er in der Abenddämmerung auf und heisst dann *Tawera*, 'Der Aufbrenner'. Im Winter geht er morgens auf und wird dann *Kōpū* genannt. Man sagt auch zu einer schönen, gut angezogenen Frau: 'Sie funkelt wie Kōpū am Horizont.'"[305]

Der Planet gilt jedoch als männlich. *Kōpū* lässt sich laut Lexikon deuten als mit Daunen besetzter Vogelbauch, den man als Dekoration verwendet – was mit dem Abendstern *Meremere* als Bezeichnung für das Deckgefieder an der Schulter eines Vogels übereingeht.

Kōpū kümmert sich um die Leute des Himmels und der Erde; er verkündet die Dämmerung und gilt als Gefährte der ebenso männlichen Sonne und als Gatte Parearaus' (Jupiter): "Er kommt heraus, bevor es Licht wird, um die Kinder seiner Frau zu suchen, bis Tama-nui-te-ra [Sonne] aufgeht und die Menschheit segnet."

Der fünfte Monat, Oktober, ist nach Kōpū benannt.

B 51

Abendstern

MEREMERE (TŪ-AHIAHI) –
DIE DECKFEDER (DIE IM ABEND STEHT)
RERE-AHIAHI – ABENDFLIEGER

B 50

In einer Fabel wird erzählt, dass Meremere und Tāwera die Augen der Kinder von Māui und Hina sind, die als zwei Verkörperungen des Lichts gelten. Das verrät, dass man Abend- und Morgenstern als verschiedene Wesen sah.

B 51

Morgenstern

TĀWERA – DER AUFBRENNER

B 50, H 329

Wera bedeutet 'brennen', das Präfix *tā* drüct einen Kausativ aus.

Merkur

WHIRO – DER DIEB

H 329, HO 1 193, 198

Da man ihn nur selten und kurz sieht, vergleicht man den wortwörtlich 'Bösen' Merkur mit einem Dieb, der sich davonschleicht und versteckt.

HO1 198

TAKERO – DER TRUNKENE

TE

B 51

Takero leitet sich vom Namen des Merkur auf den Gesellschaftsinseln ab, *Ta'ero*, 'Der Trunkene', den er dort seiner scheinbar erratischen Bewegungen um die Sonne wegen erhielt; wie lange sich diese Bedeutung hielt, ist nicht zu sagen, da sich dieser Begriff nicht mehr im Lexikon der Māori findet.

Da der Planet oft nicht zu sehen ist, schrieb man ihm eine Vorliebe für die Unterwelt zu, in welche ihn eine legendäre Reise mit seiner Piroge brachte. Als legendärer Mensch galt er als Quelle des Übels, der Mord, Ehebruch, Diebstahl und Lügen unter die Menschen brachte und sie – was erneut zu den Zeiten der Unsichtbarkeit Merkurs passt – in den Tod führt.

Als Planet wurde er als Fisch gedacht, da ihm dauernd Schuppen abfallen, die einerseits am Himmel das Sternbild Koro-takataka [Auriga?] bildeten, andererseits als unheilbringende Meteore – *Unahi-o-Takero*, 'Takeros Schuppen' – sichtbar werden.

O 209–210, B 51 und 69

Mars

MATA-W(H)ERO – ROTGESICHT

TE, HO1 198

?

MATITI – DER SOMMER

Matiti – *Majiji* auf Fiji – gilt auch als Gottheit, welche die Tür eines Lagerhauses bewacht, in dem die Süsskartoffeln für den Winter aufbewahrt werden.

MA 233

RANGA-WHENUA – HERAUFGEZOGENES LAND

H 329

Der Name gemahnt an Muri Ranga-whenua, den Grossvater des Māui, der mit dessen Unterkiefer erst auf die Sonne einschlug, damit sie langsamer über den Himmel zog und weniger heiss war, und den Knochen danach als Angelhaken benützte, um Neuseeland vom Meeresboden heraufzuziehen.

Muri Ranga-whenuas ursprüngliche Natur wird durch eine Episode angedeutet, in der Māui sich auf die Knochen seines Vorfahren legt, um seinen Geist herbeizurufen, weil er sich in einen Vogel verwandeln will: Worauf ihm eine weisse Taube erscheint.

B4 342

Jupiter

PARE-ĀRAU – DIE UMBÄNDERTE

B 43

(WA)HINE TIWEKA – DAS LEICHTE MÄDCHEN
WAHINE KARIHIKA – DIE GEILE FRAU

B 43, H 329

Pare ist ein Kopfband; *ārau* heisst 'umschlingen'; damit werden die farbigen Wolkenbänder um den Jupiter beschrieben, die mit einem kleinen Fernrohr sichtbar sind, von den Māori aber ebenso mit blossem Auge gesehen werden können wie seine Monde mit einer Magnitude von 5.5., 6.1, 5.1, 6.2, je nach Nähe zum hellen Planeten.[306]

Eine Legende erklärt Jupiter zur Frau Kōpūs, des Planeten von Venus, der von ihr verlangt, dass sie bei Tagesanbruch bei ihm bleibt: "Dann werden wird gemeinsam gehen." Doch sie hört nicht auf ihn, zieht abends los und liegt um Mitternacht bei einem anderen im Bett. In anderen Legenden ist sie nur eine Freundin von Venus oder eine Witwe: Da diese solche Trauerkappen und Kopfbänder tragen wie sie. Beides ist offenbar von der Oberflächenstruktur des Saturn und den ihn umkreisenden, wechselweise sichtbaren Monden abgeleitet.

Es heisst von Der Umbänderten auch, sie würde die Milchstrasse hinter sich herziehen.

Liegt ein heller, leichter Schimmer um Jupiter, wird der nächste Monat kalt und nass; sieht man ihn dagegen klar umrissen, wird der nächste Monat trocken werden. Seefahrer beobachten den Planeten, wenn ein Sturm droht: Wirkt er vernebelt, glaubt man, dass der Sturm sich verzieht.

B 43–44 und SK 262

KŌPŪ-NUI – DER GROSSE (VOGEL)BAUCH

Der Name drückt die Grösse des Planeten aus. Überall dort, wo er gilt, wird er als männlich gesehen. "Der grosse weisse Stern, der auch untertags reist, möchte sich die Ehre mit dem grossen Herrscher des Tages, Sonne, teilen."

HO1 198

Saturn

RONGO – FRIEDE

H 329, O 122

MATITI – DER SOMMER

Der Planet befindet sich, wie aus einem Schöpfungsmythos zu schliessen ist, in einem eigenen Himmel. Rongo gilt als Sohn Rangis und Papas und als Vater der Süsskartoffel Kūmara – die der Mensch Rongo-Māui später vom Grossen Blatt in α Lyrae holt und auf die Erde bringt. Da die Süsskartoffel – im Gegensatz zu dem als aggressiv geltenden Farn – als friedlich galt, wurde Rongo, seinem Namen gemäss, als Gott des Friedens gesehen.

Der Bezug zur Süsskartoffel macht es wahrscheinlich, dass mit dem Sommergestirn Matiti der Saturn gemeint ist, da er im Kalender im Erntemonat der Süsskartoffel als markanter Stern auftaucht.

O 121–122 und TA 362

Meteore

MATA-KŌKIRI – DIE DAHINSCHIESSENDE SPITZE

B 10, BR | HA 31

Meteore kündigen generell Schlechtes an und verkünden auch, dass irgendwo ein Häuptling gestorben ist. Helle Meteore können auch als gutes Zeichen gedeutet werden, ebenso wie wenn sie auf einen zufliegen.

Sie können als schwache, junge Sternenkinder gesehen werden, die beim Spielen stolpern, im Streit mit den grösseren Kindern von ihren Plätzen in der Milchstrasse herabstürzen, oder sich von ihren angewiesenen Plätzen begeben haben und deswegen von Mond oder Sonne geschlagen wurden und deshalb aus dem Himmel herabfallen.

B 7, 10 und 70, B4 281 und BR | HA 31

TŪMATA-KŌKIRI – DER DAHINSCHIESSENDE BRAND

B 69, BR | HA 31

Bei den Awa der Südinsel gilt Tūmata-kōkiri weiterhin als "ein Urahne, den man nachts manchmal herumschwirren sieht. Er sieht aus wie ein durch die Luft fliegender Stern. Seine Aufgabe ist es, durch sein Fliegen vorauszusagen, wie es um die Himmelskörper steht und wie es mit den Winden und Jahreszeiten wird. Wenn er sich herabschwingt, wird die kommende Jahreszeit windig. Wenn er nur durch die Luft fliegt, naht eine fruchtbare Zeit und die Leute haben eine Jahreszeit der Fülle zu erwarten. Er ist ein übernatürliches Wesen – ein Atua –, eigentlich aber ist er ein Stern, der durch den Raum fliegt."[307]

RONGO-MAI
TŪ-NUI

Meteore gelten mancherorts als übernatürliche Wesen – *Atua* –, die wegen schlechten Benehmens aus dem Himmel gestossen werden. Oder aber als *Atua-toro*, als neugierige, die Lage erkundende Gottheiten. Als Atua, der den Menschen seine Führung bietet und als Schutzherr im Falle eines Krieges wirkt, gibt der Schutzgott Rongomai so durch seinen Funkenflug Zeichen, die gedeutet werden können – ebenso wie der Kriegsgott Tū-nui, den man dann beschwört.

BR | HA 32

KŌTIRITIRI – DER SCHAUER

Kōtiri bedeutet 'einer nach dem anderen, hintereinander kommen'.

TE

AUAHI-(TU)ROA – LANGER (ANHALTENDER) RAUCH

B 65

KOMETEN, METEORE UND DAS FEUER

"Um die Bay of Plenty wird erzählt, dass ein Komet Sonnes Sohn sei. Der habe ihn auf die Erde schicken wollen, um der Menschheit etwas Segensreiches zu schenken, weshalb er zu seinem Sprössling Lang Anhaltender Rauch sagte: 'Geh und bring unseren Nachfahren da unten auf der Erde etwas Gutes.' Lang Anhaltender Rauch erwiderte: 'In welcher Form denn soll ich es herunterbringen?' Die Antwort war: 'Gib ihnen die Fünf. Nimm deine Sprösslinge und vereine sie mit denen Hine-te-iwaiwas [der Ersten Frau und Mutter] und denen des Blitzes. Schenk den Menschen als Wohltat das Feuer. Aber wende dich nicht an die Alten, sondern geh zu den Jungen. Das ist deine Aufgabe.'
Und so kam Lang Anhaltender Rauch auf die Erde herab, um den Menschen mit dem Feuer etwas Gutes zu tun. Er nahm sich dort eine gewisse Mahuika zur Frau, die ältere Schwester der Grossen Frau Der Nacht Hine-nui-te-pō, die früher die Morgendämmerungsfrau gewesen war, und Mahuika brachte ihm fünf Kinder zur Welt, welche die Namen der einzelnen Finger der Hand tragen: Tako-nui, Tako-roa, Mapere, Manawa, Toiti. So hiessen die auf der Erde geborenen Feuerkinder, die dem Menschen Feuer [durch das Holzreiben mit der Hand] bringen.
Mahuikas Enkel Māui aber verstand es nicht, selbst Feuer zu machen; wann immer er es brauchte, gab es ihm seine Grossmutter. Deren Körper, die Arme, Beine, der Kopf und die Haare, waren voller Feuer. Um Ruhe vor ihm zu haben, gab sie ihm den kleinen Finger; doch als er zu einem Fluss kam, löschte er es aus, kehrte zurück zu ihr und behauptete, er wäre ins Wasser gefallen. Also gab sie ihm einen zweiten Finger, worauf er das Gleiche tat, wieder und wieder, bis sie alle ihre Finger hergegeben hatte, samt ihren Zehen: bis auf einen. Erst da merkte die alte Frau, dass sie von Māui hereingelegt worden war und wurde zornig. Sie riss sich den letzten Zeh auch noch aus und warf ihn wütend zu Boden, worauf der Wald niederbrannte und Māui in Rauch und Flammen umgekommen wäre, hätten seine Brüder keinen schweren Regen geschickt.
Was von Feuer übrig war, sammelte die alte Frau zusammen und übergab es dem Schutz der Baumfrau Kaikōmako [die *Pennantia corymbosa* verkörpert]. Seitdem kann man es mit geschickten Händen und einem Reibeholz aus dem Körper Kaikōmakos herausholen. Wenn man also einen Kometen am Himmel sieht, dann ist das Auahi-turoa, der den Menschen das Feuer gebracht hat: weshalb er sein Sohn genannt wird, Te Tama-a- Auahi-roa."[308]

"Māui und die Grosse Frau Der Nacht, Hine-nui-te-pō, brachten dann den Tod auf die Menschheit herab. Māui schlich sich zu dieser Herrin der Unterwelt, um sie zu überwältigen. Er näherte sich ihr in ihrem Schlaf, um in ihren Körper einzudringen, auf dem Weg, auf dem Kinder zur Welt kommen. Doch die kleinen Vögel, die ihn dabei begleiteten, brachen in Lachen aus, als sie ihn in der Vagina der Grossen Frau verschwinden sahen. Das Gelächter weckte sie; sie schloss ihre Beine und zerquetschte Māui dadurch: Weshalb seither die Menschen sterben."[309]

Dieselbe Geschichte gibt es auf Tahiti: Es ist dies eine Parallele zu einer Episode, die auch dem weltenwandelnden Tiermenschen der Nördlichen Dene in seinem Mythenzyklus zugeschrieben wird.

Die Ausrottung der Moa schrieben manche Māori ebenfalls Meteoren zu. So berichtet eine 88-jähriger Häuptling aus der Region Tapanui auf der Südinsel, dass "die Moa nach dem Kommen [des legendären, mit seiner Piroge aus dem Herkunftsland kommenden] Tama-teas [der 'Weissen Söhne' der Europäer] verschwanden, nachdem dieser das Land in Brand setzte. Dieses Feuer war nicht so wie unsere Feuer, sondern eine von Rangi gesetzte Glut, dessen Zeichen man heute noch dort sieht, wo sich Felsen finden, die rot wie Beeren sind."
Gedichtzeilen spielen ebenfalls auf einen durch Meteoriten ausgelösten Brand an, eine "Zeit der Flammen", in welcher die Moa vernichtet wurden: "Zum Schweigen gekommen und ruhig aufsteigend sind nun die rasenden Rauchschwaden, welche die völlige Vernichtung der Mao bewirkt haben, als die Hörner des Mondes von oben herabfielen."[310]

Meteor oder Komet

TĪRAMAROA – FACKELLICHT

Der Name bezeichnet ein mysteriöses Licht, das lange Strahlen – *Puhihi* – aufweist, die manchmal nach oben, manchmal nach unten weisen.

B 65

PUA-ROA – LANGE BLUME

Pua bezeichnet sowohl eine Blume oder Schaum wie 'rauchig sein'.

B4 97

Komet

TŪ-NUI-A-TE-IKA – DER GROSSE STEHER DES FISCHES

In einem Kometen wie dem Halleyschen sah man zumeist einen Kikokiko, einen Dämon, ein übernatürliches, herumwanderndes Wesen – *Atua-toro* –, entsandt von jemandem, der durch ihn Böses anrichten will. Dieser Tū-nui hat einen grossen Kopf, einen langen Schwanz und kommt von dem ebenso dämonischen Langen Weissen Hai der Milchstrasse; sieht man ihn, vollziehen Priester einen Matapurutu-Ritus, um das Unheil abzuwenden, das er bringt. In manchen Gegenden wird er als mächtiger Kriegsgott angesehen, der mit seinem Feuerball den Pirogen den Weg von Hawaiki nach Neuseeland wies.

B 68 und O 191

WHETU-KAU-PŌ – IM FINSTEREN SCHWIMMENDER STERN

Man deutete die Erscheinung dieses als Fisch gesehenen Kometen danach, ob seine Flosse nach unten oder oben zeigte, ob sie blitzte und funkelte – was ein schlechtes Zeichen war –, oder im Gegenteil, ob sie ruhig und stetig blieb. Es war dies auch der Name eines Sterns (vielleicht in Cetus).

B 68–69

TAKETAKE-HIKUROA – DIE LANGSCHWÄNZIGE MÖWE

Der Name bezieht sich auf die rotschnäbelige und rotfüssige, perlgrau gefiederte Möwe *Larus novaehollandiae scopulius.*

B 68

LITERATUR

B Elsdon Best, The Astronomical Knowledge of the Māori, Wellington 1972.

B1 Elsdon Best, *Notes on Māori Mythology*, in: The Journal of the Polynesian Society 8.2, 1899, 93–121.

B2 Elsdon Best, The Maori Division of Time, Wellington 1922.

B3 Elsdon Best, Māori Religion and Mythology, Part I, Wellington 1976.

B4 Elsdon Best, Māori Religion and Mythology, Part II, Wellington 1982.

B5 Elsdon Best, *Maori Personifications*, in: Journal of the Polynesian Society 32.3, 1923, 53–69.

B6 Elsdon Best, *Omen and Superstitious Beliefs of the Maori*, in: Journal of the Polynesian Society, 7.4, 1898, 233–243.

BA Adolf Bastian, Die heilige Sage der Polynesier, Leipzig 1881.

BE Herries Beattie, *Traditions and Legends collected from the Natives of Murihiku (Southland, New Zealand), Part VIII (Continued)*, in: Journal of the Polynesian Society 27.3, 1918, 137–161.

BR | HA Tui Britton | Duane Hamacher, *Meteor Beliefs Project: Meteors in the Māori astronomical traditions of New Zealand*, in: The Journal of the IMO 42.1., 2014, 31–34.

C | H Liliana Clarke | Pauline Harris, *Maramataka*, in: He Whare Hangarau Māori – Language, Culture & Technology, hrsg. v. Whaanga | Keegan | Apperley, Waikato 2017, 129–135.

G George Grey, Polynesian Mythology & Ancient Traditional History of the New Zealanders, 1854, Reprint London 2009.

H Pauline Harris et al., *A Review of Māori Astronomy in Aotearoa-New Zealand*, in: Journal of Astronomical History and Heritage 16.3., 2013, 325–336.

HO Hare Hongi (William Stowell), *The Gods of Māori Worship. Sons of Light*, in: The Journal of the Polynesian Society 29.1., 1920, 24–28.

HO1 Hare Hongi (William Stowell), Maori-English Tutor and Vademecum, Christchurch 1911.

L | H Kay Leather | Richard Hall, Tātai Arorangi: Māori Astronomy, Paraparaumu 2004.

M Rangi Matamua, Matariki – The Star of the Year, Wellington 2017.

MA Maud Makemson, The Morning Star Rises – An Account of Polynesian Astronomy, New Haven 1941.

O Margaret Orbell, A Concise Encyclopedia of Māori Myth and Legend, Canterbury 1998.

OR Wayne Orchiston, *The Skies over Aotearoa | New Zealand: Astronomy from a Māori Perspective*, in: W. Orchiston, Exploring the History of New Zealand Astronomy, Cham 2016, 33–88.

PT Euruera Ropata Prendergast-Tarena, He Atua, He Tipua, He Takata Rānei: The Dynamics of Change in South Island Māaori Oral Traditions, Dissertation University Canterbury 2008, online.

R | W | C Mere Roberts | Frank Weko | Liliana Clarke, Maramataka: The Maori Moon Calender, Research Report 283, August 2006, Lincoln University, Christchurch, online.

S Percy Smith, The Lore of the Whare-Wānanga, New Plymouth 1913.

SI David Simmons, Iconography of New Zealand Maori Religion, Leiden 1986.

SI1 David Simmons, Whakairo – Maori Tribal Art, Oxford 1985.

SI2 David Simmons, Ngā Tau Rere – An Anthology of ancient Māori Poetry, Auckland 2003.

SK Apanui Skipper, Māori Environmental knowledge of Weather and Climate, Dissertation Universität Waikato 2020, online.

T Te Rangi Hiroa, The Coming of the Māori, Wellington 1949.

TA Rev. Richard Taylor, Te Ika A Māui or New Zealand and its Inhabitants, 1. Auflage, London 1855.

TA2 Rev. Richard Taylor, Te Ika A Māui or New Zealand and its Inhabitants, 2. Auflage, London 1870.

TE Te Aka, Māori Dictionary online.

TR Edward Tregear, The Maori Race, Wanganui 1904.

W1 John White, The Ancient History of the Maori: His Mythology and Traditions Vol. I, 1887.

WO J. H. F. Wohlers, *The Mythology and Traditions of the Maori of New Zealand*, in: Transactions of the New Zealand Institute 7, 1874, 3–54.

ANMERKUNGEN

1 Ioannidis et al., *Paths and timings of the peopling of Polynesia inferred from genomic networks*, in: Nature 597, 2021, 522–526. 2 Wilmshurst et al., *Dating the late prehistoric dispersal of Polynesians to New Zealand using the commensal Pacific rat*, in: Proceedings of the National Academy of Sciences of the U. S. A. 50, 2008, 7676–7680. 3 Walter et al., *Mass Migration and the Polynesian Settlement of New Zealand*, in: Journal of World Prehistory 20, 2017, 351–376. 4 OR 41 5 Vgl. die Schilderung der Moa als existent "bevor den Flammen"; BR | HA 32 6 OR 39–40 7 OR 45–46 8 Vgl. etwa Percy Smith, *Hawaiki – The Whence of the Maori*, in: Journal of the Polynesian Society 7, 1898, 137–177, 185–223 und 8 (1899) 1–48. 9 B5 55 10 B3 62–63 11 SI 3 12 W. E. Gudgeon, *Maori Religion*, in: Journal of the Polynesian Society 14, 1905, 107–130 und B3 63–64. 13 S 14 O 48–50 15 Edmond de Bovis, État de la Société Tahitienne à l'Arrivée des Européens (1855), Reprint Tahiti 1978, 51. 16 S 17 TA 13 18 Kapitel basierend auf SI 1–13 19 TA2 114–115 20 SI1 33 21 B3 72–75 22 SI 12 23 B4 398 24 David Simmons, Te Whare Runanga, Auckland 1997, 29. 25 O 146–147 26 *Puakiki* ist nach H. W. Williams, *Maori Bird Names*, Journal of the Polynesian Society 15.4, 1906, 193–208, der Name für *Fuligula nova zelandia (=Aythya fuligula)*. 27 WO 5 28 WO 6 29 T 437 30 WO 6 31 W1 48 32 TA 18 33 B3 75–79 34 WO 7 und TA2 118–120 35 TA 22 36 B3 107–111 37 B3 84–85 38 B4 399 39 WO 7–8, 33 und TA2 120 40 B3 87–88 41 G 5–7 und 11 42 O 158–159 43 TA2 115; zu Legenden späterer mythologischer Fluten siehe B4 401–408. 44 SI 13 45 B5 58 und 60 46 G 12 47 TA2 116 48 B5 54–55 49 O 34 50 TA2 116–118 51 SI1 29 und B3 119–120 52 B5 56 53 B3 130–133 54 B5 56–60 55 Transactions and Proceedings of the Royal Society of New Zealand 39, 1906, Plate XXIII. 56 Hare Hongi, *On the Greenstone 'Tiki'*, in: Journal of the Polynesian society 27.4, 108, 199–200. 57 SI 11 58 BA 50 und 58 59 B 31 60 O S166 61 O 15 62 TA2 116 63 L | H 46 64 Vgl. B6 240 65 Justine Treadwell, *Kahu kūri o awe: Fur cloaks of awe*, in: Apparence(s) 11, 2022; doi.org|10.4000|apparences.3938 66 auch 'Pungarehus Reibestock', MA 252 67 W1 131; leider werden dort nur die wenig Vertrauen erweckenden Übersetzungen der Sternnamen aufgelistet. 68 W1 26 69 B7 70 B5 70, W1 52, B7, O 204 71 TA 115 72 Fassung von Rosemary Cole, www.visitzealandia.com; 'Matariki-from-a-Historical-Perspective'. 73 B 31 74 B 8 75 B3 121 76 Hans Egli, Mirimiringan – Mythen und Märchen der Paiwan, Zürich 1989, 322–324. 77 B4 422, 437 und 439 78 OR 79–80 79 B1 103–104 und TA2 362–363 80 M 37 81 M 47 82 M 44 83 M 43–46 84 TE 85 B4 389 86 R | W | C und C | P 87 TE 88 W1 9–13 89 W1 15–17 90 B 30, 5–6 91 OR 66 92 Matamua | Harris | Kerr, *Māori Navigation*, in: New Zealand Astronomical Society Yearbook 2013, 28–33. 93 B 32–33 94 H 333 und B 32 95 B6 233 96 Vgl. Hare Hongi, *Te Putea a Reti*, The New Zealand Illustrated Magazine 6, Mai 1902, 106–109. 97 B 37 98 OR 2 99 Vgl. etwa die in T 215–218 zitierten Übersetzungen. 100 Rangi Matamua, *The lost scrolls of Matariki*, in: Ngā Kete Mātauranga – Māori scholars at the research interface, hrsg. v. Ruru | Nikora, Otago 2021; auch digital abrufbar. 101 M 102 E-Mail Rangi Matamua an Raoul

Schrott am 13.3.2018. 103 TE 104 B4 92–97 und 75 105 H331 106 B3 100 107 B3 103–104 108 B3 99–105 109 B4 580–581 110 B4 400 111 B6 239 und B4 289 112 O111 113 S151 114 B48 115 MA118 116 B45 117 S151 118 B4 367–368 119 Te Ariki-Tara-Are, *History and Traditions of Rarotonga*, in: Journal of the Polynesian Society 8, 1899, 64–65. 120 B4 368–369 und 501 121 Asko Parpola, *Crocodile in the Indus Civilization and Later South Asian Tradition*, in: Linguistics, archaeology and the human past, hrsg. v. Osada | Endo, Kyoto 2011, 14 und 18. 122 W13 123 G33–35 124 TR 402–403 125 Te Ariki-Tara-Are, *History and Traditions of Rarotonga*, in: Journal of the Polynesian Society 8, 1899, 68 und 70–73. 126 Ibidem 68 127 B46 128 Ibidem 129 Vgl. B60 130 B10 131 Elsdon Best, Forest Lore of the Maori, Wellington 1942, 145. 132 siehe Übersetzung in B3 87–88 133 W1 52 134 HO1 209 135 SI1 14–15 136 David Simmons, Te Whare Rūnanga, – The Maori Meeting House, Auckland 1997, 23. 137 SI13 138 L | H46 139 TA363 140 Zitiert in M63–65 141 Herries Beattie, Traditional Lifeways of the Southern Maori, Otago 1920, zitiert in PT 219 142 Vgl. W1 52, 'Schnell Fliegender Sohn'. 143 B59 und B3 75–76 144 HO1 203 145 H329 146 SK29 147 L | H48 148 B43 149 B50 150 wikipedia.en, 'Tainui (canoe)' 151 PT217 152 Herries Beattie, *Traditions and Legends of the Murikihu*, in: Journal of the Polynesian Society 27.3, 1918, 154. 153 *Huruhuru* bezeichnet eine Feder, *Manu* einen Vogel ebenso wie einen Fesseldrachen. 154 Jeff Evans, Ngā Waka o Nehera – The First Voyaging Canoes, 1997, 62–63. 155 Herries Beattie, *Traditions and Legends of the Murikihu*, in: Journal of the Polynesian Society 27.3, 1918, 154. 156 BE145 157 Herries Beattie, The Koriori of South Island, Dunedin 1941, 18; zitiert in PT256. 158 P98 159 O200 160 H.T. Whatahoro | Percy Smith, *The Lore of the Whare-Wānanga, Part II*, in: Journal of the Polynesian Society 22.1., 1913, 18–20 und PT246–256. 161 BE154 und 139 162 B40 und 55–56 163 Im Kalender von TA2 362 wird Matiti zusätzlich zu Mars und Venus erwähnt; es müsste sich also um Saturn handeln. 164 Vgl. Percy Smith, Maori Wars of the Nineteenth Century, Cambridge 1910, 266. 165 TE 166 O20 und 29 167 BA58 168 B61 169 B37 170 TE 171 BE145 172 Ibidem 173 B37 174 B62 175 MA252–253 176 W1 51 177 TA2 363 178 B56 179 HO26 180 W1 46–47 181 W1 30 182 M26 183 B57 184 B4 61 185 Te Ariki-Tara-Are, *History and Traditions of Rarotonga*, in: Journal of the Polynesian Society 8, 1899, 67. 186 HO26 187 B57 188 B57–58 189 H331 190 M39 191 TR402 192 Peke-rua ist der mythische Erschöpfer der *Tua-tara*, Eidechsen; die *Peke-rua* sind seine Nachkommen. 193 TE gibt an, dass Rūhi te-rangi zum Sternbild von Mairerangis Piroge gehört. 194 M39; die Identifikation der beiden Frauen mit τ und σ Scorpii, die nur deshalb gemacht wird, weil diese beiden Sterne Antares flankieren, ergibt keinen Sinn, weil sie zugleich mit ihm aufgehen. 195 B1 109 196 E. Schwimmer, *Review Johansen Prytz*, in: Journal of the Polynesian Society 69.3, 1960, 312. 197 W1 88 198 W1 97 199 W1 96 200 W1 88 201 B4 421 202 W1 128 203 W1 88 204 B1 114 205 W1 88 206 W1 117 207 TA39 208 *hiti* bezeichnet das Aufsteigen von Gestirnen; vgl. R|W|C8 209 W1 102–103 210 WO16 211 W1 126, 122, 84 212 SI1 28 213 B33 214 TA2 363 215 W1 96 216 Paul Oliver, Built to Meet the Needs: Cultural Issues in Vernacular Architecture, Amsterdam 2006, 157–158. 217 TE 'nagua paepae' 218 BE3 276–277 219 E. Schwimmer, *Review Johansen Prytz*, in: Journal of the Polynesian Society 69.3, 1960, 312. 220 B3 101–102 221 SI2 27–28 222 WO16 223 B3 101–102 224 SI1 33 225 TA362 226 B46, TA362 227 TE; die dort vorgebrachte Identifizierung des Sterns mit Kaus australis ergibt weder für das eine noch das andere Sinn. 228 B51 229 TE 230 B4 564 231 Tennyson | Martinson, Extinct Birds of New Zealand, Wellington 2006. 232 SI14 233 David Simmons, Te Whare Runanga, Auckland 1997, 30–31. 234 B4 128 und B6 240 235 MA250 236 W1 131–132 237 B3 107, 128–129 238 O32 239 HO1 202 240 O155 241 HO1 202 242 TE 243 TE 244 Am Abend der Sommersonnenwende geht Sirius nach der Sonne unter, um ihm gleichsam zu folgen; bei der Wintersonnenwende macht dies Sagittarius als eng mit dem Sommer identifizierte Tochter Rehuas. 245 B2 40 246 B58 247 HO25 248 TE gibt, wohl auf Basis von HO1 196, Castor und Pollux für diese Sterne an, was jedoch nicht zu den ausführlicheren Angaben von TA2 362 passt. 249 TA2 362 gibt zusätzlich zu ihnen auch den Oriongürtel und den Morgenstern an, was eine Linie vom vorherigen Monatsstern Punga (Rigel) ergibt. 250 B62–63 251 B64 252 HO1 196 253 B59–60 254 W1 53 255 B6 239–240 und B42 256 TR403 257 SK312–313 258 B52 259 MA229 nimmt dafür α Piscis Austrini an. 260 B61 261 TE ARA, 'Snaring methods' 262 Elsdon Best, Forest Lore of the Maori, Wellington 1942, 369. 263 TE ARA, 'Snaring methods' 264 SK288 und 264 265 Te Ara, 'te-tahere-manu-bird-catching'. 266 Elsdon Best, *The Traditions of the People who were in New Zealand before the present Maori*, in: Science of Man and Australasian Anthropological Journal 1.6, 21.7.1898, 137 und Elsdon Best, Maori Agriculture, Dominion Museum Bulletin 9, Reprint, Wellington 1976, 105–106 und B4 577. 267 Elsdon Best, Maori Agriculture, Dominion Museum Bulletin 9, Reprint, Wellington 1976, 102–103. 268 B64 269 B6 240 270 B63 271 HO1 205 272 M19 273 M19–20 274 TA147 275 SI2 107 276 M69 277 B53 278 B 279 S164 280 H332 281 SI13 282 Ibidem 283 S173 284 SK288–289 285 B25–26 286 TR404, B1 102 und B4 392 287 SI13 288 Herries Beattie, *Traditions and Legends of the Murikihu*, in: Journal of the Polynesian Society 27.3, 1918, 161. 289 B20 290 B4 394 291 B1 68, B5 67–86 292 B18 293 B1 99–101 294 B1 98 295 S157 296 B18–19 und B4 591 297 TR406 298 T508 299 B5 68 300 B9 301 B66 302 TA278 303 Percy Smith, *The Peopling of the North*, in: Supplement to the Journal of the Polynesian Society 5, 1896, 22. 304 B17 und H331 305 B6 240 306 OR53 307 B69 308 B65–66 und O69 309 O38 310 BR | HA32

Der *STERNEN-HIMMEL CHINAS*

Morgen und Abend – die Herbstluft ist kühl;
Wind wirbelt – die Blätter werden allmählich weniger:
Doch die Sterne vervielfachen sich – der Himmelsfluss wird weiss
und sein Tau fällt herab – Kissen und Decke sind rein.

Der Mond löscht den zinnoberroten Raben der Sonne aus
und die Heuschrecke beginnt unter dem Bett zu singen:
Was ich an mein Herz drücke, vergeht so schnell und wird fahl –
Umso mehr Gefühle empfinde ich für diese fernen Dinge.[1]

Yuan Zhen (779–831)

Archäologische Funde legen nahe, dass die Anfänge der chinesischen Astronomie möglicherweise bis ins 7. Jahrtausend v. u. Z. zurückreichen. Zwischen 6000 und 5000 v. u. Z. datierte Scherben der Yangshao-Kultur im Norden von Zentralchina weisen auffällige Sonnen auf.[2] Die von 7000 bis 4500 bestehende Hemudu-Kultur in Zhejiang an der Meeresküste zeichnet Morgen- und Abendsonne als zwei konzentrisch flammende Kreise, aus denen je ein scharfschnabeliger Vogel als ihr Geist oder Totemtier hervortritt.[3] Die Raben als Sonnenvögel blicken damit auf eine alte Tradition zurück.

Die Sonnenmotivik setzt sich in späteren Glyphen auf den Topfscherben der neolithischen Dawenkou- Kultur in Shandong fort; sie erinnern bereits an Ideogramme, die Sonne und Mond bei ihrem Untergang im Gebirge darstellen.[4] Eindeutig jedoch ist erst die Evidenz eines auf 4000 v. u. Z. datierten Grabes aus der Provinz Puyang, das einem alten kosmischen Modell nachempfunden ist: der Himmel als Wölbung über einer flachen Erde. Um den mit dem Kopf zum Südpunkt ausgerichteten Leichnam herum wurden Mosaike von Muschelschalen ausgelegt, die im Norden einen Scheffel, im Westen einen Tiger und im Osten einen Drachen darstellen – drei Tiere als richtungsweisende Sternbilder, die bis heute relevant geblieben sind.[5]

Die später ebenso gross am Himmel stehende Schildkröte wiederum wurde bereits um 6000 v. u. Z. zu Ritualzwecken gebraucht. Sie findet sich als Jade-Modell des Himmelsgewölbes über einer eckigen Bodenplatte der Erde archäologisch um 2500 v. u. Z. – und wird ihre kosmologische Rolle vom Neolithikum bis in die Kaiserzeit beibehalten. Ihre Panzer bildeten nicht nur die Welt im Kleinen ab, sondern wurden neben Bovidenknochen auch für Orakel verwendet: womit Himmel und Omen bereits zu dieser Zeit schon miteinander verknüpft scheinen.[6] In späteren Legenden heisst es, dass die Inseln der Seligen sich mit den Gezeiten gehoben und gesenkt hätten, sodass man auf ihnen nicht zur Ruhe kommen konnte: Sie seien erst dann fixiert worden, als riesige Schildkröten sie auf Geheiss des Meeresgeistes auf den Rücken nahmen.[7]

Die Raben als Sonnenvögel haben ebenfalls eine alte Tradition. So lässt sich nachweisen, dass bereits in der Hemudu-Kultur (ca. 5000 bis 3300 v. u. Z.) an der ostchinesischen Meeresküste ein Geist der Sonne verehrt wurde, dessen Totemtier ein Vogel war.[8]

Vor der ersten legendär bronzezeitlichen (archäologisch jedoch bislang nicht nachgewiesenen) Herrscherdynastie der Xia (ca. 1950 bis 1550 v. u. Z.) mit ihren Städten, Palästen und Handelsnetzen gab es bereits neolithische Städte wie Taosi, das zwischen 2500 und 1900 v. u. Z. am Fluss Fen in der Provinz Shanxi bestand. Es entwickelte sich dort jene Zivilisation, die von Yao, einem der drei mythischen Urherrscher, der im 24. Jahrhundert v. u. Z. gelebt haben soll, verkörpert gesehen wird. Was man ihm zuschrieb – beispielsweise eine ritualisierte Astronomie und ein solarer Kalender –, das wurde jedenfalls in Taosi praktiziert. So kam bei den Ausgrabungen eine runde dreistöckige Altarplattform für Opferungen zutage, durch die man um 2100 v. u. Z. mittels eines Gnomons die Sonnenwendpunkte bestimmen konnte.[9] Auch in Liangzhu gab es eine solche Opferplattform, die mit der Observation der Sonnenwendpunkte verbunden scheint und so einen am Horizont markierten Kalender erlaubt.[10]

Dies ist nicht allzu weit entfernt von dem vorgeblich ältesten Schriftzeugnis zur Astronomie aus dem *Shujing* – Buch der Urkunden –, das Kaiser Yao zugeschrieben wird, das allerdings erst im 3. Jahrhundert v. u. Z. mit einigen Passagen aus der Zhou-Zeit kompiliert wurde. Der darin enthaltene *Kanon des Yao* hält Opfer an die Sonne anlässlich der durch Sterne bestimmten Eckpunkte fest, wie sie für die späte Shang-Dynastie zwischen dem 13. und 11. Jahrhundert v. u. Z. üblich waren: "Yao befahl Xi und He [*Xihe* ist der Name der Sonnengöttin] in Ehrerbietung des Erhabenen Himmels die Himmelserscheinungen, Sonne, Mond, Sterne und die saisonalen Asterismen kalendarisch zu bestimmen, um damit die Jahreszeiten respektvoll dem Volk zu übergeben, die aufgehende Sonne willkommen zu heissen und die regelmässig im Osten nötigen Arbeiten einzuleiten; die untergehende Sonne gebührend zu verabschieden und sich regelmässig um die Vollendung der Geschäfte im Westen zu kümmern; dauernd auf den Wechsel des Laufs der Sonne im Norden zu achten; sich regelmässig dem Gang der Sonne nach Süden zu widmen und den Wendepunkt ehrfurchtsvoll zu markieren."[11]

Bestimmt wurden die Äquinoktien und Solstitien im Text sodann mittels vier Sternen, von denen die ersten beiden den Grosssternbildern Roter Vogel und Blaugrüner Drache angehören: *Niao* – Der Vogel in α Hydrae – markiert die Tagundnachtgleiche des Frühlings; *Huo* – Das Feuer in α Scorpii – markiert die Sommersonnenwende; *Xu* – Der Grabhügel in β Aquarii – markiert die Tagundnachtgleiche des Herbstes; und *Mao* – Die Untergehende Sonne der Plejaden – die Wintersonnenwende.[12]

Das Alter dieser Angaben ergibt sich dadurch, dass um 2000 v. u. Z. diese Sterne jeweils nach Sonnenuntergang kulminierten und mit ihrem Hochstand am Himmel den Süden markierten. Dies verweist auf ein Beobachtungssystem, das später nicht mehr in Gebrauch war: Es rückten jene Sterne in den Fokus, die bei Sonnenuntergang im Westen vom Himmel herabkamen, um das ihre auf die Erde herabzubringen und es dort auszulösen.

Königsgräber und Paläste der ersten Dynastien Ende des 2. Jahrtausends zeigen stets eine deutliche Ausrichtung an der Nord-Süd-Achse und verraten somit ein sich weiterhin an der Sonne orientierendes Denken.[13] In dieser Zeit begannen auch die ersten schriftlichen

Aufzeichnungen. Ein luni-solarer Kalender mit Schalttagen war in Gebrauch, bei dem man die Tage – ähnlich wie bei den Maya – mit einem 60-er System zählte, indem man fünf von zehn Himmelsstämmen mit zwölf Erdzweigen verknüpfte; und für die Gestirne wurden wahrscheinlich schon Gnomone und Wasseruhren verwendet.[14]

Aus den Inschriften der von der Shang-Dynastie (12. bis Mitte 11. Jahrhundert v. u. Z.) vorgenommenen Orakel auf Schildkrötenpanzern und Schulterblättern von Rindern geht ein enger Bezug zum Himmel hervor. Im damaligen Polarstern (dem fahlen HD 118904 und später HD 117187) wurde offenbar der Begründer ihrer Dynastie gesehen, der 'Oberste Ahne' *Shang Di*. Der Drehung der Sterne um den Pol entsprechend, vergötterten sie ihn als von fünf Ministern umgebenen Himmelsherrscher.[15] Das Ideogramm für *Di* scheint aus einem Diagramm entstanden zu sein, mit dem man den Himmelspol bestimmte, indem man die hellen Sterne von Ursa Maior durch Diagonalen mit Ursa Minor verband.[16]

Von dort aus "befiehlt" der aus einem Ahnenkult hervorgegangene Himmelskönig, er "billigt", "sendet herab", "verleiht", "überwacht Minister", all dies bereits auf die gleiche Weise wie der 'Himmel' Tian bei den Zhou "verordnet", "bestraft", "sich strahlend manifestiert", "überwältigt", "empor- und herniedersteigt", "schützt und lenkt" und "hört".[17] Aus den an Di gerichteten Orakeln geht überdies hervor, dass die Shang-Dynastie bereits damals ihr Herrscherhaus als Stellvertreter des Himmelskönigs auf Erden und den Hof als dem Himmelspol analoges Zentrum verstanden, um das alles zu kreisen hatte.[18]

Die in der mythologischen Genealogie lange vor den Shang positionierten zehn Herrscher, darunter Jun, waren bereits als 'Zehn Sonnen' bezeichnet worden – daher der Ursprung des Mythos, in dem Jun der Gatte der Sonnenmutter Xihe ist. Shang Di sandte von seinem Himmel Blitz, Donner und andere Wetterphänomene herab, weshalb Shang Di und der 'Himmel' Tian bald als Sitz seiner Macht austauschbar wurden. Opfer brachte man dem in vier Quadranten unterteilten Himmel sowie den Grossternbildern des Roten Vogels und des Weissen Tigers in ihm dar.[19] Zudem wurden Sonne, Mond und Naturgeister verehrt, der Jupiter, Kometen und Sonnenwenden beobachtet, in dem nun nachweisbaren Glauben, dass himmlische Ereignisse die irdischen beeinflussten und sie als Omen erkennbar waren.

Als Mitte des 11. Jahrhunderts König Wu Shang eroberte und damit die Zhou-Dynastie (1122–770 v. u. Z.) begründete, wurden diesen Praxen übernommen und ausgeweitet. Der Himmel war nun die göttliche Macht an sich, von dort blickten Shang Di und seine hundert Geister auf den jeweiligen Herrscher der Zhou. Der wiederum erhielt von ihnen sein Himmlisches Mandat. Dabei wurde er wörtlich als 'himmlisches Kind' (anstatt des sonst üblichen 'Sohn des Himmels') bezeichnet, das am Thron von seinen am Himmel versternten Vorgängern Besuch und Beistand erhielt.[20] Im *Shijing* – Buch der Lieder – heisst es zu dem im Himmel versternten König Wen (1099–1050 v. u. Z.): "Das Mandat des Himmels ist nicht leicht zu bewahren: Bringt keinen Ruin auf Euch herab. Strahlt überall das Licht Eures guten Namens aus – denkt daran, was der Himmel den Shang antat. Der Hohe Himmel vollzieht sein Werk, ohne dass man es hört oder riecht." Die für den Himmel bestimmten Rituale vollzogen die Herrscher der Zhou in einer 'Himmlischen Kammer', aus der die spätere Halle Des Lichts Mingtang hervorging.[21]

Mit den Zhou etablierte sich allmähliche jene feudale Bürokratie der Astronomie und Astrologie, durch die wir auch die Namen einiger astronomischer Beamten erfahren, die am Hofobservatorium arbeiteten, das *Lingtai* – Numinose Terrasse – genannt wurde.[22] Dabei wurden auch lokale Differenzen des Nachthimmels sichtbar. So zeigt eine Kachel aus der prädynastischen Hauptstadt der westlichen Zhou weiterhin als Grosssternbilder einen Drachen im Osten, einen langhalsigen Vogel im Süden und einen Tiger (oder Bären?) im Westen, im Norden aber einen Fisch. Der wurde anschliessend jedoch durch die 'Schwarzer Krieger' genannte Schildkröte ersetzt.[23] In der Mitte der Zhou-Dynastie war zudem schon die 'Tugend der Leere' und die Unbeweglichkeit des – in dieser Zeit ins Leere abwandernden – Pols zu einer fixen Idee der philosophischen Literatur geworden.[24]

Damit geht eine Verwandlung des Sternenhimmels vor sich. Seine Konfiguration in vier für die Himmelsrichtungen und Jahreszeiten stehende Grosssternbilder war eigenständig und kam zu üblicheren Vorstellungen der Sterne als unsterbliche Ahnen und einem Himmelsherrscher am Pol hinzu: Die lange zuvor aus dem chinesischen Grossraum abgewanderten Dene wandelten dies im arktischen Norden zu einem Grosssternbild um den Pol ab, und in Neumexiko entstand bei den Südlichen Dene für das gesamte Jahr das Grosssternbild des Donnervogels, der sich um den am Pol figurierten Obersten Ahnen schlang.

Mit den starren Herrschaftsstrukturen, die sich immer obsessiver an Omen orientierten, wurde der Himmel vollständig kartographiert und in ideogrammatische Asterismen aufgelöst. Sternbilder wurden nun (mit Ausnahme Des Blaugrünen Drachen und einiger anderer Asterismen) kaum noch als sichtbare Umrisse spezifischer göttlicher Mächte wahrgenommen: Die waren nunmehr wie der Herrscher am Polarstern ins Leere getreten und hatten am Himmel bloss ihre Leuchtschrift, ihre am ehesten noch schematischen Zeichen hinterlassen, die es zu interpretieren galt.

Die Sternbilder, die auf einer bemalten Lackschachtel von 433 v. u. Z. auftauchen,[25] verraten noch einen konkreten und damit volkstümlichen Charakter, indem sie ganze Figuren beinahe szenisch vorführen. Davon wurde jedoch durch die Hofastronomie und deren philosophischen Ansichten immer weiter abstrahiert – wodurch viele der alten Legenden verloren gingen und zugleich sich kaum neue herausbildeten.

Den Unterschied zwischen offizieller und landläufiger Sterndeutung merkt auch der berühmte Hofastronom Zhang Heng

(78–139 u. Z.) in seiner Definition der Sterne an: "Der materielle Ursprung der Sterne liegt in der Erde unten; ihre Essenz jedoch wurde oben vervollkommnet. Sie sind willkürlich über den Himmel verstreut – dennoch hat jeder von ihnen seine eigenen fernen Verbindungen. In der Wildnis [d. h. auf dem Land] bilden sie Dinge und Geräte ab; am Hof hingegen Beamte; und dem Volk führen sie menschliche Beschäftigungen vor."[26]

Da die einzelnen Dynastien ihre jeweils eigenen Astrologien herausbildeten und ein einheitlicher Himmel erst Ende des 1. Jahrtausends v. u. Z. aufgrund von astrologischen Karten kompiliert und zusammengesetzt wurde, beförderte dies noch die Abstraktion der Asterismen – die auf umso konkretere Weise alle Geschehnisse auf Erden beeinflussten und widerspiegelten. Aus einem direkten Bezug zum Himmel wurde so – wie auch die Legenden wissen – ein indirekter, der nunmehr umso rigoroser zu deuten war.

Das Verhältnis Mensch–Himmel wurde mit dem im 4. Jahrhundert v. u. Z. sich ausbreitenden Daoismus noch abstrakter: das bedeutet mystischer und esoterischer. Dessen Vorstellungen spiegelten in einem nicht geringen Grad die Leere des Himmelspols wider, der erst um 1200 v. u. Z. wieder in die Nähe eines Sterns, des heutigen Polaris, kam. Darüber wurde das Konzept eines ebenso unbeweglichen wie leeren Pols, mit dessen unsichtbarer Macht es eine Harmonie zu finden galt, zentral.

So schreibt Sima Qian um 100 v. u. Z. von "den 28 Herbergen um den Nördlichen Asterismus, wo sich dreissig Speichen [= Tage des Monats] um ihre Nabe drehen, wie unterstützende und hilfreiche Beamte, die loyal und gewissenhaft den Weg im Dienst ihres Meisters darüber umsetzen".[27] Im *Dao De Jing* (das im 4. Jahrhundert u. Z. kompiliert wurde, mit bis ins 4. Jahrhundert v. u. Z. zurückreichenden Passagen) wird dazu festgehalten: "Dreissig Speichen verbinden sich in einer einzigen Nabe – doch gerade da, wo nichts ist, erweist sich die Nützlichkeit des Rades. Ton wird gebrannt, um einen Topf herzustellen – doch gerade darin, dass er leer ist, erweist sich die Nützlichkeit des Topfes. Schneide Tür und Fenster heraus, um den Raum fertigzustellen – dann erweist sich gerade da, wo nichts ist, die Nützlichkeit des Raumes. Etwas zu haben ist deshalb sicher gut – doch nichts zu haben ist nützlich."[28]

ASTRONOMIE

"Es gab einmal eine Zeit, in der Menschen und Geister sich nicht vermischten, es nur gewisse Personen gab, die so scharfsichtig, eigenwillig und ehrfurchtsvoll waren, dass ihr Verstand es ihnen erlaubte, sinnvolle Vergleiche anzustellen, zwischen dem, was oben und was unten liegt, und deren Einsichten das erleuchteten, was fern und tief ist. Deshalb fuhren die Geister herab und in sie. Die solche Kräfte besassen wurden *Hsi* [schamanistische Priester] genannt, wenn sie Männer waren, und *Wu*, wenn es Frauen waren. Sie überwachten die Positionen der Geister bei den Zeremonien, opferten ihnen und nahmen sich anderer religiöser Dinge an. Aus diesem Grund wurden die Sphären des Sakralen und des Profanen getrennt gehalten. Die Geister sandten ihren Segen auf die Leute herab und nahmen von ihnen Opfergaben an. Es gab keine Naturkatastrophen.
In der degenerierten Zeit des Shaohao [einem der Urkaiser, Sohn des mythischen Gelben Gottes, der um 2600 v. u. Z. gesetzt wird] brachte der Stamm [der Störenfriede] der Neun Li Chaos in die Tugenden. Menschen und Geister vermischten sich, sodass jeder Haushalt ohne Sinn und Verstand nach Belieben seinen religiösen Pflichten nachkam, die bis dahin von den Schamanen vorgenommen worden waren. Die Folge davon war, dass die Menschen ihre Ehrfurcht vor den Geistern verloren, die Geister gegen die Gesetze der Menschen verstiessen und es zu Naturkatastrophen kam …
Darauf wurde die Kommunikation zwischen Himmel und Erde gekappt."[29]

Diese Passage aus dem *Guoyu* – einem Geschichtswerk über die Zhou-Dynastie aus dem 5. und 4. Jahrhundert v. u. Z. – ist nicht nur der erste Beleg für Schamanen in China, sondern führt im Weiteren vor, dass deren Rolle in die Herrschaftsstrukturen integriert werden musste – frühere Könige waren oft selber Schamanen.

Der sich allmählich herausbildende Stand der Astronomen trachtete die gekappte Verbindung von Himmel und Erde durch deren Observation zu ersetzen, um das 'Nachahmen des Himmels' (*Xiang Tian*) möglich zu machen. Daraus entstand eine Bürokratie, welche die Zeitenläufe unter ihre Kontrolle brachte, sie zur Staatsangelegenheit machte – und mit ihrer detaillierten Kalendarik die Naturphänomene und das menschliche Leben zu domestizieren trachtete.[30]

Auf diese Weise sollte eine harmonische Einheit zwischen dem Himmel (*Tian*), der Erde (*Di*) und dem Menschen (*Ren*) gewährleistet werden. Die Jahreszeiten wurden dabei als Lebensgrundlage betrachtet; sie gaben vor, wann und woran zu arbeiten war – ob auf den

Feldern oder an den Dämmen. Kriegszüge hatten deshalb nach der Ernte, aber noch vor der Wintermitte stattzufinden. Opfer und Zeremonien, um Hou Ji, den Gott des Getreides, oder den Gelben Gott der Erde, Huang Di, zu ehren, wurden im Frühling, Sommer, Herbst und Winter angesetzt, sobald der Mond die vier Himmelsrichtungen überschritten hatte. So zu leben, hiess die Regeln des Himmels zu befolgen – weshalb umgekehrt der himmlische Kalender den irdischen widerspiegeln musste.[31]

Dies wirkte sich auch auf die Palastanlagen selbst aus, die nun nicht nur an den Kompasspunkten ausgerichtet wurden. Die Stadt der Qin-Dynastie (221–206 v. u. Z.) wurde in Nachbildung mehrerer Konfigurationen des Himmels angelegt, wie ein Text aus dem 3. Jahrhundert u. Z. noch detailliert weiss. Derart entstand eine kosmische Hauptstadt, die – wie der Text markiert – in ihrer Anlage den Himmel selbst nachahmte: "Als der erste Kaiser der Qin die Reiche unter dem Himmel einte, machte er Xianyang [das heutige Xi'an] zu seiner Hauptstadt. Weil er seinen Palast am Nordhügel errichtete, gleicht Der [zirkumpolare] Palast Der Purpurnen Zartheit dem Palast des Kaisers. Der durch die Stadt fliessende Wei ahmt den Himmelsfluss nach und die Traverse der Brücke darüber im Süden ist nach dem Modell Des Ochsenziehers gebaut [der über den Asterismus Himmlische Furt in Cygnus über die Milchstrasse zur astralen Weberin gelangt]."[32]

Der Palast wurde in einem weiteren astralen Bezug 'Treuer Palast Des Äussersten Nordens' genannt, von ihm aus eine 'Brücke Der Könige' – dem Asterismus in Cassiopeia – über den Wei gespannt und ein Weg vom Palast aus angelegt, der zu den irdischen Entsprechungen der Quellen des Himmels führte.[33] Bereits der Grundriss früherer Palastanlagen basierte auf dem Asterismus Reiner Tempel in Pegasus, und die späteren Han integrierten darin zudem den Nördlichen wie den Südlichen Scheffel.[34]

Himmel und Erde, Himmelsherrscher und Irdischer Herrscher teilten sich so einander über ihre Astrologen und Priester mit. Und zumindest seit der ersten dokumentierten Dynastie der Zhou ab dem 20. Jahrhundert v. u. Z. glaubten die chinesischen Herrscher, sie erhielten ihr irdisches Mandat vom Himmel, der ihnen durch die Sterne, Eklipsen, Kometen und Meteore zeige, wie sie ihre Herrschaft und die Welt zu führen hätten.

Dies wird in der im 5. Jahrhundert v. u. Z. beginnenden Zeit der Streitenden Reiche überdeutlich sichtbar, als die den einzelnen Herrschern dienenden Astrologen verschiedene Systeme von Asterismen entwarfen, die unterschiedliche astrologische Schulen repräsentierten. Drei davon etablierten sich sodann reichsweit.[35] Bis zum Kontakt mit den Jesuiten im 16. Jahrhundert basierte die Kartographie des chinesischen Himmels deshalb vorrangig auf dem Werk dreier Astronomen, deren Schriften zwar verloren gingen, aber in einer Synthese Chen Zhuos aus dem 3. Jahrhundert u. Z. erhalten blieben.

Am prägendsten war das 783 Sterne in 120 Asterismen umfassende Himmelsbild Shi Shens aus dem Land Wei, der in der Zeit der Streitenden Reiche (476–221 v. u. Z.) lebte.[36] Gan De wiederum stammte vermutlich aus Qi und erlebte Gründung wie Sturz der Qin-Dynastie (221–207 v. u. Z.); er katalogisierte 118 Asterismen von 506, meist schwachen Sternen, vor allem in der zirkumpolaren Region, ohne sich umfassend auf Astrologie einzulassen.[37] Die Daten des dritten Astronomen – Wu Xian – sind unklar; ihm wird zur Legitimation seines Katalogs jedenfalls ein hohes Alter zugeschrieben, wenngleich er später als die anderen beiden Astronomen gearbeitet zu haben scheint, indem er laut Gautama Siddha (um 650) 44 Asterismen zu 144 Sternen verzeichnete.[38] Zusammengefasst und miteinander abgeglichen wurden diese drei Kataloge von Chen Zhuo, der zwischen 265 und 317 u. Z. im unabhängigen Königreich von Wu als Hofastrologe arbeitete. Viele der Asterismen umfassen dabei Sterne, die mit freiem Auge nicht zu erkennen sind – was sich dadurch erklären lässt, dass optische Linsen zumindest seit der Han-Zeit in Gebrauch waren (oder die Asterismen mittels des von den Jesuiten im 16. Jahrhundert mitgebrachten Fernrohrs erweitert wurden).

Im Zuge dieser Entwicklung wurden diese fast dreihundert Asterismen überschaubar und memorisierbar gemacht, indem man die meisten von ihnen in 'Herbergen' zur Übernachtung zusammenfasste. Dabei wurde der westliche Himmel, den Spalten einer Orange ähnlich, in 28 Sektoren unterteilt, die als 'Raststationen' der Sonne, der um sie erscheinenden Planeten und des Mondes auf ihren Wegen aufgefasst wurden.

Diese Zahl hat jedoch nichts mit den Mondstationen zu tun, welche die Araber in ihre bestehenden Kalender integrierten, nachdem sie die Nakshatra der Inder übernommen hatten. Ein praktikabler Kalender lässt sich durch eine Unterteilung des Himmels in 28 Segmente nicht erzielen: Zwar nehmen diese Zahlen auf die Mondphasen Bezug, doch lassen sich damit die Positionen des Mondes im Laufe seiner Gesamtphase nicht bestimmen, da ein Gutteil der Segmente jedes Monats nachts nicht zu sehen ist, indem sie unter dem Horizont bleiben. Wollte man die 27,3 Tage währende siderische Periode des Mondes bestimmen, indem man Nacht für Nacht ein Stück weiter seinen am Horizont stattfindenden Aufgang von West nach Ost mittels Himmelsektoren bestimmt, müsste man diese – da der Himmel im Laufe des Jahres nicht gleich bleibt und ein Teil stets unter dem Horizont bleibt – schmaler definieren.

Die Unterteilung der Drehbewegung des Himmels in 4 × 7 Sektoren hat jedoch insofern einen praktischen Sinn, als sich durch die Multiplikation mit dreizehn ein Jahr von 28 × 13 = 364 Tagen ergibt, an das man nur alle vier bis fünf Jahre fünf Schalttage zu hängen braucht, um mit der Sonne synchron zu bleiben. Dies entspricht den Namen der seit den Shang belegten dreizehn Mondmonate, die somit 28 Tage dauern (und dem auch schon manchmal erwähnten 14. Mondmonat).[39]

Dieses System einmal etabliert, lässt sich die Position der dreizehn monatlichen Vollmonde wiedergeben – wie die Araber dies taten –, wobei der jeweilige Vollmond Monat für Monat viele Segmente überspringt: ein 'Hüpfen', das für einen erst entstehenden Kalender zu unübersichtlich wäre. Die chinesische Symbolik von vier Himmelsrichtungen und die Unterteilung des Tages in sieben Doppelstunden, die miteinander multipliziert mit der Mondperiode korrelieren als Basis für eine Unterteilung des Jahres in dreizehn Monate, macht jedoch pragmatisch Sinn.

Wann dieses System von 28 Herbergen[40] etabliert wurde, ist nicht mehr zu bestimmen; es muss sich jedoch parallel mit den Asterismen herausgebildet haben. Der erste Beleg für sie stammt aus einem Grab von 433 v. u. Z. und später erneut aus einem im 3. Jahrhundert v. u. Z. entstandenen Text.[41]

Auf dieser Basis wurde von Qian Lezhi im Jahre 440 u. Z. eine Bronzescheibe hergestellt, die diese Asterismen kartierte und deren Herkunft mit drei Farben markierte: rot für Shi Shen, schwarz für Gan De, weiss für Wu Xian. Die von Schlegel angeführten gelben Sterne sind neben den roten, schwarzen und weissen bereits auf der Sternkarte von Dunhuang aus der Tang-Zeit (618–907 u. Z.) markiert. Sie gehen auf die kreisförmige Himmelskarte Zhao Shuangs aus dem 3. Jahrhundert u. Z. zurück, deren konzentrische Kreise die Herbergen des Mondes verzeichneten.[42] Die Sternkarte von Dunhuang belegt, dass Farbkodierungen üblich geworden waren, da sich durch die unterschiedlich erstellten Himmelskarten jeweils andere astrologischen Prämissen ergaben – weshalb sie auseinanderzuhalten waren.

Einer der frühesten Texte, der die Symbolik und astrologische Bedeutung der Sterne darlegt, stammt von dem berühmten Historiker Sima Qian (145–87 v. u. Z.), der unter Kaiser Wu in der Dynastie Han den Posten eines Hofastrologen innehatte; es handelt sich um das astronomische *Tianguan shu* – Traktat der Himmlischen Ämter[43] – betitelte Kapitel seines *Shiji* ('Historische Aufzeichnungen'). Darin wird der Himmel in den Zentralpalast des Pols und in die Regionen um den Östlichen, Südlichen, Westlichen und Nördlichen Palast unterteilt.

Die Rolle der anthropomorphen Götter wurde darin bereits heruntergespielt, sodass die Beziehung zwischen Sternen, Göttern und den nunmehr als 'Ämtern' und 'Beamten' gesehenen Asterismen nie wirklich angesprochen wurde: Es bleibt wie auch in anderen Texten unklar, ob die Sterne wirklich als göttliche Wesen betrachtet werden, ob sie eine Verdickung des die Welt ausfüllenden Mediums Qi darstellen, über das sie sich auf die Erde auswirken – oder ob sie bloss himmlische Widerspiegelungen irdischer Dinge sind. Mit dem Aufstieg des Konfuzianismus um 3. Jahrhundert v. u. Z. war der Glaube an die Göttlichkeit der Sterne und an Okkultes durch dessen säkulare Anschauungen jedenfalls weiter in den Hintergrund gedrängt worden. Die Ambivalenz in der Anschauung der Sterne zeigt sich auch darin, dass selbst die wenigen wirklichen Sternbilder nur schematisch gehalten sind; die vielen Asterismen bleiben vielmehr Zeichen und Muster, mit denen eine dahinterstehende Macht sich auf geheimnisvolle Weise ausdrückt.

Was in dieser Han-Zeit in den zwei Jahrhunderten vor und nach unserer Zeitrechnung bestimmend wurde, war das Konzept des Yin und Yang, das mit der Lehre der Fünf Wandlungsphasen verwoben und auf den Himmel appliziert wurde. Von Zou Yan im 3. Jahrhundert v. u. Z. vorgeschlagen, baute diese Doktrin der Fünf Phasen auf fünf Elemente (Erde, Holz, Metall, Feuer, Wasser), vier Himmelsrichtungen samt ihrer Mitte, fünf Musiknoten, fünf Farben (grün, rot, weiss, schwarz und gelb) und fünf Geschmacksrichtungen (sauer, süss, bitter, pfeffrig, salzig), die alle unterschiedliche Eigenschaften des weiblich trüben passiven Yin und des männlich hellen aktiven Yang aufwiesen – wie Sonne und Mond auch, die fünf damit abgeglichenen Planeten und die einzelnen Elementen zugewiesenen Asterismen.[44]

Zu weiteren grundlegenden Texten gehört das *Xinjing* des Ma Xian (um 579 u. Z.); es gibt die Koordinaten der Sterne an und die Asterismen in Form von mit Linien verbundenen schwarzen Punkten wieder, wie dies erst ab dem 2. Jahrhundert v. u. Z. üblich geworden war. Die kollektiv im 7. Jahrhundert geschriebene *Geschichte der Jin-Dynastie* gibt in ihrem astronomischen Kapitel wiederum 1298 Sterne in 240 Asterismen an, die es in einen 'Inneren Palast' um den Nordpol und die 'Sternbeamten ausserhalb in den 28 Herbergen' gruppiert. Die gleiche hierarchische Unterteilung nimmt anschliessend die astrologische Schrift des buddhistischen Astronomen Gautama Siddha ein, der unter Kaiser Tang Xuanzong (685–712) arbeitete. Der Katalog seines 'Astrologischen Klassikers' der Kaiyuan Regierungszeit verzeichnete die Asterismen der drei grossen Astronomen sowie jene der 28 Herbergen und kam dabei auf 1465 Sterne in 283 Asterismen: Womit ziemlich alle sichtbaren Sterne am chinesischen Nachthimmel beschrieben waren.

Um ihn nicht völlig unübersichtlich werden zu lassen, kartierte man diese Asterismen bald; so ist eine Karte von 1092 und eine auf Stein gravierte Übersicht von 1247 erhalten.[45] Eine Konstante der Astronomie blieb über diese Zeiten hinweg, dass sie sowohl die zirkumpolare Region im Blick behielt – mit einem Fokus auf den Himmelspol, wie er sich in keiner anderen Sternenhimmelkultur findet – als auch die Ekliptik. Letztere war insofern von grosser Bedeutung, als nach Sonnenuntergang, dem Sonnenherrscher folgend, die Asterismen auf den westlichen Horizont herabkamen, um die Aktivitäten von Mensch und Natur einzuleiten, denen sie vorstanden.

A 2–19

EINFLÜSSE AUS DEM WESTEN

Vor allem in der Zeit der Sechs Dynastien (316–589 u. Z.) führten buddhistische Gelehrte viele kosmologische und astrologische Vorstellungen aus Indien ein.[46] Der Tierkreis war spätestens ab dem 6. Jahrhundert bekannt und führte zu einer chinesischen Entsprechung seines Prinzips, wenngleich sich diese nicht über das Mittelalter hinaus hielt. Das lag wahrscheinlich daran, dass dem Jupiter als Jahresplaneten bereits zwölf Stationen entlang der Ekliptik zugeteilt worden waren, sich in Gebrauch fanden und eine solche Modifikation überflüssig machten.[47]

Über die Seidenstrasse gelangten von Babylon aus auch die beiden aufgrund ihrer vollen Figürlichkeit zu den sonst üblichen Asterismen nicht passenden Sternbilder im Orion und in Ursa Maior nach China. Als Wagen samt Insassen diente er nun dem Himmelsherrscher als Gefährt – ohne den so bedeutsamen, Yin und Yang sowie die Jahreszeiten austeilenden Scheffel überzeichnen zu können. Und als Erhabener Krieger samt Kriegsbeil war die für chinesische Verhältnisse ungewöhnlich grosse und menschliche Silhouette des Orion weniger für das hellenistische Griechenland bezeichnend als in Mesopotamien präsent, wo diese Figur auch den Namen 'Waffe' trug. Ebenso wie in Arabien, wo sie als 'Der Gewaltige' gesehen wurde.[48]

Der chaldäische Einfluss zeigt sich auch daran, dass das Verhältnis des Mondes und der Planeten zu einzelnen Sternen ähnlich war und sich viele daraus abgelesenen und sich auf Krieg und Kampf beziehenden Omen ebenso entsprachen wie die Deutung der Venus in Bezug auf ihre Farbe und ihr Schillern.[49]

Schliesslich erreichte mit dem Buddhismus auch einiges aus der indischen Astronomie (die wiederum über die Seleukiden nicht weniges aus der ptolemäischen Astronomie inkorporiert hatte) China. Dazu gehören die indischen Namen für Sonne und Mond sowie Rahu und Ketu (die Namen der beiden astralen, Eklipsen verursachenden Ungeheure, die man inzwischen in Indien auf die Mondknoten übertragen hatte).[50]

Mit der westlichen Astronomie kamen die Chinesen im 16. Jahrhundert durch auch astronomisch geschulte jesuitische Missionare in Kontakt. Dank dieses Kontaktes wurden die chinesischen Sterne dann auch für uns identifizierbar. Den ersten und bis heute immer noch umfassendsten Versuch, die chinesischen Asterismen zu identifizieren und ihre Bedeutung und astrologische Funktion zu analysieren, wurde von dem niederländischen Sinologen Gustaaf Schlegel (1840–1903), Sohn des deutschen Naturkundlers Hermann Schlegel, in seiner 1875 publizierten *Uranographie Chinoise* unternommen. Er verzeichnete darin 759 Namen für Asterismen und Einzelsterne auf Basis der von Xu Fa in der frühen Qin-Dynastie erstellten Karte, die in dessen Werk von 1682 *Vollständiges Traktakt über Kalender* vorgelegt worden war und, von relativ wenigen Abweichungen abgesehen, die Asterismen der alten Schulen versammelt hatte.[51]

KALENDER

Der seit frühester Zeit gebräuchliche Mondkalender basierte auf dem Vollmond, der sich stets am antisolaren Punkt zeigt.[52] Der Mond des ersten Monats des Jahres, unser Februar, wurde YIN – DER KORB VOLLER GRÜN genannt, da er die nun wiedereinsetzende Feldarbeit symbolisierte. Der zweite Mond in der Zeit des Frühjahrsäquinoktiums hiess MAO – OFFENE TÜR, weil dann die Erde und das Wachstum sich wieder öffneten; der dritte war CHEN – DIE BEWEGUNG, weil im April viel auf dem Feld gearbeitet wurde und das Prinzip der Hitze sich regte; der vierte war SI – VERWIRKLICHUNG, indem sich im Mai die Hitze etablierte, während der fünfte WU – KOLLISION genannt wurde, da während der Sommersonnenwende die Hitze mit der Kälte zusammenstiess. Der sechste Mond des Jahres, in unserem Juli, wurde WEI – DIE VOLLEN BÄUME genannt, weil sie voll im Laub standen, mit Früchten, die im September heranreiften.

Der siebte Monat war SHEN – DIE REIFE, indem im August das Getreide bereit zur Ernte war. Der achte Mond hiess YOU – DER KRUG, weil im September die Hirse reif war, aus der man erst Bier braute und später auch Branntwein destillierte. Der neunte Mond wurde XU – DIE ZERSTÖRUNG genannt, indem dann das Prinzip der Kälte vom Himmel auf die Erde herabkam und alles in den Winter trieb. Der zehnte Mond war HAI – DER RÜCKZUG, weil man sich im November in die Häuser und das Leben sich unter die Erde zurückzog. Der elfte Mond um die Wintersonnenwende hiess ZI – DAS KIND, da er als Sohn des Himmelsvaters und der Erdmutter galt, die nun das neue Jahr wieder zu zeugen begannen. Der zwölfte Monat wurde CHOU – DIE KNOSPEN genannt, indem diese sich schon im Januar wieder zu bilden begannen. Der für ein volles Jahr nötige 13. Mondmonat wurde RUN genannt. Geschrieben wurde er mit den Zeichen für 'Herrscher' und 'Tür', weil dieser sich während des Schaltmonats in seinem Palast einschloss. Die Dynastie der Zhou hatte für jeden der zwölf Monate ein eigenes Domizil, nur nicht für den Schaltmonat, weshalb sie dann im Torraum schliefen. Zudem wurde in diesem Monat Getreide zum Opfer an den Mond verbrannt.

U 41–48, 603, 613

Seit der frühdynastischen Zeit war die Periodizität des Jupiter bekannt, die man in Anpassung an das in Gebrauch stehende 60-er System mit zwölf Jahren berechnete.[53] Die zwölf Jahre, die sich aus dem Umlauf des Jupiters ergaben, der jedes Jahr zur selben Zeit in einem anderen Asterismus stand, wurden mit eigenen, offenbar nichtchinesischen Termini bezeichnet[54] und in Sima Qians *Traktat der Himmlischen Ämter* ausführlich beschrieben.[55]

Als schliesslich das System des Zodiaks übernommen wurde, das auf ganz anderen Sternbildern beruhte, behalf man sich bei der Assimiliation, indem man die Namen, wo möglich, an die eigenen Asterismen anpasste. Aus Capricornus wurde Die Ratte; aus Sagittarius des dort vorhandenen Ochsen wegen Das Rind; aus Scorpius Der Tiger; aus Libra Der Hase; aus Virgo der diese Himmelsregion ohnehin überspannende Drache; aus dem, der geographischen Breite wegen zu Corvus verschobenen Leo wurde die dort angrenzende aufsteigenden Schlange; aus dem ebenfalls zu Hydra verschobenen Cancer Das Pferd, weil η Cancri Pferdeherden vorstand; aus Gemini Der Widder, den es zuvor nicht am Himmel gegeben hatte; aus Taurus die zum Affen umgedeutete Figur des benachbarten Orion; aus Aries Der Hahn; aus Pisces Der Hund; und aus Aquarius, dessen benachbartes Pegasus-Viereck als Schweinegehege bezeichnet wurde, Das Schwein.

U 41–48 und 568–583

ASTROLOGIE

Im 2. Jahrhundert v. u. Z. unterhielt das Ministerium der Riten ein eigenes Kalenderamt – 'Amt für die kaiserlichen Befehle zur Angleichung an den Himmel' –, in dem es zwei Hauptreferate gab: die astronomische 'Abteilung für das Gesetz der Zeit' und die astrologische 'Abteilung für die Zeichen des Himmels'.

Im *Zhouli* aus derselben Zeit ist über die Aufgabenverteilung zwischen dem Feng Xiang Shi, dem 'Grossen Modellierer der Bilder des Himmels' als Astronomen, und dem astrologischen Bao Chang Shi, der sie nachts auf seinem Wachturm oder seiner Beobachtungsplattform notiert, beiden zu lesen: "Der Astronom befasst sich mit den zwölf Jahren des Jupiterzyklus, den zwölf Monaten, den zwölf Doppelstunden [des Tages], den zehn Tagen [der Woche] und den Positionen der 28 Herbergen. Er unterscheidet zwischen ihnen und fügt sie in eine Ordnung, sodass er eine allgemeine Übersicht vom Zustand des Himmels erhält. Er beobachtet die Sonne zur Sommer- und Winterwende und er beachtet den Mond bei der Tagundnachtgleiche im Frühling und Herbst, um so die Abfolge der vier Jahreszeiten bestimmen zu können."

Zu den Aufgaben des Astrologen hingegen zählte "die Beschäftigung mit den Sternen im Himmel, um die Bewegungen der Planeten, der Sonne und des Mondes und die Veränderungen an ihnen festzuhalten, um Aufschluss darüber zu erhalten, was auf der Erde vorgeht, um gute und schlechte Geschicke zu unterscheiden und vorauszusagen. Er teilt die Länder der neun Regionen des Reiches nach ihrer Abhängigkeit der einzelnen Gestirne ein ... So warnt der Astrologe den Kaiser und kommt der Regierung zu Hilfe und räumt Möglichkeiten ein, die Zeremonie je nach den Umständen umzuändern".[56]

Sternkunde war somit längst zur Staatswissenschaft geworden, die die Geschicke des Reiches beeinflusste. Die Astronomie kümmerte sich somit wie beschrieben um die Festlegung des Kalenders für Aussaat und Ernte und andere Gesetze der Zeit, denen Herrscher und Volk unterworfen waren, wie der Wintereinbruch, der über Kriegszüge entschied, oder die Sonnenwenden für die Feiern. Die Astrologie wiederum achtete auf die Entsprechungen von Mikro- und Makrokosmos, bei denen es keine Zufälle gab: Alles Aussergewöhnliche war ein Zeichen, das sorgfältig registriert und gedeutet werden musste. Wie im Himmel, so auf Erden – wobei man auf Individuelles nur einging, wenn es den Staat betraf; persönliche Horoskope wurden spät und nur, wie es scheint, für die oberste Gesellschaftsschicht erstellt.

In diesem korrelativen Denken – das glaubte, Kausalitäten zu erleben – antworteten Dinge, die eine ähnliche Natur aufwiesen, einander durch das Medium der Lebenskraft Qi, die alles mit ihrem Odem durchweste. Bewegte sich etwas, wurde dadurch eine Reaktion hervorgerufen. Verhielt sich der irdische Kaiser schlecht, so bewirkte dies eine Antwort des Himmels – die von den Astrologen aus den Sternen gelesen wurde: Was ihnen auch die Macht gab, der sonst uneingeschränkten Macht des Kaisers Grenzen zu setzen. Sein Herrscherhaus betreffend, war dafür besonders der Nordhimmel mit dem Purpurnen Palast des Himmelsherrschers um den Nordpol von Bedeutung.

Als *Tianzi* – Sohn des Himmelsgottes – war es die Aufgabe des Herrschers, den Willen seines astralen Vaters umzusetzen. Wurde der Herrscher ungerecht und grausam oder vernachlässigte er seine Pflichten und die ihm aufgetragenen Riten und Opfer, sandte der Himmelsgott ominöse Zeichen, die Naturkatastrophen und anderes Unheil ankündigten. Am besten konnte solches Fehlverhalten durch Amnestien wieder gesühnt werden, wie sie der grosse buddhistische Astrologe Yi Xing (683–727) der Tang-Zeit vorschlug.

ASTROLOGISCHE POLITIK

"Yi Xing kam aus einer armen Familie und hatte in seiner Kindheit einen Nachbarn namens Wang Lao, der ihm oft half. Yi Xing versuchte sich dafür zu revanchieren, besonders in der Kaiyuan-Ära [713–741 u. Z.], als er in hoher Gunst beim Kaiser [Xuanzong] stand. Nachdem Wang Lao jemanden umgebracht hatte und dafür ins Gefängnis gekommen war, rief er Yi Xing zu Hilfe. Der besuchte ihn und sagte: 'Wenn es dir um Gold oder Silber geht, kann du so viel haben, wie du willst, doch die Gesetze kann ich nicht ändern.' Worauf Wang Lao ihm nur Vorwürfe machte und ihm beim Abschied hinterherrief: 'Was habe ich je davon gehabt, dich gekannt zu haben?'

Nicht lange danach ging Yi Xing zur Göttlichen Terrasse der Armillarsphäre, wo mehrere hundert Leute am Arbeiten waren. Er befahl ein paar von ihnen, einen grossen Kessel in einen leeren Raum zu tragen, dann sagte er zu seinen zwei Dienern: 'Ich kenne einen überwucherten Garten. Versteckt euch dort morgen, zwischen Mittag und Mitternacht. Irgendetwas wird da auftauchen – wenn es sieben an der Zahl sind, steckt sie in den Kessel und deckt ihn zu. Lasst dann aber ja nichts mehr raus, sonst kriegt ihr Prügel!' Um sechs Uhr abends erschien dort eine Herde von sieben Schweinen, die sie alle fingen und in den Kessel steckten; dann liefen sie zu Yi Xing und berichteten ihm. Er war sehr zufrieden, legte einen Holzdeckel und Matten auf den Kessel und schrieb in Rot gewisse Wort auf Sanskrit darauf, deren Bedeutung seine Studenten nicht enträtseln konnten.

Nicht lange darauf erhielt Yi Xing die Mitteilung, dass er sich schnell in den Palast begeben solle. Dort erwartete ihn der Kaiser und sagte: 'Der Direktor des astronomischen Referats hat mich gerade informiert, dass Der Scheffel [Ursa Maior] vom Himmel verschwunden ist. Was kann das bloss bedeuten?' Yi Xing erwiderte: 'So etwas ist schon einmal geschehen. Die Dynastie der Wei hat an ihrem Ende Den Unbeständigen Funkler [Mars] verloren. Nun ist dies mit Dem Wagen des Himmelsherrschers geschehen: was in der ganzen Geschichte noch nie vorgekommen ist. Der Himmel muss Euch damit eine schicksalsträchtige Warnung schicken, vielleicht vor Frost oder Dürre! Doch Ihr mit Eurer grossen Tugend, Inthronisierte Eminenz, könnt die Sterne beeinflussen. Am meisten würde sie eine Entscheidung Eurerseits beeinflussen, die sich nach dem Leben und nicht auf den Tod richtet. So predigen wir Buddhisten Vergebung für alle.'

Der Kaiser willigte ein und und erliess eine Generalamnestie. Nicht lange und die sieben Sterne Des Scheffels erschienen wieder an ihrem Platz am Himmel. Und als man den Kessel mit den Schweinen öffnete, fand man ihn leer."[57]

Himmel und Mensch antworten und beeinflussen einander – was allerdings in erster Linie auf die herrschende Kaste bezogen war, von der Kaiserin bis hin zu Hofbeamten. Unmässige Bestrafungen und Grausamkeiten lösten Wirbelwinde aus, falsche Anordnungen Plagen alles vernichtender Insekten, ungerechtfertigte Hinrichtungen Dürren, bei denen die Erde rot wurde – während es bei Missachtung gerechter Anordnungen zu Wolkenbrüchen kam. Die vier Jahreszeiten wurden somit damals als Vollstrecker des Himmelsgottes gesehen, Sonne und Mond als seine Gehilfen.

Abgelöst wurde diese Übertragung durch das Medium Qi schliesslich im 3. Jahrhundert u. Z., indem die Kosmologie mittels der Prinzipien des weiblich passiven Yin und des männlich aktiven Yang sowie der sich daraus ergebenden Fünf Elementen und ihrer Wandlungsphasen, neu systematisiert wurde. Dass die Beobachtungstechniken immer astronomischer und die Kartierung des Himmels immer genauer wurden, tat dem astrologischen Glauben keinen Abbruch. Es kam zu keiner naturwissenschaftlichen Revolution, da der Glauben an astrale Omina erhalten blieb: Es konnten nun eher umso detailliertere Vorhersagen getroffen werden.

Als Omen galt dabei alles, was sich am Status quo des Nachthimmels änderte: Wobei besonders Supernovae – 'Gast-Sterne' –, Kometen und Asteroiden grosse Unruhe hervorriefen und bei den Sternen ihre Helligkeit, Farbe, Grösse, ihr Schillern und Blinken von interpretativer Bedeutung war. Dabei gab es etwa doppelt so viele negative wie positive Omina – was wohl ebenso viel über die Politik wie über die menschliche Existenz aussagt.

A 1, 11, 35–36

Die Kenntnisse der Astronomie – als Basis astrologischer Interpretationen – blieben dem Hof vorbehalten; erst in späteren Zeiten wurden für die Elite auch persönliche Horoskope erstellt. Ein schönes Beispiel dafür ist das nach 800 entstandene Gedicht Han Yus, in dem er sich ironisch darüber beklagt, dass die drei Asterismen, in denen der Mond vor, am und nach dem Tag seiner Geburt aufging, ihm keinerlei Glück eingebracht hatten, wiewohl es doch mächtige Gestirne waren.

HAN YUS HOROSKOP

"Was die Sternzeichen meiner Geburt betrifft, so beherbergte Der Südliche Scheffel da den Mond,
Der Ochse streckte seine Hörner aus und Die Schaufel öffnete ihr Maul.
Doch Der Ochse hatte etwas dagegen, meinen Brotkorb zu füllen, Die Schöpfkelle goss mir weder Wein noch Sirup ein – allein Die Worfelschaufel erwies mir ihre Macht, indem sie in keiner Jahreszeit aufhörte, alles in die Luft zu werfen.

Wenn es mir an Tugend gebrach, verbreitete mein Ruhm sich überall; und tat ich nichts Schlimmes, waren bloss Verleumdungen zu hören: So standen Ruhm und Verleumdung einander gegenüber – und der Gewinn war gering, die Verluste mehr als genug.
Meine drei Sternzeichen stehen gleich hoch am Himmel, ihre Pentaden und Dekaden gereiht von Osten nach Westen: Doch leider habt ihr, du Ochse und Scheffel du, es beide an Willenskraft fehlen lassen!"[58]

Was den weltweit verbreiteten Glauben an Versternungen betrifft, so gibt es davon nur wenige Beispiele, die stets hohen Mitgliedern des Hofes, berühmten Dichtern oder Astronomen vorbehalten blieben. Dazu gehören Li Bai, den man nach seinem Tod in der Venus erblickte, oder der Magus Dongfang Shuo aus der Han-Zeit, der in den Jupiter einging – während der zu Unrecht inhaftierte Astrologe Jing Fang prophezeite, dass man ihn nach seiner Exekution als Supernova sehen würde.[59]

Ebenso selten sind Besuche von Sternen bei Menschen, etwa als ein strahlender Stern sich bei den letzten Atemzügen des Dichters Linghu Chu über seinem Totenbett zeigte oder die Jadefrau der okkulten Wunder träumte, von einem Meteor beschlafen worden zu sein, den sie anschliessend verschluckte: worauf sie 81 Jahre später den Philosophen Laozi geboren habe.[60]

Die Aufgaben eines Astrologen beschreiben die *Riten der Zhou-Dynastie*: "Der *Bao zhang shi* beschäftigt sich mit den Himmelserscheinungen und führt Buch über die Wechsel und Bewegungen der Sterne und Planeten, Sonne und Mond, um entsprechende Bewegungen in der irdischen Welt erkennen zu können, um damit Gutes und Schlechtes voraussagen zu können. Er unterteilt die neun Regionen des Reiches entsprechend der Himmelskörper, von denen sie beeinflusst werden: Alle Lebenswesen und Länder sind mit bestimmten Sternen verbunden, anhand derer man Gewissheit über ihr Prosperieren oder ihren Niedergang erlangen kann. Er nimmt auch Prognosen über das Gute und Schlechte der irdischen Welt gemäss den zwölf Jahren des Jupiter-Kreislaufes vor."[61]

DER HIMMELSGOTT UND DIE ASTROLOGIE

Die Astrologie ging von der Prämisse aus, dass der Herrscher des Reiches sein Mandat vom Himmelsgott erhielt; als dessen irdischer Sohn auf Erden war er dafür verantwortlich, die Harmonie auf Erden zu erhalten. Unter der Dynastie der Zhou (ca. 1100–770 v. u. Z.) wurde der Himmel – Tian – als höchster anthropomorpher Gott gesehen, mit dem höchsten Gott der vorhergehenden Shang-Dynastie (18. bis 12. Jahrhundert v. u. Z.) und ihrem von den Zhou eroberten Reich gleichgesetzt und deshalb *Shang Di* – Höchster Gottesherrscher – genannt. Aus seinen *Gesprächen* geht hervor, dass selbst noch Konfuzius zu solch einem Gott eine persönliche Beziehung empfand; es war erst unter den säkularen Bürokraten des Konfuzianismus, dass man den Himmel eher als abstraktes Prinzip denn als Gott mit einem eigenen Willen sah.

Seine Anwesenheit liess sich dennoch nicht am Himmel tilgen, im Gegenteil. Der Purpurne Palast um den Himmelspol galt als Sitz der göttlichen Monade des Obersten Einen – *Taiyi* –, wo dieser mit seiner Frau, seinen Erben und seinem Hofstaat residierte. Beim Hinterausgang dieses Palastes aber lagen auch der Stern des Grossen Erhabenen Himmlischen Königsgottes Des Himmels Tianhuang Dadi, sowie die Asterismen der Fünf Urherrscher, unter denen wiederum der Gelbe Gott Huang Di hervorstach: Sie alle hatten zu unterschiedlichen Zeiten über Himmel und Erde regiert – und ihren Sitz auch deshalb verloren, weil der Himmelspol aufgrund der Prozession von einem Stern zum anderen wanderte. Weshalb wiederum auch die Leere, in der er über Jahrhunderte stand, religiöse Bedeutung erhielt.

A 35–36

Mit dem Daoismus gehörte es schliesslich längst zu den mystischen Praktiken, sich den Sitz des Himmelsherrschers meditativ anzueignen, auf dem den Himmel umspannenden Netz zu gehen, im Scheffel zu schlafen und sich dessen einzelne Sterne in die Organe zu ziehen, um 'zu den Ursprüngen zurückzukehren'.[62] Die ehedem nur Priestern in ihrer schamanistischen Ekstase vorbehaltenen Himmelsreisen waren da schon zum literarischen Topos geworden. Das zeigt das Beispiel von Zhang Heng (78–139 u. Z.), einem Dichter, Astronom, Kartograph und Erfinder des ersten Seismographen. In seinem Langgedicht *In Anbetracht des Mysteriums* beschreibt er eine rund um den Himmel führende Sternenreise, die sein profanes Ich im Palast des Himmelsherrschers am Nordhimmel antritt.

ZHANG HENGS HIMMELSREISE

"Ich trete aus der Klarheit Des Purpurnen Palastes und sammle um mich die blendende Helle Der Grossen Zartheit.
Ich befehle Wangliang mit der Peitsche auf Das Vierergespann einzuschlagen und springe über die Höhe Des Aufragenden Pavillons.
Vom Wagen wirf das knotige Netz aus und jage in den Weiten Des Blauen Hains [der Himmelsweide].
Ich spanne Den Majestätischen Bogen weit zurück und schiesse Den Grossen Wolf der Bozhong-Berge.
Über Die Wälle Des Norddorfes schauend, schlage ich das dröhnenden Rat-ta-tat Der Himmelstrommel an.
Ich überquere die schnelle Strömung Der Himmelsfurt und treibe auf den Wirbeln Des Wolkigen Flusses.
Mich an Den Frei Fliegenden und Die Beiden Regler haltend, wende ich mich, um die stete Bewegung der Sonne, des Mondes und der fünf Planeten zu betrachten."[63]

Es ist dies eine Reise von Asterismus zu Asterismus, die vom Palast am Himmelspol zum Südlichen Palast in den Sternen von Leo-Virgo führt, von dort zu Cassiopeia – zum Wagenlenker Wangliang, seiner Peitsche und Quadriga neben dem Pavillon, zu dem der Kaiser auf den Stufen hinaufsteigt –, danach zum Jagdnetz in Taurus, der auch als 'Himmlischer Park'[64] bezeichneten Himmelsweide in Eridanus, hin zu dem auf den Wolf in Sirius gerichteten Bogen von Canis Minor, dem Dorf hinter der Befestigungsmauer der Sterne von Pisces, Aquarius und Capricornus, der Himmelstrommel in Aquila, und über die Himmelsfurt der Milchstrasse in Cygnus über die Sterne von Bootes wieder zurück zum Ausgangspunkt.

Auf dieser den Himmel umrundenden Sternenreise trotzt er Donner und Blitz, durchquert die Finsternis der Dünste und gelangt durch die Schatten in Höhen, "die so weit und leer waren, dass es keine Grenze mehr gab – und dann sah ich über den Himmel hinaus".[65]

Es ist dies der Blick eines, dem Himmelsherrscher nahen Gehilfen, der darauf vom letzten Stern Des Wagens, Dem Öffner Der Hitze [ζ Ursae Maioris], zurück auf die Erde blickt, die er verlassen hat – eines Astronomen und Astrologen, der sich als Mittler zwischen dem göttlichen Himmel, dem Kaiser und den Menschen sieht, sich in der existentiellen Einsamkeit seiner Stellung aber der Grossen Monade des Götterkönigs nahe fühlen kann:

"Ich liess mich beim Öffner Der Hitze nieder und blickte hinunter, schaute auf die Dunkelheit meines alten Heims und Traurigkeit ergriff mich über mein langes Fortsein und wie es mir ans Herz griff – weshalb ich müde geworden zurückkehren wollte.
Meine Seele drehte sich um, ich sah immer wieder hinter mich; mein Ross lehnte am Wagenschaft und wartete.
Wiewohl ich an Vergnügungsreisen Freude habe, weiss ich nicht wie diesen Schmerz, diese Sehnsucht ertragen.
Und so trat ich aus Dem Zeremoniellen Tor [α – ι Draconis] auf Den Himmlischen Fahrweg [der zum Ahnentempel in Pegasus führt], ritt auf Wirbelwinden, galoppierte über die Abgründe hinweg, Wolken sich um meine Fersen sammelnd und verdichtend, meine Fahne flatternd im rauschenden Wind.
Wild dahinfliegend, fahl und dunkel, sah ich alles plötzlich nur noch undeutlich: und so kehrte ich wieder dorthin zurück, wo ich mich ständig aufhalte."[66]

KOSMOLOGIE

Die Weltschöpfung interessierte die Chinesen – so geht dies zumindest aus den historisch fassbaren Quellen hervor – weit weniger als die Kosmographie. Bestärkt wurde dies durch den Umstand, dass die astralen Umläufe mit dem Jahreskalender nicht korrelierten, weshalb man sich auf den Kalender und die Beschreibung des Himmels fokussierte und Erklärungen zur Entstehung der Welt im Hintergrund beliess – wo sie sich in mehr oder minder apokryphen und fragmentarischen Formen erhielten.[67]

Nügua und die australische Parallele

Zu den Demiurgen der Vorzeit, die nur noch in Volksmärchen oder lokalen Kulten präsent blieben, gehört die 'Nügua' oder 'Nüwa' ausgesprochene Göttin. Das vor der Song-Dynastie als 'Gua' ausgesprochene Zeichen für *Wa* ist graphisch und phonetisch verwandt mit 'Frosch' und 'Schnecke' und etymologisch wahrscheinlich mit 'Loch, Grube, Wasserloch, Teich' zu verbinden.[68] Auch andere linguistische Kontexte kennzeichnen sie als Verkörperung der Fruchtbarkeit und von Tieren, die in Teichen und Regenlachen leben. Zu einer solchen Frosch- und Schneckendame passen ihre Darstellungen mit menschlichem Kopf und Fischschwanz.[69]

Ihr Mythos war im Süden Chinas verbreitet; die ältesten Abbildungen stammen aus der Zeit um 300 v. u. Z.[70] und die ersten schriftlichen Quellen zu ihren Mythen scheinen auf das 5. Jahrhundert v. u. Z. zurückzugehen – die Legenden um sie wurden dann aber erst in der Han- und Tang-Zeit populär.

Im *Huainanzi* aus dem 2. Jahrhundert v. u. Z. tritt Nügua in einem Katastrophenmythos als Retterin auf. Darin wird die viereckige Erde als in neun Kontinente unterteilt beschrieben; sie wird von einem Ozean kreisförmig umschlossen und weist an ihren Ecken Säulen auf, welche die runde Himmelskuppel stützen.

Doch dann kommt es zu einem Kampf zwischen Gonggong (ein Name, den man später als 'Gemeinschaftsarbeit'[71] interpretierte) – dem Sohn des Drachens Zhulong ('Leuchtender Drache'),[72] einem Abkömmling des mit Menschenkopf, roten Haaren und Schlangenleib dargestellten Feuerherrn Yandi – und Zhuanxu, dem Enkel des Gelben Gottes Huang Di und späteren Himmelsherrscher. Dabei bildet sich die schiefe Ekliptik.

NÜGUA, DER HIMMEL UND DIE FLUT

"Früher einmal kämpfte Gonggong gegen Zhuanxu um den Himmelsthron. Vor lauter Zorn nahm der den Berg [im Nordwesten] Buzhou ['Der Unrunde'] auf die Hörner. Diese Himmelssäule zerbrach und damit auch die Verankerung mit der Erde. Der Himmel sackte deshalb nach Nordwesten ab, weshalb Sonne, Mond und die Himmelszeichen sich dorthin verschoben, während die Erde nun nach Südosten abfiel, weshalb alle Bäche und Flüsse, Regengüsse, die Staubwolken und aller Dreck dahinziehen."[73]

Daraufhin greift Nügua ein und repariert die dadurch entstandenen Klüfte des Himmels mit geschmolzenem Gestein und tötet den Schwarzen Drachen, der die von dieser Weltverschiebung ausgelöste Flut verkörpert oder sie ausgelöst hat,[74] und trocknet die Wasser in einem exorzistischen Ritual mit dem dafür verwendeten Schilf, um die Erde wieder bewohnbar zu machen.

"In der ganzen alten Zeit – als die Welt noch nicht fertig war – zerbrachen einmal die vier Säulen an den äussersten Punkten der Welt; die Neun Kontinente wurden auseinandergerissen, weshalb der Himmel die Erde nicht mehr ganz bedeckte und sie ihn ringsum nicht mehr ganz tragen konnte. Feuer griffen um sich, in Bränden, die nicht mehr zu löschen waren, und Wasser überschwemmte weit um alles in einer Flut, die nicht mehr zurückging. Wilde Tiere frassen die Menschen, die an all dem unschuldig waren, und Raubvögel holten sich die Alten und die Schwachen.

Daraufhin schmolz und veredelte Nügua Gestein in fünf Farben – um das zu vervollständigen, was noch fehlte – und flickte damit den azurblauen Himmel. Dann schnitt sie der Monster-Meeresschildkröte die Beine ab und stellte sie an den vier äussersten Punkten auf. Doch der Himmel hatte im Nordwesten Schaden erlitten,

weshalb Sonne und Mond dorthin rutschten; und die Erde hatte im Südosten Schaden erlitten, weshalb die hundert Flüsse dort ins Meer münden.
Danach tötete sie den Schwarzen Drachen und rettete so die Provinz Jizhou [Shanxi]. Sie häufte Schilfasche an, um dem alles überschwemmenden Wasser Einhalt zu gebieten. So wurde das Blau des Himmels wieder geflickt, stand an den vier Eckpunkten der Welt alles wieder gerade, wurde die Provinz Ji ['Hoffnung'] befriedet, wurden die hinterhältigen Tiere erlegt, sodass das rechtschaffene Volk sich auf der rechteckigen Erde einrichten konnte, um sich dem Runden gewissenhaft zu widmen."[75]

In anderen Versionen dieses Katastrophenmythos sind Nügua und ihr meist als Bruder erachteter Fuxi die einzigen Überlebenden der Flut, vor der sie sich im Inneren eines Flaschenkürbisses gerettet haben.[76] Fuxi steht darin für die Sonne, Nügua für den Mond.[77] Das *Duyi Zhi* des 9. Jahrhunderts u. Z. weiss noch, dass "vor langer Zeit, als die Welt begann, es nur zwei Menschen gab: Nügua und ihren älteren Bruder, die auf den [als Weltachse und Weltengipfel gedachten] Kunlun-Bergen lebten; ausser ihnen gab es noch keine Menschen".[78]

Es ist dies der ebenso fischschwänzige Fuxi, der auch *Taihao* – Grosse Himmelsmacht[79] – genannt wird. Geboren wurde er von der Wassergöttin der Neun Flüsse, die ihn in einem Drachensumpf gebar, nachdem sie in den Fusspuren eines Riesen gewandelt war.[80] Ist Nügua eine primordiale Göttin der Schöpfung, so repräsentiert er die Entstehung der menschlichen Kultur. Von den Spinnen hat er sich abgeschaut, wie man Kleider webt und Netze für den Vogel- und Fischfang knüpft.[81]

Fuxi und Nügua werden manchmal mit Flügeln am Rücken dargestellt; ihre Schwänze sind jedoch in der Regel miteinander verschlungen – und werden in dieser Paarung auch mit der sich gabelnden Milchstrasse gleichgesetzt, in die sich beide vor der Flut geflüchtet haben. Nügua hält dabei den Mond mit einem Frosch und | oder einem Zimtbaum und Fuxi die Sonne mit dem Sonnenvogel darin.[82]

FUXI, NÜGUA UND DIE ERSCHAFFUNG DER MENSCHEN

Ein auf 600 u. Z. zurückgehender Text berichtet von Fuxi: "Er hatte den Leib eines Drachen, sein Nachname war 'Wind', sein Vorname 'König'. Er konnte Kleider machen und Sonne, Mond und Sterne sowie die Planeten auf ihren Platz am Himmel bringen, eine Myriade von Dingen etablieren und Yin und Yang dazu bringen, Winter und Sommer zu vollenden.
In dieser Zeit damals waren die Leute stumpfsinnig; sie wussten nichts, waren einfach und einfältig und konnten Riten und Umgangsformen noch nicht auseinanderhalten. Es gab die Fünf Getreide noch nicht, ebenso wenig wie Kleider, Bauernhöfe und Wohnungen – die Menschen lebten in Höhlen. Traf eine einen Mann, wurde der gleich ihr Gatte; und traf einer eine Frau, wurde sie sofort sein Weib. Die Myriaden der Dinge waren noch nicht an ihrem Ort, also schaute Fuxi hinauf zum Himmel und schuf danach die acht Trigramme des Reichs unter dem Himmel. Er domestizierte Rinder und bändigte Pferde. Er lebte 18 000 Jahre und schuf darauf Himmel und Erde, die vielen Insekten, Vögel und Tiere, Drachen und Schlangen, Fische und Schildkröten, Gold und Silber, Perlen und Jade.
Fuxi und Nügua hatten dieselben Eltern. Als wegen einer Flut alle Leute starben, ritten Bruder und Schwester auf einem Drachen in den Himmel; so wurden ihre Leben gerettet. Sie sahen zu, wie das Reich unter der Erde zerstört wurde und Chaos sich ausbreitete, also bestachen sie die Himmlischen Geister, damit diese ihnen beibrächten, wie man Yin und Yang manipuliert – doch danach schämten sie sich und versteckten sich im Kunlun-Gebirge.
Fuxi ging da nach links und Nügua nach rechts, aber bald trafen sie sich wieder. Da sie Angst hatten, die Menschheit würde aussterben, wurden sie Mann und Frau. Nügua brachten dann 120 Söhne zur Welt, die alle einen Nachnamen erhielten. Sechzig waren respektvoll, liebenswürdig und gute Kinder, weshalb man sie heute in der Milchstrasse sehen kann. Doch die anderen sechzig waren schlechte und unredliche Kinder, die in die Wildnis gingen und so zu den höhlenbewohnenden Qiang [im Westen, nahe Tibet] wurden."[83]

Aus Einsamkeit erschafft Nügua dann die Menschheit aus gelbem Löss oder Lehm, einige mit der Hand, aus denen die Adeligen werden, und den Rest massenproduziert mit einem durch die Erde gezogenen Seil: "Im Volksmund heisst es: Als Himmel und Erde sich trennten, gab es noch keine Menschen. Nügua knetete gelbe Erde zusammen und schuf so die Menschen. Diese Arbeit aber war so anstrengend, dass ihre Kräfte bald erschöpft waren. Da zog sie schliesslich ein Seil locker durch den Schlamm, hob es an – und so entstanden ebenfalls Menschen. Aus diesem Grund sind die Reichen und Vornehmen die 'Gelbe-Erde-Menschen', die Armen und Gewöhnlichen aber die Schlaffes-Seil-Menschen."[84]

Erstaunlich an den Fragmenten um Fuxi und Nügua ist, dass sich darin Parallelen zum Weltschöpfungsmythos der Aborigines erkennen lassen: Eine einst noch unfertige Erde, in der die Gestirne erst an den Himmel gesetzt werden müssen; der Kampf eines schlangenartigen Gottes mit einem anderen um die Oberherrschaft und dessen Verbindung zur Flut; die Froschdame als sogar gleichnamige, aus einem Erdloch am Wasserrand gestiegene Erste Frau und Fuxi als Erster Mann und chinesischer Nardi, der durch seinen Namen Taihao wie bei den Wardaman mit Blitzen und sonst mit Netzen assoziiert wird; der Umstand, dass beide zugleich in der Milchstrasse sichtbar sind; der getötete Schwarze Drache als Verkörperung der Flut, der wie die wardamanische Regenbogenschlange getötet werden muss; der Berg als Rettung vor der Flut, welche die vorherige Welt zerstört; menschenfressende Raubtiere ebenso wie die ersten Menschen als Mischwesen; die Erde, die nach der Flut wieder bewohnbar gemacht werden muss ... All dies bildet auch die Grundstruktur der Kosmogonie der Wardaman – während es zugleich mit dem Sich-Trennen und den sechzig Kindern auf beiden Seiten Parallelen zum Schöpfungsmythos der Berber und Navajo gibt.

Noch deutlicher wird die Parallele zum Schöpfungsmythos der australischen Wardaman – der sich mit seiner antagonistischen Dreierkonstellation und der anschliessend stattfindenden Flut auch bei den Māori der Südinsel Neuseelands findet – bei der Kosmogonie, die im Süden Chinas von den Miao anlässlich der Opferriten zu Ehren des Urahnen gesungen wird: "Hebi, Herr der Pflanzen, und Hesong, Herr des Donners, bekämpfen sich. Hebi geht siegreich aus der Schlacht hervor und nimmt Hesong gefangen. Hebi hat zwei Kinder – Nogong und Nomu, Herr und Dame No –, die beide deswegen von Mitleid ergriffen werden und den Herrn des Donners befreien. Aus Dankbarkeit schenkt ihnen dieser Melonenkerne und erklärt, sie sollen sie bis zur bald kommenden Flut aufbewahren. Hesong löst diese aus und zerstört damit die Welt, Bruder und Schwester No aber können noch die Kerne pflanzen, aus denen schöne Melonen wachsen. Sie flüchten sich in deren Inneres und entgehen so mit knapper Not dem Tod. Daraufhin beendet Hesong die Flut. Die Erde wird wieder bewohnbar, Ngong und Nomu heiraten, um sie wieder zu bevölkern. Ihr Kind wurde dann in hundert Stücke geschnitten und in die vier Weltgegenden verstreut, woraus die hundert Clans entstanden."[85]

Die Parallelen dieser Ursprungslegende zu jener von Fuxi und Nügua sind deutlich erkennbar.[86]

Hundun, Pangu und die indischen und europäischen Parallelen

Der undifferenzierte, 'chaotische' Zustand des *Hundun* ('Unordnung')[87] stellt die sphärische Totalität dar: Er ist ein nahtloser Ball des Seins, ein teigiger Mikrokosmos (der Name des chinesischen Raviolo *Wantan* ist bloss eine dialektale Variante darauf). Im daoistischen Denken gilt er als *Hunyi* ('Die Vollständige Monade'), die auf die Phase der Grossen Einfachheit folgt. Aufgezeichnet wurde der Mythos im 3. Jahrhundert u. Z. von einem Staatsmann, der im Kontakt mit der tibetischen Bevölkerung in Sichuan stand; dort ist die Vorstellung einer Kosmogenese und Geburt eines Menschen aus einem Hühnerei – wie auch sonst in Indien, Südostasien und Polynesien – zentral.[88]

Mehrere chinesische Gründerheroen wurden aus einem solchen Ei geboren, das bisweilen in einem den Himmel darstellenden neunstöckigen Turm ausgebrütet worden war (in der Phrase des 'bedeckenden Himmels' wird stets ein Wort verwendet, dessen eigentliche Bedeutung auf 'bebrüten' zurückgeht). Die ganze von der Himmelsschale überdeckte Erde ruht wie ein Eigelb auf einer flüssigen Masse. Sie treibt umher, steigt und senkt sich und nähert und entfernt sich dabei nacheinander vom Zenit und den vier Kardinalpunkten, während der Himmel sich wie ein Rad um sich selbst dreht und allabendlich die Sonne unter den irdischen Horizont hinabführt. Aus dieser Bewegung erklärt sich der Wechsel von Tag und Nacht und aus dem Schaukeln der Erde die Unterschiedlichkeit der Jahreszeiten.[89]

DIE WELTSCHÖPFUNG DES HUNDUN | PANGU

"Himmel und Erde waren ein wirbelndes Einerlei ['Hundun']. Aussen glichen sie einem Hühnerei, innen, in der Mitte, wurde Pangu geboren. 18 000 Jahre später öffneten sich Himmel und Erde: Sie entfernten und trennten sich voneinander.
Das klare Yang wurde zum Himmel, das trübe Yin zur Erde. Pangu befand sich in deren Mitte und wandelte sich neun Mal am Tag und wurde zu einem Geist [oder Gott] im Himmel, einem Berufenen auf Erden. Jeden Tag hob sich der Himmel einen Fuss höher, wurde die Erde einen Fuss breiter – und Pangu wuchs mit ihnen jedes Mal einen Fuss mit. So ging dies 18 000 Jahre: Dann stand der Himmel unermesslich hoch, die Erde unermesslich tief – weshalb sie 9000 Li [rund 4500 km] voneinander entfernt sind – und war Pangu riesengross. Anschliessend gab es die Drei Erhabenen Herrscher [Fuxi, Shennong als der Erfinder des Ackerbaus und meist Nügua].[90]
Der Ur-Hauch des Qi war eine einzige wogende Unermesslichkeit. Da begann es zu wachsen, keimend und sprossend. Darauf trennten sich Himmel und Erde, Qian und Kun [das Trockene und das Feuchte als Form von Yang und Yin] entstanden allmählich und das Ur-Qi [die alles mediierende Uratmosphäre] verteilte sich. So wurde das mittig Vereinte schwanger und schliesslich ein Mensch geboren. Pangu war der erste geborene Mensch."[91]

Nach dem auch *Pangu* ('Eingerollte Urzeit'[92] oder 'Chaos'[93] oder 'Wertgeschätzter Alter')[94] genannten Hundun kamen – es ist nicht überliefert, wie – zwei weitere Männer auf die Welt, welche mit Hundun, den man sich als sackähnliches, gerne tanzendes Geistertier ohne Gesicht und Augen, aber mit vier Flügeln und sechs Füssen vorstellte, die Drei Erhabenen Herrscher bildeten:
"Der Herrscher des Südmeeres war Shu ['Kurz'],[95] der Herrscher des Nordmeeres Hu ['Schnell'],[96] und der Herrscher der Mitte, das war Hundun. Shu und Hu kamen bisweilen in Hunduns Reich zu einem Treffen zusammen, und Hundun wartete ihnen grosszügig auf. So beratschlagten Shu und Hu, wie sie Hundun seine Güte vergelten könnten und sagten: 'Die Menschen haben alle sieben Öffnungen, um zu sehen, zu hören, zu essen und zu atmen; nur er hat keine. Versuchen wir also, sie ihm zu bohren.' Täglich bohrten sie ihm so ein Loch. Da war Hundun nach sieben Tagen tot."[97]

Die Formen der heutigen Welt und ihrer Menschen schufen sich nach Hunduns Tod aus seinem Leichnam:
"Als er im Sterben lag, verwandelte sich sein Körper: Aus seinem Atem – Qi – wurden der Wind und die Wolken; seine Stimme wurde zu den Donnerschlägen; sein linkes Auge zur Sonne und sein rechtes zum Mond; seine vier Glieder und fünf Körperteile zu den vier Himmelsrichtungen und den Bergen an den vier Ecken der Welt und in ihrer Mitte; sein Blut und seine Säfte zum Gelben Fluss und zum Blauen Fluss; seine Adern und Nerven zu den Adern der Erde; sein Fleisch zum Humus des Bodens; seine Haare und sein Bart zu den Sternen und Asterismen; seine Körperhaare zur Vegetation; seine Zähne und seine Knochen zu Erzen und Gestein; sein Sperma und sein Mark zu Perlen und Jade; sein Schweiss und sein Harn und seine Scheisse zu Regen und den Sümpfen; und seine Läuse schliesslich, da vom Wind berührt, zur Masse des Volkes. Wenn Pangu fröhlich war, gab es gutes Wetter, und wenn er zornig wurde, bedeckte sich der Himmel."[98]

Am Mythos um Hundun | Pangu ist zweierlei interessant. Zum einen gehört die Weltschöpfung aus dem Leichnam eines Urmenschen einem eigenen Mythenparadigma an. Sein frühester schriftlicher Beleg stammt aus dem *Rigveda* mit dem ersten Menschen *Purusha*,[99] der als Embryo beginnt, Himmel und Erde erschafft und dann zur heutigen Welt zerteilt wird. Die buddhistischen Kalmücken in der Westmongolei erzählen von ihrem Manzaschiri dieselbe Geschichte. Nördlich davon, aus Westsibirien, wanderte eine von dort stammende Sprachgruppe in Finnland ein; in deren Kosmogonie entsteht die Welt aus dem Ei einer Tauchente, das in seine heutigen Formen zerbricht und ebenfalls einen ersten Mensch schlüpfen lässt, wie die *Kalevala* erzählt. Deutlicher noch ist die Parallele bei den indoeuropäischen und sich gegenseitig beeinflussenden Nachbarn der Finnen; in der nordischen Mythologie wird der zweigeschlechtliche Urzeitriese Ymir von den Göttern ebenso detailliert in die heutige Welt zerlegt wie der Pangu.

Dieser Mythentypus, in dem die Formen von Himmel und Erde aus den Gliedern eines ersten Wesens geschaffen werden, ist besonders im asiatischen und pazifischen Raum prominent; er findet sich – parallel zu der sonst üblichen Schöpfungsgeschichte einer dunklen Vorwelt – in rudimentärer Form aber auch bei den Sternenhimmelkulturen von Babylon an bis in die Anden.

Bei Pangu zeigen sich aber auch charakteristische Züge jener südostasiatischen Kosmogonie, in welcher der Himmel von der Erde getrennt und nach oben gestossen werden muss – so wie wir dies auch von den Ursprungslegenden von Palawan und den vom Rand Chinas ausgewanderten Besiedlern Polynesiens und Neuseelands, aber auch von einzelnen Gruppen der Dene kennen.

Den mehrstöckigen Himmel, den sie (aber auch die Inder) sehen, kennt auch das chinesische Denken, in einer der Ausformungen des Mythos um Pangu: "Nichts ist kostbarer als der Mensch. Die Öffnungen seines Körpers, seine Gliedmassen, sie alle kommunizieren mit dem Himmel. Denn der Himmel hat wie der Mensch neun Ebenen. Der Himmel hat auch vier Jahreszeiten, die in zwölf Monate unterteilt sind, so wie der Mensch vier Glieder hat, die durch zwölf Gelenke bewegt werden. Seine Kreisform und seine neun Schichten, wer hat sie entworfen und ausgemessen? Wer hat sie so schön in die Tat umgesetzt und wie? Wer war der Erste, dem dies gelang? ... Die Verbindung der neun Himmel, wie kam es zu ihr und wie wurden sie angeordnet?"[100]

Keine der pazifischen Kulturen postuliert eine derart enge symbiotische Beziehung zwischen Himmel und Mensch wie diese Passage. Dennoch hielt diese Direktheit nicht vor, wie ein anderer Mythos weiss. Darin befiehlt der zweite der fünf mythischen Urherrscher der Welt seinem ersten Enkel Zhong als Regenten des Südens, hinauf in den Himmel zu gehen und dort oben Opfer darzubringen und seinem zweiten Enkel Li als Regenten des Feuers, sich des irdischen Bereiches der Menschenwelt anzunehmen.

Die Beziehung zwischen Menschen und Göttern wird jedoch durch Aufwiegler derart durcheinandergebracht, dass das ursprünglich nur bestimmten Priestern vorbehaltene Recht zur Kommunikation mit den Geistern und Gottheiten plötzlich von allen missbraucht worden sei:[101] "Der Herrscher befahl darauf Zhong und Li jede Kommunikation zwischen Himmel und Erde zu kappen. Seither kam von dort niemand her herab und es gab auch keine Offenbarungen mehr."[102] Seitdem ist die elementar angelegte Verbindung zwischen Himmel und Mensch auf indirekte Kommunikationen – als Omen zu interpretierende Zeichen und Signale – beschränkt.

Was die pazifischen Sternenhimmelkulturen ebenfalls mit China verbindet, ist die Vorstellung eines grossen Fisches und eines grossen Vogels in einem ebenfalls in der Milchstrasse gesehenen See, die ein Text aus dem 4. Jahrhundert v. u. Z. festhält – um mit dem Zug des Vogels zugleich die himmlische Umlaufbahn eines Gestirns anzudeuten. Was auf den Gesellschaftsinseln und in Neuseeland ein Hai in seiner als Lebenswasser erachteten Dunkelstelle ist, nennt sich in China *Kun* und ist als eine Art Wal aufzufassen, während die riesige Seeschwalbe in Cygnus mit dem Roten Vogel *Feng* und dem mit dem Wind verwandten *Peng* abgeglichen werden kann.

Dies gibt uns noch eine Ahnung vom alten chinesischen Sternenhimmel, bevor er methodisch überschrieben wurde von all den offiziellen und offiziösen Asterismen: "Im Äussersten Norden liegt ein Meer der Schatten: Das ist Der Himmlische See. Darin gibt es einen Fisch, dessen Länge und Breite mehrere tausend Li erreicht: Er wird Kun genannt. Ebenfalls dort ist ein Vogel, der Peng heisst. Seine Flügel gleichen am Himmel schwebenden Wolken und sein Leib ist entsprechend lang. Weiss die Welt, dass es solche Wesen gibt? Im Laufe seines Zuges ins Dunkel schlägt der Peng mit seinen Flügeln das Wasser dreitausend Li weit, und der Wirbelwind und die Wasserhosen, die er auslöst, steigen 90 000 Li weit hoch. Er braucht sechs Monate für seinen Weg und ruht sich dann aus."[103]

Die daoistische Weltschöpfung und die pazifische Parallele

In der Zeit der Tang (617–907) galt das daoistische Modell der Weltschöpfung, wie es determiniert wurde durch *Dao* und *Ziran* – in etwa 'Weg' und 'Natur' –, welche eher als Paradoxien denn Prinzipien aufgefasst wurden. In einer Epoche, in der auch der Himmelspol von keinem wirklich nennenswerten Stern verkörpert wurde, war Dao die numinose Leere, aus der alles hervorging: Die Matrix, die, weil grenzenlos, keine Matrix mehr war, ein Urnebel nicht vorhandener Teilchen. In diesem Nichts, das Alles war, kam es in Ziran zu einer spontanen Emergenz, einem blinden Werden, das nichts von sich weiss, in diesem ziel- und zwecklosen Agieren jedoch die Naturerscheinungen hervorbringt.

Der Dichter Wu Yun fasst dies in folgende Worte: "Das Spontane gebiert das Leere Nichts, das Leere Nichts den Grossen Weg des Dao, die Natur des Grossen Dao die Schwangere Wolke, die Schwangere Wolke Himmel und Erde und Himmel und Erde die Myriaden von Kreaturen."[104]

Die Formelhaftigkeit einer solchen Entstehung ex nihilo kennen wir sowohl aus den älteren Schöpfungsmythen Nordindiens wie aus den späteren Kosmogonien der Gesellschaftsinseln und der Māori: Bei diesen entsteht aus dem Nichts durch Wunsch und Gedanken gleichfalls eine Wolke, die Himmel und Erde gebiert. Wurde diese Konzeption dort dem alten Emergenzmythos vorangestellt, so entwickelte der Daoismus eine Struktur, die kohärenter vom Anfang zur Welt und zum Menschen führte. Das Schema dieser Kosmogonie lässt sich folgendermassen zusammenfassen:

1. Das 'Erste Pneuma' – die Lebenskraft Qi – als noch undifferenziertes Schöpfungsprinzip. "Bevor es Himmel und Erde gab, glich die kosmischen Sphäre – Hundun – einem Ei; ein grenzenloser Dunst begann sich darin auszubreiten – ein alles umfassender Nebel"; "als das Erste Pneuma sich zuerst teilte, war das Leichte und Klare das Yang und damit der Himmel und das Schwere und Trübe das Yin und damit die Erde."[105]

2. Die 'Grosse Austauschbarkeit' als das Potential für eine formale Differenzierung – das nur in der Übergangsphase vor der Teilung von Himmel und Erde existiert.[106]

3. Das 'Grosse Antezedens' als Keimphase der formalen Differenzierung. In dieser Phase steigt der Begründer des Daoismus, der üblicherweise als 'Alter Meister' gedeutete Laozi, in seiner überdimensionalen Form als kosmische ewige Präsenz aus dem bodenlosen Abgrund der Zeit, trennt Himmel und Erde und verleiht schliesslich jedweder Form des Lebens auf der Welt seine Gestalt. Das *Dao* stellt diesen Uranfang dar, mit dem die eigentliche Geburt der Welt anhebt.[107]

4. Die 'Grosse Initiation' stellt den realen Beginn formaler Differenzierung dar, bei dem sich erstmals Strukturen zu bilden beginnen; das Klare fängt an, wie Plasma zu keimen, das Trübe Gestalthaftes zu formen.[108]

5. Die 'Grosse Einheit' – die sich im bedeutungsgleichen *Taiyi*, 'Oberster Einer', am Himmelspol versternt findet – als Erscheinen noch undifferenzierter Substanz ist mit Unschuld, Makellosigkeit, Ungeprägtheit und Blankheit konnotiert: In dieser Phase kommt die einfache und ungeformte Substanz zur Welt, die überall noch so jungfräulich ist wie frisch gefallener Schnee.[109]

6. Die 'Grosse Kulmination' – das 'Grösste Oberste und Höchste Äusserste' *Taiji* – als Beginn der Differenzierung der Materie ist die Phase, in der sich die primitive Materie in das polarisierte Paar Yin und Yang spaltet.[110]

Im *Yijing* – dem im 7. Jahrhundert u. Z. abgefassten, aber teilweise weit zurückreichenden *Buch der Wandlungen* – heisst es zu dieser letzten Phase: "Die Grosse Kulmination bringt die zwei Prinzipien hervor; die zwei Prinzipien bringen die vier Formen hervor; und die vier Formen bringen die acht *Gua* hervor": die Naturphänomene ebenso wie die Trigramme, welche diese für die Orakelpraxis dieses Buches darstellen. Aus dem ersten Prinzip dieser Grossen Kulmination traten Yin und Yang als Schöpferisches und Empfangendes hervor. "Bevor diese zwei Prinzipien oder Gesetze getrennt wurden", schreibt das *Yijing* weiter, "war ihr Äther miteinander vermischt wie in einem Ei."

Aus ihnen formierten sich dann die vier Bilder – Luft, Feuer, Wasser, Erde –, die wiederum in ihren wechselnden Kombinationen alles andere erscheinen lassen: Himmel, Sumpf, Flammen, Donner, Wind, Wasser, Berg, Erde – darunter das Festland und die Unterwelt. Dadurch entsteht auch der Mensch: Der erste, der nach der Auflösung des Chaos auf der Erde erschien, war der auch *Pangu* genannte Hundun.

Am Himmel stellt sich die Grosse Kulmination als 'Äusserster Stern' von Polaris dar, im Asterismus Firstbalken um den Himmelspol sowie im Asterismus First in Pegasus und Aquarius, von dem rechts und links Träger eines Himmelsdaches abgehen. Letzterer Balken eines Dachfirstes (*Wei*) erscheint am Abend der Wintersonnenwende mehr oder minder als Erstes am Sonnenuntergangspunkt im Westen, etwas darüber das Gestirn des Menschen.

Bei dieser Sonnenwende, glaubte man, entstünden Licht und Finsternis als die zwei elementarsten naturgesetzlichen Prinzipien: das aktiv helle Yang des Himmels und das passiv dunkle Yin der Erde. Aus diesen beiden wiederum sah man in dieser Philosophie auch die vier grossen astronomischen Formen hervorgehen, jene vier grossen Sternbilder, welche die vier Jahreszeiten und Himmelsrichtungen als Drache, Schildkröte, Tiger und Vogel darstellen. Und nach diesen wiederum entstand – parallel zu all den Naturphänomenen – der erste Mensch. Wenn er häufiger mit der göttlichen Schildkröte zu seinen Füssen dargestellt wird, dann deshalb, weil der Asterismus des Menschen in der Mitte des den Winter symbolisierenden Sternbilds Schildkröte sitzt; dies hängt auch damit zusammen, dass das Grosssternbild der Schildkröte für den Norden steht, der meist unten verortet wird, während der Süden oben ist.

Im daoistischen Kloster von Zhangzou, Provinz Fujian, gab es eine um 1100 u. Z. geschaffene riesige Statue aus gebranntem Lehm, die den mythischen ersten Menschen im Sitzen zeigte, seine beiden Füsse auf einer grossen Schildkröte ruhend, in der rechten Handfläche das Zeichen für Sonne, in der linken jenes für Mond. Dieser Urahne aller Menschen wurde Pangu und Hundun genannt.

SCH 26–29 sowie U 246 und 250–263

WEITERE BASALE KONZEPTE

Wie die Anekdote um den Asterismus Himmelsfloss zeigt, auf dem das Gefiederte Volk nistet und sich ausruht, blieb in Legenden über die Zeiten hinweg ein Substrat erhalten, in dem die Gestirne keine numinosen Mächte waren, sondern Tiere oder Mischwesen aus Tier und Mensch. Der Rabe trägt so das brennende und leuchtende Objekt Sonne über den Himmel wie bei den Nördlichen Dene oder sie ist sie gar selbst wie bei den Māori. Wie bei den Maya ist sowohl ein Hase als auch ein Frosch engstens mit dem Mond verbunden. Und so, wie bei den Aborigines Vogelmenschen die ersten Lebewesen der Erde sind und sie sich erst hernach zu Menschen verwandeln, erscheinen auch Sterne bei ihren seltenen Besuchen in einer solchen Gestalt.

So wird überliefert, dass 109 v. u. Z. ein göttliches Wesen in einer Wolkenkutsche, an der weisse Rehe vorgespannt waren, zum Palast des Kaisers Wu aus der Han-Dynastie herabgekommen sei. Der unerwartete – und zudem schlecht behandelte – Gast sei ein hoher daoistischer Jünger gewesen, der durch das Verspeisen von Glimmer göttlich geworden sei und sich dann in einem Kleid von Federn und mit Sternenhut zeigte.[111] Er gehörte zu jenen im Himmel lebenden und deshalb unsterblichen Wesen, die ihren Durst in Jadequellen stillen und sich von den Früchten der Jujube ernähren.[112]

Sternenhüte, von denen man nicht mehr weiss, wie sie aussahen, gehen zumindest auf die Han-Zeit zurück, ebenso wie gefiederte Umhänge oder Röcke, die von daoistischen Adepten getragen wurden, um die magischen Kräfte für den Flug jenseits der Welt vorzuführen. Vögel und Vogelmenschen gelten in vielen Sternenhimmelkulturen als erste Lebewesen der Welt; und die Figuren von Vogelmenschen und gefiederten Menschen zählen auch zu den frühesten Darstellungen daoistischer Gottheiten. Sterne und Federn – ob von Kranichen oder Wiedehopfen – gehören so selbstverständlich zusammen, dass ein passender Vogel als Symbol einer daoistischen Sylphe einstehen konnte.[113] Wie in allen Sternenhimmelkulturen sind solche Vögel, Vogelmenschen oder Mischwesen von Tier und Mensch unsterblich, kommen manchmal auf die Erde herab und verlieben sich dann – wie Die Weberin – in Sterbliche. Als Menschen angezogene Tiere und Vögel mit langen Haaren, die im Himmel tanzen, singen, musizieren, herumgehen, sitzen oder Menschen in den Himmel helfen, sind zudem in Grabmalereien aus dem 2. Jahrhundert v. u. Z. zu finden.[114]

In vielen Sternenhimmelkulturen wird der Himmel auch von Raubtieren bewacht, die in der Urzeit eine Rolle bei der Entstehung der heutigen Welt spielen. Auf dieses primordiale, von den späteren Asterismen jedoch überzeichnete Personal scheint noch ein Gedicht Song Yus aus dem 3. Jahrhundert v. u. Z. hinzuweisen. Darin heisst es im Blick auf eine Seele, die in den Himmel steigen will: "Komm zurück! Klettere nicht in den Himmel oben, denn Tiger und Leoparden bewachen die neun Tore, ihre Kiefer stets bereit, sterbliche Menschen zu zerreissen, sowie ein neunköpfiger Riese, der neuntausend Bäume ausreissen kann, und schlitzäugige Schakalwölfe, die hin und her schleichen: Sie hängen aus reiner Mordlust Menschen hinaus und lassen sie in den Abgrund fallen und ruhen und rasten nur auf Gottes Befehl hin!"[115]

Was die chinesische ebenfalls mit anderen Sternenhimmelkulturen weltweit verbindet – ob den Eskimo und Dene oder Inka – sind die schamanistischen Praktiken, die von der Vorzeit bis hin zum Daoismus reichen. Von deren Jüngern hiess es, sie könnten auf den Sternen gehen, die Form ihrer Asterismen bestimmen, um Macht über sie zu erlangen – all dies verbunden mit einer bestimmten Atemtechnik, um die nötige Trance dafür herbeizuführen.

Dayu – Der Grosse Yu – soll als mythischer erster Kaiser der legendären Xia-Dynastie Ende des 3. Jahrtausends einen eigenen Schritt dafür gehabt haben, der auf die schamanistische Personifizierung eines Bären zurückging und weiterhin von Priestern und Priesterinnen in Südchina vorgeführt wird. Geboren worden soll der Grosse Yu sein, nachdem seine Mutter einen Asteroiden im Orion sah. Mit dem hinkenden 'Schritt des Yu' wurden unter Anrufung von Sonne und Mond unheilvolle Kräfte aus einem kranken Körper gezogen; er richtete sich nach der Anordnung der Sterne in Ursa Maior. Diese Kunst 'auf dem Scheffel zu gehen', sei bereits dem Gelben Herrscher Huang Di Mitte des 3. Jahrtausends von der Mystischen Frau der Neun Himmel gelehrt worden, um seinen Feind, das Monster Chiyou zu besiegen. Derart führte 'Die Strasse der neun Sterne' von γ Bootis über die Stufen der Hauptsterne von Ursa Maior hinauf in Richtung Himmelspol.[116]

Pangu und Fuxi zeigen viele Züge der sonst weltweit von vielen Sternenhimmelkulturen verehrten Ersten Frau und ihres Ersten Mannes, denen – nach einem Kampf mit einem Ungeheuer und einer von ihm ausgelösten Flut – eine Reihe von Kulturheroen folgen, die der Welt und ihren Lebewesen ihre heutige Gestalt verleihen. Der Grosse Yu (dessen Name sich auch als 'Tierspur' deuten lässt)[117] hatte die Fähigkeit, sich in einen Vogel oder einen Bären zu verwandeln, indem er seine Flügel nach Art des Vogels ausbreitete oder tapsig mit aufgerichtetem Hals ausschritt, um – wie gesagt – den Gang eines Bären nachzuahmen.[118] Auch er dämmt wie andere Demiurgen eine Weltenflut ein, reist um die Erde dem Weltenwanderer der Nördlichen Dene gleich und benennt die Lebewesen wie dies die göttlichen Heroen der Anden tun.[119] Als Bogenschütze und Mann der Sonnenmutter ist der ebenso legendäre Yi wiederum mit seinen Taten den Heldenzwillingen der Navajo und Maya vergleichbar; auch er reist zu der in einem Gebirge lebenden Königsmutter des Westens Xiwangmu und bringt alle Ungeheuer der Erde um, um nach seinem Tod unsterblich zu werden.[120]

Bei den Sternbildern verrät das Breitbeil im Schwert des Orion das weltweite Paradigma einer in Orion gesehenen Waffe – und die wenigen unter den Staatsstrukturen des Himmels übrig gebliebenen Fische, Schildkröten und Teile von Vögeln noch einen Himmel, der wie anderswo voller prototypischer Exemplare von Lebewesen gewesen sein muss und im Zenit ein Loch hat, durch das man sonst hinauf in den Himmel und von dort wieder hinunter auf die Erde gelangt, als Zeichen, dass der Himmel ein bewohntes Reich ist.

Auffällig ist die Kombination von Pfeil und Bogen mit dem Wolf in Canis Maior: Die indischen Arya sehen darin ebenfalls einen Pfeil, die Mesopotamier Pfeil und Bogen, die Griechen einen Hund und die Wardaman in Australien ihren 'Schöpfungshund', der wie der chinesische von einem bewaffneten Jungen verletzt wurde. Auch bei der berühmtesten Sternsage der Chinesen findet sich eine Entsprechung zu anderen Sternenhimmeln: Der Teich mit den Habseligkeiten der nackt badenden Weberin und ihrer Schwestern findet sich bei den Tuareg in Sagittarius, nebst dem sie betrachtenden Voyeur, der bei den Tuareg kein Kuhhirte, sondern ein Reiter ist.

QUELLEN

Die Literatur zu den chinesischen Sternen ist, besonders was den Daoismus und die Tang-Zeit betrifft, umfangreich und detailliert. Die Kartierung des Himmels, die Schlegel 1875 vorgelegt hat, ist jedoch nach wie vor unübertroffen, da er dafür die Sternkarte des Gelehrten Xu Fa aus dessen Werk *Tianyuan Lili Quanshu* (*Das vollständige Buch über Astrologie und zum Kalenderwesen*) von 1682 als Grundlage nimmt, welche die alten Traditionen aufgearbeitet hat. Schlegel berücksichtigt für seine Identifikationen die Form der einzelnen Asterismen – die Staal in seiner englischen Übersetzung der *Uranographie chinoise* seinerseits noch einmal überprüft hat. Zudem sind die von Schlegel – dessen Magnum Opus ein vierbändiges Wörterbuch des Chinesischen war – angeführten etymologischen Erklärungen der Sternnamen und die von ihm aufbereiteten kulturellen Zusammenhänge meist ebenso plausibel wie erhellend und werden durch spätere Arbeiten bestätigt – während die 2015 erschienene Studie von Xiaochun | Kistemaker viele Sternnamen immer noch für mysteriös hält[121] und sich bei deren Übersetzung oft auf blosses Raten verlegt, sodass die darin angegebenen Identifizierungen der Asterismen vage bleiben.

Einziges Manko an Schlegels Arbeit ist sein Argument, dass die Asterismen des von ihm vorgelegten Sternenhimmels 24 000 Jahre alt seien, was Unsinn ist, seine sonstigen Ausführungen jedoch nicht beeinträchtigt. Diese wurden von dem Sinologen Thomas Höllmann dankenswerterweise gründlich lektoriert, ergänzt und wo nötig korrigiert und auf den neusten Stand gebracht. Überdies war es nötig, Schlegels Transliterationen in das heute gebräuchliche Pinyin umzuschreiben. Diese mühevolle Aufgabe hat wiederum der Sinologe Elmar Oberfrank zusammen mit dem Dichter Tsou Yu-Sheng liebenswerterweise übernommen. Schlegels Umschriften wurden im Text hinter dem Pinyin beibehalten, um die Asterismen hier auf den von Schlegel übernommenen Karten finden zu können. Sie neu zu zeichnen hätte wenig Sinn gemacht, da die Asterismen keine Sternbilder im herkömmlichen Sinn darstellen, sondern vielmehr abstrakte Schemata, die nur manchmal an Reales gemahnen. Stattdessen haben wir die vier Grosssternbilder des ursprünglichen Sternenhimmels auf die Karte gesetzt samt einigen zentralen Asterismen der Polregion und des Himmelsflusses – und die wenigen Sternbild-Illustrationen Schlegels in den Text eingefügt.

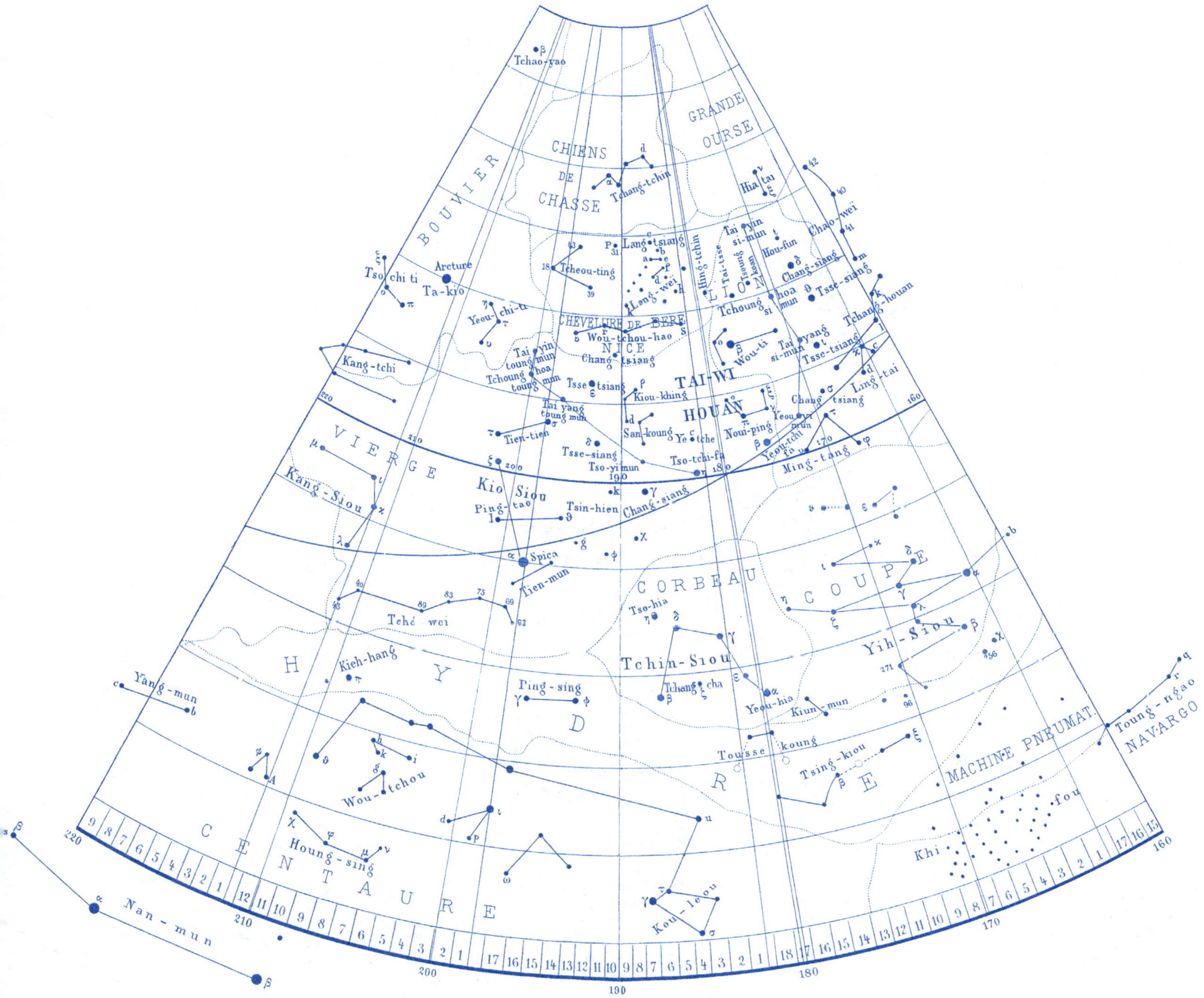
Tchao-yao
CHIENS DE CHASSE
GRANDE OURSE
BOUVIER
Tchang-tchin
Hia tai
Chao-wei
Arcture
Tso chi ti
Ta-kio
Lang-tsiang
Tcheou-ting
Hing-tchin
Tai-tsse
Tai yin si-mun
Hou-fun
Chang-siang
Tsse-siang
LION
Yeou-chi-ti
CHEVELURE DE BERENICE
Wou-tchou-hao
Chang tsiang
Tchoung si hoa mun
Tchang-houan
Kang-tchi
Tai yin toung mun
Tchoung hoa toung mun
Tsse tsiang
Kiou-khing
TAI-WI
Wou-ti
Tai yang si-mun
Tsse-tsiang
Ling-tai
Chang tsiang
Tai yang toung mun
HOUAN
San-koung
Ye tche
Nou-ping
Yeou mun
Tien-tien
Tsse-siang
Tso-yi-mun
Tso-tchi-fa
Yeou-tchi-fa
Ming-tang
VIERGE
Kang-Siou
Kio Siou
Ping-tao
Tsin-hien
Chang-siang
Spica
Tien-mun
CORBEAU
COUPE
Tso-hia
Tché wei
Tchin-Siou
Yih-Siou
HYDRE
Kieh-hang
Yang-mun
Ping-sing
Tchang cha
Yeou-hia
Kiun-mun
Tousse koung
Tsing-kiou
MACHINE PNEUMAT.
Toung-ngao
NAVARGO
Wou-tchou
CENTAURE
Houng-sing
Kou-leou
Khi
fou
Nan-mun
220
210
200
190
180
170
160

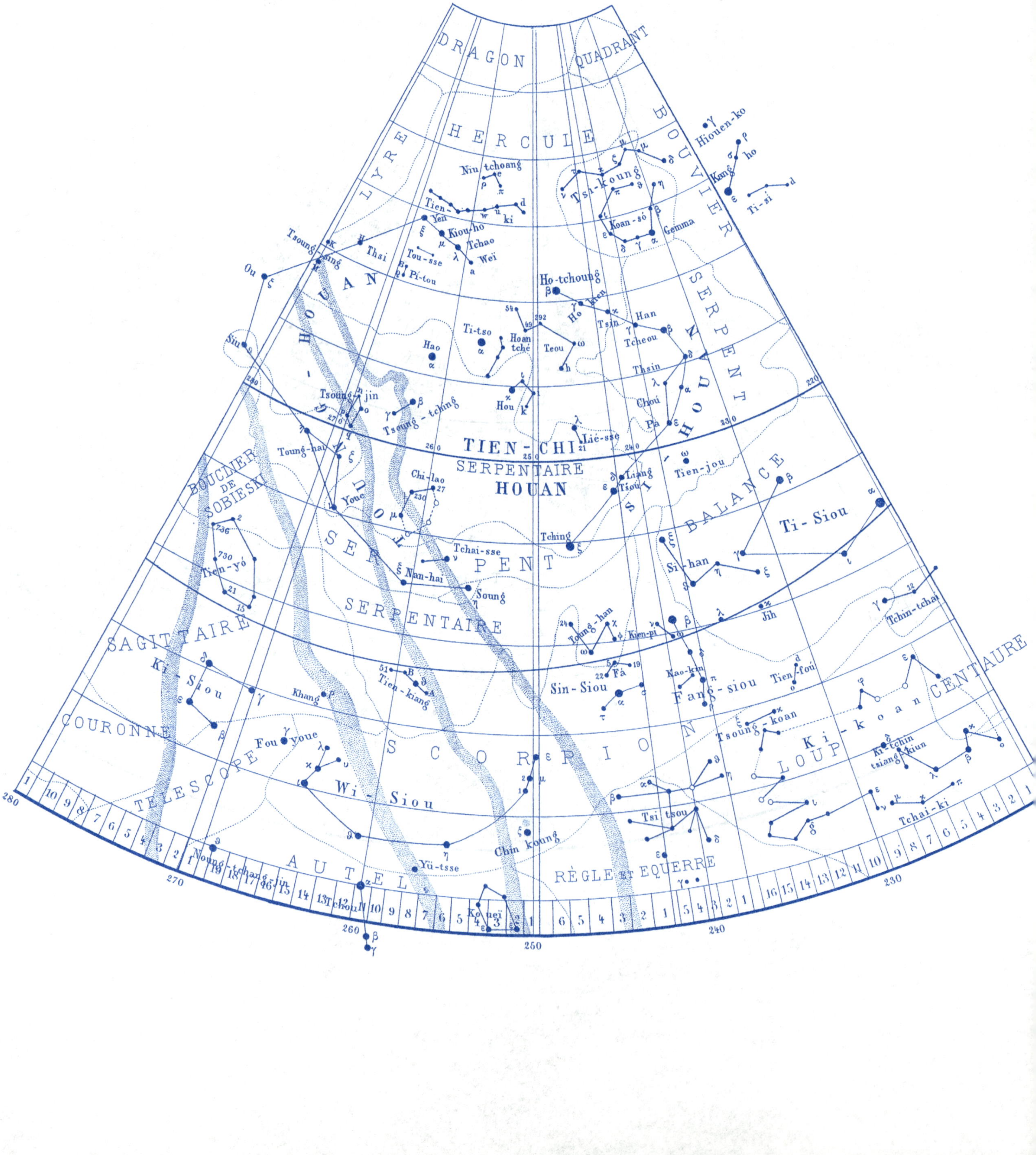
DRAGON
QUADRANT
HERCULE
LYRE
BOUVIER
SERPENT
TIEN-CHI
SERPENTAIRE
HOUAN
BALANCE
BOUCLIER DE SOBIESKI
SAGITTAIRE
COURONNE
TELESCOPE
SCORPION
LOUP
CENTAURE
AUTEL
RÈGLE ET EQUERRE
Ti-Siou
Ki-Siou
Wi-Siou
Sin-Siou
Fang-siou
Ho-tchoung
Tien-jou
Tsi tsou
Chin koung
Tchai-ki
280
270
260
250
240
230

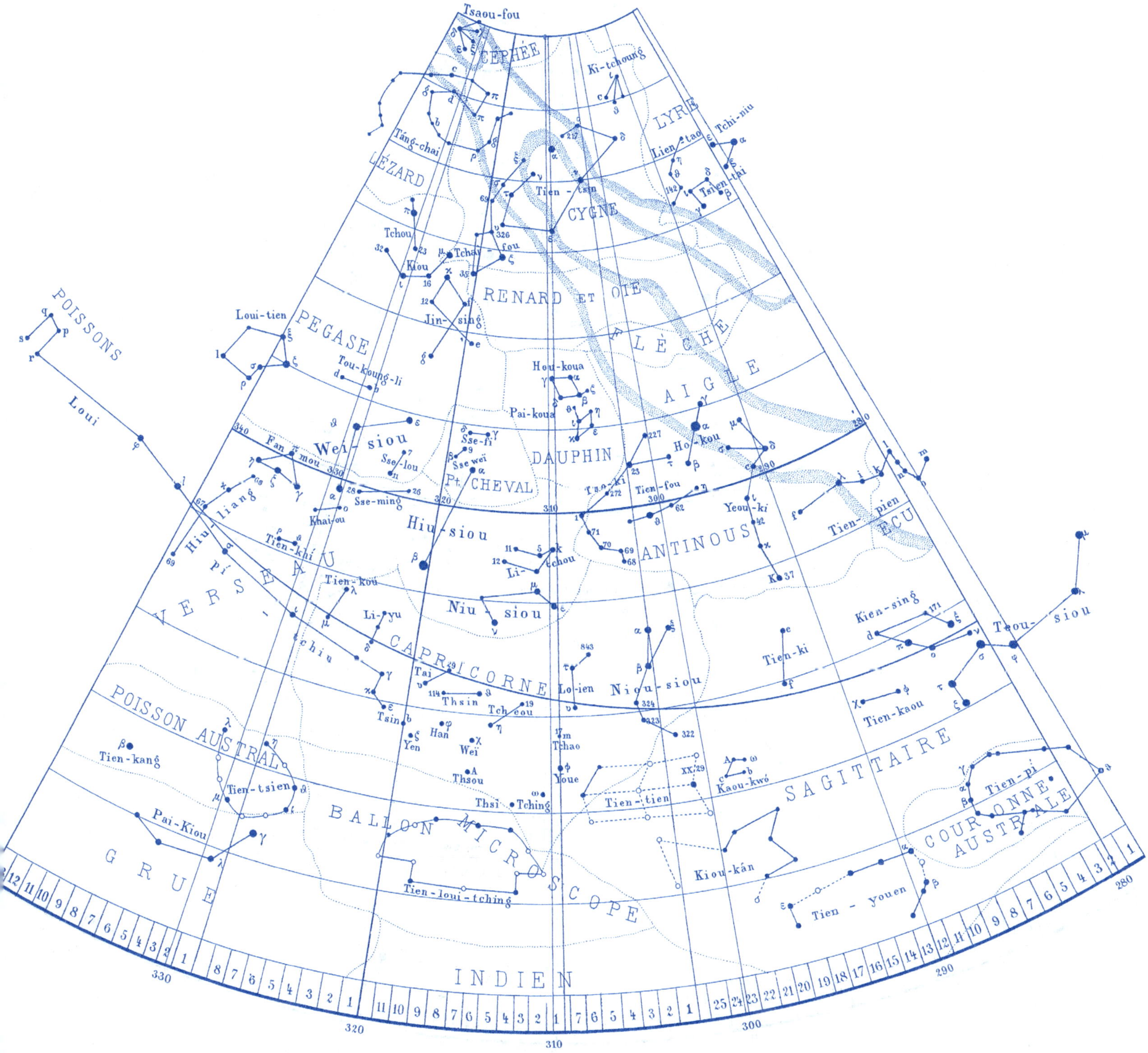
Tsaou-fou
CÉPHÉE
Ki-tchoung
LYRE
Tchi-niu
Tâng-chai
LÉZARD
Lien-tao
Tien-tsin
Tsien-tâi
CYGNE
Tchou
Tchay-fou
Kiou
RENARD ET OIE
Jin-sing
Loui-tien
PEGASE
POISSONS
FLÈCHE
Tou-koung-li
Hou-koua
AIGLE
Loui
Pai-koua
Wei-siou
Sse-fi
Fan mou
Sse-lou
Sse-weï
DAUPHIN
Ho-kou
Pt. CHEVAL
Sse-ming
Tsao-ki
Tien-fou
Khai-ou
Yeou-ki
Tien-pien
Hiu-siou
ANTINOUS
ECU
Tien-khí
Li-tchou
VERSEAU
Tien-kou
Niu siou
Li-yu
Kien-sing
Teou-siou
CAPRICORNE
Tien-ki
Tai
Lo-ien
Niou-siou
Thsin
Tch eou
POISSON AUSTRAL
Tien-kaou
Tsin
Han
Tien-kang
Yen
Weï
Tchao
Youe
Thsou
Kaou-kwó
SAGITTAIRE
Tien-tsien
Thsi
Tching
Tien-tien
Tien-pi
BALLON
MICROSCOPE
Pai-Kiou
COURONNE AUSTRALE
GRUE
Kiou-kân
Tien-loui-tching
Tien-Youen
INDIEN
280
290
300
310
320
330
340

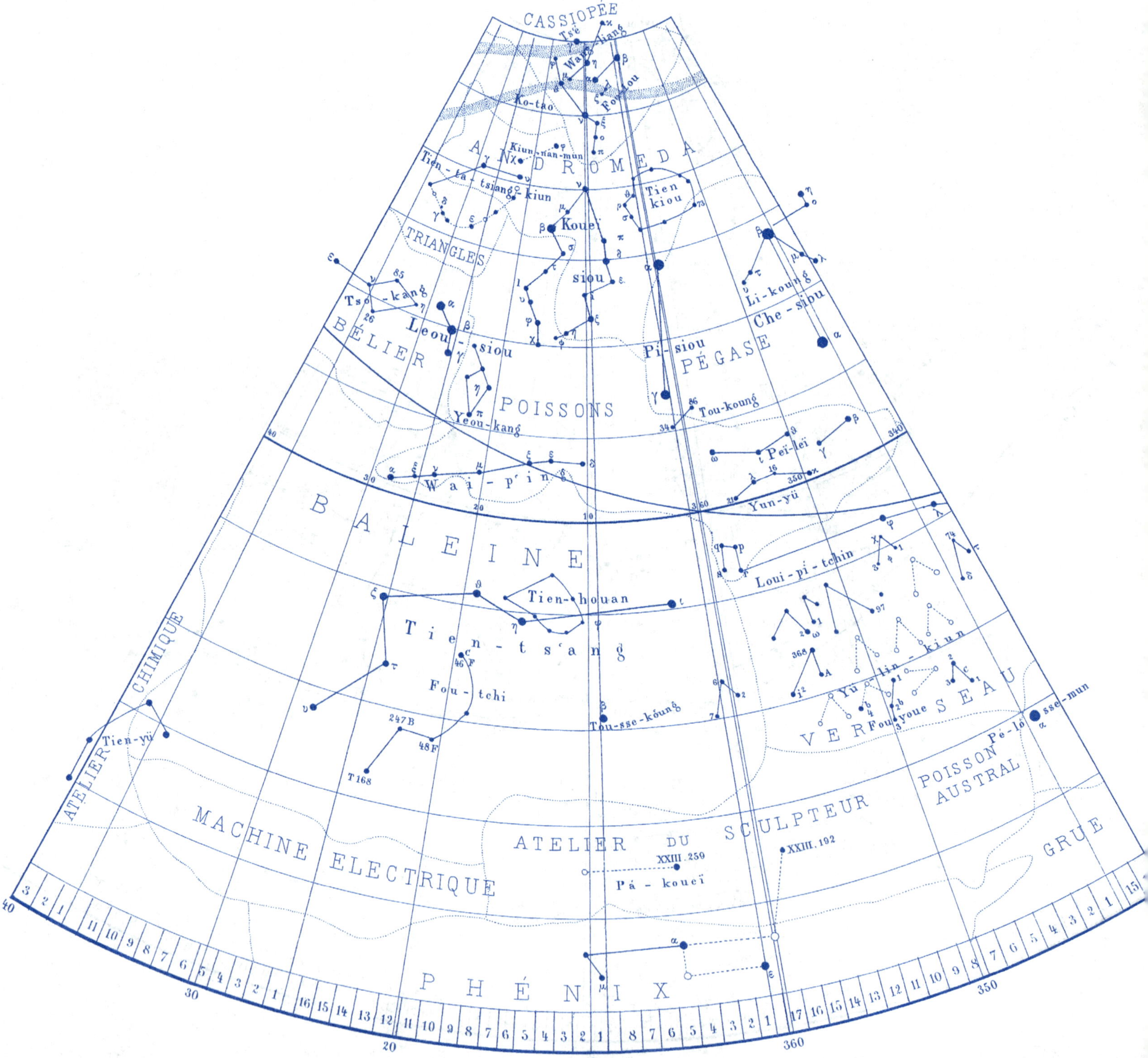
CASSIOPÉE
Ko-tao
ANDROMEDA
Kiun-nan-mun
Tien-ta-tsiang-kiun
Tien kiou
TRIANGLES
Kouei
siou
Tso-kang
Leou-siou
BÉLIER
Li-koung
Che-siou
Pi-siou
PÉGASE
POISSONS
Yeou-kang
Tou-koung
Peï-leï
Wai-p'ing
Yun-yü
BALEINE
Loui-pi-tchin
Tien-houan
Tien-ts'ang
Fou-tchi
Tou-sse-koung
Yü-lin-kiun
VERSEAU
Fou-youe
Pé-lo-sse-mun
POISSON AUSTRAL
ATELIER CHIMIQUE
Tien-yü
MACHINE ELECTRIQUE
ATELIER DU SCULPTEUR
Pá-koueï
GRUE
PHÉNIX
40
30
20
10
360
350

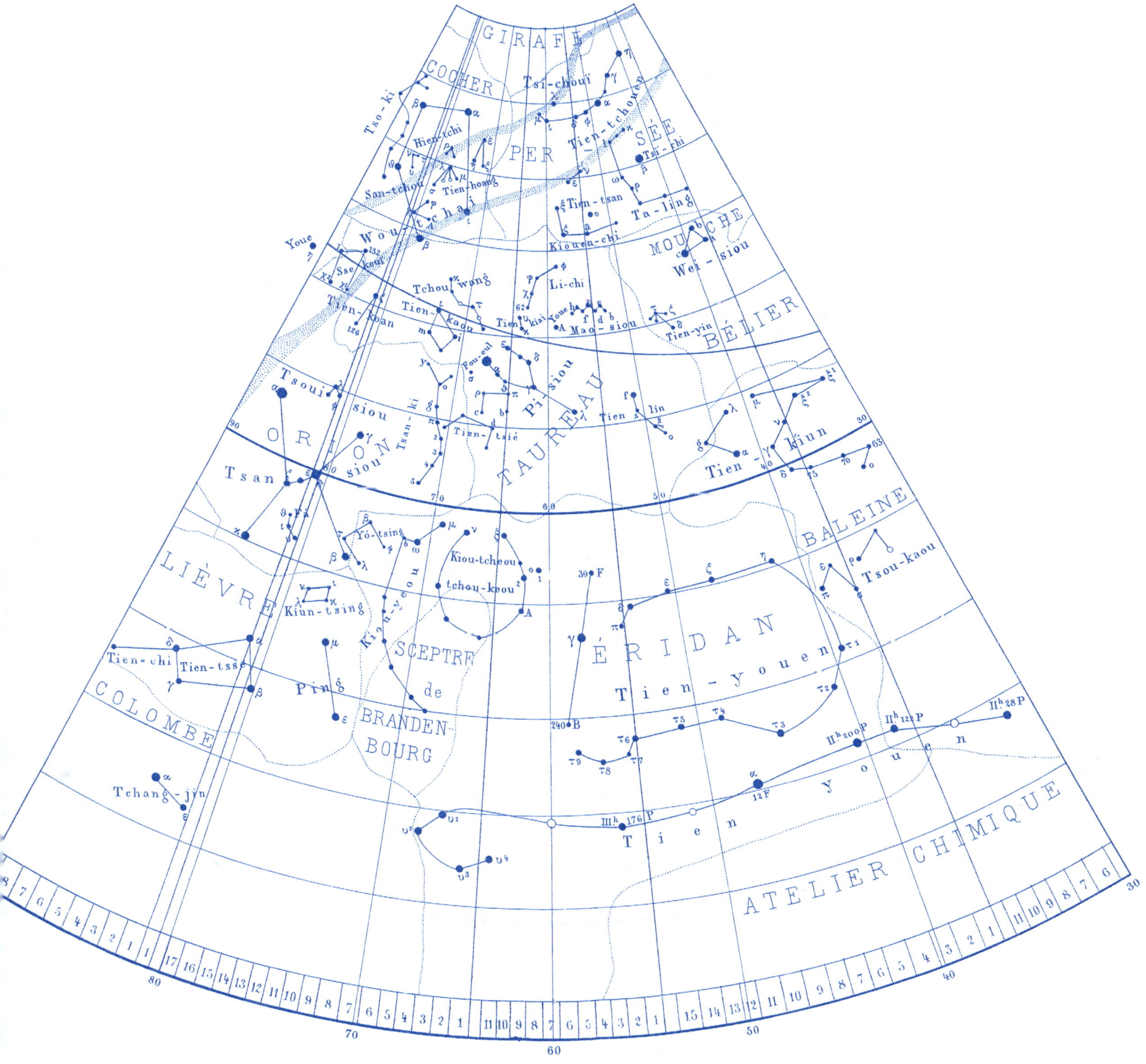
GIRAFE
COCHER
PERSÉE
MOUCHE
BÉLIER
ORION
TAUREAU
BALEINE
LIÈVRE
ÉRIDAN
SCEPTRE de BRANDENBOURG
COLOMBE
ATELIER CHIMIQUE
Tsi-choui
Tso-ki
Hien-tchi
San-tchou
Tien-hoang
Tien-tsan
Ta-ling
Tsi-chi
Wou-tche
Kiouen-chi
Wei-siou
Youe
Sse-kouai
Tchou-wang
Li-chi
Tien-koan
Tien-kaou
Mao-siou
Tien-yin
Tsoui-siou
Pi-siou
Tien-lin
Tsan-ki
Tien-tsié
Tien-kiun
Tsan
Tsan-siou
Yö-tsing
Kiou-tcheou
tchou-keou
Kiun-tsing
Kiou-yeou
Tsou-kaou
Tien-chi
Tien-tsse
Pin
Tien-youen
Tchang-jin
Tien-youen

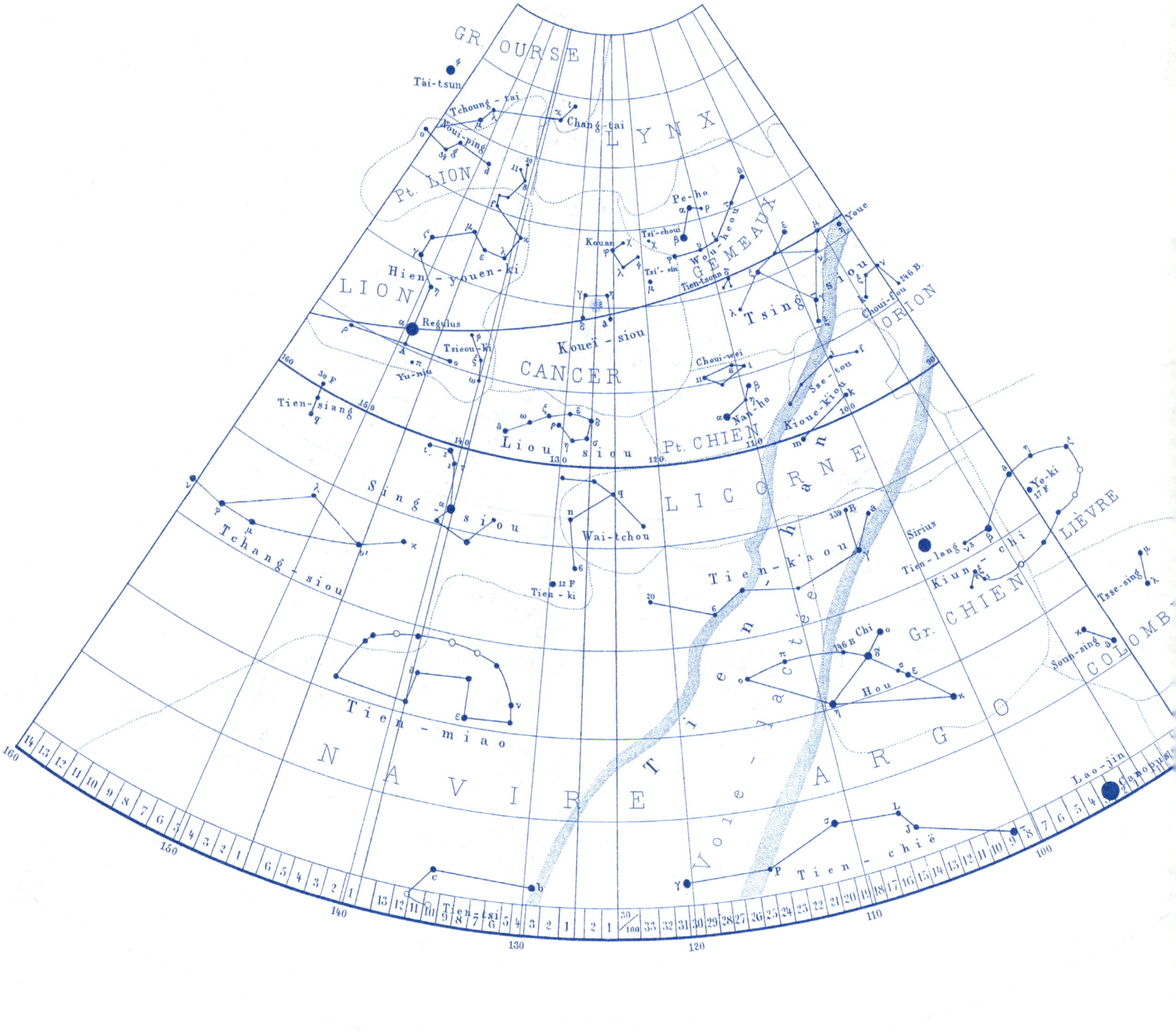

I HIMMEL, STERNE UND MILCHSTRASSE

Himmel

TIAN – HIMMEL | TAG | HIMMELSGOTT

P 34

Das Ideogramm für 'Himmel' entstand aus dem Zeichen für 'gross': *Da*. In der Frühzeit zeigt es schematisch einen breitbeinigen Menschen mit ausgestreckten Armen, dessen runder Kopf um das 9. Jahrhundert v. u. Z. zu einer Linie wurde, die das 'Oben' des Himmels darstellte.[122]

Seit alters her wurde er als Firmament gesehen, das der Erde seine glatte konkave Seite zeigte und überwiegend als kristallin galt: Kristall hielt man für versteinertes Eis. Himmel und Himmelskörper wurden als mineralisch gesehen: Das Blau des Himmels mochte wie in Mesopotamien von Lapislazuli herrühren, die Sterne aus Kristall sein oder Jade (die als weiss, rein, edel, magisch und durchscheinend galt) und auch die Planeten aus Mineralien bestehen: Jupiter aus Azurit, Mars aus Zinnober, Saturn als 'Fürst Gelbstein' aus Auripigment oder Gelbem Ocker, Venus aus Cerrussit und der von der Sonne verbrannte Merkur aus Kohle.

Derart kamen die späteren Vorstellungen des Himmels als mineralische Landschaft samt Palästen aus Juwelen und Edelsteinen und kristallinen Bewohnern auf. Der Zenit jedoch hatte ein Loch, durch das die Blitze zuckten – und darüber befand sich das Nichts; analog dazu bestand auch zwischen Himmel und Erde eine Lücke, in der sich ebenfalls Leere ausdehnte.[123]

Dass der Himmel nur fahlblau ist, erklärte man sich damit, dass er so weit entfernt ist, wie das alte Buch *Zhuangzi* meint. Wie weit, darüber stellte man später Schätzungen an, die zwischen 178 500 und 409 000 Li – rund 90 000 bzw. 200 000 km – lagen.

SCH 34, 41, 39–40, 36, 255–257

Kosmologien der Han-Zeit sehen den Himmel als Reservoir der sich in Yin und Yang teilenden Lebenskraft Qi, die das All bewegt. Der dort samt anderen Göttern und omenreichen Tieren residierende Himmlische Herrscher Tian Di öffnete seinen Palast den Verstorbenen, die zu ihm in den Himmel kamen. In späterer Zeit wurde daraus der Sitz des 'Obersten Einen' *Taiyi* in 10 Draconis, der jedoch seine Gunst nur noch den Herrschern auf Erden erwies.[124]

Traditionell am verbreitetsten war jedoch die Ansicht, dass der Himmel rund und die Erde quadratisch sei. Die Erde wurden deshalb mit einem rechteckigen Karren verglichen, vor dem ein aufgespannter Schirm aufstand, der sie kuppelartig bedeckte.[125] "Die Sterne darauf sind miteinander verbunden wie Perlen auf Schnüren"[126] – wie das auch in der indischen Kosmologie zeitweise so gesehen wurde. In dieser Ansicht gab es etwas jenseits des Himmels, ausser- und oberhalb von ihm, wobei der Himmel für manche so durchsichtig sein kann, dass die Sterne hindurch scheinen wie Kerzen durch das Glas einer Laterne. Die Probleme dieser Anschauung wurden jedoch bereits von dem Dichter Qu Yuan um 300 v. u. Z. thematisiert: "Woran sind diese kreisenden Schnüre festgemacht? Wo wurde der himmlische Drehzapfen aufgestellt? Wo liegen die Grenzen des mehrschichtigen Himmels und wo kommen sie zusammen?"[127]

Im Gegensatz dazu setzte sich in der Han-Zeit die von Hundun abgeleitete Vorstellung des Umhüllenden Himmels Huntian durch, der zufolge der Himmel die Erde umschloss wie ein Ei sein Dotter.[128] Der Himmel galt dann als Kondensat des Qi als Pneuma der Urzeit und der Feuchtigkeit, die Erde und Gewässer ausdünsten. Beides bildet eine Blase, deren Haut fest genug bleibt, um ihre Form zu wahren: "Da ist Wasser sowohl oberhalb als unterhalb des Himmels und die Erde wird von dem Pneuma gehalten, das es von ihm erhält; sie schwimmt auf dem Wasser. Die Drehung des Himmels gleicht der eines Rades auf einer Achse, und Wasser bildet die Hülle sowohl des Himmels wie der Erde."[129] Diese Vorstellung erweiterte eine andere Ansicht, der zufolge die Erde von einer uneingeschränkten Nacht umschlossen war, in der die Himmelskörper frei in der Mitte eines hohen und grenzenlosen Raumes schwebten.

So vage die Vorstellung über die Beschaffenheit des Himmels und so abstrakt die Anschauung in Sternbildern blieb, umso zentraler war die Ansicht seiner grossen spirituellen Komponente. Sie sah den Himmel als moralische Autorität und richtende Instanz, die ihre Omen mittels der Himmelskörper signalisierte. Es gab aber auch Auffassungen, die den Himmel weiterhin als pantheistisches Wesen sahen; ihnen zufolge gebar die vitale Energie seines Pneumas alle irdischen Lebewesen mehr oder minder blind und ziellos.

Von den Astronomen unterschieden wurde am Himmel die Rote Strasse des Äquators und die Gelbe Strasse der Ekliptik. Zum Zweck der Astrologie wiederum unterteilte man den Himmel – entsprechend den neun Urkontinenten sowie den acht Himmelsrichtungen samt Mitte – in neun Regionen, die sich auf die einzelnen Reichsteile beziehen liessen.

SCH 34–39, 75 und SCH1 403

Sterne

XING | SING – DIE HIMMELSERSCHEINUNG

SCH 106

Der Begriff für 'Stern' bezeichnet – wiewohl darunter Sterne, Asterismen, aber auch Sonne, Mond und Planeten subsummiert werden – weniger den Himmelskörper an sich, als seine leuchtende Erscheinung am Himmel, die sich nicht auf einen Lichtpunkt beschränken muss. Es ist dies die passende Bezeichnung für Asterismen, die eher expressiven Symbolen und abstrakten Diagrammen gleichen, ohne figürliche Ähnlichkeiten aufzuweisen. Bei der hier gebräuchlichen Übersetzung mit 'Gestirn', müsste man jedes Mal erklärend 'Himmelserscheinung' hinzufügen, um deutlich zu machen, dass die Sterne im Laufe der Zeit zunehmend weniger als konkrete Himmelskörper, sondern als 'phosphorische' Phänomene gesehen wurden: als 'Stern-Zeichen' im eigentlichen Sinn des Wortes.

Die Anschauungen schwanken zwischen Sternen als beseelten Göttern, die – vom Himmelsherrscher meist abgesehen – keine menschlichen Züge hatten, sondern unausdenkliche Wesen waren, welche die verschiedensten Formen und Gestalten annehmen konnten, und den Sternen als den Zeichen und Signalen dieser Wesen.

SCH 132, 220, 224

Sterne wurden zunächst und allgemein verbreitet als von steinerner Beschaffenheit gesehen. Sie gehen deshalb auch im wörtlichen Sinne unter, das heisst, sie versinken noch im Meer, dass die Erde umschliesst.[130] In späteren Vorstellungen entstehen die Sterne wie die Milchstrassee aus den Ausdünstungen irdischer Flüsse; deren Dunst zieht in verfeinerter nebliger Form nach oben, um am Himmel den grossen Fluss zu bilden, "aus dem die Schar der Sterne hervorkommt".[131]

Andere Astronomen des 1. Jahrtausends u. Z. sehen sie als Produkt eines primordialen Atems, der auf mystische Weise mit den irdischen Flüssen verbunden ist. In diesem daoistischen Denken werden die Sterne als Kondensat des Pneumas einer urzeitlich generativen Materie betrachtet: gewissermassen aus Fruchtwasser entstanden. Ihre Form wird in der Erde erzeugt und keimt dann in dieser Form im Himmel heraus: Daher beeinflussen sie sich weiterhin.

Für die einen sind die Sterne gleichzeitig mit Sonne und Mond aus dem Urnebel hervorgegangen, für die anderen erst nach ihnen, indem das heisse Pneuma Feuer erzeugte, aus dessen embryonischer Essenz sich hierauf die Sonne formte; das kalte Pneuma hingegen erzeugte Wasser, aus dessen embryonischer Essenz der Mond hervorging – was von beidem übrigblieb, wurde zu den Sternen.

SCH1, SCH 42–44

Dennoch sah man in den Sternen weiterhin auch Wesen; wobei die Anschauungen schwanken zwischen Sternen als unausdenklichen Wesen, welche die verschiedensten Formen annehmen konnten und für welche die Asterismen ihre Zeichen und Signale waren – und Sternen als beseelten Göttern, die wie der Himmelsherrscher anthropomorph gedacht waren.

Dann aber waren sie sehr oft weiblich – wie die im Daoismus verbreitete Vorstellung von Jadefrauen, deren kristallines Weiss sie zu Sternen und Sternenboten erhebt, von geisterhaften Damen wie der Mondfrau und leuchtenden Sternen, die den höchsten himmlischen Wesen als Hausmädchen dienen und einen Becher voll fahlem Gebräu reichen, das einem ewiges Leben schenkt, wie der Dichter Li Bai meinte.

In Ursa Maior wiederum sah man "eine Frau sitzen, um deren göttliche Gestalt sich purpurne Wolken drehen". Dem Gründer der Mao-Shan-Schule Yang Xi (330–386) erschien so eine Göttin ganz aus strahlend stellarem Stoff, kristallen und von innen heraus leuchtend, ihre Organe gleich Juwelen funkelnd: "Himmlischer Phosphor, aufglänzend hoch oben: die Augen runde, doppelt helle Linsen, die Gestalt Des Roten Vogels und die Knochen Des Drachen, das Hirn farbig wie die Juwelen der Meteore, die fünf inneren Organe aus Purpur gewebt, im Herzen gefiederte Schriften."[132]

Solche Wesen betete man aber schon vor der Tang-Zeit an, indem man Riten zelebrierte für die Gottheiten in und um den Himmelspol, damit sie herabkämen und in einen hineinführen: Auf dass sie einem helfen, den Embryo seines zukünftigen unsterblichen Selbst zu formen.[133]

Jeder Stern hat so seine eigene Persönlichkeit und Macht, mit seinen eigenen Vorlieben und Abneigungen; die einen bewirken Gutes, die anderen Schlechtes. Jeder Tag wird von einem Asterismus bestimmt, am wichtigsten aber wurden schliesslich Der Nördliche und Der Südliche Scheffel sowie Der Stern Der Langlebigkeit, denen man nachsagte, über Tod und Leben bestimmen zu können; für sie entzündete man Räucherstäbchen und brachte einen Scheffel Reis als Opfergabe dar. Die Geister Des Nördlichen Scheffels verzeichneten alles, was ein Mensch tat, seine Sünden wie seine guten Taten und verkürzten oder verlängerten sein Leben dementsprechend.[134]

GUAN – DAS AMT

A 8

Diese Bezeichnung rührt daher, dass die allermeisten Asterismen – ob sie nun aus einem oder mehreren Sternen bestanden – als göttliches Amt oder es ausfüllender göttlicher Beamter gesehen wurden, die ihren irdischen Gegenstücken als Vorbild dienten. Aber auch die Objekte am Himmel bestimmten über etwas, regierten es oder standen etwas leitend vor.[135] Das astrale Amt ist nicht als konkrete Entsprechung der irdischen Funktion zu verstehen, vielmehr als die numinose Macht und Eigenschaft, für die ein Amt auf der Erde steht, das sie umsetzen soll.[136]

Sternbilder

TIAN WEN – DAS HIMMELSMUSTER

Statt Sternbildern wie sonst in den Sternbildkulturen sah man am Himmel eher – im Unterschied zu den abstrakten 'Himmelserscheinungen' – eher schematische Zeichen, Muster anstatt Figuren, welche die übernatürlichen Mächte repräsentierten, die unsichtbar dahinter wirkten. Diese Zeichen begann man ab der späten Zhou-Zeit (1046–256 v. u. Z.) zu 'lesen': Ihre schematischen Formen entsprachen bereits a priori chinesischen Ideogrammen.[137]

P 6, SCH 3

XIANG – DAS ABBILD

Im daoistischen Denken erzeugte das urzeitliche Pneuma sowohl die Kreaturen (*Xing*, 'Gestalten') als auch die Sterne als deren astrale Abbilder und Gegenstücke (*Xiang*, 'Simulacrum'); beide beeinflussen sich gegenseitig. Sonne, Mond und die Sterne sind Himmlische Bilder auch in dem Sinn, dass sie stabile Zeichen sind, im Gegensatz zu den abnormen, die als Omen aufzufassen sind.

SCH 42–43, CHA 21

XING CHEN – DAS CHRONOGRAMM

Mit diesem Begriff werden jene Asterismen bezeichnet, die analog zu unseren zwölf Sternzeichen die zwölf Stationen des Jupiter entlang der Ekliptik und die 28 Sektoren der jeweiligen 'Herbergen' bezeichnen, die im Laufe des Jahres der Reihe nach sichtbar werden. Sie werden wörtlich als 'Himmelserscheinungen der Zeit' bezeichnet: was sich kurz mit 'Chronogramm' übersetzen lässt.

SCH 5

Milchstrasse

TIANHE | T'IEN-HO – DER HIMMLISCHE (FLUSS) HE
YINHE | YIN-HO – DER SILBERNE HE
JIANGHE | KIANG-HO – DER ROTE HE
TIANHAN | T'IEN-HAN – DER HIMMLISCHE (FLUSS) HAN
QINGHAN | TSING-HAN – DER REINE HAN
XINGHAN | SING-HAN – DER BESTERNTE HAN

U 208

YUNHAN – DER WOLKIGE FLUSS

CHA 258

'Wolkiger Fluss' scheint ein alter Name der Milchstrasse gewesen zu sein; als ihr Herr galt der Flussfürst Hebo, der in einem wolkigen, von Fischen gezogenen Wagen abgebildet wird.[138] Später hielt man sie für die Ausdünstung des Gelben Flusses Huanghe im Norden des Landes oder des weniger schlammigen Stromes Han Jiang, einem Zufluss des Yangzi; sie kondensierte als deren Quintessenz am Firmament, wie es in einem Buch um 200 u. Z. heisst:[139] "Die Sterne sind der obere Teil des primären Äthers, die Essenz des Wassers des Himmelsstroms. Der Äther wird [von der Erde] ausgehaucht und steigt nach oben, wo seine glänzende Essenz in einem sich windenden Lauf fliesst und wellt, den man 'Himmelsfluss' oder 'Nebeligen Fluss' nennt. Alle Sterne werden von ihm erzeugt."[140]

Er wird als 'himmlisch', 'wolkig' oder 'besternt' bezeichnet; als 'silbrig' erscheint dieser, am Himmel eine Barriere bildende Fluss besonders im Herbst, wenn der Monsun vorüber ist. Darauf bezieht sich ein Gedicht Du Fu's aus dem 8. Jahrhundert, das im zweiten Vierzeiler darauf zu sprechen kommt, dass Der Ochsenzieher in Capricorni und Die Weberin in Lyra sich dann wieder treffen können:

"Im Rest des Jahres erlaubt er sich entweder hell oder dunkel zu sein; doch wenn der Herbst naht, glänzt er stetig und hebt sich ab, selbst wenn ihn fahle Wolken dann bedecken, behält er seine Klarheit die ganze Nacht.

Er enthält Gestirne, welche sich auf den Wachttürmen bewegen; und als Gefährte des Monds erhellt er Städte an der Grenze. Ochsenzieher und Weberin überqueren ihn dann jedes Jahr – denn wann würde er je windige Wellen aufwerfen?"

Der Fluss der Milchstrasse teilt sich in der Nähe des Nordpols – bei der Himmlischen Furt in Cygnus – in zwei Arme; "sein himmlisches Wasser durchfliesst den Himmel und ergiesst sich dann unter der Erde."[141] Diese Furt ist der Prototyp aller irdischen Furten und Brücken; dank ihrer "können die Gottheiten mit den vier Vierteln des Himmels kommunizieren".[142]

Man dachte, dass der Himmelsfluss sich auf beiden Seiten hinter dem Horizont mit den Wassern der Unterwelt verbindet, welche die tiefen Quellen des Ozeans speisen. Zudem glaubte man, dass die tägliche Drehung des Himmels dort, wo der Himmelsfluss in Cygnus in zwei Armen herabstürzt, jenen Schwall Wasser erzeugt, welcher die Gezeiten auslöst.

Die Verbindung des Sternenflusses mit dem Meer machte Reisen in den Himmel denkbar, wie dies folgende von dem daoistischen Denker Zhang Hua im 3. Jahrhundert aufgezeichnete Legende zeigt, die dem berühmten Astrologen Yan Junping aus dem 1. Jahrhundert v. u. Z. die Hauptrolle zuweist.

EINE HIMMELFAHRT

"Ein altes Sprichwort besagt, dass der He im Himmel mit dem Meer verbunden ist. Es ist noch nicht so lange her, da lebte ein Mann auf einer Insel unweit der Küste. Jahr um Jahr, ohne Fehl, schwamm im achten Monat ein Floss heran und driftete dann weiter. Da kam der Mann auf ein seltsames Vorhaben: Er installierte darauf ein bewegliches Observatorium und verstaute reichlich Proviant. Dann bestieg er das Floss, das wieder ablegte. Gut zehn Tage lang konnte er noch die Sterne, den Mond und die Sonne und das ganze Firmament sehen, doch danach, im dunklen Tohuwabohu[143] des Unermesslichen, wusste er bald nicht mehr, ob es Tag oder Nacht war.

Nach zehn weiteren Tagen erreichte er einen Ort, der einer von Mauern umgebenen Stadt glich, um die es eine Stadtmauer und Befestigungen zu geben schien, Häuser und Gebäude, die alle sehen können. Die Häuser und Gebäude waren alle beeindruckend fest. Von weitem sah er eine Frau in einem Palast, die sehr mit Weben beschäftigt war, und einen Mann, der einen Ochsen zur Tränke zog. Der Kuhhirte war überrascht, ihn zu sehen und sagte: 'Wie bist du denn hergekommen? Und woher?' Worauf der Mann ihm von seiner Reiselust erzählte und ihn seinerseits fragte, woher er denn jetzt gekommen sei? 'Geh zurück ins Land Shu [das heutige Sichuan], mein Herr', war die Antwort, 'und frag Yan Junping – dann wirst du's begreifen!' Am Ende ging er gar nicht an Land, sondern kehrte auf der festgelegten Sternenbahn zurück. Als er in Shu ankam, fragte er Yan Jungping, der meinte: 'An einem bestimmten Tag in dem Monat in dem Jahr gab es das Gestirn eines Fremden, das sich überraschend im Gestirn 'Ochsenzieher' zeigte.' Er berechnete dann das Jahr und den Monat – und es geschah dies genau zu der Zeit, als der Mann am Himmelsfluss angekommen war!"[144]

'Gaststern' oder 'Fremder Stern' waren Ausdrücke, die für eine Supernova verwendet wurden.

Eine in etwa gleich alte Legende demonstriert, dass der Himmelsfluss auch am entgegengesetzten, westlichen Ende in den irdischen He überging: "Vor langer Zeit lebte ein Mann, der auf der Suche nach der Quelle des He war. Er erblickte eine Frau, die am Waschen von Seidengaze war. Als er sie dazu fragte, sagte sie: 'Das ist Der Himmlische He.' Dann gab sie ihm einen Stein, den er mit zurück nach Hause nahm. Dort zeigte er ihn Yan Junping, der meinte: 'Dies ist der Keil, der den Webstuhl Der Weberin stützt.'"[145]

Diese Legende wurde wiederum von Li Shangyin im 9. Jahrhundert in ein vierzeiliges Gedicht verwandelt: "Fremder aus Übersee auf deiner Flossreise durch die purpurnen Dünste: Hat die Sternfee zu weben aufgehört, als sie dich hörte? Du musst nicht des Ochsenziehers Eifersucht wegen verzagen – ich werde dir diesen Keil, der ihren Webstuhl stützte, schenken, mein Herr!"[146]

Der Himmelsfluss wurde zugleich als Quelle von Regen und Tau gesehen, die man besonders aus den Sternen von Gemini auf die Erde herabkommen sah: "Funkelnd wie Juwelen fällt der Bestern-te He, tränkt das Moos und besprüht die Kiefern!"[147] Von einem in unserer Milchstrasse befindlichen Stern in Serpens namens 'Himmlische Milch' kam wiederum honigsüsses Manna auf die Erde herab.

Wo man die Arme des Himmelsflusses auf die Erde herabreichen sah, mussten heilige Ort liegen: Klöster, Einsiedeleien oder der kaiserliche Palast – für dessen Herrscher der Himmel herabkam, um ihn mit seinem Tau oder Nieseln zu segnen.

SCH1

II DER FRÜHLINGSHIMMEL

Der Himmel ist in vier Grossternbilder unterteilt, die für die vier Jahreszeiten stehen und symbolisch den vier Himmelsrichtungen und vier Farben entsprechen: Der Blaugrüne Drache des Frühlings steht für den Osten, der Weisse Tiger des Herbstes für den Westen, der Rote Vogel des Sommers für den Süden und die 'Schwarzer Krieger' genannte Schildkröte des Winters für den Norden. Aus den Angaben zu ihren jeweiligen Körperteilen ergibt sich, dass der Tiger den Vogel anspringt, der seinen Kopf zurück zum Drachen dreht, der wiederum – wie seine beiden Hörner vorgeben – den seinen zurück zur Schildkröte wendet. Indem Herbst und Winter in gegensätzliche Richtungen blicken, wird die Jahreswende zwischen sie gesetzt; Frühling wie Sommer hingegen schauen auf den Winter zurück – ihre Köpfe entgegen dem üblichen Schematismus von Sternbildern so in sich verdreht, dass dies als späte und artifizielle Symbolik erscheint.

Überzeichnet werden diese vier jahreszeitlichen Sternbilder von jeweils sieben *Xiu*, 'Herbergen'. Dieser Name wird mit den Zeichen für 'hundert Menschen' und 'Dach' oder 'eine Nacht' und 'Dach' geschrieben und bezeichnet damit einen Gasthof oder eine Raststation am Weg, in dem sich die Sonne, der Mond und die fünf Planeten eine Nacht lang aufhalten. Es sind dies die insgesamt 28 Abschnitte des Himmels, die der Reihe nach im Laufe des Jahres im Abstand von dreizehn Tagen (plus einem Zusatztag am Ende des Jahres) kurz nach der Dämmerung im Westen um den Sonnenuntergangspunkt sichtbar werden; da dort auch der Neumond erscheint, werden sie zudem als Mondstationen aufgefasst. Die Unterteilung in 28 Segmente ist jedoch eine späte und artifiziell astronomische.[148]

Als zur jeweiligen Herberge gehörig wird jeder andere – astronomisch 'Paranatellon' genannte – Asterismus betrachtet, der zugleich damit sichtbar wird. Diese Asterismen sind als schematische Zeichen zu verstehen, die nur in seltenen Fällen so figürlich sind, dass sie sich auch als realistisches Sternbild auffassen lassen.

Im Daoismus wurden die vier Grossternbilder auch als 'Numina' aufgefasst, wobei in der Zeit der Han statt dem Tiger das ebenfalls weisse Einhorn stand. Sie symbolisierten dann die vier Klassen der Tiere: Fell (Einhorn), Federn (Vogel), Schuppen (Drachen) und Schalen (Schildkröte).[149]

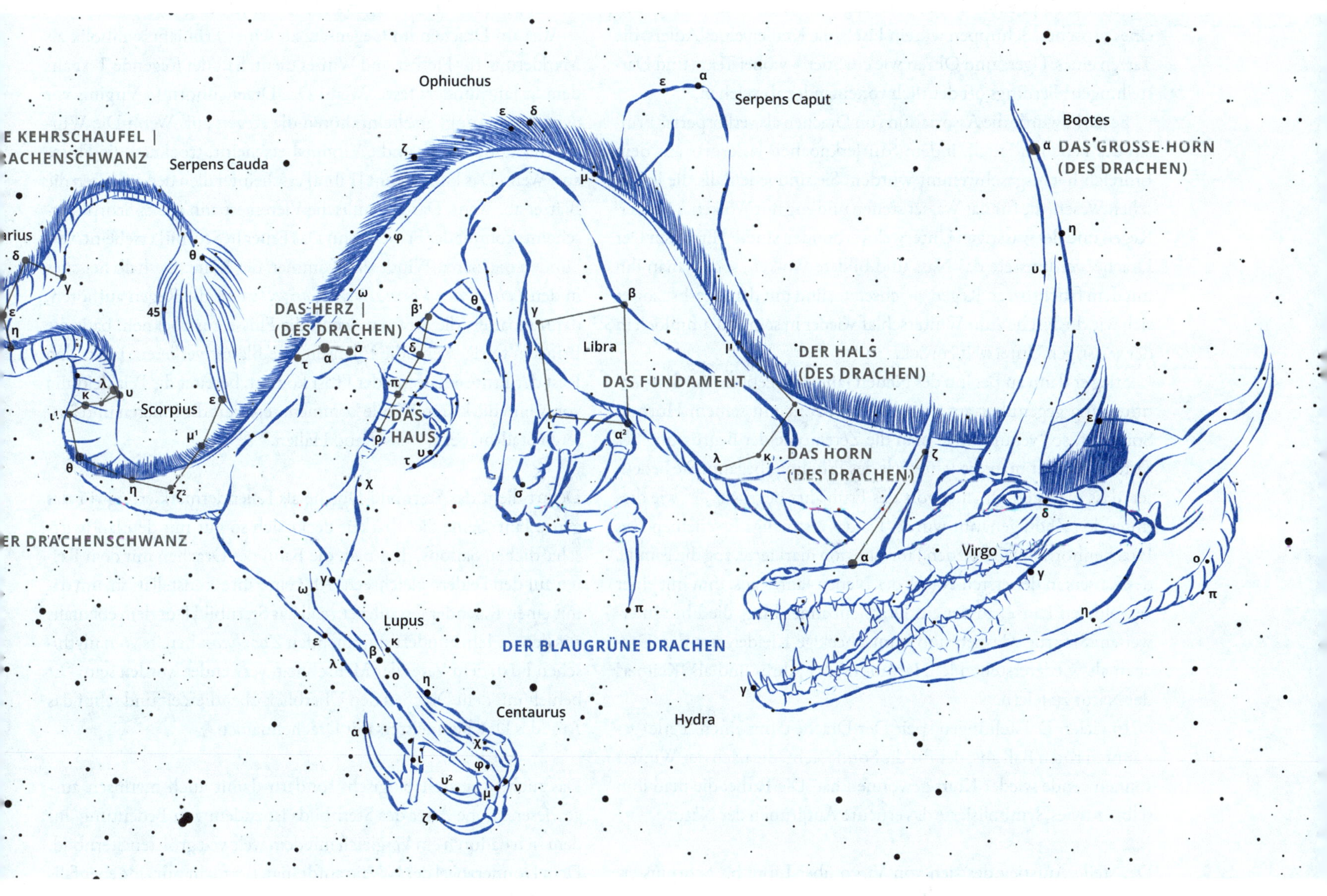

CANG LONG | TS'ANG-LUNG – DER BLAUGRÜNE DRACHEN

X | K 157

Die Bedeutung von *Cang* reicht von grasgrün bis himmelblau; Etymologie und Bedeutungshof von *Long*, des heute überwiegend als *Qing Long* bezeichneten Drachen, legen nahe, dass darunter ursprünglich der Regenbogen verstanden wurde und in der Folge eine (weltweit von Indien über Australien bis zu den Anden verbreitete) ebenfalls männliche Regenschlange als Gottheit der Wolken und des Wassers.[150]

Zu einem wörtlich 'Schrecklichen'[151] und stets spitzzähnig abgebildeten Drachen verwandelte sich diese Schlange späteren schriftlichen Quellen zufolge durch fossile Funde in mehreren Regionen Chinas. Darunter sind durch Erosion an den Tag getretene Saurierskelette zu verstehen, die wie in der Mongolei etwa auch in der Nähe von Goldadern zum Vorschein kamen: Woher letztlich die bei uns kursierende Sage von auf Schätzen sitzenden Drachen stammt.[152]

Im Gegensatz zu unseren Vorstellungen sind die chinesischen Drachen nicht geflügelt und feuerspuckend: Sie ähneln vielmehr einem länglichen Tatzelwurm mit scheusslichem Gebiss und je einem Horn an Nase und Stirn, der Meerschaum vor sich herbläst und dem Blitze aus den grossen Augen schiessen. Einer späten Quelle zufolge haben sie den Kopf eines Kamels, die Augen einer Schlange, den Bauch eines Frosches, Schuppen wie ein Fisch, die Krallen eines Adlers, die Tatzen eines Tigers und Ohren wie ein Stier – wobei Texte und Darstellungen allerdings oft deutlich voneinander abweichen.

Bestärkt wurde die Assoziation von Drachen als verkörpertes Prinzip des Feuchten auch, indem Saurierknochen vielerorts aus dem Erdreich herausgeschwemmt wurden. Sie sind jedenfalls die ikonischen Wesen, die für das Wasser stehen und eng mit Wolken, Donner, Regen und der wässrigen Unterwelt verbunden sind.[153] Erschien Der Drache, verdunstete das Nass und bildete Wolken, sodass man ihn mit dem fruchtbaren Regen gleichsetzte; und mit dem Herbst zog er sich wie die Fische zum Winterschlaf wieder in sein Schlammloch in der wässrigen Unterwelt zurück.

Stieg er dann zu Beginn des Neuen Jahres im Februar bei Sonnenuntergang gegenüber am östlichen Horizont mit seinem Horn in Spica auf, so "veranstaltete man die Zeremonie der Begrüssung des Ostens, mit der man die Jahreszeit des Frühlings begann: Sie bedeutet, dass man den Drachengott des Frühjahrs begrüsst",[154] wie dies unter den Zhou genannt wurde. Da das erstmalige Erscheinen Des Drachenhorns im Osten den Jahresbeginn markierte, zog die Familie des Kaisers in der ersten Nacht des Neuen Jahres aus, ihm mit einer vergoldeten Lanze, an der ein Drachenbanner hing, die Ehre zu erweisen: Sie trug Masken und buntscheckige Kleider, um den Drachen als wiedererstehende 'Harmonie' des Jahres und als 'Keimer' der Natur zu feiern.

In vielen Darstellungen speit Der Drache dann einen 'Perle' genannten roten Ball aus, der für die Sonne steht, die nach der Wintersonnenwende wieder Kraft gewonnen hat. Die Farbe, die man ihm selbst zuwies, symbolisierte das erneute Aufgrünen der Natur.

U 49–51, 57–58

Der steile Aufstieg des sich von Virgo über Libra bis Scorpius erstreckenden Drachen vom Horizont im Frühling hat dem Sternbild seinen Bezug zum Flug und später noch angehängte Flügel eingetragen. Der erste Vollmond dann kündigte an, dass jetzt alles zur Aussaat vorbereitet werden musste. Mit seinem Aufstieg wurde es auch Zeit für das grosse, von rituellen Tänzen begleitete Regenopfer, das bereits im 8. Jahrhundert v. u. Z. dargebracht wurde. Noch in jüngster Zeit hiess es, dass "am Zweiten des zweiten Monats Der Drache seinen Kopf hebt"; dann werden 'Drachenschuppenkuchen' und 'Drachenschnurrbartnudeln' verzehrt und vielerlei aufgeführt, um den Drachen zu veranlassen, milde Frühlingsbrisen und rechtzeitig Regen zu schicken. Bei der Sommersonnenwende schwebt der zuvor vertikal aufsteigende Drache dann waagerecht in der Luft und füllt mit seinen fast 90° Länge den südlichen Himmel aus. Mitte August tauchen Kopf und Hörner wieder hinter den Horizont im Südwesten, worauf Der Drache in seinen nassen Abgrund zu versinken beginnt. Er zeigt sich dann erst wieder im Oktober mit seinem Horn: Diesmal jedoch nicht nach Sonnenuntergang, sondern kurz vor Sonnenaufgang, um erneut senkrecht aufzusteigen. Die Hörner geben dabei eine stets rückwärts gewandte Blickrichtung vor.

Was am Drachen im Gegensatz zu seiner Frühjahrssymbolik als Markierung für Herbst und Winter dient, hält der folgende Text aus dem 4. Jahrhundert fest: "Wenn Das Drachenhorn [α Virginis vor der Dämmerung] erscheint, hören die Regen auf. Wenn Die Wurzel Des Himmels [α und ζ Virginis] erscheint, trocknen die Flüsse aus. Wenn Das Fundament [Libra] erscheint, fallen den Pflanzen die Blätter ab. Wenn Das Himmlische Vierergespann [βδπρ Scorpii] erscheint, kommt der Frost. Wenn Das Feuer [α Scorpii] erscheint, verkünden die klaren Winde das Kommen der Kälte. Deshalb heisst es in den *Lehren der Vormaligen Könige*, 'wenn die Regen aufhören, dann repariert die Strassen; wenn die Flüsse austrocknen, baut die Brücken fertig; wenn die Pflanzen ihre Blätter verlieren, lagert den Rest der Ernte ein; wenn der Frost kommt, bereitet die Pelzkleidung vor; wenn die klaren Winde kommen, repariert die inneren und äusseren Stadtmauern, Paläste und Hallen.'"[155]

Derart dient das Sternbild Drache als Kalendermarkierung für das ganze Jahr: Seine Sichtbarkeit deckt sich so gut mit den landwirtschaftlichen Saisons, dass man die Bahn des Drachen mit dem Reifen auf den Feldern gleichsetzt. Als Ganzjahreskonstellation, um damit einen Kalender festzulegen, soll das Sternbild laut dem ebenfalls aus dem 4. Jahrhundert stammenden *Zuozhuan* bereits vom mythischen Fuxi, dem Vater der Menschheit, verwendet worden sein: "Er behielt mit dem Drachen den Überblick über die Zeit und schuf das Amt des Drachenmeisters mit Drachennamen."

P 47–55, 67

Das nicht nur archäologisch, sondern damit auch mythisch ausgewiesene hohe Alter des Sternbilds ist zudem von Bedeutung, indem sich dadurch ein Vergleich mit dem weltweit grössten Sternbild, Dem Donnervogel der Navajo aufdrängt, der nicht nur eine ebenfalls eng mit Regen verbundene Symbolik aufweist, sondern gleichfalls als Sternbild dient, an dessen einzelnen Körperteilen sich der Kalender des ganzen Jahres ablesen lässt.

Zudem werden Drachen allgemein eng mit den Alligatoren des Yangzi assoziiert,[156] was auch eine Verbindung mit dem in Draco gesehenen Krokodil aufzeigt, das am Himmel der Inder gesehen wird, dort allerdings eine ganz andere Symbolik besitzt.

1 JIAO XIU | KIO SIOU – DIE HERBERGE DES HORNS

α – ζ Virginis

JIAO | KIO – DAS HORN (DES DRACHEN)

U 87, X | K 157

An diesem Asterismus machte man symbolisch den Beginn des neuen Jahres fest.

Die Sternenalmanache besagen: "Das Horn ist der Kopf des Frühlingsdrachens; es steht der Zeugungskraft des Frühlings vor. Wenn es erscheint, wachsen den Tieren die Hörner, brechen die Pflanzen aus ihrer Samenhaut, weshalb es den Verwandlungen der ganzen Schöpfung vorsteht." Wenn die beiden roten Sterne Anfang Februar im ersten Dunkel nach Sonnenuntergang im Osten aufgehen – wie dies im 4. Jahrtausend der Fall war – und dann morgens vor Sonnenaufgang am Horizont genau im Westen stehen, zeigen sie die erste Februarhälfte an, in der das von ihnen gebildete Horn die Erde öffnet: "Das Horn steht für Wachstum; indem die Schöpfung die Erde anstösst und aus ihr hervorkommt, scheint sie spitze Hörner zu haben."

Da mit ihrem morgendlichen Untergang die Arbeit auf den Feldern beginnt, werden die zwei Sterne auch wie der Asterismus darüber genannt TIANTIAN | T'IEN-TIEN – DIE HIMMLISCHEN FELDER.

U 89, X | K 174

WEISHOU | WI-CHEOU – ANFÜHRER DER VIER REGIONEN
TIANGEN | T'IEN-KAN – DIE WURZEL DES HIMMELS
TIANXIANG | T'IEN-SIANG – DIE HIMMLISCHEN MINISTER
TIANCHEN | T'IEN-TCHIN – DIE HIMMLISCHEN LEGIONEN

U 88–89, P 52

Die Namen beziehen sich darauf, dass das Gestirn die erste der vier Jahreszeiten anführt und es an der Spitze der als Heer sowie als Beamte des Kaisers gesehenen Sterne steht. Der Asterismus dieser beiden 'roten' Sterne bildet damit nicht nur figurativ die Wurzel des neu heranwachsenden Jahres, sondern steht auch für die nunmehr anzugehenden Feldarbeiten.

Wie hoch der Frühling und der Jahresanfang geschätzt wurde, zeigt dieses Gedicht aus einem klassischen Landwirtschaftskalender: "Die Arbeiter machen sich viel aus diesem Tag des Jahres; sie machen Wein und versammeln die Nachbardörfer. Gross und Klein wechseln nun die Kleider gegen neue und ermahnen sich, morgens früh aufzustehen. Die Väter, die schon fortgeschrittenen Alters sind, spielen lachend mit ihren Söhnen und Enkeln und die Mütter spüren jetzt noch grössere Mutterliebe: ihre weissen Haare hängen ihnen an den Ohren herab. Die Becher und Schalen werden den ganzen Tag vorbereitet: man isst und trinkt jetzt nur Köstlichkeiten. Herbeigerufen setzt man sich im Kreis und schaut, dass es die Alten und Gebrechlichen bequem haben. Die brachen Felder verlangen den Männern viel Kraft ab, man muss sie jetzt niederbrennen, sie umbrechen und besäen; man darf zum Anfang des Jahres nicht faul bleiben, denn mit ihm beginnen die Arbeiten am Land."

U 89–108

Den ganzen ersten Monat des Frühlings über fanden Feiern statt; man wusch seine Kleider, um alles Böse aus ihnen herauszubringen und bot ringsum Reissuppe an, um den harmonischen Hauch des Frühlings in die Häuser zu bringen.[157]

68 – 41 Virginis

TIANMEN | T'IEN-MUN – DAS HIMMELSTOR

U 488, X | K 174, P 403

Diese beiden an der Ekliptik stehenden Sterne gehen vor dem Asterismus des Horns auf und kündigen damit die eigentliche Öffnung des neuen Jahres an.

σ, τ Virginis

TIANTIAN | T'IEN-TIEN – DIE HIMMLISCHEN FELDER
JITIAN | TSÍ-TIEN – DIE PRINZLICHEN FELDER

Es gehörte traditionell zu den Aufgaben eines Herrschers, zusammen mit den Grossen des Reiches das 1000 chinesische Schritte grosse imperiale Feld mit eigenen Händen zu bestellen; er brachte dazu auch den Pflug in seinem Wagen. Eine Woche nach dem Frühjahrsäquinoktium begann er das Feld zu pflügen; seine höchsten Beamten mussten das dann zu Ende bringen: Dies symbolisierte die Frühlingsaussaat durch den Sohn des Himmels.

Die Ernte dieses Feldes wurde dann die Opfergabe für den Herrscher. 'Prinzlich' heisst dieses von zwei 'schwarzen' Sternen aufgespannte Feld, weil derjenige Prinz zum König erwählt wurde, der sich als erster Soldat und erster Priester erwies und sich auf diesem Acker nun auch als erster Arbeiter erweisen konnte.

U 89–90, X | K 174

k Virginis

JINXIANTSIN-HIEN – DIE BEFÖRDERUNG DER WEISEN

Der Name rührt daher, dass der Prinz am Morgen des ersten Frühlingsmonats eine Audienz abhielt, bei der es um die Besetzung von Stellen und Kompensationen ging. Der 'schwarze' Stern steht deshalb "der Suche nach Weisen und der Ernennung jener vor, die sich vom öffentlichen Leben zurückgezogen haben".

U 92

2 KANGXIU | KANG SIOU – DIE HERBERGE DES HALSES

μ - ι - κ - λ Virginis
KANG – DER HALS (DES DRACHEN)
SHUMIAO | SOU-MIAO – DER ÄUSSERE HOF

X | K 157, U 93

Kang bedeutet neben 'Hals' auch 'Vogelkehle' und *Miao* ('Tempel') steht in alten Wörterbüchern gleichbedeutend mit *Chao* ('Hof').

Der akronychische Untergang des Asterismus markierte das Ende des Februars und den Beginn des März. Der Morgen als *Chao* stand aber auch für die Audienz im Frühling, in der man dem Kaiser seine Aufwartung machte: So wie die Sonne aufgeht, während die Sterne untergehen, hob auch er sich dann von seinen Untergebenen ab, die vor ihm auf die Knie fielen.

Die Herrschaft eines Kaisers (wie er ab 221 u. Z. über den Königen stand) begann erst wirklich mit der grössten Feier des Jahres, dem Neujahrstag und dem 'Fest des dreifachen Beginns': nämlich des Jahres, der Tage und der Stunden. Man legte sich da dem Herrscher zu Füssen und wünschte ihm ein langes Leben – ähnlich wie Familien ihre Ahnen und den Familienältesten mit einem pfeffrigen alkoholischen Getränk als 'Becher der Langlebigkeit' ehrten. Da der Herrscher seine Untergebenen im Hof empfing, unterstellte man dies diesem Asterismus. Bei dieser Audienz wurden nicht nur laufende Angelegenheiten besprochen, sondern die Grossen des Reiches auch an ihre Aufgaben erinnert und für das ganze Jahr geltende Instruktionen erteilt. Diese wurden sodann von einem Herold dem Volk verkündet, der mit seinem Holzklöppel auf eine Glocke schlagend durch die Gassen lief.

Der Asterismus stand auch den Gerichtsverhandlungen vor, die in diesen Tagen unter dem Zeichen der Gnade vor sich gehen sollten, denn so wie der Frühling sich nun von den Banden des Winters befreit hat, symbolisierte er auch Amnestien für Gefangene und die Freilassung gefangener Tiere.

Zudem nahm er sich der Krankheiten an, da man den Körper am ersten Tag des ersten Monats im Frühling von den fünf Ausdünstungen geplagt sah. Um sie aus den Eingeweiden zu vertreiben, ass man in der Han-Zeit die fünf Gewürze: Ingwer, Senf, Knoblauch, Pfeffer und Zwiebel.

War das Gestirn klar zu sehen, sagte dies die Verlässlichkeit der Minister und ruhige Staatsangelegenheiten voraus.

U 93–96

π - 50 Virginis
JIEHANG | KIÉ-HANG – DER HALS (DES DRACHEN)
YUGUAN | YÓ-KOAN – DER RICHTER

Es war alter Brauch, dass der Kaiser sieben Tage vor Frühlingsbeginn die Richter anhielt, die Schuldigen zu verurteilen, kleine Vergehen jedoch nicht zu ahnden und die Unschuldigen freizulassen. Die Verhöre der Gefangenen fielen deshalb mit dem heliakischen Aufgang dieser beiden 'gelben' Sterne zusammen: Wie klar sie zu sehen waren, sagte etwas über die Gerechtigkeit der Urteile aus.

U 96–97

63 - 69 - 75 - 83 - 89 Virginis - HD 123934 und 124683
ZHEWEI | TCHÉ-WEI – DER ZURÜCKGEDRÄNGTE SCHRECKEN

U 98 und ST 9

Der Name bezieht sich darauf, dass mit dem Aufgang dieser Sterne die Nöte des Winters und damit die Gefahr von Krieg und Invasoren vorüber war, man sich nun den Freuden des Lebens hingeben und seine Ängste unterdrücken konnte.[158]

α Bootis
DAJIAO | TA-KIO – DAS GROSSE HORN (DES DRACHEN)
TIANDONG | TIEN-TOUNG – DER ÖSTLICHE PFEILER
GEXING | SING-KÉ – STERN DER ANKUNFT

Der Blaugrüne Drachen hat mehrere Hörner. Der akronychische Untergang des Arcturus im Westen kurz vor Sonnenaufgang markierte den Frühling, weshalb er auch 'Stern der Ankunft' genannt wurde.

Ab Sonnenuntergang jedoch war Arcturus in diesem Monat im Nordosten vertikal vom Horizont in den Zenit aufgestiegen, was ihm den Namen ÖSTLICHER PFEILER als 'Stütze des Himmels' eintrug.

U 98–101, X | K 146

TIANHUANG | T'IEN-HOA – KAISER DES HIMMELS
TIANZHUANG | T'IEN-TCHOANG – DAS HIMMLISCHE BANNER

Da mit diesem prominenten roten Stern die Regierungszeit des Kaisers auf Erden im ersten Monat des Jahres in der ersten Jahreszeit begann und der Kaiser sich als Stellvertreter des Himmels sah, wurde der Stern auch 'Himmlischer Kaiser' genannt.

Im *Buch der Riten* heisst es: "Drei Tage vor Beginn des Frühlings, berichtet der oberste Beamte dem Kaiser: 'Am Tag X wird der Frühling beginnen und die regenerative Tugend im Planet Jupiter sein' – worauf der Kaiser zu fasten begann. Am ersten Tag des Frühlings empfing er an der Spitze der Fürsten, Hochgestellten, Grossen und Minister im östlichen Opfergelände den Frühling. Um der neuen Sonne die Ehre zu erweisen, fuhr er da auf einem blaugrünen Wagen mit einem blaugrünen Banner aus dem östlichen Tor hinaus." Auch bei den späteren Opferzeremonien der Han galt es noch, azurblaue Fahnen zu schwingen, die reine Sonne zu besingen und den Tanz der aufsteigenden Wolken zu vollziehen.

U 100–101

3 DIXIU | TI SIOU – DIE HERBERGE DES FUNDAMENTS

α - β - γ - ι Librae
(DIE PFOTE DES DRACHEN)

DI | TI – DAS FUNDAMENT

U 102–103

Im zweiten Monat ging dieses Sternengeviert bei Sonnenuntergang im Osten auf, um bei Sonnenaufgang dann zu kulminieren. Deshalb hiess es zu ihm im *Traktat der Himmlischen Ämter*: "Die Drehung des Himmels beginnt im Osten; deshalb ist Di auch DIE WURZEL DES HIMMELS."[159]

Der Herrscher wurde als Abbild der (Mittags-)Sonne gesehen; sein Sohn und Thronfolger deshalb als Morgensonne – weshalb der Prinz seine Gemächer im Osten des Palastes oder er dort als 'Erstgeborener des Himmels und der Erde' einen eigenen 'Blauen Palast' hatte. Der Prinz galt somit als zukünftiges Fundament des Reiches, der seinen Zenit erreichen würde wie dieses Gestirn, das deshalb auch GEBURTSORT DES ÖSTLICHEN PALASTES genannt wurde.

Im östlichen Palast wohnten auch die Frau des Kaisers und die Konkubinen: α und β stehen so für Kaiser und Prinz, die den nach ihnen aufgehenden zwei Sternen vorstehen. In diesem Kontext wurde das Gestirn GEMACH DER KAISERLICHEN KONKUBINEN, SCHLAF- UND ENTKLEIDUNGSZIMMER oder LUQIN DES HIMMELSSOHNES – das heisst: erstes Schlafzimmer des Kaisers – genannt: Dazu wurde es, wenn dieser Lust hatte, mit seiner Frau oder einer Konkubine zu schlafen und sich dazu in den östlichen Flügel begab.

Durch ihren Aufstieg vom Horizont ist das Gestirn mit dem Element Erde und den Ackerarbeiten des Frühlings ebenso verbunden wie mit den Krankheiten des Frühlings: Sind seine Sterne klar und hell, verheisst dies Gutes, sind sie dunkel oder zittern sie, Schlechtes.

Da man die Krankheiten des Frühlings dem Kontakt mit Berggeistern zuschrieb, verbrannte man trockenen Bambus, um sie mit dessen Krachen zu vertreiben; abgelöst wurde dies durch die Knallfrösche beim Neujahrsfest.

U 103–104, 107 und X | K 157

μ Serpentis
TIANRU | T'IEN JOU – DIE HIMMLISCHE MILCH

U 105, ST 11, X | K 172

Der 'schwarze' Stern stellt den Nippel einer stillenden Brust dar. Was aus dieser Brustwarze als eine Art Manna auf die Erde tropfte, wurde als seltener 'süsser Tau' bezeichnet, der wie Honig schmecken und Frieden auf der Welt verheissen solle.

Das *Traktat der Himmlischen Ämter* hält dazu fest: "*Himmlische Milch* – Die Konkubinen stillten ihre Kinder nicht selbst, das übernahm die Amme für sie. Der Stern steht auch den Süssigkeiten und Kuchen vor." Indem Tian sowohl 'himmlisch' wie 'herrscherlich' bedeutet, repräsentiert der Stern die Amme des Prinzen, die sonst die Kuchen und Kekse für die Konkubinen buk.

Leuchtete der Stern hell, bewirkte dies den Nieselregen und den Tau des Frühlings.

U 105, SCH1 406

12 - HD127726 - 34 Bootis
DIXI | TI-SÍ – DIE MATTE DES KAISERS

ST 11

Diese schwachen 'schwarzen' Sterne repräsentieren den Festsaal des Kaisers, in dem ihm zu seiner Thronbesteigung am Neujahrstag gratuliert wurde und er Tribute aus allen Reichsteilen erhielt: Tische und Stühle noch nicht in Gebrauch, versammelte man sich dann rund um eine grosse Matte, wie dies in Japan heute weiterhin üblich ist.

Der Prinz schenkte seinen Konkubinen zum Frühling aus Gaze gemachte Kopfbedeckungen voller Seidenblumen, seinen Ministern und seinem engsten Kreis hingegen Hauben aus Gold. Sie wurden auch 'Vielfarbige Schwalben' genannt, da die Rückkehr der Schwalben das Frühjahr markierte. Auf die Häuser klebte oder malte man zwei Zeichen: *Yichun*, 'Verheissungsvoller Frühling'. Dies hält ein Dichter in einem Vierzeiler fest: "Ist diese eisige Feuchtigkeit aus dem Norden verschwunden, öffnen sich tausend Türen der neuen lebensspendenden Luft; jedes Jahr klebt man im kaiserlichen Palast auf sie die kostbaren Zeichen 'Verheissungsvoller Frühling.'"

U 106–107

HD136128 - 31 Bootis - HD130726 - 131786 - 130604 - 126248
KANGCHI | KANG TCHI – DER WASSERGRABEN DES HOFES

Dieser Wasserarm liegt vor dem auch als Aussenhof des Palastes gesehenen Drachenhals *Kang*. Er diente als Wassergraben; um zum Herrscher zu gelangen, musste man ihn auf einem kleinen Boot überqueren. Der Saal, in dem der Kaiser zu Neujahr Hof hielt, wurde deshalb mit einem Ideogramm geschrieben, das aus dem Zeichen für 'Saal' bestand, umgeben von 'Wasser', in der Mitte des 'Lagers': In moderner Form wird dies als 'Palast des Teiches' gelesen.

Auf dem Wasser wurden auch Zeremonien abgehalten, wenn fremde Gäste zu Besuch kamen; diesbezüglich kann Kang als 'Hang' ausgesprochen und der Name als 'Seegewässer' interpretiert werden.

Astrologisch gesehen verkündete ein verschwommenes Bild des Gestirns, dass das Wasser die jungen Getreidekeimlinge, die nach der Aussaat Ende Februar aufgeschossen waren, verfaulen lassen würde.

U 109–110, X | K 172

27 Sterne um δ Lupi: κ – π, λ – HD135345 – 134687; β – κ Centauri – o; B Centauri – CO1 Centauri – HD131120; φ¹ – φ² – HD137432; χ – ξ – HD142542; θ – η – HD143699; HD142448 – ω – HD143009; HD142254 – 141296 – G Lupi; D – ε – ν Lupi

QIGUAN | KI-KOAN – DIE BERITTENE GARDE

Ihre Aufgabe war es, die Schlafgemächer des Kaisers zu bewachen. Die auf Xu Fas Karte von 1682 erkennbare Formation mit ihren Dreiecken lässt an Zelte oder aufgestellte Lanzen denken.

U 111, ST 12

σ – 12 Librae – HD129944

CHENCHE | TCHIN-TCHAI – DER STREITWAGEN

In ihm fuhr der Kommandeur der berittenen Garde; der Kampfwagen war vorne mit Leder geschützt.

U 111, X | K 180

μ, κ, π Lupi

CHEQI | TCHAI-KI – DIE REITER DES STREITWAGENS

Diese drei 'schwarzen' Sterne repräsentierten die 'Garnisonen' genannten Spezialeinheiten von Kavallerie und Streitwagen.

U 112, X | K 180

δ Lupi

QICHEN JIANGJUN | KI-TCHIN-TSIANG-KIUN – DER GENERAL DER BERITTENEN GARDE

Im Kalender der Han-Zeit korrespondierte dieser Asterismus mit dem Ende des Sommers, wenn die Soldaten genug Nahrung produziert hatten, um anschliessend auf Kriegszug gehen zu können. Gegen Ende des 2. Jahrhunderts v. u. Z. zog die chinesische Kavallerie unter dem berühmten General Huo Qubing jedes Jahr los – was schliesslich auf den Himmel projiziert wurde.

U 112, X | K 180

τ – υ Librae

TIANFU | T'IEN-FOU – DIE HIMMLISCHE SPEICHE

ST 13, X | K 189

Die Himmlische Speiche steht pars pro toto für die dreissig Speichen eines Streitwagens – die wiederum für die dreissig Tage eines Monats stehen. Sie ist symbolisch Der Herberge Des Hauses zugeordnet und trägt die Alternativbezeichnung HIMMLISCHES VIERERGESPANN.

U 112 und 116

4 FANGXIU | FANG SIOU – DIE HERBERGE DES HAUSES

β – δ – π – ρ Scorpii

(DER BAUCH DES DRACHEN)

FANG – DAS HAUS

U 113, X | K 167

Das Ideogramm besteht aus dem Zeichen für 'Geviert' und 'schützen', daher die Bedeutung 'Haus'. Die vier 'roten' Sterne markieren mit ihrem akronychischen Aufgang im Osten kurz nach dem Sonnenuntergang im Westen das Frühlingsäquinoktium: Daher auch der Name GROSSER ÖFFNER.

Mit ihrer letzten Sichtbarkeit kurz nach Sonnenuntergang im Westen, markieren sie das Herbstäquinoktium. Der Raum zwischen π und ρ wird SONNENKREIS genannt, der zwischen β und δ MONDKREIS und diese beiden obersten Sterne auch WEG DER GROSSEN KÄLTE im Unterschied zu den unteren beiden Sternen als WEG DER GROSSEN HITZE.

Aufgrund ihrer prominenten kalendarischen Funktion – die Scorpius weltweit bei Sternenhimmelkulturen erfüllt – wird diese Sternreihe überdies DIE VIER SIGNALE genannt, sowie TIANQU – DER HIMMLISCHE WEG, da sie auf der Ekliptik liegen.

Der zuerst unter Yao dienende, mythische Kaiser Yu – dem man die Gründung der Dynastie Xia zuschrieb – soll Ende des 3. Jahrtausends damit begonnen haben, dem zweiten Mond des Jahres Opfer darzubringen, damit der Himmel über die Saat in der Erde und ihr Keimen wache; das Volk hielt er dazu an, den anderen göttlichen Schutzherren der Erde Getreidekörner zu opfern. Man brachte sie morgens dar, wenn Das Haus zusammen mit Dem Drachenherz (αστ Scorpii) zu dieser Zeit zum Horizont herabkam: Beide Asterismen nannte man dann HALLE DES LICHTS.

β und δ Scorpii repräsentieren zudem den Thron der Kaiserin, π und ρ jenen des Prinzen bei den Opfern, die man dem Blauen Vogel – dem Mauersegler – darbringt, wenn sie um die Tagundnachtgleiche kommen und ihre Nester bauen: was als Symbol für Hochzeit aufgefasst wurde. Der Kaiser bringt an dem Tag, begleitet von der Kaiserin und gefolgt von den Hofdamen und Konkubinen, dem 'Geist der Kupplerinnen' ein Rind dar. Die von ihm schwangeren Frauen legen diesem Geist einen Bogen und Pfeile in einem Köcher hin: In einer Zeremonie, die dazu gedacht war, "Nachkommen zu erhalten, um die Fundamente des Reiches zu stärken". Kam dann ein Sohn auf die Welt, so die Enzyklopädie *Guang shilei fu* aus dem 19. Jahrhundert, "schoss man mit einem Bogen aus Maulbeerholz sechs Schilfpfeile in den Himmel, auf die Erde und in die vier Himmelsrichtungen und hing den Bogen dann links der Haustür auf".

Da der Herrscher bei seinem äquinoktialen Opfer von seinen Ratgebern und seiner Garde begleitet wurde, repräsentierten β und δ Erstere, π und ρ Letztere.

Astrologisch gesehen wurde der Asterismus von Jupiter beeinflusst, der auf seinem zwölf Jahre dauernden Gang durch die Gestirne als Herrscher des Jahres galt und so auch das Wachstum der Pflanzen beeinflusste. Leuchtete das Gestirn hell, galt dies als gutes Zeichen.

U 113–114, 118–120 und 121–23

TIANJIU – DER HIMMLISCHE (PFERDE)STALL

Zugleich – und das ist wohl die ursprüngliche bildliche Vorstellung – wird die Sternreihe als Gehege gesehen, das sich öffnet, weil man nun die Pferde, Schafe und Rinder auf die Felder lässt. Fütterte man sie sonst mit Reisstroh, unter das man Kleie oder Erbsen mischte, so hiess es jetzt: 'Sobald es Gras gibt, muss man sie los und weiden lassen.'

U 114

MAZU | MA-TSOU – ERZEUGER DER PFERDE
TIANMA | T'IEN-MÁ – DIE HIMMLISCHEN PFERDE

Im zweiten Monat liess man auch die Pferde aus dem Stall, so sie bis zum achten Monat auf den Weiden blieben. Ende März begann nun auch die Zeit, in der die Stuten besprungen werden, womit den morgens in die Erde eingehenden Sterne eine diesbezügliche Zeugungskraft zugeschrieben wird. Deshalb brachte man dem Gestirn Opfer dar, in einem grossen Sumpf und an einem ungeraden Tag.

U 115

TIANSI | T'IEN-SSE – DAS HIMMLISCHE VIERERGESPANN

Da β und δ die rechts angeschirrten Rösser und π und ρ die linken darstellen, ist der dazugehörige Streitwagen dann im Asterismus Das Fundament zu sehen, dem Geviert von Libra.

Unter diesem Namen liess man das Sonnenjahr Ende des 2. Jahrtausends v. u. Z. beginnen.

U 115, P 144, 462

TIANCANG | T'IEN-TS'ANG – DER HIMMLISCHE SPEICHER

Er ist der Speicher, der alles enthält, was die Natur nun im Frühling und Sommer hervorbringen wird: Er kommt nun morgens auf die Erde herab. So heisst es in den *Acht Geboten der Reinlichkeit* des um 1600 lebenden Gaolianshen: "Am 25. des zweiten Monats öffnet sich Der Himmlische Speicher. Man setze sich nun im Kreis zusammen und ziehe sich zurück, um seine Tugend zu kultivieren."

U 117

TIANSHI | T'IEN-CHI – DER HIMMLISCHE MARKT

Im zweiten Monat unternahm der Herrscher eine Rundreise durch den Osten seines Reiches. Dem Grossmeister der Musik befahl er, ihm Volkslieder zu unterbreiten, um ihn über die Sitten des Volkes zu instruieren. Und dem Meister der Märkte befahl er, eine Liste der Handelswaren vorzulegen, um abschätzen zu können, welche Vorlieben und Abneigungen das Volk hatte und wie dekadent es geworden war: "Denn wie hoch oder tief ein Preis für ein Handelsgut ist, hängt von der Liebe des Volkes für das Gute und das Schlechte ab. Wenn es die einfachen Dinge mag, werden die alltäglich nötigen Dinge teuer sein; wenn es hingegen den Luxus liebt, werden die Luxusobjekte teuer sein."

U 117–118

α - β - γ Arae

CHU | TCHOU – DER STAMPFER

Diese drei 'roten' Sterne stehen dem Gebrauch des Mörsers vor; sind sie aufrecht stehend zu sehen, verheisst dies eine gute Ernte; sind sie horizontal, droht eine Hungersnot.

U 545

54 - 49 - HD151203 - ω - 29 Herculis

DOU | TEOU – DER SCHEFFEL

U 490, X | K 149

47 - 43 Herculis - ι - κ Ophiuchi

HU | HOÚ – DAS OXHOFT

U 490, X | K 170

95 - 96 Herculis

BODU | PÍ-TOU – DIE TUCHELLE

U 492, ST 102, X | K 189

Die ungefähr 100 Liter von 10 Scheffeln machen etwa die Hälfte eines Oxhofts aus. Ihre aus fünf 'roten' respektive vier 'schwarzen' und zwei 'roten' Sternen bestehenden Asterismen erscheinen bei der Tagundnachtgleiche des Frühjahrs bei Sonnenuntergang noch kurz am nördlichen Horizont. Wie ein Kommentar zum *Buch der Riten* festhält: "Die Könige beobachten die Gestirne am Himmel und überprüfen dann die Geräte ihres Volkes; sie erhalten von oben die Vorgaben des Himmels, um damit ihre eigenen Handlungen hier unten einleiten zu können." Dazu gehörte es laut diesem Buch, "dass am Tag des Äquinoktiums alle Längen- und Hohlmasse sowie die Waagen und ihre Gewichte geeicht wurden; man testete die Scheffel und die Oxhofte und verifizierte die Gewichte und Abmessbänder" – wobei sich der deutsche Begriff für ein Hohlmass vom Ochsenhaupt ableitet, während er sich in China auf ein Rinderhorn bezieht.

Blieb Der Scheffel dunkel, sagte dies voraus, dass die Masse ungleich sein und die Ähren auf den Feldern nicht reifen würden.[160]

80 – θ Virginis

PINGDAO | PING-TAOU –
DER WEG DER GLEICHHEIT

U 489, X | K 175

γ – ψ Hydrae

PINGXIN | PING-SING –
DAS GESTIRN DER GLEICHHEIT

U 489

Diese beiden 'schwarzen' wie 'roten' Sterne gehen bei Sonnenaufgang Mitte des zweiten Monats im Westen am Horizont unter und markieren damit die Tagundnachtgleiche des Frühjahrs – und den Weg, den die Planeten nehmen.

In der Astrologie symbolisiert das Gestirn Der Gleichheit die lebenspendenden Kräfte des Frühjahrs und die Harmonie von Regierung und Bestrafungen – was sich darauf bezieht, dass die Herrscher Chinas mitten im Frühjahr die Strafen – neben Kerker vor allem Körperstrafen und Zwangsarbeit – minderten und die Ketten der Gefangenen lösten, um die Befreiung der Natur von den Fesseln des Winters zu imitieren.[161]

κ – λ Librae

RI | JÍ – DIE SONNE

Der Stern wird auch MEISTER DER GROSSEN HITZE genannt. Wenn die Sonne beim Frühlingsäquinoktium im Westen untergeht, geht er stellvertretend für sie am östlichen Horizont auf und erhält damit das kosmische Gleichgewicht im Sinne von Yin und Yang. Das geht aus Gan Shis astronomischer Schule hervor, die erklärte: "Die Sonne wird im Osten geboren: Deswegen befindet sich dieser Stern dort, wo er ist ... ihre Essenz befindet sich in den Herbergen Fundament (Libra) und Haus (Scorpius)." Dass der "Sonnenstern dem Gang der Sonne vorausgeht, wenn sie sich im Osten befindet", heisst, dass der Stern die unter dem Horizont liegenden Asterismen durchläuft, während sie sich diametral dazu über den Himmel bewegt. Aus demselben Bemühen um ein Äquilibrium beim Äquinoktium liegt dieser astralen Sonne auch der Mondstern Yue in dreizehn Tauri 180° gegenüber. Sonne- und Mondstern teilen damit das Jahr in zwei Hälften mit gleich vielen Tagen.[162]

Praktisch gesehen kündigt der Stern den Sonnenaufgang zum Frühlingsäquinoktium an und markiert so auch die Zeit für die dann vorgesehenen Opfer.

U 123–126, X | K 135, 171

HD 144690 und 143747

GOUQIAN | KAO-KIN – DER SCHLÜSSEL

Gou wird mit den Zeichen für Bambus und Metall geschrieben, da Schlüssel vormals daraus gefertigt wurden. Der Asterismus symbolisiert, dass sich Der Himmlische Speicher vor ihm nun öffnen lässt und die Sternenreihe Das Haus in Scorpius sich im Blick auf die kommende Wiederbelebung der Natur und das auf-die-Weide-Lassen der Tiere nun als 'Grosser Öffner' auffassen lässt.

Indem von ihm gesagt wird, dass "man mit diesem Schlüssel die Wohnstatt der Götter verschliesst", meint man die Jahreszeiten, die sich durch die Äquinoktien schliessen und öffnen.

U 126–127 und 129

ν – ω Scorpii

JIANBI | KIEN-PI – DAS VORHÄNGESCHLOSS
TIANJIAN | T'IEN KIEN – DAS HIMMLISCHE SCHLOSS

U 128, 130, X | K 189

Der Asterismus besteht aus zwei 'gelben' Sternen; *jian* bedeutet 'eindringen', *bi* 'empfangen'. Die Matrix des Schlosses bildet eine Zwinge, in welche die zwei Stifte des Gegenstücks geschoben werden: Als Schlüssel dient ein T-förmiger Stab, der durch Gegendruck die Stifte wieder löst.

Als Himmlisches Schloss steht es allen Schlössern vor und symbolisiert, dass sich nun nicht nur die Kornkammer der Natur öffnet, sondern in dieser Zeit der Kaiser auch die Gerichte dazu anhält, Milde walten zu lassen und die Fesseln von Gefangenen zu lösen. Dieselbe Freiheit liess man auch der Natur: Das Trockenlegen von Sümpfen und Bächen wurde ebenso verboten wie das Abbrennen von Wald; jetzt wurde alles wachsen gelassen, gehegt und gepflegt.[163]

24 Scorpii – ω – χ – ψ Ophiuchi

DONGXIAN | TOUNG-HAN –
DIE ÖSTLICHE HARMONIE

ξ – θ – κ – ζ Librae

XIXIAN | SI-HAN – DIE WESTLICHE HARMONIE
ZHUMING – DIE MEISTER DES LICHTES
DIE TÜREN DES 'HAUSES'

Als Türen der Herberge des Hauses wurden sie bezeichnet, weil sie für das Äquinoktium stand, das nun das Jahr öffnete; und unter ihrer Ägide als Meister des Lichts wurden die Tage nun länger und heller. Ihre Aufgabe bestand darin, "Harmonie in die Natur zu bringen".

Konkret hiess dies, dass mit diesen Asterismen die Türen hinter allen bisherigen Ausschweifungen des Jahresanfangs geschlossen werden sollten – und auch die Geschlechter wieder getrennt: Denn beim Sex musste nun Mass gehalten werden, sonst würde die Majestät des Himmels beleidigt und es würden verkrüppelte Kinder zur Welt kommen.

U 131–132

c – b Centauri

YANGMEN | YANG-MUN – DAS TOR DES LICHTS

U 132

β Circini – α – β Centauri

NANMEN | NAN-MUN – DAS TOR DES SÜDENS

U 133, X | K 174

ν - μ - φ - κ Centauri

HENGXIN | HOUNG-SING – GESTIRN DES GLEICHGEWICHTS
GUANSHI | KOUAN-CHÍ – DER EICHSTEIN
HEJUN | HO-KIUN – DAS VIERTELMASS

Auch diese drei, von denen die letzten beiden aus 'roten' Sternen bestehen, markieren das Äquinoktium des Frühjahrs.

Das Gestirn des Gleichgewichts symbolisiert, dass man in eben diesem Monat die Längen-, Hohl- und Gewichtsmasse mittels der kaiserlichen Prototypen eichte. Dazu heisst es in einem Kommentar zum *Buch der Riten*: "Die Herrscher beobachteten erst die Himmelskörper und begutachteten dann die Geräte ihrer Untergebenen; sie erhielten von oben die Instruktionen des Himmels, um auf der Erde die Taten ins Lot zu bringen."

Das Gesetz zum Eichen der Längenmasse und Gewichte soll es schon seit dem (mythischen, ins 3. Jahrtausend gesetzten) Kaiser Shun geben; dazu heisst es im *Shujing*, dem *Buch der Urkunden*, über ihn: "Er war ein heller Kopf, unser Ahne, der Herrscher über zahllose Reiche! Er verfügte Massregeln und Gesetze, die er der Nachwelt hinterliess; der Eichstein und das Viertelmass, sie befanden sich in der kaiserlichen Schatzkammer."

U 134–135

τ - γ - σ - HD108309 - τ - L - HD111597 - 1 I - 3 K - θ Centauri

KULOU | K'OU-LEOU – DIE SCHATZKAMMER
TIANLOU | T'IEN-LEOU – DER HIMMLISCHE TURM

Die zehn 'roten' Sterne bilden den Grundriss der Schatzkammer des Reiches ab, in der die Eichmasse aufbewahrt wurden; der Turm gehörte zu ihrer Verteidigung dazu.

U 136

22I Scorpii - ρ Ophiuchi - o Scorpii

FA | FÁ – DIE BUSSE

Das Ideogramm besteht aus den Zeichen für 'Auge', 'Messer' und 'bedrohen', und bedeutet, man hat noch nicht zugestochen oder jemanden bloss so verletzt, dass man für das Vergehen mit Bussgeld bestraft wird – welches unter der Ägide dieser drei 'gelben' Sterne steht. Von allen geringen Verbrechen konnte man sich in der Zeit des Äquinoktiums mit Geld oder Stockschlägen freikaufen – dies war ein Gesetz, das so alt wie China selbst war und wie so vieles dem mythischen Kaiser Shun zugeschrieben wurde.

Stehen diese Sterne im rechten Winkel, werden die Gesetze gerecht und auf alle gleich angewendet; sieht man sie schief oder nicht alle, dann werden die Strafen und Bussen ungerecht ausfallen.

ST 17, X | K 189, U 136–137

ξ, χ Lupi

CONGGUAN | TSOUNG-KOAN – DIE BEGLEITER

Mit diesen zwei 'gelben' Sternen sind die Zauberer und die Ärzte des Prinzen gemeint; sie stehen den Krankheiten und den Gebeten und Opfern zur Heilung vor und kurieren kranke Soldaten. Im Frühjahr wurden durch überschwemmte Reisfelder viele Fieberkrankheiten ausgelöst, weshalb ein Magier sie "anziehen und dann zurückstossen" musste. "Mit der ersten Hitze des Frühjahrs brachte man ein Opfer dar, um das Glück anzuziehen und alles Unheil abzuwehren."

U 138, X | K 189

h - k - i; g - y - z; D - ι - p (HR4874); NGC5139 - HD115912 - 14 (= HD114772?); HD127193 - ψ - A; χ - φ - μ - ν Centauri

WUZHU | WOU-TCHOU – DIE HEBELADE

Eine Hebelade ist ein A-förmiger Holzbock, in dem man mittels eines auf einem Balken aufliegenden Hebelarms (χ – φ – μ – ν Centauri) mit Muskelkraft schwere Lasten hinauf- oder hinunterhebeln kann, um Karren zu be- oder entladen.

U 134

5 XINXIU | SIN SIOU – DIE HERBERGE DES HERZENS

τ - α - σ Scorpii

XIN | SIN – DAS HERZ (DES DRACHEN)

(DA)HUO | (TA)-HO – DAS (GROSSE) FEUER

U 138–129, X | K 157, MÜ 198

Der Anfang April erfolgende akronychische Aufgang im Osten des Antares kurz nach Sonnenuntergang kündigte die kommende Hitze des Sommers an; der Röte des Sterns wegen liegt seine Bezeichnung als Herz und Feuer nahe. Man erklärte sich die Röte des Sterns damit, dass er die Glut der gerade untergegangenen Sonne aufgefangen hatte: "Xins Essenz ist die Sonne."

Unter dem Namen 'Das Feuer' hatte der Stern bereits um 2000 v. u. Z. das Äquinoktium des Frühlings markiert; im 16. Jahrhundert v. u. Z. feierte man eine Zeremonie, bei der man um die rechten Regen für die Landwirtschaft betete.[164]

Der Tradition zufolge kam der legendäre Suiren, eine Art chinesischer Prometheus, beim Betrachten der Sterne auf die Idee, Holz zu reiben und so Feuer zu erzeugen. Ebenfalls traditionell ist, dass mit dem Aufgang des Antares rituell das Feuer erneuert wurde – dies gelang später mit einem Kupferspiegel, einer Kristallkugel oder einer Linse aus Eis, womit man vormittags das Sonnenlicht auf etwas trockenes Moos lenkte. Mit dem Feuer brachte man einen Weiden- oder

Ulmenzweig zum Brennen, um grosse Scheiterhaufen voller Opfergaben für den 'Geist des Feuers' zu entzünden. Solche Feuerzeremonien müssen sehr alt sein, da man sie auch schon im März feierte: was mit dem akronychischen Aufgang des Antares im 3. Jahrtausend v. u. Z. einhergeht: "Beim Fest des kalten Frühstücks sind tausend weisse Stängel unter den Blüten; am Tage Qingming sieht man nach Sonnenaufgang Rauch aus tausend Häusern."

U 138–143, 149

α Scorpii

TIANSIKONG | T'IEN-SSE-KOUNG – HIMMLISCHER MEISTER DES EMPYREUMS
TIANWANG | T'IEN WANG – KÖNIG DES HIMMELS

Diese Titel sind der Prominenz des Antares zuzuschreiben; seines Feuers wegen gilt er auch als Sitz des Mars, der 'Planet des Feuers' genannt wurde.

U 149

τ Scorpii

TAIZI | T'AI-TSZE – DER PRINZ DES HERRSCHERHAUSES

U 150

σ Scorpii

SHUZI | CHOU-TSZE – DER GEWÖHNLICHE PRINZ

Die beiden Sterne rechts und links des Antares als 'König' wurden als Sohn der Kaiserin und als Sohn einer Konkubine gesehen; war τ zur entscheidenden Zeit undeutlich zu sehen, würde der Prinz des Herrscherhauses nicht den Thron besteigen – funkelte σ dagegen hell, führte ein anderer Sohn des Kaisers die Dynastie weiter.

U 150

Alle Sterne von Scorpius

DACHEN | TA-CHIN – DIE GROSSE BEWEGUNG

Im Verbund mit den Asterismen Haus und Schwanz – und damit alle Sterne von Scorpius umfassend – wurde Das Herz auch *Dachen* genannt. Laut Schlegel wurde *Chen* vormals mit den Zeichen für 'Felsüberhang', 'Erde' und 'zwei Menschen' geschrieben, um damit auszudrücken, dass sich zwei Arbeiter bei den Gewittern des April unter einen Überhang gehockt hatten. Ein Wörterbuch erklärt das Ideogramm mit 'Rumpeln', weil es im April, der Zeit der Arbeiter, oft zu Blitz und Donner kommt. Man nannte aber auch andere, den Kalender markierende Gestirne so: Sonne, Mond und Planeten wurden 'Die Drei Bewegungen' genannt; die Zeit zwischen 7 und 9 Uhr morgens hiess 'Stunde der Bewegung' und der dritte Monat 'Monat der Bewegung'.

U 146–147

θ Lupi – HD144667 – η Lupi; δ Normae – HD145191 – λ Normae; μ Normae – HD148688 – HD150591; HD151078 – 147515 – 149886

JIZU | TSÍ-TSOU – DIE DIENER

U 151, ST 19, Q | K 154

Das Schachbrettmuster dieser zwölf 'roten' Sterne stellt die Soldaten dar, die die Halle des Lichts bewachen und alles Böse davon fernhalten. Gemäss dem *Traktat der Himmlischen Ämter* bewachen sie das vom Asterismus Haus dargestellte kaiserliche Schlafzimmer, kehren davor den Dreck zusammen und schauen auf die Fackeln und das Feuer. Die Diener gehören aber auch zum Feuer von Xin, indem sie sich dort um die Vorbereitungen für das Opfer kümmern, den Altar säubern, Holz bringen und ringsum den Opferplatz freiräumen und das Unkraut jäten.[165]

6 WEIXIU | WI SIOU – DIE HERBERGE DES SCHWANZES

ε – λ – υ Scorpii

WEI | WI – DER SCHWANZ
LONGTAO | LOUNG-TAO – DER DRACHENSCHWANZ
TIANGOU | T'IEN KAO – DER HIMMLISCHE HUND

U 153–154, X | K 158, P 195

Da der Schwanz von Scorpius auch einem Hundeschwanz gleicht, entstand daraus die Bezeichnung einer Hunderasse als 'Drachen': Sie wiesen einen schwarzen Körper, weissen Kopf, lange Ohren und einen eingerollten Schwanz auf. Daraus entstand wiederum die in der *Geschichte der Geister* verzeichnete Legende des Hundes von Wei Shangjun, der 'Schwarzer Drachen' genannt wurde und sich eines Tages wirklich in einen solchen verwandelte, worauf Wei Shangjun auf seinem Rücken reitend in den Himmel stieg.[166]

TIANSIKONG | T'IEN-SZE-KOUNG – HIMMLISCHER MEISTER DES EMPYRÄUMS

Wie Antares trug auch dieser Asterismus seinen herrschaftlichen Titel, weil er im dritten Monat des Jahres die Vollendung der produktiven Kräfte der Natur verkörperte.

U 154

Der Asterismus wurde zudem DIE GEMÄCHER DER KÖNIGINNEN genannt, da man den Osten, an dem diese Sterne nun aufgingen, mit Fruchtbarkeit verband und die Schlafgemächer des Palastes deswegen auch im Ostflügel lagen.

Der Stern, der dem 'Himmlischen Herrscher' Antares am nächsten lag, ε, hiess deshalb HOU | HAO – DIE HERRSCHERGEMAHLIN, μ^{1+2} wurden FUREN | FU-JIN – DIE HOFDAMEN genannt, und der Rest PINQIE | PIN-T'SIÉ – DIE KONKUBI-

NEN: womit der ganze Asterismus der politisch ansonsten mandatslosen Ehefrau des Herrschers unterstand.

Die neun Sterne des Schwanzes wurden aber auch als die neun Söhne des Kaisers aufgefasst und TIANMIAO | T'IEN-MIAO – DER HIMMLISCHE HOF sowie zusammen mit der nächsten Mondstation JI | KI dann HOUGONG ZHI CHANG | HAO-KUNG-TCHI-TCH'ANG – DAS GELÄNDE DES HINTEREN PALASTES genannt.

U 153–155

XIMU | TCHÉ-MOÚ – DAS HOLZFÄLLEN

Da das Gestirn Ende April | Anfang Mai aufging, wurde es mit dem Holzfällen verbunden, das in dieser Zeit vorgenommen wurde, weil die Bäume dann nicht wurmstichig waren.

U 156

JIUJIANG(KOU) | KIOU-KIANG(-KHEOU) – DIE (MÜNDUNG DER) NEUN FLÜSSE

Laut chinesischen Vorstellungen floss die Milchstrasse – der Himmelsfluss – zwischen den Asterismen Schwanz und Kehrschaufel auf die Erde. Der Himmelsfluss wurde als Ursprung der irdischen Flüsse angesehen: *jiu* bedeutet 'mehr als neun', nämlich 'alle'.

Zwischen den Asterismen Kehrschaufel und Südlicher Scheffel in Sagittarius wiederum lag JIN | TSIEN – DIE FURT des Himmlischen Flusses.

U 155–156

51 – 44 – θ – 36 Ophiuchi

TIANJIANG | T'IEN-KIANG – DER HIMMELSFLUSS

In diesen vier 'roten' Sternen wurde die Essenz des Himmlischen Flusses der Milchstrasse gesehen. Schillert das Gestirn, so das *Traktat der Himmlischen Ämter*, dann überqueren Menschen gerade Flüsse.

U 157, X|K 150, P 471–472

Viele Gedichte der Tang-Dynastie feiern das Erscheinen des Gelben Drachen als kaiserliches Symbol am Teich des Palastes des Prinzen Li Longji um 700 u. Z. Es wird als Omen gedeutet, dass dieser zum nächsten Sohn des Himmels werden würde (als welcher er dann 'Xuanzong' oder 'Ming von Tang' genannt wurde). Der Teich wurde als 'Drachen-Teich' bekannt, von dem es hiess, er werde von der Milchstrasse gespeist. Eines der Gedichte gibt an, dass der Drache sich dorthin begeben habe, wo die Gelbe Strasse – die Ekliptik – die Milchstrasse schneide: also in unseren Asterismus 'Himmelsfluss' hier. Er macht sich dann zum Asterismus Himmelstor in Virgo auf und weiter zum Palast um den Pol, wo der Himmelsherrscher residiert. Dessen purpurne und fast unsichtbaren Mauern werden von einem Oval von Sternen in Draco und Cepheus gebildet: "Der Teich ist offen für den Himmlischen Han, wo er über die Gelbe Strasse fliesst; der Drache machte sich auf zum Himmelstor und tritt ein in die Purpurne Zartheit [des Palastes um den Himmelspol]."[167]

SCH1 405

ζ und Nebel zwischen η und μ Scorpii

SHENGONG | CHIN-KOUNG – DAS GÖTTLICHE GEMACH

Dieses 'rote' Gestirn repräsentiert das Zimmer im Hinteren Palast, in dem man sich an- und auszieht.

U 157, 167

G Scorpii

FUYUE | FOU-YOUE – DIE BESCHWÖRERIN

ST 20, X|K 155

Dieser einzelne 'rote' Stern stellt die Priesterin dar, deren Aufgabe es war, für die königlichen Nachkommen im Hinteren Palast zu beten und alles Böse von ihnen fernzuhalten. Leuchtete der Stern hell und klar, verhiess dies dem Prinzen zahlreiche Nachkommen.[168]

Es ist dies eines der seltenen Beispiele für Versternungen am chinesischen Himmel. Die legendäre Fuyue gehörte zum Hofstaat Wu Dings (1250–1191), des ersten auf Orakelknochen erwähnten Königs. Die spätere konfuzianische Tradition machte aus ihr jedoch einen männlichen Hofrat, wie es dieser Vierzeiler des buddhistischen Mönches Zhaoran aus der Tang-Zeit vorführt: "Wann wird es je einen Herrn im Himmel geben? Alles Gerede darüber weicht vom wahren Weg ab. Wer gibt zu, dass ein wahrer Staatsmann nach seinem Tod zur Himmelserscheinung *Fuyue* geworden ist?"[169]

ε Arae – HD150136 – ε Normae – γ – κ Normae

GUI | KOUEÏ – DIE LANDSCHILDKRÖTEN

Es ist dies der Name für kleine, essbare Landschildkröten. Da die Sonne diese Position am Ende des Herbstes erreichte, ging der Kaiser zu diesem Zeitpunkt zu einem Tempel im Westen der Hauptstadt, um seine Opfergaben darzubringen.

U 159, X|K 154

LIANZHU | LIEN-TCHOU – DAS PERLENHALSBAND

U 159, ST 20

ι Arae

YUZI | YU-TSZE – DIE FISCHE

Dieser kleine 'weisse' Stern markierte den Beginn des vierten Monats, in dem es verboten war, mit dem Netz in Bächen und Teichen zu fischen, damit die Fische und Schildkröten wachsen konnten – sie wurden zusammen mit dem ebenfalls im Mai reifen Weizen verspeist.

Damit alles schön wuchs, bestieg der Kaiser am Frühlingsende ein Boot, um Aale zu fischen, die er dann im Saal der Ahnen opferte.

U 159–160

JUXING | KIU-SING – DER ZEUGENSTERN
MENGXING | MOUNG-SING – DER WOLKENSTERN

Sein Aufgang markierte – 'bezeugte' – die Zeit der Gewitter. An seinem Leuchten war zu ermessen, ob die Prinzipien Yin und Yang in Harmonie mit der Zeit der Winde und der Regen standen.

U 160

7 JIXIU | KI SIOU – DIE HERBERGE DER KEHRSCHAUFEL

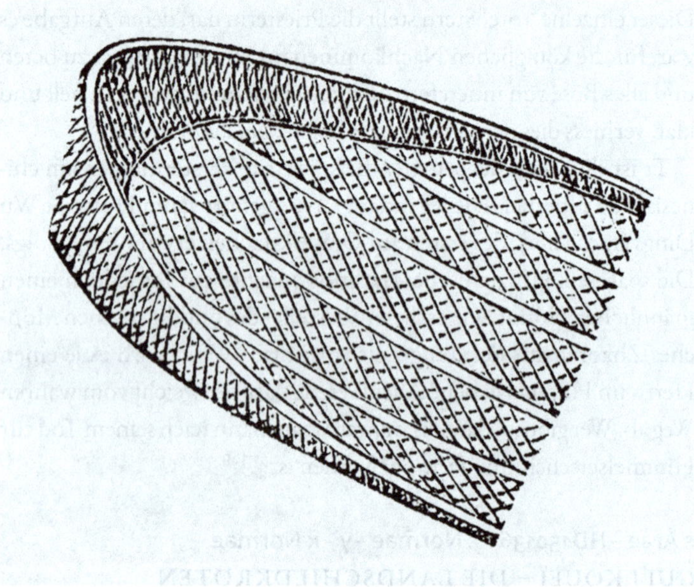

γ-δ-ε-η Sagittarii

LONGWEI – DRACHENSCHWANZ

JI | KI – DIE KEHRSCHAUFEL | DIE WORFEL

U 161, X | K 158

Diese vier Sterne setzten den Drachenschwanz fort. Ihre Form bildet das aus Bambus geflochtene, hinten erhöhte Halbrund – 'Ferse' – einer vorne am 'Mund' offenen Kehrschaufel. Sie wurde auch zum Worfeln des Getreides verwendet: Die Zeichen wurden dementsprechend als jene Getreideschwinge interpretiert, mit der man die Spreu vom Korn trennte.

Gegen das Unkraut auf den im Frühjahr überschwemmten Feldern wurde Kalk ausgestreut. Dann reicherte man Mist mit Schlamm, Kalk, zerhacktem Hafer und Bohnenhülsen an und düngte nun – unter der Ägide des Asterismus – die Felder, in die man vor und nach der Sommersonnenwende die Pflanzlinge setzte.

In der Astrologie stand der Asterismus dem Empfang von Dung und Schmutz vor; aber auch Mund und Zunge standen unter seiner Ägide. "Wie ist sie gross! Wie weit klafft sie auf – Die Himmlische Kehrschaufel!" Die negative Symbolik des Mistes führte auch dazu, dass man den Stern laut *Traktat der Himmlischen Ämter* als einen hinterhältigen Höfling und als das Lästermaul und spitze Zunge der Hauptfrau und der Konkubinen bezeichnete.

U 162–163, P 464

FENGKU | FOUNG-K'EOU – DER MUND DER WINDE
TIANKOU | T'IEN K'EOU – DER HIMMELSMUND

Dieser alternative Name rührt vom Aufstieg des Asterismus zu Sommerbeginn, "wenn der Drache in den Himmel steigt: dann kommen die sanften Winde".

U 164

TIANJI | T'IEN KI – DER HIMMELSHAHN

Später wurde darin ein Fasan gesehen. Wenn er im letzten Monat des Frühlings schrie, war der Weizen gleich hoch wie die Dämme zwischen den Feldern.

U 166, X | K 170

HUXING | HOU-SING – DAS FUCHSGESTIRN

Der Fuchs paart sich im Februar; 50 bis 56 Tage später wirft die Füchsin; wenn die Jungen vier Wochen alt sind – im Mai also –, führt sie sie ins Freie. Da sie den Bauern schadeten, wurden sie gejagt und insbesondere die jungen Füchse auch gegessen; die aufgekochten oder verbrannten Knochen wurden als Dünger verwendet.

U 166–167

TIANZHEN | T'IEN-TCHIN – DIE (KORN)REIHEN DES HIMMELS

Der Weizen wurde in geraden Reihen angepflanzt, Soldatenreihen gleich; beim Aufgang des Gestirns hatten die Halme schon eine gewisse Höhe erreicht.

U 167

Sterne um M7

KANG | KHANG – DIE KLEIE

Der Asterismus repräsentiert die Spreu, die nach dem Worfeln des Getreides übrigbleibt und als Viehfutter oder Dünger verwendet wird. Geworfelt wurde sie in einem (wie auch die Kehrschaufel) *Ji* genannten viereckigen Korb, mit dem man die Körner in den in Zentralchina von Nordosten kommenden Wind warf: Weshalb sich die Spreu westlich dieses Korbes befindet.

Strahlen diese Sterne, sagt dies eine gute Ernte voraus, wenn nicht, eine Hungersnot.

ST 139, U 546, X | K 181

M7

YU – FISCHROGEN

In der Han-Zeit galt dieser Nebel als Symbol der Fruchtbarkeit.

X | K 154

θ Arae

NONGZHANGREN | NOUNG-TCHANG-JIN – DER LANDARBEITER

Dieser Arbeiter hält die Kehrschaufel, um Dung auf die Setzlinge zu leeren. Der 'schwarze' Stern steht der Landwirtschaft vor; funkelt er hell, verheisst dies eine gute Ernte.

U 168

55 und 56 (e und ef) Sagittarii

TIANJI | T'IEN KI – DER HIMMELSFASAN

Der akronychische Aufgang der beiden 'schwarzen' Sterne kurz nach Sonnenuntergang im Osten markiert das Ende des Frühlings und den Beginn des Sommers; sie repräsentieren einen Fasan mit vier Sporen und doppeltem Gefieder, dem man – da Teil des Sternbilds Blaugrüner Drache – den Beinamen 'Drache' gab.

"Regt sich das Gestirn des Fasans, verkündet man die Amnestie und die Könige und Prinzen warten darauf." Zum Zeichen, dass es so weit war, wurde altem Brauch nach ein Goldfasan an das Tor des Gerichts genagelt. Grund der Amnestie war die Hitze, die nun Krankheiten mit sich brachte, weshalb man jene Gefangenen freiliess, die leichterer Vergehen wegen einsassen.

U 170

III DER SOMMERHIMMEL

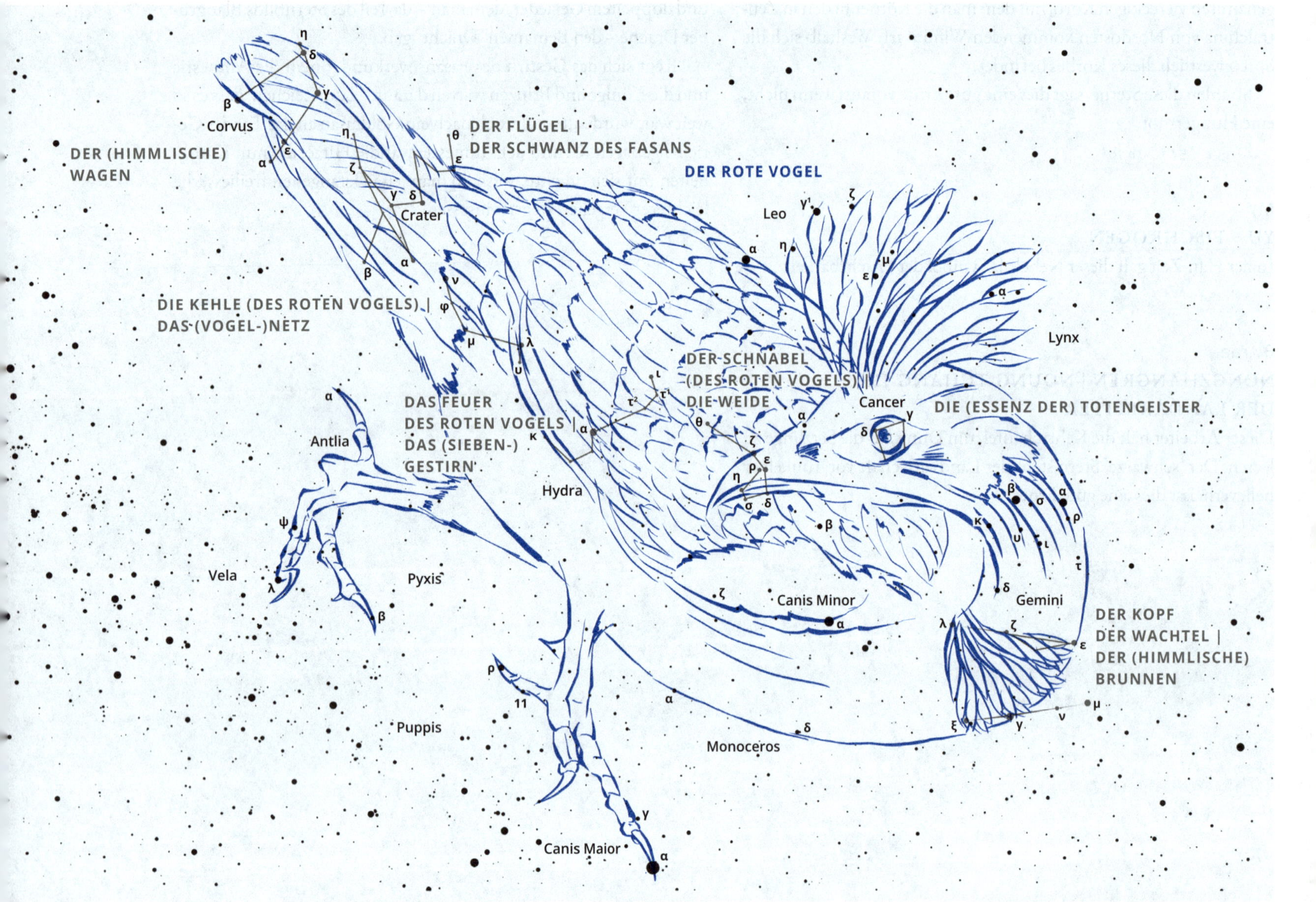

ZHUQUE bzw. ZHUNIAO | TCHOU-NIAO – DER ROTE VOGEL

Das mit dem Sommer und dem Süden verbundene Sternbild wird heute üblicherweise *Zhuque* genannt. Es stellt den mythischen Vogel Fenghuang dar, den man im Westen gerne als 'Phönix' wiedergibt. Ursprünglich steht dahinter wohl ein Glanzfasan (*Lophophorus*). Das geht auch noch aus den Angaben des *Xingjing* hervor, wenn Das Netz in Hydra und Der Flügel in Crater ausdrücklich als Kehle und Flügel eines Fasans bezeichnet werden.

Beschrieben wurde dieser Laufvogel mit seinen eng wie Schuppen anliegenden, regenbogenartig glänzenden Federn jedoch als Mischwesen: "Sein Kopf ähnelt dem einer Schlange, sein Schwanz einem Fisch. Er hat Stacheln wie ein Drache und den Leib einer Schildkröte, den Hals einer Schwalbe, den Schnabel eines Huhns und zwei Flügelpaare, die sich in Gruppen schliessen." Eine andere Beschreibung sieht "vorne einen Hühnerkopf, dann einen Schlangenhals, die Kehle einer Schwalbe, den Rücken einer Schildkröte und den Schwanz eines Fisches; er ist ganz bunt gescheckt".

Es gab verschiedene solcher Vögel, einen blauen, einen roten, einen gelben, einen weissen und einen rosafarbenen – was mehr oder minder den unterschiedlich schillernden Farben der Federn auf den Körperpartien eines Glanzfasans entspricht. Sie alle wurden in dem

Roten Vogel vereint – dessen Name man eher als 'Vogel Der Sonne' oder 'Vogel Des Sommers' wiedergeben müsste, die durch die Farbe rot symbolisiert werden. Ein solcher Vogel konnte deshalb auch 'König der Vögel' genannt werden, der laut dem *Traktat der Himmlischen Ämter* über die Bäume und das Gras herrschte. Offenbar zeigten sich die in den Rhododendronwäldern des Himalayas und Sichuans lebenden Glanzfasane vor allem im Sommer, wenn die im Frühjahr ausgesäte Saat heranreifte, und waren dann seine Rufe zu hören: Weshalb der Vogel als Verkörperung guter Omen galt.

In späterer Zeit wurde das Sternbild dann allerdings als 'Roter Pfau'[170] bezeichnet. Es besteht aus den Asterismen Brunnen (Kopf), Totengeister (Augen), Weide (Schnabel), Gestirn (Hals), Vogelnetz (Bauch), Flügel (Vogelschwanz), Wagen (Schwanz) – und erstreckt sich somit von Gemini über Cancer, Hydra bis Corvus und Crater, wobei seine konkrete Anatomie im Laufe der Zeiten etwas unklar wurde. Er muss aber seinen Kopf zurückwenden, um den Angaben proportional korrekt zu entsprechen.

U 69–72, 404, X | K 161

1 JINGXIU | TSING SIOU – DIE HERBERGE DES BRUNNENS

ξ-γ-ζ-λ-ζ-36-ε-36-ν-μ Geminorum

CHUNSHOU | CHUN-CHEOU – DER KOPF DER WACHTEL

U 411, P 293

Offenbar wurde der Grosssternbild in einer anderen Tradition nicht als Glanzfasan oder Pfau, sondern als Zwergwachtel (*Synoicus chinensis*) gesehen. Ihr Kopf fügt sich allerdings nur in den Hals Des Roten Vogels ein.

(TIAN)JING | (T'IEN-)TSING – DER (HIMMLISCHE) BRUNNEN

U 404 und 406

Das alte Ideogramm für Brunnen gab seine Form wieder: ein Kreis, umgeben von einer Raute, welche zusammen die Brunnenröhre und die Schachtung der stützenden Balken abbildeten. In diesem kurz im Westen noch sichtbaren Brunnen ging die Sonne um 2000 v. u. Z. in der vierten Maiwoche unter, somit drei Mondmonate nach dem Neujahrstag.

Der Sommerhitze wegen wurden nun überall die Brunnen von faulender Materie gesäubert oder neue Brunnen gegraben. Dies geschah vor allem nachts – und mancherorts suchte man den Ort für einen neuen Brunnen, indem man mehrere Wassereimer aufstellte: In welchem die Sterne am hellsten schienen, entschied.

Das Graben und der Gebrauch eines Brunnens war Gemeinschaftssache, weshalb *Jing* auch die Bedeutung einer Kommende hatte – und man mit demselben Wort auch einen geregelten massvollen Umgang mit etwas ausdrückte. Die acht 'roten' Sterne stehen deshalb auch dem moderaten Essen und Trinken vor. Leuchten sie hell, bedeutet dies, dass die Könige der einzelnen Regionen die Gesetze gleichmässig auslegen werden.[171]

TIANCHI | T'IEN-TCHI – DER HIMMLISCHE WASSERSPEICHER
TIANQU | T'IEN-K'IU – DIE HIMMLISCHE KANALRINNE

Für das Wässern der Felder und in den Bergen gebrauchte man vor allem natürliche Brunnen, Teiche, Flüsse oder Zisternen, um das Wasser über Kanäle weiterzuleiten. Diese wurden im vierten Mondmonat gesäubert und repariert. Da man deren Gefälle konstant halten muss, verwendete man der Länge nach aufgeschnittene Bambusrohre als Wasserwaagen. Der Asterismus wurde deshalb auch TIANQI | T'IEN-THSI – DER HIMMLISCHE EBNER genannt und stand allen Wasserwaagen vor.

U 407–408

TIANHOU | T'IEN-HAOU – DER HIMMLISCHE WARTERAUM
TIANFU | T'IEN-FOU – DER HIMMLISCHE HOF

Reisten die Herrscher, lagerten sie bei einem Brunnen, indem ihre Wagen einen Kreis bildeten. Hinter der Barriere der Deichseln als Tür warteten dann ihre Vasallen und Lehensleute auf Audienz.

U 410

TIANMEN | T'IEN-MUN – DAS HIMMLISCHE TOR

Da mit diesem Asterismus der Sommer begann und die Hitze kam, galt er auch als südliches Tor des Himmels, durch das die restlichen Asterismen traten.

U 410–411

13-17 Monocerotis - HD50277 - 50931 - 54079 - 5511

SIDU | SSE-TOÚ – DIE VIER ABFLUSSRINNEN

U 416, X | K 185

Diese 'schwarzen' Sterne repräsentieren die Wasserrinnen, die Gräben und Kanäle, mit denen Dreck angeführt wurde. 'Vier' steht hier figurativ für alle – aber auch für ein von Bewässerungskanälen in vier Teile geteiltes Feld. In späterer Zeit wurde der Name seiner Vier wegen allerdings auf die vier grossen Ströme Chinas übertragen – den 'Gelben Fluss' Huang He, den Yangzi, den Huai und den Ji – und der Asterismus zu ihrer Essenz erhoben. Ist er gross und klar und bewegt sich, sagt dies Überschwemmungen der nun im Mai vom Schmelzwasser angeschwollenen Flüsse voraus.

U 416–418, X | K 185

1 – 6 – 11 – HD61340 – 1 Canis Minoris

SHUIWEI | CHOUI-WEI – DER WASSERSTAND

Diese vier 'roten' Sterne repräsentieren den kontrollierten Abfluss der Hochwasser und das Regeln des Wasserstandes durch Deiche. Bewegen sie sich, prophezeien sie Überschwemmungen.

U 419–420

χ Geminorum

JISHUI | TSÍ-CHOUI – DAS HOCHWASSER

Bewegt sich dieser 'schwarze' Stern, sagt dies über die Ufer tretende Flüsse voraus.

U 420

ρ – α – β Geminorum

BEIHE | PÉ-HO – DER NÖRDLICHE FLUSS

β – η – α Canis Minoris

NANHE | NAN-HO – DER SÜDLICHE FLUSS

U 418, ST 27, X | K 151

'Fluss' bezieht sich auf den Himmelsfluss der Milchstrasse; die jeweils drei 'roten Sterne' markieren sein nördliches und sein südliches Ufer. Da mit ihrem Erscheinen nach Sonnenuntergang auch die Hitze begann, wurden sie auch als 'Himmelstore' bezeichnet. Der Nördliche Fluss steht dem Feuer, Der Südliche Fluss dem Wasser vor – beide zusammen erzeugten sie die feuchte Hitze, in der das Getreide gut wuchs. Blieben sie hell, war dies ein gutes Zeichen. Trat der Mars jedoch in sie, prophezeite dies Krieg und unreife Ernten.[172]

Die Asterismuen liegen am Schnittpunkt Der Gelben Strasse – Ekliptik – mit der Milchstrasse. Seit alters her glaubte man, dass es zu schwerem Regen kommt, wenn sich der Mond dieser Region näherte. Sie wurden als astraler Zapfhahn gesehen, aus dem überschüssiges Himmelswasser als Regen auf die Erde fällt – welcher, wie diese Gedichtzeilen zeigen, sich dann wieder in diese Gestirne zurückzieht: "Eine Sommernacht, erst jetzt wieder klar – doch nicht wenige Sterne. Der Regen zieht sich zusammen – Reste des Wassers, zurück in den Himmlischen He fliessend."[173]

SCH1 406

δ – 18 Monocerotis

QUEQIU | KIOUE-K'IOU – DER TALWEG

Der Asterismus repräsentiert den Ort zwischen den Hügeln, wo sich Überflutungen zuerst sammeln.

U 421, X | K 185

θ – τ – ι – υ – φ Geminorum

WU ZHUHOU | WOU-TCHOU-HAO – DIE FÜNF HONORATIOREN

Der erste dieser 'roten' Sterne verkörpert DISHI | TI-SSE – DER RATGEBER DES HERRSCHERS; der zweite DIYOU | TI-YEOU – DER FREUND DES HERRSCHERS; der dritte die SANGONG | SAN-KOUNG – DIE DREI FÜRSTEN; der vierte BOSHI | PÓ-SSE – DER WEISE; und der fünfte TAISHI | T'IEN-CHI – DER OBERSTE GESCHICHTSSCHREIBER.

Sie repräsentieren die ideale Entourage eines Herrschers, der seinen alten Lehrer als Ratgeber um sich hat, einen jungen Mann, um ihn zu unterhalten, einen Astrologen oder Magier und einen Protokollführer, der die Befehle und Taten des Herrschers niederschreibt.

In jeder Jahreszeit einmal holte der König die ihm feudal unterstehenden Fürsten an den Hof. Im Frühjahr wurden die Pläne für das Jahr besprochen; jetzt im Sommer wurden bei dieser *Zong* genannten Versammlung Beförderungen und Belohnungen jener vorgenommen, die sich nach ausgiebiger Prüfung als verdienstvoll erwiesen hatten.

Der Asterismus steht deshalb der Ausforschung von Verrätern und der Aufdeckung von Verschwörungen vor und repräsentiert jene Notablen, die sich darum bemühen, Zweifel und Verdachtsmomente des Herrschers auszuräumen. Wie hell oder dunkel der Asterismus leuchtete, sagte etwas über den Zustand des Reiches und die Loyalität der Untergebenen aus.

U 422–423, X | K 151

61 – δ – 56 Geminorum

TIANZUN | T'IEN-TSOUN – DIE HIMMLISCHE AMPHORE

Die drei 'schwarzen' Sterne repräsentieren den im Frühjahr angesetzten, zweimal fermentierten Wein, der nun vom Herrscher anlässlich der sommerlichen Versammlung seiner Fürsten auf einem musikalischen Bankett getrunken und ausgeschenkt wurde.

Beim Volk hingegen sollte der Asterismus dazu anhalten, die Eltern und Grosseltern zu ernähren und mit ihnen Wein zu trinken. Er steht deshalb der Essens- und Weinverteilung und dem Füllen der Gefässe mit gekochtem Reis vor.

U 424–425, X | K 178

μ Cancri

JIXIN | TSÍ-SIN – DIE AUFGEHÄUFTEN REISIGBÜNDEL

Der 'schwarze' Stern repräsentiert die Reisigbündel, mit denen der Herrscher in der Küche für sein Volk Essen zubereiten liess. Leuchtete er hell, war der Herrscher über die damit geleistete Wohltat sehr erfreut. Erschien er weit vom Asterismus Das Hochwasser, sagte dies jedoch eine schlechte Ernte voraus.

U 425

M44

TIANSONG | T'IEN-SOUNG – DER HIMMLISCHE BESTRAFER

Im Praesepe-Haufen sah man 'Das Auge des Himmels' – die Totengeister, die über die Lebenden auf der Erde wachten; unter ihrer

Ägide stand die Entlarvung von schlechten Menschen. Da diese mit Krankheiten bestraft wurden, stand der Asterismus Krankheiten, Tod und Auslöschung vor – denn all dies zu bewirken stand in der Macht der Geister der Toten.

U 436

FUZHI – DER RICHTBLOCK

Der nebelige Sternhaufen repräsentiert auch den Richtblock, auf dem der Henker mit dem benachbarten Breitbeil den Körper in der Hüfte durchschlägt – und die sich anhäufenden Leichen. Das Breitbeil kündigt Verwundung an, der Richtblock Strafe.

P 465–466

η Geminorum

YUE | YOUE – DAS BREITBEIL

Der eine 'rote' Stern weist auf die Strafe durch Enthauptung hin. Da er direkt neben dem grossen Asterismus des Brunnens steht, dient er auch als Mahnung gegen Wasserverschwendung und Zerstörung der Bewässerungsanlagen. Aus beiden Gründen mochte man es nicht, wenn der Stern hell am Himmel stand.

U 411–412, P 465

α Canis Maioris

TIANLANG | T'IEN-LANG – DER HIMMLISCHE WOLF
FENGLANG – DER GROSSE WOLF

Im April stehen die Kornpflanzen schon so hoch wie die Deiche, im Mai reifen sie und im Juni werden sie gemäht. Bis dahin verstecken sich die Wölfe gern in den Feldern, um darin Vögel zu jagen, und schleichen um die Bauernhäuser herum, um sich das Geflügel zu holen. Dies ist insbesondere im Mai der Fall, wenn die gerade zur Welt gekommenen Jungen zu füttern sind. Sie werden deshalb gejagt; diese Jagd nennt sich *Miao* und wird mit einem Zeichen geschrieben, das Sprossen zeigt, die auf einem Feld wachsen. Wölfe und Füchse waren aufgrund der zertretenen Pflanzen leicht zu verfolgen, wobei Fährten auch zum Bau anderer Tiere führten: weshalb Sirius weiteren Jagden vorstand – und somit, zusammen mit dem benachbarten Asterismus des Hundes, diese Sommerjagden am Himmel ankündigte.

U 430–432, X | K 156, CHA 258

20 – 6 – 140 Puppis – HD58343 – γ – HD53974 – γ – θ Canis Maioris

TIANGOU | T'IEN-KAOUI – DER HIMMLISCHE HUND

U 433, X | K 185

Der Hund dieser sieben 'schwarzen' Sterne wird in den Mythen für die Eklipsen von Sonne und Mond verantwortlich gemacht, die er ebenso frisst wie Kinder. Eine unter diesem Stern stehende Familie wird keinen Sohn haben oder deren Kind nur kurz leben. Ihn bannen vermag nur die im 10. Jahrhundert u. Z. entstandenen Gottheit Zhang Xian, die den daneben liegenden Bogen auf ihn richtet.[174]

Ansonsten repräsentiert der Asterismus die Jagdhunde, mit denen man Treibjagd auf die Schakale und Füchse machte, welche die Felder zertraten.[175]

η – o² Canis Maioris und o – M Puppis – τ – δ – σ – ε – κ Canis Maioris – o Puppis

HUSHI | HOU-CHI – BOGEN UND PFEIL

Diese neun 'roten' Sterne stellen einen Bogen dar, dessen Pfeil auf den Wolf | Schakal oder auf den Hund gerichtet ist.

In den chinesischen Häusern hing früher haufig ein Porträt Zhang Xians, eines weissgesichtigen langbärtigen Mannes mit einem kleinen Jungen an seiner Seite und Pfeil und Bogen in der Hand. In einer Überlieferung erschien dem Kaiser Rezong (1022–1063) ein schöner junger Mann mit weisser Haut und schwarzem Haar im Traum; er trug einen Bogen und sagte zu ihm: "Der Himmlische Hund versteckt im Himmel Sonne und Mond und frisst auf der Erde kleine Kinder. Nur meine Anwesenheit kann ihn zurückhalten." Beim Erwachen befahl der Kaiser, ein Porträt des jungen Mannes anzufertigen und öffentlich auszustellen – und von dieser Zeit an verehrten Familien Zhang Xian als Schutzherr der Kinder, der Söhne und der Geburt.

U 434, X | K 156, W 177–178

2 GUIXIU | KOUI SIOU – DIE HERBERGE DER TOTENGEISTER

X | K 160

δ – γ – η – θ – δ Cancri

GUI(ZHI) | KOUI(-TCHI) – DIE (ESSENZ DER) TOTENGEISTER
JISHI(QI) | TSÍ-CHI(-K'I) – DIE (LEBENSKRAFT DER) AUFGEHÄUFTEN LEICHNAME
TIANKUANG | T'IEN-KWANG – DAS HIMMLISCHE GRAB
TIANMIAO | T'IEN-MIAO – DER HIMMLISCHE AHNENTEMPEL

Diese vier 'roten' Sterne umrahmen trapezförmig den Praesepe-Haufen, der für die Geister der Verstorbenen steht. Im *Traktat der Astrologie in der Ära Kaiyuan* aus dem 8. Jahrhundert v. u. Z. steht zu diesem Nebel: "In der Mitte befindet sich ein Gestirn, das weiss wie Mehl oder Weidenkätzchen ist. Es ähnelt einer Wolke, ohne eine zu sein – und erinnert an einen Stern, ohne einer zu sein. Man sieht darin den Äther, den man die Lebenskraft Qi Der Aufgehäuften Leichname oder Essenz Der Totengeister nennt. Es symbolisiert die Geister der Toten und steht deshalb selbstverständlich den Opfern vor, die man ihnen darbringt."

Ihnen wurde beim ersten Mond der jeweiligen Jahreszeit ein bei der Jagd erbeutetes Wild als Opfer dargebracht: Daher trägt das Sternbild auch den Namen HIRSCHFÄNGER. Im Sommer hiess dieses Opfer *Yue*; demgemäss brachte der Grossmarschall, sobald seine Wagen hielten, eine frisch erlegte Beute im Ahnentempel dar. Dieser Verbindung zur Kavallerie ist es geschuldet, dass η den zusammengetriebenen Pferden und δ den versammelten Soldaten vorstand, während γ den angehäuften Juwelen vorstand.

Auch wurde der erste, gerade reif gewordene Weizen von den Bauern dem Kaiser offeriert, der ihn beim Yue zusammen mit Schweinefleisch kochen liess, um dies ebenfalls im Ahnentempel zu opfern.

U 435–438, X | K 160, T 335

YUGUI – DER GEIST IN DER SÄNFTE

Dieser von Schlegel nicht angeführte Asterismus wird in einem Grab der westlichen Han-Dynastie als von zwei Männern getragene Bahre dargestellt, auf der ein gefiederter buckliger Geist sitzt. Es handelt sich dabei um den Rest eines jener alten Sternbilder wie den Jäger mit seinem Netz, die von den Asterismen überzeichnet wurden.

Das Gestirn steht Belangen des Opferns vor.

P 465, T 331–334

γ Velorum – P – σ Puppis – L02 – HD55892 – τ Puppis

TIANSHE | T'IEN -CHIË – DIE SCHUTZGÖTTER

Darunter sind die Geister der Verstorbenen zu verstehen. Man sah in diesem Asterismus auch den Geist Goulongs, einem Sohn des mythischen Gonggong, der für seine Landvermessungen nach der grossen Flut unter Kaiser Yaos Herrschaft berühmt war. Da man ihm damit den erneuten Beginn der Landwirtschaft verdankte, ehrte man ihn zugleich mit den Schutzgöttern der Erde.

U 438 und 550, X | K 186

5 Sterne um δ Velorum

JI

Diese fünf Sterne repräsentieren einen Tempel zur Verehrung Houjis. In der Zeit der Han gab es in den zwei Wochen zwischen dem 22. Juli und dem 7. August grosse Opferfeste für Houji, Huang Di und andere wichtige Ahnen.

X | K 156–157

12 D Hydrae

TIANJI | T'IEN-KI – DER HIMMLISCHE OPFERTRÄGER

Der 'schwarze' Stern repräsentiert die Person, welche die Darbringung des Opfers für die Toten überwacht.

U 439, X | K 186

6 – F – C Hydrae – HD742660 – 14 Hydra – HD742660 – 68312

WAICHU | WAI-TCHOU – DIE ÄUSSERE KÜCHE

In der Inneren Küche wurden die Beutestücke zerlegt und gekocht, die für die Opfer im Ahnentempel bestimmt waren, in der Äusseren Küche jene für die Opferzeremonien im Freien. Dazu gehörten mariniertes, gehacktes oder gewürztes Fleisch, Trockenfleisch, Suppen und Fische, die in Schüsseln und Schalen deponiert wurden.

Generell wurde in der Inneren Küche in der Region des Himmelspols für die Palastbeamten, in der Äusseren Küche für die gewöhnlichen Leute gekocht.

U 438–439, X | K 168, 186, A 96

ψ – λ – φ – χ Cancri

GUAN | KOUAN – DAS LEUCHTFEUER

Bei den grossen Zeremonien im Freien hing man mit Stroh oder Reisig gefüllte Körbe an langen Stangen auf. Für die Astrologen wurde aus diesem sie repräsentierenden Asterismus eine Signallaterne, die man zur Warnung entzündete, oder das in einer Jahreszeit jeweils neu entzündete Feuer und der Feuermeister.

U 440, X | K 177

3 LIUXIU | LIEOU-SIOU – DIE HERBERGE DER WEIDE

X | K 160

Kopfsterne von Hydra von θ bis σ

(ZHUNIAO)ZHU | (NIAO-)TCHOU – DER SCHNABEL (DES ROTEN VOGELS)

U 446, P 466

LIU | LIEOU – DIE WEIDE

Diese acht 'roten' Sterne repräsentieren Form und Krümmung eines Weidenblattes. Geschrieben wird *Liu* mit dem Zeichen für 'Baum' neben dem für 'Flügeltür'. Auf dem Land brachte man in späterer Zeit der Sonne Opfer dar, indem man einen Weidenzweig über die Tür hing und darunter Wein, Trockenfleisch und Erbsengrütze mit darin steckenden Essstäbchen für sie stellte. Den Weidenbaum wählte man deshalb, weil er überall wuchs, auch im Winter grün blieb und kaum umzubringen war, womit die unzerstörbare Kraft der Sonne symbolisiert wurde. Der zweite Name für Weide – *Yang* – schreibt sich deshalb mit den Zeichen für 'Baum' und 'Sonne'. Bis in die jüngste Zeit hinein wurden bei der Sommersonnenwende auf diese Art die Türen mit Weidenzweigen geschmückt. Als Symbol der

Unsterblichkeit fand die Weide auch bei Totenfeiern Verwendung, indem der Sarg mit Weidenzweigen bedeckt wurde. Bis in die Neuzeit hinein trug man hinter dem Sarg Weiden- oder Bambuszweige mit daran hängenden Banderolen.

Das astrale Weidenblatt repräsentiert die Weiden, die bei den grossen gemeinsamen Feiern in der Nähe des Tores des Tempels der Ahnen gepflanzt wurden. Der Asterismus steht deshalb den Bäumen und Pflanzen vor, aber auch der Zubereitung des Essens und den Festlichkeiten sowie den Weinlagern. Deshalb trägt der Asterismus auch zwei andere Namen:

TIANCHU | T'IEN-TCHOU – DIE HIMMLISCHE KÜCHE

TIANKU | T'IEN-KOU – DIE HIMMLISCHE SPEISEKAMMER

TIANXIANG | T'IEN-SIANG – DIE HIMMLISCHEN MINSTER

BACHEN | PÁ-TCHIN – DIE ACHT BEAMTEN

Anlässlich des gemeinsamen Banketts beschenkte der Herrscher seine Beamten mit Weidenzweigen, da man ihnen nachsagte, dass sie vor den giftigen Miasmen und Pestilenzen des Sommers schützten. Die Heilkräfte der Weide – von der wir unser Aspirin gewonnen haben – waren schon früh bekannt: Der Saft ausgekochter Weidenblätter, mit Salz vermischt, galt als Mitteln gegen Magengeschwüre.

Der Asterismus stand den Gewittern und Regen vor, die bei seinem Erscheinen im Westen häufig wurden.

U 441–446, X | K 160 und 168

ψ - ξ - ω Leonis

JIUQI | TSIEOU-K'I – DAS EMBLEM DES ALKOHOLS

Im Sommer arrangierte man im Freien abgehaltene Leichenfeiern an dem Ort, auf welchen der Weidenzweig wies, den man neben dem Tor des Tempels der Ahnen platziert hatte. Er war deshalb das Zeichen des Alkohols, der dort getrunken wurde und wurde somit auch zum Emblem der Schnaps-, Reiswein-, Bier- und später auch Weinverkäufer. Der Monat, in dem diese drei 'roten' Sterne erschienen – die in Wirklichkeit aus einem blauweissen und zwei hellorangenen bestanden –, war reich an erhitzendem Äther, weshalb der Kaiser dann nur doppelt gebrannten Schnaps trank.

Der Asterismus repräsentiert darum den Kellermeister und steht Festlichkeiten und Festessen vor.

U 447–448, X | K 178

ALKOHOLISCHE STERNE

Der Dichter Li Bai (701–762), neben Du Fu der bedeutendste Dichter der Tang-Zeit, hatte wie sein Geburtsname sowie sein Volljährigkeitsname *Taibai* ('Grosser Weisser' = Morgenstern) verraten, nicht nur ein enges Verhältnis zum Mond und zur Venus, sondern wurde später auch bekannt als 'Unsterblicher des Alkohols'. Eines seiner Gedichte über die Sterne des Alkohols lässt jedoch wie der Name des Asterismus offen, um welches Getränk es sich handelte:

"Gewiss, wenn der Himmel den Alkohol nicht so gerne hätte, gäbe es keine Alkoholsterne im Himmel –
und wenn die Erde keinen Alkohol mögen würde, gäbe es auch keine Weinquelle auf Erden.
Himmel und Erde haben stets gerne getrunken – wie also könnte Lust, sich zu betrinken, den Himmel beschämen?
Reiner Wein, höre ich, wird Erleuchtung genannt, und es heisst, dunkler Wein wäre wie Weisheit.
Hat man Erleuchtung und Weisheit als Trunk, warum dann nach Göttern und Unsterblichen suchen?
Drei Becher und ich habe den Grossen Weg des Dao erkundet, einen Krug davon und man wird eins mit Erscheinungen, die von selber auftreten.
Die Weltsicht des Weins muss gelebt werden: Nüchternen ist sie nicht zu lehren!"

Über solche und viele weitere Gedichte zum Thema galt Li Bai bald als Seele des Weingestirns. So schreibt sein Dichterkollege Pi Rixiu über ihn:

"Ich liebe Li, den 'Grossen Weissen'! Sein Leib war die weisse Seele Des Emblems Des Alkohols: Aus seinem Mund sprudelten Verse des höchsten Himmels ..."

SCH 123–125

4 XINGXIU | SING SIOU – DIE HERBERGE DES GESTIRNS

ι – $τ^{1+2}$ – α – 27 P – 26 – κ Hydrae

CHUNHUO | CHOUN-HO – DAS FEUER DES ROTEN VOGELS

Mit diesem Namen wird das Herz und im Weiteren der Hals des Sternbilds Roter Vogel bezeichnet. Von ihm geht die Hitze des Sommers aus.

U 450, 69, X | K 160

(QI)XING | (TSÍ-)SING – DAS (SIEBEN-)GESTIRN

Diese sieben ‘roten’ Sterne verkünden die Sommersonnenwende. Sie wurden im ersten Jahrtausend v. u. Z. westlich des Sonnenuntergangspunktes kurz nach Sonnenuntergang sichtbar, im ersten Jahrtausend v. u. Z. immer länger und klarer. Diese prominente Funktion machten den Asterismus exemplarisch.

Mit der Sommersonnenwende erreichte, so spätere Philosophien, das erhitzende Prinzip, das mit seinem Fluidum Leben schafft, seinen Höhepunkt: Es kam nun zum Kampf mit dem abkühlenden Prinzip, dessen Fluidum den Tod bringt. Mit der Sonnenwende war deshalb die Grenze zwischen Leben und Tod markiert, neigte Ersteres sich nun allmählich dem Tod zu, begann nun die Herrschaft des Dunklen sich auszuweiten.

Da die Sonne nun einem Herrscher gleich den Höhepunkt ihrer Macht erreicht hatte, wurden diese neben ihr bei der Sommersonnwende stehenden Sterne mit ihrem Palast verglichen:

TIANTING | T'IEN-TSING – DER HIMMLISCHE HOF
TIANDU | T'IEN-TOU – DIE HIMMLISCHE HAUPTSTADT
TIANYU | T'IEN-YU – DER HIMMLISCHE GOUVERNEUR

Da der Asterismus in der Mitte des Jahres steht, regiert er den Himmel; befindet sich zudem Merkur, der Gott der Zeit, in ihm, gilt er als ‘Tempel Des Planeten Der Stunden’.

XIANSHI | HIEN-SSE – DIE VERDIENSTVOLLEN MÄNNER

Bei der Sommersonnenwende ernennt man die grossen Generäle und belohnt jene, die sich als verdienstvoll erwiesen haben, mit Waffen und bunten Gewändern, die von den Mädchen am Hof gefertigt und im Sommer mit besonderen Pflanzen gewebt worden waren. Davon berichtet ein Vierzeiler des Du Fu: “Die Gewänder des Palastes haben auch einen Ruf; am Mittag der Sonnenwende erhalten die Kurtisanen Gunst und Ehre. Das Tuch feiner Pflanzen ist schmiegsam, gleichsam verweht vom Wind, die parfümierte Gaze leicht wie dünner Schnee.”

Deshalb steht der Asterismus bunten Farben und den Bestickungen der Gewänder vor. Strahlte er, galt dies als gutes Zeichen.

U 448–452

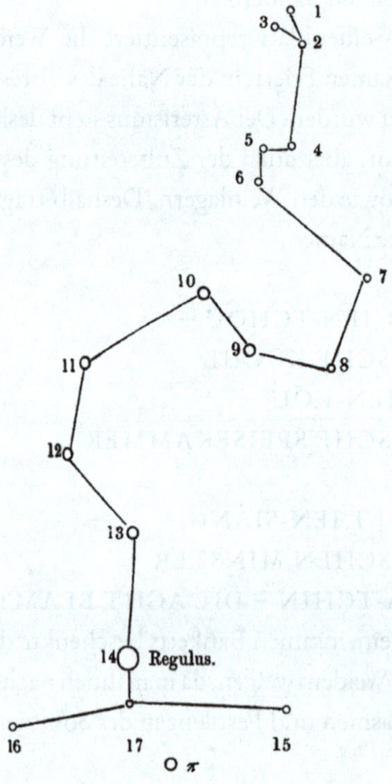

10 – 8 – 11 Leo Minoris – HD83069 – 83787 – F – κλεμζγηα – 31 – ρ – ο Leonis

HUANG LONG – DER GELBE DRACHEN
XUANYUAN | HIEN-YOUEN – ‘DIE WAGENDEICHSEL’
SHUICHE | CHOU-TCHE – DER WASSERKARREN
LONGGUCHE | LOUNG-KOÚ-TCHE – DIE DRACHENSKELETTKARRE
QUANXING | K'IOUEN-SING – EINFLIESSENDES GESTIRN

Die siebzehn ‘roten’ Sterne repräsentieren eigentlich einen aufsteigenden Drachen, der offenbar als ‘gelb’ bezeichnet wurde, weil ihn dies mit der Erde verband – wie die Wasserpumpe, die man als ‘Wagendeichsel’ bezeichnete.

Der Drache ist in China das Emblem der befruchtenden Kraft des Wassers, den man deshalb in diesem fünften Monat Juni um Regen für die Pflanzen auf den Feldern in der Sommerhitze bittet. Bei der Zeremonie dafür wird ein grosser, aus Ton gefertigter Drache durch die Strassen auf die Äcker getragen, um jene Wolken zu erflehen, die im Juli dann – vom Regendrachen geschaffen – ihr Nass auf die Pflanzen bringen. Der Asterismus steht deshalb, wie die Astrologie sagt, “den Genien des Donners und des Regens vor. Aus der Vereinigung des erhitzenden und des abkühlenden Prinzips entstehen Gewitter; aus ihrer gewaltsamen Trennung Blitze; aus ihrer Harmonie Regen; aus ihrem Zorn Winde; aus ihrer Verwirrung Nebel; aus ihrer

Kondensation Reif; aus ihrer Zerstreuung Tau; aus ihrer Versammlung Wolken; aus ihrem Überfluss der Regenbogen".

Seine Bezeichnung als 'Karren' rührt jedoch von der Wasserpumpe her, mit der in den trockenen Monaten Mai und Juni die Felder bewässert wurde. Es war dies eine Art langes Gurtbecherwerk (daher der Übername 'Wagendeichsel'), deren eines Ende in einem Wasserspeicher hing, um über das Laufband mit seinen Behältern Wasser in einen Bewässerungskanal zu bringen, indem zwei Bauern auf seiner 'Wagenachse' – ρ – 31 – ο Leonis – standen und traten, um das an einer Kette hängende Band am Laufen zu halten. Das Band mit den Holzschöpfern in einer Mühlrinne wurde mit dem Rückgrat eines Drachen verglichen.

U 453–459, P 464

α Leonis

XUANYUAN | HIEN-YOUEN – DIE DEICHSEL

In einer anderen Symbolik ist damit die offizielle Gemahlin oder Hauptmätresse des Herrschers gemeint.

U 459, P 465

π Leonis

YU'NÜ | YU-NIU – DIE KAISERLICHEN TÖCHTER

In dieser Symbolik repräsentieren ρ Leonis die Familie der Frau eines Prinzen, ο die Familie der kaiserlichen Mutter, α die Hauptfrau des Kaisers, η die Hofdamen, γ die Konkubinen und alle anderen Sterne des Karrens die Mädchen am Hof. Ihre Anwesenheit am Himmel rührt wahrscheinlich daher, dass beim kaiserlichen Leichenschmaus während der Sommersonnenwende, die Frauen des Palastes morgens und abends für das Klagen zuständig waren.

U 459–460

β – δ Sextantis – HD90763

TIANXIANG | T'IEN-SIANG –
DER HIMMLISCHE HOFMEISTER

Der Beamte, der als oberster Adjutant bei den grossen Leichenfeiern wirkte, wurde *Xiang* genannt; er war für die Gewänder jener Zeremonie zuständig, bei der die Seelen der Toten angerufen wurden, und überwachte das Wehklagen der Palastfrauen. Die drei 'weissen' Sterne stehen deshalb dem Schneidern der Hofgarderobe vor, die für die Sommersonnenwende erneuert wurde, sowie den Riten der Kaiserin.

St 38, U 460–461, X | K 87

46 – 34 – β – 21 Leo Minoris

NEIPING | NOUI-PING –
DER AUSGLEICHER DES INNEREN

Diese vier 'schwarzen' Sterne repräsentieren ursprünglich den Würdenträger, der den kaiserlichen Harem überwachte. Unter den Han wurde daraus das vom Hof eingesetzte Oberste Gericht, das über Streitfälle im innersten Kreis der Elite entschied und als Mediator Gleichheit beförderte.

U 461, X | K 177

42 – 40 – 41 Leonis – 51 Leo Minoris

SHAOWEI | CHAOU-WI –
DIE KLEINEN VERBORGENEN

Die vier 'roten' Sterne symbolisieren tugendhafte Männer in den unteren Rängen, deren Meriten man bei den Auslobungen der Sommersonnenwende nicht vergessen sollte: Da sich gute Männer auch in den unteren Chargen versteckten, sollte diese ebenfalls befördert werden. 42 Leonis repräsentiert die Heeresoffiziere, genannt HUSHI | HOU-SSE – DIE TIGER; 40 Leonis YISHI | I-SSE – DIE RATSHERRN; 41 Leonis BOSHI | PÓ-SSE – DIE WEISEN und 51 Leonis DAFU | TA-FOU – DIE HERAUSRAGENDEN.

U 462, X | K 151

In der Literatur der Tang-Zeit wurde dieser Asterismus vor allem mit den Dichtern verglichen und von denen angerufen, um deren Einkünfte und Honorare es schlecht bestellt war.[176]

B – C Velorum – HD79621 – 79025

TIANZI | T'IEN-T'SI – DIE HIMMLISCHE HIRSE

In diesen 'roten' Sternen residiert der Gott des Getreides. Sie verkünden, wenn sie im 5. Monat Juni bei Sonnenuntergang im Westen am Horizont stehen, dass die im Herbst ausgesäte späte Hirse nun reif ist (die frühe Hirse war dies im Mai).

Der Asterismus steht den Aufsehern der Landwirtschaft vor; strahlt er, sagt dies eine gute Ernte voraus; ist er nicht zu sehen, heisst dies, dass sich die Menschen gegenseitig auffressen werden.

U 462–463

5 ZHANGXIU | TCHANG SIOU – DIE HERBERGE DES NETZES

X | K 182

ν – φ – λ – υ² – κ sowie Linie von ν bis κ mit μ Hydrae

(NIAO)SU – DIE KEHLE (DES ROTEN VOGELS)[177]

U 72, X | K 160, P 466

ZHANG | TCHANG – DAS (VOGEL)NETZ

U 463, X | K 160

Diese sechs 'roten' Sterne repräsentieren das Netz, mit dem man auf Vogeljagd ging und bei den Opfern im Ahnentempel die schlechte Vorzeichen verkörpernden Vögel – Raben und Sperber – fernhielt. Da bei diesen festlichen Zeremonien Essen, Trinken, Beförderungen und Belohnungen eine Rolle spielten, steht der Asterismus diesen vor.[178]

YUFU | YU-FOU – DAS KAISERLICHE MAGAZIN

Der Asterismus trug auch den Namen des Lagers, in dem man die Tributgeschenke ferner Völker lagerte, deren Herrscher im Sommer ihre Aufwartung machten.

U 465

υ – τ – φ Leonis

MINGTANG | MING-T'ANG – DIE HALLE DES LICHTS

Dieser pyramidenförmige Asterismus steht für den Tempel des Lichts, in dem man im letzten Sommermonat die Opfer darbrachte. Er wurde als Zeremoniengebäude der alten mythischen Söhne des Himmels angesehen, in dem der Kaiser mit den göttlichen Mächten in Himmel und Erde kommunizierte, Belange der vier Jahreszeiten adjustierte, dementsprechende Befehle und Belehrungen erteilte und tugendhafte Menschen ehrte. Wie diese Halle ursprünglich aussah, die der Gründer der Zhou-Dynastie Wen Wang errichtet haben soll, wusste niemand mit Gewissheit zu sagen.

Eine Quelle aus der Han-Zeit gibt jedoch an, sie sei 81 Fuss von Osten nach Westen lang und 63 Fuss von Nord nach Süd breit und ursprünglich den Elementen der Natur geweiht gewesen.

Von der Dynastie der Zhou (um 1100 bis 770 v. u. Z.) sei diese Halle neu installiert worden, nachdem die dazugehörigen Riten in den vorangegangenen Dynastien Xia und Shang im 2. Jahrtausend entstellt worden waren. Die älteste Halle des Lichts hätte den Monaten des Jahres entsprechend zwölf Räume aufgewiesen; ihr Dach sei als Abbild des Himmels eine Kuppel, der Grundriss zum Abbild der Erde quadratisch gebaut worden. Acht Fenster symbolisierten die acht Winde und Himmelsrichtungen, vier Türen die vier Jahreszeiten.[179]

Unter den Zhou sei der Osten der Halle dem Planeten Jupiter geweiht worden, der Süden dem Mars, der Westen der Venus, der Norden dem Merkur und die Tempelmitte dem Saturn. Man betete dort Himmel und Erde an, ehrte die Geister und der Kaiser empfing darin seine Vasallen und liess die Regierungsbefehle proklamieren.

Diese Halle wurde in der Han-Zeit (206 v. u. Z. bis 220 v. u. Z.) derart idealisiert, dass man für sie unterschiedliche Namen für die einzelnen Epochen erfand, in denen sie existiert haben soll. Unter dem Urherrscher Huang Di habe sie 'Palast des Universums' geheissen, unter Yao Di 'Halle der Passage' und unter den Zhou 'Die Helle Halle'.

Errichtet wurde eine solche Halle dann unter der Kaiserin Wu am Ende des 7. Jahrhunderts u. Z.: Loyang zum Zeichen der Restauration der legendären Zhou-Dynastie. Der 294 Fuss hohen, 300 Quadratfuss grossen und 'Göttlicher Palast der Myriaden Sternerscheinungen' genannten Halle, die weiterhin einen quadratischen mit einem kreisförmigen Grundriss verband, wurde ein achteckiger, 105 Fuss hoher Pfeiler aus Gusseisen hinzugefügt. 'Himmelsachse' genannt, trug er auf seiner Spitze einen von vier Drachen getragenen 'Feuerball' aus Bronze sowie eine von einer Gottheit gehaltene Schale: Der Ball sollte die feurige Kraft des Yang, die Schale den Tau des Yin einfangen. Ein Feuer zerstörte dies alles grösstenteils wieder um 740.

U 465, X | K 176–1777, SCH 16–19

θ Antliae – HD 83953 – 81799 – 78955 – 76512 – γ Pyxidis – HD 75649 – 75629 – εκθλ Pyxidis

TIANMIAO | T'IEN-MIAO – DER HIMMLISCHE AHNENTEMPEL

Auch in diesem Tempel wurden im letzten Sommermonat feierliche Opfer dargebracht. Er untersteht wie die Halle Des Lichts dem Asterismus Netz. Es fanden dort in der zweiten Julihälfte Zeremonien statt, die mit der Äusseren Küche in Hydra zusammenhängen.

U 466,464, X | K 186

6 YIXIU | YÍ SIOU – DIE HERBERGE DES FLÜGELS

ε - HD98853 - 98591; θ - HD99918; κιδγζηλα - HD94046 - λβ - HD99922 - 98579 - χ^1 - 17 Crateris - HD101563

YI | YÍ – DER FLÜGEL
CHUNWEI | CHOUN-WI – DER SCHWANZ DES FASANS

ST 41, U 467, X | K 160

Diese 22 'roten' Sterne von Crater repräsentieren den Federschwanz des Sternbilds Roter Vogel.

Erschien es als Erstes nach Sonnenuntergang im Westen am Horizont, war dies die Zeit, als die Tribute aus den ferneren Reichsteilen zur 'Audienz des Freudenmahls' empfangen wurden und die Fürsten Jade, kostbare Stoffe und andere wertvolle Produkte ihres Landes brachten. Dieser Empfang mit grosser Musikbegleitung fand beim Wagentor statt, durch das man in den grossen Hof des inneren Palastes gelangte. Deshalb heisst der Asterismus auch TIANDUSHI | T'IEN-TOU-CHI – DER HOF DER HIMMLISCHEN HAUPTSTADT und TIANCHU | T'IEN-TCH'OU – DER HIMMLISCHE VORHOF.

Da des Kaisers Lehensleute und die tributpflichtigen Prinzen von ihm auf jede denkbare Weise belehrt wurden, steht der Asterismus diesen Prinzen, den von ferne eingetroffenen Reisenden, ihren Geschenken, der kaiserlichen Musikkapelle und den zivilisationsfördernden Instruktionen der kaiserlichen Hofräte vor und trägt auch den Namen HUAGONG | HOA-KOUNG – DER PALAST DER ZIVILISATION.

Indem der Asterismus einer Fahne gleicht und bei diesem Empfang viele Fahnen festlich den Hof schmückten, wird er auch genannt TIANQI | T'IEN-K'I – DAS HIMMLISCHE BANNER.

U 468–469

β - HD116706 - 39 Comae Berenices

ZHOUDING | ZHOU-DING – DER DREIFUSS DER ZHOU

Diese drei 'schwarzen' Sterne repräsentieren einen der neun aus Bronze hergestellten – für jede Provinz einen – Dreifüsse, die als heilig galten. Die Dynastie der Zhou regierte zwischen 256 und 104 v. u. Z. Unter ihnen wurde das damit praktizierte Alkoholopfer an die Götter zum Herrschaftsprivileg und die damit verbundenen Rituale zum Symbol ihrer Autorität. Mit dem Ende der Zhou-Dynastie gingen diese Dreifüsse verloren. Der Herrscher Qin Shi Huang Di (256–210 v. u. Z.) träumte davon, sie wiederzufinden. Er befahl deshalb 4000 Männern, in den Fluss Si zu tauchen, um sie zu suchen: jedoch vergeblich. Diese Suche blieb ein grosses Thema am Hof – weshalb der Dreifuss schliesslich in den Himmel projiziert wurde.

ST 141, U 549, X | K 173

93 Leonis

TAIZI | T'AI-TSSE – DER KRONPRINZ

Es ist dies, wie die nun folgenden, ein 'schwarzer' Stern.

U 469, X | K 176

92 Leonis

CONGGUAN | TSPUNG-KOAN – DAS GEFOLGE

U 469

2 Comae Berenices

XINGCHEN | HING-TCHING – DIE BEAMTEN DES GLÜCKS

Diese Offiziere gehören zum Gefolge eines Prinzen; sie dienen immer im Palast und werden so genannt, weil die Präsenz des Kaisers Frieden und Glück bringt.

U 470, X | K 176

72 Leonis

HUBEN | HOU-BUN – DIE TAPFEREN TIGER

Diese Offiziere laufen bei Kampagnen vor und hinter dem Kaiser; beim Sommerempfang der Tributpflichtigen gehörten sie ebenfalls zu seiner Garde.

U 470, X | K 188

σ Leonis

SHANGJIANG | CHANG-TSIANG – DER ERSTE GENERAL

ι Leonis

CIJIANG | TSSE-TSIANG – DER ZWEITE GENERAL

δ Leonis

SHANGXIANG | CHANG-SIANG – DER ERSTE RATSHERR

θ Leonis

CIXIANG | TSSE-SIANG – DER ZWEITE RATSHERR

Um 14 bis 21 Coma Berenices

LANGWEI | LANG-WEI – DIE OFFIZIERSMESSE

U 471, X | K 153

Es sind dies fünfzehn in drei Reihen zu je fünf Sternen arrangierte 'rote Sterne'.

31 Comae Berenices

LANGJIANG | LANG-TSIANG – DER KOMMANDANT DER GARDE

ν Comae Berenices

SHANGJIAN | CHANG-TSIANG – DER ERSTE GENERAL

ε Virginis
CIJIANG | TSSE-TSIANG – DER ZWEITE GENERAL
γ Virginis
SHANGXIANG | CHANG-SIANG –
DER ERSTE RATSHERR
δ Virginis
CIXIANG | TSSE-SIANG – DER ZWEITE RATSHERR
η Virginis
ZUO ZHIFA | TSO-TCHI-FA –
DER LINKE GERICHTSHERR
β Virginis
YOU ZHIFA | YEOU-TCHI-FA –
DER RECHTE GERICHTSHERR

Es waren dies die Richter, die Dispute unter den tributpflichtigen Fürsten regelten.

U 471–472, X | K 152–153

20 – 31 – 16 Virginis
SANGONG | SAN-KOUNG – DIE DREI HOFRÄTE

Es sind dies die Sitze jener Hofräte, welche die angereisten tributpflichtigen Herrscher bei der sommerlichen Audienz des Kaisers über ihre Aufgaben und die gesellschaftliche Ethik belehrten.

U 472, X | K 175

33 – 32 – ρ Virginis
JIUQING | KIOU-K'ING- DIE NEUN HOHEN BEAMTEN

Die drei Hofräte und die neun hohen Beamten repräsentierten das idealisierte Beamtentum, das Philosophen der Staatsideologie in der Han-Zeit zurück in die Epoche der Zhou-Dynastie projizierten.

U 472, X | K 175

α – 36 – 27 – 24 – 11 Comae Berenices
WU ZHUHOU | WOU-TCHOU-HAO –
DIE FÜNF FÜRSTEN

ST 45, U 473

11 Virginis
YEZHE | YÉ-TCHE – DIE BESUCHER

Dieser 'schwarze' Stern repräsentiert die Fürsten, die zur Audienz beim Kaiser im letzten Sommermonat angereist kamen. Strahlte er hell, sagte dies Gäste aus allen vier Himmelsrichtungen voraus.

U 473, X | K 175

14 – α Canum Venaticorum – HD111604 – 10 – 9 – β Canum Venaticorum – HD108464
CHANGCHEN | TCHANG-TCHIN –
DIE STÄNDIGE ESKORTE

Diese sieben 'roten' Sterne repräsentieren die Garde des Palastes, in dem der Kaiser sich aufhielt. Am Himmel war dies nun der südliche astrale Palast, der durch eine Mauer von zehn Sternen dargestellt wurde, die alle 21 vorangegangenen Asterismen vom Kaiserlichen Prinzen umgab und als TIANTING | T'IEN-TING – DER HIMMLISCHE HOF bezeichnet wurde. Darin wandte der Kaiser das Recht an, befriedete Streit, klärte Verbrechen und belohnte gute Männer.

ST 45, U 473–474,

59 – 53 – 52 Leonis – HD6610
CHANGHUAN | TCHANG-HOUAN –
DIE LANGE MAUER

Diese vier 'gelben' Sterne repräsentieren die Erdböschung und die Schirmwände aus bemaltem Stoff, welche die Zelte auf dem Gelände ausserhalb des Palastes umgaben. Dort fand in dem Festzelt das *Yanyan* genannte, von Musik begleitete 'Freudenmahl' anlässlich der kaiserlichen Audienz statt. Man betrat es durch Tore aus Stoff, die am Ende eines symmetrisch angelegten Zugangsweges lagen.

U 474 und 469, X | K 187

ο – π – ν – ξ Virginis
NEIPING | NOUI-PING – DIE INNERE SCHIRMWAND

Diese vier 'roten' Sterne repräsentieren die Tür aus bemaltem Stoff, die den Eingang zum kaiserlichen Hof verbarg. In der Symbolik der Han umgab diese Wand den Himmelsherrscher Huang Di samt den vier Di rund um ihn.

U 475, X | K 152

η Virginis – HD109860 – HD109896 – 59 – 71 – 70 – β – Virginis – 80 – ι – 86 – 93 Leonis
TAIWEIYUAN | T'AI-WI-HOUAN –
DIE UMFRIEDUNG DER GROSSEN GEHEIMEN
ZIWEIHUAN | TSSE-WI-HOUAN –
DIE GROSSE PURPURNE UMFRIEDUNG

Bei den Westlichen Han waren die höchsten staatstragenden Posten drei Eminenzen vorbehalten: dem 'Grossen Geheimen' Ziwei, dem das Oberkommando des Heeres übertragen war, dem Kanzler, der den Kaiser beriet, und dem Kaiserlichen Rat, der das Innenressort und die Beamten unter sich hatte.[180]

TIANTING – DER HIMMLISCHE HOF

T 2

Um ihn vom Purpurnen Palast des Nordhimmels zu unterscheiden, werden diese zehn 'roten' Sterne gemeinhin jedoch DER HIMMLISCHE HOF genannt.[181] Seine Umfriedung begann nach dem Haupttor DUANMEN | TOAN-MUN einerseits mit dem Stern des LINKEN GERICHTSHERRN in **η Virginis**, führte dann zum LINKEN SEITENTOR – ZUO YEMEN | TSO-YÍ-MUN in HD109860 und 109896, dann zu **59 Virginis**: TAIYANG DONGMEN | T'AI-YANG-TOUNG-MUN – DAS ÖSTLICHE TOR DES GROSSEN HITZEPRINZIPS und **71 Virginis**: ZHONG-

HUA DONGMEN | TCHOUNG-HOA-TOUNG-MUN – DAS ÖSTLICHE TOR CHINAS und endete in 70 Virginis: TAIYIN DONGMEN | T'AI-YIN-TOUNG-MUN – DAS ÖSTLICHE TOR DES GROSSEN KÄLTEPRINZIPS.

U 534–535, ST 132

HD103313 - 104055

DUANMEN | TOAN-MUN – DAS HAUPTTOR

Diese zwei 'schwarzen' Sterne gehören zu den zehn Sternen der Mauer um diesen südlichen astralen Palast; sie befinden sich genau in der Ekliptik.

ST 44, U 475

Die andere Seite der UMFRIEDUNG DER GROSSEN GEHEIMEN führte vom RECHTEN GERICHTSHERRN in β Virginis zu 80 Leonis: YOU YEMEN | YEO-YÍ-MUN – DAS RECHTE SEITENTOR zu ι Leonis: TAIYANG XIMEN | T'AI-YANG-SI-MUN – DAS WESTLICHE TOR DES GROSSEN HITZEPRINZIPS und 86 Leonis: ZHONGHUA XIMEN | TCHOUNG-HOA-SI-MUN – DAS WESTLICHE TOR CHINAS und endete in 93 Leonis: TAIYIN XIMEN | T'AI-YIN-SI-MUN – DAS WESTLICHE TOR DES GROSSEN KÄLTEPRINZIPS.

ST 132, U 534–536, 475

β - 88 und HD102660 - O Leonis - HD102910

WUDIZOU | WOU-TI-TSOU – DER SITZ DER FÜNF KAISER

Die 'roten' Sterne dieser fünf Urherrscher repräsentieren der Reihe nach die Geistermächte der fünf Regionen: β Leonis als der Gelbe Gott Huang Di regiert die Erde, der Blaue Herrscher den Osten, der Rote Herrscher den Süden, der Weisse Herrscher den Westen und der Schwarze Herrscher den Norden.

ST 133, U 536

69 - χ - 58 Leonis

LINGTAI | LING-TAI – DIE GÖTTLICHE TERRASSE

Diese drei 'schwarzen' Sterne repräsentieren die Warte, von der aus man vor grossen Versammlungen und Festen die Wolken beobachtete, um in ihnen gute und schlechte Vorzeichen zu lesen. Ursprünglich geschah dies auf irgendeiner Anhöhe; dann verlegte man dies auf die Plattform des Turms, von dem nachts die Sterne observiert wurden. Von der *Shitai* – Terrasse der Jahreszeiten – aus beobachtete man die Gaben und Verwandlungen der Saisons, von der *Youtai* – Terrasse des Parks – aus die Vögel, Tiere, Fische und Schildkröten. Die Göttliche Terrasse stand jedoch allein dem Kaiser zur Observierung der Sterne und Wolken zu.

Diese Fokussierung auf die Beobachtung von Zeichen der Natur kam unter den Han besonders unter der Herrschaft des Herrschers Wu (156–87 v. u. Z.) und unter Einfluss der Philosophie Dong Zhongshus auf: Damals wurden die ersten Observationsplattformen dieser Art gebaut.

U 476, X | K 177

HD96616 - I Velorum - HD93453 - R - Q Velorum

DONG'OU | TOUNG-NGAO – DIE ÖSTLICHE SCHALE

Diese fünf 'schwarzen' Sterne repräsentieren die Schale, aus welcher der Herrscher des Reiches trank, um seinen Gästen bei der 'Audienz des Freudenmahls' zuzuprosten. Der Asterismus repräsentiert deshalb die Fremden und den Mundschenk. In einem Vierzeiler des *Shijing* heisst es dazu: "Die Schale in der Hand trinkt er mit uns kostbaren Trank. Berührende Gunst! Schmeichelnde Gnade! Seine Leutseligkeit erhöht den Preis dafür und wirkt sich aus auf unser Glück."

"Wenn der Prinz einem die Schale reicht", so das *Buch der Riten* weiter, "erhebt man sich feierlich, schreitet über alle Matten und zwischen Gästen hin zu ihm und empfängt sie aus seiner Hand."

U 476–477, ST 124, X | K 186

7 ZHENXIU | TCHIN SIOU – DIE HERBERGE DES WAGENS

β - δ - η - γ - ε - α Corvi (η linker Achsschenkel, α rechter Achsschenkel)

ZHEN | TCHIN – DER WAGEN
TIANCHE | T'IEN-TCHE – DER HIMMLISCHE WAGEN

Der letzte Sommermonat bildete die Mitte des Jahres, in der die Bauern und Arbeiter weniger zu tun hatten, weil die Ernte erst bevorstand. Der Kaiser legte dann die zentralen Mächte seiner Regierung neu fest: Er bestimmte die Tribute, die ihm von seinen Vasallen zustanden, auf der Grundlage dessen, was deren Länder abwarfen; er liess Grenzen gegebenenfalls neu ziehen und neue lokale Herrscher ernennen. Der astrale Wagen steht für die von ihnen gebrachten Tribute – und die Streitwagen, die sie umgekehrt manchmal vom Kaiser erhielten. η Corvi repräsentiert dabei die Lehensleute, die denselben Familiennamen wie der Kaiser tragen, α die anderen Vasallen.

So heisst es in einer Ode des *Shijing* über die dazugehörige 'Audienz des Freudenmahls': "Der Bauer schenkt einem Freund, der ihn in seinem Garten besucht, einen Korb Früchte. Was kann ich Euch schenken, Ihr illustren Prinzen, die Ihr an den Hof gekommen seid? Nehmt diese Wagen mit ihren Gespannen, diese bestickten Gewänder mit ihrem Schmuck. ... Welch ein Vergnügen für mich, den Pomp Eures Einzugs zu sehen! Möge die schöne Ordnung, die Ihr dabei zeigtet, alle beeindrucken! Selbst der Lärm Eurer Wagen, der Trab Eurer Gespanne verkündete Helden!"

Der Asterismus steht, der kostbaren Ladung der Wagen der Vasallen wegen, Ladungen und Transporten vor, sowie den Ministern, die das Reich stützen – und aufgrund der Schnelligkeit der Streitwagen auch dem Wind.

U 478–480, X | K 160

ζ Corvi

CHANGSHA | TCHANG-CHA – DIE STAUBSPUREN

Der 'schwarze' Stern repräsentiert den Dreck, der sich bei der Fahrt an der Radnabe ansammelt; er steht den Wagen, Gespannen und Ladungen vor und aus seiner Helligkeit wird auf das Kommen und Gehen des Heeres geschlossen. Im Volk jedoch stand dieser Stern für Langlebigkeit und wurde DER SARG genannt.

U 480–481

HD104039 – 103462?

JUNMEN | KIUN-MUN – DAS GARNISONSTOR

Es gehört zu dem befestigten Lager, in dem die für die Audienz des Freudenmahls angereisten Vasallen schliefen, und steht allgemein den Lagern und Barrikaden vor. Sein Gegenstück ist das ein Monat später am Horizont stehende Südliche Garnisonstor in Andromeda.

U 482

HD102620 – 103596 – 103026 – 101563

TUSIKONG | TOU-SSE-K'OUNG – DER VORSTEHER DER ERDARBEITEN

Diese vier 'gelben' Sterne repräsentieren einen Verwalter, der wörtlich 'der Freizeit vorsteht'. Gemeint damit ist allerdings nur die Zeit, die nicht auf den Feldern verbracht wird – wie im sechsten Monat vor der Ernte. Da werden nicht nur die Kornspeicher repariert, sondern unter der Aufsicht des Vorstehers Erdarbeiten vorgenommen: Gelände vermessen, Brücken, Strassen, Dörfer und Bewässerungsanlagen gebaut – denen der Asterismus astrologisch ebenso vorsteht wie den Grenzdörfern und Grundgrenzen.

Dank seiner Nähe zum Asterismus des Wagens, steht er aber auch den Arbeiten aus kostbarem Holz und den Wagenbauern und ihrem Handwerk vor.

U 482–483

32 Sterne um U und S Carinae

QIFU | K'I FOU – DAS LAGER DER BEHÄLTER

Diese 'schwarzen' Sterne in der Milchstrasse repräsentieren die von Hunden bewachten grossen Behälter, aus denen man die alkoholischen Getränke und Speisen holte, die bei der 'Audienz des Freudenmahls' aufgetragen wurden – zugleich aber auch das Lager der Instrumente, mit denen dabei musiziert wurde. Strahlen sie hell, sagen sie voraus, dass sie gut gestimmt gespielt werden. Der Asterismus mahnt auch an, die Lager wohlbestückt zu halten, um Gäste gut bewirten zu können.

U 484, X | K 186

HD105686 – 103266 – β – HD102902 – 101666 – ξ Hydrae

QINGQIU | TSING-KIOU – DIE GRÜNEN HÜGEL

Diese sieben 'schwarzen' Sterne repräsentieren die im sechsten Monat Juli dicht belaubten, buschigen Bäume. Der Asterismus steht dem Staatsbund Sanhan auf der koreanischen Halbinsel vor; strahlt er, sagt dies Rebellionen in fremden Ländern voraus.

Im *Jin shu* liest man über diese grünen Hügel im Süden, dem Land, wo die Barbaren wohnen, dass auf Befehl des Urkaisers Yao Dis der legendäre Bogenschütze Yi in dieses Gebiet vordrang, um den von dort ausgehenden zerstörerischen Winden Einhalt zu gebieten. Dabei entdeckte Yi, dass der Gott des Windes Fei Lian die Wurzel allen Übels war, denn ihn hatten die anderen Götter beleidigt. Darauf schoss Yi ihm ins Knie, um ihn wieder zur Vernunft zu bringen.

U 485, X | K 180

IV DER HERBSTHIMMEL

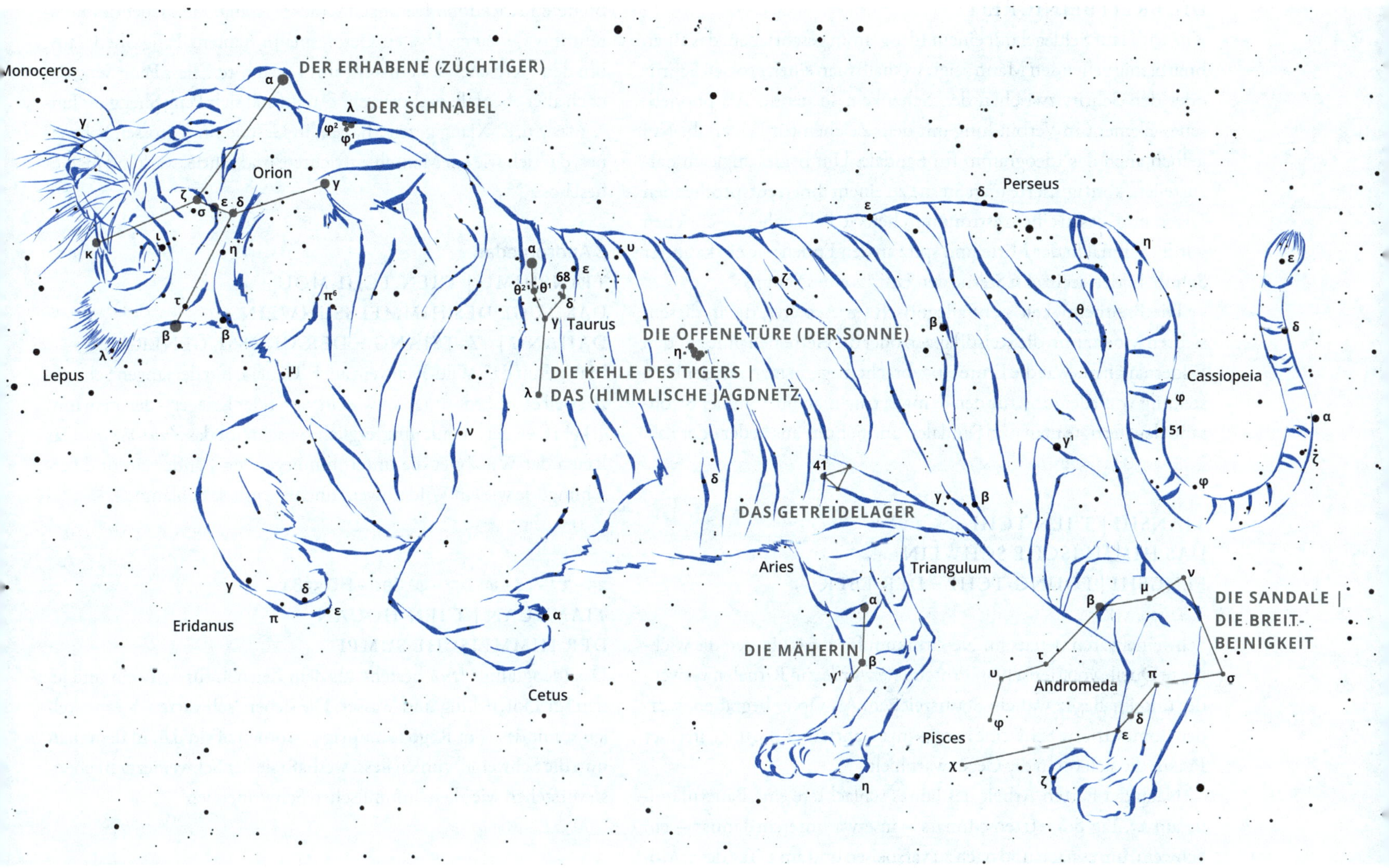

BAIHU | PE-HOU – DER WEISSE TIGER

Das mit dem Herbst und dem Westen verbundene Sternbild bildet einen Sibirischen Tiger ab, von dem man glaubte, er werde tausend Jahre alt, sein Fell färbe sich erst nach fünfhundert Jahren weiss, er sei seines hohen Alters wegen gutmütig geworden und fresse nur noch Aas. Er wird auch als 'König der Vierfüsser' und 'König der Berge' bezeichnet. Sein Gebrüll soll Winde auslösen, weshalb er, wenn er im Herbst von den Bergen herab auf die Felder kommt, um sich Beute zu suchen, als Verursacher der dann einsetzenden, aus dem Westen wehenden Herbstwinde bezeichnet wird.

Aber auch seiner Gefährlichkeit wegen wird er mit dem als tödlich geltenden Herbst assoziiert. 'Traurigkeit' wird phonetisch mit dem Zeichen für Herbst geschrieben und bedeutet auch 'Herz'. Der Herbst ist in China die Jahreszeit, in der sich alles vollendet, um dann unterzugehen; die Früchte reifen, um dann zu faulen, die Sonne verliert ihre Kraft und die Kälte kommt – weshalb man vom Herbst sagt, dass er eine erzürnte Atmosphäre hat und umbringt. Deshalb wurde auch der oberste Strafgerichtshof 'Ministerium des Herbstes' genannt und bis in die Neuzeit hinein Exekutionen nur im Herbst vorgenommen.

Ein Teil des Tigers wurde später von der Kriegerfigur des Erhabenen in Orion überzeichnet, ohne dass er darunter verloren ging. Das Sternbild besteht aus den Asterismen Sandale, Mäherin, Getreidelager, Untergehende Sonne und Netz, wobei Schnabel und Erhabener im Orion seinen Kopf bilden – er erstreckt sich damit von Andromeda über Aries und Taurus bis zum Orion.

U 65–68, 316–317, ST 48

1 KUIXIU | KOUI-SIOU – DIE HERBERGE DER SANDALE

ψ² – η – ζ – 65 – ε – δ – π – ν – μ – β – σ Andromedae – τ – υ – φ – χ Piscium

KUI | KOUI – DIE SANDALE | DIE BREITBEINIGKEIT

Kui wird laut Schlegel mit einem Ideogramm geschrieben, das einen breitbeinig gehenden Mann zeigt, weshalb man einen grossen Schritt oder den Schritt zwischen den Schenkeln so nennt. Als phonetisches Element in Verbindung mit dem Zeichen für Fell ergibt Kui jedoch auch das Ideogramm für Sandale. Um beides zugleich darzustellen, konfigurierte man Sterne zu einem ihnen entsprechenden Diagramm, das in einem astronomischen Gedicht näher beschrieben wird: "Schmal in der Mitte und spitz an den Enden wie ein kaputter Schuh, bilden sechzehn Sterne den Umriss eines Schuhs."

Die Breitbeinigkeit steht allegorisch für Arbeiter, die in diesem siebten Monat nun die Reispflanzen oder die Getreidehalme auf den Feldern mähen. War die Ernte eingebracht, begann man mit der Herstellung von Kleidung für den Winter; trug man im Sommer Strohsandalen, fertigte man nun Sandalen und Schuhe aus Leder oder Fell.

ST 49, U 317–320

TIANSHI | T'IEN TCHI – DAS HIMMLISCHE SCHWEIN FENGSHI | FOUNG-TCHI – DER EBER

U 320; X | K 158

Schweine waren bereits im Neolithikum für die Chinesen die wichtigste Quelle von tierischem Protein; sie wurden in Ritualen verwendet und ihr Besitz war ein Statuszeichen. Als Opfer begraben, wurden domestizierte Schweine bereits im 6. Jahrtausend v. u. Z., in einer Praxis, die sich bis in die Gegenwart hielt.

Nach der harten Arbeit des Jahres schlachtete eine Bauernfamilie am 23. Tag des letzten Monats – in etwa unserem Januar – ein Schwein, um es nach und nach zu verspeisen und am 2. Tag des 2. Monats, wenn das Sternbild Des Drachen seinen Kopf hebt, den Schweinekopf zu verspeisen.[182]

Das Ideogramm für Teich und Wasserreservoir wird mit den Zeichen für Wasser und Schwein geschrieben, weil diese sich gern darin suhlen und darin fressen. Mit den ersten Regenfällen im siebten Monat – in etwa unserem August – liess man sie dann auf die nassen Felder, um die im Boden gebliebenen Pflanzenwurzeln und das Unkraut fressen und sie so die Erde umzugraben zu lassen. Dies geschah, wenn dieser Asterismus erstmals kurz nach Sonnenuntergang am Horizont im Westen sichtbar wurde. Er steht deshalb den Bewässerungskanälen und Abflussrinnen vor; und da man in diesem Monat auch die Dämme und Deiche für die Überschwemmungen überholte, las man aus ihm Vorzeichen für den zukünftigen Wasserstand. Der Asterismus repräsentiert aber auch alles giftige Ungeziefer. So machte man sich im August daran, mit dem zermahlenen Kalk verbrannter Austernschalen die Ritzen zu füllen, in die sich Skorpione und Tausendfüsser verkrochen, um sie dann mit Wasser zu löschen.[183]

Unter den Zhou verband sich der Asterismus mit einer weit verbreiteten Anekdote: Demnach schickte Xiang, Herrscher des Fürstentums Qi, einen loyalen Gefolgsmann namens Peng Sheng aus, um den Herrscher des Fürstentums Lu zu töten, liess Peng Seng danach aber ebenfalls exekutieren. Darauf soll sich Peng Sheng im Jahre 686 v. u. Z. Xiang gezeigt haben, in Gestalt eines grossen Schweines, das sich wie ein Mensch aufrichtete und schrie, während man es beschoss.[184]

β Andromedae

TIANSHIMU | T'IEN TCHI-MOU – DAS AUGE DES HIMMELSSCHWEINS DAJIANG | TA-TSIANG – DER GROSSE GENERAL

Man nennt das (Wild-)Schwein auch 'General mit der langen Schnauze', weil es die Erde umgräbt wie ein wütender Krieger – den man umgekehrt wiederum mit ihm verglich. So schreibt das *Zuozhuan*: "Das Reich der Wu ebnet die unter ihm liegenden Länder ein und verschlingt sie wie ein Wildschwein und eine grosse Schlange."

U 320 und 323

25 – 37 – 28 – φ¹ – φ² – φ³ Ceti – HD5384

TIANHUAN | T'IEN-HOUAN – DER HIMMLISCHE SUMPF

Das Ideogramm *Hun* besteht aus dem Zeichen für Schwein und jenen für Einfriedung und Wasser. Die sieben 'schwarzen' Sterne stellen somit das vom Regen sumpfig gewordene Feld dar, in dem man nun die Schweine wühlen liess, weshalb sie der Schweinezucht ebenso vorstehen wie allen 'himmlischen Schweinereien'.

U 324, X | K 184

α – ξ – ν – μ – ζ – ε – δ Piscium

WAIPING | WAI-P'ING – DIE ÄUSSERE UMFRIEDUNG

Man umschloss die Schweinesümpfe mit einer Bambushecke, auch um ihren Gestank und Dreck zu verbergen. Bewegen sich die sieben 'schwarzen' Sterne dieses Kobens oder bleiben sie unsichtbar, bedeutet dies, dass im Volk eine Seuche ausbrechen wird.

U 324–325, X | K 184

β Ceti

TUSIKONG | TOU-SSE-K'OUNG – DER VORSTEHER DER ERDARBEITEN

Der 'rote' Stern repräsentiert hier den Inspektor, der sich in dieser Jahreszeit darum kümmert, dass alle Deiche und Dämme gegen die kommenden heftigen Regen instandgehalten sind.

U 325, X | K 155

κ – ω, ξ – φ Andromedae

JUNNANMEN | KIUN-NAN-MUN – DAS SÜDLICHE GARNISONSTOR

ST 51, X | K 174 und 179

In diesem Lager kamen am Ende des Sommers die tributpflichtigen Herrscher des Reiches zusammen, um dem Kaiser im Palast ihre Gaben abzuliefern und seine Auflagen entgegenzunehmen.

U 326

φ – θ – ν – ξ – ο – π Cassiopeiae

GEDAO | KÓ-TAO – DIE STUFEN

Ge bezeichnet ein hohes Gebäude, *Dao* einen Weg. Deshalb werden diese sechs ‘roten’ Sterne auch WEG DES VORHOFES genannt. Im *Buch der Riten* steht, dass der Kaiser sich an der Spitze seiner Offiziere vom Palast aus über diese Stufen an die westliche Stadtmauer begab, um dort den Herbst in Empfang zu nehmen; der Weg dorthin war mit kunstvoll bemalten Kacheln geschmückt. Von dort wieder zurück, widmete er sich ausführlich den Regierungsgeschäften und empfing seine Vasallen aus dem Lager vor der Stadt. Die Sterne stehen deshalb der Gerechtigkeit, der Unterdrückung von Gefahren und der Vernichtung von Verbrechern vor.

Unter diesen Stufen verstand man auch den Weg, auf dem die Geister in den Himmel steigen – in die Milchstrasse. Ist der Asterismus klar zu sehen und steht er aufrecht, ist dies ein gutes Vorzeichen.

U 327 und 286, ST 52, P 318

λ Cassiopeiae

FULU | FOU-LOU – DER NEBENWEG

Bei schlechtem Wetter oder wenn der Weg des Vorhofs baufällig war, konnte die kaiserliche Herbstprozession auch diesen geschützten Gang nehmen. Der ‘rote’ Stern steht deshalb dem Schutz vor Wind und Regen vor – aber auch dem Kehren, da man für die grossen Feste die Prozessionswege sauber räumte.

U 328, X | K 151

μ – η – κ und α – β Cassiopeiae

WANGLIANG | WANG-LIANG – DIE BRÜCKE DER KÖNIGE

Um aus ihrem Lager in den Palast zu gelangen, mussten die Könige entweder in einem Boot über den Wassergraben davor gebracht werden oder eine überdachte Brücke überschreiten. Der Asterismus steht deshalb den Brücken und Wasserstrassen vor.

Da *Wangliang* auch der Name eines berühmten Wagenlenkers war, einem Zeitgenossen von Kaiser Mu’s Wagenlenker Zaofu, sah man in diesen fünf ‘roten’ Sternen auch eine TIANSI | T'IEN-SSE – DIE HIMMLISCHE QUADRIGA oder TIANMA | T'IEN-MA – HIMMLISCHE PFERDE sowie den legendären Lenker dieses Namens, der mit γ Andromedae seine Pferdepeitsche in der Hand hielt – und assoziierte diese wiederum mit den Wagen, in denen die Könige reisten.

U 328–330, X | K 150, P 471

γ Andromedae oder κ Cassiopeiae

CE DIE PEITSCHE

U 330, X | K 168

---

2 LOUXIU | LEOU SIOU – DIE HERBERGE DER MÄHERIN

α – β – γ Arietis

LOU | LEOU – DIE MÄHERIN

JIANGLOU | KIANG-LEOU – DIE HERABKOMMENDEN MÄHERINNEN

Das Ideogramm für *Lou* zeigt eine Einfriedung und eine Frau mit einer Reisgarbe oder einem Korb voller Ähren auf dem Kopf, einem Bambuskorb, der heute noch so heisst und von diesen drei ‘roten’ Sternen angedeutet wird. Dazu lautet ein Zweizeiler zum siebten Monat, in dem die Ernte vom Kaiser angeordnet wurde: “Man mäht jetzt die duftenden Ähren und bindet sie zu Garben; der Tau darauf ist in den vollen Körben noch gar nicht getrocknet.”

U 331–333, X | K 158

TIANMIAOKU | T'IEN-MIAO-K'OU – DER SPEICHER DES HIMMELSTEMPELS

Beim ersten Mond des Herbstes brachten Bauern dem Kaiser das frisch gemähte Korn, das dieser als Erntedank in dem Tempel opferte, der den kaiserlichen Ahnen geweiht war – so wie dies die Bauern auch bei sich taten, am siebten Tag des siebten Monats August, an dem Tische voller Krüge mit alkoholischen Getränken, Hackfleisch und Früchte unter den freien Himmel gestellt wurden. Dazu opferte man zusammen mit der ersten Hirse ein Schwein.

Der Asterismus steht deshalb den Weiden für die zum Opfer bestimmten Tiere vor, sowie der dabei gespielten Musik. Zudem repräsentiert er die Viehhüter, die sich für den Kaiser um diese Opfertiere kümmerten. War er klar zu sehen, verhiess dies gelungene Opfer und folglich Glück für das Reich.

In der Zeit der Han, den zwei Jahrhunderten v. u. Z., stand der Vollmond bei der Tagundnachtgleiche des Herbstes in diesem Asterismus. Einen Monat später opferte der Kaiser eine Kuh oder einen Widder im Tempel des Mondes.

U 333–334, X | K 159

TIANYU | T'IEN-YÓ – DAS HIMMLISCHE GEFÄNGNIS
MIGONG | MÍ-KOUNG – DIE VERLIESSE

Zur selben Zeit ordnete der Kaiser die Instandsetzung der Gefängnisse an und hielt die Richter nun an – um den dann kälter werdenden Temperaturen zu entsprechen –, sich an die Gerichtsverhandlungen zu machen, Verbrecher zum Tode zu verurteilen oder zu bestrafen, aber auch Wunden und Knochenbrüche zu versorgen.

Die Stimme des Volkes hatte bei Versammlungen ebenfalls Einfluss auf die Rechtsprechung, weshalb der Asterismus auch genannt wurde: GUOSHI | KWÓ-CHÍ – DIE REICHSVERSAMMLUNG.

U 334

ε - ν - 26 - η - HD15385 - ν Arietis

ZUOGENG | TSO-KANG – DER AUFSEHER ZUR LINKEN

109 - HD9780 - 105 - π - η - HD9780

YUOGENG | YEOU-KANG – DER AUFSEHER ZUR RECHTEN

Der erste der beiden aus je fünf 'schwarzen' Sternen gebildete Asterismus repräsentiert auf der hierarchisch höher stehenden Linken den Inspektor der Sümpfe, Seen und Teiche, zur Rechten jenen der Weiden. Das unter den Qin (221–207 v. u. Z.) belegte Amt wurde einem auferlegt; man konnte sich aber davon freikaufen: daher die Bezeichnung *Geng* – Wechsel, Stellvertretung.

Die Aufsicht über die Zonen um die Teiche, die besät werden konnten, wurden vom Vorsteher der Saat der überschwemmten Zonen unter dem Volk aufgeteilt. Der Linke Aufseher steht deshalb neben allem, was Berge, Sümpfe, Wälder und Teiche betrifft, auch den Wohltaten vor.

Der Inspektor der Weiden wiederum teilt diese jährlich je nach Menge an Gras und Grösse der Pferdeherden auf. Der Aufseher Zur Rechten steht deshalb den Weiden der Opfertiere vor, die man im Herbst darbrachte, Pferde und Rinder vor allem, sowie den entsprechenden Zeremonien.

U 336, X | K 179

46 - 47 - 49 - 50 Ceti (?)

TIANHUN – DIE HIMMLISCHE MISTGRUBE

X | K 184

υ - τ - ζ - θ - η - ι Ceti

TIANCANG | T'IEN-TS'ANG – DER HIMMLISCHE KORNSPEICHER

Diese sechs 'roten' Sterne repräsentieren die Getreideausgabe und das Saatgut für die Bedürfnisse des Reiches sowie den für die Kornspeicher zuständigen Beamten, den Speicheraufseher. Die Kornspeicher werden im sechsten Monat Juli instandgesetzt, um für die Ernte bereit zu sein. Sieht man den Asterismus hell und klar, stehen seine Tore offen, und sind in ihm viele kleine Sterne zu erkennen, sagt dies eine gute Ernte voraus.

U 337–338, X | K 155

η^3 - β - ι^2 - ι^1 Fornacis

TIANYU | T'IEN-YU – DIE HIMMLISCHE DIEME

Diese vier 'schwarzen' Sterne repräsentieren ein Bündel gemähter Getreide- oder Reisähren, die man im Freien mit grossen Matten bedeckte, um sie vor Regen zu schützen. Das Aufstapeln der Ballen steht unter der Ägide dieses Asterismus' – ebenso wie die Opfer, die man beim Erntedank den Ahnen darbrachte, um sich von ihnen die gleich guten Ernten wie zu ihrer Zeit zu erbitten: Daher heisst das Opfer auch 'Urenkel-Opfer'.

U 338–339, X | K 184

γ - υ Andromedae - HD8837 - 47 Andromedae - HD9298 - 11007 - ε - β - δ - γ Trianguli - HD1093

TIANDA JIANGJUN | T'IEN-TA-TSIANG-KIUN – DER GROSSE HIMMLISCHE GENERAL

Von den zwölf 'roten' Sternen stellt γ Andromedae den Grossmarschall der Pferde dar; die zwei Sterne rechts und links von ihm repräsentieren seine beiden Banner und der Rest seine Offiziere. Wenn der Herrscher im Herbst die Potentaten seines Reiches Rechenschaft ablegen liess und Bilanz zog, fiel die Aufgabe, etwaige Verbrechen zu bestrafen, dem Grossmarschall und seinen berittenen Truppen zu. Bewegte sich der grosse Stern deshalb und waren die kleineren nicht alle zu sehen, bedeutete dies, dass Truppen eingezogen würden.

U 339–341, X | K 151

3 WEIXIU | WEÏ SIOU – DIE HERBERGE DES GETREIDELAGERS

41 - 39 - 35 Arietis

WEI | WEÏ – DAS GETREIDELAGER
TIANZHONGFU | T'IEN-TCHOUNG-FOU – DAS HIMMLISCHE ZENTRALLAGER

ST 56, U 342, X | K 159

Die drei 'roten' Sterne repräsentieren die Haufen der fünf Getreidearten in diesem grossen Lager, das dem Reich gehörte und für die Verteilung unter den Staatsträgern bestimmt war, als Gratifikation oder Zuteilung.

DALIANG | TA-LIANG – DER GROSSE DEICH

Unter diesem Namen repräsentiert der Asterismus auch die Dämme, die nun vor den grossen Regen schützen sollten.

U 342–343

30 - ξ - o - G Tauri

TIANLIN | T'IEN-LIN – DER HEILIGE HIMMLISCHE KORNSPEICHER

Diese vier 'roten' Sterne repräsentieren den Speicher, der das Getreide für die Opferungen und die Gebete an die Götter enthält; er wird regional auch als Reisspeicher gesehen.

U 344, X | K 156

Sterne um κ Ceti

KUAIJI | KOAI-TSÍ – DER HÄCKSELHAUFEN

Dieser Asterismus repräsentiert die nach dem Worfeln des Getreides übrig gebliebene Spreu, mit der man die Tiere fütterte.

U 345

α - HD19926 - λ - μ - ξ¹ - ξ² - ν - γ - δ - 75 - 70 - 63 - o Ceti

TIANJUN | T'IEN-K'UN – DER RUNDE HIMMLISCHE GETREIDESPEICHER

Im Unterschied zu *Cang*, dessen Ideogramm ein Geviert unter einem Dach zeigt, wird *Jun* mit einem Oval dargestellt. Der Asterismus repräsentiert einen Speicher, in dem alles auf den Feldern Geerntete eingelagert wurde, später auch der unter westlichem Einfluss angebaute Mais. Leuchten seine 'roten' Sterne hell, sagt dies eine reiche Ernte voraus, bleiben sie dunkel, eine Hungersnot.

U 345–346, X | K 156

μ - 48 - 49 - δ - ψ - α - 29 - γ - η Persei

TIANCHUAN | T'IEN-TCHOUEN – DAS HIMMLISCHE SCHIFF
ZHOUXING | TCHEOU-SING – DAS BOOTSGESTIRN

Die Form dieses astralen Bootes ist die eines Einbaums, dessen Seitenwände durch Planken erhöht und mit Auslegern stabilisiert werden konnten. Es gab in China aber auch Boote aus einem mit Rinder- oder Pferdeleder bespannten Bambus- oder Holzgerippe. Man trocknete sie am Feuer und brachte an den Seiten Ausleger an, um sie steuerbar zu machen. Solche Boote wurden auch aus einer eisenharten Riesenbambusart gezimmert, die man der Länge nach zwischen zwei Knoten spaltete.

Die neun 'roten' Sterne stehen den Flussüberquerungen, Booten und Rudern vor; sind sie nicht zu sehen, verkündet dies Überflutungen und unüberquerbare Wasserläufe.

U 346–348, X | K 151

λ Persei

JISHUI | TSÍ-CHOUI – DIE ANGESAMMELTEN WASSER

Dieser 'schwarze' Stern repräsentiert die Überschwemmungen des Herbstes. In der Han-Zeit sah man darin das Bilgewasser des Schiffes.

U 349, X | K 178

κ - 30 - 32 - ω - ρ - 24 - 17 Persei - 15 Trianguli

DALING | TA-LING – DER GROSSE GRABHÜGEL

Im Herbst wurden Verbrecher, Diebe, Räuber und aufrührerische Lehensmänner exekutiert und anschliessend in ein Massengrab geworfen, da ihnen kein ehrenhaftes Begräbnis zustand. Zudem hieb man den Hingerichteten die Glieder ab – in diesem Zustand wurden sie nicht in die geweihten Friedhöfe aufgenommen, hatten sie auch keine Perspektive auf ein Weiterleben im Jenseits.

Die acht 'roten' Sterne stehen den Grabstätten vor; sind sie hell und klar – und viele kleine Sterne in ihrer Mitte zu sehen –, wird es viele Tote unter den Lehensmännern, Seuchen im Volk und Truppenerhebungen geben. Viele sichtbare kleine Sterne in der Mitte signalisieren auch, dass das Getreide teuer und die Menschen unter Pestilenzen leiden werden.

U 349–350, X | K 151

Sterne um β Persei

JISHI | TSÍ-CHI – DER LEICHENHAUFEN

Diese Wolke von schwachen Sternen repräsentiert die Leichen im Massengrab des Grossen Grabhügels. Sieht man sie hell und klar, wird es so viele Tote wie Sand geben; tritt Mars ein, kündigt dies grosse Trauer für das ganze Reich an; blieb er unsichtbar, war dies ein gutes Zeichen.

U 350–351, X | K 178

4 MAOXIU | MAO SIOU – DIE HERBERGE DER OFFENEN TÜR

In der Han-Zeit galt die Herberge Der Offenen Türe auch als HERBERGE DER WEISSEN KLEIDER, in denen man um Tote trauerte; als Zeichen des Todes wurde der Vollmond auf den Gräbern mitsamt den Plejaden dargestellt.

X | K 159

Plejaden

WU – DIE FÜNF

Aus den frühesten, der Zhou-Zeit stammenden Quellen zu den Plejaden geht hervor, dass man sie als Die Fünf bezeichnet, auf ähnliche Weise, wie die Gürtelsterne des Orion auch Die Drei genannt wurden.

P 467

MAO – DIE OFFENE TÜRE (DER SONNE)

U 351, SCH 80

Das Ideogramm *Mao* wurde laut Schlegel in der Frühzeit mit den Zeichen für 'Sonne' (*Ri*) und 'offene Tür'[186] (*Mao*) geschrieben, welche auch für 'Osten' steht. Gemeint ist damit der Aufgang der Plejaden beim Äquinoktium des Herbstes; sie gehen im Osten auf, unmittelbar nachdem die Sonne im Westen untergegangen ist.

Als sieben 'rote' Sterne werden sie in einem Zickzack gezeichnet, η Tauri als mittlere Spitze. Dargestellt wird damit ein mit mehreren Stöcken aufgespanntes Fangnetz, mit dem man bei den Jagden im Herbst das Grosswild fing. Veranstaltet wurden diese Jagden, bei denen man das Wild in einen immer enger werdenden Trichter von Netzen trieb, an deren Ende der Kaiser mit Pfeil und Bogen wartete, für dessen Mitte November erfolgendes Herbstopfer.

U 351–354 und 356, X | K 159

TIANQI | T'IEN KI – DAS HIMMLISCHE GEFÄSS

Mao bezeichnet auch die Krüge, in die man aus Hirse gebrautes Bier im achten Mond füllte, mithin beim Äquinoktium des Septembers.

U 353

MAOFA – DER HAARKNOTEN
MAOTOU | MAO-T'EOU – DER YAKSCHWANZ

U 354, SCH 80, P 467

Maofa bedeutet eigentlich 'strähnen-, zottel-, quastenköpfig', womit die verzopften langen Haare der Feinde im Norden oder der Haarknoten an ihrem Kopf gemeint waren.[185] Man interpretierte dies auch als Yakschwanz, dem Pennon einer Lanze: Es war dies das militärische Abzeichen marodierender Krieger, insbesondere aus Tibet, welches auch mit anderen 'barbarischen' Feinden, Krieg und Exekutionen verbunden wurde. Yakschwanz und Lanze symbolisierten in der Tang-Zeit dann jedweden Feind des Reiches und des Rechten Weges: ob Kriegsgefangene, die man nach Süden führte, oder Feinde, die aus dem Osten heranrückten.

Jeder junge Held träumte von der Ehre, die im Kampf zu erringen war, wie folgendes Gedicht abschätzig vorführt: "Er liest keine Bücher über Die Streitenden Reiche, er blättert auch nicht im *Kanon des Gelben Steins* – er liegt betrunken in einem Dachboden in Khumdan und träumt davon, in der kapitulierten Stadt einzumarschieren. Er bettelt darum, Kaisers Schwert in die Hand gedrückt zu bekommen, um die Sterne am Kopf des Yakschwanzes herunterzuhacken."[186]

SCH 80–81, 161

TIANYU | T'IEN-YÓ – DAS HIMMLISCHE GEFÄNGNIS

Unter der Ägide der Plejaden steht deshalb alles, was mit Verbrechen, Militär und Tod verbunden ist. Im Herbst wurden die Richter angehalten, die hundert Strafen streng auf zivile wie militärische Vergehen anzuwenden und Enthauptungen vorzunehmen. Eine Lanze mit einem Kuhschwanz markierte den Richtplatz.

Leuchtet der grösste Stern der Plejaden hell und klar, bedeutet dies, dass die Prozesse schnell zu Ende gehen werden; sieht man dazu auch die anderen sechs Sterne deutlich, heisst dies, dass wichtige Minister hingerichtet und die Grenztruppen sich erheben werden.

U 354–355, SCH 80–81

TIANCHU | T'IEN-TCHOU – DAS HIMMLISCHE SCHLACHTHAUS

Im Herbst wurde ein Hund getötet und vom Kaiser zusammen mit Hanf im Ahnentempel dargebracht, als Exorzismus, um die herbstlichen Temperaturen abzuleiten.

U 355

TIANLU | T'IEN-LOU – DER HIMMLISCHE WEG

Auch der diametral gegenüberliegende – und somit beim Äquinoktium des Frühjahrs an die Stelle der Plejaden tretende – Asterismus Haus in den vorderen Sternen des Scorpius wurde so genannt, was darauf verweist, dass beide den Sonnenlauf markierten.

U 356

DALIANG | TA-LIANG – DER GROSSE DEICH

Wenn alle sechs kleinen Sterne gleich gross leuchten, verkündet dies grosse Überschwemmungen.

U 356

13 Tauri

YUE | YOUE – DER MOND

Am Abend des herbstlichen Äquinoktiums gingen beim Untergang der Sonne in den Sternen von Libra und Sorpius gegenüber nicht nur die Plejaden, sondern auch dieser 'schwarze' Stern auf – im Osten, in dem auch der Mond aufgeht. Dies hält Ganshis Astronomie fest: "Der Mond wird im Osten geboren, deshalb befindet sich der Mondstern dort. Die Essenz der Sonne befindet sich in den Herbergen Fundament und Haus (Libra und Scorpius), die Essenz des Mondes in den Herbergen Offene Tür und Jadgnetz (Plejaden und Hyaden)." Wie das *Zhou li* ('Rituale der Zhou-Dynastie') ausführt, wurde dem Mond im Herbst am Abend des 15. Tages des 8. Monats geopfert – im Unterschied zum Frühjahr, wo dies morgens stattfand. Bis in die Neuzeit hinein buk man hierfür einen halbmondförmigen Kuchen, den man mit einigen Früchten dem Mond vorsetzte.

ST 60, U 356–360, X | K 179

65 - τ - ζ - 63 - τ - δ Arietis

TIANYIN | T'IEN-YIN – DAS ABENDROT

Zusammen mit den Asterismen der Offenen Tür (Plejaden) und des Mond(stern)s signalisiert dieser Name, dass sich am Abend des achten Monats, wenn man den Wein in die Krüge füllt und die sinkende Sonne die Tore der Natur schliesst, der Neumond zeigt.

Diese fünf 'gelben' Sterne stehen den Speerträgern vor, die den Kaiser bei den Herbstjagden begleiten.

U 360–361, X | K 191

64 Arietis?

TIANA | T'IEN-O – DER HIMMLISCHE DAMM
TIANHE | T'IEN-HO – DER HIMMLISCHE FLUSS

Der 'schwarze' Stern steht der Begutachtung aussergewöhnlicher Dinge in den Bergen und Hügeln vor. Dies rührt daher, dass man es im Herbst und Frühjahr ausnahmsweise erlaubte, dort Bäume zu schlagen, da dann viele Särge sowie Deiche gegen Überschwemmungen gefertigt werden mussten.

ST 61, U 361

ψ - φ - χ - 62 Tauri

LISHI | LI-CHI – DIE TRITTSTEINE DER FURT | DIE SCHLEIFSTEINE

Je nach Ideogramm ist die eine oder die andere Bedeutung für diese vier 'schwarzen' Sterne zu lesen, wobei der Asterismus dem Schärfen und Schleifen der Stich- und Hiebwaffen vorsteht.

U 362, X | K 178

ν - ε und ξ - ζ - θ - o - Persei - HD20995

JUANSHE | KIOUEN-CHI – DIE EINGEROLLTE ZUNGE

Sechs 'schwarze' Sterne.

ST 62, U 363, X | K 151

40 Persei[187]

TIANCHAN | T'IEN-TSAN – DER HIMMLISCHE VERLEUMDER

Im Herbst wurde hingerichtet, geköpft und gehäutet, um mit dieser Grausamkeit die Natur zu imitieren, deren Herbst nun alles abfallen und verwelken liess. Dabei wurden die Richter angehalten, sich um gerechte Strafen zu bemühen, um nicht den Zorn des Himmels zu erregen. Zugleich aber warnte dieser 'rote' Stern und Die Eingerollte Zunge vor Falschaussagen. Letztere steht deshalb den Bemühungen vor, Verleumder und Verräter zu entlarven. Ist die Zunge gross und klar zu sehen, werden diese geboren; bleibt sie undeutlich, wird es viele Strafgerichte mit tödlichem Ausgang geben.

U 363–364, X | K 178

30 - γ Eridani - HD25944 und π - δ - ε - ζ - η - τ^{1,2,3,4,5,6,7,8,9}

TIANYUAN | T'IEN-YOUEN – DIE HIMMELSWEIDE

Der Asterismus des Speichers in Aries steht den Opfertieren vor – Schafe und Ziegen, die in diesen sechzehn 'roten' Sternen ihre astrale Weide haben.

U 364–365, X | K 156

π - ε - σ Ceti und ρ Ceti - HD14691 - 13406

CHUGAO | TSOU-KAO – DAS FUTTER
TIANJIXING | T'IEN-TSÍ-SING – DAS GESTIRN DER HIMMLISCHEN HEUHAUFEN

Diese sechs 'schwarzen' Sterne repräsentieren das Reisstroh und Heu, das man den Rindern und Pferden im Herbst und Winter als Futter vorsetzt. Je mehr Sterne in ihrer Mitte zu sehen sind, desto reicher fällt die Ernte aus.

U 365, X | K 184

5 BIXIU | PY SIOU – DIE HERBERGE DES NETZES

α-θ-γ-δ-64-68-γ-λ Tauri

HULOU | HOU-K'EOU – DIE KEHLE DES TIGERS

U 370

Da sie anatomisch tiefer als seine Kehle liegt, ist wohl von einer veränderten Figurierung des Tigers auszugehen.

(TIAN)BI | (T'IEN-)PY – DAS (HIMMLISCHE) JAGDNETZ

U 366, ST 63, X | K 159

ZHUO | TCHOÚ – DAS HASENNETZ

U 368

HANCHE | HAN-TCHE – DAS FALLNETZ

U 370

Diese Gabel von acht 'roten' Sternen repräsentiert ein weitmaschiges, kleines Netz, mit dem man Hasen und Kaninchen fängt; zwischen zwei Stöcken aufgespannt, waren damit auch Vögel zu fangen. Es steht für die bei den Herbstjagden verwendeten Fangnetze, wobei das Netz der Plejaden jene aufgespannten Netze repräsentiert, mit denen man Bären, Wölfe und Füchse fing.

Die Jagden dienten auch dazu, dem Volk Übung im Umgang mit Waffen für die im Winter anstehenden Kriegszüge zu verleihen. Deshalb steht der Asterismus nicht nur den Jagden, sondern auch den Grenztruppen und der Speerjagd vor. Zittert er, sagt dies voraus, dass sich die in den Grenzfestungen stationierten Truppen erheben werden, es Deserteure, Verräter und Aufstände in den Gefängnissen geben wird.

Bereits in der Zeit der Zhou wurde dieser Asterismus zur Wettervorhersage verwendet; wanderte der Mond aus diesem Segment ab, folgten meist schwere Regen.

U 368, 370 und T 323

Eine Darstellung aus einem Grab der frühen Han-Zeit zeigt zwischen dem ursprünglichen Uhu im Orion und dem nach einem Hasen ausgeworfenen Netz einen in den Bogensternen des Orion zu verortenden Mann, der es auswirft.[188] Diese später von der bürokratischen Systematik der 28 Herbergen überzeichnete Szene mag dazu geführt haben, dass der Bezug zu dem Jäger in den alternativen Namen dieses Asterismus' als 'Mund' oder 'Ohr' erhalten blieb.

TIANKOU | T'IEN-KEOU – DIE HIMMELSMÜNDER

Da Mitte September die Regen niedergingen, sah man in dem Asterismus auch den Regengott des Himmels; stand der Mond in diesem Zeichen, bedeutete es, dass das Netz den Regen liebt. Darauf bezieht sich sein zweiter Name – den der Asterismus mit dem Himmelsfasan in Sagittarius teilt. Sein Zittern sagt Wolkenbrüche und Überschwemmungen voraus.

U 368–369

TIAN'ER | T'IEN-EUL – DAS HIMMLISCHE OHR

U 369

TIANKONG | T'IEN-KOUNG – DIE HIMMLISCHE LEERE

Der Name bezieht sich auf die nun im September längst gemähten Felder.

U 370

α Tauri

TIANDUWEI | T'IEN-TOU-WEI – DER HIMMLISCHE KOMMANDANT DER GRENZGARNISON

U 370

103-109-106-ι-103 Tauri

TIANGAO | T'IEN-KAOU – DIE HIMMELSWARTE

Mit dem Namen dieser vier 'schwarzen' Sterne wird die Plattform eines Wachtturms jener Grenzbefestigungen ausgedrückt, die zum Schutz vor feindlichen Überfällen errichtet wurden. Der Asterismus steht deshalb den an der Grenze drohenden Gefahren ebenso vor wie den sich nun jahreszeitlich auftürmenden Wolken; ist er unsichtbar, bedeutet dies, dass die Offiziere es an Wachsamkeit fehlen lassen.

ST 63, U 371–372, X | K 178

σ Tauri

FUER | FOU-EUL – DER HORCHPOSTEN

Im *Traktat der Himmlischen Ämter* wird "dieser kleine Stern neben dem grossen Stern" neben dem Himmlischen Ohr verortet, vergleichbar mit *fuer di yan*, 'jemandem ins Ohr flüstern': Damit wird der Nachbarstern *α* zum Ohr eines Wachtpostens.[189]

Vergleichbar mit den Plejaden, die auch Augen und Ohren des Himmels symbolisierten, galt dieser Asterismus dann auch selbst als Himmlisches Ohr – bezogen auf einen Grenzposten, der von seiner Warte tagsüber Ausschau hält und nachts genau horcht. Ist der 'rote' Stern deshalb voll und gross, heisst es, dass Briganten nahen, fremde Länder revoltieren und es Truppenbewegungen an der Grenze gibt.

U 372, X | K 159, P 468

In der Han-Zeit kam es im Herbst beständig zu Einfällen durch die Reiternomaden der Xiongnu im Norden, die sich die gerade eingebrachte Ernte holten, weshalb die Han dagegen vorgingen und ihre Grenze dort befestigten: was sich in dem himmlischen Militärlager ebenso widerspiegelt wie in diesem Wachtposten.[190]

121 – ζ Tauri

TIANGUAN | T'IEN-KOAN – DIE HIMMLISCHE PASSSPERRE

U 373, X | K 151

υ – κ Tauri

TIANJIE | T'IEN-KIAI – DER HIMMLISCHE WEG

U 373, X | K 180

Diese zwei 'roten' beziehungsweise 'schwarzen' Sterne repräsentieren die Wachtposten und die Wachsamkeit an den Passsperren und Reichsgrenzen; der westliche Stern steht für China, der nördlich für die fremden Länder. Leuchten sie, gilt dies als gutes Zeichen; wenn nicht, droht Unheil.

90 – ρ – π – 79 Tauri und HD30210 – 93 – 88 Tauri – HD29499

TIANJIE | T'IEN TSIÉ – DIE HIMMLISCHE ERKENNUNGSMARKE

Auf Mandarin sind die Schriftzeichen für den vorherigen Asterismus Himmlischer Weg und Die Himmlische Erkennungsmarke fast homophon; sie unterscheiden sich nur darin, dass Ersteres in hohem gleichbleibendem Ton, Letzteres in ansteigendem Ton ausgesprochen wird.[191] Solche Lautähnlichkeiten führen häufiger zu unterschiedlichen Namen für einzelne Asterismen.

Die zweimal vier 'schwarzen' Sterne repräsentieren eine frühe Form des Passierscheins. Man nahm beispielsweise ein Stück Bambusrohr mit zwei Knoten, markierte es und schnitt es in der Mitte auseinander. Mit dieser Hälfte als Zeichen identifizierte man sich im Krisenfall, wenn der Kaiser gestorben war oder um aus einem Stadttor gelassen zu werden. Bei den Wegsperren war eine Tafel mit einem Reiseweg vorzuweisen, die einem zuvor ein Beamter oder Offizier ausgestellt hatte, um dann ein Erkennungszeichen zu erhalten, mit dem man auch wieder zurückkehren konnte. Den Gebrauch von beschrifteten, dann in der Mitte zerschlagenen Jadetafeln schrieb man bereits dem legendären Kaiser Shun zu.

ST 65, U 374–376

υ⁴ – 43 – υ²⁺¹ Eridani – HD25371 – δ Fornacis – HD22262 – α – γ² – ω – ν Fornacis – τ Sculptoris[192]

TIANYUAN | T'IEN-YOUEN – DER HIMMLISCHE NUTZGARTEN

Dreizehn 'schwarze' Sterne repräsentieren das Feld nach der Ernte, das als Dreschplatz verwendet wird, während der Rest noch als Gemüsegarten für den Hausgebrauch angepflanzt wird: Die Sterne repräsentieren deshalb Pfirsiche, Marillen und Kassienbäume. Der Asterismus steht daher Gärten und Gemüse vor.

In der Legende gehört dieser Garten zum Palast der Göttin Xiwangmu, wo sich auch der Himmlische Teich in Auriga befindet: Die Sonne beendete dort ihre tägliche Reise, die sie am Ende über das Gebirge Yanzhi im Westen führte, an deren Fuss dieser Garten liegt.

U 376–377, X | K 184–185

31 – 37 Camelopardalis – δ – ξ Aurigae – 7 – 9 – 3 Camelopardalis – HD29721

BAGU | PA-KOÚ – DIE ACHT FELDFRÜCHTE

Der erste dieser 'schwarzen' Sterne repräsentiert das Reiskorn, der zweite die Hirse (*Milium globosum*), der dritte die Gerste, der vierte den Weizen, der fünfte die Helmbohne (*Lablab purpureus*), der sechste die Erbse, der siebte ab dem 16. Jahrhundert das Maiskorn und der achte den Hanf. In der Han-Zeit umfasste dies Reis, Hirse, Sorghum, Gerste, Sojabohnen, Weizen, Rote Bohnen und Sesam.

Sind die Sterne verdunkelt, bedeutet dies, dass die Feldfrüchte nicht reif werden.

U 378, X | K 178

ι – α – β – θ Aurigae – β Tauri

WUCHE | WOU-TCHE – DIE FÜNF (GETREIDE | KAMPF)WAGEN

U 379, X | K 151

Die Wagen wurden – passend zum Thema der Region – als Getreidekarren interpretiert oder als die Kampfwagen, mit denen Feinde sich die darin transportierte Ernte holten. Zu den Kampfmitteln, die bei den im Winter geführten Kriegen eingesetzt wurden, gehörten fünf verschiedene Typen von Wagen, die durch die fünf 'roten' Sterne repräsentiert werden: Der Streitwagen des Kaisers; der grosse Kampfwagen, in dem man quer sass; der Reservewagen, den man im Notfall einsetzen konnte; der überdeckte Kampfwagen; der schnelle Streitwagen, mit dem man gegen den Feind anpreschte.

Der Asterismus steht fünf Waffenarten vor, die man von den Kampfwagen aus einsetzte: Pfeil und Bogen; Speer; Pike; Lanze; Hellebarde. Als Getreidewagen symbolisierte er ebenfalls die Fünf Feldfrüchte; war er klar zu sehen, deutete man dies so, dass das Volk weder unter Hunger noch Kälte zu leiden haben werde.

P 467, U 379

TIANWUHUANG – DIE FÜNF HIMMELSTEICHE

Die fünf Sterne werden auch als fünf Himmlische Teiche gesehen, die anstelle des Fischbeckens die Mineralquelle des Westlichen Palastes umringen.

P 325

α Aurigae

TIANKU | T'IEN K'OU – DIE HIMMLISCHE SCHATZKAMMER

U 380

Im letzten Herbstmonat – in etwa unser Oktober – befahl der Kaiser laut *Buch der Riten* die Truppen seiner Lehensmänner auf das Gelände vor der Stadtmauer, wo sie je nach Grösse ihres Gebiets Aufstellung nahmen, das Gesicht nach Norden, und ihre Anführer einen Jagdwagen erhielten. Dann legten sie erneut ihren Treueeid ab, nach Süden zum Kaiser blickend. Danach gingen die Anführer auf die Jagd, während die Rollen mit den Treueschwüren ins Depot des Ahnentempels gebracht wurden – die am Himmel von Capella repräsentiert wurden.

Zugleich steht der Stern den Saubohnen vor, die man in diesem neunten Monat aussäte.

U 380 und 382

β Aurigae

TIANYU | T'IEN-YÓ – DAS HIMMLISCHE GEFÄNGNIS

Der Stern steht auch dem Reis vor.

U 380–381

θ Aurigae

TIANCANG | T'IEN-TS'ANG – DER HIMMLISCHE KORNSPEICHER

Dieser Stern steht dem Hanf vor, dessen Öl man im neunten Monat gewinnt.

U 381

β Tauri

SIKONG | SSE-KOUNG – DER ARBEITSAUFSEHER

Dieser Beamte war zuständig für die nun im neunten Monat ausgeführten Arbeiten, wenn das Land vermessen, Brücken repariert und Häuser und Dörfer gebaut wurden.

Der Stern steht zudem Hirse und Reis vor, die man dem Prinzen als Steuer brachte.

U 381

ι Aurigae

QINGXING | K'ING-SING – DAS GESTIRN DER HOHEN BEAMTEN

Der Stern repräsentiert die hohen Beamten, die sich für den Treueschwur versammeln und mit dem Kaiser die von der Ernte abhängige Steuerleistung ihres Volkes verhandeln – weshalb der Stern den Dörfern vorsteht.

U 381–382

16 – χ – φ; τ – υ – ν; η – ε – ζ Aurigae

SANZHU | SAN-TCHOU – DIE DREI PFOSTEN

Diese drei Asterismen von 'roten' Sternen repräsentieren die Pflöcke, an denen man die Pferde der benachbarten Kampfwagen festband, oder den für die Instandhaltung der Wagen verantwortlichen Offizier, der früher einmal *Zhufu* genannt wurde, 'Pfostenaufseher'.

ST 66, U 382

TIANQI | T'IEN-KI – DIE HIMMLISCHEN FAHNEN

Die drei Asterismen stehen auch für die Fahnen, mit denen die Kampfwagen versehen wurden.

U 383

TIANXIU | T'IEN-HIU – DIE HIMMLISCHE RAST

Wenn im neunten Monat der Raureif kam, hörten alle Arbeiten auf, weshalb der Kaiser die Anordnung gab, dass sich das Volk nun vom Feld in die eigenen Häuser zurückziehen dürfe.

U 383

TIANYUAN | T'IEN-YOUEN – DIE HIMMLISCHEN TEICHE SANQUAN | SAN-TS'IOUEN – DIE DREI QUELLEN

U 383, X | K 179

Diese Namen tragen sie, weil sie sich nahe dem Asterismus Himmlischer Teich und jenem des Fischbeckens befinden.[193]

μ – ω – 62 – 63 – 64 – HD31726 – 60 – HD30127 – 54 Eridani

JIUYOU | KIOU-YEOU – DIE NEUN FAHNEN

Der Asterismus dieser neun 'schwarzen' Sterne ist ein später; er wurde eingeführt, um den Asterismus der 'Himmlischen Fahnen' an den Kampfwagen darüber fortzusetzen.

Der erste Stern stellt die Fahne mit den Symbolen von Sonne und Mond als den ersten Gottheiten des Menschen dar; auf der zweiten Fahne sind zwei Drachen zu sehen, als Verkörperungen des vitalen Prinzips der Natur; die dritte Fahne ist einfarbig, die vierte bunt; auf der fünften stehen ein Bär und ein Tiger, weil sich die Bären nun in den Winterschlaf begeben und die Tiger von den Bergen herabkommen; auf der sechsten finden sich ein Roter Vogel und ein Sperber als Embleme der sommerliche Sonne, auf der siebten eine Schildkröte und eine Schlange als Embleme des Winters; die achte Fahne ist aus ganzen Federn gefertigt und die neunte ein Wimpel aus abgeschnittenen Federn.

Ist der Asterismus klar zu sehen, ist dies ein gutes Zeichen; stehen Venus oder Mars darin, bedeutet dies, dass sich die Truppen erheben werden. Der Neunzahl wegen repräsentiert er auch die Hirten der neun Regionen des Reiches. Und seiner Krümmung wegen wird er auch genannt YUEQU | YOUE-K'IOÚ – DIE SICHELFORM

U 384–385

98 – 99 – HD31039 – τ Tauri – HD29365 – HD29260

ZHUWANG | TCHOU-WANG – DIE VERSAMMLUNG DER KÖNIGE

U 385, X | K 178

Im Oktober präsentierten sich ab dem 3. Jahrhundert v. u. Z. die Vasallen am Hof, um Steuern abzuliefern und Angelegenheiten des Reiches und Kriegszüge zu besprechen. Die Bezeichnung 'Könige' weist noch daraufhin, dass der Kaiser einst – bevor seine Position erblich wurde – von den Königen gewählt wurde.

Der Asterismus steht Hofversammlungen vor, der kaiserlichen Entourage und der Sicherheit der Tempel der Ahnen und Schutzgötter; leuchtet er hell, bedeutet dies, dass sich die Vasallen den Befehlen fügen werden, verdunkelt er sich jedoch, bedeutet dies, dass sie sich zu unabhängigen Königen erklären werden.

U 385–387

ξ - HD26663 - ο¹ - 39 - HD28377 - 53 - 55 - ν Eridani

JIUZHOU SHUKOU | KIOU-TCHEOU-CHOU-K'EOU – DIE EINZELNEN SPRACHEN DER VEREINIGTEN REGIONEN

U 387, ST 69, X | K 185

GOUFENG | KAOU-FOUNG – DIE ERLÄUTERUNG DER SITTEN

U 387

Die neun schwarzen 'Sterne' repräsentieren die durch die neun figurativ ausgedrückte Vielfalt der Sprachen des Reiches und die Sitten und Gebräuche der einzelnen, vom Kaiser regierten Völker. Der Herrscher vergab auch Aufträge zum Sammeln von Liedern, um Volkes Stimme zu vernehmen – was auch mit dessen Kontrolle verbunden war.

U 398–389

ρ - 1 - 2 Aurigae

XIANCHI | HIEN-TCHI – DER GEMEINSAME WEIHER

Es gehört zu der figurativ von den Kampfwagen gebildeten Garnison, die auch ihr eigenes Getreide anbaut. Gedeutet werden die drei Sterne allerdings auch als Mineralquelle des Palastes am westlichen Himmel – und als jene Quelle, in der sich der Sonnengott nach seiner täglichen Reise über den Himmel badet.

U 389, X | K 179, P 325 und 403

λ - μ - HD34302 - 34656 - σ Aurigae

TIANHUANG | T'IENHOANG – DER HIMMLISCHE (FISCH-)TEICH

Im Oktober holte man sich die Fische aus Becken und Teichen, um sie zu essen oder in grössere Gewässer zu bringen, damit sie nicht im Eis erfroren. Da sich der Teich in der Nähe der Kampfwagen befindet, nannte man ihn später auch WUDICHE | WOU-TI-TCHE-CHÉ – DIE REMISE DER FÜNF KAISER.

U 389 und 391, X | K 179

6 ZUIXIU | TSOUI SIOU – DIE HERBERGE DES SCHNABELS

φ¹ - λ - φ² Orionis

ZUI | TSOUI – DER SCHNABEL

U 391, X | K 159

ZUIXI – DER UHUSCHNABEL

P 77

Das Zeichen für *Zui* bezeichnet ein Horn; auf einen Uhu bezogen, ist damit sein Schnabel gemeint. Der Teilung des Pegasus-Vierecks in die Asterismen Shi und Bi vergleichbar, trennte man auch dieses Sternbild ab von seinem darunterliegenden Kopf, um der Segmentierung des Himmels in 28 Herbergen gerecht werden zu können. Ursprünglich gehörte der Schnabel einem sich offenbar über Orion erstreckenden Uhu an,[194] der später zum Asterismus Marktplatz zerlegt oder in den importierten Erhabenen Krieger verwandelt wurde, dessen Mund er dann darstellte.

Der Uhu entstammt einer alten mythischen Tradition. In einer Legende aus dem 4. Jahrhundert v. u. Z. ist der walartige Riesenfisch Gun der Vater des mythischen Kaisers Yu. Gun wird von einer Gruppe kleinerer Götter angestachelt, sich um all die Krisen zu kümmern, welche die Weltflut ausgelöst hat. Der Himmelsgott beauftragt ihn schliesslich, die Flut wieder abfliessen zu lassen, traut ihm dies jedoch nicht ganz zu: Deshalb schickt er ihm die Schildkröte (welche die Geheimnisse des Wassers kennt) und den Uhu (der die Geheimnisse des Himmels kennt) als Gehilfen. Aber auch das nützt nichts, denn Gun vermag die Wasser nur zu senken, indem er dem Himmelsgott die atmende Wundererde, die kosmische Erde stiehlt, welche die Erde reparieren kann – worauf er von diesem bestraft wird und stirbt. Aus seinem Leichnam wird Yu geboren – und Gun selbst wird von schamanistischen Priestern wiederbelebt, wobei er sich in einen gelben Bären verwandelt.[195]

Als Kopf des in Orion gesehenen Kriegers steht der Asterismus den himmlischen Wegsperren und der Garde des Kriegers vor; leuchtet er hell, wird die Verpflegung für die Armee reichlich und ihr General stark sein; bewegt er sich hingegen, sind Briganten im Anzug.

Im Zusammenhang mit den Herbstjagden sah man darin jedoch auch den Schnabel eines Jagdfalken, mit dem Hasen gefangen wurden.

P 77–78, U 391 und 398–399

TIANHUO | T'IEN-HO – DIE HIMMLISCHE WARE

Sieht man im Orion statt eines Kriegers den Himmlischen Marktplatz, steht dessen Mund (der Uhuschnabel) für die am Markt gehandelte Ware. Ob die Sterne hell und klar leuchten, sagt voraus, dass die fünf Getreidearten des Reiches gut reifen werden und alles friedlich bleiben wird.

U 391 und 398–399

ZUIHUI | TSOUI-HOUEÏ – DIE SCHILDKRÖTE

Dass der Asterismus auch diesen Namen trug, hat damit zu tun, dass der Schnabel eines Uhus und der einer Schildkröte sehr ähnlich aussehen. Da im Herbst die Schildkrötenpanzer am härtesten sind, benutzt man diese zu Weissagungen – insbesondere zu Prophezeiungen über den Ausgang einer Militärkampagne.

P 79, U 398–399

7 TSAN SIOU – DIE HERBERGE DES ERHABENEN

ζ-ε-δ Orionis

SAN(XING) – DIE DREI (STERNE)

Unter diesem Namen tauchen die Sterne bereits auf den Orakelknochen der Shang-Zeit auf. Später interpretierte man die drei Gürtelsterne als 'Waage und Gewicht' – in dem Sinne, dass Macht mittels Gesetzen, Regeln und Normen ein Gleichgewicht erreichen muss.

P 468, N 244

Im zwischen dem 10. und 7. Jahrhundert v. u. Z. entstandenen *Buch der Lieder* wird das Dreigestirn zusammen mit dem alten Namen der Plejaden als 'Weg' in einem Adynaton angeführt: "So oft wie ein Lamm einen Widderkopf hat und Die Drei Sterne im Weg liegen, kann das Volk heute, so es Essen hat, seinen Bauch vollkriegen."[196]

ζ-ε-δ-α-γ-κ-β Orionis

TIANSHI | T'IEN-CHI – DER HIMMLISCHE MARKTPLATZ

Im Herbst senkte man die Steuern an den Märkten und die Zölle an den Grenzen, um die Händler und ihre Güter anzuziehen und so "die Menschen prosperieren zu lassen". Denn nach der eingebrachten Ernte wurde mit dem gehandelt, was jeder an Überschuss erwirtschaftet hatte. Die drei Gürtelsterne ζ – ε – δ Orionis werden deshalb auch HENHSHI | HOUNG-CHÍ – DIE SCHNELLWAAGE genannt, die an einem Ring einerseits ein Eisengewicht, andererseits einen Haken für die abzuwiegende Ware hängen hat: weshalb der ganze Orion auch den Waagen vorsteht.

U 394–395 und 398

SHICHEN | CHÍ-TCHIN – DER WAHRE UNTERGEHER

U 396, MÜ 197

Der Name gilt als Beiname einer halb legendären Person, des Bruders von *Ebo*, dessen Name sich wiederum als 'Fürst des Aufhaltens' deuten lässt. Die dazugehörige Fabel versinnbildlicht, dass der *Shi-Chen* des Orion im April kurz nach der Sonne im Westen untergeht, die Sterne der Grossen Bewegung Da-Chen in Scorpius jedoch im Osten aufgehen – sodass der 'Aufhalter' *Chen* in Scorpius dem 'Untergeher' des auch *Shen* genannten Orion ewig entgegensteht.[197]

Sie waren die Söhne des mythischen Herrschers Di Ku, der auch *Gaoxin* genannt wurde; von ihm heisst es, dass er als Himmelsgott "alle Himmelskörper und Gestirne ordnen konnte und so den Menschen zu einem gesicherten Dasein und dem Volk zum Licht verhalf".[198] Wie die Fabel aus dem *Zuozhuan* erzählt, erregten die Sterne von Orion und Scorpius jedoch ihres Vaters Zorn: "In der grauen Vorzeit hatte Gaoxin zwei Söhne. Der ältere hiess Ebo, der jüngere Shichen. Sie wohnten in einem weiten, sonnenbeschienenen Hain, konnten einander aber nicht leiden. Jeden Tag suchten sie Schild und Dolchaxt, um sich zu bekämpfen. Das missfiel dem Himmelsgott. Er versetzte Ebo auf den Hügel von Shang, Shangqiu [in der Provinz Henan], als Hüter der Grossen Bewegung Drachen [Scorpius], weshalb das Gestirn dort der Stern von Shang geworden ist. Und Shichen versetzte er nach Gross Xia, Daxia [in der Provinz Shanxi], als Hüter des Erhabenen Shen [Orion]."[199]

CAN(FA) bzw. SHEN(FA) | TSAN(-FÁ) – DER ERHABENE (ZÜCHTIGER)

U 392, X | K 160

FUYUE | FOU-YOUE – DAS BREITBEIL

U 392

Das Zeichen für den Erhabenen lässt sich *Shen* und *Can* aussprechen. Letzteres hat zudem die Bedeutung 'Drei' und ist mit dem *San* der Drei Sterne identisch:[200] was erklärt, weshalb aus dem Dreiergestirn des Oriongürtels im ganzen Orion die Figur des über Indien importierten babylonischen Kriegers werden konnte.

Das aus sieben 'roten' Sternen bestehende Sternbild wurde dann 'Der Erhabene (Züchtiger)' sowie 'Breitbeil' genannt, da er ein solches in den Sternen des Orionschwertes trägt. Als Kopf gilt der Asterismus Schnabel, der somit von den gleichen Sternen gebildet wird wie der Orionkopf; dasselbe gilt für die Arme und Beine – unsere Gürtelsterne gelten in China jedoch als Herz Des Erhabenen, zu dem auch die Standarte in unseren Schildsternen des Orion gehört.

Das ursprüngliche Ideogramm für *Shen* | *Can* wurde mit drei Sonnen geschrieben, um eine Vorstellung von Glanz und Leuchten auszudrücken. Das Sternbild repräsentiert den Führer oder obersten Kriegsherren, der bei der Versammlung der Könige gewählt wurde.

Er trägt eine Fahne und ein Schwert oder ein sichelförmiges Kriegsbeil an der Hüfte. Er verkörpert neben seiner Wehrhaftigkeit Treue, Loyalität, Pietät und Klugheit. Leuchtet der Orion hell und klar, verheisst dies, dass seine Minister treue Gefolgsleute sind und die Söhne den Eltern gegenüber ehrerbietig bleiben; bewegt er sich hingegen, verheisst dies ein Massaker unter seinen Untergebenen. Die Grenzfestungen und Massaker stehen unter der Ägide dieses Asterismus, ebenso wie die mit dem Breitbeil vorgenommenen Enthauptungen und Zweiteilungen.

Der linke Arm α steht dem General des linken Heeresflügels vor, der rechte Arm γ dem General des rechten Flügels, das linke Bein κ der Nachhut, das rechte Bein β der Heeresflanke. ζ,ε und δ werden auch SANGJIANG | SANG-TSIANG – DIE DREI GENERÄLE genannt, die der Erhabene Züchtiger befehligt, wobei ζ und δ seine direkten Ratsherren verkörpern. Sind diese Sterne hell, werden die Soldaten des Heeres tapfer sein; leuchten sie schwach, wird das Heer besiegt werden.

U 392–394, 397–398, P 468

Sterne um ι Orionis

FÁ – DIE KRIEGSAXT

Das Schwertgehänge des Orion repräsentiert die Kriegsaxt des obersten Generals; sie steht den neun Arten des Angriffs vor, mit denen der Oberbefehlshaber Ordnung und Frieden im Reich herstellt.

U 399

11 – o^{1+2} – π^{1-6} Orionis

CANQI | TSAN-KI – DIE STANDARTE DES ERHABENEN

U 400, X | K 156, P 469

TIANQI | T'IEN-KI – DIE HIMMLISCHE STANDARTE

U 400, ST 70

Diese neun 'roten' Sterne repräsentieren die Standarte, die der oberste General in Händen hält, um die Schlacht zu dirigieren.[201] Ursprünglich muss sich an dieser Stelle jedoch der Jäger befunden haben, der mit dem Netz in Taurus auf Hasenjagd ging.[202]

TIANGONG | T'IEN-KOUNG – DER HIMMLISCHE BOGEN

Später repräsentierten die Sterne den Bogen des aus dem Westen übernommenen Erhabenen Kriegers, wurden alle Bögen und Armbrüste unter ihre Ägide gestellt. Erscheint der Asterismus klein und aufrecht, sagt dies Frieden für das Reich voraus; ist er gebogen, sagt er Krieg voraus. Strahlt er hingegen, werden sich räuberische Truppen an den Grenzen zeigen, wird der Gebrauch von Pfeilen nötig.

U 400

HD40626 – 41 – 36 – 41 – 42 – HD40979 – 38 – 39 Aurigae – HD41330

ZUOQI | TSO-KI – DIE RANGSTANDARTE

Diese neun 'schwarzen' Sterne repräsentieren die Standarten, mit denen Rang und Namen der Könige und Vasallen bei ihrer Versammlung markiert wurden. Vor dem Zelt ihres Kaisers aber wurden zwei solche Standarten gepflanzt – womit der Orion auch als dieser ausgewiesen ist.

Astrologisch gesehen steht der Asterismus der Trennung zwischen dem Rang des Prinzen und allen darunter, der gesellschaftlichen Hierarchie vor; leuchtet er hell und klar, besagt dies, dass die Riten des Reiches eingehalten werden.

U 401, X | K 178

χ^1 Orionis – 1 Geminorum – 1, 2 und 3 Tauri – χ^2 Orionis

SIGUAI | SSE-KOAI – DER AUFSEHER DER WAHRSAGER

ST 72, X | K 178

Die vier 'schwarzen' Sterne repräsentieren den Wahrsager des Heeres, der der Divination vorsteht. Diese wurde meist mittels Schildkrötenpanzern oder Schulterblättern von Rindern vorgenommen, weil sich auf ihnen als ebenen Flächen die Fragen und Bitten schreiben liessen. Anschliessend setzte man sie dem Feuer aus, um anhand der Grösse, Form und Farbe der Sprünge darin, Glück oder Unglück eines Vorhabens vorauszusagen. Der Aufseher der Wahrsager erhielt seine Panzer im Herbst, wenn alles – auch die Schildkröten – seine Vollkommenheit erreicht hatte. Der Asterismus steht allen Arten von Omendeutung – auch jener durch Wolken oder Tiere – vor.[203]

β – τ – λ – ψ Orionis

YUJING | YÓ-TSING – DER KOSTBARE BRUNNEN

Diese vier 'roten' Sterne am Fuss des Erhabenen repräsentieren einen der kostbaren natürlichen Brunnen: weshalb sie den Quellen und dem Trinkwasser vorstehen.

U 412, X | K 156

74 – ξ – ν – HD41076

SHUIFU | CHOUI-FOU – DIE ZISTERNE

Diese vier 'schwarzen' Sterne repräsentieren die Wasserspeicher für die Bewässerungskanäle der Felder; sie stehen den Kanälen, Deichen und Rinnen vor.

ST 27, U 419

ι – κ – λ – ν Leporis

JUNJING | KIUN-TSING – DER MILITÄRBRUNNEN

Dieser vier 'schwarzen' Sterne repräsentieren die Brunnen in den Grenzfestungen und alle anderen Brunnen des Heeres, die bei Belagerungen lebenswichtig waren. Zudem steht der Asterismus dem Kochen und der Essenszubereitung im Heer vor. Ist er in seiner normalen Grösse zu sehen, sagt dies deshalb eine gute Ernte voraus.

U 413, X | K 185

ν – β Canis Maioris – θ – η – ζ Leporis – HD38713 – δ Leporis – HD42443 – ξ^1+2 Canis Maioris – HD47827

JUNSHI | KIUN-CHI – DER MILITÄRMARKT

Die dreizehn 'roten' Sterne repräsentieren den Platz um den Militärbrunnen, auf dem die Soldaten Handel treiben. Sind viele seiner kleinen Sterne zu sehen, heisst dies, dass die Nahrungsrationen für sie ausreichend ausfallen werden.

U 427–428

17 Leporis

YEJI | YÉ-KI – DER WILDE HAHN

In einem Militärlager gab es Katzen, die die Ratten frassen, und eigene 'Nachtregler'- Hähne, die darauf abgerichtet waren, bei der ersten Wache einmal, bei der zweiten zweimal und bei der fünften Wache fünfmal zu krähen. Sie wurden seit alters her aber auch bei Kämpfen eingesetzt, indem man mehrere zusammenband, ihnen brennende Zweige an die Krallen band, sie ins feindliche Lager warf und dieses so in Brand steckte.

Hier aber scheint ein solcher Kampfhahn den Oberbefehlshaber der Garnison zu symbolisieren, denn astrologisch gesehen gilt ein 'schwarzer' Stern als General. Strahlt er hell, werden die Generäle mutig sein; scheint er ausserhalb des Marktes zu sein, sagt dies Kriegsschrecken voraus. Allerdings kann der Hahn auch den Marktaufseher repräsentieren, der schlechte Ware ausforscht; gerechte Preise finden sich dann unter der Ägide dieses Sterns.

U 428–430, X | K 156

α – ε Columbae

ZHANGREN | TCHANG-JIN – DIE GREISE

Diese zwei 'schwarzen' Sterne repräsentieren die Reichsbeamten im Ruhestand sowie die Alten und Waisen, die ihre Söhne und Eltern im Dienste des Reiches verloren haben.

U 426, X | K 185

λ – μ und θ – κ Columbae

ZISUN | TSZE-SOUN – DIE SÖHNE UND DIE ENKEL

Die Söhne im ersten und die Enkel im zweiten Asterismus von 'schwarzen' Sternen stehen an der Seite der Greise, die sie unterstützen – und repräsentieren natürlich auch die im Krieg gefallenen Soldaten.

U 427, X | K 185, 186

α Carinae

NANJI LAOREN | NAN-KÍ-LAO-JIN – DER GREIS DES SÜDPOLS
SHOUXING – STERN DER LANGLEBIGKEIT

Man sieht diesen 'roten' Stern erst im September und im Süden des Landes; dann bringt er allen Frieden und Glück. Strahlt er, sagt dies ein langes Leben und Frieden im Reich voraus. Ganz in der Nähe liegen die neun Sterne des Gartens Tianpu, wo der Alte Mann sein Kraut der Langlebigkeit gesetzt hat.

U 426–427, X | K 156 und 185

Der Stern wird als 'Stern der Langlebigkeit' betitelt; ihm zu Ehren sollen schon seit der Qin-Dynastie vor 200 v. u. Z. Schreine errichtet worden sein. In den Legenden wird er geschildert als ein kleiner Greis namens Shouxing mit langem Kopf und grossen Ohren, der in einem nebeligen Himmel erscheint und den mythischen Pilz der Langlebigkeit in Händen hält. Auch heute noch wird er so dargestellt, Ohren lang bis über die Schulter sogar, hohe Stirn mit drei Runzeln, weisser Bart, in der Linken nunmehr den Pfirsich der Langlebigkeit, in der Rechten einen Stock samt Kalebasse, die das Lebenselixier enthält. Symbole, die ihn als Gott der Langlebigkeit ausweisen, sind der Kranich und das Reh.[204]

Die bekannteste Überlieferung erzählt von zwei alten Männern, die unter einem Maulbeerbaum Schach spielen. Sie erhalten Besuch von einem jungen Mann, dem es bestimmt ist, mit neunzehn Jahren sterben zu müssen. Er bringt ihnen Bier und Rehfleisch, worauf einer von ihnen zum Dank das Sterbedatum ändert, indem er die zwei Zeichen vertauscht: Es ist dies der Greis, der an der Nordseite des Schachbrettes sitzt, den Nördlichen Scheffel verkörpert und die Sterbedaten einträgt – während der Alte Mann an der Südseite der Südliche Scheffel in Sagittarius ist, der die Geburtsdaten einträgt.[205]

α – β – γ – δ Leporis

TIANCE | T'IEN-TSZE – DER HIMMLISCHE ABORT

U 413, X | K 156

HD42301 – 42443 – 41841

TIANSHI | T'IEN-CHI – DIE HIMMLISCHE SCHEISSE

Shi – 'Pfeil – steht euphemistisch für Exkrement. Der Historiker Sima Qian aus der Han-Zeit schreibt: "Gelber Stuhl ist ein gutes Zeichen; grüner, weisser oder schwarzer ist fatal."

U 414, ST 25, P 468, X | K 156

μ – ε Leporis

PING – DIE ABSCHIRMUNG

Diese 'roten' Sterne repräsentieren die Wand- oder Bambusmattenabschirmung eines Aborts. Sie bestanden aus Gruben mit einem Brett als Donnerbalken, in die man auch jede Art Abfall, abgeschnittene Haare, Fingernägel, den verrussten Kalk aus der Küche oder tote Tiere warf und die Masse mit einem Bambusrohr von Zeit zu Zeit umrührte: Damit düngte man im Mai dann die Äcker. Zugleich war dieser Abtritt auch ein Rückzugsort: *Ce* – Seitenraum – bezeichnet auch etwas vor der Öffentlichkeit privat Gehaltenes.

Da die Abschirmung den Gestank zurückhielt, steht dieses Gestirn den Krankheiten vor; ist es nicht sichtbar, sagt dies voraus, dass das Volk unter Seuchen zu leiden haben wird.

U 414–415, X | K 156

70 - λ - μ - ξ - 105 Herculis - ζ Aquilae - θ - η Serpentis - ν - ξ - η Ophiuchi und ζ - ε - δ Ophiuchi - ε - α - λ - δ - β - γ Serpentis - κ - γ - β Herculis

TIANSHIYUAN | T'IEN-CHI-HOUAN – DIE UMFRIEDUNG DES HIMMLISCHEN MARKTES

ST 122

CHANGCHENG | TCHANG-TCHING – DIE GROSSE MAUER

U 541

TIANSHI | T'IEN-CHI – DER HIMMLISCHE MARKT

U 519, 536 X | K 148

Ende Herbst, Anfang Winter wurde die Höhe der Abgaben für die Vasallen und das Volk bestimmt, abhängig von der Entfernung und dem Reichtum ihrer Provinzen. Während der dann stattfindenden Versammlung wurde ein grosser Markt abgehalten – der am Himmel in den Sternen von Ophiuchus, Serpens und Hercules, die nach Sonnenuntergang im Westen standen, sein Gegenstück hat. Darin wurde neben den Marktständen auch der Kaiser mit seiner Familie repräsentiert.

Da dieser Markt stattfand, wenn der Kaiser die ihm tributpflichtigen Herrscher aus allen Regionen des Reiches empfing, wurden diese 22 'roten' Sterne mit den jeweiligen Reichsteilen identifiziert. Das beginnt mit **70 Herculis** als WEI, einem alten Fürstentum im Norden, das Teile Henans und Shanxis umfasste; λ ist ZHAO | TCHAO, ein Fürstentum im Süden Shanxis; μ ist JIUHE | KIOU-HO; ξ ist YAN | YEN, das man auch ZHONGSHAN | TCHOUNG-CHAN nannte, das REICH DER MITTE; **105 Herculis** ist das kleine, im 8. Jahrhundert v. u. Z. existierende Fürstentum QI | THSI; **ζ Aquilae** ist WU | OU, ein von Wuwang im 12. Jahrhundert v. u. Z. gegründetes Reich; **θ Serpentis** ist XU | SIU in der heutigen Provinz Jianggnan, das erst im 8. Jahrhundert u. Z unterworfen wurde; **η und ζ Serpentis** sind das Fürstentum DONGHAI | TOUNG-HAI; ν Ophiuchi ist das Fürstentum YUE | YOUE; **ξ Serpentis** ist NANHAI, die heutige Provinz Guangdong, die wir als 'Kanton' kennen; und **η Ophiuchi** stellt das Fürstentum SONG | SOUNG im Osten der Provinz Henan dar.

Nach dem Markteingang geht es weiter mit **ζ Ophiuchi** als dem Fürstentum ZHENG | TCHING in der Region Henan; ε als dem Fürstentum CHU | TS'OU aus dem 8. Jahrhundert in der heutigen Provinz Zhejiang; **δ Ophiuchi** als JIANG | LIANG, einem alten Distrikt in Henan; **ε Serpentis** als dem Fürstentum BA | PA in Sichuan; **55 Serpentis** als CHU | CHOU in Sichuan; **56** als QIN | THSIN; **β Serpentis** als ZHOU | TCHEOU im heutigen Henan; **γ Serpentis** als HAN; **κ Herculis** als JIN | TSIN; **γ Herculis** als HEJIAN; und am Ausgang des Marktes **β Herculis** als die Provinz HEZHONG | HO-TCHOUNG.

Die meisten dieser Fürstentümer existierten in der "Zeit der Streitenden Reiche" zwischen 475 und 221 v. u. Z.; der Name *Hejian* jedoch zeigt, dass dieser Asterismus erst ab der Zeit der Han (206–8 v. u. Z.) entworfen werden konnte, da es diesen Namen davor noch nicht gab.

U 537–541, ST 134, X | K 148

Die davon umrahmte Himmelsregion hiess auch TIANQITING | T'IEN-K'I-T'ING – HOF DER HIMMLISCHEN BANNER und stand den Hinrichtungen vor, indem Todesurteile stets auf dem Marktplatz vollstreckt wurden.[206]

μ Ophiuchi - HD159170 - 47 Ophiuchi - HD156227 - 155 078 - 156971 - 159358 - μ Ophiuchi

SHILOU | CHI-LAO – DER TURM DES MARKTES

Der Asterismus von sechs 'schwarzen' Sternen steht dem Eingang zum kaiserlichen Markt und den dort geltenden Regeln und Handelsbedingungen vor.

U 514, X | K 170

λ Ophiuchi - σ Serpentis

LIESI | LIÉ-SSE – DIE ANEINANDERGEREIHTEN MARKTSTÄNDE

Diese beiden 'gelben' Sterne stehen kostbarer Handelsware vor.

U 515, X | K 189

HD157968 - ν Serpentis

CHESI | TCHE-SSE – DER WAGENMARKT

Diese zwei 'gelben' Sterne stehen den Wagen, ihren Gespannen, aber auch den Massregeln der Verkäufer vor.

U 515, X | K 189

89 - 87 Herculis

TUSI | T'OU-SSE – DER FLEISCHMARKT

Diese zwei 'schwarzen' Sterne stehen den Küchen und Metzgern vor.

U 515; X | K 189

HD161695 - 160054 - 158974 - 158225 - 72 - 68 - 59 - 53 Herculis

TIANJI | T'IEN-KI – DER HIMMLISCHE BUCHFÜHRER

Die neun 'roten' Sterne repräsentieren den Vorsteher des Marktes und stehen der Einhaltung der Geschäftsregeln und der Schlichtung von Streitfällen vor.

U 515–516, ST 122, X | K 148

η - β - α - γ - δ - ε - ι - π - θ Coronae Borealis

GUANSUO | KOAN-SÓ – DIE GELDSCHNUR

U 516, X | K 148

LIANSUO | LIEN-SÓ – DIE GIRLANDE
TIANLAO | T'IEN-LAO – DAS HIMMLISCHE GEFÄNGNIS

U 516

Diese neun 'roten' Sterne repräsentieren die Schnur, auf der man erst Kaurischnecken als Zahlungsmittel auffädelte, später die chinesischen Geldstücke, die dafür in der Mitte ein Loch hatten. Seiner Form wegen wurde der Asterismus auch GIRLANDE genannt.

Da er zudem so rund ist wie ein Gefängnisturm, las man von ihm Vorhersagen für die Gefängnisse ab. Dabei repräsentierte η die Gefängnistür, die man offenstehen sehen wollte, und γ als heller Stern in der Mitte den Gefängniswärter. Waren alle neun Sterne klar zu sehen, verkündete dies volle Gefängnisse; sah man nur sieben, verhiess dies eine kleine Amnestie, bei fünfen eine grosse Amnestie.[207]

α Herculis

DIZUO | TI-TSO – DER SITZ DES HERRSCHERS

U 518, X | K 149

Dieser 'rote' Stern repräsentiert den kaiserlichen Hof und stellt den 'Meister über die Menschen' dar.

U 518

βγ Ophiuchi

ZONGZHENG | TSOUNG-TCHING – DIE AMTIERENDEN MITGLIEDER DER HERRSCHERFAMILIE

U 518, X | K 149

Diese zwei 'roten' Sterne repräsentieren jene, welche die Aufsicht über die Tempel der kaiserlichen Ahnen haben.

U 518

66 – 67 – 68 – 70 – 66 Ophiuchi

ZONGREN | TSOUNG-JIN – DIE AHNENREIHE

Diese vier 'roten' Sterne stehen den engen wie weiteren Eltern und Grosseltern des Kaisers sowie den Ahnenopfern vor.

U 518, ST 122

110 – 111 Herculis

ZONGXING | TSOUNG-SING – DAS GESTIRN DER AHNEN

Dieser 'rote' Asterismus repräsentiert das Ahnenhaus des Herrschers sowie seine engsten Minister.

U 519, ST 121

37 Ophiuchi – 60 Herculis – HD154228 – 32 Herculis

HUANZHE | HOAN-TCHÉ – DIE VERWALTER DES REICHES

U 519, X | K 149

α Ophiuchi

HOU | HAO – DER BEWACHER

Dieser 'rote' Stern repräsentiert die Gefolgsleute, die einen Gesandten in Reichsangelegenheiten am Hof in Empfang nahmen und ihn wieder zurückbegleiteten.

U 519, X | K 149

V DER WINTERHIMMEL

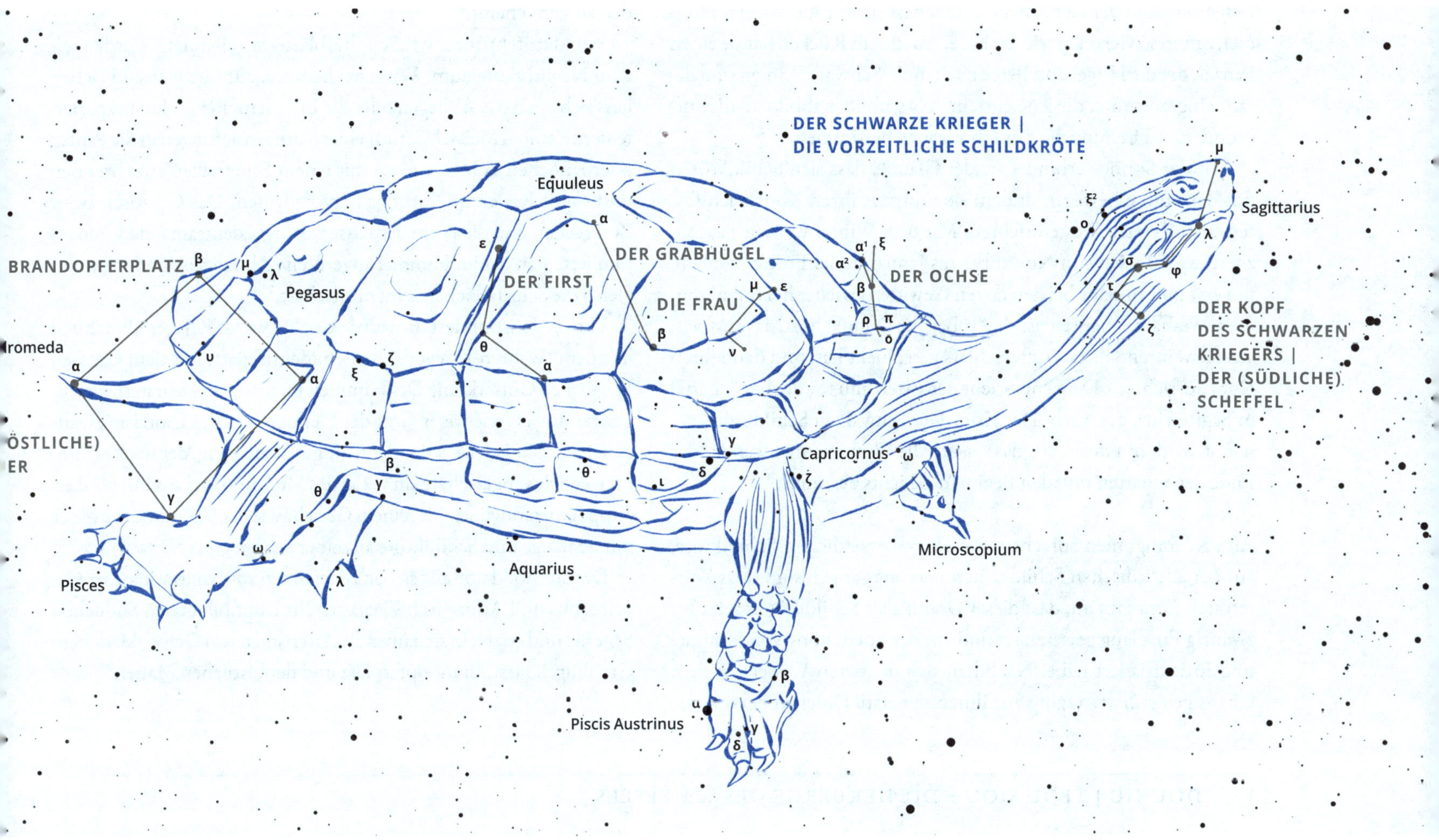

XUANWU | HIUEN-WU – DER SCHWARZE KRIEGER

U 59, P 178

YUANBIE | YOUEN-PÍ – DIE VORZEITLICHE SCHILDKRÖTE

U 177, P 177

Unterschiedliche, möglicherweise ältere Traditionen setzen in dieses Himmelsviertel einen Fisch, einen Hirsch oder ein Reh, das volkstümlicher Ansicht nach 1000 Jahre alt wurde und die Seelen zum Himmelstor führte;[208] in der chinesischen Mongolei wiederum stand ein Kamel in diesem Quadrant.[209] Frühestens in der Zeit der Streitenden Reiche,[210] wahrscheinlich aber erst unter Kaiser Wu im 1. Jahrhundert v. u. Z. entwickelte sich die Schildkröte zum Standardsymbol des Nordens und des Winters. *Bie* bezeichnet vor allem eine grosse Flussschildkröte mit hartem Panzer. In der chinesischen Kosmologie ruhen die drei Inseln der Seligen auf dem Kopf von drei solchen, riesigen Schildkröten.

Ihren Beinamen verdankt sie nach alter Ansicht dem Umstand, dass die Schildkröten in Chinas Norden schwarz sind und die Panzer sie Kämpfern vergleichbar machen. Das Wort für 'schwarz' bedeutet jedoch auch trübe, und mit ihrem hackigen Schnabel galten grosse und schwere Wasserschildkröten wie die Lederschildkröte des Meeres auch anderswo – bei den Ägyptern etwa – als gefährlich: Was über ihr Habitat ihren Beinamen erklären würde.

Da ihre Geschlechtsorgane schwer zu erkennen sind, glaubte man, dass sich Schildkröten fortpflanzen, indem sie sich mit Schlangen paaren. Dass das Sternbild meist mit einer um ihren Panzer sich ringelnden Schlange dargestellt wird, hat aber auch damit zu tun, dass diese den sie ablösenden Grünen Drachen des Frühlings symbolisiert.[211]

Der Konnex zur Himmelskuppel rührt daher, dass die Linien zwischen ihren Schuppen an die Asterismen des Sternenhimmels gemahnen. Das *Buch der Riten* überliefert dazu folgende Fabel: "Im

Westen des Berges Yuanjiao gibt es einen Teich von Sternen, der tausend Li breit ist. Darin lebt eine göttliche Schildkröte, die acht Füsse und sechs Augen hat. Auf dem Rücken trägt sie das Bild Des Nördlichen Scheffels [Ursa Maior], der Sonne, des Mondes und der acht himmlischen Regionen. Auf dem Bauch trägt sie das Bild der fünf Berggipfel und der vier Kanäle ... Oben ist sie so rund wie der Himmel, unten so viereckig wie die Erde. Auf ihrem Rücken hat sie einen Panzer, der die Hügel und Berge nachahmt. Schwarze Linien sind darauf eingezeichnet, die jene einzelnen Sternbilder abbilden, die aufgrund ihrer Drehung die vier Jahreszeiten bestimmen."[212]

Mit der Sonne verbindet sie der Glaube, dass sich Schildkröten mit der Sonne bewegen, indem sie morgens ihren Kopf nach Osten, abends nach Westen richten. Mit dem Winter werden sie assoziiert, weil sie sich von November bis Januar in der Erde eingraben, um erst im Frühjahr bei den ersten Gewittern wieder hervorzukommen: Weshalb es heisst, dass sie, "sobald sie Donner hört, das ausspeit, was sie während ihres Winterschlafs geschluckt hat, und dann ihren Kopf aufrichtet". Dem entspricht der Asterismus Südlicher Scheffel in Sagittarius, der auch 'Der Kopf Der Schwarzen Schildkröte' genannt wird; ihn definiert, dass er um die Wintersonnenwende "das Ende der Schatten und den Beginn des Lichts bestimmt".

U 59–62

Alte Kosmogonien sprechen von einer Vorzeitlichen Schildkröte, aus der alle irdischen Schildkröten hervorgegangen sind. Das Wörterbuch *Erya* gibt an, dass dieser Urahn aller Schildkröten zehn bis zwanzig Fuss lang gewesen sei und vor der Entstehung von Himmel und Erde existiert habe. Nachdem sich die tiefen Wasser aus dem Chaos gelöst hatten, ging aus ihnen der erste Drachen hervor; der gebar die Vorzeitliche Schildkröte und diese wiederum die göttliche Schildkröte, von der alle irdischen abstammen. Das ist astronomisch zu verstehen: Wird das Sternbild des Grünen Drachen in den Nächten des regnerischen Frühlings sichtbar, berührt sein Schwanz den Kopf der Schildkröte – sodass diese von ihm zur Welt gebracht worden zu sein scheint.[213]

Schildkrötenpanzer wie Schulterblätter von Rindern wurden seit dem Neolithikum zum Weissagen benutzt; auf ihre glatten Flächen liess sich auch das Anliegen oder die Bitte schreiben. Man präparierte sie mit einem Meissel, der auf einer Seite Eintiefungen in die Panzer oder Knochen bohrte, um sie mit einem Feuerhaken anzubrennen und somit Risse und Sprünge hervorzurufen. Das Geräusch beim Zerbrechen und die Form der Risse galt als bedeutsam – dadurch artikulierte sich der im Himmel angerufene Ahnengeist und malte zugleich die Schriftzeichen seiner Botschaft.[214]

Vom 7. Jahrhundert an wurde der Schwarze Krieger allmählich mit dem 'Wahren Krieger' Zhenwu identifiziert, mit dem Grossen Erhabenen Götterkönig Des Himmels im heutigen Polarstern gleichgesetzt und als wichtiger Gott der Heilung und des Exorzismus' angesehen.[215] Er galt als Sohn der Königin Shansheng, der nach 14-monatiger Schwangerschaft am 3. Tag des Mondmonats aus ihrer linken Rippe entstanden sei. Mit einem Gesicht wie der Vollmond wurde er mit Schlange und Schildkröte an seiner Seite verehrt.[216]

Das Sternbild umfasst sieben Asterismen von Sagittarius über Capricornus und Aquarius bis Pegasus: Ihr Kopf bildet den Südlichen Scheffel und erstreckt sich über die Asterismen von Ochse, Mädchen, Grabhügel, First, Brandopferplatz und der Östlichen Mauer.[217]

1 DOUXIU | TEOU SIOU – DIE HERBERGE DES SCHEFFELS

μ – λ – φ – σ – τ – ζ Sagittarii

XUANGUI ZHI SHOU – DER KOPF DES SCHWARZEN KRIEGERS

U 62 | 63

(NAN)DOU | (NAN-)TEOU – DER (SÜDLICHE) SCHEFFEL

U 174, X | K 158

Der Südliche Scheffel wird vom Nördlichen in Ursa Maior unterschieden. Die sechs 'roten' Sterne zeichnen schematisch einen Holzkasten nach, mit einem krummen Ast als Stiel; als Mass umfasste er rund sechs Liter.

Die letzte Sichtbarkeit dieses Gestirns kurz nach Sonnenuntergang im Westen markierte den Beginn des zehnten Monats, des "Monats, wenn man den Reis mit Scheffeln misst". 'Mass' impliziert Gleichheit und damit Gerechtigkeit, weshalb dieses Gestirn auch gerechte Massnahmen der Regierung symbolisierte.[218]

Der Herr Des Nördlichen Scheffels war spätestens im 1. Jahrhundert u. Z. als Gottheit des Todes etabliert, daher setzte das dualistische Denken der Han-Zeit ihm den Herrn Des Südlichen Scheffels als Gottheit der Geburt entgegen: Er steht dann für das Grosse Yang, das ewiges Leben verleiht. Der Herr Des Südlichen Scheffels verwaltet dazu das Register der Unsterblichkeit, sodass die Gottheiten auf den Sternen Des Nördlichen Scheffels um Hilfe angefleht werden, dort gut empfangen zu werden.[219]

λ – φ Sagittarii

TIANMIAO | T'IEN-MIAO – DER AHNENTEMPEL DES HIMMELS
TIANXIANG | T'IEN-SIANG – DIE HIMMLISCHEN MINISTER

U 175

Die sechs Sterne von Sagittarius gemahnen auch an die Weingefässe im Ahnentempel des Palastes, die bei einer alten Zeremonie Verwendung fanden. Mit dem Erscheinen des Gestirns begann der Winter, der sich bildete, indem die himmlische Atmosphäre aufstieg, während die irdische Atmosphäre herabkam, kondensierte und Kälte wurde. Da mit diesem zehnten Monat die Arbeiten vollendet, die Ernten eingebracht und die Herden wieder im Stall waren – weshalb der Winter 'Rast' genannt wurde –, gab es bei den Arbeiten ebenso Feiern wie bei den Herren der Gerichte, der Verwaltung und des Heeres. Deshalb versammelte der Herrscher seine Beamten zu einem Fest, nachdem er sich bei den Göttern mit einem Opfer für ihr Wohlwollen bedankt hatte. Es kam anschliessend im Ahnentempel des Palastes, wo der Herrscher seine Ratgeber und Minister empfing, zu einem grossen Trinkgelage; zudem wurden sie dort belohnt. Bevor dies mit Geld geschah, wurden Naturalien ausgeteilt – Weizen und Wein. Der Asterismus stand deshalb dem Lob vor, das der Herrscher seinen Würdenträgern gegenüber aussprach, und der Beförderung der Besten.[220]

τ - ζ Sagittarii

TIANQUE | T'IEN-KIOUE – DIE HIMMLISCHEN WACHTÜRME TIANGUAN | T'IEN-KOAN – DER HIMMLISCHE PASS KUI | KOUEÏ – DIE HERAUSRAGENDEN

U 175

Der Herrscher befahl in dieser Zeit seinen drei Ratgebern, sich auch darum zu kümmern, dass die Kornkammern gut versorgt, die Dorftore geschlossen und die Grenzen befestigt wurden, da im Winter stets Raubüberfälle der Nachbarn drohten. Deshalb liess man Soldaten aufmarschieren und stellte Wachen auf den Strassen und Brücken auf. Die 'Herausragenden' zwei Sterne repräsentierten dann die himmlischen Barrikaden und Speicher und standen den Soldaten vor.[221]

TIANQIU | T'IEN-KIOU – DER HIMMLISCHE HÜGEL

Zu Winterbeginn brachte man Sonne, Mond und Planeten ein blutiges Opfer dar und ehrte auch die Schutzgeister des Dorfes, weil sie gut über die Erde gewacht hatten.

U 176–177

Corona Australis
(plus Kopf in der Milchstrasse und Fuss auch in η Sagittarii?)[222]

TIAN BIE | T'IEN PÍ – DIE (GÖTTLICHE) WASSERSCHILDKRÖTE

Diese Schildkröte ging aus dem Grosssternbild der Vorzeitlichen Schildkröte hervor; aus den vier 'schwarzen' Sternen dieses Asterismus entstanden sodann alle irdischen weichschaligen Süsswasserschildkröten.

Reicht die Schildkröte bis in den Himmlischen Fluss der Milchstrasse, verkündet dies Überschwemmungen.

U 177–178, P 178

60 - ω - 59 - 62 Sagittarii

GOUGUO | KAO-KWÓ – DAS LAND DER HUNDE

χ - ψ Sagittarii

GOU | KAO –DIE HUNDE

Diese 'schwarzen' Sterne repräsentieren das Kunlun-Gebirge im äussersten Westen des Reiches; dessen Bewohner, die im Winter oft in Raubzügen einfielen, jagten den Chinesen Schrecken ein. Es hiess von ihnen, dass sie einen Hundeleib und lange Haare am Kopf hätten; sie würden nackt herumlaufen, wie hechelnde Hunde reden, in Höhlen wohnen und alles roh essen. Nur die Frauen sähen wie Menschen aus; die Buben, die sie zur Welt brächten, würden jedoch alle zu Hundemenschen.

Gou steht allen Wachhunden vor. Strahlt der Asterismus, kommen Briganten.

U 546–547, X | K 181

ι Telescopii - β¹⁺² Sagittarii - HD181401 - α - HD184035 - 185257 - 187474 - ι Sagittarii

TIANYUAN | TIEN YOUEN – DER ABGRUND DES HIMMELS TIANCHI | T'IEN-CHI – DER HIMMELSSEE TIANHAI | T'IEN-HAI – DAS HIMMELSMEER TIANQUAN | T'IEN-TS'IOUEN – DIE HIMMELSQUELLE

In diesem Gewässer leben die Schildkröten, die im Winter in den Flüssen harpuniert werden; deshalb hat der aus zehn 'gelben' Sternen bestehende Asterismus die Schildkröten und Fische unter seiner Ägide.

U 178, X | K 190

γ Scuti - HD168415 - 167433 - 167356 - 16 - 15 - 21 Sagittarii - HD170680 - 171130

TIANYUE | T'IEN-YÓ – DAS HIMMLISCHE HOHLMASS

Seine acht 'gelben' Sterne stellen ein Getreidemass dar, dass 1200 Hirsekörner aufnimmt. Da *Yue* auch die Bedeutung 'Schloss' haben kann und man im Winter die Torriegel begutachtete und auf die Schlösser der Speichertüren achtete, steht dieser Asterismus später zudem den Schlössern und Tresoren vor.

U 178–180, ST 76

α - δ - ε - β - η Scuti - 12 - λ - 36 Aquilae

TIANBIAN | T'IEN-PIEN – DER HIMMLISCHE BRONZEHELM

Der Asterismus der neun 'roten' Sterne muss auf die Zeit vor der Verwendung des Eisens zurückgehen. E repräsentiert den 'Meister des Marktes' eines Dorfes, der im Winter dafür zu sorgen hatte, dass es gut gegen Briganten verteidigt wurde – weshalb er nun auch als Soldat zu dienen hatte. Daher rührt die Symbolik, dass dieser Asterismus eine Zeit der Kämpfe und der Bewaffnung verkündet – und er auch den Helm des Kaisers repräsentiert, der seine Krieger kommandiert.

U 180–181, ST 76, X | K 150

2 NIUXIU | NIOU SIOU – DIE HERBERGE DES OCHSEN

α – ξ – β – ρπ – o Capricorni

NIU | NIOU– DER OCHSE

U 181, X | K 158

(QIANNIU | KIEN-NIOU – DER OCHSENZIEHER)

U 184

Der Asterismus der sechs 'roten' Sterne zeichnet das alte Ideogramm für *Niu* – ein Kreuz, das im oberen Teil einen nach oben gebogenen Halbkreis aufweist – auf den Himmel: Es steht für die Hörner, den Kopf und den Schwanz eines Rindes. Kurzzeitig sah man darin aber auch den benachbarten Kuhhirten, wörtlich 'Ochsenzieher', der das Rind bei einem Opfer an seinem Nasenring zum Altar zieht. Der gebräuchlich gewordene Asterismus des Ochsenziehers blieb jedoch in den benachbarten Sternen von Aquila bestehen.

Unter dem Jahr war das Schlachten von Ochsen verboten, da sie es waren, die "das Getreide pflanzten". Man schlachtete sie erst im Winter, um Dörrfleisch herzustellen, das man anschliessend mit auf die Jagd oder Expedition nahm. Der Asterismus repräsentierte aber auch die Ochsen, die auf Reichskosten gehalten wurden, um sie nach Bedarf vor Wagen für den Krieg zu spannen oder sie vor einem Kriegszug als Opfer darzubringen – so wie man auch den Gottheiten der Erde einen Arbeitsochsen opferte. Diesbezüglich heisst es im *Buch der Riten*: "Am Beginn des Winters betet der Kaiser zu den Ehrwürdigen des Himmels [Sonne, Mond und Planeten] des kommenden Jahres wegen, und er schlachtet dafür einen Ochsen auf dem öffentlichen Altar und an den Toren der Dörfer. Er opfert den Totengeistern und den Geistern der fünf Opfer. Dann belohnt er die Arbeiter und gönnt ihnen eine Ruhezeit." Dieser Ochse wurde 'Der Oberste mit den grossen Füssen' genannt, weil er das erste der Opfertiere war und so dick, dass er grosse Stapfen hinterliess. Derart steht dieser Asterismus auch allen Opfertieren vor, während β Capricorni den Rindern vorsteht.[223]

TIANGUAN | T'IEN-KOAN – DIE HIMMELSSPERRE

Im Winter wurden die zu den Märkten führenden Wege bewacht und die Tore der Dörfer gegen Überfälle verschlossen gehalten. α und ξ standen den Wegen und Strassen vor, β ihren Sperren und ρ, π und o standen dann für die Barbaren im Süden.

U 184

61 – G – 63 Sagittarii – HD191110 – 189340 – 57 – 51 Aquilae – HD186984 – 187949

TIANTIAN | T'IEN-TIEN – DAS HIMMLISCHE FELD

Dieses Feld galt wie jenes in der Herberge Des Horns als in kaiserlichem Besitz. Es steht für die vom Kaiser unter den Provinzgouverneuren aufzuteilenden Felder. Der Tradition aus der Zhou-Zeit folgend, geschah dies mitten im Winter. Um die Erneuerung des Lebens zu signalisieren, griff sich der Herrscher eine Handvoll Erde aus seinen Feldern und bot sie dem Gouverneur an.

U 543, X | K 181

HD189198 – ν Microscopii – KAP01 Sagittarii – HD192724 – θ^{1+2} – HD188787 – 186042 – 187474 – ι Sagittarii

JIUKAN | KIOU-K'AN – DIE NEUN BEWÄSSERUNGSKANÄLE

Dieser Asterismus von neun 'roten' Sternen repräsentiert die Bewässerungskanäle des kaiserlichen Feldes daneben, sowie die Bewässerungskanäle der neun Regionen des Reichs. Man sagte ihm nach, dass unter seinem Einfluss die Kanäle und Quellen rannen – oder nicht.

U 543, ST 138, X | K 155

θ Aquilae

TIANFU | T'IEN FU – DAS HIMMELSFLOSS
XINGCHA | HSING CHA – DAS STERNFLOSS
LINGCHA | LING CHA – DAS NUMINOSE FLOSS

SCH 263

Letzterer Name unterstreicht, dass dieses Floss Seelen hinauf in den Hafen des Himmels zu bringen vermag. Auf diesem Himmelsfloss gelangte der unbekannte Mann auf seiner Suche nach den Quellen des Himmelsflusses einst zu den Sternen: Der Stern leuchtet wirklich im Herbst hoch oben an der Milchstrasse.

Prototyp der Geschichte ist die Legende um Yao, einen der fünf mythischen Kaiser der Vorzeit, in dem dieses Floss vor seinem Tod erscheint: "Im dreissigsten Jahr nach Yaos Thronbesteigung kam ein riesiges Floss ins Westliche Meer hineingetrieben. Auf dem Floss befand sich ein Licht, das nachts leuchtete, tagsüber aber verlöschte. Die Männer draussen auf See sahen dieses Licht in der Ferne, wie es einmal stärker, einmal schwächer wurde, dem Kommen und Gehen eines Sterns oder des Mondes gleich. Dieses Floss treibt um die Vier herum, auf einer regelmässigen Himmelsbahn, die jedes Mal zwölf Jahre dauert. Nach einer solcher Runde beginnt es erneut. Es wird das 'Mond-Umschlungene' oder 'Sternbesetzte Floss' genannt. Das Gefiederte Volk [des Himmels] nistet darauf und ruht sich darauf aus."[224]

αβγ Aquilae

QIANNIU | KIEN-NIOU – DER OCHSENZIEHER
NIULANG | NIOU-LANG – DER KUHHIRTE

U 187, 493

In späterer Zeit wurde der Asterismus – weil er neben dem des Ochsen lag – als dessen Führer gesehen, der es am Strick zieht: hin zum Altar für die Opfer der Wintersonnenwende. Denn an dessen Abend war das Gestirn nach Sonnenuntergang kurz noch am Horizont zu sehen und schien damit die im Ochsen von Capricornus untergehende Sonne am Nasenseil geführt zu haben. Aufgrund dieser jahreszeitlich prominenten Stellung wurde es auch genannt:

XINGJI | SING-KI – DAS SIGNALGESTIRN

U 493

HEGU | HO-KOU – DER TROMMLER | DIE TROMMEL IM FLUSS

SCH 144, X | K 150, U 184

TIANGU | T'IEN-KOU – DIE HIMMLISCHE PAUKE
SANWUJI | SAN-WOU-KI – DER ALARM DER ARMEE

U 184,185,

Wenn der Kuhhirte nicht bei der Herde war, wurde er offenbar im Winter vom Heer als Trommler eingezogen: was die Alternativbezeichnung erklärt. *Hegu* ist zugleich homophon mit dem Asterismus Trommel Im Fluss – dessen Sterne sich im Himmlischen Fluss der Milchstrasse befinden. Für eine Trommel wurde ein Schildkrötenpanzer mit einer Schlangen-, Rinds- oder Pferdehaut bespannt; solche Pauken hing man an die Stadttore, damit vor räuberischen Truppen gewarnt werden konnte. Als 'Trommeln der Nacht' dienten sie den wachhabenden Soldaten, die sich und ihre drei Runden durch drei Trommelschläge ankündigten: Als Zeitmarkierung steht der Asterismus deshalb den Wasseruhren vor.

Trommelrollen hingegen bedeutete, dass ein Feind anrückte. Deshalb repräsentierten die drei 'roten' Sterne auch die drei Armeekorps der Truppen des Prinzen, die von drei Generälen befehligt wurden: α als 'General Der Mitte', β als 'General Der Linken', γ als 'General Der Rechten'.

U 184–185, SCH 144

θ – 64 – 62 – η Aquilae

TIANFU | T'IEN-FOU – DER HIMMLISCHE TROMMELSCHLÄGEL

Er stand zusammen mit Der Trommel den ebenfalls die Zeit markierenden Wasseruhren vor. War er undeutlich zu sehen, gingen die Wasseruhren ungenau; schien er Der Trommel näher oder zitterte, sagte dies voraus, dass bald die Heerestrommeln gerührt werden mussten.

U 187, ST 78, X | K 190

ι – γ – β – δ Lyrae

JIANTAI | TSIEN-TAI – DIE WASSERBECKENSTUFE

Jian wird mit den Zeichen für 'Wasser' und 'abkappen' geschrieben; *Tai* bedeutet 'Terrasse'. Bezeichnet wurde damit eine Wasseruhr, die aus mehreren stufenartig aufgebauten Wasserbecken bestand. War eines voll, lief es über – worauf im untersten Becken ein mit den Stunden markierter Pfeil jedes Mal ein Stück weit nach oben ging.

Zugeschrieben wurde die Erfindung, fliessendes Wasser die Zeit anzeigen zu lassen, einem auch sonst cleveren buddhistischen Mönch namens Huiyao, der in seiner Einsiedelei in den Bergen keine Klepsydra hatte und stattdessen zwölf Blätter des Mandeleibisch in einen Bach warf, der sie weitertrug: Womit er die zwölf Stunden gleich gut bestimmen konnte wie mit einer Sonnenuhr. Eine davon abgeleitete Wassertreppe aus Holz war dann für die Wachen leicht bedienbar. Aus dem 'nächtlicher Himmelsteich' genannten Becken floss das Wasser über in den 'Himmelsteich des Tages', anschliessend in das 'Gefäss der Gleichheit', sodann ins 'Gefäss der zehntausend Minuten', um darunter den senkrecht 'Schwimmenden Pfeil der Gewässer und Meere' zu heben.

Der Asterismus verkörpert das Regelmass und die Standardisierung, sowohl für Gewichte, Flächen und Zeit als auch für die Bestimmung musikalischer Töne: *Jiantai* hiess deshalb auch das Amt, in dem die Eichmasse aufbewahrt wurden. Das Gestirn steht den Sonnen- und Wasseruhren ebenso vor wie der Musik. Sie wurde unter Qin Shi Huang Di (259–210 v. u. Z.) insofern standardisiert, indem man zwölf Bambusröhren kalibrierte, nach denen die Musikinstrumente des Hofes gestimmt wurden. Der Grundton, von dem alle anderen Töne abgeleitet wurden, gab die Gelbe Glocke vor.

U 187–190, X | K 172–173

HD179583 – η – θ – ι – 17 Lyrae

NIANDAO | LIEN-TAO – DER WEG DER STREITWAGEN

Nian wird mit den Zeichen für 'Männer' und 'Streitwagen' geschrieben; es bezeichnet somit den Wagen, auf dem sich der Kommandant für seine Wachrunde von zwei Männern ziehen liess. Mit zwei vorgespannten Rössern hingegen repräsentierte der Asterismus den Weg, den der Streitwagen des Kaisers auf seiner Runde durch das Reich nahm. War er unsichtbar, sagte dies voraus, dass die kaiserlichen Strassen bald von Kriegern okkupiert würden.

U 192, X | K 173

HD192895 – τ Aquilae – HD194013 – 194953 – 1 – 71 – 70 – 69 – 68 Aquilae

ZUOQI | TSO-KI – DIE LINKE FAHNE

U 193 und ST 79

Sie besteht aus neun 'schwarzen' Sternen.

σ-μ-δ-ν-ι-42-κ-37 Aquilae

YOUQI | YEOU-KI – DIE RECHTE FAHNE

Die beiden links aus neun 'schwarzen', rechts aus neun 'roten' Sternen bestehenden Asterismen repräsentieren die Fahne links und rechts am Streitwagen des Herrschers sowie die grosse Reichsflagge, die aufgestellt wurde, um den Kaiser zu empfangen. Da er auf seiner Runde darauf achtete, ob die Verteidigungsmassnahmen seines Reiches ausreichten, standen die beiden Asterismen den Massnahmen vor, mit denen man etwas über die Kriegslisten des Feindes erfahren wollte.

U 194, ST 79, X | K 170

HD195838-τ-υ Capricorni

LUOYAN | LO-IEN – DIE DEICHANLAGEN

U 194, X | K 170

Yan bezeichnet Deiche oder das Graben von Deichen, die man – wenn es in der Umgebung keine Seen oder Flüsse gibt – im Winter anlegt, um das Regenwasser aufzufangen, mit dem man im Frühjahr die Reisfelder unter Wasser setzt: wie dies heute noch geschieht. Der Asterismus steht somit den Teichen und dem Auffangen des Regenwassers vor.

Da im Winter auch die Deiche der grossen Ströme repariert wurden, lasen die Astrologen aus der Klarheit und Grösse dieser drei 'schwarzen' Sterne Überschwemmungen des Gelben Flusses Huanghe und ähnliche Katastrophen heraus.

U 194–195

JUMA | K'ŬMA – DIE BARRE

Der Begriff heisst wörtlich 'Abwehr-Pferd' und bezeichnet eine Art Spanischer Reiter – eine von zwei Pflöcken gestützte, waagerechte Barriere –, die man vor die Türen von Amtsgebäuden aufrichtete, um diese verteidigen zu können.

U 195

ε-α-ζ Lyrae

ZHINŬ | TCHÍ-NIU – DIE WEBERIN

Kam das Gestirn um Mitternacht auf den Horizont herab, markierte auch dies den Beginn des zehnten Monats November, ab dem die Frauen nicht mehr mit den Männern auf dem Feld standen, sondern die nächsten Monate zu Hause arbeiteten. Während die Männer auf der Jagd oder im Krieg waren, webten sie nun für ihre Familien Gewänder aus Hanf.

Eine Ode mit dem Titel 'Der Zehnte Monat' aus dem Bauernkalender *Das Wunderbuch um reich zu werden* schildert dies: "Die Mädchen machen jetzt neue Kleider; geschickt messen sie ihre Längen ab. Fleissig verbarrikadieren sie jetzt die Fenster, um sich gegen die Härte des Nordwinds zu schützen. Wie ist das Leben doch erbärmlich! Es bleibt einem nur zu arbeiten, mit aller Kraft – bis man alt geworden ist."

Der Kommentar zu einer anderen Ode führt aus, dass man im Herbst und im Winter bis tief in die Nacht hinein die Grillen hörte, auf die erst das Zirpen der Spinnräder, dann die Weberschiffchen antworteten – sie arbeiteten damit nicht nur den ganzen Tag, sondern auch noch die halbe Nacht, sodass ihr Arbeitsmonat eigentlich 45 Tage dauerte.

Dieselbe Sisyphos-Arbeit wird ihr am Himmel zugeschrieben, wenn es zu ihrem Asterismus im *Buch der Lieder* heisst: "Die Weberin bewegt sich tagsüber sieben Mal. Doch wenngleich sie sich sieben Mal bewegt, erhält sie deswegen doch nie irgendein Webmuster." In anderen Worten: Obwohl sie sieben Doppelstunden am Tag durcharbeitet, hat sie nichts vorzuweisen, wenn sie wieder am Himmel aufgeht.[225]

U 196–197, X | K 148, P 376

Ging in den Jahrtausenden v.u.Z. Der Ochsenzieher in Aquila gleich nach der Sonne unter, während Lyra noch am Himmel blieb, so standen ab dem 1. Jahrtausend u.Z. die beiden zunehmend mehr in gleicher Höhe am Horizont, wenn die Sonne bei der Wintersonnenwende abends unterging. Dasselbe gilt für die Sommersonnenwende, wenn beide kurz vor Sonnenaufgang ebenfalls wieder als hellste Sterne am westlichen Horizont aufleuchteten. Bei Sonnenaufgang ein paar Wochen später Anfang August, war Der Kuhhirte | Ochsenzieher aber bereits unter dem Horizont, während die Weberin ihn nun berührte: So kam die Vorstellung auf, sie gehe zu ihm.

Dem Treffen der beiden wurden viele Gedichte gewidmet. Hier ein Zweizeiler des berühmten Dichters Li Shangyin: "Was wäre, wenn das ewig Trennende dieser Welt sich jedes Jahr in eine einzige Begegnung verwandelte?"[226]

Die legendäre Heirat von Ochsenzieher und Weberin symbolisierte die Hochzeit von Himmel und Erde, Yin und Yang, aus der das nunmehr wieder zunehmende Licht der Tage entstand. Aus diesem reproduktiv-fruchtbaren Grund nannte man den Geist ihres Asterismus *Shouyin* – Empfangende weibliche Natur –, da die Vagina für das weibliche Prinzip Yin stand, und den Geist des Asterismus des Ochsenziehers *Lüe* – Verführer –, da der Phallus das männlich gebende Prinzip Yang verkörperte.

Deshalb wurde für die Webergöttin am 'Siebenabend' ein Fest gefeiert. Bis in die Neuzeit hinein legte man in der 7. Nacht des 7. Monats den 'alkoholischen Trank der strahlenden Sterne', das 'Hackfleisch der vereinten Herzen' sowie Früchte auf einen Tisch als Opfergabe für den Himmel. Zugleich säte man Erbsen oder Weizen in eine Porzellanschale, um die aufkeimenden Sprösslinge dann mit einem Band aus roter und blauer Seide zu verbinden: Man nannte dies 'das Leben pflanzen'. Dem Ochsenzieher und Der Weberin stellte man Räucherstäbchen auf und betete um Reichtum oder ein langes Leben oder Nachkommen – nur eines davon, um sich die nächsten drei Jahre darauf Hoffnung machen zu können.

Als 'Sternenfee' ist Die Weberin einer der wenigen astralen Geister, die von den Menschen direkt angesprochen werden; wie auch die Mondfrau galt sie als Schutzherrin der Frauen, insbesondere der Bräute.[227] Dem legendären Rang der Weberin gemäss wurde sie auch genannt: TIAN DI ZHINŪ | T'IEN-TI-TCHÍ-NIU – DIE TOCHTER DES HIMMELSHERRSCHERS und TIAN NŪSUN | T'IEN-NIU-SUN – DIE HIMMLISCHE ENKELIN. α Lyrae galt dann als MUHOU | MOU-HEOU – KŌNIGIN MUTTER und ε und ζ als deren Töchter.

U 497

Erzählt wurde die Begegnung von Altair und Vega in einem berühmten, mindestens auf das 4. Jahrhundert v. u. Z. zurückgehende[228] Märchen, dass zugleich den Himmel und seine Asterismen kurz vor der Morgendämmerung des Siebenabends abbildet. Der Himmelsherrscher als 'Nephrit-Herr' hat da seinen Sitz in α Herculis; Kuhhirte und Weberin treffen sich auf der anderen Seite ihres Himmels im Fischteich von Auriga: Der sprechende Weidenbaum wird von den Kopfsternen von Hydra dargestellt, die kurz vor der Sonne aufgehen – und zwei sonst nicht verzeichnete Asterismen werden in Hercules und Sagittarius als Das Ochsenjoch beziehungsweise Die Spindel vorgeführt.

DER KUHHIRTE UND DIE WEBERIN

"Der Kuhhirte war von Haus aus arm. Mit zwölf Jahren trat er bei einem Bauern in Dienst, seine Kuh zu weiden. Nach einigen Jahren war die Kuh fett und ihre Hörner glänzten wie gelbes Gold. Es war wohl eine Götterkuh [der Asterismus 'Ochse' in Capricornus].

Eines Tages, als er sie im Gebirge weidete, begann sie plötzlich mit Menschenstimme zu dem Kuhhirten zu sprechen: 'Heute ist der Siebenabend. Der Nephrit-Herr hat neun Töchter, die baden heute im Himmlischen Teich [in Auriga]. Die siebente ist über alle Massen schön und klug. Sie spinnt für die Himmelskönigin die Wolkenseide und waltet über die Näharbeiten der Mädchen auf der Erde; darum heisst sie Die Weberin. Wenn du hingehst und ihre die Kleider wegnimmst, kannst du ihr Mann werden und erlangst Unsterblichkeit.'

'Das ist ja im Himmel', rief der Kuhhirte; 'wie kann man da hinkommen?' 'Ich will dich hintragen', antwortete die gelbe Kuh. Da stieg der Kuhhirte auf den Rücken der Kuh. Im Nu strömten aus ihren Füssen Wolken hervor und sie erhob sich in die Lüfte. Es schwirrte ihm um die Ohren wie die Töne des Windes und sie fuhren dahin, schnell wie der Blitz.

Plötzlich hielt die Kuh an. 'Nun sind wir da', sagte sie. Da sah er rings umher Wälder von Chrysopras und Bäume von Nephrit; das Gras war aus Jaspis und die Blumen aus Korallen. Inmitten dieser Pracht lag ein hundert Morgen grosser, viereckiger Teich. Grüne Wasser wallten wogend und goldschuppige Fische schwammen darin umher. Dazu gab es unzählige Zaubervögel, die singend auf und nieder flogen.

Schon von ferne sah er die neun Mädchen im Wasser. Ihre Kleider hatten sie alle am Ufer abgelegt. 'Nimm rasch die roten Kleider', sagte die Kuh, 'und verstecke dich damit im Walde. Und wenn sie dich noch so zärtlich darum bittet, so gib sie ihr nicht eher zurück, als bis sie dir versprochen hat, deine Frau zu werden.' Da stieg der Kuhhirte eilends vom Rücken der Kuh herunter, nahm die roten Kleider und lief weg. In dem Augenblick wurden die neun Mädchen seiner gewahr. Sie erschraken sehr. 'Woher kommst du, Jüngling, dass du es wagst, unsere Kleider zu nehmen? Leg sie sofort wieder hin!' Aber der Kuhhirte liess sich's nicht anfechten, sondern duckte sich hinter eine der Blumen aus Nephrit. Da kamen acht der Jungfrauen eilends ans Ufer gestiegen und zogen ihre Kleider an. 'Siebente Schwester', sprachen sie, 'der dir vom Himmel bestimmt, ist gekommen. Wir Schwestern wollen dich mit ihm allein lassen.'

So blieb die Weberin geduckt im Wasser sitzen. Sie schämte sich sehr und bat ihn: 'Kuhhirt, gib mir schnell meine Kleider wieder!' Doch der Kuhhirte lachte nur. 'Wenn du mir versprichst, meine Frau zu werden', sagte er, 'dann gebe ich dir deine Kleider.' Die Jungfrau aber war nicht einverstanden. 'Ich bin eine Tochter des Herrn der Götter', sagte sie, 'ohne seinen Befehl darf ich nicht heiraten. Gib mir schnell meine Kleider wieder, sonst wird dich mein Vater bestrafen.' Da sagte die gelbe Kuh: 'Ihr seid füreinander vom Schicksal bestimmt. Ich will gern die Heirat vermitteln und der Herr, euer Vater, wird sicher nichts dagegen haben.'

Die Jungfrau meinte darauf: 'Du bist ein unvernünftiges Tier. Wie könntest du den Heiratsvermittler machen?' Und die Kuh erwiderte: 'Der alte Weidenbaum da am Ufer – versuch einmal ihn zu fragen! Kann er sprechen, so ist eure Verbindung vom Himmel gewollt.' Da fragte die Jungfrau die Weide [Kopfsterne

von Hydra]. Und die antwortete ihr mit menschlicher Stimme: 'Siebenabend ist heut – der Ochsenzieher die Weberin freit.'
Da war die Jungfrau einverstanden – und der Ochsenzieher legte ihr die Kleider hin und ging voran.
Das Mädchen zog sich an und folgte ihm. So wurden sie Mann und Frau.
Nach sieben Tagen jedoch nahm sie Abschied von ihm. 'Der Himmelsherr hat mir befohlen, ich soll nach dem Spinnen und Weben schauen; wenn ich allzu lange säume, fürchte ich, wird er mich bestrafen. Aber auch wenn wir jetzt scheiden müssen, so werde ich doch wieder mit dir zusammenkommen.'
Mit diesen Worten ging sie fort. Der Kuhhirte lief ihr nach; doch als er schon ganz nahe war, zog sie eine ihrer Haarnadeln heraus und zog einen Strich quer über den Himmel. Dieser Strich verwandelte sich in Den Silbernen Fluss. Durch ihn stehen sie nun getrennt und können sich bloss gegenseitig anschauen.
Seitdem kommen sie jedes Jahr am Siebenabend einmal zusammen. Wenn die Zeit gekommen ist, fliegen die Raben aus der Menschenwelt alle herbei und bilden eine Brücke, auf der die Weberin den Fluss überschreitet.
An diesem Tag sieht man abends in den Bäumen keinen einzigen Raben mehr. Das hat eben darin seinen Grund; und ausserdem fällt am Siebenabend ein feiner Regen. Dann sagen die Frauen und älteren Weiber zueinander: 'Das sind die Tränen, die Der Kuhhirte und Die Weberin beim Abschied vergiessen.' Darum ist der Siebenabend ein Regenfest.
Rechts vom Himmelsfluss ist das Sternbild Der Weberin, das aus drei Sternen besteht. Unmittelbar davor sind drei andere Sterne in Form eines Dreiecks. Es heisst, Der Kuhhirte sei einmal böse geworden, als Die Weberin nicht habe herüberkommen wollen, und habe mit Dem Joch nach ihr geworfen. Das sei gerade vor den Füssen der Weberin niedergefallen [wohl 110, 111 und 113 Herculis]. Links vom Himmelsfluss ist das Sternbild Des Kuhhirten | Ochsenziehers, bestehend aus sechs Sternen. Abseits davon sind zahllose kleine Sterne, die einen Asterismus formen, der an beiden Enden spitz und in der Mitte weiter ist [wohl Sterne von Sagitta]. Es heisst, Die Weberin habe da ihre Spindel auf Den Kuhhirten zurückgeworfen. Aber sie habe ihn nicht getroffen, Die Spindel sei abseits von ihm niedergefallen."[229]

Dank dieser Legende geriet Die Weberin in der Literatur zum Prototyp der wartenden, sich verzehrenden Frau. Das hinderte jedoch weder sie noch Den Kuhhirten, in der Zwischenzeit Affären zu haben. Dem Kuhhirten sagte man nach, in den Limu-Bergen der Hainan-Insel ein Verhältnis mit dem Asterismus Des Luders in Aquarius eingegangen zu sein. Und Die Weberin hatte ein Techtelmechtel mit einem Sterblichen namens Guohan, dem sie in einer mondbeschienenen Nacht ihre Liebe erklärte, um sich dann Nacht für Nacht zu ihm zu legen, bis sie sich für immer in ihr 'Purpurnes Gemach' neben Dem Himmelsfluss zurückzog. Sie liess ihm darauf zweimal eine Botschaft zukommen, er möge sie dort besuchen – was Guohan jedes Mal ausschlug.
Ein Gesang und Gegengesang aus der Tang-Zeit gibt ihren erotischen Dialog wieder:

Die Weberin
"Meine Säulenhalle liegt bei einem klaren Fluss; im Rosenjuwel meines Palastes ist mein Purpurnes Gemach. Mich froh zu stimmen, muss unsere Wiedervereinigung dort stattfinden – diese Gefühle schmerzen mich bis in den Bauch."

Guohan
"Dein vielseitiges Kissen glänzt immer noch und duftet; auf deinem Kleid sind immer noch deine Tränen zu sehen. Dein Antlitz aus Jade ist jetzt jedoch im Himmlischen Han – vergeblich wäre jedes Kommen und Gehen meiner Seele."[230]

Dennoch verzehrte sich Die Weberin weiterhin nach ihrem Ochsenzieher, auch wenn sie ihm – wie ein anderes Gedicht aus der Tang-Zeit andeutet – seinen Seitensprung nachtrug:

"Ein ganzes Jahr schon hegt sie ihren Groll – und seufzt ob der langen Trennung: Am Siebenabend jedoch schluckt sie ihn herunter – und redet endlich von Wiederkehr.

Wirbelnde, flirrende seidige Socken, die über den leuchtenden Himmel laufen: Lebhaft funkelnd, mit frischer Schminke, spiegelt sie das Strahlen des Mondes wider.
Ihre Gefühle erzwingen ein kunstvolles Lächeln, es zeigt in den Sternen ihr Grübchen, unbekümmert, dass sich nun offen zeigt, wie sie ihr wolkiges Kleid löst.
Doch dann wieder muss sie seufzen, wenn ihr die Wasseruhr alles zugemessen hat; und sie verdeckt ihre Tränen und kehrt zurück zum Webstuhl wie all die Nächte zuvor."[231]

DONGQIAO | TOUNG-KIAO – DIE ÖSTLICHE BRÜCKE

U 495

Bilden in den zitierten Märchen Raben eine Brücke für die Weberin über die Milchstrasse, so geschieht dies in anderen Versionen durch Elstern, wie hier in einer Fassung, wo der Sonnenkönig die beiden Liebenden getrennt hat, damit sie wieder ordentlich arbeiten: "Deshalb befahl der Sonnenkönig dem Kuhhirten, sich auf die andere Seite des Sternenflusses zurückzuziehen und gab ihm zu verstehen, dass sie sich fürderhin nur einmal im Jahr treffen könnten, am siebten Tag des siebten Monats. Um über den Himmelsfluss eine Brücke zu spannen, rief der Sonnenkönig Myriaden von Elstern herbei, die dann zusammenflogen und die Liebenden übersetzten, indem sie sie auf ihren Flügeln und Rücken trugen, als wären sie eine steinerne Brücke am Festland ... Doch was, wenn es regnete?"[232]

Das beantworten wiederum andere Fassungen der Legende: Denn falls es an diesem Tag regnet – was öfters vorkommt, da der Himmelsfluss gern überbordet –, suchen die Vögel ihre Unterschlüpfe auf, sodass sich die Brücke nicht bildet[233] – die im Gegensatz zur Westlichen Brücke in Cepheus 'Östliche Brücke' genannt wird.

3 NÜXIU | NIU SIU – DIE HERBERGE DER FRAU

ε - μ - HD201567 ν Aquarii

NÜ | NIU – DIE FRAU

U 198, X | K 158

Die vier 'roten' Sterne symbolisieren eine unverheiratete Frau, das heisst eine der an ihren Webrahmen sitzenden Frauen, die nun im elften Monat Dezember – wenn die Feldarbeit beendet ist, die Speicher voll sind und mit der Wintersonnenwende "die Prinzipien von Licht und Schatten, Yin und Yang, sich liebevoll vereinen und der Himmel und die Erde sich einander schenken" – heiraten dürfen.

Eine Ode von Zhao Ziang (so der Grossjährigkeitsname des Malers Zhao Mengfu, 1254–1322) aus dem Bauernkalender *Wunderbuch um reich zu werden* beschreibt den bevorstehenden elften Monat so: "Die Arbeiter hatten ein volles Jahr; jetzt freuen sie sich und lachen den ganzen Tag. Sie brennen Wein aus schwarzer Hirse, und fette Schafe und Schweine stehen in den Ställen. Beim Nachbarn im Osten gibt's ein Mädel; und beim Nachbarn im Westen einen Burschen: Er zählt fünfzehn oder sechzehn Jahre, und sie darf ebenfalls schon heiraten. Aber erwarte dir keine reiche Mitgift; nimm nur so viel, wie nötig ist. Vor und nach der Wintersonnenwende – das ist die Zeit, um Mann und Frau zu werden! Wünscht euch viele Kinder und Kindeskinder, um ein Haus zu erhalten. Das Mädel soll sich um die Seidenraupen und den Maulbeerbaum kümmern – und der Bursche das Unkraut jäten!"

Die vier Sterne geben schematisch die Körperhaltung einer Frau wieder, die mit ausgestreckten Beinen am Boden sitzt, über den waagerechten Webrahmen gebeugt, den sie mit ihren Füssen vor sich hält, während sie beim Weben mit ihrer Hüfte die Kette lockert und spannt.

Die jungen Männer und Frauen opferten diesem Asterismus in der Nacht der Wintersonnenwende: Die Burschen dem GUANLANG | KOAN-LANG – FLÖTENSPIELER genannten ν Aquarii, um Weisheit und Klugheit zu erlangen. Die damit verbundene Bambusflöte – 'Meisterbambus' geheissen – wurde in der Freizeit des 11. Monats gerne gespielt; sie öffnete dann musikalisch die Keimkraft des Bodens. Die Mädchen hingegen opferten einem kleinen Stern neben diesem Asterismus: 7 Aquarii.[234]

TIANNÜ | T'IEN-NIU – DIE HIMMLISCHEN MÄDCHEN
LINGUAN NÜ | LIN-KOAN-NIU – DIE MÄDCHEN DES WACHOFFIZIERS
TIAN ZHI XIAOFU | T'IEN-TCHI-SIAO-FOU – DIE KLEINE KÖNIGLICHE SCHATZKAMMER

Die sozial niederen Konkubinen nannte man 'Dienerinnen', weil sie auch die niederen weiblichen Arbeiten vollführten. Auf einer Darstellung der Asterismen in einem Grab der Han-Zeit wird neben Dem Ochsenzieher anstatt Der Weberin eine kniende Dienerin dargestellt.[235]

Als 'königliche Mädchen' sassen sie eingesperrt in einem Gebäude, in dem sie den Tag mit Nähen und Weben verbrachten, überwacht von einem Wachoffizier an der Tür. Die von ihnen hergestellten und bestickten Stoffe deponierte man in der Schatzkammer des Palastes.

Der Asterismus war mit dem Wasser als Element des Winters verbunden. Seine Klarheit sagte ein reiches Jahr voller schöner Frauenarbeiten voraus; wenn er sich jedoch zu bewegen schien, war zu erwarten, dass die Königin zurückgewiesen und die Frauen und Mädchen bestraft würden.

U 203–204

WUNÜ – DAS LUDER

Dieser Name ist ebenso alt. Die sich um die Textilien und das Schneidern kümmernde "Dienerin, die Seidenhalterin" des Asterismus Bestickte Kleider in Capricornus gilt als Zwillingsschwester dieses Luders, der "Juwelenhalterin", unter deren Ägide aller Schmuck und alle Schätze standen.

SCH 142

39 - 45 - 46 - HD172883 - 49 - 48 - o Draconis

FUKUANG | FOU-KWANG – DER HENKELKORB

In diesem runden Bambuskorb wurden Maulbeerblätter für die Seidenraupen und Stoffe transportiert – symbolisch jene, die vom Asterismus der Mädchen gewebt wurden. Deshalb stand dieses Gestirn auch der Seidenraupenzucht vor. Es kulminierte im Juni, in der Spitzenzeit des Ausbrütens der Eier. War das Gestirn hell zu sehen, verhiess dies Gutes; blieben seine schwachen Sterne unsichtbar, hiess dies, dass die von den Frauen gefertigten Stoffe verkommen, sich verschlechtern und ihr Lager sich leert.

U 205, ST 81, X | K 169

12 - 5 - 4 - 3 - 11 Aquarii

LIZHU | LI-TCHOU – 'DIE PERLEN'

Der Name ist nicht wörtlich zu verstehen, da viele Kostbarkeiten figurativ als 'Perlen' bezeichnet werden. Gemeint sind hier die von den königlichen Mädchen gefertigten Stoffe, weshalb der Asterismus ihren Produkten, insbesondere den bestickten Gürteln, vorsteht. Sind seine 'roten' Sterne kaum zu sehen, werden die Mädchen im Hinteren Palast kurzgehalten; bleiben sie dunkel oder scheinen sich zu bewegen, verheisst dies nichts Gutes.

U 206, X | K 150

ρ - 69 - π Herculi

NÜCHUANG | NIU-TCHOANG – DER SCHLAFPLATZ DES MÄDCHENS

Der Asterismus repräsentiert die königlichen Mädchen im Hinteren Palast, insbesondere jene, die sich um die Seidenraupenzucht kümmern. Leuchtet er, bedeutet dies, dass mit den Raupen und Maulbeerbäumen alles gut steht; bewegt er sich, heisst dies, dass Palastdamen und Konkubinen nicht mehr ihre angestammten Plätze in der Hierarchie kennen und die Seidenraupenzucht sich verschlechtert.

U 206–207, ST 82, X | K 148

α - ξ - υ - ε - γ - δ - o Cygni

TIANJIN | T'IEN-TSIN – DIE HIMMLISCHE FURT
TIANHUANG | T'IEN-HOANG – DER HIMMLISCHE STURZBACH
GEXING | KÉ-SING – DAS LETZTE GESTIRN

Der Himmelsfluss der Milchstrasse teilt sich hier bei dieser 'Furt' in zwei Arme, die bei der 'Mündung' zwischen den Asterismen Kehrschaufel und Schwanz (in Sagittarius und Scorpius) wieder zusammenfliessen. Da der Asterismus dem Pol nahe war (der sich vor 14 000 bis 10 000 Jahren noch darin befand), nennt man das Gestirn 'Das Letzte'; ansonsten trägt es, pars pro toto, den Namen des Himmelsflusses, der hier erst als seicht und dann, nach seiner Teilung in zwei schmale Arme, als reisserische Wildwasser gesehen werden kann.

Das Gestirn steht den Furten in allen vier Himmelsrichtungen vor. Man fürchtet seine scheinbaren Bewegungen sehr; wenn es umgedreht erscheint, sagt man Fluten voraus, die das ganze Universum unter Wasser setzen – zumindest aber die Flüsse im Winter über die Ufer treten lassen.

U 207–210, X | K 150

γ - α - β - ζ - δ Delphini

HUGUA | HOU-KOUA – DER FLASCHENKÜRBIS

U 210, X | K 150

θ - η - ε - κ - ι Delphini

BAIGUA | PAI-KOUA – DER RISSIGE FLASCHENKÜRBIS

U 210, X | K 170

Schon bevor es Keramik gab, wurden Kürbisse als Gefässe, Behälter, Teller und Becher verwendet.

"Die Winterkürbisse", schreibt ein alter Bauernkalender, "sind im achten Monat [September] geniessbar. Sie sind dann frisch und grün; lässt man sie aber draussen durchfrieren, werden sie weiss wie Mehl. Nachdem sie gefroren waren, zieht man mit einem Bambusmesser die Haut ab und lässt das Fruchtfleisch in einer Pinte Alkohol und einer Pinte Reiswasser ziehen. Das ergibt ein erfrischendes und süsses Getränk – von dem die Leute im Norden aber nicht zu viel trinken dürfen. Den ganzen Kürbis verwendet man nach dem Frieren, um Utensilien daraus zu machen. Aus einem wird ein Scheffel für den Reis; aus einem anderen, der runden wie der flachen Art, macht man, solange der Kürbis noch weich ist, Löffel. Man kann Gefässe daraus machen, in die man alkoholisches Getränk abfüllt oder in die man gekochten Reis gibt. Aus der Art, die rund und flach wie ein Steingong ist, macht man Kürbisdeckel."[236]

Hergestellt wurden die Haushaltsgeräte im Winter, indem man die Kürbisse trocknen liess, damit sie hart und fest wurden. Beliess man sie jedoch zu lange, wurden sie rissig.

Beide Asterismen wurden auf den Himmel gesetzt, um die Leute daran zu erinnern und anzuzeigen, wann es Zeit war, sie vom Feld zu holen: Nämlich im elften Monat, wenn ihre Gestirne nach Sonnenuntergang auf die Erde herabkamen.

Der Herrscher hatten eigene Felder dafür, das eine für all die Teller und Becher, die es im Palast brauchte, das andere für das Erfrischungsgetränk; wahrscheinlich heisst der Asterismus 'Flaschenkürbis' deshalb auch GEMÜSEGARTEN DES KAISERS und steht den Köchen des Vorderen Palastes vor, die mit dem Flaschenkürbis auch Speisen würzten.

Als wichtiges Gemüse, das sich trocknen und wieder einweichen liess, stand der Asterismus auch den Früchten und all den anderen Kürbissen und Gemüsen vor. Nur die Herbstregen vertrug der Flaschenkürbis nicht, da er dann faulte. Sah man die Gestirne dagegen hell am Himmel leuchten, verhiessen sie eine reiche Gemüseernte.

Als Gestirne der Kriegszeit Winter standen sie aber auch allen geheimen Taktiken vor.

U 210–214

TIANZHI | T'IEN-TCHI – DER HIMMELSFASAN

Man glaubte, dass die Fasane und Wachteln im Winter ins Wasser gehen und sich in der Zeit der eisigen Nebel in Frösche verwandeln.

U 213

TIANJI | T'IEN-KI – DAS HIMMELSHUHN

Der Asterismus wurde auch so genannt, weil die Hühner in dieser Zeit geboren wurden.

U 214

4 XUXIU | HIU SIOU – DIE HERBERGE DES GRABHÜGELS

α Equulei – β Aquarii

XU | HIU – DER GRABHÜGEL

U 214, X | K 158

Im Winter ist alles eingegraben, weil er "mit seinem traurigen Atem alles verbirgt", auch die Menschen in ihren Lehmhäusern und Kavernen, in die sie sich aus ihren sommerlichen Bambushütten zurückgezogen haben. Der kalte Nordwind weht: Der Wind zur Wintersonnenwende wurde 'Weiter Wind' genannt – den rauen, bitteren 'Briganten-Wind' aus dem Süden hingegen nannte man seiner tödlichen Wirkung wegen nach diesem Asterismus auch 'Wind der Grabhügel'.

Bei der Sommersonnenwende im fünften Monat entstand das Prinzip der Kälte und des Finsteren; bei der Wintersonnenwende mit ihren im elften Monat wieder länger werdenden Tagen sodann das Prinzip des Lichts. Diese Vorstellungen wurden auch auf den mit der Sonne verglichenen Prinzen übertragen, dessen Tugend man bei der Wintersonnenwende sich mehren sah – weshalb man ihm, anders als bei der Sommersonnenwende Glückwünsche überbrachte.

Die in diesen Tagen fast am gleichen Punkt auf- und untergehende Sonne brachte man mit einer Grablegung in Verbindung. "Bei der Wintersonnenwende", heisst es in einem Text über die Weissagungen mittels Schildkrötenpanzer, "vollendet der Lauf der Sonne und der Gestirne sich nicht; sie werden zurückgelassen wie Waisen, leer." Die Wintersonnenwende wird deshalb mit "einem Waisen am Grab seiner Eltern" verglichen und der Asterismus Grabhügel symbolisiert das Grab der Sonne. Er steht dann dem Begräbnis aller sublunaren Schöpfung vor, dem Tod und der Trauer, die man mit diesem Tag hinter sich lässt, weshalb Bestattungen – ebenso wie Hinrichtungen – bevorzugt im Winter stattfanden.

Das Ideogramm *Xu* – Leere, Dunkelheit – wurde mit Zeichen geschrieben, die auf einen 'nördlichen Hügel' verwiesen, wo man 'in die ewige Ruhe eintrat'. Wie der Winter symbolisierte auch der Norden den Tod: Auf ihn ausgerichtet und an nördlichen Plätzen wurden die Toten bestattet, während der Süden für das Leben stand und man nachts mit dem Kopf nach Osten schlief. Der Grundriss eines Hauses war danach konzipiert: Der Eingang zum Hauptraum war gen Süden gerichtet – auch weil im Winter der aus der Arktis kommende eisige Nordost wehte. Der Norden wurde dabei als Verliess für alles Erschaffene erachtet; er war ihre Mitte – gleich wie der Winter die Mitte des Jahres bildete und mit seinem Kältehauch alles Lebendige in sich einatmete und dort verbarg. Da der Asterismus die Mitte der sieben Herbergen des Winters bildete, wurde er auch ZHONGGONG | TSHUNG-KUNG – ZENTRALER PALAST genannt. Zugleich sah man in diesem Asterismus die Seele des Kaisers, der den Winter regierte.[237]

Dass Xu auch 'Leere' bedeutet, hängt damit zusammen, dass man Tote an öden, abgelegenen Plätzen begrub, mit dem Kopf nach Norden und vormals in dicke Grasbündel eingewickelt. Das *Traktat der Himmlischen Ämter* erklärt deshalb, dass die Asterismen Xu und First (um α Aquarii) dem Tod, der Trauer, der Gefahr, dem Unglück und allem Unheil vorstehen. Dies bezog sich auch auf Kriege, bei denen Gefangene oft genug dem Schwert zugeführt wurden, um somit auch in dieser Beziehung den Namen 'Grabhügel' zu rechtfertigen.

Zugleich stand der Asterismus den Opfern vor, die man den Verstorbenen bei den Gräbern oder im Ahnentempel darbrachte. Und er repräsentierte den für den Friedhof und die Grabstätten zuständigen Beamten, den Präfekten der Gräber.

U 214–223

XUANXIAO | HIOUEN-HIAO –
DER KRUMME SCHWARZE BAUM

In Bezug auf diesen Asterismus und seine Grabsymbolik bezeichnet *Xiao* auch einen hohlen Stamm. Die Bäume im Norden galten alle als krumm und schwarz – ebenso dunkel wie die winters vom Schnee und der Kälte schwarzen Bäume: Ein Schwarz, das dem Winter auch den Beinamen 'Schwarzer Held' eintrug. Um dem zu entsprechen, bestieg der Kaiser im Winter nur einen schwarzen, von eisenfarbenen Rössern gezogenen, mit schwarzen Fahnen behangenen Wagen in dunklen Kleidern.

U 219–220

λ – μ Capricornii

KU | KOU – DAS HEULEN

Ku wird mit den Zeichen für 'Hund' und 'zwei Schnauzen' geschrieben; man verglich das Heulen der Frauen an den Gräbern ihrer Eltern mit dem Jaulen der Hunde, die selbst noch ihrem toten Meister bis an sein Grab folgten, um sich dort heulend hinzuhocken. Der Asterismus repräsentiert einen winters im Krieg gefallenen oder vom Henker hingerichteten Elternteil und die Klageschreie um ihn.

U 225, H | K 182

ρ – θ Aquarii

QI | KHÍ – DIE TRÄNEN

Dieser ebenfalls von zwei 'schwarzen' Sternen gebildete Asterismus repräsentiert gleichermassen das Weinen der nun an ihre leeren 'Hütten gelehnten' Frauen, deren Männer umgebracht worden waren. Die Helligkeit des Asterismus war gefürchtet, da dies verhiess, dass man für Angeklagte nach dem roten Pinsel griff – um damit ihr Todesurteil zu unterschreiben.

U 225–226, X | K 182

43 – π – o – ν^{1+2} und 43 – HD178175 – ξ Sagittarii

JIANXING | KIEN-SING –
DAS BESTIMMENDE GESTIRN

Bei der Wintersonnenwende im 2. Jahrtausend v. u. Z. stand dieses Gestirn nach Sonnenuntergang am Sonnenuntergangspunkt, sodass sich in ihm die sonnennahen Planeten Merkur, Venus und auch Mars zeigten – weshalb es hiess, in diesem Gestirn begännen die Umläufe der Himmelskörper. Zudem ist dieses Gestirn wichtig, weil in ihm die Himmelskörper die Milchstrasse überquerten.[238] Da der Asterismus an der Eklipitik lag, wurde er auch LINHUANGDAO | LING-HOANG-TAO – INSPEKTOR DER EKLIPTIK genannt.

Der Raum zwischen diesen sechs 'roten' Sternen und dem Asterismus des Schildkrötenkopfes beziehungsweise des Südlichen Scheffels darunter galt als Tor des Jahres und Tor des Himmels, durch welches das Prinzip der Kälte nun zurücktrat, während das Prinzip der Hitze dort allmählich wieder herauskam.

Da der Kaiser am Tag der Wintersonnenwende seinen Wagen mit schwarzen Fahnen schmückte, wurde der Asterismus auch genannt: (TIAN)QI | (T'IEN)-K'I – DAS (HIMMLISCHE) BANNER

U 547–548, X | K 150

HD213412 – ν – λ – γ Gruis

BAIJIU | PAÍ-KIOU –
DAS ZERSTAMPFTE MÖRSERLOCH
GUANCAIXING | KOAN-TS'AI-SING –
DAS SARGGESTIRN

Man grub Löcher in die Erde, um sie als Mörser zu verwenden, einen Ast als Stössel. Einmal zerstampft, wurden sie im Winter – weil da die Erde hartgefroren war – als Gräber verwendet, in die man die Leichen von exekutierten Kriminellen oder Kriegsgefangenen warf. Als Sarggestirn stand der Asterismus der Zerstörung und dem Tod vor. Leuchtete es hell, funkelte es oder stand es in Konjunktion mit einem Planeten, verhiess es Unheil.

U 226–227

26 – 28 Aquarii

SIMING | SSE-MING –
DER RICHTER ÜBER LEBEN UND TOD

Der von zwei 'schwarzen' Sternen gebildete Asterismus symbolisiert den Richter, der das Strafmass für Verbrecher verkündet. Er steht deshalb der Untersuchung von Delikten, Verurteilungen und Strafen und Fällen vor, in denen es um Leben und Tod geht – *Ming* bedeutet beides – sowie den Opfern, die man den Totengeistern zur Wintersonnenwende darbringt. Bestraft wurde auch ein Verhalten gegen die Natur: Da sich im Winter alles zurück- und in sich hineinzieht, wurden Arbeiter bestraft, die nicht alles, was ihnen nicht gehörte, wieder zurückgaben, und frei herumlaufendes Herdenvieh konfisziert, da das Delikt in fehlender Wachsamkeit und Sparsamkeit bestand.

U 227–228

In der Han-Zeit sah man darin einen Halbgott, der über das Schicksal eines Menschen entschied und dem die mit dem Norden verbundene Dunkle Welt Des Todes Xuan Ming unterstand: *Si* bedeutet, dass jemandem etwas untersteht. Solche 'Richter' wurden somit zu imaginären Gottheiten, die sich in der Zeit der Han etablierten; dies gilt auch für die folgenden Richter, die als überhöhte Figuren ihrer irdischen Gegenstücke angesehen wurden, die andere Namen trugen.[239]

δ – γ Equulei

SIFEI | SSE-FI – DER VERBRECHENSRICHTER

Diese zwei 'schwarzen' Sterne symbolisieren den Richter, der Delikte untersucht.

U 228, X | K 170

9 - β Equulei
SIWEI | SSE-WEI – DER GEFAHRENRICHTER

Dieser Richter war zuständig für die Verwahrung von Gefangenen und dafür, dass sich Seuchen nicht epidemisch ausbreiteten. Letztere wurden als Exhalationen gesehen, die austraten, wenn sich die Räume des Himmels und der Erde öffneten – was insbesondere im Winter der Fall war, wenn alles abstarb. Man verbot deshalb in dieser Zeit das Umbrechen der Erde, damit die Luft nicht vergiftet würde. Der Asterismus wachte darüber – und stand zudem der Bestrafung von unbelehrbaren, eigensinnigen Personen, unabsichtlich begangenen Übertretungen und tödlichen Unglücksfällen vor.

U 229, X | K 170

7 - 11 Pegasi
SILU | SSE-LOÚ – DER BELOHNUNGSRICHTER

So, wie man Verbrecher bestrafte, belohnte man die, welche sich als tugendhaft erwiesen. Dazu gehörten am Ende des Jahres einzelne Arbeiter und Greise, die verarmt waren, sich aus hohen Stellungen zurückgezogen oder im Krieg gefallene Söhne oder Enkel hatten.

U 229–230, X | K 170

42 - 44 - 45 Capricorni
LIYU | LI-YU – DIE BESTICKTEN KLEIDER

Man feierte die Wintersonnenwende mit einem fünftägigen Fest, das ebenso gross war wie jenes zu Neujahr. Dabei opferte man den Himmelskörpern, um sich für ihre Himmelsläufe zu bedanken, und die Frauen legten ihre schönsten Gewänder an, weshalb der Asterismus ihren Kleidern und ihrem Schmuck vorsteht. Die Frauen des Hofes hörten dann auf, den Stein anzuschlagen, der das Winterdonnern nachahmte, und legten die dunklen Kleider ab, mit denen sie den Winterhimmel widerspiegelten – um 950 u. Z. zogen sie zur Feier der Sonnenwende dann rote Kleider an.

U 231–232, X | K 190

δ Microscopii - HD199260 und 17 - ω - ψ - η - 19 - θ - 30 - ι - 36 - φ - χ - 24 - ζ Capricorni
SHIERGUO | CHÍ-EUL-KWO – DIE ZWÖLF FÜRSTENTÜMER

ST 143, X | K 190

Diese 'gelben' Sterne repräsentieren der Reihe nach: das Fürstentum QI | THSI in der Provinz Shandong im Osten des Berges Tai Shan; ZHAO | TCHAO; das um 1000 v. u.Z unter den Zhou etablierte Fürstentum JZHENG | TCHING; das um 500 v. u. Z. etablierte Fürstentum YUE; ZHOU | ZHEOU; das an den Flüssen Wei und Jiang gelegene Fürstentum QIN | THSIN; DAI; JIN | TSIN; HAN – ein wie die vorhergehenden drei unter den Zhou etabliertes Fürstentum; das zur Zeit der Streitenden Reiche (481–255 v. u. Z.) etablierte Fürstentum WEI; das Fürstentum CHU | TS'OU aus der Zeit der Östlichen Zhou (770–256 v. u. Z.); sowie das unter den Qin existierende YAN.

U 551–553

6 Piscis Austrini - ε - 2 - γ - β - α Microscopii - HD197649 - 198716 - ζ - θ Miscroscopii - HD203949 - 205186 - 203754
TIAN LEICHENG | T'IEN-LOUI-TCHING – DIE HIMMLISCHE BASTION

Die dreizehn 'gelben' Sterne stellen im Speziellen das Winterlager mit seinen Palisaden und Gräben dar, und im Allgemeinen die Verteidigungsanlagen, die man gegen die feindlichen – oft aus dem Norden erfolgenden – Überfälle im Winter errichtete und instand hielt. Der Asterismus steht dem Aufstieg und Fall fremder Länder vor.

U 233, X | K 155

---

5 WEIXIU | WEI SIU – DIE HERBERGE DES FIRSTES

ε - θ Pegasi - α Aquarii
WEI – DER FIRST

U 233, X | K 158

Diese drei 'roten' Sterne bilden einen Dachgiebel ab, um dadurch ein prototypisches Haus zu repräsentieren.

Das Synonym für *Wei* – das die Spitze des senkrechten Firstpfostens bezeichnende *Ji* – gilt in seiner figurativen Bedeutung von 'Oberstes, Äusserstes' als das Urelement, aus dem Yin und Yang, Erde und Himmel, die Naturphänomene und der Mensch hervorgingen.[240]

Der dieser Pfostenspitze entsprechende Stern – θ Pegasi – ist der erste Stern, der bei der Wintersonnenwende senkrecht über dem Sonnenuntergangspunkt am Himmel sichtbar wird und damit gleichsam den Wechsel von Tod und Geburt, Licht und Schatten, Yin und Yang dominiert.

Zu den Bestattungszeremonien gehörte es, vor dem Begräbnis die Seelen des Toten an- und zurückzurufen. Vormals geschah dies, wie das *Buch der Riten* erklärt, von einem Hausdach aus: "Wo es Wald gab, lehnte ein Förster eine Leiter an die Ostseite des Hauses; wo es keinen gab, tat dies ein Musiker, weil es zu seinen Aufgaben gehörte, für die Holzständer zu sorgen, auf die man die Trommeln stellte. Dieser Rufer stieg dann zum First hinauf und rief dreimal, das Gesicht nach Norden gewandt. Beim ersten Mal blickte er nach oben und schrie zur Seele, sie solle vom Himmel herabkommen;

beim zweiten Mal blickte er nach unten und rief, sie solle von der Erde heraufkommen; beim dritten Mal sah er zum Horizont und bat die Seele, aus den vier Regionen zwischen Himmel und Erde zu kommen. Mit schleppender Stimme betete er darum, dass die Seele zum Körper zurückkehren möge. Nach diesen drei Invokationen warf er die Kleider des Toten, die er mit hochgenommen hatte, auf den Boden, wo sie ein 'Kleidermeister' in einen Korb sammelte und sie den Kleinen Dienern übergab. Danach stieg der Rufer auf der linken, der nordöstlichen Seite wieder vom Dach herunter."[241]

Zusammen mit dem Asterismus Xu, Dem Grabhügel, steht dieses Sternbild Tod, Sterben, Klagen und Weinen vor.

U 234–235

JIAWU | KIA-OÚ – DAS HAUSGEMÄUER

Jia bezeichnet die Technik, mit der eine Elster zur Wintersonnenwende ihr grosses Nest zu bauen beginnt, nämlich auf die gleiche Weise wie die Chinesen ihre Häuser, die keine tragenden Mauern, nur Ständer verwenden. *Wu* benennt mit seinen Einzelzeichen wiederum die 'Letzte Wohnstatt des Meisters' und die 'Figur des Geistes' – womit Stroh- oder Holzfiguren gemeint waren, die bei Opfern den Totengeist repräsentierten. Sie standen in dem Ahnentempel, den man um die Zeit der Wintersonnenwende errichtete.

Da die sieben Herbergen des Winters als Unterteilungen des nördlichen Sternbilds der grossen Schildkröte aufgefasst wurden, wurde dieser Name auf sie übertragen: sodass der Panzer der Schildkröte auch 'Haus der Geister' genannt wurde.

U 236–238

TIANSHI | T'IEN-CHI – DER HIMMELSMARKT

Der Name bezieht sich darauf, dass man in der Frühzeit nach der Wintersonnenwende die Märkte überall drei Tage lang schloss, um zu feiern. Bevor es reguläre Märkte gab, die man vom legendären Urkaiser Shennong etabliert glaubte, breitete man seine Waren morgens am Brunnen aus – wobei wegen der tagelangen Feste die Händler dann ausblieben.

U 238–239

32 – o Aquarii

GAIWU | K'AI-OU – DER DACHSTUHL DES HAUSES

Der Asterismus repräsentiert das Dach des Hauses der Geister, das man mit Binsen, Gräsern oder Stroh deckte. Es stand dem Beamten vor, der die Gebäude des Reiches unter sich hatte und in dieser Zeit seinen Bericht über deren Zustand ablegte.

U 239–240, X | K 182, P 469–470

60 – κ – 67 – 69 Aquarii

XULIANG | HIU-LIANG – DIE BRÜCKE ZU DEN GRÄBERN

Liang bezeichnet sowohl einen Teil des Balkenwerks eines Hauses als auch eine Brücke. In der chinesischen Frühzeit waren die Grabhügel von vier Gräben umschlossen, um zu verhindern, dass sich Passanten näherten. Der Asterismus dieser vier 'gelben Sterne' repräsentierte auch den für die Begräbnisse zuständigen Beamten und stand den Grabhügeln, Grabmälern und unbewohnten Orten vor.

U 240–241, X | K 190

π – γ – ζ – η Aquarii

FENMU | FAN-MOU – DIE GRÄBER

Diese vier 'roten' Sterne repräsentieren auch den Präfekten der Gräber und stehen Tod und Begräbnissen vor.

U 241–242, X | K 158

κ – 12 – 1 und κ – 2 – 9 Pegasi

RENXING | JIN-SING – DAS GESTIRN DES MENSCHEN

U 242 und ST 90

REN – DIE MENSCHEN

X | K 169

Mit dem in diesem Wintermonat nicht lange nach dem Untergang der Sonne im Westen auf den Horizont kommenden Gestirn, folgte die sterbliche Hülle Des Menschen ihr in die Erde, in der Hoffnung, ebenso wiedergeboren zu werden wie sie. Im Zusammenhang mit der Todessymbolik dieser Region sollte es trösten, weshalb es den 'für die Menge befriedeten Gefahren' vorstand.

Zugleich symbolisiert das Gestirn den ersten, *Pangu* und *Hundun* genannten mythischen Menschen als Prototypen aller Menschen und Völker. Es erschien in seiner Entstehungsgeschichte gleichsam nach dem Asterismus Des Firstes – und dessen darunter liegendem Gestirn – auf der Erde. Im gleichen Masse, wie das Gestirn Des Menschen die Mitte des Wintersternbilds Schildkröte bildete, wird auch Pangu oft zusammen mit einer Schildkröte zu seinen Füssen abgebildet.

Der eine Furt im Himmlischen Fluss der Milchstrasse darstellende Asterismus wurde auch 'Die Menschen' genannt, weil man sie dort auf die andere Seite waten sah.[242]

U 244 und 262–264

WOXING | NGO-SING – DAS GESTIRN DER RAST

Diese Rast bezieht sich auf die allgemeine Ruhezeit des Winters ebenso wie auf sittliche Zurückhaltung in dieser Zeit: weshalb das Gestirn der 'Unterdrückung von Ausschweifungen' vorsteht. Leuchtet es, sagt es Gutes voraus; zeigt es sich dunkel und bewegt es sich, werden bald seltsame Dinge im Leben eines Menschen stattfinden.

U 245

SIMIN | SSE-MIN – DER VOLKSPRÄFEKT

Das Gestirn repräsentiert auch den Volkspräfekten, der dem Kaiser das Ergebnis der Volkszählung vorlegte, nach der man die Ausgaben des Reiches festlegte. Ihm wurde beim ersten Neumond des Winters geopfert.

U 263

θ – η – α – 6 – α – 9 – HD205139 – ν – 15 – μ Cephei

TIANGOU | T'IEN-KAO – DER HIMMLISCHE WAGEN

U 264, ST 91, X | K 189

Gou bezeichnet in diesem Fall den 'Haken' einer gebogenen Wagendeichsel, an die man vorne das Joch, hinten Achse und Wagenkasten hängte: weshalb *Gou* auch den ganzen Wagen benannte. Das Gestirn steht astrologisch dem Wagenlenken und den Wagengespannen vor.

Wie ein altes chinesisches Lied nahelegt, wird dieser Wagen als Gefährt der Sonne gesehen: "Am Ende des Jahres ist die Sonne schon geneigt! Woher erhält sie dann einen kraftvollen Meister, um den Sonnenwagen zu lenken?"[243]

Der Wagenlenker des Sonnenwagens hiess Xihe. Ursprünglich war dies die Mutter der Sonnenraben, die jeden Morgen in den kosmischen Maulbeerbaum Fusang stiegen. Als dieser Mythos anachronistisch geworden war, erklärte man den Umlauf der Sonne damit, dass Xihe die Rabensonne in ihrem Wagen über den Himmel fahre, und verwandelte sie zum Sohn der Sonne und des Gestirns der Frau. Den Stillstand der Sonne schrieb man dem Umstand zu, dass Xihe den Wagen verlangsamte, um die sechs angespannten Rösser verschnaufen zu lassen.

Aus der alten, etwa auf die Epoche der Zhou-Dynastie Anfang des ersten Jahrtausends v. u. Z. zurückgehenden Legende um Xihe geht jedoch noch hervor, dass in Xihes Reich, jenseits des als astral zu verstehenden südöstlichen Meeres, jene Süsswasserquellen liegen, in denen die Sonne badet.[244]

Der Asterismus der Frau zwischen ε und ν Aquarii war das Gestirn, in dem die Sonne im 4. Jahrtausend v. u.Z bei der Wintersonnenwende morgens aufging. Die Süsswasserquellen liegen westlich der Frau in der Milchstrasse, in den 'Himmelsmeer' und 'Himmelsquelle' genannten Sternen von Sagittarius – in denen die Sonne zehn Tage später aufgeht. Daher mag die Legende stammen, dass Xihe ursprünglich zehn Sonnen zur Welt gebracht habe, von denen nur eine einzige übrigblieb.

Als wortwörtlicher 'Haken' stand das Gestirn auch für die Bestimmung von Erdbeben, wobei die neun Sterne das Kettenpendel abbildeten, das niederfrequente Bewegungen am Boden mass. Ein solcher Seismograph ist 131 u. Z. von Zhang Heng erfunden worden; er basierte auf einem zentralen Pendel, das laterale Bewegungen in acht radialen Richtungen messen konnte, indem es einen Mechanismus in einem geschlossenen Gefäss öffnete und schloss.[245]

ξ – σ – 69 Cygni – HD203439 – 204485 – 35 Vulpeculae – ζ Cygni

CHEFU | TCHE-GOU – DIE REMISE

Der aus sieben 'schwarzen' Sternen bestehende Asterismus stellt die Remise dar, in die der alte Sonnenwagen bei der Wintersonnenwende gestellt wurde; aus ihr wurde der neue dann hervorgeholt. Das Gestirn steht auch den fünf verschiedenen Wagenarten des Kaisers vor.

U 270 und ST 91, X | K 169

ι – 16; ι – θ; ι Cygni – HD184293

XIZHONG | KI-TCHOUNG

Dieser Asterismus trägt den Namen des Wagenlenkers im Dienste des Begründers der ersten legendären chinesischen Dynastie Xia. Er soll als Erster Pferde statt Rindern vorgespannt haben; die Domestizierung von Pferden setzte in China im 2. Jahrtausend ein, und unter den Zhou wurde das Reiten eingeführt. Die vier 'gelben' Sterne stehen den Lenkern der Streitwagen vor.

U 549–550, X | K 189

δ – ε; δ – ζ; δ – λ; δ Cephei – HD210939

ZAOFU | TSAOU-FOU

U 270, 550, X | K 168

SIMA | SSE-MA – DER MARSCHALL

U 271

Neben Xizhong und Wangliang in Cassiopeia ist dies der dritte legendäre Wagenlenker am Himmel. Die Legende erzählt, dass König Mu von den Zhou (1001–946 v. u. Z.) zu Besuch bei der mythischen Xiwangmu im fernen Westen weilte, als es zu Hause zu einem Aufstand kam. Sein Wagenlenker Zaofu schaffte es, mit seinem Gespann von acht feurigen Pferden den König gerade noch rechtzeitig zurückzubringen, um die Revolte zu zerschlagen. Aus Dank schenkte er ihm die rebellische Provinz, die dann seinen Namen – *Zao* – erhielt. Das Gestirn stellt deshalb auch den Befehlshaber der Wagenlenker dar, den Marschall.

Andere sehen darin den Wagenlenker Bole, der ein berühmter Pferdekenner gewesen soll, weil er im Norden im Land Ji aufwuchs, dessen Rösser so begehrt waren, dass dort kaum noch welche zu erstehen waren. Erblickte man den Asterismus nicht, sagte dies grosse Teuerungen am Pferdemarkt voraus.

U 270–271, X | K 168

XIQIAO | SI-KIAO – DIE WESTLICHE BRÜCKE

Als Asterismus im Westen des Himmelsflusses der Milchstrasse steht dieser der Östlichen Brücke der Weberin in Lyra gegenüber.

U 271

HD210889 – π – 23 Pegasi

(NEI)CHU | TCHOU- DER (INNERE) STÖSSEL

U 272, X | K 169, P 472

32 – ι – 16 Pegasi – μ Cygni

(NEI)JIU | KIOU – DER (INNERE) MÖRSER

Der aus drei beziehungsweise vier 'schwarzen' Sternen bestehende Asterismus repräsentiert die Haushaltsgeräte, die im Winter hergestellt wurden. Mörser waren notwendig, weil die Körner der fünf gebräuchlichen Getreidearten für jedwede Zubereitung erst zermahlen werden mussten. Sah man den Stössel aufrecht und gut in der Reibeschale stehen, war dies ein gutes Zeichen; erblickte man diese gar auf dem Kopf, sagte dies eine grosse Hungersnot voraus.

U 272–273, X | K 169

λ – η – θ – ι Piscis Austrini – HD208321 – HD208992 – υ – η – τ Piscis Austrini

TIANQIAN | T'IEN TSIEN – DIE HIMMELSSICHEL

Dieser von zehn 'gelben' Sternen gebildete Asterismus repräsentiert ein weiteres, in der Winterzeit in Stand gehaltenes Werkzeug: "Ich befehle meinen Arbeitern, ihre Sicheln und Hacken herzurichten", heisst es im *Buch der Oden*. *Qian* wurde um 1000 v. u. Z. auch auf Münzen übertragen, da diese oft die Form von Arbeitsgerät – vor allem Messer und Spaten – hatten: Weshalb man ab da den Asterismus auch als Geldstück auffasste. Das wiederum wirkte sich auf seine astrologische Deutung aus, die in seinem Leuchten ein gutes Vorzeichen für gefüllte Schatzkammern sah.

U 273–275

6 SHIXIU | CHÍ SIOU – DIE HERBERGE DES BRANDOPFERPLATZES

X | K 133

α – β Pegasi

SHI | CHÍ – DER BRANDOPFERPLATZ

U 275, X | K 158

QINGMIAO | TSING-MIAO – DER TEMPEL DER REINIGUNG

P 136

CONGMIAO | TSOUNG-MIAO – DER AHNENTEMPEL

TIANGONG | T'IEN KOUNG – DIE HIMMLISCHE EINFRIEDUNG

U 280

Die Aufteilung des Pegasus-Vierecks als "von vier Sternen gebildeter grosser Platz"[246] ging schon vor der Einteilung des Himmels in 28 Herbergen im späten 5. Jahrhundert v. u. Z. vor sich[247] – offenbar um so die Kompassfunktion dieses Asterismus hervorzuheben. Man verstand sie aber lange weiterhin noch als Einheit.[248] Shi stellt jedenfalls die westliche Mauer, die Herberge Bi (γ Pegasi – α Andromedae) die gegenüberliegende östliche Mauer einer Plattform für Brandopfer dar.

In den Kommentaren heisst es dazu: "Am Ende des Jahres hielt der Prinz ein grosses, von Musik begleitetes Fest für alle Familienmitglieder ab, um sie zur Fortsetzung ihrer Wohltaten aufzufordern. Dabei begab sich der Prinz auch in die Halle des Lichts, um dort die den Winter betreffenden Zeremonien zu vollziehen; er befahl seinem Volk, alkoholische Getränke auszuschenken und die drei Grade der Familie zu versammeln, Väter, Söhne und Enkel."[249]

Zugleich brachte man den Naturkräften seinen Dank dar, Sonne, Mond, Planeten und Sternen, und bat sie um ihre Gunst für das kommende Jahr, indem man ein grosses Freudenfeuer für sie entzündete, wie das *Buch der Riten* erklärt. Genannt wurde dies das 'Rauchopfer': "Im letzten Monat des Winters befahl der Kaiser seinen vier für die Berge, Wälder, Bäche und Böden zuständigen Inspektoren Scheite und Reisig für die Feuer und Fackeln im Tempel und die hundert Opfer zusammenzutragen. Man errichtete daraus einen grossen Scheiterhaufen, auf den man einen Edelstein und das Opfertier legte, und zündete ihn an, damit sie der Rauch in den Himmel brachte."[250]

Sein Unterbau war ein in der Nähe des Palastes aus Steinen aufgehäufter runder Altar, der von einer doppelten Einfriedung aus Büschen und Gras umgeben war, in der man wiederum zwei kleinere Altäre für die Geister und die Ahnen errichtete. Vor den dort vollzogenen Zeremonien begab man sich in die Ahnenhalle, die auch 'Tempel der Reinigungen' genannt wurde. Der Prinz brachte dort nach der Wintersonnenwende im zwölften Mondmonat Opfer dar, um sich für die im Laufe des Jahres erhaltenen Wohltaten zu bedanken.

Dieser Brauch hielt sich bis in die Neuzeit, wenn um diese Zeit ausserhalb der Stadt ein Turm aus Holz errichtet wurde, in den – vom Prinzen bis hinab zum Volk – Kleider, Möbel, Duftstoffe, Heilkräuter und anderes Passendes eingeschlossen wurde, von dem sie glaubten, es gefalle dem Himmel: um alles anschliessend anzuzünden und als Rauch hinaufzuschicken.

Der Asterismus galt auch als Tempel des Jupiter, der aufgrund seiner zwölf Jahre dauernden Umlaufbahn und damit langsamen Fortbewegung als 'Planet des Jahres' bezeichnet wurde.[251]

U 275–279 und 285

XUANGONG | HIOUEN-KOUNG – DER PALAST DER FINSTERNIS

Der letzte Monat des Winters war dem Geist der Finsternis – *Xuanming* – gewidmet. Komplementär zum Geist des Feuers im Asterismus Fang des Frühjahrs war er der Geist des Wassers.

U 280–281, P 35

SHIWEI | T'CHI-WEI – DAS SCHWEINEGEHEGE

Darin wurden die Schweine gehalten, die man im Winter auf dem Scheiterhaufen dem Himmel opferte.

U 281

DINGXING | TING-SING – DAS BESTIMMENDE GESTIRN

U 283, SP 53

Ding wird auch mit 'gerade, recht, korrekt' glossiert.[252] Bevor der Kompass erfunden wurde, richtete man an diesem Viereck des Pegasus die Achsen der Häuser und Gebäude aus. Im zehnten Monat, im November, stand der Asterismus abends im Zenit und wies mit der Linie α – β Pegasi auf den Südpunkt. Ende Dezember | Anfang Januar war er nach Sonnenuntergang noch kurz am Horizont sichtbar; die Linie β – μ – λ Pegasi markierte dann genau den Westen. Als bestimmendes Gestirn galt der Asterismus aber auch, weil man wusste, dass die Sonne beim Jahres- und Frühlingsanfang in ihm aufging, gleichsam vom Viereck umrahmt.

So heisst es in den *Frühlings- und Herbstannalen des Lü Buwei*, eines reichen Staatsmanns im 2. Jahrhundert v. u. Z.: "Im ersten Frühlingsmonat steht die Sonne im Zeichen Yingshi. ... In diesem Monat begeht man den Eintritt des Frühlings. Drei Tage davor begibt sich der Grossastrologe zum Himmelssohn [Kaiser] und spricht: An dem und dem Tag ist Frühlingsanfang; die wirkende Kraft beruht auf dem Holz [gleichbedeutend mit 'Osten']. ... Der Himmelssohn fastet dann. Am Tag des Frühlingsanfangs befiehlt der Himmelssohn dem Grossastrologen, auf die Wahrung der Gesetze zu achten und Verordnungen zu erlassen, den Lauf des Himmels, der Sonne, des Mondes, der Sterne und Sternzeichen zu beobachten, damit die Herbergen des Mondes in ihrem Rückgang ohne Irrtümer festgestellt werden, die Bahnen nicht falsch berechnet werden und der Frühlingseintritt als fester Punkt bestimmt wird."[253]

YINGSHI – DER HALLENAUSRICHTER

Der Name verweist darauf, dass die Kulmination des Pegasus-Vierecks im Süden – wie dies auch von den Tuareg praktiziert wird – exakt die Himmelsrichtungen anzeigt, sodass man daran die Achsen der Paläste und Tempel ausrichten konnte. Zusammen mit Der Östlichen Mauer gegenüber – wobei beide dann XIYING und DONGYING – WESTLICHER AUSRICHTER und ÖSTLICHER AUSRICHTER genannt werden – "zeigen sie die richtige Richtung der Vier Viertel an".[254] Das *Traktat der Himmlischen Ämter* hält fest: "Wenn Das Bestimmende Gestirn kulminiert, baut man Hallen, daher wird es auch 'Hallenausrichter' genannt. Seine Sterne haben die Form einer Halle, daher werden sie zum himmlischen Vorsteher der Tempel gemacht."[255]

P 127–131

ν – τ – β – μ – λ – β – ο – η Pegasi

LIGONG | LI-KOUNG – DER LEUCHTENDE TEMPEL

Dieser aus sechs 'roten' Sternen gebildete Asterismus gehört zum vorherigen, Yingshi. Er stellt den 'Tempel der Verehrten' – das heisst der Sterne und der Ahnen – dar, der auch als 'Tempel der Reinigung' bezeichnet wurde, da sich der Prinz dort reinigte und sein Frühstück zu sich nahm, bevor er die Opfer des letzten Monats des Jahres darbrachte.

U 286–287, X | K 158

ξ – ζ – σ – ρ – 55 – 52 Pegasi

LEIDIAN | LOUI TIEN – BLITZ UND DONNER

Die Gewitter im Januar kündigten das Jahresende und den Beginn des Frühlings und damit der Feldarbeit an. Den Vorstellungen zufolge, trennten sich Himmel und Erde langsam wieder, entstand zur Kälte wieder Wärme als Yang zum Yin – und daraus entstanden Donner, Blitz und Regen, die überall eindrangen und der Schöpfung neuen Anstoss gaben.

Die 'schwarzen' Sterne des Asterismus werden funerär gedeutet, da der Donner als Zorn des Himmels gilt: Weshalb das *Buch der Riten* vorschrieb, sich nachts bei Gewitter anzukleiden und sich hinzusetzen als Zeichen des Respektes vor diesem Groll. Der Geist des Wolkenbruchs wird deshalb 'Schwarzer Donnerer' genannt.

U 287–290, X | K 182

29 – 33 – 30 – 27 Piscium – θ – λ – σ – ι Aquarii – δ – κ – ε – γ Capricorni

LEIBIZHEN | LOUI-PÍ-TCHIN – DIE BEFESTIGUNGSLINIE

U 290, ST 94, P 470

Der den Zeichen nach aus Erde aufgeschüttete Befestigungswall dieser zwölf 'roten' Sterne schützt den vorangegangenen Tempel samt anliegendem Palast; insbesondere der Tempel der Ahnen wurde gut bewacht. Der Asterismus steht den Gardesoldaten, den Truppen und kaiserlichen Feldlagern vor; seine Klarheit verheisst Frieden.

U 290–291

α Piscis Austrini

BEILUO SHIMEN | PÉ-LOU-SSE-MOUN – DER UNTERWEISER DER NÖRDLICHEN LÄNDER

Dieser 'rote' Stern symbolisiert den Anführer der kaiserlichen Garde. Ist er hell und klar zu sehen, verheisst das Ruhe für das Heer; ist er klein und dunkel, sagt diese eine geschwächte Armee voraus; bewegt er sich, werden Truppen erhoben. Tritt ein Planet in Konjunktion mit dem Asterismus, werden Kriegsgefangene in die Palisaden verbracht.

U 293–294

ψ^1 – κ – ψ^2; δ – 74 – τ; 94 – HD219659 – 218639; 97 – HD220957 – 220935; 22093 – 222493 – ω^1; ω^2 – HD223170 – 223559; 2 – 6 – 7; 108 – HD223271 – 107; 106 – HD22643 – 103; HD219578 – 219879 – 220465; 77 – HD218639 – 218061; HD224349 – 223561 – 223429; HD222332 – 101 – 100; HD220766 – 99 – 98; HD220465 – 219553 – 220466; 89 – 88 – 86 Aquarii

YULINJUN | YÜ-LIN-KIUN – DAS YULIN-HEERESKORPS

U 291, ST 95

Diese 15 × 3 'roten' Sterne repräsentieren das *Yulin* genannte Heereskorps, grossgewachsene Soldaten, die aus den nördlichen Provinzen eingezogen worden waren und zur Kaiserlichen Garde gehörten. *Yu* bezeichnet die im Winter nach Norden fliegenden Wildgänse, deren V-Formationen mit Sterngruppierungen ebenso vergleichbar sind wie mit Reihen von Bäumen (*Lin*). Da *Yu* allgemein auch 'Gefieder' oder 'Flügel' und Lin 'Wald' bezeichnet, entwickelte sich daraus das Motto einer Heeresgruppe, die so flink wie Flügel und so zahlreich wie Bäume im Wald war.

Bezeichnet werden damit die Truppen hinter dem astralen Befestigungswall, die Tempel und Palast bewachen. Sie waren aus den Dörfern eingezogen worden und nicht für den Krieg bestimmt, sondern dienten als Garde, die vom Kaiser im Winter inspiziert wurde. Sind diese mit freiem Auge meist kaum erkennbaren Sterndreiecke zu sehen, verheisst dies Frieden.

U 291–293, X | K 155

CHANYUJUN | CHAN-YIU-KIUN – DIE SOLDATEN DES CHANYU

Benannt wurde der Asterismus auch nach dem von 400 vor bis 400 u. Z. gebräuchlichen Titel des Oberhauptes der über Teile Chinas herrschenden Xiongnu-Konföderation; *Chanyu* bedeutet so viel wie 'Sohn des Himmels' oder 'Herrscher des Nordens'.

U 293

μ – HD4293 – α – HD224750 – 224022 und υ – HD2490 – α – κ – ε Phenicis

BAKUI | PA KOUI – DIE ACHT ANFÜHRER

U 294, ST 95, X | K 82

Im Winter wurden grosse Jagden veranstaltet; die neun 'schwarzen' Sterne dieses Asterismus' stehen deshalb den Offizieren vor, welche diese Jagden leiteten – sowie den Netzen und Fallen, die man dafür verwendete. Es heisst von diesen acht Anführern, dass sie dem Grossen Bogenschützen unterstanden.

Die Feldjagden des Kaisers fanden in der Mitte des Winters statt. Zehn Tage zuvor wurde das Revier umzäunt und drei Tage vorher Banner in den Feldern aufgestellt. Am Abend zuvor in der Dämmerung wurden Generäle und Soldaten schliesslich in Position gebracht. Sie begannen von zwei Seiten her das Wild vor sich herzutreiben, worauf der Kaiser ins Feld ritt, gefolgt von seinen Generälen. Nachdem das Wild dreimal an ihm vorbeigetrieben worden war, schoss der Kaiser zuerst, nach ihm schossen seine Fürsten und am Schluss die Bauern. Grosse Tiere wurden der ganzen Gemeinde zugesprochen, kleine Tiere einzelnen Jägern zugestanden. Die besten Tiere wurden den Ahnen geopfert, die weniger guten den Gästen vorgesetzt und die minderen der Küche überlassen.[256]

Es gibt aber auch eine Symbolik, die über die Jagd hinausgeht. *Kui* bedeutet sowohl 'Anführer' wie das 'Aufwerfen' von Erde für Befestigungsanlagen. Dies wurde – wie auch die Astrologie zum General Der Nördlichen Ländereien zeigt – von Kriegsgefangenen geleistet. Der Asterismus hat auf den alten Himmelskarten die idealisierte Form eines Hakenkreuzes – mit dem man einen Bienenschwarm bezeichnet, der in China sprichwörtlich für ein bei uns 'ameisenhaftes' Gewimmel steht. Auch *Ba* hat in seiner Bedeutung 'acht' die figurative Dimension von 'alle, alles' – drückt aber auch 'trennen' aus: in dem Sinn, dass die Anführer geschlagener feindlicher Truppen von ihnen separiert wurden, um als Geiseln zu dienen oder umgebracht zu werden.[257]

98 – 99 – 101 Aquarii

FUYUE | FOU-YOU – DIE ÄXTE

Die drei 'gelben' Sterne repräsentieren die Kriegsäxte und stehen der Auslöschung der Barbaren, Enthauptungen und Massakern vor. Waren sie hell und klar zu sehen, sagte dies den Einsatz der Äxte voraus; bewegten sie sich, hiess dies, dass Truppen erhoben würden.

U 297–298

β Piscis Austrini

TIANGANG | T'IEN-KANG – DAS HIMMLISCHE NETZ

U 298, X | K 191

Der einzelne 'rote' Stern steht der Aufstellung der Zelte an dem Ort vor, wo der Kaiser mit seinem Speer auf die Jagd gehen wollte.[258]

In der Tang-Zeit sah man darin allerdings den Knoten, an welchem die zwölf Hauptseile des den Himmel umfassenden Netzes im Süden verknotet waren, genau gegenüber vom Knotenstern im Norden.[259]

21 – 31 Pegasi

TUGONGLI | TOU-KOUNG-LI – DER BAUMEISTER

ST 96, X | K 184

86 – 34 Pegasi

TUGONG | TOU-KOUNG – DIE BAUARBEITER

U 307, ST 98, X | K 184

Diese zwei 'schwarzen' Sterne des Maurermeisters liegen nicht weit vom – in der nächsten Herberge liegenden – Asterismus Die Mauer. Stein- und Ziegelmauern waren in China allerdings die Ausnahme; die Wände waren im Allgemeinen nicht tragend, die Fundamente und grösseren Wände entstanden in Stampflehmtechnik oder aus sonnengetrockneten Lehmziegeln. Der Baumeister steht den Beamten vor, welche die dazu nötigen Erdarbeiten überwachen.

Scheinen die Sterne des Maurermeisters sich zu bewegen oder zu zittern, bedeutet dies, dass die daraus entstandenen Mauern repariert werden müssen – da sie Wolkenbrüchen und Stürmen wenig entgegenzusetzen hatten. Dann mussten die Risse verputzt, die Schilfbündel des Daches erneuert und mit Seilen verspannt werden.

Dazu heisst es in einem alten Bauernkalender: "Was für ein Elend! Das Jahr geht zu Ende! Wind und Schnee dringen ein in die heruntergekommenen Häuser. Die Kräfte der älteren Arbeiter lassen bald nach; krummbeinig und vorn übergebückt geht er dahin. Auf dass man jetzt schnell die nötigen Seile fürs Volk festbinde und sich Tag und Nacht an der Arbeit abwechsle!"

Die zwei 'schwarzen' Sterne der Bauarbeiter stehen all ihren Handwerksgenossen vor – sowie der Landvermessung und der Unterbringung der Menschen.

U 299–300

1 – HD211073 – 6 – 11 – HD215242 – α – β Lacertae – π¹ – π² Cygni – 4 – 5 – 2 Lacertae – HD211096 – 209993 – 209515 – 75 – HD205939 – ρ – 71Cygni

TENGSHE | T'ANG-CHIË – DIE SICH HOCHWINDENDE SCHLANGE

Der Asterismus dieser 'roten' Sterne verkündet das Nahen des Frühjahrs, was mit ein Grund sein kann, weshalb das winterliche Grosssternbild der Schildkröte meist mit einer Schlange figuriert wurde. "Die Schlange" schreibt das Wörterbuch *Erya*, "lebt im Gras und hat immer Hunger. Jedes Mal, wenn sie etwas zu fressen gefunden und ihren Hunger etwas gestillt hat, wechselt sie die Haut. Wenn der Winter naht, schluckt sie gefrorene Erde und vergräbt sich. Im Frühjahr kommt sie aus ihrem Bau und spuckt die verschluckte Erde aus."[260]

Die Schlange gilt als oberstes Wassertier, weshalb sie der Anführer der Wassertiere in der nördlichen Region ist. Es wurde nicht gern gesehen, wenn der Asterismus hell und klar war.

U 301–302, X | K 150

7 BIXIU | PÍ SIOU – DIE HERBERGE DER MAUER

α Andromedae – γ Pegasi

(DONG) BI | (TOUNG-)PÍ – DIE (ÖSTLICHE) MAUER

U 303, X | K 158, P 131

Es ist dies die östliche Mauer des Brandopferplatzes. Der Asterismus repräsentiert aber auch das Magazin der Reichsarchive, die unter seiner Ägide stehen – ebenso wie die Literatur an sich.

U 303, X | K 158, P 131

TIANJIE | T'IEN-KIAI – DER HIMMLISCHE ÜBERGANG

TIANLIANG | T'IEN-LIANG – DIE HIMMLISCHE BRÜCKE

Da der Asterismus als letzter des Jahres galt, markierte er den Übergang zum neuen Jahr.

U 303

α Andromedae – γ – α – β Pegasi

JUZI ZHI KOU | TSU-TSZE-TCHI-K'EOU – DAS FISCHMAUL

Die Gewitter und den Ostwind Ende Januar machte man dafür verantwortlich, dass das Eis schmolz und die Fische sich wieder zwischen den Eisschollen zeigten: "Nachdem sie lange unter dem Eis gelebt haben, kommen sie aus dem Wasser und recken ihre Köpfe heraus, um Luft zu schnappen." Die *Zhi* genannten Fische – wahrscheinlich Flussbarsche oder Silberkarpfen – werden auch 'Starr-Fische' genannt, weil sie "den Kopf heben und einen anstarren, als wollten sie etwas". Derart wurde das Pegasus-Viereck als Maul eines Fisches interpretiert, dessen Leib in der Region Aquarius-Pisces lag.

U 303–305 und P 132

21 – λ – 16 – κ Piscium

YUNYU | YUN YU – WOLKEN UND REGEN

ω – ι – θ und γ – β Piscium

PILI | PEÏ-LEÏ – DIE DONNERSCHLÄGE

U 307, X | K 182

All diese 'schwarzen' Sterne repräsentieren die Wolkenbrüche und Gewitter, mit denen sich der Frühling ankündigt. "Der Donner", heisst es im *Lunheng*, "ist die Flüssigkeit des Hauptprinzips der Erhitzung; es regt sich im ersten Monat des Jahres, weshalb der Donner dann zu grollen beginnt." Zugleich symbolisieren 'Wolken und Regen' den Koitus, da der Frühling die Zeit der verstärkten Begierden ist. Zusammen mit dem Asterismus Blitz Und Donner (in Pegasus) regen sie nun die Schöpfung aufs Neue an. Je klarer sie zu sehen sind, desto mehr Regen gibt es.[261]

σ – ρ – θ – 23 Andromedae – HD224342 – 15 – 14 Andromedae – 73 Pegasi – HD332 – 1439

TIANJIU | T'IEN-KIOU – DER HIMMLISCHE PFERDESTALL

U 309, ST 98, X | K 191

Da eine Stute elf Monate lang schwanger ist und im zwölften ihr Fohlen gebiert, gilt das Pferd als Essenz des Mondes und seiner zwölf Monate. Dank seiner Schnelligkeit, Heissblütigkeit und dem Rund seiner Hufe, ist es auch eng mit der Sonne und deren Prinzip des Feuers assoziiert. Es trägt damit sechs Monate erhitzendes Yin und sechs Monate abkühlendes Yang in sich. Deshalb ist das Pferd das höchste Opfertier, vor dem Rind, dem Lamm, dem Schwein, dem Hund und dem Hahn. Im Winter wurde deshalb ein Pferd dem bösen Geist der Rösser geopfert und mit seinem Blut die Ställe gereinigt, in denen man sie gehalten hatte, bis sie jetzt zum Frühlingsanfang wieder auf die Weide kamen – wo sie trächtig wurden, um in diesem letzten Monat des Jahres die Fohlen zu gebären.

Der Asterismus dieser zwölf 'gelben' Sterne repräsentiert deshalb Zucht und Geburt der Pferde, die im letzten Wintermonat im Stall niederkamen, die rituelle Reinigung ihrer Ställe und das Herauslassen auf die Weide an diesem Ende des Jahres.[262]

Man nannte den Asterismus auch 'Stall der Himmlischen Pferde'. Der mythische Menschheitsvater Fuxi soll aus dem Fluss Meng ein Drachenpferd – *Langma* – herauskommen gesehen haben: Ein Tier, das die Essenz von Himmel und Erde in sich verband, den Leib eines Pferdes und die Schuppen eines Drachen samt Schwimmhäuten und Flügeln hatte. Dahinter steckt eine astronomische Vorstellung: Ging der Asterismus des Pferdestalls am letzten Abend des Jahres bei Sonnenuntergang kurz nach der Sonne im Westen unter, stieg zugleich im Osten erstmals das erste Horn des Drachens auf – und markierte damit den Beginn des Neuen Jahres und des Frühlings.[263]

ε Sculptoris - HD10148 - 48 Ceti - HD8350 - 46 Ceti

FUZHI | FOU-TCHI – DIE SICHEL

Die fünf 'schwarzen' Sterne repräsentieren die Klinge, mit der man das Gras schnitt, um die Pferde und Rinder zu füttern. Es steht deshalb dem Heu und dem Häcksel für die Pferde ebenso vor wie – aufgrund des Jahresendes und des Pferdeopfers – dem Tod.

U 315, ST 99

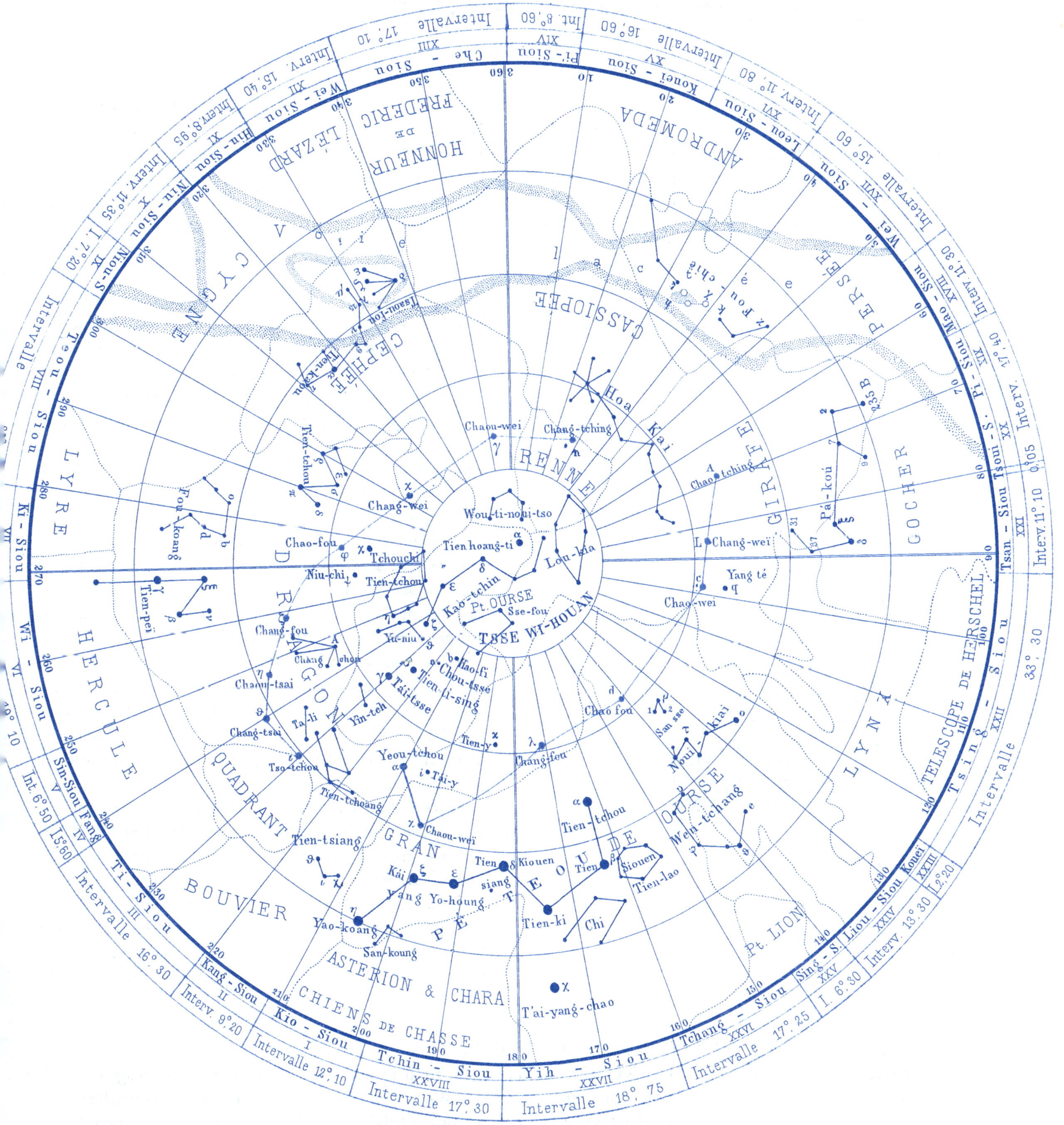
CYGNE
CEPHÉE
CASSIOPÉE
ANDROMEDA
PERSÉE
GIRAFE
RENNE
GOCHER
LYNX
TELESCOPE DE HERSCHEL
Pt. LION
GRANDE OURSE
Pt. OURSE
TSSE WI-HOUAN
DRAGON
LYRE
HERCULE
QUADRANT
BOUVIER
ASTERION & CHARA
CHIENS DE CHASSE
Pt. LION
Chaou-wei
Chang-tching
Hoa Kai
Wou-ti-noui-tso
Tien hoang-ti
Lou-kia
Kao-tchin
Sse-fou
Chang-weï
Chao-fou
Tchouchi
Niu-chi
Tien-tchou
Chang-fou
Chang-tchou
Chaou-tsai
Chang-tsai
Tso-tchou
Yu-niu
Tai-tsse
Tien-ti-sing
Chou-tsse
Yin-teh
Ta-li
Yeou-tchou
Tai-y
Tien-y
Tien-tchoang
Chaou-weï
Tien-tsiang
Kai
Yang
Yo-houng
siang
Tien
Kiouen
Tien-ki
Chi
Tien-tchou
Siouen
Tien-lao
Weï-tchang
San sse
Noui-kiai
Chao fou
Yang té
Chao-tching
Chao-wei
Pa-koú
Chang-fou
Yao-koang
San-koung
T'ai-yang-chao
Tien-peï
Fou-koang
Tien-tchou
Tsaou-fou
Tien-kaou
Kio - Siou
Intervalle 12°, 10
Tchin - Siou
XXVIII
Intervalle 17°, 30
Yih - Siou
XXVII
Intervalle 18°, 75
Tchang - Siou
XXVI
Intervalle 17°, 25
Sing - S.
XXV
I. 6°, 30
Liou - Siou
XXIV
Interv. 13°, 30
Kouei
XXIII
I. 2°, 20
Tsing - Siou
XXII
Intervalle 33°, 30
Tsan - Siou
XXI
Interv. 11°, 10
Tsoui - S.
XX
0°, 05
Pi - Siou
XIX
Interv. 17°, 40
Mao - Siou
XVIII
Interv. 11°, 30
Wei - Siou
XVII
Intervalle 15°, 60
Leou - Siou
XVI
Interv. 11°, 80
Kouei - Siou
XV
Intervalle 16°, 60
Pi - Siou
XIV
Int. 8°, 60
Che - Siou
XIII
Intervalle 17°, 10
Wei - Siou
XII
Interv. 15°, 40
Hiu - Siou
XI
Interv. 8°, 95
Niu - Siou
X
Interv. 11°, 35
Nion - S.
IX
I. 7°, 20
Teou - Siou
VIII
Intervalle
Ki - Siou
VII
Wi - Siou
VI
10°, 10
Sin-Siou
V
Int. 6°, 50
Fang
IV
15°, 60
Ti - Siou
III
Intervalle 16°, 30
Kang - Siou
II
Interv. 9°, 20
Kio - Siou
I

VI DIE REGION UM DEN HIMMELSPOL

HD166208 - γ - ξ - β - ν Draconis
TIANBEI | T'IEN-PEI –
DER HIMMLISCHE DRESCHFLEGEL

Im September und Oktober, wenn man das Korn drosch, war dieser Asterismus von 'roten' Sternen vor Sonnenaufgang sichtbar; er drehte sich dann am Horizont, als würde er auf die Erde eindreschen.

U 510–511, X | K 148

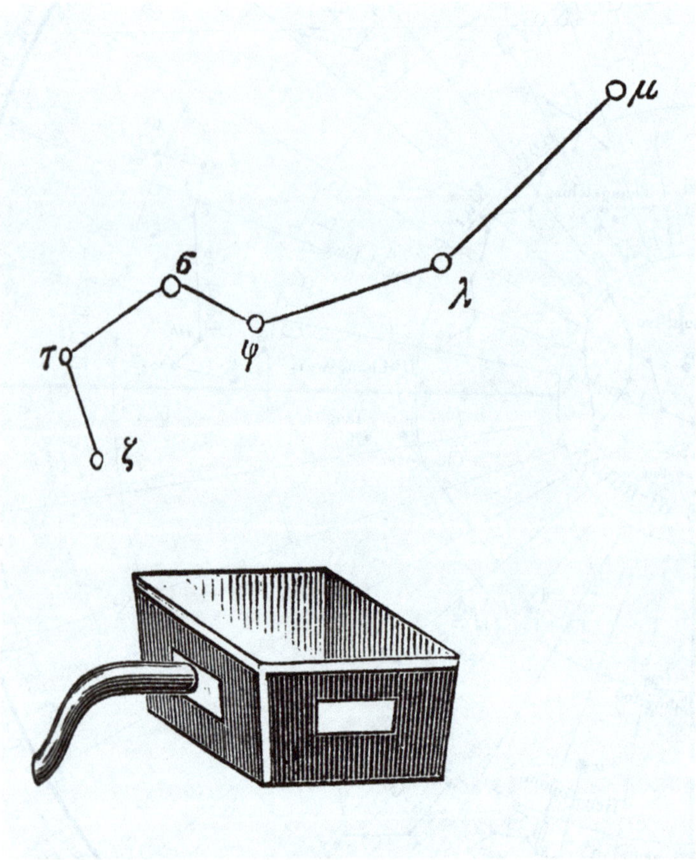

α - β - γ - δ - ε - ζ - η Ursae Maioris
BEIDOU | PÉ-TEOU –
DER NÖRDLICHE SCHEFFEL

U 502, X | K 153

Als *Dou* wird ein Scheffel oder ein Schöpflöffel bezeichnet; beim Nördlichen Scheffel unterscheidet man zwischen 'Kelle' und 'Stiel'. Der älteste Nachweis einer Verbindung von Ursa Maior mit einem als Masseinheit verwendeten Scheffel datiert auf 1300 v. u. Z. Im Daoismus bestand dieser Scheffel aus neun Sternen, da diese Zahl das Grosse Ying und die Totalität symbolisierte.[264] Der Stiel wurde zu dem Zweck mit γ und α Bootis verlängert.

A 45–46, P 96, 460

Als Scheffel und Schöpflöffel teilen diese Sterne all die Gaben des Himmels aus. Sie bestimmen die Abfolge der Jahreszeiten, entscheiden über Gut und Böse, Glück wie Unglück. Als der wohl wichtigste Asterismus beeinflusssen sie alles irdische Leben. Deshalb zählen die Orakeltexte der Han-Zeit für jeden einzelnen seiner Sterne die damit korrespondierenden Tiere auf. Das daoistische Denken sieht sie aus dem Norden als der Region des Grossen Ying schöpfen und dem Tod vorstehen – während der Südliche Scheffel in Sagittarius das Grosse Yang und das ewige Leben verkörperte.

SCH 50, R 180–181

Scheffel wurden diese 'roten' Sterne ursprünglich wohl genannt, weil sie sich nur bei der Wintersonnenwende nach Sonnenuntergang mit dem Griff auf dem Horizont liegend zeigen – und somit vorführten, dass man unten auf der Erde jetzt das eingelagerte Getreide austeilen musste, um über den Winter zu kommen.

Die Nähe des Sternbilds zum Himmelspol verlieh ihm jedoch eine immer grössere Stellung in der Astrologie, der Religion und dem Kalender, sodass dessen Bedeutung immer komplexer wurde: Die Daoisten im 4. Jahrhundert u. Z. sahen darin die grösste himmlische Quelle der Macht, in die sich zu projizieren man meditativ lernen musste.[265]

So schreibt der Historiker Sima Qian um 100 v. u. Z. in seinem *Traktat der Himmlischen Ämter*: "Der Scheffel dient dem Himmlischen Herrscher Huang Di als Wagen. Er kreist um das Zentrum und besucht und reguliert dabei jede der vier Himmelsregionen. Er trennt das Yin vom Yang und bewirkt die vier Jahreszeiten, bringt die fünf Wandlungsphasen ins Gleichgewicht, bestimmt die jahreszeitlichen Wendepunkte und die Winkel der Bahnen der unterschiedlichen Umläufe: All dies ist an Den Scheffel gebunden."[266]

DIE MACHT DES NÖRDLICHEN SCHEFFELS

Die Rolle Des Nördlichen Scheffels als Quelle von Macht geht aus der Geschichte Wang Mangs, des einzigen Herrschers der Xin-Dynastie hervor: "[Im Jahre 17 u. Z.] ging Wang Mang zu Fuss zum Platz des vorstädtischen Opfers südlich der Hauptstadt, um den Guss und die Fertigung der Schöpfkelle Der Majestät zu überwachen. Sie wurde aus Mineralien in fünf Farben und Kupfer hergestellt, in der Form wie der Nördliche Scheffel und über zwei Fuss lang. Wang Mang hatte vor, sie mittels Beschwörungen und Gesängen zu benutzen, um alle rebellischen Kräfte zu besiegen. Als sie fertig war, befahl er den Direktoren der Mandate der Fünf Elemente, sie vor ihm auf ihren Schultern zu tragen, wann immer er ausging."

Als bei der Rebellion des Jahres 23 sein Palast in Flammen aufging und man kurz davorstand, Wang Mang samt Anhang umzubringen, kam es zu folgender Szene: "Ganz in Purpur gewandet und einen Seidengürtel mit allen Reichssiegeln um, hielt Wang Mang den Dolch des Kaisers Shun in Händen, der an einem Ende wie ein Löffel geformt war. Ein astrologischer Beamter hielt den Kosmographen zur Weissagung vor ihn und stellte ihn auf den Tag und die Stunde ein. Der Kaiser setzte sich dorthin, wohin der Stiel der Kelle zeigte und sagte: 'Der Himmel hat mir doch die Tugend der Herrschaft verliehen; wie können die Armeen der Han sie mir nun nehmen?'"[267]

DICHE | TI-TCHE – DER HERRSCHERWAGEN

U 502

Die Verbindung vom Himmelspol mit Dem Scheffel wurde zum Abbild des Himmelsherrschers in seinem Wagen umgestaltet.[268] Da der Sternenhimmel bereits mit mehreren anderen, jedoch stets nur schematischen Wagen besetzt war, ist bei diesem Sternbild, einem der wenigen wirklich figurativen – wie beim Erhabenen Krieger des Orion – vom Einfluss aus Indien auszugehen, wo beide Sternbilder ihrerseits in hellenistischer Zeit eingewandert waren.

Im Zuge des Shangqing-Daoismus im 4. Jahrhundert glaubte man, dass es auf jedem Stern Des Scheffels einen Palast aus Wasseressenz und Lapislazuli gäbe, in dem ein Baum voller Früchte und goldener Vögel wüchse; er gehöre jeweils einem König, dessen Frau auf einem unsichtbaren dunklen Begleitstern sitze.[269]

α-β-γ-δ-ε-ζ-η Ursae Maioris und Himmelspol

DOU-JI – DIE HIMMELSACHSE

Diese Verbindung von Scheffel und Äusserstem Norden wurde erstmals in dem um 150 v. u. Z. entstandenen *Huainanzi* als kosmische Achse bezeichnet.[270] Der Pol, wo immer er jeweils stand, galt in dieser Anschauung als Himmelsherrscher und die Scheffel als sein Instrument, mit dem er Yin und Yang austeilt, die wiederum die vier Jahreszeiten auf der Erde bewirken. Seine Achsdrehung um den Pol machte den Scheffel zugleich zu einem Zeitmesser für Stunden, Tage und Monate. So etwa weist der Scheffelstiel in der Abenddämmerung der Wintersonnenwende direkt nach Norden und zeigt so den elften Monat an, während er dreissig Tage später 30° weiter nach links weist und so den zwölften Monat markiert.

A 46–47

α-η Ursae Maioris

TIAN ZHI GANG – DAS HAUPTSEIL DES HIMMELS
WEIDOU – DAS STÜTZSEIL DES SCHEFFELS

A 45

Die Linie, die sich von diesem Stern zum letzten des Scheffels – η – ziehen lässt, wurde mit den Grosskreisen identifiziert, die von den Wendepunkten der Sonne ausgingen und sich am Pol schnitten: Im Winter fiel der Scheffel auf das nördliche Seil, im Sommer auf das südliche.

Der Vergleich kam in der Han-Zeit auf und bezieht sich auf ein Seil, an dem jenes Netz hängt, das Himmel und Erde zusammenhält; zieht man daran, lassen sich seine Maschen entwirren und auseinanderziehen. Dieses Bild wird bereits im *Buch der Lieder* (11.–7. Jahrhundert v. u. Z.) gebraucht, um den Herrscher als Hauptseil vorzuführen, an dem die Maschen seines Volkes hängen. Auf den Himmel bezogen, verbindet dieses Seil Himmel und Erde von Nord bis Süd – eine zuerst in Mesopotamien und in Indien gängige Vorstellung.

Im Daoismus kam dann der *Bugang* genannte Tanz auf diesem Hauptseil auf, mit dem man dämonische Mächte zu vertreiben suchte und die Himmelsgeister zur Meditation herbeirief: Dabei legte man Maulbeerzweige in der Form des Scheffels aus und tanzte mit Armen und Beinen.

H 3, 7, A 457, H 5

α-β-γ-δ Ursae Maioris

XUANJI – DIE JADESCHEIBE

ε-ζ-η Ursae Maioris

YUHENG | YÓ-HOUNG – DER JADEAUFHÄNGER

A 47, 48 und U 503

Das alte Bild des zum Himmlischen Dreschflegel passenden Scheffels wurde unter dem Einfluss der Astrologie etwa um das 4. Jahrhundert v. u. Z. umgedeutet zu einem Kosmographen – *Shi*. Es war dies ein Instrument zur Weissagung, das aus einem quadratischen, die Erde repräsentierenden Brett bestand; darüber kreiste eine frei gelagerte, den Himmel repräsentierende Scheibe um den Zapfen in der Mitte. Als Zeiger für dieses divinatorische 'Roulette' diente eine Abbildung Des Nördlichen Scheffels oder ein so geformter Schöpflöffel. Nach einer Drehbewegung las man ab, auf welche kalendarischen und astralen Markierungen der Zeiger am Brettrand wies. Angeordnet waren diese nach dem Hexagesimalsystem von Himmlischen Stämmen und Irdischen Zweigen (das durch den Asterismus der Sechs Jia auch am Himmel präsent war) und den 28 astralen Herbergen, um Korrelationen mit den vier Jahreszeiten, Himmelsrichtungen, den neun Regionen des Reichs und den zwölf Stationen des Jupiters zu bestimmen.

Der Aufhänger trug denselben Namen wie der Stab einer Waage; dort wo er in die Scheibe überging – δ –, wurde der Stern in weiterer Analogie TIANQUAN – HIMMLISCHES (WAAGE)GEWICHT genannt.

A 47–49 und 50, SH 2035–2036, T 49

ASTRONOMISCHE GEDICHTE

Es gibt ein berühmtes Gedichtsystem der Dichterin Su Hui aus dem 4. Jahrhundert, gerichtet an ihren in die Fremde verbannten und dort untreu gewordenen Mann, das diesem Kosmographen nachgebaut ist. 'Karte des Jadekreisers' genannt, spiegeln seine äussere Quadratform und der innere Kreis Erde und Himmel wider, während die Diagonalen sie in Jahreszeiten einteilen und die jeweils drei einander schneidenden Parallelen die Linien auf dem Kosmographen nachahmen. Auf einen Brokatstoff gestickt, lässt es die Mitte leer, in Entsprechung zum Himmelspol, und bietet 28 Zeichengitter in Entsprechung zu den 28 Herbergen, die in vier unterschiedlichen Farben geschrieben wurden und sich von allen Seiten palindromisch lesen lassen – von unten, oben, rechts oder links –, um als sogenanntes 'Kreisgedicht' insgesamt 3120 Gedichte lesbar werden zu lassen. Im Zentrum stehen neun Zeichen in Entsprechung der neun Himmel und der neun Sterne Des Nördlichen Scheffels:

"Das Herz der Su Hui zu beruhigen
wurde dieses Gedicht begonnen
auf der Karte der Armillarsphäre."

Eines der 3210 Gedichte lautet: "Früher hiess es, sich vom Weg des Himmels abzuwenden beleidige die Geister; Reue löst natürlich Gefühle aus und stachelt Su Huis Herz an.
Der Nördliche Scheffel glänzt; tief verwandelt in ihm sich alles Wissen – wer sich auf einen lobhudelnden Minister verlässt, wird nie Gunst erlangen."[271]

Die so durch den Leser (oder einen in Schwung gebrachten Zeiger) immer wieder anders sich konfigurierenden Gedichte entsprachen den von Jadedrehscheiben produzierten Orakeln.

α Ursae Maioris

TIANSHU | T'IEN-TCHOU – DIE ANGEL DES HIMMELS

Diesen Namen trägt jener Stern des Scheffels, der dem Pol am nächsten liegt. Von den Daoisten wurde er später ZHENGXING – DER AUFRECHTE STERN oder YANGMING – YANG-HELLE genannt, da er das Yang kontrolliert. Er ist eng mit dem Himmel, dem Sohn des Himmels und Opfern an Götter und Geistern verbunden, welche, wenn sie nicht rituell korrekt vollzogen werden, Unglück bringen. Bleibt er sieben Tage lang blass, kommt es zu einem grossen Desaster.

U 503 und A 50, 55

β Ursae Maioris

XUANJI | SIOUEN-KI – DIE JADESCHEIBE | ARMILLARSPHÄRE

U 503, A 48, 50

TIANXUAN | T'IEN-SIOUEN – DAS HIMMLISCHE PLANETARIUM

U 503, A 50

FAXING – DER GESETZESSTERN

A 50

Als andere Divinationsmethoden später in Gebrauch kamen, wurde der Name im 2. Jahrhundert u. Z. unter den Han zu einer nicht unähnlichen Armillarsphäre oder einem Planetarium umgedeutet.

Deren Erfindung schrieb man dem legendären Kaiser Shun Ende des 3. Jahrtausends zu. Er soll von seinem Mathematiker eine Maschine verlangt haben, welche die Kurvatur des Himmels in Grade unterteilt, die Erde im Mittelpunkt, und Sonne, Mond und Sterne dort stehen hat, wo sie kraft ihrer nachgeahmten Bewegungen hingehören; um sie und die Pole zu markieren, holte Shun aus seiner Schatzkammer wertvolle Edelsteine samt Perlen für die Sterne. In Wirklichkeit entstand sie wohl nach dem griechischen Vorbild solcher Himmelsmechaniken zwischen dem 4. und 1. Jahrhundert v. u. Z. und bestand aus einem einfachen Ring, mit dem man den Abstand zum Nordpol – die Deklination – messen konnte.

Neben seinem sich auf die Vorstellung eines Planetariums aus Jade beziehenden Namen, nannten die Daoisten das Gestirn in Ergänzung zum Yang-Stern α Ursae Maioris YINJING – YIN-ESSENZ und assoziierten es mit Erde, Mond, der Herrscherin und Kastration (der 'Yinifikation' der Männer). Wenn der Kaiser die Erde mit seinen Ingenieursprojekten vergewaltigt, heisst es, leuchtet dieser Stern nur noch ganz fahl.

A 48–50, U 503

γ Ursae Maioris

TIANJI – DAS JADEINSTRUMENT

LINGXING – DER BEFEHLENDE STERN

Ergänzend zu seinem sich auf Kosmograph und Armillarsphäre beziehenden Namen wird der Stern in der daoistischen Mystik ZHENREN – VOLLKOMMENE PERSON genannt.

Er kommandiert neben dem Menschen an sich auch das Feuer, den Feuerstern Mars und löst Kalamitäten aus. Wird das Volk unterdrückt, leuchtet er nur noch ganz blass. Um ihn um befruchtenden Regen zu bitten, wurden 203 v. u. Z. per Dekret reichsweite Opfer an ihn verordnet.

A 50, SCH 221

δ Ursae Maioris

TIANQUAN –
DAS HIMMLISCHE WAAGENGEWICHT

FAXING – DER STRAFENDE STERN

Die Vorstellung eines Gewichtes ergibt sich aus dem Vergleich des Kosmographen mit einer Waage. In der daoistischen Mystik wurde er hingegen XUANMING – DUNKLE FINSTERNIS und Der Strafende Stein genannt; er stand Wasser, dem Wasserstern Merkur, Strafen und dem Gleichgewicht der vier Jahreszeiten vor. Waren die Taten eines Herrschers nicht konform mit den Jahreszeiten, wurde der Stern blass.

A 50

ε Ursae Maioris

YUHENG – DER JADE-AUFHÄNGER

SHAXING – DER TÖTENDE STERN

Der Jade-Aufhänger trug denselben Namen wie der Stab einer Waage; wo er in die Scheibe des Kosmographen überging – in δ –, wurde der Stern in Erweiterung des Vergleichs 'Waagegewicht' genannt. In der daoistischen Mystik hiess man ihn dagegen DANYUAN – DER ERSTE ZINNOBERROTE. Als Tötender Stern steht er wiederum der Erde, dem Erdstern Saturn, den fünf Richtungen, Hinrichtungen und der Musik vor. Wird die falsche Musik zu Ritualen gespielt, leuchtet er nur noch fahl.

A 51

In den Orakeltexten der Han-Zeit galten mehrere Tiere und Pflanzen als irdische Manifestationen dieses Sterns: Stallhühner, Eulen, Hasen, Ratte, Pflaumenbaum, Pfefferbaum, Dornbusch, Ulme, Kalmus usw.[272]

ζ Ursae Maioris

KAIYANG | K'AI-YANG – DER ÖFFNER DER HITZE

U 503, A 51, CHA 259

Dieser Name sowie der Name des letzten Sterns im Scheffel beziehen sich darauf, dass der Asterismus wie ein Uhrzeiger um den Pol kreist, weshalb man an ihm die Jahreszeiten ablesen kann.

So heisst es in den Büchern des *Heguanzi* aus dem 3. Jahrhundert v. u. Z.: "Wenn der Griff Des Scheffels [und damit ζ als 'Hitzeöffner'] abends nach Osten weist, ist es Frühling in der Welt; weist er nach Süden, ist es Sommer; weist er nach Westen, ist es Herbst; und weist er nach Norden, ist es Winter auf der Welt. So wie sich der Griff Des Scheffels dreht, so steht es unten um die Welt."[273]

Den Griff als Markierung der Jahreszeiten zu verwenden, war offenbar im Südwesten Chinas unter den Qiang gebräuchlich, Gegnern der Shang wie der Zhou.

U 503, P 245

80 Ursae Maioris

FU – DER HELFER

Unser 'Reiterlein' hilft Dem Scheffel, seine Arbeit zu tun und sich zu drehen. Er gilt als rechte Hand des Thearchen in seinem Himmelswagen und steht so für einen engagierten Minister; leuchtet er hell, wird dieser stark sein – was Gefahr für den irdischen Herrscher bedeuten mag. Die Daoisten erklärten ihn sowie einen weiteren Stern in der Kelle Des Scheffels namens BI – TRÄGER allerdings für gemeinhin unsichtbar; er würde nur ihren spirituellen Adepten vor Augen stehen.

A 84–85, 46–48 und P 461

η Ursae Maioris

YAOGUANG | YAO-KOUANG – DER FUNKELNDE

Der Name des Sterns in der daoistischen Mystik ist TIANGUAN – HIMMLISCHER TÜRRIEGEL; sonst wird er YINGXING – DER ANTWORTENDE STERN oder BUXING – TRUPPENSTERN genannt. Er steht Metall, dem Metallstern Venus, Krieg und Opfern an die vier heiligen Flüsse vor.

U 503, A 51

In den Orakeltexten der Han-Zeit galten mehrere Tiere und Pflanzen als irdische Manifestationen dieses Sterns: Elefant, Davidshirsch, Rabe, ein kleiner Singvogel, eine Schwalbe, Elster, ein Weissbauchhabicht, eine Schildkröte, ein Stück Ginseng usw.[274]

γ Bootis

ZHAOYAO | TCHAO-YAO – DER SCHÜTTLER[275]

CHANGYANG | TCHANG-YANG – DAS EWIGE YANG[276]

A 146, U 513, X | K 148

Wie aus einer Quelle des 3. Jahrhunderts v. u. Z. hervorgeht, war der 'Schüttler' eine Waffe, eine besondere Art Speer oder Schwert.[277] Durch seine Nähe zur Dunklen Klinge in λ Bootis wurde er aber auch als Verkörperung von Lanze und Schild gesehen. Schillerte er oder leuchtete er gross, würde es Krieg und Krisen geben.

Im Daoismus wurde er zu DER FREI FLIEGENDE umgedeutet und mit mystischen Flügen verbunden; Himmelsreisen zum Nördlichen Scheffel zählten zu den zentralen Vorstellungen daoistischer Visionen. Ursprünglich einmal gehörte der Stern jedoch zum Stiel Des Nördlichen Scheffels; wie dieser zeigt er aufgrund seiner wandernden Stellungen am Himmel die einzelnen Monate und die Jahreszeiten an – daher die Umdeutung seines zweiten Namens zu DER FREI HERUMWANDERNDE.

A 145–146, H 2

9 - 8 Draconis[278]

YINDE | YIN-TÉ – DIE TUGEND DES YIN[279]

U 532, X | K 166, A 142

Die verborgene und dunkle Macht des Yin verkörpernd, steht der Stern Gesetzen, Anstand, Wohltätigkeit und anonymen Spenden vor – weshalb das Kompositium *Yinde* auch 'stillschweigende Wohltätigkeit' zu bedeuten begann. Ist der Stern nicht zu sehen, ist dies deshalb ein gutes Zeichen – auch hält sich der Herrscher dann zurück; schillert er hingegen, wird es Intrigen am Hofe geben.

A 142–143

42 Camelopardalis (?)

YANGDE | YANG-TÉ – DIE TUGEND DES YANG[280]

Mit der Tugend des Yin ist das Prinzip des Dunkels, mit der offenkundigen Tugend des Yang das Prinzip des Lichts gemeint; beide Asterismen stehen Gnadenakten und dem Verzeihen von Fehlern vor.

U 533, ST 127, X | K 167, A 142

o - 5 - 16 - τ - 23 Ursae Maioris - HD83962

NEIJIE | NOUI-KAI – DIE INNEREN STUFEN

U 530, X | K 168

Diese 'schwarzen' Sterne repräsentieren die übereinander gesetzten Terrassen, die von den Amtsstuben des Palastes zur Halle des Lichts – *Mingtang* – als rituellem Sitz des Himmelsherrschers südlich der Palaststadt führen. Im Mingtang musste der Kaiser jeden Monat in einem jeweils anderen Raum gewisse Rituale vollziehen, die mit einer spezifischen Jahreszeit, Wandelphase, Region, Frage, Gottheit, musikalischen Note und Nahrung verbunden waren.[281]

κ Draconis

TIANYI | T'IEN-Y – DER HIMMLISCHE EINE

U 506, X | K 154, A 126

Da *Tian* und *Tai* früher synonym waren, ist es wahrscheinlich, dass der Stern zuerst den höchsten Himmelsgott verkörperte, den 'Himmlischen Einen' *Tianyi* – während *Taiyi* in Draco ursprünglich *Diyi* darstellte, die 'Irdisch Eine' als weibliches Gegenstück. Bis zur Han-Zeit im 2. Jahrhundert v. u. Z. waren der Himmlische Eine und der Oberste Eine mehr oder minder austauschbar und oft synonym für den höchsten Himmelsgott, der da noch menschliche Züge aufwies. Erst die Daoisten spalteten beide auf und inkorporierten sie in der Triade der Drei Einen, in welcher der 'Oberste Eine' Taiyi als allerhöchste Gottheit die Irdische Eine Diyi und den Himmlischen Einen Tianyi hervorgebracht hatte. Kaiser Wu opferte dieser Triade um 130 u. Z.

Tianyi und Taiyi galten einmal auch als die beiden sich in β Ursae Minoris gabelnden Spitzen des Speeres, den der Himmelsherrscher in der Hand hielt.

A 109–110, 126, 32

10 Draconis

TAIYI | T'AI-Y – DER OBERSTE EINE

U 506, X | K 154, A 77

Dieser kleine 'rote' Stern hatte um 3000 v. u. Z. dem damaligen Polarstern in α Draconis am nächsten gelegen. Unter den Han (etwa 2. Jahrhundert vor bis 3. Jahrhundert u. Z.) sah man diesen Stern als Verkörperung des Himmelsherrschers, der seinen Sitz im weit helleren Kochab (β Ursae Minoris) besass. Dass der Pol nunmehr in der Leere dazwischen lag und die alten Polarsterne nicht mehr galten, geht aus einem Satz des *Huainanzi* von etwa 150 v. u. Z. hervor, in dem es in Bezug auf den Obersten Einen heisst: "Der Himmelsherrscher hat die Vier Drehzapfen auseinandergesetzt; er dreht sich nunmehr rund um sie mithilfe seines Himmelswagens [Ursa Maior]."[282]

Taiyi selbst stieg erstmals zur Zeit der Streitenden Reiche (5. bis 3. Jahrhundert v. u. Z.) zum obersten Himmelsgott auf. Die Sterne um die Grosse Monade Taiyi wurden als 'Höchste Feinheit' bezeichnet oder als 'Purpurner Palast', dessen Mauern die Asterismen des Östlichen und des Westlichen Spaliers bildeten.[283]

X | K 124–128

Abgebildet wurde er anfangs als Krieger, je einen Drachen in Händen, einen weiteren Drachen als Genital, zwei Fasanenfederpaare als Kriegsschmuck um die Ohren, der rechte Fuss auf der Sonne, der linke auf dem Mond. Als seine Helfer galten die Fünf Herrscher der vier Himmelsrichtungen und der Mitte; seine Priester waren in Purpur gekleidet; auf seinem Banner waren Sonne, Mond und der Nördliche Scheffel gestickt und er selbst darauf als fliegender Drache dargestellt, sein Speer von drei Sternen symbolisiert. Er regierte sechzehn Götter und bestimmte, welches Reich Wind und Regen, Flut und Dürre,

Soldaten und Pferde, Hunger und Hungersnot, Seuchen und Not haben würde.

Begleitet wurde sein Kult von Opfern an die Erdmutter. Der Glaube an diesen Obersten Einen blieb jedoch eher unorthodox und mit Magie und Zauberei verbunden. Das hat mit seinem an den Anfang der Welt zurückgehenden Ursprung zu tun: "Taiyi steht für die Zeit als Himmel und Erde einander noch umarmten und sich vermengten, als das Chaos noch ein unbehauener Block war und als Dinge noch nicht geformt und vollendet waren."[284]

Noch unter dem Han-Kaiser Wu (156–87 v. u. Z.) galt Taiyi "als edelster Gott unter den Himmelsgöttern", dem ein eigener Altar errichtet wurde. Im Daoismus verlor Taiyi jedoch an Macht; er geriet zum obersten Verwalter der menschlichen Schicksale und wurde mit dem Himmlischen Herrscher Tian Di gleichgesetzt. An bestimmten Tagen des Jahres erhielt er von acht Gesandten Berichte über das moralische Verhalten einzelner Menschen, deren Lebensdauer er demgemäss verlängerte oder verkürzte. Darüber wurde er schliesslich zum Symbol des eigenen unsterblichen Selbst.[285]

Strahlte der Stern, war dies ein günstiges Zeichen; war er blass, verhiess dies Unheil.

U 506–507, X | K 166, A 77–78, 108, 109–110

ξ - o - π Bootis

ZUO SHETI | TSO-CHÍ-TI – DER LINKE REGLER

U 499

η - τ - υ Bootis

YOU SHETI | YEOU-CHÍ-TI – DER RECHTE REGLER

U 499, X | K 147

Sheti bedeutet wörtlich 'in die Hand nehmen und halten'. Beide Asterismen werden auch die REGEL DES KONTROLLEURS genannt, da sie stets auf den Griff Des Scheffels in Ursa Maior ausgerichtet sind – und dessen Ausrichtung gen Osten nach dem Sonnenuntergang regelmässig das Frühjahr anzeigt: welches wiederum die Abfolge der restlichen Jahreszeiten bestimmt. Aus diesem Grund werden sie auch als Sterne aufgefasst, "welche die Regel herbringen".

ZHIFA | TCHÍ-FA – DER REGELBRINGER
HUANSHU | HOAN-TCHOU – DER ZAPFEN DES UMKREISES

Aufgrund der Nähe zu dem auch 'Himmelskönig' genannten Arcturus wurden in den sechs Sternen auch Minister gesehen, die ihm mit ihrem Rat beistanden; da diese Weisen meist alt waren, wurde der Rechte Regler auch genannt: SANLAO | SAN-LAO – DIE DREI GREISE. Zugleich erblickte man darin Soldaten oder ein Kriegsbeil und Schild.

U 499–501

β Ursae Minoris

TIANDI XING | T'IEN-TI-SING – DER HERRSCHENDE STERN DES HIMMELS

Diese Bezeichnung war in den zwei Jahrtausenden v. u. Z. gültig, als Kochab der strahlende Stern war, der dem damaligen Himmelspol am nächsten lag. In dieser Position war er der Sitz des Himmelsherrschers, dessen Gegenstück den Kaiser als Sohn des Himmels auf Erden darstellte. Nachdem er diese Rolle an Polaris abgetreten hatte, repräsentierte er den Sitz des Kanzlers und stand der Sonne vor.

U 524, A 77

β - γ - 5 Ursae Minoris - ψ Draconis - HIP65336 oder 63340, 65595, 62170, 62572A

BEIJI – DER FIRSTBALKEN | DER ÄUSSERSTE NORDEN
BEICHEN – DER NORDSTERN

A 76 und X | K 154

Dieser Asterismus beginnt mit β Ursae Minoris und endet mit jenen fahlen Polarsternen, die zwischen 1000 vor und 1000 u. Z. dem Himmelspol am nächsten lagen. β Ursae Minoris verkörperte dabei Taiyi als Regenten der Sonne. Der benachbarte, auch 'Kronprinz' genannte Stern, regierte den Mond; der Sohn Der Konkubine regierte die fünf Planeten; dann folgte Die Hauptfrau als letztes Mitglied des engsten Hofes um den astralen Thearchen. Der letzte Stern dieses Asterismus wurde von dem nur sehr schwach leuchtenden Drehzapfen Des Himmels gebildet, der auch Knotenstern genannt wurde.

Verhielt der Widerpart des Thearchen – der irdische Herrscher – sich gut und vollzog die Opfer richtig, drang seine Tugend hoch zum Himmel und liess diese Sterne hell leuchten. Wurden sie blass, hiess dies, dass eine neue Herrscherfamilie am Aufstieg war, Chaos bevorstand und die Menschen gezwungen waren, sich aus Hunger gegenseitig zu fressen.

Ji bezeichnet in seiner ältesten Bedeutung jedoch den Firstbalken, von dem die Dachbalken eines Hauses ausgingen. *Beiji* lässt sich somit auch als 'Nördlicher Balken' übersetzen. Beiji und *Beichen* werden austauschbar gebraucht, wobei *Chen* auch 'Stern' bedeutet: sodass man Beichen wiederum mit 'Nordstern' übersetzen kann. Unter diesem Namen hat Konfuzius die fixe, einem Herrscher gleichende Mitte gekennzeichnet, um die sein Volk sternengleich kreist.

A 76–78

"In der Mitte dieses Gestirns liegt eine Okkulte Terrasse mit einem hohen Gebäude aus Jade", schreibt eine Quelle aus der Tang-Zeit; "dort steht der Himmelsherrscher, in purpurnen Damast gekleidet."[286]

HIP65595

TIANSHU | T'IEN-TCHOU – DER DREHZAPFEN DES HIMMELS

U 525, SCH 44

NIUXING | NIU XING – DER KNOTENSTERN

A 79

Der Beginn der Han-Dynastie 206 v. u. Z. korreliert mit dem Wechsel von HIP 63340 zu HIP 65595 zu dem von ihr deklarierten[287] Polarstern (der seinerseits um 100 u. Z. – also noch vor dem Ende dieser Dynastie – für die nächsten fünfhundert Jahre von HIP 62170 als Polarstern abgelöst wurde). Exakt den Pol markierte keiner von ihnen.

Dieser himmlische Drehzapfen wird auch Knotenstern genannt, weil von ihm die zwölf Hauptseile vertikal ausliefen, an deren daran aufgehängten Maschen die übrigen Sterne hingen. Diese tragenden, dicken Seile wurden in β Piscis Austrini – der dem Knotenstern antipodisch gegenüberliegt – wieder zusammengeführt. Zwischen ihnen wiederum hingen horizontal 'Himmlische Schnüre', wie sie etwa in der Corona Borealis aufleuchteten und hinüber zu ε und ζ Herculis führten. Als kosmisches Netz umschlangen sie die Erde.

A 78, SCH 241

So heisst es in den *Neuen Gesprächen* des Lu Jia aus dem 2. Jahrhundert v. u. Z.: "Der Himmel positioniert Myriaden von Dingen gemäss der Schar der Sterne; er reguliert sie mittels Des Scheffels, umgibt sie mit den Sechs Richtungen und vernetzt sie mit Schnüren und Seilen – er reformiert sie durch Desaster und Störungen, die er mit Omen ankündigt, motiviert sie mit Leben und Tod und lässt sie durch Muster und Enthüllungen bewusst werden."[288]

In diesem kosmischen Netz galt Ursa Maior dann als TIAN ZHI GANG – DAS OBERSTE SEIL DES HIMMELS, an dem die jeweils unsichtbaren Asterismen hingen: laut Sima Qian waren dies Der Südliche Scheffel ebenso wie Das Horn Des Drachens und die Gürtelsterne des Orion.[289]

γ – 5 Ursae Minoris – ψ Draconis – HD112028

GOU CHEN – DIE HAKENREIHE

Diese vier Sterne in Richtung Himmelsherrscherstern, die alle im Asterismus Firstbalken liegen, gehören mit ihrer Form eines Fischhakens wohl zum Netz des Knotensterns und geben damit wohl ältere, apokryph gewordene Anschauungen des Nachthimmels wieder.

In die kanonische Beschreibung integriert wurden sie, indem man in ihren Sternen die engsten Vertrauten des himmlischen Thearchen sah, und indem man sie zu seiner Residenz innerhalb des Purpurnen Palastes erklärte.

A 89, P 459

40 (= 41) – 35 Draconis – HD155154 – η Ursae Minoris – HD149681 – 158996

TIANZHU | T'IEN TCHOU – DER PFEILER DES HIMMELS

U 532, X | K 165

Der Pfeiler ragt bei der östlichen Mauer des Purpurnen Palastes auf. Da Proklamationen und Anweisungen meist am ersten oder fünfzehnten Tag an einem Pfeiler aufgehängt wurden, um sie den hundert Palastbeamten zur Kenntnis zu bringen, stehen die Sterne der Regierung und ihren Belehrungen vor.

A 129

Neben dem Asterismus des Firstbalkens um β Minoris sowie dem First in Pegasus | Aquarius ist dies ein weiterer Verweis darauf, dass der Himmel als gestützt gesehen wird, um in der Höhe bleiben zu können.

α Ursae Minoris

TIANHUANG DADI | T'IEN-HOANG-TA-TI – DER GROSSE ERHABENE GÖTTERKÖNIG DES HIMMELS

U 523, X | K 164, A 117

TIANJI XING | T'IEN-KÍ-SING – DER ÄUSSERSTE STERN DES HIMMELS

U 524

HUANGDI ZUO – DER SITZ DES HIMMELSHERRSCHERS

H | K 152

Das α erst in unserer modernen Zeit zum Polarstern geworden ist, muss sich diese Bezeichnung nicht auf die Himmelsmitte beziehen, sondern kann darauf beruhen, dass dies der hellste Stern in der Nähe des Pols war. Die Bezeichnung Äusserster Stern wiederum verweist darauf, dass man ihn im obersten von mehreren Himmeln leuchten sah. Mit dem Himmelspol wurde der Stern erst in der spätmittelalterlichen Ming-Zeit identifiziert, lange nachdem sich der Pol vom Knotenstern wegbewegt hatte.

U 524, X | K 164, P 459

Über diese Gottheit ist im Unterschied zum Obersten Einen und zum Gelben Gott jedoch wenig bekannt. Der Name unseres gelblich leuchtenden Polaris soll ursprünglich *Yaopobao* – Strahlendes Monddunkel-Juwel – gewesen sein: *Po* bezeichnet sowohl den nicht sichtbaren Teil des Mondes wie den beim Toten verbleibenden Teil der Seele. Als Höchster Herrscher Des Himmels Des Urlichtes soll diese Gottheit zahllose Geister und Dämonen befehligt haben. Wie dem Obersten Einen gingen ihm auch die Fünf Götter zur Hand und teilte er mittels des Scheffels in Ursa Maior Essenz, Kraft und Macht aus.

Tianghuang Dadi setzt sich aus den Zeichen für Himmel, Herrscher, Grösse und Mächtiger Herr zusammen, wobei jedes dieser Zeichen den höchsten Gott im Himmel mit seinen symbolisch ausgestreckten Armen darstellt – wiewohl dieser Gott fern und unnahbar blieb: als äusserster Stern des Himmels. Erst Konfuzius entpersönlichte diesen Gott, um aus ihm *Taiyi* zu machen, das Oberste Eine, die Grosse Einheit, die als generische Macht des Himmels dann vom Pol aus regierte.

Der Gelbe Gott Huang Di war nach Shang Di und Taiyi der dritte Himmelsherrscher, der einen Platz am Pol innehatte, ohne die anderen beiden verdrängen zu können. *Di* ist als 'Herrscher' wie 'Gott' übersetzbar und *Huang* homophon mit 'gelb' als Farbe der Sonne und 'Gleissen' als ihrem Glanz. Somit offenbart sich Huang Di – der Gelbe Kaiser – auch als Gelbe Gottheit mit solaren Zügen, die später zur obersten Gottheit der daoistischen Hierarchie erklärt wurde, in Konkurrenz zu Taiyi (ohne sich wirklich durchsetzen zu können).

So heisst es in einem daoistischen Text: "Tief unter der unteren Spitze des Geblümten Baldachins, hell und glühend, ist der unbewegliche Stern, der Äusserste Stern Des Himmels. Er ist die abgesonderte keimende Essenz des Herren des Dao und seines Grossen Weges; er ist der mythisch Erhabene des Schreins aus Jade, der wahre Stern des Jade-Götterkönigs. Von seinem Geblümten Baldachin beschattet, reist er im Nördlichen Wagen [Ursa Maior] durch die Neun Himmel."[290]

Ab dem 7. Jahrhundert u. Z. wurde er – und damit unser Polaris – mit dem mittlerweile als Heilgott verehrten Schwarzen Krieger, dem Grosssternbild des Winters, gleichgesetzt.[291]

A 117–118 sowie X | K 133 und 164

Der Stern galt auch als Sitz des Himmelsherrschers, wiewohl man diesen später im Nachbarstern δ Ursae Minoris sah: TIANZHONGGONG | T'IEN-TCHOUNG-KOUNG – DER ZENTRALPALAST DES HIMMELS.[292]

(unsichtbar)

SIDI ZUO – DER SITZ DER VIER GOTTHEITEN

Zur Zeit der Han sah man den Sitz des von ihnen verehrten Huang Di umgeben von vier weiteren Gottheiten in den vier Himmelsrichtungen: Der Grünen Gottheit des Östlichen Palastes, der Roten Gottheit des Südlichen Palastes, der Weissen Gottheit des Westlichen Palastes und der Schwarzen Gottheiten des Nördlichen Palastes. Zusammen verkörperten sie die Fünf Elemente, über deren Wandlungsphasen sich alles zusammensetzte: Gelb stand für die Erde, Rot für Feuer, Weiss für Metall, Schwarz für Wasser und Blau für Holz.[293]

Huang Di gilt als vergöttlichter Urherrscher, der als Erster die Welt befriedet und die Reichsherrschaft erlangt habe, worauf er ein Wegesystem anlegen liess, den Kochkessel, den Brunnen und das Wagenrad erfand, den Jahreszeiten entsprechend Getreide und Feldfrüchte anbauen liess, wilde Tiere gezähmt und so die Erde den himmlischen Gesetzen angepasst habe – während er in anderen Vorstellungen als Donner-, Regen- oder Sonnengott gilt, der dem Himmelsherrscher untersteht. Der in der Mitte für die Erde stehende Huang Di wird von den anderen Fünf Urherrschern umgeben: im Westen von dem für den Herbst stehenden Shaohao, im Norden von dem für den Winter stehenden Zhuanxu, im Osten von dem für den Frühling stehenden Taihao und im Süden von dem für den Sommer stehenden Yandi.[294]

6 schwache Sterne zwischen der Linie γ Camelopardalis – HD33541 und ξ – ι – o – 16 – β Cephei

A 94

oder 50 Cassiopeiae – HD15920 – 19275 – 25007 – 12543 – 49 Cassiopeiae (?)

LIUJIA | LOU-KIA – DIE SECHS ANFÜHRER

U 532

LIUJIA – DIE SECHS JIA

Im alten China war für den Kalender – ähnlich wie bei den Maya – ein Sexagesimalsystem in Gebrauch, bei dem zehn Stämme – *Gan* – mit zwölf Zweigen – *Zhi* – verzahnt wurden, indem nur die jeweils geraden Zweige sich so mit den Stämmen verknüpften, dass es insgesamt 6 × 10 Kombinationen gab. Der erste Stamm hiess *Jia* und verknüpfte sich derart mit sechs Zweigen. In der Zeit der Streitenden Reiche zwischen dem 5. und dem 3. Jahrhundert v. u. Z. spielten magische Nummern eine wichtige Rolle in der Philosophie, weshalb die Astrologen dieses System verwendeten, um daraus Weissagungen abzulesen. Die Daoisten vergöttlichten später jedes der Zahlenpaare, die sich durch das 6 × 10 System ergaben und verliehen ihnen Namen.

Am Himmel standen diese zwischen dem Stab Des Baldachins und Dem Innersten Sitz Der Fünf Kaiser schwach sichtbaren Sterne der guten Regierung vor und gaben die Zeit für die Feldarbeit an. Die Anhänger des Laozi verehrten diese sechs 'schwarzen' Sterne als göttliche 'Regulatoren des Lichts'.

A 94, X | K 165, U 532

38 – 43 – 47 – ω – 40 – 38 – 42 – 48 Cassiopeiae – HD15920 – 19275 – γ Camelopardalis – HD24164 – 26076 – 28204 – 31590 – 32650 – 33541

HUAGAI | HOA-KAI – DER BLUMENBALDACHIN

U 533, ST 127, X | K 164

Diese 'schwarzen' Sterne repräsentieren Die Bedeckung über dem Thron des Himmelsherrschers, die ihn vor Regen und Sonne schützt. Sie besteht aus einem Blumenschirm über einem GANG – STAB. Steht Der Baldachin gerade, gilt dies als günstig; steht er schief, als ungünstig.

U 534, A 92

ξ – ι – o – 16 – β Cephei (?)

WUDI NEIZUO | WOU-TI-NOUI-TSO – DIE INNEREN SITZE DER FÜNF GÖTTERKÖNIGE

U 526, A 94

Diese fünf 'schwarzen' Sterne beim hinteren Ausgang Des Purpurnen Palastes repräsentieren die mythischen Götterkönige. Der Blaue, Rote, Weisse und Schwarze Thearch repräsentierten jeweils die Himmelsrichtung von Ost bis Nord und eine Jahreszeit. Hinzu kam der Gelbe Thearch in der Mitte, um diese Konzeption mit den Lehren von den Fünf Wandlungsphasen abzugleichen. Unter Kaiser Wu aus der Han-Dynastie (reg. 141–87 v.u.Z.) verehrte man sie als Helfer des Obersten Einen als damals höchstem Gott. Sie sitzen deshalb zusammen mit ihm im Schatten seines geblümten Baldachins.

Darüber sah man in ihnen allmählich die Fünf Urherrscher Chinas, die das Land vor dem Beginn der Dynastien regiert haben sollen, als überall noch paradiesische Zustände herrschten. Dabei rechnete man ihre Lebens- und Regierungszeiten zurück: Der Gelbe Herrscher Huang Di (2674–2575 v.u.Z.) und Zhuanxu (2490–2413 v.u.Z.) und, in einer anderen Auswahl der Fünf Urherrscher, Ku (2412–2343 v.u.Z.), Yao (2333–2234 v.u.Z.) und Shun (2233–2184 v.u.Z.).

Wechseln die Sterne ihre Farbe ist dies ein schlechtes Zeichen für die Regierung.

T 361, A 137–138

α - ι Draconis

CHANG-HO – DAS ZEREMONIELLE TOR

SCH 47

α Draconis

YOUSHU | TEOU-TCHOU – DER RECHTE DREHZAPFEN

ι Draconis

ZUOSHU | TSO-TCHOU – DER LINKE DREHZAPFEN

U 507

Erstaunlich an diesen Bezeichnungen ist, dass sie sich auf die Lage des Himmelspols vor etwa 6000 Jahren beziehen lassen – also, bevor er zu α Draconis weiterwanderte, denn damals waren ι und α Draconis die ihm nächsten Sterne, die gleich weit von ihm entfernt standen. Die Bezeichnung 'Drehzapfen' mag noch darauf verweisen.

Dann jedoch wurden sie als Türangeln des vorderen Tores Des Purpurnen Palastes konfiguriert, wobei der Name des Tores sich von *Chang-ghap* – 'Verborgenem Vorsänger' – ableiten soll. Das bezieht sich darauf, dass hier die erhabenen Geister einen zeremoniellen Einlass fanden: Lebende Wesen wurden eingelassen, chthonische Kreaturen aus der Unterwelt der Gelben Quellen jedoch ausgesperrt.

Vorzustellen hat man sich dieses, wie auch die anderen Himmelstore, als rechteckiges Stadttor zwischen zwei konischen überdachten Wachtürmen.

SCH 47, T 208–211

Sterne von Draco, Cepheus, Ursa Maior und Camelopardalis

ZIGONG – DER PURPURNE PALAST

CHA 258

ZIWEIYUAN | TSSE-WI-HOUAN – DIE WÄLLE DER PURPURNEN ZARTHEIT

A 151, ST 117, X | K 154

CHANGYUAN – DIE LANGEN WÄLLE

A 152

Zi, wörtlich 'Purpur', gilt als Farbe des Himmels, insbesondere des Nordhimmels. Der Name bezeichnet die fast unsichtbaren, oft auch nur imaginären Sterne der Mauern des Palastes des Obersten Einen rund um den Pol; sie umschliessen die im Östlichen und Westlichen Spalier aufgestellten Mitglieder seines Hofes, seine Frauen und Söhne. Die Palastmauern werden auch 'Banner der Sonne' genannt, um damit die Herrschaft des Obersten Einen über die Sonne auszudrücken.

Mit dem Grossen Erhabenen Götterkönig Des Himmels in Polaris wurde dann eine noch höhere Manifestation des höchsten Gottes samt seinem Baldachin und den mit ihm darunter sitzenden Göttern am Östlichen Wall installiert.

Die Wälle repräsentieren auch die Grosse Mauer, die China vor Invasoren schützen sollte, weshalb ihre 'Banner-Sterne' die Offiziere darstellen, welche die Reichsgrenzen bewachen.

Beim Hinteren Tor beginnt der Fahrweg, der über den Himmelsfluss der Milchstrasse zum Ahnentempel in Pegasus führt, wo der Sommerpalast des Himmelsherrschers liegt.[295]

DONGFAN | TOUNG-FAN – DAS ÖSTLICHE SPALIER

θ Draconis: SHANGZAI | CHANG-TSAI – DER ERSTE GOUVERNEUR; η Draconis: SHAOZAI | CHAOU-TSAI – DER KLEINE GOUVERNEUR; ζ Draconis: SHANGFU | CHANG-FOU – DER ERSTE RATSHERR; φ Draconis: SHAOFU | CHAOU-FOU – DER KLEINE RATSHERR; κ Cephei: SHANGWEI | CHANG-WEÏ – DIE GROSSE GARDE; γ Cephei: SHAOWEI | CHAOU-WEÏ – DIE KLEINE GARDE; HD25007: SHANGCHENG | CHANG-TCHING – DER GROSSE KOADJUTOR

U 508–509

XIFAN | SI-FAN – DAS WESTLICHE SPALIER

α Draconis: YOUSHU | TEOU-CHOU – DER RECHTE DREHZAPFEN; HD117376: SHAOWEI | CHAOU-WEÏ – DER KLEINE KOMMANDANT; λ Draconis: SHANGFU | CHANG-FOU – DER ERSTE RATSHERR; 24 Ursae Maioris: SHAOFU | CHAOU-FOU – DER KLEINE RATSHERR; 43 Camelopardalis: SHAOWEI | CHAOU-WEÏ – DIE KLEINE GARDE; HD42818?: SHANGWEI | CHANG-WEÏ – DIE GROSSE GARDE; α Camelopardalis: SHAOCHENG | CHAOU-TCHING – DER KLEINE KOADJUTOR

U 508–510 und ST 117

Leuchten die Sterne des Östlichen und Westlichen Spaliers blass, wird die Elite des Reiches ihre Frauen und Kinder verlieren; leuchten sie hingegen kräftig, ist dies ein günstiges Zeichen.[296]

γ Ursae Minoris

TAIZI | T'AI-TSZE – DER KRONPRINZ

Der Stern steht dem Mond vor.

U 523–524, X | K 152

5 Ursae Minoris

SHUZI | CHOU-TSZE – DER SOHN DER KONKUBINE

Der Stern steht den fünf Elementen vor.

U 524, ST 126

4 Ursae Minoris

HOUFEI | HAO-FI – DIE KÖNIGINNEN

U 525

HD22701 - 2 Ursae Minoris - HD221525 - 5914 (?)

SIFU | SSE-FOU – DIE VIER STÜTZEN

Diese vier 'schwarzen' Sterne umrahmen den Nordstern des Asterismus Äusserster Norden. Sie repräsentieren nach alter Tradition der Zhou die vier Minister, denen der König am meisten vertraute. Ihre Titel waren YI, für allgemeine Konsultationen, CHENG für administrative Konsultationen, FU für zivile Belange und BI für militärische Belange; Yi sass vor dem Kaiser, Cheng hinter ihm, Fu zu seiner Linken und Bi zu seiner Rechten. Eine solche Konstellation gab es am Hof von Wang Mang (9–23 u. Z.). Die vier Stützen helfen dem Himmelsherrscher; sie erteilen Befehle, regieren und bestimmen über den Zugang der Minister zu ihm. Sind diese Sterne nicht zu sehen, ist das rituelle Verhältnis zwischen Herrscher und Ministern gestört, werden Berater exekutiert.

U 525, A 105, X | K 164

VZ Camelopardalis - HD89571 - 107113 - δ - ε - ζ Ursae Minoris

GOUCHEN | KAO-TCHIN – DIE GARDE

Der Asterismus stellt die Herberge des Saturn dar.

U 523 und 630

θ - 19 - 20 Ursae Minoris - HD147321

YUNÜ | YU-NIU – DIE PALASTDAMEN[297]

U 526, ST 127, X | K 187, A 99

Diese auch NÜYU genannten Sterne repräsentieren die 81 Konkubinen und Dienerinnen – 'Die Damen des Inneren Palastes' –, welche die Tradition den Herrschern der Zhou-Dynastie (11.– 8. Jahrhundert v. u. Z.) zuwies. Sie waren der Herrscherin unterstellt und wurden von Hofdamen belehrt, wie sie sich im Palast zu verhalten hatten.

A 99, P 459

ψ Draconis

NÜSHI | NIU-CHI – DIE HERRIN

In diesem Stern sieht das *Traktat der Himmlischen Ämter* die Herrin über die Palastdamen; die hatte die Ägide über deren Unterricht.

A 98, U 526, P 459

HD145454 - 15 - 19 Draconis und HD146603 - 15 - 18 Draconis

SHANGSHU | CHANG-CHOU – DER PALASTSCHREIBER

Der Asterismus repräsentiert denjenigen, der die Annalen des Kaisers aufzeichnet. Solche Beamten wurden erstmals unter der Dynastie der Qin (221–207 v. u. Z.) eingestellt. Unter den sie ablösenden Han nahm man dafür nur Eunuchen, der vermeintlich grösseren Verlässlichkeit und Vertraulichkeit wegen und reorganisierte alles 29 v. u. Z. zu einem eigenen Verwaltungsapparat: weshalb dieser Asterismus aus fünf Sternen besteht.

U 527, ST 128, X | K 166

χ Draconis

ZHUXIASHI | TCHOU-CHI – DER SCHREIBER UNTER DEM PFEILER | DER ZENSOR

An einem Pfeiler des Palastes wurden Verlautbarungen des Herrschers angebracht. Zur Zeit der Zhou-Dynastie fungierte ein solcher Schreiber als Archivar. Er symbolisierte den Linken wie den Rechten Schreiber der Dynastie: Der Rechte oder Innere Schreiber notierte die Worte des Herrschers, der Linke oder Grosse Schreiber seine Taten. Später sah man den Schreiber auch als Zensor; in dieser Funktion kam ihm auch das Aufzeichnen von Missetaten zu.

A 150, U 527, X | K 166

HD166655

NÜSHI | NIU SHI – DIE SCHREIBERIN

Nördlich der Schreiber und unterhalb der Pfeiler des Himmels – somit nicht Die Herrin (über die Palastdamen), sondern ein ganz schwacher Stern neben ihr – wurde unter der Dynastie der Zhou eine Frau in den unteren Rängen angestellt, welche sich des Schriftverkehrs der Frau und der Konkubinen des Herrschers annahm. Zudem überwachte sie die Wasseruhren und verzeichnete die Zeit.

"Sie verkörpert das Frauenamt: Sie hat die Aufzeichnungen der Belange und Geschäfte im Palast inne. Leuchtet sie hell, werden die Beamten, welche die Aufzeichnungen vornehmen, alles ehrlich formulieren; bleibt sie fahl, wird das Gegenteil der Fall sein."[298]

A 98, X | K 166

υ - HD85945 - φ - 26 - θ - 18 Ursae Maioris

WENCHANG | WEN-TCHANG – DIE GEZEICHNETE GLORIE

U 530, ST 130, X | K 151

WENXING – DAS LITERARISCHE GESTIRN

SCH 121

Ursprünglich bedeutet *Wenchang* wohl so etwas wie 'Gemusterte Brillianz', wobei 'Muster' als etwas verstanden wurde, in dem sich Quintessenzielles verdichtete.[299] Und anfänglich stellte der Asterismus einen Götterkönig dieses Namens samt den ihn begleitenden Gottheiten dar: Man glaubte, dass ihre Sterne die Schicksale der

Menschen bestimmten und verehrte sie bereits zur Zeit der Streitenden Reiche um das 4. Jahrhundert v. u. Z.

Später wurden diese sechs Götter in jenen Palastflügel umgedeutet, in dem die sechs Abteilungen des Ministeriums für Erziehung untergebracht waren, die zudem die Steuern auf Land, Holz, Wasser, Getreide, Kunstgewerbliches und Märkte erhoben. Der Kreis der sechs 'roten' Sterne wurde im *Traktat der Himmlischen Ämter* als PALAST DER FÖRDERUNG BÜRGERLICHER TUGENDEN bezeichnet,[300] und sie hiessen da der Reihe nach: SHANGJIANG – GENERAL SENIOR; CIJIANG – GENERAL JUNIOR; GUIXIANG – EDLER MINISTER; SIMING – DIREKTOR DER SCHICKSALE; SIZHONG – DIREKTOR DES INNEREN; und SILU – DIREKTOR DER VERGÜTUNGEN – wobei diese Titel sich auch ändern konnten und Richter über Leben und Tod oder Vorsteher zu Fragen der Briganteneinfälle hinzukamen. Der Name des Asterismus wurde dann als BLÜTE DER HOFKULTUR ausgelegt.[301] Der Direktor der Schicksale wurde noch lange, bis ins 12. Jahrhundert, verehrt, wiewohl man zu dieser Zeit bereits andere Entitäten für die einzelnen Schicksale verantwortlich sah wie den Berg Tai oder den Küchengott.

Über dieses Amt wurde der Asterismus mit Buchhaltung, dem Verzeichnen, Sammeln und Berechnen von Dingen verbunden sowie über den Direktor der Schicksale mit dem Kalkulieren von Glück und Unglück – und somit wiederum mit der Regulierung der Welt: Weshalb der Palast als ein Ort des Lernens und der Tugend galt.

DAS LITERARISCHE GESTIRN

Schon vor dem 7. Jahrhundert der Tang-Dynastie wurde *Wen* als 'Schrift, Literatur' gedeutet und aus dem ehemaligen Gott Wenchang der Schutzherr der Schriftsteller. Als Literarisches Gestirn wurde der Asterismus sodann oft in Gedichten angesprochen.

In den folgenden Zeilen etwa drückt der Tang-Dichter Pi Rixiu seine Reue darüber aus, Schriftsteller statt Priester geworden zu sein:

"Auf dieses Gewölbe Göttlicher Transzendenten blickend, verachte ich mich für meine schmutzige gewöhnliche Gestalt;
einmal mehr hasse ich den Erschaffer der Kreaturen, der mich losgeschickt hat ins Literarische Gestirn zu steigen."[302]

Hier wiederum beneidet ein Dichter die Soldaten, die durch die Asterismen Yakschwanz (Plejaden), Kriegsbeil (Orion) und General (α Leonis) repräsentiert werden:

"Jeder will jetzt Pinsel und Palette wegwerfen und mit Yakschwanz und Kriegsbeil angeben; keiner schickt ein Literarisches Gestirn – sie horchen alle auf den General-Stern."[303]

Im folgenden Gedicht weist der berühmte Kritiker Szu-k'ung T'u seine Schreibblockade nicht dem von bösen Dünsten verborgenen Literarischen Gestirn zu, sondern sich selbst; er sieht sich von den Winden geschüttelt wie Seerosen, gesteht ein, dass keine menschliche Vernunft das Göttliche zu analysieren vermag und hat deshalb sein Schreibwerkzeug beiseitegelegt:

"Windverfolgt, Gischtkronen brechend – die gelben Seerosen zertreibend: Wie könnte ein blosser Rundkopf das heiligste Numen ergründen?
Obwohl ich zuletzt Pinsel und Palette selber beiseitegelegt habe, hat dies nichts mit 'unheimlichen Dünsten' zu tun, die Das Literarische Gestirn verdunkeln."[304]

Manche Daoisten verehren dabei den alten Götterkönig Wenchang bis heute; und die spätere Verbindung des Gestirns mit dem Schreiben hat dazu geführt, dass traditionell jede andere Verwendung von beschriebenem Papier als Missbrauch angesehen wurde.

Leuchten die Sterne gelb und voll, sagt dies Frieden und Wohlstand voraus; schillern sie, werden entweder die 'Drei Fürsten' des Hofes exekutiert oder die Kaiserin stirbt. Eine Konjunktion mit dem Jupiter bringt Frieden, die mit Mars und Venus jedoch Krieg. Erscheinen Kometen oder Asteroiden darin, bedeutet dies, dass wichtige Generäle rebellieren werden.

A 130–132, SCH 121–122, U 530

HD137389 - 133388 - 131507 - 127929 und HD137443 - 129798 - 133388

TIANCHUANG | T'IEN-TCHOANG – DIE HIMMLISCHE SITZUNG

Der Asterismus steht den Audienzen und Regierungssitzungen des Kaisers vor.

U 528; ST 127

σ^{1+2} - ρ Ursae Maioris

SANSHI | SAN-SSE – DIE DREI GOUVERNEURE

Die drei 'gelben' Sterne repräsentieren die Lehrer des kaiserlichen Prinzen.

U 528

24 Canum Venaticorum - HD117361 - 21 Canum Venaticorum

SANGONG | SAN-KOUNG – DIE DREI FÜRSTEN

U 528, ST 127, X | K 173, 187, A 100

'Fürsten' genannte Hofräte zählten zu den engsten Beratern des Herrschers. Ihre Nähe zum Nördlichen Scheffel erlaubt ihnen, sich an der Harmonisierung von Yin und Yang und an den Sieben Reglern zu beteiligen. Verlöscht einer ihrer Sterne, gerät die ganze Gesellschaft in Gefahr; verlöschen zwei, geht alles im Chaos unter; verlöschen alle drei, wird die Gesellschaft unregierbar. Leuchten sie hell und gelb, sind gute Anordnungen und Befehle zu erwarten; wirken sie hingegen rötlich, gibt es Krieg überall.

A 100–101

73 Ursae Maioris

XIANG | SIANG – DER KANZLER

U 528, A 104

Der Stern repräsentiert den obersten Minister des Herrschers, dem die hundert Beamten unterstehen und der die Lehren des Landes bestimmt. In der doppelten Bedeutung von *Xiang* als 'Abbild' ist er auch das Vorbild des irdischen Obersten Rates am Hofe des Kaisers.

Strahlt der Stern, ist dies ein günstiges Zeichen; verlischt er, so wird auch der Oberste Rat des irdischen Kaisers sterben.

U 528, A 139, 38

HD97989 - 95057 - 97855 - 101013

SHI | CHI – DER EUNUCH

U 531, ST 127, X | K 177, A 103

Shi bedeutet eigentlich 'Macht, Autorität', seltener 'Penis', wie er hier zusammen mit 'entfernen' geschrieben wird. Diese vier 'schwarzen' Sterne repräsentieren den Eunuchen, der auf Geheiss des Obersten Rates agiert und damit auch die Autorität der Regierung vorführt.

A 104, U 531

ικ und λμ und νξ Ursae Maioris

SANTAI | SAN-TAI – DIE DREI EMINENZEN

U 529

Im *Traktat der Himmlischen Ämter* wird dazu angeführt, dass, wenn die drei Sternpaare gleich aussehen, Herr und Minister in Harmonie miteinander sein werden; wenn nicht, dass Disharmonie herrscht.

P 461

ψ Ursae Maioris

TAICUN | T'AI-TSUN – DIE GROSSEN ERHABENEN

Dieser 'gelbe' Sterne repräsentiert die Eltern des Kaisers.

U 529

χ Ursae Maioris

TAIYANGSHOU | T'AI-YANG-CHAO – DER WÄCHTER DES GROSSEN YANG

Dieser 'rote' Stern repräsentiert den himmlischen General, der für das Strömen des Yang verantwortlich ist und die Tore des Palastes des Himmlischen Herrschers bewacht. Er symbolisiert den obersten Minister auf Erden und militärische Bereitschaft. Strahlt er, ist dies ein günstiges Zeichen; zittert er, kommt es zum Krieg.

U 529, A 106

δ - π - σ - ρ - AC - ε Draconis

TIANCHU | T'IEN-TCHOU – DIE HIMMLISCHE KÜCHE

Der Asterismus repräsentiert die Küche des Hofes, die das Essen für die Bankette, Feste und Gastempfänge zubereitet; seine sechs 'schwarzen' Sterne befinden sich an der nordöstlichen Mauer des Purpurnen Palastes. Verlöschen diese Sterne, werden die Eliten ihre Kleider verhökern, gewöhnliche Leute ihre Frauen und Kinder verkaufen und wird es grosse Hungersnöte geben.

U 529, X | K 168, A 114

HD112486 – 78 Ursae Maioris

NEICHU | NOUI-TCHOU –
DIE INNERE KÜCHE

Es ist dies die Küche für den Souverän; sie befindet sich gerade ausserhalb des Eingangstors des Purpurnen Palastes, an seinem südwestlichen Eck. Die zwei Sterne stehen den herrscherlichen Banketten vor.

U 529, X | K 168, A 96

HD20041 – 19256 – K Persei; HD17378 – χ – 9 Persei; HD14662 – 4 – 2 Persei

FUSHE | FOU-CHE –
DER QUARTIERMEISTER

U 530, ST 131

ZHUANSHE – DIE GASTHÖFE

X | K 168

Diese Tripelsterne beim Hinterhausgang des Purpurnen Palastes repräsentieren die Häuser, in denen die aus den vier Himmelsrichtungen kommenden Gäste des Hofes untergebracht wurden. Der Begriff *Zuanshe* bezeichnet Raststationen für Beamten und Boten.

U 531, A 149, X | K 168

44 – HD92095 – 36 – 37 – 39 – 43 – 44 Ursae Maioris

TIANLAO | T'IEN-LAO –
DAS HIMMLISCHE GEFÄNGNIS

U 531, ST 131, X | K 151

Diese sechs 'schwarzen' Sterne repräsentieren das Gefängnis für die Angehörigen der Oberschicht. Sind mehrere seiner Sterne klar zu sehen, werden viele von ihnen inhaftiert werden.

U 531, A 120

HD141653 – 138265

DALI | TA-LI – DER OBERRICHTER

U 527, ST 127, X | K 187

Zur Zeit der Han war dies der Titel des Kammerherrn der Strafverfolgung – *Tingwei* –, der die wichtigsten Gerichtsverhandlungen der Hauptstadt verantwortete.

A 83

ν – τ – κ – ζ – μ Coronae Borealis – μ – δ Bootis

QIGONG | TSÍ-KOUNG –
DIE SIEBEN HOFRÄTE

Diese sieben 'schwarzen' Sterne repräsentieren die Amtsträger, die Gutes von Schlechtem unterscheiden; sie stehen der Einhaltung der Gesetze vor und haben deshalb mit den Bestrafungen zu tun, die im Herbst vorgenommen werden.

U 512, X | K 148

λ Bootis

XUANGE | HIOUEN-KO – DIE DUNKLE KLINGE

Ge benennt eine Dolchart. Das Schillern dieses 'roten' Sterns, seine Helligkeit und Röte verheissen Krieg und Invasion.

A 141, U 512

θ – ι – κ Bootis

TIANQIANG | T'IEN-TSANG –
DIE HIMMLISCHE KEULE

Der Asterismus stand nach Sonnenuntergang im Dezember am Horizont, in der Zeit also, als die Kriegszüge begannen. Zusammen mit der Dunklen Klinge repräsentiert er militärische Bereitschaft. Leuchten seine Sterne hell, folgen Hinrichtungen und Krieg.

U 512, A 112 und 123

Das ganze Ensemble zusammen mit λ konnte man der dreieckigen Form wegen aber auch als DUN- SCHILD mit ι als GENGHE-LANZENSPITZE sehen.[305]

ε – σ – ρ Bootis

GENGKE | KANG-KO[306] – DER ABWEHRENDE GRIFF

Geng bedeutet 'abwehren', *Ke* bezeichnet einen Griff; die drei 'gelben' Sterne repräsentieren Lanze und Schwert des Kaisers. Der Asterismus wird auch genannt TIANFENG | T'IEN-FOUNG – DIE HIMMLISCHE | KAISERLICHE VORHUT.

U 512–513

VII SONNE UND MOND

Sonne

LIYAN | LI-YEN – DAS GENAU HINSCHAUENDE AUGE

U 600

Der Name geht auf die alte, auch im pazifischen Raum oder bei den Altägyptern vorhandene Vorstellung zurück, dass Sonne und Mond die Augen des Himmels sind; wörtlich ist das Sonnenauge 'scharf', im Sinne von akribisch alles betrachtend.

Die Vorstellung eines Auges lässt sich bis zum Mythos um Nügua zurückverfolgen, in dem Zhulong auftritt, der Fackeldrache mit dem menschlichen Gesicht, der den Menschen das Feuer brachte:[307] "Jenseits des Meeres im Nordosten, nördlich des Roten Flusses, liegt der Berg Zhangwei. Dort haust ein roter Dämon, der das Gesicht eines Menschen und den Leib einer Schlange hat. Seine Augen sind rechteckig und seine Pupillen gerade. Wenn er die Augen schliesst, wird es finster; wenn er sie öffnet, erscheint das Tageslicht. Er isst weder noch schläft er. Atmet er aus, ist es Winter; atmet er ein, wird es Sommer. Er verkündet den Wind und den Regen und erhellt die neun Dunkelheiten [der Ecken der Welt]; sein Name ist Zhulong, 'Fackeldrachen'."[308]

Geht die Sonne unter, "leuchtet ihr Licht zurück in den Osten; das nennen wir 'zurückkehrender Phosphor'".[309]

LIUZHU | LIOU-TCHOU – DIE DAHINZIEHENDE PERLE

U 600

YUANZHU – DIE RUNDE PERLE

ES 369

Die Namen beziehen sich auf die Morgensonne in der ersten Dämmerung. Dahinter steckt noch die uralte Vorstellung der Sonne als leuchtendes Objekt, weshalb sie oft mit einem Juwel oder einer Perle verglichen wird.

YANG(WU) | YANG(-WOU) – DER (YANG-)RABE

U 600, SCH 164

Diese Bezeichnung führt auf die alte mythische Vorstellung zurück, dass ein Rabe in der Sonne sitzt, dessen Schwarz man in den Sonnenflecken erkennen kann. Steckt er nicht in der Sonne, so trägt er sie entweder auf seinem Kopf oder als Last auf dem Rücken und schwingt sich mit ihr in die Lüfte.[310]

Einen solchen Sonnendämon sah man aber auch rotgestreift in ihrem Körper sitzen; man nannte ihn *Yuhua*, 'Den Strahlenden', oder unter buddhistischem Einfluss *Suliye*: womit der Sanskritname der Sonne – *Suriya* – wiedergegeben wurde.[311]

"Die Sonnen werden alle von einem Raben getragen", heisst es in einem Mythenfragment, und "in der Sonne hockt ein Rabe" in einem anderen.[312] Traditionell vorherrschend war der Glaube, dass neben dem Hahn als Vogel des Morgens der Rabe der Vogel des Tages war und es zwei Weltenbäume gab, die für Sonnenaufgang und Sonnenuntergang stehen. Der den Himmel Stützende Maulbeerbaum *Fusang* ragt riesig hoch im Osten auf, über dem Tal der Brodelnden Wasser, und hat Blätter, die nicht grösser als Senfkörner sind. Der Sonnenvogel steigt durch die Zweige des Maulbeerbaums zum Himmel hinauf, fliegt über das Firmament und steigt im Westen am Baum *Ruomu* wieder herab, der am Ufer der Finsternis steht und mit seinen leuchtend roten Blättern nachts die Erde erhellt.[313]

Dieser Rabe wird als Essenz des Yang bezeichnet, wobei der 'rote Rabe' auch ein Glückssymbol ist. Hinter dem Raben als roter Sonnenvogel steckt wahrscheinlich ein artverwandter Vogel, der Blutpirol (*Oriolus traillii*), ein scharlachroter Vogel mit schwarzem Kopf und schwarzen Flügeln.

Da Yang auch 'drei' bedeuten kann, schrieb man dem Raben allegorisch Dreibeinigkeit zu. So heisst es in einem alten astrologischen Buch: "Als der Unteilbare das Yang öffnete, um den Himmel zu schaffen, konzentrierte er dessen Essenz in der Sonne, um den Rest dann proportional [auf den Himmel] und die grossen Chronogramme darauf zu verteilen. Da der Himmelsherrscher der Eine ist, konkretisierte sich das Yang im Dreifaltigen: Deshalb gibt es einen dreibeinigen Raben mitten in der Sonne."[314]

SCH 163–165

SONNEN UND RABEN

Eine daoistische Überlieferung, in der Jupiter als Dongfang Shuo – eine dem Kaiser Wu nahe Person, die dann als Planet versternt wurde – zu diesem spricht, bezieht sich auf diesen Raben: "Eines Tages sagte der Kaiser zu Dongfang: 'Ich möchte gerne, dass meine Lieblingsfrau nicht alt wird. Kann man das?' Dongfang erwiderte: 'Nur ich weiss ein Mittel, nicht alt zu werden.' Der Kaiser fragte, welche Kräuter man essen müsse. Dongfang erwiderte: 'Im Nordosten wächst der Lebenspilz. Der dreibeinige Rabe in der Sonne möchte immer herunter und davon fressen. Der Sonnengott aber hält ihr die Augen zu und lässt sie nicht weg. Wenn Menschen davon essen, werden sie unsterblich; wenn Tiere davon fressen, werden sie betäubt.'"[315]

Im Mythos ist die heutige Sonne jene, die von insgesamt zehn früheren übriggeblieben ist – so wie der Mond nur noch einer von zwölfen ist. Gezeugt wurden sie vom Gott Jun, von dem wenig bekannt ist, und seinen beiden Frauen, zu denen die Mutter der Monde gehört, die zugleich seine Schwester ist. Die oft mit dem Regenbogen identifizierte[316] Mutter der Sonne wird in späterer Zeit zum Wagenlenker der Sonne erklärt, indem man sie erst die Rabensonnen in einem Wagen über den Himmel kutschieren lässt, sie aber schliesslich in einen Mann verwandelt, den Sohn der Sonne:

"Jenseits des südöstlichen Meeres, inmitten der Süsswasser da, liegt das Land Xihe. Dort lebt eine Frau dieses Namens, die darin die Sonnen badet, in diesem Süssen Abgrund. Xihe ['Wechselnder Atem'][317] ist die Frau des Herrschers Jun; sie hat mit ihm zehn Sonnen zur Welt gebracht.

Ganz im Westen wiederum gibt es auch eine Frau, welche die Monde badet. Sie ist ebenfalls die Frau des Herrschers Jun und heisst Changxi ['Ewiger Atem'];[318] sie hat mit ihm zwölf Monde zur Welt gebracht, die sie dort an diesem Ort badet.[319]

Im Westen liegt das Brodelnde Tal; auf dem Gipfel des Berges Nieyaojundi darüber steht der Stützende Maulbeerbaum. Dort baden die zehn Sonnen. Er befindet sich im Norden des Landes, in dem sich die Leute die Zähne schwarz färben, mitten im Meer. Die neun Sonnen setzten sich auf die unteren Zweige dieses grossen Baumes, während eine Sonne sich jeweils oben in seiner Krone befindet. ...Die Sonne fliegt aus dem Brodelnden Tal und badet sich im Himmlischen Teich. Sie trocknet sich dann im Maulbeerbaum des Universums: Das nennt man die Morgenröte. Sobald sie den Maulbeerbaum hinaufsteigt, beginnt ihre Reise."[320]

Die Sonne als Vogel, der einen mit Früchten beladenen Baum hinaufklettert, ist auch bei den Maya ein bestimmendes Motiv – ebenso, dass sie alles versengt. Denn früher einmal waren diese Rabensonnen so heiss, dass sie Menschen und Pflanzen verbrannten. Zu ihren Opfern gehörte Nüchou, 'Junges Mädchen mit gefesselten Händen', über die nichts als ihr Name bekannt ist. Man nimmt an, dass es sich um eine Schamanin handelt, die für das Wetter verantwortlich war, weshalb man sie während einer grossen Dürre verbrannte.

"Der Leichnam der Nüchou: Sie befand sich im Norden von Zhanfou, des 'Reichs der Herren' [Korea?]. Mit ihrer rechten Hand bedeckte sie ihr Gesicht. Während zehn Sonnen sich da oben am Himmel befanden, stand sie auf dem Gipfel des Berges. Sie wurde bei lebendigem Leib von den zehn Sonnen verbrannt und umgebracht."[321]

Dieser verheerenden Hitze abzuhelfen, wurde dem legendären Bogenschützen Yi übertragen, der dafür einen "purpurnen Bogen samt einfarbigen Pfeilen mit Seidenschnüren" erhielt und sechs Monster umbrachte, welche die Menschheit ebenfalls bedrängten:

"Es war unter der Herrschaft des Yao [einem der mythischen fünf Kaiser der Vorzeit], dass die zehn Sonnen zugleich aufgingen. Sie verbrannten die ganzen Getreideähren und die Pflanzen und Bäume starben, sodass die Menschen nichts mehr zu essen hatten.

Und das Chayu-Drachenkopf-Monster, das Meissel-Hauer-Monster, das Neun-Rachen-Monster, der Riesen-Sturm-Vogel, das Fenghsi-Wildschwein und die Riesenkopf-Lang-Schlange, sie machten den Menschen ebenfalls schwer zu schaffen. Deshalb befahl Yao dem Yi, das Meissel-Hauer-Monster in der Wildnis von Chou Hua zu töten, das Neun-Rachen-Monster beim Hsiung-Fluss abzuschlachten, den Riesen-Sturm-Vogel mit seinen angeschnürten Pfeilen im Sumpf von Chingiuchiu abzuschiessen.

Darauf befahl er ihm, oben auf die zehn Sonnen zu schiessen. Die neun Raben, die sich in den Sonnen befanden, starben alle und die Federn ihrer Flügel fielen zur Erde. Deshalb gibt es heute nur noch eine einzige Sonne.

Dann befahl er Yi unten auf das Changyu-Drachenkopf-Monster zu schiessen, die Riesenkopf-Lang-Schlange bei Tung-ting zu köpfen und das Fenghsi-Wildschwein im Maulbeerwald zu fangen. Die zahllosen Leute waren überglücklich und ernannten Yao zu ihrem Kaiser. Und so gab es auf der Welt zum ersten Mal Strassen und Strassenschilder durch das Land und die Schluchten, die tiefen Täler und die Ebenen überall."[322]

Diverse Quellen deuten an, dass die übrig gebliebene Sonne nach ihrem täglichen Lauf vom Maulbeerbaum Fusang (der für eine andere Aufstiegsmöglichkeit als auf den Zweigen auch als Hohler Maulbeerbaum – *Kongsang* – gesehen wird)[323] im Osten abends im äussersten Westen den Ruo-Baum erreicht, der oben ebenfalls den Himmel berührt und mit seinen Wurzeln in die Unterwelt reicht. An dessen Fuss geht sie schliesslich in den Ruo-Fluss ein, auf dem sie offenbar nachts wieder zum Kung Sang zurückkehrt. *Ruo* könnte eine andere Bezeichnung für die wasserführende Unterwelt sein, die in der frühen Literatur 'Gelbe Quellen' genannt wird.[324]

Zugleich aber konnten Sonne und Mond – entgegen all der Ordnungsliebe des chinesischen Denkens – auch für das einzige wirkliche Naturgesetz stehen: Wandelbarkeit – bei der selbst die alten Götter nicht den Lauf der Zeit anzuhalten vermögen.
Der Dichter Sikong Tu zeigt dies, wenn er den Sonnenraben, den Mondhasen (mit einem unübersetzbaren reinen Reim auf 'Mond') und die Weltenretterin Nügua vorführt: "Flie-ie-ieg, Rabe, flie-ie-ieg! Hüpf, Hase, hüpf! Lass die Morgen kommen und die Abende gehen: treib die zerteilten Jahreszeiten voran!
Die Froschdame wusste bloss den blauen Himmel zu flicken – nicht aber auch den Leim zu kochen, um Sonne und Mond darauf festzukleben!"[325]

DONGJUN | TUNG KIUN – DER EDLE DES OSTENS

U 600, SCH 167

MO GONG – DER HERRSCHER DES OSTENS

L 5

Es sind dies zwei Bezeichnungen *Dongwanggongs*, des 'Königlichen Herrschers des Ostens', dem Gatten und Gegenstück zur 'Königlichen Mutter Des Westens' *Xiwangmu*. Von ihm wird erzählt, er wäre über dem blauen Meer geboren und regiere den Osten; wer unsterblich werden will, muss zuallererst ihn, dann die Königliche Mutter Des Westens anbeten.

In einem Gedicht Qu Yuans heisst es um 300 v. u. Z.: "Aus dem Osten steige ich, die helle Sonne, auf, mein Licht von der Balustrade leuchtend. Bereit, loszureiten, sporne ich mein Pferd an, um der Erde das Zwielicht der Dämmerung zu bringen. In wolkengewebten Gewändern über regenbogenfarbenen Hosen schiesse ich einen langen Pfeil auf Den Himmlischen Schakal. Meinen Bogen spannend, komme ich vom Zenit herab, um mit Dem Nördlichen Scheffel Duftblütenwein auszuschenken. Zügel in der Hand, ungesehen galoppierend, reite ich mein hochfliegendes Pferd in der Abenddämmerung dann wieder nach Osten."[326]

(YU)YI – DIE DICHTE ERSCHEINUNG

ES 345

Yu benennt die Verdichtung von heissen Dämpfen, Wolken und Nebeln, aber auch das Glitzern von Licht, *Yi* eine Erscheinung, die Idee eines rechten Masses, eines richtigen Verhaltens, aber auch ein Herrscherpaar (zu dem hier der weibliche Mond zu ergänzen wäre).

Als Gottheit ist Yuyi Verkörperung wie belebendes Prinzip der Sonne. Er wird in späterer Zeit mit dem Bogenschützen Yi identifiziert, der seiner vielen Heldentaten wegen zum unsterblichen Herrscher der Sonne erhoben wurde.

ES 359–365, U 599–602

TAIYANG – DAS GROSSE YANG

ES 369

Die Sonne wurde im Daoismus als Manifestation, Essenz und Quelle des männlichen, heissen, leuchtenden Prinzips Yang gesehen (der Mond als weibliches, kaltes, dunkles Yin): "Die angesammelten heissen Dünste des Yang erzeugen Feuer, und die Essenz dieser entzundeten Dünste formt die Sonne", heisst es im *Huainanzi* des 2. Jahrhunderts u. Z. Ein Lebensspender, galt sie als Beherrscher aller Aspekte der Natur und als Abbild all dessen, das kostbar ist.

Die Morgensonne im Osten und die damit assoziierte Wandlungsphase Holz gilt als Kleines Yang; sie steigt dann auf zum Höchsten und Grossen Yang im Süden des Feuers; und sie geht abends im Westen des Metalls in das Kleine Yin über (das daraufhin im Norden des Wassers zum Grossen Yin heranwächst, um sich dann im Osten erneut ins Kleine Yang zu verwandeln).[327]

Am Neujahrstag erwies man der Sonne morgens, draussen vor dem Osttor der Stadt, Verehrung, und beim Äquinoktium des Frühjahrs eineinhalb Monate später errichtete man ihr einen Altar, der vollkommen rund sein musste, schichtete Holz darauf und opferte ihr ein ganzes Rind. Drei Tage zuvor zog der Beamte des Feuers mit einer hölzernen Glocke durch die Gassen und verbot bis dahin, Feuer anzumachen: Es wurde erst von dieser Sonne der Tagundnachtgleiche wieder entzündet, indem man mit einem kreisrunden 'Sonnenspiegel' aus Metall, Kristall oder Glas trockenes Moos entzündete, um den Scheiterhaufen auf dem Rundaltar zu entfachen.

U 599, 601–602

Auf die Hitze der Sonne bezieht sich die Überlieferung vom Dürredämon Kuafu ('Vater des Prahlens'), der ein Enkel der Urmutter Erde ist: "Auf dem weiten Berg namens 'Vollendete Stadt die den Himmel trägt' war ein Mensch zu sehen, dem zwei gelbe Schlangen von den Ohren herabhingen und der zwei weitere gelbe Schlangen in Händen hielt. Er hiess Kuafu und war der Enkel der Urmutter

Erde Houtu, die Xin zur Welt brachte, der wiederum Kuafu zeugte, welcher zum Vater des Prahlens wurde, der seine Kräfte völlig überschätzte. So hatte er Lust, den Schatten der Sonne zu jagen, den er dann im Tal von Yu [wo die Sonne versinkt] erhaschte. Darauf bekam er so grossen Durst, dass er den Gelben Fluss austrank – doch dessen Wasser reichten nicht aus, weshalb er zum Grossen See [Baikalsee?] lief. Den jedoch erreichte er nicht mehr: Er verendete in Chengdu."[328]

Mond

YEGUANG | YE-KOANG – DAS NACHTLICHT

U 611

In den Mythen um Fuxi hiess dessen Mutter 'Blütenall'; sie galt als leibliche Erscheinung der Erde und des Nachthimmels, dessen Sterne den Samen der Pflanzen entsprachen. Sie wandelt in den Fussspuren eines grossen Wesens auf der Oberseite des Firmaments, und diese Fussspuren bilden die verschiedenen Formen des Mondes.[329]

Neumond

PO – DIE WEISSSEELE

Die Sichel des Neumondes am dritten Tag seiner Wiedergeburt sah man in der Tang-Zeit analog zu jener Seele an, die sich in einem menschlichen Embryo am dritten Tag formte. Diese knochenweissen und in der Lunge sitzenden Seelen waren für die Körperfunktionen zuständig, im Unterschied zu den Wolken- | Hauch- | Geistseelen in der Leber, die für das Denken als Yangfunktion des Menschen verantwortlich waren.[330] Die Weissseele des Mondes bestand im Gegensatz zum heissen Yang-Licht der Sonne aus kühlem Yin-Licht.[331]

Den letzten Tag des Mondzyklus' nannte man *Hui* – Asche –, weil er nur so grau abgedunkelt sichtbar war, und er starb: um darauf seine Wiedergeburt zu erleben. Der Halbmond wurde aufgrund der Ähnlichkeit mit einem gespannten Kriegsbogen auch 'Sehne' genannt. Früher wurde er mit einem Zeichen geschrieben, das eine nach links gewendete Mondsichel darstellt und 'ausgekerbt' bedeutet, weil der Vollmond dann mehr und mehr an Rund einbüsst.

U 604–606

Halbmond

KUANG – DIE AUFGEHELLTE

Damit wird im Daoismus der acht Tage alte Mond bezeichnet, der sich von *Po* zu *Wang* entwickelt.

SCH 178–179

DEXING | TE HSING – DAS GESTIRN DER TUGEND
CHINGXING – DAS PHOSPHORGESTIRN

Diese Namen beziehen sich auf einen jener seltenen Halbmonde, dessen dunkle Scheibe vom Erdlicht, dem von der Erde reflektierten Sonnenlicht erhellt wird.

SCH 182–183

Vollmond

WANG – DAS SCHAUEN

SCH 179, U 603

Der Mond wird auch als himmlischer Bote gesehen. Steht er der Sonne gegenüber, 'schaut' er auf sie. *Wang* schreibt sich mit den Zeichen für einen hohen, dem Herrscher untergebenen Beamten, Mond und der lautgebenden Bezeichnung für Herrscher, um damit einen Untertan auszudrücken, der seinem Herrscher die Ehre erweist. Stellt die Sonne alles dar, was vollkommen ist – ob Prinz, Vater, Gatte oder älterer Bruder –, so steht der Mond für alles Unvollkommene: Ob Königinnen, Grossminister, Feudalherrscher oder Vasallen. Deshalb wird die Sonne manchmal 'Bruder' und der Mond 'Schwägerin' genannt.[332]

Beim Äquinoktium des Herbstes begab man sich abends aus dem westlichen Stadttor, um den Aufstieg des Mondes zu feiern. Das Opfer, das man darbrachte, steht dem Sonnenopfer diametral gegenüber, auch zeitlich im Jahr. War der Sonnenaltar hoch, rund und weithin sichtbar, so baute man den Altar des Mondes versteckt und krumm in die Tiefe und legte das Opfer in diese Sichel, um damit vorzuführen, dass der Mond sein Licht von der Sonne erhält. Mit einem viereckigen 'Mondspiegel' aus einer Legierung aus Gold und Zinn wurde der Tau des Mondes aufgefangen.[333]

Wie die Sonne hat der Mond nicht nur einen eigenen Herrscher, sondern auch einen Wagenlenker, der *Wangshu* genannt wird: 'Der Ruhig Schaut'.[334]

Zwei verschiedene Sagen stellen den Mond als Reittier dar. In einem daoistischen Märchen wiederum ist der Mond ein Pferd, mit dem der als unsterblich gewordener Dongfang Shuo auftretende Planet Jupiter drei Nächte hintereinander in Konjunktion tritt; dabei wird erklärt, weshalb der Mond als Pferd erst mager, dann wieder fett wird:

DAS GÖTTERROSS

"Dongfang Shuo ['Neumond des Ostens'] ging einst nach Osten ins Land der Glückswolken. Von da brachte er das Götterross mit. Das war neun Fuss hoch. Der Kaiser fragte, wie er es gefunden habe. Da erzählte er: 'Die Königliche Mutter Des Westens hatte es an ihren Wagen gespannt, als sie den Königlichen Herrscher

Des Ostens besuchte. Man band das Pferd auf dem Feld der Lebenspilze [die Unsterblichkeit verleihen]fest. Aber es zertrat mehrere Hundert davon. Da ward der Königliche Herrscher böse und trieb das Pferd über den Himmelsfluss. Dort fand ich es und ritt darauf nach Hause. Dreimal ritt ich damit um die Sonne, weil ich auf dem Rücken des Pferdes eingeschlafen war. Und eh ich mich's versah, war ich schon hier. Dies Pferd kann den Sonnenschatten einholen. Als ich es fand, war es ganz mager und traurig wie ein alter Esel. Da mähte ich das Gras vom Glückswolkenland, das alle zweitausend Jahre einmal am Neunquellenberge [bei den 'Himmelsquelle' genannten Sternen in Sagittarius] wächst, und fütterte das Pferd damit. So wurde es wieder munter.'"[335]

In der anderen Sage ist der Mond der weisse Esel eines der acht unsterblichen Wesen des Daoismus namens Zhang Guo. Rückwarts auf ihm sitzend, trabt Zhang Guo von der Abendsonne zur Morgensonne, tausend Meilen am Tag. Rastet er, dann faltet er seinen Esel wie ein Blatt zusammen und steckt ihn in eine Schachtel.

L 183, SO 195

JIELIN – DER KNOTIGE GLANZ

ES 369

Jielin gilt als belebendes Prinzip wie als Herrscher des Mondes (der allerdings später in der Mondfrau Heng'e aufging). *Jie* bezeichnet Knoten in all ihrer embryonalen Magie, aber auch 'gerinnnen' und 'kondensieren'– was in Bezug auf Halos und Regenbogen für ein Kristallisieren des Lichtes erachtet wird. Das Knotige wird insbesondere in den Mondkratern sichtbar, die dann wechselnde Ausdeutungen erhielten. *Lin* wiederum bezeichnet alles Schuppige und das, was zur wässrigen Welt des Mondes gehört, aber auch den Glanz, insbesondere von Jade.[336]

Der im Mond sitzende Herrscher Jielin wurde unter buddhistischem Einfluss dann auch *Sumo* genannt, was sich von seinem Sanskritnamen in Indien – *Soma* – ableitet.

TAIYIN – DAS GROSSE YIN

ES 369

Verkörpert die Sonne das Yang des Männlichen und der Hitze, so verkörpert der Mond das Yin des Weiblichen und der Kälte: Er besteht, laut Vorstellungen der Tang-Zeit, aus 'Wasserkeim' – Felskristall – und Fruchtwasser, reinstem Yin, das er in ungleich grösserem Masse in sich trägt als Kamele, Sümpfe und Frauen, die ihm sonst Gestalt geben. Er gilt seit alters her als durchlöchert und voller Krater, gleich einem vulkanischen Kaninchenbau. Ebenso alt ist die Vorstellung, dass in ihm – analog zum Sonnenraben – eine Kröte oder ein Frosch sitzt, das Symboltier Nüguas, wobei diese irdischen Amphibien ebenfalls als kalt, weiss und leuchtend beschrieben werden. Die enge Verbindung des Mondes mit Regen und Wasser rührt aber auch daher, dass schon früh klar war, dass er die Gezeiten kontrolliert. Er steht ihnen deshalb vor so wie allem, das im Wasser wächst: Er beeinflusst das Wachstum der Krabben und Muscheln ebenso wie das der Schildkröten und Frösche.

SCH 173–174, 187, U 603

MYTHISCHE SCIENCE-FICTION

Wie Science-Fiction klingend, jedoch auf die uralte Vorstellung eines Himmelsvolkes zurückgehend, schildert ein daoistischer Text aus der frühen Tang-Zeit den Mond – um zugleich durch sie die Phasen des Mondes zu erklären: "Der Mond ist 1900 Li [rund 1000 km) hoch und breit. Sein Nimbus hat einen Durchmesser von 7840 Li [etwa 4000 km]. Weisses Silber, Veluryiam [ein Edelstein] und Wasserkristall erleuchten ihn von innen und der Schein reicht weit über ihn hinaus. Auf ihm sind Stadtmauern, Befestigungsanlagen und Menschen zu sehen. Es gibt dort auch den Badeteich der Sieben Juwelen und den Wald des Abnehmens in seinem Inneren.

Die Mondmenschen sind 16 Fuss hoch und alle in blaue Gewänder gekleidet. Vom 1. bis zum 16. Tag nehmen sich diese Menschen regelmässig Weisses Silber und Veluriyam und veredeln es in einer Schmelze von Flammenlicht. Deshalb ist das Licht des Mondes, wenn er zu seiner ganzen Grösse anschwillt so hell und klar und reinweiss; doch vom 17. bis zum 29. Tag sammeln sie die Blumen der Drei Pneumas unter dem Wald des Abnehmens, um das Licht der Sonne und des Mondes sauber zu wischen; deshalb ist das Licht des Mondes, wenn er seine Grösse nicht mehr erlangt, immer weniger zu sehen und sein Leuchten verdunkelt."[337]

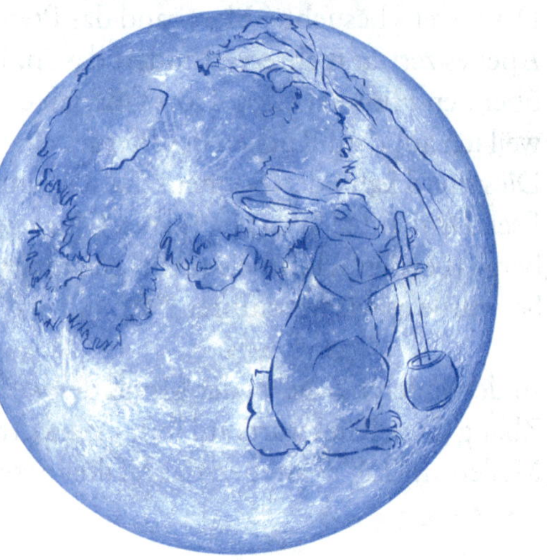

Mondgesicht

Im Mond wurde zuerst ein Frosch oder eine Kröte (*Gutu*) gesehen, die volkstümlicher Ansicht zufolge 3000 Jahre alt wurden und deshalb in Lebenselixieren Verwendung fanden.[338] Durch volksetymologische Aufspaltung der Zeichen wurde aus Gutu jedoch ein rückwärts blickender (*gu*) Hase (*Tu*). Der zerstampft mit einem Stössel in einem Mörser dann jene, einer anderen Legende entstammenden Kräuter, aus denen man neben Pilzen ebenfalls Lebenselixiere zubereitete.[339] Der Hase steht dabei oft aufrecht unter der Krone einer Röhrenkassie (*Cassia fistula*), Zimtkassie (*Cinnamonum cassia*)[340] oder dem Mondzimtbaum (*Cinnamonum pedunculatum*),[341] deren Stamm neben dem Topf am Mondrand entlang aufragt.

Dem Hasen schreibt man aufgrund seiner sprichwörtlichen Fruchtbarkeit (und weil man ihn in Vollmondnächten herumhüpfen sieht) dieselbe Yin-Essenz zu wie dem Mond. Er erklärt die Unsterblichkeit des Mondes, wie dies in einer rhetorischen Frage formuliert wurde: "Das Leuchtgestirn der Nacht, woher hat es die Fähigkeit zu sterben und dann wiedergeboren zu werden? Und was macht der Hase, den man von Weitem schon sieht, dort auf seinem Bauch?"[342]

Neben dem Hasen oder Frosch sieht man am Mondrand einen Mondzimtbaum oder eine Röhrenkassie, weil diese, wie es in den Quellen heisst, dem Mond ähnlich vier Phasen besitzen: Beim siebten Mond im August blüht er auf; beim vierten Mond im Mai hört er auf zu blühen; beim fünften und sechsten Mond im Juni und Juli knospt er – und selbst wenn dann schon überall die Blätter austreiben, trägt er weiter Blüten. Die vierfältigen Blüten verbinden ihn mit den Phasen des Yin und Yang, die metallene Farbe der Blätter hinwieder erneut mit dem Mond.

Die Pulpa der Röhrenkassie ist sehr süss und wird als getrocknete 'Musscheibe' gegessen. Sie hat wie die Samen abführende Wirkung und wird gegen Fieber, Arthritis und nervöse Krankheiten eingesetzt.[343] Zimtkassie und Mondzimtbaum wiederum sind immergrüne und daher mit ewigem Leben assoziierte Bäume mit passenden weissen Blüten und einer 'Yin-duftenden' Rinde. Wer die Blätter des Zimtbaumes im Mond esse, werde unsterblich, heisst es.[344]

Die scheinbare Unzerstörbarkeit der Röhrenkassie und des Mondzimtbaumes hat zu einem weiteren Mondgesicht geführt, in dem in der Tang-Zeit statt einem Hasen ein Mann im Mond zu sehen war. Darüber belehrt ein Text aus dem 9. Jahrhundert u. Z.

BAUM UND KRÖTE IM MOND

"Seit alters her wird erzählt, dass sich ein Zimtbaum und eine Kröte im Mond befinden: In Sammlungen von Kuriosa heisst es, der Mondzimt sei 5000 Fuss hoch. An seinem Fuss steht ein Mann, der dauernd an ihr hackt, wiewohl der Spalt im Baum sofort wieder verheilt. Der Mann heisst Wu, sein Beiname ist Gang; er gehörte zu Xihe [der Mutter der zehn Sonnen] und studierte Transzendentalismus, kam dann aber vom Weg ab. Man hielt ein Scherbengericht über ihn ab und verurteilte ihn dazu, den Baum zu fällen. In buddhistischen Büchern dagegen steht, dass auf der Südseite des Weltenberges Sumeru ein Jambulbaum wächst: Sein Schatten geht in den Mond ein, wenn er daran vorüberzieht. Und andere wiederum meinen, dass die Kröte und der Zimtbaum im Mond die Schatten von Ländern und die leeren Stellen Spiegelungen von Wasser seien. Das entspricht wohl am ehesten der Wahrheit."[345]

Ein ähnliches, wohl auf dieselbe Wurzel zurückgehendes Bild findet sich im Mondgesicht der Gesellschaftsinseln, wo eine Frau Baumrinde stampft, um damit Pulpe für Kleider herzustellen.

Wie Wu Gang in den Mond kam, um dort zu einer Gottheit zu werden, geht aus anderen Legenden hervor:

DER MANN IM MOND

"Es heisst, sein Name sei eigentlich Wu Quan gewesen und dass er im Westen des Reiches geboren worden sei. Seine Frau habe ihn dann mit Bo Ling, dem Enkel des legendären Kaisers Yan [auch 'Shennong' genannt] betrogen und diesem nach dreijähriger Schwangerschaft drei Söhne geboren: Gu, Yan und Shu. Dies geschah während der drei Jahre, in denen Wu Gang fort von zu Hause war und seine Frau dort zurückgelassen hatte, um sich dem Daoismus zu widmen. Bei seiner Rückkehr musste er von dem schändlichen Verhältnis seiner Frau zu Bo Ling und ihren drei Söhnen erfahren. Voller Zorn erwischte er Bo Ling und tötete ihn, indem er ihm einen Speer durch den Kopf schoss, sodass der über dem Boden hängen blieb. Dieses grausame Bild machte Herrscher Yan, Gott der Sonne, so wütend, dass er Wu Gang auf den Mond verbannte und ihn dazu verdammte, den 5000 Fuss [1750 Meter] hohen Baum dort zu fällen, der unsterblich war, weil er nach jedem Axthieb wieder zuwachsen konnte: Weshalb Wu Gangs Strafe darin besteht, ihn in alle Ewigkeit vergeblich umhauen zu müssen. Seine Frau aber verspürte Reue und schickte ihm ihre drei Söhne auf den Mond, damit sie ihm dort in seinen einsamen Tagen und Nächten Gesellschaft leisteten. Es waren die Kröte Gu, der Hase Shu und Yan."[346]

Wie der Frosch in den Mond und das Mondgesicht kommt, führen auch die Legenden um die Ewige Frau im Mond, Heng'e, aus. Sie beginnen damit, dass der berühmte Bogenschütze Xi die über die Toten herrschende und zwischen Himmel und Erde vermittelnde Xiwangmu um Unsterblichkeit bittet. Xiwangmu war ursprünglich ein Mischwesen aus Tier und Mensch, das aber bald als weisshaarige, in einer Höhle des Kunlun-Gebirges hausende 'Königliche Mutter des Westens' verehrt wurde. Sie herrschte dort über das Land der Unsterblichen, in dem es ein Tor zum Himmel gab:[347]

DIE MONDFRAU UND DER FROSCH

"Yi erbat sich von Xiwangmu das Kraut der Unsterblichkeit. [Seine Frau] Heng'e stahl es, ass es und erwarb dadurch Feennatur. Bevor sie zum Mond enteilte, erfragte sie noch vom Schamanen Youhuang [dem 'Herrn der gelben Strahlen'] den Wahrspruch der Schafgarbenstängel. Youhuang deutet das Orakel: 'Glückliches Omen! Beschwingte Braut wird allein gen Westen ziehen. Begegnest du Himmel finster und trübe, erschrick nicht, hab keine Furcht! Später kommt grosses Erblühen.' Darauf zog sie auf den Mond, wo ihr Leib zu einem Frosch wurde.
Yi aber machte die Trübsal darüber traurig. Weshalb konnte er sich dieses Kraut denn kein zweites Mal verschaffen? Weil er nicht wusste, wo das Kraut der Unsterblichkeit wächst?"[348]

Die Mondfrau Chang'e wurde ursprünglich Heng'e – Die Konstante, Regelmässige – genannt. Nachdem ein Kaiser dieses Namens (der gleich klang, aber anders geschrieben wurde) aus der Han-Dynastie tabuisiert wurde, änderte man jedoch die Silbe ihres Namens.[349] In der Tang-Zeit war sie bereits fest in den Volksmythen etabliert. Sie galt als jüngere Schwester des über den Himmelsfluss herrschenden *Hebo* ('Flussgraf'), der vom Bogenschützen Yi verwundet wurde. Nachdem dieser die neun Sonnen vom Himmel geschossen hatte, stellte sich ihm der Flussgraf entgegen, um ihm den Rückweg mit seinen brausenden Wassern zu versperren. Die Hebo begleitende Heng'e wurde von Yi jedoch geschont, indem er ihr nur einen Pfeil in die Haare schoss – worauf sie seine Frau wurde.[350]

Trotz der Bedeutung des Mondes in der Religion und Astrologie wurde Heng'e | Chang'e nie zu einer wirklich wichtigen Göttin – anders als in der Poesie und dem Volksglauben, wo ihr zahllose Gedichte und Gebete zukamen. So wurde ihr zu Ehren am Tag des Vollmondes des achten Monats September ein Fest gefeiert und sogar Prinzessinnen richteten manchmal ein Gebet an die 'Mondfee' und das Gestirn Der Frau in Aquarius, das auch als Schutzherrin über den Süden fungierte.

In ihren Mythen je nach Blickwinkel als treulos oder emanzipiert gekennzeichnet, stellte sie die Literatur deshalb meist als vielschichtig dar, wie in diesem Gedicht eines Anonymus aus der Tang-Zeit: "Chang'e im Mond, sie bemalt ihre Augenbrauen nicht; sie nimmt bloss Wolken und Nebel für ihr Netzkleid. Man weiss nicht, ob sie in ihren Träumen einem blauen Fabelvogel folgt, nur dass sie zurückkehrt und einen blühenden Zweig über ihr Gesicht hält."[351]

Dieser Vierzeiler lässt sich auf mehreren Ebenen lesen. Als Nachtszene zeigt er den ungeschminkten Mond, der von einer Reihe von Cirren verdeckt wird, dann aus dem Blick schwindet und hinter einem blühenden Baum wieder hervorlugt. Als Porträt einer Göttin gelesen, richtet diese sich nicht für einen Auftritt in der Öffentlichkeit her, sondern trägt bloss ein einfaches weisses Kleid. Gern möchte sie dem blauen Botenvogel der 'Königlichen Mutter des Westens' als Vermittlerin zwischen Himmel und Erde und Herrscherin über die Toten folgen, um aus ihrem mythischen Land der Toten und des Sonnenuntergangs mit einem Souvenir vom Juwelenbaum des Weltenberges Kunlun zurückzukehren.

Als Konkubine oder Kurtisane auf dem Weg zu einem nächtlichen Rendezvous hinwieder gesehen, nimmt sie sich vor lauter Eile nicht einmal Zeit, sich das Gesicht zu schminken, sondern zieht bloss ein durchsichtiges Kleid über und folgt einem mysteriösen Diener zu ihrem Treffen mit einem hohen Beamten, um danach zurückzukehren, ihr Gesicht – oder ihre roten Wangen – vom Geschenk ihres Liebhabers verbergend.

SCH 201–202, 204–205

Neben Frosch, Hase, Mann, Frau, Reistopf und Baum sah man im Mond in der Tang-Zeit auch einen Greis, der ebenfalls im Zusammenhang von Leben und Fruchtbarkeit auftrat. 'Alter Mann Unter Dem Mond' genannt, war er eine Gottheit, die Hochzeiten arrangierte; zu ihm wird heute noch deswegen gebetet:

DER GREIS DES MONDES

"Im Jahre 628 übernachtete ein gewisser Wei Gu im Laufe seiner Reise in einer Herberge im Süden von Songcheng. Der unverheiratete Mann traf dort einen Greis, der sich an einen Sack lehnte und dabei war, ein Buch im Mondschein zu studieren. Wei Gu fragte ihn, um was für ein Buch es sich handle? 'Es ist ein Buch der Schatten: das Heiratsregister dieser Welt', erwiderte der Greis.

Darauf fragte Wei Gu ihn nach dem Inhalt des Sacks.

'Darin befinden sich die roten Schnüre, welche die Beine der Männer und Frauen miteinander verbinden sollen. Einmal so aneinandergefesselt, werden sie sicher eine ausgezeichnete Ehe führen, selbst wenn sie aus verstrittenen Familien oder verschiedenen Ländern kommen.'

Daraufhin wurde er nach seiner Frau gefragt. Der Greis erzählte ihm, dass sie die Tochter einer alten Einäugigen sei, die im Norden der Herberge Gemüse verkaufe. Sie sei noch nicht einmal drei Jahre alt, doch schon ebenso hässlich wie die einäugige Alte. Das entsetzte Wei Gu so sehr, dass er seinem Diener befahl, den Dolch zu ziehen und das Wesen zu erstechen. Doch dem verletzte er nur die Augenbraue, worauf Wei Gu und sein Diener die Flucht ergriffen.

Vierzehn Jahre vergingen. Wei musste sich zum Verantwortlichen der Kommandantur begeben. Der Präfekt Wang Tai schätzte Weis' Kompetenz und wollte ihm deshalb seine Tochter zur Frau geben. Die war sehr schön, nestelte jedoch dauernd an einer Metallblume herum, die sie zwischen den Augenbrauen trug. Neugierig geworden, wollte Wei den Grund dafür wissen; er begriff schnell, dass es das Mädchen war, dem er einen Dolchstoss hatte versetzen lassen. Der hohe Beamte hatte sie bei sich aufgenommen und wie seine eigene Tochter verwöhnt. Wei und sie mochten sich sehr und ihre Zuneigung wuchs noch mit den Jahren; alle ihre Kinder wurden ebenso reich wie berühmt.

Als der Unterpräfekt von Songcheng diese Geschichte vernahm, liess er die Herberge ab nun 'Die Vorbestimmte Ehe' nennen."[331]

Vereint werden die meisten Mondgesichter in der folgenden Fabel:

DIE MONDGESICHTER

"Nachdem Kaiser Xuanzong [685–762 u. Z.] den Palast Des Mondes mit [seiner Gemahlin] Yang Guifei besucht hatte und sie dort heimlich der Melodie 'Regenbogenröcke und gefiederte Wolken' gelauscht hatten, verlor der Mond allmählich an Helligkeit. Deshalb befahl Chang'e Wu Gang als Schreiner, den Mond wieder herzurichten. Doch Wu lehnte ab, weil er dazu nicht in der Lage war. Darauf verlangte Chang'e dasselbe von der Kröte und dem Jadehasen. Am Ende schlug Wu Gang vor, die Unsterblichen des Mondes einzuladen, Song Wuji, Xiang Manshi und Den Alten Mann Unter dem Mond sowie Die Himmlischen Blumenstreuenden Mädchen, um den Mond mit ihren magischen Kräften wieder zum Leuchten zu bringen. Song führte einen Schwerttanz auf, um die Dämpfe zu harmonisieren, Xiang tanzte mit einem mit Glöckchen behangenen Schwert, um die Höhlungen und Hügel einzuebnen, Der Alte Mann Unter Dem Mond führte den Tanz der Seile vor, um die Gesetze wieder herzustellen, und Die Himmlischen Mädchen streuten Blumen aus, um dem Licht zu helfen. Die Kröte leuchtete unbeirrbar vor sich hin und der Hase stampfte seine Kräuter der Unsterblichkeit – und so kam das Mondlicht schliesslich wieder zu seinem alten Glänzen. Darauf verlieh der Himmelsherrscher Chang' e den Titel 'Jielin Zhenfei' oder 'Die Vervollkommnete Prinzessin des Gebündelten Glanzes'."[353]

Eklipse

Eklipsen galten wie überall sonst auch in China als katastrophal. Bereits auf den Orakelknochen der Shang aus der Zeit um 1200 v. u. Z. wird nach der Bedeutung von Sonnenfinsternissen gefragt. In der Zeit der Streitenden Reiche erinnerte man sich um 400 v. u. Z. noch einer bei Sonnenuntergang erfolgten Eklipse, bei der sich der Himmel in der Dämmerung danach noch einmal aufhellt: "In alter Zeit kam es zu einer grossen Rebellion der drei Stämme der Miao. Der Himmel ordnete an, sie umzubringen. Die dämonische Sonne ging nachts auf. An drei Morgen regnete es Blut. Ein Drache erschien im Tempel. Die Hunde jaulten auf den Märkten. Im Sommer kam es zu Überschwemmungen; die Erde riss so tief auf, dass Wasser hervorkam. Die fünf Körner mutierten. Das Volk war deshalb in Angst und Schrecken. Gaoyang [einer der fünf mythischen Herrscher] erliess deshalb einen Befehl im Dunklen Palast und erteilte Yu höchstselbst das verheissungsvolle Kommando des Himmels, die Miao anzugreifen."[354]

Wurde die lebensspendende Sonne ausgelöscht, so um das Leben auf der Erde zu beeinträchtigen: Ob durch darauffolgende Fluten, Angriffe von aussen, Bürgerkriege oder einen grossen Frost. Wie auch Kometen, wurden Sonnenfinsternisse als Zeichen grosser Unzufriedenheit des Himmels mit dem Herrscherhaus gedeutet, weshalb es dann zu grossen Einsparungen und Säuberungsaktionen im Palast kommen konnte. In der paradiesischen Urzeit der Menschen sei die Sonne nie verlöscht; umso mehr geschähe dies heute. Am schlimmsten wurde eine Sonnenfinsternis in der Herberge der Frau angesehen, da sie verkündete, dass "das Reich eine Frau zum Herrn haben wird, die alles unter dem Himmel beeinträchtigen wird; die weiblichen Künste und Arbeiten werden dann nicht mehr ausgeübt."[355]

Erklärt wurde eine Sonnenfinsternis damit, dass die Yang-Fluide der Sonne mit den Yin-Fluiden des Mondes zusammenflössen und sich gegenseitig aufhöben, oder dass es Störungen im Inneren des Sonnen- oder Mondballes gäbe. Doch bereits im 1. Jahrhundert nahmen Gelehrte an, dass die Verfinsterungen durch gegenseitige Bedeckungen zustande kämen.[356] Voraussagen von Eklipsen wurden allerdings erst in der Tang-Zeit im späten 8. Jahrhundert möglich.[357]

Die stets bei Vollmond stattfindenden Mondfinsternisse hingegen erklärte man sich dadurch, dass "die Sonne dem Mond das Licht entführte", als sauge die Sonne ihm seine Leuchtkraft aus. In dieser Erklärung aus der Tang-Zeit lebte der uralte Glaube weiter, dass der Mond dann von einem Ungeheuer verschlungen werde. "In der Sonne lebt ein dreibeiniger Rabe, im Mond eine Kröte. Wenn Sonne und Mond ihre Bahnen verfehlen, werden sie gefressen, erlischt ihr Licht." Oder aber: "Der alles unter dem Himmel beleuchtende Mond wird von der Kröte gefressen."[358] Als Sonnen- und Mondfresser galt später jedoch meist das mythische Zwitterwesen *Qilin*,[359] das in der Ming-Zeit beispielsweise häufig mit Drachenkopf, Ochsenhufen und Fischschuppen dargestellt wurde.

Noch in der Neuzeit hielt man deshalb bei einer Eklipse einen Spiegel vor den Mond und schlug auf ihn so lange drauf, bis die Scheibe wieder voll und leuchtend wurde: Dies nannte man 'den verfinsterten Mond retten'; denn dadurch sollte das Ungeheuer den Mond wieder ausspucken.

SCH 168–169 und 209, U 612–613

Ein auf alte Quellen zurückgehendes, aber bis heute erzähltes Märchen fabuliert die Geschichte des Bogenschützen Yis und der Mondfrau weiter, um dadurch auch Eklipsen zu erklären. Der Ausschnitt hier setzt ein, als Heng'e sich auf den Mond flüchtet, nachdem sie ihrem Mann Yi die Unsterblichkeitspille gestohlen hat und von ihm verfolgt wird:

YI UND DIE MONDFRAU

"Was den Göttlichen Yi betraf, so wurde er von einem Wirbelsturm ins Gebirge getragen. Dort fand er sich vor einem Tor, wo man ihn hereinbat; es war der Palast des Gatten der Xiwangmu, Dongwanggong ('Königlicher Herrscher Des Ostens'). Dieser Gott der Unsterblichen sagte zu Yi: 'Du musst nicht auf Chang'e wütend sein. Das Schicksal eines jeden ist vorbestimmt. Du hast deine Aufgaben fast alle schon erfüllt und wirst danach unsterblich werden. Ich habe den Wirbelsturm losgelassen, der dich hierhergebracht hat. Chang'e, die sich die Kräfte genommen hat, die eigentlich dir gehören, ist jetzt eine Unsterbliche, die im Palast des Mondes lebt. Du verdienst dies ebenfalls, schon weil du die neun falschen Sonnen tapfer vom Himmel geholt hast. So werden Yin und Yang in einer Ehe vereint werden.' Darauf befahl der Herrscher seinen Dienern, einen roten Kiefernschwammkuchen [*Poria cocos*] zu bringen und für den Mond den Talisman des Taiyin ['Höchsten Yin'].[360]
'Iss den Kuchen', sagte er, 'er wird dich vor der Hitze des Sonnenherdes schützen. Und mit dem Talisman kannst du Chang'e im Mondpalast besuchen – was umgekehrt nicht möglich ist, weil deine Frau nicht zum Sonnenpalast kann.' Denn das Licht des Mondes wurde von der Sonne geboren und nimmt im Verhältnis seines Abstandes von der Sonne ab; der Mond wird heller oder dunkler, je nachdem, wie die Sonne kommt oder geht.
Yi ass den Kiefernschwammkuchen, befestigte den Talisman an sich, dankte dem Gott und machte sich bereit, abzureisen. Dongwanggong sagte: 'Die Sonne geht zu festen Zeiten auf und unter. Du kennst die Gesetze von Tag und Nacht noch nicht; deshalb ist es nötig, dass du den Vogel mit dem goldenen Gefieder mit dir nimmst – er wird singen, um dich die genauen Zeiten des Aufgangs, des Mittags und des Untergangs wissen zu lassen.'
'Wo finde ich diesen Vogel?', fragte Yi. 'Es ist der Vogel, den du Ia, Ia rufen hörst. Er ist der Urvater der Spiritualität des Yang. Indem er sich das aktive männliche Prinzip der Sonne einverleibt hat, hat er die Gestalt des dreifüssigen Vogels angenommen, der oben auf dem Stützenden Maulbeerbaum hockt, der in der Mitte des Östlichen Meeres aufragt. Dieser Baum ist mehrere tausend Fuss hoch und hat einen riesigen Umfang. Der Vogel hält sich bei der Quelle der Morgendämmerung auf, und wenn er die Sonne darin in der Früh sich baden sieht, stösst er einen Schrei aus, der den Himmel zum Beben bringt und die Menschheit weckt. Deshalb habe ich Lingzhen zi befohlen, ihn auf dem Pfirsichblütenberg Taodu in einen Käfig zu stecken; seitdem sind seine Schreie weniger gewaltig. Geh und hol ihn und nimmt ihn mit zum Palast der Sonne. Dann wirst du alle Gesetze der täglichen Umläufe verstehen.'
Dann schrieb Dongwanggong einen Zauberspruch, den Yi dem Lingzhen zi übergeben sollte, damit der den Käfig öffnete und ihm den goldenen Vogel mitgab. Der Zauber wirkte und Lingzhen zi öffnete den Käfig. Der goldgefiederte Vogel hatte eine sonore Stimme und eine majestätische Haltung. 'Dieser Vogel', sagte Lingzhen zi, 'legt Eier, aus denen Küken mit roten Kämmen schlüpfen, die ihm jeden Morgen antworten, sobald er zu krähen beginnt. Man nennt ihn meist den Hahn des Himmels – und die Hähne, die hier auf Erden jeden Morgen und Abend krähen, stammen alle von diesem Himmlischen Hahn ab.'[361]
Dann nahm der Göttliche Bogenschütze Abschied und bestieg seinen dreibeinigen Raben, um zu den Neun Himmeln zu fliegen. Genau um zwölf Uhr erreicht er die Sonne und tritt in ihre Scheibe ein. Von einem riesigen Raum umgeben, der so gross wie die Erde ist, nimmt er ihren Lauf gar nicht einmal wahr und lebt dort vollkommen zufrieden und sorgenfrei. Doch als er an seine Frau Heng'e denkt, nimmt er die Gelegenheit wahr, dass sie nachts einander ansehen, und fährt auf einem goldenen Sonnenstrahl los und fliegt geradewegs zum Mond. Unter den tanzenden Schatten eines Zimtbaumes nimmt er einen kalten und einsamen Weg und sucht nach ihr selbst an den abgelegensten Stellen, um sie schliesslich zu finden, wie sie ganz allein dasitzt. Bei Yis Anblick will sie gleich wieder flüchten, doch er eilt zu ihr, ergreift ihre Hand und tröstet sie: 'Jetzt, da auch ich einen Sitz in einem Himmelskörper habe, der Sonne, soll die Vergangenheit nicht mehr zwischen uns stehen.'

Daraufhin fällt er den Zimtbaum, sammelt Stücke makelloser Jade ein und errichtet daraus für sie einen Palast zum Wohnen. Auf dessen Tor graviert er eine Tafel ein, auf der *Guanghan gong* – Palast Der Weitverbreiteten Kälte – steht. Seitdem treffen sie sich stets in der 15. Nacht der Mondphase, sodass sein Yang in die weibliche Fülle des Mondes eingeht und das Mondlicht dann besonders hell erstrahlt. Zurück auf der Sonnenscheibe errichtet der Bogenschütze Yi auch einen grossen Palast für sich; der ist so wunderbar, dass er ihn *Yuyi Dian* – Palast Der Manneskräftigen Embleme – nennt. Seitdem haben Sonne und Mond ihre eigenen Herrscher. Dies alles geschah im 49.sten Jahr der Herrschaft Yaos."[362]

VIII DIE PLANETEN, KOMETEN UND METEORE

Die Chinesen nahmen die fünf sichtbaren Planeten wahr, die in späterer Zeit WU BU – DIE FÜNF SCHREITER oder WU WEI – DIE FÜNF WEBFÄDEN genannt wurden. Da sie die festgezeichnete Ordnung des Himmels durchquerten, wurden sie astrologisch meist als aggressiv interpretiert und an ihrer Farbe, ihrem Schillern und Leuchten generell Omen abgelesen, die sich auf Krieg, Seuchen und andere Katastrophen bezogen.

Sie wurden als die fünf Minister des Himmels und als Gehilfen des Himmelsherrschers bezeichnet. Eine Konstellation aller fünf Planeten auf engstem Raum fand 1953 v. u. Z. im Asterismus Hallenausrichter (Pegasus), 1059 v. u. Z. in den Asterismen Schwanz und Kehrschaufel (Scorpius und Sagittarius) und 205 v. u. Z. im Geist Der Sänfte (Cancer) statt, die jedes Mal als himmlische Anerkennung eines neuen Regimes gesehen wurde. Erst die Xia, dann die Shang und schliesslich die Han konnten so behaupten, sie hätten derart ihr Mandat vom Götterkönig des Himmels erhalten.

Die Planeten wurden vielfach als objekthafte Himmelserscheinungen betrachtet, wobei in der Astrologie Jupiter Holz, Mars Feuer, Saturn Erde, Venus Metall und Merkur Wasser symbolisierte. Kamen sie jedoch zur Erde herab und offenbarten sich den Menschen, nahmen sie jeweils eigene menschliche Gestalten an, denen ab den Han auch Farben zugeordnet wurden. Jupiter erschien – wie bereits die Wandmalereien von Dunhuang zeigen – als blau gekleideter hoher Beamter; Mars als fröhlicher Jüngling, den man aber auch als feurigen Dämon darstellte; Saturn als alter Gevatter in Gelb; Venus als stämmiger Forstmann und Merkur als schwarzgekleidete Frau.

SCH 211–213, P 194–195, 210–213

Jupiter

SUIXING | SOUI-SING – DAS JAHRESGESTIRN

U 614, SCH 212

YINGXING | YING-SING – DAS KORRESPONDIERENDE GESTIRN

U 615

SHETI | CHÍ-TI – DER REGLER

U 618

Der Umlauf des sonnengelben Planeten umfasst mit elf Jahren und 318 Tagen fast zwölf Jahre, analog dazu, dass ein Sonnenjahr auch zwölf Mondmonate umfasst: was den Jupiter als planetarische Entsprechung des Jahres erscheinen liess. Deshalb wies man dem Jupiter – bevor man unter dem Einfluss des Westens in nachchristlicher Zeit das System eines Tierkreises übernahm – zwölf Stationen, die aus zwei bis drei zusammengefassten Asterismen bestanden;[363] da er bei seinem Umlauf jedes Jahr in einem anderen Zeichen stand (und ein Schaltjahr dafür nur alle 84 Jahre nötig war), konnte er als Chronometer dienen.

Die Bezeichnung 'Regler' verdankt sich wahrscheinlich aber auch seinem Aufgang in dem gleichnamigen Asterismus in Bootes, mit dem man den Jahresbeginn festsetzte. In einem Jahr bewegt sich der Planet ein Zeichen des Tierkreises weiter nach rechts, sodass er erst in 12 × 12 × 12 (= 1728) Jahren wieder dort steht, wo er sich zuvor befand. Dies nannte man das Grosse Jahr; man nahm dazu einen gegenläufigen Planeten an, der das Yin zu seinem Yang zu verkörpern hatte.

Jupiter gilt als erster Planet, weil die sieben astralen Herbergen des Frühlings sich unter seiner Ägide befinden, er die Schmieden des Grünen Drachen verkörpert und für das Element Holz steht. Dies verdankt er seiner engen Verbindung mit dem Frühling, in dem alle Pflanzen wieder aufgrünen und er den Beginn der Feldarbeit signalisiert. Daher trägt der Planet auch die Namen: ZHONGHUA | TCHOUNG-HOA – ERNEUERER DER BLÜTE und NONG-GUAN | NOUNG-KOAN – VERANTWORTLICHER FÜR DIE LANDWIRTSCHAFT.

Den Ort seiner höchsten Macht erreichte der Planet in den vorderen Sternen von Scorpius im Asterismus Fang; seine Herberge war Yingshi in Pegasus. Leuchtete er auffällig, verkündete dies Gutes für den Teil des Reiches, der seinem Abschnitt am Himmel entsprach; insbesondere sein gelbes Strahlen verhiess Frieden und Wohlstand. Man brachte ihm dieselben Opfer auf einem Scheiterhaufen dar wie der Sonne.

U 614–619 und 620–623; SCH 216

DONGFANG SHUO

SO 185

Dies ist der Name einer historisch greifbaren Person aus dem Umfeld Kaiser Wus der Han-Dyastie; *Dongfang* bedeutet 'Osten', *Shuo* 'Neumond'.

Dongfang Shuo wurde später als 'Unsterblicher' geschildert und erscheint in einem daoistischen Märchen als Jahresplanet Jupiter, der seinem langsamen Umlauf gemäss nur schrittweise über den Himmel kommt und dabei mehrere Jahreszeiten erlebt. Das Märchen erklärt, weshalb er so langsam voranschreitet – eines gebrochenen Beins wegen – und lässt ihn am Ende mit dem gelben Saturn in Konjunktion treten:

JUPITERS REISE ÜBER DEN HIMMEL

"Es war einmal ein Mann, der war schon zweihundert Jahre alt, aber er war immer noch stark und frisch wie ein Jüngling. Da gebar ihm seine Frau ein Kind, und als dies drei Tage alt war, starb sie. Der Vater gab das Kind der Nachbarin und sagte, sie solle dafür sorgen. Dann ging er fort von zu Hause und verschwand. Als das Kind der Nachbarin ins Haus gebracht ward, da wurde es gerade am Morgenhimmel hell: Darum nannten sie es *Dongfang Shuo*, 'Neumond des Ostens'. Mit drei Jahren sah das Kind oft zum Himmel hinauf und redete mit den Sternen. Eines Tages war es fort, und es dauerte viele Monate, bis es wieder nach Hause kam. Die Frau gab ihm Schläge. Aber es ging wieder fort und kam erst nach einem Jahr wieder heim. Die Mutter war sehr erschrocken und fragte es: 'Wo bist du denn das ganze Jahr gewesen?' Der Knabe sprach: 'Ich war nur geschwind am Purpurmeer [am Nordhimmel]. Dort wurden meine Kleider vom Wasser rot. Deshalb ging ich an die Quelle, wo die Sonne einkehrt [herbstlicher Asterismus in Auriga], und wusch sie mir. Am Morgen ging ich weg. Zu Mittag kam ich wieder. Was sprichst du denn von einem Jahr?'

Die Frau fragte weiter: 'Und was hast du auf deinem Weg alles gesehen?' Der Knabe erwiderte: 'Als ich meine Kleider gewaschen hatte, ruhte ich ein wenig in der Totenstadt [die winterliche Herberge des Grabhügels in Aquarius] und schlief ein. Der Königsvater des Ostens gab mir rote Kastanien und Morgenrotsaft zu essen. Nun war ich satt. Dann ging ich zum dunklen Himmel und trank vom gelben Tau. So war mein Durst gestillt. Ich begegnete einem schwarzen Tiger [Sternbild des Winters]. Auf dem wollte ich heimreiten. Ich schlug ihn aber zu sehr. Da biss er mich ins Bein. Deshalb kam ich her, um es dir zu sagen.'

Noch einmal lief der Knabe weg, viele tausend Meilen weit, bis er an den Sumpf [herbstlicher Asterismus in Cetus] kam, wo der grosse Urnebel wohnt. Dort begegnete er einem alten Mann mit gelben Augenbrauen [Saturn] und fragte ihn, wie alt er sei. Der Alte sprach: 'Ich habe mir das Essen abgewöhnt und lebe von Luft. Die Pupillen in meinen Augen haben allmählich einen grünen Schein bekommen, mit dem kann ich alle geheimen Dinge sehen. Alle tausend Jahre habe ich meine Mark gewaschen und fünfmal meine Haare geschabt.'"[364]

Mars

YINGHUO | YOUNG-HOUO – DER UNBESTÄNDIGE FUNKLER

U 623

Sein wechselnder Abstand zur Erde, der ihn einmal grösser, einmal kleiner erscheinen lässt, und seine nach Osten, dazwischen aber immer wieder retrograd nach Westen gerichtete Bewegung, trugen ihm die Einschätzung als 'unbeständig, wankelmütig' ein. Befindet er sich im Osten sieht man ihn als 'Im Ruhezustand Befangen'; steht er im Westen, gilt er als 'Himmlischer Regler'.

Verbunden ist er mit dem Sommer und den sieben Herbergen des ihn dominierenden Sternbilds Roter Vogel; er verkörpert die Essenz der Hitze und steht deshalb der Dürre und den südlichen Ländern Chinas vor.

Ein Text aus dem 6. Jahrhundert u. Z. beschreibt den Mars als runden Spiegel, der aus der Quintessenz des Zinnobers besteht: "In dem

Stern befinden sich drei Tore, aus denen drei spitze Strahlen hervorstechen und 30 000 000 weit herabkommen; in jedem dieser Tore ist ein roter Gott."[365]

Da er sich fast beständig der Sonne gegenüber befindet, assoziiert man den Mars mit Widerstand und seine blutrote Farbe mit Krieg und Strafe. Wird er deshalb vor seiner Zeit unsichtbar, sagt dies die Aushebung von Truppen voraus; wird er vor seiner Zeit sichtbar, werden die Heeresverbände aufgelöst. Seine Rückwärtsbewegung verkündet Revolten, Raubzüge, Seuchen, Sterblichkeit, Mord, Hungersnot und Krieg – weshalb man ihn allgemein mit Schmerz, Tod und Trauer verbindet. Und je röter er schien, desto eher verhiess er Dürren.

Er repräsentiert zudem den Grossmarschall, das heisst den Kriegsminister, der den Tribunalen vorsitzt, bei denen Rebellen und andere Missetäter bestraft werden. Er gilt auch in Bezug auf Verbrechen, Sünden und Ungeheuer als strafender Planet, der den Richtern des Herrschers vorsteht, und wird deshalb auch genannt FAXING | FÁ-SING – DAS STRAFENDE GESTIRN und ZHIFA | CHIH FA – DER GESETZESHÜTER.

U 623–627, SCH 215

Saturn

TIANXING | T'IEN-SING – DAS IMMERWÄHRENDE GESTIRN

Der Name – wörtlich 'ausfüllen, erfüllen' – verdankt sich der langen Umlaufzeit des Planeten, welche die Chinesen mit 28 Jahren angaben (in Wirklichkeit sind es etwas mehr als 29,5 Jahre).

Der Saturn verkündete Irdisches, stand allen Erdarbeiten vor und hatte den letzten Mond des Sommers unter seiner Ägide. Leuchtete er hell und klar, dann waren ein ausgewogenes Jahr und eine gute Ernte zu erwarten.[366] Da die Erde im Gegensatz zum Himmel als weiblich verstanden wurde, sah man an ihm auch eine weibliche Gestalt: Als solcher stand er den Frauen vor und richtete über sie. Kam eine Frau zu Wohlstand, durfte sie den Saturn nicht verächtlich machen, weil er etwa alt und hässlich war, sonst lief sie Gefahr, ihr Land zu verlieren.

U 628–630

SHE SHUNIU | CHE-TCHOU-NIOU – HERBERGE DES DREHZAPFENS
ZHENXING | TCHIN-SING – DAS UNTERDRÜCKERGESTIRN

U 631, SCH 212

Die Schwere, die man dem Planeten zuschrieb, liess ihn als Essenz der Erde gelten; da die Erde in der Mitte des Universums oder der Grossen Leere lag, stand auch der Planet im Zentrum. Für die Zeit um 0, als sich der Himmelspol bei dem 'Drehzapfen Des Himmels' genannten Stern HD 112028 befand, bezog man den Saturn deshalb auch auf ihn als SHUNIU ZHI SHEN | TCHOU-NIOU-TCHI-CHIN – GEIST DES DREHZAPFENS und beherbergte ihn im benachbarten Asterismus Garde – oder nannte ihn selbst dessen 'Herberge'.

Dies rührte daher, dass man den Saturn als ideelle Mitte des Universums verstand und ihn deshalb am Nordpol ansiedelte, wo er allem im Universum seine Bewegung und Richtung auferlegte, wie dies einem Herrscher zukam – weshalb man in ihm eine Verkörperung des Gelben Kaisers sah. Da er derart allen irdischen Herrschern vorstand, schrieb man deren Missstimmungen ebenfalls dem Saturn und seinen allfällig aggressiven Bewegungen zu. Aber auch zwei erwünschte Eigenschaften eines Herrschers – gute Absichten und Voraussicht – unterstellte man dem Saturn: Wohlmeinende Aufrichtigkeit stand als Kardinaltugend höher als Menschlichkeit, Gerechtigkeit, Einhaltung der Riten und Weisheit; empathische Voraussicht sollte Führung und Haltung, jedwede Rede und Kritik leiten. Zudem wurden jene Reiche, über denen der Saturn gerade stand, als von ihm günstig beeinflusst erachtet.

Als 'Gestirn der (positiven) Domination' war er jedenfalls der kaiserliche Planet, unter dessen Ägide man die vier Jahreszeiten stellte. Er teilte seine Regentschaft dabei mit dem Jupiter, welcher den Jahren vorstand, und wohnte deshalb auch wie der Jupiter in dessen Herberge in Pegasus. Denn so wie die Umlaufzeit des Jupiter mit dem irdischen Jahr gleichgesetzt wurde, setzte man die wohl deshalb mit 28 Jahren bestimmte Umlaufzeit des Saturn mit den 28 Herbergen des Nachthimmels gleich, die ebenfalls den Jahresverlauf markierten. Auch wenn die anderen vier Planeten unsichtbar blieben, so stand Saturn deshalb für sie. Kam es jedoch zu Konjunktionen mit ihnen im selben Zeichen, so verkündete dies für das jeweilige darunter stehende Reich Wohlstand, kultivierte Verhältnisse und den Rückgang an Kapitalverbrechen und Todesstrafen

U 628–633

HUANGSHI GONG | HOANG-CHÍ-KOUNG – FÜRST GELBSTEIN

U 629

Als offener 'Unterdrücker' jedoch wurden die von ihm abgelesenen Omen auf Rechtsbeugungen und korrupte Gerichtsverfahren und exzessive Strafen bezogen[367] – was einen Kontext zur folgenden Legende um seinen Namen 'Fürst Gelbstein' bietet:

Nach Zhang Zifangs erfolglosem Anschlag auf den Tyrannen Qin Shihuang [246–209 v. u. Z.], rettete dieser sich ins Reich Chu. Auf der Brücke Yi kam ihm dort ein Greis entgegen, der ihn mit den Worten zum Stehen brachte: 'Wie konntest du es wagen, die Hand gegen deinen Prinzen zu erheben, Kind?' Worauf dieser seine Sandalen fortschleuderte und ihm auftrug, sie zurückzubringen. Aus Respekt vor dessen hohem Alter tat Zifang wie befohlen, ja, er kniete sich sogar vor ihm hin, um sie ihm wieder anzuziehen. Da meinte der Greis: 'Da haben wir aber ein folgsames Kind, das es noch zu etwas bringen wird!' Und er schenkte ihm ein wunderbares Buch über die Astronomie und andere Wissenschaften. Dieser Greis war der Saturn, verkörpert als Mensch unter dem Namen 'Fürst Gelbstein'."[368]

Venus

TAIBAI | T'AI-PÉ – DER GROSSE WEISSE

U 633, SCH 212

JINHUO | CHIN HUO – DAS METALLFEUER

SCH 214

In der Astrologie wurde der in der Quintessenz metallische – und damit kriegerische – Planet zweideutig gesehen, indem er einmal die Feinde des Landes, ein andermal das eigene Heer bevorzugte. Er galt als Planet der Subversion, des Ränkeschmiedens, der scharfen Klingen und der Exekutionen.

Besonders in der Tang-Zeit bildete er den Fokus für viele Kriegsgedichte – so bei Liu Changqing, wenn er die kaiserlichen Truppen beschreibt: "Auf ihre Schwerter gelehnt, den Grossen Weissen betrachtend, waschen sie ihre Waffen und nähern sich dem See-Tor."

SCH 214–215

In seiner Verkörperung des Sohns des Weissen Herrschers galt der Planet hingegen als fast schon senil, pedantisch und unflexibel, stets die Befehle des Himmelsherrschers erwartend. Als funkelnder Morgenstern jedoch wurde von ihm erzählt:

"Es lebte einmal eine schöne Jadefee, die im himmlischen Palast am Webstuhl sass. Wenn sie es müde war, ruderte sie mit einem Boot den Himmlischen Fluss hinauf zum Strand des Westlichen Meeres und vertrieb sich dort die Zeit unter dem Maulbeerbaum. Eines Tages begegnete ihr dort Venus, in einen strahlenden jungen Mann verwandelt, wie er dort sass und die chinesische Zither spielte. Die beiden verliebten sich und sie gebar ihm einen Jungen namens Shao Hao oder Qiong Sang, der später das Reich Shao Hao irgendwo jenseits des Meeres des Ostens gründete."[369]

MINGXING | MING-SING –
DAS STRAHLENDE GESTIRN
MINGTANG | MING-TANG – TEMPEL DES LICHTS
YINXING | YIN-SING – DAS BLÜHENDE GESTIRN
DASHUANG | TA-CHOANG –
DER GROSSE HINREISSENDE
HUOZHENG | HO-TCHING – DER FLAMMENDE

U 634, L 23

Diese Namen beziehen sich darauf, dass Venus nach dem Mond der hellste Himmelskörper der Nacht ist, etwa doppelt so hell wie Jupiter, Mars und Merkur und fast viermal so hell wie der strahlendste Stern, Sirius. Wie das im 3. Jahrhundert v. u. Z. kompilierte *Shundian* im 'Buch der Urkunden' *Shujing* und dessen Aufzählung von nur sieben Himmelskörpern nahelegt, erkannte man den Planeten spätestens dann als identisch mit dem Morgen- und dem Abendstern, höchstwahrscheinlich jedoch schon weit früher.

In einem Text aus dem 6. Jahrhundert u. Z. heisst es, dass der Planet ein Spiegel aus quintessenziellem Eisen sei, der sieben Tore aufweist, aus welchen sieben spitze Strahlen drängen; in jedem Tor befände sich ein weisser Gott.

U 633, SCH 212

ZHONGXING | TCHOUNG-SING –
DAS LETZTE GESTIRN
TAIZHENG | T'AI-TCHING –
DER GROSSE GENAUE
GUANXING | KOAN-SING –
DAS BEOBACHTERGESTIRN

U 637

Diese Namen beziehen sich darauf, dass der Planet mit grösster Verlässlichkeit und Regelmässigkeit den Beginn des Abends oder des Morgens markiert und dann alles überschaut.

Der Planet steht dem Herbst sowie den sieben Herbergen des Westens von Andromeda bis Orion vor: Weshalb das Sternbild des Weissen Tigers als astrales Domizil der Venus gilt. Als Verkörperung des Weissen Herrschers wurde der Planet auch genannt BAIZHAOJU | PÉ-TCHAO-KIN – DER WEISSGLÜHENDE VERTEIDIGER, XIFANG QIU | SI-FANG-TS'IEOU – DER WESTLICH HERBSTLICHE und LIANGXING | LIANG-SING – DAS GESTIRN DER DÄMME.

Über den Herbst wurde der Planet auch mit den dann stattfindenden Überschwemmungen und dem Dammbau verbunden. Der Herbst wurde aber auch mit Metall assoziiert, weil zu diesem Zeitpunkt die Waffen für die Kriegszüge geschmiedet wurden: Weshalb Venus als Planet des Herbstes auch als Essenz des Metalls gesehen wurde und Soldaten, Massakern und Hinrichtungen vorstand. Erscheint oder verschwindet der Planet vorzeitig, bedeutet dies, dass man eine Belagerung verloren hat und deshalb Verrat, Rebellion und Auflösung des Heeres zu erwarten hat. Da der Krieg unter der Ägide des Planeten steht, hat er die Gestalt des Kriegsministers und Oberbefehlshabers der Armee, und es sagt die Höhe, mit der er am Himmel steht, etwas über den Truppeneinsatz voraus. Diese martialischen Aspekte drücken folgende Namen aus: MIEXING | MIÉ-SING – DAS GESTIRN DER ZERSTÖRUNG und DAXIAO | TA-HIAO – DER GROSSE BRÜLLER. Zeigt sich der Planet jedoch vollkommen rund, verheisst dies Frieden.

U 636–637

Morgenstern

QIMING | KHI-MING –
DER ÖFFNER DER HELLIGKEIT

Als Morgenstern im Osten galt Venus auch als HELLIGKEIT DER MORGENRÖTE.

U 633–634, L 23

Abendstern

CHANGGENG | TCHANG-KANG – DER VERSPÄTETE

U 634, L 23

Als Abendstern im Westen galt Venus auch als HELLIGKEIT DER ABENDRÖTE. Die folgende Überlieferung erklärt, wie es zur Entstehung von Morgen- und Abendstern durch die Söhne der Sonne kam: "Es waren einmal zwei Söhne des goldenen Himmelsgottes. Der eine hiess Chen, der andere Shen. Die beiden gerieten in Streit, und Chen schlug Shen die Hüfte entzwei. Da legten die beiden Sterne den Schwur ab, sich nie mehr zu sehen. Chen kam immer nur abends hervor und Shen immer nur in der Frühe, und erst wenn Chen verschwunden ist, wird Shen wieder sichtbar. Darum heisst es: Wenn zwei Brüder nicht in Frieden leben, so sind sie Chen und Shen."[370]

Merkur

CHENXING | CHIN-SING – DAS ZEITGESTIRN

Der Name beruht auf einer Umsetzung des Namens für die generell als 'Chromogramm' betitelten Asterismen. Es kann jedoch sein, dass er eine Art Drachen darstellt: *Chen* bedeutet auch so viel wie 'Krebsmonster' – was seinem Gang entspräche. Seine die Zeit bestimmende und überwachende Rolle teilt Merkur mit Sonne und Mond. Man wartete auf sein Erscheinen; war er eine Jahreszeit lang nicht zu sehen, so fiel diese schlecht aus – und blieb er das ganze Jahr unsichtbar, verhiess dies Hungersnöte auf der ganzen Welt.

U 638, SCH 212

ANZHOUXING | NGAN-TCHEOU-SING – DAS DIE HIMMLISCHEN UMLÄUFE REGELNDE GESTIRN
NENGXING | NANG-SING – DAS MÄCHTIGE GESTIRN
SIXING | SSE-SING – DAS ERWARTETE GESTIRN

Als der Sonne nächster Planet teilt Merkur ihren Umlauf und wird so für die Regelung des Jahres in vier Jahreszeiten mitverantwortlich gemacht – neben Antares, der den Frühling markiert, Orion, der den Herbst markiert, und dem Himmelspol, der ebenfalls ihre Abfolge einleitet. Merkur steht dabei dem Winter vor.

U 639–640

XIAOWU | SIAO-WOU – DER KLEINE KRIEGER
XIEGUANGJI | HI-KOUANG-KI – DER KONTROLLEUR DER HARMONISCHEN LICHTER
JUNXING | KIUN-SING – DAS GESTIRN DER GLEICHHEIT

Seinen Sitz hat Merkur im Sternbild der 'Schwarzer Krieger' genannten Schildkröte, das sich von Sagittarius bis Pegasus erstreckt und den Winter markiert. Zudem gilt Merkur als Verkörperung des Schwarzen Herrschers. Da der Winter kalt und feucht ist, sah man Merkur als die Essenz der nördlichen Wasser und des Mondes, der das Prinzips des Feuchten darstellte. Weil er in dieser Rolle an der Wintersonnenwende teilnimmt, bei der Licht und Schatten ins Gleichgewicht gebracht werden, spiegeln seine Namen diese Kontrolle über den dann hergestellten Ausgleich wider. Deshalb nimmt er auch im Asterismus der Gleichheit in Hydra – welches das Frühjahrsäquinoktium markiert – einen Sitz ein.

Indem man im Winter die Hinrichtungen vornahm und Krieg führte, stand Merkur auch diesen vor: Er erschien, um ungerechtfertigte Exekutionen zu bestrafen, und hatte die Adjutanten der Generäle und die Oberrichter unter seiner Ägide. Bei deren Gerichtsverfahren war Weisheit und Zuhören gefragt, weshalb Merkur diese beiden menschlichen Qualitäten verkörperte und jene bestrafte, die dagegen (sowie gegen den vitalen Fluss des Wassers) verstiessen.

U 639–643

SINONG | SSE-NOUNG – DER VORSTEHER DER LANDWIRTSCHAFT

Wenn er morgens im Frühjahr sichtbar wird, beginnen die Arbeiten auf dem Feld, denen er somit am Himmel vorsteht. Seine Farbe verkündete deren Erfolg: War er gelb, reiften die Getreide gut heran; war er schwarz, kam es dagegen zu Überschwemmungen; und zeigte er sich blassblau oder weiss, verhiess dies Tod.

U 640, 643

DINGXING | TING-SING – DAS GESTIRN DES DREIFUSSES
CUANXING | TS'OAN-SING – DAS GESTIRN DES KOCHENS

Um einen Eintopf zuzubereiten, braucht es ein gutes Feuer, Holz, ein dreifüssiges Gefäss aus Bronze oder Keramik und schliesslich Wasser: Im symbolischen Denken der Astrologie werden diese fünf Elemente von Mars, Jupiter, Venus, Saturn und Merkur verkörpert – und da Merkur die Regeln der anderen vier Planeten kontrolliert, reguliert er auch deren vier Elemente.

U 643

Meteore

LIUXING – DER DAHINFLIESSENDE STERN
WANGSHI – GEKRÜMMTE PFEILE
LUOXING – FALLENDE STERNE
YUNSHI – STRÖMENDE STERNE[371]

SCH 91, 92 und 101

Meteore werden als 'rennend', 'fliegend', am häufigsten aber als auf einem Strom in eine Richtung fliessend bezeichnet. Sie haben Schwänze – *Wei* –, die mit Grannen (*Mang*) verglichen werden, oder sie werden als gekrümmte Pfeile mit einem Haarbüschel am Ende gesehen. Entweder fasst man sie als fallende Sterne auf, die ob ihrer wässrig-luftigen Natur gleich untergehen wie die Sterne nachts, oder man hält sie für Steine, das heisst Kiesel aus dem Bett Des Himmelsflusses, die vor allem dort herunterkommen, wo Der Himmelsfluss mit seinem irdischen Gegenstück verbunden ist.

Indem sie auf die Erde stürzen, werden sie vor allem als Boten und Bringer von Unheil aufgefasst, die Krieg und andere Katastrophen ankündigen, wenn nicht gar als direkter Angriff des Himmels auf die Erde.

Selten werden sie wie hier als gutes Omen gesehen: "Wenn sich die Farbe des Dahinfliessenden Sterns bei seinem Zerbrechen und Eintritt in den Osten den rosaroten Wolken des Morgens gleicht, wird es im östlichen Viertel viel Freude geben."

Als 'Feuerstern' oder als eigenwilliger und agiler 'Rennender oder Fliegender Stern' werden Meteore vor allem in der Poesie genannt. Im folgenden Zweizeiler aus dem 8. Jahrhundert von Du Fu sind damit allerdings die sich am Himmel bewegenden Asterismen gemeint: "Fliegende Sterne queren das Weiss des Wassers; der sackende Mond bewegt die sandige Wüste."[372]

Der Mond kommt hier vom Zenit herab und die von ihm ausgelösten Schatten gleichen wandernden Dünen; die 'Fliegenden Sterne' sind die von Wasser widergespiegelten Asterismen.

SCH 91–93, 100–101

TIANSHI – DER HIMMELSBOTE
MINGXING – DIE BEAUFTRAGTEN STERNE
SHIXING – DER BOTENSTERN
XINGSHI – DER STERNBOTE

Wie der Mond überbrachten auch Sternschnuppen Signale, Botschaften, sogar direkte Aufträge des Himmels. Gemäss der astrologischen Doktrin der Korrespondenzen wurden solche astralen Boten als Parallelerscheinungen irdischer Geschehnisse verstanden: Es war also irgendwo gerade ein berittener Bote mit einer Mitteilung unterwegs. Dies führte dazu, dass man bald auch die hohen Beamten als 'Sternboten' bezeichnete, wie sie vom Licht ihres Kaisers gebadet wurden.

SCH 98–100

Kometen

YAOXING – DER UNHEIMLICHE STERN
HUIXING – DER BESENSTERN
POXING – DER BERSTENDE STERN

Als Himmelserscheinung passte ein lange sichtbarer, aus dem Nirgendwo kommender und wieder dahin verschwindender Komet nicht in das detailliert geordnete Korrespondenzprinzip von Himmel und Erde: Er liess sich nicht einordnen. Ein esoterischer Text der Han-Zeit drückt dies so aus: "Alle Veränderungen und Abirrungen der Figuren des Himmels basieren darauf, dass man von den menschlichen Belangen auf sie schliesst. Wenn jedoch Figuren durch abartige Pneumata geformt werden, dann können Unheimliche Sterne unter ihnen sein."[373]

Ein anonymer Dichter der Tang-Zeit hinwieder schreibt: "Das fliegende Licht des Besens oder Bersters erleuchtet Himmel und Erde – die Neun Himmel sind zerbrochen wie Fliesen – um rachsüchtige Auren hervorspritzen zu lassen; das Geheule von Geistern hallt und hallt wider."[374]

Man unterschied bei diesen Produkten böser Ausdünstungen zwischen Kometen mit und ohne Schwanz, die mit einer Explosion und mit Fegen in Verbindung gebracht wurden. Letztere, die Besensterne, waren noch schädlicher; beide aber wurden als Werkzeuge gesehen, um eine korrupte Gesellschaft zu säubern und eine neue Ordnung im Land vorzubereiten. Dementsprechend fielen die Omen aus.

SCH 105–109

Supernovae

XINXING – DER NEUE STERN
KEXING – DER GASTSTERN

Die Neue Himmelserscheinung ist die ältere Bezeichnung. Wie Kometen galten auch Supernovae als abnormale Phänomene in der streng geordneten Himmelswelt und wurden dementsprechend katastrophal interpretiert. Die detaillierten Aufzeichnungen chinesischer Astrologen sind heute sehr wertvoll, weil sich so etwa die Entstehung des Krebsnebels auf den Juli 1054 datieren lässt.

SCH 117–118

LITERATUR

AL Sarah Allan, *On the Identity of Shang Di and the Origin of the Concept of a Celestial Mandate (Tian Ming)*, in: Early China 31, 2007, 1–46.

A David Allred, The Circumpolar Constellations of Ancient China, M. A. Thesis Indiana University 2003, digital abrufbar.

B Anne Birrell, Mythes chinois, Paris 2005.

B1 Anne Birrell, Chinese Mythology, Baltimore 1993.

CH Edward Chalmers, A Dictionary of Chinese Mythology, Shanghai 1932.

CHA Jesse Chapman, The Rhetoric and Ritual in Celestial Signs in Early Imperial China, Dissertation University of California, Berkeley, 2015.

CHR Anthony Christie, Chinesische Mythologie, Wiesbaden 1968.

E The Encyclopedia of Taoism, hrsg. von Fabrizio Pregadio, New York 2008.

ES Monica Esposito, *Sun Worship in China*, in: Cahiers d'Extrême-Asie 14, 2004, 345–402.

G Marcel Granet, Das chinesische Denken, Frankfurt am Main, 1985.

H Donald Harper, *The Han Cosmic Board (Shih)*, in: Early China 5, 1979, 1–10 (ergänzend dazu: Christopher Cullen, *Some Further Points on the 'Shih'*, in: Early China 6, 1980, 31–46).

K Andrea Keller, *Kosmos und Kulturordnung in der frühen chinesischen Mythologie*, in: Das Alte China, München 1995, 136–146.

L Wu Luxing, 100 Chinese Gods, Singapur, 1994.

M Rémi Mathieu, Anthologie des mythes et légendes de la Chine ancienne, Paris 1989.

MÜ Wolfgang Münke, Die klassische chinesische Mythologie, Stuttgart 1976.

N Joseph Needham, Science and Civilisation in China, Vol. III, Cambridge 1959.

P David Pankenier, Astrology and Cosmology in Early China, Cambridge 2013.

P1 David Pankenier, *A Brief History of Beiji*, in: Journal of the American Oriental Society 124.2., 2004, 211–236.

P2 David Pankenier, *Shang Oracle Bones*, in: Handbook of Archaeoastronomy and Ethnoastronomy, hrsg. von Ruggles, New York 2015, 2069–2077.

P3 David Pankenier, *Astronomy and City Planning*, in: Handbook of Archaeoastronomy and Ethnoastronomy, hrsg. von Ruggles, New York 2015, 2085–2093.

R Isabelle Robinet, *Visualization and Ecstatic Flight in Shangqing Taoism*, in: Taoist meditation and longevity techniques, hrsg. von Kohn | Sakade, Michigan 1989, 159–192.

SCH Edward Schafer, Pacing the Void – T'ang Approaches to the Stars, 2005.

SCH1 Edward Schafer, *Sky River*, in: Journal of the American Oriental Society 94.4, 1974, 401–407.

SCH2 Edward Schafer, The Divine Woman – Dragon Ladies and Rain Maidens, San Francisco 1980.

SH Yunli Shi, *Ancient Chinese Astronomy – An Overview*, in: Handbook of Archaeoastronomy and Ethnoastronomy, hrsg. von Ruggles, New York 2015, 2031–2042.

SO F. Solger, *Astronomische Anmerkungen zu chinesischen Märchen*, in: Mitteilungen der deutschen Gesellschaft für die Völkerkunde Ostasiens 17, 1922, 133–207.

SP Tilman Spengler, *Die Häuser des Mondes – Der eigene Weg der chinesischen Astronomie*, in: Kultur & Technik 4, 1990, 52–57.

ST Julius Staal, Stars of Jade, Decatur Georgia 1984.

T Lillian Lan-ying Tseng, Picturing Heaven in Early China, London 2011.

U Gustave Schlegel, Uranographie Chinoise, Leyden 1875.

W E. T. C. Werner, Myths and Legends of China, London 1922.

X Sun Xiaochun, *Chinese Constellations and Star Maps* und *Chinese Calendar and Mathematical Astronomy*, in: Handbook of Archaeoastronomy and Ethnoastronomy, hrsg. von Ruggles, New York 2015, 2051–2068

X|K Sun Xiaochun | Jacob Kistemaker, The Chinese Sky during the Han, Leiden 1997.

X|P|J Xu, Pankenier und Jiang, East Asian Archaeoastronomy, Amsterdam 2000.

Z Chantal Zheng, Mythen des alten China, München 1990.

ANMERKUNGEN

1 Zitiert in SCH 166 2 X|P|J 1–2 3 T 181, 281 4 P 32–33 5 SH 2032; X|P|J 1–2; X|K 116 6 P 184–189 7 G 261 8 T 281 9 P 17–28, Geng Li, *Gnomons in Ancient China*, in: Handbook of Archaeoastronomy and Ethnoastronomy, hrsg. von Ruggles, New York 2015, 2095–2104. 10 P 29–31 11 P 32–33 12 P 32, X|K 15–16 und U 4–5 13 P 83–88 14 SH 2034 15 AL 16 Siehe P 101–108 17 P 222, 231 18 P 96 19 AL 20 AL 33–43 21 T 18 22 X|P|J 2–4 23 P 76–77 24 P 116–117 25 Abbildungen in P 462, 466, 469, 470 und T 318–324 26 X|K 97 27 Zitiert in P 91 28 Zitiert in P 90–92 29 P 247 30 P 246–250 31 X|K 108 32 P1 2091 33 P1 2089–2091 34 P 317–336 35 X|K 3, xiii–xiv 36 vgl. X|K 147–162 37 Vgl. X|K 163–187 38 Vgl. X|K 187–191 39 P1 2071 40 Wie bei den Indern gab es auch in China eine Variante mit 27 Herbergen (vgl. P 473); durch sie wäre das Jahr in 351 Tage unterteilt worden, um dann eine halbe Mondperiode von 14 Tagen anzuhängen, was insgesamt 364 Tage ergab – wobei man aber wie bei uns heute alle vier Jahre einen Schalttag noch dazugeben muss: was das System unnötig kompliziert. 41 X|K 19 42 T 312 43 Übersetzung in P 458–511 44 T 23, X|K 104–105 45 X 2056–2057 46 P 11–12 47 SCH 10 48 In dem *Kleinen Kalender der Xia Dynastie* soll der Orion als *Shen* erwähnt werden (X 2052); doch wurde dieser vorgeblich auf die Epoche der Xia um 2300 v. u. Z. zurückgehende Text in der Zeit der mittleren Westlichen Han ediert. Die früheste Namensnennung des Erhabenen, die ich finden konnte, stammt aus den *Bambus-Annalen*, die nicht später als 300 v. u. Z sind, und darin über zurückliegende Ereignisse in zeitgenössischer Sprache berichten. *Shen* taucht darin als Monatsname auf (Stephenson | Yau, *Astronomical Records in the Ch'un Ch'iu Chronicle*, in: JHA 23, 1992, 498). Gegen eine da schon bemerkbare breite Einbürgerung des Namens spricht vor allem, dass auf der ersten vollständigen Darstellung der 28 Herbergen auf einer auf 433 v. u. Z. datierten Lackschachtel noch Der Uhu die Stelle des Orion einnimmt (P 469). Eindeutig als 'Züchtiger' wird er um 100 v. u. Z. in Sima Qians *Traktat der Himmlischen Ämter* genannt (P 468), wo jedoch weiterhin der Kopf des Erhabenen als 'Uhuschnabel' bezeichnet wird: Was alles zusammen für eine späte Überzeichnung des Uhus durch Den Erhabenen Züchtiger im Orion spricht. 49 SCH 10 50 U 643–644 51 X|K 8 52 X|K 110 53 P 419 54 P 473 55 Übersetzung P 473–477 56 SP 53 und N 189–190 57 SCH 48 und N 283 58 SCH 59 59 SCH 127–128 60 SCH 100 und 128 61 P 7 62 Isabelle Robinet, Taoist Meditation, New York 1993, 208. 63 CH 210–211 und T 299 64 P 467 65 CHA 259 66 CHA 258–260 67 SCH 21 68 SCH2 39 69 SCH 192, Anne Birrell, The Classic of Mountains and Seas, London 1995 und M 73. 70 P 385 71 B 48 und Thomas Höllmann 72 Übersetzung Thomas Höllmann 73 M 38 74 G 262 75 M 40–41, K 139, SCH 39 und Major et al., The Huiananzi, New York 2010, Kapitel 6. 76 M 74 und Yang Lianfe, *Water in Traditional Chinese Culture*, in: The Journal of Popular Culture, Herbst 1993, 51. 77 Anmerkung Thomas Höllmann 78 Anne Birrell, The Classic of Mountains and Seas, London 1995, 35. 79 Übersetzung Thomas Höllmann 80 Z 34–35

81 K143, M71 82 K143 83 P386–388 84 K139–140 85 Z36 86 Z36–37 87 B49 88 M29 89 G264 90 K143 91 M28–30 und K128 92 B27 93 B1 100 94 Übersetzung Thomas Höllmann 95 B1 100 96 B1 100 97 K138–139 98 M28–30 und K138 99 X90 100 M31 101 K144 102 M30 103 M33 104 Zitiert in SCH23 105 SCH26–27 106 SCH27 107 SCH27–28 108 SCH 28 109 SCH28–29 110 SCH26–29 111 SCH225 112 T58 113 SCH 226 114 T194–200 115 zitiert in T182 116 SCH238–240; ausführliche Beschreibung in Isabelle Robinet, Taoist Meditation, New York 1993, 187–225 und R 117 B66 118 Z49 119 M99–109 120 M112–115 und Z51 121 X|K12 122 T1 und 5–6, AL26–27 123 Anthony Christie, Chinesische Mythologie, Wiesbaden 1968, 'Die Himmelskörper'. 124 T3 125 T47 126 Zitiert in SCH35 127 Zitiert in T50 128 T50 129 Zitiert in SCH35–36 130 SCH40, U395 131 Yang Quan, *Wu li lun*; zitiert in SCH1 403. 132 zitiert in SCH233 133 SCH 132, 232 134 CH459 135 A8 136 SCH44 137 SCH3, P9 138 T266–267 139 SCH1 140 zitiert in U208 141 zitiert in U207–208 142 Chin su, zitiert in SCH1 404 143 *mangmang* ('chaotisch') und *huhu* ('mysteriös'), M37 144 Zhang Hua, zitiert in M36–37 und SCH1 404–405 145 Aus dem Buch *Zhilin*, zitiert in SCH1 405 146 Zitiert in SCH264 147 Ma Tai, zitiert in SCH1 406 148 U76–77 149 E909 150 SCH2 18–19 151 P38 152 Adrienne Mayor, The First Fossil Hunters, Princeton 2000, 15–53. 153 P44 154 Zitiert in U56 155 *Guoyu*, zitiert in P52 156 P62,70–71 157 U107 158 U98 159 Diese Aussage – sowie der in P52 zitierte Text – machen klar, dass Die Wurzel Des Himmels nicht mit Dem Drachenhorn gleichzusetzen ist. 160 U490–491 161 U489–490 162 X|K135 163 U130 164 X|K115 165 U152 166 U154 167 Shen Ch'üan-ch'i, zitiert in SCH1 405 168 U158 169 Zitiert in SCH127 170 P178 171 U404–407 und 409 172 U418–419 173 Wang Chien, zitiert in SCH1 406 174 W177–178 175 U433 176 SCH120 177 U465: der Hals 178 U464 179 T67; siehe auch die Pläne in T59–80 und P345–348 180 T96 181 P88 182 P65–66 183 U320–323 184 T334 185 P467, 32, SCH80 186 Nieh I-chung, zitiert in SCH161 187 Der Zeichnung U363 zufolge, kann es sich nicht um o, muss es sich um 40 Persei handeln. 188 P77 und 79 189 P468 190 X|K142 191 Kommentar Elmar Oberfrank 192 ST65 entspricht nicht der Skizze von U376 193 U390 194 P77–79 195 B54–55 196 Dekade des Du Ren Shi, N244 197 U394–396 198 MÜ197 199 MÜ198–199 200 Anmerkung Elmar Oberfrank 201 U400 202 Vgl. Abbildung in P79 203 U401–403 204 L63 205 qingonginchina.com | the-old-man-of-the-south-pole 206 U541 207 U516–518, X|K148 208 T350 209 T249–252 210 P76–77 211 X|K117 212 Zitiert in U61 213 U177, X|K155 214 P1 2069–2071 215 E, 'Zhenwu' 216 L9 217 U64–65 218 U174 219 T361, R180–181 220 U174–175 221 U175–176 222 Der Stern ist sonst unbesetzt und ist miteinzubeziehen, wenn die Schildkröte laut Omen bis in die Milchstrasse reichen soll. 223 U181–184 und SCH144 224 SCH263 225 P472 226 Zitiert in U497 227 U484, 496, SCH144–147 228 P376 229 SO168–183 230 zitiert in SCH145 231 XU Jingzong (592–672), zitiert in SCH145 232 W190 233 CHR62 234 U197–204 235 P470 236 U211 237 U550 238 P472 239 X|K169–170 240 U252–253 241 zitiert in U234–235 242 X|K199 243 Zitiert in U266 244 U266 und M44 245 X|K189 246 P132 247 P131 248 P135 249 Zhengshi, zitiert in U276 250 Zitiert in U277 251 P135 252 P130 253 SP52 254 Zheng Yuan, zitiert in P131 255 P137 256 X|K140 257 U294–297 258 U298 259 SCH241 260 Zitiert in U302 261 U308–309 und Anmerkung Höllmann 262 U309–312 263 U312–313 264 E, 'Beidou' 265 A44–45 266 P9 267 P1 223 268 X|K153 und A46 269 R172 270 H2 271 Michèle Métail, Wild Geese Returning – Chinese Reversible Poems, Hongkong 2017, 9–68. 272 SCH50 273 P245 274 SCH50 275 Übersetzung Höllmann 276 Übersetzung Höllmann 277 X|K148 278 Diese Figuration macht Sinn, weil Tianyi darin die nördliche Spitze eines Dreiecks bildet, das dann 7 Draconis umfasst; vgl. Text X|K166. 279 Übersetzung Höllmann 280 Übersetzung Höllmann 281 A97 282 *Huainanzi* 5, zitiert in H2 283 X|K124–128 284 Aus dem *Huainanzi*, zitiert in A78 285 E957 286 Hsüan men pao hai, zitiert in SCH45 287 P458 288 P367 289 P371–372 und 460 290 Zitiert in SCH46 291 E, Zhenwu' 292 U524 293 X|K152 294 K144 295 A151–152 296 A152 297 Übersetzung Höllmann 298 zitiert in SCH138 299 P375 300 P460 301 P375 302 Zitiert in SCH122 303 Liu Yuxi, zitiert in SCH123 304 Zitiert in SCH 122 305 A145–147 306 Bei Schlegel in Fehllesung *-Ho*; Korrektur und Übersetzung Höllmann. 307 L33 308 M51 309 Zitiert in SCH167 310 MÜ312 311 U600 312 M47 313 MÜ311–312, Z50 314 Zitiert in SCH164 315 SO161 316 G268 317 B43 318 B43 319 M44 320 M45 und 46 321 M48 322 B1 39 und M47 323 CHR62 324 K140 325 Zitiert in SCH190 326 L5 327 Anmerkung Elmar Oberfrank 328 MÜ199 und M50 329 SP52 330 Anmerkung Elmar Oberfrank 331 SCH6 332 U603 und 606 333 U359 und 611–612 334 U610, M56 335 SO95 336 ES365–367 337 SCH172–173 338 T347 339 MÜ246 340 Anmerkung Höllmann 341 M58 342 M54 343 U607–608 344 M58 345 Duan Chengshi, zitiert in SCH185 346 L73 347 T213–233 348 M55 und MÜ245 349 M55–56, SCH313 350 CHR62 351 Zitiert in SCH204 352 M57, L75 353 ES368 354 Liu | Liu | Ma, *Examination of early Chinese records of solar eclipses*, in: Journal of Astronomical History and Heritage 6.1, 2003, 54 und Anthony Aveni, *In the Shadow of the Moon – The Science, Magic, and Mystery of Solar Eclipses*, Yale 2017, 103. 355 SCH80 356 G265 357 Anthony Aveni, *In the Shadow of the Moon – The Science, Magic, and Mystery of Solar Eclipses*, Yale 2017, 104. 358 *Huainanzi*, zitiert in MÜ246 359 ES367 360 ES383 361 W185–188 362 ES383–384 363 Vgl. Liste in SCH76 364 SO 185–190 365 SCH212 366 SCH214 367 SCH213 368 U629 369 L23 370 SO163 371 Übersetzung Höllmann 372 Zitiert in SCH92 373 Zitiert in SCH106 374 Zitiert in SCH109

Der *STERNEN-HIMMEL* der *NÖRDLICHEN DENE*

Nek'eltaeni ist im Himmel und nur du kannst ihn finden. Niemand kann ihn für dich finden. Und es muss dafür die richtige Zeit in deinem Leben sein; oder wenn du gerade etwas Gutes für dich getan hast. ... Wenn du nicht die Natur respektierst, respektierst du auch Nek'eltaeni nicht, verstehst du? Das war die Religion ... Weisst du, wir wollen gute Leute sein. Wir leben gesund durch die Erde und gesund durch die Sterne.[1]

Alaska war 40 000 Jahre lang ein Durchgangsland, über das die fortschreitende Besiedlung der beiden Amerikas ebenso erfolgte wie der Austausch mit Asien. Die Kulturgeschichte der dort lebenden Dene ist deshalb entsprechend komplex. Sie ist das Ergebnis einer Besiedlungsgeschichte, die sich an genetischen Spuren ablesen lässt – aber nicht allein daran, wie die unterschiedlichen bei den Dene kursierenden Schöpfungsmythen demonstrieren. Bei ihnen lässt sich nur ansatzweise klären, woher sie – und ihr Grosssternbild – stammen.

BESIEDLUNGSGESCHICHTE

Archäologische Funde belegen, dass der aus Afrika kommende *Homo sapiens* vor 45 000 Jahren sich nicht nur schon in Nordchina niederliess, sondern auch die damals etwas wärmere sibirische Arktis erreicht hatte und dort saisonal Wollhaarmammuts jagte. Ein paar tausend Jahre später liess er sich auch da dauerhaft nieder.[2] Genetische Studien zeigen,[3] dass diese sogenannten *Alten Nordsibirer* ab da begannen, sich auseinanderzuentwickeln – in Ostasiaten einerseits und in westliche Eurasier andererseits.

Jäger und Sammler von Alten Nordsibirern und Ostasiaten, die dem Wollhaarmammut folgten, wanderten daraufhin über die *Beringia* genannte Landbrücke, die zwischen 34 000 und 11 000 Jahren Sibirien mit Nordamerika verband und klimatisch milder war als die Arktis. Gut tausend Menschen liessen sich im (heute überfluteten) Süden Beringias nieder,[4] weitere Gruppen migrierten in den Süden. Ihre Steinwerkzeuge und Hinterlassenschaften werden in der Bluefish Cave des kanadischen Yukon auf 24 000, in der zentralmexikanischen Chiquihuite-Höhle auf 31 000–33 000 Jahre[5] und in der brasilianischen Serra de Capivara auf 20 000–41 000 Jahre[6] datiert.

Aus diesen Einwanderern gingen schliesslich die Urväter der *Ersten Völker* hervor, die Nord- und Südamerika besiedelten. Kulturell mehr als bemerkenswert ist, dass deren Schöpfungsmythen sowie nicht wenige Elemente ihrer Sternenhimmel genug Parallelen zu denen von Afrika und Australien aufweisen, um eine gemeinsame Wurzel anzunehmen, die zeitlich zurück bis zum afrikanischen *Homo sapiens* reicht.

Die Menschen, die Beringia besiedelten, stammten zu zwei Dritteln von Ostasiaten ab. Im Verlauf der Besiedlungsgeschichte differenzierten sich die Bewohner Beringias allmählich genetisch von den Ostasiaten; das geschah vor etwa 24 000 Jahren, mithin zu Beginn des letzten glazialen Maximums (zwischen 26 500 und 19 000 Jahren), als Gletscher den Grossteil Nordamerikas zu bedecken begannen. Wie die Komparatistik der Kosmogonien verrät, müssten die Bewohner Beringias bereits jenen Emergenzmythos erzählt haben, den die Südlichen Dene sowie viele andere panamerikanische Sternenkulturen bewahrt haben. Und sie werden wohl auch schon sehr früh jenes Grosssternbild am Himmel gehabt haben, für das sich einzig am archaischen chinesischen Himmel Vergleichbares findet.

Ein Teil dieser Siedler Beringias wanderte darauf aber wieder zurück nach Nordsibirien, weshalb sie *Alte Paläo-Sibirer* genannt werden; der andere Teil zog über den amerikanischen Kontinent. In einer weiteren Migration vor 13 000 Jahren liessen sich Alte Paläo-Sibirer aus dem asiatischen Norden dann erneut in der Gegend um Alaska nieder. Es waren nun Grosswildjäger, die neben der Karibujagd in den auftauenden Marschländern auch Vogel- und Fischfallen aufstellten und wahrscheinlich Flechtkörbe, Birkenrindenbehälter und Kanus besassen. Und sie könnten dazu bereits eine Form des in dieser Region verbreiteten Erdtaucher-Mythos mitgebracht haben.

NA-DENE

Vor 11 000 Jahren schliesslich wurde das fruchtbare und waldreiche Beringia überflutet und Asien bis heute von Amerika getrennt. Während Alaska bis auf die Gebirge bereits eisfrei geworden war, blieb die kanadische Arktis weiterhin von hunderte Meter dickem Eis überzogen und unbesiedelt:[7] Es gab dort also noch keine Kultur, die man als Vorläufer der Inuit bezeichnen könnte.

Dies änderte sich erst mit den Wanderbewegungen der Jenisseier aus der Mitteljakutischen Niederung in Ostsibirien Richtung Alaska. An den Ufern der Lena, ihren Zuflüssen und den Seen hatte sich vor 6500 Jahren die *Yalakh-* und danach die *Bel'kachi-Kultur* etabliert, die von Fischen, ziehenden Wasservögeln, Elchen und Karibus lebte, in beheizten Fellzelten wohnte, Vorratslager anlegte, feine Steinabschlagtechniken erlernt hatte (nachdem Elfenbeinmammut kaum noch zur Verfügung stand), erstmals Keramik herstellte und Pfeil und Bogen besass.[8] Sie sprachen eine eng mit dem Sino-Tibetischen verwandte Sprache, die in Innerasien einmal weit verbreitet gewesen war, bis Turkvölker ihre Sprecher in den sibirischen Norden abgedrängt hatten. Eine Gruppe solcher Jenisseier kam schliesslich vor 4800 Jahren aus Ostsibirien über Eisschollen oder mit Booten über die Beringstrasse und vermischte sich mit den um

Alaska siedelnden Alten Paläo-Sibirern zu den sogenannten *Paläo-Eskimo.*[9]

Kulturelle Transfers überzeichnen allerdings immer allzu einheitlich gedachte Migrationswellen, sodass aufgrund von vielerlei Gemeinsamkeiten weit eher von einem zirkumpolaren Kontinuum auszugehen ist, in dem es zwischen Ostasien und dem nordpazifischen Rand zu beständigem Austausch kam. So sind die an der Küste Südalaskas und Nordkanadas siedelnden Tlingit – deren Na-Dene-Sprache sich am frühesten vom jenisseischen Zweig abgespalten hat – archäologisch dort bereits vor 10 000 Jahren greifbar. Sie besitzen eine Kunst, die jener des Neolithikums und der frühen Bronzezeit in China äusserst ähnlich ist – und zwar wie sie noch *vor* der Verbreitung der Jenisseier als Vertreter einer eigentlich aus dem östlichen Tibet stammenden sino-tibetischen Sprachfamilie im asiatischen Raum üblich war. Aber auch an späteren asiatischen Einflüssen ist zu erkennen, dass die Stämme in Nordamerika keine Regionen besetzten, in denen sie sich anschliessend isoliert gehalten hätten, sondern in wechselseitigem Kulturkontakt blieben: sodass man nicht nur linguistisch sagen kann, dass die sino-tibetischen Völker und die Dene als Cousins betrachtet werden können.[10]

Auffällig an den Tlingit als den somit ältesten nordamerikanischen Dene ist jedoch, dass sie kein Grosssternbild besitzen, sondern ihren Sternenhimmel in kleine Figuren unterteilen.[11] Dessen Konzeption ähnelt dem Sternenhimmel ihrer nächsten asiatischen Verwandten, den Keten – unterscheidet sich jedoch ganz und gar vom Himmel der Nördlichen Dene.

Mit den sich vor rund 5000 Jahren in Alaska ansiedelnden Jenisseiern, die als *Paläo-Eskimo* gelten, beginnt nun – zumindest in der groben Matrix der Genetik – die Geschichte der Na-Dene. Dank ihrer spezialisierten Überlebenstechniken, die Rentiere als Nahrung und Rohmateriallieferanten nützten, und als kraft ihrer Speerschleudern überlegene Jäger, breiteten sich diese Paläo-Eskimo in wenigen Jahrhunderten bis nach Grönland aus, Robben, Walrösser, Karibus, Füchse, Vögel, Moschusochsen und Grönlandwale mit ihren Robbenfellbooten jagend.[12]

Vor 2500 Jahren werden sie dann als sogenannte *Saqqaq-* und *Dorset-Kultur* greifbar. Neben ihren Zelten bauten sie bis zu 6 Meter lange Häuser für Grossfamilien, verwendeten statt Pfeil und Bogen nun Speere und Harpunen für die Robben und Walrösser, deren Tran sie für Steinlampen benützten, mit denen sie auch heizten und kochten, und aus deren Knochen sie ein reiches und kreatives Repertoire an Masken, Tier- und Menschfiguren schnitzten. Und sie schätzten Feuersteine, Achat und Bergkristall, die noch bei den Südlichen Dene grosse Symbolik besitzen.

Der Durchgangsweg entlang der Küsten im Norden Asiens und Amerikas wurde jedoch im ersten nachchristlichen Jahrtausend gestört, als es in Asien zu intensiven Kriegen kam, die das asiatisch-amerikanische Kontaktnetz tief in den Süden und Osten des amerikanischen Kontinents verschoben. Flüchtlinge dieser Konflikte brachten aus Asien eine neue verheerende Kriegstechnologie mit – B-förmige Kompositbögen und Körperpanzerungen –, die binnen weniger Jahrzehnte die arktische Region, die zudem von der einsetzenden mittelalterlichen Warmzeit betroffen war, destabilisierte. Im Zuge dessen ging die Kultur der Paläo-Eskimo an den arktischen Küsten schnell unter. Die Überlieferung der ihre Territorien okkupierenden und mit den neuen Bögen bewaffneten *Neo-Eskimo* charakterisiert ihre Vorgänger als unglaublich stark, aber scheu und (verständlicherweise) Kämpfen stets ausweichend.[13]

Aus den – von den heutigen Eskimo und Inuit genetisch völlig verschiedenen – Paläo-Eskimo waren jedoch inzwischen einzelne Na-Dene[14] sprechende Volksgruppen hervorgegangen, die im Binnenland Alaskas siedelten. Genetik und Linguistik zeichnen da ein ähnliches Bild: Demnach war Na-Dene vor rund 8500 Jahren noch eine homogene sibirische, mit dem Jenisseischen eng verwandte Sprache, die sich erst vor etwa 4200 Jahren – mithin erst mit der Wanderbewegung der Paläo-Eskimo entlang der arktischen Küsten Nordamerikas – zu verästeln begann. Von den Küsten im kanadischen Nordwesten bis zur Hudson Bay ausgehend, besiedelten die Sprecher der einzelnen Na-Dene-Dialekte dann das Binnenland.

Im Gegensatz zu den Paläo-Eskimo ist bei den Volksgruppen dieser Dene noch eine kleine beidseitige Vermischung mit den *Neo-Eskimo* festzustellen.[15] Letztere werden um 1000 u. Z. an der Beringstrasse erstmals greifbar, folgten im Zuge der Klimaerwärmung jedoch den Karibu- und Moschusochsenherden in den Norden Kanadas und nach Grönland, auch auf der Suche nach wertvollem meteorischem Eisen. Diesen Kontakt verraten Legenden, die Dene wie Eskimo heute miteinander teilen.

In Folge dieser militarisierten Völkerwanderung und der Verschiebung der alten Handelsnetze zog eine Volksgruppe der arktischen Dene irgendwann um 1000 in das Interior Plateau des heutigen British Columbia. Sie wanderten dann weiter, die Ostflanke der Rocky Mountains hinunter, und gelangten im 15. Jahrhundert bis zur mexikanischen Grenze: Diese *Südlichen Dene* kennen wir als Navajo und Apachen.

GEMEINSAMKEITEN UND UNTERSCHIEDE ZWISCHEN DENE UND KETEN

Die heute in 31 Sprachgruppen zergliederten Nördlichen Dene leben – mit Ausnahme der Dena'ina, Meeresfischern im Cook Inlet – in Wäldern und Tundren entlang von Flüssen: etwa 7000 in Alaska und 27 000 in Nordwestkanada. Ihre Lebensweise ähnelt weiterhin stark jener der letzten heute noch lebenden Jenisseiern, den Keten nordwestlich des Baikalsees.

Deren Sprache ist im selben Mass mit Na-Dene verwandt, wie diese sibirischen Jäger und Sammler Gene mit den Dene teilen.[16] Die gemeinsame zeitliche Tiefe von etwa 5000 Jahren zeigt sich aber auch an Glaubensvorstellungen und Traditionen, welche die Keten mit den Nördlichen und Südlichen Dene teilen – die bis zum ersten nachchristlichen Jahrtausend enge Kontakte mit Ostasien aufrechterhielten, nicht zuletzt durch den Pelzhandel.

Dazu gehören Schamanen, die mit Himmelsreisen und Vögeln verbunden sind, ebenso wie Medizinmänner, deren Wirken sich auf die Erde und ihre sieben Unterwelten richtet; den Katchinas ähnliche Puppen als Schutzgeister; ein aus sieben Ebenen bestehender Himmel, dessen Berge, Seen und Flüsse von heiligen und hilfreichen Geistern bevölkert werden, während in den sieben unterirdischen Höhlen der Unterwelt Dämonen leben;[17] eine auch farblich ausgeprägte Symbolik der vier Himmelsrichtungen, nach denen die Zelte ausgerichtet wurden; ein Kulturheros, der bei den Keten *Alba* heisst und auf seinen unablässigen Reisen die Landschaft verändert und menschengerecht macht; die Milchstrasse als eine von ihm hinterlassene Spur; der Himmel als Raum eines allmächtigen männlichen Schöpfergottes, der auf die Menschen der Erde bloss unbeteiligt herabschaut; Erste Menschen, die ursprünglich unsterblich waren; eine 'Abstammung von der Ersten Mutter', wie sie sich in den Mythen der Südlichen Dene detailliert ausformuliert findet; sowie jene Selbstbezeichnung als 'Menschen' – *De'ng* –, die der Bedeutung von *Dene* entspricht.[18]

Die meisten dieser kulturellen Gemeinsamkeiten finden sich jedoch nicht nur später in den Amerikas wieder, sondern bereits in Australien und Afrika – und somit in einer viel tiefer zurückliegenden Zeit. Ist bei den Nördlichen Dene von der 'Fernen Zeit' die Rede, so ist damit sehr Ähnliches wie die 'Traumzeit' der Aborigines gemeint, die ebenfalls zuerst dunkel war und nur von Tieren und Tiermenschen bevölkert wurde, bis der eigentliche Mensch daraus hervorging. Wie die Nördlichen Dene, sehen auch die Aborigines den Menschen als Reinkarnation von Tieren, Pflanzen und Naturmächten und den Nachthimmel als Mittel der spirituellen Initiation, die man anhand seiner Sternbilder erfährt, sowie als Reservoir von Heilkräften.

Trotz alledem hat der Sternenhimmel der Keten mit dem der Dene nicht einmal ansatzweise ein Sternbild gemein.[19] Falls es bei den wenigen Sternbildern der Keten zu Überschneidungen kommt, dann allein mit dem Sternenhimmel der heutigen Eskimo. Das ist eine erstaunliche Tatsache. Erstens wird damit klar (wie der Sternenhimmel der Tlingit bestätigt), dass sich beim Grosssternbild der Dene – im Unterschied zu ihrer Sprache – keinerlei Bezüge zu den Keten feststellen lässt und sich auch sonst nirgendwo in Sibirien eine vergleichbare Konzeption des Himmels findet. Zweitens überrascht, dass eine Kultur mit ihrer Sprache eine ganze Region besetzen kann, ohne dass sie dort zugleich ihren eigenen Sternenhimmel durchsetzt: Bei der Invasion der Yamnaya mit ihrem indoeuropäischen Sternenhimmel in unsere Breiten war dies anders.

Dies demonstriert, dass genetische Verwandtschaft wenig über Kulturkontakte aussagt, sonst hätten sich Vorstellungen, die auf die ausgestorbenen Paläo-Eskimo zurückgehen, nicht bis heute bei den Eskimo erhalten können. Somit erweist sich die Beringstrasse auch als kultureller Schmelztiegel. Denn die engen Kulturkontakte, zu denen es hier kam, zeigen sich bereits an der Bandbreite der hier kursierenden Schöpfungsmythen, die Elemente verschiedenster Traditionen miteinander verbanden und sich je nach Einflüssen und Epochen gegenseitig ab- und umwandelten.

KOSMOGONIE

Der Erdtaucher

Die Verwandtschaft zwischen Dene und Keten belegt eine gemeinsame, für Jäger und Sammler typische Schöpfungslegende, die sich weit verbreitet hat, vor allem in den Steppen des nördlichen Asien, ohne dass ihr Ursprung eruiert wäre: Es ist dies der sogenannte 'Erdtaucher-Mythos'.

Bei der Kosmogonie der Keten spielt einer ihrer Kulturheroen, der Grosse Schamane Doh, eine zentrale Rolle. Er rettet eine Seele vor der bösen Khotsadam, der einstigen Frau des Himmels. Als er davonfliegt, gerät er in einen Sturm, der seine Kräfte erschöpft. Darauf befiehlt er seinem helfenden Geist, einem Schwan,[20] in das rundum sich unter ihm erstreckende Meer zu tauchen und einen Klumpen Dreck heraufzubringen, auf dem er sich ausruhen kann. Nachdem dies geschehen ist, macht er daraus eine Insel, die dann zu unserer Erde wird.[21]

Den Erdtaucher-Mythos gibt es in einer ursprünglicheren Form bei den finno-ugrischen Mansen und Chanten im Ural, wo ein Seetaucher-Vogel die Erde aus dem Ozean emporzieht.[22] Diese Schöpfungssage gelangte bis nach Osteuropa, im Zuge des mongolischen Khanats der 'Goldenen Horde', einem Steppenreich, das sich nach dem Mongolensturm um 1240 etablierte und bis ins 14. Jahrhundert hinein bestand. Dies erklärt, weshalb die Ruthenen der Ukraine im letzten Jahrhundert noch eine stark christianisierte Variante dieser Sage erzählten, deren Anfang hier wiedergeben sei:

DIE RUTHENISCHE SAGE VOM ERDTAUCHER

"Einst war nichts, als oben der Himmel und unten Gewässer. Da schiffte Gott einmal auf dem Wasser und fand ein grosses, grosses Stück festen Schaumes, darin der Teufel stak. 'Wer bist du?', fragte ihn Gott.
Der Böse antwortete: 'Ich habe nicht Not, dir Rede zu stehen, ausser du versprichst, mich auf dein Fahrzeug zu nehmen.' 'Ich will es tun'. 'Ich bin also der Teufel'. So fuhren beide herum und unterredeten sich, bis der Teufel begann: 'Wie gut wäre es, wenn es ein Festland gäbe?' 'Das soll werden', antwortete Gott; 'tauche du hinab bis auf den Meeresgrund und bringe eine Handvoll Sand herauf, daraus will ich ein Festland schaffen. Wenn du aber hinabgelangt bist und nach dem Sand greifst, so vergiss nicht zu sagen, 'Ich nehme dich im Namen Gottes'. Der Teufel liess es sich nicht zweimal sagen, sank in Eile unters Wasser und auf dem Grunde angelangt, griff er mit beiden Händen gierig in den Sand hinein."[23]

Östlich der Keten hingegen kursiert dieser Schöpfungsmythos unter den Jukagiren, Tschuktschen und Ainu der sibirischen Arktis. Einmal über die Beringstrasse gelangt, wird er überall östlich der Rocky Mountains bis hinunter zu den Cherokee, Algonquin und Sioux erzählt, findet sich aber auch noch weiter südlich in Guiana und im nordwestlichen Amazonien – als sprechender Beleg für eine gemeinsame Herkunft indigener Bevölkerungsgruppen der Amerikas.[24]

Bei den zu den Dene gehörenden Gwich'in im Genzgebiet zwischen Alaska und Kanada wurde der Erdtaucher-Mythos in den 20er Jahren des letzten Jahrhunderts aufgezeichnet. In dieser, implizit auf den schamanistischen Kulturheros der Dene – der für unseren Sternenhimmel zentralen Figur *Nek'eltaeni* – bezogenen Version, dient die Bisamratte als Helfer.

DIE ERSCHAFFUNG DER ERDE

"Ganz früher, heisst es, gab es kein Land. Es gab nur einen Mann, der auf einem Floss sass, das mit ihm herumtrieb. In allen Richtungen gab es kein Land, nur Wasser. Über ihm war bloss Himmel zu sehen. Und da gab es, heisst es, eine Bisamratte, die mit dem Mann herumfuhr. Das Wasser trug sie so lange herum, bis sie es schliesslich satt hatten, nur auf dem Floss zu sitzen. Deshalb sagte der Mann: 'Wenn du uns mit deinen Klauen ein bisschen Dreck holst, mache ich für uns Land, auf dem wir gehen können'.
Die Bisamratte erwiderte: 'Ich lebe zwar im Wasser, aber ich habe darin bisher noch nie viel Dreck gesehen. Vielleicht aber, wenn ich richtig tief runtergehe?'.
'Versuch es', sagte der Mann. Die Bisamratte stiess sich mit ihrem dünnen Schwanz ab und verschwand in der Tiefe. Nachdem sie eine ganze Weile unten geblieben war, kam sie mit dem Kopf voran wieder hoch. 'Ich ging tiefer hinab als sonst, aber ich kriegte es mit der Angst und beeilte mich wieder aufzutauchen'. Nach einer Atempause meinte sie, 'ich versuche es nochmal', und glitt zurück ins Wasser. Sie blieb länger unten als zuvor. Dann steckte sie wieder ihre Nase heraus. 'Ich glaube, ich habe Dreck gesehen, aber ich hatte fast keine Luft mehr, also kehrte ich wieder um'.
Nachdem sie sich ausgeruht hatte, sagte sie: 'Ich geh noch einmal runter'. Sie holte tief Atem und tauchte mit einem grossen Platsch ins Wasser. Diesmal war sie wirklich sehr sehr lange unten. Der Mann dachte schon, sie kommt nie mehr hoch, als die Bisamratte sich mühsam zur Oberfläche kämpfte. Sie war völlig ausser Atem und erschöpft, doch nachdem sie wieder auf dem Floss sass, sagte sie: 'Hier!' Sie händigte dem Mann ein kleines bisschen Dreck aus. Und mit einem Zauber, wie es heisst, machte er aus dieser Erde das Land, auf dem wir heute leben."[25]

Konzipiert wird die Erde von den Nördlichen Dene als Insel, die ringsum von Wasser umgeben ist, aus dem Sonne, Mond und Planeten auftauchen. Die Oberfläche der Erde ist erfüllt von einer diffusen Macht, welche die Schamanen der Dene wie jene der Eskimo und Inuit – als Heiler, Wahrsager und Weise – für ihre 'Medizin' zu nützen wissen. Die Menschen, die diese Oberfläche nützen, müssen sie deshalb, der darin wirkenden Zaubermacht wegen, respektvoll behandeln.[26]

Bei den an den Flüssen Koyukuk und Yukon lebenden, ebenfalls zu den Nördlichen Dene zählenden Koyukon wiederum ist diese Legende jedoch bereits in einen anderen, weltweit verbreiteten und die Amerikas bestimmenden Mythentypus eingearbeitet, in dem ein Kulturheros auf seinem Weg durch die Welt diese benennt und verwandelt und bewohnbar macht.

In der folgenden Legende übernimmt die weltschöpfende Rolle der bei den benachbarten Eskimo omnipräsente Rabe, der auf einer weitläufigen Kanufahrt der Welt samt den Lebewesen und Pflanzen darin ihre heutige Gestalt verleiht.

DIE ERSCHAFFUNG DES DENALI

"In seiner Verkörperung als junger Mann hatte Rabe sein Kanu über eine grosse Wasserfläche gepaddelt, um eine Frau zu bitten, ihn zu heiraten. Sie weigerte sich jedoch, seine Frau zu werden; also liess er sie im Schlamm versinken und verschwinden und paddelte dann wieder zurück nach Hause. Die Mutter dieser Frau hielt sich zwei Braunbären; in ihrem Zorn befahl sie ihnen, den jungen Mann zu ersäufen. Sie gruben wie wild am Rand des Sees und erzeugten so überall am Wasser grosse Wellen. Rabe jedoch beruhigte vor sich einen schmalen Streifen und paddelte weiter.
Einmal davon erschöpft, warf er eine Harpune, die den Kamm einer Welle traf; in dem Moment aber fiel er in Ohmacht, so fest hatte er sich darauf konzentriert. Als er wieder erwachte, war aus dem Wasser Waldland geworden und er sah, dass die erste Welle, die seine Harpune getroffen hatte, sich zu einem kleinen Berg verhärtet hatte. Die Harpune war deshalb davon abgeglitten und hatte schliesslich eine riesige Woge getroffen, die sich zu einem anderen Berg verfestigte – den man heute Deenaalee oder Mount McKinley nennt."[27]
"An dessen Flanken sind", so ein Rätsel, "verfaulende Sterne zu sehen". Als Lösung sind dafür die Zugvögel einzusetzen, da sie ebenfalls als Bewohner des Himmelslandes gelten: Auf ihrem Weg nach Süden kollidieren manchmal Schwärme in der Finsternis der Herbstnächte mit einer Bergwand des Mount McKinley, um dann auf seinen Abhängen zu verwesen.[28]

Der Weltenwandelnde und weltenwandernde Kulturheros

Das Grossternbild der einzelnen Gruppen der Nördlichen Dene ist hingegen überall mit einem Legendenzyklus verbunden, in dem geschildert wird, welche Taten ein als 'Wanderer' bezeichneter Tiermensch auf Erden vollbrachte, bevor er in den Himmel stieg, um seitdem von dort oben meist unbeteiligt auf die Menschheit herabzusehen: Er zieht als Junge in seinem Kanu los, um die Welt zu umrunden und ihr dabei – samt ihren Lebewesen – ihre heutige Gestalt zu verleihen. Dies ist ein Grundzug der Schöpfungsmythen fast aller Kulturen, die einen ausgeprägten Sternenhimmel besitzen: Ob nun bei den Bororo, wo Sonne und Mond auf diese demiurgische Weise durch die Welt ziehen, den nur leicht überhöhten menschlichen Kulturheroen der Schöpfungsmythen der Inka, oder bei den Buschleuten, wo diese Weltenwandlerei durch einen Tiermenschen zu den zentralen Vorstellungen gehört.

Die überraschendste Parallele zu dem etwa bei den Koyukon erzählten Mythenkreis um den *Der Unter Menschen und Tieren Paddelt*, findet sich jedoch in dem geographisch wie kulturell und genetisch isolierten Australien, bei den mittlerweile ausgestorbenen Ngurunderi (Ngarrindjeri) an den Seen des unteren Murray Rivers, in der Gegend von Adelaide.

WELTENWANDERUNG UND -WANDLUNG BEI ABORIGINES

Der Schöpfungsmythos dieser Aborigines beginnt wie bei den Nördlichen Dene damit, dass der Stammvater der heutigen Menschen in einem Kanu loszieht: "Der heroische Urahne der Ngurunderi paddelte sein Borkenkanu einen kleinen Fluss hinunter, aus dem später der Murray River werden würde; er war aus Darling gekommen, indem er einem riesigen Dorschbarsch gefolgt war, der beim Schwimmen mit seiner Schwanzflosse das Wasser beiseite schob und so dem Fluss seine heutige Grösse gab."

Ngurunderi speert diesen Murray Cod, schneidet ihn in Stücke und wirft diese in den See, worauf daraus die heutigen dort lebenden Fische werden.

"Dann setzte Ngurunderi seine Reise fort. Schliesslich erreichte er Bamundang, wo er aus seinem Kanu stieg und es an Land schob: Seine Fusspuren sind dort noch heute zu sehen. Das Kanu auf dem Rücken wanderte er nach Larlangangel, wo er zwei grosse Haufen von Süsswassermuscheln zurückliess. Eines Tages, auf dem Weg zurück von Granagung, sah er ein paar Leute in der Gegend von Ngirlungmurnang. Sie hatten Angst vor ihm und versteckten sich im Schilf. Ngurunderi konnte sie jedoch flüstern hören und verwandelte sie in eine bestimmte Art von blauen Vögeln.

An diesem Punkt seiner Reise entdeckte Ngurunderis seine zwei Frauen. Sie waren in Gurelbang gewesen und hatten einen Grunzbarsch gekocht, der für Frauen Tabu waren; der Wind, der aus dieser Richtung wehte, hatte den Geruch zu ihm getragen. Nachdem er keine Verwendung mehr für sein Kanu hatte, stellte er sich in Larlangangel auf die beiden Muschelhaufen, hob es hoch und stellte es in den Himmel, wo es zur Milchstrasse wurde."

Erinnert dies an die Geschichte, welche die Koyukon vom Wanderer und den Meisenhäherleuten erzählen, so fällt auch die Frauenlosigkeit des Kulturheros der Ngurunderi auf, die er mit dem Weltenwanderer der Dene teilt. Findet dieser Nek'eltaeni keine (und bleibt eine andere Figur in dessen Mythenzyklus "mit der eigenen Hand verheiratet"), so flüchten in der Legende der Aborigines die beiden Frauen vor ihm. Auf der Suche nach ihnen stösst Ngurunderi sodann auf einen bösen Geist, den er nach einem langwierigen Kampf erschlagen und ihn auf dem Scheiterhaufen verbrennen kann. Aus dem nächsten Abschnitt geht dann hervor, dass die Legende dieser australischen Aborigines vor mindestens einem Jahrzehntausend spielt und Kenntnisse des zuvor tiefer liegenden Meeresspiegels bewahrt hat.

"Schliesslich kam er nach Ngurunduwurngirl ['Ngurunderis Heim'], wo er eine Zeitlang lebte und alle Hoffnung aufgab, seine Frauen zu finden. Später setzte er seine Wanderungen entlang der Küste der Encounter Bay fort und war nach einer Reihe von Abenteuern gerade dabei, vom Festland zum Kangaroo Island zu gehen, als er seine beiden Frauen auf demselben Weg sah. Es war damals ja noch möglich, zur Insel hinüberzugehen. All sie die Mitte erreicht hatten, rief er mit der Stimme des Donners: 'Fallt auf sie, ihr Wasser!' Und sofort stieg das Meer und ertränkte sie; doch sie verwandelten sich in die 'Zwei Schwestern' genannten Felsen von Meralang ... Dann ging er zur Insel, die 'Ngurungauis Fussspur' hiess, weil nun alle Seelen diesen Weg zur Geisterwelt nehmen. Er liess dort eine grosse Kasuarine wachsen, in deren Schatten er sich ausruhte. Danach ging er zur Westseite der Insel und warf seinen Speer ins Meer: Worauf dort Felsen aus der See emporschossen. Am Ende tauchte er ins Meer, um sich von seinem alten Leben zu reinigen, und ging anschliesend hinauf in den Himmel, in die Geisterwelt Waieruwar. Doch bevor er verschwand, sagte er den Jaraldi, dass die Seelen ihrer Toten immer seiner Fährte folgen würden und schliesslich bei ihm in der Himmelswelt weilen würden."[29]

Dieselbe Geschichte von der Suche nach Frauen, die sich in eine Insel verwandeln, worauf der Kulturheros im Meer verschwindet, um in den Himmel zu steigen, wird – nachdem sie über die Beringstrasse in die Anden gelangt sein muss – in konzeptionell gleicher und ebenfalls zentraler Form von zwei Kulturheroen der Inka erzählt: Cuniraya und Viracocha.[30]

Für die Nördlichen Dene bedeutsam ist nicht nur, dass die Vorstellung einer Himmelswelt, in welche Totengeister gelangen, wenn sie den Spuren ihres Kulturheros folgen (in dem Fall seiner Fährte in der Milchstrasse), sich so schon bei den Aborigines findet. Dass ein Weltenwanderer mit ambivalenten Charakterzügen auf seiner Reise erst die heutige Welt erschafft, dann die Milchstrasse, um schliesslich in den Himmel zu steigen, stellt nicht nur die Kurzfassung der Legenden um den Yahdii der Dene dar, sondern ist auch Thema der Kosmogonie der Sternenhimmelkultur der Wardaman in Nordaustralien. Und das ist nicht das einzige Motiv, das sich Aborigines und Nördliche Dene in Bezug auf den Himmel teilen: Dazu gehört auch das Tabu, nicht mit dem Finger auf Sterne zu zeigen, damit sie nicht verkrüppeln. Eingedenk der langen genetischen wie kulturellen Isolation der Aborigines in Australien lässt dies darauf schliessen, dass die weltenwandlerische Kanufahrt des Kulturheros der Dene letztlich Wurzeln aufweist, die man dem Kulturgut des aus Ostafrika migrierenden *Homo sapiens* zuschreiben muss.

Die Emergenz

Ein dritter Mythentypus, auf dem fast alle amerikanischen Schöpfungslegenden beruhen, ist wiederum der sogenannte 'Emergenz-Mythos'.[31] Er findet sich in seinen ursprünglichsten Formen nicht nur bei den Südlichen Dene oder Inka, sondern erneut auch bei australischen Aborigines oder den südafrikanischen Buschleuten. Charakteristisch für ihn ist das Hervorkommen erster, noch tiergestaltiger – meist vogelartiger – Menschen aus der Erde, die einem mit übernatürlichen Kräften begabten Schöpferwesen unterstehen. Sie formen die Welt nach einer Flut zu Ende und können noch frei zwischen Himmelsland und Erde verkehren; wobei die Krähe oder der Rabe kraft ihrer Geschicklichkeit bereits bei australischen Aborigines eine herausragende Rolle spielen.

Bemerkenswert ist, dass dieser Emergenzmythos bei den Nördlichen Dene nicht mehr erzählt wird; er findet sich nur mehr bei ihren unmittelbaren Nachbarn, den Eskimo an den nördlichen Küstengebieten Alaskas, und bei den Südlichen Dene, wo er das dominante Motiv in einer Kosmogonie ist, die keinen Erdtauchermythos kennt. Als lange Zeit weit abgelegen am kanadischen arktischen Kreis lebende Dene bewahrten die Südlichen Dene – wie dies typisch ist für isolierte Volksgruppen einer Kultur – offenbar ältere kosmologische Vorstellungen als die Nördlichen Dene, die von ihren aus Nordostasien zugewanderten Cousins den Erdtauchermythos übernahmen (nicht jedoch auch deren kleinteiligen Sternenhimmel).

Als Beleg dafür mögen zwei Emergenzmythen dienen, die bei den Eskimo Alaskas erhalten blieben. Sie sind für die sehr junge Kultur der Neo-Eskimo nicht typisch, die samt ihrem Sternenhimmel anderen Vorstellungen anhängt, was darauf zu verweisen scheint, dass die darin geschilderten kosmologischen Vorstellungen auf Paläo-Eskimo zurückgehen, bevor diese den Erdtauchermythos und die Sprache der Dene übernahmen.

Der eine dieser Emergenzmythen wurde Ende des 19. Jahrhunderts von Eskimo an der alaskischen Küste der Beringstrasse erzählt, war aber auch im binnenländischen Territorium der Dene an den Flüssen Yukon und Kuskokwim bekannt. Darin vermischen sich nicht nur die Legenden um den weltreisenden Paddler Nek'eltaeni und den älteren Kulturheroen Rabe, der darin Nek'eltaenis Rolle übernimmt – es fallen auch Parallelen zum Emergenz-Mythos der Südlichen Dene auf, wenngleich die darin geschilderten Ereignisse in vier unterirdischen und dämmrigen Vorwelten in der an der Beringstrasse erzählten Version auf vier ereignislose Tage und dann vier verschlafene Jahre verkürzt wird.

Der erste Mensch gelangt in diesem arktischen Mythos durch den Schmetterlingsblütler *Lathyrus japonicus*, dessen Samen durch das Meer verbreitet werden, auf die bis dahin leere Erdoberfläche, um dort auf den demiurgischen Raben zu treffen. Dieses Motiv findet sich bereits im südostasiatischen Raum, wo der Mythos von der Emergenz der Menschen aus einem Loch in der Erde mit dem Emporwachsen eines Pflanzenrohrs verbunden wird. Dementsprechend finden sich die engsten Parallelen zu der nun folgenden Geschichte bei den Paiwan auf Taiwan und den Tagalog auf der Insel Luzon. Bei ihnen treibt eines Tages ein Bambusstück auf dem Wasser und schlägt gegen die Füsse einer Elster, die am Ufer steht; sie wird darüber zornig und hackt auf den Bambus ein, worauf aus einer Höhlung des Rohrs der Erste Mann steigt und aus einer anderen die Erste Frau.[32]

Bei den Eskimo der Beringstrasse ist der Emergenz-Mythos folgendermassen überliefert geblieben.

DIE SCHÖPFUNG

"Es war zu einer Zeit, als es noch keine Leute auf der Erdebene gab. Vier Tage lang lag der Erste Mann zusammengerollt in der Hülse einer Strand-Platterbse. Am fünften Tag streckte er seine Füsse aus, worauf die Hülse platzte und er zu Boden fiel, von wo er als vollständig ausgewachsener Mann aufstand. Er schaute sich erst um und bewegte dann seine Hände und Arme, Hals und Beine, und betastete sich neugierig. Dann blickte er zurück und sah die Hülse, der er entsprungen war, wie sie noch an dem Kraut hing, ein Loch am unteren Ende, aus dem er gefallen war. Dann sah er sich wieder um und merkte, dass er sich von seinem

Ausgangspunkt entfernte und der Boden sich unter seinen Füssen auf und ab bewegte und sehr weich schien. Nach einer Weile fühlte er sich unwohl im Bauch und er bückte sich hinunter und nahm etwas Wasser von einem Tümpel zu seinen Füssen in den Mund. Das Wasser rann ihm in den Magen und so ging es ihm gleich besser.
Als er wieder aufschaute, sah er ein dunkles Ding, das mit wellenförmigen Bewegungen näherkam, bis es unmittelbar vor ihm hielt und ihn, auf dem Boden stehend, anschaute. Es war ein Rabe, der – sobald er stillstand – einen seiner Flügel aufstellte, seinen Schnabel wie eine Maske auf seinen Kopf schob und sich sogleich in einen Menschen verwandelte. Bevor er seine Maske hochschob, hatte Rabe den Mann angestarrt und er tat er es danach noch mehr, indem er rund um ihn ging und ihn gut von allen Seiten betrachtete. Schliesslich fragte er: 'Was bist du? Woher bist du gekommen? So etwas wie dich habe ich noch nie gesehen.' Dann sah Rabe auf den Menschen und war umso überraschter, dass dieses seltsame neue Wesen ihm selbst so sehr an Gestalt glich.
'Ah', rief Rabe aus, 'ich habe das Kraut da gemacht, wusste aber nicht, dass daraus so etwas wie du springen würde. Komm mit mir zu der Anhöhe dort; den Boden hier habe ich erst vor kurzem gemacht, er ist deshalb noch ganz weich und dünn – da drüben aber ist er dicker und fester'."[33]

Wie der Nek'eltaeni im Legendenzyklus der Dene, fungiert auch Rabe hier als Kulturheld, der für diesen Ersten Mann die Erde zunächst einmal bewohnbar machen muss. So verschafft er ihm Beeren zum Essen, formt aus dem Lehm Dickschafe zum Jagen, Rentiere zum Hüten sowie eine Frau mit Haaren aus Wassergras als Begleiterin, der Rabe mit einem Flügelschlag Leben einhaucht. Danach erschafft er Fische zum Angeln, Spitzmäuse, um den Boden aufzulockern, vier Tage später auch den Lachs für die Seen, Mücken, um die Landschaft zu beleben, und die Bisamratte, deren Fell den Menschen nützlich ist. Daraufhin bringt die Frau das erste Kind zur Welt, das nach drei Tagen ausgewachsen ist. Um den Menschen einen Gegner zu erschaffen, der sie in Zaum hält, erschafft Rabe den Bären – worauf die Frau ein Mädchen zur Welt bringt, auf dass die Erde bevölkert werde.
In Entsprechung zum traditionellen Mythos der Südlichen Dene, in dem Erster Mann und Erste Frau zusammen mit anderen menschlichen Wesen zur Erdoberfläche heraufsteigen, spuckt die Strand-Platterbse drei weitere Männer aus, denen Rabe nun beibringt, wie man Feuer, Pfeil und Bogen, Netze, Kajaks und vieles mehr herstellt, um sodann Bäume aufspriessen zu lassen. Die erste Robbe wird erlegt, das erste Reh in einer Falle gefangen, um daraus auch Kleidung zu machen, die erste Träne bei einer erfolglosen Jagd vergossen. Später treffen sie auf eines der auf der nordsibirischen Wrangelinsel erst vor 4000 Jahren ausgestorbenes Zwerg-Wollhaarmammut, das aus ferner und deshalb leicht verfälschter Erinnerung beschrieben wird.

Daraufhin ist von den Sternen auf eine Art und Weise die Rede, die erneut uralte Wurzeln besitzt – im wörtlichen Sinn. Denn bei den sibirischen Keten als den nächsten Verwandten der Dene, wurden die Sterne und Planeten als Wurzeln von im Himmel aufragenden Bäumen aufgefasst, die man von der Erde aus durch das Firmament dringen sah.[34]
Ähnlich vegetativ werden sie nun in unserer alaskischen Kosmogonie beschrieben: "Dann kamen sie zu einem runden Loch im Himmel, um dessen Rand ein Ring aus kurzem Gras wuchs, das wie Feuer glühte. Das, sagte Rabe, sei ein Stern namens *Ighalum Kimukhti*: Hund Des Mondes [wie der Sirius bei den Inuit heisst]. Die Spitzen der Gräser rund um das Loch waren abgerissen und Rabe sagte, dass seine Mutter ein paar mitgenommen hätte und er den Rest, um damit das erste Feuer auf Erden zu entzünden. Und er fügte hinzu, dass er das gleiche Gras auch auf der Erde habe wachsen lassen wollen, ohne dass ihm dies gelungen sei. Dann sagte er dem Mann, er solle seine Augen schliessen, so würde er ihn an einen anderen Ort bringen. Rabe nahm ihn auf seine Flügel und liess sich mit ihm durch das Sternenloch fallen; sie schwebten eine ganze Weile, bis sie schliesslich in etwas eindrangen, das ihrem Flug Widerstand entgegensetzte. Als es dann nicht mehr weiterhing, sagte Rabe, dass sie nun am Meeresboden stünden."[35]

Während der Mann dort vier Jahre lang schläft, einem Schamanen auf seiner Traumreise ähnlich, erschafft Rabe Eisbären, Walrösser und Wale. Als sie von ihrer Reise zurückkommen – welche die Zyklen um Nek'eltaeni dann ausarbeiten – ist seine Frau steinalt, sein Sohn ein Greis, aus ihren Hütten aber war ein Dorf geworden, indem der Mann nun zum Häuptling gewählt wird, während Rabe sich bescheiden zum Eingang setzt.
Bald darauf aber zieht es beide zurück in den Himmel – was letztlich erklärt, weshalb bei den Dene die Figur des Weltenwandlers Nek'eltaeni als Sternbild am Nachthimmel steht: "Nach einer Weile begann der alte Mann sich wieder zurück in das schöne Himmelsland zu wünschen, doch seine Leute versuchten ihn zu überreden, bei ihnen zu bleiben. Er sagte seinen Kindern aber, dass sie seiner Abwesenheit wegen nicht traurig sein sollten und kehrte dann zusammen mit Rabe ins Himmelsland zurück."[36]

Daraufhin beginnen die Menschen auf der Erde die Tiere allmählich auszurotten. Dadurch erklärt sich, weshalb die Erde finster wird und der neben Nek'eltaeni schelmisch und hinterlistig agierende Rabe im Mythenkreis der Koyukon *K'eteaalkkaanee* – Der unter Menschen und Tieren paddelte – Sonne und Mond wieder zurückholen muss.
"Der Mann meinte: 'Wenn jetzt nicht etwas geschieht, um die Leute davon abzuhalten, so viele Tiere zu erlegen, werden sie weitermachen, bis sie alles getötet haben, was du gemacht hast. Es wäre besser, ihnen die Sonne zu nehmen, damit sie dann im Finstern sind und sterben.'
Da stimmte Rabe zu und sagte: 'Du bleibt hier [im Himmel]; ich werde gehen und die Sonne wegnehmen'. Und so ging er fort, holte sich die Sonne, steckte sie in einen Lederbeutel und trug sie weit weg, in einen Teil des Himmelslandes, wo seine Eltern lebten und es auf der Erde sehr dunkel wurde. Einmal im Dorf seines Vaters, nahm sich Rabe eines der Mädchen dort zur Frau und lebte dort, die Sonne sorgfältig in dem Beutel versteckt."

Im Unterschied zu der bei den Koyukon erzählten Legende lässt sich Rabe in unserem Mythos durch Geschenke erweichen, die Sonne wenigstens einmal zwei Tage lang hochzuhalten, damit die Menschen jagen können, bevor es wieder dunkel wird. Rabes Frau schluckt darauf ein schmales Blatt, in das Rabe sich verwandelt hat, und wird davon schwanger. Einmal zur Welt gebracht, weint der Bub dauernd nach der Sonne, worauf Rabe sie ihm öfters zum Spielen gibt.
Heimlich setzt sich der Junge daraufhin die Rabenmaske auf und fliegt mit der Sonne fort, worauf er Rabe aus dem Himmel rufen hört: "'Versteck die Sonne nicht. Hol sie aus dem Sack, um Licht zu machen. Lass es nicht immer dunkel sein.' Denn er fürchtete, sein Sohn hätte sie für sich selbst gestohlen.
Dann ging Rabe heim und Rabenjunge flog zu dem Ort, an den die Sonne gehörte. Dort zog er die Lederhülle ab und stellte die Sonne wieder an ihren Platz. Von dort aus führte ein breiter Weg weit in die Ferne, dem er folgte. So kam er an den Rand eines von Gras umwachsenen Lochs, das vor Licht glühte, und pflückte ein paar Halme. Er erinnerte sich daran, dass sein Vater ihm zugerufen hatte, es nicht immer völlig finster sein zu lassen, sondern es halb dunkel, halb hell zu machen. Daran denkend, brachte er den Himmel zum Kreisen, sodass er sich samt der Sonne und den Sternen um die Erde drehte und derart Tag und Nacht entstand. Während er da kurz vor Sonnenaufgang so nahe am Rand der Erde stand, steckte er eine Handvoll der glühenden Grashalme, die er in der Hand hielt, in den Himmel: Und die blieben dort bis heute und bilden den hell leuchtenden Morgenstern."[37]

Rabenjunge kommt dann auf die Erde herab in das Dorf, das mittlerweile von Himmelszwergen bewohnt wird, die zuvor hinabgeklettert waren, um zusammen mit den Menschen auf der Erde zu leben. Er hört da zum ersten Mal vom Ersten Mann und wie er gemeinsam mit Rabe in den Himmel stieg. Rabenjunge versucht darauf, ihnen nachzufliegen, kommt aber nicht weit und muss auf der Erde bleiben, wo er sich schliesslich eine irdische Frau nimmt und Kinder bekommt. Die verlieren dadurch jedoch allmählich ihre Magie, sodass aus ihnen die heutigen, gewöhnlichen Raben der Tundra werden.

Eine andere Variante des Emergenzmythos wurde in Alaska von den Eskimo der Inupiaq am Fluss Noatak erzählt. Viele Motive und Figuren darin finden sich aber auch bei den ihnen benachbarten Gruppen von Nördlichen Dene wieder, den Koyukon.

WIE DAS LEBEN ENTSTAND

"Ein Vogel war es, der die Menschen schuf und alles Leben auf dieser Erde. *Tulungersaq* hiess er oder 'Vater Rabe'. Doch zuerst war er in Menschengestalt. Blind tastete er sich vorwärts, wusste nicht, was er tat, bis es ihm eines Tages klar wurde, wer er war und welche Aufgabe er zu erfüllen hatte.
Er hockte im Dunkeln, als er sich selbst entdeckte. Er begann zu atmen und Leben zu bekommen. Alles um ihn herum war dunkel, und er konnte nichts sehen. Da tastete er sich mit den Händen vor. Seine Finger strichen über Lehm, die Erde war aus Lehm, alles um ihn herum war toter Lehm. Er liess die Finger über sich gleiten, fand sein Gesicht, fühlte, dass er Nase, Augen und Mund, Arme, Beine und Körper hatte. Er war ein Mensch – ein Mann.
Auf der Stirn fühlte er eine kleine Erhöhung. Er wusste nicht, was das war. Er ahnte ja nicht, dass er einmal ein Rabe werden sollte und die kleine Erhöhung grösser werden und sich zu einem Schnabel auswachsen würde."

Ein Sperling flattert zu ihm. Dann schafft er aus dem Lehm eine Figur, die ihm gleicht, aber ein hitzigeres Temperament besitzt, weshalb er sie in den Abgrund wirft: Von diesem *Tornaq* stammen alle bösen Geister ab. Aus einem Busch, den er pflanzt, wird ein Wald. Er kommt aus dem Dunkel ans Wasser und merkt, dass er sich auf einer Insel befindet: Sie ist das Himmelsland. Er bittet den Sperling, mit ihm in den Abgrund darunter zu fliegen, wo sich gerade die Erdkruste eines neuen Landes bildet, und dabei verwandelt er sich schamanengleich in einen grossen schwarzen Vogel, der sich selbst 'Rabe' nennt.
Im Land des Abgrunds ist alles öde und leer, weshalb er es mit allem bepflanzt, was im Himmelsland darüber wächst, auch mit Kräutern und Blumen: "Da entdeckt er plötzlich ein paar Schotengewächse, die er vorher noch nie gesehen hat. Er tritt näher an sie heran, um sie sich ordentlich anzugucken. Und da springt mit einem Mal eine Schote auf und heraus springt ein Mensch, wohlgeformt und ganz erwachsen. Der Rabe war so erstaunt, dass er seinen Schnabel zurückschlug und selbst wieder zum Menschen wurde. Und dann ging er lachend auf den Neugeborenen zu und fragte: 'Was bist du für einer und woher kommst du?'.
'Ich komme aus der Schote da', sagte der Mann und zeigte auf das Loch, aus dem er gekommen war.
'Ich war vom langen Liegen da drinnen müde geworden, daher schlug ich ein Loch und sprang heraus!'"

Der Rabe macht nun – was beim Nek'eltaeni der Dene den Fokus des Mythenkreises um ihn bildet – die Welt bewohnbar. Doch ist es immer noch finster in dieser Welt, weshalb er den Sperling losschickt, "der existiert hat, bevor Rabe sich selbst entdeckte. Der Sperling weiss vielleicht mehr als er; deshalb soll er jetzt hinaus in die Welt fliegen und etwas finden, das die Erde erleuchtet."
Der Sperling kehrt daraufhin mit zwei Stückchen Glimmer im Schnabel zurück, einem hellen sowie einem dunklen, in Blätter eingewickelten Stück. Er übergibt sie beide dem Raben, worauf daraus die Sterne auf dieselbe Weise wie bei den Südlichen Dene entstehen – als in den Himmel geworfene Kristalle:
"Der Rabe bricht ein kleines Stück von dem hellen Glimmer ab und wirft es in die Luft. Sogleich floss ein gewaltiges Licht über die Erde und blendete alles Leben. So stark war das Licht, dass es lange dauerte, bis der Rabe selbst sehen konnte. Zum ersten Mal sahen die Menschen das Land, in dem sie lebten. Sie sahen die Wälder, die Tiere auf der Erde und im Meer und die Vögel in der Luft, und sie freuten sich über all die Schönheit, die sie umgab. Das Leben wurde für alle gross und neu.
Aber das Licht war zu stark, es blendete. Da brach er ein Stück von dem dunklen Glimmer ab und warf es in die Luft. Gleich wurde das Licht gedämpft, die Menschen konnten sehen, ohne dass ihnen die Augen schmerzten, und die Nacht kam zusammen mit dem dunklen Glimmer und schenkte ihnen Ruhe.
Der Tag begann mit der Nacht zu wechseln."[38]

In anderen Mythen der Dene sind die Sterne und die Sonne Brüder, ist der Mond ihre Schwester, sind sie alle gemeinsam in den Himmel gestiegen[39] – Sonne und Mond können aber auch von Krähe gefertigt worden sein. Das geht aus einer anderen am Koyukuk erzählten Legende hervor, in der beide Himmelskörper glänzende, kupferähnliche Objekte sind, die denselben Namen tragen und sich nur als 'Sonne der Nacht' und 'Sonne des Tages' unterscheiden. Krähe hat beide Scheiben einst in den Himmel geworfen und sich dann an die Erschaffung der Sterne gemacht. Dies geschieht auf die gleiche Weise wie bei den Südlichen Dene, nur dass bei jenen Erster Mann, der Feuergott oder Kojote (als dortige Entsprechung des Tricksters Rabe) diese Rolle übernimmt:[40]
"Vier oder fünf Jahre, nachdem er sich Sonne und Mond geholt hatte, ging Krähe daran, die Sterne zu machen. Er fand heraus, welche Art von Medizin [Magie] er dazu brauchte und nahm sich dann eine Handvoll – es war so etwas wie glänzender Staub. Er sagte diesen Teilchen, sie sollten, sobald sie oben waren, sich in unterschiedliche Richtungen verteilen und dort bleiben. [Er warf sie hinauf] und sie blieben da oben am Boden dieser anderen Erde [des Himmelslandes] kleben und begannen dann, nachts zu leuchten."[41]

Der sichtbare Himmel bildet in den Mythen der Dene den Boden des 'Himmelsland' genannten Firmaments und gehört zu einem aus vier Ebenen bestehenden Universum – das bereits auf das panamerikanische Schöpfungsparadigma mit seinen vier Vorwelten verweist (ist in den Wanderer-Geschichten der alaskischen Dene manchmal von der zu diesem Paradigma gehörenden Flut die Rede, so ist die Vorstellung, dass die Erde mehrere Male geschaffen wurde, erst bei den kanadischen Kaska-Dene nachweisbar[42] und dann bei den Südlichen Dene).

Im Himmelsland als zweitem Stockwerk über uns leben die Seelen jener weiter, die einen tragischen Tod erlitten haben, erfroren oder ermordet worden sind und dann verbrannt wurden. Unter uns hingegen wohnt Rabe (oder Krähe) in einem Haus neben einem Strom, den die übrigen Toten überqueren müssen, um in ihr dortiges Jenseits zu gelangen. Eine Unterwelt tiefer liegt dann das Dorf der Ertrunkenen.

SÜDOSTASIATISCHE PARALLELEN

Was die Entstehung des Menschen, der Sterne, von Sonne und Mond und die Vorstellung der Unterwelt betrifft, so sind die Konzeptionen dazu (wie der Sternenhimmel der Palawan samt der mit ihm verbundenen Kosmogonie und Kosmologie exemplarisch zeigt) zu keinem geringen Teil südostasiatischer Prägung. Dort kursierte die Vorstellung, dass der Mensch aus und durch eine Pflanze aus der Erde an die Oberfläche gekrochen ist – wie dies die Südlichen Dene ausführlich erzählen. Mehrstöckige Unter- und Oberwelten sind dort ebenfalls verbreitet, während es bei den sonst so ähnlichen Schöpfungsmythen Afrikas, des Nahen Ostens und Australiens nur eine einzige Erdtiefe gibt. Die Nördlichen Dene kennen diese Vorstellung nicht mehr, die Südlichen Dene hingegen schon; und bei den Maya und Inka verwandeln sich diese Unterwelten zu räumlichen und zeitlichen Vorwelten, die sodann die kosmologischen Vorstellungen prägen.

Sonne, Mond und Sterne sind bei den amerikanischen Kulturen keine Personen mehr, die in den Himmel stiegen und sich nun dort zeigen, sondern in den Himmel geworfene Glitzersteine, Schmuckstücke und Objekte. Dass der Himmel jedoch ursprünglich zu niedrig war und erst von einem Mann emporgestossen wurde, wie dies die Dene von Yellowknife erzählen und in ihrem Grosssternbild sogar vorführen, geht ebenfalls auf eine im südostasiatischen Raum zu zentrierende Vorstellung zurück. Dort ist gleichfalls die Idee verbreitet, dass es mehrere misslungene Schöpfungsversuche eines ersten Menschen gab, und zwar ausgehend von unterschiedlichen Materialien – was von den Maya breit auserzählt wird. In deren Schöpfungsmythen wird zudem die Rolle eines Ersten Vaters und einer Ersten Mutter betont – die bei den Südlichen Dene und den Maya ebenfalls prominent am Himmel stehen.

Da ostasiatische Motive sehr tief in die panamerikanischen Schöpfungsmythen eingewoben sind, müssen sie sehr früh transferiert worden sein: Kosmogonien sind die Glaubensbekenntnisse jeder Gesellschaft und damit so fundamental, dass sie nur überschrieben werden, wenn deren Identität durch andere Kulturen gänzlich verändert wird – was in dem kulturellen Mischmasch Alaskas nicht der Fall war. Dazu kommt, dass nicht alle ostasiatischen Motive auch dort ihren Ursprung haben müssen. So gibt es die Vorstellung von der Geburt des Menschen aus einer Pflanze auch in altägyptischen Schöpfungsmythen; und dass die Sterne an den Himmel geworfen wurden und dort kleben geblieben sind, findet sich bei Tuareg und Berbern wieder. All diese gemeinsamen Motive, die in ihrem komplexen Zusammenspiel nichts 'Archetypisches', also zwangsläufig sich Aufdrängendes, mehr haben, lassen deshalb einen Ursprung beim ostafrikanischen *Homo sapiens* vermuten.

Ähnliches gilt für die Grossfigur am Nachthimmel der Nördlichen Dene. Die unterschiedlichen Variationen ihres fuchs-, luchs- oder vielfrassköpfigen Tiermenschen haben gemein, dass ihr Schwanz und Hinterteil in Ursa Maior liegt. Ebendort gibt es auch bei den Nordindern und Griechen sowie den Babyloniern ein Fuchsgestirn, kennt die arabische Tradition Schakale in Draco. Die Figur selbst scheint also ebenfalls alte Wurzeln aufzuweisen, indem sie einen Tiermenschen der ersten Generation von Lebewesen jener Schöpfungsgeschichten abbildet, die Sternenhimmelkulturen weltweit erzählen.

Die Grösse der Figur hingegen entspringt einer ganz eigenen und nicht so weit verbreiteten asiatischen Tradition. Denn die beiden Grossternbilder der Dene – das weltweit grösste Sternbild Des Donnervogels bei den Südlichen Dene und das weltweit zweitgrösste Sternbild des Nek'eltaeni | Yahd'ii bei den Nördlichen Dene – erlauben es, Bezüge zu China herzustellen. Mangels Parallelen bei den Keten wie den Tlingit müssen diese wohl jener aus Ostasien stammenden genetischen Komponente zuzuschlagen sein, die bei der einstigen Bevölkerung Beringias feststellbar und damit einige Jahrzehntausende alt ist.

Die frühesten archäologischen Belege für die Sternbilder des chinesischen Himmels sind immerhin 6000 Jahre alt. Sie verraten, dass bereits da vier Grosssternbilder und Ursa Maior verehrt wurden, die als Roter Vogel, Weisser Tiger, Schwarze Schildkröte und Blaugrüner Drache überliefert sind; sie umspannten jeweils einen Himmelsquadranten und standen für die vier Himmelsrichtungen in derselben Farbkodierung wie bei den Dene. Zudem markieren sie jeweils eine Jahreszeit, indem sich an ihrem allmählichen Auftauchen und Verschwinden am Himmel der Kalender bestimmen lässt. Dieselbe Funktion erfüllt Der Donnervogel der Südlichen Dene das ganze Jahr über – und teilweise auch deren Sternbild Des Bären. Überdies wurde in China bereits sehr früh ein 'Oberster Ahne' verehrt, der seinen Sitz am Himmelspol hatte und von dort aus alles auf der Erde unten übersah und befehligte. Dank dieser Vorgeschichte einen den gesamten sichtbaren Himmel umfassenden Yahd'ii zu entwickeln, dessen Zentrum in all seinen figürlichen Variationen stets der Himmelspol bleibt und der als Kulturheros den eigenen Urahn darstellt, liegt also nicht mehr fern. Der Säbelzahntiger, der dabei in den Mythen auftaucht und am Himmel als Prophezeiung präsent ist, mag ebenfalls noch ein Echo des alten chinesischen Grosssternbilds Des Weissen Tigers sein.

Und dies sind nicht die einzigen Parallelen: Die Vorstellung eines Raben, der das Objekt Sonne über den Himmel trägt, ist in chinesischen Mythen ebenso prominent erhalten geblieben wie Kulturheroen, die bei ihrer Weltenwanderung Land und Lebewesen nach und nach Namen und Gestalt geben – sowie legendäre, Ungeheuer erlegende Bogenschützen, wie sie die Heldenzwillinge der Südlichen Dene darstellen.

Es könnte sich dabei um Übernahmen in jüngster Zeit handeln, die parallel zum Recurvebogen nach Amerika gelangten. Dagegen spricht jedoch, dass in China Tiermenschen, die weltweit zu den basalen kosmologischen Vorstellungen von Sternenhimmelkulturen gehören, nur noch eine völlig marginale Rolle spielen, und in dieser Epoche die alten Grosssternbilder für jedes Himmelsviertel in China längst von kleinteiligen Asterismen überzeichnet worden waren.

In welchem Verhältnis steht nun aber der kleinteilige Sternenhimmel der Südlichen Dene rund um das weltweit grösste Sternbild Des Donnervogels zu dem nur noch einteiligen Sternenhimmel der Nördlichen Dene mit seiner Grossfigur eines Tiermenschen? Eine plausible Erklärung für diesen grossen Unterschied in den Himmelskonzeptionen der Dene besteht darin, dass der Sternenhimmel der Südlichen Dene mit seinen tief in die Zeit zurückreichenden Tiermenschen und seinen prototypischen Tieren am Himmel der ursprünglichere gewesen ist – der in den kulturellen Vermischungen Alaskas seine kleinteiligen Komponenten einbüsste.

Das mag mit der mangelnden Sichtbarkeit des Sternenhimmels in den Waldgebieten Alaskas ebenso zu tun haben wie mit den schon aufgrund der Atmosphäre und der halbjährlichen Helligkeit schlechten Beobachtungsmöglichkeiten, die auch den Sternenhimmel der Eskimo auf wenige Sternbilder reduzierten. Unter diesen Bedingungen den einen Ersten Mann so zu vergrössern, dass er den ganzen Himmel ausfüllt, und somit einen Teil von ihm selbst bei schlechter Witterung irgendwo noch sichtbar zu haben, macht da ebenso Sinn, wie umgekehrt die kalendarischen Funktionen eines kleinteiligen Himmels weniger nötig sind als in gemässigteren Zonen, wo die vielen kleinen Sternbilder zudem eine eminente Rolle beim Ackerbau und beim Sammeln von Feldnahrung spielen. Im Unterschied zu den Südlichen Dene genügt den Nördlichen Dene ein einziges Sternbild als Zeitmesser, Ahnenbild und Orientierungspunkt.

Bei allen drei Typen der unter den Nördlichen Dene kursierenden Kosmogonien haben sich somit alte Parallelen aufzeigen lassen, die sich auf die Migration des *Homo sapiens* aus Ostafrika nach Australien, aber auch auf ost- und südostasiatische Ausprägungen zurückführen liessen. Beringia und die Beringstrasse erweisen sich dabei als Flaschenhals, durch den schon vor Jahrzehntausenden mythische Vorstellungen aus Asien und Afrika auf den amerikanischen Kontinent gelangten; den unterschiedlichen in Alaska Fuss fassenden Kulturen gemäss amalgamierten sich einzelne, verschiedenen Traditionslinien entstammende Motive dabei immer wieder anders. Dies ist insofern von Belang, als sich vieles von den Inuit bei den Nördlichen Dene und umgekehrt wiederfindet, ohne dass oft genau zu sagen ist, was kulturspezifisch wäre.

DER STERNENHIMMEL – EIN ALLES ÜBERSPANNENDES STERNBILD

Die hier nunmehr vorgelegten astronomischen Kenntnisse entstammen im Wesentlichen den Nördlichen Dene von Alaska: den Ahtna, Tanana, Koyukon und Gwich'in, die sich dort im Uhrzeigersinn im Süden, Norden und Osten verorten. Ihr Himmel besteht aus einem einzigen, 143° umspannenden und grösstenteils zirkumpolaren Sternbild einer überall meist *Yahdii* oder *Nek'eltaeni* genannten Figur und ihrer von einzelnen Asterismen gebildeten Gliedmassen. Sie verkörpert den Geist eines demiurgischen Reisenden, der in der Fernen Zeit die Welt umkreiste: Er wird als Hüter der Erde gesehen, als idealisierter Schamane und Medizinmann, als Lehrer, Verbündeter, Schutzherr des Wildes und Verkörperung der Welt an sich.

Seine Figur wird bei den Ahtna, Koyukon und Gwich'in im Wesentlichen von denselben Sternen gebildet; sie verändert sich nur ein wenig bei den Nachbarn der Ahtna, den Gwich'in und den Oberen Tanana, die seine Gestalt etwas unterschiedlich konturieren. Je weiter man sich allerdings von Alaska entfernt, desto mehr verändert sich seine Gestalt, wiewohl die Milchstrasse weiterhin meist die Fährte darstellt, die er im Schnee hinterlassen hat. So heisst Yahdii, dieser kosmische Reisende, bei den über 1000 Kilometer entfernten Sahtu Dene um den kanadischen Great Bear Lake zwar immer noch wie bei den Ahtna – *Yihda* –, doch ist er nun etwas kleiner und hält mit Ursa Maior einen Kochtopf als Füllhorn allen irdischen Lebens in der Hand. Und bei den Dene rund um Yellowknife am Great Slave Lake ist aus ihm eine zusammengeschrumpfte dünne Figur mit Pfeilköcher geworden.

Dank seiner ihm dann beigegebenen Frau verwandelt er sich zu Dem und Der Kreisenden am Sternenhimmel der Südlichen Dene, die dort aber weiterhin die Himmelsmitte bestimmen. Auch bei ihnen noch wird dazu eine demiurgische Reise rund um die Welt erzählt und der Himmel – der Symbolik Yahdiis entsprechend – als Quelle des irdischen Lebens erachtet. Seine Obere Welt ist dabei ebenso bevölkert wie bei den Inuit. So verlässt das Heilige Volk der Navajo die 'Erdoberflächenleute' zur Zeit der Schöpfung, bleibt jedoch omnipräsent in der Nähe und mit den Menschen verbunden, deren Clans ihre Stammbäume einzelnen Ahnen aus diesem Heiligen Volk zuschreiben.[43]

Aber auch bei einer nicht zu den Dene zählenden Gruppe unter den Ersten Völkern Nordamerikas hat sich die Konzeption eines den ganzen Himmel ausfüllenden Sternbildes erhalten. Die den Navajos benachbarten Zuñi – die eine völlig isolierte Sprache sprechen – teilen mit diesen denselben Schöpfungsmythos und kennen eine riesige menschliche Figur, die 'Häuptling Der Nacht' genannt wird: "Er ist grösser noch als der ganze sichtbare Himmel, denn als sein Kopf schon im Westen untergegangen oder von Wolken am Horizont verdeckt war, zeigte man sein Herz in der Mitte des Himmels, in der Milchstrasse, und seine Beine, hiess es, reichten im Osten bis hinter den Horizont. Ein Teil des Körpers des Häuptlings der Nacht aber bleibt dauernd sichtbar; so bewacht er die Erde während des ganzen Jahres."[44]

Nek'eltaeni wie Yahdii als gottähnlicher, in den Himmel gewanderter und tiergestaltiger Urahn überformen sich dann bei den Maya und Inka; bei den isoliert lebenden Moscoví und Abipón im südamerikanischen Gran Chaco hingegen hat er sich ebenfalls noch rudimentär erhalten. Sie verehrten bis in die Neuzeit die Plejaden – die beim Yahdii wie beim Nek'eltaeni die Gesichtsmitte bilden – als "Unseren Stammvater, der Herr". Die Plejaden waren ihnen "das Bild ihres Ahnen" und "Grossvaters", den sie als höchstes Wesen ansahen und von dem sie sich Hilfe bei "der Verfolgung ihres Wildes und ihrer Feinde versprachen".[45]

Auf Sterne zu zeigen und sie beim Namen zu nennen, gilt allerdings als Tabu, da man sie damit verflucht oder Unglück auf sich herabbringt. Sie werden zumeist als Geister gesehen, als Heiliges Volk, das Schamanen auf der Reise ihrer Trance konsultieren können. Das Wissen um sie und Yahdii | Nek'eltaenis Identität wird jedoch als zutiefst privat und heilig aufgefasst und nicht offen diskutiert. So meinte eine Auskunftsperson der Ahtna: "Religion wurde einzeln gelehrt. Sie war keine grosse Kongregation. Sie wurde jedem einzeln beigebracht und ging mit der Natur einher, weisst du. Wenn du die Welt nicht respektiert hast, hast du auch Nek'eltaeni nicht respektiert, verstehst du. Das war die Religion ... Weisst du, wir wollen gute Leute sein. Es heisst, 'Wir leben, indem wir uns an die Erde und die Sterne halten'."[46]

YAHDII | NEK'ELTAENI UND RABE

Der Tiermensch Yahdii, der je nach Gruppe oder Medizinmann als Luchs, Vielfrass oder ähnliches Raubtier gesehen wird, wird auch *Nek'eltaeni* – Der Sich Über Uns Bewegende – genannt, indem er sich nachts am Himmel dreht und auf die Menschen und Tiere und die Erde herabsieht, die er dem Mythos gemäss in ihre heutigen Formen verwandelt hat. "Er wandert die ganze Zeit am Himmel umher und bleibt tagsüber unsichtbar: Nur ein paar alte Leute haben ihn je gesehen. Es heisst, er ist für das Wetter verantwortlich. Die Leute ersuchen ihn mit ausgestreckten Beinen um Hilfe; sie erheben ihre Arme und bitten ihn um das, was sie sich wünschen ... Wenn die Leute sich niederlegen und an ihn denken, halten sie das, was sie dann träumen, für wirklich; man wendet sich an ihn, indem man eine Hand hochhält und 'Du, der die Menschen gemacht hat' sagt und ihn dann um das bittet, was man sich wünscht."[47]

Dieser mythische Wanderer wird typisiert als Erster Mensch, Erster Medizinmann, Gesetzgeber und Kulturheros, der sich auch in einen Raben verwandeln kann. Er stellt ein mit übernatürlichen Kräften versehenes Hohes Wesen dar, einen Grossen Geist, 'Der Uns Beobachtende Bruder', der sich auf eine demiurgische Reise rund um die Welt begibt.

Dabei begegnen ihm überall intelligente Riesenformen von menschenfressenden Tieren, denen er wie manchen Formen der Landschaft erst ihre heutige Gestalt verleihen muss, um die Menschen über die Tiere und Vögel zu setzen. Nachdem er alles geordnet hat, vom Zug der Vögel bis zum Laichen der Fische, steigt er selbst auf der Milchstrasse in den Himmel, um sich sogar in ihn zu verwandeln. All die Sterne verkörpern dann die Macht und Heilkraft, die er bei seiner Weltwanderung gewonnen hat. Nach den Vorstellungen kanadischer Dene hat er sich erst selbst, dann das Wasser, die Sterne und schliesslich – um der Dunkelheit der bis dahin vorherrschenden Finsternis abzuhelfen – Sonne und Mond erschaffen. Er kann aber manchmal wieder auf die Erde herabsteigen, sodass man ihm in Zeiten der Not begegnet. Sein von Sternen verkörperter Stock stellt dann auch ein Jagdinstrument dar, das menstruierende Frauen nicht anblicken dürfen, damit es nicht seine Kraft verliert.[48]

Mit der Missionierung wurde diese Figur schliesslich synonym mit dem christlichen Gott, sodass heute entweder viel in Vergessenheit geraten ist oder die Glaubensvorstellungen sich vermischt haben.[49] So berichtet Radloffs und Schiefners *Deutsches Wörterbuch der Sprache der Dena'ina*, der westlichen Nachbarn der Ahtna, dass "Nek'eltaeni erst seit ihrer Bekanntschaft mit den Russen zur Bezeichnung des Gottesbegriff geworden ist. Er wird noch 'Unser Grossvater' genannt, als derjenige, der den Menschen Fische sendete, für die Rabe anfangs noch Fische stahl, um ihnen Essen zu geben".[50]

Um den Raben, der auch völlig getrennt von diesem Wanderer auftreten kann, ranken sich ähnliche Mythenzyklen wie um Nek'eltaeni. Beide werden als weltenschaffend gesehen, indem Rabe etwa die Platzierung der Sterne, der Sonne und des Mondes und die Erschaffung der Menschen zugeschrieben wird. So erzählen die Dena'ina, dass "ihre Vorfahren von Norden oder Nordosten kamen. Geschaffen hat sie der Rabe. Noch jetzt sagt man den Kindern: 'Was bewerft ihr den Raben mit Steinen? Das ist doch unser Vater'".[51]

Gilt die Milchstrasse gemeinhin als Fährte Nek'eltaenis im Schnee, so wird sie bei den Dena'ina folglich auch als 'Rabes Spur', 'Rabes Durchgangspass' und bei den Koyukon als 'Wo Väterchen (Rabe) Mit Schneeschuhen Über Den Himmel Ging' bezeichnet.[52]

Je nachdem, von welchem Blickwinkel aus erzählt wird, kann Nek'eltaeni auch zu einem bösen Geist werden, der als tierschwänziger Yahdii ein Feind der Menschen ist oder als wieselartiger Schamane eine tödliche Krankheit zu verantworten hat, für die Rabe sich rächt.[53] Treten der Weltenwanderer und der Rabe in Geschichten gleichzeitig auf, so übernimmt Rabe die Rolle des sprichwörtlichen Tricksters des Nordens – die Nek'eltaeni gemeinhin nicht zugeschrieben wird – und beide ringen um Dominanz: bis sie sich in einigen Erzählungen gegenseitig töten.

Rabe spielt in den Legenden der Eskimo von Alaska und den Völkern der Pazifischen Nordwestküste eine grosse Rolle.[54] Wie es jedoch zur Doppelung zweier ähnlich vorgehender und einander schliesslich konkurrenzierender Kulturhelden wie Rabe und Nek'eltaeni kam und woher beide eigentlich stammen, geht aus diesen Kulturkreisen ebensowenig mehr hervor wie die Entstehung des Grosssternbildes Nek'eltaenis.

Diese Rätsel lösen sich erst, wenn man weit in der Zeit zurückgeht: auf den *Homo sapiens*, der Nordsibirien vor 45 000 Jahren erreichte. Dessen Konzeption des Sternenhimmels und Kosmologie lässt sich dank der Vorstellungen der noch früher direkt aus Afrika eingewanderten und dann bis heute isolierten australischen Aborigenes und mittels des Vergleichs mit anderen Sternenhimmelkulturen der Amerikas, Afrikas und Asiens zumindest ansatzweise erschliessen.

Bei den australischen Wardaman wie den Nördlichen Dene gehört die gleichsam religiöse Initiation in den Sternenhimmel zu den seit Jahrzehntausenden tradierten und praktizierten Zeremonien, zählt ein Mischwesen aus Tier und Mensch sowie eine Krähe zu den Demiurgen, welche die Welt in ihrer Anfangszeit bevölkerten und ihr mitsamt allen Lebewesen ihre heutige Gestalt verliehen. Dass sie sich damals noch frei zwischen Erde und dem ebenfalls von den Aborigines so genannten 'Himmelsland' bewegen konnten, erklärt, weshalb bei den Nördlichen Dene die Menschen einmal vom Himmel herab, ein andermal aus der Erde hervorkommen. Aufgrund der Aggression und des weltenverwandelnden Schreies des löwenartigen 'Schöpfungshundes' der Wardaman etwa, verliessen sie jedoch die Erde und zogen sich ganz in den Himmel zurück, um seitdem von dort aus das Treiben der Menschen zu beobachten: Wobei sich diese feindliche Raubkatze unschwer im dämonischen Tiger Ggux der Ahtna oder dem uralten Löwen der Dene von Yellowknife wiederfinden, die bei den Nördlichen Dene nach wie vor am Rand des Himmels lauern.

Aus dieser australischen Perspektive betrachtet entspricht Nek'eltaeni dem Emu-Mann oder dem Riesen Nardi, den die Aborigines neben der Erdmutter in der sich drehenden Milchstrasse erblicken: Eine Paarung, die in Rolle und Symbolik auch auf Den Kreisenden und seine Frau bei den Südlichen Dene verweist. Beide gelten, wie man es sowohl Nek'eltaeni als auch den Kreisenden der Südlichen Dene nachsagt, als Übervater und Urmutter der Stammesgruppe. Diese Konzeption blieb bei der Migration des *Homo sapiens* nach Südamerika erhalten: Ob in den Anden, wo ähnliche Schöpferwesen nach ihrer demiurgischen Arbeit in den Himmel stiegen, oder bei den Bororo im Amazonasgebiet, die Sterne ihres Himmels insgesamt als 'Vögel und Tiere' bezeichnen.

Hat man das Grundparadigma der durch Elemente ihrer Sternenhimmel und ihrer Schöpfungsmythen verbundenen Kulturen im Blick, erklärt sich vielleicht die Entstehung des riesigen Sternbildes Yahdiis: Es übernimmt die demiurgischen Erzählungen eines am Ende seines Lebens in den Himmel aufsteigenden Kulturheros, wie sie auch in Australien kursieren, hat dabei jedoch die uralte Tradition eines Sternenhimmels voller Totemtiere mit Motiven und Bildern aus Ostasien und Südostasien überblendet. Die Grösse dieses Tiermenschen wäre da als Kompensation dafür zu sehen, dass in den überlieferten Sternenhimmeln der anderen damit verbundenen Kulturen keines der dort verewigten Tiere und Vögel als Urahn der arktischen Fauna und Flora gelten konnte: mit Ausnahme der Krähe oder des Raben. Die jedoch konnten bei den Nördlichen Dene nun im Schnee der Milchstrasse in den Himmel ziehen, dem Emu-Menschen der Aborigines vergleichbar, und wie dieser darin ihre Spuren hinterlassen.

Eines ist jedoch am Gegenüber von Rabe | Krähe und Nek'eltaeni bemerkenswert: die Rivalität zwischen ihnen, die bis zu einem gegenseitigen Bekriegen reicht – und zwar nicht obwohl, sondern gerade weil beide dieselben schamanistischen Rollen innehaben. Einsichtig wird dies, wenn man von einer kulturellen Konkurrenz ausgeht, die dadurch bedingt ist, dass die Dene ihren weltenwandlerischen, mit dem Erdtauchermythos verbundenen Paddler nach Alaska mitbrachten, der dann auf den dort längst in derselben Funktion etablierten Rabe oder die Krähe traf – und sie seitdem gelernt haben, erzählerisch gewinnbringend um diese zentrale Rolle zu streiten.

ZEITLICHE UND RÄUMLICHE ORIENTIERUNG

Die Nördlichen Dene benutzen die Sterne für eine tagtägliche Zeitmessung; ihre in dieser geographischen Breite zirkumpolare Bahn macht sie zu einer idealen Uhr, für die Ursa Maior meist als Zeiger dient. Der heliakische Aufgang einzelner Asterismen für die Bestimmung jährlicher und jahreszeitlicher Zyklen hingegen spielt eine geringere Rolle, da diese vom Lauf der Natur abgelesen werden.

So werden die 12 Monate der Dena'ina charakterisiert durch: 1) die Gänse fliegen südwärts, der Bär verkriecht sich, die Tiere werden trächtig; 2) es fängt an zu schneien; 3) die Tage fangen an zuzunehmen; 4) der Schnee fängt an zu schmelzen; 5) wenn man Königslachse fängt; 6) die Gänse kommen geflogen; 7) man hat Buckellachse gefangen; 8) die Beeren reifen; 9) man zieht auf die Berge; 10) das Laub wird rot; 11) die Erde fängt an kalt zu werden; 12) man geht zueinander zu Gast.[55]

Bei den Gwich'in hingegen ist der Januar aufgrund der Neujahrsfeier 1) der Grosse Tag Monat; auf ihn folgt der Februar als 2) Adlermonat, dann der März als 3) Falkenmonat, der April als 4) Harschmonat, der Mai wird 5) 'Unter Zurückkehrenden Vögeln' und der Juni 6) 'Unter Eierlegenden Vögeln' genannt. Der Juli ist 7) der Königslachsmonat, der August 8) der Hundslachsmonat. Auf ihn folgt wiederum der September als 9) Elchmonat, der Oktober als 10) Karibumonat, der November als 11) Dallschafmonat und der Dezember als 12) 'Unter Längerem Tageslicht'.[56]

Derart werden die nächtliche Drehung Yahdiis (oder nur seines von Ursa Maior dargestellten Körperteils), das Erscheinen der Morgensterne und der Aufgang der Sonne in Alaska von Mitte Dezember bis Ende April nacheinander zur Unterteilung des Tages verwendet: Yahdii "wandert" dann so lange am Himmel, bis er die Morgensterne sieht, die das Tageslicht ankündigen. So berichtet eine Auskunftsperson der zwischen den Gwich'in und den Oberen Tanana lebenden Han, dass Ursa Maior als Uhr benutzt wird: "Die vier Sterne sind der Körper, die drei Sterne sein Schwanz und im Winter liest man vom Schwanz ab, welche Nachtzeit es ist. Im Winter 'geht' der Schwanz dorthin, im Uhrzeigersinn im Kreis herum: Anfangs ist dies der Beginn der Nacht; wenn er oben ist, ist es Mitternacht; und wenn er sich rechts rüberdreht, wird es bald Morgen. Wenn der Himmel klar ist, kann man so sehen, ob es Mitternacht oder schon gegen Morgen ist."[57]

Von Ende April bis Ende August, da es zu hell ist, um die Sterne beobachten zu können, bleibt die Sonne der einzige Bezugspunkt der Messung; im Mittsommer spiegeln die Namen für die Unterteilungen des Tages die Position der Sonne und die Eigenart des von ihr ausgestrahlten Lichtes wider. Die Zeitmessung von Anfang September bis Mitte Dezember – da die Morgensterne noch nicht sichtbar sind – erfolgt dann mittels Sonne und Yahdii.

Die Sonne – oder die Dauer des jeweiligen Tageslichts – dient auch als Markierung für die Äquinoktien und Solstitien, die 'längster' und 'kürzester Tag' genannt werden. Die Gwich'in beobachten dazu das erste Aufsteigen der Sonne im Winter wieder über den Horizont, das 'Die Sonne Wurde Wieder Markiert' genannt wird. Dies bezieht sich darauf, dass mit dem Schatten eines aufrechtstehenden Stockes ihre Position bestimmt werden kann und der Querstrich eines in den Schnee gezeichneten Bogens eine Aufbruchszeit markiert.

Etwas Besonderes, über das zu sprechen tabu und gefährlich ist, sind die Donnervögel, die Blitz und Donner auslösen. Sie gelten als etwa so gross wie ein Auerhahn oder eine Eule und werden für Zugvögel gehalten, weil sie nur in bestimmten Zeiten des Jahres ihre Macht entfalten.[58] Diese Vorstellungen stammen aus dem südostasiatischen Raum – bei den Südlichen Dene wird Der Donnervogel dann zum weltgrössten Sternbild, das fast vollständig nach dem indonesischen Garuda gezeichnet wird.

Die räumliche Orientierung richtet sich nach dem jeweiligen Fluss eines Stammes – flussab und flussaufwärts, zum Fluss und vom Fluss weg – und auffälligen Landmarken, Pflanzen oder Wegmarkierungen. Anders als bei den Eskimo, die mit den Sternen die Kardinalrichtungen auf dem offenen Eis festlegen, ist den Nördlichen Dene der Sternenhimmel zur Richtungsbestimmung nur dann von Nutzen, wenn dichter Wald und flache Topographie einen Überblick verhindern. Die einzelnen Körperteile des zweiseitig symmetrischen Yahdii helfen bei der Memorisierung einer Position und der Bestimmung einer Bewegungsrichtung. Die Asterismen – etwa von Yahdiis Händen und Füssen – liegen tief in jeweils anderen Quadranten des Himmels: Bei Bewölkung oder anderen Sichthindernissen genügt der Blick auf die jeweiligen Sterne, um sich den gesamten Körper vorstellen und sich daran orientieren zu können.

Sterne können auch als Wetterzeichen dienen. Das Flackern von hellen Sternen prognostiziert starken Wind, weil deren atmosphärische Szintillation durch die Lichtbrechungen von unterschiedlich dichten, heissen und kalten, Luftschichten hervorgerufen wird. Die Gwich'in nennen dies "Sternentanz", die Ahtna "Der Wind kehrt die Sterne" und die Koyukon "Der Wind schwingt die Sterne". Die Formulierung "Die Sterne sitzen in ihren Wiegen" der Koyukon bezieht sich dagegen auf ihr verschwommenes Erscheinen, was durch atmosphärischen Dunst oder Frost bewirkt wird. Ein Stern, der hell neben dem Mond aufleuchtet und als dessen "Hund" bezeichnet wird, sagt wiederum – je nachdem, ob er vor oder hinter dem Mond steht – einen guten oder schlechten Wetterwechsel voraus: Solche Positionen sind häufig für Jupiter zu beobachten.

Der Ethnologe Christopher M. Cannon hat sich die Kenntnisse über die astronomischen Vorstellungen der Nördlichen Dene in engem Kontakt mit Auskunftspersonen einzelner Gruppen in Alaska erarbeitet. Auf seinen Forschungen basiert mithin diese Darstellung des Sternenhimmels, dessen Ausdeutung von Gruppe zu Gruppe stets leicht variiert – sowohl in der Konzeption der Sternbilder wie den Legenden –, doch jedes Mal erkennbar auf einen gemeinsamen Grundriss zurückgeht. Da seine Dissertation, seine Magisterarbeit und seine Artikel sich nicht vollständig überschneiden, wird aus allen seinen digital greifbaren Arbeiten zitiert.

I HIMMEL, STERNE UND MILCHSTRASSE

Himmel

ALLUON ULXATL (Dena 'ina)[59]
YA(AT) (Ahtna)
UTGGADDI NEN'KE – DAS OBERE LAND (Ahtna)[60]

Der Himmel stellt für die Nördlichen Dene eine Art Mahnmal dar, wie Leben und Nachleben richtig zu führen sind, wie die Welt entstand und welche guten und schlechten Kräfte in ihr präsent sind: Wobei über das Sternbild des Wanderers selbst nicht gesprochen wird, da es der Selbsterfahrung und -erforschung dient.

Dahinter steckt die Vorstellung, wie eine Auskunftsperson der Sahtu Dene berichtet, dass man selbst eine Reinkarnation ist, und dies nicht nur von Menschen, sondern zudem – wie dies auch australische Aborigines glauben – von Tieren, Pflanzen und Naturmächten: "Du bist ein Wind, vielleicht ein kleines Stück Gras oder ein kleiner Grashüpfer, was immer. Das Letzte, was du tun musst, bevor du in den Himmel steigst, ist all dies als Mensch in dich aufzunehmen." Das gilt insbesondere für die Schamanen der Dene auf ihrer vom Wanderer angeleiteten Visionssuche, die sich sowohl zurück in diese naturgestaltige Vergangenheit als auch hinauf in den Himmel richtet, um Heilkräfte zu erlangen.[61]

Stern

SON' (Ahtna), SA' (Gwich'in), SAN (Obere Tanana),
TLOON' (Koyukon)

Die jeweiligen Bezeichnungen für 'Stern' bei den Nördlichen Dene gehen auf das proto-athabaskische **Səm* zurück.[62]

In den mündlichen Überlieferungen der Nördlichen Dene hat der Schelm unter ihren Helden, der Rabe, Sonne, Mond und Sterne gestohlen und sie anschliessend über dem Himmel verstreut; ihre Verbindung zu einem Sternbild geht dann jedoch auf bestimmte Ereignisse oder Wesen zurück.

Die unterschiedliche Helligkeit der Sterne wird in dieser Tradition genealogisch erklärt. Der hellste Stern am Firmament wird von den Oberen Tanana *San' Choh* genannt: Der Grosse Stern. Etwas weniger helle Sterne stellen seine älteren Geschwister dar, ob Brüder oder Schwestern; die etwas schwächeren Sterne sind die jüngeren Geschwister und ganz schwache seine Kinder. Alle Sterne werden als Respekt gebietende Personen erachtet. Ganz blasse Sterne gelten jedoch oft als heiliger, weil es der Initiation und eine der Wandererfigur entsprechende Erfahrung bedarf, um zu erkennen, was sie darstellen.[63]

Um als Erwachsene das zu werden, was sie werden wollen, fasten die Menschen, versuchen schamanistische Träume zu haben und aus den Sternen zu lesen. Die Medizinmänner der Oberen Tanana vermögen dazu auf einer an Polaris ausgerichteten Bahn zu einem Land auf der anderen Seite des Himmels zu reisen.[64]

Sterne und Sternbilder reagieren schnell auf Worte und Taten; über sie zu reden kommt dem Reden über einen mächtigen Medizinmann gleich.

Einen Stern beim Namen zu nennen und dann auf eine Person zu zeigen, stellt einen Akt der Verfluchung dar. 'Stern' zu sagen, ist deshalb tabu; es macht 'schlechte Medizin'. Ein Informant der Koyukon meint: "Man soll ja nicht auf die Sterne mit dem Finger zeigen. Auf keinen Fall! Die alten Leute lassen ihre Hände unten. Sie sagen, wenn man auf Sterne deutet, dann passiert etwas, obwohl ich nie richtig verstehe, was sie meinen, weisst du. Aber es gibt Dinge, die uns zustossen könnten, weisst du ... da ist jemand da oben." Bei den Dene im kanadischen Yellowknife bringt das Zeigen auf Sterne – wie auch bei australischen Aborigines – die Gefahr mit sich, dass der Finger verkrüppelt.[65]

Ein nicht nur unter den Nördlichen Dene weit verbreiteter Mythos – Der Sterngatte – thematisiert mehr als nur die Überschreitung dieses Tabus. Hier folgt die wahrscheinliche Grundfassung des Mythos.

DER STERNGATTE

"Dies ist die Geschichte eines Sterngatten. Da waren zwei befreundete Mädchen, die viel Zeit miteinander verbrachten. Einmal kampierten sie nachts auf dem Land und als sie auf dem Rücken lagen und in den Himmel schauten, sagte das eine Mädchen: 'Ich habe gehört, dass Sterne Geister sind. Ich möchte den Stern dort gern zu meinem Ehemann haben.' Dabei zeigte sie auf einen besonders hellen Stern auf dem Firmament. Das andere Mädchen zeigte auf einen Stern, der so blass war, dass man ihn kaum erkennen konnte. 'Den Stern möchte ich gern zum Mann haben', sagte sie. Dann gingen sie schlafen.
Als sie am nächsten Morgen aufwachten, fand das erste Mädchen, jenes, das sich bei dem hellen Stern etwas

gewünscht hatte, einen alten Mann neben sich liegen. 'Ich bin der, den du dir gewünscht hast', erklärte er. Neben dem anderen Mädchen hingegen lag ein hübscher junger Mann. Er sagte: 'So ist es ausgemacht; ihr zwei werdet die heiraten, die ihr euch am Himmel ausgesucht habt.' 'Ihr werdet euer Leben hier auf der Erde leben; wenn eure Seelen danach aber in den Himmel aufsteigen, werdet ihr zu unseren Frauen – so wie ihr euch jetzt uns ausgesucht habt', sagte der junge Mann.[66]

Bei den kanadischen Dene von Yellowknife wird diese Legende folgendermassen erzählt:

"Unser Schöpfer [Der Auszog Die Welt Zu Umrunden] erschuf Sonne, Mond und Sterne, die kleinen wie die grossen. Zwei Schwestern blieben zu Hause, während ihre Eltern auf der Jagd waren. Sie waren noch klein und jung; die Ältere kümmerte sich um die Jüngere. Sie blickten zu den Sternen hoch und zählten sie. Die Ältere sagte: 'Der kleine Stern da ist für dich, der grosse für mich', was die Jüngere aber nicht wollte, worauf die ältere Schwester meinte: 'Dann kannst du den grossen Stern habe und ich nehm den kleine.' Darauf gingen sie zu Bett. Als sie aufwachten, sass da ein grosser Kerl neben der Schwester. Das war der Stern. Und ein kleiner Mann sass neben der grösseren Schwester. Sie nahmen sich die beiden Mädchen und setzten sie da oben in den Himmel – deshalb sind sie nun ja auch da oben. Denn die Sterne, das sind alles Leute; sie sind menschlich. Sie erlegen etwa Karibus; die haben sie sich wie anderes auch von unserem Land geholt.
Aus den Karibufellen fertigten sie nun lange Lederseile. Die Mädchen wickelten sie sich um und liessen sich daran herab zur Erde: und zwar mitten in ein Adlernest. Da lösten sie die Seile. Die zwei Mädchen standen nun in dem Nest mit dem Adlerküken, dass ihnen sagte, seine Mutter würde zurückkommen, sobald es zu nieseln begann. Die Adler wurden riesengross damals. Und sie frassen Menschen. Deshalb sagten die Mädchen dem Küken, dass sie seine Mutter umbringen würden. Gesagt, getan. Sie gaben ihr eins über den Kopf und warfen sie aus dem Nest. Seitdem heisst es, beginnt es zu nieseln, kommt die Mutter zurück. Die Mädchen kletterten vom Baum herunter und kehrten nach Hause zurück, wo sie von ihrer Entführung durch die Sternenleute erzählten. Der Schöpfer hat sie so gemacht, wie sie im Einzelnen sind. Mit ihnen ist nicht zu spassen. Sie holen sich Menschen."[67]

Der Clan der *Noaltsiine* – Das zum Absteigen gezwungene Volk – bei den Ahtna soll auf die Vereinigung zwischen einer Frau und ihrem Sternen-Gatten zurückgehen, ähnlich wie der Clan der Mulchina bei den Dena'ina oder jener der Naltsiina bei den Oberen Tanana, die 'grosse Medizin' besitzen sollen.

"Von den Noaltsiine heisst es, sie wären 'Die Ersten' gewesen, die ersten Bewohner des Landes, nicht nur die ersten Bewohner der Region der Oberen Tanana. Alle Informanten stimmen darin überein, dass die Noltsiine vom Himmel herabkamen, sie manchmal 'Sternen-Volk' genannt werden und stets mit Krähen assoziiert werden.

Vor langer, langer Zeit waren die Sterne noch den Bäumen nahe. Die Leute konnten sie berühren; der Himmel war der Erde nahe. Jeder Mensch hatte einen Stern. Sie waren alle ein Sternenvolk. Ein Mann, zwei Töchter. Eine Frau ging ins Dorf. Ihr wurden Sklaven angeboten, aber sie lehnte sie ab. Sie begann zu beten. Sie wollte mehr Leute. Andere Leute kamen herab wie Schnee und wurden zu Menschen. Seitdem gibt es deshalb die *Dik'agiyu-Leute*."[68]

Von diesen 'Himmels-Clans' heisst es bei den Nördlichen Dene, dass sie vom Himmel oder den Sternen herab geschwebt kamen wie Eiderdaunen, Schneeflocken, die Wolle und die Samen der schmalblättrigen Weidenröschen oder auf einem Spinnennetz.[69]

Milchstrasse

DENAE CE'E TENE –
DIE FÄHRTE DES GROSSEN MANNES (Ahtna)
CIIŁ HWYAA YATES GHILYAA – DER KLUGE JUNGE DER ÜBER DEN HIMMEL STIEG (Ahtna)

Für manche Ahtna, die Nek'eltaeni bloss als Zeichen sehen, befindet sich in der Mitte der Milchstrasse der Eingang zu einer anderen, für uns unsichtbaren Welt, in der er eigentlich lebt.

C1 4

YUHTSEEYH YO TEL OYH HU – WO VÄTERCHEN (RABE) MIT SCHNEESCHUHEN ÜBER DEN HIMMEL STAPFTE (Koyukon)
CHULYIN VEQ' – RABES FÄHRTE (Dena'ina)
TÉLU | ?ETENE – DIE FÄHRTE (Sahtu Dene)

Die Milchstrasse wird hier als Harsch gesehen, in dem Yahdii seine Spur hinterlassen hat, eine rund um die Welt führende Fährte.

C1

Bei den Keten als den einzigen heute noch lebenden Verwandten der Vorväter der Dene gilt die Milchstrasse als Weg, den ihr Kulturheld Alba hinterlassen hat: *Alba-kan*.[70]

YOKK'UŁ – DER HIMMELSHALS (Koyukon)

Die Koyukon sehen die Milchstrasse als Weg wie auch als 'Hals für alle Sterne', die für sie Totenseelen und Geister sind.

C4 131 und 154

SĄ' GWAT' AN TĄĮĮ – DIE FÄHRTE VON STERNEN (Gwich'in)
SAN' TĄY – DIE STERNENFÄHRTE (Obere Tanana)
WHQ TĮLI ILĮLA – DIE STERNENFÄHRTE ZUSAMMEN (Dene von Yellowknife)

Manche Gruppen von Dene glauben, dass die Seelen von Verstorbenen auf der Milchstrasse in den Himmel gelangen – oder dass die Milchstrasse einen Zug von Leuten darstellt, die mit Schneeschuhen zum Land der Toten im Himmel wandern wollten, aber in die Sterne der Milchstrasse verwandelt wurden, bevor sie es erreichen konnten.

C4 188–189

YAGA 'TUNNE – DER WEG ZUM HIMMEL (Dane-zaa)

Bei den auch *Beaver Indians* genannten Dane-zaa am oberen Peace River im Südwesten Kanadas ermöglichen rituelle Tänze und Gesänge einen Aufstieg zum Himmel, insbesondere für einen träumenden Medizinmann: "Der Träumer braucht Leute, die sich seiner Führung überlassen. In Richtung des Sonnenlaufes rund um ein Feuer zu tanzen, zum Klang der 'Lieder des Träumers' – *Ahata Yine* –, wird als 'zum Himmel beten' aufgefasst, wobei man symbolisch auf dem 'Weg zum Himmel' – *Yaga 'Tunne* – wandert, auf dem Pfad eines Liedes.

Die 'Lieder des Träumers' werden so verstanden, dass sie zwei elementare Bewegungskomponenten besitzen. Die eine ergibt sich aus dem regelmässigen Rhythmus der mit einer Hand geschlagenen Trommel, der in den meisten Liedern aus einem 4/4-Takt besteht; die andere ergibt sich durch die Melodielinie des Liedes, die mit vollem Atem am oberen Ende des Stimmumfang des Sängers beginnt und abfällt, bis der Atem und der Stimmumfang am Ende der Phrase erschöpft sind. Die erste Bewegungskomponente, der rhythmische Hintergrund, wird beim Tanz als der regelmässige Rhythmus der Tritte auf dem Himmelspfad verstanden. Die zweite Bewegungskomponente, die Melodielinie, wird entlang der Windungen des Pfads gesehen, den man mit seiner Vorstellung 'fassen und packen' muss.

"Während man allein dem Träumer zutraut, die Windungen eines Liedes genau genug zu erinnern, um auf diesem Pfad wieder zur Erde zurückzukehren, erwartet man von gewöhnlichen Leuten bloss, dass sie die Lieder kennen und wissen, dass sie der Träumer zur Erde herabgebracht hat und sie zum Tanz im symbolischen Kreis des *Yaga 'Tunne* gesungen werden. Man glaubt, dass die Vertrautheit mit den Liedern des Träumers durch Tanzen, Singen und Zuhören einen Menschen für die Erfahrung des *Yaga 'Tunne* bei seinem Tod vorbereitet.

Nur wenn der Schatten eines Menschen so leicht ist wie die Daune eines Schwans, dann kann er, glaubt man, schnell zum Himmel aufsteigen. Der schwere Schatten einer von ihren bösen Taten im Leben niedergedrückten Person muss erst den Pfad ihres vormaligen Lebens zurückgehen, bis zu dem Punkt, wo er leicht genug wird, um den Aufstieg beginnen zu können. Von Kindern nimmt man an, dass ihre Schatten leicht genug sind, um automatisch aufzusteigen.

Nur dann, wenn die Leute den Liedern des Träumers folgen und zu ihnen tanzen – an den Himmel denkend, ihre Füsse um das Feuer bewegend in Imitation des Bogens des Sonnenlaufes auf dem Yaga 'Tunne und auf die Wendungen der Lieder horchend –, erlangen sie gleich nach ihrem Tod die nötige Leichtigkeit. Mit jeder Drehung um das Feuer im Tanz, und bei jeder Vollendung der Wendungen eines Liedes, wird die Entfernung vermindert, die der Schatten eines Menschen auf seinen eigenen Spuren wieder zurückgehen muss. Deshalb hält man den Tanz zu den vom Träumer vom Himmel herabgebrachten Liedern für eine Art des Reisens auf dieser Erde, dem Yaga 'Tunne entlang. Diese Gelegenheit auszuschlagen, die Reise eines Schattens auf seinem irdischen Pfad zu verkürzen, gilt nicht nur als selbstzerstörerisch, sondern auch als asozial. Es gehört zur Verantwortung eines Träumers, dafür zu sorgen, dass die Leute am Tanz teilnehmen. Er träumt nicht nur für sich selbst: sondern für alle.

Die Tänze dieses Propheten können zu allen Zeiten veranstaltet werden, werden aber meist um die Sonnenwenden angesetzt. Ein Tanz wird oft von dem nächsten Verwandten einer Person gesponsert; das ihren Eintritt in den Himmel ankündigende Lied wurde kurz zuvor vom Träumer empfangen. Der Tanz muss rund um ein Feuer stattfinden. Meist wird dafür ein vorübergehendes Tanzhaus errichtet. Bei den Tänzen, denen ich beigewohnt habe, bestand es aus einem niederen Kegel aus Pfählen, die mit Stoffplanen bedeckt wurden und gross genug für 30 Leute waren. Die Positionen, welche die Leute in dieser Tanzhalle einnehmen, gibt ihre Stellung in der Gesellschaft wieder und spiegelt Eigenschaften wider, die mit unterschiedlichen Richtungen verbunden werden, wie sie auch bei der Ausrichtung des Lagers und der Mythen zum Ausdruck kommen. Wie im Lager auch, wo Leute, die dank *Mą Yine* über eine Traumkontrolle verfügen, dem Sonnenaufgang gegenüber schlafen müssen, wird der Osten des Tanzhauses mit Sängern besetzt. Das Singen und Trommeln des prophetischen Tanzes wird von den Männern übernommen, die aktive Jäger sind. Sie werden zwischen Osten und Norden aufgestellt, während die Frauen mit Kindern im Süden oder Osten stehen. Der Eingang zum Tanzhaus befindet sich in der Regel im Süden und die alten Leute sind im Westen."[71]

II DAS GROSSSTERNBILD VON ALASKA BIS NACH KANADA

Das den ganzen Himmel ausfüllende Mischwesen von Tier und Mensch bleibt bei den Ahtna, Gwich'in und Tanana mehr oder minder dasselbe, weicht dann aber bei den Koyukon, Sahtu Dene und den Dene von Yellowknife wesentlich ab. Alle hier folgenden Angaben beruhen auf C4.

A DIE AHTNA

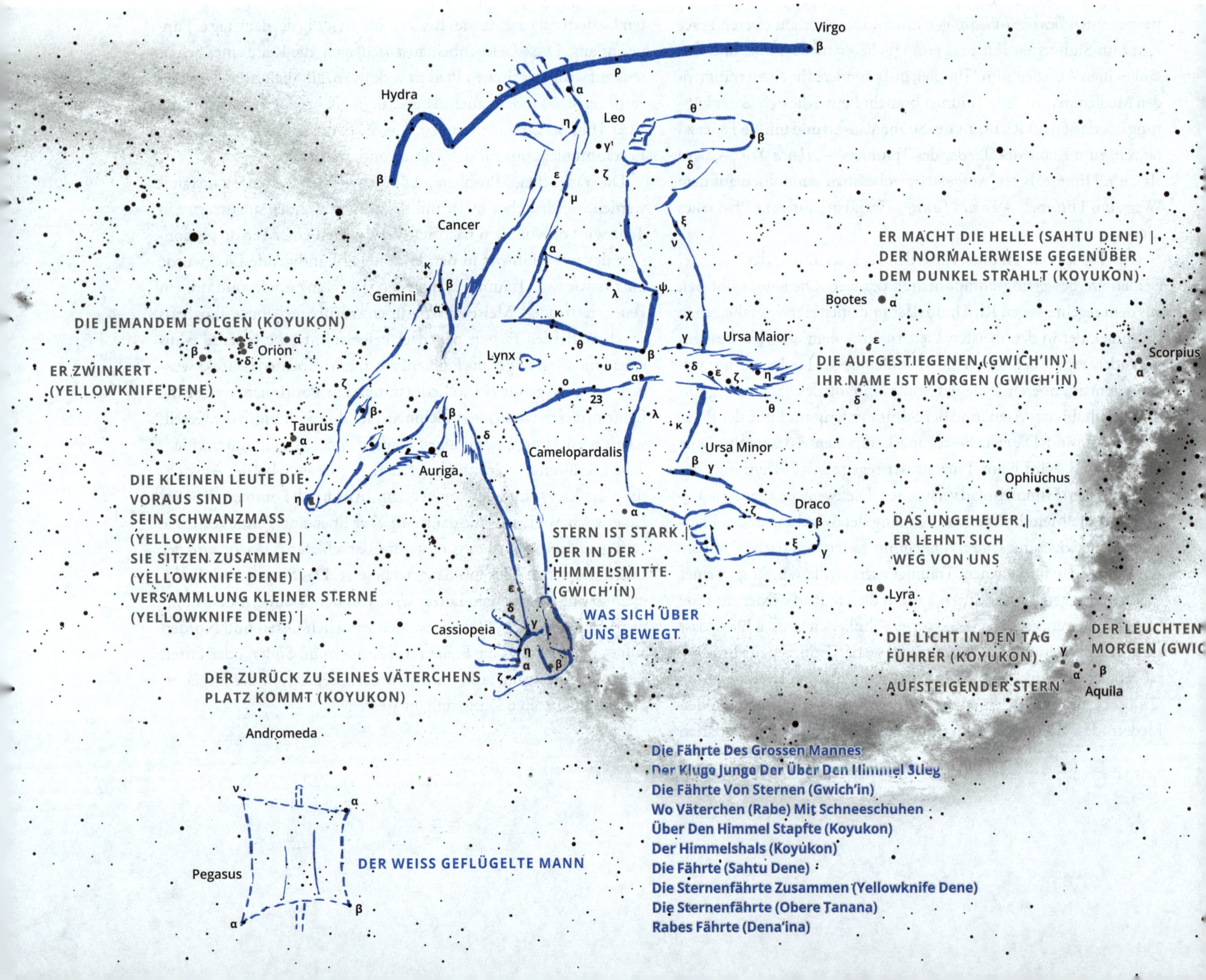

NEK'ELTAENI – WAS SICH ÜBER UNS BEWEGT

αβ Geminorum
SEIN LINKES OHR
αβ Aurigae
SEIN RECHTES OHR
ι Aurigae und β Tauri
SEINE AUGEN
Plejaden
SEINE NASE
31 Lyncis, κλ Leonis
LINKER ARM
o und α Leonis
SEINE LINKE HAND
δ Aurigae, 2 Lyncis, βα Camelopardalis, HIP 17884, ε Cassiopeiae
RECHTER ARM
zwei Sterne in Cassiopia
SEINE RECHTE HAND
27 Lyncis
SEIN HERZ
15 Lyncis, οh36θικ Ursae Maioris, 31 Lyncis
SEIN UNTERLEIB
unidentifizierter Stern beim Wagenkasten von Ursa Maior
SEINE NIERE
die 7 Hauptsterne von Ursa Maior
SEIN SCHWANZ
ψνξ Ursae Maioris
SEIN LINKES BEIN
λκ Draconis, βγ Ursae Minoris, ζ Draconis
SEIN RECHTES BEIN
β Leonis
SEINE LINKE FERSE
δθ Leonis
ZEHEN SEINES LINKES FUSSES
βγ Draconis
SEIN RECHTER FUSS
β Cancri, εζ Hydrae, α Cancri, 31 ρσ Leonis, β Virginis
VATÒO – SEIN STOCK
βψμ Ursae Maioris, α 31 Lyncis
SEIN RUCKSACK

Das *Nek'eltaeni* (von den Gwich'in *Yahdii*) genannte Sternbild erstreckt sich über 143°, um den gesamten sichtbaren Himmel in einer einzigen Figur zu erfassen: als über die Erde gekauerten Mann mit dem Kopf und Schwanz eines Tieres, der in seiner Linken den Griff eines Stocks hält, der als Wanderstab, Speer, Medizinstab oder Messer gesehen wird. Er dreht sich nachts von Ost nach West, mit dem Gesicht nach rechts in die Drehrichtung blickend, was die Gwich'in als *Yahdii ahaa* – Yahdii wandert – bezeichnen.

Das Erscheinen dieses Sternbilds namens 'Was Sich Über Uns Bewegt' mitsamt dem erstmaligen Aufgehen der Aufsteigenden Sterne am Anfang der Zeit gilt bei den Ahtna als erste Prophezeiung: Das in Was Sich Über Uns Bewegt steckende spirituelle Wesen tauchte am Himmel auf, um den Dene neue Epochen und weltverändernde Ereignisse anzukündigen.

Dessen Gefährtin *U'aa Uk'etayaał* – Seine Frau Wird Hinter Ihm Gehen – sieht sich im ersten Licht der Morgendämmerung verkörpert, das 'der Himmel ist weich [wie schmelzender Schnee]' genannt wird; sie folgt Nek'eltaeni auf der Spur, die er in der Milchstrasse hinterlassen hat.[72]

Vor seiner Himmelfahrt galt Nek'eltaeni jedoch als Kulturheld und demiurgischer Wanderer *Yabaaghe Tezyaan* – Der Um Den Rand Der Welt | Des Himmels Wanderte –, dessen Abenteuer unter gefährlichen Tieren von dem sich um ihn rankende Mythenkranz geschildert werden. Je nach Ahtna-Dialekt wird er auch *Netseh Tełyaanen* – Der Uns Vorwärts führt – oder *Ciil Hwyaa* – Kluger Junger Mann – genannt, da er in den Worten eines Informanten "uns vorausging, um den Weg zu bereiten" und "der Hüter allen Wissens ist".

Er wurde in der Fernen Vergangenheit als erste menschenähnliche Figur unter gefährliche Wesen geschickt; als Jugendlicher begann er so eine Reise allein um die Welt, bei der er ein urtümliches Tiervolk in die Menschen und Tiere von heute verwandelt und Ungeheuer vernichtet. So wie die Sonne von Osten nach Westen ziehend, nahm er den Lebewesen die dann noch allen gemeinsame und verständliche Sprache, rottete Monster aus oder verwandelte sie in harmlosere Wesen, um Frieden und Ordnung auf der Erde herzustellen, die derart ein sicherer und brauchbarer Ort für die Menschen wurde. Die Tabus, Verhaltensweisen und Gesetze, die er unter all den verwandelten Wesen etablierte, prägen das Leben und die Einstellungen der Nördlichen Dene zur Natur.

Am Ende seiner Reise wurde aus Dem Der Um Die Welt Wanderte ein alter Mann, der bedeutende Heilkraft besass, weil er "mit allen Tieren, Wesen und Naturkräften gearbeitet hatte". Er starb als erster *Dyenen* – Medizinmann – und erster Mensch, der zu einer visionären Suche auszog. Nach seinem Tod manifestierte sich sein Geist als dieses über die Welt wachende Sternbild und seine Fährte in der Milchstrasse. Seine halb menschliche, halb tierische Gestalt weist ihn als für die imaginären Metamorphosen von Schamanen typischen Gestaltwandler aus und bezeugt zugleich jene mythische Vorzeit, in der Tiermenschen die ersten Lebewesen auf der Welt waren. Zugleich demonstriert diese hybride Gestalt, dass er alles zu verkörpern vermag und dank dessen über grosse Heilkräfte verfügt.

Nicht alle Informanten stimmen allerdings darin überein, dass Nek'eltaeni und sein Sternbild identisch sind. Manche meinen, es sei bloss sein Abbild, das in den Himmel versetzt wurde, um die Ahtna an die alten Sitten und Gebräuche und die Mühen zu erinnern, die er auf sich nahm, um die Welt sicherer und für die Menschen bewohnbar zu machen. Er selbst lebe in einem unsichtbaren Reich über den Sternen, zu dem "eine Tür in der Mitte der Milchstrasse" führe. In dieser anderen Welt weile er; er wache jedoch weiterhin als Schutzherr und Wildhüter über die Erde, versammle ihre Kräfte in sich und verbreite von sich aus alles Wissen und alle Heilkräfte.

Sein Bild, die Umrisse seiner Figur in den Sternen zu entdecken, gilt als religiöse Glaubenserfahrung, für "jemanden, der seinen Kopf benützt". Wer nicht in die Denkweisen der Medizinmänner eingeweiht ist, weiss nichts von diesem Sternbild. Auch werden seine Namen und seine Sterne nicht explizit mitgeteilt; sie stellen vielmehr das Ergebnis einer privaten religiösen Erfahrung dar, mit der durch den Glauben an diesen mythischen Wanderer sein latent vorhandenes Sternbild erst sichtbar wird: "Er ist im Himmel und nur du kannst ihn finden. Niemand kann ihn für dich finden. Und es muss dafür die richtige Zeit in deinem Leben sein; oder wenn du gerade etwas Gutes für dich getan hast."

Damit wird Nek'eltaeni für jeden einzelnen zu einem spirituellen Führer, Lehrer und Helfer: "Religion wurde jedem einzeln beigebracht. Es war keine Gemeinschaftssache. Sie wurde jedem einzeln gelehrt, zusammen mit der Natur, weisst du. Wenn du nicht die Natur respektierst, respektierst du auch Nek'eltaeni nicht, verstehst du. Das war die Religion ... Weisst du, wir wollen gute Leute sein. Wir leben gesund durch die Erde und gesund durch die Sterne."

Nek'eltaeni wird deshalb von den Ahtna angesprochen und angebetet. Wer die schwachen Sterne seines Herzens kennt, entwickelt eine besonders starke Beziehung zu ihm: Dieses "leuchtende Herz" wird dann zum "Fokus deines Lebens", weil es alles verkörpert, wofür Nek'eltaeni sein Leben lang zum Wohl der Menschheit wirkte. Offen über ihn zu sprechen, ist jedoch tabu.

C1 4–6

Plejaden

DASTNAEY GGAAY – DIE KLEINEN LEUTE DIE VORAUS SIND

Bei den Ahtna gilt das erstmalige Erscheinen des Grosssternbildes Nek'eltaenis am Anfang der Zeit als erste visuelle Prophezeiung von vieren, die den Dene wichtige Ereignisse der Welt verkünden.

Die zweite Prophezeiung wird an der Nase Nek'eltaenis sichtbar, den Plejaden. Sie erinnert an die Zeit nach Nekel'taenis Aufstieg in den Himmel, als die Dene seine Lehren vergassen und in Streit, Gewalt und Krieg verfielen. Nekel'taeni sandte darauf die *Dastnaey Ggaay* – Die Kleinen Leute Die Voraus Sind – zur Erde als zweite Welle von Boten, um die Dene an die Mühen zu erinnern, die er hatte, die Welt für die Menschen zum Besseren zu verändern. Obwohl diese aussermenschlichen Boten den Ahtna eine heilige Sprache und Lieder gaben, wurden sie schlecht behandelt, weshalb sie zum Himmel zurückkehrten, ohne ihre Aufgabe vollenden zu können. Diese Boten werden durch den Sternhaufen der Plejaden dargestellt – oder sonst in Sternen, "die willkürlich über den Himmel verstreut sind".

Die Plejaden erscheinen im Herbst am Himmel, kurz bevor das Land gefriert und die Zeit der Geschichten beginnt: Sie gehen den zwischen Oktober und Dezember erzählten Geschichten voraus, die sich um Nek'eltaeni ranken.

C1 6

WETSEÈ DZÀ – SEIN SCHWANZMASS (Yellowknife Dene)

Die Bedeutung dieses Begriffs wird nicht erklärt; sie bezieht sich wohl noch auf die ursprüngliche Grossfigur, von der offenbar nur noch ein Schwanz übrigblieb, der am Himmel die Zeit anzeigt und sie damit misst. Daneben werden die Plejaden rund um Yellowknife auch Sie Sitzen Zusammen oder Versammlung Kleiner Sterne genannt.

C4 142

Pegasus?

DER WEISS GEFLÜGELTE MANN

Die dritte Prophezeiung, die Nekel'taeni in den Himmel setzte, ist als Sternbild nicht identifiziert und nur auf Englisch als 'White-Winged Man' benannt. Er stellt das Kommen von Fremden in die Siedlungen der Ahtna dar, wobei die weissen Flügel als Segel der ersten Schiffe gelten, die Alaska erreichten. Mit ihrem Auftauchen beginnt eine Epoche der Fremdherrschaft und des Konflikts, während derer die Dene sich kaum noch an die alten Gesetze, Sitten und Tabus halten.

C1 6

Das Sternenviereck von Pegasus wäre für ein solches Segel der plausibelste Kandidat, weil dessen Sterne im Jahreslauf einmal sichtbar sind, dann wieder nicht, sodass es wie das Segel eines Schiffes am Horizont aufzutauchen scheint.

Region zwischen Lyra und Bootes?

GGUX – DAS UNGEHEUER NEC'AADZE'TELTAEN – ER LEHNT SICH WEG VON UNS

Die vierte und letzte Prophezeiung warnt davor, dass der fortgesetzte Bruch der Gesetze zur Zerstörung der Welt führen wird. Werden Nekel'taenis Lehren weiterhin ignoriert, steigt ein uralter Feind der Dene vom Himmel herab, um die Welt zu vernichten: Es ist dies eine Art Säbelzahntiger, ein dämonisches Wesen mit "Messern als Zähnen im Maul", das Der Um Den Rand Der Welt | Des Himmels Wanderte auf seiner demiurgischen Reise weder zu bändigen noch zu verwandeln vermochte.[73] Um es von den Menschen fernzuhalten, rollte er es in den Himmel, wo dieses tigerartige Ungeheuer seitdem auf alles in der Welt horcht und versucht, "einen in seine Falle zu locken". Der Name und die wahre Gestalt dieses Monsters werden jedoch geheim gehalten oder gehören zu jenem Wissen, das dank dem Verleugnen von Nek'eltaenis Lehren verloren ging. So ist es bei den kanadischen Sahtu Dene unter dem archaischen, nicht mehr übersetzbaren Namen *ʔemǫǫhdzí* bekannt.

Gesagt wird bloss, dass die beiden einander ewig umkreisen, indem sie sich um den Polarstern *Son' Dìłtey* – Stern Ist Stark – drehen; dafür kommt nur die Region zwischen Lyra und Bootes in Frage. Zudem sollen die Augen des Ungeheuers am Horizont zu sehen sein – möglicherweise als α Lyrae und α Ophiuchi.

Die Gegenwart liegt zwischen der dritten und der vierten Prophezeiung. Die durch das Sternbild vorausgesagte vierte Epoche beginnt, wenn die Gletscher von Alaskas höchsten Bergen verschwinden und das Grasland zurückkehrt als Habitat dieses uralten Menschenfeindes. Ihn in den Sternen zu identifizieren ist ein strenges oder verlorenes Geheimnis, das, würde es gelüftet, nur üble Folgen hätte, indem es das Kommen des Weltendes beschleunigen würde. Auskunftspersonen wissen bloss, dass zwei unidentifizierte tiefstehende Sterne seine glitzernden Augen darstellen, während er am Rand des Himmels lauert.

Diese vier Epochen wiederholen sich in einem ewigen Kreislauf von Weltzerstörung und Wiedergeburt, wobei sich das Weltende ankündigt, wenn sich die Positionen der Sterne im Sternbild des Wanderers dehnen und verschieben.

C16

B DIE GWICH'IN

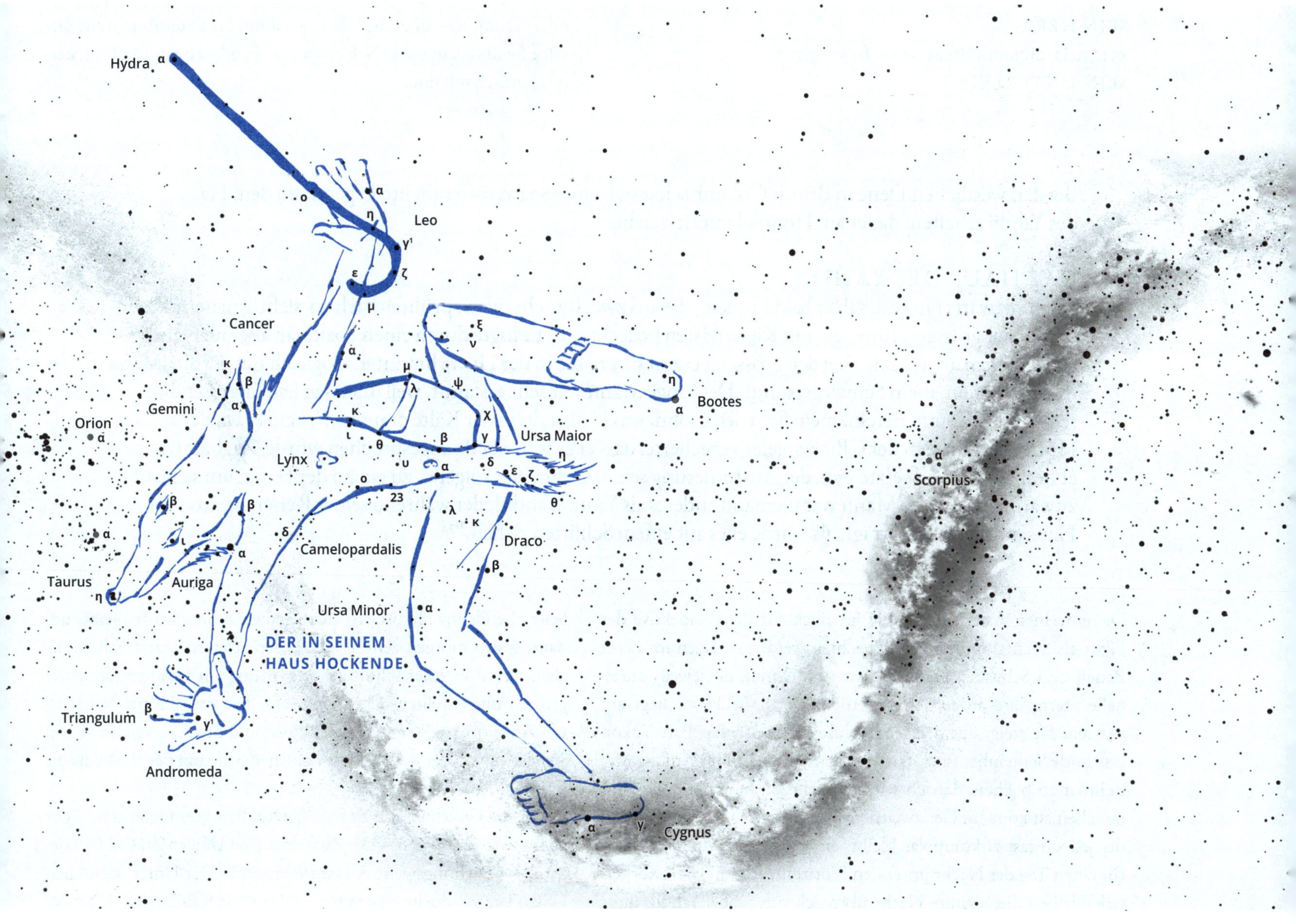

YAHDII – DER IN SEINEM HAUS HOCKENDE

αβ Geminorum
SEIN LINKES OHR
αβ Aurigae
SEIN RECHTES OHR
ι Aurigae und β Tauri
SEINE AUGEN
Plejaden
SEINE NASE
15 Lyncis, oh36 26ικ Ursae maioris, 31 Lyncis
SEIN KÖRPER
o und α Leonis
SEINE LINKE HAND
γ Andromedae, β Trianguli
SEINE RECHTE HAND
27 Lyncis
SEIN HERZ
15 Lyncis, oh36θικ Ursae Maioris, 31 Lyncis
SEIN UNTERLEIB
die 7 Hauptsterne von Ursa Maior
SEIN SCHWANZ
αη Bootis
SEIN LINKER FUSS
αγ Cygnis
SEIN RECHTER FUSS
ηγζμε Leonis – o Leonis bis α Hydrae
SEIN STOCK
Χψμλ Ursae Maioris
SEIN RUCKSACK

Die Gwich'in-Bezeichnung *Yahdii* hat Entsprechungen in 17 anderen Sprachen der Dene sowie in Tlingit, welche in der von Alaska bis zur östlichen Hudson Bay sich erstreckenden Region gesprochen werden. Der Name ist archaisch; er bewahrt ein seltenes, mindestens 2000 Jahre altes Proto-Dene Gerundiv – 'im Haus hockend' – und bezieht sich jedes Mal auf einen Mann mit dem Kopf und Schwanz eines Tieres. Seine Drehung über den Himmel wird 'Yahdii wandert' oder 'Yahdii reist über die Weite' genannt. Sein Sternbild weist dieselbe Symbolik wie jene Nek'eltaenis auf und ist bis auf wenige Sterne identisch mit ihm.

C3 4–5 und C1 7

Bei den westlichen Dene in British Columbia hat sich eine 1894 veröffentlichte Legende zu dem Haus des Yahdii erhalten, das er am Himmel mit sich zieht:

DAS HAUS DES YAHDII

"Sich vorwärts tastend, sah er bald Funken, die aus zwei Rauchsäulen sprühten; sich vorsichtig nähernd, kam er zu einer grossen Hütte, die mit Kiefernästen bedeckt war. Er lugte durch einen Spalt, sah aber niemand ausser einem alten Mann bei den grossen Feuern sitzen, die in der Hütte brannten. Sogleich rief der alte Mann: 'Komm herein, mein Schwiegersohn!' Der junge Mann war sehr erstaunt, weil draussen keiner ausser ihm selbst war. 'Komm herein, mein Schwiegersohn; was bleibst du in der Kälte draussen?', kam es wieder aus der Hütte. Worauf sich der Glücksspieler versicherte, dass er es war, der da angesprochen wurde. Zaghaft trat er deshalb ein und setzte sich, der Aufforderung seines Gastgebers folgend, zu einem der Feuer, um sich aufzuwärmen. Der alte Mann war niemand anderes als Yihta [Yahdii], der während seiner Reisen nachts sein Haus mit sich herumträgt, als würde er es auf einem Schlitten ziehen."[74]

Die einzelnen Asterismen – die im Blick auf die Perspektive der Figur als 'rechts' und 'links' bezeichnet werden – zeigen im Zenit Bauch und Schwanz, Hände, Füsse und Ohren, die jeweils durch helle Sternpaare ausgewiesen werden. Die linke Hand liegt am tiefsten: Sie steigt auf der geographischen Breite von Fort Yukon erst Ende September über den Horizont, um dann bis Anfang Mai sichtbar zu bleiben; danach wird es nachts zu hell, um noch Sterne sehen zu können. Der zweittiefste Asterismus ist der linke Fuss, der jedoch fast zirkumpolar bleibt; er geht nur im frühen Winter für einen Teil der Nacht unter den Horizont. Alle anderen Körperteile bleiben die gesamte Nacht über sichtbar, wobei Yahdiis linke Seite abends im Herbst erst noch teilweise unsichtbar bleibt, um dann gegen morgen zentral zu werden. Derart kauert Yahdii auf allen vieren in einer schützenden Haltung am Himmel, der einer grossen umgedrehten Schüssel gleicht. Die dem Horizont nächsten Asterismen – Kopf, Hände, Füsse und Stock – werden als am wenigsten von der Erde entfernt gesehen; jene um den Zenit als die fernsten.[75]

Bei den Gwich'in und Koyukon wird diese kosmogonische Figur auch *Ch'iteehàakwaii* – Der Zwischen Den Dingen Zu Paddeln Begann – beziehungsweise *K'eteaalkkaanee* – Der Unter Menschen Und Tieren Paddelte – genannt, weil er seine Reise antrat, indem er das aus Birkenrinde gefertigte Kanu erfand. In ihrem Verlauf veränderte er die Landschaft, verwandelte gefährliche Wesen und verlieh allem seine heutige Gestalt. Bei seinen Abenteuern war er mit dem berühmten Riesen *Zhee Choo* – Grosser Himmel – unterwegs und zu seinen Taten zählte auch, dass er die Bisamratte anwies, nach einer Grossen Flut die Erde wieder vom Grund heraufzutauchen. Seine Reise begann wie jene Nek'eltaenis im Osten auf dem Upper Porcupine River und führte anschliessend den Yukon hinunter gen Westen zum Ozean. Was aus ihm wurde, das wissen nur jene, die geheime Kenntnisse über die Sterne besitzen: Er – oder sein Geist, *Vanky'àa* – stieg dann zum Himmel auf, um dort zu einem riesigen Sternbild zu werden.

Yahdii wird seitdem als Freund, Helfer und Lehrer der Medizinmänner angesehen, als Wildhüter und 'Hausmeister der Welt'. Sein in den Sternen erkennbares Bild zeigt, wie Yahdii sich in einen seiner tierischen Helfer verwandelt – welches vermenschlichte Tier man in ihm sieht, ob Fuchs, Vielfrass, Luchs oder andere –, hängt von den persönlichen Erfahrungen eines Medizinmannes ab, die er sich als Novize durch Träume und Überwindung von Angstzuständen erworben hat. Für einen solchen Medizinmann "stellt Yahdii die höchste Macht dar; in dem Moment, wo man von Yahdii erfahren hat, weiss man schon viel".

Dazu gehört auch, dass nur die Wenigsten von der wahren Ausdehnung des Sternbildes wissen, dessen Name sonst nur auf die sieben Hauptsterne von Ursa Maior bezogen wird. Yahdii am Himmel zu entdecken, ist ein heuristischer Lernprozess, der über fortwährende Observationen zu einer engeren Beziehung zur Natur und zum Himmel führt. Dazu gehört – wie bei den Ahtna – der heiligste aller Sterne: das 'Herz' des Wanderers, das in seiner Funktion der Inkarnation des Wanderers in einem Bild gleichkommt. Es ist ein schwach leuchtender, "roter Stern, irgendwo da oben. Ich sage dir nicht, wo; aber da ist ein roter Stern, du wirst sehen. Ok, nur gewisse Leute können ihn sehen. Er ist eine Art heilige Sache, verstehst du? Wenn du nicht an ihn glaubst, siehst du ihn nicht. Ich könnte ihn dir zeigen, aber so würdest du nichts lernen; du hast also einige Arbeit vor dir".

Dieser *Vidrii* genannte Stern – der eigentlich weissbläuliche 27 Lyncis als 'Herz' – hält den Wanderer als Schutzherrn am Leben; er ist jener Punkt, von dem aus er sich und seine Macht über das Universum beseelt: 'sein Herz leuchtet'. Dieses Konzept findet sich auch bei den Navajo, die neben jedes Sternbild einen 'Entfacher' setzen, der es – einem Feuer gleich vor Steinen – in der Nacht zum Aufleuchten bringt.[76]

Das Sternbild dient als Uhr, indem die Zeit an den Positionen einzelner Körperteile abgelesen wird. Besonderes Augenmerk wird dem Schwanz in Ursa Maior geschenkt. Bei den Koyukon wird er deshalb auch 'Tagesmesser' genannt. Dreht er sich zum ersten Morgenlicht hin, zeigt dies im Oktober den Beginn der Dämmerung an. Dies wird von den Ahtna mit 'der Fischschwanz hat sich zur Dämmerung gekrümmt' ausgedrückt: Nicht, weil Ursa Maior dann als Flosse gesehen würde, sondern, weil die Sterne einem Lachsschwanz gleichen und wie er sich krümmt.

'Jetzt ist Yahdii wohl gegangen' bezeichnet den späten Abend, weil er dann zu einer bestimmten Position am Himmel rotiert ist. Frühmorgens von Mitte Dezember bis April stellt man Yahdii so lange als 'wandernd' dar, bis er die Morgensterne sieht, die das Tageslicht ankündigen. Sein Kopf liegt am nördlichen Himmel und weist gen Westen; 'Yahdii hat das Licht mit seinem Kopf berührt' oder 'Yahdii hat seinen Kopf ins Licht gedreht' ist deshalb ein Ausdruck für 'es ist Morgen' und 'Zeit, aufzustehen'.[77]

C DIE KOYUKON

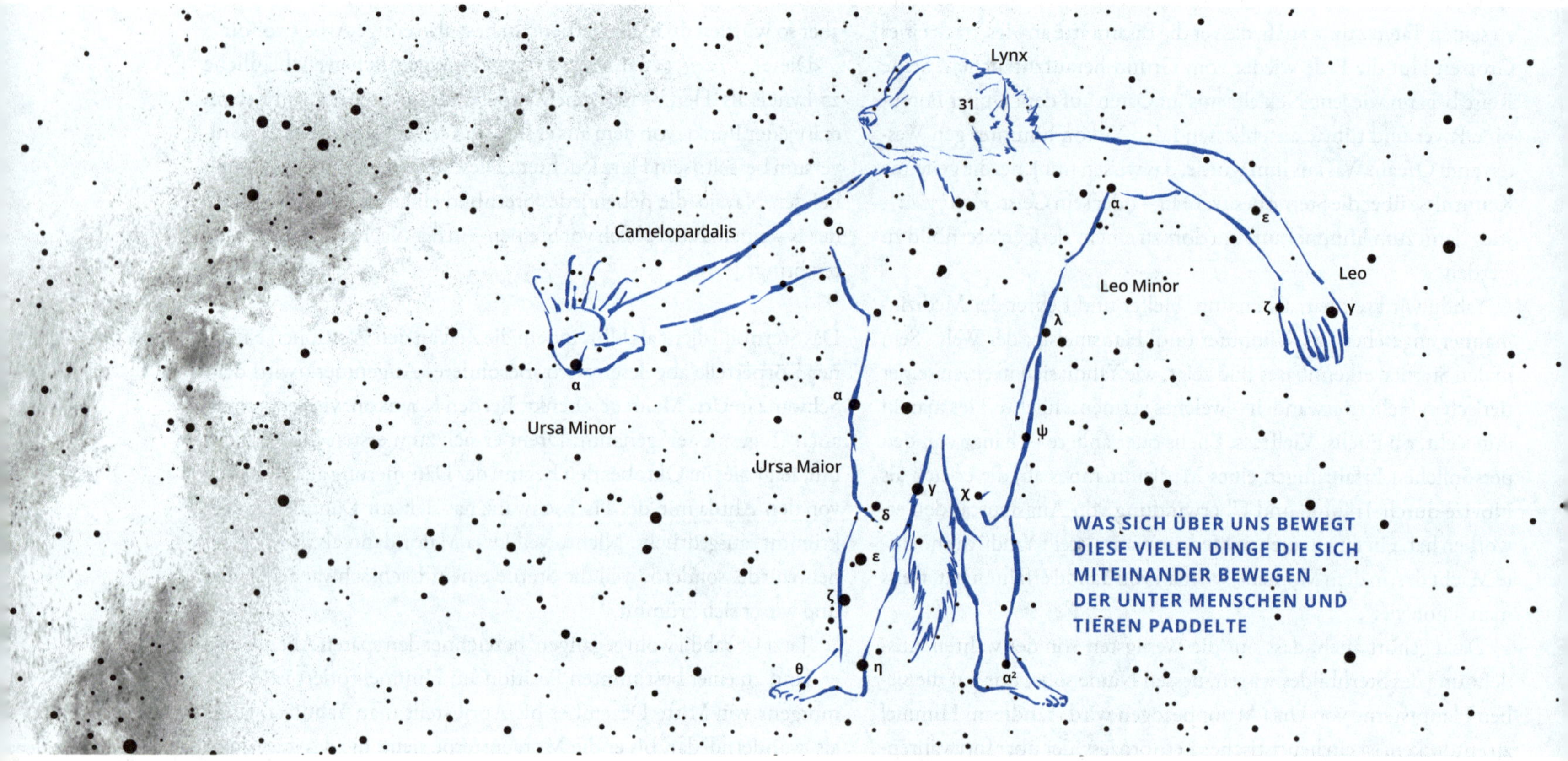

NAAGHELTAALE – WAS SICH ÜBER UNS BEWEGT
GHEDEDZUYHDLE – DIESE VIELEN DINGE
DIE SICH MITEINANDER BEWEGEN
K'ETEAALKKAANEE – DER UNTER MENSCHEN
UND TIEREN PADDELTE

31 Lyncis
SEIN KOPF
αεγ Leonis
SEIN LINKER ARM
γ oder α Leonis
SEINE LINKE HAND
οα Ursae Maioris
SEIN RECHTER ARM
α Ursae Minoris
SEINE RECHTE HAND
Region zwischen αο Ursae Maioris, α Lyncis und ψ Ursae Maioris
SEIN OBERKÖRPER
Region zwischen δαψχ Ursae Maioris
SEIN BAUCH
χ Ursae Maioris, βα Canum Venaticorum
SEIN LINKES BEIN
Wagendeichsel von Ursa Maior
SEIN RECHTES BEIN

Die Figur des kosmischen Reisenden der Nördlichen Dene wird als Erster Mann, Erster Medizinmann, Grosser Medizinmann, Gesetzgeber, Reisender, Verwandler und Erster Kulturheld bezeichnet. Er personifiziert auch bei den Koyukon unter der bei ihnen unterschiedlich abgebildeten Sternenfigur eine "wache, beobachtende Welt".

Traditionell lebende Koyukon-Leute leben in einer Welt, die beobachtet, einem Wald von Augen. Eine Person, die sich durch die Natur bewegt – gleich wie wild, weit weg oder öde sie sein mag – ist niemals wirklich allein. Seine Umgebung ist bei Bewusstsein, sie spürt und ist personifiziert. Sie fühlt. Sie kann beleidigt werden. Sie muss in jedem Augenblick mit dem rechten Respekt behandelt werden.

Dies gilt für die belebte wie die unbelebte Natur. Ihren Ursprung und ihre Genesis erzählen Geschichten aus der 'Fernen Zeit', wobei der Zyklus um den Reisenden der längste ist – und manche Episoden daraus auch anderen Kulturhelden wie Rabe zugeschrieben werden. Der Zyklus wird mit mehr oder minder grossen Variationen bei allen Nördlichen Dene erzählt, ist jedoch nur in der Fassung der Koyukon 'vollständig' und in Übersetzung publiziert.

C1 15–18

DER MYTHENZYKLUS UM NAAGHELTAALE – K'ETEAALKKAANEE

Die folgenden Legenden stammen aus dem bei den Koyukon von Catherine Attla erzählten Mythenkreis *K'eteaalkkaanee* – Der Unter Menschen Und Tieren Paddelte. Der Name setzt sich zusammen aus: *K'e* ('Etwas' als Kollektivbezeichnung für Tiere und Menschen), *te* ('Unter', 'Zwischen'), *taal* (dritte Person Singular, Mitvergangenheit), *kkaan* ('mit einem Boot oder Kanu fahren) und *ee* ('Derjenige, welcher').

Der Mythos unterscheidet sich von den Legenden um Rabe dadurch, dass er zur Gänze und in einer bestimmten Reihenfolge erzählt werden muss, in der Zeit des Geschichtenerzählens zwischen dem frühen Winter und der Wintersonnenwende. Es braucht dafür mindestens eine Woche, wobei mehrere Episoden jeden Abend erzählt werden und keine anderen Geschichten eingeschoben werden dürfen.

Der Zyklus spielt in einer mythischen Vergangenheit, in der Menschen und Tiere noch miteinander reden konnten. Er handelt von einem Jungen, der zu einer gefährlichen Reise aufbricht, bei der zuvor sein ältester Bruder umgebracht und der zweitälteste versklavt wurde. Anders als seine beiden Brüder soll er ein Medizinmann werden. Deshalb muss er auf seiner Reise "seine Träume ausleben" und Schwierigkeiten und gefährliche Wesen überwinden, um derart seine Heilkraft zu gewinnen, Kraft und Macht zu erringen: "Ein Heiler der Koyukon wird von Hindernissen träumen und aus diesen Träumen Macht gewinnen. Wenn ihm oder ihr diese Hindernisse im wirklichen Leben begegnen, braucht es Heilkraft, um sie zu überwinden; sobald sie dann überwunden sind, ist die Macht dieser Person weiter gestärkt."[78]

Im Laufe dieser Fahrt verwandelt er die Lebewesen am Anfang der Welt in der Fernen Zeit – Mischwesen aus Tier und Mensch – in die heutigen Tiere: so etwa die 'Lagerräuber' genannten Leute zu den Vögeln *Persisoreus canadensis*, unseren Meisenhähern. Die 'Kleinen Leute' wiederum, die ihn voller Freundlichkeit aufnehmen, bringt er unerwartet um, da sonst die Welt aus dem Gleichgewicht geraten würde. Und er selbst verwandelt sich am Ende in einen 'Reisenden' genannten Vogel (*Pinicola enucleator*).

1. EPISODE – DAS FISCHCAMP

Dies ist eine Geschichte namens *K'eteaalkkaanee* – Der Unter Menschen Und Tieren Paddelte. Der Mythos handelt von einem Mann, der den ganzen Winter über wanderte und den ganzen Sommer paddelte.
Es ist die längste Geschichte, die von den Leuten erzählt wird.
In der längst vergangenen Zeit hielten sich viele Menschen im Fischcamp auf; sie arbeiteten sehr hart, um Fische einzulagern. Da war ein Junge namens Betohoh, der schlief und schlief und schlief. Zwischen den kurzen Zeiten, während denen er arbeitete, schien er viel zu schlafen.
Eines Tages ging er auf dem Strand umher, wo die Leute Fische ausnahmen. Einige 'Lagerräuber' – die Meisenhäher-Leute – trugen fleissig Fischeier davon. Sie nahmen die Fischeier und trugen sie einzeln davon, eines nach dem anderen. Da begann Betohoh, sie mit Steinen zu bewerfen. Er traf einen von ihnen am Bein und brach es ihm. Der Meisenhäher flog davon, sein Bein schlaff in der Luft hängend.
Der Sommer verging. Der Junge schlief den ganzen Herbst über. Er stand immer sehr spät auf. Es heisst, vor langer Zeit, wenn ein junger Mensch so viel schlief und er oder sie erst lange nach den anderen aufstand, dass dies ein Zeichen war, dass dieser junge Mensch ein Medizinmensch werden würde. So war dies auch bei Betohoh. Er stand erst auf, wenn alle anderen seiner Familie schon längst aufgestanden waren.
Zuvor waren seine Brüder von zu Hause ausgezogen. Sie waren nacheinander fortgegangen und nie zurückgekehrt. Er war der Einzige, der daheimgeblieben war – obwohl es sein kann, dass er auch eine Schwester hatte; aber das wissen wir nicht. Zu der Zeit war er jedenfalls der Einzige, der noch bei seiner Mutter blieb.
Dann wurde es Winter. Nachdem es kalt geworden war, sagte er: 'Mutter, ich geh jetzt fort'.
'Wovon redet er? Wo wollen alle nur hin? Deine Brüder sind alle fortgezogen und keiner ist zurückgekommen. Was ist denn bloss mit euch allen los? Wenigstens du solltest bei mir bleiben', bettelte sie, aber vergeblich.
Er machte sich fertig und sagte: 'Es wird alles gut, Mutter. Ich werde trotzdem gehen'. Seine Mutter versuchte noch, ihn zu überreden, aber es nützte nichts. Er ging fort.

2. EPISODE – DIE MEISENHÄHER-LEUTE

Er war schon lange gewandert, als er ein Haus in der Erde erblickte, von dem Rauch aufstieg. Er begann darauf zuzugehen. Er näherte sich und streifte seine Füsse ab. So klopfte man damals. Nur wenn jemand böse Absichten hatte, klopfte er nicht – sondern trat geradewegs ein. So hat man das ganz früher gemacht, heisst es: Kam man zu einer Tür, streifte man sich bloss die Füsse ab.

Er ging nach drinnen. Eine Frau und ihre Kinder waren im Haus. Bei der hinteren Wand lag etwas unter einer Decke, eine offenbar kranke Person. Die Frau sagte: 'Kindchen, mein Lieber, wo kommst du denn her? Unser Väterchen da hinten ist bettlägrig. Deshalb sind wir bald am Verhungern'.

Schnell begann sie in der Mitte des Hauses etwas zum Essen zu kochen.

'Ist das der einzige Grund, weshalb Betohoh jetzt nicht mehr andauernd schläft? Letzten Sommer hat er jedenfalls Steine auf das Bein von jemandem geworfen, der gerade Fischeier wegtrug. Da hast du, Betohoh, unserem Väterchen da hinten mit einem Stein das Bein gebrochen. Nur deshalb muss er jetzt das Bett hüten', sagte sie zu ihm.

Sie brachte etwa vier Fischeier herein und kochte sie. Sie machte eine Brühe aus ihnen. Sie sagte: 'Neeyonenh, komm und iss'. Früher nannte man jeden Gast *Neeyonnenh*, 'Ankömmling'.

Er ging zu dem Platz, wo das Essen aufgetragen wurde. Er muss hungrig gewesen sein. Er begann zu essen. Er nahm die Fischbrühe an den Mund, schlürfte und schlürfte. Endlich schwamm ihm ein Fischei in den Mund. Warum schwieg er nicht einfach? Musste er so verzogen sein, obwohl er selbst nichts zum Essen dabeihatte? Er sagte: 'Ich glaub' es nicht. Endlich habe ich etwas zu beissen gefunden – mir ist ein kleines Fischei in den Mund geschwommen!' Genauso wie in dieser Geschichte sagt man auch heute noch, wenn man beim Trinken einer wässrigen Suppe etwas schluckt: 'Endlich; mir ist ein Kügelchen in den Mund geschwommen'.

Nachdem ihn das Mütterchen gefüttert hatte, sagte sie: 'Bübchen, könntest du nach seinem Bein sehen und deine Heilkraft anwenden, welche immer du haben magst'. Sie sagte das im Glauben, K'eteaalkkaanee wäre in der Lage ihm zu helfen. Sie musste an ihm etwas bemerkt haben, das zeigte, dass er ein Medizinmann war. Ich weiss es nicht.

Nachdem er gegessen hatte, ging K'eteaalkkaanee zu der Person nach hinten und fragte ihn: 'Wo tut es weh?' Der Meisenhäher schlug die Decke über seinem armen, alten und dünnen Bein zurück. Es war mit einem Grashalm geschient worden. Offenbar hatte man Gras an sein Bein gebunden, nachdem es gebrochen war. K'eteaalkkaanee nahm den Grashalm ab und blies (wie ein Medizinmann) wiederholt auf das Bein, dabei machte er spuckende Geräusche. So heilte er es.

'Mein liebes Kindchen, wie gut, dass du zu uns gekommen bist, gerade, als wir dabei waren, wegen unseres Väterchens zu verhungern'. Sie meinte damit, dass es sonst niemand gab, der für sie auf die Jagd hätte gehen können.

Dann gingen sie alle zu Bett. Sie waren so froh.

Irgendwann am Morgen wachte er auf. Er dachte sich: 'Ah, ja, ich erinnere mich. Ich übernachte bei ein paar Fremden'. Er stand auf. Alles war still. Er sah sich um. Er schaute, ob noch etwas vom Abendessen übriggeblieben war.

Es heisst, dass es ganz früher nur zwei Mahlzeiten am Tag gab; das gilt für die letzten Generationen der Menschen ebenso wie für die Leute der Märchenzeit. Sie assen nur zweimal am Tag. Sie assen abends, und sie assen, wenn sie morgens aufstanden. Eigentlich heisst es, dass man damals nur ein grosses Mahl pro Tag kochte. Deshalb suchte er nach dem Aufstehen nach Resten des Abendessens.

Doch alles, was er finden konnte, waren ein paar Meisenhäherköttel auf dem Teller. Er schaute sich überall im Haus um. Niemand war mehr da. Vielleicht hatte er selber ein bisschen Essen dabei; oder aber er ass eben nicht. Jedenfalls ging er wieder nach draussen, da waren viele Meisenhäher um den Fuss der Fichten. Offenbar waren die Lagerräuber-Leute jetzt zu Meisenhähern geworden.

Nachdem es taghell geworden war, ging er.

14. EPISODE – DERJENIGE DER SEINE EIGENE HAND HEIRATETE

Diese Geschichte erklärt, weshalb wir ein Neugeborenes *Ggołtl' Oyooze* nennen. Wann immer ein neues Baby geboren wird, nennt man es 'Kleines Kaninchenfell, kleiner Arschbacken' [da Kaninchenfell als Windeln verwendet werden].

Er marschierte und marschierte und marschierte. So gelangte er zu einem Ort, wo es ein Feuer gab, ein weiteres Haus. Er trat ein. Darin lebte ein Mann. Es gab viele Babys im Haus. Sie waren offenkundig seine Kinder. Der knubbelige Schwanz eines Kaninchens heisst *Gg ʉh lił tl'o yooze*. Wenn wir ein Kaninchen häuten, lassen

wir normalerweise das Fell auf dem Schwanz, um ihn dann als Köder für eine Falle verwenden zu können. Der Schwanz und das Fell werden um einen Stock geschlungen und frieren an. Niederwild mag es, besonders Wiesel, aber auch Marder. So nannten sie es damals. Das benutzten sie früher als Köder für eine Falle.
Da waren viele solcher Kinder im Haus. Sein Freund kochte. Dann begann er zu essen. Danach gab er all den Kaninchenschwänzen etwas. Während er das tat, redete er – mit sich selbst, wie es schien. Er klang wie jemand, der mit seiner Frau redet. Ich weiss nicht, was er war; genannt jedoch wurde er 'Derjenige, der mit seiner eigenen Hand verheiratet ist'.
K'eteaalkkaanee ass und ging ins Bett. Er konnte den Mann gegenüber reden hören, gerade so, als redete er mit einer Frau. Dann hörte er etwas, das klang wie eine Frau bei der Geburt – weshalb er immer wieder hinüber zu dem Mann sah. Und der zog dann, dem Dämon gleich, der Menschenleben holt, auf der anderen Seite des Zimmers etwas zwischen seinen Fingern hervor, das wie ein Kaninchenschwanz aussah. Da ging also gerade eine Geburt vor sich! Offenkundig war der Mann mit seiner eigenen Hand verheiratet. Und schon bald begann ein neugeborenes *Ggołtl'oyooze* laut zu schreien. Es war zur Welt gekommen.

20. EPISODE – ALS ER DEN RABENSCHNABEL PACKTE

Und wieder paddelte er flussabwärts. Er musste von weitem einen Raben gesehen haben. Wie sonst auch landete er und zog sein Kanu in den Wald hinein. Er zog sein Kanu am Flussufer beim oberen Ende einer Sandbank in den Wald und ging dann die Sandbank hinunter. Wie schon zuvor einmal brachte er seine Nase zum Bluten und legte sich daraufhin auf den Boden. Reglos lag er auf dem Rücken mit blutender Nase. Er lag da, als wäre er tot.
Eine Seemöwe flog flussaufwärts zu ihm. Er lag nur da, bewegungslos auf dem Rücken. Die Möwe begann zu sagen: 'Da ist etwas Totes da unten, da ist etwas Totes da unten'.
Eine Stimme war hinter der Möwe zu hören. 'He! Hast du den Geruch bemerkt?', fragte sie. 'Kannst du sagen, ob es Aas ist?' Offenbar fragte sie das, weil sie nur verdorbenes Essen mochte. 'Ja', antwortete die Seemöwe. Die Möwe hatte Angst davor. Doch der Rabe war so gierig, dass er als erster landete. Offenbar war der Rabe von hinten hergekommen, während die Möwe K'eteaalkkaanee gefunden hatte.
Der Rabe landete neben K'eteaalkkaanee und beobachtet ihn. Der sah vollkommen tot aus. Es sah aus, als hätte seine Nase geblutet. Der Rabe inspizierte ihn schüchtern, um sich darauf vorzubereiten, auf ihn einzupicken. 'Ist er wirklich tot?', fragte sich der Rabe. Bereit, loszufliegen, hackte er mit seinem scharfen Schnabel auf ein Auge. Im letzten Moment packte ihn K'eteaalkkaanee am Schnabel. Der Rabe schrie Ggaak! und flog ohne seinen Schnabel davon.
Der Rabe fing an, sich zu beschweren: 'Huh! Hat die Möwe wirklich etwas Totes gerochen, bevor sie es überall herumgeschrien hat?' Die Seemöwe flog herum, weit fort, weil sie Angst vor dem Raben hatte.
Der Rabe bettelte K'eteaalkkaanee: 'Gib ihn mir, gib ihn mir. Gib mir meinen Schnabel! Gib ihn mir zurück.'
'Warum sollte ich? Du wolltest mir damit doch mein Auge heraushacken', gab K'eteaalkkaanee zurück. 'Du bist der, der mich umbringen wollte.' 'Gib ihn mir zurück', bettelte der Rabe immer wieder aufs Neue.
K'eteaalkkaanee ging in den Wald zurück, wo er sein Kanu gelassen hatte, zog es heraus und begann wieder flussabwärts zu paddeln. Der Rabe hörte nicht auf, ihn anzuflehen. 'Gib ihn mir. Gib mir meinen Schnabel', sagt er zu ihm. Er kreiste über ihm.
'Du bist der, der mich damit verwunden wollte. Deshalb habe ich ihn genommen', sagte er dem Raben. 'Gib ihn zurück oder ich bekriege dich', sagte der Rabe zu ihm. 'Nur zu!', erwiderte er. Nachdem er ihn wiederholt angebettelt hatte, den Schnabel zurückzugeben, flog der Rabe davon, flussabwärts.
K'eteaalkkaanee paddelte weiterhin flussabwärts. Bald war auf einer Seite des Flusses nur noch eine weisse Masse, die auf ihn zukam, während auf der anderen Seite eine schwarze Masse sich näherte. Offenbar kamen auf der einen Seite lauter Seemöwen auf ihn zugeflogen, auf der anderen lauter Raben. Die Raben bildeten etwas, das wie eine schwarze Wolke aussah, die am Fluss heraufkam. Als einer der Raben gerade über ihm war, schoss er einen Pfeil auf ihn. Er begann, sie der Reihe nach herunterzuschiessen. Da sagte der Rabe Ggaakk! und alle drehten um und flogen wieder flussabwärts. Die Seemöwen folgten ihnen.

Nach einer Weile flog der Rabe wieder zu ihm und bettelte ihn an, 'Gib mir meinen Schnabel zurück', ohne dass es etwas nützte. 'Gib ihn zurück oder ich blockiere deinen Weg mit einer Schlucht', sagte ihm der Rabe. 'Nur zu', erwiderte K'eteaalkkaanee.

Er flog erneut flussabwärts. K'eteaalkkaanee paddelte weiter flussabwärts. Er musste da und dort an Land gegangen sein. Ganz weit unten flussabwärts waren steile Klippen auf beiden Seiten des Flusses. Wahrscheinlich würde daraus eine Schlucht werden. Auf beiden Seiten gab es Felsvorsprünge. Der Rabe und seine Frau zerrten an ihnen, dass sie sich hin und her bewegten wie Scherklingen. Jedes Mal, wenn sie zogen, schlossen sich die Felspfeiler wie eine Schere.

K'eteaalkkaanee paddelte weiter flussabwärts. Kurz bevor er zu den Klippen der Schlucht kam, verwandelte er sich in Grossmütterchens Nadel. Er schlüpfte unter Wasser zwischen den Vorsprüngen durch, tauchte auf der anderen Seite wieder heraus und nahm wieder seine normale Gestalt an. Doo', die Schlucht lag nun hinter ihm. Der Rabe bettelte weiter: 'Gib mir meinen Schnabel zurück'.

K'eteaalkkaanee paddelte weiter flussabwärts, während der Rabe ihn anflehte. 'Du wolltest mich damit verwunden, aber wenn du ihn wirklich zurückhaben willst, dann lass vor mir eine Herde Rentiere queren', sagte er zum Raben. 'Wenn ich das tue, dann erschiess aber nicht ihr Leittier', erwiderte der Rabe und flog flussabwärts.

Er paddelte und paddelte flussabwärts. Ein kleines Stück voraus, begann eine Herde Rentiere den Fluss zu durchqueren. 'Herde' heisst, Rentiere verschiedenster Grössen und unterschiedlichsten Alters, die grössten Tiere an der Spitze, immer kleinere hinter ihnen am Ende. So kam er ihnen näher. Als sie über den Fluss schwammen, paddelte er vor ihnen her und schoss mit Pfeil und Bogen auf das Leittier.

Der Rabe schrie Ggaakk! und flog inmitten der Rentiere heraus, so schnell er konnte, und schrie: 'He! Habe ich ihm nicht gesagt, er soll das Leittier nicht erschiessen?'

Das Leittier trieb im Wasser dahin, tot. Natürlich hatte K'eteaalkkaanee das mit Absicht getan. Dann stellte er den Rabenschnabel auf das dahintreibende Rentier. Raben können nicht schwimmen. K'eteaalkkaanee fuhr weiter und hörte den Raben über dem Rentier kreisen. Die Seemöwen bedeckten das Rentier, bevor der Rabe zu ihm gelangen konnte. Und wieder konnte K'eteaalkkaanee den Raben hören, wie er Medizin machte [magische Kräfte einsetzte].

'Ich kann nicht schwimmen. Ich kann nicht schwimmen. Warum machst du das, was du machen musst, nicht an Land (und treibst zum Ufer, damit ich den Schnabel und das Fleisch kriege)?', sang der Rabe.

Bald darauf trieb es das Rentier gegen eine Sandbank, die aber ein Stück weit vom Ufer entfernt war. Wenn es weitergetrieben wäre, hätten die Seemöwen das Rentier zerhackt und gefressen gehabt, bevor der Rabe es erreicht hätte. Natürlich war der Rabe besorgt darüber.

Und K'eteaalkkaanee paddelte wieder weiter flussabwärts.

25. UND LETZTE EPISODE – DIE RIESIN

"Es war schon fast Herbst. Er paddelte weiter den Fluss hinunter. Wieder einmal kam er zu einer Biegung und sah dahinter, weiter flussabwärts, ein Lager. Er paddelte darauf zu, landete und ging die Sandbank hinauf. Da war eine sehr grosse Frau. Sie war offenkundig eine Riesin.

Er begann, die alte Frau zu triezen und mit ihr zu flirten.

'He! Pass auf! Bis du sicher, dass du schon gross genug bist, um es meinem Mann gleichzutun?', fragte sie ihn. 'Wenn du wirklich so stark bist, dann hau doch den Baum dort auf dem Hügel um!', sagte sie zu ihm.

Auf dem Hügel, da stand eine grosse Fichte. Er ging zu ihr und fällte sie. Das war seine Art, Stärke zu zeigen. Dann ging er zu ihrem Haus zurück und legte sich neben sie. Er wurde in den Magen der alten Frau geschwemmt, so klein war er. Er floss heraus, mit Blut bedeckt, und flog davon als Hakengimpel.

So viel weiss ich von der Geschichte. Ich dachte, der Winter hat gerade begonnen. Ich habe einen Teil davon abgebissen."[79]

NEK'ELTAENIS ENDE

In dieser modernen Fassung des Zyklus verwandelt Nek'eltaeni sich am Ende deshalb in einen Hakengimpel, weil dieser Vogel bei den Koyukon 'Der Reisende' heisst. Da Kopf und Brust des Hakengimpels rosa sind, soll dies wohl das blutige Ende Nek'eltaenis in der Vagina der Riesin symbolisieren; zugleich jedoch ist ein Hakengimpel das emblematische Tier für einen Schamanen, indem es für dessen Reisen zwischen Himmel und Erde steht.

Dies gilt auch für Den Reisenden der Dane-zaa, einer Gruppe von Dene im kanadischen British-Columbia. Bei ihnen verwandelt sich unser Weltenwanderer durch die Intervention eines Schutzgeistes schon als Bub auf einer Traumreise in einen Schwan und wird so zu einem Boten zwischen Himmel und Erde, "der von dieser Welt hinauffliegt, um die Geisterlieder des Volkes im Himmel herabzubringen". Er erhält dafür den Name *Tsááyaa* – Sonne-Mond Im Himmel –, um darauf "einem Soldaten gleich" riesige Ungeheuer zu besiegen, die Menschen fressen. Wie die Sonne umkreist er dafür die Welt, um der Erde und ihren Wesen ihre heutige Gestalt zu verleihen.[80]

Der Name *Tsááyaa*, genauso wie der Schwan selbst, lassen sich mit dem Himmelsgott der Keten und dem schamanistischen Schwan in ihrer Tradition abgleichen – wobei die Transformationen des Reisenden, die vom ihm getöteten Ungeheuer und seine Brüder sich bei den Südlichen Dene anschliessend zu den Geschichten um die Heldenzwillinge auswachsen, die auch von den Maya ausgearbeitet wurden.

Eine ältere Fassung des bei den Koyukon überlieferten Zyklus lässt Nek'eltaeni (Naagheltaale) sich jedoch nicht in einen Hakengimpel verwandeln, sondern in einem gewalttätigen Streit mit Rabe umkommen – worauf sein Geist in den Himmel steigt, um von da an als Sternbild die Zeit der Nacht und des Jahres anzuzeigen. Der legendäre Rabe holt sich von Naagheltaale dabei heimlich Sonne und Mond zurück. Doch gerade, als Rabe mit den Himmelskörpern davonfliegen will, wird er von Naagheltaale verletzt; Rabe kann zwar sein Haus noch erreichen, stirbt aber gleich danach.

Darauf kehrt er jedoch zu Naagheltaale zurück und tötet ihn seinerseits, worauf ihre Seelen Freunde werden und zusammen zu den Toten – *Naaghedeneel Ne Te* – reisen. Dort trennen sich ihre Wege; der eine wird zum Zeitmesser, der andere als Rabe wiedergeboren. Während Naagheltaale nunmehr zu seinem Platz am Himmel aufsteigt, jagt Rabe ihm einen Speer zwischen die Schulter, weshalb sein Rücken so bucklig ist.

Dieser Tod wird dann auch am verkürzten Sternbild der Dene von Yellowknife erkennbar.

N 39 und C2 37–38, 47 und 50

In einer noch älteren, 1880 paraphrasierten Variante dieser bei den Koyukon kursierenden Geschichte, wird Nek'eltaeni als tödlich getroffener wieselartiger Schamane erkennbar.

EIN ANDERER TOD DES NEK'ELTAENI

"Kaum war er ein kleines Stück von der Erde aufgestiegen, erhob Rabe seinen Bärenspeer und warf ihn so zielsicher auf ihn, dass er den Schamanen im Kreuz traf und dort steckenblieb. Als ihn der Speer traf, schrie der wieselartige Schamane vor Schmerz auf, beugte seinen Körper vornüber und schwebte in dieser Haltung nach oben, wo er zum Sternbild eures Grossen Bären wurde. Seitdem dreht er sich dort ewig mit dem Himmel, der Speer in seinem Rücken steckend, wie jeder sehen kann."[81]

D DIE OBEREN TANANA

NEEK'E'LTIIN – WAS SICH ÜBER UNS BEWEGT
CHE' T'IIN – DER TIERSCHWÄNZIGE

β Geminorum
SEIN LINKES OHR
α Geminorum
SEIN LINKES INNENOHR
α Aurigae
SEIN RECHTES OHR
β Aurigae
SEIN RECHTES INNENOHR
ι Aurigae und β Tauri
SEINE AUGEN
Plejaden
SEINE NASE
31 Lyncis, α Geminorum, β Aurigae
SEIN HALS
SEIN OBERKÖRPER
15 Lyncis, oh3626ικ Ursae Maioris, 31 Lyncis
οα Leonis
SEINE LINKE HAND
αβ Cassiopeiae
SEINE RECHTE HAND
27 Lyncis
SEIN HERZ
15 Lyncis, oh36θικ Ursae Maioris, 31 Lyncis
SEIN UNTERLEIB
die 7 Hauptsterne von Ursa Maior
SEIN SCHWANZ
ein einzelner unidentifizierter Stern
SEIN KNIE
βγ Draconis
SEIN RECHTER FUSS
αη Bootis oder δβ Leonis
SEIN LINKER FUSS

Auch bei den Oberen Tanana sind die Sterne und Bezeichnungen des Sternbildes bis auf wenige kleine Abweichungen dieselben wie bei den Gwich'in und Ahtna, zwischen denen sie im Inneren Alaskas leben.

Das Sternbild stellt jedoch nicht den Wanderer dar, sondern einen der berüchtigten *Che' T'iin* – Tierschwänzigen Leute –, die von dem dort 'Kluger Biber' genannten Wanderer bei seiner urzeitlichen Wanderung um die Erde getötet wurden. Kluger Biber hat den Anführer der Tierschwänzigen Leute umgebracht, nachdem der ihm die Frau getötet hat: Doch der Tierschwänzige kommt nachts als Wiedergänger zurück, um den Leuten Schneeschuhhasen aus ihren Fallen zu stehlen. Der Wanderer – Kluger Biber – legt sich in einen Hinterhalt und kann den Geist erlegen, indem er ihm mit einem 'Wasserpfeil' in den Schwanz schiesst; weshalb sich der seither in Ursa Maior "ringelt". Unser Sternbild verkörpert also ein bedrohlich kreisendes Monster, keine die Welt von oben herab beschützende Figur.

Der auch *Dineh San'* – Sternenmann – genannte Wanderer wird nicht in den Sternen verkörpert; sein Geist lebt über ihnen, in einem unsichtbaren Reich, umhüllt jedoch unsere Erde gleich einer Atmosphäre. Das Sternbild des Tierschwänzigen Che' T'iin weist mit seiner Hand deshalb zu diesem unsichtbaren Reich, in dem der Wanderer jetzt wohnt, um die Menschen an sein Schicksal zu gemahnen; es soll sie daran erinnern, nach seinem Beispiel zu leben. Der Weltenwanderer kommt allerdings manchmal in Gestalt einer Lapplandmeise auf die Erde herab, deren Erscheinen als Segen gilt.

C4 129, C1 29, C2 34 und C 125–126

Dazu wird eine Legende von zwei Schwestern erzählt, die auf der Milchstrasse – als Fährte des Wanderers – einem Schmetterling ins spirituelle Himmelreich folgen und an eine Gabelung gelangen, wo die Milchstrasse sich in einen breiten und in einen schmalen Weg verzweigt: in einen faulen, aber gefährlichen, und in einen mühsamen, aber moralisch richtigen. Dort treffen sie auf Den Wanderer, "der um den Rand des Himmels zog" in Gestalt der Lapplandmeise, der ihnen zu dem schmalen, aber sicheren Pfad rät. Sie ignorieren seinen Rat und kommen nun zum Haus des Alten Mannes, einem unheimlichen Wesen, das bei den Legenden der Inuit eine grosse Rolle spielt und hier als Der Tierschwänzige des Sternbildes gesehen wird.

Dieser 'Teufel' hat viele Hundeleichen rund um sein Haus liegen und setzt ihnen eine Suppe voller Hundeaugen vor; nachts vergewaltigt und tötet er die ältere Schwester, während die jüngere – die Wanderers Rat folgen wollte – wachsam bleibt und fliehen kann. Ein Fuchs – als weitere Verkörperung Des Wanderers – hilft ihr über den Fluss im Himmelsland zu kommen, indem er sie auf seinen Schwanz setzt. Der Regenbogen führt sie sodann zum Haus der Grossmutter Spinne, die den Alten Mann tötet und dem Mädchen mit seinem Spinnfaden (wie bei den Aborigines!) wieder zur Erde hinunter hilft. Als sie unten bei ihrem Dorf anlangt, beginnt es zu schneien: als Zeichen, dass Grossmutter Spinne von ihrem Sohn umgebracht wurde, weil er das Mädchen zur Frau haben wollte.[82]

E DIE SAHTU DENE

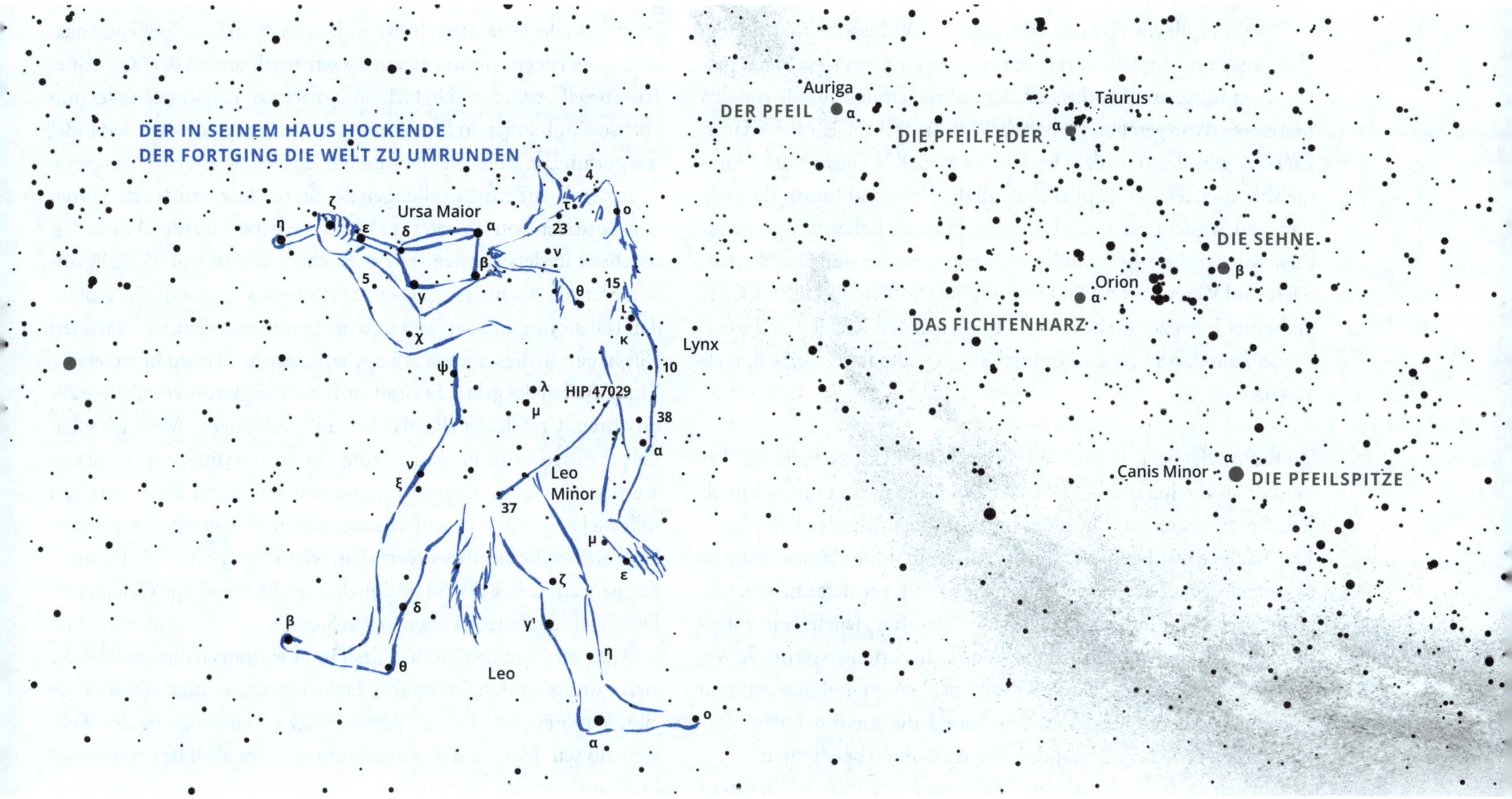

YIHDA – DER IN SEINEM HAUS HOCKENDE
YÁMǪRÉYA –
DER LOSZOG DIE WELT ZU UMRUNDEN

θ, φ, υ, 23, τ, 4, o, 15 Ursae Maioris
KOPF
24 und 17 Leonis
LINKE HAND
ι, κ und 10 Ursae Maioris, HIP 44700, 38 und α Lyncis
LINKER ARM
ζ Ursae Maioris
RECHTE HAND
ψ und χ Ursae Maioris, 5 Canum Venaticorum
RECHTER ARM
ψ und ν Ursae Maioris, 37 und 21 Leonis Minoris, HIP 47029
OBERKÖRPER
ζ, 41, η, α Leonis
LINKES BEIN
α und o Leonis
LINKER FUSS
ν und ξ Ursae Maioris, 72, δ und θ Leonis
RECHTES BEIN
θ und β Leonis
RECHTER FUSS
die 7 Hauptsterne von Ursa Maior
DER TOPF
α Aurigae
DER PFEIL
α Tauri
DIE PFEILFEDER
α Orionis
DAS FICHTENHARZ
β Orionis
DIE SEHNE
α Canis Maioris
DIE PFEILSPITZE

Die Sahtu Dene sind eine Gruppe von Dene, die in 1200 Kilometer Entfernung von Alaska um den Great Bear Lake in den kanadischen Northwestern Territories lebt. Die Grossfigur ihres dort auch *Yámǫréya* – Der Loszog Die Welt Zu Umrunden – genannten Yahdii ist nicht nur anders konzipiert, sie wird auch von sehr schwachen Sternen gebildet; was auf das dahintersteckende Geheimwissen um sie verweist, das nur spirituell begabten Menschen oder nach langer Lehre zugänglich wird.

Yámǫréya gilt vor allem als Schutzherr des Wildes, der für das Jagdglück zuständig ist. Die markanten Hauptsterne von Ursa Maior stellen einen Kessel mit Henkel dar, der wahrscheinlich auf die von den Franzosen darin gesehene Schöpfkelle zurückgeht: Der Name dafür, *Libóché*, gibt das französische *Louche* wieder.[83] Dieser vom 'Himmelshüter' gefertigte Topf enthält all die Flora und Fauna, die es zu Land, zu Wasser und in der Luft gibt. Prototypisch verkörpert wird diese von der Vielzahl der unbenannten Sterne. Sie sind die Pflanzen, Tiere und Wesen, mit denen Der Fortging Die Welt Zu Umrunden es auf seiner Fahrt zu tun bekam: Sie fliessen in den Kessel – und wenn ihn jemand darum bittet, kommt Yámǫréya herab und gibt ihm etwas daraus.

Zu Beginn des bei ihnen um Yahdii erzählten Zyklus schickt der 'Lebende Geist' seine zwei Enkel in die Wildnis, um dort ihre spirituelle Lehre zu beginnen: Yámǫréya und sein älterer Bruder *Yámǫhga* – Der Nächste Der Die Welt Umrundete. Kraft ihrer Träume erfahren sie, wie ein jedes Ding und Wesen in dieser Welt existiert und erhalten so magische Verbindungen zu ihnen. Daraufhin ziehen sie in entgegengesetzten Richtungen los, als 'Vorausgeher', riesige spirituelle Wesen, in denen sich die Heldenzwillinge der Navajo und Maya ebenso präfiguriert finden wie Sonne und Mond, die von ihnen dann verkörpert werden, da auch sie gegenläufige Bahnen beschreiten.

Auf seiner der Sonnenbahn folgenden Reise klettert Yámǫréya bald einen schmalen Pfad zwischen zwei Bergen hinauf und trifft auf Tiger, die Menschen überfallen und fressen. Aufgrund seines erträumten Wissens denkt Yámǫréya voraus, wie er sie unschädlich machen kann. Er lockt die riesigen Raubkatzen an, indem er in Metallschuhen auf dem gefrorenen Meer vor ihnen dahingleitet und so schneller als sie bei einem eisverkrusteten Schneehaus anlangt. Nachdem sie es nicht einreissen können, lockt er sie ins Innere, wo er sie erwartet und mit seinem Donnerspeer tötet, indem er sie in den unteren Hals sticht. Er verschont nur ihre Jungen, unter der Bedingung, dass sie nicht grösser werden als die heutigen Tiger. Bevor er sie aus Nordamerika verjagt, füttert er sie jedoch versehentlich mit Menschenfleisch aus den Mägen ihrer getöteten Eltern: weshalb ihre Nachkommen bis heute eine Gefahr für die Menschen darstellen. Wie bei den Ahtna und Gwich'in findet sich der Riesentiger als Sternbild am Himmel unter dem Namen *ʔemǫǫhdzí*.[84] Laut einem Informanten "kommt der Sternentiger da oben zurück. Er kommt heraus, wenn man nicht gut auf die Welt aufpasst".

Danach durchwandert Yámǫréya weiter die Welt von oben bis unten in Sonnenrichtung, verwandelt Fauna und Flora und erfindet die Utensilien und Techniken seines Volkes. So versucht eine Bärenfamilie ihn umzubringen, indem sie ihm die gefährliche Aufgabe überträgt, Material für die Pfeilherstellung zu besorgen – in einer Geschichte, die sich selbst noch bei den Bororo in Südamerika wiederfindet. Er überwindet dabei natürlich auch alle Hindernisse und gelangt so an die Feder eines Riesenadlers, an die Sehne eines Riesenkaribus, den Feuerstein von einem Riesenfrosch und an den Rotz eines Riesenvielfrasses, den er in Fichtenharz verwandelt, was sich alles nun ebenso sinnbildlich in Sterne am Himmel verwandelt wiederfindet wie der am Ede seiner weltenwandelnden Reise versternte Yámǫréya.

In den Glaubensvorstellungen der Sahtu Dene wurden die einzelnen Episoden von Yámǫréyas Demiurgie bereits während ihres Geschehens in den Sternen festgeschrieben, weshalb sie sich alle aus den Sternen herauslesen lassen. Die Sterne sind somit ein Abbild der Transformation der Welt und der Speicher des Wissens darüber: "Sie haben all dies, alles, was sie gelernt haben, da oben hingesetzt ... Yámǫréya hat das getan. Er ist all die Riesen losgeworden, all diese Dinosaurier. Und das ist alles da oben aufgezeichnet ... Wenn ich mein Zelt draussen hatte und hinauf zum Himmel schaute, war er voll von Sternen. Er war so übervoll von Sternen, dass mein Vater sagte, ich solle nicht zu viel da hinaufschauen; wegen all dem hat Yámǫréya alles geordnet. Er hat alles so gemacht, wie es jetzt ist, und sie haben es da oben aufgezeichnet. So sind all die Geschichten seine Geschichte. Die Geschichte sitzt da oben in den Sternen."

Alles wird von den Sternen des Himmels festgehalten, indem die vielen unbenannten Sterne alles darstellen, was es auch auf der Erde gibt. Yámǫréya ist darin die personifizierte Verkörperung der Welt, weshalb sein Herz in der unbestimmten Form als 'Herz von etwas' bezeichnet wird.

C1 10–12 und C4 85–106

Diese Korrespondenz findet sich dann auch bei den Inka und Maya in aller lebensspendenden Potenz. Aus Yámǫréya und seinem Bruder Yámǫhga werden bei den Navajo und Maya Heldenzwillinge, die Ungeheuer bezwingen. Und bei den Navajo der Südlichen Dene ist dieselbe Auffassung der Sterne und Sternbilder als himmlische Aufzeichnungen präsent. Die 'Erdoberflächenleute' – wie sich die Najavo selbst nennen – erhalten über die mit den Sternbildern verbundenen Legenden moralische Leitlinien, an denen sich symbolisch die richtigen Werte ablesen lassen, um mit der Natur in Harmonie leben zu können.

Die Sternbilder werden so bei den Navajo zu Emblemen von Lebensprinzipien: "Als all die Sterne bereit waren, um am Himmel platziert zu werden, sagte die Erste Frau: 'Ich werde sie benützen, um mit ihnen die Gesetze zu schreiben, welche die Menschheit für alle Zeit regieren sollen. Diese Gesetze können weder auf Wasser geschrieben werden, weil es dauernd seine Form ändert, noch in den Sand, weil der Wind sie dann gleich verwischen würde; wenn sie aber in die Sterne geschrieben werden, können sie auf ewig gelesen und erinnert werden.'"[85]

F DIE DENE VON YELLOWKNIFE

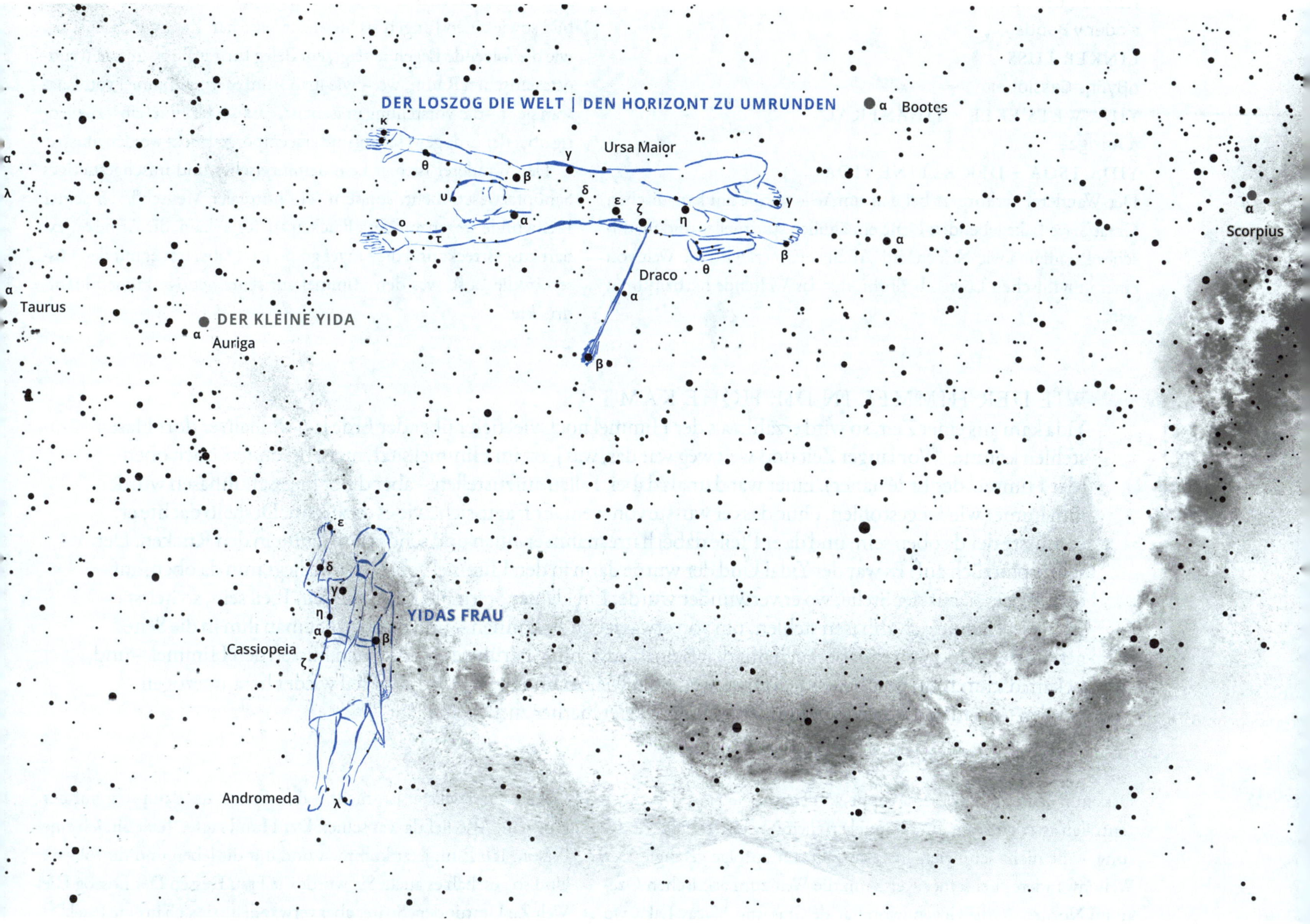

YÉHDAA | YÌDA –
DER IN SEINEM HAUS HOCKENDE
YAMǪǪYA | YAMOÒZHA –
DER LOSZOG DIE WELT |
DEN HORIZONT ZU UMRUNDEN

υ Ursae Maioris
KOPF
ο Ursae Maioris
RECHTE HAND
ατο Ursae Maioris
RECHTER ARM

ικ Ursae Maioris
LINKE HAND
βθ Ursae Maioris
LINKER ARM
αβγδ Ursae Maioris
OBERKÖRPER
δεζγ Ursae Maioris
RÜCKEN
80 Ursae Maioris
PFEILWUNDE
η Ursae Maioris
HINTERN

θ Bootis
PFEILKÖCHER
α Coronae Borealis oder β Bootis
RECHTER FUSS
ε oder γ Bootis
LINKER FUSS
αβγδηε Cassiopeia
YÌDA WETS'EKEÈ – YIDAS FRAU
α Aurigae
YÌDA TSÒA – DER KLEINE YIDA

Der Wanderer verkörpert bei den um Yellowknife am kanadischen Great Slave Lake lebenden Dene ein ähnlich spirituelles und mythisches Paradigma wie Nek'eltaeni. Auch bei ihnen wird die Welt von einem mythischen Löwen bedroht, der das Weltende herbeiführen wird.

Von Bedeutung für die Kulturgeschichte der Sternenhimmel ist die Figur dieses Wanderers, weil sie einerseits bei dieser von Alaska rund 1500 km entfernten Gruppe von Dene stark geschrumpft ist und zudem im Kreisen rund um den Pol erstmals eine Frau als Sternbild sowie einen Jungen als Stern zur Seite hat. Zum anderen ist sie, wie die folgende Legende zeigt, ein Beleg für Einflüsse aus dem südostasiatischen Raum, wo – wie man beim Sternenhimmel von Palawan sieht – die Vorstellung präsent ist, dass der Himmel einst zu niedrig über der Erde gewesen sei und erst emporgedrückt werden musste.

Der Wanderer ist hier kein demiurgisches und mischgestaltiges Schöpferwesen mehr, sondern "ein normaler Mensch", der seiner Pfeilwunde wegen auf dem Rücken zu liegen kam, die Arme reflexhaft ausgestreckt und die Finger gespreizt. Dabei trat er mit den Füssen in die Luft, was den Himmel auf seine heutige Höhe hinaufdrückte.

WIE DER HIMMEL IN DIE HÖHE KAM

Yìda kam aus einer Zeit, so wird erzählt, als der Himmel noch viel tiefer über der Erde lag, weshalb er dort Hasen stehlen konnte: "Vor langer Zeit und weit weg war das, was jetzt im Himmel sitzt, nicht besonders hoch oben (der Himmel der Erde näher). Einer war damals dabei, Fallen aufzustellen – aber die Schneeschuhhasen wurden ihm immer wieder gestohlen, ohne dass er wusste von wem. Er fragte sich, wie es dazu kam. Deshalb dachte er, es müsste der da oben sein, und da er Pfeile dabei hatte, nahm er einen und schoss ihm damit in den Rücken. Der schrie plötzlich auf: Es war der Yìda! Und der wurde dann in den Himmel gebracht und liegt nun da oben, auf dem Rücken, auf der Stelle, wo er verwundet wurde. Ein kleiner Stern über ihm soll sein Pfeil sein, so heisst es. Er musste Schneeschuhhasen stehlen, um von etwas leben zu können – und deshalb hat man ihm in die Seite geschossen. Und weil er dabei auch mit den Beinen ausschlug, berührte er mit seinen Füssen den Himmel – und bekam dadurch ein paar heilende Kräfte. Wenn die Welt zu Ende geht, wird der Pfeil wieder herausgezogen werden und auch die Scheeschuhhasen werden wieder hierher zurückgebracht."[86]

Dass nun erstmals bei einer Gruppe von Dene eine Frau neben der zentralen astralen Figur am Himmel erscheint, bedurfte einer Erklärung – die nicht schmeichelhaft ausfällt. Ihr zufolge gelangte Der Weltenwanderer bei seiner Reise um die Welt zum arktischen Ozean im Norden, in die Gegend von Lac de Gras und Macay Lake, wo er die Plattform für sein Lager aufbaute: "Als er da sass, lief ein Hund daher und sagte: 'Ich werde kommen und bei dir bleiben. Ich werde mit dir leben wie eine Person.' Da antwortete Yamòozha: 'Du weisst schon, dass du ein Hund bist? Du kannst nicht mit mir leben. Du bist ein Tier. Ein Hund. Nur einem Menschen, einer Person ist es möglich, bei mir zu sein und mit mir herumzureisen.' Da lief der Hund ein Stück weit weg und kam als wunderschöne Frau zurück. Aber wenn eine schöne Frau zu deinem Lager kommt, da weiss man, dass sie ein Trickster ist, nicht wahr? Man muss dann sehr auf der Hut sein. Also lief da was schief. Der Hund sagte: 'Jetzt bin ich eine Person. Ich kann jetzt kommen und mit dir leben und dir folgen'. Und so geschah es auch. Sie wurde die Frau Dessen Der Loszog Die Welt Zu Umrunden. Später aber verwandelte sie sich in eine Insel."[87]

Die wahrscheinlich aus der Gegend um den Great Slave Lake abgewanderten Südlichen Dene nahmen das Sternbild mit, verkürzten es auf die Sterne von Ursa Maior und machten es zusammen mit der Frau in Cassiopeia als Der und Die Kreisende zum zentralen Bild ihres Himmels. Die Figur eines vergleichbaren Mannes findet sich aber auch bei den Maya und den Inka, bei denen aus der Pfeilwunde in seiner Hüfte ein gebrochenes oder abgerissenes Bein wurde.

G DIE TANACROSS, OBERE KUSKOWIM UND DËNE SŲŁINE

NEEK'ELTEEN –
WAS SICH UNS FOLGEND BEWEGT (Tanacross)
NOGHILTALE – WAS SICH VOR UND
ZURÜCK BEWEGT (Tanacross und Obere Kuskokwim)
YE(H)DA (kanadische Dëne Sųłıne)
HOCHO(K) – DER GROSSE (kanadische Dëne Sųłıne)

Die Sterne dieser Grossfiguren bei diesen in Alaska und Nordkanada lebenden Dene sind noch nicht dokumentiert. Die Plejaden gehören bei ihnen jedenfalls nicht dazu; diese stellen eine Herde von Rentieren namens *Midzish* dar, die von zwei Sternen verfolgt werden, die Brüder verkörpern.

Die Figur wird, wie bei den Dene von Yellowknife, als "Langer Mann" beschrieben oder als "Riese, der den Himmel hochgehoben hat", nachdem er auf Händen und Knien unter ihn gekrochen ist. Er soll ein haariger Affen-Mensch oder ein Wilder Mann sein und gilt als erster Medizinmann und Schamane, der nach seinen Reisen in den Sternen erschien.

Der bei den in den kanadischen Northwest Territories lebenden Dëne Sųłıne verbreitete Beiname für *Yehda* – Der Grosse – bietet einen Link zu den aus dieser Region abgewanderten Südlichen Dene, die ein wichtiges Sternbild so nennen.

C1 14–15 und C4 161–163

III WEITERE STERNE

α Ursae Minoris

SON' DIŁTEYI – STERN IST STARK (Ahtna)

C4 74

ZHEETŁ'AN DHA'ĄĮĮ –
DER IN DER HIMMELSMITTE (Gwich'in)

C4 52

Dem Polarstern kommt kaum eine Bedeutung bei. Seine Position wird – anders als bei uns – nicht über die Verlängerung von α und β Ursae Maioris bestimmt, sondern in Bezug auf ζ Ursae Maioris in der Mitte der Deichsel.

Bei den Oberen Tanana gehört er zu einem Asterismus, der bevorzugt zur Orientierung herangezogen wird: *San' Di'ehtsąą*: Er Scheisst Sterne. Gemeint damit ist der in Ursa Maior gesehene Fuchsschwanz des bei ihnen auch 'Sternenmann' – *Dineh San'* – genannten Yahdii: Polaris, β Ursae Minoris und β Cassiopeiae gelten da als drei Köttel, die unter dem Fuchsschwanz hervorschiessen.[88]

Cassiopeia

DETSEY KK'AATL'O NEENAA' EDOYE –
DER ZURÜCK ZU SEINES VÄTERCHENS PLATZ
KOMMT (Koyukon)

Der Name bezieht sich darauf, dass Cassiopeia in der Drehbewegung des Himmels ein paar Stunden später die Stelle erreicht, die Ursa Maior als "ihr Väterchen" eingenommen hat.

β Orionis

WENDAÀ AT'Į – ER ZWINKERT (Yellowknife Dene)

C4 142

δεζ Orionis

K'ENODELE – DIE JEMANDEM FOLGEN (Koyukon)

Bei den Koyukon werden die drei Gürtelsterne des Orion als Bär mit zwei Bärinnen gesehen, die zusammen während der Brunftzeit im Frühling umherziehen. Auf Ursa Maior bezogen findet sich eine ähnliche Vorstellung am alten nordindischen Himmel, die zu unserem Sternbild der Grossen Bärin geführt hat.

C2 177–178

α Aquilae

SON' KADGHIŁDZAK –
AUFSTEIGENDER STERN (Ahtna)

C4 68

γαβ Aquilae

VAN OOZHRII –
DER LEUCHTENDE MORGEN (Gwich'in)

C2 187

αγ Aquilae

YOKKOLAAYE –
DIE LICHT IN DEN TAG FÜHRER (Koyukon)

C2 176

Bei den Ahtna bricht ein zukünftiger Medizinmann – *Dyenen* – in der Pubertät zu seiner visionären Suche auf, die ein Jahr und länger dauert, um seine Ängste überwinden und "zu den Tiere sprechen zu lernen". Seine spirituelle Reise kann er beginnen, sobald er einen *Son' Kadghiłdzak* – Stern Steigt Auf – genannten Morgenstern (Venus oder α Aquilae) an drei aufeinanderfolgenden Tagen an einem wolkenlosen Himmel aufgehen gesehen hat. Am Morgen des dritten Aufgangs dieses Sterns bricht der Initiant auf. Nach seiner Rückkehr kann er dann seine Lehre bei einem Dyenen beginnen, der ihm sein Geheimwissen über den Himmel beibringt.

Dyenen bedienen sich des *Son' Kadghiłdzak* im Laufe ihres Lebens, um den richtigen Zeitpunkt für eine Trance oder jene ausserkörperliche Erfahrung zu bestimmen, welche *Sden Teyaasen* – Er geht getrennt – genannt wird. Da man glaubt, dass der Geist eines verstorbenen Menschen mit der Sonne aufgeht, fokussieren sie sich auf einen Morgenstern in der frühen Dämmerung, der dem Dyenen helfen soll, sich während der Trance für eine visionäre Reise von seinem Körper zu lösen.[89]

Zugleich gilt dieser Stern bei den Ahtna auch als Glücksbringer. So berichtet ein Stammesältester der Ahtna: "Beim Aufwachen hiess es: 'Lauft raus, sobald es hell zu werden beginnt. Bei der Tür schaut zum Morgenstern. Du musst drei Mal nach ihm schauen, dann wirst du Glück haben. Lässt du dir dagegen Zeit, wirst du darauf vergessen. Nach einigen Tagen, wenn es dir wieder einfällt, kannst du für ihn rauslaufen. Schau hoch zu ihm. Dann wird er auf dich aufpassen. Wenn drei Tage vergangen sind, wirst du dich immer noch daran erinnern. Von da an wird dein Leben besser werden. Wir werden Reichtümer erlangen. Wir werden wohlhabend werden. Der Stern wird uns erfolgreich machen.' Das haben uns Mutter und Vater gesagt."[90]

α Aquilae wird bei den meisten Stämmen der Nördlichen Dene mit Namen belegt, die ihn mit der Morgendämmerung verbinden, deren Licht er in den Tag hebt oder führt. Von einigen wird dann auch β Aquilae dazugezählt, bei den Gwich'in zudem γ Aquilae (sodass sie den Aagjuuk der Eskimo entsprechen).

So erzählt ein Gwich'in aus Fort Yukon: "Viele Leute richten sich nach *Van Oohzrii*. Wer jagt, richtet sich nach den Sternen für die Richtung und die Zeit. Frühmorgens, wenn du aufstehst und ausziehst, gehst du raus und schaust. Siehst du den [ersten] Stern gerade einmal über den Horizont linsen, weisst du, dass es vier Uhr morgens ist. Beim zweiten Stern hast du bereits etwas getrunken und gegessen, hast du dich fertig gemacht für den Aufbruch. Alles, was du tun musst, ist beim zweiten Stern in deine warmen Kleider zu hüpfen und schon bist du auf und davon. Und beim dritten Stern bist du schon eine Stunde auf der Jagd und auf der Fährte; das Licht beginnt über dem Horizont aufzusteigen und du weisst, jetzt wird es bald Tag. Dann siehst du genug, um zu jagen."

Bei den Koyukon wird das Paar von α und γ Aquilae *Yokkolaaye* genannt, 'Licht In Den Tag Führer'; ihr Erscheinen am östlichen Horizont kündigt von Anfang Januar bis etwa zur dritten Februarwoche das Tageslicht an. Wenn sie sich dem Meridian nähern – der Himmelsmitte, wie die Einheimischen sagen –, beginnt bald der Tag. Sie sagen, 'die Yokkolaaye sind zur Himmelsmitte gekommen', um damit auszudrücken, dass es Zeit ist, aufzustehen oder zu gehen.

Bei manchen Stämmen, bei denen das neue Jahr mit dem Solstitium des Winters beginnt, markiert der erste Aufgang von α Aquilae diese Zeitenwende. Die Sahtu Dene unterscheiden zudem bei α Aquilae zwischen Nach Der Sonne Aufgeher, wenn er nach der Wintersonnenwende zum Morgenstern wird, und Nach Der Sonne Untergeher, der im Herbst, "wenn die Tiere fett sind", zum Abendstern wird.[91]

C2 92–99

δεα Bootis

YEEDÀK GAHÀAJIL – DIE AUFGESTIEGENEN (Gwich'in)
VÀNH OOZHRII – IHR NAME IST MORGEN (Gwich'in)

C4 64

Diese drei Sterne steigen am nordöstlichen Horizont von Mitte Oktober bis Anfang Dezember morgens hintereinander auf. Sie bestimmen, wann einzelne Arbeiten beginnen, werden aber auch als "drei Geister" angesehen, die "zum Himmel" aufsteigen. Sie kehren zum Yahdii auf dessen Fährte in der Milchstrasse zurück in den Himmel, um dort ihren Platz im Jenseits einzunehmen oder aber auf der zyklischen Reise der Seele und ihrer Reinkarnation weiterzuziehen, um "wieder zu beginnen".

Die Verbindung zwischen beiden Sternbilder erschliesst sich auch daraus, dass es heisst, Yahdii würde nachts so lange wandern, bis er die Yeedàk Gahàail sieht. Sein Sternbild rotiert bis zu einer auf die Morgendämmerung blickenden Position, um dann im Zwielicht zu verblassen – worauf diese drei Morgensterne sichtbar werden.

C1 9, C2 83 und C4 63–64

α Bootis

BEK' ÉAHKA – ER MACHT DIE HELLE (Sahtu Dene)

C4 96

BEK'A YÉHKÁ XÁĮ?Ą –
DAS SCHWERE STEIGT AUF (Yellowknife Dene)

C4 142

α Bootis?

TSEGHEL K'OTS'E DETELT'OYE –
DER NORMALERWEISE GEGENÜBER
DEM DUNKEL STRAHLT (Koyukon)

Dieser Abendstern ist nicht identifiziert.

C2 176

IV SONNE, MOND UND PLANETEN

Von allen Himmelskörpern haben Sonne und Mond auf das Leben der Dene den grössten Einfluss; trotzdem wird ihnen in deren Kosmologie oder Religion kaum Beachtung geschenkt. Es scheint, als ob sie aufgrund ihrer vorhersehbaren Natur – die im Gegensatz zu allen anderen arktischen Naturphänomenen steht – wie selbstverständlich hingenommen würden. So sind etwa Mythologisierungen der Sonne und des Mondes bei den Koyukon bloss von ihren Nachbarn an der Küste übernommen, den Inuit. Dem Mond wird ein klein wenig mehr Aufmerksamkeit geschenkt als der Sonne. Wenn er nicht zu sehen ist, befindet er sich "unter Wasser", in dem er nicht über den Horizont steigen kann. Die Erde gilt dabei als Insel, die völlig von Wasser umgeben ist, aus dem die Sonne jeden Tag auf- und abends wieder untergeht.[92]

Bei den Oberen Tanana sind Sonne und Mond Teil des am Himmel verkörperten Tiermenschen: "Er beobachtet immer alles; seine Augen sind die Sonne und der Mond. Nachts sieht er alles mit einem wolfartigen Blick und untertags hat er denselben scharfen Blick."[93]

Bei den Dena'ina darf man zur Regenzeit, wenn sich die Sonne einmal zeigt, keinesfalls mit dem Finger auf sie weisen: Sie könnte sonst böse werden und Regen bringen.[94]

Sonne

DZAANH ZO' – DIE TAGESSONNE

L|D 209

NEE (Dena'ina)[95]

NAAI (Ahtna)

Sonne und Mond haben auch bei den Südlichen Dene denselben Namen; unterschieden wird nur, ob sie bei Tag oder bei Nacht leuchten.

Bei den Tanana werden aus Krähe und einem feindlichen, Seuchen verursachenden Häuptling nach ihrem tödlichen Kampf der Mond beziehungsweise die Sonne,[96] oder sie sind Schwester und Bruder.[97] Ansonsten werden sie als leuchtende, in den Himmel geworfene Objekte gesehen, die mit der Zeit grösser wurden,[98] und nur ungefähr als "Spielsachen"[99] oder als kostbar beschrieben.[100]

Die Sonne wird zwar in ihrem Leuchten personifiziert, als wohltuend angesehen und nach ihrem Lauf werden gesellschaftliche Aktivitäten ausgerichtet, auf ihren metallischen Charakter verweist, dass auch Rost von den Ahtna als "Exkrement der Sonne" bezeichnet wird.[101]

Kommt ein Kältesturz, zeigen sich oft neben der Sonne helle Flecken, die heute "falsche Sonnen" genannt und durch die Brechung von Eiskristallen in der Luft hervorgerufen werden. Die Koyukon sagen dazu "die Sonne baut Feuer neben ihren Ohren".[102]

Mond

TLEDAAŁ ZO' – DIE NACHTSONNE

L|D 209

NEE (Dena'ina)

TLAKAANNUU (Dena'ina) – NACHTSONNE

CH'OLDZEI (Ahtna)[103]

Bei den Dena'ina wird der Mond mit demselben Namen wie die Sonne bezeichnet und gegebenenfalls als 'Nachtsonne' ausgewiesen.

Eklipsen

Erst aus den Glaubensvorstellungen zu den Eklipsen geht hervor, dass die Nördlichen Dene Sonne und Mond auch für Personen halten, die dann krank werden. Die Oberen Tanana sagen dazu, "dass es dem Mond schlecht geht" – aber auch, modernem Wissen gemäss, "die Erde schwimmt nach oben". Verstösse in der Gesellschaft können ebenfalls Sonnen- und Mondfinsternisse bewirken. Darauf wird mit Zeichen der Trauer und mit Ritualen reagiert, um Sonne und Mond wieder in den alten Zustand zu versetzen, andernfalls Hungersnot, Krankheit, Krieg oder sonst ein Unglück drohen.

Mondfinsternisse werden mit Ritualen bewältigt, die sich auf den Jungen im Mondgesicht beziehen, indem ein rituelles Blutgericht gekocht und mit einem eigenen Mondgesang und Tanz von Haus zu Haus gezogen wird – und zwar einmal im Kreis herum, dem Sonnenlauf entsprechend, damit das kosmische Gleichgewicht dadurch wieder hergestellt wird.[104]

Bei den Koyukon wird eine Mondfinsternis als Omen gesehen; die Menschen müssen sich jedoch dieses Omen 'sichern' und dürfen es nicht unbeachtet lassen – andernfalls wird es bedeutungslos. Um sich dieses Omen zu sichern, legen die Koyukon des Oberen Stammes eine Reihe von Trockenfischen auf dem Fluss aus: Mondfinsternisse werden kaum je im Sommer beobachtet, da die Nacht zu der Zeit so hell wie der Tag ist; im Winter, wenn sie zu sehen sind, ist der Fluss aber gefroren und kann nicht befischt werden. Dann schiessen sie vom Ufer aus auf die Eklipse, während sie das Mondfinsternis-Lied singen. Damit versichern sie sich, für mindestens ein Jahr nach der Finsternis, einer guten Jagd und eines guten Fischfangs.

Beim Unteren Stamm der Koyukon müssen die Medizinmänner während der Eklipse jedoch zum Mond steigen, um dort die Omen zu sichern, die aus einem Wild oder Fisch bestehen: Der erste, der dort ankommt, holt sie sich; jene, die zu spät kommen, kehren mit leeren Händen zurück. Jeder von ihnen kümmert sich nur um sein Lager. Dazu zieht der Zauberer seine übliche Reisekleidung an und stellt sich bei offener Tür in die Mitte seiner Hütte, als warte er auf Inspiration. Dann stürzt er plötzlich hinaus und beginnt so lange wie verrückt herumzurennen, bis er auf ein Schneehuhn, Raufusshuhn oder sonst etwas trifft, das fliegt. Dann geht er in den Körper dieses Vogels ein, das ihn zum verdunkelten Mond trägt.[105]

Vollmond

CH' ALDZEEK CHOH –
GROSSER MOND (Obere Tanana)

Die Sterne geben dem Mond ihr Licht, "als würden sie ihn wie eine Batterie aufladen"; das erklärt, weshalb bei Vollmond nur wenige Sterne sichtbar sind, und weshalb sie so zahlreich werden, wenn er abnimmt.

C2 131–132

Mondgesicht

SHREE TSYAA TSAL –
KLEINER MONDBUB (Gwich'in)

C4 332

Die Nördlichen Dene sehen im Mond einen Jungen mit gerissenem rechtem Hosenbein (Kopf: Mare Serenitatis; Körper und rechtes Bein: Mare Tranquillitatis; linker Fuss: Mare Nectaris). Das Mare Crisium stellt bei den Gwich'in das Karibuviertel oder eine Schale voller Beeren dar, bei den Sahtu Dene Blutsuppe in einer Birkenschüssel und bei den Dene von Yellowknife einen Behälter voller Biberblut.[106]

Zum Mondgesicht ist bei den Gwich'in folgende Legende überliefert:

DER JUNGE IM MOND

"Vor langer Zeit einmal, so wird erzählt, machte ein Stamm den ganzen Winter über, wie dies öfters geschieht, keine Beute. Sie strengten sich sehr an, um Medizin zu machen, die das Wild bringen würde, aber es gab nichts zum Essen [ausser den ungenügenden Nahrungsvorrat vom Sommer]. Leute, die man für mächtige Medizinmänner hielt, machten Magie, aber es nützte nichts.

Daraufhin bat ein gewisser kleiner Junge, wie es heisst: 'Lasst mich Medizin machen'. 'Du bist zu klein', sagten die Leute, aber weinend bestand er weiter darauf. Es gab so wenig zu essen, dass man nicht einmal einen Mundvoll hätte runterschlucken können. Da er weiter darauf beharrte, sagten die Leute schliesslich: 'Mach Medizin!' 'Macht ein Feuer', sagte er, und sie zogen seinen kleinen Schlitten singend um das Feuer im Schnee. Er hatte, wie es heisst, kleine Hosen aus Marderfell an und einen kleinen Hut und kleine Handschuhe. Wie liebenswert war er, als er da um das grosse flammende Feuer ging. Nachdem er Medizin gemacht hatte, sagte er: 'Wenn jemand morgen jagen geht, wird er Wild erlegen'; und nachdem er das gesagt hatte, zogen die Leute am nächsten Morgen noch vor der Dämmerung auf die Jagd.

Als es abends dunkel wurde, kamen sie, wie erzählt wird, mit schweren Packen Fleisch wieder zurückgestapft. Ihnen waren offenbar viele Rentiere über den Weg gelaufen, die sie schnell erlegen konnten. Nachdem es zuvor nichts zu essen gegeben hatte, assen sich die Leute an diesem Abend die Bäuche voll.

Als sie sich wieder zur Jagd aufmachten, sagte der kleine Medizinmann, wie es heisst: 'Jemand von·euch wird ein wirklich fettes Karibu erlegen – von dem will ich das Fett'. Sein Onkel, so wird erzählt, erwischte das Karibu, von dem er geredet hatte. Der Junge bat seinen Onkel um das Fett, aber der schenkte ihm keine Beachtung. Alles Weinen nützte nichts, sein Onkel gab ihm keine Antwort. Heulend ging er, so heisst es, zu Bett. Seine Mutter schimpfte, er solle still sein, doch immer wieder 'Fett' sagend, schlief er schliesslich ein. Kurz bevor er einschlief, sagte er zu seinen Eltern: 'Lagert das vordere Viertel samt dem Blut in eurem Schlitten und bewahrt es da auf. Es wird bald wieder keine Beute geben. Dann wird eine noch schlimmere Hungersnot als zuvor herrschen'.

Kurz nachdem das Kind eingeschlafen war, begann ein kalter Wind mit Schnee zu wehen. Zuvor hatten sie eine gute Spur ausgetreten; doch nun, nachdem der Wind die ganze Nacht geblasen hatte, wo war sie hin? Und auch das Fleisch, dass sie mit so viel Mühe ins Lager geschleppt hatten, verschwand [durch Zauber]. Sie gingen zu den Karibus zurück, die sie erlegt hatten, doch die Tiere waren offenbar, so heisst es, wieder lebendig geworden. Kein Tropfen Blut war von den Stapeln an Fleisch, die sie abends zuvor zurückgelassen hatten, übriggeblieben.

Der Hunger kam wieder zurück, die Kälte war bitter, und in ihrer Not zogen die Leute in die unterschiedlichsten Richtungen aus, um zu jagen. Nur die Eltern des Jungen blieben in ihrem Lager, und er sagte zu ihnen: ‘Wenn ihr einen Teil des vorderen Viertels abgehackt habt, dann legt es sorgsam wieder zurück; und nachdem ihr einen Teil des in den Eingeweiden gefrorenen Blutes abgehackt habt, legt auch es wieder zurück’. So hackten sie einen Teil des vorderen Viertels ab und legten es sorgsam wieder zurück, wie das Kind es gesagt hatte; und obwohl sie einen Teil abgeschnitten hatten, lag es bald darauf wieder, so ganz als wie zuvor, da. Sie hackten auch ein wenig von dem gefrorenen Blut ab, und auch es wurde dann wieder so viel als wie zuvor. Auf diese Weise konnten sie den Winter überstehen. Die aber, die auf die Jagd gezogen waren, mussten alle vor Hunger sterben.

Als der Schnee zu schmelzen begann, sagte das Kind: ‘Ich werde euch verlassen’. Was meinte das Kind wohl damit? Sie wussten es nicht zu sagen. Als die Sonne im Frühling dann höher und höher stieg, standen sie eines Morgens auf und der Junge war fort. Sie suchten ihn überall, aber er war weg; sie fanden von ihm nur noch, wie erzählt wird, seine kleinen Marderfellhosen, die im Rauchloch hingen, seine Handschuhe auf einer Kiefer in der Nähe des Fellzeltes und seinen Hut. Sie suchten vergeblich, um ihn trauernd.

Lange Zeit nach dem Verschwinden des Jungen erinnerte sich die Mutter an etwas, was ihr Sohn zu ihr gesagt hatte. Er hatte gesagt: ‘Ich werde einfach in den Himmel gehen. Ihr werdet mich mit dem vorderen Viertel und dem Blut sehen: Ich werde sie dort halten. Falls viel Beute zu erwarten ist, werde ich immer aufrecht stehen; doch wenn eine Hungersnot zu erwarten ist, beuge ich mich vornüber’. So schauten sie nach oben und ihr Sohn, der war im Mond; er stand darin und hielt das vordere Viertel und einen Sack Blut in seiner Hand. Bis zum heutigen Tag steht er gerade da, wenn Beute zu erwarten ist; ist aber eine Hungersnot zu erwarten, dann ist sein Rücken gekrümmt.”[107]

Neumond

CH' ALDZEEK DAL K'ENT'EEY – BLUTGLEICHER MOND (Obere Tanana)

C2 132

Bei den Koyukon werden junge Mädchen ausgeschickt, um zu ihm zu beten und darum zu bitten, dass die Menschen genug Nahrung finden.[108]

Jupiter und andere Sterne

SO LEEGE' – DER HUND DES MONDES | DER SONNE (Koyukon)
UTSE EDAE – SEINE DECKE (Ahtna)
SON' UCII SSADETSE'E' – DIE STERNENSPITZE BEWEGT SICH (Ahtna)

So wird jeder Stern – wie der das Jahr über häufig prominent neben dem Mond stehende Jupiter – genannt, der hell vor oder hinter Mond oder Sonne aufleuchtet. Taucht er hinter dem sich von Osten nach Westen bewegenden Mond auf, prophezeit dies bei den Koyukon meist Knappheit, Nahrungsmangel oder warmes Wetter, weil er dann als Hund gesehen wird, der von seinem Herrn – Mond oder Sonne – die fallengelassenen Reste aufschnappt. Läuft er ihnen dagegen voraus, ist eine Fülle an Wild oder kaltes Wetter zu erwarten (letzteres gilt auch, wenn er sich über oder unter dem Mond befindet).

Bei den Ahtna gilt ein besonders heller Stern vor dem Mond als dessen Decke; er kündigt damit warmes Wetter an. Befindet er sich dagegen hinter dem Mond, verkündet er als ‘zitternde Sternenspitze’ kaltes Wetter.

C2 123–128

Venus?

RABE

Der schelmische Rabe ist – wie der mythische Wanderer auch – eine in allen Nördlichen Dene-Kulturen prominente Figur, die der allerersten Generation von Lebewesen auf der Erde angehört. Sie werden oft als Volk eines himmlischen Stammes aufgefasst und als mit einzelnen Sternen verbundene Geister gesehen, in welchen menschliche Ahnen mit ihren Totemtieren verschmelzen; sie stehen damit in einer Dualität von Mensch und Tier, Licht und Dunkel. Emblematisch dafür ist ein Tier nachts im Feuerschein: Man erkennt es nur halb, und seine das Licht reflektierenden Augen gleichen Sternen.

Rabe ist eine zentrale Figur in hundert verschiedenen Mythenzyklen, die in gut dreissig, von Sibirien bis nach Alaska, die Northwestern Territories, British Columbia und Washington State verstreuten Bevölkerungsgruppen erzählt werden. Sie beginnen stets mit der Geschichte vom Ursprung des Raben und seinem Diebstahl des Tageslichts.

Bei den Nördlichen Dene lässt sich dieser Mythos folgendermassen zusammenfassen: Die Welt liegt in völliger Finsternis. Rabe erscheint. Allmählich des Fliegens müde, schlägt er seine Flügel so lange fest zusammen, bis Land entsteht. Während er am Strand umhergeht, hört er in einer Muschel Geräusche; er öffnet sie und lässt so das Erste Volk heraus. Gemeinsam versuchen sie, genügend Nahrung zu finden, was sich jedoch ohne Licht als unmöglich erweist.

Die Namen, die Rabe in den verschiedenen Dene-Kulturen hat, verweisen auf die Morgendämmerung, das Licht und die periodisch ganz in der Dunkelheit untergehenden Sonne: Ihr erneutes Auftauchen zusammen mit dem hellen Morgenstern – der sonst durch keinen Namen ausgewiesen ist – legt es nahe, Rabe mit Venus zu identifizieren. Im eingangs zitierten Schöpfungsmythos wird Rabes Sohn explizit mit dem Morgenstern verbunden.

V

Bei den Oberen Tanana platziert Rabe, nachdem er Sonne und Mond zurückgestohlen hat, einen einzigen grossen Stern am Firmanent: Der gilt sowohl als Vater wie als Mutter der Sterne, aus dem oder der all die anderen Sterne sodann hervorgingen.[109] Moderne Auskunftspersonen identifizieren ihn mit Jupiter, der jedoch eher als 'Hund des Mondes' in Frage kommt. Deshalb scheint es plausibler, in der himmlischen Entsprechung Rabes die Venus oder generell einen zwischen den Sternen herumwandernden Planeten zu sehen.

In der folgenden, erst in jüngster Zeit aufgezeichneten Legende der Koyukon, der westlichen Nachbarn der Gwich'in, wird die Entstehung von Sonne und Mond, ihres Hundes und des Mondkalenders erzählt. Sonne und Mond werden dabei bloss als glänzende Objekte ohne ausgewiesene Funktion vorgestellt. Am plausibelsten ist, dass sie uralte Kupferspiegel darstellen, wie sie Schamanen zum persönlichen Schutz, zur Diagnose und zu Heilzwecken sowie zur Schau der Geisterwelt verwenden und die zugleich als Sonnenzeichen gelten.[110] Einen mythischen Kontext zu diesem Aspekt bieten Legenden aus dem kanadischen Südwesten, welche die Sonne als Ring aus Kupfer sehen.[111] Bei den Südlichen Dene wird die Sonne ebenfalls als Leuchtscheibe konzipiert.

DERJENIGE DER DIE SONNE ZURÜCKHOLTE UND DIE MONATE BENANNTE

"Vor langer, langer Zeit gab es ein Dorf. Es gab dort viele Leute. Plötzlich aber wurde es stockdunkel und überraschenderweise nie mehr hell. Es blieb völlig finster.
Das Dunkel hielt jetzt schon sehr lange an; sie waren dabei, alle Nahrung aufzubrauchen, die sie eingelagert hatten, das wenige Essen, das sie im Sommer hatten beiseite legen können.
Deshalb knüpften sie ein Seil um einen Bären, damit wenigstens der zum Sammeln von Beeren losziehen konnte. Er tat sein Bestes, aber wie lange konnten die Beeren reichen?
Also fragten sie Rabe: 'Väterchen, wie wäre es, wenn du wieder einmal etwas unternimmst? Was wird mit uns geschehen? Wir fangen alle an zu verhungern!'.
Dann begannen sie wie üblich, ihm wieder einmal Sachen zu geben, aber er sagte: 'Warum gebt ihr mir das? Was soll ich damit anfangen? Füttert mich lieber wieder!' Wie immer, war essen alles, was er wollte. 'Füttert mich wieder', sagte er. 'Väterchen hat gesprochen', sagten sie.
Darauf wurde der Bär seltsamerweise zornig, weil sie sich beschwerten, dass sie nichts zu essen hatten. Er musste wohl die Finsternis gemocht haben. 'Was ist falsch daran, bei der Suche ein Seil um den Hals gebunden zu haben?' Er meinte damit wohl, 'Was war falsch daran, an einem Seil festgebunden zu sein, während er Beeren im Dunkeln pflückte'. Aber er redete ins Leere; keiner hörte auf ihn.
Sie sammelten viel Essen für Rabe. Sie holten ihm die letzte Nahrung, die sie hatten: etwas Trockenfisch, Trockenfleisch, ein wenig Fett, Beeren, die sie gesammelt hatten; dass alles brachten sie ihm herein. Er ass wieder, bis er satt war. Die Nacht begann nun zu vergehen. Jeder ging schlafen, und in der Zwischenzeit zog Rabe los.
Er flog jetzt seit neuestem. Manchmal flog er, manchmal ging er. Er war jetzt eine lange Zeit geflogen und es sah aus, als gäbe es dort Tageslicht, weit in der Ferne. Also flog er dorthin. Er flog in die Richtung, er flog und flog. Und endlich flog er ins Tageslicht. Während er flog, wurde es langsam Tag. Es musste dort weit in der Ferne ein Dorf geben. Und es sah aus, als würde dort die Sonne hell scheinen. Das war offenbar der Ort, wo die Sonne, der Mond und die Sterne hingebracht worden waren.

Am Dorfrand ging er nieder und steckte seine Beine in die Rinde einer vermoderten Birke. Während er sich mit einem Fichtenzweig schlug, wünschte er sich: 'Sie sollen sich in hohe Wolfsfellstiefel mit schönen Borten verwandeln'. Er hielt seine Augen geschlossen, während er sich mit dem Fichtenzweig schlug. Als er sie wieder öffnete, hatte er hohe Wolfsfellstiefel an den Beinen, die weiss wie Schnee waren. Und sie sahen beeindruckend schön aus.

Dann schlug er sich aber auch mit dem Gras. 'Es soll sich in einen Parka aus Marderfell verwandeln', wünschte er sich. Er konnte nicht fescher als in diesem Marderfell-Parka ausschauen. Und er hatte einen Marderfellhut auf dem Kopf und auch ein Paar Handschuhe. Es brauchte jetzt wirklich nichts Weiteres mehr: Er musste genauso ausgesehen haben wie ein reicher Mann.

Nun machte er sich auf zum Dorf. Als er dort war, rief einer: 'Da kommt jemand!'. Dann schrien alle, dass jemand gekommen war, und liefen hin zu ihm. 'Yeeé! Ich weiss nicht, wer das ist', sagten sie. 'Wer bist du?', begannen sie zu fragen. 'Bist du von einem Nachbarstamm?', fragten sie. Er schüttelte den Kopf. 'Kommst du aus Richtung der Sonne?', fragten sie. Er nickte mit dem Kopf. Auf diese Weise gab er ein Ja zu verstehen. Jetzt dachten sie also, 'Oh! Okay, er ist aus dem Süden'. Was hätten sie sonst auch denken sollen?

Der aber, der die Sonne genommen hatte, glaubte es nicht. 'Der Mann, der gekommen ist, ist aus dem Süden', erzählten sie ihm; 'ein reicher Mann'. 'Oh nein! Der sieht eher aus wie der Typ von da unten, der mit den schuppigen dünnen Beinen, der dauernd Leute reinlegt'. 'Nein, der ist wirklich ein reicher Mann', meinten sie. Jetzt sagten alle, dass ein reicher Mann gekommen war, und es herrschte grosse Aufregung im Ort. 'Ich hoffe, seine Tochter verliebt sich in mich', dachte Rabe nun. Worauf die Tochter desjenigen, der die Sonne genommen hatte, sich in ihn verliebte. So zog Rabe in das Haus, das ihnen gehörte. Er begann mit ihr zu leben. Er wurde der Schwiegersohn von dem, der die Sonne genommen hatte.

Er wohnte jetzt also dort. Er kriegte aber nicht genug zu essen; er ass wirklich nicht sehr gut [als Rabe isst er mehr als ein normaler Mensch].

Einmal, als sie alle beim Essen sassen, musste auch ein Hund im Haus gewesen sein. Rabe tat [als vorgeblich Fremder] auch so, als würde er anders reden. Er zeigte allen, dass er anders redete. Und er sagte plötzlich: 'Warum starrt mich der Hund an, während ich ein Schück Trockenfisch esse? *Anoo'tindey* – Raus mit ihm auf den Werg!' Was war mit *Werg* bloss gemeint? Gemeint damit war der Weg, *Tina!* Aber Rabe tat ja, als könne er die Sprache nicht richtig.

'Der Neuankömmling hat gesprochen. Was macht der Hund noch im Haus?', sagte jemand. 'Bindet ihn am Weg oben an', sagte der, der die Sonne genommen hatte. Also gingen sie und banden ihn am Weg oben an. Damit war das erledigt.

Die Nacht verging, und derweil nahm Rabe wieder seine eigentliche Gestalt an. Ein wenig später fragte einer: 'Was hat denn den Hund da oben gefressen?' 'Etwas, das drei Zehen hat', antwortete jemand.

'Dann versammeln wir uns heute Abend, damit jeder seine Füsse vorzeigt', sagte der, der sich die Sonne genommen hatte. Also versammelten sie sich alle abends in einem Haus. Dann zeigten sie der Reihe nach ihre Füsse. Ich weiss nicht, worauf Rabe wartete – jeder ausser ihm hatte bereits seine Füsse gezeigt, und alle hatten sie fünf Zehen. Jetzt aber war er dran. 'Es soll sein, als ob ihre Augen von einem Nebel verdeckt werden', wünschte er sich. Also blickten sie ins Leere, während er seine Füsse vor ihnen schnell vorstreckte. Dabei sagte er: 'Ja, was glaubt ihr denn, wie viele Zehen wir haben sollen?' Doo' – sie sahen ja seine Krallen nicht.

Das nächste Mal, als er gerade dabei war, seine eigentliche Gestalt anzunehmen, ging er irgendwo hin. Er ging irgendwo hin und schlug sich wieder mit Fichtenzweigen und Gras und stieg erneut in die ausgefaulte Birke [um sich zu verwandeln].

Er lebte nun schon lange Zeit mit dieser Frau. Und er versuchte immer noch, herauszufinden, was am er am besten mit ihr anstellen sollte. Währenddessen hingen die Dinge, welche zu Sonne und Mond werden sollten, da hinten an der Wand. 'Ich denke, am besten ist es, sie kriegt ein Kind', dachte er, was seine Frau betraf.

Ich wünschte, sie würde gehen und Wasser holen, dachte er sich jetzt. Darauf sagte sie zu ihm: 'Mann, ich bin durstig. Magst du zum Ufer runter gehen und mir etwas kaltes Wasser holen?' Dort unten liess er dann ein paar Fichtennadeln in den Fluss fallen und schöpfte sie mit dem Wasser heraus. Er kam mit der vollen Pfanne zurück und gab ihr das Wasser daraus zu trinken. Dank Rabes Magie sah die Frau die Nadeln nicht und trank das Wasser samt den obenauf schwimmenden Fichtennadeln.

Daraufhin war es, als sei nur eine Nacht vergangen, bis es bei ihr soweit war. Sogleich bekam sie die Wehen. Und so wurde das Kind geboren.
Währenddessen waren die Leute dort, wo Rabe her war, am Verhungern. Es gab wirklich nirgends Nahrung mehr. All die Tiere [die sie waren], sie lebten alle im Finsteren. Ein paar Füchse und andere Tiere, die nur nachts unterwegs sind, sangen wieder und wieder, 'lasst es Tag werden, lasst es hell werden', während sie draussen um die Rauchlöcher ihrer Winterhäuser kreisten.
Das Kind wurde dabei gross. Der Junge wuchs wirklich sehr, sehr schnell. Er setzte sich auf; er war so gross geworden, dass er sich aufsetzen konnte. Und jetzt schaute er auf die Dinge – die Sonne und den Mond –, die da hinten hingen. Ganz hinten, am Ende des Hauses, war etwas Klapperndes an ihnen festgebunden, falls einer sie berühren wollte. Der Junge schaute auf sie und begann zu weinen und weinen und wollte nicht damit aufhören.
Da fragte ihn sein Väterchen: 'Huyh! Warum weint er denn?'
Ich hoffe, der Junge schaut weiter darauf und weint, wünschte sich Rabe.
Und sein Väterchen fragte: 'Huyh! Was weint er denn so? Weint er wegen der Sonne seines Väterchens', fragte er den Jungen. Er ging nach hinten und brachte sie ihm. Das Väterchen passte die ganze Zeit auf; ja, ging der denn nie hinaus? Der Junge hatte jetzt mit dem Weinen aufgehört. Er war draussen und spielte nun mit dem, was später die Sonne werden würde.
Draussen überlegte Rabe, was er tun könnte. Da fiel ihm etwas ein. He! Warum schreit jetzt keiner 'ein Hund hat sich den Königslachs geholt', damit alle rumzurennen beginnen? Das wünschte er sich.
'Der Hund da draussen hat sich den Königslachs genommen', brüllte einer. Die Leute machten einen Auflauf. Alle rannten sie aus der Tür, ausser dem Väterchen, das im Haus blieb. Es sah ganz so aus, als ginge er nicht hinaus. Erst als auch Rabe aus dem Haus lief, folgte das Väterchen hinterdrein. Er kam aus der Tür, das Väterchen dahinter.
'Hu! Ich habe meine Waffen vergessen', rief Rabe. Am Väterchen vorbei lief er zurück und hinein; der wird wohl draussen jetzt eine Weile warten, dachte er sich. Und da griff sich Rabe die Sonne und warf sie durch das Rauchloch nach draussen und hoch in die Luft. Sie begann gleich wieder hell zu werden.
In dem Moment würde Väterchen wieder umkehren. Rabe gab dem Kind mit der Seite seines Fusses einen Tritt. Alles, was von dem Jungen übrigblieb, war ein Haufen Fichtennadeln.

Dann nahm er das Ding, das der Mond werden würde, und begann es in Stücke zu reissen. Jedes Mal, wenn er ein Stück abriss, benannte er es. Das erste war der Januar; er riss das Stückchen ab und sagte 'Der Monat, der die Kurzen und die Langen Tage trennt', während er es durch das Rauchloch nach oben warf. Laut rief er es und warf ihn durch das Rauchloch.
Dann riss er das nächste Stück ab und sagte: 'Adlers Monat'; das war offenbar der Februar. Er nannte ihn 'Adlers Monat', weil es der Monat ist, in dem sich die Adler paaren.
Darauf riss er das nächste Stück ab, warf es durch das Rauchloch in die Luft und rief dabei: 'Sumpffalkenmonat'. Das war offenbar der Monat der Hudsonweihe, der März.
Der nächste war der 'Monat wenn es taut und friert'. Das war offenbar der April.
Dann der 'Monat die Boote ins Wasser zu lassen'. Das war offenbar der Mai; die Zeit, wenn wir beginnen, mit den Booten auszuziehen.
Der nächste dann war der 'Monat die Küken ins Wasser zu setzen'. Das war offenbar der Juni, wenn alles schlüpft und die Enten ihre Küken ins Wasser setzen.
Dann 'Königslachsauge'; und das sagte er sehr schnell. Offenbar war es der Juli.
Danach 'Silberlachsauge'. Und dann schrie er 'Hundslachsauge', offenbar für den September, weil das der Monat ist, wo bei uns der Ketalachs, Nołdlaagha, springt.
Darauf schrie er: 'Herbstfischauge'. Das ist offenbar der letzte Monat, um mit Booten Fische zu fangen; Oktober ist der letzte Monat, wo sich Fische in Netzen fangen lassen.
Dann rief er: 'Marders Monat'. Das war offenbar der November. Und die ganze Zeit hatte er sie hoch und durch das Rauchloch geworfen.

Doch da kam jetzt das Väterchen zur Tür herein. Rabe hatte noch ein Stück nach dem 'Marders Monat', aber keine Zeit mehr, dem auch einen Namen zu geben. Er hatte es eilig. 'Einer Ohne Name', schrie er. Doo' – deshalb hat der Dezember keinen Namen.

Und dann flog er selber auf und krähte: 'Ggaakk!' Gerade als er durch das Rauchloch flog, griff Väterchen nach ihm, konnte ihn aber nicht packen. 'Yeey! Ich habe doch gesagt, das ist diese schuppenbeinige alte Kreatur von flussabwärts. Welcher reiche Mann? Warum haben die nur alle vom Besuch eines reichen Mannes geredet?', fragt er sich. Währenddessen begann das Tageslicht zu erstrahlen.
Rabe machte sich auf nach Hause. Jene, die zuhause geblieben waren, sagten 'Eee.' Es wurde hell um den Horizont. Sie alle begannen vor Freude zu schreien. 'Yeey! Was hat Väterchen Rabe wohl diesmal getan, damit es wieder hell wird und der Tag zurückkommt', sagten sie. Da waren viel aufgeregter Lärm und viel Freude. Doo' – er hatte wieder das Tageslicht gemacht.
Jetzt kam er nach Hause zurück und sie waren wirklich froh, ihn hier zu haben. Wieder einmal hatte er die Leute gerettet. Das ist einer der Gründe, weshalb es heisst, dass man keine Raben töten soll. Er hat die Welt geformt. Es heisst, das wäre einer der Gründe.
Ich dachte, der Winter hätte gerade begonnen, und jetzt habe ich schon ein Stück davon abgebissen."[112]

Aurora Borealis

YAKAIH (Gwich'in), YOYAKKOYH (Koyukon) – PULSIERENDE HIMMELSLICHTER

Die Nordlichter gelten bei den Koyukon als Geist eines Mannes, der in der fernen Vergangenheit gelebt hat. Sein Bogen brach bei einem Schuss auf ein Rentier, und die Geschichten erzählen, dass er danach in einem Feuer verbrannte. Wenn das Glühen der Aurora blitzend und zitternd Himmel und Erde erhellt, so ist dies Der Mann Der Nordlichter – *Yoyakkoyh Dinaa* –, der seine Pfeile seitdem in den Himmel hinaufschiesst. Geschieht dies im Herbst, ist dies ein Zeichen, dass im Winter viele Rentiere kommen werden. Medizinmänner nutzten in der Vergangenheit die geisterhafte Macht der Aurora, um Medizin zu machen.

N 39

Meteore

SĄ' NEEHIITRYĄ – STERNENSCHEISSE (Gwich'in)
TLOON' TSONE' – STERNENSCHEISSE (Koyukon)
SON' TSAAN(E)' – STERNENSCHEISSE (Ahntna und Obere Tanana)

Am weitesten verbreitet sind die Vorstellungen, dass es sich bei Sternschnuppen um Exkremente der Sterne(nleute) handelt. Es gibt aber auch die Ansicht, dass "die Sterne Pfeile schiessen" oder selbst "wie Pfeile geschossen" werden.

C4 401

LITERATUR

A1 Sitsy Yugh Noholnik Ts'in' – As My Grandfather Told It, Traditional Stories from the Koyukuk, told by Catherine Attla, Yukon-Koyukuk School District 1983.

A2 K'eteaalkkaanee – The One Who Paddled Among The People And Animals, The Story of an Ancient Traveler told by Catherine Attla, Yukon Koyukon School District 1990.

AR Arctic – Culture and Climate, hrsg. v. A. Lincoln | J. Copper | J. P. Loovers, London 2020.

C1 Chris Cannon | Wilson Justin | Paul Herbert | Charles Hubbard | Charlie Neyelle, *Northern Dene Constellations as Worldview Projection with Case Studies from the Ahtna, Gwich'in and Sahtu Dene*, in: Arctic Anthropology 56, 2, 2019, 1–26.

C2 Chris Cannon, Alaska Athabascan Stellar Astronomy, M. A. Thesis, University of Alaska Fairbanks, 2014.

C3 Chris Cannon | Gary Holton, *A newly documented whole-sky circumpolar constellation in Alaskan Gwich'in*, in: Arctic Anthropology 52, 2, 2014, 1–8.

C4 Chris Cannon, Northern Dene astronomical and sky-related knowledge: a comparative anthropological study, Ph. D. Thesis, University of Alaska, Fairbanks 2021.

F John Fredson Edward Sapir Hàa Googwandak – Stories Told By John Fredson To Edward Sapir, Alaska Native Language Center, University of Alaska, 1982.

FI Hans Findeisen, *Die Sterne in der Überlieferung der Jenissejer (Keto)*, in: Der Weltkreis, Band 3.2, 1932, 44–52.

L|D Frederica de Laguna | Dale DeArmond, Tales from the Dena – Indian Stories from the Tanana, Koyukuk & Yukon Rivers, Washington 1995.

N Richard K. Nelson, Make Prayers to the Raven – A Koyukon View of the Northern Forest, Chicago 1982.

NE E. W. Nelson, The Eskimo about Bering Street, Washington 1899.

R Robin Ridington, Swan People: A Study of the Dunne-za Prophet Dance, National Museum of Man Mercury Series, Ottawa 1978.

T Chad Thompson, K'eteaalkkaanee – The One Who Paddled Among the People and Animals, An Analytical Companion Volume, Yukon Koyukon School District and Alaska Native Language Center, University of Alaska, Fairbanks, 1990.

V David Vogt, *Ravens Universe*, in: Songs from the Sky – Indigenous Astronomical and Cosmological Traditions of the World, hrsg. v. Del Chamberlain | Carlson | Young, Bognor Regis 1996, 38–48.

ANMERKUNGEN

1 C1 4–6 2 AR 152–153 und Francesco d'Errico et al., NatureEcology & Evolution 2024, doi.org/mdb6 3 Anne Stone, *Human lineages in the far north*, in: Nature 570, 13.6.2019, 170–172; Martin Sikora et al., *The population history of northeastern Siberia since the Pleistocene*, in: Nature 570, 13.3.2019, 182–188; Pavel Flegontov et al., *Genomic Study of the Ket: A Palaeo-eskimo-related ethnic group with significant North Eurasian ancestry*, in: Scientific Reports 6:20768, 2016, 1–12. 4 AR 155–156 5 Andrew Curry, *Were humans living in a Mexican cave during the last ice age*, Science 22.7.2020, doi:10.1126/science abd9583 6 Lahaye, Guérin et al., *Another site, same old song*, in: Quaternary Geochronology, 49, 2019, 223–229. 7 Ibidem 179–186 8 W. Powers | R. Jordan, *Human Biogeography and Climate Change in Siberia and Arctic North America in the Fourt and Fifth Millennia BP*, in: Philosophical Transactions of the Royal Society of London. Series A, Vol. 330, Nr 1615, 1990, 665–670. 9 Pavel Flegontov et. al., *Na-Dene populations descend from the Palaeo-Eskimo migration into America*, in: bioRxiv, doi:10.1101/074476, 2016. In der ostsibirischen Herkunftsregion dieser Proto-Paläo-Eskimo liessen sich dann zwischen 3700 und 2800 Jahren vor heute neue neolithische, anderssprachige Kulturen aus dem Westen nieder: Was jedoch nicht heisst, dass dadurch der regelmässige Kontakt zwischen Asien und Nordamerika länger unterbrochen worden wäre. 10 Joseph Wilson, *A New Perspective on Later Migration(s): The Possible Recent Origin of Some Native American Haplotypes*, in: Critique of Anthropology 28, 2008, 267–278 und Auskunft Joseph A. Wilson, 2.3.2021. 11 Es gibt nur einzelne Details zum Himmel der Tlingit, doch diese genügen, um zu zeigen, dass wesentliche Teile des Grosssternbilds der Nördlichen Dene sich bei ihnen nicht zu einer Figur fügten. Die Plejaden oder Taurus wurde bei den Tlingit als Fischkopf gesehen (Norman Newton, *On survivals of Ancient Astronomical Ideas among the Peoples of te Northwest Coast*, in: BC Studies 26, 1975, 16–38); Ursa Maior galt als Bär (Wiliam Gibbon, *Asiatic Parallels in North America Star Lore: Ursa Maior*, in: The Journal of American Folklore 77, 305, 1964, 236–250) und die Gürtelsterne des Orion als 'Männer in einer Linie' (https://astro101.wwu.edu/indiansky.html). 12 AR 187–190 und 199–201 13 AR 199–206 14 Ein parallel gebrauchter Übername ist der der 'athapaskischen Sprachfamilie'. 15 Pavel Flegontov et. al., *Na-Dene populations descend from the Palaeo-Eskimo migration into America*, in: bioRxiv, doi:10.1101|074476, 2016. 16 Edward Vajda, *Siberian Link with Na-Dene Languages*, in: Anthropological Papers of the University of Alaska 5, 2010, 33–99; Robert Morritt, Beringia – Archaic Migrations into North America, Newcastle 2011, 17–19 und 175–186: Pavel Flegontov et al., *Genomic Study of the Ket: a Palaeo-eskimo-related ethnic group with significant North Eurasian ancestry*, in: Scientific Reports 6:20768, 2016, 1–12. 17 Priscilla Lee, The Ket: A Contribution to the Ethnography of a Central Siberian Tribe, Dissertation Stanford University 1967, 114. 18 Edward Vajda, *Siberian Landscapes in Ket Traditional Culture*, in: Landscape & Culture in Northern Eurasia, hrsg. v. Peter Jordan, Walnut Creek 2011, 297–314. Priscilla Lee, The Ket: A Contribution to the Ethnography of a Central Siberian Tribe, Dissertation Stanford University 1967, 114. 19 FI 20 Bei den kanadischen Dene in der Gegend von Alberta, den Dane-zaa, beginnt deren Figur des Wanderer sein Leben als Schwan, der zum Boten zwischen Himmel und Erde wird und hinauf fliegt, um von dort sprituelle Gesänge für die Menschen herabzubringen – was die Schamanen zu erlernen versuchen (C4 216). 21 Priscilla Lee, The Ket: A Contribution to the Ethnography of a Central Siberian Tribe, Dissertation Stanford University 1967, 114. 22 wikipedia.en, Ob-Ugric creation myth 23 Raimund Friedrich Kaindl, *Ruthenische Märchen und Mythen aus der Bukowina*, in: Zeitschrift für Volkskunde 9, 1899, 401–429, *Aus der Schöpfungsgeschichte.* 24 Yuri Berezkin, *"Earth Diver" and "Emergence from under the Earth": Cosmogonic Tales as an Evidence in Favor of the Heterogenic Origins of American Indians*, in: Archaeology, Ethnology & Anthropology of Eurasia 4, 32, 2007, 110–123. 25 F 68–69 26 N 34–35 27 N 34 28 N 35–36 29 R. M. & C. H. Berndt, The World of the First Australians, Sidney 1964, 204–205. 30 Vgl. das von de Damba berichtete Ende Viracochas und die Erzählung von Cunirayas Suche im *Manuskript von Huarochirí*, hrsg. v. Salomon | Urioste, Austin 1991, Kapitel 2. 31 Vgl. Yuri Berezkin, *"Earth Diver" and "Emergence from under the Earth": Cosmogonic Tales as an Evidence in Favor of the Heterogenic Origins of American Indians*, in: Archaeology, Ethnology & Anthropology of Eurasia 4, 32, 2007, 110–123 (siehe auch http://mapsofmyths.com; Motiv e5a – wenngleich nur wenige der dort aufgelisteten Parallelen wirklich mit diesem Mythos zu tun haben. 32 Hans Egli, Mirimiringan – Mythen und Märchen der Palwan, Zürich 1989, 302. 33 NE 452–453 34 Edward Vajda, *Siberian Landscapes in Ket Traditional Culture*, in: Landscape & Culture in Northern Eurasia,

hrsg. v. Peter Jordan, Walnut Creek 2011, 297–314. 35 NE 458 36 NE 460 37 NE 461–462 38 B 6–12 39 L|D 161 40 Berard Haile, Starlore among the Navajo, Santa Fe 1977, 1–4. 41 L|D 209 42 C4 184 43 Trudy Griffin-Pierce, *The Hooghan and the Stars*, in: Foundations of New World Astronomy, hrsg. v. Anthony Aveni, Colorado 2008, 440–441. 44 Dorcas Miller, Stars of the First People, Boulder 1997, 184–185. 45 Martin Dobrizhoffer, Geschichte der Abiponer, Wien 1874, Band 2, 88–90 und 115, sowie R. Lehmann-Nitsche, *La Astronomía de los Moscovi*, in: Revista del Museo de la Plata 27, 1923, 65–79. 46 C1 13 47 C2 137 48 C4 183–188, 204–205, 209, 218 49 C2 139 50 Leopold Radloffs Wörterbuch der Kinai-Sprache, herausgegeben von A. Schiefner, St. Petersburg 1874, VI. 51 Ibidem VIII 52 C2 170 und 177 53 C2 140 54 Literaturangaben C2 129 55 Leopold Radloffs Wörterbuch der Kinai-Sprache, herausgegeben von A. Schiefner, St. Petersburg 1874, III. 56 C4 259 57 C2 89 58 C4 437–443 59 Leopold Radloffs Wörterbuch der Kinai-Sprache, herausgegeben von A. Schiefner, St. Petersburg 1874, 12. 60 Athna Athabascan Dictionary 1990 61 C4 191–192 und 213 62 C2 132 63 C2 129–132 und C4 192 64 C2 134 65 C1 19–20 und C4 139–140 66 Stith Thompson, *The Star-Husband-Tale*, in: The Study of Folklore, hrsg. v. Alan Dundes, Prentice Hall 1965, 414–474. 67 C4 235–236 68 Marie Francoise Guédon, People of Tetlin; Why are you singing? Ottawa 1974, 167 und 70. 69 C2 134–135 70 FI 47 71 R 24–25 72 C4 71 73 erste Fassung von C1 74 C2 62–63 75 C3 und C1 76 C1 7–10 und C2 77 77 C2 84–86 und 90 78 zitiert in C1 18 79 A2 und T2–57 80 C1 18–19 81 zitiert in C2 50 82 C4 132–133 83 C4 95 84 die Paraphrase dieser Geschichte findet sich nur in einer ersten Fassung des Arikels C1 85 Trudy Griffin-Pierce, *The Hooghan and the Stars*, in: Foundations of New World Astronomy, hrsg. v. Anthony Aveni, Colorado 2008, 440–441. 86 C1 37–139 87 C1 39 88 C2 118–120 89 C1 10 90 C2 98–99 91 C4 96 92 N 38 und 34 93 C2 35 94 Leopold Radloffs Wörterbuch der Kinai-Sprache, herausgegeben von A. Schiefner, St. Petersburg 1874, VII. 95 Leopold Radloffs Wörterbuch der Kinai-Sprache, herausgegeben von A. Schiefner, St. Petersburg 1874, 25. 96 L|D 153 97 L|D 161 98 L|D 201 99 L|D 198 100 L|D 211 101 C4 314 102 N 40 103 Leopold Radloffs Wörterbuch der Kinai-Sprache, herausgegeben von A. Schiefner, St. Petersburg 1874, 18. 104 C4 345–360 105 Julius Jetté, *On the Superstitions of the Ten'a Indians*, in: Anthropos 1911, 6.2, 249. 106 C4 332–335 107 F 72–76 108 N 38 109 C2 129–130 110 Christina Pratt, An Encyclopedia of Shamanism, New York 2007, Bd. 2, 447. 111 David Kelley | Eugene Milone, Exploring Ancient Skies, New York 2011, 428. 112 A1 87–106

Der *STERNEN-HIMMEL* der *ESKIMO*

Morgen, du lieber Morgen, geh auf!
Schau, ich bin aufgestanden!
Auf welche Weise, frage ich mich,
ist das Sternbild Sivulliit am Himmel aufgestiegen?
Auf diese Weise – vielleicht – geht es auf
am Morgen![1]

Als Inuit, 'Menschen', bezeichnen sich vor allem die an den arktischen Küsten von Grönland bis Zentralkanada lebenden indigenen Volksgruppen. Die Bezeichnung 'Eskimo' wird als Oberbegriff verwendet und umfasst auch in Kanada und an den asiatischen Küsten jenseits der Beringstrasse lebende Volksgruppen. Das Wort geht auf deren Benennung durch Algonquin-Indianer als *Aayaskimeew*, 'Schneeschuhflechter', oder auf einen ähnlich klingenden Begriff für 'Fremdsprachler' zurück, den französische Händler mit *Esquimau* wiedergaben.

Da sich diese Fremdbezeichnung auch als 'Rohfleischesser' deuten lässt, wird sie oft als politisch inkorrekt abgelehnt, ohne dass sich die Benennung *Inuit* deswegen im nordwestlichen Kanada, in Alaska oder auf der Tschuktschen-Halbinsel durchgesetzt hätte. Dort bezeichnet man sich zwar ebenfalls selbst als 'Mensch' – *Inuq* –, verwendet jedoch jeweils ein anderes Wort dafür: weshalb *Eskimo* weiterhin in Gebrauch ist und mancherorts als sehr positiver, weil kräftiger Ausdruck gilt.[2]

MIGRATIONEN – PALÄO-ESKIMO UND NEO-ESKIMO

Die Vorfahren der Eskimo – Jäger und Sammler aus der Mitte und dem Osten Asiens, die mit ihren Speeren Wollhaarmammuts erlegten – wanderten über die Landbrücke, die Sibirien mit Alaska vor 34 000 bis 11 000 Jahren verband, und gelangten bereits vor 33 000 Jahren nach Südamerika. Vor 26 000 Jahren, am Ende der Eiszeit, als es binnen zwei, drei Jahren zu Temperatursprüngen von 7° kam, liessen sie sich im (heute unter dem Meer der Beringstrasse liegenden) Süden dieser Landbrücke nieder und vermischten sich mit den sogenannten *Alten Paläo-Sibirern*. Ein Teil von ihnen wanderte vor etwa 24 000 Jahren wieder nach Nordsibirien zurück, ein anderer aber blieb, besiedelte später das Binnenland Alaskas oder zog erneut weiter, um auf dem amerikanischen Kontinent zu den Stammvätern der *Ersten Völker* zu werden. Die Küstenregionen der kanadischen Arktis – das Kernland der Inuit – waren zu der Zeit noch von hunderte Meter dickem Eis bedeckt und bis dahin menschenleer.

Das änderte sich erst lange nach dem Ende der Eiszeit und der Überflutung Beringias, die vor 11 000 Jahren Asien und Amerika voneinander trennte. Denn erst vor rund 5000 Jahren wird eine einwandernde Bevölkerungsgruppe aus Ostsibirien genetisch bestimmbar, die sich an den Küsten und auf den Inseln der amerikanischen Arktis ausbreitete: Die in der Tunguska nordwestlich des Baikalsees lebenden Keten sind heute noch existierende Verwandte dieser sibirischen Nomaden, aus deren Sprache bald jene der Dene hervorging.

Diese sibirischen Jäger und Sammler vermischten sich in Beringia mit den dort lebenden Siedlern zu den sogenannten *Paläo-Eskimo*. Sie verfügten über Keramik, neue Steinabschlagtechniken sowie Pfeil und Bogen, die jedoch allein zum Krieg dienten, da diese Waffe für Grosswild noch zu schwach und für die Jagd auf Meeressäuger zu unhandlich war (weshalb zwischen 1000 v. u. Z. und 1000 u. Z. Pfeil und Bogen ausser Gebrauch kam, denn vom Kajak aus kann man keinen Pfeil abschiessen, da man die Hände fürs Paddel braucht). Mit einem Atlatl hingegen, einer Speerschleuder, genügt eine Hand, um das Kajak mit dem Paddel zu stabilisieren, während man mit der anderen den Pfeil abschiesst. Diese Speerschleuder ist zudem wirksam genug, um mit ihr Robben, Walrösser, Karibus und Grönlandwale jagen zu können.[3] Die Paläo-Eskimo folgten diesen Beutetieren bis nach Grönland, wo sie bald auch erste Erdhäuser in Siedlungen von 100 bis 200 Menschen bauten, in denen sie jene steinernen Tranlampen benützten, welche die Inuit später als Sternbild an den Himmel versetzten.[4]

Aus diesen 'Paläo-Eskimo' gingen später im Wesentlichen die Volksgruppen hervor, die heute Eskimo-Aleut und jenes Na-Dene sprechen, das sich im Norden Alaskas, in Kanada, aber auch im Süden der Vereinigten Staaten bei den Navajo und Apachen wiederfindet.

Eine Kontinuität von den Paläo-Eskimo zu den heutigen Eskimo und Inuit ist weder genetisch noch sprachlich festzustellen, dennoch gibt es eine klar erkennbare kulturelle Kontinuität, die sich an nicht wenigen Übereinstimmungen des Sternenhimmels der Keten – als den letzten heute noch lebenden Verwandten jener ostibirischen Nomaden, aus denen die Paläo-Eskimo hervorgingen – mit dem Sternenhimmel der Inuit zeigt.

Deren Geschichte wird üblicherweise erst mit den Wanderbewegungen der sogenannten *Neo-Eskimo* angesetzt, unter denen relativ eigenständige lokale Kulturen subsummiert werden, die in unterschiedlichen Phasen an der Beringstrasse entstanden. Vor 4000 Jahren wurde es kälter, das Meer deshalb an der Oberfläche nährstoffreicher, weshalb von Süd nach Nord die Menschen auf kollektiven Walfang gingen, Häuser in kleinen Siedlungen von 100 bis 200 Leuten bauten und Keramik herstellten. Zwischen 500 und 750 u. Z. finden sich komplexe Harpunen mit Speerschleudern und eine aus Walrossstosszähnen gefertigte Kunst, die ein kosmisches Bewusstsein verrät, Mischwesen von Tier und Menschen darstellt, wie sie auch in Mythen auftauchen, und schamanistische Züge zeigt. Das soziale Gefälle wurde zugleich immer grösser: Nur ein Grab unter zwanzig weist noch Grabbeigaben auf, die nun für Schamanen und Walfangkapitäne reserviert waren. Anderswo – bei den aggressiven Ipiutak in der Nähe von Point Hope, die um 900 verschwanden – tauchen komplexe Masken mit den Larven von Schmeissfliegen auf, die, in die Nasenlöcher gelegt, Karibus zum Wahnsinn treiben, hier aber schamanistische Macht und Allgegenwart symbolisieren, während Menschenschädeln ebenso Elfenbeinaugen eingesetzt wurden wie den Schädeln von Seetauchervögeln, die bis zu 75 Meter tief und 8 Minuten lang tauchen können. Als schamanistischen Identifikationsfiguren wurde diesen Wasservögeln zugeschrieben, ins Jenseits sehen zu können.[5]

Zwischen 800 und 1100 u. Z. kam es zu chaotischen Klimaschwankungen, welche die kanadische und grönländische Arktis erwärmten, während sie in Sibirien und Alaska Kälteschübe zur Folge hatten. Eine neue, allem bisherigen weit überlegene Waffentechnologie wurde aus Asien übernommen: zurückgebogene Kompositbögen und Körperpanzerungen aus Leder und Holz;[6] wobei hinzukam, dass erstmals Eisen Verwendung fand. Dementsprechend turbulent und kriegerisch ging es in den nun entstehenden Siedlungen zu, in der tschuktschische Hirten von domestizierten Rentierherden mit diesen Waffen auf einheimische Walfänger trafen.

Aus den zahllosen Konflikten ging schliesslich vor 800 Jahren die sogenannte *Thule-Kultur* der Neo-Eskimo hervor. Weil sie die Robben ringsum ausgerottet hatten, folgten sie den Grönlandwalen; und weil der Bevölkerungsdruck zu gross geworden war und der Vulkanausbruch des Mount Churchill um 1200 die Bewohner vertrieb, besiedelten sie mit ihren Waffen innerhalb von ein paar Dutzend Jahren den kanadischen Archipel und Grönland; sie erfanden dabei das Iglu, jagten nun auch Elche und Moschusochsen und verdrängten schliesslich die dort noch überlebenden Paläo-Eskimo.[7]

Aus den Gruppen dieser Neo-Eskimo gingen – sowohl genetisch wie linguistisch und kulturell – die heutigen Yup'ik auf der russischen Tschuktschen-Halbinsel sowie die einzelnen Inuit-Gruppen hervor.[8] Sie alle stiessen am Polarkreis auf die nährstoffreichsten Gewässer der Erde, deren Nahrungsketten grosse Populationen von Walrössern und hundert Tonnen schweren Walen unterhielten. Sie ermöglichten wiederum menschliches Leben in diesen klimatisch feindlichen Zonen zwischen Meer- und Festlandeis und bildeten eine Kultur heraus, zu deren spirituellen Praktiken gestaltwandelnde Rituale gehörten, bei denen 'Schamanen' und Jäger Inkarnationen als Wale, Walrösser oder Eisbären annahmen und wieder ablegten.

All dies änderte sich erst grundlegend Mitte des 19. Jahrhunderts, als die industriellen Walfangflotten auch die Eismeere auszubeuten begannen, am Polarkreis Metalle wie Gold und Zinn entdeckt wurden, und mit der ökonomischen Zwangsvereinnahmung auch die missionarische folgte; kapitalistische wie kommunistische Zwangszivilisierungen führten zu Gulags, Minenarbeit, kommerziellem Walfang, Bohrplattformen, Massenrentierhaltung und Polarfuchsfarmen. Das ökologische wie soziale Gleichgewicht begann zu kippen. Das erst jetzt – da sich der Boom wieder gelegt hat – allmählich auf den vorindustriellen Pegel zurückkehrt: doch dies in dem Moment, wo dort der Klimawandel alles völlig zu zerstören droht.[9]

KULTURELLE ZEUGNISSE DER UNTERSCHIEDLICHEN WANDERBEWEGUNGEN

Die Migrationswellen von Asien über die Beringstrasse nach Amerika haben auch mythologische Spuren hinterlassen, indem sie Sternsagen, Kosmogonien und andere Vorstellungen verbreiteten. Dazu gehört das auf eine gemeinsame Wurzel zurückgehende Motiv der 'Kosmischen Jagd', das in unterschiedlichen Varianten verbreitet wurde. Was die folgenden, nur in Details abweichenden Versionen grosse modo miteinander gemein haben, ist einerseits ihr Bezug zu einem zentralen Sternbild am jeweiligen Himmel, andererseits eine weite Verbreitung diesseits und jenseits der Beringstrasse. Dies lässt auf eine weit zurückreichende Vergangenheit schliessen, bei der bereits in Ostasien breit etablierte Traditionen anschliessend über die sich vor 34 000 Jahren bildende Landbrücke Beringias wanderten und sich zeitlich und räumlich tief in Nordamerika verbreiteten.

Die sogenannte 'zentralasiatische Variante' dieser Kosmischen Jagd sieht das gejagte Wild – drei Rehe oder Antilopen – in den Gürtelsternen des Orion, wobei ein benachbarter Stern den auf sie geschossenen Pfeil verkörpert: so bei den Uiguren, in Tibet und bei den Mongolen, bei Chakassen und dann wieder bei indigenen Gruppen in Südkalifornien und Nordwestmexiko, im Südwesten der USA bei den Apachen sowie bei den Algonkin in den Northern Plains.

Die sogenannte 'westsibirische Variante' der Kosmischen Jagd sieht in Ursa Maior ein Tier – Elch, Karibu oder Bär –, das von Jägern in den Deichselsternen unseres Grossen Wagens oder den Wölfen der Sterne von Bootes verfolgt wird. Bezeichnendes Detail ist, dass Alkor in vielen Sagen (wenn auch nicht bei den Eskimo) als Kochtopf gesehen wird, den einer der Jäger mit sich trägt, oder als begleitender Jagdhund. Diese Legende findet sich bei den finno-ugrischen Chanten im sibirischen Westen, den eng mit dem Schamanismus verbundenen Selkupen im Ural, den mittelsibirischen Ewenken und den Caribou-Eskimo Westgrönlands; aber auch bei den Salish und Chinook im pazifischen Kanada, in allen Gruppen der nordamerikanischen Irokesen und ihren Nachbarn, sowie bei mehreren Stämmen der Algonkin. In diese Tradition passt auch die griechische Grosse Bärin, die wahrscheinlich über die Indoeuropäer zu uns gelangte.

Bei den mittelsibirischen Keten – als einzigen heute noch lebenden Verwandten jener Migranten, aus denen die Paläo-Eskimo hervorgingen – ist Ursa Maior ein Elch (unser Wagenkasten sind seine Beine, die Sterne um β Ursae Maioris sein Kopf samt Ohren und Nase) während ε, ζ und η Ursa Maioris drei Jäger verkörpern: einen Russen, einen Tungusen und einen Keten. Letzterer hatte vor der Jagd umdrehen müssen, weil er seinen Kochkessel zuhause vergessen hatte; ihn an sich festgebunden – und nunmehr Alkor darstellend – kehrte er zu seinen Kameraden zurück, die darauf den Elch jagen; der aber flieht vor ihnen und flüchtet sich schliesslich in den Himmel, die Jäger ihm weiter auf den Fersen, bis es einem von ihnen gelingt, ihm seinen Pfeil in den Leib zu schiessen.[10] Bei den Eskimo wird aus diesem Elch in Ursa Maior ein Rentier; die Kosmische Jagd übertragen sie jedoch auf einen Bären im Orion oder in den Plejaden, wobei der Held nicht seinen Kessel, sondern seinen Handschuh vergisst.

Diese sogenannte 'zirkumpolare Variante' wird weiter abgewandelt: So sehen die Inupiaq in Nordalaska und die Nattilingmiut im Osten die Plejaden als Jäger oder als Jagdhund, der den Eisbären im Aldebaran des Taurus verfolgt – während die Polar-Eskimo auch noch den Bären in die Plejaden setzen. Die Copper Eskimo und die benachbarten Mackenzie Eskimo hingegen sehen die Bärenjäger im Gürtel des Orion, während auf Labrador sowohl der Bär wie die ihn einkreisenden Hunde auf den Orion projiziert werden; und bei den Eskimo von Baffin Land hinwieder ist Beteigeuze der Bär, der Gürtel des Orion der Jäger und sein Schwert ihr Schlitten. Ähnliche Ausdeutungen dieser Variante finden sich auch westlich der Beringstrasse bei den Tschuktschen, den Korkjaken auf der Kamtschatka sowie bei den Samen im Norden Skandinaviens, wo Orion nunmehr der Jäger ist, der ein Rentier oder einen Elch in Cassiopeia verfolgt.[11]

Wie unterschiedlich die lokalen Traditionen sind, zeigt sich aber auch bei anderen Sternen, für die sich in der Arktis meist ein halbes Dutzend unterschiedliche Namen finden. Gemeinsam haben sie einerseits, dass die Tableaus kaum voneinander abweichen – hauptsächlich Jagd- und Verfolgungsszenarien –, andererseits, dass der Fokus auf Einzelsternen liegt, die als jeweils eigene Wesen einer belebten Oberen Welt wahrgenommen werden, die von der unseren nicht sehr weit entfernt ist. Dass einem Stern bloss die Grösse einer Sattelrobbe zugemessen wird, hängt auch mit den Licht- und Kontrastverhältnissen im Eis zusammen, bei deren White Out alles sehr nahe wirkt, auch der Himmel.

Umso auffälliger sind die wenigen Figuren unter den Sternbildern. Der Elch in Ursa Maior entstammt – wie erwähnt – noch einer asiatischen Tradition, zu deren letzten heutigen Vertretern die Keten am Baikalsee zählen. Der Wolf in Cassiopeia stellt zumindest als Figur noch eine Parallele zum schelmischen Kulturhelden Kojote der Südlichen Dene dar. Und der Grossfigur Yahdii der Nördlichen Dene scheint sich in Iglulik mit den beiden Schlüsselbeinen in Auriga und Gemini sowie dem Brustbein in den Plejaden eine, wenn auch nur rudimentär erhaltene, Gestalt entgegenstellen zu lassen. Sie verweist offenbar auf die skelettierte Sonnenfrau und eingeweidefressende Hexe der Mondsagen, die ihrerseits wohl auf die böse Dämonin Khotsedam der Keten zurückgeht, die vom Norden aus Dunkelheit, Kälte und Unglück über die Menschen bringt.

Ähnliches zeigt sich bei den Schöpfungsmythen, die sich bei den Eskimo wie den Volksgruppen der Dene teilweise überschneiden. Bei allen gibt es Vorstellungen von einer dunklen Vorwelt, in welcher der Erste Mensch einem Gewächs entschlüpfte oder aus dem Boden kam, die Erde ringsum erst bewohnbar gemacht werden musste. Bei den Eskimo ist dieser Schöpfungsmythos allerdings sehr kursorisch geworden und wie aus ferner Erinnerung an eine Gedankenwelt vor der Thule-Kultur nacherzählt. Das legt einen gemeinsamen Nexus dieser Kosmogonie mit den 5000 Jahre alten Paläo-Eskimo nahe, aus denen die Gruppen der Dene hervorgingen – die später ihrerseits wieder mit den Neo-Eskimo der Thule-Kultur in Kontakt kamen. Bezeichnend für diese Amalgamierung mythischer Vorstellungen ist eine beim Kapitel über die Nördlichen Dene ausführlich zitierte Schöpfungsgeschichte, die am Fluss Noatak in Alaska erzählt wurde und sowohl von den Eskimo wie den Dene reklamiert werden kann.

Aus den archäologischen Funden lässt sich erschliessen, dass die Vorväter der heutigen Inuit und Eskimo ein animistisches Weltbild hatten, bei dem grossen Trommeln eine wichtige Rolle für schamanistische Rituale zukam, um Übernatürliches zu evozieren und mit ihm zu kommunizieren. Objekte wie Jagdwaffen besassen offenbar eine 'innere Form' – jene Art von 'Seele', die auch bei den Südlichen Dene noch eine prominente Rolle spielt. Und die Ornamentik verrät, dass ein essenzielles Element aller Kreaturen das Skelett ist, bei dem das Rückgrat hinauf zu den Augen die 'Lebenslinie' verkörpert – so wie wir dies weiter unten bei den Mythen um die Sonne finden.[12]

ARKTISCHE ASTRONOMIE

Am Äquator würde man im Laufe eines Jahres sämtliche Sterne der Himmelsphäre sehen, am Nordpol erblickt man jedoch bloss die Hälfte. Das zentralkanadische Iglulik – wo die meisten der Legenden hier aufgezeichnet wurden – liegt auf etwa 70° nördlicher Breite: Alle Sterne mit einer Deklination von 20° und mehr bleiben immer unter dem Horizont. Die Sterne von Scorpius, Sagittarius, Canis Maior oder der Milchstrasse sind deshalb nie alle zu sehen – was beispielsweise dazu führt, dass in der aus dem grönländischen Thule stammenden Variante der Legende zum Mondmann der Verweis auf den Sirius fehlt, da er dort nie aufgeht.

Erstaunlicherweise ist der Polarkreis, trotz der langen Finsternis des Winters, mehr Licht – Sonnen-, Mond- und Dämmerungslicht – ausgesetzt als der Äquator. Wird unter Tageslicht die Lichtmenge verstanden, die es braucht, um im Freien eine Zeitung lesen zu können, so gibt es am Pol 32 Wochen kontinuierliches Tageslicht und dazu 8 Wochen, wo es zeitweise vorhanden ist; was nur 80 Tage wirkliche Dunkelheit übriglässt. Bei den nördlichsten Eskimo bleibt die Sonne nur 16 Wochen pro Jahr unter dem Horizont, wovon nur 11 Wochen ohne Dämmerungslicht sind – während die Sonne im Winter 18 Wochen lang nicht untergeht.

Damit können die Sterne nur rund 3 Monate im Jahr beobachtet werden; doch während des langen arktischen Winters ist der Himmel meist diesig von Schneetreiben, Wolken, Eisnebel oder von der Aurora Borealis und dem Mondlicht erleuchtet. Selbst die Sterne tragen dazu bei, indem die Eisflächen ihr Funkeln zwei- bis dreimal stärker reflektieren als anderswo, um so selbst zur Lichtverschmutzung beizutragen. Sind klare Himmel somit selten, kommen noch die tiefen Temperaturen hinzu, sodass der Sternbeobachtung in der vermeintlich dafür günstigen Polarnacht mehr Hemmnisse als gewöhnlich entgegengesetzt sind: kaum eine Nacht von zwanzig, wo die Himmelsobjekte scharf zu sehen wären. Dennoch spielt der schwach sichtbare Alkor eine Rolle, werden in den Plejaden mehr Sterne als bei uns gesehen.

Sterne dienen als Markierungen von Zeit, sowohl was das Tageslicht wie die Saisonen betrifft, ein wenig auch der Navigation und zur Wettervorhersage, die sich auf Unterschiede in ihrer sichtbaren Grösse und ihr Funkeln stützt. Zugleich werden den Sternen magische Kräfte zugeschrieben, welche ein *Angakut* – ein Exorzist oder Schamane – zu nützen versteht.

Mit Ausnahme von Sonne, Mond und Planeten, fixiert sich die Astronomie der Eskimo auf sechzehn bis siebzehn Sternbilder – wobei von deren etwa 33 Einzelsternen, Sternhaufen oder Nebeln nur sechs oder sieben durch individuelle Namen ausgewiesen werden. Dann jedoch besitzen sie meist zwei Bezeichnungen: ihren Alltagsnamen sowie den literarischen Namen, mit dem ein Stern in einer Legende auftritt – so wird etwa aus dem 'Nachfolger' α Lyrae in der Geschichte *Ningiuraaluk*, 'Die Alte Frau'. Die Legende hat dabei Vorrang: Je nachdem, wo sie erzählt wird, werden die dramatis personae – wie in der Geschichte des 'Waisenknaben' Iliarjugaarjuk – einmal auf die Gürtelsterne des Orion, ein andermal auf Sterne von Bootes und Lyra oder aber auf Aquila übertragen. Dies erklärt, weshalb ein und dieselben Benennungen sich je nach Ort auf unterschiedliche Sterne beziehen.

Mit Ausnahme des in Ursa Maior gesehenen Karibus werden Tiere und Menschen nur in Einzelsternen personifiziert – analog zum Glauben, dass alle Sterne einst irdische, beseelte Lebewesen waren, die trotz der astralen Metamorphose ihre ursprüngliche Identität bewahrten. Die Sternnamen für Tiere oder Dinge, die auf *-juk* oder *-ttiaq* enden, weisen die wesenhafte Ähnlichkeit aus, die sie noch zu ihnen besitzen, indem sie 'ihren Geist haben'. Bei der Schilderung der Reise eines Schamanen ins Land der Toten kann er hören, wie ihm die Sterne nachpfeifen: Mit demselben 'Pfft-pfft' ist auch der Dank der Sterne zu vernehmen, wenn man sich ihres ursprünglichen Namens richtig erinnert.

Unbelebte Objekte hingegen werden nicht in Einzelsternen, sondern in Sterngruppen gesehen, deren Figuration eine Ähnlichkeit zu dem jeweiligen Ding, einem Schlitten etwa, suggeriert. Diese beiden komplementären Benennungsweisen von belebten Einzelsternen und unbelebten Sterngruppen haben eine Parallele in der Nomenklatur des arabischen Sternenhimmels. Dazwischen schiebt sich allerdings eine Kategorie von Namen wie 'Brustbein' und 'Schlüsselbein', die vielleicht mit der Grossfigur am Nachthimmel der Nördlichen Dene eine gemeinsame Wurzel aufweisen.

Farbe, Abstand und Reihenfolge von Sternen wirken sich auf ihre Deutung als Jäger, Eisbär, Wolf oder Hund aus, wobei sie in Gruppen eingebunden werden, die bei Menschen Gefährten oder enge Verwandte umfassen. Jedes Mal aber werden sie durch den Antrieb einer verzweifelten Verfolgung – die auf eine soziale Transgression hin erfolgt – in den Himmel versetzt: wie dies auch bei den Griechen der Fall ist.

MYTHOLOGISCHE KONTEXTE

So wie der Lebensunterhalt im Winter und im Sommer auf unterschiedliche Weise gewonnen wird, Meer und Land, Robben und Karibu sich gegenüberstehen, ist die Naturvorstellung von einer generellen Dichotomie geprägt, die auch die Rollen von Mann und Frau prägt.

Frauen werden eher dem Meer, seinem Getier und dem Winter zugerechnet, Männer eher dem Land, seinen Tieren und dem Sommer. Woraus männliches Jagd- und weibliches Handwerkzeug hergestellt ist, wird ebenso davon bestimmt wie die Ausrichtung von weiblichen oder männlichen Gräbern.[13]

Vergleichbar mit der Mythologie der nordsibirischen Tschuktschen, besitzt die Natur, selbst die dingliche, ein dem Menschen ähnliches Leben, das unterschiedliche Manifestationen aufweist: Ob am Himmel oder auf der Erde – beide können ineinander übergehen. Tierfährten in frischem Schnee, die scheinbar aus dem Nichts beginnen, werden so als vom Himmel gefallene Tiere gesehen, das gilt insbesondere für die Nördlichen Halsbandlemminge, die *Avingait Qilangmiut* – Himmels-Lemminge – genannt werden. Eine Art von Pilzen wiederum wird als 'Sternen-Scheisse' und eine Flechtenart als 'Sonnen-Harn' bezeichnet.

Ihre Existenz verdankt die über der Erde liegende Ebene des Himmlischen jedoch menschlicher Schwäche – Verbrechen und Tabubrüchen. So entstanden Sonne und Mond erst, nachdem sie ihre Mutter umgebracht und miteinander, wiewohl Schwester und Bruder, Inzest begangen hatten, um darüber ihre menschliche Existenz zu verlieren. Seither wacht der Geist des Mondes über die komplexen Tabus, welche das Verhältnis zwischen den Menschen und den anderen Wesen und Geistern der Welt regeln: Ob sie eingehalten oder gebrochen werden, bestimmt in einer Kette von Ursachen und Wirkungen, was an Gutem oder Bösem geschieht.

Vorzeitliche Stätten geben Anlass zur Schöpfungsgeschichte eines Inuit-Volkes, das nicht nur hier Parallelen mit den beiden Ersten Menschen der Dene und ihren demiurgischen Funktionen aufweist.

DIE ERSCHAFFUNG DER MENSCHHEIT

"In Iglulik waren die ersten Leute als Aakulukjuusi und Uumarniituq bekannt. Andere Menschen gab es keine ... Aakulukjuusi wurde der Name *Nunaliuqti*, 'Erschaffer der Erde', gegeben. Aakulukjuusi und Uumarniituq wurden geschaffen, damit sie Kinder zeugten. Zu der Zeit hatte das Land noch nie einen Winter erlebt.
Die Aakulukjuusi und Uumarniituq geborenen Kinder starben nie, so wurde Igluliks Bevölkerung gross und die ganze Insel wurde von Menschen überrannt. Das ist der Grund, weshalb es auf der Insel viele Zeichen einer Besiedlung gibt, besonders auf den Hügelspitzen, wo man Zeltringe sehen kann. Die Insel wurde so überlaufen, dass es schwerer und schwerer wurde, einen Platz zum Leben zu finden ... und die Leute sich gegenseitig zu den Grenzen des Strandes zu drängen begannen. Nahrung jedoch gab es reichlich, weil der Winter noch nicht eingesetzt hatte und die Menschen keine Kälte kannten ...
Ein Mann, der keinen Platz fand, schrie: '*Tuqu! Tuqu! Tuqu! Unata! Unata! Unata!* – Tod! Tod! Tod! Kampf! Kampf! Kampf!' Er wollte den Tod, weil es keinen Platz mehr gab: Das Land war zu dicht besiedelt.
Sobald er diese Worte ausgestossen hatte, antwortete einer, der ihn gehört hatte: '*Tuqujuunatigllu, unatajuunatigllu!* Es soll keinen Tod geben, es soll keinen Kampf geben!' Doch er konnte sich nicht durchsetzen, weil er als zweiter gesprochen hatte, nach dem, der zuerst nach dem Tod gerufen hatte. Und so begannen die Menschen zu sterben; auch wurden sie anfällig für Krankheiten und der Winter setzte ein.
Von der Zeit an jedoch war die Insel von Iglulik nicht mehr länger überlaufen."[14]

Solche Vorstellungen werden weniger als Glaube aufgefasst, dem in den traditionellen Gesellschaften der Eskimo wenig Raum zukommt, denn als Furcht: "Wir fürchten den Wettergeist der Erde, gegen den wir kämpfen müssen, um unsere Nahrung dem Land und dem Meer abzuringen. Wir fürchten ihn als Sila ... Wir fürchten Takanakapsaalu, die grosse Frau unten am Meeresboden, die über alle wilden Tiere der See herrscht. Wir haben Angst vor den Krankheiten, die täglich um uns sind: nicht vor dem Tod, sondern vor dem Leiden. Wir fürchten die bösen Geister des Lebens, jene der Luft, des Meeres und der Erde, derer sich böse Exorzisten bedienen, um Menschen rundum zu schaden. Wir fürchten die Seelen toter Menschen und Tiere, die wir getötet haben."[15]

Im Nordwesten Grönlands fiel die Antwort auf die Glaubensfrage positiver aus: "Wir glauben unseren Angakut [Exorzisten und Schamanen] und glauben an sie, weil wir lange leben wollen. Wir halten die alten Bräuche ein, um die Welt aufrechtzuerhalten – denn die Mächte dürfen nicht beleidigt werden."[16]

Diese Bräuche samt den Erklärungen für sie, mit denen die Legenden einmal versehen waren, verlieren sich jedoch seither ebenso schnell wie das Eis nun an den Polkappen schmilzt und verschwindet.

KOSMOLOGISCHE UND KOSMOGONISCHE VORSTELLUNGEN

Im Weltbild der Eskimo steht die Erde – *Nunarjuaq* – in der Mitte der Welt, ohne sich zu drehen, da der Sternenhimmel dies tut. Sie ist keine Kugel – andernfalls wäre all das Wasser, so die mythische Überlegung, längst abgeronnen. Sie muss also eine flache Scheibe sein, die – wie die Bewegungen des Wassers über unterschiedliche Tiefen und Flächen verrät – eine beträchtlicher Dicke aufweist. Ihr Durchmesser ist so gross, dass man ihren Rand gerade einmal im Laufe seines ganzen Lebens zur Hälfte abwandern kann: wie dies einzelne Legenden, besonders bei den Nördlichen Dene, auch erzählen.

Eine eigenständig bei den Eskimo überlieferte Variante des Sonne-Mond-Mythos trägt diese Überlegungen vor: "Die Verfolgungsjagd zwischen ihnen zog sich lange hin. Schliesslich kamen sie am Ende der Erde an. Sie schritt ins Leere und begann zu schweben. Er folgte ihr dennoch. So wurde sie bald einmal die Sonne und er der Mond: die sich weiterhin verfolgen. Das beweist uns, dass die Erde flach ist."[17]

Auch von nicht mehr zurückgekehrten Robbenjägern heisst es, dass sie über den Erdrand gefallen seien. Bei den Inuit in Labrador wird die flache Erdscheibe von steil aufragenden Wänden eingeschlossen, die verhindern, dass Lebewesen in die jenseitige Region gelangen.

Die eigentliche Schöpfungsgeschichte der Eskimo hingegen weist mehrere Parallelen mit jener der Dene auf, die ebenfalls von einer ersten dunklen Welt, von aus Pflanzen gefallenen Ersten Menschen und der allmählichen Verwandlung der Natur in ihre heutige Form erzählt.

Bei diesem Mythos, 1908 in Grönland aufgezeichnet, stellt nur die vom Himmel herabgefallene Erde ein nicht von den Dene übernommenes Motiv dar:

DIE GRÖNLÄNDISCHE SCHÖPFUNGSGESCHICHTE

"Unsere Vorväter haben viel vom Entstehen der Erde erzählt, damals, vor langer, langer Zeit. Sie konnten die Worte nicht in Strichen verstecken wie später die weissen Männer. Sie erzählten nur, die Menschen, die damals lebten. Sie erzählten von vielen Dingen. Und darum sind wir nicht unwissend. Alte Frauen reden nicht einfach so dahin, und wir glauben ihnen: Im Alter gibt es keine Lüge.

Damals, vor langer Zeit, als die Erde erschaffen wurde, fiel sie von oben – als Erdreich, Hügel und Steine – vom Himmel herab; so entstand die Welt. Und als die Welt erschaffen war, kamen die Menschen. Es heisst, dass sie aus der Erde kamen. Die Babys kamen aus der Erde. Sie kamen aus den Weidenbüschen und waren mit Weidenblättern bedeckt. Sie lagen da einfach mit geschlossenen Augen ausgestreckt unter den Zwergweiden; sie konnten noch nicht einmal herumkrabbeln. Und ihre Nahrung erhielten sie von der Erde.

Dann gibt es da eine Geschichte von Mann und Frau; doch wie wurden die erschaffen? Das ist ein Rätsel – wann haben sie sich gefunden, und wann wurden sie erwachsen? Ich weiss es nicht. Aber die Frau machte Babykleider und wanderte herum. Sie fand die Babys, zog sie an und brachte sie nach Hause.

Aus diesem Grund gibt es so viele Menschen.

Kaum dass es so viele waren, wollten sie Hunde. Und ein Mann ging nach draussen mit einem Hundegeschirr in der Hand, begann auf den Boden zu stampfen und rief: 'Hok, Hok, Hok!' Dann sprangen die Hunde aus kleinen Hügeln heraus. Und sie schüttelten sich, weil sie voller Sand waren. So kamen die Menschen zu den Hunden.

Aber die Menschen wurden mehr; wurden immer zahlreicher. Sie kannten noch keinen Tod, damals vor langer Zeit, und wurden sehr alt; schliesslich konnten sie nicht mehr gehen; sie wurden blind und mussten sich niederlegen.

Sie kannten auch noch keine Sonne; sie lebten im Dunkeln, ohne dass das Tageslicht jemals angebrochen wäre. Licht gab es nur in den Häusern; da verbrannten sie in ihren Lampen Wasser, weil man Wasser damals noch anzünden konnte.

Die Leute aber, die nicht wussten, wie sterben, wurden immer mehr; sie überfüllten die Erde – und dann kam eine mächtige Flut. Viele ertranken, und so gab es weniger Menschen. Die Spuren dieser Flut findet man an der Spitze von hohen Hügeln, wo man oft Muscheln findet.

Als es dann weniger Menschen gab, redeten eines Tages zwei alte Frauen miteinander. 'Wenn wir schon ohne den Tod leben können, dann lass uns auch ohne Tageslicht leben', sagte die eine; zweifellos hatte sie Angst vor dem Tod. 'Nein!', sagte die andere, 'lass uns sowohl das Licht wie den Tod haben.'
Kaum dass die alte Frau die Worte gesagt hatte, geschah es – das Licht kam, und mit ihm der Tod.
Als der Erste Mensch starb, heisst es, bedeckte man seinen Leichnam mit Steinen. Aber der Körper kam zurück; er verstand noch nicht richtig zu sterben. Er streckte den Kopf aus seinem steinernen Schlafplatz und versuchte, aufzustehen. Doch eine alte Frau drückte ihn wieder zurück. 'Wir müssen genug mit uns herumschleifen, und die Schlitten sind klein!' Sie waren ja gerade dabei, musst du wissen, sich auf eine Robbenjagd aufzumachen. Und so musste der Leichnam wieder in sein Steingrab zurück.
Da die Menschen da schon Licht hatten, konnten sie auf lange Robbenjagd-Expeditionen gehen und mussten keine Erde mehr essen.
Und mit dem Tod kamen die Sonne, der Mond und die Sterne. Denn wenn die Menschen sterben, gehen sie in den Himmel hinauf und beginnen dort zu leuchten."[18]

Eine 1930 aufgezeichnete Schöpfungslegende aus der zentralen Arktis Kanadas erzählt hingegen, dass der Hase das Licht entstehen liess.

EINE ZENTRALARKTISCHE SCHÖPFUNGSGESCHICHTE

"In den allerersten Zeiten gab es kein Licht auf der Erde. Alles lag im Dunkeln; es war weder das Land noch das Getier zu sehen. Und trotzdem lebten Menschen und Tiere da schon auf der Erde; doch war da noch kein Unterschied zwischen ihnen. Sie lebten und vermischten sich: Ein Mensch konnte ein Tier werden und ein Tier ein menschliches Wesen. Es gab Wölfe, Bären und Füchse, doch sobald sie sich in Menschen verwandelten, wurden sie alle gleich. Sie hatten vielleicht unterschiedliche Gewohnheiten, aber sie alle sprachen dieselbe Sprache, lebten in gleichen Häusern und redeten und jagten auf die gleiche Weise.
So lebten sie damals hier auf der Erde in den allerfrühesten Zeiten, Zeiten, die heute keiner mehr versteht. Das war die Zeit, als Zauberworte geschaffen wurden. Ein zufällig ausgesprochenes Wort konnte so plötzlich machtvoll werden, und was die Menschen wollten, dass es geschehe, geschah, und niemand konnte erklären, wieso.
Von diesen Zeiten, da jeder mit jedem nach Lust und Laune vögeln konnte, sie manchmal Tiere und manchmal Menschen waren und es noch keinen Unterschied zwischen ihnen gab, ist noch ein Gespräch zwischen einem Fuchs und einem Hasen überliefert:
'*Taaq, Taaq, Taaq!* Dunkel, Dunkel, Dunkel!', sagte der Fuchs. Er mochte das Dunkel, um aus den Verstecken der Menschen etwas zu stehlen.
'*Ulluq, Ulluq, Ulluq!* Tag, Tag, Tag!', sagte der Hase. Er wollte das Licht des Tages, um eine Stelle zum Fressen zu finden.
Und plötzlich wurde es so, wie der Hase es sich gewünscht hatte; seine Worte waren die mächtigsten.
Der Tag kam und ersetzte die Nacht, und wenn die Nacht gegangen war, kam der Tag wieder. Und Licht und Dunkel wechselten einander ab."[19]

Bei den Nattilingmiut ('Netsilik') der Zentralarktis wird ein Mythos erzählt, der in seiner sehr verschliffenen Form ebenfalls noch etwas von dem Weltschöpfungsmythos bewahrt hat, den die Südlichen Dene noch in allem Detailreichtum erzählen: "Es gab einmal eine Welt vor dieser, und darin lebten Leute, die nicht von unserem Stamm waren. Doch die Pfeiler der Erde stürzten ein und alles wurde zerstört. Und die Welt wurde Leere. Dann wuchsen zwei Menschen aus einem Erdhügel. Sie waren geboren und zugleich voll ausgewachsen. Ein Zauberlied verwandelte den einen in eine Frau, und so bekamen sie Kinder. Diese waren unsere frühesten Vorväter und all die Länder wurden von ihren Nachkommen bevölkert."[20]

Auch in Grönland ist die Vorstellung nachweisbar, dass die Erde auf Pfosten ruht, die aber so alt und morsch sind, dass sie öfters brechen; sie wären schon lange versunken, wenn sie die Angatkuit [die Exorzisten] nicht dauernd reparieren würden, die manchmal ein morsches Stück davon mitbringen als Beweis ihres wichtigen

Dienstes. Ihrer Astronomie gemäss ruht das Firmament auf einem hohen, spitzen Hügel im Norden, der die Mitte ist, um die es sich dreht.[21]

Am Coronation Gulf im Westen hingegen wurden von Menschen der ältesten Zeit zwei Pfosten errichtet, um den Himmel oben zu halten; sie wurden jedoch von Totengeistern umgestürzt, sodass der Himmel herabkam und viele Eskimo erschlug, bis sie von neuem wieder aufgerichtet werden konnten.

Über wie unter der Erdscheibe gibt es mehrere Ebenen oder Wölbungen, zu denen ein Schamane bei seiner Reise gelangen kann; indem er die Erde durchdringt, kommt er so auch in Unterwelten, die eigene Himmel besitzen. Zu diesen jenseitigen Welten gehört das Land des Mondgeistes, Vogelland, und das von Seefrau regierte Unterseeland. Der Nachthimmel selbst ist eine Spiegelung des Festlandes, an dem der Mondgeist seinen Schlitten über glattes Eis (den klaren Himmel) oder trügerische Schneefelder (Wolken) lenkt.[22]

Alles, was die Erde unterhalb des Himmels umschliesst – Luft, Wind, Wetter und Phänomene wie Nordlichter oder Regenbogen – wird *Sila*, 'Himmelsfrau', genannt. Sila ist ein "grosser, gefährlicher und göttlicher Geist", der "irgendwo 'oben in der Luft' lebt, im Universum draussen, zwischen Himmel und Meer über der Erde schwebend; von dort droht sie der Menschheit mit den mächtigen Kräften der Natur, Wind und Wogen, Regen und Schneesturm."[23] Diese Personifizierung des lebensbestimmenden Wetters wird – mit der Benennung eines Raums und den Anzeigungen einer wesenhaften Intelligenz verbunden – zusammen in dem Begriff *Silajjuaq* ausgedrückt: Als etwas, das das Leben erhält, und Geist und Seele, den Horizont und seine Grenzen definiert, um Nahes und Fernes, Makro- und Mikrokosmos übereinzubringen.[24] "Ein wahrer Inuit musste stets auf Sila achten und wachsam bleiben. Das war deshalb so wichtig, weil wir unser Leben nicht unnötig in Gefahr bringen sollten. Das Leben eines Menschen war wertvoll und sollte nicht aus Sorglosigkeit verloren gehen, weshalb man uns sagte, dass wir stets wachsam bleiben sollten."[25]

Praktisch drückt sich dies so aus: "Nach dem Anziehen mussten wir morgens sofort ins Freie, um zu sehen, wie der Himmel aussieht, welche Wolken sich gebildet haben und wo die Sterne stehen."[26]

KALENDARISCHES

Die Sterne erlauben, wie die Zyklen von Sonne und Mond, eine von vier Unterteilungsmöglichkeiten eines Jahres; die anderen drei werden von der Migration der Tiere und Orientierungspunkten im Leben eines Menschen, seiner Familie und der Gemeinschaft bestimmt, die sich allesamt der mythischen Zeit vom Anbeginn allen Lebens her einschreiben. Einen von den jeweiligen Bezugspunkten abstrahierten Begriff von Zeit an sich gibt es jedoch in der Sprache der Eskimo nicht.

Der gebräuchliche Kalender gibt eine ökologische Zeit wieder, indem die wechselnden Jahreszeiten – die Rückkehr der Sonne, das Nisten der Vögel, das Aufbrechen des Meereises usw. – die täglichen Aktivitäten, das Nahrungsangebot und den Wohnort bestimmen. Bis in die moderne Zeit hinein wurde er in 13 Mondmonate unterteilt. Die Synchronisation mit dem Sonnenjahr geschah auf dieselbe Weise wie bei den alten Römern: indem man jene Tage, in denen es kaum etwas zu tun gab, flexibel zählte. Das unternahm man im ersten und zweiten Wintermonat, die gleich dunkel, kalt und für die Jagd schwierig waren: In diesen 45, auch *Tauvikjuaq*, 'Grosse Dunkelheit', genannten sonnenlosen Tagen des Mittwinters wurde eine Lunation dann nicht gezählt. Die Zeit kam währenddessen, wie die Natur auch, gleichsam zum Stillstand: sodass der Kalender wieder mit dem ersten Neumond des Jahres beginnen konnte – *Siqinnaarut*, dem Mond der wiederkehrenden Sonne.

Der folgende Mondkalender, bei dem Phänomene des Himmels mit denen der Natur und Umwelt abgeglichen werden, gilt für die Inglulingmiut im kanadischen Iglulik:

Ukiuq – Winter

1. Tauvikjuaq, 'Die Grosse Dunkelheit': unser Dezember | Januar. Anfang des Monats beginnt die sonnenlose Zeit. Vor der Dämmerung zeigten sich dann die Aagjuuk-Sterne im Nordosten und die Akuttujuuk-Sterne abends im Westen, und in manchen Jahren gibt es einen zirkumpolaren Mond. Das Fest der Erneuerung – Tivajuut – wird nach dem ersten Erscheinen der Aagjuuk veranstaltet; Robben werden gejagt.

2. Siqinnaarut, 'Sonne ist möglich': unser Januar | Februar. Die Aagjuuk-Sterne sind Mitte Januar in der Morgendämmerung zu sehen; Sonne und Mond wetteifern miteinander; die Sonne steigt über den Horizont. Neues Eis formt sich am Rand des Festeises, auf dem Ringelrobben an ihren Atemlöchern gejagt werden. Schnurspiele sind tabu, damit sich die Sonne nicht darin verheddert und wieder untergeht; stattdessen wird Ajaraaq gespielt, bei dem man hohle Knöchelchen aufzuspiessen versucht.

3. Qangattaasan, 'Sie [die Sonne] steigt höher': unser Februar | März. Der Name bezieht sich auch auf die entstehenden Schneekegel über den Atemlöchern der Ringelrobben. Der Monat wird auch Akurlungnag genannt, was sich auf den Frost bezieht, der sich in diesem kältesten Monat zwischen den inneren und äusseren Schichten des hinteren Schosses einer Parka aus Karibufell (Aku) bildet. Die Sonne steigt höher. Walrösser wandern zum Festlandeis; an den Atemlöchern werden nur Bartrobben gejagt. Wintercamps werden nun auf dem Meereis für die Jagd errichtet.

Upirngaksajaaq – Zum Frühlingsanfang hin

4. Avunniit, 'Frühgeburt der Ringelrobbenjungen': unser März | April, um die Tagundnachtgleiche. Der Schnee ist nun gut für schnelle und lange Schlittenfahrten.

Upirngaksaaq – Frühlingsanfang

5. Nattian, 'Robbenjungen': unser April | Mai, wenn die Tage und das Zwielicht länger werden und die Sterne nicht mehr zu sehen sind. Es kommt zu vermehrtem Schneefall und Ringelrobbenjunge kommen zur Welt. Die Robben werden nun gejagt, indem man einen Anzeiger ins Atemloch hängt; man kann erstmals wieder Anauligaaq spielen, eine Art Baseball.

Upirngaaq – Frühling

6. Tirigluit, 'Bartrobbenjunge': unser Mai | Juni, wenn die Sonne dauernd über dem Horizont bleibt. Die Jungen der Bartrobben werden geboren und die Zugvögel – Schnee-Eulen, Ammern, Schneegänse – kommen. Der Schnee ist zu weich zum Iglubauen; die Iglu und Häuser aus Soden werden nun verlassen und Zelte aufgestellt, die sich in der Sonne räkelnden Robben gejagt.

7. Nurrait, 'Karibukälber': der Anfang unseres Juni um die Sommersonnenwende, wenn die Sonne nicht mehr untergeht und die Schneeschmelze beginnt. Die Rentiere bringen ihre Kälber zur Welt; die Zugvögel sind alle angekommen; es friert zum letzten Mal vor dem jährlichen Auftauen. Die Kinder spielen Aattaujaq, ein Fangenspiel mit dem Ball.

8. Mannuit, 'Eier': das Ende unseres Juni und Anfang Juli, wenn die Sonne weiterhin dauernd über dem Horizont steht, die Zugvögel zu nisten beginnen; ihre Eier werden nun gesammelt, Eiderenten geködert und die sich sonnenden Robben gejagt.

Aujaq – Sommer

9. Saggaruut, 'Karibufellwechsel': unser Juli | August, wenn die Sonne erstmals wieder untergeht und das Meereis aufbricht. Die Karibus verlieren ihre Felle, die Eisenten wechseln ihr winterliches Federkleid und auch die Hummeln verlieren ihre Haare. Die Robben werden bei ihrer Häutung gejagt und ihre Haut wird zur Herstellung von Zelten verwendet.

10. Akullirut, 'Das Karibufell wird dicker': der zweite Monat des Sommers im August | September, wenn das Zwielicht zurückkehrt und die ersten Sterne wieder sichtbar werden. Das Meer ist nun eisfrei. Die lang behaarten Griffel des Silberwurzes entrollen sich. Im Inland werden die Karibus gejagt, deren Fell jetzt ideal für die Winterkleidung ist; am offenen Meer werden Robben, Beluga- und Narwale gejagt.

Ukiaksajaaq – Zum Herbstanfang hin

11. Amiraijaut, 'Der Bast löst sich von den Karibugeweihen': unser September | Oktober um die Tagundnachtgleiche. Die Karibus verlieren den Bast von ihrem Geweih und die knöchernen Auswüchse des Vierhörnigen Seeskorpion-Fisches schälen sich; morgens bildet sich schwerer Tau, Eis formt sich in kleinen Pfützen und der Schnee häuft sich. Im Inland wird die Jagd auf Rentiere, insbesondere die Bullen, fortgesetzt; deren Fell ist nun ideal für Bettzeug.

Ukiaqsaaq – Herbst

12. Ukiuluirut, 'Winter beginnt': unser Oktober | November. Die Karibus paaren sich, die Seesaiblinge laichen, Meereis beginnt sich zu bilden. Die Eskimo begeben sich in ihre Winterquartiere; gefischt wird durch das dünne Eis auf den Seen.

Ukiaq – Frühwinter

13. Tusartuut, 'Horchen [auf die Neuigkeiten aus dem Nachbarlager]': unser November | Dezember, wenn das Sonnenlicht sich auf wenige Stunden zu Mittag beschränkt. Das Meer bedeckt sich nun mit Eis. Die Fahrten mit den Hundeschlitten an Land und auf dem Meereis beginnen, Robben werden gejagt und Fallen für die Füchse aufgestellt; Blubber wird als Brennstoff für den Winter eingelagert und das Nähen der neuen Winterkleidung aus Karibufell muss vor dem Einsetzen der Polarnacht beendet sein.

Jeder Tag-Nacht-Zyklus wird in 10 Segmente von unterschiedlicher Länge unterteilt. Die eine Hälfte dieser 'Stunden' bezieht ihre Namen vom Wort 'Tag', *Ulluq*, die andere von *Unnuk*, 'Nacht'. Mit Ausnahme des Mittags, *Ullulluaq*, sind diese Segmente unabhängig von der Position der Sonne. Ullaaq beispielsweise – der Teil des Morgens, wo die Tagesaktivitäten längst im Gang sind – behält seine Relation zu dem voran- und dem vorausgehenden Segment, *Ullaaraarjuk* bzw. *Ullaaqpasik*, unabhängig davon, ob nun Polarnacht, Dämmerung oder Tageslicht herrscht. Die 'Stunden' um den Mittag und nach Sonnenuntergang sind am kürzesten; am längsten sind die Perioden nach der Dämmerung bis um Mitternacht sowie die Periode der Morgenarbeit. Der Wechsel von Nacht zu Tag wird sehr früh morgens angesetzt.

Heute leben 47 000 Inuit in der kanadischen Arktis, die fünf verschiedene Dialekte des Inuktut sprechen und neun unterschiedliche, von Missionaren ab dem 18. Jahrhundert entworfene Silbenschriften verwenden; was sich erst mit der jüngsten Einigung auf ein einheitliches alphabetisches Schriftsystem ändern wird. Mittlerweile hat jedoch die eigene Kultur auch dadurch viel an Boden an die anglosächsisch-westliche verloren, so wie auch das Wissen um die eigenen Sternlegenden verloren zu gehen droht.

John MacDonald, der in Iglulik lebte und das dortige Forschungszentrum über die Kultur der Inuit leitete, hat die in der Region kursierenden Legenden aufgezeichnet und die alten Zeugnisse der Sternenkunde der Eskimo von der Beringstrasse bis nach Grönland gesammelt und aufbereitet. Sein *Arctic Sky – Inuit Astronomy, Star Lore and Legend* aus dem Jahr 2000 ist das vorbildlichste Werk über die Ethno-Astronomie einer Kultur. Eigene Recherchen konnten dem nicht allzu viel hinzufügen. Die folgenden Eintragungen beruhen deshalb zur Gänze auf den Studien MacDonalds: der sich über diese Aufarbeitung und Verbreitung freut.

I HIMMEL UND MILCHSTRASSE

Himmel

QILAK

Die Etymologie des Namens ist unklar; er erinnert jedoch an *Qilauti*, die traditionelle, wie ein Tamburin geformte grosse Trommel der Schamanen.[27]

Der Himmel wird meist als immense Wölbung aus hartem Material aufgefasst, der von Ost nach West länger ist als von Nord nach Süd. Er besteht aus mehreren Ebenen. In Alaska wird er als Land gesehen, das "der Erde ähnlich ist, ausser, dass das Gras nach unten hängend wächst und voller Schnee ist": Der Wind, der über dieses schneebedeckte Gras weht, ruft die Schneestürme auf der Erde unten hervor.[28]

Durchbrochen ist der Himmel, oder zumindest eine einzelne Schicht davon, von Löchern, wie die folgende Legende illustriert: "Zwei Männer kamen zu einem Loch im Himmel. Der eine bat den anderen, ihm beim Hinaufsteigen zu helfen; wenn er das täte, würde er ihm danach ebenfalls hochhelfen. Sein Kamerad half ihm hinauf, kaum aber, dass er oben war, schrie er vor lauter Freude, vergass seinen Kameraden und lief in den Himmel hinein.

Dem anderen gelang es gerade einmal über den Rand des Loches zu schielen; drinnen war es voller Federn. Doch es war so schön im Himmel, dass der Mann, der über den Rand hinausgeschaut hatte, alles vergessen hatte, auch seinen Kameraden, dem er versprochen hatte, ihn hinaufzuziehen, um stattdessen hinein in den ganzen Glanz des Himmels zu rennen."[29]

Ähnliche Vorstellungen gibt es bei Eskimo der Beringsee, die an fünf himmlische Reiche über der Erde glauben. Davon erzählt der Bericht eines Exorzisten, der an einem warmen Tag auf einem Hügel ausserhalb des Dorfes bei Nachteinbruch einschläft: "Im Schlaf sah er die Luft sich mit Sternschnuppen füllen, und dann sank der Himmel auf ihn zu, bis er schliesslich auf der Hügelkuppe zu liegen kam, so nah, dass er kaum noch Platz hatte, sich zu bewegen. Sich umschauend sah er, dass jeder Stern in Wirklichkeit ein rundes Loch im Himmel war, durch das Licht von oben schien. Er richtete sich auf, steckte seinen Kopf durch das Loch, das ihm am nächsten war, und erblickte einen anderen Himmel mit vielen Sternen, der über dem ersten leuchtete. Während er sich umsah, sank dieser Himmel langsam herab, bis er seinen Kopf durch eines der Sternenlöcher darin stecken konnte: Und darüber strahlten die Sterne in einem weiteren Himmel. Und auch der sank langsam herab. Als er dann aufstand, befand er sich darauf bis zur Brust im dritten Himmel und in der Nähe war ein Kashim [Tanzhaus], umgeben von einem Dorf wie jenes, in dem er lebte."[30]

In Iglulik glaubt man traditionellerweise, "dass Menschen nach ihrem Tod in den Himmel steigen, insbesondere in die Region um den Mond; aber es gab auch welche, die zu einem Bereich auf halbem Weg zwischen Himmel und Erde gingen. ... Die Ertrunkenen jedoch kommen in die Unterwelt, heisst es. Die anderen, die sterben, gehen zu einem Ort unterhalb des Mordopfern vorbehaltenen Bereichs, wo sie glücklich sind, wenn auch nicht so, wie jene über ihnen. ... Es gibt verschiedene Schichten von Himmel und jede wird eigens besetzt. Und von der Unterwelt heisst es, dass es eine eigene Welt ist, wo es einen Himmel wie diesen über unserer Welt gibt."[31]

Hingegen kommen die Geister von Frauen, die beim Gebären an Blutverlust starben oder umgebracht wurden, zu den Nordlichtern, die eher dem Luftraum der Sila als dem Himmel angehören. Menschen, die an einer Krankheit gestorben sind, welche auch daher rühren kann, dass sie andere häufiger beraubt haben, kommen dagegen in eine der Unterweltsregionen. Die Art des Todes wird oft als Ergebnis der Lebensweise auf Erden gesehen: Sie bestimmt, in welche Region der Geist eines Verstorbenen gelangt.

Diese traditionellen Vorstellungen wurden inzwischen eng mit christlichen vermischt; der Glaube an eine Bestrafung nach dem Tod gehört jedoch nicht zur Vorstellungswelt der Eskimo.

M 31–34

Stern

ULLURIAQ

Die Etymologie für Sterne – *Ulluriat* – ist unklar; ihr Name verweist jedoch auf den 'Tag', *Ullu*. Einen Begriff wie 'Sternbild' gibt es nicht; welche Sterne in eine Gruppe gehören, wird über die einzelnen, mit ihnen verknüpften Legenden definiert.[32]

Die ostgrönländischen Amangassalik "sagen, dass die Sterne so gross sind wie das Fell einer Sattelrobbe"; diese wird etwa 1,8 m lang. Denselben Grössenvergleich gibt es auch bei den Caribou-Eskimo und den Inuit der westlichen Hudson Bay.

Ebenso weit verbreitet ist die Vorstellung, dass diese robbengrossen Sterne eigentlich Löcher sind. Dies gilt selbst noch für die nordsibirischen Tschuktschen und Korjaken, die den Polarstern "Himmelsloch" nennen, oder in der östlichen Arktis Kanadas, wo die Sterne als "kleine Löcher im Boden der oberen Welt" gesehen werden, "die funkeln, weil die Geister der oberen Welt daran vorbeigehen oder weil der Wind bläst".

In Nordwestgrönland und der östlichen Arktis gibt es auch die Vorstellung, dass Sterne die Geister von Verstorbenen sind: "Wenn ein Mensch stirbt, löst sich sein Geist aus dem Körper und wird ein Stern, der dann über jene wacht, die er zurückgelassen hat. Da es nur wenige Eskimo, aber zahllose Sterne gibt, müssen diese die Geister der weissen Menschen sein, die in weit entfernten Ländern gestorben sind." Die Sterne sind die Augen dieser Geister; ihr Funkeln "rührt von dem Zwinkern eines Augenlids".

In Ostgrönland hingegen sind die Sterne Funken der Fackel, die zu verlöschen droht, mit der der Mond seine Schwester, die Sonne, verfolgt: "Er bläst auf sie, um sie wieder anzufachen, weshalb Funken in alle Richtungen fliegen; diese verwandeln sich dann in Sterne."

In Kotzebue, Alaska, galten die Sterne hingegen als kleine, runde, nachts aufleuchtende Seen.

Allgemein wird angenommen, dass sich die Sterne schneller drehen, sobald das Frühjahr naht, "um so das [länger werdende] Tageslicht einzuholen".

Jene Sterne, die zur Markierung der Zeit, insbesondere der Morgendämmerung dienen, werden kollektiv *Qausiut* genannt: 'Tageslichtzeiger'. Ihre Position am Himmel – die meist mit einem Blick durch ein Loch im Iglu festgestellt wird – zeigt an, wann die Tagesarbeit zu beginnen hat. Je nach Region werden dazu andere Sternbilder herangezogen.

Die Ullaktut – die Sterne des Oriongürtels – markieren hingegen den Abend: "Wenn sie zuerst [am Abend] erscheinen, sind sie schräg; wenn sie sich dann aufrichten, ist es Zeit, ins Bett zu gehen". Ähnliches gilt in Alaska für die Plejaden.

M 33–34, 38–40 und 199–201

Milchstrasse

AVIGUTI – DER TRENNER

Dies ist der Name der Milchstrasse in Iglulik, wo sie allerdings aufgrund von Nordlichtern, Mondlicht, Eiskristallen in der Luft und sonstigen Wetterverhältnissen nur selten klar zu sehen ist; zudem liegt ihr Zentrum bei Sagittarius stets unter dem Horizont. Deshalb spielt sie am Himmel keine grosse Rolle und wird nur selten erwähnt: "Ich habe gehört, dass sie *Aviguti* heisst – Trenner der Winde. Dort prallen die Winde aufeinander ... und setzen die starken Winde sich durch. Die wolkenförmige Masse [der Milchstrasse] ist nicht stabil; sieht man, dass sie sich leicht in eine Richtung bewegt hat, heisst das, dass der Wind eine Zeit lang in diese Richtung wehen wird."

QILAUP SIVDLIA – DIE BAUCHLINIE
KOPPUT – DER LÄNGSSTREIFEN

In Westgrönland sieht man die Milchstrasse als "Mittellinie am Bauch eines Tieres, wo es ausgeweidet wird", in Labrador und Nord-Quebec als "länglichen Streifen".

TANGLURALLET – DIE SCHNEESCHUHSPUR

Diese Vorstellung ist an der Beringstrasse fest mit den Mythen um die Schelmenfigur Rabe verbunden; sie geht auf Traditionen zurück, die von den Dene im Binnenland Alaskas und ihren Vorvätern verbreitet wurden. So sehen die Yupik an der Beringstrasse – und ähnlich die Eskimo am Norton Sound – die Milchstrasse als "Fährte, welche die Schneeschuhe eines Raben hinterliessen, als er auf einer seiner Reisen über den Himmel ging, zu der Zeit, als er die Bewohner der Erde schuf".

Bei den mittelsibirischen Keten, den engsten noch lebenden Verwandten der Dene, gilt die Milchstrasse als der Weg, den ihr Kulturheld Alba hinterlassen hat.

M 91 und F 47

II URSA MINOR, MAIOR UND CASSIOPEIA

α Ursae Minoris

NUUTTUITTUQ – DER SICH NIE BEWEGER

Dialektale Varianten des Namens sind *Nikitsuituq*, 'Der Unbewegliche', und *Suqusuittuq*, 'Der Unwandelbare'. In Iglulik ist auch der Plural – *Nuuttuittut* – gebräuchlich; er schliesst da auch β und γ Ursae Minoris ein.

"Der *Nuuttuittuq* genannte Stern machte mich neugierig. Deshalb steckte ich eine Harpune in die Leeseite unseres Uquutaq [Windbrechers aus Schnee], die auf diesen Stern zielte, um zu sehen, ob er sich bewegt. Am Morgen sah ich nach und merkte, dass Tukturjuit [Ursa Maior] seine Position völlig geändert hatte, die Harpune aber immer noch auf diesen Stern zeigte. Ich hatte den unbeweglichen Stern entdeckt, *Nuuttuittuq*!"

"Da ist ein Stern, der direkt über uns zu stehen scheint, aber ein wenig im Norden. Ich denke, er liegt mitten in der [den Himmel einschliessenden Lebenswelt] Sila, denn er bewegt sich nicht wie die anderen. Er hat immer schon nachts zur Navigation gedient. Man konnte ihn verwenden, wenn man auf dem Treibeis am Rand der Eisschollen weggetragen wurde. Du kannst mit ihm die Position des Landes oder des Festlandeises bestimmen. Jeder weiss, dass die Qallunaat ihn benützten, wenn sie über den grossen Ozean segelten; man sagt, dass er ihr einziges Navigationsmittel war. Das war zu einer Zeit, als man nur Segel verwendete. Es heisst, dass ihnen dieser Stern half, Kurs zu halten, statt blindlings drauflos zu fahren. Wir Inuit benützten diesen Stern schon seit ewigen Zeiten zur Navigation. Er ist der Stern, der sich nicht bewegt, *Nuuttuittuq*."

TURAAGAQ – DER ZIELPUNKT

Der unbewegliche Polarstern steht auf der geographischen Breite von Iglulik mit fast 70° eigentlich schon zu hoch am Himmel, um noch wirklich zur Navigation gebräuchlich zu sein. Deshalb haben die Polar-Eskimo und die Inuit vom Coronation Gulf keine Namen für diesen Stern, während er in manchen Regionen von Nord Quebec auf der Breite von 60° noch tief genug steht, um Ziel einer Peilung werden zu können: weshalb er *Turaagaq* genannt wird: 'Etwas Zum Darauf Zielen'.

AVANNAATA ULLURIAA – NORDSTERN

So heisst Polaris in Westgrönland. Der Norden selbst hat jedoch bei den Inuit keine spezielle Bedeutung; dieser Kardinalpunkt wird einfach als *Uangnaup Kanangnaullu Akuningani* oder *Kanangnaqpasik* bezeichnet – als Punkt zwischen den zwei Windrichtungen *Uangnaq* [Nordwest] und *Kanangnaq* [Nordost].

QITIRAARJUK – DAS RÜCKGRAT

Bei den Yupik in Alaska heisst Polaris *Agyarrlak*, 'Hauptstern', bei den Caribou auf der Westseite der Hudson Bay *Qitiraarjuk*, 'Rückgrat'. Legenden zu diesem Stern sind nicht bekannt. Vielleicht sind im Rückgrat und den Sternbildern von Brust- und Schlüsselbein aber noch Reste einer zirkumpolaren Figur übriggeblieben, die bei den Nördlichen Dene den Himmel dominiert.

M 59–62

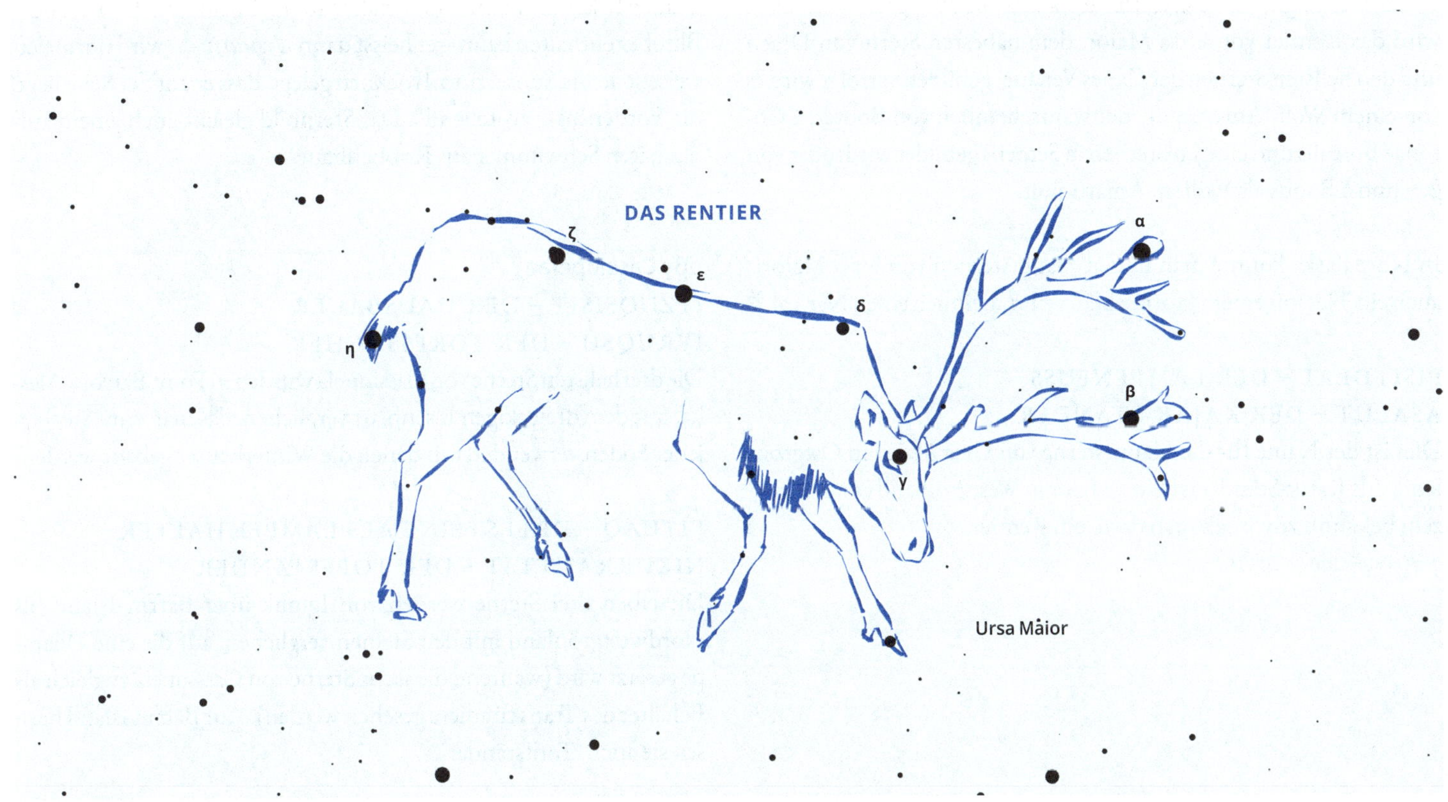

Ursa Maior

TUKTURJUK | TUKTURJUIT – DAS RENTIER | DIE RENTIERE

Auf der geographischen Breite von Iglulik ist Ursa Maior zirkumpolar. Das Sternbild wird zur Zeitbestimmung verwendet: Im Vergleich zu seiner Position abends liegt es "in der Morgendämmerung dann am Kopf". Dialektale Namensvarianten sind: *Tu(n)toyuk, Tuktuotuin, Tunturyuk, Tuktuyuin, Tuktusuit, Tuktuhuit, Tukto.*

Mit Ausnahme Ostgrönlands werden die Sterne von Ursa Maior überall mit Karibus verbunden. Unterschiedliche Auffassungen gibt es jedoch, ob es ein einzelnes Rentier darstellt – auf Holman Island im Coronation Gulf etwa einen Rentierbullen, *Panngnirjuit* – oder eine Herde davon. Befördert wird diese Unklarheit dadurch, dass der Plural *Tukturjuit* sich auch auf die Sterne beziehen kann, die das Rentier darstellen.

Dort, wo die Sterne als einzelnes Karibu gesehen werden, herrscht zudem Uneinigkeit über seine Gestalt: Einmal bilden αβ und γδ Ursae Maioris die Vorder- und Hinterbeine, εζη Hals und Kopf, ein andermal δεζη Rücken und Körper des Karibus, dessen Geweih dann von αβγ geformt wird – wobei der schwache, bei ζ sitzende

Alkor, 80 Ursae Maioris, dann auch den Schwanz repräsentieren kann.

In Labrador wird das Rentier in δεζη Ursae Maioris gesehen, während das Dreieck von αβγ ein völlig anderes Sternbild darstellt, nämlich Iksivautarsuit.

M 79–83

αβγ Ursae Maioris

IKSIVAUTARSUIT – DER STUHL

Werden die Sterne als Herde gesehen, so sind es zumeist die 7 Hauptsterne von Ursa Maior, doch nicht immer. Am Coronation Gulf werden nur β Ursae Maioris und ein schwacher Stern daneben als *Tukturjuit* gesehen. In Pelly Bay hinwieder gelten α, β und γ Ursae Maioris als Rentiere, während die drei schwächeren Sterne "dahinter" [δεζ Ursae Mairois?] das Wolfsrudel Amaruqjuit darstellen, das sie verfolgt.

Ähnliches gilt für die Caribou-Eskimo in Westgrönland. Dort wird das Rentier von Ursa Maior, dem nähesten Stern von Draco und den hellsten Sternen der Canes Venatici gebildet; verfolgt wird es von einem Wolf, Amaruqjuk, der wahrscheinlich von Bootes, α Coronae Borealis und einigen Sternen in Serpens gebildet wird, oder von β, γ und δ Bootis als Wölfen, Amaruqjuit.

M 79–83

In Nordalaska konnte man in den Hauptsternen von Ursa Maioris auch ein Tier mit einem Horn sehen, wahrscheinlich einen Narwal.[33]

PISITDLAT – DER LAMPENFUSS

ASALUT – DER KAJAK-STÄNDER

Dies ist der Name für die Hauptsterne von Ursa Maior in Ostgrönland. Als Kajak-Ständer ist Ursa Maior in Westgrönland erst seit kurzem bekannt; zuvor sah man darin ein Rentier.

TH 106 und M 80–81

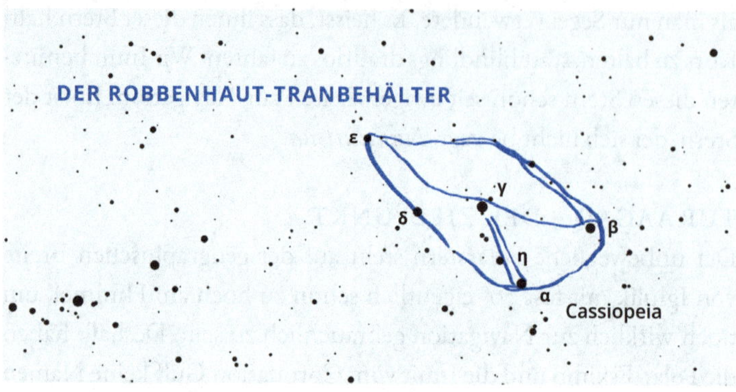

αβγδεκ Cassiopeia

UQSUUTAATTIAQ – DER ROBBENHAUT-TRANBEHÄLTER

AVATAATTIAQ – DER ROBBENHAUT-SCHWIMMER

Beide in Iglulik gängigen Namen sind deskriptiv, ohne dass dazu Legenden bekannt wären. Ein Behälter aus Robbenhaut, der Tran oder Blubber enthalten kann – er heisst dann *Ursuutit* –, "wird normalerweise so in die Sonne zum Trocknen gelegt, dass er auf der Seite liegt, die Vorderflosse abstehend". Das Sternbild gleicht auch einem aufblasbaren Schwimmer aus Robbenhaut.

M 88–89

αβγ Cassiopeiae

IVZUQSISIT – DER HAUSBAUER

IVRUQSII – DER TORFSTECHER

Die drei hellsten Sterne von Cassiopeia wurden in Point Barrow, Alaska, mit dem dreieckigen Eisenblatt verglichen, das man zum Stechen jener Soden verwendet, mit denen die Winterhäuser gebaut werden.

PITUAQ – DREI STEINE ALS LAMPENHALTER

NIKURRAUTTAT – DER TOPFSTÄNDER

Dieselben drei Sterne werden von Iglulik über Baffin Island bis Nordwestgrönland mit den Steinen verglichen, auf die eine Öllampe gesetzt wird (während die sechs Sterne von Cassiopeia zugleich als Behälter des Trans für diese gesehen werden). Auf Baffin Island heissen sie auch 'Topfständer'.

M 62–64

III AQUILA, BOOTES UND LYRA

αβ (in manchen Regionen zudem γ) Aquilae

AAGJUUK – DIE BEIDEN STRAHLEN

Dieses Sternbild zählt zu den wichtigsten der Inuit; die Bedeutung seines Namens ist jedoch unklar. Dialektale Varianten sind: *Agru(lawik), Agruk, Aagssuk, Attuuk, Augsuutit, Aagssiit, Aavssit, Aaxxuuk*. Etymologisch lässt sich der Name mit 'Pfeil' verbinden, während eine Legende aus Alaska ihn in Analogie zu den Dämmerungsstrahlen der Sonne definiert, wenn diese Ende Dezember erstmals wieder über den Horizont steigt.

M 44–45

Diese Sterne, inbesondere α Aquilae – unsere Vega –, sind bereits im Herbst abends im Süden und Westen sichtbar, werden jedoch erst als bedeutsames Sternbild aufgefasst, wenn sie in der zweiten Dezemberwoche – also kurz vor dem Solstitium – in der vormorgentlichen Dämmerung im Nordosten am Himmel stehen. Sie dienen in der Polarnacht – bis in den März hinein, wenn die Tage wieder länger werden und sie in der Sonne nicht mehr zu sehen sind – als Zeitmarkierung für den Morgen. Diese Funktion haben sie auch bei den Tschuktschen inne, wo sie *Peggittyn* genannt werden und das Licht des Neuen Jahres bringen. Ihre enge Verbindung mit der Wintersonnenwende ist historisch: Um 100 v. u. Z. erschienen sie erstmals am Tag des Solstitiums selbst.

Aagjulirtuq, 'das Zeichen der Aagjuuk machen', drückt aus, dass die Aktivitäten des Tages nun beginnen: "Unser Stammesältester, Iqipiiar, sagte *Aagjulirtuq*, wenn er von draussen wieder hereinkam, um den Beginn eines neuen Tages zu bezeichnen, da diese Sterne kurz vor dem Tageslicht erscheinen", berichtet 1990 ein Inuit aus Iglulik an der nördlichen Baffin Bay in der kanadischen Provinz Nunavut.

Ein Inuit aus Akulivik an der Hudson Bay bringt dafür noch ein zweites Sternbild ein: "Einen jeden Morgen schickte man mich hinaus, um zu schauen, ob das Sternbild Quturtuuk [Quturjuuk] schon sichtbar war, das vor Attuuk [Aagjuuk] erscheint." Und eine Frau aus derselben Region erzählt: "Mein Vater schickte mich immer nachzuschauen, ob die Sternbilder Quturtuuk und Attuuk schon in der Dämmerung vor dem ersten Tageslicht zu sehen waren. Die Sterne dienten uns dazu, die Zeit am Morgen zu bestimmen."

In manchen Regionen wird der kalendarische Mond, der den Monat Dezember bezeichnet, nach dem Sternbild Aggjulervik genannt; in Grönland kann der Neumond, der nach der ersten Sichtbarkeit der Aagjuuk erscheint, dann auch das Neujahr bestimmen.

Für die Inuit von Iglulik markiert das Erscheinen der Aagjuuk die Zeit, wenn die Bartrobben vom offenen Meer zum Eis am Festland zu wandern beginnen und sie vom Uiguaq aus gejagt werden können, der Eiszunge, die sich dann über die Eisschollen hinaus formt.

Zudem signalisieren die Aagjuuk, dass das Mittwinterfest Tivajut bevorsteht, eine symbolisch komplexe Feier, die Maskierungen, Partnertausch und Rituale umfasst und in einem eigens dafür gebauten, grossen Iglu abgehalten wird, dem Qaggiq. "Dort versammelten sie sich zu einer Feier, um das Land zu stärken – *Nunagiksaqtut*."

AYAQHAAGNAILAK – DIE DAS FADENSPIEL VERBIETEN

M 50

In Iglulik "spielte man, während die Sonne im Herbst nach Süden zog, das Fadenspiel, um die Sonne in dem Geflecht einzufangen und ihr Verschwinden zu verhindern".[34] In Alaska wurde ein spezielles Fadenspiel namens 'Die Zwei Lippen' oder 'Der Mund'[35] mit den Aagjuuk verbunden, das ihren 'Geist' einfangen sollte; auch wurden die Aagjuuk dort 'Die Beiden Lippen' oder *Ayaqhaagnailak*, 'Sie verbieten das Spielen des Fadenspiels', genannt. Man hörte damit allgemein auf, wenn die Sonne wieder zurückkehrte oder die Aagjuuk sich zeigten: "Die Aagjuuk sind die Sterne, die einen davon abhalten, das Fadenspiel zu spielen. Deshalb nennt man die beiden Sterne auch *Ayaqhaagnailak*. Wenn diese beiden Sterne erscheinen, wo es kein Tageslicht gibt, rät man den Leuten, keine Fadenspiele mehr zu machen, sondern stattdessen mit den *Hi, Hiii, Hi* zu spielen, geräuschmachendem Spielzeug aus Holz, Knochen oder geflochtenen Sehnen."

M 44–51, 66 und 291

Bei den Copper Inuit aus Nunavut wurden 1930 folgende *Irinaliutit* – magische Worte – aufgezeichnet als *Makilirut*, 'Morgengebet', für die Robbenjagd. Gesprochen werden durften sie nur von dem Jäger, der als einziger schon bekleidet war: "Auf welche Weise, frage ich mich, gehen die Morgen – Du lieber Morgen – gehen sie auf! Schau, ich bin aufgestanden! Auf welche Weise, frage ich mich, geht das Sternbild Aagjuuk am Himmel auf? Auf diese Weise – vielleicht – geht es auf am Morgen!

Morgen, du lieber Morgen, geh auf! Schau, ich bin aufgestanden! Auf welche Weise, frage ich mich, ist das Sternbild Sivulliit am Himmel aufgestiegen? Auf diese Weise – vielleicht – geht es auf am Morgen!"[36]

Die Inuit aus Noatak an der alaskischen Beringseeküste überliefern 1975 folgende Legende zu den Aagjuuk:

DIE LEUTE DIE ZU AGRUKS WURDEN

"Ein paar Leute lebten an der Küste unten, darunter eine Grossmutter und ihr Enkel. Der Enkel trug immer den Nachttopf seiner Mutter raus, jeden Abend und jeden Morgen. Einmal kam er abends lange nicht zurück; also ging die Grossmutter ihn suchen. Gegen Morgen, als die Agruks – die beiden Lichtstrahlen, welche die Sonne wirft, wenn sie Ende Dezember erstmals wieder über den Horizont steigt – erschienen, schaute die Grossmutter nach ihrem Enkel. Es wurde hell und sie schaute zur Sonne und sah ihren Enkel einen Inuit-Tanz machen. Er war voll und ganz darin vertieft, weil er sich so über das Wiederauftauchen der Agruks freute. Die Grossmutter dachte sich, 'Was soll ich tun? Soll ich versuchen, ihn zu erschrecken oder zu überraschen?' Sie trat zum Rücken des Jungen, der ganz glücklich war, und erschreckte ihn von hinten. Ihr Enkel wusste nicht, wie ihm geschah. Er begann erst nur loszulaufen und dann auf die Agruks hin zu fliegen. Die Grossmutter wusste nichts anderes, als ihm zu folgen; also flog sie ebenfalls. Ihr Enkel landete im Himmel und wurde zu einem Stern. Die Grossmutter hielt unter ihm inne und wurde ein kleinerer Stern. Wenn die Agruks aufschiessen, bewegen sich die Grossmutter und ihr Enkel immer zu ihnen hin und werden Agruks. Wenn die Agruks sich wieder legen, werden sie wieder zu Sternen."[37]

αη Bootis

SIVULLIK – DIE BEIDEN VORDEREN

Dialektale Namensvarianten sind: *Siugdlît* 'Die Vorne Gehen'; *Hiulliit*, 'Die Vorderen'. Statt der Dualform wird auch der Singular *Sivulliq* oder *Sivulliaaluk* für α Bootis verwendet, gleich ob der schwächere η Bootis sichtbar ist oder nicht. In Iglulik werden auch δ und γ Ursae Maioris Sivulliik genannt, wenn sie im Sternbild Tukturjuk die Vorderbeine des Karibus bilden.

Der Name rührt von dem frühen Auftauchen des Sternbilds zu gewissen Zeiten im Jahr. Im Herbst, wenn die Tage kürzer werden, ist α Bootis – Arcturus – der erste Stern, der in der Abenddämmerung sichtbar wird; nach den 'Beiden Vorderen' erscheint *Kingulliq*, 'Der Dahinter': α Lyrae. Die Inuit am Coronation Gulf beziehen den Namen jedoch darauf, dass α Bootis die Jagdsaison einleitet, wenn er hoch am Himmel steht, und deshalb als Anführer gesehen wird.

Das Sternbild steht Anfang September prominent am westlichen Himmel. Mitte Dezember erscheint es vor der Dämmerung über dem südlichen Horizont. α Bootis zählt als vierthellster Stern überhaupt zu den sichtbarsten Sternen im Winter; am Tag der Wintersonnenwende ist er bis viertel vor 12 mittags zu erkennen – und um halb eins dann erneut.

M 76–78

α Bootis wird in dieser Sternlegende aus Iglulik *Uttuqalualuk*, 'Alter Mann', genannt, η Bootis *Iliarjugaarjuuk*, 'Kleines Waisenkind' und α Lyrae *Ningiuq* (oder *Ningiuraaluk*), 'Alte Frau'. Die Grösse der jeweiligen Sterne sowie die Abstände zwischen ihnen werden von der Geschichte reflektiert.

DIE GESCHICHTE VON ILIARJUGAARJUK

"Als junger Mann hatte Uttuqalualuk, ohne dass es jemand wusste, seinen Schwager ermordet. Mit diesem Geheimnis wurde er alt. Iliarjugaarjuuk, der beide Eltern verloren hatte, lebte nun bei seiner Grossmutter. Wann immer Iliarjugaarjuuk Uttuqalualuk besuchte, frotzelte der ihn, indem er sang: 'Du Waisenkind, geh und hol das Steissbein deiner Mutter und nag das Fleisch daran ab, Pamaa!'
Iliarjugaarjuuk erzählte seiner Grossmutter lange nichts von den Beleidigungen des alten Mannes. Als er es schliesslich tat, trug ihm seine Grossmutter auf, Uttuqalualuk so zu antworten: 'Uttuqalualuk, dein Schwager ist dein Geheimnis. Beim Spalt am Presseishügel draussen, im Packeis hast du ihn versenkt, Pamaa!' Iliarjugaarjuuks Grossmutter brachte ihm diese Zeilen bei.
Lange traute der Waisenknabe sich nicht, sie dem alten Mann zu sagen; er war ängstlich und unsicher, weil Uttuqalualuk ihn weiterhin frotzelte. Seine Grossmutter aber fragte ihn jedes Mal, ob er denn Uttuqalualuk schon so geantwortet habe, wie sie es ihm beigebracht hatte, und fügte hinzu, dass sie Iliarjugaarjuuk zu Hilfe kommen würde, falls der alte Mann bei diesen Worten aggressiv werden würde.

Also besuchte der Waisenknabe wieder den alten Mann, und der sang wie üblich: 'Du Waisenkind, geh und hol das Steissbein deiner Mutter und nag das Fleisch daran ab, Pamaa!'
Diesmal aber nahm der Waisenjunge all seinen Mut zusammen und antwortete, kaum war Uttuqalualuk fertig, so, wie seine Grossmutter es ihm beigebracht hatte: 'Uttuqalualuk, dein Schwager ist dein Geheimnis. Beim Spalt am Presseishügel draussen, im Packeis hast du ihn versenkt, Paama!'
Nachdem er das gesagt hatte, floh Iliarjugaarjuuk, wie es ihm seine Grossmutter geraten hatte, aus dem Iglu. Der alte Mann zog sofort sein Messer und begann, dem Bub nachzujagen. Sie rannten wieder und wieder um das Iglu, der Bub auf der Flucht, der alte Mann hinter ihm her. Die Grossmutter merkte erst nach einer Weile, dass Uttuqalualuk Iliarjugaarjuuk nachsetzte und war deshalb mit ihrer Hilfe spät dran. Als sie zu ihnen stiess, stiegen die beiden vor ihr, der Junge und der alte Mann in seiner Jagd, plötzlich in den Himmel empor. Die Beiden Vorderen werden deshalb *Sivulliik* genannt, und der spätere Stern, der ihnen nachfolgt, *Kingullialuk*: Der Grosse Dahinter."[38]

Das folgende Lied stellt eine Variante dieser Legende dar:

Iliarjugaarjuup katuma: *arnavit pamiallua* *ailugu kikkaruk paama*	Du Waisenkind da unten: geh und hol das Steissbein deiner Mutter und friss es, Paama!
Utuqqalualluup paksuma *sakialli angialli* *qungnikkut sallikuun* *kivitippiuk paama*	Du alter Mann da oben: hast du nicht heimlich deinen Schwager in den zweiten Spalt versenkt, Paama?[39]

Bei den Tschuktschen Nordsibiriens gelten Arcturus und Vega – α Bootis und α Lyrae – als 'Vorderer' und als 'Hinterer Kopf'. Nachts durch die Tundra ziehend, bestimmen sie ihre Richtung mittels der Position dieser beiden 'Köpfe' in Bezug zueinander sowie in Relation zum Polarstern.

M 292

α Lyrae

KINGULLIQ – DER DAHINTER

Der Name *Kingulliq* – dialektale Varianten: *Kiudleq*, *Kingullialuk*, 'Der Grosse Dahinter', und *Ningiuraaluk* – drückt nicht nur aus, dass α Lyrae in der Drehung des Himmels Sivulliik, 'Den Beiden Vorderen', nachfolgt, sondern auch später erscheint als diese und schwächer leuchtet als α Bootis.

Auf der geographischen Breite von Iglulik ist der Stern zirkumpolar. Im Herbst und Frühwinter stellt Kingulliq den hellsten Stern am südlichen und südwestlichen Abendhimmel dar; in den Monaten zu Jahresanfang steht er dann im Süden und Südwesten hoch am Vordämmerungshimmel.

Seinen Namen teilt Vega in anderen Regionen mit β Orionis.

M 54–56

NELARSIK

Dieser bei den ostgrönländischen Angmagssalik übliche Name für α Lyrae ist mit *Nalerak*, 'Orientierungszeichen', in Verbindung zu bringen, da der Stern in der Polarnacht als Zeitmarkierung dient.

Nelarsik ist wie der Mond ein Bruder der Sonne; während der Mond in eine Bärenhaut gekleidet ist, trägt Nelarsik ein Gewand aus wasserdichter Haut, die weiss bestickt ist. Nelarsik erweist den Menschen einen grossen Dienst, indem er, wenn es finster wird, die Zeit anzeigt, so wie die Sonne dies tut, wenn es hell ist; er kam, wie die Legenden erzählen, auf ähnliche Weise in den Himmel wie der Mond.

"Blitz und Donner, heisst es, kommen aus der Seite eines Mannes oder werden von zwei Frauen gemacht, die über eine weisse Haut reiben. Nachdem Nelarsik mit seinem Bogen jedoch eine dieser Frauen erschossen hat, donnert es da oben nicht mehr so viel [Donner ist in der Arktis selten]. Bei einem Gewitter nehmen die Leute getrocknetes Robbenblut in den Mund, damit ihre Unterkiefer sich nicht verformen, wenn sie wieder zu Boden fallen, nachdem der Donner sie in die Luft gehoben hat."

TH 85, 106, 253, 284 und 286

NINGIUQ – DIE ALTE FRAU

Zu diesem Namen siehe die bei Bootes zitierte Sternlegende.

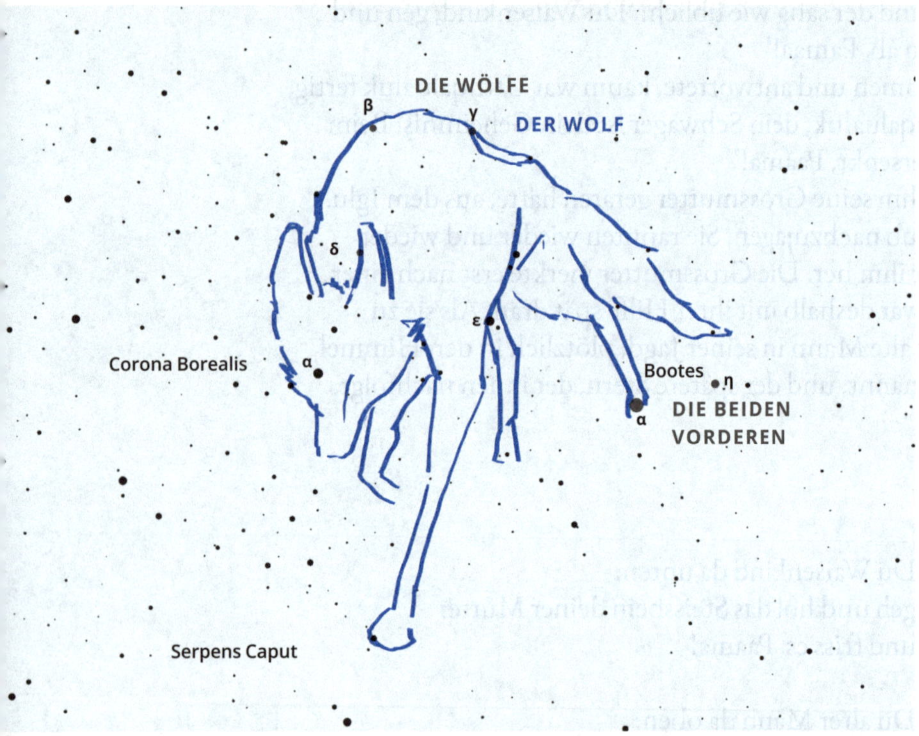

Sterne von Bootes, α Coronae Borealis und einige Sterne von Serpens

AMARUQJUK – DER WOLF

M 82

β, γ und δ Bootis

AMARUQJUIT – DIE WÖLFE

Diese Sternbilder verfolgen in Westgrönland und in Naujaat (dem ehemaligen Repulse Bay im kanadischen Territorium Nunavut) das dort in Ursa Maior gesehene Rentier.

M 82 und 64

IV ORION UND TAURUS

αγ Orionis

AKUTTUJUUK – DIE BEIDEN WEIT AUSEINANDERGESETZTEN

Der Name – dialektale Variante im grönländischen Thule: *Akuttuut* – bezieht sich auf den Abstand zwischen α und γ Orionis. Der Asterismus wird Anfang September in der Vordämmerung am südöstlichen Himmel sichtbar, geht dann immer früher auf und ist zu Beginn des Neuen Jahres eine der dominantesten Gestirne des südlichen Abendhimmels. Wie die Aagjuuk werden auch die Akuttujuuk zur Zeitbestimmung eingesetzt: "Diese Sterne zeigen sich während der Dunkelzeit nach der Dämmerung. Sieht man sie während des Zwielichts des Abends, zeigt dies an, dass die Tage wieder länger werden. Die Akuttujuuk liegen beim Tageslicht; das Tageslicht beginnt bei diesen Sternen zu erscheinen."

Ein aus Pond Inlet nördlich von Iglulik stammendes Lied zelebriert ihren Aufgang: "Die Akuttujuuk erscheinen – jenseits liegt das Tageslicht, Aya ... Aya ... Es ist ein freudiges Gefühl – ich werde weiterleben, Aya ... Aya ... Und ich werde schlafen – selbst noch im hellen Tageslicht, Aya ... Aya."

Westlich von Iglulik, in Pelly Bay, trägt α Orionis einen eigenen Namen: *Ulluriaqjuaq*, 'Der Grosse Stern'; Beteigeuze erscheint aufgrund seines rötlichen Funkelns und seiner in der Arktis grösseren Höhe dominanter als der rein optisch hellere Rigel. In Pelly Bay wird die Legende von Iliarjugaarjuk zudem nicht auf das Sternbild Aagjuuk bezogen, sondern auf die Akuttujuuk: Der alte Mann ist dann α Orionis, der Waisenknabe γ Orionis.

INERFUK – ZWEI EINANDER MIT VERSEN AUFSTACHELNDE PERSONEN

In Westgrönland wurden die beiden Sterne als Paar aufgefasst, das einander mit Liedern und Versen herausfordert, in einem Sängerwettstreit, der von α Tauri beleuchtet wird, der dort Nenneroak genannt wird, 'Licht, das jene beleuchtet, die singen und tanzen'.

M 52–54 und 239

β Orionis

KINGULLIQ – DER DAHINTER

Der Stern ist am besten in den ersten Monaten des Jahres im Süden in den mittleren und späten Abendstunden zu sehen.

Er teilt seinen Namen mit α Lyrae; mit der Dualform *Kingulliit* oder *Kingulliik* – Die Beiden Dahinter – werden überdies α und β Ursae Maioris bezeichnet, wenn sie als Hinterbeine des Karibus im Sternbild Tukturjuk gesehen werden.

Bei β Orionis bezieht sich der Name auf seine Rolle als Jäger, der in der Ullaktut-Legende hinter seinen drei Brüdern – δεζ Ursae Maioris, Den Läufern – zurückbleibt, die einen Polarbären – α Tauris, Nanurjuk – jagen, weil er seinen Handschuh verloren hat.

δεζ Orionis

ULLAKTUT – DIE LÄUFER

Die Gürtelsterne des Orion sind am markantesten spätabends im Mittwinter, wenn sie hoch im Süden stehen. In Iglulik dienen sie sowohl zur Navigation wie zur Zeitbestimmung, obwohl weniger als die Agjuuk oder die Quturjuuk. Bei den Inuit von Kodiak Island markierten sie einmal den zweiten Monat ihrer Jahreszählung – den September. Dialektale Namensvarianten sind: *Uglertut, Ugdlaglut, Ugsatut, Ullautut, Utaliit* und *Ulakturzuit*, 'Die Dem Bär Folgenden Männer'.

M 84–85 und 88

Die Bezeichnung 'Läufer' bezieht sich auf eine in verschiedenen Versionen von der östlichen Arktis über Labrador bis Ostgrönland verbreitete Legende.[40] Eine dieser Versionen überträgt die auf αη Bootis sich beziehende Legende *Iliarjugaarjuk* auf die drei Gürtelsterne. Darin rennt der alte Mann *Uttuqaluapik* ('Der kleine alte Mann') *Iliarjugaarjuuk* ('dem kleinen Waisenknaben') mit einem Geweihhammer nach, sodass diesem seine Grossmutter zu Hilfe kommt und alle drei in ihrem Lauf rund um das Iglu schliesslich in den Himmel abheben.

Die folgende Fassung der Legende um die astralen Läufer beinhaltet mehrere Versionen aus Iglulik, darunter auch jene, die einen vierten Jäger erwähnen, der seinen Handschuh verliert, um damit entweder die Entstehung von β (oder χ) Orionis zu erklären oder um ihn auf die Erde zurückkehren und den Leuten erzählen zu lassen, was vorgefallen ist.

DIE LEGENDE VON ULLAKTUT

"Ich kenne die Geschichte von den vier Jägern, die nachts einen Eisbären jagten. Sie begannen ihm nachzulaufen – auf diese Art werden Eisbären normalerweise gejagt. Die vier Brüder merkten, dass der Bär im Laufen einen Schatten zu werfen schien – jedenfalls konnte man jedes Mal, wenn er eine Tatze hob, einen dunklen Fleck darunter sehen.

In ihrem Lauf kamen sie immer höher und höher, indem sie der Bewegung Silas [des Universums] folgten und mit ihm Schritt hielten. Offenbar waren da Schatten an dem Bären, während er in den Himmel aufzusteigen begann. Einer der Brüder, es könnte der jüngste gewesen sein, verlor seinen Handschuh. Er sah, wie er zur Erde fiel und sagte: '*Pualuapiga ktakpara!* – Mir ist der Handschuh abgefallen!' '*Taqiri&arami aliannajangilaq utiruk* – Es ist Vollmond, da muss man sich vor nichts fürchten, darum geh zurück und hol ihn!', antwortete einer der Brüder.

Dabei war es so, dass der Bruder, der seinen Handschuh verloren hatte, *pinnailutaq* war – das heisst, da war etwas an ihm, das verhinderte, dass er in Schwierigkeiten geriet, gleich, was er auch tat. Und so kehrte er seines Handschuhs wegen um und fiel weiter hinter sie zurück, während man die drei anderen weiter dem Eisbären nachjagen sieht.

Jetzt sind dort drei zusammenstehende Sterne, einer nach dem anderen; und vor ihnen – in einer Linie mit ihnen – ist der Stern [α Tauri], der als *Nanurjuk* bekannt ist, Der Eisbär."[41]

Bei den Inuit der Region Nattilik südwestlich von Iglulik wird auch erzählt, weshalb sie in ihrem Lauf "plötzlich vom Boden abhoben und in den Himmel emporstiegen. Die Leute sagen, der Grund dafür war eine unreine Frau, eine Frau, die gerade ein Kind bekommen hatte; sie kam heraus und erblickte sie. Auf diese Weise wurden sie zu Sternen." In der Vorstellungswelt des Eskimo – wie auch der Aborigines oder Bororo – kommt es zu Versternungen, wenn Tabus gebrochen werden.[42]

In der Region Pelly Bay dagegen hat jeder der drei Gürtelsterne des Orion einen Namen; überliefert davon ist der Name *Qaqqunnilik* ['eine Narbe haben', möglicherweise eines Tierbisses wegen].

UDLEQDJUN – DIE VERFOLGER

In der Region von Cumberland Sound auf Baffin Island wurden die Sterne etwas anders differenziert, wie aus der dort kursierenden Legende hervorgeht: "Drei Männer gingen mit ihrem Schlitten auf Bärenjagd und nahmen einen Jungen mit. Als sie an den Rand des Treibeises kamen, sahen sie einen Bären und machten sich an seine Verfolgung. Obwohl die Hunde schnell rannten, konnten sie nicht näherkommen – und plötzlich sahen sie, wie der Bär emporgehoben wurde und ihr Schlitten folgte. In dem Moment verlor der Junge einen seiner Handschuhe; er versuchte ihn aufzuklauben, fiel dabei aber vom Schlitten. Er sah die Männer höher und höher steigen, bis sie schliesslich in Sterne verwandelt wurden. Der Bär wurde zum Stern *Nanudjung*, 'Der Polarbärige' (α Orionis), die Verfolger zu *Udleqdjun* (δεζ Orionis) und M 42, θ und ι Orionis zu *Kamutiqdjung*, dem 'Schlitten'. Die Männer setzen ihre Jagd bis heute fort; der Bub jedoch kehrte ins Dorf zurück und erzählte dort, wie die Männer verloren gingen."

M 85–86, 286; Vergleiche SO 38

In Westgrönland hingegen werden alle Elemente dieser Legende – samt zusätzlich eingearbeitetem Hund – auf die Plejaden übertragen, ohne jede Assoziation mit dem Orion.

UVDLÄTUT – DIE SICH VERSAMMELNDEN
HIÄKTUT – IN EINER REIHE

Dies ist der Name der Gürtelsterne des Orion bei den Caribou-Inuit. An der Beringstrasse werden sie auch als 'Grosse Strecker' bezeichnet: als Pfosten, zwischen denen Rohlederschnüre ausgedehnt werden.

TUBATSIAT – DIE ROBBENJÄGER
SIEKTUT – DIE VERWIRRTEN MÄNNER

In Point Barrow, Alaska, werden δεζ Orionis als Robbenjäger gesehen, in Coppermine heissen sie *Tuvaaturjuit*, 'Jene, Die Robben An Den Atemlöchern Im Meereis Jagen'. Im Coronation Gulf sind dies "drei Robbenjäger – *Tupigat* –, die nie mehr ins Lager zurückgekehrt sind". In Westgrönland werden die Gürtelsterne gleichfalls als Robbenjäger gesehen: "Sie sind die 'Verwirrten Männer', weil sie von der Robbenjagd nicht mehr ihren Weg zurück nach Hause fanden und deshalb unter die Sterne versetzt wurden."

M84–88

TUVAASSIAT – DIE JÄGER

Die Mackenzie-Eskimo in den kanadischen Northwestern Territories sehen die drei Gürtelsterne des Orion hingegen als Bärenjäger, wie die folgende dort kursierende Legende klar macht: "Mit Hunden jagende Bärenjäger stiessen auf einen Bären, konnten ihn aber nicht einholen. Sie liessen einen Hund los [in der Hoffnung, er würde ihn stellen]. Sie konnten den Hund und den Bären vor ihnen sehen, aber nicht aufholen. Die Jäger setzten ihre Verfolgung fort und wurden dann, zusammen mit dem Bären und dem Hund, in den Himmel gehoben. Doch konnten sie ihn selbst dort noch nicht einholen. Es heisst, sie hätten oben im Himmel den Namen 'Jäger' erhalten – sie sind die Sterne, die nahe beieinander liegen."

M 286

TUMMIQQAN – DIE STUFEN

Dies ist ein für die Polar-Eskimo und im nordwestgrönländischen Qaanaq gebräuchlicher Name. Er bezieht sich auf Stufen, die von einem himmlischen Eskimo in eine tiefe Schneebank geschnitten wurden, um es ihm zu ermöglichen, nach oben zu steigen.

M 3 und 84–88

M 42, θ und ι Orionis

QANGIAMMAARIIK – DIE NICHTEN ODER NEFFEN

In Iglulik, der nordwestlichen Hudsonbay und der Pelly Bay werden die Sterne unseres Schwertgehänges mit Kindern verglichen, die den Eisbärjägern in δεζ Orionis – ihren Vätern oder Onkeln – aus Karibufell gefertigte Kleidung bringen: Das unscharfe Leuchten dieser Sterne erinnert von weitem an diese Fellbündel.

M 86 und 90

α oder η Tauri

NANURJUK – DER POLARBÄRIGE

Der Stern ist am besten in den ersten Monaten des Jahres zu sehen; er erscheint spätnachmittags im Nordosten und bewegt sich in einem weiten Bogen nach Nordwesten, wo er am Vordämmerungshimmel des nächsten Tages untergeht.

Nanurjuk bedeutet 'wie ein Polarbär; den Geist eines Polarbären besitzend'. Bei manchen Älteren in Iglulik ist dies jedoch der Name für den Hauptstern der Plejaden, ηTauris; in dem Fall sind die Hunde, die ihn in der Ullaktut-Legende verfolgen – *Qimmiit* –, nicht mehr die Hyaden, sondern die übrigen sechs Sterne der Plejaden.

KAJURJUK – DER RÖTLICHE

Bei den Arviligjuarmiut der Region Pelly Bay spielt der Stern in der Ullaktut-Legende nicht die Rolle eines Polarbären, sondern eines alten, lahmen, rötlichen Hundes, der nicht mehr mit den anderen Hunden im Gespann – den Plejaden – mithalten kann:

Den Stern, der zwischen den U'lakturjuit [δεζ Ursae Maioris als Ullaktut] und Aggiattan [den Plejaden] liegt, nennen wir *Kajurjuk* [α Tauris]. Es heisst, dass er einer der Hunde war, welche den Polarbären [η Tauri] verfolgten. Dieser Hund hinkte, weshalb er nicht mit den anderen mithalten konnte. Es heisst, wenn Kajurjuk hätte mit den anderen Hunden mithalten können, wären sie in der Lage gewesen, den Polarbär zu stoppen.

Auch bei Nattilingmiut verkörpert der Stern einen Hund, der einen Eisbären verfolgte: "Er heisst Der Rötliche, weil er einmal ein alter roter Hund war, der in den Himmel aufstieg. Dort behielt er seine Farbe, denn da ist ein rötlicher Glanz in seinem Licht. Kajurjuk rannte zuerst zusammen mit den Aggiattan, fiel dann aber bei der Jagd zurück. Als anschliessend die anderen in den Himmel liefen, stieg auch er hinauf, aber selbst oben in der Luft noch fiel er weit hinter die anderen zurück."[43]

Kajurjuk oder *Kajurzuk* heisst der Stern auch am Murchison River und in der Repulse Bay.

M 57–59

AGLEORYUIT – DIE VERFOLGER

Im Coronation Gulf östlich von Coppermine stellen α Tauri und die Hyaden einen Jäger und seine Hunde dar. Zusammen werden sie Agleoryuit, 'Die Verfolger', genannt; sie jagen dem Polarbären nach, der dort in den Plejaden gesehen wird.

M 57–59

PA-CHUK-LU-RIN – DIE ESSENSVERTEILUNG

So wird α Tauri in Point Barrow, Alaska, genannt. Der Name erklärt sich über *pajuktuijuq*, was in Iglulik das Überbringen eines Geschenks – meist Essen – an einen anderen Haushalt bedeutet.

In der Legende, die in Point Barrow auf ihn bezogen wird, stellt α Tauri einen getöteten Polarbären dar, der gerade zerlegt und verteilt wird; die Hyaden samt einigen kleinen Sternen sind die Jäger, die ihre Beute zerschneiden, um jedem Jäger seinen Anteil zu geben.

In dem Fall sind die drei Gürtelsterne des Orion – δεζ Ursae Maioris als *Ullaktut* – drei Männer, die in der Polarnacht vom Eis südwärts getragen wurden. Sie waren lange von Schnee bedeckt, doch nachdem sie endlich eine Öffnung über sich entdeckten, stiegen sie höher und höher empor, bis sie zu Fixsternen wurden.

S 271

Hyaden

QIMMIIT – DIE HUNDE

In klaren Nächten ist das V der Hyaden rechts von Nanurjuk [α Tauri] und den Gürtelsternen des Orion zu sehen, denen in Iglulik die Legende der Eisbärjäger zugeschrieben wird.

In Point Barrow, Alaska, bilden wie gesagt die Hyaden die Jäger, die dort den erlegten Eisbären von α Tauri zerlegen.

M 64–65

σ^{1+2} oder 81 und 80 Tauri?

QANGIAMAARIIK – DIE SICH GERN MÖGENDEN VERWANDTEN

"Bei den Nattilingmiut heissen zwei kleine Sterne in den Hyaden *Qangiamaariik*: 'Die Verwandten, Die Sich Gerne Mögen'. Aber ich weiss nichts darüber, wie sie Sterne wurden. In der Zeit, wo solche Dinge geschahen, gab es vieles, das nicht zu verstehen war. Heute wissen wir nicht mehr, als dass der menschliche Verstand und die menschliche Sprache einmal geheimnisvolle Kräfte hatten. Eine Laune, ein Wort, das man ohne jede Absicht ausrief, konnten die seltsamsten Auswirkungen haben."

R1 211

V GEMINI, AURIGA UND DIE PLEJADEN

αβ Geminorum und αβ Aurigae

(QILLAB) QUTURJUUK – DIE BEIDEN SCHLÜSSELBEINE (DES HIMMELS)

Auf der geographischen Breite von Iglulik ist *Quturjuuk* – dialektale Variante: *Qutursuuk* – ein zirkumpolares Sternbild. Im Winter dreht es sich nachts von Osten nach Süden und ist frühmorgens dann zwischen Nord und Nordwest zu sehen.

Quturjuuk ist wie Aagjuuk bei allen Inuit bekannt und dient sowohl als Markierung für die Zeit wie für eine Richtung. So erzählt eine Inuit aus Iglulik: "Die Sterne unterhalb von Tukturjuk [Ursa Maior] werden Quturjuuk genannt. Es sind zwei Sternpaare, vier Sterne insgesamt, und sie sind heller als die anderen. Geformt sind sie wie ein *Qutu*, ein Schlüsselbein; daher ihr Name. Wenn wir nachts mit meinem Vater von einer Jagd nach Hause zurückkehrten, gewöhnte ich es mir an, die Sterne auf unserem Weg zu observieren, damit ich wusste, wie spät in der Nacht es war."

Ähnliches gilt für α und β Geminorum im Mackenzie Delta: "Sieht aus wie vielleicht Februar. Geht frühmorgens kurz vor der Dämmerung los. Falls klar – zwei helle Sterne zu sehen. Wenn aussieht, als gingen sie unter, steht ein jeder auf."

In Nordwestgrönland hingegen werden α und β Geminorum auch als "zwei Steine im Eingang eines Iglus" gesehen.

M 65–67 und 3

Zur Zeit der Sommersonnenwende steht die – dann nicht mehr untergehende – Sonne seit den letzten paar hundert Jahren genau zwischen diesen beiden Schlüsselbeinen. Um 750 stand sie nur in Gemini, um wie ein Herz in einem Rippenkäfig zu sitzen, dessen (allerdings weit entferntes) Brustbein die Plejaden sind. Eine solche Figur ist mit jenen Legenden in Verbindung zu bringen, in denen eine skelettierte Sonnenfrau, die mit dem Mond lebt, die Eingeweide der sie besuchenden Menschen frisst, und mit der Vorstellung, dass sich die Sterne von Nieren und Leber ernähren – ohne dass der dahintersteckende Mythos recht greifbar würde. Mehr, als dass sich damit der Himmel als wiedergängerisches und bösartiges Weib darstellt, das sich mit Menschenopfern am Leben erhält, lässt sich letztlich nicht sagen.

Plejaden

SAKIATTIAK – DAS BRUSTBEIN

Auf der geographischen Breite von Iglulik sind die Plejaden zirkumpolar; sie stehen typischerweise rechts über Nanurjuk und Qimmiit in den östlichen und südlichen Sektoren des Himmels. Auf Kodiak Island, wo sie nicht zirkumpolar sind, markiert ihr erster Aufstieg über den Horizont im August den Beginn des Neuen Jahres.

Von Iglulik über Baffin Island bis Labrador – in der Region also, in der man die Eisbärenjagd im Orion sieht – werden die Plejaden mit einem menschlichen Brustbein verglichen; in Labrador ist damit jedoch das Brustbein einer Ringelrobbe gemeint.

Östlich und westlich dieser Region können die Plejaden auch als Jagdhunde gelten.

M68–71

QILLUGTUSSAT – DIE BELLENDEN HUNDE

Mit dem Bellen ist jener Laut gemeint, mit dem die Hunde der Inuit einen Eisbären stellen. In West- und Ostgrönland sind die Plejaden eine Meute von sieben Hunden, in Nordwestgrönland jedoch sechs Hunde mitsamt dem gejagten Bären. Dies gilt auch für die Pelly Bay, westlich von Iglulik, wo die sechs Hunde der Plejaden den Eisbären in ihrer Mitte – η Tauri – umstellen.

M 70

DIE FRAU UND DER BÄR

Auf diesen Sternennamen bezieht sich die folgende Legende aus Nordwestgrönland: "Ein Ehepaar, so wird erzählt, begann zu streiten, und als der Mann die Frau schlug, ging sie schliesslich als Bergwanderin davon. Lange Zeit wanderte sie dahin. Auf einmal erblickte sie einen grossen Einlass zu einer Behausung. Sie stand unmittelbar vor einem grossen Gang in ein Haus, in welchem ein grosses Bärenfell aufgehängt war und der Bär sie nun zu wittern begann. Sie hörte drinnen jemanden rufen: 'Nur herein, es wird dir nichts tun!' Sie ging am Bärenfell vorbei, sah aber die Nüstern fest schnüffeln. Dann trat sie in das Haus. Es war eine Bärin in Menschengestalt, die dort mit ihren kleinen Kindern wohnte, und es war ihr Fell, das sie im Hausdurchgang gesehen hatte. Und nun stand sie in deren Haus.

Schliesslich sagte die grosse Bärin zu ihr: 'Leiste jetzt meinen zwei Kindern Gesellschaft, dann hole ich dir Essen!'

Dann ging sie hinaus und blieb eine Zeit lang fort. Als sie zurückkehrte, hatte sie eine grosse Robbe im Maul. Diese brachte sie ins Haus, begann sie zu flensen und zu zerteilen, und als sie damit fertig war, gab sie ihnen davon grosse Stücke mit viel Blubber zu essen. Die Frau war es nicht gewohnt, Blubber zu essen, also schnitt sie es weg. Als die Kinder das sahen, sagten sie zu ihrer Mutter: 'Tante, schmier Blubber drauf!' Aber die Mutter sagte zu ihren Kindern: 'Jetzt esst es einfach so, wie es ist; wir müssen es wie die Menschen machen!'

Die Bärin verwendete die Galle als Lampe. Die Frau blieb nun eine längere Zeit bei ihnen und lebte mit den Bären zusammen. Schliesslich wollte sie wieder fortgehen, und die Bärin sagte zu ihr: 'Jetzt lass uns reden, über uns. Es würde mir um meiner Kinder willen leidtun, denn sie sind noch nicht ganz erwachsen!' Sie willigte ein: 'Ich werde nie etwas verraten!'

Dann ging sie hinaus und wanderte heimwärts. Sie hatte es sehr eilig, wegzukommen und kehrte dann zu ihrer Familie heim. Dort legte sie sich hin, um kurz zu schlafen, sagte dabei zu ihrem Mann aber: 'Lass mich dich lausen!' Sie gab vor, das sehr gern zu tun, begann ihn zu lausen und beugte sich zu seinem Ohr: 'Ein Stück weit von hier bin ich auf Bären gestossen; ich habe sie selbst getroffen.'

Aber holla – wie wurde ihr Mann plötzlich eifrig. 'Bären, sagt sie, hat sie ein Stück weit von hier getroffen!' Und er hatte es plötzlich sehr eilig, alles für den Aufbruch herzurichten. Da aber fragte die arme Frau: 'Wo soll ich mich verstecken?' 'Unter der [Schlaf-]Plattform im Nebenhaus.' Dorthin kroch sie also und versteckte sich, wie er es gesagt hatte, und dann machte sich der Mann auf.

Als sie nun beide weg waren, so wird erzählt, näherte sich langsam eine grosse Bärin. Sie kam bis zu dem Haus heran und drang ein. Drinnen fragte sie einen Mann: 'Wo ist das arme Wesen?' Der Mann zeigte nur in ihre Richtung, auf den Raum unter der Plattform, ohne etwas zu sagen. Die Bärin zerrte sie daraus hervor und trug sie hinaus. Kräftig biss sie in ihre Fellkapuze und schleifte sie an ihren Haaren fort. Als sie sie nach draussen gebracht hatte, riss sie ihr den Kopf ab und warf den Körper auf den Abfallhaufen. Den Kopf aber kickte sie vor sich her und brachte ihn so weg.

Während die Bärin derart mit ihrem armen Kopf Ball spielte, begannen die Hunde ihr nachzujagen. Sie verfolgten sie mit aller Kraft, und da sie nicht von ihrer Verfolgungsjagd abliessen, stieg die Bärin schliesslich in die Luft empor, ständig mit dem armen Kopf der Frau Ball spielend. Die Hunde jedoch verfolgten sie bis in die Lüfte. Sie stiegen alle in den Himmel hoch und verwandelten sich dort in das Sternbild Qilugtussat."[44]

Dies ist eine ältere Variante dieser Legende, die ebenfalls in Nordwestgrönland kursierte:

"Nachdem eine Frau eine Fehlgeburt hatte, rannte sie von ihrer Familie fort. In ihrem Lauf kam sie zu einem Haus. Im Durchgang lagen Bärenfelle. Sie trat ein.
Die Bewohner stellten sich als Bären in menschlicher Gestalt heraus.
Dennoch blieb sie bei ihnen. Ein grosser Bär fing Robben für sie alle. Er zog sein Fell über, ging nach draussen, blieb eine Weile weg und brachte immer etwas mit nach Hause. Eines Tages hatte die Frau, die fortgelaufen war, Lust ihre Familie wiederzusehen und als sie nach Hause gehen wollte, sprach der Bär mit ihr.
'Wenn du wieder unter Menschen bist, dann erzähl nicht von uns', sagte er zu ihr. Er hatte Angst, dass seine beiden Jungen dann von den Menschen umgebracht würden.
Die Frau ging also nach Hause, aber sie spürte einen grossen Drang, alles zu erzählen; und eines Tages, als sie dasass und ihren Mann streichelte, flüsterte sie ihm ins Ohr: 'Ich habe Bären gesehen!'
Viele Schlitten machten sich auf den Weg, und als der Bär sie zu seinem Haus kommen sah, hatte er grosses Mitleid mit seinen Jungen und biss sie tot. Er wollte nicht, dass sie der Macht der Männer in die Hände fielen. Dann lief er hinaus, um sich nach der Frau umzusehen, die ihn verraten hatte, brach in das Haus ein, in dem sie war, und biss sie tot. Als er wieder herauskam, umstellten ihn die Hunde im Kreis und fielen ihn an. Der Bär verteidigte sich, und plötzlich wurden sie alle leuchtend und stiegen als Sterne in den Himmel auf. Es sind jene, die Qinlugtussat genannt werden, sie sind wie eine Meute bellender Hunde, die einen Bären jagen.
Seitdem sind alle Menschen Bären gegenüber vorsichtig, weil sie hören können, was die Menschen sagen."[45]

NANNORYUK – DER EISBÄR

Auch am Coronation Gulf spielen die Plejaden eine Rolle in der legendären Himmelsjagd; dort allerdings werden sie insgesamt als Eisbär gesehen, der von α Tauri als Jäger gehetzt wird: "Vor langer Zeit einmal wurde ein Polarbär von einem Mann und seinen Hunden gejagt. Er floh in den Himmel, seine Verfolger ihm nach. Wir können immer noch den Bären – *Nannoryuk* – am Himmel sehen und dahinter den Jäger und seine Hunde, die ihn ewig hetzen, ohne ihn je überholen zu können. Ein Inuit zeigte zu den Plejaden und nannte sie den Bären, während Aldebaran und einige Sterne in seiner Nähe der Jäger und seine Hunde *Agleorjuit*, 'Die Verfolger', waren. Der übliche Name für die Plejaden ist jedoch *Agiattat*; die Bedeutung dieses Wortes konnte ich jedoch nicht eruieren."

AGIATTAT –?

So werden die Plejaden von der West Hudson Bay bis zur Region von Repulse Bay genannt.

KAGGUYAT – DER ROTE FUCHS
KAVIARET – DIE FÜCHSLEIN

An der Beringstrasse werden die Plejaden als roter Fuchs oder als Wurf von kleinen Fuchsjungen gesehen.

SAKOPSAKKAT – DIE IHRE AUGEN SCHLIESSEN
PAACHUKTYZAT – DIE AUSTEILER
SIQUPSIQQAT – DIE ZERBROCHENEN
AMIHUARUIT – DIE VIELEN

Der Sternhaufen wird auch zur Zeitbestimmung eingesetzt. Bei den Inuit von Kobuk River markiert eine bestimmte Stellung der Plejaden am Himmel, dass es Zeit ist, schlafen zu gehen; in Point Barrow heissen sie deshalb wohl 'Die Ihre Augen Schliessen' – wobei hinter der Wurzel *siqu*, 'schlafen gehen', auch 'fragmentieren' stecken könnte. 'Die Fragmentierten' – *Siqupsiqqat* – werden sie in Alaska in Point Barrow und Nunamiut genannt. Weitere Namen für die Plejaden sind: *Pituktutin* (Bedeutung unbekannt), und in Coppermine 'Viele'.

'Viele' und 'Zerbrochene' sind Bezeichnungen, die sich aus dem Universellen unserer Wahrnehmungen ergeben; der weltweite Vergleich mit Augen geht jedoch auf eine kulturelle Tradition zurück, die in Sternen in den Himmel gewanderte Menschen sieht, und 'Austeiler' auf die ebenfalls weltweit verbreitete Tradition, ihren Aufgang als kalendarische Markierung für eine nahrungsreiche Zeit zu sehen.

TAQTUTUQTUT – DIE NIEREN-ESSER

Dieser in Westgrönland belegte Name bezieht sich auf den Glauben, dass weiss leuchtende Sterne von Nieren, rote hingegen von der Leber leben.

Diese Vorstellung weisst Parallelen zum Glauben der Aborigines auf, demzufolge die als Gesetzeswächter agierenden Vögel in Cygnus und Aquila sich menschenfresserisch das Nierenfett von Leuten holen können, die gegen Gebote verstossen haben.

M 68–71 und 291–292

VI CANIS MINOR UND MAIOR

α Canis Minoris

SIKULIARSIUJUITTUQ –
DER NIE AUF NEU GEBILDETES MEEREIS GEHT

Im Januar und Februar ist der Stern am besten bei seinem Aufgang früh abends im Osten oder Südosten zu sehen, wo er rötlich leuchtet, manchmal aber auch einen grünlichen Schimmer hat. Der Name bezieht sich auf eine in Labrador und Iglulik gängige Legende, welche die Entstehung dieses Sterns durch Inzest und Mord erklärt: In Iglulik geht der Stern im Mittwinter rötlich über dem Meereis auf.

M 72

DIE LEGENDE VON SIKULIARSIUJUITTUQ

"Es war einmal ein Mann namens Sikuliarsiujuittuq, der kein besonders erfolgreicher Jäger war und selten hinaus aufs Meereis ging. Weil er sehr gross und dick war, konnte er keine normale Frau finden; also heiratete er seine eigene Schwester – die gleich gross und dick wie er war –, da alle anderen Frauen zu klein für ihn waren. Ich nehme an, ihre Behausung war gross genug, dass beide darin Platz hatten.

Wenn die Jäger hinaus aufs Eis gingen, begleitete Sikuliarsiujuittuq sie nie, weil er Angst hatte, dass das Eis nicht stark genug wäre, um sein Gewicht zu tragen, so gross und schwer, wie er war. Jedes Mal, wenn die Jäger von der Robbenjagd zurückkamen, schaute Sikuliarsiujuittuq nach, ob einer von ihnen eine Robbe gefangen hatte. Hatte er einen Jäger mit einer Robbe entdeckt, nahm Sikuliarsiujuittuq den Arm dieses Jägers, krempelte den Ärmel von dessen Qulittaq hoch und schaute nach, ob das nackte Handgelenk des Jägers schmutzig war. Falls das Handgelenk tatsächlich schmutzig war, nahm Sikuliarsiujuittuq dem Jäger die Robbe nicht ab, weil nur erfolglose Jäger schmutzige Handgelenke haben [beim guten Jäger wäscht das Blut ihrer zerlegten Beute das Handgelenk sauber]. Wenn andere Jäger vom Eis zurückkamen, schaute Sikuliarsiujuittuq sich jedes Mal ihre Handgelenke an, und wenn er eines sauber und ohne Flecken fand, nahm er dem Jäger seinen Fang weg. Sikuliarsiujuittuq machte das so oft, dass das Lager sein Verhalten satthatte und sein Ruf immer schlechter wurde.

Als das Meereis die Dicke des Festeises an Land erreicht hatte, wurde Sikuliarsiujuittuq von den anderen Jägern ermutigt, sie auf einer Robbenjagd zu begleiten. So wurde er schliesslich davon überzeugt, draussen auf dem Eis jagen zu gehen. Die Jäger, die ihn begleiteten, entschieden sich dafür, nachts auf dem Eis zu lagern. Sikuliarsiujuittuq hatte noch nie zuvor draussen auf dem Eis übernachtet und fragte, wie man die Nacht draussen bei der ersten Jagd verbringt. Das fragte er, gerade als alle sich daran machten, sich schlafen zu legen. Man sagte ihm, dass es bei Leuten, die erstmals draussen auf dem Eis übernachten, üblich wäre, sich zum Schlafen die Hände mit einem Harpunenstrick hinter dem Rücken zusammenzubinden. Das erzählten die Jäger Sikuliarsiujuittuq und versuchten dabei, so glaubwürdig wie möglich zu klingen. Und so wurden Sikuliarsiujuittuqs Hände mit einem Harpunenstrick fest hinter dem Rücken zusammengebunden. Mit dem Rest des Stricks wurde er auch an den Knien gefesselt. Während Sikuliarsiujuittuq in dieser Stellung versuchte, etwas zu schlafen, stach ihm einer seiner Gefährten das Messer in den Leib. Sogleich zerriss Sikuliarsiujuittuq mit seiner mächtigen Kraft den Harpunenstrick an mehreren Stellen, doch die Wunde war tödlich und er starb. [Zuvor hatte der Erzähler erklärt, dass Sikuliarsiujuittuq an dieser Stelle der Geschichte zum Himmel aufstieg und zu einem Stern wurde.]

Am nächsten Tag brachen die Jäger nach Hause auf und nahmen die abgetrennte Hand von Sikuliarsiujuittuq mit, damit seine Frau sie sehen konnte. Bei der Ankunft brachten sie Sikuliarsiujuittuqs abgetrennte Hand zu seiner Frau und sagten, dass es die Pfote eines jungen Eisbären sei [Ähnlichkeiten zwischen Mensch und Eisbär werden von den Inuit stets betont, weshalb er als das intelligenteste Tier überhaupt gilt]. Doch seine Frau fand die Wahrheit bald heraus.

Als es dunkel wurde und die Leute aus dem Lager sich bereit zum Schlafen machten, kamen zwei Männer, um die Nacht mit der Frau und dem Kind des Ermordeten zu verbringen. Einer der Männer legte sich ganz

hinten auf die Schlaffläche, der andere sich neben die Frau. Auf die Weise hatten sie vor, Sikuliarsiujuittuqs Frau zu töten. Die Männer hatten dazu ihre Messer mitgebracht, die sie unter den Kleidern versteckten, damit die Frau keinen Verdacht schöpfte. [Ich nehme an, dass die Messer klein gewesen sein müssen, um sie vor den Blicken verbergen zu können]. Während die Männer taten, als schliefen sie, gab Sikuliarsiujuittuqs Frau ihrem Säugling die Brust.
Alles schien friedlich. Plötzlich aber gab die Frau dem Mann am hinteren Ende der Schlaffläche einen Tritt und packte gleichzeitig den anderen Mann am Hals. So wurden die Männer, die vorgehabt hatten, Sikuliarsiujuittuqs Frau zu ermorden, selbst umgebracht, der eine zu Tode getreten, der andere erwürgt."[46]

α Canis Maioris

SINGUURIQ – DER FLACKERNDE

In Iglulik ist dieser hellste Stern am Himmel am besten Mitte Januar zu sehen, wo er spätabends tief im Süden steht: Er steigt dort nie höher als 4° und steht im Mittwinter jeden Tag bloss 5 Stunden über dem Horizont. Sein Erscheinen ist – wie das der Agjuuk – ein Zeichen von länger werdenden Tagen.

Refraktion, extreme Kälte und atmosphärische Absorption bewirken zusammen jenen Effekt, der dem Stern einen Namen eingebracht hat, der sich sonst auf das Pulsieren einer Flamme in Zugluft bezieht.

"Ich weiss, dass Singuuriq dazu gebraucht wurde, das Wetter und Temperaturextreme vorauszusagen. Wenn das Wetter extrem kalt wird, färbt sich der Stern rot. Wenn er nicht funkelt, wird milderes Wetter kommen. Und wenn der Wind zu stürmen beginnt, verhält sich der Stern wie eine Flamme in der Zugluft."

"Der Stern scheint schon die Farbe zu wechseln, wenn man seinen Atem anhält."

In der Legende von Ululijarnaat wird der Sirius personifiziert: "Taqqiq, der Mondmann, und die Frau, [die er von ihrem sie prügelnden Mann zu sich holt] kamen an vielen Häusern mit Fenstern vorbei. In einem dieser Häuser war eine Frau gerade dabei, ein Fenster zuzumachen. Zugluft von der Tür liess ihre Qulliq [Seifensteinlampe mit Robbenöl] flackern und die Farbe wechseln. Die Frau sah hoch und murmelte: 'Vorbeiziehende, Vorbeiziehende', um ihren Ärger über jene auszudrücken, die beim Vorübergehen an ihrem Haus die Zugluft hervorriefen. Ihr Name war Singuuriq."

IGHALUM KIMUKHTI – DER HUND DES MONDES

So heisst der Sirius an der Beringstrasse; er wird dort als rundes Loch im Himmel aufgefasst, um das herum glühendes Gras wächst – was das Funkeln dieses hellsten Sterns am Himmel treffend beschreibt. Als Mondhund gilt der Sirius offenbar, wenn er in Konstellation mit dem Mond steht und der Wind stürmisch wird.

KAJUQTUQ TIRIGANNIARLU – DER ROTE UND DER WEISSE FUCHS

In Teilen der westlichen Arktis wird der schnell die Farbe wechselnde Sirius mit einem roten und einem weissen Fuchs verglichen, die miteinander um den Zugang zu einem Fuchsloch kämpfen.

UDLURIAKJUAK – DER GROSSE STERN

So heisst der Sirius rund um die Hudson Bay. Auf der Höhe von Iglulik geht der Sirius bei seinem kurzen Erscheinen im Mittwinter im Süden auf, während α Lyrae – Vega – zugleich im Norden zu sehen ist. Zwar steht Vega auf seinem Meridian ungleich höher als Sirius, doch sind sie ähnlich leuchtstark, wobei beide ihre Farbe in Horizontnähe wechseln.

Darauf bezieht sich folgender Bericht: "Da ist eine Geschichte über Männer, die auf dem Treibeis festsassen. Ich glaube, die Geschichte ist eine Legende, aber dahinter mag sicherlich auch etwas Wahres stecken. Ich weiss nicht mehr, wie viele es waren ... ob zwei oder mehr. Es heisst, dass sie aufs Festeis zogen, indem sie sich von den Sternen leiten liessen. Einer folgte dem Stern Singuuriq und wurde nie wieder gesehen. Seine Gefährten jedoch folgten Kingullialuk und schafften es schliesslich zurück aufs Festeis."

M73–76 und 292

VII SONNE UND MOND

SIQINQ | SUNGULA – DIE SONNE
TAQQIQ | IJAKAK – DER MOND

In Teilen der östlichen Arktis wird der Mond als "dünne runde Scheibe aus Eis" gesehen, die der Sonne folgt und sich um sich selbst dreht.[47] Üblicherweise gelten Sonne und Mond bei den Eskimo jedoch als Schwester und Bruder; die Sonne wird aber auch als alte grinsende Menschenfresserin mit wechselnden Namen wie 'Eingeweideräuberin' vorgestellt.

DIE LEGENDEN UM SONNE UND MOND

"Die Ansichten zur Sonne und dem Mond sind eher eigenartig. Sie erzählen, dass es vor vielen Jahren, nicht lang nach der Erschaffung der Welt, einen mächtigen Zauberer gab (ein Eskimo selbstverständlich), der so viel Macht errang, dass er sich zuletzt selbst in den Himmel erhob und seine Schwester (ein schönes Mädchen) und ein Feuer mitnahm. Letzteres fütterte er mit grossen Mengen Brennstoff, sodass sich daraus die Sonne formte. Eine Zeit lang lebten er und seine Schwester in grosser Harmonie, aber schliesslich begannen sie zu streiten, wobei er – nachdem er die Dame auf viele Arten misshandelt hatte – auch eine Seite ihres Gesichtes versengte. Sie hatte alle Arten von Demütigungen geduldig über sich ergehen lassen, die Zerstörung ihrer Schönheit jedoch war nicht zu ertragen; deshalb rannte sie ihm weg und bildete den Mond – sie tut das bis zum heutigen Tag. Ihr Bruder jagt ihr weiterhin nach, doch obwohl er ihr manchmal nahekommt, kann er sie nie einholen. Bei Neumond sehen wir die verbrannte Seite ihres Gesichts; bei Vollmond ist das Umgekehrte der Fall. [Diese Legende wurde dem Polarforscher Rae Mitte des 19. Jahrhunderts durch Übersetzer von einem Jungen namens *Arkshuk* – Polarlicht – in der Gegend von Repulse Bay in Kanada erzählt].[48]

Die folgende Variante wurde 100 Jahre später in Alaska aufgezeichnet: "Ein Bruder und eine Schwester lebten allein in einem Haus. Der Bruder sagte der Schwester, dass sie heiraten und einen Jäger als Hilfe in den Haushalt bringen sollte. Die Schwester weigerte sich; sie brauche keine Hilfe, meinte sie. Sie bat ihren Bruder, sich eine Frau zu suchen, doch der weigerte sich ebenfalls; er meinte, er hätte genug Kleidung.
Das war in einer Zeit, als es noch keinen Mond und keine Sonne gab.
Eines Nachts schlich sich der Bruder ins Bett der Schwester und zwang sie, ihm willig zu sein. Um herauszufinden, wer sie vergewaltigt hatte, markierte sie das Gesicht des Mannes mit Asche. Die Schwester stand früh auf, ging ins Karigi [Gemeinschaftshaus] und sah die Asche auf dem Gesicht ihres Bruders. Er sass da allein und sah traurig aus, aber seine Schwester sagte kein Wort. Sie ging wieder aus dem Karigi und heim. Sobald sie ins Haus trat, griff sie sich ein Ulu [halbmondförmiges Flensmesser] und schnitt sich ihre Brüste ab. Darauf mischte sie ihren Harn und ihr Blut mit den zerschnittenen Brüsten und machte daraus Akutaq [Eskimo-Eiskrem]. Das trug sie in die Karigi, reichte es ihrem Bruder und sagte: 'Hier, iss'. Dann erzählte sie allen, was in der Nacht zuvor geschehen war und verkündete, dass sie für immer fortgehen würde.
Sie ging heim, nahm eine steinerne Eskimo-Lampe und begann gegen den Uhrzeigersinn im Kreis zu gehen. Sie erhob sich allmählich in die Luft. Die Leute riefen ihr zu, zurückzukommen, aber sie wollte nicht hören. Der Bruder war von Kummer zerrissen. Er nahm seinen Werkzeugbeutel und begann ebenfalls gegen den Uhrzeigersinn im Kreis zu gehen. Bald erhob er sich in die Luft. Während die Schwester weiter in den Himmel stieg, wurde ihre Lampe wärmer und wärmer; sie strahlte Hitze ab und erhellte das Land. In seinem Aufstieg begann auch der Bruder hell zu leuchten, ohne dass er aber heiss wurde.
Seit dieser Zeit verfolgte der Mond, der Bruder, die Sonne, seine Schwester. Aber er holte sie nie ein, er blieb immer hinter ihr. Die Hitze der Sonne rührt von der steinernen Eskimo-Lampe und die dunklen Flecken am Mond sehen aus wie ein Mann, der einen Werkzeugbeutel trägt."[49]

Bei den Angmagssalik in Ostgrönland wiederum, wo α Lyrae als Bruder des Mondes gilt, wird folgende Variante dieser Legende erzählt:

“Ijakak, der Mond, lebte in diesem Land im selben Haus wie seine Schwester *Sungula*, die Sonne. Wenn abends die Lampen gelöscht wurden, ging der Mond und legte sich zu seiner Schwester. Weil sie herausfinden wollte, wer da Nacht für Nacht bei ihr lag, beschmierte sie sich eines Abends die Hände mit Lampenruss. Nachdem die Lampen gelöscht worden waren und er wie immer bei ihr lag, rieb sie ihre Hände über seine Schultern. Am nächsten Morgen, als die Lampen angezündet wurden, sagte seine Schwester, dass es da nun einen gab, der voller Russ war; doch als sie herausfand, dass es ihr Bruder war, nahm sie ihr Messer, schliff es, schnitt sich eine ihrer Brüste ab und warf sie zu ihrem Bruder, indem sie sagte: ‘Da du mich so gernhast, kannst du mich auch essen!’ Dann nahm sie einen kleinen Stock, steckte ein Stück Lampenmoos an seine Spitze, tauchte sie in Tran und entzündete es. Dann lief sie hinaus und während sie rannte, stieg sie in die Luft. Als der Mond herauskam und sah, dass sie in der Luft war, lief er hinein, steckte ein Stück Lampenmoos auf sein Sermiaut [ein Schaber aus Holz oder Knochen, um Eis vom Kajak zu kratzen und zu klopfen], entzündete es und rannte damit seiner Schwester nach. Doch als er in die Luft stieg, ging das Lampenmoos aus; es glühte und kokelte nur noch.

Wenn der Feuerstock des Mondes am Ausgehen ist, bläst er darauf, sodass Funken in alle Richtungen fliegen: Aus ihnen werden dann Sterne [in einer anderen Version der Geschichte verbrennt sich der Mond an der Sonne, sodass kleine Stückchen von ihm fortfliegen und Sterne werden]. Der Mond leuchtet nicht so hell, weil er nur Glut hat, und manchmal muss er hinab zur Erde, um Robben [für den Tran] zu jagen; die Sonne aber scheint strahlend hell und warm, denn das Lampenmoos war immer noch am Brennen, als sie in die Luft stieg.”[50]

In Ostgrönland gilt die Sonne als beinahe körperloses Wesen, deren Rücken bloss noch skelettiert ist, der vielen Männer wegen, die sie mit scharfen Messern gehäutet haben, um zu verhindern, dass sie im Winter hinter den Horizont hinabsteigt.[51] Als ebenso knochiges und bösartiges wie weibliches Wesen gilt die Sonne von allen Sternenhimmelkulturen nur noch bei den Arabern, den Tuareg, teilweise bei den alten Ägyptern und bei uns.

Auf die böse und skelettierte Sonne als ‘Eingeweidefresserin’ nimmt eine Legende aus der östlichen Arktis Bezug; darin unternimmt ein Schamane eine Reise zum Mond und seinen Bewohnern.

DER FLUG ZUM MOND

“Ein mächtiger Angakoq [Schamane], der einen Bären zum Tornaq [seinem helfenden Geist] hatte, beschloss, dem Mond einen Besuch abzustatten. Er setzte sich hinten in seine Hütte, den Rücken zu den Lampen, die er ausgelöscht hatte. Seine Hände hatte er gefesselt und einen Lederriemen um seine Knie und den Hals gebunden. Dann rief er seinen Tornaq, der ihn schnell durch die Lüfte trug und ihn zum Mond brachte. Dort sah er, dass der Mond ein Haus war, schön bedeckt mit weissen Rentierfellen, die der Mann im Mond meist ganz in der Nähe zum Trocknen auslegte. Zu beiden Seiten des Eingangs war der Oberkörper eines enormen Walrosses, das einen wagemutigen Eindringling in Stücke gerissen hätte. Wiewohl es gefährlich war, an diesen gefährlichen Tieren vorbeizugehen, gelang es dem Angakoq mithilfe seines Tornaq in das Haus zu gelangen. Im Durchgang sah er den einzigen Hund des Mondmannes, welcher *Tirie'tiang* heisst und weiss und rot gescheckt ist. Beim Betreten des Hauptraumes erblickte er zur Linken ein kleines anliegendes Gebäude, in dem eine schöne Frau – die Sonne – vor ihrer Lampe sass. Kaum, dass sie den Angakoq aber eintreten sah, blies sie in ihre Flamme, um sich hinter dem Feuerschein zu verstecken.

Der Mann im Mond empfing ihn freundlich, erhob sich von dem Sitz an der Plattform und hiess den Fremden willkommen. Hinter den Lampen lagen grosse Haufen von Wild- und Robbenfleisch, doch der Mondmann bot ihm noch nichts an. Er sagte: ‘Meine Frau, Ululiernag, wird bald hereinkommen und einen Tanz vorführen. Pass auf, dass du nicht lachst, sonst schlitzt sie dir mit ihrem Messer den Bauch auf, reisst dir die Eingeweide heraus und verfüttert sie an meinen Hermelin, der in dem kleinen Haus da draussen lebt.’

Es dauerte nicht lange und eine Frau trat ein, die ein längliches Gefäss trug, ihr Ulu [halbmondförmiges Flensmesser] drinnen. Sie stellte es auf den Boden, bückte sich nach vorn und versetzte das Gefäss in Drehung wie einen Kreisel. Dann begann sie mit dem Tanz; sobald sie dem Angakoq dabei den Rücken zuwandte, wurde offenkundig, dass sie hohl war. Sie hatte keinen Rücken, weder Rückgrat noch Eingeweide, nur eine Lunge und ein Herz.
Ihr Mann beteiligte sich an ihrem Tanz und ihre Bewegungen und Grimassen wirkten so lustig, dass der Angakoq sein Lachen kaum zurückhalten konnte. Gerade rechtzeitig aber fielen ihm noch die Warnungen des Mannes im Mond ein und er rannte aus dem Haus. Der Mann schrie ihm nach: 'Uqsureliktaleqdjuin! Halte dich an deinen grossen weissen Bären-Tornaq!' So entkam er unverletzt.
Bei einem anderen Besuch gelang es ihm, seinen Drang zum Lachen zu beherrschen, worauf er von dem Mann nach dem Ende der Vorstellung gastfreundlich empfangen wurde. Er führte ihn durch sein Haus und liess ihn auch in ein kleines, neben dem Eingang angeschlossenes Gebäude schauen. Darin erblickte er grosse Rentierherden, die offenbar über weite Ebenen wanderten, und der Mann in Mond erlaubte ihm, ein Tier auszuwählen, das dann sogleich durch ein Loch auf die Erde fiel. In einem anderen Gebäude gewahrte er ein Gewimmel von Robben im Ozean schwimmen, und auch da wurde ihm erlaubt, sich ein Tier auszusuchen. Schliesslich schickte ihn der Mann im Mond fort und sein Tornaq trug ihn so schnell zurück zu seiner Hütte wie zuvor hinauf.
Während seines Besuchs am Mond war sein Körper bewegungs- und seelenlos dagelegen; jetzt aber kam wieder Leben in ihn. Die Riemen, mit denen seine Hände gefesselt gewesen waren, fielen von ihm ab, obwohl sie fest verknotet gewesen waren. Der Angakoq fühlte sich fast erschöpft; und als die Lampen wieder angezündet wurden, erzählte er den begierig lauschenden Männern seine Abenteuer bei seinem Flug zum Mond."[52]

LEGENDEN UM DIE SONNENFRAU ULULIJARNAAT

In der folgenden Legende aus Iglulik aus dem Jahr 1990 werden zwei unterschiedlich erzählte Versionen miteinander synchronisiert. Sie präsentieren die Vorstellungen der Inuit über die Sphäre des Himmels als eigene Welt, die in vielerlei Hinsicht der Landschaft der Arktis gleicht. Sonne und Mond wohnen dort in separaten Iglus. Der Mond ist der Beschützer misshandelter Frauen, der auch Fruchtbarkeit und Nahrung schenkt. Die Sterne werden als Fenster in himmlischen Iglus beschrieben, die Entstehung von Sternschnuppen wird erklärt und auch die Charakteristik des Sirius.

"Es war einmal ein Mann, der sehr jähzornig und grausam mit seiner Frau war. Er schlug sie dauernd. Schliesslich hatte seine Frau genug. Eines Nachts, als der Mond voll war, ging sie zu einer Stelle, wo es keine Fährten und Fussabdrücke gab. Sie kniete sich nieder, die Ellbogen auf den Knien, und bedeckte den Kopf mit ihrer Kapuze. In dieser Haltung begann sie zu rufen: '*Taqqi piksumaa aingaa; taqqi piksumaa aingaa!* – Du, Mond, da droben, komm und hol mich; du Mond da droben, komm und hol mich!'
Nachdem sie diese Worte gesagt hatte, hörte sie ein Hundegespann. Das hielt an ihrer Seite und sie hörte den Treiber – den Mondmann – seine Hunde [mit ihren Namen zum Halten] rufen: 'Woah – Tiriattiaq! Woah – Pualukittuq! Woah – Arjjiq!'
Der Mondmann bat sie auf ihren Schlitten und schon fuhren sie über den Boden. Er trug der Frau auf, ihre Augen zu schliessen und sie erst wieder zu öffnen, wenn er es sage. Also schloss die Frau ihre Augen und sie fuhren weiter.
Erst konnte sie nur die Hunde hören und wie der Schlitten über den Schnee glitt. Dann vernahm sie ein huschendes Geräusch. Als sie dahinfuhren, hörte sie öfters Laute, die sie noch nie gehört hatte – das waren die Geräusche, welche das Hundegespann bei ihrer Reise nach oben auf dem Weg durch die Wolken machte. Einmal öffnete sie ein Auge, fiel darauf fast vom Schlitten und verlor einen ihrer Handschuhe. Erschrocken schloss sie ihr Auge gleich wieder.
Bald aber hörte sie wieder den Laut ihrer Hunde und wie sie den Schlitten über den Boden zogen. Der Mondmann sagte, dass sie nun ihre Augen öffnen könne: Und da sah sie eine Schlittenspur, die so oft ausgefahren worden war, dass sie im Licht des Vollmondes glitzerte.

Sie kamen an vielen Häusern mit Fenstern [Sternen]vorbei. In einem davon sass eine Frau, die ein Fenster für ihr Haus machte. Etwas Zugluft von der Tür her liess die Flamme ihres Qulliq [Öllampe] flackern und die Farbe wechseln. Sie sah von ihrer Arbeit auf und murmelte ärgerlich: 'Da fährt jemand vorbei, da fährt jemand vorbei!', weil sie so die Zugluft in ihrem Haus verursachten. Ihr Name war *Singuuriq* [Sirius].
Beim Weiterfahren sagte der Mondmann, dass sie bald ein Iglu betreten würde, in dem sie neben der Plattform links des Eingangs eine Frau erblicken würde. Sie solle sie nicht einmal aus dem Augenwinkel ansehen oder ihr gar ins Gesicht blicken. In dieses Iglu, wurde ihr gesagt, käme dann auch ein hässliches altes Weib namens Ululijarnaat, das versuchen würde, sie zum Lachen zu bringen. Dann sollte sie ihre Hände unter ihren Kinniq [den Vorderschoss einer Frauenparka] stecken, indem sie ihre Finger wie ein Ujaq [einem Eisbärfigürchen] formte und die Laute eines Bären nachmachte. Das erzählte er ihr unter der Fahrt.
Als sie endlich ihr Ziel erreicht hatten, kamen Leute [die Sterne als Geister Verstorbener], um sie zu begrüssen. Diese Leute hatten schmale Fellstreifen um ihre Kapuzen; sie wurden vom Mondmann gepeitscht und nach Hause geschickt.
Dann betraten sie das Iglu, auf das der Mondmann sie hingewiesen hatte. Unwillkürlich aber warf sie der Person neben der seitlichen Plattform einen Blick zu und versengte dabei sofort ihre Wimpern. Wie sich herausstellte, war diese Person die Sonne. Sie hatte eine Parka an, die Hosen aber ausgezogen, sodass man auf ihren Beinen viele Narben und Wunden sah, einige verheilt, andere noch offen. Die Frau von der Erde fragte sich, was da geschehen war. Da sagte die mit den vernarbten Beinen: 'Ich habe diese Wunden vom Leiden erhalten.' Während ihrer Reise um die Erde wurden ihr diese Wunden dadurch zugefügt, dass die Leute weiter Fadenspiele – *Ajagaq* – spielten, nachdem die Sonne schon am Horizont zurück war.
Sie liess sich an ihrem Platz auf der Schlafplattform nieder. An ihrem Ende waren zwei Menschen ohne Eingeweide, ihre Knie in die Bauchhöhle gedrückt, wo ihre Innereien hätten sein sollen. Sie waren noch am Leben. Das waren die Leute, die über Uluijarnaats Spässe gelacht hatten; sie hatte ihnen die Eingeweide herausgerissen.
Während die Frau es sich bequem machte, kam erst ein Hase herein, hoppelte am Boden herum und setzte sich dann bei der Tür hin; dann kam ein Fleischbrett mit einem grossen Ulu [halbmondförmigen Messer] ins Iglu, das ebenfalls auf dem Boden herumwanderte, bevor es sich bei der Tür niederliess.
Zuletzt kam Ululijarnaat, ein riesiges verrunzeltes altes Weib, auf den Fersen ihrer Kammiks [Pelzstiefeln] herein, die ihr herabgerutscht waren wie zu gross gewordene Socken. Sie war mehr als hässlich und ihre Tattoos hoben sich überdeutlich ab. Das alte Weib begann zu tanzen und herumzualbern und so Sachen zu singen wie *Pamayaya Pamaya, Tunnirjuakka ihihi ii, Quajarjuakka ihihi ii.*
Uluijarnaat gaukelte vor ihr herum und versuchte alles, um die Frau zum Lachen zu bringen. Die konnte ihr Lachen bald nur noch schwer zurückhalten, erinnerte sich aber an die Mahnung des Mondmannes und steckte ihre Hände unter ihren Kinniq, formte mit ihren Fingern die Figur eines Eisbären und gab bärartige Laute von sich. Als das alte Weib diese Laute hörte, rief sie: '*Ursuraliktalikjuit, Ursuraliktalikjuit!* – Hol dir den Geist deines grossen weissen Bären! Hol dir den Geist deines grossen weissen Bären.' Und sie griff sich ihr Fleischbrett und machte sich sogleich davon.
Die Frau von der Erde lebte nun bei dem Mondmann. Eines Nachts bat sie der Mondmann, den Knochen des Rentierschulterblattes abzunehmen, welches das Kangiq [Belüftungsloch] des Iglus abdeckte. Sie tat, was er sagte. Dann sagte er ihr, sie solle nun durch das offene Loch schauen. Durch die Öffnung konnte sie die Menschen auf der Erde beim Wolfsspiel Amaruujaq [ein Fangenspiel] sehen. Unglaublicherweise waren die Leute, die sie sah, nur jene, bei denen sie gelebt hatte, bevor sie zum Mond gebracht wurde. Darunter war auch ihr Mann, der sich gerade hinsetzte.
Taqqiq, der Mondmann, sagte: 'Jetzt hör Dir das an!'
Er spuckte durch die Öffnung auf die Erde, worauf die Menschen dort ganz aufgeregt wurden und sofort zu schreien begannen: '*Ulluriaq ana&arpuuq! Ulluriaq ana&arpuuq!* Ein Stern scheisst! Ein Stern scheisst!'
Die Frau von der Erde lebte eine ganze Weile mit dem Mondmann zusammen. Er machte sie zu seiner Frau und bald war sie schwanger. Als ihr Bauch zu sehen war, beschloss der Mondmann, sie zu ihrem Haus zurückzubringen. Doch bevor er sie zurückbrachte, trug er ihr auf, dem Kind, sobald es einmal geboren wäre, ja nichts von der Beute ihres Mannes zu essen zu geben. Falls sie seiner Bitte nicht nachkäme, würden sie und das Kind

sicher sterben. Der Mondmann sagte ihr auch, dass, wenn sie hungrig würde, sie einfach einen Kochtopf über ihre Lampe setzen solle, als würde sie etwas kochen, dann würde ihr Kochtopf sich füllen. Und dazu müsse sie ihre Lampe, wenn der das Öl ausging, nur kurz aufstellen, dann würde auch diese sich wieder füllen.
Endlich kam das Kind zur Welt. Wie aufgefordert, ass sie nichts von der Beute ihres Mannes. Um sich zu ernähren, musste sie nichts anderes tun, als ihren Kochtopf auf die Lampe zu setzen und schon war, wie der Mondmann versprochen hatte, Fleisch drin. Auf dieses Weise erhielt sie alles, was sie brauchte.
Als das Kind heranwuchs, wurde der Ehemann der Frau zunehmend zorniger und ärgerlicher, dass sie sich weigerte, etwas von dem Fleisch zu essen, das er nach Hause brachte. Sie erklärte ihm, dass ihr aufgetragen worden war, dem Kind nichts von seiner Beute zu geben, zumindest so lange, bis es gross geworden war. Ihr Mann aber beharrte darauf und schwor, sie zum Essen seiner Beute zu zwingen.
Schliesslich gab die Frau nach. In der Nacht, nachdem sie von der Beute ihres Mannes gegessen hatte, fielen sie und ihr Kind in den Schlaf. Keiner der beiden wachte am nächsten Morgen wieder auf."[53]

Die Vorstellung der Sonne als bösartige und schwarze Magie praktizierende Frau des Mondes mag auf die Paläo-Eskimo zurückgehen, die mit den heute noch westlich des Baikalsees lebenden Jägern und Sammlern der Keten genetisch verwandt sind.[54] Bei den Keten ist die Sonne der Feuerplatz einer alten Frau namens *Ih'*. Der auch *Qip* – Grossvater – genannte Mond hingegen ist der Wohnplatz eines alten Mannes, der früher einmal eine Sonne war, nun aber alt geworden sei und schlecht arbeite. Immerhin aber hat er noch den Wunsch, sich zu betätigen, weshalb er nachts, wenn er nicht einschlafen kann, anstelle der Sonne ausgeht.

Die Todesgöttin der Keten, Khotsedam, verliess einmal ihren Mann, den Himmelsgott, um zum Mondmann zu ziehen, worauf der Himmelsgott die beiden bestrafte: Er verbannte Khotsedam zur Erde und verpflichtete den Mond dazu, den Menschen in Zukunft als Zeitmesser und Wetteranzeiger zu dienen. Die schwarzen Flecken auf dem Mond seien die Spuren von Khotsedams Aufenthalt bei ihm.[55]

Zwei aus Ostgrönland stammende Erzähler porträtieren in ihren Geschichten Mondmann und Sonnenfrau näher. In der einen ist der Mondmann zuständig für die Gezeiten, die Brut der Vögel, die Jungen der Robben und für die Einhaltung von Bussgeboten bei den Menschen – in dem Fall den Fastenregeln nach Totgeburten –, um bei deren Verstoss seinen todbringenden Hund zu schicken.
Einmal lädt er einen Mann zu einem Besuch bei sich ein, indem er dessen Schlitten in die Luft wirft und angibt, er habe einen grossen, freistehenden Felsen im Himmel nördlich zu umfahren. Der Mann umfährt ihn jedoch östlich und gelangt so zum Haus der Nalikaadivakaaq, die darin auf einer Pritsche sitzt; sie wird sonst stets die 'Eingeweideräuberin' *Ululijarnaat* genannt, die durch absurde Spässe Menschen zum Lachen bringt, um ihnen dann die Bäuche aufzuschlitzen und ihre Gedärme aufzufressen.

MONDMANN UND SONNENFRAU

"Jetzt musste der daran denken, was der Mondmann ihm erzählt hatte, dass niemand von einem Besuch bei Nalikaadivakaaq lebendig wieder zurückkam. Da nichts anderes zu tun war, setzte sich der Mann auf die Fensterpritsche. Nalikaadivakaaq beugte sich über die Pritschenkante und zog ihre Hosen hervor. Der Schritt dieser Hosen war aus dem Fell eines Hundekopfes und Hundehalses genäht. Sie zog die Hosen an. Als sie sich über die Pritschenkante beugte und nach ihren Hosen suchte, holte sie ihre Trommel hervor. Nalikaadivakaaq trat jetzt in die Mitte des Fussbodens und stellte sich dem Gast gegenüber. Zwischen ihren Beinen hing ein Hundekopf mit roter 'Maske' und weissen Flecken über den Augen.
Nalikaadivakaaq begann zu tanzen und sang: '*Nalikaadivakaa quujungitse* – Mein schweres breitspuriges Lachen.'
Der Mann war sich kaum darüber klar, dass er zu lachen angefangen hatte, als er auch schon einen beissenden Stich merkte. Mit dem Trommelstock, einem grossen Messer, schlitzte Nalikaadivakaaq ihn von der Innenseite des einen Schlüsselbeins bis herum zum Rücken auf und zog ihm die Eingeweide heraus.
Der Mondmann rettet ihn und stopft ihm die Eingeweide und die Leber wieder zurück in den Körper, worauf er sich in dessen Haus langsam erholt:

Da hörte er plötzlich einen dumpfen Laut. Das war die Bodenfliese, die nahe an der Türschwelle lag. Sie klapperte in einem fort, als ob sie lebendig geworden wäre. Der Mondmann zeigte auf die Fliese und sagte: 'Guck mal da hin. Wenn die zu klappern anfängt, hat man eine unwiderstehliche Lust, dorthin zu langen. Auf den Wohnplätzen geschieht nichts, das ich nicht sehe. Nun pass mal auf.'
Er hob jetzt die Fliese wie eine Falltür hoch, und der Mann bekam einen merkwürdigen Ausblick. Er sah durch ein Rohr auf die Erde hinunter, wo die vielen Häuser wie ein Kranz mit den Hausgängen zur Mitte hin versammelt lagen, wie Hunde, die aus einem Eisloch Suppe saufen, die für sie hineingegossen worden ist. Und man konnte auch die Menschen der Wohnplätze sehen. Wenn einer, der die Totenbusse ausübt, zu etwas verlockt wurde, das ihm oder ihr verboten war, dann wurden die Arme dieses Menschen lang und dünn."[56]

Die Legenden der Keten um Sonne und Mond können diese dämonischen Figuren etwas erklären. Wie die Eskimo sehen auch die Keten den Himmel als Landschaft, die jene der Erde widerspiegelt. Dort lebt der allmächtige, den Menschen gegenüber meist gleichgültige und unsichtbare Schöpfergott *Ets*, 'Himmel'. Er kümmert sich nicht um die Menschen und überlässt dies einzelnen Geistern oder Schamanen.

Khotsedam war ursprünglich einmal seine Frau gewesen. Unbefriedigt von ihm, beschliesst sie jedoch, ihn zu verlassen. Sie nimmt ihr Gefolge und zieht zum alten Mondmann – *Khyn* –, mit dem sie ein Verhältnis beginnt. Zornig darüber wirft Ets sie samt ihrem Gefolge hinab zur Erde, wo sie seitdem lebt und das Prinzip des Bösen verkörpert: Sie ist für die Kälte, die Dunkelheit und alle anderen menschlichen Leiden verantwortlich. Ihre Diener sind böse Geister – *Kyns's* –, die ihr helfen und die Menschen plagen. Sie werden als Krähen mit Hakenschnabel oder Schlangenkopf dargestellt, während es von Khotsedam keine Bilder gibt: In Geschichten wird sie jedoch als verwahrlost mit brennenden Augen und Luchsklauen beschrieben, die sich von menschlichen Seelen ernährt.

Khotsedam lebte zuerst mit ihren Dienern im Süden, wo sie die Seelen der Keten verschlangen und nur Unglück über sie brachten. Deshalb vertrieb Alba, der grosse Kulturheld der Keten, sie in den Norden, in das Land des Dunkels, der Toten und der Kälte, um sie im arktischen Eis zu verbrennen. Dort jedoch regenerierte sie sich, um dann von Norden aus ihre Plagen über die Menschen zu senden.[57]

Beziehen liesse sich dies auf die Sternbilder der Brustbeine, zwischen denen sich die Sonne beim Solstitium des Sommers regeneriert, um danach wieder Dunkel und Kälte über die Menschen herabzubringen und mit ihren Plagen nicht nur figurativ die Seelen der Menschen zu verschlingen.

Wo in den Legenden der Eskimo sonst skelettierte Sonnenfrau und eingeweidefressende Hexe miteinander verschmolzen, führt sie die folgende Geschichte aus Ostgrönland noch in einem Dreiecksverhältnis mit dem Mondmann vor. Zugleich wird dort der Weg in den Himmel näher beschrieben, der als Schneespur und Weg der Toten kenntlich wird. Der Hund des Mondmannes darin ist der Sirius.

MONDMANN, SONNENFRAU UND EINGEWEIDERÄUBERIN

"Wie er nun so allein wanderte, hörte er plötzlich Zaubergesänge. Und als er sich dorthin begab, von wo diese Gesänge kamen, fühlte er, wie er von der Erde emporgehoben wurde und nun den Weg der Verstorbenen ging. Dieser war recht eng, und er sank dort bis zu den Schultern in den Boden. Als er sich aber wieder nach oben gearbeitet hatte, erblickte er einen fürchterlichen Hund. Er begann sofort zu flüchten, als er sich dabei aber umschaute, verfolgte ihn eine Flamme, die nach allen Seiten flackerte. Dieser Anblick raubte ihm das Bewusstsein, und er fiel wie tot um. Doch da zeigte sich ihm seine verstorbene Grossmutter und streichelte ihn, und eine andere Stimme sagte: 'Er ist nicht tot, leg ihn dorthin'. Da erwachte er wieder und sah einen Binnensee, auf dessen gegenüberliegender Seite ein Haus stand. In diesem Haus wohnte der Mondgeist."
Er betritt nun dessen Haus, in dem es eine Luke gibt, die – da man auf dem anderen Weg nicht zurückkehren kann – hinab zur Erde führt. "Da erschien eine Frau, die aus einer Höhle kam, setzte schnell Essen auf den Fussboden und verschwand wieder. Als sie sich aber umdrehte, sah der Mann, dass ihr Rücken ein Gerippe war. Als er darüber erschrak, sagte der Mondgeist: 'Das bedeutet nichts; bald aber kommt die Eingeweidefresserin. Sie wird es sich nicht nehmen lassen, hierherzukommen. Hüte dich davor, zu lachen, denn sobald du lachst, wird sie dir die Eingeweide herausholen. Deshalb musst du, wenn du nahe am Lachen bist, dich mit dem Nagel deines kleinen Fingers unter dem Knie kratzen'.

Gleich darauf kam ihr Fass allein hereingeschlüpft und stellte sich auf den Fussboden. Das war das Fass, in das sie die Eingeweide des Mannes hineinpacken wollte. Und dann erschien sie selbst, tanzend und singend. Wenn sie den Rücken zeigte, machte sie einen grossen Schritt, wenn sie sich aber von der Seite zeigte, wurde ihr Mund ganz schief und ihr Gesicht langgezogen. Wenn sie sich bückte, berührte und leckte sie ihr Hinterteil, und wenn sie sich seitwärts nach unten drehte, schlug sie mit der Wange gegen die Hüfte, dass es nur so klatschte. Schliesslich begann er schon innerlich zu lachen."[58]
Er kann sich doch noch zusammenreissen und fällt am Ende der Geschichte aus der Falltür des Mondhauses wieder zurück auf die Erde, wo schliesslich ein grosser Angakoq aus ihm wird.

Sonnenphänomene

NIAQUSIGTUQ – HAARBÄNDER
TUGLIRUTIT – HAARSTÄBE
NATAINIQ – DER TROMMELREIFEN
AJAUPPIAK – DIE STÖCKE

Höfe um die Sonne werden entweder – gemäss der weiblichen Personifikation der Sonne– 'getragene Haarbänder', *Niaqusigtuq*, genannt, während Parhelia der Sonne als 'Haarstäbe', *Tuglirutit*, gesehen werden.

Ein Halo – oder ein Teil davon – kann jedoch auch auf eine Trommel bezogen werden: "Manchmal bildet sich ein Ring um die Sonne; er wird *Qilauta* genannt: die 'Trommel' der Sonne – weil seine Form um die Sonne wie die Trommel aussieht, die wir im Festhaus benützen. Wir wissen nicht genau, was dies bedeutet; manche glauben, dass – einfach weil sie der Trommel gleicht, zu der wir tanzen – die Sonnentrommel ein Vorzeichen für etwas Angenehmes ist, das geschehen wird ... Wenn es kein Ring ist, sondern nur ein Bogen, der sich um die Sonne bildet, wird er *Natainiq* genannt, was so viel wie Teil des Holzreifens der Trommel bedeuten soll. Der zeigt dann an, dass jemand gestorben ist."

Die Parhelia der Sonne, die sich aufgrund der Refraktion der Eiskristalle im Winkel von 22° von der Sonne entfernt bilden, die bei uns 'Falsche Sonnen' und auf Englisch 'Sonnenhunde' genannt werden, heissen bei den Eskimo – besonders wenn sie länglich und lotrecht ausfallen – üblicherweise *Ajauppiak*, 'die Spazierstöcke, Krücken' der Sonne.

M 157–159

VIII DIE PLANETEN

Planeten

ULLURIAQJUAT – DIE GROSSEN STERNE

Die lange Zeit ohne Dunkelheit oberhalb des arktischen Kreises hat zur Folge, dass die recht komplexen Bewegungen der Planeten schwer zu überschauen sind, weshalb sie für die Eskimo – mit Ausnahme der Venus oder in speziellen Konstellationen mit Sternbildern – kaum eine Rolle spielen. Deshalb wird zwischen den mit freien Augen sichtbaren Planeten eigentlich nicht unterschieden, werden sie nur 'Grosse Sterne' genannt.

In Grönland hingegen betrachtet man sie etwas differenzierter. So wurde dort die Konjunktion zweier Planeten gesehen als "zwei Frauen, die einander besuchen oder miteinander raufen". Bei den Angmagssalik in Ostgrönland hingegen "gilt Jupiter als Mutter der Sonne; für die Angakut [Schamanen] ist es sehr gefährlich, ihm bei ihrer Reise zum Mond zu nahe zu kommen".

M 92–95

Venus

ULLURIAQJUAQ – DER GROSSE STERN
SEQERNUP MALERUARTA –
DER FOLGER DER SONNE

Von Bedeutung ist nur Venus, die als Abend- und Morgenstern erkannt und im Singular 'Grosser Stern' genannt wird. Als Abendstern wird der als männlich gesehene Planet in Grönland mit 'Folger Der Sonne' betitelt

In Konstellation mit Zeitmarkern wie den Aaagjuuk kann sie dann zu einem prominenten Signal für den Beginn des Neuen Jahres oder das Ende der Polarnacht werden: "Ulluriaqjuaq diente in der Gegend von Pond Inlet als Zeichen für die Rückkehr des Tageslichts, aber er war nicht immer da. Als Kind wuchs ich beim Clyde River auf, wo wir hörten, dass Ulluriaqjuaq kurz nach Weihnachten am Horizont erscheint, wenn das Tageslicht wieder zurückkehrt. So war das, seit ich denken kann. Manchmal erschien er nicht – was mir als

Kind aber nie auffiel. Erst als Erwachsener, als ich in Agu Bay lebte, merkte ich zum ersten Mal, dass Ulluriaqjuaq fehlte. Dass ich ihn nicht sah, machte mir eine solche Angst, dass ich dachte, es sei ein Zeichen, dass die Welt untergeht."

M93–94

NAALAGSSARTOQ – DER HORCHT UND SCHAUT

Auf diesen Personennamen für Venus bezieht sich folgende, in Nordwestgrönland kursierende Legende.

M 95

DIE VERSTERNUNG DER VENUS

"Der grosse Naalagssartoq, wird erzählt, fing Robben stets an Atemlöchern, die nicht weit weg vom Ufer waren: Er stand immer dort und wartete an dem Atemloch. Schliesslich spielten einmal ein paar Kinder bei dem riesigen Spalt im Berg von Agpalersoq, während Naalagssartoq unten an seinem Atemloch stand und wartete. Sie schrien so laut beim Spielen und machten solch einen Krach, dass Naalagssartoq ihnen bald zurief: 'Wegen euch bleibt meine Robbe unten, wegen euch bleibt meine Robbe unten!'

Doch sie wollten nicht still sein, die Kinder da oben. Ein Mädchen trug einen Säugling in seinem Amauti [Frauenparka mit Rückentasche]. Sie waren ganz vertieft in ihr Spiel bei dem grossen Spalt im Berg. Weil sie also so weitermachten, rief ihnen Naalagssartoq noch mehrere Male zu: 'Wegen euch bleibt meine Robbe unten, wegen euch bleibt meine Robbe unten!'

Am Ende stiess er aus: 'Die sollen doch dort eingeschlossen werden, die da oben; der Spalt soll sich über ihnen schliessen!' – weil sie die Robbe abschreckten, auf die er in seinem Hinterhalt wartete. Und so schloss er sie ein.

Als sich der Spalt über ihnen schloss, konnte einer gerade noch herauskommen; das Mädchen aber, das einen Säugling in seinem Amauti trug, kam nicht heraus. Der Junge lief nun hinauf nach Agpalersoq und schrie: 'Naalagssartoq hat meine Kameraden in einen grossen Bergspalt eingeschlossen, er tut ihnen ganz was Schlimmes an!'

Als die Leute das hörten, machten sie sich sofort zu ihm auf; zuvor aber schauten sie, wie es den eingeschlossenen Kindern ging. Mit Speeren bewaffnet kamen sie auf Naalagssartoq zu, um ihn zu töten. Der stand da und sah sie kommen; und als nur noch ein kleines Stück zwischen ihnen und ihm war, erhob er sich plötzlich in die Luft.

Nachdem er in die Luft gestiegen war und sich in das Gestirn Naalagssartoq – die Venus – verwandelt hatte, mussten sie aufgeben, ihn zu fangen; also kehrten sie wieder zurück, um zu sehen, wie es den Kindern ging. Die waren unglückseligerweise in den Spalt eingeschlossen, in dem sie den Säugling unablässig schreien hören konnten. Sie versuchten eine ganze Weile, sie zu befreien, aber das stellte sich als unmöglich heraus. Das Mädchen da unten mit dem Säugling in seinem Amauti hörte man sagen: 'Mutter da oben – die Kamik [Stiefel]-Sohlen: Um sie fertig zu machen, hat sie die Kamik-Sohle ausgezogen.' So konnte man sie da unten singen hören.

Man konnte mit ihnen nur durch eine kleine Öffnung in dem grossen Bergspalt in Kontakt treten. Doch obwohl es gelang, ihnen Fleischstücke und Wasser in den Spalt hinunterzulassen, starben die Kinder an Hunger, während man das Mädchen noch lange singen hörte: 'Mutter da oben – die Kamik-Sohlen: Um sie fertigzumachen, hat sie die Kamik-Sohle ausgezogen.'

Sie versorgten sie noch eine ganze Weile so gut sie konnten, indem sie etwas durch die kleine Öffnung hinabliessen. Doch schliesslich begruben sie sie, indem sie grosse Steine über sie legten, und seitdem hat man nichts mehr von ihnen gehört."[59]

An der Beringstrasse hingegen ist der Sohn der von den Eskimo dort wie von den Dene im Binnenland verehrten Schelmenfigur Rabe für die Entstehung des Morgensterns verantwortlich. Rabenjunge stahl die Sonne von Rabe, der sie den Menschen genommen hatte, und stellte sie zurück in den Himmel (eine Variante dieser Geschichte wird von den Nördlichen Dene erzählt). "Während er dann aber, kurz vor Sonnenaufgang, ganz nah am Rand der Erde stand, steckte Rabenjunge ein Büschel glosendes Gras, das er in der Hand hielt, in den Himmel – und dort blieb es seitdem und bildete den leuchtenden Morgenstern."[60]

Bei den mittelsibirischen Keten gehört die als *Kynkox* – Röte- oder Dämmerungsstern – bezeichnete Venus zu den *Seahnen* – den 'Schamanensternen'. Sie gilt als deren wichtigster, weil ihr Erscheinen und Verschwinden die Zeit angeben, wann ein Schamane tätig werden kann. Der Röte- oder Dämmerungsstern ist der älteste unter den Schamanensternen; er schützt die übrigen vor Feinden, passt auf, dass sie nicht vorzeitig verschwinden, und ist aus diesem Grund immer am längsten sichtbar.

F 48

LITERATUR

AR Arctic – Culture and Climate, hrsg. v. A. Lincoln | J. Cooper | P. L. Loovers, London 2020.

B Heinz Barüske, Eskimo-Märchen, München 1991.

F Hans Findeisen, *Die Sterne in der Überlieferung der Jenissejer (Keto)*, in: Der Weltkreis, Band 3.2, 1932, 44–52.

M John MacDonald, The Arctic Sky – Inuit Astronomy, Star Lore and Legend, Toronto 1998.

M1 John MacDonald, *Inuit Astronomy*, in: Handbook of Archaeoastronomy and Ethnoastronomy, hrsg. v. Clive Ruggles, New York 2015, 533–540.

R1 Knud Rasmussen, The Netsilik Eskimos: Social Life and Spiritual Culture, Kopenhagen 1931.

S J. Simpson, *Observations on the Western Eskimo and the country they inhabit, from notes taken during two years at Point Barrow*, in: Arctic Geography and Ethnology, London 1975, 233–275.

SO Paul Sock, Eskimomärchen, Frankfurt | Main 1984.

TH The Ammassalik Eskimo, hrsg. v. William Thalbitzer, Bd. 1, Kopenhagen 1914.

ANMERKUNGEN

1 M 285 2 Wikipedia.de, 'Inuit', Wikipedia.en, 'Eskimo' und Auskunft MacDonald. 3 Herbert Maschner | Owen Mason, *The Bow and Arrow in Northern America*, in: Evolutionary Athropology 22, 2013, 133–138. 4 AR 187–190 5 AR 187–198 6 Herbert Maschner | Owen Mason, *The Bow and Arrow in Northern North America*, in: Evolutionary Anthropology 22, 2013, 133–138. 7 AR 212–219 8 Anne C. Scott, *Human lineages in the far north;* Martin Sikora et al, *The population history of northeastern Siberia since the Pleistocene;* Pavel Flegontov, *Palaeo-Eskimo genetic ancestry and the peopling of Chukotka and North America*, in: Nature 570, 13.6.2019, 170–172, 182–188, 236–240. 9 Bathsheba Demuth, Floating Coast: An Environmental History of the Bering Strait, New York 2019. 10 F 47–49 11 Yuri Berezkin, *The Cosmic Hunt: Variants of a Siberian-Northamerican Myth*, in: Folklore, Electronic Journal of Folklore 31, 79–100. 12 Bjarne Grønnow, *The Backbone of the Saqqaq Culture: A Study of Nonmaterial Dimensions of the Early Arctic Small Tool Tradition*, in: Arctic Anthropology 49, Nr. 2, 2012, 58–71. 13 Clive Ruggles, Ancient Astronomy, Santa Barbara 2005, 193. 14 M 22 15 Knud Rasmussen, Intellectual Culture of the Iglulik Eskimos. Vol. 7, no. 1 of Report of the Fifth Thule Expedition 1921–1924, Kopenhagen 1929, 56. 16 Knud Rasmussen, The People of the Polar North: a Record, London 1908, 123–124. 17 Frederick A. Cook, Return from the Pole, New York 1951, 282. 18 M 260–261 und B 5–6 19 M 262 20 Knud Rasmussen, Intellectual Culture of the Iglulik Eskimos. Vol. 7, no. 1 of Report of the Fifth Thule Expedition 1921–1924, Kopenhagen 1929, 252–253. 21 David Cranz, The History of Greenland, London 1767, Band 2, 230. 22 Clive Ruggles, Ancient Astronomy, Santa Barbara 2005, 193. 23 Knud Rasmussen, Intellectual Culture of the Iglulik Eskimos. Vol. 7, no. 1 of Report of the Fifth Thule Expedition 1921–1924, Kopenhagen 1929, 71. 24 Alex Spalding, *Doctor Faust and the Woman in the Sea*, in: Artscanada 28, 6, 1972, 102–103. 25 M 37 26 M 193 27 Auskunft John MacDonald, 11.10.2019. 28 Edward William Nelson, The Eskimo About Bering Strait – 18th Annual Report of the Bureau of American Ethnology 1896–1897, 1899, Reprint Washington 1984, 496. 29 Knud Rasmussen, Intellectual Culture of the Iglulik Eskimos. Vol. 7, no. 1 of Report of the Fifth Thule Expedition 1921–1924, Kopenhagen 1929, 255. 30 Edward William Nelson, The Eskimo About Bering Strait – 18th Annual Report of the Bureau of American Ethnology 1896–1897, 1899, Reprint Washington 1984, 495. 31 M 29 32 Auskunft MacDonald, 11.10.2019. 33 M 292 34 Franz Boas, zitiert in: Caroline Furness Jaynes, String Figures, New York 1906, XIX. 35 dargestellt Ibidem 282–286. 36 M 285 37 M 283–288 38 M 230–231 39 M 239 40 M 226–229 41 M 226–227 42 R 211 und M 226 43 R1 211 44 M 279–280 45 M 278 46 M 231–233 47 Archibald Fleming, Dwellers in the Arctic, London 1928, 58. 48 M 273 49 M 277 50 TH 85, 106, 253, 284 und 286 51 TH 105, M 25–26 52 M 263–264 53 M 220–225 54 Pavel Flegontov et al, *Genomic Study of the Ket: A Palaeo-eskimo-related ethnic group with significant North Eurasian ancestry*, in: Scientific Reports 6:20768, 2016, 1–12. 55 F 45–46 56 B 36–41 57 Priscilla Lee, The Ket, Dissertation Stanford University 1967, 115–116. Edward Vajda, *Siberian Landscapes in Ket Traditional Culture*, in. Landscape & Culture in Northern Eurasia, ed. Peter Jordan, Walnut Creek 2011, 297–314. 58 B 42–44 59 M 282–283; vgl. B 18–19 60 Dorcas Miller, Stars of the First People, Boulder 1997, 88.

Der *STERNEN-HIMMEL* der *SÜDLICHEN DENE*

Schönes ist vor mir
und Schönes hinter mir;
über und unter mir schwebt Schönes:
ich bin umgeben davon,
ich bin davon erfüllt.
Es ist mir in meiner Jugend bewusst,
und im hohen Alter werde ich still
den Schönen Weg gehen.

Nachtgesang[1]

Mit über 300 000 Menschen sind die Navajo nach den Cherokee der grösste überlebende Verband von 'Ersten Völkern' in den USA; ihr Territorium im amerikanischen Südwesten – nördliches New Mexiko, Arizona und südliches Utah – bildet das grösste Stammesreservat. Wie die Mescalero- und Jicarilla-Apachen in New Mexiko sprechen auch die Navajo eine Na-Dene Sprache. Sie selbst nennen sich *Diné*, 'Das Volk' – die Bezeichnung *Navajo* geht auf die Spanier zurück, die sie *Apaches de Navajo* nannten; *Navahu* bezeichnet bei den Pueblo 'ein Feld bei einem Arroyo', und *A'bachu* – Feind[2] – wurden die Navajo von den Zuñi geheissen.

EINWANDERUNGSLINIEN

Navajo wie Apachen stammen linguistisch wie genetisch letztlich von Migranten aus dem Mitteljakutischen Becken ab, die einen Dialekt des Jenisseischen sprachen, einer Sprache, die in der Bronzezeit einmal vom Altaigebirge bis zum Kaukasus verbreitet gewesen und dem Sino-Tibetischen ähnlich war. Diese Jenisseier – deren einzige heute noch lebenden Verwandten die schrumpfende Volksgruppe der Keten unweit des Baikalsees sind – kamen vor etwa 4800 Jahren von Ostsibirien über die Beringstrasse. Sie vermischten sich mit den dortigen Bewohnern zuerst zu den sogenannten *Paläo-Eskimo*, welche die noch unbewohnten Küsten der kanadischen Arktis besiedelten, sich aber auch im Binnenland Alaskas und im nordwestlichen Kanada niederliessen. Aus ihnen gingen die einzelnen Volksgruppen der Nördlichen Dene hervor – die in dem kulturellen Schmelztiegel rund um die Beringstrasse jedoch weiterhin ihre ostasiatischen Kontakte aufrechterhielten.

Eine dieser Volksgruppen folgte dem Mackenzie im ersten Jahrtausend u. Z. schliesslich hinauf ins Innere Plateau im Nordwesten Kanadas und kam dort auch in Kontakt mit jenen *Neo-Eskimo*, aus denen die Thule-Kultur hervorging. Diese waren vor den in Innerasien anhaltenden Kriegen ausgewandert und hatten von dort neuen Formen der Keramik sowie eine revolutionäre Waffentechnologie mitgebracht: B-förmige Kompositbögen mit Tiersehnen sowie Körperpanzerungen aus Leder und Holz, die sie den bisherigen Bewohnern Amerikas gegenüber überlegen machten.

Während diese Neo-Eskimo an der arktischen Küste entlang nach Osten zogen, um erstmals auch Grönland zu besiedeln, übernahmen die Dene deren Technologien samt vielen, damit verbundenen kulturellen Vorstellungen. Mit diesen Waffen – die bald darauf den ganzen amerikanischen Kontinent militarisierten und in jahrhundertelange Konflikte stürzten – und einer modernen Ideologie versehen, traten sie bald prestigeträchtig genug auf, um andere Volksgruppen rund um sich zu rekrutieren und zu assimilieren.[3]

Auf welche Weise Kulturtransfers von Asien nach Amerika vor sich gingen, demonstriert eine Anekdote, die erstmals kurz nach 700 v. u. Z. im Umfeld der Belagerung Jerusalems durch die Assyrer auftaucht: Darin zerfressen Nagetiere über Nacht die Pfeile und Bögen eines Heeres, was es kampfunfähig macht.[4] Von Homer zum Anfang der *Ilias* umgearbeitet und von Herodot und Strabon aufgezeichnet, gelangte diese Anekdote in den ersten christlichen Jahrhunderten auf der Seidenstrasse mit den bogenschiessenden Teukroi – indo-europäischen Tochariern – zu den Chinesen, die sie dort im 7. Jahrhundert u. Z. über die Belagerung des zentralasiatischen Khotan durch die Hunnen erzählten.[5] Daraufhin aber taucht diese Geschichte bei den Hupa auf, einer Gruppe von Dene, die sich um 1000 im Norden Kaliforniens niederliessen: Auch bei ihnen zerfressen helfende Mäuse die Bogensehnen des schlafenden Feindes.[6] Es scheint also, als wäre diese Anekdote zusammen mit den neuen asiatischen Kompositbögen über die Beringstrasse gelangt.

Was die Dene im Nordwesten Kanadas nun betrifft, so migrierten diese um 1450, den Wanderungen der Bisons zu den Great Plains nach Süden folgend, schliesslich in den amerikanischen Südwesten, wo sie sich an Orten im Norden Arizonas niederliessen, die von den kleiner gewordenen Gemeinschaften der Pueblo frei geworden waren, um sich von dort langsam weiter auszubreiten.[7]

EIGENE TRADITIONEN UND FREMDE ASSIMILATIONEN

Auf eine vormalige Herkunft der Navajo und Apachen vom Polarkreis in der Nähe des Great Slave Lake verweist die Ähnlichkeit einer von den Jicarilla-Apachen[8] wie von den Inuit am Coronation Gulf erzählte Legende zu den Plejaden sowie eine mündliche Überlieferung im kanadischen Nahanni-Nationalpark, die einen dort plötzlich verschwundenen Stamm kennt.[9] Zudem zeigt sich beim Sternenhimmel der *Sahtúot' įne* um den Great Slave Lake erstmals jene astrale Paarung von Erstem Mann und Erster Frau in Ursa Maior und Cassiopeia, wie sie für die Südlichen Dene bezeichnend ist.

Dieses um den Polarstern sich drehende Paar, 'Die Kreisenden' genannt, stammt letztlich von der Grossfigur *Nek'eltaeni* der Nördlichen Dene in Alaska ab, 'Dem Sich Über Uns Bewegenden'. Die

Kontinuität solcher Traditionslinien bei der Bezeichnung von Sternbildern und den dazugehörigen Legenden belegt, dass die Südlichen mit den Nördlichen Dene nicht nur über die Sprache, sondern auch durch gemeinsame kulturelle Wurzeln verbunden sind.

So ist etwa erkennbar, dass die um Nek'eltaeni sich rankenden Legenden, in denen er als mythischer Reisender der Erde und ihren Wesen zu ihrer heutigen Gestalt verhilft, nun den Heldenzwillingen der Navajo – Monstertöter und Dem Wasser Geborener – zugeschrieben werden: mit abgewandeltem Inhalt, jedoch mit demselben rituellen und zivilisatorischen Impetus. Dasselbe gilt auch für den sprichwörtlichen Trickster der Nördlichen Dene – Rabe –, der bei ihnen im Schnee der Milchstrasse seine Fährte hinterlassen hat. An seiner Stelle erscheint bei den Südlichen Dene, an die Wüstenlandschaft der neuen Umwelt angepasst, der ebenso unberechenbare Kojote – der in dem unten zitierten Schöpfungsmythos jedoch weiterhin Rabes arktischen Pelzmantel trägt.

An den Sternbildern wie aus diesem Schöpfungsmythos lassen sich zudem die von den Dene neu aus Innerasien übernommenen Errungenschaften ablesen, die auf die Region rund um Tibet zurückgehen. Dort hatte die jenisseische Kultur mit jener der Xiongnu – Reitervölker, die wir 'Hunnen' nennen und die ab dem 2. nachchristlichen Jahrhundert auch den indischen Buddhismus verbreiteten – in engem Kontakt gestanden. Über die Neo-Eskimo hatten die Dene bereits deren Recurve-Bogen übernommen, der in manchen Identifikationen der Navajo das Sternbild des 'Kreisenden' in Ursa Maior überlagert. Die Abenteuer der Heldenzwillinge beim Erlegen eines Adlermonsters und eines Stiermonsters zum Erhalt von Pfeilfedern und Bogensehnen haben gleichfalls ostasiatische Entsprechungen. Dasselbe gilt für die Fliege Dontso, die in einer peripհären Überlieferung den sonst kanonischen Breitbeinigen in Corvus überlagert: Als neugieriger Bote und kluges, oft unberechenbares Helferlein von Monstertöter entstammt diese Figur samt ihrer Darstellung buddhistischen Botenhelfern namens *DGra-lha*, 'Feindgöttern'.

Das grösste Sternbild, der als Vogel dargestellte Donner, der den Yahdii der Nördlichen Dene an Dimensionen noch übertrifft, wirkt ebenfalls über bereits vorhandene Bilder gezeichnet. Anders als beim Recurve-Bogen ist bei ihm wohl von einer direkten Übernahme aus Asien auszugehen. Denn seine nächste Entsprechung ist nicht nur der buddhistische Donnervogel Garuda (der tibetanische *Khyung*), er repräsentiert bei den Zeichnungen der Mandalas auf dieselbe Weise zudem die vier Himmelsrichtungen und wird gegen dieselben Krankheiten eingesetzt wie die rituellen Sandmalereien der Navajo. Diese Sandmalereien werden zudem in denselben jahrelangen Lehrgängen erlernt, fünffarbig angelegt, müssen bis ins kleinste Detail relevant sein, dürfen im zeremoniellen Kontext nicht mehr verändert werden und verraten auch durch ihre Heilkräfte ihre eigentliche Herkunft von den schützenden Emblemen jener Mandalas, die in den tibetanischen Schöpfungsmythen zentral sind. Darin werden über dies vier urweltliche Meere abgebildet, die aus demselben Kreuz von Wolken entspringen, wie sie sich an den Beinen der Donnervögel der Navajos symbolisiert finden: wobei im Schöpfungsmythos der Navajo vier solche Wolken samt vier urweltlichen, mit den Himmelsrichtungen assoziierte Meere die vier Vorwelten bestimmen. Die neuntägige Zeremonie vom Weg Der Nacht besitzt im Wesentlichen dasselbe rituelle Skript wie jenes des *Kalachakra Tantra* und des 'Gottheits-Yoga' der Vajrayana-Buddhisten. Auch im Glauben an eine Reinkarnation in unterschiedlichen Tieren, überschneiden sich die Navajo mit dem von den Xiongnu verbreiteten Buddhismus.[10]

Auf dieses Umfeld verweist auch noch der Wasserbüffel, der im Schöpfungsmythos der Navajo die Flut auslöst: Sein Habitat liegt am südlichen Rand des tibetanischen Hochplateaus, in Indien.

Versilität und Flexibilität zeichneten diese Gruppe von Nördlichen Dene nun auch im amerikanischen Südwesten aus. Was sie bei ihren jeweiligen Nachbarn "interessierte und was ihnen dienlich erschien, das eigneten sie sich an und Navajo-isierten sie. Die Bereitschaft, nützliche Ideen aus verschiedensten Quellen zu übernehmen (ebenso wie sie weiterzugeben) gehört zu den bewundernswerten Eigenschaften der Navajo".[11]

Sie wurden dort Nachbarn der nach ihren Dörfern aus rechteckigen Lehmhäusern benannten 'Pueblo-Völker' – den dort schon seit mindestens 6000 Jahren ansässigen Zuñi,[12] die eine mit keiner anderen verwandten Sprache sprechen, jedoch ähnliche Glaubensvorstellungen besitzen, sowie den 'friedfertigen' Hopi, die zur uto-aztekischen Sprachfamilie zählen und deren Mythologie grosse Parallelen zu jener des mexikanischen Hochlandes aufweist. Von beiden Kulturen holten sich die Dene, was sie brauchten. Das zeigt sich symptomatisch am Namen des Mais, *Nà 'dą*: Das Wort bedeutet 'Nahrung der Fremden oder Feinde',[13] wurde nun aber im Schöpfungsmythos der Navajo zu ihrer heiligsten Pflanze.

Die Jäger und Sammler verwandelten sich bald in Bauern, die sich die Techniken des Anbaus von Mais, Bohnen und Kürbissen von den Pueblo-Völkern abschauten, welche diese wiederum aus Mittelamerika übernommen hatten. Deren dörfliche Lehmhäuser vor Augen, errichteten die Südlichen Dene statt Rundzelten nunmehr feste Rundbauten, die jedoch weiterhin verstreut blieben. Und nach dem Kontakt mit den Spaniern kamen Schafe und Ziegen sowie Wollweberei hinzu. Als die Pueblo 1696 vor den Spaniern aus dem Rio Grande Valley flüchten mussten und sich den Navajo in New Mexiko anschlossen, wurde der Kontakt zwischen ihnen noch enger. Das verrät auch der unten zitierte, älteste greifbare Schöpfungsmythos der Navajo: Er bezieht seine Autorität von einer Medizinfrau der Hopi, die ihren Kalenderstein in direkter Linie von jenem Ersten Mann erhalten haben soll, der sich nach der Erschaffung der Menschen in die Sterne von Ursa Maior verwandelte.[14] Wobei unter Kalenderstein ein grosser, runder dekorierter Stein zu verstehen ist, wie er den Azteken heilig war: Darin wurde bei diesen die Zählweisen der Tage und Jahre samt den dazugehörigen Sternbildern eingemeisselt.[15]

Von den Zuñi übernahmen die Navajo den Feuergott *Kwelele* samt seiner Maske, um daraus ihren, die Sternbilder erschaffenden Schwarzen Gott *Haashch'Éé́shzini* werden zu lassen[16] sowie die sich auf den Salt Lake beziehende Salzfrau.[17] Dazu besassen die Zuñi auch eine Nek'eltaeni ähnliche Grosskonstellation namens *Téhłiyak-k'ʸan'ik'ʸe:nanneh*, 'Häuptling Der Nacht'.[18] Dessen Figur wurde während der Nacht nach und nach sichtbar, der Kopf im Westen, die Beine im Osten; wie der Zuñi-Name für die Milchstrasse als Grosse Schneewehe Des Himmels scheint auch diese Grosskonstellation alte arktische Wurzeln zu verraten.

Wo Zuñi wie Hopi hauptsächlich einen auf 'Vater Sonne' und dem weiblichen Mond basierenden Kalender verwendeten und einen eigenen Kalenderwächter oder Sonnenpriester abstellten, um auf die Punkte der täglichen Sonnenauf- und -untergänge, insbesondere die Solstitien zu achten, verliessen sich die Navajo weiterhin eher auf die Sternbilder von 'Vater Himmel' und seiner Beziehung zu 'Mutter Erde'.[19] Und während die Hopi und Zuñi ihr Jahr mit der Sommersonnenwende im Juni beginnen liessen,[20] hielten die Navajo weiter an ihrem alten Kalender fest, der auf das Jagen und Sammeln ausgerichtet war und deshalb nach der Jagdsaison im Oktober einsetzte.

Die Macht der Sonne und der Sterne in einem Fadenspiel an sich zu binden – wie dies die Nördlichen Dene und die Inuit tun –, blieb ebenfalls bei den Südlichen Dene erhalten. Doch kamen nun jene rituellen Sandmalereien hinzu, in denen übernatürliche Mächte zu Heilzwecken eingefangen wurden. Dabei fertigte man für einen Patienten Abbilder von Sternbildern aus Sand, Blütenpollen und Maisgries. In diesen *Likááh* sollen die 'Sternenleute' des Himmels sich wiedererkennen und diese 'Heiligen Schemen' mit ihren Kräften erfüllen, in einem Gleichgewicht von männlichen und weiblichen Formen.[21] Im Denken der Navajo werden Krankheiten durch das Heilige Volk, bestimmte Tiere, Missbrauch von Zeremonien oder Geister ausgelöst. Sandmalereien können da auf viererlei Weisen heilen: Sie ziehen die übernatürlichen Wesen und ihre Heilkräfte an; sie identifizieren den Patienten mit ihnen; sie absorbieren die Krankheit und immunisieren den darauf sitzenden Patienten; und sie kreieren eine rituelle Realität, in der der Patient und das Übernatürliche interagieren.[22] Dazu kommt noch die divinatorische Sternguckerei, welche den Navajo auf das Sternbild des Breitbeinigen projizierten.

Bestimmten bei den Pueblo-Völkern institutionalisierte Priester- und Bruderschaften das Dorfleben und richteten sich die Zeremonien nach einem jahreszeitlichen Kalender für die Landwirtschaft, so blieb bei den eben erst sesshaft gewordenen Navajo weiterhin ein Sänger – *Hataałi* – zentral für Zeremonien, die ohne grosse kalendarische oder landwirtschaftliche Akzente hauptsächlich auf das Heilen ausgerichtet waren. Anders als bei den Nördlichen Dene wurde dieser Sänger jedoch eher ein Priester als Schamane; anstatt durch die persönliche Kommunion mit übernatürlichen Wesen Macht zu gewinnen, erlernte er vielmehr ein rituelles Wissen, um damit Gefährliches zu kontrollieren, Hexereien aufzuheben und Dämonen auszutreiben – um derart die davon ausgehenden Krankheiten zu heilen. Eine typische Navajo-Zeremonie richtet sich deshalb auf die Wiederherstellung der Harmonie und das Wohlergehen eines Patienten, sodass alle rundum davon profitieren; obwohl diese auf bestimmte Jahreszeiten beschränkt sind, finden keine kommunalen Zeremonien zu den Sommer- und Wintersonnenwenden statt.[23]

Planeten und einzelnen Sternen wurde – ausser als 'Beleuchtern' von Sternbildern – kaum Bedeutung zugemessen. Sie wurden nur als 'Grosse Sterne' und je nach ihrer Verortung in den Himmelsquadranten zusätzlich als Schwarz, Weiss, Gelb oder Blau bezeichnet – in einer Farbkodierung, die auch für Wolken, Ritualrichtungen, Maisarten und vieles andere mehr galt, um sie einem harmonischen System unterzuordnen.[24] Auch die Maya und Hopi wiesen einzelnen Himmelsrichtungen unterschiedliche Farben zu, ebenso wie der alttibetanische Schöpfungsmythos[25] und die Chinesen, die am Himmel vier farblich verschiedene Grosskonstellationen hatten – was auf Wurzeln für diese amerikanischen Symboliken verweist.

Morgen- oder Abendstern konnte sowohl Venus wie auch Merkur, Mars oder Jupiter sein.[26] Wurde Venus bei den Nördlichen Dene eher mit dem Raben verbunden, fasste man den einmal rechts, einmal links der Sonne auftauchenden Planeten in Mittelamerika aber als jagende, vom Maisgott gezeugte Zwillingsgötter auf:[27] Doch auch hier ist eine gemeinsame Wurzel mit den Heldenzwillingen der Navajo denkbar, die zwar nicht mit einem Planeten verbunden werden, doch ähnliche Abenteuer zu bestehen haben. Bei den Zuñi galten diese Zwillingsgötter als Söhne der Sonne und eines Wasserfalls, womit sie die zwei wichtigsten Aspekte ihrer Rituale repräsentierten: Gebete an die Sonne und den Regen, um die angebauten Felder gedeihen zu lassen; als Kriegsgötter wiederum töteten sie Widersacher der Zuñi, darunter Monster wie den Wolkenschlucker[28] – den sie zerstückelten, um seine Gliedmassen in den Himmel zu werfen, wo sie zu Sternen wurden.[29] Bei den Navajo werden diese Heldenzwillinge von Sich Wandelnder Frau in den Hyaden geboren, sind Sonne und Wasserfall ebenfalls ihre Väter, müssen auch sie, den Kulturheroen der Nördlichen Dene entsprechend, die heutige Fünfte Welt erst menschengerecht machen und von Ungeheuern befreien.

DER SCHÖPFUNGSMYTHOS

Die Zuñi besitzen, trotz ihrer isolierten Sprache, die ihre Herkunft aus Asien älter macht als die der Dene, einen Schöpfungsmythos,[30] der nicht nur jenem der Navajo – die darin als Feinde bezeichnet werden[31] – sehr ähnlich ist, sondern auch als Bindeglied zwischen den Schöpfungsmythen der Nördlichen Dene und Inuit und jenen der Maya aufgefasst werden kann.

Sich selbst nennen die Zuñi *A'shivi*, abgeleitet von *Shivi*, 'Fleisch'. Aus welchem Loch dieses Fleisch emporkam (dem sumerischen *Lied der Hacke* ähnlich) erzählt der Mythos, indem er (wie die Kosmogonie der ostgrönländischen Eskimo mit ihrem Himmelsland) in der Fünften Welt beginnt, in welcher allerdings schon Vater Sonne scheint. Der schickt seine zwei Söhne (den Heldenzwillingen der Maya gleich) hinunter in die finstere Unterwelt (wie Rabe den Sperling im ostgrönländischen Mythos), um die Menschheit über vier Welten im Erdreich binnen vier Tagen (wie im Schöpfungsmythos der Nördlichen Dene) herauf auf die Oberfläche und ins Licht zu führen. Die Wesen dort vegetieren gleich drolligen Kachinas vor sich hin (somit ebenso stumpfsinnig wie die Holzpuppen der Maya in deren vormaliger Welt).

Als Mittel des Aufstiegs aus der Unterwelt dienen einmal Samen von vier verschiedenen sofort aufwachsenden Bäumen – Kiefer, Fichte, Engelmann-Fichte, Espe –, die mit jeweils andersfarbig gefiederten Gebetsstöcken in die vier Himmelsrichtungen getragen werden (aus denen, wie bei den Maya, Chinesen und im Pazifik, die Stützen des Himmels an den Ecken der Welt werden). In einer anderen Version dieses Mythos' dringen die Baumspitzen nicht durch die Erde: Das vermag (wie bei den Navajo) erst das Schilf (das auch im *Enuma Elish* am Anfang der Welt steht). So kommen die ersten Menschen ins Licht der Welt, erhalten aber erst da ihre heutige Gestalt, indem ihnen das Tierische genommen wird: Die Schwimmhäute ihrer Hände müssen ein- und die Schwänze abgeschnitten werden (wie dies die Maya vom Wild erzählen).

Bei den Südlichen Dene wurden ebenfalls unterschiedliche Versionen aufgezeichnet, die sich je nach Sänger und verbundener Zeremonie unterscheiden, jedoch wiederkehrende Erzählmuster aufweisen. Am ältesten scheinen jene Erzählweisen zu sein, in denen es nicht um Götter in unserem Sinne geht, sondern um übernatürliche Wesen als Personifikationen von Naturkräften und Dingen, die von den Jicarilla-Apachen *Hactcin* genannt werden. Bei den Jicarilla, die der Lebensweise als Jäger und Sammler enger verhaftet blieben als die Navajo und die weniger von ihren Nachbarn assimilierten, finden sich zudem noch mehrere Traditionslinien der Nördlichen Dene: Schamanen, auch wenn diese nicht mehr so mächtig sind wie zuvor, sowie sich um Rabe, den Trickster der arktischen Mythen, rankende Geschichten.

Gemeinsam ist ihren Weltschöpfungsmythen, dass sie von den ersten beiden Menschen und dem Aufstieg der Menschheit aus der Unterwelt berichten. Bei den Jicarilla ist dieser Mythos nur noch in stark verkürzter Form erhalten: "Am Anfang war hier, wo die Welt jetzt steht, nichts; es gab keinen Boden, keine Erde – nur Finsternis, Wasser und Wirbelwind. Es lebten noch keine Leute. Nur die Hactcin existierten. Es war ein einsamer Ort. Es gab weder Fische noch Lebewesen.

All die Hactcin aber waren von Anfang an da. Sie besassen das Material, aus dem alles andere erschaffen wurde. Sie machten zuerst die Welt, die Erde und die Unterwelt, und dann machten sie den Himmel. Sie schufen die Erde in Gestalt einer lebenden Frau und nannten sie 'Mutter'. Sie machten den Himmel in Gestalt eines Mannes und nannten ihn 'Vater'. Er blickt nach unten, sie nach oben. Er ist unser Vater, sie unsere Mutter."[32]

Bei den Navajo nun existiert eine Version, in welcher der Gott *Begochiddy* (eigentlich 'Mutterliebe Für Ein Kind') als "grosser Gott, blauäugig und blond" geradezu christianisiert zu Beginn der Schöpfung über allem anderen steht.[33] In einer zweiten Fassung wiederum spielt der Schwarze Gott der Zuñi eine dominante Rolle.[34] Eine dritte, sehr feingliedrige und von mehreren Personen erzählte Fassung wurde 1883 zusammengestellt und liest sich thematisch und stilistisch etwas 'asiatischer'; allerdings kommt der Astronomie darin kaum Bedeutung zu.[35]

Am kohärentesten und detailliertesten in dieser Hinsicht ist der *Diné Bahane* – Geschichte des Volkes – genannte Schöpfungsmythos. Er wurde von Sandoval, Hastin Tlo'tsi hee ('Alter Mann Büffelgras') überliefert, einem Obersten Häuptling der Navajo, der ihn seinerseits von seiner Grossmutter erzählt bekam, die ihrerseit von jener Medizinfrau der Hopi abstammt, die den darin erwähnten Kalenderstein einst in Gewahrsam hatte:[36] Von diesem Mythos leiten sich laut Häuptling Sandoval all die Zeremonien und die Gesänge der Medizinmänner ab. Aufgezeichnet wurde er 1928, womit seine mündliche Überlieferung aufgrund der angegebenen Genealogie auf die Zeit um etwa 1800 zurückgeht; der sonst bei den Navajo prominente Schwarze Gott spielt darin kaum eine Rolle.

Diese vierte Version des Schöpfungsmythos der Südlichen Dene besitzt jedoch eine noch viel weiter in der Zeit und im Raum zurückreichende Abstammungslinie. Die alteingesessenen Zuñi kennen ihn in sehr ähnlicher Gestalt;[37] zugleich teilt er seine komplexe Struktur mit den Kosmogonien der Maya und Azteken. Es gibt ihn jedoch erstaunlicherweise auch jenseits des Ozeans: Bei den Berbern der Kabylei hat er die auffälligsten Parallelen, bei den Chinesen, australischen Aborigines und Buschleuten ist er gleichfalls ausgeprägt und im Zweistromland – in den Schöpfungsmythen um Anu, Enlil und

Marduk – haben sich seine ältesten datierbaren Elemente bewahrt: Im Grunde ist er eigentlich bei allen Sternenhimmelkulturen auf die eine oder andere Art nachweisbar. Sie alle erzählen, dass die ersten Wesen aus der Erde kamen, von Tiermenschen und einem Ersten Mann und einer Ersten Frau, einer mit einem Meeresungeheuer in Beziehung stehenden Flut, einer dämmerigen Vorwelt, deren heutige Gestalt erst geformt werden muss und einem Himmel, an den Sonne, Mond und Sterne erst gesetzt werden müssen.

Der von Sandoval detailreich überlieferte Mythos ist wie bei den Nördlichen Dene als Zyklus von Episoden konzipiert, die nun aber nicht mehr die weite Rundreise eines Kulturheroen, sondern den allmählichen Aufstieg der Lebewesen aus den einzelnen dunklen Unterwelten an die Erdoberfläche schildern. Anders als bei den Nördlichen Dene, wo die Vorwelten und die mythische Vorzeit von vier vorausgegangenen Tagen nur noch angedeutet werden, führt diese Kosmogonie der Südlichen Dene die Eigenheiten dieser Vorwelten erzählerisch aus: gleichsam von der arktischen Finsternis über die sumpfige Seenwelt des Kanadischen Schildes in die Wüsten New Mexikos und Arizonas führend. Diese Genesis wird dann an die neuen Lebensgrundlagen, an die geographischen Bezugspunkte der Berge ringsum und an die Kultivation des Mais angepasst: sodass Erste Frau und Erster Mann nicht nur in der Ersten Welt Maiskörner finden, sondern sie eigentlich verkörpern, um dann – wie bei den Maya – deren Verwandlung in Menschen zu erzählen.[38]

Sandovals Mythos einer Emergenz allen Lebens aus der Erde sei auch deshalb ausführlich zitiert, weil darin all die am Ende von den wichtigsten Sternbildern vor Augen gerückten Protagonisten charakterisiert werden.

"HIER SIND DIE GESCHICHTEN DER VIER WELTEN, DIE KEINE SONNE HATTEN, UND VON DER FÜNFTEN, DER WELT, IN DER WIR LEBEN, DIE VON EINIGEN 'DIE WANDELBARE WELT' GENANNT WIRD:
Die Erste Welt – die Dunkle Erde – war schwarz wie schwarze Wolle. Sie hatte vier Ecken, über denen sich vier farbige Wolken aufbauten, eine schwarze, eine weisse, eine blaue und eine gelbe, die in sich alle Elemente der Ersten Welt enthielten.
Die Schwarze Wolke repräsentierte Sein und Substanz des Weiblichen; denn wie ein gestilltes Kind schläft, so schlief das Leben in der Finsternis des Weiblichen Seins. Die Weisse Wolke repräsentierte Substanz und Sein des Männlichen: die Morgendämmerung, Das Licht Das Erweckt [die spätere Milchstrasse] der Ersten Welt. Im Osten, dort wo die Schwarze und die Weisse Wolke zusammenkamen, bildete sich der Erste Mann [der spätere Ursa Maior]. Zusammen mit ihm wurde auch der weisse Mais gebildet, der von vollkommener [und deshalb zur Saat geeigneter] Form ist, die Körner den ganzen Kolben bedeckend; 'Voller Kolben' ist der Name des Ortes, wo die Schwarze und die Weisse Wolke zusammenkamen.
Die Erste Welt war klein, eine in Nebel oder auf Wasser schwimmende Insel. Darauf wuchs ein Baum, eine Kiefer, die später in die heutige Welt gebracht wurde, damit es da Feuerholz gab.
Der Mensch aber hatte noch nicht seine heutige Gestalt; die Vorstellung war vielmehr die eines männlichen und eines weiblichen Wesens, aus denen Mann und Frau werden sollten. Die Kreaturen der Ersten Welt muss man sich als Leute des Nebels denken: Sie hatten noch keine bestimmte Form; sie würden sich erst in die Menschen, Tiere, Vögel und Reptilien dieser Welt verwandeln.
Dann erschien im Westen der Ersten Welt – die auch 'Weisse Stehende oder Schwimmende Muschelperle' genannt wird –, dort, wo später das Land des Sonnenuntergangs entstand, die Blaue Wolke und neben ihr die Gelbe Wolke. Sie vereinigen sich und bilden die Erste Frau [die spätere Cassiopeia] und mit ihr auch den gelben Mais, in einem Kolben, der ebenfalls von vollkommener Form war. Zusammen mit Erster Frau entstehen aber auch die weissen Muscheln und der Türkis und der Yucca [die Sauberkeit und Zeremonien symbolisierende und Seife liefernde Blaue Palmlilie].
Erster Mann stand auf der Ostseite der Ersten Welt; er repräsentierte die Morgendämmerung und war der Lebensspender. Erste Frau stand gegenüber im Westen; sie repräsentierte Dunkelheit und Tod.
Erster Mann entzündete einen Kristall, um Feuer zu haben; er gehörte zum Männlichen und war das Symbol des Verstandes und der Klarsicht. Als Erster Mann ihn entzündete, war dies das Erwachen des Denkens.
Erste Frau entzündete ihren Türkis, um Feuer zu haben. So sah jeder das Licht des anderen in der Ferne.
Als die Schwarze Wolke und die Weisse Wolke am Himmel höher stiegen [als erste Form der Zeitmessung, da es noch keine Sonne gibt], ging Erster Mann los, um das türkise Licht zu finden."

Er sucht sie und begegnet ihr dann in ihrem Heim; daraufhin sucht sie sein Heim für einen Gegenbesuch. Da sein Kristall heller leuchtet als ihr Türkis, fragt er sie, ob sie mit ihrem Feuer zu ihm ziehen will und sie stimmt zu: "Anstatt dass der Mann zur Frau geht, wie es heute Brauch ist, ging die Frau also zum Mann."

"Um diese Zeit dann tauchte eine andere Person auf, Grosser Im Wasser Gebildeter Streuner [der später zum Sternbild um Scorpius werdende Wolf],[39] der die Gestalt eines menschlichen Wesens hatte. Er erzählte den beiden, dass er aus einem Ei geschlüpft war. Er kannte alles, was es unter dem Wasser und im Himmel gab. Erster Mann ordnete sich dieser Person in allen Dingen unter. Die drei begannen sich zu überlegen, was geschehen sollte.

Während sie damit beschäftigt waren, stiess ein anderes Wesen zu ihnen. Es hatte ebenfalls die Gestalt eines Mannes, trug aber einen um die Hüften gegürteten haarigen Mantel mit Borten aus weissem Fell, der bis zu seinen Knien reichte. Sein Name war Erster Zorniger oder Dünner Streuner [der später zum Orion werdende Kojote]. Und der sagte zu den drei: 'Ihr glaubt, dass ihr die ersten Personen seid. Da täuscht ihr euch. Ich lebte schon bevor ihr geformt wurdet'."

Dann stossen die vier gelben Wespenleute zu ihnen, die vier Spinnenameisen in roten Hemden und mit kleinen schwarzen Augen und dann ganze Scharen von Schwarzen Ameisenleuten, dunkelhäutig und mit dicken Lippen und braunen vorstehenden Augen: jeweils ein mächtiges Volk, das einen mit Bösem zu stechen versteht. Nach diesen Insektenmenschen tauchen unzählige kleine Kreaturen auf, die harmlos und friedlich sind, aber stinken.

Auf sie folgen wiederum "die Käfer, die Libellen, die Fledermausleute, Spinnenmann und Spinnenfrau, Salzmann und Salzfrau sowie andere, die eigentlich keine bestimmte Gestalt hatten, aber unter den Leuten waren, welche die Erste Welt bevölkerten. Und so wurde es eng in dieser kleinen Welt und die Leute stritten und kämpften miteinander, was das Leben in jeder Weise unselig machte.

Der dauernden Streitigkeiten wegen kletterten Erster Mann, Erste Frau, Der Grosse Im Wasser Gebildete Streuner und der auch Erster Zorniger genannte Dünne Streuner aus der Ersten, dunklen und feuchten Welt hinauf in die Zweite, Blaue Welt".

Dort leben bereits alle möglichen blau gefiederten Vögel wie Hüttensänger, Rundschwanzsperber, Blauhäher und Blaureiher, wobei die mächtigen Blauschwalbenleute allen das Leben schwer machen. Nachdem die Ersten Vier in dieser Welt des Blauen Dunstes eine Öffnung entdeckt haben, klettern sie, um dem Mord und Totschlag darin zu entgehen, in die Dritte oder Gelbe Welt, die immer noch sonnenlos ist.

Deren Land liegt zwischen einem weiblichen, von Nord nach Süd fliessenden, und einem männlichen, von Ost nach West fliessenden Strom und wird von sechs Bergen begrenzt: alles Vorformen der Flüsse und Berge in der gegenwärtigen Welt der Navajo. An den Landesgrenzen leben die Luftspiegelungs- oder Achatleute sowie die Bodenhitzeleute der Wüsten, die zwölf, mit Samen- und Phalluskulten verbundenen Buckligen und die zwölf Maisjungfrauen. In den Bergen leben Höhlenbewohner, im Land selbst die Urahnen der Pueblo sowie Baum- und Erdhörnchen-, Mäuse-, Ratten-, Truthuhn-, Reh-, Wildkatzen-, Spinnen-, Eidechsen- und Schlangenleute, "die sich alle ähnlich waren. Sie hatten noch keine definitive Gestalt, nur unterschiedliche Namen, die sie unterschiedlicher Charakteristiken wegen erhalten hatten".

Dazu gehört auch der jenseits des heutigen Blanca Peaks bei Alamosa, Colorado, lebende Zwitter Türkisjunge, der sich später in einen Mann verwandelt und zum Sonnenträger Jo'hanaa'éi wird – wobei bei ihm dort, ganz im Osten, das männliche Schilfrohr wächst. Ganz im Westen, bei den heutigen San Francisco Peaks, Arizona, lebt wiederum der Zwitter Weisse-Muschel-Mädchen, der später in den Mond eingeht und zum Mondträger wird; bei ihm am Wasserrand wächst auch das grosse weibliche Schilfrohr, das aber noch keine Rispe besitzt.

In dieser Dritten Welt begann man nun erstmals mit dem Anpflanzen. Erster Mann brachte den zusammen mit ihm entstandenen weissen Mais, Erste Frau den gelben Mais, und das Truthuhn (das spätere Sternbild 'Truthuhnspur' in Andromeda) schüttelte ein graues, blaues, schwarzes und rotes Maiskorn aus seinen Federn, die dann eingesetzt wurden. Die Grosse Schlange (später um Perseus und Aries) hinwieder brachte einen Kürbis-, einen Wassermelonen-, einen Honigmelonen- und einen Zuckermelonensamen, aus denen dann die Kriechpflanzen entstanden.

"Sie pflanzten die Samen ein und die Ernte war gross. Nach der Ernte kam der Türkisjunge aus dem Osten und besuchte Erste Frau. Als Erster Mann nach Hause zurückkehrte, fand er seine Frau mit diesem Jungen. Erste Frau sagte ihrem Gatten, dass der Türkisjunge von ihrem weiblichen Fleisch und nicht von seinem war. Sie sagte, dass sie ihr eigenes Feuer, den Türkis, benutzt und ihren eigenen gelben Mais zu Mehl gemahlen habe. Diesen Mais hatte sie selbst gepflanzt und gehegt."

Obwohl offenbar nichts vorgefallen ist, wird Erster Mann so eifersüchtig, dass er nicht mehr reden will, nicht einmal mit seinen Leuten. Erst als die vier Häuptlinge Grosse Schlange, Puma, Otter und Bär (später um Sagittarius) – die auch als Häuptlinge der vier Himmelsrichtungen gelten – sich einschalten und Erster Mann ein rituelles Abführmittel zur seelischen Reinigung einnimmt, klärt sich die Sache: indem Türkisjunge seine Weiblichkeit durch Kochen und Vorzeigen seiner Reibeschale und seines Besens beweist.

Der Zwist zwischen den Geschlechtern ist nun jedoch in der Welt. Grosser Im Wasser Geborener Streuner befahl Erster Mann darauf, ihm mit all den anderen Männern über den männlichen Strom zu folgen. Dort, wo er durch den weiblichen Strom fliesst, setzten sie mit einem grossen Floss über: "Als sie zurückschauten sahen sie Erste Frau und all die anderen weiblichen Wesen lachen; die verhielten sich auch sonst böse.

Anfangs hatten die Frauen nichts dagegen, allein zu sein. Sie rodeten und bepflanzten ein kleines Feld. Auf der anderen Seite des Stroms gingen Erster Mann und die Häuptlinge auf die Jagd und setzten ihre Samen ein. Sie hatten eine gute Ernte. Der Zwitter Türkisjunge mahlte den Mais und kochte Essen. Vier Jahreszeiten vergingen. Die Männer hatten weiterhin mehr als genug und waren glücklich; aber die Frauen wurden faul und es wuchs bloss noch Unkraut auf ihrem Land. Sie wollten deshalb frisches Fleisch, weshalb manche zu den Männern zu gelangen versuchten, im Fluss jedoch ertranken.

Erste Frau dachte sich nun einen Plan aus. Da die Frauen niemanden hatten, um ihre fleischlichen Gelüste zu befriedigen, nahmen manche stattdessen lange schmale Steine, andere benutzten Truthuhnfedern und die nächsten wieder seltsame Kakteen. Erste Frau leitete sie dabei an. Eine Frau gebar daraufhin einen grossen Stein. Aus diesem Steinkind wurde später Grosser Stein, der über die Erde rollte und Menschen tötete. Die nächste Frau brachte die Grossen Vögel von Tsa bida'hi zur Welt; und die anderen kamen mit jenen Riesen und Ungeheuern nieder, die später so viele Leute umbringen sollten."

Es kommt schliesslich zur Versöhnung, indem Erste Frau vor ihrem Mann ihre Fehler bekennt und verspricht mit seiner Hilfe in Zukunft ein gutes Leben zu führen – worauf auch die anderen sich wieder vertragen und zusammenziehen.

Nach einiger Zeit aber ging Erster Frau das eintönige Leben auf die Nerven: "Sie ging zu dem Ersten Zornigen genannten Kojoten, gab ihm den Regenbogen und sagte: 'Ich habe in der Vergangenheit viel gelitten. Mir fehlte es oft am nötigen Fleisch, an Mais und Kleidern. Viele meiner Dienerinnen starben. Ich musste viel mitmachen. Nimm den Regenbogen und geh dorthin, wo sich die Ströme kreuzen. Bring mir die beiden netten Kinder der Wasserbüffelin, ihren Jungen und ihr Mädchen.'

Der Kojote tat, was sie wollte. Er ging über den Regenbogen, betrat das Heim der Wasserbüffelin und stahl ihre zwei Kinder; er versteckte sie in seinem grossem Ledermantel mit den Borten aus weissem Fell. Einmal zurück, weigerte er sich, seinen Mantel abzulegen; er zog ihn nur fest um sich zusammen und schaute sehr klug drein.

Nachdem dies geschehen war, erblickten die Leute ein weisses Licht im Osten und eines im Süden und Westen und Norden. Einer der Rehleute lief in den Osten; als er zurück war, sagte er, dass das weisse Licht eine grosse Wasserfläche sei. Der Sperber flog in den Süden, der Schwarzbussard in den Westen und der Grünfischer nach Norden. Sie kehrten zurück und sagten, dass eine Flut käme. Der Grünfischer sagte, dass im Norden am meisten Wasser und es schon sehr nahe sei.

So kam die Flut, geriet die Erde ins Sinken. Und all das geschah nur, weil Kojote die zwei Kinder des Wasserbüffels gestohlen hatte; aber das wussten nur Erste Frau und Kojote.

Als Erster Mann vom ansteigenden Wasser hörte, unterrichtete er alle Leute davon und trug ihnen auf, zu dem Stehende Schwarze Schärpe genannten Berg, dem heutigen Blanca Peak, zu kommen. Alle Lebewesen sollten sich auf seinem Gipfel versammeln und alle Samen der essbaren Pflanzen mitbringen."

Der Zwitter Türkisjunge hatte das grosse Männliche Schilfrohr mitgebracht und der Zwitter Weisse- Muschel-Mädchen das grosse Weibliche Schilfrohr. Erster Mann pflanzte daraufhin das grosse Männliche Schilfrohr; alle Leute bliesen darauf, dass es bis zum Himmelszelt wuchs. Der Specht klopfte sein hartes Mark heraus und sie bliesen weiter, bis es dick genug geworden war. Während das Wasser weiter stieg, konnten sie so in die Vierte Welt hinaufklettern.

"Als die Leute die Vierte Welt erreichten, sahen sie, dass sie nicht sehr gross war. Manchen sagen, dass sie auch Weisse Welt genannt wurde, aber nicht alle Medizinmänner stimmen dem zu.

Der Letzte, der durch das Schilfrohr kroch, war der [mit Wasser und Regen assoziierte] Truthuhnhahn vom Grauen Berg [San Francisco Peaks]; sein Federkleid war bereits mit Schaum bedeckt, weil hinter ihm das Wasser kam. Und mit dem Wasser kam auch die Wasserbüffelin, die ihren Kopf durch die Öffnung im Schilfrohr drückte. Sie hatte ganz viele gelockte Haare, die auf dem Wasser schwammen, und zwei, halb schwarze und halb gelbe Hörner, von deren Spitzen Blitze ausgingen.

Erster Mann fragte, warum sie gekommen war und die Flut gesandt hatte. Die aber sagte nichts. Da zog Kojote die zwei Babys aus seinem Mantel und meinte, dass es vielleicht deshalb geschehen sei.

Türkisjunge nahm nun einen Korb und füllte ihn mit Türkis. Darüber streute er blauen Pollen vom Rittersporn, gelben Pollen vom Mais, darauf Pollen von der Sumpf-Schwertlilie und zuletzt den Kristall, der Fluss-Pollen ist. Dann gab er den Korb Kojote. Der stellte ihn zwischen die Hörner der Wasserbüffelin und sagte, dass sie mit diesem Opfer das männliche Kind zurückgeben würde. Der Junge würde von nun an 'Schwarze Wolke' oder 'Männlicher Regen' heissen und Blitz und Donner bringen. Das Mädel aber würde er behalten. Sie würde 'Blaue', 'Gelbe' und 'Weisse Wolke' oder 'Weiblicher Regen' genannt werden und sanfter Regen sein, der die Erde befeuchten und ihnen zu leben helfen würde. Somit behielt er das weibliche Kind und legte das männliche Kind in den heiligen Korb zwischen den Hörnern der Wasserbüffelin. Und die verschwand dann – und die Wasser damit."

Nachdem das Wasser wieder gefallen ist, taucht ein Wesen auf, das sie noch nicht kannten: der von einem Sonnenstrahl gezeugte Dachs.

"Erster Mann aber war mit der Vierten Welt nicht zufrieden. Sie war ein kleines ödes Land; und das grosse Wasser hatte die Erde durchnässt und das Säen von Samen unmöglich gemacht. Er pflanzte das grosse Weibliche Schilfrohr und es wuchs hinauf bis zum gewölbten Dach dieser Vierten Welt."

In diesem hohlen 'Weltenbaum' schickte Erster Mann den Dachs hinauf, der jedoch wieder zurückkam, bevor er die Obere Welt erreicht hatte, weil Wasser von dort herabtropfte.

Darauf meldete sich ein aus der Erde selbst gekrochenes Wesen, die Heuschrecke, die dafür zwei in ihr Stirnband gesteckte Pfeile mitnimmt: "Sie grub sich, so wie sie das heute tut, durch das Schilfrohr nach oben. Dann schob sie sich durch Schlamm, bis sie in Wasser kam. Als sie daraus auftauchte, schwamm ein schwarzer Wasservogel, ein Lappentaucher, auf sie zu; er hatte gekreuzte Pfeile am Hinterkopf und grosse Augen. Der Vogel sagte: 'Was tust du hier? Dies ist nicht dein Land.' Und er fügte hinzu, dass er der Heuschrecke nicht zu bleiben erlauben würde, ausser sie beherrsche Magie."

Die Heuschrecke zieht sich darauf ihre zwei Pfeile von hinten nach vorn und umgekehrt durch den Körper, worauf der Vogel glaubt, dass sie die grössere Medizin besitzt, nach Osten schwimmt und das Wasser mit sich nimmt. Dasselbe geschieht mit einem blauen Wasservogel aus dem Süden, einem gelben aus dem Westen und einem weissen aus dem Norden.

Die Heuschrecke kehrt nun zurück und erzählt, was geschehen ist. Nachdem zwei dunkle und zwei helle Wolken sich erhoben haben – was zwei Tagen und Nächten entspricht – schickt Erster Mann den Dachs los, der aber mit ganz schlimmem Schlamm bedeckt zurückkehrt. Daraufhin "offeriert Erster Mann den fünf Häuptlingen der Winde, die in der allerobersten Welt leben, Türkissplitter, damit sie die Winde herabsenden und die Fünfte Welt austrocknen".

Nachdem vier dunkle und helle Wolken vorübergezogen waren, schickte er erneut den Dachs los, der diesmal auf fester Erde herauskam. "So führten Erster Mann und Erste Frau die Leute in die Fünfte Welt, die manche die 'Bunte Welt' und andere die 'Wandelbare Welt' nennen. Sie kamen in einem von vier Bergen

umgebenen See heraus, den man heute für Pagosa Springs, Colorado, hält; wenn man sich diesem See nähert, sprudelt das Wasser empor.
Nachdem alle aus den unteren Welten heraufgekommen waren, schmücken Erster Mann und Erste Frau den Puma mit gelbem, schwarzem, weissem und grauem Mais und stellten ihn auf eine Seite. Den Wolf schmückten sie mit weissen Schwanzfedern und stellten ihn auf die andere Seite. Dann teilten sie die Leute in zwei Gruppen.
Der ersten Gruppe sagten sie, sie könne sich wen sie wolle zum Häuptling nehmen. Sie machten ihre Wahl und obwohl sie dachten, den Puma gewählt zu haben, merkten sie, dass sie den Wolf zum Häuptling genommen hatten. Der Puma aber wurde der Häuptling der anderen Seite.
Aus den Leuten, die den Puma zum Häuptling hatten, wurden die Leute der Erde. Sie hatten dann Samen zu säen und Mais zu ernten. Die Anhänger des Wolfes aber wurden zu Tieren und Vögeln; sie verwandelten sich in all die Kreaturen, die fliegen und kriechen und rennen und schwimmen.
Nachdem so all die Lebewesen unterteilt worden waren und jedes seine eigene Gestalt bekommen hatte, gingen sie ihrer Wege.

Dies war die Geschichte der Vier Dunklen Welten und der Fünften, der Welt in der wir leben. Manche Medizinmänner sagen, dass es noch zwei Welten über uns gibt. Die erste ist Die Welt Der Geister Der Lebenden Dinge; die zweite 'kosmische' Der Ort Des Zu Einem Verschmelzens."[40]

Das ursprünglich chaotische, ungewisse und unvollendete Leben wandert in den Schöpfungsgeschichten der Dene in zunehmend geordneterer Weise aus der Unterwelt an die Oberfläche. Auf jeder Ebene kommen auf magische Weise Lebensformen hinzu und neue Verwandtschaften zwischen Richtungen, Farben, Tages- und Jahreszeiten, Edelsteinen und anderen Erscheinungsformen der Natur zum Vorschein.

Grundprinzip ist eine komplementäre Gegensätzlichkeit, wie sie sich auch lautlich in *hózhǫ* – gut, schön, harmonisch – und *hóchxǫ* – schlecht, hässlich, wertlos – ausdrückt. Sie lässt sich in Doppelpaaren um eine statische Mitte fassen, die solcherart als Ganzes organisiert werden, den Kardinalpunkten um den Himmelspol gleich oder den vier Arten von Mais: weissem, gelbem, blauem und buntem. So steht Weiss für den Osten, Muschelperlen, Blanca Peak in Colorado als östlichem Berg, die Künste, klares Denken, das erste Morgenlicht und die transzendente Praxis, darin zu meditieren und sich schöne Dinge zu wünschen – Gelb hingegen für den Westen, Perlmutt, San Francisco Peaks in Arizona als westlichem Berg und das Familienleben abends – während Blau den Süden symbolisiert, Türkis, Mount Taylor in New Mexiko als südlichem Berg, den Mittag und das Arbeitsleben – und Schwarz den Norden, Gagat und Obsidian, Hesperus Peak in Colorado als nördlichem Berg, die Wissenschaften und alles Nächtliche wie die Sterne.

Was damit in die heutige Welt getreten ist, sind die *Diyin Dine'é*, das 'Heilige Volk', Urwesen wie Erster Mann und Erste Frau, der Häuptling Erster Grosser als Wolf sowie der ewige Unruhestifter, Chaot, aber letztlich unschuldige Aussenseiter Kojote, deren Porträts bald als mahnende Sternbilder am Himmel prangen werden.

Dieses Heilige Volk stellt den urschöpferischen und transzendenten Widerpart zum irdischen Leben dar: "Jedes Wesen, jeder Aspekt der Natur hat sein Heiliges Volk – selbst der Stinkkäfer. Manchmal kann man sie auch sehen, für einen Augenblick. Manche werden durch Farben repräsentiert; der blaue Himmel, das Zwielicht des Abends, die Nacht – sie gehören zu den Heiligen Leuten und man betet zu ihnen. Es gibt Eisenleute, Kristallleute und die Leute der unterschiedlichen Felsen und Steine. Es gibt Morgendämmerungs-, Abenddämmerungs-, Luft-, Donner- und Wolkenleute.

Man redet nicht über solches in der Natur, wenn sie und ihre heiligen Leute da sind. Im Winter sind viele von ihnen fort – Bären zum Beispiel: Deshalb kann man im Winter über Bären reden. Auch die Donnerleute ziehen im Winter fort. Stattdessen sind dann die Schneeleute und die Kalte-Luft-Leute da – wie eine Tag- und eine Nachtschicht."[41]

Die Leute dieses Heiligen Volkes können menschliche Gestalt annehmen; sie empfinden menschliche Gefühle – Sorge, Eifersucht, Zorn, Angst, Freude – und sie sind wie die Navajos in Clans organisiert; und auch sie lassen sich in einer Viererordnung von Himmels-, Sonnen-, Wasser- und Sommerleuten zusammenfassen.[42]

DIE ENTSTEHUNG DER HEUTIGEN WELT

In Sandovals Mythos wird in der heutigen Fünften Welt von Erster Mann und Erste Frau zuerst die Heimstatt eines Hooghan errichtet. Zusammen mit Allweiser Im Wasser Gebildeter Wolf fertigen sie darauf Sonne und Mond aus Türkis und einer Muschel, die an den mittlerweile aufgepfählten und ausgestreckten Himmel kommen, um die Jahreszeiten und die Abfolge von zwölf Monaten zu bestimmen.

Dabei erschaffen sie auch die Sternbilder, auch damit es nachts nicht ganz finster ist.[43]

Es sind dies die Plejaden (Dilyéhé), Hyaden (Baalchini, die Kinder von Dilyéhé und Dem Ersten Dünnen), Orion (Kojotes Feder und Der Erste Zornige, auch *Erster Dünner* genannt), Scorpius (Die Kaninchenspur und Erster Grosser), Corvus (Alter Breitbeiniger Mann), Ursa Maior und Minor und Polaris (Kreisender Krieger Mit Pfeil Und Bogen, Sie Die Feuer In Ihrem Korb Trägt sowie Der Alles Haltende Hauptpfahl), Canopus (Kojotes Stern oder Der Monatslose Stern) und die Milchstrasse (Sich Zur Dämmerung Bewegend). Die Episode, bei der Kojote die Stückchen Glimmer und Kristall, aus denen die Sterne bestehen, willkürlich verstreut, fehlt jedoch bei Sandoval.[44]

Aus der Erde, die sie aus der Dritten Welt mit hinaufgenommen haben, lassen Erster Mann und Erste Frau dann die sechs heiligen Gebirge entstehen, sodass bald überall Blumen und Bäume wachsen. Dass die als Scheibe gedachte Erde hingegen anfangs viel kleiner als heute war, das geht aus Sandovals Mythos wie aus einer anderen Fassung hervor. Zudem ist darin wie bei den Chinesen, auf Palawan, im pazfischen Raum und bei den Maya die Rede davon, dass die männliche Sonne ursprünglich zu heiss gewesen war: "Die Berge, welche die Grenzen unserer Erde markieren, waren noch nicht so weit voneinander entfernt wie heute. Wenn Jóhonaa'éi, die Sonne, auf seinem Weg im Himmel über uns dahinzog, kam er der Erdoberfläche näher als heute. Deshalb war es am ersten Tag von Sonnes Reisen unerträglich heiss. Er hätte die Leute fast zu Tode verbrannt. Deshalb beteten sie zu den vier Winden, dass jeder von ihnen [der Ost-, der West-, der Süd- und der Nordwind] seinen Berg weiter von der Mitte der Welt wegziehe."[45]

Nachdem der Ost-, Süd-, West- und Nordwind viermal je einen Tag lang an den Bergen gezogen haben, das Meer dementsprechend zurückgedrängt, die Himmelskuppel damit weiter (und ihre Höhe grösser) geworden ist, herrschen erträgliche Temperaturen für alle. Die derart ausgedehnte Erde wird in der Hitze auch hart und bald von Flüssen durchzogen.

Als Lohn für die Mühen ihres täglichen Laufes haben Sonne und Mond sich aber den Tod der Menschen, Alter, Krankheit und Menstruation ausbedungen: "Es gab einen Plan von den Sternen abwärts." Frauen können deshalb nicht so stark wie Männer und deshalb auch nicht gleich viel wert sein. Liebe, Eifersucht und Lust wurden erfunden, indem Blaue Palmlilien samt ihren Früchten, Wasser von den heiligen Quellen und Tau von allen Pflanzen über die Herzen von Mann und Frau gerieben wurden. Den vier Häuptlingen von Erster Mann – Wolf, Schlange, Kojote und Bär – werden ihre Lebensräume zugewiesen und vieles mehr eingerichtet: wie die Spiele, Gebetspraktiken und das von Spinnenmann erlernte Weben.

DIE ENTSTEHUNG DER MENSCHEN AUS PUPPEN UND MAISKOLBEN

Doch da beginnen Wesen die Erde unsicher zu machen, die von den Frauen geboren wurden und aufgrund deren Masturbationspraktiken mit Kakteen, Federn und Steinen jedoch riesig und missgestaltet geraten sind. Haashch'Éé h Yálti', der Sprechende Gott der Morgendämmerung – der inzwischen Tänze, Zeremonien samt entsprechender Bekleidung sowie Hunde eingeführt hatte – setzte über Frau Mit Weisser Muschelperle die Geburt von Zwillingen in Gang, die diese Monster töten sollten. Was sie dann auch taten, mithilfe des Blitzbogens ihres Vaters Sonne.

Sie bringen erst ihren Halbbruder um, den Riesen Yé'iitsoh, dann den Riesigen Elch, die Riesenvögel, den Rollenden Fels, der alle zerdrückt, die menschenfressenden Zwölf Antilopen, den Grossen Stosser, der die Leute über die Klippe wirft, die Scharfen Schilfrohre, die jeden in ihrer Nähe verletzen, die nymphomanische Schöne Gefährliche Junge Frau, deren Geschlechtsorgan sie herausschneiden, und die kriegerischen Schwalbenleute, die Geröllfelsen und die Bösen Augen. Nur vier Übel liessen sie am Leben: die Armut, weil sie zur Tugend führt, das Alter, weil es weise macht, die Läuse, weil sie Mitleid erregen, und den Tod, eine bläuliche Kreatur, weil es ohne ihn kein neues Leben geben kann.

Sonne hat inzwischen über zwei Glücksspieler vergeblich versucht, eine zweite Türkisscheibe für sich zu gewinnen – deshalb geht seine Macht an Sprechender und Rufender Gott über sowie an Frau Mit Weisser Muschelperle, die von ihnen als Baby geformt worden war: "Mit dieser Macht war sie in der Lage, ihre Leute zu erschaffen, den *Diné* genannten Stamm. Der sieht sie als ihre Mutter an und betet zu ihr ebenso wie zu Sprechender und Rufender Gott; sie war mit daran beteiligt, dass die Ungeheuer vernichtet und der Diné genannte Stamm in dieses Land kam und sich vermehrte."[46]

Ähnlich wie bei den Maya entstehen nun die Menschen aus Puppen und Maiskolben: "Nachdem Pfeil und Bogen der Blitze der Sonne zurückgegeben worden waren, gingen Sprechender Gott und Rufender Gott zu Erster Mann und Erste Frau und wollten von ihnen wissen, was sie zu all dem Vorgefallenen dachten: 'Was von nun an geschieht, das wird auf eurem Plan beruhen.' 'Ja', antworteten Erster Mann und Erste Frau, 'jetzt muss es unser Plan sein. Wir werden uns etwas ausdenken.'

Sonne brachte einen türkisen männlichen Fetisch [eine Puppe] und gab ihn Frau Mit Weisser Muschelperle. Sie zerstiess weisse Muschelperlen zu Pulver, machte eine Paste daraus und modellierte daraus einen Fetisch, wie den, welchen die Sonne ihr gegeben hatte, nur dass er weiblich war. Als sie fertig war, legte sie beide Seite an Seite. Dann nahm sie den weissen Mais, der aus der Dunklen Welt heraufgebracht worden war, wo Erster Mann geformt wurde, und legte ihn neben den türkisen Mann-Fetisch. Und den gelben Mais aus der Dunklen Welt, der zusammen mit Erste Frau geformt worden war, legte sie neben den Weisse-Muschelperlen Frau-Fetisch. Da begannen die Gesänge einer Zeremonie, mit der die Menschen auf der Erde sich vermehren sollten, nachdem die Monster vernichtet worden waren; sie hatten die zwei Fetische und die zwei Maiskolben und die vier Wolken und die vier Dünste zum Inhalt. Viele Gesänge wurden dann gesungen, bevor die Fetische sich bewegen konnten. Dann aber begannen die zwei Fetische, Türkiser Mann und Weisse- Muschelperlen-Frau sich zu regen – und auch die beiden Maiskolben, der weisse und der gelbe, die nur selten angepflanzt werden, weil sie so heilig sind. Als sie sich zu bewegen begannen, kam Kojote, der Erste Zornige. Er sprang auf ihre Körper und schob erst etwas in das eine Nasenloch, dann in das andere. Er sagte zum ersten Nasenloch: 'Du wirst durch das gerettet werden.' Und zum zweiten Nasenloch sagte er: 'Das wird dein Schild sein.' Das eine stellte sich als der von Menschen begangene Trug heraus, das zweite als die Lügen, die er erzählt. Doch ab und zu wird er auch von seinen eigenen Lügen gerettet. Das war es zumindest, was Kojote im Sinn hatte.

Die Fetische und die Maiskolben regten sich, aber sie konnten noch nicht aufstehen. Deshalb schickte man eine Botschaft an alle Heiligen Wesen und in die Obere Welt, wo die Fünf Häuptlinge des Windes wohnen. Geschenke wurden den Winden offeriert, die sie annahmen. Sie schickten Kleine Brise herab und sie fuhr in die Körper der zwei Fetische und die zwei Maiskolben. Kleine, feine Haare erschienen auf ihren Körpern, denn dadurch kommt die Luft aus dem Körper wieder heraus. Und es war danach, dass die vier – die zwei Fetische und die zwei Maiskolben – zu Menschen wurden."[47]

DIE ORDNUNG DES HIMMELS UND SEINER GESTIRNE

Nachdem alles auf Erden getan war, verliessen die Leute des Heiligen Volkes die Erde, um nunmehr ihre Sternbilder am Himmel auszufüllen. So sprach Sonne: "'Erster Mann und Erste Frau, der Wolf Grosser Im Wasser Gebildeter Streuner und der Kojote Erster Zorniger, diese vier müssen nun in den Osten gehen, jenseits des Ortes des Sonnenaufgangs. Sie müssen zu einem Ort namens *To Dontsos* reisen.' Er sagte ihnen auch, dass sie dort mit ihren Rücken zu Sonne sitzen sollten. Sonne selbst durfte Erste Frau nicht mehr ansehen, weil er ihre Tochter geheiratet hatte; obwohl sie sie nicht geboren hatte, wurde sie doch als ihre Mutter angesehen. Und Sonne sagte zu seinen Leuten: 'Das muss nun bei euch Brauch werden. Ihr dürft Eure Schwiegermutter nicht mehr anschauen. Wenn ihr mir nicht gehorcht und euch anseht, werden Blindheit, ein schwaches Herz und selbst der Tod eure Strafe sein.' So gingen Die Vier Ersten in den Osten und nahmen alle ihre Macht mit."[48]

Dann wurde es Zeit, dass auch Frau Mit Weisser Muschelperle ihre Leute – zwölf männliche Wesen, die Vier Regenwolken und all die Blumen, und zwölf weibliche Wesen samt den Vier Dünsten – verliess. Sie stieg in den Wolken auf und zog nach Westen, in ihr Schwimmendes Haus – und mit ihr zog all ihre Macht, denn auf Erden war nichts mehr von ihrer Macht übrig. Denn jetzt müssen die Menschen arbeiten, um zu leben und Mühsal ertragen.

"Sonne sagte dann noch: 'Wenn jemand glaubt, dass er mich sieht, wird er mich sehen, weil das heisst, dass ein Feind im Land ist. Die Leute werden unter Feinden leiden.' Und Sonne kehrte in sein Haus zurück und nahm all seine Macht mit sich.

Und Sprechender Gott – die Morgendämmerung – und all seine Heiligen Leute sagten: 'Falls uns jemand sieht, wird dies ebenfalls ein Zeichen sein, dass ein Feind ins Land kommt. Wer uns dann rufen hört, derjenige wird dann von einem Feind getötet werden bevor der Tag vorbei ist.' Mit diesen Worten kehrten sie in ihre Häuser zurück und all ihre Mächte mit ihnen. Wenn jetzt jemand glaubt, eins der Heiligen Wesen zu sehen, dann ist das nicht zum Guten der Menschen; es stellt ein böses Omen dar."[49]

DIE STERNBILDER

Die Sternbilder bilden diesem Mythos zufolge den Anblick der wichtigsten Ersten Wesen ab – oder stellen ihre Schatten dar, wie es in einer anderen Version heisst. Sie sind einerseits Ab-Bilder der Protagonisten der Schöpfungsgeschichte, Illustrationen wie Erinnerungen an sie und ihre Taten – andererseits Vor-Bilder für die Lebensführung der Menschen, die ihnen vom Heiligen Volk vor seinem Wegzug in den Himmel hinterlassen wurden.

Dementsprechend heisst es in einer Bearbeitung ihrer Mythen: "Als alle Sterne bereit waren, in den Himmel versetzt zu werden, sagte Erste Frau: 'Ich werde sie benutzen, um die Gesetze aufzuzeichnen, welche die Menschheit für alle Zeiten regieren werden. Diese Gesetze können nicht auf Wasser geschrieben werden, da es dauernd seine Form ändert, und auch nicht in den Sand, da der Wind sie bald auslöschen würde – doch wenn sie in die Sterne gezeichnet sind, können sie ewig gelesen und erinnert werden.'"[50]

Als die vom Heiligen Volk abstammenden Menschen einmal erschaffen waren, begannen diese Erdoberflächenleute herumzuwandern. Ihre ersten Migrationen werden heute von heiligen Orten markiert, die manchmal astronomische Bedeutung haben. Dazu zählen die Sonsela ('Dort Liegen Sterne') Buttes, ein zweifach eingedellter Tafelberg, der entstanden sein soll, als Kojote die Sterne am Himmel verstreute und zwei davon herunterfielen, um heute daran zu erinnern, wie die Sterne geschaffen wurden. Dort sollen der Tradition zufolge auch die Sternrasseln erfunden worden sein; die beiden Hügel des Tafelbergs gelten als Hooghan, wo noch einige heilige Leute wohnen.[51]

Solche und andere Ätiologien – wie das und jenes entstand und warum – gaben Anlass zu den jeweiligen Mythen als einem erzählerischen Sittenkodex, der durch die Sternbilder illustriert wird. Sie stellen die Nomenklatura der Mythologie anschaulich dar: als gezeichnetes Who's Who bei den Navajo, denen solcherart ihre eigene mythische Historie vorgeführt wird. Mittels der fixierten Ikonographie der Sterne werden die wichtigsten Helden vorgestellt, in einem Bilderbuch, das weitaus älter ist als jeder Schriftgebrauch bei den Navajo: Der Nachthimmel stellt so zu den erzählten Dramen die Kulisse dar, welche die wichtigsten Personen und Requisiten abbildet.

Da Menschen und das Heilige wie das nun Himmlische Volk aus denselben Elementen erschaffen sind, gemahnen die Sternbilder zudem an diese Verwandtschaft und die vielfältig koordinierten Beziehungen im Kosmos untereinander, wobei die Sterne ebenso wohlwollend wie destruktiv sein können.[52] So wie landschaftliche Besonderheiten als Stichwortgeber für moralische Lehren dienen, haben Sternbilder dieselbe Funktion inne: Obwohl das Heilige Volk die Erdoberfläche vor Langem in der Zeit der Schöpfung verliess (und für die Menschen heute nicht mehr sichtbar ist), bleiben sie ihnen dadurch nahe und omnipräsent.

Ein Sänger erklärte dies so: "Bevor die Zwillinge [die Heiligen Zwillinge, welche die Monster erlegten, die einst die Erde bevölkerten] und die Monster geschaffen wurden, sagte das Heilige Volk: 'Eines Tages wird es alles mögliche Unheil auf der Erde geben. Wir erschaffen die Sterne, um den Erdoberflächenleuten zu helfen, ihren Weg zu finden, damit sie ihren Glauben wiedererlangen und wieder eine Richtung und ins Gleichgewicht finden." Und der Direktor des Ned-Hatathli Museums in Tsaile erläuterte wiederum: "Sieht man etwas Ausserordentliches, ist es eine Warnung, die einen daran erinnert, wieder das Gleichgewicht herzustellen, sich wie einer vom Heiligen Volk zu verhalten, den Bergen, Tieren und Menschen und auch sich selbst gegenüber Respekt zu zeigen. Wir sollten jede Gelegenheit nutzen, die Geschenke, die wir vom Heiligen Volk erhielten, zu achten. Vergessen wir sie, erinnert uns das Heilige Volk samt den Sternen und Sternbildern daran."[53]

Komplementär dazu demonstriert der Sternenhimmel um die einzelnen Sternbilder jedoch das Unberechenbare und Zufällige der Welt, das der Kojote als Trickster par excellence verkörpert: "Er nahm die übrigen Splitter von Sternfels-Glimmer in seine Pfote. Dann warf er sie hoch in die Luft und blies ihnen im Flug stark nach. Sogleich blieben sie im Himmel stecken, durcheinander in wahllosen Haufen. Nur die Sterne, die Erster Mann schon versetzt hatte, blieben an ihren richtigen Stellen. So waren einige Sternbilder sorgfältig fixiert worden. Die übrigen Sterne jedoch waren verteilt über den Himmel in ungleichen Gruppen. Bis heute können die, die in einer dunklen Nacht in den Himmel schauen, diese ungleich platzierten Sterne sehen. Und indem sie sie erblicken, können sie die immerwährende Unordnung sehen, die der Kojote in seiner Ungeduld geschaffen hat, wie es heisst."[54]

Bemerkenswert an den Sternbildern der Navajo ist, dass sie oft fast sternenleere Stellen und ihr Schwarz als Körper oder Gesicht einer Figur setzen, die damit wirklich, wie im Schöpfungsmythos erzählt, durch funkelnde Steine am Nachthimmel ausgelegt scheint. Aufleuchten tun diese Sternbilder jedes Mal durch bestimmte "Entzünder": Lagerfeuern gleich, die ihren Schein auf Steine ringsum werfen und sie so aus der Nacht heben. Dieses Achten auf dunkle Stellen des Himmels verrät denselben Blick, mit dem Inka, Aborigines, Tuareg und Bororo 'negative' Sternbilder in der Milchstrasse sehen. Und so wie die Babylonier und Maya ebenso ungewöhnlicherweise einen geschlossenen Tierkreis entlang der Sonnenbahn definierten, weist auch die Kette von Tieren, welche die Navajo an den Himmel setzten, auf eine Art Zodiak hin – wenngleich er nur streckenweise genau an der Ekliptik entlang, sonst mehr oder minder parallel dazu verläuft.

Manche der tierischen Sternbilder besitzen immer noch Arme oder sind – wie Kojote oder Der Wolf – ganz und gar vermenschlicht dargestellt: Zeichen dafür, dass sie jene ersten Lebewesen auf der Erdoberfläche verkörpern, die noch nicht ihre heutigen Gestalten erhalten hatten. Zugleich besitzen sie allesamt Federn, was ihnen den Status eines Häuptlings verleiht oder sie zum Totemtier eines Clans deklariert. Mehr noch: Sie werden dadurch als die dominant astralen Prototypen all der irdischen Erscheinungen ihrer Art ausgewiesen.

DIE MACHT DER STERNE

Die in den Sternen abgebildete Ethik hält sich jedoch in Grenzen. Zwar demonstrieren Die Kreisenden und Der Hooghan die Wichtigkeit der Familie in der Gesellschaft der Navajo und das Blickverbot zwischen Cassiopeia und Sonne ein die Schwiegermutter betreffendes Tabu – doch sehr viel mehr an Moral ist am Himmel nicht zu finden. Weit eher spiegeln sich in den unterschiedlichen Deutungen der Sterne und ihrer Positionen zueinander allgemeine Aspekte des Lebens der Navajo: Kinderspiele, Glücksspiele, zornige Verlierer, strittige Vaterschaften und überraschend emanzipierte, selbstständig agierende Frauen, sowie eine existentielle Haltung, die bei den meisten Abenteuern zum Vorschein kommt. Ob von gewollten oder ungewollten Tabubrüchen ausgelöst – jedes Mal kehrt man um eine lehrreiche Erfahrung bereichert zurück, die man dann weitergeben kann.

Eine Orientierungsfunktion ist den Sternen hingegen nicht (mehr) zuzuschreiben: nicht zuletzt, weil die Dene als Navajo sesshaft wurden und ihre Freizügigkeit innerhalb Nordamerikas durch die Weissen erst drastisch beschränkt und dann auf Reservate begrenzt wurde. Im Zuge dessen ist schon vor einem Jahrhundert das Wissen um die Sternbilder fragmentarisch und eher privat geworden – ohne dass es zuvor allerdings bei den Dutzenden von verschiedenen Zeremonien je den zentralen Aspekt dargestellt hätte.[55]

Der Umstand, dass bei den Navajo so viele Sternbilder menschliche Figuren darstellen (bei den Hopi hingegen gibt es keine, bei den Zuñi nur eine), bei denen einzelne Sterne als innere Organe ausgewiesen werden, hat mit den durch sie erstrebten Heilungsprozessen zu tun. Die vielen auf sie ausgerichteten Zeremonien und Sandmalereien dienen dazu, die vom Heiligen Volk der Erde entzogene Macht für die Menschen wieder zu Heilzwecken anzuziehen. Dabei wird durch Gebete eine 'Verwandtschaft' mit einer Heiligen Person hergestellt, um den Patienten mit ihr zu identifizieren. Zuerst werden die Glieder des Übernatürlichen mit dem des Kranken verbunden, Fuss zu Fuss, Knie zu Knie, Hand zu Hand, Kopf zu Kopf; der Sänger appliziert dann die Dinge in seinem Bündel erst zu den Körperteilen des Übernatürlichen, dann berührt er die entsprechenden Körperteile des Patienten mit seinen eigenen, Fuss zu Fuss, Knie zu Knie usw. – und zuletzt mit dem Bündel. Dies stellt einen ausdifferenzierten Ritus der Identifikation dar. Zwar werden keine Sternbilder für diese Riten eingesetzt. Doch indem man bei ihnen menschliche Körperteile unterscheidet und diesen Übernatürlichen eine menschliche Gestalt zugesteht, werden sie humaner und zugänglicher. Sie werden zu Figuren, mit denen sich die Erdoberflächenleute identifizieren können, um sie zugleich an die grundsätzliche Verwandtschaft mit ihnen wie mit anderen Lebewesen zu erinnern.[56]

STERNGUCKEREI

"In der Meinung vieler Auskunftspersonen ist die heute [um 1900] überall gebräuchliche Sternguckerei noch nicht so alt. Als Methode der Diviniation wird sie herangezogen, wenn die Ursache eines Unglücks oder einer Krankheit nicht zu ermitteln ist oder auch wenn gestohlene Dinge wiedergefunden werden sollen. Üblicherweise zahlt man einem Sterngucker einen halben Dollar, weiht ihn in die Umstände ein und bittet ihn, zum eigenen Vorteil auf die Sterne zu schauen. Felskristall, transparenter Feuerstein, Stücke von Flaschenglas, zerbrochene farbige Murmeln, Fensterglas oder Prismen, falls zur Hand, werden verwendet, um lange auf einzelne Sterne erster Helligkeit zu starren. Die verschiedenen Farben, die sich durch die Brechung des Prismas, des Glases oder Steins ergeben, leiten den Sterngucker bei der Entscheidung für die passende Zeremonie. Da man zuvor meist Indizien als Beweise liefert, wird diese Entscheidung akzeptiert; deshalb wird gegen den Weissager auch keine Beschwerde erhoben, wenn das von ihm empfohlene Zeremoniell nichts geholfen hat.

Der Weissager darf auch andere bitten, ihm bei der Sternguckerei zu assistieren. Das Feuer im Hooghan wird dann nachts gelöscht und alle werden ersucht, sich hinzulegen oder sich aufzusetzen, um auf einen bestimmten Stern zu starren. Keiner darf zwinkern oder die Lider schliessen, bis einer von ihnen erfolgreich ist. Prismen und andere Instrumente sind dabei nicht erlaubt. Bei einer dieser Nachtsitzungen hatte jemand konzentriert eine Vision des Patienten verfolgt, den er auf einer wohlbekannten Strasse Pferden nachjagen sah. Als er plötzlich tief aufseufzte und stöhnte, fragten seine Gefährten, was er gesehen habe. Er erzählte, er habe den Mann sein Pferd besteigen und einer Pferdeschar folgen gesehen, doch als er dann eine Weggabelung erreichte, habe der Stern zu fallen begonnen. Er habe diesen dann beobachtet, bis er verschwunden sei und so auch den Reiter aus den Augen verloren.

So wurde ein zweiter Versuch gemacht, doch der wurde dann von einer Mondfinsternis in derselben Nacht unterbrochen. Sternenguckerei in der Gruppe wird jedoch normalerweise nur selten betrieben; ein Sterngucker ist in der Regel in der Nacht allein und liefert dann morgens seinen Bericht. Der besteht nicht aus der Diagnose über die Art der Krankheit, sondern stellt einen Versuch dar, ihre Ursachen zu ergründen, über die im Bild erkannten Konturen. Die Diagnose ist üblicherweise vage und unbestimmt und kann mit den Ereignissen im Leben eines Patienten zusammenpassen oder nicht. Manche davon werden, wie gesagt, erwähnt, um einen Hinweis zu liefern, und der Sterngucker wird dann nur gebeten, ihn in den Sternen zu verifizieren.

Sterngucker haben es manchmal schwer, den Täter einer vermuteten Zauberei zu finden. Eine weibliche Sternguckerin bezichtigte den Sänger Neffe Des Verstorbenen Beutelmannes aus Arizona, dass er mittels Magie den langsamen Tod ihrer Enkelin herbeiführe. Ein zweiter Sterngucker bestätigte ihre Deutung, mit dem Ergebnis, dass drei kräftige Verwandte der Patientin sogleich den ahnungslosen Mann ausfindig machten. Sie überwältigten ihn, bevor er nach seinem Gewehr greifen konnte, und zwei hielten ihn am Boden fest, während ihm der dritte mit der Axt den Schädel einschlug. Den Mördern wurde später in einem amerikanischen Gericht der Prozess gemacht. Ihre eigenen Stammesangehörigen verurteilten sie aber nicht, weshalb sie jetzt frei herumlaufen.

Soweit ich herausfinden konnte, gibt es keine speziellen Gesänge, Gebete oder Rituale, die mit der Sternguckerei verbunden würden. Sänger oder Männer und Frauen, welche die Sterndeuterei praktizieren, scheinen nicht durch einen speziellen Namen ausgewiesen zu werden, wie dies bei den Sängern der verschiedenen Gesangswege der Fall ist. In dieser Hinsicht ist die Sterndeuterei analog zur einheimischen Methode des Horchens, ein Kunstgriff, den man im Kriegsfalls anwendet, um den Feind zu entdecken."[57]

KALENDARIK UND IDENTIFIZIERUNG DER STERNE

Pragmatische Funktion hatten die Sternbilder bei der Jahreseinteilung, indem ihr heliakischer Aufgang im Osten vor Sonnenaufgang jeweils einen der zwölf Monate markierte: Wann genau es begann, wurde durch die erste Sichtbarkeit des Neumondes bestimmt.

Hatten die Nördlichen Dene in Alaska in ihrem Zenit noch eine den ganzen Sternenhimmel ausfüllende Grossfigur, die sich mit der Nacht drehte, so wandelten die Südlichen Dene dies ab, indem sie das wohl weltweit grösste Sternbild konzipierten: den erst im Umlauf eines ganzen Jahres vollständig sichtbar werdenden Donner. Seine Stirn – die Mitte seines Körpers zwischen der langen Kopffeder und dem Rest seines Vogelleibes – stand zu dem auf unseren Oktober fallenden Jahresbeginn um Mitternacht im Zenit.

Der erste Monat der ersten Jahreszeit *Hai*, 'Winter' – der in etwa unserem Oktober entspricht – wurde so durch den ersten Federstern des Sternbilds Donner markiert; der zweite durch den zweiten Federstern oder Den Breitbeinigen in Corvus; der dritte durch den dritten Federstern Des Donners oder Den Ersten Grossen im oberen Teil des Scorpius; der vierte – unser Jänner – durch den vierten Federstern Des Donners oder die Milchstrasse; der fünfte durch den fünften Federstern oder Die Kaninchenspur; und der sechste und letzte dieser Jahreszeit – der März – durch den sechsten Federstern Des Donners.

Im ersten Monat der zweiten Jahreszeit *Shį*, 'Sommer' – der in etwa unserem April entspricht – wurde daraufhin der Kopf des Donnervogels sichtbar, dessen Schwanzfedern bis ans Ende dieser zweiten Jahreshälfte reichen. Zugleich taucht am Sommeranfang die Schnauze Des Bären auf – und auch danach gibt es für jeden Monat ein ausgewiesenes, wenn auch nicht immer durch Quellen identifizierbares Sternbild, das mit seinem heliakischen Aufstieg den Monat anzeigt; wodurch es jedoch erneut erkennbar wird.

So sieht man Anfang April am Sonnenaufgangspunkt bei Tagesanbruch Die Truthuhnspur, die deshalb in Andromeda liegen muss, im Mai Das Stachelschwein, das vom Kopf des südlichen Pisces gebildet werden muss, im Juni Die Grosse Schlange, die sich somit nur in

Perseus dahinschlängeln kann, im Juli-August die Plejaden, im September Die Enten, die sich in Cancer als Spur ihres Watschelns zeigen und im Oktober frühmorgens den Polarstern.[58]

Berard Haile hat in seiner wichtigen Quelle *Starlore among the Navaho*[59] (H) 1908 entstandene Sternkarten veröffentlicht, die von dem Sänger Sohn Des Verstorbenen Gehstocks stammen, der sich als einer der wenigen Navajo detailliert am Himmel auskannte: "Was ich weiss, musste ich mit meinem Mittelfinger lernen – mein Bruder war ein Sänger wie ich und machte sich grosse Mühe, es mir beizubringen. In wolkenlosen und mondlosen Nächten verbrachten wir Zeit damit, auf das Erscheinen verschiedender Sterne zu warten. Er erklärte mir dann das Sternbild, seinen Kopf, die Hände, Füsse, Flügel, sein Feuer und so weiter, bis zum Sonnenaufgang, wenn wir uns dann ein paar Stunden Schlaf holten. Danach trugen wir Sand in den Hooghan, machten ihn schön eben und zeichneten mit dem Finger dann die Sternbilder nach. Und obwohl es nicht viele Sternbilder gibt, und manche nur im Sommer, manche nur im Winter, manche frühabends, manche frühmorgens sichtbar sind, kennen sich nur ganz wenige Navajo bei ihnen aus, weil es zu schwierig zu erlernen ist."[60]

Wenn man einmal das Beobachtungsprinzip eines frühmorgendlichen Blicks auf den Sonnenaufgang erkannt hat, erschliessen sich die beiden, sonst kaum deutbar erscheinenden Sternkarten Berard Hailes, H 5–6 und H 6–7. Sie geben an dem mit kleinen Sockeln markierten Rand die Sternbilder von Ost nach West wieder, die am Morgen des Wintersolstitiums kurz vor Sonnenaufgang ringsum am Horizont aufstehen: vom Schmetterling bis zu den beiden Heldenzwillingen und von diesen beiden über Cancer, den beiden in sich verhakten Gestirnen in Gemini, weiter ...

Dennoch leidet die Identifikation der Sternbilder unter zwei Problemen. Zum einen ist das Wissen um sie heute noch fragmentarischer geworden, sodass es nicht von allen Sternbildern Abbildungen gibt. Zum anderen sind die Abbildungen meist nicht nach unseren Prinzipien der darstellenden Geometrie konzipiert; vielmehr werden nur die wesentlichen Sterngruppen ohne Abstandstreue dazwischen dargestellt. Bei den Sandmalereien geschieht dies zudem in Nachbarschaft anderer Sternbilder, die nur für die gemeinsam erstrebte Heilwirkung relevant sind. Das macht ihre Bestimmung nur durch mehrfache Vergleiche möglich, ohne dass sie dadurch am Ende völlig eindeutig würde.

Zur Aussprache der Namen: ein Akzent auf einem (deutsch artikulierten) Vokal bezeichnet einen hohen Ton; der Haken unter dem Vokal eine Nasalisierung; ein Apostroph einen stimmlosen, glottalen Verschlusslaut.

I HIMMEL UND STERNE

Himmel

YÁ

In Sandovals Schöpfungsmythos wird der Himmel von Erster Mann, Erster Frau und Erstem Grossen unmittelbar nach Sonne und Mond und Kojotes Abgang geschaffen: "Nachdem Kojote gegangen war, breiteten die anderen den blauen Himmel über der Erde aus. Dann kam die Erdfrau. Erster Mann sagte ihr, dass sie die Frau des Himmels werden würde. Sie würde nach Osten schauen und ihr Mann über ihr nach Westen. Und wenn Nebel die Erde bedeckte, würden sie wissen, dass der Himmel die Erde besucht habe.

Danach setzten sie die Eckpfähle ein und dehnten den Himmel in den vier Richtungen aus. Im Osten richteten sie einen schwarzen Pfahl auf, um das östliche Ende des Himmels zu tragen, einen blauen im Süden, einen gelben im Westen und einen weissen im Norden. Dann machten sie ein Loch in den Himmel und versiegelten es mit Wasser. Um den äusseren Rand des Himmels legten sie einen weissen, einen gelben, einen blauen und einen schwarzen Ring. Sie bildeten die Grenze und wurden dort platziert, um den Himmel zu schützen, damit er auf ewig solide bliebe. Keine Macht auf oder über der Erde sollte ihn verletzen können. Und um die vier Pfähle brachten sie dieselben Farben an."[61]

Mutter Erde und Vater Himmel jedoch gerieten in Streit und beschlossen, sich zu trennen. Der Himmel sagte: 'Ich werde dir keinen Regen mehr schicken.' Deshalb gab es eine grosse Dürre auf der Erde. Die Flüsse trockneten aus und die ganzen Pflanzen lagen im Sterben. Da bat Mutter Erde ihn um Versöhnung und er willigte ein. Darauf fiel wieder Regen und die Pflanzen wuchsen und boten Nahrung.[62] Der Himmel ist dabei als gespiegeltes Gegenstück der Erde zu sehen: "In ihm gibt es dieselben Orte mit denselben Namen" – wie es im Gesang vom *Männlichen Schiessweg* heisst.[63]

Diese Kosmogonie von Himmel und Erde weist grosse Parallelen zu jenen des pazifischen Raumes und zu Altägypten auf – während die folgende Himmelfahrt sich ähnlich bei den Maya und in den Anden erzählt findet.

Der heute selten zelebrierte *Grosse Sterngesang* bietet eine lebendige Darstellung des Himmels. Er hat seinen Ursprung in gefährlichen Konflikten und der Notwendigkeit, den darin verwickelten Personen das innere Gleichgewicht wiederzugeben. Er dient dazu, üble Mächte von Personen auszutreiben, die Tabus gebrochen haben – ob im Umgang mit Toten oder weil sie unter Felsen geschlafen haben –, was ihnen Sontsos [Polaris'] Krankheit eingebracht hat. Er schützt vor der Dunkelheit und wird zur Divination eingesetzt. Das Gebet dafür wird an alle Sterne gerichtet: "Beschützt mich in der Zeit der Gefahr, ihr, die ihr in Stein gekleidet seid ..."[64] Held des *Grossen Sterngesangs* ist Jüngerer Bruder, einer der Heiligen Zwillinge, der sonst 'Dem Wasser Geborener' genannt wird; er überlebt zahlreiche gefährliche Begegnungen mit Sternen, Winden, Vögeln und Insekten.

DER HIMMEL UND DAS STERNENVOLK

"Jüngerer Bruder wird von Kojote durch einen Trick in den Himmel versetzt, weil der es auf dessen Frau abgesehen hat. Er kommt in den Himmel durch einen übernatürlichen Felsen, der so lange wächst, bis er die kreisförmige Öffnung darin erreicht hat. Der Himmel aber, der zieht sich, kaum dass er von diesem Felsen steigen will, jedes Mal vor ihm zurück, bis Jüngerer Bruder als Respektsbezeugung vor dem Heiligen Volk dem östlichen Himmel N'itł'iz opfert, Gagatpulver. Der Fels sinkt darauf wieder zur Erde und lässt Jüngerer Bruder im Land des Himmels zurück.

Die Himmelsöffnung, aus der er herauskam, befand sich in der Mitte eines Kreises von langen Wohngebäuden in den heiligen Farben: das im Osten weiss, das im Süden blau, das im Westen gelb und das im Norden schwarz. Rings um diese Gebäude, die feindlichen Raubvögeln gehörten, befand sich ein äusserer Kreis von Hooghan in denselben Farben.

Während Jüngerer Bruder grosse Augen über die neue Umgebung machte, in der er sich so plötzlich wiederfand, scharten sich bereits die Adlerleute, Falkenleute und Bussardleute, die im inneren Kreis wohnten, um ihn und starrten ihn äusserst feindselig an. Als er sie ansprach, verstanden sie nichts von dem, was er sagte. Er drängte sich durch eine Öffnung in der Menge dieser feindlichen Wesen und ging zu dem äusseren Kreis

von Häusern, wo ihm die Sternenleute begegneten. Ganz im Gegensatz zu den Raubvögeln empfingen sie ihn sehr freundlich und verstanden auch seine Sprache. Neugierig wollten sie wissen, weshalb er so überraschend hier erschien; sie konnten sich auch nicht erklären, wie er heraufgekommen war. 'Wie bist du zu diesem Ort gelangt', wollten sie wissen; 'Erdleute sollten niemals so hoch hinauf in den Himmel kommen.'
Jüngerer Bruder hatte das Gefühl, er könne ihnen vertrauen und erzählte ihnen deshalb, dass er bloss schnell wieder hinunter zur Erde wolle. Die Sternenleute sorgten sich um sein Wohlergehen und einer von ihnen warnte ihn, er solle besser in dem schwarzen Hooghan bleiben, der ganz in seiner Nähe war. 'Du gehst besser nicht allein los; es gibt hier zu viele böse Leute', erklärte er.
Die Sternenleute nahmen Jüngerer Bruder mit in den schwarzen Hooghan und sagten: 'Das Haus gehört Sontso, dem Grossen Schwarzen Stern. Die Leute hier sind alles deine Freunde.'
Jüngerer Bruder antwortete, indem er sie, während er sich mit einem Gefühl von Verwandtschaft umsah, so nannte wie die Navajo sich selbst: Diné, 'Volk'. Derart bildete sich eine Vertrautheit heraus zwischen denen auf der Erde und diesen mächtigen und wohlwollenden Sternenleuten.
Der Eindruck der Ähnlichkeit zwischen den Erdoberflächenleuten und deren himmlischen Entsprechungen verstärkte sich noch, als sie Jüngerer Bruder Essen vorsetzten, das genauso wie das unten auf der Erde war, und sie es zusammen mit ihm verspeisten. Und da sie derart durch Gastfreundschaft in Frieden miteinander verbunden waren, versicherten ihm die Sternenleute: 'Wir werden dir helfen, die Erde wieder zu erreichen.'
Sie beschrieben den inneren Kreis der Gebäude mit ihren Bewohnern: 'Den Adlerleuten gehört der weisse Hooghan, der das erste Gebäude ist, zu dem du im Himmel kamst. Im blauen Hooghan im Süden sind mehrere Arten von Falkenleuten zu Hause: die Rundschwanzsperber, die Graubussarde, die Prinzenbussarde und zwei andere, kleinere Falken. Die Rotschulter- und die Rotschwanzbussarde leben im gelben Hooghan. Und im schwarzen Hooghan im Norden leben der Schwarzadler, die Weisskopfseeadler, der Truthahngeier und der Seeadler.
'Du bist jetzt im Hooghan der Schwarzer-Stern-Leute. Die Blauer-Stern-Leute wohnen im blauen Hooghan im Süden, die Gelber-Stern-Leute im gelben Hooghan im Westen und die Weisser-Stern-Leute im weissen Hooghan im Osten.'
Jüngerer Bruder betrachtete die unterschiedlichen Arten der Sternenleute genau. Die Schwarzer-Stern-Leute waren in schwarzen Feuerstein gekleidet, die Gelber-Stern-Leute in gelben, die Blauer- Stern-Leute in blauen und die Weisser-Stern-Leute in weissen Feuerstein. Dann bemerkte er eine fünfte Art von Sternenleuten: die Vielzackige-Sterne-Leute, die darüber wohnten und in Feuersteine verschiedenster Farben gekleidet waren.
Nachdem sie Jüngerer Bruder seine unmittelbare Umgebung erklärt hatten, meinten die Sternenleute noch: 'Sobald du in den Himmel kamst, wusste jeder gleich, dass du da warst und von der Erde bist; das erzählte uns der Wind.'
Die Schwarzer-Stern-Leute gaben ihm noch eine Warnung mit: 'Geh ja nicht zurück zu der Stelle auf der Erde, von der aus du in den Himmel kamst. Bleib bei uns und du wirst in Sicherheit sein; wenn wir denken, dass du bereit bist, zur Erde zurückzukehren, dann kannst du durch die Öffnung steigen.'
Vom Wind dazu gebracht hielt sich Jüngerer Bruder wiederholt nicht an solche Warnungen, nicht allein herumzuwandern. Von seinem ersten Abenteuer musste er noch gerettet werden; beim zweiten aber siegte er aus eigener Anstrengung.
Danach begann er eine längere Lehre in zeremoniellem Wissen unter der Leitung von Sontso, dem Grossen Schwarzen Stern. Er lernte die Grosse Sternzeremonie und kehrte danach zur Erde zurück, um sich an Kojote zu rächen. Nachdem er die Zeremonie seinen eigenen Leuten beigebracht hatte, zogen er und sein Bruder los, um bei den Sternenleuten zu leben."[65]

Der innere Kreis von feindseligen Raubvögeln in diesem Mythos – der auch in Sandmalereien abgebildet,[66] sonst aber nie erwähnt wird – geht höchstwahrscheinlich auf den Einfluss der Zuñi, der östlichen Nachbarn der Navajo, zurück. Bei ihnen sind die Sterne mit Krieg verbunden und im Zenit steht – dem inneren Kreis der Wohnstätten der Raubvögel entsprechend – Messerflügel, der Tiergott mit Adlerfedern und Klauen.[67]

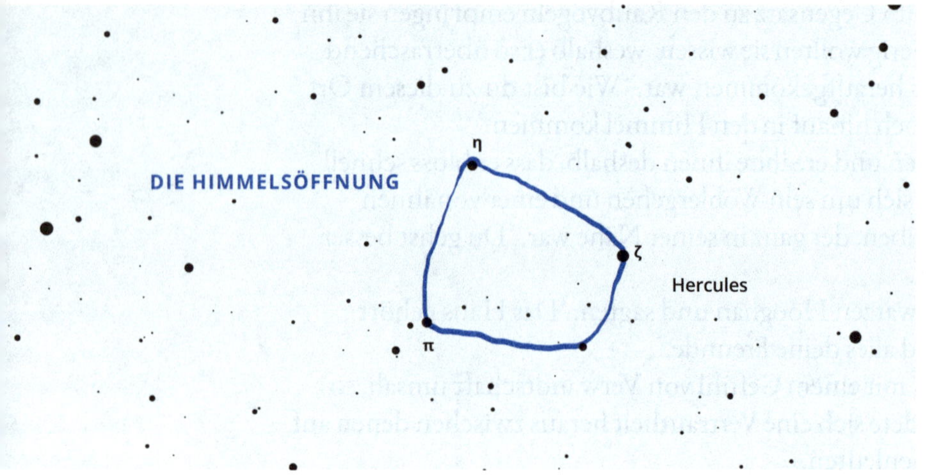

πηζε Herculis?

DIE HIMMELSÖFFNUNG

Eine Öffnung im Himmel findet sich nicht als Sternbild gelistet. Auf einer Sandmalerei ist sie jedoch als "Öffnung jenseits der Sterne" in der Nähe von Polaris und Cassiopeia ausgewiesen.[68] Eine andere Sandmalerei[69] zeigt die quadratische Himmelsöffnung ebenfalls neben dem Zenit. Das passt zu dem Viereck von Hercules, das im Sommer nachts den Zenit erreicht, und zu unserer Verortung des Sternbilds Roter Himmel neben Hercules. Diese Verortung der Himmelsöffnung ist zudem stimmig mit dem oben zitierten Mythos, in dem Jüngerer Bruder durch sie bei den Häusern der Raubvögel herauskommt; sie liegt dort ebenso weit entfernt vom schwarzen Hooghan der Sternenleute wie Hercules vom Polaris des Hooghan.

Von dieser Himmelsöffnung ist die Rede in Sandovals Schöpfungsmythos – und zwar nachdem Erster Mann und Erste Frau Sonne, Mond, die Sterne und den Himmel erschaffen haben, in den sie "ein Loch gerissen haben, das sie mit Wasser wieder versiegelt haben":[70]

"Über dem Grossen Berg, dem heutigen Mount Taylor in New Mexiko, gibt es ein viereckiges Loch im Himmel. Dieses Loch im Himmel wird von einem See widergespiegelt, der zwischen den zwei höchsten Gipfeln dieses Berges liegt. Es gibt drei Namen für diesen Berg: Der erste ist Die Stelle Wo Die Allerhöchste Macht Heraufkam; der zweite ist Oberer Himmelspfad Des [Sternbilds] Bären; und der dritte ist Dessen Wege Schöne Pfade sind.

Man sagt, dass Sonne dort mittags Rast macht und sein Mittagessen verspeist; die Stelle heisst Wo Sonne Sein Mittagessen Isst Und Sein Pferd Aus Einem Korb Frisst."[71]

Diese Angaben träfen für August zu, wenn sowohl Draco wie Corona Borealis (als Futterkorb des Sonnenpferdes) nachts ebenso fast im Zenit stehen wie die Sonne untertags.

Jedenfalls muss dieses Loch in der lotrechten Verlängerung des Ortes des Heraufkommens liegen und in die beiden Welten über uns führen, die Welt Der Geister Der Lebenden Dinge und den Ort Des In Eins Verschmelzens.[72]

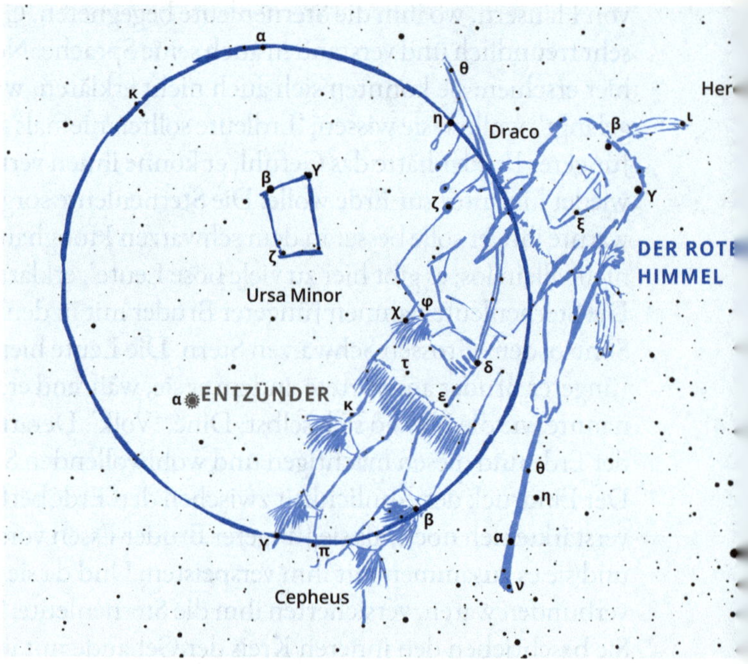

Draco und Cepheus?

YÁ LICHÍ – DER ROTE HIMMEL

Auf der Karte H6–7 liegt das Sternbild neben dem Kreisenden in Ursa Maior und gegenüber dem Blitzschlag in Cygnus: somit neben dem von uns verorteten Zugang zum Himmel. Die Zeichnung der eigentümlichen Figur lässt sich gut mit den Sternen von Draco und Cepheus abgleichen, gemäss der Differenzierung von H10. Füsse und Beine begännen damit in ι und γ Cephei, der Körper ging von κ Cephei und ε Draconis bis ζ und ξ Draconis, der Kopf bis β und γ Draconis, die Feder bis θ Herculis. Dazu hat er, als das Auffälligste an der Figur Dracos, einen Schmuck: von seiner Feder an Fäden hängende weisse Muscheln. Dieser Schmuck würde durch die Sterne von θ bis λ Draconis repräsentiert. Seine Seiten werden links vom Donner, rechts vom Feuer des Kreisenden in Polaris – das zugleich sein 'Entzünder' ist – erhellt.

H6–7

Rot symbolisiert Macht und Zauberkraft; rote Linien die Gedanken und Taten eines Zauberers. Ein solcher vermag Blitze auf Haus, Bewohner und die Felder herabzubringen, Kranke über den Schürhaken sterben zu lassen, mit der Asche aus dem Hooghan eines Toten andere Menschen zu töten: Ein Zauberer kann durch sein Gebet bewirken, dass man durch alles umgebracht werden kann, ein Pferd, einen Fels, ein Schaf und so weiter.

Das Sternbild stellt einen in den Himmel gebannten Zauberer dar. Das viele Sterne und Sternbilder umfassende Ritual, um ihn zu beschreiben und ihn unschädlich zu machen, wurde aufgezeichnet. Am Ende ist "der Zauberer gestorben und ganz weit unter den Nordpol in das Land *Tsi'di* gegangen. Das Gebet dazu lautet so: 'Zauberer ging hinter die Rote Welt und den Roten Himmel.' Der Zauberer ist eingesperrt und kann nicht mehr länger seine Macht benutzen.

Der zaubernde Kojote [im Orion] kommt herauf vor dem Zauberer, um ihn zu blockieren. Der Zauberer und Kojote sind normalerweise Freunde, aber wegen der Lieder und Gebete, muss Kojote den Zauberer blockieren."

Die Zeichnung dazu zeigt Rote Welt und den Roten Himmel darüber schematisch als zwei Wolken, verbunden durch einen schilfhalmartigen 'Eingang'.

N|F|W 61, 63, 66, Plate I, D.

Zugleich personifiziert das Sternbild die traditionelle Vorstellung der Dene, derzufolge der sichtbare Himmel die Unterseite des Himmelslandes über uns ist, einer der unseren ähnliche Welt, deren Gewölbe – an dem sich Sonne, Mond und Sterne befinden – am Horizont zu liegen kommt. In dieses Himmelsland gelangt man in einigen Legenden der Nördlichen Dene, wenn man einem Schmetterling oder einem Specht folgt. Man kann entweder vom Rand aus an seinem Gewölbe hinaufklettern oder kommt durch ein Loch in der Mitte unseres Himmels hinein, das jedoch meist durch einen Fels verschlossen ist. Es gibt zudem Clans, die bezüglich ihrer Herkunft behaupten, vom Himmel herabgestiegen zu sein.[73]

Stern

SQ'

"Um die Sterne und Sternbilder zu finden, muss man auf den östlichen Horizont schauen, wo sie aufsteigen und westwärts wandern. Weiss ist die eigentliche Farbe des Ostens; der Süden ist blau, der Westen gelb und der Norden schwarz."[74]

In der Interpretation einer Auskunftsperson sind die Leute der Horizonte folgendermassen verteilt: Die Sternenleute, die den Navajo die unterschiedlichsten Gesänge gaben, sind am äussersten Rand zu finden. Dann kommen die Wassertiere der Ozeane, darauf Bergbewohner wie Winde und Donner, und zuletzt der Bär, Ameisen, Schlangen und Wassermonster, die in den Bergen leben. Beim Treffen dieser verschiedenen Übernatürlichen ist das Sternenvolk in Kontrolle; es reguliert die Gesangswege. Die Sterne gelten als Feuer der Sternenleute, die mit Feuersteingeräten ausgestattet sind. Die Funken, die entstehen, wenn man Feuersteine aneinanderschlägt, "spritzen davon aus" (als Sternschnuppen).[75]

Glas wird 'Sternfels' genannt, was darauf verweist, dass man sich die Sterne aus durchscheinenden Steinen wie Achat gemacht dachte.[76] Die Sternbilder sind – einem Mythos zufolge – die Schatten der allerersten Wesen, die aus der Erde hervorkamen, starben und dann in den Himmel gingen, um dort weiterzuleben.[77]

Die grossen Sterne werden für Probleme mit den Augen und dem Hals verantwortlich gemacht.[78] Sternbilder wie Die Kreisenden, die Plejaden, Erster Grosser und Erster Dünner – oder ihre 'innere Form' – können zudem Visionen hervorrufen.[79]

EINE ENTSTEHUNGSGESCHICHTE DER STERNE

Die Erschaffung der Sternbilder wird wie in Sandovals Mythos Erster Mann, Erste Frau und Allweiser Im Wasser Gebildeter Wolf oder dem Schwarzen Gott zugeschrieben.

Eine andere Version wiederum erzählt: "Die Sterne wurden von den sieben Unsterblichen geformt, welche die Erste Welt erschufen [Schwarzer Gott, Erster Mann und Erste Frau, Kojote, Salzfrau, der männliche Schöpfergott Bégochiddy, 'Mutterliebe', und der von ihm erschaffene Zwitter In Den Regenbogen Gewickelt].[80] Sie wurden aus dem Material gemacht, das von der Sonne und dem Mond übrigblieb. Erste Frau legte ihre Muster auf der Erde aus, dann kletterten Schwarzer Gott und Kojote auf einer Blitzleiter hinauf, um sie am Himmel zu platzieren. Jeder Stern wurde an die richtige Stelle gelegt, erhielt einen Feuerfunken oder ein Geisterlicht sowie einen Pfad, dem er zu folgen hat. Der Polarstern sollte unbeweglich bleiben als Führer für Reisende, wandernde Stämme oder jene, die sich in der Wüste oder den Bergen verirrt haben. Jedes Sternbild bildete das Muster eines Symbols ab und etablierte ein Gesetz für die Erdleute. Sie glaubten wirklich, dass die Regeln des Lebens in die Sterne eingeschrieben waren. Zudem hatte jede in den alten Legenden erwähnte Lebensform ihr Symbol in den Sternen: Menschen, die Schlange, die Eidechse, die Gila-Krustenechse, der Schmetterling, das Truthuhn, der Adler, die Schwalbe, der Bär, der Kojote, das Stachelschwein, der Dachs und selbst die Tabakschwärmerraupe – sie alle hatten ihre eigene Gruppe von Sternen."[81]

Bei den Jicarilla-Apachen entstehen ebenfalls erst Sonne und Mond und dann die Menschen, die jedoch noch – wie alles andere am Anfang dieser Welt – kränklich sind. Die ersten Sterne, die dann nach der Sonne (die rote Bäckchen hat) und dem Mond aufsteigen, sind "Morgenstern Hactcin, der gegen die Krankheit kämpfte. Ein anderer Morgenstern Hactcin (denn es gibt zwei Morgenstern-Hactcin und zwei Abendstern-Hactcin, jeweils einen für den Sommer und den Winter) blieb ebenfalls oben. Er hatte einen langen weissen Strahl; das zeigte, dass er zornig auf die Krankheit war". Danach stiegen die Zwei Kämpfenden Sterne Hactcin [Gemini] auf, die Plejaden, die Drei Rückenwirbelsterne Hactcin [die Gürtelsterne des Orion], der Hactcin der sieben Hauptsterne von Ursa Maior (der offenbar seiner Form wegen, "allen Hactcin Mokkasins bringt") sowie der Nordstern Hactcin mit seinem Feuer.[82]

II MILCHSTRASSE UND DÄMMERUNG

Milchstrasse

YIKÁÍSDÁHÍ – DIE MORGENDÄMMERUNG ERWARTEND

M 8, G 80

Der Name bezieht sich darauf, dass die Milchstrasse kurz vor Tagesanbruch am hellsten aufzuschimmern scheint. Zudem drückt er die Position der Milchstrasse im Januar aus, wenn sie im *Diné Bikéyah* – dem 'Land der Navajo' – in den Stunden vor der Morgendämmerung den ganzen Horizont umfasst. Liegt sie nicht am Horizont, wandert sie im Laufe des Jahres von Nordosten nach Nordwesten und von Nordwesten nach Nordosten – was die Sandmalereien der Milchstrasse mit ineinander verschränkten Zickzackmustern wiedergeben.[83]

In einer Interpretation stellt die Milchstrasse das dar, was aus dem *Burro* – dem zusammengerollten Maisfladen mit Fleisch-, Tomaten- und Avokadostücken – herausgefallen ist, den Kojote über den Himmel getragen hat, samt der Asche, die von dem darin im Steinofen draussen gebackenen Fladen abgefallen ist, nachdem er den Burro von Erster Mann und Erster Frau gestohlen hat.[84]

In einer anderen Version ist sie der weisse Maisgries, den Erste Frau bei ihren Morgengebeten zum Sonnenaufgang ausgeschüttet hat oder die Maiskörner – *Tádídíín* –, die Sich Wandelnde Frau verstreut hat, um den Navajo zu zeigen, wie man morgens zu beten hat. Die Milchstrasse ist so die Erinnerung, die Morgendämmerung als lebensspendende Kraft anzubeten, indem man sich draussen vor die nach Osten gerichtete Tür des Hooghan stellt und Opfergaben darbringt, welche die Prosperität garantieren. Wer früh aufwacht und "in der Dämmerung geht, dem wird jeder Besitz zuteil".[85]

Die Morgendämmerung Erwartend ist die Feder – das ankündigende und dominante Zeichen – des vierten Monats 'Verkrusteter Schnee', unserem Januar. In der Zeit hören die jungen Männer die heiligen Geschichten und lernen *Hataałii* zu werden, Sänger und Medizinmänner. Für die kommende Periode des Anpflanzens wird alles vorbereitet. Viele Zeremonien werden abgehalten. Die Frauen kochen das Essen hierfür und nehmen an bestimmten Ritualen teil. Die Kojoten paaren sich.[86]

SĄĄS NAATSDIŁ – DIE VERSTREUTEN STERNE (Mescalero-Apachen)

Bei den Mescalero-Apachen trug einer der Zwillingskriegsgötter – die in ihren Rollen Monstertöter und Dem Wasser Geboren der Navajos entsprechen – einen Korb voller Samen. Als sie zu streiten begannen, sprang der Korbdeckel auf, die Samen wurden quer über den Himmel verstreut und so zu den Sternen der Milchstrasse. Sie symbolisieren die Disharmonie, in welche die Welt gerät, wenn man nicht miteinander auskommt, und erinnern so an die Wichtigkeit eines richtigen Lebens.

MI 193

Morgendämmerung

HAASHCH'ÉÉH YÁŁTI' – DER SPRECHENDE GOTT

M 8

Der Titel 'Sprechender Gott' ist paradoxal, indem er zu dem Heiligen Volk der Yé'ii gehört, das nach seiner Erschaffung zu sprechen versuchte, ohne es zu können – weshalb es auch *Haashch'Ééh* genannt wird, 'die Sprachlosen', weil sie nur Rufe ausstossen, aber keine Wörter artikulieren können. Als ihnen das Leben eingehaucht und Der Sprechende wie Der Rufende Gott erschaffen wurde, sollte das Kornkäfermädchen ihnen Sprache und Stimme geben, doch Der Sprechende Gott konnte bloss *wuuhú* sagen und der Rufende Gott nur *quwó, qawó.*

Bei der Zeremonie des *Nachtwegs* spricht der Osten: "Ich bin Geburt; ich bin neues Leben; ich bin ein neuer Tag; ich bin all diese guten Dinge."

G1 30, N|F|W 71, M 16, MI 193–194, G2 74

In Sandovals Schöpfungsgmythos gehören er und Rufender Gott zu den Luftspiegelungs- und Hitzwellenleuten. Auf den zusammen mit dem Vordämmerungsschein ausgeheckten Plan geht die Geburt von Frau Mit Weisser Muschelperle zurück, deren Zwillinge – Monstertöter und Dem Wasser Geborener – die menschenfressenden Ungeheuer ausrotten.[87]

Abenddämmerung

HAASHCH'ÉÉ'OOGHAN – DER RUFENDE GOTT

M 8

Der wie Hooghan klingende Teil seines Namens wird eigentlich anders ausgesprochen; er gibt den Ruf wieder, den Der Rufende Gott ausstösst. Frühere Übersetzungen haben den Namen deshalb unrichtigerweise mit 'Hooghan- oder Haus-Gott' übertragen. Er ist der Bruder des Sprechenden Gottes und wird ebenfalls mit zwölf Federn als Kopfschmuck dargestellt.[88]

Der Rufende Gott wird auch mit 'Zweiter Sprechender Gott' betitelt. Er verkörpert die kosmischen Prozesse der täglichen Abenddämmerung im Westen und gilt – wie sein Gegenstück Sprechender Gott – als prominenter Führer, der mit diesem zusammen als Paar durch Zyklisches eine Ganzheit erschafft.[89]

Im *Mythos vom Segensweg* werden Sprechender und Rufender Gott gemeinsam von Erster Mann in der Dritten Welt erschaffen: "Diese beiden wurden nicht geboren, niemand ist ihr Vater, sie haben keinen Vater. Von den heiligen Wesen, die Erster Mann sich erdachte, erstanden diese beiden als erste, wie es heisst. Er nahm den Tau der weissen Muschel, gesammelte Taue, gesammelte Pollen und gab sie zusammen auf den Boden. Dann gab er den Tau des Türkis, gesammelte Taue und gesammelte Pollen auf den Boden. Er legte sie nebeneinander, aber so, dass sie getrennt waren. Dann bedeckte er – Erster Mann – sie offenbar mit einer Schicht Dunkelheit, einer Schicht Dämmerung, einer von waagrechtem Himmelsblau und einer von abendlichem Zwielicht. Er tat dies, weil er so etwas Heiliges ins Leben rufen wollte; der dachte daran, etwas ins Leben zu rufen, das eine Autorität werden würde."[90]

III HEIMSTATT UND SCHWITZHÜTTEN

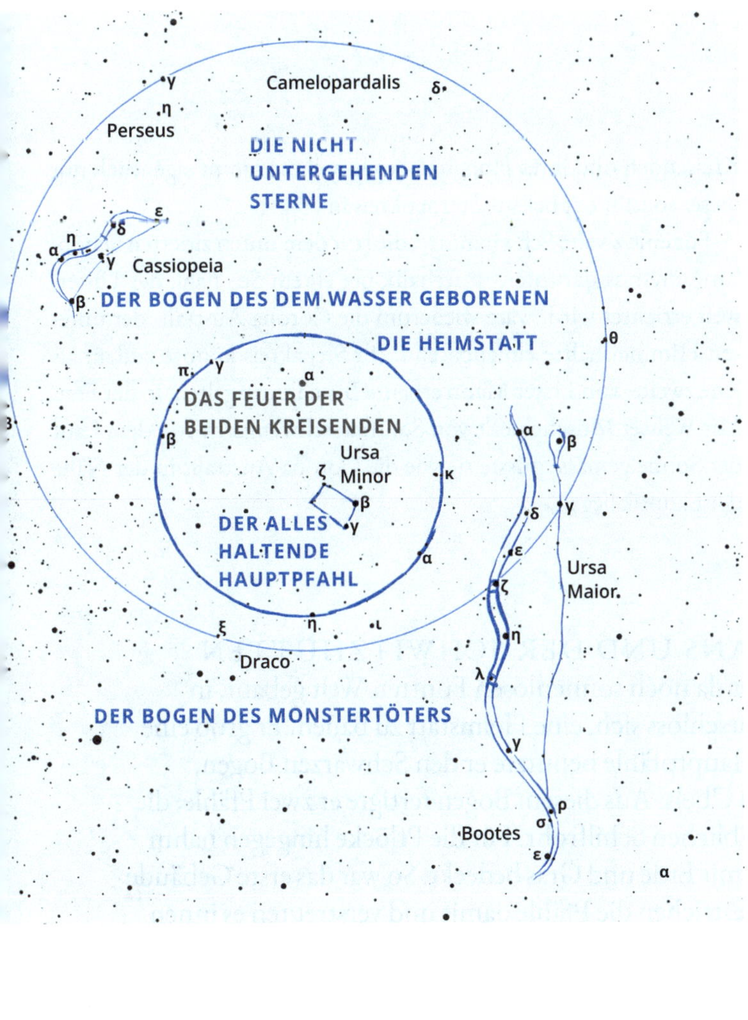

Kreis der nie untergehenden Sterne

HOOGHAN – DIE HEIMSTATT

βγηζ Ursae Minoris?

DER ALLES HALTENDE HAUPTPFAHL

M 8 und O 21

Mittelpunkt der astralen Heimstatt ist das Feuer von Polaris; der den Bau tragenden Pfahl steht damit exzentrisch. Der Grundriss des Hooghan ist der Ring, der sich um die beiden Kreisenden legen lässt: Er entspricht grösstenteils der Krümmung der Feder des Sternbilds Donner. Letztlich wird er vom Horizont vorgegeben, den Der und Die Kreisende bei ihrer Drehung um den Himmelspol berühren, womit sich der Hooghan als der Kreis nie untergehender Sterne erweist.

Anders als die Pueblo lebten die Familien der Navajo nicht in Dörfern, sondern jeweils in einem über die Landschaft verstreuten Hooghan, der 'Heimstatt'. Auch heute, wo Navajos in Häusern oder Wohnwagen wohnen mögen, gilt der Hooghan weiterhin als heiliges Gebäude, Raum für den Unterricht und der Heilung oder stilles Refugium.

Ob rund oder viereckig – der Hooghan wird gemäss strikten kosmologischer Prinzipien errichtet. Der Eingang etwa weist stets nach Osten. Das Dach symbolisiert den Himmel, die Wände die umliegenden Bäume und Berge, der Boden die Erde als Ganzes. Vier Pfähle werden in den vier Himmelsrichtungen aufgestellt, um die Achsen des Kosmos abzubilden. Die einzelnen Viertel des Hooghan werden für unterschiedliche Aktivitäten benutzt: alltägliche Arbeiten und Handwerk im Süden, Geschichtenerzählen und der Empfang von Gästen im Westen, geweihte Aktivitäten wie das Präparieren von Masken für Zeremonien im Norden. Die Wechsel innerhalb dieser Viertel finden dem Sonnenlauf entsprechend statt.

Der Hooghan spiegelt damit die Welt als Ganzes wider. Folglich bewohnt man in ihm auch den gesamten Kosmos, in Harmonie mit allen Dingen: was ein langes Leben und Glück bewirkt.[91]

Der Hooghan kann auch als so gross gesehen werden, dass Ursa Maior und Cassiopeia darin liegen. Aus den Hauptpfählen des der Sonne gehörenden Riesenbogens[92] wird dann der Bogen der beiden Heldenzwillinge, mit denen diese die Ungeheuer der Erde erlegten, um sich ihrem Vater Sonne gegenüber zu beweisen: Ursa Maior stellt den Bogen des aggressiven Monstertöters dar, das W von Cassiopeia den Kompositbogen seines sanfteren Bruders Dem Wasser Geborener.[93]

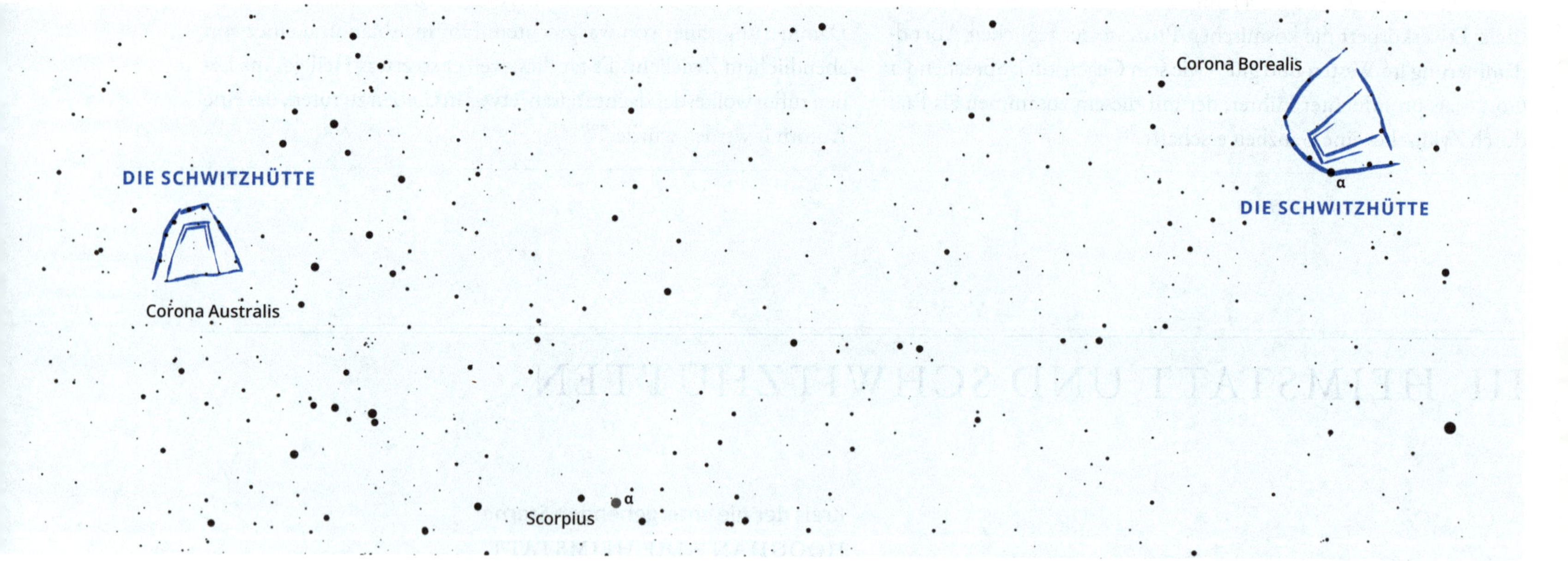

Corona Borealis? und Corona Australis?

TACHÉÉH – DIE SCHWITZHÜTTE

M 8

Die Schwitzhütte wird nach denselben kosmischen Prinzipien wie der Hooghan errichtet; in ihr wird nicht nur Körper und Geist gereinigt, sondern auch das Wissen um die Sterne weitergegeben und geheilt.[94] Ihr Sternbild ist nicht identifiziert. Eine Zeichnung auf einer Rassel des *Nachtweg-Gesangs*[95] liesse sich zumindest als Hinweis auffassen. Darauf findet sich Erster Mann ausnahmsweise alleine dargestellt, jedoch zusammen mit einmal vier, ein andermal fünf kreisförmig angeordneten Sternen, die wiederum gut zur Corona Borealis passen; für die Form einer Schwitzhütte, die implizit in der Nähe der Kreisenden und ihres Hooghan liegen sollte, kommt eigentlich nur dieser sonst nicht belegte Sternenkreis in Frage.

Für eine zweite Schwitzhütte, die laut dem unten zitierten Schöpfungsmythos darunter, unterhalb, bei einem See nahe der Unterwelt errichtet wird, wäre wiederum die Corona Australis der unteren Himmelshälfte einleuchtend. Ihr Sternkreis könnte zudem als jene zweite, von Erster Mann erbaute Buschhütte gelten, in der Frau Mit Weisser Muschelperle von Sonne geschwängert wird; dem Lauf der Sonne gemäss müsste sie wie die Corona Australis in der Nähe der Ekliptik liegen.

DIE ERRICHTUNG DES ERSTEN HOOGHANS UND DER SCHWITZHÜTTEN

Der erste Hooghan wurde von Erster Mann zu Beginn der da noch sonnenlosen Fünften Welt gebaut, in der Nähe des Sees Des Herauskommens: "Erster Mann entschloss sich, eine Heimstatt zu bauen. Er grub eine flache Grube in die Erde und stellte die Pflöcke auf. Als Hauptpfähle benutzte er den Schwarzen Bogen, das Symbol der Feindestöter und der Überwältigung allen Übels. Aus diesem Bogen fertigte er zwei Pfähle; die anderen zwei schnitt er aus dem männlichen und dem weiblichen Schilfrohr. Für die Pflöcke hingegen nahm er das, was zur Hand war. Dann wurde die ganze Struktur mit Erde und Gras bedeckt: So war das erste Gebäude gebaut. Erste Frau mahlte weissen Mais zu Mehl und sie bestrichen die Pfähle damit und verstreuten es innen

im Wohngebäude von Osten nach Westen. Und während er das Mehl verstreute sagte er: ‘Möge meine Heimstatt heilig sein und schön und mögen die Tage schön sein und viele werden.’
Nachdem der erste Hooghan errichtet worden war und sie vier dunkle und vier helle Wolken sich heben gesehen hatten [also vier Tage später], sagte Erster Mann, dass sie müde waren und ausruhen mussten. Er fragte, ob irgendjemand Steine vom Fluss mitgebracht hätte. Der Dachs antwortete, dass er fünf hätte. Erster Mann sagte, er würde ihm einen lassen und die anderen vier zum Erhitzen benutzen. Er hatte vor, mit den übrig gebliebenen Pfählen zwei Schwitzhütten zu errichten.
Der Schwitzhüttengesang hat vier Teile; einer geht so: ‘Er baute sie, er baute sie, er baute sie an der Stelle, wo die Leute aus der Unterwelt stiegen: Er baute sie beim See Des Herauskommens. Er baute sie aus weiblichem und männlichem Holz, er baute sie mit den Steinen der Schwarzen Mesa, er baute sie aus harten Flusssteinen, er baute sie mit der Hilfe von Allerhöchster Furchteinflössender Macht.”[96]

In einer anderen Variante des Schöpfungsmythos’ wird die Schwitzhütte gebaut, um in ihr auszuhecken, wie das Leben in der Fünften Welt vor sich gehen soll. Der Biber bringt Stöcke, das Dickhornschaf Steine, die Fliege Feuer, die Tochter des Otters Wasser. Als Dach werden vier Regenbögen aus je einer Himmelsrichtung überkreuzt und dann das Kleid Der Dunkelheit darüber gebreitet; als Tür wird ein Blitzkleid genommen. Einmal gereinigt werden dann von Erster Mann und Erste Frau die Berge und Flüsse und dann Sonne, Mond, Sterne und die Monate des Jahres geplant.[97]

IV DIE BEIDEN UM DEN POL KREISENDEN

Ursa Maior und Teile von Lyncis, Canes Venatici und Bootes

NÁHOOKǪS BIKĄ'II – DER KREISENDE KREISENDER KRIEGER MIT PFEIL UND BOGEN

Laut Hailes Karten und Angaben befindet sich der Sockel der im Profil gesehenen Figur ein Stück unterhalb des linken Fusses (βγ Bootis). Die Füsse werden gebildet durch (θικ Bootis links, β und 2 Canum Venaticorum). Der für die Heilung von Blasenleiden zuständige Stern – “Blase” – wäre sodann χ Ursae Maioris. Die Oberschenkel finden sich in δ γ Ursae Maioris, der Oberkörper reicht hinauf bis 23 Ursae Maioris, wo der lange Hals mit seinen vier Sternen bis o Ursae Maioris beginnt. Die Eingeweide befinden sich bei dieser im Profil zu sehenden Figur bei 36 Ursae Maioris; ein wiewohl nicht angeführter Arm könnte von 23 Ursae Maioris bis λ Draconis führen, während der andere bei υ Ursae Maioris ansetzt, aber wohl seitlich anliegt. Ist der Kopf bei 24, 19 und 15 Lyncis anzusetzen, endet die Feder etwa bei ψ 02, 04, 05 Aurigae. Entzünder der Figur müsste λ Ursae Maioris sein; der ‘Grosse Weisse Stern’ unter dem Kreisenden ist α Canum Venaticorum.

H 6–7 und 10 sowie MI 190, G1 81 und O 21

Der und Die Kreisende sind – neben dem Kaninchen im Stachel des Scorpius – die einzigen Figuren am Himmel, die einen Sockel besitzen. Dies unterstreicht ihre Bedeutung. Sie stellen Erster Mann und Erste Frau dar, welche die Sternbilder Des Ersten Grossen und Ersten Dünnen, der Plejaden, Des Breitbeinigen, Der Kaninchenspur, des Polarsterns, der Milchstrasse sowie Sonne und Mond an den Himmel gesetzt haben, bevor sie selbst in die Obere Welt zogen, um am Firmament dann auch ihr Bild zu hinterlassen.

Im Land der Navajo – Diné Bikéyah – ist Der Kreisende das ganze Jahr lang und die ganze Nacht über zu sehen, weshalb er als Orientierungspunkt und zur Zeitmessung dient. *Náhookǫs* drückt einerseits das weit Ausschreitende der Figur aus, andererseits die Rotation, die das Sternbild um den Himmelspol macht, dessen Position mit den Jahreszeiten wechselt: An Winterabenden ist Der Kreisende aufrecht stehend rechts von Polaris zu sehen, an Sommerabenden links davon und kopfüber vom Himmel hängend.[98] Um diese Rotation zu betonen, zeichnet Sandovals Schöpfungsmythos Den Kreisenden samt Der Kreisenden in Cassiopeia als seitlich am Boden liegend, in der Drehung schlafend.[99]

Der Name des Sternbilds bedeutet wörtlich ‘Das Männliche Kreisen’ im Gegensatz zum ‘Weiblichen Kreisen’; unterschiedliche Geschlechter werden auch Naturphänomenen wie der Morgendämmerung, dem Himmelsblau, dem Zwielicht des Abends, der Dunkelheit

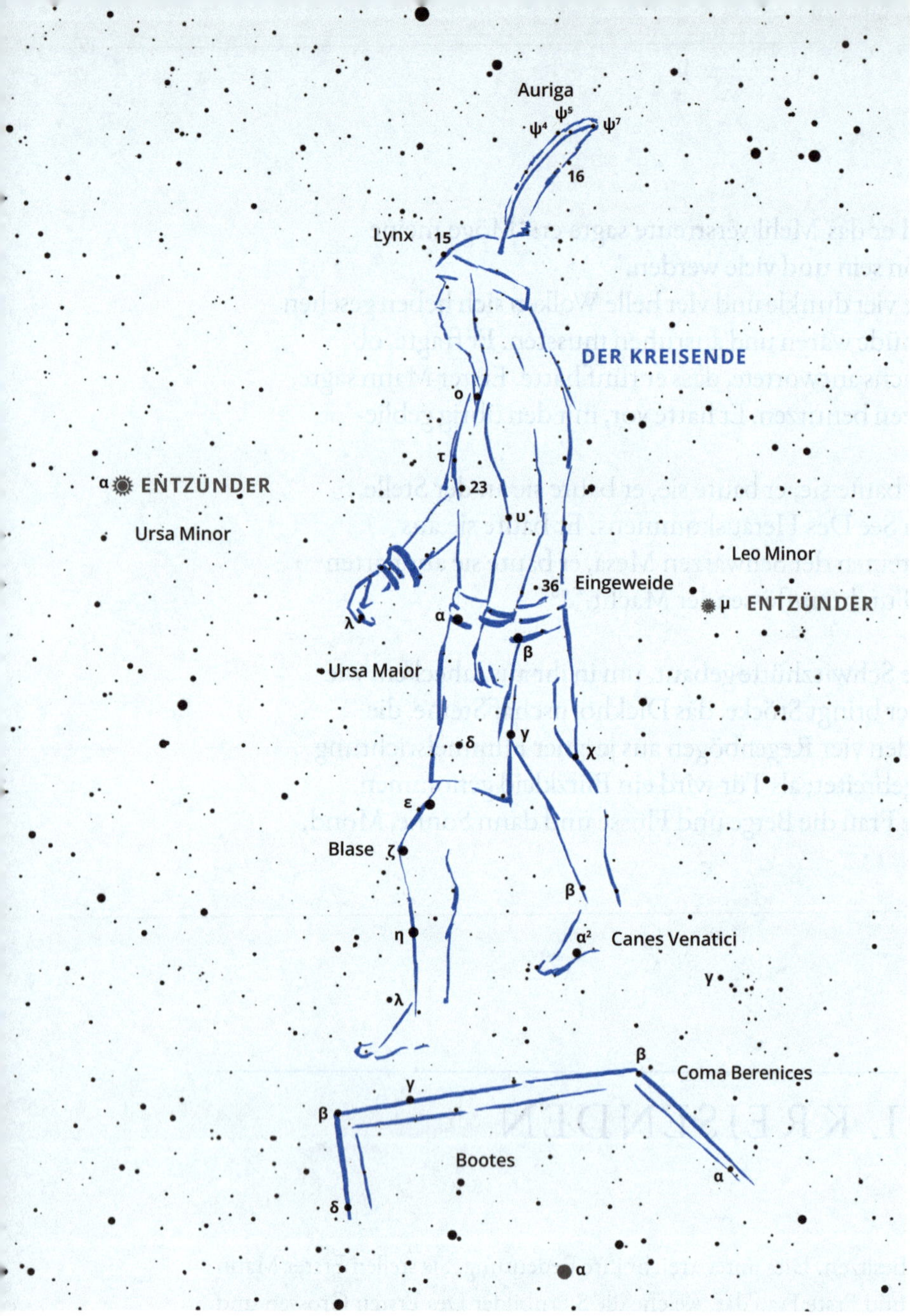

zugewiesen und sie dann Dämmerungsmann oder Dämmerungsfrau genannt.[100]

Eine weitere Figuration des Sternbilds vereinfacht die Gestalten von Erster Mann und Erster Frau auf mehr oder minder unseren Grossen Wagen und Cassiopeia. Die eigentümliche Beinhaltung, die die Wagendeichsel dann vorgibt, wird damit erklärt, dass die Frau des Heiligen Volkes einmal auf Erster Mann zornig war. Sie brach ihm daraufhin das Bein: was erklärt, weshalb die Linie von δ – η Ursae Maioris nicht gerade verläuft, sondern am Ende abgewinkelt ist. Diese Version ist in ganz Mittel- und in Teilen Südamerikas verbreitet und wird dort erzählerisch ausgestaltet.

Manche Sänger sehen die beiden Kreisenden auch als weise Führer, die den Erdoberflächenleuten mit ihrem Wissen stets zur Verfügung stehen oder im Kontext des Hooghan, der Heimstatt, die den Fokus des Lebens bildet: Die zwei Sternbilder sind demnach ein verheiratetes Paar, das zu Hause bleibt, und seine Verantwortung erfüllt, Leute, die das traditionelle Familienleben hochhalten. Das Bild eines einzigen Paares um ein Feuer in ihrer Mitte, das in den Himmel gezeichnet ist, stellt Sitten und Gebräuche der Navajo dar; sie spielen auf das Gesetz an, das es zwei Paaren verbietet, im selben Hooghan zu wohnen und über demselben Feuer zu kochen, um Frieden zwischen den Familien zu gewährleisten. Somit symbolisieren die Sternbilder *Hózhó*: ein Begriff, der Schönheit, Harmonie, Güte und Wohlergehen ausdrückt.

G1 153 und MI 189

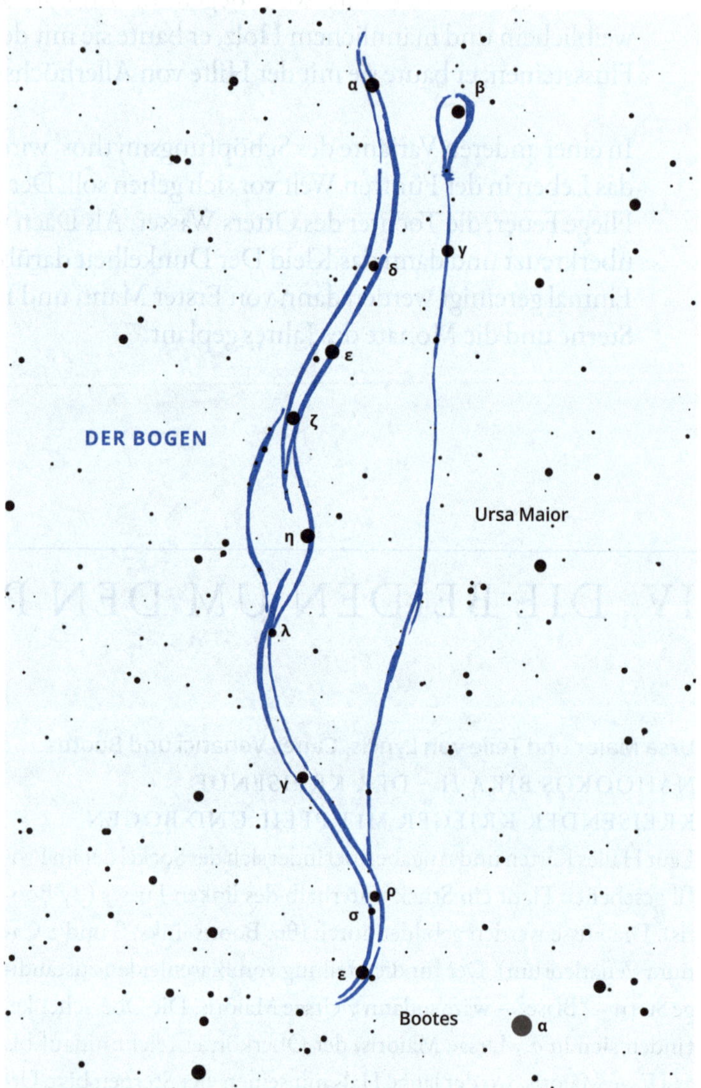

DER BOGEN

Wie rituelle Malereien und Zeichnungen zeigen,[101] kann die Figur Des Kreisenden auch analog zum Bogen von Des Dem Wasser Geborener in Cassiopeia gesehen werden. Deren W wird dann als grosser Recurve aufgefasst, dessen Sehne sich von o bis γ Ursae Maioris spannt, der Griff dieses nunmehr B-förmigen Bogens bei HD 91948 und 88651. Der Mann dahinter ist dann mit Leo Minor als Der Kreisende Krieger Mit Seinem Pfeil Und Bogen zu figurieren – wenn der Bogen nicht dem Monstertöter in Hydra zugeschlagen wird.

Mit Tiersehnen bespannte Kompositbogen, wie sie die Zeichnungen der Navajo zeigen,[102] wurden aus Asien übernommen, sind vor 1300 Jahren erstmals in Kalifornen nachweisbar und wurden von den Dene zu den Pueblo gebracht. Die Durchschlagskraft und kriegerische Überlegenheit, die diese neue Waffe verlieh, liess nicht nur die Neo-Eskimo in kürzester Zeit bis nach Grönland gelangen, sondern destabilisierte auch überall auf dem amerikanischen Kontinent die Verhältnisse. In der Folge ging die Chaco-Kultur unter, Felsfestungen wurden gebaut, die Mississippi-Gesellschaften wurden reorganisiert und die Bison jagenden Stämme in den Plains erlangten dadurch vor 700 Jahren ihre grösste Macht.[103]

NAHAKUS – DER FALLENDE (Mescalero-Apachen)

Bei den Mescalero-Apachen bedeutet der Name Des Kreisenden auch 'Der Fallende'. Deren Sänger benutzen das mit dem Schöpfer assozierte Sternbild, um damit die Zeremonie für Mädchen in der Pubertät zu bestimmen.

Bei den Jicarilla Apachen heisst es, dass man "nachts beim Blick in den Himmel zuerst die Hauptstterne von Ursa Maior zählen soll: Wenn nur sechs zu sehen sind, wird etwas geschehen, etwas Schlimmes. Denn die sieben Sterne werden dort oben stehen solange es Himmel und Erde gibt".

MI 191–195

α Ursae Minoris

NÁHOOKQS BIKQ' – DAS FEUER DER BEIDEN KREISENDEN

M 8 und O 21

SQ'TSO DONDIZIDI – GROSSER SICH NICHT BEWEGENDER STERN (so auch bei den Mescalero-Apachen)

K 38 und MI 194

Der Polarstern ist laut Hailes Angaben[104] nicht nur der Entzünder für die Sternbilder Der Kreisenden, die sich um ihn drehen, sondern zugleich die Feuerstelle ihrer kosmischen Heimstatt. *Náhookǫs* bedeutet 'sich immer wieder drehen, kreisen', und *Kǫ*, 'Feuer'; *Bi* ist das Possessivpronomen im Dual der dritten Person Plural, 'ihr': 'Feuer der beiden Kreisenden'.[105]

Ende August hängt Der Kreisende kopfüber im Westen von Polaris und Die Kreisende steht im Osten. Anfang Februar ist es umgekehrt, da steht Der Kreisende im Osten, während sie sich in ihrem Westen befindet. Dies ist die traditonelle Opposition, wie sie auch für die Landschaft oder die interne Organisation einer Behausung gilt: Männliches im Osten, Weibliches im Westen, dazwischen der Herd – alles drei jedoch nicht in der Mitte, sondern auf der südlichen Hälfte.[106]

Von Stehen und Hängen zu sprechen ist jedoch eine falsche Vorstellung: Wie Sandovals Schöpfungsmythos erzählt, liegen sie nachts als Erster Mann und Erste Frau in ihrem Hooghan: "Ihr ganzer Besitz ist innen aufgestapelt. Die Frau liegt mit ihren Füssen gen Westen, der Mann mit seinen Füssen gen Osten. Ihre Köpfe kreuzen sich und ihre Gedanken vermischen sich, und diese Gedanken sind heilig."[107]

Der Bezug zum Denken rührt daher, dass das erste Entzünden eines Feuers im Weltschöpfungsmythos mit dem ersten Funken des Verstandes gleichgesetzt wird. Polaris als Feuer in der Mitte des kosmischen Hooghan symbolisiert mit seiner Unbeweglichkeit also nicht nur die Stabilität des Himmels, sondern auch den Verstand und die Klarsicht menschlichen Denkens. Zugleich stellt er einen Bezug zwischen den zwei Kreisenden her, die beiden zu einem Sternbild vereint.[108]

Feuer ist eines der mächtigsten Symbole der Navajos. Es hat die übernatürliche Macht, jemanden vom Heiligen Volk wieder zum Leben zu erwecken und – eingesetzt bei der Zeremonie des *Nachtwegs* – einen Kranken zu heilen. Doch es gibt noch eine tiefere Bedeutung des Feuers: nämlich für das Überleben der Navajos. Erst das Feuer – in den vom Schwarzen Gott in den Himmel gesetzten Entzündern, für die Polaris exemplarisch steht – macht die Sternbilder sichtbar: als kulturellen Text, in dem "die Gesetze, welche die Menschheit für alle Zeiten regieren" aufgezeichnet sind. Die beiden Kreisenden sollen so die Erdoberflächenleute daran erinnern "zuhause zu bleiben, rund um das Feuer zu bleiben", um ihre familiären Verantwortungen wahrzunehmen. Dementsprechend bringen die Mütter ihren Töchtern bei, wie das Feuer im Hooghan zu unterhalten ist. Feuer und Schürhaken sind dabei untrennbar miteinander verbunden, auch da sie in ferner Vergangenheit sprechen konnten: "In der Zeit des Anfangs redeten das Feuer, der Schürhaken und die ersten Navajos miteinander" und gaben ihnen wertvolle Ratschläge, "ohne die es heute keine Navajos mehr gäbe". Das Feuer in der Mitte des Hooghan symbolisiert so den Fortbestand der Navajo-Kultur.[109]

Cassiopeia und Teile von Cepheus

NÁHOOKQS BA'ÁADII – DIE KREISENDE SIE DIE FEUER IN IHREM KORB TRÄGT

Gemäss Hailes Karte und ihrem zweiten Namen stellt Cassiopeia eine Frau von hinten dar, die von "Etwas zum Draufstehen" herabsteigt und mit erhobenen Armen in Richtung des Sternbilds Blitzschlag schreitet. Laut Angaben ist ihre dem Kreisenden den Rücken zudrehende Figur, zu differenzieren in den Sockel (um χ Cassiopeiae), ihre Füsse (links ε Cassiopeiae, rechts φ Persei), Oberschenkel (υ1+2-λζ und θ – α Cassiopeiae), Körper (um κλβρτ Cassiopeiae), Ellbogen (links HD 223274, rechts σ Cassiopeiae), Hände (rechts HD 225009, links HD 220485), Kopf (leere runde Stelle bei ι Cassiopeiae), ihre Feder (bis δζε Cephei Cassiopeiae). Ihr Entzünder – von dem sie die Glut für das Feuer geholt hat? – ist der Karte nach der Andromedanebel. Je nach Ausdeutung der Figur hält sie rechts einen Kochlöffel (8,7,3 Andromedae) und links einen Mahlstein oder einen Korb voller Glut (um οπ24 Cephei).

H 6–7 und 10, G1 81 und O 21

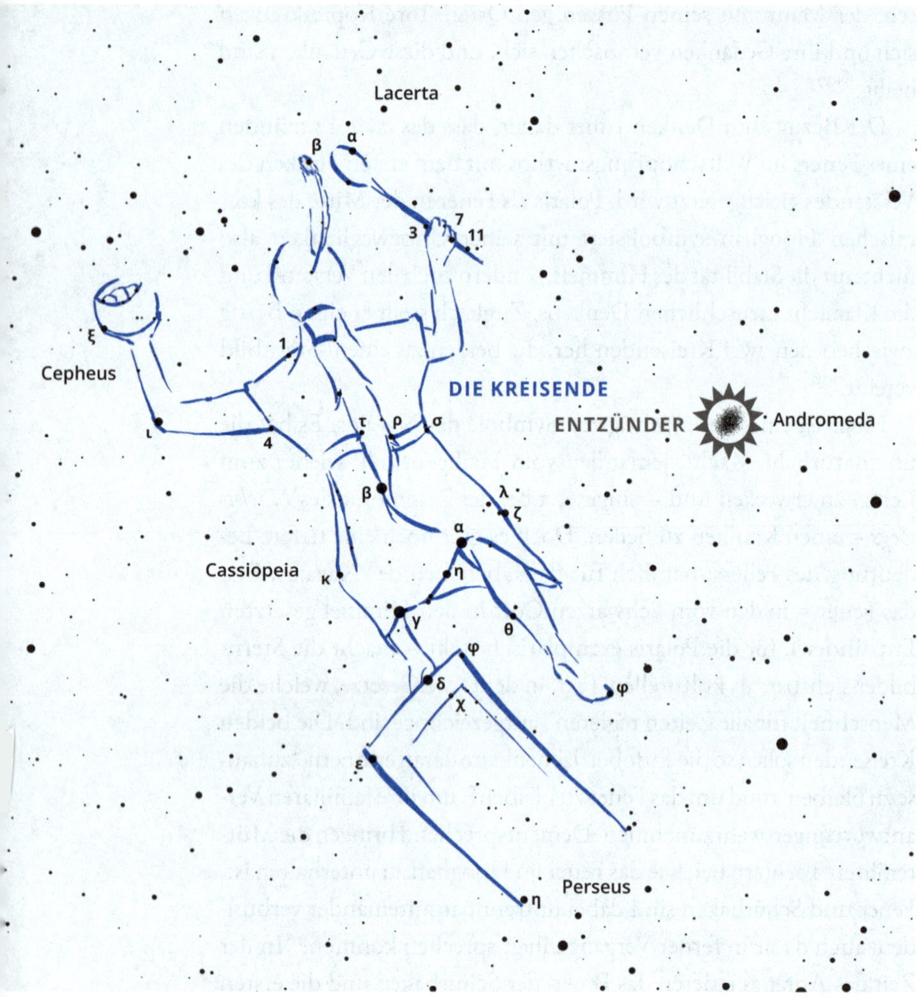

Die Ausdeutung ihrer Namen in Sandovals Schöpfungsmythos ergibt ein etwas konkreteres Bild der beiden zirkumpolaren Sternbilder. Demnach findet sich in Ursa Maior Der Kreisende Krieger Mit Pfeil Und Bogen als Führer, Vater und Grossvater verkörpert, der für seine Familie sorgt und sie schützt; in Cassiopeiae findet sich Sie Die Feuer In Ihrem Korb trägt als Mutter und Grossmutter vorgeführt, die Stärke, Stabilität, Friede und Regeneration darstellt und in ihren Händen einen Mahlstein sowie einen Stock zum Umrühren hält, um den Hunger abzuwehren.

Die Rückenansicht der Figur geht auf den Aufstieg von Erste Frau in den Himmel zurück – und darauf, dass sie nicht nur Gutes, sondern auch Schlechtes bringt: weshalb man ihr nicht ins Gesicht blicken kann, um es zu erkennen.

Denn beim Verlassen der Erde, um fortan im Osten, jenseits der Sonne zu leben, mit dem Rücken zu ihr, drehte sich Erste Frau um und sagte: "Wenn ich es will, werde ich Erkältungen und Krankheit unter die Leute schicken; wenn ich es will, werde ich den Tod schicken – und der Kojote [Der Erste Dünne in Orion] wird das Zeichen dafür sein." Die alten Männer sagen, dass das Heulen eines Kojoten viele Leute zum Husten bringt; auch ist der Glaube häufig, dass das Auftauchen eines Kojoten unter bestimmten Umständen den Tod vorhersagen kann.[110]

Die Unterschiede in den Interpretationen ergeben sich dadurch, dass Sänger auf eigene Zeremonien spezialisiert sind, von denen jede ein eigenes Thema wie Familienleben oder Harmonie hat. Die Variationen erlauben unterschiedliche Einsichten darin, wie man leben soll, und werden nicht als widersprüchlich aufgefasst.[111]

Die beiden Kreisenden werden auch mit der *Schönheitsliedgeschichte* verbunden, einem Schöpfungsmythos der Sterne, in dem – wie bei Sandoval – der Schwarze Gott keine Rolle spielt. Die Spinnenfäden darin verweisen auf den Schöpfungsmythos der Hopi, der dem der Navajo sehr ähnlich ist, in dem jedoch die auch als 'Erdmutter' bezeichnete Spinnenfrau und der Sonnengott[112] anstelle von Erster Mann und Erste Frau die tragende Rolle einnehmen.

ERSTER MANN UND ERSTE FRAU

"Erster Mann und Erste Frau machten die Sonne und hingen sie mit einem Spinnennetz in die Himmel. Dann machten sie die Sterne und hingen sie in die Himmel; dann machten sie die Regenbögen und stellten sie in die Ecken der Himmel. Dann sagten sie zueinander: 'Wenn wir keine Stütze für die Himmel bauen, werden sie herunterfallen. Woraus sollen wir sie machen?' Sie überlegten und überlegten und dann sagte der Mann: 'Wir werden vier Männer aus Luftspiegelungsstein [Achat][113] machen – und sie in den Ecken der Himmel auf die Regenbögen stellen, damit sie so die Himmel oben halten können.' Das taten sie dann und so halten diese seitdem die Himmel oben; sie sterben nie.

Nachdem sie die Sonne, den Mond, die Sterne und all die Sachen im Himmel und auf der Erde mit Hilfe ihres Sohns im Himmel gemacht hatten, ging Erster Mann zum Haus der Sonne im Osten und Erste Frau zur Frau der Sonne im Westen. Wir können sie jetzt nicht sehen, aber wir können ihre Schatten und ihre Feuer nachts sehen. Ursa Maior ist der Schatten von Erster Mann, Cassiopeia jener von Erste Frau und Polaris ihr Feuer. Scorpius ist der Schatten des Häuptlings wohlmeinender Leute [Der Erste Grosse], der an Altersschwäche starb; Der Stock ist sein Gehstock, aus seinem Korb isst er – Die Kaninchenspur stellt das dar, was er isst. Corvus ist Die Schmeissfliege, welche die Neuigkeit am Himmel verbreitete. Die Plejaden sind ihre Ameisen – die gelben, schwarzen und kleinen schwarzen Ameisen, die Grillen, der Dachs und der

blaue Kojote, die aus der Erde herauskamen; nach ihrem Tod gingen sie in den Himmel, um dort weiterzuleben.
Die Wangenröte der Morgendämmerung, die Milchstrasse, ist etwas von dem Brotfladen, den das Erste Mädchen buk; Erster Junge aber stibitzte es und rannte damit nach Osten davon, weshalb es nun dort ist. Die Kriegsgötter der Sterne sind vier Wächter, welche Erster Mann und Erste Frau machten, als sie noch auf der Erde weilten, zu ihrem Schutz im Schlaf; als sie die Erde ausdehnten, stellten sie sie an ihren vier Ecken auf, um die Erde zu bewachen. Ihre Namen sind Grosser Schwarzer Stern, Grosser Blauer Stern, Grosser Gelber Stern und Grosser Weisser Stern."[114]

In der folgenden Legende bringt Spinnenfrau den Navajo bei, wie man im Fadenspiel die Figuren der Sternbilder wiedergeben kann, um sie Konzentration und Denken zu lehren und sie an ihre Beziehung zu den Sternenleuten, die Sonne und die Natur zu erinnern. Solche mit Sternbildern und der Sonne verbundenen Fadenspiele samt zeitlichem Tabu des Spiels sind sowohl für die Inuit wie für die Nördlichen Dene typisch und stellen eine andere und frühere Form ritueller Figurierungen wie der Sandmalereien dar.

SPINNENFRAU UND SPINNENMANN

"Wenn Spinnenfrau einen in ihrem Netz erwischt, heisst es, lässt sie einen erst wieder gehen, wenn man alle Figuren gelernt hat – Dilyéhé, Grosser Stern, Zwillingsstern, Kojote, Eule, Schmetterling und die anderen.[115] Solche Fadenfiguren machen und die Geschichten dazu erzählen, darf man jedoch nur im Winter, wenn die Spinnen schlafen und einen nicht hören und sehen können; spielt man damit im Sommer, wird einem die Spinnenfrau Böses antun.
Sie ist ein hilfreicher Geist, solange man sich an die Navajo-Art des Lebens hält. Sie hat den Frauen auch beigebracht, wie man Teppiche, Decken und Kleider webt. Der Legende nach hat ihr Gatte, Spinnenmann, sie das Bauen von Webrahmen gelehrt. Er machte den Ersten Webrahmen aus Teilen des Himmels und der Erde. Zuerst machte Spinnenmann Webstöcke aus Sonnenstrahlen und die Schlussfäden darum aus Spinnenfäden; die Webstöcke machte er dann am oberen Querholz mittels Fäden von Blitzen und am unteren mit dem Halo der Sonne fest. Die Längshölzer des Rahmens machte er dann aus Erde und Himmel. Auch für den Warenbaum benutzte Spinnenmann das Halo der Sonne und den Kamm machte er aus weissen Muscheln, dem Symbol des Sonnenaufgangs."[116]

V DER FEUERGOTT UND DIE STERNE

Sterne von Hydra, Leo und Virgo[117]

HAASHCH' ÉÉSHZHINÍ – DER SCHWARZE GOTT

Auf Hailes Karte steht diese Figur westlich neben dem Breitbeinigen in Corvus. Die Zeichnung zeigt einen seltsam mondsichelförmigen Leib – der mit erklärt, weshalb ein Feuergott auch 'schwarz' genannt wird: Sein dicker, armloser Körper wird durch eine relativ sternenleeren Stelle gebildet, die mit drei Sternenpaaren markiert wird, sein Kopf ebenfalls.

Laut Angaben sind seine einzelnen Gliedmassen folgendermassen zu verorten: Füsse und Beine mit "weiss gestreiften Waden" (λ – υ1 und μ Hydrae – HD 87810) und Körper (halbseitig markiert durch HIP 151046|51490; 52948|52980; 54214|54029), Kopf (die kreisförmige, relativ sternenleere Stelle zwischen e und φ Leonis). Sein "eigentlicher Entzünder" ist passenderweise der rötliche Stern ν Virginis. Die von b Virginis bis β Virginis reichende Feder ist zugleich "an einen grossen Stern gebunden, der ganz dem Feuergott gehört": Das müsste β Leonis sein. Der Entzünder, der sowohl den Breitbeinigen wie auch ihn erleuchtet, ist "ein grosser roter Stern": nämlich der orange leuchtende δ Crateris.

H 6–7 und 8, M 8

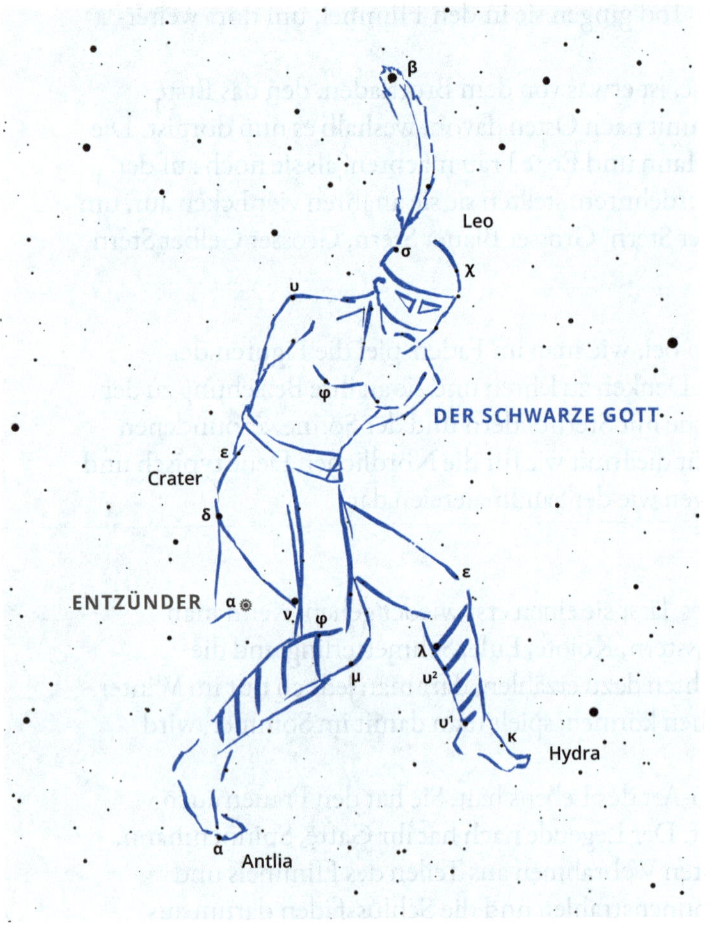

Der Schwarze Gott wurde vom männlichen Feuer und einem weiblichen Kometen gezeugt. Er wird mit einer schwarzen halbkreisförmigen Maske gezeigt,[118] die das ganze Universum repräsentiert; die Phasen des Mondes finden sich darauf weiss als O des Mundes und als C der Augenbrauen dargestellt, um die Jahreszeiten zu symbolisieren, sowie Dilyéhé (die Plejaden) an der linken Schläfe pars pro toto für die Sternbilder.

Der Schwarze Gott ist weder so aktiv noch so heroisch wie das Heilige Volk sonst; im Gegensatz zum blendend schönen Gesicht der Sonne oder den Muskeln des Monstertöters erscheint er alt, langsam und hilflos. Stoisch gegenüber der Impulsivität junger Krieger, ist seine Schwäche jedoch nur gespielt: Er ist alles andere als ein Feigling, denn er kontrolliert das Feuer, und besitzt damit eine Macht, die grösser ist als die des Blitzes.

Er kennt auch nicht die Empathie Des Sprechenden Gottes für die mythischen Helden, wenn sie in Schwierigkeiten stecken: Stattdessen ist er launisch und humorlos und gibt sich zudem noch als arm aus, damit man ihm gegenüber freigiebig ist. Er ist also eher ein Aussenseiter unter dem Heiligen Volk, der sich reserviert und abgehoben gibt. Seine Pose – mit einem Bein locker über dem Knie, halb sitzend, halb zurückgelehnt vor dem Feuer, 'in der Asche', ein sonst vermiedener Platz – strahlt arrogante Gleichgültigkeit aus; diese Haltung nimmt ein Navajo an, wenn man seine Gefühle verletzt hat. Man muss Den Schwarzen Gott deshalb erst mit rituellen Opfergaben und dem entsprechenden Benehmen für sich gewinnen.[119]

DIE ERSCHAFFUNG DER STERNBILDER DURCH DEN SCHWARZEN GOTT

Für die Navajo stellt der Sternenhimmel gemeinhin ein Gewirr von Lichtern dar. Ursprünglich war für ihn ein geordnetes Arrangement vorgesehen, doch dieses Vorhaben wurde erwartungsgemäss von dem Tunichgut Kojote gestört.

Eine Legende aus dem *Aufwärtslangenweg* erzählt davon: "Nachdem die Leute aus einer Reihe vorheriger Welten hervorgingen, planten drei Heilige Leute – Erster Mann, Erste Frau und Salzfrau – die Bedingungen des Lebens auf der Oberfläche der Erde und ebenso am Himmel, in dem sie nun leben würden. Dies geschah in einem Hooghan. In ihm wurden die inneren Formen – die 'Seelen' – des Himmels und der Erde geformt und niedergelegt. Der Himmel, einmal mit einer menschlichen Gestalt versehen, trug eine Feder aus abendlichem Zwielicht am Kopf mit einem kleinen dunklen Vogel und einem blauen Mauersegler an der Spitze, um ihn sommers dann das Kommen des Regens und winters das Kommen des Schnees merken zu lassen; geschmückt war er tagsüber mit dunklen Wolken, dunklem Nebel, männlichem und weiblichem Regen.

Himmel und Erde lagen am Boden dieser runden Hütte, der Himmel auf der Nordseite, die Erde auf der Südseite, beider Köpfe gen Osten. Beide hatten sie von verschiedenen Winden bereits den Lebensatem eingeblasen bekommen, obwohl sie noch nicht 'angezogen' waren. Und da betrat nun Haashch'Éészhzhiní, Der Schwarze Gott, den Hooghan als Heimstätte dieser Schöpfung, einen kleinen Beutel aus Rehkitzleder in der Hand."

Der Schwarze Gott wird auch 'Feuergott' genannt, weil er als Schöpfer des Feuers angesehen wird, wenngleich nicht als alleiniger. Auch andere Übernatürliche können Feuer erzeugen; das Feuer und das Licht, das sich in den Sternen findet, wird jedoch allgemein Dem Schwarzen Gott zugeschrieben. So erklärte der Sänger des *Muschelwegs*, "dass die Leute, als Der Schwarze Gott die Heimstätte der Schöpfung betrat, die Plejaden an seinem Fussknöchel kleben sahen. Einmal im Hooghan stampfte er mit seinem Fuss fest auf, worauf die Plejaden zu seinem Knie sprangen. Er stampfte erneut, was die Konfiguration an seine Hüfte wandern liess. Sein dritter Stampfer brachte die Plejaden dann, zur grossen Verwunderung der anwesenden Schöpfer, auf seine rechte Schulter. Doch als er dann das vierte Mal aufstampfte, kam der Sternhaufen auf seine linke Schläfe und 'dort', sagte er, 'dort soll er bleiben!'"

Die Version eines Sängers des *Nachtwegs* über Den Schwarzen Gott und die Plejaden erklärt hinwieder, warum die Sandbilder Des Schwarzen Gottes auf diesem Gesangsweg die Plejaden an der linken Wange platzieren. Denn eigentlich erscheint er, selbst in Sandbildern, stets nur maskiert. Eine andere Variante lässt die Plejaden hingegen vom Knie zur Hüfte, dann zur Achsel und schliesslich zur Schulter springen.

Dass Der Schwarze Gott die Plejaden dort hingesetzt hatte, "wo er sie haben wollte", bestätigte die Gruppe von Schöpfergöttern in ihrer Ansicht, dass nur er für Das Dunkle Obere zuständig sein und die Macht haben könne, Sternbilder zu erschaffen, um den Himmel zu verschönern. Folglich übergaben sie ihm den Himmel – eine Reihe von Auskunftspersonen stimmen darin überein, dass er für die prominentesten uns bekannten Sternbilder verantwortlich ist.

"So setzte er in den östlichen Himmel das als Der Breitbeinige bekannte Sternbild und in den südlichen Himmel und um den Westen die folgenden: die Grosse Schlange, Den Bär, Den Donner und Den Ersten Grossen. In die nördlichen Himmel setzte er Den Kreisenden samt dem Polarstern und Die Kreisende, Den Ersten Dünnen, Die Kneifenden oder Umstrittenen Sterne; Die Kaninchenspur und Die Samengleichen Funken der Plejaden. Danach besprenkelte er die Himmel mit den Sternen der Milchstrasse.

Doch all diese Sternbilder waren noch dunkel, weil sie noch keine Lichtquelle hatten. Um dem abzuhelfen, setzte Der Schwarze Gott etwas von seinem Feuer in den Himmel, wo es zu einem entzündenden Stern wurde, der auf jedes Sternbild Licht ausstrahlte. Kojote, eine spitzbübische Kreatur, sah diesem Schöpfungsprozess neidisch zu.

Der Schwarze Gott war gerade dabei, sich wieder hinzusetzen, als Kojote zu ihm trat und sagte: 'Was tut ihr denn da, meine Enkel? Ihr habt mir nichts davon erzählt!' 'Du siehst ja, was wir getan haben', sagte der Feuergott. Er hatte die Gewohnheit, seine Beine beim Hinhocken unter sich zu überkreuzen und seinen Beutel dann unter seinen Fuss zu legen. Bevor er das aber tun konnte, schnappte Kojote sich den Beutel, leerte ihn aus und blies seinen Inhalt über den ganzen Himmel. Das erklärt, weshalb nur die Sterne, welche der Feuergott dort platzierte, einen Namen haben und jene, die von Kojote willkürlich verstreut wurden, namenlos sind.

Wie so oft hatte Kojotes impulsive Natur Unordnung in einem geordneten Prozess hervorgerufen.

Einmal tief Atem holend wurde Kojote nun jedoch bewusst, dass auch er Anerkennung wollte für seine Rolle beim Platzieren der Sterne, die nun für immer zur Schöpfung gehörten.

Ihm blieb nur ein Stern im Beutel zurück und diesen setzte Kojote sorgsam in den Süden und nannte ihn (α Carinae) Den Monatslosen Stern, den die Leute heute 'Kojotes Stern' nennen."

Diese Legende wird auch so erzählt, dass Erster Mann und Erste Frau die Rolle Des Schwarzen Gottes bei der Erschaffung der Sterne einnehmen.[120]

Der Schwarze Gott ist zudem der Erfinder und erste Vorführer des ursprünglichen Kriegstanzes. Wer ihn darstellt, malt ihm dann in seinem Sandbild die Plejaden auf die Wangen und die Milchstrasse über die Schulter.[121]

Was mit dem Schwarzen Gott verbunden wird – die Plejaden, die den herbstlichen und winterlichen Himmel dominieren; die Zeit des ersten Frostes, wenn der *Nachtweg* zelebriert wird; das Schwarze der Erde und der Holzkohle; Krieg; der Mond und die Kontrolle der Monate (und damit impliziert auch der Solstitien) –, gilt auch für den Gott Mastop der Hopi und Kwelele der Zuñi. Seine Maske ist identisch mit der Kweleles, des Feuergottes der Tagundnachtgleiche des Winters, und sie ähnelt jener Mastops, der ebenfalls oft zusammen mit den Plejaden dargestellt wird.[122]

VI DER ERSTE GROSSE UND DER ERSTE DÜNNE

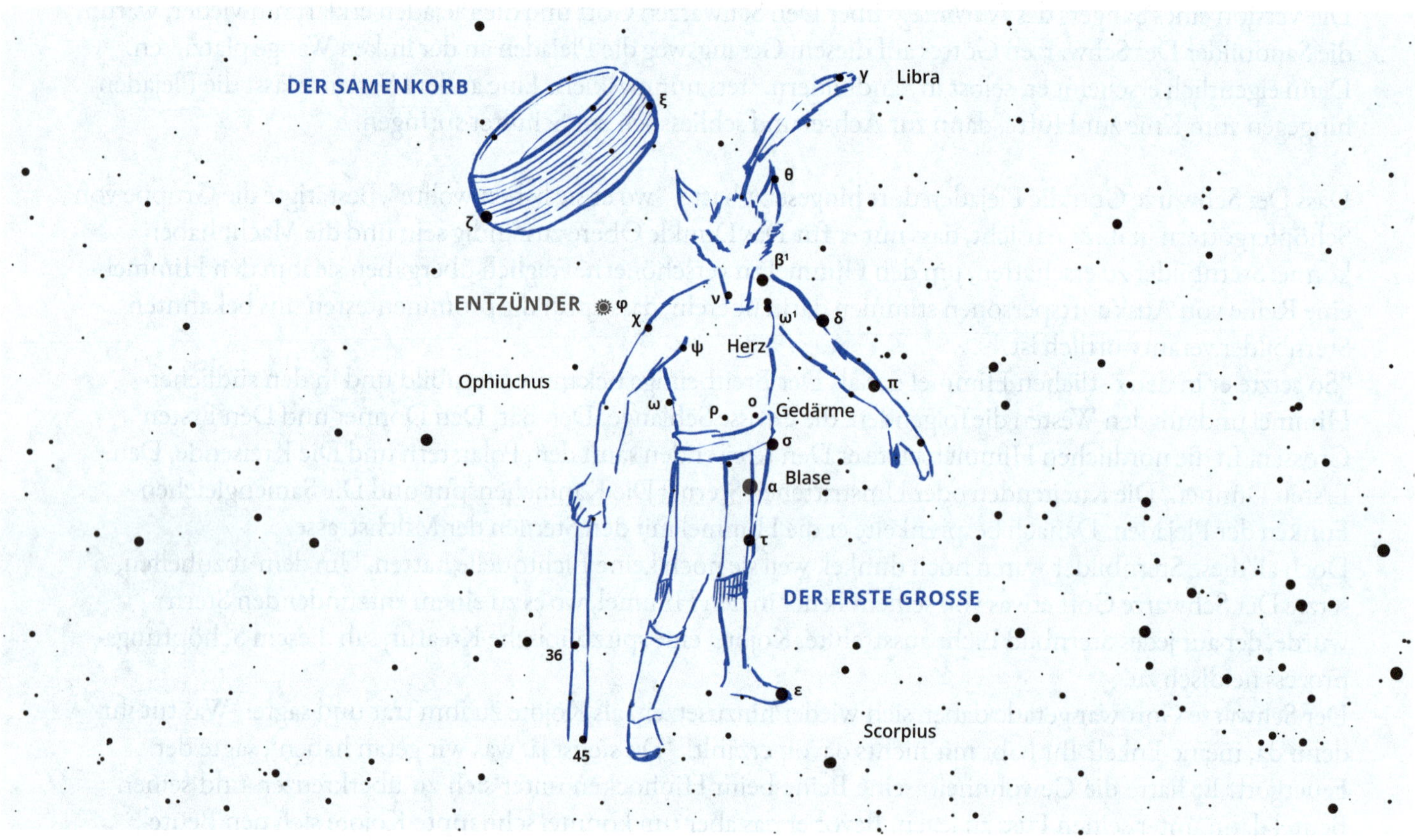

oberer Teil von Scorpius und Sterne von Libra und Ophiuchus

'ÁTSÉ' ETSOH – DER ERSTE GROSSE
MĄ' ETSOH – DER GROSSE STREUNER
MĄ'II – DER WOLF[123]

Die Figur lässt sich aus Hailes Karte und einzelnen Abbildungen ableiten. Differenzieren lässt sie sich laut Angaben in Füsse (μ^{1+2} Scorpii und HD 156098), Knie (ε Scorpii und HD 154107), Hüfte (τ Scorpii und HD 150698), Blase (α Scorpii), Oberkörper (HD 150366-ωχ Ophiuchi – $\nu\omega^{1+2}\delta\sigma$ Scorpii) samt Gedärmen (ο Scorpii, ρ Ophiuchii), Herz (HD 145188, 145189, 145468), linker Arm (bis ρ Scorpii), Kopf (β Scorpii – θ Librae), Feder (ηγ Librae). Sein Stock reicht von 45 bis 26 Ophiuchi. Als Entzünder kämen η oder φ Ophiuchi in Frage. In einer modernen Figuration stellt Antares nicht die Blase, sondern das Herz dar.[124]

H 6–7, G2 85 und C3, M8 und G 81

Manche sprechen seinen Namen so aus, dass er wie 'Grosser Schwanz' klingt;[125] zudem ist ein sonst nicht identifiziertes Sternbild namens 'Grosser Streuner' ausgewiesen.[126] Dieses lässt sich mit Dem Wolf abgleichen, indem das Sternbild – komplementär zum Ersten Dünnen – die dritte Kreatur darstellt, die zusammen mit Erster Mann und Erster Frau in der Ersten Welt entstand: der Wolf *Ma'etsoh*, der als 'Grosser Streuner' bezeichnet wird, im Gegensatz zur Verkleinerungsform *Ma'ets'ózí*, 'Dünner, schlanker Streuner', dem Rufnamen des Kojoten.[127]

In Sandovals Schöpfungsmythos wird dieser Wolf 'Grosser Im Wasser Gebildeter Streuner' genannt: "Er hatte eine männliche Gestalt, erzählte Erster Mann und Erste Frau aber, dass er aus einem Ei geschlüpft war und alles kennt, was es unter Wasser und in den Himmeln gibt. Deshalb ordnete Erster Mann sich ihm in allen Dingen unter."[128]

Mit dem Wolf wird der Diebstahl des Feuers verbunden: Er und die Ersten Leute litten sehr unter Kälte, bis er vom Schwarzen Gott das Feuer raubte, für sich und zum Nutzen der Menschheit. Er brachte es in den Hooghan Der Kreisenden – die auch deshalb als Erster Mann und Erste Frau aufgefasst werden können –, verbrannte sich dabei aber den Schwanz: was ihm bis heute an dessen schwarzer Spitze anzusehen ist.

Eine Sandmalerei bildet diesen Diebstahl ab. Der klar als solcher, nicht als Kojote erkennbare Wolf befindet sich dabei zwischen dem Schwarzen Gott und der Kreisenden, was zu Scorpius passt.[129]

DIE GESCHICHTE DES WOLFS

Nachdem in Sandovals Schöpfungsmythos Erster Mann und Erste Frau die Verhältnisse zwischen Mann und Frau geregelt, all die Lebewesen benannt und ihnen ihre Lebensräume zugewiesen haben, kommen die vier, seit der Dritten Welt etablierten Häuptlinge an die Reihe, zuerst der Häuptling über alle Tiere und Vögel: “Erster Mann und Erste Frau riefen zuerst den Wolf. Sie sagten ihm, dass er, obwohl er Häuptling war, etwas Böses getan hatte: Er hatte gestohlen. Sie sagten ihm, dass er von nun an *Mą' etsoh*, ‘Grosser Streuner’, heissen würde. ‘Du wirst weit und breit über dem Antlitz der Erde reisen’, sagten sie.”[130]

Am Himmel zeugte er mit dem Mädchen im Mond, Weisse-Muschel-Mädchen, zwei Kinder: Weissmaismädchen und Gelbmaismädchen. Sie wurden umgebracht, nach zwölf Jahren jedoch von den Heiligen wieder zum Leben erweckt – nun aber als Junge und Mädchen, welche *Alke'na ashi* genannt werden, die ‘Wiedererschaffenen’. Ihre Gesichter kennt allerdings niemand und deren Masken hat die Sonne, da dies eine Geschichte von schwarzer Magie ist. Mit Tod und Übel verknüpft, werden sie vom Heiligen Volk ausgeschickt, um zu erfahren, wohin die Toten gehen. ‘Gibt es ein anderes Land für sie?’, ist die Frage. Doch ob sie nun nach Osten, Westen, Norden oder Süden reisen – nirgends finden sie eine Spur von ihnen: “Dann bat man sie, in der Gelben Welt, der Dritten, nachzusehen, aus der sie alle heraufgekommen waren. Als sie am Losgehen waren, merkten sie, wie ihnen das Fleisch um ihre Knie zu eng wurde; aber sie gingen weiter. Sie hatten ein seltsames Gefühl von Lauten, einem Rasseln gleich, in der Kehle; sie fühlten es eher, als dass sie es hörten. Dann spürten sie etwas in der Nase, einem Geruch ähnlich, aber sie gingen weiter zum Ort Des Heraufkommens. Dort blickten sie hinunter. Tief unter ihnen war jemand, der sich das Haar kämmte. Er sah herauf und pfiff leicht und beide hatten sie ein seltsames Gefühl.

Als Die Wiedererschaffenen so von der Unterwelt zurückkehrten, sagten sie, dass sie den Geist von jemandem gesehen hatten, der gestorben war. Sie erzählten nur, was sie gefühlt und gesehen hatten. Sie warnten die anderen, dass keiner versuchen sollte, in Das Land Der Vergangenheit zurückzukehren, denn solche Dinge zu fühlen und zu sehen, bedeutete nichts Gutes.”[131]

Stimmig mit dem ursprünglichen Status Des Ersten Grossen als Häuptling ist die Erklärung des Sternbilds durch eine andere Variante des Schöpfungsmythos der Sterne, wonach es “der Schatten des Häuptlings wohlmeinender Leute ist, welcher an Altersschwäche starb: Der Stock ist sein Gehstock, aus [Dem Samenkorb als] seinem Korb isst er und Die Kaninchenspur stellt das dar, was er isst”. Ein Sänger erzählt ebenfalls, dass die Figur “ein alter Mann ist, dessen Glieder schwach sind”; er braucht einen Stock, “um nicht umzufallen. Er stützt sich auf seinen Stock, während er darauf wartet, dass die Sonne aufgeht, damit er seine Gebete sagen und einen Pollensegen machen kann.”[132]

Der Erste Grosse repräsentiert Klarsicht und Langlebigkeit und Glück durch ein gutes Leben bis ins hohe Alter, gemäss der Maxime: “Mit hohem Alter kommt Glück und Zufriedenheit.”[133] Die Sterne Des Ersten Grossen sitzen hoch im Himmel, wo sie alles sehen können, was vor sich geht, um es dann durch Kristalle [für Sterngucker wie Den Breitbeinigen Mann] zu kommunizieren und damit Menschen in Not zu helfen.[134] Dass sein Sternbild ihn nicht als Wolf, sondern als Mensch darstellt, führt zugleich vor, dass Der Erste Grosse auch als Erfinder von Magie und Zauberei gilt.[135]

Das Sternbild ist die ‘Feder’, das dominante und ankündigende Zeichen des Monats ‘Grosser Wind’, unserem Dezember. Grabstöcke werden in dem Monat mit der Steinaxt hergestellt; das Holz wird in den Häusern getrocknet, damit die Stöcke zu Beginn der Anpflanzzeit glatt und gut abgelagert sind. Die Frauen machen Mokassins und gerben die Häute der Jagdsaison. Es ist Zeit, mit dem Erzählen der heiligen Geschichten zu beginnen. Die Rehe paaren sich.[136]

HD 146850 – ψξ Scorpii?

DER SAMENKORB

Zum Sternbild Des Ersten Grossen gehört der Samenkorb oberhalb des Stocks, der von einigen schwachen Sternen in Scorpius gebildet wird. Er symbolisiert das Wohlmeinende, Segensreiche der Figur, die ihre Güte und Gaben auf die Leute austeilt.[137]

So wie der abendliche Untergang des Sternbilds Grabstock in Orion die Zeit für das Anpflanzen der Felder anzeigt, markiert der morgendliche Aufgang Des Samenkorbs im April die Zeit für das Säen.

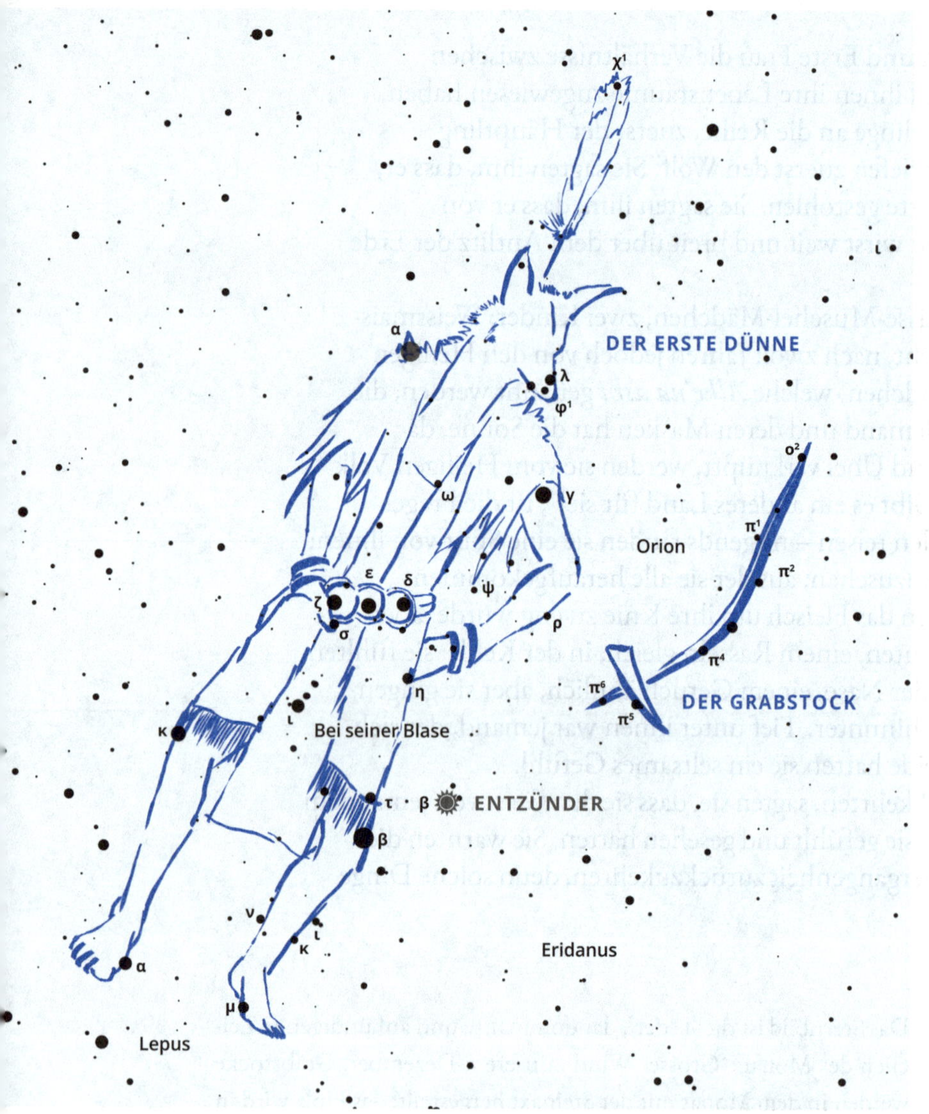

Orion (und Teile von Lepus und Eridanus)

'ÁTSÉ' ETS'ÓZÍ – DER ERSTE DÜNNE

Seine menschliche Gestalt wird laut Karten und Angaben unzweideutig differenziert in: Knie (κ und β Orionis), Arme (α und γ Orionis), Oberkörper (ζεδ und ση Orionis), "bei seiner Blase" (M 43, M 42, ι Orionis), Füsse (α und μ Leporis),[138] Kopf (die Sterne um λ Orionis), Feder (die Sterne oberhalb des Kopfes) und Entzünder (β Eridani). Üblicherweise wird das Sternbild jedoch nur mit den vier Sternen des Gürtels und des Schwertes des Orion gezeichnet.[139]

H 6–7, 9, G1 48 und M 8

Der Name des Sternbilds, interpretiert als 'Der Dünne Erste', lässt viel Raum für Spekulationen. Manche sagen, dass es ursprünglich 'Die Feder Des Ersten' hiess: *Ats'ózí* – Daunenfeder – anstatt *Ets'ózí*. Der Schwarze Gott hätte es ursprünglich so benannt, der Kojote es dann jedoch (der auch *Átsé Haashké* – Erster Zorniger – heisst) umbenannt, indem er die beiden Namen miteinander kombinierte. Der Name lässt sich aber auch als 'Dünner Schwanz' aussprechen, was durch Lieder unterstrichen wird, in denen Kojote so genannt wird.[140]

'Dünner Schwanz' verweist auf die wahrscheinlichste Bedeutung des Namens: Ein Wolf wird *Ma'etsoh*, 'Grosser Streuner', genannt, ein Kojote in der Verkleinerungsform davon *Ma'ets'ózí*, 'Dünner, Schlanker Streuner'. In Sandovals Weltschöpfungsmythos ist dies auf die vierte Kreatur zu beziehen, die zusammen mit Erste Frau und Erster Mann in der Ersten Welt erscheint: Der Erste Zornige. Er wurde dann schlicht nur 'Kojote' – also 'Dünner Streuner' – gerufen: was zu 'Erster Dünner' verkürzt wurde.

Nichtsdestotrotz hat das Sternbild eine menschliche Gestalt. Sie trägt jedoch, als Symbol der Figur, einen bis zu den Knien fallenden und an der Hüfte gegürteten Fellmantel, der weisse Fellborten aufweist.[141] Ein solcher Mantel weist einen Schamanen aus.

DIE GESCHICHTE DES KOJOTEN

Nachdem in Sandovals Schöpfungsmythos Erster Mann und Erste Frau die Verhältnisse zwischen Mann und Frau geregelt, all die Lebewesen benannt und ihnen ihre Lebensräume zugewiesen haben, kommen die vier, seit der Dritten Welt etablierten Häuptlinge an die Reihe, zuerst der Wolf als Häuptling über alle Tiere und Vögel, dann die Schlange und darauf Kojote:

"Erster Mann rief einen anderen Häuptling. 'Komm her, alter Mann', sagte er. Als dieses Wesen kam, sagte Erster Mann, dass er 'Dünner Streuner' heissen würde. Aber der Kojote wurde zornig und sagte: 'Was ist das für ein Name!' Und er erklärte, dass er ihn keinesfalls annehmen würde und dass er gehen würde; aber Erster Mann rief ihn zurück und sagte ihm, dass er auch als Erster Zorniger bekannt werden würde. Danach fühlte sich Kojote besser. Er hielt den Namen, den er bekommen hatte, für grossartig und ging glücklich fort, weil man ihm mitteilte, dass er alles wissen würde, was auf dem Gesicht der Erde vor sich ging."[142]

Bestätigt wird dies durch kundige Kommentare zu Sandovals Schöpfungsmythos: "Átsé Ets'ózí ist der Kojotenmensch, der in den Himmel geworfen wurde und als 'Erster Dünner' bekannt ist. Die Baalchini [in den Hyaden] sind die Kinder, die er von der Frau Dilyéhé in den Plejaden hat. Diejenigen, welche den Kojotenkult und seinen seltsamen Riten kennen, verstehen inzestuöse Verhältnisse.

Denn Dilyéhé wird manchmal auch als Schwiegermutter des Ersten Dünnen dargestellt, die ihn als ihren Schwiegersohn nicht treffen darf, sondern dauernd vor ihm davonlaufen muss. Der Mythos vom Kojotenmensch steht so am Ursprung des Schwiegermutter-Tabus."[143]

Der Erste Dünne und Der Erste Grosse (im oberen Scorpius) sind zugleich und komplementär benannt worden, da sie an gegenüberliegenden Teilen des Himmels stehen und deshalb zu entgegengesetzten Zeiten erscheinen. Der Erste Dünne sei zuerst benannt worden, weshalb sein Name den Diminuitiv – *ózí* – von *Átsé'etsoh*, dem Ersten Grossen, darstellt. Die Diminuitivform steht stets an erster Stelle, da sie das natürliche Wachstum von Klein zu Gross wiedergibt. Das zeigt sich auch bei den Namen der Monate August und September beziehungsweise November und Dezember: *Bini'ant'ą̨ąts'ózí* und *Bini'ant'ą̨ątsoh* ('Kleine Ernte' und 'Grosse Ernte') beziehungsweise *Níłch'its'osí* und *Níłch'itsoh* ('Kleine Winde' und 'Grosse Winde').[144]

Der Kojote wird als junger Mann in der Blüte des Lebens dargestellt; als seinen Stamm schützender Krieger trägt er Pfeil und Bogen. Wie Dilyéhé ist das Sternbild mit der Landwirtschaft verbunden und zu jeder Jahreszeit ausser im Sommer zu sehen. Er gilt als Schwiegersohn Des Ersten Grossen; gemäss dem Brauch, dass Schwiegersöhne und Schwiegermütter bei den Navajo nicht miteinander sprechen oder stehen, sind die beiden nie gleichzeitig am Himmel zu sehen.[145]

Sein Sternbild wird als 'Hüter der Monate' bezeichnet: Während die anderen "mehr oder weniger mit ihrem eigenen Innenleben beschäftigt sind, hält dieses hier sie in der Reihe" und schaut darauf, dass sie zur richtigen Zeit im Jahr am Nachthimmel erscheinen.

So wird Der Erste Dünne gerne mit Dilyéhé gepaart, um die Saatzeit zu markieren: Das Anpflanzen beginnt, wenn Der Erste Dünne Anfang Mai abends untergeht; erscheinen die Plejaden erstmals wieder frühmorgens im Nordosten um die Sommersonnenwende am 21. Juni, ist die Saatzeit zu Ende, da man dann nichts mehr pflanzen kann, dass sich vor dem ersten Frost im Herbst noch ernten liesse. Daher der Ausspruch: 'Dilyéhé darf dich nicht pflanzen sehen.'[146]

ζεδ Orionis

DIE DREI RÜCKENWIRBEL (Jicarilla-Apachen)

Ein Bezug dieses Rückgrats zu einer bestimmten Figur und deren Namen ist bei den Jicarilla-Apachen offenbar nicht erhalten geblieben.[147]

π^1 – π^6 Orionis

DER GRABSTOCK

Das Werkzeug gehört wie Der Samenkorb oder Der Mahlstein in der Hand von Erste Frau zu den agrarischen Symbolen des Himmels. Der Grabstock zeigt an, dass mit seinem abendlichen Untergang Ende April | Anfang Mai die Zeit für das Anpflanzen der Felder gekommen ist.

G1 164, CH1 56

VII DIE PLEJADEN

Plejaden

DILYÉHÉ – DIE SAMENGLEICHEN FUNKEN

Zu ihren sieben Sternen gehört laut Hailes Karten und Angaben auch eine Feder von drei Sternen (bis 37 Tauri) sowie ihr Entzünder in τ Tauri.

H 6–7, 9 und 13, M 8

Es gibt keine eindeutige Erklärung des Namens; als Sternbild der Zeitmessung und des Anpflanzens ist es jedoch sowohl mit dem Funkeln der Sterne wie mit dem Einsetzen von Samen – *k'elyéí* – verbunden.[148] Sie werden deshalb auch als DIE ANPFLANZER bezeichnet.[149]

Ein weit verbreitetes Sprichwort der Navajo ist: 'Lass Dilyéhé dich nie pflanzen sehen', was sich darauf bezieht, dass man nichts säen oder setzen sollte, bis die Plejaden Anfang Mai im Westen vom Abendhimmel verschwunden sind, sondern dies erst tun sollte, bevor sie wieder Ende Juni | Anfang Juli am östlichen Horizont vor der Dämmerung erscheinen. Diese Regel bewahrt einen vor den späten Frösten des Frühlings und einem Mangel an der für das Austreiben und Wachsen nötigen Feuchtigkeit. Dies gilt insbesondere für den Maisanbau.[150]

Im Monat des 'Grossen Samenreifens', unserem Juli, sammeln die Leute viele Samen ein und bewachen ihre Felder. Die Rehe bringen ihre Kitze zur Welt. Dilyéhé, die Plejaden, sind frühmorgens zu sehen; die Kitze tragen deren Muster auf ihren Steissen.[151] Es liegt deshalb nahe, das Sternbild mit den zehn verschiedenen Mais- und Melonensamen in Verbindung zu bringen, die in der Dritten Welt erstmals ausgesät wurden.[152]

Die Höhe des Sternbilds am Himmel dient somit als nächtliche Uhr, wobei mit Blick nach Süden zwischen Positionen oben, am Zenit, beim Untergehen und nach dem Untergang unterschieden wird. Das erlaubt Sängern von Zeremonien wie dem *Nachtweg* Gesänge einzufügen oder auszulassen, damit der Schluss- oder Morgengesang rechtzeitig stattfindet. Die meisten Zeremonien werden erst abgehalten, wenn Dilyéhé im Herbst am Abendhimmel aufsteigen – und man hört mit ihnen auf, sobald ihr Sternhaufen im Frühling vom Abendhimmel verschwindet. Die Zeremonie des *Nachtwegs* etwa findet erstmals mit dem Auftauchen von Dilyéhé Ende Oktober statt und sie endet, wenn das Sternbild Ende April | Anfang Mai nicht mehr sichtbar ist.[153]

Es gibt viele unterschiedliche Geschichten zu den Plejaden. Eine erzählt von sieben Lausbuben, welche denjenigen folgen, die den Mais zu spät pflanzen, um die Samen wieder aus der Erde zu klauen. Andere beziehen sich auf die Sterne als Familie; Grosseltern, Eltern, Kinder und Enkel, die für die Samen einer Generation und die Regeneration stehen. Verpackt in diese Geschichten werden Prinzipien und Werte der traditionellen Erziehung.[154]

Einer weiteren Interpretation zufolge stellen die Sterne alte Männer bei einem Glücksspiel mit Würfeln dar, die auf einer Seite weiss, auf der anderen schwarz sind. Der Verlierer ist mit dem Ergebnis nicht einverstanden und hat deshalb im Zorn den Würfel (Pleione und Atlas) hingeworfen. Zugleich stellt das Sternbild die sich daraus ergebende Situation dar: Der Verlierer sagt zu seiner Familie 'Los, wir gehen heim'. Er geht mit seiner Frau (Pleione und Atlas) voraus, ihre Kinder (Alkione, Maia, Taygeta, Electra, Merope) hinter ihnen her.[155]

Eine wiederum andere Auffassung sieht die Plejaden als sechs junge Krieger, die noch mit Pfeil und Bogen üben. Bevor die Navajos Gewehre besassen, übten sie Pfeilschiessen, Laufen und Ausweichen, alles in einem; auf diese Weise lernten sie, einen Pfeil auf die Sehne zu legen, während sie auswichen und dem Feind das Treffen schwer machten. Sie werden begleitet von einer Frau mit einem Wildleder auf dem Rücken. So ziehen sie dahin, bis sie hinter einem Hügel verschwunden sind: was die Zeit markiert, ab der man pflanzen soll.[156]

Die Plejaden verkörpern aber auch die sieben Harter-Feuerstein-Jungen, die Monstertöter bei seinem Krieg gegen Taos halfen. Sechs von ihnen gleiten dahin, Pfeile schiessend, der Siebente folgt ihnen. Hinter ihnen wiederum geht Harter-Feuerstein-Frau, die sie als Mutter bei dieser Gelegenheit begleitet: Sie ist wohl mit einer der Frauen in den Hyaden gleichzusetzen. Ein Mann verbrachte einst die Nacht auf einem Hügel und wurde dort von diesen Sternen besucht, die ihm sagten, dass sie die Harter-Feuerstein-Jungen wären; sie seien gekommen, um ihm ein spezielles Gebet zu seinem eigenen Schutz beizubringen.

Überdies gelten die Plejaden als 'Schwarze Tänzer'. Der siebente Stern folgt stets den sechs wichtigen Sternen dieses Sternbilds, sodass Letzterer die Richtung anzeigt, in der es sich bewegt. Der Schwarze Gott nennt sie in seinem Lied auch Milchstrassen- und Regenbogenjungen, in Anspielung darauf, dass sie diese zu ihrer Fortbewegung benutzen. Eine Auskunftsperson behauptete auch, dass die Schwarzen Tänzer "durch das Rauchloch des Hooghan herausdrängen, weil sie im Himmel leben".[157]

In Sandovals Schöpfungsmythos von Erster Mann und Erste Frau sind die Plejaden Ameisen und andere Tiere, die aus der Erde hervorkamen, starben und dann in den Himmel gingen, um dort weiterzuleben: die gelben, schwarzen und kleinen schwarzen Ameisen, die Grille, der Dachs und der blaue Kojote.[158]

In einer weiteren, bei den Navajo kursierenden Variante heisst es, dass die Heiligen Leute über den Regenbogen herab auf unsere Welt gekommen seien. Die Plejaden sind dann einige ihrer Kinder, die zu beschäftigt mit Spielen waren und im Himmel zurückgelassen wurden und nunmehr die Jugend an sich repräsentieren. Beschützt werden sie vom Ersten Dünnen im Orion, der ihnen vorangeht.[159]

Bei den Jicarilla-Apachen wird den Kindern folgende Geschichte zur Warnung davor erzählt, dass aus den Vorstellungen beim Spiel schnell Ernst werden kann.

DIE SECHS JÄGER UND DAS KLEINE MÄDCHEN

"Ein Mädchen spielte einmal mit anderen Kindern ein Spiel, in dem sie ein Bär war, der sie zu fangen versuchte. Das erste Mal, dass sie aus einem Loch im Arroyo kam, war sie ein Mädchen; bei jedem weiteren Mal jedoch verwandelte sie sich immer mehr in einen Bären. Am Ende war sie ein Bär in Gestalt und Gedanken, der all die Kinder tötete, bis auf ihre kleine Schwester, die entkam. Sie rannte zurück ins Lager, um die anderen zu warnen, und manche flohen darauf; der Bär tötete dann alle, die ihre Warnung nicht geglaubt hatten. Die kleine Schwester versteckte sich unter einem Korb, aber der Bär entdeckte sie und nahm sie mit in sein Loch als Dienerin.

Als all dies geschah, war ihr Vater samt fünf Jägern fort gewesen, und die kleine Schwester hielt nach ihnen Ausschau, um sie zu warnen. Sie versorgte den Bär mit Nahrung und Wasser, damit er sein Loch nicht verlassen musste. Als die Jäger endlich zurückkamen, stahl sich das kleine Mädchen fort während der Bär schlief und erzählte ihrem Vater, was passiert war.

Der Vater trug dem Mädchen auf, das Bärenloch mit Feuerholz zu verstellen und es dann anzuzünden. Um den Bären zu blenden schleuderten ihm die Jäger, als er zur Öffnung kam, Rehfett ins Gesicht. Ohne zu wissen, ob sie ihn getötet hatten oder nicht, rannten die Jäger und die Schwester so schnell und weit von ihm fort, wie sie konnten. Sie beteten um Hilfe, worauf eine Wolke sie in den Himmel trug, wo sie zu den sieben Sternen wurden, die im Osten aufgehen und dann nach Westen eilen, wo ihre Grossmütter leben." Ist die Zeit gekommen, dass von den Plejaden nur noch sechs Sterne zu sehen ist, glauben die Jicarilla, dass der Bär wieder zum Feind der Menschen wird. Die Blackfoot und Kiowa im Mittelwesten erzählen ähnliche Bären-Mädchen-Geschichten.[160]

Von den Inuit am Coronation Gulf im nördlichen Kanada wird über die Plejaden eine motivisch fast identische Geschichte von einem gejagten Eisbären erzählt, woraus sich die Wanderung der Dene in den Süden ablesen lässt.

VIII DIE HYADEN, TAURUS UND DIE FRAUEN DARIN

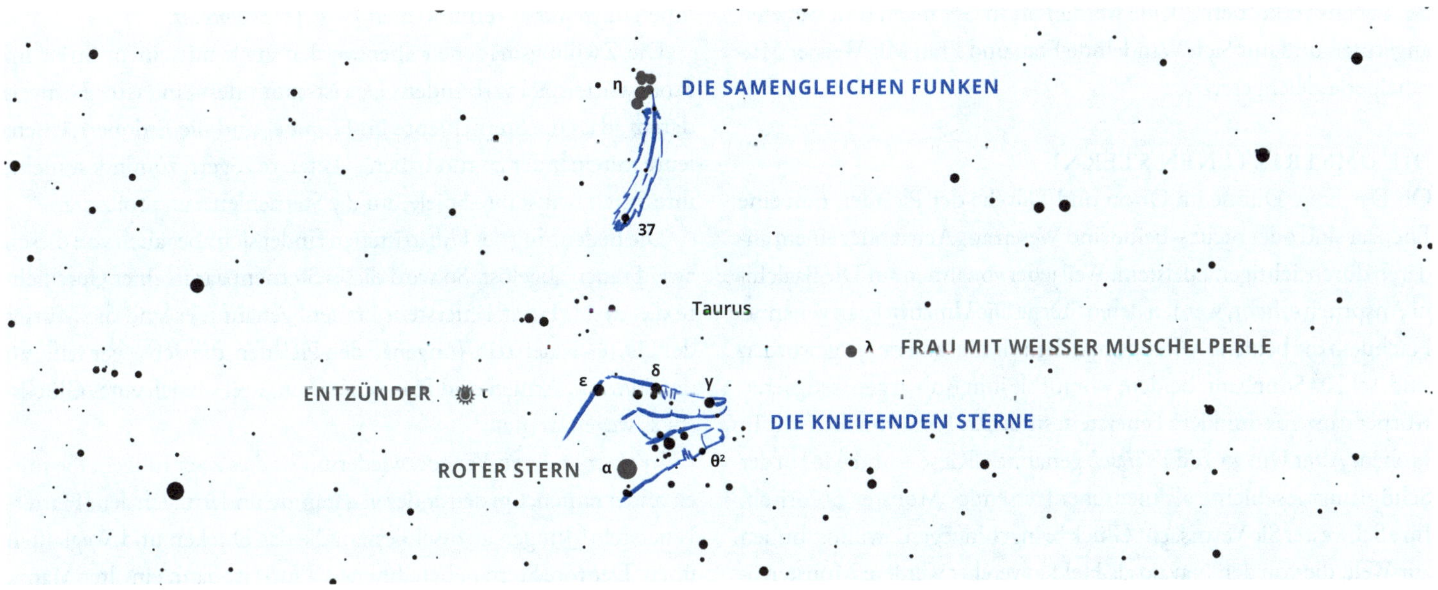

Hyaden
θ^{1+2} und γ (sowie δ und ε) Tauri
SǪ' HÓTS'IHÍ – DIE KNEIFENDEN STERNE

G1 81

θ^{1+2} und γ Tauri
SǪ' HÓTS'IHÍ – DIE UMSTRITTENEN STERNE
BAALCHINI
DIE ZWILLINGSSTERNE

λ (oder γ) Tauri
YOOŁGAI ASDZÁÁN –
FRAU MIT WEISSER MUSCHELPERLE

θ^{1+2} Tauri
ASDZÁÁN NÁDLEEHÉ – SICH WANDELNDE FRAU

M 8 und MI 190

α Tauri
SǪ' LITSO – ROTER STERN

Er ist der 'Entzünder' des Sternbilds Der Baalchini bzw. Der Umstrittenen Sterne: "das Feuer der Zwillingssterne". Auf Zeichnungen werden einmal neben dem Entzünder zwei Sterne ausgewiesen,[161] ein andermal drei oder vier.[162]

Karte H 6–7, H 9 und 13, TO 31, G1 81, MI 190 und M 13

Für *Sǫ' hóts'ihí* werden zwei unterschiedliche Bedeutungen angegeben: Die Kneifenden oder Die Umstrittenen Sterne. Das Kneifen lässt sich wohl am besten durch die Figur der vier Sterne erklären, die gleichsam von der Handwurzel aus das Kneifen von Daumen und Zeigefinger darstellen. Was das Sternbild Die Kneifenden Sterne mit den übernatürlichen Frauen in den Hyaden zu tun hat, weiss laut Haile im Allgemeinen niemand mehr. Der Grund dafür mag einfach sein: Die Tradition sieht dies als esoterisches Wissen an, als immateriellen Besitz, den sein Eigner erst in reifem hohem Alter veräussern sollte – was wiederum bedeutet, dass er sein ersehntes Ziel sicherlich erreicht hat.[163]

Die Umstrittenen Sterne hinwieder beziehen sich bloss auf θ^{1+2} und γ Tauri, aufgrund einer unklaren Vaterschaft, die diesen als Zwillinge gesehenen – auch *Baalchini* genannten – Sternen zugeschrieben wird. In einer Version ist Dilyéhé die Ehefrau Des Ersten Dünnen im Orion; die Zwilinge der beiden sind Die Baalchini, das Sternenpaar im unteren Zweig der Hyaden.

In einer anderen Version sind beide nicht verheiratet und Die Baalchini nur Zwillingsmädchen, um die gestritten wird.[164] Das Mädchen, das der Orion dann kriegt, heisst 'Sie Geht In hohem Alter Um', das der Plejaden 'Sie Verursacht Glück' – womit sie zwei Ideale des Lebens verkörpern. Beide werden oft in Gesängen und Gebeten angerufen und mit Sich Wandelnde Frau und Frau Mit Weisser Muschelperle gleichgesetzt.

DIE UMSTRITTENEN STERNE

Ob Der Erste Dünne im Orion und Dilyéhé der Plejaden nun eine Ehepaar sind oder nicht – beide sind Wesen aus Achat oder einem anderen durchsichtigen Edelstein. Weil jeder von ihnen auf Die Baalchini Anspruch erhebt, werden deren Sterne Die Umstrittenen genannt. Nachdem die beiden Zwillingsmädchen einmal zu Frauen geworden sind, schläft Sonne mit beiden, worauf sie ihm Buben gebären, deren Körper ganz aus dunklem Feuerstein sind. Das Kind von Sie Geht In Hohem Alter Um wurde *Yé'iitsoh* genannt – Riese – und wird in der Schöpfungsgeschichte als menschenfressendes Monster notorisch. Ihre Schwester Sie Verursacht Glück bringt hingegen Zwillingsbuben zur Welt, die von den Navajo als Helden verehrt werden: Monstertöter und Dem Wasser Geborener. Volljährig geworden, besuchen beide ihren Vater Sonne und erhalten von ihm Waffen, mit denen sie dann die meisten Ungeheuer auf der Erde töten können, darunter das fürchterlichste von allen, ihren Halbbruder Riese.[165]

Ihre Mütter verkörpern das hohe Alter und Glück, das keinem Menschen vorenthalten werden dürfte. Eine hochbetagte Person, egal wie verschrumpelt sie auch ist, soll so lange leben können, bis sie entschläft oder 'vergeht'; danach erwartet sie Zufriedenheit im Jenseits, "wo es wieder ein Leben der Menschen gibt". Hohes Alter ist die 'innere Form' der Erde, gewissermassen die Seele dessen, was sie an ihrer Oberfläche produziert, Vegetation, Neugeborenes, Gesundheit; Besitz und Reichtum sind da ein "vom hohen Alter geleitetes Glück". Aus diesem Grund werden ihrer beiden mit Glück und hohem Alter verbundene Namen oft in Gebeten und Liedern angeführt, sie als Sternbild auf Rasseln abgebildet und mit dem Gebetsstock angerufen: 'Zwillingsmädchen, Symbole des Frau- und Mutterseins, innere Form der Dämmerung: Hohes Alter und Glück.'

Ihre wahre Identität ist aber nur ganz wenigen Sängern bekannt, für die solche Kenntnisse 'Brot und Leben' bedeuten. Es ist deshalb üblich, sich unwissend zu zeigen; ein unbedarft Fragender erhält zudem nur eine vage Idee von ihrem eigentlichen Wesen und dem mit ihnen untrennbar verbundenen *Weg der Schönheit*.

Die Zwillingsmädchen aber werden auch mit einem Streit im Stockwürfelspiel verbunden: Das ist zumindest ein erster Hinweis darauf, dass die Sternenleute im Himmel und die Erdoberflächenleute miteinander zu tun haben – Letztere zögern zumindest nicht, ihre Sitten, selbst ihre Spiele, auf die Sternenleute zu projizieren.[166]

Die Bedeutung des Umstrittenen findet sich aber auch von diesen zwei Frauen abgelöst. So wird dieses Sternenpaar in einer Geschichte die zwei 'Harter-Feuerstein-Frauen' genannt; es sind die Mütter der Harter-Feuerstein-Jungen in den Plejaden, die sich gegenseitig an den Haaren, Armen und Händen ziehen, weil sie sich eines Glücksspiels wegen streiten.

In einer anderen Version wiederum sind es zwei Jungen, die miteinander raufen, um den anderen daran zu hindern, sich den [Harter-Feuerstein]-Jungen anzuschliessen, die das Ducken und Weglaufen üben. Der rote Stern neben ihnen (α Tauri) ist dann ein alter Mann, der die zwei Jungen beschimpft, weil sie sich nicht auf die Übungen konzentrieren.[167]

FRAU MIT WEISSER MUSCHELPERLE UND SICH WANDELNDE FRAU

Die schöne 'Frau Mit Weisser Muschelperle' ist in manchen Legenden identisch mit 'Sie Geht In Hohem Alter Um', in anderen jedoch mit 'Sich Wandelnde Frau' – welche wiederum meist identisch ist mit 'Sie Verursacht Glück'. Dieses Wechsel- und Wandelspiel symbolisiert die zyklischen Wachstumsprozesse und die Regeneration allen Lebens.[168]

Sandovals Schöpfungsmythos gibt der Legende um Frau Mit Weisser Muschelperle breiten Raum. Ihre Geburt ist Teil eines Plans Des Sprechenden und Des Rufenden Gottes – der Morgen- und der Abenddämmerung –, die wollen, dass ihre Söhne dereinst die Monster der Erde ausrotten. Die Geschichte beginnt mit Erster Mann und Erste Frau, die auf dem Berg des Ostens, auch Morgendämmerungs- oder Weisser-Muschel-Berg genannt [Blanca Peak, Colorado], leben. Eines Tages ist der Gipfel tagsüber ungewöhnlicherweise von Wolken bedeckt,

während nachts dort wiederum ein Feuer zu sehen ist. Erst am dritten Tag kann Erster Mann die Ursache dafür erkennen: Mitten im dichten Nebel findet er ein Baby, von dem Blitze abstrahlen; es ist auf einem Stück Regenbogen als Trage festgebunden, der Fussteil eine falsche Sonne.
Dieses Baby bringt er nun zu seiner Frau: "Und dann hörten sie plötzlich Laute: Ho' ho' ho' hooo'. Und dann einen anderen Schrei: A'au, a'au, ho'ho'ho' hooo'. Worauf zwei Männer ins Haus kamen. Der eine sagte, er heisse Ni'hada ho'nigi, war aber Der Sprechende Gott, der andere, dass er Ni'ha ha nigi hiesse – doch war er Der Rufende Gott. Es waren die beiden Gottheiten und sie sagten zu Erster Mann und seiner Frau, dass das Baby ihr Plan gewesen wäre."
Das Mädchen hat nach dreizehn Tagen – statt in ebenso vielen Jahren wie heute – sein 'erstes Rinnen', die erste Menstruation. Erster Mann formt ihr dann ein schönes Gesicht mit langem Haar, das im Nacken mit einem Regenstreifen gebunden wird, und kleidet sie ein. Dann tragen er und Erste Frau ihr auf, nach Westen zu rennen wie die Sonne und dann um die Zeder herum wieder zurück nach Hause.
Zum Fest ihrer Frauwerdung werden viele Leute eingeladen: "Gegen Morgen aber kamen zwei Männer herein und fragten, weshalb sie nicht eingeladen worden waren. Ihre Mokassin waren weiss und sie waren schön angezogen; jeder hatte 21 Schwanzfedern als Kopfschmuck und auf jeder Feder sass ein schöner Singvogel: es waren Der Sprechende Gott, die Morgendämmerung, und Der Rufende Gott, die Abenddämmerung."
Dann werden Erster Mann und Erste Frau mit ihrer Ziehtochter wieder allein gelassen: "Das heilige Mädchen aber wünschte sich bald einen Mann. Jeden Morgen, wenn die Sonne aufging, lag sie bis zum Mittag auf ihrem Rücken, ihr Kopf gen Westen und ihre Füsse gen Osten. Dann ging sie zur Quelle, wo sie vom Mittag an blieb, unter dem Überhang liegend, der Wasserfall über ihren Körper fliessend. So ging das vier Tage lang."
Daraufhin geht sie allein Samen sammeln, obwohl Erste Frau sie erst nicht gehen lassen will, aus Angst vor den Ungeheuern. Doch nachdem sie viermal bettelt, darf sie gehen: "Sie lief in die Ebene hinab, so schnell sie konnte: Sie war bald dabei, fleissig Samen von den Grässern zu sammeln, als sie plötzlich hinter sich etwas hörte. Sich umdrehend sah sie einen grossen weissen Hengst mit schwarzen Augen. Er hatte eine lange weisse Mähne und stolzierte herum, indem er über dem Boden schwebte, ohne ihn zu berühren. Auch das Zaumzeug und der Sattel waren weiss. Und darauf sass ein junger Mann. Seine Mokassins und Leggins und seine Kleider waren ebenfalls weiss. Es war wie für eine Braut.
Der heilige Reiter sagte: 'Du bist jeden Morgen bis Mittag mir gegenüber gelegen. Ich bin der, den du angesehen hast. Wenn ich halb über der Mitte der Erde bin, gehst du zur Quelle. Dein Wunsch könnte eindeutiger nicht sein.' Und er setzte hinzu: 'Geh heim und sag deinem Vater, er soll einen Hooghan aus Büschen südlich deiner Heimstatt machen. Mach aus den gesammelten Grassamen ein Mahl. Gib dieses in einen mit weissen Muschelperlen bestickten Korb. Nimm dir Pollen, den man vorher über ein paar Blaukehl-Hüttensänger gestreut hat und zieh damit eine Linie von Ost nach West über den Korb und auf das Mahl. Dann dreh deine Hand und ziehe eine Linie von Nord nach Süd, die rund um den Korb läuft. Stell den Korb in den Busch-Hoghan. Du und dein Vater müsst darin bis spät in die Nacht sitzen. Er geht dann heim zu seiner Frau; du aber bleibst darin allein zurück.'
Gesagt, getan. Bloss dass sie nicht merkt, dass er kommt, obwohl sie etwas zu hören glaubt: Sie findet am ersten Morgen nur eine Spur und das Mahl im muschelbesetzten Korb im Osten angetastet. Am zweiten Morgen entdeckt sie eine zweite Spur und dass im Süden etwas genommen wurde; am dritten eine dritte Spur und im Westen etwas angepatzt.
Am vierten Morgen gesteht sie ihrem Vater, dass da nun vier Fährten sind und nunmehr auch im Norden das Mahl angetastet wurde: 'Ich dachte, mich hätte jemand bewegt und war beim Aufwachen ganz nass.' Nachdem das Mädchen nun das vierte Mal von dem heiligen Wesen besucht worden war, lebte sie bei ihren Zieheltern die nächsten vier Tage, als wäre nichts geschehen. Am Ende des vierten Tages aber sagte die junge Frau: 'Mutter, etwas bewegt sich in mir.' Erste Frau antwortete: 'Tochter, dass muss dein Baby sein' (es ist am Ende des vierten Monats, dass eine Frau Leben in sich spürt). Nach nur fünf weiteren Tagen gebar Frau Mit Weisser Muschelperle Zwillingsbuben.
Später, viel später wurden Erster Mann und Erste Frau weit in den Osten geschickt, weiter nach Osten, als wo die Sonne wohnt."

Aus diesen Zwillingsbuben werden die Helden Monstertöter und Dem Wasser Geborener. Sonne ist jedoch nur der Vater von Monstertöter; sein Zwillingsbruder wurde gezeugt vom Wasserfall: daher sein Name Dem Wasser Geborener oder Kind Des Wassers.[169]

DAS HAUS FÜR SICH WANDELNDE FRAU

Im Gesang vom *Männlichen Schiessweg* errichtet Sonne, nachdem er die Zwillinge Monstertöter und Dem Wasser Geborener als seine Söhne anerkannt hat, für Frau Mit Weisser Muschelperle – die da mit Sich Wandelnder Frau gleichgesetzt wird – ein Haus auf einer Insel im westlichen Ozean, in das sie dann einzieht.

Damit wird wohl erklärt, wo ihr Stern nach seinem Untergang weilt: "Es war aussen mit verschiedenen Farben bemalt und innen gab es eine Leiter wie bei den eckigen Lehmhäusern der Pueblo. Daran hing eine Rassel, die klapperte, damit man wusste, dass jemand das Haus betreten hatte. Weisse Muschelperlen waren ausgebreitet, der ganze Boden bestand daraus. An verschiedenen Stellen hatte man ihre Fussabdrücke mit weissen Muschelperlen ausgelegt. Und am Meeresufer entlang waren weisse Muscheln zum Essen angeschwemmt worden, zusammen mit Türkis, Perlmutt und Gagat, damit sie durch diese Nahrung Kraft zum Leben erhielt. Dazu war ein Maisstängel aus weissen Muschelperlen und einer aus Türkis beim Eingang angebracht worden, als Türstock: Sie sollten Sich Wandelnde Frau alle Dinge wissen lassen. Pollen flossen aus dem Osten und aus dem Westen herab – und so liess sich auf der Spitze des einen ein Blaukehl-Hüttensänger regelmässig zum Zwitschern nieder und ebenso regelmässig auf der Spitze des anderen ein Kornkäfer. Einer rief regelmässig am Morgen, der andere zu Mittag, einer am Abend und ein anderer zur Mitternacht und einer zur Dämmerung. Sie waren darauf abgerichtet worden."[170]

SICH WANDELNDE FRAU

Von allem Anfang an war Erster Mann im Besitz eines magischen Bündels. Dieses Bündel enthielt eine weisse und eine türkise Schmuckähre mit jeweils unsichtbarem Maiskolben. Sie waren in ein mit weissen Muscheln, Türkiskügelchen, Perlmuttkügelchen und Gagatkügelchen besetztes unverwundetes Wildleder gehüllt. Während Sich Wandelnde Frau das Essen für Erster Mann und Erste Frau zubereitete, legten sie das Bündel zwischen sich und zu dritt planten sie dann Dinge für die Zukunft. Wenn der Plan gut war, nickte die Federspitze wie in Zustimmung; wenn er unbefriedigend war, schüttelte sie sich von einer Seite zur anderen wie in Ablehnung.

Später, als Sich Wandelnde Frau erwachsen war, bat sie Erster Mann und und Erste Frau, die sie 'Vater' und 'Mutter' nannte, um das Bündel. Von Sich Wandelnder Frau hiess es, dass sie verschiedene Kleider trug und deshalb auch Frau Mit Weisser Muschelperle, Türkisperlenfrau, Perlmuttfrau oder Gagatfrau genannt werden könnte, weil sich ihre Erscheinung im Winter und im Sommer ändert. Tatsache ist, dass das Bündel, das Sich Wandelnde Frau erhielt, ins Innere der Erde gelegt wurde, um für sie in allen vier Richtungen zu planen. Diese 'innere Form' der Erde wird durch vier Köpfe in den vier Himmelsrichtungen symbolisiert. Die Erde kann dann mit Sich Wandelnder Frau und Weisse-Muschelperlen, Türkisperlen-, Meeresohrenperlen- und Gagatperlenfrau, mit Sie Geht In Hohem Alter Um und mit Sie Verursacht Glück identifiziert werden. Die Frau mit den unterschiedlichen Perlen ist ein und dieselbe; sie ändert bloss ihr Aussehen, indem sie im Sommer jung wird und die Erde mit neuer Vegetation und Schönheit verjüngt. Deshalb ist sie sommers die 'Sich Wandelnde Frau, die Schönheit führt'. Wenn sie sich entspannt und die Vegetation abstirbt wie zur Erntezeit, wird aus der Erde eine nachlassende alte Frau: 'Sich Wandelnde Frau In Hohem Alter'. Sie wird sich aber wieder verjüngen, gemäss den weiter oben genannten Prinzipien: Was in der fernen Vergangenheit überdauert hat, zeigt, dass es auch in der Zukunft überdauern wird.

In den Händen von Erster Mann und Erster Frau allein, hätte das magische Bündel nur unnennbares Leid und Unglück gebracht, so wie ihr magisches Bündel dies jetzt beim Zaubern tut. In den Händen von Sich Wandelnder Frau wurde das Bündel jedoch in die Erde gepflanzt als das, 'was langes Leben ist'. Die Veränderungen im Sommer und Winter sind so vorteilhaft wie das Bündel selbst, weil es in der Vegetation auf der Erdoberfläche die Schönheit leitet, die für alle, die auf ihr leben, Gesundheit und Reichtum garantiert.

So wie die Plejaden in unserem September erscheinen, um den Winter einzuleiten, könnte man sagen, dass dies auch auf das magische Bündel zutrifft, das Sich Wandelnde Frau im Inneren der Erde platziert hat, um die jahreszeitlichen Veränderungen zu regulieren. Die Umstrittenen Sterne, die den Plejaden nachfolgen, sind ja ebenfalls nur in den sechs Wintermonaten sichtbar – in der Jahreshälfte also, in der das immerwährende Leben zu seiner alljährlichen Vergreisung zurückzukehren scheint.[171]

IX DIE HELDENZWILLINGE

Sterne von Hydra

NAAYÉÉ' NEIZGHÁNÍ – DER MONSTERTÖTER

Sterne von Hydra

TÓBÁJÍSHCHÍNÍ – DEM WASSER GEBORENER

Gemäss Hailes Karten stehen diesen beiden menschlichen Figuren neben dem Schwarzen Gott am Horizont, und zwar nebeneinander, in Blickrichtung von Ost nach West und vor dem Widder in Cancer. Die Angaben sind in etwa mit folgenden Sternen zu identifizieren: Die Beine des Monstertöters gehen rechts von ρ Puppis bis 9 Hydrae und links von 9 Puppis bis HIP 41547; der Oberkörper liegt um D und a Hydrae, der linke Arm geht bis HIP 43726, der rechte bis HIP 46618; seine mit Muscheln verglichenen Augen sind 28 und 33 Hydrae, sein ebenfalls mit einer Muschel verglichener Mund ist α Hydrae und seine Feder reicht bis τ Hydrae.

Der Kopf von Dem Wasser Geborener entspricht dem Kopf von Hydra (um δ Hydrae), seine Feder reicht bis θ Hydrae, seine Schulter wird markiert durch HIP 42008 und 42142, seine rechte Hand durch HIP 43026 und 43142, seine linke durch β Cancris und HIP 40617. Seinen Oberkörper bilden drei Sternpaare von HIP 41299 und 41325 hinunter bis ζ Canis Minoris | HIP 38303, seine beiden Beine HIP 34987 und HIP 36388. Entzünder der beiden Sternbilder ist α Canis Minoris.

H 5–6, 6–7 und 8

Die beiden Brüder werden auch 'Heilige Zwillinge' sowie jeweils 'Töter Fremder Götter' und 'Kind Des Wassers' genannt. Ihre Mutter ist ein Stern in den Hyaden: die mit Sich Wandelnder Frau meist gleichgesetzte Frau Mit Weisser Muschelperle.[172] Als Heilige Zwillinge – Heiliger Mann und Heiliger Junge – repräsentieren sie den Menschen und seinen Kontakt mit himmlischen und irdischen Mächten; als Monstertöter und sein Bruder hingegen stellen sie mit allen Mächten des Universums bewaffnete Gottheiten des Krieges dar.[173]

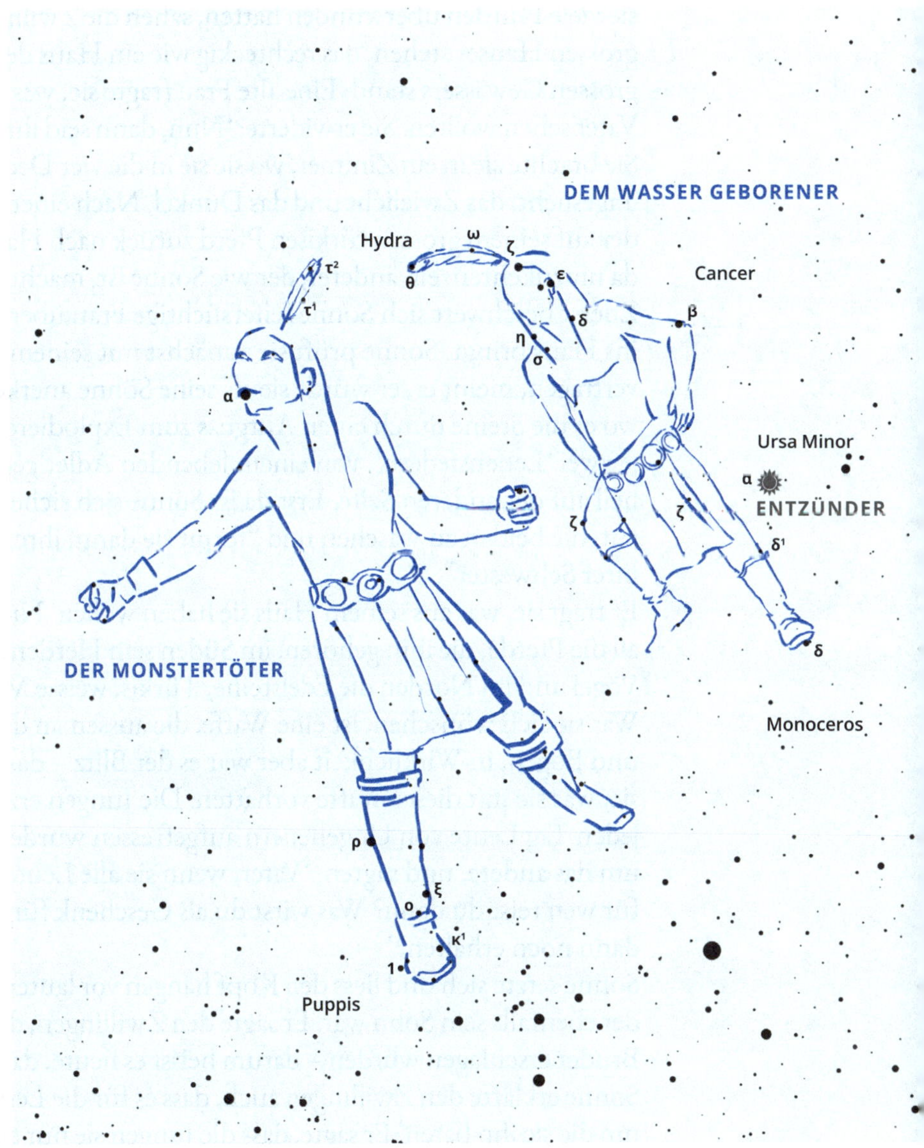

DIE ABENTEUER DER HELDENZWILLINGE

Sandovals Schöpfungsmythos schildet ausführlich ihre Erlebnisse. Nachdem Frau Mit Weisser Muschelperle sich bestens um die Jungen kümmert, macht ihnen ihr Grossvater Erster Mann, nachdem sie fünfzehn Jahre alt geworden sind, Pfeil und Bogen. Die Tiere, die ihnen dann bei der Jagd in Nord, Süd und West begegnen, erweisen sich jedoch als Spione der Ungeheuer, die die Welt unsicher machen: Nur im Osten ist es sicher. Dort redet Dontso, Die Allweise Fliege, sie an und offenbart ihnen, wer ihr Vater ist. Eure Mutter, sagt sie, wird euch erst glauben machen wollen, dass euer Vater ein Kaktus, dann eine Drachenfrucht oder auch ein Stein war [mit denen die Frauen in der Dritten Welt masturbierten, worauf sie all die Ungeheuer zur Welt brachten]: "Dann aber müsst ihr ihr sagen, dass die genannten Sachen keine menschlichen Wesen zeugen können; sagt, dass ihr wisst, dass Sonne euer Vater ist."

Vom Berg der Morgendämmerung, wo ihre Mutter einst aufgefunden wurde, gelangen sie über den Regenbogen nach Osten dann in ein Land, in dem es nur Sanddünen gibt. Dort begegnet ihnen ein alter Mann, die Tabakschwärmerraupe, und warnt sie: "Meine Enkel, euer Vater ist grausam. Er tötet mit vielen Waffen. Er verletzt euch, wenn ihr nicht vorsichtig seid."

Er gibt ihnen seine Spucke mit für den Fall, dass Sonne sie mit seinem Tabak auf die Probe stellt: "Nachdem sie viele Hürden überwunden hatten, sahen die Zwillinge sich weit, weit im Osten vor der Tür eines grossen Hauses stehen, das rechteckig wie ein Haus der Pueblos war, ganz aus Türkis gebaut und am Ufer eines grossen Gewässers stand. Eine alte Frau fragte sie, was sie wollten. Die Jungen antworteten, dass sie ihren Vater sehen wollten. Sie erwiderte: 'Nun, dann seid ihr ja meine Enkel. Kommt mit mir.' Sie war Sonnes Mutter. Sie brachte sie in ein Zimmer, wo sie sie in die vier Decken des Himmels hüllte, die Morgendämmerung, das Tageslicht, das Zwielicht und das Dunkel. Nach einer Weile hörte man ein lautes Galloppieren: Es war Sonne, der auf seinem grossen türkisen Pferd zurück nach Hause kam. Er reitet nur bis zur Hälfte der Erde, um da umzukehren; ein anderer, der wie Sonne ist, macht dann weiter."

Zuerst beschwert sich Sonnes eifersüchtige Frau über seine verlogene Treue, die ihm nun zwei Bastarde ins Haus bringt. Sonne prüft sie zunächst mit seinem starken Tabak, den sie rauchen müssen; da sie ihn gut vertragen, meint er, er würde sie als seine Söhne anerkennen. Dann nimmt er sie mit in die Schwitzhütte, wo er die Steine durch einen Aufguss zum Explodieren bringt; weil ihre Grossmutter ihnen jedoch heimlich je zwei 'Lebensfedern', von einem lebenden Adler gepflückt, unter den Armen mitgegeben hat, landen sie heil auf der anderen Seite. Erst da ist Sonne sich sicher, dass sie seine Söhne sind. Er trägt seiner Tochter auf, die beiden zu waschen und "formt sie dann, ihre Beine, Arme, Finger, alles, auch ihr Gesicht, wie bei ihrer Schwester".

Er fragt sie, was aus seinem Haus sie haben wollen. Nichts, erwidern sie. Draussen zeigt er ihnen im Osten all die Pferde, die ihm gehören, im Süden sein Herdenvieh, Rinder und Schafe, im Westen das Wild und die Vögel und im Norden die Edelsteine, Türkis, weisse Muschelperlen, Hämatit: Doch sie wollen nichts davon. Was sie sich wünschen, ist eine Waffe, die aussen an der Hauswand hängt: "Die Waffe sah aus wie Pfeil und Bogen, in Wirklichkeit aber war es der Blitz – das, was heute 'Elektrizität' genannt wird. Sonne fragte sie, was sie mit dieser Waffe vorhatten. Die Jungen erzählten ihrem Vater von dem Leid auf der Erde, wo jeden Tag Leute von Ungeheuern aufgefressen wurden. Sie nannten ihm die Monster beim Namen, eines um das andere, und sagten: 'Vater, wenn sie alle Leute auf der Erde auffressen und am Schluss sich selbst, für wen reist du dann? Was wirst du als Geschenk für die Mühen deiner Reise [den Tod einzelner Leute] dann noch erhalten?'

Sonne setzte sich und liess den Kopf hängen vor lauter Gedanken an Yé'iitsoh, den einbeinigen Riesen, der ebenfalls sein Sohn war. Er sagte den Zwillingen, dass der Riese ihr Halbbruder war und sie ihren älteren Bruder erschlagen würden – darum heisst es heute, dass Brüder sich manchmal umbringen.

Sonne erklärte den Zwillingen auch, dass es für die Leute auf der Erde nicht sicher war, die Waffe zu besitzen, um die sie ihn baten. Er sagte, dass die Jungen sie nur eine Zeit lang benutzen dürften, er sie sich dann aber, wenn sie damit durch waren, wieder holen würde.

Sonne nahm die Waffe und ging mit den Zwillingen zu der Öffnung im Himmel, die über dem Mount Taylor in New Mexiko liegt. Dort mussten sie ihm ihr Wissen über die heiligen Berge der Erde beweisen, sonst hätte er sie im Himmel behalten: 'Meine Söhne, ihr habt alles richtig beantwortet. Ich weiss jetzt, dass ihr ein Mitglied eurer Familie umbringen werdet [den Riesen Yé'iitsoh].' Er händigte dem älteren Bruder seine Waffe aus, die Krumm Einschlagender Blitz hiess, und dem jüngeren Bruder dessen Waffe, die Gerade Einschlagender Blitz hiess. Dann wurden sie mit ihren Waffen in die Mitte der Welt herabgelassen."[174]

Die Zwillinge sind die Helden der Navajos, weil sie die Erde für die Menschen sicher gemacht haben, indem sie die Monster darauf umbrachten. Jedes Kind kennt die Geschichten dazu, bei denen sie es nur wenigen Ungeheuern erlauben, weiterzuleben – wie etwa 'Armut' und 'Läuse', um die Navajo daran zu erinnern, dass das Leben auch aus Negativem besteht und sein Positives geschätzt werden soll.

In den meisten Versionen ist Monstertöter der Krieger, der die Ungeheuer umbringt, während sein Bruder Dem Wasser Geborener die sanftere Seite der beiden verkörpert, indem er Hilfe leistet und heilt. Die Zeremonien des *Grossen Feindwegs* im Sommer haben die heilenden Kräfte der beiden Zwillinge zum Inhalt.[175]

Die Legenden vom *Männlichen Schiessweg* erzählen am ausführlichsten die Reisen und Abenteuer der Zwillinge, die dabei oft absichtlich Gefahren herausfordern, "um den Erdleuten Lehrreiches zurückzubringen". Ob sie nun verbotenes Gelände betreten, Tabus brechen – wie Monstertöter, der ohne seinen sprechenden Gebetsstock loszieht und sich vom heiligen Lappentaucher Federn für seine Pfeile holt – oder ob sie aus reiner Neugier alle Warnungen in den Wind schlagen: Jedes Mal gehen sie sicherer und weiser daraus hervor. Dabei helfen ihnen oft die übernatürlichen Mächte aus der Patsche oder heilen sie wieder – wodurch die beiden allmählich unverletzlich werden und heilige Macht ansammeln, welche sie zunehmend die Gefahren ganz allein überstehen lässt.

Es werden zwei Versionen von Legenden um sie überliefert.[176] Die eine Fassung erzählt Besuche bei Sich Wandelnder Frau, zwei Abenteuer des Monstertöters mit Schwirrhölzern und einer Klapperschlange, einen Besuch bei der Sonne, um Wissen über Riten zu erlangen, und Begegnungen mit Wirbelnder Schwanzfeder, den Pfeilleuten und Wasserochse – wobei diese Episoden jedes Mal mit allgemeinen Ursprungsmythen verknüpft sind. In der anderen Version ziehen sie Sonne und Mond herab und erleben Abenteuer mit den Schlangenleuten.

Darauf erzählen beide Versionen eine Übertretung bei der Jagd, wie Dem Wasser Geborener unabsichtlich nach einem gefiederten Maisstängel greift, was er nicht dürfte, ins Wasser fällt und dann von einem Fisch verschlungen wird, sowie von einer Begegnung mit Bisonleuten.

Die erste Version setzt dann fort mit Begegnungen mit Durchscheinende-Steine-Leuten, wie Monstertöter ohne Verschulden von Hunden und Bären angefallen und zerrissen wird, der Begegnung mit Stachelschwein und wie Monstertöter von Wiesel angeschossen wird. Die andere Version endet mit einer Reise mit Ameisenleuten und damit, dass sie den Erdoberflächenleute die Zeremonie des *Männlichen Schiesswegs* lehren: worauf die beiden Helden fortgehen, um fortan bei den Übernatürlichen im Himmel zu leben.[177]

DER RIESE UND DIE HELDENZWILLINGE

Viele Geschichten der Navajo erzählen von der fernen Zeit, als Ungeheuer die Erde unsicher machten. Der zu ihnen zählende Yé'iitsoh – der Riese – ist ein Sohn Sonnes; er terrorisiert Kinder und ihre Eltern, bis er von seinem Halbbruder Monstertöter umgebracht wird.[178]

In Sandovals Schöpfungsmythos bleibt unerwähnt, wer die Mutter des Riesen ist; als solche gilt Sich Wandelnde Frau, die Zwillingsschwester von Frau mit Weisser Muschelperle in den Hyaden. Yé'iitsoh ist zugleich mit einem anderen Riesen als "grosses tollpatschiges Baby geboren worden. Die Haare der beiden standen grob ab; sie waren schmutzig und faul und verhielten sich wie Trottel. Einmal ganz ausgewachsen aber begannen sie Leute zu fressen, wo immer sie sie fanden".

Ihre Missgestalt hatten die beiden Riesenbabys "den Sünden der Leute zu verdanken. Denn als sie ohne ihre Männer waren, hatte Erste Frau ihren Mädchen gesagt, was sie gebrauchen sollten. Kakteen wurden so zu den Vätern der Riesen, die Federn der Truthuhnflügel zu den Vätern der Riesenvögel; und Steine zu dem lebenden rollenden Fels".

Yé'iitsohs Beiname 'Der Einbeinige' geht darauf zurück, dass Kojote ein schönes Mädchen haben wollte. Das wiederum war nur bereit, in die Heirat einzuwilligen, wenn er jenen Riesen unschädlich machen konnte, der die Leute frisst.

Also geht Kojote zum Haus des Riesen bei den Heissen Quellen (Navajo Springs, Arizona) und sagt: "'Bruder, warum sind alle Leute schneller als du? Wenn du willst, kann ich dir helfen, dass du so schnell laufen kannst wie ich; ich hab ja kein Problem, mir Fleisch zu holen. Ich kenne ein paar Kräuter, die dich innerlich reinigen werden; und ich zeig dir die Medizin, die ich für meine Beine verwende, damit ich schnell rennen kann.' Denn dieser Riese war sehr tollpatschig; er konnte nur langsam gehen, doch wenn die Leute ihn sahen, wurden sie so starr vor Schreck, dass sie nicht mehr davonlaufen konnten: Dann griff er sie sich einfach und legte sie in seinen grossen Korb. Er war nun allerdings an Kojotes Vorschlag interessiert. Deshalb trug Kojote ihm auf, eine Schwitzhütte zu bauen; und während er das tat, sammelte Kojote die Kräuter. Er holte sich auch ein frisches Rehbein."

Sie schwitzen und trinken den Kräutertee, worauf beide sich übergeben. Der Kojote erbricht Heuschrecken und Eidechsen, der Riese fettes Fleisch. Kojote vertauscht jedoch die Schüsseln, zeigt ihm die seine und sagt: "Schau, was du herausgespien hast. Diese Dinge da halten dich vom schnellen Laufen ab."

Im Dunkel der Schwitzhütte legte er nun das Rehbein über sein eigenes, schneidet es entzwei und zeigt ihm die beiden Hälften. Dann versteckt er sie, spuckt auf sein Bein und sagt: "Jetzt heile, heile." Worauf er den Riesen sein heiles Bein abtasten lässt und ihm sagt, dass so nun alles schlechte Essen aus dem Magen und alles schlechte Blut aus seinem Bein wäre und er nun jeden überholen könne.

"'Aha', meinte der Riese. Da zog Kojote sein Messer und sagte, dass er dasselbe mit dem Bein des Riesen machen würde. Er schnitt eins davon ab und der Riese stöhnte vor grossen Schmerzen. Dann begann der Riese auf die zwei Hälften zu spucken, um sie wieder ganz zu machen. Doch der Kojote griff sich das abgeschnittene Bein und lief damit fort, indem er sagte: 'Ich habe noch nie von einem Knochen gehört, der in einem Tag wieder zusammenwächst.'"

Sonne versucht dann mit zwei seiner anderen Söhne, dem Spieler und Riese, durch Glücksspiele eine zweite Türkisscheibe zu gewinnen, die ebenso gross wie seine eigene ist, welche die Erde tagsüber erleuchtet. Beide Söhne werden ausgetrickst, der Riese von der Eule.

Das hat schwerwiegende Folgen, die von Sprechender und Rufender Gott bereits vorausgesehen wurden: "Es war eine Regel, dass all die verschiedenen Personen, die zu grossen Mächten wurden, ihr Leben verwirkten, sobald sie einen Fehler machten. Weil der Riese den Fehler gemacht hatte, sich von der Eule übers Ohr hauen zu lassen, kamen die Heiligen Leute zusammen und beschlossen, dass er zugleich mit allen Monstern, welche die Lebenden auf der Erde vernichteten, sterben müsse."

Der Plan nimmt Wirklichkeit an, indem die Zwillinge zu den Heissen Quellen gehen, wo Yé'iitsoh, der Riese, wohnt. "Sie warteten dort, bis er zum Wasser kam. Schliesslich sahen sie ihn von Süden über den Hügel kommen. Der Ältere Bruder sang da zwei Teile eines Gesangs und andere, während der Riese näherkam. Er ging zu der Quelle und trank viermal. Er trank das ganze Wasser und spuckte es viermal wieder aus und die Quelle war wieder so wie vorher. Er ging hin und her und sagte: 'Was sind das für zwei schöne Dinge, die ich da sehe? Und wie soll ich sie umbringen?' Die Zwillinge riefen zurück: 'Was für ein schönes Grosses Ding geht da herum? Wie sollen wir es umbringen?' So schrieen sie sich viermal zu. Kleiner Wind, der bei den Jungen war, rief ihnen zu: 'Ako – Vorsicht! Rauf mit euch. Springt hoch!' So glitt das Schwarze Messer, die mächtige Waffe des Riesen, unter den Zwillingen durch."

Vor seinem Blauen Messer können sie sich ducken; mit Hilfe der Lebensfedern, die ihnen Sonnes Mutter zuvor gegeben hat, und von Kleiner Wind gewarnt, vor dem Gelben Messer zur Seite werfen; und vor dem letzten Messer, dem Weissen mit vielen Punkten, wieder hochspringen. "Sonne hatte den Zwillingen gesagt, dass sie den Riesen als Ersten handeln lassen müssten, weil er ihr älterer Bruder war. Als sie an der Reihe waren, gab es einen grossen, blendenden Blitzschlag, der den Riesen traf; aber er blieb stehen."

Sie werfen seine Messer auf ihn zurück; die treffen, aber er fällt erst um, als sie das grosse Weisse Messer auf ihn werfen. Da beginnt Blut aus seinem Mund zu fliessen, das sie stoppen, bevor es ins Wasser rinnt: Dort, südlich und westlich der San-Mateo-Berge, ist heute Lava.

"Dann schnitten sie dem Riesen den Skalp ab – sein Kopf ist heute El Cabason, der Grosse Kopf, vierzig Meilen von Mount Taylor entfernt. Sie sahen, dass er eine Rüstung aus Feuerstein anhatte, eine Art Hemd aus Steinmessern, das ihm vom Hals bis zum Fuss reichte. Sie griffen sich ein paar der Steinmesser, warfen sie gen Osten und sagten: 'Von jetzt an sollen die Leute auf der Erde sie benützen. Der Geist des Riesen hat euch verlassen.' Den Rest warfen sie in den Süden, Westen und Norden und bedeckten so das ganze Land mit Steinmessern."

Den Skalp des Riesen tragend, machten sie sich auf den Weg nach Hause. "Als sie ankamen, hingen sie den Skalp auf einen Pfahl im Osten des Hooghan. Als sie eintraten, sassen die drei da, Erster Mann, Erste Frau und Frau Mit Weisser Muschelperle – vor lauter Angst hatten sie sich an die Wand gedrückt, weil sie dachten, dass ein Ungeheuer gekommen sei, sie zu töten. Sie erkannten die Zwillinge nicht wieder, die im Haus der Sonne neu geformt worden waren: Sie waren jetzt grosse, hübsche Männer mit langen Haaren und schönen Muschelperlen und Kleidern.
Die drei wollen erst nicht glauben, dass sie den Riesen Yé'iitsoh wirklich hatten töten können. Doch als sie den Skalp draussen am Pfahl hängen sehen, beginnt Erste Frau zu singen und zu tanzen und sagt: 'Nur deswegen hat man mich damals allein auf der Erde leben lassen.' Denn lange Zeit zuvor wurden ihre Frauen und ihre Leute ihrer Sünden in der Gelben Welt wegen vernichtet."[179]

Gemini

DONT-WHUTSQ –
DIE ZWEI MITEINANDER VERHAKTEN GESTIRNE

G1 81

DIE ZWEI KÄMPFENDEN STERNE (Jicarilla-Apachen)

OP 147

Die Identifizierung hier beruht auf den Sternen, welche die Apachen damit verbinden. Bekräftigt wird sie durch Hailes Übersichtskarte, die neben die beiden Heldenzwillinge und den Widder in der richtigen Reihenfolge von Ost nach West zwei Figuren auf den Horizont stellt, die sich aufgrund ihrer Kurzarmigkeit und ihres langen Körpers plausibel mit den Sternen von Gemini abgleichen lassen. Die kleinere Gestalt reichte von β bis λ und ζ, die grössere von α bis μ und γ Geminorum.

H 5–6

Bei den Jicarilla-Apachen stellen unser Castor und Pollux jedenfalls Zwillingskriegsgötter dar – Monstertöter und Dem Wasser Geborener entsprechend –, die bei einem Streit die Samen in einem Korb über den Himmel verstreuen, worauf diese zur Milchstrasse werden.[180]

X DIE TIERE

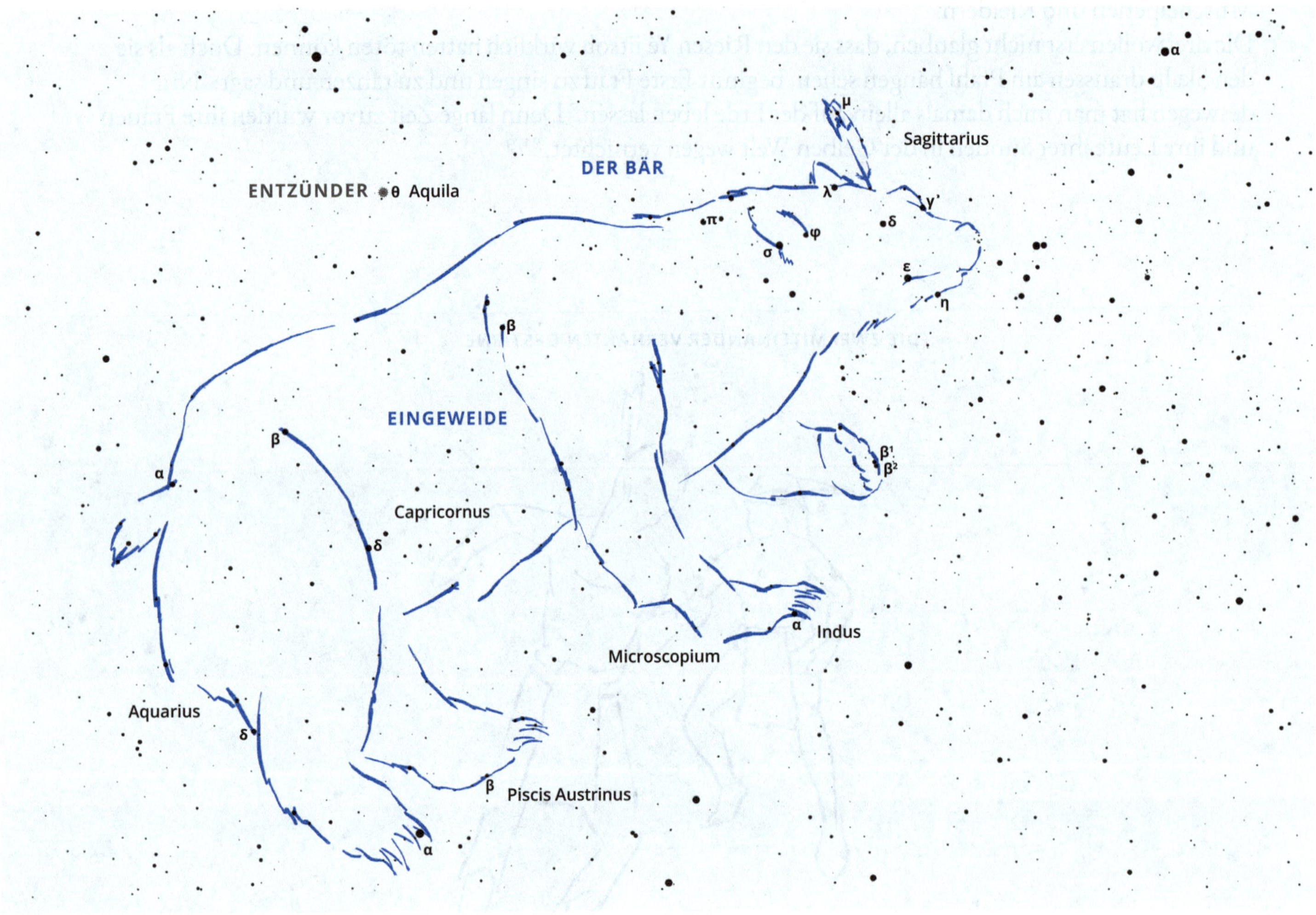

Sagittarius, Capricornus und Teile von Aquarius

SHASH – DER BÄR

Gemäss den Karten, auf denen der Bär jedes Mal parallel unter dem Donner liegt, sowie der Zeit seines Aufgangs kann der für ihn identifizierte Sagittarius bloss den Kopf des Bären darstellen. Abbildungen[181] zeigen jedes Mal ein Tier mit markanter Schnauze und vier einzelnen Beinen. Demgemäss wären die in H 9 ausgewiesenen Differenzierungen zu projizieren auf: Schwanz (in Aquarius), Hinterbeine (in Aquarius und Teilen von Piscis Austrinus), Rücken, Innereien (in Capricornus), Vorderbeine und Klauen (teile von Telescopium und Pavo), Kopf und Ohren (Sagittarius), und seine Feder. Für den Entzünder kommt am besten θ Aquilae in Frage.

M 8, H 6–7, 9, 28

DIE GESCHICHTE DES BÄREN

Nachdem in Sandovals Schöpfungsmythos Erster Mann und Erste Frau die Verhältnisse zwischen Mann und Frau geregelt, all die Lebewesen benannt und ihnen ihre Lebensräume zugewiesen haben, kommen die vier, seit der Dritten Welt etablierten Häuptlinge an die Reihe, zuerst der Wolf, dann die Schlange und Kojote und am Schluss der Bär: "Erster Mann gab ihm einen Namen, aber er war damit nicht zufrieden. Er wurde zornig, dass Erster Mann *Shash* rief, um ihn zu beruhigen. Der Bär wiederholte den Laut viermal und sagte dann, dass er einen seltsamen Klang hatte; doch wenn man es mit voller Stimme aussprach,

bekam man ein beeindruckendes Gefühl. Und so zog er los, sehr zufrieden damit, dass Shash nun sein Name war.
Bis zu dieser Zeit waren alle Lebewesen übrigens Leute und konnten ihre Kleider nach Belieben ablegen; aber weil sie irgendetwas Falsches getan hatten, mussten sie sie ab da immer anbehalten. Und man liess sie sich nur an ihre Art halten und in den verschiedenen Teilen der Erde bloss unter sich aufhalten."[182]
"Der Bär ist nun ein Gott, weil er verwandelt wurde; wie [das Sternbild] Donner, der ebenfalls ein Gott ist, und Grosse Schlange bewacht er das Haus der Sonne. Der Schwarzbär hat schwarze Feuersteinschuhe, schwarze Feuersteinstrümpfe, schwarze Feuersteinkleider und eine schwarze Feuersteinkappe. Er hört die Gebete, weil der Wind sie ihm erzählt."[183]

Wie Der Donner ist auch Der Bär ein Sternbild des Frühlings und Sommers, das ebenfalls erstmals zu Frühlingsanfang kurz vor der Sonne im Osten aufgeht, mit dem Kopf zuerst. Erscheint die Schnauze zugleich mit dem letzten Stern der Feder des Donnervogels, heisst es, 'dass der Erste Donner erschallt', der den Frühlingsanfang verkündet. Zu etwa der Zeit wachen auch die Bären in ihren Höhlen aus dem Winterschlaf auf.[184]

SHASH ŁICHÍ – ROTER BÄR

G1 81

Dieses nicht identifizierte Sternbild ist aller Wahrscheinlichkeit nach identisch mit Der Bär.

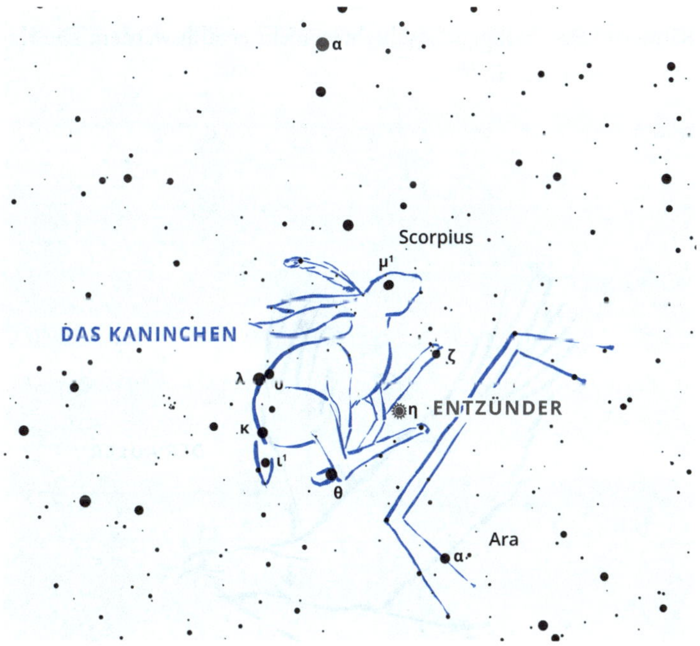

unterer Teil von Scorpius

GAH HEET'E'II – DIE KANINCHENSPUR
GAH – DAS KANINCHEN

Dieses Sternbild wird zweifach figuriert: einmal als typischer Pfotenabdruck eines Kaninchens, ein anderes Mal als ganzes Kaninchen. Dieses wird dann laut Karten und Angaben differenziert in Beine (hinten θ und ζ^{1+2} Scorpii vorne) auf einem Sockel (von σ Arae bis μ Normae), dem Körper darüber, dessen Schwanz bei ι Scorpii ansetzt, der Kopf von HD 154368 bis 27 und μ Scorpii, die Feder bis HD 153613, der Entzünder in η Scorpii.

M 8, H 6–7, C 69, G1 81

Der Name *Gah Heet'e'ii* artikuliert das Hoppeln, das simultane Hüpfen und Springen, mit dem ein Kaninchen seine Spuren hinterlässt. Das Sternbild zeigt die Wertschätzung der Navajos für das Kaninchen, das meist im Verein gejagt und seit jeher eine wichtige Nahrungsquelle war; dass es im Winter am fettesten war, schrieb man dem Umstand zu, dass es dann auch am Frost knabberte. Als Himmelskaninchen steht es stellvertretend für alles gejagte Wild als Lebensgrundlage; es symbolisiert den Transfer des Lebens von den Tieren zum Menschen. Die eminente Rolle, die dieses Sternbild für die Jagd besitzt, hat ihm wohl als einzigem Tier einen Sockel eingetragen, der sonst nur noch Erster Mann und Erste Frau kennzeichnet.

Hing Die Kaninchenspur noch lotrecht am Himmel, ging man nicht jagen, weil die neugeborenen Tiere da noch zu jung waren, um sich um sich selbst kümmern zu können: "Die Jäger legten Pfeil und Bogen beiseite und blieben zuhause." Erst wenn das Sternbild nach der Abenddämmerung in einer horizontalen Position erschien – in unserem August – "und nach Osten kippte, waren die Reh- und Antilopenkitze nicht mehr von ihren Müttern abhängig, sodass die Jagdsaison beginnen konnte".[185]

Zugleich wird das Sternbild als Fährte gesehen, die ein Kaninchen hinterlässt. Wenn es hoppelt, landet es zuerst auf der einen, dann der anderen Vorderpfote; dann schwingt es seine zwei Hinterbeine nach vorne und um die Vorderpfoten, um so zwei Spuren voraus zu hinterlassen – in etwa wie ein Y. Das entspricht den Sternen im Stachel des Scorpius: erst νλ, dann χ und G Scorpii.

Die 'Feder' [das ankündigende und dominierende Zeichen] des Monats 'Adlerküken' – unseres Februar – ist das Sternbild Kaninchenspur. Es ist dies der Monat der wechselnden Winde, wenn der Oberste Häuptling der Winde die Erde schüttelt und die schlafenden Pflanzen, die Bären, Eidechsen und Schlangen aufweckt. Die ersten Pflanzen beginnen zu spriessen. Nach diesem Monat dürfen den Kindern keine heiligen Geschichten mehr erzählt werden. Die Kaninchen paaren sich.[186]

Libra?

'ATSÁ – DER ADLER

Auf einem Sandbild[187] wird ein Adler am südlichen Himmel, unweit von Scorpius verortet. Das würde zu den prominenten, aber sonst unbesetzten Sternen von Libra passen, die diese Figuration erlauben.

G1 81, M | B 53–54, G2 169 und MI 191

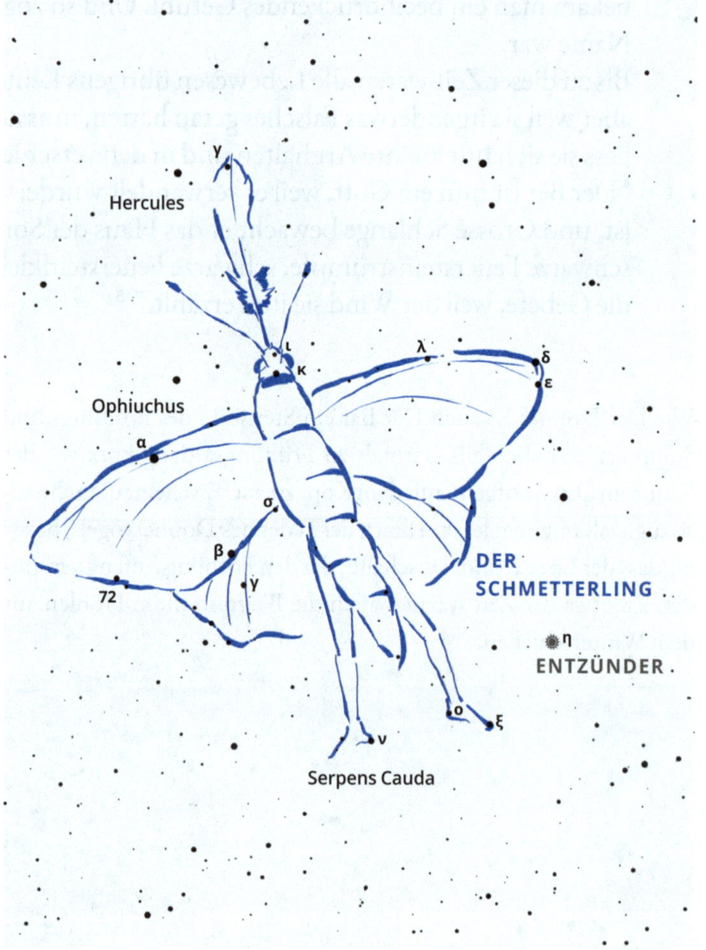

Ophiuchus

K'AALÓGII – DER SCHMETTERLING

Laut Hailes Karte liegt das Sternbild direkt neben den beiden Teilen von Scorpius, dem Ersten Grossen und dem Kaninchen, was seiner Stellung am Horizont beim Sonnenaufgangspunkt des Wintersolstitiums entspricht. Zudem lassen sich die Sterne von Ophiuchus mit den Punktationen der Figur auf Hailes Karte abgleichen. Demgemäss sind die aufgelisteten Differenzierungen der Figur folgendermassen zu verorten: rechter Fuss (τν Ophiuchi), linker Fuss (ν Serpentis, η Ophiuchi), Körper (μ Ophiuchi, HIP 85365, 41 Ophiuchi), rechter Flügel (δε Ophiuchi), linker Flügel (α und 71 Ophiuchi), Kopf (κι Ophiuchi) Kopffeder darüber sowie Entzünder des Sternbilds (ζ Ophiuchi).

H 6–7, 7

Die Mythen schreiben dem Schmetterling die Erfindung der Körperbemalung als Mittel der Anziehung zu: Seine bunten Farben gelten als Malerei; sie lassen sich abreiben und dann wie Pollen verwenden. Dieser Schmetterlingspollen besitzt eine besondere Zauberkraft, die sehr mächtig, aber etwas böse ist, und deshalb nie bei normalen Zeremonien eingesetzt wird: Mit ihr bannt man Feinde oder behext Personen. Wer diese Pollen sammelt, gilt eher als Zauberer. Der Schmetterling ist nie eine wohlmeinende Macht.[188]

DIE GESCHICHTE DES WEISSEN SCHMETTERLINGS

In Sandovals Schöpfungsmythos lockt San'hode'di, ein junger, aber bettelarmer Mann die zwei heiligen, jungfräulichen Töchter der Spinnenfrau – genannt 'Nie Von Der Sonne Beschienene' – zu sich, indem er sich in einen grossen bunten Schmetterling verwandelt: Er will sie dadurch zu seinen Frauen machen. Sie werden ihm dann jedoch vom Weissen Schmetterling geraubt.
San'hode'di muss sie daraufhin zurückgewinnen, in einem Wettlauf auf Leben und Tod mit dem Weissen Schmetterling, der ihm voraus ist und ihn mit einer magischen Waffe zu treffen versucht: "Doch der junge Mann holte sich die Waffe und schoss dem Weissen Schmetterling die schwarze Magie zurück in seinen Leib. Das machte den Weissen Schmetterling steif und verlangsamte seinen Lauf, sodass der junge Mann ihn überholen konnte. All seine Freunde tanzten und sangen; die Leute des Weissen Schmetterlings aber weinten. Als der Weisse Schmetterling hereinkam, brachte er seine Axt. Er sagte dem jungen Mann, er solle ihn damit umbringen, solange er noch warm war. Der junge Mann trat mit seiner eigenen Waffe vor und spaltete ihm den Kopf entzwei. Statt mit Hirn war sein Kopf aber mit all den verschiedenen bunten Schmetterlingen gefüllt, die nun herausflogen. Der junge Mann fing einen von ihnen, hielt ihn in der Hand und sagte: 'Obwohl du aus dem Kopf des Weissen Schmetterlings geflogen bist, wirst du nie mehr in das Hirn von jemandem eindringen. Du wirst den Leuten wenig nützen, ausser wenn sie dich fangen und deine Pollen auf ihre Beine und Armen reiben und sagen: 'Möge ich schnell laufen, mögen meine Tage lang sein, möge ich kräftigen Armes sein.' Dann wird diese Person ein hohes Alter erreichen. Aber nur, wenn er den Schmetterling wieder unverletzt weiterfliegen lässt.' Da weinten all die Frauen des Weissen Schmetterlings und schrien auf. San'hode'di sagte zu ihnen: 'Was weint ihr denn? Der Weisse Schmetterling hat eure Männer entweder umgebracht oder Sklaven aus ihnen gemacht.' Denn der Weisse Schmetterling hatte einen grossen Turm erbaut und daran ein grosses Haus, wo er seine Frauen hielt. Ein ganzes Stück weiter war ein anderes Haus, in das er die Leichen ihrer Ehemänner warf, die er umgebracht hatte. Das entdeckte der junge Mann und sprach darauf zu den Leuten. Er sagte ihnen, dass sie jetzt frei seien und in jedes Land gehen konnten, in das sie wollten."[189]

M 44 in Cancer

TSÉTAH DIBÉ – DAS DICKHORNSCHAF

M8

Das Dickhornschaf spielt eine prominente Rolle in den Mythen der Navajo, besonders in der mit dem Gesang des *Nachtwegs* verbundenen Zeremonie. In diesen Geschichten wird es oft gejagt, sehr selten jedoch erfolgreich, weil dem Jäger dann plötzlich die Hand zu zittern beginnt oder der Pfeil sich weigert, sich von der Sehne zu lösen.

Die Dickhornschafe stellen eigentlich Gottheiten dar, die *Ganaskidi* genannt werden, Dickhorngötter. Sie haben die Macht, menschliche Gestalt anzunehmen und Menschen in Wesen wie sie zu verwandeln. Sie werden mit den Himmeln assoziiert und in Verbindung mit Blitzen und Sonnenstrahlen gezeigt; auf die Flanken der Klippen, wo sie leben, werden dem Mythos gemäss Wolken und Blitze gemalt.[190]

Der offene Sternhaufen in Cancer gilt als Sternbild des Winters, weil es mit der in dieser Jahreszeit abgehaltenen Zeremonie des *Nachtwegs* verbunden ist. Es ist bei grosser Kälte freiäugig als Nebelfleck zu erkennen, wenn kein Mond am Himmel steht; es erscheint im Frühwinter abends am östlichen Himmel, um kurz vor der Morgendämmerung dann im Zenit zu stehen, was das Signal ist, die nächtlichen Zeremonien zu beenden. Das Sternbild wird mit heilenden Kräften assoziiert.[191]

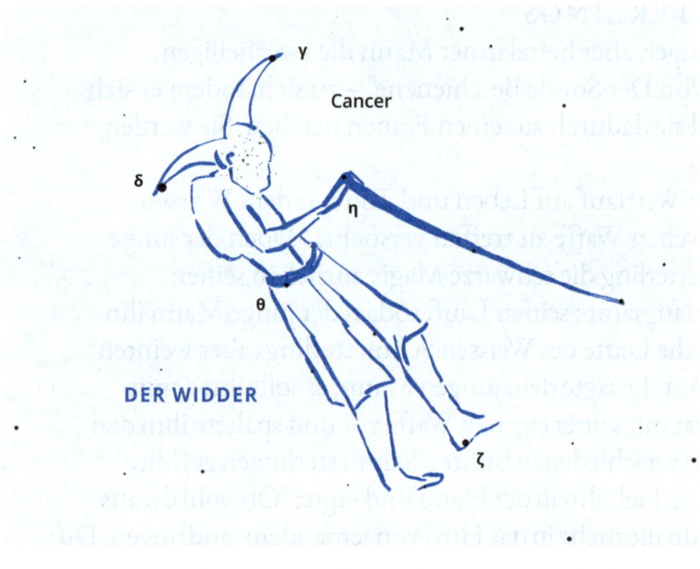

Cancer

BISOLYEHE – DER WIDDER

Hailes Übersichtskarte zeigt ihn neben den beiden Heldenzwillingen, ein Kreuz markiert offenbar den Sternhaufen von M 44, Parallelstriche darunter einzelne Sternpaare, die – bei Sonnenaufgang am westlichen Horizont stehend – die Figur eines Mischwesens aus Mensch und Widder ergeben, der in M 44 sein Gesicht und in γ und δ Cancris seine Hörner hat, den Leib in den Sternpaaren HD 73175, 73135, 35 und η Cancri, HD 72115 und θ Cancri sowie die Füsse in 25 und 20 Cancri.

H 5–6

Der Sternhaufen wird als buckliger Mensch mit Widderhörnern dargestellt und ist Schutzherr der Dickhornschafe.[192]

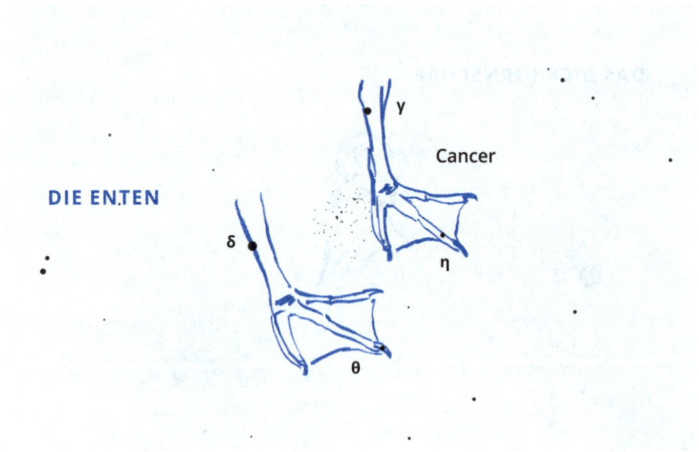

NAAL'EEŁÍ – DIE ENTEN

G 181

Das Sternbild ist die 'Feder' – das ankündigende Zeichen – des letzten Monats des Jahres, unseres September.[193] Diese kalendarische Angabe versetzt das Sternbild – wie alle anderen 'Federn' eines Monats – an den frühmorgendlichen Sonnenaufgangspunkt, der in diesem Monat auf die Sterne von Cancer fällt. Das liesse eine Figuration in den Hauptsternen von Cancer zu, die zwei typische dreieckige Fussabdrücke einer Ente wiedergeben. Zwar müsste der Name dann – analog zur Truthuhn- und Kaninchenspur – 'Entenspur' heissen, doch ist es plausibler, die Sternpaare der Widderfigur als Entenfüsse zu deuten, die zum Teich oder zum Futter von M 44 watscheln.

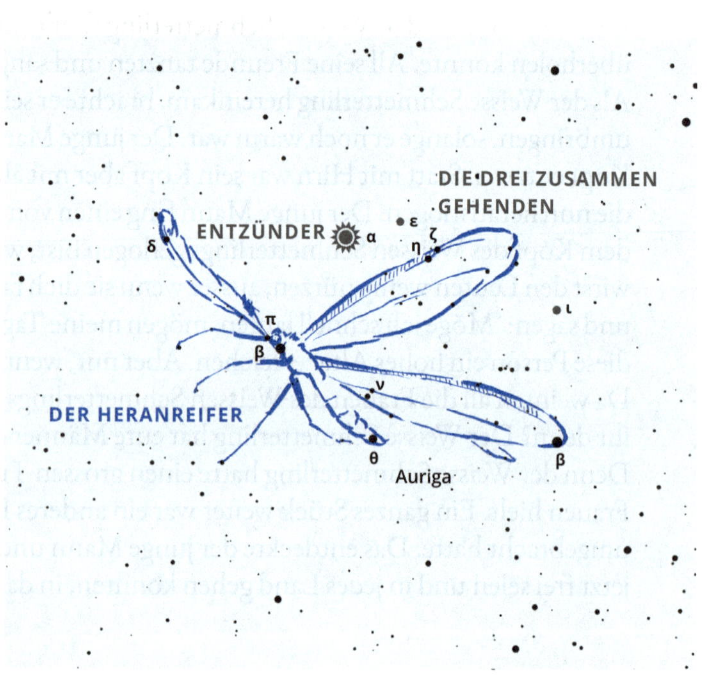

Auriga

'ANŁTÁNI – DER HERANREIFER DER MAISKÄFER

H 9

Das Sternbild liegt gemäss Hailes Karte in der Verlängerung der Schlange in Perseus; der dann angefügte Bär steht dem Sternbild stets am Horizont gegenüber. Aufgrund seiner kalendarischen Position und der Begrenzung durch die belegten Sterne von Orion und den Hyaden kommen dafür nur die Sterne von Auriga in Frage, die sich mit der abgebildeten Zeichnung gut abgleichen lassen. Differenziert wird das Insekt in Füsse (1, 2 und 16 Aurigae), Beine (4 – μ Aurigae, 16 – M 38), Körper, Flügel (ζη und θτ Aurigae), Kopf, Schnabel (βπ Aurigae) und Feder (δξ Aurigae); der nicht verzeichnete Entzünder müsste α Aurigae sein.

H 6–7 und 9

Das Sternbild wird üblicherweise auf Englisch 'Maiskäfer' genannt; der Name bedeutet eigentlich jedoch 'Der Heranreifer' – um ein aus der Maiskultur übernommenes Konzept der Bestäubung wiederzugeben: Damit wird Fruchtbarkeit, Glücklichsein und das Leben selbst symbolisiert. Es stellt auch keinen Käfer dar, sondern einen Netzflügler, eine Blütengrille oder eine Ameisenjungfer.

Personifiziert wird die Figur als Kornkäfermädchen gesehen, das mit Pollenjunge gepaart wird; beide werden wiederum mit Weissmaisjunge und Gelbmaismädchen verbunden. Beide Paare sind Kinder der Morgendämmerungsfrau und der Sonne und gehören zu den Zwölf Leuten, "welcher sich die Menschen bedienen sollen", weil sie stets verlässlich sind und "nie Lügen erzählen". Kornkäfermädchen gilt als Kopffeder dieser zwölf, was als Zeichen der hohen Verehrung für diese Personifizierung der Nahrung zu werten ist.

Aus den Rispen des Mais wird üblicherweise Pollen gewonnen, der als Geschenk und Nahrung für die Götter verwendet wird. In den eigenen Mund genommen, wird er zum Geschenk an die Innere Form – die 'Seele' –, welches einen im Leben bestärkt, einen freundliche und nette Sachen sagen lässt und vor Beschimpfungen und Missbrauch schützt. Mit diesem Blütenstaub wird alles, vom Hooghan bis zum Kranken, vom Gebetsstock bis zum Essen geweiht. Gewonnen wird Pollen aber auch von Blumen, verschiedenen kleinen Vögeln und Tieren.[194]

Das Sternbild ist die 'Feder' – das ankündigende Zeichen – des elften Monats, unser August, wenn sich die Kolben am Mais formen und alles reift; es besteht aus den schwachen Sternen, die dann in der Mitte des Himmels zu sehen sind.[195]

αει Aurigae

DIE DREI ZUSAMMEN GEHENDEN

(Mescalero-Apachen)

Die Drei Zusammen Gehenden – die zusammen gestorben sind – waren zwei Schwestern, die denselben Mann liebten, ihn gemeinsam heirateten und dann einen friedlichen Haushalt hatten; sie zeigten überhaupt viel Mitgefühl, ob anderen ihres Stammes gegenüber oder den Tieren. Als eine im Sterben lag, beschloss der Schöpfer, die Schwestern nicht zu trennen und platzierte alle drei dann als Sternbild am Himmel. Es stellt seitdem das Vorbild für ein gut gelebtes Leben dar. Wie Ursa Maior auch – der verkörperte Schöpfer – dient es dazu, den Zeitpunkt für die Zeremonie anlässlich der Pubertät eines Mädchens festzusetzen. Capella, α Aurigae, wird auch SỤỤS BINÉ – MORGENSTERN genannt.

MI 194

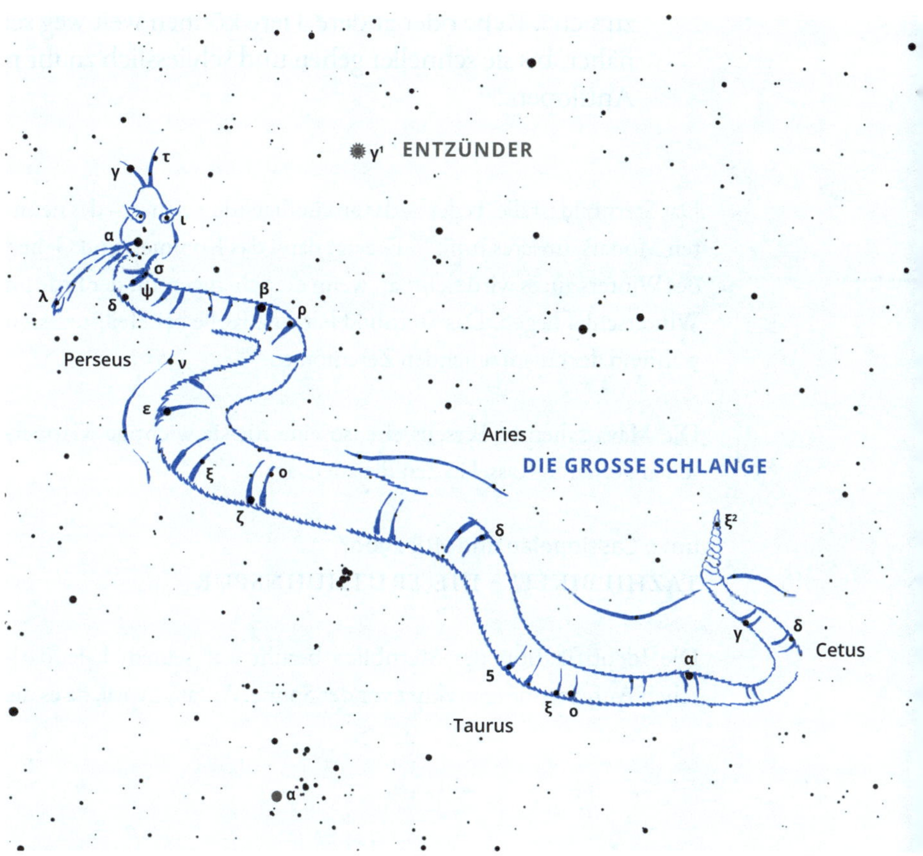

Perseus und Sterne von Aries

TŁ'ITSOH TŁ'ITSOH – DIE GROSSE SCHLANGE

Die Identifizierung des Sternbilds beruht auf dem Zeitpunkt seines kalendarischen Aufgangs Anfang Juni. Laut Karten wird diese Seitenwinder- oder gehörnte Klapperschlange differenziert in: Kopffeder (η Persei), Zunge (γ – HD 18537 – τ Persei), Hörner (ι Persei und HD 20537), Kopf (29 und 31 Persei), Hals (Sterne zwischen α und δ Persei), Leib (β – 21 Persei, 30 – 38 Arietis), Seitenstreifen (als Spuren der Fortbewegung um νε Persei, 39 und π Arietis), Rassel (um ξ Arietis), Schwanzspitze (ξ 1 Arietis) und Entzünder (γ Andromedae).

H 6–7, 9, 13 sowie G2 170, M 8

DIE GESCHICHTE DER GROSSEN SCHLANGE

Nachdem Erster Mann und Erste Frau die Verhältnisse zwischen Mann und Frau geregelt und all die Lebewesen benannt und ihnen ihre Lebensräume zugewiesen haben, kommen die vier seit der Dritten Welt etablierten Häuptlinge an die Reihe, zuerst Wolf, der Erste Grosse, dann (die Grosse) Schlange: "Schlange wurde gerufen. Man sagte ihm, dass er, weil er nicht das ganze Jahr über reisen könne [auch nicht am Himmel], er einen Sack voll Medizin erhielte; da es an ihm nichts gab, wo man diesen festbinden hätte können, steckte Erster Mann sie ihm in den Mund. Er sagte ihm auch, dass wenn Schlange jemanden verletzten wollte, er dieses Gift anschwellen lassen und dann ausspeien solle. Dass er darüber verfügen konnte, bezahlte er jedoch damit, dass er nur sechs Monate im Jahr reisen konnte."[196]

Der rote Punkt auf der Stirn der Schlange ist eine Pfeife; ihr Pfeifen lässt die Erde sich bewegen. Sie ist einer der Wächter des Hauses der Sonne. Laut einer Geschichte bleibt sie in ihrem Loch und "saugt die Leute zu sich". Rehe oder andere Tiere können weit weg sein, aber Grosse Schlange wird sie anziehen, näher und näher, bis sie schneller gehen und schliesslich zu ihr rennen. Die Seitenstreifen sind die Spuren der Rehe und Antilopen.[197]

Das Sternbild ist die 'Feder' – das ankündigende Zeichen – des neunten Monats, unseres Juni.[198] Es zeigt dann das Kommen und Gehen des Winters an; es wird sichtbar, wenn die Schlangen auf der Erde im Winterschlaf liegen. Das Sternbild hat eine Rolle bei Heilprozessen während der entsprechenden Zeremonien.[199]

Die Maya sahen in Perseus ebenso eine für sie wichtige Klapperschlange, deren Rassel in den Plejaden lag.

um o Cassiopeiae und HIP 2900?

TĄZHII BIKÉÉ' – DIE TRUTHUHNSPUR

G1 81

Die Identifikation des Sternbilds beruht auf seinem kalendarischen Aufgang morgens kurz vor der Sonne, Anfang April, da es die 'Feder' – das ankündigende Zeichen – des siebten Monats ist.[200] Es wird mit Wasser und Regen assoziiert, da man sich in diesem Monat auf das Anpflanzen vorbereitet; die Samen dafür stammen in Sandovals Schöpfungsmythos vom Truthuhn der mythischen Dritten Welt:

"Erster Mann und Erste Frau fragten ihn, wo er herkäme, und er sagte, vom Grauen Berg, den heutigen San Francisco Peaks. Er tanzte viermal vor und zurück, schüttelte dann sein Federkleid und daraus kullerten vier Maiskörner: ein graues, ein blaues, ein schwarzes und ein rotes."[201]

Das Truthuhn (*Melleagris gallopavo*) ist ein in Nordamerika beheimateter Hühnervogel, der bereits von den indianischen Völkern domestiziert wurde.

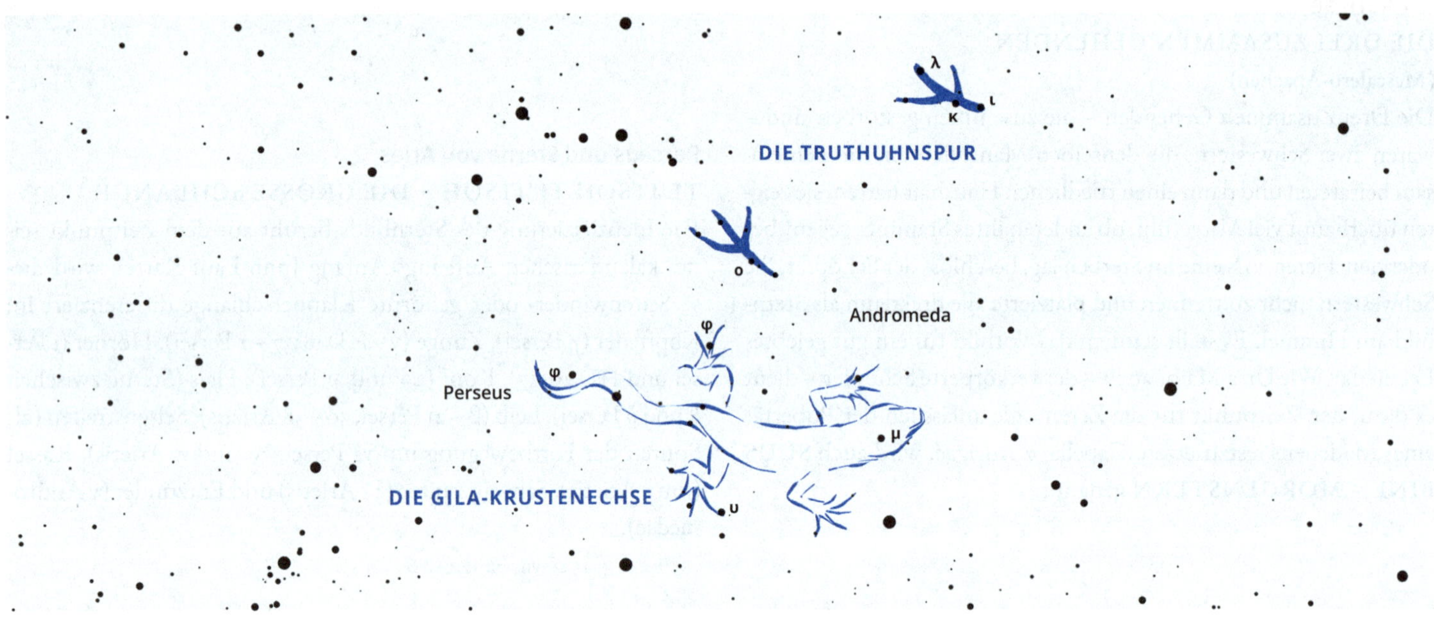

um Andromeda?

TINÍLEÍ – DIE GILA-KRUSTENECHSE

M 8

Da es mit keinen Sternen identifiziert wird, geht unsere Verortung von den noch übrigen Leerstellen des Himmels aus, die eine solche Figurierung erlauben, und zwar mit φ Persei – ω Andromedae als Schwanz, φ und υ Andromedae für die Hinterbeine, β und ν Andromedae für die Vorderbeine und μ Androemdae und HIP 4185 für den Kopf.

Das auf Englisch *Gila Monster* genannte, giftige, aber träge Reptil, wird von den Navajo sehr respektiert. Es wird als dunkles Monster gesehen, das die Unterwelt symbolisiert. Der Gila-Krustenechse werden die Visionen während des 'Handzittern' genannten Trancerituals zugeschrieben. Manche Medizinmänner, die 'Handzitterer', verwenden die Vibrationen und Kräfte dabei zur heilenden Diagnostik.[202]

Im Mythos des *Feuersteinwegs* wird der Held erst unwissentlich von der Frau des Weissen oder Winter Donners – dem Gegenspieler des Dunklen oder Schwarzen Donners – verführt; der zerschmettert ihn zur Strafe mit einem Blitz bis zur Unkenntlichkeit. Die Fliege Dontso, die hier als Türwächter der Gila-Krustenechse fungiert, verrät seiner Familie, wie diese ihn wieder heilen kann. Bei einer

Zeremonie und nach mehrmaligen, richtigen und korrekt präsentierten Opfergaben erklärt sich die Gila-Krustenechse bereit. Sie zerschneidet sich selbst und lässt ihre Glieder verstreuen, zusammensammeln und rituell wiederbeleben, um vorzuführen, wie der Held wiederauferstehen kann. Nach Opfern an den irdischen Donner und andere Naturphänomene werden die Glieder der Echse verstreut, zusammengesammelt und samt ihrem Blut auf ein Tuch gegeben; der Wind fährt durch sie, um ihnen den Atem zu verleihen, das Sonnenlicht scheint auf sie, um sie wieder blinzeln zu lassen, und seine beiden Achat-Beutel steigen rituell über diese Assemblage, womit sie wieder zum Leben erweckt wird.

Auf ähnliche Weise werden die Glieder des Helden zusammengesammelt. Sein Blut bringen die Ameisen, die Spinnen ersetzen die Nerven, Sonne bringt Augen und Ohren, Körper und Kopfhaar wird von den Leuten des Mittags und der Dunkelheit, das Gesicht von den Morgendämmerungsleuten, der Verstand vom Sprechenden Gott und von Pollenjunge, seine 'Reisedinge' vom Kornkäfermädchen gebracht. So ist der Held zwar wieder heil, doch es braucht die Beteiligung des Donners, damit er wieder gehen kann; der wird durch eine Opfergabe herbeigeholt – und nach einem Sturm und einem Blitz wie jenem, der ihn getötet hat, steht er wieder auf. Donner vollführt ein Ritual und singt – und zuletzt gibt Sonne dem Helden die Tränen wieder und ersetzt seine Augennerven, während die Windleute seine Nerven und sein gesamtes Inneres sich regen lassen. Auf einer von Spinne gemachten Tragbahre kommt er nach Hause, erholt sich dort, bleibt aber schwach und blass. Deshalb ruft man die Gila-Krustenechse erneut, die sich zu einer weiteren zeremoniellen Behandlung bereit erklärt, die einen dunklen Feuersteinkreis und Zweige einschliesst.[203]

NA'ASHQ'II – ECHSE

G1 81

Dieses nicht identifizierte Sternbild ist aller Wahrscheinlichkeit mit der Gila-Krustenechse identisch.

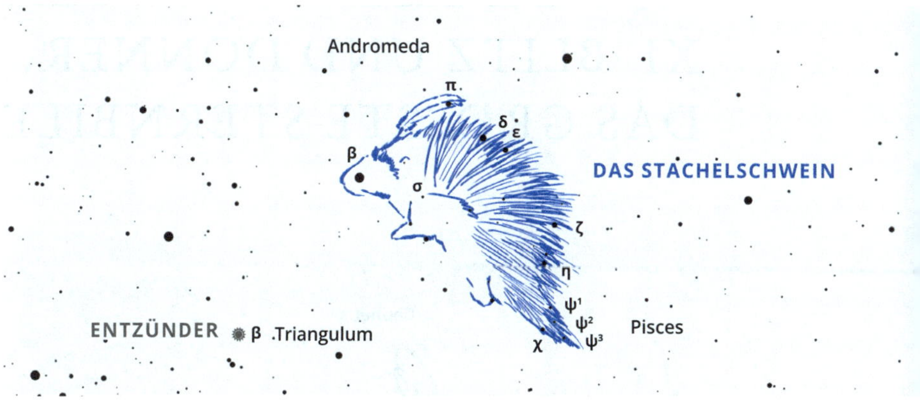

um τυφ Piscis

DAHSÁNI – DAS STACHELSCHWEIN

Die Identifizierung des Sternbilds ergibt sich aus den Angaben zu seinem kalendarischen Aufgang, wobei seine Position durch Den Donner und Die Gila-Krustenechse eingeengt wird. Auf Hailes Karte liegt das Sternbild direkt oberhalb des Stocks des Ersten Grossen: offenbar, um zu zeigen, dass es untergeht, bevor Scorpius aufsteigt.

Die ausgewiesenen Differenzierungen sind: Schwanzstachel ψ 1, 2 und 3), Beine, Arme, Körper (relativ leerer Fleck zwischen σ Piscis, η Andromedae, χ Piscis), Rückenstacheln, Kopf (relativ leere Stelle zwischen HD 9170, 7670, 8610, 7871), Feder (56 Andromedae?). Der Entzünder ist ausgewiesen, aber auf der Karte nicht verzeichnet: am plausibelsten ist α Trianguli.

H 6–7 und 8–9, M 8

Das Stachelschwein gilt als Anführer der in den Bergen lebenden Tiere. Es spielt eine Rolle bei den *Bergweg*-Zeremonien; mit ihm werden Geisteskrankheit und Magenleiden assoziiert. Vom Stachelschwein heisst es, es habe den Navajo geholfen, Nahrung zu finden. Vor langer Zeit einmal in einem sehr kalten Winter ging einer Gruppe von Navajo das Essen aus; sie hatten alle Vorräte aufgebraucht und waren am Verhungern. Da erschien das Stachelschwein und zeigte ihnen, dass sich das Innere der Rinde von einigen in den Bergen wachsenden Kiefern und Fichten essen lässt.[204]

Das Stachelschwein lehrte die Navajo zudem, dass man die Knospen der Fichten zu Heilzwecken essen kann und wie man Rüstungen macht aus Häuten, die man mit dem Pech der Pinyon-Kiefern zusammenklebt. Sein Fleisch wird nie gegessen.[205]

Das Sternbild ist die 'Feder' – das ankündigende Zeichen – des achten Monats, unser Mai.[206]

XI BLITZ UND DONNER, DAS GRÖSSTE STERNBILD DER WELT

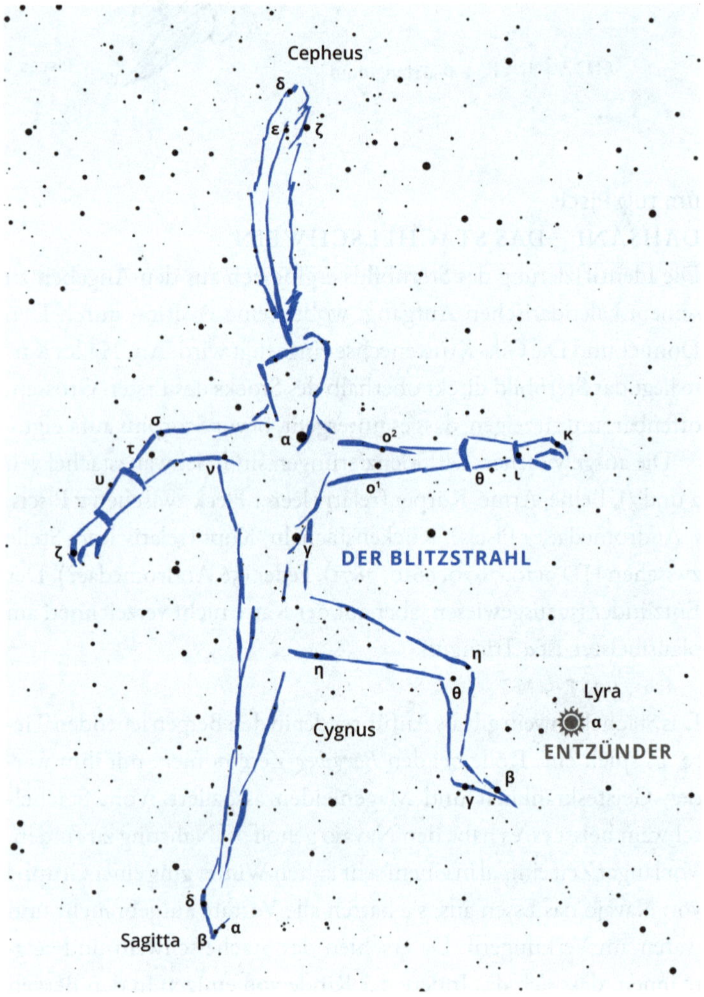

Cygnus

JHIL GISH – DER BLITZSTRAHL

M 8

Gemäss Hailes Karte schliesst der Blitzstrahl an die Feder des Donners an, indem sie ihr gegenüberliegt. Das trifft auf Cygnus zu, dessen grosse langgestreckte Kreuzform sich bestens mit der dazugehörigen Zeichnung abgleichen lässt. Laut Angaben wird die menschliche Gestalt des Blitzes differenziert in Füsse (α Sagittae und λβ Lyrae), Hüfte (um 15 Cygni), Körper, Hals (α Cygni), Kopf (um 59 Cygni), Arme (κ – ζ Cygni), Feder (bis δ Cephei?) sowie sein Entzünder (α Lyrae). Blitzstrahl und Donner haben laut Karte einen gemeinsamen Entzünder in einem roten Stern. Dafür kommt einzig γ Andromedae als heller, rötlich leuchtender Stern in Frage.

H 6–7, 8 und 10

Der Name gibt lautmalerisch den Blitzstrahl wieder, bei Tag wie bei Nacht, wo er den ganzen Himmel erhellt, während der Donner über ihn hinwegrollt, was im Herbst öfters der Fall ist.[207]

Pegasus und Teile von Pisces, Aries, Cetus, Taurus, Eridanus

'II'NI' – DER DONNER

β Leonis – α Bootis – α Coronae Borealis[208] – α Lyrae – α Aquilae – β Pegasi

SEINE KOPFFEDER

M | B 57–59

Gemäss Hailes Karten und Abbildung sowie den Angaben bildet das Viereck des Pegasus nur das Innere seines Kopfes, von dem eine lange daunenartige Feder absteht (die in der Illustration hier nicht abgebildet wird); der Leib selbst liegt den Hyaden gegenüber. Demgemäss wäre der als Vogel dargestellte Donner zu differenzieren in: sein Gehirn (βμλ Pegasi und α Andromedae), seinen weissen Bart (α – ζ Pegasi), seine Innereien und die beiden Flügel, den Ansatz seines Körpers, seine Beine und zwischen den Beinen die Spitze seiner Schwanzfeder, mit der er donnert. Sein Entzünder ist ein "weisser grosser Stern nahe seiner Mitte",[209] wofür der funkelnde α Piscis Austrini in Frage kommt.

H 6–7, 9, 28 und 30, G2 172

Diesen Angaben zufolge reicht der Donner fast rund um den ganzen Himmel, was ihn weltweit zum grössten bekannten Sternbild macht. Die sechs Sterne der überlangen Kopffeder werden nach dem Monat unterschieden, in dem sie erstmals nach dem Neumond sichtbar werden. Der erste Stern der Feder – β Leonis – geht zu Beginn der sechsmonatigen Jahreszeit 'Winter' Ende September | Anfang Oktober erstmals im Osten vor Aufgang der Sonne auf. Der zweite geht heliakisch Anfang November auf, der dritte Anfang Dezember, der vierte Ende Dezember | Anfang Januar, der fünfte Ende Januar und der letzte im Februar | März; die übrige Zeit sind sie unsichtbar. Der Körper des Vogels selbst braucht weitere drei Monate – März bis Mai –, um aufzutauchen; er bleibt dann den restlichen Sommer sichtbar.

Ist die gesamte Kopffeder im März zu sehen, scheint sie die Schnauze des Sternbilds Bären fast zu berühren. Mit der Spitze seines (da noch unsichtbaren) Schwanzes schickt Donner dann sein erstes Grollen, um den himmlischen Aktivitäten wie Blitzen, Wolken und Regen zu signalisieren, dass es Zeit geworden ist, tätig zu werden. Zugleich zeigt er Dem Bären, dass er nun die irdischen Aktivitäten in Gang setzen muss: Vegetation, Bäume, Wasser, Berge, Schlangen

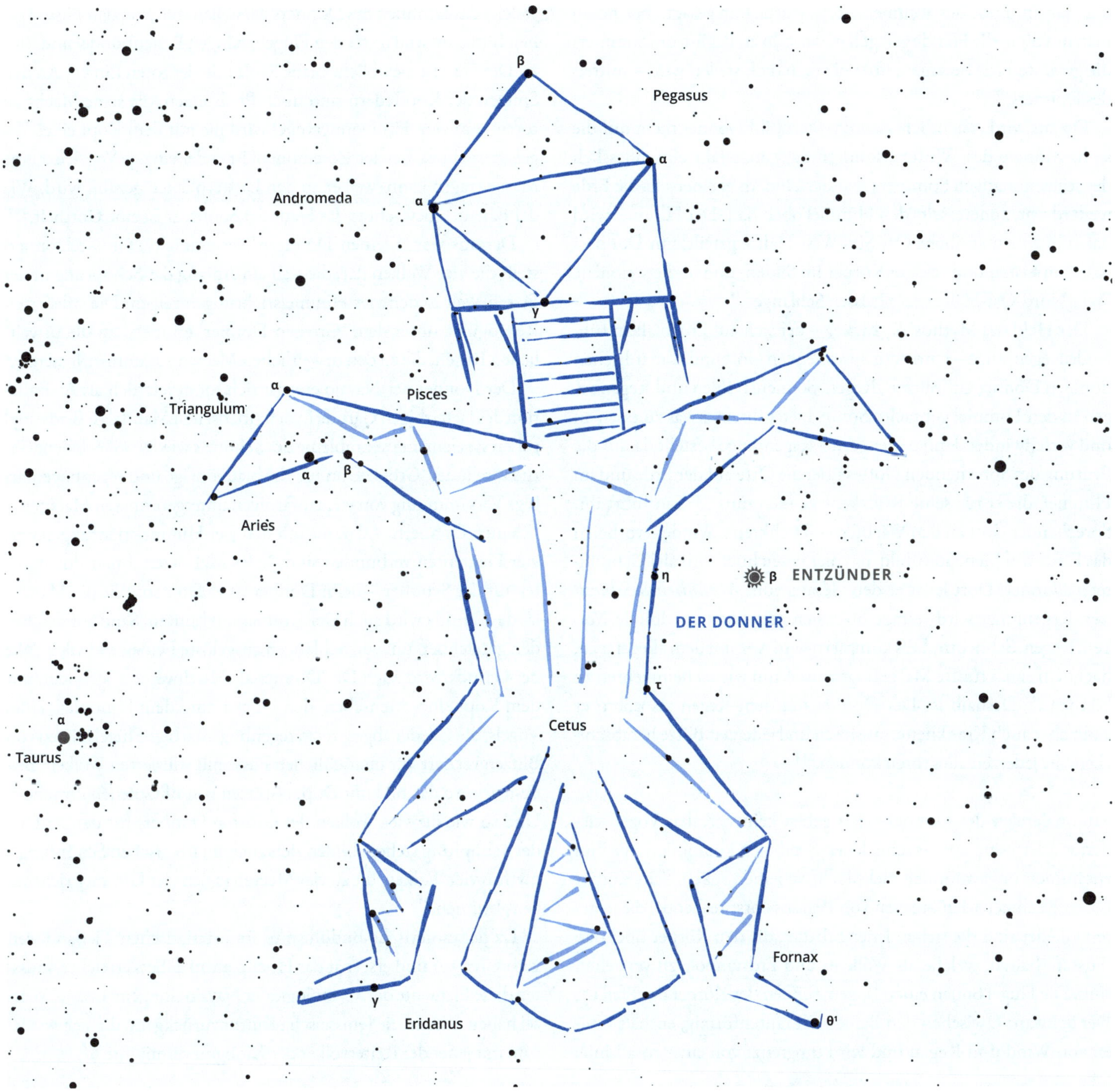

und andere Tiere zeigen dann erneut Leben auf Erden. Das lässt den Schluss zu, dass ähnliche Beziehungen auch für andere Gruppen von Sternbildern erdacht wurden.

H 30–31, M 14, M | B 58 und 64

Ist die Kopffeder einmal während der ganzen ersten Jahreszeit 'Winter' sichtbar geworden, so zeigen Leib, Füsse und Schwanzfedern dann die zweite Jahreszeit 'Sommer' an.

Im Mythos *Segensweg* wird Mutter Erde mitgeteilt, dass Der Donner in den Händen von Vater Himmel den Zeitpunkt anzeigt, wann sie sommerlich aktiv werden muss: "'Deine Arbeit wird nur sechs Monate dauern; die anderen sechs Monate wirst du kaum etwas zu tun haben. Wann deine Arbeit beginnt, wird dir durch etwas angezeigt, was man aber nicht dir geben wird, sondern dem Mann; es wird in die Hände des Himmels gelegt', sagte man Frau Erde.

'Was dich aber betrifft, den Mann, so wirst du den Wind erhalten, durch den das Atmen und das Denken geschieht, zusammen mit dem Donner, der den Schluss einer langen Reihe bildet, und das Letzte ist, das man am Ende des Sommers hört', wurde ihm gesagt. 'Nachdem man ihn dir in die Hände gelegt hat, wirst du zu Beginn des Sommers die gesamte Erde bewegen, über die man dich stellen wird – mittels des Donners.'"[210]

Daraus wird ersichtlich, dass das Sternbild Donner nicht nur die sechs Monate des Winters, sondern das ganze Jahr einschliesslich des sechsmonatigen Sommers markiert, indem es einerseits die Erde weiterdreht, andererseits den Himmel oben hält. Der Himmel wird dabei in eine männliche Ost-Süd-West-Hälfte geteilt, mit Donners Kopf im Osten und seinem Körper im Süden, und in die weibliche West-Nord-Ost-Hälfte der Grossen Schlange.[211]

Der Held des Mythos' *Segensweg* – der sich auf Erden allein fühlende Regenjunge – wird vom Sprechenden Gott und vom irdischen dunklen Donner auf Blitzen, Regen, Sonnenstrahlen und Regenbogen in den Himmel gebracht. Sonne bietet ihnen etwas zu essen an und verschwindet dann in der Ferne. Regenjunge besteht darauf die Prüfung des Sprechenden Gottes über die Orte auf der Erde und im Himmel, die er für seine Rückkehr kennen muss. Dann führt ihn Sprechender Gott an den Wächtern – Drehkreuz, Winde – vorbei in das Haus von [dem Sternbild, das hier bezeichnet wird als] Gepunkteter Donner. Dort lernt er den Gesang vom *Männlichen Schiessweg*. Regenjunge wird gefragt, ob er sich auch recht um dunkle Wolken, Regen, Schnee und Eis kümmern wird, stimmt dem aber erst zu, nachdem er das fünfte Mal gefragt wurde, um wieder heimkehren zu können.[212] Deshalb ist Der Donner mit dem Regen assoziiert; er kann aber auch Krankheiten auslösen und jederzeit Blitze herabschicken, die jederzeit alles töten können.[213]

Sandmalereien des Donnervogels geben keinen realen Vogel wieder, sondern sind aus verschiedenen Symbolen kombiniert, die ihm zusammen ungewöhnlich viel Macht verleihen sollen. Sein Körper ist ein Rechteck (den Sternen von Pegasus entsprechend), die unteren Glieder sind die sieben jener Erbauer, die den Körper über den 'Füssen' halten, welche als Wolken- und Erdsymbole zu verstehen sind. Die Flügel bilden einen Bogen, für den der Körper der Pfeil ist. Der Schwanz (zwischen den Beinen) ist rautenförmig, enthält Linien von Wind und Regen und wird umgrenzt von einer rosa Linie, welche das Dröhnen des Donners darstellen soll. Von den Füssen gehen Blitze aus und unter den Flügeln hängen Regenbündel und Blitze. Der Hals ist die übliche blaue Säule mit vier roten Linien. An den Spitzen der Kopffedern sind noch Pfeilspitzen, die seine Macht zu töten anzeigen. Ein Donnervogel wird nie mit dem Kopf eines Vogels gezeichnet. Bei den Zeremonien ist er der einzige Vogel, der eine Maske tragen kann, weil er zu den Unsterblichen gezählt wird. Wie der Bär auch bewacht er das Haus der Sonne; er ist eine Gottheit.[214]

Der aus vier 'Kleinen Donnern' versammelte 'Grosse Donner' stellt die vier Wolken dar, die sich am Anfang der Schöpfung in der Ersten Welt in den vier Himmelsrichtungen zeigen. Die stilisierten Regengüsse unter dem 'Grossen Donner' erinnern an die urweltlichen Regen, die zu den urweltlichen Meeren zusammenflossen.

Der Donner der Navajo erweist sich somit letztlich als Assimilation des vielfarbigen Garuda in den tibetischen Mandalas: Beidesmal geben sie elementare Embleme des Schutzes wieder. Gleich dem Garuda stellt der 'Grosse Donner' die blauköpfige und regenbogenfarbige Versammlung von vier einfarbigen untergeordneten Mächten – 'Kleinen Donnern' – dar, die mit den vier Himmelsrichtungen und vier Elementen verbunden sind. Jedes Mal sitzen ihnen Botengötter auf der Schulter – beim Donner ist es Dontso. Wie die Mandalas des Garuda wird auch Der Donner mit buntem Sand auf den Boden gezeichnet, um von Schlangen ausgelöste Leiden zu heilen. Wie der Garuda wird auch Der Donner als Mischwesen abgebildet, mit dem Kopf eines Menschen, den Flügeln und dem Hinterleib eines Vogels, die Glieder abgespreizt, regenbogenfarbige Flügelspitzen von Blitzen verziert, die menschlichen Füsse mit stilisierten Wolken. Beidesmal wird das Bild mit Doppelspitzen von Blitzpfeilen umrahmt. Und so wie die vier Wolken des Grossen Donners für den Anfang der Schöpfung stehen, bilden sich auch im tibetischen Schöpfungsmythos vier Wolken, die zu vier Meeren in den vier Himmelsrichtungen abrinnen.[215]

Da der esoterische Buddhismus im ostasiatischen Tiefland weit verbreitet war und erst spät das Hochplateau Tibets erreichte, müssten diese Elemente der Mythologie der Navajo eine gemeinsame Wurzel haben, die auf die Jenisseische Kultur zurückgeht, die sich wiederum mit jener der Reitervölker der Xiongnu vermischte.[216]

XII DER ALTE MANN UND DIE FLIEGE

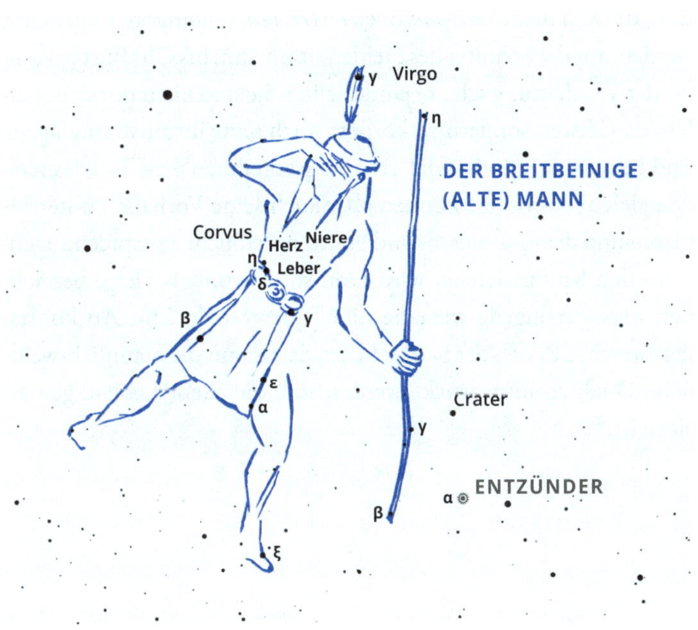

Corvus und Sterne von Hydra, Virgo und Crater

HASTIIN SIK'AÍ'II – DER BREITBEINIGE (ALTE) MANN

Das Sternbild wird über die darin gegebene Beinhaltung mit Corvus identifiziert. Der Rest der leicht in die Knie gegangenen und etwas nach vorne gebeugten Figur, die eine Hand an die Augen und mit der anderen einen Stock hält, ergibt sich über Hailes Karte und Angaben zu ihr: linker Fuss (ξ Hydrae bis ε und α Corvi), rechter Fuss (P Centauris bis β Corvi), seine Hüfte (βε Corvi) sein Oberkörper (von ηδγ Corvi an; HD 108799, 109272 und 109545 sind für Leber, Nieren und Herz heilsam), rechter Arm (HD 109584 und ψ Virginis), sein Kopf (Sternenkreis bei χ Virginis), seine Feder (bis γ Virginis), linker Arm (beginnt bei HD 105759), sein Stock (HD 105759 bis θε Crateris) und ein Entzünder (α Virginis). Die "grossen weissen Sterne" in der Nähe seiner Füsse sind α und ι Centauri.

H 6, 6–7, C 67 und M 8

Eine Auskunftsperson erzählt: "Der Breitbeinige Mann steht mit ausgespreizten Beinen über der Erde und schaut auf sie herab, damit er sieht und weiss, was auf ihr vor sich geht. Er schaut herab und kann den Sternguckern die Antworten geben, die sie haben wollen." Seine Füsse sind dabei weit auseinandergesetzt, die Knie leicht gebogen, die rechte Hand über seinen Augen, um den Horizont von links nach rechts zu mustern.[217] Als Symbolfigur – wenngleich in einem anderen Himmelsareal verortet – entspricht dies dem Grosssternbild der Nördlichen Dene, das sich ebenso beobachtend und weise über der Welt dreht.

Das Sternbild ist wohl auch deshalb das erste, das vom Schwarzen Gott im Osten auf den Himmel und somit neben dessen eigenes Sternbild gesetzt wird.[218] Es repräsentiert die Divination einer Krankheit mittels Sternguckerei; in dieser Hinsicht ist es mit Dem Ersten Grossen verbunden. Es heisst, dass einzelne begabte Menschen durch Kristalle auf Sterne sehen können, um zu erkennen, welche Zeremonien eine kranke Person zur Heilung benötigt.[219]

Die Navajo glauben, dass die Schöpfer, welche die Welt machten, auch die Monate schufen und jedem einzelnen davon eine Feder oder einen Kopfschmuck zuwiesen, um seinen Beginn zu markieren. Manche dieser Federn sind Naturphänomene wie Regen oder Wind, während andere Sternbilder sind. Der Breitbeinige (oft als 'alt' verstandene) Mann zeigt sich erstmals im Oktober, dem ersten Monat im Navajo-Kalender, der 'Teilung der Jahreszeiten' heisst. Als verkündende 'Feder' markiert er sodann den 'Kleine Winde' genannten November, den zweiten Monat im Kalender der Navajo. Wenn der Breitbeinige Mann am Morgenhimmel erscheint, ist es also Zeit, sich für den Winter bereit zu machen und mit den winterlichen Zeremonien zu beginnen.[220] Im Monat der Kleinen Winde wird auch wieder gejagt. Die Frauen sammeln an warmen Tagen spezielle Gräser und Pflanzensamen wie die Gänsefussarten, die sie später trocknen und zu Mehl mahlen für die verschiedenen Brotfladen, die im Winter gegessen werden. Die Antilopen paaren sich.[221]

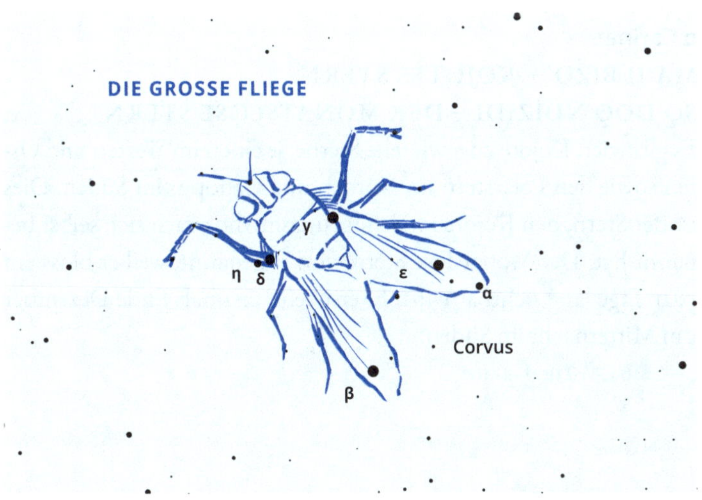

Corvus

DONTSO – DIE GROSSE FLIEGE

Im Schöpfungsmythos der *Schönheitsgesangsgeschichte,* in dem der Schwarze Gott keine Rolle spielt, stellen die Sterne von Corvus statt Dem Breitbeinigen eine anthropomorphe Fliege dar, die überall

Neuigkeiten verbreitet. Sie wird in Sandovals Schöpfungsmythos 'Allweise Fliege' genannt und als "heiliges, fliegenartiges Insekt mit weissem Gesicht und haarigem Körper" beschrieben. In einem anderen Schöpfungsmythos verfügt sie über Feuer – was sie zu einem Glühwürmchen machen würde.

G1 134, O 49 und K 37

Zu den elementarsten Grundsätzen der Navajo zählt der Glaube, dass nichts im Universum unwesentlich ist und selbst das kleinste Wesen noch dazu da ist, dem Menschen zu helfen. Die Fliege hat 'Macht'. Sie kann an Stellen gelangen und Dinge sehen, die ein Mensch nicht erreichen und sehen kann.[222]

Dementsprechend sitzt Dontso üblicherweise auf der Schulter oder hinter dem Ohr des Helden – meist des Monstertöters – gleichsam als zweite Seele, die auch zu prophezeien vermag. Derart beobachtet die Fliege Ereignisse, warnt vor Gefahren und gibt Hinweise, wie, wenn notwendig, Hilfe von den Göttern zu erhalten ist. Sie steht aber auch böswilligen Göttern wie Grosser Gott und Grosser Schlange, die aus Eifersucht oder Zorn das Werk der tugendhafteren Götter untergraben wollen, als Bote und Wächter zur Verfügung, was Dontso eine moralisch zweideutige Aura verleiht.

Bereits in der Tradition der Keten diente eine Libelle – *Dən-da*, 'Grosse Fliege' – dem Schamanen Doh als Helfer, auf dem er fliegen kann oder der ihm rät. Und bei den Tlingit gilt die Libelle als Vehikel, das Schamanen zur Reise der Seelen einsetzen. Ihre nächste Entsprechung findet Dontso jedoch bei buddhistischen Boten und Wächtern, die in Tibet *dGra-lha* oder *DGra-bla*, 'Feindgötter', genannt werden, auf der Schulter des Helden sitzen, ihm ins Ohr flüstern und bei der Vernichtung seiner Feinde helfen. Sie sind nicht nur seine helfenden Geister, sondern verkörpern auch seine intuitive Intelligenz und Lebenskraft, sodass die Trennung von ihnen dem Tod des Helden gleichkommt. Sie können aber auch seine Vorhaben unterminieren und demoralisieren, und besitzen weibliche Entsprechungen.

In den Sandmalereien wird Dontso, obwohl als Fliege bezeichnet, stets vierflügelig wie eine Libelle dargestellt. Eine Auskunftsperson schreibt dies der Symbolik zu, dass damit die männlich-weibliche Dualität ausgedrückt werden soll, die allem Lebendigen zu eigen ist.[223]

XIII WEITERE STERNE

α Carinae

MĄ'II BIZǪ' – KOJOTES STERN

SǪ'DOO ŃDÍZÍDÍ – DER MONATSLOSE STERN

Es gibt vier, Kojote zugewiesene Sterne: je einen im Westen und Osten sowie den Polarstern im Norden und Canopus im Süden. Dies ist der Stern, den Kojote im Schöpfungsmythos nach sich selbst benannt hat. Der Monatslose Stern wird er genannt, weil er bloss ein paar Tage lang sichtbar wird: Er erscheint erstmals Ende Dezember um Mitternacht im Süden.

G1 169, M 8 und MI 193

α Scorpii, α Orionis, α Tauri oder α Bootis

Eine Auskunftsperson erzählte 1883, dass sich der in die Schöpfung der Sterne hineindrängende Kojote "sah, dass drei der Stücke rot waren, und ausrief: 'Das sollen meine Sterne sein, und ich werde sie dorthin setzen, wo ich es für am besten halte'. Also platzierte er sie in Situationen, die den Stellen entsprechen, welche die drei grossen roten Sterne jetzt unter den Himmelslichtern einnehmen".

CH1 49

Nicht verortbare Sternbilder sind:

TSIDIITLTSOII – LÄRCHE DIE DER SONNE JEDEN MORGEN IHR LIED SANG

NASHI-TAYTHLI – DIE KRONE

G1 81

XIV SONNE, MOND UND PLANETEN

Sonne

JO'HANAA'ÉÍ

Da der Mensch ohne Ausnahme alles benötigt, was die Natur zu bieten hat, ist nichts darin wichtiger als irgendetwas anderes. Sonne mag ein 'hoher Gott' sein, doch ohne Mutter Erde wäre seine Macht sinnlos; das gilt auch für Mond als seinen Partner (nicht aber auch für seine Frau, die sanftere Eigenschaften hat).

Sonne als grösster Himmelskörper und Mond als zweitgrösster sind mächtig; deshalb muss der Mensch zu ihnen eine zufriedenstellende Beziehung aufbauen. Darüber werden sie beide zu Personen. Zu ihren übernatürlichen Kräften erhalten sie dann nicht nur die menschlichen Fähigkeiten, sich zu bewegen, zu essen und sich zu freuen, sondern auch Schwächen und Launen. Sonne weint, wenn ihn die an ihn gestellten Wünsche überfordern, und seine Frau wird seiner Schürzenjägerei wegen eifersüchtig. Diese Vermenschlichung bringt diese fernen Wesen in enge Verbindung mit den Interessen, Geschäften und Bedürfnissen des Menschen. Unabhängig von Zeit und Raum gesteht der Glauben der Navajo den spirituellen Wesen auch so viele Verkörperungen zu, wie sie brauchen. Normalerweise ist Sonne ein mächtiger übernatürlicher Mann, der den licht- und hitzespendenden Körper als sein Schild trägt, wobei dann beide eins sind. Wenn seine Frau ihm jedoch vorschlägt, seinen irdischen Kindern – den Heiligen Zwillingen – etwas Beachtung zu schenken, befiehlt er dem Wind, die Sonnenscheibe einen Tag lang zu tragen, um selbst zu Hause bleiben und seine Kinder in der Heilkunst instruieren zu können. Folglich gibt es Vater Sonne in seinem Haus und eine sich auf den Flügeln des Windes bewegende Sonnenscheibe am Himmel. Zweifellos gab es so auch noch eine Verkörperung des Windes, nebst jener, die an diesem Tag gerade die Sonne trug.[224]

DIE ERSCHAFFUNG DER SONNE UND DER MONATE

Sandovals Schöpfungsmythos erzählt die Erschaffung von Sonne und Mond in der Fünften Welt. Erster Mann hatten den ersten Hooghan errichtet und ruht sich aus; er schläft mit Erster Frau darin, ihre Füsse weisen gen Osten, die seinen gen Westen. Bei sich aufgenommen haben sie Zwitter Türkisjunge und Weisse-Muschel-Mädchen, die nicht ihre Kinder, aber wie alle aus der Unterwelt heraufgekommen sind. Der auch 'Erster Junge' genannte Türkisjunge schläft auf der Südseite des Hooghan, Erstes Mädchen auf der Nordseite. Beide hören sie in der Finsternis der Dunklen Wolke Erster Mann und Erste Frau miteinander flüstern, was ihnen unheimlich vorkommt und sie nicht schlafen lässt, worauf sie mit den Worten beschwichtigt werden, dass es nichts zu bedeuten hat: Sie würden bloss planen, wie die Leute auf der Erde nun leben sollten.

Mit der Hilfe des Häuptlings aller Tiere und Vögel, Grosser Im Wasser Gebildeter Streuner – Der Wolf, der nun als 'Alleswissender' betitelt wird –, hecken sie einen Plan aus, der alle auftauchenden Probleme löst. Kojote jedoch, Der Erste Zornige, wird darin nicht miteinbezogen (weil man ihm die Entführung der Kinder des Wasserbüffels verübelt, obschon sie ihm von Erster Frau aufgetragen worden war): "Sie sagen, dass er ihr Leben in der Unterwelt unglücklich gemacht und verdorben hat und er nicht der Richtige ist, um bei ihrem Vorhaben dabei zu sein; er sollte aussen vor gelassen werden."

Und so planen sie, dass es eine Sonne und Tag und Nacht geben soll: "Sie breiteten ein schönes Wildleder am Boden aus; es war das Fell eines Rehs, das nicht von einer Waffe getötet worden war. Darauf legten sie einen vollkommenen Türkis, rund wie die Sonne; er war so gross wie ein normaler Mann, der seinen Arm hochstreckt. Sie steckten zwölf Schwanzfedern vom Adler rundherum und auch zwölf Schwanzfedern vom Goldspecht, markierten Mund und Nase und Augen auf dem grossen Türkis und malten ihm unter dem Mund einen gelben Streifen auf die Spitze des Kinns.

Obwohl sie vier Wächter postiert hatten, die nach Kojote, Dem Ersten Zornigen, Ausschau halten sollten, kam er trotzdem herein und fragte, was sie da machten. 'Gar nichts', erwiderten sie. 'Das sehe ich', sagte er und ging wieder. Danach besuchten sie verschiedene Stellen, wo es Feuer unter der Erde gab. An einem dieser Orte fanden sie Haashch'Ééshzhiní, den auch 'Feuergott' genannten Schwarzen Gott. Er wurde gebeten, mit seinem Feuer den grossen Türkis zu erhitzen, den sie als Sonne zu verwenden vorhatten.

Unter den Türkis, der die Sonne werden würde, legten sie eine vollkommene weisse Muschel. Diese grosse perfekte weisse Muschel würde der Mond werden. Erster Mann hatte vor, ihn mit dem ersten Kristall zu erhitzen, den er einst benutzt hatte, um sein Feuer zu entzünden.
Da hatten sie schon zwei Kreise von Wächtern um den Platz postiert, wo sie alles entwarfen, aber trotz dieser Vorsichtsmassnahme kam Kojote zu ihnen. Er erschien in ihrer Mitte und sagte: 'Das ist etwas, mit dem ihr etwas vorhabt.' Doch sie versicherten ihm, dass da nichts zu sehen war; sie sagten, sie würden nur dasitzen. Und wieder ging Kojote fort. Erster Mann rief seine Wachen zusammen und fragte, warum sie den hatten passieren lassen, der Erster Zorniger hiess. Sie antworteten, dass sie Kojote nicht gesehen hatten. Darauf stellte Erster Mann drei Kreise von Wächtern um das heilige Wildleder auf.
Die Heiligen [Erster Mann, Erste Frau und Grosser Im Wasser Gebildeter] baten Türkisjungen in den grossen perfekten Türkis zu steigen, der zur Sonne werden würde; und sie baten Weisse-Muschel-Mädchen, in die grosse perfekte weisse Muschel zu steigen, die zum Mond werden würde. Der Türkisjunge sollte eine Flöte bei sich haben, die aus dem Männlichen Schilfrohr gemacht war. Sie hatte zwölf Löcher und jedes Mal, wenn der Türkisjunge darauf blies, gab es einen Pfiff, der die Erde einen Monat weiter wandern liess. Das Weisse-Muschel-Mädchen sollte ebenfalls eine Flöte bei sich tragen. Sie war aus dem Weiblichen Schilfrohr gemacht und sie sollte damit die Gezeiten des Meeres bewegen.
Und gerade als man daranging, tauchte Kojote wieder unter ihnen auf und sagte: 'Nun, meine Vetter, da ist etwas, das ihr plant. Was ist es?' Erster Mann antwortete: 'Wir haben nichts vor. Wir sitzen bloss so da.' 'Na gut', sagte Kojote; 'ich wollte es nur wissen, das ist alles.'
Nachdem er gegangen war, planten sie die zwölf Monate des Jahres. Dazu machte Erster Mann Zeichen auf das Wildleder. Später hatte eine Ahnin von Sandoval, eine Medizinfrau der Hopi, diese Zeichen auf einem Kalenderstein in Gewahrsam; darauf war die Geschichte der Sonne, des Mondes und der zwölf Monate. Der Kalenderstein wurde dann bei den Carriso Mountains versteckt."

Der erste Monat des Jahres und des Winters wird 'Teilung der Jahreszeiten' benannt, unser Oktober; in ihm geht es erstmals zur Jagd und die Frauen lagern Vorräte ein; "seine Feder und sein Kopfschmuck" – das ihn verkündende Zeichen – sind die sich dann in grossen Zahlen sammelnden Taranteln (sowie der erste Federstern Des Donners, β Leonis.)[225]
'Schmale Winde' heisst der zweite Monat, unser November; seine Feder ist das Sternbild des Breitbeinigen Alten Mannes (und der zweite Federstern Des Donners, α Bootis).[226]
'Grosser Wind' heisst der dritte Monat, unser Dezember; seine Feder ist das Sternbild des Ersten Grossen (und der dritte Federstern Des Donners, α Corona Borealis).[227]
'Verkrusteter Schnee' ist der vierte Monat, unser Januar; seine Feder ist die Milchstrasse (und der vierte Federstern Des Donners, α Lyrae).[228]
'Adlerküken' ist der fünfte Monat, unser Februar; seine Feder ist das Sternbild der Kaninchenspur (und der fünfte Federstern Des Donners, α Aquilae).[229]
'Schrei Der Kleinen Adler' ist der sechste Monat, unser März; seine Feder ist der Schwarzkopf-Phoebetyrann (und der sechste Federstern Des Donners, β Pegasi).[230] Sieht man den Vogel in der Schlucht, ist es Frühling. Zeremonien werden abgehalten, um die Felder zu segnen.
'Kleine Blätter' heisst der siebente Monat, der Beginn des Sommers in unserem April (seine Feder ist das Sternbild Truthuhnspur,[231] aber auch der Kopf des Donners und die Schnauze des Bären). Die Leute bereiten sich dann auf das Anpflanzen vor.
'Grosse Blätter' heisst der achte Monat (unser Mai) oder Dontso, nach dem Namen Der Allwissenden Fliege der heiligen Legenden. Seine Feder ist der Schwarze Wind, der donnert und die Erde beben lässt (sowie das Sternbild Stachelschwein).[232] Die Blumen wachsen, die Pflanzen öffnen ihre Blätter und der erste Teil dieses Monats wird auch 'Anpflanzzeit' genannt.
'Wenn Wenig Samen Reifen' heisst der neunte Monat, unser Juni; Kleine Antilope ist seine Feder (und das Sternbild Grosse Schlange).[233] Die Frauen sammeln die ersten essbaren Samen; sie werde als erste Früchte des Jahres verwendet. Kaktusfeigen werden gesammelt. Es ist dies der Monat der ersten Regenzeremonien.

'Grosses Samenreifen' ist der zehnte Monat, unser Juli. Seine Feder sind dunkle Regenstreifen. Es ist die Zeit, wenn die Leute viele Samen sammeln und ihre Felder bewachen. Die Plejaden sind frühmorgens zu sehen.
'Kleines Ernten' ist der elfte Monat, unser August; der männliche Regen ist seine Feder (und das Sternbild Kornkäfer mit seinen schwachen Sternen).[234] In dieser Zeit bilden sich die Kolben auf dem Mais, alles reift heran und die wilden Früchte werden gesammelt: der Dreilappige Sumach ('Sourberry', *Rhus trilobata*), Aronia und die Früchte der Blauen Palmlilie ('Banana Yucca').
'Grosses Ernten' ist der zwölfte und letzte Monat des Jahres, unser September; seine Feder ist der weibliche Regen (und das Sternbild Die Enten).[235] Der Mais wird geerntet, erste Vorräte werden eingelagert und die All-Segnende Zeremonie zum Erntedank wird gefeiert.

"Als all dies fertig vorbereitet war, riefen sie Haashch'Ééshzhiní aus Heavy Rock, wo er lebte. Er kam, um den Türkis aufzuheizen, der die Sonne werden würde. Der Türkisjunge stieg mit seiner Flöte in die Sonne, und Weisses-Muschel-Mädchen mit ihrer Flöte, die ebenfalls zwölf Löcher hatte, in den Mond: "Wann immer sie darauf blies, würde dies die Erde und die Gezeiten zu bewegen helfen. So würden diese zwei Heiligen Wesen die Jahreszeiten und die Monate und die Tage schaffen.
Der Türkisjunge erbat sich 102 Pfade und Weisses-Muschel-Mädchen 100. Sie sollten sich im 6. und im 12. Monat kreuzen. Die Sonne aber sollte im 9. Monat umkehren und dann wieder im 3.
Der Türkisjunge sagte: 'Mit allem hat es so weit seine Richtigkeit. Aber ich will nicht reisen müssen und nichts dafür kriegen. Ich werde reisen, wenn ich mit den Leben der Leute auf der Erde bezahlt werde, all der Menschen, der vierbeinigen Tiere, der Vögel und der Insekten der Luft, der Fische und all der Lebewesen unter Wasser.' Und Weisses-Muschel-Mädchen sagte dasselbe. Sie wollte auch mit den Leben der Lebenden bezahlt werden.
Nachdem alles beschlossen war und vier Kreise um das Ganze gezogen worden waren, lief Kojote Erster Zorniger zu dem Grossen Haashch'Ééh Yálti', Dem Sprechenden Gott, und wollte von ihm wissen, weshalb er nicht an der Planung beteiligt worden war. Er sagte, dass die anderen es geheim zu halten versucht hatten, er aber alles wusste, was vor sich gegangen war. Das machte Haashch'Ééh Yálti' sehr zornig; als er das sah, lief Kojote fort und zu dem Platz, wo die anderen am Planen waren.
Kojote konfrontiert sie, worauf sie ihm alles offenbarten, was sie geplant hatten – auch den Monat, in dem er seine Frau besuchen sollte. Darauf warnte sie Kojote, dass er gekommen sei, um ihre Pläne zu verderben. Er wird deshalb indirekt dafür verantwortlich, dass die Blätter abfallen, die Berge unter den unbelaubten Bäumen schwarz, Schnee auf sie fällt und die Flüsse und Seen zu Eis gefrieren: "'An all das habe ich gedacht. So wie ihr es über den Daumen peiltet, habt ihr dem Sommer sechs und dem Winter sechs Monate gegeben; und ihr erwartet, dass man nach den Phasen des Mondes zählt. Ich aber werde jetzt ein paar Tage extra einführen, damit die Monate nicht alle gleich sind. Und manchmal wird der Frost früher kommen und manchmal später. Die ersten Pflanzen werden manchmal erfrieren, genauso wie die Tiere auch. Manchmal wird der Vollmond vor Monatsende kommen; und am Jahresende werdet ihr sehen, dass es dreizehn Mondperioden statt zwölf gab.'
'Ihr habt es euch in den Kopf gesetzt', fuhr Kojote fort, 'dass ich es war, der euch die Lebensweise unten in den Unterwelten verdorben habe. Aber das war nicht mein Plan.'
Dann wandte er sich an Erste Frau: 'Warum hast du dieses heilige Vorhaben vor mir geheim gehalten? Als du mich gebeten hast, die Babys des Wasserbüffels zu entführen, sagtest du, dass du viele Dinge erdulden musstest, den Plänen deines Mannes wegen. Alles war gut, solange ich tat, was du wolltest. Ich habe das weibliche Wasserbüffelbaby behalten; indem ich es habe, vermag ich den männlichen Regen und den weiblichen Regen und all die verschiedenen Wolken und Nebel herbeizurufen. Das ist gut so. Ich bin euren Wünschen gefolgt, die Leute Jahreszeiten haben zu lassen und Blumen und alles, was zu unterschiedlichen Zeiten des Jahres aus der Erde wächst. Euer Plan diente dem Wohlergehen der Nachkommen. Jetzt aber werde ich das weibliche Kind des Wasserbüffels zurück in den Fluss geben. Wann immer ihr Regen haben wollt, müsst ihr das Wasserbüffelmädchen holen gehen; und nachdem ihr seine Macht benutzt habt, müsst ihr sie wieder in den Fluss zurückgeben.'

Er teilte ihnen mit, wo sie sie finden würden; und er sagte, dass er wissen würde, wann sie es benutzen würden. Und mit den Worten 'Jetzt setzt eure Pläne um, Brüder', liess er sie stehen. Nach diesem Zwischenfall wurde 'Bruder' zum ersten und zum letzten Wort von Kojotes Reden."

Sonne und Mond werden hierauf mit Gesängen in den Himmel gehoben, um ihren Lauf zu beginnen – wobei manche Medizinmänner sagen, dass bereits da schwarze Magie und das Böse in die Welt gekommen wäre: "Nachdem die Sonne in den Himmel gestiegen war, wurde aus der Dunklen Wolke, welche die vorherigen Welten bedeckt hatte, die Nacht. Die Weisse Wolke wurde zur Morgendämmerung und das Sonnenlicht zu unserem Tag. Und entlang der fernen Horizonte, wo die Ersten zuvor die Blaue und Gelbe Wolke sahen, erschienen die Abenddämmerung und die Falsche Dämmerung.
Am ersten Tag, an dem die Sonne in den Himmel gehoben wurde, war die Hitze unerträglich. Deswegen dehnten die Heiligen die vier Ecken des Himmels weiter aus, was Sonne noch höher in den Himmel steigen liess. Nachdem sie das viermal so machten, wurde es, wie es heute ist. So wurde auf der Erde Platz für alle geschaffen und die Wärme der Sonne gerade richtig für die angebauten Pflanzen, die Tiere und Leute."[236]

Sonne, Mond, Tod und Zeit

Nachdem die Lebewesen erstmals aus der Erde hervorgekommen waren, war es also notwendig geworden, die Zeit ordentlich zu unterteilen. In der, bei der Zeremonie des *Segenswegs* vorgetragenen Version, spricht dies der mit dem Sternbild Des Kreisenden identifizierte Erste Mann an: "Dieses besondere Ding, die Sonne, in deren Licht wir uns bewegen werden, gibt es noch nicht. Noch gibt es die Abschnitte von Zeit, die sich von jetzt an dazwischenschieben sollen. Um das, wodurch Tag und Nacht sich unterscheiden lassen, haben wir uns noch nicht gekümmert. Was die Pflanzen betrifft, die Art und Weise, wie man die Zeiten ihres Tuns bestimmen und den Jahreszeiten ihre Farben geben kann, ist immer noch offen. Auch der Bestimmung der Zeit, in der die Himmelskörper sich auf Der Oberen Hälfte bewegen, sollten wir unsere Aufmerksamkeit schenken."

In Antwort darauf werden vier Paare von Markierungen erschaffen, um die Zeit zu unterteilen und zu regeln: die Sonne und der Mond, die Jahreszeiten Sommer und Winter, die Sternbilder und die vier Lichtphänomene.

Das Heilige Volk schuf die Sonne aus einer grossen Scheibe Türkis, die es mit rotem Regen, Blitzen und verschiedenen Arten von Schlangen umgab. Erster Mann beauftragte dann Er Der Mit Einem Türkis Zurückkehrt, die Sonnenscheibe zu tragen, und machte Er Der Mit Einem Maiskornkern Zurückkehrt zum Träger der Mondscheibe. Die stärkere männliche Sonne und der schwächere weibliche Mond stellen das erste der vier komplementären Paare dar.

Im Zuge dessen entstanden Geburt und Tod, denn der Sonnenhalter verlangte eine Gegenleistung dafür, dass er die Scheibe über den Himmel trug. Er sagte: "Ich werde nicht untergehen ohne den Tod eines Menschen. Jedes Mal, wenn ich diese Reise mache, soll dafür ein Mann sterben. Dafür werdet ihr all das sehen können, was ihr gerade auf der Erdoberfläche macht. Ich werde all das für euch sichtbar machen, und wo immer sich etwas bewegt, werde ich es für euch erkennbar machen."

Die um ihre Meinung gefragte Mondträgerin sagte dazu: "Da ich jetzt über die Nacht bestimme, wird gleich welche Geburt in Hinkunft hauptsächlich nachts stattfinden; nachts werden die Geburten häufiger sein. Das wird ein Grund der Freude werden. Im Gegensatz dazu aber wird nur in der Nacht gestorben werden."

Zudem einigte man sich darauf, dass das Licht der Sonne von nun an Anfang wie Ende des Tages festsetzt und ihr Lauf den Horizont entlang die Jahreszeit bestimmt, die vom Aufgang einzelner Sternbilder markiert wird. Der Mond hingegen wurde verantwortlich für nächtliche Ereignisse, die Vegetation und die monatlichen Zyklen.[237]

Die vierte Art der Zeitmarkierung geht ebenfalls auf den Sonnenlauf zurück, der für die vier Himmelsrichtungen, -zeiten und -farben verantwortlich ist. Der Osten ist so mit der Morgendämmerung *Hayoołkááł* und dem Weissen verbunden. Der Süden ist mit dem Mittag und dem Blau verbunden: *Nahodeetł'iizh*, 'Blaues Band', um damit den dunkleren horizontalen Streifen auszudrücken, der mittags am Horizont liegt. Der Westen ist mit dem Abend und dem Gelb verbunden: *Nahootsoii* ist das Zwielicht des Abends und heisst wörtlich 'Um den Bereich wird es gelb'. Der Norden wiederum ist mit der Nacht und dem Schwarz verbunden, der Dunkelheit *Chahałheeł*. Alle vier halten wie Säulen 'Vater Himmel' oben.

Die Prototypen dieser vier Himmelsphänomene existierten jedoch bereits vor dem Herauskommen der Lebewesen in den Unterwelten als 'Wolkensäulen', 'Lichtpfeiler' oder 'Nebel'. Obwohl sie damals noch – wie andere Naturphänomene – leblos waren, schreiben ihnen die Mythen Paarungen und die Geburt verschiedener Übernatürlicher zu, zu denen manchmal auch Erster Mann und Erste Frau zählen.

Als Erster Mann dann sein heiliges Medizinbündel – die Quelle der Schöpfung und des Lebens für alle Wesen – entrollte, war es von den 'Tüchern' der vier Himmelsphänomene bedeckt. Nach dem Entrollen der vier heiligen Schmuckstücke stellte er Übernatürliche in menschlicher Gestalt darauf: "Über sie breitete er Tücher der Morgendämmerung, des abendlichen Zwielichts, des [blauen] Sonnenlichts und der Finsternis."

Obwohl die vier Lichtwolken Leben erzeugen konnten, wurden sie erst lebendig in der heutigen Welt, als Erster Mann sein heiliges Medizinbündel in jede von ihnen als seelenhafte innere Form legte, um sie zu erwecken und ihnen individuelle Züge zu verleihen. Indem man in sie auch den Heiligen Wind legte – durch den alles Lebendige dieser Welt miteinander kommunizieren kann –, konnten sie dann auch sprechen. Botenwinde aus den vier Himmelsrichtungen informieren, beraten und schützen so die Erdoberflächenleute und berichten auch deren Taten wieder zurück. Als Sich Wandelnde Frau und die anderen Gottheiten ihre Schöpfung vollendet hatten, gingen sie aus dem Ersten Hooghan und zogen in je eine der vier Himmelsrichtungen; dank der Botenwinde sind sie dort allwissend. Indem die Erde, der Himmel, Sonne und Mond seelenhafte innere Formen erlangt haben und deshalb leben, denken, reden und sich bewegen, können sie das menschliche Leben leiten und regeln.[238]

Form und Orientierung des Hooghan richten sich ebenfalls nach der Sonne, "weil sie die Quelle der Wärme und des Lichts ist und vor dem nachts draussen umgehenden Bösen schützt". Die Tür geht nach Osten auf, um so den Segen der ersten Sonnenstrahlen morgens zu empfangen. Das Wort für 'Osten', *Ha'a'aah*, drückt die Ordnung aus, die dem täglich wiederholten Sonnenlauf innewohnt: Wörtlich bedeutet es 'ein festes rundliches Ding [die Sonne] bewegt sich regelmässig herum'. Deshalb tritt man im Osten ein, arbeitet im Süden, schläft, sitzt, redet und erzählt man im Westen und nimmt Zeremonien und andere heilige Dinge im Norden vor.[239]

DAS HAUS DER SONNE

Der Mythos des *Männlichen Schiesswegs* erzählt von der Geburt und den Taten der Heiligen Zwillinge Monstertöter und Dem Wasser Geborener, die durch ihre Abenteuer immer mehr rituelle Macht gewinnen. Über sie erfahren wir mehr über die Sonne: "Die Zwillinge waren neugierig auf Sonne, ihren Vater, den sie nicht kannten. Auf ihre Fragen antwortete Sich Wandelnde Frau, ihre Mutter: 'Euer Vater lebt weit weg von hier. Zwischen hier und dort liegt jede nur denkbare Gefahr. Jetzt geht schlafen und denkt nicht mehr daran.'

Dennoch drängte es sie danach, ihren Vater zu suchen, der mit seiner Ehefrau am Himmel lebte. Die Zwillinge mussten dafür eine Reihe von übernatürlichen Hindernissen überwinden, um sich als seine Söhne zu erweisen, da so viele behaupteten, seine Kinder zu sein, dass nur die härtesten Mutproben den Beweis dafür erbringen konnten.

Nachdem Wind sie über das letzte Hindernis, Gleitender-Sand-Düne, getragen hatte, überquerten sie einen Roten Berg, dann einen Glitzernden Berg, einen Perlmutt-Berg, einen Weissmuschel-Berg und schliesslich einen Türkis-Berg, die alle Sonne gehörten.

Nicht weit vom Blauen Berg dann stand das Haus ihres Vaters; sie erkannten es sofort an seiner unvergleichlichen Schönheit und seinen Farben: Es war an der Ostseite weiss, an der Südseite blau, an der Westseite gelb und an der Nordseite schwarz. Bewacht wurde es von zwei Winden, Donnern, einem Paar Schlangen und einem Paar Bären.

Es glich den eckigen Lehmhäusern der Pueblo, nur dass es ganz aus Türkis gebaut war und am Ufer des östlichen Ozeans stand. Zimmer, die von dem grossen Raum in der Mitte ausgingen, dienten dazu, den Reichtum der Sonne zu zeigen: Im Süden waren seine Herden untergebracht, haufenweise Decken waren in einem Zimmer im Westen gelagert, und im Norden waren Höfe und Mais.

Auf jeder Seite des Hauses waren zwölf Rasseln mit Edelsteinen, die mit ihrem Klappern und davon ausgehenden Blitzen das Eintreffen der Sonne verkündeten. Kleider und Waffen hingen an Pflöcken an der Wand, und auf einen besonderen Pflock hing Sonne jede Nacht die Sonnenscheibe.

Die Zwillinge aber warfen Sonne auf scharfe widerhakige Spitzen, die aus denselben Edelsteinen waren wie die auf den Rasseln. Sie ähnelten Trompeten und falteten sich in sich zusammen, um dabei ihr Opfer zu zerdrücken. Die Zwillinge jedoch wurden von den Lebensfedern geschützt, die Spinnenfrau ihnen gegeben hatte; sobald die Steinklingen an den Lebensfedern ankamen, zuckten sie zurück und konnten so den Zwillingen keinen Harm antun. Sonne unterwarf sie auch noch anderen Proben: dem Gift der Tabakschwärmerraupe; der frierenden Kälte auf einer felsigen Insel; explodierendem Achat in einem Schwitzbad. Indem sie überlebten, bewiesen sie, dass sie wirklich Sonnes Kinder waren.

Nachdem Sonne sie als seine Söhne anerkannt hat, will er wissen, weshalb sie gekommen sind: 'Ich werde euch verschiedenfarbigste Pferde geben, das Maultier, das eine Luftspiegelung wird, selbst das Schaf mit den dünnen scharfen Hörnern, das ich am meisten mag. Ich werde euch meine Edelsteine geben. Seid ihr der Dunkelwolken des männlichen Regens, des dunklen Nebels, des weiblichen Regens oder der Luftspiegelung wegen gekommen, die sich in einen graubäuchigen Esel verwandelt?'
'Ja, Vater, sie alle sind wertvoll und die Erdoberflächenleute möchten sie sehr gerne haben, aber wir sind nicht deswegen gekommen. Wir sind der Ungeheuer wegen gekommen: Monster Böse, Gehörntes Monster, Felsabschlager, An Felsen Werfer, Verfolgerbär, Augentöter und die anderen. Sie fressen die ganzen Leute auf, dass sie auf Erden zu nichts kommen. Wir wollen Rüstungen aus Obsidian, Schuhe, Kleider, Kopfschmuck und Blitzpfeile, um diese irdischen Ungeheuer überwinden zu können.'
Sonne liess traurig den Kopf hängen, seine Augen voller Tränen. Erst nach einer Weile blickte er seine Söhne wieder an: 'Es geht wohl nicht anders. Aber auch dies sind meine Kinder wie ihr auch. Trotzdem muss es getan werden.'
Nachdem er sie in Obsidianrüstungen gekleidet und ihnen die mächtigsten Gesänge, geweihtes Essen und unvergleichliche Waffen gegeben hatte, fragte Sonne ihr Wissen um die Orte und Länder ab und zeigte ihnen, wo sie wieder zur Erde hinabsteigen konnten. Die Zwillinge überstanden dann eine Reihe verwickelter und gefährlicher Abenteuer, durch die sie rituelle Macht und zeremonielles Wissen erlangten, welches sie die Erdoberflächenleuten lehrten.
Auf Sonnes Bitte hin, versuchten die Zwillinge und andere aus dem Heiligen Volk Sich Wandelnde Frau zu überreden, in ein wunderbares neues Heim auf einer Insel im westlichen Ozean zu ziehen, das Sonne für sie errichtet hatte. Sie empfängt deren Gesandtschaft und stimmt dem schliesslich zu.
Daraufhin ziehen Monstertöter und Dem Wasser Geborener – die nun 'Heiliger Mann' und 'Heiliger Junge' genannt werden – erneut in verbotene Länder, um sich von dort rituelles Wissen und Material zu holen. Danach wandern die beiden zusammen mit Heiliger Frau und Heiligem Mädchen zum Dämmerungsberg, wo die Zwillinge die beiden zurücklassen: Sie wollen Sonne ein zweites Mal besuchen, um von ihm noch weiteres rituelles Wissen und Material zu erlangen, darunter die Malereien 'Morgendämmerung' und 'Erde und Himmel'.
Von ihm zurück, erzählen sie den beiden Frauen alles, was sie gelernt haben. Dieses Wissen ist jedoch für Heiliges Mädchen zu mächtig; als sie die Beschreibung von Sonnes Haus hört, bekommt sie einen Anfall, von dem jegliche anderen Anfälle ihren Ursprung haben. Durch Drücken und Draufsteigen heilen die Zwillinge sie wieder, so wie Sonne es ihnen gezeigt hat; Heiliges Mädchen ist nun stark genug, um sich die Beschreibung der Malereien 'Erde und Himmel' und 'Morgendämmerung' anzuhören.
Danach bestehen sie eine weitere Reihe von Begegnungen mit Übernatürlichen, um ihr rituelles Wissen zu erweitern und es schliesslich an die Erdoberflächenleute weiterzugeben.
Zu guter Letzt steigen sie zum Himmel auf, nahmen jedoch die geweihten Ritualmaterialien mit. Sie erklärten dies damit, dass 'die originalen Materialien nicht ersetzt, repariert oder dupliziert werden können. Die aus irdischen Materialien gemachten Symbole der Originale können jedoch festgemacht und von allen gemacht werden, die den Gesang gelernt haben; so werden sie allen Erdleuten, die sie brauchen, zur Verfügung stehen.' Und während sie aufstiegen, verkündeten die Heiligen Zwillinge: 'Wir werden nunmehr im Himmel leben, wo es dieselben Orte mit denselben Namen wie auf der Erde gibt.'"[240]

Sonnes über dem Horizont liegendes Haus, mit seinen vier Farbbändern – oben weiss, dann schwarz, blau und unten gelb – wird von vier Bären, vier Schlangen und vier Donnern bewacht, die einen nur vorbeilassen, wenn man ihre Namen nennt.[241] Hinter dieser Vorstellungen stehen wohl die gleichnamigen Sternbilder, in denen die Sonne morgens im Osten aufgehen kann.

Mond

TŁ'ÉHONAA'ÉÍ

Ein Navajo sagt über seine Sandmalereien: "Die Sonne ist immer männlich. Sie ist tagsüber der Wächter, weil sie alles weiss, was am Tag vor sich geht. Der Mond ist immer weiblich. Er ist über Nacht der Wächter, weil er alles weiss, was in der Nacht vor sich geht."[242] Was die Nützlichkeit des Mondes und das Wissen um ihn betrifft – seine Auswirkungen auf die Gezeiten etwa –, so könnten die Navajo auch ohne ihn bestehen. Doch da er nun mal existiert, können Mensch wie Sonne nicht ohne ihn auskommen.[243]

DAHIITĄ – DER NEUMOND
HANÍBĄĄZ – DER VOLLMOND
AHINÉÉL'ÍÍ – DAS SICH ANSCHAUEN

Die Navajo setzen den ersten Tag eines Mondzyklus' mit der ersten Sichtbarkeit des Neumondes nach einer mondlosen Nacht an, der Dahiitą genannt wird. Alle paar Jahre fügen sie einen 13. Mondmonat zur Synchronisation mit dem Sonnenjahr ein.

Liegt der Halbmond mit den Hörnern nach oben, dann heisst es, dass es kaum regnen wird, weil der Mond dann seinen Inhalt nicht verschüttet. Steht die Mondsichel dagegen aufrecht oder weisen die Hörner auf die Seite oder nach unten, dann giesst er alles aus sich aus und es wird Regen oder Schnee geben.

Wenn Sonne und Mond wie einmal im Monat in Opposition zueinander stehen, heisst es, dass Sonne und Mond sich gegenseitig ansehen.

M|B83

Eklipse

AŁNÉ'ÍÍ'ÁÁZH

Zu den Aufgaben, die Sonne seinen Söhnen, den Heiligen Zwillingen, zuweist, um sie zu prüfen, gehört auch, die Sonnenscheibe auf die Erde herabzuziehen. Wie sie dies anzustellen hätten, verrät ihnen Die Grosse Fliege [in Corvus]: Sie müssten dies vor Mittag machen und dazu die Sandmalerei der Wirbelnden Federn benutzen, die ihnen dabei helfen würde. So können die Zwillinge mit ihren Schwarzen Bögen nach oben langen und Sonne und Mond herabziehen.

Die Sandmalerei, die ihnen dabei hilft, Sonne und Mond bei einer Eklipse herunterzuziehen, ist den Wirbelnden Federn sehr ähnlich; darauf trägt jeder der Zwillinge jedoch einen Korb in der Linken, um sie da einzeln hineinzustecken, nachdem sie sie heruntergezogen haben.

"Eine Sonnen- oder Mondfinsternis zeigt, dass Sonne unzufrieden ist. In der Zeit haben alle normalen Aktivitäten, besonders aber Zeremonien, aufzuhören. Die Leute müssen warten, bis die Eklipse vorüber ist. Wenn ein Kind während einer Eklipse geboren wird, muss eine einnächtige Zeremonie abgehalten werden, sobald es alt genug geworden ist, um zu reden; und dann muss eine dieser beiden Sandmalereien gemacht werden."[244]

Generell kommt einer Mond- oder Sonnenfinsternis jedoch eher wenig Bedeutung zu, weil die Zeremonien des rituellen Lebens alles in der rechten Ordnung halten und deshalb Ungewöhnliches und Unordentliches ausbalancieren.[245]

Die Jicarilla-Apachen haben zwei Erklärungen für Eklipsen. Einmal steigt Sonne durch ein Loch im Himmel, Mond hinter ihm her.[246] Ein andermal fühlt sich Sonne "entmutigt und enttäuscht". Wenn eine Finsternis eintritt, bedeutet dies, "dass ich traurig bin, weil meine Frau auf mich eifersüchtig ist. Dann benutzt diese Schüsseln, die ich euch dagelassen habe. Schwenkt sie im Kreis im Uhrzeigersinn, als wolltet ihr mir damit bedeuten, wieder herauszukommen. Sehe ich, dass ihr das tut, macht mich das wieder froh und ich trete wieder hervor. Singt und betet, wenn ihr das tut. Gebt Blütenstaub in die Schüsseln, wenn ihr das tut. Dann wird sich der Himmel wieder aufhellen und die Finsternis vorübergehen".[247]

Venus

SǪ'TSOH – GROSSER STERN
SǪ'DOO NDÍZÍDÍ – MORGENSTERN

Zu den Morgen- und Abendsternen Venus und Merkur finden sich bei den Navajo keine direkt auf sie bezogenen Symboliken und Legenden. Dennoch scheint denkbar, dass man sie einmal als die Heiligen Zwillinge Monstertöter und Dem Wasser Geborener figurierte – auch in Anbetracht dessen, dass diese kriegerischen Heldenzwillinge bei den Maya Venus und Merkur zu verkörpern scheinen. Darauf schliessen lassen jedenfalls folgende Prüfungen eines 1924 erzählten Mythos, in dem die Zwillinge sich ihre Anerkennung als Söhne der Sonne erwerben; sie gehen jedes Mal mit Auslöschungsversuchen einher, die den Transit von Venus und | oder Merkur entsprechen, bei dem diese Planeten in der Sonne aufzugehen scheinen, um danach wieder aus ihr aufzutauchen, gleichsam aus der Hitze einer Schwitzhütte.

SONNE UND DIE HELDENZWILLINGE

"Sonne sagte zu Mond: 'Mach für unsere Enkel ein Feuer in der Schwitzhütte.' Mond machte in der Schwitzhütte Feuer und grub dann im hintersten Teil ein tiefes Loch. Das bedeckte sie mit einer grossen Platte aus weissem Stein; darauf legte sie eine andere aus blauem Stein, darüber eine aus vielfarbigem Stein und zuoberst eine aus schwarzem Stein. Dann brachte sie die Steine fürs Feuer herein. Bevor sie es anzündete, erzählte sie den beiden Jungen von dem Loch hinten.

Sonne brachte die Kinder in die Schwitzhütte und verschloss sie dicht. Das Feuer brannte und die Steine begannen, heiss zu werden. Sonne kehrte zurück und rief hinein: 'Habt ihr es warm?'– 'Nein', erwiderten sie. Dreimal antworteten sie auf seine Frage 'Nein'; das vierte Mal aber sagten sie 'Ja'.
Sie hatten jedes Mal eine der Platten aus Edelstein weggeschoben, die Mond hineingelegt hatte, und waren dann in das Loch gekrochen. Bei jedem Mal, dass Sonne sie ansprach, hatte er Wasser auf die heissen Steine gegossen, um sie mit dem Dampf dann zu Tode zu kochen.
Die Hitze hatte den schwarzen Stein geschmolzen, der so zu Gagat wurde. Als die Hitze den vielfarbigen Stein erreichte, hinterliess sie darin rote Streifen, und so wurde Perlmutt daraus. Der blaue Stein wurde zum Türkis und der weisse Stein zur weissen Muschel, die wegen der Hitze gelb gestreift war.
Als der Dampf sich verzogen hatte und die Steine abgekühlt waren, kamen die Jungen aus dem Loch und sassen still in der Schwitzhütte. Als Sonne sie unverletzt dasitzen sah, meinte er: 'Vielleicht stammt ihr ja doch von mir ab!' Dreimal war es ihm nun misslungen, sie umzubringen.
Nun aber nahm Sonne sie mit in sein Haus. Darin gab es vier Säulen. Jede war hohl und darin waren umgekehrte Obsidianspitzen angebracht, die sich auf und ab bewegten wie in einer Mühle. Der Pfeiler im Osten war schwarz, der im Süden blau, der im Westen gelb und der im Norden weiss. Sonne stellte die Jungen in die schwarzen Zermahler im Osten, in der Erwartung, sie würden dann in kleine Stücke zerfetzt. Die Jungen aber hüllten sich in die Adlerdaunen, die ihnen die einhörnige Raupe gegeben hatte [die Takabschwärmerraupe des Sternbilds Schmetterling]; so überstanden sie diese Prüfung unverletzt. Nacheinander wurden sie in den blauen, gelben und weissen Zermahler gestellt, um jedoch heil wieder herauszukommen. Vier Mal stellte die Sonne sie so auf die Probe und jedes Mal gingen sie unverletzt daraus hervor."[248]

Kometen und Meteore

Für die Navajo stellen Kometen und Meteore abnormale Phänomene dar, die den geordneten Gesetzen der Natur zuwiderhandeln.[249] In der von Hasteen Klah erzählten Version des Schöpfungsmythos gilt Der Schwarze Gott als Sohn des Feuers, dessen Mutter ein Komet war.[250]

LITERATUR

B|M Margaret Ray Bochinclonny | Mike Mitchell, So' Naalkaah – Navajo Astronomy, angelfire.com/rock3/countryboy79/navajo_astronomy.html

C Don Childrey, Star Trails Navajo, 2004.

CH Von del Chamberlain, *Diné (Navajo) Ethno- and Archaeo-astronomy,* in: Handbook of Archaeoastronomy and Ethno-astronomy, hrsg. v. Clive Ruggles, Bd. 1, New York 2015, 629–639.

CH1 Von del Chamberlain, *Navajo Constellations in Literature, Art, Artifact and a New Mexico Rock Art Site,* in: Archaeoastronomy, The Journal of the Centre of Archaeoastronomy, Vol. 1–4, Januar-Dezember 1983, 48–58.

CH|SCH Von del Chamberlain | Polly Schaafsma, *Origin and Meaning of Navajo Star Ceiling,* in: Songs from the Sky, hrsg. v. Von del Chamberlain | John Carlson | Jane Young, Leicester 2005, 80–98.

G1 Trudy Griffin-Pierce, Earth is my Mother, Sky is my Father, Albuquerque 1992.

G2 Trudy Griffin-Pierce, *Black God: God of Fire, God of Starlight,* in: Songs from the Sky, hrsg. v. Von del Chamberlain | John Carlson | Jane Young, Leicester 2005, 73–79.

G3 Trudy Griffin-Pierce, *The Hooghan and the Stars,* in: Foundations of New World Cultural Astronomy, hrsg. v. Anthony Aveni, Boulder 2008, 439–455.

H Berard Haile, Starlore among the Navaho, Santa Fe 1977.

K Hasteen Klah, Navajo Creation Myth; Recorded by Mary Wheelwright, Santa Fe 1942.

M Nancy Maryboy, A Collection of Curricula for the Starlab Navajo Skies Cylinder, Buffalo 2008, digital publiziert von Science First | Starlab, www.starlab.com

M|T Nancy Maryboy | David Begay, Sharing the Skies, Tucson 2010.

M|B|T Nancy Maryboy | David Begay | Ashley Teren, Seeing the Skies through Navajo Eyes, Friday Harbour 2017.

MI Dorcas Miller, Stars of the First People, Boulder 1997.

MO|WI Jean Monroe | Ray Williamson, They Dance in the Sky – Native American Star Myths, New York 1987.

N|F|W Franc Newcomb | Stanley Fishler | Mary Wheelwright, A Study of Navajo Symbolism, Cambridge, Massachusetts, 1956.

O Aileen O'Bryan, The Diné: Origin Myths of the Navaho Indians, Washington 1956.

OP Morris Edward Opler, Myths and Tales of the Jicarilla Apache Indians, London 1994.

R Gladys Reichard, Navajo Medicine Man Sandpaintings, New York 1977.

S Kathrin Spencer, An Analysis of Navaho Chantway Myths, Philadelphia 1957.

TO Alfred Tozzer, *A Note on Star-Lore Among the Navajos,* in: Journal of American Folklore 21, 1908, 28–32.

W Leland Wyman, Blessingway, Tucson 1970.

Y M. Jane Young, *Astronomy in Pueblo and Navajo World Views,* in: Songs from the Sky, hrsg. v. Von del Chamberlain | John Carlson | Jane Young, Leicester 2005, 49–64.

Z Paul Zolbrod, Diné bahane' – The Navajo Creation Story, Albuquerque 1984.

ANMERKUNGEN

1 Walk quietly the beautiful trail, hrsg. v. C. M. Babcock, Kansas City 1973, 43. 2 Wikipedia.de, 'Apachen'. 3 Joseph Wilson, *A New Perspective on Later Migration(s): The Possible Recent Origin of Some Native American Haplotypes*, in: Critique of Anthropology 28, 2008, 267–278 und Auskunft Joseph A. Wilson, 2.3.2021. 4 Raoul Schrott, Homers Heimat, F|M 2010, 246–257. 5 Dmitri Panchenko, *Mice Destroying an Army (Hdt. 2. 141) and the Solution of the Tocharian Problem*, in: Hyperboreus 16–17, 2010–2011, 32–45. 6 Joseph Wilson, *The Union of the Two Worlds: Reconstructing Elements of Proto-Athabaskan Folklore and Religion,* in: Folklore 127:1, 2016, 37–39. 7 John Ives, *Review of 'Athapascan Migrations by R Matson and M. Magne,* in: Canadian Journal of Archaeology 2008, 32.1, 153–159, und Chip Colwell | T. Ferguson, *Tree-Ring Dates and Navajo Settlement Patterns in Arizona,* in: American Antiquity 2017, 82,1. 25–49. 8 Die Geschichte von dem Mädchen, das sich in einen Bären verwandelt und dann von sechs Jägern verfolgt wird, wobei alle sieben dann vom Wind als Plejaden an den Himmel versetzt werden (OP 113–116) findet sich bei den Inuit als Legende zu Qillugtussat und Nannoryuk. 9 Vgl. Website des Nahanni Natonal Park Reserve, 'Cultural Heritage'. 10 Joseph Wilson, *The Union of the Two Worlds: Reconstructing Elements of Proto-Athabaskan Folklore and Religion,* in: Folklore 127:1, 2016, 26–50, und Joseph Wilson, *Postscript to the Union of Two Worlds: An Expository Note,* in: Folklore 129:1, 2018, 78–90. 11 CH|SCH 89 12 David Gregory | David Wilcox, Zuni Origins, Arizona 2007. 13 Eward Sapir, zitiert in: Joseph Wilson, Material Cultural Correlates of the Athapaskan Expansion: a cross-disciplinary approach, Dissertation University of Florida 2011, 33. 14 O 35 15 Vgl. Eduardo Matos | Felipe Solis, The Aztec Calendar and other Monuments, Mexico City 2004. 16 CH|SCH 91 17 Wikipedia.en, 'Zuñi Religion' 18 α Bootis (Schulter), linker Arm – α Virginis (Ellbogen), α Scorpii (Vorderarm) und die Hauptsterne von Sagittarius als Hand–, rechter Arm (die Gürtelsterne des Orion), Herz (unser Sommerdreieck α Lyrae, α Cygnis, α Aquilae); M. Jane Young | Ray Williamson, *Ethnoastronomy: The Zuñi Case,* in: Archaeoastronomy in the Americas, hrsg. v. R. Williamson, Los Altos 1981. 183–192. 19 Y 55 20 Michael Zeilik, Keeping the Sacred and Planting Calendar, in: Foundations of New World Cultural Astronomy, ed. Anthony Aveni, Boulder 2008, 199–230. 21 Williams | Blackhorse | Stein | Friedman, *Iikááh – Chaco Sacred Paintings,* in: Religion in the Prehispanic Southwest, hrsg. v. Vanpool | Vanpool | Philipps, Plymouth 2006, 103–114. 22 G3 443 23 Ibidem und G1 37 ff. 24 Stephen McCluskey, *Hopi and Puebloan Ethnoastronomy and Ethnoscience,* in: Handbook of Archaeoastronomy and Ethnoastronomy, hrsg. v. Clive Ruggles, New York 2015, 649–658. 25 Vgl. *Die alttibetische Kosmogonie*, in: Märchen aus Tibet, hrsg. v. Michael Hoffmann, München 2010, 19–20. 26 Y 58–59 27 Gabrielle Vaill, *Venus Lore in Postclassic Maya Codices,* in: Ancient Mesoamerica 28, 2017, 475–488. 28 M. Jane Young | Ray Williamson, *Ethnoastronomy: The Zuñi Case,* in: Archaeoastronomy in the Americas, hrsg. v. R. Williamson, Los Altos 1981, 184; aus dem Wolkenschlucker wird offenbar das riesige Sternbild des 'Häuptlings der Nacht'. 29 Y 59 30 Ruth Benedict, Zuñi Mythology, Bd. 1, New York 1935, *The Emergence and other Kachina Tales,* 1 ff. und Elsie Parsons, *The Origin Myth of the Zuñi,* in: The Journal of American Folklore 36, 1923, 135–162. 31 Ruth Benedict, Zuñi Mythology, Bd. 1, New York 1935, 10. 32 OP 1 33 K 34 H 35 Z 36 O 1–13 37 Ruth Benedict, Zuñi Mythology, Bd. 1, New York 1935, 'The Emergence and other Katchina Tales', 1 ff. 38 F 353, Fussnote 15 39 ein Wolf wird 'Grosser Streuner', ein Kojote 'Dünner, Schlanker Streuner' genannt; O 3 40 O 1–13 41 G1 30–31 42 G1 66–69 und 30–33 43 F 92 44 O 20–21 45 F 92 46 O 100 47 O 102–103 48 O 111 49 O 111–112 50 Franc Newcomb, Navajo Folk Tales, Sante Fe 1967, 83. 51 CH 631–632 und 636 52 G1 141 53 G3 440–441, 451 54 F 93–94 55 G1 103 56 G1 167–168 57 H 38–40 58 CH1 52 59 H 60 H 5–6 61 O 20–21 62 G1 138 63 G1 137 64 CH|SCH 93–94 65 G1 126–128 66 G1 113 67 Vgl. CH|SCH 90 68 G1 121 69 David Kelley | Eugene Milone, Exploring Ancient

Skies, New York 2011, 416, Abb 13.3. 70 O20 71 O21 72 Vgl. O13 73 Federica de Laguna | Dale DeArmond, Tales from the Dena, Washington 1995, 25, 302, 308–309. 74 H6 75 H36–37 76 H42 77 G1 134 78 H42 79 W339 80 K23–24 81 N|F|W26 82 OP147 und 159–160 83 G1 169 und M|B55 84 MI191 und G2 169 85 G3 450 und B|M 86 O17 87 O70 88 W175 89 M16 90 W496–497 91 Clive Ruggles, Ancient Astronomy, Santa Barbara 2005, 295. 92 O61 93 G1 153–156 94 M15 95 TO30–32 96 O13 97 K36–39 98 M|T34 99 O14 100 H31 101 G1 166, Fig 6.6. 102 G1 153 und 155 103 Herbert Maschner | Owen Mason, *The Bow and Arrow in Northern North America,* in: Evolutionary Anthropology 22, 2013, 133–138, und Joseph Wilson, *The Union of the Two Worlds: Reconstructing Elements of Proto-Athabaskan Folklore and Religion,* in: Folklore 127:1, 2016, 40–41. 104 H10 105 Williams | Blackhorse | Stein | Friedman, *Ikááh – Chaco Sacred Paintings,* in: Religion in the Prehispanic Southwest, hrsg. v. Vanpool | Vanpool | Philipps, Plymouth 2006, 110. 106 Williams | Blackhorse | Stein | Friedman, *Ikááh – Chaco Sacred Paintings,* in: Religion in the Prehispanic Southwest, hrsg. v. Vanpool | Vanpool | Philipps, Plymouth 2006, 103–114. 107 O14 108 M10 109 G2 76–77 110 O111 111 MI189 und M|T 34–36 112 Siehe auch David und Margaret Leeming, A Dictionary of Creation Myths, Oxford 1994, 123–130 und Barbara Sproul, Primal Myths, New York 1991, 268–284. 113 Die Steinleute der Dritten Welt werden 'Luftspiegelungsleute' und 'Achatleute' genannt, weil sie in der Wüste leben, wo es beides gibt; vgl. O5. 114 G1 133–134 115 Die Kreisende, Das Feuer Des Nordsterns, Der Breitbeinige in Corvus und die Milchstrasse; B|M 116 MI138 und MO|WI35–37 117 Üblicherweise wird diese Figur im Dunkel um die Plejaden verortet, einer Episode im Schöpfungsmythos wegen, bei der die Plejaden eine Rolle spielen – ohne dass mit ihnen die Geschichte jedoch zu Ende wäre: Sie stehen bloss allegorisch für die Erschaffung der Sternbilder. Dieser Verortung widersprechen zudem die Differenzierungen seiner Figur, für die sich rund um die Plejaden nichts anbietet, was nicht schon von anderen Sternbildern besetzt wäre. Gemäss Karte H6–7 schliesst die – von den Plejaden dort völlig getrennte – Figur direkt an Den Breitbeinigen Mann an. 118 G1 158 119 G2 120 H1–4 und 38 sowie G2 73–75 121 G3 76 122 CH|SCH90 123 Es wird in M8 als eigenes Sternbild aufgelistet, aber mit dem die Sterne hochwerfenden Kojoten verbunden; der Name lässt jedoch offen, ob es sich um einen Kojoten handelt, der bereits ein Sternbild hat, oder um den Wolf. 124 B|M 125 H7 126 G81 127 vgl. auch O3 128 O3 129 G1 114–115 130 O33–34 131 =31 132 G1 169, 79 und 85 133 M|B 134 CH632 135 H9 136 O17 137 G1 134 und MI192 138 O31 hingegen setzt unerklärlicherweise seinen linken Fuss zu β Orionis und seinen linken Fuss zu α Orionis, ohne Angaben zum Rest der Figur. 139 CH1 56 140 H29 141 Vgl. O3 142 O34 143 O21 144 G1 163–164 und 212 145 M11 146 G164–166 147 MI195 148 M|B|T20 149 B|M 150 CH632 151 O18 152 Vgl. O6 153 G162–163 154 M|B|T21 155 G1 156–157 156 M41 und MI189–190 157 H14 und 33 158 G1 134 159 M|B 160 MI195–196 161 H6, 12 162 H13 und TO31 163 H19–20 164 MI190 165 H16 und M13 166 H17–18 und 21–23 167 M13 und MI190 168 M13 169 O71–77 170 G1 136 171 H25–26 und 28 172 G1 134 173 R15 174 O77–82 175 M13 176 Franc Newcomb | Gladys Reichard, Sandpaintings of the Navajo Shooting Chant, New York 1975 [1937], und Gladys Reichard, Navajo Medicine Man Sandpaintings, New York 1977, 37–73. 177 G1 184–186 178 M13 179 O39–41, 70, 83–84 180 MI195–195 181 Zum Beispiel G2 171 182 O34 183 N|F|W62 184 M14 185 G1 168–169 186 O17 187 G1 113 188 N|F|W44 189 O157–163 190 TO29 191 M14 192 G1 11 und 170 193 K39 194 W30–32 195 K30 und O18 196 O34 197 N|F|W62 198 K9 199 M15 200 K39 201 O6 202 M15 und N|F|W22 203 S204–204 204 M12 205 N|F|W31 206 K39 207 M15 208 Maryboy | Begay | Teren, Two Eyed Seeing Diné (Navajo) Astronomy Live (Virtual) Show, Indigenous Education Institute Window Rock, Arizona, 29.1.2021. 209 H8 210 W350 211 W110 212 S104–105 213 Y61 214 N|F|W28, 42, 62 und Abb.27 215 Joseph Wilson, *Postscript to the Union of Two Worlds: An Expository Note,* in: Folklore 129:1, 2018, 80–83. 216 Joseph Wilson, *The Union of the Two Worlds: Reconstructing Elements of Proto-Athabaskan Folklore and Religion,* in: Folklore 127:1, 2016, 42. 217 G1 166 218 G1 86k 219 CH632 220 MI190, M11, M|B85 221 O16 222 R14 223 Joseph Wilson, *The Union of the Two Worlds: Reconstructing Elements of Proto-Athabaskan Folklore and Religion,* in: Folklore 127:1, 2016, 31–32, und Joseph Wilson, *Postscript to the Union of Two Worlds: An Expository Note,* in: Folklore 129:1, 2018, 83–86. 224 R14–15 225 M|B58 226 Ibidem 227 Ibidem 228 Ibidem 229 Ibidem 230 Ibidem 231 K39 232 Ibidem 233 Ibidem 234 Ibidem 235 Ibidem 236 O14–20 und 22 sowie M|B85 237 G1 74–75 und G2 76 238 G1 88–90 und 96 239 G1 92–95 240 G134–137 241 R38–39 242 Y58 243 R14 244 R46–49 245 Y58 246 OP14 247 OP160–161 248 R39–40 249 Y60 250 K23

Der *STERNEN-HIMMEL* der *MAYA*

Du bist Gott unser Vater, Du bist unser Herr im Himmel, Aj K'in, Aj K'in:
Sonne, Sonne, Du breitest dein Licht über uns.
Wir können die Segen, die Du für uns austeilst, niemals bezahlen:
die Sonne ist alles – wir können es Dir nicht vergelten.
Doch wir wissen, dass wir Menschen mit dem Harz des Kopalbaumes,
den Du auf Erden gesegnet hast, Geld verdienen,
um Dir opfern zu können – als Bezahlung für dich.
Denn Du kannst die Erde segnen.
Und Du gibst uns auf Erden unser Vieh, wo immer es ist.
Heute, da wir am Leben sind, fühlen wir in unseren Herzen grosse Zuneigung
und sitzen gebeugt vor Dir, mit dem Ausdruck der Bescheidenheit.
Schau uns offenen Auges an, nimm mit offenen Händen,
was wir Dir auf unserer Heiligen Mutter hingestellt haben.
Schau uns an, wie wir unsere Hände zu Dir hinstrecken
und halte heute Deine offene Hand mit aller Liebe für uns auf.
Lass uns nicht in die Hände des Bösen und all der bösen Geister fallen.
Wenn einer von ihnen unter unseren Gefährten weilt
bläst er seinen Seuchenhauch über uns:
Du aber hast die Macht, uns vor jedem verseuchenden Hauch
der über uns kommt zu beschützen.
Verhindere, dass er sich in unseren Häusern festsetzt,
wo wir mit unseren kleinen Kindern leben und unser Vieh halten.
Blas jede Krankheit, die über uns kommt, von uns fort
und in die Ferne der Berge, wo es keine Menschen gibt.
Wir können der Geissel der Bestrafung nicht standhalten:
Schenk uns ein gesundes Aussehen, einen gesunden Ausdruck
und Ausdauer in unseren Armen und Beinen,
da, wo die Menschen in Eiern und in Samen Gestalt erhalten.
Möge Deine Geduld mit uns Menschen kein Ende finden.
Wach über uns, Tag um Tag, mit all Deinem Mitleid.

Dieses *Gebet an die Sonne* wurde bis in die jüngste Zeit bei den guatemaltekischen Ch'orti' um fünf Uhr früh gesprochen. Man blickte dabei auf das brennende Harz und die Kerzen, ob einem der Weihrauch und die Flamme auch zum Himmel stieg. Tropfte die Kerze oder zog viele Wachsfäden, bedeutete dies, dass das, wofür man gebetet hatte, nicht erhört worden war oder einer im Haus bald sterben würde. Dann holte man einen Wahrsager, um herauszufinden, was im Haus geschehen würde. Oder aber man holte einen, der Karten legte, um es zu prophezeien. Schien es, als würde einer sterben, begann man Kerzen anzuzünden, Tag für Tag.[1]

GESCHICHTE

Die Nachkommen von über Alaska eingewanderten Jägern und Sammlern waren in Mittelamerika schon vor über 30 000 Jahren präsent. Ihre nomadisierende Lebensweise aufzugeben, Häuser zu bauen, Keramik zu töpfern und Ackerbau zu betreiben, begannen sie ab etwa 2500 v. u. Z.[2] – wobei dem gut 2000 Jahre an Kultivierung und Züchtung des kleinährigen Süssgrases Teosint (*Zea mexicana*) vorausgingen, bevor es als Mais, zusammen mit Bohnen und Kürbissen, zur Lebensgrundlage auf den Feldern, den Milpas, werden konnte.

Vom gegenseitigen Handel der unterschiedlichen Bevölkerungsgruppen profitierend, etablierte sich zwischen 1500 und 400 v. u. Z. mit den Olmeken – 'Leuten des Kautschuklandes' am Golf von Mexiko westlich von Yukatan – die erste amerikanische Hochkultur, die vielleicht schon eine Glyphenschrift besass, Tempelpyramiden, kolossale Skulpturen und kunstvollste Kleinplastik aus Jade herstellte, einen Jaguarmenschen, eine gefiederte Schlange und einen Regengott in ihrem Pantheon hatte, das Spiel mit Bällen aus Gummi bekannt machte und durch Handel reich wurde.

Was die Olmeken schufen, wirkte in ihren Nachbar- und in Nachfolgekulturen weiter. So entstand in Teotihuacán beim heutigen Mexico City in der ersten Hälfte des 1. Jahrtausends unserer Zeit eine der grössten Städte der Welt, die mit ihrer Sonnenpyramide das zweitgrösste Bauwerk Mittelamerikas und die drittgrösste Pyramide der Welt umfasste, eine vielfältige Landwirtschaft mit ausgeklügelten Bewässerungssystemen aufwies und mit lokal bearbeitetem Obsidian Handel trieb.

Zu der Zeit waren die Maya bereits eine breit und lang ausgeprägte Kultur, in einem Territorium, welches das Tiefland der Halbinsel von Yukatan mit ihren wasserführenden Karsttrichtern – den Cenoten – ebenso umfasste wie das vulkanische, an den Pazifik grenzende Hochland mit seinen Regenwäldern. Es ist ein Gebiet, das heute auf Guatemala, Belize und den Südosten Mexikos verteilt ist und in dem etwa 30 unterschiedliche Maya-Sprachen gesprochen werden, mit weniger als 200 (Itza' und Mocho') oder mit 350 000 (die Tzotzil im Hochland von Chiapas), 800 000 Sprechern, wie beim Mayathan der Halbinsel Yukatan, oder den 2 Millionen Sprechern der guatemaltekischen K'iche', denen wir das *Popol Vuh* verdanken. Auch die Chol im Chiapas (100 000 Sprecher) und die Ch'orti' in Guatemala (50 000 Sprecher) gehören insofern zu den Nachfahren der Maya, als die meisten Hieroglyphen eine Vorform von deren Sprache wiedergeben. Was all diese Kulturen an Vorstellungen zum Sternenhimmel bewahrt haben, ergänzt hier das, was sich von den Sternbildern der Maya noch rekonstruieren lässt, ohne dass sich – wie bei jedem evolutionären Paradigma – gerade Linien von damals zu heute ziehen liessen.

Bereits zwischen 1000 und 700 v. u. Z. sind in Ceibal (Guatemala), Aguada Fénix (Mexiko) und Cahal Pech (Belize) monumentale Architekturen einschliesslich Stufenpyramiden nachweisbar.[3] Die Mayastadt Nakbé im nördlichen Guatemala hatte zwischen 800 und 400 v. u. Z. ihre Blüte und besass bereits astronomische Observatorien. 13 km nördlich davon liegt El Mirador, das zwischen 300 und 100 v. u. Z. eine fast schon sechsstellige Einwohnerzahl erreicht haben könnte, im Knotenpunkt eines 240 km langen Strassennetzes stand und einen Baukomplex mit einer Tripelpyramide von 72 m Höhe besass. Die Anlage weist mehr Bauvolumen auf als die Cheopspyramide und blieb das monumentalste Bauwerk, das die Maya jemals errichteten. Ausgerichtet waren die Gebäude an den Sonnenaufgangspunkten vom 12. Februar und 10. Oktober, deren Abstand determiniert wurde von der 260-tägigen Venusperiode, die Beginn und Ende des agrarischen Jahres markierte und zu einem *Tzolk'in* genannten Kalender führte.[4]

Die 'klassische' Zeit der Maya ist zwischen 250 und 900 u. Z. anzusetzen, ohne dass es jedoch jemals so etwas wie ein Reich der Maya, Grenzmarkierungen oder grosse Befestigungsanlagen gegeben hätte. Es blieb bei einzelnen, mehr oder minder grosse Regionen dominierenden Stadtstaaten wie Calakmul, Palenque oder Tikal mit ihren imposanten Bauwerken, Reliefs und Wandmalereien, die miteinander ebenso intensiv in wirtschaftlichem und kulturellem Kontakt standen, wie sie Krieg gegeneinander führten.

Man ass und isst weiterhin Maisbrote (Tamales); Maisfladen (Tortillas) hingegen wurden erst später von Azteken übernommen. Der Mythos zu dieser Lebensgrundlage ist recht komplex. Da gerät der Maisgott zunächst in die Gefangenschaft des alten Gottes der Unterwelt. Als der von den Venus verkörpernden Heldenzwillingen getötet wird und der jugendliche Blitzgott K'awiil (dessen eines Bein eine Schlange ist, was ihn mit dem Donnergott der Anden verbindet) die Erde spaltet, kommt der Maisgott wieder aus der Erde hervor – womit die heutige Welt beginnen kann, da die Menschen nunmehr zu essen haben.[5]

Neben Mais wurden Kürbisse, Tomaten, Paprika und Chili angebaut; Kakaobohnen dienten zudem als Zahlungsmittel. Papaya, Avocado und die Ramón-Nuss wurden in Gärten gezogen und Kautschukbäume angezapft für Latex als Klebe- und Dichtstoff. Hunde, Truthühner und Kaninchen wurden gehalten; Trag- und Nutztiere jedoch gab es nicht. Hirsche, Pekari und die meerschweinchenartigen Aguti wurden gejagt, Leguane und Schildkröten, Fische und Vögel gefangen, Muscheln und Schnecken gesammelt. Kakao wurde zum Getränk und Gewürz für die Oberschicht. Aus Agaven oder Mais wurde Pulque hergestellt und Tabak in Form von Zigaretten, Zigarren oder in Pfeifen geraucht. Mangels Erzvorkommen wurden keine Metalle verarbeitet, höchstens als rare Güter importiert; Knochen,

Holz, Feuerstein- und Obsidian dienten zur Herstellung von Werkzeug; Jade war ein begehrter Schmuckstein; und die Keramik war vielfältig, sowohl im Alltag wie als Kunst- und Kultgegenstand.

Gottheiten gab es fast unübersehbar viele; die Maya sprechen von "8000 Göttern des Himmels und der Erde",[6] überwiegend männlichen, wenngleich sie weniger einzelne Götter denn Personifikationen verschiedener Aspekte von sich wandelnden Naturmächten darstellten. Der klassische Hauptgott Yukatans etwa – Itzamna – war als Grossvater der Götter sowohl Schöpfer-, Fruchtbarkeits- und Himmelsgott wie auch Kulturheros. Zusammen mit seiner Gemahlin Ixchel – der Erd-, Wasser-, Regenbogen-, Fruchtbarkeits- und Muttergöttin – brachte er den Maya den Kakao, die Heil- und Webkunst, den Kalender und die Schrift.

Diese war, wie die Funde von San Bartolo, Guatemala, Uaxactunin Mexiko und Kichpanha in Belize zeigen, um 500 v. u. Z. selbständig im Tiefland entstanden.[7] Sie entwickelte sich zu einer logosyllabischen Schrift, deren verschlungene Glyphen sowohl für ganze Wörter wie für einzelne Silben oder Vokale stehen konnten, sodass stets mehrere Schreibweisen für ein Wort möglich waren. Dabei ist für die animistische Vorstellung der Maya typisch, dass Begriffe sowohl als Götter- wie als Tierfiguren dargestellt werden können und ein Wort wie *Chan* in klassischem Maya neben der Bedeutung 'Himmel' auch die von 'Schlange' und '4' besitzt. Ansatzweise lesbar gemacht wurde die Maya-Schrift erst wieder 1952 von Juri Knorosow, wobei noch ein Zehntel der etwa 800 Glyphen nicht entziffert und folglich vieles unklar ist.

Die letzte datierbare Inschrift der Maya-Kultur findet sich auf einer Stele aus dem Jahr 909. Die Baukunst stagnierte und die Städte wurden verlassen: offenbar weniger, weil die Bevölkerung explodierte und der fragile tropische Boden dadurch auslaugte, sondern eher, weil die Königshöfe es nicht mehr auf Repräsentation angelegt hatten (oder anlegen konnten, da die politischen und ökonomischen Umstände es nicht mehr erlaubten). Als dann aber Dürrejahre kamen, brach bald alles zusammen – auch weil mehrere fremde Gruppen nun das Tiefland von Zentralmexiko aus infiltrierten.

Dort wiederum konsolidierten sich die Tolteken, die zwischen dem 10. und 12. Jahrhundert von Tula aus den grössten Teil Zentralmexikos dominierten. Unter ihnen entwickelte sich – in dieser sogenannten 'postklassischen' Zeit – Chichen Itzá bis 1200 zum letzten bedeutenden Zentrum der Maya, von dem aus Seehandel betrieben wurde. Beherrscht wurde die Stadt damals von einer kleinen Elite von Adeligen, Priestern und Kriegern, welche die Herren der umliegenden Städte – wo man zumeist bloss noch in Ruinen hauste – zu gemeinsamen religiösen Feiern einluden: zu Ballspielen, Blutopfern und Zeremonien mit Feuern und um die geheiligten Cenoten.

Während im 14. Jahrhundert im Westen die Azteken gross wurden, splitterte im Gebiet der Maya weiter alles auf, bis es schliesslich – mit Ausnahme Mayapans – nur noch untereinander rivalisierende Clans gab und Hernandez de Córdoba 1517 auf der Suche nach Sklaven, Gold und neuen Ländern Cozumel und Yukatan entdeckte.[8]

ASTRONOMISCHE OBSERVATIONEN

Aus den kolonialen Wörterbüchern gehen einige Bezeichnungen auf Yukatekisch für die Sternengucker der Maya am Vorabend der spanischen Eroberung hervor. *Eek'* bezeichnet sowohl einen Stern wie einen weltlichen, nicht an Ritualen beteiligten Priester. *Aj K'iin* – Der von der Sonne – wird als Astrologe glossiert. Der kundigste Astronom wurde *Aj Miats* genannt, der Weise. Als 'Jener, der sich im Gehen der Sterne, im Drehen der Sterne auskennt', war er am besten in religiösen und kalendarischen Fragen ausgebildet.

Differenziert wurde bei diesen Weisen zwischen dem *Chilam Balam*, dem 'Mund oder Sprecher des Jaguars', der mit *Aj Noj K'iin*, 'Grosser Sonnenpriester' betitelt wurde, und dem *Báalam* selbst, dem 'Jaguar' als oberstem Astrologen. Dieser angesehenste und heiligste Mann nahm das Amt des *Ajau Kaan* ein: was sich als 'Schlangenherr' übersetzen lässt, jedoch ebensogut 'Herr des Himmels' bedeutet. Als oberster Astrologe wusste er alles über Sonne und Mond, Planeten und Fixsterne und die Schöpfungsgeschichte – was als "Kunst dessen, der weiss, wie die Himmel gehen und die Sterne" glossiert wurde.[9]

Bei den Azteken dann wurden die Priester, die sich damit beschäftigten, bezeichnet als "jene, die den Himmel beobachten, sich mit seinen geregelten Bahnen beschäftigen, die Bücher mit ihrer roten und schwarzen Tinte entfalten, sich um die Bilder kümmern. Sie nehmen und führen uns, zeigen den Weg, bestimmen, wie das Jahr fällt, wie die Zählung des Schicksals, der Tage und der jeweils 20fachen Jahre verläuft."[10]

Einen Begriff für Astronomie allein aber gab es nicht, da alle Menschen den Sternen unterstellt waren. Deshalb wurde viel Wert auf Omendeutung und Voraussagen gelegt, insbesondere jene von Eklipsen, die potentiell den Weltuntergang einleiteten: "Das Gesicht des Sonnengottes wird von seinem Lauf abgewendet werden, es wird nach unten gewendet werden, während der Herrschaft der vergänglichen Menschen, der vergänglichen Herrscher. Fünf Tage wird die Sonne verfinstert sein und dann wird man die Fackel von Katun 13 Ahau sehen."[11]

Dieselbe Bedeutung wurde dem Auftauchen des Planeten Venus zugemessen, wenn er durch den Gott K'awiil Kriege ankündigte: "Es erscheint im Osten der Herr der Unterwelt, der grosse Stern; der Gott K'awiil wird von ihm durchbohrt. Elend ist dem Mond, Elend ist den Menschen; es ist das Ende des Reichtums, Elend ist dem Maisgott, Elend ist den Königen."[12]

Die erhaltenen Codizes wurden grossteils deshalb verfasst, um auch Omen des Mondes und der Sterne sowie Eklipsen voraussagen, deuten und entsprechend opfern zu können – mit einer nuancierten und vielfältigen Praxis, die jener der Babylonier und ihrer Astrologie in nichts nachsteht.

Bezeichnend für die Astrologie der Maya ist – wie sich an den Sternbildern von Zinacantán zeigt –, dass nicht alle Sterne des Himmels benannt und figuriert wurden, sondern dass man den Sternenhimmel allgemein als 'Viele Sterne' (*Epal K'analetik* auf Tzotzil) auffasste, in denen einzelne Sternbilder hervorgehoben wurden, die mythisch, spirituell oder praktisch von Bedeutung waren. Bevor jeder eine Uhr besass und es Minibusse zum Transport gab, dienten einzelne Sternbilder aber auch zur nächtlichen Zeitmessung, um ein, zwei Stunden vor der Dämmerung aufzustehen. Damit bekamen die Frauen im Haushalt Zeit, Mais zu mahlen und Tortillas zum Frühstück bei Sonnenaufgang zu backen und rechtzeitig zum Markt oder zur Arbeit auf den Feldern der Gutsherren zu ziehen, um einen ganzen Tagesdienst ableisten zu können. Das resultiert aus dem simplen Umstand, dass die Dämmerung in den Tropen – anders als bei uns – sehr kurz ausfällt und es schnell Tag wird. Um morgens parat zu sein, zeigten in Zinacantán die Venus und Die Drei Zusammen im Orion 5 Uhr früh an; der Aufgang Der Sandale der Plejaden und Des Skorpions fiel auf eine Stunde früher; die Plejaden standen um 3 Uhr im Zenit und Das Kreuzgestirn von Crux ging um 9 Uhr abends auf.[13]

DIE KALENDER

Für das agrarische Jahr bestimmend waren die Plejaden sowie der solare Zenit und Nadir. Der Aufgang des Sternhaufens morgens im Osten in der dritten Maiwoche markierte in der klassischen Zeit die Tage vor der Regenzeit, in denen mit einem Grabstock die Maiskörner in den Milpas – Feldern, auf denen auch Kürbisse und Bohnen gezogen wurden – eingepflanzt wurden. Der Tag, an dem die Sonne kurz darauf erstmals im Zenit stand, kündigte die Regenzeit an. Der Untergang der Plejaden morgens im Westen in der zweiten Novemberwoche hingegen markierte die Erntezeit am Beginn der Trockenzeit: die wiederum mit dem Nadir der Sonne abgeglichen wurde.

Den Tagesbeginn selbst setzte man jedoch je nach Kalender unterschiedlich an: Der auf Venus ausgerichtete Tzolk'in-Tag begann mit der Abenddämmerung; der auf die Sonne ausgerichtete Haab-Kalender mit der Morgendämmerung.[14]

Die Maya besassen mehrere, miteinander synchronisierte kalendarische Zählweisen. In ihrer Komplexität verraten sie, dass die Zyklen der Zeit, der Natur und des Kosmos als alles bestimmend aufgefasst wurden – weshalb Inschriften stets das genaue Datum eines Ereignisses angeben: das Jahr, die Position der Planeten im Tierkreis, die Phase des Mondes, die seit dem errechneten Weltanfang am 11.8.3114 v. u. Z. vergangenen Tage.

So heisst es in einem Text: "Indem Venus an die Stelle des Mondes trat, vergingen fünf Tage, 14 Monate, zwei Jahre und zwei Jahreszyklen, bis es geschah, dass ... er zum Thronfolger ernannt wurde, der Jaguar-Herr des Hauses Palenque."[15] Und so wie der Herrscher sein Mandat von der Zeit und dem Himmel erhielt, manifestierte er seine Macht mittels genauer Zeitrechnungen, die weit in die Vergangenheit und voraus in die Zukunft reichten.

Am wichtigsten war und blieb ein bis an den Anfang des 1. Jahrtausends v. u. Z. zurückgehender, in ganz Mittelamerika gebräuchlicher 260 Tage umfassender Ritualkalender, dessen Maya-Name nicht mehr bekannt ist. Er beruht auf der durchschnittlichen Länge der Zeitspanne, in der Venus als Morgen- und als Abendstern sichtbar ist (eigentlich ist sie, mit mehrtägigen Schwankungen, 236 Tage als Morgenstern sichtbar, 85 Tage hinter der Sonne unsichtbar, 250 Tage dann als Abendstern sichtbar und 8 Tage vor der Sonne wieder unsichtbar). Der Durchschnitt ergab sich durch den Bezug zu den fünf Sonnenjahren, die es braucht, um sieben Venusperioden miteinander abzugleichen – was aufgrund dieser Synchronisation zwei verschiedene Beobachtungssysteme voraussetzt, nämlich eines für die Sonne und eines für Venus.[16] Das erstmalige Erscheinen des Morgensterns war von besonderer Bedeutung, weil er dann, aus der Unterwelt kommend, mit seinen 'Pfeilen' als gefährlich galt.

Ein Bericht vom Ende unseres 19. Jahrhunderts belegt, dass in Zentralmexiko ein Kalender zur "Zählung der Planeten oder leuchtenden Himmelskörper" weiterhin in Gebrauch war und er sich vor allem auf Venus bezog. "Diesem 'Stern des Lichts' bringen sie – nach der Sonne – mehr Opfer dar als sonst einem himmlischen oder irdischen Wesen. Die Astronomen wissen, an welchem Tag er wieder im Osten auftauchen würde, nachdem er sich verirrt hatte oder im Westen verschwunden war: Und für diesen ersten Tag bereiteten sie ein Fest oder einen Krieg und Opfer vor. Der Herrscher liess dann einen Indio in der Morgendämmerung opfern, sobald der Stern sichtbar wurde. ... Wie alle guten Astrologen halten sie all die Tage fest, an denen dieser Stern sichtbar ist. Der Grund, weshalb ihn Herren wie Volk derart verehren und weshalb sie ihre Tage nach diesem Stern zählen, sie ihn anbeten und ihm Opfer darbringen, liegt darin, dass diese geblendeten Einheimischen dachten oder glaubten, dass einer ihrer obersten Götter namens Topiltzin oder Quetzalcoatl sich in diesen glänzenden Stern verwandelte hatte, nachdem er gestorben war und diese Welt verlassen hatte."[17]

Der heute *Tzolk'in* – Tageszählung – genannte Kalender etablierte Venus als wichtigsten Himmelskörper. Sein 260-Tage-Raster ergab sich aber nicht nur aus dem kalendarischen Durchschnitt der Venusperioden, sondern auch dadurch, dass eine Schwangerschaft neun Mondmonate dauerte (zwischen 255 und 266 Tagen); deshalb verwendete man Venus auch zur Vorhersage menschlicher Schicksale aufgrund des Geburtstages. Diese Tageszählung multiplizierte zudem die Anzahl der Zehen und Finger eines Körpers mit den angenommenen 13 Himmeln.[18] Dazu wies der agrarische Zyklus – von der Aufbereitung der Felder über den Anbau bis hin zur Ernte – eine vergleichbare Länge auf. Man versuchte damit also Aspekte des Kosmos, des Menschen und der Natur zu vereinen.

Unterteilt wurde diese Periode von 260 Tagen durch das in ganz Mittelamerika gängige Vigesimalsystem. Diese *Winal* genannte 20er-Zählweise, welche die fünf Finger und Zehen an jedem Körperglied zusammenzählt, steht pars pro toto für den Menschen – *Winik* –, der sich in den meisten Mayasprachen von derselben Wurzel ableitet. Ebensogut symbolisiert diese Zählweise aber auch die vier Vorwelten, die der heutigen fünften Welt vorausgingen, und die vier Himmelsrichtungen mit dem Zenit als fünftem, wichtigem Himmelspunkt.

Mit der 20 liess sich die 260 Tage lange Venusperiode in 13 Abschnitte einteilen und somit auch der Mensch in diesen kosmischen Ablauf einbinden – wobei auch die jährliche Sonnenbahn in 13 Abschnitte eingeteilt wurde, die je einem Sternbild des Tierkreises und den ingesamt 13 Stufen des Sonnenlaufs in der Ober- wie der Unterwelt entsprachen. Man konnte somit eine Jahreszählung in 20er Einheiten von *Tuns* – 20 × 260 Tage – und dann *Katuns* (20 Tuns) etablieren. Die Vollendung und zugleich der Neuanfang der zyklischen Zeit ergab sich nach 13 Katuns (oder 260 Tuns). Es war dies ein Endpunkt, der zugleich ein neuer Anfangspunkt war. Bezeichnet wurde er als *May* – was nicht zuletzt auf die Bezeichnung *Maya* verweist (falls sie nicht gar daher rührt).[19]

Der Ritualkalender setzt sich somit aus einer Kombination von 20 Tagesnamen und den Zahlen von 1 bis 13 zusammen. Die auch noch heute in Yukatan gebräuchliche Zählung setzt an den ersten Tag jenes Tier, aus dem, mythisch erhöht, die heutige Welt entstanden war: 1 *Imix*, 'Krokodil'. Darauf folgen 2 Wind, 3 Nacht, 4 Juwel oder Maiskorn (heute 'Netz') und nach 13 Maispflanze geht es weiter über 1 Jaguar als 14. Tag hin zu 7 *Ahau*, 'Herr', als letztem der ersten 20 Tage. Die nächste 20-er Runde beginnt dann mit 8 Krokodil, 9 Wind, 10 Nacht und so weiter. Derart endet der Tzolk'in-Kalender mit 13 Ahau – und somit nach 20 × 13 Tagen: um darauf erneut mit 1 Krokodil zu beginnen. Jeder Tag darin war mit bestimmten Prognosen und Göttern verbunden, die Glück und Gesundheit von Menschenleben ebenso beeinflussten wie sie als Tageszeichen gute und schlechte Tage für die Aussaat oder die Jagd bestimmten.

Daneben war aber auch ein heute als *Haab* bezeichneter Sonnenkalender von 18 Monaten in Gebrauch, von 1 *K'anjalab* ('Gelbes Aguti', ein Nagetier), bis 18 *Bix Ohl* ('Die Seelen gehen', weil man glaubte, dass an diesem letzten richtigen Monat des Jahres die Verstorbenen ihre Reise antreten)[20] – im 16. Jahrhundert wurden diese Monate in Yukatan jedoch 1 *Pop* ('Matte') und 18 *Kumku* ('Kornspeicher') genannt.[21]

Jeder dieser 18 Monate umfasste die 20 Tagesnamen des Tzolk'in-Kalenders. Darin waren ebenfalls religiöse Festtage verzeichnet, von denen das Neujahrsfest das grösste war. Für den Beginn eines neuen Jahres aber kamen nur vier Tage des Tzolk'in-Kalenders als sogenannte 'Jahresträger' in Frage. Die jeweiligen übernatürlichen Schutzwesen dieser vier Tage – die von den K'iche' heute *Mam*, 'Grossväter', genannt werden – samt den mit ihnen assoziierten Farben und Himmelsrichtungen bestimmten dann das einzelne Jahr. So glaubte man in der Kolonialzeit in Yukatan, dass die Jahre, die mit dem Träger *Kawak*, 'Gewitter', verbunden waren (der seinerseits für 'Westen' und 'Schwarz' stand), unter einer heissen, die Maisfelder vernichtenden Sonne leiden würden.

Hinzu kamen am Ende noch 5 als *Wayeb* gefürchtete, 'namenlose' Tage für ein Jahr von 365 Tagen, das als 'vages' bezeichnet wurde, weil es nicht mit den bald zusätzlich nötigen Schalttagen synchronisiert wurde. Diese 5 Tage galten als derart unheilschwanger, dass man währenddessen keine schwere körperliche Arbeit verrichtete.

Synchronisiert wurde dieser Haab-Kalender mit dem Tzolk'in-Kalender erst durch eine Kalenderrunde von 52 Sonnenjahren, die sich durch das kleinste gemeinsame Vielfache von 260 und 365 Tagen (=18 980) ergab.

Die Zyklen des Mondes wiederum bestimmten eine Zählung von jeweils 28-tägigen Monaten, in denen er im Laufe eines Jahres die 13 Sternbilder eines Tierkreises entlang der Ekliptik tangierte. Das ergab umgerechnet ein Sonnenjahr von 364 Tagen, dem alle fünf Jahre ein Schalttag hinzugerechnet wurde.[22] Das Ende eines solchen Mondjahres wurde in den Mayasprachen des Tieflandes als *Tun* bezeichnet, 'Stein'; der Ausdruck wird in den Inschriften parallel zu *Haab* für das Sonnenjahr und auf den zur Feier des Jahresabschlusses errichteten Stelen verwendet.[23]

Es gibt über 300 Inschriften, in denen das Datum der Mondphase, eine Monatszählung, der Name des Mondes und die Länge des Monats notiert wurden. Solche Mondserien sind manchmal für weit in der Vergangenheit liegenden Ereignisse zurückberechnet worden, um beispielsweise die astronomischen Konstellationen am Beginn der Erschaffung der heutigen Welt zu bestimmen. Rückblickend setzte man sie mit 13. 0.0.0.0.4 Ahau 8 Kumku an: dem 8. September 3113 v. u. Z.[24]

Kurz davor war das mythische Bestirnte Hirschkrokodil geköpft und aus seinem Leib Himmel und Erde geschaffen worden, damit an diesem Tag dann, zusammen mit dem Beginn der Kalenderzählung, das erste menschliche Wesen – *Aj Winik* – geformt und der Himmelspol für die ersten beiden Sternbilder – Die Erste Drei Steine (Herd-)Stelle und Die Schildkröte – an den Himmel gesetzt werden konnten.[25]

Die sogenannte 'Lange Zählung' wiederum erweiterte – ineinandergreifenden Zahnrädern vergleichbar – den Sonnenkalender. Sie notierte die Tage von 1 bis 20 (*Kin*) in 18 vigesimalen Einheiten (*Winal*), worauf 20 solcher 360-Tage-Zyklen (*Tun*) folgten, hierauf das 20fache davon (*Katun*) und schliesslich das 20fache dieser 20 × 360-Tage-Zyklen (*Baktun*): bei denen wiederum bis 13 gezählt wurde.

Zum Zeichen, dass die heutige Welt eine lange Vorvergangenheit hatte, wurde der Nullpunkt dieser Langen Zählung vor unvorstellbar langer Zeit angesetzt: nämlich im Jahr 28 285 978 483 664 581 446 157 3 28 241 745 v. u. Z.[26] Ein Wendepunkt – jedoch nicht der Endpunkt – dieses Kalenders war 13 Baktun 0 Katun 0 Tun 0 Winal 0 Kin 4 Ahau 3 Kankin: die Wintersonnenwende an unserem 21. Dezember 2012. 'New Age'-Mythologien haben daraus konstruiert, dass die Maya für diesen Tag das Ende der Welt vorausgesagt hätten – was Schwachsinn war, da auch dieser Kalender weiterlief, wie aus zahlreichen Inschriften hervorgeht, die in die Zukunft zählen.[27]

Was jedoch aufhörte, war um 900 die Lange Zählung selbst, als die Städte aufgegeben wurden, Dürren kamen und endemische Kriege und politische Instabilität das sogenannte 'klassische' Zeitalter der Maya im Tiefland beendete. Danach fixierte man sich zunächst auf Zeremonien am Ende des 365 Tage langen Jahres mit seinen unheilvollen Schalttagen. Dann führte man um 1000 die Kalenderrunde von 52 Mondjahren und den entsprechenden Venusperioden wieder ein, die man mit der Zahl des gerade vergangenen Katun und dem Ahau-Tag am Ende des gerade gültigen Katun zur sogenannten 'Kurzen Zählung' erweiterte.

Die Auffassung von Zeit blieb jedoch jedes Mal eine zyklisch vorbestimmte. Sie kehrte sich in Variationen, die von Mächten bedingt wurden, die man durch Opfer zu beeinflussen suchte. Diese omnipräsenten Mächte personifizierten sich auf ihre je eigene und oft andere Weise: auch als männliche Sonne, die als höchste Naturgewalt alles beherrschte, als Morgen- und Abendstern, welche dem Sonnengott als aggressive Handlanger dienten, als weiblicher Mond oder als Planet. Ihre Bahnen und Bewegungen zu beobachten und sie im Wechselspiel miteinander zu betrachten, versprach nähere Einschätzungen der Zukunft: Voraussagen über die Natur und das Wetter als Lebensgrundlagen ebenso wie Prophezeiungen über das Schicksal der Herrscher, der Gemeinschaft und des Einzelnen. Eklipsen mass man als Warnungen dabei besondere Bedeutung zu. Jedwede Astronomie diente somit der Astrologie.[28]

M 1–16

HIMMELSKREUZE

Der Sonnenlauf über den Himmel und unter der Erde wieder zurück, gab (und gibt weiterhin) bei den Maya eine natürliche Orientierung vor, der Glyphe entsprechend, mit der man 'Sonne, Tag, Sonnengott' schrieb. Es war dies ein abgerundetes Quadrat mit jeweils einem nach innen zur Sonne weisenden Strich an jeder Seitenmitte, der für ihren Aufgangspunkt, den Zenit, den Untergangspunkt und ihren nächtlichen Nadir stand. Die Welt wurde damit in Osten, Oben, Westen und Unten eingeteilt, gemäss einer schiefen Sonnenbahn, die morgens beim 'Eintreten der Sonne' bereits hoch ansetzte, den Mittag schon als 'Heruntergehen der Sonne' und den abendlichen Westen dann als 'Verlassen der Sonne' auffasste; ihr nächtlicher Nadir wurde dementsprechend als neuerlicher 'Aufstieg der Sonne' bezeichnet.[29] Nord und Süd waren davon abgeleitet als das 'Links' und 'Rechts' der Sonne; und unter Osten verstand (und versteht) man auch nicht unseren Kompasspunkt, sondern die jeweilige Stelle des Sonnenaufgangs.

Das Kreuz der Glyphe für *Kin* stellt somit das Diagramm einer in vier Himmelsrichtungen geteilten Welt dar, in deren Ecken jeweils ein *Bakab* genannter Himmelsträger stand (den man, wie gesagt, mit den wechselnden kalendarischen Jahresanfängen gleichsetzte). Diagonal als Andreaskreuz gesehen, bildet es die Extrempunkte des Sonnenlaufs ab und stellt zugleich eine Blume dar, deren Blüte sich mit der Sonne dreht. Zudem werden diese Himmelsrichtungen mit Farben assoziiert, wie bei den Südlichen Dene Nordamerikas auch, wo es die Farben schwarz, weiss, gelb und blau sind.

Für ganz Mittelamerika gilt hingegen: rot = Osten, schwarz = Westen, weiss = Norden, gelb = Süden. Nur die Tzotzil von San Andrés Larraínzar machen da eine Ausnahme, indem ihr Osten und Norden weiss und mit dem Regengott bzw. dem Maisgott verbunden sind, der schwarze Westen mit dem Totengott assoziiert ist und der Süden, wo der Windgott wohnt, als rot gesehen wird. Die zentrale Achse dieses Himmelskreuzes verläuft dabei von Ost nach West: Osten war der Ort der Wiedergeburt der Sonne, der Venus, der Tiere in den Sternbildern, sogar des Todes selbst, nachdem sie eine Zeit lang unter dem Horizont verschwunden und in der Unterwelt verblieben waren; und im Westen starben sie, um in das Totenreich zu gehen und es dann – wieder an den Anfangspunkt zurück – zu durchlaufen.[30]

Das Kreuz spielt in der Kultur der Maya seit jeher eine grosse Rolle, da es ein fundamentales Ordnungsprinzip auf die Welt projiziert. Es teilt sie in vier Ecken, an denen vier Bakabs – oder dann Bäume – den vom Sonnenlauf symmetrisch geteilten Himmel trugen; es entsprach aber auch den vier ausgestreckten Gliedern eines Menschen, wie sie in Chichen Itza abgebildet wurden, eines Tieres oder den vier Seiten eines Tisches, Hauses oder eines Maisfeldes. Und was sich tagsüber durch den Sonnenlauf ergab, das zeigte sich nachts an den mehrfachen Sternbildern von Kreuzen ebenso wie an der Milchstrasse, die durch den Schnitt mit der Ekliptik in zwei Arme geteilt wurde – wobei man den Himmel für höher hielt, als das Meer tief war, analog zu den Proportionen eines Menschen oder Baumes.[31]

Das Kreuz reduzierte somit die Welt auf die Achsen seiner zwei Dimensionen. Als Zentrum von Riten und Prozessionen, die Herrscher und | oder Priester am Ende von Kalenderperioden, Jahren oder Katuns vollzogen, bildete es nicht nur den Raum, sondern zugleich auch die Zeit ab.[32]

DER SCHÖPFUNGSMYTHOS UND SEINE GRUNDLEGENDEN PARADIGMEN

Die nordwestlichen Nachbarn der Maya in Teotihuacán dominierten in der ersten Hälfte des 1. Jahrtausends u. Z. von ihrer 200 000 Einwohner zählenden Stadt aus ganz Mittelamerika. Sie errichteten um 200 eine der Sonne, eine dem Mond, und in der Palastanlage eine der Venus geweihte Pyramide der Gefiederten Schlange. Siebzehn Meter tief unter dieser Pyramide gruben sie eine Unterwelt aus, die durch einen Tunnel zu erreichen war und in der sich Zehntausende von kostbaren Votiven fanden, darunter auch Reste von Menschenopfern. Die Felsdecke war mit pulverisiertem Pyrit, Magnetit und Hämatit bestrichen; sie glänzte im Fackelschein ebenso auf wie die Hunderte von mit Pyrit überzogenen Lehmkugeln in einer Landschaft von Quecksilberlachen, die Seen repräsentierten. Genau unterhalb der Mitte der Pyramide der Gefiederten Schlange standen noch zwei Figurinen aus Olivin in ihrer ursprünglichen Position, die wie ein Erster Mann und eine Erste Frau, kostbare Edelsteine als Augen, hinauf zur Achse dieser Welt blickten.

Es war dies eine beeindruckende Verwirklichung des panamerikanischen Schöpfungsmythos mit seiner dämmrigen, von Protosonnen erhellten Vorwelt, aus der die ersten Menschen an die Erdoberfläche stiegen, um sie dann selbst zu erleuchten durch Sonne, Mond und Sterne. Indem für sie in Teotihuacán diese drei riesigen Pyramiden samt Unterwelt errichtet wurden, imaginierte man die Entstehung des Universums offenbar auf sehr ähnliche Weise wie die Südlichen Dene.

Die unterschiedlichen Regionen der Maya differenzierten ihre Mythen samt ihren kosmologischen und religiösen Vorstellungen im Laufe ihrer jeweiligen Entwicklung jedoch ständig weiter und variierten sie entsprechend. Erkennbar bleibt jedoch ein gemeinsamer Kern, der in die klassische Zeit und weiter zurückreicht. Er unterscheidet sich ein wenig von dem der Azteken, die vieles aus der Kultur der Maya übernahmen, dann aber einiges, als sie selbst um 1400 gross wurden, ihrerseits an die Maya weitergaben (den Schöpfergott Quetzalcoatl beispielsweise). Doch ob nun bei den Maya oder den Azteken – jedes Mal lässt sich eine deutliche Kontinuität zu den Mythen der Dene aufzeigen und über sie wiederum zu jenen Südostasiens, wo die Vorstellungen eines Ersten Mannes und einer Ersten Frau ebenfalls greifbar sind.

Die Frage ist dabei nicht ob etwas, sondern wieviel von den Überlieferungen, die um 1550 im *Popol Vuh* schriftlich fixiert wurden (und in vielen mündlichen Traditionen heute noch erzählt werden), schon in der klassischen Zeit nachweisbar ist. So geht aus den alten Hieroglyphentexten zunächst hervor, dass man den Beginn der gegenwärtigen Welt mit dem Jahr 3113 v. u. Z. berechnete und den Schöpfungstag nach dem Tod des alten Herrschers der Unterwelt ansetzte, durch den Mais und Kakao als die beiden bedeutendsten Kulturpflanzen aus seinem finsteren Palast befreit werden konnten.[33] Aus ihnen herauslesen lässt sich mit einiger Gewissheit sodann, dass es zumindest eine Vorwelt gab, in der etwa der namentlich noch nicht bekannte Gott GI – der spätere Hunahpu – offenbar eine dem urweltlichen

Dämmerschein vergleichbare, wässrige Vorsonne darstellte; es mit dem Hirschkrokodil ein Ungeheuer gab, das besiegt werden musste, bevor die heutige Welt beginnen konnte; und dass sie erst danach Sternbilder am Himmel erhielt.

Dass es bei den Maya wie bei den Südlichen Dene jedoch vier noch in dämmrigem Dunkel liegende Vorwelten gab, geht erst aus dem *Popol Vuh* hervor. Die ursprünglich unterirdisch übereinanderliegenden Welten verflachen sich darin zwar zu zeitlich aufeinanderfolgenden Welten, doch werden auch heute noch – wie bei den Navajo und den Inka – eigene Orte oder Seen wie jener von Atitlán verehrt,[34] aus denen alles und alle einst aus der Unterwelt emporstiegen. Wie bei den Südlichen Dene tritt dann ein als Erster Mann und Erste Frau erkennbares Schöpferpaar von Urmutter und Urvater auf, das in der postklassischen Zeit in Yukatan *Itzamna* und *Chak Chéel* hiess, im späteren *Popol Vuh* aber *Xmukane* und *Xpiyakok* genannt und mit Die Erschafferin und Der Erzeuger betitelt wird. Analog zum Kojoten als Tricksterfigur der Navajo kennt das *Popol Vuh* auch den *Hunahpu-Kojoten.* Denn umgeben sind diese zwei Ersten in der Anfangszeit der Welt gleichfalls von Urtieren, die am Ende ebenso als Sternbilder an den Himmel versetzt werden.

Die Kosmogonie des *Popul Vuh* weist stellenweise aber auch noch ältere Wurzeln auf als die der Südlichen Dene. Das zeigt sich an einem Motiv, das in deren Schöpfungsgeschichte keine Rolle spielt: Der Unterschied zwischen Tonerde und Holz als Ausgangsmaterial für die Erschaffung des Menschen und die Frage, was stärker oder schwächer ist, was schwimmt oder untergeht. Ton und Holz finden sich im Kontext einer solchen Schöpfung nur bei den Mansen im Ural und den Ewenken am Strom des Jenissei sowie in Anekdoten in Westalaska und den Plains – und nun eben bei den Maya, die damit die ersten beiden Versuche ausgestalten, nach den Tieren gottesgläubige Menschen zu erschaffen.

Sie misslingen – weshalb auch bei den Maya eine Flut entsteht, die im *Popol Vuh* so schwarz und dick herabkommt wie die mesopotamische Flut im *Gilgamesh* und sich so weit ausbreitet wie bei den australischen Wardaman. Bereits aus Zeugnissen der klassischen Zeit geht hervor, dass sie von dem 'Besternten Hirschkrokodil' *Itzam Kaab Áayin* ('Itzam Erdkrokodil' auf Yukatekisch) ausgespien wurde. Es ist dies ein Monster, das viel Ähnlichkeit mit dem babylonischen Meeresungeheuer Tiamat, der Riesenschlage Apep in der altägyptischen Unterwelt, den Drachen am Beginn der chinesischen Schöpfungslegenden und der die Flut auslösenden Riesenschlange der Aborigines hat; mit seinem hybriden Geweih verweist es jedoch auch auf die Hörner jenes Wasserbüffels, der bei den Südlichen Dene die weltzerstörende Überschwemmung verursacht.

Bei den Maya wird, wie es in den kolonialzeitlichen *Chilam Balam* heisst, der Untergang der vormaligen Welt durch die Vollendung des kalendarischen Katuns ausgelöst, bei dem das Itzam Erdkrokodil sowohl den Himmel des Dreizehngottes Oxlahun Ti Ku wie die Erde des Neungottes Bolon Ti Ku umdreht, wodurch – wie in Marduks Weltschöpfung – die Seile, mit denen beide zusammengehalten werden, sich lösen, Steine und Holz herabstürzen und Feuer herniederprasselt. Der Neungott der Unterwelt vermag sich jedoch – wie alle Helden aus den Schöpfungsgeschichten zuvor – zu wehren; er sticht dem Erdkrokodil die Augen aus und schneidet ihm die Kehle durch, sodass von ihm heute bloss noch ein Stück seines Rückens als Insel übrig ist: 'Der Hügel des Kalligraphen'.[35] In älteren Versionen hingegen entstehen aus seinem Rücken die heutigen Berge und aus seinem Blut deren Flüsse und Bäche – wie wir dies auch von den chinesischen oder tahitianischen Mythen kennen.

Die Menschen vom Schöpferpaar eines Ersten Mannes und einer Ersten Frau im dritten Anlauf endlich zur allseitigen Zufriedenheit geformt, wird danach der Himmel erschaffen, wobei aus dem Grossen Weiblichen Schilfrohr der Südlichen Dene, durch welches deren Heiliges Volk zur Erdoberfläche hinaufkletterte, Bäume werden wie bei den Zuñi: Bei den Maya sind dies der Ceiba-Baum in der Erdmitte und die vier Itzamna- oder Imix-Bäume an den vier Ecken der Erde. Diese 'Bäume des ersten Tages' – die wie bei den Zuñi und Navajo mit einzelnen Symbolfarben assoziiert werden – tragen seither den Himmel.

Wie bei den Südlichen Dene und den Inka auch gelangen dann die Sternbilder an den Himmel, indem man sie als glitzernde Steine emporwirft: Zumindest gilt dies implizit für die drei Steine der astralen Herdstelle im Orion und für die vom strahlenden Aufgang der ersten Sonne versteinerten Tiere des Zodiaks der Maya. Auch der in der Himmelsmitte kreisende Mann, wie er für die Sternenhimmel der Nördlichen wie der Südlichen Dene charakteristisch ist, findet sich bei den Maya: nämlich in deren 'Herz Des Himmels' genannten einbeinigen Schöpfergott Juracan. Da der Himmelspol jedoch nicht mehr so hoch wie in Alaska liegt und auch nicht mehr den halben Himmel dominiert wie in New Mexiko, sondern in Baumhöhe nur knapp über dem Horizont liegt, hat die Vorstellung eines himmlischen Zentrums, um das alles kreist, sich bei den Maya auf den Zenit verlagert: insbesondere auf den Zenit der Sonne, den sie zweimal im Jahr erreicht. Die yukatekischen Maya von Yalcobá nennen den Mittag der Sonne unter Verwendung eines spanischen Lehnwortes deshalb *U Jo'ol Gloryah* – Kopf der Herrlichkeit – und sehen ebendort am Himmel den kosmischen Zugang zu ihr,[36] der Himmelsöffnung der Südlichen Dene vergleichbar.

Die Tzotzil aus dem Ort Zinancantán in Südmexiko erzählen heute noch, dass die 'Vielen Sterne' des Nachthimmels aus einem Berg kamen – als Kristalle möglicherweise –, in einem noch unvollkommenen Versuch, Licht in die vormalige Welt zu bringen. Die von ihnen benannten Sternbilder gelangten erst beim Anbruch der heutigen Welt an den bis dahin düsteren Himmel, nachdem die Menschen und ihre täglichen Aktivitäten erschaffen worden waren und durch sie eine Zeitmessung notwendig wurde.[37]

KOSMOLOGIE

Stellvertretend für viele Maya sehen die Tzotzil Ober- wie Unterwelt als Stufenpyramide. Der Himmel weist so sieben Terrassen auf, die innen von einem riesigen Baum gestützt werden, der aus der grünen Mitte der Erde emporwächst und sie mit seinen Wurzeln, dem Stamm und den Ästen zusammenhält. Es ist dies der Baum des Lebens, *Yaxte'* – ein riesiger Ceiba-Baum, dessen grüner, geschwollener Stamm mit Stacheln besetzt ist und an dem grosse birnenförmige Kapselfrüchte hängen. Die Lebensgeister der weisen alten Leute, insbesondere die der Heiler und der *Principales,* klettern an ihm hoch und über seine Äste in den Himmel – wo sie als göttliche, weisshaarige Ahnen zu Sternen werden, von denen manche die Namen von Heiligen tragen.[38] Die um 1400 u. Z. verfassten Weisheitsbücher der *Chilam Balam* setzten zusätzlich zu solch einem Baum noch vier 'Bäume der Fülle' in die Ecken der Welt: den weissen im Norden, den schwarzen im Westen, den gelben im Süden und den roten im Osten.[39]

Nicht bei den Tzotzil, jedoch in den meisten anderen Mayakulturen stehen an den Ecken der Welt seit altersher vier Erdgötter, die *Pawahtun* der klassischen Zeit, die mit Bergen assoziiert und mit Schildkrötenpanzern oder Schneckenschalen dargestellt werden;[40] sie wurden später *Bakabs* genannt, als zahnlose *Mams* ('Grossväter') bezeichnet und als hölzerne Idole aufgefasst. Wie Diego de Landa 1566 schreibt, gelten sie als vier göttliche Brüder, die in der vormaligen Welt jene Flut verursachten, die über die Holzmenschen als den noch misslungenen Menschen hereinbrach; sie selbst entkamen dem dabei einstürzenden Himmel, wurden dann aber vom obersten Gott damit bestraft, das Firmament stützen zu müssen.[41]

Bei den Tzotzil zieht die Sonne inzwischen mit einem erst von den Spaniern übernommenen, zweirädrigen Karren morgens die sechs östlichen, einen blumigen Weg darstellenden Stufen und Stunden hinauf zur siebenten Terrasse, dem Herz des Himmels. Von dort sieht sie mittags – in der dreizehnten Stunde – alles, was auf Erden geschieht, um nachmittags dann die sechs westlichen Stufen hinunter ins Meer zu ziehen. Dort geht sie in die *Olontik* genannte Unterwelt ein, die eine zum Himmel spiegelbildliche Stufenpyramide darstellt, deren fünfte und tiefste Terrasse die Sonne um Mitternacht erreicht, um den dort hausenden Toten Licht zu spenden.[42] Je nach Maya-Gemeinde weist der Himmel so zwischen drei und dreizehn Ebenen auf, wobei sich der Mond gewöhnlich in der untersten, die Sterne und Planeten in der mittleren und die nunmehr meist als Christus gesehenen Sonne in der obersten Ebene befinden.[43]

Der Erdboden gilt als viereckige 'Lichtung', als Feld oder Haus, deren Boden voller Höhlen und unterirdischer Wasserläufe ist, die sich in einen die Erdscheibe umgebenden kosmischen Ozean ergiessen. Dort, wo sie auf- und untergeht, legt die Sonne die Meere trocken; aus den Bergen strömende Flüsse füllen sie jedoch immer wieder auf.[44]

Die Bahn der Sonne über den Himmel, ihre Position in Bezug auf die Sterne und die Erde ordnet den sich bis ins Kleinste und Unendliche verästelnden Kosmos. Der Sonne zu Ehren wurden deshalb (heute nur noch bruchstückhaft rekonstruierbare) Riten gefeiert, in Tempelkomplexen, in denen es Götterbilder und Idole gab. Ausgerichtet waren sie auf den Nadir und den Zenit, wie etwa im zentralmexikanischen Xochicalco, wo ein kleines Loch in der Decke zweimal im Jahr das Licht der im Zenit stehenden Sonne auf Bodenfliesen fallen liess, die mit den für die Himmelsrichtungen typischen Farben rot, gelb, schwarz und weiss bemalt waren.

Zudem waren einzelne Anlagen auf die Äquinoktien und Solstitien sowie Positionen der Venus ausgerichtet, wie dies in Chichen Itzá erkennbar wird – während sie sich in Palenque zudem an den Positionen einzelner Sternbilder orientierten. Es gab dort Nischen, Fenster, Stelen und andere Marker zur Peilung, um den Zeitpunkt für Feierlichkeiten festlegen zu können, bei denen die Macht des Herrschers durch ihre Einbindung in kosmische Abläufe legitimiert wurde.[45]

Auch die Anordnung der Gebäude von Copán spiegelte das Weltbild der Maya wider. Die Wohnbezirke waren nach den vier Himmelsrichtungen angelegt, die sie verbindenden Strassen stellten die Achsen des Kosmos dar und Visierlinien markierten die Wendepunkte der Sonne. Der Herrschersitz im Zentrum der grossen Tempelanlage verwies dabei auf die Bedeutung des Herrschers als Bewahrer göttlicher wie weltlicher Harmonie und Ordnung.[46]

KOSMOLOGISCHE OPFERUNGEN

Dem in der Mitte von zwei gestuften Tribünen eingefassten Ballspielplatz kam in jeder Stadt besondere kosmologische Bedeutung zu. Zusammen mit seinem T als jeweiligem Ende der Spielfläche symbolisierte er Ein- und Ausgang des nächtlichen Sonnenlaufs; der Durchgang zwischen den Tribünen war mit Emblemen der nächtlichen Sonne und der Ballspieler dekoriert, die den im *Popol Vuh* geschilderten Kampf zwischen Licht und Dunkel, Leben und Tod samt dem schliesslichen Sieg des Sonnengottes über die Herren der Unterwelt vorführen. Zugleich konnte das Ballspiel wie in Chichen Itzá zu einem politischen und militärischen Ritus werden, bei dem die

Spieler enthauptet wurden,[47] wie dies noch den Vätern der Heldenzwillinge im *Popol Vuh* geschieht. Dementsprechend erzählen die Hieroglyphentexte von drei Enthauptungen, die in mythischer Vorzeit stattfanden, um die Schöpfung der heutigen Welt einzuleiten.[48]

Die Herren der jeweiligen Stadt konnten dort vor den Augen ihres Volkes die Rollen der beiden Heldenzwillinge auf ihrer Fahrt durch die Unterwelt einnehmen und ihre Prüfungen über sich ergehen lassen, um dadurch die Wiedergeburt der Sonne zu gewährleisten, das Wachstum der Maisfelder zu befördern und als geheiligte Vermittler zwischen der Welt der Götter und der Menschen aufzutreten.[49]

Der Kult der auf Yukatekisch *K'ujul Ajau* genannten 'Göttlichen Herrn' fokussierte diese sich in Architektur und Riten ausdrückende Kosmologie. Darin stand der Herrscher für den Mittelpunkt der Welt, verstand er sich als Achse zwischen den Ebenen des Himmels, der Erde und der Unterwelt. Er sah sich ebensosehr als Inkarnation eines Gottes wie als Fürsprecher der Menschen und versuchte derart beide Welten zu beeinflussen: durch Opferungen und Riten, Selbstverstümmelung, Träume oder Trance und psychedelische Visionen.[50] Durch das Opfer seines eigenen Blutes, mit dem er alles um sich besprenkelte, bekundete er etwa, dass er die Götter, die seine Ahnen gewesen waren, gebahr und nährte.[51]

Der Herrscher schlüpfte somit zugleich in die Rolle eines Schamanen, von dem sich sein Machtanspruch ursprünglich abgeleitet hatte.[52] Tanz, Tabak, psychedelische Stoffe von Pilzen, das Ablecken giftiger Kröten oder Maisbier: Rituell eingesetzt sollten deren Genuss zu den Himmelfahrten verhelfen, die eine Kommunikation mit übernatürlichen Mächten zum Zweck der Weissage und Heilung erlaubten. Zum Beistand erkoren sich Herrscher wie Priester mächtige Tiere aus – sogenannte *Wáay* –, die dann zu ihrem Alter Ego wurden. Sich ihnen anverwandelnd, halfen sie, in die Natur und die übernatürliche Welt einzudringen.[53]

Zu diesen Weggefährten einer schamanistischen Traumreise – *Wáay* bedeutet 'Schlaf, Traum, Hexerei' auf Yukatekisch – zählte der Jaguar oder die Schlange: Sie verkörperten physische und psychische Charakteristiken einer Person. Ihren Ausgang nahmen diese Himmelfahrten an irdischen Orten, die 'Drei-Steine-Stelle' oder 'Fünf-Himmel-Platz' hiessen; Letzterer wird auf einer Vase mit einem Hirsch als Wáay abgebildet.[54] Es liegt daher nahe, auch in den Tieren des Zodiaks solche Wáay zu sehen, die einem einerseits zur Himmelfahrt verhelfen, andererseits astral solche Doppelgänger abbilden.

Noch heute ist dieser Glaube an bestimmte Tiere als Manifestation der eigenen Essenz und als Hilfsgeister weit verbreitet. Im Hochland von Chiapas glaubt man nach wie vor, dass die Ahnen ein und denselben 'Geist' dem Embryo eines Menschen und dem eines Tieres einpflanzen; und in Zinacantán heisst es, dass für jedes zur Welt gekommene Baby ein Tier geboren wird. Dennoch ist dies weder als Totem- noch als Ahnentier zu verstehen: Es drückt sich in diesem animalischen Widerpart vielmehr ein individueller moralischer Charakter aus, der sich in dem jeweiligen Tier widerspiegelt und sich im Laufe eines Lebens verändern kann.[55]

Alle göttlichen Wesen sind sterblich; aber sie werden, wie die Sonne jeden Morgen, wiedergeboren – wenn sie und die von ihnen verkörperten Mächte erhalten und ernährt werden.[56] Als Opfergaben an all diese Mächte dienten Weihrauch, Kerzen, Blumen, Schmuckperlen, Essen, Tiere wie Hunde oder Truthähne, aber auch Blut- und Menschenopfer.

Blutopfer brachte man etwa bei Zeremonien für das neue Jahr dar, wo die Ohren zerschnitten wurden, um Blut fliessen zu lassen. Je nach 'Jahresträger' fielen die Opfer dabei anders aus. Die mit Kriegstänzen begonnenen *Muluk*-Jahre erforderten die Perforation des Penis mit dem Stachel eines Rochen zum Aderlass. Postklassische Figürchen zeigen die sonst den Himmel haltenden Bakab bei diesem Akt, auf einer Schildkröte stehend.[57] Dies bezieht sich wohl auf den damaligen Aufgang der Sonne zur Sommersonnenwende im Sternbild der Schildkröte, wenn der Mais austreibt: Auf diesen Punkt war der Nordtempel der Anlage E in Chichen Itzá ausgerichtet. Die Erde für diese Wiedergeburt des Mais' und der Sonne mit Blut zu tränken – eine Szene, die in den Codices abgebildet wird – war mehr als ein blosses Opfer: Es stellte einen symbiotischen Akt dar, bei dem es um den Saft des Lebens ging. Den tropfenden Sekreten des *Itz* gleich – ob Harz für Weihrauch, Muttermilch oder männlicher Samen –, die dem Schöpfergott Itzamna seinen Namen gaben, belebte er die Natur in allen ihren Formen. Wie das *Popol Vuh* erzählt, machten erst Blut und Herz den Menschen aus, indem sie ihn von seinen stumpfsinnigen Vorgängern abhoben.

In Fülle verheissenden *Kan*-Jahren wiederum opferte man neben Hunden auch Menschen, um die Fruchtbarkeit zu erhöhen. Deren Herz wurde dann zwischen zwei Teller gelegt, worauf ein weiblicher Bote herabkam und die Gabe für den Maisgott annahm.[58] In Chichen Itzá fanden solche Opferungen auf einem runden Opferstein am Ballspielplatz statt (dessen Name nicht von ungefähr auch 'Friedhof' bedeutet).

Diego de Landa berichtet am Anfang der Kolonialzeit über solche Opferungen: "Wenn das Herz eines Opfers entnommen werden sollte, brachte man den Mann oder die Frau mit grosser Zeremonie und von vielen Leuten begleitet zum Platz. Sie malten das Opfer blau an und setzten ihm oder ihr eine kegelförmige Kappe auf und legten das Opfer auf den runden Opferaltar. Dann salbten der Priester und seine Assistenten den Stein mit blauer Farbe und reinigten den Tempel, indem sie den Teufel austrieben. Darauf ergriffen die *Chak*

[Priestergehilfen] das arme Opfer, legten es schnell auf seinem Rücken über den Stein, wo ihn alle viere an den Armen und Beinen hielten, um es auszuspreizen. Dann kam der Henker, der *Nakom*, und stiess ihm sein Feuersteinmesser mit grosser Geschicklichkeit und Grausamkeit links unterhalb der Brustwarze in die Rippen, griff dann mit der Hand hinein, packte das Herz wie ein wütender Tiger und riss es ihm bei lebendigem Leib heraus, legte es dann auf einen Teller und gab es dem Priester. Der ging dann schnell die Gesichter der Idole mit dem frischen Blut salben. ...
Dem Leichnam wurde dann, mit Ausnahme von Händen und Füssen, die Haut abgezogen, worauf sich der Priester nackt auszog, sich in die Haut des Opfers hüllte; und seine Assistenten kamen, um mit ihm zu tanzen. ... Bei anderen Gelegenheiten wurde auch sein Fleisch gegessen. ... Die auf diese Weise geopferten Menschen wurden als heilig erachtet."[59]
Andere öffentliche Menschenopfer verbanden die Enthauptung mit dem Herausreissen des Herzens auf unterschiedliche Weisen. Dem Opfer wurde bei lebendigem Leib die Brust aufgeschnitten, sodass sich das Blut im Brustkorb sammelte wie ein heiliger See. Bog man die Rippen auf, sprang das Herz dann von selbst pulsierend heraus. Enthauptete man das Opfer kurz darauf, pumpte es weiter das Blut aus dem Hals, wie Bilder der klassischen Zeit es zeigen. Oder aber man riss das Herz heraus und steckte es dem Opfer in den Mund: nicht um ihn selbst zu füttern, sondern den Gott. Wobei diese Opferung auch die Heiligung des Opfers oder des Auftraggebers zur Folge haben konnte.[60]

Bestimmt war das Blut für eine durstige Erde und das Herz für die Sonne.[61] Es waren jedoch mehr als nur Opfergaben: Sie gehörten vielmehr einem Akt der Transsubstantiation an, bei dem – hinter den bloss als Masken aufgefassten Formen des Lebens – Essentielles weitergegeben wurde. Steckte im Blut die alles durchfliessende Lebenskraft, stellte das Herz seinen jeweiligen Sitz dar, die Mitte eines Wesens: womit das menschliche Herz dem nächtlichen Herz Des Himmels ebenso entsprach wie dem Zenit der Sonne. Grausamkeit und kosmische Harmonie stellten somit zwei Seiten derselben Medaille dar.

DIE KÖRPER DES HIMMELS

Die Sonne gilt seit jeher bei den Maya als Herrscher über Zeit und Raum, weshalb sich die Könige in der klassischen Zeit mit ihr identifizierten. Der Mond hingegen wird durch seine Phasen eng mit den Tätigkeiten des agrarischen und des täglichen Lebens verbunden. Beiden gemeinsam ist, dass sie in animistischer Weise Natur wie Mensch verkörpern.

So wurde die Sonne seit alters durch eine Glyphe geschrieben, welche die Rote, sich mit der Sonne drehende Frangipani (*Plumeria rubra*) abbildet. Papageien und Aras wiederum beginnen bei Tagesanbruch zu schnattern, sitzen mittags in den Baumkronen, sammeln sich abends, um in der Dämmerung am Himmel zu kreisen, wodurch sie auf ihre Weise den Sonnenlauf wiedergeben. Die yukatekischen Maya verehrten deshalb den Hellroten Ara als *K'inich K'áak' Moo* – Sonnenäugiger Feuerara –, eine Verkörperung des Sonnengottes *K'inich Ajau*. In der kolonialen Zeit glaubte man, dass K'inich K'áak' Moo mittags auf die ihm heilige Nordseite des Platzes von Izamal herabkäme, als feurig fliegender Ara, um seine Opfergaben zu verbrennen, weshalb sich in Zeiten von Seuchen Männer wie Frauen um seinen Schrein scharten.[62] Der tagaktive Puma mit seinem goldenen Fell wird ebenfalls seit jeher als Manifestation des (kriegerischen) Sonnengottes gesehen, mit einer Strahlenkrone abgebildet und als Leitfigur für Herrscher verstanden: Er besitzt bei den Tzotzil heute noch mehr Status als der Jaguar. Zudem glänzt die Sonne nicht nur wie ein Hirschfell, sie kann in den modernen Mythen auch in ein solches schlüpfen. Der dunkelroten Fellfärbung und des langen Schwanzes des Klammeraffen wegen, die der untergehenden Sonne und ihrem letzten Lichtstreifen gleichen, gilt sie als 'Affensonne', wobei die Abenddämmerung bei den Tzotzil als 'schwarzes Affengesicht' bezeichnet wird.

Die Sonne kann zudem als rote Blume gesehen werden oder als Kolibri, der sich den Nektar aus ihrer Blüte holt, da er wie sie nach der überwinterten Trockenzeit zurückkommt. Sie kann aber auch ein Mensch sein, dessen Strahlen man in Motul als 'Bart der Sonne' sieht; als göttlicher Herrscher mit glühendem rundem Antlitz – *K'in Ajau* – trägt er in manchen Regionen Feuer von seiner Milpa über den Himmel, altert jedoch allerorts im Laufe des Tages vom Jüngling zum Greis: wobei es auch vormalige Sonnen wie die Grüne, die Junge und die Blaue Sonne gab.[63]

Die Verkörperungen der Sonne bei Tag und bei Nacht werden in der klassischen Zeit als paddelndes Paar in einem Kanu abgebildet;

der göttliche Rochen im Bug ist dank seiner hell glänzenden, runden Gestalt mit den Zeitläufen der Sonne bei Tage verbunden, der Gott am Heck durch seine Jaguarohren als nächtliche Verkörperung der Sonne auf der Fahrt durch die Unterwelt gedacht. Ihr heutiges Bild sieht dagegen anders aus: Bei den Tzotzil fuhr die Sonne bis vor kurzem noch in einem Karren über den Himmel und bei den Lacandon wurde sie in einer Sänfte getragen.[64]

Im Gegensatz zur männlichen Sonne wird der Mond überwiegend als weiblich gesehen, als meist vor der Sonne entstanden und im Laufe seines Zu- und Abnehmens vom Mädchen zur Greisin alternd, um als Vollmond zur Heiligen Mutter zu werden. Allgemein werden Sonne und Mond als Ehepaar aufgefasst, wobei ihre monatliche Konstellation als Beischlaf verstanden wird.

Die Mondgöttin ist von alters her die Schutzherrin der Weberinnen, der Wahrsagerei, der Schwangerschaft und Geburt ebenso wie der Seitensprünge, aber auch der Erde und des Ackerbaus. Kaninchen gelten dank ihres silbrigen Fells, ihrer Dämmerungs- und Nachtaktivität und ihrer sprichwörtlichen Fruchtbarkeit wegen bereits in der klassischen Zeit als Schosstier der Mondgöttin, das man deshalb auch in der Mondscheibe sieht. Zudem wird der Mond eng mit Wasser assoziiert, nicht zuletzt, weil ein Halo um ihn meteorologisch oft genug Regen ankündigt und man sich seinen Untergang als Abstieg in einen See, ins Meer oder ein Cenote vorstellt. Die Mondgöttin gilt deshalb als Schutzherrin des Monats *Ch'e'en*, 'Höhle' oder 'Cenote' auf Yukatekisch.

Mond und Sternenhimmel werden schon in klassischer Zeit auch als weisse Seerose samt Jaguar dargestellt. Der nachtaktive Jaguar, der gerne schwimmt und fischt und dessen gesprenkeltes Fell für die verstreuten Sterne steht, repräsentiert dann den Mond auf dieselbe Weise wie die nächtliche Jaguar-Sonne die wässrige Unterwelt. Dem Mond ähnlich leuchten seine Augen in der Nacht, während er tagsüber in Höhlen und Spalten schläft, sich vor der Sonne verbergend. Als martialischer Gott repräsentiert der Jaguar auch den Mond in der Trockenzeit, weil hauptsächlich dann Kriege geführt wurden – weshalb er diesen als seinen Schild hochhält.

Die vom Mond gebrachten Regen und Geburten verkörpern hingegen die im Wasser laichenden Frösche und Kröten. Und die vom Mond kontrollierten Gezeiten wiederum werden durch die Fische symbolisiert, welche die jugendliche Mondgöttin anlockt.[65]

Der eng mit der Sonne verbundene Planet Venus gilt als ihr Bruder, Träger, Gehilfe, Krieger oder als falsche Sonne und wird meist als aggressiv, bärtig und hässlich oder faul charakterisiert: Letzteres vielleicht deshalb, weil der Planet im Unterschied zu seinen Brüdern Sonne und Mars jede Nacht nur kurz zu sehen ist. Er verkörperte, wie der *Dresdener Codex* dokumentiert,[66] zwanzig verschiedene Götter wie GI, Hun Ahau und Hunahpu, den auch als Vater des Mondes geltenden zentralmexikanischen Sturm- und Kriegsgott Tlaloc oder den Regengott Chaak. Der Planet wird aber auch als Wespe gesehen, als übel riechende rote Ameise oder König der Blattschneiderameisen, die man für Eklipsen verantwortlich machte, oder als Brüllaffe, der gleich dem Morgenstern in der Dämmerung aktiv wird.

Als halb gefiederte, halb menschliche Schlange verweist er auf den Kult um Quetzalcoatl, hinter dem ein toltekischer Herrscher dieses Namens steckt, der nach dem Niedergang seiner Stadt Tula mit seinem Stamm nach Yukatan zog und Chichen Itzá unterwarf. Nach seinem Tod hiess es, er habe sich im 'Land des Schreibens' – wörtlich "dem Land von Rot und Schwarz" als den Schriftfarben der Maya – in den Morgenstern verwandelt; unter dem Namen *K'uk'ul kaan* wurde er noch in der kolonialen Zeit verehrt.[67]

Mars wird als jüngster Bruder von Sonne und Venus bezeichnet, als Fabelwesen mit eckiger, nach oben gebogener Nase dargestellt, aber in den Legenden der nachkolonialen Zeit – seiner rötlichen Farbe und retrograden Bewegungen wegen – auch als hüpfender Klammeraffe vorgeführt.[68] Welche Rolle Jupiter spielt, ist unklar; in den Codices scheint er nicht vorzukommen:[69] Für die hochentwickelte Sternkunde der Maya wäre es jedoch äusserst ungewöhnlich, wenn sie den hell leuchtenden Jupiter nicht beachtet hätte.

Planeten, aber auch Sonne und Mond werden in der kolonialen Zeit oft mit Seilen dargestellt, die sie emporziehen und führen. Ein Seil verbindet den Schoss von Himmel und Erde oder wurde bei ihrer Erschaffung ausgespannt; auch die Sonnenstrahlen gelten als 'Seile der Sonne'.[70]

Die Sternbilder – so sie nicht wie Die Drei-Steine-Stelle, Der Feuerbohrer und Der Rote Siebenara Sinnbilder waren, die an die vormalige Welt und die Schöpfung der heutigen gemahnten oder ihre Himmelsrichtungen in astralen Kreuzen schematisierten – verkörperten die Prototypen der wichtigsten wilden Tiere des Waldes und des Wassers. Wo Sonne, Mond und Planeten in ihren jeweiligen Verkörperungen und Bahnen in die Sternbilder als deren himmlische 'Häuser' treten, verwandeln sie sich einander gewissermassen an. Dies geht wieder und wieder aus den Codices hervor, deren illustrative Vignetten weniger immer wieder neue, unterschiedliche Manifestationen von Venus, Merkur und Mars vorführen, denn die mythischen oder rituellen Interaktionen der Gestirne miteinander. Dies betrifft vor allem den Tierkreis entlang der Ekliptik, in dem sich das Sonnenjahr als sich wiederholender Zyklus der Wiedergeburten seiner einzelnen Sternbilder darstellt, beginnend mit dem Häutungsprozess der Klapperschlange hin zum Totengott und der darauffolgenden nächtlichen Inkarnation der Sonne als Jaguar.

Sofern sich die Vignetten und die ursprünglich darauf bezogenen Mythen und Feste entschlüsseln lassen, zeigen sie, dass die Himmelsmechanik mit all den Metamorphosen, in denen sich das Wesen der Natur als Tier und als Himmelskörper offenbart, ein Ordnungsprinzip einbringt. Morgens aufgehende Sternbilder werden mit gegenüber untergehenden gepaart; sie werden mit dem Morgen- oder

Abendstern, der sie entweder 'speert' oder 'nährt', in Konstellation gebracht; und welches Sternbild im Zenit steht, ist ebenfalls von Bedeutung. Derart ergibt sich eine Kombinatorik einzelner Elemente, die den zahnradartig ineinandergreifenden Kalendersystemen nicht nur ähnlich ist, sondern auch mit ihnen abgeglichen wird – um Tag für Tag und Nacht für Nacht Omen daraus abzulesen.

OMEN

Die Vorstellung der Maya vom Heiligen – das sie in der belebten Natur wie in Bergen, in Zeitperioden und Zahlen, Göttern, Wesen und überatürlichen Mächten sahen – war dermassen raumgreifend und total, dass erst das zeitliche Regelwerk des Kalenders und der Astronomie es überschaubar machte. Ob dieses Sakrale gerade gut- oder böswillig gestimmt war, änderte sich – wie der Charakter und die Gestalt der jeweiligen Gottheiten – mit jedem Tag und mit jeder Position eines Gestirns.[71] Es schien dadurch in seiner Potenz bis zu einem gewissen Grad berechenbar, vorhersehbar und durch Opfer beeinflussbar, obgleich es abstrakt blieb. Denn anders als in der mesopotamischen Astrologie, wo jedes Gestirn ein Gott der Nacht war, der von seiner astralen Position auf die Erde und die Menschen direkten Einfluss nehmen konnte, hatten und haben die Sternbilder der Maya nicht soviel Macht – zumindest nicht für sich allein.

Was jeder Kalendertag an Gutem oder Schlechtem verheisst, ist nicht nur von der Wirkungsmacht von Sonne, Mond, ihren Eklipsen und den sichtbaren Planeten abhängig, sondern auch von dem kulturellen Erfahrungsschatz, von Krankheiten und Katastrophen, von wiederkehrenden Naturphänomenen und den Zyklen des Wachstums, der Zeugung und der Geburt. Sie alle werden jedoch durch die Himmelsmechanik und die davon abgeleiteten Zeitperioden systematisiert, die sich dann auf die einzelnen Kalendertage auswirken. Sie erhalten dadurch bestimmte, in Vorzeichen und Vorhersagen ausgedrückte Dispositionen, die alles nur Erdenkliche beeinflussten. Was nicht in dieses System passte – wie die fünf Schalttage des Wayeb, die das Mond- zum Sonnenjahr vervollständigten –, löste Angst und Schrecken aus.

Ausgeschlachtet wird dies heute noch, wie das auf ein geheimes, jahrhundertealtes Buch zurückgehen wollende New-Age-Produkt *El Libro de Destino* von Carlos Barrios demonstriert, der sich selbst zum Schamanen erklärt hat, ohne wirklich Beziehung zu Maya-Gemeinschaften zu haben oder gar ihre Sprache zu sprechen. Sein Buch zeigt jedoch, dass die alte Sternenkunde heute noch zur Omendeutung verwendet wird. Er nimmt dafür den "Heiligen Maya-Kalender" Tzolk'in zur Grundlage, um über die jeweiligen Zeichen der Tage etwas über die davon ausgehenden weitreichenden Bestimmungen auszusagen. Das beginnt mit dem bei den K'iche' sonst erst als 11. Tag gezählten Emblem des Affen B'atz'-Chuen als 1. Tag, um ihm einen Schlüssel ("Antwort suchen in der Zeit und im Raum"), eine Himmelsrichtung ("Osten"), eine Farbe ("rot und orange"), energetische Orte ("Wälder, Seen, nächtlicher wolkenloser Himmel"), wichtige Körperteile ("Venen, Arterien und Blutgefässe"), eine Entwicklung ("in der Kreativität, im sozialen Einsatz für das Gemeinwohl"), Berufe ("KünstlerInnen, TänzerInnen, ÄrztInnen und sofort, bis hin zu HändlerInnen") und noch einiges mehr zuzuweisen.[72]

KULTURELLE PARALLELEN

Überraschend an der astronomischen Kultur der Maya sind die Parallelen zu jener Babylons: eine esoterisch-mystische Deutung astraler Omen, wie sie erst in der Spätphase Babylons oder im Hellenismus üblich wurde, als ebenfalls Gestirne ihre 'Häuser' einnahmen; zikkuratförmige Tempel mit Observatorien; ein aus einer riesigen wässrigen Unterwelt hervorgegangener Kosmos, der aus dem Kadaver eines besiegten Meeresungeheuers geschaffen wird; astrale Reisen, die an *Etanas Himmelfahrt*, eine der ältesten Geschichten des Zweistromlandes, gemahnen; die namens- wie sternengleichen Sternbilder des Skorpions sowie die hier wie dort mit demselben generellen Plural bezeichneten Plejaden, welche beidseits des Ozeans auf komplementäre Weise den Jahreslauf markieren; dazu ein 13-teiliger Tierkreis, wie er sonst nur in Babylon nach einer langwierigen Vorgeschichte und in seiner Systematik erst kurz vor seiner Übernahme durch die Griechen entstand.

Einiges davon – die Rolle eines Meeresungeheuers und der Flut bei der Weltschöpfung, die Geschichte einer Himmelfahrt und die kalendarische Funktion der Plejaden und der Sterne von Scorpius, die auch bei den australischen Wardaman als Skorpion gesehen werden – ist bei vielen Sternenhimmelkulturen präsent, was auf eine uralte gemeinsame Herkunft schliessen lässt. Doch so hochartifizelle Konstrukte wie Stufentempel, einen 13-teiligen Tierkreis und eine ausdifferenzierte Omendeutung, die auf genauen astronomischen Vorhersagen beruht, einer Ko-Evolution zuzuschreiben, scheint schwer vorstellbar. Wie dann aber diese Übereinstimmungen erklären?

Vielleicht, indem man die schon im 3. Jahrtausend v. u. Z. bestens etablierte Schifffahrtsroute vom Persischen Golf bis nach Indien weiterführt (durch die immerhin bereits Nelken von den Molukken bis in die Königsgräber von Ur gelangten), an die Seidenstrasse denkt, über die Motive aus dem Nahen Osten des 1. Jahrtausends v. u. Z. nach Kalifornien gelangten,[73] und man einbezieht, dass Menschen nicht anders als heute gerne und weit wandern. Dadurch würde etwa erklärbar, weshalb die Prüfungen beim Besuch der Heldenzwillinge in Xib'alb'a, wie sie das *Popol Vuh* erzählt – der Sitz auf den Glutsteinen, die einzelnen Schreckenskammern – ihre nächste Entsprechung in altjapanischen Mythen finden, die im 7. und 8. Jahrhundert u. Z. aufgezeichnet wurden.[74]

Andererseits kann man sich aber auch in Erinnerung rufen, dass die Eroberungs Babylons und der Untergang des mesopotamischen Reiches in jenes 4. Jahrhundert v. u. Z. fällt, in dem Karthager wie Hanno mit 60 Schiffen bis nach Gabun gelangten. Und indem man in Erwägung zieht, dass es – offenbar auf Timaios im 3. Jahrhundert v. u. Z. zurückgehende – Berichte gibt, denen zufolge Phönizier weit westlich von Gibraltar ein Land entdeckt hatten, dessen Beschreibung nach der gerade aufkommenden Zivilisation der Maya klingt:[75]

"Fruchtbar, vieles davon gebirgig, nicht wenig aber flach und von ausserordentlicher Schönheit, von schiffbaren Flüssen durchzogen, die für die Bewässerung benutzt wurden, mit vielen Bepflanzungen von unterschiedlichen Bäumen und zahllosen Gärten, die von Süsswasserkanälen durchflossen werden, mit privaten, teuer errichteten Villen und Festhallen überall inmitten von Blumenanlagen, in denen die Bewohner den Sommer zubringen, da das Land reichlich alles hergibt, was zu Vergnügen und Luxus verleitet. Der gebirgige Teil des Landes ist weitenteils mit dichtem Unterholz und Bäumen voller verschiedenster Früchte bestanden, hat angenehme Lichtungen und Süsswasserquellen zur Genüge, welche die Menschen zum Leben in den Bergen einladen ... wobei es auch ausgezeichnete Möglichkeiten der Jagd auf Wild und alles mögliche Getier gibt ... und das Meer, das an diese Ufer schlägt, überreich von Fischen ist. Allgemein gesprochen ist das Klima dieses Landes so mild, dass Früchte in Hülle und Fülle auf den Bäumen wachsen ... Die Phönizier entdeckten dieses Land, nachdem sie von einem Sturm weit hinaus in den Ozean getrieben wurden und nach vielen umtosten Tagen dort an Land liefen. ... Die Karthager wollten es im Falle einer Katastrophe als Zufluchtsort nehmen; sie dachten daran, da sie die Herren des Meeres waren, mit Sack und Pack in dieses Land zu ziehen, das seinen Eroberern unbekannt war."[76]

Bauwerke und Motive bei den nordperuanischen Chachapoya verraten zudem einen ungewöhnlichen keltiberischen Einfluss; und paläogenetische Analysen dieser oft rothaarigen Leute mit typisch europäischen Gesichtszügen zeigen, dass sie westeuropäische Gene haben. Sie müssen sich bereits vor dem Kommen der Spanier mit Indiofrauen vermischt haben und wanderten erst dann nach Peru ein: wobei Mittelamerika als Ausgangsregion dafür zumindest geographisch am nächsten liegt.[77]

NACH DER SPANISCHEN EROBERUNG

Nach 1492 brauchten die Spanier drei Jahrzehnte, um mit kleinen Aussenposten auf dem Festland Fuss zu fassen. 1517 wurde die Expedition von Francisco Hernandéz von den yukatekischen Maya ins Meer gedrängt und kurz darauf Cortés' 1200 Männer von den Azteken wieder aus ihrer Hauptstadt vertrieben und zum Grossteil umgebracht, mitsamt Tausenden ihrer Verbündeten – weshalb der letzte Stadtstaat der Maya noch weitere zweihundert Jahre den Spaniern standhielt. Doch was die rund 20 Millionen Einwohner Mittelamerikas – doppelt so viele wie die Spaniens und Portugals damals zusammengezählt – schliesslich in die Knie zwang, waren die Pocken, die in den 1520-ern die Hälfte der Bevölkerung vernichtete und damit ähnlich tödlich war wie die Pest zuvor in Europa. Wozu weitere Virenkrankheiten kamen, gegen welche die Indios nicht immun waren.[78]

Was die von kosmischen Bezügen geprägte Kultur der Maya in vergleichbarem Ausmass zerstörte, war aber auch das Christentum mit seinen Missionaren. Im Bericht des Bischofs von Yukatan, Diego de Landa (1524–1579), heisst es zu den zahlreichen Bilderhandschriften, die den über Jahrhunderte hinweg entstandenen Wissenskorpus der Maya versammelten: "Wir fanden eine grosse Zahl von Büchern mit Zeichnungen, doch da sie bloss Aberglauben und Teufelswerk enthielten, verbrannten wir sie alle, was die Maya in einem erstaunlichen Ausmass beklagten und ihnen viel Leid bereitete."

Deshalb liess er am 12. Juli 1561 auf dem Platz vor dem Franziskanerkloster in Maní sämtliche Bücher samt sonstigen religiösen Objekten der Maya, derer die Spanier habhaft werden konnten, verbrennen. Darin standen, wie einer der spanischen Ausrotter jedweden Götzendienstes schreibt, "die Zählung ihrer Jahre, die Kriege, Seuchen, Wirbelstürme, Fluten, Hungersnöte und andere Ereignisse ... wie etwa die Flut oder der Wirbelsturm genannt *Hunyecil*,[79] die 'Überflutung der Bäume'. Ihnen war bekannt, dass die Welt einmal enden würde und es Himmel und Hölle gab."[80]

Der Vernichtung entgingen bloss vier zwischen 1300 und 1500 entstandene, aus Feigenbaumbast gefertigte, farbig bemalte Almanache in Faltbuchform, heute *Codices* genannt. Sie enthalten Ritual- und Wahrsagekalender und Tafeln zu Venuserscheinungen, Sonnen- und

Mondfinsternissen, Sternzeichen, Planetenbeobachtungen samt jeweils damit in Verbindung gebrachten Wetterphänomen und dienten den Priestern als Handbücher, um die Wechselwirkungen zwischen Himmelskörpern, Göttern, Menschen und Kalender zu interpretieren. Zusammen mit hieroglyphischen Inschriften auf Stelen und Reliefs, Wandmalereien und tragbaren Objekten wie Vasen oder verzierten Muscheln und Knochen, in denen die Geburts- und Todestage von Herrschern und die Eroberungen von Stadtstaaten verzeichnet sind, haben sich so nur ein paar tausend Einträge für die 700 Jahre der klassischen Zeit erhalten.

Dazu kommen – doch erst aus späterer Zeit – das *Bakab-Ritual*, die *Annalen der Kaqchikel*, die *Titulos von Totonicapan*, die *Teologia Indorum* des Domingo de Vico und vor allem das *Popol Vuh*, das für die Symbolik des Sternenhimmels am wichtigsten ist. Nach der Eroberung der Spanier hatten sich einige Rezitatoren der K'iche' in Guatemala daran gemacht, die Verse ihrer jahrhundertealten oralen Überlieferung in lateinischer Schrift aufzuzeichnen. Sie hatten dafür ein präkolumbisches Buch als Vorlage, das sie als *Ilb'al* bezeichneten, 'Instrument der Sicht und Vision'. Der Begriff benennt heute die durchsichtigen Quarzkristalle, die Priester der K'iche' für Wahrsagezeremonien benutzen, umfasste damals aber auch, dass man aus einem Buch dank der Vergangenheit die Zukunft herauslesen konnte.[81]

Dazu kommen die gut 1000 Seiten der vom 16. bis zum 19. Jahrhundert in unterschiedlichen Orten in Yukatan ebenfalls in lateinischer Schrift verfassten Bücher, die man dem legendären 'Priester Jaguar' *Chilam Balam* zuschrieb. Sie beinhalten neben Wahrsagereien, Heil- und Bannsprüchen auch astronomische, mythische und mystische Abschnitte – die ihr Bestes tun, all das christlich Neue mit dem Alten in Einklang zu bringen.

Im *Chilam Balam* von Chumayel werden derart aus Erstem Vater und Erster Mutter Adam und Eva, gleichsam aus Mehlteig geformt. Letztere erlebt dann als *U Ko'olel Kaab* – 'Herrin Der Welt' auf Yukatekisch – ihre Himmelfahrt, indem sie ins Sternbild der Schildkröte auffährt, deren Sterne nunmehr 'Die Drei Marias' genannt werden. Bereits in einem Bericht von 1545 heisst es, dass Itzamna mit Gott Vater, die Bakab mit Gott Sohn und die Wasser- und Heilgöttin Chak Chéel mit der Jungfrau Maria als Mutter aller Planeten gleichzusetzen sind.[82]

PROBLEME

Das nie einheitlich kodifizierte – und heute nur noch schwer erschliessbare und deshalb auch in der Wissenschaft weiterhin umstrittene – Wissen der klassischen Maya hat sich durch diesen Untergang seither einerseits weiter diversifiziert, andererseits simplifiziert: Von den komplexen Mythen wie von dem Konstrukt eines Tierkreises ist wenig übriggeblieben, und Sternbilder werden zudem nun von Region zu Region oft unterschiedlich verortet. Überdies wurden von den Spaniern europäische Vorstellungen übernommen, doch ohne dass sich aus dieser Assimilation viel an wirklich neuen Mythen ergeben hätte. Dennoch konnten sich trotz Kolonialisation alte Identitäten mancherorts bewahren, allerdings isoliert voneinander, sich individuell weiter entwickelnd. Dabei wurde die Astronomie jedoch auf die nur noch elementar für den Alltagsgebrauch nützlichen Phänomene reduziert. Das Christentum wiederum tat das Seine, um die Weltdeutung und Sinnstiftung der Astrologie durch seinen Glauben zu ersetzen: sodass einzelne Sterne jetzt als Heilige gelten. Dazu kommt unsere Moderne, die mit ihren Wetterberichten, Handys, Uhren und Kalendern die praktischen Funktionen des Sternenhimmels völlig in den Hintergrund drängt.

Der hier vorgelegte Sternenhimmel der Maya kann also gar nichts Einheitliches vorlegen. Er präsentiert chronologisch, was vom alten Wissen der Maya noch kenntlich ist; sodann jeweils wie die späteren Bezüge und Legenden zu einem Sternbild in einzelnen Maya-Gemeinden ausfallen und was es an einzelnen lokalen Vorstellungen gibt, die Neues im Himmel sehen – ohne damit irgendeine geradlinige Kontinuität zu behaupten. Vielmehr geht es, wie auch in den anderen Sternenhimmeln darum, einzelne Stufen der Evolution eines bestimmten kulturellen Sternenhimmels zu dokumentieren, dort, wo sie noch dokumentierbar sind.

Wo es keine Identifikationen gibt, projizieren unsere Grafiken der Sternbilder erhaltene Abbildungen auf die Sterne oder gehen von der schematischen Anatomie eines Tieres aus und wie sie sich in seiner Sternregion abbilden lässt; sie werden durch S | S | W ausgewiesen. Ihre Figurierung kann jedoch öfters ebensowenig als völlig gesichert gelten wie die Sternregion, in der sie verortet werden – auch deshalb, weil es einem die vorliegende wissenschaftliche Literatur nicht gerade leicht macht.

Zum einen gibt es noch zu wenig an allgemeinem Konsens zu einzelnen Aspekten, was auch dem Umstand geschuldet ist, dass man die Schrift der Maya erst seit einem guten halben Jahrhundert lesen kann. Zum anderen beschäftigen sich, wie auch in anderen Disziplinen, nur relativ wenige geisteswissenschaftliche Forscher mit astronomischen, scheinbar 'naturwissenschaftlichen' Aspekten, sodass kaum gemeinsame Grundlagen vorauszusetzen sind. Das führt einerseits zu überhöhten Mythisierungen astraler Phänomene, wie sie Linda Schele aufbrachte, andererseits zu völlig spekulativen, weil auf solitären Zirkelschlüssen basierenden Identifizierungen wie beispielsweise jene durch Park und Chung, die dem Planeten Venus noch dazu Sternbilder zuordnen, die nicht einmal in seiner Bahn liegen.[83]

Solide, penibel und systematisch hat hingegen das Ehepaar Brickers die astronomischen Grundlagen der klassischen Maya aufgearbeitet und den aus den Codices hervorgehenden Tierkreis grösstenteils sehr plausibel identifiziert. Was die Bedeutung der Sternbilder und Planeten betrifft, hat Susan Milbrath sie in einem Umfang dokumentiert, der das hier vorliegende Kapitel weit überschreitet. Das gilt auch für die Himmelskunde in einzelnen Maya-Gemeinden, die ethnologische Berichte dokumentieren. Sie stellen die Basis des vorliegenden Lexikons dar, das jedoch mit den oben erwähnten Vorbehalten zu gebrauchen ist.

Das letzte Wort ist zum Sternenhimmel der Maya also noch nicht gesprochen. Dass davon abgesehen das Wissen in dieser Einleitung auf den fachintern gerade geltenden Stand gebracht wurde, habe ich Nikolai Grube zu verdanken. Eine gründliche Durchsicht des Manuskripts – und die mühsame Vereinheitlichung der unterschiedlichen Schreibweisen in Hinblick auf moderne Transkriptionsweisen – unternahm dann jedoch Igor Vinogradov in Mexiko, der vieles sprachlich in die rechte Perspektive rückte.

I HIMMEL UND STERNE

Himmel

CHAN (Ch'ol) | KA'AN (Yukatekisch) |
KAAJ (K'iche')

BB 701

In der cholanischen Sprache, in der die meisten Hieroglyphen verfasst wurden, bedeutet *Chan* sowohl 'Schlange' wie 'Himmel' und '4'; in Calakmul wurden auf den Inschriften auch Eliten mit diesem Titel ausgewiesen.[84] Diese Mehrdeutigkeit ergab sich durch eine für die Maya typische Betrachtungsweise, in vielem Ähnlichen eine gemeinsame Identität erkennen zu wollen, denn auf Proto-Maya hiess der Himmel noch *Ka'nh*, die Schlange *Kaan* und Vier *Kaanh*.[85]

In den präkolumbischen Codices wird der auf Cholan *Chan*, auf Yukatekisch *Ka'an* genannte Himmelsgott langnasig, ohne Unterkiefer und mit hervorstehenden Rippen dargestellt, die Venusglyphe an seinem Kopfschmuck.[86]

Die Vorstellung des Himmels ist in Mittelamerika generell die eines Hauses, dessen Giebeldach bis auf die Meere herabreicht, wo es von den vier Pawahtun gehalten wird. Einer von ihnen wird in einem Codex auf diesem Dach sitzend dargestellt, ein Trinkgefäss mit einem schäumigen Gebräu in der Hand – als Illustration einer verloren gegangenen Legende offenbar. Dieses von Sonne, Mond und Sternen überquerte Dach besteht aus denselben Schichten wie ein Hausdach: Gerüst, Flechtwerk und alles mit Seilen verknotet, die diagonale Kreuze bilden. Dies spiegelt sich in den Himmelsbändern der Codices wider, die einen alles zusammenhaltenden Querbalken darstellen. Auch bei den Azteken hiess der Dachträger 'Himmel' – *Ilhuicatl* –, wiewohl deren Himmelshaus aus Wasserwänden errichtet war: weshalb der Ozean 'Himmelswasser' hiess (was der babylonischen Vorstellung der Welt sehr nahekommt).[87]

Der Himmel ist dieser Vorstellung nach auch durch Seile verknotet. Deshalb werden die Äquinoktien wie die Solstitien der Sonne – welche die vier Himmelsrichtungen vorgeben – auf Yukatekisch *Ka'an Táab* genannt: 'Bänder des Himmels'. Mehrere klassische Bilder zeigen einen Pfahl oder einen Baum, der einer Spindel gleich mit Schlangen oder Lianen umwunden ist, um den Nexus der Welt zu präsentieren, wobei sich dies auch auf das 'Lebende Seil' der Milchstrasse beziehen lässt.[88]

Im modernen yukatekischen Maya bezeichnet man den Horizont als 'Rumpf des Himmels' – *Chuun Ka'an* – oder 'Bauch des Himmels'. Dort sitzen die Chaak, die Regengötter, die in den Wolken aus einer kosmischen Tür am Fuss des Himmels hervorkommen, um ihre Position an den vier Ecken der Welt einzunehmen. Hierbei haben drei Vorstellungen zusammengefunden: die eines Weltdachs (das bei den Tzotzil ein Kubus ist); die des Himmels als Bauch; und die der Gedärme darin, die bei Menschen als Schlange und im Himmel als Klapperschlange aufgefasst werden.

BB 322, 731, L1 234, KL 3 und 12

Wo Himmel und Erde früher einmal zusammengeflochten oder zusammengewebt waren, sind sie bei den Ch'orti' heute mit Teer aneinandergeklebt. In einer anderen, ihnen eigenen Vorstellung wiederum "sind Welt und Himmel wie der Unterleib einer Wespe: sie kommen an der Hüfte zusammen", einer Sanduhr gleich.[89]

vormaliger Himmel | Milchstrasse?

DAS BESTERNTE HIRSCHKROKODIL
ITZAM KAAB ÁAYIN (Yukatekisch) –
DAS ITZAM-ERDKROKODIL
ZIPACNA

Die Decke der vormaligen dunklen Welt wurde in der klassischen Zeit durch ein Krokodil verkörpert, das mit Sternenaugen, Hufen, besternten Hirschohren und manchmal auch einem Geweih abgebildet wurde. Es stellte die noch urgewaltige Erde dar, deren Bauch über der dunklen Kaverne der Unterwelt einen dämmerigen Himmel bildete. Morgen- und Abendstern waren die Augen dieses Erdkrokodils, aus dessen Anus die Sonne ausgeschieden wurde, nachdem der Gott GI es mit einem Feuerbohrer besiegen und ihm das Haupt abschlagen konnte. Aus seinem Leib wurde die heutige Erdoberfläche, über der erst danach unser Himmel mit seinen Sternbildern entstand.

Abbildung 74 im *Dresdener Codex* lässt darauf schliessen, dass man dieses Krokodil zugleich auch als untersten Himmel sehen konnte, da es auf der Flutszene dieser Seite oberhalb der Wasser-, Wolken- und Blitzgöttin Chak Chéel einen mächtigen Schwall Wasser ausspeit. Aus den Hieroglyphen für Sonnen- und Mondfinsternisse an seinem Körper ergiessen sich ebenfalls Ströme über die Szene, während im Text von einem schwarzen oder verdunkelten Himmel die Rede ist.

Die Parallelen zu den Schöpfungsmythen anderer Sternenhimmel sind damit gross: Einerseits wird auch das babylonische Meeresmonster Tiamat gespalten, um aus ihren beiden wasserhaltigen Hälften den heutigen Himmel und die heutige Erde entstehen zu lassen, andererseits geschieht bei den Aborigines dasselbe mit der ebenfalls Flut und Regen bringenden, im Kampf zweigeteilten Regenbogenschlange, die in Australien von der Milchstrasse verkörpert wird. Sie haust auf Erden in Wasserlöchern, wie dies auch für die alte Wasserschlange der Maya gilt: "In der Erd-Höhle, im Cenote der Erde, ist die Wasserschlange; Tag und Nacht gibt es Regen." Und nicht zuletzt hat auch der nordindische Sternenhimmel ein Krokodil in der Mitte seines Himmels sitzen.

S 71–75, 167–168, GR 174 und 196

In der kolonialen Sammlung von Weissagungen, dem *Chilam Balam* von Tizimín, wird dieses Erdkrokodil als frühe Manifestation des Schöpfergottes Itzamna geboren; einer Prophezeiung gemäss soll es die dritte unterirdische Welt durch eine Flut zerstören. Das führt dazu, dass Himmel und Erde sich mit grossem Krach verkehrten. Das Erdkrokodil stieg darauf in den Himmel, um eine Flut herabzubringen, doch die 13 präastralen Götter können es bezwingen und ihm die Kehle durchschneiden. Aus seinem schuppigen Kadaver wird dann die heutige Erde mit ihren Hügeln und Bergen geschaffen und sein Blut darüber verspritzt, um sie mit Flüssen und Wäldern hieroglyphengleich zu 'bemalen'.

Der Grund für die Verknüpfung eines Krokodils mit der Erschaffung der Erde liegt sicher auch darin, dass Krokodile Erde im Wasser aufhäufen, um auf diesen Hügeln ihre Eier zu legen. Samt den Bäumen, die dann auf diesen Lehmbänken zu wurzeln beginnen, bildet dies ein Modell der Welt im Kleinen ab.

Auch in der Mythologie der Azteken entsteht die heutige Welt aus dem Krokodil Cipactli, das dann als Erdgott bemalt wird. Von diesem Namen abgeleitet ist der Erschaffer der Berge im *Popol Vuh*, das Monster Zipacna.

G | H 48–52 und M 76

Stern

EEK' (Yukatekisch)
K'ANAL (Tzotzil) –
DER GELBE LOOL ZAZA KA'AN (Yukatekisch) –
DIE GROSSE BLUME DES HIMMELS

Das in Yukatan gebäuchliche Wort für Stern lautete schon in präkolumbischer Zeit *Eek'* und wurde durch Voranstellen bestimmter Präfixe auf auch andere Himmelsobjekte angewandt. Die Glyphe dafür war ein abgerundetes Kreuz, ein Ring an jedem Arm, der das Zeichen zu einem Quadrat vervollständigte. Oft wurde aber nur die Hälfte dieser Glyphe verwendet, die dann wie ein Gesicht mit Nase und zwei Augen aussah.[90]

In den präkolumbischen Codices werden Sterne als "Augen der Nacht" bezeichnet und Sternengucker mit aus den Höhlen gezogenen Augen abgebildet. Sie werden auch "Todesaugen" genannt, die in Zentralmexiko abgebildet werden, indem ein rotes Lid sie zweiteilt. Die Götter der Unterwelt wurden offenbar als Leuchtkörper der Nacht aufgefasst; der Kranz von ausgerissenen Augäpfeln, die sie um den Hals oder den Kopf tragen, symbolisierte wohl die Sterne.

'Stern' kann aber auch durch die konzentrischen Ringe von 'Wasser' bezeichnet werden, manchmal von einem M oder W eingerahmt, während Venus, andere Planeten oder besonders helle Sterne durch vier Ringe an einem Kreuz ausgewiesen werden. Die Glyphe für Stern und Venus ist also austauschbar.

Einzelne Sterne werden in den Codices auch als Vögel, insbesondere Spechte, figuriert.

BB 837 und M 252–253

Der traditionelle Begriff für 'Stern' – *Eek'* – unterscheidet sich lautlich nur durch einen anderen Vokalton von den Wörtern, welche die Flecken eines Jaguars oder Rehs und eine Eiterbeule bezeichnen. Das hat dazu geführt, dass die Sterne mit den Flecken eines Jaguars und der Himmel mit einem Fell gleichgesetzt wurden; die Sterne sind dann so zahlreich "wie die Fellhaare eines Rehs".

Bei den Maya in Yukatan wiederum klingt *Eek'* wie das Wort für 'schwarz', *éek'*.[91] Bei den Tzotzil hingegen ist das Wort für 'Stern' und 'gelb' dasselbe – *K'anal*[92] –, weshalb dort die Sterne als 'Die Gelben' – *K'analetik* – bezeichnet werden.

Sterne werden auch mit Blumen verglichen: Der vor lauter Sternen prangende Himmel heisst "der grosse oder rot erblühende Himmel" und das Aufsteigen der Sterne wird als "spriessen, aufgehen". bezeichnet. Das *Chilam Balam* der Chumayel nennt einen Stern "die grosse Blume des Himmels" und Venus "die grosse leuchtende Blume des Himmels". Als "Königin der Sterne" galt in der kolonialen Zeit das Glühwürmchen; es trägt "Licht von den Sternen".

L1 234 und M 37 und 251

Für die Lacandon sind die Sterne Grabkerzen, weshalb Träume von Sternen einem den Tod prophezeien. Bei den heutigen Maya verbreitet ist der Glaube, dass die Seelen der Toten zu Sternen werden.[93]

Auf Nahuatl besteht die Bezeichnung für Obsidian aus den Worten für Stern, *Citlal*, und Exkrement, *Cuitl(a)*: Das Gestein wird demnach als Ausscheidung der Sterne, *Citlalcuitl*, gesehen. Auf Maya sind Obsidian, *Ta*, und Exkrement, *Ta'*, klanglich sehr ähnliche Worte, die sich deshalb für Analogieschlüsse anbieten.[94]

Für die Tzotzil liegen die Sterne auf einer Sphäre über den Wolken, jedoch unterhalb der Bahnen der Sonne und des Mondes. Sie unterscheiden zwischen den 'Vielen Sternen' des Sternenhimmels allgemein, die bereits über der vormaligen Welt glimmerten und denen keine Bedeutung zukommt (ausser, dass sie die Seelen von Toten darstellen mögen), und den benannten Sternbildern, die erst mit der heutigen Welt, der Sonne und dem Mond und den Planeten in die Welt kamen.[95]

Bei den alten Maya "sterben" untergehende Sternbilder; Planeten, die in Konjunktion mit einem Sternbild stehen, werden hingegen von diesen "genährt" oder "bewaffnet". Die Beobachtung der Sternbilder heute richtet sich vorwiegend auf ihren Aufgang in der Morgendämmerung, um den Tagesanbruch absehen zu können, da die Vorbereitungen für das Frühstück der aufs Feld ziehenden Bauern – Mais mahlen und Tortillas zubereiten – Zeit in Anspruch nimmt.

Bis heute hat sich in Yukatan auch die – bei den Südlichen Dene ebenfalls vorhandene – Vorstellung erhalten, dass jedes Sternbild von einem Feuer erleuchtet wird, das in einem hellen benachbarten Stern brennt. So bezeichen die yukatekischen Maya Rigel wie Aldebaran als die Feuer der Gürtelsterne des Orion bzw. der Hyaden.

Für die Ch'orti' sind die "nicht reisenden" Fixsterne, im Unterschied zu den Planeten, "Feuer, damit es nicht ganz dunkel auf der Erde wird. Denn es heisst, dass wenn es ganz finster wird, all die Tiere des Herrn der Gipfel herauskommen werden, um den Menschen den Garaus zu machen. Deshalb wurden diese Sterne zurückgelassen: als Zeichen am Himmel"[96] – und damit ebenfalls gleich wie bei den Südlichen Dene.

BB 726 und 817, G | H 339–346, M 37 und 273

NA (Tzotzil) | NAJ (Yukatekisch) – HAUS

Die Position, die ein Sternbild zu einer bestimmten Zeit am Himmel annimmt, ist sein 'Haus'. So war für die Sterne von Aquila zur Zeit der Solstitien der Horizont ihr Haus, während es bei den Äquinoktien der Zenit wurde. Auch die Sonne kam, wenn sie im Zenit stand, in ihr 'Haus'.

BB 452, S1 116, F | S 72–73

II DIE NAMEN DER MILCHSTRASSE

Milchstrasse

DIE TOTENSTRASSE
SAK BE (Tzotzil) | SAK BEJ (Yukatekisch) |
SAQ B'E (K'iche') – DIE WEISSE STRASSE
BE VO' (Tzotzil) – DIE WASSERSTRASSE
BE TAIV (Tzotzil) – DIE FROSTSTRASSE
ME' VO' (Tzotzil) – DIE REGENMUTTER

BB 835

Im klassischen *Dresdener Codex* wird die Milchstrasse mit einer Strasse, mit Wasser und mit dem Tod verbunden. Der Ausdruck 'Tod ist der Weg des Himmels' basiert auf dem uralten Euphemismus für Sterben als "den Weg betreten", wie er für den Herrscher Pakal in Palenque bezeugt ist. Noch heute ist in Yukatan, der Lacandon-Region und im Hochland Guatemalas die Vorstellung verbreitet, dass die Toten nachts auf der Milchstrasse wandeln oder sie deren unzähligen Sterne sind.

Unterschieden wird zwischen dem ungebrochen weissen und dem gespaltenen, mit dem Tod und der Unterwelt verbundenen Arm. So nennen die K'iche' und die Maya in Yukatan den im regenzeitlichen Sommer sichtbaren, dichten weissen Arm der Milchstrasse *Sak Be*, 'Weisse Strasse'. Das bezieht sich auf die aus Kalkstein aufgeschütteten Strassen, die zwischen den Städten der Maya erhöht über dem Boden verliefen.

Bei den Tzotzil in Chiapas heisst der Arm hingegen 'Wasserstrasse | Bachlauf' oder 'Wasser oder Regen-Mutter', während der im trockenzeitlichen Winter sichtbare gespaltene Arm dort als 'Frost- oder Eisstrasse' gilt.

BB 835, MI 92, M 273, L1 237, L2

SBE LEENTE' YU (Popti') – DIE TAUSTRASSE[97]

Bei den Popti'-Maya im guatemaltekischen Jacaltenango ist der Begriff 'Taustrasse' gebräuchlich. Dahinter versteckt sich eine Vorstellung von *Itz* als tröpfelnde Sekretion wie Harz, Tränen, Brustmilch, Samen, Wachs, die der Gott Itzamna als vitale Essenz spenden, verteilen, verkörpern kann.

M 284

KUXA'AN SUUM (Yukatekisch) – DAS LEBENDE SEIL

Bei den heutigen Maya in Yukatan hat sich ein Mythos erhalten, nach dem es in der ersten der vier vormaligen Welten "eine am Himmel schwebende Strasse gab, die sich von Tulum und Cobá bis nach Chichen Itzá und Uxmal spannte. Sie hiess 'Weisse Strasse' und bestand aus einem Seil – *Suum* –, das lebte – *kuxa'an* – und in dessen Mitte Blut floss. Durch diese Nabelschnur kam den alten Herrschern, die in den Bauwerken wohnten, die heute Ruinen sind, Nahrung zu. Aus irgendeinem Grund aber wurde dieses Seil zerschnitten, das Blut floss heraus und das Seil verschwand für immer." Es war dies "ein wunderbares Seil. Verbunden mit seinem Doppel, das man in Mani eifersüchtig hütet, wird es sich auf den Befehl *Moc-Te-Zumaa* – Verknote das Seil – wie eine riesige Spannbrücke zwischen dem turbulenten Karibischen Meer und der heiligen Stadt Ichcaanziho über den Himmel spannen".

Im *Popol Vuh* wird auf diesen Mythos angespielt, wenn es bei der Ersten Welt seine Vorlage, das *Ilb'al*, erwähnt: "Dieses *Buch des Rates* aber gibt es nicht mehr. ... Es gab einmal eine Handschrift, die vor langer Zeit verfasst wurde. ... Gross war ihr Bericht und ihre Beschreibung ... von der Zeit, als die Geburt des ganzen Himmels und der Erde vollzogen war: die vier Schöpfungen. Die vier Demütigungen. Das Wissen um die vier Bestrafungen. Das Seil des Zusammenknüpfens. Die Schnur des Verknotens. Der Schoss des Himmels. Der Schoss der Erde …"

Der *Pariser Codex* 19 und 21–22 zeigt einander im Himmel wie im Totenreich konfrontierende Götter; die als Lauben gestaltete Oberwelt wird von solchen verknoteten und verschlungenen kosmischen Schnüren ebenso zusammengehalten, wie die Götter selbst dadurch miteinander verbunden werden. Die damit zum Ausdruck gebrachten Bedeutungen sind vielfältig.

Zum einen zeigt sich die Oberwelt in der typisch mesoamerikanischen Vorstellungen als sauber geflochtenes Haus, über einem Knäuel wirrer Schnüre der Unterwelt. Deren lose Enden führen an die Oberfläche, die selbst manchmal wie ein an allen vier Ecken aufgespanntes Tuch aufgefasst wird. Zum anderen sind diese nährenden Nabelschnüre zugleich Gedärme, die – wie dies bei Menschenopfern durchgeführt wurde – aus dem Bauch gerissen wurden. Der Bauch – auch der des Himmels und der Erde – ist zudem etwas, das "sich spannen, strecken" lässt; die Eingeweide darin werden auch "Schlangen" genannt. Schlange wiederum – *Kaan* – klingt auf Yukatekisch wie der Himmel – *Ka'an* – und die Zahl der Weltecken (*Kan*): nämlich 4.[98]

Der Kosmos, wie ihn die Maya auffassen, ist demnach ineinander verwoben, überall ineinander übergehend. In dieser Vorstellungswelt erschaffen deshalb im *Ritual der Bakabs* vier Klapperschlangen, die nicht nur mit den Plejaden, sondern auch mit Nabelschnüren verglichen werden, die heutige Erde. Sie werden darin mit dem "Lösen der Schöpfung" und dem "Lösen der Dunkelheit" verbunden, die dem "Lösen der Geburt" gleich kommen: wobei "der Pfosten der Überdachung, der Pfosten der Laube aufgerichtet wird".

Es ist dies eine Vorstellung, die der mesopotamischen Vorstellung vom Grossen Band der Milchstrasse und einer von mehreren Seilen zusammengehaltenen Welt, die aus dem Kadaver des in einem Netz gehaltenen Meeresungeheuers Tiamat entstand, nahekommt: Auch dort wird der Himmel dann durch einen Pfosten oben gehalten.

MI 92–93 und R 42

TAM(A)KAS (Yukatekisch) – DIE LANZENOTTER

In den Wörterbüchern wird die Milchstrasse als *Tam(a)kas* geführt, was auch 'Wahnsinn, Krämpfe, Fühllosigkeit, Fallsucht' bedeutet und zugleich die extrem giftige, leicht reizbare, zwei Meter lange und im Regenwald lebende Terciopelo-Lanzenotter (*Bothrops asper*) bezeichnet.

R XVIII, L1 237

In Verbindung zu bringen ist dieser Name mit präkolumbischen Abbildungen einer skelettierten Schlange, die manchmal Sterne des Scorpius auf ihrem 'Leib' trägt und auch "Weissknochenschlange" genannt wird. Ihr Kiefer entspricht den Glyphen für 'Loch' und den fünf 'leeren' Schalttagen des Wayeb.

Bezeichnet wird damit der untere, im August im Süden stehende Arm der Milchstrasse, der an seinem Schnittpunkt mit der Ekliptik – parallel zu den Sternen Des Skorpions – einen Mund aufweist, hinter dem sich jener schwarze lange Schlund der Milchstrasse erstreckt, die von den Maya als Strasse ins Jenseits aufgefasst wird. Diese Schlange kann deshalb an ihrem Schwanz – beim Skorpionstachel – ein zweites, geöffnetes Maul haben.[99]

XIB'AL(B'A) B'E (K'iche') – DIE STRASSE DER EHRFURCHT | UNTERWELT
Q'EQA B'E (K'iche') – DIE SCHWARZE STRASSE
ÉEK' WÁAY (Yukatekisch) – DER SCHWARZE VERWANDLER

F | S 78 und M 265

Das in den alten Wörterbüchern angeführte *Xib'al(b'a) B'e* – die *Ri B'e Xib'alb'a* des *Popol Vuh* lässt sich mit 'Strasse der Ehrfurcht', 'Furchteinflössende Strasse' und 'Strasse der Unterwelt' übersetzen. So nennen die K'iche' und die Momostenango in Guatemala den gespaltenen Arm der Milchstrasse, der sich im zentralamerikanischen Winter zeigt: Diese Verzweigung wird von den Maya mit dem Jenseits identifiziert.

Das schwarze I in diesem Arm der Milchstrasse wird von den Maya heute auch als 'Schwarzer Verwandler', 'Schwarzer Traumort' oder als 'Schwarze Strasse' bezeichnet.

L1 237, F | S 87–88 und T | T1 34

Xib'alb'a heisst die schreckenerregende Welt unter der Erde, die von Totengöttern wie Eintod und Siebentod regiert wird. Zu ihr gibt es zweierlei "schwarze Strassen": eine irdische, die von Grosser Karsttrichter Mit Fischen In Der Asche beim heutigen San Pedro Carchá nach Osten verläuft, und spiegelbildlich dazu eine himmlische, die durch den grossen schwarzen Spalt in der Milchstrasse führt.
Die beiden Söhne des Schöpferpaares Xpiyakok und Xmukane – Eins Hunahpu und Sieben Hunahpu – begeben sich auf die Reise dorthin. Die Erzählung im *Popol Vuh* stellt sie als die beiden Söhne der Urmutter und des Urvaters der Menschen dar; eigentlich symbolisieren sie mit den Namen des ersten und letzten Tages im heiligen Kalender jedoch alle 13 möglichen Zahlen, mit denen die Kalendertage gereiht werden können.
Auslöser der Reise ist das Ballspiel, dem sie sich in Grosser Karsttrichter Mit Fischen In Der Asche gerne widmen: Ihr langgestrecktes, von Tribünen eingefasstes Spielfeld spiegelt sich am Himmel beim Nördlichen Kreuz in dem schwarzen I wider, das beidseitig von der Milchstrasse eingefasst wird. Die Totengötter der

Unterwelt fühlen sich samt ihren Untertanen – Wesen wie 'Blutsammler', 'Grindkratzer', 'Eiter'- und 'Gelbsuchtdämon', 'Knochenszepter' oder 'Blutfalke' – jedoch vom Lärm der Spiele über ihnen provoziert. Sie fordern deshalb Eins Hunahpu und Sieben Hunahpu zu einem Ballspiel bei ihnen in Xib'alb'a am westlichen Rand der Erde heraus: Sie wollen es auch selbst einmal so lustig und lebendig haben.
Als die Reiherfrau, die Gattin von Eins Hunahpu, stirbt, schicken Einstod und Siebentod ihre Eulen als Boten aus. Auch dies mag astral zu interpretieren sein: Bei der Sommersonnenwende im Juli liegt der gespaltene Arm der Milchstrasse abends entlang des nördlichen Horizonts, während am Horizont gegenüber das Kreuz des Südens steht, das Sternbild Kreischeule in Gemini im Westen, das Sternbild Reiher in Capricornus ist gerade untergegangen.
Die dann folgende Reisebeschreibung gilt auch für die Gestalt der Milchstrasse, deren innere 'Schlucht' sich zweimal ausweitet, bevor sie sich oberhalb des Sternbilds Skorpion zum freien Himmel öffnet, der in dieser Jahreszeit gänzlich unterhalb des Horizonts liegt und somit im Totenreich. Dort befindet sich auch die Kreuzung, wo sich die Ekliptik mit dem Spalt in der Milchstrasse schneidet.

DER WEG IN DIE UNTERWELT

"Danach zogen Eins Hunahpu und Sieben Hunahpu los, bei ihrem Abstieg auf der Strasse nach Xib'alb'a angeführt von den Boten. Es ging über steile Stufen hinab, bis sie wieder an den Ufern der Reissender- Fluss-Schlucht herauskamen: Raschelnde Schlucht und Gurgelnde Schlucht hiessen die Schluchten, die sie passierten. Sie überwanden auch Flüsse voller Stromschnellen wie den Skorpionfluss, wo es zahllose Skorpione gab: Aber sie wurden nicht gestochen. Darauf gelangten sie zum Blutfluss, den sie überqueren konnten, weil sie nicht daraus tranken. So kamen sie beim Eiterfluss an, der ein Strom voller Eiter war: Und auch da kamen sie nicht um, sondern vermochten ihn zu durchqueren.
Schliesslich standen sie vor der Kreuzung. Dort aber mussten sie sich geschlagen geben: Denn da gab es eine Rote Strasse und eine Schwarze Strasse, eine Weisse Strasse und eine Gelbe Strasse. Es gab also vier Strassen, und die Schwarze Strasse, sie behauptete: 'Ich bin diejenige, die ihr nehmen müsst; ich bin die Strasse des Herrschers.' Und da waren sie erledigt – denn dies war die Strasse der Unterwelt."[100]

Die Weisse und die Schwarze Strasse stellen die zwei Hälften der Milchstrasse dar, die mit ihrem Ring die Welt umschliesst. Gekreuzt wird sie von der Ekliptik: der Roten Strasse der Sonne in der Trockenzeit mit dem Blutvergiessen der dann geführten Kriege – und der Gelben Strasse der Sonne in der Regenzeit mit ihrem reifen Mais. Eins Hunahpu und Sieben Hunahpu haben die Kreuzung – wie sich später herausstellen wird – zu einer Zeit erreicht, in der Venus gerade unsichtbar geworden und in die Unterwelt gegangen ist. Verkörpert wird dieses Achsenkreuz der Welt deshalb vom Vierteiligen Gott mit seinen vier Köpfen, dessen einer, ein Totenschädel, Tod und Auferstehung der Sonne symbolisiert. Dargestellt wird er auf einem Relief in Palenque, das – vergleichbar den Reisen von Eins und Sieben Hunahpu– die Apotheose des Herrschers Pakal zeigt, wie er ebenfalls beim Sternbild Des Skorpions "die Strasse begeht", die in die Unterwelt führt.[101]

Eins Hunahpu und Sieben Hunahpu begegnen bei ihrem Eintritt in die Unterwelt dann zuerst zwei Holzmenschen als jenen Vorgängern der Erschaffung der Menschheit, die von der Flut fortgeschwemmt wurden. Einmal bei den Totengöttern angekommen, ist die Bank, auf die sie sich setzen sollen, ein glühend heisser Stein, auf dem sie dann herumhüpfen, "dass sich die Herren von Xib'alb'a bis auf ihr Blut und ihre Knochen herab lachen". Danach steckt man sie in das Haus der Finsternis und gibt ihnen brennende Fackeln und Zigarren, die sie morgens im selben Zustand zurückgeben sollen. Da dies nicht gelingt, werden sie am Platz des Ballspielopfers getötet und begraben; der Kopf des enthaupteten Hunahpu aber wird "in die Gabel des Baumes am Weg gehängt". Eine Gabel oder ein Kreuz wurde von den Astronomen der Maya zur Sichtung der Himmelskörper verwendet.

Daraufhin "bekommt der Baum Früchte. Er hätte nie Früchte getragen, wäre der Kopf von Eins Hunahpu nicht in die Baumgabel gehangt worden". Es sind Flaschenkürbisse, wie sie heute heissen, die auch 'Eins-Hunahpu-Schädel' genannt werden. Das Sternbild eines solchen Baumes um Crux ist bei der Sommersonnenwende bei Sonnenuntergang im Süden am Horizont zu sehen.

Die ledige Tochter des Blutsammlers – Blutmond, die ihrem Namen zufolge tief und rot am Horizont steht – ist von diesem Baum und seinen angeblich süssen Früchten fasziniert. Unter ihnen aber kann man Eins Hunahpus Kopf fast ebenso wenig erkennen wie den Abendstern der Venus unter den Fixsternen: der in der Ikonographie der Maya als Totenschädel dargestellt wird.[102]
Als Blutmond eine Frucht vom Baum reissen will, redet sie der Schädel von Eins Hunahpu an und spuckt ihr in die ausgestreckte Hand. Sie wird davon schwanger, worauf ihr Vater sie opfern lässt, weil er meint, dass sie einen Bastard austrägt: Zum Beweis der Tat will er von den Schergen ihr Herz in einer Schale sehen. Doch die haben Mitleid mit ihr und bringen stattdessen das 'Blut' genannte rote Harz des Croton-Baums (*Croton sanguifluus*) zurück – das seitdem als Weihrauch dient.
Die Eulen aber – das sich weiterdrehende Sternbild Kreischeule in Gemini – zeigen Blutmond einen Weg aus der Unterwelt: "Sie schickten sie durch ein Loch in der Erde herauf." So kommt die mit Hunahpu und Xbalanke schwangere Blutmond zur Urmutter, die sich mittlerweile um ihre Enkel, Eins Hunahpus verwaiste Kinder Eins Brüllaffe und Eins Kunstwerker, kümmert.
"Ich bin wirklich deine Schwiegertochter", erklärt ihr Blutmond; "ich gehöre Eins Hunahpu; ich bin die Seine. Was ich in mir trage, ist von ihm. Eins Hunahpu und Sieben Hunahpu sind am Leben, sie sind nicht tot. Was ihnen widerfuhr, Schwiegermutter, ist nur eine Erscheinung ihres eigenen Lichts. Du wirst es sehen; du wirst sein Gesicht in jenen sehen, die ich austrage."[103]
Mit dem wörtlich "selbstmanifestierenden Licht" ist die Wiedergeburt von Eins Hunahpu und Sieben Hunahpu als Hunahpu und Xbalanke nach einer Zeit der Unsichtbarkeit gemeint. "Im Licht erscheinen" ist bei den K'iche' zudem eine gängige Metapher für eine Geburt: Sie gilt hier der Erscheinungsform der Heldenzwillinge als Abend- oder Morgenstern oder als Mars.

Damit sind ihre Gestaltformen jedoch nicht erschöpft, denn die Söhne Blutmonds werden nach vielen Abenteuern in anderen Mythen schliesslich auch zur Sonne und zum Vollmond werden.[104] Hunahpu und *Xbalanke* – das 'verborgene Wesen der Sonne', so die Bedeutung des Namens auf Q'eqchi', einer zu K'iche' gehörenden Sprache[105] – repräsentieren darin Mond und Sonne der vormaligen Welt, den klassischen Göttern Jun Ajaw und Yax Balam vergleichbar. Xbalanke wird danach den männlichen Vollmond verkörpern, der im Maiszyklus der K'iche' eine grosse Rolle spielt.[106]

UJ P'O' (Yukatekisch) – DER DEN MOND WÄSCHT

Als Name für die Milchstrasse bedeutet *Uj P'O'* laut den alten Wörterbüchern entweder 'Er, die Halskette mit den dicken Kristallperlen' oder 'Er, der den Mond wäscht'. Bei den guatemaltekischen Q'eqchi' heisst der Mond *Po*, ohne dass dies dort aber mit dem Waschen – *P'o'* – in Yukatan etwas zu tun hätte.

L1 237

SONNE, DAS MÄDCHEN UND DIE MILCHSTRASSE

Bei den Q'eqchi' kursiert eine Variante der Werbung des Sonnengottes um das Mädchen, das später zum Mond wird. Darin leiht der verliebte Sonnengott sich einen Schildkrötenpanzer und hält ihn vors Gesicht, damit der einen Schatten auf das Mädchen wirft. Während es so im Schatten ausruht, wirft er den Panzer über sie und fängt sie. Nachdem ihr Vater von dem Raub seiner Tochter erfährt, macht er sich ein so grosses Blasrohr, dass dessen Kugel sogar die Sonne oben in der Höhe erreicht. Als der alte Mann Atem holt, streut die Sonne ihm jedoch Chilipulver ins Rohr – kraft seines heftigen Hustens kam darauf der Keuchhusten in die Welt. Als der Grossvater endlich wieder genug Luft hat, um schiessen zu können, trifft die Lehmkugel den Sonnengott, worauf der das Mädchen loslässt. Es fällt ins Meer und wird zerschmettert. Kleine Fische sammeln ihre einzelnen Stücke wieder ein und flicken sie mit ihren Schuppen zusammen. Dann machen sie ein Netz, indem sie sich gegenseitig mit dem Maul an der Schwanzflosse fassen, um das Mädchen wieder zur Sonne emporzuheben. Doch der Hitze wegen kommen sie nicht richtig hoch. So müssen sie das Mädchen im Himmel lassen, wo sie seitdem als Mond weiterhin versucht, ihren Geliebten einzuholen.
Die Fische selbst aber wurden zur Milchstrasse.[107]

III DER HIMMELSPOL SAMT DEN STERNEN RINGSUM

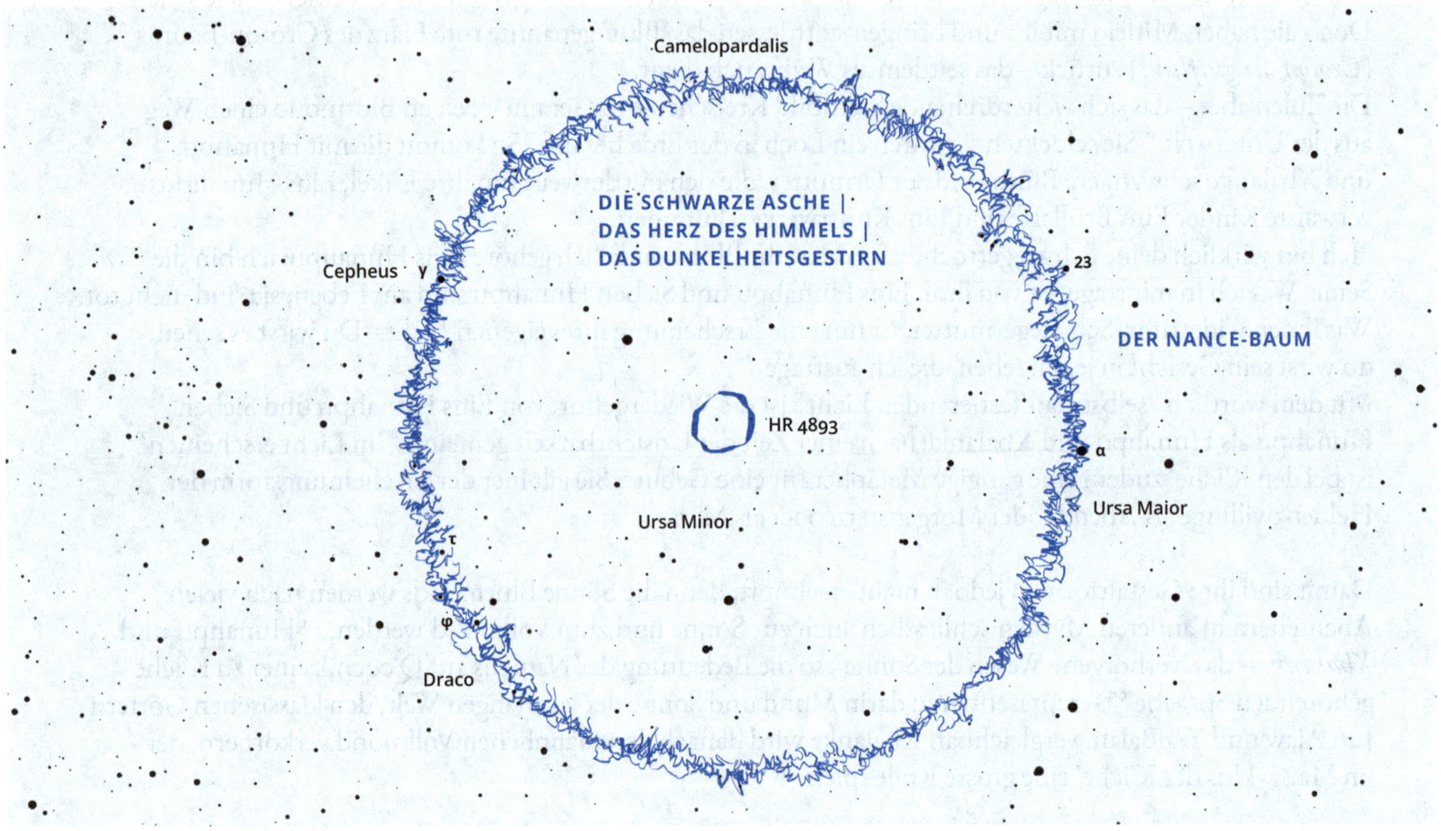

zirkumpolare Region

IK' U TAN (Ch'olanisch) – DIE SCHWARZE ASCHE

G | H 91

Die sogenannte 'Vase der Sieben Götter' bildet eine Szene der Schöpfung der heutigen Welt ab, die sich am selben Tag wie die Entstehung des Sternbilds Drei Steine (Herd-)Stelle im Orion zuträgt. Darauf sieht man den schwarz bemalten Körper des greisen Gottes L, der sonst als Herr des Jaguarthrons in der Unterwelt gilt und dem man Güte nachsagt. Er war der Gott der vergangenen Schöpfung, so wie Itzamna nunmehr der Gott der gegenwärtigen Schöpfung wird.[108]

Als ein solcher Herr der Schöpfung ist Gott L auch abgebildet, samt Zigarre und Kopfschmuck aus Kreischeulenfedern, in seinem von Bergmonstern gebildeten, mit einem Krokodil als Himmel gedeckten Höhlenhaus, wie er sich am Schöpfungstag der heutigen Welt mit den vor seinem Thron versammelten Göttern berät.

Der Text dazu lautet: "An 4 Ahau 8 Kumku wurde [die Stelle] 'Schwarz Ist Seine Asche' vollendet von den Götter des Himmels, den Göttern der Erde, dem Gott Bolon Yokte', den Drillingsgöttern, dem Gott ?? und dem Gott Jaguar-Paddler."[109]

Bolon Yokte' war mit Planeten verbunden und der die nächtliche Sonne verkörpernde Jaguar-Paddler setzte kurz darauf einen der drei astralen Herdsteine in den Himmel.

F | S 68 und 94–95, BB 112–115, S 1 66, M 126–130, 247

Damit an diesem Schöpfungstag die ersten Sternbilder über der dunklen Erde aufleuchten konnten, musste aber zuerst der Himmelspol erschaffen werden. Sie wurde in der klassischen Epoche noch von keinem Stern markiert (α Ursae Minoris wanderte erst um 1500 in die Polmitte). Die Himmelsachse selbst kommt in Mittelamerika fast horizontal zu liegen; um sie dreht sich die Ekliptik, deren Tierkreis von Sternbildern somit den nächtlichen Zenit erreichen kann. Die leere, schwarze Mitte dieser Drehung um den Himmelspol lieh sich dabei auch der Vorstellung vom Auge eines Wirbelsturms.

U K'U'X KAAJ (K'iche') – HERZ DES HIMMELS

T 1 343–344

Das Herz – *K'u'x* auf K'iche' – gilt als Quelle der vitalen Kraft für alles: Es ist Lebensgeist ebenso wie Mitte des Denkens und der Vorstellung. Vergöttlicht und personifiziert verbinden sich in diesem Herz die Mächte der Kreation und der Kreativität, die man in der Mitte des Himmels konzentriert glaubt (ob dieses Herz mit dem damaligen Polarstern – HR 4893 – identifiziert wurde, ist jedoch nicht zu sagen). Der als 'Herz des Himmels' betitelte Gewittergott Juracan ist deshalb einer der wichtigsten urweltlichen Götter in den späteren Mythen des *Popol Vuh*, in denen er für die Entstehung der Erde, des Lichts und des Lebens verantwortlich ist.

Sein Name *Juracan* stellt vordergründig eine Zusammenziehung von *Jun Raqan* – 'einbeinig' auf K'iche' – dar. *Raqan* benennt aber auch eine grosse Höhe oder Länge eines Objekts, im Sinne von 'riesig'. Als Fuss wiederum ist dies eine Zähleinheit für eine Menge, womit *Jun Raqan* sich auch als 'Riese, einzigartig unter Seinesgleichen' deuten lässt – auch indem er der Gott der dreifaltigen Blitzschläge ist.

Verkörpert findet er sich in unterschiedlichen Arten von Blitz und Donner: Da Gewitterstürme sowohl Wasser als auch Feuer in sich vereinen, gelten sie als ebenso elementar für das Leben wie die Blitze für die Fruchtbarmachung der Erde und einen reichen Ernteertrag.

Dargestellt wurde Juracan bei den um 1350 bedeutend werdenden Azteken – die vieles von den Maya übernahmen – mit einer feuer- oder blitzschlagenden Axt, um seine Fähigkeiten zu demonstrieren: Das Beil steht aus dem Obsidianspiegel seiner Stirn hervor, der Schaft dient ihm als Bein.

Auch in anderen Einflussbereichen der Maya, in der Karibik und entlang der nördlichen Küste Südamerikas – bei den Karib und den Arawak – wurde er zum Gott der Wirbelstürme. Deren 'Auge' entspricht dem Herz Des Himmels als jene astrale Mitte, um die Zeit und Schöpfung kreisen, in wiederholten Zyklen von Geburt und Zerstörung. Sein Name gelangte aus der Karibik dann über spanische oder französische Seefahrer als *Hurricane* ins Englische.

C 68 und 70, G | H 76 und T1 223–224

Für das *Popol Vuh* ist Juracan der dreifaltige Gott des Himmels, der am Anbeginn der Welt steht, während der Herrscher und die blaugrün gefiederte Quetzalschlange (als die Maya-Entsprechung zum aztekischen Schöpfergott Quetzalcoatl) die Schöpfergötter der Erde darstellen, die als Herz Des Meeres und Herz Des Sees auftreten, als Die Gebärerin ('Sie Die Kinder Ausgetragen hat') und Der Erzeuger ('Er Der Söhne Gezeugt Hat'). Als 'Herz des Himmels' ist Juracan der Gott, auf den jedesmal die Vorstellungen davon zurückgehen, was erschaffen werden soll; er ist bei all den unterschiedlichen Phasen der Schöpfung zugegen, von Anfang an, wobei die anderen Götter seinen Willen ausführen und ihn Wirklichkeit werden lassen.
Die Welt besteht an dieser Stelle des *Popol Vuh* erst nur aus einer weiten und dunklen Wasserfläche, die von einem sonnenlos dunklen Himmel bedeckt wird; in ihr gilt es nun Lebewesen zu erschaffen, welche die Götter der Welt erhalten, sie nähren und umsorgen können.[110]

HERZ DES HIMMELS UND DIE ERSCHAFFUNG DER ERDE

"Dies ist die Geschichte der Zeit, in der sich nichts regt: Alles ist ruhig, gestillt und abgeflaut. Da ist nur ein leises Rauschen und Rascheln unter der Leere des Himmels – das sind die ersten Worte in der ersten Sprache. Es gibt noch keinen Menschen, kein Tier, keinen Vogel, Fisch und Krebs, keinen Baum und Fels, keine Höhle, Schlucht und Wiese, keinen Wald. Nur der Himmel ist, allein für sich; die Fläche der Erde ist noch nicht erschienen, die Weite des Meeres liegt für sich allein, wie die Leere des Himmels.
Da ist noch nichts zusammen und gefügt. Alles ist in Ruhe. Nichts bewegt sich. Alles ist zurückgehalten, still im Himmel. Da ist noch nichts, das aufrecht stehen würde, nur die Weite des Wassers liegt da, ein stilles Meer, ganz für sich allein. Was immer auch sein könnte, es ist noch nicht da: nur diese träge Ruhe im Dunkeln, in der Nacht.
Die Erschafferin und Der Gestalter sind für sich allein, als Herrscher und Quetzalschlange, Gebärerin und Erzeuger; sie sind im Wasser, sie sind das Schimmern darin, gehüllt in die Federn des Quetzal und Azurkotinga, in Blaues und Grünes: daher der Name 'Quetzalschlange'.
Ihrem Wesen nach sind sie grosse Weise und grosse Wissende. Und natürlich ist da Himmel und auch Herz Des Himmels: wie der Name des Gottes einmal lauten wird.
Und dann kam sein Wort: Herz Des Himmels kam zusammen mit Quetzalschlange und Herrscher in die Dunkelheit, in die Nacht hier. Er sprach mit Herrscher und Quetzalschlange; sie beredeten sich, dann überlegten sie und schliesslich wägten sie ab. Sie fanden, was sie wollten, und stimmten in Worten und Gedanken überein. Und dann brachten sie es zur Welt, indem sie einander beistanden: Unter dem Licht gebaren sie die Menschheit. Dann setzten sie das Keimen und das Wachstum ein, in den Bäumen und Büschen, die Entstehung und Vermehrung allen Lebens, in der Finsternis und Nacht, durch Herz Des Himmels, der *Juracan* genannt wird. Zuerst ist er 'Blitzschlag Juracan', dann 'Jüngster Blitz' und zuletzt 'Plötzlicher Blitz': Diese drei zusammen bilden 'Herz Des Himmels'.

Sie kamen nun mit Herrscher und Quetzalschlange zusammen und gemeinsam brachten sie Licht und Leben in die Welt: 'Wie soll es gesät werden? Wann lassen wir für alle die Dämmerung anbrechen? Wer wird der Versorger sein? Und wer der Ernährer?'
'Es soll so sein, wie wir es uns ausgedacht haben. Möge das Wasser entfernt werden, ausgeleert, um die Scheibe der Erde zu schaffen – möge sie sich fügen und eben werden. Dann möge die Saat beginnen – mögen der Himmel und die Erde dämmern. Doch wird es durch das, was wir gefügt und geformt haben, weder eine Anbetung noch Verehrung geben – die gibt es erst, wenn die Menschheit erschaffen ist, sobald es Menschen gibt', sagten sie.
Dann wurde die Erde von ihnen erschaffen: Ihr Wort genügte, um sie hervorzubringen. Um sie zu erschaffen, sagten sie 'Erde' – und schon war sie da. Das Machen und Formen der Schöpfung war wie eine Wolke, die aufsteigt, ein Nebel, der sich auflöst.
Darauf riefen sie die Berge aus dem Wasser hervor – und miteins waren die grossen Berge da: Ihr Lebensgeist war es, ihre Wunderkraft war es, welche die Berge und die Täler entstehen liess.
Und ebenso schnell bedeckten Zypressenhaine und Kiefernwälder das Antlitz der Erde – sodass Qetzalschlange sich freute. 'Gut, dass du gekommen bist, Herz Des Himmels – Du, Juracan, und ihr beiden, Jüngster Blitz und Plötzlicher Blitz. Was wir gefügt und geformt haben, das wird gut werden!', sagten sie.
Zuerst wurde die Erde erschaffen, die Berge und Täler, die Wasserscheiden und die Fluss- und Bachläufe: So verästelten sie sich und enthüllten die grossen Berge. So wurde die Erde geschaffen, gestaltet von Herz Des Himmels und Herz Der Erde, wie sie genannt werden – sie waren diejenigen, die sich das zum ersten Mal ausdachten.
Der Himmel wurde davon getrennt. Und auch die Erde wurde innerhalb der Gewässer abgeschieden. So kam es zur erfolgreichen Vollendung dessen, was sie sich ausgedacht hatten, was sie sich überlegt und abgewägt hatten. Dann wurden die Tiere der Berge erschaffen, die Wächter des Waldes samt all jenen, welche die Berge bevölkern – die Hirsche und die Vögel, der Puma und der Jaguar, sowie die Boa, die Klapperschlange und die Lanzenotter als Wächter des Buschwerks."[111]

Fünfhundert Jahre später hat sich die Dreifaltigkeit und Allmächtigkeit dieses obersten Himmelsgottes jedoch auf eine gewisse Einfältigkeit und sein Machtbereich auf das Wetter reduziert – und im selben Masse auch der Respekt vor ihm; als Herz, um das sich der Himmel dreht, ist er jedoch weiterhin erkennbar.
Das zeigt die folgende, auf mehreren Motiven der Maya basierende Legende, die Anfang des 20. Jahrhunderts in der Sierra Popoluca nordwestlich von Chiapas aufgezeichnet wurde. Sie bringt die Abhängigkeit des Ackerbaus vom Gewitter ebenso wie dessen Antagonismus ins Spiel, indem sie den jungen und frechen Maisgott Homshuk auf den hinter den Wäldern lebenden Juracan treffen lässt, der alles versucht, um diesen nicht aufkommen zu lassen – immer wieder vergeblich. Der Schluss der Legende inszeniert die traditionelle Vorstellung, dass Bäume den Himmel tragen, der sich um die Achse des Pols und vom Land ins Meer dreht, um damit die Einbeinigkeit des Gottes zu erklären, der hier offensichtlich in Ursa Maior steckt:

WIE JURACAN SICH DAS BEIN BRACH

"Juaracan konnte sich den Wunsch, den Jungen umzubringen, einfach nicht aus dem Kopf schlagen. Nachdem er sich mit seinen Leuten besprochen hatte, befahl er eine riesige Hängematte zwischen zwei hohen Bäumen am Meeresufer aufzuspannen. Nachdem dies geschehen war, sagte er zu dem Jungen: 'Bleibst du hier – oder willst du übers Meer? Meine Familie und ich, wir werden jetzt auf die andere Seite gehen. Falls du Lust hast, mitzukommen, dann geht das sehr leicht mit der Hängematte.'
Der Junge wusste, was Juracan vorhatte, aber auch, dass er nichts zu befürchten hatte. Also entwortete er: 'Gut! Dann geh ich mit dir.' 'Du brauchst bloss in die Hängematte zu klettern', sagte Juracan und begann sie so fest zu schwingen, dass sie sich so schnell wie nur möglich drehte, weit hinaus über den Ozean.
Als er dachte, Homshuk müsse ins Meer gefallen sein, brachte er sie wieder zum Stillstand: aber der Junge sprang heraus. 'Ja', meinte der. 'Das ist wirklich ein toller Weg, das Meer zu uberqueren; ich kam so bis zur Mitte. Ganz zur anderen Seite ging ich nicht, weil ich ja nicht wusste, was du vorhast. Darum wäre es besser, du gehst zuerst, und ich folge dir.' 'Auch gut', sagten Juracans Leute und kletterten in die Hängematte, ihm nach.

Währenddessen rief Homshuk die Riesentaschenratte und sagte: 'Seňor Tuza, würden Sie für mich schnell die Wurzeln dieser beiden Bäume durchnagen?' Und schon machte die Ratte sich daran. 'Fertig?, fragte Homshuk. 'Ja', riefen sie mit einer Stimme, worauf er die Hängematte zu schwingen begann. In dem Moment, als er am weitesten ausholte, hatte die Ratte auch die letzte Wurzel durchgenagt: und so stürzte die Hängematte mit den Bäumen ins Meer. Die ganzen Leute darin kamen um, ausser Juracan; der allein überlebte – allerdings mit einem gebrochenen Bein, weil er aus grosser Höhe herabgefallen war.
Als er zum Ufer gelangte, bettelte er: 'Verschone mich! Ich weiss jetzt, wer du bist.' 'Nun – was gibst du mir dafür?', fragte der Junge. 'Wenn du trocken bist', antwortete Juracan, 'kann ich deinen Kopf wässern.' Und da es in den Monaten Juni und Juli für Homshuk nicht genug Wasser zum Wachsen gibt, willigte er ein. Und seit dieser Zeit hat Juaracan die Milpas in diesem Monat bewässert, damit der Mensch Mais zum Essen hat."[112]

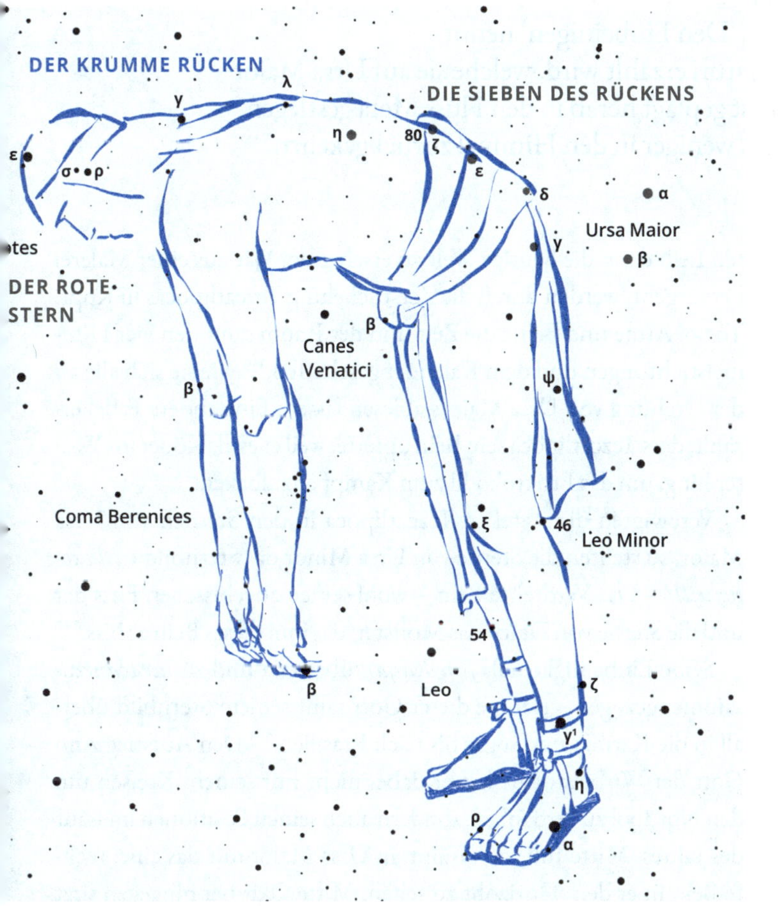

εγ Bootis, ζηεδγψ Ursae Maioris und γα Leonis

T'INI PAT (Tzotzil) – DER KRUMME RÜCKEN

Pat bedeutet 'Rücken, Panzer, Rinde', *t'ini* 'gebückt, gekippt'. Die Sterne figurieren einen stehenden Mann, der sich vornüberbückt und seine Arme zu den Zehen hinstreckt.

V

7 Hauptsterne von Ursa Maior

VUKU PAT (Tzotzil) – DIE SIEBEN DES RÜCKENS

Auf die sieben Hauptsterne von Ursa Maior bezogen wird das Sternbild des Krummen Rückens auf Tzotzil *Vuku Pat* genannt und mit 'Die Sieben Da Hinten Draussen' glossiert.

L2 und M 38

7 Hauptsterne von Ursa Maior,
α Ursae Maioris – λ – κ Draconis rechter Arm,
β – ψ Ursae Maioris linker Arm, υ Ursae Maioris Kopf

JURACAN – DER EINBEINIGE GOTT

L-N 106

Beide Mal stellen die Sternbilder am Himmelspol einen Mann in seltsamer Körperhaltung dar. Ein solcher geht bereits aus dem mythischen Hintergrund der Dene hervor: Die Nördlichen Dene sahen dort einen Mann hocken, der in seinem Kreisen auf die Erde herabsieht, die Südlichen Dene ihren Schöpfergott als Den Kreisenden, dem seine Frau in Cassiopeia in einer Version im Zorn das Bein gebrochen hat.

Die Legende um diesen Behinderten breitete sich in vielen Versionen nach Mittelamerika und weiter aus, in die Karibik, das Amazonasgebiet und zu den Inka. Sie war so einflussreich, dass die vom deutschen Ethnologen Koch-Grünberg bei den Pèmon in Venezuela aufgezeichnete Variante 1924 von Mário de Andrade für das Ende seines *Macunaima* aufgegriffen wurde, ein Roman, der heute als einer der Hauptwerke der brasilianischen Literatur gilt.

WIE JURACAN SEIN BEIN VERLOR

Die folgende Legende um Juracan wurde 1783 von Pater Gilij bei dem Karibenstamm der Tamanako am Orinoko aufgezeichnet: "Es heisst, dass einmal ein Indio mit seiner Frau fischen ging. Obwohl sie voll guter Laune loszogen, kam es zwischen ihnen, als sie dann allein am Ufer des Sees standen, zum Streit. Die Frau hatte die Vorwürfe ihres Mannes bald satt; deshalb griff sie plötzlich zu ihrem Hackbeil und hieb ihm ein Bein ab. Doch der Mann wusste sich zu rächen: Er erhob sich von der Erde, stieg auf und wurde bald zu einem Gestirn, das man, des Vorgefallenen wegen, 'Den Einbeinigen' nennt.
Diese Fabel verändert nur die Umstände, wie sie bei den Jaruri erzählt wird, welche sie auf Ursa Maior beziehen. Der Mann darin, sagen sie, sei einmal vom Durst geplagt herab in den Fluss Meta gestiegen, von einem Krokodil gebissen worden und mit einem Bein weniger in den Himmel zurückgekehrt."[113]

Die von den Jaruri erzählte Version geht wiederum auf eine Schöpfungsgeschichte um den ursprünglich toltekischen Gott der Nacht zurück, Tezcatlipoca. Wie Sahagun berichtet, "ist er in der Unterwelt, auf Erden und im Himmel" und steht in Ursa Maior am Himmel, um, wie eine andere frühe spanische Quelle weiss, "dort an ihn zu erinnern".[114]

Als Schöpfergott herrschte Tezcatlipoca in der Kosmogonie der Azteken zunächst über die allererste Welt, in welcher nur die Jaguarsonne glimmerte.[115] Als Gott der Herrschaft und des Krieges, der Strafe und Gerechtigkeit, von Konflikt und Wandel, stieg er dann zum obersten Gott auf. *Tezcatlipoca* bedeutet 'Rauchender Spiegel', des Obsidians wegen, das man für Wahrsagereien über diesen unberechenbaren und aggressiven Gott benutzte, und weil dieses vulkanische Glas einen selbst in dunkler und abstossender Gestalt reflektierte. Mit diesem Obsidian als seinem einen Bein wird Tezcatlipoca oft dargestellt:[116] Seine Einbeinigkeit symbolisiert auch das Reibeholz, mit dem man Feuer macht, sowie den Stock der alten Götter, die damit am Himmel Blitz und Donner hervorbringen.[117]

Für Tezcatlipocas Einbeinigkeit lassen sich mehrere Gründe aufzählen. Der einfachste liegt darin, dass sie erklärt, weshalb er nicht weiterkommt, sondern ewig um den Pol kreisen muss. Sein Bein fehlt ihm aus demselben Grund, aus dem der aztekische Morgenstern – Tlahuizcalpantecuhtli – verstümmelt dargestellt wird: weil ihm dieses Bein bei seinem Gang hinter den Horizont von der Erde abgerissen wird (weshalb die Venus ewig im Kreis um die Sonne wandeln muss). Dasselbe gilt für den zunehmenden Mond, dem in seiner Verkörperung als Gott Xochipili das Bein vom Erdkrokodil Cipactli – dem Vorbild für den Zipacna im *Popol Vuh* – abgebissen wird.[118]

Zugleich ist dies im Zusammenhang mit dem Kampf Tezcatlipocas und seines Bruders Quetzalcoatls gegen eben dieses ewig hungrige Erdkrokodil zu sehen, das sie besiegen, um aus seinem zerdehnten Leib dann die heutige Welt zu erschaffen. Wie aus einer Malerei hervorgeht, werden durch die Zerstückelung Tezcatlipocas in Kopf, Torso, Arme und Beine die Zeit und der Raum samt den vier Himmelsrichtungen und dem Kalender geschaffen,[119] wie sie sich alle an der Drehung von Ursa Maiors ablesen lassen. Eine andere Fabel erzählt, dass Tezcatlipoca sein Bein opferte, weil er es als Köder ins Wasser hing, um das Erdkrokodil zum Kampf anzulocken.

Verewigten die Azteken Tezcatlipoca in den Sternen von Ursa Maior, so stellten die Sterne von Ursa Minor das Sternbild *Citlaxonecuilli* – Das Verdrehte Bein – wohl seinen abgebissenen Fuss dar und die Sterne von Draco das Monster, das ihm dieses Bein abbiss.[120]

Seine Einbeinigkeit als *Jun Raqan* übersetzt und zu *Juracan* zusammengezogen, gelangte dieser Gott samt seinem Sternbild überall in die Karibik und sogar bis nach Brasilien.[121] Den Aufstieg zum Gott der Wirbelstürme hat er dabei nicht nur seinem Kreisen um den Nordpol zu verdanken, sondern auch seinen Positionen im Lauf des Jahres. Mitte Juli ist von ihm in Ursa Maior nur das eine, rechte Bein über dem Horizont zu sehen. Mitte Oktober hingegen sitzt er auf dem Horizont und lässt sein nur bis zum Oberschenkel sichtbares Bein in das Meer der Unterwelt hängen: In dieser Zeit setzen die Wirbelstürme ein, mit denen Der Einbeinige Gott seinen Unmut und Schmerz bekundet, bis er danach wieder ganz über dem Land steht.

In der Karibik wurde Juracan eng mit dem nach Stürmen auftretenden Regenbogen assoziiert: "Dass er ein riesig grosser und ungeheurer Geist ist, der über Länder und Meere schreitet, mit dem Haupt weit über die Wolken ragt, während der übrige Körper entweder im Meer verborgen ist oder in den Tiefen der Erde, das liegt schon in der Natur des Regenbogens ..." Der Regenbogen galt als 'Federkrone des höchsten Wesens Juracan, dessen Farben und Federn man sonst von Papageien nahm."[122]

Da als höchstes Wesen in der Spätzeit der Maya der Sonnengott K'inich K'áak' Moo galt, wurde aus dem von den Tolteken übernommenen Sternbild eines einbeinigen Gottes jenes Des Roten Siebenaras. Der war ebenso arrogant wie Tezcatlipoca, verlor statt einem Bein nun aber seinen Kopf und wurde als falsche Sonne in die Schöpfungsgeschichte der K'iche' eingearbeitet.

Ursa Maior

WUQUB' KAQIIX EK' (K'iche') – DAS GESTIRN DES ROTEN SIEBENARAS

T1 355

Der Name setzte sich zusammen aus der den Himmel und seine Tagesstunden symbolisierenden Zahl 7 – *Wuqub'* – und dem Namen der Papageienart *Kaqiix* – Rot-Feder. Zoologisch gesehen ist dies ein *Ara macao*; dieser auch *Arakanga* genannte Hellrote Ara mit seinem scharlachfarbenen, von Azur und Gelb durchzogenen Gefieder weist einen Schnabel auf, der weiss wie der Mond ist, und hat einen hellen Flecken um das Auge, welcher der Sonnenscheibe vergleichbar ist. Bei den yukatekischen Maya wurde der Hellrote Ara deshalb als Gott *K'inich K'áak' Moo* verehrt, 'Sonnengesichtiger Feuerara'; er symbolisierte die Mittagssonne auch indem sein Federkleid ihren Flammen und Strahlen gleich glänzte.[123]

Das spätere *Popol Vuh* erzählt von diesem Siebenara in der dritten vormenschlichen Schöpfungsphase, als nach den Tieren und den Lehmmenschen die Holzmenschen erschaffen wurden, die in der Flut dann jedoch umkamen. Roter Siebenara masst sich da in seiner noch dämmerigen Welt an, Sonne und Mond sein zu können, während seine urgewaltigen Söhne – der krokodilartige Zipacna und *Kabraqan* als "zweifüssiges 'Erdbeben'" – glauben, Erschaffung wie Zerstörung der Gebirge auf der Erde an sich reissen zu können. Der zentrale Schöpfergott Herz Des Himmels ist davon alles andere als angetan, weshalb er die Söhne von Blutmond und Eins Hunahpu – die Heldenzwillinge Hunahpu und Xbalanke – als Verkörperungen des Morgen- und Abendsterns gegen Roten Siebenara losschickt.

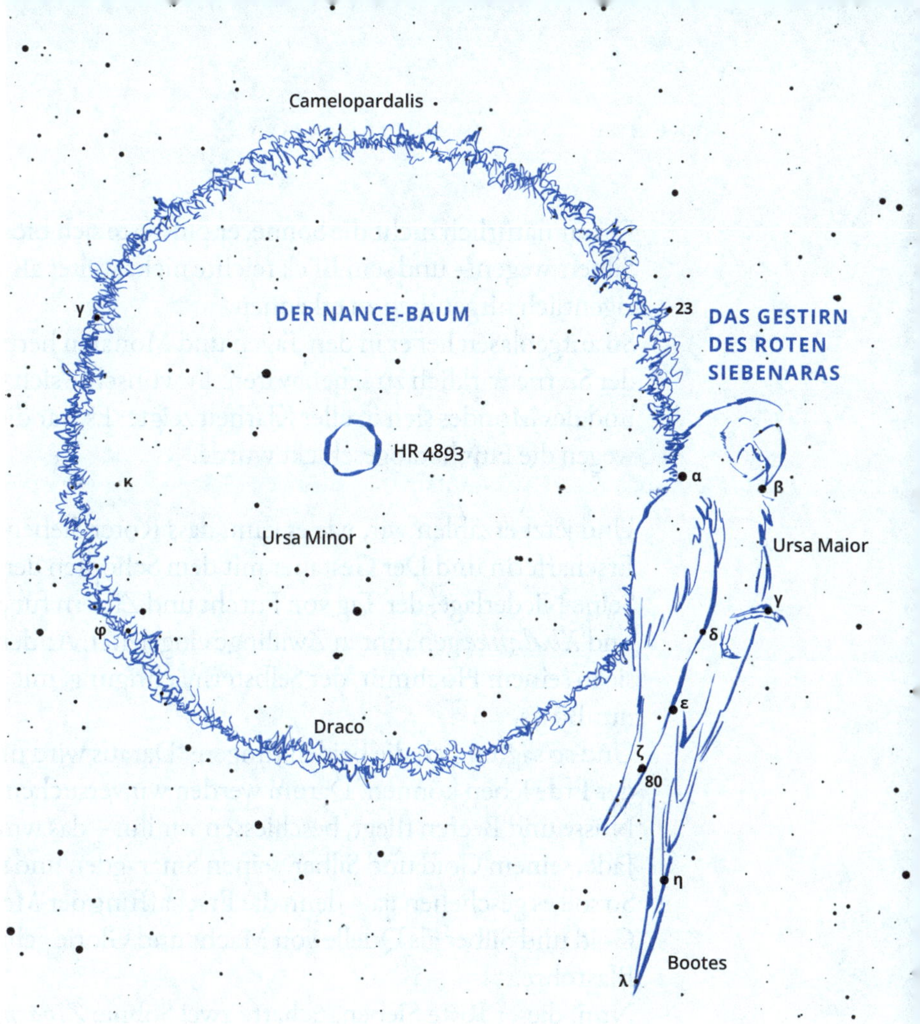

Der Name *Hunahpu* ist auf den mythischen Ort bezogen, an dem das erste Leben in Form von Schilf aus dem Meer kam, und bedeutet etymologisch 'Erster Rohrkolbenort'. Zugleich lässt sich der Name als 'Erster Jäger mit Blasrohr' auffassen.[124] Der Name seines Bruders *Xbalanke* ist wiederum auf die Sonne als Jaguar bezogen, in dessen Gestalt sie nachts die Unterwelt durchläuft; er bedeutet etymologisch so viel wie 'Junge Sonne'. Hinter diesem astronomischen Mythos steckt auch ein historischer Kern, indem ein selbstherrlicher, sich als Gott verehren lassender yukatekischer Fürst in der nachklassischen Zeit von den K'iche' gestürzt wurde.

T1 237, 34 und 355, C 91

LEBEN UND ENDE VON ROTER SIEBENARA

"Bevor es eine Sonne gab und auf dem Angesicht der Erde noch Dämmer lag, da gab es einen namens Roter Siebenara, der sich gerne aufplusterte. Himmel und Erde existierten schon, doch die Gesichter von Sonne und Mond, sie lagen wie die Tage und Monate noch im Dunkeln – weshalb er sich selbst zum leuchtenden Zeichen für jene erklärte, die danach in der Flut umkamen.
Er verhielt sich wie ein innerlich Verblendeter, den man verhext hat: 'Ich bin grossartig. Ich stehe über den Köpfen der Leute, die man gemacht und geformt hat. Ich bin ihre Sonne. Ich bin ihr Licht. Und auch ihr Mond. So soll es sein. Ich überstrahle alles. Mit dem Gleissen meines Silbers und meines Goldes erhelle ich die Wege und Fährten aller Lebewesen. Meine Augen glitzern von funkelndem Smaragd, meine Jade-Zähne sind hell wie der Himmel und mein Schnabel leuchtet so weiss aus der Ferne wie der Mond. Gold und Silber sind mein Thron: Sobald ich mich erhebe, erleuchte ich das Angesicht der Erde – deshalb bin ich die Sonne. Und dazu der Mond – für alle, die im Licht gezeugt und geboren wurden. So sei es; ich habe den Durchblick!', meinte Roter Siebenara.

Er war natürlich nicht die Sonne, er plusterte sich bloss so auf, seines Gefieders und seines Goldes und seines Silbers wegen – und sein Blick reichte nicht weiter als sein Sitz und sein Gesicht war unter dem Himmel eigentlich nirgendwo zu erkennen.
So aufgeblasen lief er in den Tagen und Monaten herum, bevor die Gesichter der Sonne, des Mondes und der Sterne wirklich zu sehen waren. Er wünschte sich Grösse und Gotthaftigkeit, bevor das Licht der Sonne und des Mondes sich in aller Klarheit zeigte: Es war dies in jener Zeit, als der geschnitzten Holzmenschen wegen die Flut herabgeschickt wurde.

Und jetzt erzählen wir, wie es kam, dass Roter Siebenara starb und gestürzt wurde, in der Zeit, als Die Erschafferin und Der Gestalter mit dem Schöpfen der Menschen beschäftigt waren.
Seine Niederlage, der Tag von Furcht und Zittern für Siebenara, wurde durch die beiden, *Hunahpu* und *Xbalanke* genannten Zwillinge eingeleitet. Anders als er waren sie wirklich Götter – deshalb sahen sie in seinem Hochmut, der Selbstermächtigung, mit der er vor Herz Des Himmels tat, was er wollte, nur Böses.
Und so sagten sich die beiden Jungen: 'Daraus wird nichts Gutes. Niemand wird so hier auf dem Angesicht der Erde leben können. Darum werden wir versuchen, ihn mit dem Blasrohr zu erwischen: Wenn er über seine Nüsse und Beeren fliegt, beschiessen wir ihn – das wird ihn verletzen. Und dann hat es ein Ende mit seiner Jade, seinem Gold und Silber, seinen Smaragden und seinem Glitzerzeugs, mit all dem, was er für sich hortet. So soll es geschehen, ja – denn die Erschaffung der Menschen, sie wird nicht gut ausfallen, wenn es um Gold und Silber als Quelle von Macht und Glorie geht. Das lassen wir nicht zu!', sagten sie und nahmen ihre Blasrohre.
Nun, dieser Rote Siebenara hatte zwei Söhne: *Zipacna* hiess sein Erstgebornener und *Kabraqan* sein Zweitgeborener. *Chimalmat* war der Name ihrer Mutter; sie war Siebenaras Frau.
Zipacna war derjenige, der die grossen Berge aufrechthielt – den Chigag, Hunahpu, Peculya, Xcanul, Macamob und Hulznab –, Namen von Vulkanen, die es schon seit der Zeit der Dämmerung gibt: Sie waren von Zipacna in einer einzigen Nacht erschaffen worden.
Und Kabraqan war derjenige, der die Berge, die grossen wie die kleinen, mit seinem Beben zum Wanken brachte. Darauf waren diese Söhne des Roten Siebenaras mehr als stolz.
'Schaut her, wer ich bin – ich bin die Sonne!', sagte Siebenara.
'Schaut her, wer ich bin – ich bin der Schöpfer der Erde!', sagte Zipacna.
'Und ich bin der, der den Himmel herab und die Erde ins Rutschen bringen kann!, sagte Kabraqan.
Die beiden Söhne des Roten Siebenaras hatten ihre Grossartigkeit von ihrem Vater – und die beiden Jungen, Hunahpu und Xbalanke, sahen das Übel, das darin für die Erschaffung von unserer Ersten Mutter und unserem Ersten Vater steckte. Weshalb sie deren Tod als deren Sturz planten.
Und so kommt es nun zur Geschichte, wie Roter Siebenara von den Blasrohren der Zwillinge beschossen wurde und alle drei Hochmütigen ihre Niederlage erlitten."

Darauf folgt ein erstes astronomisch zu lesendes Bild, in dem Siebenara wie das spätere Sternbild, das er bald verkörpern wird, um den Pol kreist, seine Frau Chimalmat, das spätere Schildgestirn, um Ursa Minor. Die Himmelsachse wird hier als Spitze Des Nance-Baums (*Byrsonima crassifolia*) vorgestellt, die Sterne darin als seine hellgelb leuchtenden Früchte.

"Da sind sie nun also, Der Rote Siebenara und der grosse Nance-Baum; die gelben Wildkirschen darauf sind seine Nahrung. Jeden Tag steigt er in die Krone des Baums hinauf, um ein paar Früchte herunterzupicken. Das sahen Hunahpu und Xbalanke; also setzten sie sich unter den Baum und beobachteten ihn, hinter Blättern versteckt.
Schliesslich liess sich Roter Siebenara zum Futtern auf dem Baum nieder – worauf sie auf ihn schossen. Hunahpu traf ihn mit der Kugel seines Blasrohrs mitten auf den Mund. Siebenara brach in einen Schrei aus, flog über die Baumkrone hinweg und landete am Boden.

Hunahpu rannte schnell zu ihm hin, um ihn zu packen – doch stattdessen riss ihm Siebenara einen Arm aus: Er bog ihn so lange am Rücken zurück, bis er an Hunahpus Schulter abriss. Trotzdem war es gut, was sie getan hatten.
Diese erste Auseinandersetzung führt aber noch nicht zur Niederlage Siebenaras, obwohl er Hunahpu den Arm ausgerissen hatte: Siebenara ging bloss nach Hause, seinen Kiefer in Händen haltend.
'Was bringst du da mit, fragte Chimalmat, Siebenaras Frau. 'Was hast du?'
'Zwei hinterhältige Untäter haben mich angeschossen! Das hat mir den Unterkiefer ausgerenkt – jetzt tun mir meine Zähne höllisch weh. Und das da habe ich mitgenommen, um es ins Feuer zu halten und es darüber hängen zu lassen, bis sie es sich es holen kommen! Das sind wirklich Übeltäter!', sagte Siebenara und hängte Hunahpus Arm auf.
Darauf heckten Hunahpu und Xbalanke einen neuen Plan aus. Sie gingen zu Erster Grossvater, dessen Haar inzwischen schon ganz weiss war, und zu Erster Grossmutter, die nun ganz klein und gebückt war, zwei vor Alter krumme Leute, um sich mit ihnen zu bereden.
Der Grossvater hiess Grosses Weisses Pekari, die Grossmutter Grosse Weisse Nasenbärin. 'Könnt ihr mitkommen, wenn wir uns vom Siebenara wieder unsern Arm holen? Wir gehen einfach hinter euch her. Und ihr sagt dann zu ihm: 'Entschuldigt unsere Enkel – aber ihre Eltern sind schon gestorben und deshalb laufen sie uns nach. Wir versorgen sie, indem wir unseren Beruf ausüben – nämlich die Würmer aus faulen Zähnen zu ziehen.' So wird Siebenara uns bloss für Kinder halten, während wir euch gleichzeitig sagen können, was ihr tun sollt', sagten die zwei. 'Einverstanden', antworteten Erster Grossvater und Erste Grossmutter."

Gesagt, getan. Sie gehen zu Siebenara, der in seinem Palast auf dem Thron sitzt und fürchterliche Zahnschmerzen hat, worauf sie ihm vormachen, dass sie ihm die Zähne ziehen müssen. Da er nur ihretwegen und wegen seiner Augen ein Fürst ist, wie er behauptet, versprechen sie ihm, die Zähnen durch polierte Knochen zu ersetzen.
"Doch stattdessen setzen sie ihm bloss weisse Maiskörner ein, bloss helle weisse Maiskörner – und sogleich hatte er ein trauriges Gesicht und wirkte überhaupt nicht mehr wie ein Fürst.
Schliesslich waren alle hell leuchtenden blau-grünen Edelsteine aus seinem Mund gezogen – und dann kamen die Augen von Siebenara dran, sie wurden ihm ausgerissen und alles kostbare Metall aus ihnen geholt. Dabei fühlte er aber gar keinen Schmerz; er starrte bloss dumpf vor sich hin. Derart nahmen Hunahpu und Xbalanke ihm, wie sie vorgehabt hatten, das, worauf sein ganzer Hochmut beruhte.
Als Roter Siebenara schliesslich starb, konnte Hunahpu sich seinen Arm zurückholen; und danach starb auch Chimalmat, Siebenaras Frau. So ging Siebenaras Reichtum verloren; seine Heiler holten ihn sich – die Edel- und die Schmucksteine samt allem, was ihn auf Erden so arrogant gemacht hatte. Das war letztlich den Zauberkräften der Grosseltern zu verdanken, die dann auch den Arm, den sich die Buben geholt hatten, wieder ins Gelenk brachten und ihn ganz machten.
Sie hatten Siebenara umbringen wollen – und das war ihnen gelungen. Denn sie hatten Hochmut als etwas Böses erkannt – und dabei ganz nach den Anweisungen von Herz Des Himmels gehandelt."[125]

Astronomisch gesehen erklärt dieses Zähneziehen und Augenausreissen, weshalb Körper und Schwanzfedern Des Siebenaras durch die Hauptsterne von Ursa Maior deutlich konturiert werden, sein Kopf jedoch bloss aus schwachen Sternen besteht.
Abschuss und Fall des Siebenaras von der Spitze des Nance-Baums durch die traditionell Morgen- und Abendstern verkörpernden Heldenzwillinge beziehen sich zudem auf spezifische Positionen des Sternbilds. Der Nance-Baum versinnbildlicht die fast quer über dem Himmel liegende Polachse. Auf seiner Spitze steht Ursa Maior, das seine höchste Kulmination über dem Nordstern im Dezember in der Morgendämmerung erreicht.
Hinter den untersten Ästen dieses Baumes am Boden – am südöstlichen Horizont also – geht der Morgenstern Hunahpu auf, der mit seinen Strahlen in der üblichen Metaphorik Siebenara 'abschiesst'. Diese Szene gibt bereits ein Teller aus der klassischen Zeit wieder, auf dem Hunahpu mit seinem Blasrohr einen Ara

aus dem Baumwipfel schiesst, ein Skorpion daneben am Boden: was die astronomisch korrekte Konstellation von Skorpiongestirn und Morgensonne im Dezember wiedergibt. Der Sturz Des Roten Siebenaras aus der Baumkrone ist dann ein langsamer, indem er mit Beginn der Regenzeit jede Nacht etwas tiefer am Himmel steht.
Mitte Juli, zu Beginn der Hurricane-Saison, fällt Der Siebenara in der Abenddämmerung schnell unter den Horizont, sobald das Gestirn der Drei Steine Herdstelle im Orion im Osten aufgeht.
Darauf wenden sich die Zwillinge an die Grosseltern, die in der klassischen Zeit als zwei alte Pekaris dargestellt werden, die mit dem gleichnamigen Sternbild im östlichen Leo korrespondieren. Bei diesen Sternen kommt die Ekliptik Ursa Maior am nächsten; ihr Gang zu Siebenara versinnbildlicht den gleichzeitigen Aufgang Des Pekarigestirns mit dem Des Siebenara im Osten, kurz vor der Morgendämmerung im September. Da ist der Morgenstern gerade am Verschwinden, kann aber Dem Siebenara in Ursa Maior den zweiten Schlag zufügen, indem seine Pracht mit dem ersten Sonnenlicht verschwindet.
Die Einarmigkeit der Venus ist dabei auf die Sonne zu beziehen, die mit dem Morgen- und dem Abendstern zwei Arme hat, die wechselweise dank ihres Transits hinter der Sonne verschwinden: sodass ihr also jeweils ein Arm auf den Rücken gebogen und dann ausgerissen wird, bevor er nach 260 Tagen wieder neu angebracht werden kann. Nachdem Roter Siebenara einmal auf Geheiss Juracans in der Polmitte zu Fall gebracht wurde, ist dann der Weg für Hunahpu frei, als richtige Sonne aufzusteigen.

T | T1 und T1 238 und 240

In der Kolonialzeit wurde der Mythos um den arroganten Roten Siebenara und das Verlöschen seiner Falschen Sonne mit dem Fall des 'Lichtbringers' Luzifer verbunden.[126]

ÉEK'EL EEK' (Yukatekisch) – DAS DUNKELHEITSGESTIRN

Éek'el Eek' ist mit 'Gestirn der Schwärze' zu übersetzen. Die Dunkelheit bezieht sich sowohl auf Juracan als dunkles Herz Des Himmels und auf die Entstehung des Sternbilds in der Epoche der Finsternis wie auf die oben erzählte Verdunkelung dieses Sternbilds durch die Heldenzwillinge.

Da die Azteken die Sterne von Ursa Maior auch *Citlaltlachtli* nannten – 'Ballspielplatz-Gestirn' –, benennt Éek'el Eek' im yukatekischen Vokabular neben diesem Sternbild zudem das Ballspiel an sich.

L1 237

In mehreren Codices finden sich mit Totenschädeln gesäumte Ballspielplätze. Sie verweisen offenbar darauf, dass solche Plätze einen Eingang in das spirituelle Reich der Ahnen und Götter darstellten. Zugleich ist das Ballspiel ein Ritual der Konfrontation, bei dem es um Leben und Ruhm oder den Tod geht.[127] Überwacht von Schiedsrichtern standen sich die Spieler dabei auf einem geteilten H-förmigen Feld gegenüber; sie versuchten einen drei Kilo schweren Gummiball in der Luft zu halten, ohne ihn mit allen Körperteilen berühren zu dürfen, um ihn durch einen Ring zu werfen oder Markiersteine zu treffen, in Nachahmung des Sonnenlaufes durch die Unterwelt.[128]

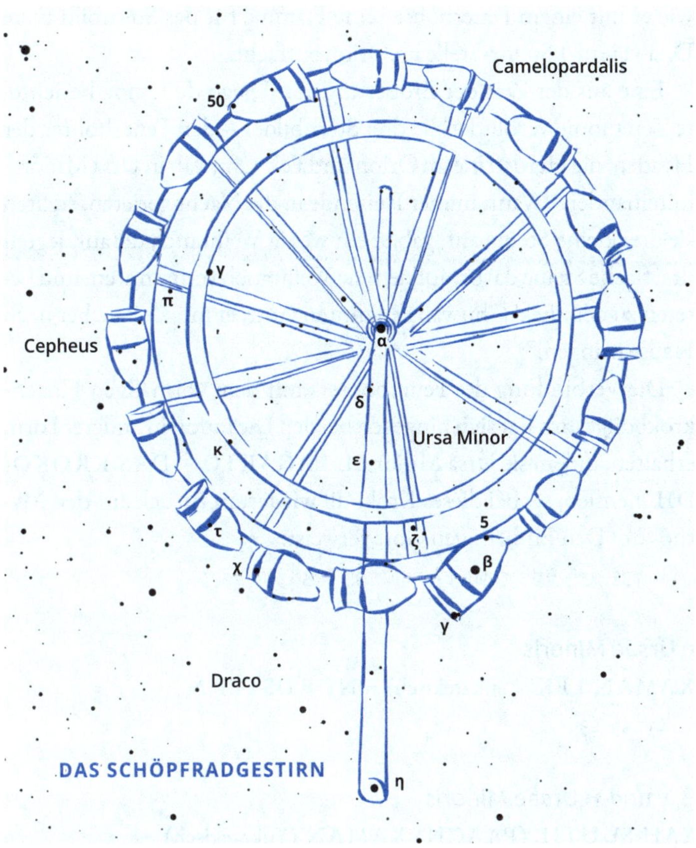

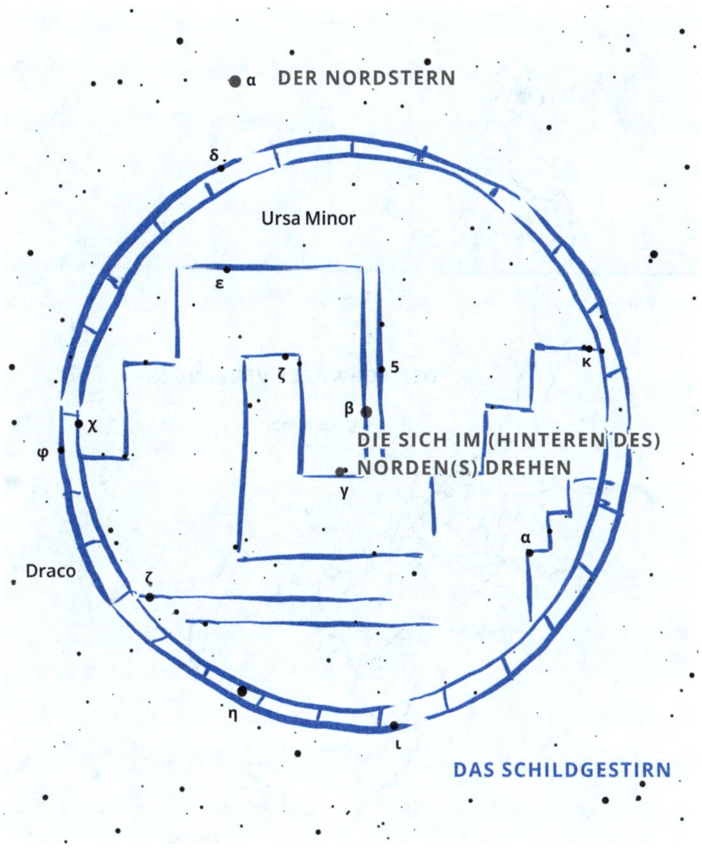

NORIA EEK' (Yukatekisch) – DAS SCHÖPFRADGESTIRN

Das aztekische Sternbild des Ballspielplatzgestirns wurde in den Wörterbüchern der Kolonialzeit auf "den Norden und sein Schöpfrad" bezogen. Im yukatekischen Dorf Chan Kom wird Ursa Maior – in Reaktion auf die von den Conquistadores aus Spanien mitgebrachte Noria – heute 'Schöpfradgestirn' genannt. Um Wasser in Bewässerungskanäle zu schöpfen, spannten sie ein Pferd oder ein Muli vor einen Balken, mit dem sie das Wasserrad dieser Noria drehten: was die Kreisbewegung der Sterne um den Himmelspol wiedergibt, der zu dieser Zeit in unseren Polaris gewandert war.

L1 237 und M 274

δ – γ Ursae Minoris und κ – χ Draconis

CHIMAL EEK' (Yukatekisch) – DAS SCHILDGESTIRN

Chimalli bedeutet auf Nahuatl 'Rundschild' und auf Matlatl 'Netz'; *Chimalmatl* 'Schildträger' – wiederum war ein häufiger Name für weibliche Gottheiten. Ein mit einem Netz bespannter Schild bildete das Emblem der zentralmexikanischen Kriegsgöttin Chimalli, die auch als Schutzherrin der Frauen auftrat. Im *Popol Vuh* der K'iche' wird sie unter dem Namen Chimalmat als Frau Des Roten Siebenaras und Mutter Zipacnas aufgeführt. In Yukatan wird sie *Chimal K'inich K'aak' Moo* genannt, 'Schild des sonnenäugigen Feueraras'. Als 'Schildgestirn' werden dort jene Sterne von Ursa Minor und Draco bezeichnet, die den Kreis und die Mitte dieses Schildes bilden. Nachdem ihr Mann Siebenara von Ursa Maior verkörpert wird, ist es nur passend, dass sie auch selbst in den Sternen neben ihm am Himmel präsent ist: versternt nach ihrem Tod.

T1 241 und C 96

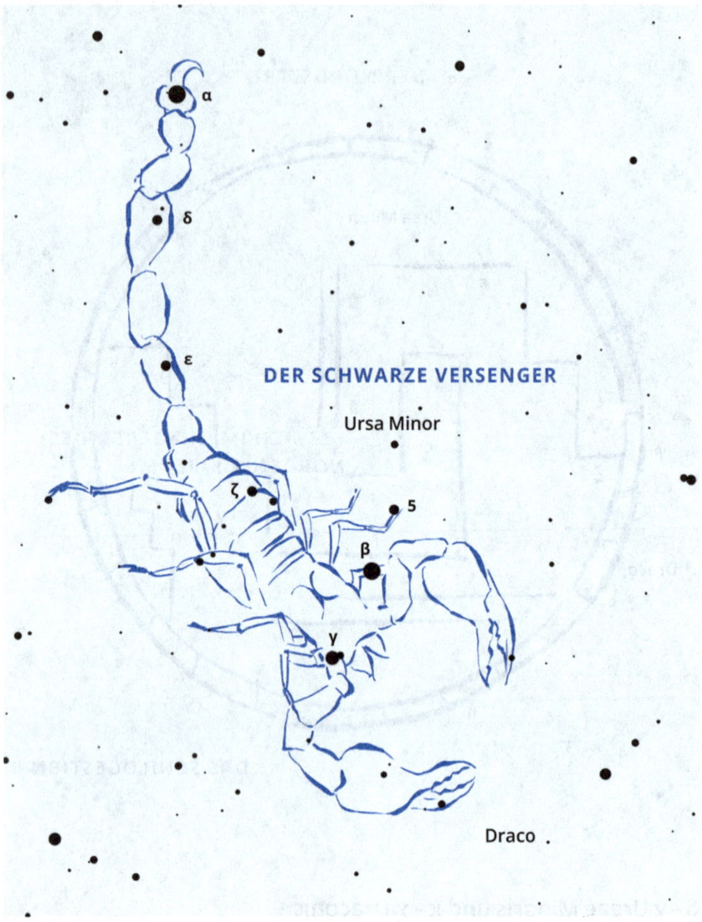

Ursa Minor

ÉEK' CHUWAH (Yukatekisch) –
DER SCHWARZE VERSENGER

Der Polarstern wird im Motul-Wörterbuch mit 'Stern der Händler' glossiert. Dieser Bezug scheint auf den Gott M der Maya zurückzugehen, der mit Krieg und Opfer verbunden wurde; die Almanache zeigen ihn als Gefangenen oder blutige Speere tragend. Seine Darstellung in den Codices mit schwarzem Körper, dicker roter herabhängender Unterlippe, U-förmig eingerahmtem Auge und Stupsnase hebt sich von jenen der anderen Götter sehr ab. Wo er mit Tragriemen und Packen oder mit Skorpionstachel und Kriegsgefangenen abgebildet wird, verkörpert Gott M den Gott der Händler und den Schutzpatron der Kakaoplantagenbesitzer und ihrer Sklaven, *Éek' Chuwah*. *Éek'* bedeutet 'schwarz' – lautet jedoch ähnlich wie *Eek'*, Stern – und *Chuwah* heisst 'Versenger'.

'Schwarzer Versenger' ist der Name eines grossen schwarzen Skorpions, dessen Form der Konfiguration der Sterne von Ursa Minor entspricht, die seit jeher überall Reisenden zur Orientierung dienten. Auf dieses Sternbild scheint auch der spanische Missionar Sahagun zu verweisen, wenn er anstelle unseres Wagens ein skorpionförmiges Sternbild erwähnt.[129]

In den präkolumbischen Codices wird Éek' Chuwah – passend zu seinem Namen – mit einem Skorpion auf seinem Kopf dargestellt, wie er mit einem Feuerbohrer eine Flamme für das Sternbild Erste Drei-(Herd-)-Steine-Stelle im Orion entfacht.

Eine aus der Zeit der Eroberung von Diego de Landa berichtete Zeremonie verbindet die drei Sternbilder – den Feuerbohrer der Hyaden, die Herdsteine im Orion und Éek' Chuwah in Ursa Minor – miteinander: "Wann immer Reisende in die Nacht gerieten, stellten sie drei kleine Steine auf, gaben ein wenig Weihrauch darauf, legten drei flache Steine davor, auf dem sie Weihrauch verbrannten, und beteten zu dem Éek' Chuwah genannten Gott, er möge sie sicher nach Hause bringen."

Die Verbindung des Feuerbohrers mit dem vormaligen Hirschkrokodilgestirn hat sich hingegen bei den Lacandon in anderer Form erhalten, indem sie Ursa Minor EL LAGARTO – DAS KROKODIL nennen, wobei dieses Krokodil wiederum zurück auf den Mythos um Den Einbeinigen Gott verweist.

L1 235–236, BB 115, G|H 75 und 395, M 38

α Ursae Minoris

XAMAN EEK' (Yukatekisch) – NORDSTERN

L1 235–236

β, γ und 11 Ursae Minoris

YAH SUUTIL (PAACH) XAMAN (Yukatekisch) –
DIE SICH IM (HINTEREN DES) NORDEN(S) DREHEN
YAH BAK'UL (PAACH) XAMAN (Yukatekisch) –
DIE IM (HINTEREN DES) NORDEN(S) KREISEN

Auf 15° geographischer Breite liegt Polaris 15° über dem Horizont und ist deshalb nur in flachem Tiefland zu sehen. Aufgrund der Präzession wurde α Ursae Minoris erst zur Zeit der Entdeckung Amerikas zum Polarstern, sodass der Name 'Nordstern' nur von den spanischen Eroberern übernommen sein kann. Das Sternbild selbst wird von den Wörterbüchern als "Nordstern und seine Wächter" oder "Wächter des Nordens" glossiert, wobei mit den Wächtern β, γ und 11 Ursae Minoris gemeint sind, zudem gibt dies bloss die Bezeichnung der spanischen Eroberer für diese Sterne wieder.[130]

L1 235–236

α Bootis

TZAJAL K'ANAL (Tzotzil) – DER ROTE STERN

So heisst Arcturus in Zinacantán.

V

α Carinae?

NOJOL EEK' (Yukatekisch) – DER SÜDSTERN

Komplementär zum Nordstern führen die Wörterbücher einen Südstern als "grössten von allen" und als "Gegenstück zum Norden".

L1 235

IV DAS ERSTE ENTSTANDENE STERNBILD SAMT DEN STERNEN RINGSUM

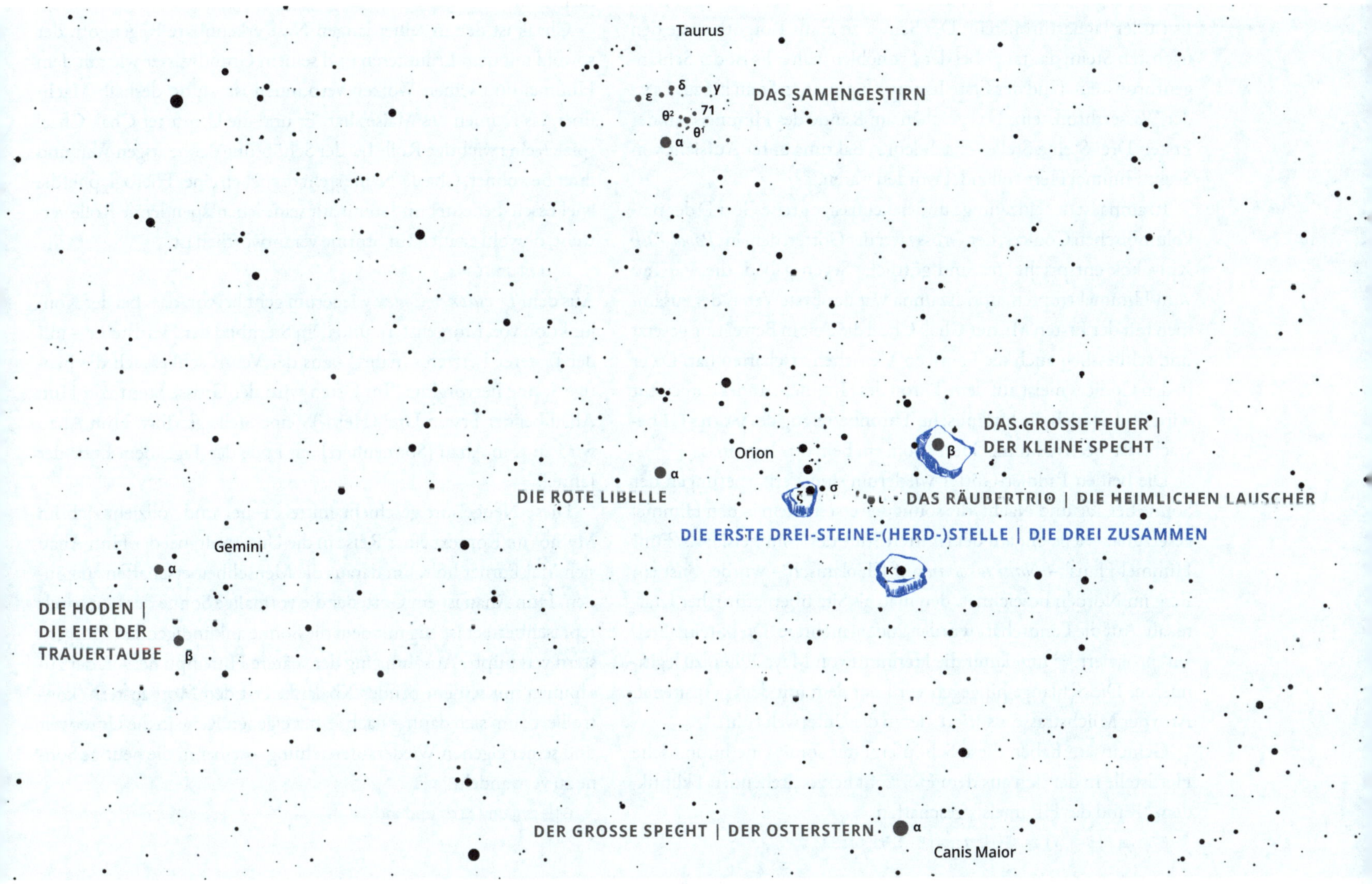

ζκβ Orionis

YÁAX ÓOX TUUNAL (Yukatekisch) – DIE ERSTE DREI-STEINE-(HERD-)STELLE

M 266

Dem Mythos der alten Maya gemäss war dies das erste Sternbild des Himmels. Als Dreieck von Sternen wurde es am selben Tag wie die Polarregion Die Schwarze Asche und Das Schildkrötengestirn dann an den Himmel gesetzt (das Sternbild Roter Siebenara reiht sich erst später in diese Abfolge ein).

Das Sternbild besteht aus drei Herdsteinen um den Orionnebel M 42, der als "rauchendes Feuer" beschrieben wird. Glyphen der klassischen Epoche zeigen die drei Herdsteine, die beim Untergang der vormaligen Welt zu einem Sternbild am Himmel der heutigen Welt wurden, manchmal samt Rauch und Flammen.

Inschriften in Quiriguá und Palenque bestimmen den Zeitpunkt, an dem diese Steine bei der Schöpfung an den Himmel versetzt wurden: nämlich am Ende eines Äons, das mit 4 Ahau 8 Kumku 13.0.0.0.0. endete: unserem 8. September im Jahre 3113 v. u. Z.[131] Der Zeitpunkt ergibt sich dadurch, dass alle 20 Zyklen von 400 Jahren, 8000, 160 000, 32 000 000 Jahre, wieder auf 13 gesetzt wurden: 13 Baktuns, 0 Katuns, 0 Tuns, 0 Winals, 0 Kins, 4 Ahau, 8 Kumku.

In Palenque heisst es zu diesem ersten Tag der Schöpfung: "Das Bild manifestierte sich am Rand des Himmels: Die Erste Drei Steine Stelle."[132]

In Quiriguá, Guatemala, errichtete ein Herrscher namens K'ak' Tiliw Chan Yopaat in der zweiten Hälfte des 8. Jahrhunderts u. Z. eine Reihe von hohen Stelen. Die sogenannte *Stele C* berichtet vom 8.9.3113 v. u. Z., dem ersten Tag am Ende von 13 Zyklen, etwas ausführlicher: "An 4 Ahau 8 Kumku manifestierte sich das Bild: drei Steine wurden zusammengestellt. Jaguar Paddler und Stachelrochen Paddler setzten einen Stein; das taten sie beim Fünf Himmel Haus: Es ist der Jaguarthronstein. Der Schwarze Haus Rotgott setzte den nächsten Stein; das tat er bei der Erdhöhlenspalte: Es ist der Schlangenthronstein. Und der Erste Itzamna fügte einen Stein hinzu: Es ist der Wasserthronstein. Das geschah am Rande des Himmels, an der Ersten Drei-Steine-Stelle – nachdem 13 Baktuns unter Aufsicht von Sechs Himmel Herr vollendet worden waren."[133]

Itzamna ist der einzahnige und hakennasige greise Gott D der präkolumbischen Codices, der Grossvater der Götter, dem im *Popol Vuh* Xpiyakok entspricht. *Itz* sind göttliche Segensgaben, die wie Tau vom Himmel tropfen, und Itzamna war der Erste Vater, der zusammen mit der Ersten Mutter Chak Chéel die Zeit in Bewegung gesetzt und schliesslich auch die heutigen Menschen erschaffen hat. Da er in den Codices meist auf dem Thron des Himmelsbandes dargestellt wird und er auch die himmlische Thronbesteigug des Gottes GI bewacht, ist 'Sechs Himmel Herr' wohl ein Beiname Itzamnas.

Die beiden Paddler-Götter wiederum sind Verkörperungen der Sonne bei Tag und Nacht, die somit den ersten Stein in den Himmel gesetzt hat (vielleicht auf der fünften Stufe des Himmels?); als 'Fünf Himmel Haus' – *Naaj jo' chan* auf Ch'olanisch – wurde sonst ein Berg im Norden bezeichnet, den man als Sitz übernatürlicher Kräfte sah. Auf die Landschaft wurden zudem mehrere 'Drei-Steine-Stellen' projiziert,[134] um damit die Herkunft von Maya-Eliten zu legitimieren. Die Schlange hingegen wird mit dem mit dem gespaltenen Arm der Milchstrasse assoziert, der in die Unterwelt führt.

Gemeinsam haben diese Schöpfergötter somit eine himmlische Herdstelle in der sich aus dem Horizont hervordrehenden Ekliptik, dem "Rand des Himmels", geschaffen.

BB 112, F | S 51, T1 73, G | H 77 und 81, S 62, M 284

Aus der Inschrift einer Maske von Rio Azul wird ersichtlich, dass sich die Götter nach Erschaffung dieses Sternbilds in den Himmel begaben, um dort ihre Aufgaben zu übernehmen: "An 4 Ahau kamen sie zum Rand des Himmels, zur Ersten Drei-Steine-(Herd-) Stelle – Chaak, der erste Geleitgeist am Erdhöhlenspalt, die Himmelsgötter und Erdgötter unter der Aufsicht von ?? und Sechs Himmel Herr."[135]

Chaak ist der an seiner langen Nase erkennbare Regengott, der sowohl mit dem Erdinneren und seinem Grundwasser wie mit dem Himmel und seinen Wolken verbunden ist – und deshalb Macht über das Keimen des Maises hat. Er und die Urmutter Chak Chéel spielen eine wichtige Rolle bei der Schöpfung der heutigen Welt und ihrer Bewohner. Chaaks Name steht oft neben einer Hieroglyphe, die 'viel Essen' bedeutet und somit auf seine lebensspendende Rolle verweist, obwohl er auch für Stürme verantwortlich ist.

G | H 73 und GR 45

Aus dem *Dresdener Codex* wiederum geht hervor, dass bei der Konjunktion von Morgenstern und dem Sternbild der Herdsteine – mit der Ersterer Letzteres 'nährt'– aus der Venus schliesslich die heutige Sonne hervorging: "Im Osten wird der Grosse Stern von Hun Ahau bei der Ersten Drei-(Herd-)Steine-Stelle genährt. Hun Ahau wird zu K'in Ahau [Sonnenherr] am Ende der Tage, dem Ende der Jahre."

Diese Neugeburt geschieht mittels Feuer und vollzieht sich im Mythos im Kontext einer Reise in die Unterwelt, bei der Hun Ahau sich Maiskörner holt, um daraus die Menschheit erschaffen zu können. Hun Ahau ist ein Gott, der die vormalige Sonne der Unterwelt repräsentiert; er ist eng mit dem die Sonne ankündigenden Morgenstern verknüpft. Aus ihm ging der spätere Hunahpu hervor, der zusammen mit seinem Bruder Xbalanke erst den Morgenstern 'kontrolliert', um sich dann – nach seiner eigenen Reise in die Unterwelt und seiner eigenen Wiederauferstehung – selber in die heutige Sonne zu verwandeln.

G | H 279 und M 97 und 100

DER UNTERGANG DER HOLZMENSCHEN

Im *Popol Vuh* der K'iche' wird der Ursprung dieser drei Sterne, die exemplarisch für die Kochstelle der Maya mit ihren Herdsteinen und der Grillplatte darüber stehen, in die Schöpfungsgeschichte eingebettet. Die Rolle von Itzamna und Chak Chéel nehmen dort die beiden Schöpfergötter Xpiyakok und Xmukane ein, Eltern von Eins Hunahpu und Grosseltern der Heldenzwillinge.[136]

In der Kosmogonie des *Popol Vuh* lassen die Schöpfergötter zuerst die Welt rund um Herz Des Himmels entstehen; erst dann erschaffen sie die Tiere. Da diese sich jedoch nicht an ihre Einteilung von Tag und Nacht halten, sie mangels Sprache nicht als Götter loben und preisen können und die Morgendämmerung des ersten Anpflanzens naht, braucht es Ernährer und Versorger, die den Göttern Verehrung darbringen. Deshalb töpfern sie aus dem Baumaterial der Welt – Schlamm und Erde – erste menschenartige Wesen. Doch bei diesen ungestalten Lehmmenschen sind Kopf und Körper noch nicht getrennt; sie können nur nach vorne schauen – und ihr Gesicht, im Sinne ihres essentiellen Wesens, ist noch verborgen. Sie sind von Natur aus falsch, plappern nur sinnlos vor sich hin und zerbröckeln gleich, um sich wieder in Wasser aufzulösen.[137]

Deshalb wenden sich Herz Des Himmels samt Herrscher und Quetzalschlange an Xmukane, "Die Grossmutter des Tages, die Grossmutter des Lichts" und "Herrin der Maiskörner und des Kalenders" und an ihren Mann Xpiyakok, den Herrn des Korallenbaums. Ein Orakel von Maiskörnern und Korallenbaumsamen legt darauf fest, dass Xmukane und Xpiyakok als Die Erschafferin und Der Gestalter erst eine männliche Figur aus dem Holz des Korallenbaums schnitzen und die weibliche Figur sodann aus Schilf, dem Schmalblättriger Rohrkolben, flechten.

Doch auch diese Schöpfung misslingt: Diese Holzmenschen haben weder Herz noch Verstand und erinnern sich ihrer Schöpfer nicht, geschweige, dass sie sie verehren – und stehen deshalb allem ignorant gegenüber.[138]

Sie kriechen bloss sinnlos auf allen vieren herum, ihre Gesichter knorrige Masken, ihre Glieder steif, die Körper ohne Blut, Schweiss und Öl.

Mangels Ehrerweisung lässt Herz Des Himmels deshalb eine schwarze Flut aus Harz und Terpentin sich über sie ergiessen; und dann rächen sich all jene, die von den Holzmenschen missbraucht wurden, an ihnen.

"Alle sprachen plötzlich: ihre Maismühlen und Kochplatten, ihre Teller und Töpfe, ihre Hunde und Mörser – alle erhoben sich und zerschlugen ihnen ins Gesicht.

Die Hunde und Truthähne warfen es ihnen an den Kopf: 'Ihr habt uns nur geschlagen und gegessen – doch jetzt fressen wir euch!'

Dann waren die Mahlsteine dran: 'Ihr habt uns zerrieben, Tag um Tag um Tag, im Dunkeln, in der Dämmerung, ohne Unterlass – mahle, mahle, Mühle, Mühle – Zick-Zack, hin und her auf unserem Gesicht, nur euretwegen – Fick-Fack, hin und her! Wir dienten euch, weil ihr die ersten Leute wart – doch jetzt werdet ihr unsere Macht und Kraft erleben: Wir werden euch wie Mais zermahlen und euer Fleisch zerstossen!'

Und dann klagten ihre Hunde sie an: 'Warum gabt ihr uns nie Futter? Wir konnten bloss zuschauen – aber ihr habt uns verjagt, hinausgeworfen und mit dem Stock geschlagen – während ihr gegessen habt: nur so habt ihr zu uns gesprochen. Und weil wir nicht reden konnten, kriegten wir auch nichts von euch. Aber ihr hättet es besser wissen müssen – ja, ihr wusstet es.

Und trotzdem habt ihr uns ignoriert. Heute aber kriegt euer Mund unsere Zähne zu schmecken – wir werden euch fressen!', sagten die Hunde und zerrten an ihren Wangen.

Und dann ergriffen die Kochplatten und Kochtöpfe das Wort: 'Nur Schmerzen habt ihr uns zugefügt – auf das Feuer gesetzt habt ihr uns und uns verbrannt, bis unsere Mäuler und Gesichter verrussten! Wir fühlten zwar keinen Schmerz – aber jetzt kriegt ihr das zu spüren!', sagten die Töpfe alle und zerdrückten ihnen das Gesicht.

Und die Steine, ihre Herdsteine, die machten sie platt. Sie schossen mitten aus dem Feuer empor – und ihnen auf den Kopf, dass sie vor Schmerz schrien und einfach davonrannten.

Auf die Häuser wollten sie klettern, aber die fielen unter ihnen zusammen, sodass sie herunterstürzten.

Auf die Baumspitzen wollten sie klettern, aber die wollten sie nicht tragen.

In die Höhlen wollten sie klettern, aber die schlossen vor ihnen ihren Mund.

So wurde dieses gemachte Volk, dieses geschnitzte Volk, vernichtet: Sie wurden alle entmachtet und ausgelöscht, all ihre Gesichter und Münder zerdrückt und zerschmettert.

Es heisst, dass die Klammeraffen im Wald heute von diesen Leuten abstammen. Sie waren ihre Nachkommen, weil Die Erschafferin und Der Gestalter bei ihrer Schöpfung bloss Holz für das Fleisch verwendet hatte.

Deshalb gleichen die Klammeraffen ihnen; sie sind Nachkommen dieser gemachten und gestalteten Figuren.

Doch die waren bloss aus Holz geschnitzte Puppen."[139]

Kurz darauf erfolgt in der klassischen Mythologie die Versetzung der Herdsteine als Sternbild an den Himmel, zusammen mit jenem der Schildkröte. Das *Popol Vuh* lässt danach das Ende Des Roten Siebenaras folgen, der in die Sterne von Ursa Maior versetzt wird, um dann den Beginn der Vierten Welt zu erzählen. Darin werden schliesslich die heutigen Menschen erschaffen, indem sie aus zermahlenen, mit Wasser vermischten Maiskörnern geformt werden.

OX LOT (Tzotzil) – DIE DREI ZUSAMMEN
In Zinacantán heisst Die Drei-(Herd-)Steine-Stelle heute noch 'Die Drei Zusammen' – während Spanischsprecher diese Sterne bei dem von den Missionaren übernommenen Namen DIE DREI MARIAS nennen.

V

Der spanische Name bezieht sich auf drei legendäre Jungfrauen, die das Grab von Jesu aufgesucht haben sollen, geht letztlich aber auf die Araber Andalusiens zurück. Die arabische Kultur hatte einige kleine Sterne des als weibliche Göttin al-Jauza gesehenen Orions zu deren Dienerinnen bestellt und mehrere andere Sterne in deren Nähe zu Jungfrauen erklärt. Sich auf Teukros den Babylonier berufend, versammelte der griechische Astronom Vettius Valens im 2. nachchristlichen Jahrhundert all diese Frauen zu den 'Drei Chariten', bezog sie aber auf die drei Gürtelsterne des Orion, an denen bis dahin bloss Al-Jauzas Dienerinnen statt eines Schwertes gehangen hatten. Diese Drei Grazien wurden sodann christianisiert und in Drei Marias umgetauft.[140]

β Orionis

NIMA Q'AQ' (K'iche') – DAS GROSSE FEUER
Die K'iche' heute nennen β Orionis 'Grosses Feuer', die Sterne des Orion allgemein JE' CHI Q'AQ' – VERSTREUTES FEUER, die drei Gürtelsterne 'Die drei Feuerherren' und sehen im Orionnebel M 42 den Rauch eines Kochfeuers.

TE 181

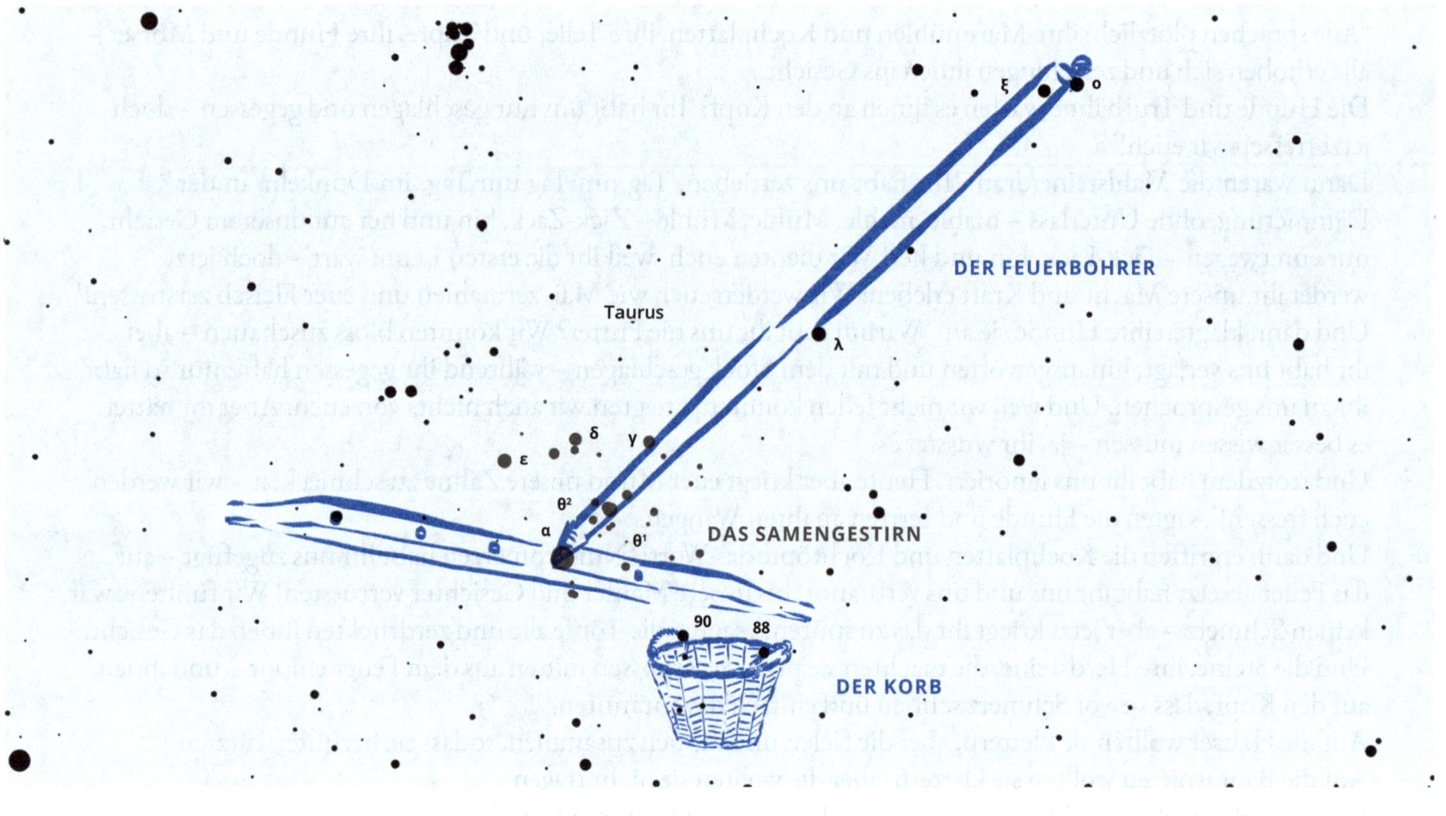

Taurus und Hyaden

JOCHK'AHK'AJ (Ch'olanisch) – DER FEUERBOHRER
Zu den Drei Herdsteinen gehört laut den kolonialen Wörterbüchern auch das Sternbild Feuerbohrer, das bei den Azteken den Namen *Mamalhuaztli* trägt, den Plejaden benachbart in den Sternen von Taurus liegt und vom Missionar Bernardo de Sahagun mit 'Holzsplitter' und 'Stäbchen' übersetzt wird.[141] Das Motul-Wörterbuch aus der Kolonialzeit wiederum glossiert das Yukatekische *Mehem Eek'*– Samengestirn – mit "Die Holzsplitter, ein Sternbild am Himmel". Sonstige, auch heutige Quellen sind unklar und verorten den Feuerbohrer nur sehr allgemein bei Orion oder Gemini.

L1 236–237 und M 267

Die Konfiguration der Sterne in Taurus lässt sich gut auf einen Feuerbohrer projizieren, der im Aldebaran aufglüht und bei dessen Drehung die Hyaden als Funkensplitter wegspritzen. Für die Nähe des 'Samengestirns' zu den sonst üblicherweise als Sandalen aufgefassten Plejaden spricht auch, dass diese bereits bei den Südlichen Dene 'Samengleiche Funken' hiessen, und die K'iche' den Namen *Motz* für die Plejaden als eine Handvoll zur Aussaat bereite Samen auffassen.

Einen Hinweis auf die Bedeutung dieses Sternbilds liefert die südliche Plattform von Tempel XIX von Palenque. Sie bekundet zuerst die Thronbesteigung des Gottes GI am 10. März 3309 v. u. Z. in einer Art gespiegeltem Himmel unter Aufsicht des Urvaters, 'Erstes Haus

Itzamna'. Dann wird festgehalten, dass GI – der Älteste der die Stadt schützenden Drillingsgötter – elf Jahre später, am Ende der vormaligen Welt (doch noch vor dem Schöpfungstag der heutigen Welt mit seiner Entstehung der Polarregion des Himmels) ein astrales Monster bezwungen hat: "An 1 Etznab 6 Yakin wurde dem Besternten Hirschkrokodil, dem Rückenloch-Krokodil, dem Schwarzbemalten Krokodil, der Kopf abgehauen. Dreimal floss sein Blut, bezwungen von ?? So wurde das Feuerbohrerding erschaffen und geformt; dies war die Tat des Gottes GI."[142]

Wie die Ikonographie des Gottes GI verrät, verkörperte er zusammen mit seinen zwei jüngeren Brüdern die Stationen des Sonnenlaufes: Er stand für die aufsteigende, die anderen beiden für die absteigende und die nächtliche Sonne. Das Besternte Hirschkrokodil verkörperte die Decke der vormaligen unterirdischen Welt, die ihr als Himmel diente. Nachdem dieses Monster alles durch eine herabstürzende Flut zu vernichten drohte, wurde es getötet und aus seinem Leib und Blut die heutige Erdoberfläche mit ihren Bergen, Flüssen und Wäldern geschaffen.

Die Rolle des Feuerbohrerwesens dabei ist etwas unklar: Wahrscheinlich bohrte es dem Besternten Hirschkrokodil das Loch in den Rücken, um – wie eine Abbildung zeigt[143] – die Sonnenscheibe daraus hervorzuholen. Darauf lässt die aztekische Mythologie schliessen, in der der Schöpfergott Quetzalcoatl zusammen mit dem Kultgott Zilopochtli in der vormaligen Welt das Feuer gemeinsam mit einer schwach leuchtenden Halb-Sonne schuf.

Die Enthauptung dieses urweltlichen Ungeuers gehört zu einem in Mittelamerika verbreiteten, auch im *Chilam Balam* festgehaltenen Mythos, demzufolge ein urzeitliches Meeresungeheuer getötet werden muss, damit daraus die Erdoberfläche entstehen und geformt werden kann. Ein Ritus dazu wurde bei der Eroberung Mexikos in Diego de Landas *Relación de Mérida* festgehalten: "Um zu zeigen, dass die Welt durch Feuer enden wird, hielten sie eine Zeremonie ab, für die sie einen Alligator anmalten, der die Flut und die Erde symbolisierte, um dann auf seinem Rücken einen grossen Haufen Feuerholz anzusammeln und es anzuzünden."

G|H 73–74, S 67–77 und 164–171, M|T 86–87

Implizit bestätigt wird die Verortung des Feuerbohrers unterhalb der als einzelne Sandale oder Klapperschlange gesehenen Plejaden durch eine Passage im *Popol Vuh*. Darin geht den ersten Menschen in der Zeit der Dämmerung vor dem ersten Sonnenaufgang das Feuer in einem Hagelsturm aus, worauf sie Tohil – eine Verkörperung des einbeinigen Juracan – um Hilfe anflehen: "Der brachte Feuer hervor, indem er sich um sich selbst drehend in seinen Schuh bohrte."

Diese einbeinige Pirouette in der eigenen Sandale gibt die uralte Technik wieder, mittels schneller Drehung eines Feuerbohrers auf einer Planke aus Hartholz Glut zu erzeugen, um damit Zunder zu entfachen. In der klassischen Ikonographie wird der Feuergott als Gott K oder GII dargestellt, dessen Feuer durch eine brennende, aus seiner Stirn hervorstehende Fackel symbolisiert wird – aber auch durch eine Fackel im Rachen einer Schlange, die für sein einziges Bein steht: womit das Ensemble der Sterne von Plejaden, Hyaden und Aldebaran im Taurus in eine sinnbildliche Figur gebracht ist.

P 214 und T 298

Der *Madrider Codex* 51a zeigt Éek' Chuwah mit einem Skorpion als Zeichen seines Sternbildes Schwarzer Versenger in Ursa Minor, wie er nach dem Setzen Der Ersten Drei-Steine-Stelle das Feuer für diesen himmlischen Herd entzündet, von dem die K'iche' heute sagen, dass es im Orionnebel brennt. Rituell wurde dann zu jedem Beginn eines Jahres ein neues Feuer gebohrt.

Eine Beschreibung des Rituals dieses Neuen Feuers bei den Azteken aus dem Jahr 1507 hält zunächst fest, dass die Feuer ausgelöscht und die alten Töpfe zerschlagen und neue angefertigt wurden. So erwartete das Land im Dunkeln die Zeremonie des Neuen Feuers, die nach vollendetem Zylus von 52 Jahren das neue Jahr bestätigte und erneuerte. Kam kein Feuer zustande, brachte dies die *Tzitzimime* im Kopfsprung herab, himmlische Dämone der Dunkelheit, welche die Menschheit erschlagen. Schwangere Frauen wurden vor ihnen hinter vollen Säcken oder in Kornspeichern versteckt; jedes dann geborene Kind war stigmatisiert und man schützte sein Gesicht mit einer blauen Maske.

In der Mitternacht vor dem Anbruch des neuen Jahres beobachteten Priester auf dem nahegelegenen 'Sternenhügel' Citlaltepec die Bewegung der Plejaden, welche die Azteken *Tianquiztli*, 'Marktplatz', nannten. Wenn sie im Zenit standen, schnitten die Feuerpriester einem Kriegsgefangenen das Herz heraus und entzündeten mit einem Feuerbohrer in seinem offenen Brustkorb eine Flamme. Gebündelte Stäbchen, welche die Jahre des vergangenen Kalenders symbolisierten, wurden verbrannt.

G|H 394–395 und M|T 87

Demgemäss begann das neue Jahr zur klassischen Zeit Mitte November, denn da stand der rote Aldebaran um Mitternacht im Zenit.

88 und 90 Tauri

MACHAL (Tzotzil) – DER KORB

Bei den Tzotzil werden diese Sterne mit einer Ableitung von *Moch* als 'zweihenkeliger Korb' aufgefasst.[144] Möglicherweise stellt er das Behältnis für die 'Samen' der Hyaden oder Plejaden dar.

L2

Hyaden

MEHEM EEK' (Yukatekisch) – DAS SAMENGESTIRN
CHAMUKUY (Yukatekisch) – DER CHAMUKUY-VOGEL

Die Maya sehen in Yukatan in diesem Sternhaufen einen kleinen Vogel dieses Namens, in Motul aber auch einen Samenhaufen.

M 253 und L1 236

V DER PRÄKOLUMBISCHE TIERKREIS

Im postklassischen *Pariser Codex* gibt es die Zeichnung eines Himmelsbandes, von dessen Sonnensymbolen unterschiedliche Tiere hängen. Dies ergibt einen Tierkreis von 13 Sternbildern, die jeweils eine den Mondzyklus wiederspiegelnde 28 Tage lange Periode markieren. Derart definieren sie ein 364 Tage langes Jahr, in das nach jedem fünften Jahr ein Schalttag – Wayeb – eingeschoben wurde, um es wieder mit dem Sonnenlauf zu synchronisieren.[145]

Der Tierkreis suggeriert hauptsächlich während der Trockenzeit vorgenommene Observationen von morgens aufgehenden und untergehenden Sternbildern und Beobachtungen nächtlicher Mondpositionen, die Eklipsen im Abstand von sechs Monaten voraussagen lassen. Manche der postklassischen Sternbilder des Tierkreises im *Pariser Codex* lassen sich bis 600 u. Z. zurückverfolgen, können aber schon auf die vorklassische Zeit zurückgehen.[146]

Der aus den Codices rekonstruierbare Tierkreis war jedoch nicht der einzige. Eine Reihe von Tieren im Ostflügel der Monjas in Chichen Itzá werden für Sternbilder gehalten, wobei zwischen dem Pekari und dem Geier der bei den Azteken gebräuchliche Schmetterling und eine Boa eingeschoben wurden.

Auch die späteren Azteken besassen einen Tierkreis, dessen Sternbilder sich mit denen der Maya teilweise überschnitten: So haben auch sie einen *Citlacolotl* genannten Skorpion in Scorpius,[147] sind die Plejaden die Rassel einer Klapperschlange, gibt es einen Frosch und einen Totengott, obgleich Letzterer von Sternen figuriert wird, die einen Monat früher als bei den Maya aufgehen.

Markiert von den Plejaden endete das agrarische Jahr der Azteken Ende Januar. Dasselbe galt für die klassischen Maya, aufgrund der Jahrhunderte dazwischen jedoch zeitversetzt: Denn da standen die Plejaden Anfang Februar in der Abenddämmerung im Zenit und begannen zum Äquinoktium im März allmählich abends unterzugehen. Damit fing das Jahr mit jenem Sternbild an, das den ersten Schöpfungstag der heutigen Welt symbolisiert: Dem Schildkrötengestirn. Dessen drei Sterne stehen auch am Kalenderstein der Aztteken an erster Stelle.

MC2, MC1 und M 259

DIE ENTSTEHUNG DES TIERKREISES

Die im Tierkreis figurierten Tiere gehören laut *Popol Vuh* zu den allerersten Lebewesen, die von Herz Des Himmels nach der Erde erschaffen und zu 'Wächtern des Waldes und des Buschwerks' bestimmt wurden: "Dann wurden die Tiere der Berge gemacht, die Wächter des Waldes samt all jenen, welche die Berge bevölkern – die Hirsche und Vögel, der Puma und der Jaguar – sowie die Boa, die Klapperschlange und die Lanzenotter als Wächter des Buschwerks."[148]

Spezifischer gesehen, symbolisieren sie Nahrung, die je nach dem Monat, der durch ihren Aufgang bestimmt wird, zur Verfügung steht. Dies zeigt sich im *Popol Vuh* nach der Enthauptung Hunahpus, als sein Bruder Xbalanke die Tiere zu Hilfe holt, beginnend mit dem in Bonampak als kopulierende Pekaris dargestellten Gestirn: "Dann rief Xbalanke die Tiere – den Nasenbären und das Pekari, all die Tiere, gross und klein – während es noch dunkel war, frühmorgens. Er flehte sie dann um ihre Nahrung an: 'Ich schicke jeden von euch aus, damit er mir das Futter bringt, das euch gehört', sagte Xbalanke zu ihnen. 'Das machen wir', sagten sie und gingen dann holen, was ihnen gehörte.

Als sie zurückkehrten, waren sie viele. Eines brachte unter anderem Verfaultes, ein anderes Blätter, ein anderes Steine und wieder ein anderes Dreck – so brachten die grossen wie die kleinen Tiere jeweils das, von dem sie sich ernährten."[149]

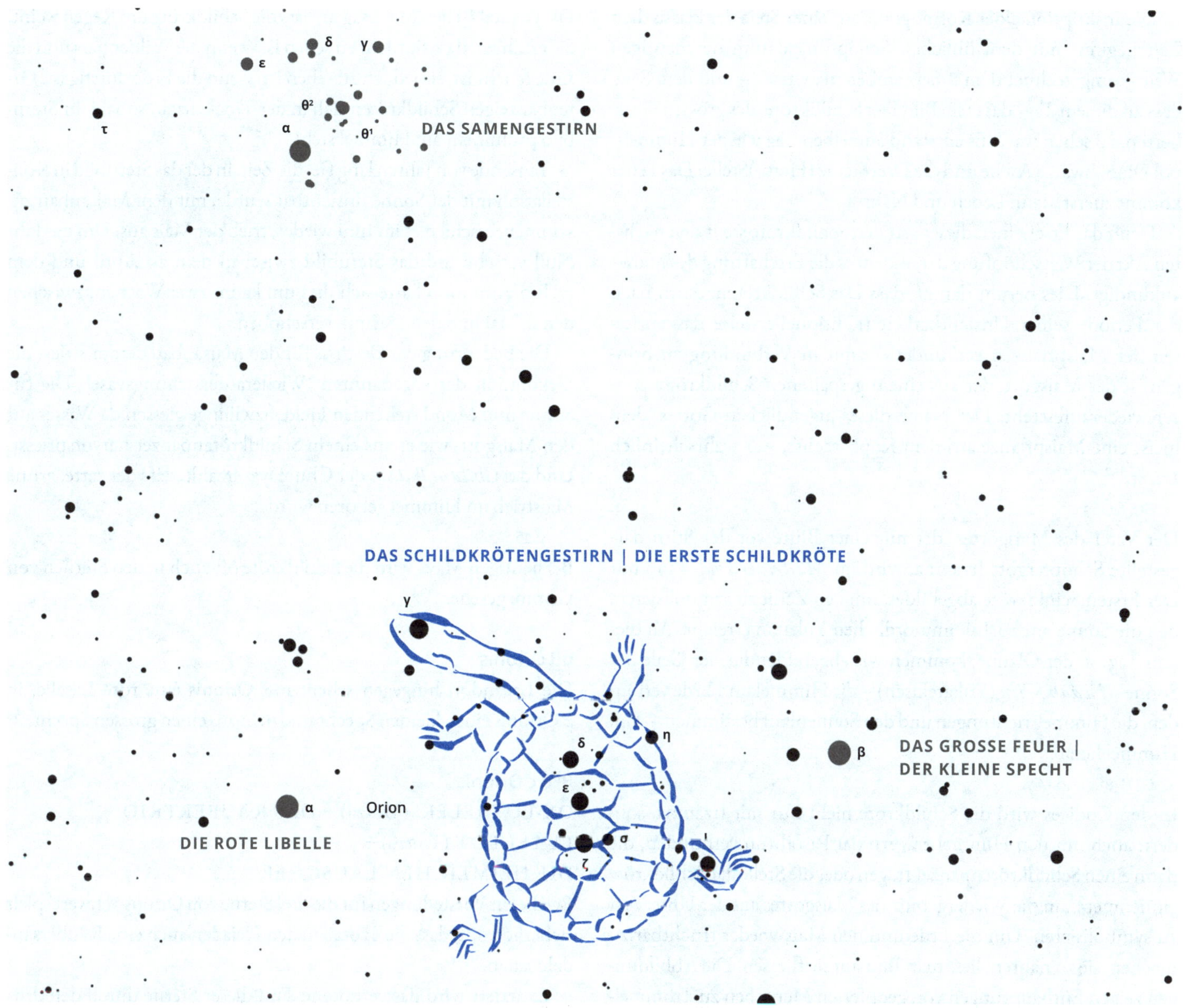

1. Sterne um δεζ Orionis

ÁAK EEK' (Yukatekisch) –
DAS SCHILDKRÖTENGESTIRN

BB 736

YAX KOK (Ch'olanisch | klassisches Maya) –
DIE ERSTE | GRÜNE SCHILDKRÖTE[150]

G|H 385

Dies ist eines der präkolumbischen Sternbilder aus dem *Pariser Codex*, das dem zodiakalen Tierkreis angehört und die Rotwangen-Schmuckschildkröte (*Trachemy scripta*) darstellt. Diese Sumpfschildkröte lebt im Süsswasser und wurde gern verspeist. Im *Pariser Codex* wird sie beim Sonnen, einer für sie typischen Pose abgebildet, Kopf, Glieder und Zehen ausgestreckt. Die Gürtelsterne des Orion – δεζ Orionis – stehen in der Wandmalerei von Bonampak für die sternförmigen Muster am Panzer; α Orionis wird zu den roten Sternen gerechnet, βγδεζχ zu den blauen Sternen. Sie wird jedoch auch bloss mit ihrem Kopf abgebildet, der dann einen Kranz von Seerosen trägt.

BB 697, 715, 744 und M 267

Die Gürtelsterne des Orion – die Mitte des Schildkrötenpanzers – bilden die hellste Dreiergruppe am Himmel und nehmen zugleich prominente Positionen ein. Bei ihrem Aufgang bilden sie eine Ost-West-Achse, bei ihrem Untergang eine Nord-Süd-Achse. Sie liegen am Äquator und teilen den Himmel dadurch in zwei Hälften; wenn sie im Süden kulminieren, umfassen sie zusammen mit den zwei Sternen von Gemini den Zenit, wobei Gemini zudem den nördlichen Extrempunkt der Sonne beim Solstitium des Sommers markiert. In Utatlán, wo sie im wahren Zenit stehen, sind eine Reihe von Tempeln auf ihre Untergangspunkte ausgerichtet. Diese Zentralität hat dazu geführt, dass sie – statt Ursa Maior – auch mit dem Herz Des Himmels und dem Gott Juracan identifiziert wurden.[151]

Die Inskription einer Kosmogonie auf einer Stele der klassischen Zeit beginnt mit dem üblichen Schöpfungsdatum der heutigen Welt – umgerechnet dem 8. September 3113 v. u. Z. – und dem Satz, dass an diesem Tag "das erste Bild Der Schildkröte, des grossen Gottherren, zu sehen war". Es entstand am selben Tag wie der Himmelspol Die Schwarze Asche und die Drei Steine (Herd-)Stelle: Das Feuer kommt zuerst, dann Leben und Nahrung.

Denn das Erscheinen dieser astralen Schildkröte stellt den nächsten Akt der Weltschöpfung dar, indem es die Erschaffung des Maises ankündigt. Dies beruht darauf, dass Das Schildkrötengestirn nach der Periode seiner Unsichtbarkeit traditionellerweise das Spriessen der Maispflanzen verkündet. Damit in Verbindung zu bringen ist der Maisgott, der aus einem gespaltenen Schildkrötenpanzer wiederaufersteht: Der Name dieses jugendlichen Gottes, dem meist eine Maispflanze aus dem Kopf wächst, war wahrscheinlich *Ixiim*.[152]

F | S 61–65

Der Vater des Maisgottes, der mit einer Blüte vor der Stirn dargestellte Schöpfergott Itzamna, wird im *Madrider Codex* 19b mit Der Ersten Schildkröte abgebildet, um den Zenit zu symbolisieren, den die Sonne am 20. Juli im nördlichen Yukatan erreicht. An diesem Tag, so der Glaube, kommen wie abgebildet die vier 'Seile der Sonne' *U Táab K'iin* (Yukatekisch) – die Himmel und Erde verbinden, die Himmelsrichtungen und den Sonnenlauf bestimmen – vom Himmel herab.

G | H 394 und M 74

In den Codices wird die Schildkröte nicht nur mit Itzamna, sondern auch mit den Himmelsträgern der Pawahtun verbunden, die dann einen Schildkrötenpanzer tragen oder die Stelle der Schildkröte einnehmen, um die Wiedergeburt des Maisgottes aus der Unterwelt zu symbolisieren. Um die Erde und den Mais wieder fruchtbar zu machen, sie zu nähren, liess man Blut auf sie fliessen: Die Abbildungen zeigen Enthauptungen von geopferten Menschen zu Trommelbegeitung.[153]

In Chichen Itzá und in Mayapan – zwei postklassischen Anlagen, die in die Anfangszeit der K'iche' fallen – hat ein greiser, zahnloser Pawahtun einen Schildkrötenpanzer um; er ist einer der vier Windgötter, die jeder an seinem Kardinalpunkt als Bakab auch den Himmel stützen und die Erde besiedelbar machten. Als *Babahtuns* leben sie für die Yalcobá in Yukatan noch heute "in den vier Ecken der Grenze der Erde" weiter.

BB 115–116, C 63 und G | H 99 und 209

Die yukatekischen Maya sagen, dass die Schildkröte um Regen weint. Sie erzählen, dass sie nicht zu sehen ist, wenn die Wälder nass und die Erde feucht ist, sie jedoch zu sehen ist, wenn die Erde durstig ist. Offenbar zeigen Schildkröten sich in der Trockenzeit, sobald ihr Sternbild prominent am Himmel steht.

Tausende von Jahren lang fiel die Zeit, in der das Sternbild in Konstellation mit der Sonne unsichtbar wurde, mit dem Maisanbau zusammen; erschien es im Juni wieder, trieb der Mais aus. Um das Jahr Null verschwand das Sternbild zwischen dem 29. April und dem 17. Juni; um 1000 hatte sich dies um kaum zwei Wochen, zwischen den 11. Mai und den 28. Juni, verschoben.

Die Bedeutung des Gestirns für den Maisanbau demonstriert die Dekoration der sogenannten 'Wiederauferstehungsvase'. Die für Sonne und Mond stehenden Heldenzwillinge giessen da Wasser auf den Maisgott, wie er aus einem Schildkrötenpanzer hervorspriesst. Und das *Chilam Balam* der Chumayel erzählt, dass der zarte, grüne Maistrieb im Himmel geboren wurde.

M 267–268

Bei heutigen Maya wird die Schildkröte oft auch in den Sternen von Gemini gesehen.[154]

αβ Orionis

Die Lacandon hingegen sehen in α Orionis eine rote Libelle, in β Orionis einen kleinen Specht und in Sirius einen grossen Specht.[155]

θ, ι, c Orionis

OX-LOT JELEK' (Tzotzil) – DAS RÄUBERTRIO
JA'YEJ-LOT (Tzotzil) – DIE HEIMLICHEN LAUSCHER

Bei diesen Vorstellungen für die drei Sterne von Orions Schwert spielt sicherlich mit, dass die Tzotzil in den Plejaden auch eine Räubersandale sehen.

Exorziert wird das verbotene Tun dieser Sterne durch den dritten, christianisierten und von den Spaniern übernommenen Namen, den die Gürtelsterne darüber bei den Tzotzil tragen: 'Die Drei Marias' – die zusammen mit unseren drei Sternen dann auch ein 'Sternenkreuz' bilden.

L2

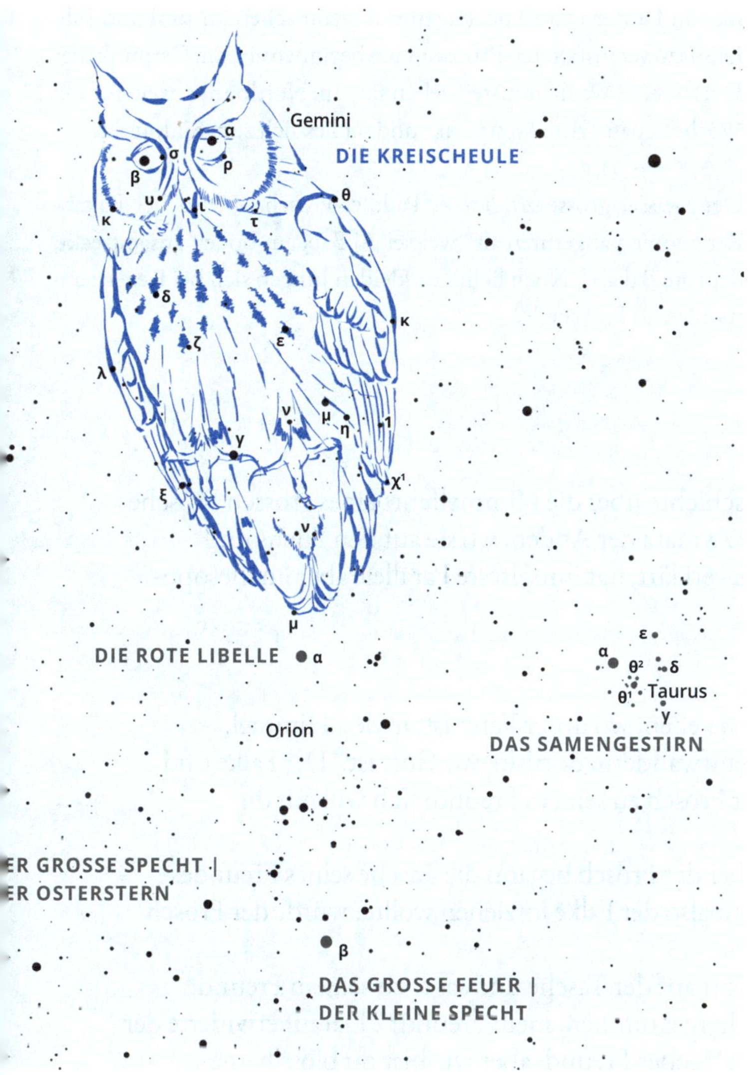

Bei der Sommersonnenwende steht Das Kreischeulengestirn in Konjunktion mit der Sonne. Zur Zeit der Wintersonnenwende im Dezember hingegen gilt sie als 'Zeichen der Nacht'. Das bringt sie mit dem stets schwarz bemalten greisen Gott L in Verbindung, der Herrscher über die vormalige, lichtlose Welt war und dann den Jaguarthron des Höhlenhauses der Unterwelt bestieg. Als Kopfschmuck trägt er stets ihre Federn. Ihr Erscheinen gilt als schlechtes Omen.

BB 697–703, BB 452, 115, M 270 und GR 48

α und β Geminorum?

BEK' AT (Tzotzil) – DIE HODEN

TON TZUMUT (Tzotzil) – DIE EIER DER TRAUERTAUBE

Ein Stück von den Plejaden entfernt, vielleicht in Castor und Pollux, sehen die Tzotzil zwei Hoden: wörtlich 'Samen des Penis'. Daraus können aber auch die zwei Eier werden, welche die Trauertaube (*Zenaida macroura*) in das Nest der kleinen Sterne ringsum legt.[156]

Der bei den Tzotzil kursierenden Legende nach verwandelt sich die Kröte in der Trockenzeit in diese essbare, bräunlich gefiederte Taube – was daher rührt, dass der Zugvogel im Sommer nicht da ist, Kröten aber in der Regenzeit des Winters nicht zu sehen sind.[157] Vielleicht bezieht sich dies aber auch auf die alte Abfolge der Sternbilder des Tierkreises, bei der auf den Vogel Der Kreischeule Der Frosch folgt.

L2

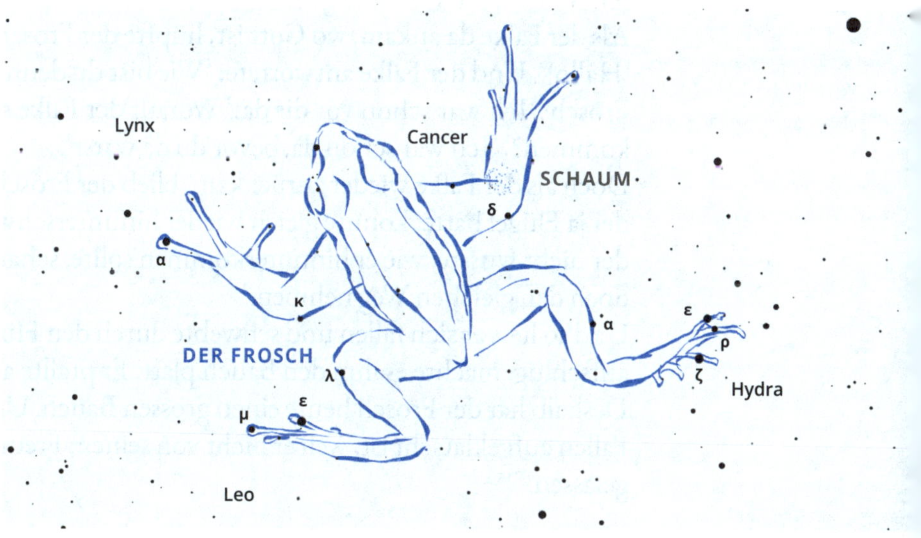

2. Gemini

MUAN (Yukatekisch) – DIE KREISCHEULE

BB 736

Dies ist eines der präkolumbischen Sternbilder aus dem *Pariser Codex*, das dem zodiakalen Tierkreis angehört, mit seinen bunt gescheckten Federn und dem Federbüschel am Kopf entweder den grösseren Virginia-Uhu (*Bubo virginianus*) oder die kleinere Guatemala-Kreischeule (*Megascops guatemalae*) darstellt, üblicherweise als kriegerischer Raubvogel mit Federn im Schnabel abgebildet wird und 'Muan-Vogel' heisst. *Moan* ist Yukatekisch für 'Kreischeule' und *Muan* der Name des 15. Monats des 18-monatigen Sonnenjahres Haab.

Die beiden hellen Sterne von Gemini haben wahrscheinlich zur Ausdeutung von Eulenaugen geführt. Sie sind deshalb von besonderer Bedeutung, weil Gemini zu den Solstitien bei Sonnenaufgang auf- und bei Sonnenuntergang untergeht und bei den Äquinoktien im Zenit steht, wenn die Sterne von Aquila – die ebenso auffällig mit diesen Nächten verbunden sind – nicht zu sehen sind. Das Sternbild geht seitlich am Horizont liegend auf und sieht dann im Zenit stehend auf die Welt herab.

3. Cancer

BB 736

sowie με Leonis und ζε Hydrae

S | S | W

BAB (Yukatekisch) – DER FROSCH

BB 736

Dies ist eines der präkolumbischen Sternbilder aus dem *Pariser Codex*, das dem zodiakalen Tierkreis angehört und einen nicht näher bestimmbaren Frosch oder eine Kröte darstellt. Als Froschgott gilt der namentlich nicht bekannte Gott P, der Froschfinger und Streifen um die Augen aufweist. Er gehört zu den vier Pawahtun, welche die vier Ecken der Erde und die daraus wehenden Winde verkörpern und zugleich den Himmel tragen.

BB 704–705 und 116

Das Sternbild Des Frosches taucht im *Dresdener Codex* zusammen mit dem Regengott Chaak auf; einmal hängt er im Zusammenhang mit Venus kopfüber in herabfliessendem Wasser und markiert damit den Beginn der Regenzeit nach der Wintersonnenwende.

Die Ikonographie Chaaks und der vier mit ihm verbundenen Fröschen, die alle Ströme von Wasser gebären, erinnert an die Zeremonien in Dörfern von Yukatan zum Regenmachen im Juni und Juli. Die dazu veranstalteten Prozessionen beginnen erst am Ostpunkt des Dorfes; zwei Wochen später ziehen sie zum Nordpunkt, weitere zwei Wochen später zum Westpunkt und schliesslich zum Südpunkt.

G | H 313–314, 211–213

Der weisse, grosse *Aj Bab* – Paddler-Frosch – wird bei Bakab-Zeremonien angerufen als "weisser Aj Bab, am Boden ausgestreckt, der rote Bakab". Noch heute verkleiden Jungen sich bei Regenzeremonien als Frösche.[158]

Bei den Ch'orti' wurde in den 1960-er Jahren folgende Geschichte über die Himmelfahrt eines grossen Frosches und des Falken erzählt. Die Fabel hat ihre Parallele bei den Aymara der Anden, wo sie auf den Fuchs und den Kondor bezogen ist und die Entstehung des Ackerbaus erklärt, hat ihre älteste Parallele aber im mesopotamischen Mythos von *Etanas Himmelfahrt*.

DIE HIMMELFAHRT DES FROSCHES

"Eines Tages, so heisst es, entschloss sich der Falke, dahin zu gehen, wo unser Vater ist: in den Himmel. Er traf den Frosch. Er sagte zu ihm: 'Ich werde jetzt da hinaufwandern, dorthin, wo Gott ist.' Der Falke und der Frosch, heisst es, waren gute Freunde. Darauf sagte der Frosch zu seinem Freund: 'Ich will mit dir kommen.'

Der Falke erwiderte: 'Das wird dir aber nicht gelingen.' Aber der Frosch begann die Tasche seines Freundes zu beobachten. Er kroch hinein und legte sich nieder. Wenn also der Falke losziehen wollte, würde der Frosch schon in seiner Tasche liegen.

Als der Falke da ankam, wo Gott ist, hüpfte der Frosch sofort aus der Tasche und sagte zu seinem Freund: 'Hallo!'. Und der Falke antwortete: 'Wie bist du denn hierhergekommen, mein Freund?'. Darauf erwiderte der Frosch: 'Ich war schon vor dir da!' Worauf der Falke sagte: 'Lieber Freund, aber wie bist du bloss hergekommen?' 'Ich war schon da, bevor du da warst'.

Doch als der Falke wieder zurückkam, blieb der Frosch oben; er konnte nicht mehr zurückkehren. Der Falke, der ja Flügel hatte, konnte gleich wieder hinunterschweben; so stiess er zur Erde hinab. Der Frosch jedoch, der nicht wusste, wie er hinunterkommen sollte, schaute zur Erde hinunter. Er sagte sich: 'Vielleicht kann ich doch den gleichen Weg nehmen.'

Und so liess er sich fallen und schwebte durch den Himmel; doch als er zur Erde kam und mit dem Körper aufschlug, machte es ihm den Bauch platt. Er prallte auf: Und zack war sein Bauch flach.

Deshalb hat der Frosch heute einen grossen Bauch. Und breite Schultern. Weil er, so heisst es, da im Fallen aufgeklatscht ist, weil er nicht von seinem Freund heruntergebracht worden ist; er wurde zurückgelassen."[159]

TÓOLOK (Yukatekisch) – DER STREIFENBASILISK

In anderen Codices findet sich bei diesen Sternen die Zeichnung eines Leguans mit Streifen über dem Gesicht. Diese bei uns auch Jesus-Christus-Echsen (*Basiliscus vittatus*) genannten Tiere können über Wasser laufen und kommen in Yukatan häufig in Wassernähe vor.

BB 308 und 707

Praesepe Haufen

ÓOM (Yukatekisch) – SCHAUM

BB 310

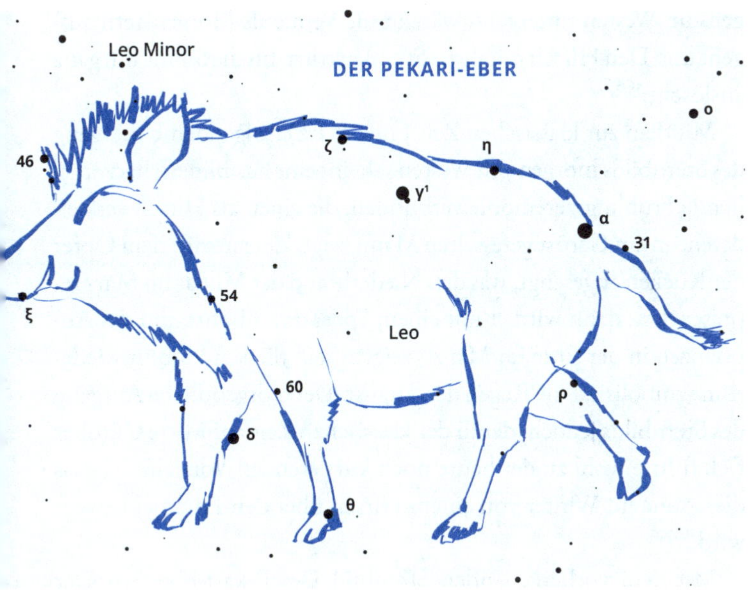

4. östlicher Leo

BB 736

νξ Ursae Maioris Schnauze, α Leonis Schwanz, rechtes Vorderbein bei δ Leonis

S|S|W

ÁAK (Yukatekisch) – DER PEKARI-EBER

BB 736

Dies ist eines der präkolumbischen Sternbilder, das dem zodiakalen Tierkreis angehört. Es ist im *Pariser Codex* kaum noch zu erkennen, hat in Chichen Itza aber ein Nabelschwein in dieser Position sitzen. *Áak* bezeichnet jedoch nicht nur den Eber des Nabelschweins, sondern neben 'Zwerg' und einer Grasart auch die Schildkröte, weshalb es zu Unklarheiten bezüglich der Sternbilder der beiden kommt.[160]

Für die Rekonstruktion des Sternbilds ist von Bedeutung, dass es lotrecht aufgeht und sich über den Zenit dreht, was eine auf dem Horizont stehende Position des Tiers am plausibelsten macht.

Das Tier selbst ist ein Weissbartpekari (*Tayassu pecari*). Im *Popol Vuh* ist Grosser Weisser Pekari "der Erste Grossvater, dessen Haar mittlerweile wirklich weiss geworden ist".[161] Dahinter steckt Xpiyakok, der mit Xmukane, "der Ersten Grossmutter namens Grosse Weisse Nasenbärin", das Paar der mit 'Die Erschafferin' und 'Der Gestalter' betitelten Kulturheroen[162] bildet.

Xpiyakok geht höchstwahrscheinlich auf den Namen für eine Schildkrötenart zurück, die bei den Q'eqchi' und Poqomchi' als der mit der Erde verbundene Gott *Mam* ('Grossvater') verehrt und offenbar von den K'iche' übernommen wurde. Die Vorsilbe *X-* markiert eine Frau, was einerseits auf die Paarung mit Xmukane und andererseits darauf verweist, dass Schamanen und Weissager sich androgyn darstellen: weiblich auf der linken Körperhälfte, männlich auf der rechten.

Xmukane wiederum bedeutet etymologisch 'Sie Die Vergräbt | In Den Boden Pflanzt'; sie geht auf die präkolumbische Grossmuttergöttin O zurück, die sowohl mit Destruktion und Krieg als auch mit Kreation und Anbau verbunden war. Sie wurde auf Yukatekisch *Chak Chéel* genannt – Roter Regenbogen –, giesst mit einem Krug ganze Fluten aus, wird als alte Mondgöttin abgebildet und ist als Heilgöttin auch für Wahrsagungen, Medizin und Geburt verantwortlich. Im *Popol Vuh* wird sie betitelt mit 'Sie Die Kinder Ausgetragen Hat' und 'Hebamme' und Xpiyakok mit 'Er Der Söhne Gezeugt Hat' und 'Patriarch', um beide als jene Schöpfer der Menschheit auszuweisen, die in anderen Kulturen als Erste Frau und Erster Mann gelten.

Pekari und der kleinere, aber auch in der langen Schnauze ähnliche Nasenbär stellen die zweite animalische Verkörperung dieses Götterpaares dar: Die andere nennt sich 'Hunahpu Opossum' (womit die weissgesichtige Nordopossumart *Didelphis Yukatanensis* gemeint ist) und 'Hunahpu Kojote' – was dem mythischen Kojoten der Südlichen Dene entspricht.

T 215–215, C 60–62

In den präkolumbischen Codices werden Pekari mit Regen assoziert und blau bemalt dargestellt, um Wasser und Fruchtbarkeit zu symbolisieren, was mit dem jahreszeitlichen Auftauchen dieses Sternbilds nach dem Des Frosches zu tun hat, das die Regenzeit ankündigt. Auf einigen frühklassischen Vasen wird es mit 'Locken' als chthonischen Symbolen dargestellt; das Pekari scheint für die Huichol-Kultur Nordmexikos ein Erdgott gewesen zu sein – was ihn mit Itzamna und dem späteren Xpiyakok verbindet.

Im *Dresdener Codex* wird es als Mam abgebildet, als einer der grossväterlichen Erdgötter, die bei den Jahresträger-Zeremonien eine wichtige Rolle spielen; der Text darüber bringt ihn mit der Wassergöttin Chak Chéel in Verbindung.[163]

In Chichen Itzá wird das Sternbild als einzelner Eber ausgewiesen; die Fresken von Bonampak hingegen stellen zwei kopulierende Nabelschweine dart. Auf mehreren Gefässen wiederum wird Itzamna abgebildet, wie er in menschlicher Gestalt mit einem Nabelschwein kopuliert. In der späteren Maya-Kunst werden Xpiyakok und Xmukane üblicherweise als Pekari-Paar dargestellt.

In Bonampak rahmen zwei Pekari zudem den alten Sonnengott ein: Das Sternbild markiert die Position der Sonne in den langen Tagen des Sommers. Ein paar Wochen nach der Sommersonnenwende verschwindet der hellste Stern von Leo – Regulus – in Konstellation mit der Sonne. Bei den Maya heisst es heute, dass zwei Pekaris mit ihren Halsbändern die Sonne an den langen, langsamen Tagen des Sommers führen. Im Dezember hingegen stehen die Sterne von Leo frühmorgens über der Sonne und Venus.

M 268–269, G|H 417 und T 216

Der Gott Sip hat bei den Maya die Gestalt eines Pekari. Er wird mit dem Gott Y gleichgesetzt, einem der schwarzen Unterweltsgötter, der mit roter Unterlippe, aber nicht Stups-, sondern Adlernase und mit grossen, leeren Augenhöhlen dargestellt wird. Über die Zahl 7 – *Úuk* auf Yukatekisch – symbolisiert er den höchsten Himmel und wird dann *Aj Úuk Yol Sip* genannt. Im *Chilam Balam* gilt er als Schutzherr des Wildes und der Jäger. Bei den heutigen Maya wird er *Noj(och) Ich* genannt, 'Grosses Auge'.

G | H 197, 413–416, BB 118

Im *Madrider Codex* wird dieser Gott im Kontext von Ritualen dargestellt, welche Jäger für ihn im Monat Sip durchführen und dabei Weihrauch verbrennen. Sein Kopf weist den offenen Kiefer eines Pekari auf, seine leeren Augenhöhlen sind blau; in anderen Bildern wird ein Pfeil und ein Tierschädel gezeigt.

All dies ist auf ein Fest für Sip zu beziehen, das Diego de Landa erwähnt: "Dann riefen die Jäger bei ihren Verehrungen die Götter der Jagd an …; sie verteilten Weihrauch, den sie dann in das Glutbecken warfen. Während er brannte, ergriff jeder von ihnen einen Pfeil und den Schädel eines Wilds, den die Chak [Gehilfen des Priesters] mit blauem Pech bestrichen; einige von ihnen nahmen sie dann in die Hände, als hätte man sie gesalbt, und tanzten damit."[164]

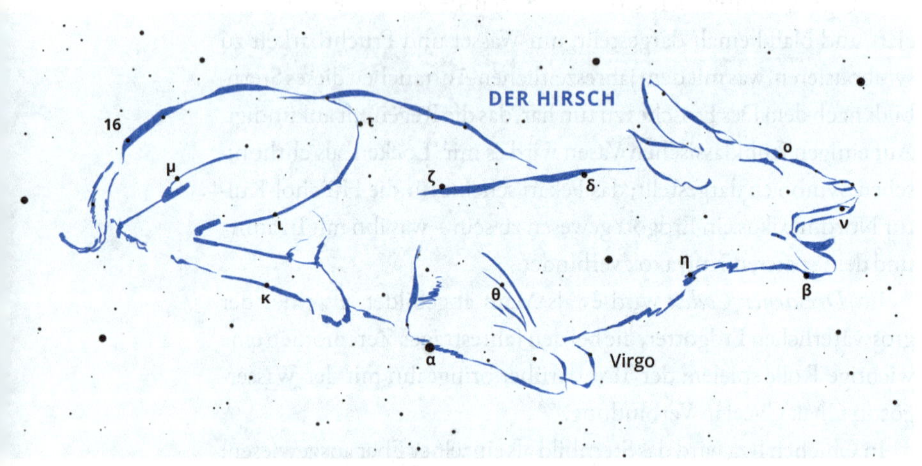

5. Virgo

[KÉEJ?] (Yukatekisch) – DER HIRSCH

BB 736

Dies ist eines der präkolumbischen Sternbilder, das dem zodiakalen Tierkreis angehört, im *Pariser Codex* aber nur noch als Huf erkennbar ist; aus anderen Codices geht hervor, dass die Maya ein als Hirsch figuriertes Sternbild besassen. Damit können Spiess- oder Weisswedelhirsche ebenso wie Gabelböcke gemeint sein.[165]

Im *Madrider Codex* wird ein geweihloser Hirsch mit einem Skorpionschwanz gezeigt, der von einem Skorpionschwanz mit Schwert (Venus?) durchbohrt wird. Dahinter steckt die Beobachtung, dass Hirsche im nördlichen Yukatan im März ihr Geweih verlieren, worauf ihnen erst im Juni ein neues wächst. Mit dieser Zeichnung findet sich somit die Zeit des Frühjahrsäquinoktiums markiert, da dann das Sternbild Des Hirschen zugleich mit Dem Skorpiongestirn morgens im Westen untergeht, wärend die Venus als Morgenstern aufgeht und Den Hirsch mit ihren Strahlen trifft, bis die Sonne ihn ganz auslöscht.[166]

Mit dem zur klassischen Zeit Ende März erfolgenden Untergang des Sternbilds morgens im Westen scheint eine aus Bildern hervorgehende Frühlingszeremonie verbunden, die einen als Hirsch verkleideten, an ein Gerüst gefesselten Mann zeigt. Zuerst wird dem Opfer der Rücken abgesengt, was den Niederbrand der Milpas im März repräsentiert; dann wird er mit einem Speer durchbohrt, um das Anpflanzen in der Erde im Mai zu zeigen; sein fliessendes Blut wiederum symbolisiert die Regen des August. Der morgendliche Aufgang des Sternbilds jedoch, der in der klassischen Zeit auf Mitte Oktober fiel, führte wohl zu der heute noch kursierenden Vorstellung, dass die Sonne im Winter von einem Hirsch über den Himmel bewegt wird.[167]

Mit dem vorhergehenden Sternbild Des Pekari-Ebers ist Der Hirsch insofern assoziiert, als die yukatekischen Maya in dem mit Dem Pekari wie dem Mars verbundenen Gott Sip den Schutzherrn der Hirsche sahen.

Mit dem Sternbild Des Jaguars ist Der Hirsch wiederum durch einen uralten Ritus verbunden, der heute noch als 'Martíns-Tanz' in Santiago de Atitlán im Hochland Guatemalas aufgeführt wird. Dahinter steckt das Opfer an den Maisgott, das man in vielen Regionen heute zur Zeit der Maisernte im November durchführt. Martín wird durch einen Hirsch symbolisiert, der von einem Jaguar attackiert und schliesslich symbolisch getötet wird, welcher die Macht der *Mam* – der Erdgötter – versinnbildlicht. Der Tod des Martín zu Beginn der Trockenzeit stellt ein notwendiges Vorspiel zu seiner Wiedergeburt und der Erneuerung der Welt sechs Monate später dar.

In der klassischen Zeit zeigte sich dies Ende April, wenn Der Jaguar morgens aufging, während Der Hirsch zugleich, wie von ihm erlegt, unterging. Am Ende des Jahres war dies umgekehrt: Da ging Der Jaguar in der Morgendämmerung unter, während Der Hirsch aufstieg. Im *Chilam Balam* von Chumayel wird Der Hirsch als etwas bezeichnet, "das den Himmel aufspiesst".[168] Im Hirsch mag sich so etwas von dem besternten Hirschkrokodil vom Anbeginn der Welt erhalten haben.

G | H 197, 289, M 256

Kéej ist die yukatekische Bezeichnung für Hirsch; setzt man jedoch das Präfix *Aj-* davor, bezeichnet *Aj Kéej* einen Jäger. Ein solcher wird bei den Krankenbeschwörungen der Bakab-Rituale in Bezug auf einen 'Jäger-Anfall' angeführt.[169] Das Herz eines Hirsches wurde wiederum dem Regengott Chaak als Opfergabe dargebracht.[170]

Die sprachlich, aber nicht kulturell isolierten Huaves in Mexiko sehen einen Hirsch hingegen in Sternen von Sagittarius von vorne, mit Geweih und gespreizten Läufen.[171]

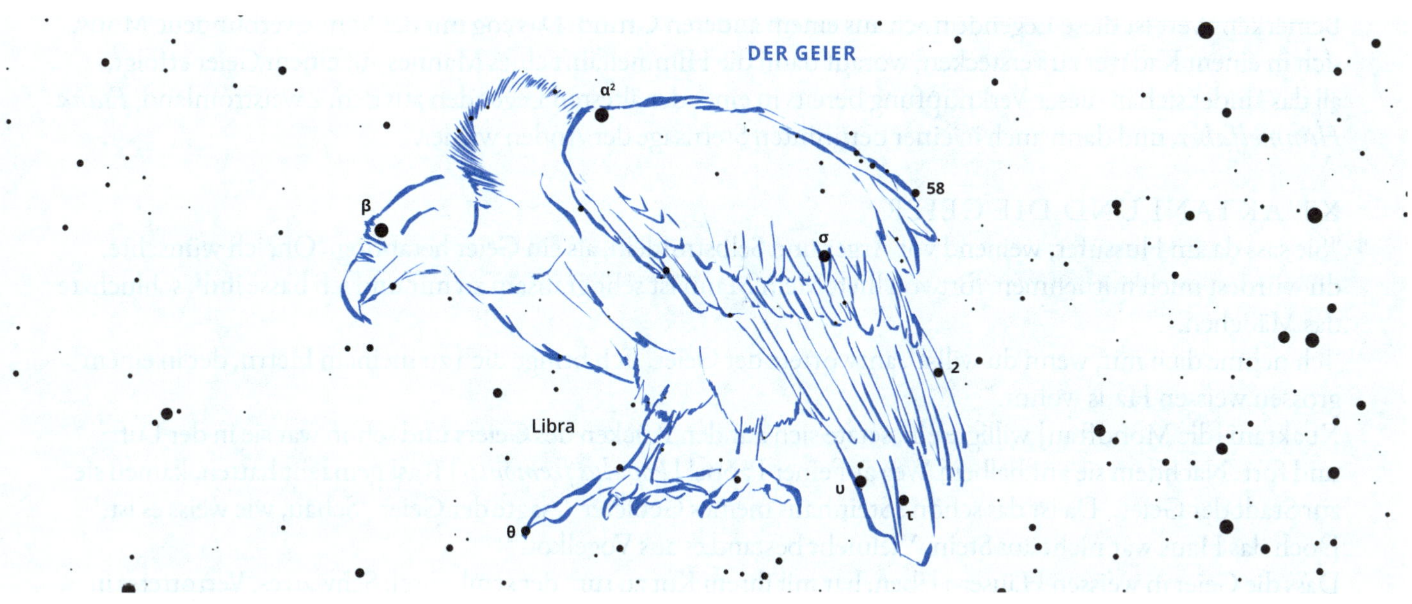

6. Libra

K'UCH? (Yukatekisch) – DER GEIER?

BB 736

OO (Yukatekisch?) – DER OO-VOGEL?

Dies ist eines der präkolumbischen Sternbilder aus dem *Pariser Codex*, das dem zodiakalen Tierkreis angehört, dort jedoch nur noch als Vogel identifizierbar ist. In Chichen Itzá wird das Sternbild eines Geiers neben Das Skorpiongestirn gereiht.[172] In einem Almanach wird im Bezug zur Jagd ein Geier von einem Pawahtun ergriffen. Im *Dresdener Codex* wird der Geier als Frau des Hundes bezeichnet, was den Vogel weiblich macht.

BB 697, 716, G|H 306 und GR 94

In präkolumbischer Zeit wurden Geier als ausserordentliche Wesen mit hohem Status angesehen, die auf ihrer Beute sitzen wie Herrscher auf ihren Porträt-Stelen: in einer Pose der Macht. Dementsprechend werden Königsgeier mit Menschen dargestellt, die sich ihnen in Erneuerungsriten opfern, da sie mit ihrem Aasfrass Totes umwandeln.

Dies gilt auch für den landwirtschaftlichen Kontext, in dem durch den Wanderhackbau abgebrannte und damit für den Anbau vorbereitete Felder Geier anlocken, die dann das darin verbrannte Getier fressen, weshalb Geier mit dem Präfix 'Feuer' geschrieben werden. Da die Felder kurz vor der Regenzeit abgebrannt werden, gibt es die Vorstellung, aus ihrem Rauch würden die Regenwolken emporsteigen. In einem *Chilam Balam* ist deshalb von "Regen, die wenig bringen, Regen aus dem Geier-Himmel" die Rede.[173]

Im *Dresdener Codex* gelten Aras, Eulen und Geier als schlechte Omen, was sich mit ihren Sternbildern verbinden lässt. Im *Madrider Codex* reisst ein Geier einem hingestreckten Menschen die Augen aus, was sich mit Eklipsen in Verbindung bringen lässt: Der hohe Gott, den man dafür verantwortlich machte, wurde 'Sonnenaugeausreisser' genannt. Manche Tzotzil in Chiapas glauben heute noch, dass bei einer Eklipse Raubvögel vom Himmel herabstürzen, um sich die Augen von Menschen zu holen.[174]

Eine Episode aus einer in San Antonio erzählten Legende um Sonne, Mond und Venus gleicht jener im *Popol Vuh*, in der die Zahnschmerzen des Roten Siebenaras nach seinem Tod seine Versternung in Ursa Maior zur Folge haben. Die sechs Maiskörner, die dem Geier verabreicht werden, sind dann ebenfalls nur als Sterne seines Körpers aufzufassen – was zur Konfiguration von Libra passt.
Die Geschichte setzt ein mit der zukünftigen Mondgöttin Xt'aktani, die von ihrem Mann K'in Ajau – dem Morgenstern und der zukünftigen Sonne – ihres Seitensprungs mit seinem Bruder wegen bestraft wurde.
Der zukünftige Mond lässt sich nun von einem Geier in das Haus seines Häuptlings – in dessen Sternbild also – bringen, über den Fluss, 'den Wasserweg' der Milchstrasse, hinweg. Die zukünftige Sonne folgt Xt'aktani nach, indem sie sich in das dem Geier vorausgehende Sternbild setzt: das einen Gabelbock verkörpernde Hirschgestirn. Das Zusammentreffen von Sonne und Mond bringt auch das für die beiden typische Motiv des Augen Ausreissens ins Spiel. Und schläft der Geier am Schluss der Legende ein, dann bedeutet dies auch, dass sein Sternbild untergeht, während die Sonne wieder aufgeht.

Bemerkenswert ist diese Legende noch aus einem anderen Grund. Das eng mit der Sonne verbundene Motiv, sich in einem Kadaver zu verstecken, worauf dann die Himmelfahrt eines Mannes auf einem Geier erfolgt, all das findet sich in dieser Verknüpfung bereits in einer der ältesten Legenden aus dem Zweistromland, *Etanas Himmelfahrt*, und dann auch in einer berühmten Sternsage der Anden wieder.

XT'AKTANI UND DIE GEIER

"Sie sass da am Flussufer, weinend vor Ärger und Selbstmitleid, als ein Geier herabflog. 'Oh, ich wünschte, du würdest mich mitnehmen, fort von hier. Mein Mann ist sehr grausam zu mir und ich hasse ihn', schluchzte das Mädchen.

'Ich nehme dich mit, wenn du willst', antwortete der Geier. 'Ich bringe dich zu meinem Herrn, der in einem grossen weissen Haus wohnt.'

Xt'aktani [die Mondfrau] willigte ein, setzte sich auf den Rücken des Geiers und schon war sie in der Luft und fort. Nachdem sie auf halbem Weg auf einer Pappel [*Populus fremontii*] Rast gemacht hatten, kamen sie zur Stadt der Geier. 'Da ist das schöne Steinhaus meines Gebieters', sagte der Geier. 'Schau, wie weiss es ist.' Doch das Haus war nicht aus Stein. Vielmehr bestand es aus Vogelkot."

Dass die Geier in weissen Häusern leben, hat mit ihrem Kot zu tun, der symbolisch Schwarzes, Verrottetes in glänzend Weisses verwandeln kann. Entsprechend gibt es eine Legende bei den Ch'orti', in welcher der schwarze Rabengeier ein Maurer mit Kalk auf seinem Schurz ist, der damit angibt, alle Häuser weiss getüncht zu haben.[175]

"Das Mädchen lebte nun mit dem Häuptling der Geier. Manche sagen, er sei ein Königsgeier, andere, ein grosser Teufel mit vier Augen und vier Hörnern.

K'in Ajau – Herr Sonne – vermutete, dass das Mädchen von einem Geier fortgeschafft worden war. Deshalb ging er zum Gabelbock, lieh sich sein Fell, verwandelte sich in ihn und legte sich auf die Flussböschung, als wäre er tot. Dann rief er die blaue Schmeissfliege und sagte ihr, sie solle das Zeugs, das dann zu Würmern wird, aufs Fell ablegen. Das tat die Schmeissfliege.

'Und jetzt flieg bei den Häusern der Geier vorbei, damit sie den Geruch von verwesendem Fleisch riechen', sagte Herr K'in.

Die Schmeissfliege tat wie gebeten und die Geier rochen den Geruch des Fleisches und fragten sie, wo sie gefressen hatte. 'Am Flussufer unten liegt ein toter Gabelbock', antwortete die Schmeissfliege.

Die Geier flogen zu diesem Fest. Alle gingen dort nieder, bis auf den einen, der Xt'aktani auf seinem Rücken getragen hatte. Sie warteten auf ihn, denn bei den Geiern ist es Brauch, so lange mit dem Fressen zu warten, bis alle da sind. Schliesslich kam auch der – und so hüpften sie zu dem Gabelbock. K'in Ajau hielt still, bis der, der seine Frau mitgenommen hatte, zu ihm hüpfte. Als der ihm ein Auge ausreissen wollte, streckte er schnell seine Hand aus und packte ihn."

K'in Ajau zwingt den Geier, mit ihm zu seiner Stadt zu fliegen. In die lässt er sich in einer Ladung Holz von zwei Männern hinein schmuggeln, wobei die Scheite (offenbar erstmals durch die Sonnenhitze) zu knarren beginnen. Der Diener des Häuptlings weist ihm dann ein leeres Haus zu.

"K'in Ajau lieh sich eine Hängematte aus und ging ins Haus. Im Gebälk fand er eine Trommel und eine lange, *Xol* genannte Flöte und am Boden sieben Körner von rotem Mais. In jedes stach er ein Loch und warf alle sieben dann über das Haus, in dem der Häuptling lebte. Darauf spielte er auf der Trommel und der Flöte. Der Häuptling bekam von den sieben durchlöcherten roten Körnern Zahnweh. Der Schmerz wurde immer schlimmer. Schliesslich schickte der Häuptling seinen Diener zu Herrn K'in, ihn zu fragen, ob er ihn heilen könnte, doch mit dem Befehl, ihn nicht in sein Zimmer zu lassen."

Schliesslich lässt er ihn doch herein: "Als er das Zimmer betrat, sah er seine Frau dort beim kranken Häuptling sitzen. Dank seiner Fähigkeiten kurierte er den Kranken schnell vom Zahnweh, worauf der Häuptling bald einschlief. Herr K'in wandte sich zu Xt'aktani und bat sie, mit ihm zu fliehen. Xt'aktani weigerte sich, stimmte nach langem Betteln aber dann zu. So verliess das Paar das Haus und nachdem sie zwei Geier gefangen hatten, liessen sie sich auf deren Rücken zurück zur anderen Seite des Flusses bringen."[176]

In einem *Chilam Balam* ist von “Regen, die wenig bringen, Regen aus dem Geier-Himmel” die Rede. In den Bakab-Ritualen wird im Kontext des fünften Himmels, in dem die Geier fliegen, von dem weissen und roten OO-Vogel gesprochen. Passend zur oben zitierten Legende besitzt dieser einen eigenen “Baum, der von Herz Des Himmels kommt” und wird bei ‘Reise-Anfällen’ angerufen.

TH3 212, M 20, R 7, 9, 138

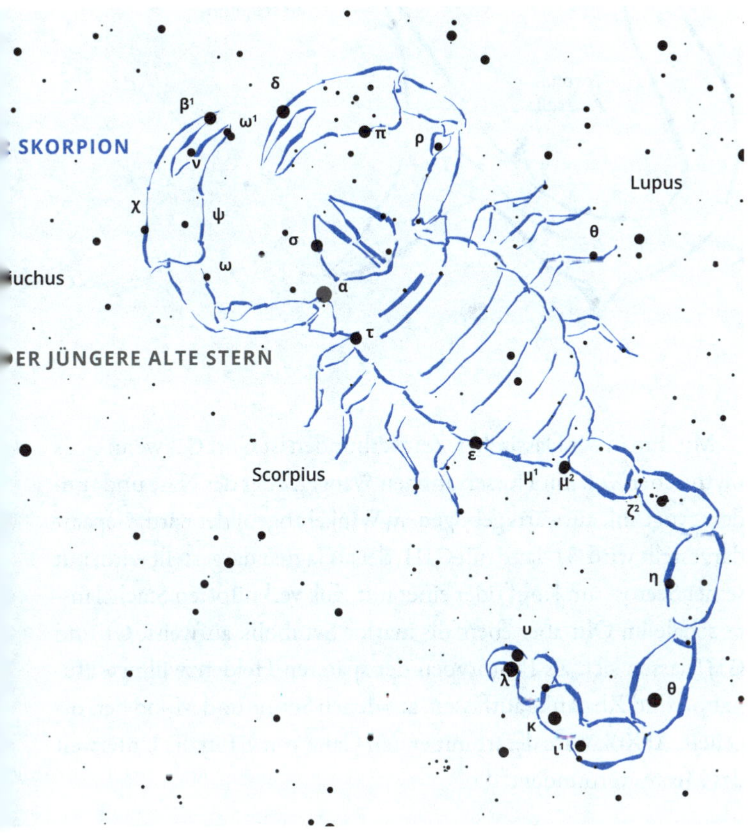

7. Scorpius

SÍINA'AN EEK' (Yukatekisch) – DAS SKORPIONGESTIRN

L1 236

Dies ist eines der präkolumbischen Sternbilder, das dem zodiakalen Tierkreis anzugehören scheint, entweder *Centruroides gracilis* oder *Centruroides margaritatus* darstellt, aber im *Pariser Codex* stark anthropomorphisiert abgebildet wird, der Kopf herabhängend, seine Scheren gleich Armen ausgebreitet.[177]

Eine traditionelle Beschwörung, anzuwenden bei einem Stich, beschreibt ihn näher: “Stich, stich, stich! Ganz gegliedert ist dein Schwanz; gestaffelt gegliedert ist dein Leib, einer Libelle gleich, ein Ara ist dein Kopf.

Du wurdest ans Meerufer geworfen. Dort fielst du in eine Grube voller gepflückter Bohnen; dort fing man dich zwischen Zeigefinger und Daumen. Dann wurdest du an den Ort *Saba Yol* und in den Chuen-Tag geworfen. Dorthin fielst du mit ausgebreiteten (*sina'an*) Armen; von deinen Scheren kommt dein Name *Síina'an*: Skorpion. Verflucht sei dein Stachel!”[178]

Saba Yol lässt sich mit ‘Entmutigung’ übersetzen[179] und ist wohl der Name eines Sterns, vielleicht des Antares.

Bei den heutigen Maya im östlichen Yukatan werden mit diesem Namen jedoch Sterne auf der gegenüberliegenden Himmelshälfte bezeichnet: Lepus bildet Leib und Scheren, Sirius den Ansatz des Schwanzes und Sterne von Canis Maior bis ξ Puppis verkörpern den Stachel dieses Skorpiongestirns.[180]

α Scorpii

'ITZ'INAL MOL K'ANAL (Tzotzil) – DER JÜNGERE ALTE STERN

So wird der Antares – im Gegensatz zum ‘Älteren Alten Stern’, der Venus – in Zinacantán bezeichnet. Mit dem dort *Tzek K'anal* genannten Skorpiongestirn ist die Legende verbunden, derzufolge die sommerliche Milchstrasse *Be Vo'* – Die Wasserstrasse – aus den Tränen besteht, welche die Menschen beim Tod Christi geweint hatten. Danach aber wollte keiner mehr glauben, dass es ‘unser Herr’ war, der gestorben war. Doch die Dämonen – *Pukujetik* – wussten, dass die Tränen jener drei, die beim sterbenden Christus geblieben waren – Die Drei Marias, die dann im Gürtel des Orion versternt wurden –, als Beweis dafür dienen und die Menschen dazu bringen würden, an Tod und Auferstehung Christi zu glauben.

Deshalb schickten sie den Skorpion, damit er verhinderte, dass die Tränen hinauf in den Himmel flossen. In dem darauf stattfindenden Kampf jagte das Wasser den Skorpion und konnten ihn schliesslich an der Nase packen. Um sich zu befreien, löste der sich aber aus seinem Panzer, der dann mit dem Wasser hinauf in den Himmel schwebte. Nachdem der Skorpion den Kampf verloren hatte, stiegen die Pukujetik in den Himmel und versuchten die Wasserstrasse aufzulösen. Doch die Alten von Zinacantán beteten zu Christus, worauf sich die Wasserstrasse wieder fügte.

Ihres Kampfes mit dem Skorpion wegen heisst es, dass es nicht regnet, sobald Der Skorpion Die Wasserstrasse sticht, dass heisst berührt. Sobald Die Wasserstrasse nicht mehr durch den Schwanz Des Skorpions führt, so der Glaube, regnet es.

V

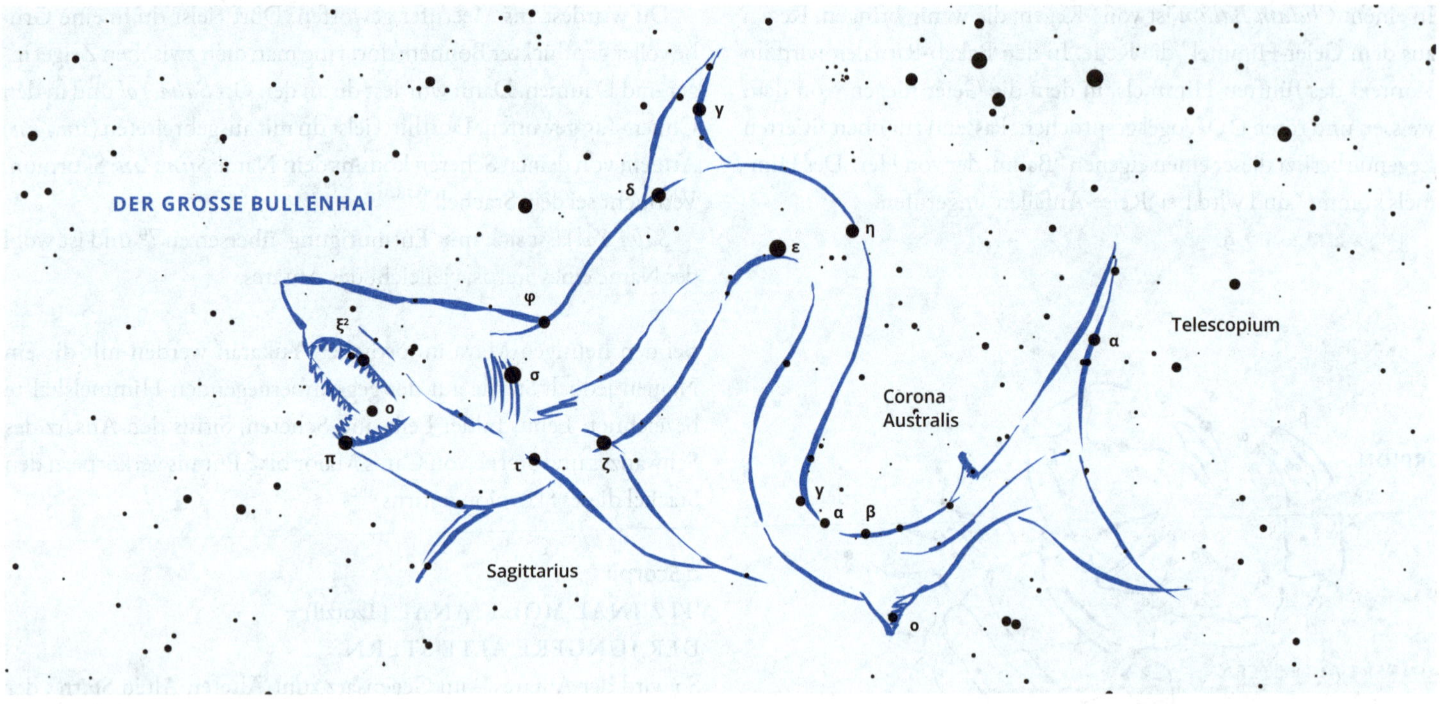

8. Sagittarius

BB 736[181]

πoξ und σδη Sagittarii über Corona Australis bis α Telescopii

S|S|W

AJ XOK – DER GROSSE BULLENHAI

Dies ist eines der präkolumbischen Sternbilder aus dem *Pariser Codex*, das dem zodiakalen Tierkreis angehört; es wird mit krokodilartigem Kopf, sich schlängelndem gliederlosen Leib und der gegabelten Flosse eines Fisches abgebildet und stellt einen mythisierten Bullenhai dar. Dieser etwas über zwei Meter lange Hai bevorzugt das Flachwasser von Flüssen, Mündungen und Häfen, kann im Süss- wie im Salzwasser leben und ist gefährlich, weil er wie der Weisse Hai und der Tigerhai auch Menschen frisst.

Die Verortung dieses Sternbilds, wie die der anderen, ergibt sich aus den Tafeln der Codices. Der Kalenderstein der Azteken zeigt ein Muster von Punkten und Linien, das sich auf Sagittarius beziehen lässt, indem ein langer Schwanz samt aufgebogenem Oberkörper erkennbar ist, wie er für Abbildungen des Xok typisch ist. Zudem befindet sich der Bullenhai mit Sagittarius in der als 'Wasserweg' – also Flusslauf – bezeichneten Milchstrasse.

BB 703–704, M 272, MC1

In Küsten- und Mündungsgewässern lauernd und sich Wäsche waschende Frauen und badende Kinder holend, war er, dessen Zähne man sonst für Pfeilspitzen verwendete, die Inkarnation eines Flusses, wie er unter dem Namen *Xokol'* oder *Xokel Ja'* – 'Xok's Wasser' in Yukatekisch – heute noch überall gebräuchlich ist. Meist unsichtbar darin lauernd, lieh sich der Bullenhai dadurch einer Mythisierung und göttlichen Personfizierung.

Mit ihm in der klassischen Zeit verbunden ist Gott GI, wenn er als mythischer Xok mit Flossen auf den Wangen oder der Nase und rundem Auge mit aufwärts gebogenem Winkel abgebildet wird. Gepaart dargestellt wird GI dann mit GIII, der als Jaguar dargestellt wird, mit seiner Seerose am Kopf oder einer mit Xok verknüpften Stachelausterschale im Ohr aber ebenfalls marine Symbolik aufweist. GI und GIII lassen sich als Prototypen der späteren Heldenzwillinge Hunahpu und Xbalanke auffassen, aus denen Sonne und Mond hervorgehen. Aj Xok wäre derart mit einem Gang von GI in die Unterwelt des Meeres verbunden.[182]

Auf Vasen der klassischen Zeit wiederholt sich das Motiv der Wiedergeburt des Maisgottes. Er wird dafür entweder von GI und GIII oder den Heldenzwillingen in einer wässrigen Unterwelt aus dem Rachen des Xok gezogen, der ihn verschlungen hat, oder aber die beiden klopfen ihn mit Steinen aus dem Schildkrötenpanzer, damit der Maisgott hervorkommen kann, den sie in anderen Szenen mit Wasser begiessen.

Diese Paarung von Schildkröte und Bullenhai ist von astronomischer wie kalendarischer Bedeutung: In der klassischen Zeit ging in der dritten Juniwoche das Sternbild Der Schildkröte morgens im Osten auf, während im Westen zugleich das Sternbild Des Bullenhais unterging. Dies war ein Monat nach der, vom Aufgang der Plejaden markierten Aussaat: Da keimte der Mais bereits auf und spross durch die Erde, begossen von der Regenzeit, deren Wolken mythischer Vorstellung zufolge vom Meer Des Bullenhais und Der Wasserschildkröte kamen.

Verstärkt wird die saisonale Paarung des astralen Aj Xok mit dem Austreiben des Mais durch die Homophonie in den Mixe-Zoque-

Sprachen von 'Mais' und 'Fisch'. Zudem sind in Mittelamerika Mythen verbreitet, in denen die heutigen Menschen aus Fischmenschen entstanden, denen der Gott Tlaloc – der Chaak der Maya – zum Mais verhilft, indem er mit seinen Blitzen den Berg der Ernährung spaltet, um ihnen die ersten Maiskörner zu schenken.[183]

Aj Xok war der Schutzpatron der Stadt Sotz. In den Weissagungen des *Chilam Balam* von Tizimin wird der "Grosse dämonische Xok" als bedrohliche und furchterregende Kreatur des Meeres bezeichnet.

Im *Chilam Balam* von Kaua bestimmt Aj Xok das Omen des – entsprechend der Reihung des Tierkreises – neunten Tages im Tzolk'in-Kalender: "Muluk: *Aj Xok*, Der Grosse Hai, und *Aj Balam*, Der Grosse Jaguar, sind seine Ankünder. Verschlinger unserer Kinder, Verschlinger unserer Frauen. Todgeweihte Kinder. Todgeweihte Frauen. Reich. Vernichter auch der Beutelratten."

Eine Beschwörung im *Ritual der Bakab* wiederum erklärt Den Grossen oder Roten Dämonischen Xok zum Auslöser von Geschwüren.[184]

Bei den Lacandon von Naja kursiert folgende Legende zum Xok:

DER GROSSE XOK UND DER JUNGE

"Vor langer Zeit näherte sich ein männlicher Chak Xok in einem See einem Fischer und wollte dessen Tochter zur Ehefrau; wenn er einwilligte, würde er dafür in Hinkunft stets grosse Fische fangen. Als der Mann zustimmte, meinte der Grosse Xok: 'Morgen, sobald du sie zum See schickst, hole ich mir deine Tochter. Du wirst vielleicht glauben, dass sie ein Krokodil packt, aber hab keine Angst – das werde nur ich sein.' Und so geschah es.

Später bat eine weibliche Chak Xok den Mann, seinen Sohn heiraten zu dürfen. Der Junge aber hörte es und flüchtete in den Dschungel, wo er Chembal K'uj anflehte, der ihm dabei half, sich in eine Seemöwe zu verwandeln. Der Junge flog über den See und tauchte ins Wasser auf der Suche nach seiner Schwester. Er fand sie, wie sie mit dem Grossen Xok zusammenlebte. Als sein Schwager war der verpflichtet, ihn bei sich zu empfangen.

Als der Chak Xok einmal seine Grossmutter, eine grosse Schildkröte, besuchte [im Herbst, wenn beide Sternbilder nicht zu sehen sind?], versuchte der Junge seine Schwester zu überreden, mit ihm zu fliehen. Aber sie war schwanger und entschied sich, zu bleiben und ihr Kind zu kriegen. Darauf ging der Junge in 'Xoks Wasser', den Rio Usumacinta, um zum Grossen Xok zu schwimmen. Als der seinen Kopf unter Wasser tauchte, steckte ihm der Junge blitzschnell eine scharfe Chilischote in den Anus, die den Grossem Xok sogleich umbrachte. Doch das Mädchen wollte immer noch bleiben, um ihr Kind zu kriegen. Allerdings war es kein Kind, das sie dann zur Welt brachte, sondern viele kleine Krokodile. Das Mädchen blieb bei ihnen und der Bub kehrte allein zurück."[185]

Bei den yukatekischen Maya wird der Tag, an dem ein Feld für den Neuanbau abgebrannt wird – Ende Mai, kurz vor Beginn der Regenzeit, oder Anfang Juni, kurz danach – durch eine *Xok K'in* genannte Divinationsform bestimmt. Sie wird mit dem Aufgang der Sonne und dem gleichzeitigen Untergang des Sternbilds Xok zu tun haben, die in der klassischen Zeit auf Mitte Juni fiel und damit den Höhepunkt der Regenzeit markierte.[186]

Über Berichte vom Seegefecht spanischer Galeonen gegen den Verband um John Hawkins und sein Flaggschiff *Jesus of Lubeck* 1568 vor Yukatan gelangte der Name *Xok* – ausgesprochen 'Schock' – als *Shark* nach England, wo er sich schnell verbreitete.[187]

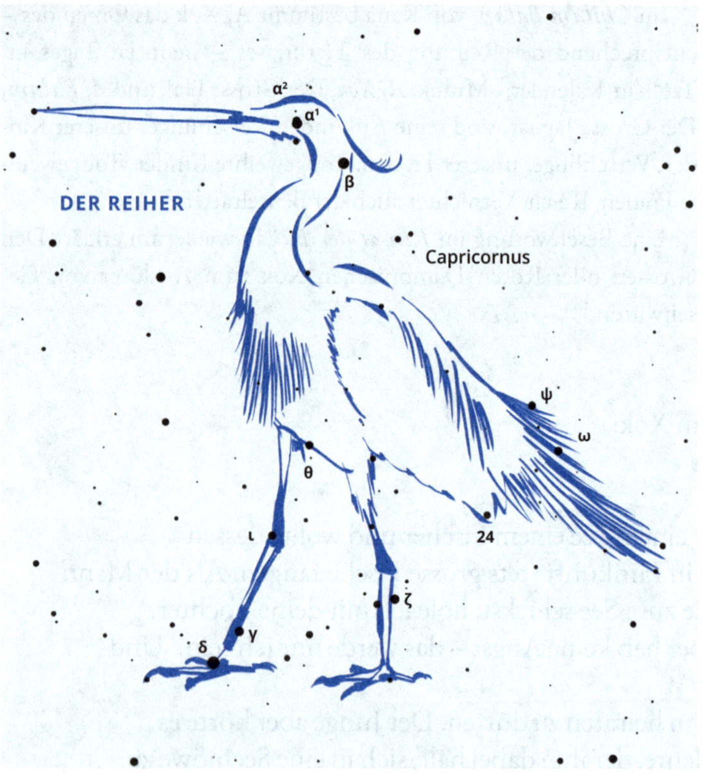

9. Capricornus

[BAK JA'] (Yukatekisch) – DER REIHER

BB 736

Dies ist eines der präkolumbischen Sternbilder aus dem *Pariser Codex*, das dem zodiakalen Tierkreis angehört und einen weissen Vogel abbildet, der einem Reiher gleicht.[188]

Auf einer Vase der klassischen Zeit zeigt eine 'kinematographische' Szene den ersten Aufgang des vergöttlichten Morgensterns aus der Unterwelt. Er schiesst mit seinem Blasrohr eine Kugel (*Ajau* als Anspielung auf den Sonnenherr K'in Ajau) auf einen Reiher, der gerade einen Fisch verschlingt: womit wohl der Untergang des Sternbilds bei Sonnenaufgang dargestellt wird.[189]

Im *Popol Vuh* wird ein weiblicher weisser Schmuckreiher (*Egretta thula*) *Xbakiyalo* genannt; diese Reiherfrau ist mit Eins Hunahpu verheiratet und Mutter der Zwillinge Eins Brüllaffe und Eins Kunstwerker. Ihr Name bedeutet 'Frau Wasserknochen'; in Yukatan wird der Schmuckreiher weiterhin 'Wasserknochen', *Bak Ja'*, genannt. Eine durch den typischen Kamm des Reihers ausgewiesene Glyphe taucht bereits im Kreuztempel von Palenque auf.[190]

Die Sternbilder von Frosch und Reiher stehen astronomisch in einem Zusammenhang. In der klassischen Zeit ging Der Reiher Anfang Februar morgens auf, während Der Frosch zugleich unterging, gleichsam von ihm verschlungen.[191]

10. Aquarius

YA SOOTS'IL (Yukatekisch) – DIE SCHRECKLICHE FLEDERMAUS

BB 736 und T | T2 145

KAMASOTZ' (K'iche') – DIE TODESFLEDERMAUS

Dies ist eines der präkolumbischen Sternbilder aus dem *Pariser Codex*, das dem zodiakalen Tierkreis angehört, eine Fledermaus aus der Familie der Blattnasen, wahrscheinlich die Jamaika-Fruchtfledermaus (*Artibeus jamaicensis*) darstellt und 'Schreckliche oder Schmerzhafte Fledermaus' genannt wird.[192]

Im *Popol Vuh* werden Fledermäuse als mit dem Tod verbundene Kreaturen der Unterwelt vorgestellt, was allegorisch auch auf dieses Sternbild zu beziehen ist, dem das Totengottgestirn nachfolgt. Die Heldenzwillinge haben im 'Fledermaushaus' der Unterwelt ihre vierte von fünf Prüfungen zu bestehen.

Die dabei geschilderte Episode ist auch astronomisch zu lesen. Als *Kamasotz'* – Todes-Fledermaus – werden Tiere definiert, "die den Mond fressen". Unter 'Haus' ist hier jedoch eine Station der Sonne zu verstehen, die in dem Fall im Sternbild Der Fledermaus aufgeht. Hunapuhs Enthauptung erklärt, weshalb von ihm, nach einer Zeit der Unsichtbarkeit, als Morgenstern nur noch der Kopf, nicht auch der Rest seines Körpers zu sehen ist. Sein Bruder Xbalanke holt darauf Hilfe von den Tieren, beginnend mit Dem Pekari, der als Gestirn dem Der Fledermaus gegenüberliegt.

DIE HELDENZWILLINGE UND DIE FLEDERMÄUSE

"Dann wurden sie in das Haus der Fledermaus gesteckt, in dem es nur Fledermäuse gab. Es war das Haus der Todes-Fledermäuse. Das waren grosse Tiere mit Schnauzen wie Klingen, die sie als mörderische Waffen verwendeten. Sie wurden dort hineingesteckt, um sie zu umzubringen. Deshalb mussten sie zum Schlafen in ihre Blasrohre kriechen, damit sie in dem Haus nicht aufgefressen wurden. Trotzdem mussten sie sich wegen einer einzigen Todes-Fledermaus geschlagen geben, die herabgeschwungen kam. Doch war dies für sie bloss eine Gelegenheit, um sich zu zeigen.

Und so suchten sie die ganze Nacht lang um Rat, während die Fledernäuse mit ihren flatternden Flügeln lärmten und dauernd 'Kilitz! Kilitz' riefen. Schliesslich aber wurde es ruhiger und die Fledermäuse bewegten sich nicht mehr. Da kroch einer der Jungen ans Ende seines Blasrohrs. Xbalanke sagte: 'Hunahpu, siehst du schon den Morgen dämmern?'

'Ich werde gehen und nachsehen, ob es auch wirklich so ist', sagte Hunahpu. Er wollte wirklich aus der Mündungs eines Blasrohrs schauen, um die Morgendämmerung zu sehen. Doch als er das tat, wurde sein Kopf von einer Todes-Fledermaus abgeschnitten, die den grössten Teil seines Körpers zurückliess."[193]

Die Fähigkeit von Fledermäusen, im Flug Früchte von Bäumen zu schneiden, hat sie in der Vorstellungswelt der Maya mit der Enthauptung von Opfern verbunden. Auf alten bemalten Gefässen werden sie als Bewohner der Unterwelt gezeigt, dekoriert mit gekreuzten Knochen, ihre Augäpfel herausgerissen, die Sehnerven noch daran hängend.[194]

Zugleich wurden Fledermäuse mit der Wiedergeburt von Blumen verbunden, was zur Jahreszeit des morgendlichen Aufgangs des Sternbilds im März passt. So heisst es im *Chilam Balam* von Tizimin: "Dann kamen zwei Rote Zauberer-Fledermäuse herab; sie werden den Nektar der Blumen saugen."

In Verbindung zu bringen ist dies mit Quellen aus Zentralmexiko, in denen eine Fledermaus als aus Quetzalcoatls Samen geboren gilt. Sie fliegt dann zur schlafenden Xochiquetzal – der Blumen-, Jugend- und Fruchtbarkeitsgöttin – und beisst ihr ein Stück aus der Vulva. Wenn die Götter dieses Stückchen Fleisch waschen, wachsen nur übel riechende Blumen aus dem Wasser; doch holt sich die Fledermaus Fleisch vom Herrn der Unterwelt Mictlantecuthli und wäscht der es, tauchen duftende Blumen auf.[195]

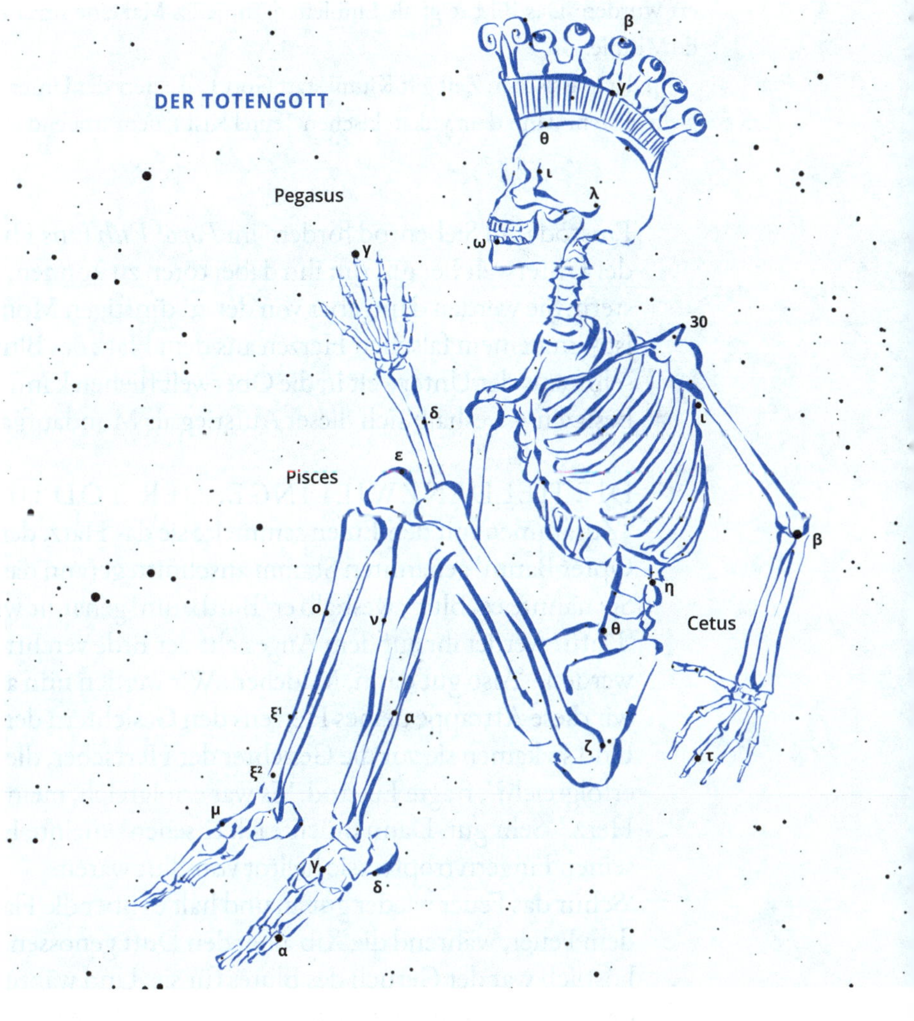

11. Pisces

BB 736

α, γ Ceti linker Fuss, μ Ceti rechter Fuss, α Piscium linkes Bein, ε Piscium rechtes Knie, ζ Ceti Gesäss, θ Ceti Torso, γ Pegasi rechte Hand, τ Ceti linke Hand, λ und γ Piscium Kopf

S|S|W

AJ KÍIMIL (Yukatekisch) – DER TOTENGOTT

G|H 339

XIB' (K'iche'anische Sprachgruppe)

K 124

Es ist dies eines der präkolumbischen Sternbilder aus dem *Pariser Codex*, das dem zodiakalen Tierkreis angehört und ein menschliches Skelett zeigt, wie es charakteristisch für den Totengott Kimil ist. Er wird in der Regel mit einem Kranz von ausgerissenen Augäpfeln um den Kopf dargestellt; im *Pariser Codex* sieht man ihn zudem, passend zur Position des Sternbilds auf der Ekliptik, die Sonne fressen. Das Zeichen für den Totengott wurde auch *Xib'* – Schrecken – ausgesprochen: daher der Name der Milchstrasse als 'Strasse des Schreckens'.

Aus den von dem Dominikaner Diego Duran 1579 aufbewahrten Bildern geht hervor, dass im neunten Monat ein Fest für verstorbene Kinder und im zehnten eines für verstorbene Erwachsene gefeiert wurden: Das Bild zeigt als Emblem dafür jedes Mal eine sitzende Mumie.

In der klassischen Zeit gilt Kíimil statt Gott L als Herr der Unterwelt; er steht dann dem yukatekischen Teufel Kisin, dem strafenden Gott der Unterwelt, nahe oder verwandelt sich in ihn. Steht er im Westen, wird Kíimil zu Akan, der mit alkoholischen Getränken und dem Akt der Selbstopferung assoziiert ist.

Gepaart wird er zudem oft mit dem Schöpfergott Itzamna, um das Gegenüber von Unterwelt und Oberwelt zu demonstrieren. In den Almanachen zeigt Kíimil auch eine weibliche Seite, wenn er mit Tätigkeiten wie Nähen, Weben, Kochen verbunden wird: Dann sieht sich seine weibliche Hälfte mit der weiblichen Hälfte Itzamnas gepaart.

Im *Popol Vuh* treten zwei Götter an die Stelle Kíimils: Einstod und Siebentod. Sie sind die höchsten zwei Herrscher der Unterwelt. Ihre Namen sind auch jene von Kalendertagen: 1 und 7 stehen für alle 13 möglichen Zahlen, da sie das erste und das letzte der Zahlenpräfixe für jeden gegebenen Tagesnamen bilden. Dass sie den vom Fledermausgestirn abgetrennten Kopf Eins Hunahpus in einen Baum hängen, lässt sich allegorisch so auffassen, dass damit nun die Erscheinungsformen der Venus als Abendstern beginnen, die an den 'Tod' genannten Tagen zu sehen sind.

T|T2 135–136, BB 706, 111, K 151 MC2, G|H 78, 340, P 114, T 351

Einstod und Siebentod fordern im *Popol Vuh* Eins Hunahpu und seinen Bruder zu einem Ballspiel in der Unterwelt heraus, um ihn dabei töten zu können: Dabei entsteht aus seinem Kopf, wie gesagt, der Morgenstern. Sie werden dann aber von der zukünftigen Mondgöttin – die von Eins Hunahpu schwanger geworden ist – mit einem falschen Herzen aus dem Harz des Blutbaumes (*Croton sanguifluus*) getäuscht, damit sie selbst aus der Unterwelt in die Oberwelt fliehen kann. Dabei helfen ihr die Eulen, die ebenfalls ein Sternbild besitzen – weshalb sich dieser Aufstieg als Mondaufgang auffassen lässt.

DIE HELDENZWILLINGE, DER TOD UND DER MOND

"Zusammen mit den Eulen sammelte sie das Harz, den Saft des Roten Baumes. Als das Mädchen den 'Roten Opfer Baum' genannten Stamm anschnitt, gerann das Harz an der Oberfläche der Schale wie hellrotes Blut. Sie nannte es 'Blut', weshalb er 'Blutbaum' genannt wird.
'Dafür werdet ihr auf dem Angesicht der Erde verehrt werden', sagte sie zu den Eulen, 'denn es wird eures werden.' 'Also gut dann, Mädchen. Wir werden nun aufsteigen, um dich zu verstecken. Doch zuerst werden wir diese Attrappe deines Herzens den Gesichtern der Herrscher vorsetzen', sagten die Boten.
Und so kamen sie vor die Gesichter der Herrscher, die sie erwartungsvoll ansahen. 'War das Opfer nicht erfolgreich?', fragte Einstod. 'Es war erfolgreich, meine Herren. Das da am Boden der Schale ist zweifellos ihr Herz.' 'Sehr gut. Dann möchte ich es sehen', meinte Einstod. Er griff es sich, sodass das Blut daran von seinen Fingern tropfte, sie hellrot von Blut waren.
'Schür das Feuer wieder gut an und halt es über die Flammen', sagte Einstod. Dann dörrten sie es über dem Feuer, während die Xib'alber den Duft genossen. Alle standen sie auf, um sich darüber zu beugen, so köstlich war der Geruch des Blutes für sie. Und während sie sich darüber bückten, geleiteten die Eulen das Mädchen hinauf durch ein Loch, das auf die Erde führte."[196]

Diese Episode erklärt nicht nur, weshalb Substitutionsopfer von Weihrauch möglich wurden – anstatt von Herzen von Jaguaren, Pumas, Krokodilen oder Menschen, die sonst ins Feuer geworfen wurden, um den Hunger der Götter zu stillen. Es wird auch ein Grund angegeben, weshalb der Mond – anders als jeder Mensch – jedes Mal wieder aus der Unterwelt in den Himmel aufzusteigen vermag.

Der Zyklus von Geburt, Tod und Wiedergeburt stellt eines der prominentesten Motive in der alten mittelamerikanischen Kunst dar. Für die Maya war der Tod elementarer Bestandteil des Lebens, analog zum Mais, dessen Samenkörner erst sterben und in der Erde vergraben werden müssen, bevor sie aufkeimen und sich vermehren können.
Deshalb ist es in der Geschichte des *Popol Vuh* auch nötig, dass Eins Hunahpu zum Sterben in die Unterwelt hinabsteigen muss, bevor eine neue Generation aufkommen kann. Das Mädchen – 'Blutherrin' – steht als Vermittlerin dazwischen. Als Tochter eines der wichtigsten Herrscher der Unterwelt gehört sie der Finsternis der Totenwelt an – als Geliebte von Eins Hunahpu hingegen erschafft sie neues Leben.[197]

In den präkolumbischen Codices stand der Widerpart des Totengottes – Itzamna – für den Norden, der Gott Nal (der dem Eins Hunahpu des *Popol Vuh* entspricht) für den Süden, der Sonnenherr K'in Ajau naturgemäss für den Osten und der Regengott Chaak für die Mitte.[198] Assoziiert werden die Himmelsrichtungen bei den Maya, wie auch bei den Dene, zudem mit Farben. Bei den K'iche' steht Weiss für den Norden, Rot für den Osten, Gelb für den Süden und Schwarz für den Westen. Rituale beginnen noch heute damit, dass Kerzen mit den entsprechenden Farben angezündet werden, um die vier Ecken der Welt zu symbolisieren.[199]

Mit dem bevorstehenden Ende des Sonnenlaufs zu verbinden ist auch die Vorstellung der Tz'utujil Maya in Guatemala, nach der die Sonne jedes Jahr stirbt. Sie halten dann in unserer Osterzeit Zeremonien ab; in Vorbereitung auf ein neues Jahr wird sodann das alte begraben, in Gestalt der Statue eines Mam. In der klassischen Zeit ist dies mit dem Aufgang des Sternbildes morgens Ende März zu verbunden. Der Aspekt der Wiedergeburt hingegen zeigt sich astronomisch, indem Der Totengott in der klassischen Zeit Mitte September morgens untergeht, während zugleich Der Pekari-Eber aufgeht, der zuerst den Schöpfergott Itzamna, dann Xpiyakok verkörperte.[200]

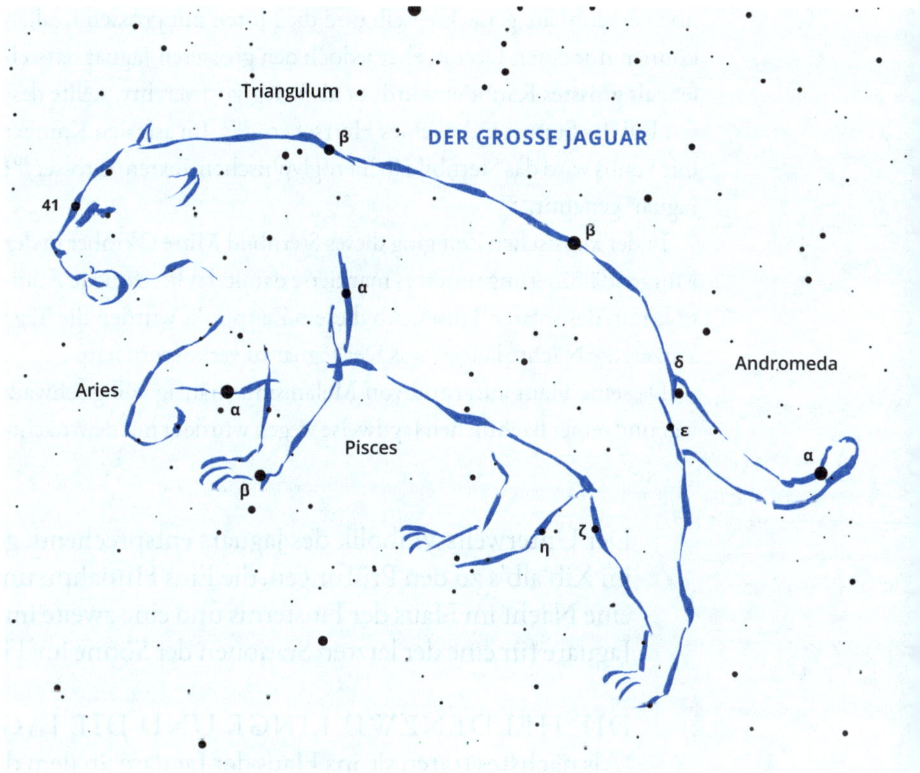

12. Aries

BB 736

von 41 Arietis (Kopf) über β Trianguli (Rücken), bis α Andromedae (Schwanz), Vorderbeine bei α und β Arietis, rechtes Hinterbein bei η Andromedae

S|S|W

BALAM (K'iche') – DER JAGUAR

T|T2 139

CHAK BÁALAM (Yukatekisch) – DER GROSSE JAGUAR

G|H 334

Im *Dresdener Codex* wird das Sternbild als 'Roter Jaguar' bezeichnet und im Zusammenhang mit dem heliakischen Aufgang des Planeten Venus als kriegerischer *Lajun Chan* ('Zehnhimmel' in klassischem Maya) zu einem Omen des Unglücks: "Lajun Chan, der Grosse Stern, steht bewaffnet im Osten. Der Grosse Jaguar ist der gespeerte. Die Herzen der Götter sind vergraben. Unheil den geborenen Herren. Drei heilige Durchbohrungen: Unheil der aufgehenden Sonne!"[201]

Der Morgenstern 'nährt' das Sternbild nicht, wie das bei einer Konjunktion der Fall wäre, sondern speert es, um den von der Morgensonne gefärbten Roten Jaguar bei seinem Aufstieg am gegenüberliegenden Horizont zum Untergang zu bringen. Unter den vergrabenen Herzen sind wahrscheinlich Maissamen zu verstehen, wie sie der Schöpfergott zur Erschaffung des Menschen hernahm, nachdem sich die herzlosen Holzmenschen als misslungene Wesen erwiesen hatten.[202]

Im *Pariser Codex* endet der Reigen der Sternbilder des zodiakalen Tierkreises mit einer fragmentarisch erhaltenen Raubkatze. Der noch erkennbare gefleckte Leib und die Pfoten mit grossen Krallen können nur einen Ozelot, eher jedoch den grösseren Jaguar darstellen; als grösstes Raubtier wurde er als Kriegsgott verehrt, stellte dessen Fell das Statussymbol eines Herrschers dar. Im astralen Kontext mit Venus wird das Sternbild in hieroglyphischen Texten 'Grosser[203] Jaguar' genannt.[204]

In der klassischen Zeit ging dieses Sternbild Mitte Oktober in der Morgendämmerung unter; es markierte damit das herbstliche Äquinoktium des solaren Jahres. Ab diesem Zeitpunkt wurden die Tage kürzer, die Nächte länger, was Der Jaguar zu verkörpern hatte.

Da seine Haut aufgrund von Melanismus häufig völlig schwarz war und seiner nächtlichen Jagdweise wegen wurde er mit dem nächtlichen Sonnenlauf und der Unterwelt, Höhlen und dem Erdinneren verbunden; ansonsten symbolisierten die – auch am Schwarzen – sichtbaren Flecken seines Fells den Sternenhimmel. Der nächtliche Aspekt der Sonne wird auch durch die primordiale Zeit vor der ersten Morgendämmerung veranschaulicht. Sie wird als gestaute Zeit aufgefasst, die erst durch die (auch an der Entstehung des Sternbilds der Herdsteine beteiligten) Paddelgötter Jaguar und Stachelrochen ins Fliessen gebracht und durch ihre Ruderschläge sodann zählbar gemacht wurde – wobei der Rochen den Lauf der Sonne bei Tag, der Jaguar ihren Lauf bei Nacht versinnbildlicht.

Dieses Einsetzen von Zeit ist stimmig mit der Vorstellung eines neuen Sonnenjahres, das erst nach dem Untergang des Sternbilds und den danach anfallenden unheimlichen und chaotischen Schalttagen des Wayeb beginnt. Da zeigt sich Der Jaguar in den Codices als Instrument des Weltuntergangs, der sich über die Welt und den Maisgott hermacht. So gibt es bei den Lacandon heute noch den Glauben, dass die Welt untergeht, wenn Jaguare aus der Unterwelt aufsteigen und Mond und Sonne fressen.

TH3 292–294, G|H 77, 112, 329–330, JJ 50

Der Unterweltssymbolik des Jaguars entsprechend, gehört im *Popol Vuh* eine Nacht im Haus der Jaguare im Xib'alb'a zu den Prüfungen, die Eins Hunahpu und sein Bruder bestehen müssen. Nachdem sie bereits eine Nacht im Haus der Finsternis und eine zweite im Haus der Kälte verbracht haben, steht dieses Haus der Jaguare für eine der letzten Stationen der Sonne im Tierkreis.

DIE HELDENZWILLINGE UND DIE JAGUARE

"Als nächstes traten sie ins Haus der Jaguare, in dem diese sich drängten. 'Fresst uns nicht. Wir geben euch, was euch gebührt", sagten sie den Jaguaren. Dann verstreuten sie Knochen vor den Raubtieren, die sie krachend kauten.
Die Nachtwächter [der Unterwelt] fanden dies ganz putzig; sie sagten: 'Die beiden sind erledigt. Sie haben sich den Tieren ergeben. Und die haben zuerst ihre Herzen gefressen – und kauen jetzt an ihrem Skelett.'
Doch sie starben nicht. Als sie wieder aus dem Jaguarhaus kamen, fehlte ihnen nichts.
'Was sind das für Leute? Wo kommen die her?', fragten sich die Xib'alber."[205]

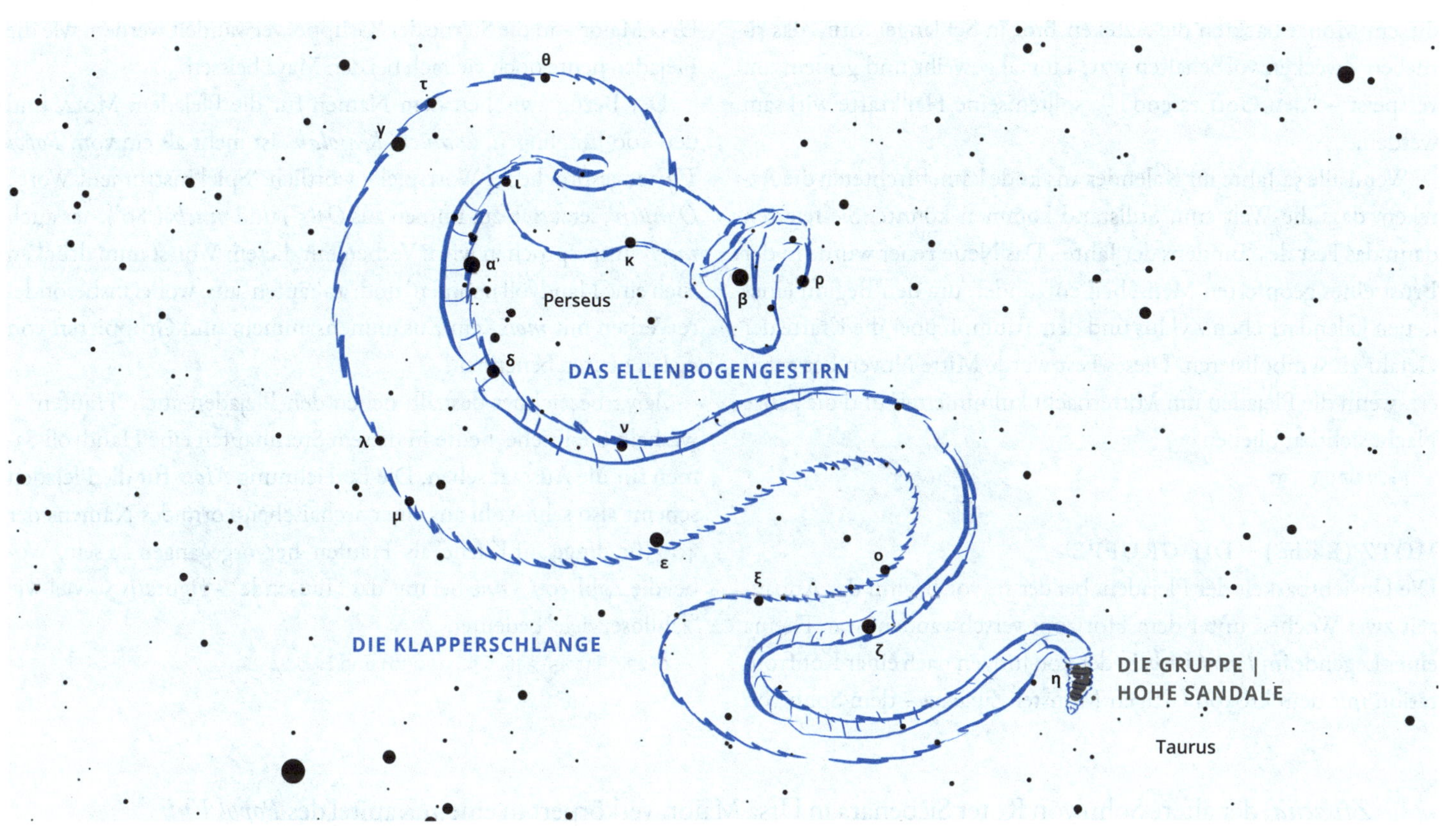

13. Plejaden (Rassel), Perseus (Körper), β Persei (Kopf)

TSÁAB (Yukatekisch) – DIE KLAPPERSCHLANGE

BB 736 und M 261

Dies ist eines der präkolumbischen Sternbilder aus dem *Pariser Codex*, das dem zodiakalen Tierkreis angehört. Es stellt die tropische Klapperschlange *Crotalus durissus* dar und wird noch heute in Yukatan mit diesem Namen bezeichnet.[206]

Auch die Südlichen Dene sehen in Perseus eine Klapperschlange, zu der die Plejaden jedoch nicht mehr gehören. Die stellen überall in Mittelamerika – ebenso wie für die Kulturen des Nahen Ostens – bedeutende kalendarische Zeichen dar, sowohl für das agrarische wie das solare Jahr.

Einerseits markierte in der klassischen Zeit der morgendliche Untergang der Plejaden im Westen um den 10. November – bei gleichzeitigem Aufgang des Sternbilds Geier im Osten – das Ende der Erntejahreszeit und den Beginn der Trockenzeit. Anfang Februar standen sie dann in der Abenddämmerung im Zenit: und zeigten damit den Beginn des 260 Tage langen agrarischen Zyklus an.

Andererseits verriet ihr mehrwöchiges Verschwinden unter dem Horizont im April, dass es Zeit war, den Mais anzupflanzen und dass der Zenit der Sonne bevorstand. Um den 24. Mai gingen sie dann erstmals wieder morgens im Osten auf, während das Sternbild Skorpion ihnen gegenüber im Westen unterging: Sie kündigten damit die bevorstehende Regenzeit an.

In Chichen Itzá war eine Treppennische des Caracol auf das nördliche Extrem der Venus und den Untergangspunkt der Sonne ausgerichtet, nachdem diese mittags im Zenit gestanden hatte. Durch das Fenster 1 hingegen konnte man den Untergang der Plejaden in der Abenddämmerung im Westen Ende April beobachten, da sie für einen Monat unter den Horizont verschwanden, um danach morgens die Regenzeit und den ersten solaren Zenit anzukündigen.

Aus dem *Ritual der Bakabs* geht ein Mythos hervor, demzufolge die Klapperschlange die Schlange der Finsternis war, die als rote, weisse, schwarze und gelbe geborene Schlange der Schöpfung die vier Ecken der Welt symbolisierte.[207]

M 258–263 und BR 98–99

Bei den Olmeken war die Klapperschlange ein Symbol für die Legitimität der Macht eines Herrschers oder Priesters. Bei den Maya der klassischen Zeit hatte sie – meist als übernatürliche Präsenz – dieselbe Funktion: Stadtfürsten schmückten sich mit ihrem Symbol.[208]

Ihre an einem kurzen Stab angebrachten Rasseln gehörten zu den speziellen Insignien der Priester. Da in mehreren Maya-Sprachen 'Schlange' und 'Himmel' fast oder ganz homophon sind, mag hinter dieser Symbolik die Vorstellung stecken, dass Macht durch den Himmel legitimiert wird – an welchem das Sternbild pars pro toto steht.[209]

BB 697, MC2 und M 258

Für den 13. und letzten Monat des Aztekenjahres zeigen die von Bruder Diego Duran 1579 bewahrten Aztekenbilder das Sternbild einer Klapperschlange mit S-förmig aufstehendem Leib und grosser Rassel (die sie sonst *Tianquiztli*, 'Marktplatz' nannten). In diesem Monat backten die Azteken Brot in Schlangenform, das rituellen Zwecken vorbehalten war: Einmal geweiht und gemeinsam verspeist – "den Gott essend" –, sollten seine Heilkräfte wirksam werden.

Wenn alle 52 Jahre ihr Kalender ans Ende kam, fürchteten die Azteken, dass die Welt zum Stillstand kommen könnte. Sie feierten dann das Fest des 'Bindens der Jahre'. Das Neue Feuer wurde in der Brust eines geopferten Menschen entzündet, um den Beginn eines neuen kalendarischen Zyklus und den Triumph über die Kräfte der Gefahr zu symbolisieren. Dieses Fest wurde Mitte November gefeiert, wenn die Plejaden um Mitternacht kulminierten und die ganze Nacht sichtbar blieben.

MC2 und BR 97

MOTZ (K'iche') – DIE GRUPPE

Die Unsichtbarkeit der Plejaden, bei der sie vor Beginn der Anbauzeit zwei Wochen unter dem Horizont verschwanden, war Thema einer Legende im *Popol Vuh*, in der 400 Jungen nach einer Konfrontation mit dem krokodilartigen Monster Zipacna – dem Sohn von Ursa Maior – in die Sterne der 'Gruppe' verwandelt werden, wie die Plejaden heute noch vielfach bei den Maya heissen.

Der Bezug zwischen dem Namen für die Plejaden, Motz, und den 400 Jünglingen, *O'much' K'ajolab'*, ist mehr als ein vom *Popol Vuh* angesprochenes Wortspiel – wörtlich: 'Spiel Instrument Wort'. *O'much'*, setzt sich zusammen aus *O* ('5') und *much'* ('80'), das auch *moch'* ausgesprochen wird. Verben mit diesem Wortstamm drücken 'sich eine Handvoll nehmen' und 'anhäufen' aus, wobei insbesondere Verben mit *motz-* ein Zusammensammeln und Gruppieren von vielen Leuten benennen.

Motz bezeichnet deshalb neben den Plejaden auch 'Haufen' – weshalb die K'iche' heute in diesem Sternhaufen eine Handvoll Samen für die Aussaat sehen. Die Bezeichnung *Motz* für die Plejaden scheint also sehr wohl aus einer archaischen Form des Namens der 400 Jünglinge auf K'iche' als 'Haufen' hervorgegangen zu sein. Wobei die Zahl 400 – wie bei uns das 'Tausende' – figurativ so viel wie 'zahllose, viele' bedeutet.

M 258, T1 245–246, C 96 und 101 und TAU 84–89

Zipacna, der ältere Sohn von Roter Siebenara in Ursa Maior, verkörpert in einem Kapitel des *Popol Vuh* die Erde samt ihren Bergen; durch sein Maul gelangt man in ihr Innerstes. Ein langgestreckter Hügelrücken im Tal von Rabinal heisst heute noch *Sipac* und wird als Krokodil gesehen. Diese Bezeichnung gibt die Kreatur der Azteken und späteren Nahuatl wieder: Es ist dies ein monströses Krokodil mit stacheligem Rücken namens *Cipactli*, das – Dem Besternten Hirschkrokodil der Milchstrasse vergleichbar – die gebirgige, einst noch auf dem Meer schwimmende Erde symbolisiert.
Zipacna gilt darum als 'Erschaffer der Erde', während sein jüngerer Bruder *Kabraqan*, 'Erdbeben', diese wieder zerstört. Und auch die 400 Jungen haben ihren Ursprung in einem Mythos der Azteken, in dem die *Centzon Huitznahua* – Die 400 Südlichen – als Brüder der Mondgöttin und Götter der südlichen Sterne gelten. Sie machten jedoch den Fehler, die unbefleckte Geburt der Mondgöttin anzuzweifeln, worauf sie von deren Sohn, dem höchsten aztekischen Gott, zum Grossteil erschlagen wurden.
Der riesige Querbalken für das Haus der 400 Jünglinge, das Zipacna dann zum Einsturz bringt, hat allegorische Bedeutung, indem die Maya die Welt für ein grosses, über der Unterwelt errichtetes Haus halten, dessen Ecken die vier Himmelsrichtungen darstellen und dessen Dach der Himmel ist. Als Balken des Türsturzes oben repräsentiert er den Zugang zur Welt, die Zipacna einfach an sich reissen will. Astronomisch gesehen steht der Balken für die Milchstrasse: Wenn die Plejaden im Westen untergehen, folgt ihnen die Milchstrasse und legt sich je nach Jahreszeit längs wie ein gefällter Baum oder quer wie ein Türsturz darüber.[210]

ZIPACNA UND DIE 400 JÜNGLINGE

"Dies hier sind die Taten des Zipacna, des ersten Sohnes von Roter Siebenara.
'Ich bin der Erschaffer der Berge', sagte Zipacna. Nun, Zipacna badete gerade am Ufer eines Flusses, als 400 Jungs vorbeikamen, die einen Baumstamm hinter sich herzogen, als Querbalken für ihre Hütte.
Die 400 Jungen gingen an ihm vorbei, nachdem sie einen grossen Baum für einen Türsturz ihrer Hütte gefällt hatten.
Deshalb folgte Zipacna den 400 Jungen nach und fragte sie: 'Was macht ihr da, ihr Burschen?'
'Den Stamm da – wir können ihn einfach nicht auf die Schulter nehmen und tragen.'
'Dann nehm ich ihn auf die Schulter. Wo soll er hin? Was habt ihr denn mit ihm vor?'
'Wir wollen ihn als Querbalken für unsere Hütte.'

'Ah – gut', sagte er, nahm ihn auf die Schulter und trug ihn einfach zum Eingang der Hütte der 400 Jünglinge. 'Du könntest bei uns bleiben, du Kerl! Hast du eine Mutter oder einen Vater?' 'Nein', erwiderte er. 'Dann hilf uns doch morgen noch einmal mit einem Baumstamm als Stützpfosten für unsere Hütte.' 'Von mir aus', sagte er.

Darauf tauschten die Burschen sich aus: 'Was wollen wir mit dem Kerl anfangen? Am besten, wir bringen ihn um – denn dass der den Stamm ganz allein nimmt, das geht nicht mit rechten Dingen zu. Lasst uns eine grosse Grube schaufeln – und dann lassen wir ihn darin einfach sitzen. 'Geh und schaufel die Erde vom Grund des Lochs', werden wir zu ihm sagen. Und wenn er dann vornübergebeugt ist, stossen wir den grossen Stamm hinunter. So kommt er in dem Loch um', meinten die 400.

Deshalb hoben sie erst eine grosse Grube aus, die ziemlich in die Tiefe ging, und holten dann Zipacna: 'Wir überlassen es nun dir, tiefer hinabzugraben – denn wir selber können das nicht', sagten sie ihm. 'Ja gut', antwortete er und kletterte in das Loch.

'Ruf uns, wenn du mit dem Graben fertig bist, denn du musst ganz tief hinunter', sagten sie ihm. Und er antwortete: 'Gut.'

Damit begann er seine eigene Grube zu graben – doch die war seine Rettung. Er hatte gemerkt, dass er getötet werden sollte, und grub darum einen Seitengang, um sich zu schützen.

'Wie tief bist du denn schon?', riefen die 400 Jünglinge zu ihm herab. 'Es geht gut voran. Wenn ich fertig bin, ruf ich euch', rief Zipacna aus dem Loch.

Doch er grub da am Grund der Grube nicht sein eigenes Grab, sondern den Ausweg zu seiner Rettung. Erst als er in seinem Loch da sicher war, schrie Zipacna hinauf: 'Kommt, holt die Erde, zieht den Aushub herauf. Ich habe sehr tief gegraben. Hört ihr mich überhaupt noch? Eure Rufe hallen hier unten wie ein Echo wider, als wäre der Ausgang schon mehrere Schichten höher,' schrie Zipacna aus seinem Loch, in das er sich zu seinem Schutz gedrückt hatte.

Die 400 Jungen schoben nun den grossen Stamm darüber und stürzten ihn donnernd hinab in die Grube. 'Der ist erledigt. Der redet nicht mehr. Wenn wir seinen Todesschrei hören, werden wir wissen, dass er hinüber ist', so flüsterten sie – denn alle hatten sich versteckt, als sie den Stamm hinuntergestossen hatten.

Also schrie er einmal laut auf, nachdem der Stamm hinuntergedonnert war – als wäre das sein letztes Wort. 'Geschafft! Er ist erledigt! Sehr gut! Wir konnten ihn umbringen – er ist tot! Was wäre das für ein Omen gewesen, hätte er mit seinen Taten, mit seinem Werk so weitermachen können! Er wäre am Ende noch der Erste unter uns geworden und hätte sich über uns erhoben, selbst uns, die 400 Jünglinge!', riefen sie.

Sie freuten sich. 'Jetzt lasst uns Maisbier brauen! In drei Tagen wird es gut sein – dann weihen wir damit unsere Hütte ein und uns, die 400 Jünglinge!', sagten sie. 'Und morgen oder übermorgen sehen wir, ob die Ameisen aus der Erde krabbeln, weil er verfault und vor sich hin stinkt. Dann können wir zufrieden unser Bier geniessen', meinten sie.

Zipacna in seiner Höhle jedoch hörte, was die Burschen sagten.

Und am zweiten Tag sammelten sich die Ameisen, sie kamen und schwärmten aus und holten sich, was sie unter dem Stamm fanden, überall liefen sie herum, Zipacnas Haare und Nägel in ihrem Maul. Als die Jungen das sahen, klopften sie sich auf die Schulter: 'Der Unhold ist krepiert! Schaut, wie die Ameisen überall herumkrabbeln und ihn anknabbern! Alle haben sie seine Haare im Maul – und da seht ihr seine Nägel! Wir haben's geschafft!'

Doch Zipacna war sehr wohl noch am Leben – er hatte sich bloss die die Haare vom Kopf geschert und seine Nägel abgebissen, um sie den Ameisen zu lassen. Und somit glaubten die 400 Jünglinge, er sei tot.

Am dritten Tag war das Maisbier fertig und alle Burschen waren sturzbetrunken und blieben besoffen liegen: Die 400 Jünglinge, sie spürten deshalb nicht mehr, dass Zipacna die Hütte über ihren Köpfen zum Einsturz brachte. Alle wurden sie davon erschlagen; nicht einer der 400 konnte gerettet werden.

Auf diese Weise starben die 400 Jünglinge, ausgelöscht von Zipacna, dem Sohn von Roter Siebenara. Es heisst, sie hätten sich in Sterne verwandelt und das Sternbild Motz wäre nach ihnen benannt worden – aber das kann auch nur ein Wortspiel sein."[211]

Bezwungen wird das ewig hungrige Erdmonster, das eine vormalige Welt verkörpert, die kultiviert und zivilisiert werden will, dann von den beiden Heldenzwillingen, dem Morgen- und dem Abendstern. Sie fangen es mit einer verführerisch weiblichen Attrappe bei dem 2000 Meter hohen Berg Me'awan, westlich von Rabinal und südwestlich von San Cristóbal Verapaz, in der Flussschleife des Chixoy.

"Dies jetzt ist die Niederlage und der Tod Zipacnas – wie er von den beiden Burschen Hunahpu und Xbalanke bezwungen wurde: dass die 400 Jünglinge von Zipacna umgebracht worden waren, ging diesen beiden nämlich tief ans Herz.
Dieser Zipacna vebrachte den ganzen Tag damit, nach Futter für sich zu suchen: Er frass nur Fische und Krebse, die er in den Flüssen suchte. Nachts hingegen trug er die Berge auf seinem Rücken. Deshalb bauten Hunahpu und Xbalanqke die Attrappe einer riesigen Krabbe.
Sie nahmen dazu Blüten von Bromelien, die sie im Wald pflückten, um daraus ihre offenen Scheren zu machen. Und als Schale und Rücken dieser weiblichen Krabbe nahmen sie einen ausgehöhlten Felsen her. Dann legten sie dies Schalentier ins Innere einer Höhle am Fusse eines grossen Berges, dessen Name Me'awan ist: Dort wurde Zipacna schliesslich bezwungen."[212]
Die Heldenzwillinge locken ihn zu der Höhle mit der leuchtend roten, auf dem Rücken liegenden Krabbe. Um seinen ewigen Hunger endlich zu stillen, kriecht er gierig auf dem Bauch in sie, worauf sich die Krabbe erschreckt nach oben zurückzieht, sodass Zipacna sie nicht mit seinen Händen packen kann. Darauf versucht er, sich auf dem Rücken hineinzuschieben, was ihn jedoch wie alle Krokodile hilflos macht, worauf der Berg sich auf ihn legt.
Es ist dies zugleich ein inszeniertes sexuelles Wortspiel, da Krebs – *Yux*– bei den K'iche' auch eine Metapher für die Vulva ist. Das Eindringen in sie kennen wir bereits von einer weltschöpfenden Geschichte der Nördlichen Dene, deren Held ebenfalls in eine Vagina schlüpft und von ihr ganz verschlungen wird.

"Zipacna wollte sie fressen, er wollte sie sich einfach ins offene Maul schieben, so hungrig war er. Deshalb wollte er mit dem Kopf voran auf dem Bauch in die Höhle eindringen – doch die Krabbe zog sich vor ihm hoch und so rutschte Zipacna wieder heraus.
'Hat es nicht ganz für sie gelangt?', fragten die Heldenzwillinge. 'Leider nein! Sie krabbelte einfach weiter nach oben, sodass ich sie bald nicht mehr erreichen konnte. Ich versuche nochmal in sie einzudringen, aber diesmal vielleicht besser, wenn ich auf dem Rücken liege', meinte er. Er drehte sich auf den Rücken und schob sich hinein – und zwar so tief, bis man von ihm nur noch seine Kniescheiben sah!
Und so wurde er vollständig verschlungen: Der grosse Berg ruhte nun auf seiner Brust – Zipacna konnte sich nicht mehr umdrehen und so versteinerte er. Auf diese Weise wurde Zipacna besiegt – von den beiden Burschen Hunahpu und Xbalanke.
So ist es überliefert vom 'Schöpfer der Berge', wie er genannt wurde, dem erstgebornenen Sohn Des Roten Siebenaras, der unter dem Berg namens Me'awan besiegt wurde: Klugheit und Erfindungsreichtum genügten, um dieses zweite Hochmütige Wesen zu bezwingen."[213]

Andere traditionelle Namen für die Plejaden, wie sie aus Beschwörungen des 18. Jahrhunderts hervorgehen, verweisen auf die Konstellation der Mondgöttin mit den Plejaden, wenn der Mond die Sterne völlig abdeckt: 'Sauber Geschrubbte Herrin', 'Einzigartige Herrin Pulsierende Rasseln', 'Herrin Ko In Den Rasseln' (was sich möglicherweise auf einen unidentifizierten Vogel Ko bezieht), 'Herrin Bei Den Fünf Rasseln', 'Herrin In Den Rasseln' und 'Die In Die Rasseln Sinkt'.

Die Beschwörung zur Heilung einer Brandblase oder zum Anfachen eines Feuers gibt solches wieder: "Rot Gerundete Sonne ist dein Vater im Himmel, Herrin Sauber Geschrubbtes Gestirn dort im Himmel ist deine Mutter, Herrin Zahlloser Rasseln ist deine Mutter da im Himmel".

L1 236, R 37, 42, 52 und M 258–259

CHAK XONOB (Tzotzil) – HOHE SANDALE

Mehrere Gruppen von Maya bezeichnen die Plejaden heute als 'Sandalen. Bei den Tzotzil vervollständigen die Hyaden sie zu einem Schuhpaar, wobei die Plejaden allein auch *Xon J'elek'*, 'Räubersandale', genannt werden können. Sonst heissen sie *Chak Xonob*. Gemeint damit ist eine hochgeschnürte Sandale, die man für Zeremonien anzieht. Es gibt eine präkolumbische Glyphe, die bereits diesem Kontext entspricht.

L2, M 38 und BB 744

Sterne von Perseus?

XUK'UM | XUK'UB K'ANAL (Tzotzil) – DAS ELLBOGENGESTIRN

Die Tzotzil sehen unweit der Räubersandale ihrer Plejaden dieses nicht genauer lokalisierbare Sternbild.

L2

Die Bezeichnung der Plejaden als "Geisslein" hingegen wurde von den Spaniern übernommen.[214]

VI WEITERE STERNBILDER UND KREUZE

α, β und γ Aquilae (Schwanz), ζ Aquilae bis 70 und 68 Ophiuchi (oberer Rücken), η Serpentis bis ν Ophiuchi (Kopf), α Scuti (linker Vorderfuss), θ Aquilae (rechter Hinterfuss)

KITAM? (Yukatekisch) – DIE PEKARI-SAU

S | S | W

Die Codices schreiben den noch nicht übersetzten Namen des Sternbilds mit einer Glyphe, die einen Tierkopf mit hoher Stirn und weich herabhängenden Ohren darstellt, wie sie weder zu einem Vogel noch einer Schlange passen.[215] Die nähere Betrachtung dieser Hieroglyphe[216] zeigt einen Schweinskopf mit markiertem Bart ums Maul und Borsten, was dem Weissbartpekari entspricht. Dieses Nabelschwein wäre damit neben dem Pekari Itzamna | Xpiyakok das zweite Exemplar dieser Gattung am Himmel. Ein solches scheint mythologisch unabdingbar, angesichts des Paares von Xpiyakok und Xmukane, bei dem Chak Chéel | Xmukane als Schöpferin der Menschen, des Lichts und des Kalenders zumindest im *Popol Vuh* die Wichtigere der beiden ist.

Dieser Stellung werden die Sterne in Aquila durch ihre Position im Zenit sowie gegenüber den Sonnenpunkten gerecht: Auch kalendarisch gesehen ist wohl kein Sternbild – ausser Herz Des Himmels – zentraler. Komplettiert wird das Sternbild durch den Pekari-Eber im östlichen Leo: Steht Aquila beim Äquinoktium des Frühjahrs bei Sonnenaufgang im Zenit, steht Leo bei Sonnenuntergang an diesem Punkt. Das mag zu Abbildungen wie in Bonampak geführt haben, in denen der Eber mit der Sau kopuliert.

Das Sternbild stand in der klassischen Zeit bei den Sommer- wie den Wintersonnenwenden der aufgehenden wie der untergehenden Sonne jeweils gegenüber. Bei den Tagundnachtgleichen hingegen stand es im Zenit – im Frühjahr bei Sonnenaufgang, im Herbst bei Sonnenuntergang – und brachte damit alles Gute von oben herab.[217]

Entsprechend wird Chak Chéel in den präkolumbischen Codices als segensreiche Regenspenderin dargestellt, die aus ihrem Krug Wasser ausschüttet, Regen zwischen ihren Beinen ausfliessen lässt und ein Pekari hält. So steht sie für Nahrhaftigkeit, Fruchtbarkeit und Lebenskraft, die im selben Mass Ernten schafft, wie sie als Schöpfergöttin die Menschen aus Mais erschaffen hat. Als Göttin der Heilkunst ist sie die Gegenspielerin der Mondfrau Ixik U, die Krankheiten verbreitet.

Auffälligstes Merkmal der alten Chak Chéel ist eine ins Haar geflochtene Schlange oder ein Schlangenzepter als Zeichen ihrer Blitze, da sie nicht nur Regen, sonder auch lebensgefährdende tropische Stürme bringt.

G | H 211 und 215–217, BB 116 und GR 51

XIK (K'iche') – DER FALKE

Die K'iche' von Momostenango sehen in den Sternen von Aquila einen Falken. Dies ist im Zusammenhang mit den Migrationen der bereits im *Popol Vuh* als Schwärme bezeichneten Präriebussarde (*Buteo swainsoni*) zu sehen. Sie kommen im März und fliegen im Oktober wieder fort – jedesmal also, wenn das Sternbild im Zenit steht. Kommen sie zu Hunderten und Tausenden, schreibt man ihnen zu, zuerst Das Kreuzgestirn "aus dem Meer zu heben": Dann beginnt die Regenzeit. Im Oktober hingegen "lassen sie Das Diebeskreuz, das verbogene, ins Meer fallen. Die Wasser hören auf und wir biegen die Maishalme".

TE 181 und 187

α Aquilae

ITZ'INAL SAKIL K'ANAL (Tzotzil) – DER JUNGE WEISSE STERN

So der Sternenname in Zinacantán.

V

α Lyrae

BANKILAL SAKIL K'ANAL (Tzotzil) – DER ALTE WEISSE STERN

V

αεδγβ Cygni

DAS MAISKREUZ

In der Anlage der Kreuzgruppe von Palenque ist der nach seinem Blätterkreuz benannte Tempel an einer über den Sonnentempel aufsteigenden Sichtlinie ausgerichtet, die den Untergangspunkt des hellsten Sterns in unserem 'Nördlichen Kreuz', *α* Cygni, anvisiert. Geweiht ist dieser Tempel dem Herrscher Chan Bahlum, der am 12. Juni 641 – als Deneb bei Sonnenuntergang aufging – zum Erben eines Thrones erklärt wurde; diesen bestieg er vierzig Jahre später, als Deneb am 5. Januar 684 morgens kurz vor der Sonne aufging, während Crux im Süden über dem Horizont stand.

Mit seinen 49 Jahren wurde Chan Bahlum mit einer reifen Maispflanze verglichen, weshalb er einen voll herabhängenden, zur Ernte bereiten Kolben in Händen hält, der als Nahrung dem Volk auf dieselbe Weise dient, wie der Herrscher nun zum Nährer seines Volkes wird. Das Blätterkreuz selbst verkörpert die reifen Fruchtstände, wie sie im Januar auf ihren Halmen trocknen – nur dass sie statt dem Kolben das Gesicht des Herrschers zwischen den Blattscheiden tragen, der seine Arme dementsprechend hängen lässt.

M 271–272 und Tafel 10

α Canis Maioris

CH'URUM – DER SPECHT

Die Lacandon sehen in Sirius, wie in Rigel auch, einen Specht. Dahinter steckt der Goldstirnspecht (*Melanerpes dubius*), der bei Beschwörungen gegen Zahnweh – "Würmer im Zahn" – angerufen wird. Den Linienspecht (*Kolonte'* auf Yukatekisch, *Dryocopus scapularis*) rief man ebenfalls bei solchen Beschwerden an; mit seinem Schnabel stach man bei Zahnweh zudem den Gaumen an. Beides verbindet sie mit dem mythischen Roten Siebenara.

M 253, R 131–132

αβ Crucis, αβ Centauri, α Piscium Austrini und α Eridani

RE 411

Sterne von Crux, Centauri, Lupus, Norma, Triangulum Australe, Pavo, Octans, Apus, Tucana, Grus, Phoenix sowie α Piscium Austrini und α Eridani

S|S|W

CRUZ EEK' (Yukatekisch) | KRUS K'ANAL (Tzotzil) – DAS KREUZGESTIRN

RE 411

In der Anlage von Palenque war ein Tempel auf Das Kreuz in Sagittarius, ein anderer auf Das Maiskreuz in Cygnus und ein dritter auf unser Kreuz des Südens ausgerichtet. Letzteres wurde ebenfalls bereits in frühester Zeit als Kreuz figuriert; es wird heute noch von den Maya in Yukatan 'Kreuzgestirn' genannt – jedoch aufgrund der Christianisierung als 'Kreuz des Diebes' bezeichnet, der neben Jesus auf dem Kalvarienberg hing.

Die Stufenpyramide des sogenannten 'Kreuztempels' weist ein prachtvoll verziertes, astral zu verstehendes Baumkreuz auf. Der Eingang zu seinem Innersten ist auf β Crucis ausgerichtet: Als der sechsjährige Chan Bahlum am 12. Juni 641 zum Thronerben erklärt wurde, kulminierte Das Kreuzgestirn in der Abenddämmerung über dem gebirgigen, südlichen Horizont. Und als er am 5. Januar 684 dann den Thron bestieg, stand es in der Morgendämmerung über dem südlichen Horizont, während die Sterne Des Maiskreuzes im Osten aufgingen.

M 270–273

Bei den Kaqchikel von Chinautla hat sich das mit dem Sternbild verbundene Element der Initiation erhalten. Die sechs-, siebenjährigen Jungen erfahren von ihm ein "Geheimnis". Wenn das nur in der Regenzeit sichtbare Kreuzgestirn um 4 Uhr morgens kulminiert, werden sie mit Zuckerrohrstangen losgeschickt, um eine spielerische Schlacht zur Verteidigung dieser Sterne aufzuführen. Dabei sollen sie lernen, wie man als Erwachsener später mit der Machete umgeht.

Die K'iche' opfern Dem Kreuzgestirn zwei grosse reife Bananen und sprechen es um Mitternacht mit magischen Worten an, um sich seines Schutzes zu versichern und damit es Glück bringt. Dies wird jedoch, im christlichen Bezug auf das 'Kreuz des Diebes', auch von Dieben vor einem Einbruch in Anspruch genommen.[218]

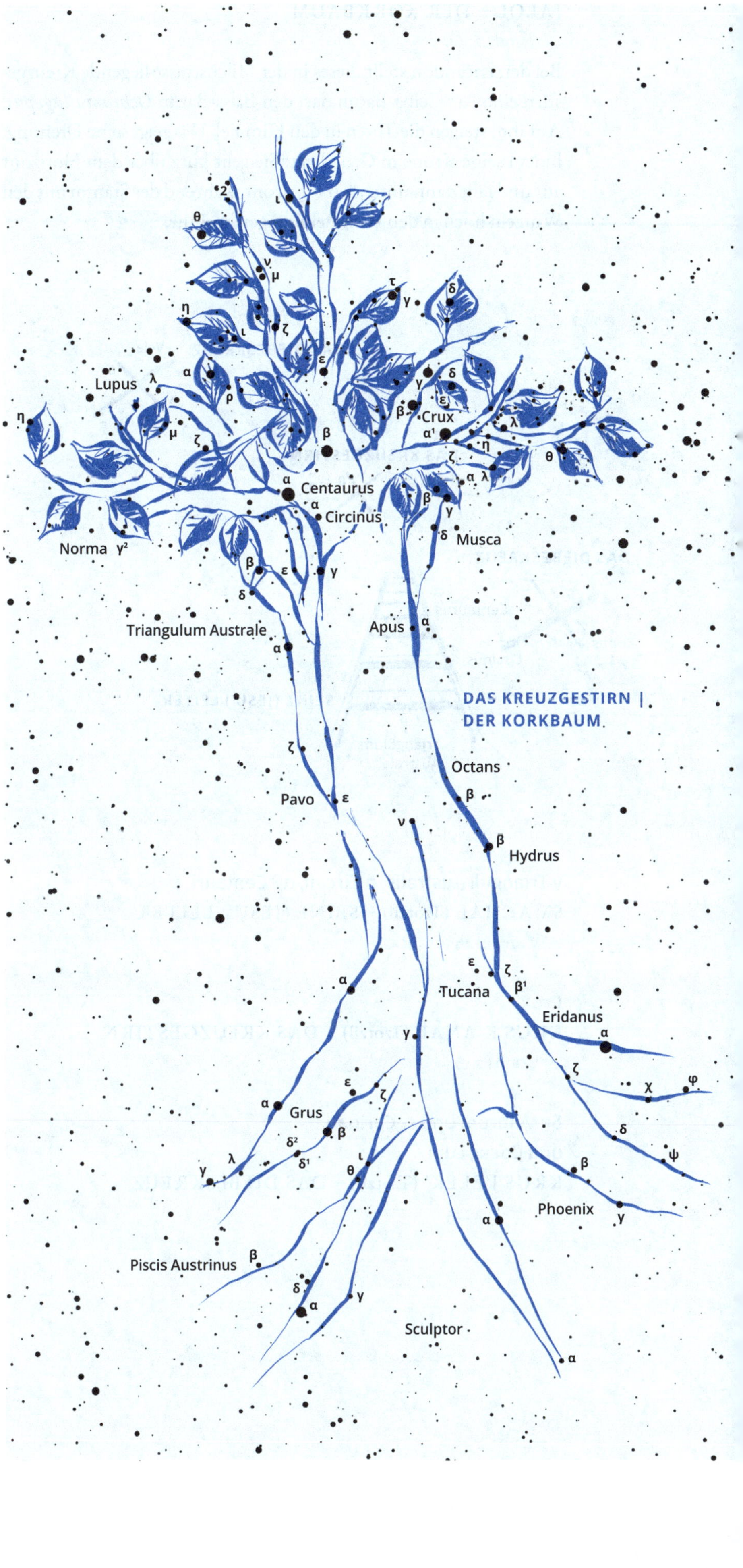

JALOL – DER KORKBAUM

V und L2 165

Bei den Lacandon stellt dieses in der Milchstrasse liegende Kreuzgestirn eine Art Ceiba-Baum dar: den Balsa-Baum *Ochroma lagopus*. Auf ihm steigen die Toten in den Himmel. Das zeigt seine Drehung, indem seine Krone in Crux liegt: Sie geht kurz über dem Horizont auf und fällt dann unter den Horizont, während der Stamm mit den Wurzeln hoch in den Himmel zu ragen beginnt.

In Yukatan glaubte man zur Zeit der Eroberung noch, dass die Toten unter einem riesigen Ceiba-Baum – dem heiligen 'Grünen Baum' *Yaxte'*[219] im paradiesischen Tlalocan, dem Land der Tlaloc-Regengötter –, ein glückliches Weiterleben voll aller nur erdenklichen Lustbarkeiten finden. Heute glaubt man, dass die Toten nach längerem Verweilen in der Unterwelt über diesen Baum zum höchsten (dem siebten) Himmel aufsteigen.

M 270 und TH3 301–302

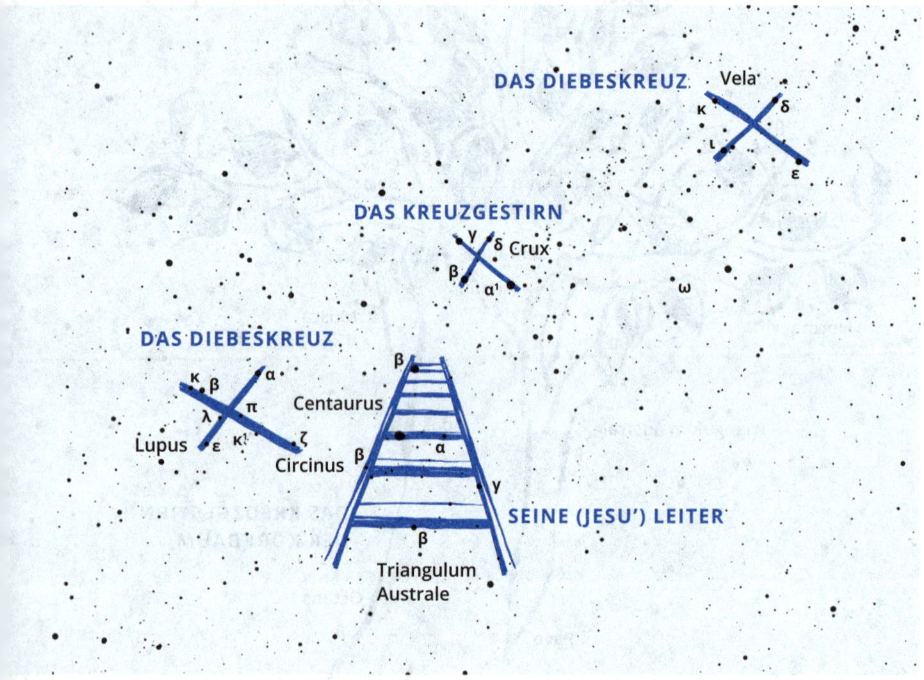

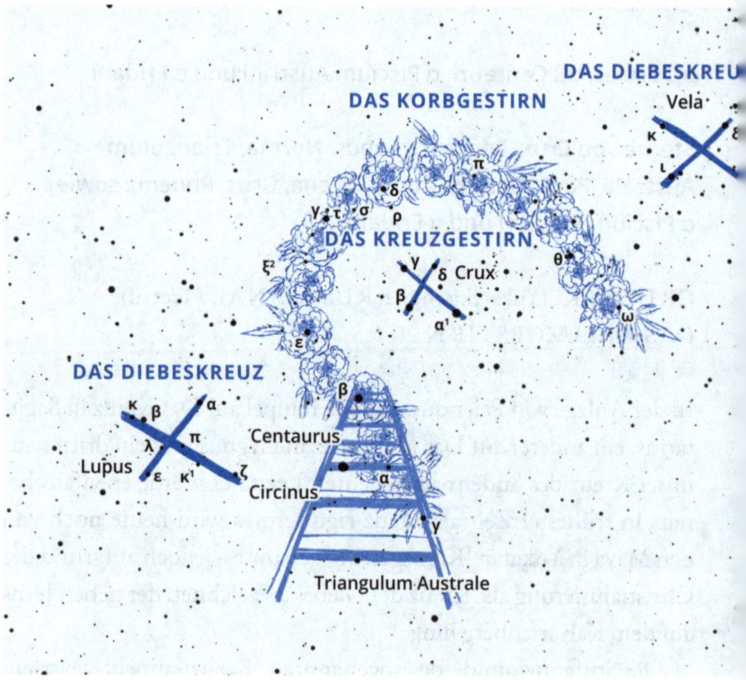

γ Trianguli Australis, α Circini, αβ Centauri

SMACHAL (Tzotzil) – SEINE (JESU') LEITER

V und L2 165

Crux

KRUS K'ANAL (Tzotzil) – DAS KREUZGESTIRN

V und L2 165

δκ Velorum und ει Carinae
und βαεκζ Lupi

KRUS J'ELEK' (Tzotzil) – DAS DIEBESKREUZ

V und L2 165

γ Trianguli Australis, α Circini, βεγδπ Centauri, ηθω Carinae

MOCH K'ANAL (Tzotzil) – DAS KORBGESTIRN

In Zinacantán führt eine Leiter zum Kreuzgestirn, neben dem rechts und links jeweils ein Diebeskreuz steht; zusammen repräsentieren sie Jesus und die Diebe auf ihren Kreuzen. Das Kreuzgestirn wurde nach dem Tod Christi in den Himmel versetzt (weshalb die Plejaden dann zu jener hochrückigen Sandale umgedeutet wurden, die er bei seinem Tod angehabt haben soll).

Um Das Kreuzgestirn windet sich jedoch das Korbgestirn: ein Blumenbogen, wie man ihn über den Altären in jenen Häusern von Zinacantán aufspannt, in denen die drei Männer wohnen, die für die Organisation der Feste zuständig sind.

Die Blumen repräsentieren die Seelen von toten Babys, die sich in diesem Kranz um Das Kreuzgestirn winden; Das Kreuzgestirn wird bei den Tzotzil deshalb auch als himmlischer Ceiba-Baum gesehen, dessen birnenförmige Früchte Brüste sind, an denen die Seelen nun saugen können.

V und L2 165

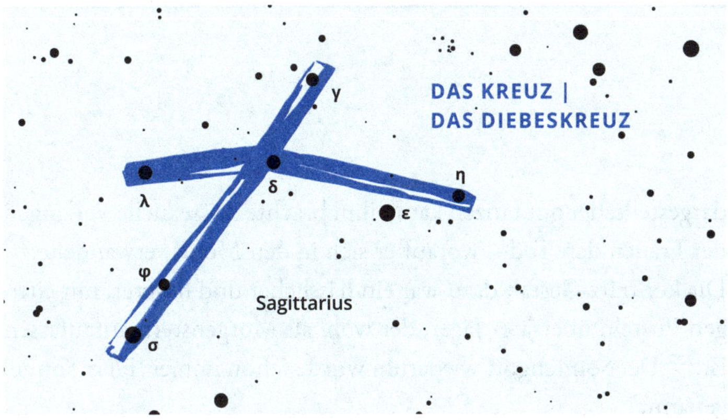

λ – η und σ – γ Sagittarii

DAS KREUZ

Diese Sterne wurden bereits in der klassischen Epoche als eins von drei astralen Kreuzen gesehen. Jenes hier wird auf Darstellungen von zwei Speeren mit skelettierten Schlangen (als Symbol der Milchstrasse) gebildet.

Die Tempelanlage von Palenque wurde auf den Sonnenaufgang bei der Wintersonnenwende ausgerichtet, der Sonnentempel darin jedoch auf Das Kreuz in Sagittarius, das bei der Thronbesteigung des Herrschers Chan Bahlum zwei Wochen später frühmorgens am Horizont aufstieg. Die kosmische Kraft dieses Kreuzes konnte somit kurz vor Sonnenaufgang das Innerste des Sonnentempels erfüllen.

M 272

RIPIB'AL ELAQ'OMAB' (K'iche') – DAS DIEBESKREUZ

Bei den K'iche' von Momostenango gibt es zwei Kreuze mit diesem Namen: unser Kreuz des Südens und eines, das sie in den Sternen von Sagittarius sehen, welches sich jedoch leicht von dem oben beschriebenen Kreuz unterscheidet. Der Name verrät die Christianisierung des Sternbilds, indem es sich auf die zwei Kreuze neben dem von Jesu bezieht.

TE 181 und M 40

Interessant an diesem Kreuz ist seine Ähnlichkeit mit dem Kreuz, das die Milchstrasse mit der Ekliptik ganz in seiner Nähe bildet. Der vertikale Balken ist ähnlich nach links geneigt wie der Winkel, den die Milchstrasse mit der Ekliptik bildet – die parallel zu seinem horizontalen Balken verläuft.[220]

α Canis Maioris

PASKWA K'ANAL (Tzotzil) – DER OSTERSTERN

So heisst der Sirius in Zinacantán.

V

αβγ Pegasi und α Andromedae

KAN (Yukatekisch) – DIE VIER

Aus den Mondstationen des *Dresdener Codex* geht möglicherweise das Sternbild *Kan* – Vier – hervor, das mit den Jahres- und Himmelsträgern verbunden ist, den Pawahtun und Bakabs, die auch die vier Himmelsrichtungen verkörpern. Auch die vier Hauptsterne unseres Pegasus geben diese Kardinalrichtungen vor, sobald sie im Zenit stehen.

T | T2 138–139

VII MOND UND SONNE

Aus den häufigen Darstellungen der Mondgöttin ist zu schliessen, dass es bei den klassischen Maya eine Tradition gab, in der sie Sonne gebar. Lokale Mythen unterscheiden aber auch zwischen einem alten männlichen Mond und der Mondfrau als seiner Enkelin. Verbreitet ist jedoch auch die in Mittelamerika und auch anderswo bezeugte Vorstellung, dass Mond und Sonne verschiedene Männer sind. Der alte Mond wurde mit dem Maisgott identifziert und als Weiberheld dargestellt, der gut tanzen kann; ihm brachte das sexuelle Verlangen der Frauen den Tod – worauf er sich in den Mond verwandelte.[221] Die konträre Gestalt dazu war ein hässlicher und hagerer, mit eitrigen Pusteln übersäter Jäger, der wohl als Morgenstern aufzufassen ist.[222] Der Sonnengott wiederum wurde schon immer 'Herr Sonne' genannt'.

DIE ENTSTEHUNG VON SONNE UND MOND

Nachdem die Söhne, die Eins Hunahpu in der Unterwelt mit der Mondgöttin Blutherrin gezeugt hat – Hunahpu und Xbalanke – erwachsen geworden sind, werden sie im *Popol Vuh* – wie einst ihr Vater – zum Ballspiel im Totenreich herausgefordert. Die beiden Zwillinge gelangen – wie ihr Vater zuvor mit seinem Bruder Sieben Hunahpu – durch die Schluchten der Milchstrasse nach Xib'alb'a. Und wie diese spielen auch sie dann mit den Herren der Unterwelt Ball, zuerst mit Totenschädeln, dann mit Gummibällen. Danach müssen sie Prüfungen im Jaguarhaus und Fledermaushaus bestehen, die sich mit den entsprechenden, gerade unter dem Horizont befindlichen Sternbildern des Tierkreises abgleichen lassen.

Dem als Personifikation des Morgensterns aufzufassenden Hunahpu wird von der Todesfledermaus der Kopf abgebissen. Sein Bruder, der Abendstern, ersetzt diesen durch einen geschnitzten Flaschenkürbis, während sich im Osten der Himmel rötet und vier dunkle Dämmerungsstrahlen zu sehen sind: als Anzeichen, dass sich Sonne in nicht mehr allzu weiter Ferne zum ersten Mal zeigen wird.

Erneut spielen sie mit den Herren der Totenwelt, wobei Hunahpus Kopf diesmal als Ball dient – den sie jedoch wieder gegen den Kürbis auszutauschen vermögen: was in diesem Kontext dem Erscheinen der Venus im Westen entspricht.

Die Herren Xib'alb'as setzten weiterhin alles daran, die Zwillinge umzubringen, die jedoch versuchen zu überleben, zuletzt durch eine Verwandlung. Ihrer Grossmutter Xmukane, die die beiden aufgezogen hat, zeigt sich dies oben auf der Erde, indem die scheinbar toten Maispflanzen nach der Trockenzeit wieder aufzukeimen beginnen.

Nachdem Fürsten der Unterwelt besiegt sind, gehen die Zwillinge zum Opferplatz des Ballspiels, wo Sieben Hunahpu, der Bruder von Eins Hunahpu, noch immer begraben liegt. Sie versuchen seinem Schädel wieder ein Gesicht zu geben, indem sie ihn die Namen seiner Teile aussprechen lassen: Doch der weiss nicht mehr, wie alles über seinem Mund heisst. Darauf müssen sie ihn und sein Herz dort zurücklassen – weshalb 'Friedhof' und 'Ballspielplatz' heute noch gleich heissen; sie haben die Herren der Unterwelt besiegt – ihn aber wieder auferstehen lassen, das können sie nicht. Worauf sie versprechen, dass sein Name für immer geehrt werden wird: *Hunahpu* heisst der erste Tag des zwanzigtägigen Kalenders, der dem Andenken der Ahnen geweiht ist. Dann sterben sie, einander anblickend mit ausgebreiteten Armen in einen glühenden Erdofen springend.

Daraufhin steigen sie dann als Sonne und Mond in die Oberwelt auf, an deren Himmel bereits erste Sternbilder wie Der Rote Siebenara stehen und zu denen nun neue hinzukommen.[223]

"'Wir sind bloss die Rächer deines Todes und des von dir erlittenen Verlustes, des Unheils und der Qualen, die man dir angetan hat', mussten sie eingestehen, nachdem sie ganz Xib'alb'a besiegt hatten.

Dann gingen sie als zentrale Lichter auf: Sie stiegen geradewegs in den Himmel. Der eine ging als Sonne auf, der andere als Mond – und indem sie nunmehr am Himmel blieben, wurde der Schoss des Himmels innen über dem Antlitz der Erde ausgeleuchtet.

Auch die 400 Jungen [Plejaden], die durch Zipacna umgekommen waren, gingen auf, um ihnen Gesellschaft zu leisten, und wurden zu einem Sternbild am Himmel."[224]

DIE ENTSTEHUNG DES MENSCHEN UND DER STERNBILDER

Es ist der Mond, der da als Erster zusammen mit den Plejaden aufgeht. Kurz davor, in der sich erst abzeichnenden ersten Dämmerung der Welt, haben Xmukane und Xpiyakok – als Die Erschafferin und Der Gestalter – beschlossen, einen vierten Anlauf zur Schöpfung von Lebewesen zu unternehmen, die sie verehren, wie es sich gehört: die Menschen.

Dazu bedienen sie sich der gelben und weissen Maiskolben eines gespaltenen Berges. Sie werden von ihnen zermahlen und in Fleisch mit gelber Haut und weissem Fett verwandelt, und Wasser in Blut. Derart entstehen die ersten vier Männer, die so gut gelungen sind, dass sie das Wesen ihrer Existenz samt der Erde um sich, deren vier Ecken und Seiten, Berge und Täler klar erkennen können. Sie erhalten darauf vier Frauen, vermehren sich, nehmen die Stammsitze der einzelnen Mayagruppen ein, erhalten in einem Hagelsturm von einer Verkörperung Juracans das Feuer, indem sie geloben, ihm als Feuergott Tojil in Zukunft Herzen zu opfern, die man "aus der Brust unter der Schulter und unter der Achsel herausschnitt: was noch nie zuvor versucht worden war".

"Sie fasteten dauernd und ihre Augen starrten auf die Dämmerung und hielten beständig Ausschau nach dem Hervorkommen von Sonne.

Sie taten nichts anderes als dort nach dem Grossen Stern zu suchen, den man *Ik'oq'ij* nennt, 'Sonnenträger'; er erscheint vor der Geburt von Sonne: Das Antlitz dieses Grünen Jungen Sterns wird stets vor dem Hervorkommen von Sonne sichtbar."[225]

Die Stammväter der K'iche' ziehen dabei weiter nach Osten, dorthin, wo Eins Hunahpu einst begann über die Milchstrasse in die Unterwelt abzusteigen, um südlich davon einen Berg namens Ort des Rates zu erreichen. Dort erhalten ihre Schutzgötter ihre jeweiligen Plätze, worauf sie weiter nach dem Morgenstern als Zeichen von Sonne Ausschau halten und Weihrauch verbrennen. So erwarten sie die erste Dämmerung, mit der das heutige Zeitalter beginnt und die zugleich den Herrschaftsanspruch einer Dynastie sanktioniert. Zuerst erscheint "der Sonnenträger: er kam glitzernd vor dem Antlitz von Sonne heraus"; allegorisch erwarten da auch die Tiere des Tierkreises an ihm dann entlangwandernd Sonne.

"Sie weinten bitterlich, als sie ihre Weihrauchgefässe schwenkten und den heiligen Kopal verbrannten, bevor sie Zeugen wurden und die Geburt von Sonne sahen.

Als Sonne hervorkam, jubelten die grossen und die kleinen Tiere. Sie kamen aus den Flüssen und den Schluchten herauf und standen auf dem Gipfel des Berges, ihre Gesichter alle dem Hervorkommen von Sonne zugewandt. Die Pumas und die Jaguare schrien zuerst auf, und als erster Vogel begann der Vorwitzige Loro, wie er genannt wird, zu singen. Die Tiere alle freuten sich überaus und der Adler und der Weisse Geier, die grossen wie die kleinen Vögel, sie breiteten ihre Flügel aus. ...

Dann wurde auch das Antlitz der Erde von Sonne getrocknet. Als sie sich zeigte, enthüllte sie sich als Mann, dessen Gesicht heiss war und deshalb die Fläche der Erde auftrocknete.

Bevor er herauskam, war das Antlitz der Erde feucht gewesen; überall war es sumpfig, bevor er hervorkam.

Und als er aufstieg, merkte man, dass er wie ein Mensch war, dessen Hitze nicht auszuhalten war.

Doch indem er sich selbst nur so bei seiner Geburt offenbarte, ist es heute nur noch der Spiegel, der von ihm bleibt. Wie es in alten Schriften heisst: 'Was man heute sieht, ist nicht mehr die wahre Sonne'. ...

Und als Sonne, Mond und die Sterne erschienen, wurden sie alle in Lava verwandelt.

Vielleicht wären wir heute gar nicht mehr am Leben, all der beissenden Tiere wegen – dem Puma und dem Jaguar, der Klapperschlange und der Grubenotter. Es wäre nicht unser Tag, wäre Sonne nicht herausgekommen und hätte die ersten Tiere versteinert."[226]

Dass die Sonne heute bloss als Spiegelung gesehen wird, geht aus der weiter unten zitierten Legende der Mopan hervor, in welcher der Sonnengott Herr K'in von seinem Haus im Osten nur bis zur Mitte des Himmels und wieder zurück steigt, wo er einen Spiegel angebracht hat, damit man meint, er schreite weiter. Diese Interpretation des Sonnenlaufs will ihn den Bewegungen des Morgensterns angleichen, der im Osten sowohl auf- wie untergeht.[227]
In unter den heutigen Maya verbreiteten Legenden holen sich die beiden Heldenzwillinge nach dem Sieg über das Monster der falschen Sonne – dem im *Popol Vuh* der Rote Siebenara entspricht – dessen strahlende Augen. Der hübschere holt sich das glühendere Auge, kriegt deshalb aber bald Durst und tauscht es bei seinem hässlicheren Bruder gegen Wasser ein.
Als die Zeit gekommen ist, befiehlt dieser den Tieren, einen Scheiterhaufen anzuzünden; er springt in die Flammen, nimmt deren Hitze mit sich und fliegt in den Osten, wo er dann erstmals als Sonne aufgeht. Sein Bruder hingegen, der gerne feiert und den Frauen nachläuft, kommt zu diesem Autodafé zu spät; er kann sich nur mehr in der Asche wälzen. Sonne zahlt es ihm heim, indem er die Tiere seinen weissgrauen Bruder nun in die falsche Richtung schicken lässt: worauf er im Westen als Mond aufgeht.[228]

Sonnenlauf

UB'E SAQ (K'iche') – STRASSE DES LICHTS
UB'E Q'IJ (K'iche') – STRASSE DES TAGES

Bei den K'iche' in Momostenango wird der Sonnenlauf als Dreieck – "drei Seiten, drei Ecken im Licht" – von Sonnenaufgangs-, Mittags- und Sonnuntergangspunkt aufgefasst; die Bahn der Himmelskörper wird analog als "drei Ecken im Dunkeln" definiert. Die jeweiligen Punkte der Sonne, inklusive der Winter- und Sommerwendepunkte sowie des Zenits, den sie heute am 1.|2. Mai und dann wieder am 11.|12. August erreicht, werden als 'Wechselorte' bezeichnet.

TE 179

Zenit von Sonne

YOTOOT XAMAN (klassischen Maya) –
DAS HAUS DES NORDENS

S1 122

Auf der Kreuztafel in Palenque ist der Schöpfungsmythos rund um die Sprösslinge des am 16. Juni 3122 v. u. Z. (wieder)geborenen Maisgottes – die Drillingsgötter GI, GII und GIII – verzeichnet. Sie verkörpern offenbar die Stationen des täglichen Sonnenlaufes, ihren Aufstieg zum Mittag, ihren Abstieg zum Abend und ihren nächtlichen Gang durch die Unterwelt. Der ältere dieser drei Brüder ist GI: ein mit dem Meer und der aufgehenden Sonne verbundener Gott, dessen Name noch nicht entziffert ist.

Aus der Tafel geht hervor, dass GI am 8. September 3113 v. u. Z.,[229] als die himmlische Kochstelle als erstes Sternbild in den Himmel gesetzt wurde, "vom Himmel herabkam". Am 5. Februar 3112 dann "ging er in den Sechs? Himmel seines Hauses des Nordens, dessen Name *Acht? Haus* ist". Er zöge somit von seinem "unterirdischen Haus" bis zum Zenit des obersten, in Haupt- und Zwischenhimmelsrichtungen geteilten Firmaments.

Präkolumbische Darstellungen zeigen, dass die vier Himmelsrichtungen in vier weitere, dazu diagonal liegende unterteilt werden, gemäss den Extrempunkten der Sonnenauf- und untergänge. Bei heutigen Mayagruppen werden die vier Himmelsrichtungen in Prozessionen abgegangen, angeführt von 'Mutter-Vater' genannten rituellen Spezialisten. Das Wort für *4* und *Himmel* ist dabei wie gesagt fast austauschbar. Die Himmelsmitte, aus der ein ritueller Spezialist allen Segen – *Itz* – aus dem Jenseits ins Diesseits zu holen vermag, ist der Zenit, der dadurch mit Bedeutung aufgeladen wird, weil ihn die Sonne in Mittelamerika nur an zwei Tagen im Jahr mittags erreicht.

S1 88, 103, 109, 116, 122–123, F|S 69–75, 51, 57, 416–421

Das Haus des Nordens greift die Vorstellung der Dene einer um die Himmelsmitte zentrierten, nach den Himmelsrichtungen eingeteilten Rundhütte auf, die jedoch insofern abgewandelt wurde, als sie nun vom Himmelspol zum Zenit verlegt wurde. Dieser erlangte in Mittelamerika dadurch Bedeutung, dass ihn die Sonne an zwei Tagen mittags erreichte, während der Himmelspol selbst nun so tief zu liegen kam, dass er oft kaum hinter den Bäumen auszumachen ist und deshalb an Wichtigkeit verlor.

In Yaxchilán wurde, wie aus der Inschrift einer Stele hervorgeht, in der klassischen Zeit zum ersten solaren Zenit eine 'Klappenstabzeremonie' abgehalten, bei der ein Priester aus Copán namens Schildjaguar gemeinsam mit seinem Sohn Vogeljaguar mit diesem Peilstab "nach oben zum Himmel gehalten tanzte".[230]

Bei den Azteken zeigt ein Bild die personifizierte Sonnenscheibe in einem flachen Becken oder einer Kochstelle, umgeben von Musikern, Fackelträgern und Aderlassern für eine mittägliche Zeremonie, bei der gefeiert wird, dass die Sonne vom Zenit herabkommt, um das Herdbecken auszufüllen. Man glaubte, dass man sie dabei in etwas einschliessen und halten könnte.[231]

Die Maya heute bestimmen die Zeit der Aussaat und die der Ernte mittels des solaren Zenits, den sie dadurch erkennen, dass ein Stab – oder der eigene Körper – an diesem Tag mittags keinen Schatten wirft. Der erste solare Zenit im Mai fällt auf den Beginn der Regenzeit, welche die Samen der ersten Aussat zum Keimen bringt. Beim zweiten solaren Zenit Ende Juli | Anfang August kann je nach Gegend entweder geerntet oder schon ein zweites Mal ausgesät werden. Die Sonnwenden werden dagegen nur als Übergangspunkte für ihren Bahnwechsel wahrgenommen.[232]

Sonne

AJAU K'IN (Yukatekisch) – HERR SONNE

Der männliche Sonnengott wird in den Codices mit *Ajau K'in* oders *K'in Ahau* – Sonnenherr – betitelt und mit langem, spitzem Schneidezahn oder den Schnurrhaaren eines Jaguars dargestellt. Da die Sonne extreme Dürren auslösen kann, ist der Sonnengott mit dem Omen 'Wildfeuer' verbunden. Seine Glyphe ist ein X, in dessen vier Ecken je eine kleine Scheibe liegt: Dies symbolisiert die vier Himmelsrichtungen sowie die vier Auf- und Untergangspunkte der Sonne zu den Sommer- und Wintersonnwenden.[233]

Die Verbindung des Sonnengottes mit dem Feuer besteht seit der präkolumbischen Zeit; so trägt er es bei den Tzeltal von den Äckern seiner Milpa zum Himmel und dort herum oder besteht sonst selber – wie die Sonne der Buschleute – aus Feuer und Licht. Der *Dresdener Codex* zeigt den Himmelhund als Begleiter des Sonnengottes, wie er mit einer Fackel kopfüber aus dem Himmel herabstürzt – damit hat er den Menschen Hitze und Feuer gebracht.[234] Er kann aber auch anderes bringen: "Der Band des Himmelshundes: Unglück für die Götter, Unglück für die Brunnen".[235]

Die präkolumbischen Codices bilden öfters auch einen gealterten Sonnengott ab. Bei den Tzotzil gilt die Mittagssonne immer noch als die erwachsene Sonne; die K'iche' sehen sie tagsüber vom Säugling zum Greis altern und geben ihr morgens, abends und mittags andere Namen, wobei die Mittagssonne den janusköpfigen Gott Kaqwitz (auch Kaqwach) verkörpert.

Bei den Tzeltal in Chiapas geht die Sonne tagsüber zu Fuss über den Himmel, bei den K'iche' hingegen ist der Sonnengott ein junger Wanderer, der noch nicht in der Luft gehen kann und deshalb von der riesigen, gefiederten Schlange Q'ukumatz auf die Mittagshöhe gebracht werden muss. Der Schlangenname symbolisiert die beiden Jahreszeiten: die Trockenzeit über das Wort für 'Schlange', *Kumatz*, die Regenzeit über den Quetzalvogel *Q'uq'*.

Bei den Tzotzil wird die Sonne duch einen Schmetterling und Blumen repräsentiert. Da angenommen wird, dass Kolibris in der Trockenzeit im Winterschlaf liegen, ist ihre Rückkehr im Frühling eine Metapher für die Rückkehr der Sonne; bereits die präkolumbischen Maya stellten die Sonne als Kolibri dar.

Dessen ungeachtet ist bei den heutigen Maya – wie schon in der präkolumbischen Zeit – die Vorstellung weit verbreitet, dass die Sonnenstrahlen Pfeile mit Feuersteinspitzen sind, nicht zuletzt da ihre Hitze zerstörerisch sein kann. Die Tzotzil beten deshalb morgens und abends zum Sonnengott. Die Maya in Yukatan meinen, dass die Sonne bei ihrem Aufgang oder mittags Krankheiten bringt, weshalb sie ihr mittags opfern; ihre Heiler fegen Krankheiten in eine Höhle, damit sie der Sonnengott abends in die Unterwelt mitnimmt.

Bei den Chol und Tzeltal geht der Sonnengott nachts in sein Haus als seinen 'Schlafplatz'. Bei den Maya von Yukatan ist dies eine Höhle, die üblicherweise mit Wasser assoziiert wird. 'Westen' wird in Yukatan durch den Begriff 'Gegessene Sonne' ausgedrückt, was möglicherweise mit dem Erdmonster und seinem klaffenden Höhlenschlund zu verbinden ist, und der Untergang der Sonne kann als Versinken in Wasser aufgefasst werden. Bei den Tzotzil sprechenden Chamula im mexikanischen Chiapas reist der wie überall christianisierte Sonnengott bei seinem Untergang in einer Kalebasse mit grosser Öffnung nachts in die Unterwelt und trocknet dabei den Ozean aus. Bei den Tzotzil selbst wandert die Sonne nachts durch eine von Zwergen bevölkerte Unterwelt, die Schlammhüte tragen, um sich vor ihrer Hitze zu schützen.[236]

M 21–24

DIE UNTERGEHENDE SONNE

Anderntags kommt die Sonne aus der "See des Morgens" hervor, die von ihr dann ebenso verdunstet wird wie "die See des Sonnenuntergangs". Jedesmal lässt sie ein leeres Becken zurück, das darauf vom 'Grossen Fluss' – dem Grijalva in Chiapas, als abwechselnd in die beiden Meere fliessenden Strom – wieder aufgefüllt wird: wodurch die Gezeiten entstehen.

Dies geht aus einer 1968 aufgezeichneten, einem alten Mann in den Mund gelegten Geschichte hervor, die damit beginnt, dass es noch keine Flüsse gab, nur ein riesiges Gewässer, das die Erde bedeckte. Darauf kommen die Erdherren, die die Höhlen, Spalten und Wasserlöcher als Zugang zur 'Inneren Erde' kontrollieren, mit der Sonne überein, Flussbetten zu schaffen.

"'Ich werde das Meer verdunsten', sagte Unser Vater Sonne im Himmel; 'wenn ich aufgehe, werde ich die Östliche See verdampfen', sagte er. 'Und wenn ich untergehe, werde ich die See der Untergehenden Sonne verdampfen', sagte Unser Heiliger Vater; 'dann wird die Erde nicht mehr von Meer bedeckt sein.'

'Es ist besser, dass wir in dieser Richtung überlegen', sagten sich die Erdherren und Unser Vater Sonne im

Himmel. ‘So wurden dort vor langer Zeit Flussbetten hinterlassen’, sagte der alte Mann; ‘deshalb gibt es die Karsttrichter der Cenoten, die ebenfalls Flussläufe sind.’
‘Deshalb ist die Erde nicht mit Wasser bedeckt’, sagte der alte Mann; ‘deshalb flutet das Meer nicht alles.’
‘Das ist deshalb, weil das Meer jeden Tag verdunstet’, sagte der alte Mann; ‘wenn Unser Vater Sonne aufgeht, verdampft er die See – und wenn Unser Vater Sonne untergeht, verdampft er sie beim Versinken. Denn es gibt eine See der Aufgehenden Sonne und eine See der Untergehenden Sonne.’
‘Doch wer weiss schon, vor wie vielen Jahren dies alles geschah’, sagte der alte Mann; ‘dies aber ist der Grund, weshalb es Flussbetten gibt: Sie verdunsten nämlich an ihrem Ziel.’
‘Unser Vater plante dies mit den Erdherren’, sagte der alte Mann; ‘obwohl die Flüsse voll werden, verdampfen sie so am Ende ihres Laufes. Und deshalb fluten auch die beiden Meere nicht, obwohl sie vollgefüllt werden’, sagte der alte Mann, ‘weil nämlich das Wasser verdunstet, wenn es die Grosse See erreicht. Deshalb also gibt es eine See, in der Unser Vater Sonne im Himmel verschwindet.’
‘Aber er ist sehr weit weg’, sagte der alte Mann; ‘niemand weiss, wo genau’. ‘Ich glaube aber, die Sonne liegt am Fuss des Himmels’, sagte der alte Mann; ‘dort geht Unser Vater Sonne unter – weshalb die See dort verdunstet. Ich denke, das kann sogar am Ende der Welt sein’, sagte der alte Mann.”[237]

Der Sonnengott wird oft in Bezug auf die Landwirtschaft angerufen, was die enge Beziehung zwischen Sonne und Mais reflektiert. Eine Geschichte aus Chamulas lässt deshalb den Sonnengott den Menschen den Mais schenken, als heisse Nahrung, die seinen Lenden entsprossen ist.

Ein Märchen der Chol erzählt wiederum, dass die Mondgöttin zwei Kinder hatte: Das jüngere wurde zur Sonne unserer Welt. Bevor er sich in sie verwandelte, war der Sonnengott ein Jäger, dessen älterer Bruder faul und eifersüchtig auf ihn war: Er lag in seiner Hängematte, während sein Bruder Vögel jagen ging. Auf der Jagd stiess der nun auf einen mit Honig gefüllten Baum. Der Streit darum mit seinem älteren Bruder veränderte schliesslich die Ordnung der Welt: Der jüngere Bruder wurde zur Sonne, führte den Maisanbau ein, und so wurde die Welt, wie sie heute ist.[238]

Die folgende Schöpfungslegende der Q'eqchi' [die möglicherweise von Einwanderern aus Yukatan stammt][239] wurde Anfang des 20. Jahrhunderts von vier Leuten in San Antonio, Honduras, erzählt.
Die Ersten Menschen darin verweisen, trotz aller Christianisierung, noch auf die Schöpfergötter Erster Vater und Erste Mutter, wobei die vier Vorwelten der Südlichen Dene wie bei den Azteken hier auf vier vormalige Sonnen reduziert wurden. Deren siebenjährige Arbeitszeiten mögen eine irrige Erinnerung an den Abgleich von 8 Sonnenjahren mit 5 Jahresumläufen der Venus widerspiegeln.
Die drei Brüder lassen sich zu den Drillingsgöttern GI, GII und GIII in Bezug setzen; Xkitza wiederum, die alte Frau mit den scharfen, am Fluss gewachsenen Klauen, hat viel mit der ehemaligen Mond-, Heil- und Hebammen-, Wahrsager- und Regengöttin Chak Chéel gemein, die im *Dresdener Codex 74* abgebildet ist; und es sind auch Tierkreiszeichen zu erkennen, wenngleich sie in ihren Fässern andere Tiere beinhalten als die ‘Häuser’ des Tierkreises der alten Maya.

DIE LEGENDE VON SONNE UND MOND, VENUS UND MARS UND DEN STERNBILDERN DES TIERKREISES

“Der Sohn der Ersten Menschen, Adam und Eva, wurde in den Himmel versetzt und ihm die Krone der Sonne aufs Haupt gedrückt. Aber sie war zu heiss, weshalb sich der Junge nach sieben Jahren[240] weigerte, die Hitze noch länger zu ertragen; er löste darum eine Flut aus, um sich abkühlen und ins Wasser springen zu können. Als er wieder erfrischt war, nahm er seine Pflichten auf wie zuvor.
Später kam ein Bote zu den Ersten Menschen, Adam und Eva, und sprach zu ihnen und der alte Grossvater Adam sagte: ‘Viele Leute sind ertrunken, weil mein Sohn müde geworden ist, die Sonnenkrone zu tragen. In sieben Jahren wird er sich erneut abkühlen wollen – und dann gibt es eine weitere Flut und noch mehr Menschen werden ertrinken. Es gibt hier auf der Erde drei Kinder, deren Vater und Mutter gestorben sind, sie leben mit ihrer Grossmuter, die Xkitza heisst. Vielleicht will einer von denen den Platz meines Sohnes einnehmen und die Arbeit auf sich nehmen, die Krone der Sonne zu tragen.’

Also redete der Bote mit dem zweitältesten dieser drei Brüder. Der willigte ein, die Sonne zu werden, worauf ihn der Bote fragte, wie lange er das tun wolle. Der Junge antwortete: 'Ich weiss nicht; vielleicht für immer.'
Der Bote schickte ihn auf eine Reise über den Himmel, um zu sehen, ob er das mochte. Als der Junge abends zurückkam, fragte ihn der Bote, wie es ihm gefallen habe. 'Mir gefällt es überhaupt nicht', erwiderte der Junge. 'Nicht wegen der Hitze; die spür ich gar nicht. Aber es ist die Erde. Sie ist so langweilig und flach. Da gibt's keine Hügel oder Täler – und auch keine Meere und Flüsse. Da ist bloss eine öde einförmige Ebene. Aber wenn die Erde interessanter wäre, dann würde ich für immer die Sonne machen.'
Der Bote berichtete, was der Junge gesagt hatte, und die Welt wurde für kurze Zeit dunkel und Hügel und Täler formten sich, Meere bildeten sich und Flüsse flossen durch das Land. Dann wurde der Junge erneut als Sonne losgeschickt, um über den Himmel zu reisen und zu sehen, ob ihm die Erde, die sich nun verwandelt hatte, auch gefiel. Am Abend kam der Junge wieder zurück und rief: 'Jetzt ist die Welt schön und ich werde für immer die Sonne sein! Ich werde nie alt werden, sondern immer stark bleiben und meine Arbeit tun.'
Doch der Bote sagte, dass seine Zeit noch nicht gekommen war und zunächst noch die Erste Sonne die Arbeit weitermachen würde.
Der Junge war Herr K'in, 'Sonne', der zweitälteste Bruder. Der älteste war Herr *Xulab*, 'Stern' [eigentlich 'Teufel'],[241] der auch *Nojoch Ich*, 'Grosses Auge', genannt und später zur Venus wurde. Und der jüngste Bruder, der T'uup, wurde zu einem der anderen Planeten, dem Mars.
Die drei Brüder gingen stets mit ihren Blasrohren in den Wald, um Vögel zu jagen. Nachts kehrten sie heim und gaben die erlegten Vögel ihrer Grossmutter Xkitza zum Braten. Die alte Frau aber schickte sie schlafen, während sie die Vögel briet. Sie gab ihnen nichts von dem Fleisch, sondern behielt es für ihren Liebhaber, ein riesiges Ungeheur, manche sagen ein Tapir, der sie jede Nacht besuchte. Sobald die Jungen schliefen, nahm sie Fett, schmierte es auf deren Lippen und warf die Knochen der Vögel, die sie erlegt hatten, unter ihre Hängematten. Wachten die Jungen morgens auf und riefen nach Fleisch, sagte sie zu ihnen: 'Aber ihr habt doch alles Fleisch gestern Abend gegessen! Schaut unter eure Hängematten, da liegen noch die Knochen, und schaut, ihr habt vom Abnagen auch noch Fett auf euren Lippen und Wangen.' Und die Jungen glaubten es ihr."

Ein Vogel jedoch, ein Nageschnäbler wie der Quetzal, verrät ihnen die Wahrheit. Der "ziemlich dumme Herr Xulab" weiss nicht, was dagegen zu unternehmen wäre, Herr K'in schon: nämlich das Monster töten. Sie heben eine Fallgrube aus, in die sie spitze Pfähle stecken, und bitten die Elster, sie zu warnen. Die Figur des Ungeheuers hier geht auf das krokodilartige Monster Zipacna zurück, einen Sohn Des Roten Siebenaras in Ursa Maior, der sich als Erschaffer der Berge ausgab; im *Popol Vuh* wollten es die 400 Jungen in einem Loch fangen, wurden dabei jedoch getötet und dann als Plejaden an den Himmel versetzt.

"Bei Sonnenuntergang hörten sie die Erde zittern; es war der Lärm des Monsters, dass aus dem Hügel kam, in dem es lebte. Die Elster zwitscherte den Jungen zur Warnung. Sie kamen gelaufen und fanden das Ungeheuer, den Liebhaber ihrer Grossmutter, wie es in die Grube gefallen und von den spitzen, *Tonchi'ib* ['Stein des Schmerzes'][242] genannten Pfählen durchbohrt worden war. Die Jungen schnitten den Penis des Tieres ab, rösteten ihn und brachten ihn am nächsten Tag ihrer Grossmutter. Als sie heimkamen, riefen sie der alten Frau zu, dass sie Vögel geschossen, aber auch einen feinen Fisch gefangen hatten, und gaben ihr den gerösteten Penis. Die alte Frau ass ihn. 'Schmeckt er gut?', fragten die Jungen. 'Ja, sehr gut', erwiderte Xkitza."

Nachdem die alte Frau verstanden hat, was passiert ist, geht sie zum Fluss, wo sie sich die Fingernägel und Fingerknochen wachsen lässt. Die Jungen aber merken, dass ihnen Gefahr droht, und stecken Holzschemel und Kalebassen unter die Decken ihrer Hängematten, um die Grossmutter dabei zu überraschen, wie sie ihre Klauen in die vermeintlichen Köpfe schlägt. Die Verwandlung des jüngsten Bruders in einen rotbraunen, in den Baumkronen herumhüpfenden Affen bereitet seine Identifikation mit dem Mars und dessen retrograden Bewegungen vor; der Planet ist in Zentralamerika stets nur als Abendstern in der Nähe des

Horizonts – und damit in Höhe der Baumlinie – zu sehen. Eine menschliche Figur mit Affenkopf gilt bereits in den präkolumbischen Codices als *K'u(h),* der Name für einen Gott an sich,[243] der bei den heutigen Maya mit der Milpa und den Erdgöttern assoziiert wird.[244]

"Herr K'in und Herr Xulab entschieden sich darauf, ihren jüngsten Bruder loszuwerden, weil sie beschlossen hatten, die Grossmutter umzubringen, er jedoch dagegen war. Sie zogen wieder mit ihren Blasrohren aus und schossen einen Vogel, der, wiewohl tot, auf einem Ast ganz oben in dem hohen Baum stecken blieb. Sie liessen ihren jüngsten Bruder hinaufklettern, um den Vogel zu holen, nachdem sie ihm eine Decke um die Hüfte gebunden hatten, die hinten lose herabhing. Als der Bub fast schon den obersten Ast des Baumes erreicht hatte, rief Herr K'in ihm zu: 'Jetzt mach, was ich dir sage. Schrei 'Wak wak wak wak wak'; und Herr K'in ahmte das Geplapper der Klammeraffen nach.
Der Junge tat's. Herr K'in schickte den Jungen noch höher hinauf, einen Klammeraffen imitierend.
Und da begann der Junge zu schnattern wie einer und sich von Baum zu Baum schwingen. Die Decke um seinen Bauch verwandelte sich in das zottelige Fell des Affen und die lose herabhängende Ecke in seinen Schwanz. 'Nun musst du für immer da oben bleiben', rief Herr K'in ihm zu.
Davor hatte es keine Affen in der Welt gegeben. Von dem jungen, in einen Affen verwandelten Jungen aber stammen alle Affen ab, die man heute im Wald sieht."

Die Taten der beiden anderern Brüder gemahnen an jene der Heldenzwillinge im *Popol Vuh*. Sie kehren nun zu Xkitza zurück und veranstalten mit ihr ein tödliches Frage- und Antwortspiel.

"Was sind drei Hügel mit etwas Flachem darüber? Die Antwort war drei Herdsteine samt dem Comal, der Grillplatte [als Figuration der Sterne Der Ersten-Drei-Steine-(Herd-)Stelle im Oriongürtel]." Was jedoch in die Luft schiesst und dann wieder herabfällt, weiss die alte Frau nicht – nämlich Herr K'ins Pfeil, der sie tötet. Die Buben begraben Xkitza, haben dann aber niemanden mehr, der für sie kocht. Also muss Herr Xulab als ältester der Brüder sich gegen seinen Willen eine Frau nehmen. Und so wird eine Heirat arrangiert "mit der Tochter eines alten Mannes in der Nachbarschaft".
"Das Mädchen kam, um mit Herrn Xulab zu leben, aber sie sah nie sein Gesicht, weil er den ganzen Tag fort war, um sich um seine Tiere zu kümmern, und erst nachts nach Hause kam. Denn Herrn Xulab gehörten alle Tiere der Welt, die er in Gehegen hielt – das Pekari, der Spiesshirsch, die Antilope, das Paka, der Truthahn, der Tuberkelhokko, kurz gesagt alle Tiere und Vögel der Welt. Das tat er, damit jeder wegen dem Fleisch zu ihm kommen musste. Er legte auch eine Milpa an, um Mais für seine Tiere zu haben. Jede Pflanze in seiner Milpa hatte einen Ertrag von einem Kornkolben pro Blatt, und zwei Kolben pro Tag genügten, um seine Tiere mit Mais zu füttern.
Da Herr Xulab jedoch dauernd fort war, wurde seine Frau unzufrieden. Eines Tages, als die Brüder fort waren, kam ein Mann ins Haus und begann Süssholz zu raspeln. Das Mädchen aber beachtete ihn nicht, obwohl er ein Zauberer war. Er kam ein zweites Mal und wurde wieder zurückgewiesen. Beim dritten Mal sagte er zu dem Mädchen: 'Warum willst du mit mir nichts zu tun haben? Ich bin ein schöner Mann, während dein Gatte, Herr Xulab, so hässlich ist, wie man nur sein kann. Sein Gesicht ist ganz mit einem vollen Bart bedeckt. Wenn du mir nicht glaubst, schau ihn dir heute Nacht an. Leg sieben Späne Pechkiefer neben das Feuer und wenn er hereinkommt, zünd sie an und halt sie hoch, damit du sein Gesicht sehen kannst. Dann wirst du merken, dass ich die Wahrheit gesagt habe.'"
Sie tut dies und sieht, dass er – wie sein Bruder, Herr Sonne, – einen Bart hat wie sonst nur die mächtigen, gefürchteten und arroganten spanischen Eroberer und so hässlich ist wie der aztekische Quetzalcoatl. Darauf "beginnt sie zu lachen, dass Herr Xulab aufsprang und alle Tiere aus ihren Gehegen ausbrachen". Ein paar kann er kurz einfangen, doch entkommen sie ihm wieder, indem sie ihre Schwänze zurücklassen.
"Herr Xulab war sehr zornig. 'Ich geh fort', schrie er. 'Ich will nie mehr etwas mit Frauen zu tun haben.' Dann rief er die Mam, die man auch 'Witz-Hok' nennt und die Erdgötter sind, die Herren über die Hügel und Täler, und sagte ihnen, dass sie für ihn nun auf seine Tiere und Pflanzen aufpassen müssten.

'Die Menschen werden nicht mehr über zahme Tiere verfügen, aber wenn sie meinen Gesetzen gehorchen, werde ich ihnen Fleisch und Mais samt Bohnen und Kürbissen in ihren Milpas geben. Mein Gesetz ist folgendes: Wenn die Männer auf die Jagd gehen wollen, müssen sie die ganze Nacht Wache halten und in den Stunden vor der Dämmerung mir als Weihrauch Kopal darbringen und mich um ein paar meiner Tiere bitten. Sie müssen das tun, wenn ich noch zu Hause bin, bevor ich hoch über den Horizont steige. Wenn sie dann dort angelangt sind, wo sie jagen oder ihre Milpa anbauen wollen, müssen sie wieder Kopal räuchern und beten, diesmal aber an die Mam. Denn die Mam machen jetzt die Arbeit für mich und sie werden die Tiere aus den Gehegen und in den Wald laufen lassen, wo sie leicht gejagt werden können. Die aber, die sich nicht an dieses Gesetz halten, werden kein Wild erbeuten, bloss ein paar herumstreunende Tiere, die nicht in meinem Gehege leben wollen, und die Ernten ihrer Milpas werden nicht der Rede wert und die Fische, die sie fangen, klein sein.'
Da Herr Xulabs Hände noch voller Blut von den Tierschwänzen waren, die abbrachen, als er sie packte, wischte er seine Finger erst auf einer Pflanze namens *Xchayuk* ab, danach an einer namens *Xchay* (Baumspinat, *Cnidoscolus aconitifolia*) und zuletzt an einem alten Baum. So wurden diese zwei Pflanzen essbar und es wuchsen *Xikinche'*, essbare Pilze, auf den Baumstämmen. Das tat Herr Xulab, damit die Menschen mehr zu essen hatten, als Ersatz für die zahmen Tiere, die es nicht mehr gab. Dann ging Herr Xulab fort, aber die Zeit war noch nicht für ihn gekommen, der Morgenstern zu werden.
Herr K'in ging ebenfalls fort und reiste weit. Als er zu einem Gebirge kam, warf er sein Blasrohr dagegen und kroch durch das Rohr. So kam er schliesslich zum Haus seiner Mutter. Die war bei seiner Geburt unverheiratet gewesen und hatte ihn, weil sie den Zorn ihres Vaters fürchtete, in der Nähe eines Flusses in einem Korb ausgesetzt, wo ihn Xkitza fand, jene alte Frau, die er dann umgebracht hatte.
Er trat ins Haus und bat um Essen und Unterkunft, die seine Mutter ihm anbot. Sie zeigte auf ihre Hängematte und meinte, er soll sich darin ausruhen, bis das Essen fertig ist aber er setzte sich in die Hängematte eines anderen Sohnes seiner Mutter. Nachdem er gegessen hatte, machte er sich zur Weiterreise bereit, doch seine Mutter bat ihn zu bleiben und mit ihr zu leben, weil sie keinen Ehemann hatte. Das brachte Herrn K'in auf. 'Schamlose Frau', schrie er; 'du willst mit mir schlafen. Weisst du denn nicht, dass du meine Mutter bist?'
Als seine Mutter begriff, wer er war, bat sie ihn um Verzeihung und bettelte ihn an, in der Hütte zu bleiben; sie versprach ihm, eine gute Frau für ihn zu finden. Herr K'in aber weigerte sich und zog weiter.
Nach einer Weile kam er zu einem Haus, in dem ein alter Mann namens Xt'aktani [der vormalige Mond] lebte. Seine Enkelin lebte bei ihm, ein hübsches Mädchen, die ebenfalls Xt'aktani gerufen wurde und eine sehr gute Baumwollspinnerin und -weberin war. Herr K'in entschied sich, das Mädchen zur Frau zu nehmen, beschloss aber, keinen gewerbsmässigen Kuppler für seine Werbung anzustellen, sondern das Mädchen selber für sich zu gewinnen.
Am ersten Tag dort in der Nachbarschaft zog er auf die Jagd und schoss eine Antilope. Auf dem Rückweg ging er am Haus des Mädchens vorbei, damit sie ihn sah. Da das Wild selten war, entschied Herr K'in sich, dem Mädchen vorzumachen, dass er ein guter Jäger sei. Dafür stopfte er das Antilopenfell mit Asche und trockenem Gras und Blättern voll, trug es jeden Abend in den Wald, wo er es zurückliess und dann heimkehrte. Frühmorgens kam er jedes Mal mit leeren Händen auf dem Weg zur Jagd beim Haus des Mädchens vorbei, um nicht lange danach mit dem ausgestopften Tier auf der Schulter zurückzukehren. Das Mädchen war beeindruckt.
'Schau, Grossvater', rief sie. 'Der Mann da erbeutet jeden Tag ein Wild. Der muss ein toller Jäger sein. Den möchte ich zum Mann haben!'. 'Hmm', sagte der alte Xt'aktani. 'Vielleicht macht er dir nur was vor.' 'Nein', sagte das Mädchen. 'Es kann nur er sein, der diese Tiere erlegt. Schau dir doch das Blut an ihm an.' 'Hmm', murmelte der alte Mann. 'Schütt das nächste Mal, wenn er vorbeikommt, etwas Wasser auf den Weg, dann schauen wir, was passiert'.
Das Mädchen glaubte ihm nicht, aber das nächste Mal, als Herr K'in von der Jagd zurückkam, schüttetete sie das Kalkwasser über den Weg, in dem sie den Mais eingeweicht hatte.
Herr K'in rutschte aus und fiel hin. Das Antilopenfell barst und die ganze Asche samt dem Gras und den Blättern quoll heraus und lag da am Boden vor dem Haus. Da brach das Mädchen in Lachen aus und Herr K'in rannte vor Scham und Schande davon."

Der zukünftige Sonnengott jedoch gibt nicht auf. Er verwandelt sich in einen Kolibri, der an den Blüten der Tabakpflanzen saugt, die aus der Asche und den Blättern entsprossen sind, und die nackte Xt'aktani nimmt ihn mit "in ihr Schlafzimmer, welches das innerste von dreizehn Zimmern" [der jährlichen Monate und Mondstationen] war. Nachts wacht sie auf, um ihn als Mann neben sich im Bett zu finden.
Jetzt bleibt ihnen nichts anderes übrig, als mit dem Kanu zu fliehen. Um zu verhindern, dass der Vater sie entdeckt, beschmiert Herr K'in dessen magischen Stein, einen runden Kiesel aus Felskristall oder Jade, mit Russ und dessen Blasrohr mit Chilipulver.
Wütend schickt der alte Xt'aktani seinen Sohn zu seinem Onkel Chaak, dem Regengott, damit der die beiden mit einem Blitz tötet. Darauf zieht Xt'aktanis Bruder los, ganz in Schwarz gekleidet, Trommel und Axt in Händen.

"Herr K'in sah Chaak von weitem. 'Jetzt hat dein Grossvater Chaak geschickt, um uns zu töten', rief er. 'In diesem Kanu sind wir ihm schutzlos ausgeliefert.'
Also verwandelte er sich in eine Schildkröte und das Mädchen in eine Krabbe. Sie schwammen so schnell sie konnten zum Grund des Gewässers. Doch die Krabbe schwimmt langsam, und als der Donnerschlag kam, war Herr K'in schon tief unter den Wellen, das Mädchen aber noch nicht, weshalb der Blitz sie tötete.
Als die Gefahr vorüber war, schwamm Herr K'in wieder zur Oberfläche empor und sah, dass das Wasser von Xt'aktanis Blut ganz rot war. Er war völlig bestürzt. Er rief ein paar kleine Fische, die im Wasser (*Suktan*) schwammen, und bat sie, die Überreste des Mädchens einzufangen. Sie kamen, doch statt sie einzusammeln, begannen sie, am Fleisch zu fressen und das Blut zu trinken. Da bat Herr K'in die Libellen um Hilfe.
Sie kamen dem nach und trugen die Überreste in dreizehn Huhul, hohlen Baumtrommeln, zusammen.
'In dreizehn Tagen werde ich wegen ihnen zurückkommen', sagte er zu einer alten Frau.
Am Ende des dreizehnten Tages kam er zu den Huhul zurück. 'Du musst sie mitnehmen', rief die alte Frau. 'Ich kann nicht mehr schlafen, seit daraus diese Laute dringen, ein Summen und Brummen und Zischeln. Sie bleiben mir keine Nacht mehr hier.'
Da öffnete Herr K'in die Fässer. Im ersten waren nur Schlangen – Lanzenottern, Klapperschlangen, Korallenschlangen –, jede Art von giftiger Schlange, weshalb er sofort wieder den Deckel draufgab. Dann linste er in die anderen Fässer. Das zweite war, wie das dritte, voll von Schlangen, die aber nicht giftig waren. Das vierte Fass war voller Mosquitos, das fünfte voller Sandmücken, das sechste voller grosser grüner Hornissen; im siebten waren nur gelbe Wespen, im achten kleine schwarze Wespen, im neunten schwarze Wespen mit weissen Flügeln, im zehnten borstige weisse Hundertfüsser, deren Härchen total jucken. Im elften und zwölften wiederum waren verschiedene Arten von Fliegen, im dreizehnten aber hockte seine Liebe, Xt'aktani.
Er schickte einen Mann, um die anderen zwölf Huhul ins Meer zu werfen. Auf dem Weg aber machten ihn all die daraus dringenden Geräusche neugierig und er öffnete sie, eins ums andere. Heraus krochen die Schlangen und Hundertfüsser und all die Insekten, die nun in die weite Welt flogen. Vorher hatte es diese Pest nicht gegeben.
Als Xt'aktani wieder ins Leben zurückkam, hatte sie keine Vagina. Herr K'in wusste nicht, was tun; also fragte er die alte Frau, bei der er die dreizehn Holzröhren gelassen hatte. Auf ihren Rat hin hiess er das Mädchen sich in einer Talenge zwischen zwei Hügeln niederlegen. Dann rief er ein kleines Reh (*Yuuk*) und bat es, über das ausgestreckte Mädchen zu laufen. Das kleine Reh tat es, aber der Abdruck seines Hufes zwischen ihren Schenkeln war sehr schmal. Darauf rief Herr K'in den grossen Hirsch (*Kéej*) zu Hilfe. Der Abdruck seines grösseren Hufes war zufriedenstellend. Herr K'in konnte sich nun mit dem Mädchen vereinen. Es erschien ihm wundervoll. Er fürchtete aber, die Menschen würden sich mit diesem neuen Vergnügen ins Unglück stürzen; deshalb rief er die Ratte (*Ch'o'*) und bat sie, auf die Vagina des Mädchens zu pissen. Seitdem folgt auf sexuelle Lust Ekel.
Herr K'in und die Frau gingen fort und bauten ein neues Haus und sein Bruder, Herr Xulab, kam, um mit ihnen zu leben. Nach einer Weile Hatte Herr K'in jedoch den Verdacht, dass ihn seine Frau betrog, und zwar mit seinem Bruder, Herrn Xulab, er war eifersüchtig und wütend und wollte dem Paar unbedingt eine Lektion erteilen."

Er schwindelt ihnen eine so scharfe und ungeniessbare Tamala unter, dass sie speien müssen und seine Frau schliesslich auf dem Rücken eines Geiers jenseits des Flusses flüchtet. Um sie zurückzuholen, geht er sie suchen.
"Als Herr K'in in die Stadt der Geier kam, ging er in das Haus des Häuptlings, wo er seine Frau sah. Er befahl ihr, mit ihm fortzugehen, aber sie weigerte sich. Da ging Herr K'in und bereitete alles für einen grossen Tanz vor dem Haus des Häuptlings vor. Wenn alles bereit war, würde man Tänze wie den Cortez und den Moros aufführen. Herr K'in hatte gehofft, dass Xt'aktani herauskommen würde, um den Tänzen zuzusehen, und er sie dann packen könnte, aber sie blieb im Haus."

Mittels magischer Praktiken verhilft er dem obersten Geier darauf zu Zahnweh, das er dann nur im Tausch gegen seine Frau kuriert. Der rächt sich, indem er die Hütte, in der Herr K'in und Xt'aktani darauf die Nacht verbringen, in Brand setzt. Vom Rauch verhüllt steigen beide da in den Himmel auf, um zu Sonne und Mond zu werden. Es sind dies Motive, die es auch bei den Südlichen Dene und ihren Erzählungen vom Himmelsvolk gibt, das aus feindseligen Raubvögeln besteht. Als Abendstern gilt bei den heutigen Maya nicht nur die Venus, sondern auch andere Planeten, je nachdem, wie prominent sie am Himmel stehen.

"Jetzt war die Zeit für Herrn K'in gekommen, sich seinen Pflichten als Sonne zu widmen und die Krone auf seinem Kopf zu tragen. Zusammen mit seinem älteren und seinem jüngeren Bruder stieg er in den Himmel. Sein älterer Bruder wurde der Morgenstern, sein jüngerer der Abendstern und seine Frau Xt'aktani der Mond. Herr K'in stellte einen Spiegel in die Mitte des Himmels und ab da zog er jeden Morgen los von seinem Haus im Osten und wanderte, bis er zu dieser Mitte kam. Dann kehrte er um nach Hause; doch der Spiegel reflektierte das Licht, sodass es schien, als wäre er weitergewandert. Sobald er daheim war, machte sich Xt'aktani als Mond auf dieselbe Weise auf, um über den Himmel zu wandern. Und so wurde es nie dunkel, denn die Nacht war so hell wie der Tag. Eines Nachts, als sie von ihrer Reise zurückkehrte, wirkte sie traurig. Herr K'in fragte sie, was sie betrübte.
'Ich habe auf meiner Wanderung über den Himmel herab auf die Erde schauen müssen', erwiderte sie, 'und gesehen, dass die Menschen auf der Welt nicht glücklich sind. Sie arbeiten Tag und Nacht und können nicht schlafen, weil die Nächste so hell wie die Tage sind.'
Herr K'in überlegte eine Weile und wandte sich dann zu ihr: 'Was du sagst, ist wahr. Die Menschen brauchen Schlaf. Dein Licht ist zu hell. Ich werde dir ein Auge ausreissen, dann leuchtest du nicht mehr so hell.'
Worauf er ihr eins ihrer Augen ausriss.
'Jetzt geh und schau, ob die Menschen auf der Welt zufriedener sind', rief er. Und das tat Herrin U. Mit ihrem einen Auge, das nur ein sanftes Licht abstrahlte, schaute sie herab auf die Welt und sah die Menschen dort zufrieden in ihren Häusern schlafen. Sie kehrte zu ihrem Gatten zurück und berichtete ihm, dass nun alles gut war. Seit der Zeit können die Menschen sich von ihrer Arbeit ausruhen und nachts schlafen.
Damals hatte die Menschheit noch keinen Mais oder sonst eine Pflanze zum Anbauen."
Deshalb greifen nun die Erdgötter ein und spalten mit Blitzen einen Felsen, unter dem Maiskörner verborgen sind, um sie von den Menschen aussähen zu lassen. Die entdecken dann einen Grossen Sapote-Baum, auf dessen Ästen alle Arten von Früchten und Gemüsen wie Kürbisse, Bohnen, Süsskartoffeln wachsen, welche sie darauf in ihren Milpas anbauen.

TH2 129–140 und 59–66

Bei den heutigen Maya gilt der Sonnengott als Kulturheros, fleissig und streng, der mehr gefürchtet als angebetet wird, weil man Angst hat, er könnte dann noch heisser strahlen und alles verdorren. Auch gibt es zur Verehrung kaum Anlass, da es, trotz der Regenzeiten, stetst genug Sonne gibt. Anders ist es mit den Eklipsen: Da wird eine Sonnenfinsternis gefürchtet, mehr noch als eine Mondfinsternis.[245]

Bei den Azteken in Zentralmexiko wurde zur der Zeit der spanischen Conquista die Passage der Sonne über den Zenit als ihr Abstieg auf die Erde gefeiert, wobei man versuchte, die personifizierte Sonnenscheibe in einem Becken oder Herd festzuhalten und einzuschliessen, während Musiker spielten und Leute Feuer umhertrugen.[246]

Eklipsen

PA'AL K'IIN (Yukatekisch) – DIE GEBROCHENE SONNE
KOLOP UWICH K'IIN | ÁAK'AB (Yukatekisch) – DER SCHNAPPER DES TAGES- | NACHT-AUGES
KOLOP UWICH ÁAK'AB (Yukatekisch) – DER VERWUNDER DES NACHTAUGES

BB 273 und 328 und 303–304, 842, R XIX

In den präkolumbischen Codices wird der Sonnengott oft mit einer Augenbinde dargestellt als Zeichen der Verletzung der Sonnenscheibe. Man schrieb eine Sonnenfinsternis, wie dies auch die Azteken taten, in den Eklipse-Almanachen dem Kampf zwischen Mond(göttin) und Sonne(ngott) zu – was suggeriert, dass sich die Maya bewusst waren, dass sie durch die Positionen der beiden Himmelskörper bedingt wurde.

Die dazugehörigen Monatstabellen erlaubten die Vorhersage aller möglichen 'Verdeckungen' der beiden Himmelskörper, ob sichtbar oder nicht. Eine Warnung konnte sich damit als unzutreffend herausstellen, eine Mond- oder die noch ominösere Sonnenfinsternis jedoch nicht übersehen werden. Sie alle verhiessen, wie aus den Codices hervorgeht, "Unheil für das Leben", "Unheil für die Erde" und "Unheil für den Samen". Ausdrücke wie 'Ende der Tage' und 'Ende der Jahre' sind mit der Vorstellung abzugleichen, dass dabei jedesmal die Sonne stirbt – und Rituale der Erneuerung dazu gedacht sind, über die Mächte der Finsternis zu triumphieren.[247]

Die Glyphe für eine Finsternis flankiert das Sonnen- oder Mondzeichen mit einem schwarzen und einem weissen Flügel, die deren Dunkelheit und das sonst von dem jeweiligen Himmelskörper abstrahlende Licht symbolisieren.[248]

Betitelt wird der die Finsternis bedingende Gott dann als "Schnapper des Tages- oder Nachtauges". Die Mondgöttin wird beispielsweise mit geschlossenen Augen abgebildet und ihre Glyphe zeigt Blut, das aus dem Lid tropft. Wie aus den Wörterbüchern hervorgeht, stand dieser "Schnapper" und "Verwunder" noch über dem Sonnengott an der Spitze des Pantheons. Er war "*Junab K'uj*: Der eine lebende und wahre Gott, der Grösste der Götter des Volkes von Yukatan, von dem es kein Bild gibt, weil es, wie es heisst, keine Vorstellung von seiner Gestalt gibt, da er unkörperlich ist". Das *Wiener Wörterbuch* wiederum bezeichnet ihn als "wichtigstes Idol, das die Indianer dieses Landes hatten, von dem alles ausging, wie sie sagen, und der unkörperlich ist, weshalb sie sich kein Bild von ihm machen".

BB 708, 305, 798, 813, 311, M 26, R XVII, XIX und 145

Wie aus den Finsternistafeln des *Dresdener Codex* mehrfach herauszulesen ist, bringt eine Eklipse "Unglück für die Herren des Südens, Feuer [Krankheit] für die Menschen. Unglück für das Land und die Brunnen." Dargestellt wird sie darin als vor Sonne und Mond geschobene Vorhänge oder als Schlange mit aufgerissenem Rachen, die die Sonne verschlingen will: "Es stürzt vom Himmel herab der Stern, es sterben die Herren."[249]

TUPA'AN UWICH K'IIN (Yukatekisch) – DIE AUSGELÖSCHTE ODER BLINDE SONNE

Bei den Maya in Yukatan hat sich diese Vorstellung erhalten. Sie bezeichnen eine Sonnenfinsternis als *Tupa'an*, 'ausgelöschte Flamme', welche die Sonne 'blind' macht. Dies geht auch bei den heutigen Maya mit der Vorstellung einher, dass Sonne und Mond miteinander kämpfen (nur bei den Tojolabal heisst es, dass sie bei einer Finsternis miteinander schlafen), und einer der beiden Himmelskörper dann krank ist oder stirbt.

M 25–26

Weit verbreitet sind Legenden, welche die Auslöschung der Sonne durch den Kampf der Heldenzwillinge mit einem Ungeheuer erklären – einem riesigen Adler, Falken, dem Siebenara, aber auch einer geflügelten Riesenschlange –, das sich als Sonne über den Himmel zieht oder deren Strahlen mit seinen Fittichen verbirgt: worauf es von den Heldenzwillingen besiegt wird.[250]

CHI'BAL K'IIN | CHI'BAL UJ (Yukatekisch) – DIE GEBISSENE SONNE | DER GEBISSENE MOND

BB 273 und 328 und 303–304, 842

In Bildern der präkolumbischen Codices wird die Sonne gezeigt, wie sie von Vögeln, Schlangen und anderen Tieren des Tierkreises gebissen wird. Die Darstellung einer Sonnenfinsternis im Monat Yaxk'in zeigt eine sich ringelnde Schlange – die Plejaden samt Perseus? –, wie sie den Sonnengott so weit verschlungen hat, dass nur noch sein Kopf und eine Hand aus ihrem Rachen herausschauen: Damit sie ihn wieder ausspuckt, wird ihr ein königliches Geschenk dargebracht.[251]

Von solchen astronomischen Bezügen haben sich im Volksglauben noch rudimentäre Vorstellungen erhalten. So erzählt ein spanischer Bericht von 1639: "Kommt es zu einer Mondfinsternis, halten sie immer noch am Glauben ihrer Vorväter fest, dass man dann die Hunde zum Jaulen und Winseln bringen muss, indem man entweder ihren Leib oder ihre Ohren kneift, oder aber sie schlagen auf Bretter, Bänke und Türen. Sie sagen, dass der Mond stirbt oder dass er von einer Ameise namens *Xulab* gebissen wird."

Xulab ist in vielen Volksmärchen der Name für den 'Stern' der Venus, lässt sich aber auch mit 'schneiden' übersetzen: was zur Blattschneiderameise und dem halbmondförmigen Biss führt, mit dem sie an Blättern knabbert. Man findet die rote Blattschneiderameise *Atta barbata* an feuchten Plätzen; ihre Heere befallen ganze Häuser und töten Bienen, weshalb man eine Mondfinsternis auch ihrem giftigen Stich zuschrieb.

Berichte aus dem 20. Jahrhundert erwähnen neben Ameisen auch himmlische, manchmal feurige Jaguare, die Sonne oder Mond bei einer Finsternis beissen, packen, verschlingen. Die Maya machen dann soviel Krach wie möglich und schlagen auf Töpfe, Pfannen und Trommeln, feuern Gewehre ab, lassen die Glocken läuten oder entzünden grosse Feuer, um das Raubtier abzuschrecken. Liesse man sie einfach gewähren, so die Angst, kehrten die Himmelskörper nicht an ihren alten Platz zurück und die Welt ginge unter. Dementsprechend schrieb man die Masernepidemie vom Mai 1918 dem Mangel an diesen Abschreckungen zu.

Die heutigen Maya von Quintana Roo schreiben schwarze Muttermale einer Sonnen-, rote Muttermale einer Mondfinsternis zu. Man lässt schwangere Frauen während einer Eklipse nicht aus dem Haus, damit ihre Kinder keinen "Sonnen-" oder "Mondbiss" kriegen. Dass dies auf alten Glauben zurückgeht, darauf verweist die Illustration eines Eklipsen-Almanachs, die eine schwangere Frau mit einem prominenten schwarzen Muttermal zeigt.

Zugleich gibt es den Glauben, dass dann grosse Raubvögel herabstossen und einem die Augen auspecken, was auf die reale Gefahr der Blindheit bei der Betrachtung einer Sonnenfinsternis zurückgeht. In der präkolumbischen Zeit beobachtete man sie deshalb in spiegelnden Steinen, Steinbecken oder Schüsseln voller Wasser – woher der Brauch der Tzotzil zu rühren scheint, bei einer Mondfinsternis eine Schüssel voll Wasser vors Haus zu stellen, damit die Mondgöttin ihr Gesicht wieder sauberwaschen kann.

Anderswo bezeichnen Maya noch heute die Sonne bei einer Finsternis als "gebissen, gefressen oder blind gemacht" von den Mächten der Unterwelt.

BB 365–366, R 141, TE 184, M 25–26, A 118

UYAB'IL IK' (K'iche') – DIE MONDKRANKHEIT
UKAMIK IK' (K'iche') – DER MONDTOD
Q'EQUM IK' (K'iche') – DER VERDUNKELTE MOND

Bei den Maya des Hochlandes werden Frauen und Kinder bei einer Mondfinsternis angehalten, sie nur in der Spiegelung einer Wasserpfütze zu betrachten. Geht eine schwangere Frau nachts bei einer Mondfinsternis baden, wird sie ein totgeborenes, stummes, taubes, lahmes oder sonstwie behindertes Kind oder einen Albino gebären.

TE 184

Mond

UJ (Yukatekisch) | U(H) (Ch'olanische Sprachen)
IK' (K'iche')
PO (Q'eqchi')

In den Lexika steht das Wort auch für 'Halsband, Halskette', was auf den Halbmond verweist (die beiden Glyphen für den Mond stellen im Wesentlichen Sicheln dar), sowie für 'Glasperlen', was auf den Vollmond verweist. Eine Glyphe wird als geschlossenes Auge erklärt, von dem Blut tropft: was auf die oben zitierte Legende zurückgehen mag, nach der die Sonne der Mondgöttin ein Auge herausgerissen hat, damit sie nicht mehr so hell leuchtet und die Menschen schlafen können.

L1 238 und TH2 138

IX(IK) U – DIE MONDFRAU

Im *Dresdener Codex* wird der Mond als "(weisse) Mondfrau" bezeichnet, die ein Sternbild als "Last auf ihrem Buckel trägt" oder zu "dessen Frau" oder "Verkünder" oder "Zeichen" (wörtlich für Omen: 'Wachtel') wird. Gemeint damit sind die jeweiligen Mondstationen, die der Trabant im Laufe des Jahres erreicht.

T | T2

Die Mondgöttin repräsentiert das Ideal der jungen schönen Frau mit langen schwarzen Haaren, die aber Krankheiten bringen und Geburten gefährden kann. Übermittelt werden ihre als 'Feuer' bezeichneten Krankheiten von Vögeln wie der Eule, dem Quetzalvogel, dem Ara-Papagei, dem Halsbandgeier, dem wilden Truthahn oder dem Yaxun-Vogel. Ihre Gegenpielerin ist dann die alte Göttin des Wassers und der Heilkunst, Chak Chéel.[252]

Eine Sage, die nicht dem kanonischen Mythenkomplex der Maya entstammt und von mehreren Monden in vormaligen Welten ausgeht, wird in Yukatan erzählt. Da die Unterteilung des Sonnenjahres in zwölf Einheiten ein rein europäisches Konzept ist und sich nicht an den Perioden mit den traditionellen Kalenderzählweisen abgleichen lässt, haben wir es hier wohl mit einem Märchen relativ modernen Ursprungs zu tun:

VON DEN MONDMÄDCHEN UND DEM SONNENGOTT

"Zu der Zeit, als die ersten Menschen auf der Welt lebten und langsam überall zu siedeln begannen, hatte der Sonnengott zwölf Schwestern als Frauen. Sie lebten alle mit ihm im Himmel; bei Tage leuchteten sie, die Nächte aber waren damals ganz finster und ohne jedes Licht. Hin und wieder besuchte der Sonnengott die Menschen, um sich von ihnen Fleisch zum Essen zu holen, und bei der Gelegenheit fragte er sie: 'Wie geht es euch? Gibt es etwas, womit ich euch helfen kann?' 'Ja', sagten sie, 'das gibt es. Wir haben es immer sehr schwer in der Nacht, weil wir gar nichts sehen können. Gib uns doch ein Licht für die Nacht!'
Der Sonnengott versprach es. Und nachdem er in den Himmel zurückgekehrt war, sagte er zu seinen Frauen: 'Hört!', sagte er, 'die Menschen haben sich beklagt, dass sie während der Nacht nichts sehen. Ich habe nun beschlossen, dass immer sechs von euch bei mir bleiben sollen und mit mir wachsein und mit mir schlafen.

Und die sechs anderen sollen am Tage schlafen und in der Nacht über die Himmelswiese gehen. Und in einigen Jahren werden wir wechseln, und dann sollen die Mädchen, die bei mir gewesen sind, in der Nacht auf der Himmelswiese gehen, und die anderen sollen mit mir leben.'
Wie der Sonnengott es befohlen hatte, so geschah es. Und die Menschen freuten sich, weil die sechs Mondmädchen in der Nacht ein gutes Licht gaben, so dass man auch während der Nacht auf die Jagd gehen oder fischen konnte.
Es verging einige Zeit. Aber man muss wissen, dass die Mondmädchen sehr heissblütig waren, und die Zeit, da sie nicht mit dem Sonnengott schlafen konnten, machte sie noch hitziger. Und sie konnten den Zeitpunkt nicht mehr erwarten, da sie den Dienst mit ihren sechs Schwestern wechseln sollten. Endlich aber war es soweit, und der Sonnengott sagte zu jenen Mädchen, die bei ihm waren: 'Geht zu euren Schwestern und löst sie in ihrem Dienst ab.'
Als nun aber die sechs Mondmädchen, die in der Nacht geleuchtet hatten, zum Sonnengott kamen, da wollte jede von ihnen zuerst auf sein Lager. Sie rissen und prügelten sich bis aufs Blut, und da der Sonnengott mitten unter ihnen war, wurde er auch gekratzt und geschlagen, bis es blutete. Das Blut aber tropfte auf die Erde herunter, und wo es niederfällt, da bildete sich auf einmal Gold, wenn es Blut vom Sonnengott ist, und Silber, wenn es Blut von einem Mondmädchen ist.
Der Sonnengott aber wurde sehr zornig, als er sah, wie es da zuging und wie sich die Mondmädchen um ihn rauften. Und er sagte: 'Von jetzt an werden wir es anders machen, damit ihr nicht mehr so hitzig werdet und übereinander herfallt. Es soll nur mehr eine in der Nacht leuchten und auch das nur mehr zwanzig Nächte hindurch. Die anderen aber sollen bei mir bleiben.' Und so geschah es.
Wenn nun das Mondmädchen, das seinen Dienst auf der Himmelswiese antritt, kommt, dann ist es so erschöpft, dass es ganz schmal ist und kaum leuchten kann. Aber nach einigen Tagen erholt es sich und wird ganz rund und prall wie eine schöne Frau. Es dauert aber nicht lange, da wird die Sehnsucht nach dem Sonnengott bei ihr so gross, dass sie wieder schmäler wird. Und endlich sehnt sie sich so nach ihrem Mann, dass sie vom Himmel verschwindet, wenn sie auch eigentlich in der Nacht noch ihren Dienst tun und leuchten sollte. Und da die Schwestern einander gern haben, verraten sie die nicht, die früher heimkommt, denn eine jede zählt darauf, dass die anderen auch sie nicht verraten werden, wenn sie Dienst hat."[253]

Bei den heutigen Maya ist – wie auch in Bezug auf die Sonne – der Glaube verbreitet, dass der Mond altert, der Neumond 'unsere Mutter', der abnehmende Mond 'unsere Grossmutter' ist. Auch bei den präkolumbischen Maya wurde der Mond schon als junge und als alte Frau dargestellt.

Bei zunehmendem Mond gelten Tiere, Pflanzen und Menschen als fragil, weshalb man vom Schlachten, Ernten, Fällen und Geschlechtsverkehr absieht, die erst der abnehmende Mond unter ein gutes Vorzeichen setzt.

Krankheiten werden ebenfalls mit dem Mond korreliert – der Vollmond verursacht Epilepsie, der zunehmende Mond kann heilen, aber auch Krebs und Tumore wachsen lassen, der abnehmende Mond Wunden kurieren –, weshalb die Mondgöttin als Heilerin gilt. Dazu werden Naturzyklen eng mit dem Mond assoziiert, indem ein roter, geschwärzter oder voller Mond Wasser bringt oder die Regenzeit bedingt: Steht seine Sichel bei der Trockenzeit aufrecht, kann sein Wasser nicht heraus, liegt er hingegen auf der Seite, rinnt es aus. Dies wird auch auf die Mondgöttin projiziert, die bei Regen Wasser aus einem Gefäss über ihren Körper giesst.

Sonne und Mond werden heute öfters als Paar von Mann und Frau oder Mutter und Tochter gesehen, wobei die Mondgöttin älter ist und ihre Hochzeit in der Zeit stattfindet, bevor es die heutige Sonne gab. Obwohl die Mondgöttin öfters Seitensprünge mit männlichen Planeten hat, wird ihre monatliche Vereinigung mit der Sonne meist als Hochzeit visualisiert.

Zudem ist die Mondgöttin Schutzherrin der Fruchtbarkeit, Schwangerschaft, Geburt und Weiblichkeit, doch kann bei den K'iche' der Vollmond männlich werden. Anderswo wird er auch als Jaguar oder weiblicher Brüllaffe gesehen.

Die Mondgöttin ist – gleich der Frau des Sonnengottes – zugleich die Erfinderin und Schutzherrin der Webkunst, die astronomische Muster inspiriert; der dreizehnte Monat wird oft durch die Figur der Grossmutter und eine Spindel repräsentiert.

M 27–34

XKIK' (K'iche') – DIE BLUTFRAU

Im *Popol Vuh* ist Blutfrau die Tochter von 'Blutsammler', des vierthöchsten Herrn der Unterwelt, der am Kopf der Festtafel sitzt, wo die anderen Herren von Xib'alb'a das in Kampf oder Krankheit vergossene Blut der Menschen auftischen. Als Mondgöttin verkörpert sie dort wohl nur den aufgehenden Mond, während der abnehmende Mond ihre Schwiegermutter Xmukane und der Vollmond ihr Sohn Xbalanke sein können.

T 338 und TE 184

PO (Q'eqchi') – DER FROSCHMOND

In manchen Hochlandsprachen werden Mond, Frosch und Kröte *Po* genannt.[254] Frösche und Kröten signalisieren durch ihr Quaken den Regen, der dem Glauben nach vom Mond gebracht wird; sie symbolisieren durch ihr Laichen in Gewässern auch die Mondgöttin als Schutzherrin der Geburt.

M 119

NAAJ TI' UJ (Yukatekisch) – DAS MONDHAUS

Uj bedeutet sowohl 'Mond' wie 'Mondmonat'. Der Himmelskörper selbst wurde als 'Haus' der Mondgöttin gesehen. Diese wird in den präkolumbischen Codices auf ihrem Thron am Himmelsband dargestellt, ein Mondzeichen aus ihrer Achsel wachsend, als ob sie daraus hervorginge.

BB 328, 304 und 191–192

Neumond

YA'AX UJ (Yukatekisch) – DER GRÜNE MOND
PAAL UJ (Yukatekisch) – DER KINDERMOND
TS'A'AY KAAN UJ (Yukatekisch) –
DER SCHLANGENZAHN- | SEIFENKRAUTMOND
CHICHA'AN UJ (Yukatekisch) – DER SCHLAFFE MOND
NEJ UJ (Yukatekisch) – DER SCHWANZMOND

Das erste Erscheinen des Mondes – "Der Neumond des einen Tages" – wurde in den kolonialen Lexika wörtlich mit "Der Mond fegt den Himmel | seinen Platz sauber" glossiert und er selbst "grüner | erstgeborener | neuer Mond" genannt bzw. "Kinder- | Scherbenmond". Andere Namen für ihn sind *Ts'a'ay Kaan Uj*, was sowohl 'Schlangengiftzahnmond' als auch 'Seifenkrautmond' bedeutet, *Chicha'an Uj*, 'schlaffer | genügender | kantenzeigender | winziger | ausgewaschenerMond', und *Nej Uj*, Schwanzmond'.

L1 238

zunehmender Mond

U NUUCHAL UJ (Yukatekisch) –
DAS MÄSTEN DES MONDES

L1 238

Schlachten, Ernten, Holzfällen und Geschlechtsverkehr werden bei den Maya des Hochlandes in der ersten Zeit des zunehmenden Mondes vermieden, da dann Tiere, Pflanzen, Bäume und Menschen für unreif und verletzlich erachtet werden. Einzige Ausnahmen sind das jährliche Einsetzen getrockeneter Maiskörner und schwarzer Bohnen. Wenn das zu bepflanzende Feld neu ist, fällen die Männer die Bäume, brennen das Unterholz nieder und brechen die Erde um, wenn die Plejaden im Februar kurz nach Sonnenuntergang kulminieren. Bei bereits bestellten Feldern wird bloss die Erde mit den Halmen des letzten Jahres umgebrochen. Der genaue Zeitpunkt der Aussaat hängt von der Meereshöhe und der Bodenfruchtbarkeit ab und wird mittels der Astronomie, des Kalenders und der Migration der Falken bestimmt.[255]

Vollmond

NUK UJ (Yukatekisch) – DER FETTE MOND
YI'IJ UJ (Yukatekisch) – DER ALTE MOND
YIH UJ – DER REIFE MOND
NUM KA'AN UJ (Yukatekisch) –
DER VOLLHIMMELMOND
ÓOXLAJUN KA'AN UJ (Yukatekisch) –
DER DREIZEHNTER HIMMEL MOND

Yi'ij Uj bedeutet in den Wörterbüchern sowohl 'alter Mond' wie 'Maisähren-Mond'. Die Bezeichnung 'Vollhimmelmond' wird glossiert mit "die ganze Nacht währender Vollmond", weil erst der Vollmond den gesamten Nachthimmel durchquert. Dreizehnter Himmel Mond verweist auf die Vorstellung, dass es mehrere Himmel gibt: Die Plejaden etwa befinden sich auf dem fünften Himmel, der Mond auf dem höchsten – vermutlich deshalb, weil er im Osten als Neumond auf-, im Westen als Altmond untergeht und der Vollmond in Zeit wie Raum dazwischen steht.

L1 238

Bei Vollmond gezeugte Babys werden entweder Zwillinge oder Transsexuelle, insbesondere, wenn es in dieser Nacht zu einer Mondfinsternis kam. Anfangs wechseln sie ihr Geschlecht alle drei, vier Tage, später zudem ihre Kleider und ihr Verhalten alle drei, vier Jahre.[256]

abnehmender Mond

MUKUL UJ (Yukatekisch) –
DER VERBORGENE MOND
KAMIB'AL IK' (K'iche') –
DER STERBEORT DES MONDES

Laut Wörterbüchern ist der "verborgene | vergrabene Mond" jener, "der im Abnehmen fast nicht mehr erscheint, der Mond, der geht, der Mond, der zu seinem Cenote geht", seinem Wasserloch im Karst.

Bei den Maya des Hochlandes heute heisst der Ort, den der Mond erreicht, wenn er am Ende seines Zyklus' morgens immer später und weiter im Osten aufgeht, 'Der Sterbeort des Mondes'.

L 1238 und TE 185

unsichtbarer Mond

JELEP UJ (Yukatekisch) – DER WECHSELMOND

Befindet der Mond sich zwischen Erde und Sonne, wird er unsichtbar. Das drücken die Wörterbücher aus mit "der Mond ist in der Erde", "Mond (und Erde) umschliessen sich", "Mond und Erde vereinigen und vermischen sich" oder "der Himmel erlaubt dem Mond sich zu entziehen". In dieser Phase wird er 'Wechselmond' genannt.

L1 238

Mondgesicht

Bereits die präkolumbischen Maya und die Azteken sahen ein Kaninchen im Mond, das in Mittelamerika schnell darin zu sehen ist. Ihres silbrigen Fells, ihrer Fruchtbarkeit und ihres Hoppelns wegen – das sich mit dem Nacht für Nacht jeweils um 13° verschobenene Aufgangspunkt des Mondes vergleichen lässt – gelten Kaninchen als Kind der Mondgöttin; die Kunst der Maya zeigt, wie sie eines gebiert. Die messerförmigen Ohren auf den Glyphen können in der klassischen Zeit metaphorisch auch auf den sichelförmigen zunehmenden Mond verweisen.

Bei den Zapotec gibt die Sonne dem Mond das Kaninchen im Tausch gegen ein helleres Auge.

Verbreitet ist auch die Vorstellung einer Frauengestalt im Mond.

TH1 30, TH2 64, M 120 und 32

DIE ENTSTEHUNG DES MONDGESICHTES

"Die Tzeltal von Bachajon erzählen von zwei Brüdern, die bei einer alten Frau, der 'Grossmutter', leben. Der ältere, *Yax K'ahk'al* – Grüne oder Erste Sonne –, brachte jeden Tag seinen Bruder Jüngster Der Familie um. Er zerhackte ihn darauf, doch die Wespen und Bienen sammelten die Stücke wieder zusammen und belebten den Jungen wieder [in einer Legende der Mopan wird der weibliche junge Mond von einem Blitz des Regengottes Chaak zerstückelt und von Libellen wieder zusammengefügt].

Jüngster Der Familie sah der alten Frau einmal dabei zu, wie sie Baumwolle spann. Er griff sich eine Handvoll Baumwollsamen, die sich neben ihr angehäuft hatten [wohl, weil sie die Baumwolle kardierte], ging in den Wald und warf sie in einen Baum hoch, wo sie sich in einen Bienenstock verwandelten. Daher rührt all unser Honig; doch ein bisschen tropfte zu Boden – und daher rühren die Stöcke, die manche Bienen am Boden bauen.

Jüngster Der Familie überredete seinen älteren Bruder, in die Baumkrone zu klettern, um den Honig zu holen. Grüne Sonne verschlang ihn gierig und als ihn sein jüngerer Bruder bat, ein wenig davon hinunterzuwerfen, warf er dreimal hintereinander nur Wachs herab. Jüngster Der Familie formte das Wachs und steckte oben drauf Splitter von Palmholz, die er angespitzt hatte. Das Wachs verwandelte sich in Maulwürfe, die spitzen Splitter in ihre Zähne – die alten Leute sagen, dass der Maulwurf deshalb keine Knochen hat.

Dann begann der jüngere Bruder, den Baum umzuhauen. Der ältere Bruder befahl ihm, damit aufzuhören. Der jüngere Bruder zeigte ihm seine kleine Machete und fragte ihn, wie er mit so einer kleinen Klinge den Baum denn umhauen könne. Der Baum fiel, aber nur, weil die Maulwürfe seine Wurzeln durchgenagt hatten. Grüne Sonne wurde dabei in Stücke zerschmettert. Aus seinen grösseren Stücken wurden die grossen Tiere wie die Spiesshirsche, das Pekari und der Tepescuintli-Hund, aus den kleineren die Vögel. Aus seinem zu Stein gestockten Blut [*Stonch'ich'el*] wurde [in einem Wortspiel] der *Xtonch'ich'*-Vogel.

Als der ältere Bruder nicht mehr nach Hause zurückkehrte, warf die Grossmutter Jüngstem Der Familie vor, ihn umgebracht zu haben, aber der leugnete es. Er meinte, sie solle Mais schälen, um die Tiere zu füttern, die zur Hütte kamen, und die packen, die sie als Haustiere behalten wolle. Die Tiere und Vögel, die gerne Mais essen, waren die, die kamen. Sie fing sie bei ihrem Schwanz. Der Junge sagte ihr, dass, wenn sie sie auslache, sie fliehen und ihre Schwänze zurücklassen würden. Grossmutter konnte trotzdem nicht an sich halten und so rannten die Haustiere ohne ihre Schwänze davon: Deshalb haben die Spiesshirsche, Kaninchen und Pekari keine richtigen Schwänze.

Den Einzigen, den sie wieder einfing, war das Kaninchen. Unsere himmlische Mutter, der Mond, hält es immer noch. Man sieht es heute in der Mitte des Mondes."[257]

VIII DIE PLANETEN

Planeten

CHACHAK EEK' (Yukatekisch) – ROTE, ROTE ODER GROSSE, GROSSE STERNE
LÁAKAM EEK' (Yukatekisch) – BANNERSTERN oder PURZELBAUMENDER STERN
AJ P'IIS ÁAK'AB (Yukatekisch) – DER DIE NACHT MISST

Der Bezug auf den Purzelbaum in den Wörterbüchern gibt die retrograde Bewegung des Mars wieder. 'Der die Nacht misst' wird glossiert mit "Leuchtkörper, der am Anfang der Nacht aufsteigt und sie die ganze Nacht durchläuft, sodass er sie auszumessen scheint" – was Venus und Merkur aussschliesst.

L1 234–235

Generell gilt für die Planeten, dass ihre Bewegungen als kriegerisch aufgefasst wurden und sie deshalb mit Speeren und Pfeilen vor aufgespiessten Gefangenen dargestellt wurden. Bei den heutigen Maya werden die Bewegungen der Planeten und der Sonne vor allem unter dem Blickwinkel brüderlicher Rivalitäten gesehen.[258]

Bei den Ch'orti' gelten die Planeten als 'Wächter über die Menschen': "Es hiess einmal, dass diese Sterne absichtlich als Wächter über die Menschen zurückgelassen wurden, damit sie sich keinen einzigen Augenblick auf der Erde verlassen fühlten. Und so kommt einer nach dem anderen. Und hinter ihm wieder der nächste. Denn es heisst, dass sie Mitläufer der Sonne sind, Gefährten der Sonne, zurückgelassen von Gott, unserem Vater."[259]

Venus

NOJ EEK' (Yukatekisch) – GROSSER STERN
AH AJSAKAB (EEK') (Yukatekisch) – DER (STERN DER) DIE ERDE WECKT
HÓZAN EEK' (Yukatekisch) – DER ERSCHÖPFTE STERN

In den Wörterbüchern wird Grosser Stern für Venus glossiert mit "Leuchtkörper der Nacht". Als "Leuchtkörper des Morgens" gilt Der Stern Der Die Erde weckt, während Der Erschöpfte Stern den Abendstern bezeichnet: So heisst bei Diego de Landa allerdings auch der schwarze Bakab des Westens, einer der vier Brüder, welche die vier Ecken des Himmels oben halten.

L1 235

Der Planet gehört zu den bedeutendsten Himmelskörpern der Maya. Seine 260 Tage langen Perioden als Morgen- und Abendstern bestimmten die Kalenderzählung des Tzotzil. Als Stern des Morgens war er – wohl aus angriffstaktischen Gründen – eng mit Kriegen verbunden, die hauptsächlich in der Trockenzeit geführt wurden und nur dann, wenn er auch sichtbar war.

Zusammen mit den Plejaden und der Kreischeule in Gemini mass man nachts die Zeit mit ihm. Spezielles Augenmerk richtete man dabei auf seine Konjunktion mit der Klapperschlangenrassel der Plejaden, als deren Feuer er galt: In der späten klassischen und in der nachklassischen Zeit fiel diese in die drei Monate zwischen dem Frühlingsäquinoktium am 21. März und der Sommersonnenwende am 21. Juni. Damit wurde diese Konjunktion zur Ankündigung der Regenzeit, während die Konjunktion von Venus und Skorpiongestirn ein halbes Jahr später die Trockenzeit ankündigte.[260]

XUUX EEK' (Yukatekisch) – DER WESPENSTERN

Die Maya glaubten, dass der Morgenstern Venus nach seinem Aufenthalt bei den Toten der Unterwelt in der Lage war, den Lebenden Schaden zuzufügen und sie mit seinen Strahlen zu verletzten; die Wespe symbolisierte dies durch ihre schmerzenden Stiche. Im *Dresdener Codex* 46–50 wird das von der Venus in dieser Gestalt ausgeübte Unheil bildlich dargestellt.

MI 86

EQO Q'IJ (K'iche') – DER SONNENTRÄGER

Die K'iche' von Momostenango bezeichnen den Morgenstern, da er vor der Sonne aufgeht, als 'Sonnenträger' und seine Bahn als 'Sonnenträgerstrasse'.

TE 180

JUN AJAU (Yukatekisch) – EINSHERR HUNAHPU

Venus ist jeweils durchschnittlich 263 Tage als Morgen- oder als Abendstern sichtbar. Die genaue Beobachtung dieses Phänomens über einige Jahrzehnte hinweg führte zu dem 260 Tage umfassenden Tzolk'in-Kalender, mit dem die Maya die Tage der jeweils ersten Sichtbarkeit vorhersagen konnten. Mehrere Schrifttabellen – die diversen erhaltenen *Codices* – wurden erstellt, um daran gebundene Warnungen und Ereignisse festzuhalten. Die gesamte Periode der Venus umfasst zwischen 579,6 und 588,1 Tagen, was die Maya zu 584 mittelten, um damit 5 Umlaufjahre der Venus ($5 \times 584 = 8 \times 365$) mit 8 Sonnenjahren abgleichen zu können.

Der Kalendertag des erstmaligen Erscheinens der Venus als Morgenstern – 1 Ajau – war zugleich der Name eines der gut 20 männlichen Götter, die als Verkörperung des Planeten auftreten konnten: Jun Ajau. Die Verknüpfung von Datum und Morgenstern war so eng, dass man in der kolonialen Zeit Luzifer in jenen biblischen

Passagen, wo er als Morgenstern auftritt, mit 'Jun Ajau' übersetzte. Diesen Kalendertag gibt auch der Name von einem der beiden Heldenzwillinge des *Popol Vuh* wieder: Hunahpu.

BB 215 und 238 und 248

XOLOTL
TZUL AJAU (Yukatekisch) – DER HUNDEHERR

Als Manifestation der während ihrer achttägigen Unsichtbarkeit in der Unterwelt weilenden Venus galt *Tzul Ajau*, 'Hund Herr', wie die Maya den aztekischen Gott Xolotl nannten, den Zwillingsbruder Quetzalcoatls, der sowohl hundsköpfig wie skelettiert dargestellt wird.

BB 797 und 306

Tauchte der Planet als Morgenstern danach wieder auf, verstand man ihn als "vom Nadir gefüttert", worauf er zum Speerwerfer wurde, der "Unheil über die Menschen und die Erde bringt".

Die präkolumbischen Codices geben exakte Daten für das erstmalige Erscheinen des Morgensterns – die westliche Elongation der Venus nach ihrem Transit vor der Sonne – an, da dies als gefährliche Zeit angesehen wurde. Da nockt der Planet seine übelwollenden Strahlen gleich Pfeilen auf seiner Speerschleuder ein, um damit je nach Tag unterschiedliche Opfer zu beschiessen: weshalb vor ihm gewarnt werden musste.[261]

Zu den unterschiedlichen Erscheinungsformen des Planeten zählten die Maya auch aztekische Götter wie den Feuergott *Xiuh-Tecuthli* – Gras-Herr – oder das Herz des aztekischen Schöpfergottes Quetzalcoatl, das *Tlahuizcalpan-Tecuthli* – Morgenstern-Herr – genannt wurde. Die Maya liessen den Herrschertitel weg, verkürzten die Bezeichnung für Morgenstern auf *Tauizcal* und stellten ihn, wie die anderen Verkörperungen der Venus auch, als Speerwerfer dar.

Die Gefährlichkeit aller nur namentlich unterschiedlichen Verkörperungen des Morgensterns wird durch 1570 in Mexiko City verfasste Annalen der aztekischen Geschichte deutlich. Darin erscheint Quetzalcoatl – der mit Federn des Quetzalvogels bedeckte, klapperschlangenleibige Gott, den die Maya *Q'uq'ulkan* nannten – als Morgenstern, um je nach (sprechendem) Tag des 260-Tage-Kalenders sein Unwesen zu treiben.
"Die alten Leute sagen, dass Quetzalcoatl sich in den Stern verwandelt hat, der in der Morgendämmerung erscheint. Sie sagen, dass dieser aufstieg, nachdem Quetzalcoatl starb, weshalb sie ihn 'Herren der Morgendämmerung' nennen.
Sie sagen, dass er starb, nachdem er vier Tage lang verschwunden war. Sie sagen, dass er dann ins Totenland gegangen ist [und sich selber verstümmelt hat]. Und dass er dann vier weitere Tage damit verbrachte, sich Pfeile anzufertigen. Somit dauerte es acht Tage, bis der Morgenstern hervorkam, von dem sie sagen, es wäre Quetzalcoatl. Es war da, dass er zum Herrscher wurde.
Und so wissen sie bei seinem Aufstieg, an welchem Tag-Zeichen er seine Strahlen auf gewisse Leute lenkt, um seinem Zorn auf sie Luft zu machen, indem er sie mit Pfeilen beschiesst.
Wenn er an 1 Alligator aufsteigt, beschiesst er alte Männer und Frauen gleicherweise.
An 1 Jaguar oder 1 Reh oder 1 Blume beschiesst er kleine Kinder.
An 1 Regen beschiesst er den Regen; dann fällt kein Regen mehr.
An 1 Bewegung beschiesst er Jungen und Mädchen.
An 1 Wasser gibt es dann eine Dürre usw.
So wird jedes dieser Tag-Zeichen von den alten Männern und den alten Frauen früherer Zeiten verehrt."[262]

TAUIZCAL

Tauizcal wird, wie andere Personifikationen des Morgensterns, auch als jene des Abendsterns aufgefasst, dann aber anders dargestellt: nämlich mit Totenschädel, eine Feuersteinklinge in der Nasenöffnung steckend, manchmal noch einen Kranz von ausgerissenen Augen um den Kopf, einen Strick mit einem zum Opfer bestimmten Gott in der Hand, dem er zumeist das Haupt abschlägt. Das erstmalige Erscheinen des Planeten als Abendstern wurde damit als noch unheilbringender aufgefasst und mit Krieg und Tempelbrand verbunden.

BB 224–229

An den saisonalen Extremen des Planeten wurde der Abendstern jedoch mit Regen, Mais und agrarischer Fruchtbarkeit verbunden. Die Sonne erreicht ihre Extreme am Sommer- und Wintersonnwendpunkt. Da die Umlaufebene der Venus schräg zu der der Erde liegt, kann sie noch weiter ausserhalb der beiden Solstitien aufgehen – und zwar jeweils ein Stück weiter nördlich oder südlich. Diese nördlichen und südlichen Extreme des Abendsterns fielen an den Anfang und das Ende der Regenzeit, weshalb ihnen besondere Bedeutung zukam. Der Gouverneurspalast in Uxmal ist deswegen architektonisch auf ein Venusextrem ausgerichtet, wobei eine Inschrift über dem Eingangstor das Dreieck der Sternbilder des Tierkreises abbildet, die diese Nacht markierten: Der Bullenhai in Sagittarius aufgehend, gegenüber die untergehende Kreischeule in Gemini, Der Frosch im Zenit.[263]

SANTO XUULAB (Yukatekisch) – HEILIGER STERN
NOJ(OCH) ICH (Yukatekisch) – GROSSES AUGE

Bei den Q'eqchi' in Honduras wird der Morgenstern als 'Sankt Stern' (*Xulab* = Stern) oder als Grosses Auge (*Ich* = Auge, Gesicht) bezeichnet, was aztekischen Darstellungen entspricht, die einen Stern als Auge darstellten. Der Morgenstern gilt dort als Schutzherr der Jagd, des Fischens und des Ackerbaus, alles Tätigkeiten, die frühmorgens beginnen, teils weil Wild und Fische da aktiv werden, teils weil es später für die Arbeit zu heiss wird. Als Morgenstern wird allerdings nicht mehr nur die Venus bezeichnet, sondern auch andere Planeten, weil das alte astronomische Wissen verlorengegangen ist.

TH 2 63–64

UCH (Toztzil) – DAS OPOSSUM
VIXIL (Tzotzil) –
ÄLTERE SCHWESTER (DER SONNE)
MOL K'ANAL (Tzotzil) –
GROSSER oder ALTER STERN
MUK'TA CHON (Tzotzil) – GROSSE SCHLANGE

Das älteste Wörterbuch der Tzotzil gibt als Bezeichnung des Morgensterns – parallel zum *Popol Vuh* der K'iche' – "Süd-Opossum" an. Anderswo bei den Tzotzil wird der Planet 'grosser oder alter Stern' und 'ältere Schwester' der Sonne genannt, als hässliches, dunkles 'Wegfeger' oder 'Hausfeger' bezeichnetes Chamula-Mädchen gesehen, als 'Heiliger Thomas' oder als 'Lusibel' (Luzifer), der eine frühere Sonne verkörperte, deren Stelle dann Jesus einnahm. Er wird zudem 'Der Die Flussschnecke Ass' genannt oder für eine grosse gefiederte Schlange gehalten, die zurück auf den Morgenstern als wiederauferstandenen Quetzalcoatl verweist.

L2 169

Merkur

?

Die Umlaufzeit des Merkur beträgt durchschnittlich 115,88 Tage, was die Maya wahrscheinlich auf 117 aufrundeten, um damit 20 Merkurumläufe mit 4 Venusperioden abgleichen zu können. Ein Almanach aus dem 10. Jahrhundert u. Z. unterteilt einen Umlauf des ebenfalls als Morgen- wie Abendsterns sichtbar werdenden Merkur in 9 Intervalle zu 13 Tagen, denen jeweils ein 'Fürst der Nacht' vorsteht. Die Bilder zeigen ihn als Personifikation des 'regierenden' Regengottes Chaak, der mit Hakennase und Barteln an den Mundwinkeln dargestellt wird und vier Erscheinungsformen aufweist: als östlicher roter Chaak, nördlicher weisser Chaak, westlicher schwarzer Chaak und als südlicher gelber Chaak.

Im ersten der 9 Bilder sitzt Chaak auf einer Johannisbrotbaumart (*Caesalpina platyloba*), aus der die Maya jene Pigmente gewannen, mit denen sie die 'rote Hand' auf vielen ihrer Gebäude abdruckten; im zweiten Bild auf einem unbestimmbaren Baum namens "weisse Trommel"; im dritten auf dem 'schwarzen Baum' eines Blutholzes (*Haematoxylon campechianum*), aus dem roter Farbstoff gewonnen wurde. Aus den Wurzeln des vierten, des 'gelben Baumes' gewann man gelbes Pigment. Das fünfte Bild zeigt Chaak mit der Axt in der einen, einem Sack voller Samen in der anderen Hand, wie er – offenbar mitten in der Regenzeit – bis zur Hüfte im Schlamm steckt.

Im sechsten Bild sitzt er am Himmelsband, markiert von den astronomischen Glyphen für 'Himmel' und 'Stern', um seine Position zu verdeutlichen: Es waren dies offenbar die Tage der Sommersonnenwende, an denen Merkur wie Venus prominent am Himmel standen.

Im siebten Bild sitzt er mit der Axt in der Hand auf einem Agavenstrauch, zum Zeichen, dass er daraus den Honig als 'göttlichen Saft' hervorholt. Im achten sitzt Chaak in einer 'blau-grünen' Lache im Stumpf einer dornigen Manila-Tamarinde (*Pithecellobium dulce*), deren Harz als Klebstoff verwendet wurde, und im neunten und letzten auf einem Weissgummibaum (*Bursera simaruba*), dessen Harz für Weihrauch Verwendung fand.[264]

Ein Name für Merkur ist nicht bekannt; aus den Almanachen geht bloss hervor, dass er mit der Unterwelt verbunden wurde: was auf die langen, durch seinen Transit über die Sonne bedingten Zeiten der Unsichtbarkeit zurückgehen mag. In einigen Berichten der Kolonialzeit wird er mit seinem europäischen Namen genannt und für Krankheit, Tod, Raub, Schulden und Trunkenheit verantwortlich gemacht.[265]

Mars

?-TE

Die Bedeutung des Mars war für die Maya fast ebenso gross wie jene der Venus. Ihm wurden zwei Beobachtungstafeln gewidmet, die seine Position relativ zur Sonne und seine Umlaufbahn relativ zur Erde bestimmten. Seine durch die rückläufige Bewegung gegebene Präsenz war dabei von besonderem Interesse: Er steht dann am hellsten am Himmel; anfänglich nur kurz als Morgenstern sichtbar, wird er während dieser Periode immer länger vor Sonnenaufgang und schliesslich die ganze Nacht lang sichtbar. Die Maya bestimmten seine durchschnittliche Umlaufzeit mit 780 Tagen, dem dreifachen Wert des 260-tägigen Tzolk'in-Kalenders der Venus.[266]

Von einem alten Namen des Mars weiss man bloss mit Sicherheit, dass er auf *-te* endet. Der in ihm verkörperte, behelfshalber 'Himmelsbiest' genannte Gott wird als mythisch personifizierter Tapir mit der für ihn typischen langen, beweglichen Schnauze, den Paarhufen und dem Borstenkamm am Rücken dargestellt, versehen mit Charakteristiken von Hirsch, Krokodil und Mensch.[267]

Das 'Marsbiest' hält entweder eine sengende Fackel oder eine Axt, mit der er "schneidet". Die Fackel zeigt die Verbindung des Mars zum "roten Regen", den "Nachtregen" im August und September, die, laut Aussage eines Einheimischen, "die Maispflanzen schwächen, weil das Wasser dieser Regen 'salzig' ist; sie kommen vom Meer, nicht den Höhlen [und ihrem Süsswasser]. Sie lassen die Blätter der Maispflanze rot werden; sie 'brennt' dann und wird kaum noch ergiebig". In den Codices liest sich dies als "der Mais war verbrannt".

Zu anderen "Nachtregen" zählt der "russige Regen", der die Blätter schimmeln und schwarz werden lässt, und der "Heisswasser-Regen", der die Wurzeln der Maispflanze verdorrt.

BB 382, 384, 396, 427, 447, 487–488

SIP | ZIPACNA

Eine Deutung seines Namens in den Codices ergibt jedoch den Namen des Monsters, das im *Popol Vuh* die Berge erschafft und die Plejaden vernichtet: Zipacna.

Die Azteken hatten einen Gott namens *Cipactli* – Der Stachelige –, den die Maya als Gott Sip in Gestalt eines *Áak*, 'Pekari', übernahmen. Er ist bei ihnen mit dem Gott Y identisch, einem der schwarzen Unterweltsgötter, der mit roter Unterlippe, aber nicht Stups-, sondern Adlernase und mit leeren Augenhöhlen dargestellt wird, durch die Zahl 7 – *Úuk* – den höchsten Himmel symbolisiert, *Aj Úuk Yol Sip* genannt wird und im *Chilam Balam* als Schutzherr des Wildes und der Jäger gilt.[268]

G|H 197, 414–416, BB 118

Jupiter und Saturn

Die präkolumbischen Namen beider Planeten sind nicht bekannt. Ihre Bahnen wurden gemeinsam beobachtet, wie sich an einigen Plätzen des Tieflandes zeigt, ohne jedoch in den Codices Aufnahme zu finden. Ihre Umläufe lassen sich zwar in den Zyklus des Katun – 7200 Tage oder 20 Tuns zu je 360 Tagen – einpassen, nicht aber mit den Zyklen des Tzolk'in und seinen 260 Tagen der Sichtbarkeit von Venus als Morgen- und Abendstern vereinbaren. Die Beobachtung beider Planeten stand wahrscheinlich im Zusammenhang mit rituellen Ballspielen, Blutopfern, Entscheidungen zum Krieg und für Thronbesteigungszeremonien.[269]

Jupiter

Der Planet war in präkolumbischer Zeit eine Verkörperung Kauils, des Schutzgottes der Maya-Herrscher und der Gott von Donner und Blitz. Vielleicht rührt dies daher, dass der Planet den Nachthimmel dominiert, indem er an Strahlkraft nur von Venus übertroffen wird, und er selten unsichtbar ist (und dann nur 23 Tage).[270]

BANKILAL K'ANAL (Toztzil) – STERN DES ÄLTEREN BRUDERS

Bei den Tzotzil gilt der Jupiter heute als 'älterer Bruderstern' der als Schwein oder Pekari gesehenen männlichen Sonne; über sie ist er mit deren 'älterer Schwester' Venus verwandt. Sein christlicher Name ist 'Heiliger Dominik'.

L2 169

Saturn

X'ÁAYIN EEK' (Yukatekisch) – WEIBLICHER KROKODIL-STERN

Angaben zur Herkunft dieses Namens gibt es nicht.

L1 234

Komet

BUUTS' EEK' (Yukatekisch) – RAUCHSTERN
K'ÁAK' NOJ EEK' (Yukatekisch) – FEUERGROSSSTERN
CHAMAL TS'UTAN (Yukatekisch) – ZIGARRE DES TEUFELS
IKOMNE (Yukatekisch) – WINDSCHAUMSCHWANZ
K'ÁAK'TAMAY EEK' (Yulatekisch) – UNHEILVERHEISSENDER FEUERSTERN

Die Wörterbücher glossieren den Rauchstern mit "Komet mit Mähne wie jener, der im Jahre 1577 erschien", den Feuergrossstern mit "grosser Komet" und die Zigarre des wohl aus dem Arabischen ('Sheitan') übernommenen Teufels Ts'utan mit "kleiner Komet". Als 'Rauchender Stern' wurden Kometen von den Azteken mit dem Tod eines Herrschers verbunden. Der Name für einen Kometen mit Schwanz kann von *Ikomne* auf *Ikom*, 'Windschaum', verkürzt werden; der wörtlich 'ein böses Omen verkündende Stern' wird mit "Eiterbeule" und "sagenhaftes Tier" glossiert, was sowohl etwas über seine Auswirkungen verrät wie über die Vorstellung, die man sich davon machte.

L1 237 und M 250–251

Meteore

JALAL EEK' (Yukatekisch) – PFEILSTERN
U JALAL TS'UTAN (Yukatekisch) – PFEIL DES HEXENMEISTERS

Die kolonialen Wörterbücher glossieren den Pfeilstern mit "rennender Komet" und den Pfeil Des Hexenmeisters mit "entzündeter Komet". Im Kontext mit dem Begriff 'Pfeil' legt dies zwei Bezeichnungen für Sternschnuppen nahe. So wie man Obsidian als Exkrement eines Sterns sah, hielt man Sternschnuppen für Exkremente der Sterne.

L1 237 und M 250

Wie das erstmalige Erscheinen der Venus in der Trockenzeit zwischen November und Januar konnte auch der jährliche Leonidenschauer sogenannte 'Sternenkriege' auslösen. Ihr Erscheinen wurde mit einer Glyphe dargestellt, die herabregnende Tröpfchen zeigt, die von der Glyphe für 'Stern' ausgehen.[271]

CHAB'I Q'AQ' (K'iche') – FLAMMENDE PFEILSPITZE
CH'OLANIK CH'UMIIL (K'iche') – KRIEGSTREIBENDER STERN
CH'OB (Tzotzil) – FACKEL

Bei den K'iche' werden Sternschnuppen und Kometen als glühende Pfeile und als Kriegstreiber gesehen. Auch die Lacandon und die yukatekischen Maya bezeichnen Meteore als Pfeile bzw. Pfeilspitzen, während die Tzotzil sie 'Fackeln' nennen.

TE 180

LITERATUR

A Anthony Aveni, In the Shadow of the Moon – The Science, Magic, and Mystery of Solar Eclipses, Yale 2017.

B Roberto Bruce, Textos y Dibujos Lacandones de Najá, Mexico City 1976.

BAU Claude-François Baudez, Les Mayas, Paris 2005.

BB Harvey und Victoria Bricker, Astronomy in the Maya Codices, Philadelphia 2011.

BR Johanna Broda, *Astronomy, Cosmovisión and Ideology in Pre-Hispanic Mesoamerica*, in: Ethnoastronomy and Archaeoastronomy in the Tropics, hrsg. v. Anthony Aveni | Gary Urton, New York 1982, 81–110.

C Allen J. Christenson, Popol Vuh – The Sacred Book of the Maya, New York 2003.

C1 Allen Christenson, *'For it is with words that we are sustained': The Popol Vuh and the Creation of the First People*, in: The Myths of the Popol Vuh in Cosmology, Art & Ritual, hrsg. v. Moyes | Christenson | Sachse, Louisville, Colorado 2021, 21–47.

D Arthur Demarest, Les Mayas – Grandeur et chute d'une civilisation, Paris 2019.

D|L Sonja Draxler | Max Lippitsch, Astronomie und Kalender der Maya, Graz 2012.

F George Foster, Sierra Popoluca Folklore and Beliefs, Berkeley 1945.

FO John Fought, Chorti (Mayan) Texts 1, Philadelphia 1972.

F|S David Freidel | Linda Schele | Joy Parker, Maya Cosmos – Threethousand Years on the Shaman's Path, New York 2001.

G|H Gabrielle Vail | Christine Hernández, Re-creating Primordial Time – Foundation Rituals and Mythology in the Postclassic Maya Codices, Boulder 2013.

GR Nikolai Grube, Der Dresdener Maya-Kalender, Freiburg 2012.

JJ Jennifer und Alexander John, The Maya Gods of Time, Milton Keynes 2018.

JO1 Tom Jones, *The Xoc, the Sharke, and the Sea Dogs*, in: Fifth Palenque Round Table 1983, hrsg. v. Merle Robertson, San Francisco 1985, 211–222.

JO2 Tom Jones, *Jaws II. Return of the Xoc*, in: Sixth Palenque Round Table 1986, hrsg. v. Merle Robertson, San Francisco 1991, 246–254.

K Timothy Knowlton, Maya Creation Myths – Words and Worlds of the Chilam Balam, Boulder 2010.

KL Cecelia Klein, *Woven Heaven, Tangled Eartz – A Weavers Paradigm of the Mesoamerican Cosmos*, in: Ethnoastronomy and Archaeoastronomy in the American Tropics, hrsg. v. Anthony Aveni | Gary Urton, New York 1982, 1–35.

L1 Weldon Lamb, *Star Lore in the Yucatec Maya Dictionaries*, in: Archaeoastronomy in the Americas, hrsg. v. Way Williamson, Los Altos 1981, 233–248.

L2 Weldon Lamb, *Tzotzil Maya Cosmology*, in: Songs from the Sky – Indigenous Astronomical and Cosmological Traditions of the World, hrsg. v. Von Del Chamberlain | Carlson | Young, Bognor Regis 1996, 163–172.

L-N Robert Lehmann-Nitsch, *La constelación de la Osa Mayor y su concepto como Huracán de la tormenta en la esfera del Mar Caribe*, in: Revista del Museo de la Plata 28, 1924, 103–145.

M Susan Milbrath, Star Gods of the Maya – Astronomy in Art, Folklore and Calendars, Austin 1999.

MA Oswaldo Chinchilla Mazariefos, *The Solar and Lunar Heroes in Classic Maya Art*, in: The Myths of the Popol Vuh in Cosmology, Art & Ritual, hrsg. v. Moyes | Christenson | Sachse, Louisville, Colorado 2021, 251–267.

M|T Mary Miller | Karl Taube, The Gods and Symbols of Ancient Mexico and the Maya, London 1993.

MC1 Robert McIvor, *Star Patterns on the Aztec Calender Stone*, in: Journal of the Royal Astronomical Society of Canada 94, 2000, 56–60.

MC2 Robert McIvor, *Aztec constellations preserved by Duran*, in: Journal of the Royal Astronomical Society of Canada 104, 2010, 56–60.

MI Arthur Miller, On the Edge of the Sea – Mural Painting at Tancah-Tulum, Quintana Roo, Mexico, Washington 1982.

P Popol Vuh übersetzt nach C, T1 und Jens S. Rohark Bartusch, Popool Wuuj, Das Heilige Buch des Rates der K'ichéé-Maya von Guatemala, Ostrau 2014; Seitenzählung nach C.

R Ralph Roys, Ritual of the Bakabs, Norman 1965.

RE Judith Remington, *Current Astronomical Practices among the Maya*, in: Foundations of New World Cultural Astronomy, hrsg. v. Anthony Aveni, Boulder 2008, 399–412.

S David Stuart, The Inscriptions from Temple XIX at Palenque, 2005.

S1 David Stuart, *The Palenque Mythology – Inscriptions from the Cross Group at Palenque*, in: Sourcebook for the 30th Maya Meetings, Austin 2006, 85–194.

T1 Popol Vuh – The Mayan Book of the Dawn of Life, übersetzt von Dennis Tedlock, New York 1996.

TAU Karl Taube, Mythes aztèques et mayas, Paris 1995.

TE Barbara Tedlock, Time and the Highland Maya, Albuquerque 1992.

TH1 J. Eric S. Thompson, *Maya Creation Myths*, in: Estudios de Cultura Maya 6, 1967, 15–44.

TH2 J. Eric S. Thompson, Ethnology of the Mayas of Southern and Central Honduras, Chicago 1930.

TH3 J. Eric S. Thompson, Maya History & Religion, Norman 1970.

T|T1 Denis und Barbara Tedlock, *A Mayan Reading of the Story of the Stars*, in: Archaeology Juli | August 1993, 33–35.

T|T2 Denis und Barbara Tedlock, *Moon Woman Meets the Stars: A New Reading of the Lunar Almanacs in the Dresdener Codex*, in: Skywatching in the Ancient World, hrsg. v. Clives Ruggles | Gary Urton, Boulder 2007, 121–156.

V Evon Vogt, *Zinacantecan Astronomy*, in: Mexicon 19, 6, 1997, 110–117.

ANMERKUNGEN

1 FO 489–491 2 C. Posth et al., *Reconstructing the Deep Population History of Central and South America*, in. Cell 175, 2018, 1184–1197, und X. Roca-Rada, *Ancient DNA Studies in Pre-Columbian Mesoamerica*, in: Genes 11, 2020, 1346. 3 Inomata et al., *Monumental architecture at Auguada Fénix and the rise of Maya civilization*, in: Nature, 3.6.2020 4 Ivan Spracjc et al., *Early Maya Astronomy and Urban Planning at El Mirador, Peten, Guatemala*, in: Anthropological Notebooks 15, 3, 2009, 79–101. 5 Simon Martin, Cacao in Ancient Maya Religion, mesoweb 2007. 6 Anmerkung Nikolai Grube. 7 Saturno | Staurt | Beltran, Early Maya Writing at San Bartolo, Guatemala, in: Science 3.6.2006 8 BAU 31–55 und D | L 13–23 9 L1 10 J. Galindo Trejo, *The Astronomy in the Mexican Prehispanic Past*, in: Galaxies, hrsg. v. Rosado | Binette | Arias, ASP Conference Series 282, 2002, 3–15. 11 Anthony Aveni, In the Shadow of the Moon, London 2017, 109 ff. 12 GR 118 13 V 14 Simon Martin | Joel Skidmore, *Exploring the 584286 Correlation between the Maya and the European Calendars*, in: Pari 13, 2, 2012, 3–16. 15 A 110 16 BB 69 und 163 ff. 17 De la Serna 1892, zitiert in: Anthony Aveni, *The Real Venus-Kukulcan in the Maya Inscriptions and Alignements*, in: Sixth Palenque Round Table 1986, hrsg. v. Merle Robertson, Norman 1991, 310. 18 A 116 19 Clemency Coggins, *The Measure of Man*, in: Skywatching in the Ancient World, hrsg. v. Clive Ruggles | Gary Urton, Boulder 2007, 209–244. 20 Anmerkung Nikolai Grube 21 David Stuart, The Order of Days, Austin 2012.

22 M1–18 23 David Stuart, *Kings of Stone: A Consideration of Stelae in Ancient Maya Ritual and Representation*, in: Res 29 | 30 1996. 24 GR 40; sonst wird auch der 11. August 3114 v. u. Z. genannt 25 K17 26 GR 40 27 Auskunft Nikolai Grube 28 M1–16 29 Andreas Fuls, Schrift und Astronomie der Maya, in: Megalithos 4, 2002. 30 MI 85 31 JJ 269–271 32 Claude Baudez, *The Cross Pattern of Copán*, in: Sixth Palenque Round Table 1986, hrsg. v. Merle Robertson, Norman 1991, 81–88. 33 Anmerkung Nikolai Grube 34 CH 67 35 G | H 83–85 und TAU 127–128. 36 G | H 45–71 und M 19 37 V 38 L2 164 39 TAU 126–129 und G | H 71, 79, 81–82. 40 GR 47 und 51 41 TAU 126–129 und G | H 71, 79, 81–82. 42 William Holland, *Conceptos Cosmologicos Tzotziles como una base para interpretar la civilización Maya prehispanica*, in: América Indigena 24, 1, 1964, 11–28. 43 M 20 44 L2 164 45 M 20, 65–70 46 D | L77 47 Linnea Wren, *The Great Ball Court in Chichén Itzá*, in: Sixth Palenque Round Table 1986, hrsg. v. Merle Robertson, Norman 1991, 53–54. 48 Anmerkung Nikolai Grube. 49 Jeff Kowalski | William Flash, *Symbolism of the Maya Ball Game at Copán*, in: Sixth Palenque Round Table 1986, hrsg. v. Merle Robertson, Norman 1991, 59–67. 50 D 182–183 51 Joyce | Edging | Lorenz | Gillespie, *Olmec Bloodletting: An Iconographic Study*, in. in: Sixth Palenque Round Table 1986, hrsg. Merle Robertson, Norman 1991, 143–144. 52 D 182–183 53 D 183–185 54 Inga Calvin, *Where the Wayob live: A further examination of classic Maya supernaturals*, in: The Maya Vase Book Vol. 5, hrsg. v. Justin Kerr, New York 1997, 868–879. 55 Ibidem, 870 56 C21 57 Diane Chase, *Lifeline to the Gods: Ritual Bloodletting at Santa Rita Corozal*, in: Sixth Palenque Round Table 1986, hrsg. v. Merle Robertson, Norman 1991, 89–96. 58 Diego de Landa, Yucatán at the Time of the Spanish Encounter, Coral Gables 2013, 65–66, und Diane Chase, *Lifeline to the Gods: Ritual Bloodletting at santa Rita Corozal*, in: Sixth Palenque Round Table 1986, hrsg. v. Merle Robertson, Norman 1991, 94. 59 Linnea Wren, *The great Ball Court Stone from Chichén Itzá*, in: Sixth Palenque Round Table 1986, hrsg. v. Merle Robertson, Norman 1991, 51–58. 60 Erik Vance, *Stories told in Bone*, in: Nature 566, 14.2.2019, 168–171. 61 BAU 133 62 TH3 240 63 M 59, 22–23, 92–96, 81 64 KL3 65 M 126–127, 30–34, 105, 121, 126, 95–96, 119 66 Nikolai Grube, Der Dresdener Maya-Kalender, Freiburg im Breisgau 2012. 67 M 34–36, 196–209, 94, 177 68 M 36–37 69 Anmerkung Nikolai Grube 70 M 74 71 D 177–178 72 Vgl. Guatesol.ch | Tzolk'in.html. 73 Joseph Wilson, *The Union of the Two Worlds: Reconstructing Elements of Proto-Athabaskan Folklore and Religion*, in: Folklore 127:1, 2016, 37–39. So kam die Legende von den Mäusen, die ein Heer über Nacht zu Fall bringen, wie dies Herodot berichtet, über die Seidenstrasse und Tibet zu den Hupa in Kalifornen, die um 900 die asiatischen geleimten, mit Sehnen bespannten Recurve-Bögen einführten. In der Geschichte, die sie erzählen, werden die Herodot'schen Mäuse wie in der tibetischen Fassung anthropomorphisiert, sie überfallen den Feind und zernagen ihm die Bogensehnen. Auskunft Joseph Wilson. Vgl. auch Dmitri Panchenko, *Mice Destroying an Army (Hdt. 2. 141) and a Solution to the Tocharian Problem*, in: Hyperboreus – Studia Classica, 16–17, 2010–2011, 32–45. 74 Paul Ehrenreich, Die Mythen und Legenden der Südamerikanischen Urvölker und ihre Beziehungen zu denen Nordamerikas und der alten Welt, Berlin 1905, 77–78. 75 Pseudo-Aristoteles, Mirabilia 84; Diodor Siculus V, 19–20. 76 Diodor V 19–20 77 Hans Giffhorn, Wurde Amerika in der Antike entdeckt, München 2013; inbesondere 263–264. 78 David Carballo, Collision of Worlds, Oxford 2020. 79 Dieses Wort kennen die modernen Wörterbücher nicht mehr; vielleicht war hier *Jun yeets'il'* gemeint, das sich von *yeets* – ausquetschen – ableitet; Anmerkung Igor Vinogradov. 80 Pedro Sánchez de Aguilar, zitiert in K123. 81 C32–37 82 K126–131 83 Changbom Park | Heajoo Chung, *Identification of Postclassic Maya Constellations from the Venus Pages of the Dresdener Codex*, in: Estudios de Cultura Maya 35, 2010. 84 Inga Calvin, *Where the Wayob live: A further examination of classic Maya supernaturals*, in: The Maya Vase Book, Vol. 5, hrsg. v. Justin Kerr, New York 1997, 874. 85 Kaufman | Justenson, A Preliminary Maya Etymological Dictionary, 2003. 86 GR 158 und BB 119 87 KL4 und BB 191 88 KL17 89 KL14 90 Andreas Fuls, *Schrift und Astronomie der Maya*, in: Megalithos 4, 2002. 91 *TH3* 306; es hat jedoch eine andere Tonhöhe und Vokallänge; Anmerkung Nikolai Grube. 92 L2 93 M 37, 273, TE 182 und BB 741 94 BB 317 95 M 37 und V 96 FO 428 97 La Farge | Byers, The Year Bearer's People, New Orleans, 1931, 130. 98 KL2–3 und 12 99 M 264–265 und F | S 88 100 P122 101 M 280–285 und Tafel 10; T1 256–257 102 T1 259 103 P136 104 T1 256–257, 263–264 105 T1 361 106 M134 107 TH3 365 108 GR 48–49 109 G | H91 110 C1 21–25 111 P67–74 112 F194 113 L-N 103–104 114 Zitiert in Guilhem Olivier, Mockeries and Metamorphoses of an Aztec God, Colorado 2003, 165 und 234. 115 G | H31 116 G | H40 117 Guilhem Olivier, Mockeries and Metamorphoses of an Aztec God, Colorado 2003, 240. 118 Ibidem, 233 119 TAU 22, 66–71 und G | H56 120 Guilhem Olivier, Mockeries and Metamorphoses of an Aztec God, Colorado 2003, 235 und L-N. 121 Vgl. L-N 137 122 L-N 128–131 123 M 58 und 94 124 M 96 125 P91–100 126 K117–118 127 Maarten Jansen | Gabina Aurora Pérez, Time and the Ancestors: Aztec and Mixtec Ritual Art, Leiden 2017, 251–252. 128 BAU 145–148 129 Ulrich Köhler, *Conocimientos astronómicos de indígenas contemporáneos y su contribución para identificar constelaciones aztecas*, in: Arqueoastronomía y Etnoastronomía en Mesoamérica, hrsg. v. Johanna Broda, Mexico 1991, 261. 130 Vg. Richard Allen, Star Names – Their Lore and Meaning, New York 1963, 459, zitiert von L1 235. 131 GR 40 132 G | H 91–92 133 G | H 89–90 134 Inga Calvin, *Where the Wayob live: A further examination of classic Maya supernaturals*, in: The Maya Vase Book, Vol. 5, hrsg. v. Justin Kerr, New York 1997, 875. 135 G | H90 136 G | H73 und 77 137 C1 29–30 138 C1 30–33 139 P VI 140 Robert Lehmann-Nitsche, *Las constelaciones del Orion y de la Hyades*, in: Revista del Museo de la Plata 26, 1921, 29–31. 141 Miguel León-Portilla, Aztec Thought and Culture, Norman 1990, 50. 142 G | H92 und S 68–77 143 S167, Abb. 136 144 Robert Laughlin, The Great Tzotzil Dictionary of San Lorenzo Zinacantán, Washington 1995, 238 und 418. 145 BB 707 und 709 146 M 257 147 J. Galindo Trejo, *The Astronomy in the Mexican Preshispanic Past*, in: Galaxies, hrsg. v. Rosado | Binette | Arias, ASP Conference Series 282, 2002, 3–15. 148 P74 149 P172 150 Igor Vinogradov weist darauf hin, dass das *yax* in *Yax Kok* auf Ch'olanisch die Sprache, in der die meisten Hieroglyphen geschrieben wurden – 'grün' bezeichnet: was erst im übertragenen Sinn die Bedeutung von 'Erste' ergibt. 151 M 266 152 GR 46 153 G | H 396–398 154 L1 236 155 Bruce | Robles | Ramos, Los Lacandones 2, Cosmovision Maya, Mexico 1971. 156 Vgl. Ulrich Köhler, *Conocimientos astronómicos de indígenas contemporáneos y su contribución para identificar constelaciones aztecas*, in: Arqueoastronomía y Etnoastronomía en Mesoamérica, hrsg. v. Johanna Broda, Mexico 1991, 254. 157 Robert Laughlin, The Great Tzotzil Dictionary of San Lorenzo Zinacantán, Washington 1995, 98. 158 R63 und 129 159 FO 144–145 160 BB 706 und R xxii-xxiii 161 P88 162 C1 22–25 163 G | H 416–418 164 G | H 412 165 BB 706 und P74 166 G | H 307–309 167 M 65 und 76 168 127.12 169 R131 170 G | H15 und 125 171 Alessandro Lupo, *La Etnoastronomía de los Huaves de San Mateo del Mar, Oaxaca*, in: Arqueastronomía y Etnoastronomía en Mesoamérica, hrsg. v. Johanna Broda, Mexico 1991, 219–234. 172 Abbildung BB 709, M 255 173 Elizabeth Benson, *The Vulture: The Sky and the Earth*, in: Eighth Palenque Round Table, hrsg. v. Merle Robertson, San Francisco 1996, 309–320. 174 G | H361 und 133 175 John Fought, Ch'orti Maya Texts, Philadelphia 1972, 180–181. 176 TH2 130–131 177 BB 697 178 R54 und 158 179 Ramón Arzápalo Marín, El ritual de los Bakabes, Mexico 1987, 385. 180 Bruce Love, *Maya Scorpion Constellation may not be Scorpius*, in: Mexicon 24, 2002, 45–46. 181 15μλφστζ Sagittarii, MC1, oder M25 M22 φζεγ Sagittarii, MC2. 182 JO2 183 Michel Quenon | Genevieve le Fort, *Rebirth and Resurrection in Maize God Iconography*, in: The Maya Vase Book, Vol. 5, hrsg. v. Justin Kerr, New York 1997, 884–902. 184 JO1 185 B48–49 und 142–144 186 M13 und 256 187 JO1 188 BB 704 189 JJ 57 190 T250 und 341, C113 191 M 256 192 BB 705–706,

T|T2145 193 P172 194 P172 und T275 195 K77 196 P133–134 197 CH130 198 M257, G | H200 und 483 199 CH122 200 M17 und 256 201 G | H286 202 G | H286–287 203 Im kolonialzeitlichen Yukatekisch bedeutete *chak* sowohl 'rot' wie, von der prestigeträchtigen Symbolik der Farbe abgeleitet, 'gross'. Anmerkung Igor Vinogradov. 204 BB706, G | H334 205 P170 206 BB697 207 R42 208 Isis and the Feathered Serpent, Ausstellungskatalog Monterrey, Mexiko, 2007, 236–237. 209 Vgl.: Inga Calvin, *Where the Wayob live: A further examination of classic Maya supernaturals*, in: The Maya Vase Book, Vol. 5, hrsg. v. Justin Kerr, New York 1997, 874. 210 Denis und Barbara Tedlock, *A Mayan Reading of the Story of the Stars*, in: Archaeology Juli | August 1993, 34. 211 P101–104 212 P105 213 P106–107 214 L1 236; Vgl. auch Richard Allen, Star Names – Their Lore and Meaning, New York 1963, 397. 215 BB337 216 Martha Macri | Gabrielle Vail, The New Catalog of Maya Hieroglyphs, Vol. II, Norman 2009, 56, 'AP8'. 217 BB466 und 451–455 218 RE410 219 *Te'* ist Ch'olanisch für 'Baum'; in Yukatan entspricht dies dem Wort *Che'*. 220 John Jenkins, Maya Cosmogenesis, Rochester 1998, 168. 221 MA258–261 222 MA261–263 und B | B117 223 T39–43 224 P191 225 P218 226 P228–230 227 T304 228 MA156–157 229 Nach anderer Rechnung der 12. August 3114 v. u. Z. 230 Andreas Fuls, *Die Klappenstabzeremonie der Maya*, in: Megalithos 4, 2000, 102–103. 231 BB715 232 M13 und 14–15 233 BB113 und 306 234 GR52 235 GR206 236 M22 237 Gary Gossen, *Two Creation Texts from Chamula, Chiapas*, in: Tlalocan 8, 1980, 131–145. 238 M24 239 Anmerkung Igor Vinogradov 240 Als irrige Reminiszenz an die Astronomie der klassischen Maya, die 8 Sonnenjahre mit 5 Jahresumläufen der Venus abglichen? 241 Dieses Wort gibt es auf Q'eqchi' nicht; es bedeutet jedoch auf Yukatekisch 'Teufel' – wie auch die anderen Namen yukatekisch sind; Anmerkung Igor Vinogradov. 242 Anmerkung Igor Vinogradov 243 Vgl. Gott C, BB112 244 TH2 65 245 TH2 64 und M25 246 BB715 247 BB273, A118–119 248 BB301 249 GR140 250 MA156 251 BB798 und 813 252 GR51, 100 und 102 253 Märchen aus Mexiko, hrsg. v. Felix Karlinger | Maria Antonia Espadinha, München 1992, 11–12. 254 J. Eric Thompson, Maya Hieroglyphic writing, 1960, 47–48. 255 TE185 256 TE184 257 TH128–30 258 BB246–247 und M25 259 FO427 260 M193–196, 209–211 261 BB797, 163, 173 262 BB197 263 BB246 und 837 264 BB112 und 235–245 265 M214–216 266 BB841, 379 267 M222 268 G | H197, 414–416 und BB118 269 BB854, M244 270 M248 271 J. Kinsman | D. Asher, *Evidence of Eta Aquariid outbursts recorded in the classic Maya hieroglyphic script using orbital integrations*, in: Planetary and Space Science 144, 2017, 112–125.

Der *STERNEN-HIMMEL* der *ANDEN*

Stern der Erddämmerung, Lichtbringer, Stern der Zeitdämmerung, Tagesbringer:
Lass uns jetzt leuchten – uns beide, lass uns jetzt leuchten – uns beide!
Jetzt gleich – wir beide, jetzt gleich – wir beide:
Erstrahle und beginne den Tag, erstrahle und beginne den Tag.[1]

VORGESCHICHTE

Die Bezeichnung 'Anden' ist entweder abgeleitet von *Antis Suyu*, der 'Region des Ostens' mit ihren nach Osten in den Dschungel abfallenden Bergen, oder von den *Andenes* genannten Anbauterrassen. Die Herkunft des Namens 'Peru' bleibt ebenso unklar – was für sich genommen bereits die ganze Ignoranz demonstriert, mit der die Spanier sich eines Kontinents bemächtigten, der nur für sie eine 'Neue Welt' war. Denn er wies bereits eine Kulturgeschichte auf, die sich in vielem mit jener der Alten Welt messen konnte – und von der das Inkareich bloss die letzte eigenständige Manifestation war. Was nicht bedeutet, dass mit der Eroberung dieses Reiches und allen anderen danach Land und Leute okkupierenden Zivilisationsformen – von der katholischen Kirche über die Militärregierungen bis hin zu den kommunistischen Revolutionären mit ihrem jeweiligen Terror – die lokalen Traditionen gekappt hätten werden können. Es gibt in Südamerika zwar kaum eine Nation, in der eine indigene Sprache eine Verkehrs- und Staatssprache wie das Spanische oder Portugiesische geworden wäre, doch viele der alten Glaubensvorstellungen leben weiter.

Das Jagen und Sammeln in diesem von der Küste schnell aufsteigenden Territorium – dessen Hochebene am Titicacasee auf 3800 m Meereshöhe liegt – begann mit den abschmelzenden Gletschern am Ende der Eiszeit vor etwa 13 500 Jahren. Vor fast 1000 Jahren wurden Menschen allmählich sesshaft und kultivierten bereits Wurzelknollen, Bohnen und Chili. Erste Bewässerungskanäle wurden ab 5000 v. u. Z. angelegt, Baumwolle samt Flaschenkürbissen angebaut, um daraus Netze und Schwimmer für den Fischfang zu fertigen; und in der Atacama wurden die ersten Toten mumifiziert. Lamas und Alpakas wurden um 3500 v. u. Z. domestiziert und die ersten städtischen Siedlungen mit Plätzen und Kultplattformen im Norte Chico und im Sechín Bajo ein gutes Stück nördlich von Lima gegründet: Sie gehören zu den allerersten urbanen Anlagen weltweit.

Möglich wurde dies auch, weil Ende des 3. Jahrtausends v. u. Z. aus Mittelamerika der dort grossgezüchtete Mais als ertragreicher Kalorienspender übernommen wurde. Mit dem Ackerbau als Lebensgrundlage wurde ein Jahreskalender unverzichtbar, weshalb in Buena Vista um 2200 erstmals ein auf die Solstitien ausgerichtetes Observatorium nachweisbar ist, in dem Der Fuchs als Dunkelwolke in der Milchstrasse vielleicht schon eine Rolle als orientierendes Sternbild spielt.

Etwa zeitgleich mit dem Nahen Osten wurden gestufte Kultanlagen errichtet. Da die Herrschaftsformen aufgrund der nie üppigen wirtschaftlichen Bedingungen jedoch kleinräumig blieben, gab es kein wirkliches Bedürfnis nach jenen umfassend angelegten Steuer- und Verzeichnissystemen, die sonst Schrift hervorbrachten. Es wurden eher von Region zu Region lokale Produkte ausgetauscht, um insgesamt eine stabile Versorgung zu gewährleisten.

Um 1800 wird erstmals Keramik greifbar, deren Herstellungstechnik aus dem Amazonas in die Kordilleren gelangte. Die erhaltene Kunst dieses 2. Jahrtausends v. u. Z. ist von mehrdeutigen Mischwesen geprägt – wobei die symmeterischen Darstellungsweisen bereits auf das spätere dualistische Weltverständnis hinweisen und schamanistisch erscheinende Motive auf halluzinogene Trancen schliessen lassen könnten. Die Steinreliefs von Chavín de Huántar, 500 km nördlich von Lima, zeigen bereits die Raubkatzen, Schlangen und Kondore späterer Sternbilder. Am Stil der dort entdeckten Raimondi-Stele sowie des kaimanartigen Wesens des Tello-Obelisken lassen sich dieselben mittelamerikanischen Einflüsse ablesen wie etwa am Sternbild Der Herdstange samt seinem Maistopf auf einem himmlischen Feuer, das zu den ältesten Sternbildern der Maya zählt. Und auch dieses hatte – falls es so alt sein sollte – kalendarischen Bezug, indem es in dieser Epoche in Peru beim Solstitium des Dezembers bei Sonnenuntergang im Zenit stand.

Die Kultur der Moche errichtete an Perus Nordküste um 450 unserer Zeit dann die grössten Stufentempel Südamerikas, die jenen der Maya ebenfalls alles andere als unähnlich sind: Auch in ihnen wurden Menschen geopfert und Zeremonien gegen die allzeit drohenden Dürren abgehalten. Die Wandmalereien zeigen göttliche Berge und Wesen mit Kondor- und Fuchsköpfen,[2] die sich erneut mit aus der Inkazeit belegten Sternbildern vergleichen lassen. So ist beispielsweise von den Moche ein Motiv erhalten,[3] das die Konfiguration eines tausend Jahre später von den Spaniern in eben dieser Region dokumentierten Sternbilds namens Patá aufweist – welches wiederum konzeptionell mit dem Inka-Sternbild der Chakana übereinstimmt. Zugleich lassen sich auf der ungewöhnlich künstlerischen Keramik Motive ausmachen, in denen sich Parallelen zu Mythen der Maya zeigen.[4] Da es bei den Inka ausserdem noch weitere Sternbilder gibt, die Parallelen zu denen der Maya aufweisen, könnte die von 150 bis 550 florierende, dann aber bis 750 aufgrund von Dürren allmählich kollabierende Kultur der Moche für deren Assimilation verantwortlich sein.

Mangels Schrift und in Anbetracht einer noch sehr jungen Archäologie in den Anden lässt sich – allgemein gesprochen – allerdings bestenfalls darauf verweisen, dass es trotz unterschiedlicher regionaler Kulturzentren über die Jahrtausende hinweg Kontinuitäten in den kulturellen Traditionen gegeben haben muss. So erklären die bis heute als Wächter der Erde und Agenten des Wasserkreislaufs vergötterten Berge wohl am besten die riesigen, über zweitausend Jahre alten rätselhaften Scharrbilder von Nazca. Diese Geoglyphen mitten in der Wüste dienten wohl als Ritualräume, die von den umliegenden Gipfeln und dem Himmel mit ähnlicher Lebenskraft erfüllt werden sollten wie alle terrestrischen Wesen bei den Inka später vom élan vital ihrer Sternbilder. Und auch die bereits in Chavín dargestellte Gottheit mit Stab – *El Lancón* – findet sich tausend Jahre später am Fries des Sonnentores der über 100 000 Einwohner zählenden Stadt Tihuanaco auf der bolivianischen Seite des Titicacasees wieder. Aufgrund des Strahlenkranzes, der ihr dort um den Kopf sitzt, lässt sie sich als leuchtender Blitzgott Tunupa deuten, der mit demselben Nimbus auf der wiederum tausend Jahre älteren bolivianischen 'Schale des Himmels' erscheint.

Mit der Wari-Kultur in der zweiten Hälfte des ersten Jahrtausends im nördlichen Hochland Perus gibt es dann ein erstes grosses Reich in Südamerika, das eine Infrastruktur mit Strassen, Wegstationen und regionalen Administrationszentren aufbaut und ein auf Knoten basierendes Zählsysstem – *Quipu* – erfindet, um statistische Daten über Menschen und Güter zu erfassen und auch Kurzmeldungen zu übermitteln. Wie das Reich der Maya geht jedoch auch dieses Reich Ende des Jahrtausends unter, woran vor allem die sogenannte 'mittelalterliche Klimaanomalie' schuld war, die zwischen 900 und 1350 in Südamerika extreme Dürreperioden auslöste – was die hohe Verehrung des dreifaltigen Gewittergottes, die Sternbeobachtungen zu Beginn der Regenzeit, die Opfer und Zeremonien zu ihrer Beschwörung auch in der Zeit danach nachvollziehbar erscheinen lässt.[5]

INKAREICH

Die Inka waren eine Quechua sprechende Volksgruppe, welche die Region um Cusco dominierte. Die Abfolge ihrer meist legendären Herrscher lässt sich, beginnend mit dem Fürsten Manco Capac, auf 1250 zurückrechnen; bedeutend aber wurden sie erst um 1400. Die über dem fruchtbaren Flusstal des Vilcanota gelegene niederschlagssichere und unbefestigte Stadt entwickelte sich zu einem der wichtigsten kommerziellen Zentren der Anden: Ihr Grundriss ist der eines Pumas, der auch als Sternbild ein Herrschaftssymbol darstellt.

Das Handelsnetz für friedvolle Allianzen nutzend, gewann Cusco schnell überregionale Macht, was erst unter dem achten Inkaherrscher Viracocha um 1440 auf Widerstand stiess, als die Chanca, eine rivalisierende Volksgruppe, mit einem Heer anrückten. Viracocha verliess daraufhin samt Thronfolger die Stadt; sein jüngerer Sohn Yupanqui jedoch blieb und konnte die Chanca wider Erwarten besiegen. Darauf kehrte der alte König in die Stadt zurück, dem nun nichts anderes übrigblieb, als seinen jüngsten Sohn zum Herrscher zu erklären. Der eroberte anschliessend mit seinem Heer der Reihe nach die von anderen *Ayllus* – Verwandtschaftsverbände mit gemeinsamem Besitz von Ressourcen, kollektiven religiösen Praktiken und gemeinsamem politischem Auftreten – regierten Landstriche, darunter Colla am Titicacasee. Es war dies das grösste der Aymara sprechenden Fürstentümer, das die religiösen Traditionen Tihuanacos weitergetragen hatte.

So stieg Yupanqui zu einem überregionalen Herrscher auf, der sich zu Recht den Titel *Pacha Cuti* – Welten-Wender – gab. Er eroberte nicht nur ein riesiges Reich, sondern organisierte auch die gesamte Infrastruktur neu, ob Strassen, Institutionen, Gesetze, Feste und Kalender oder die Religion. Um sich die dafür nötige ausserordentliche Legitimität zu verleihen, installierte er den Kult um *Inti*, wie die Sonne auf Quechua hiess, und datierte diesen Kult zurück auf den ersten der legendären Inkaherrscher, die sich ihm zufolge bereits 'Kinder der Sonne' genannt hätten.[6]

Die Sonne war zuvor von den Colla im Süden als oberster männlicher Gott angesehen worden, wahrscheinlich wegen der reichen Goldvorkommen dort. Das war in den Anden nicht die Regel, wo seit altersher Wettergötter an der Spitze des Pantheons standen, denen die Sonne – wie erhaltene Legenden und eine Quelle von der Nordküste Perus zeigen – untergeordnet war und von Fall zu Fall weiblich sein konnte. Auch bei den nördlichen Nachbarn der Inka im Hochland wurde eine männliche Sonne verehrt, doch nicht als Hauptgott und indem man dort zwischen der Tagessonne und der nächtlich unter der Erde reisenden Sonne unterschied. Diplomatisch geschickt griffen die Inka auch diese Vorstellung auf, indem sie ihren Sonnengott nunmehr *Punchaw* – Der Tag – nannten. Religionspolitik beförderte somit eine integrative Machtpolitik.

Um zu demonstrieren, dass er sich als Quechua den Sonnenkult der besiegten, aber weiterhin mächtigen Aymara zu eigen machte, um damit die Colla ideologisch in sein Reich einzubinden, begab Pachacuti sich zur Insel der Sonne im Titicacasee. Sie galt spätestens seit der Epoche von Tihuanaco als Ort, wo die Sonne geboren – das heisst gemacht und an den Himmel versetzt – worden war. Dort und auf der nahen Insel Coati, der heutigen 'Insel des Mondes', liess Pachacuti sodann Heiligtümer erbauen und ernannte sich zum 'Hirten der Herden der Sonne'.

Der strategisch eingesetzte Sonnenkult stiess nicht überall auf Gegenliebe. So wehrten sich etwa die Küstenbewohner Chinchas dagegen. Sie hatten die Sonne an ihrer allzu ariden Küste nie als wirklich heilsbringend angesehen; vielmehr galt der Gott des Meeres als mächtiger, da er ihnen viele Fische schenkte. So überrascht es nicht, dass mit dem Ende des Inkareiches auch der Kult der Sonne als oberster Gottheit wieder unterging. Sie blieb nun zwar überregional männlich – doch an die Stelle des Sonnenkultes trat wieder der vormals bedeutendere Glaube an die Sterne, der sich zu jenem an übernatürliche Wesen und belebte Berge gesellte.

Als sein erklärter Sohn hatte Pachacuti sich durch den Sonnengott eine neue Genealogie verliehen, die ihn als Herrscher über alles und alle stellte, auch über seine Familie. Sein offenbar aus einer Familie von Schamanen und Priestern stammender Vater[7] hatte den Namen des Schöpfergottes Viracocha getragen. Die um diese Gottheit zentrierte Kosmogonie wurde leicht überarbeitet und auf den Titicacasee als Geburtsstätte der Inka fokussiert, die jetzt als Kinder der Sonne und des Mondes ausgegeben wurden. Da es um den Sonnengott aber kaum Mythen gab, wurde zumindest das nachträglich entstandene Narrativ verbreitet, Pachacuti habe am Vorabend der Entscheidungsschlacht gegen die Chanca eine Epiphanie erlebt. Dabei sei ihm der Sonnengott – als Akt klassischer Propaganda – in prophetischer Manier erschienen und habe ihm die Eroberung vieler Reiche verkündet.

Der Sonnengott wurde nun zum dynastischen Gott der Inkaherrscher. Da es keine gleichrangigen Ayllus mehr gab, von denen sie sich ihre Hauptfrauen hätten nehmen können, verfielen sie auf Inzest, um die Thronfolge zu regeln. Legitimiert wurde dies am Beispiel des Mondes als Schwester und Frau der männlichen Sonne, wobei die Venus zum Gestirn des jeweiligen Prinzen oder der Prinzessin erklärt wurde. Die 'Vier vereinten Teile' – *Tahua-ntin-suyo* – von Pachacutis neuem Reich erhielten nun eine Mitte im Sonnentempel *Coricancha* – Goldumfriedung – von Cusco: Von ihm aus wurden kalendarische Sonnen- und Plejadenbeobachtungen angestellt.[8] Von diesem Sonnentempel aus verliefen ein Kranz von über 40 bis zu 30 km langen, selten aber auch geraden Linien – *Ceques* –, entlang derer sich über 300 heilige Orte befanden: Häuser, Brunnen, Kanäle, Gipfel, Quellen, die manchmal mit Auf- und Untergängen von Gestirnen assoziiert waren.[9] Unzweifelhaft ist allein, dass sie Cusco als Zentrum des neuen Grossreiches inszenierten – und dass dort auch Menschenopfer, meist Kinder, dargebracht wurden.[10]

Eine Mauer mit einem handbreit eingelegten Goldblech, die auch einen 'Garten der Sonne' mit Figuren von Nahrungspflanzen und Tieren aus Edelmetall umschloss, gab der Coricancha ihren Namen. Darin standen die Statuen der Trinität der Sonne als *Inti*, *Churi Inti* ('Sohn der Sonne') und *Inti Huauque* ('Intis Bruder'). Der oft auch *Punchaw* – Der Tag – genannte Inti wurde durch die goldene Gestalt eines zehn Jahre alten Jungen in Sandale und Tunika dargestellt, der auf einer Bank sass und jeden Tag hinaus in den Hof gebracht wurde. In der Statue befand sich eine Höhlung, in die man danach all die lebenswichtigen Organe der verstorbenen Inkaherrscher gab: "Der Körper der Statue hat ein Herz aus Teig, das sich in einem goldenen Kelch befindet; der Teig besteht aus den Herzen der toten Inka, die man zu Pulver zermahlen hat ... Die Statue ist von so vielen goldenen Medaillions umgeben, dass diese, sobald die Sonne darauf scheint, aufleuchten, dass man sie selbst nicht mehr sieht, nur vom Gleissen dieser Medaillons geblendet wird."[11] Zudem befanden sich dort die Statuen der Trinität des kriegerischen Donnergottes, zu dessen Bruder Pachacuti sich erklärte, um somit einen weiteren Gott in sein Machtgefüge einzubinden. Den Frauen des Herrschers waren der Mond, ihren Kindern der Morgen- und Abendstern gewidmet.

Über ihr Verhältnis zueinander und zu anderen Gestirnen gibt eine Zeichnung Aufschluss, die man lange für die Skizze einer Bildwand in der Coricancha hielt, die es aber in dieser Form so wahrscheinlich nie gegeben hat. Von dem einheimischen Chronisten Pachacuti Yamqui um 1620 gefertigt, setzt sie vielmehr die in der Coricancha manifeste Weltsicht in europäisch inspirierte Figuren um. Sie präsentiert den Kosmos somit in Emblemen von Himmelskörpern und meteorologischen Phänomenen; kreuzförmig konzipiert, standen sich darauf weibliche und männliche Elemente symmetrisch gegenüber, während die vertikale Anordnung der Embleme die Abstammung von Viracocha und den Aufstieg der Menschheit aus der Erde von damals bis hin zur Coricancha heute vor Augen führten.[12]

Da anderswo weiterhin die nichtgöttliche Abstammung mütterlicherseits bei der Machtübergabe der lokalen Häuptlinge und Fürsten zählte, holte man sich die schönsten Töchter der Eliten im ganzen Land als Tribut, um das Aufkommen von Aufrührern zu verhindern (widerständige Ayllus wurden einfach umgesiedelt). Diese nach Cusco oder in die Provinzzentren befohlenen zwischen 10 und 14 Jahre alten Mädchen – *Acllas*, 'Die Auserwählten' – wurden zunächst in Religion, Riten, Zeremonien und im Spinnen und Weben angelernt. Sie dienten den Göttern, die Anspruch auf Frauendienst hatten, brauten Chicha für sie und brachten ihnen Essen mit den Worten: "Iss, Sonne, was deine Frauen dir gekocht haben." Streng überwacht, damit sie jungfräulich blieben – allenfalls der Herrscher durfte mit ihnen schlafen –, lebten sie so entweder wie Nonnen, um die Götter der Coricancha zu umsorgen, wurden als Nebenfrauen für Heiratsallianzen genommen oder im Laufe des Jahres geopfert.[13] Denn bei einer Thronbesteigung, der Geburt eines Prinzen, im Krankheitsfall des Herrschers, bei Epidemien oder im Krieg wurden den Göttern neben Tieren auch Menschen im Alter zwischen 10 und 23 Jahren dargebracht, in einem *Qapaqucha* – opulente Darbringung – genannten Ritus.[14]

Pachacuti ordnete laut dem Jesuitenpater Cobo überdies an, "dass überall in den von ihm unterworfenen Ländern feierlich der Sonne geweihte Tempel errichtet werden sollten. Er stattete sie mit reichlichen Einkünften aus und befahl seinen Subjekten, die Sonne zu verehren und anzubeten".[15]

Die Gebete wurden zuerst an den Schöpfergott Viracocha, dann an die Sonne selbst gerichtet: "O Schöpfer, der du uns XY gabst und befahlst, dass es Tag und Nacht werde, die Sonne aufgehe und wieder untergehe, sag deinem Sohn, der Sonne, er solle friedlich in der Morgendämmerung aufgehen. Beschütze ihn, auf dass er auf die Menschen leuchte, die du erschaffen hast. O Schöpfer!

O Sonne. Du, der du in Sicherheit und in Frieden weilst, scheine auf diese Leute, über die du wachst. Beschütze sie vor Krankheit. Bewahre sie heil und sicher!"[16]

Wie man sich diese von oben verordneten Zeremonien vorzustellen hat, verrät ein Augenzeugenbericht zur Erntefeier von 600 Sonnenanbetern im April 1535, die kurz nach dem Äquinoktium in Cusco stattfand: "Da waren nur die Adeligen, sehr reich gekleidet in ihren Mänteln und Tunikas mit eingewebtem Silber. Sie trugen Armreifen und die Scheiben auf ihrem Kopf waren aus bestem Gold und glänzten überaus. Sie standen in zwei Reihen, jeweils dreihundert hohe Herren in einer. Es glich einer Prozession, die einen rechts, die anderen links, alle zusammen schweigend auf den Sonnenaufgang wartend. War sie noch nicht ganz oben, begannen sie langsam und ganz geordnet und harmonisch einen Gesang anzustimmen; und während sie sangen, gingen sie vorwärts ... Je höher die Sonne stieg, desto kräftiger wurde ihr Gesang. Der Inka hatte ein Sonnensegel über einer Einfriedung mit einem sehr schönen Thron, ein Stück weit von der Reihe der anderen. Als das Singen begann, erhob er sich mit grosser Autorität und stellte sich an ihre Spitze; er war der Erste, der zu singen begonnen hatte, die anderen stimmten erst dann ein ... Und so sangen sie, von dem Moment an, wo die Sonne aufging, bis zu ihrem vollständigen Untergang. Und da die Sonne bis Mittag am Himmel stieg, wurden auch ihre Stimmen lauter und höher – und erst am Nachmittag allmählich sanfter, immer im Einklang mit dem Lauf der Sonne."[17]

Ganz ersetzen konnte der Sonnenkult die vorherigen Kulte nicht; meist koexistierten sie, wie jener an der Küste um Pachacamac mit jenen um die Sonne oder Viracocha. Das *Manuskript von Huarochirí* zeigt, dass Sonnengott und Pachacamac in ihren rivalisierenden Rollen einfach nebeneinandergestellt wurden und jeder für seine Region behaupten konnte, "die Inka gemacht zu haben".[18]

Gemacht hatten die Inka jedoch den Sonnenkult. Wie manipulativ und irreligiös er seitens der Herrscher angelegt war, demonstriert die Aussage des letzten Inkaherrschers Tupaq Amaru, der 1572 gefangen genommen wurde, seinem alten Glauben abschwörte und zum Christentum übertrat, ohne dass dies seine Exekution verhindert hätte. Dennoch ist an der Ehrlichkeit seiner Aussage über die Kommunikation mit dem Sonnengott in der Coricancha wenig zu bezweifeln: "Wenn wir [meine Vorgänger und ich] sagten, dass wir nun hineingehen würden, um mit dem Sonnengott zu reden, und dass er einem befahl, dass sie tun sollten, was wir ihnen auftrugen, und dass er mit uns sprach, so war das alles eine Lüge. Denn es war nicht die Sonne, sondern wir, die sprachen, denn die Sonne ist ein Klumpen Gold und kann nicht reden. Mein Bruder Titu Cusi erklärte mir, dass, wenn ich vorhatte, den Indios irgendetwas zu verkünden, ich es so einrichten sollte, dass ich allein vor Punchaws Idol stand und keiner mit mir hineinging; und dass Punchaws Idol nicht mit mir reden würde, weil es bloss ein Klumpen Gold ist; dass ich aber danach herauskommen und den Indios sagen sollte, dass Punchaw mit mir gesprochen habe und das gesagt habe, was ich ihnen verkünden wolle, denn auf diese Weise würden sich die Indios besser mit dem abfinden, was ich ihnen dann zu tun befahl. Und dass das, was eigentlich verehrt werden sollte, das war, was sich in der Sonne Punchaw befand, nämlich die Herzen meiner Ahnen, der Inka."[19]

KALENDER

Die beiden wichtigsten Zeitpunkte im Jahresverlauf wurden über die Solstitien festgesetzt, da rund um sie die Trocken- und die Regenzeit einsetzte; markiert wurden die Wendepunkte der Sonne oft mittels Steinpfeiler. Mit dem Sonnenkult der Inkazeit wurde der Fokus dann weiter auf solare Phänomene gelenkt. Die manifestierten sich entlang sogenannter *Ceques*– Linien, die von religiösen Zentren wie der Coricancha oder Machu Picchu ausgingen, um das Umland symbolisch zu ordnen und es in *Huacas* – Heiligtümern – fest zu verankern. Allein um Cusco gab es über dreihundert Huacas, die alle etwas Materielles darstellten, in dem sich Übermenschliches manifestieren konnte: ein Gipfel, eine Quelle, ein Zusammenfluss, ein Fels, eine alte Ruine, zwei zusammengewachsene Maiskolben, ein vom Blitz gespaltener Baum.

Die allermeisten der Huacas, die sich auf Felsen bezogen, waren mit der Sonne verbunden; nach ihnen richteten Sichtlinien sich auf die Solstitien aus, manchmal auch auf die Äquinoktien, Zenit- und vielleicht sogar Nadirpunkte. Zudem lagen diese die Sonnenstände markierenden Felsen meist an fliessendem Wasser, Quellen, Bächen, Kanälen oder Flüssen, und waren bearbeitet: zu einer Art Himmelsstiege, zu einer Nische, einem Flüssigkeitsbecken oder mit Tiermotiven dekoriert.[20]

Rund um Cusco gab es etwa 14 Steinsäulen, mit denen man den jährlichen Sonnenlauf in Bezug auf die Monate unterteilen konnte. Während der Inkazeit wurden dort, wie der Jesuitenpater Cobo berichtet, "der Sonne neben täglichen Opfern auch allgemeine Opfer, einschliesslich Beten und Fasten, zu speziellen Zeiten dargebracht. Insbesondere dann, wenn die Sonne die Markierungen oder Pfosten erreichte, welche die Monate bestimmten, wurden dem Sonnengott Opfer dargebracht." Da war auch ein gutes Stück Politik dabei: Ein Staat manifestiert sich auch, indem er Zeit – Feste, Feiern, Monate – festsetzt und die astronomischen Beobachtungen dazu einer Elite überträgt.

Vor und nach den Inka war und blieb ein simpler Kalender in Gebrauch, der das Jahr eher unsystematisch in zwölf Monate unterteilte. Gemäss der Doppelbedeutung von *Killa* – Mond und Monat – begannen sie wahrscheinlich jeweils mit der ersten Sichtbarkeit des Neumondes, dauerten rund 29 Tage und ergaben ein Mondjahr von 354 Tagen. Die auf das Sonnenjahr noch fehlenden 11 Tage waren unwesentlich, da zur Bestimmung des neuen Jahres der mehrwöchige Untergang der Plejaden genügte, die man Ende April das letzte Mal am Himmel sah. Mit dem nächsten Neumond im Mai (oder nach dem Solstitium im Juni) konnte das neue

Jahr dann wieder beginnen, ohne dass sich wesentlich etwas verschoben hätte.[21]

Erst Pachacuti führte im Zuge seiner Restrukturierungen einen systematischen Sonnenkalender samt den dafür nötigen Observationen an Pfeilern oder Schattenstäben ein, um damit den alten, wandernden Mondkalender abzulösen. Für die Festsetzung der Feiern und Feste wurden nun eigene, lokale Spezialisten bestimmt, die sie mittels relativ simpler Schattenmesser festsetzten. So wurde nun "ein Mann aus dem Ayllu als Würdenträger für diese Funktion ausgesucht. Seit frühen Zeiten [mehr als einem Jahrhundert seit Pachacuti] waren dies nur ein oder zwei Leute, deren [nur vererbbarer] Titel *Yanca* ['Priester'] war. Der Titel war in allen Dörfern vergeben: Der Mann dort observierte dann den Lauf der Sonne, das heisst, den Schatten, den eine genau ausgerichtete Mauer in der Sonne warf. Wenn die Sonnenstrahlen diese genau [als Sonnenuhr] eingerichtete Mauer berührten, verkündete er den Leuten: 'Jetzt müssen wir gehen'".[22]

Laut den spanischen Chronisten Betanzos und Ondegardo begann das Jahr jetzt mit dem Solstitium im Dezember und hatte nun 12 Monate zu je 30 Tagen, wobei nach Bedarf am Jahresende Tage eingeschoben wurden, um wieder mit dem Solstitium im Dezember neu zu beginnen.[23] Mit der spanischen Eroberung kam dann der europäische Kalender in Gebrauch – während die Bevölkerung sich jedoch weiterhin am Solstitium des Juni und dem Plejadenaufgang orientierte, die bis heute ihre symbolische Bedeutung nicht verloren haben.

Wirklich bestimmend blieb allein das agrarische Jahr – alles andere scheint weniger wichtig gewesen zu sein, wie Pater Cobo berichtet: "Sie zählten weder ihre Lebensjahre noch die Dauer ihrer Erfolge und hatten auch keinen fixen Zeitpunkt, von dem aus sie Ereignisse bestimmten, so wie wir, wenn wir von der Geburt unseres Herrn Jesus Christus aus die Jahre zählen. Dazu hat es noch nie einen Indio gegeben, und es wird auch heute kaum einen geben, der weiss, wie alt er ist, und noch weniger, wie viel Zeit seit einem erinnernswerten Ereignisse vergangen ist. Wenn man sie über Vergangenes befragt, etwa, was vor vier oder sechs Jahren geschehen ist, antworten sie für gewöhnlich, dass es *ñaupapacha* geschah, was heisst, in der Vergangenheit; die gleiche Antwort geben sie in Bezug auf Dinge, die sich vor zwanzig, vor hundert oder vor tausend Jahren ereigneten, ausser wenn es sich um etwas ganz Altes handelt: Dann geben sie einem dies durch einen bestimmten Tonfall und die Wortwahl zu verstehen."[24]

Kalendarisch ebenso bedeutsam waren manche Gestirne, vorrangig die Plejaden und die Dunkelwolke Des Lamas in der Milchstrasse, als himmlische Quellen allen pflanzlichen und tierischen Lebens. Verschwanden die Plejaden zur Erntezeit um den 19. April für 40 bis 50 Tage[25] hinter dem Horizont und stiegen damit in die Unterwelt ab, so wurde ihnen an einem heiligen Ort ein Mädchen geopfert. Da die Sonne in Cusco stets am 26. April ihren Nadir erreichte, wurde in der Inkazeit ein grosses Erntefest gefeiert, das offenbar am 19. April begann und am 26. April aufhörte.[26] Ähnliches geschah bei ihrem Wiedererscheinen, das auf die Tage um die Sonnenwende im Juni fiel: Da wurde die Rückkehr der Fruchtbarkeit aus der Unterwelt und das damit neuerlich beginnen könnende landwirtschaftliche Jahr ebenso zelebriert wie die Sonnenwende, die nunmehr den Anfang der Regenzeit markierte.

Die Dunkelwolke Der Lamamutter in der Milchstrasse – die wie die Plejaden *Kata Chillay* genannt wurde, um damit etwas prototypisch Lebensspendendes zu bezeichnen – war hingegen spezifisch mit Festen im April und Ende Oktober verbunden, die der Bewältigung der Trockenzeit und dem Dank für die Regenzeit dienten.

Generell gilt, dass die trockenen Wintermonate der Sonne geweiht waren und als männlich angesehen wurden, gemäss der symbolischen Gegensätzlichkeit der Andenkultur, in der dem Männlichen die höchsten Ehren zustanden. Die nassen Sommermonate von September bis April hingegen, in denen angepflanzt wurde und alles wuchs, waren dem Mond geweiht und unterstanden dem weiblichen Prinzip.[27]

DIE SCHÖPFUNGSMYTHEN UM VIRACOCHA, CUNIRAYA, CON UND PACHACAMAC

Die auf den Sonnengott zentrierte Kosmogonie der Inka arbeitete die vorhergehenden Schöpfungsmythen um Viracocha, Cuniraya und Con nur insofern um, als darin der erste Inkaherrscher Manco Capac und seine Frau Mama Ocllo die demiurgische und zivilisierende Rolle einnahmen, die zuvor Schöpfergötter wie Viracocha, Cuniraya und Con innehatten.

So überliefert der aus dem Herrscherhaus der Inka stammende und in Spanien erzogene Garcilaso de la Vega: "In lang vergangenen Zeiten gab es nichts als Wildnis und die Leute lebten wie die wilden Tiere. Es gab keine Dörfer, keine Häuser und keine bestellten Felder. Keiner trug richtige Kleider, weil noch niemand sich auf das Weben von Baumwolle oder Wolle verstand. Wo immer sie Schutz fanden, ob unter einem Felsüberhang oder in Erdhöhlen, lebten sie zu zweit oder zu dritt zusammen. Wie die Tiere assen sie wilde Pflanzen und Baumwurzeln und auch wild wachsende Früchte; und sie assen auch Menschenfleisch. Sie bedeckten ihre Körper mit Blättern und Rinden und Fellen, und manche gingen sogar nackt. Sie waren wie Hirsch und Reh, Geschöpfe der Wildnis, und wie die Tiere führten sie auch keine richtigen Ehen, sondern lebten zuerst mit der und dann mit jener.

Doch Unser Vater Sonne hatte Mitleid mit ihnen und schickte seinen eigenen Sohn und seine Tochter [die er mit der Mondgöttin gezeugt hatte] vom Himmel herab, damit sie die Leute lehrten, Sonne anzubeten, ihnen Gesetze gaben, nach denen sie leben sollten, und ihnen zeigten, wie man Dörfer baut, Äcker bestellt und Vieh züchtet.

Unser Vater Sonne schickte seine zwei Kinder zum Titicacasee hinab und befahl ihnen, von da aus in jede Richtung loszuziehen, in die sie wollten. Doch wo immer sie zum Essen oder Schlafen stehen blieben, sollten sie einen goldenen Stab in den Boden bohren, der halb so lang wie ein Männerarm und zwei Finger dick war und den er ihnen als heiliges Zeichen mitgab. Wo immer ein einziger Stoss genügte, um den Stab völlig in die Erde dringen zu lassen, dort sollten sie dann ihre Stadt und den Königshof gründen."[28]

Die durch einen solch goldenen Sonnenstrahl gefundene Stadt war natürlich Cusco. Von dieser Herrschaftspropaganda ausgespart bleibt jedoch die eigentliche Kosmogonie, die in den Regionen des Reiches in auf unterschiedliche Götter bezogenen, einander sehr ähnlichen Mythen erzählt wurde. Sie variiert den auf dem gesamten nord-, mittel- und südamerikanischen Kontinent verbreiteten Emergenzmythos, der anders als sonst nur zwei Vorwelten samt zwei Schöpfungen von Leben kennt.

Die folgende Version basiert auf der Wiedergabe von Betanzos, der durch seine Frau direkten Zugang zur oralen Tradition der Inkaherrscher hatte, in Klammern ergänzt durch Motive aus anderen Berichten, bei denen die biblische Sintflut bereits vermischt ist mit der schon von den Azteken und Maya bekannten Flut und Umkehrung der Welt.

In diesem Mythos steht der Schöpfergott Viracocha im Mittelpunkt. Sein Name leitet sich möglicherweise von Aymara *Wila Quta* – Blutsee – ab,[29] besitzt aber auch auf Quechua einen breiten Bedeutungshof. So kann es sich bei *Vira* um eine Silbenumkehr von *Wari* – Menschen alter Zeiten – handeln, die aus dem Wasser auf die Erde kamen. Oder er benennt eine Kraft, deren kreative Macht *Vira* (Fett, Schaum, Blut[30]) in einer *Cocha* (Wasser-, Meeres- oder sonst einem Becken) generiert, um dadurch grosse Quantitäten an luxuriöser und lebensspendender Nahrung zu suggerieren: ob Bierschaum, das Sprudeln von reichlich fliessendem Wasser oder Fett, das schon bei den alten Griechen als nahrhafte Delikatesse begehrt war und als Lamafett eine in den Anden beliebte Opfergabe darstellte. Seinen Ursprung hatte dieser Schaum wahrscheinlich in der Zubereitung von Kräutern und aromatischen Pflanzen, die heute noch am Titicacasee bei Ritualen dargebracht werden.

Viracochas voller Name mitsamt allen Titeln war *Con* (zugleich der Name eines älteren Schöpfergottes), *Tiki* ('Fundament, Anfang, Ursache') *Titi* ('Puma') oder *Tiksi* ('kristallen'), *Illya* ('Licht'), *Pacha* ('Erde'; was sich auch auf den Schöpfergott Pachacamac bezieht) und *Yachachic* ('Lehrer').[31]

VIRACOCHAS WELTSCHÖPFUNG

"In uralten Zeiten, so heisst es, war der Gott Con Tiki Viracocha heraufgestiegen und hatte bei diesem ersten Mal den Himmel und die Erde geschaffen, aber alles andere im Dunkeln gelassen. Im Land und den Provinzen Perus war es finster; es gab weder Licht noch Tag. (Dann malte und behaute er Modelle für eine Rasse von Riesen. Viracocha wollte sehen, ob es eine gute Idee war, richtige Menschen dieser Grösse zu machen, weshalb er Riesen nach seinem Ebenbild erschuf, die diese Welt der Dunkelheit bewohnten.) Sie hatten einen Herrn über sich, der sie beherrschte und dem sie unterworfen waren. Die Namen dieser Leute und ihres Herrschers hat man vergessen. (Ihnen war befohlen worden, ohne Streit zu leben und Viracocha zu gehorchen und zu dienen.) Doch diese Leute taten Viracocha irgendeinen schlechten Dienst und da er darüber zornig war, kehrte er zurück, indem er wie beim letzten Mal heraufstieg, im Titicacasee in der Provinz Collasuyo. In seiner Wut verwandelte er die, die er als Erstes geschaffen hatte, zu Stein, zusammen mit ihrem Herrscher, zur Strafe, dass sie ihn verärgert hatten. (Die steinernen Monumente von Tiahuanaco bezeugen die Erinnerung an dieses Ereignis. Andere Riesen wurden von der Erde und dem Meer verschluckt. Das Land wurde von einer allgemeinen Flut namens 'Unu Pachacuti' überschwemmt, was 'Das Wasser, das das Land umkehrt' bedeutet. Es regnete sechzig Tage und Nächte. Manche glauben, dass dabei alles Erschaffene unterging, andere aber sagen, dass ein Mann und eine Frau in einer Schachtel oder Trommel entkamen, die auf den ansteigenden Wassern schwamm. Als die Wasser wieder fielen, wurde diese Schachtel bei Tiahuanaco angeschwemmt.) Als Viracocha da in dieser Zeit der vollkommenen Nacht in dem See in diesem Land Peru heraufstieg, brachte er ein paar Leute mit, aber niemand weiss mehr, wie viele. Nachdem er aus dem See herausgekommen war, ging er zu einer Stadt namens Tiahuanaco in der oben erwähnten Provinz von Collao. Als er und seine Leute dort ankamen (war es noch finster. Also machte er dort die Sonne, den Mond und die Sterne, denen er befahl, zur Insel des Titicaca zu gehen, die in der Nähe ist, und von dort in den Himmel aufzusteigen. Und die Sonne stieg auf als äusserst glänzender Mann.)[32] Er befahl ihr, den Lauf zu nehmen, den sie nimmt. Nach ihr hatte er, so wird es erzählt, die Sterne und den Mond gemacht. Diese Dinge stiegen alle nacheinander zum Himmel auf und wurden dort in ihren Positionen festgemacht. Der Mond war heller als die Sonne gemacht worden, was die Sonne, sobald sie zum Himmel emporgestiegen war, eifersüchtig werden liess. Deshalb warf die Sonne dem Mond eine Handvoll Asche ins Gesicht, die ihm die schattierte Farbe gab, die er heute zeigt.[33]

Nachdem das getan war, dort in Tiahuanaco, machte er ein paar Leute aus Stein als eine Art Modell für die, die er danach erschaffen würde. (Ein paar Riesen der ersten Rasse, 'Söhne' oder 'Brüder' genannt, hatte Viracocha am Leben gelassen, damit sie ihm dabei helfen konnten. Dieses neue Volk war besser als das vorherige und von Viracochas Grösse, der so gross war wie ein durchschnittlicher Mensch. Es wurde aus formbaren Steinen [Bims?] gemacht, die man auf den Hügeln am Seeufer findet. Viracocha bemalte und bearbeitete Modelle aus Stein und Ton für diese nächste Rasse von Leuten.) Er erschuf auch einen Häuptling, um zu regieren und sie zu beherrschen und viele Frauen, manche schwanger, die anderen bereits entbunden. Als er all diese Leute aus Stein erschaffen hatte, stellte er sie an einem eigenen Ort zur Seite und schuf dann eine andere Provinz von Leuten auf die erwähnte Weise. Derart machte er ein anderes Volk von Peru und seinen Provinzen dort in Tiahuanaco, indem er es aus Stein zurechthaute. (Jedes Reich erhielt so seine eigene Sprache, seine eigenen Lieder und Samen zur Saat. Es bekam auch seine jeweiligen Trachten und die dafür typischen Frisuren.) Nachdem er mit allem fertig war, befahl er denen, die er bei sich hatte, nun zu gehen; nur zwei blieben bei ihm. Die beiden, die noch da waren, instruierte er, die steinernen Ebenbilder genau anzuschauen, während er ihnen die Namen nannte, die er jedem davon gegeben hatte, auf sie zeigte und sagte: 'Diese werden so und so genannt werden und aus der und der Quelle heraussteigen, in der und der Provinz, und sich dort niederlassen und vermehren, und die anderen werden aus dieser oder jener Höhle herauskommen und so und so genannt werden und sich in der und der Provinz niederlassen. Sie müssen genauso, wie ich sie gemalt und aus Stein gestaltet habe, aus den Quellen und Flüssen und Höhlen und Bergen herauskommen, in den Provinzen, die ich euch benannt und gesagt habe. Alle werdet ihr jetzt losziehen, und zwar in die Richtung', sagte er und zeigte zum Sonnenaufgang, indem er jeden einzeln beiseite nahm und ihm die Richtung zeigte, der er folgen sollte.

(So zogen Con Tiki Viracocha und seine beiden Gehilfen durch das Land, um die Menschen herauszurufen, damit sie es bevölkerten, zur aufgehenden Sonne hin. Der eine seiner Gehilfen, Imaymana, wanderte die Grenze zwischen den Gebirgen und dem Dschungel entlang, um dort alle Bäume, Blumen und Früchte hervorzubringen, der andere, Tocapu, wanderte an der Meeresküste entlang, um den Menschen dort alles über die Weberei und die Keramik beizubringen: Sein Name bezeichnet die geometrischen Muster auf den Stoffen. Viracocha selbst nahm den mittleren Weg über die Hochebenen nach Cusco, dem Flusslauf des Vilcanota folgend. Sie benannten all die Stämme, Plätze und Dinge, an denen sie vorbeikamen. Und sobald ihre Stimmen erschallten, gehorchte jeder Ort und die Menschen kamen hervor, manche aus Seen, andere aus Quellen, Höhlen, Bäumen, Felsen oder Hügeln, sich über das Land ausbreitend und vermehrend, sodass aus ihnen die heutigen Regionen Perus wurden.

Die Urahnen der Inka bestanden aus acht Geschwistern, die aus einer Höhle eines Berges oder dem mittleren von drei Fenstern einer Raststätte am Weg kamen, die Tambo-toco heisst und sich unweit von Pacaric-tambo ['Raststätte des Anfangs', 32 km südlich von Cusco] befindet.)"[34]

Als Kulturheros in Gestalt eines wandernden Bettlers befiehlt Viracocha den Menschen überall, aus ihren *Pacarinas* – unterirdischen Ursprungsorten – hervorvorzukommen; er richtet die Welt so ein, wie sie heute ist, vollbringt Wunder und belehrt die Menschen. Über das Ende seiner Taten berichtet Sarmiento de Gamboa: "Auf diese Weise erreichte er das Gebiet um den Äquator, wo heute Puerto Viejo und Manta sind [in Ecuador]. Dort schlossen sich seine Diener ihm wieder an. Da er vorhatte, das Land Peru zu verlassen, hielt er eine Rede für all die, die er erschaffen hatte, und teilte ihnen mit, was alles geschehen würde. Er sagte ihnen, dass Leute kommen würden, die behaupten würden, Viracocha zu sein, ihr Schöpfer, doch dass sie ihnen keinen

Glauben schenken sollten; er würde ihnen dann beizeiten seine Boten schicken, die sie schützen und belehren würden. Als seine Rede zu Ende war, schritt er hinaus aufs Meer mit seinen zwei Gehilfen und ging übers Wasser, als wäre es Land, ohne zu sinken. Sie erschienen einem wie Schaum auf dem Wasser, weshalb die Leute ihnen den Namen Viracocha gaben, was so viel bedeutet wie Fett oder Gischt des Meeres."[35]

Einmal am Rand der Welt ganz am Meer draussen angekommen, stieg er, wie alle Schöpfergötter vor ihm, zum Himmel hinauf. Viracochas zwei Gehilfen personifizieren dabei, dass es sowohl an der Küste wie im Osten bereits andere, lang etablierte Schöpfungsmythen gab, die er sich zu Diensten machte. So überformte der von den Inka propagierte Mythos bloss jenen in der Küstenregion verbreiteten um Cuniraya Viracocha, wie ihn das *Manuskript von Huarochirí* festhält. Er beginnt ebenfalls in einer finsteren Welt, deren Bewohner *Purum Runa* – Leute der Trostlosigkeit – miteinander im Dauerstreit liegen. Auf ein Wort Cunirayas hin werden dann Äcker, Stufenterrassen zum Anbau, Bewässerungskanäle und Dörfer geschaffen. Er zieht ebenfalls als wandernder Bettler durchs Land, gebärdet sich jedoch als schelmischer und schürzenjägerischer Kulturheros weit impulsiver als Viracocha, der da etwas staatstragender dargestellt wurde. Und auch die Flut bricht als Ozean über das Land herein, aus dem nur noch der Gipfel des Villca Coto herausragt, auf den sich ein einzelner Viehzüchter mit seinem Lama retten konnte: Aus ihnen gingen die heutigen Menschen und ihre Herden hervor.[36]

Cuniraya selbst war wiederum Con in neuer Gestalt, ein Gott aus der Zeit der Scharrbilder von Nasca, der – mit der ihm den Namen gebenden Hitze – das Land dort in Wüste verwandelt hatte. Con agiert ähnlich wie Cuniraya und Con Tiki Viracocha nach ihm, entstammt mit seiner Genealogie jedoch einem anderen Paradigma.

CONS WELTSCHÖPFUNG

Ein spanischer Bericht fasst den Mythos um Con so zusammen: "Es wird erzählt, dass aus dem Norden ein Mann ohne Knochen und Gelenke kam, der die Wege, auf denen er wanderte, verlängern oder verkürzen konnte, ganz wie er wollte, und dass er auch nach Belieben Berge erheben oder plätten konnte. Der Mann erschuf die Indios dieser Zeit, und weil ihn die Bewohner der Hochebenen verärgert hatten, liess er ihr Land zu Sand werden, so, wie es heute ist. Er bestimmte, dass dort nie Regen niedergehen solle, schickte ihnen aber Flüsse, die dorthin flossen, damit sie wenigstens Wasser hatten, um trinken und sich abkühlen zu können. Dieser Mann hiess Con und er war das Kind der Sonne und des Mondes. Sie hielten ihn für einen Gott und beteten ihn an; und sie sagen, dass er für die Leute, die er erschuf, Gräser und wilde Früchte zur Nahrung gab."[37]

Con wanderte danach die Küste hinauf und wieder hinunter, um dann ins Meer hinauszugehen und in den Himmel zu steigen.

Das Formlose dieses Gottes prägt auch den Viracocha der Inka, der Licht und Wasser und Fett samt dem Zyklischen und Fluiden ihrer Natur repräsentiert. Deshalb stellt ihn der einheimische Chronist Pachacuti Yamqui auf seinem Altarbild als reines Oval dar, soll heissen: gestaltlos – und als Quelle aller Dinge.[38]

Nachdem Con einmal von der Erde verschwunden war, tauchte ein zusätzlicher Schöpfergott mit einem weiteren Mythenparadigma auf: Pachacamac. Der Kult um ihn würde später an der Küste bis in die Zeit der Inka hinauf mit dem Sonnenkult rivalisieren, da auch er als Sohn der Sonne und des Mondes galt.

PACHACAMAS WELTSCHÖPFUNG

Pachacamas verwandelte zuerst die von seinem Vorgänger Con bereits erschaffenen Wesen in Affen, Füchse und andere Tiere und schuf hierauf Mann und Frau. Dieser Mann starb jedoch vor Hunger, worauf die Frau die Sonne um Nahrung anbetete, ohne dass sie erhört wurde: Stattdessen wurde sie von einem Sonnenstrahl [dem Donnergott] geschwängert und brachte einen Buben zur Welt. Erzürnt darüber brachte Pachacamac den Säugling um und zerstückelte ihn. Seine Glieder wurden vergraben, begannen daraufhin aber zu keimen: Aus den Zähnen wurde der Mais, aus den Rippen und Knochen Maniok und Erdknollen, aus dem Fleisch alles Gemüse und die Früchte tragenden Bäume.

Bei einer dritten Schöpfung entstanden Menschen, die von Pachacamacs Bruder jedoch zu Stein verwandelt wurden, in die heutigen heiligen Orte und Orakel. Darauf bat Pachacamac seinen Vater, die Sonne, eine neue Generation zu erschaffen, da es keine Menschen mehr gab, um die Sonne anzubeten. Drei Eier wurden gebracht (und auch sie finden sich symbolisch in dem leeren Oval von Pachacuti Yamquis Zeichnung wieder, die Viracocha als Quelle allen Seins darstellt): Aus dem goldenen schlüpften die Herrscher und Häuptlinge, aus dem silbernen Frauen hohen Ranges, aus dem kupfernen die gewöhnlichen Männer und ihre Familien. In einer Variante dieser Geschichte sind es vier Sterne, die Pachacamac zur Erde schickt: Die beiden männlichen zeugen die Herren und die Elite, die beiden weiblichen die gewöhnlichen Leute und die Diener.[39]

In all diesen Mythen – und den Sternsagen – tauchen mit den unterschiedlichen Schöpfungsphasen und den Ungeheuern der vormaligen Zeit nicht nur viele Motive des panamerikanischen Schöpfungsmythos' auf, wie wir ihn von den Navajo und Maya kennen, sondern auch jene grundlegenden Elemente, wie sie die Schöpfungsmythen fast aller Sternenhimmelkulturen aufweisen: Vormalige, mit übernatürlichen Kräften begabte Menschen, die aus der Unterwelt an die Oberfläche steigen, um zuerst Sonne, Mond und Sterne zu erschaffen und an den Himmel zu setzen, damit sie die Erde erleuchten, um ihr danach – wie wir das insbesondere von Aborigines oder den Nördlichen Dene kennen – auf einer weltenwandlerischen Reise ihre heutige Gestalt zu verleihen. Dazu wird im *Manuskript von Huarochirí* auch eine Flut geschildert, in der sich die Menschen – wie bei den australischen Wardaman – auf einen Berg retten, um sich erst dann zu vermehren; und die dort eng mit dem Wasser verbundene Riesenschlange ist hier nun ebenfalls in der Milchstrasse zu finden.

KOSMOLOGIE

In den Anden galt und gilt die Welt als von einer vitalen Kraft belebt, die in den kolonialen Berichten meist *Camac* genannt wird. Die wie überall im indigenen Amerika in der Tradition der Schamanen stehenden Priester und Zauberheiler bezeichneten sich als *camasca*: 'voll von diesem Lebensgeist' (der meist der eines bestimmten, Trancereisen symbolisierenden Vogels war) und dementsprechend mächtig.[40] Als 'Über-Camasca' kann da schon der Schöpfergott *Pacha-Camac* – Erd | Zeit-Lebenskraft – gelten, in dem sich dieses vitale Prinzip bereits namentlich manifestiert

In Sonqo nördlich von Cusco wird dieser Lebensgeist heute *Sami* genannt und mit dem Duft beim Kochen oder von Bierschaum verglichen, was sich mit einer Deutung des Namens Viracocha als 'fett Schäumendes' deckt. Da alle Produkte von Menschenhand aus von Camac erfüllten Rohmaterialien bestehen, besitzen dann auch sie diese Quintessenz, ob es sich nun um Textilien oder Gerätschaften, die Landschaft oder die Knochen der Toten handelt. Wer Dinge herstellt, versteht das Vitale in ihnen zu verbinden und zu meistern: Deshalb wird der Schöpfergott der Inka, Viracocha, auch als Meisterweber bezeichnet.

Camac ist in allen und allem präsent und in ständigem Umlauf begriffen, ob in Form von Wasser, Wind oder Licht. Die Sonne trinkt auf ihrer nächtlichen Reise durch unterirdische Kanäle das Wasser, das sonst die Welt überfluten würde, und wird deshalb in der Regenzeit fett und bärtig wie ein wohlhabender Mann, magert in der Trockenzeit hingegen wieder ab. Der Blitzgott schöpft Wasser aus dem Fluss der Milchstrasse und schüttet es über die Erde; die in Quellen hausende schillernde Schlange des Regenbogens verteilt es fein. Der in einer Höhle in der öden Hochebene lebende Wind durchfährt das ganze Land und wirbelt es auf. Und auch das Licht ist als Sonne, Sterne, meteorologische Phänomene, Spiegelungen und Brechungen eine Manifestation Camacs als vitaler Kraft des Kosmos.[41]

Im Ethnographischen Museum von La Paz befindet sich eine bunt verzierte, *La Chuwa del Cielo* genannte Schale für Trankopfer. Mit 18 cm Durchmesser und 5 cm Höhe führt sie zu diesem Zweck ein Modell des Universums vor. Das beginnt damit, dass ihr Rand dasselbe Symbol darstellt, das auch Pachacuti Yamquis Zeichnung dominiert: nämlich einen Kreis, der den Schöpfer Viracocha symbolisiert. Dessen Name lässt sich als 'Fettquelle', 'Schäumendes Gewässer' und 'Wasserkreis' deuten – womit jedes Mal auf einen ursprünglichen, reichlichen, nährenden Lebensquell verwiesen wird, den 'Die Schale des Himmels' ebenso wie der Himmel selbst repräsentiert.

Der Schalenrand definiert den Umkreis eines kugelförmigen Kosmos, in dem der Himmel 'Die Obere Erde', *Hanan Pacha* ist. Wie ein indigener Bericht weiss, gibt es "in den Sternen dort Männer und Frauen und Schafe mit ihren Lämmern und Steisshühner und Jäger und Hirten, Mahlsteine, Raubkatzen, Hirsche".[42] Diese Obere Erde mit jenem Himmelsvolk, das wir auch von den Dene kennen, bildet das Gegenstück zur ebenfalls belebten 'Inneren Erde' *Ukhu Pacha*, in die die Toten eingehen. Dazwischen liegt unsere Erdoberfläche *Cay Pacha*, auf der Gottheiten von oben und unten intervenieren.

Zu ihnen gehört die 'Erdmutter' *Pachamama* in ihrer chthonischen Welt als Herrin über Fruchtbarkeit, Geburt und Vermehrung. Ihr zur Seite stehen viele Schutzherrinnen über einzelne Pflanzen wie Mama Oca, Mama Coca oder die 'Maismutter' Mama Sara. Deren Fortpflanzungskräfte setzen zu bestimmten Zeiten des Jahres ein, wie etwa zur Saatzeit im August. Befruchtet und angestossen werden sie dann von den männlichen Kräften des Kosmos – weshalb die Mythen der Anden oft erzählen, wie die weibliche Erde von Männern wie Pachacamac oder Viracocha bedrängt wird. Das gilt auch heute noch: Dämonische Wesen saugen nachts den Leuten das Fett – als greifbare Lebenskraft – aus dem Körper, während astrale und meteorologische Mächte – dem Schaum von fliessendem, wirbelndem Wasser vergleichbar – Erde erzeugen, sie wachsen und wuchern lassen. Der Regenbogen als Schlange Amaru stellte mit ihren zwei Köpfen vorne und hinten ebenso eine Verbindung von oben und unten her wie der Gewittergott mit seinem Blitz, der damit der Erde lebenspendende Kräfte und Regen schenkt. Noch die heutigen Macha aus Bolivien verstehen ihre Existenz als Vermittlung zwischen den Gottheiten der *Hanan* und der *Ukhu Pacha*: Um zu sein, muss man sich ihren antagonistischen Kräften stellen und beiden gerecht werden.[43]

Dieser Kosmos wird insgesamt als wässrige Kugel gesehen, in deren Mitte unsere Erdoberfläche schwimmt. Über ihr wölbt sich, von den Wolken bis zu den Sternen, ein *Lamkapu* genanntes Firmament, in dem sich das 'Obere Meer' auf dieselbe Weise findet wie das 'Untere Meer' in der 'blauen Tiefe' des *Larama ancasi*. Angerufen wurden sie in einem frühen Herrschergebet: "O Viracocha, Herr der Welt, höre mich, ob ihm Oberen Meer, in dem du weilst, oder im Unteren Meer, in dem du bist." Und sichtbar wurden sie im Hochnebel, den aufsteigenden Wolken, die dann an der Unterseite des Himmels – den Bergen – wieder abregneten.

In diesem von – auch sprachlich – mit 'Himmeln' gleichgesetzten Meeren[44] umgebenen Erdkreis gibt es wiederum viele Wasserstellen – *Pacarinas* –, ob Quellen, Flüsse oder der Titicacasee. In ihnen stiegen die mythischen Vorfahren der Menschen, Tiere, Pflanzen und Götter einst aus der weiblichen Matrix des Meeres empor an die Oberfläche. Sie gehören damit ebenso zu 'etwas Heiligem' – *Huaca* – wie Felsen, Höhlen, Mumien, Orakel, ein Schrein oder eine Gottheit.

Das einzige abstrakte Symbol unter den Figuren, mit denen Die Schale des Himmels innen am Rand entlang dekoriert ist, ist eine Spirale, an die eine Schlange anschliesst: Zudem sind beide Figuren als einzige der Schale als schwarz gepunktetes Weiss gemalt. Die Spirale an sich versinnbildlicht die Idee des Anfangs und damit der Weltschöpfung, wie sie schliesslich Viracocha zugeschrieben wurde. Wie die Schlange steht diese Spirale konkret für die sich einmal über den Himmel drehende, dann wieder am Horizont anliegende Milchstrasse, in der sie selbst als grösstes Sternbild sichtbar ist. Ursprünglich wurde sie mit der bei uns passenderweise 'Abgottschlange' genannten *Boa constrictor* – *Jatun Amaru* – identifiziert, die neben dem Jaguar und dem Regenbogen eine Herrscherinsignie der Inka war. Verbunden war sie mit dem schillernden Wettergott Illapa und seinen Regenfällen, mit Macht und Krieg, Stammes- und Verwandtschaftslinien. Für die Gesellschaften auf der Hochebene war sie eine Gottheit des Titicacasees, die zusammen mit Kröten, Eidechsen und Fischen verehrt wurde: Abgottschlangen brauchen ein feuchtes Habitat in Gewässernähe, können dann allerdings auch in Halbwüsten wie rund um den Titicacasee vorkommen.

Die Schlange dominiert, wie wir wissen, einen Arm der sich in Crux teilenden Milchstrasse. Von ihr ausgehend führen nun mehrere Sternbilder am Schalenrand – dem Horizont – entlang zum anderen Arm, in dessen Dunkelwolken der dort abgebildete Fuchs samt Der Lamamutter zu erkennen ist. Was dazwischen liegt, sind: Der Hirsch; zwei gespiegelte Pumas, die Mond- und Sonnenfinsternis symbolisieren;[45] der Morgenstern; Die Eidechse; Der Zornige, der auf den Puma schiesst; und Der Affe. Am Schalenboden – dem Zenit des Himmels – steht das Sternbild Chakana im Orion, umgeben von Menschen beim Opfern und Lamas.

Auffällig ist, dass auf dieser Schale die als Urmutter aller Sterne geltenden Plejaden fehlen, deren morgendlicher Aufgang im Juni das winterliche Solstitium als Wendepunkt des Jahres markierte: einer der am meisten ritualisierten Zeitpunkte im Kalender der Inka. Dieser überraschende Umstand liesse sich dadurch erklären, dass die am Schalenboden liegenden Sterne des Orion – die das Gestirn der Tragetiere bilden[46] – für eben diese Tage stehen: Denn in ihnen steigt die Sonne im Juni morgens auf. Der dadurch in den Vordergrund gerückte Blickwinkel auf heliakische Aufgänge im Osten erlaubte es dann auch, die anderen drei, sonst durch keine Berichte oder nähere Angaben verortbaren Sternbilder auf dieser Schale zu identifizieren: Die Eidechse mit Pisces beim Äquinoktium im März; Der Hirsch mit Virgo beim Äquinoktium im September; und Der Affe mit Hercules beim Solstitium im Dezember.

Damit wären die Wendepunkte des Jahres auch in Sternbildern vorgeführt, deren Zyklen sich sonst in die mit Dezember beginnende Regenzeit – *Pocoy* – und die mit Juni beginnende Trockenzeit – *Chirao* oder *Carhua* – einteilen. Auf der Hochebene hingegen sind es drei Jahreszeiten: die Regenzeit von Januar bis März, die Kälte von April bis September und die Trockenzeit von Oktober bis Dezember. Wobei die Welt heute immer noch als dreiteilig aufgefasst wird. Nur dass in der Oberen Welt *Alax Pacha*, über unserer Welt – *Cay Pacha* – nunmehr Christus und die Heiligen angesiedelt sind und die ehemaligen Götter jetzt als Teufel und Dämonen in der Unteren Welt *Manqha Pacha* (Quechua: *Ukhu Pacha*) stecken, die jedoch ihre hervorbringende Macht ebensowenig verloren hat wie die Obere Welt ihre belebende und beseelende Kraft.[47]

EROBERUNG DURCH DIE SPANIER UND BERICHTE ÜBER DIE INKA

Nachdem Mittelamerika bereits von Cortez geplündert worden war, segelten Francisco Pizarro und seine spanischen Glücksritter von ihrem Stützpunkt in Panama aus die Westküste Südamerikas entlang, da sie von einem reichen Land im Süden gehört hatten. Das erste Dorf an der heutigen kolumbianischen Grenze, an dem sie ankerten, hiess Cariguo Peruquete, der erste Häuptling, auf den sie trafen, Birú: Vielleicht rührt der Name 'Peru' von daher.

Als die Spanier 1526 das erste Mal in Tumbes und anderen peruanischen Häfen anlegten, erblickten sie ein blühend reiches Land mit kleinen 'Kamelen' oder übergrossen 'Schafen', goldenen 'Tempeln' und guter Herrschaft, ohne Armut und Hunger: Das Reich der Inka verlief von Südkolumbien, Ecuador und Peru, Bolivien und Chile bis nach Westargentinien und war nach dem Kaiserreich der chinesischen Ming das zweitgrösste der Welt. Sie hatten 30 000 km an gepflasterten Strassen samt Raststätten und Depots gebaut, um in einem 10 Millionen km^2 grossen Reich Truppen aufmarschiere zu lasssen, Steuern einzutreiben und Botschaften schicken zu können. Als Pizarro 1531 mit ein paar hundert Soldaten zurückkehrte, war Tumbes eine ausgestorbene Stadt. Die von ihnen zuvor eingeschleppten Pocken, Windpocken und die Grippe hatten den Herrscher Huayna Capac samt seinem Thronfolger, den halben Hof und die Hälfte der Bevölkerung seines Reiches umgebracht.

Das hatte einen Bürgerkrieg um die Macht ausgelöst, aus dem Atahuallpa gerade als Gewinner hervorging, ohne sich weiter für die fremden Eindringlinge zu interessieren. Informiert davon, dass es sich um faule Briganten handelte, aber neugierig auf ihre "grossen Lamas", lockte er sie nach Cajamarca, um sich ihrer und ihrer Pferde zu bemächtigen und seinen Triumphzug nach Cusco fortzusetzen. Einen Kopf grösser als die kleinen Spanier, arrogant und auf keinen Ratgeber hörend, hatte er damit seine eigene Falle errichtet. Die Spanier kaperten die Festung, und während er das grösste Lösegeld an Gold und Silber der Weltgeschichte aufbrachte, wartete Pizarro auf Verstärkung und liess Atahuallpa garottieren.

Zehn Jahre später waren Pizarro und die meisten seiner Konquistadoren tot, aber ein Grossteil des Inkareiches unter spanischer Kontrolle. Relativ unabhängig blieb nur das Gebiet um Vilcabamba, bis Vizekönig Francisco Toledo von Philipp II. mit dem Auftrag nach Peru geschickt wurde, seine Bewohner gerecht zu behandeln, zugleich aber den Bergbau zu intensivieren, um die europäischen Kriege Kastiliens bezahlen zu können. Daraufhin wurde Vilcabambas letzter König Tupaq Amaru geköpft, Zwangsdeportationen der ländlichen Bevölkerung in Städte durchgeführt und ein gnadenloses Arbeitsregime etabliert, das die Indigenen in die toxischen Quecksilber- und Silberminen schickte. Der bolivianische Silberberg von Potosí wurde so in Spanien zum geflügelten Wort für 'Reichtum'.

Unter diesen brandschatzenden Söldnern und kolonialen Ausbeutern waren aber manchmal Leute, die dieser bis dahin völlig ungeahnten Neuen Welt mit Neugier begegneten und einem, wenngleich durch katholische Brillen gefärbten, wachen Interesse. Der offiziell von Toledo eingesetzte Geschichtsschreiber Sarmiento de Gamboa etwa verdammte zunächst die Inka als Tyrannen, um dadurch die spanische Eroberung des Landes zu rechtfertigen, fand die Informationen über die Inkas dann aber so faszinierend, dass er mit seinen vielen Details dennoch eine gute und wichtige Quelle abgibt. Doch dann gab es Leute wie Juan de Betanzos, der Atahuallpas Cousine Cusirimay geheiratet hatte und bald fliessend Quechua sprach, Polo de Ondegardo, einen Magistraten in Cusco, der die lokalen Sitten und Gebräuche dokumentierte, oder den Jesuiten Bernabé Cobo, der Ondegardo und viele andere Quellen in seiner 1653 fertiggestellten vierbändigen *Historia del Nuevo Mundo* zusammenführte.

Garcilaso de la Vega wiederum war der illegitime Sohn eines Konquistadors und einer Cousine des letzten unabhängigen Inkakönigs Huayna Capac. Hochgebildet und seit seinen Zwanzigern in Spanien lebend, kam für ihn der Untergang des Inkareiches dem Fall Roms durch die Barbaren gleich. In elegantem Spanisch samt Verweisen auf Montaigne oder Thomas Morus porträtierte er die Inka als utopische Herrscher, die Gesetz und Ordnung in ihrem Reich installiert und sich um das Wohlergehen ihrer Subjekte gekümmert hätten – was zumindest im Vergleich mit der spanischen Staatlichkeit der Wahrheit entsprach. Seine *Comentarios Reales de los Incas* von 1609 beeinflussten John Locke und später Rousseau in ihren Vorstellungen von einem gerechten sozialen Kontrakt.

Der Indigene Guaman Poma wiederum war von den Inka aus dem zentralen Hochland umgesiedelt worden, trat dann zum Christentum über, arbeitete als Übersetzer und prangerte später in seiner Chronik die korrupten Praktiken der Spanier an. Ähnlich christianisiert, schildert Pachacuti Yamqui in seinem Bericht von 1613 über das alte Königreich von Peru die Mythen der Quechua und Aymara, im Bestreben, mittelalterliche europäische Theologie mit den kosmologischen Vorstellungen der Anden zu verschmelzen. Ihm ist zudem jene wertvolle – und angesichts der seltenen figurativen Darstellungen der Inkazeit ungewöhnliche – Zeichnung zu verdanken, die die religiösen und kosmologischen Vorstellungen des Sonnentempels der Coricancha schematisch festhält. Sie liefert viele Aufschlüsse über Sternbilder, die von dem deutschen Ethnologen Lehmann-Nitsche aufgearbeitet wurden.

Sehr ergiebig ist auch das *Manuskript von Huarochirí*, das seinen Namen von einer Gemeinde auf den westlichen Andenhängen oberhalb von Lima hat. In Auftrag gegeben von dem Jesuiten de Avila, der allen lokalen Irrglauben austreiben sollte, wurden darin um 1600 von mehreren Erzählern und Auskunftspersonen stammende Sagen, Legenden und Mythen gesammelt, die öfters Bezug auf die Gestirne nehmen.[48]

GESCHICHTSBEWUSSTSEIN

An die zahllosen Schreine – *Huacas* – im Land war meist eine in die Vergangenheit zurückreichende Legende geknüpft. Vorgetragen wurden solche Sagen am Hof der Inka von Amautas, die historische Ereignisse in Form von kurzen Geschichten präsentierten, und von Harahuicus, die sie in Gedichte verwandelten, um sie zusammen mit Musik und Tanz – mittelalterlichen spanischen Cantares gleich – zur Aufführung zu bringen. Quipus wiederum – unterschiedlich gefärbte und verknotete Schnüre – dienten nicht nur als Zählsystem, sondern für einen Quipucamayoc als Gedächtnisstütze für die mündliche Überlieferung, ähnlich unseren 'Knoten im Taschentuch'. Vielleicht waren sie sogar in der Lage, einfache Subjekt-Objekt-Prädikat-Konstruktionen festzuhalten (die zu entschlüsseln damals sich niemand die Mühe machte und die sich deshalb heute kaum noch enträtseln lassen).[49] Dazu gab es eine subtile Semiotik von Tocapus, textilen Mustern samt abstrakten Geometrien der Dekorationen: Figurative Bilder auf Holz oder Stoff wurden zwar erst in der Zeit der Spanier gemalt, doch das Zusammenspiel von Farben und Formen in der Weberei war – und ist immer noch – von einer sehr nuancierten Symbolik getragen.

Die Schrift vermag in Chroniken etwas ein für allemal zu fixieren, mündliche Traditionen und bildliche Semiotiken hingegen überliefern etwas: Sie geben es von Erzähler zu Erzähler und von Muster zu Muster weiter, ohne dass es alt wird, weil es dadurch jedes Mal der Gegenwart und ihrem Umfeld angepasst wird. Allein eine Schriftkultur produziert 'totes' Wissen, während das Wissen einer oralen Kultur von ihr auf eigene Weise am Leben erhalten wird, indem das Vergangene in relevanter Weise ins Verhältnis zur Gegenwart gesetzt wird. Das zeigt sich etwa an den Vorstellungen, die vom Inkareich und der Zeit davor heute zurückgeblieben sind.[50]

Im bolivianischen Hochland werden die Menschen der Vorzeit heute *Chullpas* genannt. Sie lebten in der dämmrigen Vorwelt, über der erst in der Zeit der Inka die – von deren Kult propagierte – Sonne stand und alles erleuchtete. Die Chullpas hatten noch keine zahmen Herden besessen; ihr Vieh waren die wilden Tiere der Hügel gewesen: "Rehe waren ihre Ziegen, Vicuñas ihre Lamas, die statt gewöhnlicher Last Silber trugen, das Viscacha war ihr Esel und das Meerschweinchen ihre Kuh. Der Fuchs ihr Hund. Der Luchs ihr Löwe. Alles. Der Kondor war ihr Huhn. Und es gab Enten. Und es heisst, dass die Bergkarakara-Falken ihre Schreiber waren ..."

Da es noch keine Lamas und keine Schafe gab, kannten die Chullpas auch keine Wolle. "Ich glaube nicht, dass sie weben konnten. Und so hatten sie auch gar keine Kleider am Leib. Das Weben wurde erst erfunden, als die Sonne erschien. Es heisst ja, dass es in den Zeiten damals noch kein Sehen mit dem Sonnenlicht gab. In der damaligen Zeit schien bloss der Mond und sein Licht genügte ihnen für ihre Leben ... Es waren nackte Leute! ... Und dann wurde es warm ... mit der Sonne ... und sie begannen zu weben. Doch davor liefen sie herum wie die Tiere. So wird es erzählt. Und mit der Sonne kamen auch die Farben der Weberei ... sie leuchteten wie Sonnenlicht."

Die Chullpas hatten ihre Häuser auf der, wie sie dachten, sonnenabgewandten Seite errichtet, als eines Tages, so unerwartet wie plötzlich, die neue Sonne, glühenden Kohlen eines Feuers gleich, im Osten aufging und sie alle verbrannte. "'Die Sonne wird auf der anderen Seite aufsteigen', hatte es geheissen. Doch Vater Sonne stieg auf ihrer Seite auf; er machte diesen Laut dabei, *P'aq p'aq*, und dann starben sie." Sie blieben laut den in Qaqachaka kursierenden Legenden als vertrocknete Mumien in jenen schattigen Stellen zurück, in denen man sie heute findet, unweit ihrer furchteinflössenden Ruinen.

Und mit der Sonne kamen die Inka mit ihren Herden. Diese Tiere jedoch waren keine gewöhnlichen Tiere, sondern besondere Steine, die sich bewegten. Der Inka musste bloss pfeifen oder mit seinem Herrscherstab fuchteln und schon begannen diese Steine sich aus freiem Willen zu bewegen und gaben den schweren trägen Laut *Luxlux* von sich. All die alten steinernen Bauten, von den Stufenterrassen über die gepflasterten Wege bis zu den Gehegen zur Paarung, sollen deshalb aus der Inkazeit stammen.[51]

DAS WEITERLEBEN DER ANDENKULTUR

Wie in Mittelamerika auch hat die Eroberung Südamerikas durch Spanier und Portugiesen den Indigenen nur wenig Gutes gebracht. Ihre Traditionen wurden überformt, nicht zuletzt dank der katholischen Kirche; doch da, wo die Leute arm blieben, konnte die Kolonialisierung die einzelnen Kulturen trotz aller Ausbeutung nicht zerschlagen. Aymara und Quechua sind als Sprachen in einzelnen Regionen weiterhin ebenso lebendig wie der Animismus in den weiterhin nach traditionellen Ayllus organisierten Gemeinden. Die göttlichen Berge reden und streiten immer noch miteinander wie die versteinerten Ahnen an ihren Plätzen; sie beeinflussen das Leben von Mensch und Tier noch im gleichen Masse wie die Gestirne. Doch sind die unterschiedlichsten Heiligen, Christus und die Jungfrau Maria hinzugekommen: Sie ist nicht nur an die Stelle Pachamamas getreten, sondern hat auch die damit verbundenen Bräuche durchsetzt. Gab es zuvor gegenseitig veranstaltete der Ayllus mit Banketten und Schaukämpfen, so hat sich dies in jährliche Pilgerfahrten und Prozessionen katholischer Heiliger verwandelt.

Dieser Synkretismus zeigt sich etwa darin, dass zuvor die Toten an ihren Ursprung in die Erde zurückkehrten. Mit den christlichen Dogmen von Hölle und Himmel gelangen sie nun dorthin: und zwar zu astralen Kreuzen, die zuvor andere Symboliken hatten, und schliesslich in die beiden dafür bestimmten Kontinente der Magellanschen Wolken. Das christliche Konzept der Sünde wurde ebenfalls neu interpretiert: Sie bildet nun verdammte Seelen heraus, *Condenados* oder *Kukuchis*, die sich wegen ihres sündenbeladenen Körpers nicht von ihm zu trennen vermögen. Als faulig verwesende Untote geistern sie so durch die Nacht, getrieben davon, menschliches Fleisch zu essen; sie wollen zwar hinauf in den Himmel, aber kommen nicht weiter als bis zu den Gletschern – weshalb es beim *Qoyllur Riti*, dem immer noch Tausende Leute anziehenden Fest der Plejaden, auch darum geht, diesen Kukuchis zu trotzen.[52]

Anders als der Koran verdammt die Bibel die Verehrung von Gestirnen nicht – weshalb die Astrologie seit dem Mittelalter eine angesehene und relevante Praxis war. Ansonsten blieb das Christentum den Gestirnen gegenüber gleichgültig, was dem Sternenglauben in den Anden zugutekam.

So erklärt bereits das *Manuskript von Huarochirí* die Potenz der Gestirne (samt dem dabei zu erwartenden Eigennutz bei ihrer Anbetung): "Früher einmal verehrten nur ein Teil der Leute die Gestirne [als Mächte], die beleben und erschaffen. Die anderen begaben sich zu den ihnen heiligen Orten [und vollzogen dort ihre Riten], nur in der Hoffnung, ihre eigenen Kräfte zu vermehren. Wenn die Sterne dann [morgens] aufgingen, brachte man ihnen seine Verehrung dar, indem man die ganze Nacht aufblieb."[53]

Die Art und Weise der Anbetung beschreiben Cobo und Ondegardo: "Man betete zu Viracocha, zur Sonne und zu den Sternen immer auf dieselbe Weise: indem man seine Hände ausbreitete und einen gewissen Laut mit den Lippen machte (einem Kuss ähnlich) und sich dann erbat, was man wünschte; und indem man Opfer darbrachte. Im Angesicht der Götter ihrer Tempel und Huacas, senkten sie die Köpfe und Körper, um damit zutiefste Demütigkeit zu demonstrieren; sie streckten dabei die Arme vor sich aus, hielten sie leicht über ihren Köpfen und von Anfang bis Ende parallel nebeneinander, mit offenen Händen, Handflächen nach oben, um mit ihren Lippen ein küssendes Geräusch zu machen. Dann führten sie die Hände zu ihren Mündern und küssten die Innenseite ihrer Fingerspitzen."[54]

In einem Brief erklärt ein in Lima lebender Priester 1617 grundsätzliche Unterschiede in den Kulten der Indigenen in den Anden: "Die Indios beten zwei Arten von Idolen an: Die einen sind unbeweglich, Hügel, Felswände und schneebedeckte Gipfel und Sonne, Mond und Sterne wie die Plejaden und Die Drei Marias [des Oriongürtels], Blitz und Donner, das Meer und Quellen; die anderen sind beweglich, wie jene, die sie in ihren Feldern haben."[55]

Ein weiterer zeitgenössischer Bericht überliefert, dass die adeligen Inkajungen über die mythische Herkunft ihrer Ahnen aus dem heiligen Huanacauri-Berg belehrt wurden, sie zu ihm hinzogen und als Zeichen ihrer Mannbarkeit dann die Ohren durchstochen bekamen: "Am selben Tag noch aber beschäftigten sich auch die Priester des Schöpfers, der Sonne, des Donners und des Mondes und die Viehtreiber der Inka sich damit, das Vieh [die Lamas] des Schöpfers, der Sonne, des Donners und des Mondes zu zählen, damit die Herden sich vermehrten. Dies wurde im ganzen Reich am selben Tag gemacht."[56]

Wie wir unten sehen werden, haben diese Traditionen bis heute weder an Wichtigkeit noch an Bezug zu den Sternen verloren: Das Markieren des Viehs im April ist nach wie vor ein Ritus, der Menschen, Tiere, Himmel und Heiliges zusammenführt. 1615 wie heute gilt auch, dass nur "die Frauen und die Philosophen [die *Yanca*] das Wissen um die Gestirne erzählen":[57] Der Himmel wird dank seiner Potenzen des Belebens, Beseelens und Befruchtens überwiegend als weiblich aufgefasst.

Welche Rolle die Sterne immer noch spielen, demonstriert eine wunderbar detailreiche ethnographische Studie von Denise Arnold über die kleine Gemeinde Qaqachaka nördlich von Potosí im bolivianischen Hochland und eine im Auftrag der Europäischen Südsternwarte erstellte ethnoastronomische Dokumentation über die lokalen Anschauungsweisen des Nachthimmels in der chilenischen Atacama. Sie belegen eine der weltweit intensivsten Auseinandersetzungen mit dem Sternenhimmel.

STERNENGLAUBE HEUTE

In der Atacama wie auch sonst im Hochland gelten Berge als heilig und werden als 'Fürsten Väter' betitelt. Sie bilden Familien, haben Freunde und Liebschaften, leben ihre Passionen aus oder zetteln Kriege untereinander an. Als uralte Weise sind sie die Wächter der Erde, die mit Sonnenaufgang alles beobachten und Zugang zum Himmel bieten, dessen unterste Grenze sie verkörpern.[58]

Die Aymara im bolivianischen Hochland betrachten Sterne nur von speziellen Orten aus. Viele Familien sehen eine als 'Festung' erachtete Hügelkuppe als die ihre an, um in deren Kuhle drei Zeremonien zu vollziehen. Sie dient als Opferplatz, auch für heilende Riten, als Ort, wo die Herden markiert werden, und als Observatorium während der Zeit der Aussaat, der Regen- und der Erntezeit.

Insbesondere die Zeit der Aussaat zwischen September und Oktober gilt als "Zeit der Wunder" und günstig, weil da "mehr Zwiegespräche zwischen Himmel und Erde möglich sind".

Die ganze Familie zieht dann bei Vollmond auf den Hügel, um die Plejaden und das Sternbild der Lamaaugen zu beobachten. Einmal oben, wird in einem Stoffbündel alles gesammelt, was mit den Sternen zu tun hat – Steine, Dung, wilde Pflanzen – und zurück nach Hause gebracht, um dort Sprüche auszubringen: "Das, was leuchtet, hat mir das gegeben; das, was leuchtet, hat mir jenes gezeigt ...". Dass Sternenlicht ein Objekt beschienen hat, bringt Gück für die ganze Familie, die dann auf günstige Umstände im kommenden Jahr hofft. So gelten Kotfladen, die dem Sternenlicht ausgesetzt waren, als besonders gunstbringend für die Felder (in die sie am nächsten Tag vergraben werden) und die Fruchtbarkeit der Viehherden.

Bedeutungsvoll bei diesem Ritual ist auch die Position der Gestirne im Verhältnis zu den umliegenden Berggipfeln, die als Grossvater, Grossmutter und deren Sohn angesehen werden. Es wird der Moment abgewartet, wenn die Sterne hinter einem bestimmten Berg aufsteigen. Stehen sie in seiner Mitte, beginnt er gemeinsam mit ihnen zu "atmen". Die Sterne werden als in einer inneren Welt – *Manqha Pacha* – wohnend gesehen. Aus den unterirdischen Seen innerhalb eines Berges werden sie aus den mundartigen Kuppen der Bergen heraus wiedergeboren, die sie dann bei ihrem ersten Erscheinen "ausatmen".

Der Milchstrasse, deren Arme sich das Jahr über am Himmel drehen, schenkt man separates Augenmerk. Ihre Achse dreht sich zuerst nach rechts, weshalb man sie zuerst von der einen 'Festung' beobachtet; dreht sie sich hierauf nach links, dann geschieht die Beobachtung von einem anderen Hügel aus.

Zur Saatzeit zeigen einem die Sterne den richtigen Zeitpunkt für den Anbau; dabei wird darauf geachtet, ob sie funkeln oder fahl sind und ob Vollmond herrscht, unter dessen Licht dann ausgesät wird. In der Regenzeit wiederum sucht man an den Sternen zu erkennen, ob sie Kälte ankündigen, die die Pflanzen schädigen wird. Sind sie sehr hell und leicht gelb, "dann muss man ein Feuer auf den Äckern anzünden, um die Kälte davon abzuhalten, die Pflanzen zu durchdringen, und damit Wolken erscheinen". Für die Ernte richtet man sich ebenfalls nach dem Mond; man erntet nur ungern, wenn kein Vollmond am Himmel steht.

Für das Markieren der Herden im April bei dem *Señalkuy* genannten Ritus[59] wiederum wartet man ab, bis der Vollmond an einem der heiligen Berge steht und sein Licht darüber ergiesst. Dies muss korrelieren mit den Plejaden, die entweder zur Weihnachtszeit "vorne stehend" oder im Februar "hinten stehend" die heilige Kuppe erreichen. Erfolgen muss dies wiederum mit dem Stand der Dunkelwolke der Lamamutter in der Milchstrasse über dem heiligen Berg. Hierauf werden die rituellen Stoffbündel hergerichtet, die alles für die Markierungszeremonie Notwendige enthalten: wenn die Ohren eingeschnitten, Wollringe in den Ohren der Lamastuten eingezogen und Fäden gefärbter Wolle am Rücken und Hals ins Fell der Lamahengste geknüpft werden.[60]

Die Tiere werden "zusammen mit den Sternen markiert, weil sie gleich überdauern sollen wie die Sterne ... Wenige Sterne sterben, denn die Sterne scheinen jeden Tag ... ein Stern fällt nur selten herab". Gezählt werden die Tiere sodann mit Knoten, die 'Sternknoten' oder 'Sternauge' genannt werden, "weil die Tiere jedes neuen Viehzüchters so zahlreich leuchten sollen wie die Sterne" und auch die Knoten selbst "Teil der Sterne" sind. In diesem Kontext steht Der Weisse Weg der Milchstrasse, "wo die Sterne aufgehäuft sind", für die "Ader" – den Hauptstrang – der Knotenfäden; und diese Knotenfäden wiederum stehen für jede einzelne Person, die von diesem Band aus- und sodann ihren eigenen "Weg" geht.[61]

Die Zeremonie, die man zur Paarungszeit der Lamas feiert, wird durch das gleichzeitige Aufgehen von Vollmond und Abendstern festgesetzt. Die Nacht muss klar sein, damit die Sterne die Farbe der später geborenen Fohlen bestimmen können: indem gleichfarbige Decken auf den Rücken der Stuten gelegt werden, auf welche die Sterne leuchten. Soll ein Fohlen weiss werden, lässt man die Decke weg. Soll es männlich werden, nimmt man eine Decke, die mit einem Fischgrätmuster gewoben wurde – worauf die Tiere in Gesängen der Führung der Venus als 'Vater' übergeben werden.

Dann wird getanzt, in einem "sternengleichen" Muster, im Zickzack, "wie bei einem Webstuhl": "Wie bei den Sternen, weil die Plejaden ebenfalls in einer Linie herauskommen, nicht wahr, wie eine grosse Ader ... Und diese Ader ist ganz deutlich, gross wie ein dicker Faden. Sie bildet dann die Mittelachse, mit den zwei Reihen der Männer und der Frauen rechts und links, verstehst du, und dazwischen die Sterne ... Und dann beginnt man diese Sterne zu verflechten wie bei einer gewebten Decke. Die Männer werfen sie hierhin, die Frauen dorthin: so als würden sie all die Farben der Sterne weben."[62]

Die Sterne repräsentieren auch die Verstorbenen und gewisse Züge der eigenen Persönlichkeit. So denkt eine Auskunftsperson von Qaqachaka darüber im Kontext jener Heilrituale nach, die bei den Sternbeobachtungsstellen durchgeführt werden.

Beim 'Gesundheit Herausnehmen' wird das Skelett eines geopferten Tieres wieder zusammengesetzt; bevor man es auf dem Berg begräbt, wird aus seinem Schädel die Graue Substanz des Hirns "als Gesundheit herausgesaugt": "Die Sterne könnten wie die Köpfe der Toten sein, nicht wahr? Denn ihre Köpfe oder die Schädel beim Ritus des 'Gesundheit Aussaugens' blicken aufwärts, zum Mond und den Sternen hoch, so als würden sie etwas erinnern ... Ich weiss, dass die Sterne den Tieren ihre Farben geben, aber ich weiss nicht, ob sie auch Leben schenken ... oder vielleicht spenden sie doch Leben."

Wenn man nachts bei Sternen- und Mondlicht geht, lassen sich die Schatten, die ein Mensch wirft, deuten: "Wir gingen und gingen und gingen und meine Oma sagte, ich solle auf meinen Schatten schauen: den ersten, den zweiten, den dritten ... Insgesamt gibt es sechs Schatten, glaube ich, nicht? ... Und sie sagte, sie seien die Stationen des

Lebens: die Zeit der Kindheit, der Jugend, des Erwachsenseins, und dies und das, und der in der Mitte, um Freunde und Geliebte zu suchen. Meine Oma liess dann einen Stern die unterschiedlichen Stationen deines Lebens zeigen. Manche aber besitzen bloss zwei oder drei Stationen, bevor sie sterben."

Deshalb werden in ländlichen Gemeinden immer noch eigene Sternengucker mit der Beobachtung des Himmels beauftragt. Die Weisen – *Yatiri* – "müssen mit den Sternen, dem Mond und der Sonne kommunizieren", als Teil ihres eigenen Lebensweges, der auf Weisheit und das Heilen ausgerichtet ist. Sie "machen sich Gedanken über die Phasen des Mondes und seine Dunkelheit und kauen dabei immer an ihren Kokablättern". Wer eine 'heilende Hand' hat, kommuniziert direkt mit den Sternen, damit diese "ihm ihr Licht geben, um beim Heilen zu helfen". Manchmal zeigen sich deshalb "rote oder weisse Flecken auf dem Körper, rund oder unvollständig, auf der Brust oder hinten am Genick; das scheinen 'Augen' zu sein, die heilen ... Wenn sie auftauchen, dann weil der Mond ganz voll geworden ist, weshalb ein solches 'Blumenzeichen' irgendwo am Körper erscheint ... In dem Moment kommuniziert man mit den Sternen oder dem Mond".[63]

In Qarachaka gibt es noch den Brauch, zwei Trinkschalen – *Queros* – zu den grossen Wasserfällen zu stellen, als Weihgaben an die herumwirbelnden Geister der Toten – *Jira Maykus* –, die sich dort während der Regenzeit aufhalten. Man hinterlässt ihnen dort auch Süssigkeiten und Alkohol: "Beim grossen Wasserfall, da leuchtete das Wasser, während es herabstürzte, und wie! Es glänzte mit den Sternen, und zwar so sehr! Nicht zu glauben, wie es wirklich glitzerte und funkelte, ja – es raschelte sogar. Es leuchtete und ich zitterte: Es machte mich fürchten. Die Steinschalen waren, weil es den ganzen Tag geregnet hatte, voll mit Wasser. Und meine Oma begann in einen Quero voller Wasser zu schauen und sagte: 'Ah, wie nett, wie nett!' Sie beobachtete die Sterne im Wasser, in den beiden Queros. Sie redete zugleich mit den Geistern der Toten und mit den Sternen in den Steinschalen, in den Queros, wo die Sterne waren ... Sie griff nach ihren weissen Süssigkeiten und legte drei davon in die Schalen und dann beobachtete sie weiter. Sie 'korrigierte die Sterne' [veränderte ihren Einfluss], könnte man sagen, indem sie ihnen Süssigkeiten darbrachte. Sie las sie, erst von der einen, dann von der anderen Seite. Sie las sie – und dann gingen wir."
Die Totengeister heissen Jira Maykus, weil sie sich dauernd drehen, gleich der Milchstrasse im Laufe eines Jahres: "Meine Mutter redete von diesem Sich-Drehen der Sterne, dieser Drehung, die, sagen wir, die Geister der Toten hervorbringt, welche wir Jira Maykus nennen. Sie sind in der Luft und sie kommen, um die Weberinnen zu ermutigen, weil diese Ermutigung durch die Drehung der Sterne in das Herz einer Weberin eingeht und sie dies daraufhin in ihrem Tuch ausdrückt, nicht wahr.
Aus diesem Grund werden beim Fest von Santa Cruz Anfang Mai folgende Verse auf Spanisch gesungen, die von der Nachbargemeinde Jukumani stammen sollen:

Ay Dios mío, ay Dios mío,	Oh mein Gott, oh mein Gott,
He tejido con el giro de las estrellas,	Ich habe mit dem Kreisen der Sterne gewebt,
Con el giro de las estrellas je tejido,	Mit dem Kreisen der Sterne habe ich gewebt,
Sabiendo todos los colores de los hilos.	All die Farben der Fäden kennend.

Dieses Lied soll sich auf den Wasserfall von Qulimiri beziehen, wo das Wasser in Gestalt von Sternen herumwirbelt."[64]

Für die Durchsicht des Textes danke ich Kerstin Nowack und für ein gründliches Lektorat Matthias Pache von der Uni Leuwen, der, wo möglich, auch die Angleichung der Namen an ihre modernen Schreibweisen vorgenommen hat.

I HIMMEL, STERNE UND MILCHSTRASSE

Himmel

HANAQ PACHA – DIE OBERE ERDE

Der Himmel wird – wie bei allen bisherigen Sternenhimmeln am amerikanischen Kontinent – als Unterseite einer zweiten, sich über uns befindlichen und von einem heiligen Volk bevölkerten Oberwelt aufgefasst.

L 156

Stern

CHASKA – DER STRAHLIGE
QUYLLUR – DER STRAHLENDE
WARAC
WARAWARA

Zwischen Planeten, Fixsternen und Sternbildern wird nicht differenziert. Das Quechua-Wort *chaska* – das auch 'lockig' bedeutet – drückt das 'vielzackige' Strahlen eines funkelnden und glitzernden Himmelskörpers aus, während *quyllur* – strahlend weiss – ihn als Leuchtkörper benennt. *Warawara* und *Warac* sind Aymara für Stern und beide Male im Singular zu verstehen.

L 78, 116

Sterne werden am Himmel danach unterschieden, ob sie weiss, vielfarbig oder rot sind. Die weissen Sterne gelten als männlich, die roten Dunkelwolken als weiblich – jedoch vor allem im Sinne einer kosmischen Fruchtbarkeit und Abstammung, die mit der himmlischen Pachatierra als Zwillingsschwester der Erdmutter Pachamama assoziiert ist.[65]

Im bolivianischen Qaqachaka leuchtet jeder Stern mit seiner eigenen Farbe so wie jedes Lama mit der Farbe seiner Wolle. "Manche Sterne leuchten von der Mitte aus. Der Grossvaterstern [der Abendstern] etwa leuchtet bräunlich gelb, nicht wahr? Während andere sagen, dass er weiss leuchtet ... Und die Lamas leuchten gleich." Manche "schnell rennende" Sterne wechseln dazu ihre Farbe: "Im nächsten Moment, wenn er hinter ein paar Zweigen vorbei ist, leuchtet er kaffeebraun." Das Glitzern und Funkeln eines jeden Sterns wird dazu mit einem bestimmten Klang verbunden.[66]

Man lernt die Sterne, indem man bei den grossen beginnt, um dann zu den mittleren und am Ende zu den kleinen zu kommen, die als ihre Kinder erachtet werden. Sie sind "wie der Samen der Männer", weshalb Frauen sie besser nicht zählen, um nicht gleichviel Babys zu bekommen. Wenn man sie zählt, dann erst, wenn sie "sich länglich dehnen und grösser erscheinen".[67]

In der nordchilenischen Atacama leben die allerersten, *Gentiles* genannten Menschen der vormaligen, sonnenlosen Welt nun im Himmel, zusammen mit den Seelen der heutigen Verstorbenen, die sich in Sterne verwandeln.[68]

Milchstrasse

(HANAQ PACHA) MAYU –
DER FLUSS (DER OBEREN ERDE)

L 156–157 und U 159

LAQAMPU JAWIRA – DER HIMMELSFLUSS

CH 23

JACH'A JAWIRA – DER GROSSE FLUSS
LAMAR QUTA – DER MEERSEE

A | Y 158–159

YANA P^HUYU – DIE DUNKELWOLKE

U 170

HANAQ PACHA ÑAN – DER WEG DER OBEREN ERDE

L 156–157

JACH'A T^HAK^HI – DER GROSSE PFLASTERWEG
JANQ'U SINTA – DAS WEISSE BAND
WILA SINTA – DAS ROTE BAND
JACH'A SINTA – DAS GROSSE BAND

A | Y 158–159

Die Ebene der Milchstrasse bildet mit der Erdachse einen Winkel von 26° hin zum südlichen Pol und einen von 30° zum nördlichen Pol. In den Breiten des Wendekreises des Krebses ändert sich die Lage der Milchstrasse alle zwölf Stunden. Einmal sieht man sie im Südosten aufsteigen, durch den Zenit gehen und zum Nordwesten absteigen. Zwölf Stunden später – also in der nächsten Nacht – liegt sie hingegen am nordöstlichen Horizont, um von da über den Zenit zu gehen und zum Südwesten abzusteigen. Dieser vierundzwanzigstündige Rotationszyklus gibt zwei Himmelsachen vor, welche die Himmelskuppel in Viertel unterteilen und dadurch auch der Orientierung dienen können: So folgten zwei grosse Strassen in Misminay in der Gegend um Cusco eben diesen Achsen.

Die Positionen der Milchstrasse korrelieren mit der Position der Sonne bei den Solstitien. Im Dezember – der Regenzeit – liegt sie abends dort im Südosten, wo die Sonne dann morgens aufgeht, so wie sie dann auch im Juni – in der Trockenzeit – am Sonnenaufgangspunkt liegt, jedoch im Nordosten: Es sind dies die einzigen Male, wo die Sonne mit der Milchstrasse zu reisen scheint. Dies diente seit jeher zur Erklärung für die unterschiedliche Intensität der Sonne im Sommer und im Winter.[69]

Die Milchstrasse kann aufgrund ihrer Drehung auch zur nächtlichen Zeitmessung dienen: Ist sie um 10 Uhr etwa gen Norden gerichtet, bildet sie um 4 Uhr früh eine Ost-West-Achse.[70]

Der Jesuitenpater Bernabé Cobo berichtet in seiner um 1620 begonnenen und 1653 abgeschlossenen *Geschichte der Neuen Welt*, die Einheimischen glaubten, "dass ein sehr grosser Fluss mitten durch den Himmel rinnt, den sie für das weisse Band halten, das wir von hier unten sehen und Milchstrasse nennen. Sie glauben, dass dieser Fluss all das unter der Erde dahinfliessende Wasser aufnimmt ... und dass von ihm das Wasser stammt, das über die Erde vergossen wird."[71]

Der Vilcanota [Aymara für 'Sonnenhaus'], der von Südosten durch das heilige Tal unten an Cusco vorbei nach Nordwesten fliesst, wird als Spiegelung des Flusses der Milchstrasse wahrgenommen. Dieser Vorstellung zufolge fliesst der Vilcanota zum Rand der Erde und bringt das Wasser so in das kosmische Meer, das die Erde umschliesst. Da sich die Milchstrasse um die Erde dreht, taucht sie im Westen in diesen Ozean, nimmt Wasser auf, lässt es dann unterirdisch weiterfliessen und geht dann im Osten wieder auf. Die beiden Arme der Milchstrasse werden somit als zwei Flussarme gesehen, die aufeinander zu und ineinanderfliessen. Auf ihrer langsamen Drehung über den Himmel verteilen sie überall ihr Wasser auf diesem Firmament. Es tropft schliesslich in Form von Regen wieder auf die Erde, wo es dann in Bächen und Zuflüssen am Ende wieder im Vilcanota zusammenrinnt, um erneut an diesem ewigen Kreislauf teilzuhaben, der alles überall befruchtet.

Die Sonne ist im Sommer stärker, weil sie dann bei ihrer nächtlichen Reise unterhalb des Vilcanota von seinem angeschwollenen Wasser trinken kann, und im Winter schwächer, weil er da weit weniger Wasser führt.[72]

Pater Lira berichtete 1946 über die Dunkelwolke – *Yana P^{h}uyu*[73] auf Quechua – der Milchstrasse: "Wenn die Sterne im Himmel hell und schön erscheinen, wird alles gut, materiell wie spirituell. Werden in der Milchstrasse jedoch die dunklen Stellen oder die Kohlensäcke dunkler, wird es ein Jahr der Pest und des Todes werden."[74]

Laut einer zeitgenössischen Auskunftsperson der Aymara aus dem bolivianischen Hochland gibt es im Grossen Fluss des Himmels zwei Wege: Den Weissen Weg der Sterne und Den Roten Weg der schwarzen Seen (*Chi'yär Quta*) darin. Die Schafe folgen dem weissen Weg, die Lamas dem roten Weg, in dem ihre astralen Doppelgänger als Sternbilder zu sehen sind.

Der Grosse Fluss mit seinen weissen körnigen Sternen und seinen schwarzen Seen gibt auch den Frauen Kraft: 'Weg' ist ein Begriff, der – in grosser Nähe zu den 'Wegen' der Navajo – zudem eine spirituelle Entwicklung und Bestimmung ausdrückt. Die körnigen weissen Sterne des übrigen Himmels hingegen schenken den Männern Kraft.[75]

Ist der eine Weg hell, so ist der andere dunkel und verläuft in die entgegengesetzte Richtung. Der eine formt einen "weissen Schatten", der andere einen "schwarzen Schatten", der von "maulbeerroter Farbe ist" und lauter "schwarze Löcher" (*T'uxräma*) aufweist. Das purpurschwarze, teils körnige, teils flüssige Band besteht aus dem dunklen, *Lamar-Quta* genannten 'Meer-See'.

Von Zeit zu Zeit "bersten dessen Wasser": Der Meer-See kann dann wie ein Tsunami alles überfluten, da er als das astrale Gegenstück zu den irdischen dunklen Seen und Meeren gilt, ob dem Poopó-See oder dem weiter entfernten Ozean. Meerwasser und Wasser aus diesen grossen himmlischen Seen zirkuliert zuerst unter der Erde und in den Gebirgen, um hernach in den vom Ozean aufsteigenden Wolken zur Milchstrasse zurückzukehren, in einem kosmischen Kreislauf des Wassers.[76]

Der Weisse Weg ist einer des Friedens, Der Rote jener des Krieges. Kommt es so weit, müssen die Frauen 'Rote Wege' in ihre Tücher weben, um die periodschen Kämpfe zwischen den Ayllus darzustellen, die ausbrechen, wenn der Acker gepflügt oder nachdem geerntet wurde. Der Weisse Weg symbolisiert aber auch die Trockenzeit, mit dann hoch am Himmel stehenden Wolken und dem Staub auf der Erde, während Der Rote Weg für die Regenzeit mit ihren Gewitterwolken, den Schatten, die sie über den Boden werfen, und die rote schlammige Erde steht.[77]

Im Vokabular der Aymara sind der Fluss der Milchstrasse, Wolle und Geburt semantisch eng miteinander verknüpft. Das zeigt bereits Ludovico Bertonios Wörterbuch von 1612: "*Haui* –Wollfliess; *Hauichatha* – ein Fliess machen | nass wie Regen machen; *Hauira* – Fluss | die Milchstrasse, die 'Strasse nach Santiago [de Compostella]'; *Hauitatatha* – Wasser vergiessen | fluten; *Hauimucutha* – wörtlich 'überfliessen' | figurativ 'aus dem Mutterbauch kommen'."

Im modernen Aymara hängen zudem *Jawira*, 'Fluss', und *Jawi*, 'Fliess', über *Jawi* 'Salbe' zusammen, weil Lamawolle vom Lanolin darin feucht und fettig ist – und dabei zugleich so körnig und nass wie der Fluss der Milchstrasse. Über dieses Fliessen ergibt sich auch die Verbindung zur Geburt, bei der das Fruchtwasser platzt und ausrinnt wie ein Fluss, dessen Dämme gebrochen sind. Die Assoziation von Lamas mit Wasser ist somit nicht nur durch ihre Sternbilder in der Milchstrasse gegeben – und dass sie einst aus irdischen Seen in die Welt kamen –, sondern auch durch Zeremonien, bei denen ihnen Zucker und Maiskörner zusammen mit Flüssigkeiten über das Fell geschüttet werden.[78]

Der Grosse Fluss wird im bolivianischen Hochland überdies mit einem Fluss als Grenze und Tränke für Lamaherden verglichen.[79]

Im folgenden Mythos aus dem *Manuskript von Huarochirí* tritt Pariacaca auf. Er ist der Sohn einer himmlischen Göttin und der Sonne,[80] der als fünffältiger Schöpfergott am Anfang der Welt auch die Stammväter erschafft und schliesslich zu dem mächtigen zweigipfeligen Berg wird, der bis heute seinen Namen trägt. Bevor er sich jedoch entschliesst, in die Welt zu treten, ruht er noch als Gelege von fünf Eiern an der Bergflanke. Als es dann aber Zeit wird, schlüpfen aus den Eiern fünf schöne Falken, die über dem Gipfel kreisen, sich aber bald in Männer verwandeln, die sich die Welt erwandern und sie ausgestalten.[81]

Pariacaca selbst gelangt zunächst in das Dorf Yunca. Er zerstört es, da die Bewohner ihm die Gastfreundschaft verweigern, mit einer Schlammlawine. Nicht weit davon entfernt liegt das Dorf Cupara – das heutige San Lorenzo de Quinti auf 2500 m Seehöhe –, wo die Leute unter einer Dürre leiden. Es hat schon lange nicht mehr geregnet, der Mais verdorrt auf den Äckern, ohne dass die Menschen etwas dagegen tun könnten. Die Legende erzählt nun, wie Pariacaca in dieser Not den dortigen Bewässerungskanal samt seinem Knick entstehen lässt – der sich zugleich als das spiegelbildliche Abbild des vom Sternbild Schlange dominierten Arms der als himmlischer Fluss gesehenen Milchstrasse darstellt, die ja ebenfalls bei Crux einen Knick aufweist. Dabei gehen dem als Wassergott auftretenden Pariacaca alle jene wilden Tiere zur Hand, die in den Dunkelwolken der Milchstrasse zu sehen sind.

PARIACACA UND DER BEWÄSSERUNGSKANAL

"Damals gab es in diesem Dorf eine einheimische Frau namens Chuqui Suso, die wirklich sehr schön war. Aber sie weinte, weil sie ihre Maispflanzen bewässern musste, die ganz schlimm am Vertrocknen waren, und ihre Wasserspeicher leer wurden. Als Pariacaca das sah, verstopfte er die Schleuse ihres kleinen Teiches mit seinem Mantel. Als sie ihn das tun sah, begann die Frau noch bitterlicher zu weinen.

'Schwester, warum weinst du so sehr', fragte Pariacaca. 'Herr, mein kleines Maisfeld ist am verdorren, weil ich nicht mehr genug Wasser mehr habe', antwortete sie. 'Mach dir keine Sorgen', meinte er. 'Ich werde aus deinem Teich noch viel Wasser fliessen lassen. Zuerst aber lass mich mit dir schlafen.' 'Lass zuerst das Wasser fliessen', erwiderte sie. 'Wenn mein Feld einmal bewässert ist, dann lass uns miteinander schlafen, unbedingt!'

'Sehr gut!', sagte Pariacaca und liess eine reichliche Menge Wasser hineinrinnen. Überglücklich bewässerte die Frau gründlich ihren Acker. Als sie damit fertig war, sagte Pariacaca: 'Jetzt lass uns miteinander ins Bett gehen.' 'Noch nicht', erwiderte die Frau. 'Schlafen wir morgen miteinander oder tags darauf.'

Pariacaca, der die Frau heiss begehrte, dachte sich: 'Ich wünschte, ich könnte jetzt gleich mit ihr ins Bett gehen', und versprach ihr deshalb alles Mögliche. 'Ich versorge dieses Feld mit Wasser, das direkt vom Fluss kommt', sagte er.

'Gut, mach das zuerst', sagte die Frau, 'dann schlafen wir zusammen.' 'Na gut', sagte Pariacaca. Er verbreiterte den Bewässerungskanal, der den Leuten von Yunca gehörte, eine kleine Rinne, die seit ewigen Zeiten schon von der Schlucht namens Coco Chlalla zu dem kleinen Hügel über San Lorenzo führt. Und er verlängerte den Kanal bis hinunter zu den Feldern von Unter-Cupara.

Puma, Füchse, Schlangen und alle Arten von Vögeln säuberten den Kanal und gruben ihn aus. Pumas, Jaguare und alle Arten von Tieren wetteiferten miteinander, ihn zu verbessern und riefen: 'Wer soll unser Anführer sein, wenn wir den Wasserlauf ziehen?'

'Ich', rief der eine; 'ich zuerst', rief der Nächste. Und der Fuchs gewann. Er sagte: 'Ich bin der Häuptling, der Curaca, deshalb werde ich den Lauf vorgeben.' Und so ging der Fuchs voran. Während der Fuchs nun den Wasserlauf vorgab, der bereits bis zur Mitte des Berges über San Lorenzo reichte, schoss plötzlich ein Steisshuhn hervor und pfiff *Pisc pisc*.

Erschreckt japste der Fuchs *Huac* und kugelte die Bergflanke hinunter. Das fanden die anderen Tiere zu dumm; sie machten nun die Schlange zu ihrem Anführer.

Wenn der Fuchs nicht runtergerollt wäre, hätte ihr Kanal weiter oben verlaufen können. Jetzt zieht er sich ein Stück weiter unten dahin. Die Stelle, wo der Fuchs runtergerollt ist, sieht man bis heute. Das Wasser fliesst jetzt genau die Strecke hinunter, die der Fuchs durch seinen Fall geöffnet hat.

Als nun wirklich alles fertig war, sagte Pariacaca zu Chuqui Suso: 'Komm, jetzt gehen wir ins Bett!' 'Lass uns zu der Anhöhe da oben hinaufsteigen. Dort schlafen wir miteinander', lockte sie ihn.

Heute heisst dieser Felsvorsprung Yana Caca und dort schliefen die beiden miteinander. Als das erledigt war, sagte die Frau: 'Komm, wir beide gehen noch woanders hin.' 'Dann los', sagte Pariacaca und er führte sie zur Mündung des Kanals, der Coco Challa heisst. Als sie dort anlangten, sagte die Frau namens Chuqui Suso: 'Genau in diesem meinem Kanal werde ich jetzt bleiben!' Und sie erstarrte stockstill und verwandelte sich zu Stein.

Pariacaca liess sie dort stehen und stieg weiter hinauf; davon werden wir als nächstes erzählen. Aber es ist wirklich wahr, dass jemand zu Fels versteinert heute an der Mündung des Kanals namens Coco Challa steht. Es ist die Frau namens Chuqui Suso."[82]

Vielerorts gilt heute Der Fluss der Milchstrasse als der Jordan, in dem Jesus getauft wurde und den die Seelen der Toten überqueren müssen, um ins Paradies oder die Hölle zu gelangen. Einmal im Jahr, zu Allerheiligen, dürfen die Toten wieder die Lebenden besuchen und vom Himmel auf die Erde herabsteigen. Die Milchstrasse liegt da im November entlang des westlichen Horizonts und kann ihnen somit als Brücke dienen.[83]

II DER 'TIERKREIS' IN DER MILCHSTRASSE

Traditionellerweise erkennt man in den Dunkelwolken der Milchstrasse ein oder zwei Spiesshühner, einen Fuchs oder einen Hund, einen oder mehrere Hirten, eine Lamastute mit ihrem Fohlen, eine Kröte und eine Schlange, Kreuze oder Kreuzungen sowie an ihr entlang einen Lamahengst und einen Kondor, ohne dass dies jedoch – wie eben typisch für orale und regionale Kulturen – jemals kanonisch geworden wäre.[84]

Eine Reihe von Tieren in den dunklen Seen des himmlischen Flusses der Milchstrasse zu sehen, zollt auf astrale Weise der Vorstellung Tribut, dass alle Tiere einst aus dem unterirdischen Wasser kamen. So erzählt eine Auskunftsperson aus Ocongate, östlich von Cusco: "Es dauerte sehr lange Zeit, bis die Alpakas auf die Welt kamen. Als es zum ersten Mal dämmerte, waren sie noch unter der Erde verborgen, wo es Quellen gibt. Als die Sonne dann aufging, kamen alle Tiere aus einer Quelle. Aus dem Grund opfern wir einer Quelle und den Seen am Fuss des Ausangate-Berges [südlich von Cusco, beim Qoyllur Rit'i-Fest]. Denn hätte es keine unterirdische Quelle gegeben, würden wir keine Tiere haben. Die Quelle und die Seen sind die Eigner der Tiere."[85]

Die Sterne um die Dunkelwolken der Milchstrasse herum gelten dagegen als Weisser Weg. Er stellt einen rituellen Pfad dar, dessen Verlauf man das Jahr über verfolgen kann und auf dem prototypisch das Leben in den Anden vorgeführt wird. Darauf zieht ein Hirte – so wie das die bolivianischen Llameros im Juli und August machen, wenn sie mit ihren Tragtieren in die Täler des Westens marschieren, um dort Handel zu treiben – mit seinen Lamas dahin, gefolgt von einem Fuchs. Ihnen begegnen typische Tiere, sie gelangen zu Kreuzungen und kommen an Kreuzen sowie an den Speichern der Hyaden und Plejaden vorbei.[86]

Eine moderne Informantin der Aymara, Doña Maria, aus dem bolivianischen Hochland bei Potosí kennt noch weit mehr Figuren als seitens der Spanier überliefert, beginnend mit zwei Lamahengsten, die *Tata Pumpisitu* und *Tata Kusku* genannt werden. Sie setzt eine Hirtenfamilie mit einem Hund zwischen mehrere Lamas, die auf Dem Himmlischen Weg dahinziehen, bis zu zwei 'Kreuzungs'-Sternbildern im Kreuz des Sudens und dem Kopf von Scorpius: "Genau da ist Der Kondor und dahinter sind Die Augen Des Lama. Es sieht haargenau wie ein Lama aus. Und hinter Dem Lama sind Die Leute. Der Mann folgt hinter seiner Frau. Auch ihr Hund ist da. Wenn du draussen schläfst, siehst du sie ganz deutlich. Sie sind alle da im Himmel. Zur Erntezeit kann man sie besonders gut sehen. Jetzt ist es zu wolkig, da würdest du nichts erkennen. Aber jetzt ... schau, da sind sie am Rand Des Flusses [der Milchstrasse]. Es ist alles vollkommen klar zu sehen. Selbst die drei Grossvatersterne [die Venus und andere Planeten] sind da!"[87]

Auf ihren Zügen in die Täler müssen die Viehtreiber mit ihren Lamas in den kalten Mai- und Juninächten draussen schlafen, die Säcke für den Tauschhandel rund um sich aufgestapelt. Sie schauen dann auf den Grossen Weg und die Sterne an allen Seiten, denn "auf diesen Wegen dahinziehend, schaut man auf die Sterne".

Ihre eigene Route wird dabei zur Milchstrasse in Beziehung gesetzt, durch deren Achse sie sich ziehen sehen, und die Position Des Grossvatersterns [Venus] sowie des Haufens der Plejaden damit in Relation gebracht. Derart lassen sich Vorzeichen über Zwischenfälle auf der Reise herauslesen, ob man etwa Dieben begegnet: "Manchmal, sagen sie, dass Der Grossvaterstern 'in die Mitte tritt'. Das bedeutet, dass sie auf Diebe treffen würden, weshalb sie dann Vorkehrungen dagegen trafen ... sie mussten ja ihre Dinge bewachen. So setzten sie etwa Kochtöpfe in ihre Schlafplätze, als wären es ihre Köpfe, verstehst du? Es gibt da eine Geschichte, wo ein Dieb auftaucht, sie sieht, sich sagt: 'Ah, da schaut sein Kopf heraus; ich bring ihn um.' Dann nimmt er seinen Stock und Päng ... haut er auf den

Topf! Und nicht auf den Kopf dessen, dem er gehört! Und wer hat ihn davor gewarnt? Es war der Stern, nicht wahr? Solche Dinge waren wichtig. Der Abendstern Des Grossvaters musste immer weiter weg von der Gruppe der Plejaden ... er durfte nicht in sie eintreten [mit ihnen in Konjunktion kommen]."[88]

Die folgende Kartierung der Milchstrasse ist einer Auskunftsperson aus dem bolivianischen Dorf Qaqachaka zu verdanken; in diesem Ort wird der Zug der Hirtenfamilie mit ihren Lamas auf dem Grossen Weg auch *Qarwa Tʰakʰi* – Lama-Trail – genannt. Die traditionellen Sternbilder und die dazu überlieferten Legenden und Berichte werden in dieses Band von Sternbildern eingereiht.

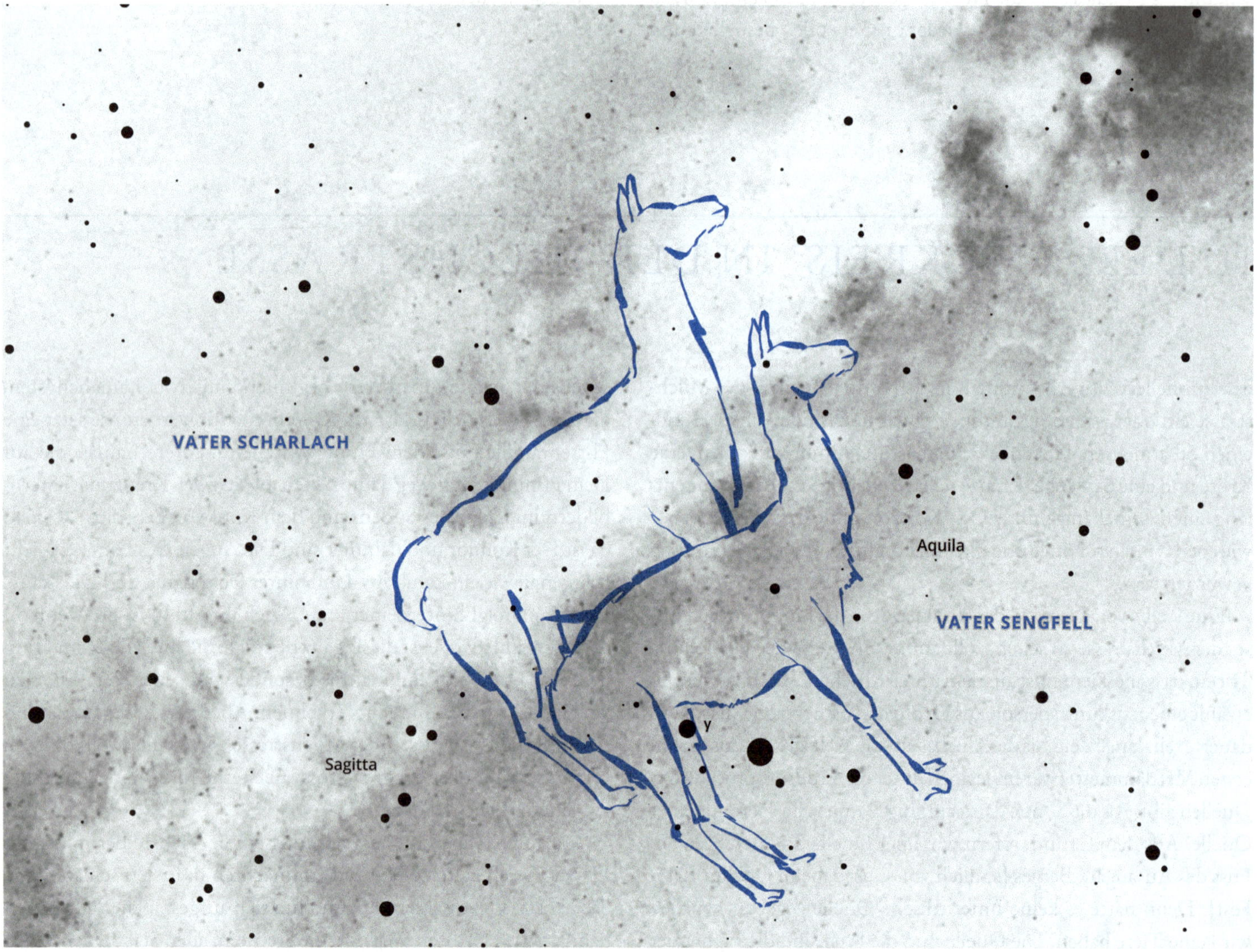

schwarze, schräg stehende Streifen etwa rechts und links des Nordamerikanebels

TATA KUSKU und TATA PUMPISITU – VATER SCHARLACH und VATER SENGFELL

A | Y 172

Zwei Lamahengste beginnen den Zug hin zum Kreuz des Südens: "Das vorausgehende Leittier-Lama wird Vater Pumpisitu genannt; er ist über und über mit einem fülligen Fliess bedeckt. Dann ist da ein weiterer Lamahengst als Leittier, Vater Kusku, der ganz lebhaft ist und ebenfalls ein dichtes Fell hat. Das Fell der beiden ist wie das eines Alpakas. Deshalb tragen sie diese Namen."

Pumpisitu leitet sich von *pumpiña* ab, was das Versengen eines Wolltuchs bezeichnet und erklärt, weshalb das zweite Lama – gemäss der Körnigkeit der Milchstrasse an dieser Stelle – mit einem weissgrauen Fell gesehen wird. Der Lamahengst einen Schritt dahinter weist hingegen ein schwarzes Fell auf. *Kusku* bedeutet 'rastlos' und 'gierig', aber auch 'farbig bemalt', vielleicht mit jenem Scharlachrot, mit dem die Inkafrauen ihr Gesicht bemalten; der Name bezieht sich dazu auf Cusco als Herrscherresidenz.[89]

bei Scutum
QARWIR IMILLA – DAS HIRTENMÄDCHEN
KUPAKAWAN SIÑURA ILINITA –
UNSERE FRAU ILINITA VON COPACABANA
A | Y 171

Das Hirtenmädchen wird mit dem Namen *Ilinita* – Die Leuchtende – christianisiert und mit 'Unserer Frau Ilinita von Copacabana' identifiziert. Copacabana ist der wichtigste Wallfahrtsort des Marienkults in Bolivien; er liegt an jenem Ufer des Titicacasees, von dem man die Inseln der Sonne und des Mondes erblickt. Die Jungfrau von Copacabana soll für alle möglichen Wunder verantwortlich sein, von Heilungen bis zu Regen für bestimmte Felder; dementsprechend gross sind die Prozessionen, die dort jährlich abgehalten werden.[90]

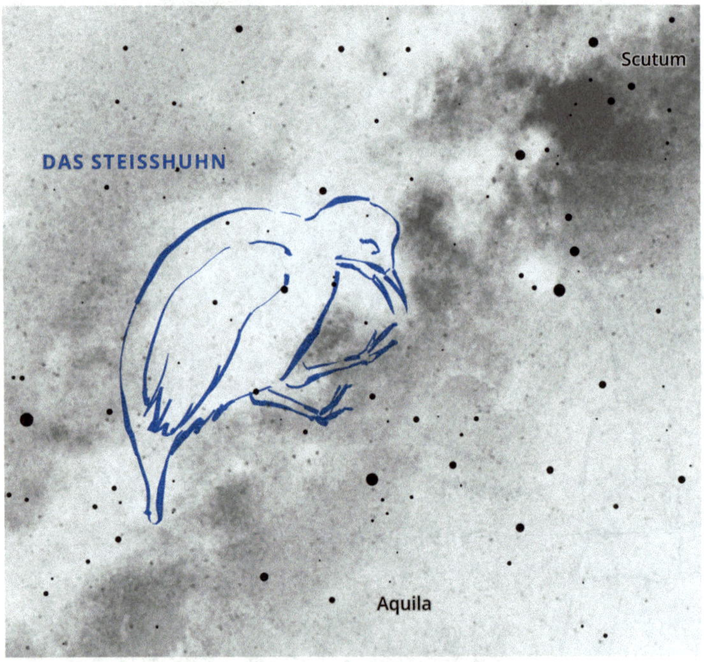

YUT^{H}U – DAS STEISSHUHN

U 104 und U4 241

Im Küstengebiet nördlich von Lima sieht man in diesem Mädchen ein Steisshuhn.

Im *Manuskript von Huarochirí* ist ein Mythos festgehalten, der die Geschichte dahinter erzählt und zugleich einige der im himmlischen Fluss der Milchstrasse gesehenen Tiere charakterisiert. Er beginnt damit, dass dem dort verehrten Schöpfergott Cuniraya die Geliebte Cavillaca mit dem gemeinsamen Kind davongelaufen ist[91] und er sie suchen geht, auf einem Weg, der dem Anfang und Ende der Milchstrasse gleichkommt. Sie ist dabei, sich und ihr Kind in zwei kleine Guanoinseln zu verwandeln, die südlich von Lima nach der Mündung des Lurín-Flusses aus dem Meer ragen, um zur Wächterin der lebenspendenden Kraft des Wassers zu werden.[92] Doch das weiss Cuniraya noch nicht, weshalb er jedes Tier, das ihm begegnet, nach ihr ausfragt.

CUNIRAYA UND DAS STEISSHUHN

"Zuerst begegnete ihm ein Kondor. 'Bruder, wo ist dir diese Frau begegnet?', fragte er. 'Ganz in der Nähe. Du wirst sie bald finden', antwortete der Kondor. Und Cuniraya sprach: 'Du wirst ein langes Leben haben, du allein wirst jedes tote Tier von den wilden Berghängen fressen können, sowohl Guanacos wie Vicuñas, gleich welcher Art und wie viele. Und sollte dich jemand töten, wird er auch selber sterben.'

Ein Stück weiter begegnete ihm ein Stinktier. 'Schwester, wo hast du diese Frau getroffen?', fragte er. 'Du wirst sie jetzt nie mehr finden. Sie ist schon viel zu weit weg', erwiderte das Stinktier. Als sie das sagte, verfluchte er sie voller Hass und sprach: 'Was dich betrifft, so wirst du wegen dem, was du mir gerade erzählt hast, nie untertags herumlaufen. Du wirst nur nachts losziehen und grauslich stinken. Die Leute werden sich vor dir ekeln.'

Dann begegnete ihm ein Puma. 'Ich hab sie gerade getroffen. Sie ist noch nicht weit, du wirst sie bald erreichen', sagte ihm der Puma. Und Cuniraya sprach: 'Du wirst sehr beliebt sein. Du wirst Lamas fressen, besonders die von Leuten, die sich an etwas schuldig gemacht haben. Obwohl dich Leute umbringen, werden sie dich bei grossen Festen auf dem Kopf tragen und und dich tanzen lassen, indem sie sich in dich hüllen. Und wenn sie mit dir jährlich eine Prozession veranstalten, werden sie dir zuerst ein Lama opfern und dich dann wieder tanzen lassen.'

Dann begegnete ihm ein Fuchs. 'Sie ist schon ganz weit weg gegangen. Du wirst sie jetzt nicht mehr finden', erzählte der Fuchs. Als der Fuchs ihm das sagte, sprach er: 'Was dich betrifft, so werden dich die Leute, auch wenn du bloss in der Ferne herumlungerst, völlig verachten und sagen, 'Dieser Fuchs da ist ein verstohlener Dieb.' Wenn sie dich töten, werden sie dich einfach irgendwohin werfen, auch dein Fell.'

So traf Cuniraya auch auf einen Falken. 'Sie ist gerade vorübergegangen. Du wirst sie bald finden', sagte der Falke. Er erwiderte: 'Du bist sehr gesegnet. Wenn du isst, wirst du den Kolibri zuerst fressen, dann all die anderen Vögel. Wenn dich die Leute töten, wird der Mann, der dich umgebracht hat, dich mit dem Opfer eines Lamas betrauern. Und wenn sie tanzen, werden sie dich auf ihre Köpfe setzen, damit du da sitzen kannst, vor Schönheit leuchtend.'
Und dann begegneten ihm ein paar Andensittiche. 'Sie ist schon ganz weit weg. Du wirst sie jetzt nicht mehr finden', erzählten ihm diese Papageien. 'Was euch betrifft, so werdet ihr heiser krächzend herumfliegen', erwiderte Cuniraya. 'Obwohl ihr sie warnen mögt 'Ich verderbe eure Ernte!', werden euch die Leute, sobald sie euch schreien hören, sofort verjagen. In werdet in grossem Elend mit dem Hass der Menschen leben.'
Und so wanderte er weiter. Wann immer er einen traf, der ihm eine gute Nachricht gab, bedachte er ihn mit einem guten Schicksal. Die aber, die ihm eine schlechte Nachricht gaben, verfluchte er ganz böse auf seinem Weg.
Als er die Meeresküste erreichte, drehte er wieder um und wanderte in Richtung [des Heiligtums von] Pachacamac [des Belebers der Erde].
Er kam zu dem Ort, wo die beiden Töchter Pachacamacs lebten, bewacht von einer Schlange. Kurz zuvor aber war die Mutter der beiden Mädchen fortgegangen, um Cavillaca im Meer draussen zu besuchen.
Ihr Name war Urpay Huachac [sie war die Schwester Pariacacas, ihre Eltern die Sonne und eine himmlische Göttin].
Während Urpay Huachac fort war, nutzte Cuniraya die Gelegenheit und verführte ein Mädchen, ihre ältere Tochter. Als er dann versuchte, auch ihre Schwester in sein Bett zu holen, verwandelte die sich aber in ein Steisshuhn und flog davon.
Deshalb bedeutet der Name ihrer Mutter 'Gebiert Steisshühner'.
Zu der Zeit gab es noch keinen einzigen Fisch im Meer. Nur Urpay Huachac züchtete sie, bei sich zu Hause, in einem kleinen Teich. Diese Fische, alle von ihnen, schleuderte Cuniraya nun verärgert ins Meer und sagte: 'Warum musste sie auch weggehen und Cavillaca besuchen, die Frau der Tiefen des Ozeans?'
Seitdem ist das Meer voller Fische.
Danach verzog Cuniraya sich schnell die Küste entlang. Als Urpay Huachacs Töchter ihr berichteten, wie er sie verführt hatte, wurde sie zornig und jagte ihm nach. Da sie ihm folgte und wieder und wieder nach ihm rief, wartete er auf sie und sagte: 'Ja?'
'Cuni, ich will dich nur lausen', sagte sie und begann, die Läuse herauszupicken. Während sie ihn lauste, liess sie einen tiefen Abgrund sich neben ihm öffnen; sie dachte sich: 'Ich werde Cuniraya da hinunterstossen.'
Doch Cuniraya war gewitzt genug, das zu durchschauen. Er sagte nur, 'Schwester, ich muss jetzt nur einmal kurz scheissen gehen', und entkam so in die nächsten Dörfer dort. Er wanderte in dieser Gegend für lange, lange Zeit herum und legte einen Haufen von den örtlichen Heiligen herein und viele Leute dazu."[93]

bei Scutum

TATALA – MÜTTERCHEN

SANTA LINA – DIE HEILIGE ELENA

A | Y 172

MAMA ROSARIO

U 105

Dieses Mütterchen ist die Hirtin der Lamas und die Frau des Hirten. Sie bilden so ein älteres Ehepaar – *Chachawarmi* –, das vom Fuchs mit Fürstin, *Mallka*, und Fürst, *Mallku*, betitelt wird.[94]

Die Mutter, in der man die Urpay Huachac des oben zitierten Mythos sehen kann, wurde in unterschiedliche christliche Heilige umgetauft. Diese Identifikation mit Urpay Huachac, die an der Küste als Schöpferin der Fische angesehen wird, ist stimmig damit, dass das Ende des Arms der Milchstrasse, in dem sie gesehen wird, dort zeitweise unter dem Meereshorizont liegt – womit die Fische von ihrem Teich am Haus über Den Grossen Fluss in den Ozean gelangen.[95]

bei Serpens Cauda?

UWIJ CASA – DAS HAUS DER SCHAFE

A | Y 172

Dies stellt offenbar das prototypische Schafgehege dar.

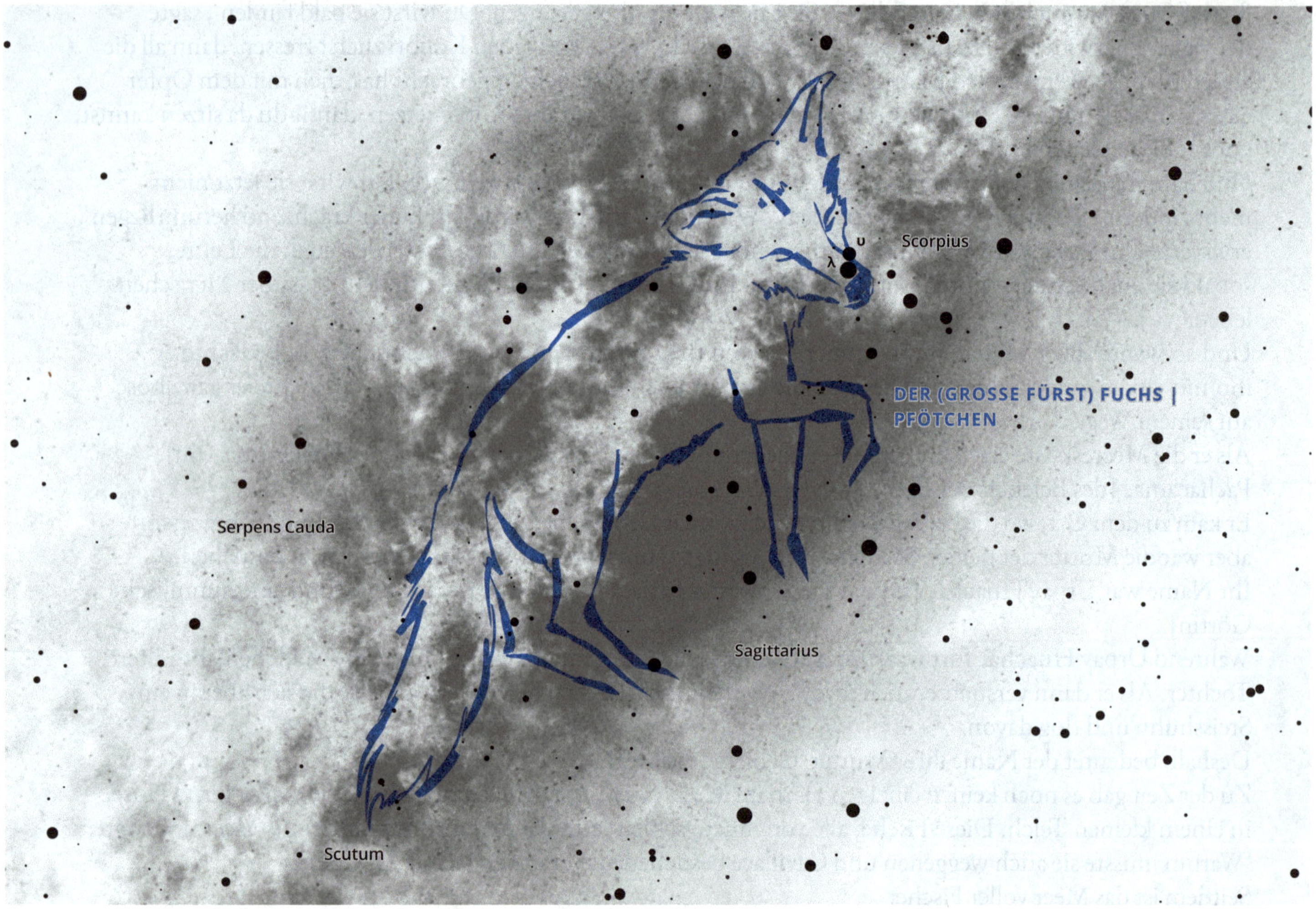

zwischen dem Schwanz von Scorpius und Sagittarius, θo Scorpii, κι Scorpii als Augen[96]

WARAKASITU – PFÖTCHEN

U 102, A | Y 172

JACH'A MALLK ATUJA – DER GROSSE FÜRST FUCHS

A | Y 208

ATUQ | ATUJ – DER FUCHS

U 102

Der Fuchs der Anden (*Dusicyon culpaeus*) hat ein graues Fell, ist nachtaktiv und frisst kleine Vögel, Mäuse, Frösche, Hasen, Lamafohlen und Lämmer, aber auch Mais und Früchte. Füchse werfen in der Zeit zwischen Oktober und Dezember; in Misminay bei Cusco glaubt man jedoch, dass sie nur an einem Tag zur Welt kommen, dem 25. Dezember – also ein paar Tage nach der Sonnenwende. Dies hängt damit zusammen, dass auch die astrale Stammform des Fuchses mit seinen terrestrischen Vertretern auf signifikante Weise korreliert. In diesem Fall ist es die Sonne, die um die Zeit der Sonnenwende in der Dunkelwolke Des Fuchses aufgeht und damit sein Fell zum Leuchten bringt. Und dazu ist der Fuchs natürlich ein nachtaktives Tier, was ihn für den Sternenhimmel prädestiniert.[97]

Die Aymara-Frauen im bolivianischen Hochland sehen in dieser Dunkelwolke den Hund der Hirten mit Namen 'Pfötchen', die Männer hingegen den Fuchs Atuja, von dem bereits spanische Berichte der Kolonialzeit als *Atuq* berichten. Abgleichen lässt sich beides durch die Vorstellung, dass für die sagenhaften, *Chullpa* genannten Urbewohner des Landes "der Fuchs ihr Hund war".[98]

Der schwarze himmlische Fuchs schleicht sich dabei an das männliche Lama[fohlen] heran und "versucht, dessen Hals zu packen", um sein gleichfalls schwarzes Blut zu vergiessen, das dann auf die Erde fällt "und die Lamas sich vermehren lässt; seine Schwärze ist dafür verantwortlich, dass die Lamas dann ein gutes fettes Fleisch und starkes Blut kriegen." Es ist dies, wie Don Domingo erzählt, mit der Fabel des Fuchses vergleichbar, der vom Himmel fiel, um damit alle von dort stammenden Samen auf Erden zu verteilen.[99]

Gleich dem Kojoten der Navajo und dem Raben der Nördlichen Dene und Eskimo gilt der Fuchs als Trickster, ein allzu impulsiver Schelm, der sich oft tollpatschig anstellt, sich nirgends recht einfügen kann, dauernd Grenzen verletzt und eigentlich eine miserable Existenz führt. Der Fuchs wird in vielen Regionen der Anden als Bote des Todes gesehen; einigen Quellen zufolge kann man an ihm aber auch die bevorstehende Ernte voraussagen.[100]

"Sieht man den Fuchs im September (zur Saatzeit) hinauf in Richtung der Gebirge wandern, glaubt man, dass das Jahr auf der Hochebene produktiv sein wird; sieht man ihn aber abwärts laufen, wird es im Tal unten gut werden. Zudem sind die zwei Dunkelnebel am südlichen Himmel mit der Hochebene und dem Tal verbunden: Wird der eine heller als der andere, wird es ein gutes Jahr in der jeweiligen Region."[101]

Selbst dabei aber bleibt der Fuchs ein zwiespältiges Symbol. Einerseits kündigt auch sein Bellen im Oktober eine gute Ernte an, andererseits muss er im März, wenn die Felder reifen, von ihnen vertrieben werden. Und während der Puma, mit dem er oft zusammen frisst, im *Manuskript von Huarochirí* zusammen mit dem Falken und dem Kondor als gutes Tier gilt, wird der Fuchs zusammen mit dem Stinktier und dem Papagei verachtet und als Unglückstier angesehen.[102]

Sein Schwanz hinwieder gilt als Talisman, der bei der Verführung von Frauen oder beim Handel hilft. Letzteres rührt auch von seiner astralen Potenz und seiner Stellung am Himmel. So erzählt eine in Qaqachaka im bolivianischen Hochland heute noch kursierende Fabel, dass der Fuchs von einem seiner Widersacher ausgeschickt wurde, von einem Himmelskörper Feuer zu holen, um das Abendessen kochen zu können. Der arme Fuchs zieht los, um den Mond oder den Abendstern aufzusuchen und sie um etwas Feuer zu bitten, doch während er darauf wartet, verbrennt er sich seinen buschigen Schwanz daran – wohl an der Sonne –, worauf sich seine Schwanzspitze rot färbt. Und sein Widersacher unten auf der Erde isst inzwischen das ganze Essen im Kochtopf auf.

Dem Feuer wird so ein himmlischer Ursprung zugesprochen und es in den Kontext des Färbens gesetzt, bei dem man Lamawolle über dem Feuer 'kocht', damit die Farben dann 'glänzen' (*qhana*), von innen heraus, als würde der Ursprung des Feuers im Sternenhimmel immer noch darin stecken. Das Rot des verbrannten Fuchsschwanzes gilt zudem als essentiellste aller Farben, die in den dunklen Seen der Milchstrasse aufschimmern, im Gegensatz zum gleissenden Weiss ihres Weges.[103]

Hier eine berühmte Sternensage in einer bolivianischen Fassung. Der angefügte Schluss ist in der Form, wie er in Cusco erzählt wird, noch aufschlussreicher für die Rolle des Fuchses. Zudem zeigt sich, weshalb der Fuchs besonders mit Pachacamac verbunden war, der an der Küste anstelle Viracochas verehrt wurde. Die Spanier fanden in dessen Tempel ein vergoldetes Abbild des Tieres, was zeigt, dass diesem offenbar regelmässig geopfert wurde. Pachacamac galt als Schöpfer, der die ersten menschlichen Wesen in Füchse verwandelt hatte;[104] als Himmelsgott war er der Mann der Erdgöttin Pachamama. In der folgenden Sage verbindet der Fuchs gleichfalls Himmel und Erde, auf für die Menschen lebensnotwendige und ungewollt schöpferische Weise.

DAS HIMMLISCHE MAHL

"In jener Zeit, als der Fuchs noch ein kleines Maul hatte und die Vögel zwar noch auf den Bäumen lebten, aber sich ihr Essen im Himmel holten, geschah Folgendes:
Atuj, der Fuchs, begegnete dem Fürst Kondor. Und da fragte Atuj: 'Würdest du mich nicht einmal zu einer jener guten Mahlzeiten in den Himmel mitnehmen?', denn er wusste, dass man dort besser speiste als auf der Erde. 'Gut', sagte der Fürst etwas hochmütig, 'aber ich nehme dich nur unter der Bedingung mit, dass du dich gut aufführst und dir keine Ungezogenheiten erlaubst, vor allem, dass du mir keine Knochen abnagst!'
Der Fuchs ging darauf ein und versprach, sich gut zu benehmen. Da nahm ihn der Kondor auf den Rücken und flog hoch in den Himmel hinauf. Dort setzte er ihn schliesslich auf einer grossen schwarzen Wolke ab.
Nach kurzer Zeit kamen dort alle Vögel zusammen, um ihr tägliches Mahl einzunehmen. Auf riesigen Andenbeerbäumen [*Physalis peruviana*] wuchsen Mais, Cañahua und Quinoa, und das in gewaltigen Mengen, aber es gab dort auch Fleisch von Waldtieren für die fleischfressenden Vögel.
Als man mit dem Mahl fertig war, flogen alle Vögel gesättigt davon. Atuj, der sich jetzt allein sah, konnte der Versuchung nicht widerstehen, die Knochen zu benagen, welche die fleischfressenden Vögel liegengelassen hatten. 'O je!', schrie Fürst Kondor und flog von der benachbarten Wolke herüber, von wo aus er hatte sehen wollen, ob der Fuchs sein Versprechen auch halten würde. 'Du bist immer falsch und verlogen! Zur Strafe werde ich dich hier zurücklassen.' Und mit diesen Worten flog er davon.
Der arme Atuj lief den Rand der Wolke entlang, um zu sehen, wie weit es bis zur Erde hinunter sei. Er lief von einer Seite zur anderen und klagte über sein Los mit langgezogenen Lauten, sodass ihn einige Papageien hörten, die nicht weit weg waren. Und da sie wissen wollten, was mit Atuj los war, flogen sie hin, um ihm zu helfen. Und als sie sahen, was ihm fehlte, brachten sie ihm ein aus Lianen geknüpftes Seil.
Atuj begann an diesem Lianenseil auf die Erde herunterzuklettern, und dabei umschwirrte ihn ein Schwarm von Papageien. Und da Atuj ein Schwätzer mit einem losen Maul ist, schrie er sie an, um sie zu ärgern: 'Ihr Papageien sollt alle die Scheisserei kriegen!'

Da wurden die Papageien ärgerlich, und sie flogen hin und zerfetzten das Seil mit ihren Schnäbeln. Da bekam der Fuchs Angst und er begann sich zu entschuldigen und seine Beleidigung zurückzunehmen. Die Papageien nahmen die Entschuldigung an, und so konnte Atuj weiterklettern. Als er nun vom Erdboden nicht mehr allzu weit entfernt war und er sich in Sicherheit glaubte, konnte er seine Frechheit nicht mehr zurückhalten und rief: 'Alle Papageien sind beschissene Kerle!'
Da kehrten die Papageien um und machten sich weiter daran, das Seil zu zerfetzen. Atuj rief in seiner Angst: 'Ach, ich habe ja nur lustige Lügen erzählen wollen.' Und wiederum liessen die Papageien das Seil in Frieden. Als dann aber Atuj sah, dass er fast schon auf der Erde war, schrie er:' Alle Papageien sind ein Scheissdreck!'
Da kehrten die Papageien wutentbrannt abermals um und zerhackten die letzten Stränge, die das Seil noch zusammenhielten. Da fiel Atuj wie eine reife Frucht auf die Erde hinunter.
Seitdem gibt es auch auf der Erde Mais, Cañahua und Quinoa: Denn als er auf der Erde aufprallte, platzte der Fuchs auseinander, und aus seinen Eingeweiden verstreute sich alles, was er roh im Himmel gegessen hatte und was es nur dort oben gab: neben dem Mais auch Kartoffeln, Ollucos und Gerste – samt allem anderen, was es hier nun gibt, um die Menschen auf der Erde zu füttern."[105]

Eine andere Version dieser Fabel endet mit: "Und der Fuchs fiel zur Erde und seine Knochen, sein Haar und Blut samt allem, was er im Himmel an Nahrung gegessen hatte, wurde überall auf der Erde verstreut. Deshalb gibt es nun überall auf der Welt Füchse."[106]
Für immer in den Himmel steigt er am Ende eines anderen Zyklus von Episoden auf, wo er seinem klügsten Widersacher begegnet, der Maus, die am Ufer eines Sees Wasser trinkt. "Er will sie fressen. Und sie sagt: 'Von mir aus! Aber bitte hilf mir doch, vorher den Käse da aus dem Wasser zu holen.' Es ist der Mond, der vom See gespiegelt wird, aber der Fuchs glaubt der Maus und versucht, den See so lange auszutrinken, bis er platzt und stirbt."[107]

Die Rolle des Fuchses als Kulturheros wider Willen weist uralte Wurzeln auf, indem in ihm der Kojote der Südlichen Dene und der Kanide der Nördlichen Dene wiederzuerkennen ist. In den Anden wird er nicht nur mit der Oberen Welt – *Hanan Pacha* –, sondern auch mit der unseren – *Cay Pacha* – und der Unteren Welt – *Unqhu Pacha* – verbunden; zudem wird er mit dem Erdgott *Pachacamac*, 'Schöpfer der Welt', assoziiert, in dessen Tempeln die Spanier viele Reste von geopferten Füchsen und Fuchsfiguren fanden. Unweit von Huarochirí, in Buena Vista nördlich von Lima, hat man eine über 4000 Jahre alte Tempelanlage ausgegraben, in der der Fuchs eine prominente Rolle spielt. Einmal flankiert ein Paar von Füchsen eine hybride Mond- und Sonnenscheibe, ein andermal wurde er zusammen mit einem Lama gemalt.

Ausgerichtet waren die Tempel auf die damaligen Stillstandspunkte des Mondes, seine äussersten Aufgänge zur Zeit des Solstitiums im Juni, welche für die Bestimmung des Jahresanfangs auch noch in jüngster Zeit wichtig waren und mit denen sich Eklipsen zur Zeit der Äquinoktien bestimmen liessen. Von einem Tempel aus betrachtet ging das Sternbild Des Fuchses in der Milchstrasse am Morgen des Solstitiums nicht lange vor der Sonne auf. In den anderen Tempeln sah man ihn wieder beim Solstitium im Dezember erstmals aufgehen, wenn die Regenzeit begann und das Tal flutete, und beim Äquinoktium im März darauf am Himmel stehen, wenn der Flusspegel wieder zurückging. Jedenfalls wurde Der Fuchs eng in Verbindung mit Wasser, Regen, Bewässerungskanälen und der Landwirtschaft gesehen.[108]

Die ehemaligen Mythen, insbesondere jene, die im *Manuskript von Huarochirí* festgehalten wurden, hat der peruanischen Schriftsteller José María Arguedas in seinem postum 1969 erschienenen Roman *Der Fuchs von oben und der Fuchs von unten* neu ins Spiel gebracht und auf den damals gerade vollzogenen Militärputsch in Peru bezogen.[109] Die folgende Passage gibt fast wortgetreu die alte Legende wieder,[110] nur dass aus dem reichen Mann Tamta Ñamca ('Herr mit Federkrause') der Militär und Machthaber Juan Velasco Alvarado wurde, der an die Dunkelseen der Milchstrasse versetzt wurde, wo, wie in der alten Legende auch, eine Kröte und eine Schlange hausen.
"Traf ein Fuchs von der Küste einen Fuchs aus der Sierra. Der Fuchs von unten fragte, 'Bruder, wie stehen die Dinge in Hoch-Willka?' Der Fuchs von oben erwiderte. 'So la la. Ein Führer namens Colonel Farbiges

Dunkel beim See der Seufzer hält sich für so heilig und weise, dass er sich schon als Gott glaubt und jetzt krank darniederliegt. Die weisen Männer aus der Gegend sind gefragt worden, woran er leidet, doch keiner kann die Krankheit bestimmen. Sie wissen nur, dass, während seine Frau dabei war, Mais zu rösten, ein dunkles Korn aus der Pfanne in ihre Vagina sprang. Die Frau holte es heraus und liess es einen Mann von einem anderen Ort essen. Der und die Frau haben viel Schuld daran. Die Leute halten sie für eine Ehebrecherin. Weil sie das getan hat, wird das Paar jetzt von einer Schlange, die am Dach ihres wunderschönen Hauses wohnt, und einem zweiköpfigen Frosch, der im Mühlstein lebt, verschlungen.’ Das erzählte der Fuchs von oben, um den Fuchs von unten wissen zu lassen, was los war …”[111]
Im Laufe des Romans wird auch die Fabel vom Himmlischen Mahl in ein Gedicht umgeformt. Statt des Kondors tritt die Spinne auf und aus dem Kulturheros wird das Opfer der eigenen Utopie.

MAIS WIRD GEBOREN
“Fuchs sagte zur Spinne, ‘Cusi – Ich will mit den Sternen reden.’
‘Ich webe dir ein Netz’, sagte Cusi.
Die Sterne zogen sie. Spinne spann hinauf. Hoch stieg Fuchs.
Fuchs sprach mit den Sternen, redete und redete mit ihnen.
Fuchs sagte der Spinne, der Wahrsagerin, nicht,
dass er ungeduldig war zurückzukehren.
Als die Sterne vor lauter Reden grau wurden und blass, fiel Fuchs
und heulte Cusi an, ihm ein Bett zu weben.
Mais ist zerschmetterter Fuchs,
Kolben und Rispen sein Schwanz, geil und schnell.
Rehe sind seine Schnurrhaare, frei herumlaufend.
Leute mit weissem rotem schwarzem Fell sind Fuchs,
zu Spinnen und Sternen jaulend.
Rispen kündigen einen Aufstand an!
Aneinandergereihtes Gemüse wächst rastlos unter rastlosen Spinnen.”

βδπ Scorpii – Schulter, ατε Scorpii – Bauch und rechtes Bein
TATALA – VÄTERCHEN
QARWIRU – DER LAMAHIRTE
A | Y 172
MICHIQ – DER HIRTE[112]
Das Sternbild des alten Lamahirten überzeichnet im bolivianischen Hochland jenes Die Edle Raubkatze der Inka. Sie wird in manchen Dialekten der Aymara mit demselben Wort wie ‘Hirte’ bezeichnet, da ein Puma symbolisch als oberster, mächtigster Wächter gilt. Vom Sternbild dieses Pumas kennt man in Bolivien jedoch nur noch den SCHWANZ – WICH'U unterhalb Des Hirten in den Stachelsternen des Scorpius.[113]

Der Hirte und seine Frau bringen, laut Don Domingo von den Aymara des bolivianischen Hochlandes, “die himmlischen Lamas dazu, ihren Atem und ihre Farben den irdischen Lamas zu schicken, gerade wenn sie unten dabei sind, sich zu paaren. *Samnicham*, flüstern sie: ‘Atme die Farben.’”[114]

In den Anden bildet das Lama seit jeder eine Lebensgrundlage: bereits die Inka benutzten es als Lasttier, assen sein Fleisch, machten Kleider aus seiner Wolle, nahmen seinen Kot als Dünger und opferten es den Göttern.[115]

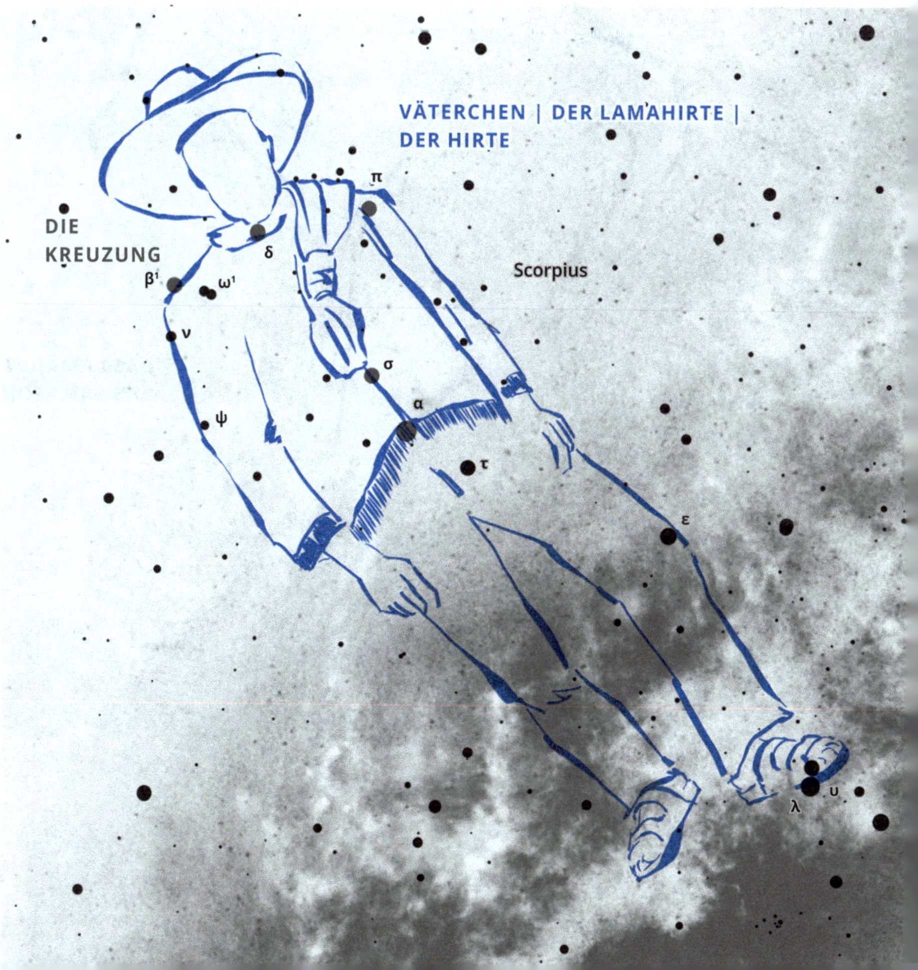

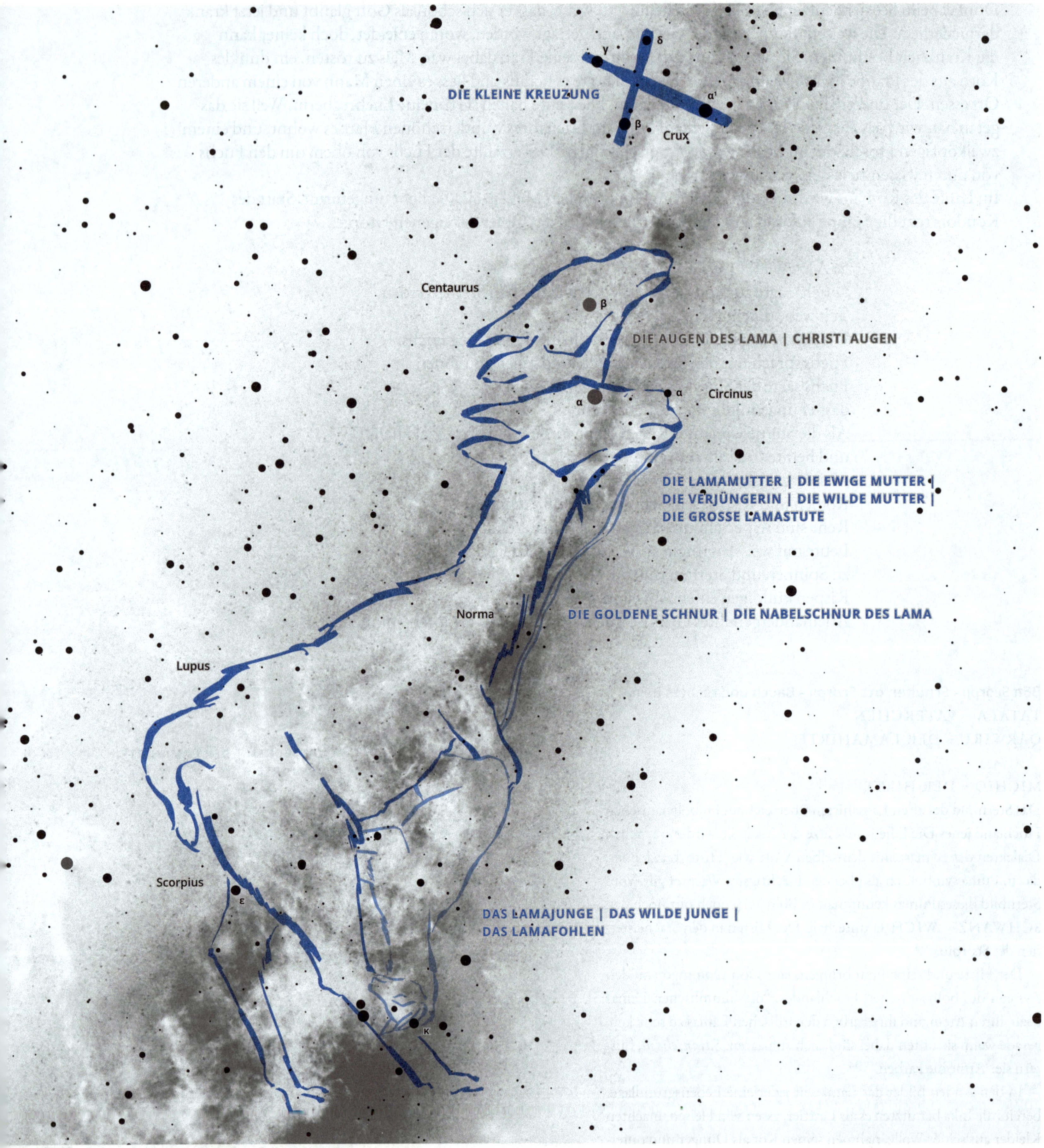
DIE KLEINE KREUZUNG
γ
δ
α¹
β
Crux
Centaurus
β
DIE AUGEN DES LAMA | CHRISTI AUGEN
α
α
Circinus
DIE LAMAMUTTER | DIE EWIGE MUTTER |
DIE VERJÜNGERIN | DIE WILDE MUTTER |
DIE GROSSE LAMASTUTE
Norma
DIE GOLDENE SCHNUR | DIE NABELSCHNUR DES LAMA
Lupus
Scorpius
ε
DAS LAMAJUNGE | DAS WILDE JUNGE |
DAS LAMAFOHLEN
κ

αβδπσ Scorpii

KURUSIRU – DIE KREUZUNG

A | Y 170–172

Die Figur des Hirten überblendet zugleich das Sternbild Der Kreuzung für diesen allegorischen Zug von Lamas, das sonst auch als Kreuz am Himmel steht.

αβ Centauri

QARWA LAYRA – DIE AUGEN DES LAMA

A | Y 172

LLAMAPA ÑAWIN | LLAMAQÑAWIN – DIE AUGEN DES LAMA

Z1 211 und U 108

ÑAWIN CRISTO – CHRISTI AUGEN

U 101

Ende November gehen Die Augen der Lamamutter erstmals morgens vor der Sonne im Osten auf; danach stehen sie samt dem Körper jede Nacht höher am Himmel, bis sie Ende April um Mitternacht ihre Kulmination erreichen. Diese Zeitspanne korreliert mit den Monaten, in denen Lamas gebären: von Ende November bis März – wobei Geburten stets morgens stattfinden.

Die Inka bezogen Lamas aber auch als Opfer eng in ihren landwirtschaftlichen Kalender ein. Entsprechend dem Dunkelfleck der Yaqana als astrale Lamamutter wurden braune und braunrote Lamas zu Beginn der Anbauzeit im August | September geopfert. Im Oktober hingegen wurden weisse Lamas geopfert und schwarze an einen Pfahl gebunden: Man liess sie verhungern, um damit den nötigen Regen für das Wachstum der Pflanzen anzuziehen. Zur Erntezeit im April wiederum wurden vielfarbige Lamas geopfert. Beide Opferungen haben astronomische Gründe, die auch mit der Sonne zusammenhängen. Im Oktober kulminierten Die Lamaaugen am 30. um Mitternacht an ihrem tiefsten Punkt am Himmel, während die Sonne am selben Tag im Zenit stand. Ein halbes Jahr später, wenn Die Lamaaugen um Mitternacht ihren höchsten Kulminationspunkt erreichten, fand die Position der Sonne an diesem Tag ihren Tiefststand. Diesen Zyklus ehrte man mit der Opferung unterschiedlicher Lamas.[116]

An diesen beiden Sternen wird heute noch nachts auch die Zeit abgelesen; so beobachtet man etwa, ob sie 'hinein- oder herauskommen': "Es heisst: 'Die Lamaaugen gehen bereits hinein' – der Tag bricht bereits an, es wird gleich hell. Und wenn man sagt: 'Selbst Der Kondor ist schon in der Mitte' – dann ist er schon da ..."[117]

zwischen Kohlensack und ε Scorpii

TAYKA QARWA – DIE LAMAMUTTER

WIÑAY TARKA – DIE EWIGE MUTTER

A | Y 172 und 206

Auch im bolivianischen Hochland säugt Die Lamamutter Das Lamajunge, das sich unter ihr abzeichnet; es wird dies, wie im Mythos von Huarochirí angedeutet, im Oktober sein, wenn sie am schwärzesten und aufgeblähtesten wirkt, ihr Junges nicht zu sehen ist und ihre lange Nabelschnur bis unter den Horizont reicht: Damit nährt sie dann die irdischen Lamaherden.

Man bringt Den Augen Des Lama, Der Lamamutter, Dem Fohlen, Dem Grossen Fluss, Den Vielen Sternen [Plejaden] und Den Kleinen Sternen Trankopfer dar: Weihnachten den weiblichen Lamas, Neujahr den männlichen Lamas und am 27. Mai beim Fest des Heiligen Sterns [des Tragtiergestirns im Orion?] namens *Santa Warawara* [als aymarisierte Form von 'Barbara'] den Alpakaherden.[118]

Der im bolivianischen Hochland kursierenden Sage zufolge kamen vor langer Zeit, lange bevor es das Christentum gab, zwei verheiratete Berggipfel – Fürst Turu und Fürstin Jujchu – mit dem Himmel ins Gespräch. Sie baten ihn zuerst darum, den Bergen Lamaherden zu schenken, und danach, die himmlischen Wasser freizugeben, damit sie an den irdischen Gebirgen herabflössen, um Seen und Flüsse zu bilden und grüne Weiden wachsen zu lassen. "Und aus diesem Grund kamen die Wasser herab vom Himmlischen Fluss" und kamen die Lamas aus den verschiedenen Bergseen hervor und die Flanken von "Fürst Turu, dem Freilasser" herab. "Daran erinnern sich die Menschen jedes Jahr am ersten Juni und opfern den Bergen Lamas, um daran zu erinnern." Überall dort, wo es im Gebirge "offene Säume" zwischen den Welten gibt, werden Lamas von Zeit zu Zeit "freigelassen", besonders in der Nähe der Opferstellen; "dann kommen so viele Lamas heraus, dass man sie unmöglich zählen kann."[119]

Die unterschiedlichen Farben ihres Fells erhalten die Lamas nicht direkt vom schwarzen himmlischen Lama, sondern von bunten Wasservögeln – den Lappentauchern – in den Seen, aus denen die Lamas herauskommen, von den Regenbögen, die sich an Wasserstellen aufbauen, um eine Verbindung zwischen Himmel und Erde herzustellen und mit dem Himmlischen Lama zu reden, und den Blumen, die sie fressen.

Im Blut des himmlischen Lama, in dessen Schwarz alle Farben enthalten und vermischt sind: "Grün und Weiss, Orange, Gelb, Hell-, Rosa-, Dunkel- und Maulbeerrot, alle Farben. Daher haben die Blumen all diese Farben ... Das Himmlische Lama schickt sein Blut und dann blühen die Blumen in der Pampa, damit die irdischen Tiere davon essen können wie die Menschen. Deshalb heisst es 'Gottes Lama'. Es ist die Mutter aller Lamas."

Der Regenbogen wiederum ist ein weiterer der vielen "Helfer" des himmlischen Lamas, der ihm Kraft gibt und die Obere Erde mit der Unteren Erde verbindet: "Er geht hinauf und wieder hinunter, redet mit Der Lamamutter und bringt dann wunderschöne Farben vom Himmel herab und die Frauen schauen sie sich an und lernen von ihnen."

Zudem wird das Fell von den magischen Illa['Leucht']-Steinen gefärbt, die sich im Magen der Lamas finden, wenn sie lange auf salzigen oder salpeterhaltigen Böden grasen. Es sind dies, gleich den in Europa im Mittelalter als Allheilmittel gegen Gifte geltenden Bezoar-Steinen, poröse, alkalische Bälle aus Magnesium oder Kalziumphosphat, die sich oft um Haarbüschel bilden, seltsam geformt sind und die eigenartigsten Farben aufweisen, hellgrün oder golden.[120]

Den grössten Einfluss hat die himmlische Lamamutter in der Regenzeit im Dezember; dann helfen ihr die Frauen des bolivianischen Hochlands mit ihrem Gesang, damit sie und "die Jungfrau Erde" gebären kann". Die Lamamutter bleibt ewig anziehend schön, aber auch etwas dumm, weshalb sie die Hilfe der älteren Frauen des *Ayllus* – der Gemeinschaft – benötigt. Für Die Lamamutter wie für die Erde ist es im Dezember höchste Zeit, dennoch muss man beide dazu drängen und stimulieren, damit ihre Geburtswehen beginnen: "Man muss das Wasserwechselritual ankündigen, man muss selbst für ihre Zeit des Jahres trinken. 'Herr der Weiden, es ist dein Berg, dein Meer ...' Du musst selbst für die Sterne trinken, du musst selbst für jeden Wasserteich trinken." An diesem Drängen und Auffordern beteiligen sich auch die Männer, die beim Beladen zu ihren Tragtieren sagen, sie sollen Die Lamamutter bitten, endlich zu pissen und so die Regen herabzubringen: "'Mach, dass sie endlich pisst, verdammt!', rufen sie da ihren Lamas zu."

Wenn Die Lamamutter sich dann vom Himmlischen Fluss vollgesoffen hat, lässt das unglaubliche Gewicht all des Wassers ihre Blase platzen, die auch eine Fruchtblase ist, um so – wie der überfressene Fuchs der Fabel – all die Früchte des Ackers hervorzubringen: "Nur aus diesem Grund bersten die Wasser und deswegen gibt es dann all die Nahrungspflanzen: Nur deshalb existieren sie. Und nur darum kommt das Wasser auf uns herab. Wenn nicht, würden wir alle austrocknen. ... Selbst ihre Plazenta fliesst dann heraus wie Wasser; wie ein Bauch gebiert sie die Plazenta. Und deshalb birst sie und dann kommt ihr Urin heraus und fliesst wie Wasser."

Die Jungfrau Erde, "die wie ein Baby schreit, das nichts zu trinken kriegt", wird von diesem Regen dann rot und der weisse Staub auf ihr verwandelt sich in rotes Blut, worauf sie von den Samen darin schwanger wird.[121]

Lamaharn gilt allgemein auch als Heilmittel, das selbst das Dreitagefieber der Malaria zu kurieren imstande ist. Auch bei den mit dem Blitz assoziierten Krankheiten die sogar ein *Yatiri* – Weiser – nicht zu heilen vermag, hilft der Urin eines Lama, der "von der Gloria von ganz oben" kommt; man vermischt ihn mit Kopal und trinkt ihn.[122]

Die Lamamutter steigt aber auch jeden Monat, erst bei unsichtbarem Mond, dann bei Vollmond – wo sie wie eine Frau menstruiert – zur Erde herab, um den Atemgeistern zu helfen, die Lamaherden zu vermehren. "Sie stöhnt dabei in der Nacht, *Uj Uj*, und so soll man sie nicht anschauen, das ist besser. Man darf es nicht. Sonst wird man krank und kann sogar davon sterben. In diesen Nächten sollte man nicht einmal aus den Quellen trinken, weil die Atemgeister und die Illa-Gesteinsadern dann daraus trinken. Sonst kriegt man nämlich die Illa-Bergader-Krankheit. Überhaupt sollte man in den Nächten, wo der Mond voll oder nicht zu sehen ist, wenig trinken. Manchmal kriegen wir da die Räude; Mund und Kopf tun weh oder unsere Lippen sind infiziert. Und zwar deswegen."[123]

Das schwarze Lama des Himmels ist die Ewige Mutter. Anders als die irdischen Lamas wird das himmlische Lama "nie alt genug, um für ein Opfer zerlegt zu werden: Es stirbt nie", bleibt ewig fruchtbar und gebährfähig. Wie bei dem Himmlischen und Heiligen Volk der Navajos gibt es auch am Himmel der Quechua und Aymara ein 'Ewiges Volk', das sich um die Lamas am Himmel kümmert und ebenfalls nie alt wird oder stirbt. "Aus diesem Grund singen wir [von ihnen allen], auf diese Weise. Würden wir das nicht tun, könnten wir uns nicht mehr an sie erinnern. Die Ewige Mutter gibt uns offene Herzen und wegen ihr widmen wir uns unseren Viehherden und tun all das, was wir tun, spinnen und kämmen wir Wolle ... wir widmen uns diesen Arbeiten und erinnern uns so an sie."[124]

In der heutigen Kunst der Anden werden Lamas assoziiert mit Wasser, Salz, Weiblichkeit und Geburt, U-förmigen Symbolen, Flüssen, Quellen, kleinen Enten und anderen Vögeln: Sie alle sind mimetisch miteinander verwandt. Zu den Fruchtbarkeitsriten im Frühling gehört es, Lamas mit rotem Ocker zu beschmieren, um diese Konzepte darzustellen.[125]

Der älteste Bericht über dieses Lama geht auf Garcilaso de la Vega (1609) zurück, der folgendes gesteht: "Sie stellen sich vor, dass sie die Figur einer Lamastute, ihren ganzen Körper samt einem daran säugenden Fohlen, in ein paar dunklen Flecken sehen, die in dem verstreut sind, was unsere Astrologen 'Milchstrasse' nennen. Sie versuchten sie mir zu zeigen und sagten: 'Siehst du nicht den Kopf Der Lamamutter? Und da ist der Kopf des säugenden Fohlens – und dort sind die Körper und die Beine.' Aber ich konnte nichts ausser Flecken erkennen, was wohl auf einen Mangel an Phantasie meinerseits zurückgeht."[126]

YAQANA – DIE VERJÜNGERIN

U 110

Im bolivianischen Hochland gibt es drei verschiedene Bezeichnungen für die Wasserstellen der Lamas. *Walt'aña* benennt auf Aymara eine kleine kreisförmige Kuhle im Boden, wo sich ein Lama im Staub hin und her dreht. *Sink'uña*, abgeleitet von *Sink'u* – Ring – beschreibt mehr die Bewegung des sich auf den Rücken Drehens, während *Qhayana* den Wälzplatz an sich bezeichnet. *Yaqana* wird deshalb auch als *Qayana* gedeutet, "himmlischer Wälzplatz der Lamamutter" – wobei es Wälzplätze für die weiblichen wie die männlichen Lamas gibt, da beide getrennt gehalten werden. Zugleich ist in *Yaqana* das 'rote Glänzen' – *Qhana* – seiner Dunkelwolke herauszuhören. Zum Bedeutungshof des Namens gehört vor allem aber *Yaku*, was auf Quechua 'Wasser' bedeutet. Auch deshalb wird der Yaqana die elementare Aufgabe zugeschrieben, ständig Wasser saufen zu müssen, damit das Land nicht davon überschwemmt wird.

Die eigentliche Bedeutung des Sternbilds ist jedoch die 'Verjüngung',[127] womit die belebende und beseelende Kraft und Macht dieses astralen Lamas bezeichnet wird, indem es den Prototyp aller terrestrischen Exemplare darstellt.[128]

Francisco de Avila zeichnete um 1600 in der Provinz Huarochirí unweit von Lima in seinem Manuskript die damals kursierenden Legenden auf, wie sie ihm von mehreren Auskunftspersonen erzählt wurden, darunter jene um die himmlische Lamastute. Sie wird darin als *Camac* bezeichnet, was sich als 'mythischer Vorfahre', 'Stammmutter bzw. -vater', 'Urheber und Erschaffer', 'Beleber und Beseeler', 'Anweiser und Beauftrager' deuten lässt – alles Charakterisierungen eines prototypischen Tieres, das sich in dem Schatten der Milchstrasse als übergrosser Doppelgänger der irdischen Lamas zeigt:

DIE YAQANA

"Wir werden jetzt erzählen, wie etwas, das *Yaqana* genannt wird, vom Himmel herabkommt, um Wasser zu saufen; und wir werden auch von anderen Gestirnen sprechen, indem wir ihre Namen nennen:
Es heisst, dass das Gestirn, das wir unter dem Namen *Yaqana* kennen, die Beleberin der Lamas ist. Sie zieht ihre Bahn über die Mitte des Himmels. Wir Einheimischen sehen sie als schwarzen Fleck kommen. Die Yaqana geht im Inneren des Flusses [der Milchstrasse]. Sie ist sehr gross, mit zwei Augen und einem sehr langen Hals, und wird beim Näherkommen immer schwärzer. Das ist es, was wir Einheimischen *Yaqana* nennen.
Die Yaqana säuft Wasser aus vielen Quellen. Wenn ein Mann begnadet ist und Glück hat, fällt sie auf ihn drauf. Sie ist so voller Wolle, dass sie ihn erdrückt; deshalb reissen ihr andere diese Wolle aus. Zu dieser Erscheinung kommt es nachts. Am Morgen, bei Tagesanbruch, werden sie merken, dass die Wolle, die sie ausgerissen haben, blau ist, weiss, schwarz und braun; alle Farben finden sich da vermischt.
Wenn der Glückspilz noch keine Lamas hat, wird er sich bald welche kaufen. Er wird dann die Wolle [der Yaqana] an dem Ort heiligen, wo er sie gesehen oder man sie ausgerissen hat. Danach kauft er sich eine Lamastute und einen Lamahengst. Die beiden Lamas werden ihm dann zwei- bis dreitausend liefern.
So erging es früher vielen Leuten in der ganzen Provinz.
Dazu heisst es, dass die Yaqana um Mitternacht, ohne dass es jemand merkt, alles Wasser aus dem Ozean säuft. Würde sie das nicht machen, würde uns das Meer bald alle überfluten.
Der Yaqana geht ein kleiner schwarzer Fleck voraus. Man nennt ihn das Spiesshuhn.
Auch hat die Yaqana ein Fohlen. Wenn es an ihr saugt, wacht sie auf.
Danach sind da drei Sterne in einer geraden Linie, die man 'Kondor' nennt. Und mit dem 'Bussard' und dem 'Falken' ist es gleich."[129]

In Cusco wurde auch der astrale Lamahengst im selben Mass verehrt wie die Yaqana und ihm gleichfalls ein vielfarbiges Fell zugesprochen.

Dass die Yaqana Salzwasser säuft, verweist nicht nur auf den kosmischen Wasserkreislauf, an dem sie mitten im Fluss stehend Anteil hat, sondern auch auf Mythen, dass das salzige Wasser, das es in der Regenzeit aus den Bergen schwemmt, der Urin von Lamas wäre, die wieder in die Erde gegangen seien, und dass man Salz aus den Salars der Anden gewann, indem man das in der Regenzeit ausgeschwemmte Mineral auftrocknen liess.[130]

KATA CHILLAY – DIE WILDE MUTTER HATUN LLAMAYTUQ – DIE GROSSE LAMASTUTE

U 103 UND 110

Ihr Rang als Stammmutter aller Lamaherden drückt sich bereits in der alten, von den Spaniern überlieferten Bezeichnung *Kata Chillay* aus, die dieses Sternbild mit den Plejaden gemein hat. *Chillay* bedeutet Lehman-Nitsche zufolge 'wild, ungezähmt' in einem prototypischen Sinn, während *Kata* das weibliche Exemplar einer Spezies bezeichnet. In diesem Sinn wird die in den 'dunklen Seen' des 'Flusses der oberen Welt' – der Milchstrasse – gesehene, ihr Junges säugende Lamastute als Stammmutter aller irdischen Lamas verehrt.

In einigen Mythen der Anden erschafft eine weibliche Huaca [Heilige] als Gottheit die Frauen und die Lamastatuten aus einem See.[131] Und wie die Plejaden wird die mit *Kata Chillay* betitelte Lamastute als eng mit dem Wasserkreislauf verbundene Urmutter gesehen.

Jeden April zur Erntezeit – wenn die Kata Chillay der Lamamutter in der Milchstrasse am 25.4. ihre erdfernste, höchste Kulmination erreichte, die Urmutter der Plejaden zugleich ihre erdnächste Kulmination fand und die Sonne überdies ihren Nadir erreichte – sang der Herrscher mit seinem roten Lama deshalb in einem Trauerlied *Yn* und *Yyy*, um den "Klang der Flüsse" nachzuahmen. Das rote Fell des Lamas repräsentierte den roten Fluss in der Milchstrasse, das Menstruationsblut und die fruchtbaren weiblichen Wasser, die nun in der Trockenzeit immer niedriger hinaus ins Meer und in die Totenwelt flossen: Der Gesang des Inka war ein Lamento dieses Verlustes.

Im selben Monat wurde ein reinweisser Lamahengst – als Symbol des Männlichen, des Samens und der Sterne im weissen Band der Milchstrasse um die rötlichen und weiblichen Dunkelwolken – auf dem Hauptplatz von Cusco angepflockt und erhielt dort jeden Tag ein Gefäss voll Chicha. Er hatte das Maisbier auszusaufen und das Gefäss dabei umzustossen, während im Namen dieses Lama zugleich 15 andere Lamas verbrannt wurden, um durch ihr Opfer zu garantieren, dass der Mais ganz heranreifte und Samen für das nächste Jahr herausbildete. Das von ihm verschüttete Bier sollte in die Untere Welt rinnen, damit die Samen und Körner, die man nun in die Speicher gebracht hat, befruchtet werden, um dann auszukeimen.

Jeden Oktober zum Beginn der Regenzeit, wenn man mit dem Anbau beginnen konnte, erreichte die Kata Chillay der Lamamutter in der Milchstrasse am 30. ihre erdnächste Kulmination und die Sonne zugleich ihren Zenit. Die Flüsse führen zu dieser Zeit kaum noch Wasser; sie haben im Laufe der letzten Monate alles hinaus ins Meer ergossen, das damit überzufliessen drohte – wenn nicht die Yaqana es aussaufen würde, um damit, wie die Legende von Huarochirí berichtet, die Welt zu retten. Denn im Oktober steht sie am tiefsten und über dem Meer, anders als im April, wo sie sich am höchsten, unerreichbaren Punkt befindet.

In dieser Zeit band man – der Dunkelwolke Der Lamamutter entsprechend – schwarze Lamas auf dem Platz an Pflöcke und gab ihnen nichts zu trinken, damit sie Viracocha anflehten, die Wasser zurückzubringen, und die Kata Chillay durstig genug würde, um es aus dem Meer zu saufen und somit wieder in die Milchstrasse zu bringen, von der der Wasserkreislauf ausging.

Beide Rituale setzten irdische Lamas in Bezug zum Sternbild ihrer Stammmutter in der Milchstrasse und zur Urmutter aller Sternbilder, da beide Kata Chillays Fruchtbarkeit für die Herden und Regen für die Erde verheissen. Das irdische Lama einmal auszuhungern, ein andermal zu stopfen war Ausdruck eines Sympathiezaubers.[132]

In der nordchilenischen Atacama erkennt man in der von Den Lamaaugen αβ Centauri bis Crux reichenden Dunkelwolke Die Lamamutter, zugleich aber auch ihren Wälzplatz. Ist Letzteres der Fall, wird die Lama- oder Guanacostute mit ebendiesen astralen Augen gesehen, kommt ihr Körper jedoch ausserhalb der Milchstrasse zu liegen: entweder in den Sternen von Lupus und Norma bis hinunter zu Scorpius oder über Musca hinauf zu Crux. Ihr Fohlen wird dann entweder von Sternen in Ophiuchus, Sagittarius und Scorpius respektive Norma, Sagittarius, Corona Australis und Ara gebildet. Das Sternbild eines Lamahengstes ist in der Atacama hingegen nicht dokumentiert.[133]

PIRWA – VORRAT

Im bolivianischen Hochland sieht man in der Milchstrasse nach Dem Fuchs und beim Sternbild Q'ayana (= Yaqana) Nahrungsdepots. An welchen Stellen genau sie angelegt wurden, ist den Angaben allerdings nicht zu entnehmen.

A | Y 123

zwischen α Centauri und südwärts bis θ Scorpii

QARQA QALLU – DAS LAMAJUNGE

A | Y 172

UÑACHILLAY – DAS WILDE JUNGE
UÑALLAMACHA – DAS LAMAFOHLEN

Z1 223 und U 110

der schmale, gekrümmte dunkle Streifen von α Centauri herkommend, hinauf zu σ Scorpii

QURI CHANKA – DIE GOLDENE SCHNUR

A | Y 202

OMBLIGO DE LA LLAMA (SP.) – DER NABEL DES LAMAS

U 110

Das Lamafohlen wird überall als an seiner Mutter säugend gesehen, da es eine Nabelschnur hinter sich herzieht, die von der Mutter gerade eben durchgebissen wurde. Diese Geburtsszene ist umso gefährdeter, da einerseits Der Fuchs nur auf eine Gelegenheit wartet, in den Hals Des Fohlens zu beissen, andererseits "nur Der Hirte Den Kondor davon abhält, alle Tiere zu fressen, indem er ihm auf den Schwanz steigt".[134] Geburt, Lebensgefahr und Tod werden damit emblematisch am Himmel vorgeführt.

Kohlensack

SURURU | YUT^HU – DAS STEISSHUHN

A | Y 173, U 104

"*Sururu* ist ein Vogel wie eine Wachtel, nur ohne Schwanz", wird von einem Aymara des bolivianischen Hochlands erklärt,[135] während der braun-grau gesprenkelte, zu den *Tinamidae* gehörende Laufvogel anderswo *Yut^hu* heisst (*Nothoprocta pentlandii*).

Der scheue, mehr schlecht als recht fliegende, goldgesprenkelte Laufvogel frisst neben Samen und Früchten manchmal auch Eidechsen und Frösche: was seine Platzierung erklärt. Auch dass der scheue und wohlschmeckende Vogel Einzelgänger ist, verhilft ihm zu seinem Sternbild – ebenso stimmt der Umstand, dass seine Eier (die das Weibchen ins Nest des Männchens legt, um sich dann ein anderes Männchen zu suchen) alle Farben haben können, von Türkisblau über Grün, Schiefergrau bis Purpur und Violett, mit der symbolischen Vielfarbigkeit der Tiere in der Milchstrasse überein.

Sein Sternbild geht Anfang September erstmals heliakisch auf, steht zum Solstitium im Dezember im Zenit, geht Ende April heliakisch unter und befindet sich beim Solstitium im Juni im Nadir. Die Spanne, in der das Sternbild Des Steisshuhns am Himmel steht, fällt damit mit der Zeit zusammen, wenn seine terrestrischen Exemplare eine Gefahr für die angebauten Äcker darstellen, von denen sie dann vertrieben werden müssen. Wobei man sie dann jagt, was nicht allzu schwerfällt, da sie sich bei Gefahr einfach tot stellen – was ihnen den Ruf als dumm eingetragen hat.[136]

In Sonqo werden die Dunkelwolken von Steisshuhn und Kröte vertauscht. Dort erzählt man sich die Fabel vom Wettrennen zwischen den beiden, welches Die Kröte gewinnt: weil der Kohlensack früher untergeht als der mit Der Kröte identifizierte Fleck.[137]

Crux

CH'ILI KURUSIRU – DIE KLEINE KREUZUNG

A | Y 170

PUSUQU – DER SCHAUM

U 105

Für Den Weissen Weg der Milchstrasse, auf dem die himmlischen Hirten mit ihren Lamas ziehen, ist dies eine Kreuzung, an der sie nun in eines der irdischen Täler unter ihnen abbiegen können.

Zugleich stellt die helle Wolke um α Crucis den Schaum dar, wie er rund um Cusco gesehen wird. Dort hält man Den Himmlischen Strom für zwei Flussarme, die von Süden nach Norden fliessen. Diese Vorstellung rührt daher, dass beide Enden der Milchstrasse im Laufe des Jahres einmal unter dem Horizont liegen, wobei aufgrund der geneigten Erdachse die Mitte des einen Flussarms über der Erde, die des anderen unter der Erde zu liegen scheint. Dort, wo beide Flussarme ineinanderfliessen und eine Stromschnelle bilden, sieht man ihren Schaum.

In Tomanga errichtet man zur Zeit des Säuberns der Bewässerungskanäle Altäre, die mit einem *Pusuqu* genannten Bogen überspannt sind; die ovalen Objekte, die man auf die vier den vier Bewässerungskanälen geweihten Altären legt, werden ebenfalls so genannt: Damit tragen der Zusammenfluss der himmlischen und jener der irdischen Flüsse denselben Namen.

Auf der Altarzeichnung des Sonnentempels bildet zudem ein den Gott Viracocha – Meerschaum – symbolisierendes Oval mit einem Kreuz darüber das von Sonne und Mond flankierte Zentrum. Die mythische Route von Südosten nach Nordwesten, die Viracocha bei seinem Aufstieg vom Titicacasee nach Manta in Ecuador einschlägt, entspricht – von Cusco aus gesehen – sowohl der Laufrichtung des Vilcanota wie der eines Milchstrassenarmes als dem Balken eines Himmelskreuzes. Das Oval samt dem Kreuz darüber, das dem Schaum Des Himmlischen Flusses beim Sternbild Der Kleinen Kreuzung entspricht, kann deshalb auch für Viracocha stehen.[138]

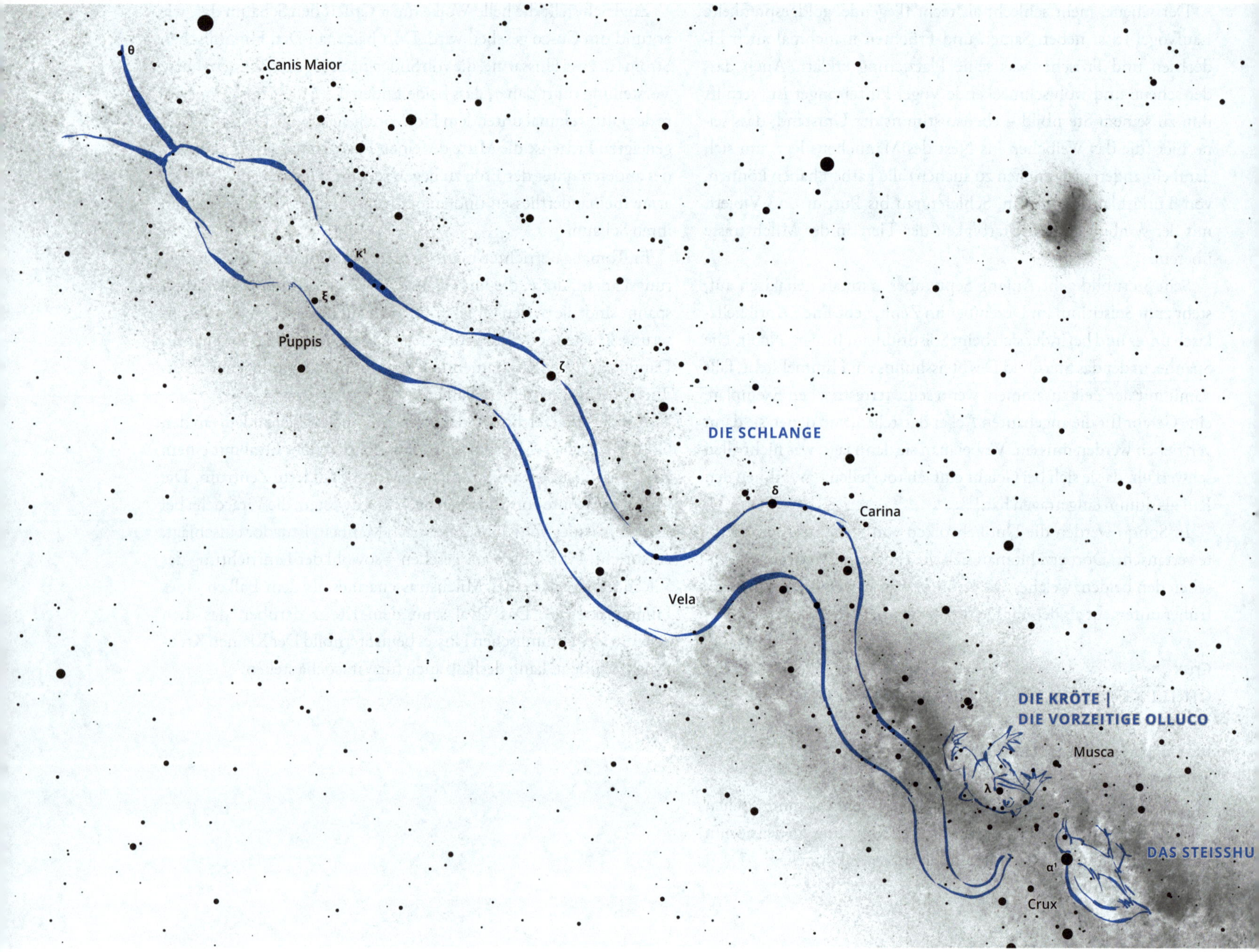

nach Crux

U1 118

zwischen Musca und Carina

ST 76

JANP'ATU – DIE KRÖTE

U1 118

Auch auf Quechua wird zwischen Fröschen und Kröten unterschieden; die himmlische Kröte ist die Stammform der terrestrischen Warzenkröte (*Rhinella spinulosas*), die in den Anden bis auf eine Meereshöhe von 5000 Metern vorkommt und schwarz mit gelben Flecken ist. Sie sind gegen Trockenheit sehr widerstandsfähig, brüten zu Beginn der Regenzeit in Teichen, Bergseen und Flüssen und gelten allgemein als Fruchtbarkeitssymbole.

Ein *Ppati* genannter, am Titicacasee heimischer Riesenfrosch (*Telmatobius culeus*) wurde mit dem Gott des Donners assoziiert. Deshalb stellte man, wie ein Bericht von 1621 erwähnt, im Oktober, um von ihm Regen zu erbitten, "Figürchen von Fröschen und anderen schmutzigen Tieren auf einen Fels, im Glauben, man könne mit dieser Zeremonie das so sehr erhoffte Wasser anziehen".[139]

In der Region um Huanacauri wird die Legende von drei Riesenfröschen erzählt, Urahnen der Inka, die sich von ihrer Ursprungshöhle aufmachten, um Cusco zu verschlingen. Als sie dann zur Stadt hinunterspringen, vermag der Berg Huanacauri, der Schutzwächter der Stadt, sie zu versteinern und so Cusco zu retten.

Kröten werden auch *Pachawawa* – Erdkinder – genannt, da sie sich während der kalten Trockenzeit zum Überwintern in die Erde eingraben, um zum Beginn der warmen Regenzeit daraus wieder hervorzukriechen. Zudem sind sie, der grösseren Feuchtigkeit wegen, nachtaktiv. Ihr zyklisches Hineinkriechen und Herauskommen aus der Erde hat ihnen auch den Namen *Pachacuti* – Erdwandler – eingetragen.

Im Mai, wenn sich überall tiefe Risse in der Erde zeigen, heisst es, dass die Kröten in den Schoss der Erde zurückkehren, um im August in grossen Zahlen wieder daraus hervorzukriechen. Im September und Oktober hören sie dann auch tagsüber mit ihrem Quaken nicht auf, was als gutes Omen für die kommenden Regen und folglich die Ernte gilt; hört man sie kaum, ist dies ein Zeichen, dass es wenig regnen und sehr frostig werden wird.

Dies korreliert mit dem Aufsteigen ihres Sternbildes, das ironischerweise neben der Schlange sitzt, die der grösste Feind der Kröte ist. Beide gehen zu Beginn der Regenzeit auf: Die Kröte in den ersten Tagen des Oktober, wenn auch ihre terrestrischen Vertreter nachts am lautesten werden und sich paaren. Die Stammform, von der sie ihre Fruchtbarkeit erhalten, ist dann als *Janp'atu*, der gebräuchlichste Name für 'Kröte', nicht lange vor der Sonne erstmals am Himmel zu sehen: und zwar als dunkler Teich im Grossen Fluss der Milchstrasse.

Die spanischen Kolonialherren berichteten, dass ihr Anblick Unglück brächte und sie Kreaturen des Teufels seien, weshalb sie *Saqra* – Teufel – genannt würden. Noch heute gilt eine Kröte, die auf dem eigenen Feld sitzt, als schlechtes Omen, sieht man sie als unreine und abstossende Tiere, die Krankheiten verursachen (die in den Anden oft damit verglichen werden, dass man ein bestimmtes Tier verschluckt hat, das in einem die Symptome verursacht). Zudem werden sie als gefährlich erachtet und mit Hexenpraktiken verbunden.

Die Bezeichnung als Teufel geht eher auf europäische christliche Vorstellungen zurück; der Bezug zur Hexerei ergibt sich jedoch durch das von den Drüsen der Warzenkröten abgesonderte Bufothionin, das psychedelisch wirkt, wenn man sie ableckt. Deshalb heisst es bereits im *Manuskript von Huarochirí*, dass Kröten es vermögen, Leute verschwinden und sie den Verstand verlieren zu lassen.[140]

Die Kröte wird zudem *Jacinto* – Hyazinthe – genannt, wohl weil sie die Farbe der Blütenrispen dieser Blume annehmen kann und sich ihre Haut ähnlich kräuselt.

U 118–119 und H 256–257

In Sonqo wird erzählt, dass nach dem Zeitalter des Mondes das der Sonne anbrach, worauf die ersten drei Menschen wie Kröten aus der Erde sprangen und den Ayllu von Sonqo begründeten.[141]

S-förmiger dunkler Streifen zwischen Crux und ε Canis Maioris

MACH'AQWAY – DIE SCHLANGE

U 103

Traditionellerweise wird diese Dunkelwolke als Schlange gedeutet, deren Schwanz nach Der Kröte bei Crux beginnt. Mancherorts sieht man eine Schlange aber auch dort, wo sonst Die Nabelschnur Des Lamafohlens liegt.[142]

Schlangen nehmen in der Kosmogonie der Inka prominente Stellen ein; sie repräsentieren die 'Innere Erde' *Ukhu Pacha*, aus der sie über Wasserläufe an die Erdoberfläche gelangen. Sie sind deshalb mit sich bei solchen Wasserstellen aufbauenden Regenbogen und der Vorhersage von Regen verbunden. Das hat auch einen astronomischen Grund: Die astrale Schlange ist erst zu Beginn der Regenzeit am Nachthimmel zu sehen – und sie bleibt in der Trockenzeit unsichtbar. Damit ist sie komplementär zur Yaqana, die nur in jenem Arm der Milchstrasse zum Vorschein kommt, der in der Trockenzeit sichtbar ist.[143]

Die Spanier berichten, dass die Inka, insbesondere die Indigenen in den Bergen der Anden, neben den Raubkatzen verschiedene Schlangen verehrten. So tanzten sie auf dem Platz von Cusco bei einem Fest mit einem dicken vierfarbigen Tau, das sie *Muru Urco* – Farbiges Männchen – nannten: Es symbolisierte den Urahn oder den Kopf einer männlichen Stammlinie. Sie benannten sich nach Schlangen – *Mach'aqway* oder *Amaru* –, wobei letzterer Name für die wichtigsten Inka reserviert war, die eine solche Schlange dann auf ihren Emblemen und Waffen trugen. *Jatun Amaru* war die Abgottschlange, die mit Krieg und Macht assoziiert war und als Gottheit ihren Sitz am Titicacasee hatte.[144]

Mag sein, dass die auch mit dem Regenbogen assoziierte *Boa constrictor* in ihrem Habitat dort bald ausgerottet war – oder zumindest selten und lokal genug war, dass dann die einzige endemische Spezies, die überall in den Anden vorkommt, zum prototypischen Exemplar der Schlange wurde. Es ist dies eine nicht allzu giftige Natternart (*Tachymenis peruviana*), die man deshalb auch bloss *Machato* – Trunken – nennt. Sie wird bis zu einem halben Meter lang und ihre Zeichnung besteht aus dunklen Rauten auf gelbem oder braunem Grund. Mit diesem spezifischen Muster wurde sie mehrfach abgebildet.[145]

Als nächtliche Schlange zeigt sich Mach'aqway in ihrer Dunkelwolke erstmals zu Beginn der Regenzeit: Dies korreliert mit dem Monat September-Oktober, in dem die terrestrische Natter ihre Brut gebiert. Als Amaru konnte sie in derselben Zeit tagsüber auch als Regenbogenschlange sichtbar sein. An jedem ihrer Enden sitzt dann ein Kopf: Mit dem einen steigt sie nach dem Regen auf, um sich über den Himmel zu biegen, den anderen taucht sie in die Quelle, in der sie lebt.[146]

Während der warmen Regenzeit zwischen Oktober und Anfang April bewegt sie sich dann in der Milchstrasse über den Himmel, um in der Trockenzeit von Mai bis Juli unter die Erde zurückzukehren – wie die terrestrischen Schlangen, die sich dann in den Winterschlaf begeben.

Wie andere animalische Sternbilder auch bilden ihre Zyklen am Himmel aber nicht nur jene ihrer terrestrischen Vertreter ab, sondern werden auch zu landwirtschaftlichen Zyklen in Beziehung gesetzt. So geht der Kopf Der Schlange erstmals Anfang August morgens kurz vor der Sonne auf: am Ende der kalten Trockenzeit, wenn die Schlangen aus ihrem Winterschlaf aufwachen und die Zeit des Anpflanzens beginnt. Sie steht im Dezember und Januar, in der Zeit der intensivsten Regen, prominent am Himmel, um dann am 1. Februar um Mitternacht im Zenit zu stehen und in den folgenden Tagen dann bei Sonnenaufgang ihrerseits im Westen unterzugehen.

So kommt Die Schlange an einem Ende mit dem Kopf aus der Erde, um sich – der Regenbogenschlange gleich – über den Himmel zu biegen und dort am anderen Ende wieder unter die Erde zu kriechen und dabei die Regenzeit zu umklammern.[147]

Der Jesuitenpater Cobo berichtete: "Sie beteten gewissenhaft ein anderes Sternbild an, das *Mach'aqway* heisst. Sie dachten, dass dieses Gestirn über die Vipern und alle anderen Schlangen wacht. Dies kommt daher, dass es wie eine Schlange aussieht, wenn es blitzt ... letztlich verehrten sie dieses Gestirn aus demselben Grund wie die anderen: damit ihnen die Schlangen und Vipern kein Harm antun."[148]

Ein anonymer spanischer Bericht holt dazu etwas weiter aus: "Anderen Sternbildern, als unterschiedlichen Zeichen ihres Tierkreises, übertrugen sie verschiedene Aufgaben des Zeugens, Bewachens und Erhaltens: das eine für das Vieh jedes einzelnen, das andere für die Raubkatzen, das nächste für Schlangen, ein weiteres für die Pflanzen und so weiter ... In einem jeden dieser Gottheiten oder Gestirne steckten die Ideen und Modelle [*ideas y modelos*] von all jenen Dingen, die sie zu versorgen und zu betreuen hatten. So sagten sie etwa, dass jenes Sternbild die Silhouette einer Schlange habe, weil es seine Aufgabe sei, über die Schlangen zu wachen und sie zu erhalten."[149]

Bei den südöstlich des Titicacasees bei Cochabamba lebenden Yurakaré kursierte um 1800 ein von dem Reisenden D'Orbigny aufgezeichneter Schöpfungsmythos, der die Entstehung des Sternbilds Jaguar erklärt und dann schildert, wie der Kulturheros Tiri – gemäss dem Mythenparadigma der allermeisten Sternenhimmelkulturen – der Welt ihre heutige Gestalt verleiht.
Der "mit übernatürlicher Kraft begabte Tiri" schafft Äcker, entdeckt das Salz und das Maisbier Chicha. Auch paart er sich mit dem Hokkohuhn, um dadurch die Menschen entstehen zu lassen – deren Frauen bei ihrer Geburt aber noch die Brüste über den Augen hatten, weshalb er sie an die heutige Stelle versetzt, und noch vieles mehr. Dann kehrt er zu dem Jaguarweibchen zurück, deren Söhne einst seine Eltern gefressen hatten.

TIRI UND DIE SCHLANGE

"Als Tiri ihre blutigen Lippen sah, glaubte er, dass sie Menschen begegnet sei und sie gefressen habe. Er klagte sie an und drohte ihr mit dem Tod, wenn sie ihr Verbrechen nicht eingestehe. Zuerst schnitt er ihr das Haar vom Kopf und wollte sie dann totschlagen, als das Jaguarweibchen bettelte, sie zu verschonen: Sie wolle ihm die Wahrheit sagen. Sie hatte in der Tat einen Menschen gefressen, aber einen Toten, der am Biss einer Schlange gestorben war, die in einem bestimmten Loch hause, das sie ihm gerne zeigen wolle. Diese Schlange töte alle, die daraus hervorkommen wollten.
Da sie einen Menschen gefressen hatte, den ein anderes Tier getötet hatte, sagte Tiri zu dem Jaguarweibchen: 'Du und deine ganze Sippe, ihr werdet euch ab jetzt von dem ernähren, 'was andere getötet haben'. Und er verwandelte sie in einen Aasgeier – der deshalb auch einen geschorenen Kopf hat.
Tiri rief darauf einen Storch und befahl ihm, die Schlange zu packen und zu töten. Da kamen aus ihrem Loch die Mansiños, die Solostos, die Quechuas oder Inka, die Chiriguanos und all die anderen, den Yurakaré bekannten Völker. So wurde die Erde bevölkert: Und es würde auch bald ein Mann als Herrscher all dieser Völker erscheinen. Davor hatte Tiri Angst; deshalb verschloss er das Loch. Der Ort, wo das Menschengeschlecht herausgekommen ist, befindet sich in der Nähe eines grossen Felsens namens Mamoré, den niemand zu erklettern vermag und dem sich keiner nähert, so sehr fürchten die Yurakaré die riesige Schlange, die den Ausgang bewacht. Er liegt unweit des Zusammenflusses des Sacta und des Soré, bei den Quellen des Rio Mamoré."[150]

Am Ende seiner Taten entschloss sich Tiri, nach Westen zu gehen, weil dort die Welt am weitesten war. "Er verschwand. Die Yurakaré sagen, er sei nicht tot, er werde niemals sterben. Bei seinem Weggang habe er mehrere Leute mit sich geführt, die unsterblich geworden seien wie er und sich immer wieder verjüngten, wenn sie alterten." Er gehört somit einem Heiligen Volk an, gleich jenem, das bei den Dene im Himmel wohnt.
Das Loch der riesigen Schlange an Wasserlaufen zu verorten ist mit der sonstigen Schlangensymbolik stimmig: Zu Beginn der Regenzeit Anfang Februar sieht man sie in Cochabamba abends im Norden aus den Bergen in der Milchstrasse herauskommen und über den eigenen Kopf hinweg nach Süden kriechen.

KUNTURI – DER KONDOR

A | Y 172

Der Kontext, den der oben zitierte Mythos der Yurakaré bietet, erklärt vielleicht, weshalb man im bolivianischen Hochland anstelle der Riesenschlange in diesem Arm der Milchstrasse auch einen grossen Aasgeier sehen kann. Sein Kopf sitzt dort, wo sonst Die Kröte hockt, das Weiss in der Milchstrasse hinter ihr ist seine Halskrause, und seinen Leib samt dem Flügel im Profil bildet das dicke langgezogene 'n' der Dunkelwolke danach.

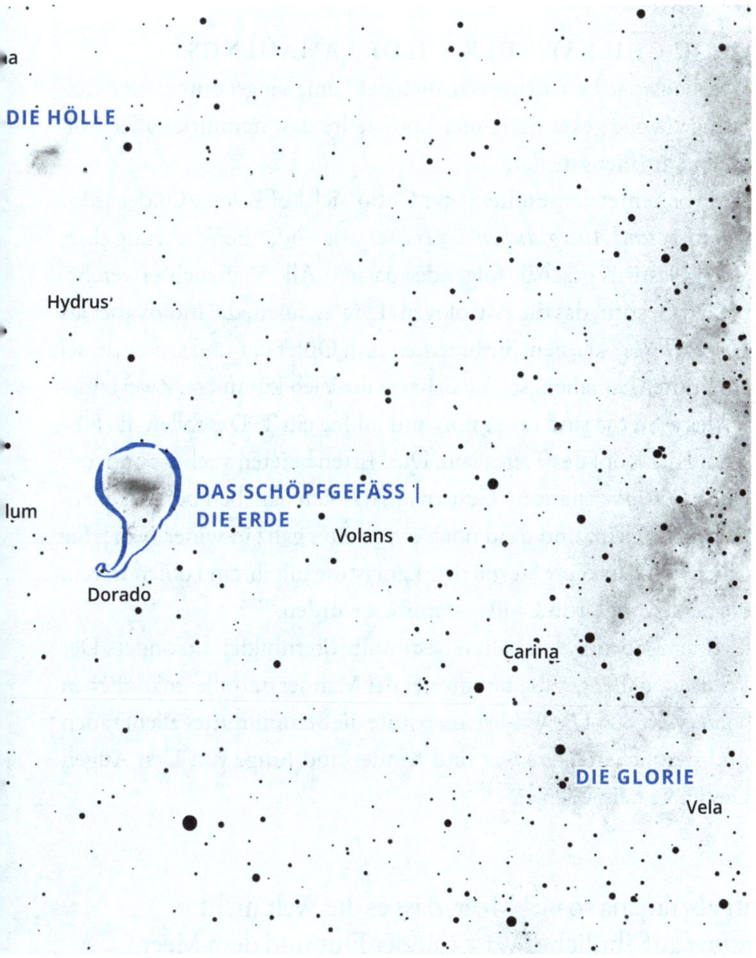

SULLU ULLUKU – DIE VORZEITIGE OLLUCO

U 104

Ein Quechua in Sonqo, Provinz Paucartambo, reihte unmittelbar nach Der Schlange das Sternbild Sullu Ulluku ein, das noch grösser als diese sei.[151] Dafür kommt – da die Milchstrasse nach Der Schlange keine weitere Figuration mehr anbietet – eigentlich nur eine weitere Überblendung der Sternbilder von Schlange und Kröte in Frage: Die Kröte, die sich in die Knolle unter der Erde verwandelt, Die Schlange als die Kriechpflanze darüber.

Die Olluco ist ein seit 4000 Jahren angebautes, kartoffelartiges Knollengewächs (*Ullucus tuberosus*), das in den kurzen Tagen des Herbstes angebaut und Mitte November geerntet wird. Die Pflanze ist jedoch zu jeder Zeit mit allen ihren Teilen essbar, roh, getrocknet oder gekocht. *Sullu Ulluku* bedeutet so viel wie die 'vorzeitig geerntete Olluco', was zum Aufgang des Sternbilds passt, das schon am Himmel steht, bevor die Knollenbaselle mit ihren spinatartigen Blättern ganz ausgewachsen ist.

die beiden Magellanschen Wolken

LOS CONTINENTES DEL CIELO (SP.) – DIE KONTINENTE DES HIMMELS
L'INFIERNO (SP.) – DIE HÖLLE
LA TIERRA (SP.) – DIE ERDE
LA GLORIA (SP.) – DIE GLORIE

M 55 und C 78

In der chilenischen Atacama gehören diese beiden Dunkelwolken heute zu den vier himmlischen Kontinenten, die auch 'Alte Welten' genannt werden. Die vor der Milchstrasse heissen 'Die Erde', zu der die Sünder kommen, gleichsam als Fegefeuer, sowie 'Die Hölle'. Zu den beiden anderen gelangt man erst, wenn man die Milchstrasse überquert: Dort befindet sich das Paradies 'Die Glorie' und ein noch unerforschter und unbewohnter Kontinent.

Über den Fluss der Milchstrasse gelangt man in der Atacama erst mithilfe eines schwarzen Hundes, da der Fluss reissend und die Seele schwach ist. Sie steigt dann auf die Schnauze des Hundes, der sie über den Fluss trägt und sich dank seines Geruchssinnes auch nicht verirrt; zugleich bindet man dem Totenkleid auch eine linksgedrehte Schnur um die Hüfte, an der man die Seele notfalls aus dem Fluss fischen und herausziehen kann.

Mit dem auch als Hund gesehenen Sternbild Des Fuchses scheint dieser schwarze Hund jedoch nichts zu tun zu haben, obwohl man in der Atacama in der Milchstrasse auch Das Spiesshuhn und Die Lamamutter sieht: Die Magellanschen Wolken gelten dort mancherorts als zwei ihrer Wälzplätze, an denen sie ihr Fell von Parasiten befreit.[152]

die grössere Magellansche Wolke

YAKUPURU – DAS SCHÖPFGEFÄSS

Diese Kalebasse benutzt Der Zornige in Ursa Maior, so der alte Glaube der Quechua, um Wasser aus Dem Fluss der Milchstrasse über die Erde als Regen zu verspritzen: Die Magellansche Wolke verdunkelt sich dann.

L 143–144 und 156

III STERNBILDER AM RAND DER MILCHSTRASSE

Lyra

L 138[153]

URQU CHILLAY – DER WILDE LAMAHENGST

Wie die astrale Lamastute war auch der Lamahengst durch seine vielfarbige Wolle gekennzeichnet und stellte das Stammtier aller irdischen Lamahengste dar.

So berichtet der Jesuitenpater Cobo, sich auf Polo de Ondegardos *Vom Irr- und Aberglauben der Indios* stützend, "die Verehrung eines jeden Gestirns geschah folgendermassen: Alle Viehzüchter verehrten ein Gestirn, das die Astrologen 'Lyra' nennen, die Indios aber als *Urqu Chillay* kennen. Sie brachten ihm Opfer dar und sagten, es sei ein bunter Lamahengst, der sich um ihr Vieh kümmere. Zwei andere kleine Sterne sind unter ihm und bilden ein T: Das sollen die Füsse und der Kopf des Tieres sein. Die Hirten beteten auch ein anderes, *Kata Chillay* genanntes Gestirn an, das sich daneben befand, ebenfalls nicht klein, und dazu noch ein zweites ganz in seiner Nähe: Sie gaben vor, dass diese Sterne eine Lamastute mit ihrem Fohlen wären, die beide vom Urqu Chillay stammen würden."[154]

Im 17. Jahrhundert galten bestimmte Sternbilder, besonders Der Wilde Lamahengst als Stammvater der Männer und aller männlichen Tiere, während Die Wilde Lamasstute die Stammmutter aller Frauen und weiblichen Tiere war und Kinder und Junge von Den Augen Des Lama herkamen.[155]

Die Lamamutter in der Dunkelwolke der Milchstrasse säuft als Yaqana so viel Meer, dass es die Welt nicht überflutet. Der Lamahengst ist im *Manuskript von Huarochirí* auf ähnliche Weise mit der Flut und dem Meer verbunden. Und er spricht – was in der oralen Tradition der Anden insofern aussergewöhnlich ist, als zwar wilde Tiere mit Menschen reden können, nie aber ein Lama.[156]

WAS DEN INDIOS IN ALTEN ZEITEN GESCHAH, ALS DAS MEER ÜBERFLOSS

"In der vormaligen Zeit wollte die Welt enden. Ein Lamabock, der merkte, dass der Ozean dabei war überzufliessen, verhielt sich wie jemand, der sehr traurig ist. Obwohl ihn sein Halter auf einer ausgezeichneten Weide ruhen liess, weinte er und sagte *Yn, Yn* und wollte nichts essen.
Der Lamahalter wurde richtig ärgerlich darüber und warf einen Maiskolben, den er gerade abgenagt hatte, dem Lama zu: 'Iss, du Hund! Dabei ist das ein wirkliches feines Gras, in dem ich dich rasten lasse.' Da begann das Lama wie ein Mensch zu reden: 'Du Trottel hast wohl gar nichts in deinem Schädel! Bald schon, in fünf Tagen nämlich, wird der Ozean überfliessen. Das steht fest. Und die ganze Welt wird enden', sagte es.
Der Mann kam wieder zur Vernunft und bekam Angst. 'Was wird wohl mit uns geschehen? Wohin können wir uns retten?', fragte er. Und das Lama antwortete: 'Lass uns auf den Villca Coto steigen.' Das ist der Berg, der zwischen Huanri und Surco [heute San Gerónimio de Surco, 17 km von San Damián auf 2300 m Meereshöhe] ist. 'Dort werden wir sicher sein. Nimm fünf Tage Essen für dich mit.'
Daraufhin zog der Mann los, so schnell er konnte, und trug sowohl den Lamabock als auch seine Last. Als sie am Villca-Coto-Berg ankamen, war der bereits voll von allen Arten von Tieren: Pumas, Füchse, Guanacos, Kondore, alle Arten von Tieren in grosser Zahl. Und sobald der Mann angelangt war, floss auch schon der Ozean über. Sie blieben dort eng aneinandergedrängt.
Die Flut bedeckte alle Berge und nur der Villca-Coto-Berg, genauer gesagt sein höchster Gipfel, war noch nicht mit Wasser bedeckt. Das Wasser benetzte bereits den Schwanz des Fuchses. Deshalb ist er schwarz geworden.
Fünf Tage später fielen die Wasser wieder und es begann aufzutrocknen. Die auftrocknenden Wasser bewirkten, dass der Ozean wieder den ganzen Weg zurückflutete und alle Leute umkamen. Danach begann sich der Mann erneut zu vermehren. Aus diesem Grund gibt es heute Menschen.
Diese Geschichte betreffend, denken wir Christen, dass sie sich auf die Zeit der Sintflut bezieht. Aber sie glauben, dass es der Villca-Coto-Berg war, der sie rettete."[157]

Beziehen die Frauen sich auf Die Wilde Mutter Yaqana, so ist der Bezugspunkt für die Manner Der Wilde Lamahengst, zu dem eine zeitgenössische Auskunftsperson aus dem bolivianischen Hochland nördlich von Potosí ausführlich befragt wurde. Don Domingo aus Qaqachaka zufolge ist dieses Sternbild der Prototyp für Stärke und Männlichkeit. Er gibt den schwarzwolligen Lamahengsten der Herden sein schwarzes, nie versiegendes Blut: Gleich dem Rot der Frauen umfasst dieses Schwarz alle Möglichkeiten von Farbe und Charakter. Wie die himmlische Lamamutter trinkt auch Der Wilde Lamahengst zu Beginn der Regenzeit aus den schwarzen Seen der Milchstrasse und säuft sich zum Platzen voll. Sein Urin fliesst dann bloss in die Bewässerungskanäle, denn "nur Die Lamamutter kann Regen pissen!".

Zu gewissen Zeiten des Jahres steigt Der Wilde Lamahengst aber auch selbst "voller Nahrung" zum Horizont herab: "Er hat von den himmlischen schwarzen Seen getrunken, damit er den irdischen Lamas stets reichlichen Vorrat an Blut spendet, Blut das sich in alle Richtungen ausbreitet, sobald sie geopfert und zerschnitten sind."

Die irdischen Lamas wissen, dass sie sterben werden. Deshalb trinken sie wie ihr himmlischer Doppelgänger vor allem aus jenen nie austrocknenden Teichen, wo der Regenbogen haust. Dabei saugt sich ihr Fell mit dessen wunderbaren Farben voll, die sie auch durch das Wasser in ihrem Magen in sich aufnehmen. Sie trinken dort, um sich ein gutes Fleisch und Blut zu verschaffen und ihre Lebenskraft an die Menschen weitergeben zu können, wenn sie dann selbst ganz aus der Welt verschwinden.[158]

?

LLAMA KANCHA – DAS LAMAGEHEGE

Laut einer Auskunftsperson aus Misminay besteht dieses nicht identifizierte Sternbild aus einer Gruppe von 56 Sternen.

U 100

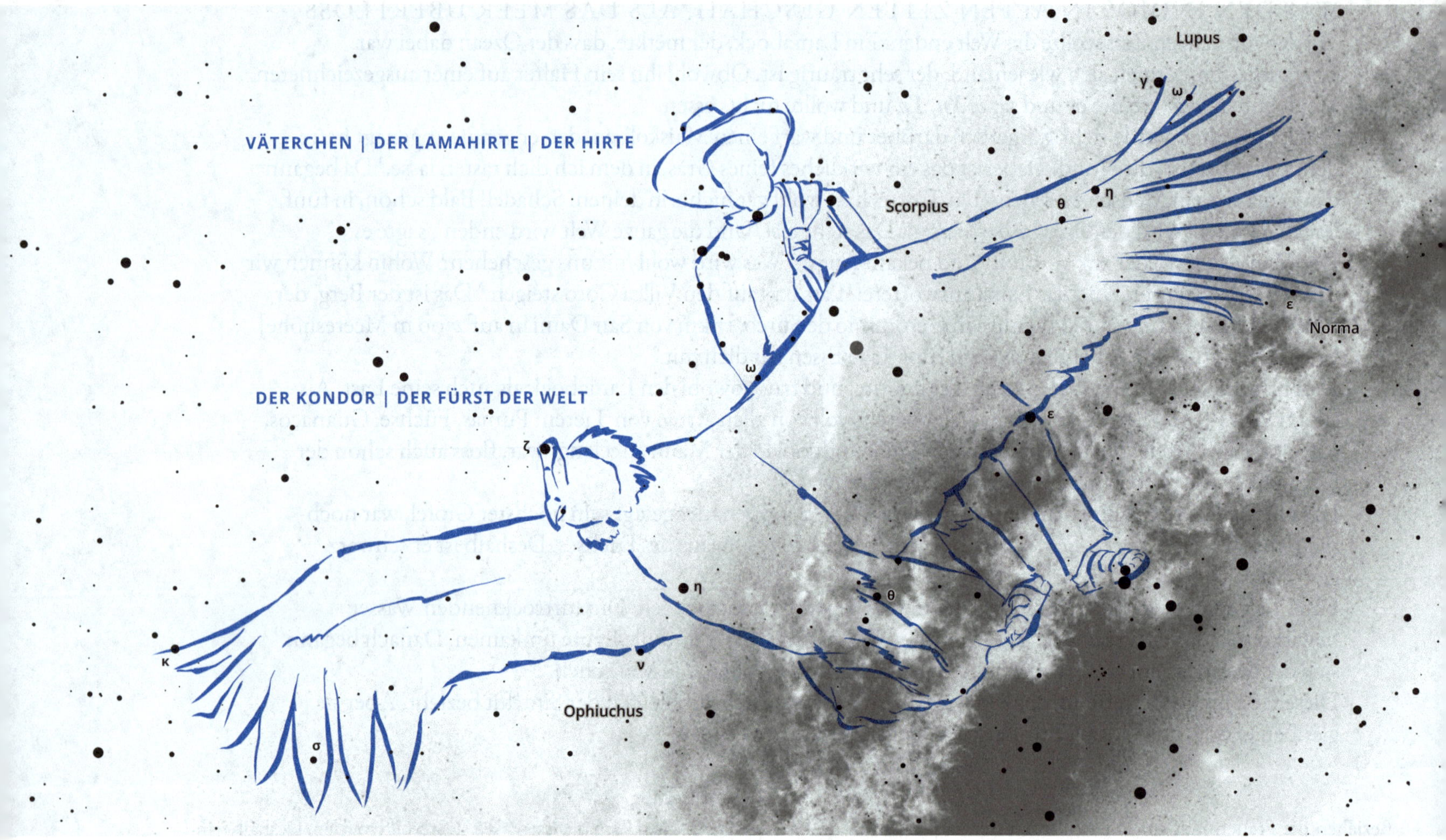

Ophiuchus, α Serpentis – Kopf, θη Ophiuchi – Schwanz

MALLKU KUNTUR – FÜRST CONDOR
MUNTU MALLKU – DER FÜRST DER WELT

A|Y 173, A|Y 1 24[159]

Aus den Angaben Don Domingos von den Aymara im bolivianischen Hochland geht hervor, dass Die Kreuzung in den Kopfsternen des Scorpius in Gestalt Des Hirten "auf den Schwanz Des Kondors steigt, damit der nicht alle Tiere frisst". In einem anderen Interview sagt er, "dass der Gürtel Des Wahren Kreuzes Dem Kondor auf den Schwanz steigt" – worunter die Gruppe von Hirte, Hirtin und Lama mit Fohlen zu verstehen ist.[160] Dazwischen liegen nur die Sterne von θ – η Ophiuchi. Das *Manuskript von Huarochirí* wiederum hält fest, dass der Kondor ein Sternbild "von drei Sternen in einer geraden Linie" ist[161] – was im Umkreis dieser Gruppe nur auf ζ – δ Ophiuchi – α Serpentis zutrifft.

Ophiuchus ist keine unwichtige Region: In seinen Sternen geht die Sonne morgens beim Solstitium im Dezember auf, die Sterne von Hercules neben ihr verblassend. Ophiuchus passt auch zu den Angaben, dass bei Tagesanbruch – "wenn Die Augen Des Lama hineingehen" – "Der Kondor in der Mitte des Himmels steht". Dabei "folgt er Dem Lamahirten", dessen Familie und Karawane hinterher.

Wie die himmlischen Lamas und das Ewige Volk, das sie dort oben betreut, ist auch "Der Kondor dort oben ewig. Er schickt uns die Stärke, ein gutes Volk zu sein und gute Führer zu haben". Mit seiner glänzend goldenen Halskrause und silbernen Füssen "befiehlt er allen". Er ist sehr reich und hat sich in der Kirche von Lima taufen lassen. Ihm unterstehen der Reihe nach andere Vögel, beginnend mit *Qullu Mallku*, dem 'Fürsten der Berge', und seiner Frau – dieses Kondormännchen ist albinohaft weiss und hat einen Kamm, sein Weibchen hingegen ist grau und weist keinen Kamm auf. Ihnen folgen die geringeren Vögel: der Adler, der Falke (*Mamani*), der Turmfalke (*K'ili K'ili'*), Mariya Siñura oder Surti Mariya, ebenfalls albinohaft weiss, und danach der Kolibri, die Turteltaube und der Spatz. Diese Hierarchie wird auch im *Manuskript von Huarochirí* deutlich, wo auf Den Kondor das Sternbild Des Bussards und Des Falken folgen.

In allen Geschichten tritt der Kondor als heiliges und gutmütiges Wesen auf, das – wie auch die Mythen von Huarochirí klar machen – nicht getötet werden darf und als Mittler zwischen Himmel und Erde fungiert.[162]

FÜRST KONDOR UND DIE HIRTIN

"Es war einmal eine Hirtin, die jeden Tag auf den Berg ging, um ihre Herde dort zu grasen zu lassen. Sie war gern aus dem Haus draussen, um den Wind in ihren Haaren und Gras und Steine unter ihren Schuhen zu spüren. Auch war sie gerne allein, denn wenn sie mit ihrem Vieh draussen war, konnte ihr keiner vorschreiben, was sie zu tun hatte, oder mit ihr reden, wenn sie keine Lust dazu hatte.

In der Nähe ebendieses Berges lebte ein Kondor. Jeden Tag flog er los, um nach Futter Ausschau zu halten. Er glitt oft über den Hang hinweg, wo die Hirtin ihre Schafe hütete. Zuerst beachtete er sie gar nicht, weil er wusste, dass es nicht leicht war, ein Lamm zu rauben, wenn ein Aufpasser zugegen war, und er wollte es auf seiner Futtersuche nicht allzu schwer haben. Doch eines Tages, als der Kondor vorbeischwebte, blickte die Hirtin hoch zu ihm. Der Kondor erhaschte kurz den Anblick ihres Gesichts und verliebte sich sofort in sie.

'Was soll ich bloss tun', klagte er. 'Sie ist eine schöne, junge Frau und ich bin ein alter, hässlicher Vogel. Sie wird nie einwilligen, meine Braut zu werden.'

Solchen Herzschmerz hatte der Kondor viele Tage lang und fragte sich, wie er es anstellen sollte, die junge Frau dazu zu bringen, ihn zu heiraten. Dann fiel ihm etwas ein: Was, wenn er sich verwandeln würde? Wenn er die Gestalt eines hübschen, jungen Mannes annähme, dann würde sie sicherlich seine Frau werden wollen. Und so hielt der Kondor schon am nächsten Tag danach Ausschau, ob die Hirtin wieder ihre Herde am Berghang weidete, und als er sie sah, ging er dort ausser Sichtweite nieder, um sich in einen jungen Mann zu verwandeln. Der Kondor ging dort hinüber, wo die Hirtin auf ihre Schafe aufpasste. Er grüsste sie zuvorkommend und fragte: 'Was machst du denn hier so ganz allein auf dem Berg?'

'Ich hüte meine Schafe', antwortete sie. 'Ich halte die Füchse und Kondore ab und schaue, dass die Schafe genug Gras zum Fressen haben.'

'Fühlst du dich denn nie allein, wenn du bloss Schafe als Gesellschaft hast?', fragte der Kondor.

'O nein, nie!', erwiderte die junge Frau. 'Ich mag es, wenn ich hier allein bin.'

'Vielleicht denkst du ja eines Tages anders darüber', sagte der Kondor. 'Ich könnte dir helfen. Ich versteh mich gut darauf, Füchse und Kondore zu verjagen. Was hältst du davon, mich als Mann zu nehmen?'

'Nein, danke', meinte die junge Frau. 'Ich will niemanden heiraten. ich will allein leben und auf meine Schafe aufpassen.' 'Na gut', sagte der Kondor und ging wieder.

Am nächsten Tag verwandelte er sich erneut in einen Mann, um wieder mit der Hirtin zu reden. 'Was hältst du davon, mit mir zu gehen und bei mir zu wohnen?', fragte er. 'Ich lebe ganz da oben, am höchsten Gipfel der Berge. Ich sehe den Sonnenauf- und den Sonnenuntergang. Manchmal befinde ich mich sogar über den Wolken. Es ist ganz ruhig und friedlich, da, wo ich wohne. Bist du sicher, dass du nicht meine Frau werden willst? Ich glaube, dir würde mein Haus gut gefallen!'

'Vielen Dank, aber nein', erwiderte die Hirtin. 'Ich will nicht heiraten, wirklich nicht. Ich bleibe lieber bei meinen Schafen. Und ausserdem wäre meine Mutter sehr traurig, wenn ich von ihr fortginge.'

'Das kann ich verstehen', sagte der Kondor. 'Aber bevor ich wieder gehe, könntest du mich vielleicht zwischen den Schultern kratzen? Weil es mich da juckt? das ist so unangenehm – und ich lange da selber nicht ganz hin.'

'Sicher', sagte die junge Frau. Sie ging zu ihm und begann ihn an der Stelle zwischen seinen Schulterblättern zu kratzen, aber als sie das tat, verwandelte er sich zurück in einen Kondor und flog auf in den Himmel, indem er die Frau hinter sich auf seinen Rücken zog. Der Kondor flog hoch ins Gebirge hinein, weiter und weiter, bis er zu einem Berg kam, in dem es viele Höhlen gab. Er ging in einer von ihnen nieder; da wohnte seine Mutter. Die anderen Kondore kamen aus den benachbarten Höhlen, um sich anzuschauen, wen er da mitgebracht hatte, und als sie sahen, dass es eine Frau war, tanzten und schlugen sie vor lauter Freude mit den Flügeln. Die junge Frau lebte zunächst sehr glücklich mit dem Kondor, weil er sie fest liebte. Doch sie fror bald und wurde hungrig und durstig. 'Ich kann hier nicht so bleiben', sagte sie. 'Ich brauche Feuer und Essen und Wasser und nichts davon gibt es hier. Wenn ich das nicht kriege, sterbe ich.'

'Mach dir keine Sorgen, meine Liebe', sagte der Kondor. 'Ich bringe dir alles, was du brauchst'.

Der Kondor flog aus seiner Höhle und kreiste dann langsam über dem Tal, immer tiefer. Er fand ein Feuer, das gerade zwischen den Herdsteinen niederbrannte, ohne dass sich jemand darum kümmerte. Er schnappte sich mit dem Schnabel einen Glutbrocken und brachte ihn zurück in die Höhle, damit seine Frau ein Feuer anzünden konnte. Dann ging er zu einem Platz an der Bergflanke, der nicht weit von seiner Höhle war, und hämmerte mit seinem Schnabel in den Fels. Bald entsprang dort eine Quelle, sodass seine Frau zu trinken hatte. Das einmal getan, flog der Kondor zurück ins Tal hinunter. Dort holte er sich Fleischstücke von toten Tieren, grub Kartoffeln aus einem unbestellten Acker und brachte sie seiner Braut. Doch das Fleisch stank faulig und die Kartoffeln waren schimmlig. Die junge Frau ass es, weil es nichts anderes gab und sie so hungrig war, aber es grauste sie.

Es dauerte nicht lange und man sah es der jungen Frau an. Sie wurde immer dünner von der Kälte und dem schlechten Essen. Federn begannen ihr aus dem Körper zu wachsen und ihr Haar fiel aus. Sie begann sogar Eier zu legen. Obwohl ihr Mann mehr als liebevoll und aufmerksam war, hatte sie keine Ruhe mehr; sie wollte zurück nach Hause und zu ihrer Mutter.

In der Zwischenzeit war ihre Mutter ausser sich vor Angst und Sorge. Ihre Tochter war mit ihren Schafen nicht wie sonst zurück nach Hause gekommen; erst ein Nachbar hatte die Herde zur Mutter zurückgetrieben, am Morgen, nachdem der Kondor die Hirtin entführt hatte. Die Mutter ging in die Berge hinauf, um nach ihrer Tochter zu suchen, doch ohne sie zu finden, und auch sonst konnte ihr keiner sagen, wo ihr Kind geblieben war. So vergingen viele Tage und die arme Frau begann sich zu fragen, ob ihre Tochter gestorben war.

Eines Morgens sass die Mutter weinend am Fenster. Ein Papagei flog vorbei und hörte die Klagen der armen Frau. Der Papagei flatterte beim Fenster herein und fragte: 'Warum weinst du so? Was macht dich denn so traurig?'

'Meine Tochter ist verschwunden', schluchzte die Mutter, 'und ich habe keine Ahnung, wo sie hin ist. Ich weiss nicht, ob sie noch am Leben oder schon tot ist, und ich befürchte das Schlimmste.'

'Du musst keine Angst haben', sagte der Papagei. 'Deine Tochter lebt und ihr geht es gut. Ich weiss, wo sie ist. Fürst Kondor hat sie zu seiner Frau genommen. Sie lebt mit ihm in einer Höhle hoch oben in den Bergen. Wenn du mich Mais aus dem Garten essen und in deinen Bäumen nisten lässt, bringe ich sie dir zurück.'

Die Mutter willigte gerne ein und so flog der Papagei hinauf ins Gebirge. Er sichtete bald die Höhle, wo die junge Frau mit ihrem Kondormann und ihren Küken lebte. Der Papagei wartete, bis alle Kondore fort waren, um Nahrung zu suchen, und flatterte dann in die Höhle.

'Erschrick nicht', sagte der Papagei zur Hirtin. 'Ich bin gekommen, um dich heim zu deiner Mutter zu bringen.' Dann packte der Papagei mit seinen Krallen die Hirtin und flog mit ihr zurück zum Haus ihrer Mutter.

Als der Papagei mit der Hirtin kam, brach die Mutter in Tränen aus, vor Schreck über die Verwandlung ihrer Tochter. Die Hirtin war so abgemagert, dass ihre die Knochen aus der Haut standen, überall am Körper wuchsen ihr Federn. Sie stank und es waren ihr fast alle Haare ausgefallen. Doch die Mutter umarmte ihre Tochter zärtlich und führte sie ins Haus, wo sie die junge Frau badete und ihr frische, warme Kleider gab.

Am Ende dieses Tages kehrte der Kondor in seine Höhle zurück und merkte, dass seine Frau fort war.

'Ich weiss, wer das getan hat', sagte der Kondor. 'Es war der Papagei. Ich werde ihn für diese Frechheit bezahlen lassen'.

Der Kondor flog hinunter in den Garten der Mutter, wo der Papagei sein Nest in einem Baum gemacht hatte und sich gerade an Maiskörnern gütlich tat. Bevor der Papagei wusste, wie ihm geschah, kam der Kondor herabgeschossen und verschlang ihn, im Ganzen. Doch der Papagei starb nicht: Er rutschte glatt durch den Leib des Kondors und kam am hinteren Ende wieder heraus. Als er das merkte, wurde der Kondor wütend. Er schnappte sich den Papageien wieder und schluckte ihn wieder hinunter, aber es geschah das Gleiche: Der Papagei kam wieder am anderen Ende heraus, recht lebendig. Da packte der Kondor den Papagei mit seinen Klauen und zerriss ihn in kleine Stücke. Er frass die Stücke, eins ums andere, aber auch die rutschten nur durch seinen Körper und kamen am anderen Ende heraus, als kleine, quicklebendige Kolibris.

Der Kondor merkte, dass er sich am Papagei nie rächen und seine Frau nie zurückbekommen können würde. Todtraurig darüber flog er zurück in seine Berghöhle. Er nahm sich die Asche von der kalten Feuerstelle und schmierte sie über seine Federn, dass sie alle schwarz wurden. Er weinte viele Tränen dabei und aus diesen Tränen wurden die Ascheflocken, die jetzt über einem Feuer schweben."[163]

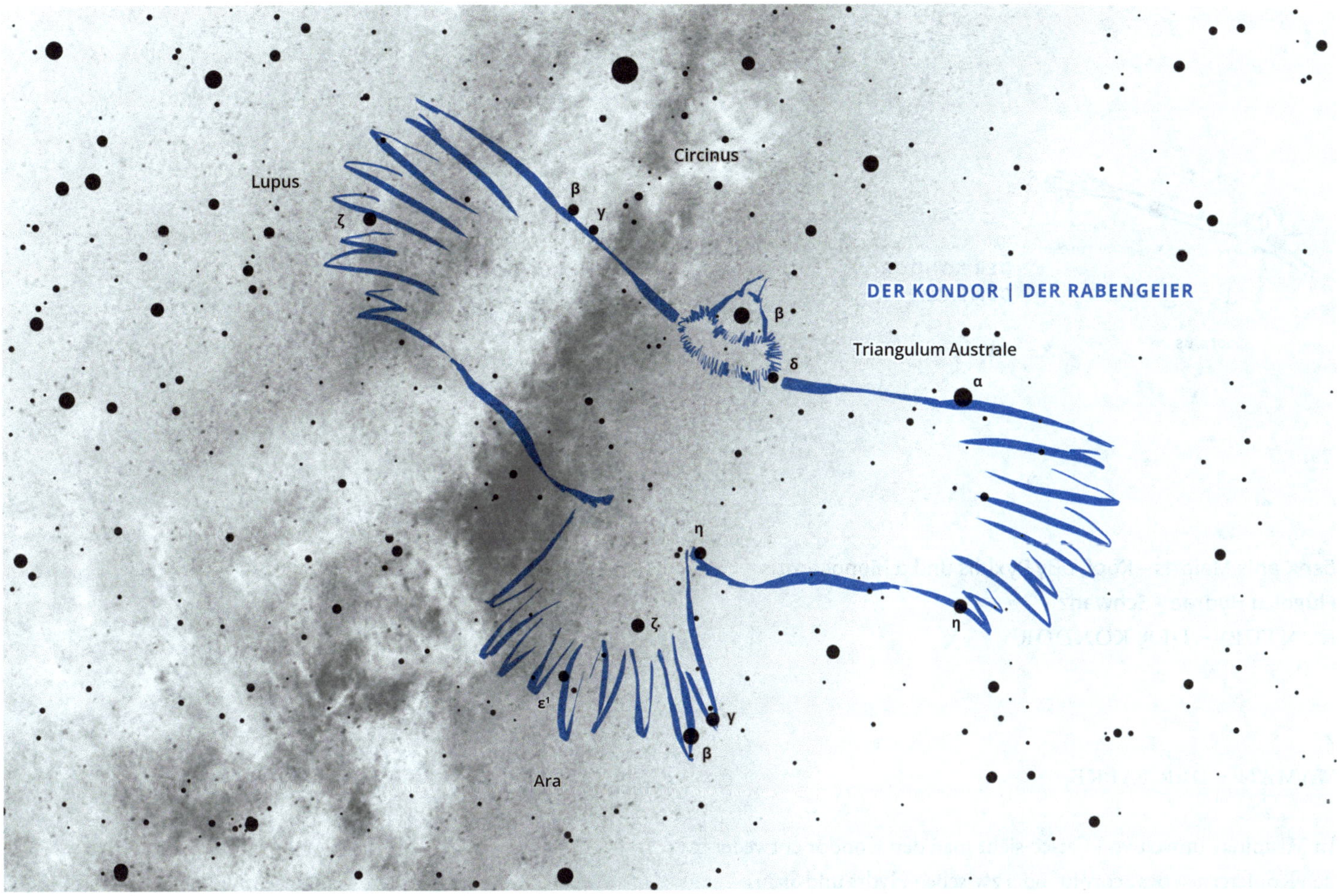

αβδ Triangulum Australis, γ Circini und αβζ Arae?

KUNTUR – DER KONDOR

MA 60

?

SUYUNTUY – DER RABENGEIER

T 241

Im *Manuskript von Huarochirí* werden nach dem Kondor die Sternbilder von Rabengeier[164] und Falke aufgelistet, sprachlich allerdings so zweideutig, dass sich nicht sagen lässt, ob die beiden Konstellationen jeweils aus drei Sternen in einer geraden Linie bestehen oder sie hintereinander zusammen mit Dem Kondor eine Linie am Himmel bilden.

Bei den Quechua und Aymara an der peruanischen Grenze Nordchiles, deren Sternenhimmel im Wesentlichen mit dem der Inka übereinstimmt, wird das Sternbild eines Kondors – Dem Kondor der Inka in Ophiuchus gegenüber – auf der anderen Seite der Milchstrasse um Triangulum verortet. Dies liesse sich mit dem vom *Manuskript von Huarochirí* aufgelisteten Rabengeier abgleichen.[165]

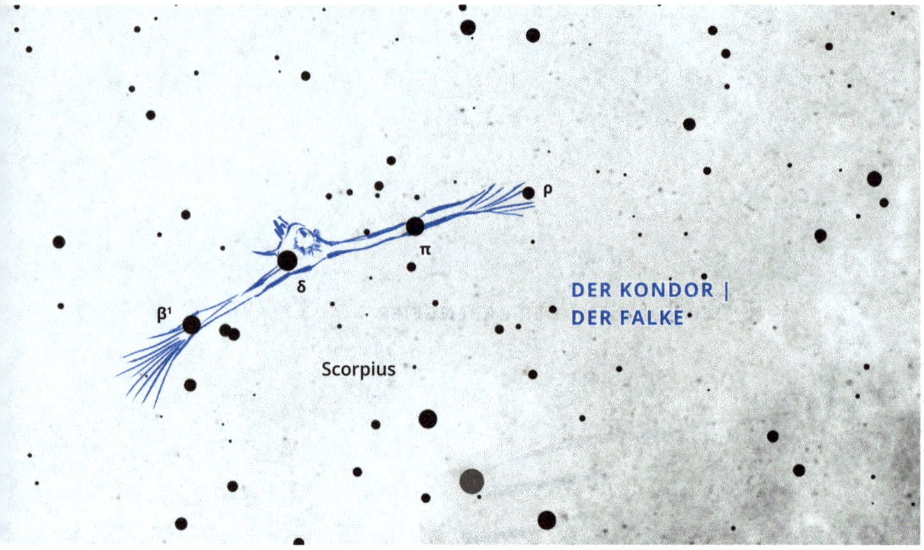

δεη Canis Maioris – Kopf, αβγ Pyxidis und α Monocerotis – Flügel, α Hydrae – Schwanz

KUNTUR – DER KONDOR

U 99, S|S|W

?

WAMAN – DER FALKE

T 242

In Misminay unweit von Cusco sieht man den Kondor entweder in den Kopfsternen des Scorpius oder zwischen Hydra und Sirius. Letztere Position, die symbolisch weniger zentral ist als die der anderen beiden Kondore in der Milchstrasse, würde rangmässig dem Sternbild eines Falken zukommen. Ein solches kennt man auch in Nordchile – EL CARANCHO – DER SCHOPFKARAKARA[166] –, den die Quellen dort allerdings genausowenig verortet lassen.

αβγ Aquilae

EL SEGUIMIENTO DEL QUIRQUINCHO (SP.) – DIE VERFOLGUNG DES GÜRTELTIERS

MA 55

Diese Sterne werden in der Atacama zusammen mit Sagitta auch als Kreuz gesehen. Wer Das Gürteltier verfolgt, geht aus den Angaben nicht hervor; natürliche Fressfeinde des Gürteltiers sind wilde Hunde und der Mensch. Bei den Bororo in Mato Grosso gibt es ein ebenfalls aus einer Linie von drei Sternen bestehendes Sternbild, das Die Riesengürteltierjagd heisst und die drei Löcher zeigt, die man neben seinen Bau gräbt, um es zu fangen, oder aber die drei Jäger selbst.

Wie archäologische Funde in Argentinien zeigen, wurden riesige Gürteltiere der Gattung *Neosclerocalyptus* dort vor 21 000 Jahren verspeist.

Nicht weit von Mato Grosso, unter dem Ostrand der Anden, leben die bolivianischen Chiriguano, die in der Vergangenheit ziemlich weit ins Hochland eindrangen. Als Nachbarn der Quechua wurden sie von der Inkakultur beeinflusst, was sich an ihrem Schöpfungsmythos und dem Sternenhimmel verrät. Bei ihnen hat sich eine Legende erhalten, in der es nicht um die Jagd geht, sondern um eine Verfolgung, bei welcher der gewohnt schelmisch-dumme Fuchsgott Aguara Tunpa den Gürteltiergott Tatu Tunpa einholt. Beide sind sie auf dem Weg zu Chiqueri Tunpa, "dem grossen Häuptling, der den Donner hervorbringt", mithin dem uns bekannten Donnergott Tunupa in Ursa Maior.

DER GÜRTELTIERGOTT UND DER FUCHSGOTT

"Es wird erzählt, dort war einmal ein grosser Häuptling, Chiqueri, und dort waren auch Tatutunpa und Aguaratunpa. Sie lebten alle weit, weit fort von hier. Am weitesten wohnte der grosse Häuptling. Dieser hatte Tatutunpa kommen lassen, um ihm seine Tochter zur Frau zu geben. Tatutunpa kannte viele Künste, und Aguaratunpa kannte auch viele Künste.

Tatutunpa machte sich auf den Weg; er ging ganz langsam und wartete an vielen Stellen. Wo er Feuer anmachte, wuchs hohes Gras. Zwei bis drei Tage, nachdem Tatutunpa sein Haus verlassen hatte, kam Aguaratunpa und fragte, wohin Tatutunpa gegangen sei. Man sagte ihm, Tatutunpa sei zu dem grossen Häuptling gegangen. Aguaratunpa folgte ihm nun und traf ihn nicht weit von dort. Bevor sie ankamen, fanden sie eine Pflanze namens Ihuahuasu am Weg [die nuss- bis apfelgrosse Früchte hat, die unreif genossen tödlich sind].[167] Aguaratunpa sagte zu Tatutunpa, er solle die Früchte abpflücken, damit sie sie essen könnten. Er ging in den Wald unter die Pflanze. Bevor noch Tatutunpa eine der Früchte hatte berühren können, schüttelte Aguaratunpa den Strauch, sodass alle Früchte auf Tatutunpa fielen. Dieser, der jung und hübsch war, wurde nun einäugig und alt. Nun war Aguaratunpa der jüngere und schönere von beiden. Sie setzten ihren Weg zu dem grossen Häuptling fort. Tatutunpa hatte eine Halskette, die Aguaratunpa, bevor sie angekommen waren, ihm abgelockt hatte.

Der grosse Häuptling glaubte, Tatutunpa, der alt und hässlich war, sei Aguaratunpa – und dieser Tatutunpa. Er gab Ersterem seine schönste Tochter zur Frau und Letzterem eine seiner allerhässlichsten, die dazu einäugig wie er war."

Wer er ist, das beweist der Gürteltiergott, als es darum geht, seine Frau zu erhalten. Während der Fuchs sich zwar redlich auf seinem Acker abmüht,[168] aber kaum etwas zustande bringt, spielt das Gürteltier derweil faul auf seiner Flöte, nimmt sich dann aber eine ganze Ebene vor.

"Am anderen Morgen begab sich der alte Tatutunpa mit seinem Spaten nach der Ebene, wo er tags zuvor ein wenig gegraben hatte, und steckte ihn in den Boden. In ganz kurzer Zeit wurde die ganze grosse Ebene ganz allein von dem Spaten gereinigt. Tatutunpa rief nun den Wind herbei, der mit grosser Stärke kam und alles schlechte Zeug wegblies. Nur das Allerfeinste war stehengeblieben. Hierauf rief er den Wirbelwind, der den Acker ganz frei fegte. Tatutunpa bat die Papageien um Samen; sie kamen aber mit untauglichen Samenkörnern, die alle entzweit waren. Als er sah, dass diese Samen nichts taugten, bat er die Enten und Tauben und die ganz kleinen Tauben, sie möchten mit allerlei Samen kommen, und diese taten es auch. Sie säten sogar selbst. Als die Saat beendet war, begab sich Tatutunpa auf dem Weg, der nach seinem Hause führte, heim. Er war noch nicht weit gekommen, da drehte er sich um, um nach seinem Acker zu sehen. Er sah, dass die Pflanzen schon zu keimen begannen. Wieder ging er ein Stück und wendete sich wieder um, um nach seinem Acker zu sehen. Die Pflanzen waren schon gross. Wieder ging erweiter und drehte sich um, da fand er seinen Acker schon in Blüte. In der Nähe seines Hauses wandte sich Tatutunpa wieder um, um nach seinem Acker zu sehen, und fand, dass alles, was er gesät hatte, schon reife Früchte trug.

Bei Aguaratunpa, der so fleissig gearbeitet hatte, war noch nichts reif oder in Blüte."

Nachdem Donnergott erkannt hat, wer wer ist, und es Winter wird, gräbt Tatutunpa ein weiteres Loch in die Erde, macht darin Feuer, legt eine Kalebasse darüber und kriecht in sie hinein: Nach einer Weile kommt er wieder heraus, "schön und jung, mit allen seinen alten Schmucksacken geschmückt". Dasselbe macht er mit seiner alten hässlichen Frau, die ebenfalls schön und jung aus der Kalebasse herauskriecht. Nachdem das Gürteltier auf diese Weise zu seinem Panzer gekommen ist, kehren sie mit einem Quebracho [Hartholz]-Ast in ihr Haus zurück und haben es die ganze Nacht warm.

"Auch Aguaratuna hatte viel Tartago [Kreuzblättrige Wolfsmilch]-Sträucher mit nach Hause genommen, sie reichten aber nicht die ganze Nacht. Mitten in der Nacht waren sie verbrannt. Er ging zu der Feuerstätte seiner Schwiegermutter [der Frau des Donnergottes], die beim Maisbierkochen war. Als die Alte sah, dass ein Fuchs sich zu ihrem Feuer schlich, steckte sie ein Stück Holz in Aguaratunpas Hintern. Mit dem Holz im Hintern sprang er davon, für immer in einen Fuchs verwandelt."[169]

αβγδ – η Delphini

EL QUIRQUINCHO (SP.) – DAS GÜRTELTIER

MA 55

Dieses Sternbild ist in den östlichen Tiefländern, vom nordwestlichen Amazonas über Mato Grosso bis hinunter nach Bolivien, verbreitet,[170] westlich davon jedoch bloss in der chilenischen Atacama bekannt. Seine nächste Entsprechung, was die mit ihm identifizierten Sterne betrifft, findet sich bei den Shipibo-Conibo im Osten Perus.[171] Das Sternbild muss also im Zuge des Einflusses der Inka aus dem Tiefland ins Hochland hinaufgewandert sein. Dort stellt es das Weisshaar-Gürteltier (*Chaetophractus vellerosus*) dar, dessen Verbreitungsraum nur vom südlichen Brasilien über Bolivien und Paraguay bis ins nördliche Argentinien reicht, und nicht weiter, wo es weder ein Tier des Dschungels noch der Wüste ist.

Heute wird es des Fleisches wegen gejagt, des Panzers, der zu Schallkörpern für Musikinstrumente und Schmuck verarbeitet wird, und weil es mit seinen unterirdischen Bauten die Landwirtschaft stört. Schon vor den Inka wurde das Tier als Exotikum gehandelt und ist in über 3000 Jahre alten Grabbeigaben an der Küste, weit weg von seinem Habitat zu finden. Seine Form wurde für Keramikbehälter nachgeahmt, aber auch für *Tabletas de Rapé*, Röhren zum Inhalieren von psychotropem Pulver aus den Samen des Cebil-Baumes (*Anadenanthera colubrina*).[172] Dazu ist anzumerken, dass die 'Medizinmänner' der Anden bei ihren halluzinogenen Trips zum Alter Ego eines Tieres wurden,[173] in dem Fall wohl das eines Gürteltieres.

Wie aus der oben zitierten Legende hervorgeht, wurde das Gürteltier im östlichen Tiefland aufgrund der von ihm gegrabenen Löcher als wichtiger Gott des Ackerbaus verehrt und deshalb als Schwiegersohn des Donnergottes gesehen, der dafür den nötigen Regen brachte. Von dort ins Hochland übernommen, veränderte sich sowohl die Gattung des Gürteltiers als auch die Rolle, die man ihm zuschrieb. So entstand folgende, sich schon auf die Inkazeit beziehende Legende bei den Quechua. Sie spielt auf einem 4400 m hohen Hochland im Osten der Atacama, nicht weit von dort, wo man auch das Sternbild kennt.

WIE DAS GÜRTELTIER ENTSTAND

"Pucá war ein geschickter Weber, der in der Puna Jujeña lebte. Er produzierte schöne *Cumbias* für die Adeligen, schlichte Abasacs für die Leute im Pueblo und warme Yacollas, die für ihre Farben und die Qualität des Tuches bekannt waren. Sein Ruf eilte ihm voraus bis zu den mächtigsten Inka und in seiner kleinen Hütte stapelten sich die Wolle und das Leder für seine Arbeit, mit der er sich beeilte, den Aufträgen nachzukommen. Die Inka, die mit seiner Arbeit zufrieden waren, bezahlten ihn mit Gold, Silber und Edelsteinen. 'Bald werde ich reich sein', dachte er sich, während er sich eifrig über seinen Webstuhl beugte. 'Und dann kann ich es mir gut gehen lassen wie die anderen: spazieren gehen, jagen, wann ich Lust habe, und mir alles kaufen, was ich will.' Erschöpft von so viel Arbeit und Aufopferung, hörte Pucá zu arbeiten auf und liess seine Stoffe bleiben. Er ging auf die Jagd und begann, sich zu vergnügen; er betrank sich zusammen mit anderen Indios und warf sein Gold für auffällige, aber unnütze Dinge zum Fenster hinaus. Derart wechselten die Verhältnisse schnell und die Fürsten hörten bald auf, ihn für Arbeiten zu beauftragen, die er nicht fertigstellte. Und eines Tages merkte er, dass es kalt wurde und der Winter vor der Tür stand. 'Ich werde mir eine Yacolla weben müssen', dachte er und begann mit zittrigen Händen die Farben zum Färben der Wolle herzurichten. Doch hatte er da seine alte Geschicklichkeit schon so weit verloren, dass das Tuch ganz fahl herauskam, voller Flecken, und trotz vieler Stunden Arbeit hatte er am Ende bloss ein loses Gewebe, grob und voller harter Knoten, ein Wirrwarr von schlecht gewebter Wolle.
'Ist ja egal; dann ziehe ich es eben so an. Morgen versuche ich ein eine andere Yacolla zu weben', sagte er sich und hüllte sich fest in diesen Poncho ein. Als er aufwachte, hatte sich diese Yacolla so eng um seinen Körper gelegt, dass sie eine harte Schale gebildet hatte, und statt Armen und Beinen besass er nun vier kurze Pfoten, die in spitzen Krallen endeten. Und so kann man ihn, zu einem Gürteltier verwandelt, heute sehen, unter den Kakteen der Puna, wo er vorher gelebt hatte, oder auf den argentinischen Feldern, vor jeder Gefahr flüchtend und sich in seinen Panzer zurückziehend."[174]

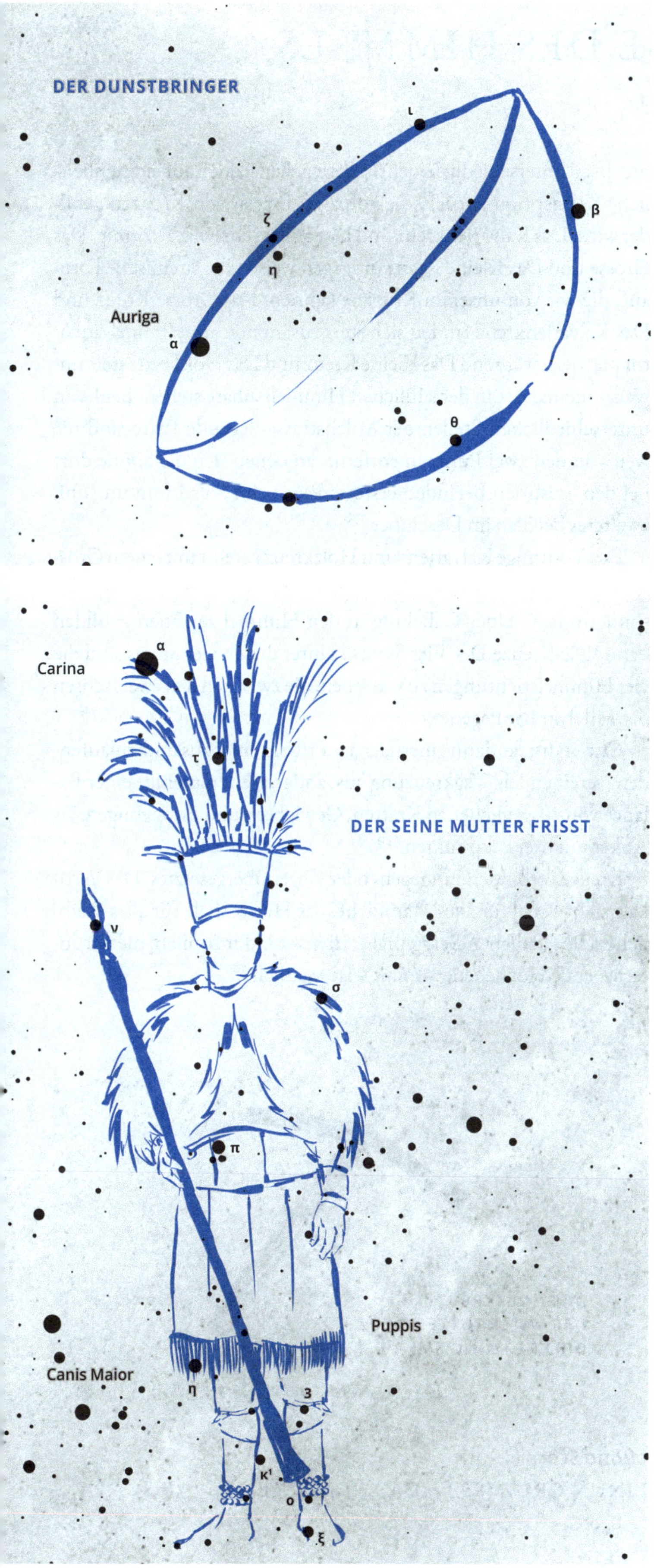

Auriga?

MIQUIQUIRAY – DER DUNSTBRINGER

Die spanischen Berichte missdeuteten den Namen dieses Gestirns leicht als "Krippe der Feuchtigkeit = Ursprung des Regens", die im Januar | Februar einsetzen, und identifizierten es folglich mit Aquarius – der jedoch in Peru nicht zu sehen ist.

L 241–242

Möglicherweise ist das Gestirn deshalb mit der Ellipse von Auriga um den Fluss der Milchstrasse zu identifizieren: Sie zeigt sich an Januarabenden mit Capella dominant am nördlichen Horizont, nicht weit von den Plejaden, die in dieser Zeit ebenfalls eng mit Dunst und Nebel assoziiert werden. Dazu legt der Name des Gestirns nahe, dass es sich bei dem Ursprung allen Wassers, der Milchstrasse, befinden muss.

ξπσντ Puppis

MAMAN MIK^{H}UQ QUYLLUR – DER SEINE MUTTER FRISST

U 100

In einem Quechua-Wörterbuch von 1608 wird dieses Gestirn "in einigen Sternen in der Nähe des Kreuzes [Crux]" verortet: 'Weil es eine grosse Sünde ist, seinen Vater oder seine Mutter zu essen, haben sie dem ein eigenes Wort gegeben [*Mirccuni*]. Und sie geben vor, dass es im Himmel ein Gestirn gegen diese Sünde gibt und es seinen Einfluss gegen jene, die dies taten, ausübt. Sie nannten es *Maman Mirccuc Cuyllu'*, was 'Gestirn derer, die ihren Vater oder ihre Mutter fressen' bedeutet.'"

Eine Auskunftsperson aus Misminay zeigte dieses Gestirn als Zickzacklinie beim Maul des Dunkelgestirns Schlange (*Mach'aqway*), die einem ζ gleicht.[175]

Für die Inka in Cusco gehörten die tropischen Täler und Tiefländer zur Region Antis, dem 'Osten' mit dem Fremden, Anderen, Barbarischen der Nicht-Inka. Dieser Teil der Welt war *hurin*, weiblich und unterlegen, im Gegensatz zum eigenen Hochland, das als *hanan*, männlich und beherrschend, angesehen wurde. Zu den Stämmen im Dschungel des Antis gehörten die Chunchos, kannibalistische Kopfjäger, die den Jaguar verehrten. Sie wurden besiegt und deren Stammesgebiet ins Reich eingegliedert, von wo man sich das für die Riten wichtige Coca und den Tabak ins Hochland holte.[176]

Der Name des Gestirns verweist somit auf die Vorstellungen, die man in den Anden über die Bewohner des Tieflandes hatte, von denen manche Totenrituale praktizierten, bei denen Teile der Toten symbolisch gegessen oder die Knochen zermahlen und mit Maniokbier oder Ähnlichem konsumiert wurden.[177] Solche Bräuche wurden auch anderswo in Südamerika praktiziert, bei den Mapuche oder Yanomami-sprachigen Gruppen; für die Andenbewohner, die ihre Toten als Mumien bewahrten, war dies jedoch eine unsägliche Praxis. Das Gestirn sollte also wohl solche Gebräuche samt der unheimlichen Macht der Chunchos und anderer Dschungelstämme bannen.

IV DIE KREUZE UND KREISE DES HIMMELS

Der einheimische Name für diese Sternbilder ist *Chaka*: ein Begriff, der sich auf einen Pfahl, einen Tragebalken oder eine Brücke bezieht, die etwas verbinden oder an denen etwas zusammengebunden ist – wie bei dem *Chakana* genannten Sternbild; *Chakana* ist zudem die Bezeichnung für eine Astgabel oder ein Y aus Holz als Unterlage oder Stütze. Bei all dem ist präsent, dass die sich daraus ergebende Form zwei gegensätzliche Teile oder Richtungen zu einer vereint – ein Prinzip, das in dem heute gebräuchlichen, spanisch christianisierten *Cruz* nicht mehr erkennbar ist.

Die göttlichen Berge, die den Wasserkreis am Laufen halten, werden so als Gipfelkreuze dargestellt, und die heiligen Quellen darunter fliessen in Bewässerungskanäle, gleich den vier Flüssen, die in der christlichen Ikonographie am Baum des Lebens im Paradies oder am Kalvarienkreuz entspringen. Desgleichen wird die Milchstrasse mit einem Kalvarienkreuz – einem Steinkreuz auf einem oft treppenartigen Sockel – verglichen. Das Firmament wird durch die Milchstrasse – gemäss ihrer Bahn über den Nachthimmel hinweg – in zwei, zwischen die Kardinalpunkte fallende Achsen unterteilt: NO–SW und NW–SO. Je nachdem, welcher Teil der Milchstrasse gerade im Zenit steht, wird er dann als 'Kalvarienkreuz' bezeichnet. Dementsprechend wird der Arm der Milchstrasse, der sich nachts von einem Horizont über den Zenit hin zum anderen Horizont dreht, als ein den Himmel tragenden Balken gesehen, der aufgrund dieser beiden Positionen über der Erde mit sich ein Kreuz bildet.

Der zugleich teilende und verbindende, stützende und sich drehende Zenit samt dem jeweiligen Horizont wird auch noch durch andere Sternbilder von Kreuzen dargestellt. Sie werden zwar wie immer lokal unterschiedlich identifiziert, gehen jedoch auf eine einheitliche Konzeption zurück, die von zwei Paaren von Kreuzen gebildet wird. Das Kalvarienkreuz und Das Holzkreuz sind T-förmig, Das Grosse und Das Kleine Kreuz hingegen weisen die lateinische Form auf, die wir von unserem Kruzifix kennen. Das Grosse Kreuz und Das Kalvarienkreuz finden sich stets zusammen am Himmelsäquator platziert, während Das Kleine Kreuz und Das Holzkreuz stets unweit voneinander in der südlichen Himmelssphäre stehen. Beide, an unterschiedlichen Stellen der Milchstrasse liegende Paare sind nie weit von den zwei Punkten entfernt, an denen sich die Sonne dort bei den Solstitien befindet: ersteres Paar beim Solstitium im Juni, zweiteres bei dem im Dezember.[178]

Das T-förmige Kalvarien- und Holzkreuz vereint mit einem Grossen und Kleinen Kreuz – welche nun nicht mehr kruzifixförmig sind, sondern das Y einer Gabelung in den Himmel zeichnen – bilden dann 'Die Kreuze Der Vier Suyus'. Unter diesen vier Suyus sind die vier Himmelsrichtungen zu verstehen, die zwischen den zwei Achsen der Milchstrasse liegen.

Chaka drückt dann einerseits das Prinzip einer zusammenlaufenden, vereinenden Wegkreuzung aus, andererseits dasjenige einer Balance von ausgeglichenen Kräften, Gewichten und Bewegungen: als Anker mit drei Eckpunkten.[179]

Kreuze verbinden Entgegen- oder Gegenübergesetztes. Das Vertikale steht dabei für alles Männliche, das Horizontale für alles Weibliche. Die göttlichen Berggipfel – *Apus* – sind männlich, die darunterliegende Hochebene – *Puna* – ist weiblich.[180]

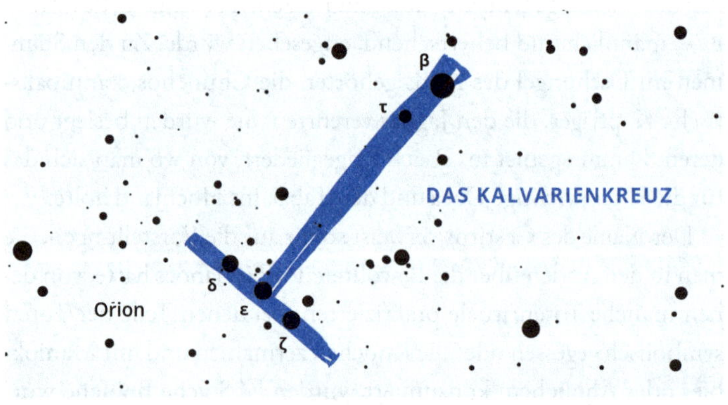

ζεδ – τ – β Orionis

CALVARIO CRUZ (SP). – DAS KALVARIENKREUZ

U 98

Dieses Kreuz repräsentiert in Misminay bei Cusco den Westen, während der Osten durch Das Holzkreuz in Scorpius markiert wird.

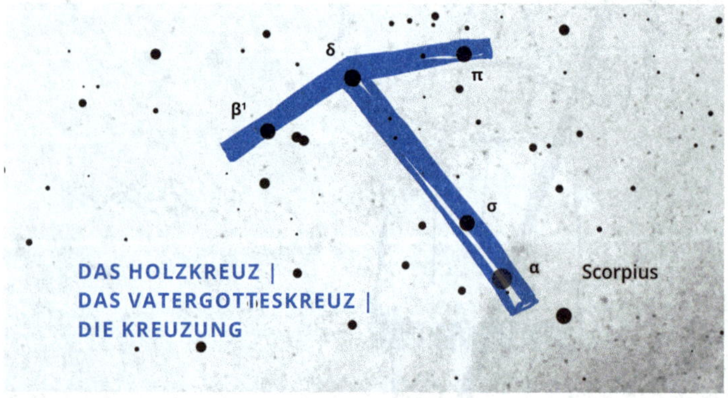

αβδπσ Scorpii

LINUN CRUZ (SP.) – DAS HOLZKREUZ

U 100

PAPA DIOS CRUZ (SP.) – DAS VATERGOTTESKREUZ

U 101

KURUSIRU – DIE KREUZUNG

A|Y 170, 172

Mit dem Namen dieses im Osten stehenden Sternbilds ist das Holzkreuz gemeint, auf das Jesus genagelt wurde. Es wird auch als Vatergotteskreuz, in Bolivien aber als Grosse Kreuzung bezeichnet.

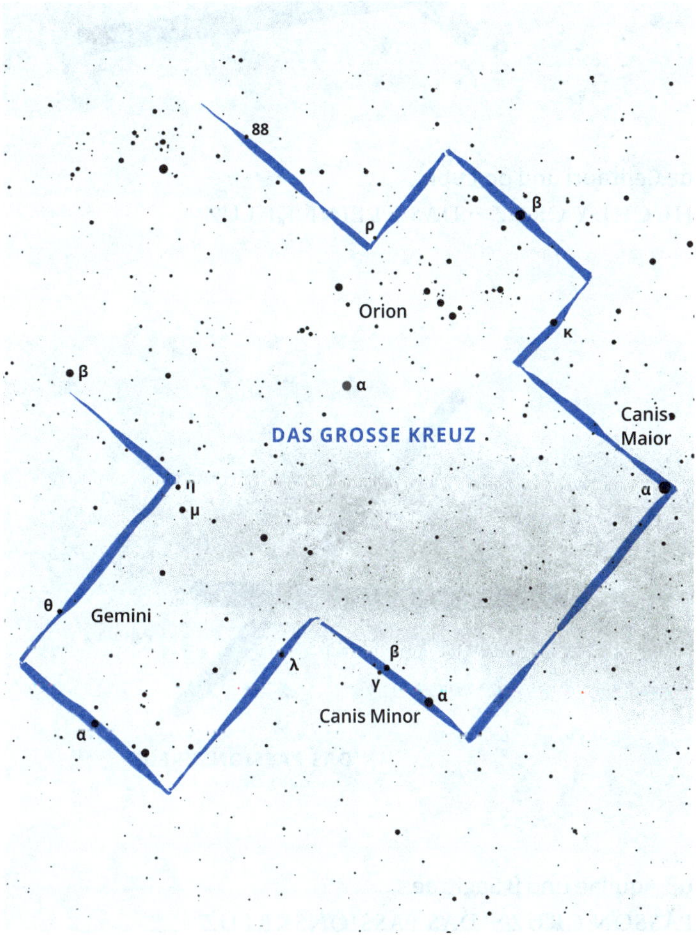

eine Kombination verschiedener Sterne, die α und β Orionis, α Canis Maioris und α Canis Minoris, sowie α und η und μ Geminorum einschliessen

HATUN CRUZ – DAS GROSSE KREUZ

U 141

Crux

HUCHUY CRUZ – DAS KLEINE KREUZ

U 141, L|F 41

CH'ILI KURUSIRU – DIE KLEINE KREUZUNG

A|Y 170

CHAKANA – DAS ZUSAMMENGEBUNDENE

VERA CRUZ (SP.) – DAS WAHRE KREUZ

Unser Kreuz des Südens, das in der Mitte der Milchstrasse sitzt, wird in Bolivien auch als kleine Wegkreuzung für den Packzug der himmlischen Lamas verstanden.

In der Atacama wiederum sieht man in den Sternen von Taurus einen Kalvarienberg. Der gilt dann als Fundament des Kreuzes in Crux, das bei vielen Ritualen eine wichtige Rolle bei der Verbindung von Himmel und Erde spielt. Es führt die Seelen der Toten zurück zu ihren Hinterbliebenen und wird als Tor ins Jenseits von Raum und Zeit betrachtet, da es die höchste kulminierende Position markiert, welche die Milchstrasse am Himmel einnehmen kann.[181]

Wenige Kilometer südlich der bolivianischen Grossstadt Cochabamba, in Villa Hermoso, wird jedes Jahr am Chakana-Tag, dem 2. Mai, das Fest von *Santa Vera Cruz Tatala* – dem 'Väterchen vom Heiligen Wahren Kreuz' – gefeiert. Bestimmt wird der Tag durch die Position der Sterne von Crux, die nun um Mitternacht ein Kreuz bilden, das genau senkrecht auf dem südlichen Pol des Himmels steht. Es ist ein Fest der Fruchtbarkeit, bei dem eine Christus und die traditionellen Andengötter synkretistisch verbindende Gottheit um Segen und Erlaubnis gebeten wird, die letzten reifen Früchte ernten und die Felder für das nächste Jahr vorbereiten zu dürfen.

Bei dem Ritual werden die besten Kartoffeln und Früchte dargebracht und Kerzen vor das 'Väterchen' auf seinem Kreuz – der dort mit Pachamama verschmilzt – gestellt: zusammen, wenn sich in der Familie alle verstehen; getrennt, wenn es um gegenseitige Versöhnung geht. Mit den Kerzen angezündet wird auch im Laufe des Jahres gesammelter Dung und aus den Kämmen gezogene Haare. Dann wird Musik gemacht, wobei nur die Männer die Instrumente spielen und die Frauen singen, und nach einem Trankopfer an Pachamama wird Chicha getrunken. Wenn Frauen keine Kinder mehr wollen, lassen sie eine Puppe zu Füssen Tatalas stehen – während Frauen, die eins haben wollen, eine dieser Puppen mitnehmen.[182]

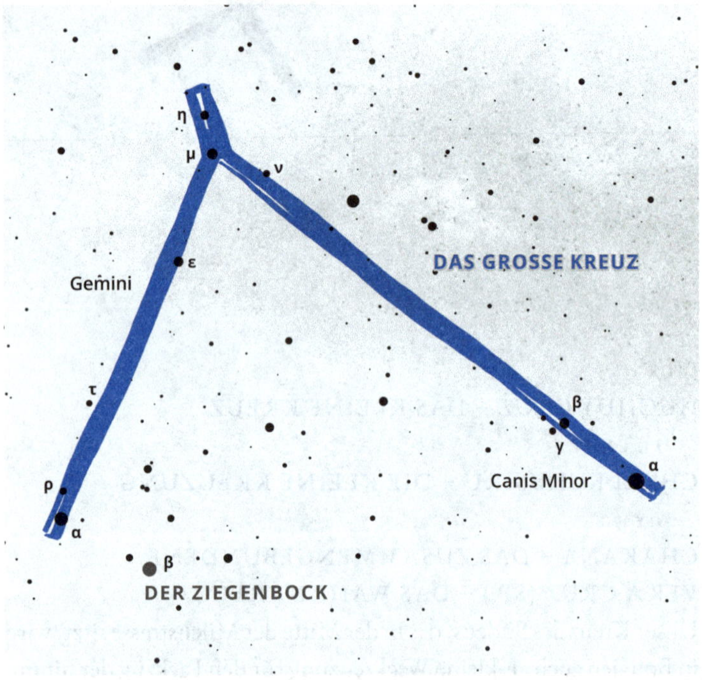

α Canis Minoris – α – η – μ Geminorum

HATUN CRUZ – DAS GROSSE KREUZ

L | F 41, U 99

Diese Variation Des Grossen Kreuzes repräsentiert den Norden, während Das Kleine Kreuz – das nicht mehr Crux entspricht – den Süden repräsentiert.

U 143

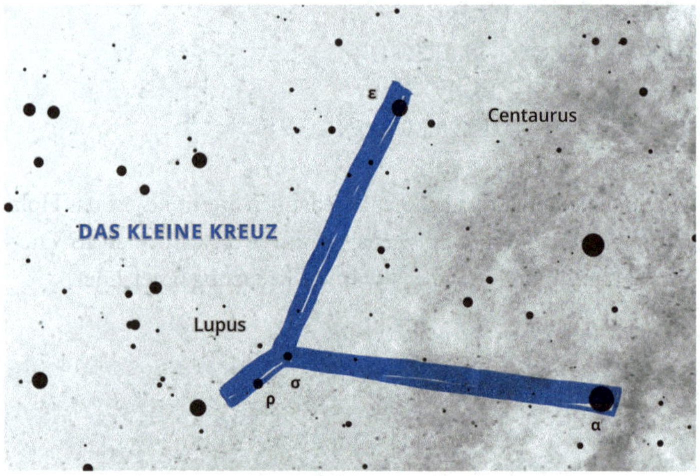

αε Centauri und ρσ Lupi

HUCHUY CRUZ – DAS KLEINE KREUZ

U 143

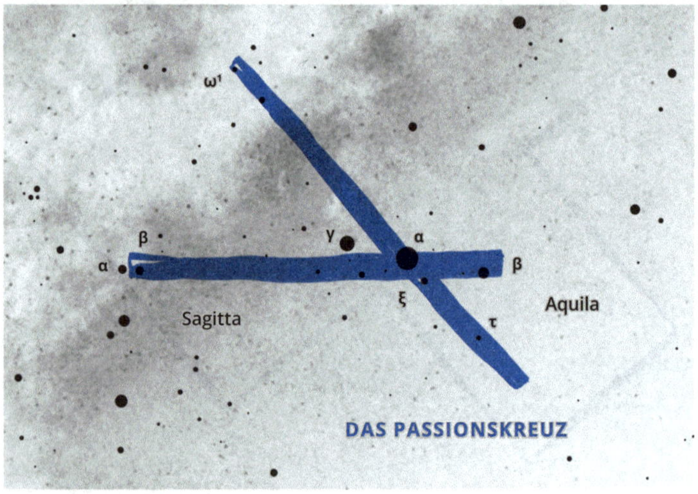

αβ Aquilae und β Sagittae

PASSON CRUZ – DAS PASSIONSKREUZ

MA 58 und U 101

In der nordchilenischen Atacama gibt es ein lateinisches Kreuz, das sich nicht in die ganz oben angesprochenen Gruppierungen einfügt. Der Form nach ist es mit der Zeichnung des – allerdings nichts identifizierten – Passionskreuzes im peruanischen Luqre identisch.

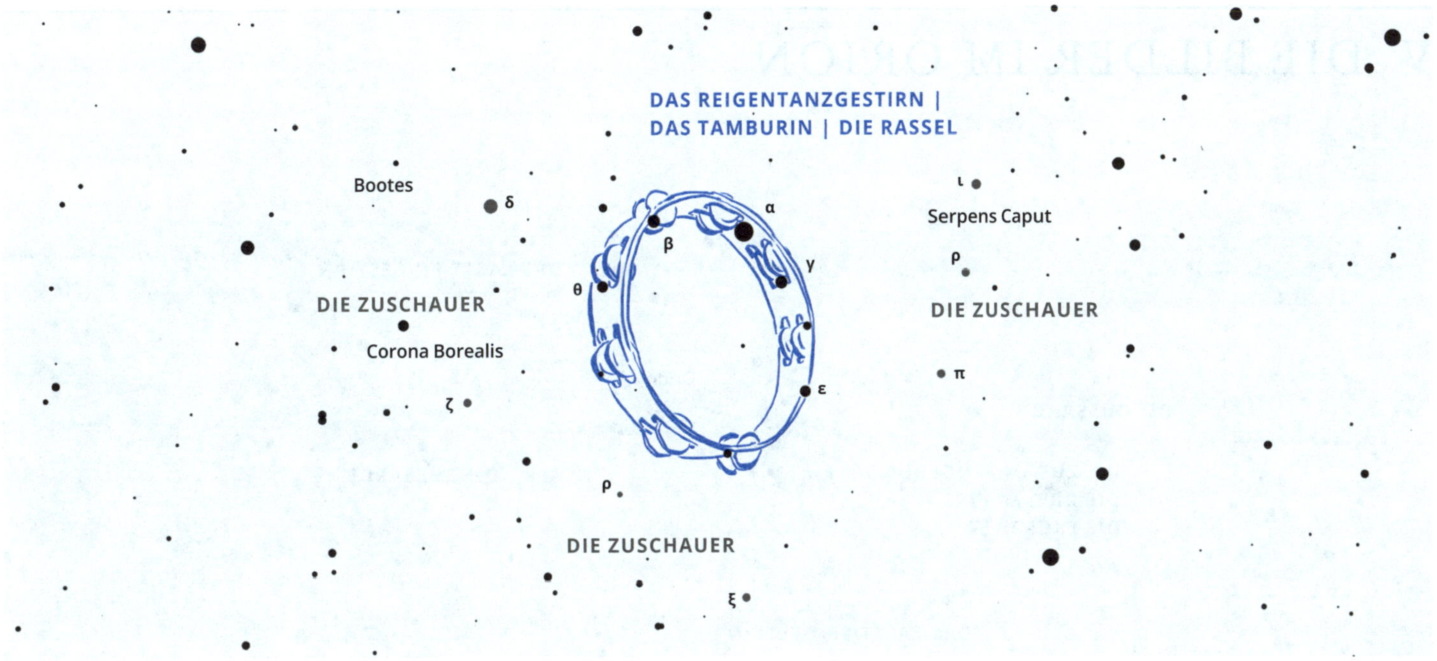

Corona Borealis

PIHCA CONQUI

KHASWA QUYLLUR – DAS REIGENTANZGESTIRN

U 100

SONAJA – DAS TAMBURIN | DIE RASSEL

U 102

Im *Manuskript von Huarochirí* wird unter den wenigen genannten Sternbildern eines dieses Namens ausgewiesen, das "auffällt, indem es einen perfekten Ring bildet",[183] aber nicht identifiziert ist. Abgleichen lässt sich der Name dieses alten Sternbilds jedoch mit zwei, heute in der Gegend von Cusco belegten Sternbildern, die ebenfalls die am Himmel nicht so häufige Kreisform in den Vordergrund rücken: Das Reigentanzgestirn und Das Tamburin.

Letzteres wird eindeutig durch die Angabe, dass es im Nordwesten von Cusco in etwa dort untergeht, wo die Sonne beim Solstititum untergeht: Das trifft nur für die Corona Borealis zu. Bestätigt wird dies dadurch, dass die östlichen Nachbarn der Quechua im bolivianischen Tiefland, die Chiriguanos (die einige der Sternbilder aus den Anden übernommen haben), das Oval der Corona Borealis ebenfalls mit einem Tanzreigen und Trommeln in Verbindung bringen.

Die Indios dort sehen darin "eine betrunkene Gruppe von tanzenden Männern, Frauen und Kindern, die die Trommel schlagen. Rundherum stehen die Zuschauer [ρχζ Coronae Borealis, δι Bootis, ρπ Serpentis], welche keine 5 Centavos besitzen, um mit ihnen tanzen zu dürfen".[184]

V DIE BILDER IM ORION

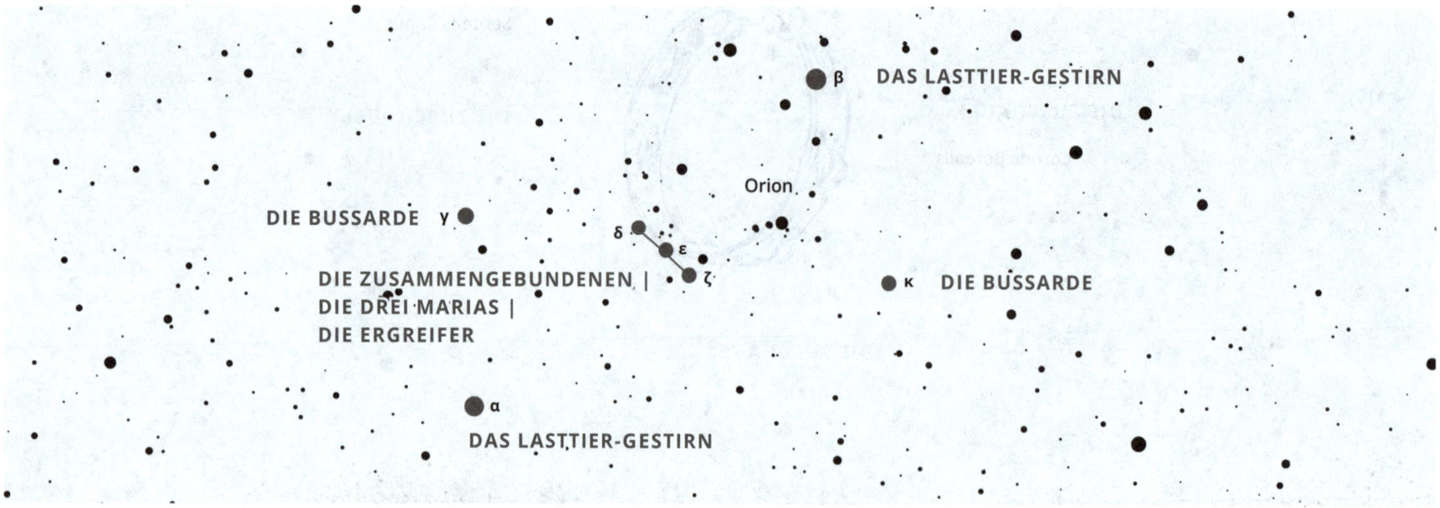

α – ζεδ – β Orionis

WARAWARA URQURARA – DAS LASTTIER-GESTIRN

Auf Pachacuti Yamquis Zeichnung sind an der Spitze der zentralen Gruppe drei mit zwei Strahlen verbundene, vertikal stehende Sterne dargestellt, die rechts und links von je einem Stern flankiert werden. Das Sternbild wird durch seinen abgekürzten Namen und die Legende "drei gleich grosse Sterne" ausgewiesen. Die Identifikation ist dadurch gesichert, dass es am Himmel nur im Oriongürtel drei gleich grosse und hintereinander gereihte Sterne gibt und diese zudem weltweit oft als einzelne Läufer gesehen werden.

Urqu bezeichnet das männliche Exemplar einer Spezies, insbesondere Lamahengste als Tragetiere (da Lamastuten nicht beladen, sondern zur Zucht hergenommen wurden), und *Rara* eine Herde. Im Unterschied zum wilden Hengst Urqu Chillay in Lyra wird hier somit der männlichen, aber domestizierten Form Tribut gezollt, ohne die es keinen Handel gäbe. Typisch für den meist ein Dutzend Lasttiere umfassenden Zug ist, dass sie hintereinander marschieren, rechts und links begleitet von unbeladenen Tieren, die sie beim Tragen ablösen, sobald sie müde werden.

Auf der bolivianischen 'Schale des Himmels' sieht man eine etwas anders gedeutete, ältere Konfiguration als auf Pachacuti Yamquis Zeichnung. Denn in der Mitte dieser Himmelsschale findet sich der Orion als Lama, das von vier Raubkatzen angefallen wird: womit eine Überschneidung mit der unten folgenden, anderen Ausdeutung dieser Sterne gegeben ist.

L 77–80, B | D 120 und CH 53–54

ζδ Orionis

PATÁ – DIE ERGREIFER

αβγκ Orionis

DIE BUSSARDE

Die Bewohner der Täler und Berge an der peruanischen Nordküste glaubten, dass sie von vier Sternen abstammten, die der Erdgott Pachacamac an den Himmel gesetzt hatte: Von den ersten zwei stammten alle Reichen, von den anderen zweien alle Armen ab. Sie brachten dem männlichen Mond – *Si* – grössere Verehrung entgegen als der Sonne. Bei Neumond hiess es, der Mond sei gerade in der Unterwelt gewesen, um Diebe zu bestrafen, wobei ihm sechs Sterne helfen würden; zwei davon – die beiden äusseren Gürtelsterne des Orion – würden zusammen *Patá* genannt.[185]

Diese 'Ergreifer' bieten somit eine andere Auslegung des Begriffs *Chakana* als 'Die Zusammengebundenen' – und statt vier Raubkatzen, die das Lama darin anfallen, sind es nun Aasgeier. So heisst es in einem spanischen Bericht von 1638: "Viele dieser Indios sagen (und viele glauben es vielleicht), dass der mittlere Stern ein Dieb ist, ein Schurke und Bastard. Der Mond bestrafte ihn dafür und schickte zwei Sterne, um ihn zu ergreifen (das ist es, was *Patá* bedeutet) und den Geiern zum Frass zu übergeben, die jene von vier Sternen verkörperten Bussarde sind, die weit unter Den Drei Marias stehen. In Erinnerung an diese exemplarische Bestrafung sind diese sieben Sterne nun am Himmel und gemahnen an Schuld und Sühne."

Abbildungen bei den Moche aus der ersten Hälfte des 1. Jahrtausends demonstrieren, dass die Vorstellung sehr alt ist. Sie zeigen einen an einen orionförmigen Pranger Gefesselten mit Totenschädel, dem vier Geier an jeder Seite das Fleisch vom Körper reissen.

B | D 127

Dieser Bezug zum Menschen kann aber auch positiv ausfallen. So gibt eine Auskunftsperson aus Misminay bei Cusco an, dass die himmlische Chakana die Gestalt eines Menschen habe: Kopf und Arme wären die Gürtelsterne, θ der eine, η Orionis sein anderer Fuss.[186]

ζεδ Orionis

CHAKANA – DIE ZUSAMMENBINDER
LAS TRES MARIAS (SP.) – DIE DREI MARIAS

U 99 und B | D 165

Die Wörterbücher geben für die Gürtelsterne des Orion, welche die Spanier 'Die Drei Marias' nennen, die lokale Bezeichnung *Chakana* an, was auch 'Die Zusammenbinder' bedeuten kann, im Sinne eines aus Sternen zusammengefügten Bildes. Die Legende auf Pachacuti Yamquis Zeichnung führt dazu aus, dass sie "en general" so genannt wurden.

Der Name passt gut zu den drei, mit je zwei Strahlen verbundenen Einzelsternen, die damit einen Zug von drei mit ihren Zügeln angeseilten Lasttieren symbolisieren: Beides führt die Bedeutung von *Chakana* piktographisch vor. Zugleich verweist der Name aber auch auf die etwas grössere Herdstelle, die diese Sterne zusammen mit zwei anderen im Orion bilden.

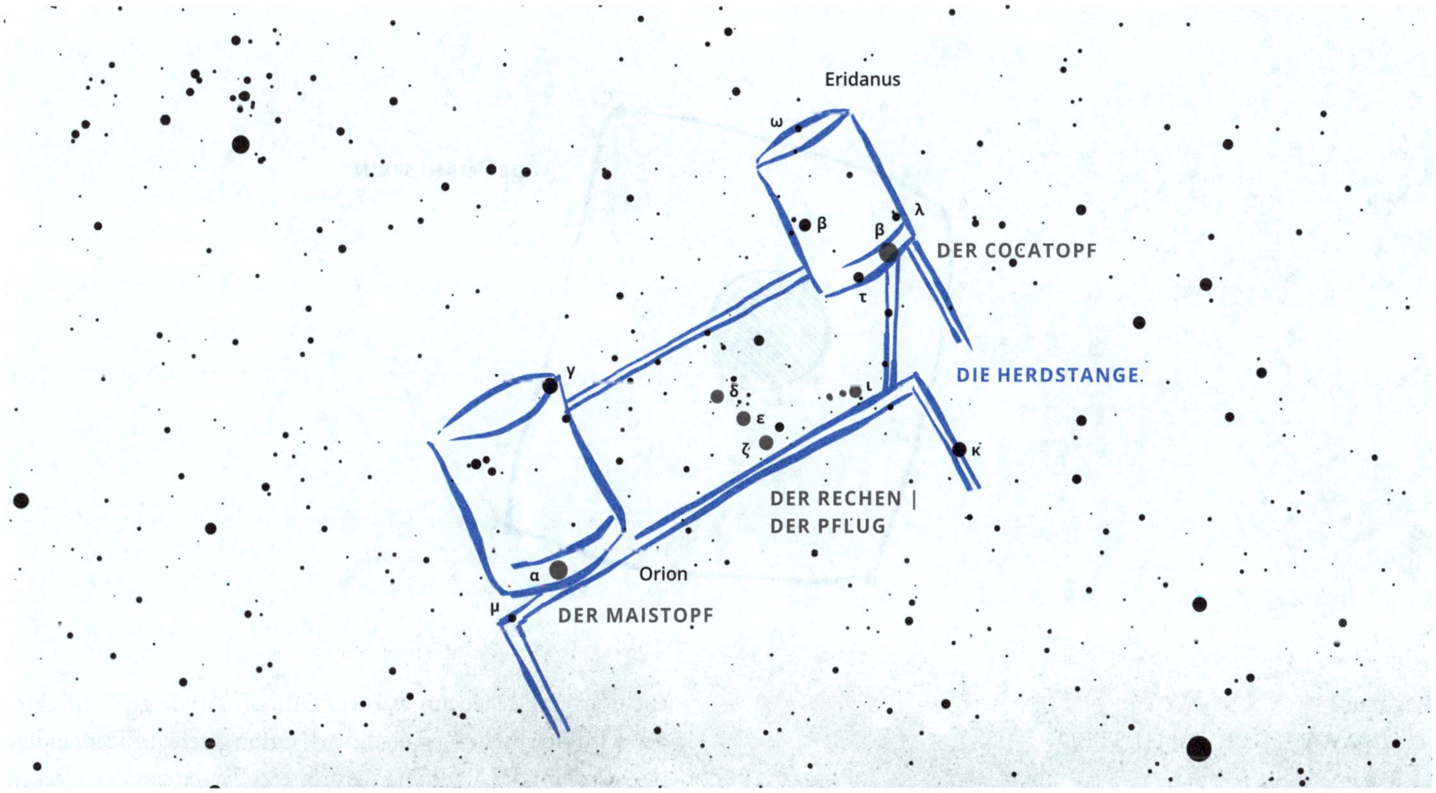

αβκζ Orionis und α Leporis?

CHAKANA – DIE HERDSTANGE

α Orionis

SARAMANKA – DER MAISTOPF

β Orionis

COCAMANA – DER COCATOPF

Chakana bezeichnet neben 'Zusammengebundenem' – sowie 'Holztreppe' oder 'Totenbahre' – auch die Stange (oder einen grossen Stein), welche die zwei Steine eines Herdes miteinander verbindet: Damit lässt sich die Kochtemperatur steuern, indem man den Topf darauf näher ans Feuer oder weiter weg schiebt.

Das Sternbild, das in den spanischen Quellen mit Den Drei Marias der Gürtelsterne des Orion gleichgesetzt wird,[187] entspricht jenem der Maya, das in der klassischen Zeit Drei-Steine-(Herd-)Stelle hiess, heute noch in Zinacanteca 'Die Drei Zusammen' genannt wird und ein Dreieck bildet, mit dem Feuer des Orionnebels in der Mitte: Es wäre damit neben Dem Zornigen in Ursa Maior das zweite Sternbild, das sich so auch in Mittelamerika findet.

Lehmann-Nitsche identifizierte diese Sterne mit dem Kreuz des Südens. Pachacuti Yamquis Abbildung des Sternbilds jedoch zeigt ein Andreaskreuz von zwei hellen Sternen in der einen Diagonale, zwei schwächeren in der zweiten nach unten versetzten Diagonale, in der Mitte oben dann aber einen fünften, schwachen Stern – der in dieser Position bei den Sternen von Crux nicht zu finden ist. Das Diagramm scheint vielmehr die Ecksterne des Orion am Südhimmel wiederzugeben, wo *α* Leporis gleichsam als Kopf über ihm steht. Die rötliche Beteigeuze stellt da die schwächere Kochstelle für den Topf dar, in dem Coca getrocknet wird, der hell strahlende Rigel hingegen die heissere für den Topf, in dem der Mais im Wasser gekocht wird, und die Glutbrocken befinden sich in den Gürtelsternen, die sonst als Lasttier-Gestirn bezeichnet werden.

Für die Maya war die Drei-Steine-(Herd-)Stelle in Orion eines der zentralsten Sternbilder. Die ebenso zentrale Symbolik dieses Herdes bei den Inka geht aus Pachacuti Yamquis Zeichnung hervor: Sie vereint Gegensätzliches – wie die unter allen Gestirnen stehenden Figuren von Mann und Frau – symmetrisch zu einem grossen Ganzen. Um den Schöpfergott Viracocha stehen deshalb Sonne und Mond; rechts und links darunter die Plejaden, einmal im Sommer, einmal im Winter; und darüber und darunter diese zwei Figurationen der Sterne des Orion: oben als Zug männlicher Lasttiere, unten als von Frauen bediente Kochstelle. Zu diesem Prinzip der Komplementarität passen selbst die Töpfe: Mais als Nahrung des Körpers, Coca als jene des Geistes – auf einem Herd als Mittelpunkt des Hauses, während der Lasttierzug zugleich die gegensätzliche Reise symbolisiert, den Handel.[188]

ζεδ – θ Orionis

ARADO (SP.) – DER PFLUG

RASTRILLO (SP.) – DER RECHEN

In der nordchilenischen Atacama wiederum sieht man in den Gürtelsternen und dem Schwert des Orion einen Pflug oder einen Rechen.

MA 55

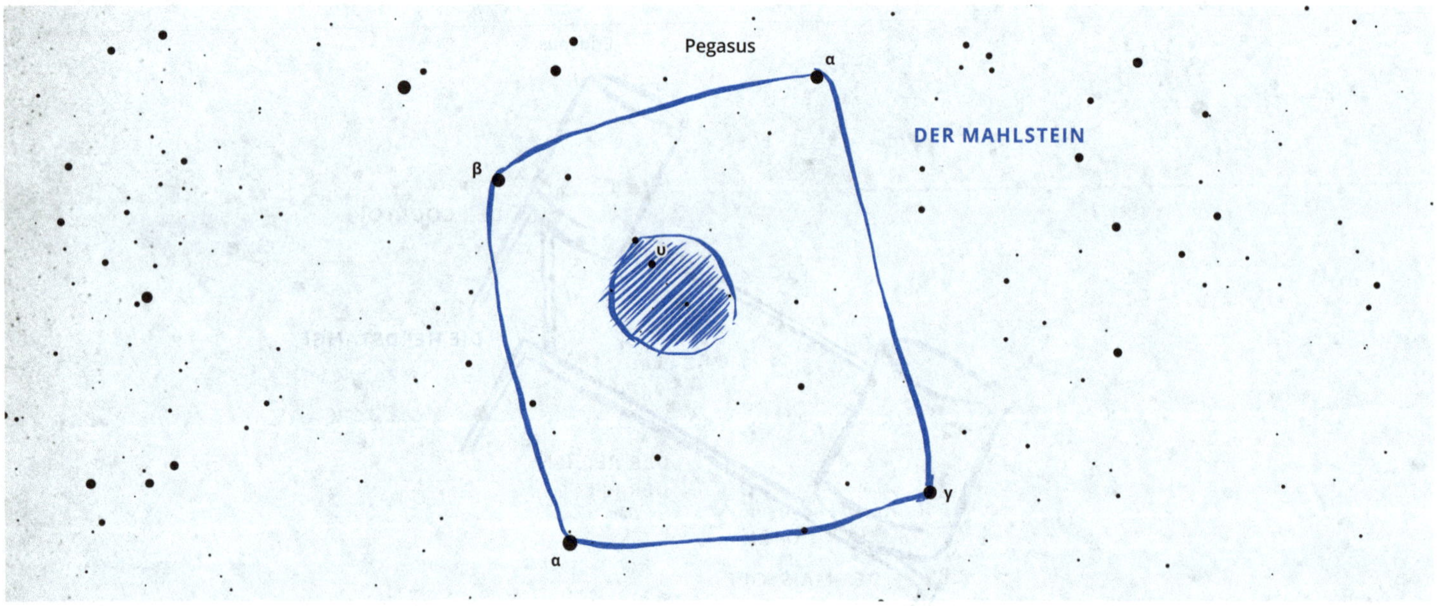

Pegasus?

THUNAWA – DER MAHLSTEIN

B | D 159

Dieses nichtidentifizierte Gestirn muss sich wohl in der Nähe der Kochstelle befinden. Eine einzige Quelle gibt, ohne Quellen dafür zu nennen, die plattenförmigen Sterne von Pegasus für dieses von den Spaniern *Batan* genannte Gestirn an.[189]

Region um Orion

ANKU CHINCHAY – DIE GEFLECKTE RAUBKATZE

Über dieses Gestirn berichtet der Jesuitenpater Cobo nur, "dass es sich um das Wohlergehen der restlichen Tiere [die kein eigenes Sternbild als 'Beleber' besitzen] kümmert". Der Name lässt sich als 'starke Raubkatze' übersetzten, was ihn zu einer weiteren Bezeichnung des Sternbilds Der Edlen Raubkatze in Scorpius machen würde.

Abgleichen lässt sich der Name aber auch mit *akjo*, 'sandig'. Letzteres erklart eine Auskunftsperson als Ausdruck für "eine Raubkatze mit schwarzen Flecken auf weissem Grund". Als derart "geflecktes Land" wird eine breite Region um den Orion gesehen: "Der sandige Boden wird mit der Haut und die grösseren Felsen mit den Flecken der Raubkatze verglichen." Dahinter steckt wohl die bei den Maya wie den Skidi Pawnee belegte Vorstellung des gesamten Nachthimmels als geschecktes Fell eines Jaguars.

L 178–179

π¹ – π² Orionis

EL ARCO DE LA IGLESIA (SP.) – DAS KIRCHENTOR

Passend zu Den Drei Marias der Gürtelsterne sieht man in der nordchilenischen Atacama in den Bogensternen des Orion das Eingangsportal einer Kirche.

MA 55

VI DIE MUTTER ALLER STERNE

Plejaden

KATA CHILLA(Y) WARAWARA – DAS URMUTTER-GESTIRN

B | D 109

QUTU – DIE (JUNGFRAUEN-)GRUPPE
K^H^UTU – DIE STARRKALTEN

U 113

Mit *Kata Chilla* werden in spanischen Berichten neben den Plejaden auch ein Sternbild in der Milchstrasse sowie das Kreuz des *Unuchilla Kata Chilla* bezeichnet. Mit Letzterem sind die Dunkelwolken der astralen Lamastute und ihres 'Kindes' beim Kreuz des Südens gemeint.[190]

Warawara bedeutet auf Aymara 'Gestirn', *Kata* das 'weibliche Exemplar aller Tiere' und *katu* 'adoptieren', während *chilla(y)* Quechua für 'wild, ungezähmt' ist, auch im Sinne von Prototypischem, Potentem und Primordialem.[191] Daher die Übersetzung des Namens *Kata Chilla(y)* als 'Urmutter'.

Die astrale Lamastute Yaqana wird durch den Titel Kata Chilla somit als prototypische Stammmutter aller zahmen Lamas auf Erden ausgewiesen. Die Plejaden hingegen werden durch diesen Titel zur Über- und Ziehmutter von allem erhoben, nicht nur der astralen Lamas, sondern auch der restlichen Sterne: Sie erfüllen damit eine ähnliche Rolle wie die 'Beleber und Erschaffer' der 'Grossen Sterne'.

Die Einschätzungen des Jesuitenpaters Cobo bestätigen ausdrücklich die Bedeutung der Plejaden als primäres Gestirn und "Mutter" am Himmel, im Sinne eines "Speichers" der Lebenskraft: "Die Anbetung der Sterne rührte von der Meinung, dass der Schöpfer [neben der *prima causa* als Grund allen Seins] eine zweite Ursache bestimmt hatte, nämlich für die Erhaltung von allem und jedem zu sorgen. Diesem Glauben gemäss, dachten sie, dass es dafür am Himmel ein Simulacrum [*un simil*] gab, für jedes Tier und jeden Vogel, das sich um deren Erhaltung und Vermehrung kümmere. Diese Aufgabe und diesen Dienst schrieben sie mehreren Sternbildern zu.

Doch glaubten sie, dass all diese Doppelgänger [*similes*] von einem Haufen kleiner Sterne stammten, die allgemein als Plejaden bekannt sind, den die Indios jedoch *Qullqa* [Speicher] nennen, und dass die Kraft, die Tiere und Vögel am Leben erhielt und bewahrte, dieser Gruppe von Sternen entströmte. Aus diesem Grund betitelte man sie als 'Mutter' – und sie wurde von allen Ayllus und Familien allgemein als eine der wichtigsten Huacas [numinosen Stellen] erachtet. Alle wussten darüber Bescheid, und jene Indios, die etwas davon verstanden, verfolgten ihre Bahn das ganze Jahr über weit genauer als die von anderen Sternen.

Für etwas anderes dienten ihnen die Plejaden nicht; auch erwähnten sie nicht, dass diese irgendeine andere Macht noch hätten. Dennoch brachten ihnen alle Provinzen grosse Opfer dar. Die restlichen Sterne wurden nur von jenen verehrt, die dachten, dass sie sie brauchten, entsprechend den ihnen speziell zugeschriebenen Aufgaben, und sie waren auch die einzigen, die mit ihnen vertraut waren, ihre Bahnen verfolgten und ihnen Opfer darbrachten. Die anderen taten nichts davon und fühlten sich auch nicht dazu verpflichtet."[192]

Der Göttin Pachamama – Erdmutter – vergleichbar, galten die Plejaden somit als ebenso universelle wie kosmische Mutter, die dann christianisiert wurde. In einer Strophe eines 1631 aufgezeichneten, an die als *Susurwana* betitelte Jungfrau Maria gerichteten Bittgebets werden die Plejaden gleichsam als Urmutter angesprochen, die morgens aufgeht, um die jeweilige Sonne des Tages aus der Dämmerung heraufzuziehen: "Glitzernde Kata Chillay, Führerin der Tagessonne, Röte der Morgendämmerung – zu dem Rufenden, der nichts hört, dem von dir Verachteten, sag: Komm! Lass ihn meinen Zorn verzeihen, Susurwana."

Der Mythos schreibt dem Gestirn zu, aus der 5 km nordöstlich von Cusco sich befindlichen Quelle namens *Susur* zur Sonnenwende im Juni die Junge Sonne Huayna Inti samt den Gestirnen für das neue Jahr zu gebären, indem sie sie dort aus dem Wasser zog.

Etwa 40 bis 50 Tage zuvor waren sie aber in der nach ihnen 'Kata Chillay' genannten heiligen Quelle nordwestlich von Cusco untergegangen, die wie die Susurquelle von der Coricancha aus sichtbar war. Dieser Untergang trug den Plejaden den Titel *Uchu Capac, Huaita Capac* – Die Königlich Kleinen, Die Königlich Schwimmenden – ein.[193]

Mit diesen 'Königlichen Schwimmerinnen' wird ausgedrückt, dass die Plejaden zuletzt um den 25. April sichtbar waren und dann – gleichsam in diesem Brunnen – für längere Zeit hinab in die wässrige Unterwelt Ukhu Pacha stiegen, die sowohl als Urquell des kugelförmigen Kosmos wie der Zeit verstanden wurde. Es war dies das Reich von Tiksi Viracocha, des Schöpfergottes am Urgrund, zu dem sich die Plejaden nun gesellten.

In dieser Zeit galten sie als *onkoy* – krank –, was auch heute noch eine Umschreibung für die Menstruation ist. In dieser, *Onkoy Mita* genannten Periode war die Erde – Pachamama – steril, leerte sich das fruchtbare rote Blut der Flüsse ins Meer. Die Plejaden wurden zudem *Qollca* genannt, was nicht nur mit den Speichern zu tun hatte, in denen im April die Ernte eingelagert worden war, sondern auch mit den gleichfalls als Speicher verstandenen Höhlen, in denen die

Mumien der Ahnen lagen: Die ganze Unterwelt galt somit als Speicher der Toten.

Neben der Quelle, in der die Plejaden zum Grundwasser der Welt hinabstiegen, um darin zu schwimmen, befand sich eine Huaca namens *Urqus Qalla Viracocha*. Sie wurde beschrieben als "Haus, in dem gewisse Steine verehrt wurden, von denen es hiess, es wären Frauen von Tiksi Viracocha, die sich auf ihren nächtlichen Wegen in Stein verwandelt hatten". Dort gab es, wie ein anderer Spanier berichtet, "die Statue einer Frau, die aus Stein war, wo Frauen geopfert wurden".

Es waren dies Mädchen aus der Schar der 'Auserwählten' – *Acllas* –, die bis dahin in der Coricancha Tempeldienst für die Gestirne geleistet hatten und in der Erntezeit nun zum Opfer bestimmt wurden. Sie mussten rein – jungfräulich – sein, damit sie als irdische Verkörperungen 'Der Königlich Kleinen' der Plejaden, ihrer 'Jungfrauengruppe', geschickt werden konnten, um mit den Huacas und Viracocha in Kontakt zu treten. Dazu wurden sie, wie auch sonst bei Menschenopfern, bei lebendigem Leib in einem unterirdischen Raum – Speicher – begraben oder eingemauert, mithin im Keller des besagten Hauses an der Quelle. Wie die vielen, sie symbolisierende Steinfiguren demonstrieren, wurden sie hernach als Orakel verwendet.

In den 40 bis 50 Tagen, die sie mit den Plejaden in der Unterwelt verbrachten, wurden sie wie Die Königlich Kleinen selbst zu Frauen Viracochas, dem männlichen Quell der Lebenskraft.

Von ihm befruchtet, kehrten die Plejaden sodann als Urmutter der Sterne wieder über die Susurquelle an die Oberfläche zurück, was als Neugeburt verstanden wurde. Das geschah um die Sonnenwende im Juni, die von den Missionaren zur Johannistagsfeier am 24. Juni umgewidmet wurde. Gingen die Plejaden da morgens kurz vor der Sonne erstmals wieder strahlend vom Horizont auf, so war ihr Aufenthalt bei Viracocha ein sie befruchtender gewesen; zeigten sie sich jedoch fahl, wurde dies als schlechtes Omen für die Ernte des nun beginnenden neuen Jahres gedeutet. Hatte dann auch die Sonne im August ihren Nadir wieder überwunden, von den Plejaden aus dem kosmischen Wasser heraufgezogen, dann war die Trockenzeit überwunden, das weibliche Element der Erde wieder aus der Unterwelt "gelöst" und die Welt *caci quespilla* – sicher und frei.[194]

Das weibliche Element in den Plejaden hat sich bei den Aymara in Bolivien bewahrt, bei denen sie vergleichbar zu den Maya als 'eine Handvoll, Gruppe' – *Qutu* – bezeichnet werden, die Jungfrauen verkörpern. Die Sonqo um Cusco übernahmen wahrscheinlich diesen Namen, der bei ihnen auf Quechua jedoch 'Haufen' bedeutet, sowie 'still, bewegungslos, gefroren, kalt' – k^h*utu* – was für ihren ersten morgendlichen Aufgang zur Winterzeit im Juni stimmig ist.[195]

In dem einheimischen *Manuskript von Huarochirí* aus den Jahren um 1600 heisst es zu den Plejaden: "Wenn die Sterne, die wir unter dem [spanischen] Namen 'Die Zicklein' kennen, sehr gross erscheinen, glaubt man, dass das Jahr sehr fruchtbar sein wird; wenn sie jedoch im Gegenteil sehr klein erscheinen, glaubt man, dass sehr grosser Mangel an allem herrschen wird."[196]

Die Plejaden waren ab Ende April nicht mehr am Himmel zu sehen, weil sie dann für 37 Tage hinter der Sonne verschwanden. Um den 9. Juni – 12 Tage vor der Sonnenwende im südlichen Winter – gingen sie erstmals wieder morgens vor der Sonne auf. Das markierte den Beginn der Trockenzeit des Winters.

Strahlten sie bei ihrem Aufgang vor der Morgendämmerung, war dies ein Indikator, dass die Regenzeit später eine gute Ernte bringen würde. Leuchteten sie bloss fahl (der Cirrus-Wolken hoch oben in der Atmosphäre wegen), kündigte dies eine Dürre an, die für die flach wurzelnden Kartoffeln schlecht war, sodass die Ernte mager ausfallen würde. Dazu beobachtet man, ob sie "grosse oder kleine Sterne hatten und ob einer davon sich an eine andere Stelle bewegt hat".[197]

Das hängt damit zusammen, dass der augenscheinliche Durchmesser der Plejaden bei einem strahlenden Aufgang in klarer Atmosphäre um rund 25 % grösser ist. Die Position des hellsten Sterns, Alkione, verschiebt sich dabei in Bezug auf die übrigen 5 bis 8 Sterne, was ebenfalls zur Vorhersage genutzt wurde. Stand Alkione hell und vorne, war es besser, bereits früh, zwischen Ende Juli und September, anzupflanzen. Stand Alkione weiter hinten in den kleineren und fahleren Plejaden, war es klüger, erst im Oktober | November anzupflanzen, wenn es nicht mehr allzu lange hin war bis zur Regenzeit. Was damit unwissentlich entdeckte wurde, war eine Methode zur Bestimmung des alle paar Jahre auftretenden El Niño-Phänomens. Es wird durch warme Passatwinde aus Indonesien ausgelöst, die zu hohen Cirren führen und durch ihren Dunst die Plejaden blass erscheinen lassen: wobei es wirklich zur Weihnachtszeit zu reduziertem Regenfall kommt, weil die Klimazirkulation gestört ist. Bauern in Peru und Bolivien benutzen diese Methode nach wie vor für Ernte- und Wettervorhersagen für das kommende Jahr, machen ihre Beobachtungen jetzt aber Morgen des 24. Juni, nach dem Fest des Johannistages.[198]

Als alles mit Lebenskraft versehend wie auch kalendarisch bedeutsam galten die Plejaden auch bei den Pacasmayos und Yungas an der peruanischen Nordküste, wie ein spanischer Bericht von 1638 festhält: "Sie teilen das Jahr nicht durch den Mond oder den Sonnenlauf ein, sondern durch den Aufstieg jener Sterne, die wir Die Zicklein nennen, die sie aber *Fur* heissen. Den Grund dafür gibt eine lange Fabel, die mich aber nicht interessiert. Es war Gesetz, dass sie damit die Jahreszählung begannen, weil diese Sterne ihnen Essen schenkten und ihre Ackerpflanzen nährten, ihren Lebensunterhalt, weshalb sie das Jahr mit dem Zeitpunkt beginnen mussten, an dem sie sie aufgehen sahen, weil sie von ihnen versorgt wurden."[199]

Die Beobachtung der Plejaden geht zudem mit jener der Sonne bei ihrem Solstitium am 21. Juni einher. Dann wird die gleichfalls durch die trockene oder feuchte Atmosphäre beeinflusste Erscheinung der Sonne zum Indikator der Ernte. "Die Sonne kann in drei verschiedenen Gestalten aufgehen: *ch'usa* – klein –, was Zeichen eines schlechten Jahres ist; *ransa* – gross –, was ein normales Jahr vorhersagt; *qhoto* – grün –, was ein sehr gutes Jahr prophezeit." Auch *qhoto* mag an der Wurzel des um Cusco heute gebräuchlichen Namens *Qutu* für die Plejaden stehen.

Zudem gibt es noch andere Praktiken der Weissagung, indem man am 23. Juni einen geschälten und zwei ungeschälte Erdäpfel abends unters Bett rollt. Ertastet man morgens blindlings zuerst die geschälte Kartoffel, wird die nächste Ernte schlecht ausfallen, wenn nicht, wird es ein gutes Jahr.[200]

UNQUY QUYLLUR – DAS KRANKHEITS-GESTIRN

L 126 und B | D 128

Die Präsentation der Plejaden am Altar des Sonnentempels von Cusco gibt ihre unterschiedlichen Erscheinungsformen im eigens bezeichneten "Sommer" und "Winter" wieder.[201] Auf der linken Seite sind sie als grosser Haufen von 13 Sternen[202] dargestellt, wie dies bei ihrem Aufgang zum Solstitium im winterlichen Juni als gutes Zeichen gedeutet wird. Dort werden sie zudem mit zwei Aymara-Worten – *Uchhu* und *Sucsu* – als Gestirn der Krankheiten ausgewiesen, insbesondere der von den Spaniern eingeschleppten Malaria.

Spanische Berichte erwähnen mehrfach, dass zur Feier ihres erstmaligen morgendlichen Aufgangs im Juni – beim Solstitium also – eine der drei wichtigsten religiösen Zeremonien des Jahres angesetzt war: *Unquy Mita*. Es war dies die Feier zur Rückkehr der Plejaden. Die 40 bis 50 Tage ihrer vorherigen Unsichtbarkeit stellten die Übergangsperiode von einem landwirtschaftlichen Jahr zum nächsten dar, in der die Erde unfruchtbar wurde und alle Lebenskraft sich mit ihnen in die Untere Welt zurückzog: auch daher der Name *Unquy*, 'Krankheit'.

Kehrten die Plejaden dann – zu Fronleichnam der Missionare – an den Himmel zurück, wurden sie in den Tälern angebetet, "damit den Indios der Mais nicht vertrocknet".[203] Im Gebirge hingegen drohte der Frost: "Das Krankheitsgestirn erscheint, wenn zwischen Fronleichnam und Sankt Johanni der Frost beginnt; sie beten es an, damit ihre Felder nicht frieren und damit es keine Krankheiten und Seuchen gibt. Sie sagen dann dieses Gebet auf: *Paoc Yaya, Oncoi Yaya; Ama Micuita Caga-hum, Ama Micuita Racha-c-hum* – Mächtiger Herr, der viel Essen und Besitz hat, erlaub dem Frost nicht, unseren Äckern zu schaden."[204]

Die anderen zwei Feste hingegen fallen um das Solstitium im Dezember, wenn Der Zornige in Ursa Maior angebetet wird, damit die Regen fallen, und kurz danach zur Maisernte, für die die Göttin Ayrihua tanzt und für die getanzt wird.

Bei der Feier für die Plejaden kam man an einem Platz oder Fluss zusammen, opferte Meerschweinchen oder Lamas und bespritzte ihr Bild mit deren Blut. In früherer Zeit fanden sich im Juni die Dörfer zu einer grossen Prozession ein, bei der am Ende ein Mensch geopfert wurde: "Er sprang dann freiwillig in eine *El Infiernillo* – Höllchen – genannte Schlucht."[205]

QOYLLUR RIT'I – DAS SCHNEEGESTIRN

Die *Unquy Mita* genannte Feier hat sich erhalten. Auch heute noch sieht man im neuerlichen Aufstieg der Plejaden aus der Unteren Welt die Rückkehr der Fruchtbarkeit; doch da dieser sich im Hochland über vergletscherten Bergen zeigt, wird das jährlich zehntausend Menschen anziehende Fest nun zu Ehren *Qoyllur Rit'is* abgehalten: des 'Schneegestirns', wie die Plejaden nun genannt werden.

Dieses karnevalartige Fest wird in der Woche vor Fronleichnam unweit des 6383 Meter hohen Ausangate im Sinankara-Tal südlich von Cusco zelebriert. Die ursprünglichen Vorstellungen haben sich zwar längst mit christlichen vermischt, dennoch ist dies – sieht man vom touristisch gewordenen Spektakel ab – weiterhin ein Ritus der Reinigung und des Übergangs, bei dem Tausende von Menschen nachts zum Gletscher des heiligen Berges hochsteigen, um dort das Erscheinen der Plejaden zu erleben.

Teilweise sind diese Pilger mit gestrickter weisser Gesichtsmaske, Schlinge um die Brust und Fell am Rücken als *Qollas* – mythische Lamahirten – kostümiert. Andere wiederum gehen mit ihren bunten Federn als Ch'unchus, mythische Indios aus dem Dschungel des östlichen Tieflands. Die Ureinwohner dieses Landes, so die lokale Sage, hiessen *Ñawpa Machu*. Sie hatten damals in den Bergen drinnen gelebt, beim Licht des Mondes, doch wegen ihrer Arroganz schuf der Gott Ruwal die Sonne, die viele von ihnen vernichtete. Die Überlebenden flohen in den Dschungel, wo aus ihnen die Ch'unchus wurden, während die Inka – die als Vorfahren der heutigen Bevölkerung gelten – sich die neue und nun sonnenbeschienene Welt untertan machten.

Qollas und Ch'unchus bilden zwei Tanzgruppen, die jeweils von *Ukukus* begleitet werden. Ein Ukuku wurde von einem Bären mit einer Bauersfrau gezeugt; er gilt als unheimlich kräftig und deshalb amoralisch und unzivilisiert, weshalb er von jedem gefürchtet wird. Seine Grosseltern versuchen ihn loszuwerden, indem sie ihm gefährliche Aufgaben übertragen, von denen er jedoch jedes Mal erfolgreich zurückkehrt. Schliesslich wird er in ein Dorf geschickt das von einem *Condenado* – einem 'Verdammten', der eine Todsünde wie Inzest oder Mord begangen hat – terrorisiert wird. Der Ukuku besiegt ihn, erhält zur Belohnung dessen Haus, Land und Tochter und entwickelt sich darauf zum Musterbeispiel eines hart arbeitenden, ehrlichen Mannes. Diese Ukukus sollen nun gegen all die Condenados kämpfen, die vergeblich versuchen, ins Jenseits des Himmels aufzusteigen oder im Heiligtum unten Erlösung zu finden, da sie der Gletscher zwischen Schnee und Eis gefangen hält.

Um solche Verwandlungen geht es bei diesem Fest: vom Kranken des unfruchtbaren Landes zum Heilen des erneut fruchtbar gewordenen, vom wilden Bärenmann zum kultivierten Menschen, vom Dämmrigen der Vorwelt in das Sonnenhelle des Heutigen. Zugleich sollen die Pilger mit dem Aussermenschlichen und den Wesen der vormaligen Welt in Kontakt gebracht werden. Die Kämpfe, die da zwischen den einzelnen Ukukus ausbrachen und manchmal tödlich endeten, wurden von der Kirche bald verboten; das dabei vergossene Blut macht jedoch, wie man glaubt, den Schnee fruchtbar.

Berge und ihre Gletscher werden als *Apu* – Gottheiten – angesehen; sie bringen Wasser und Fruchtbarkeit vom tropischen Regenwald herauf und lassen sie in die Bewässerungskanäle des Hochlandes fliessen. Deshalb gilt das Eis des Gletschers als heilig, magisch und medizinisch, da es Gesundheit für das ganze Jahr verspricht. Die Eisbrocken zurück ins Tal zu tragen – was bis zum Klimawandel möglich war – wurde auch als Ritual der zur Reinigung gehörenden Busse angesehen: weshalb bei der Feier kein Alkohol getrunken wurde.

Der christliche Teil des Festes geht auf ein Wunder des 18. Jahrhunderts zurück, in dem sich der *Señor de Qoyllur Rit'i* als Christusfigur offenbarte. Da hütete ein junger Bub namens Mariano Mayta seine Alpakas im Sinkaratal und litt dabei unter Hunger und Einsamkeit, bis eines Tages ein hellhäutiger Mestize namens Manuel auftauchte und sein Essen mit ihm teilte. Die beiden wurden schnell Freunde und Marianos Herde vermehrte sich auf wunderbare Weise. Sein Vater belohnte ihn dafür, indem er ihn nach Cusco schickte, um neue Kleider für ihn und seinen Freund zu kaufen. Er nahm einen Fetzen von dessen Poncho mit, um einen passenden neuen zu finden, als man ihm dort erklärte, nur Erzbischof Moscoso besässe solch ein edles Tuch.

Darauf wurden am 23. Juni 1783 – mithin zur Sonnenwende, zu der mit der Rückkehr der Plejaden die Wiedergeburt der Fruchtbarkeit gefeiert wurde – Beamte der Kirche ins Tal entsandt, die am Berg oben auf den in weiss gehüllten Mestizen trafen. Die Gruppe sei von seinem gleissenden Nimbus geblendet worden. Als sie sich wieder näherte, sei der Mestize verschwunden gewesen: Statt seiner sahen sie eine Silhouette, von der ein Kranz von Lichtstrahlen ausging. Einer der Beamten versuchte die Erscheinung zu berühren, hielt dann aber nur einen Tayanka-Busch (*Baccharis*) in der Hand. Als er nach oben sah, hätte der Beamte den gekreuzigten und blutenden Körper Jesu erblickt und somit den Busch verwandelt in Christi Kreuz. Mariano jedoch dachte, dass die Kirchenleute seinen Freund umgebracht hatten, und fiel vor Schmerz darüber bei einem Fels tot um oder stürzte hinunter. Er wurde an seinem Fuss begraben und eine Kapelle mit einer Replik des Tayanka-Kreuzes darüber errichtet: Was die Pilger jedoch weit mehr anzog, war der Glaube, der nun als 'Kleiner Vater Christus' bezeichnete Mestize sei in diesen Fels eingegangen.

Es war dies das Jahr, indem Tupak Amaru III., ein Freund des Erzbischofs Moscoso, in eben dieser Region eine Revolte gegen die spanischen Kolonialherren und ihre Kirche anzettelte, worauf er grausam hingerichtet und die einheimischen Glaubensvorstellungen ebenso brutal unterdrückt oder in den Katholizismus integriert wurden. Da Felsen und Berge als Versteinerungen mythischer Vorfahren gelten, heilig sind und ihnen Wunderkräfte zugeschrieben werden, wurde Mariano Maytas Grab zu dem des 'Herrn von Qoyllur Rit'i' erklärt, ein Porträt Christi darauf gemalt und 1970 schliesslich rundherum ein Betontempel errichtet. El Señor hilft heute weiterhin dabei, Wohlstand zu erlangen – nicht mehr mit Alpaka- oder Lamaherden, sondern mittels Miniaturen, die bei dem Wallfahrtsort verkauft werden: Modellhäuser, -autos und -lastwagen. Wer das dort an diesem Tag ersteht, so der Glaube, wird die Dinge bald in gross und echt besitzen.[206]

PUKUY – DIE REIFE

Im Dezember fand ihr kosmischer Untergang statt, bei dem sie gleichzeitig mit der Sonne im Westen abends untergingen. Das markierte den Beginn der Regenzeit des Sommers. Passend dazu werden auf dem Altar des Sonnentempels in Cusco zehn Plejaden in ausgewiesenem "Nebel und Dunst" dargestellt, gross wie Maiskörner, und auf Quechua als *Pukuy* bezeichnet, was sowohl die Reife einer Ernte wie die damit verbundene Regenzeit benennt.

In dieser Zeit dann, angestossen vielleicht auch durch ihre abendlichen Untergänge, rechtfertigten die Plejaden ihren Namen als Gestirn Der Krankheit, denn da begannen nun die Mosquitos zu brüten und die Malaria zu verbreiten.

L 124–133 und M 55

ÑAWIN – IHRE AUGEN

L 186

QULLQA – DER SPEICHER

U 98

Auf dem Altar des Sonnentempels wurden die Plejaden noch ein drittes Mal dargestellt: diesmal als Gruppe von sieben Sternen, die auf Spanisch "Die Augen" und auf Quecha "Die Augen für alle Dinge jeglicher Art" genannt werden. Es sind dies die Augen 'Des Höchsten Wesens' Viracocha, des 'Herren der Welt' und zugleich ihr 'Fundament'. Er gab seinem als Sohn oder Bruder bezeichneten Gehilfen Imaymana "die Macht über alle Dinge in die Hand" und befahl ihm, sich entlang den östlichen Berghängen und dem Dschungel des Antisuyu nach Cusco aufzumachen, "damit er allen Bäumen, ob gross oder klein, die Blumen und Früchte gab, die sie haben mussten, sie benannte und den Leuten zeigte, welche man essen konnte und welche nicht und welche zum Heilen gut waren".

Worauf diese Augen besonders schauen, was sie bewachen, ist darunter benannt und gezeichnet: nämlich Der Speicher für Mais und Kartoffeln; mit ihm wurde der Sternhaufen der Plejaden aufgrund seiner Voraussagekraft für die Ernte in der christianisierten Zeit, als der alte Glaube im Bergriff war, verloren zu gehen, ebenso synekdochisch und wie verkürzt gleichgesetzt. Das astrale Speichergebäude, als Prototyp aller irdischen, wird auf dem Altar jedoch abgesetzt davon dargestellt (sonst könnten die Augen ja nicht darauf schauen). Denn die typische Silhouette der leicht konischen peruanischen Turmspeicher bildet die Gabelung der Sterne in Taurus fast perfekt ab: die Hyaden als das Schilfdach darauf.[207]

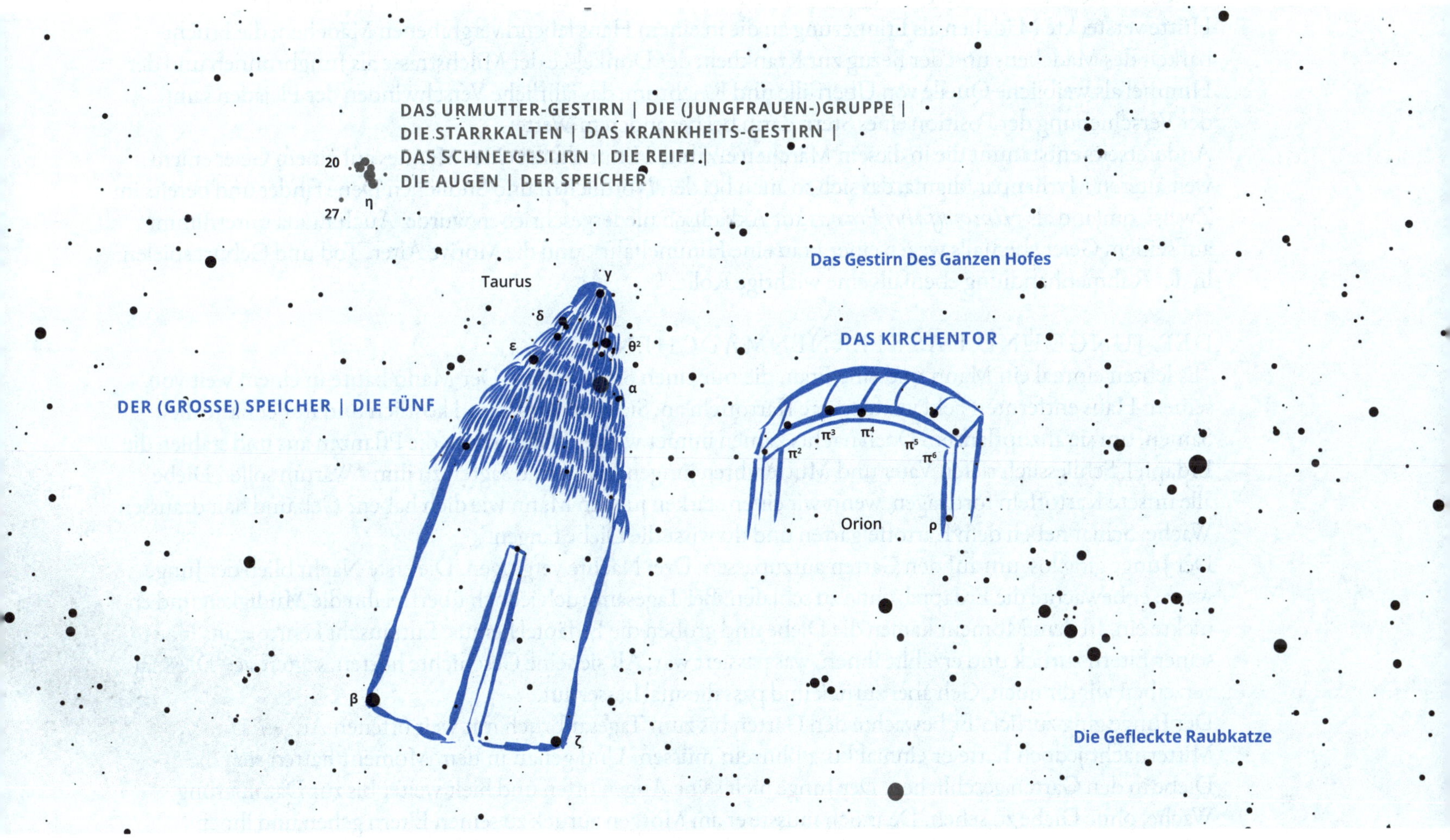

β – ζ Tauri – Hyaden – γ Tauri

QULLQA – DER SPEICHER

QULLQA CAPAC – DER GROSSE SPEICHER

PISQA QUYLLUR – DIE FÜNF STERNE

PISQA QULLQA – DIE FÜNF (DES) SPEICHER(S)

U 101 und L 1 92

β Geminorum

EL CHIVATO (SP.) – DER ZIEGENBOCK

MA 55

Der helle Stern, der sich im Herbst in der Atacama nach der untergehenden Sonne unweit der Plejaden zeigt, die man dort auf Spanisch *Cabrillas* – Zicklein – nennt, vervollständigt ihre Herde. Als Ziegenbock macht man ihn für das Sexualverhalten von Menschen und Tieren verantwortlich und erzählt viele erotische Geschichten, in denen er sich auf verdächtige Weise mit schelmischem, zur Komplizenschaft aufforderndem Lächeln den zwinkernden Plejaden nähert, die kokett ihre Köpfe neigen.

Der Ziegenbock, heisst es, kann nur über die als Brücke gedeutete Chakana – die Gürtelsterne des Orion – zu den Ziegen gelangen.[208]

Plejaden, Taurus und Orion

CHAKRA PACHA WARA –

DAS GESTIRN DES GANZEN HOFES

Die einzelnen Bezeichnungen für 'Speicher' werden von den Spaniern so oft mit den Plejaden gleichgesetzt, dass unübersehbar ist, wie eng die Kraft der Vorhersage des Wachstums und des generativ Urmütterlichen der Plejaden mit der Ernte und allem rundherum verbunden sind: im Sinne von *Chakra*, das auf Quechua Acker und Gemüsebeet und im weiteren Sinne auch Arbeit und den Bauernhof selbst umfasst. Denn der befindet sich – symbolisiert durch die Kochstelle und die Herde der Tragetiere im Orion – gleich neben dem eigentlichen Speicher im Taurus.

L 195–203

In Marangani, am Oberlauf des Vilcanota bei Cusco, wurde von Pater Lira um 1940 ein Märchen aufgezeichnet, das von einem der Mädchen aus der Jungfrauengruppe der Plejaden erzählt. Darin finden sich einerseits Echos auf viele der sich um die Plejaden rankenden Symboliken und Rituale: der Bezug zur Ernte; das in der Hütte versteckte Mädchen als Erinnerung an die in einem Haus lebend vergrabenen Mädchen; die Fruchtbarkeit des Mädchens und der Bezug zur Krankheit; der Dunkelsee der Milchstrasse als Jungbrunnen und der Himmel als weibliche Quelle von Überfülle und Reichtum; das jährliche Verschwinden der Plejaden samt der Verschiebung der Position eines Stern darin bei besonderem Wetter.
Andererseits entstammt die in diesem Märchen erzählte Himmelfahrt eines Mannes auf einem Geier einem weit älteren Mythenparadigma, das sich so auch bei den Nördlichen und Südlichen Dene findet und bereits im Zweistromland als *Himmelfahrt Etanas* auf Akkadisch niedergeschrieben wurde. Auch Etana unternimmt auf seinem Geier ebenfalls wegen einer Frau eine Himmelfahrt, und die Motive Alter, Tod und Geburt spielen in der Rahmenhandlung ebenfalls eine wichtige Rolle.[209]

DER JUNGE UND DAS STERNENMÄDCHEN

"Es lebten einmal ein Mann und eine Frau, die nur einen Sohn hatten. Der Mann baute in einem weit von seinem Haus entfernten Feld wunderbare Kartoffeln an. Sie waren gross und köstlich und nur er hatte die Samen, um sie anzupflanzen. Doch nachts kamen immer wieder Diebe, rissen die Pflanzen aus und stahlen die Erdäpfel. Schliesslich riefen Vater und Mutter ihren jungen Mann und sagten zu ihm: 'Warum sollen Diebe alle unsere Kartoffeln forttragen, wenn wir einen starken jungen Mann wie dich haben? Geh und halt draussen Wache. Schlaf neben dem Kartoffelgarten und du wirst die Diebe fangen.'
Der Junge ging los, um auf den Garten aufzupassen. Drei Nächte vergingen. Die erste Nacht blieb der Junge wach; er bewachte die Erdäpfel, ohne zu schlafen. Bei Tagesanbruch jedoch überfiel ihn die Müdigkeit und er nickte ein. In dem Moment kamen die Diebe und gruben die Erdäpfel heraus. Enttäuscht kehrte er ins Haus seiner Eltern zurück und erzählte ihnen, was passiert war. Als sie seine Geschichte hörten, sagten sie: 'Diesmal verzeihen wir dir noch. Geh aber zurück und pass diesmal besser auf.'
Der Junge ging zurück. Er bewachte den Garten bis zum Tagesanbruch mit weit offenen Augen. Um Mitternacht jedoch hatte er einmal kurz blinzeln müssen. Und genau in dem Moment hatten sich die Diebe in den Garten geschlichen. Der Junge hielt seine Augen offen und hielt weiter bis zur Dämmerung Wache, ohne Diebe zu sehen. Dennoch musste er am Morgen zurück zu seinen Eltern gehen und ihnen

wieder mitteilen, dass Kartoffeln gestohlen worden waren. Er erklärte ihnen: 'Ich bin die ganze Nacht Wache gestanden. Aber die Diebe kamen um Mitternacht, als ich kurz blinzeln musste'.
Als sie das hörten, erwiderten seine Eltern: 'Was? Du erwartest, dass wir glauben sollen, man habe dich vor deinen Augen beraubt? Du warst wohl eher hinter den Mädchen her, nicht wahr, und hast es dir gut gehen lassen.' Und sie hörten nicht auf, ihn zu schelten und ihm Prügel zu versetzen.
Am nächsten Tag schickten sie ihn zurück in den Garten; da war er noch ganz wund von den Schlägen. 'Jetzt hast du gemerkt, was wir meinen, wenn wir dir sagen, du sollst Wache stehen', sagten sie.
Der Junge tat, wie ihm aufgetragen war, und von dem Moment an, wo er am Rand des Feldes ankam, passte er aufmerksam auf, ohne sich auch nur einmal zu bewegen. In der Nacht leuchtete der Mond sehr hell. Er hielt bis zur Dämmerung Wache, die Augen fest auf das Feld gerichtet. Und trotzdem zitterten, während er aufpasste, seine Lider, und er nickte einen Moment ein. In diesem Augenblick, während er bloss blinzelte, kam ein Schwarm kleiner Prinzessinnen – blendend schöne Mädchen – und füllten den Garten. Ihre Gesichter waren wie Blumen, ihr Haar glänzte wie Gold und sie waren in Silber gekleidet. In grösster Eile begannen sie alle, gemeinsam Erdäpfel auszugraben. Obwohl sie wie Prinzessinnen aussahen, waren sie eigentlich Sterne, die vom Himmel herabgekommen waren.
Und in dem Moment öffnete der Junge seine Augen, schaute auf den Garten und rief aus: 'Was für schöne Wesen! Wenn ich sie nur fangen könnte. Aber wie können sie so lieblich und leuchtend sein und sich zu so etwas herablassen?'
Schon als er das sagte, ging ihm sein vor Verliebtheit volles Herz fast über. Dann dachte er sich: 'Vielleicht kann ich zwei von ihnen für mich haben.' Und er sprang auf die schönen Diebinnen zu. Doch nur im letzten Moment und mit grösster Schwierigkeit gelang es ihm, eine von ihnen zu ergreifen. Die anderen schwebten in den Himmel hinauf und verschwanden wie verglimmende Lichter.
Zu dem einen Stern, den er hatte fangen können, sagte er ärgerlich: 'Warum hast du den Garten meines Vaters bestohlen?' Mit den Worten brachte er sie in die kleine Hütte, die neben dem Feld stand. Über den Diebstahl regte er sich nicht weiter auf; stattdessen sagte er: 'Bleib bei mir und werde meine Frau!'
Das Mädchen weigerte sich. Sie hatte Angst und flehte den Jungen an: 'Lass mich gehen! Lass mich gehen! Hab Mitleid mit mir! Kannst du dir nicht vorstellen, was meine Schwestern meinen Eltern darüber erzählen werden? Ich gebe dir alle Kartoffeln zurück, die wir dir gestohlen haben. Aber zwing mich nicht, auf der Erde zu leben!'
Der junge Mann beachtete ihre Proteste nicht. Er packte sie wieder. Aber er kehrte nicht ins Haus seiner Eltern zurück. Stattdessen blieben er und das Sternenmädchen in der kleinen Hütte.
Währenddessen dachten sich seine Eltern: 'Die Diebe haben dem wertlosen Buben noch mehr Erdäpfel gestohlen. Aus welchem Grund sonst kommt er nicht heim?' Denn es war spät geworden. Also beschloss die Mutter, ihm etwas Essen zum Garten hinaus zu bringen und nachzuschauen.
Der Junge und das Mädchen beobachteten aus der Hütte den Weg. Als sie seine Mutter sahen, sagte das Mädchen zu ihm: 'Weder deine Mutter noch dein Vater dürfen mich je zu Gesicht bekommen.'
Da lief der Junge zu seiner Mutter hinaus und rief ihr zu: 'Nein, Mama! Komm nicht näher! Wart da auf mich. Da hinten!' Er nahm ihr hinter der Hütte das Essen ab und brachte es zu der Prinzessin herein.
Die Mutter drehte wieder um und ging heim, wo sie ihrem Mann erzählte: 'Unser Sohn hat einen Kartoffeldieb gefangen, ein Mädchen, das vom Himmel herabgekommen ist, und jetzt versteckt er sie in der kleinen Hütte. Er sagt, er will sie heiraten. Aber er lässt niemanden zu sich.'
Währenddessen dachte der Junge, er könne das Mädchen täuschen, und er sagte: 'Jetzt, wo es Nacht ist, müssen wir zu meinem Haus gehen.' Aber die Prinzessin bestand darauf: 'Deine Eltern dürfen mich nicht sehen. Sie dürfen mir nie begegnen.' Doch der junge Mann log sie an und sagte: 'Ich habe mein eigenes Haus.' Im Dunkeln ging er ihr voraus.
Gegen ihren Willen gelang es ihm, sie nach Hause zu bringen und seinen Eltern zu zeigen. Die waren beim Anblick dieses strahlenden Wesens völlig erstaunt; sie war so schön, dass Worte sie gar nicht beschreiben können. Sie nahmen sie auf und kümmerten sich um sie und liebten sie inniglich. Aber sie erlaubten ihr nie, auszugehen. Keiner traf oder sah sie je.

Als sie nun eine lange Zeit bei den Eltern des jungen Mannes gelebt hatte, wurde sie schwanger und gebar ein Kind. Doch das Kind starb mysteriös, ohne dass jemand verstanden hätte, warum. Was die glitzernden Kleider der Prinzessin betraf, so hatten sie sie ihr weggenommen. Sie gaben ihr ganz gewöhnliche Kleider. So lebte sie mit dem Jungen und seinen Eltern.

Doch eines Tages musste der Junge wegen irgendeiner Arbeit weit weg. Als er gegangen war, konnte das Mädchen sich hinausschleichen; sie tat, als ginge sie nicht weit. Doch dann kehrte sie in den Himmel zurück.

Der Junge kam ins Haus zurück. Er fragte nach seiner Frau, konnte sie aber nicht finden. Als er begriff, dass sie verschwunden war, brach er in Tränen aus.

Es heisst, dass er in die Berge wanderte und überall hinging, ganz verstört weinend, noch im Schlaf weiterlief, wie entrückt. Und so traf er auf einem der öden Berggipfel einen heiligen Kondor und der Kondor sagte zu ihm: 'Junger Mann, warum weinst du denn so?'

Da erzählte ihm der Junge alles, was sich ereignet hatte. 'Und so, mein Fürst, wurde diese schönste der Frauen die meine. Aber ich habe keine Ahnung, welchen Weg sie genommen hat. Ich habe mich verirrt. Und ich fürchte, sie ist zurück in den Himmel gegangen.'

Als er fertig erzählt hatte, meinte der Kondor: 'Hör auf zu weinen, junger Mann. Es ist wahr – sie ist zurück in den Himmel gegangen. Doch wenn du willst und dein Elend so gross ist, dann will ich dich hinauf in die Welt dort tragen. Ich verlange dafür nur zwei Lamas von dir, eines, um es hier zu verzehren, und das andere, um auf dem Weg etwas zu essen zu haben.'

'Jawohl, mein Fürst', antwortete der Junge. 'Ich bringe dir die zwei Lamas, die du haben willst. Ich bitte dich nur, hier auf mich zu warten.'

Unverzüglich ging er heim, um die Lamas zu holen. Als er das Haus erreichte, sagte er zu seinen Eltern: 'Mutter, Vater! Ich gehe meine Frau zurückholen. Ich habe jemanden gefunden, der mich dahin bringt, wo sie ist. Er will nur zwei Lamas dafür haben, und ich werde sie ihm jetzt bringen.'

Und so brachte er dem Kondor seine zwei Lamas. Sogleich nahm sich der Kondor eines und verschlang es bis auf die nackten Knochen, ihm mit dem Schnabel das Fleisch abreissend. Dann wies er den jungen Mann an, dem anderen die Kehle durchzuschneiden, damit er es unterwegs fressen konnte.

Dann hiess er den Jungen sich den Kadaver über die Schulter zu werfen und sich auf einen Fels zu stellen. Als er ihn dann ergriff, warnte er ihn: 'Du musst deine Augen schliessen und sie zulassen. Öffne sie ja nicht, auf keinen Fall. Und jedes Mal, wenn ich zu dir 'Fleisch' sage, steckst du mir ein Stück vom Lama in den Schnabel.' Damit hob der Kondor ab.

Der Junge gehorchte und öffnete seine Augen nicht einmal für einen Moment. Er drückte seine Lider fest zu. Wenn der Kondor 'Fleisch' sagte, schnitt er ein grosses Stück Lama ab und steckte es ihm in den Schnabel. Doch im Laufe dieses schwindelerregenden Fluges ging das Fleisch zu Ende.

Bevor er losgeflogen war, hatte der Kondor den jungen Mann gewarnt: 'Wenn ich 'Fleisch' sage, du mir aber keines in den Schnabel steckst, werde ich dich abwerfen, gleich wo wir auch sind.' Vor lauter Angst begann der Junge sich so Stücke aus dem Unterschenkel zu schneiden. Jedes Mal, wenn der Kondor nach Fleisch rief, gab er ihm ein kleines Stück. Und so, auf Kosten seines eigenen Fleisches, gelang es, den Kondor ihn zur Oberen Welt hinauftragen zu lassen. Es heisst, es hätte ein Jahr gedauert, um solch eine grosse Höhe zu erreichen.

Als sie dort waren, ruhte der Kondor sich eine Weile aus. Dann nahm er den Jungen wieder und flog mit ihm zum Ufer eines fernen Sees. Dort sagte er zu dem Jungen: 'Jetzt, mein Lieber, musst du dich in diesem See baden.' Das tat der Junge sogleich. Und der Kondor badete auch. Als sie im Himmel angekommen waren, waren sie schmutzig und bärtig gewesen; sie waren alt geworden. Doch als sie aus diesem Wasser wieder herauskamen, waren sie hübsch und jung.

Dann sagte der Kondor zu dem Jungen: 'Da vor uns, auf der anderen Seite des Sees, ist ein grosses Heiligtum. Dort wird man bald eine Zeremonie abhalten. Geh und warte beim Tor. Die Himmelsmädchen werden kommen, um an der Zeremonie teilzunehmen; sie werden in grosser Zahl kommen und ihre Gesichter werden alle wie das deiner Frau ausschauen. Wenn sie an dir vorbeigehen, musst du völlig still stehen bleiben. Die, die dir gehört, wird die letzte in diesem Zug sein; sie wird an dir streifen. Dann musst du sie packen und nicht mehr loslassen.'

Der junge Mann tat, wie der Kondor ihm geraten hatte. Er stellte sich ans Tor des Heiligtums und wartete.

Bald kam eine Gruppe von jungen Frauen, die alle gleich aussahen. Eine nach der anderen ging hinein, einen kurzen Blick auf den Jungen mit ausdruckslosem Gesicht. Zu sagen, welche von ihnen seine Frau war, wäre unmöglich gewesen. Doch gerade als die letzten an ihm vorübergingen, streifte eine von ihnen seinen Arm. Dann trat auch sie in das Heiligtum.
Es war das leuchtende Heiligtum der Sonne und des Mondes, des Vaters und der Mutter aller Sterne.
Dort versammelte sich alles Himmelsvolk; und die ganzen Sterne gingen jeden Tag dorthin, um die Sonne anzubeten. Und sie sangen und machten damit eine wunderschöne Musik für die Sonne. Die Sterne waren zahllose weisse, jungfräuliche Mädchen; sie waren Prinzessinnen.
Als die Zeremonie vorbei war, begannen sie wieder zu gehen. Der Junge wartete immer noch beim Tor.
Sie blickten ihn wieder mit denselben ausdruckslosen Gesichtern an. Und wieder war es unmöglich zu sagen, welche von ihnen seine Frau war. Und wie zuvor streifte ihn eine der Prinzessinnen am Arm. Dann versuchte sie wegzulaufen. Doch er fing sie und liess sie einfach nicht mehr los.
Sie führte ihn zu ihrem Haus und sagte: 'Warum bist du hier? Ich wäre wieder zu dir zurückgekommen.'
Als sie zum Haus kamen, fror der Junge schon, weil er nichts zu essen gehabt hatte. Die junge Frau merkte, dass er hungrig war, und sagte: 'Da, nimm die Quinoa und koch es.' Sie gab ihm einen knappen Esslöffel Quinoa. Der Junge beobachtete sie genau und sah so, wo sie Quinoa aufbewahrte. Da sie ihm so wenig gegeben hatte, dachte er sich: 'Was für eine kleine Portion! Wie soll ich davon satt werden, nachdem ich ein ganzes Jahr nichts gegessen habe?'
Dann sagte die junge Frau: 'Ich muss kurz zu meinen Eltern gehen. Sie dürfen dich nicht sehen. Mach dir doch, während ich weg bin, mit der Quinoa, die ich dir gegeben habe, eine Suppe.'
Als sie weg war, stand der Junge auf und holte sich von dort, wo sie die Quinoa aufbewahrte, eine ordentliche Portion und gab sie in den Topf. Sogleich stieg die Suppe brodelnd auf und wallte über den Rand. Er ass, soviel er nur irgend konnte. Was er nicht mehr herunterbrachte, das vergrub er. Und trotzdem ging der Topf weiter von Quinoa über.
Da kam die Prinzessin zurück und sagte zu ihm: 'Das ist keine Art, unsere Quinoa zu essen! Warum hast du dir denn mehr geholt, als ich dir gegeben habe?' Dann half sie dem Jungen, die überquellende Quinoa zusammenzuwischen, damit ihre Eltern nichts merkten. Sie warnte ihn: 'Meine Eltern dürfen dich nie zu Gesicht bekommen. Du musst dich verstecken'.
Und so lebte er im Verborgenen und der schöne Stern brachte ihm das Essen in sein Versteck. Ein Jahr lebte der junge Mann so mit seiner Frau zusammen. Doch als das Jahr vergangen war, begann sie ihn zu vernachlässigen und brachte ihm nichts mehr zu essen. Eines Tages ging sie hinaus und sagte: 'Jetzt ist es Zeit, dass du wieder gehst.' Danach kam sie nicht mehr zurück ins Haus. Sie hatte ihn schliesslich verlassen.
Da füllten sich die Augen des Jungen mit Tränen und er kehrte zum Ufer des Himmelssees zurück. Dort angelangt, sah er den Kondor eben in der Ferne aufsteigen. Als er ihm zu ihm lief, flog der Kondor an seine Seite und ihm fiel auf, wie sehr der heilige Kondor gealtert war. Und auch der Kondor sah, dass der Junge alt und runzelig geworden war. Als sie sich gegenüberstanden, riefen sie beide gleichzeitig: 'Wie ist es dir denn ergangen?'
Da erzählte ihm der junge Mann alles, was vorgefallen war und sagte: 'Ah, mein Fürst, es ist traurig. Meine Frau hat mich verlassen. Sie ist für immer fortgegangen.' Der Kondor beklagte das Los des jungen Mannes. 'Wie konnte es bloss dazu kommen? Mein armer Freund!', sagte er. Dann trat er nahe zu ihm und strich ihm sanft mit dem Flügel über den Rücken.
Wie zuvor bat der junge Mann nun den Kondor: 'Mein Fürst, leih mir deine Flügel. Bring mich zurück auf die Erde zum Haus meiner Eltern.' Und der Kondor erwiderte: 'Einverstanden. Ich nehme dich mit, davor aber müssen wir im See baden.' Also stiegen sie beide in den See und kamen jung wieder heraus.
Einmal aus dem Wasser, sagte der Kondor: 'Wenn ich dich tragen soll, musst du mir wieder zwei Lamas geben.'
'Mein Fürst, du kriegst zwei Lamas, wenn ich zurück bei meinem Haus bin.' Der Kondor hatte nichts dagegen.
Dann setzte er den Jungen auf seine Schwingen und flog los. Der Flug zur Erde dauerte ein Jahr, und als es vorbei war, kam der Junge seinem Versprechen nach und gab dem Kondor zwei Lamas.
Dann ging er ins Haus und grüsste seine Eltern. Sie waren alt, sehr alt geworden. Sie litten und hatten Tränen

in den Augen. Der Kondor sagte zu ihnen: 'Ich habe euch euren Sohn zurückgebracht, gesund und heil. Jetzt müsst ihr euch liebevoll um ihn kümmern.'
Und der junge Mann sagte zu seinen Eltern: 'Lieber Vater, liebe Mutter, es gibt keine andere Frau, die ich lieben kann. Ich werde nie mehr eine Frau wie die finden, die ich verloren habe. Ich werde bis zum Ende meines Lebens unverheiratet bleiben.'
Und seine alten Eltern erwiderten: 'Nun gut, mein Sohn, wenn das dein Wille ist, dann soll es so sein. Wenn du nicht heiraten willst, dann kümmern wir uns um dich.'
Und so lebte er schweren Herzens weiter."[210]

Plejaden – Taurus – Oriongürtel
LAS (SIETE) CABRILLAS – EL CALVARIO – LAS TRES (AVES) MARÍAS (SP.)
DIE (SIEBEN) ZICKLEIN – DER KALVARIENBERG – DIE DREI (AVE) MARIAS

Dies sind von den Spaniern übernommene und vielerorts heute am meisten gebräuchliche Sternbezeichnungen: wobei Der Kalvarienberg der Sterne um Aldebaran von der Legende Der Drei Marias bei Jesu Kreuzigung abgeleitet ist – deren Rolle mancherorts aber so unklar war, dass aus ihnen Drei Ave Marias wurden.

Letztere werden in der Atacama im Frühjahr zur nächtlichen Zeitmessung, Orientierung und – je nachdem, ob sie funkeln oder nicht – zur Wettervorhersage verwendet. Dem Kalvarienberg kommt dort beim Fest für den Apostel Santiago am 3. Mai Bedeutung zu, dem dann ein Kalvarienberg samt geschmücktem Kreuz errichtet wird, auf dem man ihm Wein und Kokablätter darbringt. Er gilt dann als astrales Fundament für Das Wahre Kreuz in Crux.

C 133–141

VII DIE RAUBKATZE GEGENÜBER DEN PLEJADEN

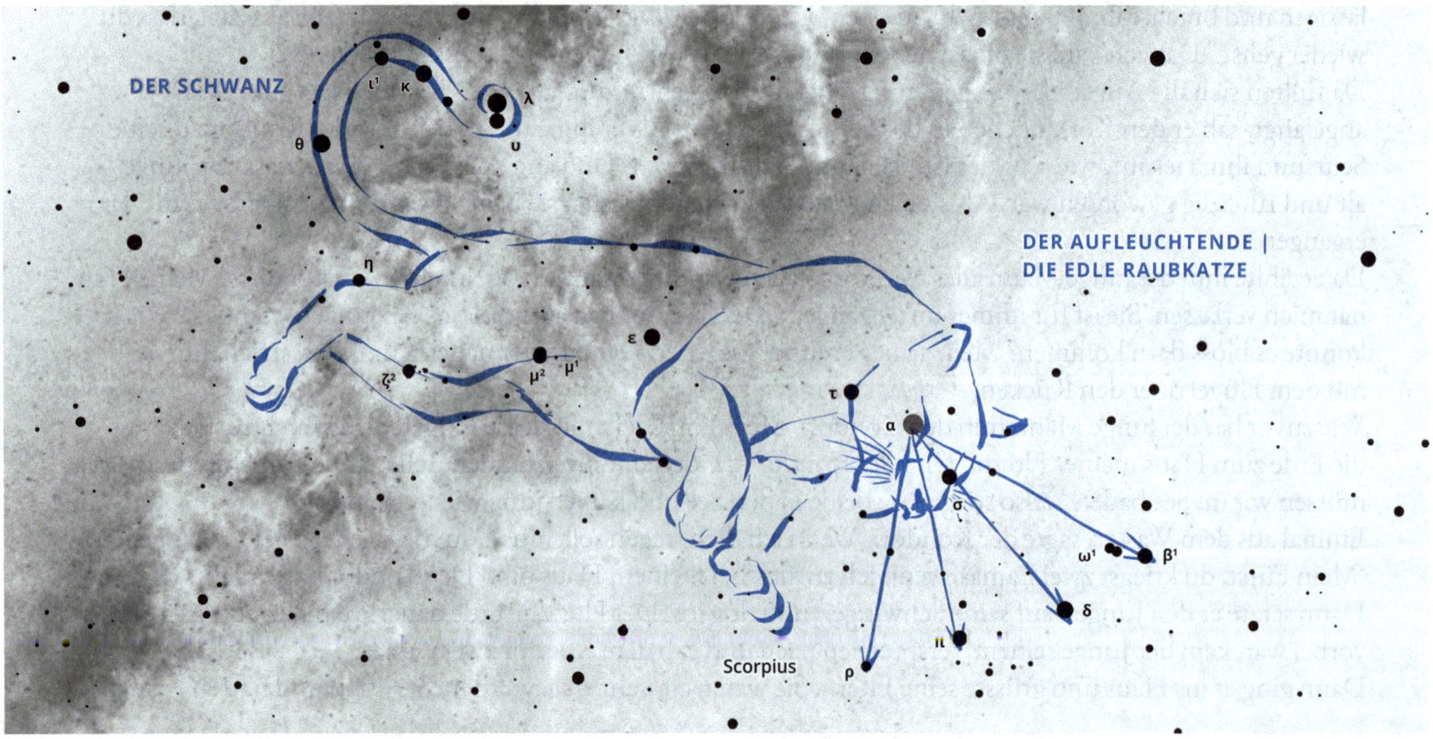

Stachelsterne des Scorpius

WICH'U – DER SCHWANZ

A | Y 172

Teile von Lupus und Libra als Füsse,[211] βα, δα, πα, ρα Scorpii – die vier Augenstrahlen

QUSU – DER AUFLEUCHTENDE

CHUQI CHINCHAY – DIE EDLE RAUBKATZE

L 163–164 und U 99

In Pachacuti Yamquis Zeichnung ist unter der Überschrift "Hagel" eine angreifende Raubkatze mit erhobenen Vorderbeinen und vier Augenstrahlen zu sehen, der zwei Namen zugewiesen werden. Auf Aymara heisst das Sternbild 'Der Aufleuchtende', was sich wohl vor allem auf die nächtlich aufblitzenden Augen der Raubkatze bezieht. Auf Quechua hingegen wird die Raubkatze *Chuqi Chinchay* genannt: *chuqi* bedeutet in dieser Sprache 'edel, hervorragend', auf Aymara hingegen 'golden'. Und mit *Chinchay* wiederum wird im Norden und im Tiefland Perus ein Jaguar bezeichnet (*Uturuncu* auf Aymara),[212] im Süden und in Cusco jedoch ein Puma. Pachacuti Yamqui, von dem die Zeichnung der Konzeption der Coricancha stammt, nennt ihn in seiner Chronik "ein vielfarbiges Tier", dessen Buntheit die prototypische Essenz dieses astralen Stammvaters aller Raubkatzen ausdrückt, "von dem es heisst, dass es Herr über die grossen Katzen ist".[213]

Seinem Sternbild schreibt man auch heute noch die Eklipsen zu, bei denen er die Sonne und den Mond frisst. Das geht wohl auf die grossen Flecken des Jaguars auf seinem eigentlich weissen Fell zurück, deren Hellbraun so schwarz umsäumt ist wie Sonne oder Mond bei ihrer Finsternis. Und beim Ende der Welt, heisst es, würden sich die Hügel öffnen, um Pumas und Riesenschlangen herauszulassen.[214]

Auf Aymara wird der Puma *Titi* genannt und *Caca* bezeichnet eine Klippe. *Titicaca* heisst die felsige Insel im gleichnamigen See, die als Geburtsort der Sterne, des Mondes und der Sonne galt; der Sonnengott hatte dort auch sein Herrenhaus. Der Name rührt offenbar daher, dass man vormals die Sonne für eine Raubkatze gehalten hatte. "Die Indios glaubten, dass sich dort in früheren Zeiten", so ein spanischer Bericht, "auf dem Fels ein Puma in all seinem Glanz zeigte und er normalerweise dort umging." Damit ist der Aufstieg des Sternbilds gemeint, in dem die Sonne zu einer Zeit des Jahres aufgeht – die er manchmal fressen will.[215]

Der Jesuitenpater Cobo berichtet von diesem Sternbild: "Jene Indios, die in den Wäldern und den Tälern des Tieflandes leben, beten [nicht das astrale Lama, sondern] ein Gestirn an und opfern ihm, das sie *Chuquichinchay* nennen. Sie sagen, es sei ein Jaguar, von dem sie denken, dass er über die Jaguare, Bären und Löwen wacht. Wenn sie ihm Opfer darbringen, dann erbitten sie, dass ihnen diese wilden Tiere keinen Harm zufügen. Auch jene, die durch dichten Urwald reisen müssen, vertrauen ihre Leben diesem Gestirn an, aus demselben Grund wie die, die dort leben."[216]

Wie einem anderen Bericht zu entnehmen ist, galt in den Bergen von Cusco ein Jaguar als irdischer Repräsentant des Sternbildes: "Ein mit vielen Farben bemaltes Tier ..., das über die Hermaphroditen wacht, Indios von zweierlei Geschlecht."[217]

Das hat auch damit zu tun, dass der Jaguar allgemein in Südamerika als jenes Tier angesehen wird, das in der Lage ist, sich in einen Menschen zu verwandeln. Er gilt generell in Südamerika als Symboltier der Veränderung. Wenn die Inkajungen deshalb zur Zeit der Sonnenwende im Dezember und beim Einsetzen der schweren Regen zum Mann erklärt wurden und ihre Ohrspiralen erhielten, wurde die Zeremonie durch Männer abgeschlossen, die ein Pumafell trugen. Damit verkörperte die Raubkatze sowohl Wandlungen im Menschen wie in der Natur.[218]

Das 'Vielfarbige' einer sonst als 'golden' bezeichneten Raubkatze ist auch mit der bunten Wolle der astralen Lamas zu verbinden: Offenbar soll damit das Schillernde eines Sternbildes ebenso wie sein Status als idealtypisches Exemplar der Spezies unterstrichen werden.

In den Anden gilt die Raubkatze vielerorts als Hüter aller Tiere. Dies hat sich auf die Herrscher übertragen, die sich als Puma ihres Reiches sahen, ebenso wie auf die Lamahirten: *Michiq* bedeutet auf Quechua 'Hirte', volksetymologisch aber hat sich dieser Name mit der vom Spanischen *Miche* abgeleiteten 'Katze' überlagert.[219] Als Hüter und Wächter werden die Bergkatzen – *Titi-Michi* – im bolivianischen Hochland als die eigentlichen Hirten der Viehherden erachtet, denen man Opfer darbringt, in pflanzlicher wie tierischer Form als Körner oder Knochen; sonst hüten sie die Tiere nicht gut, sondern drängen sie aus Rache in den Abgrund, um ihnen dann das Blut auszusaugen.[220] Im nördlichen Chile zieht ein Hirte sein Pumafell "zur Verantwortung", indem er es schlägt, wenn eine Raubkatze eines seiner Tiere getötet hat.[221]

Und dies ist nicht der einzige Bezug zwischen der astralen Raubkatze und den Lamas, denn sein Sternbild und ihr Gestirn Der Lasttiere im Orion befinden sich in Opposition – geht das eine auf, geht das andere unter, und umgekehrt. So werden sie gejagt, ohne erbeutet zu werden, oder können dahinziehen, während Die Raubkatze schläft.

Bei den Yurakaré von Cochabamba, südöstlich des Titicacasees, kursierte noch um 1800 die von D'Orbigny aufgezeichnete Legende, die erzählt, wie das Sternbild der vieräugigen Raubkatze entstand. Sie steht am Anfang ihres Schöpfungsmythos, in dem noch der Weltenbaum der Maya erkennbar wird und der Mond mit seinen Flecken im Gesicht ein männliches und die Sonne ein weibliches Wesen ist.

MOND, SONNE UND DER VIERÄUGIGE JAGUAR

"Die Welt begann inmitten dunkler, von den Yurakaré bewohnter Urwälder. Ein böser Geist namens *Sararuma* oder *Aíma Suné* verbrannte das ganze Land. Kein Baum, kein Lebewesen entging dieser Feuersbrunst. Nur ein Mann, der so vorsichtig gewesen war, sich einen sehr tiefen, unterirdischen Bau zu graben, wohin er sich mit genug zu essen für die Dauer des Waldbrandes zurückgezogen hatte, entging als Einziger dieser völligen Vernichtung. Um zu sehen, ob die Flammen noch immer die gleiche Kraft hatten, steckte der Mann von Zeit zu Zeit eine lange Gerte aus seinem Loch. Die ersten zwei Mal zog er sie angesengt zurück, das dritte Mal blieb sie kalt. Er wartete noch vier Tage, bevor er selbst hinausging. Als er traurig über die öde Erde dahinschritt, ohne Nahrung oder Obdach, und sein elendes Los beweinte, da erschien ihm Sararuma, ganz in Rot gekleidet. Er war aus fernen Landen gekommen und sagte nun zu ihm: 'Obwohl ich die Ursache allen Übels bin, habe ich dennoch Mitleid mit dir.' Und er gab ihm eine Handvoll Samen für die Pflanzen, die für das Leben des Menschen am wichtigsten sind, und befahl ihm, sie auszusäen. Wie durch Zauberei entstand sogleich ein herrlicher Wald.

Kurze Zeit darauf befand sich dieser Mann, man weiss nicht wie, neben einer Frau, von der er mehrere Söhne und eine Tochter hatte. Ins Alter gekommen, da die Lust sich rührt, träumte sie allein inmitten des riesigen Waldes vor sich hin und die Klage über das Unglück ihrer Einsamkeit hallte in ihm wider. Ihr Auge richtete sich liebevoll auf einen schönen Baum am Ufer eines Flusses namens Ulé, der über und über mit purpurnen Blüten bestanden war. Wäre er ein Mann, sie würde ihn lieben …! Das junge Mädchen bemalte ihn mit Uruku, um ihn noch schöner zu machen, und weinte und seufzte dann noch mehr, und wartete und hoffte … Sie hoffte. Und es war nicht vergeblich … Die Liebe hatte ein Wunder vollbracht: Aus dem Baum wurde ein Mann, und das Mädchen ist glücklich. In dieser Nacht ist sie nicht mehr allein. Ulé, der sich in einen Mann verwandelt hat, leistet ihr Gesellschaft; aber er verschwindet im Morgenrot, sodass das Mädchen nur an ein flüchtiges Glück glaubt. Sie vertraut ihre Ängste ihrer Mutter an, die mit ihr nach Mitteln sucht, um den Mann zurückzuhalten. Ulé kommt die folgende Nacht wieder und die junge Verliebte, dem Rat ihrer Mutter eingedenk, bindet ihn mit Lianen fest und hält ihn so bei sich zurück. Nach vier Tagen willigt Ulé ein, zu bleiben und das Mädchen zu heiraten. Man gibt ihm die Freiheit wieder.

Die zwei Verheirateten genossen ein vollkommenes Glück, bis Ulé, der für ein paar Tage mit seinen Schwägern auf Jagd nach grossen Affen (*Marimonos*) gegangen war, Opfer eines Jaguars wurde. Seine junge Frau war ihm, voller Sehnsucht, ihn wiederzusehen, entgegen gegangen, um ihm Chicha zum Trinken zu bringen; sie erfährt von ihren Brüdern das Unglück, das sie niederschlägt, sodass sie, völlig verzweifelt und keine Gefahr mehr fürchtend, zu Ulé eilen will, um ihm mit den Riten die letzte Ehre zu erweisen. Von ihren Brüdern geführt, kommt sie bei ihrem Mann an, dessen Glieder auf der blutgetränkten Erde verstreut liegen. In ihrem Schmerz sammelte sie mit grösster Sorgfalt alle Stücke seines Körpers zusammen und legt sie wieder aneinander, um ihn noch einmal zu sehen. Sie betrachtet ihn und beweint ihren Verlust.

Und da wird ihre Liebe ein zweites Mal belohnt. Ulé erwacht wieder zum Leben und sagt: 'Ich glaub, ich hab gut geschlafen.' Überglücklich bedeckt die junge Frau Ulé über und über mit Küssen und sie machen sich auf, zu ihrer Hütte zurück. Ulé ist durstig und bleibt einmal bei einem Bach stehen, um zu trinken; und da sieht er sich zufällig in dem klaren Wasser und merkt, dass ihm ein Stück seiner Wange fehlt. Derart entstellt will er nicht mehr mit seiner Frau zurückgehen, die ihn trotz der inständigsten Bitten nicht umstimmen kann.

Da er seine Frau nicht mehr begleiten will, nimmt Ulé Abschied von ihr und rät ihr, damit sie sich auf dem Rückweg zur Hütte nicht verirrt, sich weiter an den Fussweg zu halten und nicht stehen zu bleiben, und sich schon gar nicht umzudrehen; falls sie hinter sich Äste oder irgend etwas anderes, egal was, aus den Baumkronen fallen hört, soll sie sich, ohne hinzuschauen, einfach sagen: 'Das ist die Jagd meines Mannes.' Ganz zitternd, von allem, was geschehen ist, geht die arme Frau traurig zurück und hält sich an Ulés letzten Rat; einmal jedoch, erschreckt von einem grossen Blatt, vergisst sie seine Belehrungen und schaut dahin, wo es heruntergefallen ist, worauf sie völlig den Kopf verliert und sich im Wald verirrt. Sie versucht sich zurechtzufinden und läuft bald hier-, bald dorthin, um am Ende auf einen Pfad zu stossen, der sie nach einem langen Marsch dahin führt, wo eine Jaguarfamilie wohnt.

Die Mutter dieser gefrässigen Tiere war allein; sie empfängt die junge Frau mit vielen Liebkosungen und versteckt sie dann, damit ihre Söhne, die noch auf der Jagd sind, ihr nichts antun. Bei ihrer Rückkehr wittern sie aber, dass da etwas Fremdes in der Hütte ist, und nachdem sie es entdeckt haben, wollen sie die junge Frau fressen, doch ihre Mutter verteidigt sie. Sie zwingen sie, herauszukommen und befehlen ihr, sie solle ihnen die Insekten von den Köpfen lesen, die dort herumkrabbeln, und sie essen. Sie hatten wirklich die Köpfe voll einer Art von grossen, giftigen Ameisen namens *Torokoté*; doch als die junge Frau sie essen soll, kann sie sich, trotzt ihrer Angst, nicht dazu überwinden. Also steckt ihr die Mutter der Jaguare heimlich eine Handvoll Kalebassensamen zu, damit sie die Ameisen auf die Erde wirft und die Samen an deren Stelle kaut. Damit überlistet sie die ersten drei Jaguare völlig. Der vierte jedoch hatte vier Augen, und die auf seinem Hinterkopf, die sahen den Betrug der jungen Frau und ihren Ungehorsam. Das wütende Tier sprang sie an, tötete sie und holte aus ihrem Bauch ein Kind, das gerade geboren werden sollte; er gab es seiner Mutter, damit die es fressen konnte. Doch die hatte mit dem Kind dasselbe Mitleid wie mit seiner Mutter, steckte es in einen Topf, als wolle sie es kochen; doch sobald sie konnte, holte sie es wieder heraus, kochte an seiner Stelle etwas anderes und kümmerte sich um es, so gut sie konnte,
Das Kind mit Namen *Tiri*, das von ihr im Geheimen grossgezogen wurde, wuchs sich bald zu einem Mann aus und bewahrte grosse Dankbarkeit für seine Befreierin, der er hinten herum manche erjagte Beute zusteckte. Eines Tages sagte sie ihm, dass ein Nagetier namens *Yxéte* (das Paka) ihr die ganzen Kürbisse ihrer Pflanzung zusammenfresse; er solle es mit einem Pfeil erlegen. Tiri legt sich auf die Lauer, zielt dann aber schlecht und schiesst dem Paka so nur den Schwanz ab. Seit dieser Zeit hat das Paka keinen Schwanz mehr.
Das Paka aber drehte sich um und sagte zu Tiri: 'Du lebst friedlich mit den Mördern deiner Mutter zusammen – mich aber, der dir nichts getan hat, willst du töten!' Tiri verstand nicht, was er damit meinte, und bat das Tier zu warten und es ihm genauer zu erklären. Tiri folgte dem Paka zu seinem Bau und der erzählte ihm dann, wie die Jaguare seinen Vater und seine Mutter getötet und auch ihn hatten fressen wollen und sie ihn, seit sie vor kurzem entdeckt hatten, dass er noch am Leben war, ihn zum Sklaven machen wollten. Überrascht von all diesen, für ihn völlig neuen Umständen und voller Zorn beschloss Tiri, von den Worten des Paka angestachelt, den Tod seiner Eltern durch den ihrer Mörder zu rächen. Er passte die einzeln mit ihrer Jagdbeute beladen zurückkehrenden Jaguare ab und durchbohrte die ersten drei nacheinander mit seinen Pfeilen.
Der vierte aber, mit seinen vier Augen, sah den Schuss und wurde deshalb nur verletzt. Er kletterte in die Baumkrone, um sich zu retten und schrie: 'Bäume, Palmen, steht mir bei! Sonne, Sterne, rettet mich! Mond, hilf mir!' Auf diese Worte hin umarmte ihn der Mond und versteckte ihn. Seit dieser Zeit glauben die Yurakaré, ihn nachts in einem Sternbild zu sehen, und sind die Jaguare zu Nachttieren geworden."[222]
Der "mit übernatürlicher Kraft begabte Tiri" wird nun zum Kulturheros, der gemäss dem amerikanischen Mythenparadigma die Welt bewohnbar macht und allem die heutige Gestalt verleiht.

Dasselbe Sternbild ist als 'Raupen-Jaguar' bei den Barasana im nordwestlichen Amazonas bekannt, und zwar ebenfalls im Scorpius, mit Füssen in Lupus und Libra. Es ist das kalendarische Gegenstück zu den Plejaden und gilt als Fruchtbarkeitssymbol.[223]

CCOA | K'OWA

Heute wird diese mythische Raubkatze *Ccoa* oder *K'owa* genannt. Sie wird als Haustier der göttlichen Berggipfel erachtet, welche über die menschliche Welt wachen, gilt jedoch selbst als bösartig, zornig und unberechenbar. Sie wird nicht nur gefürchtet, weil sie Eklipsen verursacht, indem sie die Sonne oder den Mond frisst, sondern auch weil ihr Schwanz Wolken aufwirbelt und ihre phosphoreszierenden Augen Hagelkörner hervorschleudern können, um die Felder zu vernichten: was die Überschrift 'Hagel' über der Raubkatze auf Pachacuti Yamquis Zeichnung erklärt.

Dieser meteorologische Aspekt paart die weibliche Raubkatze auch mit dem männlichen Gewittergott Haucha, Dem Zornigen, der ihr auf Pachacuti Yamquis Zeichnung spiegelbildlich gegenübersteht. Sie befindet sich damit auf der weiblichen Seite der Gestirne, welche den Sommer und die Trockenzeit von Mai bis Juni repräsentieren, während auf der anderen, männlichen Seite die Gestirne des Winters und der Regenzeit von November bis April liegen.

H 198 und 95

ARADO (SP.) – DER PFLUG

U 98

Der Bezug des astralen Pumas zur Ernte drückt sich dadurch aus, dass junge Frauen beim Erntefest am Titicacasee Pachamama, die für ein erntereiches Jahr verantwortliche Erdmutter, mit dem Tragen eines Pumafells ehrten, und die Besitzer von Lamaherden beim Erntetanz in der Provinz Waraochiri sich eines überwerfen durften, wenn die Plejaden sich zur Reifezeit zeigten.[224] Beide Male rührt die Symbolik des Pumas auch von seinem Sternbild her, das sich ganz in ein Gerät der Landwirtschaft verwandeln kann.

Zudem steht das Sternbild Der Edlen Raubkatze gegenüber dem Speicher der Hyaden. Damit kann es – wie die Plejaden – zur Vorhersage der Ernte herangezogen werden. Die Campesinos in Amaru, nördlich von Cusco, achten dann aber nicht auf deren morgendlichen Aufgang im Osten, sondern auf Die Raubkatze, die abends auf und morgens im Westen untergeht. "Im Juli beobachten sie nachts die Figuren in der Milchstrasse und sagen so optimistisch oder pessimistisch den Ertrag der jährlichen Ernte voraus. Sie schliessen dies nach der Anordnung der Sterne: Bildet eine Gruppe von Sternen die Silhouette eines Pflugs, wird die Ernte reichlich ausfallen und von guter Qualität sein." Auch andere Quellen berichten, "dass an den Abenden der Saatzeit Sternbilder in der Milchstrasse erscheinen sollten in Gestalt eines Lamas und eines Pflugs: denn dann ist dies ein sehr ermutigendes Vorzeichen, dass die nächste Ernte gut sein wird".

Die Dunkelwolke der Lamastute Yaqana befindet sich in der südlichen Milchstrasse, ganz in der Nähe der Sterne von Scorpius. Sie bilden dann nicht eine Raubkatze ab, sondern jenen gebogenen Pflug des Skorpionstachels, in dem der Metallpflug wie ein Querstift von Norma bis κ Scorpii sitzt. Er ist über einen langen Pfahl mit dem T-förmigen, von β über δ bis π Scorpii führenden Joch für die Ochsen verbunden.

U 125–126

VIII DER DONNERGOTT UND DIE ZWILLINGE

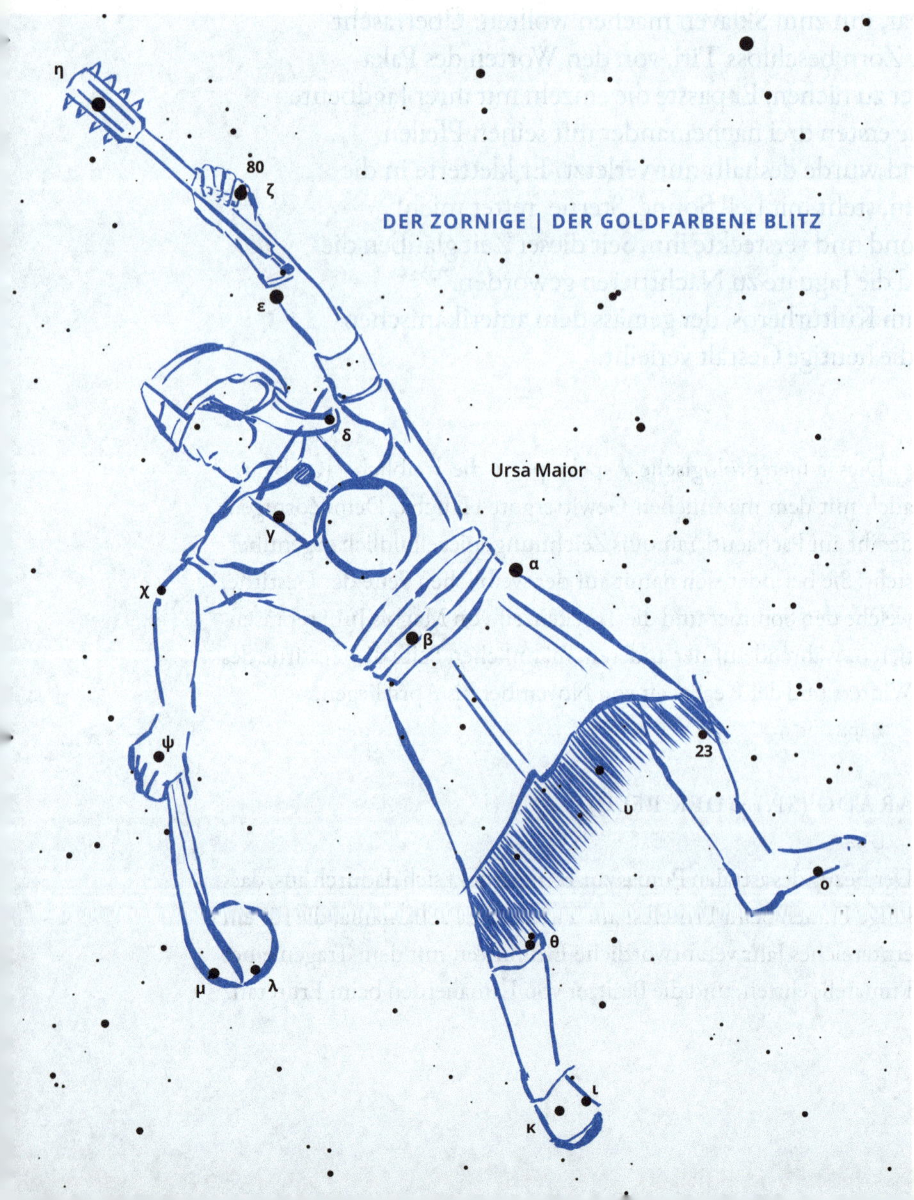

Ursa Maior? β – θ – ι κ – rechter Fuss, α – ο – linker Fuss, δ – η – linker Arm mit Keule, γ – χ – ψ – rechter Arm mit Schleuder ω – μ – λ

HAUCHA – DER ZORNIGE
CHUQI ILLA – DER GOLDENE BLITZ

L 148–149

Neben diesen beiden in Cusco gebräuchlichen Namen wurde der Gewittergott in den nördlichen Hochebenen *Libiac* sowie *Pariacaca* und bei den Aymara um den Titicacasee *Tunupa* sowie *Khuno* genannt. Seine älteste Verkörperung ist wahrscheinlich auf der Raimondi-Stele der Chavín-Kultur zu sehen. Der Stab, den er dort hält, steht für den Blitz und damit die Macht, vom Himmel aus atmosphärische Phänomene zu bewirken.

Der einheimische Chronist Pachacuti Yamqui, von dem die kosmologische Zeichnung zur Coricancha stammt, macht in seinem Text den Gewittergott Tunupa für die Schöpfungsakte verantwortlich, die sonst Viracocha zugeschrieben werden. So wanderte auch er durch die Anden, um das eine mit seiner Macht – Wasser, Blitze – zu erschaffen, das andere zu zerstören: Leute, die nicht auf seine Predigten hörten, wurden versteinert, ein ganzes Dorf durch einen See überflutet. Bei seiner Gefangennahme entkam er über den Titicacasee, indem er seinen Mantel als Boot gebrauchte. Und bevor er selbst wieder im Meer verschwand, verwandelte er die Leute von Tiahuanaco zu Stein.

In der christlichen Fassung seines Endes erleidet er als einer der zwölf Apostel, der mit einer Berührung heilen kann, ein wiewohl märtyrerhaftes, so doch unrühmliches Ende. Er errichtet am Ostufer des Titicaca ein Kreuz; da die einheimischen Indios ihn jedoch ihren Andenkulten gegenüber nicht genug Respekt bezeugen sehen, peitschen und stechen sie ihn zu Tode.[225]

Im Sonnentempel von Cusco befand sich das goldene Idol des Gewittergottes in menschlicher Gestalt, eine Keule in der einen und goldene Pfeile in der anderen Hand; auf Pachacuti Yamquis Zeichnung ist er durch einen Blitz neben einem Regenbogen ausgewiesen. Zudem war ihm in Cusco ein eigener Tempel geweiht, in dem er die ihm geopferten Kinder und andere Opfergaben empfing.

Die Statue dort "war wie ein Mensch geformt, obwohl man das Gesicht nicht sehen konnte".[226] Es war dies, wie der Jesuitenpater Cobo berichtet: "eine Statue aus solidem Gold namens *Inti Illapa*, was 'Donner der Sonne' bedeutet, die auf einem dicken Bett aus Gold aufgestellt war. Inka Yupanqui [Pachacuti] hatte sie machen lassen und sich zu seinem Huauque oder Bruder erklärt ... Im selben Tempel war auch der [mumifizierte] Leichnam des besagten Inka Yupanqui [Pachacuti]. Diesem Idol opferten sie regelmässig Kinder und vieles andere und baten darum, dass die Stärke des Inka sich erhalte und seine Macht sich nicht verringere."[227]

Sich zum Bruder des kriegerischen Gewittergottes zu erklären, war ein weiterer politischer Schachzug Pachacutis gewesen. Denn *Haucha*, 'Der Zornige', bildete zusammen mit seinem Ziehsohn Catu Illa und seinem Bruder *Inti Illapa* – Sonnenstrahl – eine Trinität, die allen spanischen Zeugnissen zufolge neben dem Sonnengott Inti und dem Schöpfergott Viracocha am höchsten verehrt wurde.

Dass er auch ein – sonst nirgends schriftlich ausgewiesenes oder heute noch überliefertes – Sternbild hatte, belegt der Jesuitenpater Cobo ebenfalls: "Die Herren von Peru, die Inka, beteten und heiligten nach Viracocha und der Sonne noch einem Dritten, dem sie am meisten Verehrung entgegenbrachten: das war der [Gott des] Donner[s], für den sie drei Namen hatten – *Chuqi Illa, Catu Illa* und *Inti Illapa*. Sie stellten ihn sich als Mann vor, der im Himmel lebt und ganz aus Sternen gemacht ist, eine Keule in der Linken, eine Schleuder in der Rechten. Er war in leuchtende Kleider gehüllt, deren Gleissen Blitze aufzucken liess, sobald er sich drehte, um seine Schleuder zu spannen: Deren Schuss sodann rief den Donner hervor – wenn er wollte, dass das Wasser [aus Dem Fluss des Himmels] falle. ... Da sie dem Donnergott die Macht über Regen und Hagel zuschreiben, samt allem anderen, was mit den Wolken und den Luftregionen zu tun hat, ... verehren sie ihn als Lichtstrahl, Blitz, Regenbogen, Regen, Hagel und sogar als Gewitter, Wirbelsturm und Windhose."[228]

Beim *Capac Raymi*, dem Fest zur Sonnenwende im Dezember, wurde vor den drei Statuen der Sonne und den dreien von Vater, Bruder und Sohn der Sonne von den jungen Inka geopfert, die dann zum Zeichen ihrer Mannbarkeit die Ohren gestochen bekamen und von den Alten mit Schleudern beschossen wurden.[229]

Der Donner besass eigene Tempel mit Priestern, heilige Schreine – Huacas – und Quellen allerorts. In bizarr geformten Steinen, die man in einem 'Leuchtenden Haus' sammelte, sah man seine generative Kraft, die man – parallel zu jener der Plejaden für die Fruchtbarkeit der Lamas – auf die Böcke bezog. Blitzröhren im Sand wiederum wurden als kostbare Liebestalimane angesehen und dienten als Idole für Orakel.

Der Donnergott war zugleich aber auch eine gefürchtete Instanz: "Der Zornige brachte die Seuchen und Todesfälle und Hunger und es heisst, dass er eine Keule oder Pfeil und Bogen trägt, um die Menschen für ihre Missetaten zu bestrafen und zu verletzen" – wobei Ersteres die typische Waffe im Norden, Letzteres die typische Waffe im Süden war.[230]

Blieben die Regen aus, opferten ihm die Dörfer, und – wie ein weiterer Bericht ausführt –"in Cusco auch Kinder, gleich wie dem Sonnengott. Falls irgendeine Frau auf dem Feld stehenbleibt, an einem Tag, wenn es donnert, heisst es, dass die Kreatur, die dann geboren wird, ein Sohn des Donners ist und sich seinem Dienst widmen muss ... Werden Zwillinge geboren, sagt man, dass einer von ihnen ein Kind des Donners ist; sie opfern es ihm dann am Tag des St. Jakob."[231]

Zugleich galt Der Zornige als Herr der Jaguare und der Schamanen. Auf der 'Schale des Himmels' ist er deshalb mit Pfeil und Bogen abgebildet, auf das Sternbild Raubkatze zielend, unter ihm ein Schamane, der durch seine übergrossen Hände und vielen Köpfe halluzinierend dargestellt ist.

Die psychotropen Substanzen, die Schamanen als Wunderheiler und Wahrsager für ihre Trancen benutzten – der Lianensud Ayahueasca, die zu Pulver gemahlenen und inhalierten Samen des Cebil-Baumes (*Anadenanthera colubrina*), Tabak, Cocablätter – kamen alle aus dem subtropischen Tiefland, der auch das Habitat des Jaguars ist.[232] Auf der 'Schale des Himmels' neben dem Schamanen dargestellt – damit jedoch völlig ausserhalb der Milchstrasse, wo es seinen Sitz hat –, ist das Sternbild Kröte, deren Schleim in dem Fall verantwortlich für die Halluzinationen des Schamananen zu sein scheint.

Als dreifaltiger Gewittergott in Ursa Maior erweist Der Zornige sich als Parallelgestalt zum Juracan der Maya, der ebenfalls eine Trinität von 'Donnerschlag Juracan' und 'Herz des Himmels' darstellt und – mit Ausnahme von dessen Einbeinigkeit – dieselben Attribute und Funktionen aufweist. Sein Sternbild dort ist Ursa Maior. In Peru lässt Ursa Maior sich aber nur in den gewittrigen Wintermonaten am nördlichen Horizont sehen. Die Gestalt, die sich den Sternen dann einschreiben lässt, holt mit der Keule leicht aus, um donnernd auf den Boden zu klopfen, die Schleuder in der Linken hoch in die blitzenden Sterne erhoben, wobei die vergleichsweise schnelle Drehbewegung von Ursa Maior um den Pol das Ausholen und Abfeuern einer Steinschleuder suggeriert. Aus all diesen Gründen liegt eine Identifikation des Gewittergottes mit Ursa Maior nahe.

Bei den Yanesha, einem aussterbenden Stamm bei Oxampapa im peruanischen Regenwald, hat sich eine Legende zum Zornigen als 'Goldiger Blitz' erhalten, der dort als Vater der Sonne und des Mondes gilt. Erkennbar darin sind noch Echos der Schöpfungsmythen der Dene mit ihren Tiermenschen in einer dämmrigen Vorwelt, die erst Gestirne an den Himmel setzen müssen. Es ist dies der erste Teil einer Sternsage, die erst die Zeugung von Sonne und Mond zum Inhalt hat – und später (weiter unten zitiert) von deren Geburt erzählt, wobei das Sternbild Der Raubkatze dann eine Rolle spielt.

DIE ZEUGUNG VON SONNE UND MOND

"Vor langer, langer Zeit lebten auf Erden Yatash und Yachur. Sie waren zwei Eidechsen, eine männliche und eine weibliche, die ihre Hütte im Wald besassen und ein einfaches und unschuldiges Leben führten. Eines Tages, als sie aufs Feld gingen, um die Früchte zu sammeln, von denen sie sich ernährten, entdeckten sie ein paar äusserst schöne Blumen, die Yachur faszinierten, die sie pflückte und an ihrem Busen verbarg. Einmal zurück in der Hütte, merkten sie aber, dass sich der Himmel schnell verdüsterte; ein Sturmgewitter kam über sie mit Wetterleuchten und Donner. Ein Blitz schlug ein – und zugleich verschwanden die Blumen vom Busen des Mädchens und befruchteten sie.

Als sich die Luft wieder klärte, erschien ein wunderbarer Bogen am Himmel, der mit all den Blumen geschmückt war, die das Mädchen am Feld gepflückt hatte. Sie fühlte sich plötzlich schwanger und von Angst und Scham gepackt. Yachur erzählte ihren Eltern, was vorgefallen war. Die Leute, die damals noch Jaguare und Eidechsen waren, glaubten jedoch, dass ihr Bruder dafür verantwortlich war. Yatash verneinte, seine Schwester jemals auch nur angefasst zu haben, konnte die Leute aber nicht überzeugen. Sie beschlossen, ihn zu töten, und riefen dafür all die Häuptlinge und Leute herbei, die es da auf der Erde gab. Die ältesten Häuptlinge versuchten herauszufinden, wer der Vater war, und fast alle zeigten auf Yatash.

Nur ein alter Häuptling, aber der Weiseste von allen, hielt Yatash für unschuldig: Es ist Der Blitz, sagte er, der Yachur geschwängert hat. Und sie wird zwei Kinder zur Welt bringen: einen Mann, den Mond, und eine Mutter, die Sonne. Diese freudige Nachricht wurde mit grossen Bekundungen von Erleichterung aufgenommen, denn bis dahin hatten diese Gestirne gefehlt."[233]

Anfang des 18. Jahrhunderts tauchte eine Indigene namens Yarovillca Llahna vom Ayllu von Hecos auf "und gab vor, aus Titicaca zu kommen, die Tochter des Blitzes zu sein und dort ihr Herrenhaus errichtet zu haben".

L 142–157

Um den Titicacasee wird der Gewittergott Tunupa | I(nti)llapa heute für einen Heiligen gehalten, der mit seiner Schleuder Steine zwischen die Wolken schiesst und Hagel gegen seine Feinde feuert. In christianisierter Gestalt wurde er zum Heiligen Jakob: In Spanien gab es den, nunmehr nach Peru gebrachten Glauben, der Donner sei der Lärm, den Santiagos Pferde machen. Deshalb gilt in Pucartambo heute der Blitz als Santiago, der im Zickzack auf seinem Schimmel über die Kartoffelfelder galoppiert.[234]

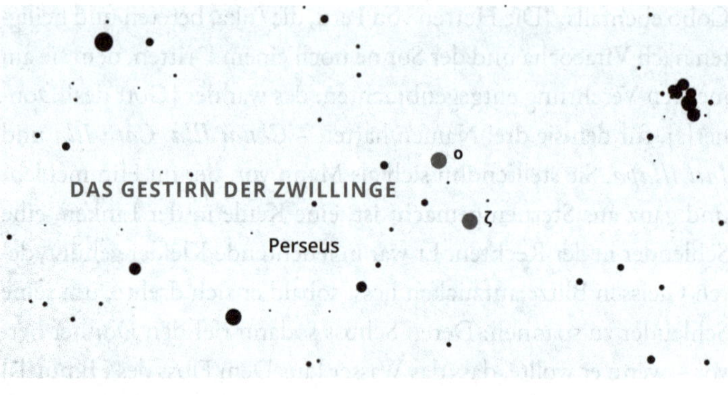

οξ Tauri (oder οξ Persei)

CHUCHU QUYLLUR | KURI QUYLLUR – DAS GESTIRN DER ZWILLINGE

Laut einem spanischen Bericht von 1656 "heissen zwei kleine Sterne neben 'Den Sieben Zicklein' [der spanische Name für die Plejaden], die zusammen mit ihnen kreisen, *Chuchu Quyllur*, weil sie die Zeuger der Chuchus sind und der Chacpas – wie jene heissen, die mit den Füssen voraus geboren werden, sowie jene, die zweifach aus einem Schoss geboren werden, von denen gesagt wird, sie seien die Kinder von Idolen und Huacas".

Mit diesen Huacas ist vor allem der Gewittergott gemeint. Dies geht aus einem anderen spanischen Bericht von 1622 hervor: "Die Indios, die in der Nähe der Berge leben, haben als ihren wichtigsten Heiligen den Blitz, dem sie alle abgestossenen Föten, mit den Füssen voran Geborenen und jene opferten, die zweifach aus einem Schoss geboren worden waren. Sie hatten dafür, in Art und Weise der Speicher ihrer Erzeuger, eigene Speicher über dem Dorf errichtet."[235]

Die Position der beiden Sterne entspricht dieser Symbolik. Zum einen befinden sie sich ganz in der Nähe des in den Hyaden gesehenen Speichers, zum anderen unweit der Plejaden, die gemäss deren Symbolik als ihre astrale Mutter gelten. Geopfert wurde dann spanischen Berichten zufolge einer der Zwillinge dem Donnergott an dem zuvor ihm geweihten Jakobstag, dem 25. Juli: wenn die Regenzeit eingesetzt hatte.

R 15–16 und B | D 128

Eine ausführlich erzählte, in der katastrophalen Zeit der Ankunft der Spanier angesiedelte Legende um ein Mädchen, das als Zwilling hätte geopfert werden sollen, ist überliefert: Sie wurde später sogar zu einem Theaterstück umgeformt.[236] Darin sendet der Gouverneur von Ika dem neuen Herrscher zu seiner Krönungsfeier ein "unschätzbares Geschenk". Sie ist so "sternenschön", dass er sie *Curi Qoyllur* nennt, sich so in sie verliebt, dass er seine anderen Konkubinen vernachlässigt. Als sie ihm dann eine Tochter gleichen Namens gebiert, verschwören sich seine anderen Frauen und vergiften die Mutter; die Tochter aber wird versteckt und verliebt sich später in den nächsten Herrscher: Beide werden damit vor ihrem eigentlichen Schicksal gerettet, nämlich als Menschenopfer lebendig begraben zu werden.[237]

Anders als im Hochland galten laut dem *Manuskript von Huarochirí* Zwillinge in der Küstenregion als Wiedergutmachung des Gewittergottes für einen Toten aus der Familie, den er früher mit einem Blitz erschlagen hatte. Waren die Zwillinge verschiedenen Geschlechts, war dies ein gutes Zeichen; waren sie gleichen Geschlechts, wurde dies als schlechtes Omen gesehen.[238]

IX TIERE

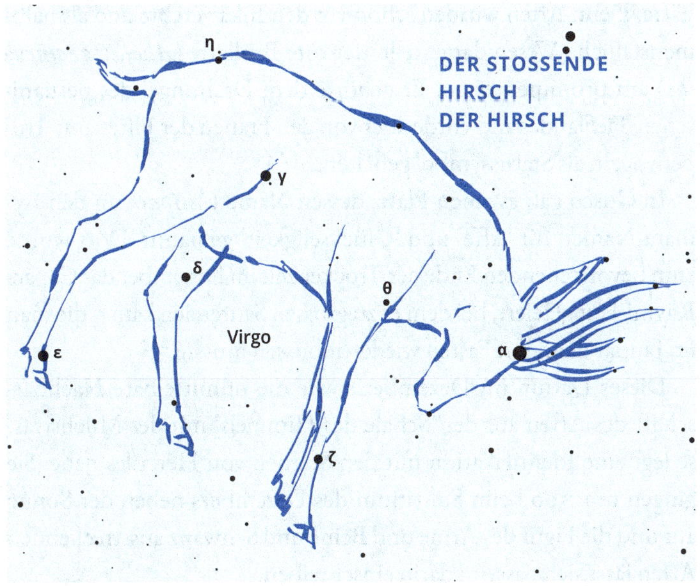

Virgo?

TUPAK TARUKA – DER STOSSENDE HIRSCH LLUYCH'U – DER HIRSCH[239]

Der Jesuitenpater Cobo schreibt, dass "die Indios für jedes Tier ein Gestirn am Himmel kennen, das von vielen verehrt wird. Sie geben ihnen Namen und bringen ihnen Opfer dar: Darunter sind welche, die sie *Topatorca, Chacana* [Die Zugtiere], *Mirco, Mamana* [*Mamana Mircuc* – 'Der Seine Mutter Frisst'], *Miquiquiray, Quinatopa* nennen ..."

Topatorca ist mit Montesinos Bericht aus dem 17. Jahrhundert in Verbindung zu bringen, in dem es heisst, dass "Topa Corca Apu Capac der 40. Herrscher der Peruaner war. Er war sehr gelehrt und ein grosser Astrologe. Er entdeckte die Äquinoktien, welche die Indios *Illaris* [*Iglales* – 'Glänzen'] nennen; seinetwegen nennen sie den Mai, in den das erste Äquinoktium fällt, jetzt *Killa Topa Corca*, und das zweite Äquinoktium im September *Camay Topa Corca*; er unterteilte das Jahr in vier Jahreszeiten, die von den Äquinoktien und Solstitien bestimmt wurden".

Lehmann-Nitsche rekonstruiert aus Topatorca über eine Auskunftsperson den Namen *Tupak Taruca* – Der Mit Seinen Hörnern Stossende Hirsch –, ein in Cusco zu seiner Zeit noch wohlbekanntes Sternbild, dessen Sterne er allerdings nicht identifizieren konnte.

L 244–247

Dies alles verweist auf einen Kulturtransfer aus Mittelamerika, wo die Maya mittels der Äquinoktien und Solstitien das Jahr und die räumliche Orientierung definierten. Das dort stets in den März (!, nicht in den Mai) fallende Äquinoktium des Frühjahrs wurde bei den Maya traditionellerweise durch den morgendlichen Untergang des Sternbilds Hirsch in Virgo markiert. Bei Topa Corca Apucapas 'Entdeckung' scheint es sich also um eine Übernahme von astronomischen Prinzipien der Maya zu handeln, die er in Cusco ebenso installierte wie die erste Universität dort.

Bei den Inka markierte der morgendliche Aufgang der Sterne von Virgo jedoch das frühjährliche Äquinoktium, das auf der Südhalbkugel in den September fällt. Dieser Umstand legt die Identifkation von Tupak Taruka mit Virgo nahe. Der gemeinsame Aufgang dieser Sterne mit der Sonne rechtfertigt jedenfalls den Monatstitel *Camay Topa Corca* – Lebenskraft des Stossenden Hirschs' –, während *Killa Topa Corca* als Name des anderen Äquinoktiums – Mond des Stossenden Hirschs – sich auf Mondaufgänge in diesem Sternbild beziehen kann, das im Mai abends im Norden nur wenig über dem Horizont steht.

Der gemsenartige Nordandenhirsch (*Hippocamelus antisensis*) wird selten dargestellt. Auf der 'Schale des Himmels' wird er durch sein kurzes zweispitziges Gabelgeweih und gigantisch lange Eckzähne gekennzeichnet, die wie gerade zurückstehende Stosszähne aussehen. Die spitzen Hörner wurden beim Weben als Schiffchen verwendet, sein Schädel als Blasinstrument. Die Lebenskraft – *Camaya* – dieses Sternbilds wurde so mit Klängen und rituellen Textilien verbunden.[240]

Im *Manuskript von Huarochirí* heisst es zu den Hirschen: "In vormaligen Zeiten frassen die Hirsche Menschen. Später, als es schon sehr viele Hirsche gab, tanzten sie im Kreis und riefen im Chor: 'Wie werden wir wieder Menschen fressen?' Da machte eines ihrer Kitze einen Fehler und rief: 'Wie werden die Menschen uns fressen?' Als sie das hörten, liefen sie in alle Richtungen davon. Seit dieser Zeit sind Hirsche Nahrung für die Menschen."[241]

Diese kurze Fabel sagt viel über eine Geisteshaltung aus, für die einerseits das Reden über die Dinge diese bestimmt und es einen korrekten kollektiven Umgang mit ihnen gibt, andererseits der Ist-Zustand der Welt von Fehlverhalten bei diesem Umgang herrührt. Gemacht wurden diese Fehler von jenen, von denen man wusste, dass sie nicht anders können – in dem Fall einem Rehkitz – und deshalb im Grunde unschuldig sind. Dieselbe Rolle erfüllt in anderen Legenden der Fuchs: Auch er kann nicht aus seiner Haut und muss gegen alle Sitten und Abmachungen verstossen, bringt dadurch aber den Ackerbau in die Welt.[242]

Hercules?

KUSILLU – DER AFFE

Auf der 'Schale des Himmels' ist in Randlage – demnach am Horizont des Himmels – ein am Boden kriechender, trunkener Affe zu sehen, dem eine Frau ein Trankopfer darbringt. Berichte über irgendein mit Affen verbundenes Gestirn gibt es nicht; trotzdem ist es unwahrscheinlich, dass es für sie keinen 'Beleber' am Himmel gegeben hätte. Denn Affen wurden schon vor den Inka verehrt und als halbmenschliche Wesen dargestellt, der rote Brüllaffe (*Alouatta seinculus*) am prominentesten. Er gehörte dem Dschungel des peruanischen Tieflandes an, wurde aber von den Frauen der Elite samt Tropenvögeln als Statussymbol gehalten.

In Cusco gab es einen Platz, dessen Name *Cusipata* an den Aymara-Namen für 'Affe' und 'Glückseligkeit' gemahnt. Dort wurde zum bevorstehenden Ende der Trockenzeit im Dezember das Capac-Raymi-Fest gefeiert, bei dem es zu grossen Saufereien kam – die man im Januar dann mit Fasten wieder abbüssen musste.[243]

Dieses Datum im Dezember sowie die unmittelbare Nachbarschaft des Affen auf der 'Schale des Himmels' mit der Milchstrasse legt eine Identifikation mit den Sternen von Hercules nahe. Sie gingen um 1500 beim Solstitium des Dezembers neben der Sonne auf und die Figur des Arme und Beine und Schwanz ausstreckenden Affen lässt sich passend darin einschreiben.

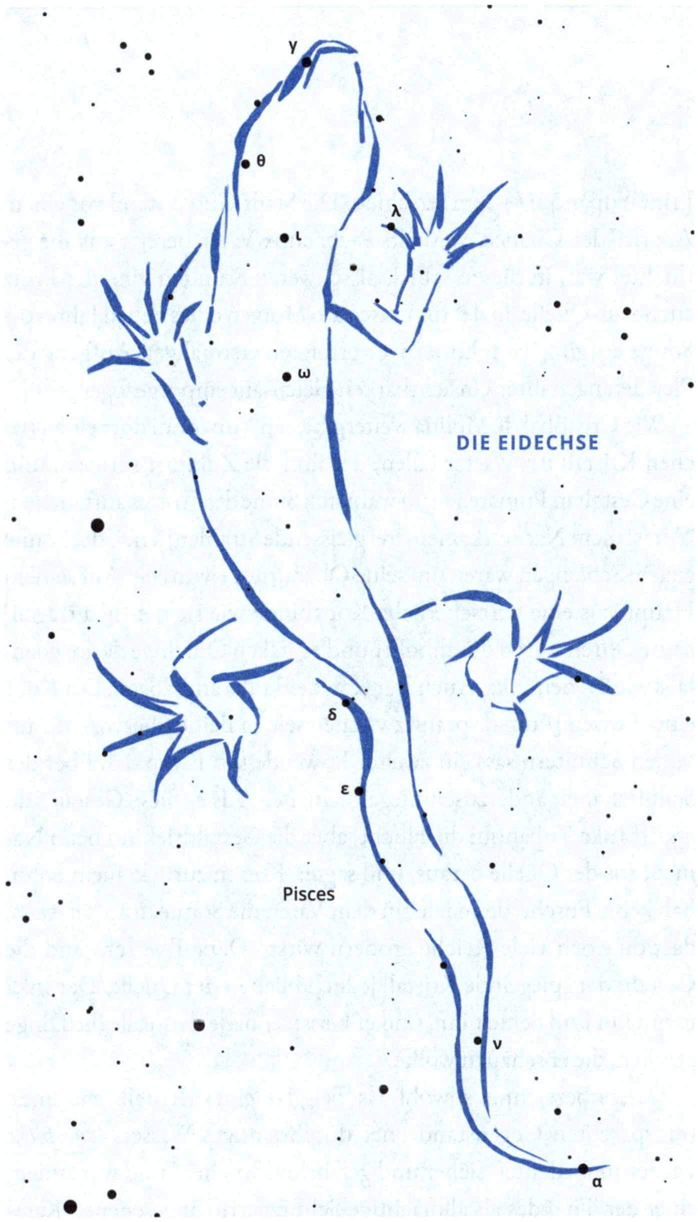

γ – α Piscium?

JARARANKA | ARARANK^{H}A – DIE EIDECHSE

CH 36

Eng mit Kröten und Fröschen assoziiert und ebensosehr verehrt wurden in den Anden die Eidechsen, ohne dass ein ihnen geweihtes Sternbild identifizierbar wäre.[244] Bei den Maya war das Sternbild einer Echsenart eine Alternative für jenes des Frosches; dessen Dunkelstelle in der Milchstrasse kann jedoch die weit länglichere Silhouette einer Eidechse nicht abbilden.

Auf der bolivianischen 'Schale des Himmels' jedoch findet sich eine Eidechse eingezeichnet: und zwar am Himmelsrand, zwischen dem weiblichen, ein Wassergefäss auf dem Kopf tragenden Morgenstern und dem mit Sonnenstrahlen um den Kopf gezeichneten Sternbild Des Zornigen, der mit Pfeil und Bogen auf den (beim Aufgang von Ursa Maior im Zenit stehenden) Puma schiesst. Das liesse für die Eidechse eine zeitlich vor dem Erscheinen Ursa Maiors liegende Position vermuten. Und da wird unser südlicher Pisces markant: Sein Kopf entspricht genau der Zeichnung auf der Schale; er krabbelt beim Äquinoktium im März morgens mit der Sonne vertikal hoch vom Horizont.

X SONNE UND MOND

Sonne

WILLCA – DER HEILIGE
INTI – DER GOLDENE
WAYNA INTI – DIE JUNGE SONNE
PUNCHAW – DER TAG

Z1 216 und L 127

Willca war auf Aymara das alte Wort für die Sonne, das noch in einigen Namen für Berge und Orte weiterlebt, während auf Quechua *Inti* neben dem spanischen *Sol* heute die häufigste einheimische Bezeichnung ist. *Inti* ist gleichbedeutend mit 'Gold'; das Metall gilt als 'Schweiss der Sonne'.[245] Die Sonne wird als männliche, im Laufe des Tages vom Jungen zum Greis alternde Person gesehen. Der Mond gilt als seine Schwester und Frau, die nur über den Monat hinweg altert. Beide verkörpern das männliche und das weibliche Prinzip in der für die Andenkultur typischen Dichotomie.

Wie jedoch erhaltene Legenden über Sonne und Mond um die zentralen Anden demonstrieren und die archäologischen Funde im Fuchstempel der Moche andeuten, wurde der Mond dort ursprünglich offenbar vielfach als männlich und die Sonne als weiblich angesehen (was weltweit nur für Araber, Tuareg, Eskimo und uns gilt).

Die Reduzierung des Sonnengottes auf die Sonne des Tages – *Punchaw* – geht auf die Llacuaces zurück, Migranten, die sich als Hirten in Cajatambo im nördlichen Hochland niedergelassen hatten. Im Gegensatz zu den einheimischen Ackerbauern verehrten sie die Tages-, nicht die Nachtsonne, den Mond; im Unterschied zu den brütend heissen und ariden Küstenregionen war die Sonne auf dieser grossen Meereshöhe willkommen, da nur sie noch genug Wärme spendete, um den Mais reifen zu lassen, und man ihrem Jahreslauf das Kommen der ebenso nötigen Regenzeit zuschrieb.

Zu den wichtigsten Zeremonien zählte die 9 Tage währende Feier zur Wintersonnenwende im Juni, *Inti Raymi* – 'Sonne Festbinden' auf Quechua. Die Sonnenanbeter versuchten da die Sonne an die Erde zu binden, damit sie nicht, wie in den Wochen zuvor, noch schwächer wird und verschwindet.[246] Um sie zu observieren und damit die besten Zeiten für das Anpflanzen, Ernten, Scheren und so weiter festzusetzen, wurden Anlagen wie Machu Picchu errichtet.

Institutionalisiert wurde der Kult um die männliche Sonne von den Inkaherrschern, die nach diesem Vorbild bald auch ihre Schwestern zur Gattin nahmen. Begründet wurde dies auch durch folgende Legende, in welcher der Sonnengott dem später *Pachacuti* genannten Prinz Yupanqui (+ 1471) erschien. Die Stadt Cusco stand vor einem Angriff der Chanca, weshalb Pachacutis Vater bereits aus ihr geflüchtet war; in diesen schicksalsschweren Stunden ging der Prinz zur Susur-Quelle, in der für Cusco am Morgen eines neuen Jahres die Sonne aufging, vom kurz zuvor erfolgten erstmaligen Aufgang der Plejaden nach ihrer Unsichtbarkeit gleichsam emporgezogen.

Wie Cristóbal de Molina weitergibt, sah Yupanqui dort einen flachen Kristall ins Wasser fallen, der ihm die Zukunft verhiess, und eine Gestalt in Pumafellen im wahrsten Sinne des Wortes auftauchen: "Aus seinem Nacken kamen drei gleissende Strahlen, jenen der Sonne gleich. Schlangen waren um seine Oberarme gewunden. Auf seinem Haupt sass eine herrscherliche Kopfbinde wie sie die Inka tragen. Seine Ohren waren durchbohrt und es staken Ohrringe darin, ebenfalls wie bei den Inka. Auch war er wie ein Inka angezogen. Der Kopf eines Löwen [Puma] sprang zwischen seinen Beinen hervor und auf seinen Schultern sass ein zweiter Löwe, dessen Beine sich über der Schulter aneinanderzuschmiegen schienen. Als er diese Gestalt sah, ergriff Inka Yupanqui die Flucht, aber die Gestalt rief ihn beim Namen, aus der Quelle heraus, und sagte: 'Komm zurück, mein Sohn, hab keine Furcht, denn ich bin dein Vater, die Sonne, und ich weiss, dass du noch viele Reiche erobern wirst.' Darauf verschwand die Gestalt; der spiegelnde Kristall jedoch blieb in der Quelle. Der Inka nahm ihn und behielt ihn, und es heisst, er habe darin alle die Dinge gesehen, die er schauen wollte."

Quespi bezeichnet sowohl das 'Felsglas' eines Kristalls wie einen transparenten Gegenstand oder durchsichtiges Wasser. *Quespilla* wiederum bedeutet 'sicher und gefahrlos losziehen' und war zudem einer der Titel des als allmächtige Schutzherrin angesehenen Kata-Chillay-Gestirns der Plejaden, die in jedem neuen Jahr die Sonne aus dem Wasser dieser Quelle morgens in den Himmel hinaufzog.

Z1 215–217 und H 230

HUAYNA CAPAC – DER JUNGE KÖNIG

U 67

CKAPIN – DER KÖNIG

C 97

Die Sonne wird in der Atacama 'König' und in Peru auch 'Junger Herrscher' genannt. Diesen Namen trug auch der elfte und letzte unabhängige Inkaherrscher vor dem Überfall der Konquistadoren, Huayna Capac (1476–1527), der sich wie seine Vorgänger als irdische Inkarnation dieses Himmelskörpers ausgab.

DER SONNENKÖNIG UND DAS ERSTE LICHT DER WELT

Huayna Capas Aufstieg zum Sonnenkönig, der sich zusammen mit dem weiblichen Morgenstern in den Himmel zurückzieht – um seinen Tod an den von den Spaniern eingeschleppten Pocken zu verklären –, wird vom 14. Kapitel des *Manuskripts von Huarochirí* geschildert. Zu erkennen ist dabei der Bezug zu den Acllas, den 'Jungfrauen der Sonne', die in Cusco zusammen in einem Palast namens Acllahuasi wohnten und ihr Leben den religiösen Ritualen widmeten, die im Sonnentempel der Coricancha zelebriert wurden.[247] Zugleich erstrahlt in dieser Legende das erste Licht, das die Welt bei ihrem Anbeginn noch vor der Sonne erstmals erhellte: nämlich Venus als lockiger weiblicher Morgenstern.[248]

Die Legende, die kurz vor dem Kommen der Spanier spielt, beginnt damit, dass der göttliche Kulturheros und Trickster Cuniraya auf den letzten Inkaherrscher Huayna Capac trifft, dessen Name auch zu einem der Namen für die Sonne wurde. Sie verabreden, sich am Titicacasee zu treffen, dem mythischen Ursprung aller Götter; der Inka solle seine Yacha – Weisen – dorthin zitieren, die sich bei ihren schamanischen Trancereisen auf die Vögel berufen: "Dort eingetroffen, erzählten einige dieser Weisen, dass sie ihre Kräfte vom Kondor hatten, andere vom Falken. Und ein dritter sagte, dass er in Gestalt einer Schwalbe fliege.

Also trug ihnen Cuniraya die Übermittlung folgender Botschaft auf: 'Geht jetzt in die Ura Ticsi, das unterste Fundament der Welt, und sagt meinem Vater, dass sein Sohn euch geschickt hat, damit er euch eine meiner Schwestern mitgibt, die ihr dann zu mir bringt.' Also zog der Mann, der seine Macht von der Schwalbe hatte, los, zusammen mit den anderen Camasca [Schamanen]; mehr als fünf Tage durften sie nicht ausbleiben.

Der, der seine Gaben von der Schwalbe hatte, kam als Erster an. Sobald er seine Botschaft übermittelt hatte, übergab man ihm eine kleine Schachtel und sagte ihm, er dürfe sie nicht öffnen, denn das käme als Erstem nur dem Inkakönig Huayna Capac zu. Als der dann nicht mehr weit von Cusco war, überkam den Mann aber, der die Schachtel trug, die Neugier: Er wollte sehen, was sie enthielt, und sie öffnen. Drinnen fand sich eine winzige Frau von strahlender Schönheit mit goldgleichen Locken und einem wunderbaren Kleid. Doch in dem Moment, wo er sie erblickte, löste sich die Frau auch schon in Luft auf.

Lamentierend, was ihm widerfahren war, kam er bei Titicaca im Land von Cusco an. 'Falls du deine Macht nicht von der Schwalbe haben solltest, bringe ich dich auf der Stelle um', sagte Cuniraya zu ihm. 'Kehr um und geh noch einmal nach unten, aber allein!' Mit diesen Worten schickte er ihn los.

Der Mann kehrte dorthin zurück und nahm das Verlangte wieder mit. Auf dem Rückweg brauchte er nur zu sagen, dass er Hunger oder Durst habe, und schon erschien ein Tisch, auf dem alles stand, und wenn er müde war, ging es ihm gleich. So genügten fünf Tage, um sie aus der Unteren Erde mitzunehmen.

Cuniraya und der Inka empfingen ihn mit grosser Freude. Bevor er die Schachtel öffnete, sagte Cuniraya zum Inka: 'Inka – teilen wir diese Welt zwischen uns beiden auf. Ich gehe in eine der Erden und du mit meiner Schwester in die andere. Und danach sehen wir uns nie mehr wieder.'

Nachdem er so die Grenzen der Welt gezogen hatte, erhob er sich wieder. [Der Inka?] öffnete die verschlossene Schachtel. Und sogleich wurde diese elende Erde von einem strahlenden Licht erhellt. Der Inka Huayna Capac entschloss sich, niemals mehr diesen Ort zu verlassen und dort mit seiner Prinzessin, seiner Königin zu leben: Deshalb beauftragte er einen seiner Verwandten, an seiner Stelle nach Cusco zurückzukehren und den Namen Huayna Capac anzunehmen. Danach verschwanden der Inka und seine Frau. Und Cuniraya ebenfalls.

Nach Huayna Capacs Tod begannen sich alle darüber zu streiten, wer nun Herrscher werden sollte, und jeder [Atahuallpa und Huascar] erklärte sich selbst dazu. Das war in eben der Zeit, als die Huiracocha [die Spanier] nach Cajamarca kamen."[249]

TAYTACHA – DER HEILIGE

U 67

TATA SOL | PADRE SOL (SP.) – VATER SONNE

C 97

Nach der flächendeckenden Missionierung des Landes durch die Spanier wurde aus Huayna Capac ein Heiliger, den man mit Jesus Christus gleichsetzte und | oder den man als Vater und Ahnen vom Anfang der heutigen Welt achtete.[250]

Bei den Yanesha im peruanischen Regenwald hat sich eine ursprüngliche Sternsage bewahrt. Sie erzählt – wie weiter oben zitiert – zunächst die Zeugung von Sonne und Mond durch den als Ursa Maior am Himmel lebenden Donnergott, dessen regenbogenfarbige Blumen das Eidechsenmädchen mit ihnen geschwängert haben. Jetzt wird deren Geburt geschildert, wobei das Geschlecht von Sonne und Mond bei den Inka dann umgedreht wird. Die Entstehung des Sternbilds Jaguar in nächster Nähe zu der Milchstrasse – das durch den Sonnenaufgang gleichsam verbrannt wird – ist in dieser Sage ebenso noch erahnbar wie das Sternbild Des Herdes und Des Flusses der Milchstrasse, den nur Sonne und Mond überqueren können, jedoch kein Fixstern.

DIE GEBURT VON SONNE UND MOND

“Eines Tages ging das [Eidechsen-]Mädchen Yahur zu einer Quelle, um Wasser zu holen, und da überfiel sie der alte Jaguar Patonille, der wusste, dass sie schwanger war, und verschlang sie.
Aus dem Bauch des Mädchens brach ein Strom von Wasser hervor, aus dem sich ein grosser Fluss bildete, und in dessen Wasser fanden Sonne und Mond Zuflucht.
Als Yachur nicht nach Hause zurückkehrte, machte man sich auf die Suche nach ihr, und als man sie nicht finden konnte, verdächtigte man [ihren Bruder] den armen Yatash, seine Schwester umgebracht zu haben. Da machte sich der arme Yatash auf, um seine Schwester zu suchen, aber er konnte sie nirgends finden. Verzweifelt setzte er sich am Ufer jenes Flusses nieder und weinte fünf Tage lang.
Als er schon jede Hoffnung aufgegeben hatte, schaute er ins Wasser, und da sah er am Grunde des Flusses Sonne und Mond leuchten. Nun versuchte er voll Freude, sie an sich zu ziehen, aber sooft er nach den Kindern tauchte, versteckten sie sich vor ihm. Nach vielen Versuchen gab er auf, kehrte zu seinem Stamm zurück und berichtete, was er gesehen hatte.
Nun versuchten es auch andere, Sonne und Mond zu fangen, aber es gelang keinem.
Schliesslich rief man alle Alten und alle Häuptlinge zusammen, und man beschloss, die Kinder zu überlisten. Man nahm eine lange Stange und band an ihre Spitze einen kleinen Busch. Dann gingen sie zum Fluss, verseckten sich hinter den Bäumen am Ufer und legten die Stange so aufs Wasser, dass man sie hin und her bewegen konnte. Fünf Tage lang bewegte man sie so, und endlich wurden die Kinder neugierig und wollten wissen, was da auf dem Wasser schwamm. Und in dem Augenblick, in dem die Sonne auftauchte, sprang Yatash schnell hinzu und packte sie, obwohl sie ihn mit ihrer Hitze sehr verbrannte. Und als der Mond auftauchte, um seiner Schwester zu helfen, sprangen die anderen Männer herbei und hielten ihn fest. Und damit Sonne und Mond nicht davonliefen, band man sie an Bäumen fest.
Aber nun erschien der alte Jaguar Patonille und sagte, da er die Mutter der Kinder gefressen habe, käme es ihm nun zu, für Sonne und Mond zu sorgen. Die beiden Kinder aber waren sehr unruhig und machten dem Jaguar viel Mühe, sodass er zuletzt beschloss, sie aufzufressen. Er lud alle seine Verwandten ein und stellte einen grossen Topf aufs Feuer, um die Kinder zu kochen. Aber als Patonille sie packen wollte, verbrannte ihn die Sonne so, dass er tot umfiel. Sie warfen ihn in den Kochtopf, und als er gar war, zerrissen sie ihn in Stücke und streuten ihn hierhin und dorthin.
Dann verwandelten sie sich in einen schönen Jüngling und ein schönes Mädchen. Anschliessend versteckten sie sich unter dem Dach der Hütte von Patonille, um alles zu beobachten.
Nun kamen alle Verwandten von Patonille an; alle waren Jaguare. Sie waren verwundert, dass sie Patonille

nicht finden konnten, und riefen nach ihm. Er aber antwortete aus verschiedensten Richtungen – wohin eben seine Knochen gefallen waren.
Als sie alle Reste von Patonille gefunden hatten, wurde ihnen klar, was sich zugetragen hatte. Da machten sie sich auf die Suche nach Sonne und Mond, um sie zu bestrafen. Um zu verhindern, dass sie davonlaufen könnten, zündeten sie die Hütte von Patonille an. Aber Sonne und Mond rannten heraus, sprangen zum Fluss hinunter und überquerten ihn.
Da wollten die Jaguare sie verfolgen und bauten in aller Eile eine Brücke. Doch als sie die Brücke fertig hatten und auf ihr den Fluss überqueren wollten, da zerstörten Sonne und Mond sie, ehe auch nur ein einziger Jaguar seinen Fuss aufs andere Ufer hätte setzen können. Fast alle Jaguare fielen ins Wasser und ertranken. Die wenigen Jaguare aber, die mit dem Leben davonkamen, wurden die Vorfahren der Yanesha."[251]

INTI ILUQSI – DER SONNENAUFGANG

In der Atacama ist die Sonne der Vater aller himmlischen Elemente: ein männliches, lebendiges Wesen, das jeden Morgen geboren wird und abends stirbt. Es fühlt, kann krank werden, handelt – geht fort, läuft, kommt zurück –, reagiert und kommuniziert mit uns über Zeichen: "Wenn er nicht sehr leuchtet, dann weil er Seuchen ankündigt ... und wenn Vater Sonne traurig aufgeht, kündigt er grosse Kälte an."

Der Osten des Sonnenaufgangs ist mit dem Leben, der Westen des -untergangs mit dem Tod assoziiert. Das erste Licht wird 'Erstrahlen' genannt: Da berührt die Sonne die Berge und 'streichelt' sie. Sie waren in der 'Gelben Zeit' die ursprünglichen Bewohner der Erde, die sich als Schutzgipfel – *Tatas Mallku*, 'Fürstenväter' – verkörperten und dann versteinert wurden. Die Morgenröte grenzt damit zwei Welten voneinander ab: die der Toten und die der Lebenden, die alte und die heutige Welt – weshalb in dieser liminalen Zeit Opfer dargebracht und Zeremonien abgehalten werden.

Beim Sonnenaufgang – *Inti Iluqsi* auf Quechua – erweist man Vater Sonne, der fur das Leben jedes Einzelnen so relevant ist, die Ehre, indem man ihn grüsst und ihm einen schönen Tag wünscht.

C 100–102

INTI SIQAMUNA – DER SONNENAUFGANGSPLATZ

Von der Region um Cusco aus gesehen, steigt die Sonne am *Inti Seqamuna auf* – dem Sonnenaufgangsplatz – und geht abends in einem Westen unter, der auf Spanisch *Mar* – Meer – oder *Otra Nación* – Anderes Reich – genannt wird. Sie macht dort eine Kehrtwendung nach rechts gegen Norden zu, um nachts unterhalb des Vilcanota nach Osten zurückzukehren. In der Regenzeit ist die Sonne kräftiger, heller und heisser, weil sie dann mehr aus dem Fluss zu trinken hat, in der Trockenzeit, wenn überall Dürre herrscht und dessen Zuflüsse versiegen, dementsprechend schwächer, weil sie dann nachts weniger trinken kann.

Der Sonnenlauf wurde genau beobachtet, weshalb an vielen Orten mehrere Steinpfeiler in einer Reihe auf einem Hügel aufgestellt wurden. Die beiden mittleren waren 50 Schritte voneinander entfernt, die beiden äusseren rechts und links davon jeweils 75. Kam die Sonne bei ihrem Auf- oder Untergang zwischen die beiden äusseren Säulen, war dies eine Mahnung, dass man nun bald einmal mit dem Anpflanzen beginnen musste; schien sie zwischen den beiden zentralen Pfeilern – was stets in den August fiel –, dann war die Zeit dazu gekommen. Wenn die Pflanzen aber in der danach beginnenden Regenzeit einmal in der als weiblich gesehenen Erde waren, gehörten sie dem Mond, der von nun an die Sonne dominierte.

U 64–74, 77 und H 247

Eklipse

WAÑUN INTI | KILLA – DAS STERBEN DER SONNE | DES MONDES

KILLA TUTAYAN – DIE MONDVERDUNKELUNG

CH 28

CKAP'PIN IAMULEY – SONNENFINSTERNIS

C 113

Der Jesuitenpater Cobo fasst das Verhalten der Indios folgendermassen zusammen: "Sie hielten eine Sonnenfinsternis für sehr folgenreich und schwerwiegend, und wenn eine stattfand, berieten sie sich mit ihren Wahrsagern über ihre Bedeutung. Waren gewisse von der Finsternis angedeutete Effekte abgeklärt, brachten sie grosse und teure Opfer dar, worunter mehrere Bilder in Gold und Silber waren. Dazu brachten sie viel Vieh und viele Jungen und Mädchen um. Normalerweise gab der Zauberer an, dass die Eklipse den Tod irgendeines Prinzen ankündigte und demonstrierte, dass der Sonnengott über die von der Welt gemachten Vergehen zu trauern begann. Wenn das geschah, fingen all die Frauen, die im Dienst der Sonne standen, zu fasten und Kleider zu tragen an, die ihre Traurigkeit zeigten, und sie brachten häufig Opfer dar ...

Sie hatten ebenso viele närrische Erklärungen für die Mond- wie für die Sonnenfinsternis. Sie sagten, dass bei einer Mondfinsternis ein Puma oder eine Schlange angriff, um den weiblichen Mond in Stücke zu reissen, weshalb sie so laut schrien, wie sie konnten, und ihre Hunde schlugen, damit die bellten und heulten. Die Männer machten sich zum Krieg bereit, indem sie ihre Trompeten bliesen, Trommeln schlugen und so laut schrien, wie sie konnten. Sie schossen Pfeile und Speere zum Mond und machten mit ihren Speeren

Drohgebärden, als ob sie Den Puma oder Die Schlange verwunden würden. Sie sagten, sie täten das, um Den Puma und Die Schlange abzuschrecken, dass diese den Mond nicht zerrissen. Sie täten das, weil sie davon überzeugt waren, dass die Welt in Finsternis zurückbliebe, falls Dem Puma sein Vorhaben gelänge. Dieser Glaube ist so tief verwurzelt, dass sie ihn, wiewohl sie schon seit vielen Jahren Christen sind und dauernd Predigten gegen diesen Brauch gehört haben, immer noch nicht aufgegeben haben."[252]

Der dem ehemaligen Herrscherhaus der Inka entstammende Garcilaso de la Vega bestätigt dies: "Wenn sich die Sonne verfinsterte, glaubten sie, dass sich im Reich irgendein Vergehen ereignet hatte, weil sie dann das verstörende Aussehen eines zornigen Mannes annahm, und sie sagten voraus, wie das die Astrologen tun, dass bald irgendeine schwere Bestrafung bevorstand.

Bei einer Mondfinsternis hingegen glaubten sie, dass die Verdunkelung mit einer Krankheit zu tun habe und, wenn das so weitergehe, der Mond sterbe, auf die Erde falle und sie alle unter dem Gewicht seines Körpers erdrücke und damit das Ende der Welt gekommen sei. Dieser Gedanke erfüllte sie derart mit Angst und Schrecken, dass sie auf Hörnern und Trompeten, Trommeln und Tschinellen, den lautesten Instrumenten, die sie finden konnten, zu spielen begannen und sie gleicherweise ihre Hunde festbanden, die grossen wie die kleinen, und sie so fest schlugen, dass sie den Mond anheulten und anbellten, denn es heisst, sie hätten der Mondfrau einmal einen grossen Dienst erwiesen und seitdem habe diese besondere Zuneigung für sie – weshalb sie dachten, wenn der Mond sie bellen hörte, er aus dem Traum erwachen würde, in dem die Krankheit ihn gefangen genommen hatte ... Und zugleich versammelten sie ihre Kinder und liessen sie laut nach der Mondfrau rufen und schreien, sie anflehend, nicht zu sterben, um sie selbst zu verschonen, und die Erwachsenen, Männer wie Frauen, mischten ihre Stimmen in dieses Bittkonzert und alle zusammen machten sie unbeschreiblichen Krach und Lärm. ... Wurde der Mond dann etwas heller, sagten sie, dass Pachacamac, der Vater des Universums, ihm zu Hilfe geeilt sei, damit sein Sterben nicht auch den Untergang der Welt nach sich ziehe. Wenn er dann wieder in seinem alten Licht erstrahlte, bedankten sie sich und gratulierten ihm zu seiner glücklichen Erholung und Gesundung."[253]

Cobo wiederum berichtet, dass man für eine Mondfinsternis den Angriff eines Pumas oder einer Schlange auf den Mond verantwortlich mache, die den Mond zerreissen wollen würden, weshalb laut geschrien werde, um das Tier zu verjagen.[254]

Als Ursachen für Eklipsen wurden seit alters vier Gründe genannt: Sonne oder Mond werden von einem Ungeheuer, einer Raubkatze oder einer Schlange angegriffen; sie werden (bei einer halben Finsternis) krank oder sterben ganz; die Sonne ist zornig; oder der Mond schläft gerade mit der Sonne.[255]

Im *Manuskript von Huarochirí* ist ein kurzes Kapitel einer besonderen Sonnenfinsternis gewidmet. Die Motive darin sind deutlich aus Mythen der Maya übernommen; in den im *Popol Vuh* festgehaltenen Schöpfungsgeschichten lehnen sich die Küchengeräte und Tiere ebenfalls gegen die Menschen auf:

WIE DIE SONNE FÜR FÜNF TAGE VERSCHWAND.
IN DEM WAS FOLGT WERDEN WIR EINE GESCHICHTE
ÜBER DEN TOD DER SONNE ERZÄHLEN

"In alten Zeiten starb die Tagessonne Punchaw. Ob ihres Todes wurde es fünf Tage lang Nacht. Felsen schlugen gegeneinander. Mörser und Mahlsteine fingen an, Menschen zu fressen. Lamaböcke begannen, Menschen vor sich herzutreiben.
Wir Christen denken Folgendes darüber: Wir denken, dass diese Geschichten von der Dunkelheit erzählen, die auf den Tod unseres Herrn Jesus Christus erfolgte. Vielleicht steckt das dahinter."[256]

Die fünftägige Periode entspricht laut *Manuskript von Huarochirí* der Zeit, in der in sehr sehr alten Zeiten eine Leiche aufgebahrt wurde. Nach diesen fünf Tagen kamen die Toten noch einmal in Gestalt von Fliegen zurück zu ihrer Familie, die sie mit Speis und Trank erwartete, um sich noch einmal ihrer Gesellschaft zu erfreuen und dann zu sagen: 'Jetzt werde ich auf ewig nie mehr sterben!' So kam es schnell zu einer Überbevölkerung und dem daraus resultierenden Elend. Abgestellt wurde dies erst, als sich ein Toter bei seiner Rückkehr einmal um einen Tag verspätete, und die verärgert wartende Frau seinem Geist einen Maiskolben entgegenwarf, worauf der *Sio* machte und wieder zu seiner Pacarina zurückkehrte. Seitdem ist kein einziger Toter mehr zurückgekommen.[257]

In der chilenischen Atacama sieht man die Sonnenfinsternis – *Ckap'pin Iamuley*, bei der sich ein schwarzer Fleck auf der Sonne ausbreitet und Wind und Kälte zur Folge hat – als Zeichen, dass etwas Schlimmes passiert, gar die Welt untergeht und in dem Jahr viele Männer sterben werden, weil die Sonne ja ein männliches Wesen ist. So war es auch bei der Wahl Salvatore Allendes, da es ausgerechnet an diesem Tag zu einer Sonnenfinsternis kam, sodass sie, wie eine Auskunftsperson angibt, seinen Tod und den von vielen anderen ankündigte.[258]

Mond

KILLA – MOND | MONAT
PACSI – MOND | MONAT
CH'ISI KILLA – DER ABENDDÄMMERUNGSMOND (DIE MONDSICHEL)
TUTA KILLA – DER (ZUNEHMENDE) NACHTMOND
PAQAR KILLA – DER URMOND
PAQARIN KILLA – DER MORGENDÄMMERUNGSMOND

U 156

Mondphasen

UÑA PAQARIN – DER ERSTGEBORENE
WAWA – DER SÄUGLING
MALQO – DAS MÄDCHEN
HUNTA – DIE FRAU

U 84

Der Name des Mondes – *Killa* auf Quechua, *Pacsi* auf Aymara[259] – bezeichnet zugleich den Monat. Unterschieden wird der Mond zunächst nach seiner Grösse, die ihn mit einem Lebenslauf gleichsetzt. Von seinem unbelebten Zustand taucht er als 'Frischgeborene' Mondsichel auf, nimmt dann als Baby zu, um nach dem Teenagerstadium des Halbmondes als Vollmond eine erwachsene Frau zu werden.

Differenziert wird er aber auch nach der Zeit, in der er scheint. Die Mondsichel ist so nur in der ersten Hälfte der Nacht sichtbar, der zunehmende Mond leuchtet fast die ganze Nacht, der Vollmond dann wirklich die ganze Nacht hindurch (wobei *Paqar* wie *Tuta* die Nacht bezeichnet, zusätzlich zur Idee des Dunkels aber noch die des Anfänglichen, Ursprünglichen ausdrückt), und in seinem letzten Viertel scheint der abnehmende Mond dann am Morgen.[260]

MAMA KILLA – MUTTER MOND | MONAT
MAYOR (SP.) – DIE OBERSTE
WARMI MAYOR – DIE OBERSTE FRAU
QULLA CAPAC – DIE EDLE KÖNIGIN
MAMACHA (SP.) – MÜTTERCHEN

U 80

Mondsicheln in früheren Kulturen wie den Moche verweisen auf alte komplexe Mythen zum Mond – der auch nicht immer und überall, wie Legenden rings um das Kernland der Inka zeigen, weiblich gewesen sein muss, es aber spätestens mit dem Sonnenkult der Inka wurde.

Der Mond galt allgemein als Schwester wie als Frau der Sonne – und damit unter den königlichen Inka als *Mama Ocllo*, Frau und Schwester des ersten Herrschers Manco Capac: womit dem astralen Ehepaar ein irdisches zugeordnet worden war. Der Legende nach reisten beide von ihrem Ursprungsort, dem Titicacasee, nach Cusco, um dort ihre Residenz zu beziehen, wobei Mama Ocllo den Frauen die weiblichen Pflichten wie Spinnen und Weben beibrachte. Im Sonnentempel dort gab es ein silbernes Idol des Mondes in Gestalt einer Frau, das von eigenen Priesterinnen betreut wurde; rechts und links davon platzierte man die mumifizierten Inkaköniginnen, in der Reihenfolge ihres Alters.

Als Königin ist der Mond die Gattin des als junger Sonnenkönig geltenden Huayna Capac oder gilt als oberste Konkubine des Sonnengottes und wird als "schöne Frau mit einem weissen Hut" beschrieben.

As *Mama Killa* oder *Mamacha* ist sie mit der Erdgöttin Pachamama verbunden.

Die Mondgöttin wurde zwar als weniger göttlich als die Sonne oder der Blitzgott angesehen. Alles, was in der Erde war, gehörte jedoch zu ihr. Das begann mit der Zeit des Anpflanzens im August, wenn sich der Schoss der Erde in Gestalt Pachamamas öffnete. Im September dann, beim 'Fest der Königin' Coya Raymi, demonstrierte die Frau ihre aktive Rolle in der Gesellschaft, auch indem es dann die Frauen waren, die Einladungen an Männer aussprachen. Die weibliche Fürsorge für alles nun im Erdreich Keimende endete erst mit der Sonnenwende im Dezember, dem offiziellen Beginn der Regenzeit in Cusco. Ab da mussten sich nun die Jungen um die Felder kümmern und Schädlinge von ihnen fernhalten.

Auch heute noch sieht man in der Region um Cusco die Ackerpflanzen, solange sie als Samen noch in der weiblichen Erde stecken, als dem Mond, nicht der Sonne gehörend – weshalb diese in der Regenzeit auf ihrem Weg vom Zenit nach Süden und wieder zurück vom Mond dominiert wird. Mais soll dann bei zunehmendem Mond, Kartoffeln bei abnehmendem Mond gepflanzt werden. Und ist das Metall der Sonne das Gold, so ist das des Mondes Silber, das in manchen Traditionen als 'Tränen des Mondes' bezeichnet wird. Als Gegenstück zu dem mit Jesus Christus gleichgesetzten 'Heiligen' der Sonne, ist der Mond heute die mit der Jungfrau Maria gleichgesetzte 'Heilige'.

H 211–213 und 20, U 73–74 und 85, ST 74

CKA(J)MURI
MAMA LUNA (SP.)

In der nordchilenischen Atacama ist der früher auf Quechua *Ckajmuri* genannte Mond eine Frau und Mutter, die weit älter als die männliche Sonne ist und schon den ersten Kreaturen in der 'Gelben Zeit' leuchtete. Sie musste erst danach den Himmel mit der Sonne teilen, die erst allmählich zu ihrem Mann und zu Vater Sonne wurde. Sie fanden zueinander, indem sich beide hinter den Bergen trafen, der Mond sich in Wolken versteckend, die Sonne sie mit seinen Strahlen durchdringend. Im Gegensatz zur schnellen Sonne, die jeden Tag alt wird, wird der langsame Mond – ob als Neu- oder Vollmond – dauernd aus den Bergen geboren.

C 49

In der Quechua sprechenden Gemeinde Sonqo nordöstlich von Cusco gilt die erste vormalige Welt als die des Mondes. In ihr, so wird heute dort erzählt, existierten nur Riesen, die man *Machukuna* – Die Alten – oder *Ñaupakuna* – Die Vorgänger – nennt. Sie lebten in runden Häusern im kühlen fahlen Licht des Mondes und bestellten Felder mit drei Arten von Kartoffeln, kannten aber weder Salz noch Chili.

Der heilige Schöpfer Taytanchis entschloss sich, die Sonne zu erschaffen. Manche sagen, dass er das das tat, weil er auf die Riesen zornig war, andere, weil er dazu Lust hatte, und die nächsten wiederum, weil es wegen der Menschen war. Die Riesen versuchten, vor der übermässigen und ungewohnten Hitze der Sonne zu flüchten, indem sie sich in Höhlen und Quellen zurückzogen. Am Ende jedoch trockneten sie alle aus. Manchmal erwachen ihre verdorrten Überreste wieder zum Leben, um die Menschen zu plagen. Bei Vollmond – dem 'Mondtag' *Killa P'unchay* –, der den Riesen einst das einzige Licht spendete, beleben sich ihre Knochen wieder und man hört und sieht sie auf den Feldern arbeiten und sich mit rumpelnden Stimmen gegenseitig rufen.[261]

Mondgesicht

Garcilaso de la Vega überliefert folgende Legende der Inka, die auch im Tiefland weit verbreitet ist: "Was die Flecken des Mondes betrifft, so erzählen sie einander eine kindische Fabel. Ein Fuchs, heisst es, der sich in den Mond verliebt hatte, war in den Himmel hochgesprungen, um sie zu umarmen. Sie streckte ihre Arme zu ihm aus und sie drückten sich so fest, dass sie davon Flecken bekam, wie man sieht."[262]

Die Flecken im Mond werden in Misminay heute als männliches Lama gesehen, das dem Mond als Frau der Sonne gehört, oder als mit dem Vorderhuf scharrendes Pferd, auf dem sie sitzt.[263]

XI VENUS SOWIE WECHSELNDE PLANETEN UND FIXSTERNE

Manche Quechua sind in der Lage, die Venus auch bei Tage zu sehen. Dazu muss man wissen, wo genau in Bezug zur Sonne sie steht; durch den Schlitz, den der am Daumen eingerollte Zeigefinger bildet, reduziert sich der Lichteinfall, sodass der Planet sichtbar wird.[264]

PACHA WARAC – DER ZEITSTERN

B | D 124

PACHA PAQARIQ CH'ASKA – DER WELT | ZEIT-DÄMMERUNGSSTERN

U 122

In Quechua und Aymara lässt sich *Pacha* mit 'Erde, Welt, Kosmos und Zeit' übersetzen. In Misminay, unweit von Cusco, wird heute beim winterlichen Solstitium im Juni neben dem Sonnen- und Plejadenaufgang auch der Aufstieg des Morgensterns besungen, der einst den Anbruch der Zeit und den Aufstieg der ersten Sonne über der heutigen Erde ankündigte: "Stern der Erddämmerung, Lichtbringer, Stern der Zeitdämmerung, Tagesbringer: Lass uns jetzt leuchten – uns beide, lass uns jetzt leuchten – uns beide! Jetzt gleich – wir beide, jetzt gleich – wir beide: Erstrahle und beginne den Tag, erstrahle und beginne den Tag."

Paqarina bedeutet sowohl 'geboren werden' als auch 'dämmern'. Der vollständige Name des Sterns ist damit sowohl als 'Morgendämmerungsstern' wie als 'Stern der Dämmerung von Welt und Zeit' zu verstehen. Dies bezieht sich auf den erstmaligen Anbruch des Lichts über der Erde, der sich durch die Venus vollzog. So erzählt eine Auskunftsperson: "Es heisst, dass es vor tausend, zweitausend und dreitausend Jahren keine Sterne gab. Sie begannen erst dann zu erscheinen und einer nach dem anderen allmählich aufzusteigen. Heute ist der Himmel voll von ihnen; damals aber erschienen sie nur nach und nach – und der erste, der aufstieg, war *Pacha Paqariq Ch'aska*."

Die Venus als Morgenstern ging damit also dem Erscheinen der Sonne voraus. Dahinter steckt das für weite Teile des gesamten amerikanischen Kontinents gültige Paradigma, dass es vor der heutigen Sonne nur fahl beleuchtete Vorwelten gab, und spezifischer vielleicht noch die Vorstellung, dass die Sonne nicht in schwarzer Leere aufgehen konnte, sondern ihr eine Dämmerung vorausgehen musste.

Durch seinen ersten Aufgang etablierte der Morgenstern also den sichtbaren Raum und gab die Unterteilung in Tag und Nacht samt einer Himmelsrichtung vor.[265]

Ungewöhnlicherweise gibt und gab es in den Anden offenbar kein Interesse an den Planeten, die sonst überall als Wandelsterne und damit als Unruhestifter im festen Gefüge des Sternenhimmels wahrgenommen wurden. Das hängt sicher damit zusammen, dass die nächtlichen Bewegungen der Milchstrasse so prominent den Himmel bestimmen, dass die Bahn der nachts sichtbaren äusseren Planeten dagegen unerheblich war.

Differenziert wird deshalb generell in Abend- und Morgensterne sowie jene, die um Mitternacht auffällig am Himmel stehen. Dazu zählt etwa ein Stern, den man in Misminay TORITO – DER RIESENKÄFER nennt, was einen Blatthornkäfer der Gattung *Dynastinae* bezeichnet,[266] den man wechselnde Sterne oder Planeten verkörpern lässt.

Den das Jahr über wandernden Auf- und Untergangspunkten der Sonne gemäss und der Orientierung des Himmels an den Achsen der Milchstrasse entsprechend, gibt es deshalb vier Dämmerungssterne: den des Nordens, Südens, Westens und Ostens. Und für sie kommen nicht nur die Venus, sondern das Jahr über auch andere Sterne wie Arcturus, Capella, Deneb in Frage, die zu den hellsten am Himmel zählen. So wird α Canis Maioris in Sonqo beispielsweise als HATUN QUYLLUR – DER GROSSE STERN bezeichnet.[267]

U 158–167

Auf solche prominent am Himmel stehenden Sterne verweist auch das *Manuskript von Huarochirí*, wenn es am Ende der wenigen darin aufgezählten Gestirne folgende drei erwähnt, denen grosser Einfluss auf die Verhältnisse auf der Erde zugeschrieben wird: "Andere Sterne, die sehr gross erscheinen, sind unter den Namen *Poco Warac*, *Willka Warac* und *Cancho Warac* bekannt."[268]

Cancho ist der Name eines Federmusters in einem Stoff,[269] was sich somit auf das Glitzern eines Sterns wie Sirius beziehen könnte. Mit *Poco* ist wahrscheinlich *Poca, Puca*[270] gemeint und somit ein 'Roter Stern' wie der Mars oder der Aldebaran.

WILLCA WARAC – DER SONNENSTERN

Willca bezeichnet auf Quechua etwas Hochheiliges oder den Priester eines Heiligtums, ist auf Ayamara jedoch der alte Name für 'Sonne' – ein Sonnenstern ist für einen mit der Sonne aufgehenden Planeten wie Venus und Merkur eine sinnige Bezeichnung.

T 243

HATUN WARAC – DER MÄCHTIGE STERN

Ein spanischer Bericht von 1658 erwähnt, dass Venus "als 'Mächtiger Stern' angebetet wird, weil er der Schöpfer ihrer Führer und Alten ist". Der Bezug auf die Alten und die Ahnen hat sich gehalten.

B | D 128

Morgenstern

ILLARIMI CH'ASKA – DER LOCKIGE (STERN) DER MORGENDÄMMERUNG
LUCERO (SP.) – DER LEUCHTER

Ch'aska ist ein alter Beiname der Venus, der sich allgemein etabliert hat. So wird sie damit heute als Stern der Morgen- wie der Abenddämmerung bezeichnet, neben dem spanischen, von *Lucifero* – Luzifer, 'Lichtbringer' – abgekürzten Namen als 'Leuchter'.

U 156

CHA'SKA QUYLLUR – DER LOCKIGE STERN
ARANYAQ WARA CHA'SKA – DER LOCKIGE TANZENDE STERN
PAQARIC CHA'SKA – DER LOCKIGE DES MORGENS
AUKILLAC – DER GLÄNZENDE PRINZ

L 115

QUYA WARAC – DER KÖNIGINNENSTERN

B | D 124

Auf Pachacuti Yamquis Zeichnung wurde die Venus als "der Stern mit dem Lockenhaar" bezeichnet. Demgemäss erklärt Garcilaso de la Vega, dass "unter *Cha'ska* langes, lockiges Haar verstanden wird; sie verehren den Stern, weil sie sagen, dass er der Page des Sonnengottes ist, der immer um ihn herumläuft, einmal vor, einmal hinter ihm". Auch ein Lexikograph weiss noch, dass man den Morgenstern einmal als "Schönen Knaben" sah, und ein Spanier von 1608 überliefert ihn deshalb auch als "tanzenden lockigen Stern", als "Lockigen Des Morgens" und "Glänzenden Prinzen". Auch in der Atacama bezeichnet man heute noch die Venus als Stern "mit zerzaustem Haar".[271]

Andere spanische Quellen wiederum berichten vom weiblichen Geschlecht des Morgensterns. So gilt ihnen zufolge Der Lockige Stern am Morgen "als Göttin der Jungfrauen und Prinzessinnen, die die Blumen des Feldes erschafft, die Herrin der Morgen- und Abendröte und der Wolken ist und den Tau über die Erde legt, wenn sie ihre Haare schüttelt".[272]

Dazu ergänzt ein weiterer Bericht, dass der Schöpfer eine Jungfrau, eine Königstochter, mit einem Gefäss auf dem Kopf in den Himmel gestellt hat, mit dem sie manchmal Wasser auf die Erde giesst, wenn die es braucht, sie aber einen Bruder hat, der die Erde manchmal aufreisst und durch seine Schläge Blitz und Donner bewirkt: Denn die Männer sind nun einmal wild und die Frauen zart – weshalb Hagel, Regen und Schnee wegen ihrer Glätte und Weichheit und des Glücks, das sie bringen, den Frauen zugeschrieben werden.[273]

Die veralteten Bezeichnungen der Venus als Königin oder Prinz bezogen sich, wie eine Zeichnung von 1685 zeigt, darauf, dass Sonne, Mond und Venus ihre irdischen Entsprechungen in der Herrscherfamilie hatten.[274] Ungeachtet all dieser alten Namen gilt nach wie vor, dass man – je nach Region – den Morgenstern in der Regel für männlich, den Abendstern für weiblich hält.

Andere Quellen überliefern den Morgenstern als ACHT-UHR-FACKEL, KERZE DER MORGENDÄMMERUNG und STERN DES AUFGETISCHTEN MAIS, weil dann das Frühstück bereit ist.

L 116, 119, 121, B | D 159, 163 und 125 und A | E 187

ACHACHI URURI – DER FRÜHAUFSTEHENDE GROSSVATER

Auf dem Altarbild des Sonnentempels von Cusco wird bei der Venus nach Geschlecht und Alter zwischen Morgen- und Abendstern unterschieden, wobei der Grossvater hier für die Urahnen des eigenen Ayllus steht, der über die Lebenden wacht.

L 115

ACHACH WARAWARA – DER GROSSVATERSTERN

A | E 186

Bei den Aymara im bolivianischen Hochland wird Venus – wie schon auf dem Altar des Sonnentempels – weiterhin respektvoll 'Grossvaterstern' genannt. Interessanterweise wird er vor der Dämmerung zusammen mit anderen hellen Sternen wahrgenommen, bei denen es sich aufgrund der wechselnden Positionen und Namen, mit denen sie auf Orte verweisen, um Planeten handelt, auf die sonst nie Bezug genommen wird. So erklärt Doña Maria beim Anblick Des Grossen Flusses der Milchstrasse, Den Lamas und Der Hirtenfamilie darin: "Selbst die Grossvatersterne sind da, alle drei. Der eine ist Chuisaqueño, der andere Aquileño und der dritte ist Potosí. Drei Grossväter! Da sind drei Grossväter, aber keine Grossmütter!"

Die Namen dieser Sterne beziehen sich alle auf die Täler, die die Männer mit ihren Packtieren während der Trockenzeit aufsuchen, um Mais und andere Produkte des Tieflands zu erstehen. Je nach Richtung der Täler gibt es die Sterne von Chuquisac oder Cochabamba, während für Doña Lucía die Grossvatersterne 'Stern von Oruro', 'Stern von Cochabamba' und 'Stern von Potosí' heissen.

Darüber hinaus gilt "der Stern, der auf den Grossvaterstern folgt, als Der Personenstern", da jeder Einzelne und jedes Pueblo einen Stern für sich und seine Ahnen hat.

A | Y 170–171 und A | E 186

Zugleich wird der Grossvaterstern im bolivianischen Qaqachaka auch als Abendstern gesehen. Man blickt zu ihm hoch, um zu sehen, ob alle Lamas schon zurück in ihren Gehegen sind: "Die alten Lamas gehen allzu gerne langsam am Ende der Herde und trödeln immer, wenn sie von den Hügeln herabkommen. Sie sind es gewohnt, mit dem Abendstern zu gehen, mit diesem Licht. ... Die alten Lamas sind immer spät dran, weil sie gern im Licht Des Alten Sterns gehen, des Abendsterns, weil dieser Stern so alt ist. Deshalb muss eine Hirtin gehen, um nach ihnen zu schauen; wenn nicht, dann holt ihn vielleicht ein Fuchs oder so."[275]

Abendstern

ILLARIMI CH'ASKA – DER LOCKIGE (STERN) DER MORGENDÄMMERUNG

U 156

APACHI OCORI – DIE GROSSMUTTER DIE MIT VOLLEM MUND ISST

CHUQICHINCHAY – EINER DER VIELLEICHT GOLD VERBREITET

L 115

Illarimi Ch'aska ist der heute gebräuchliche Name für den Abendstern. Seine Verkörperung als Grossmutter geht aus dem Altarbild des Sonnentempels hervor. Dort repräsentiert sie, im Gegensatz zum früh zu seinem Tagewerk aufstehenden Grossvater, das Essen, das diese für die Lebenden abends nach der Arbeit auf den Tisch stellt. Heute lassen sich mit diesem Abendstern die Hirtinnen assoziieren, die bei der Transhumanz zwischen November und April ihr Vieh bei Vollmond von den Almhütten wieder hinunter nach Hause treiben.

A | E 187 und 188

Auf Pachacuti Yamquis Zeichnung wurde der Abendstern zudem mit demselben Namen wie der Puma in Scorpius belegt. Lehman-Nitsche löst den Namen hier jedoch als *Chuqi-chi-ncha-y* auf: 'Einer der vielleicht Gold oder Silber verbreitet'.[276]

Meteor, Komet

QUYLLURKUNA

B | D 121

SAKAKA – ETWAS UNGEWÖHNLICHES

B | D 148 und 196

Eine eindeutige Bezeichnung für 'Komet' oder 'Sternschnuppe' geht aus den Quellen offenbar nicht hervor. Ein indigener Berichterstatter erklärt: "Durch die Kometen wissen sie, was geschehen wird, als gutes oder böses Zeichen."[277] So hiess es, dass sowohl der Tod Atahuallpas als auch jener Huayna Capacs durch einen Kometen angekündigt geworden seien.

Eine Beschreibung aus der Inkazeit schildert zwei Meteore: "Dann kamen zwei Sakaka aus Feuer aus Asoncata. Die eine ging über den Berg Pontina bei Arequipa hinweg, die andere flog über Guamanca hinweg und ging da nieder, wo es drei oder vier hohe schneebedeckte Berge gibt, jene, von denen es heisst, dass es dort Tiere mit Flügeln, Ohren, Schwänzen und vier Füssen gäbe, die auf ihrem Rücken viele Stacheln hätten, wie ein Fisch; und von weitem hätte es gewirkt, so hiess es, als wären sie beide ganz aus Feuer gewesen."[278]

LITERATUR

A | E Denise Arnold | Elvira Espejo, *On Drinking Cups and Constellations: Some relations between Aymara astronomical and textual practices in Qaqachaka Ayllu (Bolivia)*, in: Journal of Latin America Cultural Studies 15.2, 2006, 183–213.

A | Y Denise Arnold | Juan Yapita, River of Fleece, River of Song – Singing to the animals, an Andean poetics of creation, Bonn 2001.

A | Y1 Denise Arnold | Juan Yapita, *'Fox Talk': Addressing the Wild Beasts in the Southern Andes*, in: Latin American Indian Literatures Journal 8, 1992, 9–37.

B Juan de Betanzos, Narrative of the Incas, hrsg. und übersetzt v. Roland Hamilton | Dana Buchanan, Austin 1996.

B | D Brian Bauer | David Dearborn, Astronomy and Empire in the Ancient Andes: The cultural origins of Inca sky watching, Austin 1995.

BI John Bierhorst, Black Rainbow – Legends of the Incas and Myths of Ancient Peru, Toronto 1976.

C Jimena Cruz et al., El universo de nuestros abuelos, ESO 2013.

CH La *Chuwa* del Cielo, hrsg. v. Walter Sánchez Canedo | Marco Bustamante Rocha | Juan Villanueva Criales, La Paz 2016.

G Steven Gullberg, Astronomy in the Inca Empire, Cham 2020.

H Handbook of Inca Mythology, Paul Steele with Catherine Allen, Oxford 2004.

HU The Huarochirí Manuscript, hrsg. v. Frank Salomon | George Urioste, Austin 1991.

I Inca Mythology, hrsg. v. Matt Clayton, Amazon 2019.

IT César Itier, Les Incas, Paris 2019.

K Theodor Koch-Grünberg, Indianermärchen aus Südamerika, Berlin 2014.

L Robert Lehmann-Nitsche, *Coricancha: El Templo del Sol en el Cusco y las imágenes de su altar mayor*, in: Revista del Museo de La Plata 31, 1928, 1–256.

L | F Patrice Lecoq | Sergio Fidel, *Prendas simbólicas de camélidos y ritos agropastoraöes en el sur de Bolivia*, in: Textos Antropológicos, Universidad Mayor de San Andres, 14 (1), Lap Paz 2003, 7–54.

M Edmundo Magaña, *Astronomía de algunas poblaciones Quechua-aymara del Loa Superior, Norte del Chile*, in: Boletín del Museum Chileno del Arte Precolombino 11 (2) 2006, 51–66.

MO Cristóbal de Molina, Account of the Fables and Rites of the Incas, hrsg. v. Bauer | Smith-Oka | Cantarutti, Austin 2011.

R Robert Randall, *The Mythstory of Kuri Qoyllur*, in: Journal of Latin American Lore 16:1, 1990, 3–45.

S Südamerikanische Indianermärchen, hrsg. v. Felix Karlinger | Elisabeth Zacherl, Düsseldorf 1976.

ST Mary Strong, Art, Nature and Religion in the Central Andes, Austin 2012.

T Gerald Taylor, *Camay, Camac et Camasca dans le manuscrit quechua de Huarochirí*, in: Journal de la Société des Américanistes 63, 1974, 231–244.

U Gary Urton, At the Crossroads of the Earth and the Sky – An Andean Cosmology, Austin 1981.

U1 Gary Urton, *Animals and Astronomy in the Quechua Universe*, in: Proceedings of the American Philosophical Society 125, 2, 1981, 110–127.

U2 Gary Urton, *Animal Metaphors and the Life Cycle in an Andean Community*, in: Animal Myths and Metaphors in South America, hrsg. v. Gary Urton, Salt Lake City 1985, 251–284.

U3 Gary Urton, *Beasts and Geometry: Some Constellations of the Peruvian Quechuas*, in: Anthropos 73, 1978, 32–40.

U4 Gary Urton, *Astronomy and Calendrics on the Coast of Peru*, in: Ethnoastronomy and Archaeoastronomy in the American Tropics, hrsg. v. Antony Aveni | Gary Urton, New York 1982, 231–247.

V Garcilaso de la Vega, The Incas (*Royal Commentaries of the Incas*), hrsg. v. Alain Gheerbrant, New York 1961.

Z1 R. Tom Zuidema, *Kata Chillay*, in: Ethnoastronomy and Archaeoastronomy in the American Tropics, hrsg. v. Antony Aveni | Gary Urton, New York 1982, 203–229.

Z2 R. Tom Zuidema, *Lion in the City*, in: Animal Myths and Metaphors in South America, hrsg. v. Gary Urton, Salt Lake City 1985, 183–250.

ANMERKUNGEN

1 U122 2 wikipedia.fr/Huaca de la Luna 3 B | D199 4 HU53 5 Gesamter Abriss basierend auf H7–13 und IT25–30 6 MO4 7 H271–272 8 B | D7 und G92–93 9 siehe Diskussionen in B | D und G; für die These aus den 70er Jahren, diese Linien würden siderische Mondmonate abbilden, fehlt einfach der allgemeine astronomische Kontext in der Inkakultur, der zur Bestimmung solcher Mondmonate vor wechselnden Gestirnshintergründen sehr weitreichend systemisch entwickelt gewesen sein müsste: was nicht feststellbar ist. 10 Dieser Abriss basierend auf H12–16, 246–249 11 H248 12 Dieser Abschnitt basierend auf H145–148, 198, 246–249 13 Irene Silverblatt, Moon, Sun and Witches – Gender Ideologies and Class in Inca and Colonial Peru, Princeton 1987, 81ff. 14 Rosat Pontacti, 827–828, Diccionario enciclopédico quechua, Cochabamba 2004, R7–8 und HU112. 15 B | D22 16 MO79 17 B | D22–23 18 Abschnitt basierend auf H222 19 B | D13 20 Abschnitt basierend auf G86–94, 306–315 21 Vgl. Molinas Bericht über den Mondkalender in Cusco, B | D38 und B | D155 22 HU72 23 B | D26, 28 und 32 24 B | D60 und Abschnitt zuvor 59–66 25 G92 26 R14–15 27 ST119 28 BI27–28 29 Anmerkung Matthias Pache 30 Vgl. Aymara 'wila', Blut 31 H265–268 32 MO6 33 Auch bei indigenen Gruppen des Tieflands ist diese Ursprungsgeschichte für die Flecken in der Mondscheibe weit verbreitet. 34 B7–8 und H53–56 35 VII, H56 36 Dieser Abriss basierend auf H67–70 37 H140 38 H140–141 39 Abschnitt basierend auf H223–224 40 HU16 41 Abschnitt basierend auf H25–26 42 Guaman Poma de Ayala, zitiert in B | D121 43 H19–21 und 24 44 CH22, Fussnote 16 45 CH58 46 Kapitel basierend auf CH13–16, 21–24, 53–57 47 L | F36 und CH59 48 Kapitel basierend auf H28–50 49 Siehe: Daniel Cossins, *How to read Inca*, in: New Scientist, 29.9.2018, 33–37. 50 Abschnitt basierend auf H36–41 51 Abschnitt basierend auf A | E47–52 52 Abschnitt basierend auf H32–33 53 T243 und HU133 54 MO110 55 B | D126 56 Z2 194 57 B | D121 58 C40–42 59 L | F30f. 60 A | E189–191 61 A | E193–194 62 A | E197–203 63 A | E189 und 206–207 64 A | E208–210 65 U111 und 114 66 A | E204 67 A | E186 68 C45–46 69 G133 70 C82 71 L156 und U1113 72 G133–134 und U1 112–113 73 U170 74 U1 113 75 A | Y208–209 76 A | Y158–159 77 A | Y160–161 78 A | Y165–168 79 A | E186 80 HU84 81 H232–234 82 HU VI, 62–63 83 C86–92 84 G135–136 und U108 85 U1114 86 L | F39 87 A | Y170 88 A | E205 89 A | Y171 90 A | Y171 und H255 91 Dieser Teil des Mythos ist insofern bemerkenswert, als sich die engste Parallele dazu überraschenderweise in einer indochinesischen Sage über die siamesischen Laoskönige findet; vgl. Paul Ehrenreich, Die Mythen und Legenden der Südamerikanischen Urvölker und ihre Beziehungen zu denen Nordamerikas und der Alten Welt, Berlin 1905, 94–97. 92 H150; dieser Teil wiederum findet sich in einem bei den Nördlichen Dene zitierten Schöpfungsmythos der Aborigines

wieder. 93 HU 48–50 94 A | Y171 und 173 95 U4 242 96 Robert Benfer et al., *Ancient South American Cosmology: Four Thousand Years of the Myth of the Fox*, in: Journal of Cosmology 2011 und intidomain.org, 1–22. 97 U1 123–124 98 A | Y47 99 A | Y171–173 und 207–208 100 Matthias Pache, *The Fox in the Andes*, in: Anthropos 107, 2012, 481–496. 101 Claudette Kolumbus, *Oracular Foxes, Archaic Times, Twentieth-Century Peru: J. M. Arguedas' The Fox from Above and the Fox from Below*, in: Dispositio 21, 48, 1996, 137–154, und U2 216. 102 Z2 192–193 103 A | E196–197 104 H223 105 S233–234 und H169 106 U2 107 J. J. M. M. van Kessel, *El Zorro en la Cosmovisión Andina*, in: Chungara 26, 2, Juli | Dezember 1994, 233–242. 108 Robert Benfer et al., *Ancient South American Cosmology: Four Thousand Years of the Myth of the Fox*, in: Journal of Cosmology 2011 und intidomain.org, 1–22; Adkins | Benfer, *Lunar Standstill Markers at Preceramic Temples ait the Buena Vista Site in Perú*, in: Cosmology across Cultures, hrsg. v. Rubiño-Martin | Belmnte | Prada | Aberdi, 2009, 267–271. 109 Claudette Kolumbus, *Oracular Foxes, Archaic Times, Twentieth-Century Peru: J. M. Arguedas' The Fox from Above and the Fox from Below*, in: Dispositio 21, 48, 1996, 137–154. 110 Vgl. H71–72 111 Aus Kapitel 5 112 Elluz Pacheco et al., *Some notes on the Inka constellations*, in: The Role of Astronomy in Society and Culture, hrsg. v. Valls-Gabaud | Boksenberg, 209, 96–97. 113 A | Y185 und 172 114 A | Y173 115 U1 122 116 U1 122–123 117 A | Y171 118 A | Y173 119 A | Y174–176 120 A | Y208, 199, 206, 212 und 187 121 A | Y197–198 und 201 122 A | Y210 123 A | Y201 124 A | Y206 125 St 75 126 U1 110 127 L | F39 128 A | Y210, A | E196, ST 75 129 L | F37 und T241–242 130 Z1 219 und L | F40 131 L136 und Z1 225 132 R17–19, Z1 219 und 225 133 MA 55–58 134 A | Y173 135 A | Y173 136 U1 119–122 und G135 137 U3 138 U59 und 202 139 CH 37 140 Kapitel V 141 H81 142 U103 143 G135 144 CH 24–25 145 Vgl. CH 22 und 23, Abbildungen 13 und 15 146 Solche Motive tauchen auch auf Keramiken der Mochica an der Nordostküste Perus auf; Anmerkung Matthias Pache. 147 U1 11 und 115–118, U177–178 148 B | D105 149 L244 150 D'Orbigny, Voyage dans l'Amérique méridionale, III.1, Paris 1844, 214 und S166–167. 151 U3 38 152 M 55, C78 und 87–91 153 Lehmann sieht den Hengst grösser; jedoch macht dies von den Proportionen des Tieres her weniger Sinn, als es in Lyra allein zu sehen. 154 B | D103–104 155 Zuidema 1973, zitiert in A | Y207, Fussnote 12 156 Anmerkung Matthias Pache 157 HU 51–52 158 A | Y207–209 und 199 159 Vgl. mit U97 und 99 160 A | Y1 23 161 T242 162 A | Y171, 173 und 206 sowie A | Y1 24–26 163 I53–58 164 L | F39 übersetzen Suyuntuy mit 'Gallinazo', was dem *Coragyps atratus* entspricht; auch B | D116 übersetzen mit 'Geier'. 165 MA 58 166 MA 58 167 Zeitschrift für Ethnologie, Berlin 1908, 128. 168 Der Acker des Fuchsgottes wird bei den Chiriguano in den Sternen von ε – θ Scorpii und den Kreis vervollständigenden Sternen von Ophiuchus gesehen: Lehmann-Nitsche, *La Astronomia de los Chiriguanos*, in: Revista del Museo de la Plata 28, 1924–1925, 80–102 (96–97); das Gürteltier selbst hat bei den Chiriguano jedoch kein Sternbild. 169 K202–205 170 Stephen Hugh-Jones, *The Pleiades and Scorpius in Barasana Cosmology*, in: Ethnoastronomy and Archaeoastronomy in the American Tropics, hrsg. v. Anthony Aveni | Gary Urton, New York 1982, 183–201, und Theodor Koch-Grünberg, Die Anfänge der Kunst im Urwald, Berlin 1905, 62; Stephen Michael Fabian, Space-Time of the Bororo of Brazil, Gainesville 1992, 199. Barasana wie Tukáno sehen das Gürteltier in der Corona Borealis, die Bororo seine Verfolgung in den Sternen α Eridani – β Ceti – γ Pegasi oder α Andromedae. 171 Peter Roe, *Mythic Substitution and the Stars*, in: Songs from the Sky, hrsg. v. Von del Chamberlain | Carlson | Young, Bognor Regis 2005, 213–214. 172 Benjamin Ballester, *Quirquinchos y la crítica cultural*, in: Revuelta Prehistórica 2017, 11–17. 173 H162 174 Enciclopedia Digital de la Provincia de Salta – Argentina, 'El Quirquincho'. 175 B | D111 und U100 176 H259–259 177 Auskunft Kerstin Nowack 178 U129–141 179 U143–150 180 H24 181 C141 182 Ruth Soria, *The Chakana or the True Cross*, in: NASE Kaleidoscope of Experiences in Cultural Astronomy, hrsg. v. Rosa Ros | Juan Belmonte, Wien 2018, 72–76. 183 HU 133 184 Lehmann-Nitsche, *La Astronomia de los Chiriguanos*, in: Revista del Museo de la Plata 28, 1924–1925, 80–102, 95–96. 185 U4 240 186 U138 187 U99, D | B165 188 L106–109 189 Elluz Pacheco et al., *Some notes on the Inka constellations*, in: The Role of Astronomy in Society and Culture, hrsg. v. Valls-Gabaud | Boksenberg, Cambridge, 2009, 96–97. 190 B | D183, Z1 221–223; *Uña* bedeutet 'Lamm' auf Aymara, L136. 191 L136–141 192 L213 und B | D104 193 Z1 215–217 194 R9–12, 19–23, 27–28 195 U113 196 T243 197 U121 198 G139–140 199 B | D127 200 U118–119 201 Die jedoch kurioserweise vertauscht – oder europäisiert – scheinen, da die Nebel der sommerlichen Regenzeit im Dezember beim 'Winter' stehen, während der feuchte 'Sommer' durch jene Vielzahl von Plejaden illustriert wird, die für den Winter typisch ist. 202 Eine zeitgenössische Auskunftsperson beziffert ihre in dieser Zeit sichtbare Anzahl von Sternen mit 16, U113. 203 Arriaga 1621, zitiert in: B | D121–124 204 B | D129 205 L124–131 206 Robert Randall, *Return of the Pleiades*, in: Natural History 96, 6, 1987, 42–53, und H240–241. 207 L186–195 208 C130–132 und MA 55 209 Als andere südamerikanische Parallele bei den Taulipang siehe K Nr. 38, 'Der Besuch im Himmel', 79–88 und 228. 210 BI 94–104 211 Vgl. die Konfiguration des Sternbilds bei den Barsana: Stephen Hugh-Jones, *The Pleiades and Scorpius in Barasana Cosmology*, in: Ethnoastronomy and Archaeoastronomy in the American Tropics, hrsg. v. Anthony Aveni | Gary Urton, New York 1982, 183–201. 212 CH 40 und 41 213 B | D120 214 H163 215 L157–177 216 L160 und B | D105 217 L160–161 218 H162–163 219 Auskunft Matthias Pache und A | Y185, Fussnote 30. 220 A | Y185 221 Z2 187 222 D'Orbigny, Voyage dans l'Amérique méridionale, III.1, Paris 1844, 209–212, L166ff. und S161–164. 223 Stephen Hugh-Jones, *The Pleiades and Scorpius in Barasana Cosmology*, in: Ethnoastronomy and Archaeoastronomy in the American Tropics, hrsg. v. Anthony Aveni | Gary Urton, New York 1982, 183–201. 224 Z2 186–187 225 H197 und 260–261 226 MO 80 und 119 227 H198–199 228 L143–144, ergänzt durch Acostas Bericht, zitiert in CH 30. 229 CH 31 230 CH 40 231 L146 232 CH 43 233 L154 234 H198–199 235 R16 236 I69–82 237 R 238 HU 148–149 239 Elluz Pacheco et al., *Some notes on the Inka constellations*, in: The Role of Astronomy in Society and Culture, hrsg. v. Valls-Gabaud | Boksenberg, Cambridge, 209, 96–97. 240 CH 26–28 241 HU 59 242 U2 280–281 243 CH 44–47 244 CH 36 245 ST 73 246 ST 71 247 U79 248 H254 249 T237–239 und HU 88–90 250 U67 251 S245–246 252 B | D145 253 V II, 23, 73–74 254 H213 255 L180 256 HU 53 257 HU 129 258 C113 259 B | D33 260 U82–84 und 156–158 261 H79–80 262 V II, 23, 73–74 263 U81 264 U166 265 U122 und 151 266 U97 267 U96 268 T243 269 HU 255–256 270 MO 130 271 C52 272 CH 33 273 Garcilaso de la Vega, zitiert in CH 33 | 34. 274 Marius Ziólkowski et al., *Inca Moons*, in: Handbook of Archaeoastronomy and Ethnoastronomy, hrsg. v. Clive Ruggles, New York 2015, 899. 275 A | E197 276 L123 277 B | D121 278 B | D148

Der *STERNEN-HIMMEL* der *BORORO*

Ohne Strassenlampen oder aufragende städtische Strukturen, das Gesichtsfeld auf dem freigeräumten Platz in der Dorfmitte offen, verlangt und erhält der sternenbesetzte Himmel der südlichen Tropen nicht wenig Aufmerksamkeit. Die Männer der Bororo sind es gewohnt, sich auf ihren Matten beim zentralen Männerhaus auszustrecken, wo der Blick himmelwärts reichlich Gelegenheit für kontinuierliche Gestirnsbeobachtungen bietet. ...
Insbesondere im Juni, wenn sich die Regenwolken verzogen haben, und bevor die *Fumaça*, der rauchige Dunst der späten Trockenzeit, den Himmel verdeckt, sind die Nächte aussergewöhnlich klar; dann geniessen die Bororo das himmlische Schauspiel, das eine Myriade von funkelnden, farbigen Lichtern bietet.
Für sich schon interessant genug, erlauben die unterschiedlich farbigen und gruppierten Sterne den Bororo und anderen Sternguckern auch, den Fluss der Zeit zu markieren und stellen ein Mass dar, mit dem andere Beobachtungen der Umwelt verglichen und abgeglichen werden können. Die Sterne in ihren fixen Mustern wiederholen sich in ihren Zeiten und Positionen im Laufe eines Jahres. Obwohl die Beobachtung einzelner Sterne zu spezifischen Zeiten und Positionen bedeutsam ist, umfasst die Beobachtung der Sterne auch komplexe Relationen, zu denen die Beobachtung von Sternen in Bezug zu anderen Sternen gehört, der Bezug zum Horizont oder zu anderen Fixpunkten der Himmelssphäre (wie dem Zenit), der Bezug zu vergangenen Zeiten oder zu gegenwärtigen Ereignissen, die nichts mit den Sternen zu tun haben. Diese synchronen wie diachronen Perspektiven nützen die Bororo zur allgemeinen Orientierung; sie binden sich damit in den Raum ein, in die Zeit und den Kosmos, wie sie ihn sehen.[1]

Zur Dokumentation astraler Vorstellungen im südamerikanischen Tiefland boten sich mehrere Sternenhimmel an. Da ist jener der Tukano und Kobeua im heute venezolanischen Vaupes-Becken, die der wunderbare Ethnologe Theodor Koch-Grünberg 1905 dokumentiert hat. Er liess sie ihre Sternbilder selber auf ein Blatt Papier malen[2] – allerdings ohne ihre Sagen aufzuzeichnen (während dort, wo er Sternsagen aufzeichnete,[3] das Material zu den dazugehörigen Sternbildern leider dürftig ausfällt). Im selben Becken im nordwestlichen Amazonas hat der Ethnologe Stephen Hugh-Jones wiederum die Sternbilder der Barasana dokumentiert,[4] einer anderen Tukano-sprachigen Gruppe, und sie sich ebenfalls aufmalen lassen. Deren Asterismen unterscheiden sich, trotz der engen Nachbarschaft der einzelnen Gruppen, von jenen der Tukano und Kobeua, ohne dass jedoch alle Sternsagen publiziert wären. Ebenso interessant ist der Sternenhimmel der Shipibo-Conibo im Osten Perus, dessen Sternbilder präzise dokumentiert sind,[5] ohne dass den Sternsagen dieselbe Aufmerksamkeit widerfuhr.

Das ist bei den brasilianischen Bororo anders: Dort haben drei Salesianer-Pater – Colbacchini, Albisetti und Venturelli – im 20. Jahrhundert die mündliche Überlieferung samt astralen Vorstellungen umfangreich aufgezeichnet und der amerikanische Ethnologe Stephen Fabian hat sie in ethnoastronomischen Studien gründlich weiter herausgearbeitet. Wiewohl es heute nur noch weniger als tausend Bororo in sieben Dörfern gibt, stellen sie eine der am besten dokumentierten indigenen Volksgruppen dar. Karl von Steinen hat sie 1888 erstmals ausführlich beschrieben und Claude Lévi-Strauss sie 1935 besucht und in seinen *Tristen Tropen* von 1955 vorgestellt, um ihre Mythen in einflussreichen (heute jedoch letztlich überholten) Studien wie *Das Rohe und das Gekochte* von 1964 zu analysieren.

Zusammen betrachtet gehören diese Sternenhimmel erstaunlicherweise – oder auch nicht, bedenkt man die gemeinsame Her- und Abkunft der Ureinwohner Südamerikas – einem Paradigma an, das zwar in sich variiert, aber viele Überschneidungen aufweist, sowohl in sich wie mit dem Sternenhimmel der Maya und nicht zuletzt jenem der Anden.

BORORO

Die Bororo sind eine indigene Volksgruppe in Zentralbrasilien, die in Mato Grosso ('Dichtes Gestrüpp') an der bolivianischen Grenze von Ackerbau, Jagd und Fischfang lebt. Eigentlich müsste man von den östlichen Bororo reden; doch da die westlichen und sprachlich davon differenzierten Bororo schon seit mehreren Generationen ausgestorben sind,[6] umfasst der Begriff *Bororo* nun diese um den San-Lourenço Fluss in sieben Dörfern siedelnden östlichen Bororo. Die gut hundert jeweils darin lebenden Individuen sind alles, was von der einst zahlreichsten und mächtigsten Volksgruppe Brasiliens nach dem Kontakt mit den Europäern, Kriegen, Krankheiten, der staatlichen Korruption und dem Tag- und Raubbau um den Amazonas geblieben ist.

Es ist eine Region, die sowohl Savanne wie Sumpfgebiete, Flüsse und Hügel mit Tropenwald umfasst. Die Dörfer liegen in Flussnähe, was eine relativ stabile Nahrungsversorgung garantiert, sind kreisrund angelegt und innen an der Ost-West-Achse ausgerichtet, mit dem Männerhaus und dem davor liegenden Zeremonienplatz als Zentrum. Diese Ost-West-Achse spiegelt den Sonnenlauf als Ordnungsprinzip ebenso wider wie die Bewegung der Sterne über den Himmel und den Lauf der im Kernland der Bororo von Ost nach West fliessenden Flüsse: Nach deren mächtigem, männlichen Wassergeist wird dieser Pfad im Dorf *'Pfad des Aije'* genannt.[7]

Unterteilt wird dieser Kreis weiter in Achtelsegmente, die den Hauptclans (samt den jeweiligen Subclans) zugewiesen sind. Diese Struktur wird auch auf den jährlichen Trecks zum Jagen und Sammeln beibehalten, bei denen temporäre Unterkünfte errichtet werden.[8] In dieser auf Richtungen und Räume basierenden Dorfstruktur manifestieren sich religiöse Vorstellungen, Hochzeitsbräuche, Jagd und Fischfang, öffentliche Zeremonien und Begräbnisse. Übergeordnet ist ihr der Himmel, in dem Sternbilder Zyklen der Fauna und Flora markieren – die dann ebenfalls auf soziale Gruppen übertragen werden. So scheint es, als würde alle astrale Fauna einmal dem einen oder anderen Clan gehört haben, der sich dann nach Dem Riesengürteltier oder einem Ara benannte.[9]

Die Bororo sehen sich als integraler Teil ihrer Umwelt: Die Seelen ihrer Toten werden in der Regel zu nicht gejagten und gegessenen Tieren: zu einem Jaguar, Otter, Falken oder einem Ara.[10] Jenen, die erlegt werden, erweist man den gehörigen Respekt durch Einsegnungen, weil deren Seelen dann in einen übergehen. Dies gilt insbesondere für Wildbret, da sich die Baris nach ihrem Tod in jenes Wild verwandeln können, das am besten schmeckt. Der *Bari* ist der 'Medizinmann' und 'Zauberarzt', während ein zweiter Schamane – der *Aroetauarari* – in erster Linie Vortänzer und Vorsänger bei den Zeremonien ist, die den *Aroe* ('Seelen, Geistern') gewidmet sind: den in den einzelnen Tieren steckenden, totemischen Lebensgeistern, die als Urahnen erachtet werden.

Sie werden in langen Litaneien einzeln aufgerufen:[11] "In den, man darf ohne viel Übertreibung sagen, fast jeden Tag und jede Nacht im Baitó [Männerhaus in der Dorfmitte] erschallenden und weithin hallenden Gesängen ist *Aroe* nicht das dritte, sondern das zweite Wort, denn die Gesänge enthalten Aufzählungen von Tieren und Dingen, deren jedem, sobald es genannt ist, mindestens ein *Aroe* folgt.

Gesungen wird zu allen Ereignissen, die irgendwie Gefühle von Trauer oder Freude erregen, und zwar, soweit das möglich ist, auch sowohl am Vorabend wie zur Nachtfeier. Der Häuptling sagt am Abend für den folgenden Tag eine Jagd an: statt dass sich die Leute nun vernünftigerweise schlafen legen, bis die frühe Stunde des Aufbruchs da ist, vereinigen sich die Aroe zu ihrem Jagdgesang und die Eifrigsten singen unentwegt bis zum Morgen."[12]

Die Bororo nennen sich selbst *Boe*, was von den ihre Sitten und Gebräuche dokumentierenden Salesianern auch mit 'Ding', 'astronomische Zeit' und 'atmosphärische Bedingung' glossiert wird.[13] Als Mensch gilt ihnen somit das 'Etwas' einer temporär sich manifestierenden Erscheinung, die den kosmischen Abläufen ebenso angehört wie dem Wetter: mithin als blosse *Inkarnationen* der Welt, die ihn umgibt.

"Das soll nicht heissen, dass die Religion bei den Bororo ein höheres Prestige besass. Ganz im Gegenteil, sie war eine Selbstverständlichkeit. Im Männerhaus vollzogen sich Kulthandlungen mit derselben Unbefangenheit wie alle anderen Verrichtungen, als handle es sich um nützliche Tätigkeiten, die um ihres Ergebnisses willen ausgeführt wurden, ohne jene ehrfurchtsvolle Handlung zu erfordern, die sich selbst dem Ungläubigen aufdrängt, wenn er eine heilige Stätte betritt."[14]

Abends auf der Matte zu liegen und in die Sterne zu schauen gehört zu ihrer Kultur. Sie bringen für diese himmlischen Kontemplationen die Scharfäugigkeit der Jäger mit, weshalb sie dafür bekannt sind, selbst in vollem Tageslicht die Venus sehen zu können. Sie beobachten Auf- und Untergänge von Gestirnen morgens und nachts sowie deren Stellungen im Zenit; sie dienen – vor allem aber der Stand von Sonne und Mond und dessen Phasen – auch der Zeitbestimmung.

Diese unterteilt das Jahr in *Ari* – Mondmonate – und in die Trockenzeit und die Regenzeit. Das entspricht dem Zählsystem der Bororo: 1 (*Mito*), 2 (*Pobe*) und 'Viele'. Letzteres wird über Bezüge zum Körper umschrieben; so ist 3 'ein Paar von denen sowie einer, der keinen Partner hat' und 5 'so viele davon wie meine Hand vervollständigt'.[15] Namen für einzelne Monate sind nicht in Gebrauch; das Jahr wird vielmehr unterteilt in verschiedene Brut-, Balz-, Jagd-, Saat- und andere Zyklen sowie in 'astronomische Zeiten': heliakische Aufgänge frühmorgens vor der Sonne, Mondphasen und Sonnenstände.

KOSMOLOGISCHES

Das Dorf ist ein Abbild des Kosmos. Auf der Ost-West-Achse fliessen die himmlischen Mächte und die irdischen Wasser hindurch. Die sekundäre Nord-Süd-Achse unterteilt es in eine obere und eine untere Hälfte. Das Männerhaus mit dem Platz davor stellt auch die Mitte der Erde dar; sein zentraler Pfeiler stösst hinab in die Unterwelt (die bei den Bororo jedoch kaum eine Rolle spielt) und reicht bis zum Himmel. Und jedem Viertel des Dorfes steht ein legendärer Kulturheld als spiritueller Häuptling vor.[16]

Die Salesianer Colbacchini und Albisetti veröffentlichten 1942 in einer ethnographischen Studie über die Bororo auch einige ihrer Mythen.

Zu den kosmologischen Vorstellungen der Bororo befragt, gab der Informant Ukeiwagúuo folgende Auskunft: "Die Bororo wissen nicht, wer die Welt und die Natur oder sie selbst erschaffen hat. Unsere Ahnen sagten, dass die Lianen von selbst aus dem Boden herauswuchsen und der Brasilkirschenbaum [*Hymenae*] erst später entstand – deshalb ist es ein so grosser und beeindruckender Baum. Dann wuchsen die Pflanzen aus den sumpfigen Stellen hervor, wegen des neugeborenen Wassers. Es war Baitogógo (ein *Aroroeddo*, ein Häuptling also mit der höchsten Autorität), der veranlasste, dass das Wasser zum ersten Mal erschien."
Dies geschieht, nachdem Baitogógos Frau von einem feindlichen Indio vor den Augen ihres Sohnes vergewaltigt wird. Baitogógo bringt ihn darauf um, danach aber erwürgt er auch seine Frau, begräbt sie heimlich und macht seinem Sohn vor, dass die Mutter in den Wald gegangen wäre. Der vermisst sie so sehr, dass er völlig abmagert und sich in einen Vogel verwandelt – der seinem Vater dann auf die Schulter scheisst. Baitogógo kann es nicht abwaschen und so erwächst ihm darauf aus dem Exkrement ein grosser Brasilkirschbaum.
Mit dem Baum auf der Schulter kann er nun nicht mehr über sein Volk herrschen: "Deshalb verliess er das Dorf und wanderte lange Zeit herum. Müde geworden, setzte er sich zum Ausrasten hin: Es war da, dass er das Wasser erschuf. Da, wo er sich hingesetzt hatte, erschien ein See; als er dann aufstand und weiter in dieselbe Richtung ging, begann ein Fluss zu fliessen; wo immer er seinen Arm hinstreckte, sprudelte es zu einem See

heraus; wo immer er hindeutete, da begann ein Fluss zu fliessen. Es ist wegen Baitogógo, dass es heute so viel Wasser gibt. Doch sobald das Wasser zu fliessen und Seen und Flüsse zu bilden begann, wurde der Baum auf seiner Schulter allmählich kleiner, bis er ganz verschwand. Weil die Gegend so schön war, beschloss Baitogógo dort zu leben, hielt es aber für notwendig, die Ika-Flöte der Bakoróro und viele Ornamente zu erfinden."[17]

Die irdische Welt wird von zwei Arten von Geistern bestimmt. Die *Aroe* kann man als 'Seelen' bezeichnen, wenngleich sie eher als totemische, der Natur entsprungene Ahnengeister verstanden werden, die unveränderliche Aspekte verkörpern, während die *Bope* Wesen sind, die das Prinzip organischer Verwandlung darstellen. Beide Arten Geister ergänzen einander, stehen im Widerstreit miteinander, werden durch unterschiedliche schamanistische Praktiken beeinflusst und exemplifizieren die dualistische Weltsicht der Bororo.[18]

Die Bope lassen sich als Kraft auffassen und sind mit Wachstum und Verfall, Fruchtbarkeit und Tod verbunden, die Aroe hingegen sind Seelen. Beide machenden Menschen aus – wie auch alle sonstigen Lebewesen. Sind die Bope schwarz und die Aroe weiss, so finden sie in der Farbe Rot zusammen, die höchste Vitalität und Schönheit ausdrückt und sich so auch in der Sonne und ihrem Federschmuck zeigt.[19]

Der Dorfzauberer – *Bari* – nimmt bei ihnen die Rolle eines Medizinmannes ein: Er ist jener Schamane, der mit den Bope kommuniziert, und somit dem *Aroe Etawarare* gegenübersteht, der es mit den Aroe zu tun hat.[20] Wenn der Bari stirbt, so der Glaube, ergeht es seiner Seele anders als den gewöhnlichen Menschen: Entweder steigt sie in den Himmel hinauf oder sie wandert auf der Erde herum oder sie sinkt in die Unterwelt. Die Geister dieser toten Schamanen werden *Maeréboe* genannt und mehr oder minder von den Bororo gefürchtet.

Die Maeréboe, die im Himmel weilen, haben zwei Beine, zwei Arme, sehr dickes Haar, haarige Rücken und löchrige Köpfe: Wenn sie rauchen, kommt der Tabakqualm durch die Löcher darin heraus. Sie sind fliegende Ungeheuer, aus deren Augen oder unmässig langen Haaren und Fingernägeln der Regen tropft – oder einbeinige Wesen mit einem dicken Bauch und dem pelzigen Körper von Fledermäusen.[21] Sie sind es auch, die überall die Steine und Felsen der Gegend rot färben. Sie essen nur das Fleisch wilder Tiere und wilde Früchte. Fliegen, Bremsen, Mücken, Sandflöhe, Geier und Vögel mit schlechtem Omen gehören ihnen. Und sie werden auch für ungewöhnliche Himmelsphänomene wie Meteoriten verantwortlich gemacht.

So ist die Sonne ein Stück glühendes Metall, das auch einer der verstorbenen, zum Geist gewordenen Bari auf dem Kopf tragen und damit auf die Menschen der Erde herabschauen kann. Ist das Metall sehr heiss, wird es den Menschen unten sehr heiss – wozu die Bororo sagen: "Diese Dinge verbrennen mich." Der Geist zieht damit frühmorgens los und macht um 9 oder 10 Uhr noch Witze; dann aber wird der Pfad steil und mühsam, sodass er um 3, 4 Uhr nachmittags griesgrämig und müde wird; weil es dann aber bald wieder hinuntergeht, kriegt er schnell wieder gute Laune. Abends im Westen angekommen (wo, so glauben die Bororo, ein Gewässer unter dem Horizont liegt), wendet er sich nach rechts, immer am Ufer entlang nach Norden. So geht er die ganze Nacht hindurch, um morgens wieder im Osten aufzusteigen. Ob er lustig oder traurig ist, das zeigt er den Menschen. Zu einer Sonnenfinsternis kommt es, wenn die Maeréboe zornig auf die Menschen sind; dann verbergen sie ihre Gesichter vor ihnen.

Auch das Licht des Mondes geht von einem Geist aus, der in ihm steckt. Bei Vollmond steht er am Anfang seiner Reise und ist noch ganz wach und hält sein Auge weit offen; bei Neumond ist er am Ende seiner Reise von Osten nach Westen angelangt und hat deshalb nur noch ein müdes, schmales Äuglein. Zu einer Mondfinsternis kommt es ebenfalls, wenn die Maeréboe auf die Menschen zornig sind.[22]

Obwohl die Maeréboe als Bope für das Prinzip des Wandelbaren stehen, gelten Meri und Ari – Sonne und Mond – selbst in der Regel jedoch als Aroe, welche die Unwandelbarkeit der greifbaren Welt in ihrer Gegebenheit, der Regelmässigkeit von Tag und Nacht, der Gleichförmigkeit der Lebewesen verkörpern. Dieser Antagonismus eines täglich nie gleichen Sonnen- und Mondlaufes bei gleichzeitiger Wiederholbarkeit löst das mythische Denken, indem einige Bororo Meri zum 'Vater der Bope' erklären. Derselbe, gleichsam symmetrische Dualismus prägt auch die Auffassung von Zeit: ob als Gegensatz von Tag und Nacht, hell und dunkel oder als Abfolge von trockener und regnender Zeit.[23]

ZEIT

Der Tag – *Meriji* – leitet sich vom Namen der Sonne – *Meri* – ab. Die Tageszeit wird durch den Sonnenstand bestimmt, auf den bei Abmachungen verwiesen wird, indem er in Relation zum Körper gesetzt wird. Da steht die Sonne bei ihrem Aufgang etwa auf Mundhöhe, dann auf Augen- und Stirnhöhe und mittags schliesslich über dem Kopf; oder sie selbst wird als Person gesehen, die morgens den Himmel hinaufklettert oder nachmittags beispielsweise "über dem Bauch des Himmels steht", um bei ihrem Untergang schliesslich zu "fallen" oder zu "fliehen".

Die Nacht hingegen – *Boe Xo(du)* – ist gemäss der Mehrdeutigkeit von *Boe* 'ein Ding | eine Zeit der Dunkelheit', indem die Sonne dann nicht mehr am Himmel steht. Dann treffen sich die Männer zum Palaver am Platz vor dem Männerhaus, während die Frauen mit den Kindern vor ihren offenen, A-förmigen Häusern sitzen und reden. Da der Tag vor dem Sonnenaufgang beginnt, gibt es eigene 'Nachtwächter', die mit bestimmten Rufen das Zeichen zum Aufstehen und Urinieren (*Gugugu*), Feuer machen (*Wawawa*), Essen (*Buri buri buri*) und Auf-die-Jagd-Ziehen (*Kukuku*) geben. Dies kann auch durch das Nennen der Sterne geschehen, die gerade aufgehen, indem ihre Namen in der Pfeifsprache durchs Dorf gepfiffen werden. Dabei spielt die Venus als Morgenstern eine grosse Rolle, was sich auch daran zeigt, dass sie mehrere Namen besitzt.

Vom Mond – *Ari* – wird zuerst seine Grösse und Form artikuliert: So ist die Sichel des Neumondes "wie die Klaue eines Riesengürteltieres"; danach wird sein Wachsen oder Schrumpfen mit der Grösse seines Auges gleichgesetzt. Ist er dann voll, wird seine Position bei Sonnenaufgang und Sonnenuntergang beschrieben, ob er über den Bäumen, in der Mitte des Himmels oder "über | an | hinter der Glatzköpfigkeit von Nicht-Indios" steht. Damit wird auch die Beobachtung berücksichtigt, dass der Mond sich nicht nur von Ost nach West bewegt, sondern jeden Abend etwas weiter westlich aufgehen kann.

In einem Mythos ist davon die Rede, dass Sonne und Mond sich auf eine Reise von Westen nach Osten begeben, um dabei Berge zu formen. In einem anderen wird berichtet, dass ihnen auf ihren Wanderungen elf Tiere begegnen, die vor ihnen nach Westen flüchten, wobei sie selbst am Ende wieder dort hingelangen, von wo sie ausgezogen sind. Es mag sein, dass dahinter noch eine Erinnerung an den Tierkreis der Maya steckt; was dagegen unzweideutig zum Ausdruck kommt, ist die auch sonst artikulierte Beobachtung, dass Sonne und Mond am Horizont im Laufe des Jahres einmal westlicher, dann wieder östlicher aufgehen, um am Ende wieder zum selben Punkt zu gelangen.[24]

Eine über mehr als eine Woche zurückreichende Zeitrechnung gibt es in der Bororo-Kultur nicht – vielleicht nicht mehr. Ein Informant wusste noch von einem System von 10 Mond-Monaten, die durch Sätze benannt wurden, die sich nicht mehr befriedigend übersetzen lassen. Sie zeigen ein Muster von 6 *Ari*-Monaten und 4 Nicht-*Ari*-Monaten, die vielleicht mit der Vorhersage von Mondfinsternissen zu tun haben könnten. Zu solchen kommt es, wenn der Mond sich in der Nähe seiner Knoten befindet – das bedeutet: den Schnittpunkten seiner Umlaufbahn mit dem Sonnenlauf in der Ekliptik –, was in etwa alle sechs Monate eintritt.[25]

Unterteilt wird das Jahr in die Regen- und die Trockenzeit. *Butaokau* oder *Butaobutu* verdankt den Namen den *Butu-Doge*, langhaarigen und bärtigen Wassergeistern, die nach dem drückend heissen und windigen September die ersten richtigen Regen – *Bubutu* – im Oktober verursachen. Da man in der Regenzeit eher zu Hause bleibt und in der Trockenzeit die Wanderungen erfolgen, werden dann auch mehr religiöse Feiern abgehalten, insbesondere das saisonale Begräbnis, das mit der Initiation der Jungen im Juni zelebriert wird, wenn die Plejaden erstmals heliakisch aufgehen.

Joru – Feuer – bildet die Wurzel für den Namen der Trockenzeit zwischen Mai und September, in welcher der brasilianische Cerrado – die Savanne – und der Wald durch Wildfeuer abgebrannt werden. Was der Jagd wegen, um für Pflanzungen zu roden oder zur rituellen Reinigung des Landes geschieht, findet sich auch im Land des Himmels in Form der Milchstrasse abgebildet.[26]

"Die Nächte sind dem religiösen Leben gewidmet und die Indios schlafen von Sonnenaufgang bis Mittag",[27] hält Levi-Straus über seinen Besuch beiden Bororo fest. Zur Zeitbestimmung dienen ihnen die Gestirne: jeder Stern, der beim Untergang der Sonne ihr gegenüber im Osten aufgeht, wird logischerweise um Mitternacht in der Mitte des Himmels im Süden stehen, bevor er dann bei ihrem Aufgang selbst untergeht.

Ebenso aussagekräftig ist das Muster der Sternbilder am Himmel. Mitte Juni etwa ist abends Der Feuerstab-Reiher in Orion gerade untergegangen, steht Tuwagogu (Sirius) tief im Westen, Die Landschildkröte in Corvus fast im Zenit, kulminieren Kopf und Fuss Des Nandu fast schon im Süden und Die Wasserschildkröte in Scorpius schon hoch im Osten. Um Mitternacht dann finden sich Die Landschildkröte in Corvus und der Vorderfuss Des Nandu in Crux schon vor ihrem Untergangspunkt, während Die Wasserschildkröte in Scorpius ihre Kulmination bereits hinter sich hat. Ist die Position eines dieser Sternbilder zu erkennen, kennt ein Bororo damit auch die anderen. Und dieses bei Sonnenuntergang Mitte Juni am Himmel stehende Muster ist im Grossen und Ganzen dasselbe wie um Mitternacht im März oder bei Sonnenaufgang Mitte Dezember.

Der Zeitbegriff der Bororo wird durch diese Ansichten bestimmt, die von den Variationen des Mondlaufes und seiner Phasen, den Verschiebungen der Sonnenbahn im Laufe des Jahres und dem Wechsel von Trocken- und Regenzeit nuanciert werden. Zeit ist damit nichts Abstraktes und Mechanisches, sondern eine Erfahrung von Lebendigem, dynamisch sich Veränderndem, Kosmischem.

Das zeigt sich nicht zuletzt auch an den Mythen: Strukturiert ihr rituelles Erzählen die Zeit, so stellen sie selbst erinnerte Abfolgen von Ereignissen dar, innerhalb derer es besonders bemerkenswerte Passagen gibt wie die Listen von der Reihe nach erscheinenden Sternen etwa.[28]

"Im Bororo-Dorf gibt es einen Augenblick des Tages, der eine besondere Bedeutung hat: der Appell am Abend. Sobald es dunkel wird, zündet man ein grosses Feuer auf der Tanzfläche an, auf der sich die Clanhäuptlinge versammeln. Mit lauter Stimme ruft ein Schreier ['der die Nacht bewacht'] die einzelnen Gruppen auf: *Badedjeba*, 'Die Häuptlinge', *O Cera*, 'Die des Ibis', *Ki*, 'Die des Tapirs', *Bokodori*, 'Die des Riesengürteltieres', *Bakoro* (abgeleitet vom Namen des Helden Bakoróro), *Boro*, 'Die des Lippenpflocks', *Ewaguddu*, 'Die der Buriti-Palme', *Arore*, 'Die der Raupe', *Paiwe*, 'Die des Stachelschweins', *Apibore* (unklare Bedeutung) ...

In der Reihenfolge, in der die Betreffenden erscheinen, werden ihnen die Befehle für den folgenden Tag mitgeteilt, und zwar immer in demselben lauten Ton, der die Losungen bis in die entferntesten Hütten trägt, die zu dieser Stunde im Übrigen fast leer sind. Mit Einbruch der Dunkelheit, welche die Mücken vertreibt, haben alle Männer ihre Familienhütten verlassen, in die sie gegen sechs Uhr zurückgekehrt waren. Jeder trägt die Matte unter dem Arm, die er auf der gestampften Erde des grossen runden Platzes westlich des Männerhauses ausbreiten wird. Sie legen sich nieder, eingehüllt in Baumwolldecken, die durch den ständigen Kontakt mit den mit Urucu bemalten Körpern eine orangene Färbung angenommen haben und in denen das Büro zum Schutz der Eingeborenen schwerlich eine seiner einstigen Spenden wiedererkennen würde. Auf den grösseren Matten lassen sich fünf bis sechs Männer nieder; es wird wenig gesprochen. Einige sind allein; man geht zwischen all diesen ausgestreckten Körpern hindurch. Wenn der entsprechende Aufruf erfolgt, erheben sich die genannten Familienhäupter einer nach dem anderen, empfangen ihre Weisung und legen sich wieder hin, das Gesicht den Sternen zugewandt."[29]

ALTER DES STERNENHIMMELS

Von seiner Konzeption als Himmel von Tieren und Vögeln her entspricht der Sternenhimmel der Bororo all den anderen, weltweit verteilten, die prototypische Lebewesen ans Firmament versetzen. Querverbindungen wie die Geschichte der in den Himmel gekletterten Kinder mit der strukturell identischen Legende aus dem Sternenhimmel der Gesellschaftsinseln oder die Vorstellung, an Seilen aus dem Himmel auf die Erde herabzukommen, die sich auch bei den Aborigines findet, lassen auf ein hohes Alter schliessen.

Die jüngsten genetischen Studien weisen aufgrund ihrer molekularen Uhren auf weit frühere Einwanderungszeiten hin als bislang angenommen: So deutet sich ein bis 56 000 Jahre zurückreichender Rahmen an;[30] lassen sich die auf gleicher geographischer Breite wie die Bororo gefundenen Skelette der Kalksteinhöhlen von Lagoa Santa zwischen 30 000 und 22 000 Jahren ansetzen;[31] werden die Steinwerkzeuge in der brasilianischen Serra de Capivara auf 41 000 – 20 000 Jahre alt datiert.[32] Damit ist es möglich, dass dieser Himmel – samt den Urvätern der Bororo – bereits mit einem sehr frühen Migrantenzug nach Südamerika kam und deshalb mehrere ursprüngliche Merkmale behielt, die er nun mit Sternenhimmeln auf der anderen Erdhälfte teilt. Dazu zählt der Vogel Strauss, der bei australischen Aborigines ebenso prominent in der Milchstrasse präsent ist.

Das Konservative in der Kultur der Bororo zeigt sich dabei an der unscheinbaren Auskunft, man habe vergessen, was über die Entstehung der Welt erzählt wurde. Denn das bedeutet einerseits, dass keine neuen Einflüsse hinzukamen, andererseits dass man sich an die eigenen Überlieferungen hält, selbst im Bewusstsein, dass sich deren Gedächtnis allmählich als lückenhaft entpuppt, und ohne neue Mythen zu erfinden.

So blieben die bei den allermeisten Sternenhimmelkulturen zu beobachtenden grundlegenden Elemente des Schöpfungsmythos erhalten: einem in Lianen aus dem Boden Wachsen der ersten Natur (und damit wohl der ersten Menschen), eine in den Legenden erwähnte Grosse Flut und eine dunkle Vorwelt; Vögel und Vogelmenschen als erste Lebewesen, die samt den Paaren von Tieren am Himmel als Prototypen der irdischen Exemplare gelten können.

I HIMMEL UND STERNE

Himmel

BARU

Der Begriff setzt sich zusammen aus *Boe*, 'Ding', und *eru*, 'heiss'. Die Bororo bezeichnen mit diesem 'heissen Ding' den physischen Himmel und die Wohnstätte gewisser Geister wie der Bope oder Maeréboe (jedoch nicht der Seelen). Sie schreiben dem Himmel verschiedene Ebenen zu.

EB I 257, F 197

Nicht unwesentlich ist, dass ihr als Medizinmann fungierender Schamane, der zu Himmelsreisen fähig ist und als Sternschnuppe erscheinen kann, *Bari* heisst: Und "sobald eine besondere Erscheinung auftritt, ist auch die Erklärung mit dem *Bari* zur Stelle".[33]

BARU KAWARUREU – DER BLAUE HIMMEL
BARU KUJAGUREU – DER ROTE HIMMEL
BARU KIGADUREU – DER WEISSE HIMMEL

In einem kosmologischen Modell der Bororo gilt Der Blaue Himmel als der höchste. Darunter liegt Der Rote Himmel, der, wenn er sich wirklich rötet, als Omen gesehen wird, das menschliches Blut und Krieg verheisst. Zuunterst befindet sich Der Weisse Himmel.

Im gesamtamerikanischen Mythenparadigma sind die Himmel jedoch vierfach farbkodiert. Darauf könnte noch ein BARU EKUREU – GELBER HIMMEL verweisen, der aber von den Salesianern als BARU BEKURUREU – HARZIGER (?) HIMMEL notiert wurde, oder ein BARU KAGORIREU – VIOLETTER HIMMEL (?), zu dem es ebenfalls keine Erklärungen gibt. Ob sich der BARU XOREU – DER SCHWARZE HIMMEL auf die Nacht oder ein Gewitter bezieht, ist ebenfalls nicht zu sagen.

Beschreibungen des Himmels fallen bei den Bororo jedenfalls metaphorisch anschaulich aus. Mit den Gewitterwolken wird er zu einem 'Himmel mit kochendem Wasser' (*Baru Pobo-Berereu*); mit durchbrochener oder fleckiger Wolkendecke wird er zu einem 'Himmel, der den Schnitten bei einem Begräbnis gleicht', die man sich selbst zufügt. Er kann ein 'Himmel mit einem Kanumaul' sein (*Baru Ikajareu*) und mit einem rotglühenden Abendrot wird er zu einem 'Himmel, der ein leuchtendes Äusserstes hat' (*Baru Otto-Urugureu*).

F 197–198

Zenit

BARU AIADADA – DIE MITTE DES HIMMELS

F1 290

Stern(e) und Planeten

(I)KUIE – DER SEILBESITZER
(I)KUIEJE-DOGE – DIE SEILBESITZER
IPARE – DIE KINDER
IPARE ETA MANA MAGE – DIE ÄLTEREN GESCHWISTER
IPARE ETA VIE MAGE – DIE JÜNGEREN GESCHWISTER

Ikuie oder *Ikuieje* setzt sich zusammen aus *Iku* – Seil – und dem Possessivpronomen *-ie*. Diese Bezeichnung erklärt ein Ursprungsmythos. Darin flüchten Kinder mit einem Seil in den Himmel und verwandeln sich in Sterne. Das Aufgehen der Sterne wird deshalb *Ipare Erudu* – Das Hinaufklettern Der Kinder – genannt.

EB I 611, F 200–201 und 126

Dasselbe Himmelfahrtsmotiv findet sich auch bei Aborigines in der Nähe von Broome; in deren Mythen flieht ein Jäger vor einem Regensturm, der aufzieht, weil er etwas Verbotenes gegessen hat, mittels eines magischen Seils, auf dem er hinauf- und dann wieder hinunterklettert in den Himmel.[34] Auch bei den australischen Wardaman könnte man deren Himmelsvolk 'Seilbesitzer' nennen, weil es mittels eines aus dem Leib wachsenden Fadens sich von selbst herauf- und herunterlassen kann wie eine Spinne. Am überraschendsten ist jedoch die Parallele zum Sternenhimmel der Gesellschaftsinseln. Dort und auf den Cook-Inseln finden sich dieselben strukturell zentralen Motive: Die Flucht von Kindern vor Eltern, die sie hungern lassen, in den Himmel, mit Hilfe eines Seils und einem kleinen Vogel.

VOM URSPRUNG DER STERNE UND GEWISSER TIERE

"Jedes Mal, wenn die Frauen zu den Maispflanzungen gingen, kamen sie mit leeren Händen ins Dorf zurück; sie brachten nicht einmal einen Kolben für ihre Männer und Kinder mit. Auf die drängenden Fragen antworteten sie: 'Habt noch ein wenig Geduld; der Mais ist noch nicht reif.'

Eines Tages begann ein kluger kleiner Bub daran zu zweifeln, dass seine Mutter und die anderen Frauen die Wahrheit sprachen. Er wartete, bis sie wieder aufs Feld zogen, nahm sich seinen Pfeil und Bogen und folgte ihnen. Bei der Pflanzung hörte er klar und deutlich das rhythmische Stampfen des Stössels und ihr fröhliches Lachen. Er schlich sich an, aber die Frauen entdeckten ihn und riefen seiner Mutter zu: 'Schau, wer da ist!

Da ist dein kleiner Junge!' Dann luden sie ihn freundlich ein, sich am gerösteten Mais zu bedienen, an Kuchen und Maisbier; sie gaben ihm, soviel er nur wollte. Aber der Bub dachte sich: 'Was seid ihr bloss für Lügner! Ihr habt so viel – und dann sagt ihr, es gäbe keinen Mais!'

Nachdem er genug gegessen hatte, begann der Bub zu spielen; er jagte Eidechsen, denen er ins Maisfeld nachrannte, wo ihn neugierige Augen nicht erblickten. Dort sammelte er einen Haufen reifen Mais und versteckte die Körner im hohlen Bambus seiner Pfeilschäfte. Als er zu den Frauen zurückkehrte, machten sie sich gerade bereit, ins Dorf zurückzukehren – wie üblich mit leeren Händen. Sie zwangen ihn, zu versprechen, sie bei den anderen Bororo nicht zu verpetzen. Als Gegenleistung für sein Schweigen dürfe er sie zum Feld begleiten, wann er wolle, und das von ihnen gekochte Essen geniessen. Da er aber überhaupt keine Lust hatte, seine Zeit mit den Frauen zu verbringen, entschloss er sich, nicht mehr zum Feld zurückzukehren. Seine Mutter, die Angst hatte, dass er sie verraten würde, versuchte ihn dazu zu zwingen, aber als er nicht aufhörte sich zu weigern, verlor sie die Geduld und begann ihn gnadenlos zu schlagen. Der Junge tat so, als würde er voll aus dem Mund bluten. Er hatte vorausgesehen, dass seine Mutter ihn bestrafen würde und sich daher roten Ton in den Mund gepackt; wenn er den mit Spucke vermischten Ton ausspie, sah es aus, als würde er Blut speien. Aufgeschreckt von dem Spektakel, überredeten die anderen Frauen die Mutter des Jungen, aufzuhören, ihm weiter Gewalt anzutun. Dann kehrten alle Frauen zum Feld zurück. Seine Mutter einmal losgeworden, schloss sich der Bub freudig seinen Spielkameraden an, denen er zurief: 'Freunde, kommt her, alle! Schaut, wieviel reifen Mais es auf dem Feld gibt!' Er nahm die Körner aus seinen Pfeilen und die Buben machten damit einen Brei und eine Brühe.

Jeder ass ein wenig. Dann sagte er: 'Was sollen wir bloss tun? Wo können wir hin, um von unseren Müttern wegzukommen? Wenn wir uns im Wald verstecken, werden die Raubtiere uns fressen, und da können uns auch unsere Mütter finden.'

Ein Junge, Akaruyo Boroge, sagte: 'Lasst uns in den Himmel gehen'. 'Wie sollen wir in den Himmel steigen?' 'Wir nehmen dieses Seil aus dicker Baumwolle, um in den Himmel zu kommen.' 'In Ordnung! Dann also los!'

Sie riefen alle Vögel herbei, um das Seilende hinauf in den Himmel zu tragen, aber es gelang ihnen nicht, der Himmel war zu weit weg. Deshalb riefen sie den kleinsten Kolibri, Piodudo Porerewu.

Der musste nicht lange überredet werden; er flog gleich hoch und flog und flog, bis er den Himmel erreichte. Erschöpfte kehrte er von dort dann zurück und fiel zu Füssen der Jungen in Ohmacht. Sie brachten ihn wieder zu sich, indem sie ihm Luft zufächelten, und fragten: 'Bist du bis zum Himmel hinaufgekommen? Und konntest du unser Seil dort gut anbinden?' 'Ja', erwiderte er und machte einen Witz: 'Aber ich hab es bloss neben den alten morschen Stumpf eines Sucupira-Baums gelegt.'

Zufrieden mit diesem ersten Erfolg, merkten sie, dass sich nur eine alte Frau und ein Papagei als einzige Zeugen ihres Vorhabens im Dorf befanden, die anderen Frauen waren ja alle im Feld und die Männer auf der Jagd. Um die Frau und den Vogel daran zu hindern, zu erzählen, was sie gesehen hatten, fesselten sie die beiden und schnitten ihnen die Zungen heraus. Dann, die jüngsten Buben auf ihrem Rücken, fingen die älteren Jungen an, am Seil hinaufzuklettern.

Als sie gerade die Hälfte erreicht hatten, begannen die Frauen ins Dorf zurückzukehren. Weil es still und verlassen war, die fröhlichen Stimmen ihrer Kinder nirgends zu hören, gingen sie gleich zu der alten Frau und überhäuften sie mit Fragen. Da sie nicht mehr antworten konnte, drehte sie einfach ihre Augen zum Himmel hinauf. Die Frauen folgten ihrem Blick und sahen dort ihre Söhne und wie sie schnell in die Höhe kletterten. Sie riefen den Buben liebevoll zu und boten ihnen ihre Brüste an, doch vergeblich, denn die Jungen flohen weiter zum Himmel hinauf. Da machten die Frauen es ihnen nach und hätten sie fast noch eingeholt, doch der letzte Junge sprang auf den Himmel, drehte sich schnell um und schnitt das Seil ab. Es fiel zur Erde und alle Frauen polterten mit ihm herab.

Dann geschah etwas Aussergewöhnliches: Die Frauen, die in ihrem Fall in der Hocke geblieben waren, sie verwandelten sich in Tapire, Wildschweine, Pekaris, Pakas, Agutis und Wasserschweine. Der Rest, der in die Bäume fiel, wurde zu Kapuzineräffchen, Brüllaffen, Nasenbären, Greifstachlern, grossen und kleinen Ameisenbären, schwarz-weissen Stummelaffen und Tayras. Und die, die ihre Hüftschnur beim Fallen gut

gepackt hielten, verwandelten sich in die Tiere, die keine Schwänze haben – während die, bei denen sie sich vorne gelöst hatte, um hinten herabzuhängen, zu jenen mit Schwänzen wurden.
Die Frauen wurden also zu den wilden Tieren.
Das Seil jedoch, auf dem Jungen hinaufkletterten, ist jetzt die 'Leiterliane', auf der man immer noch die Fussabdrücke der Jungen erkennt.
Wegen all dem gibt es nun Sterne. Die Kinder, sie wurden zu etwas Schönem im Himmel. Nur der, der der alten Frau die Zunge abgeschnitten hatte, verwandelte sich in den Kaiman.
Die Sterne, die nachts funkeln, sie sind die hübschen Gesichter der Söhne der Bororo."[35]

Die Flucht der Kinder vor Missbrauch, Eigennutz und Ungerechtigkeit hat die Welt verändert und sie in ihr heutiges Gleichgewicht gebracht, sowohl kosmisch wie sozial: Denn erst dadurch haben die Männer – auch zum Ausgleich für die Landwirtschaft der Frauen – das Wild zu der ihnen zustehenden Jagd erhalten. Deshalb müssen die Kinder auch oben im zeitlosen Himmel bleiben, für immer jung, andernfalls käme die Welt aus dem Lot.

Der Junge, der in einer in Garças erzählten Version den Einfall hatte, in den Himmel zu klettern – Akaruyo Boroge –, wurde als Stammvater eines Clans in Anspruch genommen. Sein Geist herrscht jetzt über das östliche Dorf der Toten. Die Sterne sind damit – zumindest in Garças – einem bestimmten Clan zugeordnet, den Apiborege, die sie als ihre Ahnen ansehen; nur die Venus gilt dort als zu einem anderen Clan gehörig.[36]

KIEGE BAREGE – DIE VÖGEL UND TIERE

F 202

Der Name fasst die Lebewesen zusammen, die am Himmel gesehen werden. Er wird in bestimmten Liedern verwendet, die viele Arten von Vögeln und Tieren aufzählen, wobei unter Vögeln besonders Aras verstanden werden. Der Name für 'Vögel' weist sie als Lebewesen aus mit 'trockenem Gesicht' – dem Schnabel – während der Name für Tiere sich darauf bezieht, dass sie Hoden haben.[37] Der Bezug zu Vögeln ergibt sich auch daraus, dass der Name für Stern, *Ikuie*, sich von *Ikui* ableiten lässt, dem Fleckenarassari (*Selenidera maculirostris*), der seinen Namen wiederum von dem Laut hat, den er von sich gibt: *Ikúi, Ikúi.*[38]

Generell liegt den als unterschiedliche Himmelstiere gesehenen Sternen und Sternbildern "die Auffassung zu Grunde, dass sie durch Zauberei dort oben hinkommen und in ihrem Aussehen von den irdischen Geschöpfen abweichen".[39]

MIGUIMIGUI-DOGE – DIE SANDFLÖHE

Bei den von Karl von den Steinen 1888 besuchten Bororo am São Lourenço waren die "gemeinen und nicht in besonderen Konstellationen eingeschlossenen Sterne, wie sie über den Himmel zerstreut sind, als kleine und grosse Punkte – die man auch als Sternschnuppen mit einem Satz das Firmament durcheilen sieht – alles Sandflöhe. Die Venus war 'Der Grosse Sandfloh'. Und die Milchstrasse, in der sie sich am dichtesten zusammendrängen, war Asche."

S 514

Diese Vorstellung hängt damit zusammen, dass Mücken, Bremsen und Fliegen den verstorbenen und Maeréboe gewordenen Zauberärzten gehören, die für alle Himmelsphänomene verantwortlich gemacht werden.[40]

II DIE STERNBILDER IN DER MILCHSTRASSE

Milchstrasse

IPARE EGURU – DIE TRÄNEN DER KINDER

Die Milchstrasse wird von den Bororo genau beobachtet, ihrer Dunkelstellen und der Sternbilder in ihrer Nähe wegen. Die Vorstellungen, die sich mit ihr verknüpfen, sind jedes Mal auf den Mythos der ausgerissenen Kinder bezogen, die nun glänzend am Nachthimmel als Milchstrasse sichtbar werden.

Die Tränen der Kinder erklärt eine sehr kinderfeindliche Version der Sage vom Ursprung der Sterne mit der Schuld, die sie auf sich geladen hatten, als sie ihren Müttern das Seil abschnitten, sodass diese sich "in Tiere und Raubtiere verwandelten. Als Strafe für diese ungeheuerliche Tat und für ihre Undankbarkeit wurden diese bösen Kinder dazu verdammt, jede Nacht unentwegt auf die Erde zu starren, um mitanzusehen, was ihren Müttern zugestossen ist. Ihre Augen sind Sterne."

W | S 48

IPARE ERUGUDU – DIE ASCHE | DER FEUERSCHEIN DER KINDER (I)KUIEJE-DOGE ERUGUDU – DIE ASCHE | DER FEUERSCHEIN DERER MIT DEM SEIL

F 200 und 201

Von den weinenden Augen führt die Bedeutung zum Leuchten und zur Asche, weil *Erugudu* hellen, weissen 'Feuerstaub (Asche)' und *Erugudodu* 'Feuerschein' bezeichnet.

Tränen, Asche und Kind werden miteinander verbunden in der folgenden Legende, die sich erneut auf einen tapferen kleinen Jungen bezieht, den diesmal jedoch das Fehlverhalten des Vaters – komplementär zu jenem der Mütter in der Ursprungslegende der Sterne – dem Himmel und den Sternen nahebringt.
Die darin vorkommenden kosmischen Symbole haben eine alte Tradition. So galt der Rochen bei den Maya als Verkörperung der Sonne, und der zu den Johannisbrotbäumen zählende, bis zu 35 m hohe Bokwado (*Hymenaea*), den die Bororo für ihren Vorvater halten, ist zugleich eine Erinnerung an den – auch bei den Maya und anderen Sternenhimmelkulturen – die Welt tragenden Baum.

VOM URSPRUNG DER NAMEN MANCHER STERNE

"Ein von seinem Jungen begleiteter Bororo war auf der Jagd im Wald, als er vom Flussufer aus einen Rochen tief unten im Wasser sah. Da der Fisch mit einem äusserst scharfen Stachel bewaffnet war, erlegte ihn der Indio mit einem Pfeil. Der Bub, der grossen Hunger hatte, bat seinen Vater, ihn gleich zu garen. Der Indio war nicht begeistert davon, weil er weiter fischen wollte. Trotzdem entfachte er ein Feuer und holte, während das Holz zu brennen begann, grosse Blätter, um den Stachelrochen darin einzuwickeln und ihn unter die Asche zu legen, damit er gar wurde.
Kurz darauf rief das Kind schon: 'Papa, Papa, komm her! Der Fisch muss schon fertig sein' Doch der genervte Vater antwortete scharf: 'Es braucht noch Zeit! Wir haben ihn doch gerade erst ins Feuer gegeben! Er kann noch gar nicht fertig sein!' Der Bub blieb eine Weile ruhig, dann begann er wieder nach seinem Vater zu rufen, der ungeduldig entgegnete: 'Ich hab dir doch gesagt, wir müssen noch ein bisschen warten!' Doch der Kleine war sehr hungrig und bettelte seinen Vater so lange an, bis der schliesslich den Rochen aus dem Feuer holte. Er öffnete die Blätter und als er sah, dass der Fisch noch nicht durch war, warf er ihn dem Jungen ins Gesicht und drehte sich um. Der Junge, von der glühenden Asche verbrannt und halb blind, fing an zu weinen. Und da geschah etwas Seltsames: Rufe und eigenartige Geräusche drangen aus dem Wald, in Antwort auf das Schluchzen des Knaben. Den Vater überkam da grosse Angst; er floh davor und liess seinen Sohn allein. Der Junge weinte darauf nur noch heftiger. Da er nicht wusste, wie sich helfen, rannte er los, griff sich einen Zweig der Brasilkirsche und rief: Oh, mein Grossvater Bokwado, komm hoch mit mir!' Da machte sich die kleine Pflanze gross und dick und wuchs hoch, mit dem Bub in seinen weit ausholenden Ästen.
Derweil waren die rätselhaften Laute aus dem Wald stärker geworden; um den Baum, in dem der Junge sass, besonders furchterregend. Es waren die Aróe Kogae Kogae-Doge, die Kogae-Geister, [die vom Himmel

herabkamen, Keulen trugen, kleine Dreiecke auf ihre Gesichter gemalt], die Tag und Nacht bei dem Baum blieben, in dessen Krone der arme Junge hockte. Von oben beobachtete er alles und horchte genau; so bemerkte er, dass in der Nacht, sobald ein Gestirn erschien, die Geister pfiffen, so wie es auch bei den Bororo der Brauch ist. Und beim Pfeifen sagten sie auch, wie die Gestirne hiessen; und diese Namen der Sterne merkte sich der Junge gut.

So sagten sie etwa: 'Bikas Auge [der Mars] geht auf'; 'der Stern Akiri [die Plejaden] steigt herauf'; 'Der Feuerstab-Reiher [Oriongürtel] kommt zur Welt'; 'Der Hyazinth-Ara [Delphinus] bricht durch'; 'Die Wasserschildkröte [Teile von Scorpius] kommt heraus'; 'die Umrisse Des Nandu erscheinen' [in der Milchstrasse]', 'Jerigigi, Die Landschildkröte, kommt hervor'; 'der Stern namens *Je Kurirewu*, 'Grosses Gesicht' [Venus], geht auf'."

In einer anderen Version heisst es an dieser Stelle:

"Dann begannen die Sterne am Himmel zu erscheinen und die Geister sprachen mit zischenden Stimmen die Namen derer, die am Horizont aufstiegen: Je Kurireu [Venus], Akiriri-Doge [Plejaden], Baxe Iware Reuge [Oriongürtel], Pari Burea-Doge [Crux], Tuwagwu [Sirius], Kudoro [Delphinus], Bika Joku [Mars], Jerigi [Rigel und Eridanus oder Corvus], Upe [Scorpius oder Hydra] und Bokodori Jari Paru Kado Jebage [Sterne in Eridanus, Cetus und Pegasus]. Der Bub hörte aufmerksam zu und versuchte sich alles, was er gehört hatte, gut einzuprägen. Müde vom Warten, überfiel die Geister schliesslich der Schlaf und sie schliefen bis zur Morgendämmerung."[41]

Worauf die erste Version diese Episode zu Ende erzählt:

"So wurden die Namen all der Gestirne, die zuvor unbekannt gewesen waren, bekannt.

In einem Moment aber, als die Geister nicht hinsahen, sagte der Junge zum Baum: Grossvater Bokwado, beug deine Nase mit mir herunter.' Und als sich da der Baum klein machte, sprang der Bub herab und entkam schnell. Die Badagebage Xebegige erkennen die Kogae-Geister als ihr Totem an."[42]

Karl von Steinen berichtet von den ein Jahrhundert zuvor von ihm besuchten Bororo, dass sie die Milchstrasse als Asche ansahen. Diese von den 'Tränen der Kinder' sich unterscheidende Anschauung geht offenbar auf den Legendenzyklus um Ari und Meri zurück. Sie beide entsprechen im panamerikanischen Paradigma den Heldenzwillingen, die nach vielen Abenteuern schliesslich die Sonne und den Mond – als Träger ihrer Lichtscheibe oder als Person – verkörpern.

DER ERSTE TOD DES MONDES

Der Mythenzyklus um Ari und Meri beginnt damit, dass sie durch den Urwald streifen und in ein Bororodorf kommen, das leer ist, weil alle beim Fischen oder Arbeiten sind. Meri pisst auf das Feuer und löscht es damit aus – was eine Kröte den zurückkehrenden Bororo verrät, die sich nun dafür rächen wollen.

"Weil sie deswegen Meri und Ari verbrennen wollten, beschlossen die Bororo die Savanne und den Buschwald anzuzünden. Sie fingen ein Nandu und einen Rotfuss-Seriema,[43] banden brennende Äste an ihre Füsse – und die Kopffedern der Vögel zu Bündeln hoch, in die sie eine glühende Kohle gaben. Dann liessen sie die Vögel in zwei aufeinander zulaufenden Linien loslaufen, um so die Fläche, in der Meri und Ari sich aufhielten, vollständig einzuschliessen.[44]

Die dürre Vegetation ging sofort in Flammen auf, die sich weiterfrassen. Das Feuer erreichte in kürzester Zeit Meri und Ari, die um ihr Leben rannten. Als sie schon fast nicht mehr konnten, riet Meri seinem jüngeren Bruder Ari: 'Kletter in diesen Paratudo [*Tabebuia aurea*]'; er selbst rettete sich in die Krone eines Kohlbaums [*Andira inermis*]. Unglücklicherweise war der Paratudo so niedrig, dass Ari völlig von den Flammen verbrannt wurde. Auch Meri sah von seinem Wipfel aus die Flammen am Stamm höher und höher steigen, doch als sie bereits an seinen Füssen leckten, da konnte er ein zweites Mal pissen und löschte so das Feuer aus, das ihn zu verschlingen drohte. Die Gefahr vorüber, kletterte Meri wieder von seinem Baum herunter und sah sich um: Das Feuer hatte alles vernichtet, auch seinen Bruder."[45]

Der verbrannte Mond wird von einem fuchsartigen Wolf gefressen, der dann aufplatzt, sodass die Sonne die Knochen seines Bruders mithilfe der Termiten wieder zusammensetzen kann; die Raubtiere des Waldes verleihen ihm daraufhin etwas von ihrem Lebensgeist, sodass der Mond wieder aufersteht.

Die hier wiedergegebene Passage scheint auch zu erklären, wie es zur Vorstellung der Milchstrasse als Asche kam. Nandu wie Rotfuss-Seriema gelten allgemein als verwandt, auch deshalb, weil der Seriema ebenso schnell zu rennen vermag wie der Nandu.[46] Ihre Sternbilder sind mit den beiden Armen der Milchstrasse verbunden, der Nandu mit dem einen, der Seriema im Orion wahrscheinlich mit dem anderen. Diese beiden Arme lassen sich somit als die Asche sehen, die zwei Ausläufer eines Wildfeuers in der Savanne hinterlassen haben: In ihrer nächtlichen Drehung über den Himmel ist die Milchstrasse dieser Legende vergleichbar mit einem auf den Horizont – und Sonne wie Mond – zulaufenden Feuer, das den Himmel schwarz gebrannt hat.

Eine ähnliche Vorstellung existiert bei den unmittelbaren Nachbarn der Bororo, den Toba. Sie sehen die Milchstrasse als Schneise, die ein von einem Storch gelegtes Feuer durch den Wald geschnitten hat: "Dieser breite Pfad besteht noch heute, er ist immer dicht voll von Rauch und Asche."[47]

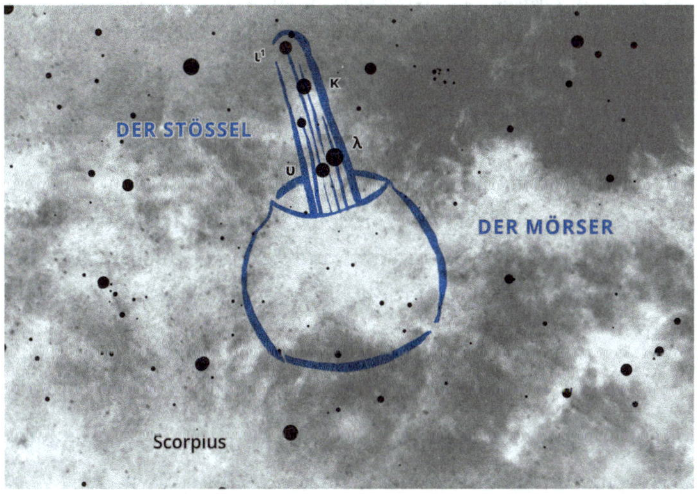

Dunkelwolken beim Sirius oder beim Stachel von Scorpius sowie oberhalb von Crux

KAIA – DER MÖRSER

KAIBORE – DER STÖSSEL

F 202

Die traditionell aus hartem Holz gefertigten Mörser werden zur Zubereitung von Pflanzen verwendet: zum Zerstampfen von heilkräftigen Rinden, zur täglichen Zubereitung von Mehl und Grütze aus süssem Maniok und Mais, zum Zerstampfen von Fleisch, Knochen und Nüssen. Oben zylindrisch, unten oval, wurde er durch Feuer ausgehöhlt. Er hat somit die Form eines halbierten Eies, ist etwa 40 cm hoch und wird zum Gebrauch in die Erde gesteckt. Mit Fell überspannt lässt er sich auch als Trommel benutzen.

In einer im Himmel spielenden Legende der benachbarten Bakaïri entstehen die Menschen, indem rotes Tropenholz in einem Maismörser entfacht wird: aus dem sodann lauter Männer werden, die Pfeile schnitzen!

Mörser und Stampfer sind als Sternbilder komplementär zu den Sternbildern der beiden Schusswaffen zu sehen: Beide sind sie elementare Instrumente der Nahrungsbeschaffung, das eine in Frauen-, das andere in Männerhand.[48]

Die Guaraní im Süden sehen in ε und μ Scorpii den Stössel für einen Maismörser.[49]

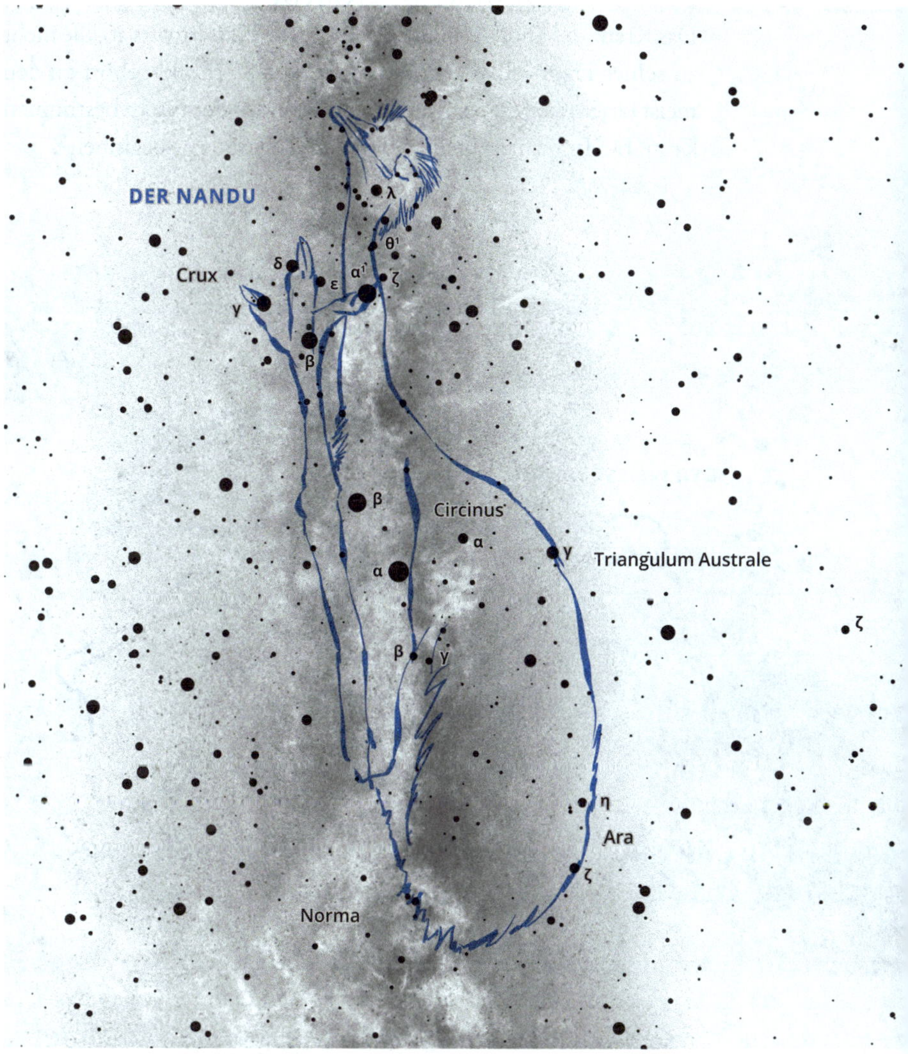

von λ Carinae (Kopf) über αβ Centauri (Schenkel), bis γ^2 Normae und ζ Arae (Hinterteil), in der Milchstrasse liegend; angewinkelter Vorderfuss in Crux

PARI – DER NANDU

Der Nandu wird in der Milchstrasse entweder rennend, sitzend oder schlafend – Bein und Fuss auf der Schulter – gesehen.

F 204

lange schmale Zone 'unterhalb' des Kohlensacks

PARI ITORU – DER HALS DES NANDU

F 205

αβ Centauri

PARI BOPONA – DER SCHENKEL DES NANDU

Die Linie zwischen diesen beiden Sternen quert den Hals des Nandu.

F 204

αβγδ Crucis

PARI BUREA (|-DOGE) – DER FUSSABDRUCK | DIE FUSSABDRÜCKE DES NANDU

Das Kreuz des Südens bildet die Spur eines Nandutritts ab, die nicht zu seiner Figur selbst gehören muss. Das Sternbild gehört zu den meist beachteten, da man an ihm die Stunden der Nacht bestimmen kann. Ein Informant meinte, dass damit "die Sterne beginnen".

F 204–205

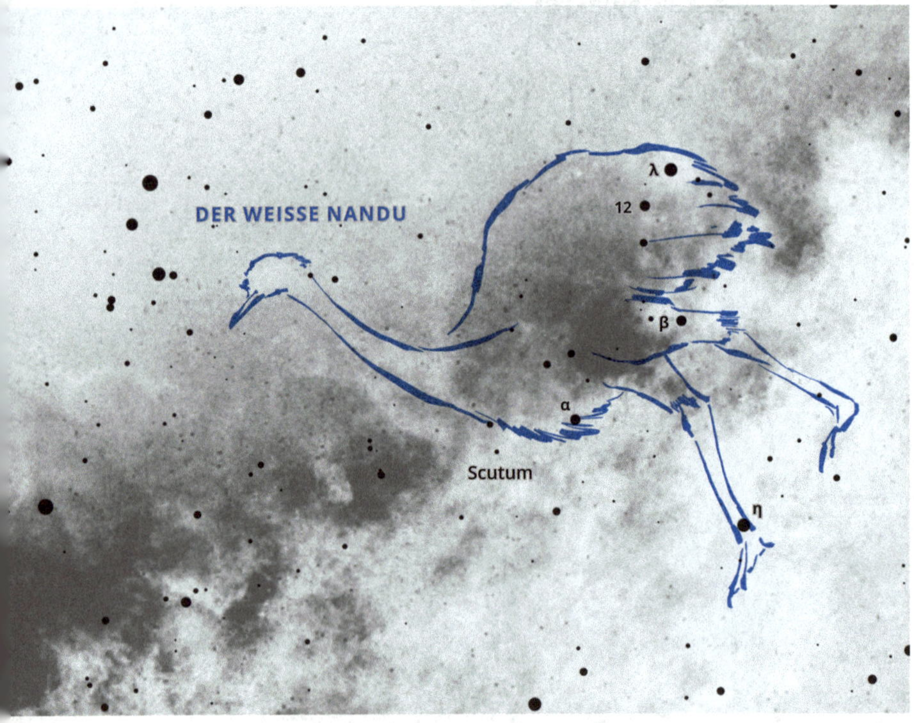

η Serpentis (Vorderfuss), Aquilae λ (Hinterteil), α Scuti (Brust), HIP 92814 (Kopf)

S|S|W

PARI KIGADUREWU – DER WEISSE NANDU

Das in der Milchstrasse liegende Sternbild ist nicht identifiziert, soll sich jedoch "unter" dem Nandu in einer hellen Stelle der Milchstrasse befinden.

F 205

Zum Nandu sind in dem doch recht grossen Corpus der Bororo keine Sagen aufgezeichnet, was aufgrund der Prominenz des Sternbilds überrascht. Somit lässt sich über die bei Nachbargruppen vorhandenen Vorstellungen bloss etwas über ihren allgemeinen Kontext sagen.

Bei alten Populationen Patagoniens, Provinz Chubut, sah man in Crux ebenfalls einen Abdruck Des Nandu.[50] Die Abipón und die Toba im Südwesten der Bororo, sahen ihn im Kohlensack, und den Abdruck seiner Krallen in Crux, wobei α und β Centauri zwei Jäger verkörpern, die ihn mit ihren zwei Hunden hetzen; für die Mocoví gilt dassselbe Szenario, nur dass die beiden Sterne in Centaurus nunmehr einen Jäger mit seinem Hund darstellen.[51] Die Chiriguano und Guaraní sehen in der Milchstrasse 'Den Pfad Des Nandu', den sie in der Dunkelstelle zwischen Centaurus und Crux erblicken.[52] Auch die Tupi im Norden der Bororo sehen einen Nandu dort[53] – so wie viele Gruppen von Aborigines auf der anderen Seite des Pazifiks, in Australien.

Viele Gruppen von Guaraní südwestlich der Bororo, die am Fuss der Anden im Gran Chaco leben, erblicken ebenfalls einen Nandu, sowohl lang ausgestreckt in der Milchstrasse (α und β Centauri eine Kette um seinen Hals) als auch seinen Fusstritt in Crux. Sie beten zu ihm – eigentlich zu 'ihr' – in der Milchstrasse, der Heilkraft dieses Emuweibchens wegen. Sie nennen sie – was ursprünglich wohl auch für die Tiere und Vögel im Himmel der Bororo gegolten haben muss – eine *Tumpa*, das heisst ein Wesen, das im Himmel lebt oder dorthin gezogen ist, nachdem es auf Erden seine Rolle erfüllt hat. Es stellt den Prototyp der ihm entsprechenden irdischen Lebewesen da und ist für ihre Vermehrung und Gesundheit zuständig.[54]

Deshalb auch gibt es bei den Guaraní einen rituellen Tanz rund um einen mit Nandufedern geschmückten Stock, bei dem der Nandu als Göttin besungen wird: Sie soll darüber wachen, dass alles im Himmel einen guten Lauf nimmt und sie Tiere schicken kann, damit die Menschen auf der Erde etwas zum Jagen haben.[55] Die Parallelen zur Figur und Symbolik des Lamaweibchens Yacana, wie es spätestens seit den Inka in der Milchstrasse gesehen wird, sind damit erkennbar. Und wie beim Yacana gibt es auch bei den Bororo einen andersgeschlechtlichen Laufvogel, um somit ein Paar von Männchen und Weibchen in den Himmel zu setzen.

Zudem ist bei den Guaraní eine Sage überliefert, die den Nandu mit jenen spielenden Kindern verbindet, deren Ringelreihen sich in der Corona Australis oder Borealis abgebildet findet. Darin wird von unfolgsamen Kindern erzählt, die lieber noch weiterspielen, als abends endlich nach Hause zu kommen. Sie hören auf keine Warnung ihrer Väter – bis eines Abends der Nandu aus dem Himmel herabstösst, sie packt und in den Himmel entführt. Die Väter kriegen gerade noch eine seiner Zehen zu packen, aus der später – gemäss einem Fruchtbarkeit verkörpernden Tier – der Mais wird.[56]

Wie bei den Bororo gehen somit Mais, Kinder und Himmelfahrt aus einem mythischen Paradigma hervor, in dem auch das Jagdmotiv präsent ist. Dass bei den Bororo der Nandu – oder eher das Nanduweibchen – in der Milchstrasse keine Relevanz mehr besitzt, liegt möglicherweise daran, dass die Sonne (vielleicht ebenfalls unter dem Einfluss der Inka, deren Sternbilder und Sagen sich bis hierher ins Tiefland auswirkten) deren lebensspendende, gestalterische, aber auch zerstörerische Rolle übernommen hat.

Plejaden

AKIRI-DOGE – DIE WEISSEN DAUNEN

Kiri bezeichnet Fülle,[57] *Akiri* sowohl feine weisse Daunen wie die Blüten des *Angiko branco* genannten Baumes, mit denen Mann wie Frau der Bororo ihre nackte Haut schmücken. Der heute in Brasilien gefährdete Baum beginnt Mitte August zu blühen, gerade dann, wenn die Plejaden in der Morgendämmerung im Zenit stehen.

Anadenanthera colubrina ist ein Baum aus der Familie der Hülsenfrüchtler, der in den Anden *vilca* –heilig – genannt wird, weil die bohnenartigen Früchte das psychotrope DMT enthalten, das seit vielen tausend Jahren Anwendung findet. Zermahlen und mit Kalk vermischt wird das Pulver von Schamanen über die Nase geschnupft. Die Rinde hilft gegen Husten; aus ihr wird auch ein süsses Getränk zubereitet; das Harz wird wie Gummi arabicum verwendet und das Holz zum Bauen und Feuermachen. Wenn die Plejaden erstmals nach über einem Monat der Unsichtbarkeit wieder heliakisch im Osten aufgehen, sind auch die psychotropen Früchte des Baumes reif.

Das Sternbild ist das wichtigste am Himmel. An seiner Position liest man die Nachtstunde und die Jahreszeit ab. Sein erster heliakischer Aufgang nach einiger Zeit der Unsichtbarkeit Mitte Juni markiert den Beginn der Trockenzeit und kündigt die Akiri-Doge-Ewure-Kowudu-Zeremonie an, mit der die Jugendlichen als Männer initiiert werden. Dieser Mannbarkeitsritus findet im Mythos um Toribugu seinen Ausdruck; der Stern, der ihn verkörpert – Atubo, Der Sumpfhirsch, in Cetus –, kulminiert bei diesem heliakischen Aufgang dann im Süden.

Akiri-Doge Ewure Kowudu heisst 'Die Füsse Der Akiri-Doge (Plejaden) Verbrennen'. Nach einer längeren Zeit der Prüfungen im Urwald kehren die Jugendlichen ins Dorf zurück. Die Initiationsriten zum Mann werden dann so angesetzt, dass sie mit einer Bestattung zusammenfallen, bei der sie als Kinder gleichsam 'sterben', um als Männer ihre ersten Penishüllen aus dekorierten Babassublättern zu erhalten. Sie werden dabei – in Entsprechung zur Unsichtbarkeit der Plejaden, die im Wasser unter dem Horizont weilen – von Männern attackiert, die *Aije-Doge*, lebensgefährliche Wassergeister, darstellen. Im Rahmen von Begräbnisfeiern abgehalten, werden so aus *Boe* – Sterblichen – *Aroe*, 'Geister', die sich mit den männlichen Flussgeistern dieser Aije-Doge und ihrer spirituellen Macht messen müssen.

In einer der folgenden Nächte wird ein grosses Feuer entzündet, über das die angehenden Männer springen müssen (oder in das sie von ihren 'Paten' gestossen werden). Darin entfachte Fackeln werden dann frühmorgens auf die Plejaden geworfen, 'um ihre Füsse zu verbrennen'. Dadurch sollen sie langsamer am Himmel aufsteigen können und die Trockenzeit damit verlängern: Es ist dies die beste Zeit des Jahres.

Die Bororo beginnen nach dem Aufstieg der Plejaden ihre jährlichen Wanderungen. Zur Tagundnachtgleiche im September, wenn sie morgens auf 60° Höhe im Westen stehen, beginnen sie ihre Felder abzubrennen. Anfang Oktober, wenn sie morgens auf 45° herabgesunken sind, fangen sie mit dem Pflanzen an, weil die ersten Regen anstehen. Mit ihrem Aufgang abends im Westen dann ist die Regenzeit da – und sie endet, wenn die Plejaden Anfang Mai abends untergehen. In der Zeit ihrer Unsichtbarkeit beginnt man sodann, die Gärten freizuräumen.

F 195, 131–132, 137, 151, 157, 195, 69–74 und F1 292

OKIRE-DOGE

Dieser Name für die Plejaden findet nur in speziellen Rezitationen Verwendung.

F 203

IKUIE – DER STERN

Der Name bezieht sich auf die Helligkeit der Plejaden, die sie als exemplarisches Gestirn unter den Sternen hervorheben.

F 200

?

OTOE IRA REUGE

Otoe ist der Plural von *Oto*, einem essbaren wilden Yamswurzelgewächs (*Dioscoreacaea*), dessen Früchte das ganze Jahr über verfügbar sind. Das Sternbild ist nicht identifiziert, soll jedoch die herzförmige Form eines Blattes dieser Pflanze besitzen.

F 204

IV VÖGEL UND FISCHE

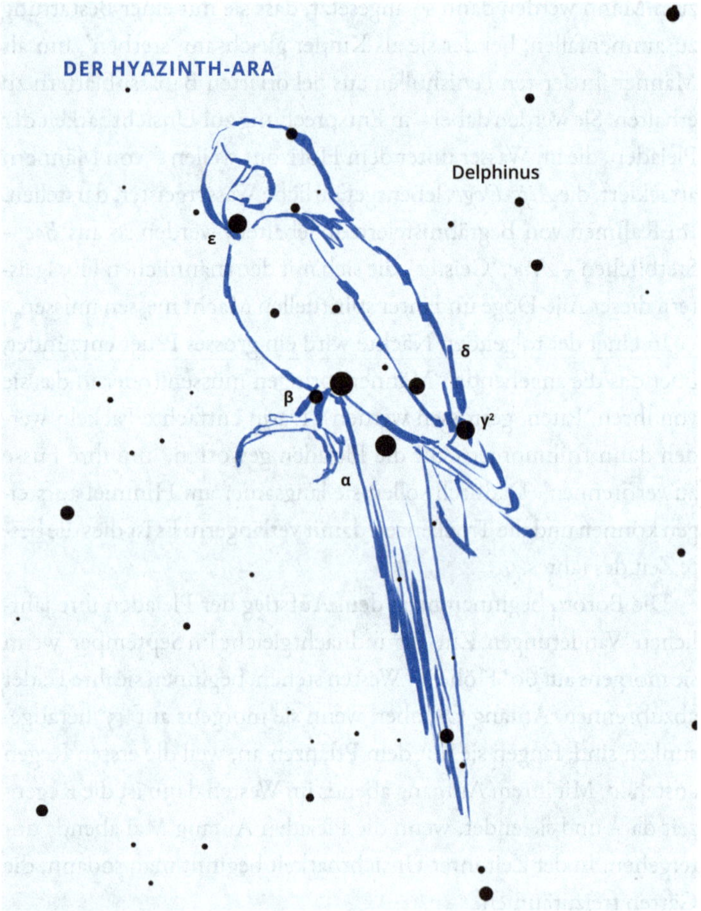

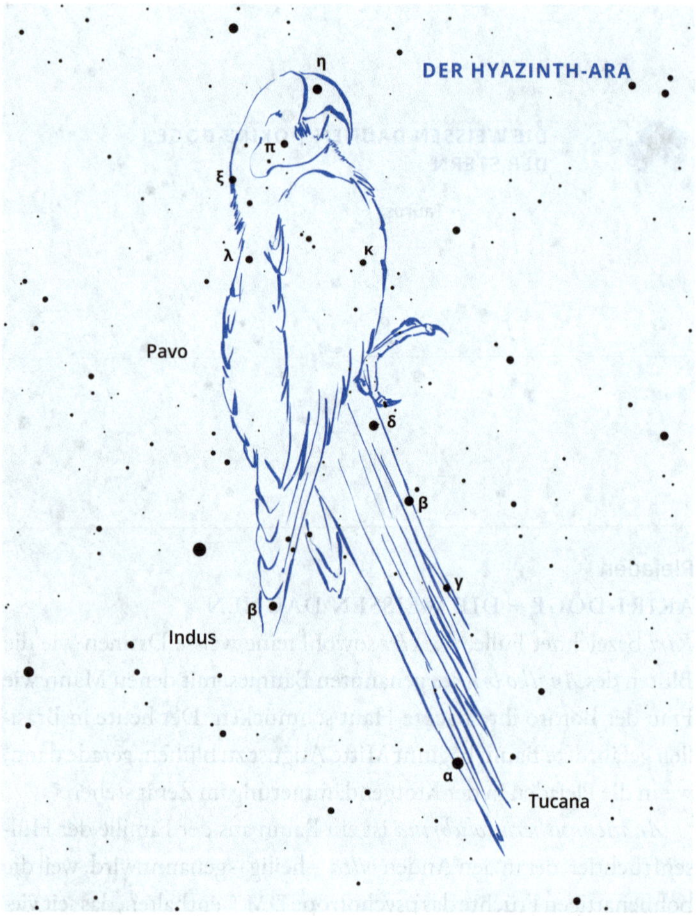

Delphinus oder β Persei oder ein Teil von Pavo

KUDORO – DER HYAZINTH-ARA

Dieser Papagei aus der Gattung der Blauaras zählt zu den grössten Aras und ist heute selten geworden. Es gibt, je nach Informant, unterschiedliche Verortungen dieses Vogels. Das lässt darauf schliessen, dass es sich dabei auch um ein Paar von Männchen und Weibchen handeln könnte.

Die dunklen Bereiche innerhalb der Dämmerungsstreifen, die sich beim Aufgang oder Untergang der Sonne vom Horizont über den Himmel erstrecken, werden *Kudoroe Eto-Iagareu* genannt: 'Der Schwanz Des Hyazinth-Aras'.

F 202–203

DER TOD DER SONNE, DER HYAZINTH-ARA UND DER DOURADO

Ist der Mond seinem ursprünglichen Wesen nach ein weisser Storch, so ist sein älterer Bruder, die Sonne, ein roter Ara. In der folgenden Sage wird – analog zu den Sagen um die Mondfinsternis – eine Sonnenfinsternis als Kampf zwischen beiden erzählt: dies jedoch noch in einer Vorwelt, in der die beiden noch nicht als die heutigen Gestirne am Himmel stehen. Die Sonnenfinsternis findet offenbar im Sternbild Des Hyazinth-Aras in Perseus statt; und danach wird erklärt, weshalb das Sternbild Des Dourado-Fisches nur einen Kopf, aber keinen Körper hat:

"Eines Tages forderte Meri seinen jüngeren Bruder Ari zu einem kleinen Wettkampf heraus, um zu sehen, wer besser mit Pfeil und Bogen umgehen könne. Nachdem Ari eingewilligt hatte, begannen sie aufeinander zu schiessen. Als der Stärkere und Geschicktere feuerte Meri seinen Bruder an, der schlechter im Zielen war. Ari nahm die Sache ernst; er wollte Meri beweisen, dass er ein guter Bogenschütze war. Und so traf er ihn und verwundete ihn tödlich. Ari tat alles, um seinen Bruder wieder zu heilen, doch Meri starb. Selbst nach dessen Tod noch versuchte Ari ihn wiederzubeleben, doch vergeblich. Weinend lief Ari darauf fort und in den Wald. Als er zum Dorf der Vögel kam, bat Ari sie um Gastfreundschaft, wurde aber sehr unfreundlich empfangen. Die Vögel schenkten ihm nicht nur überhaupt keine Beachtung, sie bewarfen ihn auch mit Knochen, Steinen und Holzstücken. Nur ein Vogel, der etwas vernünftiger war, sagte: 'Schaut, vielleicht ist er ein Geist.' Da behandelten ihn die Vögel etwas netter.

In der Zwischenzeit hatte sich Ari eine kleine Hütte gebaut und verbrachte seine Tage in traurigen Gedanken an seinen toten Bruder. Eines Tages, als ein Schwarm Dunkelroter Ara [*Ara chloroptera*] vorbeiflog, rief er ihnen nach, ob sie Neuigkeiten über seinen Bruder Meri hätten. Sie antworteten, dass er ihnen hinten nachfolge. Dann flog ein Schwarm grünroter Aras vorbei, von denen Ari dieselbe Nachricht über seinen Bruder erhielt. Endlich kam Meri, der, wer weiss wie, wiederbelebt worden war, in einem Schwarm von Hyazinth-Aras.

Er verabschiedete sich von seinen Reisegefährten, verwandelte sich in einen Mann und trat, ohne zu sagen, wer er war, in die Hütte seines Bruders. Als er sah, wie blass und leidend Ari war, fragte Meri, was ihn denn so bedrücke; und sein Bruder erzählte ihm von der schlechten Behandlung, die er im Dorf erfahren hatte. Da er merkte, dass sein Bruder hungrig war, sagte er ihm, er solle seinen Bogen holen. Dann gingen die beiden zum Fluss. Als sie am Ufer standen, sagte er zu Ari: 'Bleib da und pass auf. Wenn ein Fisch vorbeischwimmt, schiess ihn; ich gehe ein Stück flussabwärts.'

Meri verwandelte sich nun in einen Dourado, während Ari sich bereit machte, auf den ersten Fisch zu schiessen, den er sah. Er musste nicht lange warten, denn er sah gleich einen schönen Dourado gemächlich heraufschwimmen. Schnell schoss er ihn und als er ihn aus dem Wasser holte, kam Meri und fragte: 'Hast du den schönen Fisch erwischt, der gerade vorbeischwamm?' 'Ja', erwiderte Ari, 'da ist er.' Und so gingen sie zusammen nach Hause.

Da Ari so arm war, dass er nicht einmal ein Messer besass, um den Fisch auszunehmen, sagte Meri zu ihm: 'Geh zu deinem Grossvater, dem Jabiru-Storch, und bitte ihn um sein Messer.' Obwohl Ari sich vor ihm fürchtete, gehorchte er schliesslich. Seine Ängste waren berechtigt, denn er wurde sehr unfreundlich empfangen: Der alte Mann warf unter Beschimpfungen und Drohungen sein Messer nach ihm. Und als er dann ging, sagte Aris Grossvater zu ihm: 'Gib mir das Messer schnell zurück und hol mir das Fett und den Kopf vom Fisch.'

Als Ari zur Hütte zurückkehrte, erzählte er Meri, wie unangenehm sein Grossvater sich verhalten hatte. Und als es dann Zeit war, fürchtete er sich, dem alten Mann das Messer zurückzugeben. Wer konnte wissen, was der zu ihm sagen oder ihm tun würde? Meri ermutigte ihn; er riet seinem Bruder, das Messer einfach auf den Boden zu werfen, so wie sein Grossvater dies zuvor getan hatte. Ari hielt sich daran, aber der Jabiru-Storch wurde wütend und lief dem armen Kerl nach, der sich schnell in seine Hütte flüchtete. Meri trat heraus und stellte sich in die Tür, ganz gerade, und als er den alten Mann sah, sagte er: 'Komm doch, trau dich und wirf das Messer auf Ari! Wir werden sehen, ob du das kannst.' Da hielt der Grossvater aber gleich inne. Er versuchte ein freundlicheres Gesicht aufzusetzen, seine Stimme so sanft wie möglich zu machen und antwortete: 'O Meri, ich bin nicht wirklich zornig auf Ari; ich will ihm doch nicht das Geringste tun.' Und damit zog er davon, ziemlich verwirrt.

Meri wetterte darauf gegen alle, die seinen Bruder schlecht behandelt hatten. Und er schloss mit den Worten: 'Ihr seid so schlimm, dass ich mit euch hier gar nicht mehr länger leben mag; mein Bruder und ich werden auf die andere Seite des Flusses ziehen'. Und so bauten Meri und Ari ihre Hütte auf der anderen Seite des Flusses."[58]

Sie rächen sich anschliessend, indem sie den Dorfbewohnern das Feuer ausgehen lassen. Denjenigen, die Feuer haben wollen, stecken sie dann Kohlen in die hochgebundenen Haare, worauf es den Bösen Kopf und Haare verbrennt. "Wegen dieser Geschichte haben Kondore, Geier, Bussarde, Reiher und Jabiru-Störche heute keine Federn auf dem Kopf. Die guten Indios aber behielten ihre Federn auf dem Kopf."[59]

α Tauri

(O)KOGE JOKU – DAS AUGE DES DOURADO-FISCHES

Der Name des Fisches – *Okoge* – bedeutet 'Zähne wie Fesseln'. Der Dourado (*Salminus brasiliensis*), auch 'Südamerikanischer Lachssalmler' genannt, ist ein tagaktiver, solitärer, in grossen Flüssen vorkommender Raubfisch mit wohlschmeckendem Fleisch, der bis zu einem 1 m lang und 30 kg schwer werden kann.

Es ist naheliegend, den Aldebaran mit dem Winkel der Sterne von Taurus als Fischkopf zu sehen; allerdings hat kein Informant aus Garças ihn so beschrieben.

F 203–204, EBI 830

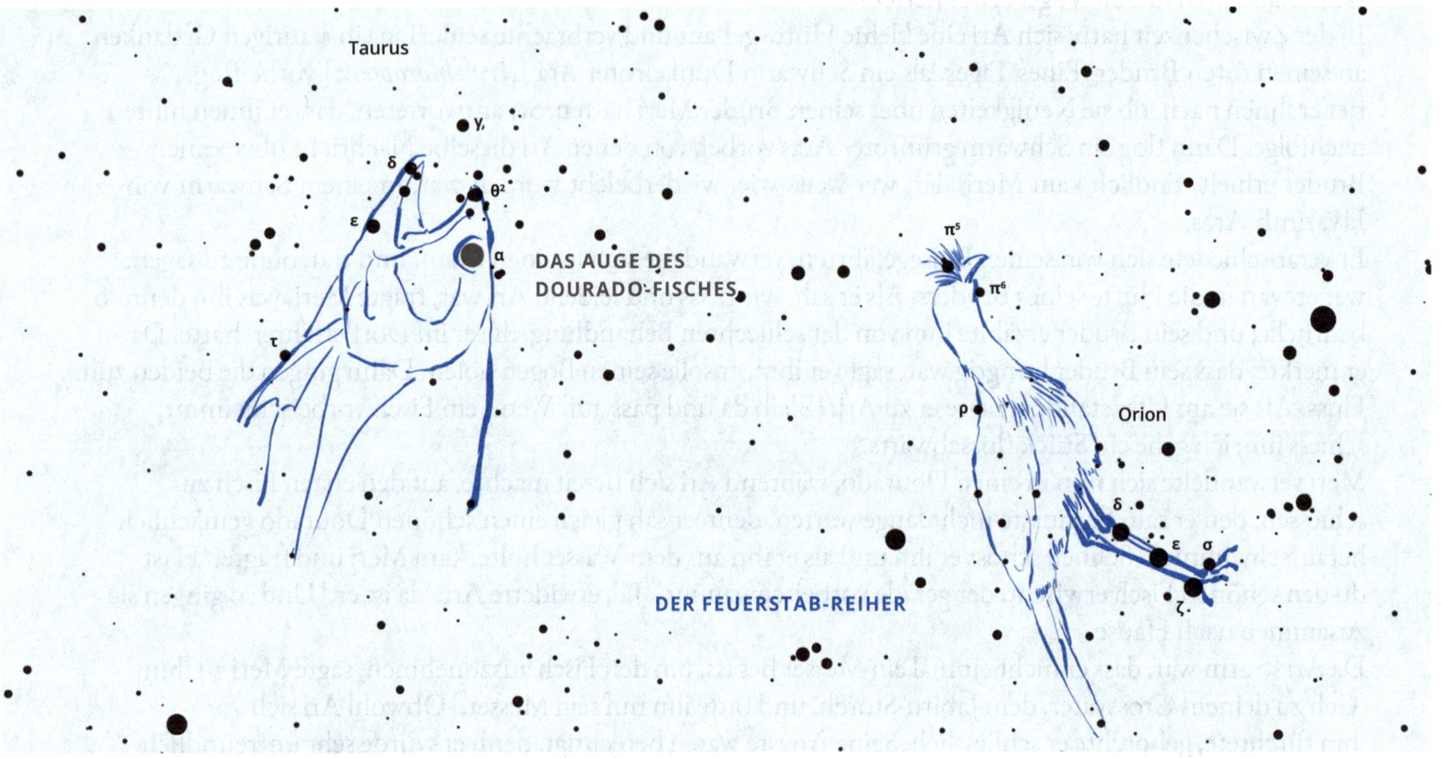

δεζ Orionis

BAXE IWARE ERUGE – DER FEUERSTAB-REIHER (?)

Die Bedeutung des Names für die drei Gürtelsterne des Orion ist unklar. *Baxe* (manchmal *Maxe*) ist der generische Name für langbeinige und langschnabelige Vögel wie den Reiher, kann aber auch 'Mücke' bedeuten. *Iwara* ist etwas, das wie ein Ladestock ist, lang und hart; *eruge* wiederum (bei diesem Sternbild auch *Reuge* oder *Arege* genannt) wird mit 'Feuer machen' erläutert.[60]

Bei den Maya trägt der Reiher als 'Wasserknochen' ebenfalls den Namen eines länglichen Objekts und gilt der Orionnebel M 45 unterhalb der Gürtelsterne als Feuer, wobei das Reibeholz zum Feuermachen in Taurus gesehen wird. Das ergibt zusammen einen reiherartigen Vogel, dessen langes Bein mit jenem harten Reibeholz verglichen wird, das beim Feuermachen verwendet wird.

Ein herkömmlicher Reiher kann dies nicht sein. Zum einen gilt er als einer der bösen Vögel, denen Meri zur Strafe die Federn vom Kopf gebrannt hat;[61] zum anderen zeigt die unten zitierte Sage, dass gerade bei den Küken des eigentlich gemeinten Vogels die Federn um ihren Schnabel auffällig sind. Dies trifft auf den für Mato Grosso typischen Rotfuss-Seriema mit seinen orangeroten Beinen und dem orangeroten Schnabel zu, dessen Küken bereits aufrecht stehende Federbüschel um den Kopf haben. In den auffälligen Beinen dieses Reihers – welcher der Legende nach Waldbrände auslöst – kommen somit die Bedeutungen eines Ladestocks und des Feuermachens zusammen: womit in diesem Sternennamen also der indigene Name des Rotfuss-Seriemas vorläge.

Der Laufvogel gilt bei den Bororo als mit den Straussen verwandt. Wie die folgende Legende vorführt, singt er bei Tagesanbruch und ist mit seinem Bellen kilometerweit zu hören; bei Nachtanbruch aber legt er sich in einem Baum schlafen. Er lebt nicht in einem aquatischen Umfeld, sondern in der Savanne, was zum Habitat des unter ihm gesehenen Sternbilds der Landschildkröte passt.

Ó, DER REIHER, GIBT MERI MACHT ÜBER DIE NACHT

"Nachdem sie den Ort verliessen, wo Meri [die zukünftige Sonne] die Bororo dafür bestraft hatte, dass sie [den zukünftigen Mond] Ari so schlecht behandelt hatten, kamen die beiden Brüder zu einem Nest voller junger Vögel. Meri dachte bei sich: 'Ich frage mich, wem die gehören?' Darüber nachsinnierend, steckte er seine Finger in die Münder der Vögel und riss sie auf, sodass die Kleinen starben.
Kaum war Meri fort, kam der Vater der Küken, der Reiher Ó, zurück. Traurig und zornig über den Tod seiner Kinder, befahl er der Nacht sofort zu fallen (denn die Dunkelheit gehörte ihm). Dieses unerwartete Geschehen jagte Meri Angst ein und er begann zu weinen: *Káo, káo, káo!* Indem er in die Richtung ging, aus der die Laute zu ihm drangen, fand der Reiher Meri und er fragte ihn: 'Grossväterchen, warst du es vielleicht, der meine Kinder umgebracht hat?' 'Nein', versicherte ihm Meri.
Der Reiher ging fort und die Erde bedeckte sich wieder mit Dunkelheit. Sie versetzte Meri erneut in Angst und Schrecken und wieder stellte der Reiher seine Frage. Der Geist, langsam unleidlich, bestand darauf: 'Ich habe deine Kinder nicht getötet; ich bin keiner, der so etwas Schlimmes tun würde!' Meri log, in der Hoffnung, der Reiher würde ihn um einen Gefallen bitten, damit er im Gegenzug Macht über die Nacht erhalten würde. Und wirklich, als könne er Meris Gedanken lesen, schlug der Reiher vor: 'Wenn du meine Söhne ins Leben zurückholst, verleihe ich dir Macht über die Nacht.'
Meri sammelte das Harz eines bestimmten Baumes und klebte damit weisse Daunen auf beide Enden der zerissenen Mäuler der Küken. Dann hauchte er die Vögel an und brachte sie so zurück ins Leben. Überglücklich, seine Kinder wieder lebendig vor sich zu sehen, bot der Reiher Meri die Macht über die Nacht an – und Meri nahm sie sofort an. Der Reiher hatte jedoch ein besonderes Anliegen; er bat darum, dass, wann immer er sich traurig fühlte und *oó, oó, oó, oó* rief, Meri ihm helfen würde und sogleich die Dunkelheit aufhöbe.
Wegen dieser Geschichte haben Reiher weisse Federn an den Ecken ihres Schnabels; ruft der Reiher bei Tagesanbruch *ó*, bestimmt Meri, die Sonne, wann es Nacht wird, weil sie nun ihm gehört."[62]

Allgemein herrscht der Glaube, "dass Vögel die Seelen der eigenen Ahnen tragen". Wer sich deshalb den Reihern zugehörig fühlt, "wird denken, dass seine eigene Seele und die seiner Abkömmlinge nach dem Tod eine Zeit mit den Reihern verbringen wird".[63] Diese Vorstellungen entsprechen jenen der australischen Aborigines.

Bootes?

KUNORIREU – DER ROSTKAPPENPAPAGEI

EBI 612, F 203 und 211, F1 288

Mit dem Vogel ist ein Vertreter der *Psittacidae*, Unterfamilie *Pionites* gemeint; das offenbar grosse Sternbild lässt sich hingegen nicht mehr identifizieren. Bei den benachbarten Toba von Pilcomayo wird ein ähnlich bunter Papagei, der Mönchssittich, im Arcturus gesehen.[64] Die Sage, wie das Sternbild entstand, ist jedoch erhalten geblieben.

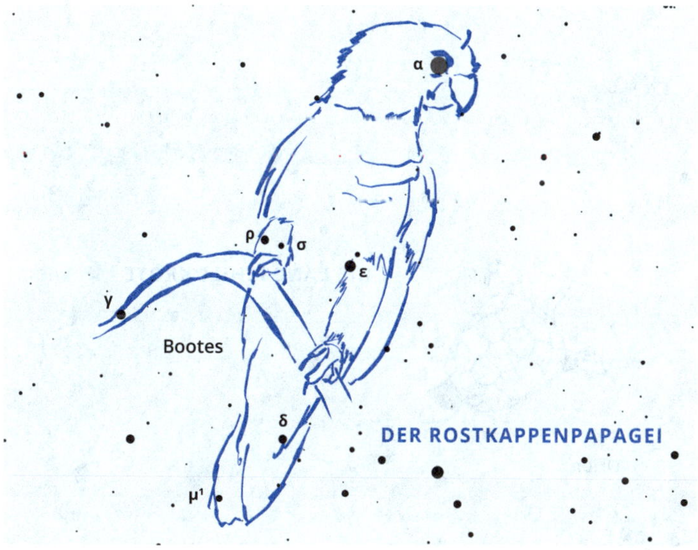

DER GIERIGE JUNGE

"Die Bororo erzählen, wie sich ein Bub wegen einen paar Mangaba-Früchten [*Hancornia speciosa*] in einen Papageien verwandelte. Das ging so vor sich. Eine wohlschmeckende Mangaba, welche die Mutter des Buben gerade kochte, weckte seinen Hunger. Weinend und schreiend bettelte er seine Mutter an, ihm ein Stück der Frucht zu geben. 'Warte noch ein bisschen', riet sie, 'die Frucht ist noch nicht fertig.' Doch der Kleine war so hartnäckig, dass sie gezwungen war, die Mangabas aus dem Topf auf eine Matte zu leeren. Sogleich schnappte er sich eine, die noch sehr heiss war, und steckte sie in den Mund.

Man kann sich vorstellen, wie schwer er sich durch eine Mangaba verbrannte, die gerade aus dem kochenden Wasser kam. Der Junge wollte vor Schmerz aufschreien. Doch zur Verwunderung aller hörten sie ihn *koráo, koráo!* krächzen. Und damit noch nicht fertig. Während er noch schrie und wimmerte, begann der Junge sich in Richtung Himmel zu erheben, wo er sich in einen schönen vielfarbigen Papageien verwandelte. So entstand der erste Koráo, der grosse Papagei. Das Papageienmännchen fliegt normalerweise allein und führt seine Gefährten an.
Da sie vom Schicksal des Buben, der sich in einen Papageien verwandelt hatte, gelernt haben, lassen die Bororo heute das Wasser abkühlen, bevor sie die gekochten Mangabas aus dem Topf holen."[65]

?

PIODUDU KUDORUREWU – DER DUNKELBLAUE KOLIBRI

Der Name für 'Kolibri' gibt die Laute seines Gesangs wieder: *Pio-du-du*. Sein Sternbild ist nicht identifiziert. In manchen Versionen der Legende vom Aufstieg der Kinder in den Himmel ist es ein solcher Kolibri, der das Seil oben festmacht.

F 205

V TIERE

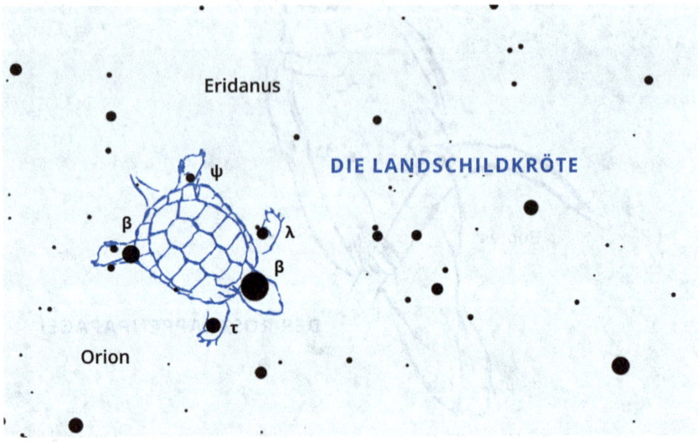

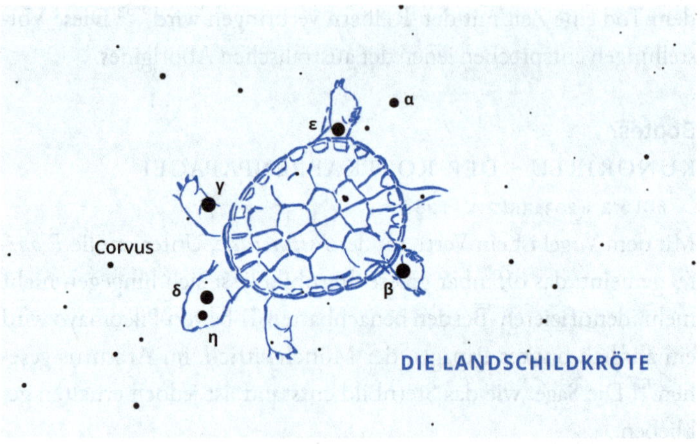

β Orionis (Kopf) – τ Orionis, βψλ Eridani sowie Corvus

JERIGIGI – DIE LANDSCHILDKRÖTE

F 201

Der Name für Schildkröte ergibt sich durch den Vergleich mit *Erigi*, 'trockenes Holz'. Die beiden unterschiedlich positionierten Sternbilder stellen ein Paar von Landschildkröten der Art *Testudo tabulata* dar. Sie gehören zu einem Paar von je zwei Land- und Wasserschildkröten, die nacheinander im Abstand von vier Stunden aufgehen.

Zur Sommersonnenwende im Juni geht Die Wasserschildkröte in den Scheren von Scorpius abends am östlichen Horizont auf, während Die Landschildkröte in Corvus und Die Wasserschildkröte in Hydra hoch im Westen stehen und die zweite Landschildkröte im Orion vor ihrem Untergangspunkt am westlichen Horizont sitzt. Am Ende der Nacht hat sich alles verkehrt, da sind alle Schildkröten vom Himmel verschwunden: Die Wasserschildkröte in Scorpius ist gerade untergegangen und Die Landschildkröte im Orion muss erst wieder aufgehen. So klammern diese vier Schildkröten die Nacht und die Jahreszeiten mit den Vier-Stunden-Intervallen, in denen sie aufeinander folgen.[66]

Die Schildkröte in den Sternen von Orion teilt in etwa ihre Position mit dem Sternbild der Schildkröte der Maya: welche die Mythologie dort zu den ältesten Figuren am Himmel überhaupt deklariert hat. Von den Gruppen im Umkreis der Bororo haben allerdings nur die Shipibo ein Schildkrötensternbild, in der Corona Borealis.[67] Zu den vier Schildkröten der Bororo wurden jedoch keine Sagen aufgezeichnet und es gibt nur wenige Hinweise zu ihrer Symbolik, ausser dass sie, ihrer langsamen Fortbewegung gemäss, den ebenso gemächlichen Fortgang der Nacht ordnen.

Ihre irdischen Vertreter hingegen haben vor allem Nutzen als eine der wenigen lagerbaren Proteinquellen im Urwald: Eine Schildkröte mit ihrem Fleisch und Eiern lässt sich leicht fesseln und tagelang am Leben erhalten, bevor sie gegessen wird. In einem Mythos über die Entstehung der vier Maisarten wird eine mit einer Waldschildkröte verglichen,[68] wohl der Form und Farbe des Panzers ebenso wie der Nahrhaftigkeit wegen. Vor der Geburt dürfen Frauen allerdings weder Gürteltierfleisch essen, damit das Kind keine Tumore bekommt, noch Schildkrötenfleisch, damit es nicht rachitisch wird[69] – was beide Male ein vom Äusserlichen ausgehender 'Sympathiezauber' ist.

In einem Beschwörungslied für eine erfolgreiche Jagd wird die Schildkröte als Totemtier genannt; sie sorgt dafür, dass man, wenn man von einer Palme stürzt, auf seine Füsse fällt.[70] In einer Sage heisst es, dass die Bororo ursprünglich "keine Zähne hatten, bloss einen scharfkantigen Hornschnabel wie eine Wasser- oder Landschildkröte, und ihre Finger ohne Nägel waren. Deshalb steckte Meri, die Sonne, ihnen kleine Steine in den Mund und in die Fingerspitzen, die dann zu Zähnen und Nägeln wurden".[71]

In der sakralen Sprache wird die Landschildkröte *Tori Tabowu* genannt – Deren Panzer wie Stein ist –, was sie mit dem Helden *Toribugu* – Der wie Stein ist[72] – verbindet, umso mehr als dieser auch *Jerigigi-atugo* gerufen wird und somit unsere Schildkröte hier bereits in seinem Namen trägt.[73]

DER GATTE DES STERNS UND DIE ENTSTEHUNG DER SCHILDKRÖTE

Das Paradigma von Mensch, Sturz und Himmel findet sich in der Legende *Der Gatte des Sterns* bei den Umutina, unmittelbaren Nachbarn der Bororo, die am Fluss Paraguay leben und derselben Sprachgruppe angehören.

Darin lag ein Mann einst "abends vor seiner Hütte auf der Matte und schaute in den Himmel. Er sah einen schönen Stern und wünschte sich, der Stern möchte zu ihm kommen als schöne Frau. Dann wurde er müde und schlief ein. Plötzlich aber wurde er wach und erschrak. Zwei Frauen standen vor ihm. Er fragte: 'Wer seid ihr?' Sie antworteten: 'Die, welche du für dich herunterkommen liessest.'

Die beiden Sternfrauen bringen den Mann dazu, auf eine Bakabpalme zu klettern, die schnell zu wachsen beginnt. Da wollte der Mann wieder auf die Erde hinunter. Aber die Frauen sagten, sie würden ihm den Bogen in den Hintern stossen, wenn er das versuche. So kletterte er immer höher, immer höher, bis er nicht mehr zu sehen war. Die beiden Frauen folgten ihm. Die Palme wuchs und wuchs. Schliesslich langten sie alle im Himmel an.

Im Himmel ging es dem Mann sehr schlecht. Er ass nichts, weil dort nur Harz gegessen wurde. Das tat den Leuten im Himmel sehr leid, und sie machten einen grossen Topf und eine ganz starke Schnur aus Tukumfasern, um den Mann zur Erde hinunterzulassen. Dann liessen sie ihn hinunter, immer tiefer und tiefer, und als die Schnur an ihr Ende kam, knüpften sie neue Schnüre an. Nach einer Weile riefen sie zu ihm hinunter und fragten, ob er unten sei. 'Nein, noch nicht', antwortete er.

Da liessen sie ihn weiter hinunter und knüpften noch mehr Schnüre an. Bald fragten sie wieder, ob er schon unten sei. Er schrie zurück: 'Nein, immer noch nicht!'

Als aber der Mann fast unten war, liessen die Leute oben die Schnur los. Der Topf zerbrach in viele Stücke – die sich in Schildkröten verwandelten. Die Schnur wurde zu einer Schlange. So sind Schildkröte und Schlange entstanden. Bis dahin gab es noch keine.

Der Mann aber war so abgemagert, dass er beinahe gestorben wäre. Er kehrte nun zu den Seinen zurück und erzählte, dass die Sterne nur Harz ässen."[74]

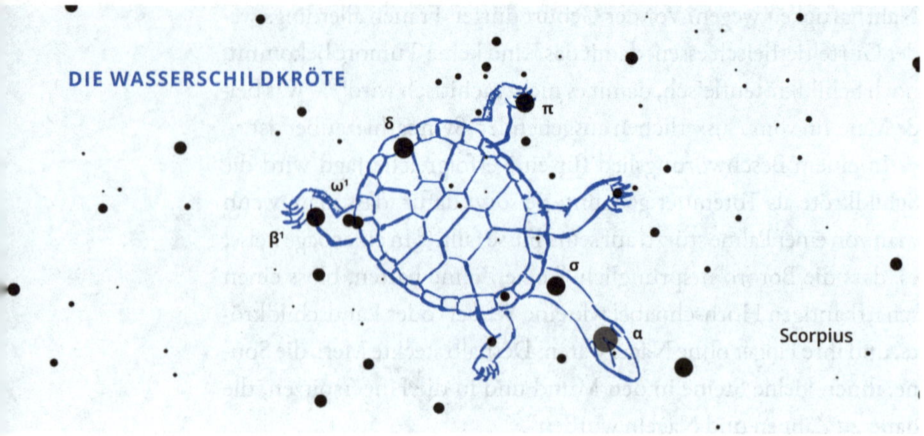

πσδβω (oder ψ) Scorpii

F 206

oder α Scorpii als Kopf mit vier kleinen Sternen

A | C 219

oder α als rechtes Hinterbein,
β und π als Vorderbeine und Kopf bei δ Scorpii

EBI 613

sowie ζρεδση Hydrae

F 206

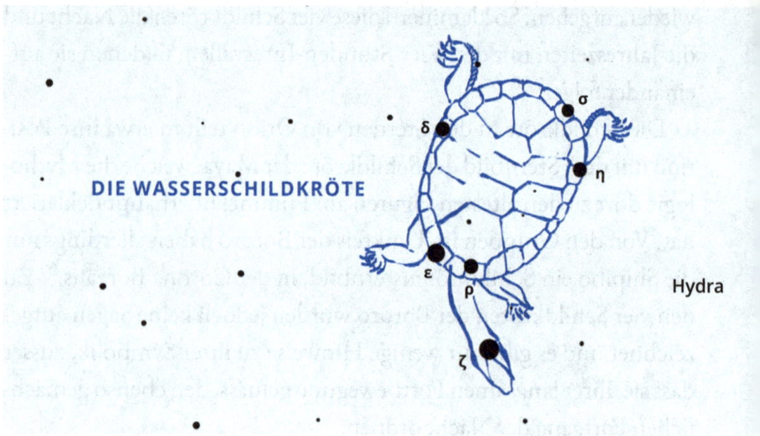

UPE – DIE WASSERSCHILDKRÖTE

Gemeint ist die zu den Wasserschildkröten gehörende Schlangenhalsschildkröte (*Chelidae*). Zwei Wasserschildkröten und zwei Landschildkröten, die jeweils die Eigenarten ihrer irdischen Vertreter abbilden, gehen im Abstand von jeweils vier Stunden nacheinander auf.

F 206

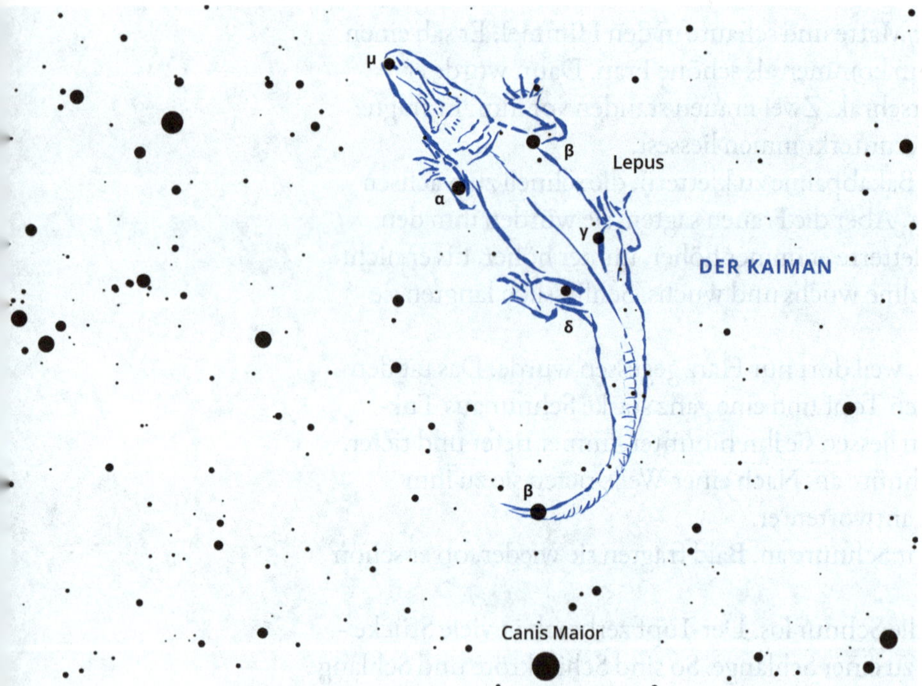

α Carinae und Sterne von Argo

A | C 219

und | oder zwischen Orion und Sirius,
δγβα Leporis (Füsse), μ Leporis (Maul)

EBI 613 und S 513

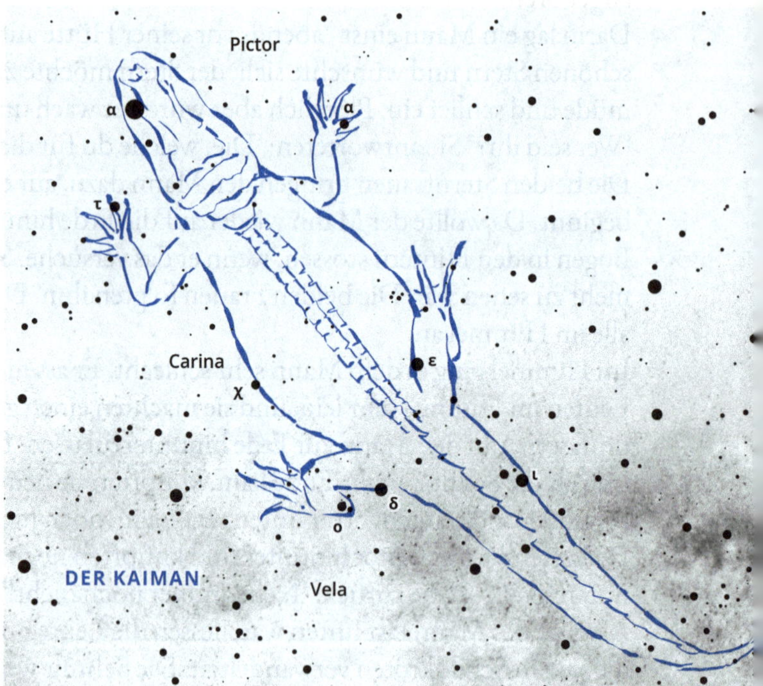

und | oder αεβγδ Corvi, γ Hydrae
und entweder α Virginis oder ηγακ Virginis

F 206

UWAI – DER KAIMAN

Die unterschiedlichen Verortungen lassen darauf schliessen, dass es ein weiblich-männliches Paar gibt, vielleicht sogar ein Vierer-Paar wie bei den Schildkröten.

F 206

Der Kaiman ist ein ausnahmslos für den Bari, den Schamanen der Geister, reserviertes Tier. Berührt ihn ein Bororo auch nur unabsichtlich beim Baden, so muss er ihn erlegen und dem Bari übergeben. Dabei darf die Gallenblase des Kaimans jedoch nicht platzen, sonst droht dem Bororo unausweichlich der Tod. Von einem Kaiman geht so viel Unheil und Schrecken aus, dass man ihn nicht einmal beim Namen nennt und ihn stattdessen *Arogwa* heisst.[75]

Über den Kaiman selbst sind keine eigenen Sagen aufgezeichnet; als 'Herr des Wassers', als der er anderswo gilt, zeichnet er sich bei den Bororo eher durch eine bedrohliche Präsenz am Rande aus. So heisst es in einer Variante des Mythos vom Ursprung der Sterne, dass sich der Junge, welcher der alten Frau im Dorf die Zunge herausgeschnitten hat, einmal in den Himmel geklettert, in Den Kaiman verwandelt hat.[76]

DER KAIMAN

In der folgenden kurzen Weltschöpfungslegende, wird der Kaiman implizit als feindliche Kehrfigur zu Sonne und Mond dargestellt: "Die Orári sagen, dass die Sonne und ihr himmlischer Begleiter eine Reise von Westen nach Osten unternahmen und die Gegenden, an denen sie vorbeikamen, durch Berge markierten, um so eine Gebirgskette zu formen, die ihrer Reiseroute folgt. Auf der Reise erschufen sie viele Tiere wie den Tapir, das Wildschwein und andere. Da sie merkten, dass die Menschen keine guten Angelschnüre hatten, riefen sie aus der Erde die kleine Rito-Palme [*Astrocaryum vulgare*] hervor, deren Blätter die sehr starken Fasern für Angelruten und Netze liefern.

Zu einem gewissen Zeitpunkt stiessen die Sonne und ihr Begleiter einen lauten, langen Schrei aus, der den Kaimanen am Rand des Flusses Furcht einjagte. Meri sagte: 'Der Geist der Kaimane bekam es mit der Angst, als er die Schreie des Sonnengeistes am Fluss vorüberhallen hörte.' Sie sagten das Gleiche, nachdem sie den Geist der Brüllaffen mit ihren Schreien verschreckt hatten."[77]

In einer anderen Sage gelangt der Sohn Bakóro Kúdus, den wir aus einer ähnlichen Legende zu Meri und Ari kennen, in eine Gegend, wo er ein neues Dorf errichten will. Der Sohn, Kaidagáre, braucht eine magische Pflanze, um Meris Geist ohne Schaden sehen zu können. Unter ihrem halluzinogenen Einfluss sieht er Sonne und Mond mit ihrem roten bzw. gelben Federschmuck um den Kopf auf einem Jatoba-Baum und die Leute, die ihm ihre Gastfreundschaft erwiesen haben, in Schlangen verwandelt schlafen.

Am Morgen löst sich der Spuk auf. "Bald kam der Mann der Frau [die ihm ihre Gastfreundschaft erweist] mit ein paar Kaimanen von der Jagd zurück, die seine Frau sogleich kochte. Ein schönes Stück ihres Fleisches auf einer Unterlage aus geflochtenen Palmblättern bot sie Kaidagáre an. Er nahm das Essen gerne an, doch dann überlegte er es sich und sagte: 'Hört zu, ihr, die ihr meinen Vater und meine Mutter vertretet. Die Bororo dürfen das Fleisch eines Kaimans nicht straflos essen; es ist dies etwas Böses, es ist tabu. Wir dürfen dieses Tier erst essen, nachdem der Geister-Schamane es dem Vater der Geister angeboten hat.' Mit diesen Worten reichte er die Matte mit dem Kaimanfleisch darauf zurück, verabschiedete sich und ging in sein Dorf zurück."[78]

Hinter diesem Tabu steckt auch die aus einer anderen Sage hervorgehende Vorgabe, dass Meri nur Wildfleisch isst, dies jedoch durch den Mund eines Bari: Damit ist auch das Fleisch der Himmelstiere ebenfalls nur Meri vorbehalten. Überall durchgesetzt hat sich dieses Tabu jedoch nicht; der Ethnologe von Steinen gibt für das von ihm besuchte Dorf an, dass "die mit dem Harpunenpfeil geschossenen Kaimane sehr beliebt waren; Kamprehe hingegen wurden weder gegessen noch überhaupt getötet".[79]

Cetus?

ATUBO – DER SUMPFHIRSCH

β Ceti

TUGIGA KIWU – DAS GEWEIH

Atubo ist der Name für den grössten Hirsch Südamerikas, *Blastocerus dichotomus,* der Jäger attackiert, wenn er bedrängt wird. *Tugiga Kiwu* bezeichnet 'Sein Geweih', das von einem roten, im Südosten aufgehenden Stern verkörpert wird. *Tugiga Tabowu* – Geweih der Morgendämmerung – ist zugleich ein Übername für den mythischen Helden Toribugu, der sich in einen Sumpfhirsch verwandelt, um seinen Vater Kiáre Wáre zu töten.

F 196 und 205

TORIBUGU VERWANDELT SICH IN EINEN HIRSCH

Kiáre Wáre hat entdeckt, dass sein Sohn mit seiner Stiefmutter geschlafen hat. Aus Rache tut er darauf alles, um seinen Sohn Toribugu – Der wie Stein ist[80] – umkommen zu lassen. Er lässt ihn zuerst Raubtiere jagen und trägt ihm dann auf, die magische Rassel des Herrn der Rassel zu stehlen.

Dort wird er von den Aroe, tierisch-totemischen Ahnengeistern, umzingelt, kann sich jedoch auf eine Brasilkirsche retten, die mit ihm – wie ein Weltenbaum – in die Höhe wächst, von der Unterwelt zum Himmel hoch. Das oft erwähnte Pfeifen bei den Bororo wird auch heute noch praktiziert und erlaubt eine simple Kommunikation mittels gepfiffener Silben und Tonvariationen,[81] die sich an das Singen der Vögel anlehnt – und damit ein passender Zungenfall ist, um mit den Vogel | Tier-Sternen zu sprechen.

Bei der Aufzählung der Sternbilder nennt er bereits jenes, in das er sich sich später verwandeln wird: "Toribugu begann um Mitternacht, die Namen der Sterne bei ihrem Aufstieg zu rufen, indem er pfiff: '*Kiyege Barege*

Erudu – die Vögel-Tiere [Sterne] gehen auf.' Und die Geister antworteten: 'Hm, hm, hm.' Dann verkündete Toribugu: 'Das Auge Des Dourado-Fisches geht auf.' Und wieder antworteten die Geister. Etwas später pfiff Toribugu: 'Die Drei Jäger Am Bau Des Riesengürteltiers.' Diesmal antworteten schon weniger Stimmen von unten, weil ein paar der Aroe-Geister schon eingeschlafen waren. Er pfiff wieder: '*Tugiga Kiwu Rutu* – Sein Geweih geht auf'. Weniger Aroes antworteten ihm. Er pfiff wieder: 'Tuwagowu [Sirius] geht auf.' Die Aroe erwiderten darauf 'Hmm, hmm, hmm', aber es waren nur noch wenige. Dann: 'Das Grosse Gesicht [der Morgenstern] geht auf.' Doch da redete keiner der Aroe mehr. Es wurde langsam hell. Toribugu pfiff wieder: 'Der Stern Mit Der Morgendämmerung [Merkur?] geht auf.' Da brach der Tag schon an."[82]

Toribugu kehrt von diesem Abenteuer ebenso heil zurück wie von dem Auftrag seines Vaters, Früchte von einem von den Aroe bewachten Baum zu pflücken: weil er sich jedes Mal an die Ratschläge seiner Grossmutter hält. Danach geht es auf einen Berg, um sich den roten Ara – welcher an den Sonnenvogel der Maya gemahnt – zu holen, wobei der Vater den Sohn aus einer Felswand abstürzen lassen will. Der kann sich aber retten und steigt auf den Gipfel.[83]
Gemäss dem bereits von *Etanas Himmelfahrt* und dann bei den Maya und Inka bekannten Paradigma, legt Toribugu sich dort unter ein Aas und zieht damit Geier an, die ihn zum Fuss der Klippe tragen, dabei jedoch seinen Hintern und den Anus fressen. Er macht sich einen neuen Anus aus einer Yamswurzel, kehrt zurück ins Dorf und schleicht sich, in eine Eidechse verwandelt, in die Hütte seiner Grossmutter, wo er sich überlegt, wie er seinen Vater umbringen kann. Er wird entdeckt und bringt seinen Vater Kiáre Wáre dazu, eine weitere Jagd zu organisieren.
Nachdem Toribugu herausgefunden hat, wo genau sein Vater steht, verwandelt er sich am Ende der Geschichte mithilfe eines Astes des Sucupira-Baumes (*Ormosia amazonica*) in einen Sumpfhirsch. Eine Fassung des Mythos schildert dies detailliert: "Toribugu ging als Letzter, zusammen mit seinem jüngeren Bruder. Er fand etwas trockenes Holz, *Mana Ikiga*, setzte es sich auf den Kopf und verwandelte sich so in einen Sumpfhirsch. Er rannte durch den Wald, doch das Holz war nicht stark genug und das Geweih ging schnell kaputt. Er fand andere Äste vom Apegirerewu yi [der Strauch *Qualea*], verwandelte sich wieder in einen Hirsch, aber auch dieses Holz brach schnell. Schliesslich fand er ein anderes Holz vom Api Ikiga, das er sich auf den Kopf setzte, um sich so in einen Sumpfhirschen zu verwandeln. Er lief damit schnell herum und diesmal hielten die Äste als Geweih."[84]

Den Rest erzählt eine etwas ältere Fassung: "Toribugu rückte sich den Sucupira-Ast auf dem Kopf zurecht und verwandelte sich derart auf magische Weise in einen stattlichen Hirsch. Als solcher lief er sogleich in die Mitte des Kreises, den die Bororo gebildet hatten, die alle scharf darauf waren, ihn zu erlegen. Sie griffen unverzüglich an, er aber verschwand in die Richtung, wo sein Vater stand. Kiaré Wáre wollte den Hirsch aufschrecken, damit der ihm die Flanke zeigte und ihm ein besseres Ziel bot. Doch das versuchte er vergeblich: Denn der Hirsch rannte an, stiess dem Vater das Geweih in den Bauch, hob ihn über den Kopf und warf ihn in eine Flussschlinge, die voll von Piranhas war. So tötete Toribugu seinen Vater. Alle Bororo waren sehr betrübt über das, was vorgefallen war, denn ein Hirsch, der einen Menschen umbringt, ist ein schlechtes Omen.
"Da er weiterhin Rachegefühle hatte, trug der Mörder seinem Bruder noch etwas auf: 'Wenn wir zum Dorf kommen, werde ich die Waffen meines Vaters tragen und ich werde so gehen wie er und auch seinen Schmuck tragen. Dann gehe ich in die Hütte seiner Frauen, die sich sicherlich täuschen lassen, mir ein heisses Bad geben und mich lausen werden. Wenn sie das tun, werden sie die Narben entdecken, die das Geweih hinterlassen hat, das ich als Hirsch verwendet habe. Falls sie aber Verdacht schöpfen, dann gib mir schnell ein Zeichen, damit ich mich verteidigen kann.'
Toribugu hatte es erraten. Als die Frauen die Spuren des Geweihs sahen, blickten sie sich an und wussten alles, hatten aber keine Zeit, etwas zu unternehmen. Denn Toribugus Bruder gab ihm das verabredete Zeichen und da stand er wie der Blitz auf, packte seine Keule und zerschmetterte den beiden Frauen Kiáre Wáres den Schädel."[85]

Der zitierte Mythos um Toribugu erzählt vom Erlangen der Mannbarkeit, dem Überwinden der Dominanz von Vater und Mutter, in durchaus Freudschen Tönen. Dies vollzieht sich auch durch einen Prozess der Anverwandlung verschiedener Tiere und zieht sich über ein ganzes Jahr hin. Dieses Übergangsjahr vom Jugendlichen zum Mann spiegelt sich auch darin wider, dass Toribugu auch *Jerigigiatugo* genannt wird[86] und als solcher mit Der Landschildkröte Jerigigi in Corvus verbunden ist.

Die Kontexte des Mythos verraten, dass er kurz nach Ende der Regenzeit, Ende April | Anfang Mai, beginnt und ein Jahr später zur selben Zeit das Ende der Geschichte ansetzt. Die Landschildkröte in Corvus geht an den Maiabenden auf und steht die ganze Trockenzeit über prominent am Himmel, während das Sternbild Des Sumpfhirschs einen entgegengesetzten Zyklus aufweist – und Die Landschildkröte im Orion mit den Plejaden im Juni heliakisch aufgeht, um dann im Dezember um Mitternacht im Zenit zu stehen. Die Nähe dieser Jerigigi-Schildkröte zu den Plejaden ist auch insofern bedeutsam, als ihr heliakischer Aufgang Mitte Juni den Initiationsritus der Jugendlichen markiert.[87]

δγεη Sagittarii
POBOGO IMEDU – DER SPIESSHIRSCH
φστζ Sagittarii
POGOGO AREDU – DIE SPIESSHIRSCHKUH

F205

Der Graumazama (*Mazama gouazoubira*)[88] oder Spiesshirsch ist eine etwa rehgrosse Hirschart, die nur in den südamerikanischen Savannen vorkommt; er unterscheidet sich in Aussehen und Verhalten deutlich vom Sumpfhirsch.

Auch die Guaraní im Süden sehen das Sternbild eines Spiesshirschs, und zwar neben dem Kiefer eines *Tumpa* – eines prototypischen Tapirs in den Hyaden.[89]

Im Mythos von der Flut – der zu jenem aus den Anden, im *Manuskript von Huarochiri* aufgezeichneten parallel ist – paart sich ein Bororo mit einer Spiesshirschkuh, um mit ihr danach sein Volk fortzupflanzen.[90]

DIE GROSSE FLUT

Fischer holen gerade Fische aus der Reuse heraus, als der Sohn eines Indios bei ihnen auftaucht. Sie bieten ihm einen Pacupeba-Fisch mit einer Beleidigung an: "Da hast du die Fotze deiner Mutter". Verstört läuft der Junge ins Dorf und erzählt alles seinem Vater, der je nach Version *Meríri Póro* oder *Jokurugwa* ('Herrlichkeit der Augen') heisst. Der will sich rächen, geht mit Pfeil und Bogen gegen die Männer vor, trifft jedoch Jakómea Kujagureu, den (im Unterschied zum roten und schwarzen) gelben Jakomea-Geist und verwundet ihn.

Im Folgenden werden zwei Versionen dieser Geschichte miteinander verschränkt: "Sogleich hörte er einen furchterregenden Krach und der Fluss begann schnell anzuschwellen und über die Ufer zu treten. Meríri Póro hatte kaum noch Zeit, sich ein brennendes Scheit zu greifen und sich auf die Kuppe des nächsten Hügels zu retten, der Toroári heisst. Er merkte, dass das Wasser ihm auf den Fersen war und ihn zu verschlingen drohte; deshalb erhitzte er mit seinem Scheit Steine und warf sie in den wütenden Fluss. Die Hitze der Steine brachte das Wasser zum Verdampfen, der Fluss kehrte wieder auf seinen normalen Stand zurück, der Toroári-Hügel kam wieder zum Vorschein, samt dem Land, das überflutet worden war. Meríri Póro stieg wieder hinunter und sah, dass vom Dorf oder den Bororo nichts übriggeblieben war.

Schliesslich stiess Jokurugwa auf die schmale Fährte einer Spiesshirschkuh. Er pfiff und das Hirschweibchen pfiff zurück. Er ging in Richtung des Pfiffs und fand sie am Fuss einer Palme am Boden hockend. Er sagte zu dem Weibchen: 'Du bist sicher die, die auf mein Pfeifen geantwortet hat.' Und das Hirschweibchen erwiderte: 'Ja, ja, das war ich, und ich hab dir in der Sprache der Indios geantwortet.'

Jokurugwa heiratete das Spiesshirschweibchen und sie hatten viele Söhne und Töchter. Der Erstgeborene,

ein Sohn, hatte einen Schädel und Hufe wie ein Hirsch. Dann kam ein Mädchen zur Welt, das ein menschliches Gesicht hatte, aber Fell am ganzen Körper. Dann hatten sie einen Sohn, dessen Hände, Füsse und Kopf wie unsere waren, der aber noch Fellflecken hatte; danach wurde eine Tochter geboren, die nur noch wenig Fell am Rücken und auf der Brust hatte; darauf wiederum ein Sohn, der bloss noch ein Fell entlang des Rückgrats hatte. Danach kamen alle Kinder ohne Fell zur Welt.
Bald war das Land wieder mit Bororo bevölkert; Meríri Póro, der Überlebende, gab allen Männern und Frauen Hütten und gab dem Dorf denselben Grundriss wie vor der Flut. So gelang es ihm, den Stamm wieder in ein Dorf zu holen, das gut bewohnt war und nach althergebrachten Vorbildern aufgebaut."[91]

α Eridani – β Ceti – γ Pegasi oder α Andromedae
BOKODORI JARI PARU KADO JEBAGE – DIE LÖCHER AM BAU DES RIESENGÜRTELTIERS UM ES ZU FANGEN
BOKODORI JARI PARU KAJEJE WUGE – DIE DREI JÄGER AM BAU DES RIESENGÜRTELTIERS

Die Namen beziehen sich auf die Jagd des heute gefährdeten Riesengürteltiers (*Priodontes giganteus*), das selbst kein Sternbild zu besitzen scheint (ausser es hat sich mit der ihm auch im Mythos attestierten Scheuheit in der Milchstrasse eingegraben).

Die Sterne gehen im Juni in gleichem Abstand voneinander um halb zwei Uhr morgens parallel zum Horizont auf, als würden sie auf das Riesengürteltier der Sonne warten.

F 199

DER URSPRUNG DES RIESENGÜRTELTIERES

"Die Bororo erzählen eine Geschichte über im Fluss schwimmende Männer, von denen einer beim Tauchen am Grund eine mysteriöse Kreatur erblickte [einen weissen Aroé-Geist]. Er versuchte sie mit seinem Fischernetz zu fangen, musste aber, als es ihm nicht gelang, wieder auftauchen. Seinen Gefährten erzählte er nichts, weil er den kostbaren Fund selber fangen wollte. Die Kreatur, ein Riesengürteltier, hielt einen Stein gepackt, der so voller Löcher und Furchen war, dass er seinen Abdruck auf dem Körper des Tieres hinterlassen hatte. Játowu, der glückliche Finder, tauchte erneut hinunter [mit seinem Netz. Er näherte sich dem Geist, warf sein Netz darüber und zog ihn mit Gewalt von dem Stein weg. Als er wieder über Wasser war, schrie er: 'Ein Geist ist mir ins Netz gefallen!']
Seine Gefährten kamen mit ihren Netzen gelaufen, um ihm zu helfen, das ausserordentliche Tier an Land zu ziehen. Gemeinsam legten sie ihn auf das Ufer und beobachteten ihn dann fest. [Es war der Geist des

Riesengürteltieres.] Sie sahen, dass sein Haar ganz weiss und weich war, weil er so lange im Wasser gewesen war.
Zufrieden mit ihrer Entdeckung, beschlossen die Fischer Familiennamen zu erfinden, die sie von diesem Tier ableiteten, um damit die Namensgebung ihrer eigenen Clans zu unterteilen."
So kommen Namen wie 'Riesengürteltierflügel' auf, "weil die beiden Vorderklauen die Bororo an Flügeln erinnern", oder 'Entdeckung des Riesengürteltiers', 'Besitzer des Riesengürteltiers', 'Gefiedertes Halsband des Riesengürteltiers'.
"Nachdem sie diese Namen angenommen hatten, fragten sich die Bororo: 'Was sollen wir mit diesem Riesengürteltier tun? Wir lassen es frei, aber nicht im Wasser.' Sie schafften das Tier ein Stück weit weg [in den Wald, liessen den Geist dort] und belehrten es dann: 'Sei vorsichtig und versteck dich gut. [Du solltest nicht im Wasser bleiben. Du bist das grösste der Gürteltiere und deshalb solltest du am Fuss der grossen Bäume des Waldes zuhause sein.] Versuch, einen guten Bau am Fuss eines Angiko-Baumes, eines Mastix- oder Feigenbaumes, eines Felsens oder eines Termitennestes zu graben oder sonst unter irgendeinem höheren Boden. Geh niemals sorglos herum; zeig dich nie offen, sondern bloss nachts, denn du bist eine mysteriöse Kreatur.' [Seitdem lebt das Riesengürteltier in enormen Löchern, die es mit seinen eigenen Krallen gräbt, und kommt nur nachts daraus hervor.] ...
Früher einmal assen die Bororo keine Riesengürteltiere, weil es ein aussergewöhnliches Tier war und sein Fleisch einen ganz starken eigenen Geruch hatte; heute aber tun sie das, weil sie den Geschmack nicht mehr so unangenehm finden."[92]

Was hinter dieser mysteriösen Kreatur steckt, verraten die Mythen von Nachbargruppen der Bororo: Es ist ein weiblicher Stern, der vom Himmel gefallen ist und die Menschen den Ackerbau lehrt[93] – so, wie dies auch bei den Sagen der Chiriguanos im Sternenhimmel der Anden zum Vorschein kommt. Das sich für seinen Bau in den Boden eingrabende Gürteltier stellt somit die natürliche Entsprechung des die Erde für einen Acker aufbrechenden Bauern dar.

VI OBJEKTE

Sterne von Ursa Maior (κ - θ - υ Ursae Maioris?)

BA PARU KADODA JEBAGE – DIE DEN DORFANFANG SCHNEIDEN

Ba Paru – die Basis, der Anfang des Dorfes – ist der westlichste Teil des Dorfes. Das Gestirn heisst offenbar so, weil der westliche, den Toten geweihte Dorfteil an ihm ausgerichtet wurde.

F 196 und 135

αβγδ Ursae Maioris

KE – DER KOPFSCHMUCK

Es ist dies der Schmuck am Kopf des Kulturhelden Bakoróro, der zusammen mit seinem Bruder Itubóre von einem Jaguar gezeugt wurde und sich dadurch hervortat, dass er alle menschenfressenden Tiere wie Störche, Adler und Fische dazu brachte, etwas anderes zu essen.[94]

F 202

BAKORÓROS KOPFSCHMUCK

"Ki Bakoróro hatte zwei Söhne namens Aíje Çereu und Máno Kuriréu. Die beiden Brüder gingen jeden Tag auf die Jagd, brachten aber nie etwas heim, obwohl sie immer völlig erschöpft waren. Sie entschuldigten sich, dass sie nie irgendeine Beute nach Hause brachten: 'Wir haben nichts gesehen, wir sind auf kein einziges Tier gestossen.'

Nachdem er sich das eine Weile angeschaut hatte, war Bakoróro davon überzeugt, dass die Entschuldigungen seiner Söhne unbefriedigend waren; deshalb entschloss er sich eines Tages, ihnen zu folgen. Er nahm den Pfad, den sie sonst nahmen, und sah, dass er ziemlich ausgetreten war, ein sicheres Zeichen dafür, dass die Jungen immer zum selben Platz gingen. Ihre Spuren führten ihn in einen Wald, in dem er Dekorationen aus Babassublättern von mehreren Bäumen hängen sah. Er nahm sie herunter und ging tiefer und tiefer in den Wald. Plötzlich hörte er Stimmen und Gelächter – es waren Aíje Çereu und Máno Kuriréu, die es lustig hatten. Als er sich näher schlich, merkte er, dass sie sehr glücklich waren. 'Sehr gut', sagte er zu ihnen; 'deshalb also seid ihr hier! Und hierher geht ihr immer jagen?' 'Ja – aber eigentlich sind wir da, weil wir zwei Geister getroffen haben, die uns ihre Tänze beigebracht haben und uns den Schmuck und die Farbe gegeben haben, die du an uns jetzt siehst.' Als er sah, wie hübsch seine Söhne damit aussahen, sagte Ki Bakoróro: 'Ihr habt die Geister entdeckt, aber nicht für euch. Sie gehören mir. Wenn ihr sie mir nicht überlasst, werdet ihr neidisch darüber werden, was ich tue, um sie zu ehren.' Widerwillig gaben die Söhne ihrem Vater die Ornamente aus Bambusblättern und sogar das Recht auf ihre Körperbemalung, die sie gründlich von sich abwuschen.

Der eine, der den Geist Bokwojéba darstellte, war ein Mitglied des Unterclans der Aróroe Çobugiwúge und sein Körper war schwarz mit weissen Flecken. In seinen Händen hielt er einen weissen Stock und seine Glieder, sein Kopf und seine Brust waren mit weissen Babassublätern geschmückt. Sein Bruder spielte Búre Ikabéo, der ein Mitglied des Unterclans der Arórore Çebegiwúge war; sein Gesicht, seine Brust und seine Handgelenke waren mit Ton schwarz bemalt und wie Bokwjéba trug er Bambusblätter. Beiden machten mit ihrem Tanz und Stöhnen die Geister nach. Sie bekräftigten ihrem Vater gegenüber, dass die Geister ihnen am Ufer erschienen waren. Als die Jungen mit dem Abwaschen fertig waren, kehrten sie mit ihrem Vater ins Dorf zurück, der gerne all die Blätter trug, die er eingesammelt hatte und die ihm überlassen worden waren. Als er damit in seine Hütte trat, erklärte er seiner Frau: 'Hör zu, ich sag dir, was unsere Buben im Wald getrieben haben. Sie haben sich geschmückt, sie sangen und tanzten, um gewisse Geister, die sie am Ufer gesehen hatten, zu verkörpern. Ich überredete sie, mir das Recht zu überlassen, diese Geister zu nachzuahmen, und jetzt gehören diese Geister mir. Aber im Gegenzug habe ich den Buben erlaubt, die Geister zu verkörpern, wann immer sie wollen, sich so schmückend und tanzend, wie die es ihnen beigebracht haben.'"[95]

Corona Borealis

MARIDO – DER (MARIDO-)REIFEN
MARIDO IMEDU –
DER MÄNNLICHE (MARIDO-)REIFEN

F 203

Marido bezeichnet einen 'Grossen Wedel' der Buriti-Palme (*Mauritia flexuosa*), die den Bororo Kokosnüsse und Palmherzen zum Essen sowie Material für Seile und Flechtwerk liefert. Zugleich hiess ein sagenhafter Held *Marido*; er war so gross und kräftig, dass er selbst mit einem langen und dicken Holzbündel auf dem Kopf stundenlang tanzen konnte. In Erinnerung an ihn werden heute aus zerschnittenen Stängeln von Wedeln der Buriti-Palme und anderen Materialien Bündel zu 'Rädern' gerollt, die bei wichtigen Zeremonien wie Begräbnissen, von zwei Männern am Kopf getragen und zu einem Aróe-Gesang herumgedreht werden. Es wird dabei zwischen einem grösseren – 'männlichen' – Rad mit einem Durchmesser von 1.5 m und einem kleineren von 1 m – 'weiblichen' – unterschieden; Letzteres wird am Himmel in der Corona Australis gesehen.

F 203 und C | A 92–96, 161, Abb. 392

Corona Australis

MARIDO AREDU – DER WEIBLICHE REIFEN

F 203

"Drei Tage später wurden die Zeremonien [für das Begräbnis] unterbrochen, um die Vorbereitungen für den zweiten Akt zu treffen: für den Tanz des Marido. Die Männer gingen in Gruppen in den Wald und kehrten mit Armen voller grüner Palmzweige zurück, die sie zunächst entblätterten und dann in Stücke von etwa dreissig cm Länge zerschnitten wurden. Mit Hilfe grober Schnüre aus welken Blättern banden die Eingeborenen jeweils zwei oder drei dieser Stücke zusammen – gleich Sprossen einer elastischen und mehrere Meter langen Leiter. Auf diese Weise entstanden zwei ungleich lange Leitern die zusammengerollt und hochkant gestellt, etwa 1.50 bzw. 1.30 m hoch waren. An den Seiten wurden sie mit Blättern geschmückt, die von einem Netz aus geflochtenen Haarschnüren gehalten waren. Diese beiden Gegenstände wurden dann feierlich auf die Mitte des Platzes getragen und nebeneinandergestellt. Es sind die Marido, Mann und Frau, deren Herstellung dem Ewaguddu-Clan obliegt.

Gegen Abend machten sich zwei Gruppen von fünf oder sechs Männern auf den Weg, die eine nach Westen, die andere nach Osten. … Beide Gruppen stellten die Gruppen der Toten dar, die aus ihren Dörfern im Osten und im Westen kommen, um den jüngst Verstorbenen zu empfangen. … Durch eine ängstliche und zögerliche Gangart drücken sie in bewundernswürdiger Weise ihre Schattenrolle aus … Doch alsbald belebte sich die Zeremonie: Einige Männer packten den einen oder den anderen Marido (die umso schwerer waren, als sie aus frischen Zweigen und Blättern bestanden), hoben ihn mit beiden Armen hoch und tanzten mit ihm, bis sie sich erschöpft die Bürde von einem Konkurrenten entreissen liessen. Die Szene besass nicht mehr den mystischen Charakter wie zu Beginn, es war eine Art Jahrmarkt, auf dem die Jugend ihre Muskeln zur Geltung brachte, in einer Atmosphäre aus Schweiss, Rempeleien und Witzen. … In einem fröhlichen Durcheinander haben die Eingeborenen das Gefühl, mit den Toten zu spielen und ihnen das Recht abzugewinnen, am Leben zu bleiben."[96]

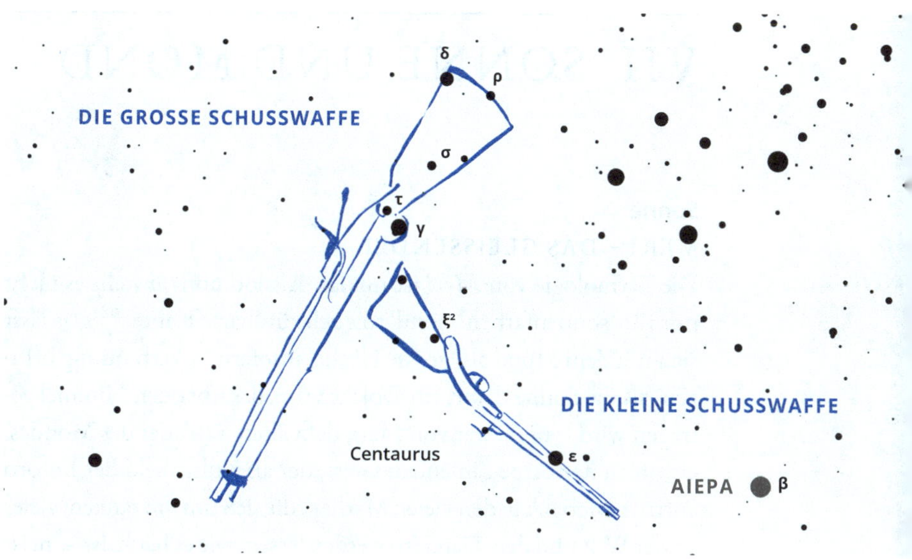

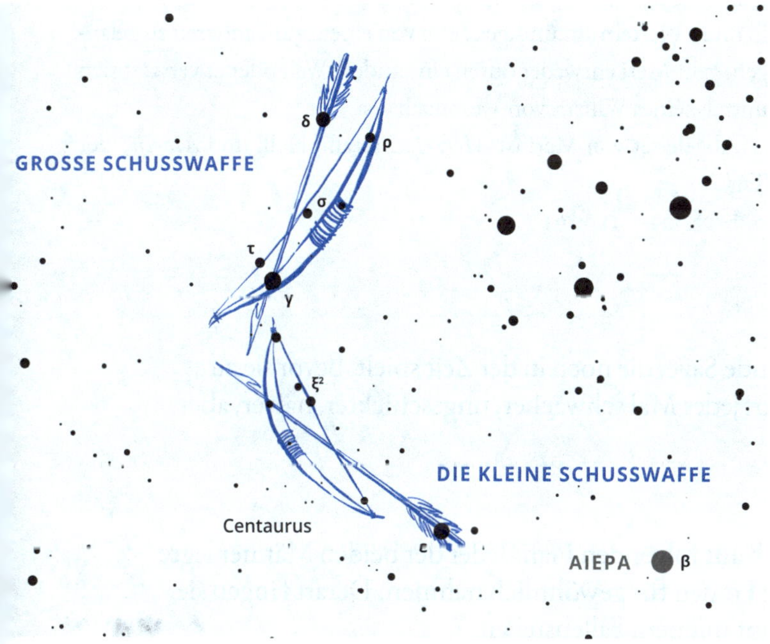

(ε?)ξef Centauri

BOEIGA BIAGAREWU – DIE KLEINE SCHUSSWAFFE

F 199

Der Name *Bo(e)iga* ergibt sich aus *Boe e Ika* – Bogen und Pfeil –, wurde jedoch auch auf Gewehre übertragen. Die dabei vollzogene Modernisierung – so sich dieses Sternbild nun wirklich auf ein Gewehr bezog, was weder aus den Quellen noch von den Informanten hervorgeht – wäre jedenfalls als Zeichen zu werten, dass die Astronomie einer Kultur – bei aller Flexibilität in der Verortung von Sternbildern selbst – robust genug ist, um auf Wandel einzugehen.[97]

γτGσδρ Centauri

BOEIGA KURIREWU – DIE GROSSE SCHUSSWAFFE

Die Bororo unterscheiden zwischen einem kleineren Gewehr und einer Flinte mit ihrem längeren Lauf. Welche Sterne zu welcher Schusswaffe gehören ist oft nicht klar, obwohl die Sterne dieselben bleiben. Die Bororo kamen erstmals im 18. Jahrhundert mit europäischen Brasilianern in Kontakt, Edelstein- und Goldsuchern. Die Folge waren verheerende Krankheiten und eskalierende Kriege in den nächsten eineinhalb Jahrhunderten, in denen die Bevölkerung ständig dezimiert wurde.

F 199 und 5

α Canis Minoris

BOIGA – DIE SCHUSSWAFFE

F 199

TUWAGOWU –?

Der Name, dessen Bedeutung unklar ist, kann neben dem Sirius auch auf andere Sterne angewandt werden.

F 206

β Centauri

AIEPA

F 195

Bedeutung ungeklärt.

Beteigeuze, Antares oder Mars

(I)KUIEJE KUJAGUREU – DER ROTE STERN

Es gibt keine klare Identifikation für diesen Stern.

F 200

VII SONNE UND MOND

Sonne

MERI – DAS GLEISSENDE?

Die Etymologie von *Meri* ist unklar. Als Homonym steht es nicht nur für 'sonnenfarben', sondern auch für 'harte Kante'.[98] Das lässt sich mit dem Mond als 'grosse Fläche' insofern in Verbindung bringen, als die Sonne damit ein Objekt wäre, das über den Himmel getragen wird – und zwar von Meri, dem älteren Bruder des Mondes, einem zu den Aroe zählenden Geist, der als Kulturheld der Bororo auftritt. Meri hat in den vielen Mythen, die sich um ihn ranken, vieles an der Welt und den Tieren so werden lassen, wie es heute ist – meist unabsichtlich, gedankenlos oder übermütig.

Die Stellung der Sonne am Himmel während des Tages und des Jahres dient der täglichen Zeitmessung und zur Bestimmung der Jahreszeiten. Sie ist fundamental für die Vorstellungen von Raum und Zeit der Bororo und gibt auch die Ost-West-Achse des Dorfes als 'Pfad der Sonne' – *Meri Etawara* – vor: "Dann sagte Meri: 'Lasst uns ein Dorf für unsere Kinder auslegen.' Meri und Ari suchten einen hochgelegenen Platz und zogen dort einen Kreis, den die Sonne von Osten nach Westen teilte und dann sagte: 'Ich stelle meine Kinder auf die nördliche Hälfte.' 'Und ich stelle meine Kinder auf die südliche Hälfte', sagte der Mond. So entstanden die beiden Volksgruppen."[99]

Bei den Bororo in Garças heisst es, dass Meri bei Sonnenuntergang auf den Schultern von Bakoróro sitzt, dem Kulturhelden und Häuptling des westlichen Viertels des Totendorfes, bei Sonnenaufgang aber auf den Schultern von Itubore, der dem östlichen Viertel des Totendorfs vorsteht. Die beiden Häuptlinge sind mit jeweils einem Musikinstrument verbunden, Bakoróro mit der Querflöte *Ika*, Itubore mit einer Art Trompete namens *Pata*, mit dem sie jeweils Meris Ankunft in ihren Vierteln ankündigen. Um von einem zum anderen zu gelangen, geht Meri entweder durch eine andere Welt oder er versetzt sich mittels seines Willens von West nach Ost.

Abgeleitet von Meri ist *Meriri*, 'Metall | Hell' und *Meriji*, 'der Tag'.

F 203, 109–110 und 95

Gut charakterisiert werden Sonne und Mond durch folgende Sage, die noch in der Zeit spielt, bevor sie zu Himmelskörpern wurden. Wie in den anderen auch, ist Ari jedes Mal schwächer, ungeschickter, naiver, aber auch weniger egoistisch und verschlagen als Meri:

MERI UND ARI

"Meri und Ari wollten Frauen haben und verfielen deshalb auf folgenden Plan: Jeder der beiden Männer legte eine Schlinge aus starken Fasern auf dem Pfad aus, den die Frauen für gewöhnlich nahmen. Derart fingen sie leicht mehrere Frauen und als es genug waren, hörten sie auf mit dem Fallenstellen.

Meri begann dann, die Frauen zu begutachten, die Ari gefangen hatte, und sie kamen ihm schöner als die seinen vor. Ohne lange rumzutun, beschloss er deshalb, dass er und Ari die Frauen tauschen sollten. Ari gefiel das natürlich überhaupt nicht, aber Meri war beim Reden stets glatt und gewandt und kriegte deshalb die besten. Wegen dieser und anderer Geschichten sagen die Bororo, dass Meri ein unverbesserlicher Schurke war; sie müssen aber zugeben, dass er eigentlich nur von seinem jüngeren Bruder stahl. Ari dagegen stahl nie etwas."[100]

Bei den von Karl von den Steinen 1888 besuchten Bororo hingegen waren Sonne und Mond – vergleichbar mit Vorstellungen bei den Maya – Federn des Aras, der auf Portugiesisch *Arara* (der Dunkelrote Arara *Ara chloroptera*) heisst "Welche Vorstellungen über ihre Besitzer vorhanden sind, gelang mir nicht zu erfahren. Aber die Bororo lachten mich aus, als ich sie fragte, ob Sonne und Mond wie Menschen wären, und wiederholten 'Ararafedern' – Ararafedern und nicht etwa Arara schlechthin, als ob sie Vögel sein könnten."[101]

Mond

ARI – DIE GROSSE FLÄCHE | DER MONAT

A bedeutet 'Fläche', *ri*, 'gross'. Der Name bezeichnet sowohl unseren Trabanten wie einen Mondmonat. Der Mond ist ein Aroe-Geist und der Bruder Meris, der Sonne; er trägt ein poliertes, leuchtendes Metallblech auf dem Kopf, hinter dem sein Gesicht verborgen bleibt. Als Grossvater des Mondes gilt der Jabiru, ein grosser Storchenvogel mit reinweissem Gefieder und schwarzem Kopf (*Jabiru mycteria*), der sein Nest hoch oben in Palmen baut.

Sowohl die Phasen wie die Position des Mondes am Himmel dienen dazu, die Nachtstunde abzulesen und zu erkennen, wann bestimmte Tätigkeiten des Pflanzens und Sammelns angegangen werden müssen. Auch dient seine Erscheinung der Wettervorhersage.

Tritt die männliche Sonne als meist völlig indifferentes Wesen auf, so sind die mit dem ebenfalls männlichen Mond verbundenen Vorstellungen enger und persönlicher. Seine Phasen werden – zusätzlich zu seinem Einfluss auf Menstruation und Fruchtbarkeit – generell mit Gesundheit und Fitness assoziiert, sodass Fasten bei Neu- und Vollmond praktiziert wird. Kinder sollen ihre ersten Zähne kriegen, wenn der Dreiviertelmond im Zenit steht, und Zähne erst wachsen, wenn er im Abnehmen ist. Fischeier wachsen bei zunehmendem Mond, Palmsprösslinge öffnen sich bei Vollmond – und zum Anbau von Kulturpflanzen gibt es die verschiedensten, einander widersprechenden Regeln.

Der Winkel, in dem die Sichel des Neumonds sich erstmals zeigt, wird als Omen gedeutet. Ein vertikaler Neumond verheisst für manche Kälte und Regen, ein horizontaler das Gegenteil – oder den Tod. Generell gilt der erste Neumond und der letzte abnehmende Mond als gefährlich für eine Begegnung mit Tieren und als Unglücksbringer, was bei den dunklen Nächten nicht Wunder nimmt.

EBI 91, F 195–196 und 99–100

"Mond und Sonne (oder ihre Besitzer) sind auf der einen Seite und wandern durch den Fluss [in dem die Erde als Insel liegt]; wenn sie zusammenkommen, geht der Mond vorüber und es kommt Neumond" – so Karl von Steinens Bericht über die kosmischen Vorstellungen der von ihm 1888 besuchten Bororo-Gruppe.[102]

Eklipsen

ARI BI – DER MONDTOD

MERI BI – DER SONNENTOD

F 115

Mondfinsternisse sind überall auf der Welt häufiger als Sonnenfinsternisse. Dass die Mythen zum Tod Aris jedoch ausdrücklich drei oder vier Tode Aris vor seiner Himmelfahrt aufzählen, spiegelt auch das panamerikanische Schöpfungsparadigma von vier dämmrigen Vorwelten wider.

Den ersten Tod Aris, Sonnes Bruder, haben wir bei der Milchstrasse zitiert: Er kommt bei einem Steppenbrand um. Seine verbrannten Reste werden daraufhin von einem kleinen fuchsartigen Wolf (*Canis thous*) gefressen, dessen Bauch bei einem Wettlauf platzt, wobei Aris Knochen ringsum verstreut werden – ein zu der astralen Fuchssage der Anden paralleles, symbolisch aber weiter ausgeführtes Motiv.

DIE ERSTE AUFERSTEHUNG DES MONDES

"Meri fand aber nur noch einige Bruchstücke von Ari, die er sorgsam sammelte. In der Hoffnung, seinen Bruder ins Leben zurückholen zu können, legte er eine grosse Gerte, zwei kleinere und zwei noch kleinere auf den Boden, dass die ersten sein Rückgrat, die anderen Arme und Beine bildeten. Als Kopf nahm er ein Nest kleiner schwarzer Termiten und setzte dann die Knochenstücke aus dem Magen des kleinen Wolfs auf das grösste Holz. Dann ging er Heilkräuter suchen, mit denen er eine Packung machte, die er dann auf das hölzerne 'Skelett' streute, das seinen Bruder darstellte, bedeckte alles dann mit Blättern und ging.
Als Meri am nächsten Tag zurückkam und die Blätter wegschob, sah er, dass sich das Termitennest in einen Kopf verwandelt hatte und die Ruten zu Armen und Beinen geworden waren. Das Skelett hatte sich in seinen jüngeren Bruder Ari verwandelt, der aber tot aussah und kein Lebenszeichen gab. Meri sagte zu ihm: 'Geister sind gerade dabei, dich zu holen: der Jaguar, der Leopard, der Ozelot, die Schlange, die Klapperschlange, der Kaiamo-Feind. Du musst sofort fliehen!' Und sein jüngerer Bruder antwortete: 'Ja, aber ich schlafe.' Doch nicht lange und Ari bewegte sich und stand auf. Und Meri sagte: 'Jetzt, da ich dich wieder ins Leben zurückgerufen habe, können wir wieder jagen gehen.'"[103]
Die Wiederauferstehung des Mondes ist mit Pflanzen verbunden, für deren Wachstum er gemeinhin verantwortlich ist; den Raubtieren hingegen wird seine Finsternis zugeschrieben.

ARIS ZWEITER TOD UND WIEDERAUFERSTEHUNG

"Als Meri und sein jüngerer Bruder Ari wieder auf die Jagd gingen, stiessen sie auf ein Rudel Jaguare, das sie verfolgte. Um ihr Leben laufend kletterten sie schliesslich auf Bäume. Bei Meri war es ein Angelim [*Hymenolobium* oder *Andira*], weil er schnell gerannt und der Baum weit weg war, bei Ari ein Jenipapo [*Genipa americana*], weil der in der Nähe und er nicht weit gekommen war.
Die Jaguare, einmal am Fuss des Jenipapo, kletterten den Stamm hoch, holten Ari herunter und verschlangen

ihn. Doch als sie zu dem Angelim kamen, auf den Meri sich gerettet hatte, konnten sie nicht hinaufaufklettern, weil er so hoch war, dass sie die Krone nicht erreichten; also gaben sie auf und gingen wieder. Als Meri das sah, kletterte er hinunter, begann nach seinem Bruder zu suchen und sagte sich: 'Die Jaguare haben dich getötet, ich aber werde dich wieder erschaffen.'
Meri rief die Reguguriuge und die Pegurarege, die Ameisen sind, sowie die Miawe-Bienen und befahl ihnen, die noch vorhandenen Reste und das Blut seines Bruders Stück für Stück zusammenzutragen. Sie gehorchten und sammelten alles in einem kleinen Haufen. Meri schnitt einen grossen Ast und vier kleinere ab und legte sie auf die Erde, dass der erste der Oberkörper seines Bruders, die anderen beiden Paare seine Arme und Beine darstellten."[104]
Der Prozess der Wiederbelebung ist derselbe wie beim ersten Mal; Sonne bringt Mond zum Aufstehen – und damit zum Aufgehen –, indem er ihn damit schreckt, dass wieder Raubkatzen, Schlangen, die Kaiámodoge [ein feindlicher Nachbarstamm] samt den Seelen der Toten hinter ihm her seien. Worauf sie wieder auf die Jagd gehen.

ARIS DRITTER TOD UND AUFERSTEHUNG

"Eines Tages, als Meri und sein Bruder Ari sich damit amüsierten, stumpfe Pfeile aufeinander zu schiessen, verwundeten sie sich beide mehrmals. Ein Pfeil, den Meri mit grosser Kraft abgeschossen hatte, traf seinen Bruder ins Gesicht. Ari ging bewusstlos zu Boden und starb kurz darauf. Meri, der nicht einmal auf die Idee gekommen wäre, dass seinem Bruder etwas fehlte, ging nicht zu ihm, sondern machte sich auf, zu einer Jagd weit weg. Er war sich sicher, dass Ari aufstehen und ihm nachkommen würde, sobald er ihn fortgehen sah. Doch Meri wartete vergeblich. Als sein Bruder nicht erschien, ging Meri zu dem Platz zurück, wo der Kampf stattgefunden hatte, um zu sehen, was geschehen war. Dort fand er den toten Ari, ausgestreckt am Boden. Meri sammelte Heilkräuter, weichte sie in Wasser ein und bedeckte damit den Körper seines Bruders. Er wiederholte diese Prozedur zwei, drei Mal, legte dann Zweige über den Körper und ging."[105]
Es wird nicht gesagt, doch von dieser Verwundung mit Meris Pfeil muss der Mond seinen schwarzen Fleck auf der Wange erhalten haben. Seine Wiederbelebung geschieht dann auf dieselbe Art wie bei den letzten Malen, wobei ihn erneut die Warnung vor Raubkatzen, Giftschlangen, dem feindlichen Kaiámodoge-Stamm und den Seelen aus einer anderen Welt, wieder auf die Beine bringt.
"Nach der dritten und letzten Wiederbelebung Aris setzten die beiden Helden ihre Wanderungen durch die Welt fort."[106]
So rücksichtslos Meri wegen seiner Gedankenlosigkeit ist, so verschlagen und egoistisch, kann er doch, wenn er freundlich gebeten wird, auch Gutes tun: Tote wiederbeleben oder den Vögeln bessere Schnäbel und den Bororo Zähne und Nägel geben. Durch Meris Taten – und sein Denken – muss ja erklärt werden, weshalb die Welt so ist, wie sie ist.
Es gibt noch eine Erzählung von einem vierten Tod Aris, in der der mythische Jaguar Adugo ihn im Kampf in eine Lagune voller Piranhas wirft, die ihn fressen, worauf aus einem Teil seiner Eingeweide eine Wasserpflanze wird und er auf die gewohnte Weise wiederbelebt wird.[107] Meris demiurgisches Eingreifen hört jedoch nach dem folgenden Zwischenfall auf – weshalb andere Helden nach ihm die Welt zu verbessern trachten:

MERI UND ARI STEIGEN IN DEN HIMMEL AUF

"In der Vergangenheit lebte Meri mit seinem jüngeren Bruder Ari auf der Erde, doch nachdem er einen Tonkrug zerbrach, wurde er verbannt und mit seinem Bruder in den Himmel geworfen, wo man die beiden heute findet. Hier die Geschichte, wie es dazu kam.
Eines Tages, als Meri und Ari durstig waren, gingen sie zur Hütte der Karáwoe – das sind die grossen Wasservögel des Clans der Iwaguddudoge – und baten sie um Wasser. Da die Krüge gross und bis oben gefüllt waren, waren sie entsprechend schwer. Als Meri einen davon zum Trinken aufzuheben versuchte, sagten die Iwaguddudoge: 'Väterchen, Väterchen – tu das nicht! Du zerbrichst sonst noch denn Krug.' Meri erwiderte: 'Nein, nein, ich mach ihn sicher nicht kaputt.' Aber noch bevor das letzte Wort draussen war, glitt ihm der Krug aus den Händen, krachte zu Boden und wurde in Stücke zerschlagen.

Die Karáwoe schrien zornig auf Meri ein: 'Wir haben doch gesagt, dass du den Krug kaputtmachen wirst!' Sobald sie sahen, dass er zerschmettert war und die Vorwürfe hörten, bekamen Meri und Ari es mit der Angst und rannten davon. Die Vögel liefen den Brüdern nach, fingen sie ein und brachten sie zurück in ihre Hütte. Sie sagten zu Meri: 'Väterchen, Väterchen, setz dich dahin.' Sie befahlen ihm, sich neben seinen jüngeren Bruder Ari zu setzen und bauten sich dann rings um die beiden auf.

Die älteren Karáwoe begannen sich mit ihren Baku-Fächern zuzufächeln und Meri sagte: 'Hört auf damit.' Aber sie antworteten: 'Du strahlst so viel Hitze aus.' Alle Karáwoe begannen bald, sich Luft zuzufächeln – und dadurch entstand ein so starker Wind, dass es Meri und Ari in den Himmel blies. Da die Vögel sich weiter zufächelten, stiegen die Brüder auch immer höher und höher hinauf. Die Vögel riefen ihnen zu: 'Ihr werdet nicht auf der Erde bleiben und wie wir sein; ihr werdet zu Sonne und Mond werden.' Und sie fügten hinzu: 'Ihr werdet im Himmel sein: Wasserschwein, Hirsch, Reh, Nandu, Seriema und so weiter werdet ihr essen. Sie werden eure Nahrung sein – und ihr werdet nur durch die Münder gewisser Männer essen, die Schamanen sind. Die genannten Tiere und Gemüse werden diesen Schamanen vorbehalten bleiben.'

Die Iwaguddudoge nennen sich deshalb *Meri Tu Kuri*, 'Grosse Sonne', oder *Meri Barigudu*, 'Zum Aufstieg gebrachte Sonne'."[108]

Die Strafe dafür, dass die Bororo Meri und Ari mit Gewalt aus ihrer Mitte vertrieben haben, ist die Auflage, dass ihre beliebteste Nahrung nun vor dem Verzehr von dem mit den Bope-Geistern in Verbindung stehenden Schamanen gesegnet werden muss. Wer sich nicht daran hält, wird krank oder stirbt. Zudem erhalten die Bororo seitdem nicht mehr wie zuvor von Meri und Ari direkte Ratschläge: Sie erfolgen seitdem durch den Mund des Schamanen, der sie von den Bope und den Omen ringsum erahnen muss.[109]

Nunmehr zu Geistern am Himmel geworden, heisst dies jedoch nicht, dass man Meri und Ari nicht mehr begegnen kann – wie die folgenden beiden Sagen ausschnittweise erzählen:

RIKUBUGU SIEHT SONNE UND MOND

"Die Bororo erzählen, dass vor ewigen Zeiten Rikubugu, ein Paiwoeddo, in einem weit entfernten Gebiet jagen ging und dort die Fussabdrücke der Geister sah, wie sie rot glitzerten. Er folgte der Spur, die in die Ferne führte, doch je weiter er ging, desto heisser wurde ihm; schliesslich wurde er ganz schwach, wegen der Hitze und weil er sosehr schwitzte. Also ruhte er sich ein wenig aus, und während er sich erholte, horchte er, ob da noch jemand in der Gegend war. Er hörte zwei Stimmen, wie die von Reihern: die eine lauter, die andere leiser. Es waren die Stimmen der zwei Brüder; der grössere war Meri, die Sonne, der kleinere Ari, der Mond. Rikubugu trat näher, bis er die beiden Brüder sehen konnte, bekam es aber mit der Angst und floh. Zurück im Dorf rief er seinen Vater Bakorokuddu, der ein Baaddageba war: 'Mein Vater, mein Vater!' 'Was ist los?' 'Mein Vater, mein Vater, ich habe den Pfad der Seelen gefunden. Ich bin ihm gefolgt und habe Meri und seinen jüngeren Bruder Ari gesehen. Ich nehme sie für mich (das heisst: Sie werden mir und meinem Clan gehören).'"[110]

Der Vater nimmt jedoch das Vorrecht in Anspruch, die Geister für sich zu reklamieren: und so nennt er sich ab nun *Grosse Sonne* und seinen Sohn *Pfad Der Sonne*. Sie versuchen beide noch einmal, die Brüder zu sehen, müssen aber erneut innehalten, um nicht verbrannt zu werden.

Ähnlich ergeht es Adúgo Édu, genannt *Tadúgo*, der im Wald auf einen Pfad stösst, den aussergewöhnliche Wesen getreten haben müssen. Er hört Rufe und Gelächter und kehrt sodann ins Dorf zu seinem Vater Bakóro Kúdu zurück:

TADUDGO UND BAKORO KUDU BEGEGNEN SONNE UND MOND

"Die beiden marschierten unverzüglich auf dem Pfad los, den Tadúgo entdeckt hatte. Geführt vom Echo der Rufe und und des Gelächters in der Ferne, kamen sie zu einer Stelle, wo sie zwei überaus beeindruckende Geister sahen. Vater und Sohn liefen zu ihnen und boten ihnen Zigarren an, bei denen diese gerne zugriffen. Ermutigt von dem freundlichen Empfang fragten Tadúgo und Bakóro Kúdu: 'Wie sind eure Namen? Was für eine Art Geister seid ihr?' Wir sind die Gebrüder Meri; du kannst auch sagen, die Gebrüder Ari', erwiderten sie.

Der Sonnengeist war durch einen schönen Kopfschmuck aus roten Federn herausgeputzt und sein Bruder, der Mond, trug einen aus gelben Federn. Und Meri begann zu rufen: *Ú, ú, ú, ú, káwu, kaáwu, káwu, kaáwu!* Er schrie weiter und erhob seine Stimme, wie um zu singen: *U, u, tschu, tschu!* Worauf Ari ihn gleich nachzuahmen anfing."[111]

Und wieder nimmt der Vater das Vorrecht in Anspruch, sich die Geister 'nehmen' und sich und seine Grossfamilie nach ihnen benennen zu können, während er seinem Sohn die Ehre überlässt, die Zeremonien für die beiden Geister zu arrangieren.

Ihr unterschiedlich gefärbter Kopfschmuck erklärt sich durch einen anderen Mythos, in dem Männer, die – wie bei der Initiationszeremonie beim Aufgang der Plejaden – durch ein Feuer springen, sich in wunderschön gefiederte Vögel verwandeln. Wer durch den heissesten Teil des Feuers springt, wird zu einem Ara mit roten Flügeln, wer sich nur über den Rand des Feuers traut, zu einem Ara mit gelben Federn, "weil da nicht genug Hitze war, um die Federn rot werden zu lassen", und krächzt dann *Ari, ari o!*"[112]

Meri wird damit also als heisser und stärker als sein Bruder Ari gekennzeichnet.

VIII DIE PLANETEN

Venus

(I)KUIEJE KURIREU – DER GROSSE STERN

Die Bororo wissen, dass Morgen- und Abendstern derselbe Himmelskörper sind. Sie können, wie die Quechua in den Anden, die Venus auch bei Tage sehen: Dazu muss man genau wissen, wo neben der Sonne sie steht. Man bildet dann mit Daumen und Zeigefinger einen kleinen Schlitz, um den Lichteinfall zu reduzieren. Derart vermag der Planet bei Tag sogar einen erkennbaren Schatten zu werfen.

F 200–201, 141–142, 228

IKORO –?

Ein Name für den Morgenstern, der hauptsächlich in Gesängen verwendet wird.

F 199

Morgenstern

JEKURIREWU – DAS GROSSE GESICHT

F 201

Abendstern

OROWARIBO KAJIJEWU – WAS ÜBER DEM GROSSEN WASSER AUFGEHT

Gemeint damit ist der Paraguay als Grenzfluss des Territoriums der Bororo. In den Auskünften der Informanten war dies der einzige Stern, der einem anderen Clan angehört, den Baadajebage Xebegiwuge.

F 204

Mars

BIKA JOKU – DAS AUGE DES GUIRAKUCKUCKS

Bika oder *Xijiji* sind die lautmalerischen Namen des rotäugigen *Guira guira*, dessen Ruf als gutes Omen für die Jagd gilt.

F 199

Planeten und Sterne

ARI REAIWU – DER MONDBEGLEITER

'Was dem Mond folgt' bezeichnet Planeten oder Sterne, die in Mondnähe stehen, kann sich aber auch spezifisch auf die Venus als Morgenstern beziehen. Ausgedrückt wird damit etwas, das in der westlichen Astronomie 'Konstellation' genannt wird.

F 196

wechselnde Planeten

BAROGWA JEIBA – DER HERR DER MORGENDÄMMERUNG
BAROG TABOWU – DER MIT DER MORGENDÄMMERUNG
BAROGWA KODODU – DIE ANWACHSENDE MORGENDÄMMERUNG
BAROGWADODU – DAS ENDE DER MORGENDÄMMERUNG

Die Namen beziehen sich auf Planeten oder helle Fixsterne, mittels derer die "Rufer, welche die Nacht bewachen", Schritt für Schritt den Tagesanbruch im Dorf verkünden und Instruktionen geben.

F 196–197, 143

Komet

(I)KUIEJE UKIGAREU – DER GESCHWÄNZTE STERN

F 200

Meteore, Satelliten

AROE KODU – DER SEELENFLUG

Eine Sternschnuppe gilt in der Regel als schlechtes Omen; man sieht es als Zeichen, dass ein böswilliger, zorniger Geist – Bope – ein Dorf heimgesucht hat, um sich dort ein Opfer zu holen, dessen Seele er entführt, samt dessen Habseligkeiten. Diese verbrennen in der Luft, nicht aber seine Seele: Sie stürzt mit charakteristischem Geräusch zu Boden. Um dies als Zeichen zu deuten, wird ein Bari – ein Schamane – gerufen.

EB I 168, F 196

Karl von den Steinen berichtet ausführlich von der Reaktion der Bororo 1888 auf einen Meteoriten, der als "Seele eines Bari" aufgefasst wurde, "die plötzlich auftauchte, um den Bororo mitzuteilen, dass er 'Jägerfleisch' haben wolle und einem von ihnen die Dysenterie schicken werde".

"In demselben Augenblick, als der Meteor sichtbar wurde, erschallte von dem Indianerplatz her ein hundertstimmig gellendes, anhaltendes Geschrei. Von allen Seiten her stürzte man nach dem Ranchão, wo es eine Weile drinnen und draussen wie in einem aufgestörten Ameisenhaufen wimmelte. Dann wandte man sich nach dem zum Flussufer hin gelegenen Teil des Platzes, richtete ein paar Lagerfeuerchen her und bald sassen zahlreiche kleine, phantastisch beleuchtete Gruppen von Männern, Weibern, Kindern an den Hütten entlang. Ich war einige Minuten beiseite gegangen und wurde durch lauten Lärm zurückgerufen. Zwei mit Uruku knallrot angestrichene Baris standen inmitten der Gesellschaft und prusteten in heftiger Aufregung ringsum zum Himmel hinauf, ein wenig Speichel von den Lippen spritzend, ähnlich wie die Kulisehuindianer die Gewitterwolken verjagten. Dabei zitterten und taumelten sie, dass man fürchten musste, sie würden ohnmächtig zu Boden stürzen. Indem sie sich nun dem Ort zuwandten, wo der Meteor erschienen war, heulten sie mit drohender, schreckhafter Stimme: *Vué! Vué!*, die hohle rechte Hand vor den Mund pressend, streckten den linken Arm gen Himmel und hielten jeder ein Bündel spannenlanger Maiszigaretten empor. 'Hier, sieh es wohl', schienen sie zu sagen, 'alle diesen Tabak wenden wir daran, um das Übel zu verscheuchen. Wehe Dir, wenn Du uns nicht in Ruhe lässt!'

Eine seltsame Mischung von Angst und Mut, welch letzterer jedoch leider etwas ebenso Künstliches an sich hatte wie bei der Beschwörung der Kayapógefahr. Das Zittern nahm zu, ihr ganzer Körper vibrierte, der zurückgebogene Kopf wackelte, mit zuckenden Bewegungen tasteten und strichen sie sich über Brust und Leib, um alles Böse wegzudrücken.

Nachdem dies Schauspiel eine Weile gedauert hatte, nahm man ihnen die Zigarrenbündel aus der Hand und zündete sie am Feuer an, während sich die aufgeregten Zauberärzte einen Augenblick wimmernd und schaudernd verschnauften. Ein Halbdutzend Männer erhoben sich, rauchten zu Trost und Stärkung ein paar Züge und gaben die Zigarren an die Baris, die ihre Kur wieder aufnahmen. Sie rauchten an dem ganzen Bündel, heulten noch gellender und vorwurfsvoller als vorher gen Himmel empor, strichen sich noch eifriger über den Leib, kratzten sich heftig auf dem Kopf, schluckten wieder an ihrem Bündel, saugten sich krampfhaft an den Unterarmen, als wenn sie das Blut aus dem Innersten heraufholen wollten, schrien immer lauter *Vué Vuáu Vuáu!*, schüttelten sich und bliesen gegen die Sterne: Die Gelenke schlotterten, die Muskeln flogen.

Endlich begannen sie auf einmal sich suchend in der Menge umzuschauen, sprachen mit den zunächst Stehenden, deuteten unter die Leute und gingen in die Hauptgruppen hinein, wo sie einen lebensschwachen Greis, den Häuptling Domingo, und mehrere der Angesehensten, um die es sich in so besonderem Fall nur handeln konnte, einer kurzen Kur unterzogen. Sie hoben ihnen den Kopf auf, schauten sie prüfend an, spritzten ihnen *Pzü Pzü* ins Gesicht und stiessen mit vorgehaltener hohler Hand wieder ihr drohendes *Cóa!* oder ein schrilles *Hahahó!* aus, nicht vergessend, ihr Bündel dabei aufzurauchen. Der Chor hatte sich im Allgemeinen ernst und still verhalten, nur hier und da war ein einstimmiges *Huhá!* ausgebrochen, und er wiederholte das jetzt triumphierend zum Schluss, als sich die zwei Doktoren zähneklappernd und ein fröstelndes *Tédede Tedéte* murmelnd, zurückzogen. Aróegesang ertönte die ganze Nacht hindurch."[113]

(I)KUIEJE KODU – DER FLUG DES STERNS
ESTRELA ANDANDO (P.) – WANDERSTERN

Die Bezeichnung eines 'Sternflugs' wird vom 'Seelenflug' abgesetzt. Eine dritte Kategorie benennt einen Satelliten oder ein Flugzeug auf Portugiesisch.

F 200

LITERATUR

C | A Antonio Colbacchini | Cesar Albisetti, Os Bororos Orientais, Rio de Janeiro 1942.

C J. Christopher Crocker, *My Brother the Parrot*, in: Animal Myths and Metaphors in South America, hrsg. v. Gary Urton, Salt Lake City 1985, 13–48.

EBI Enciclopédia Bororo, Volume I, hrsg. v. César Albisetti | Àngelo Jayme Venturelli, Campo Grande 1952.

F Stephen Michael Fabian, Space-Time of the Bororo of Brazil, Gainesville 1992.

F1 Stephen Michael Fabian, *Ethnoastronomy of the Eastern Bororo Indians of Mato Grosso, Brazil*, in: Ethnoastronomy and Archaeoastronomy in the American Tropics, hrsg. v. Anthony Aveni | Gary Urton, New York 1982, 283–302.

F2 Stephen Michael Fabian, Patterns in the Sky – An Introduction to Ethnoastronomy, Long Grove Illinois 2001.

L-S1 Claude Lévi-Strauss, Mythologica I – Das Rohe und das Gekochte, Frankfurt am Main 2019.

L-S2 Claude Lévi-Strauss, Traurige Tropen, Frankfurt am Main 2020.

S Karl von den Steinen, Unter den Naturvölkern Zentral-Brasiliens, Berlin 1894.

W | S Johannes Wilbert | Karin Simoneau, Folk Literature of the Bororo Indians, Los Angeles 1983.

ANMERKUNGEN

1 F125–126 2 Theodor Koch-Grünberg, Anfänge der Kunst im Urwald, Berlin 1905. 3 Theodor Koch-Grünberg, Vom Roroima zum Orinoco. Ergebnisse einer Reise in Nordbrasilien und Venezuela 1911–1913, Stuttgart 1916–1928. 4 Stephen Hugh-Jones, *The Pleiades and Scorpius in Barasana Cosmology*, in: Ethnoastronomy and Archaeoastronomy in the American Tropics, New York 1982, 183–201 und Stephen Hugh-Jones, The Palm and the Pleiades, Cambridge 1979. 5 Peter Roe, *Mythic Substitution and the Stars: Aspects of Shipibo and Quechua Ethnoastronomy Compared*, in: Songs from the Sky, hrsg. v. Van del Chamberlain | Carlson | Young, Bognor Regis 2005, 193–227 und Peter Roe, The Cosmic Zygote, New Brunswick 1982. 6 Christian Feest, *Painted Jaguar Hides of the Bororo da Campanha*, in: Tribus 63, 2014, 84–117. 7 F39–42 und 157 8 F1 283–285 9 F1 299 10 C30 11 S491–492 12 S480 13 F1 285 14 L-S2 221 15 F232, Fussnote 6 16 F158–159 17 W | S58–59 18 F80 19 C43, Fussnote 13 und 37 20 F109 21 L-S2, 226–227 22 C | A96–97 23 F120 24 F121–124 25 Dieser Abschnitt F88–95 26 F100–101, 104 27 L-S2 210 28 F137–138 und 169 29 L-S2 230–231 30 Wohns | Wong et al., *A unified genealogy of modern and ancient genomes*, in: Science 375, 836, 2022. 31 Moreno-Mayar | Vinner et al., *Early human dispersals within the Americas*, in: Science 362, 2018. 32 Lahaye, Guérin et al., *Another site, same old song*, in: Quaternary Geochronology, 49, 2019, 223–229. 33 S514 34 Charles Mountford, *The Rainbow-Serpent Myths of Australia*, in: The Rainbow Serpent, hrsg. v. Buchler | Maddock, Den Haag 1978, 35–36. 35 W | S48–50 und F127–128 36 F129, 60 und 133 37 EBI 725 und 229 38 F202 und EBI 610 39 S514 40 C | A97 41 W | S54 und F1 291 42 W | S51–51, 54 43 In einer anderen Fassung kommt ein Steisshuhn dazu, wie es mehrfach in den Anden in der Milchstrasse gesehen wird. 44 W | S18 45 W | S21 46 S383 47 Südamerikanische Indianermärchen, hrsg. v. Felix Karlinger | Elisabeth Zacherl, Düsseldorf 1976, 252. 48 ST 490 mit Abbildung, 497, 372–373 49 Gonzalo Pereira Quiroga, *Persistencia y renovación: La Vía Láctea entre los Guaraníes del Chaco Boliviano*, in: Etno y arqueoastronomía en las Americas, hrsg. v. Boccas | Broda | Pereira, ICA 51, Santiago de Chile 2004, 299–314. 50 ibidem 51 Lehmann-Nitsche, *La Astronomía de los Moscovi*, in: Revista del Museo de La Plata 27, 1923, 75–76 und 30, 1927, 152 und *La Astronomia de los Toba*, ibidem, 27, 1923, 276–277. 52 Lehmann-Nitsche, *La Astronomía de los Chiriguanos*, in: Revista del Museo de La Plata 28, 1924–1925, 98–100. 53 Gullberg, Hamacher et al., *A cultural comparison of the 'Dark Constellations' in the Milky Way*, in: Journal of Astronomical History and Heritage 23.2, 2020, 390–404. 54 Gonzalo Pereira Quiroga, *Persistencia y renovación: La Vía Láctea entre los Guaraníes del Chaco Boliviano*, in: Etno y arqueoastronomía en las Américas, hrsg. v. Boccas | Broda | Pereira, ICA 51, Santiago de Chile 2004, 299–314. 55 Riester 1984, 42 und 1998a, 4, ohne weitere Angaben zitiert in: Gonzalo Pereira Quiroga, Tras Las Huellas Del Nandu Tumpa – La Astronomía de los Guaraníes, Dissertation, Universidad Mayor de San Andres, La Paz 1998, 125 ff. 56 Riester 1984, 41 und 1998a, 274, ohne weitere Angaben zitiert in: Gonzalo Pereira Quiroga, Tras Las Huellas Del Nandu Tumpa – La Astronomía de los Guaraníes, Dissertation, Universidad Mayor de San Andres, La Paz 1998, 222 ff. 57 EBI 44 58 W | S30–31 59 W | S32–38 60 F198 und 211; EBI 612 erklärt die Etymologie des Namens mit 'Besitzer ('Stern') der in stockgerader Linie aufgereihten Reiher'. 61 W | S37 62 W | S38–39 63 W | S120 64 Lehmann-Nitsche, *La Astronomía de los Tobas*, in: Revista del Museo de La Plata 27, 1923, 275. 65 W | S150 66 EBI 688, F135 und 147 67 Peter Roe, *Mythic Substitution and the Stars: Aspects of Shipibo and Quechua Ethnoastronomy compared*, in: Songs from the Sky, hrsg. v. Van del Chamberlain | Carlson | Young, Bognor Regis 2005, 208–209. 68 C | A214 und W | S136 69 C | A44 70 C | A377 71 W | S156 72 F216, Fussnote 3 73 L-S1 64 74 Südamerikanische Indianermärchen, hrsg. v. Felix Karlinger | Elisabeth Zacherl, Düsseldorf 1976, 250–251. 75 EBI 962 76 F128 77 W | S56 78 W | S99–100 79 S491 80 L-S1 64 81 F219 82 F20–21 83 F21 84 F24 85 W | S202 86 L-S1 64 und 295–298 87 F30–36 und 148–151 88 Gonzalo Pereira Quiroga, *Persistencia y renovación: La Vía Láctea entre los Guaraníes del Chaco Boliviano*, in: Etno y arqueoastronomía en las Americas, hrsg. v. Boccas | Broda | Pereira, ICA 51, Santiago de Chile 2004, 299–314 89 Gonzalo Pereira Quiroga, *Persistencia y renovación: La Vía Láctea entre los Guaraníes del Chaco Boliviano*, in: Etno y arqueoastronomía en las Americas, hrsg. v. Boccas | Broda | Pereira, ICA 51, Santiago de Chile 2004, 299–314 90 F205 91 W | S71–72 92 W | S93–94 [und W | S92–93] 93 Vgl. L-S1 217 ff. 94 Vgl. W | S180–185 95 W | S101–102 96 L-S2 232–233 97 C | A68 und F228, Fussnote 13 98 EBI 791 99 F113 100 W | S43 101 S513 102 S513 103 W | S19 104 W | S24–25 105 W | S28 106 W | S29 107 F115 108 W | S43–44 109 F117 110 W | S95–96 111 W | S97 112 W | S134 113 S514–515